# ULTIMATE
# COLLECTOR CAR
# PRICE GUIDE
## 1900-1991

## *2001 EDITION*

### Compiled by Cars & Parts Magazine

Published by
**Amos Press Inc.**
911 Vandemark Road
Sidney, Ohio 45365

Publishers of
**Cars & Parts Magazine**
The Voice of the Collector Car Hobby Since 1957

and

**Cars & Parts Corvette**

**Library of Congress Cataloging-in-Publication Date**
ISBN 1-880524-41-4

**Other books published by Cars & Parts Magazine:**

Automobiles of America

Corvette: American Legend, The Beginning
Corvette: American Legend, 1954-55 Production
Corvette: American Legend, 1956 Racing Success
Corvette: American Legend, 1957 — Fuel Injection/283 V-8

Pictorial History of Chevrolet, 1929-1939
Pictorial History of Chevrolet, 1940-1954
Pictorial History of Chevrolet, 1955-1957

Ford Country, Volume 1
Ford Country, Volume 2

Ultimate Muscle Car Price Guide, 1961-1990

Salvage Yard Treasures of America

How To Build A Dune Buggy

The Resurrection of Vicky
Peggy Sue — 1957 Chevrolet Restoration
Suzy Q. Restoring a '63 Corvette Sting Ray

Catalog of American Car ID Numbers 1950-1959
Catalog of American Car ID Numbers 1960-1969
Catalog of American Car ID Numbers 1970-1979

Catalog of Chevelle, Malibu & El Camino ID Numbers 1964-1987
Catalog of Corvette ID Numbers 1953-1993
Catalog of Mustang ID Numbers 1964½-1993
Catalog of Pontiac GTO ID Numbers 1964-1974
Catalog of Thunderbird ID Numbers 1955-1993
Catalog of Camaro ID Numbers 1967-1993
Catalog of Firebird ID Numbers 1967-93
Catalog of Oldsmobile 442, W-Machines & Hurst/Olds Numbers 1964-91

Catalog of Chevy Truck ID Numbers 1946-1972
Catalog of Ford Truck ID Numbers 1946-1972

Catalog of Chevy V-8 Engine Casting Numbers 1955-1993

# TABLE OF CONTENTS

*includes a 20 year price trend chart for select models.*

## The 2001 Edition of our
## *Cars & Parts* Ultimate Price Guide
### *... what do the numbers mean?*

This book marks the sixth edition of our popular Ultimate Collector Car Price Guide, and this year we have expanded our coverage to include models through 1991. This step, requested by users of this guide, added 29 additional pages to this year's book. You'll find this book filled with page after page of prices, more than 120,000 of them, which cover all domestic makes, most foreign ones, plus popular light trucks. But many people still ask us, "What do all those numbers mean?"

The numbers contained herein can provide you with a guide, an estimate, of what your vehicle might be worth. However, you should not rely on this book as your definitive source for pricing. For the price of a particular vehicle you are considering buying or selling, we recommend that you consult with a qualified collector car appraiser. This price guide can be used to help you determine a car's condition (see page 6 for an explanation of the codes used in this guide), and then pinpoint its current value with a reasonable amount of accuracy.

Determining the value of any car, even popular and sought-after models, is a difficult and time-consuming task. Many factors must be considered. These include - but not limited to - market conditions, color, equipment, and options. But probably the most important influence in determining value is its condition. For example, the difference between a restorable car that is complete and in running condition and a similar car that has been completely restored can be thousands, even tens or perhaps hundreds of thousands of dollars.

### Review the condition codes before you start

Take a moment to review the condition codes (1 through 6), and what each includes before you start looking for the value of your vehicle. Knowing what each different category (concours, show, street quality, driver, restorable and parts car) means will greatly help you in determining a vehicle's value. Also, keep in mind that the values listed in this guide are based on calculations for stock vehicles - those cars and trucks that have been preserved in their original state or have been restored to original factory specifications.

This guide does not cover any hot rods, custom cars or street machines. Reasonable deductions from the values listed could be made for minor deviations from stock, such as a modern stereo, an aftermarket shifter, or even custom wheels. Calculate what would be needed to return the vehicle to stock condition, and deduct that from the value listed in this guide.

Keep in mind, however, that some vehicles may require major work to return them to stock condition. This could cost thousands or even tens of thousands of dollars.

When establishing a value on a car, remember to take into account the vehicle's present condition, and what it would take in terms of work (done by yourself or others) and money required to get that car to the condition you want it.

### The "all original" car

One of the most difficult determinations to make is a value for an all-original car. There's simply no way a thoroughly original, low mileage car can be classified as a number 1. You would have to take into account the results of deterioration over time and exposure to the elements, even if it has been garaged and pampered since it was new. In fact, it would be tough for an original car 25 years old or older to score high enough to become a number 2. That said, some allowance must be made for the car's originality. As the saying goes, a car can be restored several times but it's original only once. Most such cars will fall between a 4 (driver) and a 2 (show), with extra credit given for their originality at each level.

### Options can increase value

Options also have a major bearing on determining a car's value. Unfortunately, it's not possible in a guide such as this to cover all of the options available on every car. We have tried to single out and list those options (and their appropriate values) that have a major impact on a car's pricing. You'll find these usually listed at the end of each model year.

The more popular options also have a wide range of add-on values depending on the model involved. For example, factory air conditioning on some cars is only worth an extra $1,000, but on others it could bring $5,000, and still others might warrant an adjustment of up to $10. An optional radio, such as the Wonder Bar so popular with Chevys in the '50s, might add $750 to a car's value, while on other models such a deluxe radio might be worth just $100 extra. This is why we recommend contacting a qualified collector car appraiser to determine the value of your individual vehicle.

The best way to handle exotic, expensive or rare options that are not listed as premium items in the price listings of this book is to do a little research and find out what it would cost to add these options to the car you are considering.

For example, adding a fuel injection system could run an extra $5,000 to $8,000, or even more. If the car is documented as a real fuelie, or a real Cobra Jet 429, or a real Hemi, it could easily add $10,000, $15,000, even $20,000 to the car's value. A word of caution here: one must make sure, as much as is possible, that such high-dollar cars are legitimate, and not counterfeit. Check ID guides, consult with experts on the particular marque being considered, decode tags, and ask to see documentation (such as original purchase agreements from the selling dealer, warranty plates, window stickers, factory invoices, service records), *BEFORE* you spend big money.

When it involves big money — *your money* — don't take someone else's word for it; always check it out yourself. Even well meaning friends and so-called "experts" can be dead wrong ... and big mistakes can mean money out of your pocket, not theirs!

## How we determine the values

Many people ask us how *Cars & Parts* determines the values listed in this guide. We attend an average of 20 auctions a year throughout the country, including all of the major ones (the Auburn, Ind., Labor Day sale, the Scottsdale, Ariz. auctions held each January, Auction in Vegas, etc.). Covering auctions in many geographical areas helps us note and track differences in regional pricing. Some models do, indeed, bring more money in different areas of the country. For example, sports cars and convertibles generally

sell for more in California, Mustang coupes sell for more in the Midwest, and Corvettes are cheaper in Florida and the deep south.

We also keep in touch with the nation's top collector car dealers, talking with them at major shows like Hershey, Hoosier, Pomona, Spring and Fall Carlisle, Charlotte, Bloomington Gold, as well as at major auctions across the country. These individuals are an excellent source of information, since they buy and sell vehicles on a daily basis, and their livelihoods depend on accurate pricing.

Another source for pricing data is the classified ad section of our own publication, and others like it. While we focus on the national hobby publications, we also include local "trader" papers in an effort to gain some regional balance.

In monitoring these "car for sale" ads, though, we have to remember that they only show asking prices and generally give limited information on the car's condition. Even then, some of the information presented can be suspect, as sellers will frequently over-describe what they're selling. Auction prices, dealer sales results, confirmed private sales, dealer sales patterns (both buying and selling), and individual marque experts are still the best bets.

Whenever possible, we also chart individual sales, private transactions and estate settlements. These kinds of sales are the most difficult to track, but we do monitor private sales, which includes our own buying and selling habits.

Car clubs also can be very helpful, although they're naturally biased toward their own marque and may provide values somewhat higher than others. Still, these clubs and their members are valuable resources, and we take their pricing into account whenever possible.

Therefore, the basic formula we employ to determine the values listed in these pages is to consult with as many sources as possible. We generally discount the very top end sales, and the absolute bottom end sales, thereby helping to keep our averages accurate.

## Your comments are welcomed

We welcome your comments and suggestions on how we can improve future editions.

CARS & PARTS MAGAZINE

The following condition codes are as explicit as possible, but huge gaps still exist between some of these ratings and the reader will have to develop a discerning eye to separate one from another, especially at the top end. Again, these are presented as a guide.

## 1. CONCOURS:

Restored to perfection. A 100-point car with no deductions for non-originality, condition, function, cosmetics, etc. A show car that is driven only in or out of an enclosed trailer. This is true concours quality, the type of car that routinely appears at the Pebble Beach Concours, Meadow Brook Concours, Eastern U.S. Concours, etc. This car is correct right down to the last nut, bolt and washer. It needs absolutely nothing. In a regional show featuring 500 cars, there might be three or four true concours quality machines present, while even the best of show at a local event with 250 cars might not be concours. This is the type of car that wins its junior and senior firsts at Hershey and then is invited to Pebble Beach, Meadow Brook, etc. These cars are arely seen in regional or local shows.

## 2. SHOW:

Professionally restored to high quality. About 90 to 95 points, with only very minor flaws. Would win a trophy every time out in local, regional and most national competition, and would likely be a best of show candidate at most area events. Needs no major work (body, paint, interior, trim, mechanics, etc.), but may lack a few minor details, such as correct components (date codes, etc.), and may not be 100 percent detailed under the hood, on the chassis, and so on. Would need nothing to ride, drive, show or enjoy with complete confidence. Generally, though, it takes a major effort to move a number 2 car to a number 1 car, often as much as $10,000 in professional labor alone. A number 2 car is frequently trailered, occasionally driven, regularly freshened by an experienced detailer.

## 3. STREET/SHOW:

An older but still presentable restoration, or a solid, clean original car with no major obvious cosmetic or mechanical flaws. A car that is driven to shows, only trailered when traveling great distances, entered in local and national events but not especially competitive on the national circuit. In terms of point value, about an 80 to 89 on most recognized judging scales. A car that needs very little to drive, show and enjoy. Of the 400 cars registered for a local show, some 250 of them would fall into this category, on the average.

## 4. DRIVER:

A collectible car that is driven regularly, even daily, but kept in top notch condition mechanically, and pretty decent cosmetically. Would have a nice, straight body with no major visible rust, would be fully functional, but could need a new interior, a new windshield, some new tires, even a paint job, etc. Would be judged in the 70 to 79 bracket, good enough to win a trophy now and then in a local show. A 20/20 car, one that is presentable with flaws that don't show at 20 feet or 20 mph. Probably clean but not detailed under the hood. All equipment is operational, though.

## 5. RESTORABLE:

A project car that may be driveable but needs about everything, — from body and paint work to a new interior and mechanical overhaul — to be show quality. Could be a daily driver, or a car stored in a barn for years, but must be relatively complete and restorable without an unreasonable amount of work and expense. Might not even be driveable, but should at least be towable or rolling.

## 6. PARTS CAR:

Not restorable. Too far gone in terms of deterioration or stripping, but too good to send to the crusher and recycle into a new Escort. Must have a good percentage of major parts present that would be usable with rebuilding and refinishing. With some newer cars, this could be a car that has been badly damaged in an accident and is only partially there.

| | | | |
|---|---|---|---|
| All Purpose | A-P | Hatchback | Htchbk |
| All Weather | AW | Indy Pace Car | IPC |
| Auxiliary Seats | A/S | Landau | Lan |
| Biarritz | Biartz | Landaulet | Lndlt |
| Brougham | Brghm | Liftback | Lbk |
| Business | Bus | Locke | Lke |
| Cabriolet | Cabrlt | Long Wheelbase | lwb |
| Carriole | Ca'ole | Metropolitan | Metro |
| Carry All | C-A | Overdrive | OD |
| Cavalier | Cav | Park Avenue | Park Ave |
| Center | Cntr | Passenger | Pass |
| Center Door Sedan | Cntr dr sdn | Phaeton | Phtn |
| Close Coupled | C.C. | Rally Sport | RS |
| Collapsible | Clpsble | Roadster | Rdstr |
| Commercial | Coml | Royal | Roy |
| Compartment | Comp | Rumble Seat | RS |
| Continental | Cont | Runabout | Rnbt |
| Convertible | Conv | Sedan | Sdn |
| Country | Ctry | Sedan Delivery | Sed Del |
| Country Squire | CS | Seville | Sev |
| Coupe | Cpe | Short Wheelbase | Swb |
| Crown | Crw | Special | Spl |
| Delivery | Del | Speedster | Spdstr |
| Deluxe | Dlx | Sport | Spt |
| Derham | Der | Sportsman | Sptman |
| Dietrich | Dtrch | Standard | Std |
| Doctor's Model | Dr's Mdl | Station Wagon | Sta Wgn |
| Double | DBL | Steel | Stl |
| Door | Dr | Super Sport | SS |
| Drophead | Dhd | Torpedo | Tor |
| Dual Cowl | DC | Tourabout | Trbt |
| Executive | Exec | Touring | Tr |
| Express | Exp | Town | Twn |
| Fastback | Fstbk | Traveler | Trav |
| Formal | Frml | Trunk | Trk |
| Four Wheel Drive | 4wd | Utility | Uty |
| Front Wheel Drive | FWD | Victoria | Vic |
| Gran Turismo | GT | Wagon | Wgn |
| Hardtop | Hdtp | Window | Win |

## PRICE GUIDE CLASSIFICATIONS:

**1. CONCOURS:** Perfection. At or near 100 points on a 100-point judging scale. Trailered; never driven; pampered. Totally restored to the max and 100 percent stock.

**2. SHOW:** Professionally restored to high standards. No major flaws or deviations from stock. Consistent trophy winner that needs nothing to show. In 90 to 95 point range.

**3. STREET/SHOW:** Older restoration or extremely nice original showing some wear from age and use. Very presentable; occasional trophy winner; everything working properly. About 80 to 89 points.

**4. DRIVER:** A nice looking, fine running collector car needing little or nothing to drive, enjoy and show in local competition. Would need extensive restoration to be a show car, but completely usable as is.

**5. RESTORABLE:** Project car that is relatively complete and restorable within a reasonable effort and expense. Needs total restoration, but all major components present and rebuildable. May or may not be running.

**6. PARTS CAR:** Deteriorated or stripped to a point beyond reasonable restoration, but still complete and solid enough to donate valuable parts to a restoration. Likely not running, possibly missing its engine.

# AMERICAN AUSTIN-BANTAM
## 1930 – 1941

'38 American Bantam

'39 American Bantam

| | 6 | 5 | 4 | 3 | 2 | 1 |
|---|---|---|---|---|---|---|
| **1930 American Austin-Bantam** | | | | | | |
| **4-cyl., 15 hp, 75" wb** | | | | | | |
| 2-dr Rdstr | 650 | 1700 | 3000 | 5900 | 10200 | 14700 |
| 2-dr Cpe | 400 | 1200 | 1900 | 3800 | 6600 | 9600 |
| 2-dr Del Cpe | 400 | 1200 | 2000 | 4000 | 6900 | 10000 |
| **1931 American Austin-Bantam** | | | | | | |
| **4-cyl., 13 hp, 75" wb** | | | | | | |
| 2-dr Rdstr | 650 | 1700 | 3000 | 5900 | 10200 | 14700 |
| 2-dr Cpe | 400 | 1200 | 1900 | 3800 | 6600 | 9600 |
| 2-dr Spl Cpe | 450 | 1250 | 2100 | 4200 | 7200 | 10500 |
| 2-dr Bus Cpe | 400 | 1200 | 1900 | 3800 | 6600 | 9600 |
| 2-dr Cabrlt | 550 | 1550 | 2600 | 5200 | 9000 | 12800 |
| 2-dr Dlx Cpe | 400 | 1200 | 2000 | 4000 | 6900 | 10000 |
| **1932 American Austin-Bantam** | | | | | | |
| **4-cyl., 13 hp, 75" wb** | | | | | | |
| Rdstr | 650 | 1700 | 3000 | 5900 | 10200 | 14700 |
| Bus Cpe | 400 | 1200 | 1900 | 3800 | 6600 | 9600 |
| Spl Bus Cpe | 450 | 1250 | 2100 | 4200 | 7200 | 10500 |
| Cpe | 400 | 1200 | 1900 | 3800 | 6600 | 9600 |
| Cabrlt | 550 | 1550 | 2600 | 5200 | 9000 | 12800 |
| Std Cpe | 400 | 1200 | 1950 | 3900 | 6800 | 9900 |
| Del Cpe | 400 | 1200 | 2000 | 4000 | 6900 | 10000 |
| **1933 American Austin-Bantam** | | | | | | |
| **4-cyl., 13 hp, 75" wb** | | | | | | |
| Rdstr | 650 | 1700 | 3000 | 5900 | 10200 | 14700 |
| Bus Cpe | 400 | 1200 | 1900 | 3800 | 6600 | 9600 |
| Spl Bus Cpe | 450 | 1250 | 2100 | 4200 | 7200 | 10500 |
| Cpe | 400 | 1200 | 2000 | 4000 | 6900 | 10000 |
| **1934 American Austin-Bantam** | | | | | | |
| **4-cyl., 13 hp, 75" wb** | | | | | | |
| Rdstr | 550 | 1550 | 2600 | 5200 | 9000 | 12800 |
| Bus Cpe | 400 | 1200 | 1900 | 3800 | 6600 | 9600 |
| Std Cpe | 400 | 1200 | 1950 | 3900 | 6800 | 9900 |
| Del Cpe | 400 | 1200 | 2000 | 4000 | 6900 | 10000 |

|  | 6 | 5 | 4 | 3 | 2 | 1 |
|---|---|---|---|---|---|---|
| **1935 American Austin-Bantam** | | | | | | |
| **4-cyl., 13 hp, 75" wb** | | | | | | |
| Bus Cpe | 400 | 1100 | 1800 | 3600 | 6200 | 9100 |
| Std Cpe | 400 | 1200 | 1950 | 3900 | 6800 | 9900 |
| Del Cpe | 400 | 1200 | 2000 | 4000 | 6900 | 10000 |
| Sub Cpe | 400 | 1200 | 1950 | 3900 | 6800 | 9900 |
| **1936 American Austin-Bantam** | | | | | | |
| **4-cyl., 13 hp, 75" wb** | | | | | | |
| Rdstr | 550 | 1400 | 2400 | 4800 | 8300 | 11800 |
| 1-pass Bus Cpe | 400 | 1100 | 1800 | 3500 | 6100 | 8900 |
| 2-pass Bus Cpe | 400 | 1100 | 1800 | 3600 | 6200 | 9100 |
| Std Cpe | 400 | 1200 | 1950 | 3900 | 6800 | 9900 |
| Del Cpe | 400 | 1200 | 2000 | 4000 | 6900 | 10000 |
| **1937 American Austin-Bantam** | | | | | | |
| **4-cyl., 13 hp, 75" wb** | | | | | | |
| Rdstr | 550 | 1400 | 2400 | 4800 | 8300 | 11800 |
| Custom Rdstr | 550 | 1450 | 2450 | 4900 | 8500 | 12000 |
| Bus Cpe | 400 | 1100 | 1800 | 3600 | 6200 | 9100 |
| Std Cpe | 400 | 1200 | 1950 | 3900 | 6800 | 9900 |
| Del Cpe | 400 | 1200 | 2000 | 4000 | 6900 | 10000 |
| **1938 American Bantam** | | | | | | |
| **4-cyl., 13 hp, 75" wb** | | | | | | |
| Rdstr | 550 | 1400 | 2400 | 4800 | 8300 | 11800 |
| Spl Rdstr | 600 | 1600 | 2700 | 5400 | 9300 | 13500 |
| Dlx Rdstr | 600 | 1600 | 2800 | 5600 | 9700 | 14000 |
| Cpe | 400 | 1200 | 1900 | 3800 | 6600 | 9600 |
| Bus Cpe | 400 | 1150 | 1850 | 3700 | 6400 | 9300 |
| Master Cpe | 400 | 1200 | 1900 | 3800 | 6600 | 9600 |
| Dlx Cpe | 400 | 1200 | 2000 | 4000 | 6900 | 10000 |
| 4-pass Spdstr | 650 | 1750 | 3100 | 6200 | 10700 | 15400 |
| Sta Wgn | 550 | 1500 | 2500 | 5000 | 8700 | 12300 |
| **1939 American Bantam** | | | | | | |
| **Model 60, 4-cyl., 20 hp, 75" wb** | | | | | | |
| Std Cpe | 400 | 1050 | 1700 | 3400 | 5900 | 8500 |
| Std Rdstr | 550 | 1550 | 2600 | 5200 | 9000 | 12800 |
| Spl Cpe | 400 | 1100 | 1800 | 3600 | 6200 | 9100 |
| Spl Rdstr | 600 | 1600 | 2800 | 5600 | 9700 | 14000 |
| Spdstr | 650 | 1800 | 3200 | 6400 | 11000 | 15900 |
| Del Cpe | 400 | 1200 | 1900 | 3800 | 6600 | 9600 |
| Del Rdstr | 650 | 1750 | 3100 | 6200 | 10700 | 15400 |
| Del Spdstr | 700 | 1900 | 3400 | 6800 | 11700 | 16900 |
| Sta Wgn | 550 | 1500 | 2500 | 5100 | 8800 | 12500 |
| **1940 American Bantam** | | | | | | |
| **Model 65, 4-cyl., 22 hp, 75" wb** | | | | | | |
| Std Cpe | 400 | 1050 | 1700 | 3400 | 5900 | 8500 |
| Master Cpe | 400 | 1100 | 1800 | 3600 | 6200 | 9100 |
| Master Rdstr | 550 | 1550 | 2600 | 5200 | 9000 | 12800 |
| Conv Cpe | 550 | 1550 | 2650 | 5300 | 9100 | 13000 |
| Conv Sdn | 600 | 1600 | 2700 | 5400 | 9300 | 13500 |
| Sta Wgn | 550 | 1500 | 2500 | 5100 | 8800 | 12500 |
| **1941 American Bantam** | | | | | | |
| **Model 65, 4-cyl., 22 hp, 75" wb** | | | | | | |
| Std Cpe | 400 | 1050 | 1700 | 3400 | 5900 | 8500 |
| Master Cpe | 400 | 1100 | 1800 | 3600 | 6200 | 9100 |
| Master Rdstr | 550 | 1550 | 2600 | 5200 | 9000 | 12800 |
| Conv Cpe | 550 | 1550 | 2650 | 5300 | 9100 | 13000 |
| Conv Sdn | 600 | 1600 | 2700 | 5400 | 9300 | 13500 |
| Sta Wgn | 550 | 1500 | 2500 | 5100 | 8800 | 12500 |

# AMERICAN MOTORS

## 1958 – 1987

'58 Rambler Ambassador

'59 Rambler

'60 Rambler

'60 Rambler American

'61 Rambler

'62 Ambassador

'62 Rambler

'62 Rambler American

'63 Rambler American

'63 Rambler Classic

|  | 6 | 5 | 4 | 3 | 2 | 1 |
|---|---|---|---|---|---|---|

### 1958

**Rambler American, 6-cyl., 100" wb**
| 2-dr Bus Cpe | 300 | 800 | 1300 | 2600 | 4600 | 6600 |

**Rambler American Deluxe, 6-cyl., 100" wb**
| 2-dr Sdn | 350 | 850 | 1400 | 2800 | 4900 | 7100 |

**Rambler American Super, 6-cyl., 100" wb**
| 2-dr Sdn | 350 | 850 | 1400 | 2800 | 4900 | 7100 |

**Rambler 6 Deluxe, 6-cyl., 108" wb**
| 4-dr Sdn | 350 | 850 | 1400 | 2800 | 4900 | 7100 |
| 4-dr Cross Ctry Sta Wgn | 350 | 900 | 1500 | 2900 | 5200 | 7400 |

**Rambler 6 Super, 6-cyl., 108" wb**
| 4-dr Sdn | 350 | 850 | 1400 | 2800 | 4900 | 7100 |
| 4-dr Ctry Club Hdtp | 350 | 900 | 1500 | 2900 | 5200 | 7400 |
| 4-dr Cross Ctry Sta Wgn | 350 | 900 | 1500 | 2900 | 5200 | 7400 |

**Rambler 6 Custom, 6-cyl., 108" wb**
| 4-dr Sdn | 350 | 900 | 1500 | 3000 | 5300 | 7600 |
| 4-dr Cross Ctry Sta Wgn | 350 | 950 | 1550 | 3100 | 5500 | 7900 |

**Rambler Rebel, 8-cyl., 108" wb**
| 4-dr Sed Dlx | 350 | 900 | 1500 | 3000 | 5300 | 7600 |

**Rambler Rebel Super, 8-cyl., 108" wb**
| 4-dr Sdn | 350 | 900 | 1500 | 3000 | 5300 | 7600 |
| 4-dr Sta Wgn | 350 | 950 | 1550 | 3100 | 5500 | 7900 |

**Rambler Rebel Custom, 8-cyl.**
| 4-dr Sdn | 350 | 900 | 1500 | 3000 | 5300 | 7600 |
| 4-dr Ctry Club Hdtp | 350 | 950 | 1550 | 3100 | 5500 | 7900 |
| 4-dr Cross Ctry Sta Wgn | 350 | 950 | 1550 | 3100 | 5500 | 7900 |

**Rambler Ambassador Super, 8-cyl.**
| 4-dr Sdn | 350 | 1000 | 1600 | 3200 | 5700 | 8100 |
| 4-dr Cross Ctry Sta Wgn | 400 | 1050 | 1700 | 3300 | 5800 | 8300 |

**Rambler Ambassador Custom, 8-cyl.**
| 4-dr Sdn | 350 | 1000 | 1600 | 3200 | 5700 | 8100 |
| 4-dr Hdtp | 400 | 1100 | 1800 | 3500 | 6100 | 8900 |
| 4-dr Cross Ctry Sta Wgn | 400 | 1100 | 1800 | 3500 | 6100 | 8900 |
| 4-dr Cross Ctry Hdtp Sta Wgn | 400 | 1100 | 1800 | 3600 | 6200 | 9100 |

### 1959

**Rambler American, 6-cyl., 100" wb**
| 2-dr Bus Cpe | 300 | 800 | 1300 | 2600 | 4600 | 6600 |

**Rambler American Deluxe, 6-cyl., 100" wb**
| 2-dr Sdn | 350 | 850 | 1400 | 2800 | 4900 | 7100 |
| 2-dr Sta Wgn | 350 | 900 | 1500 | 2900 | 5200 | 7400 |

**Rambler American Super, 6-cyl., 100" wb**
| 2-dr Sdn | 350 | 850 | 1400 | 2800 | 4900 | 7100 |
| 2-dr Sta Wgn | 350 | 900 | 1500 | 2900 | 5200 | 7400 |

**Rambler 6 Deluxe, 6-cyl., 108" wb**
| 2-dr Sdn | 350 | 850 | 1400 | 2800 | 4900 | 7100 |
| 4-dr Sta Wgn | 350 | 900 | 1500 | 2900 | 5200 | 7400 |

**Rambler 6 Super, 6-cyl., 108" wb**
| 4-dr Sdn | 350 | 850 | 1400 | 2800 | 4900 | 7100 |
| 4-dr Ctry Club Hdtp | 350 | 900 | 1500 | 2900 | 5200 | 7400 |
| 4-dr Cross Ctry Sta Wgn | 350 | 900 | 1500 | 2900 | 5200 | 7400 |

**Rambler 6 Custom, 6-cyl., 108" wb**
| 4-dr Sdn | 350 | 900 | 1500 | 3000 | 5300 | 7600 |
| 4-dr Cross Ctry Sta Wgn | 350 | 950 | 1550 | 3100 | 5500 | 7900 |

**Rambler Rebel Super, 8-cyl., 108" wb**
| 4-dr Sdn | 350 | 900 | 1500 | 3000 | 5300 | 7600 |
| 4-dr Cross Ctry Sta Wgn | 350 | 950 | 1550 | 3100 | 5500 | 7900 |

**Rambler Rebel Custom, 8-cyl., 108" wb**
| 4-dr Sdn | 350 | 900 | 1500 | 3000 | 5300 | 7600 |
| 4-dr Ctry Club Hdtp | 350 | 950 | 1550 | 3100 | 5500 | 7900 |
| 4-dr Cross Ctry Sta Wgn | 350 | 950 | 1550 | 3100 | 5500 | 7900 |

| | 6 | 5 | 4 | 3 | 2 | 1 |
|---|---|---|---|---|---|---|
| **Rambler Ambassador Super, 8-cyl., 117" wb** | | | | | | |
| 4-dr Sdn | 350 | 1000 | 1600 | 3200 | 5700 | 8100 |
| 4-dr Cross Ctry Sta Wgn | 400 | 1050 | 1700 | 3300 | 5800 | 8300 |
| **Rambler Ambassador Custom, 8-cyl., 117" wb** | | | | | | |
| 4-dr Sdn | 350 | 1000 | 1600 | 3200 | 5700 | 8100 |
| 4-dr Hdtp Ctry Club | 400 | 1100 | 1800 | 3500 | 6100 | 8900 |
| 4-dr Hdtp Sta Wgn | 400 | 1100 | 1800 | 3500 | 6100 | 8900 |
| 4-dr Cross Ctry Hdtp Sta Wgn | 400 | 1100 | 1800 | 3600 | 6200 | 9100 |
| ***1960*** | | | | | | |
| **Rambler American Deluxe, 6-cyl., 100" wb** | | | | | | |
| 2-dr Bus Cpe | 350 | 900 | 1500 | 2900 | 5200 | 7400 |
| 2-dr Sdn | 350 | 900 | 1500 | 3000 | 5300 | 7600 |
| 4-dr Sdn | 350 | 900 | 1500 | 3000 | 5300 | 7600 |
| 2-dr Sta Wgn | 350 | 950 | 1550 | 3100 | 5500 | 7900 |
| **Rambler American Super, 6-cyl., 100" wb** | | | | | | |
| 2-dr Sdn | 350 | 900 | 1500 | 3000 | 5300 | 7600 |
| 4-dr Sdn | 350 | 900 | 1500 | 3000 | 5300 | 7600 |
| 2-dr Sta Wgn | 350 | 950 | 1550 | 3100 | 5500 | 7900 |
| **Rambler American Custom, 6-cyl., 100" wb** | | | | | | |
| 2-dr Sdn | 350 | 900 | 1500 | 3000 | 5300 | 7600 |
| 4-dr Sdn | 350 | 900 | 1500 | 3000 | 5300 | 7600 |
| 2-dr Sta Wgn | 350 | 950 | 1550 | 3100 | 5500 | 7900 |
| **Rambler 6 Deluxe, 6-cyl., 108" wb** | | | | | | |
| 4-dr Sdn | 350 | 900 | 1500 | 3000 | 5300 | 7600 |
| 4-dr Sta Wgn | 350 | 950 | 1550 | 3100 | 5500 | 7900 |
| **Rambler 6 Super, 6-cyl., 108" wb** | | | | | | |
| 4-dr Sdn | 350 | 900 | 1500 | 3000 | 5300 | 7600 |
| 6-pass Sta Wgn | 350 | 900 | 1500 | 3000 | 5300 | 7600 |
| 8-pass Sta Wgn | 350 | 1000 | 1600 | 3200 | 5700 | 8100 |
| **Rambler 6 Custom, 6-cyl., 108" wb** | | | | | | |
| 4-dr Sdn | 350 | 900 | 1500 | 3000 | 5300 | 7600 |
| 4-dr Hdtp Sdn | 350 | 950 | 1550 | 3100 | 5500 | 7900 |
| 6-pass Sta Wgn | 350 | 950 | 1550 | 3100 | 5500 | 7900 |
| 8-pass Sta Wgn | 400 | 1050 | 1700 | 3300 | 5800 | 8300 |
| **Rambler Rebel Super, 8-cyl., 108" wb** | | | | | | |
| 4-dr Sdn | 350 | 950 | 1550 | 3100 | 5500 | 7900 |
| 6-pass Sta Wgn | 350 | 1000 | 1600 | 3200 | 5700 | 8100 |
| 8-pass Sta Wgn | 400 | 1050 | 1700 | 3400 | 5900 | 8500 |
| **Rambler Rebel Custom, 8-cyl., 108" wb** | | | | | | |
| 4-dr Sdn | 350 | 950 | 1550 | 3100 | 5500 | 7900 |
| 4-dr Hdtp Sdn | 350 | 1000 | 1600 | 3200 | 5700 | 8100 |
| 6-pass Sta Wgn | 350 | 1000 | 1600 | 3200 | 5700 | 8100 |
| 8-pass Sta Wgn | 400 | 1050 | 1700 | 3400 | 5900 | 8500 |
| **Ambassador 8, 8-cyl., 117" wb** | | | | | | |
| 4-dr Sdn | 350 | 1000 | 1600 | 3200 | 5700 | 8100 |
| **Ambassador 8 Super, 8-cyl., 117" wb** | | | | | | |
| 4-dr Sdn | 350 | 1000 | 1600 | 3200 | 5700 | 8100 |
| 6-pass Sta Wgn | 400 | 1050 | 1700 | 3300 | 5800 | 8300 |
| 8-pass Sta Wgn | 400 | 1100 | 1800 | 3500 | 6100 | 8900 |
| **Ambassador 8 Custom, 8-cyl., 117" wb** | | | | | | |
| 4-dr Sdn | 350 | 1000 | 1600 | 3200 | 5700 | 8100 |
| 4-dr Ctry Club Hdtp | 400 | 1100 | 1800 | 3500 | 6100 | 8900 |
| 6-pass Sta Wgn | 400 | 1050 | 1700 | 3300 | 5800 | 8300 |
| 8-pass Sta Wgn | 400 | 1100 | 1800 | 3500 | 6100 | 8900 |
| 4-dr Ctry Club Hdtp Sta Wgn | 400 | 1100 | 1800 | 3500 | 6100 | 8900 |
| ***1961*** | | | | | | |
| **Rambler American, 6-cyl., 100" wb** | | | | | | |
| 2-dr Dlx Bus Cpe | 300 | 800 | 1350 | 2700 | 4700 | 6900 |
| 4-dr Dlx Sdn | 350 | 850 | 1400 | 2800 | 4900 | 7100 |

| | 6 | 5 | 4 | 3 | 2 | 1 |
|---|---|---|---|---|---|---|
| 2-dr Dlx Sdn | 350 | 850 | 1400 | 2800 | 4900 | 7100 |
| 4-dr Dlx Sta Wgn | 350 | 900 | 1500 | 2900 | 5200 | 7400 |
| 2-dr Dlx Sta Wgn | 350 | 850 | 1400 | 2800 | 4900 | 7100 |
| 2-dr Super Sdn | 350 | 900 | 1500 | 2900 | 5200 | 7400 |
| 4-dr Super Sdn | 350 | 850 | 1400 | 2800 | 4900 | 7100 |
| 2-dr Super Sta Wgn | 350 | 850 | 1400 | 2800 | 4900 | 7100 |
| 4-dr Super Sta Wgn | 350 | 900 | 1500 | 2900 | 5200 | 7400 |
| 2-dr Custom Sdn | 350 | 900 | 1500 | 2900 | 5200 | 7400 |
| 4-dr Custom Sdn | 350 | 850 | 1400 | 2800 | 4900 | 7100 |
| 2-dr Custom Conv | 400 | 1200 | 2000 | 4000 | 6900 | 10000 |
| 2-dr Custom Sta Wgn | 350 | 900 | 1500 | 2900 | 5200 | 7400 |
| 4-dr Custom Sta Wgn | 350 | 900 | 1500 | 2900 | 5200 | 7400 |
| 4-dr Custom 400 Sdn | 350 | 900 | 1500 | 2900 | 5200 | 7400 |
| 2-dr Custom 400 Conv | 450 | 1250 | 2050 | 4100 | 7100 | 10300 |
| **Rambler Classic 6, 6-cyl., 108" wb** | | | | | | |
| 4-dr Dlx Sdn | 350 | 850 | 1400 | 2800 | 4900 | 7100 |
| 4-dr Dlx Sta Wgn | 350 | 900 | 1500 | 2900 | 5200 | 7400 |
| 4-dr Super Sdn | 350 | 900 | 1500 | 2900 | 5200 | 7400 |
| 6-pass Super Sta Wgn | 350 | 900 | 1500 | 2900 | 5200 | 7400 |
| 8-pass Super Sta Wgn | 350 | 950 | 1550 | 3100 | 5500 | 7900 |
| 4-dr Custom Sdn | 350 | 900 | 1500 | 2900 | 5200 | 7400 |
| 6-pass Custom Sta Wgn | 350 | 900 | 1500 | 2900 | 5200 | 7400 |
| 8-pass Custom Sta Wgn | 350 | 950 | 1550 | 3100 | 5500 | 7900 |
| 4-dr Custom 400 Sdn | 350 | 900 | 1500 | 3000 | 5300 | 7600 |
| **Ambassador 8, 8-cyl., 117" wb** | | | | | | |
| 4-dr Dlx Sdn | 350 | 850 | 1400 | 2800 | 4900 | 7100 |
| 4-dr Super Sdn | 350 | 900 | 1500 | 2900 | 5200 | 7400 |
| 4-dr Super Sta Wgn | 350 | 900 | 1500 | 2900 | 5200 | 7400 |
| 5-dr Super Sta Wgn | 350 | 900 | 1500 | 3000 | 5300 | 7600 |
| 4-dr 400 Custom Sdn | 350 | 900 | 1500 | 2900 | 5200 | 7400 |
| 4-dr Custom Sdn | 350 | 900 | 1500 | 2900 | 5200 | 7400 |
| 4-dr 6-pass Custom Sta Wgn | 350 | 950 | 1550 | 3100 | 5500 | 7900 |
| 4-dr 8-pass Custom Sta Wgn | 400 | 1050 | 1700 | 3300 | 5800 | 8300 |
| *1962* | | | | | | |
| **Rambler American, 6-cyl., 100" wb** | | | | | | |
| 4-dr Dlx Sdn | 300 | 650 | 1150 | 2300 | 3900 | 5700 |
| 2-dr Dlx Bus Cpe | 300 | 650 | 1100 | 2200 | 3800 | 5400 |
| 2-dr Dlx Sdn | 300 | 700 | 1200 | 2400 | 4100 | 5900 |
| 2-dr Dlx Sta Wgn | 300 | 700 | 1200 | 2400 | 4100 | 5900 |
| 4-dr Dlx Sta Wgn | 300 | 750 | 1250 | 2500 | 4400 | 6200 |
| 4-dr Custom Sdn | 300 | 700 | 1200 | 2400 | 4100 | 5900 |
| 2-dr Custom Sdn | 300 | 700 | 1200 | 2400 | 4100 | 5900 |
| 2-dr Custom Sta Wgn | 300 | 750 | 1250 | 2500 | 4400 | 6200 |
| 4-dr Custom Sta Wgn | 300 | 700 | 1200 | 2400 | 4100 | 5900 |
| 2-dr 400 Sdn | 300 | 700 | 1200 | 2400 | 4100 | 5900 |
| 4-dr 400 Sdn | 300 | 700 | 1200 | 2400 | 4100 | 5900 |
| 2-dr 400 Conv | 450 | 1250 | 2050 | 4100 | 7100 | 10300 |
| 4-dr 400 Sta Wgn | 300 | 750 | 1250 | 2500 | 4400 | 6200 |
| **Rambler Classic, 6-cyl., 108" wb** | | | | | | |
| 4-dr Dlx Sdn | 300 | 650 | 1150 | 2300 | 3900 | 5700 |
| 2-dr Dlx | 300 | 700 | 1200 | 2400 | 4100 | 5900 |
| 4-dr Dlx Sta Wgn | 300 | 700 | 1200 | 2400 | 4100 | 5900 |
| 4-dr Custom Sdn | 300 | 700 | 1200 | 2400 | 4100 | 5900 |
| 2-dr Custom Sdn | 300 | 750 | 1250 | 2500 | 4400 | 6200 |
| 4-dr Custom Sta Wgn | 300 | 700 | 1200 | 2400 | 4100 | 5900 |
| 5-dr Custom Sta Wgn | 300 | 750 | 1250 | 2500 | 4400 | 6200 |
| 4-dr 400 Sdn | 300 | 750 | 1250 | 2500 | 4400 | 6200 |
| 2-dr 400 Sdn | 300 | 800 | 1300 | 2600 | 4600 | 6600 |
| 4-dr 400 Sta Wgn | 300 | 800 | 1350 | 2700 | 4700 | 6900 |

| | 6 | 5 | 4 | 3 | 2 | 1 |
|---|---|---|---|---|---|---|
| **Rambler Ambassador, 8-cyl., 108" wb** | | | | | | |
| 2-dr Dlx Sdn | 300 | 700 | 1200 | 2400 | 4100 | 5900 |
| 4-dr Dlx Sdn | 300 | 700 | 1200 | 2400 | 4100 | 5900 |
| 4-dr Dlx Sta Wgn | 300 | 800 | 1300 | 2600 | 4600 | 6600 |
| 2-dr Custom Sdn | 300 | 700 | 1200 | 2400 | 4100 | 5900 |
| 4-dr Custom Sdn | 300 | 700 | 1200 | 2400 | 4100 | 5900 |
| 4-dr Custom Sta Wgn | 300 | 800 | 1300 | 2600 | 4600 | 6600 |
| 2-dr 400 Sdn | 300 | 800 | 1300 | 2600 | 4600 | 6600 |
| 4-dr 400 Sdn | 300 | 750 | 1250 | 2500 | 4400 | 6200 |
| 4-dr 400 Sta Wgn | 300 | 800 | 1300 | 2600 | 4600 | 6600 |
| 5-dr 400 Sta Wgn | 350 | 850 | 1400 | 2800 | 4900 | 7100 |
| ***1963*** | | | | | | |
| **Rambler American, 6-cyl., 100" wb** | | | | | | |
| 2-dr 220 Sdn | 300 | 650 | 1100 | 2200 | 3800 | 5400 |
| 4-dr 220 Sdn | 300 | 650 | 1100 | 2100 | 3600 | 5100 |
| 2-dr 220 Bus Sdn | 300 | 650 | 1100 | 2100 | 3600 | 5100 |
| 4-dr 220 Sta Wgn | 300 | 650 | 1100 | 2200 | 3800 | 5400 |
| 2-dr 220 Sta Wgn | 300 | 650 | 1100 | 2100 | 3600 | 5100 |
| 2-dr 330 Sdn | 300 | 650 | 1100 | 2200 | 3800 | 5400 |
| 4-dr 330 Sdn | 300 | 650 | 1100 | 2100 | 3600 | 5100 |
| 4-dr 330 Sta Wgn | 300 | 650 | 1150 | 2300 | 3900 | 5700 |
| 2-dr 330 Sta Wgn | 300 | 650 | 1100 | 2200 | 3800 | 5400 |
| 4-dr 440 Sdn | 300 | 650 | 1100 | 2200 | 3800 | 5400 |
| 2-dr 440 Sdn | 300 | 650 | 1150 | 2300 | 3900 | 5700 |
| 2-dr 440 Hdtp | 300 | 700 | 1200 | 2400 | 4100 | 5900 |
| 2-dr 440-H Hdtp | 300 | 800 | 1350 | 2700 | 4700 | 6900 |
| 2-dr 440 Conv | 400 | 1200 | 2000 | 4000 | 6900 | 10000 |
| 4-dr 440 Sta Wgn | 300 | 700 | 1200 | 2400 | 4100 | 5900 |
| **Rambler Classic 6, 6-cyl., 112" wb** | | | | | | |
| 4-dr 550 Sdn | 300 | 650 | 1100 | 2100 | 3600 | 5100 |
| 2-dr 550 Sdn | 300 | 650 | 1100 | 2200 | 3800 | 5400 |
| 4-dr 550 Sta Wgn | 300 | 650 | 1100 | 2200 | 3800 | 5400 |
| 4-dr 660 Sdn | 300 | 650 | 1100 | 2100 | 3600 | 5100 |
| 2-dr 660 Sdn | 300 | 650 | 1100 | 2200 | 3800 | 5400 |
| 4-dr 660 6-pass Sta Wgn | 300 | 650 | 1100 | 2200 | 3800 | 5400 |
| 4-dr 660 8-pass Sta Wgn | 300 | 700 | 1200 | 2400 | 4100 | 5900 |
| 4-dr 770 Sdn | 300 | 650 | 1150 | 2300 | 3900 | 5700 |
| 2-dr 770 Sdn | 300 | 700 | 1200 | 2400 | 4100 | 5900 |
| 4-dr 770 Sta Wgn | 300 | 800 | 1300 | 2600 | 4600 | 6600 |
| **Ambassador, 8-cyl.. 112" wb** | | | | | | |
| 4-dr 800 Sdn | 300 | 650 | 1100 | 2200 | 3800 | 5400 |
| 2-dr 800 Sdn | 300 | 650 | 1150 | 2300 | 3900 | 5700 |
| 4-dr 800 Sta Wgn | 300 | 650 | 1150 | 2300 | 3900 | 5700 |
| 4-dr 880 Sdn | 300 | 650 | 1100 | 2200 | 3800 | 5400 |
| 2-dr 880 Sdn | 300 | 650 | 1150 | 2300 | 3900 | 5700 |
| 4-dr 880 Sta Wgn | 300 | 700 | 1200 | 2400 | 4100 | 5900 |
| 4-dr 990 Sdn | 300 | 650 | 1150 | 2300 | 3900 | 5700 |
| 2-dr 990 Sdn | 300 | 700 | 1200 | 2400 | 4100 | 5900 |
| 4-dr 990 Sta Wgn | 300 | 750 | 1250 | 2500 | 4400 | 6200 |
| 5-dr 990 Sta Wgn | 300 | 800 | 1350 | 2700 | 4700 | 6900 |
| ***1964*** | | | | | | |
| **Rambler American, 6-cyl., 106" wb** | | | | | | |
| 4-dr 220 Sdn | 300 | 650 | 1100 | 2100 | 3600 | 5100 |
| 2-dr 220 Sdn | 300 | 650 | 1100 | 2200 | 3800 | 5400 |
| 4-dr 220 Sta Wgn | 300 | 650 | 1100 | 2200 | 3800 | 5400 |
| 4-dr 330 Sdn | 300 | 650 | 1100 | 2200 | 3800 | 5400 |
| 2-dr 330 Sdn | 300 | 650 | 1150 | 2300 | 3900 | 5700 |
| 4-dr 330 Sta Wgn | 300 | 700 | 1200 | 2400 | 4100 | 5900 |
| 4-dr 440 Sdn | 300 | 650 | 1100 | 2200 | 3800 | 5400 |

| | 6 | 5 | 4 | 3 | 2 | 1 |
|---|---|---|---|---|---|---|
| 2-dr 440 Hdtp | 300 | 700 | 1200 | 2400 | 4100 | 5900 |
| 2-dr 440-H Hdtp | 300 | 800 | 1350 | 2700 | 4700 | 6900 |
| 2-dr 440 Conv | 450 | 1250 | 2150 | 4300 | 7400 | 10700 |
| **Rambler Classic 6, 6-cyl., 112" wb** | | | | | | |
| 4-dr 550 Sdn | 300 | 650 | 1100 | 2100 | 3600 | 5100 |
| 2-dr 550 Sdn | 300 | 650 | 1100 | 2200 | 3800 | 5400 |
| 4-dr 550 Sta Wgn | 300 | 650 | 1100 | 2200 | 3800 | 5400 |
| 4-dr 660 Sdn | 300 | 650 | 1100 | 2100 | 3600 | 5100 |
| 2-dr 660 Sdn | 300 | 650 | 1100 | 2200 | 3800 | 5400 |
| 4-dr 660 Sta Wgn | 300 | 650 | 1100 | 2200 | 3800 | 5400 |
| 4-dr 770 Sdn | 300 | 650 | 1100 | 2200 | 3800 | 5400 |
| 2-dr 770 Sdn | 300 | 650 | 1100 | 2200 | 3800 | 5400 |
| 2-dr 770 Hdtp | 350 | 850 | 1400 | 2800 | 4900 | 7100 |
| 2-dr 770 Typhoon Hdtp | 400 | 1150 | 1850 | 3700 | 6400 | 9300 |
| 4-dr 770 Sta Wgn | 300 | 650 | 1100 | 2200 | 3800 | 5400 |
| **Rambler Ambassador 990, 8-cyl., 112" wb** | | | | | | |
| 4-dr Sdn | 300 | 700 | 1200 | 2400 | 4100 | 5900 |
| 2-dr Hdtp | 350 | 850 | 1400 | 2800 | 4900 | 7100 |
| 2-dr 990-H Hdtp | 350 | 900 | 1500 | 3000 | 5300 | 7600 |
| 5-dr Sta Wgn | 300 | 650 | 1150 | 2300 | 3900 | 5700 |
| ***1965*** | | | | | | |
| **American, 6-cyl., 106" wb** | | | | | | |
| 4-dr 220 Sdn | 300 | 650 | 1100 | 2200 | 3800 | 5400 |
| 2-dr 220 Sdn | 300 | 650 | 1100 | 2200 | 3800 | 5400 |
| 4-dr 220 Sta Wgn | 300 | 650 | 1100 | 2200 | 3800 | 5400 |
| 4-dr 330 Sdn | 300 | 650 | 1100 | 2200 | 3800 | 5400 |
| 2-dr 330 Sdn | 300 | 650 | 1150 | 2300 | 3900 | 5700 |
| 4-dr 330 Sta Wgn | 300 | 700 | 1200 | 2400 | 4100 | 5900 |
| 4-dr 440 Sdn | 300 | 650 | 1150 | 2300 | 3900 | 5700 |
| 2-dr 440 Hdtp | 300 | 800 | 1350 | 2700 | 4700 | 6900 |
| 2-dr 440-H Hdtp | 350 | 850 | 1400 | 2800 | 4900 | 7100 |
| 2-dr 440 Conv | 450 | 1250 | 2050 | 4100 | 7100 | 10300 |
| **Classic, 6-cyl., 112" wb** | | | | | | |
| 4-dr 550 Sdn | 300 | 650 | 1100 | 2100 | 3600 | 5100 |
| 2-dr 550 Sdn | 300 | 650 | 1100 | 2200 | 3800 | 5400 |
| 4-dr 550 Sta Wgn | 300 | 650 | 1100 | 2200 | 3800 | 5400 |
| 4-dr 660 Sdn | 300 | 650 | 1100 | 2200 | 3800 | 5400 |
| 2-dr 660 Sdn | 300 | 650 | 1150 | 2300 | 3900 | 5700 |
| 4-dr 660 Sta Wgn | 300 | 650 | 1150 | 2300 | 3900 | 5700 |
| 4-dr 770 Sdn | 300 | 650 | 1100 | 2200 | 3800 | 5400 |
| 2-dr 770 Hdtp Cpe | 300 | 700 | 1200 | 2400 | 4100 | 5900 |
| 2-dr 770-H Hdtp | 350 | 850 | 1400 | 2800 | 4900 | 7100 |
| 2-dr 770 Conv | 400 | 1200 | 2000 | 4000 | 6900 | 10000 |
| 4-dr 770 Sta Wgn | 300 | 650 | 1150 | 2300 | 3900 | 5700 |
| **Marlin, 6-cyl., 112" wb** | | | | | | |
| 2-dr Fstbk Hdtp | 400 | 1050 | 1700 | 3300 | 5800 | 8300 |
| | | *V-8 add 10%* | | | | |
| **Ambassador, 6-cyl., 116" wb** | | | | | | |
| 4-dr 880 Sdn | 300 | 650 | 1150 | 2300 | 3900 | 5700 |
| 2-dr 880 Sdn | 300 | 700 | 1200 | 2400 | 4100 | 5900 |
| 4-dr 880 Sta Wgn | 300 | 700 | 1200 | 2400 | 4100 | 5900 |
| 4-dr 990 Sdn | 300 | 700 | 1200 | 2400 | 4100 | 5900 |
| 2-dr 990 Hdtp | 300 | 750 | 1250 | 2500 | 4400 | 6200 |
| 2-dr 990-H Hdtp | 350 | 850 | 1400 | 2800 | 4900 | 7100 |
| 2-dr 990 Conv | 450 | 1250 | 2050 | 4100 | 7100 | 10300 |
| 4-dr 990 Sta Wgn | 300 | 700 | 1200 | 2400 | 4100 | 5900 |
| ***1966*** | | | | | | |
| **American, 6-cyl.** | | | | | | |
| 4-dr 220 Sdn | 300 | 650 | 1100 | 2100 | 3600 | 5100 |

'64 Ambassador

'64 Rambler American

'65 Ambassador

'65 Classic

'66 Ambassador

'66 Marlin

'67 Marlin

'67 Rebel

'68 Javelin

'68 Rogue

'69 Ambassador

'69 Rambler Rebel

| | 6 | 5 | 4 | 3 | 2 | 1 |
|---|---|---|---|---|---|---|
| 2-dr 220 Sdn | 300 | 650 | 1100 | 2200 | 3800 | 5400 |
| 4-dr 220 Sta Wgn | 300 | 650 | 1100 | 2200 | 3800 | 5400 |
| 4-dr 440 Sdn | 300 | 650 | 1100 | 2200 | 3800 | 5400 |
| 2-dr 440 Sdn | 300 | 650 | 1150 | 2300 | 3900 | 5700 |
| 2-dr 440 Conv | 350 | 950 | 1550 | 3100 | 5500 | 7900 |
| 4-dr 440 Sta Wgn | 300 | 650 | 1150 | 2300 | 3900 | 5700 |
| 2-dr 440 Hdtp | 300 | 800 | 1300 | 2600 | 4600 | 6600 |
| 2-dr 440 Rogue Hdtp | 350 | 900 | 1500 | 3000 | 5300 | 7600 |
| **Classic, 6-cyl., 112" wb** | | | | | | |
| 4-dr 550 Sdn | 300 | 650 | 1100 | 2200 | 3800 | 5400 |
| 2-dr 550 Sdn | 300 | 650 | 1100 | 2200 | 3800 | 5400 |
| 4-dr 550 Sta Wgn | 300 | 650 | 1150 | 2300 | 3900 | 5700 |
| 4-dr 770 Sdn | 300 | 650 | 1150 | 2300 | 3900 | 5700 |
| 2-dr 770 Hdtp Cpe | 300 | 750 | 1250 | 2500 | 4400 | 6200 |
| 2-dr 770 Conv | 400 | 1050 | 1700 | 3400 | 5900 | 8500 |
| 4-dr 770 Sta Wgn | 300 | 650 | 1100 | 2200 | 3800 | 5400 |
| **Rebel, 6-cyl., 112" wb** | | | | | | |
| 2-dr Hdtp | 350 | 950 | 1550 | 3100 | 5500 | 7900 |
| **Marlin, 6-cyl., 112" wb** | | | | | | |
| 2-dr Fstbk Cpe | 400 | 1050 | 1700 | 3300 | 5800 | 8300 |
| **Ambassador, 6-cyl., 116" wb** | | | | | | |
| 4-dr 880 Sdn | 300 | 650 | 1100 | 2200 | 3800 | 5400 |
| 2-dr 880 Sdn | 300 | 650 | 1150 | 2300 | 3900 | 5700 |
| 4-dr 880 Sta Wgn | 300 | 700 | 1200 | 2400 | 4100 | 5900 |
| 4-dr 990 Sdn | 300 | 700 | 1200 | 2400 | 4100 | 5900 |
| 2-dr 990 Hdtp Cpe | 300 | 800 | 1350 | 2700 | 4700 | 6900 |
| 2-dr 990 Conv | 450 | 1250 | 2050 | 4100 | 7100 | 10300 |
| 4-dr 990 Sta Wgn | 300 | 650 | 1150 | 2300 | 3900 | 5700 |
| **DPL (Diplomat), 6-cyl., 116" wb** | | | | | | |
| 2-dr Hdtp Cpe | 350 | 950 | 1550 | 3100 | 5500 | 7900 |
| ***1967*** | | | | | | |
| **American 220, 6-cyl., 106" wb** | | | | | | |
| 4-dr Sdn | 300 | 650 | 1100 | 2100 | 3600 | 5100 |
| 2-dr Sdn | 300 | 650 | 1100 | 2100 | 3600 | 5100 |
| 4-dr Sta Wgn | 300 | 650 | 1100 | 2200 | 3800 | 5400 |
| **American 440, 6-cyl., 106" wb** | | | | | | |
| 4-dr Sdn | 300 | 650 | 1100 | 2200 | 3800 | 5400 |
| 2-dr Sdn | 300 | 650 | 1100 | 2200 | 3800 | 5400 |
| 2-dr Hdtp Cpe | 300 | 650 | 1150 | 2300 | 3900 | 5700 |
| 4-dr Sta Wgn | 300 | 650 | 1100 | 2200 | 3800 | 5400 |
| **American Rogue, 106" wb** | | | | | | |
| 2-dr Hdtp Cpe | 350 | 900 | 1500 | 2900 | 5200 | 7400 |
| 2-dr Conv | 450 | 1250 | 2150 | 4300 | 7400 | 10700 |
| **Rebel 550, 6-cyl., 114" wb** | | | | | | |
| 4-dr Sdn | 300 | 650 | 1100 | 2200 | 3800 | 5400 |
| 2-dr Sdn | 300 | 650 | 1100 | 2200 | 3800 | 5400 |
| 4-dr Sta Wgn | 300 | 650 | 1150 | 2300 | 3900 | 5700 |
| **Rebel 770, 6-cyl., 114" wb** | | | | | | |
| 4-dr Sdn | 300 | 650 | 1150 | 2300 | 3900 | 5700 |
| 2-dr Hdtp Cpe | 300 | 700 | 1200 | 2400 | 4100 | 5900 |
| 4-dr Sta Wgn | 300 | 650 | 1150 | 2300 | 3900 | 5700 |
| **Rebel SST, 8-cyl., 114" wb** | | | | | | |
| 2-dr Hdtp Cpe | 300 | 800 | 1350 | 2700 | 4700 | 6900 |
| 2-dr Conv | 550 | 1450 | 2450 | 4900 | 8500 | 12000 |
| **Marlin, 6-cyl., 118" wb** | | | | | | |
| 2-dr Fstbk Cpe | 400 | 1050 | 1700 | 3300 | 5800 | 8300 |
| **Ambassador 880, 6-cyl., 118" wb** | | | | | | |
| 4-dr Sdn | 300 | 650 | 1100 | 2200 | 3800 | 5400 |
| 2-dr Sdn | 300 | 650 | 1100 | 2200 | 3800 | 5400 |
| 4-dr Sta Wgn | 300 | 650 | 1100 | 2200 | 3800 | 5400 |

| | 6 | 5 | 4 | 3 | 2 | 1 |
|---|---|---|---|---|---|---|
| **Ambassador 990, 6-cyl., 118" wb** | | | | | | |
| 4-dr Sdn | 300 | 650 | 1150 | 2300 | 3900 | 5700 |
| 2-dr Hdtp Cpe | 350 | 850 | 1400 | 2800 | 4900 | 7100 |
| 4-dr Sta Wgn | 300 | 700 | 1200 | 2400 | 4100 | 5900 |
| **Ambassador DPL, 6-cyl., 118" wb** | | | | | | |
| 2-dr Hdtp Cpe | 350 | 950 | 1550 | 3100 | 5500 | 7900 |
| 2-dr Conv (8-cyl.) | 450 | 1250 | 2050 | 4100 | 7100 | 10300 |
| **1968** | | | | | | |
| **American 220, 6-cyl., 106" wb** | | | | | | |
| 4-dr Sdn | 300 | 650 | 1100 | 2200 | 3800 | 5400 |
| 2-dr Sdn | 300 | 650 | 1100 | 2200 | 3800 | 5400 |
| **American 440, 6-cyl., 106" wb** | | | | | | |
| 4-dr Sdn | 300 | 650 | 1100 | 2200 | 3800 | 5400 |
| 4-dr Sta Wgn | 300 | 650 | 1150 | 2300 | 3900 | 5700 |
| **Rogue, 6-cyl., 106" wb** | | | | | | |
| 2-dr Hdtp Cpe | 400 | 1050 | 1700 | 3300 | 5800 | 8300 |
| **Rebel 550, 6-cyl./8-cyl., 114" wb** | | | | | | |
| 2-dr Hdtp Cpe | 300 | 800 | 1300 | 2600 | 4600 | 6600 |
| 4-dr Sdn | 300 | 650 | 1100 | 2200 | 3800 | 5400 |
| 2-dr Conv | 400 | 1200 | 2000 | 4000 | 6900 | 10000 |
| 4-dr Sta Wgn | 300 | 650 | 1150 | 2300 | 3900 | 5700 |
| **Rebel 770, 6-cyl./8-cyl., 114" wb** | | | | | | |
| 2-dr Hdtp Cpe | 300 | 800 | 1350 | 2700 | 4700 | 6900 |
| 4-dr Sdn | 300 | 650 | 1100 | 2200 | 3800 | 5400 |
| 4-dr Sta Wgn | 300 | 650 | 1100 | 2200 | 3800 | 5400 |
| **Rebel SST, 6-cyl./8-cyl., 114" wb** | | | | | | |
| 2-dr Hdtp Cpe | 300 | 800 | 1300 | 2600 | 4600 | 6600 |
| 2-dr Conv | 500 | 1350 | 2350 | 4700 | 8100 | 11500 |
| **Ambassador, 6-cyl./8-cyl., 118" wb** | | | | | | |
| 2-dr Hdtp Cpe | 300 | 750 | 1250 | 2500 | 4400 | 6200 |
| 4-dr Sdn | 300 | 650 | 1100 | 2200 | 3800 | 5400 |
| **Ambassador DPL, 6-cyl./8-cyl., 118" wb** | | | | | | |
| 2-dr Hdtp Cpe | 350 | 850 | 1400 | 2800 | 4900 | 7100 |
| 4-dr Sdn | 300 | 650 | 1150 | 2300 | 3900 | 5700 |
| 4-dr Sta Wgn | 300 | 750 | 1250 | 2500 | 4400 | 6200 |
| **Ambassador SST, 8-cyl., 118" wb** | | | | | | |
| 2-dr Hdtp Cpe | 350 | 950 | 1550 | 3100 | 5500 | 7900 |
| 4-dr Sdn | 300 | 750 | 1250 | 2500 | 4400 | 6200 |
| **Javelin, 6-cyl./8-cyl., 109" wb** | | | | | | |
| 2-dr Fstbk | 400 | 1200 | 1950 | 3900 | 6800 | 9900 |
| | | *V-8 add 10%* | | | | |
| **Javelin SST, 8-cyl., 109" wb** | | | | | | |
| 2-dr Fstbk | 500 | 1300 | 2250 | 4500 | 7700 | 11000 |
| **AMX, 8-cyl., 97" wb** | | | | | | |
| 2-dr Spt Cpe | 650 | 1800 | 3250 | 6500 | 11200 | 16100 |
| *Go pkg. add 20%* | | *Big Bad pkg. add 25%* | | *Craig Breedlove pkg. (AMX) add 30%* | | |
| **1969** | | | | | | |
| **Rambler, 6-cyl., 106" wb** | | | | | | |
| 4-dr Sdn | 300 | 650 | 1100 | 2200 | 3800 | 5400 |
| 2-dr Sdn | 300 | 650 | 1100 | 2200 | 3800 | 5400 |
| **Rambler 440, 6-cyl., 106" wb** | | | | | | |
| 4-dr Sdn | 300 | 650 | 1150 | 2300 | 3900 | 5700 |
| 2-dr Sdn | 300 | 650 | 1150 | 2300 | 3900 | 5700 |
| **Rambler Rogue, 6-cyl., 106" wb** | | | | | | |
| 2-dr Hdtp Cpe | 400 | 1050 | 1700 | 3300 | 5800 | 8300 |
| **Rambler Hurst S/C, 8-cyl., 106" wb** | | | | | | |
| 2-dr Hdtp Cpe | 650 | 1700 | 3000 | 5900 | 10200 | 14700 |
| **Rebel, 6-cyl., 114" wb** | | | | | | |
| 2-dr Hdtp Cpe | 300 | 700 | 1200 | 2400 | 4100 | 5900 |
| 4-dr Sdn | 300 | 650 | 1100 | 2100 | 3600 | 5100 |
| 4-dr Sta Wgn | 300 | 650 | 1100 | 2200 | 3800 | 5400 |

| | 6 | 5 | 4 | 3 | 2 | 1 |
|---|---|---|---|---|---|---|
| **Rebel SST** | | | | | | |
| 2-dr Hdtp Cpe | 300 | 750 | 1250 | 2500 | 4400 | 6200 |
| 4-dr Sdn | 300 | 650 | 1100 | 2200 | 3800 | 5400 |
| 4-dr Sta Wgn | 300 | 650 | 1150 | 2300 | 3900 | 5700 |
| **AMX, 8-cyl., 109" wb** | | | | | | |
| 2-dr Fstbk Cpe | 700 | 1900 | 3350 | 6700 | 11500 | 16500 |
| **Javelin, 6-cyl., 109" wb** | | | | | | |
| 2-dr Fstbk Cpe | 400 | 1200 | 1950 | 3900 | 6800 | 9900 |
| **Javelin SST, 8-cyl., 109" wb** | | | | | | |
| 2-dr Fstbk Cpe | 500 | 1350 | 2300 | 4600 | 8000 | 11300 |
| | *Go pkg. add 20%* | | *Big Bad pkg. (AMX and Javelin only) add 30%* | | | |
| **Ambassador, 6-cyl./8-cyl., 122" wb** | | | | | | |
| 4-dr Sdn | 300 | 650 | 1100 | 2200 | 3800 | 5400 |
| **Ambassador DPL, 8-cyl., 122" wb** | | | | | | |
| 2-dr Hdtp Cpe | 300 | 800 | 1300 | 2600 | 4600 | 6600 |
| 4-dr Sdn | 300 | 650 | 1150 | 2300 | 3900 | 5700 |
| 4-dr Sta Wgn | 300 | 650 | 1150 | 2300 | 3900 | 5700 |
| **Ambassador SST, 8-cyl., 122" wb** | | | | | | |
| 4-dr Sdn | 300 | 650 | 1150 | 2300 | 3900 | 5700 |
| 2-dr Hdtp Cpe | 350 | 950 | 1550 | 3100 | 5500 | 7900 |
| 4-dr Sta Wgn | 300 | 700 | 1200 | 2400 | 4100 | 5900 |
| | | *V-8 option add 10%* | | | | |
| **1970** | | | | | | |
| **Hornet, 6-cyl., 108" wb** | | | | | | |
| 4-dr Sdn | 300 | 600 | 950 | 1900 | 3200 | 4600 |
| 2-dr Sdn | 300 | 600 | 950 | 1900 | 3200 | 4600 |
| **Hornet SST, 6-cyl., 108" wb** | | | | | | |
| 4-dr Sdn | 300 | 650 | 1000 | 2000 | 3500 | 4900 |
| 2-dr Sdn | 300 | 650 | 1000 | 2000 | 3500 | 4900 |
| **Rebel, 6-cyl./8-cyl., 114" wb** | | | | | | |
| 2-dr Hdtp Cpe | 300 | 650 | 1150 | 2300 | 3900 | 5700 |
| 4-dr Sdn | 300 | 650 | 1000 | 2000 | 3500 | 4900 |
| 4-dr Sta Wgn | 300 | 650 | 1100 | 2100 | 3600 | 5100 |
| **Rebel SST, 6-cyl./8-cyl., 114" wb** | | | | | | |
| 2-dr Hdtp Cpe | 300 | 800 | 1350 | 2700 | 4700 | 6900 |
| 4-dr Sdn | 300 | 650 | 1100 | 2100 | 3600 | 5100 |
| 4-dr Sta Wgn | 300 | 650 | 1100 | 2200 | 3800 | 5400 |
| **Rebel "The Machine", 8-cyl., 114" wb** | | | | | | |
| 2-dr Hdtp Cpe | 600 | 1600 | 2800 | 5600 | 9700 | 14000 |
| **AMX, Series 30, 8-cyl., 97" wb** | | | | | | |
| 2-dr Fstbk Cpe | 700 | 1850 | 3300 | 6600 | 11300 | 16300 |
| **Gremlin, 6-cyl., 96" wb** | | | | | | |
| 2-dr 2-pass Sdn | 300 | 650 | 1000 | 2000 | 3500 | 4900 |
| 2-dr 4-pass Sdn | 300 | 650 | 1100 | 2100 | 3600 | 5100 |
| **Javelin, 6-cyl./8-cyl., 109" wb** | | | | | | |
| 2-dr Fstbk Cpe | 400 | 1100 | 1800 | 3600 | 6200 | 9100 |
| **Javelin SST, 6-cyl./8-cyl., 109" wb** | | | | | | |
| 2-dr Fstbk Cpe | 450 | 1250 | 2200 | 4400 | 7600 | 10900 |
| | *Mark Donohue edition add 5%* | | *Trans Am model add 10%* | | | |
| **Ambassador, 6-cyl./8-cyl., 122" wb** | | | | | | |
| 4-dr Sdn | 300 | 650 | 1100 | 2100 | 3600 | 5100 |
| **Ambassador DPL, 8-cyl., 122" wb** | | | | | | |
| 2-dr Hdtp Cpe | 300 | 750 | 1250 | 2500 | 4400 | 6200 |
| 4-dr Sdn | 300 | 650 | 1100 | 2200 | 3800 | 5400 |
| 4-dr Sta Wgn | 300 | 650 | 1150 | 2300 | 3900 | 5700 |
| **Ambassador SST, 8-cyl., 122" wb** | | | | | | |
| 2-dr Hdtp Cpe | 300 | 800 | 1350 | 2700 | 4700 | 6900 |
| 4-dr Sdn | 300 | 650 | 1150 | 2300 | 3900 | 5700 |
| 4-dr Sta Wgn | 300 | 750 | 1250 | 2500 | 4400 | 6200 |
| | *Go pkg. add 20%* | *Big Bad pkg. (AMX and Javelin only) add 30%* | | *V-8 option add 10%* | | |

| | 6 | 5 | 4 | 3 | 2 | 1 |
|---|---|---|---|---|---|---|
| **1971** | | | | | | |
| **Gremlin, 6-cyl.** | | | | | | |
| 2-dr 2-pass Sdn | 250 | 600 | 900 | 1800 | 3100 | 4400 |
| 2-dr 4-pass Sdn | 300 | 600 | 950 | 1900 | 3200 | 4600 |
| **Hornet, 6-cyl.** | | | | | | |
| 2-dr Sdn | 300 | 600 | 950 | 1900 | 3200 | 4600 |
| 4-dr Sdn | 300 | 600 | 950 | 1900 | 3200 | 4600 |
| **Hornet SST, 6-cyl.** | | | | | | |
| 2-dr Sdn | 300 | 650 | 1000 | 2000 | 3500 | 4900 |
| 4-dr Sdn | 300 | 650 | 1000 | 2000 | 3500 | 4900 |
| 4-dr Sta Wgn | 300 | 650 | 1100 | 2100 | 3600 | 5100 |
| **Hornet SC/360, 8-cyl.** | | | | | | |
| 2-dr Spt Sdn | 400 | 1100 | 1800 | 3600 | 6200 | 9100 |
| **Javelin, 6-cyl./8-cyl.** | | | | | | |
| 2-dr Fstbk Cpe | 300 | 650 | 1100 | 2100 | 3600 | 5100 |
| 2-dr SST Fstbk Cpe | 300 | 800 | 1350 | 2700 | 4700 | 6900 |
| *401 V-8 add 10%* | | | | | | |
| **Javelin AMX, 8-cyl.** | | | | | | |
| 2-dr Fstbk Cpe | 450 | 1250 | 2050 | 4100 | 7100 | 10300 |
| *GO pkg. add 15%* | | | | | | |
| **Matador, 6-cyl./8-cyl.** | | | | | | |
| 2-dr Hdtp Cpe | 300 | 650 | 1100 | 2100 | 3600 | 5100 |
| 4-dr Sdn | 300 | 600 | 950 | 1900 | 3200 | 4600 |
| 4-dr Sta Wgn | 300 | 650 | 1000 | 2000 | 3500 | 4900 |
| **Ambassador DPL, 6-cyl./8-cyl.** | | | | | | |
| 4-dr Sdn | 300 | 650 | 1100 | 2100 | 3600 | 5100 |
| **Ambassador SST, 8-cyl.** | | | | | | |
| 4-dr Sdn | 300 | 650 | 1100 | 2200 | 3800 | 5400 |
| 2-dr Hdtp Cpe | 300 | 700 | 1200 | 2400 | 4100 | 5900 |
| 4-dr Sta Wgn | 300 | 700 | 1200 | 2400 | 4100 | 5900 |
| *Ambassador SST Broughams add 10%* | | | | *V-8 option add 10%* | | |
| **1972** | | | | | | |
| **Hornet SST, 6-cyl./8-cyl.** | | | | | | |
| 2-dr Sdn | 250 | 550 | 800 | 1600 | 2800 | 3900 |
| 4-dr Sdn | 250 | 550 | 800 | 1600 | 2800 | 3900 |
| Sptabt | 250 | 600 | 850 | 1700 | 2900 | 4100 |
| **Matador, 6-cyl./8-cyl.** | | | | | | |
| 2-dr Hdtp Cpe | 300 | 600 | 950 | 1900 | 3200 | 4600 |
| 4-dr Sdn | 250 | 550 | 800 | 1600 | 2800 | 3900 |
| 4-dr Sta Wgn | 250 | 600 | 850 | 1700 | 2900 | 4100 |
| **Gremlin, 6-cyl./8-cyl.** | | | | | | |
| 2-dr Sdn | 250 | 600 | 850 | 1700 | 2900 | 4100 |
| **Javelin, 6-cyl./8-cyl.** | | | | | | |
| 2-dr SST Fstbk Cpe | 350 | 900 | 1500 | 2900 | 5200 | 7400 |
| 2-dr AMX Fstbk Cpe (8-cyl.) | 400 | 1150 | 1850 | 3700 | 6400 | 9300 |
| *401 V-8 add 30%* | | *401 Police Special V-8 add 30%* | | | | |
| *GO package add 30%* | | | | | | |
| **Ambassador SST, Series 80, 8-cyl.** | | | | | | |
| 2-dr Hdtp Cpe | 300 | 650 | 1150 | 2300 | 3900 | 5700 |
| 4-dr Sdn | 300 | 650 | 1100 | 2100 | 3600 | 5100 |
| 4-dr Sta Wgn | 300 | 700 | 1200 | 2400 | 4100 | 5900 |
| *SST prices for Brougham add 10%* | | | | *V-8 option add 10%* | | |
| **1973** | | | | | | |
| **Gremlin, 6-cyl./8-cyl.** | | | | | | |
| 2-dr Sdn | 250 | 600 | 850 | 1700 | 2900 | 4100 |
| **Hornet, 6-cyl./8-cyl.** | | | | | | |
| 2-dr Sdn | 250 | 550 | 800 | 1600 | 2800 | 3900 |
| 4-dr Sdn | 250 | 550 | 800 | 1600 | 2800 | 3900 |
| 2-dr Htchbk | 250 | 600 | 850 | 1700 | 2900 | 4100 |
| Sptabt | 250 | 600 | 850 | 1700 | 2900 | 4100 |

| | 6 | 5 | 4 | 3 | 2 | 1 |
|---|---|---|---|---|---|---|
| **Javelin, 6-cyl./8-cyl.** | | | | | | |
| 2-dr Fstbk Cpe | 300 | 650 | 1150 | 2300 | 3900 | 5700 |
| **Javelin AMX, 8-cyl.** | | | | | | |
| 2-dr Fstbk Cpe | 400 | 1050 | 1700 | 3400 | 5900 | 8500 |
| **Matador, 6-cyl./8-cyl.** | | | | | | |
| 2-dr Hdtp Cpe | 250 | 600 | 850 | 1700 | 2900 | 4100 |
| 4-dr Sdn | 250 | 500 | 750 | 1500 | 2600 | 3600 |
| 4-dr Sta Wgn | 250 | 550 | 800 | 1600 | 2800 | 3600 |
| **Ambassador Brougham, 8-cyl.** | | | | | | |
| 2-dr Hdtp Cpe | 250 | 600 | 900 | 1800 | 3100 | 4400 |
| 4-dr Sdn | 250 | 550 | 800 | 1600 | 2800 | 3900 |
| 4-dr Sta Wgn | 300 | 600 | 950 | 1900 | 3200 | 4600 |
| | | *V-8 option add 10%* | | | | |

## 1974

| | 6 | 5 | 4 | 3 | 2 | 1 |
|---|---|---|---|---|---|---|
| **Gremlin, 6-cyl./8-cyl.** | | | | | | |
| 2-dr Sdn | 250 | 600 | 850 | 1700 | 2900 | 4100 |
| **Hornet, 6-cyl./8-cyl.** | | | | | | |
| 2-dr Sdn | 250 | 500 | 750 | 1500 | 2600 | 3600 |
| 4-dr Sdn | 250 | 500 | 750 | 1500 | 2600 | 3600 |
| 2-dr Htchbk | 250 | 550 | 800 | 1600 | 2800 | 3900 |
| 4-dr Sta Wgn | 250 | 550 | 800 | 1600 | 2800 | 3900 |
| **Javelin, 6-cyl./8-cyl.** | | | | | | |
| 2-dr Fstbk Cpe | 300 | 650 | 1100 | 2200 | 3800 | 5400 |
| **Javelin AMX, 8-cyl.** | | | | | | |
| 2-dr Fstbk Cpe | 400 | 1050 | 1700 | 3300 | 5800 | 8300 |
| **Matador, 6-cyl./8-cyl.** | | | | | | |
| 2-dr Cpe | 250 | 600 | 850 | 1700 | 2900 | 4100 |
| 2-dr Sdn | 250 | 550 | 800 | 1600 | 2800 | 3900 |
| 4-dr Sdn | 250 | 500 | 750 | 1500 | 2600 | 3600 |
| 4-dr Sta Wgn | 250 | 550 | 800 | 1600 | 2800 | 3900 |
| **Matador Brougham, 6-cyl.** | | | | | | |
| 2-dr Cpe | 250 | 600 | 850 | 1700 | 2900 | 4100 |
| **Matador "X", 8-cyl.** | | | | | | |
| 2-dr Cpe | 250 | 600 | 900 | 1800 | 3100 | 4400 |
| **Ambassador Brougham, Series 80, 8-cyl.** | | | | | | |
| 4-dr Sdn | 250 | 550 | 800 | 1600 | 2800 | 3900 |
| 4-dr Sta Wgn | 300 | 650 | 1000 | 2000 | 3500 | 4900 |
| *Oleg Cassini Cpe add 10%* | | *GO pkg. add 20%* | | *V-8 option add 10%* | | |

## 1975

| | 6 | 5 | 4 | 3 | 2 | 1 |
|---|---|---|---|---|---|---|
| **Gremlin, 6-cyl./8-cyl.** | | | | | | |
| 2-dr Sdn | 250 | 600 | 850 | 1700 | 2900 | 4100 |
| **Hornet, 6-cyl./8-cyl.** | | | | | | |
| 4-dr Sdn | 250 | 500 | 750 | 1500 | 2600 | 3600 |
| 2-dr Sdn | 250 | 500 | 750 | 1500 | 2600 | 3600 |
| 2-dr Htchbk | 250 | 550 | 800 | 1600 | 2800 | 3900 |
| 4-dr Sta Wgn | 250 | 550 | 800 | 1600 | 2800 | 3900 |
| **Pacer, 6-cyl.** | | | | | | |
| 2-dr Sdn | 250 | 600 | 850 | 1700 | 2900 | 4100 |
| 2-dr "X" Spt Sdn | 300 | 600 | 950 | 1900 | 3200 | 4600 |
| 2-dr D/L Dlx Sdn | 300 | 600 | 950 | 1900 | 3200 | 4600 |
| **Matador, 6-cyl./8-cyl.** | | | | | | |
| 2-dr Cpe | 250 | 550 | 800 | 1600 | 2800 | 3900 |
| 4-dr Sdn | 250 | 500 | 750 | 1500 | 2600 | 3600 |
| 4-dr Sta Wgn | 250 | 550 | 800 | 1600 | 2800 | 3900 |

## 1976

| | 6 | 5 | 4 | 3 | 2 | 1 |
|---|---|---|---|---|---|---|
| **Gremlin, 6-cyl./8-cyl.** | | | | | | |
| 2-dr Sdn | 250 | 500 | 750 | 1500 | 2600 | 3600 |
| 2-dr Custom Sdn | 250 | 550 | 800 | 1600 | 2800 | 3900 |

'70 Gremlin

'70 Rebel

'71 Matador

'71 Javelin AMX

'73 Ambassador Station Wagon

'73 Hornet Station Wagon

'74 Javelin

'74 Ambassador

'75 Hornet Sportabout

'75 Gremlin

'76 Matador

'76 Pacer

| | 6 | 5 | 4 | 3 | 2 | 1 |
|---|---|---|---|---|---|---|
| **Hornet, 6-cyl./8-cyl.** | | | | | | |
| 2-dr Sdn | 250 | 500 | 750 | 1400 | 2400 | 3400 |
| 4-dr Sdn | 250 | 500 | 750 | 1400 | 2400 | 3400 |
| 2-dr Htchbk | 250 | 500 | 750 | 1500 | 2600 | 3600 |
| 4-dr Sptabt Wgn | 250 | 500 | 750 | 1500 | 2600 | 3600 |
| **Pacer, 6-cyl.** | | | | | | |
| 2-dr Htchbk | 250 | 600 | 850 | 1700 | 2900 | 4100 |
| **Matador, 6-cyl./8-cyl.** | | | | | | |
| 2-dr Cpe | 250 | 500 | 750 | 1500 | 2600 | 3600 |
| 4-dr Sdn | 250 | 500 | 750 | 1400 | 2400 | 3400 |
| 4-dr Sta Wgn (8-cyl.) | 250 | 500 | 750 | 1500 | 2600 | 3600 |

*V-8 option add 10%*

### 1977

| | 6 | 5 | 4 | 3 | 2 | 1 |
|---|---|---|---|---|---|---|
| **Gremlin, 4-cyl./6-cyl.** | | | | | | |
| 2-dr Sdn | 250 | 500 | 750 | 1500 | 2600 | 3600 |
| 2-dr Custom Sdn | 250 | 550 | 800 | 1600 | 2800 | 3900 |
| **Hornet, 6-cyl./8-cyl.** | | | | | | |
| 2-dr Sdn | 250 | 500 | 750 | 1400 | 2400 | 3400 |
| 4-dr Sdn | 250 | 500 | 750 | 1400 | 2400 | 3400 |
| 2-dr Htchbk | 250 | 500 | 750 | 1500 | 2600 | 3600 |
| 4-dr Sptabt Wgn | 250 | 500 | 750 | 1500 | 2600 | 3600 |
| **Pacer, 6-cyl.** | | | | | | |
| 2-dr Sdn | 250 | 600 | 850 | 1700 | 2900 | 4100 |
| Sta Wgn | 300 | 600 | 900 | 1800 | 3100 | 4400 |
| **Matador, 6-cyl./8-cyl.** | | | | | | |
| 2-dr Cpe | 250 | 500 | 750 | 1500 | 2600 | 3600 |
| 4-dr Sdn | 250 | 500 | 750 | 1400 | 2400 | 3400 |
| 4-dr Sta Wgn | 250 | 500 | 750 | 1500 | 2600 | 3600 |

*V-8 option add 5%*        *AMX pkg. add 10%*

### 1978

| | 6 | 5 | 4 | 3 | 2 | 1 |
|---|---|---|---|---|---|---|
| **Gremlin, 4-cyl./6-cyl.** | | | | | | |
| 2-dr Sdn | 250 | 500 | 750 | 1500 | 2600 | 3600 |
| 2-dr Custom Sdn | 250 | 550 | 800 | 1600 | 2800 | 3900 |
| **Concord, 6-cyl./8-cyl.** | | | | | | |
| 2-dr Sdn | 200 | 400 | 600 | 1200 | 2100 | 3000 |
| 4-dr Sdn | 200 | 400 | 600 | 1200 | 2100 | 3000 |
| 2-dr Htchbk | 200 | 450 | 650 | 1300 | 2200 | 3200 |
| 4-dr Sta Wgn | 200 | 450 | 650 | 1300 | 2200 | 3200 |
| **Pacer, 6-cyl./8-cyl.** | | | | | | |
| 2-dr Sdn | 250 | 600 | 850 | 1700 | 2900 | 4100 |
| 4-dr Sta Wgn | 300 | 600 | 900 | 1800 | 3100 | 4400 |
| **AMX, 6-cyl./8-cyl.** | | | | | | |
| 2-dr Htchbk | 300 | 650 | 1100 | 2200 | 3800 | 5400 |
| **Matador, 6-cyl./8-cyl.** | | | | | | |
| 2-dr Cpe | 250 | 500 | 750 | 1400 | 2400 | 3400 |
| 4-dr Sdn | 250 | 450 | 650 | 1300 | 2200 | 3200 |
| 4-dr Sta Wgn | 250 | 500 | 750 | 1400 | 2400 | 3400 |

*V-8 option add 10%*

### 1979

| | 6 | 5 | 4 | 3 | 2 | 1 |
|---|---|---|---|---|---|---|
| **Spirit, 6-cyl.** | | | | | | |
| 2-dr Htchbk | 200 | 400 | 550 | 1100 | 2000 | 2900 |
| 2-dr Sdn | 200 | 400 | 550 | 1100 | 2000 | 2900 |
| **Spirit DL, 6-cyl.** | | | | | | |
| 2-dr Htchbk | 200 | 400 | 600 | 1200 | 2100 | 3000 |
| 2-dr Sdn | 200 | 400 | 600 | 1200 | 2100 | 3000 |
| **Spirit Limited, 6-cyl.** | | | | | | |
| 2-dr Htchbk | 200 | 450 | 650 | 1300 | 2200 | 3200 |
| 2-dr Sdn | 200 | 450 | 650 | 1300 | 2200 | 3200 |
| **Concord, 8-cyl.** | | | | | | |
| 2-dr Sdn | 200 | 400 | 600 | 1200 | 2100 | 3000 |

| | 6 | 5 | 4 | 3 | 2 | 1 |
|---|---|---|---|---|---|---|
| 4-dr Sdn | 200 | 400 | 600 | 1200 | 2100 | 3000 |
| 2-dr Htchbk | 200 | 400 | 600 | 1200 | 2100 | 3000 |
| 4-dr Sta Wgn | 200 | 400 | 600 | 1200 | 2100 | 3000 |
| **Concord DL, 8-cyl.** | | | | | | |
| 2-dr Sdn | 200 | 450 | 650 | 1300 | 2200 | 3200 |
| 4-dr Sdn | 200 | 450 | 650 | 1300 | 2200 | 3200 |
| 2-dr Htchbk | 200 | 450 | 650 | 1300 | 2200 | 3200 |
| 4-dr Sta Wgn | 200 | 450 | 650 | 1300 | 2200 | 3200 |
| **Concord Limited, 8-cyl.** | | | | | | |
| 2-dr Sdn | 200 | 450 | 650 | 1300 | 2200 | 3200 |
| 4-dr Sdn | 200 | 450 | 650 | 1300 | 2200 | 3200 |
| 4-dr Sta Wgn | 250 | 500 | 750 | 1400 | 2400 | 3400 |
| **Pacer DL, 8-cyl.** | | | | | | |
| 2-dr Htchbk | 300 | 550 | 800 | 1600 | 2800 | 3900 |
| 2-dr Sta Wgn | 300 | 600 | 850 | 1700 | 2900 | 4100 |
| **Pacer Limited, 8-cyl.** | | | | | | |
| 2-dr Htchbk | 300 | 600 | 850 | 1700 | 2900 | 4100 |
| 2-dr Sta Wgn | 300 | 600 | 900 | 1800 | 3100 | 4400 |
| **AMX, 8-cyl.** | | | | | | |
| 2-dr Htchbk | 300 | 650 | 1150 | 2300 | 3900 | 5700 |
| | | *Small block option deduct 10%* | | | | |
| **1980** | | | | | | |
| **Spirit, 6-cyl.** | | | | | | |
| 2-dr Htchbk | 200 | 400 | 550 | 1100 | 2000 | 2900 |
| 2-dr Sdn | 200 | 400 | 550 | 1100 | 2000 | 2900 |
| 2-dr DL Htchbk | 200 | 400 | 600 | 1200 | 2100 | 3000 |
| 2-dr DL Sdn | 200 | 400 | 600 | 1200 | 2100 | 3000 |
| 2-dr Htchbk Ltd | 200 | 450 | 650 | 1300 | 2200 | 3200 |
| 2-dr Sdn Ltd | 200 | 450 | 650 | 1300 | 2200 | 3200 |
| **Concord, 6-cyl.** | | | | | | |
| 2-dr Sdn | 200 | 400 | 600 | 1200 | 2100 | 3000 |
| 4-dr Sdn | 200 | 400 | 600 | 1200 | 2100 | 3000 |
| 4-dr Sta Wgn | 200 | 400 | 600 | 1200 | 2100 | 3000 |
| 4-dr DL Sdn | 200 | 450 | 650 | 1300 | 2200 | 3200 |
| 2-dr DL Sdn | 200 | 450 | 650 | 1300 | 2200 | 3200 |
| 4-dr DL Sta Wgn | 200 | 450 | 650 | 1300 | 2200 | 3200 |
| 2-dr Sdn Ltd | 200 | 450 | 650 | 1300 | 2200 | 3200 |
| 4-dr Sdn Ltd | 200 | 450 | 650 | 1300 | 2200 | 3200 |
| 4-dr Sta Wgn Ltd | 250 | 500 | 750 | 1400 | 2400 | 3400 |
| **Pacer, 6-cyl.** | | | | | | |
| 2-dr DL Htchbk | 300 | 550 | 800 | 1600 | 2800 | 3900 |
| 2-dr DL Sta Wgn | 300 | 600 | 850 | 1700 | 2900 | 4100 |
| 2-dr Htchbk Ltd | 300 | 600 | 850 | 1700 | 2900 | 4100 |
| 2-dr Sta Wgn Ltd | 300 | 600 | 900 | 1800 | 3100 | 4400 |
| **AMX, 6-cyl.** | | | | | | |
| 2-dr Htchbk | 300 | 700 | 1200 | 2400 | 4100 | 5900 |
| **Eagle 4WD, 6-cyl.** | | | | | | |
| 2-dr Sdn | 200 | 450 | 650 | 1300 | 2200 | 3200 |
| 4-dr Sdn | 200 | 400 | 600 | 1200 | 2100 | 3000 |
| 4-dr Sta Wgn | 300 | 550 | 800 | 1600 | 2800 | 3900 |
| 4-dr Sdn Ltd | 300 | 550 | 800 | 1600 | 2800 | 3900 |
| 2-dr Sdn Ltd | 250 | 500 | 750 | 1400 | 2400 | 3400 |
| 4-dr Sta Wgn Ltd | 300 | 600 | 850 | 1700 | 2900 | 4100 |
| | | *Small block option deduct 10%* | | | | |
| **1981** | | | | | | |
| **Spirit, 4-cyl.** | | | | | | |
| 2-dr Htchbk | 200 | 350 | 500 | 1000 | 1900 | 2700 |
| 2-dr Sdn | 200 | 350 | 500 | 1000 | 1900 | 2700 |
| 2-dr DL Htchbk | 200 | 400 | 550 | 1100 | 2000 | 2900 |
| 2-dr DL Sdn | 200 | 400 | 550 | 1100 | 2000 | 2900 |

'77 Matador Barcelona

'77 Hornet

'78 Gremlin

'78 Matador Coupe

'79 Spirit Liftback

'79 Pacer

'80 Renault Le Car

'80 AMX

'81 Concord

'81 Eagle Kammback

'82 Spirit Liftback

'82 Renault Fuego

| | 6 | 5 | 4 | 3 | 2 | 1 |
|---|---|---|---|---|---|---|
| **Spirit, 6-cyl.** | | | | | | |
| 2-dr Htchbk | 200 | 400 | 550 | 1100 | 2000 | 2900 |
| 2-dr Sdn | 200 | 400 | 550 | 1100 | 2000 | 2900 |
| 2-dr DL Htchbk | 200 | 400 | 600 | 1200 | 2100 | 3000 |
| 2-dr DL Sdn | 200 | 400 | 600 | 1200 | 2100 | 3000 |
| **Concord, 6-cyl.** | | | | | | |
| 2-dr Sdn | 200 | 400 | 600 | 1200 | 2100 | 3000 |
| 4-dr Sdn | 200 | 400 | 600 | 1200 | 2100 | 3000 |
| 4-dr Sta Wgn | 200 | 400 | 600 | 1200 | 2100 | 3000 |
| 4-dr DL Sdn | 200 | 400 | 650 | 1300 | 2200 | 3200 |
| 2-dr DL Sdn | 200 | 400 | 650 | 1300 | 2200 | 3200 |
| 4-dr DL Sta Wgn | 200 | 400 | 650 | 1300 | 2200 | 3200 |
| 2-dr Sdn Ltd | 200 | 400 | 650 | 1300 | 2200 | 3200 |
| 4-dr Sdn Ltd | 200 | 400 | 650 | 1300 | 2200 | 3200 |
| 4-dr Sta Wgn Ltd | 250 | 500 | 750 | 1400 | 2400 | 3400 |
| **Eagle 50 4WD, 4-cyl./6-cyl.** | | | | | | |
| 2-dr Htchbk SX4 | 200 | 400 | 600 | 1200 | 2100 | 3000 |
| 2-dr Kammback | 200 | 400 | 550 | 1100 | 2000 | 2900 |
| 2-dr DL Htchbk SX4 | 250 | 500 | 750 | 1400 | 2400 | 3400 |
| 2-dr DL Kammback | 200 | 400 | 650 | 1300 | 2200 | 3200 |
| **Eagle 30 4WD, 4-cyl./6-cyl.** | | | | | | |
| 2-dr Sdn | 200 | 400 | 650 | 1300 | 2200 | 3200 |
| 4-dr Sdn | 200 | 400 | 600 | 1200 | 2100 | 3000 |
| 2-dr LTD Sdn | 250 | 500 | 750 | 1400 | 2400 | 3400 |
| 4-dr LTD Sdn | 300 | 550 | 800 | 1600 | 2800 | 3900 |
| 4-dr Sta Wgn | 300 | 550 | 800 | 1600 | 2800 | 3900 |
| 4-dr LTD Sta Wgn | 300 | 600 | 850 | 1700 | 2900 | 4100 |

*Small block option deduct 10%*

## 1982

| | 6 | 5 | 4 | 3 | 2 | 1 |
|---|---|---|---|---|---|---|
| **Spirit, 6-cyl.** | | | | | | |
| 2-dr Htchbk | 200 | 400 | 550 | 1100 | 2000 | 2900 |
| 2-dr Sdn | 200 | 400 | 550 | 1100 | 2000 | 2900 |
| 2-dr DL Htchbk | 200 | 400 | 600 | 1200 | 2100 | 3000 |
| 2-dr DL Sdn | 200 | 400 | 600 | 1200 | 2100 | 3000 |
| **Concord, 6-cyl.** | | | | | | |
| 2-dr Sdn | 200 | 400 | 600 | 1200 | 2100 | 3000 |
| 4-dr Sdn | 200 | 400 | 600 | 1200 | 2100 | 3000 |
| 4-dr Sta Wgn | 200 | 400 | 600 | 1200 | 2100 | 3000 |
| 2-dr DL Sdn | 200 | 450 | 650 | 1300 | 2200 | 3200 |
| 4-dr DL Sdn | 200 | 450 | 650 | 1300 | 2200 | 3200 |
| 4-dr DL Sta Wgn | 200 | 450 | 650 | 1300 | 2200 | 3200 |
| 2-dr Ltd Sdn | 200 | 450 | 650 | 1300 | 2200 | 3200 |
| 4-dr Ltd Sdn | 200 | 450 | 650 | 1300 | 2200 | 3200 |
| 4-dr Ltd Sta Wgn | 250 | 500 | 750 | 1400 | 2400 | 3400 |
| **Eagle 50 4WD, 4-cyl.** | | | | | | |
| 2-dr Htchbk SX4 | 200 | 400 | 600 | 1200 | 2100 | 3000 |
| 2-dr Kammback Sdn | 200 | 400 | 550 | 1100 | 2000 | 2900 |
| 2-dr DL Htchbk SX4 | 250 | 500 | 750 | 1400 | 2400 | 3400 |
| 2-dr DL Kammback Sdn | 200 | 450 | 650 | 1300 | 2200 | 3200 |
| **Eagle 50 4WD, 6-cyl.** | | | | | | |
| 2-dr Htchbk SX4 | 200 | 450 | 650 | 1300 | 2200 | 3200 |
| 2-dr Kammback Sdn | 200 | 400 | 600 | 1200 | 2100 | 3000 |
| 2-dr DL Htchbk SX4 | 250 | 500 | 750 | 1500 | 2600 | 3600 |
| 2-dr DL Kammback Sdn | 250 | 500 | 750 | 1400 | 2400 | 3400 |
| **Eagle 30 4WD, 4-cyl.** | | | | | | |
| 2-dr Sdn | 200 | 450 | 650 | 1300 | 2200 | 3200 |
| 4-dr Sdn | 200 | 400 | 600 | 1200 | 2100 | 3000 |
| 4-dr Sta Wgn | 300 | 550 | 800 | 1600 | 2800 | 3900 |
| 2-dr Ltd Sdn | 250 | 500 | 750 | 1400 | 2400 | 3400 |

| | 6 | 5 | 4 | 3 | 2 | 1 |
|---|---|---|---|---|---|---|
| 4-dr Ltd Sdn | 300 | 550 | 800 | 1600 | 2800 | 3900 |
| 4-dr Ltd Sta Wgn | 300 | 600 | 850 | 1700 | 2900 | 4100 |
| **Eagle 30 4WD, 6-cyl.** | | | | | | |
| 2-dr Sdn | 250 | 500 | 750 | 1500 | 2600 | 3600 |
| 4-dr Sdn | 250 | 500 | 750 | 1400 | 2400 | 3400 |
| 4-dr Sta Wgn | 300 | 600 | 900 | 1800 | 3100 | 4400 |
| 2-dr Ltd Sdn | 300 | 550 | 800 | 1600 | 2800 | 3900 |
| 4-dr Ltd Sdn | 300 | 600 | 900 | 1800 | 3100 | 4400 |
| 4-dr Ltd Sta Wgn | 300 | 600 | 950 | 1900 | 3200 | 4600 |
| *Small block option deduct 10%* | | | | | | |
| **1983** | | | | | | |
| **Spirit, 6-cyl.** | | | | | | |
| 2-dr DL Htchbk | 200 | 400 | 550 | 1100 | 2000 | 2900 |
| 2-dr GT Htchbk | 200 | 400 | 550 | 1100 | 2000 | 2900 |
| **Concord, 6-cyl.** | | | | | | |
| 4-dr Sdn | 200 | 400 | 600 | 1200 | 2100 | 3000 |
| 4-dr Sta Wgn | 200 | 400 | 600 | 1200 | 2100 | 3000 |
| 4-dr DL Sdn | 200 | 450 | 650 | 1300 | 2200 | 3200 |
| 4-dr DL Sta Wgn | 200 | 450 | 650 | 1300 | 2200 | 3200 |
| 4-dr Ltd Sta Wgn | 250 | 500 | 750 | 1400 | 2400 | 3400 |
| **Eagle 50 4WD, 4-cyl.** | | | | | | |
| 2-dr Htchbk SX4 | 200 | 450 | 650 | 1300 | 2200 | 3200 |
| 2-dr DL Htchbk SX4 | 250 | 500 | 750 | 1500 | 2600 | 3600 |
| **Eagle 50 4WD, 6-cyl.** | | | | | | |
| 2-dr Htchbk SX4 | 250 | 500 | 750 | 1400 | 2400 | 3400 |
| 2-dr DL Htchbk SX4 | 300 | 550 | 800 | 1600 | 2800 | 3900 |
| **Eagle 30 4WD, 4-cyl.** | | | | | | |
| 4-dr Sdn | 200 | 450 | 650 | 1300 | 2200 | 3200 |
| 4-dr Sta Wgn | 300 | 600 | 850 | 1700 | 2900 | 4100 |
| 4-dr Ltd Sta Wgn | 300 | 600 | 900 | 1800 | 3100 | 4400 |
| **Eagle 30 4WD, 6-cyl.** | | | | | | |
| 4-dr Sdn | 250 | 500 | 750 | 1500 | 2600 | 3600 |
| 4-dr Sta Wgn | 300 | 600 | 950 | 1900 | 3200 | 4600 |
| 4-dr Ltd Sta Wgn | 300 | 650 | 1000 | 2000 | 3500 | 4900 |
| **1984** | | | | | | |
| **Eagle 30, 4WD, 4-cyl.** | | | | | | |
| 4-dr Sdn | 250 | 500 | 750 | 1400 | 2400 | 3400 |
| 4-dr Sta Wgn | 300 | 600 | 900 | 1800 | 3100 | 4400 |
| 4-dr Ltd Sta Wgn | 300 | 600 | 950 | 1900 | 3200 | 4600 |
| **Eagle 30 4WD, 6-cyl.** | | | | | | |
| 4-dr Sdn | 300 | 550 | 800 | 1600 | 2800 | 3900 |
| 4-dr Sta Wgn | 300 | 650 | 1000 | 2000 | 3500 | 4900 |
| 4-dr Ltd Sta Wgn | 300 | 650 | 1100 | 2100 | 3600 | 5100 |
| **1985** | | | | | | |
| **Eagle 30, 4WD, 6-cyl., 109.3" wb** | | | | | | |
| 4-dr Sdn | 300 | 600 | 850 | 1700 | 2900 | 4100 |
| 4-dr Sta Wgn | 300 | 650 | 1100 | 2100 | 3600 | 5100 |
| 4-dr Ltd Sta Wgn | 300 | 650 | 1100 | 2200 | 3800 | 5400 |
| **1986** | | | | | | |
| **Eagle, 4WD, 6-cyl., 109.3" wb** | | | | | | |
| 4-dr Sdn | 300 | 600 | 950 | 1900 | 3200 | 4600 |
| 4-dr Sta Wgn | 300 | 650 | 1150 | 2300 | 3900 | 5700 |
| 4-dr Ltd Sta Wgn | 300 | 700 | 1200 | 2400 | 4100 | 5900 |
| **1987** | | | | | | |
| **Eagle, 4WD, 6-cyl., 109.3" wb** | | | | | | |
| 4-dr Sdn | 300 | 650 | 1100 | 2100 | 3600 | 5100 |
| 4-dr Sta Wgn | 300 | 750 | 1250 | 2500 | 4400 | 6200 |
| **Eagle Limited, 4WD, 6-cyl.** | | | | | | |
| 4-dr Sta Wgn | 300 | 800 | 1300 | 2600 | 4600 | 6600 |

## Collector Car Value Trends

Value trends within the collector car hobby provide a look at what's been going on during the past two decades. The following charts were compiled from various sources that have tracked the value of selected models over the years. Models were chosen on the basis of their rarity *and* desirability by collectors and hobbyists. 2000 prices are based on vehicles in number one condition.

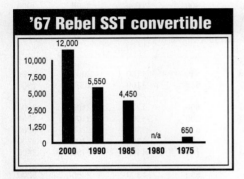

'67 Rebel SST convertible

| | 2000 | 1990 | 1985 | 1980 | 1975 |
|---|---|---|---|---|---|
| Value | 12,000 | 5,550 | 4,450 | n/a | 650 |

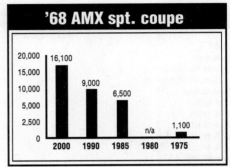

'68 AMX spt. coupe

| | 2000 | 1990 | 1985 | 1980 | 1975 |
|---|---|---|---|---|---|
| Value | 16,100 | 9,000 | 6,500 | n/a | 1,100 |

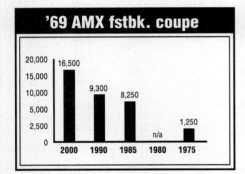

'69 AMX fstbk. coupe

| | 2000 | 1990 | 1985 | 1980 | 1975 |
|---|---|---|---|---|---|
| Value | 16,500 | 9,300 | 8,250 | n/a | 1,250 |

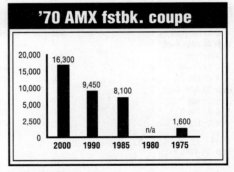

'70 AMX fstbk. coupe

| | 2000 | 1990 | 1985 | 1980 | 1975 |
|---|---|---|---|---|---|
| Value | 16,300 | 9,450 | 8,100 | n/a | 1,600 |

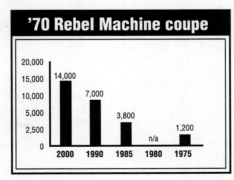

'70 Rebel Machine coupe

| | 2000 | 1990 | 1985 | 1980 | 1975 |
|---|---|---|---|---|---|
| Value | 14,000 | 7,000 | 3,800 | n/a | 1,200 |

# AUBURN
## 1903 – 1936

'04 Auburn

'19 Beauty Six Roadster

'33 Auburn

'34 Auburn

'36 Auburn

| | 6 | 5 | 4 | 3 | 2 | 1 |
|---|---|---|---|---|---|---|
| ***1903*** | | | | | | |
| **Model A, 1-cyl., 12 hp, 78" wb** | | | | | | |
| Rnbt | 1200 | 3750 | 6250 | 12500 | 22000 | 31100 |
| Tr | 1200 | 3750 | 6250 | 12500 | 22000 | 31100 |
| ***1904*** | | | | | | |
| **Model A, 1-cyl., 12 hp, 78" wb** | | | | | | |
| Rnbt | 1200 | 3750 | 6250 | 12500 | 22000 | 31100 |
| Tr | 1200 | 3750 | 6250 | 12500 | 22000 | 31100 |
| ***1905*** | | | | | | |
| **Model A, 1-cyl., 12 hp, 78" wb** | | | | | | |
| Tr | 1200 | 3750 | 6250 | 12500 | 22000 | 31100 |
| **Model B, 2-cyl., 18 hp, 92" wb** | | | | | | |
| Tr | 1100 | 3550 | 5900 | 11800 | 20800 | 29400 |
| ***1906*** | | | | | | |
| **Model C, 2-cyl., 24 hp, 94" wb** | | | | | | |
| Tr | 1100 | 3550 | 5900 | 11800 | 20800 | 29400 |

| | 6 | 5 | 4 | 3 | 2 | 1 |
|---|---|---|---|---|---|---|
| **1907** | | | | | | |
| **Model D, 2-cyl., 24 hp, 100" wb** | | | | | | |
| Tr | 1100 | 3550 | 5900 | 11800 | 20800 | 29400 |
| **1908** | | | | | | |
| **Model G, 2-cyl., 24 hp, 100" wb** | | | | | | |
| Tr | 1100 | 3550 | 5900 | 11800 | 20800 | 29400 |
| **Model H** | | | | | | |
| Tr | 1200 | 3750 | 6250 | 12500 | 22000 | 31100 |
| **Model K** | | | | | | |
| Rnbt | 1200 | 3850 | 6400 | 12800 | 22550 | 32000 |
| **1909** | | | | | | |
| **Model B, 4-cyl., 30 hp, 106" wb** | | | | | | |
| Tr | 1100 | 3550 | 5900 | 11800 | 20800 | 29400 |
| **Model C** | | | | | | |
| Tr | 1200 | 3850 | 6400 | 12800 | 22550 | 32000 |
| **Model D** | | | | | | |
| Rnbt | 1250 | 3950 | 6600 | 13200 | 23250 | 32900 |
| **Model G, 2-cyl., 24 hp, 100" wb** | | | | | | |
| Tr | 1200 | 3750 | 6250 | 12500 | 22000 | 31100 |
| **Model H** | | | | | | |
| Tr | 1200 | 3750 | 6250 | 12500 | 22000 | 31100 |
| **Model K** | | | | | | |
| Rnbt | 1100 | 3550 | 5900 | 11800 | 20800 | 29400 |
| **1910** | | | | | | |
| **Model B, 4-cyl., 30 hp, 106" wb** | | | | | | |
| Tr | 1200 | 3750 | 6250 | 12500 | 22000 | 31100 |
| **Model C** | | | | | | |
| Tr | 1150 | 3600 | 6000 | 12000 | 21150 | 30000 |
| **Model D** | | | | | | |
| Rnbt | 1200 | 3750 | 6250 | 12500 | 22000 | 31100 |
| **Model G, 2-cyl., 24 hp, 100" wb** | | | | | | |
| Tr | 1100 | 3500 | 5800 | 11600 | 20450 | 28900 |
| **Model H** | | | | | | |
| Tr | 1150 | 3600 | 6000 | 12000 | 21150 | 30000 |
| **Model K** | | | | | | |
| Rnbt | 1200 | 3750 | 6250 | 12500 | 22000 | 31100 |
| **Model R, 4-cyl., 40 hp, 116" wb** | | | | | | |
| Tr | 1200 | 3800 | 6350 | 12700 | 22400 | 31700 |
| **Model S** | | | | | | |
| Rdstr | 1200 | 3800 | 6350 | 12700 | 22400 | 31700 |
| **Model X** | | | | | | |
| Tr | 1150 | 3650 | 6100 | 12200 | 21500 | 30500 |
| **1911** | | | | | | |
| **Model F, 4-cyl., 30 hp** | | | | | | |
| Tr | 1150 | 3600 | 6000 | 12000 | 21150 | 30000 |
| **Model G, 2-cyl., 24 hp, 100" wb** | | | | | | |
| Tr | 1100 | 3500 | 5800 | 11600 | 20450 | 28900 |
| **Model K** | | | | | | |
| Rnbt | 1150 | 3600 | 6000 | 12000 | 21150 | 30000 |
| **Model L, 4-cyl., 30 hp** | | | | | | |
| Tr | 1150 | 3600 | 6000 | 12000 | 21150 | 30000 |
| **Model M, 4-cyl., 40 hp** | | | | | | |
| Rdstr | 1200 | 3750 | 6250 | 12500 | 22000 | 31100 |
| **Model N** | | | | | | |
| Tr | 1200 | 3750 | 6250 | 12500 | 22000 | 31100 |
| **Model T** | | | | | | |
| Tr | 1150 | 3600 | 6000 | 12000 | 21150 | 30000 |
| **Model Y** | | | | | | |
| Tr | 1150 | 3600 | 6000 | 12000 | 21150 | 30000 |

|  | 6 | 5 | 4 | 3 | 2 | 1 |
|---|---|---|---|---|---|---|
| **1912** | | | | | | |
| **Model 30L, 4-cyl., 30 hp, 112" wb** | | | | | | |
| Tr | 1150 | 3700 | 6200 | 12400 | 21850 | 30900 |
| Rdstr | 1150 | 3600 | 6000 | 12000 | 21150 | 30000 |
| **Model 35L, 115" wb** | | | | | | |
| Tr | 1100 | 3500 | 5800 | 11600 | 20450 | 28900 |
| **Model 40H, 4-cyl., 40 hp** | | | | | | |
| Tr | 1150 | 3600 | 6000 | 12000 | 21150 | 30000 |
| **Model 40M** | | | | | | |
| Rdstr | 1150 | 3600 | 6000 | 12000 | 21150 | 30000 |
| **Model 40N** | | | | | | |
| Tr | 1200 | 3750 | 6250 | 12500 | 22000 | 31100 |
| **Model 6-50, 6-cyl., 50 hp, 135" wb** | | | | | | |
| Tr | 1200 | 3850 | 6400 | 12800 | 22550 | 32000 |
| **1913** | | | | | | |
| **Model 33L, 4-cyl., 25 hp, 112" wb** | | | | | | |
| Tr | 1200 | 3750 | 6300 | 12600 | 22200 | 31400 |
| **Model 37L, 4-cyl., 33 hp** | | | | | | |
| Rdstr | 1150 | 3650 | 6100 | 12200 | 21500 | 30500 |
| **Model 40A, 4-cyl., 40 hp** | | | | | | |
| Rdstr | 1200 | 3850 | 6400 | 12800 | 22550 | 32000 |
| **Model 40L, 4-cyl., 40 hp, 122" wb** | | | | | | |
| Tr | 1300 | 4000 | 6700 | 13400 | 23600 | 33400 |
| **Model 6-45, 6-cyl., 45 hp, 130" wb** | | | | | | |
| Tr | 1300 | 4000 | 6700 | 13400 | 23600 | 33400 |
| **Model 45B** | | | | | | |
| Rdstr | 1200 | 3850 | 6400 | 12800 | 22550 | 32000 |
| Cpe | 1050 | 3350 | 5600 | 11200 | 19700 | 28000 |
| Twn Cpe | 1100 | 3500 | 5800 | 11600 | 20450 | 28900 |
| **Model 50, 6-cyl., 50 hp, 135" wb** | | | | | | |
| Tr | 1300 | 4100 | 6800 | 13600 | 23950 | 34000 |
| **1914** | | | | | | |
| **Model 4-40, 4-cyl., 40 hp, 120" wb** | | | | | | |
| Tr | 1150 | 3600 | 6000 | 12000 | 21150 | 30000 |
| Rdstr | 1100 | 3500 | 5800 | 11600 | 20450 | 28900 |
| Cpe | 950 | 3000 | 5000 | 10000 | 17700 | 24900 |
| **Model 4-41** | | | | | | |
| Tr | 1200 | 3750 | 6250 | 12500 | 22000 | 31100 |
| Rdstr | 1100 | 3550 | 5900 | 11800 | 20800 | 29400 |
| **Model 6-45, 6-cyl., 45 hp, 130" wb** | | | | | | |
| Rdstr | 1150 | 3700 | 6200 | 12400 | 21850 | 30900 |
| **Model 6-46** | | | | | | |
| Tr | 1250 | 3950 | 6600 | 13200 | 23250 | 32900 |
| **1915** | | | | | | |
| **Model 4-36, 4-cyl., 36 hp, 114" wb** | | | | | | |
| Tr | 1150 | 3600 | 6000 | 12000 | 21150 | 30000 |
| Rdstr | 1100 | 3500 | 5800 | 11600 | 20450 | 28900 |
| **Model 4-43, 4-cyl., 43 hp, 120" wb** | | | | | | |
| Tr | 1150 | 3700 | 6200 | 12400 | 21850 | 30900 |
| Rdstr | 1150 | 3600 | 6000 | 12000 | 21150 | 30000 |
| **Model 6-40, 6-cyl., 50 hp, 126" wb** | | | | | | |
| Tr | 1250 | 3950 | 6600 | 13200 | 23250 | 32900 |
| Rdstr | 1200 | 3850 | 6400 | 12800 | 22550 | 32000 |
| **Model 6-47, 6-cyl., 47 hp** | | | | | | |
| Tr | 1200 | 3850 | 6400 | 12800 | 22550 | 32000 |
| Rdstr | 1200 | 3750 | 6250 | 12500 | 22000 | 31100 |
| **1916** | | | | | | |
| **Model Union 4-36, 4-cyl., 36 hp, 112" wb** | | | | | | |
| Tr | 1250 | 3950 | 6600 | 13200 | 23250 | 32900 |

| | 6 | 5 | 4 | 3 | 2 | 1 |
|---|---|---|---|---|---|---|
| **Model 4-38, 4-cyl., 38 hp, 116" wb** | | | | | | |
| Tr | 1200 | 3750 | 6250 | 12500 | 22000 | 31100 |
| Rdstr | 1150 | 3600 | 6000 | 12000 | 21150 | 30000 |
| **Model 6-38, 6-cyl., 38 hp, 120" wb** | | | | | | |
| Tr | 1200 | 3850 | 6400 | 12800 | 22550 | 32000 |
| Rdstr | 1200 | 3750 | 6250 | 12500 | 22000 | 31100 |
| **Model 6-40A, 6-cyl., 40 hp, 126" wb** | | | | | | |
| Tr | 1300 | 4100 | 6800 | 13600 | 23950 | 34000 |
| Rdstr | 1250 | 3950 | 6600 | 13200 | 23250 | 32900 |
| ***1917*** | | | | | | |
| **Model 4-36, 4-cyl., 36 hp, 112" wb** | | | | | | |
| Tr | 1050 | 3350 | 5600 | 11200 | 19700 | 28000 |
| Rdstr | 1000 | 3200 | 5400 | 10800 | 19000 | 26900 |
| **Model 6-39, 6-cyl., 39 hp, 120" wb** | | | | | | |
| Tr | 1100 | 3500 | 5800 | 11600 | 20450 | 28900 |
| Rdstr | 1050 | 3350 | 5600 | 11200 | 19700 | 28000 |
| **Model 6-44, 6-cyl., 44 hp, 131" wb** | | | | | | |
| Tr | 1150 | 3600 | 6000 | 12000 | 21150 | 30000 |
| Rdstr | 1100 | 3500 | 5800 | 11600 | 20450 | 28900 |
| ***1918*** | | | | | | |
| **Model 6-39, 6-cyl., 39 hp, 120" wb** | | | | | | |
| Spt Tr | 1000 | 3200 | 5400 | 10800 | 19000 | 26900 |
| Sdn | 700 | 1900 | 3400 | 6800 | 11700 | 16900 |
| **Model 6-39B** | | | | | | |
| Tr | 1000 | 3100 | 5200 | 10400 | 18400 | 26000 |
| **Model 6-39E** | | | | | | |
| Rdstr | 1000 | 3100 | 5200 | 10400 | 18400 | 26000 |
| **Model 6-44, 6-cyl., 44 hp, 131" wb** | | | | | | |
| Tr | 1000 | 3100 | 5200 | 10400 | 18400 | 26000 |
| Spt Tr | 1000 | 3200 | 5400 | 10800 | 19000 | 26900 |
| Conv Sdn | 1000 | 3100 | 5200 | 10400 | 18400 | 26000 |
| Sdn | 750 | 2150 | 3600 | 7200 | 12400 | 18000 |
| ***1919*** | | | | | | |
| **Model 6-39, 6-cyl., 39 hp, 120" wb** | | | | | | |
| Cpe | 650 | 1800 | 3200 | 6400 | 11000 | 15900 |
| Sdn | 700 | 1900 | 3400 | 6800 | 11700 | 16900 |
| **Model 6-39H** | | | | | | |
| Tr | 1000 | 3100 | 5200 | 10400 | 18400 | 26000 |
| **Model 6-39K** | | | | | | |
| Spt Tr | 1000 | 3200 | 5400 | 10800 | 19000 | 26900 |
| **Model 6-39R** | | | | | | |
| Rdstr | 1000 | 3100 | 5200 | 10400 | 18400 | 26000 |
| ***1920*** | | | | | | |
| **Model 6-39, 6-cyl., 55 hp, 120" wb** | | | | | | |
| Sdn | 750 | 2300 | 3800 | 7600 | 13100 | 18900 |
| **Model 6-39H** | | | | | | |
| Tr | 1000 | 3100 | 5200 | 10400 | 18400 | 26000 |
| **Model 6-39K** | | | | | | |
| Spt Tr | 1000 | 3200 | 5400 | 10800 | 19000 | 26900 |
| **Model 6-39R** | | | | | | |
| Rdstr | 1000 | 3200 | 5400 | 10800 | 19000 | 26900 |
| **Model 6-39S** | | | | | | |
| Cpe | 800 | 2400 | 4000 | 8000 | 13900 | 19900 |
| ***1921*** | | | | | | |
| **Model 6-39, 6-cyl., 55 hp, 120" wb** | | | | | | |
| Cpe | 800 | 2400 | 4000 | 8000 | 13900 | 19900 |
| Sdn | 750 | 2300 | 3800 | 7600 | 13100 | 18900 |
| Cabrlt | 1050 | 3350 | 5600 | 11200 | 19700 | 28000 |

|  | 6 | 5 | 4 | 3 | 2 | 1 |
|---|---|---|---|---|---|---|
| **Model 6-39H** | | | | | | |
| Tr | 1000 | 3100 | 5200 | 10400 | 18400 | 26000 |
| **Model 6-39K** | | | | | | |
| Spt Tr | 1050 | 3350 | 5600 | 11200 | 19700 | 28000 |
| **Model 6-39R** | | | | | | |
| Rdstr | 1050 | 3350 | 5600 | 11200 | 19700 | 28000 |
| ***1922*** | | | | | | |
| **Model 6-51, 6-cyl., 55 hp, 121" wb** | | | | | | |
| Cpe | 800 | 2500 | 4200 | 8400 | 14800 | 20900 |
| Sdn | 800 | 2400 | 4000 | 8000 | 13900 | 19900 |
| Spt Brghm | 800 | 2500 | 4200 | 8400 | 14800 | 20900 |
| **Model 6-51H** | | | | | | |
| Spt Tr | 1100 | 3500 | 5800 | 11600 | 20450 | 28900 |
| **Model 6-51R** | | | | | | |
| Rdstr | 1100 | 3500 | 5800 | 11600 | 20450 | 28900 |
| **Model 6-51S** | | | | | | |
| Tr | 1050 | 3350 | 5600 | 11200 | 19700 | 28000 |
| ***1923*** | | | | | | |
| **Model 6-43, 6-cyl., 50 hp, 114" wb** | | | | | | |
| Tr | 1150 | 3600 | 5950 | 11900 | 21000 | 29700 |
| Sdn | 750 | 2300 | 3800 | 7600 | 13100 | 18900 |
| Chesterfield | 900 | 2750 | 4600 | 9200 | 16200 | 22900 |
| **Model 6-51, 6-cyl., 58 hp, 121" wb** | | | | | | |
| Tr | 1150 | 3600 | 6000 | 12000 | 21150 | 30000 |
| Spt Tr | 1200 | 3850 | 6400 | 12800 | 22550 | 32000 |
| Sdn | 800 | 2400 | 4000 | 8000 | 13900 | 19900 |
| Brghm | 800 | 2500 | 4200 | 8400 | 14800 | 20900 |
| Phtn | 1200 | 3750 | 6250 | 12500 | 22000 | 31100 |
| **Model 6-63, 6-cyl., 63 hp, 121" wb** | | | | | | |
| Tr | 1150 | 3600 | 6000 | 12000 | 21150 | 30000 |
| Spt Tr | 1150 | 3700 | 6200 | 12400 | 21850 | 30900 |
| Sdn | 750 | 2300 | 3800 | 7600 | 13100 | 18900 |
| Brghm | 800 | 2400 | 4000 | 8000 | 13900 | 19900 |
| ***1924*** | | | | | | |
| **Model 6-43, 6-cyl., 50 hp, 114" wb** | | | | | | |
| Tr | 1100 | 3500 | 5800 | 11600 | 20450 | 28900 |
| Spl Tr | 1150 | 3600 | 6000 | 12000 | 21150 | 30000 |
| Spt | 1100 | 3550 | 5900 | 11800 | 20800 | 29400 |
| Cpe | 800 | 2400 | 4000 | 8000 | 13900 | 19900 |
| Sdn | 750 | 2300 | 3800 | 7600 | 13100 | 18900 |
| English Coach | 750 | 2300 | 3800 | 7600 | 13100 | 18900 |
| **Model 6-63, 6-cyl., 60 hp, 122" wb** | | | | | | |
| Tr | 1150 | 3600 | 6000 | 12000 | 21150 | 30000 |
| Spt Tr | 1200 | 3850 | 6400 | 12800 | 22550 | 32000 |
| Sdn | 800 | 2400 | 4000 | 8000 | 13900 | 19900 |
| Sdn (124" wb) | 800 | 2450 | 4100 | 8200 | 14400 | 20500 |
| Brghm | 800 | 2500 | 4200 | 8400 | 14800 | 20900 |
| **Model 8-63, 8-cyl., 63 hp, 124" wb** | | | | | | |
| Spt Tr | 1350 | 4200 | 7000 | 14000 | 24650 | 34900 |
| Sdn | 800 | 2500 | 4200 | 8400 | 14800 | 20900 |
| Brghm | 850 | 2600 | 4400 | 8800 | 15500 | 21900 |
| ***1925*** | | | | | | |
| **Model 6-43, 6-cyl., 50 hp, 114" wb** | | | | | | |
| Tr | 1100 | 3500 | 5800 | 11600 | 20450 | 28900 |
| Cpe | 800 | 2500 | 4200 | 8400 | 14800 | 20900 |
| 2-dr Sdn | 750 | 2300 | 3800 | 7600 | 13100 | 18900 |
| 4-dr Sdn | 800 | 2400 | 4000 | 8000 | 13900 | 19900 |
| Phtn | 1250 | 3950 | 6600 | 13200 | 23250 | 32900 |
| Spt Phtn | 1300 | 4100 | 6800 | 13600 | 23950 | 34000 |

|  | 6 | 5 | 4 | 3 | 2 | 1 |
|---|---|---|---|---|---|---|
| **Model 6-63, 6-cyl., 63 hp, 122" wb** | | | | | | |
| Phtn | 1300 | 4000 | 6700 | 13400 | 23600 | 33400 |
| Spt Phtn | 1350 | 4150 | 6900 | 13800 | 24300 | 34500 |
| Sdn | 800 | 2350 | 3900 | 7800 | 13500 | 19500 |
| Sdn (124" wb) | 800 | 2400 | 4000 | 8000 | 13900 | 19900 |
| Brghm | 800 | 2450 | 4100 | 8200 | 14400 | 20500 |
| **Model 8-63, 8-cyl., 63 hp, 124" wb** | | | | | | |
| Spt Tr | 1350 | 4200 | 7000 | 14000 | 24650 | 34900 |
| 2-dr Brghm | 800 | 2450 | 4100 | 8200 | 14400 | 20500 |
| 4-dr Sdn | 800 | 2350 | 3900 | 7800 | 13500 | 19500 |
| **1926** | | | | | | |
| **Model 4-44, 4-cyl., 42 hp, 120" wb** | | | | | | |
| Tr | 1200 | 3850 | 6400 | 12800 | 22550 | 32000 |
| Rdstr | 1250 | 3950 | 6600 | 13200 | 23250 | 32900 |
| Cpe | 900 | 2900 | 4900 | 9800 | 17300 | 24500 |
| 4-dr Sdn | 900 | 2800 | 4700 | 9400 | 16500 | 23400 |
| **Model 6-66, 6-cyl., 56 hp, 121" wb** | | | | | | |
| Tr | 1350 | 4200 | 7000 | 14000 | 24650 | 34900 |
| Rdstr | 1400 | 4300 | 7200 | 14400 | 25350 | 35900 |
| Brghm | 900 | 2800 | 4700 | 9400 | 16500 | 23400 |
| 4-dr Sdn | 900 | 2900 | 4900 | 9800 | 17300 | 24500 |
| Wanderer Sdn | 950 | 3050 | 5100 | 10200 | 18000 | 25400 |
| 7-pass Sdn | 950 | 3000 | 5000 | 10000 | 17700 | 24900 |
| **Model 8-88, 8-cyl., 70 hp, 129" wb** | | | | | | |
| Tr | 1450 | 4450 | 7400 | 14800 | 26050 | 36900 |
| Rdstr | 1500 | 4550 | 7600 | 15200 | 26750 | 38000 |
| 5-pass Sdn | 900 | 2900 | 4850 | 9700 | 17100 | 24200 |
| Wanderer Sdn | 950 | 3050 | 5100 | 10200 | 18000 | 25400 |
| 7-pass Sdn | 950 | 3000 | 5050 | 10100 | 17900 | 25100 |
| Brghm | 900 | 2900 | 4900 | 9800 | 17300 | 24500 |
| 7-pass Sdn (146" wb) | 1000 | 3200 | 5350 | 10700 | 18900 | 26700 |
| **1927** | | | | | | |
| **Model 6-66A, 6-cyl., 55 hp, 120" wb** | | | | | | |
| Tr | 1350 | 4150 | 6900 | 13800 | 24300 | 34500 |
| Rdstr | 1400 | 4250 | 7100 | 14200 | 25000 | 35400 |
| Sdn | 950 | 3050 | 5100 | 10200 | 18000 | 25400 |
| Spt Sdn | 1000 | 3100 | 5200 | 10400 | 18400 | 26000 |
| Cabrlt | 1200 | 3850 | 6400 | 12800 | 22550 | 32000 |
| Wanderer Sdn | 1000 | 3150 | 5300 | 10600 | 18700 | 26500 |
| **Model 8-77, 8-cyl., 62 hp, 124" wb** | | | | | | |
| Tr | 1400 | 4250 | 7100 | 14200 | 25000 | 35400 |
| Rdstr | 1450 | 4400 | 7300 | 14600 | 25700 | 36500 |
| Sdn | 950 | 3050 | 5100 | 10200 | 18000 | 25400 |
| Spt Sdn | 1000 | 3150 | 5300 | 10600 | 18700 | 26500 |
| Wanderer Sdn | 1000 | 3200 | 5400 | 10800 | 19000 | 26900 |
| Cabrlt | 1250 | 3950 | 6600 | 13200 | 23250 | 32900 |
| **Model 8-88, 8-cyl., 90 hp, 130" wb** | | | | | | |
| Tr | 1550 | 4650 | 7800 | 15600 | 27450 | 38900 |
| Rdstr | 1600 | 4800 | 8000 | 16000 | 28150 | 40000 |
| Cpe | 1050 | 3300 | 5500 | 11000 | 19300 | 27500 |
| Sdn | 900 | 2900 | 4900 | 9800 | 17300 | 24500 |
| Spt Sdn | 950 | 3050 | 5100 | 10200 | 18000 | 25400 |
| 4-dr Sdn | 900 | 2850 | 4800 | 9600 | 16900 | 24000 |
| Wanderer Sdn | 1050 | 3300 | 5500 | 11000 | 19300 | 27500 |
| Cabrlt | 1250 | 3900 | 6500 | 13000 | 22900 | 32500 |
| **Model 8-88, 8-cyl., 90 hp, 147" wb** | | | | | | |
| Tr | 1600 | 4800 | 8000 | 16000 | 28150 | 40000 |
| 7-pass Sdn | 950 | 3050 | 5100 | 10200 | 18000 | 25400 |

|  | 6 | 5 | 4 | 3 | 2 | 1 |
|---|---|---|---|---|---|---|

### 1928

**Model 6-66, 6-cyl., 55 hp, 120" wb**

| | 6 | 5 | 4 | 3 | 2 | 1 |
|---|---|---|---|---|---|---|
| Rdstr | 1600 | 4800 | 8000 | 16000 | 28150 | 40000 |
| Sdn | 900 | 2900 | 4900 | 9800 | 17300 | 24500 |
| Spt Sdn | 950 | 3050 | 5100 | 10200 | 18000 | 25400 |
| Cabrlt | 1550 | 4650 | 7800 | 15600 | 27450 | 38900 |

**Model 8-77, 8-cyl., 62 hp, 125" wb**

| | | | | | | |
|---|---|---|---|---|---|---|
| Rdstr | 1650 | 4900 | 8200 | 16400 | 28850 | 41000 |
| Sdn | 950 | 3050 | 5100 | 10200 | 18000 | 25400 |
| Spt Sdn | 1000 | 3150 | 5300 | 10600 | 18700 | 26500 |
| Cabrlt | 1550 | 4700 | 7900 | 15800 | 27800 | 39400 |

### SECOND SERIES

**Model 76, 6-cyl., 54 hp, 120" wb**

| | | | | | | |
|---|---|---|---|---|---|---|
| Tr | 1900 | 5600 | 9400 | 18800 | 33050 | 47000 |
| Rdstr | 1850 | 5450 | 9200 | 18400 | 32350 | 45900 |
| Sdn | 1000 | 3150 | 5300 | 10600 | 18700 | 26500 |
| Spt Sdn | 1050 | 3300 | 5500 | 11000 | 19300 | 27500 |
| Cabrlt | 1800 | 5250 | 8800 | 17600 | 30950 | 43900 |
| Vic | 1050 | 3300 | 5500 | 11000 | 19300 | 27500 |

**Model 88, 8-cyl., 88 hp, 125" wb**

| | | | | | | |
|---|---|---|---|---|---|---|
| Tr | 2200 | 6450 | 10850 | 21700 | 38100 | 54100 |
| Rdstr | 2150 | 6250 | 10600 | 21200 | 37250 | 53000 |
| Sdn | 1000 | 3150 | 5300 | 10600 | 18700 | 26500 |
| Spt Sdn | 1050 | 3300 | 5500 | 11000 | 19300 | 27500 |
| Spdstr | 3500 | 10350 | 17400 | 34800 | 61100 | 86900 |
| Cabrlt | 1800 | 5250 | 8800 | 17600 | 30950 | 43900 |
| Vic | 1050 | 3350 | 5600 | 11200 | 19700 | 28000 |
| Phtn | 2050 | 6000 | 10100 | 20200 | 35500 | 50400 |
| 7-pass Sdn | 1050 | 3300 | 5500 | 11000 | 19300 | 27500 |

**Model 115, 8-cyl., 115 hp, 130" wb**

| | | | | | | |
|---|---|---|---|---|---|---|
| Tr | 2300 | 6800 | 11500 | 23000 | 40400 | 57500 |
| Rdstr | 2300 | 6650 | 11200 | 22400 | 39350 | 55900 |
| Sdn | 1050 | 3400 | 5700 | 11400 | 20100 | 28500 |
| Spt Sdn | 1100 | 3550 | 5900 | 11800 | 20800 | 29400 |
| Spdstr | 3700 | 11000 | 18500 | 37000 | 65000 | 92400 |
| Cabrlt | 2000 | 5850 | 9900 | 19800 | 34800 | 49500 |
| Vic | 1100 | 3550 | 5900 | 11800 | 20800 | 29400 |
| Phtn | 2200 | 6400 | 10800 | 21600 | 37950 | 53900 |
| 7-pass Sdn | 1000 | 3200 | 5400 | 10800 | 19000 | 26900 |

### December 1, Model Release

**Model 6-80, 6-cyl., 70 hp, 120" wb**

| | | | | | | |
|---|---|---|---|---|---|---|
| Tr | 2500 | 7400 | 12500 | 25000 | 43900 | 62400 |
| Sdn | 1000 | 3150 | 5300 | 10600 | 18700 | 26500 |
| Spt Sdn | 1050 | 3300 | 5500 | 11000 | 19300 | 27500 |
| Cabrlt | 2400 | 7000 | 11800 | 23600 | 41450 | 59000 |
| Vic | 1100 | 3500 | 5800 | 11600 | 20450 | 28900 |

**Model 8-90, 8-cyl., 100 hp, 125" wb**

| | | | | | | |
|---|---|---|---|---|---|---|
| Tr | 3150 | 9300 | 15700 | 31400 | 55100 | 78400 |
| Sdn | 1050 | 3300 | 5500 | 11000 | 19300 | 27500 |
| Spt Sdn | 1050 | 3400 | 5700 | 11400 | 20100 | 28500 |
| Phtn | 3500 | 10400 | 17500 | 35000 | 61500 | 87400 |
| 7-pass Sdn | 1100 | 3550 | 5900 | 11800 | 20800 | 29400 |
| Spdstr | 4700 | 14000 | 23500 | 47000 | 82500 | 117300 |
| Cabrlt | 3100 | 9150 | 15400 | 30800 | 54100 | 76900 |
| Vic | 1300 | 4100 | 6800 | 13600 | 23950 | 34000 |

**Model 120, 8-cyl., 125 hp, 130" wb**

| | | | | | | |
|---|---|---|---|---|---|---|
| Sdn | 1050 | 3400 | 5700 | 11400 | 20100 | 28500 |
| Spt Sdn | 1100 | 3550 | 5900 | 11800 | 20800 | 29400 |
| 7-pass Sdn | 1150 | 3700 | 6200 | 12400 | 21850 | 30900 |
| Phtn | 3600 | 10650 | 17950 | 35900 | 63000 | 89600 |
| Cabrlt | 3400 | 10100 | 17000 | 34000 | 59700 | 84900 |

|  | 6 | 5 | 4 | 3 | 2 | 1 |
|---|---|---|---|---|---|---|
| Spdstr | 5300 | 15750 | 26500 | 53000 | 93100 | 132300 |
| Vic | 1400 | 4250 | 7100 | 14200 | 25000 | 35400 |

### 1929

**Model 76, 6-cyl.,**

|  | 6 | 5 | 4 | 3 | 2 | 1 |
|---|---|---|---|---|---|---|
| Tr | 1900 | 5650 | 9500 | 19000 | 33400 | 47500 |
| Rdstr | 2000 | 5800 | 9800 | 19600 | 34450 | 49000 |
| Sdn | 1000 | 3150 | 5300 | 10600 | 18700 | 26500 |
| Spt Sdn | 1050 | 3300 | 5500 | 11000 | 19300 | 27500 |
| Cabrlt | 1900 | 5500 | 9300 | 18600 | 32700 | 46400 |
| Vic | 1150 | 3700 | 6200 | 12400 | 21850 | 30900 |

**Model 88, 8-cyl.**

|  | 6 | 5 | 4 | 3 | 2 | 1 |
|---|---|---|---|---|---|---|
| Tr | 2700 | 8000 | 13500 | 27000 | 47400 | 67400 |
| Rdstr | 3100 | 9200 | 15500 | 31000 | 54400 | 77400 |
| Sdn | 1000 | 3150 | 5300 | 10600 | 18700 | 26500 |
| Spt Sdn | 1050 | 3300 | 5500 | 11000 | 19300 | 27500 |
| Phtn | 2700 | 8100 | 13600 | 27200 | 47800 | 67900 |
| Spdstr | 4050 | 12050 | 20300 | 40600 | 71300 | 101300 |
| Cabrlt | 2800 | 8300 | 14000 | 28000 | 49200 | 69900 |
| Vic | 1250 | 3950 | 6600 | 13200 | 23250 | 32900 |
| 7-pass Sdn | 1050 | 3350 | 5600 | 11200 | 19700 | 28000 |

**Model 115, 8-cyl.**

|  | 6 | 5 | 4 | 3 | 2 | 1 |
|---|---|---|---|---|---|---|
| Rdstr | 3300 | 9800 | 16500 | 33000 | 57900 | 82400 |
| Sdn | 1000 | 3150 | 5300 | 10600 | 18700 | 26500 |
| 7-pass Sdn | 1050 | 3350 | 5600 | 11200 | 19700 | 28000 |
| Spt Sdn | 1050 | 3300 | 5500 | 11000 | 19300 | 27500 |
| Phtn | 3200 | 9500 | 16000 | 32000 | 56200 | 79900 |
| Cabrlt | 2750 | 8200 | 13800 | 27600 | 48500 | 68900 |
| Spdstr | 4700 | 13950 | 23450 | 46900 | 82400 | 117100 |
| Vic | 1300 | 4100 | 6800 | 13600 | 23950 | 34000 |

**Model 125, 8-cyl., 125 hp, 120" wb**

|  | 6 | 5 | 4 | 3 | 2 | 1 |
|---|---|---|---|---|---|---|
| Spdstr | 4900 | 14550 | 24500 | 49000 | 86000 | 122300 |

### 1930

**Model 6-85, 6-cyl., 70 hp, 120" wb**

|  | 6 | 5 | 4 | 3 | 2 | 1 |
|---|---|---|---|---|---|---|
| Sdn | 1050 | 3400 | 5700 | 11400 | 20100 | 28500 |
| Spt Sdn | 1100 | 3550 | 5900 | 11800 | 20800 | 29400 |
| Phtn | 3200 | 9500 | 15950 | 31900 | 56000 | 79600 |
| Cabrlt | 3100 | 9200 | 15450 | 30900 | 54300 | 77100 |

**Model 8-95, 8-cyl., 100 hp, 125" wb**

|  | 6 | 5 | 4 | 3 | 2 | 1 |
|---|---|---|---|---|---|---|
| Sdn | 1150 | 3650 | 6100 | 12200 | 21500 | 30500 |
| Spt Sdn | 1200 | 3750 | 6300 | 12600 | 22200 | 31400 |
| Cabrlt | 3300 | 9750 | 16450 | 32900 | 57800 | 82100 |
| Phtn | 3400 | 10050 | 16950 | 33900 | 59500 | 84600 |
| Phtn Sdn | 2700 | 8000 | 13450 | 26900 | 47200 | 67100 |

**Model 125, 8-cyl., 125 hp, 130" wb**

|  | 6 | 5 | 4 | 3 | 2 | 1 |
|---|---|---|---|---|---|---|
| Sdn | 1200 | 3750 | 6300 | 12600 | 22200 | 31400 |
| Spt Sdn | 1250 | 3950 | 6600 | 13200 | 23250 | 32900 |
| Cabrlt | 3250 | 9700 | 16300 | 32600 | 57200 | 81400 |
| Phtn | 3600 | 10700 | 18000 | 36000 | 63200 | 89900 |
| Phtn Sdn | 2850 | 8450 | 14200 | 28400 | 49900 | 70900 |

### 1931

**Model 8-98, 8-cyl., 98 hp, 127" wb**

|  | 6 | 5 | 4 | 3 | 2 | 1 |
|---|---|---|---|---|---|---|
| 2-pass Cpe | 1200 | 3850 | 6400 | 12800 | 22550 | 32000 |
| 4-pass Cpe | 1200 | 3850 | 6450 | 12900 | 22700 | 32200 |
| 2-dr Brghm | 1150 | 3600 | 5950 | 11900 | 21000 | 29700 |
| 5-pass Sdn | 1150 | 3650 | 6100 | 12200 | 21500 | 30500 |
| Cabrlt Conv | 3450 | 10250 | 17250 | 34500 | 60600 | 86100 |
| Spdstr | 4700 | 13950 | 23500 | 47000 | 82500 | 117300 |
| Phtn | 3700 | 10950 | 18450 | 36900 | 64800 | 92100 |
| 7-pass Sdn (136" wb) | 1200 | 3750 | 6250 | 12500 | 22000 | 31100 |

| | 6 | 5 | 4 | 3 | 2 | 1 |
|---|---|---|---|---|---|---|
| **Model 8-98A, 8-cyl., Custom, 127" wb** | | | | | | |
| Cpe | 1450 | 4400 | 7350 | 14700 | 25900 | 36700 |
| 2-dr Brghm | 1300 | 4050 | 6750 | 13500 | 23800 | 33700 |
| 4-dr Sdn | 1350 | 4150 | 6950 | 13900 | 24500 | 34700 |
| Cabrlt Conv | 3900 | 11600 | 19500 | 39000 | 68500 | 97400 |
| Spdstr | 4700 | 13950 | 23500 | 47000 | 82500 | 117300 |
| Phtn | 4100 | 12200 | 20500 | 41000 | 72000 | 102300 |
| 7-pass Sdn (136" wb) | 1400 | 4350 | 7250 | 14500 | 25500 | 36200 |

## 1932
### *Standard Line*

| | 6 | 5 | 4 | 3 | 2 | 1 |
|---|---|---|---|---|---|---|
| **Model 8-100, 8-cyl., 100 hp, 127" wb** | | | | | | |
| 2-pass Cpe | 1500 | 4500 | 7500 | 15000 | 26400 | 37500 |
| 4-pass Cpe | 1500 | 4550 | 7600 | 15200 | 26750 | 38000 |
| 2-dr Brghm | 1350 | 4150 | 6950 | 13900 | 24500 | 34700 |
| 4-dr Sdn | 1400 | 4250 | 7100 | 14200 | 25000 | 35400 |
| Cabrlt | 4250 | 12650 | 21300 | 42600 | 74800 | 106300 |
| Spdstr | 5200 | 15400 | 25950 | 51900 | 91100 | 129600 |
| Phtn | 4350 | 12900 | 21700 | 43400 | 76200 | 108300 |
| 7-pass Sdn (136" wb) | 1550 | 4650 | 7750 | 15500 | 27300 | 38700 |
| **Model 8-100A, Custom Dual Ratio, 127" wb** | | | | | | |
| 2-pass Cpe | 1600 | 4850 | 8100 | 16200 | 28500 | 40500 |
| 4-pass Cpe | 1650 | 4900 | 8200 | 16400 | 28850 | 41000 |
| 2-dr Brghm | 1450 | 4400 | 7300 | 14600 | 25700 | 36500 |
| 4-dr Sdn | 1500 | 4500 | 7500 | 15000 | 26400 | 37500 |
| Cabrlt | 5250 | 15600 | 26250 | 52500 | 92200 | 131100 |
| Spdstr | 5800 | 17200 | 28950 | 57900 | 101700 | 144500 |
| Phtn | 5550 | 16500 | 27800 | 55600 | 97600 | 138800 |
| 7-pass Sdn (136" wb) | 1650 | 4900 | 8250 | 16500 | 29000 | 41200 |
| **Model 12-160, 12-cyl., 160 hp, 133" wb** | | | | | | |
| 2-pass Cpe | 1900 | 5650 | 9500 | 19000 | 33400 | 47500 |
| 4-pass Cpe | 1950 | 5750 | 9700 | 19400 | 34100 | 48400 |
| 2-dr Brghm | 1450 | 4400 | 7300 | 14600 | 25700 | 36500 |
| 4-dr Sdn | 1500 | 4500 | 7500 | 15000 | 26400 | 37500 |
| Cabrlt | 5850 | 17350 | 29200 | 58400 | 102500 | 145800 |
| Spdstr | 6200 | 18400 | 30950 | 61900 | 108700 | 154500 |
| Phtn | 6100 | 18100 | 30450 | 60900 | 106900 | 152000 |
| **Model 12-160A, Custom Dual Ratio, 12-cyl., 160 hp, 132" wb** | | | | | | |
| Cpe | 2300 | 6650 | 11250 | 22500 | 39500 | 56100 |
| 2-dr Brghm | 1650 | 4950 | 8300 | 16600 | 29200 | 41500 |
| 4-dr Sdn | 1700 | 5050 | 8500 | 17000 | 29900 | 42500 |
| Cabrlt | 6300 | 18700 | 31450 | 62900 | 110400 | 157000 |
| Spdstr | 6700 | 19850 | 33450 | 66900 | 117500 | 167000 |
| Phtn | 6600 | 19600 | 32950 | 65900 | 115700 | 164500 |

## 1933

| | 6 | 5 | 4 | 3 | 2 | 1 |
|---|---|---|---|---|---|---|
| **Standard Eight, Model 8-101, 8-cyl., 100 hp, 127" wb** | | | | | | |
| 2-pass Cpe | 1350 | 4150 | 6900 | 13800 | 24300 | 34500 |
| 4-pass Cpe | 1350 | 4200 | 7000 | 14000 | 24650 | 34900 |
| 2-dr Brghm | 1100 | 3550 | 5900 | 11800 | 20800 | 29400 |
| 4-dr Sdn | 1150 | 3650 | 6100 | 12200 | 21500 | 30500 |
| Cabrlt | 3300 | 9750 | 16450 | 32900 | 57800 | 82100 |
| Spdstr | 4200 | 12450 | 20950 | 41900 | 73600 | 104600 |
| Phtn | 3500 | 10350 | 17450 | 34900 | 61300 | 87100 |
| 7-pass Sdn (136" wb) | 1200 | 3850 | 6450 | 12900 | 22700 | 32200 |
| **Custom Eight, Model 8-101A, Custom Dual Ratio, 8-cyl., 100 hp, 127" wb** | | | | | | |
| 2-pass Cpe | 1500 | 4600 | 7700 | 15400 | 27100 | 38500 |
| 4-pass Cpe | 1550 | 4650 | 7800 | 15600 | 27450 | 38900 |
| 2-dr Brghm | 1200 | 3750 | 6300 | 12600 | 22200 | 31400 |
| 4-dr Sdn | 1250 | 3900 | 6500 | 13000 | 22900 | 32500 |
| Cabrlt | 3500 | 10400 | 17500 | 35000 | 61500 | 87400 |

# AUBURN

| | 6 | 5 | 4 | 3 | 2 | 1 |
|---|---|---|---|---|---|---|
| Spdstr | 4800 | 14250 | 23950 | 47900 | 84100 | 119600 |
| Phtn | 3600 | 10600 | 17800 | 35600 | 62500 | 88900 |
| 7-pass Sdn (136" wb) | 1350 | 4150 | 6900 | 13800 | 24300 | 34500 |
| **Salon Eight, Model 8-105, 8-cyl., Salon Dual Ratio, 100 hp, 127" wb** | | | | | | |
| 2-dr Brghm | 1450 | 4400 | 7300 | 14600 | 25700 | 36500 |
| 4-dr Sdn | 1350 | 4150 | 6900 | 13800 | 24300 | 34500 |
| Cabrlt | 4300 | 12750 | 21450 | 42900 | 75300 | 107100 |
| Spdstr | 5000 | 14800 | 24950 | 49900 | 87600 | 124600 |
| Phtn | 4100 | 12200 | 20500 | 41000 | 72000 | 102300 |
| **Standard Twelve, Model 12-161, 12-cyl., 160 hp, 133" wb** | | | | | | |
| 2-pass Cpe | 1700 | 5050 | 8500 | 17000 | 29900 | 42500 |
| 4-pass Cpe | 1750 | 5100 | 8600 | 17200 | 30250 | 43000 |
| 2-dr Brghm | 1500 | 4500 | 7500 | 15000 | 26400 | 37500 |
| 4-dr Sdn | 1500 | 4600 | 7700 | 15400 | 27100 | 38600 |
| Cabrl | 5250 | 15600 | 26250 | 52500 | 92200 | 131100 |
| Spdstr | 5500 | 16350 | 27500 | 55000 | 96600 | 137300 |
| Phtn | 5600 | 16600 | 27900 | 55800 | 98000 | 139300 |
| **Custom Twelve, Model 12-161A, 12-cyl., Custom Dual Ratio, 160 hp, 133" wb** | | | | | | |
| 2-pass Cpe | 1900 | 5500 | 9300 | 18600 | 32700 | 46400 |
| 4-pass Cpe | 1900 | 5600 | 9450 | 18900 | 33200 | 47200 |
| 2-dr Brghm | 1650 | 4950 | 8300 | 16600 | 29200 | 41500 |
| 4-dr Sdn | 1800 | 5300 | 8950 | 17900 | 31500 | 44700 |
| Cabrlt | 5650 | 16800 | 28250 | 56500 | 99200 | 141000 |
| Spdstr | 6100 | 18100 | 30500 | 61000 | 107100 | 152300 |
| Phtn | 5900 | 17550 | 29500 | 59000 | 103600 | 147300 |
| **Salon Twelve, Model 12-165, 12-cyl., Salon Dual Ratio, 160 hp, 133" wb** | | | | | | |
| 2-dr Brghm | 1800 | 5300 | 8900 | 17800 | 31300 | 44400 |
| 4-dr Sdn | 1850 | 5400 | 9100 | 18200 | 32000 | 45500 |
| Cabrlt | 5950 | 17700 | 29750 | 59500 | 104500 | 148500 |
| Spdstr | 6200 | 18400 | 31000 | 62000 | 108900 | 154800 |
| Phtn | 6300 | 18700 | 31500 | 63000 | 110600 | 157300 |

## *1934*

| | 6 | 5 | 4 | 3 | 2 | 1 |
|---|---|---|---|---|---|---|
| **Standard Six, Model 652X, 6-cyl., 85 hp, 119" wb** | | | | | | |
| 2-dr Brghm | 900 | 2800 | 4700 | 9400 | 16500 | 23400 |
| 4-dr Sdn | 900 | 2900 | 4900 | 9800 | 17300 | 24500 |
| Conv Cabrlt | 2600 | 7800 | 13200 | 26400 | 46350 | 65900 |
| **Custom Six, Model 652Y, 6-cyl., Custom Dual Ratio** | | | | | | |
| 2-dr Brghm | 1450 | 4400 | 7300 | 14600 | 25700 | 36500 |
| 4-dr Sdn | 1400 | 4250 | 7100 | 14200 | 25000 | 35400 |
| Conv Cabrlt | 3050 | 9100 | 15300 | 30600 | 53700 | 76400 |
| Phtn | 3300 | 9750 | 16450 | 32900 | 57800 | 82100 |
| **Standard Eight, Model 850X, 8-cyl., 100 hp, 126" wb** | | | | | | |
| 2-dr Brghm | 1500 | 4500 | 7500 | 15000 | 26400 | 37500 |
| 4-dr Sdn | 1450 | 4400 | 7300 | 14600 | 25700 | 36500 |
| Conv Cabrlt | 3300 | 9750 | 16450 | 32900 | 57800 | 82100 |
| **Custom Eight, Model 850Y, Custom Dual Ratio, 115 hp, 126" wb** | | | | | | |
| 2-dr Brghm | 1700 | 5050 | 8500 | 17000 | 29900 | 42500 |
| 4-dr Sdn | 1850 | 5400 | 9100 | 18200 | 32000 | 45500 |
| Conv Cabrlt | 5900 | 17550 | 29500 | 59000 | 103600 | 147300 |
| Phtn | 5800 | 17250 | 29000 | 58000 | 102100 | 145000 |
| **Salon Twelve, Model 1250, 12-cyl., Salon Dual Ratio, 160 hp, 133" wb** | | | | | | |
| 2-dr Brghm | 1800 | 5350 | 9000 | 18000 | 31650 | 45000 |
| 4-dr Sdn | 1900 | 5500 | 9250 | 18500 | 32500 | 46100 |
| Cabrlt | 6100 | 18100 | 30500 | 61000 | 107100 | 152300 |
| Spdstr | 6500 | 19300 | 32500 | 65000 | 114100 | 162300 |
| Phtn | 6300 | 18750 | 31500 | 63000 | 110900 | 157500 |
| ***New Series*** | | | | | | |
| **Standard Six, Model 653, 6-cyl., 85 hp, 120" wb** | | | | | | |
| 2-pass Cpe | 1450 | 4400 | 7350 | 14700 | 25900 | 36700 |
| 4-pass Cpe | 1450 | 4450 | 7450 | 14900 | 26200 | 37200 |

| | 6 | 5 | 4 | 3 | 2 | 1 |
|---|---|---|---|---|---|---|
| 2-dr Brghm | 1450 | 4400 | 7300 | 14600 | 25700 | 36500 |
| 4-dr Sdn | 1400 | 4250 | 7100 | 14200 | 25000 | 35400 |
| Cabrlt | 3100 | 9200 | 15450 | 30900 | 54300 | 77100 |
| Phtn | 3400 | 10100 | 17000 | 34000 | 59700 | 84900 |
| **Standard Eight, Model 851, 8-cyl., 115 hp, 127" wb** | | | | | | |
| 2-pass Cpe | 1600 | 4850 | 8150 | 16300 | 28700 | 40800 |
| 4-pass Cpe | 1650 | 4950 | 8300 | 16600 | 29200 | 41500 |
| 2-dr Brghm | 1500 | 4600 | 7700 | 15400 | 27100 | 38500 |
| 4-dr Sdn | 1550 | 4700 | 7900 | 15800 | 27800 | 39400 |
| Cabrlt | 3250 | 9650 | 16250 | 32500 | 57100 | 81100 |
| Phtn | 3250 | 9650 | 16250 | 32500 | 57100 | 81100 |

## 1935

**Standard Six, Model 6-653, 6-cyl., 85 hp, 120" wb**

| | 6 | 5 | 4 | 3 | 2 | 1 |
|---|---|---|---|---|---|---|
| 2-pass Cpe | 1450 | 4400 | 7300 | 14600 | 25700 | 36500 |
| 4-pass Cpe | 1450 | 4450 | 7400 | 14800 | 26050 | 36900 |
| 2-dr Brghm | 1350 | 4150 | 6900 | 13800 | 24300 | 34500 |
| 4-dr Sdn | 1300 | 4000 | 6700 | 13400 | 23600 | 33400 |
| Cabrlt | 2800 | 8400 | 14100 | 28200 | 49500 | 70400 |
| Phtn | 3300 | 9800 | 16500 | 33000 | 57900 | 82400 |
| **Custom Six, Custom Dual Ratio, 6-cyl.** | | | | | | |
| 2-pass Cpe | 1500 | 4600 | 7700 | 15400 | 27100 | 38500 |
| 4-pass Cpe | 1550 | 4650 | 7800 | 15600 | 27450 | 38900 |
| 2-dr Brghm | 1400 | 4250 | 7100 | 14200 | 25000 | 35400 |
| 4-dr Sdn | 1350 | 4150 | 6900 | 13800 | 24300 | 34500 |
| Cabrlt | 3050 | 9100 | 15300 | 30600 | 53700 | 76400 |
| Phtn | 3400 | 10100 | 17000 | 34000 | 59700 | 84900 |
| **Salon Six, Salon Dual Ratio** | | | | | | |
| 2-pass Cpe | 1550 | 4700 | 7900 | 15800 | 27800 | 39400 |
| 4-pass Cpe | 1600 | 4800 | 8000 | 16000 | 28150 | 40000 |
| 2-dr Brghm | 1450 | 4400 | 7300 | 14600 | 25700 | 36500 |
| 4-dr Sdn | 1500 | 4500 | 7500 | 15000 | 26400 | 37500 |
| Cabrlt | 3300 | 9800 | 16500 | 33000 | 57900 | 82400 |
| Phtn | 3600 | 10650 | 17950 | 35900 | 63000 | 89600 |
| **Standard Eight, Model 8-851, 8-cyl., 115 hp, 127" wb** | | | | | | |
| 2-pass Cpe | 1600 | 4850 | 8100 | 16200 | 28500 | 40500 |
| 4-pass Cpe | 1650 | 4900 | 8200 | 16400 | 28850 | 41000 |
| 2-dr Brghm | 1500 | 4500 | 7500 | 15000 | 26400 | 37500 |
| 4-dr Sdn | 1500 | 4600 | 7700 | 15400 | 27100 | 38500 |
| Cabrlt | 3200 | 9500 | 15950 | 31900 | 56000 | 79600 |
| Phtn | 3300 | 9750 | 16450 | 32900 | 57800 | 82100 |
| 7-pass Sdn | 1650 | 4900 | 8250 | 16500 | 29000 | 41200 |
| **Custom Eight, Custom Dual Ratio** | | | | | | |
| 2-pass Cpe | 1650 | 4950 | 8300 | 16600 | 29200 | 41500 |
| 4-pass Cpe | 1700 | 5000 | 8400 | 16800 | 29550 | 41900 |
| 2-dr Brghm | 1500 | 4600 | 7700 | 15400 | 27100 | 38500 |
| 4-dr Sdn | 1550 | 4700 | 7900 | 15800 | 27800 | 39400 |
| Cabrlt | 3250 | 9650 | 16200 | 32400 | 56900 | 80900, |
| Phtn | 3400 | 10100 | 17000 | 34000 | 59700 | 84900 |
| 7-pass Sdn | 1700 | 5050 | 8450 | 16900 | 29700 | 42200 |
| **Salon Eight, Salon Dual Ratio** | | | | | | |
| 2-pass Cpe | 1650 | 4900 | 8200 | 16400 | 28850 | 41000 |
| 4-pass Cpe | 1650 | 4950 | 8300 | 16600 | 29200 | 41500 |
| 2-dr Brghm | 1500 | 4550 | 7600 | 15200 | 26750 | 38000 |
| 4-dr Sdn | 1550 | 4650 | 7800 | 15600 | 27450 | 38900 |
| Cabrlt | 3600 | 10650 | 17950 | 35900 | 63000 | 89600 |
| Phtn | 3600 | 10650 | 17950 | 35900 | 63000 | 89600 |
| 7-pass Sdn | 1700 | 5000 | 8350 | 16700 | 29400 | 41700 |
| **Supercharged Eight, Supercharged Dual Ratio, 8-cyl., 150 hp** | | | | | | |
| 2-pass Cpe | 1800 | 5350 | 9000 | 18000 | 31650 | 45000 |
| 4-pass Cpe | 1850 | 5400 | 9100 | 18200 | 32000 | 45500 |

|  | 6 | 5 | 4 | 3 | 2 | 1 |
|---|---|---|---|---|---|---|
| 4-dr Sdn | 1750 | 5100 | 8600 | 17200 | 30250 | 43000 |
| 2-dr Brghm | 1900 | 5600 | 9400 | 18800 | 33050 | 47000 |
| Cabrlt | 4000 | 11950 | 20100 | 40200 | 70600 | 100300 |
| Spdstr | 7100 | 21100 | 35500 | 71000 | 124700 | 177200 |
| Phtn | 4100 | 12200 | 20500 | 41000 | 72000 | 102300 |

### 1936

**Standard Six, Model 6-654, 6-cyl., 85 hp, 120" wb**

|  | 6 | 5 | 4 | 3 | 2 | 1 |
|---|---|---|---|---|---|---|
| 2-pass Cpe | 1500 | 4500 | 7500 | 15000 | 26400 | 37500 |
| 4-pass Cpe | 1500 | 4550 | 7600 | 15200 | 26750 | 38000 |
| 2-dr Brghm | 1450 | 4400 | 7300 | 14600 | 25700 | 36500 |
| 4-dr Sdn | 1400 | 4250 | 7100 | 14200 | 25000 | 35400 |
| Cabrlt | 3050 | 9100 | 15300 | 30600 | 53700 | 76400 |
| Phtn | 3150 | 9400 | 15800 | 31600 | 55500 | 78900 |
| 7-pass Sdn | 1500 | 4550 | 7600 | 15200 | 26750 | 38000 |

**Custom Six, Custom Dual Ratio**

|  | 6 | 5 | 4 | 3 | 2 | 1 |
|---|---|---|---|---|---|---|
| 2-pass Cpe | 1550 | 4700 | 7900 | 15800 | 27800 | 39400 |
| 4-pass Cpe | 1600 | 4800 | 8000 | 16000 | 28150 | 40000 |
| 2-dr Brghm | 1450 | 4400 | 7300 | 14600 | 25700 | 36500 |
| 4-dr Sdn | 1500 | 4500 | 7500 | 15000 | 26400 | 37500 |
| Cabrlt | 3250 | 9650 | 16200 | 32400 | 56900 | 80900 |
| Phtn | 3500 | 10450 | 17600 | 35200 | 61800 | 87900 |
| 7-pass Sdn | 1600 | 4800 | 8000 | 16000 | 28150 | 40000 |

**Salon Six, Salon Dual Ratio**

|  | 6 | 5 | 4 | 3 | 2 | 1 |
|---|---|---|---|---|---|---|
| 2-pass Cpe | 1600 | 4850 | 8100 | 16200 | 28500 | 40500 |
| 4-pass Cpe | 1650 | 4900 | 8200 | 16400 | 28850 | 41000 |
| 2-dr Brghm | 1500 | 4500 | 7500 | 15000 | 26400 | 37500 |
| 4-dr Sdn | 1500 | 4600 | 7700 | 15400 | 27100 | 38500 |
| Cabrlt | 4450 | 13200 | 22200 | 44400 | 78000 | 110800 |
| Phtn | 4600 | 13650 | 23000 | 46000 | 80800 | 114800 |
| 7-pass Sdn | 1650 | 4900 | 8200 | 16400 | 28850 | 41000 |

**Standard Eight, Model 8-852, 8-cyl., 115 hp, 127" wb**

|  | 6 | 5 | 4 | 3 | 2 | 1 |
|---|---|---|---|---|---|---|
| 2-pass Cpe | 1650 | 4950 | 8300 | 16600 | 29200 | 41500 |
| 4-pass Cpe | 1700 | 5000 | 8400 | 16800 | 29550 | 41900 |
| 2-dr Brghm | 1500 | 4600 | 7700 | 15400 | 27100 | 38500 |
| 4-dr Sdn | 1550 | 4700 | 7900 | 15800 | 27800 | 39400 |
| Cabrlt | 4850 | 14400 | 24200 | 48400 | 85000 | 120800 |
| Phtn | 5000 | 14800 | 24950 | 49900 | 87600 | 124600 |
| 7-pass Sdn | 1700 | 5000 | 8400 | 16800 | 29550 | 41900 |

**Custom Eight, Custom Dual Ratio, 8-cyl.**

|  | 6 | 5 | 4 | 3 | 2 | 1 |
|---|---|---|---|---|---|---|
| 2-pass Cpe | 1750 | 5200 | 8700 | 17400 | 30600 | 43500 |
| 4-pass Cpe | 1800 | 5250 | 8800 | 17600 | 30950 | 43900 |
| 2-dr Brghm | 1550 | 4700 | 7900 | 15800 | 27800 | 39400 |
| 4-dr Sdn | 1600 | 4850 | 8100 | 16200 | 28500 | 40500 |
| Cabrlt | 5100 | 15150 | 25500 | 51000 | 89600 | 127300 |
| Phtn | 5200 | 15400 | 25900 | 51800 | 91000 | 129300 |
| 7-pass Sdn | 1800 | 5250 | 8800 | 17600 | 30950 | 43900 |

**Salon Eight, Salon Dual Ratio, 8-cyl.**

|  | 6 | 5 | 4 | 3 | 2 | 1 |
|---|---|---|---|---|---|---|
| 2-pass Cpe | 1800 | 5300 | 8900 | 17800 | 31300 | 44400 |
| 4-pass Cpe | 1800 | 5350 | 9000 | 18000 | 31650 | 45000 |
| 2-dr Brghm | 1600 | 4850 | 8100 | 16200 | 28500 | 40500 |
| 4-dr Sdn | 1650 | 4950 | 8300 | 16600 | 29200 | 41500 |
| Cabrlt | 5200 | 15450 | 26000 | 52000 | 91300 | 129800 |
| Phtn | 5400 | 16000 | 26950 | 53900 | 94600 | 134500 |

**Supercharged Eight, Supercharged Dual Ratio, 150 hp, 8-cyl., 127" wb**

|  | 6 | 5 | 4 | 3 | 2 | 1 |
|---|---|---|---|---|---|---|
| Cpe | 2000 | 5800 | 9800 | 19600 | 34450 | 49000 |
| 2-dr Brghm | 1900 | 5500 | 9300 | 18600 | 22700 | 46400 |
| 4-dr Sdn | 1800 | 5350 | 9000 | 18000 | 31650 | 45000 |
| Cabrlt | 5350 | 15900 | 26750 | 53500 | 93900 | 133500 |
| Spdstr | 6700 | 19850 | 33450 | 66900 | 117500 | 167000 |
| Phtn | 5250 | 15600 | 26250 | 52500 | 92200 | 131100 |

## Collector Car Value Trends

Value trends within the collector car hobby provide a look at what's been going on during the past two decades. The following charts were compiled from various sources that have tracked the value of selected models over the years. Models were chosen on the basis of their rarity *and* desirability by collectors and hobbyists. 2000 prices are based on vehicles in number one condition.

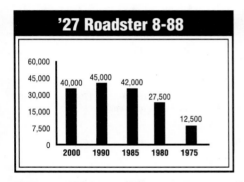

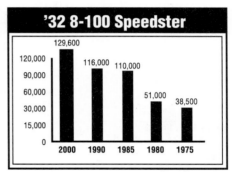

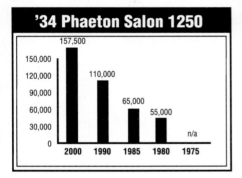

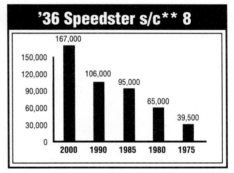

** Supercharged

# AVANTI / II
## 1963 – 1991

| | 6 | 5 | 4 | 3 | 2 | 1 |
|---|---|---|---|---|---|---|
| **1963** | | | | | | |
| **Avanti, 8-cyl., 109" wb** | | | | | | |
| 2-dr Spt Cpe | 950 | 3000 | 5050 | 10100 | 17900 | 25100 |
| | | | *R2 engine option add 25%* | | | |
| **1964** | | | | | | |
| **Avanti, 8-cyl., 109" wb** | | | | | | |
| 2-dr Spt Cpe | 950 | 3000 | 5050 | 10100 | 17900 | 25100 |
| | | *R2 engine option add 25%  R3 engine option add 50%* | | | | |
| **1965** | | | | | | |
| **Avanti II, 8-cyl., 109" wb** | | | | | | |
| 2-dr Spt Cpe | 900 | 2750 | 4600 | 9200 | 16200 | 22900 |
| **1966** | | | | | | |
| **Avanti II, 8-cyl., 109" wb** | | | | | | |
| 2-dr Spt Cpe | 800 | 2500 | 4200 | 8400 | 14800 | 20900 |
| **1967** | | | | | | |
| **Avanti II, 8-cyl., 109" wb** | | | | | | |
| 2-dr Spt Cpe | 800 | 2500 | 4200 | 8400 | 14800 | 20900 |
| **1968** | | | | | | |
| **Avanti II, 8-cyl., 109" wb** | | | | | | |
| 2-dr Spt Cpe | 800 | 2500 | 4200 | 8400 | 14800 | 20900 |
| **1969** | | | | | | |
| **Avanti II, 8-cyl., 109" wb** | | | | | | |
| 2-dr Spt Cpe | 800 | 2500 | 4200 | 8400 | 14800 | 20900 |
| **1970** | | | | | | |
| **Avanti II, 8-cyl., 109" wb** | | | | | | |
| 2-dr Spt Cpe | 800 | 2500 | 4200 | 8400 | 14800 | 20900 |
| **1971** | | | | | | |
| **Avanti II, 8-cyl., 109" wb** | | | | | | |
| 2-dr Spt Cpe | 800 | 2500 | 4200 | 8400 | 14800 | 20900 |
| **1972** | | | | | | |
| **Avanti II, 8-cyl., 109" wb** | | | | | | |
| 2-dr Spt Cpe | 800 | 2500 | 4200 | 8400 | 14800 | 20900 |
| **1973** | | | | | | |
| **Avanti II, 8-cyl., 109" wb** | | | | | | |
| 2-dr Spt Cpe | 800 | 2500 | 4200 | 8400 | 14800 | 20900 |
| **1974** | | | | | | |
| **Avanti II, 8-cyl., 109" wb** | | | | | | |
| 2-dr Spt Cpe | 800 | 2500 | 4200 | 8400 | 14800 | 20900 |
| **1975** | | | | | | |
| **Avanti II, 8-cyl., 109" wb** | | | | | | |
| 2-dr Spt Cpe | 850 | 2550 | 4300 | 8600 | 15100 | 21500 |
| **1976** | | | | | | |
| **Avanti II, 8-cyl., 109" wb** | | | | | | |
| 2-dr Spt Cpe | 850 | 2550 | 4300 | 8600 | 15100 | 21500 |

|  | 6 | 5 | 4 | 3 | 2 | 1 |
|---|---|---|---|---|---|---|
| **1977** | | | | | | |
| **Avanti II, 8-cyl., 109" wb** | | | | | | |
| 2-dr Spt Cpe | 850 | 2550 | 4300 | 8600 | 15100 | 21500 |
| **1978** | | | | | | |
| **Avanti II, 8-cyl., 109" wb** | | | | | | |
| 2-dr Spt Cpe | 850 | 2550 | 4300 | 8600 | 15100 | 21500 |
| **1979** | | | | | | |
| **Avanti II, 8-cyl., 109" wb** | | | | | | |
| 2-dr Spt Cpe | 850 | 2650 | 4500 | 9000 | 15900 | 22500 |
| **1980** | | | | | | |
| **Avanti II, 8-cyl., 109" wb** | | | | | | |
| 2-dr Spt Cpe | 850 | 2650 | 4500 | 9000 | 15900 | 22500 |
| **1981** | | | | | | |
| **Avanti II, 8-cyl., 109" wb** | | | | | | |
| 2-dr Spt Cpe | 850 | 2650 | 4500 | 9000 | 15900 | 22500 |
| **1982** | | | | | | |
| **Avanti II, 8-cyl., 109" wb** | | | | | | |
| 2-dr Spt Cpe | 900 | 2750 | 4600 | 9200 | 16200 | 22900 |
| **1983** | | | | | | |
| **Avanti II, 8-cyl., 109" wb** | | | | | | |
| 2-dr Spt Cpe | 900 | 2800 | 4700 | 9400 | 16500 | 23400 |
| **1984** | | | | | | |
| **Avanti, 8-cyl., 109" wb** | | | | | | |
| 2-dr Spt Cpe | 900 | 2900 | 4850 | 9700 | 17100 | 24200 |
| **1985** | | | | | | |
| **Avanti, 8-cyl., 109" wb** | | | | | | |
| 2-dr Spt Cpe | 950 | 3000 | 5000 | 10000 | 17700 | 24900 |
| **1987** | | | | | | |
| **Avanti, 8-cyl., 109" wb** | | | | | | |
| 2-dr Spt Cpe | 1150 | 3600 | 6000 | 12000 | 21150 | 30000 |
| 2-dr Conv Cpe | 1600 | 4800 | 8000 | 16000 | 28150 | 40000 |
| 2-dr Luxury Cpe (117" wb) | 1200 | 3750 | 6300 | 12600 | 22200 | 31400 |
| **1988** | | | | | | |
| **8-cyl., 109" wb** | | | | | | |
| 2-dr Spt Cpe | 1200 | 3850 | 6400 | 12800 | 22550 | 32000 |
| 2-dr Conv Cpe | 1700 | 5050 | 8500 | 17000 | 29900 | 42500 |
| 2-dr Luxury Cpe (117" wb) | 1300 | 4000 | 6700 | 13400 | 23600 | 33400 |
| **1989** | | | | | | |
| **8-cyl., 109" wb** | | | | | | |
| 2-dr Spt Cpe | 1300 | 4000 | 6700 | 13400 | 23600 | 33400 |
| 2-dr Conv Cpe | 1800 | 5350 | 9000 | 18000 | 31650 | 45000 |
| 2-dr Luxury Cpe (117" wb) | 1350 | 4200 | 7000 | 14000 | 24650 | 34900 |
| **1990** | | | | | | |
| **8-cyl., 109" wb** | | | | | | |
| 2-dr Spt Cpe | 1350 | 4150 | 6900 | 13800 | 24300 | 34500 |
| 2-dr Conv Cpe | 1900 | 5500 | 9390 | 18600 | 32700 | 46400 |
| 4-dr Sdn (116" wb) | 1150 | 3600 | 6000 | 12000 | 21150 | 30000 |
| **1991** | | | | | | |
| **8-cyl., 109" wb** | | | | | | |
| 2-dr Conv Cpe | 2000 | 5800 | 9600 | 19600 | 34450 | 49000 |

# BUICK
## 1905 – 1991

'08 Buick

'31 Buick

'51 Buick

'58 Buick

'62 Buick

'63 Buick

'64 Buick Special

'64 Buick

'65 Buick

'65 Buick Riviera

| | 6 | 5 | 4 | 3 | 2 | 1 |
|---|---|---|---|---|---|---|

### 1905
**Model C, 2-cyl., 22 hp, 89" wb**

| | 6 | 5 | 4 | 3 | 2 | 1 |
|---|---|---|---|---|---|---|
| Tr | 1550 | 4700 | 7900 | 15800 | 27800 | 39400 |

### 1906
**2-cyl., 22 hp**

| | 6 | 5 | 4 | 3 | 2 | 1 |
|---|---|---|---|---|---|---|
| Model F Tr | 1500 | 4600 | 7700 | 15400 | 27100 | 38500 |
| Model G Rdstr | 1500 | 4500 | 7500 | 15000 | 26400 | 37500 |

### 1907
**2-cyl., 89" wb**

| | 6 | 5 | 4 | 3 | 2 | 1 |
|---|---|---|---|---|---|---|
| Model F Tr | 1500 | 4600 | 7700 | 15400 | 27100 | 38500 |
| Model G Rdstr | 1500 | 4500 | 7500 | 15000 | 26400 | 37500 |

**4-cyl., 29 hp**

| | 6 | 5 | 4 | 3 | 2 | 1 |
|---|---|---|---|---|---|---|
| Model D Tr | 1550 | 4700 | 7900 | 15800 | 27800 | 39400 |
| Model H Tr | 1550 | 4700 | 7900 | 15800 | 27800 | 39400 |
| Model K Rdstr (107" wb) | 1500 | 4600 | 7700 | 15400 | 27100 | 38500 |
| Model S Rdstr | 1500 | 4600 | 7700 | 15400 | 27100 | 38500 |

### 1908
**2-cyl., 22 hp, 92" wb**

| | 6 | 5 | 4 | 3 | 2 | 1 |
|---|---|---|---|---|---|---|
| Model F Tr | 1800 | 5300 | 8900 | 17800 | 31300 | 44400 |
| Model G Rdstr | 1750 | 5200 | 8700 | 17400 | 30600 | 43500 |

**4-cyl., 30 hp**

| | 6 | 5 | 4 | 3 | 2 | 1 |
|---|---|---|---|---|---|---|
| Model D Tr (123" wb) | 1600 | 4850 | 8100 | 16200 | 28500 | 40500 |
| Model S Rdstr (107" wb) | 1650 | 4950 | 8300 | 16600 | 29200 | 41500 |

**Model 5, 4-cyl., 40 hp, 108" wb**

| | 6 | 5 | 4 | 3 | 2 | 1 |
|---|---|---|---|---|---|---|
| Tr | 1800 | 5300 | 8900 | 17800 | 31300 | 44400 |

**Model 10, 4-cyl., 30 hp, 88" wb**

| | 6 | 5 | 4 | 3 | 2 | 1 |
|---|---|---|---|---|---|---|
| Tr | 1550 | 4700 | 7900 | 15800 | 27800 | 39400 |

### 1909
**2-cyl., 22 hp, 92" wb**

| | 6 | 5 | 4 | 3 | 2 | 1 |
|---|---|---|---|---|---|---|
| Model F Tr | 1750 | 5200 | 8700 | 17400 | 30600 | 43500 |
| Model G Rdstr | 1900 | 5600 | 9400 | 18800 | 33050 | 47000 |

**Model 6, 4-cyl., 40 hp, 113" wb**

| | 6 | 5 | 4 | 3 | 2 | 1 |
|---|---|---|---|---|---|---|
| Rdstr | 1800 | 5300 | 8950 | 17900 | 31500 | 44700 |

**Model 7**

| | 6 | 5 | 4 | 3 | 2 | 1 |
|---|---|---|---|---|---|---|
| Tr (122" wb) | 1750 | 5200 | 8750 | 17500 | 30800 | 43700 |

**Model 10, 4-cyl., 22 hp, 92" wb**

| | 6 | 5 | 4 | 3 | 2 | 1 |
|---|---|---|---|---|---|---|
| Tr | 1750 | 5100 | 8550 | 17100 | 30100 | 42700 |
| Rdstr | 1750 | 5200 | 8750 | 17500 | 30800 | 43700 |
| Toy Tonn | 1700 | 5050 | 8450 | 16900 | 29700 | 42200 |

**4-cyl., 133 hp, 112" wb**

| | 6 | 5 | 4 | 3 | 2 | 1 |
|---|---|---|---|---|---|---|
| Model 16 Tr | 1750 | 5200 | 8750 | 17500 | 30800 | 43700 |
| Model 16 Rdstr | 1800 | 5300 | 8950 | 17900 | 31500 | 44700 |
| Model 17 Tr | 1750 | 5200 | 8750 | 17500 | 30800 | 43700 |

### 1910
**2-cyl., 22 hp, 92" wb**

| | 6 | 5 | 4 | 3 | 2 | 1 |
|---|---|---|---|---|---|---|
| Model F Tr | 1500 | 4550 | 7600 | 15200 | 26750 | 38000 |
| Model G Rdstr | 1450 | 4450 | 7400 | 14800 | 26050 | 36900 |

**Model 14, 2-cyl., 14 hp, 90" wb**

| | 6 | 5 | 4 | 3 | 2 | 1 |
|---|---|---|---|---|---|---|
| Rdstr | 1450 | 4400 | 7300 | 14600 | 25700 | 36500 |

**Model 10, 4-cyl., 22 hp, 92" wb**

| | 6 | 5 | 4 | 3 | 2 | 1 |
|---|---|---|---|---|---|---|
| Tr | 1350 | 4150 | 6900 | 13800 | 24300 | 34500 |
| Rdstr | 1350 | 4150 | 6900 | 13800 | 24300 | 34500 |
| Toy Tonn | 1350 | 4150 | 6900 | 13800 | 24300 | 34500 |

**Model 19, 4-cyl., 30 hp, 105" wb**

| | 6 | 5 | 4 | 3 | 2 | 1 |
|---|---|---|---|---|---|---|
| Tr | 1600 | 4850 | 8100 | 16200 | 28500 | 40500 |

| | 6 | 5 | 4 | 3 | 2 | 1 |
|---|---|---|---|---|---|---|
| **Model 16, 4-cyl., 33 hp, 112" wb** | | | | | | |
| Tr | 1500 | 4600 | 7700 | 15400 | 27100 | 38500 |
| Rdstr | 1550 | 4700 | 7900 | 15800 | 27800 | 39400 |
| Toy Tonn | 1500 | 4600 | 7700 | 15400 | 27100 | 38500 |
| **4-cyl., 22 hp, 122" wb** | | | | | | |
| Model 6 Rdstr | 1650 | 4950 | 8300 | 16600 | 29200 | 41500 |
| Model 7 Tr | 1750 | 5200 | 8700 | 17400 | 30600 | 43500 |
| **Model 41, 4-cyl.** | | | | | | |
| Limo | 1550 | 4650 | 7750 | 15500 | 27300 | 38700 |
| **1911** | | | | | | |
| **Model 14, 2-cyl., 14 hp, 79" wb** | | | | | | |
| Rdstr | 1300 | 4050 | 6750 | 13500 | 23800 | 33700 |
| **Model 21, 4-cyl., 29 hp, 110" wb** | | | | | | |
| Tr | 1350 | 4150 | 6900 | 13800 | 24300 | 34500 |
| Rdstr | 1400 | 4250 | 7100 | 14200 | 25000 | 35400 |
| **Model, 4-cyl., 26 hp, 100" wb** | | | | | | |
| Model 26 Rdstr | 1400 | 4250 | 7100 | 14200 | 25000 | 35400 |
| Model 27 Tr (106" wb) | 1300 | 4000 | 6700 | 13400 | 23600 | 33400 |
| **4-cyl., 22 hp** | | | | | | |
| Model 32 Rdstr (90" wb) | 1350 | 4150 | 6950 | 13900 | 24500 | 34700 |
| Model 33 Tr (100" wb) | 1300 | 4000 | 6700 | 13400 | 23600 | 33400 |
| **4-cyl., 33 hp, 116" wb** | | | | | | |
| Model 38 Rdstr | 1500 | 4550 | 7600 | 15200 | 26750 | 38000 |
| Model 39 Tr | 1550 | 4700 | 7900 | 15800 | 27800 | 39400 |
| Model 41 Limo (112" wb) | 2200 | 6500 | 10950 | 21900 | 38500 | 54700 |
| **1912** | | | | | | |
| **4-cyl., 26 hp, 108" wb** | | | | | | |
| Model 28 Rdstr | 1300 | 4100 | 6800 | 13600 | 23950 | 34000 |
| Model 29 Tr | 1350 | 4200 | 7000 | 14000 | 24650 | 34900 |
| **4-cyl., 22 hp** | | | | | | |
| Model 34 Rdstr (91" wb) | 1250 | 3950 | 6600 | 13200 | 23250 | 32900 |
| Model 35 Tr (102" wb) | 1300 | 4100 | 6800 | 13600 | 23950 | 34000 |
| Model 36 Tr (102" wb) | 1300 | 4100 | 6800 | 13600 | 23950 | 34000 |
| **Model 43, 4-cyl., 33 hp, 116" wb** | | | | | | |
| Tr | 1400 | 4250 | 7100 | 14200 | 25000 | 35400 |
| **1913** | | | | | | |
| **4-cyl., 22 hp, 105" wb** | | | | | | |
| Model 24 Rdstr | 1350 | 4150 | 6900 | 13800 | 24300 | 34500 |
| Model 25 Tr | 1400 | 4250 | 7100 | 14200 | 25000 | 35400 |
| **4-cyl., 26 hp, 108" wb** | | | | | | |
| Model 30 Rdstr | 1200 | 3800 | 6350 | 12700 | 22400 | 31700 |
| Model 31 Tr | 1250 | 3950 | 6550 | 13100 | 23100 | 32700 |
| **Model 40, 4-cyl., 40 hp, 115" wb** | | | | | | |
| Tr | 1350 | 4150 | 6950 | 13900 | 24500 | 34700 |
| **1914** | | | | | | |
| **4-cyl., 22 hp, 105" wb** | | | | | | |
| Model B-24 Rdstr | 1250 | 3950 | 6600 | 13200 | 23250 | 32900 |
| Model B-25 Tr | 1300 | 4100 | 6800 | 13600 | 23950 | 34000 |
| **4-cyl., 112" wb** | | | | | | |
| Model B-36 Rdstr | 1350 | 4150 | 6900 | 13800 | 24300 | 34500 |
| Model B-37 Tr | 1400 | 4250 | 7100 | 14200 | 25000 | 35400 |
| Model B-38 Cpe | 1200 | 3800 | 6350 | 12700 | 22400 | 31700 |
| **Model B-55, 6-cyl., 48 hp, 130" wb** | | | | | | |
| Tr | 1400 | 4250 | 7100 | 14200 | 25000 | 35400 |

|  | 6 | 5 | 4 | 3 | 2 | 1 |
|---|---|---|---|---|---|---|
| **1915** | | | | | | |
| **4-cyl., 22 hp, 106" wb** | | | | | | |
| Model C-24 Rdstr | 1300 | 4000 | 6700 | 13400 | 23600 | 33400 |
| Model C-25 Tr | 1350 | 4150 | 6900 | 13800 | 24300 | 34500 |
| **4-cyl., 112" wb** | | | | | | |
| Model C-36 Rdstr | 1350 | 4150 | 6900 | 13800 | 24300 | 34500 |
| Model C-37 Tr | 1400 | 4250 | 7100 | 14200 | 25000 | 35400 |
| **6-cyl., 55 hp, 130" wb** | | | | | | |
| Model C-54 Rdstr | 1400 | 4250 | 7100 | 14200 | 25000 | 35400 |
| Model C-55 Tr | 1450 | 4400 | 7300 | 14600 | 25700 | 36500 |
| **1916** | | | | | | |
| **4-cyl.** | | | | | | |
| Model D-34 Rdstr | 1200 | 3850 | 6450 | 12900 | 22700 | 32200 |
| Model D-35 Tr | 1300 | 4000 | 6650 | 13300 | 23400 | 33100 |
| **6-cyl.** | | | | | | |
| Model D-44 Rdstr | 1300 | 4000 | 6700 | 13400 | 23600 | 33400 |
| Model D-45 Tr | 1350 | 4150 | 6900 | 13800 | 24300 | 34500 |
| Model D-46 Conv Cpe | 1150 | 3650 | 6100 | 12200 | 21500 | 30500 |
| Model D-47 Sdn | 850 | 2700 | 4550 | 9100 | 16000 | 22700 |
| Model D-54 Rdstr | 1350 | 4150 | 6900 | 13800 | 24300 | 34500 |
| Model D-55 Tr | 1400 | 4250 | 7100 | 14200 | 25000 | 35400 |
| **1917** | | | | | | |
| **4-cyl.** | | | | | | |
| Model D-34 Rdstr | 1200 | 3850 | 6450 | 12900 | 22700 | 32200 |
| Model D-34 Tr | 1300 | 4000 | 6650 | 13300 | 23400 | 33100 |
| Model D-35 Tr | 1300 | 4000 | 6650 | 13300 | 23400 | 33100 |
| **6-cyl., 115" wb** | | | | | | |
| Model D-44 Rdstr | 1300 | 4000 | 6700 | 13400 | 23600 | 33400 |
| Model D-45 Tr | 1350 | 4150 | 6900 | 13800 | 24300 | 34500 |
| **6-cyl.** | | | | | | |
| Model D-46 Conv Cpe | 1150 | 3650 | 6100 | 12200 | 21500 | 30500 |
| Model D-47 Sdn | 850 | 2700 | 4550 | 9100 | 16000 | 22700 |
| **1918** | | | | | | |
| **4-cyl., 106" wb** | | | | | | |
| Model E-34 Rdstr | 1100 | 3500 | 5850 | 11700 | 20600 | 29100 |
| Model E-35 Tr | 1150 | 3600 | 6000 | 12100 | 21300 | 30200 |
| Model E-37 Sdn | 850 | 2650 | 4450 | 8900 | 15700 | 22300 |
| **6-cyl.** | | | | | | |
| Model E-44 Rdstr | 1150 | 3600 | 6000 | 12100 | 21300 | 30200 |
| Model E-45 Tr | 1200 | 3800 | 6300 | 12500 | 21800 | 31100 |
| **6-cyl.** | | | | | | |
| Model E-46 Cpe | 1100 | 3400 | 5700 | 11300 | 19700 | 28200 |
| Model E-47 Sdn | 850 | 2700 | 4550 | 9100 | 16000 | 22700 |
| Model E-49 Tr 7-pass | 1200 | 3850 | 6450 | 12900 | 22700 | 32200 |
| Model E-50 Sdn 7-pass | 900 | 2800 | 4700 | 9400 | 16500 | 23400 |
| **1919** | | | | | | |
| **6-cyl.** | | | | | | |
| Model H-44 Rdstr | 1100 | 3500 | 5850 | 11700 | 20600 | 29100 |
| Model H-45 Tr | 1150 | 3600 | 6000 | 12100 | 21300 | 30200 |
| **6-cyl., 124" wb** | | | | | | |
| Model H-46 Cpe | 900 | 2900 | 4850 | 9700 | 17100 | 24200 |
| Model H-47 Sdn | 800 | 2400 | 4050 | 8100 | 14200 | 20200 |
| Model H-49 Tr 7-pass | 1200 | 3750 | 6250 | 12500 | 22000 | 31100 |
| Model H-50 Sdn 7-pass | 800 | 2500 | 4250 | 8500 | 15000 | 21200 |

| | 6 | 5 | 4 | 3 | 2 | 1 |
|---|---|---|---|---|---|---|
| **1920** | | | | | | |
| **6-cyl.** | | | | | | |
| Model K-44 Rdstr | 1100 | 3500 | 5850 | 11700 | 20600 | 29100 |
| Model K-45 Tr | 1000 | 3250 | 5450 | 10900 | 19100 | 27200 |
| Model K-46 Cpe | 850 | 2650 | 4450 | 8900 | 15700 | 22300 |
| Model K-47 Sdn | 750 | 2200 | 3650 | 7300 | 12600 | 18200 |
| Model K-49 Tr | 1050 | 3400 | 5700 | 11300 | 19700 | 28100 |
| Model K-50 Sdn (124" wb) | 750 | 2300 | 3850 | 7700 | 13300 | 19200 |
| **1921** | | | | | | |
| **6-cyl., 50 hp, 118" and 124" wb** | | | | | | |
| Model 21-44 Rdstr | 1100 | 3600 | 5900 | 11700 | 20400 | 29100 |
| Model 21-45 Tr | 1050 | 3400 | 5700 | 11300 | 19700 | 28100 |
| Model 21-46 Cpe | 650 | 1800 | 3250 | 6500 | 11200 | 16100 |
| Model 21-47 Sdn | 650 | 1700 | 3000 | 6100 | 10600 | 15200 |
| Model 21-48 Cpe | 700 | 2000 | 3450 | 6900 | 11900 | 17200 |
| Model 21-49 Tr 7-pass | 1100 | 3600 | 5900 | 11700 | 20400 | 29100 |
| Model 21-50 Sdn | 650 | 2000 | 3300 | 6500 | 11300 | 16100 |
| **1922** | | | | | | |
| **4-cyl., 35 hp, 109" wb** | | | | | | |
| Model 22-34 Rdstr | 1000 | 3300 | 5500 | 10900 | 19000 | 27100 |
| Model 22-35 Tr | 1000 | 3200 | 5300 | 10500 | 18300 | 26100 |
| Model 22-36 Cpe | 650 | 1700 | 3000 | 6100 | 10600 | 15200 |
| Model 22-37 Sdn | 550 | 1600 | 2700 | 5300 | 9200 | 13100 |
| **6-cyl., 50 hp, 118" and 124" wb** | | | | | | |
| Model 22-44 Rdstr | 1100 | 3600 | 5900 | 11700 | 20400 | 29100 |
| Model 22-45 Tr | 1050 | 3400 | 5700 | 11300 | 19700 | 28100 |
| Model 22-46 Cpe | 650 | 1800 | 3250 | 6500 | 11200 | 16100 |
| Model 22-47 Sdn | 600 | 1800 | 2900 | 5700 | 9900 | 14100 |
| Model 22-48 Cpe | 750 | 2200 | 3700 | 7200 | 12700 | 18100 |
| Model 22-49 Tr | 1100 | 3600 | 5900 | 11700 | 20400 | 29100 |
| Model 22-50 Sdn | 700 | 2100 | 3500 | 6900 | 12000 | 17100 |
| Model 22-54 Spt Rdstr | 1150 | 3800 | 6100 | 11900 | 20600 | 29300 |
| Model 22-55 Spt Tr | 1100 | 3600 | 5900 | 11500 | 19900 | 28400 |
| **1923** | | | | | | |
| **4-cyl., 35 hp, 109" wb** | | | | | | |
| Model 23-34 Rdstr | 900 | 3000 | 4900 | 9700 | 16900 | 24100 |
| Model 23-35 Tr | 900 | 3000 | 4900 | 9700 | 16900 | 24100 |
| Model 23-36 Cpe | 650 | 1800 | 3250 | 6500 | 11200 | 16100 |
| Model 23-37 Sdn | 600 | 1800 | 2900 | 5700 | 9900 | 14100 |
| Model 23-38 Tr Sdn | 650 | 1700 | 3000 | 6100 | 10600 | 15200 |
| Model 23-39 Spt Rdstr | 950 | 3100 | 5100 | 10100 | 17600 | 25100 |
| **6-cyl., 40 hp, 118" wb** | | | | | | |
| Model 23-41 Tr Sdn | 650 | 1800 | 3250 | 6500 | 11200 | 16100 |
| Model 23-44 Rdstr | 1000 | 3200 | 5300 | 10500 | 18300 | 26100 |
| Model 23-45 Tr | 950 | 3100 | 5100 | 10100 | 17600 | 25100 |
| Model 23-47 Sdn | 650 | 1750 | 3150 | 6300 | 10900 | 15700 |
| Model 23-48 Cpe | 750 | 2150 | 3600 | 7200 | 12400 | 18000 |
| Model 23-49 Tr 7-pass | 1000 | 3200 | 5300 | 10500 | 18300 | 26100 |
| **6-cyl., 40 hp, 124" wb** | | | | | | |
| Model 23-50 Sdn | 750 | 2200 | 3700 | 7300 | 12700 | 18100 |
| Model 23-54 Spt Rdstr | 1000 | 3300 | 5500 | 10900 | 19000 | 27100 |
| Model 23-55 Spt Tr | 1050 | 3400 | 5700 | 11300 | 19700 | 28100 |
| **1924** | | | | | | |
| **4-cyl., 35 hp, 109" wb** | | | | | | |
| Model 24-33 Cpe | 700 | 2100 | 3500 | 6900 | 12000 | 17100 |
| Model 24-34 Rdstr | 1000 | 3200 | 5300 | 10500 | 18300 | 26100 |
| Model 24-35 Tr | 1000 | 3300 | 5500 | 10900 | 19000 | 27100 |
| Model 24-37 Sdn | 650 | 1700 | 3000 | 6100 | 10600 | 15200 |

| | 6 | 5 | 4 | 3 | 2 | 1 |
|---|---|---|---|---|---|---|
| **6-cyl., 70 hp, 120" wb** | | | | | | |
| Model 24-41 Dbl Service Sdn | 700 | 1900 | 3350 | 6700 | 11500 | 16500 |
| Model 24-44 Rdstr | 1000 | 3300 | 5500 | 10900 | 19000 | 27100 |
| Model 24-45 Tr | 1050 | 3400 | 5700 | 11300 | 19700 | 28100 |
| Model 24-47 Sdn | 650 | 1800 | 3250 | 6500 | 11200 | 16100 |
| **6-cyl., 70 hp, 128" wb** | | | | | | |
| Model 24-48 Cpe | 750 | 2200 | 3650 | 7300 | 12600 | 18200 |
| Model 24-49 Tr 7-pass | 1100 | 3600 | 5900 | 11700 | 20400 | 29100 |
| **6-cyl., 70 hp, 128" wb** | | | | | | |
| Model 24-50 Sdn | 750 | 2400 | 3900 | 7700 | 13400 | 19100 |
| Model 24-50L Limo | 850 | 2700 | 4500 | 8900 | 15500 | 22100 |
| Model 24-51Brghm Sdn | 800 | 2500 | 4100 | 8100 | 14100 | 20100 |
| Model 24-54 Spt Rdstr | 1050 | 3400 | 5700 | 11300 | 19700 | 28100 |
| Model 24-54C Cabrlt Cpe | 1000 | 3300 | 5500 | 10900 | 19000 | 27100 |
| Model 24-55 Spt Tr | 1100 | 3600 | 5900 | 11700 | 20400 | 29100 |
| Model 24-57 Twn Car | 800 | 2600 | 4300 | 8500 | 14800 | 21100 |

## 1925

**Standard 6 Series, 6-cyl., 50 hp, 114" wb**

| | 6 | 5 | 4 | 3 | 2 | 1 |
|---|---|---|---|---|---|---|
| Model 25-20 2-dr Sdn | 750 | 2150 | 3600 | 7200 | 12400 | 18000 |
| Model 25-21 Dbl Service Sdn | 750 | 2250 | 3750 | 7500 | 13000 | 18700 |
| Model 25-24 Rdstr | 950 | 3100 | 5100 | 10100 | 17600 | 25000 |
| Model 25-24 Spt Rdstr | 1000 | 3200 | 5300 | 10500 | 18300 | 26100 |
| Model 25-24A Encl Rdstr | 1000 | 3300 | 5500 | 10900 | 19000 | 27000 |
| Model 25-25 Tr | 950 | 3100 | 5100 | 10100 | 17600 | 25100 |
| Model 25-25A Encl Tr | 1000 | 3200 | 5300 | 10500 | 18300 | 26100 |
| Model 25-26 Dbl Service Cpe | 800 | 2400 | 4000 | 8000 | 13900 | 19900 |
| Model 25-27 4-dr Sdn | 750 | 2250 | 3700 | 7400 | 12800 | 18500 |
| Model 25-28 Cpe | 800 | 2450 | 4150 | 8300 | 14600 | 20700 |
| **Master 6 Series, 6-cyl., 70 hp, 120" wb** | | | | | | |
| Model 25-40 2-dr Coach | 750 | 2200 | 3650 | 7300 | 12600 | 18200 |
| Model 25-44 Rdstr | 1000 | 3300 | 5500 | 10900 | 19000 | 27100 |
| Model 25-44A Encl Rdstr | 1050 | 3400 | 5700 | 11300 | 19700 | 28100 |
| Model 25-45 Tr | 1050 | 3400 | 5700 | 11300 | 19700 | 28100 |
| Model 25-45A Encl Tr | 1100 | 3600 | 5900 | 11700 | 20500 | 29100 |
| Model 25-47 4-dr Sdn | 750 | 2250 | 3750 | 7500 | 13000 | 18700 |
| Model 25-48 Cpe | 800 | 2500 | 4250 | 8500 | 15000 | 21200 |
| Model 25-49 Tr | 1100 | 3450 | 5750 | 11500 | 20300 | 28700 |
| Model 25-49A Encl Tr | 1150 | 3600 | 5950 | 11900 | 21000 | 29700 |
| Model 25-50 Sdn | 800 | 2500 | 4250 | 8500 | 15000 | 21200 |
| Model 25-50L Limo | 850 | 2650 | 4450 | 8900 | 15700 | 22300 |
| Model 25-51 Brghm Sdn | 900 | 2750 | 4600 | 9200 | 16200 | 22900 |
| Model 25-54 Spt Rdstr | 1050 | 3400 | 5700 | 11300 | 19700 | 28100 |
| Model 25-54C Cabrlt Cpe | 1100 | 3600 | 5900 | 11700 | 20400 | 29100 |
| Model 25-55 Spt Tr | 1100 | 3600 | 5900 | 11700 | 20400 | 29100 |
| Model 25-57 Twn Sdn | 950 | 2950 | 4950 | 9900 | 17500 | 24700 |

## 1926

**Standard 6 Series, 6-cyl., 60 hp, 114" wb**

| | 6 | 5 | 4 | 3 | 2 | 1 |
|---|---|---|---|---|---|---|
| 2-dr Sdn | 750 | 2300 | 3850 | 7700 | 13300 | 19200 |
| Rdstr | 1000 | 3200 | 5300 | 10500 | 18300 | 26100 |
| Tr | 1000 | 3300 | 5500 | 10900 | 19000 | 27100 |
| 2-pass Cpe | 900 | 2750 | 4650 | 9300 | 16400 | 23100 |
| 4-dr Sdn | 800 | 2400 | 4050 | 8100 | 14200 | 20200 |
| 4-pass Cpe | 850 | 2650 | 4450 | 8900 | 15700 | 22300 |
| **Master 6 Series, 6-cyl., 75 hp, 120" wb** | | | | | | |
| 2-dr Sdn | 850 | 2650 | 4450 | 8900 | 15700 | 22300 |
| Rdstr | 1000 | 3300 | 5500 | 10900 | 19000 | 27100 |
| Tr | 1050 | 3400 | 5700 | 11300 | 19700 | 28100 |
| 4-dr Sdn | 900 | 2750 | 4650 | 9300 | 16400 | 23100 |

|  | 6 | 5 | 4 | 3 | 2 | 1 |
|---|---|---|---|---|---|---|
| **Master 6 Series, 6-cyl., 75 hp, 128" wb** | | | | | | |
| 4-pass Cpe | 900 | 2900 | 4850 | 9700 | 17100 | 24200 |
| 7-pass Sdn | 950 | 3000 | 5050 | 10100 | 17900 | 25100 |
| Brghm Sdn | 900 | 2900 | 4850 | 9700 | 17100 | 24200 |
| Spt Rdstr | 1050 | 3400 | 5700 | 11300 | 19700 | 28100 |
| Ctry Club Cpe | 950 | 3000 | 5050 | 10100 | 17900 | 25100 |
| Spt Tr | 1150 | 3600 | 5950 | 11900 | 21000 | 29700 |
| **1927** | | | | | | |
| **Standard 6 Series, 6-cyl., 63 hp, 114" wb** | | | | | | |
| 2-dr Sdn | 750 | 2250 | 3750 | 7500 | 13000 | 18700 |
| Spt Rdstr | 1100 | 3200 | 5300 | 10500 | 18300 | 26100 |
| Spt Tr | 1100 | 3300 | 5500 | 11000 | 19000 | 27000 |
| 2-pass Cpe | 850 | 2650 | 4450 | 8900 | 15700 | 22300 |
| Ctry Club Cpe | 850 | 2700 | 4550 | 9100 | 16000 | 22700 |
| 4-dr Sdn | 800 | 2400 | 4050 | 8100 | 14200 | 20200 |
| 4-pass Cpe | 900 | 2750 | 4650 | 9300 | 16400 | 23100 |
| Brghm | 800 | 2500 | 4250 | 8500 | 15000 | 21200 |
| **Master 6 Series, 6-cyl., 77 hp, 120" wb** | | | | | | |
| 2-dr Sdn | 800 | 2400 | 4050 | 8100 | 14200 | 20200 |
| 4-dr Sdn | 800 | 2500 | 4250 | 8500 | 15000 | 21200 |
| 4-pass Cpe | 900 | 2750 | 4650 | 9300 | 16400 | 23100 |
| **Master 6 Series, 6-cyl., 77 hp, 128" wb** | | | | | | |
| 7-pass Sdn | 850 | 2650 | 4450 | 8900 | 15700 | 22300 |
| Brghm | 900 | 2750 | 4650 | 9300 | 16400 | 23100 |
| Spt Rdstr | 1200 | 3600 | 5900 | 11700 | 20400 | 29100 |
| Cntry Club Cpe | 950 | 3000 | 5050 | 10100 | 17900 | 25100 |
| Conv Cpe | 1050 | 3300 | 5500 | 11100 | 19500 | 27700 |
| Spt Tr | 1200 | 3700 | 6100 | 12100 | 21100 | 30100 |
| 5-pass Cpe | 900 | 2900 | 4850 | 9700 | 17100 | 24200 |
| **1928** | | | | | | |
| **Standard 6 Series, 6-cyl., 63 hp, 114" wb** | | | | | | |
| 2-dr Sdn | 750 | 2200 | 3650 | 7300 | 12600 | 18200 |
| Rdstr | 1100 | 3200 | 5300 | 10500 | 18300 | 26100 |
| Tr | 1100 | 3300 | 5500 | 10900 | 19000 | 27100 |
| 2-pass Cpe | 800 | 2400 | 4050 | 8100 | 14200 | 20200 |
| Cntry Club Cpe | 800 | 2500 | 4250 | 8500 | 15000 | 21200 |
| 4-dr Sdn | 750 | 2300 | 3850 | 7700 | 13300 | 19200 |
| Brghm | 800 | 2400 | 4050 | 8100 | 14200 | 20200 |
| **Master 6 Series, 6-cyl., 77 hp, 120" wb** | | | | | | |
| 4-dr Sdn | 750 | 2300 | 3850 | 7700 | 13300 | 19200 |
| 4-dr Dlx Sdn | 800 | 2400 | 4050 | 8100 | 14200 | 20200 |
| Cpe | 800 | 2500 | 4250 | 8500 | 15000 | 21200 |
| **Master 6 Series, 6-cyl., 77 hp, 128" wb** | | | | | | |
| 7-pass Sdn | 800 | 2400 | 4050 | 8100 | 14200 | 20200 |
| Brghm | 800 | 2500 | 4250 | 8500 | 15000 | 21200 |
| Spt Rdstr | 1200 | 3700 | 6100 | 12100 | 21100 | 30100 |
| Cntry Cub Cpe | 850 | 2650 | 4450 | 8900 | 15700 | 22300 |
| Spt Tr | 1200 | 3800 | 6300 | 12500 | 21800 | 31000 |
| 5-pass Cpe | 800 | 2500 | 4250 | 8500 | 15000 | 21200 |
| **1929** | | | | | | |
| **Series 116, 6-cyl., 74 hp, 116" wb** | | | | | | |
| 2-dr Sdn | 650 | 1700 | 3000 | 6100 | 10600 | 15200 |
| Spt Tr | 1200 | 3700 | 6100 | 12100 | 21100 | 30100 |
| Bus Cpe | 750 | 2200 | 3650 | 7300 | 12600 | 18200 |
| Cpe | 800 | 2400 | 4050 | 8100 | 14200 | 20200 |
| 4-dr Sdn | 650 | 1800 | 3250 | 6500 | 11200 | 16100 |

|  | 6 | 5 | 4 | 3 | 2 | 1 |
|---|---|---|---|---|---|---|
| **Series 121, 6-cyl., 90 hp, 121" wb** | | | | | | |
| CC Sdn | 750 | 2100 | 3550 | 7100 | 12300 | 17700 |
| Rdstr | 1200 | 3800 | 6300 | 12500 | 21800 | 31100 |
| Bus Cpe | 750 | 2300 | 3850 | 7700 | 13300 | 19200 |
| RS Cpe | 800 | 2500 | 4250 | 8500 | 15000 | 21200 |
| 4-dr Sdn | 700 | 2000 | 3450 | 6900 | 11900 | 17200 |
| 4-pass Cpe | 800 | 2400 | 4050 | 8100 | 14200 | 20200 |
| **Series 129, 6-cyl., 90 hp, 129" wb** | | | | | | |
| 7-pass Tr | 1200 | 3700 | 6100 | 12100 | 21100 | 30100 |
| 7-pass Sdn | 800 | 2500 | 4250 | 8500 | 15000 | 21200 |
| Limo | 850 | 2650 | 4450 | 8900 | 15700 | 22300 |
| CC Sdn | 800 | 2400 | 4050 | 8100 | 14200 | 20200 |
| CC Conv Cpe | 1250 | 3950 | 6550 | 13100 | 23100 | 32700 |
| Spt Tr | 1300 | 4050 | 6750 | 13500 | 23800 | 33700 |
| 4-dr Sdn | 800 | 2400 | 4050 | 8100 | 14200 | 20200 |
| 5-pass Cpe | 850 | 2650 | 4450 | 8900 | 15700 | 22300 |

## 1930

| **Series 40, 6-cyl., 80 hp, 118" wb** | | | | | | |
|---|---|---|---|---|---|---|
| 2-dr Sdn | 750 | 2100 | 3550 | 7100 | 12300 | 17700 |
| Spt Rdstr | 1300 | 4000 | 6700 | 13400 | 23600 | 33400 |
| Phtn | 1350 | 4150 | 6900 | 13800 | 24300 | 34500 |
| Bus Cpe | 800 | 2450 | 4150 | 8300 | 14600 | 20700 |
| Cpe | 900 | 2850 | 4750 | 9500 | 16700 | 23700 |
| 4-dr Sdn | 750 | 2200 | 3650 | 7300 | 12600 | 18200 |
| **Series 50, 6-cyl., 98 hp, 124" wb** | | | | | | |
| 4-dr Sdn | 750 | 2200 | 3650 | 7300 | 12600 | 18200 |
| Cpe | 800 | 2500 | 4250 | 8500 | 15000 | 21200 |
| **Series 60, 6-cyl., 98 hp, 132" wb** | | | | | | |
| 7-pass Sdn | 800 | 2400 | 4050 | 8100 | 14200 | 20200 |
| Limo | 800 | 2500 | 4250 | 8500 | 15000 | 21200 |
| 4-dr Sdn | 750 | 2300 | 3850 | 7700 | 13300 | 19200 |
| Spl Rdstr | 1450 | 4400 | 7350 | 14700 | 25900 | 36700 |
| Spl Spt Cpe | 950 | 3050 | 5150 | 10300 | 18200 | 25700 |
| 5-pass Cpe | 900 | 2850 | 4750 | 9500 | 16700 | 23700 |
| 7-pass Phtn | 1450 | 4400 | 7300 | 14600 | 25700 | 36500 |
| **Marquette, 6-cyl., 67 hp, 114" wb** | | | | | | |
| 2-dr Sdn | 650 | 1750 | 3150 | 6300 | 10900 | 15700 |
| Rdstr | 1050 | 3400 | 5650 | 11300 | 19900 | 28200 |
| Phtn | 1150 | 3600 | 5950 | 11900 | 21000 | 29700 |
| Bus Cpe | 750 | 2250 | 3750 | 7500 | 13000 | 18700 |
| Spl Cpe | 800 | 2450 | 4150 | 8300 | 14600 | 20700 |
| 4-dr Sdn | 650 | 1800 | 3250 | 6500 | 11200 | 16100 |

## 1931

| **Series 50, 8-cyl., 77 hp, 114" wb** | | | | | | |
|---|---|---|---|---|---|---|
| 2-dr Sdn | 750 | 2250 | 3700 | 7400 | 12800 | 18500 |
| Spt Rdstr | 1400 | 4300 | 7200 | 14400 | 25350 | 35900 |
| Phtn | 1450 | 4450 | 7450 | 14900 | 26200 | 37200 |
| Bus Cpe | 850 | 2700 | 4550 | 9100 | 16000 | 22700 |
| Conv Cpe | 1450 | 4400 | 7350 | 14700 | 25900 | 36700 |
| Spl Cpe | 900 | 2850 | 4750 | 9500 | 16700 | 23700 |
| 4-dr Sdn | 800 | 2350 | 3900 | 7800 | 13500 | 19500 |
| **Series 60, 8-cyl., 90 hp, 118" wb** | | | | | | |
| Spt Rdstr | 1450 | 4450 | 7450 | 14900 | 26200 | 37200 |
| Phtn | 1500 | 4550 | 7650 | 15300 | 26900 | 38200 |
| Bus Cpe | 900 | 2850 | 4750 | 9500 | 16700 | 23700 |
| Spl Cpe | 950 | 2950 | 4950 | 9900 | 17500 | 24700 |
| 4-dr Sdn | 800 | 2450 | 4100 | 8200 | 14400 | 20500 |

| | 6 | 5 | 4 | 3 | 2 | 1 |
|---|---|---|---|---|---|---|
| **Series 80, 8-cyl., 104 hp, 124" wb** | | | | | | |
| Cpe | 1000 | 3250 | 5450 | 10900 | 19100 | 27200 |
| 4-dr Sdn | 850 | 2650 | 4450 | 8900 | 15700 | 22300 |
| **Series 90, 8-cyl., 104 hp, 132" wb** | | | | | | |
| 7-pass Sdn | 950 | 3050 | 5150 | 10300 | 18200 | 25700 |
| Limo | 1000 | 3200 | 5350 | 10700 | 18900 | 26700 |
| 5-pass Sdn | 950 | 2950 | 4950 | 9900 | 17500 | 24700 |
| Spt Rdstr | 1850 | 5400 | 9100 | 18200 | 32000 | 45500 |
| 7-pass Phtn | 1800 | 5300 | 8900 | 17800 | 31300 | 44400 |
| 5-pass Cpe | 1200 | 3750 | 6250 | 12500 | 22000 | 31100 |
| Conv Cpe | 1750 | 5200 | 8700 | 17400 | 30600 | 43500 |
| Spt Cpe | 1150 | 3650 | 6100 | 12200 | 21500 | 30500 |
| ***1932*** | | | | | | |
| **Series 50, 8-cyl., 78/82 hp, 114" wb** | | | | | | |
| Bus Cpe | 850 | 2550 | 4350 | 8700 | 15300 | 21700 |
| Conv Cpe | 1650 | 4900 | 8250 | 16500 | 29000 | 41200 |
| Spl Cpe | 850 | 2700 | 4550 | 9100 | 16000 | 22700 |
| 4-dr Sdn | 750 | 2300 | 3800 | 7600 | 13100 | 18900 |
| Spl Sdn | 800 | 2400 | 4050 | 8100 | 14200 | 20200 |
| Vic Cpe | 900 | 2850 | 4750 | 9500 | 16700 | 23700 |
| Conv Phtn | 1600 | 4850 | 8100 | 16200 | 28500 | 40500 |
| **Series 60, 8-cyl., 89/95 hp, 118" wb** | | | | | | |
| Bus Cpe | 900 | 2800 | 4700 | 9400 | 16500 | 23400 |
| Conv Cpe | 1700 | 5050 | 8450 | 16900 | 29700 | 42200 |
| Spl Cpe | 900 | 2900 | 4900 | 9800 | 17300 | 24500 |
| 4-dr Sdn | 800 | 2500 | 4200 | 8400 | 14800 | 20900 |
| Vic Cpe | 950 | 2950 | 4950 | 9900 | 17500 | 24700 |
| 2-dr Conv Phtn | 1750 | 5200 | 8750 | 17500 | 30800 | 43700 |
| **Series 80, 8-cyl., 104/113 hp, 126" wb** | | | | | | |
| Vic Traveler Cpe | 950 | 3000 | 5050 | 10100 | 17900 | 25100 |
| 4-dr Sdn | 850 | 2650 | 4450 | 8900 | 15700 | 22300 |
| **Series 90, 8-cyl., 104/113 hp, 134" wb** | | | | | | |
| 7-pass Sdn | 1150 | 3650 | 6100 | 12200 | 21500 | 30500 |
| Limo | 1200 | 3850 | 6450 | 12900 | 22700 | 32200 |
| Club Sdn | 1200 | 3750 | 6250 | 12500 | 22000 | 31100 |
| Spt Phtn | 2000 | 5900 | 9950 | 19900 | 35000 | 49700 |
| Vic Cpe | 1300 | 4050 | 6750 | 13500 | 23800 | 33700 |
| Conv Cpe | 2050 | 6050 | 10250 | 20500 | 36000 | 51200 |
| Spt Cpe | 1300 | 4000 | 6700 | 13400 | 23600 | 33400 |
| 5-pass Sdn | 1150 | 3650 | 6100 | 12200 | 21500 | 30500 |
| 2-dr Conv Phtn | 2050 | 6000 | 10100 | 20200 | 35500 | 50400 |
| ***1933*** | | | | | | |
| **Series 50, 8-cyl., 83/86 hp, 119" wb** | | | | | | |
| Bus Cpe | 800 | 2400 | 4050 | 8100 | 14200 | 20200 |
| Conv Cpe | 1200 | 3850 | 6450 | 12900 | 22700 | 32200 |
| Spt Cpe | 800 | 2500 | 4250 | 8500 | 15000 | 21200 |
| 4-dr Sdn | 750 | 2300 | 3850 | 7700 | 13300 | 19200 |
| Vic Cpe | 900 | 2850 | 4750 | 9500 | 16700 | 23700 |
| **Series 60, 8-cyl., 91/97 hp, 127" wb** | | | | | | |
| Conv Cpe | 1200 | 3850 | 6450 | 12900 | 22700 | 32200 |
| Spt Cpe | 900 | 2800 | 4700 | 9400 | 16500 | 23400 |
| 4-dr Sdn | 850 | 2650 | 4450 | 8900 | 15700 | 22300 |
| Conv Phtn | 1300 | 4000 | 6700 | 13400 | 23600 | 33400 |
| Vic Cpe | 1000 | 3250 | 5450 | 10900 | 19100 | 27200 |
| **Series 80, 8-cyl., 105/113 hp, 130" wb** | | | | | | |
| Vic Cpe | 1150 | 3650 | 6100 | 12200 | 21500 | 30500 |
| Conv Cpe | 1450 | 4450 | 7450 | 14900 | 26200 | 37200 |
| Spt Cpe | 1100 | 3550 | 5900 | 11800 | 20800 | 29400 |

| | 6 | 5 | 4 | 3 | 2 | 1 |
|---|---|---|---|---|---|---|
| 4-dr Sdn | 900 | 2900 | 4900 | 9800 | 17300 | 24500 |
| Conv Phtn | 1550 | 4700 | 7900 | 15800 | 27800 | 39400 |
| **Series 90, 8-cyl., 105/113 hp, 138" wb** | | | | | | |
| 7-pass Sdn | 1100 | 3500 | 5800 | 11600 | 20450 | 28900 |
| Limo | 1300 | 4000 | 6700 | 13400 | 23600 | 33400 |
| Club Sdn | 1150 | 3650 | 6100 | 12200 | 21500 | 30500 |
| Vic Cpe | 1400 | 4350 | 7250 | 14500 | 25500 | 36200 |
| 4-dr Sdn | 1050 | 3350 | 5600 | 11200 | 19700 | 28000 |

### 1934

**Special Series 40, 8-cyl., 93 hp, 117" wb**

| | 6 | 5 | 4 | 3 | 2 | 1 |
|---|---|---|---|---|---|---|
| 4-dr Sdn | 800 | 2400 | 4000 | 8000 | 13900 | 19900 |
| Bus Cpe | 800 | 2450 | 4150 | 8300 | 14600 | 20700 |
| Spt Cpe | 850 | 2700 | 4550 | 9100 | 16000 | 22700 |
| 4-dr Sdn | 800 | 2500 | 4250 | 8500 | 15000 | 21200 |
| 2-dr Sdn | 750 | 2300 | 3800 | 7600 | 13100 | 18900 |
| **Series 50, 8-cyl., 88 hp, 119" wb** | | | | | | |
| Bus Cpe | 900 | 2900 | 4850 | 9700 | 17100 | 24200 |
| Conv Cpe | 1450 | 4450 | 7450 | 14900 | 26200 | 37200 |
| Spt Cpe | 1000 | 3100 | 5250 | 10500 | 18600 | 26200 |
| 4-dr Sdn | 800 | 2500 | 4200 | 8400 | 14800 | 20900 |
| Vic Cpe | 1050 | 3300 | 5500 | 11100 | 19500 | 27700 |
| **Series 60, 8-cyl., 100 hp, 128" wb** | | | | | | |
| Club Sdn | 900 | 2850 | 4800 | 9600 | 16900 | 24000 |
| Conv Cpe | 1500 | 4600 | 7700 | 15400 | 27100 | 38500 |
| Spt Cpe | 1000 | 3250 | 5450 | 10900 | 19100 | 27200 |
| 4-dr Sdn | 850 | 2600 | 4400 | 8800 | 15500 | 21900 |
| Vic | 1100 | 3450 | 5750 | 11500 | 20300 | 28700 |
| Conv Phtn | 1450 | 4450 | 7450 | 14900 | 26200 | 37200 |
| **Series 90, 8-cyl., 116 hp, 136" wb** | | | | | | |
| 7-pass Sdn | 1000 | 3100 | 5250 | 10500 | 18600 | 26200 |
| Limo | 1050 | 3350 | 5600 | 11200 | 19700 | 28000 |
| Club Sdn | 1000 | 3250 | 5450 | 10900 | 19100 | 27200 |
| Conv Cpe | 1700 | 5050 | 8450 | 16900 | 29700 | 42200 |
| Spt Cpe | 1000 | 3250 | 5450 | 10900 | 19100 | 27200 |
| 5-pass Sdn | 950 | 3000 | 5050 | 10100 | 17900 | 25100 |
| Vic Cpe | 1150 | 3600 | 6000 | 12100 | 21300 | 30200 |
| Conv Phtn | 1550 | 4700 | 7850 | 15700 | 27600 | 39100 |

### 1935

**Special, 8-cyl., 93 hp, 117" wb**

| | 6 | 5 | 4 | 3 | 2 | 1 |
|---|---|---|---|---|---|---|
| 4-dr Sdn | 800 | 2400 | 4000 | 8000 | 13900 | 19900 |
| Conv Cpe | 1300 | 4100 | 6850 | 13700 | 24100 | 34200 |
| Bus Cpe | 850 | 2650 | 4450 | 8900 | 15700 | 22300 |
| Spt Cpe | 900 | 2900 | 4850 | 9700 | 17100 | 24200 |
| 4-dr Tr Sdn | 800 | 2500 | 4250 | 8500 | 15000 | 21200 |
| 2-dr Tr Sdn | 800 | 2400 | 4000 | 8000 | 13900 | 19900 |
| **Super, 8-cyl., 88 hp, 119" wb** | | | | | | |
| Conv Cpe | 1400 | 4250 | 7100 | 14200 | 25000 | 35400 |
| Bus Cpe | 900 | 2750 | 4600 | 9200 | 16200 | 22900 |
| Spt Cpe | 900 | 2850 | 4800 | 9600 | 16900 | 24000 |
| 4-dr Sdn | 800 | 2500 | 4250 | 8500 | 15000 | 21200 |
| Vic Cpe | 1000 | 3100 | 5250 | 10500 | 18600 | 26200 |
| **Century, 8-cyl., 100 hp, 128" wb** | | | | | | |
| Club Sdn | 900 | 2850 | · 4800 | 9600 | 16900 | 24000 |
| Conv Cpe | 1450 | 4400 | 7350 | 14700 | 25900 | 36700 |
| Spt Cpe | 1000 | 3250 | 5450 | 10900 | 19100 | 27200 |
| 4-dr Sdn | 850 | 2600 | 4400 | 8800 | 15500 | 21900 |
| Vic Cpe | 1050 | 3400 | 5650 | 11300 | 19900 | 28200 |
| Phtn Conv | 1400 | 4300 | 7150 | 14300 | 25200 | 35700 |

| | 6 | 5 | 4 | 3 | 2 | 1 |
|---|---|---|---|---|---|---|
| **Limited, 8-cyl., 136" wb** | | | | | | |
| 4-dr 7-pass Sdn | 1000 | 3100 | 5250 | 10500 | 18600 | 26200 |
| Limo | 1050 | 3350 | 5600 | 11200 | 19700 | 28000 |
| Club Sdn | 1000 | 3250 | 5450 | 10900 | 19100 | 27200 |
| Conv Cpe | 1450 | 4450 | 7450 | 14900 | 26200 | 37200 |
| Spt Cpe | 1150 | 3600 | 5950 | 11900 | 21000 | 29700 |
| 4-dr Sdn | 950 | 3000 | 5050 | 10100 | 17900 | 25100 |
| Vic Cpe | 1100 | 3500 | 5850 | 11700 | 20600 | 29100 |
| Phtn Conv | 1500 | 4550 | 7650 | 15300 | 26900 | 38200 |
| **1936** | | | | | | |
| **Special, 8-cyl., 118" wb** | | | | | | |
| 4-dr Sdn | 800 | 2350 | 3950 | 7900 | 13700 | 19700 |
| Bus Cpe | 850 | 2550 | 4350 | 8700 | 15300 | 21700 |
| Spt Cpe | 850 | 2700 | 4550 | 9100 | 16000 | 22700 |
| Conv Cpe | 1350 | 4150 | 6950 | 13900 | 24500 | 34700 |
| Vic Cpe | 800 | 2400 | 4050 | 8100 | 14200 | 20200 |
| **Century , 8-cyl., 122" wb** | | | | | | |
| 4-dr Sdn | 900 | 2850 | 4800 | 9600 | 16900 | 24000 |
| Spt Cpe | 950 | 3050 | 5150 | 10300 | 18200 | 25700 |
| Conv Cpe | 1450 | 4400 | 7350 | 14700 | 25900 | 36700 |
| 2-dr Vic Cpe | 850 | 2700 | 4550 | 9100 | 16000 | 22700 |
| **Roadmaster, 8-cyl., 131" wb** | | | | | | |
| Phtn Conv | 1350 | 4200 | 7000 | 14100 | 24800 | 35100 |
| 4-dr Sdn | 950 | 3000 | 5050 | 10100 | 17900 | 25100 |
| **Limited, 8-cyl., 138" wb** | | | | | | |
| 4-dr Sdn | 1000 | 3100 | 5250 | 10500 | 18600 | 26200 |
| 8-pass Limo | 1150 | 3600 | 6000 | 12100 | 21300 | 30200 |
| 8-pass Sdn | 1000 | 3250 | 5450 | 10900 | 19100 | 27200 |
| Frml Sdn | 1050 | 3350 | 5600 | 11200 | 19700 | 28000 |
| **1937** | | | | | | |
| **Special, 8-cyl., 122" wb** | | | | | | |
| Phtn Conv | 1600 | 4750 | 7950 | 15900 | 28000 | 39700 |
| 4-dr Sdn Tr | 800 | 2400 | 4050 | 8100 | 14200 | 20200 |
| 2-dr Sdn | 800 | 2400 | 4050 | 8100 | 14200 | 20200 |
| Bus Cpe | 800 | 2450 | 4150 | 8300 | 14600 | 20700 |
| Conv Cpe | 1650 | 4950 | 8300 | 16600 | 29200 | 41500 |
| Spt Cpe | 850 | 2550 | 4350 | 8700 | 15300 | 21700 |
| 4-dr Sdn | 800 | 2400 | 4050 | 8100 | 14200 | 20200 |
| 2-dr Sdn Tr | 750 | 2300 | 3850 | 7700 | 13300 | 19200 |
| **Century, 8-cyl., 126" wb** | | | | | | |
| Phtn Conv | 1700 | 5050 | 8450 | 16900 | 29700 | 42200 |
| 4-dr Sdn Tr | 850 | 2650 | 4450 | 8900 | 15700 | 22300 |
| 2-dr Sdn | 800 | 2500 | 4250 | 8500 | 15000 | 21200 |
| Conv Cpe | 1800 | 5250 | 8800 | 17600 | 30950 | 43900 |
| Spt Cpe | 900 | 2850 | 4750 | 9500 | 16700 | 23700 |
| 4-dr Sdn | 850 | 2650 | 4450 | 8900 | 15700 | 22300 |
| 2-dr Sdn Tr | 800 | 2500 | 4250 | 8500 | 15000 | 21200 |
| **Roadmaster, 8-cyl., 131" wb** | | | | | | |
| Phtn Conv | 1650 | 4950 | 8300 | 16600 | 29200 | 41500 |
| 4-dr Sdn Tr | 900 | 2750 | 4600 | 9200 | 16200 | 22900 |
| Frml Sdn | 900 | 2850 | 4800 | 9600 | 16900 | 24000 |
| **Limited, 8-cyl., 138" wb** | | | | | | |
| 4-dr 8-pass Sdn | 950 | 3000 | 5050 | 10100 | 17900 | 25100 |
| Limo | 1150 | 3600 | 5950 | 11900 | 21000 | 29700 |
| 6-pass Sdn | 900 | 2850 | 4800 | 9600 | 16900 | 24000 |
| Frml Sdn | 1000 | 3100 | 5250 | 10500 | 18600 | 26200 |

|  | 6 | 5 | 4 | 3 | 2 | 1 |
|---|---|---|---|---|---|---|
| **1938** | | | | | | |
| **Special, 8-cyl., 122" wb** | | | | | | |
| Phtn Conv | 1700 | 5050 | 8450 | 16900 | 29700 | 42200 |
| 4-dr Sdn Tr | 800 | 2500 | 4250 | 8500 | 15000 | 21200 |
| 2-dr Spt Sdn | 800 | 2400 | 4050 | 8100 | 14200 | 20200 |
| Bus Cpe | 800 | 2450 | 4150 | 8300 | 14600 | 20700 |
| Conv Cpe | 1750 | 5100 | 8550 | 17100 | 30100 | 42700 |
| Spt Cpe | 850 | 2550 | 4350 | 8700 | 15300 | 21700 |
| 4-dr Spt Sdn | 800 | 2500 | 4250 | 8500 | 15000 | 21200 |
| 2-dr Sdn Tr | 800 | 2400 | 4050 | 8100 | 14200 | 20200 |
| **Century, 8-cyl., 126" wb** | | | | | | |
| Phtn Conv | 1750 | 5200 | 8700 | 17400 | 30600 | 43500 |
| 4-dr Sdn Tr | 900 | 2750 | 4600 | 9200 | 16200 | 22900 |
| Conv Cpe | 1850 | 5450 | 9200 | 18400 | 32350 | 45900 |
| Spt Cpe | 900 | 2900 | 4850 | 9700 | 17100 | 24200 |
| 4-dr Spt Sdn | 850 | 2650 | 4450 | 8900 | 15700 | 22300 |
| 2-dr Sdn Tr | 850 | 2700 | 4550 | 9100 | 16000 | 22700 |
| **Roadmaster, 8-cyl., 133" wb** | | | | | | |
| Phtn Conv | 1850 | 5400 | 9100 | 18200 | 32000 | 45500 |
| 4-dr Sdn Tr | 1000 | 3200 | 5350 | 10700 | 18900 | 26700 |
| Frml Sdn | 1000 | 3250 | 5450 | 10900 | 19100 | 27200 |
| 4-dr Spt Sdn | 950 | 3050 | 5150 | 10300 | 18200 | 25700 |
| **Limited, 8-cyl., 140" wb** | | | | | | |
| 4-dr 8-pass Sdn Tr | 1100 | 3600 | 5900 | 11800 | 20800 | 29400 |
| Limo | 1200 | 3850 | 6450 | 12900 | 22700 | 32200 |
| 6-pass Sdn Tr | 1050 | 3350 | 5600 | 11200 | 19700 | 28000 |
| **1939** | | | | | | |
| **Special, 8-cyl., 120" wb** | | | | | | |
| Conv Cpe | 1850 | 5400 | 9100 | 18200 | 32000 | 45500 |
| Spt Phtn | 1700 | 5050 | 8450 | 16900 | 29700 | 42200 |
| Bus Cpe | 850 | 2700 | 4550 | 9100 | 16000 | 22700 |
| Spt Cpe | 900 | 2850 | 4750 | 9500 | 16700 | 23700 |
| 2-dr Sdn Tr | 800 | 2500 | 4250 | 8500 | 15000 | 21200 |
| 4-dr Sdn Tr | 800 | 2500 | 4250 | 8500 | 15000 | 21200 |
| **Century, 8-cyl., 126" wb** | | | | | | |
| Conv Cpe | 1900 | 5650 | 9550 | 19100 | 33600 | 47700 |
| Spt Phtn Conv | 1900 | 5600 | 9450 | 18900 | 33200 | 47200 |
| Spt Cpe | 1000 | 3100 | 5250 | 10500 | 18600 | 26200 |
| 2-dr Sdn Tr | 900 | 2750 | 4650 | 9300 | 16400 | 23100 |
| 4-dr Sdn Tr | 900 | 2750 | 4650 | 9300 | 16400 | 23100 |
| **Roadmaster, 8-cyl., 133" wb** | | | | | | |
| Spt Phtn | 2050 | 5950 | 10000 | 20100 | 35300 | 50100 |
| 4-dr Sdn Tr | 1000 | 3100 | 5250 | 10500 | 18600 | 26200 |
| Phtn | 2000 | 5900 | 9950 | 19900 | 35000 | 49700 |
| Frml Sdn | 1050 | 3400 | 5650 | 11300 | 19900 | 28200 |
| 4-dr Spt Sdn | 1000 | 3100 | 5250 | 10500 | 18600 | 26200 |
| **Limited, 8-cyl., 140" wb** | | | | | | |
| 8-pass Sdn Tr | 1050 | 3400 | 5700 | 11400 | 20100 | 28500 |
| 8-pass Limo | 1000 | 3250 | 5450 | 10900 | 19100 | 27200 |
| 4-dr 6-pass Sdn Tr | 1150 | 3650 | 6100 | 12200 | 21500 | 30500 |
| **1940** | | | | | | |
| **Special, 8-cyl., 121" wb** | | | | | | |
| 4-dr Sdn Tr | 850 | 2650 | 4450 | 8900 | 15700 | 22300 |
| Phtn Conv | 1850 | 5400 | 9100 | 18200 | 32000 | 45500 |
| Bus Cpe | 850 | 2650 | 4450 | 8900 | 15700 | 22300 |
| Conv Cpe | 1900 | 5500 | 9250 | 18500 | 32500 | 46100 |
| Spt Cpe | 900 | 2850 | 4750 | 9500 | 16700 | 23700 |
| 2-dr Sdn Tr | 800 | 2500 | 4250 | 8500 | 15000 | 21200 |

| | 6 | 5 | 4 | 3 | 2 | 1 |
|---|---|---|---|---|---|---|
| **Super, 8-cyl., 121" wb** | | | | | | |
| 4-dr Sdn Tr | 800 | 2500 | 4250 | 8500 | 15000 | 21200 |
| Spt Cpe | 950 | 3000 | 5050 | 10100 | 17900 | 25100 |
| 6-pass Estate Sta Wgn | 1300 | 4050 | 6750 | 13500 | 23800 | 33700 |
| **Century , 8-cyl., 126" wb** | | | | | | |
| 4-dr Sdn Tr | 850 | 2700 | 4550 | 9100 | 16000 | 22700 |
| Phtn Conv | 1900 | 5600 | 9450 | 18900 | 33200 | 47200 |
| Bus Cpe | 1000 | 3100 | 5250 | 10500 | 18600 | 26200 |
| Conv Cpe | 1950 | 5700 | 9650 | 19300 | 33900 | 48100 |
| Spt Cpe | 1000 | 3250 | 5450 | 10900 | 19100 | 27200 |
| **Roadmaster, 8-cyl., 126" wb** | | | | | | |
| 4-dr Sdn Tr | 950 | 3000 | 5000 | 10100 | 17900 | 25100 |
| Spt Cpe | 1050 | 3400 | 5650 | 11300 | 19900 | 28200 |
| **Limited, 8-cyl., 133" wb** | | | | | | |
| Phtn Conv | 2000 | 5900 | 9950 | 19900 | 35000 | 49700 |
| 4-dr Sdn Tr | 1150 | 3650 | 6100 | 12200 | 21500 | 30500 |
| Fstbk Phtn | 1950 | 5750 | 9700 | 19400 | 34100 | 48400 |
| Frml Sdn | 1200 | 3750 | 6250 | 12500 | 22000 | 31100 |
| Spt Sdn | 1050 | 3350 | 5600 | 11200 | 19700 | 28000 |
| Frml Spt Sdn | 1200 | 3850 | 6450 | 12900 | 22700 | 32200 |
| **Limited, 8-cyl., 140" wb** | | | | | | |
| 4-dr 8-pass Tr Sdn | 1200 | 3750 | 6250 | 12500 | 22000 | 31100 |
| 4-dr 8-pass Limo | 1200 | 3850 | 6450 | 12900 | 22700 | 32200 |
| 4-dr 6-pass Tr Sdn | 1200 | 3850 | 6450 | 12900 | 22700 | 32200 |

### 1941

| | 6 | 5 | 4 | 3 | 2 | 1 |
|---|---|---|---|---|---|---|
| **Special, 8-cyl., 118" wb** | | | | | | |
| Bus Cpe | 800 | 2500 | 4250 | 8500 | 15000 | 21200 |
| Conv Cpe | 1750 | 5200 | 8750 | 17500 | 30800 | 43700 |
| Spt Cpe | 850 | 2650 | 4450 | 8900 | 15700 | 22300 |
| 4-dr Sdn Tr | 800 | 2350 | 3950 | 7900 | 13700 | 19700 |
| **Special , 8-cyl., 121" wb** | | | | | | |
| 4-dr Sdn | 800 | 2500 | 4250 | 8500 | 15000 | 21200 |
| Bus Cpe | 900 | 2750 | 4650 | 9300 | 16400 | 23100 |
| 2-dr Sdnt | 900 | 2900 | 4850 | 9700 | 17100 | 24200 |
| SE 2-dr Sdnt | 950 | 2950 | 4950 | 9900 | 17500 | 24700 |
| 6-pass Sta Wgn | 1300 | 4100 | 6850 | 13700 | 24100 | 34200 |
| **Super , 8-cyl., 121" wb** | | | | | | |
| 4-dr Sdn Tr | 850 | 2650 | 4450 | 8900 | 15700 | 22300 |
| Phtn Conv | 2150 | 6200 | 10450 | 20900 | 36700 | 52100 |
| Bus Cpe | 900 | 2850 | 4750 | 9500 | 16700 | 23700 |
| Conv Cpe | 2000 | 5800 | 9750 | 19500 | 34300 | 48700 |
| Spt Cpe | 950 | 2950 | 4950 | 9900 | 17500 | 24700 |
| **Century, 8-cyl., 126" wb** | | | | | | |
| 4-dr Sdn Tr | 900 | 2900 | 4850 | 9700 | 17100 | 24200 |
| Bus Cpe | 950 | 3000 | 5050 | 10100 | 17900 | 25100 |
| 2-dr Sdnt | 1000 | 3200 | 5350 | 10700 | 18900 | 26700 |
| **Roadmaster, 8-cyl., 126" wb** | | | | | | |
| 4-dr Sdn Tr | 950 | 2950 | 4950 | 9900 | 17500 | 24700 |
| 4-dr Phtn Conv | 2300 | 6650 | 11200 | 22400 | 39350 | 55900 |
| Conv Cpe | 2250 | 6600 | 11100 | 22200 | 39000 | 55500 |
| Spt Cpe | 1000 | 3250 | 5450 | 10900 | 19100 | 27200 |
| **Limited, 8-cyl., 139" wb** | | | | | | |
| 8-pass Sdn Tr | 1300 | 4200 | 6950 | 13900 | 24300 | 34700 |
| Frml Sdn | 1150 | 3700 | 6200 | 12400 | 21850 | 30900 |
| Limo | 1350 | 4200 | 7000 | 14100 | 24800 | 35100 |
| 4-dr 6-pass Sdn Tr | 1050 | 3350 | 5600 | 11200 | 19700 | 28000 |

|  | 6 | 5 | 4 | 3 | 2 | 1 |
|---|---|---|---|---|---|---|

### 1942

**Special, 8-cyl., 118" wb**

| | 6 | 5 | 4 | 3 | 2 | 1 |
|---|---|---|---|---|---|---|
| 2-dr Uty Cpe | 750 | 2200 | 3650 | 7300 | 12600 | 18200 |
| Conv Cpe | 1300 | 4000 | 6650 | 13300 | 23400 | 33100 |
| 4-dr Sdn Tr | 750 | 2150 | 3600 | 7200 | 12400 | 18000 |
| 2-dr Bus Sdnt | 750 | 2250 | 3750 | 7500 | 13000 | 18700 |
| 2-dr 6-pass Sdnt | 800 | 2500 | 4250 | 8500 | 15000 | 21200 |

**Special, 8-cyl., 121" wb**

| | | | | | | |
|---|---|---|---|---|---|---|
| 4-dr Sdn Tr | 750 | 2150 | 3600 | 7200 | 12400 | 18000 |
| 4-dr Sdn Tr | 750 | 2250 | 3700 | 7400 | 12800 | 18500 |
| 3-pass Bus Sdnt | 800 | 2400 | 4050 | 8100 | 14200 | 20200 |
| 2-dr 6-pass Family Sdnt | 850 | 2550 | 4350 | 8700 | 15300 | 21700 |
| Estate Sta Wgn | 1250 | 3950 | 6550 | 13100 | 23100 | 32700 |

**Super , 8-cyl., 124" wb**

| | | | | | | |
|---|---|---|---|---|---|---|
| 4-dr Sdn Tr | 750 | 2200 | 3650 | 7300 | 12600 | 18200 |
| Conv Cpe | 1350 | 4150 | 6950 | 13900 | 24500 | 34700 |
| 2-dr 6-pass Sdnt | 850 | 2650 | 4450 | 8900 | 15700 | 22300 |

**Century, 8-cyl., 126" wb**

| | | | | | | |
|---|---|---|---|---|---|---|
| 4-dr Sdn | 750 | 2300 | 3850 | 7700 | 13300 | 19200 |
| 2-dr Sdnt | 900 | 2750 | 4650 | 9300 | 16400 | 23200 |

**Roadmaster, 8-cyl., 129" wb**

| | | | | | | |
|---|---|---|---|---|---|---|
| 4-dr Sdn Tr | 850 | 2700 | 4550 | 9100 | 16000 | 22700 |
| Conv Cpe | 1700 | 5050 | 8450 | 16900 | 29700 | 42200 |
| 2-dr Sdnt | 950 | 2950 | 4950 | 9900 | 17500 | 24700 |

**Limited, 8-cyl., 139" wb**

| | | | | | | |
|---|---|---|---|---|---|---|
| 8-pass Sdn Tr | 900 | 2750 | 4600 | 9200 | 16200 | 22900 |
| Frml Sdn | 950 | 3000 | 5050 | 10100 | 17900 | 25100 |
| Limo | 950 | 2950 | 4950 | 9900 | 17500 | 24700 |
| 4-dr 6-pass Sdn Tr | 850 | 2550 | 4350 | 8700 | 15300 | 21700 |

### 1946

**Special, 8-cyl., 110 hp, 121" wb**

| | 6 | 5 | 4 | 3 | 2 | 1 |
|---|---|---|---|---|---|---|
| 4-dr Sdn | 700 | 1900 | 3350 | 6700 | 11500 | 16500 |
| 2-dr Sdnt | 800 | 2400 | 4050 | 8100 | 14200 | 20200 |

**Super, 8-cyl., 118 hp, 124" wb**

| | | | | | | |
|---|---|---|---|---|---|---|
| 4-dr Sdn | 750 | 2250 | 3700 | 7400 | 12800 | 18500 |
| Conv Cpe | 1650 | 4950 | 8300 | 16600 | 29200 | 41500 |
| 2-dr Sdnt | 800 | 2500 | 4250 | 8500 | 15000 | 21200 |
| 6-pass Estate Sta Wgn | 1600 | 4750 | 7950 | 15900 | 28000 | 39700 |

**Roadmaster, 8-cyl., 165 hp, 129" wb**

| | | | | | | |
|---|---|---|---|---|---|---|
| 4-dr Sdn | 850 | 2550 | 4350 | 8700 | 15300 | 21700 |
| Conv Cpe | 2000 | 5850 | 9850 | 19700 | 34600 | 49200 |
| 2-dr Sdnt | 950 | 2950 | 4950 | 9900 | 17500 | 24700 |

### 1947

**Special, 8-cyl., 110 hp, 121" wb**

| | 6 | 5 | 4 | 3 | 2 | 1 |
|---|---|---|---|---|---|---|
| 4-dr Sdn | 700 | 1900 | 3350 | 6700 | 11500 | 16500 |
| 2-dr Sdnt | 800 | 2400 | 4050 | 8100 | 14200 | 20200 |

**Super, 8-cyl., 118 hp, 124" wb**

| | | | | | | |
|---|---|---|---|---|---|---|
| 4-dr Sdn | 750 | 2250 | 3700 | 7400 | 12800 | 18500 |
| Conv Cpe | 1650 | 4950 | 8300 | 16600 | 29200 | 41500 |
| 2-dr Sdnt | 800 | 2500 | 4250 | 8500 | 15000 | 21200 |
| 6-pass Estate Sta Wgn | 1600 | 4750 | 7950 | 15900 | 28000 | 39700 |

**Roadmaster, 8-cyl., 165 hp, 129" wb**

| | | | | | | |
|---|---|---|---|---|---|---|
| 4-dr Sdn | 850 | 2550 | 4350 | 8700 | 15300 | 21700 |
| Conv Cpe | 2000 | 5850 | 9850 | 19700 | 34600 | 49200 |
| 2-dr Sdnt | 950 | 2950 | 4950 | 9900 | 17500 | 24700 |
| Sta Wgn | 1700 | 5050 | 8450 | 16900 | 29700 | 42200 |

|  | 6 | 5 | 4 | 3 | 2 | 1 |
|---|---|---|---|---|---|---|

## 1948

**Special, 8-cyl., 110 hp, 121" wb**

| | 6 | 5 | 4 | 3 | 2 | 1 |
|---|---|---|---|---|---|---|
| 4-dr Sdn | 700 | 1900 | 3350 | 6700 | 11500 | 16500 |
| 2-dr Sdnt | 800 | 2400 | 4050 | 8100 | 14200 | 20200 |

**Super, 8-cyl., 118 hp, 124" wb**

| | 6 | 5 | 4 | 3 | 2 | 1 |
|---|---|---|---|---|---|---|
| 4-dr Sdn | 750 | 2250 | 3700 | 7400 | 12800 | 18500 |
| Conv Cpe | 1650 | 4950 | 8300 | 16600 | 29200 | 41500 |
| 2-dr Sdnt | 800 | 2500 | 4250 | 8500 | 15000 | 21200 |
| 6-pass Estate Sta Wgn | 1600 | 4750 | 7950 | 15900 | 28000 | 39700 |

**Roadmaster, 8-cyl., 165 hp, 129" wb**

| | 6 | 5 | 4 | 3 | 2 | 1 |
|---|---|---|---|---|---|---|
| 4-dr Sdn | 850 | 2550 | 4350 | 8700 | 15300 | 21700 |
| Conv Cpe | 2000 | 5850 | 9850 | 19700 | 34600 | 49200 |
| 2-dr Sdnt | 950 | 2950 | 4950 | 9900 | 17500 | 24700 |
| Sta Wgn | 1700 | 5050 | 8450 | 16900 | 29700 | 42200 |

## 1949

**Special, 8-cyl., 110 hp, 121" wb**

| | 6 | 5 | 4 | 3 | 2 | 1 |
|---|---|---|---|---|---|---|
| 4-dr Sdn | 750 | 2100 | 3550 | 7100 | 12300 | 17700 |
| 2-dr Sdnt | 800 | 2500 | 4250 | 8500 | 15000 | 21200 |

**Super , 8-cyl., 110 hp, 121" wb**

| | 6 | 5 | 4 | 3 | 2 | 1 |
|---|---|---|---|---|---|---|
| 4-dr Sdn | 800 | 2400 | 4000 | 8000 | 13900 | 19900 |
| Conv Cpe | 1700 | 5050 | 8450 | 16900 | 29700 | 42200 |
| 2-dr Sdnt | 850 | 2550 | 4300 | 8600 | 15100 | 21500 |
| 6-pass Sta Wgn | 1350 | 4150 | 6950 | 13900 | 24500 | 34700 |

**Roadmaster , 8-cyl., 129" wb**

| | 6 | 5 | 4 | 3 | 2 | 1 |
|---|---|---|---|---|---|---|
| 4-dr Sdn | 900 | 2750 | 4600 | 9200 | 16200 | 22900 |
| Conv Cpe | 1950 | 5700 | 9950 | 19300 | 33900 | 48100 |
| 2-dr Riviera Hdtp | 1200 | 3850 | 6450 | 12900 | 22700 | 32200 |
| 2-dr Sdnt | 900 | 2900 | 4850 | 9700 | 17100 | 24200 |
| Sta Wgn | 1600 | 4850 | 8100 | 16200 | 28500 | 40500 |

## 1950

**Special, 8-cyl., 115/120 hp, 121 1/2" wb**

| | 6 | 5 | 4 | 3 | 2 | 1 |
|---|---|---|---|---|---|---|
| 4-dr Sdn | 600 | 1650 | 2850 | 5700 | 9900 | 14200 |
| Bus Cpe | 650 | 1700 | 3000 | 5900 | 10200 | 14700 |
| 2-dr Sdnt | 650 | 1800 | 3250 | 6500 | 11200 | 16100 |

**Special Deluxe, 8-cyl., 115/120 hp, 121 1/2" wb**

| | 6 | 5 | 4 | 3 | 2 | 1 |
|---|---|---|---|---|---|---|
| 4-dr Sdn | 650 | 1700 | 3000 | 6100 | 10600 | 15200 |
| 6-pass Sdnt | 700 | 2000 | 3450 | 6900 | 11900 | 17200 |

**Super , 8-cyl., 121 1/2" wb**

| | 6 | 5 | 4 | 3 | 2 | 1 |
|---|---|---|---|---|---|---|
| 4-dr Sdn | 650 | 1800 | 3200 | 6400 | 11000 | 15900 |
| 4-dr Riviera Sdn (126" wb) | 650 | 1800 | 3250 | 6500 | 11200 | 16100 |
| Conv Cpe | 1450 | 4450 | 7450 | 14900 | 26200 | 37200 |
| 2-dr Riviera Cpe | 700 | 2000 | 3450 | 6900 | 11900 | 17200 |
| 2-dr Riviera Hdtp | 850 | 2550 | 4350 | 8700 | 15300 | 21700 |
| 6-pass Sta Wgn | 1300 | 4100 | 6850 | 13700 | 24100 | 34200 |

**Roadmaster, 8-cyl., 126" wb**

| | 6 | 5 | 4 | 3 | 2 | 1 |
|---|---|---|---|---|---|---|
| 4-dr Sdn | 700 | 2000 | 3450 | 6900 | 11900 | 17200 |
| 4-dr Riviera Sdn (130" wb) | 750 | 2100 | 3550 | 7100 | 12300 | 17700 |
| 2-dr Riviera Hdtp | 1100 | 3500 | 5850 | 11700 | 20600 | 29100 |
| Conv Cpe | 1700 | 5050 | 8450 | 16900 | 29700 | 42200 |
| 2-dr Sdnt | 800 | 2500 | 4250 | 8500 | 15000 | 21200 |
| 6-pass Sta Wgn | 1400 | 4250 | 7100 | 14200 | 25000 | 35400 |

**Roadmaster Deluxe , 8-cyl., 152 hp, 126" wb**

| | 6 | 5 | 4 | 3 | 2 | 1 |
|---|---|---|---|---|---|---|
| 2-dr Riviera Cpe | 850 | 2650 | 4450 | 8900 | 15700 | 22300 |
| Estate Sta Wgn | 1500 | 4550 | 7600 | 15200 | 26750 | 38000 |
| 4-dr Riviera Sdn | 750 | 2200 | 3650 | 7300 | 12600 | 18200 |

| | 6 | 5 | 4 | 3 | 2 | 1 |
|---|---|---|---|---|---|---|

## 1951

**Special, 8-cyl., 120/128 hp, 121 1/2" wb**

| | 6 | 5 | 4 | 3 | 2 | 1 |
|---|---|---|---|---|---|---|
| 4-dr Sdn | 550 | 1500 | 2500 | 5100 | 8800 | 12500 |
| 2-dr Riviera Hdtp | 850 | 2550 | 4350 | 8700 | 15300 | 21700 |
| 2-dr Bus Cpe | 600 | 1600 | 2750 | 5500 | 9500 | 13800 |
| Spt Cpe | 600 | 1650 | 2850 | 5700 | 9900 | 14200 |
| Conv Cpe | 1200 | 3850 | 6450 | 12900 | 22700 | 32200 |
| 2-dr Sdn | 550 | 1500 | 2500 | 5100 | 8800 | 12500 |

**Special Deluxe, 8-cyl., 120/128 hp, 121 1/2" wb**

| | 6 | 5 | 4 | 3 | 2 | 1 |
|---|---|---|---|---|---|---|
| 4-dr Sdn | 600 | 1600 | 2800 | 5600 | 9700 | 14000 |
| 2-dr Sdn | 600 | 1600 | 2800 | 5600 | 9700 | 14000 |

**Super, 8-cyl., 152 hp, 121 1/2" wb**

| | 6 | 5 | 4 | 3 | 2 | 1 |
|---|---|---|---|---|---|---|
| 4-dr Sdn | 650 | 1750 | 3150 | 6300 | 10900 | 15700 |
| 4-dr Riviera Sdn | 650 | 1800 | 3250 | 6500 | 11200 | 16100 |
| Conv Cpe | 1300 | 4050 | 6750 | 13500 | 23800 | 33700 |
| 2-dr Riviera Hdtp | 900 | 2900 | 4850 | 9700 | 17100 | 24200 |
| 2-dr Sdnt | 750 | 2200 | 3650 | 7300 | 12600 | 18200 |
| 6-pass Estate Sta Wgn | 1350 | 4150 | 6950 | 13900 | 24500 | 34700 |

**Roadmaster, 8-cyl., 152 hp, 126" wb**

| | 6 | 5 | 4 | 3 | 2 | 1 |
|---|---|---|---|---|---|---|
| 4-dr Riviera Sdn (130" wb) | 750 | 2100 | 3550 | 7100 | 12300 | 17700 |
| Conv Cpe | 1550 | 4650 | 7750 | 15500 | 27300 | 38700 |
| 2-dr Riviera Hdtp | 1050 | 3400 | 5650 | 11300 | 19900 | 28200 |
| 2-dr Riviera Hdtp | 1050 | 3300 | 5500 | 11100 | 19500 | 27700 |
| 6-pass Estate Sta Wgn | 1400 | 4350 | 7250 | 14500 | 25500 | 36200 |

## 1952

**Special, 8-cyl., 120/128 hp, 121 1/2" wb**

| | 6 | 5 | 4 | 3 | 2 | 1 |
|---|---|---|---|---|---|---|
| 4-dr Sdn | 550 | 1500 | 2500 | 5100 | 8800 | 12500 |
| 2-dr Riviera Hdtp | 850 | 2550 | 4350 | 8700 | 15300 | 21700 |
| 2-dr Bus Cpe | 600 | 1600 | 2750 | 5500 | 9500 | 13800 |
| Spt Cpe | 600 | 1650 | 2850 | 5700 | 9900 | 14200 |
| Conv Cpe | 1200 | 3850 | 6450 | 12900 | 22700 | 32200 |
| 2-dr Sdn | 550 | 1500 | 2500 | 5100 | 8800 | 12500 |

**Special Deluxe, 8-cyl., 120/128 hp, 121 1/2" wb**

| | 6 | 5 | 4 | 3 | 2 | 1 |
|---|---|---|---|---|---|---|
| 4-dr Sdn | 600 | 1600 | 2800 | 5600 | 9700 | 14000 |
| 2-dr Sdn | 600 | 1600 | 2800 | 5600 | 9700 | 14000 |

**Super, 8-cyl., 152 hp, 121 1/2" wb**

| | 6 | 5 | 4 | 3 | 2 | 1 |
|---|---|---|---|---|---|---|
| 4-dr Riviera Sdn | 650 | 1800 | 3250 | 6500 | 11200 | 16100 |
| Conv Cpe | 1300 | 4050 | 6750 | 13500 | 23800 | 33700 |
| 2-dr Riviera Hdtp | 900 | 2850 | 4750 | 9500 | 16700 | 23700 |
| 6-pass Estate Sta Wgn | 1300 | 4100 | 6850 | 13700 | 24100 | 34200 |

**Roadmaster, 8-cyl., 152 hp, 126" wb**

| | 6 | 5 | 4 | 3 | 2 | 1 |
|---|---|---|---|---|---|---|
| 4-dr Riviera Sdn (130" wb) | 750 | 2100 | 3550 | 7100 | 12300 | 17700 |
| Conv Cpe | 1600 | 4750 | 7950 | 15900 | 28000 | 39700 |
| 2-dr Riviera Hdtp | 1050 | 3300 | 5500 | 11100 | 19500 | 27700 |
| 6-pass Estate Sta Wgn | 1400 | 4300 | 7150 | 14300 | 25200 | 35700 |

## 1953

**Special, 8-cyl., 125 hp, 121 1/2" wb**

| | 6 | 5 | 4 | 3 | 2 | 1 |
|---|---|---|---|---|---|---|
| 4-dr Sdn | 650 | 1700 | 3000 | 5900 | 10200 | 14700 |
| 2-dr Sdn | 650 | 1700 | 3000 | 6000 | 10400 | 14900 |
| 2-dr Riviera Hdtp | 850 | 2550 | 4350 | 8700 | 15300 | 21700 |
| Conv Cpe | 1350 | 4150 | 6950 | 13900 | 24500 | 34700 |

**Super, 8-cyl., 164 hp, 121 1/2" wb**

| | 6 | 5 | 4 | 3 | 2 | 1 |
|---|---|---|---|---|---|---|
| 2-dr Riviera Hdtp | 950 | 3000 | 5050 | 10100 | 17900 | 25100 |
| Conv Cpe | 1500 | 4550 | 7650 | 15300 | 26900 | 38200 |
| 6-pass Sta Wgn | 1550 | 4650 | 7750 | 15500 | 27300 | 38700 |
| 4-dr Riviera Sdn (126" wb) | 650 | 1750 | 3150 | 6300 | 10900 | 15700 |

| | 6 | 5 | 4 | 3 | 2 | 1 |
|---|---|---|---|---|---|---|
| **Roadmaster, 8-cyl., 188 hp, 121 1/2" wb** | | | | | | |
| 4-dr Riviera Sdn (126" wb) | 750 | 2100 | 3550 | 7100 | 12300 | 17700 |
| 2-dr Riviera Hdtp | 1100 | 3500 | 5850 | 11700 | 20600 | 29100 |
| Skylark Spt Conv | 2800 | 8300 | 13950 | 27900 | 49000 | 69600 |
| Conv Cpe | 1650 | 4900 | 8250 | 16500 | 29000 | 41200 |
| 6-pass Estate Sta Wgn | 1600 | 4750 | 7950 | 15900 | 28000 | 39700 |
| **1954** | | | | | | |
| **Special, 8-cyl., 143 hp, 122" wb** | | | | | | |
| 4-dr Sdn | 550 | 1500 | 2500 | 5100 | 8800 | 12500 |
| Conv Cpe | 1400 | 4300 | 7150 | 14300 | 25200 | 35700 |
| 2-dr Riviera Hdtp | 900 | 2750 | 4650 | 9300 | 16400 | 23100 |
| 2-dr Sdn | 550 | 1500 | 2500 | 5100 | 8800 | 12300 |
| 6-pass Estate Sta Wgn | 650 | 1700 | 3000 | 5900 | 10200 | 14700 |
| **Century, 8-cyl., 195 hp, 122" wb** | | | | | | |
| 4-dr Sdn | 600 | 1600 | 2750 | 5500 | 9500 | 13800 |
| 2-dr Riviera Hdtp | 1000 | 3100 | 5250 | 10500 | 18600 | 26200 |
| Conv Cpe | 1700 | 5050 | 8450 | 16900 | 29700 | 42200 |
| 6-pass Estate Sta Wgn | 650 | 1750 | 3150 | 6300 | 10900 | 15700 |
| **Super, 8-cyl., 177 hp, 127" wb** | | | | | | |
| 4-dr Sdn | 550 | 1500 | 2500 | 5100 | 8800 | 12500 |
| 2-dr Riviera Hdtp | 900 | 2850 | 4750 | 9500 | 16700 | 23700 |
| Conv Cpe | 1450 | 4450 | 7450 | 14900 | 26200 | 37200 |
| **Roadmaster, 8-cyl., 200 hp, 127" wb** | | | | | | |
| 4-dr Riviera Sdn | 600 | 1600 | 2750 | 5500 | 9500 | 13800 |
| 2-dr Riviera Hdtp | 1100 | 3500 | 5850 | 11700 | 20600 | 29100 |
| Conv Cpe | 1700 | 5050 | 8450 | 16900 | 29700 | 42200 |
| **Skylark, 8-cyl., 200 hp, 122" wb** | | | | | | |
| Spt Conv | 3000 | 8900 | 15000 | 30000 | 52700 | 74900 |
| **1955** | | | | | | |
| **Special, 8-cyl., 188 hp, 122" wb** | | | | | | |
| 4-dr Sdn | 550 | 1500 | 2500 | 5100 | 8800 | 12500 |
| 4-dr Riviera Hdtp | 700 | 2000 | 3450 | 6900 | 11900 | 17200 |
| 2-dr Sdn | 550 | 1500 | 2500 | 5100 | 8800 | 12500 |
| 2-dr Riviera Hdtp | 950 | 2950 | 4950 | 9900 | 17500 | 24700 |
| Conv Cpe | 1650 | 4900 | 8200 | 16400 | 28850 | 41000 |
| 6-pass Estate Sta Wgn | 650 | 1750 | 3150 | 6300 | 10900 | 15700 |
| **Century, 8-cyl., 236 hp, 122" wb** | | | | | | |
| 4-dr Riviera Sdn | 600 | 1600 | 2750 | 5500 | 9500 | 13800 |
| 4-dr Riviera Hdtp | 750 | 2200 | 3650 | 7300 | 12600 | 18200 |
| 2-dr Riviera Hdtp | 1000 | 3250 | 5450 | 10900 | 19100 | 27200 |
| Conv Cpe | 1750 | 5200 | 700 | 17400 | 30600 | 43500 |
| 6-pass Estate Sta Wgn | 700 | 1900 | 3350 | 6700 | 11500 | 16500 |
| **Super, 8-cyl., 236 hp, 127" wb** | | | | | | |
| 4-dr Sdn | 600 | 1600 | 2750 | 5500 | 9500 | 13800 |
| 2-dr Riviera Hdtp | 1000 | 3100 | 5250 | 10500 | 18600 | 26200 |
| Conv Cpe | 1650 | 4900 | 8200 | 16400 | 28850 | 41000 |
| **Roadmaster, 8-cyl., 236 hp, 127" wb** | | | | | | |
| 4-dr Sdn | 650 | 1750 | 3150 | 6300 | 10900 | 15700 |
| 2-dr Riviera Hdtp | 1100 | 3500 | 5850 | 11700 | 20600 | 29100 |
| Conv Cpe | 1900 | 5600 | 9450 | 18900 | 33200 | 47200 |
| **1956** | | | | | | |
| **Special, 8-cyl., 220 hp, 122" wb** | | | | | | |
| 4-dr Sdn | 550 | 1500 | 2500 | 5100 | 8800 | 12500 |
| 4-dr Riviera Hdtp | 750 | 2100 | 3550 | 7100 | 12300 | 17700 |
| 2-dr Sdn | 550 | 1500 | 2500 | 5100 | 8800 | 12500 |
| 2-dr Riviera Hdtp | 950 | 3000 | 5050 | 10100 | 17900 | 25100 |
| Conv Cpe | 1700 | 5000 | 8350 | 16700 | 29400 | 41700 |
| 6-pass Sta Wgn | 650 | 1750 | 3150 | 6300 | 10900 | 15700 |

| | 6 | 5 | 4 | 3 | 2 | 1 |
|---|---|---|---|---|---|---|
| **Century, 8-cyl., 255 hp, 122" wb** | | | | | | |
| 4-dr Riviera Sdn | 600 | 1600 | 2750 | 5500 | 9500 | 13800 |
| 4-dr Riviera Hdtp | 750 | 2300 | 3850 | 7700 | 13300 | 19200 |
| 2-dr Riviera Hdtp | 1000 | 3250 | 5450 | 10900 | 19100 | 27200 |
| Conv Cpe | 1800 | 5250 | 8850 | 17700 | 31100 | 44100 |
| 6-pass Estate Sta Wgn | 700 | 1900 | 3350 | 6700 | 11500 | 16500 |
| **Super, 255 hp, 127" wb** | | | | | | |
| 4-dr Sdn | 600 | 1600 | 2750 | 5500 | 9500 | 13800 |
| 2-dr Riviera Hdtp | 1000 | 3100 | 5250 | 10500 | 18600 | 26200 |
| Conv Cpe | 1600 | 4850 | 8150 | 16300 | 28700 | 40800 |
| 4-dr Riviera Hdtp | 800 | 2500 | 4250 | 8500 | 15000 | 21200 |
| **Roadmaster, 8-cyl., 255 hp, 127" wb** | | | | | | |
| 4-dr Sdn | 650 | 1700 | 3000 | 5900 | 10200 | 14700 |
| 4-dr Riviera Hdtp | 900 | 2750 | 4650 | 9300 | 16400 | 23100 |
| 2-dr Riviera Hdtp | 1050 | 3400 | 5650 | 11300 | 19900 | 28200 |
| Conv Cpe | 1900 | 5500 | 9250 | 18500 | 32500 | 46100 |
| **1957** | | | | | | |
| **Special, 8-cyl., 240 hp, 122" wb** | | | | | | |
| 4-dr Sdn | 500 | 1350 | 2350 | 4700 | 8100 | 11500 |
| 4-dr Riviera Hdtp | 700 | 2000 | 3450 | 6900 | 11900 | 17200 |
| 2-dr Sdn | 500 | 1350 | 2350 | 4700 | 8100 | 11500 |
| 2-dr Riviera Hdtp | 900 | 2900 | 4850 | 9700 | 17100 | 24200 |
| Conv Cpe | 1600 | 4750 | 7950 | 15900 | 28000 | 39700 |
| 4-dr 6-pass Sta Wgn | 750 | 2100 | 3550 | 7100 | 12300 | 17700 |
| 4-dr Riviera Sta Wgn | 900 | 2900 | 4850 | 9700 | 17100 | 24200 |
| **Century, 8-cyl., 300 hp, 122" wb** | | | | | | |
| 4-dr Sdn | 550 | 1500 | 2500 | 5100 | 8800 | 12500 |
| 4-dr Riviera Hdtp | 750 | 2250 | 3750 | 7500 | 13000 | 18700 |
| 2-dr Riviera Hdtp | 1000 | 3250 | 5450 | 10900 | 19100 | 27200 |
| Conv Cpe | 1700 | 5050 | 8450 | 16900 | 29700 | 42200 |
| 4-dr 6-pass Estate Sta Wgn | 950 | 3050 | 5100 | 10200 | 18000 | 25400 |
| **Super, 8-cyl., 300 hp, 128" wb** | | | | | | |
| 4-dr Riviera Hdtp | 800 | 2350 | 3950 | 7900 | 13700 | 19700 |
| 2-dr Riviera Hdtp | 1000 | 3250 | 5450 | 10900 | 19100 | 27200 |
| Conv Cpe | 1600 | 4850 | 8150 | 16300 | 28700 | 40800 |
| **Roadmaster, Series 70, 8-cyl., 300 hp, 128" wb** | | | | | | |
| 4-dr Riviera Hdtp | 800 | 2450 | 4150 | 8300 | 14600 | 20700 |
| 2-dr Riviera Hdtp | 1050 | 3400 | 5650 | 11300 | 19900 | 28200 |
| Conv Cpe | 1750 | 5200 | 8750 | 17500 | 30800 | 43700 |
| **Roadmaster, Series 75, 8-cyl., 300 hp, 128" wb** | | | | | | |
| 4-dr Hdtp Sdn Riviera | 800 | 2500 | 4250 | 8500 | 15000 | 21200 |
| 2-dr Hdtp Cpe Riviera | 1100 | 3500 | 5850 | 11700 | 20600 | 29100 |
| **1958** | | | | | | |
| **Special, 8-cyl., 250 hp, 122" wb** | | | | | | |
| 4-dr Sdn | 450 | 1250 | 2150 | 4300 | 7400 | 10700 |
| 4-dr Riviera Hdtp | 600 | 1600 | 2750 | 5500 | 9500 | 13800 |
| 2-dr Sdn | 450 | 1250 | 2150 | 4300 | 7400 | 10700 |
| 2-dr Riviera Hdtp | 800 | 2400 | 4050 | 8100 | 14200 | 20200 |
| Conv Cpe | 1100 | 3450 | 5750 | 11500 | 20300 | 28700 |
| 6-pass Sta Wgn | 500 | 1350 | 2350 | 4700 | 8100 | 11500 |
| 4-dr Hdtp Riviera Wgn | 700 | 2000 | 3450 | 6900 | 11900 | 17200 |
| **Century, 8-cyl., 300 hp, 122" wb** | | | | | | |
| 4-dr Sdn | 500 | 1350 | 2350 | 4700 | 8100 | 11500 |
| 4-dr Riviera Hdtp | 650 | 1700 | 3000 | 5900 | 10200 | 14700 |
| 2-dr Riviera Hdtp | 900 | 2750 | 4650 | 9300 | 16400 | 23100 |
| Conv Cpe | 1150 | 3650 | 6150 | 12300 | 21700 | 30700 |
| 4-dr 6-pass Hdtp Wgn | 750 | 2250 | 3750 | 7500 | 13000 | 18700 |

| | 6 | 5 | 4 | 3 | 2 | 1 |
|---|---|---|---|---|---|---|
| **Super, 8-cyl., 300 hp, 128" wb** | | | | | | |
| 4-dr Riviera Hdtp | 900 | 2900 | 4850 | 9700 | 17100 | 24200 |
| 2-dr Riviera Hdtp | 850 | 2550 | 4350 | 8700 | 15300 | 21700 |
| **Roadmaster, 8-cyl., 300 hp, 128" wb** | | | | | | |
| 4-dr Riviera Hdtp | 700 | 1900 | 3350 | 6700 | 11500 | 16500 |
| 2-dr Riviera Hdtp | 950 | 2950 | 4950 | 9900 | 17500 | 24700 |
| Conv Cpe | 1350 | 4200 | 7000 | 14100 | 24800 | 35100 |
| **Limited, 8-cyl., 300 hp, 128" wb** | | | | | | |
| 4-dr Riviera Hdtp | 800 | 2350 | 3950 | 7900 | 13700 | 19700 |
| 2-dr Riviera Hdtp | 1100 | 3450 | 5750 | 11500 | 20300 | 28700 |
| Conv Cpe | 1850 | 5400 | 9100 | 18200 | 32000 | 45500 |

### 1959

| | 6 | 5 | 4 | 3 | 2 | 1 |
|---|---|---|---|---|---|---|
| **LeSabre, 8-cyl., 250 hp, 123" wb** | | | | | | |
| 4-dr Sdn | 450 | 1250 | 2150 | 4300 | 7400 | 10700 |
| 4-dr Hdtp | 550 | 1500 | 2500 | 5100 | 8800 | 12500 |
| 2-dr Sdn | 450 | 1250 | 2200 | 4400 | 7600 | 10900 |
| 2-dr Hdtp | 650 | 1750 | 3150 | 6300 | 10900 | 15700 |
| Conv Cpe | 1100 | 3450 | 5750 | 11500 | 20300 | 28700 |
| 6-pass Sta Wgn | 550 | 1500 | 2500 | 5100 | 8800 | 12500 |
| **Invicta, 8-cyl., 325 hp, 123" wb** | | | | | | |
| 4-dr Sdn | 500 | 1350 | 2350 | 4700 | 8100 | 11500 |
| 4-dr Hdtp | 600 | 1600 | 2750 | 5500 | 9500 | 13800 |
| 2-dr Hdtp | 700 | 1900 | 3350 | 6700 | 11500 | 16500 |
| Conv Cpe | 1200 | 3800 | 6350 | 12700 | 22400 | 31700 |
| Sta Wgn | 600 | 1600 | 2750 | 5500 | 9500 | 13800 |
| **Electra, 8-cyl., 325 hp, 126" wb** | | | | | | |
| 4-dr Sdn | 550 | 1500 | 2500 | 5100 | 8800 | 12500 |
| 4-dr Hdtp | 650 | 1700 | 3000 | 5900 | 10200 | 14700 |
| 2-dr Cpe | 750 | 2250 | 3750 | 7500 | 13000 | 18700 |
| **Electra 225, 8-cyl., 325 hp, 126" wb** | | | | | | |
| 4-dr Riviera Hdtp | 600 | 1600 | 2750 | 5500 | 9500 | 13800 |
| 4-dr Hdtp 4W | 650 | 1700 | 3000 | 5900 | 10200 | 14700 |
| Conv Cpe | 1350 | 4150 | 6950 | 13900 | 24500 | 34700 |

### 1960

| | 6 | 5 | 4 | 3 | 2 | 1 |
|---|---|---|---|---|---|---|
| **LeSabre, 8-cyl., 235/250 hp, 123" wb** | | | | | | |
| 4-dr Sdn | 450 | 1250 | 2150 | 4300 | 7400 | 10700 |
| 4-dr Hdtp Sdn | 550 | 1500 | 2500 | 5100 | 8800 | 12500 |
| 2-dr Sdn | 450 | 1250 | 2200 | 4400 | 7600 | 10900 |
| 2-dr Hdtp Cpe | 700 | 1900 | 3350 | 6700 | 11500 | 16500 |
| Conv Cpe | 1150 | 3600 | 5950 | 11900 | 21000 | 29700 |
| 6-pass Sta Wgn | 500 | 1350 | 2300 | 4600 | 8000 | 11300 |
| 8-pass Sta Wgn | 550 | 1400 | 2400 | 4800 | 8300 | 11800 |
| **Invicta, 8-cyl., 325 hp, 123" wb** | | | | | | |
| 4-dr Sdn | 500 | 1350 | 2350 | 4700 | 8100 | 11500 |
| 4-dr Hdtp Sdn | 600 | 1600 | 2750 | 5500 | 9500 | 13800 |
| 2-dr Hdtp Cpe | 750 | 2100 | 3550 | 7100 | 12300 | 17700 |
| Conv Cpe | 1200 | 3850 | 6450 | 12900 | 22700 | 32200 |
| 6-pass Sta Wgn | 550 | 1500 | 2500 | 5000 | 8700 | 12300 |
| 8-pass Sta Wgn | 550 | 1550 | 2600 | 5200 | 9000 | 12800 |
| **Electra, 8-cyl., 325 hp, 126" wb** | | | | | | |
| 4-dr Sdn | 650 | 1700 | 3000 | 5900 | 10200 | 14700 |
| 4-dr Hdtp Sdn | 650 | 1750 | 3150 | 6300 | 10900 | 15700 |
| 2-dr Hdtp Cpe | 750 | 2250 | 3750 | 7500 | 13000 | 18700 |
| **Electra 225, 8-cyl., 325 hp, 126" wb** | | | | | | |
| 4-dr Sdn | 650 | 1750 | 3150 | 6300 | 10900 | 15700 |
| 4-dr Hdtp Sdn | 700 | 1900 | 3350 | 6700 | 11500 | 16500 |
| Conv Cpe | 1350 | 4200 | 7000 | 14100 | 24800 | 35100 |

|  | 6 | 5 | 4 | 3 | 2 | 1 |
|---|---|---|---|---|---|---|
| **1961** | | | | | | |
| **Special, 8-cyl., 155 hp, 112" wb** | | | | | | |
| 4-dr Sdn | 400 | 1200 | 1950 | 3900 | 6800 | 9900 |
| Spt Cpe | 450 | 1250 | 2150 | 4300 | 7400 | 10700 |
| 6-pass Sta Wgn | 450 | 1250 | 2050 | 4100 | 7100 | 10300 |
| 8-pass Sta Wgn | 450 | 1250 | 2150 | 4300 | 7400 | 10700 |
| **Special Deluxe, 8-cyl., 155 hp, 112" wb** | | | | | | |
| 4-dr Sdn | 450 | 1250 | 2050 | 4100 | 7100 | 10300 |
| 6-pass Sta Wgn | 500 | 1350 | 2350 | 4700 | 8100 | 11500 |
| Skylark Cpe (185 hp) | 500 | 1350 | 2350 | 4700 | 8100 | 11500 |
| **LeSabre, 8-cyl., 250 hp, 123" wb** | | | | | | |
| 4-dr Sdn | 450 | 1250 | 2150 | 4300 | 7400 | 10700 |
| 4-dr Hdtp Sdn | 500 | 1350 | 2350 | 4700 | 8100 | 11500 |
| 2-dr Sdn | 450 | 1250 | 2150 | 4300 | 7400 | 10700 |
| 2-dr Hdtp Cpe | 550 | 1500 | 2500 | 5100 | 8700 | 12300 |
| Conv Cpe | 900 | 2900 | 4850 | 9700 | 17100 | 24200 |
| 6-pass Sta Wgn | 500 | 1350 | 2300 | 4600 | 8000 | 11300 |
| 8-pass Sta Wgn | 550 | 1400 | 2400 | 4800 | 8300 | 11800 |
| **Invicta, 8-cyl., 325 hp, 123" wb** | | | | | | |
| 4-dr Hdtp Sdn | 500 | 1350 | 2350 | 4700 | 8100 | 11500 |
| 2-dr Hdtp Cpe | 600 | 1600 | 2750 | 5500 | 9500 | 13800 |
| Conv Cpe | 1000 | 3100 | 5250 | 10500 | 18600 | 26200 |
| **Electra, 8-cyl., 325 hp, 126" wb** | | | | | | |
| 4-dr Sdn | 500 | 1300 | 2250 | 4500 | 7700 | 11000 |
| 4-dr Hdtp Sdn | 500 | 1350 | 2350 | 4700 | 8100 | 11500 |
| 2-dr Hdtp Cpe | 550 | 1500 | 2500 | 5100 | 8800 | 12500 |
| **Electra 225, 8-cyl., 325 hp, 126" wb** | | | | | | |
| 4-dr Riviera Sdn | 550 | 1450 | 2450 | 4900 | 8500 | 12000 |
| Conv Cpe | 1150 | 3650 | 6100 | 12200 | 21500 | 30500 |
| **1962** | | | | | | |
| **Special, 6-cyl., 135 hp, 112.1" wb** | | | | | | |
| 4-dr Sdn | 450 | 1250 | 2050 | 4100 | 7100 | 10300 |
| 2-dr Cpe | 500 | 1300 | 2250 | 4500 | 7700 | 11000 |
| Conv | 700 | 1900 | 3350 | 6700 | 11500 | 16500 |
| 6-pass Sta Wgn | 450 | 1250 | 2100 | 4200 | 7200 | 10500 |
| 8-pass Sta Wgn | 450 | 1250 | 2200 | 4400 | 7600 | 10900 |
| **Special Deluxe, 8-cyl., 155 hp, 112.1" wb** | | | | | | |
| 4-dr Sdn | 450 | 1250 | 2150 | 4300 | 7400 | 10700 |
| Conv | 750 | 2250 | 3750 | 7500 | 13000 | 18700 |
| 6-pass Sta Wgn | 500 | 1350 | 2350 | 4700 | 8100 | 11500 |
| **Skylark, 8-cyl., 185 hp, 112.1" wb** | | | | | | |
| 2-dr Hdtp | 500 | 1300 | 2250 | 4500 | 7700 | 11000 |
| Conv | 800 | 2500 | 4250 | 8500 | 15000 | 21200 |
| **LeSabre, 8-cyl., 280 hp, 123" wb** | | | | | | |
| 4-dr Sdn | 450 | 1250 | 2150 | 4300 | 7400 | 10700 |
| 4-dr Hdtp | 500 | 1350 | 2350 | 4700 | 8100 | 11500 |
| 2-dr Sdn | 450 | 1250 | 2150 | 4300 | 7400 | 10700 |
| 2-dr Hdtp Cpe | 600 | 1600 | 2750 | 5500 | 9500 | 13800 |
| **Invicta, 8-cyl., 280 hp, 123" wb** | | | | | | |
| 4-dr Hdtp Wildcat | 550 | 1350 | 2350 | 4700 | 8100 | 11500 |
| 2-dr Hdtp | 650 | 1700 | 3000 | 5900 | 10200 | 14700 |
| Wildcat 2-dr Hdtp | 650 | 1750 | 3150 | 6300 | 10900 | 15700 |
| Conv Cpe Wildcat | 950 | 2950 | 4950 | 9900 | 17500 | 24700 |
| 6-pass Sta Wgn | 500 | 1350 | 2300 | 4600 | 8000 | 11300 |
| 8-pass Sta Wgn | 550 | 1400 | 2400 | 4800 | 8300 | 11800 |

| | 6 | 5 | 4 | 3 | 2 | 1 |
|---|---|---|---|---|---|---|
| **Electra 225, 8-cyl., 325 hp, 126" wb** | | | | | | |
| 4-dr Sdn | 450 | 1250 | 2150 | 4300 | 7400 | 10700 |
| 4-dr Riviera Hdtp | 550 | 1500 | 2500 | 5100 | 8800 | 12500 |
| 4-dr Hdtp | 600 | 1600 | 2750 | 5500 | 9500 | 13800 |
| 2-dr Hdtp | 700 | 1900 | 3350 | 6700 | 11500 | 16500 |
| Conv Cpe | 1150 | 3650 | 6100 | 12200 | 21500 | 30500 |
| **1963** | | | | | | |
| **Special, 6-cyl., 135 hp, 112" wb** | | | | | | |
| 4-dr Sdn | 450 | 1250 | 2050 | 4100 | 7100 | 10300 |
| 2-dr Cpe | 450 | 1250 | 2100 | 4200 | 7200 | 10500 |
| Conv Cpe | 650 | 1700 | 3000 | 5900 | 10200 | 14700 |
| 6-pass Sta Wgn | 450 | 1250 | 2100 | 4200 | 7200 | 10500 |
| 8-pass Sta Wgn | 450 | 1250 | 2200 | 4400 | 7600 | 10900 |
| **Special Deluxe, 6-cyl., 135 hp, 112" wb** | | | | | | |
| 4-dr Sdn | 450 | 1250 | 2100 | 4200 | 7200 | 10500 |
| 6-pass Sta Wgn | 500 | 1300 | 2250 | 4500 | 7700 | 11000 |
| **Skylark, 8-cyl., 200 hp, 112" WB** | | | | | | |
| 2-dr Hdtp | 550 | 1450 | 2450 | 4900 | 8500 | 12000 |
| Conv | 700 | 2000 | 3450 | 6900 | 11900 | 17200 |
| **LeSabre, 8-cyl., 280 hp, 123" wb** | | | | | | |
| 4-dr Sdn | 450 | 1250 | 2100 | 4200 | 7200 | 10500 |
| 2-dr Spt Cpe | 500 | 1350 | 2350 | 4700 | 8100 | 11500 |
| 2-dr Sdn | 450 | 1250 | 2050 | 4100 | 7100 | 10300 |
| 2-dr Hdtp | 600 | 1600 | 2750 | 5500 | 9500 | 13800 |
| 6-pass Sta Wgn | 450 | 1250 | 2100 | 4200 | 7200 | 10500 |
| 8-pass Sta Wgn | 450 | 1250 | 2200 | 4400 | 7600 | 10900 |
| Conv | 800 | 2400 | 4050 | 8100 | 14200 | 20200 |
| **Invicta, 8-cyl., 325 hp, 123" wb** | | | | | | |
| 6-pass Sta Wgn | 550 | 1450 | 2450 | 4900 | 8500 | 12000 |
| **Wildcat, 8-cyl., 325 hp, 123" wb** | | | | | | |
| 4-dr Hdtp | 550 | 1450 | 2450 | 4900 | 8500 | 12000 |
| 2-dr Spt Cpe | 650 | 1700 | 3000 | 5900 | 10200 | 14700 |
| 4667 Conv Cpe | 900 | 2850 | 4750 | 9500 | 16700 | 23700 |
| **Electra 225, 8-cyl., 325 hp, 126" wb** | | | | | | |
| 4-dr Sdn | 450 | 1250 | 2050 | 4100 | 7100 | 10300 |
| 4-dr Hdtp Pillarless | 500 | 1350 | 2350 | 4700 | 8100 | 11500 |
| 4-dr Hdtp Sdn | 550 | 1450 | 2450 | 4900 | 8500 | 12000 |
| 2-dr Spt Cpe | 650 | 1750 | 3150 | 6300 | 10900 | 15700 |
| Conv | 950 | 3000 | 5050 | 10100 | 17900 | 25100 |
| **Riviera, 8-cyl., 325 hp, 117" wb** | | | | | | |
| 2-dr Hdtp Cpe | 750 | 2100 | 3550 | 7100 | 12300 | 17700 |
| **1964** | | | | | | |
| **Special, 6-cyl., 155 hp, 115" wb** | | | | | | |
| 4-dr Sdn | 400 | 1100 | 1800 | 3500 | 6100 | 8900 |
| 2-dr Cpe | 400 | 1100 | 1800 | 3600 | 6200 | 9100 |
| 2-dr Conv | 650 | 1700 | 3000 | 5900 | 10200 | 14700 |
| 6-pass Sta Wgn | 400 | 1150 | 1850 | 3700 | 6400 | 9300 |
| **Special Deluxe, 6-cyl., 155 hp, 115" wb** | | | | | | |
| 4-dr Sdn | 400 | 1100 | 1800 | 3600 | 6200 | 9100 |
| 2-dr Cpe | 400 | 1150 | 1850 | 3700 | 6400 | 9300 |
| 4-dr Sta Wgn | 400 | 1200 | 1950 | 3900 | 6800 | 9900 |
| **Skylark, 6-cyl., 155 hp, 115" wb** | | | | | | |
| 4-dr Sdn | 400 | 1150 | 1850 | 3700 | 6400 | 9300 |
| 2-dr Spt Cpe | 400 | 1200 | 1950 | 3900 | 6800 | 9900 |
| Conv Cpe | 750 | 2100 | 3550 | 7100 | 12300 | 17700 |
| 2-seat Sta Wgn (V-8) | 400 | 1200 | 1900 | 3800 | 6600 | 9600 |
| 3-seat Sta Wgn (V-8) | 400 | 1200 | 2000 | 4000 | 6900 | 10000 |

|  | 6 | 5 | 4 | 3 | 2 | 1 |
|---|---|---|---|---|---|---|
| **Skylark, 8-cyl., 210 hp, 120" wb** | | | | | | |
| 4-dr 2-seat Cus Sta Wgn | 400 | 1200 | 1950 | 3900 | 6800 | 9900 |
| 4-dr 3-seat Cus Sta Wgn | 450 | 1250 | 2050 | 4100 | 7100 | 10300 |
| **LeSabre, 8-cyl., 325 hp, 123" wb** | | | | | | |
| 4-dr Sdn | 400 | 1200 | 2000 | 4000 | 6900 | 10000 |
| 4-dr Hdtp | 450 | 1250 | 2050 | 4100 | 7100 | 10300 |
| 2-dr Spt Cpe | 600 | 1600 | 2750 | 5500 | 9500 | 13800 |
| Conv | 800 | 2350 | 3950 | 7900 | 13700 | 19700 |
| **Wildcat, 8-cyl., 340 hp, 123" wb** | | | | | | |
| 4-dr Sdn | 400 | 1200 | 2000 | 4000 | 6900 | 10000 |
| 2-dr Spt Cpe | 550 | 1450 | 2450 | 4900 | 8500 | 12000 |
| 2-dr Hdtp | 650 | 1750 | 3150 | 6300 | 10900 | 15700 |
| Conv Cpe | 800 | 2500 | 4250 | 8500 | 15000 | 21200 |
| **LeSabre, 8-cyl., 325 hp, 123" wb** | | | | | | |
| 3-seat Sta Wgn | 500 | 1300 | 2250 | 4500 | 7700 | 11000 |
| 2-seat Sta Wgn | 450 | 1250 | 2150 | 4300 | 7400 | 10700 |
| **Electra 225, 8-cyl., 340 hp, 126" wb** | | | | | | |
| 4-dr Sdn | 450 | 1250 | 2050 | 4100 | 7100 | 10300 |
| 4-dr Hdtp Pillarless | 500 | 1300 | 2250 | 4500 | 7700 | 11000 |
| 4-dr Hdtp | 500 | 1350 | 2350 | 4700 | 8100 | 11500 |
| 2-dr Spt Cpe | 650 | 1700 | 3000 | 5900 | 10200 | 14700 |
| Conv | 850 | 2700 | 4550 | 9100 | 16000 | 22700 |
| **Riviera, 8-cyl., 340 hp, 117" wb** | | | | | | |
| 4747 2-dr Hdtp | 750 | 2100 | 3550 | 7100 | 12300 | 17700 |
| **_1965_** | | | | | | |
| **Special, 6-cyl., 115" wb** | | | | | | |
| 4-dr Sdn | 350 | 900 | 1500 | 2900 | 5200 | 7400 |
| 2-dr Ntchbk Cpe | 350 | 900 | 1500 | 2900 | 5200 | 7400 |
| Conv | 650 | 1700 | 3000 | 5900 | 10200 | 14700 |
| 6-pass Sta Wgn | 400 | 1050 | 1700 | 3300 | 8500 | 8300 |
| **Special Deluxe, 6-cyl., 115" wb** | | | | | | |
| 4-dr Sdn | 400 | 1050 | 1700 | 3400 | 5900 | 8500 |
| 6-pass Sta Wgn | 400 | 1100 | 1800 | 3500 | 6100 | 8900 |
| **Skylark, 6-cyl., 115" wb** | | | | | | |
| 4-dr Sdn | 400 | 1100 | 1800 | 3500 | 6100 | 8900 |
| 2-dr Ntchbk Cpe | 400 | 1100 | 1800 | 3600 | 6200 | 9100 |
| 2-dr Spt Cpe | 450 | 1250 | 2050 | 4100 | 7100 | 10300 |
| Conv | 700 | 2000 | 3450 | 6900 | 11900 | 17200 |
| **Special, 8-cyl., 115" wb** | | | | | | |
| 4-dr Sdn | 400 | 1050 | 1700 | 3400 | 5900 | 8500 |
| 2-dr Ntchbk Cpe | 400 | 1100 | 1800 | 3500 | 6100 | 8900 |
| Conv | 750 | 2200 | 3650 | 7300 | 12600 | 18200 |
| Sta Wgn | 400 | 1050 | 1700 | 3400 | 5900 | 8500 |
| **Special Deluxe, 8-cyl., 115" wb** | | | | | | |
| 4-dr Sdn | 400 | 1100 | 1800 | 3500 | 6100 | 8900 |
| 4-dr Sta Wgn | 400 | 1100 | 1800 | 3500 | 6100 | 8900 |
| **Skylark, 8-cyl., 115" wb** | | | | | | |
| 4-dr Sdn | 400 | 1150 | 1850 | 3700 | 6400 | 9300 |
| 2-dr Ntchbk Cpe | 400 | 1150 | 1850 | 3700 | 6400 | 9300 |
| 2-dr Spt Cpe | 500 | 1300 | 2250 | 4500 | 7700 | 11000 |
| Conv | 800 | 2350 | 3950 | 7900 | 13700 | 19700 |
| _Skylark Gran Sport Series  add 25%_ | | | | | | |
| **Sport Wagon, 8-cyl., 120" wb** | | | | | | |
| 2-seat Sta Wgn | 400 | 1150 | 1850 | 3700 | 6400 | 9300 |
| 3-seat Sta Wgn | 400 | 1200 | 1950 | 3900 | 6800 | 9900 |
| **Custom Sport Wagon, 8-cyl., 120" wb** | | | | | | |
| 2-seat Sta Wgn | 400 | 1200 | 1900 | 3800 | 6600 | 9600 |
| 3-seat Sta Wgn | 400 | 1200 | 2000 | 4000 | 6900 | 10000 |

'66 Buick Skylark

'66 Buick Electra

'67 Buick LeSabre

'67 Buick Wildcat

'68 Buick Special

'68 Buick Riviera

'69 Buick Sportwagon

'69 Buick LeSabre

'70 Buick Wildcat

'70 Buick Estate Wagon

'70 Buick Electra

'70 Buick GS

| | 6 | 5 | 4 | 3 | 2 | 1 |
|---|---|---|---|---|---|---|
| **LeSabre, 8-cyl., 123" wb** | | | | | | |
| 4-dr Sdn | 350 | 950 | 1550 | 3100 | 5500 | 7900 |
| 4-dr Hdtp | 350 | 1000 | 1600 | 3200 | 5700 | 8100 |
| 2-dr Spt Cpe | 400 | 1200 | 1900 | 3800 | 6600 | 9600 |
| **LeSabre Custom, 8-cyl., 123" wb** | | | | | | |
| 4-dr Sdn | 350 | 1000 | 1600 | 3200 | 5700 | 8100 |
| 4-dr Hdtp | 400 | 1100 | 1800 | 3500 | 6100 | 8900 |
| 2-dr Spt Cpe | 500 | 1300 | 2250 | 4500 | 7700 | 11000 |
| Conv | 650 | 1750 | 3150 | 6300 | 10900 | 15700 |
| **Wildcat, 8-cyl., 126" wb** | | | | | | |
| 4-dr Sdn | 400 | 1050 | 1700 | 3400 | 5900 | 8500 |
| 4-dr Hdtp | 400 | 1100 | 1800 | 3600 | 6200 | 9100 |
| 2-dr Spt Cpe | 550 | 1500 | 2500 | 5100 | 8800 | 12500 |
| **Wildcat Deluxe, 8-cyl., 126" wb** | | | | | | |
| 4-dr Sdn | 400 | 1100 | 1800 | 3600 | 6200 | 9100 |
| 4-dr Hdtp | 400 | 1200 | 1900 | 3800 | 6600 | 9600 |
| 2-dr Spt Cpe | 550 | 1550 | 2650 | 5300 | 9100 | 13000 |
| Conv | 700 | 2000 | 3450 | 6900 | 11900 | 17200 |
| **Wildcat Custom, 8-cyl., 126" wb** | | | | | | |
| 4-dr Hdtp | 400 | 1200 | 1950 | 3900 | 6800 | 9900 |
| 2-dr Spt Cpe | 600 | 1600 | 2750 | 5500 | 9500 | 13800 |
| Conv | 800 | 2350 | 3950 | 7900 | 13700 | 19700 |
| **Electra 225, 8-cyl., 126" wb** | | | | | | |
| 4-dr Sdn | 400 | 1100 | 1800 | 3600 | 6200 | 9100 |
| 4-dr Hdtp | 400 | 1200 | 2000 | 4000 | 6900 | 10000 |
| 2-dr Spt Cpe | 550 | 1550 | 2650 | 5300 | 9100 | 13000 |
| **Electra 225 Custom, 8-cyl., 126" wb** | | | | | | |
| 4-dr Sdn | 400 | 1100 | 1800 | 3600 | 6200 | 9100 |
| 4-dr Hdtp | 450 | 1250 | 2050 | 4100 | 7100 | 10300 |
| 2-dr Spt Cpe | 500 | 1350 | 2350 | 4700 | 8100 | 11500 |
| Conv | 750 | 2100 | 3550 | 7100 | 12300 | 17700 |
| **Riviera, 8-cyl., 117" wb** | | | | | | |
| 2-dr Hdtp | 650 | 1750 | 3150 | 6300 | 10900 | 15700 |
| | | *400 V-8 add 25%* | | | | |
| ***1966*** | | | | | | |
| **Special, 6-cyl., 115" wb** | | | | | | |
| 4-dr Sdn | 300 | 800 | 1350 | 2700 | 4700 | 6900 |
| 2-dr Cpe | 300 | 800 | 1350 | 2700 | 4700 | 6900 |
| Conv | 650 | 1700 | 3000 | 6100 | 10600 | 15200 |
| 4-dr 6-pass Sta Wgn | 300 | 800 | 1350 | 2700 | 4700 | 6900 |
| **Special Deluxe, 6-cyl., 115" wb** | | | | | | |
| 4-dr Sdn | 300 | 800 | 1350 | 2700 | 4700 | 6900 |
| 2-dr Cpe | 350 | 850 | 1400 | 2800 | 4900 | 7100 |
| 2-dr Spt Cpe | 350 | 1000 | 1600 | 3200 | 5700 | 8100 |
| 4-dr 6-pass Sta Wgn | 350 | 850 | 1400 | 2800 | 4900 | 7100 |
| **Skylark, 6-cyl., 115" wb** | | | | | | |
| 4-dr Hdtp | 350 | 850 | 1400 | 2800 | 4900 | 7100 |
| 2-dr Cpe | 350 | 900 | 1500 | 2900 | 5200 | 7400 |
| 2-dr Spt Cpe | 400 | 1050 | 1700 | 3400 | 5900 | 8500 |
| Conv | 700 | 1900 | 3350 | 6700 | 11500 | 16500 |
| **Special, 8-cyl., 115" wb** | | | | | | |
| 4-dr Sdn | 350 | 850 | 1400 | 2800 | 4900 | 7100 |
| 2-dr Cpe | 350 | 900 | 1500 | 2900 | 5200 | 7400 |
| Conv | 650 | 1750 | 3150 | 6300 | 10900 | 15700 |
| 4-dr 6-pass Sta Wgn | 350 | 900 | 1500 | 2900 | 5200 | 7400 |
| **Special Deluxe, 8-cyl.** | | | | | | |
| 4-dr Sdn | 350 | 900 | 1500 | 2900 | 5200 | 7400 |
| 2-dr Cpe | 350 | 900 | 1500 | 3000 | 5300 | 7600 |
| 2-dr Spt Cpe | 400 | 1050 | 1700 | 3400 | 5900 | 8500 |
| 4-dr 6-pass Sta Wgn | 350 | 900 | 1500 | 3000 | 5300 | 7600 |

| | 6 | 5 | 4 | 3 | 2 | 1 |
|---|---|---|---|---|---|---|
| **Skylark, 8-cyl.** | | | | | | |
| 4-dr Hdtp | 350 | 900 | 1500 | 3000 | 5300 | 7600 |
| 2-dr Cpe | 350 | 950 | 1550 | 3100 | 5500 | 7900 |
| 2-dr Spt Cpe | 400 | 1100 | 1800 | 3600 | 6200 | 9100 |
| Conv | 750 | 2100 | 3550 | 7100 | 12300 | 17700 |
| **Skylark Gran Sport, 8-cyl., 115" wb** | | | | | | |
| 2-dr Cpe | 650 | 1700 | 3000 | 5900 | 10200 | 14700 |
| 2-dr Spt Cpe | 650 | 1700 | 3000 | 6100 | 10600 | 5200 |
| Conv | 900 | 2850 | 4750 | 9500 | 16700 | 23700 |
| **Sport Wagon, 8-cyl., 120" wb** | | | | | | |
| 2-seat Sta Wgn | 350 | 950 | 1550 | 3100 | 5500 | 7900 |
| 3-seat Sta Wgn | 400 | 1050 | 1700 | 3300 | 5800 | 8300 |
| 2-seat Cus Sta Wgn | 350 | 1000 | 1600 | 3200 | 5700 | 8100 |
| 3-seat Cus Sta Wgn | 400 | 1050 | 1700 | 3400 | 5900 | 8500 |
| **LeSabre, 8-cyl., 123" wb** | | | | | | |
| 4-dr Sdn | 350 | 850 | 1400 | 2800 | 4900 | 7100 |
| 4-dr Hdtp Sdn | 350 | 1000 | 1600 | 3200 | 5700 | 8100 |
| 2-dr Hdtp Cpe | 400 | 1200 | 1950 | 3900 | 6800 | 9900 |
| **LeSabre Custom, 8-cyl., 123" wb** | | | | | | |
| 4-dr Sdn | 350 | 900 | 1500 | 3000 | 5300 | 7600 |
| 4-dr Hdtp Sdn | 350 | 1000 | 1600 | 3200 | 5700 | 8100 |
| 2-dr Hdtp Cpe | 450 | 1250 | 2050 | 4100 | 7100 | 10300 |
| Conv | 750 | 2100 | 3550 | 7100 | 12300 | 17700 |
| **Wildcat, 8-cyl., 126" wb** | | | | | | |
| 4-dr Sdn | 350 | 900 | 1500 | 3000 | 5300 | 7600 |
| 4-dr Hdtp Sdn | 400 | 1050 | 1700 | 3400 | 5900 | 8500 |
| 2-dr Hdtp Cpe | 500 | 1300 | 2250 | 4500 | 7700 | 11000 |
| Conv | 750 | 2250 | 3750 | 7500 | 13000 | 18700 |
| **Wildcat Custom 8-cyl., 126" wb** | | | | | | |
| 4-dr Hdtp Sdn | 350 | 950 | 1550 | 3100 | 5500 | 7900 |
| 2-dr Hdtp | 500 | 1350 | 2300 | 4600 | 8000 | 11300 |
| Conv | 800 | 2350 | 3950 | 7900 | 13700 | 19700 |
| | | *Wildcat Gran Sport add 25%* | | | | |
| **Electra 225, 8-cyl., 126" wb** | | | | | | |
| 4-dr Sdn | 400 | 1050 | 1700 | 3400 | 5900 | 8500 |
| 4-dr Hdtp Sdn | 400 | 1100 | 1800 | 3600 | 6200 | 9100 |
| 2-dr Hdtp Cpe | 500 | 1350 | 2350 | 4700 | 8100 | 11500 |
| **Electra 225 Custom, 8-cyl.** | | | | | | |
| 4-dr Sdn | 400 | 1050 | 1700 | 3400 | 5900 | 8500 |
| 4-dr Hdtp Sdn | 400 | 1200 | 1900 | 3800 | 6600 | 9600 |
| 2-dr Hdtp Cpe | 550 | 1450 | 2450 | 4900 | 8500 | 12000 |
| Conv | 800 | 2450 | 4150 | 8300 | 14600 | 20700 |
| **Riviera, 8-cyl.** | | | | | | |
| 2-dr Spt Cpe | 550 | 1500 | 2500 | 5100 | 8800 | 12500 |
| | | *400 V-8 add 20%* | | | | |
| **1967** | | | | | | |
| **Special, 6-cyl., 115" wb** | | | | | | |
| 4-dr Sdn | 300 | 800 | 1350 | 2700 | 4700 | 6900 |
| 2-dr Cpe | 300 | 800 | 1350 | 2700 | 4700 | 6900 |
| 4-dr Sta Wgn | 300 | 800 | 1350 | 2700 | 4700 | 6900 |
| **Special Deluxe, 6-cyl., 115" wb** | | | | | | |
| 4-dr Sdn | 300 | 800 | 1350 | 2700 | 4700 | 6900 |
| 2-dr Hdtp | 350 | 950 | 1550 | 3100 | 5500 | 7900 |
| **Skylark, 6-cyl., 115" wb** | | | | | | |
| Cpe | 350 | 900 | 1500 | 3000 | 5300 | 7600 |
| **Special, 8-cyl., 115" wb** | | | | | | |
| 4-dr Sdn | 350 | 850 | 1400 | 2800 | 4900 | 7100 |
| 2-dr Cpe | 350 | 900 | 1500 | 2900 | 5200 | 7400 |
| 4-dr Sta Wgn | 350 | 850 | 1400 | 2800 | 4900 | 7100 |

| | 6 | 5 | 4 | 3 | 2 | 1 |
|---|---|---|---|---|---|---|
| **Special Deluxe, 8-cyl., 115" wb** | | | | | | |
| 4-dr Sdn | 350 | 850 | 1400 | 2800 | 4900 | 7100 |
| 2-dr Hdtp | 400 | 1050 | 1700 | 3300 | 5800 | 8300 |
| 4-dr Sta Wgn | 350 | 850 | 1400 | 2800 | 4900 | 7100 |
| **Skylark, 8-cyl., 115" wb** | | | | | | |
| 4-dr Sdn | 350 | 850 | 1700 | 2800 | 4900 | 7100 |
| 4-dr Hdtp | 350 | 900 | 1500 | 2900 | 5200 | 7400 |
| 2-dr Cpe | 350 | 950 | 1550 | 3100 | 5500 | 7900 |
| 2-dr Hdtp | 400 | 1100 | 1800 | 3500 | 6100 | 8900 |
| Conv | 700 | 1850 | 3300 | 6600 | 11300 | 16300 |
| **Sport Wagon , 8-cyl., 120" wb** | | | | | | |
| 2-seat Cus Sta Wgn | 300 | 800 | 1350 | 2700 | 4700 | 6900 |
| 3-seat Cus Sta Wgn | 350 | 900 | 1500 | 2900 | 5200 | 7400 |
| **Skylark GS 340, 8-cyl., 115" wb** | | | | | | |
| 2-dr Hdtp Cpe | 550 | 1550 | 2650 | 5300 | 9100 | 13000 |
| **Skylark GS 400, 8-cyl., 115" wb** | | | | | | |
| 2-dr Cpe | 650 | 1750 | 3150 | 6300 | 10900 | 15700 |
| 2-dr Hdtp | 650 | 1800 | 3250 | 6500 | 11200 | 16100 |
| Conv | 950 | 2950 | 4950 | 9900 | 17500 | 24700 |
| **LeSabre, 8-cyl., 123" wb** | | | | | | |
| 4-dr Sdn | 350 | 850 | 1400 | 2800 | 4900 | 7100 |
| 4-dr Hdtp | 350 | 900 | 1500 | 2900 | 5200 | 7400 |
| 2-dr Hdtp | 400 | 1050 | 1700 | 3400 | 5900 | 8500 |
| **LeSabre Custom, 8-cyl., 123" wb** | | | | | | |
| 4-dr Sdn | 350 | 900 | 1500 | 2900 | 5200 | 7400 |
| 4-dr Hdtp | 350 | 900 | 1500 | 3000 | 5300 | 7600 |
| 2-dr Hdtp | 400 | 1100 | 1800 | 3600 | 6200 | 9100 |
| Conv | 650 | 1750 | 3150 | 6300 | 10900 | 15700 |
| **Wildcat, 8-cyl., 126" wb** | | | | | | |
| 4-dr Sdn | 350 | 900 | 1500 | 3000 | 5300 | 7600 |
| 4-dr Hdtp | 350 | 950 | 1550 | 3100 | 5500 | 7900 |
| 2-dr Hdtp | 450 | 1250 | 2050 | 4100 | 7100 | 10300 |
| Conv | 700 | 1850 | 3300 | 6600 | 11300 | 16300 |
| **Wildcat Custom, 8-cyl., 126" wb** | | | | | | |
| 4-dr Hdtp | 350 | 900 | 1500 | 3000 | 5300 | 7600 |
| 2-dr Hdtp | 450 | 1250 | 2150 | 4300 | 7400 | 10700 |
| Conv | 750 | 2250 | 3750 | 7500 | 13000 | 18700 |
| **Electra 225, 8-cyl., 126" wb** | | | | | | |
| 4-dr Sdn | 350 | 900 | 1500 | 3000 | 5300 | 7600 |
| 4-dr Hdtp | 350 | 950 | 1550 | 3100 | 5500 | 7900 |
| 2-dr Spt Cpe | 450 | 1250 | 2150 | 4300 | 7400 | 10700 |
| **Electra 225 Custom, 8-cyl., 126" wb** | | | | | | |
| 4-dr Sdn | 350 | 950 | 1550 | 3100 | 5500 | 7900 |
| 4-dr Hdtp | 400 | 1050 | 1700 | 3300 | 5800 | 8300 |
| 2-dr Spt Cpe | 500 | 1300 | 2250 | 4500 | 7700 | 11000 |
| Conv | 800 | 2450 | 4150 | 8300 | 14600 | 20700 |
| **Riviera Series , 8-cyl.** | | | | | | |
| Hdtp Cpe | 550 | 1400 | 2400 | 4800 | 8300 | 11800 |
| | | *400 V-8 add 25%* | | | | |
| **_1968_** | | | | | | |
| **Special Deluxe, 6-cyl., 116" wb, 2-dr 112" wb** | | | | | | |
| 4-dr Sdn | 300 | 800 | 1300 | 2600 | 4600 | 6600 |
| 2-dr Cpe | 300 | 800 | 1300 | 2600 | 4600 | 6600 |
| **Skylark, 6-cyl., 116" wb, 2-dr 112" wb** | | | | | | |
| 4-dr Sdn | 300 | 800 | 1300 | 2600 | 4600 | 6600 |
| 2-dr Hdtp | 350 | 900 | 1500 | 2900 | 5200 | 7400 |

| | 6 | 5 | 4 | 3 | 2 | 1 |
|---|---|---|---|---|---|---|
| **Special Deluxe, 8-cyl., 116" wb, 2-dr 112" wb** | | | | | | |
| 4-dr Sdn | 300 | 800 | 1350 | 2700 | 4700 | 6900 |
| 2-dr Cpe | 300 | 800 | 1350 | 2700 | 4700 | 6900 |
| Sta Wgn | 300 | 800 | 1350 | 2700 | 4700 | 6900 |
| **Skylark, 8-cyl., 116" wb, 2-dr 112" wb** | | | | | | |
| 4-dr Sdn | 300 | 800 | 1350 | 2700 | 4700 | 6900 |
| 2-dr Hdtp | 350 | 900 | 1500 | 3000 | 5300 | 7600 |
| **Skylark Custom, 8-cyl., 116" wb, 2-dr 112" wb** | | | | | | |
| 4-dr Sdn | 300 | 800 | 1350 | 2700 | 4700 | 6900 |
| 4-dr Hdtp | 350 | 850 | 1400 | 2800 | 4900 | 7100 |
| 2-dr Hdtp | 350 | 950 | 1550 | 3100 | 5500 | 7900 |
| Conv | 650 | 1750 | 3150 | 6300 | 10900 | 15700 |
| **Sport Wagon, 8-cyl., 121" wb** | | | | | | |
| 4-dr 2-seat Sta Wgn | 300 | 800 | 1350 | 2700 | 4700 | 6900 |
| 4-dr 3-seat Sta Wgn | 350 | 900 | 1500 | 2900 | 5200 | 7400 |
| **GS 350, 8-cyl., 112" wb** | | | | | | |
| 2-dr Hdtp | 600 | 1600 | 2750 | 5500 | 9500 | 13800 |
| **GS 400, 8-cyl., 112" wb** | | | | | | |
| 2-dr Hdtp | 650 | 1800 | 3250 | 6500 | 11200 | 16100 |
| Conv | 900 | 2850 | 4750 | 9500 | 16700 | 23700 |
| **LeSabre, 8-cyl., 123" wb** | | | | | | |
| 4-dr Sdn | 350 | 850 | 1400 | 2800 | 4900 | 7100 |
| 44-dr Hdtp Sdn | 350 | 900 | 1500 | 3000 | 5300 | 7600 |
| 2-dr Hdtp | 400 | 1150 | 1850 | 3700 | 6400 | 9300 |
| **LeSabre Custom, 8-cyl., 123" wb** | | | | | | |
| 4-dr Sdn | 350 | 850 | 1400 | 2800 | 4900 | 7100 |
| 4-dr Hdtp Sdn | 350 | 900 | 1500 | 3000 | 5300 | 7600 |
| 2-dr Hdtp | 400 | 1200 | 1950 | 3900 | 6800 | 9900 |
| Conv | 700 | 1850 | 3300 | 6600 | 11300 | 16300 |
| **Wildcat, 8-cyl., 126" wb** | | | | | | |
| 4-dr Sdn | 350 | 900 | 1500 | 2900 | 5200 | 7400 |
| 4-dr Hdtp | 350 | 900 | 1500 | 3000 | 5300 | 7600 |
| 2-dr Hdtp | 450 | 1250 | 2050 | 4100 | 7100 | 10300 |
| **Wildcat Custom, 8-cyl., 126" wb** | | | | | | |
| 4-dr Hdtp | 350 | 950 | 1550 | 3100 | 5500 | 7900 |
| 2-dr Hdtp | 450 | 1250 | 2150 | 4300 | 7400 | 10700 |
| Conv | 750 | 2250 | 3750 | 7500 | 13000 | 18700 |
| **Electra 225, 8-cyl., 126" wb** | | | | | | |
| 4-dr Sdn | 350 | 950 | 1550 | 3100 | 5500 | 7900 |
| 4-dr Hdtp | 350 | 1000 | 1600 | 3200 | 5700 | 8100 |
| 2-dr Hdtp | 450 | 1250 | 2150 | 4300 | 7400 | 10700 |
| **Electra 225 Custom, 8-cyl., 126" wb** | | | | | | |
| 4-dr Sdn | 350 | 950 | 1550 | 3100 | 5500 | 7900 |
| 4-dr Hdtp | 400 | 1050 | 1700 | 3300 | 5800 | 8300 |
| 2-dr Hdtp | 500 | 1350 | 2350 | 4700 | 8100 | 11500 |
| Conv | 800 | 2450 | 4150 | 8300 | 14600 | 20700 |
| **Riviera, 8-cyl.** | | | | | | |
| 2-dr Hdtp Cpe | 500 | 1350 | 2350 | 4700 | 8100 | 11500 |

*400 V-8 add 20%*

### 1969

| | 6 | 5 | 4 | 3 | 2 | 1 |
|---|---|---|---|---|---|---|
| **Special Deluxe 6-cyl., 116" wb, 2-dr 112" wb** | | | | | | |
| 4-dr Sdn | 300 | 700 | 1200 | 2400 | 4100 | 5900 |
| 2-dr Cpe | 300 | 700 | 1200 | 2400 | 4100 | 5900 |
| **Skylark, 6-cyl., 116" wb, 2-dr 112" wb** | | | | | | |
| 4-dr Sdn | 300 | 700 | 1200 | 2400 | 4100 | 5900 |
| 2-dr Hdtp | 300 | 800 | 1350 | 2700 | 4700 | 6900 |

|  | 6 | 5 | 4 | 3 | 2 | 1 |
|---|---|---|---|---|---|---|
| **Special, 8-cyl., 116" wb, 2-dr 112" wb** | | | | | | |
| 4-dr Sdn | 300 | 750 | 1250 | 2500 | 4400 | 6200 |
| 2-dr Cpe | 300 | 750 | 1250 | 2500 | 4400 | 6200 |
| 4-dr 2-seat Sta Wgn | 300 | 750 | 1250 | 2500 | 4400 | 6200 |
| 4-dr 3-seat Sta Wgn | 300 | 800 | 1350 | 2700 | 4700 | 6900 |
| **Skylark, 8-cyl., 116" wb, 2-dr 112" wb** | | | | | | |
| 4-dr Sdn | 300 | 750 | 1250 | 2500 | 4400 | 6200 |
| 2-dr Hdtp | 350 | 900 | 1500 | 2900 | 5200 | 7400 |
| **Skylark Custom, 8-cyl., 116" wb, 2-dr 112" wb** | | | | | | |
| 4-dr Sdn | 300 | 800 | 1300 | 2600 | 4600 | 6600 |
| 4-dr Hdtp | 300 | 800 | 1350 | 2700 | 4700 | 6900 |
| 2-dr Hdtp | 400 | 1050 | 1700 | 3400 | 5900 | 8500 |
| Conv | 650 | 1700 | 3000 | 5900 | 10200 | 14700 |
| **California GS, 8-cyl., 112" wb** | | | | | | |
| 2-dr Hdtp | 650 | 1700 | 3000 | 5900 | 10200 | 14700 |
| **GS 350 , 8-cyl., 112" wb** | | | | | | |
| 2-dr Hdtp | 600 | 1650 | 2850 | 5700 | 9900 | 14200 |
| **GS 400, 8-cyl., 112" wb** | | | | | | |
| 2-dr Hdtp | 700 | 1900 | 3350 | 6700 | 11500 | 16500 |
| 44667 Conv | 850 | 2550 | 4350 | 8700 | 15300 | 21700 |
| | | | *Stage I add 15%* | | | |
| **Sport Wagon, 8-cyl., 121" wb** | | | | | | |
| 4-dr 2-seat Sta Wgn | 300 | 800 | 1350 | 2700 | 4700 | 6900 |
| 4-dr 3-seat Sta Wgn | 350 | 900 | 1500 | 2900 | 5200 | 7400 |
| **LeSabre, 8-cyl., 123.2" wb** | | | | | | |
| 4-dr Sdn | 300 | 800 | 1300 | 2600 | 4600 | 6600 |
| 4-dr Hdtp | 300 | 800 | 1350 | 2700 | 4700 | 6900 |
| 2-dr Hdtp | 350 | 1000 | 1600 | 3200 | 5700 | 8100 |
| **LeSabre Custom, 8-cyl., 123.2" wb** | | | | | | |
| 4-dr Sdn | 300 | 800 | 1300 | 2600 | 4600 | 6600 |
| 4-dr Hdtp | 300 | 800 | 1350 | 2700 | 4700 | 6900 |
| 2-dr Hdtp | 400 | 1050 | 1700 | 3300 | 5800 | 8300 |
| Conv | 650 | 1700 | 3000 | 5900 | 10200 | 14700 |
| **Wildcat, 8-cyl., 123.2" wb** | | | | | | |
| 4-dr Sdn | 350 | 850 | 1400 | 2800 | 4900 | 7100 |
| 4-dr Hdtp | 350 | 900 | 1500 | 2900 | 5200 | 7400 |
| 2-dr Hdtp | 400 | 1150 | 1850 | 3700 | 6400 | 9300 |
| **Wildcat Custom, 8-cyl., 123.2" wb** | | | | | | |
| 4-dr Hdtp | 350 | 900 | 1500 | 2900 | 5200 | 7400 |
| 2-dr Hdtp | 400 | 1200 | 1900 | 3800 | 6600 | 9600 |
| Conv | 650 | 1750 | 3150 | 6300 | 10900 | 15700 |
| **Electra 225, 8-cyl., 126.2" wb** | | | | | | |
| 4-dr Sdn | 300 | 800 | 1350 | 2700 | 4700 | 6900 |
| 4-dr Hdtp | 300 | 800 | 1350 | 2700 | 4700 | 6900 |
| 2-dr Hdtp | 400 | 1200 | 1950 | 3900 | 6800 | 9900 |
| **Electra 225 Custom, 8-cyl., 126.2" wb** | | | | | | |
| 4-dr Sdn | 350 | 850 | 1400 | 2800 | 4900 | 7100 |
| 4-dr Hdtp | 350 | 900 | 1500 | 2900 | 5200 | 7400 |
| 2-dr Hdtp | 450 | 1250 | 2050 | 4100 | 7100 | 10300 |
| Conv | 800 | 2350 | 3950 | 7900 | 13700 | 19700 |
| **Riviera, 8-cyl., 119" wb** | | | | | | |
| Hdtp Cpe | 450 | 1250 | 2200 | 4400 | 7600 | 10900 |
| | | | *400 V-8 add 25%* | | | |
| **1970** | | | | | | |
| **Skylark, 6-cyl., 116" wb, 2-dr 112" wb** | | | | | | |
| 4-dr Sdn | 300 | 700 | 1200 | 2400 | 4100 | 5900 |
| 2-dr Cpe | 300 | 700 | 1200 | 2400 | 4100 | 5900 |

| | 6 | 5 | 4 | 3 | 2 | 1 |
|---|---|---|---|---|---|---|
| **Skylark 350, 6-cyl., 116" wb, 2-dr 112" wb** | | | | | | |
| 4-dr Sdn | 300 | 750 | 1250 | 2500 | 4400 | 6200 |
| 2-dr Hdtp | 350 | 850 | 1400 | 2800 | 4900 | 7100 |
| **Skylark, 8-cyl., 116" wb, 2-dr 112" wb** | | | | | | |
| 4-dr Sdn | 300 | 750 | 1250 | 2500 | 4400 | 6200 |
| 2-dr Cpe | 300 | 800 | 1300 | 2600 | 4600 | 6600 |
| **Skylark 350, 8-cyl., 116" wb, 2-dr 112.2" wb** | | | | | | |
| 4-dr Sdn | 300 | 800 | 1300 | 2600 | 4600 | 6600 |
| 2-dr Hdtp | 400 | 1050 | 1700 | 3300 | 5800 | 8300 |
| **Skylark Custom, 8-cyl., 116" wb, 2-dr 112" wb** | | | | | | |
| 4-dr Sdn | 300 | 800 | 1300 | 2600 | 4600 | 6600 |
| 4-dr Hdtp | 300 | 800 | 1350 | 2700 | 4700 | 6900 |
| 2-dr Hdtp | 400 | 1100 | 1800 | 3500 | 6100 | 8900 |
| Conv | 750 | 2250 | 3700 | 7400 | 12800 | 18500 |
| **Gran Sport, 8-cyl., 112" wb** | | | | | | |
| 2-dr Hdtp | 650 | 1750 | 3150 | 6300 | 10900 | 15700 |
| **GS 455, 8-cyl., 112" wb** | | | | | | |
| 2-dr Hdtp | 750 | 2150 | 3600 | 7200 | 12400 | 18000 |
| Conv | 1150 | 3650 | 6100 | 12200 | 21500 | 30500 |
| **Gran Sport 455 Stage I** | | | | | | |
| 2-dr Hdtp | 900 | 2900 | 4850 | 9700 | 17100 | 24200 |
| Conv | 1150 | 3600 | 6000 | 12000 | 21150 | 30000 |
| **GSX, Stage I, 8-cyl., 112" wb** | | | | | | |
| 2-dr Hdtp | 1450 | 4450 | 7450 | 14900 | 26200 | 37200 |
| 2-dr Cpe | 1400 | 4350 | 7250 | 14500 | 25500 | 36200 |
| **Sport Wagon, 8-cyl., 116" wb** | | | | | | |
| 4-dr 2-seat Sta Wgn | 300 | 800 | 1350 | 2700 | 4700 | 6900 |
| 4-dr 3-seat Sta Wgn | 350 | 900 | 1500 | 2900 | 5200 | 7400 |
| **LeSabre, 8-cyl., 124" wb** | | | | | | |
| 4-dr Sdn | 300 | 700 | 1200 | 2400 | 4100 | 5900 |
| 4-dr Hdtp | 300 | 750 | 1250 | 2500 | 4400 | 6200 |
| 2-dr Hdtp | 400 | 1050 | 1700 | 3300 | 5800 | 8300 |
| **LeSabre Custom, 8-cyl., 124" wb** | | | | | | |
| 4-dr Sdn | 300 | 750 | 1250 | 2500 | 4400 | 6200 |
| 4-dr Hdtp | 300 | 800 | 1300 | 2600 | 4600 | 6600 |
| 2-dr Hdtp | 400 | 1100 | 1800 | 3500 | 6100 | 8900 |
| Conv | 600 | 1650 | 2850 | 5700 | 9900 | 14200 |
| **LeSabre Custom 455, 8-cyl., 124" wb** | | | | | | |
| 4-dr Sdn | 300 | 800 | 1350 | 2700 | 4700 | 6900 |
| 4-dr Hdtp | 350 | 850 | 1400 | 2800 | 4900 | 7100 |
| 2-dr Hdtp | 400 | 1200 | 1900 | 3800 | 6600 | 9600 |
| **Estate Wagon, 8-cyl., 124" wb** | | | | | | |
| 4-dr 2-seat Sta Wgn | 350 | 850 | 1400 | 2800 | 4900 | 7100 |
| 4-dr 3-seat Sta Wgn | 350 | 900 | 1500 | 3000 | 5300 | 7600 |
| **Wildcat Custom, 8-cyl., 124" wb** | | | | | | |
| 4-dr Hdtp | 300 | 800 | 1300 | 2600 | 4600 | 6600 |
| 2-dr Hdtp | 400 | 1100 | 1800 | 3500 | 6100 | 8900 |
| Conv | 650 | 1750 | 3150 | 6300 | 10900 | 15700 |
| **Electra 225, 8-cyl., 127" wb** | | | | | | |
| 4-dr Sdn | 300 | 750 | 1250 | 2500 | 4400 | 6200 |
| 4-dr Hdtp | 350 | 950 | 1550 | 3100 | 5500 | 7900 |
| 2-dr Hdtp | 400 | 1150 | 1850 | 3700 | 6400 | 9300 |
| **Electra Custom 225, 8-cyl., 127" wb** | | | | | | |
| 4-dr Sdn | 300 | 800 | 1300 | 2600 | 4600 | 6600 |
| 4-dr Hdtp | 350 | 1000 | 1600 | 3200 | 5700 | 8100 |
| 2-dr Hdtp | 400 | 1200 | 1950 | 3900 | 6800 | 9900 |
| Conv | 800 | 2350 | 3950 | 7900 | 13700 | 19700 |

| | 6 | 5 | 4 | 3 | 2 | 1 |
|---|---|---|---|---|---|---|
| **Riviera, 8-cyl., 119" wb** | | | | | | |
| GS Cpe | 550 | 1450 | 2450 | 4900 | 8500 | 12000 |
| Hdtp Cpe | 400 | 1200 | 1950 | 3900 | 6800 | 9900 |
| | | *455 V-8 add 50%* | | | | |
| **1971** | | | | | | |
| **Skylark 350, 6 & 8-cyl., 116" wb, 2-dr 112" wb** | | | | | | |
| 4-dr Sdn | 300 | 650 | 1150 | 2300 | 3900 | 5700 |
| 2-dr Cpe | 300 | 650 | 1150 | 2300 | 3900 | 5700 |
| 2-dr Hdtp | 300 | 800 | 1350 | 2700 | 4700 | 6900 |
| **Skylark Custom, 8-cyl., 116" wb, 2-dr 112" wb** | | | | | | |
| 4-dr Sdn | 300 | 650 | 1150 | 2300 | 3900 | 5700 |
| 4-dr Hdtp | 300 | 700 | 1200 | 2400 | 4100 | 5900 |
| 2-dr Hdtp | 350 | 950 | 1550 | 3100 | 5500 | 7900 |
| Conv | 650 | 1700 | 3000 | 5900 | 10200 | 14700 |
| **GS, 8-cyl.** | | | | | | |
| 2-dr Hdtp | 650 | 1700 | 3000 | 6100 | 10600 | 15200 |
| Conv | 800 | 2500 | 4250 | 8500 | 15000 | 21200 |
| | | *Stage I or GS-455 add 50%* | | | | |
| **Sport Wagon, 8-cyl., 116" wb** | | | | | | |
| 2-seat Sta Wgn | 300 | 650 | 1150 | 2300 | 3900 | 5700 |
| **LeSabre, 8-cyl., 124" wb** | | | | | | |
| 4-dr Sdn | 300 | 650 | 1000 | 2000 | 3500 | 4900 |
| 4-dr Hdtp | 300 | 650 | 1100 | 2100 | 3600 | 5100 |
| 2-dr Hdtp | 300 | 750 | 1250 | 2500 | 4400 | 6200 |
| **LeSabre Custom, 8-cyl., 124" wb** | | | | | | |
| 4-dr Sdn | 300 | 650 | 1100 | 2100 | 3600 | 5100 |
| 4-dr Hdtp | 300 | 650 | 1100 | 2200 | 3800 | 5400 |
| 2-dr Hdtp | 300 | 800 | 1300 | 2600 | 4600 | 6600 |
| Conv | 600 | 1600 | 2800 | 5600 | 9700 | 14000 |
| **Centurion, 8-cyl.** | | | | | | |
| 4-dr Hdtp | 300 | 650 | 1150 | 2300 | 3900 | 5700 |
| 2-dr Hdtp | 300 | 700 | 1200 | 2400 | 4100 | 5900 |
| Conv | 650 | 1700 | 3000 | 5900 | 10200 | 14700 |
| **Estate Wagon, 8-cyl., 124" wb** | | | | | | |
| 4-dr 2-seat Sta Wgn | 300 | 700 | 1200 | 2400 | 4100 | 5900 |
| 4-dr 3-seat Sta Wgn | 300 | 800 | 1300 | 2600 | 4600 | 6600 |
| **Electra 225, 8-cyl., 127" wb** | | | | | | |
| 4-dr Hdtp | 300 | 700 | 1200 | 2400 | 4100 | 5900 |
| 2-dr Hdtp | 300 | 750 | 1250 | 2500 | 4400 | 6200 |
| **Electra Custom 225, 8-cyl.** | | | | | | |
| 4-dr Hdtp | 300 | 750 | 1250 | 2500 | 4400 | 6200 |
| 2-dr Hdtp | 300 | 800 | 1300 | 2600 | 4600 | 6600 |
| **Riviera, 8-cyl.** | | | | | | |
| 2-dr Hdtp | 400 | 1100 | 1800 | 3600 | 6200 | 9100 |
| **1972** | | | | | | |
| **Skylark, 8-cyl.** | | | | | | |
| 4-dr Sdn | 300 | 650 | 1150 | 2300 | 3900 | 5700 |
| 2-dr Cpe | 300 | 650 | 1150 | 2300 | 3900 | 5700 |
| 2-dr Hdtp | 300 | 750 | 1250 | 2500 | 4400 | 6200 |
| **Skylark 350, 8-cyl.** | | | | | | |
| 4-dr Sdn | 300 | 650 | 1150 | 2300 | 3900 | 5700 |
| 2-dr Hdtp | 350 | 900 | 1500 | 2900 | 5200 | 7400 |
| **GS, 8-cyl.** | | | | | | |
| 2-dr Hdtp | 600 | 1650 | 2850 | 5700 | 9900 | 14200 |
| Conv | 800 | 2400 | 4050 | 8100 | 14200 | 20200 |

|  | 6 | 5 | 4 | 3 | 2 | 1 |
|---|---|---|---|---|---|---|
| **Skylark Custom, 8-cyl.** | | | | | | |
| 4-dr Sdn | 300 | 650 | 1150 | 2300 | 3900 | 5700 |
| 4-dr Hdtp | 300 | 700 | 1200 | 2400 | 4100 | 5900 |
| 2-dr Hdtp | 350 | 950 | 1550 | 3100 | 5500 | 7900 |
| Conv | 650 | 1700 | 3000 | 5900 | 10200 | 14700 |
| **Sportwagon, 8-cyl.** | | | | | | |
| 4-dr 2-seat Sta Wgn | 300 | 650 | 1150 | 2300 | 3900 | 5700 |
| **LeSabre, 8-cyl.** | | | | | | |
| 4-dr Sdn | 300 | 650 | 1000 | 2000 | 3500 | 4900 |
| 4-dr Hdtp | 300 | 650 | 1100 | 2100 | 3600 | 5100 |
| 2-dr Hdtp | 300 | 750 | 1250 | 2500 | 4400 | 6200 |
| **LeSabre Custom, 8-cyl.** | | | | | | |
| 4-dr Sdn | 300 | 650 | 1100 | 2100 | 3600 | 5100 |
| 4-dr Hdtp | 300 | 650 | 1100 | 2200 | 3800 | 5400 |
| 2-dr Hdtp | 300 | 750 | 1250 | 2500 | 4400 | 6200 |
| Conv | 600 | 1600 | 2800 | 5600 | 9700 | 14000 |
| **Estate Wagon, 8-cyl.** | | | | | | |
| 4-dr 2-seat Sta Wgn | 300 | 650 | 1150 | 2300 | 3900 | 5700 |
| 4-dr 3-seat Sta Wgn | 300 | 750 | 1250 | 2500 | 4400 | 6200 |
| **Centurion, 8-cyl.** | | | | | | |
| 4-dr Hdtp | 300 | 650 | 1150 | 2300 | 3900 | 5700 |
| 2-dr Hdtp | 300 | 700 | 1200 | 2400 | 4100 | 5900 |
| Conv | 650 | 1700 | 3000 | 5900 | 10200 | 14700 |
| **Electra 225, 8-cyl.** | | | | | | |
| 4-dr Hdtp | 300 | 700 | 1200 | 2400 | 4100 | 5900 |
| 2-dr Hdtp | 300 | 750 | 1250 | 2500 | 4400 | 6200 |
| **Electra Custom 225, 8-cyl.** | | | | | | |
| 4-dr Hdtp | 300 | 750 | 1250 | 2500 | 4400 | 6200 |
| 2-dr Hdtp | 300 | 800 | 1300 | 2600 | 4600 | 6600 |
| **Riviera, 8-cyl.** | | | | | | |
| 2-dr Hdtp Spt Cpe | 400 | 1100 | 1800 | 3600 | 6200 | 9100 |
| **1973** | | | | | | |
| **Apollo, 6-cyl./8-cyl., 111" wb** | | | | | | |
| 4-dr Sdn | 250 | 500 | 750 | 1500 | 2600 | 3600 |
| 2-dr Sdn | 300 | 600 | 850 | 1700 | 2900 | 4100 |
| Htchbk | 300 | 600 | 900 | 1800 | 3100 | 4400 |
| **Century 350, 8-cyl., 116" wb, 2-dr 112" wb** | | | | | | |
| 2-dr Hdtp Cpe | 300 | 600 | 950 | 1900 | 3200 | 4600 |
| 4-dr Hdtp Sdn | 300 | 600 | 900 | 1800 | 3100 | 4400 |
| 4-dr 2-seat Sta Wgn | 300 | 600 | 900 | 1800 | 3100 | 4400 |
| 4-dr 3-seat Sta Wgn | 300 | 650 | 1000 | 2000 | 3500 | 4900 |
| **Century Luxus, 8-cyl., 112" wb, 4-dr 116"** | | | | | | |
| 4-dr Hdtp | 300 | 600 | 950 | 1900 | 3200 | 4600 |
| Hdtp Cpe | 300 | 650 | 1000 | 2000 | 3500 | 4900 |
| 4-dr 2-seat Wgn | 300 | 600 | 950 | 1900 | 3200 | 4600 |
| 4-dr 3-seat Wgn | 300 | 650 | 1100 | 2100 | 3600 | 5100 |
| **Century Regal, 8-cyl., 112" wb** | | | | | | |
| 2-dr Hdtp | 300 | 650 | 1150 | 2300 | 3900 | 5700 |
| **LeSabre, 8-cyl., 124" wb** | | | | | | |
| 4-dr Sdn | 300 | 600 | 900 | 1800 | 3100 | 4400 |
| 4-dr Hdtp Sdn | 300 | 600 | 950 | 1900 | 3200 | 4600 |
| 2-dr Hdtp Cpe | 300 | 650 | 1100 | 2200 | 3800 | 5400 |
| **LeSabre Custom, 8-cyl., 124" wb** | | | | | | |
| 4-dr Sdn | 300 | 600 | 950 | 1900 | 3200 | 4600 |
| 4-dr Hdtp | 300 | 650 | 1000 | 2000 | 3500 | 4900 |
| 2-dr Hdtp | 300 | 700 | 1200 | 2400 | 4100 | 5900 |
| **Estate Wagon, 8-cyl., 127" wb** | | | | | | |
| 4-dr 6-pass Sta Wgn | 300 | 650 | 1150 | 2300 | 3900 | 5700 |
| 4-dr 9-pass Sta Wgn | 300 | 750 | 1250 | 2500 | 4400 | 6200 |

'71 Buick Skylark

'71 Buick LeSabre

'73 Buick Electra Limited

'73 Buick Riviera

'73 Buick Century

'74 Buick LeSabre

'74 Buick Century

'74 Buick Electra Limited

'74 Buick Riviera

'74 Buick Regal

'75 Buick Century Station Wagon

'75 Buick Century

| | 6 | 5 | 4 | 3 | 2 | 1 |
|---|---|---|---|---|---|---|
| **Centurion, 8-cyl., 124" wb** | | | | | | |
| 4-dr Hdtp | 300 | 650 | 1000 | 2000 | 3500 | 4900 |
| 2-dr Hdtp | 300 | 650 | 1100 | 2200 | 3800 | 5400 |
| Conv | 600 | 1600 | 2750 | 5500 | 9500 | 13800 |
| **Electra 225, 8-cyl., 127" wb** | | | | | | |
| 4-dr Hdtp | 300 | 650 | 1150 | 2300 | 3900 | 5700 |
| 2-dr Hdtp | 300 | 650 | 1100 | 2200 | 3800 | 5400 |
| **Electra Custom 225, 8-cyl., 127" wb** | | | | | | |
| 4-dr Hdtp | 300 | 700 | 1200 | 2400 | 4100 | 5900 |
| 2-dr Hdtp | 300 | 650 | 1150 | 2300 | 3900 | 5700 |
| **Riviera, 8-cyl., 122" wb** | | | | | | |
| 2-dr Spt Cpe | 400 | 1050 | 1700 | 3400 | 5900 | 8500 |

*Stage I add 25%     Small block option deduct 10%*

### 1974

| | 6 | 5 | 4 | 3 | 2 | 1 |
|---|---|---|---|---|---|---|
| **Apollo, 6-cyl./8-cyl., 111" wb** | | | | | | |
| 4-dr Sdn | 250 | 500 | 750 | 1500 | 2600 | 3600 |
| 2-dr Sdn | 300 | 600 | 850 | 1700 | 2900 | 4100 |
| 2-dr Htchbk | 300 | 600 | 900 | 1800 | 3100 | 4400 |
| **Century, 8-cyl., 116" wb, 2-dr 112" wb** | | | | | | |
| 2-dr Hdtp Cpe | 300 | 600 | 900 | 1800 | 3100 | 4400 |
| 4-dr Hdtp | 300 | 600 | 850 | 1700 | 2900 | 4100 |
| 4-dr 6-pass Sta Wgn | 300 | 600 | 850 | 1700 | 2900 | 4100 |
| 4-dr 9-pass Sta Wgn | 300 | 600 | 950 | 1900 | 3200 | 4600 |
| **Century Luxus, 8-cyl., 112" wb** | | | | | | |
| 2-dr Hdtp Cpe | 300 | 600 | 950 | 1900 | 3200 | 4600 |
| 4-dr Hdtp Sdn | 300 | 600 | 900 | 1800 | 3100 | 4400 |
| 4-dr 6-pass Sta Wgn | 300 | 600 | 900 | 1800 | 3100 | 4400 |
| 4-dr 9-pass Sta Wgn | 300 | 650 | 1000 | 2000 | 3500 | 4900 |
| **Century Regal, 8-cyl., 112" wb** | | | | | | |
| 2-dr Hdtp | 300 | 650 | 1100 | 2200 | 3800 | 5400 |
| 4-dr Hdtp | 300 | 650 | 1000 | 2000 | 3500 | 4900 |
| **LeSabre, 8-cyl., 123" wb** | | | | | | |
| 4-dr Sdn | 300 | 600 | 900 | 1800 | 3100 | 4400 |
| 4-dr Hdtp | 300 | 600 | 950 | 1900 | 3200 | 4600 |
| 2-dr Hdtp | 300 | 650 | 1100 | 2200 | 3800 | 5400 |
| **LeSabre Luxus, 8-cyl., 123" wb** | | | | | | |
| 4-dr Sdn | 300 | 600 | 950 | 1900 | 3200 | 4600 |
| 4-dr Hdtp | 300 | 650 | 1000 | 2000 | 3500 | 4900 |
| 2-dr Hdtp | 300 | 700 | 1200 | 2400 | 4100 | 5900 |
| Conv | 500 | 1350 | 2300 | 4600 | 8000 | 11300 |
| **Estate Wagon, 8-cyl., 127" wb** | | | | | | |
| 4-dr 6-pass Sta Wgn | 300 | 650 | 1150 | 2300 | 3900 | 5700 |
| 4-dr 9-pass Sta Wgn | 300 | 750 | 1250 | 2500 | 4400 | 6200 |
| **Electra 225, 8-cyl., 127" wb** | | | | | | |
| 2-dr Hdtp | 300 | 650 | 1100 | 2200 | 3800 | 5400 |
| 4-dr Hdtp | 300 | 650 | 1150 | 2300 | 3900 | 5700 |
| **Electra 225 Custom, 8-cyl., 127" wb** | | | | | | |
| 2-dr Hdtp | 300 | 650 | 1150 | 2300 | 3900 | 5700 |
| 4-dr Hdtp | 300 | 700 | 1200 | 2400 | 4100 | 5900 |
| **Electra Limited, 8-cyl., 127" wb** | | | | | | |
| 2-dr Hdtp | 300 | 750 | 1250 | 2500 | 4400 | 6200 |
| 4-dr Hdtp | 300 | 800 | 1300 | 2600 | 4600 | 6600 |
| **Riviera, 8-cyl., 122" wb** | | | | | | |
| 2-dr Hdtp | 350 | 1000 | 1600 | 3200 | 5700 | 8100 |

*GS-455 add 25%     Riviera GS add 15%*
*Small block option deduct 10%     455 V-8 add 20%*

| | 6 | 5 | 4 | 3 | 2 | 1 |
|---|---|---|---|---|---|---|

## 1975

**Skyhawk, 6-cyl., 97" wb**

| | 6 | 5 | 4 | 3 | 2 | 1 |
|---|---|---|---|---|---|---|
| 2-dr 'S' Htchbk | 200 | 450 | 650 | 1300 | 2200 | 3200 |
| 2-dr Htchbk | 200 | 450 | 650 | 1300 | 2200 | 3200 |

**Apollo, 6-cyl./8-cyl., 111" wb**

| | 6 | 5 | 4 | 3 | 2 | 1 |
|---|---|---|---|---|---|---|
| 4-dr Sdn | 250 | 500 | 750 | 1500 | 2600 | 3600 |
| 4-dr 'SR' Sdn | 300 | 550 | 800 | 1600 | 2800 | 3900 |

**Skylark, 6-cyl./8-cyl., 111" wb**

| | 6 | 5 | 4 | 3 | 2 | 1 |
|---|---|---|---|---|---|---|
| Cpe | 250 | 500 | 750 | 1500 | 2600 | 3600 |
| 2-dr Htchbk | 300 | 550 | 800 | 1600 | 2800 | 3900 |
| 'SR' Cpe | 300 | 550 | 800 | 1600 | 2800 | 3900 |
| 2-dr 'SR' Htchbk | 300 | 600 | 850 | 1700 | 2900 | 4100 |
| 'S' Cpe | 200 | 450 | 650 | 1300 | 2200 | 3200 |

**Century, 6-cyl./8-cyl., 2-dr 112" wb, 4-dr 116" wb**

| | 6 | 5 | 4 | 3 | 2 | 1 |
|---|---|---|---|---|---|---|
| 4-dr Sdn | 250 | 500 | 750 | 1500 | 2600 | 3600 |
| 2-dr Cpe | 300 | 550 | 800 | 1600 | 2800 | 3900 |
| 2-dr Hdtp Cpe | 300 | 550 | 800 | 1600 | 2800 | 3900 |
| 4-dr Cus Sdn | 250 | 500 | 750 | 1500 | 2600 | 3600 |
| 2-dr Cus Hdtp | 300 | 550 | 800 | 1600 | 2800 | 3900 |
| 4-dr 2-seat Sta Wgn | 250 | 500 | 750 | 1500 | 2600 | 3600 |
| 4-dr 3-seat Sta Wgn | 300 | 600 | 850 | 1700 | 2900 | 4100 |
| 4-dr 6-pass Cus Sta Wgn | 300 | 550 | 800 | 1600 | 2800 | 3900 |
| 4-dr 9-pass Cus Sta Wgn | 300 | 600 | 900 | 1800 | 3100 | 4400 |

**Regal, 6-cyl./8-cyl., 2-dr 112" wb, 4-dr 116" wb**

| | 6 | 5 | 4 | 3 | 2 | 1 |
|---|---|---|---|---|---|---|
| 4-dr Sdn | 250 | 500 | 750 | 1500 | 2600 | 3600 |
| 2-dr Cpe | 300 | 550 | 800 | 1600 | 2800 | 3900 |

**LeSabre, 8-cyl., 124" wb**

| | 6 | 5 | 4 | 3 | 2 | 1 |
|---|---|---|---|---|---|---|
| 4-dr Sdn | 300 | 600 | 900 | 1800 | 3100 | 4400 |
| 4-dr Hdtp | 300 | 600 | 950 | 1900 | 3200 | 4600 |
| 2-dr Cpe | 300 | 650 | 1000 | 2000 | 3500 | 4900 |

**LeSabre Custom, 8-cyl., 124" wb**

| | 6 | 5 | 4 | 3 | 2 | 1 |
|---|---|---|---|---|---|---|
| 4-dr Sdn | 300 | 600 | 950 | 1900 | 3200 | 4600 |
| 4-dr Hdtp | 300 | 650 | 1000 | 2000 | 3500 | 4900 |
| 2-dr Hdtp Cpe | 300 | 650 | 1100 | 2100 | 3600 | 5100 |
| Conv | 500 | 1350 | 2300 | 4600 | 8000 | 11300 |

**Estate Wagon, 8-cyl., 127" wb**

| | 6 | 5 | 4 | 3 | 2 | 1 |
|---|---|---|---|---|---|---|
| 4-dr 2-seat Sta Wgn | 300 | 650 | 1100 | 2100 | 3600 | 5100 |
| 4-dr 3-seat Sta Wgn | 300 | 650 | 1150 | 2300 | 3900 | 5700 |

**Electra 225 Custom, 8-cyl., 127" wb**

| | 6 | 5 | 4 | 3 | 2 | 1 |
|---|---|---|---|---|---|---|
| 4-dr Hdtp | 300 | 650 | 1100 | 2100 | 3600 | 5100 |
| 2-dr Hdtp Cpe | 300 | 650 | 1000 | 2000 | 3500 | 4900 |

**Electra 225 Limited, 8-cyl., 127" wb**

| | 6 | 5 | 4 | 3 | 2 | 1 |
|---|---|---|---|---|---|---|
| 4-dr Hdtp | 300 | 650 | 1100 | 2200 | 3800 | 5400 |
| 2-dr Hdtp Cpe | 300 | 650 | 1100 | 2100 | 3600 | 5100 |

**Riviera, 8-cyl., 122" wb**

| | 6 | 5 | 4 | 3 | 2 | 1 |
|---|---|---|---|---|---|---|
| Z87 2-dr Hdtp | 300 | 800 | 1350 | 2700 | 4700 | 6900 |

*Small block option deduct 10%*

## 1976

**Skyhawk, 6-cyl., 97" wb**

| | 6 | 5 | 4 | 3 | 2 | 1 |
|---|---|---|---|---|---|---|
| 2-dr Htchbk | 200 | 450 | 650 | 1300 | 2200 | 3200 |
| 'S' 2-dr Htchbk Cpe | 200 | 450 | 650 | 1300 | 2200 | 3200 |

**Skylark, 6-cyl./8-cyl., 111" wb**

| | 6 | 5 | 4 | 3 | 2 | 1 |
|---|---|---|---|---|---|---|
| 2-dr Cpe | 250 | 500 | 750 | 1500 | 2600 | 3600 |
| 4-dr Sdn | 250 | 500 | 750 | 1500 | 2600 | 3600 |
| 2-dr 'S' Cpe | 200 | 450 | 650 | 1300 | 2200 | 3200 |
| 2-dr Htchbk | 300 | 550 | 800 | 1600 | 2800 | 3900 |

'75 Buick Riviera

'76 Buick Special

'76 Buick Skyhawk

'77 Buick Skylark

'77 Buick Century

'77 Buick Park Avenue

'78 Buick Electra

'78 Buick Century Wagon

'78 Buick Century

'78 Buick LeSabre

'79 Buick Roadhawk

'79 Buick Riviera

| | 6 | 5 | 4 | 3 | 2 | 1 |
|---|---|---|---|---|---|---|
| **Skylark SR, 6-cyl./8-cyl., 111" wb** | | | | | | |
| 4-dr Sdn | 250 | 500 | 750 | 1500 | 2600 | 3600 |
| 2-dr Cpe | 300 | 550 | 800 | 1600 | 2800 | 3900 |
| 2-dr Htchbk | 300 | 600 | 850 | 1700 | 2900 | 4100 |
| **Century Special, 6-cyl., 112" wb** | | | | | | |
| 2-dr | 250 | 500 | 750 | 1500 | 2600 | 3600 |
| **Century, 6-cyl./8-cyl., 116", 2-dr 112" wb** | | | | | | |
| 4-dr Sdn | 250 | 500 | 750 | 1500 | 2600 | 3600 |
| 2-dr Hdtp Cpe | 300 | 550 | 800 | 1600 | 2800 | 3900 |
| 4-dr 2-seat Custom Sta Wgn | 250 | 500 | 750 | 1500 | 2600 | 3600 |
| 4-dr 3-seat Custom Sta Wgn | 300 | 600 | 850 | 1700 | 2900 | 4100 |
| 4-dr Cus Sdn | 250 | 500 | 750 | 1500 | 2600 | 3600 |
| 2-dr Cus Hdtp Cpe | 300 | 550 | 800 | 1600 | 2800 | 3900 |
| **Regal, 6-cyl./8-cyl., 116" wb, 2-dr 112" wb** | | | | | | |
| 4-dr Sdn | 250 | 500 | 750 | 1500 | 2600 | 3600 |
| 2-dr Hdtp Cpe | 300 | 550 | 800 | 1600 | 2800 | 3900 |
| **LeSabre, 6-cyl., 124" wb** | | | | | | |
| 4-dr Sdn | 300 | 550 | 800 | 1600 | 2800 | 3900 |
| 4-dr Hdtp | 300 | 600 | 850 | 1700 | 2900 | 4100 |
| 2-dr Hdtp Cpe | 300 | 600 | 900 | 1800 | 3100 | 4400 |
| **LeSabre Custom, 8-cyl., 124" wb** | | | | | | |
| 4-dr Sdn | 300 | 600 | 850 | 1700 | 2900 | 4100 |
| 4-dr Hdtp | 300 | 600 | 900 | 1800 | 3100 | 4400 |
| 2-dr Hdtp Cpe | 300 | 600 | 950 | 1900 | 3200 | 4600 |
| **Estate, 8-cyl., 127" wb** | | | | | | |
| 4-dr 2-seat Sta Wgn | 300 | 650 | 1100 | 2100 | 3600 | 5100 |
| 4-dr 3-seat Sta Wgn | 300 | 650 | 1150 | 2300 | 3900 | 5700 |
| **Electra 225, 8-cyl., 127" wb** | | | | | | |
| 4-dr Hdtp | 300 | 650 | 1000 | 2000 | 3500 | 4900 |
| 2-dr Hdtp Cpe | 300 | 600 | 950 | 1900 | 3200 | 4600 |
| **Electra 225 Custom, 8-cyl., 127" wb** | | | | | | |
| 4-dr Hdtp | 300 | 650 | 1000 | 2000 | 3500 | 4900 |
| 2-dr Hdtp Cpe | 300 | 600 | 950 | 1900 | 3200 | 4600 |
| **Riviera, 8-cyl., 122" wb** | | | | | | |
| 2-dr Hdtp Spt Cpe | 300 | 700 | 1200 | 2400 | 4100 | 5900 |
| *Small block option deduct 10%* | | | | | | |
| **1977** | | | | | | |
| **Skyhawk, 6-cyl., 97" wb** | | | | | | |
| 2-dr Htchbk | 200 | 450 | 650 | 1300 | 2200 | 3200 |
| 'S' 2-dr Htchbk | 200 | 450 | 650 | 1300 | 2200 | 3200 |
| **Skylark S, 6-cyl./8-cyl., 110" wb** | | | | | | |
| Cpe | 200 | 450 | 650 | 1300 | 2200 | 3200 |
| **Skylark, 8-cyl., 110" wb** | | | | | | |
| 4-dr Sdn | 250 | 500 | 750 | 1500 | 2600 | 3600 |
| 2-dr Cpe | 250 | 500 | 750 | 1500 | 2600 | 3600 |
| 2-dr Htchbk | 300 | 550 | 800 | 1600 | 2800 | 3900 |
| **Skylark SR, 6-cyl./8-cyl., 110" wb** | | | | | | |
| 4-dr Sdn | 250 | 500 | 750 | 1500 | 2600 | 3600 |
| 2-dr Cpe | 300 | 550 | 800 | 1600 | 2800 | 3900 |
| 2-dr Htchbk | 300 | 600 | 850 | 1700 | 2900 | 4100 |
| **Century, 6-cyl./8-cyl., 116" wb, 2-dr 112" wb** | | | | | | |
| 4-dr Sdn | 250 | 500 | 750 | 1500 | 2600 | 3600 |
| 2-dr Hdtp Spl Cpe | 300 | 550 | 800 | 1600 | 2800 | 3900 |
| 2-dr Hdtp Cpe | 300 | 550 | 800 | 1600 | 2800 | 3900 |
| **Century Custom, 6-cyl./8-cyl., 116" wb, 2-dr 112" wb** | | | | | | |
| 4-dr Sdn | 250 | 500 | 750 | 1500 | 2600 | 3600 |
| Hdtp Cpe | 300 | 550 | 800 | 1600 | 2800 | 3900 |
| 2-seat Sta Wgn | 250 | 500 | 750 | 1500 | 2600 | 3600 |
| 3-seat Sta Wgn | 300 | 600 | 850 | 1700 | 2900 | 4100 |

| | 6 | 5 | 4 | 3 | 2 | 1 |
|---|---|---|---|---|---|---|
| **Regal, 6-cyl./8-cyl., 116" wb, 2-dr 112" wb** | | | | | | |
| 4-dr Sdn | 250 | 500 | 750 | 1500 | 2600 | 3600 |
| 2-dr Hdtp Cpe | 300 | 550 | 800 | 1600 | 2800 | 3900 |
| **LeSabre, 6-cyl./8-cyl., 116" wb** | | | | | | |
| 4-dr Sdn | 200 | 450 | 650 | 1300 | 2200 | 3200 |
| 2-dr Cpe | 200 | 450 | 650 | 1300 | 2200 | 3200 |
| **LeSabre Custom, 6-cyl./8-cyl., 116" wb** | | | | | | |
| 4-dr Sdn | 200 | 450 | 650 | 1300 | 2200 | 3200 |
| 2-dr Hdtp Cpe | 200 | 450 | 650 | 1300 | 2200 | 3200 |
| 2-dr Hdtp Spt Cpe | 250 | 500 | 750 | 1400 | 2400 | 3400 |
| **Estate Wagon, 8-cyl., 116" wb** | | | | | | |
| 2-seat Sta Wgn | 250 | 500 | 750 | 1400 | 2400 | 3400 |
| 3-seat Sta Wgn | 300 | 550 | 800 | 1600 | 2800 | 3900 |
| **Electra 225, 8-cyl., 119" wb** | | | | | | |
| 4-dr Sdn | 250 | 500 | 750 | 1500 | 2600 | 3600 |
| 2-dr Hdtp Cpe | 250 | 500 | 750 | 1400 | 2400 | 3400 |
| **Electra 225 Limited, 8-cyl., 119" wb** | | | | | | |
| 4-dr Sdn | 250 | 500 | 750 | 1500 | 2600 | 3600 |
| 2-dr Hdtp Cpe | 250 | 500 | 750 | 1400 | 2400 | 3400 |
| **Riviera, 8-cyl., 116" wb** | | | | | | |
| 2-dr Hdtp Cpe | 300 | 650 | 1100 | 2100 | 3600 | 5100 |
| | | *Small block option deduct 10%* | | | | |
| **1978** | | | | | | |
| **Skyhawk, 6-cyl., 97" wb** | | | | | | |
| 2-dr 'S' Htchbk | 200 | 450 | 650 | 1300 | 2200 | 3200 |
| 2-dr Htchbk | 200 | 450 | 650 | 1300 | 2200 | 3200 |
| **Skylark, 6-cyl./8-cyl., 111" wb** | | | | | | |
| 'S' Cpe | 200 | 450 | 650 | 1300 | 2200 | 3200 |
| 4-dr Sdn | 250 | 500 | 750 | 1400 | 2400 | 3400 |
| 2-dr Cpe | 250 | 500 | 750 | 1400 | 2400 | 3400 |
| 2-dr Htchbk | 250 | 500 | 750 | 1500 | 2600 | 3600 |
| **Skylark Custom, 6-cyl./8-cyl., 111" wb** | | | | | | |
| 4-dr Sdn | 250 | 500 | 750 | 1400 | 2400 | 3400 |
| 2-dr Cpe | 250 | 500 | 750 | 1500 | 2600 | 3600 |
| 2-dr Htchbk | 300 | 550 | 800 | 1600 | 2800 | 3900 |
| **Century Special, 8-cyl., 108" wb** | | | | | | |
| 4-dr Sdn | 250 | 500 | 750 | 1500 | 2600 | 3600 |
| 2-dr Hdtp Cpe | 300 | 550 | 800 | 1600 | 2800 | 3900 |
| 2-seat Sta Wgn | 250 | 500 | 750 | 1500 | 2600 | 3600 |
| **Century Custom, 6-cyl./8-cyl., 108" wb** | | | | | | |
| 4-dr Sdn | 250 | 500 | 750 | 1500 | 2600 | 3600 |
| Cpe | 300 | 550 | 800 | 1600 | 2800 | 3900 |
| 2-seat Sta Wgn | 250 | 500 | 750 | 1500 | 2600 | 3600 |
| **Century Sport, 6-cyl./8-cyl., 108" wb** | | | | | | |
| 2-dr Cpe | 300 | 600 | 850 | 1700 | 2900 | 4100 |
| **Century Limited, 6-cyl./8-cyl., 108" wb** | | | | | | |
| 4-dr Sdn | 300 | 550 | 800 | 1600 | 2800 | 3900 |
| 2-dr Cpe | 300 | 600 | 850 | 1700 | 2900 | 4100 |
| **Regal, 6-cyl./8-cyl., 108" wb** | | | | | | |
| 2-dr Cpe | 300 | 550 | 800 | 1600 | 2800 | 3900 |
| Spt Cpe | 300 | 600 | 850 | 1700 | 2900 | 4100 |
| **Regal Limited, 6-cyl./8-cyl., 108" wb** | | | | | | |
| Cpe | 300 | 600 | 850 | 1700 | 2900 | 4100 |
| **LeSabre, 6-cyl./8-cyl., 116" wb** | | | | | | |
| 4-dr Sdn | 200 | 450 | 650 | 1300 | 2200 | 3200 |
| 2-dr Cpe | 200 | 450 | 650 | 1300 | 2200 | 3200 |
| 2-dr Spt Cpe | 250 | 500 | 750 | 1400 | 2400 | 3400 |

|  | 6 | 5 | 4 | 3 | 2 | 1 |
|---|---|---|---|---|---|---|
| **LeSabre Custom, 6-cyl./8-cyl., 116" wb** | | | | | | |
| 4-dr Sdn | 200 | 450 | 650 | 1300 | 2200 | 3200 |
| 2-dr Cpe | 200 | 450 | 650 | 1300 | 2200 | 3200 |
| **Estate Wagon, 8-cyl., 116" wb** | | | | | | |
| 2-seat Sta Wgn | 250 | 500 | 750 | 1400 | 2400 | 3400 |
| **Electra 225, 8-cyl., 119" wb** | | | | | | |
| 4-dr Sdn | 250 | 500 | 750 | 1500 | 2600 | 3600 |
| 2-dr Cpe | 250 | 500 | 750 | 1400 | 2400 | 3400 |
| **Electra Limited, 8-cyl., 119" wb** | | | | | | |
| 4-dr Sdn | 250 | 500 | 750 | 1500 | 2600 | 3600 |
| 2-dr Cpe | 250 | 500 | 750 | 1400 | 2400 | 3400 |
| **Electra Park Avenue, 8-cyl., 119" wb** | | | | | | |
| 4-dr Sdn | 300 | 600 | 850 | 1700 | 2900 | 4100 |
| 2-dr Cpe | 250 | 500 | 750 | 1500 | 2600 | 3600 |
| **Riviera, 8-cyl., 116" wb** | | | | | | |
| 2-dr Cpe | 300 | 650 | 1100 | 2100 | 3600 | 5100 |

*Small block option deduct 10%*

### 1979

|  | 6 | 5 | 4 | 3 | 2 | 1 |
|---|---|---|---|---|---|---|
| **Skyhawk, 6-cyl., 97" wb** | | | | | | |
| 2-dr Htchbk | 200 | 450 | 650 | 1300 | 2200 | 3200 |
| 2-dr 'S' Htchbk | 200 | 450 | 650 | 1300 | 2200 | 3200 |
| **Skylark 'S', 6-cyl./8-cyl., 111" wb** | | | | | | |
| 'S' Cpe | 200 | 450 | 650 | 1300 | 2200 | 3200 |
| **Skylark, 6-cyl./8-cyl., 111" wb** | | | | | | |
| 4-dr Sdn | 250 | 500 | 750 | 1400 | 2400 | 3400 |
| 2-dr Cpe | 250 | 500 | 750 | 1400 | 2400 | 3400 |
| 2-dr Htchbk | 250 | 500 | 750 | 1500 | 2600 | 3600 |
| **Skylark Custom, 6-cyl./8-cyl., 111" wb** | | | | | | |
| 4-dr Sdn | 250 | 500 | 750 | 1400 | 2400 | 3400 |
| 2-dr Cpe | 250 | 500 | 750 | 1500 | 2600 | 3600 |
| **Century Special, 6-cyl./8-cyl., 108" wb** | | | | | | |
| 4-dr Sdn | 250 | 500 | 750 | 1500 | 2600 | 3600 |
| 2-dr Cpe | 300 | 550 | 800 | 1600 | 2800 | 3900 |
| 2-seat Sta Wgn | 250 | 500 | 750 | 1500 | 2600 | 3600 |
| **Century Custom, 6-cyl./8-cyl., 108" wb** | | | | | | |
| 4-dr Sdn | 250 | 500 | 750 | 1500 | 2600 | 3600 |
| 2-dr Cpe | 300 | 550 | 800 | 1600 | 2800 | 3900 |
| 2-seat Sta Wgn | 250 | 500 | 750 | 1500 | 2600 | 3600 |
| **Century Sport, 6-cyl./8-cyl., 108" wb** | | | | | | |
| 2-dr Cpe | 300 | 600 | 850 | 1700 | 2900 | 4100 |
| **Century Limited, 6-cyl./8-cyl., 108" wb** | | | | | | |
| 4-dr Sdn | 300 | 600 | 900 | 1800 | 3100 | 4400 |
| **Regal, 6-cyl., 108" wb** | | | | | | |
| 2-dr Cpe | 300 | 550 | 800 | 1600 | 2800 | 3900 |
| **Regal Sport Turbo, 6-cyl., 108" wb** | | | | | | |
| 2-dr Cpe | 300 | 650 | 1000 | 2000 | 3500 | 4900 |
| **Regal, 8-cyl., 108" wb** | | | | | | |
| 2-dr Cpe | 300 | 600 | 850 | 1700 | 2900 | 4100 |
| **Regal Limited, 6-cyl./8-cyl., 108" wb** | | | | | | |
| 2-dr Cpe (V-6) | 300 | 600 | 850 | 1700 | 2900 | 4100 |
| 2-dr Cpe (V-8) | 300 | 600 | 900 | 1800 | 3100 | 4400 |
| **LeSabre, 6-cyl./8-cyl., 116" wb** | | | | | | |
| 4-dr Sdn | 200 | 450 | 650 | 1300 | 2200 | 3200 |
| 2-dr Cpe | 200 | 450 | 650 | 1300 | 2200 | 3200 |
| **LeSabre Limited, 6-cyl./8-cyl., 116" wb** | | | | | | |
| 4-dr Sdn | 200 | 450 | 650 | 1300 | 2200 | 3200 |
| 2-dr Cpe | 200 | 450 | 650 | 1300 | 2200 | 3200 |
| **LeSabre Sport Turbo, 6-cyl., 116" wb** | | | | | | |
| 2-dr Cpe | 300 | 650 | 1000 | 2000 | 3500 | 4900 |

| | 6 | 5 | 4 | 3 | 2 | 1 |
|---|---|---|---|---|---|---|
| **Estate Wagon, 8-cyl., 116" wb** | | | | | | |
| 2-seat Sta Wgn | 250 | 500 | 750 | 1400 | 2400 | 3400 |
| **Electra 225, 8-cyl., 119" wb** | | | | | | |
| 4-dr Sdn | 250 | 500 | 750 | 1500 | 2600 | 3600 |
| 2-dr Cpe | 250 | 500 | 750 | 1400 | 2400 | 3400 |
| **Electra Limited, 8-cyl., 119" wb** | | | | | | |
| 4-dr Sdn | 250 | 500 | 750 | 1500 | 2600 | 3600 |
| 2-dr Cpe | 250 | 500 | 750 | 1400 | 2400 | 3400 |
| **Electra Park Avenue, 8-cyl., 119" wb** | | | | | | |
| 4-dr Sdn | 300 | 600 | 850 | 1700 | 2900 | 4100 |
| 2-dr Cpe | 250 | 500 | 750 | 1500 | 2600 | 3600 |
| **Riviera, 8-cyl., 114" wb** | | | | | | |
| 2-dr 'S' Cpe | 300 | 600 | 850 | 1700 | 2900 | 4100 |
| 2-dr Cpe | 300 | 600 | 850 | 1700 | 2900 | 4100 |

*Small block option deduct 10%*

## 1980

| | 6 | 5 | 4 | 3 | 2 | 1 |
|---|---|---|---|---|---|---|
| **Skyhawk, 6-cyl., 97" wb** | | | | | | |
| 2-dr Htchbk S | 200 | 450 | 650 | 1300 | 2200 | 3200 |
| 2-dr Htchbk | 200 | 450 | 650 | 1300 | 2200 | 3200 |
| **Skylark, 4-cyl./6-cyl., 105" wb** | | | | | | |
| 4-dr Sdn | 200 | 400 | 550 | 1100 | 2000 | 2900 |
| 2-dr Cpe | 200 | 400 | 550 | 1100 | 2000 | 2900 |
| **Skylark Limited, 4-cyl./6-cyl.** | | | | | | |
| 4-dr Sdn Ltd | 200 | 400 | 600 | 1200 | 2100 | 3000 |
| 2-dr Cpe Ltd | 200 | 400 | 600 | 1200 | 2100 | 3000 |
| **Sport Skylark, 4-cyl./6-cyl.** | | | | | | |
| 4-dr Sdn Spt | 200 | 450 | 650 | 1300 | 2200 | 3200 |
| 2-dr Cpe Spt | 200 | 450 | 650 | 1300 | 2200 | 3200 |
| **Century, 6-cyl./8-cyl., 108" wb** | | | | | | |
| 4-dr Sdn | 250 | 500 | 750 | 1500 | 2600 | 3600 |
| 2-dr Cpe | 300 | 550 | 800 | 1600 | 2800 | 3900 |
| 4-dr 2-seat Sta Wgn | 250 | 500 | 750 | 1500 | 2600 | 3600 |
| 4-dr Sta Wgn Estate | 300 | 550 | 800 | 1600 | 2800 | 3900 |
| 2-dr Cpe Spt | 300 | 600 | 850 | 1700 | 2900 | 4100 |
| **Regal, 6-cyl./8-cyl., 108" wb** | | | | | | |
| 2-dr Cpe | 300 | 550 | 800 | 1600 | 2800 | 3900 |
| 2-dr Cpe Ltd | 300 | 600 | 850 | 1700 | 2900 | 4100 |
| **Regal Sport, 6-cyl., 108" wb** | | | | | | |
| 2-dr Turbo Cpe | 300 | 650 | 1000 | 2000 | 3500 | 4900 |
| **LeSabre, 6-cyl./8-cyl., 116" wb** | | | | | | |
| 4-dr Sdn | 200 | 450 | 650 | 1300 | 2200 | 3200 |
| 2-dr Cpe | 200 | 450 | 650 | 1300 | 2200 | 3200 |
| **LeSabre Limited, 6-cyl./8-cyl.** | | | | | | |
| 4-dr Sdn Ltd | 200 | 450 | 650 | 1300 | 2200 | 3200 |
| 2-dr Cpe Ltd | 200 | 450 | 650 | 1300 | 2200 | 3200 |
| 4-dr 2-seat Estate Sta Wgn | 250 | 500 | 750 | 1400 | 2400 | 3400 |
| 3-seat Estate Sta Wgn | 300 | 550 | 800 | 1600 | 2800 | 3900 |
| **LeSabre Sport, 6-cyl., 116" wb** | | | | | | |
| 2-dr Cpe Turbo | 300 | 650 | 1000 | 2000 | 3500 | 4900 |
| **Electra, Limited, 6-cyl./8-cyl.** | | | | | | |
| 4-dr Sdn Ltd | 250 | 500 | 750 | 1500 | 2600 | 3600 |
| 2-dr Cpe Ltd | 250 | 500 | 750 | 1400 | 2400 | 3400 |
| **Electra, Park Avenue, 6-cyl./8-cyl.** | | | | | | |
| 4-dr Sdn | 300 | 600 | 850 | 1700 | 2900 | 4100 |
| 2-dr Cpe | 250 | 500 | 750 | 1500 | 2600 | 3600 |
| **Electra Estate, 8-cyl.** | | | | | | |
| 4-dr 2-seat Estate Sta Wgn | 300 | 550 | 800 | 1600 | 2800 | 3900 |
| 4-dr 3-seat Estate Sta Wgn | 300 | 600 | 900 | 1800 | 3100 | 4400 |
| **Riviera S Turbo, 6-cyl., 114" wb** | | | | | | |
| 2-dr Cpe | 250 | 500 | 750 | 1500 | 2600 | 3600 |

| | 6 | 5 | 4 | 3 | 2 | 1 |
|---|---|---|---|---|---|---|
| **Riviera, 8-cyl., 114" wb** | | | | | | |
| 2-dr Cpe | 300 | 600 | 850 | 1700 | 2900 | 4100 |
| | | *Small block option deduct 10%* | | | | |
| **1981** | | | | | | |
| **Skylark, 4-cyl./6-cyl., 105" wb** | | | | | | |
| 4-dr Sdn | 200 | 400 | 550 | 1100 | 2000 | 2900 |
| 2-dr Cpe | 200 | 400 | 550 | 1100 | 2000 | 2900 |
| **Limited Skylark, 4-cyl./6-cyl., 105" wb** | | | | | | |
| 4-dr Sdn | 200 | 400 | 600 | 1200 | 2100 | 3000 |
| 2-dr Cpe | 200 | 400 | 600 | 1200 | 2100 | 3000 |
| **Skylark Sport, 6-cyl., 105" wb** | | | | | | |
| 4-dr Sdn Spt | 200 | 450 | 650 | 1300 | 2200 | 3200 |
| 2-dr Cpe Spt | 200 | 450 | 650 | 1300 | 2200 | 3200 |
| **Century, 6-cyl./8-cyl., 108" wb** | | | | | | |
| 4-dr Sdn | 250 | 500 | 750 | 1500 | 2600 | 3600 |
| 4-dr Sdn Ltd | 250 | 500 | 750 | 1500 | 2600 | 3600 |
| 2-seat Sta Wgn | 250 | 500 | 750 | 1500 | 2600 | 3600 |
| 4-dr Estate Sta Wgn | 300 | 550 | 800 | 1600 | 2800 | 3900 |
| **Regal, 6-cyl./8-cyl., 108" wb** | | | | | | |
| 2-dr Cpe | 300 | 550 | 800 | 1600 | 2800 | 3900 |
| 2-dr Cpe Ltd | 300 | 600 | 850 | 1700 | 2900 | 4100 |
| **Regal Sport Turbo, 6-cyl., 108" wb** | | | | | | |
| 2-dr Cpe Turbo | 300 | 650 | 1000 | 2000 | 3500 | 4900 |
| **LeSabre, 6-cyl./8-cyl.** | | | | | | |
| 4-dr Sdn Ltd | 200 | 450 | 650 | 1300 | 2200 | 3200 |
| 2-dr Cpe Ltd | 200 | 450 | 650 | 1300 | 2200 | 3200 |
| 4-dr 2-seat Estate Sta Wgn | 250 | 500 | 750 | 1400 | 2400 | 3400 |
| 2-dr Cpe | 200 | 450 | 650 | 1300 | 2200 | 3200 |
| 4-dr Sdn | 200 | 450 | 650 | 1300 | 2200 | 3200 |
| **Electra, Limited, 6-cyl./8-cyl., 119" wb, Wgn 116" wb** | | | | | | |
| 4-dr Sdn | 250 | 500 | 750 | 1500 | 2600 | 3600 |
| 2-dr Cpe Ltd | 250 | 500 | 750 | 1400 | 2400 | 3400 |
| **Park Avenue** | | | | | | |
| 4-dr Sdn | 300 | 600 | 850 | 1700 | 2900 | 4100 |
| 2-dr Cpe | 250 | 500 | 750 | 1500 | 2600 | 3600 |
| 4-dr 2-seat Estate Sta Wgn | 300 | 550 | 800 | 1600 | 2800 | 3900 |
| **Riviera, 8-cyl., 114" wb** | | | | | | |
| 2-dr Cpe | 300 | 600 | 850 | 1700 | 2900 | 4100 |
| **Riviera, 6-cyl., 114" wb** | | | | | | |
| 2-dr Cpe | 250 | 500 | 750 | 1500 | 2600 | 3600 |
| 2-dr Cpe Turbo T Type | 250 | 500 | 750 | 1400 | 2400 | 3400 |
| | | *Small block option deduct 10%* | | | | |
| **1982** | | | | | | |
| **Skyhawk Limited, 4-cyl., 101" wb** | | | | | | |
| 4-dr Sdn Ltd | 200 | 400 | 550 | 1100 | 2000 | 2900 |
| 2-dr Cpe Ltd | 200 | 400 | 550 | 1100 | 2000 | 2900 |
| **Custom Skyhawk, 4-cyl., 101" wb** | | | | | | |
| 4-dr Sdn | 200 | 350 | 500 | 1000 | 1900 | 2700 |
| 2-dr Cpe | 200 | 350 | 500 | 1000 | 1900 | 2700 |
| **Skylark, 4-cyl./6-cyl.** | | | | | | |
| 4-dr Sdn | 200 | 400 | 550 | 1100 | 2000 | 2900 |
| 2-dr Cpe | 200 | 400 | 550 | 1100 | 2000 | 2900 |
| **Limited Skylark, 4-cyl./6-cyl.** | | | | | | |
| 4-dr Sdn | 200 | 400 | 600 | 1200 | 2100 | 3000 |
| 2-dr Cpe | 200 | 400 | 600 | 1200 | 2100 | 3000 |
| **Sport Skylark, 4-cyl./6-cyl., 105" wb** | | | | | | |
| 4-dr Sdn Spt | 200 | 450 | 650 | 1300 | 2200 | 3200 |
| 2-dr Cpe Spt | 200 | 450 | 650 | 1300 | 2200 | 3200 |
| **Regal, 6-cyl., 108" wb** | | | | | | |
| 4-dr Sdn | 250 | 500 | 750 | 1400 | 2400 | 3400 |
| 2-dr Cpe | 300 | 600 | 850 | 1700 | 2900 | 4100 |
| 2-dr Spt Cpe Turbo | 300 | 650 | 1100 | 2100 | 3600 | 5100 |

| | 6 | 5 | 4 | 3 | 2 | 1 |
|---|---|---|---|---|---|---|
| **Regal Limited, 6-cyl.** | | | | | | |
| 4-dr Sdn Ltd | 250 | 500 | 750 | 1500 | 2600 | 3600 |
| 2-dr Cpe Ltd | 300 | 600 | 900 | 1800 | 3100 | 4400 |
| 4-dr Estate Sta Wgn | 250 | 500 | 750 | 1500 | 2600 | 3600 |
| **Century Custom, 4-cyl./6-cyl.** | | | | | | |
| 4-dr Sdn | 250 | 500 | 750 | 1500 | 2600 | 3600 |
| 2-dr Cpe | 250 | 500 | 750 | 1500 | 2600 | 3600 |
| **Century Limited, 4-cyl./6-cyl., 105" wb** | | | | | | |
| 4-dr Sdn Ltd | 250 | 500 | 750 | 1500 | 2600 | 3600 |
| 2-dr Cpe Ltd | 250 | 500 | 750 | 1500 | 2600 | 3600 |
| **LeSabre Limited, 8-cyl., 116" wb** | | | | | | |
| 4-dr Sdn | 200 | 450 | 650 | 1300 | 2200 | 3200 |
| 2-dr Cpe | 200 | 450 | 650 | 1300 | 2200 | 3200 |
| 4-dr 2-seat Estate Sta Wgn | 250 | 500 | 750 | 1400 | 2400 | 3400 |
| **LeSabre Custom, 6-cyl./8-cyl.** | | | | | | |
| 4-dr Sdn | 200 | 450 | 650 | 1300 | 2200 | 3200 |
| 2-dr Cpe | 200 | 450 | 650 | 1300 | 2200 | 3200 |
| **Electra, Limited, 6-cyl./8-cyl., 119" wb, Wgn 116" wb** | | | | | | |
| 4-dr Sdn Ltd | 250 | 500 | 750 | 1500 | 2600 | 3600 |
| 2-dr Cpe Ltd | 250 | 500 | 750 | 1400 | 2400 | 3400 |
| **Park Avenue** | | | | | | |
| 4-dr Sdn | 300 | 600 | 850 | 1700 | 2900 | 4100 |
| 2-dr Cpe | 250 | 500 | 750 | 1500 | 2600 | 3600 |
| **Electra Estate Wagon, 8-cyl.** | | | | | | |
| 4-dr 2-seat Sta Wgn | 300 | 550 | 800 | 1600 | 2800 | 3900 |
| **Riviera, 6-cyl., 114" wb** | | | | | | |
| 2-dr Cpe | 250 | 500 | 750 | 1500 | 2600 | 3600 |
| 2-dr Cpe T Type | 250 | 500 | 750 | 1400 | 2400 | 3400 |
| 2-dr Conv | 650 | 1750 | 3100 | 6200 | 10700 | 15400 |
| **Riviera, 8-cyl., 114" wb** | | | | | | |
| 2-dr Cpe | 300 | 600 | 850 | 1700 | 2900 | 4100 |
| 2-dr Conv | 650 | 1800 | 3200 | 6400 | 11000 | 15900 |
| | | *Small block option deduct 10%* | | | | |
| **1983** | | | | | | |
| **Skyhawk Limited, 4-cyl., 101" wb** | | | | | | |
| 4-dr Sdn | 200 | 400 | 550 | 1100 | 2000 | 2900 |
| 2-dr Cpe Ltd | 200 | 400 | 550 | 1100 | 2000 | 2900 |
| 4-dr Sta Wgn | 200 | 400 | 550 | 1100 | 2000 | 2900 |
| 2-dr Cpe T Type | 200 | 400 | 550 | 1100 | 2000 | 2900 |
| **Skyhawk Custom, 4-cyl.** | | | | | | |
| 4-dr Sdn | 200 | 350 | 500 | 1000 | 1900 | 2700 |
| 2-dr Cpe | 200 | 350 | 500 | 1000 | 1900 | 2700 |
| 4-dr Sta Wgn | 200 | 350 | 500 | 1000 | 1900 | 2700 |
| **Skylark Custom, 4-cyl./6-cyl.** | | | | | | |
| 4-dr Sdn | 200 | 400 | 550 | 1100 | 2000 | 2900 |
| 2-dr Cpe | 200 | 400 | 550 | 1100 | 2000 | 2900 |
| **Skylark Limited, 6-cyl., 105" wb** | | | | | | |
| 4-dr Sdn Ltd | 200 | 400 | 600 | 1200 | 2100 | 3000 |
| 2-dr Cpe Ltd | 200 | 400 | 600 | 1200 | 2100 | 3000 |
| 2-dr Cpe T Type | 250 | 500 | 750 | 1400 | 2400 | 3400 |
| **Century Custom, 4-cyl./6-cyl.** | | | | | | |
| 4-dr Sdn | 300 | 550 | 800 | 1600 | 2800 | 3900 |
| 2-dr Cpe | 300 | 550 | 800 | 1600 | 2800 | 3900 |
| **Century Limited, 4-cyl./6-cyl.** | | | | | | |
| 4-dr Sdn | 300 | 550 | 800 | 1600 | 2800 | 3900 |
| 2-dr Cpe | 300 | 550 | 800 | 1600 | 2800 | 3900 |
| **Century T-Type, 6-cyl., 105" wb** | | | | | | |
| 4-dr Sdn | 300 | 550 | 800 | 1600 | 2800 | 3900 |
| 2-dr Cpe | 300 | 550 | 800 | 1600 | 2800 | 3900 |

'80 Buick Park Avenue

'80 Buick Regal

'80 Buick Century Wagon

'81 Buick Riviera

'81 Buick Skylark Sport

'81 Buick Century

'82 Buick Electra

'82 Buick Skyhawk

'82 Buick Regal Wagon

'89 Buick Regal Limited

| | 6 | 5 | 4 | 3 | 2 | 1 |
|---|---|---|---|---|---|---|
| **Regal, 6-cyl.** | | | | | | |
| 2-dr Cpe | 300 | 600 | 850 | 1700 | 2900 | 4100 |
| 4-dr Sdn | 250 | 500 | 750 | 1400 | 2400 | 3400 |
| 4-dr Estate Sta Wgn | 250 | 500 | 750 | 1400 | 2400 | 3400 |
| **Limited Regal, 6-cyl.** | | | | | | |
| 2-dr Cpe | 300 | 600 | 900 | 1800 | 3100 | 4400 |
| 4-dr Sdn | 250 | 500 | 750 | 1500 | 2600 | 3600 |
| **T-Type Regal, 6-cyl., 108" wb** | | | | | | |
| 2-dr Cpe Turbo | 300 | 650 | 1100 | 2200 | 3800 | 5400 |
| **LeSabre Limited, 6-cyl./8-cyl., 116" wb** | | | | | | |
| 4-dr Sdn | 200 | 450 | 650 | 1300 | 2200 | 3200 |
| 2-dr Cpe | 200 | 450 | 650 | 1300 | 2200 | 3200 |
| 4-dr 2-seat Estate Sta Wgn | 250 | 500 | 750 | 1400 | 2400 | 3400 |
| **Custom LeSabre** | | | | | | |
| 4-dr Sdn | 200 | 450 | 650 | 1300 | 2200 | 3200 |
| 2-dr Cpe | 200 | 450 | 650 | 1300 | 2200 | 3200 |
| **Electra Limited, 6-cyl./8-cyl., 119" wb, Wgn 116" wb** | | | | | | |
| 4-dr Sdn | 250 | 500 | 750 | 1500 | 2600 | 3600 |
| 2-dr Cpe | 250 | 500 | 750 | 1400 | 2400 | 3400 |
| **Electra Park Avenue, 6-cyl./8-cyl.** | | | | | | |
| 4-dr Sdn | 300 | 600 | 850 | 1700 | 2900 | 4100 |
| 2-dr Cpe | 250 | 500 | 750 | 1500 | 2600 | 3600 |
| **Electra Estate Wagon, 8-cyl.** | | | | | | |
| 4-dr 2-seat Sta Wgn | 300 | 550 | 800 | 1600 | 2800 | 3900 |
| **Riviera, 6-cyl., 114" wb** | | | | | | |
| 2-dr Cpe | 250 | 500 | 750 | 1500 | 2600 | 3600 |
| 2-dr Conv | 700 | 1900 | 3350 | 6700 | 11500 | 16500 |
| 2-dr T Type Turbo | 250 | 500 | 750 | 1400 | 2400 | 3400 |
| **Riviera, 8-cyl.** | | | | | | |
| 2-dr Cpe | 300 | 600 | 850 | 1700 | 2900 | 4100 |
| 2-dr Conv | 700 | 2000 | 3450 | 6900 | 11900 | 17200 |
| *Small block option deduct 10%* | | | | | | |
| **1984** | | | | | | |
| **Skyhawk Custom** | | | | | | |
| 4-dr Sdn | 200 | 350 | 450 | 1000 | 1800 | 2600 |
| 2-dr Cpe | 200 | 350 | 450 | 1000 | 1800 | 2600 |
| 4-dr Sta Wgn | 200 | 350 | 450 | 1000 | 1800 | 2600 |
| **Skyhawk Limited, 4-cyl., 101" wb** | | | | | | |
| 4-dr Sdn | 200 | 400 | 550 | 1100 | 2000 | 2900 |
| 2-dr Sdn | 200 | 400 | 550 | 1100 | 2000 | 2900 |
| 4-dr Sta Wgn | 200 | 400 | 550 | 1100 | 2000 | 2900 |
| **Skyhawk T Type, 4-cyl., 101" wb** | | | | | | |
| 2-dr Sdn | 200 | 400 | 550 | 1100 | 2000 | 2900 |
| **Skylark Custom, 4-cyl./6-cyl.** | | | | | | |
| 4-dr Sdn | 200 | 400 | 550 | 1100 | 2000 | 2900 |
| 2-dr Cpe | 200 | 400 | 550 | 1100 | 2000 | 2900 |
| **Skylark Limited, 4-cyl./6-cyl., 105" wb** | | | | | | |
| 4-dr Sdn | 200 | 400 | 600 | 1200 | 2100 | 3000 |
| 2-dr Cpe | 200 | 400 | 600 | 1200 | 2100 | 3000 |
| **Skylark T Type, 6-cyl., 105" wb** | | | | | | |
| 2-dr Sdn | 250 | 500 | 750 | 1400 | 2400 | 3400 |
| **Century Custom, 4-cyl./6-cyl.** | | | | | | |
| 4-dr Sdn | 300 | 600 | 850 | 1700 | 2900 | 4100 |
| 2-dr Cpe | 300 | 600 | 850 | 1700 | 2900 | 4100 |
| 4-dr Sta Wgn | 300 | 600 | 850 | 1700 | 2900 | 4100 |
| **Century Limited, 4-cyl./6-cyl., 105" wb** | | | | | | |
| 4-dr Sdn | 300 | 600 | 850 | 1700 | 2900 | 4100 |
| 2-dr Sdn | 300 | 600 | 850 | 1700 | 2900 | 4100 |
| 4-dr Sta Wgn Estate | 300 | 600 | 850 | 1700 | 2900 | 4100 |

| | 6 | 5 | 4 | 3 | 2 | 1 |
|---|---|---|---|---|---|---|
| **Century T Type, 6-cyl., 105" wb** | | | | | | |
| 4-dr Sdn | 300 | 600 | 850 | 1700 | 2900 | 4100 |
| 2-dr Cpe | 300 | 600 | 850 | 1700 | 2900 | 4100 |
| **Regal, 6-cyl., 108" wb** | | | | | | |
| 4-dr Sdn | 250 | 500 | 750 | 1500 | 2600 | 3600 |
| 2-dr Cpe | 300 | 600 | 900 | 1800 | 3100 | 4400 |
| 2-dr Grand National | 800 | 2500 | 4200 | 8400 | 14800 | 20900 |
| **Regal Limited, 6-cyl., 108" wb** | | | | | | |
| 4-dr Sdn | 300 | 550 | 800 | 1600 | 2800 | 3900 |
| 2-dr Sdn | 300 | 600 | 950 | 1900 | 3200 | 4600 |
| **Regal T Type, 6-cyl., 108" wb** | | | | | | |
| 2-dr Cpe Turbo | 300 | 700 | 1200 | 2400 | 4100 | 5900 |
| **LeSabre Custom, 6-cyl./8-cyl., 116" wb** | | | | | | |
| 4-dr Sdn | 200 | 450 | 650 | 1300 | 2200 | 3200 |
| 2-dr Cpe | 200 | 450 | 650 | 1300 | 2200 | 3200 |
| **LeSabre Limited, 6-cyl./8-cyl., 116" wb** | | | | | | |
| 4-dr Sdn | 200 | 450 | 650 | 1300 | 2200 | 3200 |
| 2-dr Sdn | 200 | 450 | 650 | 1300 | 2200 | 3200 |
| **Electra Limited, 6-cyl./8-cyl., 119" wb, Wgn 116" wb** | | | | | | |
| 4-dr Sdn | 250 | 500 | 750 | 1500 | 2600 | 3600 |
| 2-dr Cpe | 250 | 500 | 750 | 1400 | 2400 | 3400 |
| **Electra Estate Wagon, 8-cyl.** | | | | | | |
| 4-dr 2-seat Wgn | 300 | 600 | 850 | 1700 | 2900 | 4100 |
| **Electra Park Avenue, 6-cyl./8-cyl., 119" wb** | | | | | | |
| 4-dr Sdn | 300 | 600 | 850 | 1700 | 2900 | 4100 |
| 2-dr Sdn | 250 | 500 | 750 | 1500 | 2600 | 3600 |
| **Riviera, 6-cyl., 114" wb** | | | | | | |
| 2-dr Cpe | 300 | 550 | 800 | 1600 | 2800 | 3900 |
| 2-dr Conv | 750 | 2250 | 3750 | 7500 | 13000 | 18700 |
| **Riviera, 8-cyl., 114" wb** | | | | | | |
| 2-dr Cpe | 300 | 600 | 900 | 1800 | 3100 | 4400 |
| 2-dr Conv | 800 | 2350 | 3900 | 7800 | 13500 | 19500 |
| **Riviera T Type, 6-cyl. Turbo, 114" wb** | | | | | | |
| 2-dr Cpe | 250 | 500 | 750 | 1500 | 2600 | 3600 |
| | | *Small block option deduct 10%* | | | | |
| **1985** | | | | | | |
| **Skyhawk Limited, 4-cyl., 101" wb** | | | | | | |
| 4-dr Sdn | 200 | 400 | 600 | 1200 | 2100 | 3000 |
| 2-dr | 200 | 400 | 600 | 1200 | 2100 | 3000 |
| 4-dr Sta Wgn | 200 | 400 | 600 | 1200 | 2100 | 3000 |
| 2-dr T Type Cpe | 200 | 400 | 600 | 1200 | 2100 | 3000 |
| **Skyhawk Custom, 4-cyl.** | | | | | | |
| 4-dr Sdn | 200 | 400 | 550 | 1100 | 2000 | 2900 |
| 2-dr Cpe | 200 | 400 | 550 | 1100 | 2000 | 2900 |
| 4-dr Sta Wgn | 200 | 400 | 550 | 1100 | 2000 | 2900 |
| **Skylark, 4-cyl./6-cyl., 105" wb** | | | | | | |
| 4-dr Cus Sdn | 200 | 400 | 600 | 1200 | 2100 | 3000 |
| 4-dr Sdn Ltd | 200 | 450 | 650 | 1300 | 2200 | 3200 |
| **Century Custom, 4-cyl./6-cyl.** | | | | | | |
| 4-dr Sdn | 300 | 600 | 900 | 1800 | 3100 | 4400 |
| 2-dr Cpe | 300 | 600 | 900 | 1800 | 3100 | 4400 |
| 4-dr Sta Wgn | 300 | 600 | 900 | 1800 | 3100 | 4400 |
| **Limited Century, 4-cyl./6-cyl., 105" wb** | | | | | | |
| 4-dr Sdn | 300 | 600 | 900 | 1800 | 3100 | 4400 |
| 2-dr Cpe | 300 | 600 | 900 | 1800 | 3100 | 4400 |
| **Century Estate Wagon, 6-cyl.** | | | | | | |
| 4-dr Sta Wgn | 300 | 600 | 950 | 1900 | 3200 | 4600 |
| **Century T-Type, 6-cyl.** | | | | | | |
| 4-dr Sdn | 300 | 600 | 900 | 1800 | 3100 | 4400 |
| 2-dr Cpe | 300 | 600 | 900 | 1800 | 3100 | 4400 |

| | 6 | 5 | 4 | 3 | 2 | 1 |
|---|---|---|---|---|---|---|
| **Somerset Regal, 4-cyl./6-cyl., 103" wb** | | | | | | |
| 2-dr Cus Cpe | 300 | 550 | 800 | 1600 | 2800 | 3900 |
| 2-dr Ltd Cpe | 300 | 600 | 850 | 1700 | 2900 | 4100 |
| **Regal, 6-cyl., 108" wb** | | | | | | |
| 2-dr Cpe | 300 | 600 | 950 | 1900 | 3200 | 4600 |
| 2-dr Ltd | 300 | 650 | 1000 | 2000 | 3500 | 4900 |
| 2-dr T Type Turbo Cpe | 300 | 800 | 1350 | 2700 | 4700 | 6900 |
| 2-dr Grand National Cpe | 850 | 2600 | 4400 | 8800 | 15500 | 21900 |
| **LeSabre Limited, 6-cyl./8-cyl., 116" wb** | | | | | | |
| 4-dr Sdn | 250 | 500 | 750 | 1400 | 2400 | 3400 |
| 2-dr Ltd | 250 | 500 | 750 | 1400 | 2400 | 3400 |
| 4-dr Sta Wgn Estate | 300 | 600 | 900 | 1800 | 3100 | 4400 |
| **LeSabre Custom, 6-cyl./8-cyl.** | | | | | | |
| 4-dr Sdn | 250 | 500 | 750 | 1400 | 2400 | 3400 |
| 2-dr Cpe | 250 | 500 | 750 | 1400 | 2400 | 3400 |
| **Electra, 6-cyl., 111" wb, Wgn 116" wb** | | | | | | |
| 4-dr Sdn | 300 | 550 | 800 | 1600 | 2800 | 3900 |
| 2-dr Sdn | 250 | 500 | 750 | 1500 | 2600 | 3600 |
| 4-dr 2-seat Sta Wgn | 300 | 600 | 950 | 1900 | 3200 | 4600 |
| **Electra Park Avenue, 6-cyl./8-cyl., 111" wb, 116" wb** | | | | | | |
| 4-dr Sdn | 300 | 600 | 900 | 1800 | 3100 | 4400 |
| 2-dr Sdn | 300 | 550 | 800 | 1600 | 2800 | 3900 |
| **Electra T Type, 6-cyl., 111" wb, 116" wb** | | | | | | |
| 4-dr Sdn Turbo | 300 | 600 | 850 | 1700 | 2900 | 4100 |
| 2-dr Turbo Cpe | 300 | 550 | 800 | 1600 | 2800 | 3900 |
| **Riviera T Type, 6-cyl., 114" wb** | | | | | | |
| 2-dr Turbo | 250 | 500 | 750 | 1500 | 2600 | 3600 |
| **Riviera, 8-cyl., 114" wb** | | | | | | |
| 2-dr | 300 | 600 | 950 | 1900 | 3200 | 4600 |
| Conv | 850 | 2550 | 4300 | 8600 | 15100 | 21500 |
| | | *Diesel deduct 20%* | | *Small block option deduct 10%* | | |
| **1986** | | | | | | |
| **Skylark, 4-cyl./6-cyl., 103" wb** | | | | | | |
| 4-dr Sed Custom | 300 | 600 | 850 | 1700 | 2900 | 4100 |
| 4-dr Sdn Ltd | 300 | 600 | 900 | 1800 | 3100 | 4400 |
| **Somerset, 4-cyl./6-cyl., 103" wb** | | | | | | |
| 2-dr Cpe Ltd | 300 | 600 | 900 | 1800 | 3100 | 4400 |
| 2-dr Custom Cpe | 300 | 600 | 850 | 1700 | 2900 | 4100 |
| 2-dr Cpe T-Type | 300 | 650 | 1100 | 2100 | 3600 | 5100 |
| **Skyhawk, 4-cyl., 101" wb** | | | | | | |
| T-Type Cpe | 200 | 450 | 650 | 1300 | 2200 | 3200 |
| T-Type Htchbk | 200 | 450 | 650 | 1300 | 2200 | 3200 |
| 3-dr Spt Htchbk | 200 | 400 | 600 | 1200 | 2100 | 3000 |
| **Skyhawk Limited, 4-cyl., 101" wb** | | | | | | |
| 4-dr Sdn | 200 | 450 | 650 | 1300 | 2200 | 3200 |
| 2-dr Cpe | 200 | 450 | 650 | 1300 | 2200 | 3200 |
| 4-dr Sta Wgn | 200 | 450 | 650 | 1300 | 2200 | 3200 |
| **Skyhawk Custom, 4-cyl., 101" wb** | | | | | | |
| 4-dr Sdn | 200 | 400 | 600 | 1200 | 2100 | 3000 |
| 2-dr Cpe | 200 | 400 | 600 | 1200 | 2100 | 3000 |
| 4-dr Sta Wgn | 200 | 400 | 600 | 1200 | 2100 | 3000 |
| **Century Custom, 4-cyl./6-cyl., 105" wb** | | | | | | |
| 2-dr Cpe | 300 | 650 | 1100 | 2100 | 3600 | 5100 |
| 4-dr Sdn | 300 | 650 | 1100 | 2100 | 3600 | 5100 |
| 4-dr Sta Wgn | 300 | 650 | 1100 | 2100 | 3600 | 5100 |
| **Century Limited, 4-cyl./6-cyl., 105" wb** | | | | | | |
| 2-dr Cpe | 300 | 650 | 1100 | 2100 | 3600 | 5100 |
| 4-dr Sdn | 300 | 650 | 1100 | 2100 | 3600 | 5100 |
| **Century Estate Wagon, 6-cyl.** | | | | | | |
| 4-dr Sta Wgn | 300 | 650 | 1100 | 2200 | 3800 | 5400 |

|  | 6 | 5 | 4 | 3 | 2 | 1 |
|---|---|---|---|---|---|---|
| **Century T-Type, 6-cyl.** | | | | | | |
| 4-dr Sdn T-Type | 300 | 650 | 1100 | 2100 | 3600 | 5100 |
| **Regal, 6-cyl./8-cyl., 108" wb** | | | | | | |
| 2-dr Cpe | 300 | 650 | 1100 | 2200 | 3800 | 5400 |
| 2-dr Cpe Ltd | 300 | 650 | 1150 | 2300 | 3900 | 5700 |
| **Regal T-Type Turbo, 6-cyl.** | | | | | | |
| 2-dr Cpe | 350 | 950 | 1550 | 3100 | 5500 | 7900 |
| 2-dr Grand National | 900 | 2750 | 4600 | 9200 | 16200 | 22900 |
| **LeSabre Custom, 111" wb, Wgn 116" wb** | | | | | | |
| 2-dr Cpe | 300 | 600 | 850 | 1700 | 2900 | 4100 |
| 4-dr Sdn | 300 | 600 | 950 | 1900 | 3200 | 4600 |
| **LeSabre Limited, 6-cyl., 111" wb, Wgn 116" wb** | | | | | | |
| 2-dr Cpe | 300 | 600 | 900 | 1800 | 3100 | 4400 |
| 4-dr Sdn | 300 | 650 | 1000 | 2000 | 3500 | 4900 |
| 4-dr Sta Wgn Estate (V-8) | 300 | 650 | 1000 | 2000 | 3500 | 4900 |
| **Electra, 111" wb, 116" wb** | | | | | | |
| 2-dr Cpe | 300 | 600 | 900 | 1800 | 3100 | 4400 |
| 4-dr Sdn | 300 | 600 | 950 | 1900 | 3200 | 4600 |
| **Electra Park Avenue, 111" wb, 116" wb** | | | | | | |
| 2-dr Cpe | 300 | 600 | 950 | 1900 | 3200 | 4600 |
| 4-dr Sdn | 300 | 650 | 1100 | 2200 | 3800 | 5400 |
| 4-dr Sdn T Type | 300 | 650 | 1000 | 2000 | 3500 | 4900 |
| **Electra Estate Wagon, 6-cyl.** | | | | | | |
| 4-dr Sta Wgn | 300 | 650 | 1150 | 2300 | 3900 | 5700 |
| **Riviera, 6-cyl., 108" wb** | | | | | | |
| 2-dr Cpe | 300 | 800 | 1300 | 2600 | 4600 | 6600 |
| 2-dr Cpe T-Type | 300 | 800 | 1350 | 2700 | 4700 | 6900 |

*Small block option deduct 10%*

### 1987

| **Custom Skyhawk, 4-cyl., 101" wb** | | | | | | |
|---|---|---|---|---|---|---|
| 4-dr Sdn | 250 | 500 | 750 | 1400 | 2400 | 3400 |
| 2-dr Cpe | 250 | 500 | 750 | 1400 | 2400 | 3400 |
| 4-dr Sta Wgn | 250 | 500 | 750 | 1400 | 2400 | 3400 |
| 3-dr Spt Htchbk | 250 | 500 | 750 | 1400 | 2400 | 3400 |
| **Limited Skyhawk, 4-cyl.** | | | | | | |
| 4-dr Sdn | 250 | 500 | 750 | 1500 | 2600 | 3600 |
| 2-dr Cpe | 250 | 500 | 750 | 1500 | 2600 | 3600 |
| 4-dr Sta Wgn | 250 | 500 | 750 | 1500 | 2600 | 3600 |
| **Somerset, 4-cyl./6-cyl., 103" wb** | | | | | | |
| 2-dr Cus Cpe | 300 | 650 | 1000 | 2000 | 3500 | 4900 |
| 2-dr Cpe Ltd | 300 | 650 | 1100 | 2100 | 3600 | 5100 |
| **Skylark, 4-cyl./6-cyl., 103" wb** | | | | | | |
| 4-dr Cus Sdn | 300 | 650 | 1100 | 2100 | 3600 | 5100 |
| 4-dr Sdn Ltd | 300 | 650 | 1100 | 2200 | 3800 | 5400 |
| **Custom Century, 4-cyl./6-cyl., 105" wb** | | | | | | |
| 4-dr Sdn | 300 | 650 | 1100 | 2200 | 3800 | 5400 |
| 2-dr Cpe | 300 | 650 | 1100 | 2100 | 3600 | 5100 |
| 4-dr Sta Wgn | 300 | 650 | 1100 | 2200 | 3800 | 5400 |
| **Limited Century, 4-cyl./6-cyl.** | | | | | | |
| 4-dr Sdn | 300 | 650 | 1150 | 2300 | 3900 | 5700 |
| 2-dr Cpe | 300 | 650 | 1100 | 2200 | 3800 | 5400 |
| 4-dr Sta Wgn Estate | 300 | 650 | 1150 | 2300 | 3900 | 5700 |
| **Regal, 6-cyl., 108" wb** | | | | | | |
| 2-dr Cpe | 300 | 750 | 1250 | 2500 | 4400 | 6200 |
| 2-dr Cpe Ltd | 300 | 800 | 1300 | 2600 | 4600 | 6600 |
| 2-dr Cpe Turbo T-Type | 450 | 1250 | 2150 | 4300 | 7400 | 10700 |
| 2-dr Cpe Grand Nat'l | 950 | 2950 | 4950 | 9900 | 17500 | 24700 |
| 2-dr Cpe GNX | 1600 | 4750 | 7950 | 15900 | 28000 | 39700 |
| **Regal, 8-cyl., 108" wb** | | | | | | |
| 2-dr Cpe | 300 | 800 | 1350 | 2700 | 4700 | 6900 |
| 2-dr Cpe Ltd | 350 | 900 | 1500 | 2900 | 5200 | 7400 |

| | 6 | 5 | 4 | 3 | 2 | 1 |
|---|---|---|---|---|---|---|
| **Custom LeSabre, 6-cyl., 111" wb** | | | | | | |
| 4-dr Sdn | 300 | 650 | 1000 | 2000 | 3500 | 4900 |
| 4-dr Sdn | 300 | 650 | 1100 | 2200 | 3800 | 5400 |
| 2-dr Cpe | 300 | 650 | 1000 | 2000 | 3500 | 4900 |
| 2-dr Cpe T-Type | 300 | 650 | 1100 | 2100 | 3600 | 5100 |
| **Limited LeSabre, 6-cyl., 111" wb** | | | | | | |
| 4-dr Sdn | 300 | 650 | 1150 | 2300 | 3900 | 5700 |
| 2-dr Cpe | 300 | 650 | 1100 | 2100 | 3600 | 5100 |
| **LeSabre, 8-cyl., 116" wb** | | | | | | |
| 4-dr Sta Wgn | 300 | 650 | 1100 | 2200 | 3800 | 5400 |
| **Limited Electra, 6-cyl., 111" wb** | | | | | | |
| 4-dr Sdn | 300 | 650 | 1100 | 2200 | 3800 | 5400 |
| **Limited Park Avenue** | | | | | | |
| 4-dr Sdn | 300 | 800 | 1300 | 2600 | 4600 | 6600 |
| 2-dr Cpe | 300 | 650 | 1100 | 2200 | 3800 | 5400 |
| 4-dr Sdn T-Type | 300 | 700 | 1200 | 2400 | 4100 | 5900 |
| **Electra, 8-cyl., 116" wb** | | | | | | |
| 4-dr Sta Wgn Estate | 300 | 800 | 1300 | 2600 | 4600 | 6600 |
| **Riviera, 6-cyl., 108" wb** | | | | | | |
| 2-dr Cpe | 350 | 900 | 1500 | 2900 | 5200 | 7400 |
| 2-dr Cpe T-Type | 350 | 900 | 1500 | 3000 | 5300 | 7600 |
| | | *Small block option deduct 10%* | | | | |
| **1988** | | | | | | |
| **Skyhawk, L-4** | | | | | | |
| 4-dr Sdn | 300 | 550 | 800 | 1600 | 2800 | 3900 |
| 2-dr Cpe | 300 | 550 | 800 | 1600 | 2800 | 3900 |
| 2-dr S/E Cpe | 300 | 600 | 850 | 1700 | 2900 | 4100 |
| 4-dr Sta Wgn | 300 | 550 | 800 | 1600 | 2800 | 3900 |
| **Skylark Custom, L-4** | | | | | | |
| 2-dr Cpe | 300 | 650 | 1150 | 2300 | 3900 | 5700 |
| 4-dr Sdn | 300 | 650 | 1150 | 2300 | 3900 | 5700 |
| **Skylark Limited, L-4** | | | | | | |
| 2-dr Cpe | 300 | 700 | 1200 | 2400 | 4100 | 5900 |
| 4-dr Sdn | 300 | 700 | 1200 | 2400 | 4100 | 5900 |
| **Skylark Custom, 6-cyl.** | | | | | | |
| 2-dr Cpe | 300 | 750 | 1250 | 2500 | 4400 | 6200 |
| 4-dr Sdn | 300 | 750 | 1250 | 2500 | 4400 | 6200 |
| **Skylark Limited, 6-cyl.** | | | | | | |
| 2-dr Cpe | 300 | 800 | 1300 | 2600 | 4600 | 6600 |
| 4-dr Sdn | 300 | 800 | 1300 | 2600 | 4600 | 6600 |
| **Century Custom, 4-cyl./6-cyl.** | | | | | | |
| 4-dr Sdn | 300 | 800 | 1300 | 2600 | 4600 | 6600 |
| 2-dr Cpe | 300 | 750 | 1250 | 2500 | 4400 | 6200 |
| 4-dr Sta Wgn | 300 | 800 | 1350 | 2700 | 4700 | 6900 |
| **Century Limited, 4-cyl./6-cyl.** | | | | | | |
| 4-dr Sdn | 300 | 800 | 1350 | 2700 | 4700 | 6900 |
| 2-dr Cpe | 300 | 800 | 1300 | 2600 | 4600 | 6600 |
| 4-dr Estate Wgn | 300 | 800 | 1350 | 2700 | 4700 | 6900 |
| **Regal Custom, 6-cyl.** | | | | | | |
| 2-dr Cpe | 300 | 800 | 1300 | 2600 | 4600 | 6600 |
| **Regal Limited, 6-cyl.** | | | | | | |
| 2-dr Cpe | 300 | 800 | 1350 | 2700 | 4700 | 6900 |
| **LeSabre, 6-cyl.** | | | | | | |
| 2-dr Cpe | 300 | 700 | 1200 | 2400 | 4100 | 5900 |
| **LeSabre Custom, 6-cyl.** | | | | | | |
| 4-dr Sdn | 300 | 800 | 1350 | 2700 | 4700 | 6900 |
| **LeSabre Limited, 6-cyl.** | | | | | | |
| 4-dr Sdn | 350 | 850 | 1400 | 2800 | 4900 | 7100 |
| 2-dr Cpe | 300 | 750 | 1250 | 2500 | 4400 | 6200 |
| **LeSabre T-Type, 6-cyl.** | | | | | | |
| 2-dr Cpe | 300 | 800 | 1350 | 2700 | 4700 | 6900 |

| | 6 | 5 | 4 | 3 | 2 | 1 |
|---|---|---|---|---|---|---|
| **Estate Wagon, 8-cyl.** | | | | | | |
| 4-dr LeSabre Wgn | 300 | 800 | 1350 | 2700 | 4700 | 6900 |
| 4-dr Electra Wgn | 350 | 900 | 1500 | 2900 | 5200 | 7400 |
| **Electra Limited, 6-cyl., FWD** | | | | | | |
| 4-dr Sdn | 300 | 800 | 1350 | 2700 | 4700 | 6900 |
| **Electra Park Avenue, 6-cyl., FWD** | | | | | | |
| 4-dr Sdn | 350 | 950 | 1550 | 3100 | 5500 | 7900 |
| **Electra T-Type, 6-cyl., FWD** | | | | | | |
| 4-dr Sdn | 350 | 900 | 1500 | 2900 | 5200 | 7400 |
| **Riviera, 6-cyl., FWD** | | | | | | |
| 2-dr Cpe | 400 | 1050 | 1700 | 3400 | 5900 | 8500 |
| 2-dr T-Type Cpe | 400 | 1100 | 1800 | 3600 | 6200 | 9100 |
| **Reatta, 6-cyl., FWD** | | | | | | |
| 2-dr Cpe | 500 | 1350 | 2300 | 4600 | 8000 | 11300 |
| | | *Small block option deduct 10%* | | | | |
| **1989** | | | | | | |
| **Skyhawk, L-4** | | | | | | |
| 4-dr Sdn | 300 | 600 | 950 | 1900 | 3200 | 4600 |
| 2-dr Cpe | 300 | 600 | 950 | 1900 | 3200 | 4600 |
| 2-dr S/E Cpe | 300 | 650 | 1000 | 2000 | 3500 | 4900 |
| 4-dr Sta Wgn | 300 | 600 | 950 | 1900 | 3200 | 4600 |
| **Skylark Custom, L-4/V-6** | | | | | | |
| 2-dr Cpe | 300 | 800 | 1300 | 2600 | 4600 | 6600 |
| 4-dr Sdn | 300 | 800 | 1350 | 2700 | 4700 | 6900 |
| **Skylark Limited, L-4/V-6** | | | | | | |
| 2-dr Cpe | 300 | 800 | 1350 | 2700 | 4700 | 6900 |
| 4-dr Sdn | 350 | 850 | 1400 | 2800 | 4900 | 7100 |
| **Century Custom, 4-cyl./6-cyl.** | | | | | | |
| 4-dr Sdn | 350 | 900 | 1500 | 2900 | 5200 | 7400 |
| 2-dr Cpe | 350 | 850 | 1400 | 2800 | 4900 | 7100 |
| 4-dr Sta Wgn | 350 | 900 | 1500 | 3000 | 5300 | 7600 |
| **Century Limited, 4-cyl./6-cyl.** | | | | | | |
| 4-dr Sdn | 350 | 950 | 1550 | 3100 | 5500 | 7900 |
| 4-dr Estate Wgn | 350 | 950 | 1550 | 3100 | 5500 | 7900 |
| **Regal Custom, 6-cyl.** | | | | | | |
| 2-dr Cpe | 350 | 900 | 1500 | 3000 | 5300 | 7600 |
| **Regal Limited, 6-cyl.** | | | | | | |
| 2-dr Cpe | 350 | 950 | 1550 | 3100 | 5500 | 7900 |
| **LeSabre, 6-cyl.** | | | | | | |
| 2-dr Cpe | 350 | 900 | 1500 | 2900 | 5200 | 7400 |
| **LeSabre Custom, 6-cyl.** | | | | | | |
| 4-dr Sdn | 350 | 950 | 1550 | 3100 | 5500 | 7900 |
| **LeSabre Limited, 6-cyl.** | | | | | | |
| 4-dr Sdn | 350 | 1000 | 1600 | 3200 | 5700 | 8100 |
| 2-dr Cpe | 350 | 900 | 1500 | 2900 | 5200 | 7400 |
| **LeSabre T-Type, 6-cyl.** | | | | | | |
| 2-dr Cpe | 350 | 950 | 1550 | 3100 | 5500 | 7900 |
| **Estate Wagon, 8-cyl.** | | | | | | |
| 3-seat LeSabre Wgn | 350 | 950 | 1550 | 3100 | 5500 | 7900 |
| 3-seat Electra Wgn | 400 | 1050 | 1700 | 3300 | 5800 | 8300 |
| **Electra Limited, 6-cyl., FWD** | | | | | | |
| 4-dr Sdn | 350 | 950 | 1550 | 3100 | 5500 | 7900 |
| **Electra Park Avenue, 6-cyl.** | | | | | | |
| 4-dr Sdn | 400 | 1100 | 1800 | 3600 | 6200 | 9100 |
| 4-dr Ultra Sdn | 450 | 1250 | 2150 | 4300 | 7400 | 10700 |
| **Electra T-Type, 6-cyl.** | | | | | | |
| 4-dr Sdn | 400 | 1050 | 1700 | 3300 | 5800 | 8300 |
| **Riviera, 6-cyl.** | | | | | | |
| 2-dr Cpe | 450 | 1250 | 2050 | 4100 | 7100 | 10300 |

| | 6 | 5 | 4 | 3 | 2 | 1 |
|---|---|---|---|---|---|---|
| **Reatta, 6-cyl.** | | | | | | |
| 2-dr Cpe | 600 | 1600 | 2700 | 5400 | 9300 | 13500 |

*Small block option deduct 10%*

### 1990

| | 6 | 5 | 4 | 3 | 2 | 1 |
|---|---|---|---|---|---|---|
| **Skylark, L-4** | | | | | | |
| 2-dr Cpe | 350 | 900 | 1500 | 3000 | 5300 | 7600 |
| 4-dr Sdn | 350 | 900 | 1500 | 3000 | 5300 | 7600 |
| **Skylark Custom, L-4/V-6** | | | | | | |
| 2-dr Cpe | 350 | 900 | 1500 | 3000 | 5300 | 7600 |
| 4-dr Sdn | 350 | 950 | 1550 | 3100 | 5500 | 7900 |
| **Skylark Gran Sport, L-4/V-6** | | | | | | |
| 2-dr Cpe | 350 | 1000 | 1600 | 3200 | 5700 | 8100 |
| **Skylark Luxury Edition, L-4/V-6** | | | | | | |
| 4-dr Sdn | 350 | 950 | 1550 | 3100 | 5500 | 7900 |
| **Century Custom, 4-cyl./6-cyl.** | | | | | | |
| 4-dr Sdn | 400 | 1150 | 1850 | 3700 | 6400 | 9300 |
| 2-dr Cpe | 400 | 1100 | 1800 | 3600 | 6200 | 9100 |
| 4-dr Sta Wgn | 400 | 1200 | 1950 | 3900 | 6800 | 9900 |
| **Century Limited, 4-cyl./6-cyl.** | | | | | | |
| 4-dr Sdn | 400 | 1200 | 2000 | 4000 | 6900 | 10000 |
| 4-dr Sta Wgn | 400 | 1200 | 1950 | 3900 | 6800 | 9900 |
| **Regal Custom, 6-cyl.** | | | | | | |
| 2-dr Cpe | 400 | 1200 | 1950 | 3900 | 6800 | 9900 |
| **Regal Limited, 6-cyl.** | | | | | | |
| 2-dr Cpe | 400 | 1200 | 2000 | 4000 | 6900 | 10000 |
| **LeSabre, 6-cyl.** | | | | | | |
| 2-dr Cpe | 400 | 1150 | 1850 | 3700 | 6400 | 9300 |
| **LeSabre Custom, 6-cyl.** | | | | | | |
| 4-dr Sdn | 400 | 1200 | 2000 | 4000 | 6900 | 10000 |
| **LeSabre Limited, 6-cyl.** | | | | | | |
| 4-dr Sdn | 450 | 1250 | 2050 | 4100 | 7100 | 10300 |
| 2-dr Cpe | 400 | 1200 | 1900 | 3800 | 6600 | 9600 |
| **Estate Wagon, 8-cyl.** | | | | | | |
| 3-seat Sta Wgn | 400 | 1200 | 1950 | 3900 | 6800 | 9900 |
| **Electra Limited, 6-cyl.** | | | | | | |
| 4-dr Sdn | 400 | 1150 | 1850 | 3700 | 6400 | 9300 |
| **Electra Park Avenue, 6-cyl.** | | | | | | |
| 4-dr Sdn | 450 | 1250 | 2150 | 4300 | 7400 | 10700 |
| 4-dr Ultra Sdn | 550 | 1500 | 2500 | 5000 | 8700 | 12300 |
| **Electra T-Type, 6-cyl.** | | | | | | |
| 4-dr Sdn | 400 | 1200 | 1950 | 3900 | 6800 | 9900 |
| **Riviera, 6-cyl.** | | | | | | |
| 2-dr Cpe | 600 | 1600 | 2800 | 5600 | 9700 | 14000 |
| **Reatta, 6-cyl., FWD** | | | | | | |
| 2-dr Cpe | 650 | 1800 | 3200 | 6400 | 11000 | 15900 |
| 2-dr Conv | 850 | 2550 | 4350 | 8700 | 15300 | 21700 |

*Small block option deduct 10%*

### 1991

| | 6 | 5 | 4 | 3 | 2 | 1 |
|---|---|---|---|---|---|---|
| **Skylark, L-4, 103.4" wb** | | | | | | |
| 2-dr Cpe | 400 | 1050 | 1700 | 3400 | 5900 | 8500 |
| 4-dr Sdn | 400 | 1050 | 1700 | 3400 | 5900 | 8500 |
| **Skylark Custom, L-4/V-6, 103.4" wb** | | | | | | |
| 2-dr Cpe | 400 | 1050 | 1700 | 3400 | 5900 | 8500 |
| 4-dr Sdn | 400 | 1100 | 1800 | 3500 | 6100 | 8900 |
| **Skylark Gran Sport, L-4/V-6, 103.4" wb** | | | | | | |
| 2-dr Cpe | 400 | 1150 | 1850 | 3700 | 6400 | 9300 |
| **Skylark Luxury Edition, L-4/V-6, 103.4" wb** | | | | | | |
| 4-dr Sdn | 400 | 1100 | 1800 | 3600 | 6200 | 9100 |

| | 6 | 5 | 4 | 3 | 2 | 1 |
|---|---|---|---|---|---|---|
| **Century Custom, 4-cyl./6-cyl., 104.8" wb** | | | | | | |
| 4-dr Sdn | 450 | 1250 | 2100 | 4200 | 7200 | 10500 |
| 2-dr Cpe | 450 | 1250 | 2050 | 4100 | 7100 | 10300 |
| 4-dr Sta Wgn | 450 | 1250 | 2200 | 4400 | 7600 | 10900 |
| **Century Limited, 4-cyl./6-cyl., 104.8" wb** | | | | | | |
| 4-dr Sdn | 500 | 1300 | 2250 | 4500 | 7700 | 11000 |
| 4-dr Sta Wgn | 500 | 1300 | 2250 | 4500 | 7700 | 11000 |
| **Regal Custom, 6-cyl., 107.5" wb** | | | | | | |
| 2-dr Cpe | 500 | 1350 | 2300 | 4600 | 8000 | 11300 |
| 4-dr Sedan | 550 | 1450 | 2450 | 4900 | 8500 | 12000 |
| **Regal Limited, 6-cyl., 107.5" wb** | | | | | | |
| 2-dr Cpe | 500 | 1350 | 2350 | 4700 | 8100 | 11500 |
| 4-dr Sedan | 550 | 1500 | 2500 | 5000 | 8700 | 12300 |
| **LeSabre, 6-cyl., 110.8" wb** | | | | | | |
| 2-dr Cpe | 450 | 1250 | 2200 | 4400 | 7600 | 10900 |
| **LeSabre Custom, 6-cyl., 110.8" wb** | | | | | | |
| 4-dr Sdn | 500 | 1350 | 2350 | 4700 | 8100 | 11500 |
| **LeSabre Limited, 6-cyl. 110.8" wb** | | | | | | |
| 4-dr Sdn | 550 | 1400 | 2400 | 4800 | 8300 | 11800 |
| 2-dr Cpe | 500 | 1300 | 2250 | 4500 | 7700 | 11000 |
| **Roadmaster Estate Wagon, 8-cyl., 115.9" wb** | | | | | | |
| 3-seat Sta Wgn | 800 | 2400 | 4050 | 8100 | 14200 | 20200 |
| **Riviera, 6-cyl., 108.0" wb** | | | | | | |
| 2-dr Cpe | 700 | 1900 | 3350 | 6700 | 11500 | 16500 |
| **Reatta, 6-cyl., FWD, 98.5" wb** | | | | | | |
| 2-dr Cpe | 750 | 2250 | 3750 | 7500 | 13000 | 18700 |
| 2-dr Conv | 950 | 3000 | 5000 | 10000 | 17700 | 24900 |

*Small block option deduct 10%*

# PRICE GUIDE CLASSIFICATIONS:

**1. CONCOURS:** Perfection. At or near 100 points on a 100-point judging scale. Trailered; never driven; pampered. Totally restored to the max and 100 percent stock.

**2. SHOW:** Professionally restored to high standards. No major flaws or deviations from stock. Consistent trophy winner that needs nothing to show. In 90 to 95 point range.

**3. STREET/SHOW:** Older restoration or extremely nice original showing some wear from age and use. Very presentable; occasional trophy winner; everything working properly. About 80 to 89 points.

**4. DRIVER:** A nice looking, fine running collector car needing little or nothing to drive, enjoy and show in local competition. Would need extensive restoration to be a show car, but completely usable as is.

**5. RESTORABLE:** Project car that is relatively complete and restorable within a reasonable effort and expense. Needs total restoration, but all major components present and rebuildable. May or may not be running.

**6. PARTS CAR:** Deteriorated or stripped to a point beyond reasonable restoration, but still complete and solid enough to donate valuable parts to a restoration. Likely not running, possibly missing its engine.

## Collector Car Value Trends

Value trends within the collector car hobby provide a look at what's been going on during the past two decades. The following charts were compiled from various sources that have tracked the value of selected models over the years. Models were chosen on the basis of their rarity *and* desirability by collectors and hobbyists. 2000 prices are based on vehicles in number one condition.

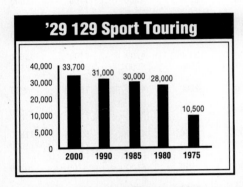

**'29 129 Sport Touring**

| Year | Value |
|------|-------|
| 2000 | 33,700 |
| 1990 | 31,000 |
| 1985 | 30,000 |
| 1980 | 28,000 |
| 1975 | 10,500 |

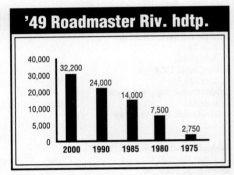

**'49 Roadmaster Riv. hdtp.**

| Year | Value |
|------|-------|
| 2000 | 32,200 |
| 1990 | 24,000 |
| 1985 | 14,000 |
| 1980 | 7,500 |
| 1975 | 2,750 |

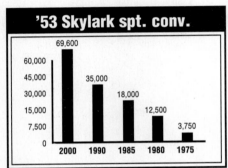

**'53 Skylark spt. conv.**

| Year | Value |
|------|-------|
| 2000 | 69,600 |
| 1990 | 35,000 |
| 1985 | 18,000 |
| 1980 | 12,500 |
| 1975 | 3,750 |

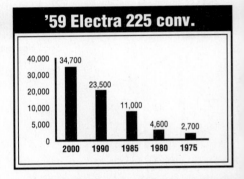

**'59 Electra 225 conv.**

| Year | Value |
|------|-------|
| 2000 | 34,700 |
| 1990 | 23,500 |
| 1985 | 11,000 |
| 1980 | 4,600 |
| 1975 | 2,700 |

**'63 Rivera coupe**

| Year | Value |
|------|-------|
| 2000 | 17,700 |
| 1990 | 13,500 |
| 1985 | 7,500 |
| 1980 | 4,000 |
| 1975 | 2,500 |

**'70 GS 455 conv.**

| Year | Value |
|------|-------|
| 2000 | 30,500 |
| 1990 | 14,000 |
| 1985 | 7,500 |
| 1980 | n/a |
| 1975 | 1,600 |

# CADILLAC
## 1903 – 1991

'03 Model A Runabout

'05 Cadillac

'06 Cadillac

'11 Cadillac

'12 Cadillac Limousine

'14 Cadillac Roadster

'15 Cadillac

'16 Cadillac Victoria

| | 6 | 5 | 4 | 3 | 2 | 1 |
|---|---|---|---|---|---|---|
| **1903** | | | | | | |
| **Model A, 1-cyl., 9.7 hp, 72" wb** | | | | | | |
| Rnbt | 1500 | 4550 | 7650 | 15300 | 26900 | 38200 |
| Tonn Rnbt | 1550 | 4700 | 7850 | 15700 | 27600 | 39100 |
| **1904** | | | | | | |
| **Model A, 1-cyl., 8.5 hp, 72" wb** | | | | | | |
| Rnbt | 1450 | 4450 | 7450 | 14900 | 26200 | 37200 |
| 2-pass Del | 1450 | 4450 | 7450 | 14900 | 26200 | 37200 |
| Tonn Rnbt | 1500 | 4550 | 7650 | 15300 | 26900 | 38200 |
| **Model B, 1-cyl., 8.5 hp, 76" wb** | | | | | | |
| Rnbt | 1500 | 4550 | 7650 | 15300 | 26900 | 38200 |
| Tr | 1550 | 4700 | 7850 | 15700 | 27600 | 39100 |
| 4-pass Surrey | 1550 | 4700 | 7850 | 15700 | 27600 | 39100 |
| **1905** | | | | | | |
| **Model B, 1-cyl., 9 hp, 76" wb** | | | | | | |
| 4-pass Tr | 1500 | 4550 | 7650 | 15300 | 26900 | 38200 |
| **Model D, 4-cyl., 30 hp, 110" wb** | | | | | | |
| 2-dr 5-pass Tr | 1600 | 4850 | 8100 | 16200 | 28500 | 40500 |
| **Model E, 1-cyl., 9 hp, 74" wb** | | | | | | |
| 2-pass Rnbt | 1450 | 4450 | 7450 | 14900 | 26200 | 37200 |
| **Model F, 1-cyl., 9 hp, 76" wb** | | | | | | |
| 2-dr Tr | 1400 | 4250 | 7100 | 14200 | 25000 | 35400 |
| 2-pass Del | 1400 | 4250 | 7100 | 14200 | 25000 | 35400 |
| **1906** | | | | | | |
| **Model K, 1-cyl., 10 hp, 74" wb** | | | | | | |
| Vic Rnbt | 1350 | 4200 | 7000 | 14100 | 24800 | 35100 |
| **Model H, 4-cyl., 30 hp, 100" wb** | | | | | | |
| 2-dr 5-pass Rnbt | 1400 | 4350 | 7250 | 14500 | 25500 | 36200 |
| 2-dr 5-pass Tr | 1450 | 4450 | 7450 | 14900 | 26200 | 37200 |
| 2-dr 5-pass Cpe | 1350 | 4200 | 7000 | 14100 | 24800 | 35100 |
| **Model L, 4-cyl., 40 hp, 110" wb** | | | | | | |
| 7-pass Tr | 1550 | 4700 | 7850 | 15700 | 27600 | 39100 |
| Limo | 1450 | 4450 | 7450 | 14900 | 26200 | 37200 |
| **Model M, 1-cyl., 10 hp, 76" wb** | | | | | | |
| 2-dr Vic Tr | 1400 | 4350 | 7250 | 14500 | 25500 | 36200 |
| **1907** | | | | | | |
| **Model G, 4-cyl. 20 hp, 100" wb** | | | | | | |
| 2-pass Rnbt | 1350 | 4200 | 7000 | 14100 | 24800 | 35100 |
| 5-pass Tr | 1400 | 4350 | 7250 | 14500 | 25500 | 36200 |
| 3-pass Rnbt | 1300 | 4100 | 6850 | 13700 | 24100 | 34200 |
| **Model H, 4-cyl. 30 hp, 102" wb** | | | | | | |
| 2-pass Rnbt | 1400 | 4350 | 7250 | 14500 | 25500 | 36200 |
| 2-dr Cpe | 1350 | 4200 | 7000 | 14100 | 24800 | 35100 |
| Tr | 1450 | 4450 | 7450 | 14900 | 26200 | 37200 |
| Limo | 1400 | 4350 | 7250 | 14500 | 25500 | 36200 |
| **Model K, 1-cyl., 74" wb** | | | | | | |
| Vic Rnbt | 1300 | 4000 | 6650 | 13300 | 23400 | 33100 |
| w/Vic top | 1300 | 4100 | 6850 | 13700 | 24100 | 34200 |
| **Model M, 1-cyl., 76" wb** | | | | | | |
| 2-dr Tr | 1300 | 4100 | 6850 | 13700 | 24100 | 34200 |
| 2-dr Vic Tr | 1350 | 4150 | 6950 | 13900 | 24500 | 34700 |
| 2-dr Cpe | 1200 | 3750 | 6300 | 12600 | 22200 | 31400 |
| 2-pass Del | 1300 | 4100 | 6800 | 13600 | 23950 | 34000 |
| **1908** | | | | | | |
| **Model G, 4-cyl. 20 hp, 100" wb** | | | | | | |
| 3-pass Rnbt | 1350 | 4200 | 7000 | 14100 | 24800 | 35100 |
| 2-dr 5-pass Limo | 1300 | 4050 | 6750 | 13500 | 23800 | 33700 |
| 2-dr Tr | 1400 | 4350 | 7250 | 14500 | 25500 | 36200 |

| | 6 | 5 | 4 | 3 | 2 | 1 |
|---|---|---|---|---|---|---|
| **Model H, 4-cyl. 30 hp, 102" wb** | | | | | | |
| Tr | 1500 | 4550 | 7650 | 15300 | 26900 | 38200 |
| Limo | 1300 | 4100 | 6850 | 13700 | 24100 | 34200 |
| **Model M, 1-cyl., 10 hp, 76" wb** | | | | | | |
| 2-pass Del | 1300 | 4100 | 6800 | 13600 | 23950 | 34000 |
| **Model S, 1-cyl., 10 hp, 82" wb** | | | | | | |
| Rnbt | 1300 | 4100 | 6850 | 13700 | 24100 | 34200 |
| Vic Rnbt | 1350 | 4150 | 6900 | 13800 | 24300 | 34500 |
| **Model T, 1-cyl., 10 hp, 82" wb** | | | | | | |
| 2-dr Tr | 1350 | 4200 | 7000 | 14100 | 24800 | 35100 |
| 2-dr Vic Tr | 1400 | 4300 | 7150 | 14300 | 25200 | 35700 |
| 2-dr Cpe | 1200 | 3850 | 6450 | 12900 | 22700 | 32200 |
| 2-pass Del | 1350 | 4200 | 7000 | 14100 | 24800 | 35100 |
| **1909** | | | | | | |
| **Model 30, 4-cyl., 30 hp, 106" wb** | | | | | | |
| Rdstr | 1350 | 4200 | 7000 | 14100 | 24800 | 35100 |
| Demi Tonn | 1400 | 4350 | 7250 | 14500 | 25500 | 36200 |
| Tr | 1450 | 4450 | 7450 | 14900 | 26200 | 37200 |
| **1910** | | | | | | |
| **Model 30, 4-cyl., 30 hp, 110" wb** | | | | | | |
| 4-pass Demi Tonn | 1550 | 4700 | 7850 | 15700 | 27600 | 39100 |
| 5-pass Tr | 1450 | 4450 | 7450 | 14900 | 26200 | 37200 |
| 2-3 pass Rdstr | 1500 | 4550 | 7650 | 15300 | 26900 | 38200 |
| Limo (114" wb) | 1350 | 4200 | 7000 | 14100 | 24800 | 35100 |
| **1911** | | | | | | |
| **Model 30, 4-cyl., 32 hp, 116" wb** | | | | | | |
| 2-3 pass Rdstr | 1500 | 4550 | 7650 | 15300 | 26900 | 38200 |
| 5-pass Demi Tonn | 1550 | 4700 | 7850 | 15700 | 27600 | 39100 |
| 5-pass Tr | 1600 | 4800 | 8000 | 16100 | 28300 | 40200 |
| 3-pass Cpe | 1400 | 4350 | 7250 | 14500 | 25500 | 36200 |
| 4-dr 5-pass Tr | 1750 | 5100 | 8550 | 17100 | 30100 | 42700 |
| 3-dr 4-pass Torp | 1700 | 5050 | 8450 | 16900 | 29700 | 42200 |
| 7-pass Limo | 1450 | 4450 | 7450 | 14900 | 26200 | 37200 |
| **1912** | | | | | | |
| **Model 30, 4-cyl., 40 hp, 116" wb** | | | | | | |
| 2-pass Rdstr | 1750 | 5150 | 8650 | 17300 | 30400 | 43200 |
| 4-pass Phtn | 1800 | 5250 | 8850 | 17700 | 31100 | 44100 |
| 5-pass Tr | 1850 | 5400 | 9000 | 18100 | 31800 | 45200 |
| 4-dr 4-pass Torp | 1750 | 5200 | 8750 | 17500 | 30800 | 43700 |
| 4-pass Cpe | 1450 | 4450 | 7450 | 14900 | 26200 | 37200 |
| 7-pass Limo | 1550 | 4700 | 7850 | 15700 | 27600 | 39100 |
| **1913** | | | | | | |
| **Model 30, 4-cyl., 40-50 hp, 120" wb** | | | | | | |
| 2-pass Rdstr | 1750 | 5150 | 8650 | 17300 | 30400 | 43200 |
| 4-pass Phtn | 1800 | 5250 | 8850 | 17700 | 31100 | 44100 |
| 4-pass Torp | 1850 | 5400 | 9000 | 18100 | 31800 | 45200 |
| 5-pass Tr | 1900 | 5500 | 9250 | 18500 | 32500 | 46100 |
| 6-pass Tr | 1900 | 5600 | 9450 | 18900 | 33200 | 47200 |
| 4-pass Cpe | 1400 | 4350 | 7250 | 14500 | 25500 | 36200 |
| 7-pass Limo | 1550 | 4700 | 7850 | 15700 | 27600 | 39100 |
| **1914** | | | | | | |
| **Model 30, 4-cyl., 40 hp, 120" wb** | | | | | | |
| 2-pass Rdstr | 1800 | 5250 | 8850 | 17700 | 31100 | 44100 |
| 4-pass Phtn | 1850 | 5400 | 9000 | 18100 | 31800 | 45200 |
| 5-pass Tr | 1900 | 5500 | 9250 | 18500 | 32500 | 46100 |
| 7-pass Tr | 1900 | 5600 | 9450 | 18900 | 33200 | 47200 |
| Lan Cpe | 1450 | 4450 | 7450 | 14900 | 26200 | 37200 |
| Encl dr Limo | 1550 | 4700 | 7850 | 15700 | 27600 | 39100 |
| Limo | 1600 | 4800 | 8000 | 16100 | 28300 | 40200 |

| | 6 | 5 | 4 | 3 | 2 | 1 |
|---|---|---|---|---|---|---|
| **1915** | | | | | | |
| **Model 51, 8-cyl., 60 hp, 122" wb** | | | | | | |
| 4-pass Rdstr | 1900 | 5500 | 9250 | 18500 | 32500 | 46100 |
| 2-dr Salon Phtn | 1900 | 5600 | 9450 | 18900 | 33200 | 47200 |
| 7-pass Tr | 1950 | 5700 | 9650 | 19300 | 33900 | 48100 |
| 3-pass Cpe Lan'let | 1400 | 4350 | 7250 | 14500 | 25500 | 36200 |
| 5-pass Tr | 1900 | 5600 | 9450 | 18900 | 33200 | 47200 |
| 2-dr Sdn | 1350 | 4200 | 7000 | 14100 | 24800 | 35100 |
| 7-pass Limo | 1600 | 4800 | 8000 | 16100 | 28300 | 40200 |
| Berl Limo | 1700 | 5050 | 8450 | 16900 | 29700 | 42200 |
| **1916** | | | | | | |
| **Model 53, 8-cyl., 60 hp, 122" wb** | | | | | | |
| Rdstr | 1850 | 5400 | 9000 | 18100 | 31800 | 45200 |
| 5-pass Tr | 1900 | 5500 | 9250 | 18500 | 32500 | 46100 |
| 7-pass Tr | 1900 | 5600 | 9450 | 18900 | 33200 | 47200 |
| 2-dr 4-pass Cpe | 1400 | 4350 | 7250 | 14500 | 25500 | 36200 |
| 5-pass Brghm | 1350 | 4200 | 7000 | 14100 | 24800 | 35100 |
| 7-pass Limo | 1600 | 4800 | 8000 | 16100 | 28300 | 40200 |
| Berl Limo | 1700 | 5050 | 8450 | 16900 | 29700 | 42200 |
| 4-pass Salon Phtn | 1900 | 5600 | 9450 | 18900 | 33200 | 47200 |
| 2-dr Vic | 1400 | 4300 | 7200 | 14400 | 25350 | 35900 |
| **1917** | | | | | | |
| **Model 55, 8-cyl., 60 hp, 125" wb** | | | | | | |
| 2-pass Rdstr | 1850 | 5400 | 9000 | 18100 | 31800 | 45200 |
| Club Rdstr | 1900 | 5500 | 9250 | 18500 | 32500 | 46100 |
| 7-pass Conv Tr | 1800 | 5250 | 8850 | 17700 | 31100 | 44100 |
| 4-pass Cpe | 1350 | 4200 | 7000 | 14100 | 24800 | 35100 |
| 4-pass Vic Conv | 1400 | 4350 | 7250 | 14500 | 25500 | 36200 |
| 5-pass Brghm | 1350 | 4200 | 7000 | 14100 | 24800 | 35100 |
| 7-pass Limo | 1500 | 4550 | 7650 | 15300 | 26900 | 38200 |
| 7-pass Imperial Limo | 1600 | 4800 | 8000 | 16100 | 28300 | 40200 |
| 7-pass Lan'let | 1700 | 5050 | 8450 | 16900 | 29700 | 42200 |
| 4-dr 7-pass Tr | 1900 | 5650 | 9550 | 19100 | 33600 | 47700 |
| 4-dr 4-pass Phtn | 1900 | 5600 | 9450 | 18900 | 33200 | 47200 |
| **1918** | | | | | | |
| **Model 57, 8-cyl., 60 hp, 125" wb** | | | | | | |
| 2-pass Rdstr | 1800 | 5250 | 8850 | 17700 | 31100 | 44100 |
| 4-pass Phtn | 1850 | 5400 | 9000 | 18100 | 31800 | 45200 |
| 7-pass Tr | 1750 | 5150 | 8650 | 17300 | 30400 | 43200 |
| 4-pass Vic | 1700 | 5050 | 8450 | 16900 | 29700 | 42200 |
| **Model 57, 8-cyl., 60 hp, 132" wb** | | | | | | |
| 5-pass Brghm | 1300 | 4100 | 6850 | 13700 | 24100 | 34200 |
| Limo | 1350 | 4200 | 7000 | 14100 | 24800 | 35100 |
| Town Limo | 1400 | 4350 | 7250 | 14500 | 25500 | 36200 |
| Lan'let | 1500 | 4550 | 7650 | 15300 | 26900 | 38200 |
| Twn Lan'let | 1600 | 4800 | 8000 | 16100 | 28300 | 40200 |
| Imperial Limo | 1550 | 4700 | 7850 | 15700 | 27600 | 39100 |
| 7-pass Brghm | 1350 | 4150 | 6950 | 13900 | 24500 | 34700 |
| 7-pass Sub | 1200 | 3850 | 6450 | 12900 | 22700 | 32200 |
| **1919** | | | | | | |
| **Model 57, 8-cyl., 60 hp, 125" wb** | | | | | | |
| 2-pass Rdstr | 1800 | 5250 | 8850 | 17700 | 31100 | 44100 |
| 4-pass Phtn | 1850 | 5400 | 9000 | 18100 | 31800 | 45200 |
| 7-pass Tr | 1750 | 5150 | 8650 | 17300 | 30400 | 43200 |
| 4-pass Vic | 1700 | 5050 | 8450 | 16900 | 29700 | 42200 |
| **Model 57, 8-cyl., 60 hp, 132" wb** | | | | | | |
| 5-pass Brghm | 1300 | 4100 | 6850 | 13700 | 24100 | 34200 |
| Limo | 1350 | 4200 | 7000 | 14100 | 24800 | 35100 |

|  | 6 | 5 | 4 | 3 | 2 | 1 |
|---|---|---|---|---|---|---|
| Town Limo | 1400 | 4350 | 7250 | 14500 | 25500 | 36200 |
| Lan'let | 1500 | 4550 | 7650 | 15300 | 26900 | 38200 |
| Twn Lan'let | 1600 | 4800 | 8000 | 16100 | 28300 | 40200 |
| Imperial Limo | 1550 | 4700 | 7850 | 15700 | 27600 | 39100 |
| 7-pass Brghm | 1350 | 4150 | 6950 | 13900 | 24500 | 34700 |
| 7-pass Sub | 1200 | 3850 | 6450 | 12900 | 22700 | 32200 |

### 1920
**Model 59, 8-cyl., 60 hp, 125" wb**

|  | 6 | 5 | 4 | 3 | 2 | 1 |
|---|---|---|---|---|---|---|
| 2-pass Rdstr | 1650 | 4900 | 8250 | 16500 | 29000 | 41200 |
| 4-pass Phtn | 1700 | 5050 | 8450 | 16900 | 29700 | 42200 |
| 4-pass Vic | 1200 | 3850 | 6450 | 12900 | 22700 | 32200 |
| 5-pass Sdn | 1200 | 3750 | 6250 | 12500 | 22000 | 31100 |
| 2-pass Cpe | 1200 | 3850 | 6450 | 12900 | 22700 | 32200 |

**Model 59, 8-cyl., 60 hp, 132" wb**

|  | 6 | 5 | 4 | 3 | 2 | 1 |
|---|---|---|---|---|---|---|
| 7-pass Tr | 1600 | 4800 | 8000 | 16100 | 28300 | 40200 |
| 7-pass Sub | 1200 | 3750 | 6250 | 12500 | 22000 | 31100 |
| 7-pass Limo | 1350 | 4200 | 7000 | 14100 | 24800 | 35100 |
| 7-pass Twn Brghm | 1400 | 4350 | 7250 | 14500 | 25500 | 36200 |
| 7-pass Imperial Limo | 1450 | 4450 | 7450 | 14900 | 26200 | 37200 |

### 1921
**Model 59, 8-cyl., 60 hp, 125" wb**

|  | 6 | 5 | 4 | 3 | 2 | 1 |
|---|---|---|---|---|---|---|
| 2-pass Rdstr | 1650 | 4900 | 8250 | 16500 | 29000 | 41200 |
| 4-pass Phtn | 1700 | 5050 | 8450 | 16900 | 29700 | 42200 |
| 4-pass Vic | 1200 | 3850 | 6450 | 12900 | 22700 | 32200 |
| 5-pass Sdn | 1200 | 3750 | 6250 | 12500 | 22000 | 31100 |

**Model 59, 8-cyl., 60 hp, 132" wb**

|  | 6 | 5 | 4 | 3 | 2 | 1 |
|---|---|---|---|---|---|---|
| 7-pass Tr | 1600 | 4800 | 8000 | 16100 | 28300 | 40200 |
| 7-pass Sub | 1200 | 3750 | 6250 | 12500 | 22000 | 31100 |
| 7-pass Limo | 1350 | 4200 | 7000 | 14100 | 24800 | 35100 |
| 7-pass Imperial Limo | 1450 | 4450 | 7450 | 14900 | 26200 | 37200 |

### 1922
**Type 61, 8-cyl., 72 hp, 132" wb**

|  | 6 | 5 | 4 | 3 | 2 | 1 |
|---|---|---|---|---|---|---|
| 2-pass Rdstr | 1500 | 4550 | 7650 | 15300 | 26900 | 38200 |
| 4-pass Phtn | 1550 | 4700 | 7850 | 15700 | 27600 | 39100 |
| 7-pass Tr | 1500 | 4550 | 7650 | 15300 | 26900 | 38200 |
| 2-pass Cpe | 1200 | 3750 | 6250 | 12500 | 22000 | 31100 |
| 4-pass Vic | 1200 | 3850 | 6450 | 12900 | 22700 | 32200 |
| 5-pass Cpe | 1100 | 3500 | 5850 | 11700 | 20600 | 29100 |
| 5-pass Sdn | 1050 | 3350 | 5600 | 11200 | 19700 | 28000 |
| 7-pass Sub | 1300 | 4000 | 6650 | 13300 | 23400 | 33100 |
| 7-pass Limo | 1300 | 4100 | 6850 | 13700 | 24100 | 34200 |
| 5-7 pass Imperial Limo | 1350 | 4200 | 7000 | 14100 | 24800 | 35100 |

### 1923
**Type 61, 8-cyl., 72 hp, 132" wb**

|  | 6 | 5 | 4 | 3 | 2 | 1 |
|---|---|---|---|---|---|---|
| 2-pass Rdstr | 1500 | 4550 | 7650 | 15300 | 26900 | 38200 |
| 4-pass Phtn | 1550 | 4700 | 7850 | 15700 | 27600 | 39100 |
| 7-pass Tr | 1500 | 4550 | 7650 | 15300 | 26900 | 38200 |
| 2-pass Cpe | 1200 | 3750 | 6250 | 12500 | 22000 | 31100 |
| 4-pass Vic | 1200 | 3850 | 6450 | 12900 | 22700 | 32200 |
| 5-pass Cpe | 1100 | 3500 | 5850 | 11700 | 20600 | 29100 |
| 5-pass Sdn | 1050 | 3350 | 5600 | 11200 | 19700 | 28000 |
| 7-pass Sub | 1300 | 4000 | 6650 | 13300 | 23400 | 33100 |
| 7-pass Limo | 1300 | 4100 | 6850 | 13700 | 24100 | 34200 |
| 5-7 pass Imperial Limo | 1350 | 4200 | 7000 | 14100 | 24800 | 35100 |
| 5-pass Lan'let Sdn | 1400 | 4350 | 7250 | 14500 | 25500 | 36200 |

'17 Cadillac Victoria

'20 Cadillac Imperial

'21 Type 59 Victoria Coupe

'24 Cadillac

'26 Cadillac

'28 Cadillac Town Cabriolet

'29 Cadillac

'30 Cadillac

'31 Cadillac LaSalle

'32 Cadillac

'33 Cadillac

'34 Cadillac Aerodynamic Coupe

|  | 6 | 5 | 4 | 3 | 2 | 1 |
|---|---|---|---|---|---|---|

### 1924
**V-63, 8-cyl., 72 hp, 132" wb**

| | 6 | 5 | 4 | 3 | 2 | 1 |
|---|---|---|---|---|---|---|
| 2-pass Rdstr | 1550 | 4700 | 7900 | 15800 | 27800 | 39400 |
| 5-pass Phtn | 1700 | 5050 | 8450 | 16900 | 29700 | 42200 |
| 7-pass Tr | 1500 | 4600 | 7700 | 15400 | 27100 | 38500 |
| 4-pass Vic | 1150 | 3650 | 6100 | 12200 | 21500 | 30500 |
| 2-pass Cpe | 1100 | 3550 | 5900 | 11800 | 20800 | 29400 |
| 5-pass Sdn | 1150 | 3600 | 6000 | 12000 | 21150 | 30000 |
| 7-pass Sub | 1100 | 3550 | 5900 | 11800 | 20800 | 29400 |
| 5-7 pass Limo | 1050 | 3350 | 5600 | 11200 | 19700 | 28000 |
| 5-7 pass Twn Brghm | 1050 | 3400 | 5700 | 11400 | 20100 | 28500 |
| 7-pass Imperial Sub | 1100 | 3500 | 5800 | 11600 | 20450 | 28900 |
| Lan Sdn | 1100 | 3550 | 5900 | 11800 | 20800 | 29400 |

### 1925
**V-63, 8-cyl., 72 hp, 132" wb**

| | 6 | 5 | 4 | 3 | 2 | 1 |
|---|---|---|---|---|---|---|
| 2-pass Rdstr | 1550 | 4700 | 7900 | 15800 | 27800 | 39400 |
| 5-pass Phtn | 1700 | 5050 | 8450 | 16900 | 29700 | 42200 |
| 7-pass Tr | 1500 | 4600 | 7700 | 15400 | 27100 | 38500 |
| 4-pass Vic | 1150 | 3650 | 6100 | 12200 | 21500 | 30500 |
| 2-pass Cpe | 1100 | 3550 | 5900 | 11800 | 20800 | 29400 |
| 5-pass Sdn | 1150 | 3600 | 6000 | 12000 | 21150 | 30000 |
| 7-pass Sub | 1100 | 3550 | 5900 | 11800 | 20800 | 29400 |
| 5-7 pass Limo | 1050 | 3350 | 5600 | 11200 | 19700 | 28000 |
| 5-7 pass Twn Brghm | 1050 | 3400 | 5700 | 11400 | 20100 | 28500 |
| 7-pass Imperial Sub | 1100 | 3500 | 5800 | 11600 | 20450 | 28900 |
| Lan Sdn | 1100 | 3550 | 5900 | 11800 | 20800 | 29400 |

**Custom Models, 8-cyl., 72 hp, 132" wb**

| | 6 | 5 | 4 | 3 | 2 | 1 |
|---|---|---|---|---|---|---|
| 2-pass Cpe | 1050 | 3400 | 5700 | 11400 | 20100 | 28500 |
| 5-pass Cpe | 1100 | 3550 | 5900 | 11800 | 20800 | 29400 |
| 5-pass Sdn | 1100 | 3500 | 5800 | 11600 | 20450 | 28900 |
| 7-pass Sub | 1050 | 3400 | 5700 | 11400 | 20100 | 28500 |
| 7-pass Imp Sub | 1100 | 3500 | 5800 | 11600 | 20450 | 28900 |

### 1926
**Series 314, 8-cyl., 87 hp, 132" wb**

| | 6 | 5 | 4 | 3 | 2 | 1 |
|---|---|---|---|---|---|---|
| 2-pass Cpe | 1400 | 4250 | 7100 | 14200 | 25000 | 35400 |
| 4-pass Vic | 1450 | 4400 | 7300 | 14600 | 25700 | 36500 |
| 5-pass Brghm | 1400 | 4250 | 7100 | 14200 | 25000 | 35400 |
| 5-pass Sdn | 1050 | 3300 | 5500 | 11000 | 19300 | 27500 |
| 7-pass Sdn | 1050 | 3400 | 5700 | 11400 | 20100 | 28500 |
| 7-pass Imp Sdn | 1050 | 3300 | 5500 | 11000 | 19300 | 27500 |

**Custom Line, 8-cyl., 87 hp, 138" wb**

| | 6 | 5 | 4 | 3 | 2 | 1 |
|---|---|---|---|---|---|---|
| 2-pass Rdstr (132" wb) | 3450 | 10300 | 17300 | 34600 | 60900 | 86500 |
| 7-pass Tr | 3450 | 10300 | 17300 | 34600 | 60900 | 86500 |
| 4-pass Phtn | 3550 | 10550 | 17700 | 35400 | 62300 | 88500 |
| 5-pass Cpe | 1850 | 5400 | 9100 | 18200 | 32000 | 45500 |
| 5-pass Sdn | 1500 | 4600 | 7700 | 15400 | 27100 | 38500 |
| 7-pass Sub | 1550 | 4700 | 7900 | 15800 | 27800 | 39400 |
| 7-pass Imperial Sdn | 1750 | 5200 | 8700 | 17400 | 30600 | 43500 |

### 1927
**Series 314 Std., 8-cyl., 87 hp, 132" wb**

| | 6 | 5 | 4 | 3 | 2 | 1 |
|---|---|---|---|---|---|---|
| 2-pass Spt Cpe | 1600 | 4750 | 7950 | 15900 | 28000 | 39700 |
| 2-pass Cpe | 1450 | 4400 | 7350 | 14700 | 25900 | 36700 |
| 5-pass Sdn | 1050 | 3400 | 5700 | 11400 | 20100 | 28500 |
| 7-pass Sdn | 1100 | 3550 | 5900 | 11800 | 20800 | 29400 |
| 4-pass Vic | 1500 | 4500 | 7550 | 15100 | 26600 | 37700 |
| 5-pass Spt Sdn | 1150 | 3650 | 6150 | 12300 | 21700 | 30700 |
| 5-pass Brghm | 1100 | 3450 | 5750 | 11500 | 20300 | 28700 |
| 4-pass Sdn (138" wb) | 1100 | 3550 | 5900 | 11800 | 20800 | 29400 |
| 7-pass Imperial (138" wb) | 1150 | 3650 | 6100 | 12200 | 21500 | 30500 |

|  | 6 | 5 | 4 | 3 | 2 | 1 |
|---|---|---|---|---|---|---|
| **Custom, 138" wb** | | | | | | |
| 2-pass Rdstr | 3050 | 9100 | 15300 | 30600 | 53900 | 76500 |
| 4-pass Phtn | 3300 | 9800 | 16450 | 32900 | 57900 | 82200 |
| 4-pass Spt Phtn | 3450 | 10300 | 17300 | 34600 | 60800 | 86400 |
| Dual Cowl Phtn | 3600 | 10700 | 18000 | 36000 | 63200 | 89900 |
| 7-pass Tr | 3200 | 9600 | 16100 | 32200 | 56700 | 80500 |
| 2-pass Conv Cpe | 2350 | 6950 | 11700 | 23400 | 41100 | 58400 |
| 5-pass Cpe | 1650 | 4950 | 8300 | 16600 | 29200 | 41500 |
| 5-pass Sdn | 1200 | 3750 | 6300 | 12600 | 22200 | 31400 |
| 7-pass Sub | 1250 | 3900 | 6500 | 13000 | 22900 | 32500 |
| 7-pass Imperial Sdn | 1300 | 4000 | 6700 | 13400 | 23600 | 33400 |
| Cabrlt Cpe | 2200 | 6800 | 11700 | 23400 | 41100 | 58400 |
| Cabrlt Sdn | 2000 | 5850 | 9900 | 19800 | 34800 | 50000 |
| Cabrlt Sub | 2100 | 5900 | 10000 | 20000 | 35000 | 52000 |
| Cabrlt Imperial | 4400 | 13050 | 21900 | 43000 | 77200 | 109750 |
| **Fleetwood Bodies** | | | | | | |
| Limo Brghm | 1700 | 5050 | 8500 | 17000 | 29900 | 42500 |
| Twn Brghm | 1800 | 5300 | 8950 | 17900 | 31500 | 44700 |
| Trans Cabrlt | 1950 | 5750 | 9700 | 19400 | 34100 | 48400 |
| Town Cabrlt (Opera seat) | 2000 | 5850 | 9900 | 19800 | 34800 | 49500 |
| **Brunn** | | | | | | |
| Sdn Lan Town Cabrlt | 1300 | 4000 | 6700 | 13400 | 23600 | 33400 |
| Willoughby Town Cabrlt | 1500 | 4500 | 7500 | 15000 | 26400 | 37500 |
| **1928** | | | | | | |
| **Series 341, Fisher Custom Line, 8-cyl., 95 hp, 140" wb** | | | | | | |
| 2-4 pass Rdstr | 4250 | 12650 | 21300 | 42600 | 75000 | 106500 |
| 7-pass Tr | 4350 | 12900 | 21700 | 43400 | 76400 | 108500 |
| 5-pass Phtn | 4400 | 13150 | 22100 | 44200 | 77800 | 110500 |
| 5-pass Spt Phtn | 4450 | 13250 | 22300 | 46600 | 78500 | 111500 |
| 2-4 pass Conv RS | 3850 | 11500 | 19300 | 38600 | 67900 | 96500 |
| 2-pass Cpe | 1550 | 4700 | 7900 | 15800 | 27800 | 39400 |
| 5-pass Cpe | 1450 | 4400 | 7300 | 14600 | 25700 | 36500 |
| 5-pass Twn Sdn | 1350 | 4150 | 6900 | 13800 | 24300 | 34500 |
| 5-pass Sdn | 1300 | 4000 | 6700 | 13400 | 23600 | 33400 |
| 7-pass Sdn | 1350 | 4150 | 6900 | 13800 | 24300 | 34500 |
| 5-pass Imp Sdn | 1400 | 4250 | 7100 | 14200 | 25000 | 35400 |
| 5-pass Imperial Cabrlt | 4000 | 11850 | 19950 | 39900 | 70200 | 99800 |
| 7-pass Imperial Sdn | 2400 | 7050 | 11950 | 23900 | 42000 | 59700 |
| 7-pass Imperial Cabrlt | 4400 | 13050 | 21950 | 43900 | 77300 | 109800 |
| **Series 341, Fleetwood Line, 8-cyl., 95 hp, 140" wb** | | | | | | |
| 5-pass Sdn | 1500 | 4500 | 7500 | 15000 | 26400 | 37500 |
| 5-pass Cabrlt Sdn | 4200 | 12550 | 21100 | 42200 | 74300 | 105500 |
| 5-pass Imp Sdn | 4400 | 13050 | 21900 | 43800 | 77100 | 109500 |
| 7-pass Sdn | 1550 | 4700 | 7900 | 15800 | 27800 | 39400 |
| 5-pass Imp Cabrlt | 4400 | 13150 | 22100 | 44200 | 77800 | 110500 |
| 7-pass Imp Cabrlt | 4500 | 13400 | 22500 | 45000 | 79200 | 112500 |
| 7-pass Trans Twn Cabrlt | 4400 | 13050 | 21900 | 43800 | 77100 | 109500 |
| 7-pass Trans Limo Brghm | 3000 | 9000 | 15100 | 30200 | 53200 | 75500 |
| **1929** | | | | | | |
| **Series 341-B, 8-cyl., 95 hp, 140" wb** | | | | | | |
| 2-4 pass Rdstr | 4400 | 13150 | 22100 | 44200 | 77800 | 110500 |
| 4-pass Phtn | 4600 | 13650 | 22950 | 45900 | 80800 | 114800 |
| 4-pass Spt Phtn | 5000 | 14800 | 24900 | 49800 | 87600 | 124500 |
| 7-pass Tr | 4000 | 11950 | 20100 | 40200 | 70800 | 100500 |
| 2-4 pass Conv Cpe | 4000 | 11950 | 20100 | 40200 | 70800 | 100500 |
| 2-4 pass Cpe | 2800 | 8250 | 13900 | 27800 | 48900 | 69500 |
| 5-pass Cpe | 2150 | 6200 | 10500 | 21000 | 36900 | 52400 |
| 5-pass Imp Lan Cabrlt | 2450 | 7150 | 12100 | 24200 | 42500 | 60400 |
| 5-pass Sdn | 1700 | 5050 | 8500 | 17000 | 29900 | 42500 |
| 7-pass Sdn | 1650 | 4950 | 8300 | 16600 | 29200 | 41500 |

| | 6 | 5 | 4 | 3 | 2 | 1 |
|---|---|---|---|---|---|---|
| 5-pass Twn Sdn | 1750 | 5200 | 8700 | 17400 | 30600 | 43500 |
| 5-pass Imp Sdn | 1800 | 5250 | 8800 | 17600 | 30950 | 43900 |
| 7-pass Imperial Sdn | 1800 | 5300 | 8900 | 17800 | 31300 | 44400 |
| **Fleetwood Custom Line, 8-cyl., 140" wb** | | | | | | |
| 5-pass Sdn | 1700 | 5050 | 8500 | 17000 | 29900 | 42500 |
| 5-pass Sdn Cabrlt | 4600 | 13750 | 23100 | 46200 | 81300 | 115500 |
| 5-pass Imp Sdn | 2000 | 5850 | 9900 | 19800 | 34800 | 49500 |
| 7-pass Sdn | 2000 | 5800 | 9800 | 19600 | 34450 | 49000 |
| 7-pass Imp Sdn | 2050 | 6000 | 10150 | 20300 | 35700 | 50700 |
| 5-pass Imp Cabrlt | 4000 | 11800 | 19900 | 39700 | 69850 | 99300 |
| 7-pass Trans Twn Cabrlt | 4000 | 11850 | 19900 | 39800 | 70000 | 99500 |
| 7-pass Trans Limo Brghm | 3000 | 9000 | 15100 | 30200 | 53200 | 77500 |
| 5-pass Club Cabrlt | 4200 | 12550 | 21100 | 42200 | 74300 | 105500 |
| 5-pass A/W Phtn | 5050 | 15050 | 25300 | 50600 | 89100 | 126500 |
| 5-pass A/W Imperial Phtn | 5100 | 15100 | 25400 | 50800 | 89200 | 126800 |

## 1930
### Series 353, 8-cyl., 95 hp, 140" wb
**Fisher Custom Line**

| | 6 | 5 | 4 | 3 | 2 | 1 |
|---|---|---|---|---|---|---|
| 2-4 pass Conv Cpe | 4400 | 13150 | 22100 | 44200 | 77800 | 110500 |
| 2-4 pass Cpe | 2850 | 8500 | 14300 | 28600 | 50300 | 71500 |
| 5-pass Twn Sdn | 1700 | 5050 | 8500 | 17000 | 29900 | 42500 |
| 4-dr Sdn | 1650 | 4950 | 8300 | 16600 | 29200 | 41500 |
| 7-pass Sdn | 1750 | 5200 | 8700 | 17400 | 30600 | 43500 |
| 7-pass Imperial Sdn | 2000 | 5900 | 9950 | 19900 | 35000 | 49700 |
| 5-pass Cpe | 2100 | 6100 | 10300 | 20600 | 36200 | 51500 |
| **Fleetwood Line, 8-cyl., 95 hp, 140" wb** | | | | | | |
| 2-4 pass Rdstr | 5050 | 15050 | 25300 | 50600 | 89100 | 126500 |
| 5-pass Sdn | 1800 | 5300 | 8950 | 17900 | 31500 | 44700 |
| 5-pass Sdn Cabrlt | 4400 | 13050 | 21900 | 43800 | 77100 | 109500 |
| 5-pass Imperial | 2000 | 5900 | 9950 | 19900 | 35000 | 49700 |
| 5-pass Imp Sdn Cabrlt | 4450 | 13200 | 22200 | 44400 | 78000 | 110800 |
| 5-pass Sedanette | 1800 | 5300 | 9000 | 18000 | 31750 | 45000 |
| 7-pass Sdn | 1800 | 5300 | 8950 | 17900 | 31500 | 44700 |
| 7-pass Imperial Sdn | 2000 | 5900 | 9950 | 19900 | 35000 | 49700 |
| 7-pass Twn Cabrlt | 5100 | 15200 | 25500 | 51000 | 89800 | 127500 |
| 7-pass Limo Brghm | 4900 | 14500 | 24300 | 48600 | 85500 | 121500 |
| 5-pass A/W Phtn | 5600 | 16600 | 27950 | 55900 | 98200 | 139500 |
| **Fleetwood Custom Line, V-16, 165 hp, 148" wb** | | | | | | |
| 2-4 pass Rdstr | 13400 | 39800 | 67000 | 134000 | 235300 | 334500 |
| 5-pass A/W Phtn | 14400 | 42800 | 72000 | 144000 | 252900 | 359500 |
| A/W Phtn | 14600 | 43400 | 73000 | 146000 | 256400 | 364400 |
| 2-4 pass Conv Cpe | 13400 | 39800 | 67000 | 134000 | 235300 | 334500 |
| 2-4 pass Cpe | 5000 | 14950 | 25100 | 50200 | 88400 | 125500 |
| 5-pass Cpe | 5000 | 15000 | 25200 | 50300 | 88500 | 125750 |
| 5-pass Club Sdn | 4800 | 14200 | 23900 | 47800 | 84100 | 119500 |
| 5-pass Sdn | 4800 | 14200 | 23900 | 47800 | 84100 | 119500 |
| 7-pass Imp | 5150 | 15300 | 25800 | 51500 | 90600 | 128900 |
| 5-7 pass Imp Cabrlt | 11400 | 33900 | 57000 | 114000 | 200200 | 284600 |
| 7-pass Sdn | 5000 | 14950 | 25100 | 50200 | 88400 | 125500 |
| 7-pass Imp Sdn | 5150 | 15300 | 25750 | 51500 | 90600 | 128700 |
| 7-pass Twn Cabrlt | 11600 | 34450 | 58000 | 116000 | 203700 | 289600 |
| 7-pass Limo Brghm | 8100 | 24050 | 40500 | 81000 | 142200 | 202200 |
| 7-pass Twn Brghm | 8100 | 24050 | 40500 | 81000 | 142200 | 202200 |
| **Cane-Bodied Model** | | | | | | |
| Twn Brghm | 8400 | 24950 | 42000 | 84000 | 147500 | 209700 |
| **Madame X Models** | | | | | | |
| A/W Phtn | 15900 | 47200 | 79500 | 159000 | 279000 | 397000 |
| Conv | 15000 | 44600 | 75000 | 150000 | 263400 | 374400 |
| Cpe | 7700 | 22850 | 38500 | 77000 | 135200 | 192200 |
| 5-pass OS Imp | 6900 | 20500 | 34500 | 69000 | 121200 | 172200 |

| | 6 | 5 | 4 | 3 | 2 | 1 |
|---|---|---|---|---|---|---|
| 5-pass Imp | 6700 | 19900 | 33500 | 67000 | 117600 | 167200 |
| Twn Cabrlt 4312 | 13400 | 39800 | 67000 | 134000 | 235300 | 334500 |
| Twn Cabrlt 4320 | 13200 | 39200 | 66000 | 132000 | 231800 | 329500 |
| Twn Cabrlt 4325 | 13200 | 39200 | 66000 | 132000 | 231800 | 329500 |
| Limo Brgm | 9900 | 29400 | 49500 | 99000 | 173800 | 247100 |

### 1931
**Series 355, 8-cyl., 95 hp, 134" wb**
**Fisher Bodies**

| | 6 | 5 | 4 | 3 | 2 | 1 |
|---|---|---|---|---|---|---|
| 2-4 pass Cpe | 3000 | 9000 | 15100 | 30200 | 53200 | 75500 |
| 5-pass Cpe | 2950 | 8750 | 14700 | 29400 | 51700 | 73500 |
| 5-pass Sdn | 1800 | 5300 | 8950 | 17900 | 31500 | 44700 |
| 5-pass Twn Sdn | 1900 | 5500 | 9300 | 18600 | 32700 | 46400 |
| 7-pass Sdn | 1950 | 5750 | 9700 | 19400 | 34100 | 48400 |
| 7-pass Imp Limo | 2000 | 5900 | 9950 | 19900 | 35000 | 49700 |

**Fleetwood Bodies, 8-cyl.**

| | 6 | 5 | 4 | 3 | 2 | 1 |
|---|---|---|---|---|---|---|
| 2-4 pass Rdstr | 5450 | 16200 | 27250 | 54500 | 95700 | 136000 |
| 2-4 pass Conv Cpe | 5450 | 16250 | 27350 | 54700 | 96000 | 136500 |
| 7-pass Tr | 5500 | 17000 | 28500 | 57500 | 101000 | 142000 |
| 5-pass Phtn | 5800 | 17300 | 29100 | 58200 | 102400 | 145500 |
| 5-pass A/W Phtn | 6300 | 18700 | 31500 | 63000 | 110600 | 157300 |

**Series 370, 12-cyl., 135 hp, 140" wb**

| | 6 | 5 | 4 | 3 | 2 | 1 |
|---|---|---|---|---|---|---|
| 2-4 pass Rdstr | 9200 | 27350 | 46000 | 92000 | 161500 | 229700 |
| 5-pass Phtn | 9200 | 27350 | 46000 | 92000 | 161500 | 229700 |
| 2-4 pass Conv Cpe | 8600 | 25550 | 43000 | 86000 | 151000 | 214700 |
| 5-pass A/W Phtn | 9400 | 27900 | 47000 | 94000 | 165100 | 234600 |
| 2-4 pass Cpe | 5800 | 17200 | 28950 | 57900 | 101700 | 144500 |
| 5-pass Cpe | 5550 | 16550 | 27850 | 55700 | 98000 | 139200 |
| 5-pass Sdn | 4800 | 14200 | 23900 | 47800 | 84100 | 119500 |
| 5-pass Twn Sdn | 5000 | 14950 | 25100 | 50200 | 88400 | 125500 |

**Series 370, 12-cyl., 135 hp, 143" wb**

| | 6 | 5 | 4 | 3 | 2 | 1 |
|---|---|---|---|---|---|---|
| 7-pass Sdn | 5400 | 16100 | 27100 | 54200 | 95400 | 135500 |
| Imperial Sdn | 5600 | 16600 | 27900 | 55800 | 98200 | 139500 |

**Series 16-cyl., 165 hp, 148" wb**

| | 6 | 5 | 4 | 3 | 2 | 1 |
|---|---|---|---|---|---|---|
| 2-4 pass Rdstr | 14800 | 43950 | 74000 | 148000 | 259900 | 369400 |
| 5-pass Phtn | 15500 | 46050 | 77500 | 155000 | 272200 | 386900 |
| 5-pass A/W Phtn | 15300 | 45450 | 76500 | 153000 | 268700 | 381900 |
| 2-4 pass Cpe | 5300 | 15750 | 26500 | 53000 | 93100 | 132300 |
| 2-pass Spl Cpe | 5600 | 16700 | 28100 | 56200 | 98700 | 140300 |
| 5-pass Cpe | 5300 | 15750 | 26500 | 53000 | 93100 | 132300 |
| 2-4 pass Conv Cpe | 15000 | 44550 | 75000 | 150000 | 263400 | 374400 |
| 5-pass Club Sdn | 6700 | 19950 | 33500 | 67000 | 117900 | 167500 |
| 5-pass Sdn | 3800 | 11350 | 19100 | 38200 | 67200 | 95500 |
| 7-pass Sdn | 4000 | 11850 | 19900 | 39800 | 70000 | 99500 |
| 5-7 pass Imp | 4000 | 11850 | 19900 | 39800 | 70000 | 99500 |
| 5-pass Sdn Cabrlt | 12600 | 37400 | 63000 | 126000 | 221200 | 314500 |
| 5-7 pass Twn Cabrlt | 12800 | 38000 | 64000 | 128000 | 224800 | 319500 |
| 5-7 pass Limo Brghm | 9400 | 27900 | 47000 | 94000 | 165100 | 234600 |
| 5-7 pass Twn Brghm | 9600 | 28500 | 48000 | 96000 | 168600 | 239600 |

**Madame X, V-16, 165 hp, 148" wb**

| | 6 | 5 | 4 | 3 | 2 | 1 |
|---|---|---|---|---|---|---|
| 5-7 pass Imp Cabrlt | 12600 | 37400 | 63000 | 126000 | 221200 | 314500 |
| 5-pass Sdn Cabrlt | 12600 | 37400 | 63000 | 126000 | 221200 | 314500 |
| 5-7 pass Imp Cabrlt | 12800 | 38000 | 64000 | 128000 | 224800 | 319500 |
| 5-pass Sdn | 3800 | 11350 | 19100 | 38200 | 67200 | 95500 |
| 5-pass Club Sdn Imp | 4200 | 12500 | 21000 | 42000 | 73700 | 104800 |
| 5-7 pass Imp | 4200 | 12500 | 21000 | 42000 | 73700 | 104800 |
| 5-pass Imp | 4200 | 12550 | 21100 | 42200 | 74300 | 105500 |
| 7-pass Imp | 4400 | 13050 | 21900 | 43800 | 77100 | 109500 |
| 5-pass Imp Lan | 4400 | 13100 | 22000 | 44000 | 77300 | 109800 |

| | 6 | 5 | 4 | 3 | 2 | 1 |
|---|---|---|---|---|---|---|
| **1932** | | | | | | |
| **Series 355B, 8-cyl., 115 hp, 134" wb** | | | | | | |
| 2-pass Rdstr | 4750 | 14100 | 23700 | 47400 | 83400 | 118500 |
| 2-pass Conv | 4100 | 12200 | 20500 | 41000 | 72200 | 102500 |
| 2-pass Cpe | 2000 | 5900 | 9950 | 19900 | 35000 | 49700 |
| 5-pass Sdn | 1600 | 4850 | 8100 | 16200 | 28500 | 40500 |
| **Fisher Line, 8-cyl., 115 hp, 140" wb** | | | | | | |
| 5-pass Phtn | 4300 | 12800 | 21500 | 43000 | 75700 | 107500 |
| 5-pass Spl Phtn | 4300 | 12800 | 21500 | 43000 | 75700 | 107500 |
| 5-pass Spt Phtn | 4500 | 13400 | 22500 | 45000 | 79200 | 112500 |
| 5-pass A/W Phtn | 4500 | 13400 | 22500 | 45000 | 79200 | 112500 |
| 5-pass Cpe | 2200 | 6450 | 10900 | 21800 | 38300 | 54400 |
| 5-pass Spl Sdn | 1650 | 4950 | 8300 | 16600 | 29200 | 41500 |
| 5-pass Twn Sdn | 1700 | 5050 | 8500 | 17000 | 29900 | 42500 |
| 7-pass Imp Sdn | 1800 | 5300 | 8900 | 17800 | 31300 | 44400 |
| 7-pass Sdn | 1600 | 4800 | 8000 | 16000 | 28150 | 40000 |
| **Fleetwood Bodies, 8-cyl., 115 hp, 140" wb** | | | | | | |
| 5-pass Sdn | 1800 | 5300 | 8900 | 17800 | 31300 | 44400 |
| 5-pass Twn Cpe | 2300 | 6700 | 11300 | 22600 | 39700 | 56400 |
| 7-pass Sdn | 2000 | 5900 | 9950 | 19900 | 35000 | 49700 |
| 7-pass Limo | 2300 | 6750 | 11400 | 22800 | 40050 | 57000 |
| 5-pass Twn Car | 4200 | 12550 | 21100 | 42200 | 74100 | 105300 |
| 7-pass Twn Cabrlt | 4350 | 12900 | 21750 | 43500 | 76400 | 108600 |
| Limo Brghm | 2600 | 7750 | 13100 | 26200 | 46000 | 65500 |
| **Series 370-B, 12-cyl., 135 hp, 134" wb** | | | | | | |
| 2-pass Rdstr | 7700 | 22900 | 38500 | 77000 | 135500 | 192500 |
| 2-pass Conv Cpe | 7300 | 21700 | 36500 | 73000 | 128500 | 182500 |
| 2-pass Cpe | 2800 | 8250 | 13900 | 27800 | 48900 | 69500 |
| 5-pass Sdn | 2000 | 5850 | 9900 | 19800 | 34800 | 49500 |
| **Series 370-B, 12-cyl., 135 hp, 140" wb** | | | | | | |
| **Fisher Bodies** | | | | | | |
| 5-pass Phtn | 7600 | 22600 | 38000 | 76000 | 133400 | 189700 |
| 5-pass Spl Phtn | 7900 | 23450 | 39500 | 79000 | 138700 | 197200 |
| 5-pass Spt Phtn | 8300 | 24700 | 41500 | 83000 | 145700 | 207200 |
| 5-pass A/W Phtn | 8100 | 24050 | 40500 | 81000 | 142200 | 202200 |
| 5-pass Cpe | 3000 | 9450 | 15900 | 31800 | 56000 | 79500 |
| 5-pass Spl Sdn | 3000 | 9000 | 15100 | 30200 | 53200 | 75500 |
| 5-pass Twn Sdn | 2600 | 7750 | 13100 | 26200 | 46000 | 65500 |
| 7-pass Sdn | 2700 | 8050 | 13500 | 27000 | 47500 | 67500 |
| 7-pass Imperial | 2800 | 8250 | 13900 | 27800 | 48900 | 69500 |
| **Series 370-B, 12-cyl., 135 hp, 140" wb** | | | | | | |
| **Fleetwood Bodies** | | | | | | |
| 5-pass Sdn | 3400 | 10150 | 17100 | 34200 | 60200 | 85500 |
| 5-pass Twn Cpe | 3500 | 10400 | 17500 | 35000 | 61600 | 87500 |
| 7-pass Sdn | 3100 | 9200 | 15500 | 31000 | 54600 | 77500 |
| 7-pass Limo | 3400 | 10150 | 17100 | 34200 | 60200 | 85500 |
| 5-pass Twn Cabrlt | 8900 | 26450 | 44500 | 89000 | 156300 | 222200 |
| 7-pass Twn Cabrlt | 9100 | 27050 | 45500 | 91000 | 159800 | 227200 |
| Limo Brghm | 7100 | 21100 | 35500 | 71000 | 125000 | 177500 |
| **Series 452-B, 16-cyl., 165 hp, 143" wb** | | | | | | |
| **Fisher Bodies** | | | | | | |
| 2-pass Rdstr | 12500 | 37100 | 62500 | 125000 | 219500 | 312000 |
| 2-pass Conv Cpe | 11000 | 32700 | 55000 | 110000 | 193200 | 274600 |
| 2-pass Cpe | 8400 | 25000 | 42000 | 84000 | 147800 | 210000 |
| 5-pass Std Sdn | 7200 | 21400 | 36000 | 72000 | 126700 | 180000 |
| **Series 452-B, 16-cyl., 165 hp, 149" wb** | | | | | | |
| **Fisher Bodies** | | | | | | |
| 5-pass Phtn | 14000 | 41600 | 70000 | 140000 | 245800 | 349500 |
| 5-pass Spl Phtn | 14200 | 42200 | 71000 | 142000 | 249300 | 354500 |
| 5-pass Spt Phtn | 14000 | 41600 | 70000 | 140000 | 245800 | 349500 |
| 5-pass A/W Phtn | 14200 | 42200 | 71000 | 142000 | 249300 | 354500 |

|  | 6 | 5 | 4 | 3 | 2 | 1 |
|---|---|---|---|---|---|---|
| **Fleetwood Bodies, 165 hp, 16-cyl.** | | | | | | |
| 5-pass Sdn | 8400 | 25000 | 42000 | 84000 | 147500 | 209700 |
| 7-pass Limo | 9400 | 27900 | 47000 | 94000 | 165100 | 234600 |
| 5-pass Twn Cpe | 9600 | 28500 | 48000 | 96000 | 168600 | 239600 |
| 7-pass Sdn | 9200 | 27300 | 46000 | 92000 | 161500 | 229700 |
| 7-pass Twn Cabrlt | 14000 | 41600 | 70000 | 140000 | 245800 | 349500 |
| 5-pass Twn Cabrlt | 13800 | 41000 | 69000 | 138000 | 242300 | 344500 |
| 7-pass Limo Brghm | 9000 | 26700 | 45000 | 90000 | 158000 | 224700 |

## 1933

### Series 355C, 8-cyl., 115 hp, 134" wb
#### Fisher Bodies

| | 6 | 5 | 4 | 3 | 2 | 1 |
|---|---|---|---|---|---|---|
| 2-pass Rdstr | 4500 | 13400 | 22500 | 45000 | 79200 | 112500 |
| 2-pass Conv Cpe | 3850 | 11500 | 19300 | 38600 | 67900 | 96500 |
| 2-pass Cpe | 1800 | 5300 | 8900 | 17800 | 31300 | 44400 |

### Series 355C, 8-cyl., 115 hp, 140" wb
#### Fisher Bodies

| | 6 | 5 | 4 | 3 | 2 | 1 |
|---|---|---|---|---|---|---|
| 5-pass Phtn | 4100 | 12200 | 20500 | 41000 | 72200 | 102500 |
| 5-pass A/W Phtn | 4300 | 12800 | 21500 | 43000 | 75700 | 107500 |
| 5-pass Cpe | 1850 | 5400 | 9100 | 18200 | 32000 | 45500 |
| 5-pass Sdn | 1750 | 5200 | 8700 | 17400 | 30600 | 43500 |
| 5-pass Twn Sdn | 1800 | 5300 | 8900 | 17800 | 31300 | 44400 |
| 7-pass Sdn | 1850 | 5400 | 9100 | 18200 | 32000 | 45500 |
| Imperial Sdn | 1950 | 5750 | 9700 | 19400 | 34100 | 48400 |

### Series 355C, 8-cyl., 115 hp, 140" wb
#### Fleetwood Line

| | 6 | 5 | 4 | 3 | 2 | 1 |
|---|---|---|---|---|---|---|
| 5-pass Sdn | 1800 | 5300 | 8900 | 17800 | 31300 | 44400 |
| 7-pass Sdn | 1850 | 5400 | 9100 | 18200 | 32000 | 45500 |
| 7-pass Limo | 1950 | 5750 | 9700 | 19400 | 34100 | 48400 |
| 5-pass Twn Cabrlt | 4050 | 12050 | 20300 | 40600 | 71500 | 101500 |
| 7-pass Twn Cabrlt | 4250 | 12600 | 21200 | 42400 | 74600 | 106000 |
| 7-pass Limo Brghm | 2450 | 7250 | 12300 | 24600 | 43200 | 61500 |

### Series 370C, 12-cyl., 135 hp, 134" wb
#### Fisher Bodies

| | 6 | 5 | 4 | 3 | 2 | 1 |
|---|---|---|---|---|---|---|
| 2-pass Rdstr | 4900 | 14550 | 24500 | 49000 | 86200 | 122500 |
| 2-pass Conv Cpe | 4650 | 13850 | 23300 | 46600 | 82000 | 116500 |
| 2-pass Cpe | 2950 | 8750 | 14700 | 29400 | 51700 | 73500 |

### Series 370C, 12-cyl., 135 hp, 140" wb
#### Fisher Bodies

| | 6 | 5 | 4 | 3 | 2 | 1 |
|---|---|---|---|---|---|---|
| 5-pass Phtn | 4800 | 14300 | 24000 | 48000 | 84500 | 120000 |
| 5-pass A/W Phtn | 4900 | 14550 | 24500 | 49000 | 86200 | 122500 |
| 5-pass Cpe | 3100 | 9200 | 15500 | 31000 | 54600 | 77500 |
| 5-pass Sdn | 2600 | 7750 | 13100 | 26200 | 46000 | 65500 |
| 5-pass Twn Sdn | 2600 | 7750 | 13100 | 26200 | 46000 | 65500 |
| 7-pass Sdn | 2450 | 7250 | 12300 | 24600 | 43200 | 61500 |
| 7-pass Imperial Sdn | 2700 | 8050 | 13500 | 27000 | 47500 | 67500 |

### Series 370C, 12-cyl., 135 hp, 140" wb
#### Fleetwood Line

| | 6 | 5 | 4 | 3 | 2 | 1 |
|---|---|---|---|---|---|---|
| 5-pass Sdn | 2700 | 8050 | 13500 | 27000 | 47500 | 67500 |
| 7-pass Sdn | 2700 | 8050 | 13500 | 27000 | 47500 | 67500 |
| 7-pass Limo | 2800 | 8300 | 13950 | 27900 | 49100 | 69800 |
| 5-pass Twn Cabrlt | 4800 | 14300 | 24000 | 48000 | 84500 | 120000 |
| 7-pass Twn Cabrlt | 4900 | 14550 | 24500 | 49000 | 86200 | 122500 |
| 7-pass Limo Brghm | 3200 | 9450 | 15900 | 31800 | 56000 | 79500 |

### Series 452-C, 16-cyl., 165 hp, 154" wb
#### Fleetwood Bodies, 149" wb

| | 6 | 5 | 4 | 3 | 2 | 1 |
|---|---|---|---|---|---|---|
| 2-4 pass Conv Cpe | 10400 | 30900 | 52000 | 104000 | 182600 | 259600 |
| A/W Phtn | 10600 | 31500 | 53000 | 106000 | 186100 | 264600 |

|  | 6 | 5 | 4 | 3 | 2 | 1 |
|---|---|---|---|---|---|---|
| 5-pass Sdn | 7400 | 22000 | 37000 | 74000 | 130200 | 185000 |
| 7-pass Sdn | 7400 | 22000 | 37000 | 74000 | 130200 | 185000 |
| 5-pass Twn Cabrlt | 9200 | 27300 | 46000 | 92000 | 161500 | 229700 |
| 7-pass Twn Cabrlt | 9000 | 26700 | 45000 | 90000 | 158000 | 224700 |
| 7-pass Limo | 7600 | 22600 | 38000 | 76000 | 133800 | 190000 |
| 7-pass Limo Brghm | 7600 | 22600 | 38000 | 76000 | 133800 | 190000 |
| 5-pass Twn Cpe | 7100 | 21100 | 35500 | 71000 | 125000 | 177500 |
| 7-pass Imperial Cabrlt | 9400 | 27900 | 47000 | 94000 | 165100 | 234600 |

## 1934

**Series 355D, Model 10, 8-cyl., 130 hp, 128" wb**
**Fisher Bodies**

|  | 6 | 5 | 4 | 3 | 2 | 1 |
|---|---|---|---|---|---|---|
| 2-pass Conv Cpe | 3050 | 9050 | 15250 | 30500 | 53700 | 76200 |
| 5-pass Conv Sdn | 3150 | 9350 | 15750 | 31500 | 55400 | 78800 |
| 2-pass Twn Cpe | 1800 | 5300 | 8900 | 17800 | 31300 | 44400 |
| 5-pass Twn Cpe | 1550 | 4700 | 7900 | 15800 | 27800 | 39400 |
| 5-pass Sdn | 1500 | 4500 | 7500 | 15000 | 26400 | 37500 |
| 5-pass Twn Sdn | 1550 | 4650 | 7750 | 15500 | 27300 | 38700 |

**Series 355D, Model 20, 8-cyl., 130 hp, 136" wb**
**Fisher Bodies**

|  | 6 | 5 | 4 | 3 | 2 | 1 |
|---|---|---|---|---|---|---|
| 2-pass Conv Cpe | 3300 | 9800 | 16500 | 33000 | 58100 | 82500 |
| 5-pass Conv Sdn | 3400 | 10100 | 17000 | 34000 | 59800 | 85000 |
| 2-pass Cpe Spt | 1900 | 5500 | 9300 | 18600 | 32700 | 46400 |
| 5-pass Sdn | 1500 | 4500 | 7500 | 15000 | 26400 | 37500 |
| 5-pass Twn Sdn | 1550 | 4650 | 7750 | 15500 | 27300 | 38700 |
| 7-pass Sdn | 1800 | 5300 | 8900 | 17800 | 31300 | 44400 |
| 7-pass Imperial Sdn | 2000 | 5850 | 9900 | 19800 | 34800 | 49500 |

**Series 355D, Model 30, 8-cyl., 130 hp, 146" wb**
**Fleetwood Bodies w/straight windshield**

|  | 6 | 5 | 4 | 3 | 2 | 1 |
|---|---|---|---|---|---|---|
| 5-pass Sdn | 1550 | 4700 | 7900 | 15800 | 27800 | 39400 |
| 5-pass Twn Sdn | 1600 | 4850 | 8100 | 16200 | 28500 | 40500 |
| 7-pass Sdn | 1650 | 4950 | 8300 | 16600 | 29200 | 41500 |
| 7-pass Limo | 1750 | 5200 | 8700 | 17400 | 30600 | 43500 |
| 5-pass Imperial Cabrlt | 3750 | 11100 | 18700 | 37400 | 65800 | 93500 |
| 7-pass Imperial Cabrlt | 3900 | 11600 | 19500 | 39000 | 68500 | 97400 |

**Series 355D, Model 30, 8-cyl., 130 hp, 146" wb**
**Fleetwood Bodies w/modified "v" windshield**

|  | 6 | 5 | 4 | 3 | 2 | 1 |
|---|---|---|---|---|---|---|
| 4-pass Conv Cpe | 3500 | 10400 | 17500 | 35000 | 61600 | 87500 |
| Aero Cpe | 3200 | 9450 | 15900 | 31800 | 56000 | 79500 |
| 4-pass Cpe | 2200 | 6450 | 10900 | 21800 | 38300 | 54400 |
| 5-pass Spl Sdn | 1800 | 5300 | 8900 | 17800 | 31300 | 44400 |
| 5-pass Spl Twn Sdn | 1850 | 5400 | 9100 | 18200 | 32000 | 45500 |
| 5-pass Conv Sdn Imp | 3800 | 11350 | 19100 | 38200 | 67200 | 95500 |
| 7-pass Spl Sdn | 1900 | 5500 | 9300 | 18600 | 32700 | 46400 |
| 7-pass Spl Limo | 1950 | 5750 | 9700 | 19400 | 34100 | 48400 |
| 5-pass Twn Cabrlt | 3800 | 11350 | 19100 | 38200 | 67200 | 95500 |
| 7-pass Twn Cabrlt | 3900 | 11600 | 19500 | 39000 | 68600 | 97500 |
| 5-pass Spl Imperial Cabrlt | 3900 | 11600 | 19500 | 39000 | 68600 | 97500 |
| 7-pass Spl Imperial Cabrlt | 4000 | 11900 | 20000 | 40000 | 70400 | 100000 |
| 5-pass Limo Brghm | 3000 | 8900 | 15000 | 30000 | 52800 | 75000 |

**Series 370D, 12-cyl., 150 hp, 146" wb**
**Fleetwood Bodies w/straight windshield**

|  | 6 | 5 | 4 | 3 | 2 | 1 |
|---|---|---|---|---|---|---|
| 5-pass Sdn | 2200 | 6500 | 10950 | 21900 | 38500 | 54700 |
| 5-pass Twn Sdn | 2250 | 6600 | 11150 | 22300 | 39200 | 55700 |
| 7-pass Imperial Sdn | 2400 | 7050 | 11900 | 23800 | 41800 | 59500 |
| 7-pass Sdn | 2300 | 6750 | 11400 | 22800 | 40050 | 57000 |
| 5-pass Imperial Cabrlt | 4250 | 12600 | 21200 | 42400 | 74600 | 106000 |
| 7-pass Imperial Cabrlt | 4300 | 12850 | 21600 | 43200 | 76000 | 108000 |

'35 Cadillac

'37 Cadillac Convertible Sedan

'38 Cadillac Sixty-Special

'39 Cadillac

'40 Cadillac Limousine

'41 Cadillac

'42 Cadillac Sixty-Two Club Coupe

'46 Cadillac Fleetwood

'47 Cadillac Convertible

'49 Cadillac Fleetwood

'49 Cadillac

'50 Cadillac

| | 6 | 5 | 4 | 3 | 2 | 1 |
|---|---|---|---|---|---|---|
| **Series 370D, 12-cyl., 150 hp, 146" wb** | | | | | | |
| **Fleetwood Bodies w/modified "V" windshield** | | | | | | |
| 4-pass Conv Cpe | 3950 | 11750 | 19750 | 39500 | 69500 | 98800 |
| 4-pass Cpe | 2550 | 7500 | 12700 | 25400 | 44600 | 63500 |
| 5-pass Spl Sdn | 2250 | 6600 | 11100 | 22200 | 39000 | 55500 |
| 5-pass Spl Twn Sdn | 2300 | 6800 | 11500 | 23000 | 40400 | 57500 |
| 5-pass Conv Sdn Imp | 4500 | 13400 | 22500 | 45000 | 79200 | 112500 |
| 7-pass Spl Sdn | 2400 | 7050 | 11900 | 23800 | 41800 | 59500 |
| 7-pass Spl Limo | 2600 | 7700 | 13000 | 26000 | 45650 | 65000 |
| 5-pass Twn Cabrlt | 4250 | 12650 | 21250 | 42500 | 74800 | 106200 |
| 7-pass Twn Cabrlt | 4300 | 12800 | 21500 | 43000 | 75700 | 107500 |
| 5-pass Spl Imperial Cabrlt | 4400 | 13100 | 22000 | 44000 | 77400 | 110000 |
| 7-pass Spl Imperial Cabrlt | 4700 | 14000 | 23500 | 47000 | 82700 | 117500 |
| 7-pass Limo Brghm | 3100 | 9200 | 15400 | 30800 | 54100 | 76900 |
| **Series 452D, 16-cyl., 185 hp, 154" wb** | | | | | | |
| **Fleetwood Bodies w/straight windshield** | | | | | | |
| 5-pass Sdn | 5800 | 17300 | 29100 | 58200 | 102400 | 145500 |
| 5-pass Twn Sdn | 6000 | 17850 | 30000 | 60000 | 105600 | 150000 |
| 7-pass Sdn | 6000 | 17850 | 30000 | 60000 | 105600 | 150000 |
| 7-pass Limo | 6150 | 18300 | 30750 | 61500 | 108200 | 153800 |
| 5-pass Imp Cabrlt | 7900 | 23500 | 39500 | 79000 | 139000 | 197500 |
| **Series 452D, 16-cyl., 185 hp, 154" wb** | | | | | | |
| **Fleetwood Bodies w/modified "V" windshield** | | | | | | |
| 4-pass Conv Cpe | 8400 | 25000 | 42000 | 84000 | 147500 | 209700 |
| Aero Cpe | 7500 | 22300 | 37500 | 75000 | 131700 | 187200 |
| 4-pass Cpe | 9400 | 27900 | 47000 | 94000 | 165100 | 234600 |
| 5-pass Spl Sdn | 8600 | 25600 | 43000 | 86000 | 151000 | 214700 |
| 5-pass Spl Twn Sdn | 6150 | 18300 | 30750 | 61500 | 108200 | 153800 |
| 5-pass Conv Sdn Imp | 9100 | 27050 | 45500 | 91000 | 160200 | 227500 |
| 7-pass Spl Sdn | 5950 | 17700 | 29750 | 59500 | 104700 | 148800 |
| 7-pass Spl Limo | 6300 | 18750 | 31500 | 63000 | 110900 | 157500 |
| 5-pass Twn Cabrlt | 7700 | 22850 | 38500 | 77000 | 135200 | 192200 |
| 7-pass Twn Cabrlt | 7800 | 23150 | 39000 | 78000 | 137000 | 194700 |
| 5-pass Spl Imperial Cabrlt | 8100 | 24050 | 40500 | 81000 | 142200 | 202200 |
| 7-pass Spl Imperial Cabrlt | 8300 | 24650 | 41500 | 83000 | 145700 | 207200 |
| 7-pass Limo Brghm | 6700 | 19950 | 33500 | 67000 | 117900 | 167500 |
| ***1935*** | | | | | | |
| **Series 355D, Model 10, 8-cyl., 130 hp, 128" wb** | | | | | | |
| **Fisher Bodies** | | | | | | |
| 2-4 pass Conv Cpe | 3050 | 9100 | 15300 | 30600 | 53900 | 76500 |
| 5-pass Conv Sdn | 3150 | 9350 | 15700 | 31400 | 55300 | 78500 |
| 2-4 pass Cpe | 1800 | 5300 | 8900 | 17800 | 31300 | 44400 |
| 5-pass Twn Cpe | 1550 | 4700 | 7900 | 15800 | 27800 | 39400 |
| 5-pass Sdn | 1500 | 4500 | 7500 | 15000 | 26400 | 37500 |
| 5-pass Twn Sdn | 1550 | 4650 | 7750 | 15500 | 27300 | 38700 |
| **Series 355D, Model 20, 8-cyl., 130 hp, 136" wb** | | | | | | |
| **Fisher Bodies** | | | | | | |
| 2-4 pass Conv Cpe | 2850 | 8500 | 14250 | 28500 | 50200 | 71200 |
| 5-pass Conv Sdn | 2750 | 8200 | 13750 | 27500 | 48400 | 68800 |
| 2-4 pass Cpe | 2150 | 6200 | 10500 | 21000 | 36900 | 52400 |
| 5-pass Sdn | 1650 | 4950 | 8300 | 16600 | 29200 | 41500 |
| 5-pass Twn Sdn | 1700 | 5050 | 8500 | 17000 | 29900 | 42500 |
| 7-pass Sdn | 1800 | 5350 | 9000 | 18000 | 31650 | 45000 |
| 7-pass Imperial Sdn | 2000 | 5850 | 9900 | 19800 | 34800 | 49500 |
| **Series 355D, Model 30, 8-cyl., 130 hp, 146" wb** | | | | | | |
| **Fleetwood Bodies w/straight windshield** | | | | | | |
| 5-pass Sdn | 1550 | 4700 | 7900 | 15800 | 27800 | 39400 |
| 5-pass Twn Sdn | 1600 | 4850 | 8100 | 16200 | 28500 | 40500 |
| 7-pass Limo | 1650 | 4950 | 8300 | 16600 | 29200 | 41500 |
| 7-pass Sdn | 1750 | 5200 | 8700 | 17400 | 30600 | 43500 |

| | 6 | 5 | 4 | 3 | 2 | 1 |
|---|---|---|---|---|---|---|
| 5-pass Imperial Cabrlt | 3750 | 11150 | 18750 | 37500 | 66000 | 93800 |
| 7-pass Imperial Cabrlt | 3850 | 11450 | 19250 | 38500 | 67800 | 96200 |
| **Series 355D, Model 30, 8-cyl., 130 hp, 146" wb** | | | | | | |
| **Fleetwood Bodies w/modified "V" windshield** | | | | | | |
| 4-pass Conv Cpe | 3500 | 10400 | 17500 | 35000 | 61600 | 87500 |
| 4-pass Cpe | 2150 | 6200 | 10500 | 21000 | 36900 | 52400 |
| 5-pass Spl Sdn | 1750 | 5200 | 8750 | 17500 | 30800 | 43700 |
| 5-pass Spl Twn Sdn | 1800 | 5350 | 9000 | 18000 | 31650 | 45000 |
| 5-pass Conv Sdn Imp | 3900 | 11600 | 19500 | 39000 | 68600 | 97500 |
| 7-pass Spl Sdn | 1900 | 5500 | 9300 | 18600 | 32700 | 46400 |
| 7-pass Spl Limo | 1950 | 5750 | 9700 | 19400 | 34100 | 48400 |
| 5-pass Twn Cabrlt | 3850 | 11450 | 19250 | 38500 | 67800 | 96200 |
| 7-pass Twn Cabrlt | 3950 | 11750 | 19750 | 39500 | 69500 | 98800 |
| 5-pass Spl Imperial Cabrlt | 3950 | 11750 | 19750 | 39500 | 69500 | 98800 |
| 7-pass Spl Imperial Cabrlt | 4000 | 11900 | 20000 | 40000 | 70400 | 100000 |
| 7-pass Limo Brghm | 3000 | 8900 | 15000 | 30000 | 52800 | 75000 |
| **Series 370D, 12-cyl., 150 hp, 146" wb** | | | | | | |
| **Fleetwood Bodies w/straight windshield** | | | | | | |
| 5-pass Sdn | 2250 | 6550 | 11000 | 22000 | 38650 | 55000 |
| 5-pass Twn Sdn | 2300 | 6650 | 11250 | 22500 | 39500 | 56100 |
| 7-pass Sdn | 2300 | 6800 | 11500 | 23000 | 40400 | 57500 |
| 7-pass Limo | 2400 | 7100 | 12000 | 24000 | 42150 | 59900 |
| 5-pass Spl Imperial Cabrlt | 4250 | 12650 | 21250 | 42500 | 74800 | 106200 |
| 7-pass Spl Imperial Cabrlt | 4350 | 12950 | 21750 | 43500 | 76600 | 108800 |
| **Series 370D, 12-cyl., 150 hp, 146" wb** | | | | | | |
| **Fleetwood Bodies w/modified "V" windshield** | | | | | | |
| 5-pass Spl Sdn | 2300 | 6650 | 11250 | 22500 | 39500 | 56100 |
| 5-pass Spl Twn Sdn | 2350 | 6950 | 11750 | 23500 | 41300 | 58700 |
| 7-pass Spl Sdn | 2400 | 7100 | 12000 | 24000 | 42150 | 59900 |
| 7-pass Spl Limo | 2650 | 7850 | 13250 | 26500 | 46500 | 66100 |
| 5-pass Spl Imperial Cabrlt | 4400 | 13100 | 22000 | 44000 | 77400 | 110000 |
| 7-pass Spl Imperial Cabrlt | 4750 | 14150 | 23750 | 47500 | 83600 | 118800 |
| 5-pass Twn Cabrlt | 4250 | 12650 | 21250 | 42500 | 74800 | 106200 |
| 7-pass Twn Cabrlt | 4300 | 12800 | 21500 | 43000 | 75700 | 107500 |
| 4-pass Conv Cpe | 3900 | 11600 | 19500 | 39000 | 68600 | 97500 |
| 4-pass Cpe | 2500 | 7400 | 12500 | 25000 | 43900 | 62400 |
| 5-pass Conv Sdn Imp | 4500 | 13400 | 22500 | 45000 | 79200 | 112500 |
| 7-pass Limo Brghm | 3850 | 11450 | 19250 | 38500 | 67800 | 96200 |
| **Series 452D, 16-cyl., 185 hp, 154" wb** | | | | | | |
| **Fleetwood Bodies w/straight windshield** | | | | | | |
| 5-pass Sdn | 5800 | 17250 | 29000 | 58000 | 102100 | 145000 |
| 5-pass Twn Sdn | 6000 | 17850 | 30000 | 60000 | 105600 | 150000 |
| 7-pass Sdn | 6000 | 17850 | 30000 | 60000 | 105600 | 150000 |
| 7-pass Limo | 6200 | 18450 | 31000 | 62000 | 109100 | 155000 |
| 5-pass Imperial Cabrlt | 7600 | 22600 | 38000 | 76000 | 133800 | 190000 |
| 7-pass Imperial Cabrlt | 7800 | 23200 | 39000 | 78000 | 137300 | 195000 |
| **Series 452D, 16-cyl., 185 hp, 154" wb** | | | | | | |
| **Fleetwood Bodies w/modified "V" windshield** | | | | | | |
| 4-pass Cpe | 9200 | 27300 | 46000 | 92000 | 161500 | 229700 |
| 5-pass Spl Sdn | 9000 | 26700 | 45000 | 90000 | 158000 | 224700 |
| 5-pass Spl Twn Sdn | 6200 | 18450 | 31000 | 62000 | 109100 | 155000 |
| 7-pass Spl Sdn | 6000 | 17850 | 30000 | 60000 | 105600 | 150000 |
| 7-pass Spl Limo | 6350 | 18900 | 31750 | 63500 | 111800 | 158800 |
| 5-pass Twn Cabrlt | 7500 | 22300 | 37500 | 75000 | 131700 | 187200 |
| 7-pass Twn Cabrlt | 7700 | 22900 | 38500 | 77000 | 135200 | 192200 |
| 5-pass Imperial Cabrlt | 7900 | 23500 | 39500 | 79000 | 138700 | 197200 |
| 7-pass Imperial Cabrlt | 8100 | 24100 | 40500 | 81000 | 142200 | 202200 |
| 7-pass Limo Brghm | 6800 | 20200 | 34000 | 68000 | 119700 | 170000 |
| 4-pass Conv Cpe | 8600 | 25600 | 43000 | 86000 | 151000 | 214700 |
| 5-pass Conv Sdn Imp | 9200 | 27300 | 46000 | 92000 | 161500 | 229700 |

| | 6 | 5 | 4 | 3 | 2 | 1 |
|---|---|---|---|---|---|---|

### 1936

**Series 60, 8-cyl., 125 hp, 121" wb**

| | 6 | 5 | 4 | 3 | 2 | 1 |
|---|---|---|---|---|---|---|
| 2-pass Conv Cpe | 2500 | 7400 | 12500 | 25000 | 43900 | 62400 |
| 2-pass Cpe | 1100 | 3550 | 5900 | 11800 | 20800 | 29400 |
| 7-pass Tr Sdn | 900 | 2800 | 4700 | 9400 | 16500 | 23400 |

**Series 70, 8-cyl., 135 hp, 131" wb**
**Fleetwood Bodies**

| | 6 | 5 | 4 | 3 | 2 | 1 |
|---|---|---|---|---|---|---|
| 2-pass Conv Cpe | 2800 | 8300 | 14000 | 28000 | 49200 | 69900 |
| 2-pass Cpe | 1150 | 3650 | 6100 | 12200 | 21500 | 30500 |
| 5-pass Conv Sdn | 2900 | 8600 | 14500 | 29000 | 50900 | 72400 |
| 5-pass Tr Sdn | 1050 | 3300 | 5500 | 11000 | 19300 | 27500 |

**Series 75, 8-cyl., 135 hp, 138" wb**
**Fleetwood Bodies**

| | 6 | 5 | 4 | 3 | 2 | 1 |
|---|---|---|---|---|---|---|
| 5-pass Sdn | 1500 | 4500 | 7500 | 15000 | 26400 | 37500 |
| 5-pass Tr Sdn | 1550 | 4650 | 7800 | 15600 | 27450 | 38900 |
| 5-pass Conv Sdn | 3100 | 9200 | 15500 | 31000 | 54400 | 77400 |
| 5-pass Fml Sdn | 1500 | 4500 | 7500 | 15000 | 26400 | 37500 |
| 5-pass Twn Sdn | 1550 | 4650 | 7750 | 15500 | 27300 | 38700 |
| 7-pass Sdn | 1550 | 4700 | 7900 | 15800 | 27800 | 39400 |
| 7-pass Tr Sdn | 1700 | 5050 | 8500 | 17000 | 29900 | 42500 |
| 7-pass Imperial Sdn | 1750 | 5200 | 8750 | 17500 | 30800 | 43700 |
| 7-pass Imperial Tr Sdn | 1800 | 5300 | 8900 | 17800 | 31300 | 44400 |
| 7-pass Twn Car | 2000 | 5850 | 9900 | 19800 | 34800 | 49500 |

**Series 80, 12-cyl., 150 hp, 131" wb**
**Fleetwood Bodies**

| | 6 | 5 | 4 | 3 | 2 | 1 |
|---|---|---|---|---|---|---|
| 2-pass Conv Cpe | 3300 | 9800 | 16500 | 33000 | 57900 | 82400 |
| 5-pass Conv Sdn | 3400 | 10100 | 17000 | 34000 | 59700 | 84900 |
| 2-pass Cpe | 1800 | 5300 | 8900 | 17800 | 31300 | 44400 |
| Tr Sdn | 1650 | 4950 | 8300 | 16600 | 29200 | 41500 |

**Series 85, 12-cyl., 150 hp, 138" wb**
**Fleetwood Bodies**

| | 6 | 5 | 4 | 3 | 2 | 1 |
|---|---|---|---|---|---|---|
| 5-pass Sdn | 1700 | 5050 | 8500 | 17000 | 29900 | 42500 |
| 5-pass Tr Sdn | 1750 | 5200 | 8700 | 17400 | 30600 | 43500 |
| 5-pass Twn Sdn | 1900 | 5650 | 9500 | 19000 | 33400 | 47500 |
| 5-pass Conv Sdn | 3100 | 9200 | 15500 | 31000 | 54600 | 77500 |
| 5-pass Fml Sdn | 1900 | 5500 | 9250 | 18500 | 32500 | 46100 |
| 5-pass Twn Sdn | 1900 | 5650 | 9500 | 19000 | 33400 | 47500 |
| 7-pass Sdn | 1900 | 5500 | 9300 | 18600 | 32700 | 46400 |
| 7-pass Tr Sdn | 1900 | 5650 | 9500 | 19000 | 33400 | 47500 |
| 7-pass Imp Sdn | 2000 | 5850 | 9900 | 19800 | 34800 | 49500 |
| 7-pass Imp Tr Sdn | 2050 | 6050 | 10250 | 20500 | 36000 | 51200 |
| 7-pass Twn Car | 2400 | 7050 | 11900 | 23800 | 41800 | 59500 |

**Series 90, 16-cyl., 180 hp, 154" wb**
**Fleetwood Bodies**

| | 6 | 5 | 4 | 3 | 2 | 1 |
|---|---|---|---|---|---|---|
| 5-pass Conv Sdn | 5800 | 17250 | 29000 | 58000 | 101800 | 144800 |
| 5-pass Twn Sdn | 3850 | 11400 | 19200 | 38400 | 67600 | 96000 |
| 7-pass Sdn | 3900 | 11650 | 19600 | 39200 | 69000 | 98000 |
| 7-pass Imp Cabrlt | 5700 | 16950 | 28500 | 57000 | 101100 | 142300 |
| 7-pass Twn Cabrlt | 6100 | 18100 | 30500 | 61000 | 107100 | 152300 |

### 1937

**Series 60, 8-cyl., 124" wb**
**Fisher Bodies**

| | 6 | 5 | 4 | 3 | 2 | 1 |
|---|---|---|---|---|---|---|
| 2-pass Conv Cpe | 2300 | 6800 | 11500 | 23000 | 40400 | 57500 |
| 5-pass Conv Sdn | 2400 | 7100 | 12000 | 24000 | 42150 | 59900 |
| 2-pass Cpe | 1100 | 3550 | 5900 | 11800 | 20800 | 29400 |
| 5-pass Tr Sdn | 950 | 2950 | 4950 | 9900 | 17500 | 24700 |

**Series 65, 8-cyl., 131" wb**
**Fisher Bodies**

| | 6 | 5 | 4 | 3 | 2 | 1 |
|---|---|---|---|---|---|---|
| 5-pass Tr Sdn | 1000 | 3150 | 5300 | 10600 | 18700 | 26500 |

| | 6 | 5 | 4 | 3 | 2 | 1 |
|---|---|---|---|---|---|---|
| **Series 70, 8-cyl., 131" wb** | | | | | | |
| **Fleetwood Bodies** | | | | | | |
| 2-pass Conv Cpe | 2500 | 7400 | 12500 | 25000 | 43900 | 62400 |
| 5-pass Conv Sdn | 2600 | 7700 | 13000 | 26000 | 45650 | 65000 |
| 2-pass Spt Cpe | 1250 | 3900 | 6500 | 13000 | 22900 | 32500 |
| 5-pass Tr Sdn | 1100 | 3450 | 5750 | 11500 | 20300 | 28700 |
| **Series 75, 8-cyl., 138" wb** | | | | | | |
| **Fleetwood Bodies** | | | | | | |
| 5-pass Tr Sdn | 1200 | 3750 | 6300 | 12600 | 22200 | 31400 |
| 5-pass Twn Sdn | 1250 | 3900 | 6500 | 13000 | 22900 | 32500 |
| 5-pass Conv Sdn | 2900 | 8600 | 14500 | 29000 | 50900 | 72400 |
| 5-pass Fml Sdn | 1350 | 4150 | 6900 | 13800 | 24300 | 34500 |
| 7-pass Tr Sdn | 1500 | 4550 | 7600 | 15200 | 26750 | 38000 |
| 7-pass Imperial Tr Sdn | 1450 | 4400 | 7300 | 14600 | 25700 | 36500 |
| 7-pass Twn Car | 2600 | 7700 | 13000 | 26000 | 45650 | 65000 |
| **Fisher Bodies-Business Cars** | | | | | | |
| 7-pass Spl Tr Sdn | 1500 | 4500 | 7500 | 15000 | 26400 | 37500 |
| 7-pass Spl Imp Tr Sdn | 1800 | 5300 | 8900 | 17800 | 31300 | 44400 |
| **Series 85, 12-cyl., 138" wb** | | | | | | |
| **Fleetwood Bodies** | | | | | | |
| 5-pass Tr Sdn | 1800 | 5350 | 9000 | 18000 | 31650 | 45000 |
| 5-pass Twn Sdn | 1900 | 5500 | 9250 | 18500 | 32500 | 46100 |
| 5-pass Conv Sdn | 3300 | 9800 | 16500 | 33000 | 57900 | 82400 |
| 7-pass Imperial Tr Sdn | 2200 | 6350 | 10750 | 21500 | 37800 | 53700 |
| 7-pass Twn Car | 2950 | 8800 | 14750 | 29500 | 51800 | 73600 |
| 5-pass Frml Sdn | 1950 | 5700 | 9600 | 19200 | 33750 | 47900 |
| 7-pass Tr Sdn | 1900 | 5650 | 9500 | 19000 | 33400 | 47500 |
| **Series 90, 16-cyl., 154" wb** | | | | | | |
| **Fleetwood Bodies** | | | | | | |
| 5-pass Conv Sdn | 6300 | 18750 | 31500 | 63000 | 110900 | 157500 |
| 2-pass Cpe | 4400 | 13050 | 21900 | 43800 | 77100 | 109500 |
| 7-pass Sdn | 4050 | 12100 | 20300 | 40600 | 71500 | 101500 |
| 7-pass Limo | 4300 | 12800 | 21500 | 43000 | 75700 | 107500 |
| 7-pass Twn Cabrlt | 6400 | 19050 | 32000 | 64000 | 112600 | 160000 |
| **1938** | | | | | | |
| **Series 60, 8-cyl., 124" wb** | | | | | | |
| 2-pass Conv Cpe | 2400 | 7100 | 12000 | 24000 | 42150 | 59900 |
| 5-pass Conv Sdn | 2500 | 7400 | 12500 | 25000 | 43900 | 62400 |
| 2-pass Cpe | 1100 | 3550 | 5900 | 11800 | 20800 | 29400 |
| 5-pass Tr Sdn | 1050 | 3400 | 5700 | 11400 | 20100 | 28500 |
| **Series 60 Special, 8-cyl., 127" wb** | | | | | | |
| 5-pass Tr Sdn | 1350 | 4150 | 6900 | 13800 | 24300 | 34500 |
| **Series 65, 8-cyl., 132" wb** | | | | | | |
| 5-pass Tr Sdn | 1100 | 3550 | 5900 | 11800 | 20800 | 29400 |
| 5-pass Tr Sdn Div | 1400 | 4250 | 7100 | 14200 | 25000 | 35400 |
| 5-pass Conv Sdn | 2900 | 8600 | 14500 | 29000 | 50900 | 72400 |
| **Series 75, 8-cyl., 141" wb** | | | | | | |
| **Fleetwood Bodies** | | | | | | |
| 2-pass Conv Cpe | 2950 | 8800 | 14750 | 29500 | 51800 | 73600 |
| 5-pass Conv Sdn | 3100 | 9200 | 15500 | 31000 | 54400 | 77400 |
| 2-pass Cpe | 1800 | 5300 | 8900 | 17800 | 31300 | 44400 |
| 5-pass Cpe | 1700 | 5050 | 8500 | 17000 | 29900 | 42500 |
| 5-pass Tr Sdn | 1350 | 4150 | 6900 | 13800 | 24300 | 34500 |
| 5-pass Tr Div Sdn | 1400 | 4350 | 7250 | 14500 | 25500 | 36200 |
| 5-pass Twn Sdn | 1400 | 4250 | 7100 | 14200 | 25000 | 35400 |
| 5-pass Fml Sdn | 1400 | 4250 | 7100 | 14200 | 25000 | 35400 |
| 7-pass Fml Sdn | 1550 | 4700 | 7900 | 15800 | 27800 | 39400 |
| 7-pass Tr Sdn | 1500 | 4500 | 7500 | 15000 | 26400 | 37500 |
| 8-pass Tr Sdn | 1500 | 4600 | 7700 | 15400 | 27100 | 38500 |

|  | 6 | 5 | 4 | 3 | 2 | 1 |
|---|---|---|---|---|---|---|
| 8-pass Imp Tr Sdn | 1600 | 4800 | 8000 | 16000 | 28150 | 40000 |
| 7-pass Twn Car | 2300 | 6650 | 11250 | 22500 | 39500 | 56100 |
| **Series 90, 16-cyl., 141" wb** | | | | | | |
| **Fleetwood Bodies** | | | | | | |
| 2-pass Conv Cpe | 4250 | 12650 | 21250 | 42500 | 74800 | 106200 |
| 5-pass Conv Sdn | 4350 | 12950 | 21750 | 43500 | 76600 | 108800 |
| 2-pass Cpe | 3000 | 9000 | 15100 | 30200 | 53200 | 75500 |
| 5-pass Cpe | 3100 | 9300 | 15600 | 31200 | 54900 | 78000 |
| 5-pass Tr Sdn | 2800 | 8350 | 14000 | 28000 | 49300 | 70000 |
| 5-pass Tr Div Sdn | 3000 | 8900 | 15000 | 30000 | 52700 | 74900 |
| 5-pass Twn Sdn | 2850 | 8500 | 14300 | 28600 | 50300 | 71500 |
| 7-pass Tr Sdn | 3000 | 8850 | 14900 | 29800 | 52400 | 74500 |
| 7-pass Imperial Tr Sdn | 3150 | 9350 | 15750 | 31500 | 55400 | 78800 |
| 5-pass Fml Sdn | 3150 | 9350 | 15750 | 31500 | 55400 | 78800 |
| 7-pass Fml Sdn | 3250 | 9650 | 16250 | 32500 | 57200 | 81200 |
| 7-pass Twn Car | 3850 | 11500 | 19300 | 38600 | 67900 | 96500 |
| **1939** | | | | | | |
| **Series 61, 8-cyl., 26" wb** | | | | | | |
| 2-4 pass Conv Cpe | 2700 | 8000 | 13500 | 27000 | 47400 | 67400 |
| 5-pass Conv Sdn | 2900 | 8600 | 14500 | 29000 | 50900 | 72400 |
| 2-4 pass Cpe | 1100 | 3550 | 5900 | 11800 | 20800 | 29400 |
| 5-pass Tr Sdn | 1000 | 3150 | 5300 | 10600 | 18700 | 26500 |
| **Series 60 Special, 8-cyl., 127" wb** | | | | | | |
| **Fleetwood Bodies** | | | | | | |
| 5-pass Sdn | 1550 | 4700 | 7900 | 15800 | 27800 | 39400 |
| **Series 75, 8-cyl., 141" wb** | | | | | | |
| **Fleetwood Bodies** | | | | | | |
| 2-4 pass Conv Cpe | 3200 | 9500 | 16000 | 32000 | 56200 | 79900 |
| 5-pass Conv Sdn | 3300 | 9800 | 16500 | 33000 | 57900 | 82400 |
| 2-4 pass Cpe | 1350 | 4150 | 6900 | 13800 | 24300 | 34500 |
| 5-pass Cpe | 1400 | 4300 | 7200 | 14400 | 25350 | 35900 |
| 5-pass Tr Sdn | 1250 | 3900 | 6500 | 13000 | 22900 | 32500 |
| 5-pass Tr Div Sdn | 1300 | 4050 | 6750 | 13500 | 23800 | 33700 |
| 5-pass Twn Sdn | 1350 | 4150 | 6900 | 13800 | 24300 | 34500 |
| 5-pass Fml Sdn | 1400 | 4250 | 7100 | 14200 | 25000 | 35400 |
| 7-pass Fml Sdn | 1500 | 4500 | 7500 | 15000 | 26400 | 37500 |
| 7-pass Tr Sdn | 1450 | 4400 | 7300 | 14600 | 25700 | 36500 |
| 7-pass Imperial Sdn | 1500 | 4500 | 7500 | 15000 | 26400 | 37500 |
| 8-pass Bus Tr Sdn | 1350 | 4150 | 6900 | 13800 | 24300 | 34500 |
| 8-pass Tr Imp Sdn | 1550 | 4700 | 7900 | 15800 | 27800 | 39400 |
| Twn Car | 1650 | 4900 | 8250 | 16500 | 29000 | 41200 |
| **Series 90, 16-cyl., 141" wb** | | | | | | |
| **Fleetwood Bodies** | | | | | | |
| 2-4 pass Conv Cpe | 4100 | 12200 | 20500 | 41000 | 72000 | 102300 |
| 5-pass Conv Sdn | 4500 | 13350 | 22500 | 45000 | 79000 | 112300 |
| 2-4 pass Cpe | 3450 | 10250 | 17250 | 34500 | 60700 | 86200 |
| 5-pass Cpe | 3350 | 9950 | 16750 | 33500 | 59000 | 83800 |
| 5-pass Tr Sdn | 2800 | 8250 | 13900 | 27800 | 48900 | 69500 |
| 5-pass Twn Sdn | 2900 | 8600 | 14500 | 29000 | 50900 | 72400 |
| 5-pass Tr Div Sdn | 2900 | 8600 | 14500 | 29000 | 50900 | 72400 |
| 7-pass Tr Sdn | 2900 | 8600 | 14500 | 29000 | 50900 | 72400 |
| 7-pass Imperial Tr Sdn | 3000 | 8900 | 15000 | 30000 | 52800 | 75000 |
| 5-pass Fml Sdn | 3000 | 8900 | 15000 | 30000 | 52800 | 75000 |
| 7-pass Fml Sdn | 3050 | 9050 | 15250 | 30500 | 53700 | 76200 |
| Twn Car | 3600 | 10650 | 17900 | 35800 | 63000 | 89500 |
| **1940** | | | | | | |
| **Series 62, 8-cyl., 129" wb** | | | | | | |
| 2-dr Conv | 2900 | 8600 | 14500 | 29000 | 50900 | 72400 |
| 2-4 pass Cpe | 1150 | 3650 | 6100 | 12200 | 21500 | 30500 |
| 5-pass Tr Sdn | 850 | 2650 | 4500 | 9000 | 15900 | 22500 |

| | 6 | 5 | 4 | 3 | 2 | 1 |
|---|---|---|---|---|---|---|
| **Series 60 Special, 8-cyl., 127" wb** | | | | | | |
| **Fleetwood Bodies** | | | | | | |
| 5-pass Tr Sdn | 1500 | 4500 | 7500 | 15000 | 26400 | 37500 |
| 5-pass Div Sdn | 1600 | 4850 | 8100 | 16200 | 28500 | 40500 |
| 5-pass Twn Car | 2000 | 5850 | 9900 | 19800 | 34800 | 49500 |
| **Series 72, 8-cyl., 138" wb** | | | | | | |
| **Fleetwood Bodies** | | | | | | |
| 5-pass Tr Sdn | 1500 | 4500 | 7500 | 15000 | 26400 | 37500 |
| 5-pass Tr Div Sdn | 1550 | 4650 | 7750 | 15500 | 27300 | 38700 |
| 7-pass Sdn | 1600 | 4750 | 7950 | 15900 | 28000 | 39700 |
| 7-pass Bus Tr Sdn | 1500 | 4500 | 7500 | 15000 | 26400 | 37500 |
| 7-pass Imperial Sdn | 1600 | 4800 | 8000 | 16000 | 28150 | 40000 |
| 7-pass Bus Imperial Tr | 1550 | 4700 | 7850 | 15700 | 27600 | 39100 |
| **Series 75, 8-cyl., 141" wb** | | | | | | |
| **Fleetwood Bodies** | | | | | | |
| 2-4 pass Conv | 3300 | 9800 | 16500 | 33000 | 57900 | 82400 |
| 5-pass Conv Sdn | 3400 | 10100 | 17000 | 34000 | 59700 | 84900 |
| 2-4 pass Cpe | 2250 | 6600 | 11100 | 22200 | 39000 | 55500 |
| 5-pass Cpe | 2200 | 6500 | 10950 | 21900 | 38500 | 54700 |
| 5-pass Tr Sdn | 2150 | 6200 | 10500 | 21000 | 36900 | 52400 |
| 7-pass Tr Sdn | 2200 | 6350 | 10700 | 21400 | 37600 | 53500 |
| 7-pass Twn Sdn | 2400 | 7050 | 11900 | 23800 | 41800 | 59500 |
| 5-pass Fml Sdn | 2200 | 6450 | 10900 | 21800 | 38300 | 54400 |
| 7-pass Fml Sdn | 2300 | 6700 | 11300 | 22600 | 39700 | 56400 |
| 7-pass Imp Twn Sdn | 2300 | 6650 | 11200 | 22400 | 39350 | 55900 |
| 7-pass Twn Car | 2550 | 7500 | 12700 | 25400 | 44600 | 63500 |
| **Series 90, 16-cyl., 141" wb** | | | | | | |
| **Fleetwood Bodies** | | | | | | |
| 2-4 pass Conv Cpe | 4650 | 13850 | 23250 | 46500 | 81800 | 116200 |
| 5-pass Conv Sdn | 4750 | 14150 | 23750 | 47500 | 83600 | 118800 |
| 2-4 pass Cpe | 3450 | 10250 | 17250 | 34500 | 60700 | 86200 |
| 5-pass Cpe | 3350 | 9950 | 16750 | 33500 | 59000 | 83800 |
| 5-pass Tr Sdn | 3300 | 9750 | 16400 | 32800 | 57700 | 82000 |
| 5-pass Tr Div Sdn | 3300 | 9800 | 16500 | 33000 | 58000 | 82500 |
| 7-pass Tr Sdn | 3350 | 9950 | 16750 | 33500 | 59000 | 83800 |
| 7-pass Imperial Sdn | 3350 | 9950 | 16750 | 33500 | 59000 | 83800 |
| 5-pass Fml Sdn | 3500 | 10400 | 17500 | 35000 | 61600 | 87500 |
| 7-pass Fml Sdn | 3500 | 10400 | 17500 | 35000 | 61600 | 87500 |
| 5-pass Twn Sdn | 3600 | 10700 | 18000 | 36000 | 63400 | 90000 |
| 7-pass Twn Car | 3600 | 10700 | 18000 | 36000 | 63400 | 90000 |
| ***1941*** | | | | | | |
| **Series 61, 8-cyl., 150 hp, 126" wb** | | | | | | |
| 2-dr Cpe | 850 | 2700 | 4550 | 9100 | 16000 | 22700 |
| 2-dr Cpe Dlx | 900 | 2850 | 4750 | 9500 | 16700 | 23700 |
| 4-dr Sdn Tr | 800 | 2500 | 4250 | 8500 | 15000 | 21200 |
| 4-dr Dlx Sdn | 950 | 2950 | 4950 | 9900 | 17500 | 24700 |
| **Series 62, 8-cyl., 150 hp, 126" wb** | | | | | | |
| 2-4 pass Dlx Conv | 2500 | 7400 | 12500 | 25000 | 43900 | 62400 |
| 5-pass Dlx Conv Sdn | 2600 | 7650 | 12900 | 25800 | 45300 | 64400 |
| 2-4 pass Cpe | 1050 | 3400 | 5700 | 11400 | 20100 | 28500 |
| 2-4 pass Dlx Cpe | 1150 | 3600 | 5950 | 11900 | 21000 | 29700 |
| 4-dr Tr Sdn | 750 | 2250 | 3700 | 7400 | 12800 | 18500 |
| 4-dr Dlx Tr Sdn | 800 | 2350 | 3900 | 7800 | 13500 | 19500 |
| **Series 63, 8-cyl., 126" wb** | | | | | | |
| 4-dr Sdn Tr | 950 | 3050 | 5100 | 10200 | 18000 | 25400 |
| **Series 60 Special, 8-cyl., 150 hp, 126" wb** | | | | | | |
| **Fleetwood Bodies** | | | | | | |
| 4-dr Sdn | 1500 | 4600 | 7700 | 15400 | 27100 | 38500 |
| 4-dr Div Sdn | 1650 | 4950 | 8300 | 16600 | 29200 | 41500 |

| | 6 | 5 | 4 | 3 | 2 | 1 |
|---|---|---|---|---|---|---|
| **Series 67, 8-cyl., 150 hp, 138" wb** | | | | | | |
| 4-dr 5-pass Sdn Tr | 850 | 2700 | 4550 | 9100 | 16000 | 22700 |
| 4-dr 5-pass Div Sdn | 900 | 2850 | 4750 | 9500 | 16700 | 23700 |
| 4-dr 7-pass Sdn Tr | 850 | 2700 | 4550 | 9100 | 16000 | 22700 |
| 4-dr 7-pass Sdn Imperial | 950 | 2950 | 4950 | 9900 | 17500 | 24700 |
| **Series 75, 8-cyl., 150 hp, 136" wb** | | | | | | |
| **Fleetwood Bodies** | | | | | | |
| 4-dr 5-pass Tr Sdn | 900 | 2850 | 4750 | 9500 | 16700 | 23700 |
| 4-dr 5-pass Div Sdn | 950 | 2950 | 4950 | 9900 | 17500 | 24700 |
| 4-dr 7-pass Tr Sdn | 950 | 3000 | 5000 | 10000 | 17700 | 24900 |
| 4-dr 7-pass Imp Tr Sdn | 950 | 3050 | 5100 | 10200 | 18000 | 25400 |
| 4-dr 9-pass Bus Tr Sdn | 900 | 2900 | 4900 | 9800 | 17300 | 24500 |
| 4-dr Bus Imp Sdn | 900 | 2800 | 4700 | 9400 | 16500 | 23400 |
| 4-dr 5-pass Fml Sdn | 950 | 3050 | 5100 | 10200 | 18000 | 25400 |
| 4-dr 7-pass Fml Sdn | 950 | 3050 | 5100 | 10200 | 18000 | 25400 |
| **Series 75, 8-cyl., 150 hp, 139" wb** | | | | | | |
| 4-dr 5-pass Sdn | 900 | 2850 | 4750 | 9500 | 16700 | 23700 |
| 4-dr 5-pass Div Sdn | 950 | 2950 | 4950 | 9900 | 17500 | 24700 |
| 7-pass Sdn | 950 | 3000 | 5050 | 10100 | 17900 | 25100 |
| 7-pass Imp Sdn | 950 | 3050 | 5150 | 10300 | 18200 | 25700 |
| ***1942*** | | | | | | |
| **Series 61, 8-cyl., 150 hp, 126" wb** | | | | | | |
| 2-dr Club Cpe | 900 | 2850 | 4750 | 9500 | 16700 | 23700 |
| 4-dr Sdn | 750 | 2250 | 3750 | 7500 | 13000 | 18700 |
| **Series 62, 8-cyl., 150 hp, 129" wb** | | | | | | |
| 2-dr Club Cpe | 950 | 2950 | 4950 | 9900 | 17500 | 24700 |
| 2-dr Dlx Club Cpe | 1000 | 3100 | 5250 | 10500 | 18600 | 26200 |
| 5-pass Dlx Conv Cpe | 1800 | 5350 | 9000 | 18000 | 31650 | 45000 |
| 4-dr Sdn | 750 | 2250 | 3750 | 7500 | 13000 | 18700 |
| 4-dr Dlx Sdn | 800 | 2350 | 3950 | 7900 | 13700 | 19700 |
| **Series 63, 8-cyl., 150 hp, 126" wb** | | | | | | |
| 4-dr Sdn | 750 | 2250 | 3750 | 7500 | 13000 | 18700 |
| **Series 60 Special, 8-cyl., 133" wb** | | | | | | |
| **Fleetwood Bodies** | | | | | | |
| 4-dr Sdn | 900 | 2850 | 4750 | 9500 | 16700 | 23700 |
| 4-dr Imperial Sdn | 950 | 2950 | 4950 | 9900 | 17500 | 24700 |
| **Series 67, 8-cyl., 150 hp, 139" wb** | | | | | | |
| 4-dr 5-pass Sdn | 750 | 2300 | 3800 | 7600 | 13100 | 18900 |
| 4-dr 5-pass Sdn Div | 850 | 2600 | 4400 | 8800 | 15500 | 21900 |
| 4-dr 7-pass Sdn | 800 | 2400 | 4000 | 8000 | 13900 | 19900 |
| 4-dr 7-pass Sdn Imperial | 850 | 2600 | 4400 | 8800 | 15500 | 21900 |
| **Series 75, 8-cyl., 150 hp, 136" wb** | | | | | | |
| **Fleetwood Bodies** | | | | | | |
| 4-dr 5-pass Imperial | 850 | 2600 | 4400 | 8800 | 15500 | 21900 |
| 4-dr 5-pass Sdn | 900 | 2750 | 4600 | 9200 | 16200 | 22900 |
| 4-dr 7-pass Sdn | 850 | 2550 | 4350 | 8700 | 15300 | 21700 |
| 4-dr 9-pass Bus Sdn | 850 | 2550 | 4350 | 8700 | 15300 | 21700 |
| 4-dr 7-pass Imp Sdn | 900 | 2850 | 4750 | 9500 | 16700 | 23700 |
| 4-dr 9-pass Bus Imp | 850 | 2700 | 4550 | 9100 | 16000 | 22700 |
| 4-dr 5-pass Fml Sdn | 950 | 2950 | 4950 | 9900 | 17500 | 24700 |
| 4-dr 7-pass Fml Sdn | 950 | 3050 | 5150 | 10300 | 18200 | 25700 |
| ***1946*** | | | | | | |
| **Series 61, 8-cyl., 150 hp, 126" wb** | | | | | | |
| 2-dr Club Cpe | 950 | 3000 | 5050 | 10100 | 17900 | 25100 |
| 4-dr Sdn | 800 | 2350 | 3950 | 7900 | 13700 | 19700 |
| **Series 62, 8-cyl., 150 hp, 129" wb** | | | | | | |
| 5-pass Conv | 2000 | 5900 | 9950 | 19900 | 35000 | 49700 |
| 2-dr Club Cpe | 1000 | 3100 | 5250 | 10500 | 18600 | 26200 |
| 4-dr 5-pass Sdn | 800 | 2450 | 4100 | 8200 | 14400 | 20500 |

| | 6 | 5 | 4 | 3 | 2 | 1 |
|---|---|---|---|---|---|---|
| **Series 60 Special, 8-cyl., 150 hp, 133" wb** | | | | | | |
| **Fleetwood Bodies** | | | | | | |
| 4-dr 6-pass Sdn | 850 | 2650 | 4500 | 9000 | 15900 | 22500 |
| **Series 75, 8-cyl., 150 hp, 136" wb** | | | | | | |
| **Fleetwood Bodies** | | | | | | |
| 4-dr 5-pass Sdn | 950 | 2950 | 4950 | 9900 | 17500 | 24700 |
| 4-dr 7-pass Sdn | 950 | 3050 | 5150 | 10300 | 18200 | 25700 |
| 4-dr 7-pass Imp Sdn | 1150 | 3600 | 5950 | 11900 | 21000 | 29700 |
| 4-dr 9-pass Bus Sdn | 950 | 3050 | 5150 | 10300 | 18200 | 25700 |
| 4-dr 9-pass Bus Imp | 1050 | 3300 | 5500 | 11000 | 19300 | 27500 |
| **1947** | | | | | | |
| **Series 61, 8-cyl., 150 hp, 126" wb** | | | | | | |
| 2-dr Club Cpe | 950 | 3000 | 5050 | 10100 | 17900 | 25100 |
| 4-dr Sdn | 800 | 2350 | 3950 | 7900 | 13700 | 19700 |
| **Series 62, 8-cyl., 150 hp, 129" wb** | | | | | | |
| 5-pass Conv | 2000 | 5900 | 9950 | 19900 | 35000 | 49700 |
| 2-dr Club Cpe | 1000 | 3100 | 5250 | 10500 | 18600 | 26200 |
| 4-dr 5-pass Sdn | 800 | 2450 | 4100 | 8200 | 14400 | 20500 |
| **Series 60 Special, 8-cyl., 150 hp, 133" wb** | | | | | | |
| **Fleetwood Bodies** | | | | | | |
| 4-dr 6-pass Sdn | 850 | 2650 | 4500 | 9000 | 15900 | 22500 |
| **Series 75, 8-cyl., 150 hp, 136" wb** | | | | | | |
| **Fleetwood Bodies** | | | | | | |
| 4-dr 5-pass Sdn | 950 | 2950 | 4950 | 9900 | 17500 | 24700 |
| 4-dr 7-pass Sdn | 950 | 3050 | 5150 | 10300 | 18200 | 25700 |
| 4-dr 7-pass Imp Sdn | 1150 | 3600 | 5950 | 11900 | 21000 | 29700 |
| 4-dr 9-pass Bus Sdn | 950 | 3050 | 5150 | 10300 | 18200 | 25700 |
| 4-dr 9-pass Bus Imp | 1050 | 3300 | 5500 | 11000 | 19300 | 27500 |
| **1948** | | | | | | |
| **Series 61, 8-cyl., 150 hp, 126" wb** | | | | | | |
| 2-dr Club Cpe | 900 | 2900 | 4850 | 9700 | 17100 | 24200 |
| 4-dr 5-pass Sdn | 800 | 2500 | 4250 | 8500 | 15000 | 21200 |
| **Series 62, 8-cyl., 150 hp, 126" wb** | | | | | | |
| 5-pass Conv | 1800 | 5250 | 8850 | 17700 | 31100 | 44100 |
| 5-pass Club Cpe | 950 | 3000 | 5050 | 10100 | 17900 | 25100 |
| 4-dr 5-pass Sdn | 850 | 2650 | 4500 | 9000 | 15900 | 22500 |
| **Series 60 Special, 8-cyl., 150 hp, 133" wb, Fleetwood** | | | | | | |
| 4-dr Sdn | 900 | 2900 | 4900 | 9800 | 17300 | 24500 |
| **Series 75, 8-cyl., 150 hp, 136" wb, Fleetwood** | | | | | | |
| 4-dr 5-pass Sdn | 950 | 2950 | 4950 | 9900 | 17500 | 24700 |
| 4-dr 7-pass Sdn | 950 | 3050 | 5150 | 10300 | 18200 | 25700 |
| 4-dr 7-pass Imp Sdn | 1150 | 3600 | 5950 | 11900 | 21000 | 29700 |
| 4-dr 9-pass Bus Sdn | 950 | 3050 | 5150 | 10300 | 18200 | 25700 |
| 4-dr 9-pass Bus Imp | 1050 | 3300 | 5500 | 11100 | 19500 | 27700 |
| **1949** | | | | | | |
| **Series 61, 8-cyl., 160 hp, 126" wb** | | | | | | |
| 2-dr Club Cpe | 1000 | 3100 | 5250 | 10500 | 18600 | 26200 |
| 4-dr Sdn | 850 | 2550 | 4350 | 8700 | 15300 | 21700 |
| **Series 62, 8-cyl., 160 hp, 126" wb** | | | | | | |
| 4-dr 5-pass Sdn | 900 | 2850 | 4750 | 9500 | 16700 | 23700 |
| 2-dr Club Cpe | 1000 | 3250 | 5450 | 10900 | 19100 | 27200 |
| 2-dr Hdtp Cpe DeV | 1150 | 3650 | 6100 | 12200 | 21500 | 30500 |
| 5-pass Conv | 1850 | 5400 | 9100 | 18200 | 32000 | 45500 |
| **Series 60 Special, 8-cyl., 160 hp, 133" wb, Fleetwood** | | | | | | |
| 4-dr 5-pass Sdn | 1000 | 3100 | 5200 | 10400 | 18400 | 26000 |
| **Series 75, 8-cyl., 160 hp, 136" wb, Fleetwood** | | | | | | |
| 4-dr 5-pass Sdn | 950 | 3050 | 5150 | 10300 | 18200 | 25700 |
| 4-dr 7-pass Sdn | 1000 | 3200 | 5350 | 10700 | 18900 | 26700 |
| 4-dr 7-pass Imp Sdn | 1150 | 3650 | 6150 | 12300 | 21700 | 30700 |

| | 6 | 5 | 4 | 3 | 2 | 1 |
|---|---|---|---|---|---|---|
| 4-dr 9-pass Bus Sdn | 1000 | 3200 | 5350 | 10700 | 18900 | 26700 |
| 4-dr 9-pass Bus Imp | 1100 | 3450 | 5750 | 11500 | 20300 | 28700 |

## 1950
**Series 61, 8-cyl., 160 hp, 122" wb**

| | 6 | 5 | 4 | 3 | 2 | 1 |
|---|---|---|---|---|---|---|
| 4-dr 5-pass Sdn | 750 | 2200 | 3650 | 7300 | 12600 | 18200 |
| 2-dr Hdtp Cpe | 900 | 2750 | 4650 | 9300 | 16400 | 23100 |

**Series 62, 8-cyl., 160 hp, 126" wb**

| | 6 | 5 | 4 | 3 | 2 | 1 |
|---|---|---|---|---|---|---|
| 4-dr 5-pass Sdn | 750 | 2250 | 3750 | 7500 | 13000 | 18700 |
| 2-dr Club Cpe | 900 | 2900 | 4900 | 9800 | 17300 | 24500 |
| Cpe DeV (2-dr Hdtp) | 1000 | 3100 | 5250 | 10500 | 18600 | 26200 |
| 5-pass Conv | 1800 | 5250 | 8850 | 17700 | 31100 | 44100 |

**Series 60-S, 8-cyl., 160 hp, 130" wb**

| | 6 | 5 | 4 | 3 | 2 | 1 |
|---|---|---|---|---|---|---|
| 4-dr Sdn | 900 | 2850 | 4750 | 9500 | 16700 | 23700 |

**Series 75, 8-cyl., 160 hp, 146.75" wb, Fleetwood**

| | 6 | 5 | 4 | 3 | 2 | 1 |
|---|---|---|---|---|---|---|
| 4-dr 7-pass Sdn | 950 | 2950 | 4950 | 9900 | 17500 | 24700 |
| 4-dr 7-pass Imp | 1000 | 3200 | 5350 | 10700 | 18900 | 26700 |

## 1951
**Series 61, 8-cyl., 160 hp, 122" wb**

| | 6 | 5 | 4 | 3 | 2 | 1 |
|---|---|---|---|---|---|---|
| 4-dr 5-pass Sdn | 750 | 2200 | 3650 | 7300 | 12600 | 18200 |
| 2-dr Hdtp Cpe | 900 | 2750 | 4650 | 9300 | 16400 | 23100 |

**Series 62, 8-cyl., 160 hp, 126" wb**

| | 6 | 5 | 4 | 3 | 2 | 1 |
|---|---|---|---|---|---|---|
| 4-dr 5-pass Sdn | 750 | 2250 | 3750 | 7500 | 13000 | 18700 |
| 2-dr Club Cpe | 900 | 2900 | 4900 | 9800 | 17300 | 24500 |
| Cpe DeV (2-dr Hdtp) | 1000 | 3100 | 5250 | 10500 | 18600 | 26200 |
| 5-pass Conv | 1750 | 5200 | 8750 | 17500 | 30800 | 43700 |

**Series 60-S, 8-cyl., 160 hp, 130" wb**

| | 6 | 5 | 4 | 3 | 2 | 1 |
|---|---|---|---|---|---|---|
| 4-dr Sdn | 900 | 2850 | 4750 | 9500 | 16700 | 23700 |

**Series 75, 8-cyl., 160 hp, 146.75" wb, Fleetwood**

| | 6 | 5 | 4 | 3 | 2 | 1 |
|---|---|---|---|---|---|---|
| 4-dr 7-pass Sdn | 950 | 2950 | 4950 | 9900 | 17500 | 24700 |
| 4-dr 7-pass Imp | 1000 | 3200 | 5350 | 10700 | 18900 | 26700 |

## 1952
**Series 62, 8-cyl., 190 hp, 126" wb**

| | 6 | 5 | 4 | 3 | 2 | 1 |
|---|---|---|---|---|---|---|
| 4-dr 5-pass Sdn | 750 | 2250 | 3750 | 7500 | 13000 | 18700 |
| 2-dr Club Cpe | 850 | 2700 | 4550 | 9100 | 16000 | 22700 |
| 2-dr Hdtp Cpe DeV | 1000 | 3200 | 5350 | 10700 | 18900 | 26700 |
| Conv Cpe | 1800 | 5250 | 8850 | 17700 | 31100 | 44100 |

**Series 60-S, 8-cyl., 190 hp, 130" wb**

| | 6 | 5 | 4 | 3 | 2 | 1 |
|---|---|---|---|---|---|---|
| 4-dr Sdn | 900 | 2850 | 4750 | 9500 | 16700 | 23700 |

**Series 75, 8-cyl., 190 hp, 147" wb, Fleetwood**

| | 6 | 5 | 4 | 3 | 2 | 1 |
|---|---|---|---|---|---|---|
| 4-dr Sdn | 950 | 2950 | 4950 | 9900 | 17500 | 24700 |
| 4-dr Imp Sdn | 1000 | 3200 | 5350 | 10700 | 18900 | 26700 |

## 1953
**Series 62, 8-cyl., 210 hp, 126" wb**

| | 6 | 5 | 4 | 3 | 2 | 1 |
|---|---|---|---|---|---|---|
| 4-dr Sdn | 750 | 2100 | 3550 | 7100 | 12300 | 17700 |
| 2-dr Cpe | 1100 | 3500 | 5850 | 11700 | 20600 | 29100 |
| Cpe DeV (2-dr Hdtp) | 1200 | 3850 | 6450 | 12900 | 22700 | 32200 |
| Conv Cpe | 1900 | 5500 | 9250 | 18500 | 32500 | 46100 |

**Series 60-S, 8-cyl., 210 hp, 130" wb**

| | 6 | 5 | 4 | 3 | 2 | 1 |
|---|---|---|---|---|---|---|
| 4-dr Sdn | 1100 | 3450 | 5750 | 11500 | 20300 | 28700 |

**Series 75, 8-cyl., 210 hp, 146.75" wb, Fleetwood**

| | 6 | 5 | 4 | 3 | 2 | 1 |
|---|---|---|---|---|---|---|
| 4-dr 8-pass Sdn | 1150 | 3650 | 6100 | 12200 | 21500 | 30500 |
| 4-dr Imp Sdn | 1250 | 3950 | 6550 | 13100 | 23100 | 32700 |

**Eldorado, 8-cyl., 210 hp, 126" wb**

| | 6 | 5 | 4 | 3 | 2 | 1 |
|---|---|---|---|---|---|---|
| Spt Conv | 4100 | 12150 | 20450 | 40900 | 71800 | 102100 |

## 1954
**Series 62, 8-cyl., 230 hp, 129" wb**

| | 6 | 5 | 4 | 3 | 2 | 1 |
|---|---|---|---|---|---|---|
| 4-dr Sdn | 750 | 2100 | 3550 | 7100 | 12300 | 17700 |
| 2-dr Hdtp | 1000 | 3250 | 5450 | 10900 | 19100 | 27200 |

| | 6 | 5 | 4 | 3 | 2 | 1 |
|---|---|---|---|---|---|---|
| Cpe DeV (2-dr Hdtp) | 1150 | 3650 | 6100 | 12200 | 21500 | 30500 |
| Conv | 1900 | 5500 | 9250 | 18500 | 32500 | 46100 |
| Eldorado Spt Conv | 2600 | 7700 | 13000 | 26000 | 45650 | 65000 |
| **Series 60-S, 8-cyl., 230 hp, 133" wb** | | | | | | |
| 4-dr Sdn | 950 | 3000 | 5050 | 10100 | 17900 | 25100 |
| **Series 75, 8-cyl., 230 hp, 149.75" wb, Fleetwood** | | | | | | |
| 4-dr 8-pass Sdn | 1100 | 3450 | 5750 | 11500 | 20300 | 28700 |
| 4-dr 8-pass Imp Sdn | 1150 | 3650 | 6150 | 12300 | 21700 | 30700 |

## 1955

| | 6 | 5 | 4 | 3 | 2 | 1 |
|---|---|---|---|---|---|---|
| **Series 62, 8-cyl., 250 hp, 129" wb** | | | | | | |
| 4-dr Sdn | 750 | 2100 | 3550 | 7100 | 12300 | 17700 |
| 2-dr Hdtp | 1050 | 3400 | 5650 | 11300 | 19900 | 28200 |
| Cpe DeV (2-dr Hdtp) | 1150 | 3650 | 6100 | 12200 | 21500 | 30500 |
| Conv | 1750 | 5200 | 8750 | 17500 | 30800 | 43700 |
| Eldorado Conv | 2500 | 7350 | 12450 | 24900 | 43700 | 62100 |
| **Series 60-S, 8-cyl., 250 hp, 133" wb** | | | | | | |
| 4-dr Sdn | 950 | 3000 | 5050 | 10100 | 17900 | 25100 |
| **Series 75, 8-cyl., 149.75" wb, Fleetwood** | | | | | | |
| 4-dr 8-pass Sdn | 1100 | 3450 | 5750 | 11500 | 20300 | 28700 |
| 4-dr 8-pass Imp Sdn | 1150 | 3650 | 6150 | 12300 | 21700 | 30700 |

## 1956

| | 6 | 5 | 4 | 3 | 2 | 1 |
|---|---|---|---|---|---|---|
| **Series 62, 8-cyl., 285 hp, 129" wb** | | | | | | |
| 4-dr Sdn | 750 | 2100 | 3550 | 7100 | 12300 | 17700 |
| 2-dr Hdtp | 950 | 3050 | 5150 | 10300 | 18200 | 25700 |
| Sdn DeV (4-dr Hdtp) | 850 | 2700 | 4550 | 9100 | 16000 | 22700 |
| Cpe DeV (2-dr Hdtp) | 1150 | 3600 | 6000 | 12100 | 21300 | 30200 |
| Conv | 1800 | 5350 | 9000 | 18000 | 31650 | 45000 |
| Eldo Sev (2-dr Hdtp) | 1450 | 4450 | 7450 | 14900 | 26200 | 37200 |
| Eldo Biarritz Conv | 2500 | 7350 | 12450 | 24900 | 43700 | 62100 |
| **Series 60-S, 8-cyl., 285 hp, 133" wb** | | | | | | |
| 4-dr Sdn | 950 | 3000 | 5050 | 10100 | 17900 | 25100 |
| **Series 75, 8-cyl., 149.75" wb, Fleetwood** | | | | | | |
| 4-dr 8-pass Sdn | 1100 | 3450 | 5750 | 11500 | 20300 | 28700 |
| 4-dr 8-pass Imp Sdn | 1150 | 3650 | 6150 | 12300 | 21700 | 30700 |

## 1957

| | 6 | 5 | 4 | 3 | 2 | 1 |
|---|---|---|---|---|---|---|
| **Series 62, 8-cyl., 300 hp, 130" wb** | | | | | | |
| 4-dr Hdtp | 600 | 1600 | 2750 | 5500 | 9500 | 13800 |
| 2-dr Hdtp | 950 | 2950 | 4950 | 9900 | 17500 | 24700 |
| Cpe DeV (2-dr Hdtp) | 1000 | 3250 | 5450 | 10900 | 19100 | 27200 |
| Sdn DeV (4-dr Hdtp) | 800 | 2350 | 3950 | 7900 | 13700 | 19700 |
| Conv | 1900 | 5500 | 9250 | 18500 | 32500 | 46100 |
| **Series 62, Eldorado, 8-cyl., 300 hp, 129.5" wb** | | | | | | |
| Sev (2-dr Hdtp) | 1050 | 3300 | 5500 | 11000 | 19300 | 27500 |
| Biarritz Conv | 2700 | 8000 | 13450 | 26900 | 47200 | 67100 |
| **Series 62, Eldorado Brougham, 8-cyl., 129.5" wb** | | | | | | |
| 4-dr Hdtp | 1700 | 5050 | 8450 | 16900 | 29700 | 42200 |
| **Fleetwood 60 Special, 8-cyl., 300 hp, 133" wb** | | | | | | |
| 4-dr Hdtp | 800 | 2350 | 3950 | 7900 | 13700 | 19700 |
| **Series 75, Fleetwood, 300 hp, 149.75" wb** | | | | | | |
| 4-dr 9-pass Sdn | 800 | 2450 | 4150 | 8300 | 14600 | 20700 |
| 4-dr 9-pass Imp Sdn | 850 | 2700 | 4550 | 9100 | 16000 | 22700 |

## 1958

| | 6 | 5 | 4 | 3 | 2 | 1 |
|---|---|---|---|---|---|---|
| **Series 62, 8-cyl., 310 hp, 130" wb** | | | | | | |
| 4-dr Hdtp | 500 | 1350 | 2350 | 4700 | 8100 | 11500 |
| 4-dr Ext. 6-pass Sdn | 550 | 1500 | 2500 | 5100 | 8800 | 12500 |
| 4-dr Sdn DeV | 650 | 1700 | 3000 | 5900 | 10200 | 14700 |
| 2-dr Hdtp Cpe | 850 | 2650 | 4450 | 8900 | 15700 | 22300 |
| Cpe DeV | 950 | 2950 | 4950 | 9900 | 17500 | 24700 |
| 2-dr Conv | 1900 | 5500 | 9250 | 18500 | 32500 | 46100 |

| | 6 | 5 | 4 | 3 | 2 | 1 |
|---|---|---|---|---|---|---|
| **Series 62, Eldorado, 8-cyl., 310 hp, 130" wb** | | | | | | |
| Sev (2-dr Hdtp) | 1050 | 3300 | 5500 | 11000 | 19300 | 27500 |
| Biarritz Conv | 2700 | 8000 | 13450 | 26900 | 47200 | 67100 |
| **Series 62, Eldorado Brougham, 8-cyl., 310 hp, 126" wb** | | | | | | |
| 4-dr Hdtp | 1700 | 5050 | 8450 | 16900 | 29700 | 42200 |
| **Fleetwood 60 Special, 8-cyl., 310 hp, 133" wb** | | | | | | |
| 4-dr Sdn | 800 | 2350 | 3950 | 7900 | 13700 | 19700 |
| **Series 75, Fleetwood, 149.75" wb** | | | | | | |
| 4-dr 9-pass Sdn | 750 | 2250 | 3750 | 7500 | 13000 | 18700 |
| 4-dr 9-pass Imp Sdn | 800 | 2450 | 4150 | 8300 | 14600 | 20700 |
| ***1959*** | | | | | | |
| **Series 62, 8-cyl., 325 hp, 130" wb** | | | | | | |
| 4-dr 4-win Hdtp Sdn | 650 | 1750 | 3100 | 6200 | 10700 | 15400 |
| 4-dr 6-win Hdtp | 550 | 1700 | 2900 | 5800 | 10000 | 14000 |
| 2-dr Hdtp | 850 | 2650 | 4450 | 8900 | 15700 | 22300 |
| 2-dr Conv | 2600 | 7650 | 12950 | 25900 | 45500 | 64700 |
| **Series 62 DeVille, 8-cyl., 325 hp, 130" wb** | | | | | | |
| Cpe (2-dr Hdtp) | 1000 | 3150 | 5300 | 10600 | 18700 | 26500 |
| 4-dr 4-win Hdtp | 750 | 2300 | 3850 | 7700 | 13300 | 19200 |
| 4-dr 6-win Hdtp | 750 | 2100 | 3550 | 7100 | 12300 | 17700 |
| **Series 62, Eldorado, 8-cyl., 325 hp, 130" wb** | | | | | | |
| 4-dr Hdtp Brghm | 1400 | 4300 | 7150 | 14300 | 25200 | 35700 |
| 2-dr Hdtp Sev | 1450 | 4450 | 7450 | 14900 | 26200 | 37200 |
| Biarritz Conv | 3700 | 10950 | 18450 | 36900 | 64800 | 92100 |
| **Fleetwood 60 Special, 8-cyl., 325 hp, 130" wb** | | | | | | |
| 6-pass Sdn | 950 | 2950 | 4950 | 9900 | 17500 | 24700 |
| **Fleetwood Series 75, 8-cyl., 325 hp, 149.75" wb** | | | | | | |
| 4-dr 9-pass Sdn | 1000 | 3150 | 5300 | 10600 | 18700 | 26500 |
| 4-dr Imperial Sdn | 1100 | 3450 | 5750 | 11500 | 20300 | 28700 |
| ***1960*** | | | | | | |
| **Series 62, 8-cyl., 325 hp, 130" wb** | | | | | | |
| 4-dr 4-win Hdtp | 600 | 1600 | 2800 | 5600 | 9700 | 14000 |
| 4-dr 6-win Hdtp | 550 | 1550 | 2600 | 5200 | 9000 | 12800 |
| 2-dr Hdtp | 800 | 2500 | 4200 | 8400 | 14800 | 20900 |
| 2-dr Conv | 1550 | 4700 | 7900 | 15800 | 27800 | 39400 |
| **Series 62 DeVille, 8-cyl., 325 hp, 130" wb** | | | | | | |
| 4-dr 4-win Sdn | 650 | 1700 | 3000 | 6000 | 10400 | 14900 |
| 4-dr 6-win Sdn | 600 | 1600 | 2800 | 5600 | 9700 | 14000 |
| Cpe (2-dr Hdtp) | 900 | 2750 | 4600 | 9200 | 16200 | 22900 |
| **Series 64/69, Eldorado, 8-cyl., 325 hp, 130" wb** | | | | | | |
| 4-dr Hdtp Brghm | 1350 | 4200 | 7000 | 14000 | 24650 | 34900 |
| Sev (2-dr Hdtp) | 1400 | 4350 | 7250 | 14500 | 25500 | 36200 |
| Biarritz Conv | 2800 | 8300 | 13950 | 27900 | 49000 | 69600 |
| **Fleetwood 60 Special, 8-cyl., 130" wb** | | | | | | |
| 4-dr 6-pass Hdtp | 900 | 2800 | 4700 | 9400 | 16500 | 23400 |
| **Fleetwood Series 75, 8-cyl., 149.75" wb** | | | | | | |
| 4-dr 9-pass Sdn | 900 | 2900 | 4850 | 9700 | 17100 | 24200 |
| 4-dr Limo | 950 | 3000 | 5050 | 10100 | 17900 | 25100 |
| ***1961*** | | | | | | |
| **Series 62, 8-cyl., 325 hp, 130" wb** | | | | | | |
| 4-dr 4-win Hdtp | 450 | 1250 | 2100 | 4200 | 7200 | 10500 |
| 4-dr 6-win Hdtp | 450 | 1250 | 2050 | 4100 | 7100 | 10300 |
| 2-dr Hdtp | 650 | 1750 | 3150 | 6300 | 10900 | 15700 |
| 2-dr Conv | 1200 | 3800 | 6350 | 12700 | 22400 | 31700 |
| **Series 63 DeVille, 8-cyl., 325 hp, 130" wb** | | | | | | |
| 4-dr 4-win Hdtp | 450 | 1250 | 2100 | 4200 | 7200 | 10500 |
| 4-dr 6-win Hdtp | 450 | 1250 | 2050 | 4100 | 7100 | 10300 |
| 4-dr Twn Sdn | 450 | 1250 | 2050 | 4100 | 7100 | 10300 |
| Cpe DeV (2-dr Hdtp) | 750 | 2250 | 3750 | 7500 | 13000 | 18700 |

'51 Cadillac

'52 Cadillac

'53 Cadillac Convertible

'55 Coupe DeVille

'56 Cadillac Limousine

'58 Cadillac Eldorado Seville

'59 Cadillac

'61 Cadillac

'62 Cadillac

'63 Cadillac

'64 Cadillac

'65 Cadillac

| | 6 | 5 | 4 | 3 | 2 | 1 |
|---|---|---|---|---|---|---|
| **Series 63, Eldorado, 8-cyl., 325 hp, 130" wb** | | | | | | |
| 2-dr Biarritz Conv | 1400 | 4250 | 7100 | 14200 | 25000 | 35400 |
| **Fleetwood 60 Special, 8-cyl., 325 hp, 130" wb** | | | | | | |
| 4-dr 6-pass Hdtp | 650 | 1700 | 3000 | 5900 | 10200 | 14700 |
| **Series 75, Fleetwood, 8-cyl., 325 hp, 149.75" wb** | | | | | | |
| 9-pass Sdn | 700 | 1900 | 3350 | 6700 | 11500 | 16500 |
| 9-pass Imperial Sdn | 800 | 2500 | 4250 | 8500 | 15000 | 21200 |
| ***1962*** | | | | | | |
| **Series 62, 8-cyl., 325 hp, 130" wb** | | | | | | |
| 4-dr 4-win Hdtp | 450 | 1250 | 2100 | 4200 | 7200 | 10500 |
| 4-dr 6-win Hdtp | 450 | 1250 | 2050 | 4100 | 7100 | 10300 |
| 4-dr Twn Sdn | 450 | 1250 | 2050 | 4100 | 7100 | 10300 |
| 2-dr Hdtp | 650 | 1750 | 3150 | 6300 | 10900 | 15700 |
| 2-dr Conv | 1200 | 3850 | 6450 | 12900 | 22700 | 32200 |
| **Series 62 DeVille, 8-cyl., 325 hp, 130" wb** | | | | | | |
| 4-dr 4-win Hdtp | 450 | 1250 | 2200 | 4400 | 7600 | 10900 |
| 4-dr 6-win Hdtp | 500 | 1350 | 2350 | 4700 | 8100 | 11500 |
| 4-dr Hdtp Park Ave | 500 | 1300 | 2250 | 4500 | 7700 | 11000 |
| Cpe DeV (2-dr Hdtp) | 750 | 2200 | 3650 | 7300 | 12600 | 18200 |
| **Series 63, Eldorado, 8-cyl., 325 hp, 130" wb** | | | | | | |
| Biarritz Conv | 1450 | 4450 | 7450 | 14900 | 26200 | 37200 |
| **Series 60 Special, 8-cyl., 325 hp, 130" wb** | | | | | | |
| 4-dr 6-pass Hdtp | 650 | 1750 | 3150 | 6300 | 10900 | 15700 |
| **Fleetwood 75 Series, 8-cyl., 325 hp, 149.75" wb** | | | | | | |
| 4-dr 9-pass Sdn | 700 | 1900 | 3350 | 6700 | 11500 | 16500 |
| 4-dr 9-pass Limo | 800 | 2450 | 4150 | 8300 | 14600 | 20700 |
| ***1963*** | | | | | | |
| **Series 62, 8-cyl., 325 hp, 130" wb** | | | | | | |
| 4-dr 4-win Hdtp | 400 | 1150 | 1850 | 3700 | 6400 | 9300 |
| 4-dr 6-win Hdtp | 400 | 1100 | 1800 | 3600 | 6200 | 9100 |
| 2-dr Hdtp Cpe | 500 | 1350 | 2350 | 4700 | 8100 | 11500 |
| 2-dr Conv | 1150 | 3600 | 5950 | 11900 | 21000 | 29700 |
| **Series 62, DeVille, 8-cyl., 325 hp, 130" wb** | | | | | | |
| 4-dr 4-win Hdtp | 400 | 1200 | 1950 | 3900 | 6800 | 9900 |
| 4-dr 6-win Hdtp | 400 | 1200 | 1950 | 3900 | 6800 | 9900 |
| 4-dr Hdtp Park Ave | 400 | 1200 | 1900 | 3800 | 6600 | 9600 |
| Cpe DeV (2-dr Hdtp) | 650 | 1700 | 3000 | 5900 | 10200 | 14700 |
| **Series 63, Eldorado, 8-cyl., 325 hp, 130" wb** | | | | | | |
| Biarritz Spt Conv | 1350 | 4150 | 6950 | 13900 | 24500 | 34700 |
| **Series 60 Special, 8-cyl., 325 hp, 130" wb** | | | | | | |
| 4-dr 6-pass Hdtp | 550 | 1550 | 2600 | 5200 | 9000 | 12800 |
| **Fleetwood 75 Series, 8-cyl., 325 hp, 149.75" wb** | | | | | | |
| 4-dr 9-pass Sdn | 650 | 1700 | 3000 | 5900 | 10200 | 14700 |
| 4-dr 9-pass Limo | 750 | 2200 | 3650 | 7300 | 12600 | 18200 |
| ***1964*** | | | | | | |
| **Series 62, 8-cyl., 340 hp, 130" wb** | | | | | | |
| 4-dr 4-win Hdtp | 400 | 1200 | 1950 | 3900 | 6800 | 9900 |
| 4-dr 6-win Hdtp | 400 | 1200 | 1900 | 3800 | 6600 | 9600 |
| 2-dr Hdtp Cpe | 600 | 1600 | 2750 | 5500 | 9500 | 13800 |
| **Series 62, DeVille, 8-cyl., 340 hp, 130" wb** | | | | | | |
| 4-dr 4-win Hdtp | 400 | 1200 | 2000 | 4000 | 6900 | 10000 |
| 4-dr 6-win Hdtp | 400 | 1200 | 1950 | 3900 | 6800 | 9900 |
| Cpe (2-dr Hdtp) | 650 | 1750 | 3150 | 6300 | 10900 | 15700 |
| 2-dr Conv | 1000 | 3250 | 5450 | 10900 | 19100 | 27200 |
| **Series 63, Eldorado, 8-cyl., 340 hp, 130" wb** | | | | | | |
| 2-dr Spt Conv | 1200 | 3750 | 6250 | 12500 | 22000 | 31100 |
| **Series 60 Special, 8-cyl., 340 hp, 130" wb** | | | | | | |
| 4-dr 6-pass Sdn | 600 | 1600 | 2750 | 5500 | 9500 | 13800 |

| | 6 | 5 | 4 | 3 | 2 | 1 |
|---|---|---|---|---|---|---|
| **Fleetwood 75 Series, 8-cyl., 340 hp, 149.75" wb** | | | | | | |
| 4-dr 9-pass Sdn | 650 | 1700 | 3000 | 5900 | 10200 | 14700 |
| 4-dr 9-pass Limo | 750 | 2100 | 3550 | 7100 | 12300 | 17700 |
| **1965** | | | | | | |
| **Calais, 8-cyl., 340 hp, 129.5" wb** | | | | | | |
| 4-dr Sdn | 400 | 1200 | 1900 | 3800 | 6600 | 9600 |
| 4-dr Hdtp | 400 | 1200 | 1950 | 3900 | 6800 | 9900 |
| 2-dr Hdtp | 500 | 1350 | 2350 | 4700 | 8100 | 11500 |
| **DeVille, 8-cyl., 340 hp, 129.5" wb** | | | | | | |
| 6-pass Sdn | 400 | 1200 | 1950 | 3900 | 6800 | 9900 |
| 4-dr Hdtp | 450 | 1250 | 2050 | 4100 | 7100 | 10300 |
| 2-dr Hdtp | 600 | 1600 | 2750 | 5500 | 9500 | 13800 |
| 2-dr Conv | 850 | 2650 | 4450 | 8900 | 15700 | 22300 |
| **Series 60 Special, 8-cyl., 340 hp, 156" wb** | | | | | | |
| 4-dr 6-pass Sdn | 550 | 1450 | 2450 | 4900 | 8500 | 12000 |
| **Fleetwood Eldorado, 8-cyl., 129.5" wb** | | | | | | |
| 2-dr Conv | 1100 | 3450 | 5750 | 11500 | 20300 | 28700 |
| **Fleetwood 75, 8-cyl., 340 hp, 150" wb** | | | | | | |
| 4-dr 9-pass Sdn | 600 | 1650 | 2900 | 5800 | 10000 | 14500 |
| 4-dr 9-pass Limo | 700 | 2050 | 3500 | 7000 | 12100 | 17400 |
| **1966** | | | | | | |
| **Calais, 8-cyl., 340 hp, 129.5" wb** | | | | | | |
| 4-dr Sdn | 400 | 1200 | 1900 | 3800 | 6600 | 9600 |
| 4-dr Hdtp | 400 | 1200 | 1950 | 3900 | 6800 | 9900 |
| 2-dr Hdtp | 500 | 1350 | 2350 | 4700 | 8100 | 11500 |
| **DeVille, 8-cyl., 340 hp, 129.5" wb** | | | | | | |
| 4-dr Sdn | 400 | 1200 | 1950 | 3900 | 6800 | 9900 |
| 4-dr Hdtp | 400 | 1200 | 2000 | 4000 | 6900 | 10000 |
| 2-dr DeV Hdtp | 600 | 1600 | 2750 | 5500 | 9500 | 13800 |
| 2-dr Conv | 800 | 2450 | 4100 | 8200 | 14400 | 20500 |
| **Fleetwood Eldorado, 8-cyl., 340 hp, 129.5" wb** | | | | | | |
| 2-dr Conv | 1000 | 3100 | 5250 | 10500 | 18600 | 26200 |
| **Fleetwood Brougham, 8-cyl., 340 hp, 133" wb** | | | | | | |
| 4-dr Sdn | 500 | 1350 | 2350 | 4700 | 8100 | 11500 |
| **Fleetwood 60 Special, 8-cyl., 340 hp, 133" wb** | | | | | | |
| 4-dr Sdn | 500 | 1350 | 2350 | 4700 | 8100 | 11500 |
| **Fleetwood 75, 8-cyl., 340 hp, 150" wb** | | | | | | |
| 4-dr Sdn | 600 | 1600 | 2750 | 5500 | 9500 | 13800 |
| 4-dr Limo | 700 | 1900 | 3350 | 6700 | 11500 | 16500 |
| **1967** | | | | | | |
| **Calais, 8-cyl., 340 hp, 129.5" wb** | | | | | | |
| 4-dr Hdtp | 400 | 1200 | 1950 | 3900 | 6800 | 9900 |
| 2-dr Cpe | 500 | 1300 | 2250 | 4500 | 7700 | 11000 |
| 4-dr Sdn | 400 | 1200 | 1900 | 3800 | 6600 | 9600 |
| **DeVille, 8-cyl., 340 hp, 129.5" wb** | | | | | | |
| 4-dr Hdtp | 450 | 1250 | 2050 | 4100 | 7100 | 10300 |
| 2-dr Cpe DeV | 550 | 1500 | 2500 | 5100 | 8800 | 12500 |
| 2-dr Conv | 800 | 2400 | 4000 | 8000 | 13900 | 19900 |
| 4-dr Sdn | 400 | 1200 | 1950 | 3900 | 6800 | 9900 |
| **Fleetwood Eldorado, 8-cyl., 340 hp, 120" wb** | | | | | | |
| 2-dr Hdtp | 550 | 1500 | 2500 | 5100 | 8800 | 12500 |
| **Fleetwood 60 Special, 8-cyl., 340 hp, 133" wb** | | | | | | |
| 4-dr Sdn | 450 | 1250 | 2150 | 4300 | 7400 | 10700 |
| **Fleetwood Brougham, 8-cyl., 340 hp, 133" wb** | | | | | | |
| 4-dr Sdn | 450 | 1250 | 2150 | 4300 | 7400 | 10700 |
| **Fleetwood 75, 8-cyl., 340 hp, 149.8" wb** | | | | | | |
| 4-dr Sdn | 500 | 1300 | 2250 | 4500 | 7700 | 11000 |
| 4-dr Limo | 550 | 1450 | 2450 | 4900 | 8500 | 12000 |

'66 Fleetwood

'66 Cadillac Calais

'66 Cadillac DeVille

'67 Fleetwood Eldorado

'67 Cadillac DeVille

'67 Fleetwood Brougham

'68 Fleetwood Brougham

'68 Coupe De Ville

'69 Coupe De Ville

'69 Fleetwood Brougham

'70 Sedan De Ville

'70 Calais Coupe

|  | 6 | 5 | 4 | 3 | 2 | 1 |
|---|---|---|---|---|---|---|
| **1968** | | | | | | |
| **Calais, 8-cyl., 375 hp, 129.5" wb** | | | | | | |
| 4-dr Hdtp | 400 | 1200 | 1950 | 3900 | 6800 | 9900 |
| 2-dr Cpe | 500 | 1300 | 2250 | 4500 | 7700 | 11000 |
| **DeVille, 8-cyl., 375 hp, 129.5" wb** | | | | | | |
| 4-dr Sdn | 450 | 1250 | 2050 | 4100 | 7100 | 10300 |
| 4-dr Hdtp | 450 | 1250 | 2100 | 4200 | 7200 | 10500 |
| 2-dr Cpe DeV | 550 | 1500 | 2500 | 5100 | 8800 | 12500 |
| 2-dr Conv | 750 | 2300 | 3850 | 7700 | 13300 | 19200 |
| **Fleetwood Eldorado, 8-cyl., 375 hp, 120" wb** | | | | | | |
| 2-dr Hdtp | 550 | 1500 | 2500 | 5100 | 8800 | 12500 |
| **Fleetwood 60 Special, 8-cyl., 375 hp, 133" wb** | | | | | | |
| 4-dr Sdn | 450 | 1250 | 2150 | 4300 | 7400 | 10700 |
| **Fleetwood Brougham, 8-cyl., 375 hp, 133" wb** | | | | | | |
| 4-dr Sdn | 450 | 1250 | 2150 | 4300 | 7400 | 10700 |
| **Fleetwood Series 75, 8-cyl., 375 hp, 149.8" wb** | | | | | | |
| 4-dr Sdn | 450 | 1250 | 2200 | 4400 | 7600 | 10900 |
| 4-dr Limo | 550 | 1400 | 2400 | 4800 | 8300 | 11800 |
| **1969** | | | | | | |
| **Calais, 8-cyl., 375 hp, 129.5" wb** | | | | | | |
| 4-dr Hdtp | 350 | 900 | 1500 | 2900 | 5200 | 7400 |
| 2-dr Hdtp | 400 | 1050 | 1700 | 3300 | 5800 | 8300 |
| **DeVille, 8-cyl., 129.5" wb** | | | | | | |
| 4-dr Sdn | 350 | 900 | 1500 | 2900 | 5200 | 7400 |
| 4-dr Hdtp | 350 | 950 | 1550 | 3100 | 5500 | 7900 |
| 2-dr Hdtp | 400 | 1050 | 1700 | 3300 | 5800 | 8300 |
| 2-dr Conv | 750 | 2250 | 3700 | 7400 | 12800 | 18500 |
| **Fleetwood Eldorado, 8-cyl., 375 hp, 120" wb** | | | | | | |
| 2-dr Hdtp | 500 | 1350 | 2350 | 4700 | 8100 | 11500 |
| **Fleetwood 60 Special, 8-cyl., 375 hp, 133" wb** | | | | | | |
| 4-dr Sdn | 400 | 1100 | 1800 | 3500 | 6100 | 8900 |
| 4-dr Brghm | 400 | 1150 | 1850 | 3700 | 6400 | 9300 |
| **Fleetwood Series 75, 8-cyl., 149.8" wb** | | | | | | |
| 4-dr Sdn | 400 | 1200 | 1900 | 3800 | 6600 | 9600 |
| 4-dr Limo | 450 | 1250 | 2050 | 4100 | 7100 | 10300 |
| **1970** | | | | | | |
| **Calais, 8-cyl., 375 hp, 129.5" wb** | | | | | | |
| 4-dr Hdtp | 350 | 900 | 1500 | 2900 | 5200 | 7400 |
| 2-dr Hdtp | 400 | 1050 | 1700 | 3300 | 5800 | 8300 |
| **DeVille, 8-cyl., 129.5" wb** | | | | | | |
| 4-dr Sdn | 350 | 900 | 1500 | 2900 | 5200 | 7400 |
| 4-dr Hdtp | 350 | 950 | 1550 | 3100 | 5500 | 7900 |
| 2-dr Hdtp | 400 | 1050 | 1700 | 3300 | 5800 | 8300 |
| 2-dr Conv | 750 | 2250 | 3700 | 7400 | 12800 | 18500 |
| **Fleetwood Eldorado, 8-cyl., 375 hp, 120" wb** | | | | | | |
| 2-dr Hdtp | 500 | 1350 | 2350 | 4700 | 8100 | 11500 |
| **Fleetwood 60 Special, 8-cyl., 375 hp, 133" wb** | | | | | | |
| 4-dr Sdn | 400 | 1100 | 1800 | 3500 | 6100 | 8900 |
| 4-dr Brghm | 400 | 1150 | 1850 | 3700 | 6400 | 9300 |
| **Fleetwood Series 75, 8-cyl., 149.8" wb** | | | | | | |
| 4-dr Sdn | 400 | 1200 | 1900 | 3800 | 6600 | 9600 |
| 4-dr Limo | 450 | 1250 | 2050 | 4100 | 7100 | 10300 |
| **1971** | | | | | | |
| **Calais, 8-cyl., 130" wb** | | | | | | |
| 4-dr Hdtp | 350 | 900 | 1500 | 3000 | 5300 | 7600 |
| 2-dr Hdtp | 400 | 1050 | 1700 | 3400 | 5900 | 8500 |
| **DeVille, 8-cyl., 130" wb** | | | | | | |
| 4-dr Hdtp | 350 | 1000 | 1600 | 3200 | 5700 | 8100 |
| 2-dr Cpe | 400 | 1100 | 1800 | 3600 | 6200 | 9100 |

| | 6 | 5 | 4 | 3 | 2 | 1 |
|---|---|---|---|---|---|---|
| **Fleetwood 60 Special, 8-cyl., 133" wb** | | | | | | |
| 4-dr Brghm | 400 | 1050 | 1700 | 3400 | 5900 | 8500 |
| **Fleetwood 75, 8-cyl., 151.5" wb** | | | | | | |
| 4-dr 6-pass Sdn | 400 | 1100 | 1800 | 3500 | 6100 | 8900 |
| 4-dr Limo | 400 | 1150 | 1850 | 3700 | 6400 | 9300 |
| **Fleetwood Eldorado, 8-cyl., 126.3" wb** | | | | | | |
| 2-dr Hdtp | 450 | 1250 | 2150 | 4300 | 7400 | 10700 |
| 2-dr Conv | 700 | 2000 | 3450 | 6900 | 11900 | 17200 |
| **1972** | | | | | | |
| **Calais, 8-cyl., 130" wb** | | | | | | |
| 4-dr Hdtp | 350 | 900 | 1500 | 3000 | 5300 | 7600 |
| 2-dr Hdtp | 400 | 1050 | 1700 | 3400 | 5900 | 8500 |
| **DeVille, 8-cyl., 130" wb** | | | | | | |
| 4-dr Hdtp | 350 | 1000 | 1600 | 3200 | 5700 | 8100 |
| 2-dr Cpe | 400 | 1100 | 1800 | 3600 | 6200 | 9100 |
| **Fleetwood 60 Special, 8-cyl., 133" wb** | | | | | | |
| 4-dr Brghm | 400 | 1050 | 1700 | 3400 | 5900 | 8500 |
| **Fleetwood 75, 8-cyl., 151.5" wb** | | | | | | |
| 4-dr 6-pass Sdn | 400 | 1100 | 1800 | 3500 | 6100 | 8900 |
| 4-dr Limo | 400 | 1150 | 1850 | 3700 | 6400 | 9300 |
| **Fleetwood Eldorado, 8-cyl., 126.3" wb** | | | | | | |
| 2-dr Hdtp | 450 | 1250 | 2050 | 4100 | 7100 | 10300 |
| 2-dr Conv | 700 | 2000 | 3450 | 6900 | 11900 | 17200 |
| **1973** | | | | | | |
| **Calais, 8-cyl., 130" wb** | | | | | | |
| 2-dr Hdtp | 350 | 900 | 1500 | 2900 | 5200 | 7400 |
| 4-dr Hdtp | 350 | 850 | 1400 | 2800 | 4900 | 7100 |
| **Deville, 8-cyl., 130" wb** | | | | | | |
| 2-dr Cpe | 350 | 950 | 1550 | 3100 | 5500 | 7900 |
| 4-dr Sdn | 350 | 900 | 1500 | 2900 | 5200 | 7400 |
| **Fleetwood 60S, 8-cyl., 133" wb** | | | | | | |
| 4-dr Brghm Sdn | 350 | 950 | 1550 | 3100 | 5500 | 7900 |
| **Fleetwood Eldorado, 8-cyl., 126.3" wb** | | | | | | |
| 2-dr Hdtp | 400 | 1150 | 1850 | 3700 | 6400 | 9300 |
| 2-dr Conv | 700 | 2000 | 3450 | 6900 | 11900 | 17200 |
| **Fleetwood 75, 8-cyl., 151.5" wb** | | | | | | |
| 4-dr Sdn | 400 | 1050 | 1700 | 3400 | 5900 | 8500 |
| 4-dr Limo | 400 | 1100 | 1800 | 3600 | 6200 | 9100 |
| **1974** | | | | | | |
| **Calais, 8-cyl., 130" wb** | | | | | | |
| 2-dr Hdtp | 350 | 850 | 1400 | 2800 | 4900 | 7100 |
| 4-dr Hdtp | 300 | 800 | 1350 | 2700 | 4700 | 6900 |
| **DeVille, 8-cyl., 130" wb** | | | | | | |
| 2-dr Hdtp | 350 | 900 | 1500 | 2900 | 5200 | 7400 |
| 4-dr Hdtp | 300 | 800 | 1350 | 2700 | 4700 | 6900 |
| **Fleetwood Brougham, 8-cyl., 133" wb** | | | | | | |
| 4-dr Sdn | 350 | 850 | 1400 | 2800 | 4900 | 7100 |
| **Fleetwood Eldorado, 8-cyl., 126" wb** | | | | | | |
| 2-dr Hdtp | 400 | 1050 | 1700 | 3300 | 5800 | 8300 |
| 2-dr Conv | 700 | 2000 | 3450 | 6900 | 11900 | 17200 |
| **Fleetwood 75, 8-cyl., 151.5" wb** | | | | | | |
| 4-dr Sdn | 400 | 1050 | 1700 | 3400 | 5900 | 8500 |
| 4-dr Limo | 400 | 1100 | 1800 | 3600 | 6200 | 9100 |
| **1975** | | | | | | |
| **Calais, 8-cyl., 130" wb** | | | | | | |
| 2-dr Hdtp | 350 | 900 | 1500 | 2900 | 5200 | 7400 |
| 4-dr Hdtp | 350 | 850 | 1400 | 2800 | 4900 | 7100 |

| | 6 | 5 | 4 | 3 | 2 | 1 |
|---|---|---|---|---|---|---|
| **DeVille, 8-cyl., 130" wb** | | | | | | |
| 2-dr Hdtp | 300 | 800 | 1300 | 2600 | 4600 | 6600 |
| 4-dr Hdtp | 300 | 750 | 1250 | 2500 | 4400 | 6200 |
| **Fleetwood Brougham, 8-cyl., 133" wb** | | | | | | |
| 4-dr Sdn | 300 | 800 | 1300 | 2600 | 4600 | 6600 |
| **Fleetwood Eldorado, 8-cyl., 126.3" wb** | | | | | | |
| 2-dr Hdtp | 400 | 1050 | 1700 | 3300 | 5800 | 8300 |
| 2-dr Conv | 700 | 2000 | 3450 | 6900 | 11900 | 17200 |
| **Fleetwood 75, 8-cyl., 151.5" wb** | | | | | | |
| 4-dr Sdn | 400 | 1050 | 1700 | 3400 | 5900 | 8500 |
| 4-dr Limo | 400 | 1100 | 1800 | 3600 | 6200 | 9100 |
| ***1976*** | | | | | | |
| **Seville, 8-cyl., 114.3" wb** | | | | | | |
| 4-dr Sdn | 300 | 600 | 850 | 1700 | 2900 | 4100 |
| **Calais, 8-cyl., 130" wb** | | | | | | |
| 4-dr Hdtp | 300 | 700 | 1200 | 2400 | 4100 | 5900 |
| 2-dr Hdtp | 300 | 750 | 1250 | 2500 | 4400 | 6200 |
| **DeVille, 8-cyl., 130" wb** | | | | | | |
| 4-dr Hdtp | 300 | 650 | 1150 | 2300 | 3900 | 5700 |
| 2-dr Hdtp | 300 | 700 | 1200 | 2400 | 4100 | 5900 |
| **Eldorado, 8-cyl., 126.3" wb** | | | | | | |
| 2-dr Cpe | 400 | 1050 | 1700 | 3300 | 5800 | 8300 |
| 2-dr Conv | 800 | 2350 | 3950 | 7900 | 13700 | 19700 |
| **Fleetwood Brougham 60 Special, 8-cyl., 133" wb** | | | | | | |
| 4-dr Sdn | 300 | 700 | 1200 | 2400 | 4100 | 5900 |
| **Fleetwood 75, 8-cyl., 151.5" wb** | | | | | | |
| 4-dr Sdn | 350 | 900 | 1500 | 3000 | 5300 | 7600 |
| 4-dr Limo | 350 | 1000 | 1600 | 3200 | 5700 | 8100 |
| ***1977*** | | | | | | |
| **Seville, 8-cyl., 114.3" wb** | | | | | | |
| 4-dr Sdn | 300 | 600 | 850 | 1700 | 2900 | 4100 |
| **DeVille, 8-cyl., 121.5" wb** | | | | | | |
| 4-dr Sdn | 300 | 600 | 900 | 1800 | 3100 | 4400 |
| 2-dr Cpe | 300 | 550 | 800 | 1600 | 2800 | 3900 |
| **Eldorado, 8-cyl., 126.3" wb** | | | | | | |
| 2-dr Cpe | 300 | 650 | 1150 | 2300 | 3900 | 5700 |
| **Fleetwood Brougham, 8-cyl., 121.5" wb** | | | | | | |
| 4-dr Sdn | 300 | 650 | 1000 | 2000 | 3500 | 4900 |
| **Fleetwood, 8-cyl., 144.5" wb** | | | | | | |
| 4-dr Sdn | 300 | 800 | 1300 | 2600 | 4600 | 6600 |
| 4-dr Frml Sdn | 350 | 850 | 1400 | 2800 | 4900 | 7100 |
| ***1978*** | | | | | | |
| **Seville, 8-cyl., 114.3" wb** | | | | | | |
| 4-dr Sdn | 300 | 600 | 850 | 1700 | 2900 | 4100 |
| **DeVille, 8-cyl., 121.5" wb** | | | | | | |
| 4-dr Sdn | 300 | 600 | 900 | 1800 | 3100 | 4400 |
| 2-dr Cpe | 300 | 550 | 800 | 1600 | 2800 | 3900 |
| **Eldorado, 8-cyl., 126.3" wb** | | | | | | |
| 2-dr Cpe | 300 | 650 | 1150 | 2300 | 3900 | 5700 |
| **Fleetwood Brougham, 8-cyl., 121.5" wb** | | | | | | |
| 4-dr Sdn | 300 | 650 | 1000 | 2000 | 3500 | 4900 |
| **Fleetwood Limo, 8-cyl., 144.5" wb** | | | | | | |
| 4-dr Sdn | 300 | 800 | 1300 | 2600 | 4600 | 6600 |
| 4-dr Frml | 350 | 850 | 1400 | 2800 | 4900 | 7100 |
| *Diesel deduct 10%* | | | | | | |
| ***1979*** | | | | | | |
| **Seville, 8-cyl., 114.2" wb** | | | | | | |
| 4-dr Sdn | 300 | 600 | 850 | 1700 | 2900 | 4100 |

**'78 Fleetwood Limousine**

**'78 Coupe de Ville**

**'79 Eldorado**

**'80 Fleetwood**

**'81 Seville**

**'81 Coupe de Ville**

**'82 Fleetwood**

**'82 Eldorado**

**'86 Eldorado**

**'90 Eldorado**

| | 6 | 5 | 4 | 3 | 2 | 1 |
|---|---|---|---|---|---|---|
| **eVille, 8-cyl., 121.5" wb** | | | | | | |
| 4-dr Sdn | 300 | 600 | 900 | 1800 | 3100 | 4400 |
| 2-dr Cpe | 300 | 550 | 800 | 1600 | 2800 | 3900 |
| **ldorado, 8-cyl., 114" wb** | | | | | | |
| 2-dr Cpe | 300 | 600 | 950 | 1900 | 3200 | 4600 |

| | 6 | 5 | 4 | 3 | 2 | 1 |
|---|---|---|---|---|---|---|
| **Fleetwood Brougham, 8-cyl., 121.5" wb** | | | | | | |
| 4-dr Sdn | 300 | 650 | 1000 | 2000 | 3500 | 4900 |
| **Fleetwood Limo, 144.5" wb** | | | | | | |
| 4-dr Sdn | 300 | 800 | 1350 | 2700 | 4700 | 6900 |
| 4-dr Frml Sdn | 350 | 900 | 1500 | 2900 | 5200 | 7400 |
| | | *Diesel deduct 10%* | | | | |
| **1980** | | | | | | |
| **Seville, 8-cyl., 114.3" wb, FWD** | | | | | | |
| 4-dr Sdn | 300 | 600 | 850 | 1700 | 2900 | 4100 |
| **DeVille, 8-cyl., 121.5" wb** | | | | | | |
| 4-dr Sdn | 300 | 600 | 900 | 1800 | 3100 | 4400 |
| 2-dr Cpe | 300 | 550 | 800 | 1600 | 2800 | 3900 |
| **Eldorado, 8-cyl., 114" wb, FWD** | | | | | | |
| 2-dr Cpe | 300 | 600 | 950 | 1900 | 3200 | 4600 |
| **Fleetwood Brougham, 8-cyl., 121.5" wb** | | | | | | |
| 4-dr Sdn | 300 | 650 | 1000 | 2000 | 3500 | 4900 |
| 2-dr Cpe | 300 | 600 | 950 | 1900 | 3200 | 4600 |
| **Fleetwood Limo, 8-cyl., 144.5" wb** | | | | | | |
| 4-dr Sdn | 300 | 800 | 1350 | 2700 | 4700 | 6900 |
| 4-dr Frml | 350 | 900 | 1500 | 2900 | 5200 | 7400 |
| | | *Diesel deduct 10%* | | | | |
| **1981** | | | | | | |
| **Seville, 8-cyl., 114" wb, FWD** | | | | | | |
| 4-dr Sdn | 300 | 600 | 850 | 1700 | 2900 | 4100 |
| **DeVille, 8-cyl., 121.4" wb** | | | | | | |
| 4-dr Sdn | 300 | 600 | 950 | 1900 | 3200 | 4600 |
| 2-dr Cpe | 300 | 600 | 850 | 1700 | 2900 | 4100 |
| **Eldorado, 8-cyl., 114" wb, FWD** | | | | | | |
| 2-dr Cpe | 300 | 600 | 950 | 1900 | 3200 | 4600 |
| **Fleetwood Brougam, 8-cyl., 121.4" wb** | | | | | | |
| 4-dr Sdn | 300 | 650 | 1000 | 2000 | 3500 | 4900 |
| 2-dr Cpe | 300 | 600 | 950 | 1900 | 3200 | 4600 |
| **Fleetwood Limo, 8-cyl., 144.5" wb** | | | | | | |
| 4-dr Sdn | 300 | 800 | 1350 | 2700 | 4700 | 6900 |
| 4-dr Frml Sdn | 350 | 900 | 1500 | 2900 | 5200 | 7400 |
| | | *Diesel deduct 10%* | | | | |
| **1982** | | | | | | |
| **Cimarron, 4-cyl., 101.2" wb, Fwd** | | | | | | |
| 4-dr Sdn | 200 | 350 | 500 | 1000 | 1900 | 2700 |
| **Seville, 8-cyl., 114" wb, FWD** | | | | | | |
| 4-dr Sdn | 300 | 600 | 900 | 1800 | 3100 | 4400 |
| **DeVille, 8-cyl., 121.4" wb** | | | | | | |
| 4-dr Sdn | 300 | 600 | 950 | 1900 | 3200 | 4600 |
| 2-dr Cpe | 300 | 600 | 850 | 1700 | 2900 | 4100 |
| **Eldorado, 8-cyl., 114" wb, FWD** | | | | | | |
| 2-dr Cpe | 300 | 650 | 1000 | 2000 | 3500 | 4900 |
| **Fleetwood Brougam, 8-cyl., 121.4" wb** | | | | | | |
| 4-dr Sdn | 300 | 650 | 1000 | 2000 | 3500 | 4900 |
| 2-dr Cpe | 300 | 600 | 950 | 1900 | 3200 | 4600 |
| **Fleetwood Limo, 8-cyl., 144.5" wb** | | | | | | |
| 4-dr Sdn | 300 | 800 | 1350 | 2700 | 4700 | 6900 |
| 4-dr Frml Sdn | 350 | 900 | 1500 | 2900 | 5200 | 7400 |
| | | *Diesel deduct 10%* | | | | |
| **1983** | | | | | | |
| **Cimarron, 4-cyl., 101.2" wb, FWD** | | | | | | |
| 4-dr Sdn | 200 | 400 | 550 | 1100 | 2000 | 2900 |
| **Seville, 8-cyl., 114" wb** | | | | | | |
| 4-dr Sdn | 300 | 600 | 900 | 1800 | 3100 | 4400 |
| **DeVille, 8-cyl., 121.5" wb** | | | | | | |
| 4-dr Sdn | 300 | 600 | 950 | 1900 | 3200 | 4600 |
| 2-dr Cpe | 300 | 600 | 850 | 1700 | 2900 | 4100 |

| | 6 | 5 | 4 | 3 | 2 | 1 |
|---|---|---|---|---|---|---|
| **Eldorado, 8-cyl., 114" wb** | | | | | | |
| 2-dr Cpe | 300 | 650 | 1000 | 2000 | 3500 | 4900 |
| **Fleetwood Brougham, 8-cyl., 121.5" wb** | | | | | | |
| 4-dr Sdn | 300 | 650 | 1000 | 2000 | 3500 | 4900 |
| 2-dr Cpe | 300 | 600 | 950 | 1900 | 3200 | 4600 |
| **Fleetwood Limo , 8-cyl., 144.5" wb** | | | | | | |
| 4-dr Sdn | 300 | 800 | 1350 | 2700 | 4700 | 6900 |
| 4-dr Frml Sdn | 350 | 900 | 1500 | 2900 | 5200 | 7400 |
| | | *Diesel deduct 10%* | | | | |
| **1984** | | | | | | |
| **Cimarron, 4-cyl., 101.2" wb, FWD** | | | | | | |
| 4-dr Sdn | 200 | 400 | 600 | 1200 | 2100 | 3000 |
| **Seville, 8-cyl., 114" wb** | | | | | | |
| 4-dr Sdn | 300 | 600 | 950 | 1900 | 3200 | 4600 |
| **DeVille, 8-cyl., 121.5" wb** | | | | | | |
| 4-dr Sdn | 300 | 650 | 1000 | 2000 | 3500 | 4900 |
| 2-dr Cpe | 300 | 600 | 900 | 1800 | 3100 | 4400 |
| **Eldorado, 8-cyl., 114" wb, FWD** | | | | | | |
| 2-dr Cpe | 300 | 650 | 1000 | 2000 | 3500 | 4900 |
| 2-dr Conv | 700 | 1900 | 3350 | 6700 | 11500 | 16500 |
| **Fleetwood Brougham, 8-cyl., 121.5" wb** | | | | | | |
| 4-dr Sdn | 300 | 650 | 1000 | 2000 | 3500 | 4900 |
| 2-dr Cpe | 300 | 600 | 950 | 1900 | 3200 | 4600 |
| **Fleetwood Limo, 8-cyl., 144.5" wb** | | | | | | |
| 4-dr Sdn | 350 | 850 | 1400 | 2800 | 4900 | 7100 |
| 4-dr Frml Sdn | 350 | 900 | 1500 | 3000 | 5300 | 7600 |
| | | *Diesel deduct 10%* | | | | |
| **1985** | | | | | | |
| **Cimarron, 6-cyl., 101.2" wb, FWD** | | | | | | |
| 4-dr Sdn | 250 | 500 | 750 | 1400 | 2400 | 3400 |
| | | *4-cyl. deduct 10%* | | | | |
| **Seville, 8-cyl., 114" wb, FWD** | | | | | | |
| 4-dr Sdn | 300 | 650 | 1100 | 2100 | 3600 | 5100 |
| **DeVille, 8-cyl., 110.8" wb, FWD** | | | | | | |
| 4-dr Sdn | 300 | 650 | 1000 | 2000 | 3500 | 4900 |
| 2-dr Cpe | 300 | 600 | 900 | 1800 | 3100 | 4400 |
| **Eldorado, 8-cyl., 114" wb, FWD** | | | | | | |
| 2-dr Cpe | 300 | 650 | 1100 | 2200 | 3800 | 5400 |
| 2-dr Biarritz Conv | 750 | 2200 | 3650 | 7300 | 12600 | 18200 |
| **Fleetwood, 8-cyl., 110.8" wb** | | | | | | |
| 4-dr Sdn | 300 | 600 | 950 | 1900 | 3200 | 4600 |
| 2-dr Cpe | 300 | 600 | 950 | 1900 | 3200 | 4600 |
| **Fleetwood Brougham, 8-cyl., 121.5" wb, FWD** | | | | | | |
| 4-dr Sdn | 300 | 650 | 1100 | 2100 | 3600 | 5100 |
| 2-dr Cpe | 300 | 650 | 1000 | 2000 | 3500 | 4900 |
| **Fleetwood Limo, 8-cyl., 134.4" wb** | | | | | | |
| 4-dr Sdn | 350 | 900 | 1500 | 2900 | 5200 | 7400 |
| Frml Sdn | 350 | 950 | 1550 | 3100 | 5500 | 7900 |
| | *Diesel deduct 20%* | | *Small block option deduct 10%* | | | |
| **1986** | | | | | | |
| **Cimarron, 4-cyl., 101.2" wb, FWD** | | | | | | |
| 4-dr Sdn | 250 | 500 | 750 | 1400 | 2400 | 3400 |
| **Cimarron, 6-cyl., 101.2" wb, FWD** | | | | | | |
| 4-dr Sdn | 300 | 550 | 800 | 1600 | 2800 | 3900 |
| **Seville, 8-cyl., 108" wb, FWD** | | | | | | |
| 4-dr Sdn | 400 | 1100 | 1800 | 3500 | 6100 | 8900 |
| **DeVille, 8-cyl., 110.8" wb, FWD** | | | | | | |
| 2-dr Cpe | 300 | 650 | 1000 | 2000 | 3500 | 4900 |
| 4-dr Sdn | 300 | 650 | 1150 | 2300 | 3900 | 5700 |

| | 6 | 5 | 4 | 3 | 2 | 1 |
|---|---|---|---|---|---|---|
| **Fleetwood 75 Limo, 8-cyl., 134.4" wb** | | | | | | |
| 4-dr Sdn | 400 | 1050 | 1700 | 3400 | 5900 | 8500 |
| 4-dr Frml Sdn | 400 | 1100 | 1800 | 3600 | 6200 | 9100 |
| **Fleetwood Brougham, 8-cyl., 121.5" wb** | | | | | | |
| 4-dr Sdn | 300 | 750 | 1250 | 2500 | 4400 | 6200 |
| **Eldorado, 8-cyl., 108" wb, FWD** | | | | | | |
| 2-dr Cpe | 350 | 900 | 1500 | 2900 | 5200 | 7400 |
| | | *Small block option deduct 10%* | | | | |
| **1987** | | | | | | |
| **Cimarron, 101.2" wb, FWD** | | | | | | |
| 4-dr Sdn, 4-cyl. | 300 | 600 | 850 | 1700 | 2900 | 4100 |
| 4-dr Sdn, 6-cyl. | 300 | 600 | 950 | 1900 | 3200 | 4600 |
| **Seville, 8-cyl., 108" wb** | | | | | | |
| 4-dr Sdn | 400 | 1200 | 2000 | 4000 | 6900 | 10000 |
| **DeVille, 8-cyl., 110.8" wb** | | | | | | |
| 4-dr Sdn | 300 | 750 | 1250 | 2500 | 4400 | 6200 |
| 2-dr Cpe | 300 | 650 | 1150 | 2300 | 3900 | 5700 |
| **Fleetwood, 8-cyl.** | | | | | | |
| 4-dr Sdn d'Elegance (110.8" wb) | 350 | 900 | 1500 | 2900 | 5200 | 7400 |
| 4-dr Sdn, 60 Special (115.8" wb) | 350 | 900 | 1500 | 2900 | 5200 | 7400 |
| **Eldorado, 8-cyl., 108" wb** | | | | | | |
| 2-dr Cpe | 400 | 1050 | 1700 | 3300 | 5800 | 8300 |
| **Fleetwood Brougham, 8-cyl., 121.5" wb** | | | | | | |
| 4-dr Sdn | 350 | 900 | 1500 | 2900 | 5200 | 7400 |
| **Fleetwood 75 Series, 8-cyl., 134.4" wb** | | | | | | |
| 4-dr Limo | 400 | 1200 | 1900 | 3800 | 6600 | 9600 |
| 4-dr Frml Sdn | 400 | 1200 | 2000 | 4000 | 6900 | 10000 |
| **Allante, 8-cyl., 99.4" wb** | | | | | | |
| 2-dr Conv | 850 | 2600 | 4400 | 8800 | 15500 | 21900 |
| | | *Small block option deduct 10%* | | | | |
| **1988** | | | | | | |
| **Cimarron, 6-cyl., FWD** | | | | | | |
| 4-dr Sdn | 300 | 650 | 1100 | 2100 | 3600 | 5100 |
| **Seville, 8-cyl., FWD** | | | | | | |
| 4-dr Sdn | 550 | 1550 | 2600 | 5200 | 9000 | 12800 |
| **DeVille, 8-cyl., FWD** | | | | | | |
| 4-dr Sdn | 450 | 1250 | 2050 | 4100 | 7100 | 10300 |
| 2-dr Cpe | 400 | 1200 | 1950 | 3900 | 6800 | 9900 |
| **Fleetwood d'Elegance, 8-cyl., FWD** | | | | | | |
| 4-dr Sdn | 500 | 1300 | 2250 | 4500 | 7700 | 11000 |
| **Fleetwood Sixty Special, 8-cyl., FWD** | | | | | | |
| 4-dr Sdn | 500 | 1300 | 2250 | 4500 | 7700 | 11000 |
| **Eldorado, 8-cyl., FWD** | | | | | | |
| 2-dr Cpe | 500 | 1350 | 2300 | 4600 | 8000 | 11300 |
| **Brougham, 8-cyl.** | | | | | | |
| 4-dr Sdn | 400 | 1050 | 1700 | 3300 | 5800 | 8300 |
| **Allante, 8-cyl., FWD** | | | | | | |
| 2-dr Conv | 950 | 3050 | 5100 | 10200 | 18000 | 25400 |
| | | *Small block option deduct 10%* | | | | |
| **1989** | | | | | | |
| **Seville, 8-cyl., FWD** | | | | | | |
| 4-dr Sdn | 650 | 1700 | 3000 | 6100 | 10600 | 15200 |
| **DeVille, 8-cyl., FWD** | | | | | | |
| 4-dr Sdn | 550 | 1400 | 2400 | 4800 | 8300 | 11800 |
| 2-dr Cpe | 500 | 1350 | 2300 | 4600 | 8000 | 11300 |
| **Fleetwood, 8-cyl., FWD** | | | | | | |
| 4-dr Sdn | 550 | 1550 | 2600 | 5200 | 9000 | 12800 |
| 2-dr Cpe | 550 | 1500 | 2500 | 5100 | 8800 | 12500 |
| **Fleetwood Sixty Special, 8-cyl., FWD** | | | | | | |
| 4-dr Sdn | 550 | 1550 | 2650 | 5300 | 9100 | 13000 |

| | 6 | 5 | 4 | 3 | 2 | 1 |
|---|---|---|---|---|---|---|
| **Eldorado, 8-cyl., FWD** | | | | | | |
| 2-dr Cpe | 600 | 1600 | 2750 | 5500 | 9500 | 13800 |
| **Brougham, 8-cyl.** | | | | | | |
| 4-dr Sdn | 400 | 1200 | 1950 | 3900 | 6800 | 9900 |
| **Allante, 8-cyl., FWD** | | | | | | |
| 2-dr Conv | 1100 | 3500 | 5800 | 11600 | 20450 | 28900 |
| ***1990*** | | | | | | |
| **Seville, 8-cyl., FWD** | | | | | | |
| 4-dr Sdn | 750 | 2150 | 3600 | 7200 | 12400 | 18000 |
| 4-dr Tr Sdn | 800 | 2400 | 4050 | 8100 | 14200 | 20200 |
| **DeVille, 8-cyl., FWD** | | | | | | |
| 4-dr Sdn | 600 | 1600 | 2800 | 5600 | 9700 | 14000 |
| 2-dr Cpe | 600 | 1600 | 2700 | 5400 | 9300 | 13500 |
| **Fleetwood, 8-cyl., FWD** | | | | | | |
| 4-dr Sdn | 650 | 1700 | 3000 | 6100 | 10600 | 15200 |
| 2-dr Cpe | 650 | 1700 | 3000 | 6000 | 10400 | 14900 |
| **Fleetwood Sixty Special, 8-cyl., FWD** | | | | | | |
| 4-dr Sdn | 650 | 1750 | 3150 | 6300 | 10900 | 15700 |
| **Eldorado, 8-cyl., FWD** | | | | | | |
| 2-dr Cpe | 650 | 1800 | 3200 | 6400 | 11000 | 15900 |
| **Brougham, 8-cyl.** | | | | | | |
| 4-dr Sdn | 600 | 1600 | 2700 | 5400 | 9300 | 13500 |
| **Allante, 8-cyl., FWD** | | | | | | |
| 2-dr Conv | 1250 | 3950 | 6600 | 13200 | 23250 | 32900 |
| 2-dr Hdtp Conv | 1550 | 4650 | 7800 | 15600 | 27450 | 38900 |
| ***1991*** | | | | | | |
| **Seville, 8-cyl., 108" wb** | | | | | | |
| 4-dr Sdn | 800 | 2500 | 4200 | 8400 | 14800 | 20900 |
| 4-dr Tr Sedan | 900 | 2800 | 4700 | 9400 | 16500 | 23400 |
| **DeVille, 8-cyl., 110.8" wb** | | | | | | |
| 4-dr Sdn | 700 | 2050 | 3500 | 7000 | 12100 | 17400 |
| 2-dr Cpe | 700 | 1900 | 3400 | 6800 | 11700 | 16900 |
| **Fleetwood, 8-cyl., 113.8 wb** | | | | | | |
| 4-dr Sedan | 750 | 2300 | 3800 | 7600 | 13100 | 18900 |
| 2-dr Cpe | 750 | 2250 | 3750 | 7500 | 13000 | 18700 |
| **Eldorado, 8-cyl., 108" wb** | | | | | | |
| 2-dr Cpe | 750 | 2300 | 3800 | 7600 | 13100 | 18900 |
| **Fleetwood Sixty Special, 8-cyl., 113.8" wb** | | | | | | |
| 4-dr Sdn | 800 | 2350 | 3900 | 7800 | 13500 | 19500 |
| **Fleetwood Brougham, 8-cyl., 121.5" wb** | | | | | | |
| 4-dr Limo | 650 | 1800 | 3200 | 6400 | 11000 | 15900 |
| **Allante, 8-cyl., 99.4" wb** | | | | | | |
| 2-dr Conv | 1500 | 4500 | 7500 | 15000 | 26400 | 37500 |

*Small block option deduct 10%*

---

# PRICE GUIDE CLASSIFICATIONS:

**1. CONCOURS:** Perfection. At or near 100 points on a 100-point judging scale. Trailered; never driven; pampered. Totally restored to the max and 100 percent stock.

**2. SHOW:** Professionally restored to high standards. No major flaws or deviations from stock. Consistent trophy winner that needs nothing to show. In 90 to 95 point range.

**3. STREET/SHOW:** Older restoration or extremely nice original showing some wear from age and use. Very presentable; occasional trophy winner; everything working properly. About 80 to 89 points.

**4. DRIVER:** A nice looking, fine running collector car needing little or nothing to drive, enjoy and show in local competition. Would need extensive restoration to be a show car, but completely usable as is.

**5. RESTORABLE:** Project car that is relatively complete and restorable within a reasonable effort and expense. Needs total restoration, but all major components present and rebuildable. May or may not be running.

**6. PARTS CAR:** Deteriorated or stripped to a point beyond reasonable restoration, but still complete and solid enough to donate valuable parts to a restoration. Likely not running, possibly missing its engine.

## Collector Car Value Trends

Value trends within the collector car hobby provide a look at what's been going on during the past two decades. The following charts were compiled from various sources that have tracked the value of selected models over the years. Models were chosen on the basis of their rarity *and* desirability by collectors and hobbyists. 2000 prices are based on vehicles in number one condition.

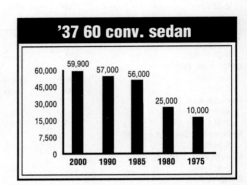

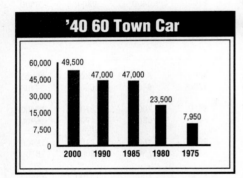

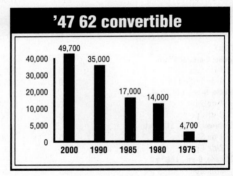

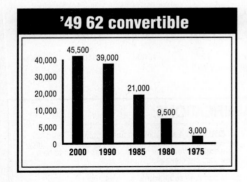

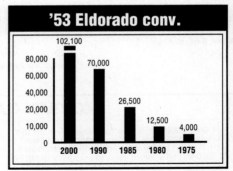

# CHANDLER
## 1914 – 1929

| | 6 | 5 | 4 | 3 | 2 | 1 |
|---|---|---|---|---|---|---|
| **1914** | | | | | | |
| **Model 14, 6-cyl., 27 hp, 120" wb** | | | | | | |
| 5-pass Light 6 Tour | 600 | 1650 | 2850 | 5700 | 9900 | 14200 |
| 3-pass Limo | 550 | 1400 | 2400 | 4800 | 8300 | 11800 |
| 3-pass Cpe | 500 | 1350 | 2300 | 4600 | 8000 | 11300 |
| 2-pass Rdstr | 600 | 1600 | 2750 | 5500 | 9500 | 13800 |
| 5-pass Sdn | 500 | 1300 | 2250 | 4500 | 7700 | 11000 |
| **1915** | | | | | | |
| **Model 15-B, 6-cyl., 27 hp, 122" wb** | | | | | | |
| 5-pass Tr | 650 | 1700 | 3000 | 5900 | 10200 | 14700 |
| Limo | 550 | 1400 | 2400 | 4800 | 8300 | 11800 |
| Sdn | 500 | 1350 | 2300 | 4600 | 8000 | 11300 |
| Rdstr | 600 | 1650 | 2850 | 5700 | 9900 | 14200 |
| Cpe | 550 | 1400 | 2400 | 4800 | 8300 | 11800 |
| Cabrlt | 550 | 1450 | 2450 | 4900 | 8500 | 12000 |
| **1916** | | | | | | |
| **Six, 6-cyl., 27 hp, 122" wb** | | | | | | |
| 7-pass Tr | 650 | 1750 | 3150 | 6300 | 10900 | 15700 |
| Rdstr | 650 | 1700 | 3000 | 5900 | 10200 | 14700 |
| Limo | 550 | 1400 | 2400 | 4800 | 8300 | 11800 |
| Sdn | 450 | 1250 | 2050 | 4100 | 7100 | 10300 |
| Conv Sdn | 600 | 1600 | 2700 | 5400 | 9300 | 13500 |
| Cpe | 550 | 1400 | 2400 | 4800 | 8300 | 11800 |
| Cabrlt | 550 | 1500 | 2500 | 5100 | 8800 | 12500 |
| **1917** | | | | | | |
| **Model 17, 6-cyl., 27 hp 123" wb** | | | | | | |
| 4-pass Rdstr | 700 | 1900 | 3350 | 6700 | 11500 | 16500 |
| 7-pass Tr | 750 | 2200 | 3650 | 7300 | 12600 | 18200 |
| Conv Cpe | 600 | 1600 | 2700 | 5400 | 9300 | 13500 |
| Conv Sdn | 600 | 1650 | 2850 | 5700 | 9900 | 14200 |
| Limo | 550 | 1400 | 2400 | 4800 | 8300 | 11800 |
| **1918** | | | | | | |
| **Model 18, 6-cyl., 30 hp, 123" wb** | | | | | | |
| 4-pass Rdstr | 700 | 1900 | 3350 | 6700 | 11500 | 16500 |
| 7-pass Tr | 750 | 2200 | 3650 | 7300 | 12600 | 18200 |
| Dispatch Car | 600 | 1600 | 2750 | 5500 | 9500 | 13800 |
| Conv Cpe | 600 | 1600 | 2700 | 5400 | 9300 | 13500 |
| Conv Sdn | 600 | 1650 | 2850 | 5700 | 9900 | 14200 |
| Limo | 550 | 1400 | 2400 | 4800 | 8300 | 11800 |
| **1919** | | | | | | |
| **Model 19, 6-cyl., 30 hp, 123" wb** | | | | | | |
| 4-pass Rdstr | 700 | 1900 | 3350 | 6700 | 11500 | 16500 |
| 7-pass Tr | 750 | 2200 | 3650 | 7300 | 12600 | 18200 |
| 4-pass Disp Car | 550 | 1550 | 2600 | 5200 | 9000 | 12800 |
| 4-pass Cpe | 450 | 1250 | 2150 | 4300 | 7400 | 10700 |
| 7-pass Sdn | 550 | 1400 | 2400 | 4800 | 8300 | 11800 |
| Limo | 600 | 1600 | 2700 | 5400 | 9300 | 13500 |
| 4-pass Spt | 650 | 1750 | 3100 | 6200 | 10700 | 15400 |
| Conv Cpe | 650 | 1700 | 3000 | 5900 | 10200 | 14700 |

|  | 6 | 5 | 4 | 3 | 2 | 1 |
|---|---|---|---|---|---|---|
| **1920** | | | | | | |
| **Model 20, 6-cyl., 30 hp, 123" wb** | | | | | | |
| 7-pass Sdn | 550 | 1400 | 2400 | 4800 | 8300 | 11800 |
| 4-pass Rdstr | 700 | 2000 | 3450 | 6900 | 11900 | 17200 |
| 4-pass Disp | 550 | 1550 | 2600 | 5200 | 9000 | 12800 |
| 7-pass Tr | 750 | 2200 | 3650 | 7300 | 12600 | 18200 |
| 4-pass Cpe | 550 | 1500 | 2500 | 5100 | 8800 | 12500 |
| 7-pass Limo | 600 | 1650 | 2850 | 5700 | 9900 | 14200 |
| **1921** | | | | | | |
| **Model 21, 6-cyl., 45 hp, 123" wb** | | | | | | |
| 7-pass Tr | 800 | 2350 | 3950 | 7900 | 13700 | 19700 |
| 2-pass Rdstr | 750 | 2150 | 3600 | 7200 | 12400 | 18000 |
| 4-pass Rdstr | 750 | 2250 | 3750 | 7500 | 13000 | 18700 |
| 4-pass Disp | 550 | 1550 | 2600 | 5200 | 9000 | 12800 |
| 4-pass Cpe | 550 | 1450 | 2450 | 4900 | 8500 | 12000 |
| 7-pass Sdn | 500 | 1350 | 2300 | 4600 | 8000 | 11300 |
| 7-pass Limo | 600 | 1600 | 2700 | 5400 | 9300 | 13500 |
| **1922** | | | | | | |
| **Model 21, 6-cyl., 45 hp, 123" wb** | | | | | | |
| 5-pass Tr | 750 | 2200 | 3650 | 7300 | 12600 | 18200 |
| 2-pass Rdstr | 750 | 2150 | 3600 | 7200 | 12400 | 18000 |
| 4-pass Chummy Road | 500 | 1350 | 2350 | 4700 | 8100 | 11500 |
| 2-pass Spl Road | 750 | 2250 | 3750 | 7500 | 13000 | 18700 |
| 7-pass Tr | 750 | 2300 | 3850 | 7700 | 13300 | 19200 |
| 4-pass Royal Dispatch | 600 | 1650 | 2850 | 5700 | 9900 | 14200 |
| 4-pass Cpe | 550 | 1450 | 2450 | 4900 | 8500 | 12000 |
| 5-pass Metro Sdn | 550 | 1500 | 2500 | 5100 | 8800 | 12500 |
| 7-pass Sdn | 500 | 1350 | 2300 | 4600 | 8000 | 11300 |
| **1923** | | | | | | |
| **Model 32, 6-cyl., 45 hp, 123" wb** | | | | | | |
| 2-pass Rdstr | 750 | 2150 | 3600 | 7200 | 12400 | 18000 |
| 5-pass Tr | 750 | 2200 | 3650 | 7300 | 12600 | 18200 |
| 7-pass Tr | 750 | 2300 | 3850 | 7700 | 13300 | 19200 |
| 4-pass Royal Disp | 600 | 1650 | 2850 | 5700 | 9900 | 14200 |
| 4-pass Chummy Sdn | 500 | 1350 | 2350 | 4700 | 8100 | 11500 |
| 5-pass Metropolitan Sdn | 550 | 1500 | 2500 | 5100 | 8800 | 12500 |
| 7-pass Limo | 600 | 1650 | 2850 | 5700 | 9900 | 14200 |
| 7-pass Sdn | 550 | 1500 | 2500 | 5000 | 8700 | 12300 |
| **1924** | | | | | | |
| **Model 32-A, 6-cyl., 123" wb** | | | | | | |
| 4-pass Chummy Rdstr | 750 | 2150 | 3600 | 7200 | 12400 | 18000 |
| 3-pass Comrade Rdstr | 800 | 2350 | 3900 | 7800 | 13500 | 19500 |
| 5-pass Tr | 750 | 2200 | 3650 | 7300 | 12600 | 18200 |
| 7-pass Tr | 750 | 2300 | 3850 | 7700 | 13300 | 19200 |
| 4-pass Royal Disp | 600 | 1650 | 2850 | 5700 | 9900 | 14200 |
| 4-pass Chummy Sdn | 500 | 1350 | 2350 | 4700 | 8100 | 11500 |
| 5-pass Chummy Spl Sdn | 550 | 1400 | 2400 | 4800 | 8300 | 11800 |
| 4-dr 5-pass Spl Sdn | 550 | 1500 | 2500 | 5100 | 8800 | 12500 |
| 4-dr 5-pass Sdn | 550 | 1450 | 2450 | 4900 | 8500 | 12000 |
| 5-pass Metropolitan Sdn | 550 | 1500 | 2500 | 5100 | 8800 | 12500 |
| 7-pass Sdn | 550 | 1500 | 2500 | 5000 | 8700 | 12300 |
| 7-pass Limo | 600 | 1650 | 2850 | 5700 | 9900 | 14200 |
| 7-pass Town Car | 650 | 1700 | 3000 | 5900 | 10200 | 14700 |
| **1925** | | | | | | |
| **Model 33, 6-cyl., 55 hp, 123" wb** | | | | | | |
| 5-pass Tr | 800 | 2350 | 3950 | 7900 | 13700 | 19700 |
| 7-pass Tr | 800 | 2400 | 4050 | 8100 | 14200 | 20200 |
| 4-pass Spl Rdstr | 800 | 2350 | 3950 | 7900 | 13700 | 19700 |

| | 6 | 5 | 4 | 3 | 2 | 1 |
|---|---|---|---|---|---|---|
| 3-pass Comrade Rdstr | 800 | 2400 | 4000 | 8000 | 13900 | 19900 |
| 4-pass Royal Dispatch | 700 | 1900 | 3350 | 6700 | 11500 | 16500 |
| 5-pass Chummy Sdn | 550 | 1500 | 2500 | 5100 | 8800 | 12500 |
| 5-pass Chummy Dlx Sdn | 550 | 1550 | 2600 | 5200 | 9000 | 12800 |
| 4-dr 5-pass Sdn | 550 | 1450 | 2450 | 4900 | 8500 | 12000 |
| 5-pass Metropolitan Sdn | 550 | 1500 | 2500 | 5100 | 8800 | 12500 |
| 7-pass Sdn | 550 | 1450 | 2450 | 4900 | 8500 | 12000 |
| 7-pass Limo | 650 | 1700 | 3000 | 5900 | 10200 | 14700 |

## 1926

### Model 35, 6-cyl., 55 hp, 124" wb

| | 6 | 5 | 4 | 3 | 2 | 1 |
|---|---|---|---|---|---|---|
| 2-4 pass Comrade Rdstr | 700 | 2050 | 3500 | 7000 | 21200 | 17400 |
| 4-pass Royal Dispatch | 650 | 1800 | 3250 | 6500 | 101200 | 16100 |
| 5-pass Spt Tr | 700 | 2000 | 3450 | 6900 | 11900 | 17200 |
| 7-pass Tr | 700 | 1900 | 3350 | 6700 | 11500 | 16500 |
| 7-pass Limo | 600 | 1650 | 2850 | 5700 | 9900 | 14200 |
| 5-pass Brghm | 550 | 1550 | 2650 | 5300 | 9100 | 13000 |
| 7-pass Dlx Sdn | 550 | 1500 | 2500 | 5100 | 8800 | 12500 |
| 5-pass Metropolitan Sdn | 550 | 1450 | 2450 | 4900 | 8500 | 12000 |
| 5-pass 20th Century Sdn | 500 | 1350 | 2350 | 4700 | 8100 | 11500 |
| 7-pass Berline Sdn | 550 | 1550 | 2650 | 5300 | 9100 | 13000 |

### Big Six, 6-cyl., 62 hp

| | 6 | 5 | 4 | 3 | 2 | 1 |
|---|---|---|---|---|---|---|
| 5-pass Tr | 700 | 2000 | 3450 | 6900 | 11900 | 17200 |
| 7-pass Tr | 750 | 2100 | 3550 | 7100 | 12300 | 17700 |
| 2-4 pass Comrade Rdstr | 750 | 2200 | 3650 | 7300 | 12600 | 18200 |
| 5-pass 20th Century Sdn | 500 | 1350 | 2350 | 4700 | 8100 | 11500 |
| 5-pass Metropolitan Sdn | 550 | 1450 | 2450 | 4900 | 8500 | 12000 |
| 4-pass Cpe | 550 | 1550 | 2600 | 5200 | 9000 | 12800 |
| 7-pass Sdn | 600 | 1600 | 2700 | 5400 | 9300 | 13500 |

### Special Six, 6-cyl., 60 hp

| | 6 | 5 | 4 | 3 | 2 | 1 |
|---|---|---|---|---|---|---|
| 5-pass Tr | 750 | 2100 | 3550 | 7100 | 12300 | 17700 |
| 5-pass Spt Tr | 750 | 2250 | 3750 | 7500 | 13000 | 18700 |
| 2-3 pass Cpe | 550 | 1500 | 2500 | 5100 | 8800 | 12500 |
| 2-3 pass Dlx Cpe | 600 | 1600 | 2700 | 5400 | 9300 | 13500 |
| 5-pass Sdn | 550 | 1450 | 2450 | 4900 | 8500 | 12000 |

### Standard Six, 6-cyl., 50 hp

| | 6 | 5 | 4 | 3 | 2 | 1 |
|---|---|---|---|---|---|---|
| 5-pass Tr | 650 | 1800 | 3200 | 6400 | 11000 | 15900 |
| 5-pass Dlx Tr | 700 | 1900 | 3350 | 6700 | 11500 | 16500 |
| 2-4 pass Rdstr | 750 | 2150 | 3600 | 7200 | 12400 | 18000 |
| 2-3 pass Cpe | 550 | 1450 | 2450 | 4900 | 8500 | 12000 |
| 2-pass Dlx Cpe | 550 | 1500 | 2500 | 5100 | 8800 | 12500 |
| 5-pass Sdn | 500 | 1350 | 2300 | 4600 | 8000 | 11300 |
| 5-pass Dlx Sdn | 550 | 1400 | 2400 | 4800 | 8300 | 11800 |

## 1927

### Standard Six, 6-cyl., 45 hp

| | 6 | 5 | 4 | 3 | 2 | 1 |
|---|---|---|---|---|---|---|
| 5-pass Sdn | 500 | 1350 | 2300 | 4600 | 8000 | 11300 |
| 5-pass Dlx Sdn | 550 | 1400 | 2400 | 4800 | 8300 | 11800 |
| 3-pass Cpe | 550 | 1450 | 2450 | 4900 | 8500 | 12000 |
| 3-pass Dlx Cpe | 550 | 1500 | 2500 | 5100 | 8800 | 12500 |
| 5-pass Tr | 650 | 1800 | 3200 | 6400 | 11000 | 15900 |
| 5-pass Dlx Tr | 700 | 1900 | 3350 | 6700 | 11500 | 16500 |
| 2-4 pass Rdstr | 750 | 2150 | 3600 | 7200 | 12400 | 18000 |

### Special Six, 6-cyl., 60 hp

| | 6 | 5 | 4 | 3 | 2 | 1 |
|---|---|---|---|---|---|---|
| 5-pass Sdn | 550 | 1450 | 2450 | 4900 | 8500 | 12000 |
| 5-pass Dlx Sdn | 550 | 1500 | 2500 | 5100 | 8800 | 12500 |
| 3-pass Cpe | 550 | 1500 | 2500 | 5100 | 8800 | 12500 |
| 3-pass Dlx Cpe | 600 | 1600 | 2700 | 5400 | 9300 | 13500 |
| 5-pass Tr | 700 | 2000 | 3450 | 6900 | 11900 | 17200 |
| 5-pass Spt Tr | 750 | 2250 | 3700 | 7400 | 12800 | 18500 |

### Big Six, 6-cyl., 65 hp

| | 6 | 5 | 4 | 3 | 2 | 1 |
|---|---|---|---|---|---|---|
| 5-pass Metropolitan Sdn | 550 | 1450 | 2450 | 4900 | 8500 | 12000 |

| | 6 | 5 | 4 | 3 | 2 | 1 |
|---|---|---|---|---|---|---|
| 5-pass Metropolitan Dlx Sdn | 550 | 1500 | 2500 | 5100 | 8800 | 12500 |
| 7-pass Dlx Sdn | 600 | 1600 | 2800 | 5600 | 9700 | 14000 |
| 5-pass 20th Century Sdn | 500 | 1350 | 2350 | 4700 | 8100 | 11500 |
| 4-pass Cpe | 550 | 1550 | 2600 | 5200 | 9000 | 12800 |
| 3-pass Ctry Club Cpe | 600 | 1600 | 2750 | 5500 | 9500 | 13800 |
| 5-pass Tr | 700 | 1900 | 3350 | 6700 | 11500 | 16500 |
| 7-pass Tr | 650 | 1800 | 3250 | 6500 | 11200 | 16100 |
| 2-4 pass Comrade Rdstr | 750 | 2250 | 3750 | 7500 | 13000 | 18700 |
| **Royal Eight, 8-cyl., 80 hp** | | | | | | |
| 5-pass Sdn | 550 | 1550 | 2600 | 5200 | 9000 | 12800 |
| 7-pass Dlx Sdn | 600 | 1600 | 2700 | 5400 | 9300 | 13500 |
| 4-pass Cpe | 650 | 1700 | 3000 | 5900 | 10200 | 14700 |
| 3-pass Ctry Club Cpe | 650 | 1750 | 3100 | 6200 | 10700 | 15400 |
| 7-pass Tr | 950 | 3000 | 5050 | 10100 | 17900 | 25100 |
| 5-pass Tr | 1000 | 3100 | 5250 | 10500 | 18600 | 26200 |
| 2-4 pass Rdstr | 1150 | 3600 | 5950 | 11900 | 21000 | 29700 |

## 1928

**Special Six, 6-cyl., 55 hp**

| | 6 | 5 | 4 | 3 | 2 | 1 |
|---|---|---|---|---|---|---|
| 5-pass Tr | 800 | 2450 | 4150 | 8300 | 14600 | 20700 |
| 2-4 pass Rdstr | 900 | 2850 | 4750 | 9500 | 16700 | 23700 |
| 3-5 pass Cabrlt | 1000 | 3250 | 5450 | 10900 | 19100 | 27200 |
| 5-pass Sdn | 550 | 1400 | 2400 | 4800 | 8300 | 11800 |
| 3-pass Cpe | 600 | 1650 | 2850 | 5700 | 9900 | 14200 |
| 5-pass Dlx Cpe | 650 | 1700 | 3000 | 6100 | 10600 | 15200 |
| **Big Six, 6-cyl., 83 hp** | | | | | | |
| 5-pass Metropolitan Sdn | 600 | 1650 | 2900 | 5800 | 10000 | 14500 |
| 7-pass Berline Sdn | 700 | 1850 | 3300 | 6600 | 11300 | 16300 |
| 4-pass Cpe | 750 | 2100 | 3550 | 7100 | 12300 | 17700 |
| 3-pass Ctry Club Cpe | 700 | 1900 | 3400 | 6800 | 11700 | 16900 |
| 7-pass Sdn | 650 | 1800 | 3250 | 6500 | 11200 | 16100 |
| Royal Six Sdn | 700 | 1900 | 3350 | 6700 | 11500 | 16500 |
| 7-pass Tr | 950 | 2950 | 4950 | 9900 | 17500 | 24700 |
| **Royal Eight, 8-cyl.** | | | | | | |
| 7-pass Tr | 1150 | 3600 | 5950 | 11900 | 21000 | 29700 |
| 4-pass Cpe | 800 | 2400 | 4050 | 8100 | 14200 | 20200 |
| 3-pass Ctry Club Cpe | 800 | 2350 | 3900 | 7800 | 13500 | 19500 |
| 5-pass Sdn | 750 | 2100 | 3550 | 7100 | 12300 | 17700 |
| 7-pass Sdn | 750 | 2200 | 3650 | 7300 | 12600 | 18200 |
| 5-pass Sdn Dlx | 750 | 2250 | 3750 | 7500 | 13000 | 18700 |
| 2-4 pass Cabrlt | 900 | 2900 | 4850 | 9700 | 17100 | 24200 |
| 7-pass Berline | 750 | 2250 | 3750 | 7500 | 13000 | 18700 |

## 1929

**Model 65, 6-cyl., 55 hp, 109" wb**

| | 6 | 5 | 4 | 3 | 2 | 1 |
|---|---|---|---|---|---|---|
| 5-pass Tr | 900 | 2900 | 4850 | 9700 | 17100 | 24200 |
| 5-pass Sptrdstr | 1050 | 3400 | 5650 | 11300 | 19900 | 28200 |
| 2-4 pass Cpe | 750 | 2300 | 3800 | 7600 | 13100 | 18900 |
| 5-pass Sdn | 750 | 2100 | 3550 | 7100 | 12300 | 17700 |
| 4-pass Cpe | 800 | 2400 | 4050 | 8100 | 14200 | 20200 |
| 5-pass Dlx Sdn | 750 | 2200 | 3650 | 7300 | 12600 | 18200 |
| 2-4 pass Cabrlt | 800 | 2500 | 4200 | 8400 | 14800 | 20900 |
| **Royal 75, 8-cyl., 80 hp, 118" wb** | | | | | | |
| 5-pass Brghm | 850 | 2550 | 4350 | 8700 | 15300 | 21700 |
| 2-pass Cpe | 800 | 2450 | 4150 | 8300 | 14600 | 20700 |
| 2-4 pass Cpe | 850 | 2550 | 4350 | 8700 | 15300 | 21700 |
| 5-pass Sdn | 750 | 2250 | 3700 | 7400 | 12800 | 18500 |
| 5-pass Dlx Sdn | 800 | 2350 | 3900 | 7800 | 13500 | 19500 |

| | 6 | 5 | 4 | 3 | 2 | 1 |
|---|---|---|---|---|---|---|
| **Big Six, 83 hp, 124" wb** | | | | | | |
| 7-pass Tr | 1100 | 3450 | 5750 | 11500 | 20300 | 28700 |
| 5-pass Metropolitan Sdn | 800 | 2350 | 3900 | 7800 | 13500 | 19500 |
| 4-pass Cpe | 800 | 2400 | 4050 | 8100 | 14200 | 20200 |
| 4-pass Ctry Club Cpe | 800 | 2450 | 4100 | 8200 | 14400 | 20500 |
| 4-pass Cabrlt | 900 | 2900 | 4850 | 9700 | 17100 | 24200 |
| 7-pass Sdn | 750 | 2250 | 3700 | 7400 | 12800 | 18500 |
| 7-pass Berline | 750 | 2300 | 3800 | 7600 | 13100 | 18900 |
| **Royal 85, 8-cyl., 95 hp, 124" wb** | | | | | | |
| 7-pass Tr | 1150 | 3600 | 5950 | 11900 | 21000 | 29700 |
| 5-pass Sdn | 850 | 2600 | 4400 | 8800 | 15500 | 21900 |
| 3-pass Ctry Club Cpe | 850 | 2700 | 4550 | 9100 | 16000 | 22700 |
| 4-pass Cpe | 850 | 2600 | 4400 | 8800 | 15500 | 21900 |
| 5-pass Dlx Sdn | 950 | 2950 | 4950 | 9900 | 17300 | 24500 |
| 2-4 pass Cabrlt | 800 | 2400 | 4050 | 8100 | 14200 | 20200 |
| 7-pass Sdn | 850 | 2550 | 4350 | 8700 | 15300 | 21700 |
| 7-pass Berline | 850 | 2650 | 4500 | 9000 | 15900 | 22500 |

---

## PRICE GUIDE CLASSIFICATIONS:

**1. CONCOURS:** Perfection. At or near 100 points on a 100-point judging scale. Trailered; never driven; pampered. Totally restored to the max and 100 percent stock.
**2. SHOW:** Professionally restored to high standards. No major flaws or deviations from stock. Consistent trophy winner that needs nothing to show. In 90 to 95 point range.
**3. STREET/SHOW:** Older restoration or extremely nice original showing some wear from age and use. Very presentable; occasional trophy winner; everything working properly. About 80 to 89 points.

**4. DRIVER:** A nice looking, fine running collector car needing little or nothing to drive, enjoy and show in local competition. Would need extensive restoration to be a show car, but completely usable as is.
**5. RESTORABLE:** Project car that is relatively complete and restorable within a reasonable effort and expense. Needs total restoration, but all major components present and rebuildable. May or may not be running.
**6. PARTS CAR:** Deteriorated or stripped to a point beyond reasonable restoration, but still complete and solid enough to donate valuable parts to a restoration. Likely not running, possibly missing its engine.

# CHECKER
## 1960 – 1982

'60 Checker Superba

'61 Checker Marathon

'64 Checker Marathon

'65 Checker

'73 Checker Marathon

'77 Checker

| | 6 | 5 | 4 | 3 | 2 | 1 |
|---|---|---|---|---|---|---|
| **1960** | | | | | | |
| **Checker Superba Standard, 6-cyl., 120" wb** | | | | | | |
| 4-dr Sdn | 400 | 1150 | 1850 | 3700 | 6400 | 9300 |
| 4-dr Sta Wgn | 400 | 1200 | 1900 | 3800 | 6600 | 9600 |
| **Checker Superba Special, 6-cyl., 120" wb** | | | | | | |
| 4-dr Sdn | 400 | 1200 | 1900 | 3800 | 6600 | 9600 |
| 4-dr Sta Wgn | 400 | 1200 | 1950 | 3900 | 6800 | 9900 |
| **1961** | | | | | | |
| **Check Superba, 6-cyl., 120" wb** | | | | | | |
| 4-dr Sdn | 400 | 1150 | 1850 | 3700 | 6400 | 9300 |
| 4-dr Sta Wgn | 400 | 1200 | 1900 | 3800 | 6600 | 9600 |
| **Checker Marathon, 6-cyl., 120" wb** | | | | | | |
| 4-dr Sdn | 400 | 1200 | 1900 | 3800 | 6600 | 9600 |
| 4-dr Sta Wgn | 400 | 1200 | 1950 | 3900 | 6800 | 9900 |

|  | 6 | 5 | 4 | 3 | 2 | 1 |
|---|---|---|---|---|---|---|

### 1962
**Checker Superba, 6-cyl., 120" wb**

| | 6 | 5 | 4 | 3 | 2 | 1 |
|---|---|---|---|---|---|---|
| 4-dr Sdn | 400 | 1150 | 1850 | 3700 | 6400 | 9300 |
| 4-dr Sta Wgn | 400 | 1200 | 1900 | 3800 | 6600 | 9600 |

**Checker Marathon, 6-cyl., 120" wb**

| | | | | | | |
|---|---|---|---|---|---|---|
| 4-dr Sdn | 400 | 1200 | 1900 | 3800 | 6600 | 9600 |
| 4-dr Sta Wgn | 400 | 1200 | 1950 | 3900 | 6800 | 9900 |

### 1963
**Checker Superba, 6-cyl., 120" wb**

| | | | | | | |
|---|---|---|---|---|---|---|
| 4-dr Sdn | 400 | 1150 | 1850 | 3700 | 6400 | 9300 |
| 4-dr Sta Wgn | 400 | 1200 | 1900 | 3800 | 6600 | 9600 |

**Checker Marathon, 6-cyl., 120" wb**

| | | | | | | |
|---|---|---|---|---|---|---|
| 4-dr Sdn | 400 | 1200 | 1900 | 3800 | 6600 | 9600 |
| 4-dr Sta Wgn | 400 | 1200 | 1950 | 3900 | 6800 | 9900 |

### 1964
**Checker Marathon, 6-cyl., 120" wb**

| | | | | | | |
|---|---|---|---|---|---|---|
| 4-dr Sdn | 400 | 1150 | 1850 | 3700 | 6400 | 9300 |
| 4-dr Sta Wgn | 400 | 1200 | 1900 | 3800 | 6600 | 9600 |

### 1965
**Marathon Series, 6-cyl., 120" wb**

| | | | | | | |
|---|---|---|---|---|---|---|
| 4-dr Sdn | 400 | 1150 | 1850 | 3700 | 6400 | 9300 |
| 4-dr Sta Wgn | 400 | 1200 | 1900 | 3800 | 6600 | 9600 |

### 1966
**Marathon Series**

| | | | | | | |
|---|---|---|---|---|---|---|
| 4-dr Sdn | 400 | 1150 | 1850 | 3700 | 6400 | 9300 |
| 4-dr Sta Wgn | 400 | 1200 | 1900 | 3800 | 6600 | 9600 |

### 1967
**Marathon Series, 6-cyl., 120" wb**

| | | | | | | |
|---|---|---|---|---|---|---|
| 4-dr Sdn | 400 | 1150 | 1850 | 3700 | 6400 | 9300 |
| 4-dr Sta Wgn | 400 | 1200 | 1900 | 3800 | 6600 | 9600 |

### 1968
**Marathon Series, 6-cyl. 120" wb**

| | | | | | | |
|---|---|---|---|---|---|---|
| 4-dr Sdn | 400 | 1150 | 1850 | 3700 | 6400 | 9300 |
| 4-dr Sta Wgn | 400 | 1200 | 1900 | 3800 | 6600 | 9600 |
| 4-dr Del Sdn | 400 | 1200 | 1950 | 3900 | 6800 | 9900 |

### 1969
**Marathon Series, 6-cyl., 120" wb**

| | | | | | | |
|---|---|---|---|---|---|---|
| 4-dr Sdn | 400 | 1150 | 1850 | 3700 | 6400 | 9300 |
| 4-dr Sta Wgn | 400 | 1200 | 1900 | 3800 | 6600 | 9600 |
| 4-dr Del Sdn | 400 | 1200 | 1950 | 3900 | 6800 | 9900 |

### 1970
**Marathon Series, 6-cyl./8-cyl., 120" wb**

| | | | | | | |
|---|---|---|---|---|---|---|
| 4-dr Sdn | 400 | 1150 | 1850 | 3700 | 6400 | 9300 |
| 4-dr Sta Wgn | 400 | 1200 | 1900 | 3800 | 6600 | 9600 |
| 4-dr Del Sdn | 400 | 1200 | 1950 | 3900 | 6800 | 9900 |

*V-8 add $300*

### 1971
**Marathon Series, 6-cyl./8-cyl., 120" wb**

| | | | | | | |
|---|---|---|---|---|---|---|
| 4-dr Sdn | 400 | 1150 | 1850 | 3700 | 6400 | 9300 |
| 4-dr Sta Wgn | 400 | 1200 | 1900 | 3800 | 6600 | 9600 |
| 4-dr Del Sdn | 400 | 1200 | 1950 | 3900 | 6800 | 9900 |

*V-8 add $300*

| | 6 | 5 | 4 | 3 | 2 | 1 |
|---|---|---|---|---|---|---|
| **1972** | | | | | | |
| **Marathon Series, 6-cyl./8-cyl., 120" wb** | | | | | | |
| 4-dr Sdn | 400 | 1050 | 1700 | 3400 | 5900 | 8500 |
| 4-dr Sta Wgn | 400 | 1100 | 1800 | 3500 | 6100 | 8900 |
| 4-dr Del Sdn | 400 | 1100 | 1800 | 3600 | 6200 | 9100 |
| | | *V-8 add $300* | | | | |
| **1973** | | | | | | |
| **Marathon Series, 6-cyl./8-cyl., 120" wb** | | | | | | |
| 4-dr Sdn | 400 | 1050 | 1700 | 3400 | 5900 | 8500 |
| 4-dr Sta Wgn | 400 | 1100 | 1800 | 3500 | 6100 | 8900 |
| 4-dr Del Sdn | 400 | 1100 | 1800 | 3600 | 6200 | 9100 |
| | | *V-8 add $300* | | | | |
| **1974** | | | | | | |
| **Marathon Series, 6-cyl./8-cyl. 120" wb** | | | | | | |
| 4-dr Sdn | 400 | 1050 | 1700 | 3400 | 5900 | 8500 |
| 4-dr Sta Wgn | 400 | 1100 | 1800 | 3500 | 6100 | 8900 |
| 4-dr Del Sdn | 400 | 1100 | 1800 | 3600 | 6200 | 9100 |
| | | *V-8 add $300* | | | | |
| **1975** | | | | | | |
| **Marathon Series, 6-cyl./8-cyl., 120" wb** | | | | | | |
| 4-dr Sdn | 350 | 1000 | 1600 | 3200 | 5700 | 8100 |
| 4-dr Del Sdn | 400 | 1050 | 1700 | 3400 | 5900 | 8500 |
| | | *V-8 add $300* | | | | |
| **1976** | | | | | | |
| **Marathon,6-cyl./8-cyl., 120" wb** | | | | | | |
| 4-dr Sdn | 350 | 1000 | 1600 | 3200 | 5700 | 8100 |
| 4-dr Del Sdn | 400 | 1050 | 1700 | 3400 | 5900 | 8500 |
| | | *V-8 add $300* | | | | |
| **1977** | | | | | | |
| **Marathon, 6-cyl./8-cyl., 120" wb** | | | | | | |
| 4-dr Sdn | 350 | 1000 | 1600 | 3200 | 5700 | 8100 |
| 4-dr Del Sdn | 400 | 1050 | 1700 | 3400 | 5900 | 8500 |
| | | *V-8 add $300* | | | | |
| **1978** | | | | | | |
| **Marathon, 6-cyl./8-cyl., 120" wb** | | | | | | |
| 4-dr Sdn | 350 | 1000 | 1600 | 3200 | 5700 | 8100 |
| 4-dr Del Sdn | 400 | 1050 | 1700 | 3400 | 5900 | 8500 |
| | | *V-8 add $300* | | | | |
| **1979** | | | | | | |
| **Marathon, 6-cyl./8-cyl., 120" wb** | | | | | | |
| 4-dr Sdn | 350 | 1000 | 1600 | 3200 | 5700 | 8100 |
| 4-dr Del Sdn | 400 | 1050 | 1700 | 3400 | 5900 | 8500 |
| | | *V-8 add $300* | | | | |
| **1980** | | | | | | |
| **Marathon, 6-cyl./8-cyl., 120" wb** | | | | | | |
| 4-dr Sdn | 350 | 1000 | 1600 | 3200 | 5700 | 8100 |
| 4-dr Del Sdn | 400 | 1050 | 1700 | 3400 | 5900 | 8500 |
| | | *V-8 add $300* | | | | |
| **1981** | | | | | | |
| **Marathon** | | | | | | |
| 4-dr Sdn | 350 | 1000 | 1600 | 3200 | 5700 | 8100 |
| 4-dr Del Sdn | 400 | 1050 | 1700 | 3400 | 5900 | 8500 |
| | | *V-8 add $300* | | | | |
| **1982** | | | | | | |
| **Marathon** | | | | | | |
| 4-dr Sdn | 350 | 1000 | 1600 | 3200 | 5700 | 8100 |
| 4-dr Del Sdn | 400 | 1050 | 1700 | 3400 | 5900 | 8500 |
| | | *V-8 add $300* | | | | |

# CHEVROLET
## 1914 – 1991

'18 Chevrolet

'28 Chevrolet Phaeton

'29 Chevrolet

'31 Chevrolet

'32 Chevrolet Phaeton

'33 Chevrolet roadster

| | 6 | 5 | 4 | 3 | 2 | 1 |
|---|---|---|---|---|---|---|
| **1914** | | | | | | |
| **Series H2, 4-cyl., 104" wb** | | | | | | |
| Ryl Mail Rdstr | 850 | 2650 | 4500 | 9000 | 15900 | 22500 |
| **Series H4, 4-cyl., 24 hp, 104" wb** | | | | | | |
| Baby Grd Tr | 900 | 2750 | 4600 | 9200 | 16200 | 22900 |
| **Series C, 6-cyl., 40 hp, 120" wb** | | | | | | |
| Tr | 1000 | 3150 | 5300 | 10600 | 18700 | 26500 |
| **Series L, 6-cyl., 35 hp, 112" wb** | | | | | | |
| Tr | 1200 | 3750 | 6300 | 12600 | 22200 | 31400 |
| **1915** | | | | | | |
| **Series H2, 4-cyl., 106" wb** | | | | | | |
| Rdstr | 800 | 2450 | 4100 | 8200 | 14400 | 20500 |
| **Series H4, 4-cyl., 24 hp, 104" wb** | | | | | | |
| Tr | 850 | 2650 | 4500 | 9000 | 15900 | 22500 |
| **Series H3, 4-cyl., 106" wb** | | | | | | |
| 2-pass Rdstr | 900 | 2850 | 4750 | 9500 | 16700 | 23700 |
| **Series L, 6-cyl., 30 hp, 112" wb** | | | | | | |
| Tr | 1150 | 3650 | 6100 | 12200 | 21500 | 30500 |

|  | 6 | 5 | 4 | 3 | 2 | 1 |
|---|---|---|---|---|---|---|
| **1916** | | | | | | |
| **Series 490, 4-cyl., 25 hp, 102" wb** | | | | | | |
| 5-pass Tr | 750 | 2250 | 3750 | 7500 | 13000 | 18700 |
| 2-pass Rdstr | 750 | 2200 | 3650 | 7300 | 12600 | 18200 |
| **Series H2, 4-cyl., 106" wb** | | | | | | |
| Rdstr | 700 | 2000 | 3450 | 6900 | 11900 | 17200 |
| Torp Rdstr | 750 | 2250 | 3750 | 7500 | 13000 | 18700 |
| **Series H4, 4-cyl., 106" wb** | | | | | | |
| Tr | 800 | 2500 | 4250 | 8500 | 15000 | 21200 |
| **1917** | | | | | | |
| **Series F5, 4-cyl., 102" wb** | | | | | | |
| Rdstr | 700 | 2000 | 3450 | 6900 | 11900 | 17200 |
| Tr | 750 | 2200 | 3650 | 7300 | 12600 | 18200 |
| **Series 490, 4-cyl., 24 hp, 108" wb** | | | | | | |
| Tr | 650 | 1800 | 3250 | 6500 | 11200 | 16100 |
| AW Tr | 700 | 1900 | 3350 | 6700 | 11500 | 16500 |
| **Series D2, 8-cyl., 55 hp, 120" wb** | | | | | | |
| Rdstr | 950 | 2950 | 4950 | 9900 | 17500 | 24700 |
| Tr | 1000 | 3100 | 5250 | 10500 | 18600 | 26200 |
| **1918** | | | | | | |
| **Series 490, 4-cyl., 24 hp, 102" wb** | | | | | | |
| Rdstr | 650 | 1800 | 3250 | 6500 | 11200 | 16100 |
| 5-pass Tr | 700 | 2000 | 3450 | 6900 | 11900 | 17200 |
| Cpe | 350 | 1000 | 1600 | 3200 | 5700 | 8100 |
| Sdn | 300 | 800 | 1350 | 2700 | 4700 | 6900 |
| **Series FA, 4-cyl., 108" wb** | | | | | | |
| Rdstr | 700 | 2000 | 3450 | 6900 | 11900 | 17200 |
| Tr | 750 | 2200 | 3650 | 7300 | 12600 | 18200 |
| Sdn | 350 | 1000 | 1600 | 3200 | 5700 | 8100 |
| **Series D, 8-cyl., 55 hp,120" wb** | | | | | | |
| 4-pass Rdstr | 950 | 2950 | 4950 | 9900 | 17500 | 24700 |
| 5-pass Tr | 1000 | 3100 | 5250 | 10500 | 18600 | 26200 |
| **1919** | | | | | | |
| **Series 490, 4-cyl., 24 hp, 102" wb** | | | | | | |
| 2-passRdstr | 550 | 1500 | 2500 | 5100 | 8800 | 12500 |
| 5-pass Tr | 600 | 1650 | 2850 | 5700 | 9900 | 14200 |
| 4-pass Cpe | 350 | 950 | 1550 | 3100 | 5500 | 7900 |
| 5-pass Sdn | 300 | 800 | 1350 | 2700 | 4700 | 6900 |
| **Series FB, 4-cyl., 35 hp, 110" wb** | | | | | | |
| 2-pass Rdstr | 650 | 1700 | 3000 | 6100 | 10600 | 15200 |
| 5-pass Tr | 650 | 1800 | 3250 | 6500 | 11200 | 16100 |
| 2-pass Cpe | 400 | 1100 | 1800 | 3500 | 6100 | 8900 |
| 5-pass Sdn | 400 | 1050 | 1700 | 3300 | 5800 | 8300 |
| **1920** | | | | | | |
| **Series 490, 4-cyl., 24 hp, 102" wb** | | | | | | |
| 2-pass Rdstr | 550 | 1500 | 2500 | 5100 | 8800 | 12500 |
| 5-pass Tr | 600 | 1600 | 2700 | 5400 | 9300 | 13500 |
| 3-pass Cpe | 400 | 1100 | 1800 | 3500 | 6100 | 8900 |
| 5-pass Sdn | 400 | 1050 | 1700 | 3300 | 5800 | 8300 |
| **Series FB, 4-cyl., 35 hp, 110" wb** | | | | | | |
| 2-pass Rdstr | 650 | 1700 | 3000 | 6100 | 10600 | 15200 |
| 5-pass Tr | 650 | 1800 | 3250 | 6500 | 11200 | 16100 |
| Cpe | 400 | 1200 | 1950 | 3900 | 6800 | 9900 |
| Sdn | 400 | 1150 | 1850 | 3700 | 6400 | 9300 |
| **1921** | | | | | | |
| **Series 490, 4-cyl., 25 hp, 102" wb** | | | | | | |
| 2-pass Rdstr | 700 | 2000 | 3450 | 6900 | 11900 | 17200 |
| 5-pass Tr | 700 | 2000 | 3450 | 6900 | 11900 | 17200 |

| | 6 | 5 | 4 | 3 | 2 | 1 |
|---|---|---|---|---|---|---|
| 3-pass Cpe | 400 | 1100 | 1800 | 3500 | 6100 | 8900 |
| 5-pass Sdn | 400 | 1150 | 1850 | 3700 | 6400 | 9300 |
| **Series FB, 4-cyl., 35 hp, 110" wb** | | | | | | |
| 2-pass Rdstr | 750 | 2100 | 3550 | 7100 | 12300 | 17700 |
| 5-pass Tr | 750 | 2200 | 3650 | 7300 | 12600 | 18200 |
| Cpe | 400 | 1200 | 1950 | 3900 | 6800 | 9900 |
| Sdn | 400 | 1150 | 1850 | 3700 | 6400 | 9300 |

### 1922

| | 6 | 5 | 4 | 3 | 2 | 1 |
|---|---|---|---|---|---|---|
| **Series 490, 4-cyl., 25 hp, 102" wb** | | | | | | |
| 2-pass Rdstr | 700 | 2000 | 3450 | 6900 | 11900 | 17200 |
| 5-pass Tr | 750 | 2200 | 3650 | 7300 | 12600 | 18200 |
| 4-pass Cpe | 400 | 1200 | 1950 | 3900 | 6800 | 9900 |
| 2-pass Uty Cpe | 400 | 1150 | 1850 | 3700 | 6400 | 9300 |
| 5-pass Sdn | 400 | 1100 | 1800 | 3500 | 6100 | 8900 |
| **Series FB, 4-cyl., 35 hp, 110" wb** | | | | | | |
| 2-pass Rdstr | 700 | 2000 | 3450 | 6900 | 11900 | 17200 |
| 5-pass Tr | 750 | 2250 | 3700 | 7400 | 12800 | 18500 |
| 4-pass Cpe | 400 | 1200 | 1950 | 3900 | 6800 | 9900 |
| 4-pass Sdn | 400 | 1100 | 1800 | 3500 | 6100 | 8900 |

### 1923

| | 6 | 5 | 4 | 3 | 2 | 1 |
|---|---|---|---|---|---|---|
| **Superior B, 4-cyl., 25 hp, 103" wb** | | | | | | |
| 2-pass Rdstr | 700 | 2000 | 3450 | 6900 | 11900 | 17200 |
| 5-pass Tr | 750 | 2250 | 3700 | 7400 | 12800 | 18500 |
| 4-pass Sdnt | 400 | 1150 | 1850 | 3700 | 6400 | 9300 |
| 4-dr Sedanette | 400 | 1150 | 1850 | 3700 | 6400 | 9300 |
| 2-pass Uty Cpe | 400 | 1200 | 1950 | 3900 | 6800 | 9900 |

*Series M copper-cooled models Add 100 percent*

### 1924

| | 6 | 5 | 4 | 3 | 2 | 1 |
|---|---|---|---|---|---|---|
| **Superior F, 4-cyl., 25 hp, 103" wb** | | | | | | |
| 2-pass Rdstr | 700 | 2000 | 3450 | 6900 | 11900 | 17200 |
| 5-pass Tr | 750 | 2250 | 3700 | 7400 | 12800 | 18500 |
| 2-4 pass Cpe | 400 | 1150 | 1850 | 3700 | 6400 | 9300 |
| 4-pass Cpe | 400 | 1100 | 1800 | 3500 | 6100 | 8900 |
| 5-pass 2-dr Coach | 400 | 1050 | 1700 | 3300 | 5800 | 8300 |
| 5-pass Sdn | 400 | 1050 | 1700 | 3300 | 5800 | 8300 |
| 5-pass Dlx Tr | 750 | 2300 | 3850 | 7700 | 13300 | 19200 |
| 5-pass Dlx Sdn | 400 | 1100 | 1800 | 3500 | 6100 | 8900 |
| 4-pass Dlx Cpe | 400 | 1100 | 1800 | 3600 | 6200 | 9100 |

### 1925

| | 6 | 5 | 4 | 3 | 2 | 1 |
|---|---|---|---|---|---|---|
| **Superior K, 4-cyl., 25 hp, 103" wb** | | | | | | |
| 2-pass Rdstr | 800 | 2500 | 4250 | 8500 | 15000 | 21200 |
| 5-pass Tr | 850 | 2650 | 4450 | 8900 | 15700 | 22300 |
| 2-4 pass Cpe | 400 | 1200 | 1950 | 3900 | 6800 | 9900 |
| 5-pass Coach | 400 | 1100 | 1800 | 3500 | 6100 | 8900 |
| 5-pass Sdn | 400 | 1100 | 1800 | 3500 | 6100 | 8900 |

### 1926

| | 6 | 5 | 4 | 3 | 2 | 1 |
|---|---|---|---|---|---|---|
| **Superior V, 4-cyl., 26 hp, 103" wb** | | | | | | |
| 2-pass Rdstr | 800 | 2500 | 4250 | 8500 | 15000 | 21200 |
| 5-pass Tr | 850 | 2650 | 4450 | 8900 | 15700 | 22300 |
| 2-pass Cpe | 450 | 1250 | 2150 | 4300 | 7400 | 10700 |
| 5-pass Coach | 400 | 1200 | 1950 | 3900 | 6800 | 9900 |
| 5-pass Sdn | 400 | 1200 | 1950 | 3900 | 6800 | 9900 |
| 5-pass Lan Sdn | 450 | 1250 | 2050 | 4100 | 7100 | 10300 |

### 1927

| | 6 | 5 | 4 | 3 | 2 | 1 |
|---|---|---|---|---|---|---|
| **Capitol AA, 4-cyl., 26 hp, 103" wb** | | | | | | |
| 2-pass Rdstr | 800 | 2500 | 4250 | 8500 | 15000 | 21200 |
| 2-4 pass Tr | 850 | 2650 | 4450 | 8900 | 15700 | 22300 |
| 2-pass Cpe | 450 | 1250 | 2100 | 4200 | 7200 | 10500 |

| | 6 | 5 | 4 | 3 | 2 | 1 |
|---|---|---|---|---|---|---|
| 5-pass Coach | 400 | 1200 | 1950 | 3900 | 6800 | 9900 |
| 5-pass Sdn | 400 | 1200 | 1950 | 3900 | 6800 | 9900 |
| 5-pass Lan Sdn | 450 | 1250 | 2050 | 4100 | 7100 | 10300 |
| 2-4 pass Cabrlt | 700 | 2000 | 3450 | 6900 | 11900 | 17200 |
| 5-pass Imperial Lan | 650 | 1700 | 3000 | 5900 | 10200 | 14700 |

### 1928
**National AB, 4-cyl., 107" wb**

| | 6 | 5 | 4 | 3 | 2 | 1 |
|---|---|---|---|---|---|---|
| 2-pass Rdstr | 850 | 2550 | 4350 | 8700 | 15300 | 21700 |
| 5-pass Tr | 900 | 2750 | 4650 | 9300 | 16400 | 23100 |
| 2-pass Cpe | 450 | 1250 | 2150 | 4300 | 7400 | 10700 |
| 5-pass Coach | 450 | 1250 | 2050 | 4100 | 7100 | 10300 |
| 5-pass Sdn | 450 | 1250 | 2050 | 4100 | 7100 | 10300 |
| 2-4 pass Cabrlt | 750 | 2200 | 3650 | 7300 | 12600 | 18200 |
| 5-pass Imperial Lan | 650 | 1700 | 3000 | 5900 | 10200 | 14700 |
| 2-4 pass Spt Cabrlt Conv | 800 | 2350 | 3950 | 7900 | 13700 | 19700 |

### 1929
**International AC, 6-cyl., 46 hp, 107" wb**

| | 6 | 5 | 4 | 3 | 2 | 1 |
|---|---|---|---|---|---|---|
| 2-pass Rdstr | 900 | 2900 | 4850 | 9700 | 17100 | 24200 |
| 5-pass Phtn | 950 | 3000 | 5050 | 10100 | 17900 | 25100 |
| 2-pass Cpe | 600 | 1600 | 2750 | 5500 | 9500 | 13800 |
| 2-4 pass Spt Cpe | 650 | 1700 | 3000 | 5900 | 10200 | 14700 |
| 5-pass Coach | 450 | 1250 | 2150 | 4300 | 7400 | 10700 |
| 5-pass Sdn | 450 | 1250 | 2150 | 4300 | 7400 | 10700 |
| 5-pass Imperial Sdn | 550 | 1450 | 2450 | 4900 | 8500 | 12000 |
| 5-pass Lan Conv | 800 | 2500 | 4250 | 8500 | 15000 | 21200 |
| 2-4 pass Spt Cabrlt Conv | 850 | 2650 | 4450 | 8900 | 15700 | 22300 |

### 1930
**Universal AD, 6-cyl., 30 hp, 107" wb**

| | 6 | 5 | 4 | 3 | 2 | 1 |
|---|---|---|---|---|---|---|
| 2-pass Rdstr | 950 | 3000 | 5050 | 10100 | 17900 | 25100 |
| 2-4 pass Spt Rdstr | 1000 | 3100 | 5250 | 10500 | 18600 | 26200 |
| 5-pass Phtn | 1000 | 3250 | 5450 | 10900 | 19100 | 27200 |
| 2-pass Cpe | 600 | 1600 | 2750 | 5500 | 9500 | 13800 |
| 2-4 pass Spt Cpe | 650 | 1700 | 3000 | 5900 | 10200 | 14700 |
| 5-pass Club Sdn | 550 | 1450 | 2450 | 4900 | 8500 | 12000 |
| 5-pass Spl Sdn | 500 | 1350 | 2350 | 4700 | 8100 | 11500 |
| 5-pass Sdn | 500 | 1300 | 2250 | 4500 | 7700 | 11000 |
| 5-pass Coach | 450 | 1250 | 2200 | 4400 | 7600 | 10900 |

### 1931
**Independence, Model AE, 6-cyl., 50 hp, 109" wb**

| | 6 | 5 | 4 | 3 | 2 | 1 |
|---|---|---|---|---|---|---|
| 2-pass Rdstr | 1100 | 3500 | 5850 | 11700 | 20600 | 29100 |
| 2-4 pass Spt Rdstr | 1200 | 3750 | 6250 | 12500 | 22000 | 31100 |
| 2-4 pass Cabrlt | 1050 | 3300 | 5500 | 11100 | 19500 | 27700 |
| 5-pass Phtn | 1100 | 3500 | 5850 | 11700 | 20600 | 29100 |
| 5-pass Lan Phtn | 1050 | 3400 | 5650 | 11300 | 19900 | 28200 |
| 5-pass Coach | 500 | 1350 | 2350 | 4700 | 8100 | 11500 |
| 2-4 pass 3-win Cpe | 700 | 1900 | 3400 | 6800 | 11700 | 16900 |
| 2-pass 5-win Cpe | 650 | 1750 | 3150 | 6300 | 10900 | 15700 |
| 5-pass Cpe | 700 | 1900 | 3350 | 6700 | 11500 | 16500 |
| 2-4 pass Spt Cpe | 750 | 2100 | 3550 | 7100 | 12300 | 17700 |
| 5-pass Sdn | 550 | 1450 | 2450 | 4900 | 8500 | 12000 |
| 5-pass Spl Sdn | 600 | 1600 | 2750 | 5500 | 9500 | 13800 |

### 1932
**Confederate, Model BA Standard, 6-cyl., 109" wb**

| | 6 | 5 | 4 | 3 | 2 | 1 |
|---|---|---|---|---|---|---|
| 2-pass Rdstr | 1300 | 4000 | 6650 | 13300 | 23400 | 33100 |
| 5-pass Phtn | 1300 | 4050 | 6750 | 13500 | 23800 | 33700 |
| 5-pass Lan Phtn | 1250 | 3950 | 6550 | 13100 | 23100 | 32700 |
| 2-pass 3-win Cpe | 750 | 2100 | 3550 | 7100 | 12300 | 17700 |
| 2-pass 5-win Cpe | 750 | 2250 | 3750 | 7500 | 13000 | 18700 |

| | 6 | 5 | 4 | 3 | 2 | 1 |
|---|---|---|---|---|---|---|
| 2-4 pass Spt Cpe | 800 | 2350 | 3950 | 7900 | 13700 | 19700 |
| 5-pass Cpe | 750 | 2250 | 3750 | 7500 | 13000 | 18700 |
| 5-pass Coach | 550 | 1500 | 2500 | 5100 | 8800 | 12500 |
| 5-pass Sdn | 600 | 1600 | 2750 | 5500 | 9500 | 13800 |
| **Model BA Deluxe, 6-cyl., 109" wb** | | | | | | |
| 2-4 pass Spt Rdstr | 1300 | 4100 | 6850 | 13700 | 24100 | 34200 |
| 5-pass Lan Phtn | 1350 | 4150 | 6950 | 13900 | 24500 | 34700 |
| 2-4 pass Cabrlt | 1200 | 3850 | 6450 | 12900 | 22700 | 32200 |
| 2-pass 3-win Cpe | 750 | 2250 | 3750 | 7500 | 13000 | 18700 |
| 2-pass 5-win Cpe | 800 | 2350 | 3950 | 7900 | 13700 | 19700 |
| 2-4 pass Spt Cpe | 800 | 2450 | 4150 | 8300 | 14600 | 20700 |
| 5-pass Cpe | 800 | 2350 | 3950 | 7900 | 13700 | 19700 |
| 5-pass Coach | 650 | 1700 | 3000 | 5900 | 10200 | 14700 |
| 5-pass Spl Sdn | 650 | 1750 | 3150 | 6300 | 10900 | 15700 |

### 1933

**Mercury, Series CC, 6-cyl., 107" wb**

| | 6 | 5 | 4 | 3 | 2 | 1 |
|---|---|---|---|---|---|---|
| 2-pass Cpe | 550 | 1500 | 2500 | 5100 | 8800 | 12500 |
| 2-4 pass Rumble Seat Cpe | 600 | 1600 | 2750 | 5500 | 9500 | 13800 |
| 5-pass C'ch | 400 | 1200 | 1950 | 3900 | 6800 | 9900 |
| **Master Eagle, Series CA, 6-cyl., 110" wb** | | | | | | |
| 2-pass Spt Rdstr | 1100 | 3500 | 5850 | 11700 | 20600 | 29100 |
| 5-pass Phtn | 1150 | 3600 | 6000 | 12100 | 21300 | 30200 |
| 2-pass Cpe | 550 | 1500 | 2500 | 5100 | 8800 | 12500 |
| 2-4 pass Spt Cpe | 600 | 1600 | 2750 | 5500 | 9500 | 13800 |
| 5-pass Coach | 400 | 1200 | 2000 | 4000 | 6900 | 10000 |
| 5-pass Twn Sdn | 450 | 1250 | 2050 | 4100 | 7100 | 10300 |
| 5-pass Sdn | 450 | 1250 | 2050 | 4100 | 7100 | 10300 |
| 2-4 pass Conv | 1050 | 3400 | 5650 | 11300 | 19900 | 28200 |

### 1934

**Standard, Series DC, 6-cyl., 107" wb**

| | 6 | 5 | 4 | 3 | 2 | 1 |
|---|---|---|---|---|---|---|
| 5-pass Sdn | 400 | 1200 | 1950 | 3900 | 6800 | 9900 |
| 2-4 pass Spt Rdstr | 1000 | 3100 | 5250 | 10500 | 18600 | 26200 |
| 5-pass Phtn | 1000 | 3250 | 5450 | 10900 | 19100 | 27200 |
| 2-pass Cpe | 550 | 1500 | 2500 | 5100 | 8800 | 12500 |
| 5-pass Coach | 400 | 1150 | 1850 | 3700 | 6400 | 9300 |
| **Master, Series DA, 6-cyl., 112" wb** | | | | | | |
| 2-4 pass Spt Rdstr | 1000 | 3250 | 5450 | 10900 | 19100 | 27200 |
| 2-pass Cpe | 600 | 1600 | 2750 | 5500 | 9500 | 13800 |
| 2-4 pass Spt Cpe | 650 | 1700 | 3000 | 5900 | 10200 | 14700 |
| 5-pass Coach | 400 | 1200 | 1950 | 3900 | 6800 | 9900 |
| 5-pass Twn Sdn | 450 | 1250 | 2150 | 4300 | 7400 | 10700 |
| 5-pass Sdn | 450 | 1250 | 2050 | 4100 | 7100 | 10300 |
| 2-4 pass Cabrlt | 950 | 3050 | 5150 | 10300 | 18200 | 25700 |
| 5-pass Spt Sdn | 550 | 1450 | 2450 | 4900 | 8500 | 12000 |

### 1935

**Standard, Series EC, 6-cyl., 107" wb**

| | 6 | 5 | 4 | 3 | 2 | 1 |
|---|---|---|---|---|---|---|
| 2-4 pass Spt Rdstr | 850 | 2650 | 4450 | 8900 | 15700 | 22300 |
| 5-pass Phtn | 950 | 2950 | 4950 | 9900 | 17500 | 24700 |
| 2-pass Cpe | 550 | 1450 | 2450 | 4900 | 8500 | 12000 |
| 5-pass Coach | 450 | 1250 | 2050 | 4100 | 7100 | 10300 |
| 5-pass Sdn | 450 | 1250 | 2100 | 4200 | 7200 | 10500 |
| **Master Deluxe, Series ED/EA, 6-cyl., 113" wb** | | | | | | |
| 2-pass 5-W Cpe | 550 | 1500 | 2500 | 5100 | 8800 | 12500 |
| 2-4 pass Spt Cpe | 550 | 1550 | 2650 | 5300 | 9100 | 13000 |
| 5-pass Coach | 500 | 1300 | 2250 | 4500 | 7700 | 11000 |
| 5-pass Sdn | 500 | 1300 | 2250 | 4500 | 7700 | 11000 |
| 5-pass Spt Sdn | 500 | 1350 | 2300 | 4600 | 8000 | 11300 |
| 5-pass Twn Sdn | 450 | 1250 | 2200 | 4400 | 7600 | 10900 |

|  | 6 | 5 | 4 | 3 | 2 | 1 |
|---|---|---|---|---|---|---|
| **1936** | | | | | | |
| **Standard, 6-cyl., 109" wb** | | | | | | |
| 2-pass | 550 | 1450 | 2450 | 4900 | 8500 | 12000 |
| 5-pass Sdn | 450 | 1250 | 2050 | 4100 | 7100 | 10300 |
| 5-pass Spt Sdn | 450 | 1250 | 2100 | 4200 | 7200 | 10500 |
| 5-pass Coach | 450 | 1250 | 2050 | 4100 | 7100 | 10300 |
| 5-pass Twn Sdn | 500 | 1350 | 2300 | 4600 | 8000 | 11300 |
| 5-pass Cabrlt | 750 | 2200 | 3650 | 7300 | 12600 | 18200 |
| **Master Deluxe, 6-cyl., 113" wb** | | | | | | |
| 2-pass 5-W Cpe | 550 | 1550 | 2650 | 5300 | 9100 | 13000 |
| 2-4 pass Spt Cpe | 600 | 1650 | 2850 | 5700 | 9900 | 14200 |
| 5-pass Coach | 450 | 1250 | 2150 | 4300 | 7400 | 10700 |
| 5-pass Sdn | 450 | 1250 | 2200 | 4400 | 7600 | 10900 |
| 5-pass Twn Sdn | 450 | 1250 | 2150 | 4300 | 7400 | 10700 |
| 5-pass Spt Sdn | 450 | 1250 | 2200 | 4400 | 7600 | 10900 |
| **1937** | | | | | | |
| **Master, 6-cyl., 112" wb** | | | | | | |
| 4-pass Cabrlt | 1100 | 3450 | 5750 | 11500 | 20300 | 28700 |
| 2-pass Cpe | 600 | 1600 | 2750 | 5500 | 9500 | 13800 |
| 5-pass Coach | 500 | 1350 | 2350 | 4700 | 8100 | 11500 |
| 5-pass Twn Sdn | 550 | 1450 | 2450 | 4900 | 8500 | 12000 |
| 4-dr 5-pass Sdn | 500 | 1350 | 2350 | 4700 | 8100 | 11500 |
| 4-dr 5-pass Spt Sdn Tr | 500 | 1350 | 2350 | 4700 | 8100 | 11500 |
| **Master Deluxe, 6-cyl., 112" wb** | | | | | | |
| 2-pass Cpe | 600 | 1650 | 2850 | 5700 | 9900 | 14200 |
| 5-pass Spt Cpe | 650 | 1700 | 3000 | 6100 | 10600 | 15200 |
| 5-pass Coach | 450 | 1250 | 2100 | 4200 | 7200 | 10500 |
| 2-dr 5-pass Twn Sdn | 450 | 1250 | 2100 | 4200 | 7200 | 10500 |
| 5-pass Sdn | 450 | 1250 | 2100 | 4200 | 7200 | 10500 |
| 4-dr 5-pass Spt Sdn | 450 | 1250 | 2100 | 4200 | 7200 | 10500 |
| **1938** | | | | | | |
| **Master, 6-cyl., 112" wb** | | | | | | |
| 4-pass Cabrlt | 1150 | 3600 | 5950 | 11900 | 21000 | 29700 |
| 2-pass Cpe | 600 | 1600 | 2750 | 5500 | 9500 | 13800 |
| 5-pass Coach | 500 | 1350 | 2350 | 4700 | 8100 | 11500 |
| 5-pass Twn Sdn | 500 | 1350 | 2350 | 4700 | 8100 | 11500 |
| 5-pass Sdn | 500 | 1350 | 2350 | 4700 | 8100 | 11500 |
| 5-pass Spt Sdn | 500 | 1350 | 2350 | 4700 | 8100 | 11500 |
| **Master Deluxe, 6-cyl., 112" wb** | | | | | | |
| 2-pass Cpe | 600 | 1650 | 2850 | 5700 | 9900 | 14200 |
| 4-pass Spt Cpe | 650 | 1700 | 3000 | 6100 | 10600 | 15200 |
| 5-pass Coach | 500 | 1350 | 2350 | 4700 | 8100 | 11500 |
| 5-pass Twn Sdn | 550 | 1400 | 2400 | 4800 | 8300 | 11800 |
| 5-pass Sdn | 500 | 1350 | 2350 | 4700 | 8100 | 11500 |
| 5-pass Spt Sdn | 550 | 1400 | 2400 | 4800 | 8300 | 11800 |
| **1939** | | | | | | |
| **Master 85, 6-cyl. 112" wb** | | | | | | |
| 2-pass Cpe | 600 | 1600 | 2750 | 5500 | 9500 | 13800 |
| 5-pass Coach | 450 | 1250 | 2200 | 4400 | 7600 | 10900 |
| 5-pass Twn Sdn | 500 | 1300 | 2250 | 4500 | 7700 | 11000 |
| 5-pass Sdn | 450 | 1250 | 2200 | 4400 | 7600 | 10900 |
| 5-pass Spt Sdn | 500 | 1300 | 2250 | 4500 | 7700 | 11000 |
| 8-pass Sta Wgn | 900 | 2850 | 4750 | 9500 | 16700 | 23700 |
| **Master Deluxe, 6-cyl., 112" wb** | | | | | | |
| 2-pass Cpe | 600 | 1650 | 2850 | 5700 | 9900 | 14200 |
| 5-pass Spt Cpe | 650 | 1700 | 3000 | 5900 | 10200 | 14700 |
| 5-pass Coach | 550 | 1400 | 2400 | 4800 | 8300 | 11800 |
| 2-dr 5-pass Town Sdn | 550 | 1450 | 2450 | 4900 | 8500 | 12000 |

**'35 Chevrolet**

**'36 Chevrolet Roadster**

**'37 Chevrolet**

**'39 Chevrolet**

**'40 Chevrolet**

**'46 Chevrolet**

**'47 Chevrolet**

**'48 Chevrolet**

**'49 Chevrolet**

**'50 Chevrolet**

**'51 Chevrolet**

**'52 Chevrolet**

| | 6 | 5 | 4 | 3 | 2 | 1 |
|---|---|---|---|---|---|---|
| 5-pass Sdn | 550 | 1400 | 2400 | 4800 | 8300 | 11800 |
| 4-dr 5-pass Spt Sdn | 500 | 1300 | 2250 | 4500 | 7700 | 11000 |
| 8-pass Sta Wgn | 850 | 2650 | 4450 | 8900 | 15700 | 22300 |

### 1940

**Master 85, 6-cyl., 113" wb**

| | 6 | 5 | 4 | 3 | 2 | 1 |
|---|---|---|---|---|---|---|
| 2-pass Bus Cpe | 650 | 1700 | 3000 | 5900 | 10200 | 14700 |
| 2-dr 5-pass Twn Sdn | 500 | 1300 | 2250 | 4500 | 7700 | 11000 |
| 4-dr 5-pass Spt Sdn | 500 | 1300 | 2250 | 4500 | 7700 | 11000 |
| 8-pass Sta Wgn | 1000 | 3100 | 5250 | 10500 | 18600 | 26200 |

**Master Deluxe, 6-cyl., 113" wb**

| | 6 | 5 | 4 | 3 | 2 | 1 |
|---|---|---|---|---|---|---|
| 2-pass Bus Cpe | 650 | 1700 | 3000 | 6100 | 10600 | 15200 |
| 4-pass Spt Cpe | 650 | 1750 | 3150 | 6300 | 10900 | 15700 |
| 2-dr 5-pass Town Sdn | 500 | 1350 | 2350 | 4700 | 8100 | 11500 |
| 4-dr 5-pass Spt Sdn | 500 | 1350 | 2350 | 4700 | 8100 | 11500 |

**Special Deluxe, 6-cyl., 113" wb**

| | 6 | 5 | 4 | 3 | 2 | 1 |
|---|---|---|---|---|---|---|
| 2-pass Cpe | 650 | 1750 | 3150 | 6300 | 10900 | 15700 |
| 4-pass Spt Cpe | 650 | 800 | 3250 | 6500 | 11200 | 16100 |
| 2-dr 5-pass Twn Sdn | 550 | 1450 | 2450 | 4900 | 8500 | 12000 |
| 4-dr 5-pass Spt Sdn | 550 | 1450 | 2450 | 4900 | 8500 | 12000 |
| 6-pass Conv | 1350 | 4150 | 6950 | 13900 | 24500 | 34700 |
| 8-pass Sta Wgn | 1100 | 3450 | 5750 | 11500 | 20300 | 28700 |

### 1941

**Master Deluxe, 6-cyl., 90 hp, 116" wb**

| | 6 | 5 | 4 | 3 | 2 | 1 |
|---|---|---|---|---|---|---|
| Bus Cpe | 600 | 1600 | 2750 | 5500 | 9500 | 13800 |
| 5-pass Spt Cpe | 600 | 1650 | 2850 | 5700 | 9900 | 14200 |
| 2-dr Twn Sdn | 500 | 1300 | 2250 | 4500 | 7700 | 11000 |
| 4-dr Spt Sdn | 450 | 1250 | 2200 | 4400 | 7600 | 10900 |

**Special Deluxe, 6-cyl., 90 hp, 116" wb**

| | 6 | 5 | 4 | 3 | 2 | 1 |
|---|---|---|---|---|---|---|
| 2-pass Bus Cpe | 650 | 1700 | 3000 | 5900 | 10200 | 14700 |
| 5-pass Spt Cpe | 650 | 1750 | 3150 | 6300 | 10900 | 15700 |
| 2-dr Twn Sdn | 550 | 1450 | 2450 | 4900 | 8500 | 12000 |
| 4-dr Spt Sdn | 550 | 1450 | 2450 | 4900 | 8500 | 12000 |
| 4-dr Fleetline Sdn | 550 | 1500 | 2500 | 5100 | 8800 | 12500 |
| 5-pass Cabrlt | 1300 | 4100 | 6850 | 13700 | 24100 | 34200 |
| 8-pass Sta Wgn | 1400 | 4300 | 7150 | 14300 | 25200 | 35700 |

### 1942

**Master Deluxe, 6-cyl., 90 hp, 116" wb**

| | 6 | 5 | 4 | 3 | 2 | 1 |
|---|---|---|---|---|---|---|
| 2-pass Bus Cpe | 550 | 1550 | 2650 | 5300 | 9100 | 13000 |
| 5-pass Cpe | 600 | 1600 | 2750 | 5500 | 9500 | 13800 |
| 2-dr Twn Sdn | 500 | 1300 | 2250 | 4500 | 7700 | 11000 |
| 4-dr Spt Sdn | 500 | 1350 | 2300 | 4600 | 8000 | 11300 |

**Special Deluxe, 6-cyl., 90 hp, 116" wb**

| | 6 | 5 | 4 | 3 | 2 | 1 |
|---|---|---|---|---|---|---|
| 2-pass Cpe | 600 | 1600 | 2750 | 5500 | 9500 | 13800 |
| 5-pass Cpe | 600 | 1650 | 2900 | 5800 | 10000 | 14500 |
| 2-dr Twn Sdn | 500 | 1350 | 2350 | 4700 | 8100 | 11500 |
| 4-dr Spt Sdn | 500 | 1350 | 2350 | 4700 | 8100 | 11500 |
| 5-pass Cabrlt | 1400 | 4300 | 7150 | 14300 | 25200 | 35700 |
| 8-pass Sta Wgn | 1450 | 4450 | 7450 | 14900 | 26200 | 37200 |

**Fleetline, 6-cyl., 90 hp, 116" wb**

| | 6 | 5 | 4 | 3 | 2 | 1 |
|---|---|---|---|---|---|---|
| 2-dr Aero | 550 | 1450 | 2450 | 4900 | 8500 | 12000 |
| 4-dr Spt Master | 550 | 1400 | 2400 | 4800 | 8300 | 11800 |

### 1946

**Stylemaster, 6-cyl., 90 hp, 116" wb**

| | 6 | 5 | 4 | 3 | 2 | 1 |
|---|---|---|---|---|---|---|
| 2-pass Bus Cpe | 600 | 1650 | 2850 | 5700 | 9900 | 14200 |
| 5-pass Spt Cpe | 650 | 1700 | 3000 | 5900 | 10200 | 14700 |
| 2-dr Twn Sdn | 500 | 1350 | 2350 | 4700 | 8100 | 11500 |
| 4-dr Spt Sdn | 500 | 1350 | 2350 | 4700 | 8100 | 11500 |

| | 6 | 5 | 4 | 3 | 2 | 1 |
|---|---|---|---|---|---|---|
| **Fleetmaster, 6-cyl., 90 hp, 116" wb** | | | | | | |
| 5-pass Spt Cpe | 650 | 1700 | 3000 | 5900 | 10200 | 14700 |
| 2-dr Twn Sdn | 550 | 1450 | 2450 | 4900 | 8500 | 12000 |
| 4-dr Spt Sdn | 550 | 1450 | 2450 | 4900 | 8500 | 12000 |
| 5-pass Conv | 1300 | 4100 | 6800 | 13600 | 23950 | 34000 |
| 8-pass Sta Wgn | 1400 | 4350 | 7250 | 14500 | 25500 | 36200 |
| **Fleetline, 6-cyl., 90 hp, 116" wb** | | | | | | |
| 2-dr Aero | 600 | 1600 | 2750 | 5500 | 9500 | 13800 |
| 4-dr Spt Master | 550 | 1500 | 2500 | 5100 | 8800 | 12500 |
| **1947** | | | | | | |
| **Stylemaster, 6-cyl., 90 hp, 116" wb** | | | | | | |
| 2-pass Bus Cpe | 600 | 1650 | 2850 | 5700 | 9900 | 14200 |
| 5-pass Spt Cpe | 650 | 1700 | 3000 | 5900 | 10200 | 14700 |
| 2-dr Twn Sdn | 500 | 1350 | 2350 | 4700 | 8100 | 11500 |
| 4-dr Spt Sdn | 500 | 1350 | 2350 | 4700 | 8100 | 11500 |
| **Fleetmaster, 6-cyl., 90 hp, 116" wb** | | | | | | |
| 5-pass Spt Cpe | 650 | 1700 | 3000 | 5900 | 10200 | 14700 |
| 2-dr Twn Sdn | 550 | 1450 | 2450 | 4900 | 8500 | 12000 |
| 4-dr Spt Sdn | 550 | 1450 | 2450 | 4900 | 8500 | 12000 |
| 5-pass Conv | 1300 | 4100 | 6800 | 13600 | 23950 | 34000 |
| 8-pass Sta Wgn | 1400 | 4350 | 7250 | 14500 | 25500 | 36200 |
| **Fleetline, 6-cyl., 90 hp, 116" wb** | | | | | | |
| 2-dr Aero | 600 | 1600 | 2750 | 5500 | 9500 | 13800 |
| 4-dr Spt Master | 550 | 1500 | 2500 | 5100 | 8800 | 12500 |
| **1948** | | | | | | |
| **Stylemaster, 6-cyl., 90 hp, 116" wb** | | | | | | |
| 2-pass Bus Cpe | 600 | 1650 | 2850 | 5700 | 9900 | 14200 |
| 5-pass Spt Cpe | 650 | 1700 | 3000 | 5900 | 10200 | 14700 |
| 2-dr Twn Sdn | 500 | 1350 | 2350 | 4700 | 8100 | 11500 |
| 4-dr Spt Sdn | 500 | 1350 | 2350 | 4700 | 8100 | 11500 |
| **Fleetmaster, 6-cyl., 90 hp, 116" wb** | | | | | | |
| 5-pass Spt Cpe | 650 | 1700 | 3000 | 5900 | 10200 | 14700 |
| 2-dr Twn Sdn | 550 | 1450 | 2450 | 4900 | 8500 | 12000 |
| 4-dr Spt Sdn | 550 | 1450 | 2450 | 4900 | 8500 | 12000 |
| 5-pass Conv | 1300 | 4100 | 6800 | 13600 | 23950 | 34000 |
| 8-pass Sta Wgn | 1400 | 4350 | 7250 | 14500 | 25500 | 36200 |
| **Fleetline, 6-cyl., 90 hp, 116" wb** | | | | | | |
| 2-dr Aero | 600 | 1600 | 2750 | 5500 | 9500 | 13800 |
| 4-dr Spt Master | 550 | 1500 | 2500 | 5100 | 8800 | 12500 |
| **1949** | | | | | | |
| **Styleline Special, 6-cyl., 90 hp, 115" wb** | | | | | | |
| 3-pass Bus Cpe | 500 | 1350 | 2350 | 4700 | 8100 | 11500 |
| 6-pass Spt Cpe | 550 | 1450 | 2450 | 4900 | 8500 | 12000 |
| 2-dr Sdn | 450 | 1250 | 2150 | 4300 | 7400 | 10700 |
| 4-dr Sdn | 450 | 1250 | 2200 | 4400 | 7600 | 10900 |
| **Fleetline Special, 6-cyl., 90 hp, 115" wb** | | | | | | |
| 2-dr Sdn | 450 | 1250 | 2200 | 4400 | 7600 | 10900 |
| 4-dr Sdn | 450 | 1250 | 2200 | 4400 | 7600 | 10900 |
| **Styleline Deluxe, 6-cyl., 90 hp, 115" wb** | | | | | | |
| 6-pass Spt Cpe | 550 | 1500 | 2500 | 5100 | 8800 | 12500 |
| 2-dr Twn Sdn | 450 | 1250 | 2200 | 4400 | 7600 | 10900 |
| 4-dr Spt Sdn | 500 | 1300 | 2250 | 4500 | 7700 | 11000 |
| 8-pass Wood Wgn | 1000 | 3100 | 5250 | 10500 | 18600 | 26200 |
| 8-pass Steel Wgn | 650 | 1700 | 3000 | 5900 | 10200 | 14700 |
| 5-pass Conv Cpe | 1300 | 4000 | 6650 | 13300 | 23400 | 33100 |
| **Fleetline Deluxe, 6-cyl., 90 hp, 115" wb** | | | | | | |
| 2-dr Sdn | 550 | 1450 | 2450 | 4900 | 8500 | 12000 |
| 4-dr Sdn | 550 | 1450 | 2450 | 4900 | 8500 | 12000 |

|  | 6 | 5 | 4 | 3 | 2 | 1 |
|---|---|---|---|---|---|---|
| **1950** | | | | | | |
| **Styleline Special, 6-cyl., 92 hp, 115" wb** | | | | | | |
| 3-pass Bus Cpe | 500 | 1350 | 2350 | 4700 | 8100 | 11500 |
| 6-pass Spt Cpe | 550 | 1450 | 2450 | 4900 | 8500 | 12000 |
| 2-dr Sdn | 450 | 1250 | 2150 | 4300 | 7400 | 10700 |
| 4-dr Sdn | 450 | 1250 | 2200 | 4400 | 7600 | 10900 |
| **Fleetline Special, 6-cyl., 92 hp, 115" wb** | | | | | | |
| 2-dr Sdn | 450 | 1250 | 2200 | 4400 | 7600 | 10900 |
| 4-dr Sdn | 450 | 1250 | 2200 | 4400 | 7600 | 10900 |
| **Styleline Deluxe, 6-cyl., 92 hp, 115" wb** | | | | | | |
| 6-pass Spt Cpe | 550 | 1500 | 2500 | 5100 | 8800 | 12500 |
| 5-pass Conv Cpe | 1300 | 4000 | 6650 | 13300 | 23400 | 33100 |
| 2-dr Sdn | 450 | 1250 | 2200 | 4400 | 7600 | 10900 |
| 4-dr Sdn | 500 | 1300 | 2250 | 4500 | 7700 | 11000 |
| 8-pass Sta Wgn | 650 | 1700 | 3000 | 5900 | 10200 | 14700 |
| 6-pass Bel Air Cpe | 750 | 2300 | 3850 | 7700 | 13300 | 19200 |
| **Fleetline Deluxe, 6-cyl., 92 hp, 115" wb** | | | | | | |
| 2-dr Sdn | 550 | 1450 | 2450 | 4900 | 8500 | 12000 |
| 4-dr Sdn | 550 | 1450 | 2450 | 4900 | 8500 | 12000 |
| **1951** | | | | | | |
| **Styleline Special, 6-cyl., 92-105 hp, 115" wb** | | | | | | |
| 3-pass Bus Cpe | 550 | 1450 | 2450 | 4900 | 8500 | 12000 |
| 6-pass Spt Cpe | 550 | 1500 | 2500 | 5000 | 8700 | 12300 |
| 2-dr Sdn | 450 | 1250 | 2200 | 4400 | 7600 | 10900 |
| 4-dr Sdn | 450 | 1250 | 2200 | 4400 | 7600 | 10900 |
| **Styleline Deluxe, 6-cyl., 92-105 hp, 115" wb** | | | | | | |
| 6-pass Spt Cpe | 600 | 1600 | 2750 | 5500 | 9500 | 13800 |
| 2-dr Sdn | 500 | 1350 | 2300 | 4600 | 8000 | 11300 |
| 4-dr Sdn | 500 | 1350 | 2300 | 4600 | 8000 | 11300 |
| 2-dr Hdtp Bel Air | 750 | 2250 | 3750 | 7500 | 13000 | 18700 |
| 5-pass Conv Cpe | 1200 | 3850 | 6450 | 12900 | 22700 | 32200 |
| 8-pass Sta Wgn | 550 | 1550 | 2650 | 5300 | 9100 | 13000 |
| **Fleetline Special, 6-cyl., 92-105 hp, 115" wb** | | | | | | |
| 2-dr Sdn | 450 | 1250 | 2050 | 4100 | 7100 | 10300 |
| 4-dr Sdn | 400 | 1200 | 2000 | 4000 | 6900 | 10000 |
| **Fleetline Deluxe, 6-cyl., 92-105 hp, 115" wb** | | | | | | |
| 2-dr Sdn | 500 | 1350 | 2350 | 4700 | 8100 | 11500 |
| 4-dr Sdn | 500 | 1350 | 2350 | 4700 | 8100 | 11500 |
| **1952** | | | | | | |
| **Styleline Special, 6-cyl., 92-105, 115" wb** | | | | | | |
| 3-pass Bus Cpe | 550 | 1450 | 2450 | 4900 | 8500 | 12000 |
| 6-pass Spt Cpe | 550 | 1500 | 2500 | 5000 | 8700 | 12300 |
| 2-dr Sdn | 450 | 1250 | 2200 | 4400 | 7600 | 10900 |
| 4-dr Sdn | 450 | 1250 | 2200 | 4400 | 7600 | 10900 |
| **Styleline Deluxe, 6-cyl., 92-105 hp, 115" wb** | | | | | | |
| 6-pass Spt Cpe | 600 | 1600 | 2750 | 5500 | 9500 | 13800 |
| 2-dr Sdn | 500 | 1350 | 2300 | 4600 | 8000 | 11300 |
| 4-dr Sdn | 500 | 1350 | 2300 | 4600 | 8000 | 11300 |
| 2-dr Hdtp Bel Air | 750 | 2250 | 3750 | 7500 | 13000 | 18700 |
| 2-dr Conv Cpe | 1200 | 3850 | 6450 | 12900 | 22700 | 32200 |
| 8-pass Sta Wgn | 550 | 1550 | 2650 | 5300 | 9100 | 13000 |
| **Fleetline Deluxe, 6-cyl., 92-105 hp, 115" wb** | | | | | | |
| 2-dr Sdn | 500 | 1350 | 2350 | 4700 | 8100 | 11500 |

'53 Chevrolet Bel Air

'54 Chevrolet Bel Air

'55 Bel Air Sport Coupe

'56 Chevrolet Bel Air Wagon

'58 Chevrolet Bel Air

'59 Chevrolet

'60 Chevrolet

'61 Chevrolet Corvair

'61 Chevrolet

'62 Chevrolet

'63 Chevy II

'63 Chevrolet

|  | 6 | 5 | 4 | 3 | 2 | 1 |
|---|---|---|---|---|---|---|

### 1953

**Special 150, 6-cyl., 108-115 hp, 115" wb**

| | 6 | 5 | 4 | 3 | 2 | 1 |
|---|---|---|---|---|---|---|
| 3-pass Bus Cpe | 450 | 1250 | 2150 | 4300 | 7400 | 10700 |
| 6-pass Club Cpe | 450 | 1250 | 2200 | 4400 | 7600 | 10900 |
| 2-dr Sdn | 400 | 1200 | 2000 | 4000 | 6900 | 10000 |
| 4-dr Sdn | 400 | 1200 | 1950 | 3900 | 6800 | 9900 |
| 6-pass Sta Wgn (Hndymn) | 550 | 1500 | 2500 | 5100 | 8800 | 12500 |

**Deluxe 210, 6-cyl., 108-115 hp, 135" wb**

| | 6 | 5 | 4 | 3 | 2 | 1 |
|---|---|---|---|---|---|---|
| 6-pass Club Cpe | 550 | 1500 | 2500 | 5100 | 8800 | 12500 |
| 2-dr Sdn | 500 | 1300 | 2250 | 4500 | 7700 | 11000 |
| 4-dr Sdn | 500 | 1300 | 2250 | 4500 | 7700 | 11000 |
| 2-dr Hdtp | 800 | 2350 | 3950 | 7900 | 13700 | 19700 |
| 2-dr Conv | 1300 | 4050 | 6750 | 13500 | 23800 | 33700 |
| 6-pass Sta Wgn (Hndymn) | 600 | 1600 | 2750 | 5500 | 9500 | 13800 |
| 8-pass Sta Wgn (Twnsmn) | 600 | 1650 | 2850 | 5700 | 9900 | 14200 |

**Bel Air, 6-cyl., 108-115 hp, 115" wb**

| | 6 | 5 | 4 | 3 | 2 | 1 |
|---|---|---|---|---|---|---|
| 2-dr Sdn | 550 | 1450 | 2450 | 4900 | 8500 | 12000 |
| 4-dr Sdn | 550 | 1450 | 2450 | 4900 | 8500 | 12000 |
| 2-dr Spt Cpe | 800 | 2450 | 4150 | 8300 | 14600 | 20700 |
| 2-dr Conv | 1550 | 4650 | 7750 | 15500 | 27300 | 38700 |

### 1954

**Special 150, 6-cyl., 115-125 hp, 115" wb**

| | 6 | 5 | 4 | 3 | 2 | 1 |
|---|---|---|---|---|---|---|
| 2-dr Uty Sdn | 400 | 1200 | 1950 | 3900 | 6800 | 9900 |
| 2-dr Sdn | 400 | 1200 | 2000 | 4000 | 6900 | 10000 |
| 4-dr Sdn | 400 | 1200 | 1950 | 3900 | 6800 | 9900 |
| 6-pass Sta Wgn | 550 | 1500 | 2500 | 5100 | 8800 | 12500 |

**Deluxe 210, 6-cyl., 115-125 hp, 115" wb**

| | 6 | 5 | 4 | 3 | 2 | 1 |
|---|---|---|---|---|---|---|
| 2-dr Sdn | 500 | 1300 | 2250 | 4500 | 7700 | 11000 |
| 2-dr Sdn Delray | 550 | 1500 | 2500 | 5100 | 8800 | 12500 |
| 4-dr Sdn | 500 | 1300 | 2250 | 4500 | 7700 | 11000 |
| 6-pass Sta Wgn (Hndymn) | 600 | 1600 | 2750 | 5500 | 9500 | 13800 |

**Bel Air, 6-cyl., 115-125 hp, 115" wb**

| | 6 | 5 | 4 | 3 | 2 | 1 |
|---|---|---|---|---|---|---|
| 2-dr Sdn | 550 | 1500 | 2500 | 5000 | 8700 | 12300 |
| 4-dr Sdn | 550 | 1450 | 2450 | 4900 | 8500 | 12000 |
| 2-dr Spt Cpe | 800 | 2450 | 4150 | 8300 | 14600 | 20700 |
| 2-dr Conv | 1600 | 4750 | 7950 | 15900 | 28000 | 39700 |
| 8-pass Sta Wgn (Hndymn) | 650 | 1750 | 3150 | 6300 | 10900 | 15700 |

### 1955

**150, 8-cyl., 115" wb**

| | 6 | 5 | 4 | 3 | 2 | 1 |
|---|---|---|---|---|---|---|
| 3-pass Sdn | 450 | 1250 | 2050 | 4100 | 7100 | 10300 |
| 2-dr Sdn | 550 | 1450 | 2450 | 4900 | 8500 | 12000 |
| 4-dr Sdn | 450 | 1250 | 2200 | 4400 | 7600 | 10900 |
| 6-pass Sta Wgn | 550 | 1450 | 2450 | 4900 | 8500 | 12000 |

**210, 8-cyl., 115" wb**

| | 6 | 5 | 4 | 3 | 2 | 1 |
|---|---|---|---|---|---|---|
| 2-dr Sdn | 500 | 1350 | 2350 | 4700 | 8100 | 11500 |
| 2-dr Delray Cpe | 550 | 1500 | 2500 | 5100 | 8800 | 12500 |
| 4-dr Sdn | 450 | 1250 | 2150 | 4300 | 7400 | 10700 |
| 2-dr Spt Cpe | 950 | 2950 | 4950 | 9900 | 17500 | 24700 |
| 2-dr Sta Wgn (Twnsmn) | 550 | 1450 | 2450 | 4900 | 8500 | 12000 |
| 4-dr Sta Wgn (Hndymn) | 550 | 1500 | 2500 | 5100 | 8800 | 12500 |

**Bel Air, 8-cyl., 115" wb**

| | 6 | 5 | 4 | 3 | 2 | 1 |
|---|---|---|---|---|---|---|
| 2-dr Sdn | 600 | 1650 | 2850 | 5700 | 9900 | 14200 |
| 4-dr Sdn | 550 | 1550 | 2650 | 5300 | 9100 | 13000 |
| 2-dr Hdtp | 1500 | 4500 | 7500 | 15000 | 26400 | 37500 |
| 2-dr Conv | 2300 | 6800 | 11450 | 22900 | 40200 | 57200 |
| 2-dr Nomad Wgn | 1550 | 4650 | 7750 | 15500 | 27300 | 38700 |
| 4-dr Sta Wgn | 700 | 2000 | 3450 | 6900 | 11900 | 17200 |

*6-cyl Deduct 20%*

| | 6 | 5 | 4 | 3 | 2 | 1 |
|---|---|---|---|---|---|---|
| **1956** | | | | | | |
| **150, 8-cyl., 115" wb** | | | | | | |
| 2-dr Uty Sdn | 400 | 1200 | 1950 | 3900 | 6800 | 9900 |
| 2-dr Sdn | 500 | 1350 | 2350 | 4700 | 8100 | 11500 |
| 4-dr Sdn | 400 | 1200 | 2000 | 4000 | 6900 | 10000 |
| 6-pass Sta Wgn (Hndymn) | 500 | 1300 | 2250 | 4500 | 7700 | 11000 |
| **210, 8-cyl., 115" wb** | | | | | | |
| 2-dr Sdn | 500 | 1300 | 2250 | 4500 | 7700 | 11000 |
| 2-dr Sdn Delray | 600 | 1600 | 2750 | 5500 | 9500 | 13800 |
| 4-dr Sdn | 450 | 1250 | 2150 | 4300 | 7400 | 10700 |
| 4-dr Hdtp | 650 | 1700 | 3000 | 5900 | 10200 | 14700 |
| 2-dr Hdtp | 950 | 2950 | 4950 | 9900 | 17500 | 24700 |
| 2-dr Sta Wgn (Hndymn) | 500 | 1350 | 2350 | 4700 | 8100 | 11500 |
| 4-dr Sta Wgn (Twnsmn) | 550 | 1450 | 2450 | 4900 | 8500 | 12000 |
| 9-pass Sta Wgn (Beauville) | 600 | 1600 | 2750 | 5500 | 9500 | 13800 |
| **Bel Air, 8-cyl., 115" wb** | | | | | | |
| 2-dr Sdn | 650 | 1700 | 3000 | 5900 | 10200 | 14700 |
| 4-dr Sdn | 600 | 1600 | 2750 | 5500 | 9500 | 13800 |
| 4-dr Hdtp | 750 | 2250 | 3750 | 7500 | 13000 | 18700 |
| 2-dr Hdtp | 1300 | 4050 | 6750 | 13500 | 23800 | 33700 |
| 2-dr Conv | 2400 | 7050 | 11950 | 23900 | 42000 | 59700 |
| 2-dr Nomad Wgn | 1500 | 4500 | 7500 | 15000 | 26400 | 37500 |
| 4-dr Sta Wgn (Twnsmn) | 700 | 2000 | 3450 | 6900 | 11900 | 17200 |
| | | *6-cyl. Deduct 20%* | | | | |
| **1957** | | | | | | |
| **Special 150, 8-cyl., 115" wb** | | | | | | |
| 2-dr Sdn | 550 | 1500 | 2500 | 5100 | 8800 | 12500 |
| 2-dr Uty Sdn | 450 | 1250 | 2150 | 4300 | 7400 | 10700 |
| 4-dr Sdn | 450 | 1250 | 2200 | 4400 | 7600 | 10900 |
| 2-dr Sta Wgn | 550 | 1400 | 2400 | 4800 | 8300 | 11800 |
| **Special 210, 8-cyl., 115" wb** | | | | | | |
| 2-dr Del Ray Cpe | 600 | 1600 | 2750 | 5500 | 9500 | 13800 |
| 2-dr Hdtp Cpe | 1150 | 3600 | 5950 | 11900 | 21000 | 29700 |
| 2-dr Sdn | 550 | 1450 | 2450 | 4900 | 8500 | 12000 |
| 4-dr Sdn | 500 | 1350 | 2350 | 4700 | 8100 | 11500 |
| 4-dr Hdtp | 650 | 1700 | 3000 | 5900 | 10200 | 14700 |
| 2-dr Sta Wgn (Hndymn) | 550 | 1450 | 2450 | 4900 | 8500 | 12000 |
| 4-dr Sta Wgn (Twnsmn) | 550 | 1500 | 2500 | 5100 | 8800 | 12500 |
| 9-pass Sta Wgn (Beauville) | 650 | 1700 | 3000 | 5900 | 10200 | 14700 |
| **Bel Air, 8-cyl., 115" wb** | | | | | | |
| 2-dr Hdtp Spt Cpe | 1400 | 4350 | 7250 | 14500 | 25500 | 36200 |
| 2-dr Sdn | 650 | 1800 | 3250 | 6500 | 11200 | 16100 |
| 2-dr Conv | 3100 | 9200 | 15450 | 30900 | 54300 | 77100 |
| 4-dr Sdn | 650 | 1700 | 3000 | 5900 | 10200 | 14700 |
| 4-dr Hdtp | 800 | 2350 | 3950 | 7900 | 13700 | 19700 |
| 6-pass Sta Wgn (Twnsmn) | 750 | 2100 | 3550 | 7100 | 12300 | 17700 |
| 6-pass Nomad | 1700 | 5050 | 8500 | 17000 | 29900 | 42500 |
| *Dual quads add $2000* | | | *Factory air add $2000* | | | |
| *Fuel injection add $7,500* | | | *6-cyl. deduct 20%* | | | |
| **1958** | | | | | | |
| **Delray, 6-cyl./8-cyl.; 118" wb** | | | | | | |
| 2-dr Sdn | 400 | 1200 | 1950 | 3900 | 6800 | 9900 |
| 2-dr Uty Sdn | 400 | 1150 | 1850 | 3700 | 6400 | 9300 |
| 4-dr Sdn | 400 | 1200 | 1900 | 3800 | 6600 | 9600 |
| 2-dr Yeoman Wgn | 450 | 1250 | 2100 | 4200 | 7200 | 10500 |
| 4-dr Yeoman Wgn | 450 | 1250 | 2200 | 4400 | 7600 | 10900 |

| | 6 | 5 | 4 | 3 | 2 | 1 |
|---|---|---|---|---|---|---|
| **Biscayne, 6-cyl./8-cyl.; 118" wb** | | | | | | |
| 2-dr Sdn | 450 | 1250 | 2050 | 4100 | 7100 | 10300 |
| 4-dr Sdn | 400 | 1200 | 1950 | 3900 | 6800 | 9900 |
| 2-dr Sta Wgn | 450 | 1250 | 2150 | 4300 | 7400 | 10700 |
| 4-dr Brookwood Wgn | 500 | 1300 | 2250 | 4500 | 7700 | 11000 |
| **Bel Air, 6-cyl./8-cyl.; 118" wb** | | | | | | |
| 2-dr Hdtp | 800 | 2350 | 3950 | 7900 | 13700 | 19700 |
| 2-dr Sdn | 500 | 1350 | 2350 | 4700 | 8100 | 11500 |
| 4-dr Hdtp | 550 | 1500 | 2500 | 5100 | 8800 | 12500 |
| 4-dr Sdn | 500 | 1300 | 2250 | 4500 | 7700 | 11000 |
| 2-dr Impala Spt Cpe | 1350 | 4150 | 6950 | 13900 | 24500 | 34700 |
| 2-dr Impala Conv | 2500 | 7350 | 12450 | 24900 | 43700 | 62100 |
| 4-dr Nomad Sta Wgn | 650 | 1700 | 3000 | 6100 | 10600 | 15200 |

*Fuel injection add $7000*
*348 w/tri-power add $5000*
*6-cyl. Deduct 20%*

*348 V-8 add $2000*
*Factory air add $2000*

## 1959

| | 6 | 5 | 4 | 3 | 2 | 1 |
|---|---|---|---|---|---|---|
| **Impala,6-cyl./8-cyl., 119" wb** | | | | | | |
| 4-dr Sdn | 400 | 1200 | 1950 | 3900 | 6800 | 9900 |
| 4-dr Hdtp | 550 | 1500 | 2500 | 5100 | 8800 | 12500 |
| 4-dr Nomad | 600 | 1600 | 2750 | 5500 | 9500 | 13800 |
| 2-dr Hdtp | 950 | 2950 | 4950 | 9900 | 17500 | 24700 |
| 2-dr Conv | 1800 | 5300 | 8950 | 17900 | 31500 | 44700 |
| **Biscayne, 6-cyl./8-cyl.; 119" wb** | | | | | | |
| 2-dr Sdn | 400 | 1150 | 1850 | 3700 | 6400 | 9300 |
| 2-dr Uty Sdn | 400 | 1100 | 1800 | 3500 | 6100 | 8900 |
| 4-dr Sdn | 400 | 1100 | 1800 | 3600 | 6200 | 9100 |
| 2-dr Brookwood Wgn | 400 | 1200 | 1950 | 3900 | 6800 | 9900 |
| 4-dr Brookwood Wgn | 450 | 1250 | 2050 | 4100 | 7100 | 10300 |
| **Bel Air, 6-cyl./8-cyl.; 119" wb** | | | | | | |
| 2-dr Sdn | 400 | 1200 | 1900 | 3800 | 6600 | 9600 |
| 4-dr Hdtp | 500 | 1300 | 2250 | 4500 | 7700 | 11000 |
| 4-dr Sdn | 400 | 1150 | 1850 | 3700 | 6400 | 9300 |
| 4-dr Parkwood Wgn | 450 | 1250 | 2050 | 4100 | 7100 | 10300 |
| 4-dr 9-pass Kingswood Wgn | 450 | 1250 | 2150 | 4300 | 7400 | 10700 |

*348 V-8 add $1500*
*Factory air add $2000*
*Fuel injection add $5000*

*348 w/tri-power add $4000*
*6-cyl. deduct 20%*

## 1960

| | 6 | 5 | 4 | 3 | 2 | 1 |
|---|---|---|---|---|---|---|
| **Biscayne, 6-cyl./8-cyl., 119" wb** | | | | | | |
| 2-dr Sdn | 400 | 1100 | 1800 | 3500 | 6100 | 8900 |
| 2-dr Uty Sdn | 400 | 1050 | 1700 | 3300 | 5800 | 8300 |
| 4-dr Sdn | 400 | 1050 | 1700 | 3400 | 5900 | 8500 |
| **Bel Air, 6-cyl./8-cyl., 119" wb** | | | | | | |
| 2-dr Hdtp | 550 | 1550 | 2650 | 5300 | 9100 | 13000 |
| 2-dr Sdn | 400 | 1100 | 1800 | 3600 | 6200 | 9100 |
| 4-dr Hdtp | 450 | 1250 | 2050 | 4100 | 7100 | 10300 |
| 4-dr Sdn | 400 | 1050 | 1700 | 3400 | 5900 | 8500 |
| **Impala, 6-cyl./8-cyl., 119" wb** | | | | | | |
| 2-dr Hdtp | 850 | 2650 | 4450 | 8900 | 15700 | 22300 |
| 4-dr Hdtp | 500 | 1350 | 2350 | 4700 | 8100 | 11500 |
| 4-dr Sdn | 400 | 1200 | 1950 | 3900 | 6800 | 9900 |
| Conv | 1300 | 4050 | 6750 | 13500 | 23800 | 33700 |
| **Station Wagons, 8-cyl., 119" wb** | | | | | | |
| 6-pass Brookwood | 400 | 1200 | 1900 | 3800 | 6600 | 9600 |
| 9-pass Brookwood | 400 | 1200 | 2000 | 4000 | 6900 | 10000 |
| 9-pass Kingswood | 450 | 1250 | 2050 | 4100 | 7100 | 10300 |
| 6-pass Parkwood | 450 | 1250 | 2100 | 4200 | 7200 | 10500 |
| 6-pass Nomad | 450 | 1250 | 2150 | 4300 | 7400 | 10700 |

| | 6 | 5 | 4 | 3 | 2 | 1 |
|---|---|---|---|---|---|---|
| **Biscayne Fleetmaster, 6-cyl./8-cyl., 119" wb** | | | | | | |
| 4-dr Sdn | 400 | 1050 | 1700 | 3300 | 5800 | 8300 |
| 2-dr Sdn | 400 | 1050 | 1700 | 3400 | 5900 | 8500 |
| **Corvair Standard, 6-cyl., 108" wb** | | | | | | |
| 4-dr Sdn | 350 | 900 | 1500 | 2900 | 5200 | 7400 |
| 2-dr Club Cpe | 350 | 950 | 1550 | 3100 | 5500 | 7900 |
| **Corvair Deluxe, 6-cyl.** | | | | | | |
| 4-dr Sdn | 350 | 900 | 1500 | 3000 | 5300 | 7600 |
| 2-dr Club Cpe | 350 | 1000 | 1600 | 3200 | 5700 | 8100 |
| **Monza, 6-cyl.** | | | | | | |
| 2-dr Club Cpe | 450 | 1250 | 2200 | 4400 | 7600 | 10900 |

*348 V-8 add $1500*
*Factory air add $1500*
*348 w/tri-power add $4000*
*6 cyl. (exc. Corvair) deduct 20%*

## 1961

| | 6 | 5 | 4 | 3 | 2 | 1 |
|---|---|---|---|---|---|---|
| **Biscayne, Fleetmaster Line, 6-cyl./8-cyl., 119" wb** | | | | | | |
| 2-dr Sdn | 400 | 1050 | 1700 | 3300 | 5800 | 8300 |
| 4-dr Sdn | 350 | 950 | 1550 | 3100 | 5500 | 7900 |
| **Bel Air, 6-cyl./8-cyl., 119" wb** | | | | | | |
| 2-dr Hdtp | 750 | 2250 | 3750 | 7500 | 13000 | 18700 |
| 2-dr Sdn | 400 | 1100 | 1800 | 3500 | 6100 | 8900 |
| 4-dr Hdtp | 400 | 1200 | 1950 | 3900 | 6800 | 9900 |
| 4-dr Sdn | 400 | 1050 | 1700 | 3300 | 5800 | 8300 |
| 6-pass Parkwood Wgn | 400 | 1200 | 1900 | 3800 | 6600 | 9600 |
| 9-pass Parkwood Wgn | 400 | 1200 | 2000 | 4000 | 6900 | 10000 |
| **Biscayne, 6-cyl./8-cyl., 119" wb** | | | | | | |
| 4-dr Sdn | 350 | 1000 | 1600 | 3200 | 5700 | 8100 |
| 2-dr Sdn | 400 | 1050 | 1700 | 3300 | 5800 | 8300 |
| 2-dr Uty Sdn | 350 | 950 | 1550 | 3100 | 5500 | 7900 |
| **Biscayne Station Wagons** | | | | | | |
| 9-pass Brookwood | 400 | 1200 | 1900 | 3800 | 6600 | 9600 |
| 6-pass Brookwood | 400 | 1100 | 1800 | 3600 | 6200 | 9100 |
| **Impala, 6-cyl./8-cyl., 119" wb** | | | | | | |
| 2-dr Hdtp | 800 | 2500 | 4250 | 8500 | 15000 | 21200 |
| 2-dr Sdn | 400 | 1100 | 1800 | 3600 | 6200 | 9100 |
| 4-dr Hdtp | 500 | 1300 | 2250 | 4500 | 7700 | 11000 |
| 4-dr Sdn | 400 | 1100 | 1800 | 3500 | 6100 | 8900 |
| 6-pass Nomad Wgn | 450 | 1250 | 2100 | 4200 | 7200 | 10500 |
| 9-pass Nomad Wgn | 450 | 1250 | 2200 | 4400 | 7600 | 10900 |
| 2-dr Conv | 1150 | 3650 | 6150 | 12300 | 21700 | 30700 |
| **Corvair, 500, 6-cyl., 108" wb** | | | | | | |
| 2-dr Club Cpe | 350 | 950 | 1550 | 3100 | 5500 | 7900 |
| 4-dr Sdn | 350 | 900 | 1500 | 2900 | 5200 | 7400 |
| 4-dr Sta Wgn (95" wb) | 350 | 950 | 1550 | 3100 | 5500 | 7900 |
| **Corvair 700, 6-cyl., 108" wb** | | | | | | |
| 4-dr Sdn | 350 | 900 | 1500 | 3000 | 5300 | 7600 |
| 2-dr Cpe | 400 | 1050 | 1700 | 3300 | 5800 | 8300 |
| 4-dr Sta Wgn (95" wb) | 350 | 1000 | 1600 | 3200 | 5700 | 8100 |
| **Monza** | | | | | | |
| 2-dr Cpe | 400 | 1200 | 1900 | 3800 | 6600 | 9600 |
| 4-dr Sdn | 350 | 1000 | 1600 | 3200 | 5700 | 8100 |
| **Corvair "95", 6-cyl., 95" wb** | | | | | | |
| 6-dr Greenbrier Sta Wgn | 400 | 1050 | 1700 | 3400 | 5900 | 8500 |

*348 V-8 add 20%*
*409 V-8 add 40%*
*4-speed add $500*
*Super Sport add 30%*
*348 w/tri-power add 30%*
*Factory air add $1500*
*6 cyl (exc Corvair) deduct 15%*

|  | 6 | 5 | 4 | 3 | 2 | 1 |
|---|---|---|---|---|---|---|
| **1962** | | | | | | |
| **Biscayne, 6-cyl./8-cyl., 119" wb** | | | | | | |
| 2-dr Sdn | 400 | 1050 | 1700 | 3300 | 5800 | 8300 |
| 4-dr Sdn | 350 | 1000 | 1600 | 3200 | 5700 | 8100 |
| 6-pass Sta Wgn | 400 | 1200 | 1900 | 3800 | 6600 | 9600 |
| **Bel Air, 6-cyl./8-cyl., 119" wb** | | | | | | |
| 2-dr Hdtp | 800 | 2400 | 4000 | 8000 | 13900 | 19900 |
| 2-dr Sdn | 400 | 1100 | 1800 | 3500 | 6100 | 8900 |
| 4-dr Sdn | 400 | 1050 | 1700 | 3400 | 5900 | 8500 |
| 6-pass Sta Wgn | 450 | 1250 | 2050 | 4100 | 7100 | 10300 |
| 9-pass Sta Wgn | 450 | 1250 | 2150 | 4300 | 7400 | 10700 |
| **Impala, 6-cyl./8-cyl., 119" wb** | | | | | | |
| 2-dr Hdtp | 800 | 2450 | 4150 | 8300 | 14600 | 20700 |
| 4-dr Hdtp | 500 | 1350 | 2350 | 4700 | 8100 | 11500 |
| 4-dr Sdn | 400 | 1150 | 1850 | 3700 | 6400 | 9300 |
| 6-pass Sta Wgn | 450 | 1250 | 2200 | 4400 | 7600 | 10900 |
| 9-pass Sta Wgn | 500 | 1350 | 2300 | 4600 | 8000 | 11300 |
| 2-dr Conv | 1200 | 3800 | 6350 | 12700 | 22400 | 31700 |
| **Chevy II, Series 100, 4-cyl./6-cyl., 110" wb** | | | | | | |
| 4-dr Sdn | 350 | 900 | 1500 | 2900 | 5200 | 7400 |
| 2-dr Sdn | 350 | 950 | 1550 | 3100 | 5500 | 7900 |
| 2-dr 6-pass Wgn | 400 | 1150 | 1850 | 3700 | 6400 | 9300 |
| **Chevy II, Series 300, 4-cyl./6-cyl., 110" wb** | | | | | | |
| 4-dr Sdn | 350 | 950 | 1550 | 3100 | 5500 | 7900 |
| 2-dr Sdn | 400 | 1050 | 1700 | 3300 | 5800 | 8300 |
| 2-dr 9-pass Wgn | 400 | 1200 | 1950 | 3900 | 6800 | 9900 |
| **Series Nova 400, 6-cyl., 110" wb** | | | | | | |
| 4-dr Sdn | 400 | 1050 | 1700 | 3300 | 5800 | 8300 |
| 2-dr Sdn | 400 | 1100 | 1800 | 3500 | 6100 | 8900 |
| 2-dr Spt Cpe | 550 | 1550 | 2650 | 5300 | 9100 | 13000 |
| 2-dr Conv | 650 | 1800 | 3250 | 6500 | 11200 | 16100 |
| 4-dr 6-pass Wgn | 450 | 1250 | 2050 | 4100 | 7100 | 10300 |
| **Corvair, Series 500, 6-cyl., 108" wb** | | | | | | |
| 2-dr Club Cpe | 350 | 1000 | 1600 | 3200 | 5700 | 8100 |
| **Corvair, Series 700, 6-cyl., 108" wb** | | | | | | |
| 2-dr Club Cpe | 400 | 1050 | 1700 | 3400 | 5900 | 8500 |
| 4-dr Sdn | 350 | 950 | 1550 | 3100 | 5500 | 7900 |
| 6-pass Sta Wgn | 400 | 1050 | 1700 | 3300 | 5800 | 8300 |
| **Corvair Monza, 6-cyl., 108" wb** | | | | | | |
| 2-dr Club Cpe | 400 | 1200 | 2000 | 4000 | 6900 | 10000 |
| 4-dr Sdn | 400 | 1050 | 1700 | 3300 | 5800 | 8300 |
| 6-pass Sta Wgn | 400 | 1050 | 1700 | 3400 | 5900 | 8500 |
| 2-dr Conv | 500 | 1350 | 2350 | 4700 | 8100 | 11500 |
| **Corvair Monza Spyder, 6-cyl., 108" wb** | | | | | | |
| 2-dr Club Cpe | 450 | 1250 | 2050 | 4100 | 7100 | 10300 |
| 2-dr Conv | 550 | 1500 | 2500 | 5100 | 8800 | 12500 |

*Super Sport add 20%*  
*409 V-8 Biscayne, Bel Air and Impala add 50%*  
*6-cyl (exc Corvair & Chevy II/Nova) deduct 15%*

*Factory air add $1500*  
*6-cyl on Chevy II add 15%*

|  | 6 | 5 | 4 | 3 | 2 | 1 |
|---|---|---|---|---|---|---|
| **1963** | | | | | | |
| **Biscayne, 6-cyl./8-cyl., 119" wb** | | | | | | |
| 2-dr Sdn | 350 | 900 | 1500 | 2900 | 5200 | 7400 |
| 4-dr Sdn | 350 | 850 | 1400 | 2800 | 4900 | 7100 |
| 6-pass Wgn | 400 | 1050 | 1700 | 3300 | 5800 | 8300 |
| **Bel Air, 6-cyl./8-cyl., 119" wb** | | | | | | |
| 2-dr | 350 | 950 | 1550 | 3100 | 5500 | 7900 |
| 4-dr Sdn | 350 | 900 | 1500 | 3000 | 5300 | 7600 |
| 6-pass Sta Wgn | 400 | 1050 | 1700 | 3400 | 5900 | 8500 |
| 9-pass Sta Wgn | 400 | 1100 | 1800 | 3600 | 6200 | 9100 |

| | 6 | 5 | 4 | 3 | 2 | 1 |
|---|---|---|---|---|---|---|
| **Impala, 6-cyl./8-cyl., 119" wb** | | | | | | |
| 2-dr Hdtp Cpe | 800 | 2450 | 4150 | 8300 | 14600 | 20700 |
| 4-dr Hdtp | 450 | 1250 | 2150 | 4300 | 7400 | 10700 |
| 4-dr Sdn | 400 | 1100 | 1800 | 3500 | 6100 | 8900 |
| 6-pass Sta Wgn | 400 | 1200 | 2000 | 4000 | 6900 | 10000 |
| 9-pass Sta Wgn | 450 | 1250 | 2100 | 4200 | 7200 | 10500 |
| 2-dr Conv | 1250 | 3950 | 6550 | 13100 | 23100 | 32700 |
| **Chevy II/Nova 400, 6-cyl., 110" wb** | | | | | | |
| 2-dr Hdtp Cpe | 550 | 1500 | 2500 | 5100 | 8800 | 12500 |
| 4-dr Sdn | 350 | 900 | 1500 | 2900 | 5200 | 7400 |
| 6-pass Sta Wgn | 400 | 1100 | 1800 | 3500 | 6100 | 8900 |
| 2-dr Conv | 700 | 2000 | 3450 | 6900 | 11900 | 17200 |
| **Chevy II/Nova, Series 100, 4-cyl./6-cyl., 110" wb** | | | | | | |
| 4-dr Sdn | 300 | 700 | 1200 | 2400 | 4100 | 5900 |
| 2-dr Sdn | 300 | 800 | 1300 | 2600 | 4600 | 6600 |
| 6-pass Sta Wgn | 350 | 950 | 1550 | 3100 | 5500 | 7900 |
| **Chevy II, Series 300, 4-cyl./6-cyl., 110" wb** | | | | | | |
| 4-dr Sdn | 300 | 800 | 1300 | 2600 | 4600 | 6600 |
| 2-dr Sdn | 350 | 850 | 1400 | 2800 | 4900 | 7100 |
| 9-pass Sta Wgn | 400 | 1050 | 1700 | 3400 | 5900 | 8500 |
| **Corvair 500, 6-cyl., 108" wb** | | | | | | |
| 2-dr Club Cpe | 350 | 1000 | 1600 | 3200 | 5700 | 8100 |
| **Corvair, Series 700, 6-cyl., 108" wb** | | | | | | |
| 2-dr Club Cpe | 400 | 1050 | 1700 | 3400 | 5900 | 8500 |
| 4-dr Sdn | 350 | 950 | 1550 | 3100 | 5500 | 7900 |
| **Corvair Monza, 6-cyl., 108" wb** | | | | | | |
| 2-dr Club Cpe | 400 | 1200 | 2000 | 4000 | 6900 | 10000 |
| 4-dr Sdn | 400 | 1050 | 1700 | 3300 | 5800 | 8300 |
| 2-dr Conv | 500 | 1350 | 2350 | 4700 | 8100 | 11500 |
| **Corvair Monza Spyder** | | | | | | |
| 2-dr Club Cpe | 450 | 1250 | 2050 | 4100 | 7100 | 10300 |
| 2-dr Conv | 550 | 1500 | 2500 | 5100 | 8800 | 12500 |

*409 V-8 add 40%*  
*4-speed add $500*  
*Factory air add $1500*  
*Super Sport add 20%*  
*6-cyl (exc Corvair & Chevy II/Nova) deduct 15%; 6- cyl on Chevy II add 15%*

# 1964

| | 6 | 5 | 4 | 3 | 2 | 1 |
|---|---|---|---|---|---|---|
| **Biscayne, 6-cyl./8-cyl., 119" wb** | | | | | | |
| 2-dr Sdn | 350 | 900 | 1500 | 3000 | 5300 | 7600 |
| 4-dr Sdn | 350 | 900 | 1500 | 2900 | 5200 | 7400 |
| 6-pass Sta Wgn | 350 | 1000 | 1600 | 3200 | 5700 | 8100 |
| **Bel Air, 6-cyl./8-cyl., 119" wb** | | | | | | |
| 2-dr Sdn | 350 | 950 | 1550 | 3100 | 5500 | 7900 |
| 4-dr Sdn | 350 | 900 | 1500 | 3000 | 5300 | 7600 |
| 6-pass Sta Wgn | 400 | 1100 | 1800 | 3500 | 6100 | 8900 |
| 9-pass Sta Wgn | 400 | 1150 | 1850 | 3700 | 6400 | 9300 |
| **Impala, 6-cyl./8-cyl., 119" wb** | | | | | | |
| 4-dr Sdn | 400 | 1050 | 1700 | 3300 | 5800 | 8300 |
| 4-dr Hdtp Sdn | 450 | 1250 | 2050 | 4100 | 7100 | 10300 |
| 2-dr Hdtp Cpe | 800 | 2350 | 3950 | 7900 | 13700 | 19700 |
| 2-dr Conv | 1200 | 3750 | 6250 | 12500 | 22000 | 31100 |
| 6-pass Sta Wgn | 450 | 1250 | 2100 | 4200 | 7200 | 10500 |
| 9-pass Sta Wgn | 450 | 1250 | 2200 | 4400 | 7600 | 10900 |
| **Impala SS, 6-cyl., 8-cyl., 119" wb** | | | | | | |
| 2-dr Hdtp Cpe | 900 | 2850 | 4750 | 9500 | 16700 | 23700 |
| 2-dr Conv | 1450 | 4450 | 7450 | 14900 | 26200 | 37200 |
| **Chevy II, Series 100, 4-cyl., 110" wb** | | | | | | |
| 4-dr Sdn | 300 | 700 | 1200 | 2400 | 4100 | 5900 |
| 2-dr Sdn | 300 | 800 | 1300 | 2600 | 4600 | 6600 |

|  | 6 | 5 | 4 | 3 | 2 | 1 |
|---|---|---|---|---|---|---|
| **Nova Super Sport, 6-cyl./8-cyl., 110" wb** | | | | | | |
| 2-dr Hdtp 6 cyl. | 600 | 1600 | 2750 | 5500 | 9500 | 13800 |
| 2-dr Hdtp V8(283) | 700 | 2000 | 3450 | 6900 | 11900 | 17200 |
| **Chevy II, Series 100, 6-cyl., 110" wb** | | | | | | |
| 4-dr Sdn | 300 | 800 | 1350 | 2700 | 4700 | 6900 |
| 2-dr Sdn | 300 | 800 | 1350 | 2700 | 4700 | 6900 |
| 6-pass Sta Wgn | 400 | 1050 | 1700 | 3400 | 5900 | 8500 |
| **Chevy II/Nova, Series 400, 6-cyl., 110" wb** | | | | | | |
| 2-dr Cpe | 400 | 1150 | 1850 | 3700 | 6400 | 9300 |
| 2-dr Sdn | 350 | 950 | 1550 | 3100 | 5500 | 7900 |
| 4-dr Sdn | 350 | 900 | 1500 | 2900 | 5200 | 7400 |
| 6-pass Sta Wgn | 400 | 1050 | 1700 | 3400 | 5900 | 8500 |
| **Chevelle, 6-cyl./8-cyl., 115" wb** | | | | | | |
| 2-dr Sdn | 350 | 900 | 1500 | 2900 | 5200 | 7400 |
| 4-dr Sdn | 350 | 850 | 1400 | 2800 | 4900 | 7100 |
| 2-dr Sta Wgn | 400 | 1100 | 1800 | 3500 | 6100 | 8900 |
| 4-dr Sta Wgn | 400 | 1150 | 1850 | 3700 | 6400 | 9300 |
| **Malibu Series, 6-cyl./8-cyl., 119" wb** | | | | | | |
| 4-dr Sdn | 350 | 900 | 1500 | 2900 | 5200 | 7400 |
| 2-dr Spt Cpe | 700 | 1900 | 3350 | 6700 | 11500 | 16500 |
| 2-dr Conv | 1000 | 3250 | 5450 | 10900 | 19100 | 27200 |
| 6-pass Sta Wgn | 400 | 1050 | 1700 | 3400 | 5900 | 8500 |
| 8-pass Sta Wgn | 400 | 1100 | 1800 | 3600 | 6200 | 9100 |
| **Chevelle Malibu Super Sport, 8-cyl., 115" wb** | | | | | | |
| 2-dr Spt Cpe | 800 | 2350 | 3950 | 7900 | 13700 | 19700 |
| 2-dr Conv | 1200 | 3850 | 6450 | 12900 | 22700 | 32200 |
| **Corvair, Series 500, 6-cyl., 108" wb** | | | | | | |
| 2-dr Club Cpe | 400 | 1050 | 1700 | 3300 | 5800 | 8300 |
| **Corvair, Series 700, 6-cyl., 108" wb** | | | | | | |
| 4-dr Sdn | 350 | 1000 | 1600 | 3200 | 5700 | 8100 |
| **Corvair Monza, 6-cyl., 108" wb** | | | | | | |
| 2-dr Club Cpe | 400 | 1200 | 2000 | 4000 | 6900 | 10000 |
| 4-dr Sdn | 400 | 1050 | 1700 | 3400 | 5900 | 8500 |
| 2-dr Conv | 500 | 1300 | 2250 | 4500 | 7700 | 11000 |
| **Corvair Monza Spyder, Series 600, 6-cyl., 108" wb** | | | | | | |
| 2-dr Cpe | 450 | 1250 | 2200 | 4400 | 7600 | 10900 |
| 2-dr Conv | 550 | 1550 | 2600 | 5200 | 9000 | 12800 |

*409 V-8 add 40%*          *Factory air add $1000*
*6-cyl add 15% on Chevy II*      *4-speed add $500*
*6-cyl (exc Corvair & Chevy II/Nova) deduct 15%*

## 1965

|  | 6 | 5 | 4 | 3 | 2 | 1 |
|---|---|---|---|---|---|---|
| **Biscayne, 6-cyl./8-cyl., 119" wb** | | | | | | |
| 2-dr Sdn | 350 | 900 | 1500 | 2900 | 5200 | 7400 |
| 4-dr Sdn | 350 | 850 | 1400 | 2800 | 4900 | 7100 |
| 6-pass Sta Wgn | 350 | 900 | 1500 | 3000 | 5300 | 7600 |
| **Bel Air, 6-cyl./8-cyl., 119" wb** | | | | | | |
| 2-dr Sdn | 350 | 900 | 1500 | 3000 | 5300 | 7600 |
| 4-dr Sdn | 350 | 900 | 1500 | 2900 | 5200 | 7400 |
| 6-pass Sta Wgn | 400 | 1050 | 1700 | 3300 | 5800 | 8300 |
| 9-pass Sta Wgn | 400 | 1100 | 1800 | 3500 | 6100 | 8900 |
| **Impala, 6-cyl./8-cyl., 119" wb** | | | | | | |
| 2-dr Hdtp | 6700 | 1900 | 3350 | 6700 | 11500 | 16500 |
| 4-dr Hdtp | 400 | 1200 | 2000 | 4000 | 6900 | 10000 |
| 4-dr Sdn | 400 | 1050 | 1700 | 3400 | 5900 | 8500 |
| 6-pass Sta Wgn | 400 | 1100 | 1800 | 3500 | 6100 | 8900 |
| 9-pass Sta Wgn | 400 | 1150 | 1850 | 3700 | 6400 | 9300 |
| 2-dr Conv | 900 | 2900 | 4850 | 9700 | 17100 | 24200 |
| **Impala SS, 6-cyl./8-cyl., 119" wb** | | | | | | |
| 2-dr Hdtp | 750 | 2250 | 3750 | 7500 | 13000 | 18700 |
| 2-dr Conv | 1150 | 3600 | 5950 | 11900 | 21000 | 29700 |

| | 6 | 5 | 4 | 3 | 2 | 1 |
|---|---|---|---|---|---|---|
| **Chevy II 100, 4-cyl., 110" wb** | | | | | | |
| 2-dr Sdn | 300 | 750 | 1250 | 2500 | 4400 | 6200 |
| 4-dr Sdn | 300 | 650 | 1150 | 2300 | 3900 | 5700 |
| **Chevy II 100, 6-cyl./8-cyl., 110" wb** | | | | | | |
| 2-dr Sdn | 350 | 850 | 1400 | 2800 | 4900 | 7100 |
| 4-dr Sdn | 300 | 800 | 1300 | 2600 | 4600 | 6600 |
| Sta Wgn | 350 | 900 | 1500 | 3000 | 5300 | 7600 |
| **Chevy II Nova, 6-cyl./8-cyl., 110" wb** | | | | | | |
| 2-dr Hdtp | 550 | 1550 | 2650 | 5300 | 9100 | 13000 |
| 4-dr Sdn | 350 | 900 | 1500 | 3000 | 5300 | 7600 |
| Sta Wgn | 400 | 1050 | 1700 | 3400 | 5900 | 8500 |
| **Chevy II Nova SS, 6-cyl./8-cyl., 110" wb** | | | | | | |
| 2-dr Spt Cpe 6 cyl. | 650 | 1700 | 3000 | 5900 | 10200 | 14700 |
| 2-dr Spt Cpe V8(327) | 750 | 2150 | 3600 | 7200 | 12400 | 18000 |
| **Chevelle 300, 6-cyl./8-cyl., 115" wb** | | | | | | |
| 2-dr Sdn | 350 | 900 | 1500 | 2900 | 5200 | 7400 |
| 4-dr Sdn | 300 | 800 | 1350 | 2700 | 4700 | 6900 |
| 6-pass Sta Wgn | 400 | 1050 | 1700 | 3400 | 5900 | 8500 |
| **Chevelle Malibu, 6-cyl./8-cyl., 115" wb** | | | | | | |
| 4-dr Sdn | 350 | 900 | 1500 | 3000 | 5300 | 7600 |
| 2-dr Hdtp | 700 | 1900 | 3350 | 6700 | 11500 | 16500 |
| 2-dr Conv | 900 | 2900 | 4850 | 9700 | 17100 | 24200 |
| 6-pass Sta Wgn | 400 | 1100 | 1800 | 3600 | 6200 | 9100 |
| **Chevelle 300 Deluxe, 6-cyl./8-cyl., 115" wb** | | | | | | |
| 4-dr Sdn | 350 | 850 | 1400 | 2800 | 4900 | 7100 |
| 2-dr Sdn | 350 | 900 | 1500 | 3000 | 5300 | 7600 |
| 6-pass Sta Wgn | 400 | 1100 | 1800 | 3500 | 6100 | 8900 |
| **Chevelle SS, 6-cyl., 115" wb** | | | | | | |
| 2-dr Hdtp | 700 | 2050 | 3500 | 7000 | 12100 | 17400 |
| 2-dr Conv | 950 | 2950 | 4950 | 9900 | 17500 | 24700 |
| **Chevelle SS, 8-cyl., 115" wb** | | | | | | |
| 2-dr Hdtp | 850 | 2700 | 4550 | 9100 | 16000 | 22700 |
| 2-dr Conv | 1300 | 4000 | 6650 | 13300 | 23400 | 33100 |
| **Corvair 500, 6-cyl., 108" wb** | | | | | | |
| 2-dr Hdtp Cpe | 350 | 950 | 1550 | 3100 | 5500 | 7900 |
| 4-dr Hdtp Sdn | 350 | 850 | 1400 | 2800 | 4900 | 7100 |
| **Corvair Monza, 6-cyl., 108" wb** | | | | | | |
| 2-dr Hdtp Cpe | 400 | 1150 | 1850 | 3700 | 6400 | 9300 |
| 4-dr Hdtp Sdn | 350 | 900 | 1500 | 3000 | 5300 | 7600 |
| 2-dr Conv | 500 | 1350 | 2350 | 4700 | 8100 | 11500 |
| **Corvair Corsa, 6-cyl., 108" wb** | | | | | | |
| 2-dr Hdtp Cpe | 400 | 1200 | 1950 | 3900 | 6800 | 9900 |
| 2-dr Conv | 550 | 1500 | 2500 | 5100 | 8800 | 12500 |

*396 - Impala add 40%*  
*Factory air add $1000*  
*396 - Chevelle add 50%*  
*409 - Impala add 40%*  
*4-speed add $500*  
*6-cyl. (Exc. Corvair & Chevy II) deduct 15%*

### 1966

| | 6 | 5 | 4 | 3 | 2 | 1 |
|---|---|---|---|---|---|---|
| **Biscayne, 6-cyl./8-cyl., 119" wb** | | | | | | |
| 2-dr Sdn | 350 | 900 | 1500 | 3000 | 5300 | 7600 |
| 4-dr Sdn | 350 | 900 | 1500 | 2900 | 5200 | 7400 |
| 6-pass Sta Wgn | 350 | 950 | 1550 | 3100 | 5500 | 7900 |
| **Bel Air, 6-cyl./8-cyl., 119" wb** | | | | | | |
| 2-dr Sdn | 350 | 950 | 1550 | 3100 | 5500 | 7900 |
| 4-dr Sdn | 350 | 900 | 1500 | 3000 | 5300 | 7600 |
| 6-pass Sta Wgn | 400 | 1050 | 1700 | 3300 | 5800 | 8300 |
| 9-pass Sta Wgn | 400 | 1100 | 1800 | 3500 | 6100 | 8900 |

|  | 6 | 5 | 4 | 3 | 2 | 1 |
|---|---|---|---|---|---|---|
| **Impala, 6-cyl./8-cyl., 119" wb** | | | | | | |
| 2-dr Hdtp | 750 | 2250 | 3750 | 7500 | 13000 | 18700 |
| 4-dr Hdtp | 450 | 1250 | 2050 | 4100 | 7100 | 10300 |
| 4-dr Sdn | 350 | 1000 | 1600 | 3200 | 5700 | 8100 |
| 6-pass Sta Wgn | 400 | 1200 | 2000 | 4000 | 6900 | 10000 |
| 9-pass Sta Wgn | 450 | 1250 | 2100 | 4200 | 7200 | 10500 |
| 2-dr Conv | 950 | 3000 | 5050 | 10100 | 17900 | 25100 |
| **Impala SS, 6-cyl./8-cyl., 119" wb** | | | | | | |
| 2-dr Hdtp | 850 | 2550 | 4350 | 8700 | 15300 | 21700 |
| 2-dr Conv | 1150 | 3600 | 5950 | 11900 | 21000 | 29700 |
| **Caprice, 8-cyl., 119" wb** | | | | | | |
| 4-dr Hdtp | 550 | 1500 | 2500 | 5100 | 8800 | 12500 |
| 2-dr Cpe | 750 | 2200 | 3650 | 7300 | 12600 | 18200 |
| 6-pass Sta Wgn | 450 | 1250 | 2200 | 4400 | 7600 | 10900 |
| 9-pass Sta Wgn | 500 | 1350 | 2300 | 4600 | 8000 | 11300 |
| **Chevelle/Malibu, 6-cyl./8-cyl., 115" wb** | | | | | | |
| 2-dr Hdtp | 700 | 2000 | 3450 | 6900 | 11900 | 17200 |
| 4-dr Hdtp | 350 | 1000 | 1600 | 3200 | 5700 | 8100 |
| 4-dr Sdn | 350 | 900 | 1500 | 3000 | 5300 | 7600 |
| 6-pass Sta Wgn | 350 | 950 | 1550 | 3100 | 5500 | 7900 |
| 2-dr Conv | 950 | 2950 | 4950 | 9900 | 17500 | 24700 |
| **Chevelle 300, 6-cyl./8-cyl., 115" wb** | | | | | | |
| 2-dr Sdn | 350 | 900 | 1500 | 2900 | 5200 | 7400 |
| 4-dr Sdn | 300 | 800 | 1350 | 2700 | 4700 | 6900 |
| **Chevelle 300 Deluxe, 6-cyl./8-cyl., 115" wb** | | | | | | |
| 4-dr Sdn | 350 | 900 | 1500 | 2900 | 5200 | 7400 |
| 2-dr Sdn | 350 | 950 | 1550 | 3100 | 5500 | 7900 |
| 6-pass Sta Wgn | 350 | 1000 | 1600 | 3200 | 5700 | 8100 |
| **Chevelle SS 396, 8-cyl., 115" wb** | | | | | | |
| 2-dr Hdtp | 1000 | 3200 | 5350 | 10700 | 18900 | 26700 |
| 2-dr Conv | 1350 | 4150 | 6950 | 13900 | 24500 | 34700 |
| **Chevy II, 4-cyl./6-cyl./8-cyl., 110" wb** | | | | | | |
| 4-dr Sdn | 300 | 750 | 1250 | 2500 | 4400 | 6200 |
| 2-dr Sdn | 350 | 900 | 1500 | 2900 | 5200 | 7400 |
| 6-pass Sta Wgn | 350 | 900 | 1500 | 3000 | 5300 | 7600 |
| **Chevy II Nova, 6-cyl./8-cyl., 110" wb** | | | | | | |
| 2-dr Hdtp | 400 | 1200 | 1950 | 3900 | 6800 | 9900 |
| 4-dr Sdn | 300 | 800 | 1350 | 2700 | 4700 | 6900 |
| 6-pass Sta Wgn | 350 | 950 | 1550 | 3100 | 5500 | 7900 |
| **Nova SS, 6-cyl./8-cyl., 110" wb** | | | | | | |
| 2-dr Hdtp 6 cyl. | 600 | 1650 | 2850 | 5700 | 9900 | 14200 |
| 2-dr Hdtp V8 (327) | 700 | 2000 | 3450 | 6900 | 11900 | 17200 |
| **Corvair 500, 6-cyl., 108" wb** | | | | | | |
| 2-dr Cpe | 350 | 900 | 1500 | 2900 | 5200 | 7400 |
| 4-dr Hdtp | 300 | 800 | 1350 | 2700 | 4700 | 6900 |
| **Corvair Monza, 6-cyl., 108" wb** | | | | | | |
| 2-dr Hdtp Cpe | 400 | 1150 | 1850 | 3700 | 6400 | 9300 |
| 4-dr Hdtp | 350 | 900 | 1500 | 3000 | 5300 | 7600 |
| 2-dr Conv | 500 | 1350 | 2350 | 4700 | 8100 | 11500 |
| **Corvair Corsa, 6-cyl., 108" wb** | | | | | | |
| 2-dr Hdtp Cpe | 400 | 1200 | 2000 | 4000 | 6900 | 10000 |
| 2-dr Conv | 550 | 1550 | 2600 | 5200 | 9000 | 12800 |

*396 - Impala add 40%*      *427 - Impala add 40%*
*Factory Air add $1000*      *4-speed add $500*
*6-cyl. (Exc. Corvair & Chevy II) deduct 15%*

**1967**

|  | 6 | 5 | 4 | 3 | 2 | 1 |
|---|---|---|---|---|---|---|
| **Biscayne, 6-cyl./8-cyl., 119" wb** | | | | | | |
| 2-dr Sdn | 350 | 900 | 1500 | 2900 | 5200 | 7400 |
| 4-dr Sdn | 350 | 850 | 1400 | 2800 | 4900 | 7100 |
| 6-pass Sta Wgn | 350 | 950 | 1550 | 3100 | 5500 | 7900 |

| | 6 | 5 | 4 | 3 | 2 | 1 |
|---|---|---|---|---|---|---|
| **Bel Air, 6-cyl./8-cyl., 119" wb** | | | | | | |
| 2-dr Sdn | 350 | 950 | 1550 | 3100 | 5500 | 7900 |
| 4-dr Sdn | 350 | 900 | 1500 | 3000 | 5300 | 7600 |
| 6-pass Sta Wgn | 400 | 1050 | 1700 | 3400 | 5900 | 8500 |
| 9-pass Sta Wgn | 400 | 1100 | 1800 | 3600 | 6200 | 9100 |
| **Impala, 6-cyl./8-cyl., 119" wb** | | | | | | |
| 4-dr Sdn | 350 | 1000 | 1600 | 3200 | 5700 | 8100 |
| 4-dr Hdtp | 400 | 1100 | 1800 | 3500 | 6100 | 8900 |
| 2-dr Hdtp | 600 | 1600 | 2750 | 5500 | 9500 | 13800 |
| 2-dr Conv | 900 | 2850 | 4750 | 9500 | 16700 | 23700 |
| 6-pass Sta Wgn | 400 | 1150 | 1850 | 3700 | 6400 | 9300 |
| 9-pass Sta Wgn | 400 | 1200 | 1950 | 3900 | 6800 | 9900 |
| **Impala SS, 6-cyl./8-cyl., 119" wb** | | | | | | |
| 2-dr Hdtp | 750 | 2300 | 3850 | 7700 | 13300 | 19200 |
| Conv | 1050 | 3300 | 5500 | 11100 | 19500 | 27700 |
| **Caprice, 8-cyl., 119" wb** | | | | | | |
| 4-dr Hdtp | 550 | 1500 | 2500 | 5000 | 8700 | 12300 |
| 2-dr Hdtp | 650 | 1800 | 3250 | 6500 | 11200 | 16100 |
| 6-pass Sta Wgn | 450 | 1250 | 2050 | 4100 | 7100 | 10300 |
| 9-pass Sta Wgn | 450 | 1250 | 2150 | 4300 | 7400 | 10700 |
| **Chevy II Nova, 6-cyl./8-cyl., 110" wb** | | | | | | |
| 2-dr Hdtp Cpe | 550 | 1450 | 2450 | 4900 | 8500 | 12000 |
| 4-dr Sdn | 350 | 850 | 1400 | 2800 | 4900 | 7100 |
| 6-pass Sta Wgn | 350 | 1000 | 1600 | 3200 | 5700 | 8100 |
| **Chevy II "100", 4-cyl./6-cyl./8-cyl., 110" wb** | | | | | | |
| 4-dr Sdn | 300 | 700 | 1200 | 2400 | 4100 | 5900 |
| 2-dr Sdn | 300 | 800 | 1300 | 2600 | 4600 | 6600 |
| 6-pass Sta Wgn (6-cyl.) | 350 | 850 | 1400 | 2800 | 4900 | 7100 |
| **Chevy II Nova SS, 6-cyl./8-cyl., 110" wb** | | | | | | |
| 2-dr Hdtp 6 cyl. | 550 | 1550 | 2650 | 5300 | 9100 | 13000 |
| 2-dr Hdtp V8 (327) | 700 | 2000 | 3450 | 6900 | 11900 | 17200 |
| **Malibu, 6-cyl./8-cyl., 119" wb** | | | | | | |
| 2-dr Hdtp | 650 | 1700 | 3000 | 5900 | 10200 | 14700 |
| 4-dr Hdtp | 400 | 1100 | 1800 | 3500 | 6100 | 8900 |
| 4-dr Sdn | 350 | 900 | 1500 | 3000 | 5300 | 7600 |
| 6-pass Sta Wgn | 350 | 1000 | 1600 | 3200 | 5700 | 8100 |
| 2-dr Conv | 850 | 2700 | 4550 | 9100 | 16000 | 22700 |
| **Chevelle 300, 6-cyl./8-cyl., 115" wb** | | | | | | |
| 4-dr Sdn | 350 | 850 | 1400 | 2800 | 4900 | 7100 |
| 2-dr Sdn | 350 | 900 | 1500 | 3000 | 5300 | 7600 |
| **Chevelle 300 Deluxe, 6-cyl./8-cyl., 115" wb** | | | | | | |
| 4-dr Sdn | 350 | 900 | 1500 | 2900 | 5200 | 7400 |
| 2-dr Sdn | 350 | 950 | 1550 | 3100 | 5500 | 7900 |
| 6-pass Sta Wgn | 400 | 1050 | 1700 | 3400 | 5900 | 8500 |
| **Concours, 6-cyl./8-cyl., 119" wb** | | | | | | |
| 6-pass Sta Wgn | 400 | 1150 | 1850 | 3700 | 6400 | 9300 |
| **Chevelle SS 396, Series 138, 8-cyl., 115" wb** | | | | | | |
| 2-dr Hdtp | 1100 | 3450 | 5750 | 11500 | 20300 | 28700 |
| 2-dr Conv | 1300 | 4050 | 6750 | 13500 | 23800 | 33700 |
| **Camaro, 6-cyl./8-cyl., 108" wb** | | | | | | |
| 2-dr Hdtp Cpe | 750 | 2100 | 3550 | 7100 | 12300 | 17700 |
| 2-dr Conv | 1150 | 3600 | 5950 | 11900 | 21000 | 29700 |
| **Corvair 500, 6-cyl., 108" wb** | | | | | | |
| 2-dr Hdtp Cpe | 350 | 900 | 1500 | 3000 | 5300 | 7600 |
| 4-dr Hdtp | 350 | 850 | 1400 | 2800 | 4900 | 7100 |

'63 Corvair

'64 Chevy II

'65 Chevelle

'65 Impala Station Wagon

'66 Chevy II

'66 Corvair

'66 Chevrolet

'66 Chevelle

'67 Chevelle

'67 Chevy II Nova

'67 Camaro

'68 Impala

| | 6 | 5 | 4 | 3 | 2 | 1 |
|---|---|---|---|---|---|---|
| **Corvair Monza, 6-cyl., 108" wb** | | | | | | |
| 2-dr Hdtp Cpe | 400 | 1200 | 1900 | 3800 | 6600 | 9600 |
| 4-dr Hdtp | 350 | 950 | 1550 | 3100 | 5500 | 7900 |
| 2-dr Conv | 550 | 1400 | 2400 | 4800 | 8300 | 11800 |

*427 V-8 add 30%*      *RS add 15%*
*SS 350 add 25%*      *SS 396 add 40%*
*Z/28 Coupe add 60%*      *Factory air add $1000*
*4-speed (Exc. Z-28) add $500*      *Power windows add $400*
*Small block option deduct 15%*

## 1968

| | 6 | 5 | 4 | 3 | 2 | 1 |
|---|---|---|---|---|---|---|
| **Biscayne, 6-cyl./8-cyl., 119" wb** | | | | | | |
| 2-dr Sdn | 300 | 750 | 1250 | 2500 | 4400 | 6200 |
| 4-dr Sdn | 300 | 700 | 1200 | 2400 | 4100 | 5900 |
| 6-pass Sta Wgn | 300 | 800 | 1300 | 2600 | 4600 | 6600 |
| **Bel Air, 6-cyl./8-cyl., 119" wb** | | | | | | |
| 2-dr Sdn | 300 | 800 | 1300 | 2600 | 4600 | 6600 |
| 4-dr Sdn | 300 | 750 | 1250 | 2500 | 4400 | 6200 |
| 6-pass Sta Wgn | 300 | 800 | 1350 | 2700 | 4700 | 6900 |
| 9-pass Sta Wgn | 350 | 900 | 1500 | 2900 | 5200 | 7400 |
| **Impala, 6-cyl./8-cyl., 119" wb** | | | | | | |
| 4-dr Sdn | 300 | 800 | 1350 | 2700 | 4700 | 6900 |
| 4-dr Hdtp | 350 | 1000 | 1600 | 3200 | 5700 | 8100 |
| 2-dr Hdtp | 500 | 1300 | 2250 | 4500 | 7700 | 11000 |
| 2-dr Cus Hdtp | 450 | 1250 | 2150 | 4300 | 7400 | 10700 |
| 2-dr Conv | 850 | 2700 | 4550 | 9100 | 16000 | 22700 |
| 6-pass Sta Wgn | 400 | 1050 | 1700 | 3400 | 5900 | 8500 |
| 9-pass Sta Wgn | 400 | 1100 | 1800 | 3600 | 6200 | 9100 |
| **Caprice, 8-cyl., 119" wb** | | | | | | |
| 4-dr Hdtp | 400 | 1100 | 1800 | 3500 | 6100 | 8900 |
| 2-dr Cpe | 500 | 1350 | 2350 | 4700 | 8100 | 11500 |
| 6-pass Sta Wgn | 400 | 1100 | 1800 | 3600 | 6200 | 9100 |
| 9-pass Sta Wgn | 400 | 1200 | 1900 | 3800 | 6600 | 9600 |
| **Chevy II Nova, 4-cyl./6-cyl./8-cyl., 111" wb** | | | | | | |
| 2-dr Sdn | 350 | 900 | 1500 | 2900 | 5200 | 7400 |
| 4-dr Sdn | 300 | 800 | 1350 | 2700 | 4700 | 6900 |
| **Malibu, S6-cyl./8-cyl., 2-dr 112" wb, 4-dr 116" wb** | | | | | | |
| 2-dr Hdtp Cpe | 550 | 1500 | 2500 | 5100 | 8800 | 12500 |
| 4-dr Hdtp | 350 | 900 | 1500 | 2900 | 5200 | 7400 |
| 4-dr Sdn | 300 | 800 | 1300 | 2600 | 4600 | 6600 |
| 6-pass Sta Wgn | 350 | 900 | 1500 | 2900 | 5200 | 7400 |
| 2-dr Conv | 850 | 2700 | 4550 | 9100 | 16000 | 22700 |
| **Chevelle 300, 6-cyl./8-cyl.** | | | | | | |
| 2-dr Cpe (112" wb) | 300 | 700 | 1200 | 2400 | 4100 | 5900 |
| 6-pass Nomad (116" wb) | 300 | 750 | 1250 | 2500 | 4400 | 6200 |
| **Chevelle 300 Deluxe, 6-cyl./8-cyl.** | | | | | | |
| 4-dr Sdn (116" wb) | 300 | 700 | 1200 | 2400 | 4100 | 5900 |
| 2-dr Hdtp (112" wb) | 350 | 950 | 1550 | 3100 | 5500 | 7900 |
| 2-dr Cpe (112" wb) | 300 | 750 | 1250 | 2500 | 4400 | 6200 |
| 6-pass Nomad (116" wb) | 300 | 800 | 1350 | 2700 | 4700 | 6900 |
| **Concours Estate, 6-cyl./8-cyl., 116" wb** | | | | | | |
| 6-pass Cus Sta Wgn | 350 | 950 | 1550 | 3100 | 5500 | 7900 |
| **Chevelle SS 396, 8-cyl., 112" wb** | | | | | | |
| 2-dr Hdtp | 950 | 2950 | 4950 | 9900 | 157500 | 24700 |
| 2-dr Conv | 1200 | 3750 | 6250 | 12500 | 22000 | 31100 |
| **Camaro, 6-cyl./8-cyl., 108" wb** | | | | | | |
| 2-dr Hdtp Cpe | 650 | 1700 | 3000 | 5900 | 10200 | 14700 |
| 2-dr Conv | 1000 | 3250 | 5450 | 10900 | 19100 | 27200 |
| **Corvair 500, 6-cyl., 108" wb** | | | | | | |
| 2-dr Hdtp Cpe | 350 | 900 | 1500 | 3000 | 5300 | 7600 |

| | 6 | 5 | 4 | 3 | 2 | 1 |
|---|---|---|---|---|---|---|
| **Corvair Monza, 6-cyl., 108" wb** | | | | | | |
| 2-dr Hdtp Cpe | 400 | 1200 | 1900 | 3800 | 6600 | 9600 |
| 2-dr Conv | 550 | 1400 | 2400 | 4800 | 8300 | 11800 |

*RS add 15%*　　　　　　　　　　*SS 350 add 25%*
*SS 396 add 40%*　　　　　　　　*Z/28 Coupe add 40%*
*Factory air all add $1000*　　　*4-speed (Exc. Z-28) all add $500*
*Power windows all add $400*　　*Small block option deduct 15%*

## 1969

| | 6 | 5 | 4 | 3 | 2 | 1 |
|---|---|---|---|---|---|---|
| **Biscayne, 6-cyl./8-cyl., 119" wb** | | | | | | |
| 2-dr Sdn | 300 | 650 | 1100 | 2200 | 3800 | 5400 |
| 4-dr Sdn | 300 | 650 | 1000 | 2000 | 3500 | 4900 |
| 6-pass Sta Wgn | 300 | 650 | 1100 | 2100 | 3600 | 5100 |
| **Bel Air, 6-cyl., 8-cyl., 119" wb** | | | | | | |
| 2-dr Sdn | 300 | 650 | 1150 | 2300 | 3900 | 5700 |
| 4-dr Sdn | 300 | 650 | 1000 | 2000 | 3500 | 4900 |
| 6-pass Sta Wgn | 300 | 650 | 1100 | 2200 | 3800 | 5400 |
| 9-pass Sta Wgn | 300 | 700 | 1200 | 2400 | 4100 | 5900 |
| **Impala, 6-cyl., 8-cyl., 119" wb** | | | | | | |
| 2-dr Hdtp Cpe | 400 | 1200 | 1950 | 3900 | 6800 | 9900 |
| 2-dr Cus Cpe | 400 | 1200 | 1900 | 3800 | 6600 | 9600 |
| 4-dr Hdtp | 350 | 850 | 1400 | 2800 | 4900 | 7100 |
| 4-dr Sdn | 300 | 650 | 1150 | 2300 | 3900 | 5700 |
| 6-pass Sta Wgn Kingswood | 300 | 700 | 1200 | 2400 | 4100 | 5900 |
| 9-pass Sta Wgn Kingswood | 300 | 800 | 1300 | 2600 | 4600 | 6600 |
| 2-dr Conv | 750 | 2250 | 3750 | 7500 | 13000 | 18700 |
| **Caprice, 8-cyl., 119" wb** | | | | | | |
| 4-dr Hdtp Spt Sdn | 350 | 950 | 1550 | 3100 | 5500 | 7900 |
| 2-dr Cus Cpe | 400 | 1200 | 1950 | 3900 | 6800 | 9900 |
| 6-pass Sta Wgn Kingswood | 300 | 800 | 1300 | 2600 | 4600 | 6600 |
| 9-pass Sta Wgn Kingswood | 350 | 850 | 1400 | 2800 | 4900 | 7100 |
| **Chevelle 300 Deluxe, 2-dr, 112" wb; 4-dr, 116" wb** | | | | | | |
| 4-dr Sdn | 300 | 650 | 1000 | 2000 | 3500 | 4900 |
| 2-dr Hdtp Spt Cpe | 350 | 950 | 1550 | 3100 | 5500 | 7900 |
| 2-dr Cpe | 300 | 650 | 1150 | 2300 | 3900 | 5700 |
| Nomad 6-pass | 300 | 700 | 1200 | 2400 | 4100 | 5900 |
| 6-pass GrnBr Sta Wgn | 300 | 650 | 1150 | 2300 | 3900 | 5700 |
| 9-pass GrnBr Sta Wgn | 300 | 750 | 1250 | 2500 | 4400 | 6200 |
| 6-pass Concours Sta Wgn | 300 | 800 | 1300 | 2600 | 4600 | 6600 |
| 9-pass Concours Sta Wgn | 350 | 850 | 1400 | 2800 | 4900 | 7100 |
| **Malibu, 6-cyl./8-cyl., 2-dr, 112"; 4-dr, 116" wb** | | | | | | |
| 2-dr Hdtp Cpe | 550 | 1450 | 2450 | 4900 | 8500 | 12000 |
| 4-dr Hdtp | 300 | 750 | 1250 | 2500 | 4400 | 6200 |
| 4-dr Sdn | 300 | 650 | 1150 | 2300 | 3900 | 5700 |
| 6-pass Estate Wgn | 300 | 700 | 1200 | 2400 | 4100 | 5900 |
| 9-pass Estate Wgn | 300 | 800 | 1300 | 2600 | 4600 | 6600 |
| 2-dr Conv | 800 | 2350 | 3950 | 7900 | 13700 | 19700 |
| **Camaro, 6-cyl./8-cyl., 108" wb** | | | | | | |
| 2-dr Hdtp Cpe | 650 | 1800 | 3250 | 6500 | 11200 | 16100 |
| Conv | 950 | 3000 | 5050 | 10100 | 17900 | 25100 |
| **Nova, 4-cyl./6-cyl./8-cyl., 111" wb** | | | | | | |
| 2-dr Cpe | 300 | 750 | 1250 | 2500 | 4400 | 6200 |
| 4-dr Sdn | 300 | 650 | 1100 | 2200 | 3800 | 5400 |
| **Corvair 500, 6-cyl., 108" wb** | | | | | | |
| 2-dr Hdtp Cpe | 400 | 1100 | 1800 | 3500 | 6100 | 8900 |

'69 Impala

'69 Chevy Nova

'70 Caprice

'70 Camaro

'70 Nova

'70 Chevelle

'71 Vega 2300

'71 Monte Carlo

'71 Malibu

'71 Caprice

'71 Kingswood Estate Wagon

'71 Vega 2300 Kammbach Wagon

|  | 6 | 5 | 4 | 3 | 2 | 1 |
|---|---|---|---|---|---|---|
| **Corvair Monza, 6-cyl., 108" wb** | | | | | | |
| 2-dr Hdtp Cpe | 450 | 1250 | 2150 | 4300 | 7400 | 10700 |
| 2-dr Conv | 550 | 1550 | 2650 | 5300 | 9100 | 13000 |

*RS add 15%*      *SS 350 add 25%*
*SS 396 add 40%*      *Z/28 Coupe add 50%*
*Factory air all add $1000*      *4-speed (Exc. Z/28) all add $500*
*Power windows all add $400*      *Pace Car Z/1 option + SS option add 10%*
*Small block option deduct 10%*      *427 add 50%*

*The 1969 ZL1 aluminum block 427 is probably the rarest and meanest of all Camaros.*
*A prime example can bring $60,000 or more at auction.*

## 1970

|  | 6 | 5 | 4 | 3 | 2 | 1 |
|---|---|---|---|---|---|---|
| **Biscayne, 8-cyl., 119" wb** | | | | | | |
| 4-dr Sdn | 300 | 650 | 1000 | 2000 | 3500 | 4900 |
| 6-pass Brookwood Wgn | 300 | 650 | 1100 | 2100 | 3600 | 5100 |
| **Bel Air, 8-cyl., 119" wb** | | | | | | |
| 4-dr Sdn | 300 | 650 | 1100 | 2100 | 3600 | 5100 |
| 6-pass Townsman Wgn | 300 | 650 | 1100 | 2200 | 3800 | 5400 |
| 9-pass Townsman Wgn | 300 | 700 | 1200 | 2400 | 4100 | 5900 |
| **Impala, 8-cyl., 119" wb** | | | | | | |
| 2-dr Hdtp Cpe | 400 | 1100 | 1800 | 3600 | 6200 | 9100 |
| 4-dr Hdtp | 350 | 900 | 1500 | 3000 | 5300 | 7600 |
| 2-dr Cus Cpe | 400 | 1050 | 1700 | 3400 | 5900 | 8500 |
| 4-dr Sdn | 300 | 650 | 1150 | 2300 | 3900 | 5700 |
| 6-pass Kingswood Wgn | 350 | 850 | 1400 | 2800 | 4900 | 7100 |
| 9-pass Kingswood Wgn | 350 | 900 | 1500 | 3000 | 5300 | 7600 |
| 2-dr Conv | 650 | 1700 | 3000 | 5900 | 10200 | 14700 |
| **Nova, 4-cyl./6-cyl./8-cyl.** | | | | | | |
| 2-dr Cpe | 300 | 700 | 1200 | 2400 | 4100 | 5900 |
| 4-dr Sdn | 300 | 650 | 1100 | 2100 | 3600 | 5100 |

*SS add 25%*      *SS 396 add 40%*

|  | 6 | 5 | 4 | 3 | 2 | 1 |
|---|---|---|---|---|---|---|
| **Caprice, 8-cyl., 119" wb** | | | | | | |
| 4-dr Hdtp | 400 | 1050 | 1700 | 3300 | 5800 | 8300 |
| 2-dr Hdtp | 400 | 1200 | 1950 | 3900 | 6800 | 9900 |
| 6-pass Sta Wgn | 350 | 850 | 1400 | 2800 | 4900 | 7100 |
| 9-pass Sta Wgn | 350 | 900 | 1500 | 3000 | 5300 | 7600 |
| **Chevelle, 6-cyl./8-cyl., 2-dr, 112" wb; 4-dr, 116" wb** | | | | | | |
| 2-dr Cpe | 350 | 900 | 1500 | 2900 | 5200 | 7400 |
| 4-dr Sdn | 300 | 650 | 1150 | 2300 | 3900 | 5700 |
| 6-pass Nomad Sta Wgn | 300 | 750 | 1250 | 2500 | 4400 | 6200 |
| 6-pass Greenbrier Sta Wgn | 300 | 650 | 1100 | 2100 | 3600 | 5100 |
| 9-pass Greenbrier Sta Wgn | 300 | 650 | 1150 | 2300 | 3900 | 5700 |
| **Chevelle Malibu, 6-cyl./8-cyl., 2-dr, 112" wb; 4-dr 116" wb** | | | | | | |
| 4-dr Sdn | 300 | 700 | 1200 | 2400 | 4100 | 5900 |
| 4-dr Hdtp | 300 | 800 | 1300 | 2600 | 4600 | 6600 |
| 2-dr Cpe | 500 | 1300 | 2250 | 4500 | 7700 | 11000 |
| 2-dr Conv | 800 | 2350 | 3950 | 7900 | 13700 | 19700 |
| 4-dr Nomad Sta Wgn | 300 | 800 | 1350 | 2700 | 4700 | 6900 |
| 6-pass Sta Wgn | 300 | 700 | 1200 | 2400 | 4100 | 5900 |
| 9-pass Sta Wgn | 300 | 800 | 1300 | 2600 | 4600 | 6600 |
| **Concours Estate, 6-cyl./8-cyl., 116" wb** | | | | | | |
| 6-pass Sta Wgn | 300 | 800 | 1350 | 2700 | 4700 | 6900 |
| 9-pass Sta Wgn | 350 | 900 | 1500 | 2900 | 5200 | 7400 |
| **Camaro, 6-cyl./8-cyl., 108" wb** | | | | | | |
| 2-dr Hdtp Cpe | 550 | 1500 | 2500 | 5100 | 8800 | 12500 |

*RS add 10%*      *SS 350 add 15%*
*SS 396 Add 40%*      *Z/28 add 70%*

|  | 6 | 5 | 4 | 3 | 2 | 1 |
|---|---|---|---|---|---|---|
| **Monte Carlo, 8-cyl., 116" wb** | | | | | | |
| 2-dr Hdtp Cpe | 600 | 1600 | 2750 | 5500 | 9500 | 13800 |

*Factory air all add $600*        *Power windows all add $300*
*4-speed all add $500*           *LS-6 454 add 20%*
*Small block option deduct 10%*

### 1971

|  | 6 | 5 | 4 | 3 | 2 | 1 |
|---|---|---|---|---|---|---|
| **Biscayne, 6-cyl./8-cyl.** | | | | | | |
| 4-dr Sdn (122" wb) | 300 | 650 | 1000 | 2000 | 3500 | 4900 |
| Brookwood Wgn (125" wb) | 300 | 650 | 1100 | 2100 | 3600 | 5100 |
| **Bel Air, 6-cyl., 8-cyl.** | | | | | | |
| 4-dr Sdn (122" wb) | 300 | 650 | 1100 | 2100 | 3600 | 5100 |
| 6-pass Wgn (125" wb) | 300 | 650 | 1100 | 2200 | 3800 | 5400 |
| 9-pass Townsman Wgn (125" wb) | 300 | 700 | 1200 | 2400 | 4100 | 5900 |
| **Impala, 6-cyl./8-cyl., 122" wb** | | | | | | |
| 2-dr Hdtp | 400 | 1050 | 1700 | 3400 | 5900 | 8500 |
| 2-dr Cus Cpe | 400 | 1100 | 1800 | 3500 | 6100 | 8900 |
| 4-dr Hdtp | 300 | 800 | 1300 | 2600 | 4600 | 6600 |
| 4-dr Sdn | 300 | 650 | 1100 | 2200 | 3800 | 5400 |
| 9-pass Kingswood Wgn (125" wb) | 300 | 650 | 1150 | 2300 | 3900 | 5700 |
| 6-pass Kingswood Wgn (125" wb) | 300 | 750 | 1250 | 2500 | 4400 | 6200 |
| 2-dr Conv | 650 | 1700 | 3000 | 6100 | 10600 | 15200 |
| **Caprice, 6-cyl./8-cyl., 122" wb** | | | | | | |
| 4-dr Hdtp | 300 | 800 | 1350 | 2700 | 4700 | 6900 |
| 2-dr Cus Sdn | 400 | 1050 | 1700 | 3400 | 5900 | 8500 |
| 6-pass Sta Wgn (125" wb) | 300 | 700 | 1200 | 2400 | 4100 | 5900 |
| 9-pass Sta Wgn (125" wb) | 300 | 800 | 1300 | 2600 | 4600 | 6600 |
| **Monte Carlo, 8-cyl., 112" wb** | | | | | | |
| 2-dr Hdtp Cpe | 550 | 1550 | 2650 | 5300 | 9100 | 13000 |
| **Nova, 6-cyl./8-cyl., 111" wb** | | | | | | |
| 2-dr Cpe | 300 | 650 | 1150 | 2300 | 3900 | 5700 |
| 4-dr Sdn | 300 | 650 | 1000 | 2000 | 3500 | 4900 |
| **Camaro, 6-cyl./8-cyl., 108" wb** | | | | | | |
| 2-dr Hdtp Cpe | 500 | 1300 | 2250 | 4500 | 7700 | 11000 |

*RS add 10%*        *SS add 15%*        *Z/28 add 70%*

|  | 6 | 5 | 4 | 3 | 2 | 1 |
|---|---|---|---|---|---|---|
| **Chevelle, 6-cyl./8-cyl.** | | | | | | |
| 2-dr Hdtp Cpe (112" wb) | 450 | 1250 | 2150 | 4300 | 7400 | 10700 |
| 4-dr Sdn (116" wb) | 300 | 650 | 1150 | 2300 | 3900 | 5700 |
| 6-pass Nomad Wgn (125" wb) | 300 | 800 | 1350 | 2700 | 4700 | 6900 |
| 9-pass Greenbrier Wgn (125" wb) | 350 | 900 | 1500 | 2900 | 5200 | 7400 |

*SS 454 add 10%*

|  | 6 | 5 | 4 | 3 | 2 | 1 |
|---|---|---|---|---|---|---|
| **Chevelle Malibu, 6-cyl./8-cyl.** | | | | | | |
| 4-dr Sdn (116" wb) | 300 | 700 | 1200 | 2400 | 4100 | 5900 |
| 2-dr Hdtp (112" wb) | 650 | 1750 | 3150 | 6300 | 10900 | 15700 |
| 4-dr Hdtp (116" wb) | 400 | 1050 | 1700 | 3300 | 5800 | 8300 |
| 2-dr Conv (112" wb) | 800 | 2500 | 4250 | 8500 | 15000 | 21200 |
| 6-pass Sta Wgn (125" wb) | 350 | 850 | 1400 | 2800 | 4900 | 7100 |
| 9-pass Sta Wgn (125" wb) | 350 | 900 | 1500 | 3000 | 5300 | 7600 |
| **Concours Estate,6-cyl./8-cyl.** | | | | | | |
| 6-pass Sta Wgn | 350 | 900 | 1500 | 2900 | 5200 | 7400 |
| 9-pass Sta Wgn | 350 | 950 | 1550 | 3100 | 5500 | 7900 |
| **Vega, 97" wb** | | | | | | |
| 2-dr Cpe | 300 | 600 | 950 | 1900 | 3200 | 4600 |
| 2-dr Sdn | 300 | 650 | 1000 | 2000 | 3500 | 4900 |
| 2-dr 4-pass Wgn | 300 | 650 | 1100 | 2100 | 3600 | 5100 |

*Factory air all add $600*        *Power windows all add $300*
*4-speed all add $500*           *454 add 20%*
*Small block option deduct 10%*

| | 6 | 5 | 4 | 3 | 2 | 1 |
|---|---|---|---|---|---|---|
| **1972** | | | | | | |
| **Biscayne, 6-cyl./8-cyl.** | | | | | | |
| 4-dr Sdn (122" wb) | 300 | 600 | 950 | 1900 | 3200 | 4600 |
| Brookwood Wgn (125" wb) | 300 | 650 | 1100 | 2100 | 3600 | 5100 |
| **Bel Air, 6-cyl./8-cyl.** | | | | | | |
| 4-dr Sdn (122" wb) | 300 | 650 | 1000 | 2000 | 3500 | 4900 |
| 4-dr 6-pass Wgn (125" wb) | 300 | 650 | 1100 | 2200 | 3800 | 5400 |
| 4-dr 9-pass Townsman Wgn (125" wb) | 300 | 700 | 1200 | 2400 | 4100 | 5900 |
| **Impala, 6-cyl./8-cyl., 122" wb** | | | | | | |
| 2-dr Hdtp | 350 | 900 | 1500 | 3000 | 5300 | 7600 |
| 2-dr Cus Cpe | 350 | 1000 | 1600 | 3200 | 5700 | 8100 |
| 4-dr Hdtp | 300 | 750 | 1250 | 2500 | 4400 | 6200 |
| 4-dr Sdn | 300 | 650 | 1100 | 2100 | 3600 | 5100 |
| 4-dr 6-pass Kingswood Wgn | 300 | 650 | 1100 | 2200 | 3800 | 5400 |
| 4-dr 9-pass Kingswood Wgn | 300 | 700 | 1200 | 2400 | 4100 | 5900 |
| 2-dr Conv | 600 | 1650 | 2850 | 5700 | 9900 | 14200 |
| **Caprice, 6-cyl./8-cyl., 122" wb** | | | | | | |
| 4-dr Sdn | 300 | 650 | 1100 | 2200 | 3800 | 5400 |
| 2-dr Cus Cpe | 400 | 1050 | 1700 | 3300 | 5800 | 8300 |
| 9-pass Sta Wgn (125" wb) | 300 | 700 | 1200 | 2400 | 4100 | 5900 |
| 6-pass Sta Wgn (125" wb) | 300 | 800 | 1300 | 2600 | 4600 | 6600 |
| **Camaro, 6-cyl./8-cyl., 108" wb** | | | | | | |
| 2-dr Hdtp Cpe | 500 | 1350 | 2350 | 4700 | 8100 | 11500 |
| | *Add 10% for SS* | | *Add 15% for RS* | | *Add 70% for Z/28* | |
| **Monte Carlo, 8-cyl.** | | | | | | |
| 2-dr Cpe | 550 | 1500 | 2500 | 5100 | 8800 | 12500 |
| **Nova, 6-cyl./8-cyl., 111" wb** | | | | | | |
| 2-dr Cpe | 300 | 650 | 1100 | 2200 | 3800 | 5400 |
| 4-dr Sdn | 300 | 650 | 1000 | 2000 | 3500 | 4900 |
| **Chevelle, 6-cyl./8-cyl.** | | | | | | |
| 2-dr Hdtp Cpe (112" wb) | 600 | 1650 | 2850 | 5700 | 9900 | 14200 |
| 4-dr Sdn (116" wb) | 300 | 650 | 1150 | 2300 | 3900 | 5700 |
| 6-pass Nomad Wgn (125" wb) | 300 | 800 | 1350 | 2700 | 4700 | 6900 |
| 6-pass Greenbrier Wgn (125" wb) | 350 | 850 | 1400 | 2800 | 4900 | 7100 |
| 9-pass Greenbrier Wgn* | 350 | 900 | 1500 | 3000 | 5300 | 7600 |
| **Malibu, 6-cyl./8-cyl.** | | | | | | |
| 4-dr Sdn (116" wb) | 300 | 700 | 1200 | 2400 | 4100 | 5900 |
| 4-dr Hdtp (116" wb) | 400 | 1050 | 1700 | 3300 | 5800 | 8300 |
| 2-dr Hdtp (112" wb) | 700 | 1900 | 3350 | 6700 | 11500 | 16500 |
| 2-dr Conv (112" wb) | 850 | 2700 | 4550 | 9100 | 16000 | 22700 |
| 6-pass Sta Wgn (125" wb) | 350 | 850 | 1400 | 2800 | 4900 | 7100 |
| 9-pass Sta Wgn (125" wb) | 350 | 900 | 1500 | 3000 | 5300 | 7600 |
| **Concours Estate** | | | | | | |
| 6-pass Sta Wgn | 350 | 900 | 1500 | 2900 | 5200 | 7400 |
| 9-pass Sta Wgn | 350 | 900 | 1500 | 3000 | 5300 | 7600 |
| **Vega, 4-cyl., 97" wb** | | | | | | |
| 2-dr Cpe | 300 | 600 | 950 | 1900 | 3200 | 4600 |
| 2-dr Sdn | 300 | 600 | 900 | 1800 | 3100 | 4400 |
| 2-dr Wgn | 300 | 650 | 1100 | 2100 | 3600 | 5100 |
| | *Factory air all add $600* | | *Power windows all add $300* | | | |
| | *4-speed all add $500* | | *454 or 402 add 20%* | | | |
| | *SS add 10%* | | *Small block option deduct 10%* | | | |
| **1973** | | | | | | |
| **Bel Air, 6-cyl./8-cyl., 121.5" wb** | | | | | | |
| 4-dr Sdn | 300 | 650 | 1100 | 2100 | 3600 | 5100 |
| 6-pass Sta Wgn (125" wb) | 300 | 650 | 1100 | 2100 | 3600 | 5100 |
| 9-pass Sta Wgn (125" wb) | 300 | 650 | 1150 | 2300 | 3900 | 5700 |

| | 6 | 5 | 4 | 3 | 2 | 1 |
|---|---|---|---|---|---|---|
| **Impala, 8-cyl., 121.5" wb** | | | | | | |
| 2-dr Cpe | 300 | 800 | 1300 | 2600 | 4600 | 6600 |
| 2-dr Cus Cpe | 300 | 800 | 1350 | 2700 | 4700 | 6900 |
| 4-dr Hdtp | 300 | 650 | 1150 | 2300 | 3900 | 5700 |
| 4-dr Sdn | 300 | 650 | 1100 | 2200 | 3800 | 5400 |
| 6-pass Sta Wgn (125" wb) | 300 | 650 | 1100 | 2200 | 3800 | 5400 |
| 8-pass Sta Wgn (125" wb) | 300 | 700 | 1200 | 2400 | 4100 | 5900 |
| **Nova, 6-cyl./8-cyl., 111" wb** | | | | | | |
| 2-dr Htchbk | 300 | 650 | 1100 | 2100 | 3600 | 5100 |
| 2-dr Cpe | 300 | 650 | 1100 | 2200 | 3800 | 5400 |
| 4-dr Sdn | 300 | 650 | 1000 | 2000 | 3500 | 4900 |
| **Nova Custom, 6-cyl./8-cyl., 111" wb** | | | | | | |
| 4-dr Sdn | 300 | 650 | 1100 | 2100 | 3600 | 5100 |
| 2-dr Cpe | 300 | 650 | 1150 | 2300 | 3900 | 5700 |
| 2-dr Htchbk | 300 | 650 | 1100 | 2200 | 3800 | 5400 |
| **Chevelle Deluxe, 6-cyl./8-cyl., 112" wb** | | | | | | |
| 4-dr Sdn (116" wb) | 300 | 650 | 1100 | 2200 | 3800 | 5400 |
| 2-dr Cpe | 300 | 650 | 1150 | 2300 | 3900 | 5700 |
| 4-dr 6-pass Sta Wgn (116" wb) | 300 | 650 | 1100 | 2200 | 3800 | 5400 |
| 4-dr 8-pass Sta Wgn (116" wb) | 300 | 700 | 1200 | 2400 | 4100 | 5900 |
| **Malibu, 6-cyl./8-cyl., 112" wb)** | | | | | | |
| 4-dr Sdn (116" wb) | 300 | 650 | 1150 | 2300 | 3900 | 5700 |
| 2-dr Cpe | 300 | 750 | 1250 | 2500 | 4400 | 6200 |
| 4-dr 6-pass Sta Wgn (116" wb) | 300 | 650 | 1150 | 2300 | 3900 | 5700 |
| 4-dr 8-pass Sta Wgn (116" wb) | 300 | 750 | 1250 | 2500 | 4400 | 6200 |
| **Malibu Estate, 8-cyl., 116" wb** | | | | | | |
| 4-dr 6-pass Sta Wgn | 300 | 700 | 1200 | 2400 | 4100 | 5900 |
| 4-dr 8-pass Sta Wgn | 300 | 800 | 1300 | 2600 | 4600 | 6600 |
| **Laguna, 8-cyl., 112" wb** | | | | | | |
| 4-dr Sdn (116" wb) | 300 | 650 | 1150 | 2300 | 3900 | 5700 |
| 2-dr Cpe | 350 | 900 | 1500 | 2900 | 5200 | 7400 |
| 4-dr 6-pass Sta Wgn (116" wb) | 300 | 650 | 1150 | 2300 | 3900 | 5700 |
| 4-dr 8-pass Sta Wgn (116" wb) | 300 | 750 | 1250 | 2500 | 4400 | 6200 |
| **Laguna Estate, 8-cyl., 116" wb)** | | | | | | |
| 4-dr 6-pass Sta Wgn | 300 | 700 | 1200 | 2400 | 4100 | 5900 |
| 4-dr 8-pass Sta Wgn | 300 | 800 | 1300 | 2600 | 4600 | 6600 |
| **Caprice Classic, 121.5" wb** | | | | | | |
| 4-dr Sdn | 300 | 650 | 1100 | 2200 | 3800 | 5400 |
| 4-dr Hdtp | 300 | 800 | 1350 | 2700 | 4700 | 6900 |
| 2-dr Cus Cpe | 350 | 900 | 1500 | 3000 | 5300 | 7600 |
| 2-dr Conv | 650 | 1800 | 3250 | 6500 | 11200 | 16100 |
| 6-pass Sta Wgn (125" wb) | 300 | 750 | 1250 | 2500 | 4400 | 6200 |
| 9-pass Sta Wgn (125" wb) | 300 | 800 | 1350 | 2700 | 4700 | 6900 |
| **Monte Carlo, 6-cyl./8-cyl., 112" wb** | | | | | | |
| 2-dr Hdtp Cpe | 300 | 800 | 1350 | 2700 | 4700 | 6900 |
| 2-dr Hdtp Cpe "S" | 350 | 850 | 1400 | 2800 | 4900 | 7100 |
| 2-dr Hdtp Cpe Lan | 350 | 900 | 1500 | 3000 | 5300 | 7600 |
| **Camaro, 6-cyl./8-cyl., 108" wb** | | | | | | |
| 2-dr Cpe | 500 | 1300 | 2250 | 4500 | 7700 | 11000 |

*RS or SS add 10%*    *Type LT add 5%*    *Z-28 add 50%*

| | 6 | 5 | 4 | 3 | 2 | 1 |
|---|---|---|---|---|---|---|
| **Vega, Series V, 6-cyl./8-cyl., 97" wb** | | | | | | |
| 2-dr Htchbk | 300 | 600 | 950 | 1900 | 3200 | 4600 |
| 2-dr Sdn | 300 | 600 | 900 | 1800 | 3100 | 4400 |
| 2-dr 4-pass Sta Wgn | 300 | 650 | 1000 | 2000 | 3500 | 4900 |

*Factory air all add $500*      *Power windows all add $300*
*4-speed all add $500*      *SS add 10%*
*Small block option deduct 10%*

| 1974 | 6 | 5 | 4 | 3 | 2 | 1 |
|---|---|---|---|---|---|---|
| **Bel Air, 8-cyl., 122" wb** | | | | | | |
| 4-dr Sdn | 300 | 650 | 1000 | 2000 | 3500 | 4900 |
| 6-pass Sta Wgn (125" wb) | 300 | 600 | 950 | 1900 | 3200 | 4600 |
| 9-pass Sta Wgn (125" wb) | 300 | 650 | 1100 | 2100 | 3600 | 5100 |
| **Impala, 8-cyl., 122" wb** | | | | | | |
| 2-dr Cpe | 300 | 750 | 1250 | 2500 | 4400 | 6200 |
| 2-dr Cus Cpe | 300 | 800 | 1300 | 2600 | 4600 | 6600 |
| 4-dr Hdtp | 300 | 650 | 1150 | 2300 | 3900 | 5700 |
| 4-dr Sdn | 300 | 650 | 1000 | 2000 | 3500 | 4900 |
| 6-pass Sta Wgn (125" wb) | 300 | 650 | 1000 | 2000 | 3500 | 4900 |
| 9-pass Sta Wgn (125" wb) | 300 | 650 | 1100 | 2200 | 3800 | 5400 |
| **Caprice Classic, 8-cyl., 122" wb** | | | | | | |
| 4-dr Sdn | 300 | 650 | 1100 | 2100 | 3600 | 5100 |
| 4-dr Hdtp | 300 | 700 | 1200 | 2400 | 4100 | 5900 |
| 2-dr Cus Cpe | 350 | 850 | 1400 | 2800 | 4900 | 7100 |
| 2-dr Conv | 650 | 1750 | 3150 | 6300 | 10900 | 15700 |
| 6-pass Sta Wgn | 300 | 650 | 1100 | 2100 | 3600 | 5100 |
| 9-pass Sta Wgn | 300 | 650 | 1150 | 2300 | 3900 | 5700 |
| **Nova, 6-cyl./8-cyl., 111" wb** | | | | | | |
| 2-dr Htchbk | 300 | 650 | 1100 | 2100 | 3600 | 5100 |
| 2-dr Cpe | 300 | 650 | 1000 | 2000 | 3500 | 4900 |
| 4-dr Sdn | 300 | 650 | 1000 | 2000 | 3500 | 4900 |
| **Malibu, 6-cyl./8-cyl., 122" wb** | | | | | | |
| 4-dr Sdn (116" wb) | 300 | 650 | 1100 | 2100 | 3600 | 5100 |
| 2-dr Cpe | 300 | 650 | 1150 | 2300 | 3900 | 5700 |
| 4-dr 6-pass Sta Wgn (125" wb) | 300 | 600 | 950 | 1900 | 3200 | 4600 |
| 4-dr 8-pass Sta Wgn (125" wb) | 300 | 650 | 1100 | 2100 | 3600 | 5100 |
| **Malibu Classic, 6-cyl./8-cyl., 122" wb** | | | | | | |
| 4-dr Sdn (116" wb) | 300 | 650 | 1000 | 2000 | 3500 | 4900 |
| 2-dr Cpe | 300 | 650 | 1150 | 2300 | 3900 | 5700 |
| 2-dr Lan Cpe | 300 | 650 | 1100 | 2100 | 3600 | 5100 |
| 4-dr 6-pass Sta Wgn (125" wb) | 300 | 600 | 950 | 1900 | 3200 | 4600 |
| 4-dr 9-pass Sta Wgn (125" wb) | 300 | 650 | 1100 | 2100 | 3600 | 5100 |
| **Malibu Classic Estate, 6-cyl./8-cyl., 125" wb** | | | | | | |
| 4-dr 6-pass Sta Wgn | 300 | 650 | 1000 | 2000 | 3500 | 4900 |
| 4-dr 9-pass Sta Wgn | 300 | 650 | 1100 | 2200 | 3800 | 5400 |
| **Laguna, Type S-3, 8-cyl., 122" wb** | | | | | | |
| 2-dr Cpe | 400 | 1050 | 1700 | 3300 | 5800 | 8300 |
| **Camaro, 8-cyl., 108" wb** | | | | | | |
| 2-dr Hdtp Cpe | 400 | 1100 | 1800 | 3500 | 6100 | 8900 |
| **Camaro LT, 6-cyl./8-cyl., 108" wb** | | | | | | |
| 2-dr Hdtp | 500 | 1300 | 2250 | 4500 | 7700 | 11000 |
| | | *RS/SS or Z-28 add 25%* | | | | |
| **Monte Carlo, 8-cyl., 122" wb** | | | | | | |
| 2-dr Hdtp "S" Cpe | 300 | 700 | 1200 | 2400 | 4100 | 5900 |
| 2-dr Hdtp Lan Cpe | 300 | 800 | 1350 | 2700 | 4700 | 6900 |
| **Nova, 6-cyl./8-cyl.** | | | | | | |
| 4-dr Sdn | 300 | 650 | 1000 | 2000 | 3500 | 4900 |
| 2-dr Cpe | 300 | 650 | 1000 | 2000 | 3500 | 4900 |
| 2-dr Htchbk | 300 | 650 | 1100 | 2100 | 3600 | 5100 |
| **Nova Custom, 6-cyl./8-cyl., 111" wb** | | | | | | |
| 4-dr Sdn | 300 | 650 | 1100 | 2100 | 3600 | 5100 |
| 2-dr Cpe | 300 | 650 | 1100 | 2100 | 3600 | 5100 |
| 2-dr Htchbk | 300 | 650 | 1100 | 2200 | 3800 | 5400 |
| **Vega, 4-cyl., 97" wb** | | | | | | |
| 2-dr Htchbk | 300 | 600 | 900 | 1800 | 3100 | 4400 |
| 2-dr Ntchbk | 300 | 600 | 900 | 1800 | 3100 | 4400 |

'73 Caprice

'73 Chevelle Laguna

'73 Nova Hatchback

'73 Caprice Estate Wagon

'74 Camaro

'74 Monte Carlo

'74 Impala

'75 Caprice Estate Wagon

'75 Caprice

'75 Chevelle Malibu

'76 Chevette

'76 Monza 2+2

| | 6 | 5 | 4 | 3 | 2 | 1 |
|---|---|---|---|---|---|---|
| 2-dr 4-pass Sta Wgn | 300 | 650 | 1000 | 2000 | 3500 | 4900 |
| 2-dr Panel Wgn | 300 | 600 | 950 | 1900 | 3200 | 4600 |
| 2-dr Estate Wgn | 300 | 650 | 1000 | 2000 | 3500 | 4900 |

*Factory air add $500*　　　　*Power windows add $300*
*4-speed add $500*　　　　*Small block option deduct 10%*
*SS add 10%*

*Chevrolet performance had fallen victim to the gas crunch by the end of 1974.*
*By 1977 some excitement began to return, with the re-introduction of the Z/28.*

### 1975

**Bel Air, 8-cyl., 122" wb**

| | 6 | 5 | 4 | 3 | 2 | 1 |
|---|---|---|---|---|---|---|
| 4-dr Sdn | 300 | 600 | 950 | 1900 | 3200 | 4600 |
| 6-pass Sta Wgn (125" wb) | 300 | 600 | 900 | 1800 | 3100 | 4400 |
| 9-pass Sta Wgn (125" wb) | 300 | 650 | 1000 | 2000 | 3500 | 4900 |

**Impala, 8-cyl., 122" wb**

| | 6 | 5 | 4 | 3 | 2 | 1 |
|---|---|---|---|---|---|---|
| 2-dr Cpe | 300 | 650 | 1150 | 2300 | 3900 | 5700 |
| 2-dr Cus Cpe | 300 | 700 | 1200 | 2400 | 4100 | 5900 |
| 2-dr Lan Cpe | 300 | 800 | 1350 | 2700 | 4700 | 6900 |
| 4-dr Hdtp | 300 | 650 | 1100 | 2100 | 3600 | 5100 |
| 4-dr Sdn | 300 | 650 | 1000 | 2000 | 3500 | 4900 |
| 6-pass Sta Wgn (125" wb) | 300 | 600 | 950 | 1900 | 3200 | 4600 |
| 9-pass Sta Wgn (125" wb) | 300 | 650 | 1100 | 2100 | 3600 | 5100 |

**Nova, 6-cyl., 8-cyl., 111" wb**

| | 6 | 5 | 4 | 3 | 2 | 1 |
|---|---|---|---|---|---|---|
| 2-dr "S" Cpe | 300 | 600 | 950 | 1900 | 3200 | 4600 |
| 4-dr Sdn | 300 | 600 | 950 | 1900 | 3200 | 4600 |
| 2-dr Cpe | 300 | 600 | 950 | 1900 | 3200 | 4600 |
| 2-dr Htchbk | 300 | 650 | 1000 | 2000 | 3500 | 4900 |

**Nova Concours, 6-cyl., 8-cyl., 111" wb**

| | 6 | 5 | 4 | 3 | 2 | 1 |
|---|---|---|---|---|---|---|
| 4-dr Sdn | 300 | 650 | 1000 | 2000 | 3500 | 4900 |
| 2-dr Cpe | 300 | 650 | 1000 | 2000 | 3500 | 4900 |
| 2-dr Htchbk | 300 | 650 | 1100 | 2100 | 3600 | 5100 |
| 4-dr Sdn LN | 300 | 650 | 1100 | 2100 | 3600 | 5100 |
| 2-dr Cpe LN | 300 | 650 | 1100 | 2100 | 3600 | 5100 |

**Caprice, 6-cyl./8-cyl., 122" wb**

| | 6 | 5 | 4 | 3 | 2 | 1 |
|---|---|---|---|---|---|---|
| 4-dr Sdn | 300 | 650 | 1000 | 2000 | 3500 | 4900 |
| 4-dr Hdtp | 300 | 650 | 1100 | 2200 | 3800 | 5400 |
| 2-dr Cus Cpe | 300 | 800 | 1300 | 2600 | 4600 | 6600 |
| 2-dr Lan Cpe | 300 | 800 | 1300 | 2600 | 4600 | 6600 |
| 2-dr Conv | 650 | 1800 | 3250 | 6500 | 11200 | 16100 |
| 6-pass Sta Wgn | 300 | 650 | 1150 | 2300 | 3900 | 5700 |
| 9-pass Sta Wgn | 300 | 750 | 1250 | 2500 | 4400 | 6200 |

**Malibu, 6-cyl./8-cyl.**

| | 6 | 5 | 4 | 3 | 2 | 1 |
|---|---|---|---|---|---|---|
| 4-dr Col Sdn | 300 | 600 | 900 | 1800 | 3100 | 4400 |
| 2-dr Col Cpe | 300 | 650 | 1000 | 2000 | 3500 | 4900 |
| 6-pass Wgn | 300 | 600 | 900 | 1800 | 3100 | 4400 |
| 9-pass Wgn | 300 | 650 | 1000 | 2000 | 3500 | 4900 |

**Malibu Classic, 6-cyl./8-cyl.**

| | 6 | 5 | 4 | 3 | 2 | 1 |
|---|---|---|---|---|---|---|
| 4-dr Col Sdn | 300 | 600 | 950 | 1900 | 3200 | 4600 |
| 2-dr Col Cpe | 300 | 650 | 1100 | 2100 | 3600 | 5100 |
| 2-dr Lan Cpe | 300 | 650 | 1150 | 2300 | 3900 | 5700 |
| 9-pass Wgn | 300 | 650 | 1000 | 2000 | 3500 | 4900 |
| 6-pass Wgn | 300 | 600 | 900 | 1800 | 3100 | 4400 |
| 9-pass Estate Wgn | 300 | 650 | 1100 | 2100 | 3600 | 5100 |
| 6-pass Estate Wgn | 300 | 600 | 950 | 1900 | 3200 | 4600 |

**Laguna, Type S-3, 8-cyl.**

| | 6 | 5 | 4 | 3 | 2 | 1 |
|---|---|---|---|---|---|---|
| 2-dr Col Cpe | 400 | 1050 | 1700 | 3400 | 5900 | 8500 |

**Camaro, 6-cyl./8-cyl., 108" wb**

| | 6 | 5 | 4 | 3 | 2 | 1 |
|---|---|---|---|---|---|---|
| 2-dr Hdtp Cpe | 350 | 900 | 1500 | 2900 | 5200 | 7400 |
| 2-dr Hdtp LT | 350 | 900 | 1500 | 3000 | 5300 | 7600 |

*RS add 25%*

|  | 6 | 5 | 4 | 3 | 2 | 1 |
|---|---|---|---|---|---|---|
| **Monte Carlo, 8-cyl., 122" wb** | | | | | | |
| 2-dr Hdtp "S" Cpe | 300 | 800 | 1350 | 2700 | 4700 | 6900 |
| 2-dr Hdtp Lan Cpe | 350 | 900 | 1500 | 2900 | 5200 | 7400 |
| **Monza, 4-cyl., 97" wb** | | | | | | |
| 2-dr Htchbk "S" | 300 | 600 | 900 | 1800 | 3100 | 4400 |
| 2-dr Htchbk 2 + 2 | 300 | 600 | 950 | 1900 | 3200 | 4600 |
| 2-dr "S" Cpe | 300 | 600 | 850 | 1700 | 2900 | 4100 |
| **Vega, 4-cyl., 97" wb** | | | | | | |
| 2-dr Htchbk | 300 | 600 | 900 | 1800 | 3100 | 4400 |
| 2-dr Cpe | 300 | 600 | 900 | 1800 | 3100 | 4400 |
| 2-dr Cpe LX | 300 | 600 | 900 | 1800 | 3100 | 4400 |
| 4-pass Sta Wgn | 300 | 650 | 1000 | 2000 | 3500 | 4900 |
| 4-pass Estate Wgn | 300 | 650 | 1000 | 2000 | 3500 | 4900 |
| Panel Wgn | 300 | 650 | 1000 | 2000 | 3500 | 4900 |
| **Cosworth Vega, 4-cyl., 97" wb** | | | | | | |
| 2-dr Htchbk | 400 | 1200 | 1950 | 3900 | 6800 | 9900 |

*Factory air add $500          Power windows add $300*
*4-speed (Exc. Cosworth Vega) add $400   SS add 10%*
*Small block option deduct 10%*

## 1976

|  | 6 | 5 | 4 | 3 | 2 | 1 |
|---|---|---|---|---|---|---|
| **Impala, 8-cyl., 122" wb** | | | | | | |
| 2-dr Cus Cpe | 300 | 650 | 1100 | 2100 | 3600 | 5100 |
| 2-dr Lan Cpe | 300 | 650 | 1150 | 2300 | 3900 | 5700 |
| 4-dr Spt Sdn | 300 | 600 | 900 | 1800 | 3100 | 4400 |
| 4-dr Spt Sdn "S" | 300 | 600 | 950 | 1900 | 3200 | 4600 |
| 4-dr Sdn | 300 | 600 | 850 | 1700 | 2900 | 4100 |
| 2-seat Sta Wgn | 300 | 600 | 900 | 1800 | 3100 | 4400 |
| 3-seat Sta Wgn | 300 | 650 | 1000 | 2000 | 3500 | 4900 |
| **Nova, 6-cyl./8-cyl., 111" wb** | | | | | | |
| 2-dr Htchbk | 300 | 600 | 950 | 1900 | 3200 | 4600 |
| 2-dr Cpe | 300 | 600 | 950 | 1900 | 3200 | 4600 |
| 4-dr Sdn | 300 | 600 | 900 | 1800 | 3100 | 4400 |
| **Malibu, 112" wb; 4-dr, 116" wb** | | | | | | |
| 2-dr Cpe | 250 | 500 | 750 | 1500 | 2600 | 3600 |
| 2-dr Cpe Classic Lan | 300 | 600 | 850 | 1700 | 2900 | 4100 |
| 4-dr Sdn | 250 | 500 | 750 | 1400 | 2400 | 3400 |
| Classic Sdn | 250 | 500 | 750 | 1500 | 2600 | 3600 |
| Classic Cpe | 300 | 550 | 800 | 1600 | 2800 | 3900 |
| Laguna Cpe | 400 | 1050 | 1700 | 3300 | 5800 | 8300 |
| **Monte Carlo, 8-cyl., 116" wb** | | | | | | |
| 2-dr Cpe "S" | 300 | 650 | 1100 | 2200 | 3800 | 5400 |
| Lan Spt Cpe | 300 | 700 | 1200 | 2400 | 4100 | 5900 |
| **Monza, 4-cyl., 97" wb** | | | | | | |
| 2-dr Htchbk 2 + 2 | 300 | 600 | 850 | 1700 | 2900 | 4100 |
| 2-dr Town Cpe | 300 | 600 | 850 | 1700 | 2900 | 4100 |
| **Vega, 4-cyl., 97" wb** | | | | | | |
| 2-dr Htchbk | 300 | 600 | 950 | 1900 | 3200 | 4600 |
| 2-dr Sdn | 300 | 600 | 900 | 1800 | 3100 | 4400 |
| 2-seat Sta Wgn | 300 | 600 | 950 | 1900 | 3200 | 4600 |
| 2-seat Estate Wgn | 300 | 600 | 950 | 1900 | 3200 | 4600 |
| Cosworth Htchbk | 400 | 1100 | 1800 | 3600 | 6200 | 9100 |
| **Chevette, 4-cyl., 94" wb** | | | | | | |
| 2-dr Htchbk | 150 | 300 | 450 | 900 | 1800 | 2600 |
| Scooter Htchbk | 150 | 300 | 450 | 900 | 1800 | 2600 |
| **Nova Concours, 6-cyl./8-cyl., 111" wb** | | | | | | |
| 2-dr Htchbk | 300 | 650 | 1000 | 2000 | 3500 | 4900 |
| 2-dr Cpe | 300 | 600 | 950 | 1900 | 3200 | 4600 |
| 4-dr Sdn | 300 | 600 | 950 | 1900 | 3200 | 4600 |

'76 Vega

'76 Monza Town Coupe

'77 Monte Carlo

'77 Nova Concours

'77 Caprice

'77 Chevelle

'78 Malibu

'78 Camaro

'78 Caprice Wagon

'79 Nova

'79 Caprice

'79 Impala Wagon

| | 6 | 5 | 4 | 3 | 2 | 1 |
|---|---|---|---|---|---|---|
| **Camaro, 6-cyl./8-cyl., 108" wb** | | | | | | |
| 2-dr Cpe | 350 | 900 | 1500 | 2900 | 5200 | 7400 |
| 2-dr Cpe LT (8-cyl.) | 350 | 900 | 1500 | 3000 | 5300 | 7600 |
| **Malibu Wagons, 8-cyl., 116" wb** | | | | | | |
| 3-seat Sta Wgn | 300 | 600 | 900 | 1800 | 3100 | 4400 |
| 2-seat Sta Wgn | 300 | 550 | 800 | 1600 | 2800 | 3900 |
| 2-seat Classic Sta Wgn | 300 | 600 | 850 | 1700 | 2900 | 4100 |
| 3-seat Classic Sta Wgn | 300 | 600 | 950 | 1900 | 3200 | 4600 |
| 2-seat Estate Sta Wgn | 300 | 600 | 900 | 1800 | 3100 | 4400 |
| 3-seat Estate Sta Wgn | 300 | 650 | 1000 | 2000 | 3500 | 4900 |
| **Caprice, 122" wb** | | | | | | |
| 4-dr Spt Sdn | 300 | 600 | 900 | 1800 | 3100 | 4400 |
| 2-dr Classic Cpe | 300 | 750 | 1250 | 2500 | 4400 | 6200 |
| 2-dr Classic Lan Cpe | 300 | 800 | 1300 | 2600 | 4600 | 6600 |
| 4-dr Classic Sdn | 300 | 600 | 950 | 1900 | 3200 | 4600 |
| 2-seat Estate Wgn | 300 | 600 | 950 | 1900 | 3200 | 4600 |
| 3-seat Estate Wgn | 300 | 650 | 1100 | 2100 | 3600 | 5100 |

*Factory air add $500*  
*4-speed (Exc. Cosworth Vega) add $400*  
*Power windows add $300*  
*Small block option deduct 10%*

### 1977

| | 6 | 5 | 4 | 3 | 2 | 1 |
|---|---|---|---|---|---|---|
| **Impala, 6-cyl./8-cyl., 116" wb** | | | | | | |
| 2-dr Custom Cpe | 300 | 550 | 800 | 1600 | 2800 | 3900 |
| 4-dr Sdn | 250 | 500 | 750 | 1400 | 2400 | 3400 |
| 2-seat Sta Wgn | 250 | 500 | 750 | 1500 | 2600 | 3600 |
| 3-seat Sta Wgn | 300 | 600 | 850 | 1700 | 2900 | 4100 |
| **Caprice Classic, 6-cyl./8-cyl., 116" wb** | | | | | | |
| 2-seat Sta Wgn | 250 | 500 | 750 | 1500 | 2600 | 3600 |
| 3-seat Sta Wgn | 300 | 600 | 850 | 1700 | 2900 | 4100 |
| 2-dr Cpe | 300 | 600 | 900 | 1800 | 3100 | 4400 |
| 4-dr Sdn | 300 | 550 | 800 | 1600 | 2800 | 3900 |
| **Nova, 6-cyl./8-cyl., 111" wb** | | | | | | |
| 2-dr Htchbk | 300 | 550 | 800 | 1600 | 2800 | 3900 |
| 2-dr Cpe | 300 | 550 | 800 | 1600 | 2800 | 3900 |
| 4-dr Sdn | 250 | 500 | 750 | 1500 | 2600 | 3600 |
| **Nova Concours, 6-cyl./8-cyl., 111" wb** | | | | | | |
| 2-dr Htchbk | 300 | 600 | 850 | 1700 | 2900 | 4100 |
| 2-dr Cpe | 300 | 600 | 850 | 1700 | 2900 | 4100 |
| 4-dr Sdn | 300 | 550 | 800 | 1600 | 2800 | 3900 |
| **Malibu, 6-cyl./8-cyl., 112" wb; 4-dr 116" wb** | | | | | | |
| 2-dr Cpe | 250 | 500 | 750 | 1500 | 2600 | 3600 |
| 4-dr Sdn | 250 | 500 | 750 | 1400 | 2400 | 3400 |
| 2-seat Sta Wgn (8-cyl.) | 250 | 500 | 750 | 1500 | 2600 | 3600 |
| 3-seat Sta Wgn (8-cyl.) | 300 | 600 | 850 | 1700 | 2900 | 4100 |
| **Malibu Classic, 6-cyl./8-cyl., 112" wb; 4-dr 116" wb** | | | | | | |
| 4-dr Sdn | 250 | 500 | 750 | 1500 | 2600 | 3600 |
| 2-dr Cpe | 300 | 550 | 800 | 1600 | 2800 | 3900 |
| 2-dr Lan Cpe (8-cyl.) | 300 | 600 | 900 | 1800 | 3100 | 4400 |
| 2-seat Sta Wgn (8-cyl.) | 300 | 550 | 800 | 1600 | 2800 | 3900 |
| 3-seat Sta Wgn (8-cyl.) | 300 | 600 | 900 | 1800 | 3100 | 4400 |
| **Camaro, 6-cyl., 108" wb** | | | | | | |
| 2-dr Spt Cpe | 300 | 800 | 1300 | 2600 | 4600 | 6600 |
| Spt Cpe LT | 350 | 850 | 1400 | 2800 | 4900 | 7100 |
| Z28 Spt Cpe (8-cyl.) | 350 | 1000 | 1600 | 3200 | 5700 | 8100 |
| **Monte Carlo, 8-cyl., 116" wb** | | | | | | |
| 2-dr S Spt Cpe | 300 | 650 | 1000 | 2000 | 3500 | 4900 |
| Lan Spt Cpe | 300 | 650 | 1100 | 2200 | 3800 | 5400 |
| **Monza, 4-cyl., 97" wb** | | | | | | |
| 2+2 Htchbk | 300 | 550 | 800 | 1600 | 2800 | 3900 |
| 2-dr Twn Cpe | 300 | 550 | 800 | 1600 | 2800 | 3900 |

| | 6 | 5 | 4 | 3 | 2 | 1 |
|---|---|---|---|---|---|---|
| **Vega, 4-cyl., 97" wb** | | | | | | |
| 2-dr Htchbk | 250 | 500 | 750 | 1400 | 2400 | 3400 |
| 2-dr Sdn | 250 | 500 | 750 | 1400 | 2400 | 3400 |
| 2-seat Sta Wgn | 250 | 500 | 750 | 1500 | 2600 | 3600 |
| 2-seat Estate Wgn | 250 | 500 | 750 | 1500 | 2600 | 3600 |
| **Chevette, 4-cyl., 94"wb** | | | | | | |
| 2-dr Htchbk | 150 | 300 | 450 | 900 | 1800 | 2600 |
| Scooter Htchbk | 150 | 300 | 450 | 900 | 1800 | 2600 |

*Factory air add $400*          *Power windows add $300*
*4-speed add $500*          *Small block option deduct 10%*

## 1978

| | 6 | 5 | 4 | 3 | 2 | 1 |
|---|---|---|---|---|---|---|
| **Impala, 6-cyl./8-cyl., 116" wb** | | | | | | |
| 2-dr Cpe | 250 | 500 | 750 | 1400 | 2400 | 3400 |
| 2-dr Lan Cpe | 250 | 500 | 750 | 1500 | 2600 | 3600 |
| 4-dr Sdn | 200 | 450 | 650 | 1300 | 2200 | 3200 |
| 2-seat Sta Wgn | 250 | 500 | 750 | 1500 | 2600 | 3600 |
| 3-seat Sta Wgn | 300 | 600 | 850 | 1700 | 2900 | 4100 |
| **Caprice Classic, 6-cyl./8-cyl., 116" wb** | | | | | | |
| 2-seat Sta Wgn | 250 | 500 | 750 | 1500 | 2600 | 3600 |
| 3-seat Sta Wgn | 300 | 600 | 850 | 1700 | 2900 | 4100 |
| 2-dr Cpe | 300 | 550 | 800 | 1600 | 2800 | 3900 |
| Lan Cpe | 300 | 600 | 850 | 1700 | 2900 | 4100 |
| 4-dr Sdn | 250 | 500 | 750 | 1500 | 2600 | 3600 |
| **Nova, 6-cyl./8-cyl., 111" wb** | | | | | | |
| 2-dr Htchbk | 300 | 550 | 800 | 1600 | 2800 | 3900 |
| 2-dr Cpe | 300 | 550 | 800 | 1600 | 2800 | 3900 |
| 4-dr Sdn | 250 | 500 | 750 | 1500 | 2600 | 3600 |
| **Nova Custom, 6-cyl./8-cyl., 111" wb** | | | | | | |
| 2-dr Cpe | 300 | 600 | 850 | 1700 | 2900 | 4100 |
| 4-dr Sdn | 300 | 550 | 800 | 1600 | 2800 | 3900 |
| **Malibu, 6-cyl./8-cyl., 108" wb** | | | | | | |
| 2-dr Cpe | 250 | 500 | 750 | 1400 | 2400 | 3400 |
| 4-dr Sdn | 200 | 450 | 650 | 1300 | 2200 | 3200 |
| 2-seat Sta Wgn | 250 | 500 | 750 | 1400 | 2400 | 3400 |
| **Malibu Classic, 6-cyl./8-cyl., 108" wb** | | | | | | |
| 4-dr Sdn | 250 | 500 | 750 | 1400 | 2400 | 3400 |
| 2-dr Spt Cpe | 250 | 500 | 750 | 1500 | 2600 | 3600 |
| Lan Cpe | 300 | 550 | 800 | 1600 | 2800 | 3900 |
| 2-seat Sta Wgn | 250 | 500 | 750 | 1500 | 2600 | 3600 |
| **Camaro, 6-cyl./8-cyl., 108" wb** | | | | | | |
| Spt Cpe | 300 | 750 | 1250 | 2500 | 4400 | 6200 |
| Rally Spt Cpe | 300 | 800 | 1300 | 2600 | 4600 | 6600 |
| Spt Cpe Type LT | 300 | 800 | 1350 | 2700 | 4700 | 6900 |
| Rally Spt Cpe Type LT | 350 | 850 | 1400 | 2800 | 4900 | 7100 |
| Z/28 Cpe (8-cyl.) | 350 | 950 | 1550 | 3100 | 5500 | 7900 |
| **Monte Carlo, 6-cyl./8-cyl., 108" wb** | | | | | | |
| 2-dr Spt Cpe | 300 | 600 | 850 | 1700 | 2900 | 4100 |
| Lan Spt Cpe | 300 | 600 | 900 | 1800 | 3100 | 4400 |
| **Monza, 6-cyl., 97" wb** | | | | | | |
| 2+2 Htchbk | 250 | 500 | 750 | 1500 | 2600 | 3600 |
| 2-dr Cpe | 250 | 500 | 750 | 1500 | 2600 | 3600 |
| Sta Wgn | 250 | 500 | 750 | 1400 | 2400 | 3400 |
| Estate Wgn | 250 | 500 | 750 | 1500 | 2600 | 3600 |
| **Monza Sport, 6-cyl., 97" wb** | | | | | | |
| 2-dr S Htchbk | 300 | 550 | 800 | 1600 | 2800 | 3900 |
| 2-dr Spt Cpe | 300 | 600 | 850 | 1700 | 2900 | 4100 |
| 2+2 Htchbk | 300 | 600 | 850 | 1700 | 2900 | 4100 |

| | 6 | 5 | 4 | 3 | 2 | 1 |
|---|---|---|---|---|---|---|
| **Chevette, 4-cyl., 94" wb** | | | | | | |
| 2-dr Htchbk | 150 | 300 | 450 | 900 | 1800 | 2600 |
| 4-dr Htchbk (97" wb) | 200 | 350 | 500 | 1000 | 1900 | 2700 |
| Scooter Htchbk Sdn | 150 | 300 | 450 | 900 | 1800 | 2600 |

*Factory air add $400*     *Power windows add $200*
*4-speed add $500*     *Hatch roof add $500*
*Small block option deduct 10%*

## 1979

| | 6 | 5 | 4 | 3 | 2 | 1 |
|---|---|---|---|---|---|---|
| **Impala, 6-cyl./8-cyl., 116" wb** | | | | | | |
| 2-dr Cpe | 250 | 500 | 750 | 1400 | 2400 | 3400 |
| 2-dr Lan Cpe | 250 | 500 | 750 | 1500 | 2600 | 3600 |
| 4-dr Sdn | 200 | 450 | 650 | 1300 | 2200 | 3200 |
| 4-dr 2-seat Sta Wgn | 250 | 500 | 750 | 1500 | 2600 | 3600 |
| 4-dr 3-seat Sta Wgn | 300 | 600 | 850 | 1700 | 2900 | 4100 |
| **Caprice Classic, 6-cyl./8-cyl., 116" wb** | | | | | | |
| 4-dr 2-seat Sta Wgn | 250 | 500 | 750 | 1500 | 2600 | 3600 |
| 4-dr 3-seat Sta Wgn | 300 | 600 | 850 | 1700 | 2900 | 4100 |
| 2-dr Cpe | 300 | 550 | 800 | 1600 | 2800 | 3900 |
| 2-dr Lan Cpe | 300 | 600 | 850 | 1700 | 2900 | 4100 |
| 4-dr Sdn | 250 | 500 | 750 | 1500 | 2600 | 3600 |
| **Malibu, 6-cyl./8-cyl., 108" wb** | | | | | | |
| 4-dr Sdn | 200 | 450 | 650 | 1300 | 2200 | 3200 |
| 2-dr Cpe | 250 | 500 | 750 | 1400 | 2400 | 3400 |
| 2-seat Sta Wgn | 250 | 500 | 750 | 1400 | 2400 | 3400 |
| **Malibu Classic, 6-cyl./8-cyl., 108" wb** | | | | | | |
| 4-dr Sdn | 250 | 500 | 750 | 1400 | 2400 | 3400 |
| 2-dr Cpe | 250 | 500 | 750 | 1500 | 2600 | 3600 |
| 2-dr Lan Cpe | 300 | 550 | 800 | 1600 | 2800 | 3900 |
| 4-dr Wgn | 250 | 500 | 750 | 1500 | 2600 | 3600 |
| **Nova, 6-cyl./8-cyl., 111" wb** | | | | | | |
| 2-dr Htchbk | 300 | 550 | 800 | 1600 | 2800 | 3900 |
| 2-dr Cpe | 300 | 550 | 800 | 1600 | 2800 | 3900 |
| 4-dr Sdn | 250 | 500 | 750 | 1500 | 2600 | 3600 |
| **Nova Custom, 6-cyl./8-cyl., 111" wb** | | | | | | |
| 2-dr Cpe | 300 | 600 | 850 | 1700 | 2900 | 4100 |
| 4-dr Sdn | 300 | 550 | 800 | 1600 | 2800 | 3900 |
| **Camaro, 6-cyl./8-cyl., 108" wb** | | | | | | |
| Spt Cpe | 300 | 650 | 1150 | 2300 | 3900 | 5700 |
| Rally Spt Cpe | 300 | 700 | 1200 | 2400 | 4100 | 5900 |
| Berlinetta Cpe | 300 | 750 | 1250 | 2500 | 4400 | 6200 |
| 2-dr Z28 Spt Cpe (8-cyl.) | 350 | 850 | 1400 | 2800 | 4900 | 7100 |
| **Monte Carlo, 6-cyl./8-cyl., 108" wb** | | | | | | |
| 2-dr Spt Cpe | 300 | 600 | 850 | 1700 | 2900 | 4100 |
| 2-dr Lan Spt Cpe | 300 | 600 | 900 | 1800 | 3100 | 4400 |
| **Monza, 4-cyl., 97" wb** | | | | | | |
| 2+2 Htchbk | 250 | 500 | 750 | 1500 | 2600 | 3600 |
| 2-dr Cpe | 250 | 500 | 750 | 1500 | 2600 | 3600 |
| Sta Wgn | 250 | 500 | 750 | 1400 | 2400 | 3400 |
| 2+2 Htchbk Cpe | 250 | 500 | 750 | 1500 | 2600 | 3600 |
| **Chevette, 4-cyl., 94" wb** | | | | | | |
| 2-dr Htchbk | 150 | 300 | 450 | 900 | 1800 | 2600 |
| 4-dr Htchbk | 200 | 350 | 500 | 1000 | 1900 | 2700 |
| 2-dr Scooter Htchbk | 150 | 300 | 450 | 900 | 1800 | 2600 |

*Factory air add $400*     *Power windows add $200*
*4-speed add $500*     *Hatch roof add $500*
*Small block option deduct 10%*

| | 6 | 5 | 4 | 3 | 2 | 1 |
|---|---|---|---|---|---|---|

## 1980

**Chevette, 4-cyl., 94" wb**
| | 6 | 5 | 4 | 3 | 2 | 1 |
|---|---|---|---|---|---|---|
| 2-dr Htchbk Scooter | 150 | 300 | 450 | 900 | 1800 | 2600 |
| 2-dr Htchbk | 150 | 300 | 450 | 900 | 1800 | 2600 |
| 4-dr Htchbk (97" wb) | 200 | 350 | 500 | 1000 | 1900 | 2700 |

**Citation, 4-cyl./6-cyl., 105" wb**
| | 6 | 5 | 4 | 3 | 2 | 1 |
|---|---|---|---|---|---|---|
| 4-dr Htchbk | 200 | 400 | 550 | 1100 | 2000 | 2900 |
| 2-dr Htchbk | 200 | 400 | 550 | 1100 | 2000 | 2900 |
| 2-dr Cpe | 200 | 400 | 550 | 1100 | 2000 | 2900 |
| 2-dr Club Cpe | 200 | 400 | 550 | 1100 | 2000 | 2900 |

**Monza, 4-cyl., 97" wb**
| | 6 | 5 | 4 | 3 | 2 | 1 |
|---|---|---|---|---|---|---|
| 2-dr Htchbk 2+2 | 250 | 500 | 750 | 1500 | 2600 | 3600 |
| 2-dr Htchbk Spt 2+2 | 250 | 500 | 750 | 1500 | 2600 | 3600 |
| 2-dr Cpe | 250 | 500 | 750 | 1500 | 2600 | 3600 |

**Malibu, 6-cyl./8-cyl., 108" wb**
| | 6 | 5 | 4 | 3 | 2 | 1 |
|---|---|---|---|---|---|---|
| 4-dr Sdn | 200 | 450 | 650 | 1300 | 2200 | 3200 |
| 2-dr Spt Cpe | 250 | 500 | 750 | 1400 | 2400 | 3400 |
| 2-seat Sta Wgn | 250 | 500 | 750 | 1400 | 2400 | 3400 |

**Malibu Classic, 6-cyl./8-cyl., 108" wb**
| | 6 | 5 | 4 | 3 | 2 | 1 |
|---|---|---|---|---|---|---|
| 4-dr Sdn | 250 | 500 | 750 | 1400 | 2400 | 3400 |
| 2-dr Spt Cpe | 250 | 500 | 750 | 1500 | 2600 | 3600 |
| 2-dr Lan Cpe | 300 | 550 | 800 | 1600 | 2800 | 3900 |
| 2-seat Sta Wgn | 250 | 500 | 750 | 1500 | 2600 | 3600 |

**Camaro, 6-cyl., 108" wb**
| | 6 | 5 | 4 | 3 | 2 | 1 |
|---|---|---|---|---|---|---|
| 2-dr Spt Cpe | 300 | 600 | 900 | 1800 | 3100 | 4400 |
| 2-dr RS Cpe | 300 | 600 | 950 | 1900 | 3200 | 4600 |
| 2-dr Berlinetta Cpe | 300 | 600 | 950 | 1900 | 3200 | 4600 |

**Camaro, 8-cyl., 108" wb**
| | 6 | 5 | 4 | 3 | 2 | 1 |
|---|---|---|---|---|---|---|
| 2-dr Spt Cpe | 300 | 650 | 1100 | 2100 | 3600 | 5100 |
| 2-dr RS Cpe | 300 | 650 | 1150 | 2300 | 3900 | 5700 |
| 2-dr Berlinetta Cpe | 300 | 650 | 1100 | 2200 | 3800 | 5400 |
| 2-dr Z/28 Cpe | 300 | 800 | 1300 | 2600 | 4600 | 6600 |

**Monte Carlo, 8-cyl., 108" wb**
| | 6 | 5 | 4 | 3 | 2 | 1 |
|---|---|---|---|---|---|---|
| 2-dr Spt Cpe | 300 | 600 | 850 | 1700 | 2900 | 4100 |
| 2-dr Lan Cpe | 300 | 600 | 900 | 1800 | 3100 | 4400 |

**Impala, 6-cyl./8-cyl., 116" wb**
| | 6 | 5 | 4 | 3 | 2 | 1 |
|---|---|---|---|---|---|---|
| 4-dr Sdn | 200 | 450 | 650 | 1300 | 2200 | 3200 |
| 2-dr Spt Cpe | 250 | 500 | 750 | 1400 | 2400 | 3400 |
| 4-dr 2-seat Sta Wgn | 250 | 500 | 750 | 1500 | 2600 | 3600 |
| 4-dr 3-seat Sta Wgn | 300 | 600 | 850 | 1700 | 2900 | 4100 |

**Caprice Classic, 8-cyl., 116" wb**
| | 6 | 5 | 4 | 3 | 2 | 1 |
|---|---|---|---|---|---|---|
| 4-dr Sdn | 250 | 500 | 750 | 1500 | 2600 | 3600 |
| 2-dr Cpe | 300 | 550 | 800 | 1600 | 2800 | 3900 |
| 2-dr Lan Cpe | 300 | 600 | 850 | 1700 | 2900 | 4100 |
| 4-dr 2-seat Sta Wgn | 250 | 500 | 750 | 1500 | 2600 | 3600 |
| 4-dr 3-seat Sta Wgn | 300 | 600 | 850 | 1700 | 2900 | 4100 |

*Small block option deduct 10%*  
*Power windows add $200*  
*Hatch roof add $500*  
*Factory air add $400*  
*4-speed - Camaro add $500*

## 1981

**Chevette, 4-cyl., 94" wb**
| | 6 | 5 | 4 | 3 | 2 | 1 |
|---|---|---|---|---|---|---|
| 2-dr Htchbk Scooter | 150 | 300 | 450 | 900 | 1800 | 2600 |
| 2-dr Htchbk | 150 | 300 | 450 | 900 | 1800 | 2600 |
| 4-dr Htchbk (97" wb) | 200 | 350 | 500 | 1000 | 1900 | 2700 |

**Citation, 4-cyl./6-cyl., 105" wb**
| | 6 | 5 | 4 | 3 | 2 | 1 |
|---|---|---|---|---|---|---|
| 4-dr Htchbk | 200 | 400 | 550 | 1100 | 2000 | 2900 |
| 2-dr Htchbk | 200 | 400 | 550 | 1100 | 2000 | 2900 |

| | 6 | 5 | 4 | 3 | 2 | 1 |
|---|---|---|---|---|---|---|
| **Malibu, 6-cyl./8-cyl., 108" wb** | | | | | | |
| 4-dr Sdn | 200 | 450 | 650 | 1300 | 2200 | 3200 |
| 2-dr Spt Cpe | 250 | 500 | 750 | 1400 | 2400 | 3400 |
| 2-seat Sta Wgn | 250 | 500 | 750 | 1400 | 2400 | 3400 |
| **Malibu Classic, 6-cyl./8-cyl., 108" wb** | | | | | | |
| 4-dr Sdn | 250 | 500 | 750 | 1400 | 2400 | 3400 |
| 2-dr Spt Cpe | 250 | 500 | 750 | 1500 | 2600 | 3600 |
| 2-dr Lan Cpe | 300 | 550 | 800 | 1600 | 2800 | 3900 |
| 2-seat Sta Wgn | 250 | 500 | 750 | 1500 | 2600 | 3600 |
| **Camaro, 6-cyl., 108" wb** | | | | | | |
| 2-dr Spt Cpe | 300 | 600 | 900 | 1800 | 3100 | 4400 |
| 2-dr Berlinetta Cpe | 300 | 600 | 950 | 1900 | 3200 | 4600 |
| **Camaro, 8-cyl., 108" wb** | | | | | | |
| 2-dr Spt Cpe | 300 | 650 | 1100 | 2100 | 3600 | 5100 |
| 2-dr Berlinetta Cpe | 300 | 650 | 1100 | 2200 | 3800 | 5400 |
| 2-dr Z/28 Cpe | 300 | 800 | 1300 | 2600 | 4600 | 6600 |
| **Monte Carlo, 6-cyl., 108" wb** | | | | | | |
| 2-dr Spt Cpe | 250 | 500 | 750 | 1500 | 2600 | 3600 |
| 2-dr Lan Cpe | 300 | 550 | 800 | 1600 | 2800 | 3900 |
| **Monte Carlo, 8-cyl.** | | | | | | |
| 2-dr Spt Cpe | 300 | 600 | 850 | 1700 | 2900 | 4100 |
| 2-dr Lan Cpe | 300 | 600 | 900 | 1800 | 3100 | 4400 |
| **Impala, 6-cyl./8-cyl., 116" wb** | | | | | | |
| 4-dr Sdn | 200 | 450 | 650 | 1300 | 2200 | 3200 |
| 2-dr Spt Cpe` | 250 | 500 | 750 | 1400 | 2400 | 3400 |
| 2-seat Sta Wgn | 300 | 550 | 800 | 1600 | 2800 | 3900 |
| 3-seat Sta Wgn | 300 | 600 | 900 | 1800 | 3100 | 4400 |
| **Caprice Classic, 6-cyl./8-cyl., 116" wb** | | | | | | |
| 4-dr Sdn | 250 | 500 | 750 | 1500 | 2600 | 3600 |
| 2-dr Cpe | 300 | 550 | 800 | 1600 | 2800 | 3900 |
| 2-dr Lan Cpe | 300 | 600 | 850 | 1700 | 2900 | 4100 |
| 2-seat Sta Wgn | 250 | 500 | 750 | 1500 | 2600 | 3600 |
| 3-seat Sta Wgn | 300 | 600 | 850 | 1700 | 2900 | 4100 |

*Small block option deduct 10%*  
*Power windows add $100*  
*Hatch roof add $200*  
*Factory air add $200*  
*4-speed - Camaro add $200*

## 1982

| | 6 | 5 | 4 | 3 | 2 | 1 |
|---|---|---|---|---|---|---|
| **Chevette, 4-cyl., 94" wb** | | | | | | |
| 2-dr Htchbk | 150 | 300 | 450 | 900 | 1800 | 2600 |
| 4-dr Htchbk (97" wb) | 200 | 350 | 500 | 1000 | 1900 | 2700 |
| 2-dr Scooter Htchbk | 150 | 300 | 450 | 900 | 1800 | 2600 |
| 4-dr Scooter Htchbk | 200 | 350 | 500 | 1000 | 1900 | 2700 |
| **Cavalier, 4-cyl., 101" wb** | | | | | | |
| 2-dr Cpe | 200 | 400 | 550 | 1100 | 2000 | 2900 |
| 2-dr Htchbk Cpe | 200 | 400 | 550 | 1100 | 2000 | 2900 |
| 4-dr Sdn | 200 | 400 | 550 | 1100 | 2000 | 2900 |
| 4-dr Sta Wgn | 200 | 400 | 550 | 1100 | 2000 | 2900 |
| **Cavalier Cadet, 4-cyl., 101" wb** | | | | | | |
| 2-dr Cpe | 200 | 350 | 500 | 1000 | 1900 | 2700 |
| 4-dr Sdn | 200 | 350 | 500 | 1000 | 1900 | 2700 |
| 4-dr Sta Wgn | 200 | 350 | 500 | 1000 | 1900 | 2700 |
| **Cavalier CL, 4-cyl., 101" wb** | | | | | | |
| 4-dr Sdn | 200 | 400 | 550 | 1100 | 2000 | 2900 |
| 2-dr Cpe | 200 | 400 | 550 | 1100 | 2000 | 2900 |
| 2-dr Htch | 200 | 400 | 550 | 1100 | 2000 | 2900 |
| 4-dr Sta Wgn | 200 | 400 | 550 | 1100 | 2000 | 2900 |
| **Citation, 4-cyl./6-cyl., 105" wb** | | | | | | |
| 4-dr Htchbk | 200 | 400 | 550 | 1100 | 2000 | 2900 |
| 2-dr Htchbk | 200 | 400 | 550 | 1100 | 2000 | 2900 |
| 2-dr Cpe | 200 | 400 | 550 | 1100 | 2000 | 2900 |

| | 6 | 5 | 4 | 3 | 2 | 1 |
|---|---|---|---|---|---|---|
| **Malibu, 6-cyl./8-cyl., 108" wb** | | | | | | |
| 4-dr Sdn | 200 | 450 | 650 | 1300 | 2200 | 3200 |
| 2-seat Sta Wgn | 250 | 500 | 750 | 1400 | 2400 | 3400 |
| **Celebrity, 4-cyl./6-cyl., 105" wb** | | | | | | |
| 4-dr Sdn | 250 | 500 | 750 | 1500 | 2600 | 3600 |
| 2-dr Cpe | 250 | 500 | 750 | 1500 | 2600 | 3600 |
| **Camaro, 6-cyl., 101" wb** | | | | | | |
| 2-dr Spt Cpe | 300 | 600 | 900 | 1800 | 3100 | 4400 |
| 2-dr Berlinetta Cpe | 300 | 600 | 950 | 1900 | 3200 | 4600 |
| **Camaro, 8-cyl., 101" wb** | | | | | | |
| 2-dr Spt Cpe | 300 | 650 | 1100 | 2100 | 3600 | 5100 |
| 2-dr Berlinetta Cpe | 300 | 650 | 1100 | 2200 | 3800 | 5400 |
| 2-dr Z/28 Cpe | 300 | 800 | 1300 | 2600 | 4600 | 6600 |
| *Pace Car, including Z/28 package add 25%* | | | | | | |
| **Monte Carlo, 6-cyl., 108" wb** | | | | | | |
| 2-dr Spt Cpe | 250 | 500 | 750 | 1500 | 2600 | 3600 |
| **Monte Carlo, 6-cyl./8-cyl., 108" wb** | | | | | | |
| 2-dr Spt Cpe | 300 | 600 | 850 | 1700 | 2900 | 4100 |
| **Impala, 6-cyl./8-cyl., 116" wb** | | | | | | |
| 4-dr Sdn | 200 | 450 | 650 | 1300 | 2200 | 3200 |
| 2-seat Sta Wgn | 300 | 600 | 850 | 1700 | 2900 | 4100 |
| 3-seat Sta Wgn | 300 | 600 | 950 | 1900 | 3200 | 4600 |
| **Caprice Classic, 6-cyl./8-cyl., 116" wb** | | | | | | |
| 4-dr Sdn | 300 | 550 | 800 | 1600 | 2800 | 3900 |
| 2-dr Spt Cpe | 300 | 600 | 850 | 1700 | 2900 | 4100 |
| 3-seat Sta Wgn | 300 | 600 | 850 | 1700 | 2900 | 4100 |

*Factory air add $200*     *Power windows add $100*
*4-speed add $300*     *Hatch roof add $300*
*Small block option deduct 10%*

### 1983

| | 6 | 5 | 4 | 3 | 2 | 1 |
|---|---|---|---|---|---|---|
| **Chevette, 4-cyl., 94" wb** | | | | | | |
| 2-dr Htchbk | 150 | 300 | 450 | 900 | 1800 | 2600 |
| 4-dr Htchbk (97" wb) | 200 | 350 | 500 | 1000 | 1900 | 2700 |
| 2-dr Scooter Htchbk | 150 | 300 | 450 | 900 | 1800 | 2600 |
| 4-dr Scooter Htchbk | 200 | 350 | 500 | 1000 | 1900 | 2700 |
| **Cavalier, 4-cyl., 101" wb** | | | | | | |
| 2-dr Cpe | 200 | 400 | 550 | 1100 | 2000 | 2900 |
| 4-dr Sdn | 200 | 400 | 550 | 1100 | 2000 | 2900 |
| 4-dr Wgn | 200 | 400 | 550 | 1100 | 2000 | 2900 |
| **Cavalier CS, 4-cyl., 101" wb** | | | | | | |
| 4-dr Sdn | 200 | 400 | 550 | 1100 | 2000 | 2900 |
| 2-dr Cpe | 200 | 400 | 550 | 1100 | 2000 | 2900 |
| 2-dr Htchbk | 200 | 400 | 550 | 1100 | 2000 | 2900 |
| 4-dr Sta Wgn | 200 | 400 | 550 | 1100 | 2000 | 2900 |
| **Citation, 4-cyl./6-cyl., 105" wb** | | | | | | |
| 4-dr Htchbk | 200 | 400 | 550 | 1100 | 2000 | 2900 |
| 2-dr Htchbk | 200 | 400 | 550 | 1100 | 2000 | 2900 |
| 2-dr Cpe | 200 | 400 | 550 | 1100 | 2000 | 2900 |
| **Malibu Classic, 6-cyl./8-cyl., 108" wb** | | | | | | |
| 4-dr Sdn | 200 | 450 | 650 | 1300 | 2200 | 3200 |
| 2-seat Sta Wgn | 250 | 500 | 750 | 1400 | 2400 | 3400 |
| **Celebrity, 4-cyl./6-cyl., 105" wb** | | | | | | |
| 4-dr Sdn | 300 | 550 | 800 | 1600 | 2800 | 3900 |
| 2-dr Cpe | 300 | 550 | 800 | 1600 | 2800 | 3900 |
| **Camaro, 6-cyl., 101" wb** | | | | | | |
| 2-dr Spt Cpe | 300 | 600 | 950 | 1900 | 3200 | 4600 |
| 2-dr Berlinetta Cpe | 300 | 650 | 1000 | 2000 | 3500 | 4900 |

| | 6 | 5 | 4 | 3 | 2 | 1 |
|---|---|---|---|---|---|---|
| **Camaro, 8-cyl., 101" wb** | | | | | | |
| 2-dr Spt Cpe | 300 | 650 | 1100 | 2100 | 3600 | 5100 |
| 2-dr Berlinetta Cpe | 300 | 650 | 1100 | 2200 | 3800 | 5400 |
| 2-dr Z/28 Cpe | 300 | 800 | 1300 | 2600 | 4600 | 6600 |
| **Monte Carlo, 6-cyl., 108" wb** | | | | | | |
| 2-dr Spt Cpe | 300 | 550 | 800 | 1600 | 2800 | 3900 |
| **Monte Carlo, 8-cyl., 108" wb** | | | | | | |
| 2-dr Spt Cpe SS | 300 | 750 | 1250 | 2500 | 4400 | 6200 |
| 2-dr Spt Cpe | 300 | 600 | 900 | 1800 | 3100 | 4400 |
| **Impala, 6-cyl./8-cyl., 116" wb** | | | | | | |
| 4-dr Sdn | 200 | 450 | 650 | 1300 | 2200 | 3200 |
| **Caprice Classic, 6-cyl./8-cyl., 116" wb** | | | | | | |
| 4-dr Sdn | 300 | 550 | 800 | 1600 | 2800 | 3900 |
| 3-seat Sta Wgn | 300 | 600 | 850 | 1700 | 2900 | 4100 |

*Small block option deduct 10%*  *Factory air add $200*
*Power windows add $100*  *5-speed - Camaro add $300*
*Hatch roof add $300*

### *1984*

| | 6 | 5 | 4 | 3 | 2 | 1 |
|---|---|---|---|---|---|---|
| **Chevette, 4-cyl., 94" wb** | | | | | | |
| 2-dr Htchbk | 150 | 300 | 450 | 900 | 1800 | 2600 |
| 4-dr Htchbk | 200 | 350 | 500 | 1000 | 1900 | 2700 |
| **Chevette CS, 4-cyl., 94" wb** | | | | | | |
| 2-dr Htchbk | 150 | 300 | 450 | 900 | 1800 | 2600 |
| 4-dr Htchbk | 200 | 350 | 500 | 1000 | 1900 | 2700 |
| **Cavalier, 4-cyl., 101" wb** | | | | | | |
| 4-dr Sdn | 200 | 400 | 550 | 1100 | 2000 | 2900 |
| 4-dr Sta Wgn | 200 | 400 | 550 | 1100 | 2000 | 2900 |
| **Cavalier Type 10, 4-cyl., 101" wb** | | | | | | |
| 2-dr Cpe | 200 | 400 | 600 | 1200 | 2100 | 3000 |
| 2-dr Htchbk | 200 | 400 | 600 | 1200 | 2100 | 3000 |
| 2-dr Conv | 300 | 600 | 900 | 1800 | 3100 | 4400 |
| **Cavalier CS, 4-cyl., 101" wb** | | | | | | |
| 4-dr Sdn | 200 | 400 | 600 | 1200 | 2100 | 3000 |
| 4-dr Sta Wgn | 200 | 400 | 600 | 1200 | 2100 | 3000 |
| **Citation II, 4-cyl./6-cyl., 105" wb** | | | | | | |
| 4-dr Htchbk | 200 | 400 | 550 | 1100 | 2000 | 2900 |
| 2-dr Htchbk | 200 | 400 | 550 | 1100 | 2000 | 2900 |
| 2-dr Cpe | 200 | 400 | 550 | 1100 | 2000 | 2900 |
| **Celebrity, 4-cyl./6-cyl., 105" wb** | | | | | | |
| 4-dr Sdn | 300 | 600 | 850 | 1700 | 2900 | 4100 |
| 2-dr Cpe | 300 | 600 | 850 | 1700 | 2900 | 4100 |
| 2-seat Sta Wgn | 300 | 600 | 850 | 1700 | 2900 | 4100 |
| **Camaro, 6-cyl./8-cyl., 101" wb** | | | | | | |
| 2-dr Cpe | 300 | 650 | 1100 | 2200 | 3800 | 5400 |
| 2-dr Berlinetta Cpe | 300 | 650 | 1150 | 2300 | 3900 | 5700 |
| 2-dr Z/28 Cpe (8-cyl.) | 300 | 800 | 1350 | 2700 | 4700 | 6900 |
| **Monte Carlo, 6-cyl./8-cyl., 108" wb** | | | | | | |
| 2-dr Cpe | 300 | 600 | 900 | 1800 | 3100 | 4400 |
| 2-dr Cpe SS (8-cyl.) | 350 | 850 | 1400 | 2800 | 4900 | 7100 |
| **Impala, 6-cyl./8-cyl., 116" wb** | | | | | | |
| 4-dr Sdn | 200 | 450 | 650 | 1300 | 2200 | 3200 |
| **Caprice Classic, 6-cyl./8-cyl., 116" wb** | | | | | | |
| 4-dr Sdn | 300 | 550 | 800 | 1600 | 2800 | 3900 |
| 2-dr Spt Cpe | 300 | 550 | 800 | 1600 | 2800 | 3900 |
| 3-seat Sta Wgn (8-cyl.) | 300 | 600 | 850 | 1700 | 2900 | 4100 |

*Factory air add $100*  *Power windows add $100*
*5-speed - Camaro add $100*  *Hatch roof add $100*
*Small block option deduct 10%*

|  | 6 | 5 | 4 | 3 | 2 | 1 |
|---|---|---|---|---|---|---|
| **1985** | | | | | | |
| **Chevette, 4-cyl., 94" wb** | | | | | | |
| 4-dr Htchbk (97" wb) | 200 | 350 | 500 | 1000 | 1900 | 2700 |
| 2-dr Htchbk | 150 | 300 | 450 | 900 | 1800 | 2600 |
| **Spectrum, 4-cyl.** | | | | | | |
| 4-dr Htchbk | 125 | 250 | 400 | 800 | 1700 | 2500 |
| 2-dr Htchbk | 125 | 250 | 400 | 800 | 1700 | 2500 |
| **Nova, 4-cyl.** | | | | | | |
| 4-dr Htchbk | 250 | 500 | 750 | 1400 | 2400 | 3400 |
| **Cavalier, 4-cyl., 101" wb** | | | | | | |
| 4-dr Sdn | 200 | 400 | 550 | 1100 | 2000 | 2900 |
| 4-dr Wgn | 200 | 400 | 550 | 1100 | 2000 | 2900 |
| **Cavalier CS, 4-cyl., 101" wb** | | | | | | |
| 4-dr Sdn | 200 | 400 | 600 | 1200 | 2100 | 3000 |
| 4-dr Wgn | 200 | 400 | 600 | 1200 | 2100 | 3000 |
| **Cavalier Type 10, 4-cyl., 101" wb** | | | | | | |
| 2-dr Cpe | 200 | 400 | 600 | 1200 | 2100 | 3000 |
| 2-dr Htchbk | 200 | 400 | 600 | 1200 | 2100 | 3000 |
| Conv Cpe | 300 | 600 | 900 | 1800 | 3100 | 4400 |
| **Citation II, 4-cyl./6-cyl., 105" wb** | | | | | | |
| 4-dr Htchbk | 200 | 400 | 550 | 1100 | 2000 | 2900 |
| 2-dr Htchbk | 200 | 400 | 550 | 1100 | 2000 | 2900 |
| **Celebrity, 4-cyl./6-cyl., 105" wb** | | | | | | |
| 4-dr Sdn | 300 | 600 | 850 | 1700 | 2900 | 4100 |
| 2-dr Cpe | 300 | 600 | 850 | 1700 | 2900 | 4100 |
| 2-seat Sta Wgn | 300 | 600 | 850 | 1700 | 2900 | 4100 |
| **Camaro, 6-cyl./8-cyl., 101" wb** | | | | | | |
| 2-dr Spt Cpe | 300 | 650 | 1100 | 2200 | 3800 | 5400 |
| 2-dr Berlinetta Cpe | 300 | 650 | 1150 | 2300 | 3900 | 5700 |
| 2-dr Z/28 Cpe (8-cyl.) | 350 | 850 | 1400 | 2800 | 4900 | 7100 |
| 2-dr IROC-Z Cpe (8-cyl.) | 350 | 900 | 1500 | 3000 | 5300 | 7600 |
| **Monte Carlo, 6-cyl./8-cyl., 108" wb** | | | | | | |
| 2-dr Spt Cpe | 300 | 650 | 1000 | 2000 | 3500 | 4900 |
| 2-dr Cpe SS (8-cyl.) | 350 | 900 | 1500 | 3000 | 5300 | 7600 |
| **Impala, 6-cyl./8-cyl., 116" wb** | | | | | | |
| 4-dr Sdn | 200 | 450 | 650 | 1300 | 2200 | 3200 |
| **Caprice Classic, 6-cyl./8-cyl., 116" wb** | | | | | | |
| 4-dr Sdn | 300 | 550 | 800 | 1600 | 2800 | 3900 |
| 2-dr Cpe | 300 | 550 | 800 | 1600 | 2800 | 3900 |
| 3-seat Sta Wgn (8-cyl.) | 300 | 600 | 850 | 1700 | 2900 | 4100 |

*Factory air add $100*　　*Power windows add $100*
*5-speed - Camaro add $200*　　*Hatch roof add $100*
*Small block option deduct 10%*

|  | 6 | 5 | 4 | 3 | 2 | 1 |
|---|---|---|---|---|---|---|
| **1986** | | | | | | |
| **Chevette, 4-cyl., 94" wb** | | | | | | |
| 2-dr Htchbk CS | 200 | 350 | 500 | 1000 | 1900 | 2700 |
| 4-dr Htchbk CS | 200 | 400 | 550 | 1100 | 2000 | 2900 |
| **Spectrum, 4-cyl.** | | | | | | |
| 4-dr Htchbk | 150 | 300 | 450 | 900 | 1800 | 2600 |
| 2-dr Htchbk | 150 | 300 | 450 | 900 | 1800 | 2600 |
| **Nova, 4-cyl., 96" wb** | | | | | | |
| 4-dr Sdn | 300 | 550 | 800 | 1600 | 2800 | 3900 |
| 4-dr Htchbk | 300 | 550 | 800 | 1600 | 2800 | 3900 |
| **Cavalier, 4-cyl., 101" wb** | | | | | | |
| 2-dr Cpe | 200 | 400 | 600 | 1200 | 2100 | 3000 |
| 4-dr Sdn | 200 | 400 | 600 | 1200 | 2100 | 3000 |
| 4-dr Sta Wgn | 200 | 400 | 600 | 1200 | 2100 | 3000 |

'80 Citation

'80 Impala

'80 Caprice Wagon

'81 Malibu

'81 Caprice

'83 Monte Carlo

'85 Cavalier Z-24

'86 Camaro

'87 Caprice

'87 Monte Carlo SS

'90 Beretta

'90 Camaro

| | 6 | 5 | 4 | 3 | 2 | 1 |
|---|---|---|---|---|---|---|
| **Cavalier CS, 4-cyl., 101" wb** | | | | | | |
| 2-dr Htchbk | 200 | 450 | 650 | 1300 | 2200 | 3200 |
| 4-dr Sdn | 200 | 450 | 650 | 1300 | 2200 | 3200 |
| 4-dr Sta Wgn | 200 | 450 | 650 | 1300 | 2200 | 3200 |
| **Cavalier RS, 4-cyl., 101" wb** | | | | | | |
| 2-dr Cpe | 250 | 500 | 750 | 1400 | 2400 | 3400 |
| 2-dr Htchbk | 250 | 500 | 750 | 1400 | 2400 | 3400 |
| 4-dr Sdn | 250 | 500 | 750 | 1400 | 2400 | 3400 |
| 4-dr Sta Wgn | 250 | 500 | 750 | 1400 | 2400 | 3400 |
| 2-dr Conv Cpe | 300 | 650 | 1000 | 2000 | 3500 | 4900 |
| **Cavalier Z24, 6-cyl., 101" wb** | | | | | | |
| 2-dr Spt Cpe | 300 | 600 | 900 | 1800 | 3100 | 4400 |
| Htchbk Cpe | 300 | 600 | 950 | 1900 | 3200 | 4600 |
| **Camaro, 6-cyl./8-cyl., 101" wb** | | | | | | |
| 2-dr Spt Cpe | 300 | 700 | 1200 | 2400 | 4100 | 5900 |
| 2-dr Berlinetta Cpe | 300 | 750 | 1250 | 2500 | 4400 | 6200 |
| 2-dr Z/28 Cpe (8-cyl.) | 350 | 950 | 1550 | 3100 | 5500 | 7900 |
| 2-dr IROC-Z Cpe (8-cyl.) | 400 | 1050 | 1700 | 3300 | 5800 | 8300 |
| **Celebrity, 4-cyl./6-cyl., 105" wb** | | | | | | |
| 2-dr Cpe | 300 | 600 | 950 | 1900 | 3200 | 4600 |
| 4-dr Sdn | 300 | 600 | 950 | 1900 | 3200 | 4600 |
| 2-seat Sta Wgn | 300 | 600 | 950 | 1900 | 3200 | 4600 |
| **Monte Carlo, 6-cyl./8-cyl., 108" wb** | | | | | | |
| 2-dr Spt Cpe | 300 | 650 | 1150 | 2300 | 3900 | 5700 |
| 2-dr Cpe LS | 000 | 000 | 000 | 2300 | 000 | 000 |
| **Monte Carlo SS, 108" wb** | | | | | | |
| 2-dr Cpe SS | 400 | 1050 | 1700 | 3300 | 5800 | 8300 |
| 2-dr Aerocpe SS | 450 | 1250 | 2100 | 4200 | 7200 | 10500 |
| **Caprice, 6-cyl./8-cyl., 116" wb** | | | | | | |
| 4-dr Sdn | 300 | 550 | 800 | 1600 | 2800 | 3900 |
| **Caprice Classic, 6-cyl./8-cyl., 116" wb** | | | | | | |
| 2-dr Cpe | 300 | 600 | 850 | 1700 | 2900 | 4100 |
| 4-dr Sdn | 300 | 600 | 900 | 1800 | 3100 | 4400 |
| 3-seat Sta Wgn | 300 | 600 | 950 | 1900 | 3200 | 4600 |
| **Caprice Classic Brougham, 6-cyl./8-cyl., 116" wb** | | | | | | |
| 4-dr Sdn | 300 | 600 | 950 | 1900 | 3200 | 4600 |

*Factory air add $100*  *Power windows add $100*
*5-speed - Camaro add $100*  *Hatch roof add $200*
*Small block option deduct 10%*

### 1987

| | 6 | 5 | 4 | 3 | 2 | 1 |
|---|---|---|---|---|---|---|
| **Sprint** | | | | | | |
| 4-dr Htchbk | 200 | 350 | 500 | 1000 | 1900 | 2700 |
| 2-dr Htchbk | 150 | 300 | 450 | 900 | 1800 | 2600 |
| 2-dr Htchbk ER | 150 | 300 | 450 | 900 | 1800 | 2600 |
| 2-dr Htchbk Turbo | 200 | 400 | 550 | 1100 | 2000 | 2900 |
| **Chevette** | | | | | | |
| 4-dr Htchbk CS | 200 | 400 | 600 | 1200 | 2100 | 3000 |
| 2-dr Htchbk CS | 200 | 400 | 550 | 1100 | 2000 | 2900 |
| **Spectrum** | | | | | | |
| 2-dr Express Htchbk | 150 | 300 | 450 | 900 | 1800 | 2600 |
| 4-dr Ntchbk | 200 | 350 | 500 | 1000 | 1900 | 2700 |
| 2-dr Htchbk | 150 | 300 | 450 | 900 | 1800 | 2600 |
| 4-dr Ntchbk Turbo | 200 | 400 | 550 | 1100 | 2000 | 2900 |
| **Nova** | | | | | | |
| 5-dr Htchbk | 300 | 600 | 850 | 1700 | 2900 | 4100 |
| 4-dr Ntchbk | 300 | 600 | 850 | 1700 | 2900 | 4100 |
| **Cavalier** | | | | | | |
| 4-dr Sdn | 250 | 500 | 750 | 1400 | 2400 | 3400 |
| 2-dr Cpe | 250 | 500 | 750 | 1400 | 2400 | 3400 |
| 4-dr Sta Wgn | 250 | 500 | 750 | 1400 | 2400 | 3400 |

| | 6 | 5 | 4 | 3 | 2 | 1 |
|---|---|---|---|---|---|---|
| **Cavalier CS** | | | | | | |
| 4-dr Sdn | 250 | 500 | 750 | 1500 | 2600 | 3600 |
| 2-dr Htchbk | 250 | 500 | 750 | 1500 | 2600 | 3600 |
| 4-dr Sta Wgn | 250 | 500 | 750 | 1500 | 2600 | 3600 |
| **Cavalier RS** | | | | | | |
| 4-dr Sdn | 300 | 550 | 800 | 1600 | 2800 | 3900 |
| 2-dr Cpe | 300 | 550 | 800 | 1600 | 2800 | 3900 |
| 2-dr Htchbk | 300 | 550 | 800 | 1600 | 2800 | 3900 |
| 2-dr Conv | 300 | 650 | 1100 | 2200 | 3800 | 5400 |
| 4-dr Sta Wgn | 300 | 550 | 800 | 1600 | 2800 | 3900 |
| **Cavalier Z24, 6-cyl.** | | | | | | |
| 2-dr Cpe | 300 | 650 | 1000 | 2000 | 3500 | 4900 |
| 2-dr Spt Htchbk | 300 | 650 | 1100 | 2100 | 3600 | 5100 |
| **Beretta** | | | | | | |
| 2-dr Cpe | 300 | 600 | 900 | 1800 | 3100 | 4400 |
| **Corsica** | | | | | | |
| 4-dr Sdn | 300 | 600 | 850 | 1700 | 2900 | 4100 |
| **Beretta, 6-cyl.** | | | | | | |
| 2-dr Cpe | 300 | 650 | 1000 | 2000 | 3500 | 4900 |
| **Corsica, 6-cyl.** | | | | | | |
| 4-dr Sdn | 300 | 600 | 950 | 1900 | 3200 | 4600 |
| **Celebrity, 4-cyl.** | | | | | | |
| 4-dr Sdn | 300 | 600 | 950 | 1900 | 3200 | 4600 |
| 2-dr Cpe | 300 | 600 | 900 | 1800 | 3100 | 4400 |
| 4-dr 2-seat Sta Wgn | 300 | 600 | 950 | 1900 | 3200 | 4600 |
| **Celebrity, 6-cyl.** | | | | | | |
| 4-dr Sdn | 300 | 650 | 1100 | 2100 | 3600 | 5100 |
| 2-dr Cpe | 300 | 650 | 1000 | 2000 | 3500 | 4900 |
| 4-dr 2-seat Sta Wgn | 300 | 650 | 1100 | 2100 | 3600 | 5100 |
| **Camaro, 6 cyl.** | | | | | | |
| 2-dr Spt Cpe | 300 | 800 | 1300 | 2600 | 4600 | 6600 |
| 2-dr RS Cpe | 300 | 800 | 1350 | 2700 | 4700 | 6900 |
| 2-dr Conv | 400 | 1100 | 1800 | 3500 | 6100 | 8900 |
| **Camaro, 8 cyl.** | | | | | | |
| 2-dr Z28 Spt Cpe | 400 | 1050 | 1700 | 3400 | 5900 | 8500 |
| 2-dr Conv | 500 | 1350 | 2300 | 4600 | 8000 | 11300 |
| **Monte Carlo, 6-cyl.** | | | | | | |
| 2-dr Cpe LS | 300 | 750 | 1250 | 2500 | 4400 | 6200 |
| **Monte Carlo, 8-cyl.** | | | | | | |
| 2-dr Cpe LS | 300 | 800 | 1350 | 2700 | 4700 | 6900 |
| 2-dr Spt Cpe SS | 400 | 1150 | 1850 | 3700 | 6400 | 9300 |
| 2-dr Aero Cpe SS | 500 | 1350 | 2350 | 4700 | 8100 | 11500 |
| **Caprice, 6-cyl.** | | | | | | |
| 4-dr Sdn | 300 | 600 | 900 | 1800 | 3100 | 4400 |
| **Caprice Classic, 6-cyl.** | | | | | | |
| 4-dr Sdn | 300 | 650 | 1100 | 2100 | 3600 | 5100 |
| 2-dr Spt Cpe | 300 | 650 | 1000 | 2000 | 3500 | 4900 |
| **Caprice Classic Brougham, 6-cyl.** | | | | | | |
| 4-dr Sdn | 300 | 650 | 1100 | 2200 | 3800 | 5400 |
| 4-dr Sdn LS | 300 | 650 | 1150 | 2300 | 3900 | 5700 |
| **Caprice, 8-cyl.** | | | | | | |
| 4-dr Sdn | 300 | 650 | 1100 | 2200 | 3800 | 5400 |
| 4-dr 3-seat Sta Wgn | 300 | 650 | 1100 | 2100 | 3600 | 5100 |
| **Caprice Classic, 8-cyl.** | | | | | | |
| 4-dr Sdn | 300 | 750 | 1250 | 2500 | 4400 | 6200 |
| 2-dr Spt Cpe | 300 | 700 | 1200 | 2400 | 4100 | 5900 |
| 4-dr 3-seat Sta Wgn | 300 | 650 | 1150 | 2300 | 3900 | 5700 |
| **Caprice Classic Brougham, 8-cyl.** | | | | | | |
| 4-dr Sdn | 300 | 800 | 1300 | 2600 | 4600 | 6600 |
| 4-dr Sdn LS | 300 | 800 | 1350 | 2700 | 4700 | 6900 |

*Small block option deduct 10%*

| | 6 | 5 | 4 | 3 | 2 | 1 |
|---|---|---|---|---|---|---|
| **1988** | | | | | | |
| **Sprint** | | | | | | |
| 4-dr Htchbk | 200 | 400 | 550 | 1100 | 2000 | 2900 |
| 2-dr Htchbk | 200 | 350 | 500 | 1000 | 1900 | 2700 |
| 2-dr Htchbk Metro | 150 | 300 | 450 | 900 | 1800 | 2600 |
| 2-dr Htchbk Turbo | 200 | 400 | 600 | 1200 | 2100 | 3000 |
| **Spectrum** | | | | | | |
| 2-dr Express Htchbk | 200 | 350 | 500 | 1000 | 1900 | 2700 |
| 4-dr Ntchbk | 200 | 350 | 500 | 1000 | 1900 | 2700 |
| 2-dr Htchbk | 150 | 300 | 450 | 900 | 1800 | 2600 |
| 4-dr Ntchbk Turbo | 200 | 400 | 550 | 1100 | 2000 | 2900 |
| **Nova** | | | | | | |
| 5-dr Htchbk | 300 | 600 | 900 | 1800 | 3100 | 4400 |
| 4-dr Ntchbk | 300 | 600 | 950 | 1900 | 3200 | 4600 |
| 4-dr Ntchbk Twin Cam | 300 | 700 | 1200 | 2400 | 4100 | 5900 |
| **Cavalier** | | | | | | |
| 4-dr Sdn | 300 | 600 | 900 | 1800 | 3100 | 4400 |
| 2-dr Cpe VL | 300 | 550 | 800 | 1600 | 2800 | 3900 |
| 2-dr Cpe | 300 | 600 | 900 | 1800 | 3100 | 4400 |
| 4-dr Sta Wgn | 300 | 600 | 950 | 1900 | 3200 | 4600 |
| **Cavalier RS** | | | | | | |
| 4-dr Sdn | 300 | 650 | 1000 | 2000 | 3500 | 4900 |
| 2-dr Cpe | 300 | 650 | 1000 | 2000 | 3500 | 4900 |
| **Cavalier Z24, 6-cyl.** | | | | | | |
| 2-dr Cpe | 300 | 800 | 1300 | 2600 | 4600 | 6600 |
| 2-dr Conv | 400 | 1100 | 1800 | 3600 | 6200 | 9100 |
| **Beretta, 4-cyl.** | | | | | | |
| 2-dr Cpe | 300 | 650 | 1000 | 2000 | 3500 | 4900 |
| **Corsica, 4-cyl.** | | | | | | |
| 4-dr Sdn | 300 | 600 | 950 | 1900 | 3200 | 4600 |
| **Beretta, 6-cyl.** | | | | | | |
| 2-dr Cpe | 300 | 650 | 1100 | 2200 | 3800 | 5400 |
| **Corsica, 6-cyl.** | | | | | | |
| 4-dr Sdn | 300 | 650 | 1100 | 2100 | 3600 | 5100 |
| | | *GT pkg. add $350* | | *GTU pkg. add $500* | | |
| **Celebrity, 6-cyl.** | | | | | | |
| 4-dr Sdn | 300 | 650 | 1150 | 2300 | 3900 | 5700 |
| 2-dr Cpe | 300 | 650 | 1100 | 2200 | 3800 | 5400 |
| 4-dr Sta Wgn | 300 | 650 | 1150 | 2300 | 3900 | 5700 |
| **Celebrity, 4-cyl.** | | | | | | |
| 4-dr Sdn | 300 | 650 | 1000 | 2000 | 3500 | 4900 |
| 2-dr Cpe | 300 | 600 | 950 | 1900 | 3200 | 4600 |
| 4-dr Sta Wgn | 300 | 650 | 1000 | 2000 | 3500 | 4900 |
| | | *Eurosport pkg. add $100* | | | | |
| **Camaro, 6-cyl.** | | | | | | |
| 2-dr Cpe | 350 | 900 | 1500 | 2900 | 5200 | 7400 |
| RS 2-dr Cpe | 350 | 900 | 1500 | 3000 | 5300 | 7600 |
| | | *5.0l V-8 engine add $1,000* | | | | |
| **Camaro, 8-cyl.** | | | | | | |
| 2-dr Conv | 550 | 1500 | 2500 | 5100 | 8800 | 12500 |
| IROC-Z Spt Cpe | 400 | 1200 | 1900 | 3800 | 6600 | 9600 |
| IROC-Z Conv | 550 | 1550 | 2650 | 5300 | 9100 | 13000 |
| **Monte Carlo, 6-cyl.** | | | | | | |
| 2-dr Cpe LS | 350 | 900 | 1500 | 2900 | 5200 | 7400 |
| **Monte Carlo, 8-cyl.** | | | | | | |
| 2-dr Cpe LS | 350 | 1000 | 1600 | 3200 | 5700 | 8100 |
| 2-dr Spt Cpe SS | 450 | 1250 | 2100 | 4200 | 7200 | 10500 |
| **Caprice, 6-cyl.** | | | | | | |
| 4-dr Sdn | 300 | 650 | 1100 | 2100 | 3600 | 5100 |

| | 6 | 5 | 4 | 3 | 2 | 1 |
|---|---|---|---|---|---|---|
| **Caprice Classic, 6-cyl.** | | | | | | |
| 4-dr Sdn | 300 | 650 | 1150 | 2300 | 3900 | 5700 |
| **Caprice Classic Brougham, 6-cyl.** | | | | | | |
| 4-dr Sdn | 300 | 700 | 1200 | 2400 | 4100 | 5900 |
| 4-dr Sdn LS | 300 | 750 | 1250 | 2500 | 4400 | 6200 |
| **Caprice, 8-cyl.** | | | | | | |
| 4-dr Sdn | 300 | 750 | 1250 | 2500 | 4400 | 6200 |
| **Caprice Classic, 8-cyl.** | | | | | | |
| 4-dr Sdn | 300 | 800 | 1350 | 2700 | 4700 | 6900 |
| 4-dr Sta Wgn | 350 | 850 | 1400 | 2800 | 4900 | 7100 |
| **Caprice Classic Brougham, 8-cyl.** | | | | | | |
| 4-dr Sdn | 350 | 850 | 1400 | 2800 | 4900 | 7100 |
| 4-dr Sdn LS | 350 | 900 | 1500 | 2900 | 5200 | 7400 |

*Small block option deduct 10%*

## 1989

| | 6 | 5 | 4 | 3 | 2 | 1 |
|---|---|---|---|---|---|---|
| **Cavalier** | | | | | | |
| 4-dr Sdn | 300 | 650 | 1000 | 2000 | 3500 | 4900 |
| 2-dr Cpe VL | 300 | 600 | 900 | 1800 | 3100 | 4400 |
| 2-dr Cpe | 300 | 650 | 1000 | 2000 | 3500 | 4900 |
| 4-dr Sta Wgn | 300 | 650 | 1100 | 2100 | 3600 | 5100 |
| **Cavalier Z24, 6-cyl.** | | | | | | |
| 2-dr Cpe | 350 | 900 | 1500 | 2900 | 5200 | 7400 |
| 2-dr Conv | 450 | 1250 | 2100 | 4200 | 7200 | 10500 |
| **Beretta, 4-cyl.** | | | | | | |
| 2-dr Cpe | 300 | 650 | 1150 | 2300 | 3900 | 5700 |
| **Corsica, 4-cyl.** | | | | | | |
| 4-dr Ntchbk | 300 | 650 | 1100 | 2200 | 3800 | 5400 |
| 4-dr Htchbk | 300 | 650 | 1150 | 2300 | 3900 | 5700 |
| **Beretta, 6-cyl.** | | | | | | |
| 2-dr Cpe | 300 | 800 | 1300 | 2600 | 4600 | 6600 |
| 2-dr Cpe GT | 350 | 850 | 1400 | 2800 | 4900 | 7100 |
| **Corsica, 6-cyl.** | | | | | | |
| 4-dr Ntchbk | 300 | 750 | 1250 | 2500 | 4400 | 6200 |
| 4-dr Htchbk | 300 | 800 | 1300 | 2600 | 4600 | 6600 |
| 4-dr Ntchbk LTZ | 350 | 850 | 1400 | 2800 | 4900 | 7100 |
| **Celebrity, 4-cyl.** | | | | | | |
| 4-dr Sdn | 300 | 650 | 1150 | 2300 | 3900 | 5700 |
| 2-seat Sta Wgn | 300 | 650 | 1150 | 2300 | 3900 | 5700 |
| **Celebrity, 6-cyl.** | | | | | | |
| 4-dr Sdn | 300 | 800 | 1300 | 2600 | 4600 | 6600 |
| 2-seat Sta Wgn | 300 | 800 | 1300 | 2600 | 4600 | 6600 |
| **Camaro, 6-cyl.** | | | | | | |
| RS 2-dr Cpe | 4350 | 1000 | 1600 | 3200 | 5700 | 8100 |

*5.0l V-8 engine add $500*

| | 6 | 5 | 4 | 3 | 2 | 1 |
|---|---|---|---|---|---|---|
| **Camaro, V-8** | | | | | | |
| 2-dr Conv | 600 | 1600 | 2700 | 5400 | 9300 | 13500 |
| 2-dr Conv RS | 600 | 1650 | 2850 | 5700 | 9900 | 14200 |
| IROC-Z Spt Cpe | 450 | 1250 | 2150 | 4300 | 7400 | 10700 |
| IROC-Z Conv | 600 | 1650 | 2900 | 5800 | 10000 | 14500 |
| **Caprice, 8-cyl.** | | | | | | |
| 4-dr Sdn | 300 | 800 | 1300 | 2600 | 4600 | 6600 |
| **Caprice Classic, 8-cyl.** | | | | | | |
| 4-dr Sdn | 350 | 950 | 1550 | 3100 | 5500 | 7900 |
| 3-seat Sta Wgn | 350 | 950 | 1550 | 3100 | 5500 | 7900 |
| **Caprice Classic Brougham, 8-cyl.** | | | | | | |
| 4-dr Sdn | 400 | 1050 | 1700 | 3300 | 5800 | 8300 |
| 4-dr Sdn LS | 400 | 1100 | 1800 | 3500 | 6100 | 8900 |

*Small block option deduct 10%*

|  | 6 | 5 | 4 | 3 | 2 | 1 |
|---|---|---|---|---|---|---|
| **1990** | | | | | | |
| **Cavalier VL** | | | | | | |
| 4-dr Sdn | 300 | 650 | 1100 | 2100 | 3600 | 5100 |
| 2-dr Cpe | 300 | 650 | 1100 | 2100 | 3600 | 5100 |
| 4-dr Sta Wgn | 300 | 650 | 1150 | 2300 | 3900 | 5700 |
| **Cavalier** | | | | | | |
| 4-dr Sdn | 300 | 650 | 1150 | 2300 | 3900 | 5700 |
| 2-dr Cpe | 300 | 700 | 1200 | 2400 | 4100 | 5900 |
| 4-dr Sta Wgn | 300 | 750 | 1250 | 2500 | 4400 | 6200 |
| **Cavalier Z24, 6-cyl.** | | | | | | |
| 2-dr Cpe | 400 | 1050 | 1700 | 3300 | 5800 | 8300 |
| **Beretta** | | | | | | |
| 2-dr Cpe | 300 | 800 | 1350 | 2700 | 4700 | 6900 |
| 2-dr Cpe GTZ (5-spd.) | 400 | 1050 | 1700 | 3300 | 5800 | 8300 |
| **Corsica, 4 cyl.** | | | | | | |
| 4-dr Ntchbk LT | 300 | 750 | 1250 | 2500 | 4400 | 6200 |
| 4-dr Htchbk LT | 300 | 750 | 1250 | 2500 | 4400 | 6200 |
| **Beretta, 6-cyl.** | | | | | | |
| 2-dr Cpe | 350 | 900 | 1500 | 3000 | 5300 | 7600 |
| 2-dr Cpe GT | 350 | 1000 | 1600 | 3200 | 5700 | 8100 |
| **Corsica, 6-cyl.** | | | | | | |
| 4-dr Ntchbk LT | 350 | 850 | 1400 | 2800 | 4900 | 7100 |
| 4-dr Htchbk LT | 350 | 850 | 1400 | 2800 | 4900 | 7100 |
| 4-dr Ntchbk LTZ | 350 | 950 | 1550 | 3100 | 5500 | 7900 |
| **Celebrity, 4-cyl.** | | | | | | |
| 2-seat Sta Wgn | 350 | 1000 | 1600 | 3200 | 5700 | 8100 |
| **Celebrity, 6-cyl.** | | | | | | |
| 2-seat Sta Wgn | 400 | 1100 | 1800 | 3500 | 6100 | 8900 |
| **Lumina** | | | | | | |
| 4-dr Sdn | 300 | 750 | 1250 | 2500 | 4400 | 6200 |
| 2-dr Cpe | 300 | 700 | 1200 | 2400 | 4100 | 5900 |
| **Lumina, 6-cyl.** | | | | | | |
| 4-dr Sdn | 350 | 950 | 1550 | 3100 | 5500 | 7900 |
| 2-dr Cpe | 350 | 900 | 1500 | 3000 | 5300 | 7600 |
| **Lumina Euro, 6-cyl.** | | | | | | |
| 4-dr Sdn | 400 | 1100 | 1800 | 3500 | 6100 | 8900 |
| 2-dr Cpe | 400 | 1100 | 1800 | 3500 | 6100 | 8900 |
| **Camaro, V-6** | | | | | | |
| 2-dr Cpe RS | 400 | 1200 | 2000 | 4000 | 6900 | 10000 |
| **Camaro, V-8** | | | | | | |
| 2-dr Cpe RS | 450 | 1250 | 2200 | 4400 | 7600 | 10900 |
| 2-dr Conv | 700 | 1900 | 3350 | 6700 | 11500 | 16500 |
| IROC-Z Spt Cpe | 550 | 1550 | 2600 | 5200 | 9000 | 12800 |
| IROC-Z Conv | 700 | 1900 | 3400 | 6800 | 11700 | 16900 |
| **Caprice, 8-cyl.** | | | | | | |
| 4-dr Sdn | 350 | 900 | 1500 | 3000 | 5300 | 7600 |
| **Caprice Classic, 8-cyl.** | | | | | | |
| 4-dr Sdn | 400 | 1100 | 1800 | 3600 | 6200 | 9100 |
| 3-seat Sta Wgn | 400 | 1100 | 1800 | 3600 | 6200 | 9100 |
| **Caprice Classic Brougham, 8-cyl.** | | | | | | |
| 4-dr Sdn | 400 | 1200 | 1900 | 3800 | 6600 | 9600 |
| 4-dr Sdn LS | 400 | 1200 | 2000 | 4000 | 6900 | 10000 |

*Small block option deduct 10%*

| | 6 | 5 | 4 | 3 | 2 | 1 |
|---|---|---|---|---|---|---|
| **1991** | | | | | | |
| **Cavalier VL** | | | | | | |
| 4-dr Sdn | 300 | 750 | 1250 | 2500 | 4400 | 6200 |
| 2-dr Cpe | 300 | 750 | 1250 | 2500 | 4400 | 6200 |
| 4-dr Sta Wgn | 300 | 800 | 1350 | 2700 | 4700 | 6900 |

| | 6 | 5 | 4 | 3 | 2 | 1 |
|---|---|---|---|---|---|---|
| **Cavalier RS** | | | | | | |
| 4-dr Sdn | 300 | 800 | 1350 | 2700 | 4700 | 6900 |
| 2-dr Cpe | 350 | 850 | 1400 | 2800 | 4900 | 7100 |
| 4-dr Sta Wgn | 350 | 900 | 1500 | 2900 | 5200 | 7400 |
| 2-dr Conv | 500 | 1350 | 2350 | 4700 | 8100 | 11500 |
| **Cavalier Z24, 6-cyl.** | | | | | | |
| 2-dr Cpe | 400 | 1200 | 1900 | 3800 | 6600 | 9600 |
| **Beretta** | | | | | | |
| 2-dr Cpe | 350 | 950 | 1550 | 3100 | 5500 | 7900 |
| 2-dr Cpe GTZ (5-spd.) | 400 | 1150 | 1850 | 3700 | 6400 | 9300 |
| **Corsica, 4 cyl.** | | | | | | |
| 4-dr Ntchbk LT | 350 | 900 | 1500 | 2900 | 5200 | 7400 |
| 4-dr Htchbk LT | 350 | 900 | 1500 | 2900 | 5200 | 7400 |
| **Beretta, 6-cyl.** | | | | | | |
| 2-dr Cpe | 400 | 1050 | 1700 | 3400 | 5900 | 8500 |
| 2-dr Cpe GT | 400 | 1100 | 1800 | 3600 | 6200 | 9100 |
| **Corsica, 6-cyl.** | | | | | | |
| 4-dr Ntchbk LT | 350 | 1000 | 1600 | 3200 | 5700 | 8100 |
| 4-dr Htchbk LT | 350 | 1000 | 1600 | 3200 | 5700 | 8100 |
| **Lumina** | | | | | | |
| 4-dr Sdn | 350 | 900 | 1500 | 3000 | 5300 | 7600 |
| 2-dr Cpe | 350 | 900 | 1500 | 2900 | 5200 | 7400 |
| **Lumina, 6-cyl.** | | | | | | |
| 4-dr Sdn | 400 | 1100 | 1800 | 3600 | 6200 | 9100 |
| 2-dr Cpe | 400 | 1100 | 1800 | 3500 | 6100 | 8900 |
| **Lumina Euro, 6-cyl.** | | | | | | |
| 4-dr Sdn | 450 | 1250 | 2100 | 4200 | 7200 | 10500 |
| 2-dr Cpe | 450 | 1250 | 2100 | 4200 | 7200 | 10500 |
| **Camaro, V-6** | | | | | | |
| 2-dr Cpe RS | 500 | 1350 | 2350 | 4700 | 8100 | 11500 |
| 2-dr Conv RS | 650 | 1800 | 3250 | 6500 | 11200 | 16100 |
| **Camaro, V-8** | | | | | | |
| 2-dr Cpe RS | 550 | 1550 | 2600 | 5200 | 9000 | 12800 |
| 2-dr Conv RS | 700 | 2050 | 3500 | 7000 | 12100 | 17400 |
| Z-28 Spt Cpe | 600 | 1650 | 2850 | 5700 | 9900 | 14200 |
| Z-28 Conv | 750 | 2300 | 3800 | 7600 | 13100 | 18900 |
| **Caprice, 8-cyl.** | | | | | | |
| 4-dr Sdn | 550 | 1400 | 2400 | 4800 | 8300 | 11800 |
| **Caprice Classic, 8-cyl.** | | | | | | |
| 4-dr Sdn | 600 | 1600 | 2700 | 5400 | 9300 | 13500 |
| 3-seat Sta Wgn | 650 | 1750 | 3150 | 6300 | 10900 | 15700 |

*Small block option deduct 10%*

---

# PRICE GUIDE CLASSIFICATIONS:

**1. CONCOURS:** Perfection. At or near 100 points on a 100-point judging scale. Trailered; never driven; pampered. Totally restored to the max and 100 percent stock.

**2. SHOW:** Professionally restored to high standards. No major flaws or deviations from stock. Consistent trophy winner that needs nothing to show. In 90 to 95 point range.

**3. STREET/SHOW:** Older restoration or extremely nice original showing some wear from age and use. Very presentable; occasional trophy winner; everything working properly. About 80 to 89 points.

**4. DRIVER:** A nice looking, fine running collector car needing little or nothing to drive, enjoy and show in local competition. Would need extensive restoration to be a show car, but completely usable as is.

**5. RESTORABLE:** Project car that is relatively complete and restorable within a reasonable effort and expense. Needs total restoration, but all major components present and rebuildable. May or may not be running.

**6. PARTS CAR:** Deteriorated or stripped to a point beyond reasonable restoration, but still complete and solid enough to donate valuable parts to a restoration. Likely not running, possibly missing its engine.

### Collector Car Value Trends

Value trends within the collector car hobby provide a look at what's been going on during the past two decades. The following charts were compiled from various sources that have tracked the value of selected models over the years. Models were chosen on the basis of their rarity *and* desirability by collectors and hobbyists. 2000 prices are based on vehicles in number one condition.

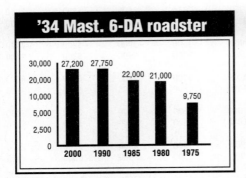

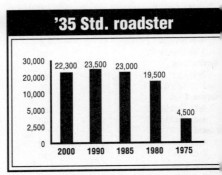

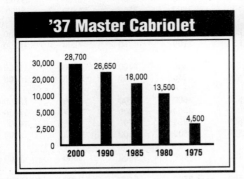

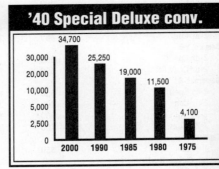

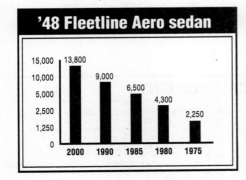

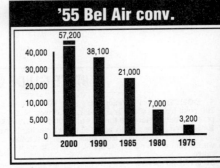

## Collector Car Value Trends

Value trends within the collector car hobby provide a look at what's been going on during the past two decades. The following charts were compiled from various sources that have tracked the value of selected models over the years. Models were chosen on the basis of their rarity *and* desirability by collectors and hobbyists. 2000 prices are based on vehicles in number one condition.

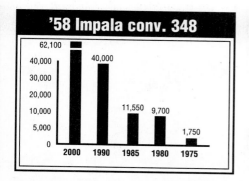

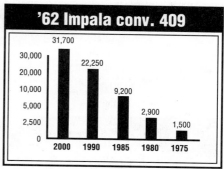

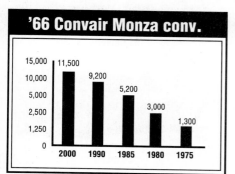

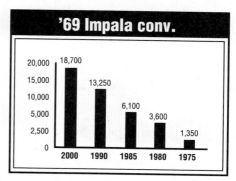

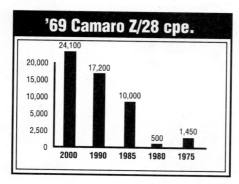

# CORVETTE

## 1953 – 1991

'54 Corvette

'56 Corvette

'58 Corvette

'61 Corvette

'63 Corvette

'64 Corvette

'65 Corvette

'66 Corvette

'67 Corvette

'68 Corvette

| | 6 | 5 | 4 | 3 | 2 | 1 |
|---|---|---|---|---|---|---|
| **1953** | | | | | | |
| Rdstr | 9000 | 27000 | 35000 | 50000 | 68000 | 87000 |
| **1954** | | | | | | |
| Rdstr | 4800 | 15250 | 21000 | 25000 | 32500 | 42000 |
| **1955** | | | | | | |
| Rdstr | 6800 | 20250 | 26000 | 35000 | 43000 | 57200 |

*3-spd. trans. add $2,500*     *6-cyl. (rare) add $5,000*

| | 6 | 5 | 4 | 3 | 2 | 1 |
|---|---|---|---|---|---|---|
| **1956** | | | | | | |
| Conv | 6200 | 18750 | 24500 | 32000 | 40000 | 52800 |

*Hardtop add $1,500*     *Dual quads add $2,000*
*Wonderbar radio add $500*     *Power windows add $500*
*Power top add $1,500*

| | 6 | 5 | 4 | 3 | 2 | 1 |
|---|---|---|---|---|---|---|
| **1957** | | | | | | |
| Conv | 7200 | 21250 | 27000 | 37000 | 45500 | 60200 |

*Hardtop add $1,500-$2,000*     *Dual quads add $2,000-$2,500*
*Fuel injection add $5,000-$7,000*     *Wonderbar radio add $500*
*Power windows add $500*     *Power top add $1,500*

| | 6 | 5 | 4 | 3 | 2 | 1 |
|---|---|---|---|---|---|---|
| **1958** | | | | | | |
| Conv | 5000 | 15750 | 21500 | 26000 | 34000 | 43800 |

*Hardtop add $1,200-$1,500*     *Dual quads add $2,000*
*Fuel injection add $4,000-$5,000*     *Wonderbar radio add $500*
*Power windows add $500*     *Power top add $1,200*

| | 6 | 5 | 4 | 3 | 2 | 1 |
|---|---|---|---|---|---|---|
| **1959** | | | | | | |
| Conv | 4500 | 14500 | 20000 | 23500 | 31000 | 39000 |

*Hardtop add $1,200-$1,500*     *Dual quads add $2,000*
*Fuel injection add $4,000-$5,000*     *Wonderbar radio add $500*
*Power windows add $500*     *Power top add $1,200*

| | 6 | 5 | 4 | 3 | 2 | 1 |
|---|---|---|---|---|---|---|
| **1960** | | | | | | |
| Conv | 4500 | 14500 | 20000 | 23500 | 31000 | 39000 |

*Hardtop add $1,200-$1,500*     *Dual quads add $2,000*
*Fuel injection add $4,000-$5,000*     *Wonderbar radio add $500*
*Power windows add $500*     *Power top add $1,200*

| | 6 | 5 | 4 | 3 | 2 | 1 |
|---|---|---|---|---|---|---|
| **1961** | | | | | | |
| Conv | 4500 | 14500 | 20000 | 23500 | 31000 | 39000 |

*Hardtop add $1,200-$1,500*     *Dual quads add $2,000*
*Fuel injection add $4,000-$5,000*     *Wonderbar radio add $500*
*Power windows add $500*     *Power top add $1,200*

| | 6 | 5 | 4 | 3 | 2 | 1 |
|---|---|---|---|---|---|---|
| **1962** | | | | | | |
| Conv | 4600 | 14750 | 20500 | 24000 | 31500 | 40000 |

*Hardtop add $1,200-$1,500*     *Dual quads add $2,000*
*Fuel injection add $5,000*     *Wonderbar radio add $500*
*Power windows add $500*     *Power top add $1,200*

| | 6 | 5 | 4 | 3 | 2 | 1 |
|---|---|---|---|---|---|---|
| **1963** | | | | | | |
| Cpe | 4800 | 15250 | 21000 | 25000 | 32500 | 42000 |
| Conv | 4400 | 14250 | 19500 | 23000 | 30500 | 38000 |

*Fuel injection add $5,000-$7,500*     *AM-FM radio add $250*
*3-speed deduct $500; $1K for automatic*     *Power windows add $300*
*Air conditioning add $8,000*     *Auxiliary hardtop add $750-$1,000*
*Original knock-off wheels add $3,500; $1K for repros*
*Z06 perf. package, including knock-off wheels, fuel injection, 4-speed transmission,*
*big brakes, and 36-gal. gas tank (Add 60% without big tank and knock-offs) add 100%*

| | 6 | 5 | 4 | 3 | 2 | 1 |
|---|---|---|---|---|---|---|
| **1964** | | | | | | |
| Cpe | 3200 | 10750 | 13250 | 17000 | 21500 | 29000 |
| Conv | 3800 | 12750 | 16250 | 20000 | 25000 | 32000 |

*Auxiliary hardtop add $500-$750*     *Fuel injection add $5,000-$7,500*
*3-speed deduct $500; $1K for automatic*     *AM-FM radio add $250*
*Power windows add $300*     *36-gal. fuel tank add $5,000*
*Original knock-off wheels add $3,500; $1K for repros*     *365-hp 327 add $2,500*
*Air conditioning add $6,000; $7,000 on convertibles*

| | 6 | 5 | 4 | 3 | 2 | 1 |
|---|---|---|---|---|---|---|
| **1965** | | | | | | |
| Cpe | 3800 | 12750 | 16250 | 20000 | 25000 | 32000 |
| Conv | 4800 | 15250 | 21000 | 25000 | 32500 | 42000 |

*Auxiliary hardtop add $500-$750*     *Fuel injection add $6,000-$8,500*
*396 V-8 add $6,000*     *350-hp 327 add $2,000*
*365-hp 327 add $2,500*     *3-speed deduct $500*
*Side exhaust add $1,000*     *Power windows add $250*
*36-gal. fuel tank add $5,000*     *Teakwood steering wheel add $900*
*5 original knock-off wheels add $3,500; $1,000 for repros*
*Air conditioning add $6,000; $7,000 on convertibles*

| | 6 | 5 | 4 | 3 | 2 | 1 |
|---|---|---|---|---|---|---|
| **1966** | | | | | | |
| Cpe | 3800 | 12750 | 16250 | 20000 | 25000 | 32000 |
| Conv | 4800 | 15250 | 21000 | 25000 | 32500 | 42000 |

*Auxiliary hardtop add $500-$750*
*427 V-8 425 HP add $6,500*     *427 V-8 add $5,000*
*Power windows add $250*     *Side exhaust add $1,000*
*Teakwood steering wheel add $900*     *36-gal. fuel tank add $5,000*
*Original knock-off wheels add $3,500; $1K for repros*     *3-speed deduct $500; $1K for automatic*
*Air conditioning add $6,000; $7,000 on convertibles*

| | 6 | 5 | 4 | 3 | 2 | 1 |
|---|---|---|---|---|---|---|
| **1967** | | | | | | |
| Cpe | 4100 | 13500 | 17750 | 21500 | 28000 | 35000 |
| Conv | 5100 | 16000 | 21750 | 26500 | 34500 | 44500 |
| L88 | — | 100000 | 190000 | 250000 | 285000 | 325000 |

*Auxiliary hardtop add $500-$750*     *427 V-8 add $5,000*
*427 tri-power 400 HP add $7,500*     *427 tri-power 435 HP add $12,000*
*L89 add $50,000*     *350-hp 327 add $2,000*
*3-speed deduct $500; $1K for automatic*     *Side exhaust add $1,000*
*Power windows add $250*     *36-gal. fuel tank add $6,000*
*Air conditioning add $6,000; $7,000 on convertible*
*Original aluminum wheels add $6,000; $1,000 for repros*

| | 6 | 5 | 4 | 3 | 2 | 1 |
|---|---|---|---|---|---|---|
| **1968** | | | | | | |
| Cpe | 2000 | 4750 | 7250 | 11000 | 15750 | 23000 |
| Conv | 2600 | 7750 | 10250 | 14000 | 18750 | 26000 |
| L88 | — | — | 90000 | 110000 | 125000 | 150000 |

*Auxiliary hardtop add $500*     *427 V-8 add $5,000*
*400-hp 427 add $7,000*     *435-hp 427 add $10,000*
*L89 add $40,000*     *3-speed deduct $500*
*Side exhaust add $1,000*     *Power windows add $200*
*Air conditioning add $2,000; $3,500 on convertible*

| | 6 | 5 | 4 | 3 | 2 | 1 |
|---|---|---|---|---|---|---|
| **1969** | | | | | | |
| Cpe | 2200 | 5750 | 8250 | 12000 | 16750 | 24000 |
| Conv | 3000 | 9750 | 12250 | 16000 | 20750 | 28000 |
| L88 | — | — | 95000 | 120000 | 135000 | 160000 |

*Auxiliary hardtop add $500*     *427 V-8 add $5,000*
*400-hp 427 add $7,000*     *435-hp 427 add $10,000*
*L89 add $45,000*     *4-speed add $500*
*Side exhaust add $1,000*     *Power windows add $200*
*Air conditioning add $2,000; $4,000 on convertible*

| | 6 | 5 | 4 | 3 | 2 | 1 |
|---|---|---|---|---|---|---|
| **1970** | | | | | | |
| Cpe | 2000 | 4750 | 7250 | 11000 | 15750 | 23000 |
| Conv | 2800 | 8750 | 11250 | 15000 | 19750 | 27000 |

*Auxiliary hardtop add $500*     *LS5 454 add $5,000*
*4-speed add $500*     *Side exhaust add $700*
*Power windows add $200*
*Air conditioning add $2,000; $4,000 on convertible*
*LT-1 350 add $3,500; $6,000 for convertible*

| | | 6 | 5 | 4 | 3 | 2 | 1 |
|---|---|---|---|---|---|---|---|

### 1971

| | | 6 | 5 | 4 | 3 | 2 | 1 |
|---|---|---|---|---|---|---|---|
| Cpe | | 2000 | 4750 | 7250 | 11000 | 15750 | 23000 |
| Conv | | 2800 | 8750 | 11250 | 15000 | 19750 | 27000 |

*Auxiliary hardtop add $500*     *LS5 454 add $5,000*
*LS6 454 add $7,000*     *ZR1 (LT-1 350) add $25,000*
*ZR2 (LS6 454) add $3,200*     *4-speed add $500*
*Power windows add $200*     *LT-1 350 add $3,500; $6K for convertible*
*Air conditioning add $2,000; $3,500 on convertible*

### 1972

| | | 6 | 5 | 4 | 3 | 2 | 1 |
|---|---|---|---|---|---|---|---|
| Cpe | | 2000 | 4750 | 7250 | 11000 | 15750 | 23000 |
| Conv | | 2800 | 8750 | 11250 | 15000 | 19750 | 27000 |

*Auxiliary hardtop add $500*
*LS5 454 add $5,000*     *LT-1 350 add $3,500*
*4-speed add $500*     *ZR1 (LT-1 350) add $25,000*
*Air conditioning add $2,000;*     *Power windows add $200*
*LT-1 coupe add $5,000;*     *$3,500 for convertible;*
    *$10,000 on LT-1 convertible*

### 1973

| | | 6 | 5 | 4 | 3 | 2 | 1 |
|---|---|---|---|---|---|---|---|
| Cpe | | 1850 | 4000 | 6250 | 10000 | 14750 | 22000 |
| Conv | | 2400 | 6750 | 9250 | 13000 | 17750 | 25000 |

*Auxiliary hardtop add $500*     *L-82 350 add $500*
*LS4 454 add $5,000*     *Aluminum wheels add $400*
*Power windows add $200*     *4-speed add $500*
*Air conditioning add $1,000; $2,000 on convertible*

### 1974

| | | 6 | 5 | 4 | 3 | 2 | 1 |
|---|---|---|---|---|---|---|---|
| Cpe | | 1850 | 4000 | 6250 | 10000 | 14750 | 22000 |
| Conv | | 2400 | 6750 | 9250 | 13000 | 17750 | 25000 |

*Auxiliary hardtop add $500*
*Aluminum wheels add $400*     *L-82 350 add $500*
*4-speed add $500*     *Power windows add $200*
*Air conditioning add $1,000; $2,000 on convertible*

### 1975

| | | 6 | 5 | 4 | 3 | 2 | 1 |
|---|---|---|---|---|---|---|---|
| Cpe | | 1700 | 3250 | 5250 | 8500 | 13750 | 20500 |
| Conv | | 2800 | 8750 | 11250 | 15000 | 19750 | 27000 |

*Auxiliary hardtop add $500*
*Aluminum wheels add $400*     *L-82 350 add $500*
*Air conditioning add $1,000;*     *Power windows add $200*
    *$2,000 on convertible*     *4-speed add $500*

### 1976

| | | 6 | 5 | 4 | 3 | 2 | 1 |
|---|---|---|---|---|---|---|---|
| Cpe | | 1700 | 3250 | 5250 | 8500 | 13750 | 20500 |

*L-82 350 add $500*     *Aluminum wheels add $400*
*Power windows add $200*     *4-speed add $500*
*Air conditioning add $1,000*

### 1977

| | | 6 | 5 | 4 | 3 | 2 | 1 |
|---|---|---|---|---|---|---|---|
| Cpe | | 1750 | 3500 | 5500 | 9000 | 14000 | 21000 |

*L-82 350 add $500*     *Power windows add $200*
*Aluminum wheels add $400*     *4-speed add $500*
*Air conditioning add $1,000*

### 1978

| | | 6 | 5 | 4 | 3 | 2 | 1 |
|---|---|---|---|---|---|---|---|
| Cpe | | 1850 | 4000 | 6250 | 10000 | 14750 | 22000 |
| 25th Ann. Cpe | | 2200 | 5750 | 8250 | 12000 | 16750 | 24000 |
| Pace Car | | 2400 | 6750 | 9250 | 13000 | 17750 | 25000 |

*L-82 350 add $500*     *4-speed add $500*
*Power windows add $200; standard on Pace Car and Anniversary*
*Aluminum wheels add $400, standard on Pace Car and Anniversary*
*Glass roofs add $400, included on Pace Car and Anniversary*
*L82 and 4-speed on Pace Car add $4,000*

**'69 Corvette**

**'70 Corvette**

**'71 Corvette**

**'73 Corvette**

**'76 Corvette**

**'78 Corvette**

**'80 Corvette**

**'81 Corvette**

**'84 Corvette**

**'86 Corvette**

**'87 Corvette**

**'89 Corvette**

| | 6 | 5 | 4 | 3 | 2 | 1 |
|---|---|---|---|---|---|---|

**1979**

| | | | | | | |
|---|---|---|---|---|---|---|
| Cpe | 1850 | 4000 | 6250 | 10000 | 14750 | 22000 |

*L-82 350 add $500*  
*Glass roofs add $400*  
*Aluminum wheels add $400*  
*4-speed add $500*

**1980**

| | | | | | | |
|---|---|---|---|---|---|---|
| Cpe | 2000 | 4750 | 7250 | 11000 | 15750 | 23000 |

*L-82 350 add $500*  
*Glass roofs add $400*  
*Aluminum wheels add $400*  
*4-speed add $500*

**1981**

| | | | | | | |
|---|---|---|---|---|---|---|
| Cpe | 2000 | 4750 | 7250 | 11000 | 15750 | 23000 |

*L-82 350 (last year) add $1,000*  
*Aluminum wheels add $400*  
*4-speed (last year) add $2,000*  
*AM-FM stereo add $400*  
*Glass roofs add $400*  
*2-tone paint add $500*

**1982**

| | | | | | | |
|---|---|---|---|---|---|---|
| Cpe | 1900 | 4250 | 6750 | 10500 | 15250 | 22500 |
| Collector's Edition | 2500 | 7250 | 9750 | 13500 | 18250 | 25500 |

*Aluminum wheels, except Collector Edition add $400*  
*Glass roofs, except Collector Edition add $400*  
*Silver green paint add $2,000*

**1983**

| | | | | | | |
|---|---|---|---|---|---|---|
| Cpe* | | | | | 50000 | 60000 |

*\*Several produced, all '84 prototypes numbered as 1983 models;*  
*only survivor kept by factory and donated to National Corvette Museum*

**1984**

| | | | | | | |
|---|---|---|---|---|---|---|
| Cpe | 1900 | 4250 | 6750 | 10500 | 15250 | 22500 |

*Transparent roof add $400*  
*4 + 3 trans. add $500*

**1985**

| | | | | | | |
|---|---|---|---|---|---|---|
| Cpe | 1900 | 4250 | 6750 | 10500 | 15250 | 22500 |

*Transparent roof add $400*  
*4 + 3 trans. add $500*

**1986**

| | | | | | | |
|---|---|---|---|---|---|---|
| Cpe | 1900 | 4250 | 6750 | 10500 | 15250 | 22500 |
| Conv | 2600 | 7750 | 10250 | 14000 | 18750 | 26000 |

*Transparent roof add $500*  
*Yellow convertible add $2,000-$2,500*  
*Yellow convertible with 4 + 3 trans. add $4,000*  
*4 + 3 trans. add $500*

**1987**

| | | | | | | |
|---|---|---|---|---|---|---|
| Cpe | 2000 | 4750 | 7250 | 11000 | 15750 | 23000 |
| Conv | 3000 | 9750 | 12250 | 16000 | 20750 | 28000 |
| Callaway Twin Turbo Cpe | 4000 | 13250 | 17250 | 21000 | 27000 | 34000 |

*4 + 3 trans. add $500*  
*Transparent roof add $400*

**1988**

| | | | | | | |
|---|---|---|---|---|---|---|
| Cpe | 2200 | 5750 | 8250 | 12000 | 16750 | 24000 |
| Conv | 3200 | 10750 | 13250 | 17000 | 21500 | 29000 |
| Callaway Twin Turbo Cpe | 4200 | 13750 | 18250 | 22000 | 29000 | 36000 |

*16" wheels deduct $1,000*  
*Transparent roof add $500*  
*4 + 3 trans. add $500*  
*35th Anniversary Edition Coupe add $5,000*

**1989**

| | | | | | | |
|---|---|---|---|---|---|---|
| Cpe | 2400 | 6750 | 9250 | 13000 | 17750 | 25000 |
| Conv | 3400 | 11750 | 14250 | 18000 | 22500 | 30000 |
| Callaway Twin Turbo Cpe | 4400 | 14250 | 19500 | 23000 | 30500 | 38000 |

*6-speed ZR transmission add $1,000*  
*Transparent roof add $400*  
*FX3 suspension add $400*  
*Auxiliary hardtop w/conv. add $750*

| | | 6 | 5 | 4 | 3 | 2 | 1 |
|---|---|---|---|---|---|---|---|
| **1990** | | | | | | | |
| Cpe | | 2600 | 7750 | 10250 | 14000 | 18750 | 26000 |
| Conv | | 3600 | 12250 | 15250 | 19000 | 23500 | 31000 |
| ZR-1 Cpe | | 4800 | 15250 | 21000 | 25000 | 32500 | 42000 |
| Callaway Twin Turbo Cpe | | 4600 | 14750 | 20500 | 24000 | 31500 | 40000 |

*FX3 suspension add $400*  *CD player add $200, standard on ZR-1*
*Transparent roof add $400*  *Auxiliary hardtop add $750*
*6-speed ZF transmission add $400, standard on ZR-1*

| | | 6 | 5 | 4 | 3 | 2 | 1 |
|---|---|---|---|---|---|---|---|
| **1991** | | | | | | | |
| Cpe | | 2800 | 8750 | 11250 | 15000 | 19750 | 27000 |
| Conv | | 3800 | 12750 | 16250 | 20000 | 25000 | 32000 |
| ZR-1 Cpe | | 5200 | 16250 | 22000 | 27000 | 35000 | 45200 |
| Callaway Twin Turbo Cpe | | 4800 | 15250 | 21000 | 25000 | 32500 | 42000 |

*FX3 suspension add $400*  *CD player add $200, standard on ZR-1*
*Transparent roof add $400*  *Auxiliary hardtop add $750*
*6-speed ZF transmission add $400, standard on ZR-1*

### Collector Car Value Trends

Value trends within the collector car hobby provide a look at what's been going on during the past two decades. The following charts were compiled from various sources that have tracked the value of selected models over the years. Models were chosen on the basis of their rarity *and* desirability by collectors and hobbyists. 2000 prices are based on vehicles in number one condition.

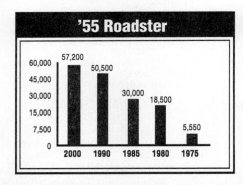

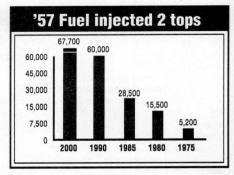

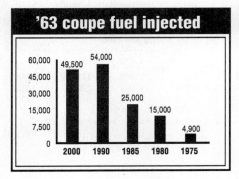

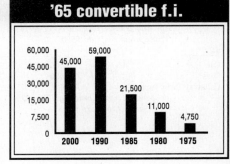

# CHRYSLER
## 1924 – 1991

'24 Chrysler

'25 Chrysler

'28 Chrysler

'29 Chrysler roadster

'31 Chrysler

'32 Chrysler

'33 Chrysler Imperial

'34 Chrysler Airflow

'35 Chrysler

'37 Chrysler

| | 6 | 5 | 4 | 3 | 2 | 1 |
|---|---|---|---|---|---|---|

**1924**

**Model B-70, 6-cyl., 68 hp, 112.75" wb**

| | 6 | 5 | 4 | 3 | 2 | 1 |
|---|---|---|---|---|---|---|
| 2-dr 5-pass Rdstr | 750 | 2300 | 3850 | 7700 | 13300 | 19200 |
| 4-dr 5-pass Phtn | 800 | 2400 | 4050 | 8100 | 14200 | 20200 |
| 4-dr 5-pass Tr | 750 | 2200 | 3650 | 7300 | 12600 | 18200 |
| 2-4 pass Cpe | 500 | 1350 | 2350 | 4700 | 8100 | 11500 |
| 4-dr 5-pass Sdn | 400 | 1200 | 1950 | 3900 | 6800 | 9900 |
| 2-dr 5-pass Brghm | 450 | 1250 | 2050 | 4100 | 7100 | 10300 |
| 4-dr 5-pass Imperial Sdn | 450 | 1250 | 2150 | 4300 | 7400 | 10700 |
| 4-dr 5-pass Crown Imperial | 500 | 1350 | 2350 | 4700 | 8100 | 11500 |
| 4-dr 7-pass T&C | 600 | 1650 | 2850 | 5700 | 9900 | 14200 |
| 5-pass Fisher Sdn | 400 | 1200 | 1950 | 3900 | 6800 | 9900 |

**1925**

**Model B-70, 6-cyl., 68 hp, 112.75" wb**

| | 6 | 5 | 4 | 3 | 2 | 1 |
|---|---|---|---|---|---|---|
| 2-4 passRdstr | 750 | 2300 | 3850 | 7700 | 13300 | 19200 |
| 5-pass Phtn | 800 | 2400 | 4050 | 8100 | 14200 | 20200 |
| 5-pass Tr | 750 | 2200 | 3650 | 7300 | 12600 | 18200 |
| 2-4 pass Cpe | 500 | 1350 | 2350 | 4700 | 8100 | 11500 |
| 4-dr 5-pass Sdn | 400 | 1200 | 1950 | 3900 | 6800 | 9900 |
| 5-pass Brghm | 450 | 1250 | 2050 | 4100 | 7100 | 10300 |
| 5-pass Imperial Sdn | 450 | 1250 | 2150 | 4300 | 7400 | 10700 |
| 5-pass Crown Imperial | 500 | 1350 | 2350 | 4700 | 8100 | 11500 |
| 5-pass T&C | 600 | 1650 | 2850 | 5700 | 9900 | 14200 |

**1926**

**Series F-58, 4-cyl., 28 hp, 109" wb**

| | 6 | 5 | 4 | 3 | 2 | 1 |
|---|---|---|---|---|---|---|
| 2-pass Rdstr | 750 | 2200 | 3650 | 7300 | 12600 | 18200 |
| 5-pass Tr | 750 | 2300 | 3850 | 7700 | 13300 | 19200 |
| 2-pass Club Cpe | 450 | 1250 | 2150 | 4300 | 7400 | 10700 |
| 5-pass Coach | 350 | 1000 | 1600 | 3200 | 5700 | 8100 |
| 5-pass Sdn | 350 | 900 | 1500 | 3000 | 5300 | 7600 |

**Series G-70, 6-cyl., 112.75" wb**

| | 6 | 5 | 4 | 3 | 2 | 1 |
|---|---|---|---|---|---|---|
| 2-4 pass Rdstr | 750 | 2300 | 3850 | 7700 | 13300 | 19200 |
| 5-pass Phtn | 800 | 2450 | 4100 | 8200 | 14400 | 20500 |
| 2-4 pass Roy Cpe | 500 | 1300 | 2250 | 4500 | 7700 | 11000 |
| 5-pass Coach | 400 | 1100 | 1800 | 3500 | 6100 | 8900 |
| 5-pass Brghm | 450 | 1250 | 2050 | 4100 | 7100 | 10300 |
| 5-pass Sdn | 400 | 1150 | 1850 | 3700 | 6400 | 9300 |
| 5-pass Roy Sdn | 400 | 1250 | 2100 | 4200 | 7200 | 10500 |
| 5-pass Crown Sdn | 450 | 1250 | 2150 | 4300 | 7400 | 10700 |

**Series E-80 Imperial, 6-cyl., 92 hp, 120" wb**

| | 6 | 5 | 4 | 3 | 2 | 1 |
|---|---|---|---|---|---|---|
| 2-4 pass Rdstr | 850 | 2650 | 4450 | 8900 | 15700 | 22300 |
| 5-pass Phtn | 900 | 2800 | 4700 | 9400 | 16500 | 23400 |
| 4-pass Cpe | 550 | 1500 | 2500 | 5100 | 8800 | 12500 |
| 5-pass Sdn | 500 | 1350 | 2350 | 4700 | 8100 | 11500 |
| 7-pass Sdn | 550 | 1500 | 2500 | 5100 | 8800 | 12500 |
| 7-pass Sdn Limo | 550 | 1550 | 2650 | 5300 | 9100 | 13000 |

**1927**

**Series I-50, 4-cyl., 38 hp, 106" wb**

| | 6 | 5 | 4 | 3 | 2 | 1 |
|---|---|---|---|---|---|---|
| 2-pass Rdstr | 750 | 2200 | 3650 | 7300 | 12600 | 18200 |
| 2-4 pass Rdstr | 750 | 2300 | 3850 | 7700 | 13300 | 19200 |
| 5-pass Tr | 750 | 2200 | 3650 | 7300 | 12600 | 18200 |
| 2-pass Cpe | 400 | 1150 | 1850 | 3700 | 6400 | 9300 |
| 5-pass Coach | 400 | 1050 | 1700 | 3300 | 5800 | 8300 |
| 5-pass Sdn | 350 | 1000 | 1600 | 3200 | 5700 | 8100 |
| 5-pass Lan Sdn | 400 | 1050 | 1700 | 3400 | 5900 | 8500 |

**Series H-60, 6-cyl., 54 hp, 109" wb**

| | 6 | 5 | 4 | 3 | 2 | 1 |
|---|---|---|---|---|---|---|
| 2-pass Rdstr | 800 | 2500 | 4250 | 8500 | 15000 | 21200 |
| 2-4 pass Rdstr | 850 | 2650 | 4450 | 8900 | 15700 | 22300 |
| 5-pass Tr | 800 | 2500 | 4250 | 8500 | 15000 | 21200 |

|  | 6 | 5 | 4 | 3 | 2 | 1 |
|---|---|---|---|---|---|---|
| 2-pass Cpe | 400 | 1200 | 1950 | 3900 | 6800 | 9900 |
| 2-4 pass Club Cpe | 450 | 1250 | 2050 | 4100 | 7100 | 10300 |
| 5-pass Coach | 400 | 1100 | 1800 | 3600 | 6200 | 9100 |
| 5-pass Sdn | 350 | 1000 | 1600 | 3200 | 5700 | 8100 |
| **Series "Finer" 70, 6-cyl., 68 hp, 112.75" wb** | | | | | | |
| 2-4 pass Rdstr | 800 | 2500 | 4250 | 8500 | 15000 | 21200 |
| 5-pass Phtn | 850 | 2650 | 4450 | 8900 | 15700 | 22300 |
| 5-pass Spt Phtn | 900 | 2800 | 4700 | 9400 | 16500 | 23400 |
| 2-4 pass Cabrlt | 800 | 2350 | 3950 | 7900 | 13700 | 19700 |
| 2-4 pass Cpe | 400 | 1200 | 1950 | 3900 | 6800 | 9900 |
| 2-4 pass Roy Cpe | 400 | 1200 | 1950 | 3900 | 6800 | 9900 |
| 5-pass Brghm | 400 | 1200 | 1900 | 3800 | 6600 | 9600 |
| Lan Brghm | 400 | 1200 | 1950 | 3900 | 6800 | 9900 |
| 5-pass Roy Sdn | 400 | 1200 | 1900 | 3800 | 6600 | 9600 |
| 5-pass Crown Sdn | 400 | 1200 | 1950 | 3900 | 6800 | 9900 |
| **Series E-80 Imperial, 6-cyl., 120" wb** | | | | | | |
| 2-4 pass Rdstr | 1000 | 3100 | 5250 | 10500 | 18600 | 26200 |
| 2-4 pass Spt Rdstr | 1000 | 3250 | 5450 | 10900 | 19100 | 27200 |
| 5-pass Phtn | 1000 | 3250 | 5450 | 10900 | 19100 | 27200 |
| 5-pass Spt Phtn (127" wb) | 1050 | 3400 | 5700 | 11400 | 20100 | 28500 |
| 7-pass Phtn (127" wb) | 1000 | 3100 | 5250 | 10500 | 18600 | 26200 |
| 2-4 pass Cabrlt (127" wb) | 950 | 2950 | 4950 | 9900 | 17500 | 24700 |
| 4-pass Cpe | 550 | 1550 | 2650 | 5300 | 9100 | 13000 |
| 5-pass Cpe | 500 | 1350 | 2350 | 4700 | 8100 | 11500 |
| 5-pass Sdn | 400 | 1200 | 1950 | 3900 | 6800 | 9900 |
| 4-dr Sdn | 400 | 1200 | 1950 | 3900 | 6800 | 9900 |
| 5-pass Lan Sdn | 450 | 1250 | 2200 | 4400 | 7600 | 10900 |
| 7-pass Sdn | 450 | 1250 | 2200 | 4400 | 7600 | 10900 |
| 7-pass Std Sdn (127" wb) | 450 | 1250 | 2200 | 4400 | 7600 | 10900 |
| 7-pass Sdn (127" wb) | 450 | 1250 | 2200 | 4400 | 7600 | 10900 |
| 7-pass Limo Sdn (127" wb) | 550 | 1500 | 2500 | 5100 | 8800 | 12500 |
| 5-pass T&C (133" wb) | 600 | 1600 | 2800 | 5600 | 9700 | 14000 |
| 7-pass Limo Sdn (133" wb) | 550 | 1550 | 2650 | 5300 | 9100 | 13000 |

## 1928

| **Series 52, 4-cyl., 38 hp, 106" wb** | | | | | | |
|---|---|---|---|---|---|---|
| RS Rdstr | 900 | 2800 | 4700 | 9400 | 16500 | 23400 |
| 5-pass Tr | 450 | 1250 | 2150 | 4300 | 7400 | 10700 |
| 2-pass Club Cpe | 400 | 1150 | 1850 | 3700 | 6400 | 9300 |
| 2-4 pass Dlx Cpe | 450 | 1250 | 2150 | 4300 | 7400 | 10700 |
| 2-dr 5-pass Sdn | 400 | 1200 | 1950 | 3900 | 6800 | 9900 |
| 4-dr 5-pass Sdn | 400 | 1200 | 1950 | 3900 | 6800 | 9900 |
| 5-pass Dlx Sdn | 400 | 1200 | 1900 | 3800 | 6600 | 9600 |
| **Series 62, 6-cyl., 54 hp, 109" wb** | | | | | | |
| 2-4 pass Rdstr | 900 | 2900 | 4900 | 9800 | 17300 | 24500 |
| 5-pass Tr | 900 | 2750 | 4650 | 9300 | 16400 | 23100 |
| 2-pass Bus Cpe | 400 | 1050 | 1700 | 3300 | 5800 | 8300 |
| 2-4 pass Cpe | 500 | 1300 | 2250 | 4500 | 7700 | 11000 |
| 2-dr 5-pass Sdn | 400 | 1200 | 1950 | 3900 | 6800 | 9900 |
| 4-dr 5-pass Sdn | 400 | 1200 | 1900 | 3800 | 6600 | 9600 |
| 5-pass Lan Sdn | 400 | 1200 | 1950 | 3900 | 6800 | 9900 |
| **Series 72, 6-cyl., 75 hp, 120" wb** | | | | | | |
| 2-4 pass Rdstr | 900 | 2750 | 4650 | 9300 | 16400 | 23100 |
| 2-4 pass Spt Rdstr | 950 | 3050 | 5100 | 10200 | 18000 | 25400 |
| 2-4 pass Conv Cpe | 800 | 2500 | 4250 | 8500 | 15000 | 21200 |
| 2-4 pass Cpe | 500 | 1350 | 2350 | 4700 | 8100 | 11500 |
| 4-pass Cpe | 450 | 1250 | 2150 | 4300 | 7400 | 10700 |
| 5-pass Roy Sdn | 400 | 1200 | 1950 | 3900 | 6800 | 9900 |
| 5-pass Crown Sdn | 450 | 1250 | 2150 | 4300 | 7400 | 10700 |
| 5-pass Twn Sdn | 500 | 1300 | 2250 | 4500 | 7700 | 11000 |
| 7-pass LeBaron Imperial Twn Cabrlt | 600 | 1600 | 2750 | 5500 | 9500 | 13800 |

| | 6 | 5 | 4 | 3 | 2 | 1 |
|---|---|---|---|---|---|---|
| **Series 80-L Imperial, 6-cyl., 112 hp, 136" wb** | | | | | | |
| 2-4 pass Rdstr | 950 | 3050 | 5100 | 10200 | 18000 | 25400 |
| 5-pass Sdn | 450 | 1250 | 2150 | 4300 | 7400 | 10700 |
| 5-pass Twn Sdn | 500 | 1300 | 2250 | 4500 | 7700 | 11000 |
| 7-pass Sdn | 500 | 1350 | 2350 | 4700 | 8100 | 11500 |
| 7-pass Limo Sdn | 550 | 1500 | 2500 | 5100 | 8800 | 12500 |
| **Series 80-L Imperial, 6-cyl., 112 hp, 136" wb, Custom Bodies** | | | | | | |
| LeBaron CC Conv Sdn | 2100 | 6100 | 10300 | 20600 | 36200 | 51500 |
| LeBaron Club Cpe | 850 | 2650 | 4500 | 9000 | 15900 | 22500 |
| LeBaron Twn Cpe | 850 | 2550 | 4300 | 8600 | 15100 | 21500 |
| Dietrich Conv Sdn | 2300 | 6650 | 11250 | 22500 | 39500 | 56100 |
| 5-pass Dietrich Phtn | 2350 | 6950 | 11750 | 23500 | 41300 | 58700 |
| Dietrich Sdn | 1150 | 3650 | 6100 | 12200 | 21500 | 30500 |
| Locke Touralette | 1850 | 5450 | 9200 | 18400 | 32350 | 45900 |
| **Series E-80 Imperial, 6-cyl., 120" wb** | | | | | | |
| 2-4 pass Rdstr | 1000 | 3100 | 5250 | 10500 | 18600 | 26200 |
| 2-4 pass Spt Rdstr | 1000 | 3250 | 5450 | 10900 | 19100 | 27200 |
| 5-pass Phtn | 1000 | 3250 | 5450 | 10900 | 19100 | 27200 |
| 5-pass Spt Phtn (127" wb) | 1050 | 3400 | 5700 | 11400 | 20100 | 28500 |
| 7-pass Phtn (127" wb) | 1000 | 3100 | 5250 | 10500 | 18600 | 26200 |
| 2-4 pass Cabrlt (127" wb) | 950 | 2950 | 4950 | 9900 | 17500 | 24700 |
| 4-pass Cpe | 550 | 1550 | 2650 | 5300 | 9100 | 13000 |
| 5-pass Cpe | 500 | 1350 | 2350 | 4700 | 8100 | 11500 |
| 5-pass Sdn | 400 | 1200 | 1950 | 3900 | 6800 | 9900 |
| 4-dr Sdn | 400 | 1200 | 1950 | 3900 | 6800 | 9900 |
| 5-pass Lan Sdn | 450 | 1250 | 2200 | 4400 | 7600 | 10900 |
| 7-pass Sdn | 450 | 1250 | 2200 | 4400 | 7600 | 10900 |
| 7-pass Std Sdn (127" wb) | 450 | 1250 | 2200 | 4400 | 7600 | 10900 |
| 7-pass Sdn (127" wb) | 450 | 1250 | 2200 | 4400 | 7600 | 10900 |
| 7-pass Limo Sdn (127" wb) | 550 | 1500 | 2500 | 5100 | 8800 | 12500 |
| 5-pass T&C (133" wb) | 600 | 1600 | 2800 | 5600 | 9700 | 14000 |
| 7-pass Limo Sdn (133" wb) | 550 | 1550 | 2650 | 5300 | 9100 | 13000 |
| **1929** | | | | | | |
| **Series 65, 6-cyl., 65-72 hp, 112.75" wb** | | | | | | |
| 2-4 pass Rdstr | 1000 | 3150 | 5300 | 10600 | 18700 | 26500 |
| 5-pass Tr | 1000 | 3250 | 5450 | 10900 | 19100 | 27200 |
| 2-pass Bus Cpe | 650 | 1750 | 3150 | 6300 | 10900 | 15700 |
| 2-4 pass Cpe | 700 | 1900 | 3350 | 6700 | 11500 | 16500 |
| 2-dr 5-pass Sdn | 550 | 1500 | 2500 | 5100 | 8800 | 12500 |
| 4-dr 5-pass Sdn | 550 | 1550 | 2650 | 5300 | 9100 | 13000 |
| **Series 75, 6-cyl., 75-84 hp, 121" wb** | | | | | | |
| 2-4 pass Rdstr | 1150 | 3650 | 6100 | 12200 | 21500 | 30500 |
| 5-pass Phtn | 1200 | 3750 | 6300 | 12600 | 22200 | 31400 |
| 5-pass Tonn Cowl Phtn | 1200 | 3850 | 6450 | 12900 | 22700 | 32200 |
| 7-pass Phtn | 1150 | 3650 | 6100 | 12200 | 21500 | 30500 |
| 2-4 pass Conv | 1100 | 3550 | 5900 | 11800 | 20800 | 29400 |
| 5-pass Conv Sdn | 1050 | 3400 | 5700 | 11400 | 20100 | 28500 |
| 2-4 pass Cpe | 700 | 1900 | 3350 | 6700 | 11500 | 16500 |
| 4-pass Cpe | 650 | 1750 | 3150 | 6300 | 10900 | 15700 |
| 5-pass Roy Sdn | 600 | 1600 | 2750 | 5500 | 9500 | 13800 |
| 5-pass Crown Sdn | 650 | 1700 | 3000 | 5900 | 10200 | 14700 |
| 5-pass Twn Sdn | 650 | 1700 | 3000 | 6100 | 10600 | 15200 |
| **Series 80-L Imperial, 6-cyl., 136" wb** | | | | | | |
| RS Rdstr | 2400 | 7050 | 11900 | 23800 | 41800 | 59500 |
| Locke DC Spt Phtn | 2900 | 8600 | 14500 | 29000 | 51000 | 72500 |
| 7-pass Locke Phtn | 2650 | 7850 | 13300 | 26600 | 46700 | 66400 |
| Locke Conv Sdn | 2600 | 7650 | 12900 | 25800 | 45300 | 64400 |
| Locke Conv Cpe | 2150 | 6200 | 10450 | 20900 | 36700 | 52100 |
| 2-4 pass Dietrich Cpe | 850 | 2700 | 4550 | 9100 | 16000 | 22700 |
| Lebaron Cpe | 800 | 2350 | 3950 | 7900 | 13700 | 19700 |

| | 6 | 5 | 4 | 3 | 2 | 1 |
|---|---|---|---|---|---|---|
| 4-dr 5-pass Sdn | 700 | 1900 | 3350 | 6700 | 11500 | 16500 |
| 5-pass Twn Sdn | 750 | 2100 | 3550 | 7100 | 12300 | 17700 |
| 7-pass Sdn | 700 | 1900 | 3350 | 6700 | 11500 | 16500 |
| 7-pass Limo Sdn | 800 | 2450 | 4150 | 8300 | 14600 | 20700 |

### 1930
**Series Six, 6-cyl., 62 hp, 109" wb**

| | 6 | 5 | 4 | 3 | 2 | 1 |
|---|---|---|---|---|---|---|
| 2-4 pass Rdstr | 950 | 3050 | 5100 | 10200 | 18000 | 25400 |
| 5-pass Phtn | 900 | 2900 | 4850 | 9700 | 17100 | 24200 |
| 2-pass Bus Cpe | 600 | 1600 | 2750 | 5500 | 9500 | 13800 |
| 2-4 pass Roy Cpe | 650 | 1700 | 3000 | 5900 | 10200 | 14700 |
| 5-pass Roy Sdn | 550 | 1500 | 2500 | 5100 | 8800 | 12500 |

**Series 66, 6-cyl., 70 hp, 112 3/4" wb**

| | | | | | | |
|---|---|---|---|---|---|---|
| 2-4 pass RS Rdstr | 1000 | 3150 | 5300 | 10600 | 18700 | 26500 |
| 5-pass Phtn | 1000 | 3250 | 5450 | 10900 | 19100 | 27200 |
| 2-pass Bus Cpe | 650 | 1700 | 3000 | 5900 | 10200 | 14700 |
| 2-4 pass Roy Cpe | 650 | 1700 | 3000 | 6100 | 10600 | 15200 |
| 5-pass Brghm | 550 | 1500 | 2500 | 5100 | 8800 | 12500 |
| 5-pass Roy Sdn | 600 | 1600 | 2750 | 5500 | 9500 | 13800 |

**Series 70, 6-cyl., 70 hp, 116 1/2" wb**

| | | | | | | |
|---|---|---|---|---|---|---|
| 2-4 pass RS Rdstr | 1150 | 3650 | 6100 | 12200 | 21500 | 30500 |
| 2-4 pass Conv Cpe | 1000 | 3250 | 5450 | 10900 | 19100 | 27200 |
| 5-pass Phtn | 1200 | 3750 | 6300 | 12600 | 22200 | 31400 |
| 2-pass Bus Cpe | 650 | 1700 | 3000 | 5900 | 10200 | 14700 |
| 2-4 pass Roy Cpe | 650 | 1700 | 3000 | 6100 | 10600 | 15200 |
| 5-pass Brghm | 600 | 1600 | 2750 | 5500 | 9500 | 13800 |
| 5-pass Roy Sdn | 650 | 1700 | 3000 | 5900 | 10200 | 14700 |

**Series 77, 6-cyl., 124.5" wb (1930)**

| | | | | | | |
|---|---|---|---|---|---|---|
| 2-4 pass RS Rdstr | 1700 | 5050 | 8450 | 16900 | 29700 | 42200 |
| 5-pass Tonn Cowl Phtn | 1450 | 4450 | 7450 | 14900 | 26200 | 37200 |
| 2-4 pass Conv Cpe | 1200 | 3850 | 6450 | 12900 | 22700 | 32200 |
| 2-pass Bus Cpe | 650 | 1750 | 3150 | 6300 | 10900 | 15700 |
| 2-4 pass Roy Cpe | 650 | 1800 | 3250 | 6500 | 11200 | 16100 |
| 4-pass Crown Cpe | 650 | 1750 | 3150 | 6300 | 10900 | 15700 |
| 5-pass Roy Sdn | 650 | 1700 | 3000 | 5900 | 10200 | 14700 |
| 5-pass Crown Sdn | 650 | 1750 | 3150 | 6300 | 10900 | 15700 |

**Series 80-L Imperial, 6-cyl., 136" wb**

| | | | | | | |
|---|---|---|---|---|---|---|
| RS Rdstr | 2400 | 7050 | 11900 | 23800 | 41800 | 59500 |
| Locke DC Spt Phtn | 3000 | 8900 | 15000 | 30000 | 52700 | 74900 |
| 7-pass Locke Phtn | 2750 | 8200 | 13800 | 27600 | 48500 | 68900 |
| Locke Conv Sdn | 2600 | 7650 | 12900 | 25800 | 45300 | 64400 |
| Locke Conv Cpe | 2150 | 6200 | 10450 | 20900 | 36700 | 52100 |
| 2-4 pass Dietrich Cpe | 850 | 2700 | 4550 | 9100 | 16000 | 22700 |
| Lebaron Cpe | 800 | 2350 | 3950 | 7900 | 13700 | 19700 |
| 4-dr 5-pass Sdn | 700 | 1900 | 3350 | 6700 | 11500 | 16500 |
| 5-pass Twn Sdn | 750 | 2100 | 3550 | 7100 | 12300 | 17700 |
| 7-pass Sdn | 700 | 1900 | 3350 | 6700 | 11500 | 16500 |
| 7-pass Limo Sdn | 800 | 2450 | 4150 | 8300 | 14600 | 20700 |

### 1931
**New Series Six, CM, 6-cyl., 70 hp, 116 wb**

| | | | | | | |
|---|---|---|---|---|---|---|
| 2-4 pass Rdstr | 1200 | 3750 | 6300 | 12600 | 22200 | 31400 |
| 5-pass Phtn | 1150 | 3650 | 6100 | 12200 | 21500 | 30500 |
| 2-4 pass Conv | 1100 | 3550 | 5900 | 11800 | 20800 | 29400 |
| 2-pass Bus Cpe | 650 | 1750 | 3150 | 6300 | 10900 | 15700 |
| 2-4 pass Cpe | 650 | 1800 | 3250 | 6500 | 11200 | 16100 |
| 4-dr 5-pass Sdn | 650 | 1700 | 3000 | 5900 | 10200 | 14700 |

**Series 70, 6-cyl., 116 1/2" wb**

| | | | | | | |
|---|---|---|---|---|---|---|
| 5-pass Phtn | 1200 | 3750 | 6300 | 12600 | 22200 | 31400 |
| 2-4 pass Rdstr | 1200 | 3850 | 6450 | 12900 | 22700 | 32200 |
| 2-4 pass Conv Cpe | 1150 | 3650 | 6100 | 12200 | 21500 | 30500 |

| | 6 | 5 | 4 | 3 | 2 | 1 |
|---|---|---|---|---|---|---|
| 2-pass Bus Cpe | 650 | 1800 | 3250 | 6500 | 11200 | 16100 |
| 2-4 pass Roy Cpe | 700 | 1900 | 3350 | 6700 | 11500 | 16500 |
| 5-pass Brghm | 650 | 1750 | 3150 | 6300 | 10900 | 15700 |
| 5-pass Roy Sdn | 650 | 1750 | 3150 | 6300 | 10900 | 15700 |
| **CD, 8-cyl., 90-95 hp, 124" wb** | | | | | | |
| 2-4 pass Rdstr | 1300 | 4000 | 6700 | 13400 | 23600 | 33400 |
| 2-4 pass Spt Rdstr | 1450 | 4400 | 7300 | 14600 | 25700 | 36500 |
| 2-4 pass Conv Cpe | 1200 | 3850 | 6450 | 12900 | 22700 | 32200 |
| 2-4 pass Cpe | 800 | 2350 | 3950 | 7900 | 13700 | 19700 |
| 2-4 pass Spl Cpe | 750 | 2250 | 3750 | 7500 | 13000 | 18700 |
| 5-pass Sdn | 650 | 1750 | 3150 | 6300 | 10900 | 15700 |
| 5-pass Spl Sdn | 700 | 1900 | 3350 | 6700 | 11500 | 16500 |
| 5-pass Custom Phtn | 1250 | 3900 | 6600 | 13200 | 23200 | 32800 |
| **Deluxe Series, CD, 8-cyl., 95 hp, 124" wb** | | | | | | |
| 2-4 pass Rdstr | 1900 | 5500 | 9300 | 18600 | 32700 | 46400 |
| 5-pass Phtn | 1800 | 5300 | 8950 | 17900 | 31500 | 44700 |
| 2-4 pass Conv Cpe | 1650 | 4950 | 8300 | 16600 | 29200 | 41500 |
| 2-4 pass Cpe | 850 | 2700 | 4550 | 9100 | 16000 | 22700 |
| 5-pass Cpe | 850 | 2550 | 4350 | 8700 | 15300 | 21700 |
| 4-dr 5-pass Sdn | 650 | 1750 | 3150 | 6300 | 10900 | 15700 |
| **Imperial, CG, 8-cyl., 125 hp, 145" wb** | | | | | | |
| **Standard Line** | | | | | | |
| 5-pass CC Sdn | 1700 | 5000 | 8350 | 16700 | 29400 | 41700 |
| 5-pass Sdn | 1000 | 3200 | 5350 | 10700 | 18900 | 26700 |
| 7-pass Sdn | 1000 | 3200 | 5350 | 10700 | 18900 | 26700 |
| 7-pass Limo | 1150 | 3600 | 5950 | 11900 | 21000 | 29700 |
| **Custom Line** | | | | | | |
| 2-4 pass Rdstr | 11900 | 35350 | 59500 | 119000 | 209000 | 297000 |
| 5-pass Spt Phtn | 11500 | 34150 | 57500 | 115000 | 201900 | 287100 |
| 5-pass LeBaron Conv Sdn | 11400 | 33850 | 57000 | 114000 | 200200 | 284600 |
| 2-4 pass Star Cpe | 4300 | 12800 | 21500 | 43000 | 75700 | 107500 |
| 2-4 pass Conv Cpe | 10500 | 31200 | 52500 | 105000 | 184400 | 262100 |
| **1932** | | | | | | |
| **CI, 6-cyl., 82 hp, 116" wb** | | | | | | |
| 2-4 pass Rdstr | 1000 | 3250 | 5450 | 10900 | 19100 | 27200 |
| 5-pass Phtn | 1000 | 3100 | 5250 | 10500 | 18600 | 26200 |
| 2-4 pass Conv | 950 | 3050 | 5100 | 10200 | 18000 | 25400 |
| 5-pass Conv Sdn | 1000 | 3150 | 5300 | 10600 | 18700 | 26500 |
| 2-pass Bus Cpe | 700 | 1900 | 3400 | 6800 | 11700 | 16900 |
| 2-4 pass Cpe | 750 | 2100 | 3550 | 7100 | 12300 | 17700 |
| 4-dr 5-pass Sdn | 650 | 1700 | 3000 | 5900 | 10200 | 14700 |
| **Series CP, 8-cyl., 100 hp, 124" wb** | | | | | | |
| 2-4 pass Conv | 1150 | 3650 | 6100 | 12200 | 21500 | 30500 |
| 5-pass Conv Sdn | 1200 | 3750 | 6300 | 12600 | 22200 | 31400 |
| 2-4 pass Cpe | 900 | 2850 | 4750 | 9500 | 16700 | 23700 |
| 2-pass Bus Cpe | 850 | 2550 | 4350 | 8700 | 15300 | 21700 |
| 4-dr 5-pass Sdn | 650 | 1750 | 3150 | 6300 | 10900 | 15700 |
| **Imperial Series, CH, 8-cyl., 125 hp, 135" wb** | | | | | | |
| **Standard Line** | | | | | | |
| 5-pass Conv Sdn | 7900 | 23450 | 39500 | 79000 | 138700 | 197200 |
| 2-4 pass Cpe | 2500 | 7400 | 12500 | 25000 | 43900 | 62400 |
| 4-dr 5-pass Sdn | 1600 | 4850 | 8100 | 16200 | 28500 | 40500 |
| **Imperial Series, CL, 8-cyl., 125 hp, 146" wb** | | | | | | |
| **Custom Line - LeBaron Bodies** | | | | | | |
| 2-4 pass Conv Rdstr | 10950 | 32550 | 54750 | 109500 | 192300 | 273300 |
| 5-pass Phtn | 12200 | 36250 | 61000 | 122000 | 214200 | 304500 |
| 5-pass Conv Sdn | 11900 | 35350 | 59500 | 119000 | 209000 | 297000 |
| 5-pass CC Sdn | 2700 | 8050 | 13500 | 27000 | 47500 | 67500 |
| 7-pass Sdn | 2800 | 8200 | 13750 | 27300 | 48000 | 68000 |
| 7-pass Sdn Limo | 2900 | 8400 | 13950 | 27800 | 48500 | 68500 |

| | 6 | 5 | 4 | 3 | 2 | 1 |
|---|---|---|---|---|---|---|
| **1933** | | | | | | |
| **Series CO, 6-cyl., 117" wb** | | | | | | |
| 5-pass Conv Sdn | 1000 | 3250 | 5450 | 10900 | 19100 | 27200 |
| 2-pass Bus Cpe | 800 | 2350 | 3950 | 7900 | 13700 | 19700 |
| 2-4 pass Cpe | 850 | 2600 | 4400 | 8800 | 15500 | 21900 |
| 5-pass Brghm | 650 | 1750 | 3150 | 6300 | 10900 | 15700 |
| 4-dr 5-pass Sdn | 650 | 1750 | 3150 | 6300 | 10900 | 15700 |
| **Royal Series CT, 8-cyl., 119.5" wb** | | | | | | |
| 2-4 pass Conv | 1150 | 3650 | 6100 | 12200 | 21500 | 30500 |
| 2-4 pass Conv Cpe | 1200 | 3750 | 6300 | 12600 | 22200 | 31400 |
| 2-pass Bus Cpe | 850 | 2550 | 4350 | 8700 | 15300 | 21700 |
| 2-4 pass Cpe | 850 | 2700 | 4550 | 9100 | 16000 | 22700 |
| 4-dr 5-pass Sdn | 700 | 1900 | 3350 | 6700 | 11500 | 16500 |
| 7-pass Sdn | 750 | 2100 | 3550 | 7100 | 12300 | 17700 |
| **Imperial Series CQ, 8-cyl., 126" wb** | | | | | | |
| 2-4 pass Conv Cpe | 1450 | 4400 | 7300 | 14600 | 25700 | 36500 |
| 5-pass Conv Sdn | 1500 | 4600 | 7700 | 15400 | 27100 | 38500 |
| 2-4 pass Cpe | 950 | 2950 | 4950 | 9900 | 17500 | 24700 |
| 5-pass Cpe | 900 | 2850 | 4750 | 9500 | 16700 | 23700 |
| 4-dr 5-pass Sdn | 850 | 2550 | 4350 | 8700 | 15300 | 21700 |
| **Imperial Custom, Series CL, 8-cyl., 146" wb** | | | | | | |
| 2-4 pass Conv Rdstr | 10200 | 30300 | 51000 | 102000 | 179100 | 256400 |
| 5-pass Phnt | 10500 | 31200 | 52500 | 105000 | 184400 | 262100 |
| 5-pass CC Sdn | 2700 | 8050 | 13500 | 27000 | 47500 | 67500 |
| 7-pass Sdn | 2800 | 8200 | 13750 | 27300 | 48000 | 68000 |
| 7-pass Limo Sdn | 2900 | 8400 | 13950 | 27800 | 48500 | 68500 |
| **1934** | | | | | | |
| **Series CA, 6-cyl., 117" wb** | | | | | | |
| 2-4 pass Conv Cpe | 1350 | 4150 | 6900 | 13800 | 24300 | 34500 |
| 2-pass Bus Cpe | 800 | 2450 | 4150 | 8300 | 14600 | 20700 |
| 2-4 pass Cpe | 850 | 2550 | 4350 | 8700 | 15300 | 21700 |
| 2-dr 5-pass Brghm | 650 | 1750 | 3150 | 6300 | 10900 | 15700 |
| 5-pass Sdn | 650 | 1700 | 3000 | 5900 | 10200 | 14700 |
| **Series CB, 6-cyl., 121" wb** | | | | | | |
| 5-pass Conv Sdn | 1600 | 4850 | 8100 | 16200 | 28500 | 40500 |
| 5-pass CC Sdn | 800 | 2350 | 3950 | 7900 | 13700 | 19700 |
| **Airflow, 8-cyl., 123" wb** | | | | | | |
| 5-pass Cpe | 1250 | 3900 | 6500 | 13000 | 22900 | 32500 |
| 2-dr 6-pass Brghm | 1150 | 3650 | 6100 | 12200 | 21500 | 30500 |
| 6-pass Sdn | 1050 | 3300 | 5500 | 11000 | 19300 | 27500 |
| 6-pass Twn Sdn | 1100 | 3450 | 5750 | 11500 | 20300 | 28700 |
| **Imperial Airflow, 8-cyl., 128" wb** | | | | | | |
| 5-pass Cpe | 1550 | 4650 | 7800 | 15600 | 27450 | 38900 |
| 6-pass Sdn | 1100 | 3450 | 5750 | 11500 | 20300 | 28700 |
| 6-pass Twn Sdn | 1150 | 3650 | 6100 | 12200 | 21500 | 30500 |
| **Imperial Custom Airflow, 8-cyl., 137.5" wb** | | | | | | |
| 5-pass Sdn | 1800 | 5300 | 8900 | 17800 | 31300 | 44400 |
| 5-pass Twn Sdn | 1850 | 5400 | 9100 | 18200 | 32000 | 45500 |
| 8-pass Limo | 2500 | 7400 | 12500 | 25000 | 43900 | 62400 |
| 8-pass Twn Limo | 2600 | 7750 | 13100 | 26200 | 46000 | 65500 |
| **Imperial Custom Airflow, 8-cyl., 146.5" wb** | | | | | | |
| 8-pass Sdn | 5400 | 16050 | 27000 | 54000 | 94800 | 134800 |
| 8-pass Twn Sdn | 5600 | 16650 | 28000 | 56000 | 98300 | 139800 |
| 8-pass Limo | 5600 | 16650 | 28000 | 56000 | 98300 | 139800 |
| 8-pass Twn Limo Sdn | 5700 | 16950 | 28500 | 57000 | 100100 | 142300 |
| **1935** | | | | | | |
| **Airstream, 6-cyl., 118" wb** | | | | | | |
| 2-4 pass Conv Cpe | 1100 | 3500 | 5800 | 11600 | 20450 | 28900 |
| 2-pass Bus Cpe | 650 | 1750 | 3100 | 6200 | 10700 | 15400 |

| | 6 | 5 | 4 | 3 | 2 | 1 |
|---|---|---|---|---|---|---|
| 2-4 pass Cpe | 700 | 1850 | 3300 | 6600 | 11300 | 16300 |
| 2-dr 5-pass Tr Brghm | 600 | 1600 | 2700 | 5400 | 9300 | 13500 |
| 5-pass Sdn | 550 | 1500 | 2500 | 5100 | 8800 | 12500 |
| 5-pass Tr Sdn | 550 | 1500 | 2500 | 5100 | 8800 | 12500 |
| **Airstream, 8-cyl., 121" wb** | | | | | | |
| 2-pass Cpe | 700 | 1900 | 3400 | 6800 | 11700 | 16900 |
| 2-4 pass Cpe | 750 | 2100 | 3550 | 7100 | 12300 | 17700 |
| 2-dr 5-pass Tr Brghm | 650 | 1700 | 3000 | 5900 | 10200 | 14700 |
| 5-pass Sdn | 600 | 1600 | 2700 | 5400 | 9300 | 13500 |
| 4-dr 5-pass Tr Sdn | 600 | 1600 | 2700 | 5400 | 9300 | 13500 |
| **Airstream Deluxe, 121" wb** | | | | | | |
| 2-4 pass Conv Cpe | 1150 | 3650 | 6100 | 12200 | 21500 | 30500 |
| 2-pass Bus Cpe | 750 | 2100 | 3550 | 7100 | 12300 | 17700 |
| 2-4 pass Cpe | 750 | 2250 | 3750 | 7500 | 13000 | 18700 |
| 2-dr 5-pass Tr Brghm | 650 | 1800 | 3200 | 6400 | 11000 | 15900 |
| 4-dr 5-pass Sdn | 600 | 1650 | 2850 | 5700 | 9900 | 14200 |
| 4-dr 5-pass Tr Sdn | 600 | 1650 | 2850 | 5700 | 9900 | 14200 |
| **Airstream Deluxe, 8-cyl., 133" wb** | | | | | | |
| 5-pass Traveler Sdn | 650 | 1700 | 3000 | 6100 | 10600 | 15200 |
| 7-pass Sdn | 650 | 1700 | 3000 | 6100 | 10600 | 15200 |
| **Airflow, 8-cyl., 123" wb** | | | | | | |
| 2-pass Bus Cpe | 1200 | 3750 | 6300 | 12600 | 22200 | 31400 |
| 6-pass Cpe | 1250 | 3950 | 6550 | 13100 | 23100 | 32700 |
| 6-pass Sdn | 950 | 3050 | 5150 | 10300 | 18200 | 25700 |
| **Imperial Airflow, 8-cyl., 128" wb** | | | | | | |
| 6-pass Cpe | 1350 | 4150 | 6900 | 13800 | 24300 | 34500 |
| 6-pass Sdn | 1050 | 3300 | 5500 | 11100 | 19500 | 27700 |
| **Imperial Custom Airflow, 8-cyl., 137" wb** | | | | | | |
| 6-pass Sdn | 1100 | 3550 | 5900 | 11800 | 20800 | 29400 |
| 6-pass Twn Sdn | 1150 | 3650 | 6100 | 12200 | 21500 | 30500 |
| 8-pass Sdn Limo | 1550 | 4650 | 7750 | 15500 | 27300 | 38700 |
| 8-pass Twn Limo | 1600 | 4850 | 8100 | 16200 | 28500 | 40500 |
| **Imperial Custom Airflow, 8-cyl., 146.5" wb** | | | | | | |
| 4-dr 8-pass Sdn | 4300 | 12750 | 21500 | 43000 | 75500 | 107300 |
| 8-pass Sdn Limo | 4350 | 12900 | 21750 | 43500 | 76400 | 108600 |
| 8-pass Twn Sdn Limo | 4500 | 13350 | 22500 | 45000 | 79000 | 112300 |
| 8-pass Twn Sdn | 4400 | 13050 | 22000 | 44000 | 77300 | 109800 |
| ***1936*** | | | | | | |
| **Airstream, 6-cyl., 118" wb** | | | | | | |
| 2-4 pass Conv | 1000 | 3150 | 5300 | 10600 | 18700 | 26500 |
| 5-pass Conv Sdn | 1150 | 3600 | 6000 | 12000 | 21150 | 30000 |
| 2-pass Bus Cpe | 700 | 1900 | 3350 | 6700 | 11500 | 16500 |
| 2-4 pass Cpe | 750 | 2100 | 3550 | 7100 | 12300 | 17700 |
| 2-dr 5-pass Tr Brghm | 650 | 1700 | 3000 | 5900 | 10200 | 14700 |
| 4-dr 5-pass Tr Sdn | 650 | 1750 | 3150 | 6300 | 10900 | 15700 |
| **Airstream Deluxe, 8-cyl., 121" wb** | | | | | | |
| 2-4 pass Conv | 1050 | 3400 | 5700 | 11400 | 20100 | 28500 |
| 4-dr 5-pass Conv Sdn | 1250 | 3950 | 6600 | 13200 | 23250 | 32900 |
| 2-pass Bus Cpe | 750 | 2100 | 3550 | 7100 | 12300 | 17700 |
| 2-4 pass Cpe | 750 | 2250 | 3750 | 7500 | 13000 | 18700 |
| 2-dr 5-pass Tr Brghm | 650 | 1750 | 3100 | 6200 | 10700 | 15400 |
| 4-dr 5-pass Tr Sdn | 650 | 1750 | 3100 | 6200 | 10700 | 15400 |
| **Airstream Deluxe, 8-cyl., 133" wb** | | | | | | |
| 5-pass Traveler Sdn | 650 | 1800 | 3250 | 6500 | 11200 | 16100 |
| 7-pass Sdn | 650 | 1750 | 3150 | 6300 | 10900 | 15700 |
| 7-pass Sdn Limo | 700 | 1900 | 3350 | 6700 | 11500 | 16500 |
| 7-pass Twn Sdn | 750 | 2100 | 3550 | 7100 | 12300 | 17700 |
| **Airflow, 8-cyl., 123" wb** | | | | | | |
| 6-pass Cpe | 1100 | 3550 | 5900 | 11800 | 20800 | 29400 |
| 6-pass Sdn | 950 | 2950 | 4950 | 9900 | 17500 | 24700 |

| | 6 | 5 | 4 | 3 | 2 | 1 |
|---|---|---|---|---|---|---|
| **Imperial Airflow, 8-cyl., 128" wb** | | | | | | |
| 6-pass Cpe | 1200 | 3750 | 6300 | 12600 | 22200 | 31400 |
| 6-pass Sdn | 950 | 3050 | 5100 | 10200 | 18000 | 25400 |
| **Imperial Custom Airflow, 8-cyl., 137" wb** | | | | | | |
| 5-pass Sdn | 1050 | 3300 | 5500 | 11100 | 19500 | 27700 |
| 7-pass Sdn Limo | 1200 | 3750 | 6250 | 12500 | 22000 | 31100 |
| **1937** | | | | | | |
| **Royal, 6-cyl., 116" wb** | | | | | | |
| 2-4 pass Conv | 950 | 3050 | 5100 | 10200 | 18000 | 25400 |
| 5-pass Conv Sdn | 1150 | 3700 | 6200 | 12400 | 21850 | 30900 |
| 2-pass Bus Cpe | 650 | 1700 | 3000 | 5900 | 10200 | 14700 |
| 2-4 pass Cpe | 650 | 1750 | 3150 | 6300 | 10900 | 15700 |
| 5-pass Brghm | 550 | 1500 | 2500 | 5100 | 8800 | 12500 |
| 5-pass Tr Brghm | 600 | 1600 | 2750 | 5500 | 9500 | 13800 |
| 5-pass Sdn | 550 | 1450 | 2450 | 4900 | 8500 | 12000 |
| 5-pass Tr Sdn | 550 | 1500 | 2500 | 5100 | 8800 | 12500 |
| **Royal, 6-cyl., 133" wb** | | | | | | |
| 7-pass Sdn | 600 | 1600 | 2750 | 5500 | 9500 | 13800 |
| 7-pass Sdn Limo | 650 | 1700 | 3000 | 5900 | 10200 | 14700 |
| **Airflow , 8-cyl., 128" wb** | | | | | | |
| 6-pass Cpe | 1100 | 3550 | 5900 | 11800 | 20800 | 29400 |
| 4-dr 6-pass Sdn | 1050 | 3300 | 5500 | 11100 | 19500 | 27700 |
| **Imperial, 8-cyl., 121" wb** | | | | | | |
| 2-4 pass Conv | 1050 | 3400 | 5700 | 11400 | 20100 | 28500 |
| 5-pass Conv Sdn | 1250 | 3950 | 6600 | 13200 | 23250 | 32900 |
| 2-pass Bus Cpe | 750 | 2100 | 3550 | 7100 | 12300 | 17700 |
| 2-4 pass Cpe | 750 | 2250 | 3750 | 7500 | 13000 | 18700 |
| 5-pass Tr Brghm | 750 | 2250 | 3750 | 7500 | 13000 | 18700 |
| 5-pass Tr Sdn | 750 | 2100 | 3550 | 7100 | 12300 | 17700 |
| **Imperial Custom, 8-cyl., 140" wb** | | | | | | |
| 7-pass Sdn | 1000 | 3200 | 5350 | 10700 | 18900 | 26700 |
| 7-pass Sdn Limo | 1500 | 4550 | 7650 | 15300 | 26900 | 38200 |
| **1938** | | | | | | |
| **Royal, 6-cyl., 119" wb** | | | | | | |
| 2-4 pass Conv | 900 | 2800 | 4700 | 9400 | 16500 | 23400 |
| 5-pass Conv Sdn | 1000 | 3200 | 5400 | 10800 | 19000 | 26900 |
| 2-pass Cpe | 650 | 1750 | 3150 | 6300 | 10900 | 15700 |
| 2-4 pass Cpe | 700 | 1900 | 3350 | 6700 | 11500 | 16500 |
| 5-pass Brghm | 550 | 1500 | 2500 | 5100 | 8800 | 12500 |
| 5-pass Tr Brghm | 650 | 1750 | 3150 | 6300 | 10900 | 15700 |
| 4-dr 5-pass Sdn | 550 | 1500 | 2500 | 5100 | 8800 | 12500 |
| 5-pass Tr Sdn | 600 | 1600 | 2800 | 5600 | 9700 | 14000 |
| **Royal, 6-cyl., 136" wb** | | | | | | |
| 7-pass Sdn | 650 | 1700 | 3000 | 5900 | 10200 | 14700 |
| 7-pass Limo Sdn | 650 | 1750 | 3150 | 6300 | 10900 | 15700 |
| **Imperial, 8-cyl., 125" wb** | | | | | | |
| 2-4 pass Conv Cpe | 1000 | 3100 | 5250 | 10500 | 18600 | 26200 |
| 5-pass Conv Sdn | 1200 | 3750 | 6250 | 12500 | 22000 | 31100 |
| 2-pass Cpe | 750 | 2100 | 3550 | 7100 | 12300 | 17700 |
| 2-4 pass Cpe | 750 | 2250 | 3750 | 7500 | 13000 | 18700 |
| 5-pass Tr Brghm | 650 | 1800 | 3200 | 6400 | 11000 | 15900 |
| 5-pass Tr Sdn | 700 | 1900 | 3400 | 6800 | 11700 | 16900 |
| **New York Special , 8-cyl., 125" wb** | | | | | | |
| 5-pass Sdn | 750 | 2150 | 3600 | 7200 | 12400 | 18000 |
| **Imperial Custom, 8-cyl., 144" wb** | | | | | | |
| 5-pass Sdn | 900 | 2850 | 4750 | 9500 | 16700 | 23700 |
| 7-pass Sdn | 850 | 2700 | 4550 | 9100 | 16000 | 22700 |
| 7-pass Limo Sdn | 1000 | 3150 | 5300 | 10600 | 18700 | 26500 |

|  | 6 | 5 | 4 | 3 | 2 | 1 |
|---|---|---|---|---|---|---|

### 1939
**Royal, 6-cyl., 119" wb**

|  | 6 | 5 | 4 | 3 | 2 | 1 |
|---|---|---|---|---|---|---|
| 2-pass Cpe | 650 | 1750 | 3150 | 6300 | 10900 | 15700 |
| 4-pass Vic Cpe | 700 | 1900 | 3350 | 6700 | 11500 | 16500 |
| 5-pass Brghm | 550 | 1500 | 2500 | 5100 | 8800 | 12500 |
| 5-pass Sdn | 600 | 1600 | 2750 | 5500 | 9500 | 13800 |

**Royal, 6-cyl., 136" wb**

| 7-pass Sdn | 600 | 1650 | 2900 | 5800 | 10000 | 14500 |
|---|---|---|---|---|---|---|
| 7-pass Limo Sdn | 650 | 1750 | 3100 | 6200 | 10700 | 15400 |

**Royal Windsor, 6-cyl., 119" wb**

| 2-pass Cpe | 700 | 1850 | 3300 | 6600 | 11300 | 16300 |
|---|---|---|---|---|---|---|
| 4-pass Vic Cpe | 700 | 2050 | 3500 | 7000 | 12100 | 17400 |
| 5-pass Club Cpe | 750 | 2250 | 3700 | 7400 | 12800 | 18500 |
| 5-pass Sdn | 550 | 1500 | 2500 | 5000 | 8700 | 12300 |

**Imperial, 8-cyl., 125" wb**

| 2-pass Cpe | 700 | 1900 | 3350 | 6700 | 11500 | 16500 |
|---|---|---|---|---|---|---|
| 4-pass Vic Cpe | 750 | 2100 | 3550 | 7100 | 12300 | 17700 |
| 5-pass Brghm | 550 | 1550 | 2600 | 5200 | 9000 | 12800 |
| 5-pass Sdn | 650 | 1700 | 3000 | 5900 | 10200 | 14700 |

**New Yorker, 8-cyl., 125" wb**

| 2-pass Cpe | 750 | 2100 | 3550 | 7100 | 12300 | 17700 |
|---|---|---|---|---|---|---|
| 4-pass Vic Cpe | 750 | 2250 | 3750 | 7500 | 13000 | 18700 |
| 5-pass Club Cpe | 750 | 2250 | 3750 | 7500 | 13000 | 18700 |
| 5-pass Sdn | 650 | 1700 | 3000 | 5900 | 10200 | 14700 |

**Saratoga, 8-cyl., 125" wb**

| 5-pass Club Cpe | 750 | 2250 | 3700 | 7400 | 12800 | 18500 |
|---|---|---|---|---|---|---|
| 5-pass Sdn | 650 | 1750 | 3100 | 6200 | 10700 | 15400 |

**Imperial Custom, 8-cyl., 144" wb**

| 5-pass Sdn | 900 | 2850 | 4750 | 9500 | 16700 | 23700 |
|---|---|---|---|---|---|---|
| 7-pass Sdn | 950 | 3000 | 5000 | 10000 | 17700 | 24900 |
| 7-pass Limo | 1000 | 3100 | 5250 | 10500 | 18600 | 26200 |

### 1940
**Royal, 6-cyl., 122.5" wb**

| 3-pass Cpe | 600 | 1650 | 2900 | 5800 | 10000 | 14500 |
|---|---|---|---|---|---|---|
| 6-pass Cpe | 650 | 1700 | 3000 | 6000 | 10400 | 14900 |
| 6-pass Vic Sdn | 550 | 1500 | 2500 | 5100 | 8800 | 12500 |
| 6-pass Sdn | 550 | 1500 | 2500 | 5000 | 8700 | 12300 |

**Royal, 6-cyl., 139.5" wb**

| 8-pass Sdn | 600 | 1600 | 2750 | 5500 | 9500 | 13800 |
|---|---|---|---|---|---|---|
| 8-pass Limo | 650 | 1700 | 3000 | 5900 | 10200 | 14700 |

**Royal Windsor, 6-cyl., 122.5" wb**

| 6-pass Conv Cpe | 900 | 2900 | 4850 | 9700 | 17100 | 24200 |
|---|---|---|---|---|---|---|
| 3-pass Cpe | 650 | 1750 | 3100 | 6300 | 10900 | 15700 |
| 6-pass Cpe | 650 | 1800 | 3250 | 6500 | 11200 | 16100 |
| 6-pass Vic Sdn | 550 | 1500 | 2500 | 5100 | 8800 | 12500 |
| 6-pass Sdn | 550 | 1550 | 2600 | 5200 | 9000 | 12800 |
| 6-pass Spl Cpe (Highlander) | 650 | 1700 | 3000 | 5900 | 10200 | 14700 |
| 6-pass Spl Conv Cpe (Highlander) | 1100 | 3450 | 5750 | 11500 | 20300 | 28700 |

**Royal Windsor, 6-cyl., 139.5" wb**

| 8-pass Sdn | 600 | 1600 | 2800 | 5600 | 9700 | 14000 |
|---|---|---|---|---|---|---|
| 8-pass Limo | 650 | 1700 | 3000 | 6000 | 10400 | 14900 |

**Traveler, 8-cyl., 128" wb**

| 3-pass Cpe | 700 | 1900 | 3350 | 6700 | 11500 | 16500 |
|---|---|---|---|---|---|---|
| 6-pass Cpe | 750 | 2100 | 3550 | 7100 | 12300 | 17700 |
| 6-pass Vic Sdn | 600 | 1600 | 2750 | 5500 | 9500 | 13800 |
| 6-pass Sdn | 600 | 1600 | 2700 | 5400 | 9300 | 13500 |

**New Yorker, 8-cyl., 128.5" wb**

| 6-pass Conv Cpe | 1050 | 3300 | 5500 | 11000 | 19300 | 27500 |
|---|---|---|---|---|---|---|
| 3-pass Cpe | 750 | 2250 | 3750 | 7500 | 13000 | 18700 |
| 6-pass Cpe | 800 | 2350 | 3950 | 7900 | 13700 | 19700 |

|  | 6 | 5 | 4 | 3 | 2 | 1 |
|---|---|---|---|---|---|---|
| 6-pass Vic Sdn | 650 | 1700 | 3000 | 6000 | 10400 | 14900 |
| 6-pass Sdn | 650 | 1700 | 3000 | 5900 | 10200 | 14700 |
| 6-pass Spl Cpe (Highlander) | 800 | 2350 | 3950 | 7900 | 13700 | 19700 |
| 6-pass Spl Conv Cpe (Highlander) | 1200 | 3750 | 6250 | 12500 | 22000 | 31100 |
| **Saratoga, 8-cyl., 128.5" wb** | | | | | | |
| 6-pass Sdn | 650 | 1800 | 3200 | 6400 | 11000 | 15900 |
| **Crown Imperial, 8-cyl., 145.5" wb** | | | | | | |
| 6-pass Sdn | 800 | 2350 | 3950 | 7900 | 13700 | 19700 |
| 8-pass Sdn | 800 | 2450 | 4150 | 8300 | 14600 | 20700 |
| 8-pass Sdn Limo | 850 | 2700 | 4550 | 9100 | 16000 | 22700 |
| **1941** | | | | | | |
| **Royal, 6-cyl., 121.5" wb** | | | | | | |
| 3-pass Cpe | 600 | 1650 | 2850 | 5700 | 9900 | 14200 |
| 6-pass Club Cpe | 650 | 1700 | 3000 | 5900 | 10200 | 14700 |
| 6-pass Brghm | 500 | 1350 | 2350 | 4700 | 8100 | 11500 |
| 4-dr Sdn | 550 | 1450 | 2450 | 4900 | 8500 | 12000 |
| 4-dr Twn Sdn | 550 | 1500 | 2500 | 5100 | 8800 | 12500 |
| **Royal, 6-cyl., 121.5" wb** | | | | | | |
| 6-pass T&C Wgn | 1100 | 3500 | 5850 | 11700 | 20600 | 29100 |
| 8-pass T&C Wgn | 1150 | 3600 | 5950 | 11900 | 21000 | 29700 |
| **Royal, 6-cyl., 139.5" wb** | | | | | | |
| 8-pass Sdn | 550 | 1500 | 2500 | 5100 | 8800 | 12500 |
| 8-pass Limo Sdn | 600 | 1600 | 2750 | 5500 | 9500 | 13800 |
| **Windsor, 6-cyl., 121.5" wb** | | | | | | |
| 6-pass Conv Cpe | 1000 | 3250 | 5450 | 10900 | 19100 | 27200 |
| 3-pass Cpe | 700 | 1900 | 3350 | 6700 | 11500 | 16500 |
| 6-pass Club Cpe | 700 | 2000 | 3450 | 6900 | 11900 | 17200 |
| 6-pass Brghm | 550 | 1500 | 2500 | 5100 | 8800 | 12500 |
| 4-dr Sdn | 600 | 1600 | 2750 | 5500 | 9500 | 13800 |
| 4-dr Twn Sdn | 650 | 1700 | 3000 | 5900 | 10200 | 14700 |
| **Windsor, 6-cyl., 139.5" wb** | | | | | | |
| 8-pass Sdn | 650 | 1750 | 3150 | 6300 | 10900 | 15700 |
| 8-pass Sdn Limo | 700 | 1900 | 3350 | 6700 | 11500 | 16500 |
| **Saratoga, 8-cyl., 127.5" wb** | | | | | | |
| 3-pass Cpe | 750 | 2100 | 3550 | 7100 | 12300 | 17700 |
| 6-pass Club Cpe | 750 | 2200 | 3650 | 7300 | 12600 | 18200 |
| 6-pass Brghm | 600 | 1600 | 2750 | 5500 | 9500 | 13800 |
| 4-dr Sdn | 650 | 1700 | 3000 | 5900 | 10200 | 14700 |
| 4-dr Twn Sdn | 650 | 1700 | 3000 | 6100 | 10600 | 15200 |
| **New Yorker, 8-cyl., 127.5" wb** | | | | | | |
| 6-pass Conv Cpe | 1150 | 3600 | 5950 | 11900 | 21000 | 29700 |
| 3-pass Cpe | 800 | 2350 | 3950 | 7900 | 13700 | 19700 |
| 6-pass Club Cpe | 800 | 2450 | 4150 | 8300 | 14600 | 20700 |
| 6-pass Brghm | 650 | 1700 | 3000 | 5900 | 10200 | 14700 |
| 4-dr Sdn | 650 | 1750 | 3150 | 6300 | 10900 | 15700 |
| 4-dr Twn Sdn | 650 | 1800 | 3250 | 6500 | 11200 | 16100 |
| **Crown Imperial, 8-cyl., 146" wb** | | | | | | |
| 8-pass Sdn | 750 | 2100 | 3550 | 7100 | 12300 | 17700 |
| 8-pass Limo | 850 | 2550 | 4350 | 8700 | 15300 | 21700 |
| 8-pass Sdn Limo | 800 | 2450 | 4150 | 8300 | 14600 | 20700 |
| **New Yorker Special/Crown Imperial, 8-cyl., 127.5" wb** | | | | | | |
| 6-pass Twn Sdn | 850 | 2550 | 4350 | 8700 | 15300 | 21700 |
| **1942** | | | | | | |
| **Royal, 6-cyl., 121.5" wb** | | | | | | |
| 3-pass Cpe | 600 | 1600 | 2750 | 5500 | 9500 | 13800 |
| 6-pass Club Cpe | 600 | 1650 | 2850 | 5700 | 9900 | 14200 |
| 6-pass Brghm | 500 | 1300 | 2250 | 4500 | 7700 | 11000 |
| 4-dr Sdn | 500 | 1350 | 2350 | 4700 | 8100 | 11500 |
| 4-dr Twn Sdn | 550 | 1450 | 2450 | 4900 | 8500 | 12000 |

'38 Chrysler Imperial

'41 Chrysler Windsor

'42 Chrysler Town & Country

'46 Chrysler Town & Country

'47 Chrysler Windsor convertible

'49 Chrysler

'50 Chrysler

'52 Chrysler Imperial

'54 Chrysler New Yorker

'56 Chrysler

'59 Chrysler Saratoga

'59 Chrysler 300E

|  | 6 | 5 | 4 | 3 | 2 | 1 |
|---|---|---|---|---|---|---|
| **Royal, 6-cyl., 139.5" wb** | | | | | | |
| 8-pass Sdn | 550 | 1400 | 2400 | 4800 | 8300 | 11800 |
| 8-pass Limo | 550 | 1500 | 2500 | 5000 | 8700 | 12300 |
| **Windsor, 6-cyl., 121.5" wb** | | | | | | |
| Conv Cpe | 900 | 2850 | 4750 | 9500 | 16700 | 23700 |
| 3-pass Cpe | 650 | 1700 | 3000 | 6100 | 10600 | 15200 |
| 6-pass Club Cpe | 650 | 1750 | 3150 | 6300 | 10900 | 15700 |
| 6-pass Brghm | 500 | 1350 | 2350 | 4700 | 8100 | 11500 |
| 4-dr Sdn | 550 | 1450 | 2450 | 4900 | 8500 | 12000 |
| 4-dr Twn Sdn | 500 | 1350 | 2350 | 4700 | 8100 | 11500 |
| 6-pass T&C Wgn | 1550 | 4650 | 7750 | 15500 | 27300 | 38700 |
| 9-pass T&C Wgn | 1650 | 4900 | 8250 | 16500 | 29000 | 41200 |
| **Windsor, 6-cyl., 139.5" wb** | | | | | | |
| 8-pass Sdn | 550 | 1500 | 2500 | 5000 | 8700 | 12300 |
| 8-pass Limo | 550 | 1550 | 2600 | 5200 | 9000 | 12800 |
| **Saratoga, 8-cyl., 127.5" wb** | | | | | | |
| 3-pass Cpe | 650 | 1800 | 3250 | 6500 | 11200 | 16100 |
| 6-pass Club Cpe | 700 | 1900 | 3350 | 6700 | 11500 | 16500 |
| 6-pass Brghm | 550 | 1400 | 2400 | 4800 | 8300 | 11800 |
| 4-dr Sdn | 550 | 1450 | 2450 | 4900 | 8500 | 12000 |
| 4-dr Twn Sdn | 600 | 1600 | 2700 | 5400 | 9300 | 13500 |
| **New Yorker, 8-cyl., 127.5" wb** | | | | | | |
| 6-pass Conv Cpe | 1000 | 3100 | 5250 | 10500 | 18600 | 26200 |
| 3-pass Cpe | 700 | 2000 | 3450 | 6900 | 11900 | 17200 |
| 6-pass Club Cpe | 750 | 2100 | 3550 | 7100 | 12300 | 17700 |
| 6-pass Brghm | 550 | 1500 | 2500 | 5000 | 8700 | 12300 |
| 4-dr Sdn | 550 | 1500 | 2500 | 5100 | 8800 | 12500 |
| 4-dr Twn Sdn | 600 | 1600 | 2800 | 5600 | 9700 | 14000 |
| **Crown Imperial, 8-cyl., 145.5" wb** | | | | | | |
| 6-pass Sdn | 650 | 1700 | 3000 | 5900 | 10200 | 14700 |
| 8-pass Sdn | 650 | 1750 | 3150 | 6300 | 10900 | 15700 |
| 8-pass Sdn Limo | 750 | 2100 | 3550 | 7100 | 12300 | 17700 |
| ***1946*** | | | | | | |
| **Royal, 6-cyl., 121.5" wb** | | | | | | |
| 4-dr Sdn | 500 | 1350 | 2350 | 4700 | 8100 | 11500 |
| 6-pass Brghm | 500 | 1350 | 2350 | 4700 | 8100 | 11500 |
| 6-pass Club Cpe | 650 | 1700 | 3000 | 6000 | 10400 | 14900 |
| 3-pass Cpe | 600 | 1650 | 2900 | 5800 | 10000 | 14500 |
| **Royal, 6-cyl., 139.5" wb** | | | | | | |
| 4-dr Sdn | 600 | 1650 | 2850 | 5700 | 9900 | 14200 |
| 8-pass Limo | 650 | 1800 | 3250 | 6500 | 11200 | 16100 |
| **Windsor, 6-cyl., 121.5" wb** | | | | | | |
| 4-dr Sdn | 550 | 1400 | 2400 | 4800 | 8300 | 11800 |
| 4-dr 6-pass T&C Sdn | 2300 | 6800 | 11450 | 22900 | 40200 | 57200 |
| 6-pass Brghm | 500 | 1350 | 2350 | 4700 | 8100 | 11500 |
| 6-pass Club Cpe | 650 | 1800 | 3250 | 6500 | 11200 | 16100 |
| 3-pass Cpe | 650 | 1750 | 3150 | 6300 | 10900 | 15700 |
| 6-pass Conv Cpe | 1100 | 3450 | 5750 | 11500 | 20300 | 28700 |
| **Windsor, 6-cyl., 139.5" wb** | | | | | | |
| 4-dr 8-pass Sdn | 650 | 1700 | 3000 | 6100 | 10600 | 15200 |
| 8-pass Limo | 700 | 1900 | 3350 | 6700 | 11500 | 16500 |
| **Saratoga, 8-cyl., 127.5" wb** | | | | | | |
| 4-dr Sdn | 550 | 1500 | 2500 | 5000 | 8700 | 12300 |
| 6-pass Brghm | 550 | 1500 | 2500 | 5000 | 8700 | 12300 |
| 6-pass Club Cpe | 700 | 1850 | 3300 | 6600 | 11300 | 16300 |
| 3-pass Cpe | 650 | 1800 | 3200 | 6400 | 11000 | 15900 |
| **New Yorker, 8-cyl., 127.5" wb** | | | | | | |
| 4-dr Sdn | 550 | 1500 | 2500 | 5100 | 8800 | 12500 |
| 6-pass Brghm | 550 | 1500 | 2500 | 5000 | 8700 | 12300 |
| 6-pass Club Cpe | 650 | 1800 | 3250 | 6500 | 11200 | 16100 |

|  | 6 | 5 | 4 | 3 | 2 | 1 |
|---|---|---|---|---|---|---|
| 3-pass Cpe | 650 | 1750 | 3150 | 6300 | 10900 | 15700 |
| 6-pass Conv Cpe | 1200 | 3800 | 6350 | 12700 | 22400 | 31700 |
| 6-pass T&C Conv | 4100 | 12200 | 20500 | 41000 | 72000 | 102300 |
| 4-dr 6-pass T&C Sdn | 2500 | 7350 | 12450 | 24900 | 43700 | 62100 |
| **Imperial** | | | | | | |
| 8-pass Limo Sdn | 800 | 2350 | 3950 | 7900 | 13700 | 19700 |
| **1947** | | | | | | |
| **Royal, 6-cyl., 121.5" wb** | | | | | | |
| 4-dr Sdn | 500 | 1350 | 2350 | 4700 | 8100 | 11500 |
| 6-pass Brghm | 500 | 1350 | 2350 | 4700 | 8100 | 11500 |
| 6-pass Club Cpe | 650 | 1700 | 3000 | 6000 | 10400 | 14900 |
| 3-pass Cpe | 600 | 1650 | 2900 | 5800 | 10000 | 14500 |
| **Royal, 6-cyl., 139.5" wb** | | | | | | |
| 4-dr Sdn | 600 | 1650 | 2850 | 5700 | 9900 | 14200 |
| 8-pass Limo | 650 | 1800 | 3250 | 6500 | 11200 | 16100 |
| **Windsor, 6-cyl., 121.5" wb** | | | | | | |
| 4-dr Sdn | 550 | 1400 | 2400 | 4800 | 8300 | 11800 |
| 6-pass Traveler Sdn | 550 | 1450 | 2450 | 4900 | 8500 | 12000 |
| 4-dr 6-pass T&C Sdn | 2300 | 6800 | 11450 | 22900 | 40200 | 57200 |
| 6-pass Brghm | 500 | 1350 | 2350 | 4700 | 8100 | 11500 |
| 6-pass Club Cpe | 650 | 1800 | 3250 | 6500 | 11200 | 16100 |
| 3-pass Cpe | 650 | 1750 | 3150 | 6300 | 10900 | 15700 |
| 6-pass Conv Cpe | 1100 | 3450 | 5750 | 11500 | 20300 | 28700 |
| **Windsor, 6-cyl., 139.5" wb** | | | | | | |
| 4-dr 8-pass Sdn | 650 | 1700 | 3000 | 6100 | 10600 | 15200 |
| 8-pass Limo | 700 | 1900 | 3350 | 6700 | 11500 | 16500 |
| **Saratoga, 8-cyl., 127.5" wb** | | | | | | |
| 4-dr Sdn | 550 | 1500 | 2500 | 5000 | 8700 | 12300 |
| 6-pass Brghm | 550 | 1500 | 2500 | 5000 | 8700 | 12300 |
| 6-pass Club Cpe | 700 | 1850 | 3300 | 6600 | 11300 | 16300 |
| 3-pass Cpe | 650 | 1850 | 3200 | 6400 | 11000 | 15900 |
| **New Yorker, 8-cyl., 127.5" wb** | | | | | | |
| 4-dr Sdn | 550 | 1500 | 2500 | 5100 | 8800 | 12500 |
| 6-pass Brghm | 550 | 1500 | 2500 | 5000 | 8700 | 12300 |
| 6-pass Club Cpe | 650 | 1800 | 3250 | 6500 | 11200 | 16100 |
| 3-pass Cpe | 650 | 1750 | 3150 | 6300 | 10900 | 15700 |
| 6-pass Conv Cpe | 1200 | 3800 | 6350 | 12700 | 22400 | 31700 |
| 6-pass T&C Conv | 4100 | 12200 | 20500 | 41000 | 72000 | 102300 |
| **Imperial C-40** | | | | | | |
| 8-pass Limo Sdn | 800 | 2400 | 3950 | 7900 | 13700 | 19700 |
| **1948** | | | | | | |
| **Royal, 6-cyl., 121.5" wb** | | | | | | |
| 4-dr Sdn | 500 | 1350 | 2350 | 4700 | 8100 | 11500 |
| 6-pass Brghm | 500 | 1350 | 2350 | 4700 | 8100 | 11500 |
| 6-pass Club Cpe | 650 | 1700 | 3000 | 6000 | 10400 | 14900 |
| 3-pass Cpe | 600 | 1650 | 2900 | 5800 | 10000 | 14500 |
| **Royal, 6-cyl., 139.5" wb** | | | | | | |
| 4-dr Sdn | 600 | 1650 | 2850 | 5700 | 9900 | 14200 |
| 8-pass Limo | 650 | 1800 | 3250 | 6500 | 11200 | 16100 |
| **Windsor, 6-cyl., 121.5" wb** | | | | | | |
| 4-dr Sdn | 550 | 1400 | 2400 | 4800 | 8300 | 11800 |
| 6-pass Traveler Sdn | 550 | 1450 | 2450 | 4900 | 8500 | 12000 |
| 4-dr 6-pass T&C Sdn | 2300 | 6800 | 11450 | 22900 | 40200 | 57200 |
| 6-pass Brghm | 500 | 1350 | 2350 | 4700 | 8100 | 11500 |
| 6-pass Club Cpe | 650 | 1800 | 3250 | 6500 | 11200 | 16100 |
| 3-pass Cpe | 650 | 1750 | 3150 | 6300 | 10900 | 15700 |
| 6-pass Conv Cpe | 1100 | 3450 | 5750 | 11500 | 20300 | 28700 |
| **Windsor, 6-cyl., 139.5" wb** | | | | | | |
| 4-dr 8-pass Sdn | 650 | 1700 | 3000 | 6100 | 10600 | 15200 |
| 8-pass Limo | 700 | 1900 | 3350 | 6700 | 11500 | 16500 |

|  | 6 | 5 | 4 | 3 | 2 | 1 |
|---|---|---|---|---|---|---|
| **Saratoga, 8-cyl., 127.5" wb** | | | | | | |
| 4-dr Sdn | 550 | 1500 | 2500 | 5000 | 8700 | 12300 |
| 6-pass Brghm | 550 | 1500 | 2500 | 5000 | 8700 | 12300 |
| 6-pass Club Cpe | 700 | 1850 | 3300 | 6600 | 11300 | 16300 |
| 3-pass Cpe | 650 | 1800 | 3200 | 6400 | 11000 | 15900 |
| **New Yorker, 8-cyl., 127.5" wb** | | | | | | |
| 4-dr Sdn | 550 | 1500 | 2500 | 5100 | 8800 | 12500 |
| 6-pass Brghm | 550 | 1500 | 2500 | 5000 | 8700 | 12300 |
| 6-pass Club Cpe | 650 | 1800 | 3250 | 6500 | 11200 | 16100 |
| 3-pass Cpe | 650 | 1750 | 3150 | 6300 | 10900 | 15700 |
| 6-pass Conv Cpe | 1200 | 3800 | 6350 | 12700 | 22400 | 31700 |
| 6-pass T&C Conv | 4100 | 12200 | 20500 | 41000 | 72000 | 102300 |
| **Imperial** | | | | | | |
| 8-pass Limo Sdn | 800 | 2350 | 3950 | 7900 | 13700 | 19700 |
| ***1949*** | | | | | | |
| **Royal - Second Series, 6-cyl., 125.5" wb** | | | | | | |
| 4-dr Sdn | 550 | 1450 | 2450 | 4900 | 8500 | 12000 |
| 6-pass Club Cpe | 600 | 1600 | 2750 | 5500 | 9500 | 13800 |
| 9-pass Sta Wgn | 950 | 3000 | 5050 | 10100 | 17900 | 25100 |
| **Royal - Second Series, 6-cyl., 139.5" wb** | | | | | | |
| 4-dr Sdn | 550 | 1500 | 2500 | 5000 | 8700 | 12300 |
| **Windsor - Second Series, 6-cyl., 125.5" wb** | | | | | | |
| 4-dr Sdn | 550 | 1500 | 2500 | 5000 | 8700 | 12300 |
| 6-pass Cpe | 600 | 1650 | 2850 | 5700 | 9900 | 14200 |
| 6-pass Conv Cpe | 950 | 2950 | 4950 | 9900 | 17500 | 24700 |
| **Windsor - Second Series, 6-cyl., 139.5" wb** | | | | | | |
| 4-dr Sdn | 600 | 1600 | 2750 | 5500 | 9500 | 13800 |
| 8-pass Limo Sdn | 650 | 1700 | 3000 | 5900 | 10200 | 14700 |
| **Saratoga - Second Series, 8-cyl., 131.5" wb** | | | | | | |
| 4-dr Sdn | 500 | 1350 | 2350 | 4700 | 8100 | 11500 |
| 6-pass Club Cpe | 600 | 1650 | 2850 | 5700 | 9900 | 14200 |
| **New Yorker - Second Series, 8-cyl., 131.5" wb** | | | | | | |
| 4-dr Sdn | 550 | 1500 | 2500 | 5100 | 8800 | 12500 |
| 6-pass Club Cpe | 650 | 1700 | 3000 | 5900 | 10200 | 14700 |
| 6-pass Conv Cpe | 1100 | 3450 | 5750 | 11500 | 20300 | 28700 |
| 6-pass T&C Conv | 3400 | 10050 | 16950 | 33900 | 59500 | 84600 |
| **Imperial - Second Series, 8-cyl., 131.5" wb** | | | | | | |
| 4-dr Sdn | 700 | 1900 | 3350 | 6700 | 11500 | 16500 |
| **Crown Imperial, 8-cyl., 145.5" wb** | | | | | | |
| 8-pass Sdn | 750 | 2100 | 3550 | 7100 | 12300 | 17700 |
| 8-pass Limo | 800 | 2350 | 3950 | 7900 | 13700 | 19700 |
| ***1950*** | | | | | | |
| **Royal, 6-cyl., 125.5" wb** | | | | | | |
| 4-dr Sdn | 500 | 1350 | 2300 | 4600 | 8000 | 11300 |
| Club Cpe | 600 | 1600 | 2750 | 5500 | 9500 | 13800 |
| T&C Sta Wgn | 1750 | 5200 | 8750 | 17500 | 30800 | 43700 |
| 6-pass Sta Wgn | 950 | 3050 | 5100 | 10200 | 18000 | 25400 |
| **Royal, 6-cyl., 139.5" wb** | | | | | | |
| 4-dr Sdn | 550 | 1500 | 2500 | 5100 | 8800 | 12500 |
| **Windsor, 6-cyl., 125.5" wb** | | | | | | |
| 4-dr Sdn | 500 | 1350 | 2350 | 4700 | 8100 | 11500 |
| 4-dr Traveler Sdn | 500 | 1350 | 2350 | 4700 | 8100 | 11500 |
| 6-pass Club Cpe | 600 | 1650 | 2850 | 5700 | 9900 | 14200 |
| 6-pass Newport | 750 | 2100 | 3550 | 7100 | 12300 | 17700 |
| 6-pass Conv Cpe | 950 | 2950 | 4950 | 9900 | 17500 | 24700 |
| **Windsor, 6-cyl., 139.5" wb** | | | | | | |
| 4-dr Sdn | 600 | 1600 | 2750 | 5500 | 9500 | 13800 |
| 8-pass Limo Sdn | 650 | 1750 | 3150 | 6300 | 10900 | 15700 |

|  | 6 | 5 | 4 | 3 | 2 | 1 |
|---|---|---|---|---|---|---|
| **Saratoga, 8-cyl., 131.5" wb** | | | | | | |
| 4-dr Sdn | 550 | 1400 | 2400 | 4800 | 8300 | 11800 |
| 6-pass Club Cpe | 650 | 1700 | 3000 | 5900 | 10200 | 14700 |
| **New Yorker, 8-cyl., 131.5" wb** | | | | | | |
| 4-dr Sdn | 550 | 1500 | 2500 | 5100 | 8800 | 12500 |
| 6-pass Club Cpe | 600 | 1600 | 2800 | 5600 | 9700 | 14000 |
| 6-pass Newport | 750 | 2250 | 3750 | 7500 | 13000 | 18700 |
| 6-pass Conv Cpe | 1150 | 3600 | 5950 | 11900 | 21000 | 29700 |
| 2-dr 6-pass T&C Newport | 1900 | 5650 | 9500 | 19000 | 33400 | 47500 |
| **Imperial, 8-cyl., 131.5" wb** | | | | | | |
| 4-dr Sdn | 650 | 1700 | 3000 | 5900 | 10200 | 14700 |
| 4-dr Dlx Sdn | 650 | 1700 | 3000 | 6000 | 10400 | 14900 |
| **Crown Imperial, 8-cyl., 145.5" wb** | | | | | | |
| 4-dr 8-pass Sdn | 650 | 1750 | 3150 | 6300 | 10900 | 15700 |
| 8-pass Limo | 750 | 2100 | 3550 | 7100 | 12300 | 17700 |
| **_1951_** | | | | | | |
| **Windsor, 6-cyl., 125.5" wb** | | | | | | |
| 4-dr Sdn | 500 | 1350 | 2300 | 4600 | 8000 | 11300 |
| 6-pass Club Cpe | 600 | 1600 | 2800 | 5600 | 9700 | 14000 |
| 6-pass T&C Sta Wgn | 900 | 2750 | 4650 | 9300 | 16400 | 23100 |
| **Windsor, 6-cyl., 139.5" wb** | | | | | | |
| 4-dr Sdn | 500 | 1300 | 2250 | 4500 | 7700 | 11000 |
| **Windsor DeLuxe, 6-cyl., 125.5" wb** | | | | | | |
| 4-dr Sdn | 500 | 1300 | 2250 | 4500 | 7700 | 11000 |
| 4-dr Traveler Sdn | 500 | 1350 | 2350 | 4700 | 8100 | 11500 |
| 6-pass Club Cpe | 600 | 1600 | 2800 | 5600 | 9700 | 14000 |
| 2-dr 6-pass Newport | 750 | 2100 | 3550 | 7100 | 12300 | 17700 |
| 6-pass Conv Cpe | 1000 | 3100 | 5250 | 10500 | 18600 | 26200 |
| **Windsor DeLuxe, 6-cyl., 139.5" wb** | | | | | | |
| 4-dr 8-pass Sdn | 550 | 1450 | 2450 | 4900 | 8500 | 12000 |
| 8-pass Limo | 550 | 1500 | 2500 | 5100 | 8800 | 12500 |
| **Saratoga, 8-cyl., 125.5" wb** | | | | | | |
| 4-dr Sdn | 550 | 1550 | 2650 | 5300 | 9100 | 13000 |
| 6-pass Club Cpe | 650 | 1700 | 3000 | 5900 | 10200 | 14700 |
| 6-pass T&C Sta Wgn | 950 | 3000 | 5050 | 10100 | 17900 | 25100 |
| **Saratoga, 8-cyl., 139.5" wb** | | | | | | |
| 4-dr 8-pass Sdn | 600 | 1650 | 2850 | 5700 | 9900 | 14200 |
| 8-pass Limo | 650 | 1800 | 3250 | 6500 | 11200 | 16100 |
| **New Yorker, 8-cyl., 131.5" wb** | | | | | | |
| 4-dr Sdn | 650 | 1700 | 3000 | 6100 | 10600 | 15200 |
| 6-pass Club Cpe | 650 | 1800 | 3250 | 6500 | 11200 | 16100 |
| 2-dr 6-pass Newport | 800 | 2350 | 3950 | 7900 | 13700 | 19700 |
| 6-pass Conv Cpe | 1150 | 3600 | 5950 | 11900 | 21000 | 29700 |
| 6-pass T&C Sta Wgn | 950 | 2950 | 4950 | 9900 | 17500 | 24700 |
| **Imperial, 8-cyl., 131.5" wb** | | | | | | |
| 4-dr Sdn | 650 | 1800 | 3250 | 6500 | 11200 | 16100 |
| 6-pass Club Cpe | 700 | 1900 | 3350 | 6700 | 11500 | 16500 |
| 6-pass 2-dr Newport | 800 | 2450 | 4150 | 8300 | 14600 | 20700 |
| 6-pass Conv Cpe | 1000 | 3250 | 5450 | 10900 | 19100 | 27200 |
| **Crown Imperial, 8-cyl., 145.5" wb** | | | | | | |
| 4-dr 8-pass Sdn | 650 | 1800 | 3200 | 6400 | 11000 | 15900 |
| 8-pass Limo | 750 | 2250 | 3750 | 7500 | 13000 | 18700 |
| **_1952_** | | | | | | |
| **Windsor, 6-cyl., 125.5" wb** | | | | | | |
| 4-dr Sdn | 500 | 1350 | 2300 | 4600 | 8000 | 11300 |
| 6-pass Club Cpe | 600 | 1600 | 2800 | 5600 | 9700 | 14000 |
| 6-pass T&C Sta Wgn | 900 | 2750 | 4650 | 9300 | 16400 | 23100 |
| **Windsor, 6-cyl., 139.5" wb** | | | | | | |
| 4-dr Sdn | 500 | 1300 | 2250 | 4500 | 7700 | 11000 |

| | 6 | 5 | 4 | 3 | 2 | 1 |
|---|---|---|---|---|---|---|
| **Windsor DeLuxe, 6-cyl., 125.5" wb** | | | | | | |
| 4-dr Sdn | 500 | 1300 | 2250 | 4500 | 7700 | 11000 |
| 2-dr 6-pass Newport | 750 | 2100 | 3550 | 7100 | 12300 | 17700 |
| 6-pass Conv Cpe | 1000 | 3100 | 5250 | 10500 | 18600 | 26200 |
| **Saratoga, 8-cyl., 125.5" wb** | | | | | | |
| 6-pass Club Cpe | 650 | 1700 | 3000 | 5900 | 10200 | 14700 |
| 4-dr Sdn | 550 | 1550 | 2650 | 5300 | 9100 | 13000 |
| 6-pass T&C Sta Wgn | 950 | 3000 | 5050 | 10100 | 17900 | 25100 |
| 4-dr Sdn (139" wb) | 600 | 1650 | 2850 | 5700 | 9900 | 14200 |
| **New Yorker, 8-cyl., 131.5" wb** | | | | | | |
| 4-dr Sdn | 650 | 1700 | 3000 | 6100 | 10600 | 15200 |
| 6-pass Newport | 800 | 2350 | 3950 | 7900 | 13700 | 19700 |
| 6-pass Conv Cpe | 1150 | 3600 | 5950 | 11900 | 21000 | 29700 |
| **Imperial, 8-cyl., 131.5" wb** | | | | | | |
| 4-dr Sdn | 650 | 1800 | 3250 | 6500 | 11200 | 16100 |
| 6-pass Club Cpe | 700 | 1900 | 3350 | 6700 | 11500 | 16500 |
| 6-pass Newport | 800 | 2450 | 4150 | 8300 | 14600 | 20700 |
| **Crown Imperial, 8-cyl., 145.5" wb** | | | | | | |
| 4-dr 8-pass Sdn | 650 | 1800 | 3200 | 6400 | 11000 | 15900 |
| 8-pass Limo | 750 | 2250 | 3750 | 7500 | 13000 | 18700 |
| **_1953_** | | | | | | |
| **Windsor, 6-cyl., 125.5" wb** | | | | | | |
| 4-dr Sdn | 500 | 1350 | 2350 | 4700 | 8100 | 11500 |
| 6-pass Club Cpe | 550 | 1500 | 2500 | 5100 | 8800 | 12500 |
| 4-dr 6-pass T&C Sta Wgn | 850 | 2550 | 4350 | 8700 | 15300 | 21700 |
| **Windsor, 6-cyl., 139.5" wb** | | | | | | |
| 4-dr Sdn | 500 | 1350 | 2350 | 4700 | 8100 | 11500 |
| **Windsor DeLuxe, 6-cyl., 125.5" wb** | | | | | | |
| 4-dr Sdn | 550 | 1400 | 2400 | 4800 | 8300 | 11800 |
| 2-dr 6-pass Newport | 700 | 1900 | 3350 | 6700 | 11500 | 16500 |
| 6-pass Conv | 1050 | 3300 | 5500 | 11100 | 19500 | 27700 |
| **New Yorker, 8-cyl., 125.5" wb** | | | | | | |
| 4-dr Sdn | 550 | 1500 | 2500 | 5000 | 8700 | 12300 |
| 6-pass Club Cpe | 600 | 1650 | 2850 | 5700 | 9900 | 14200 |
| 2-dr 6-pass Newport | 750 | 2250 | 3750 | 7500 | 13000 | 18700 |
| 4-dr 6-pass T&C Sta Wgn | 850 | 2700 | 4550 | 9100 | 16000 | 22700 |
| **New Yorker, 8-cyl., 139.5" wb** | | | | | | |
| 4-dr Sdn | 550 | 1550 | 2600 | 5200 | 9000 | 12800 |
| **New Yorker DeLuxe, 8-cyl., 125.5" wb** | | | | | | |
| 4-dr Sdn | 550 | 1500 | 2500 | 5100 | 8800 | 12500 |
| 6-pass Club Cpe | 650 | 1700 | 3000 | 5900 | 10200 | 14700 |
| 2-dr 6-pass Newport | 800 | 2350 | 3950 | 7900 | 13700 | 19700 |
| 6-pass Conv Cpe | 1300 | 4050 | 6750 | 13500 | 23800 | 33700 |
| **Custom Imperial, 8-cyl., 133.5" wb** | | | | | | |
| 4-dr 6-pass Sdn | 650 | 1700 | 3000 | 5900 | 10200 | 14700 |
| 4-dr 6-pass Twn Limo | 700 | 1900 | 3350 | 6700 | 11500 | 16500 |
| **Custom Imperial, 8-cyl., 131.5" wb** | | | | | | |
| 6-pass Newport Hdtp | 950 | 2950 | 4950 | 9900 | 17500 | 24700 |
| **Crown Imperial, 8-cyl., 145.5" wb** | | | | | | |
| 4-dr Sdn | 650 | 1800 | 3250 | 6500 | 11200 | 16100 |
| 4-dr 8-pass Limo | 750 | 2100 | 3550 | 7100 | 12300 | 17700 |
| **_1954_** | | | | | | |
| **Windsor DeLuxe, 6-cyl., 125.5" wb** | | | | | | |
| 4-dr Sdn | 500 | 1350 | 2350 | 4700 | 8100 | 11500 |
| 6-pass Club Cpe | 600 | 1600 | 2700 | 5400 | 9300 | 13500 |
| 2-dr 6-pass Newport | 800 | 2350 | 3950 | 7900 | 13700 | 19700 |
| 6-pass Conv | 1000 | 3250 | 5450 | 10900 | 19100 | 27200 |
| 4-dr 6-pass T&C Sta Wgn | 800 | 2350 | 3950 | 7900 | 13700 | 19700 |

| | 6 | 5 | 4 | 3 | 2 | 1 |
|---|---|---|---|---|---|---|
| **Windsor DeLuxe, 6-cyl., 139.5" wb** | | | | | | |
| 4-dr Sdn | 550 | 1550 | 2650 | 5300 | 9100 | 13000 |
| **New Yorker, 8-cyl., 125.5" wb** | | | | | | |
| 4-dr Sdn | 550 | 1550 | 2650 | 5300 | 9100 | 13000 |
| 6-pass Club Cpe | 650 | 1700 | 3000 | 5900 | 10200 | 14700 |
| 2-dr 6-pass Newport | 850 | 2550 | 4350 | 8700 | 15300 | 21700 |
| 4-dr 6-pass T&C Sta Wgn | 800 | 2450 | 4150 | 8300 | 14600 | 20700 |
| **New Yorker, 8-cyl., 139.5" wb** | | | | | | |
| 4-dr Sdn | 600 | 1600 | 2750 | 5500 | 9500 | 13800 |
| **New Yorker Deluxe, 8-cyl., 125.5" wb** | | | | | | |
| 4-dr Sdn | 600 | 1650 | 2850 | 5700 | 9900 | 14200 |
| 6-pass Club Cpe | 600 | 1600 | 2750 | 5500 | 9500 | 13800 |
| 2-dr Newport | 850 | 2700 | 4550 | 9100 | 16000 | 22700 |
| 6-pass Conv | 1200 | 3850 | 6450 | 12900 | 22700 | 32200 |
| **Custom Imperial, 8-cyl., 133.5" wb** | | | | | | |
| 4-dr Sdn | 700 | 1900 | 3350 | 6700 | 11500 | 16500 |
| 6-pass Twn Limo | 750 | 2250 | 3750 | 7500 | 13000 | 18700 |
| **Custom Imperial, 8-cyl., 131" wb** | | | | | | |
| 2-dr 6-pass Hdtp Newport | 950 | 2950 | 4950 | 9900 | 17500 | 24700 |
| **Crown Imperial, 8-cyl., 145.5" wb** | | | | | | |
| 4-dr 8-pass Sdn | 700 | 2000 | 3450 | 6900 | 11900 | 17200 |
| 8-pass Limo | 800 | 2350 | 3950 | 7900 | 13700 | 19700 |
| ***1955*** | | | | | | |
| **Windsor DeLuxe, 8-cyl., 126" wb** | | | | | | |
| 4-dr Sdn | 550 | 1500 | 2500 | 5100 | 8800 | 12500 |
| 2-dr Hdtp Nassau | 800 | 2350 | 3950 | 7900 | 13700 | 19700 |
| 2-dr Hdtp Newport | 800 | 2450 | 4150 | 8300 | 14600 | 20700 |
| 6-pass Conv | 1100 | 3500 | 5850 | 11700 | 20600 | 29100 |
| 4-dr 6-pass T&C Sta Wgn | 750 | 2100 | 3550 | 7100 | 12300 | 17700 |
| **New Yorker DeLuxe, 8-cyl., 126" wb** | | | | | | |
| 4-dr Sdn | 600 | 1600 | 2750 | 5500 | 9500 | 13800 |
| 2-dr Hdtp Newport | 800 | 2450 | 4150 | 8300 | 14600 | 20700 |
| 2-dr Hdtp St. Regis | 850 | 2550 | 4350 | 8700 | 15300 | 21700 |
| 6-pass Conv | 1200 | 3850 | 6450 | 12900 | 22700 | 32200 |
| 4-dr 6-pass T&C Sta Wgn | 800 | 2350 | 3950 | 7900 | 13700 | 19700 |
| **300, 8-cyl., 126" wb** | | | | | | |
| 2-dr 6-pass Hdtp Cpe | 1700 | 5050 | 8450 | 16900 | 29700 | 42200 |
| **Imperial, 8-cyl., 130" wb** | | | | | | |
| 4-dr Sdn | 650 | 1700 | 3000 | 5900 | 10200 | 14700 |
| 2-dr Hdtp Newport | 900 | 2850 | 4750 | 9500 | 16700 | 23700 |
| **Crown Imperial, 8-cyl., 149.5" wb700** | | | | | | |
| 4-dr 8-pass Sdn | 750 | 2250 | 3750 | 7500 | 13000 | 18700 |
| 8-pass Limo | 850 | 2700 | 4550 | 9100 | 16000 | 22700 |
| ***1956*** | | | | | | |
| **Windsor, 8-cyl., 126" wb** | | | | | | |
| 4-dr Sdn | 550 | 1500 | 2500 | 5100 | 8800 | 12500 |
| 4-dr Hdtp Newport | 650 | 1700 | 3000 | 5900 | 10200 | 14700 |
| 2-dr Hdtp Nassau | 800 | 2450 | 4150 | 8300 | 14600 | 20700 |
| 2-dr Hdtp Newport | 850 | 2550 | 4350 | 8700 | 15300 | 21700 |
| 6-pass Conv | 1200 | 3750 | 6250 | 12500 | 22000 | 31100 |
| 4-dr 6-pass T&C Sta Wgn | 750 | 2200 | 3650 | 7300 | 12600 | 18200 |
| **New Yorker, 8-cyl., 126" wb** | | | | | | |
| 4-dr Sdn | 600 | 1600 | 2750 | 5500 | 9500 | 13800 |
| 4-dr Hdtp Newport | 700 | 2000 | 3450 | 6900 | 11900 | 17200 |
| 2-dr Hdtp Newport | 850 | 2700 | 4550 | 9100 | 16000 | 22700 |
| 2-dr Hdtp St. Regis | 900 | 2850 | 4750 | 9500 | 16700 | 23700 |
| 6-pass Conv | 1350 | 4150 | 6950 | 13900 | 24500 | 34700 |
| 4-dr 6-pass T&C Sta Wgn | 800 | 2400 | 4050 | 8100 | 14200 | 20200 |

| | 6 | 5 | 4 | 3 | 2 | 1 |
|---|---|---|---|---|---|---|
| **300 "B", 8-cyl., 126" wb** | | | | | | |
| 2-dr Hdtp | 1700 | 5050 | 8450 | 16900 | 29700 | 42200 |
| **Imperial, 8-cyl., 133" wb** | | | | | | |
| 4-dr Sdn | 650 | 1700 | 3000 | 5900 | 10200 | 14700 |
| 4-dr Hdtp Southampton | 700 | 2000 | 3450 | 6900 | 11900 | 17200 |
| 2-dr Hdtp Southampton | 900 | 2850 | 4750 | 9500 | 16700 | 23700 |
| **Crown Imperial, 8-cyl., 149.5" wb** | | | | | | |
| 4-dr 8-pass Sdn | 750 | 2300 | 3850 | 7700 | 13300 | 19200 |
| 8-pass Limo | 850 | 2650 | 4450 | 8900 | 15700 | 22300 |
| **1957** | | | | | | |
| **Windsor, 8-cyl., 126" wb** | | | | | | |
| 4-dr Sdn | 500 | 1350 | 2350 | 4700 | 8100 | 11500 |
| 4-dr Hdtp | 650 | 1700 | 3000 | 5900 | 10200 | 14700 |
| 2-dr Hdtp | 800 | 2350 | 3950 | 7900 | 13700 | 19700 |
| 4-dr 6-pass T&C Sta Wgn | 600 | 1650 | 2850 | 5700 | 9900 | 14200 |
| **Saratoga, 8-cyl., 126" wb** | | | | | | |
| 4-dr Sdn | 550 | 1450 | 2450 | 4900 | 8500 | 12000 |
| 4-dr Hdtp | 700 | 1900 | 3350 | 6700 | 11500 | 16500 |
| 2-dr Hdtp | 850 | 2550 | 4350 | 8700 | 15300 | 21700 |
| **New Yorker, 8-cyl., 126" wb** | | | | | | |
| 4-dr Sdn | 550 | 1500 | 2500 | 5100 | 8800 | 12500 |
| 4-dr Hdtp | 700 | 2000 | 3450 | 6900 | 11900 | 17200 |
| 2-dr Hdtp | 900 | 2900 | 4850 | 9700 | 17100 | 24400 |
| 2-dr Conv | 1350 | 4150 | 6950 | 13900 | 24500 | 34700 |
| 4-dr T&C Sta Wgn | 650 | 1700 | 3000 | 6100 | 10600 | 15200 |
| **300 "C", 8-cyl., 126" wb** | | | | | | |
| 2-dr Hdtp | 1800 | 5300 | 8950 | 17900 | 31500 | 44700 |
| 2-dr Conv | 2700 | 8000 | 13450 | 26900 | 47200 | 67100 |
| **Imperial, 8-cyl., 129" wb** | | | | | | |
| 4-dr Sdn | 600 | 1600 | 2750 | 5500 | 9500 | 13800 |
| 4-dr Hdtp Southampton | 750 | 2150 | 3600 | 7200 | 12400 | 18000 |
| 2-dr Hdtp Southampton | 850 | 2700 | 4550 | 9100 | 16000 | 22700 |
| **Crown Imperial, 8-cyl., 149.5" wb** | | | | | | |
| 4-dr Sdn | 650 | 1700 | 3000 | 5900 | 10200 | 14700 |
| 4-dr Hdtp Southampton | 750 | 2300 | 3850 | 7700 | 13300 | 19200 |
| 2-dr Hdtp Southampton | 1050 | 3300 | 5500 | 11100 | 19500 | 27700 |
| 6-pass Conv | 1300 | 4050 | 6750 | 13500 | 23800 | 33700 |
| **Imperial LeBaron, 8-cyl., 129" wb** | | | | | | |
| 4-dr Sdn | 650 | 1800 | 3250 | 6500 | 11200 | 16100 |
| 4-dr Hdtp Southampton | 800 | 2350 | 3950 | 7900 | 13700 | 19700 |
| **Crown Imperial Ghia, 8-cyl., 149.5" wb** | | | | | | |
| 8-pass Limo | 1000 | 3250 | 5450 | 10900 | 19100 | 27200 |
| **1958** | | | | | | |
| **Windsor, 8-cyl., 122" wb** | | | | | | |
| 4-dr Sdn | 500 | 1350 | 2350 | 4700 | 8100 | 11500 |
| 4-dr Hdtp | 550 | 1550 | 2650 | 5300 | 9100 | 13000 |
| 2-dr Hdtp | 750 | 2100 | 3550 | 7100 | 12300 | 17700 |
| 6-pass T&C Sta Wgn | 550 | 1550 | 2650 | 5300 | 9100 | 13000 |
| 9-pass T&C Sta Wgn | 600 | 1600 | 2750 | 5500 | 9500 | 13800 |
| **Saratoga, 8-cyl., 126" wb** | | | | | | |
| 4-dr Sdn | 550 | 1500 | 2500 | 5100 | 8800 | 12500 |
| 4-dr Hdtp | 650 | 1700 | 3000 | 5900 | 10200 | 14700 |
| 2-dr Hdtp | 750 | 2250 | 3750 | 7500 | 13000 | 18700 |
| **New Yorker, 8-cyl., 126" wb** | | | | | | |
| 4-dr Sdn | 600 | 1600 | 2750 | 5500 | 9500 | 13800 |
| 4-dr Hdtp | 650 | 1700 | 3000 | 6100 | 10600 | 15200 |
| 2-dr Hdtp | 800 | 2500 | 4250 | 8500 | 15000 | 21200 |
| 6-pass Conv | 1400 | 4250 | 7100 | 14200 | 25000 | 35400 |

| | 6 | 5 | 4 | 3 | 2 | 1 |
|---|---|---|---|---|---|---|
| 6-pass T&C Sta Wgn | 600 | 1600 | 2800 | 5600 | 9700 | 14000 |
| 9-pass T&C Sta Wgn | 600 | 1650 | 2900 | 5800 | 10000 | 14500 |
| **300 "D", 8-cyl., 126" wb** | | | | | | |
| 2-dr Hdtp | 1700 | 5050 | 8500 | 17000 | 29900 | 42500 |
| 6-pass Conv | 2600 | 7650 | 12950 | 25900 | 45500 | 64700 |
| **Imperial, 8-cyl., 129" wb** | | | | | | |
| 4-dr Sdn | 600 | 1600 | 2750 | 5500 | 9500 | 13800 |
| 4-dr Hdtp Southampton | 650 | 1800 | 3250 | 6500 | 11200 | 16100 |
| 2-dr Hdtp Southampton | 850 | 2550 | 4350 | 8700 | 15300 | 21700 |
| **Crown Imperial, 8-cyl., 149.5" wb** | | | | | | |
| 4-dr Sdn | 650 | 1700 | 3000 | 5900 | 10200 | 14700 |
| 4-dr Hdtp Southampton | 700 | 2000 | 3450 | 6900 | 11900 | 17200 |
| 2-dr Hdtp Southampton | 900 | 2900 | 4850 | 9700 | 17100 | 24200 |
| 6-pass Conv | 1350 | 4150 | 6950 | 13900 | 24500 | 34700 |
| **Imperial LeBaron, 8-cyl., 129" wb** | | | | | | |
| 4-dr Sdn | 650 | 1750 | 3150 | 6300 | 10900 | 15700 |
| 4-dr Hdtp Southampton | 750 | 2200 | 3650 | 7300 | 12600 | 18200 |
| **Crown Imperial Ghia, 8-cyl., 129" wb** | | | | | | |
| 8-pass Limo | 1150 | 3600 | 5950 | 11900 | 21000 | 29700 |
| **1959** | | | | | | |
| **Windsor, 8-cyl., 122" wb** | | | | | | |
| 4-dr Sdn | 450 | 1250 | 2150 | 4300 | 7400 | 10700 |
| 4-dr Hdtp | 550 | 1500 | 2500 | 5100 | 8800 | 12500 |
| 2-dr Hdtp | 650 | 1800 | 3250 | 6500 | 11200 | 16100 |
| 6-pass Conv | 1150 | 3650 | 6100 | 12200 | 21500 | 30500 |
| 6-pass T&C Sta Wgn | 550 | 1500 | 2500 | 5000 | 8700 | 12300 |
| 9-pass T&C Sta Wgn | 550 | 1550 | 2600 | 5200 | 9000 | 12800 |
| **Saratoga, 8-cyl., 126" wb** | | | | | | |
| 4-dr Sdn | 450 | 1250 | 2150 | 4300 | 7400 | 10700 |
| 4-dr Hdtp | 600 | 1600 | 2750 | 5500 | 9500 | 13800 |
| 2-dr Hdtp | 700 | 2000 | 3450 | 6900 | 11900 | 17200 |
| **New Yorker, 8-cyl., 126" wb** | | | | | | |
| 4-dr Sdn | 500 | 1300 | 2250 | 4500 | 7700 | 11000 |
| 4-dr Hdtp | 600 | 1650 | 2850 | 5700 | 9900 | 14200 |
| 2-dr Hdtp | 750 | 2300 | 3850 | 7700 | 13300 | 19200 |
| 6-pass Conv | 1300 | 4050 | 6750 | 13500 | 23800 | 33700 |
| 6-pass T&C Sta Wgn | 600 | 1600 | 2750 | 5500 | 9500 | 13800 |
| 9-pass T&C Sta Wgn | 600 | 1650 | 2850 | 5700 | 9900 | 14200 |
| **300 "E", 8-cyl., 126" wb** | | | | | | |
| 2-dr Hdtp | 1600 | 4850 | 8100 | 16200 | 28500 | 40500 |
| 6-pass Conv | 2650 | 7850 | 13250 | 26500 | 46500 | 66100 |
| **Imperial Custom, 8-cyl., 129" wb** | | | | | | |
| 4-dr Sdn | 550 | 1500 | 2500 | 5100 | 8800 | 12500 |
| 4-dr Hdtp Southampton | 650 | 1750 | 3150 | 6300 | 10900 | 15700 |
| 2-dr Hdtp Southampton | 800 | 2400 | 4050 | 8100 | 14200 | 20200 |
| **Crown Imperial, 8-cyl., 149.5" wb** | | | | | | |
| 4-dr Sdn | 600 | 1600 | 2750 | 5500 | 9500 | 13800 |
| 4-dr Hdtp Southampton | 700 | 1900 | 3350 | 6700 | 11500 | 16500 |
| 2-dr Hdtp Southampton | 800 | 2500 | 4250 | 8500 | 15000 | 21200 |
| 6-pass Conv | 1400 | 4250 | 7100 | 14200 | 25000 | 35400 |
| **Imperial LeBaron, 8-cyl., 129" wb** | | | | | | |
| 4-dr Sdn | 650 | 1700 | 3000 | 5900 | 10200 | 14700 |
| 4-dr Hdtp Southampton | 700 | 2000 | 3450 | 6900 | 11900 | 17200 |
| **Crown Imperial Ghia, 8-cyl., 149.5" wb** | | | | | | |
| 8-pass Limo | 1150 | 3600 | 5950 | 11900 | 21000 | 29700 |
| **1960** | | | | | | |
| **Windsor, 8-cyl., 122" wb** | | | | | | |
| 4-dr Sdn | 400 | 1200 | 1950 | 3900 | 6800 | 9900 |
| 4-dr Hdtp | 450 | 1250 | 2150 | 4300 | 7400 | 10700 |

| | 6 | 5 | 4 | 3 | 2 | 1 |
|---|---|---|---|---|---|---|
| 2-dr Hdtp | 500 | 1350 | 2350 | 4700 | 8100 | 11500 |
| 6-pass Conv | 950 | 2950 | 4950 | 9900 | 17500 | 24700 |
| 9-pass T&C Sta Wgn | 450 | 1250 | 2100 | 4200 | 7200 | 10500 |
| 6-pass T&C Sta Wgn | 400 | 1200 | 2000 | 4000 | 6900 | 10000 |
| **Saratoga, 8-cyl., 126" wb** | | | | | | |
| 4-dr Sdn | 400 | 1200 | 2000 | 4000 | 6900 | 10000 |
| 4-dr Hdtp | 500 | 1350 | 2350 | 4700 | 8100 | 11500 |
| 2-dr Hdtp | 550 | 1500 | 2500 | 5100 | 8800 | 12500 |
| **New Yorker, 8-cyl., 126" wb** | | | | | | |
| 4-dr Sdn | 450 | 1250 | 2150 | 4300 | 7400 | 10700 |
| 4-dr Hdtp | 550 | 1500 | 2500 | 5100 | 8800 | 12500 |
| 2-dr Hdtp | 650 | 1700 | 3000 | 6100 | 10600 | 15200 |
| 6-pass Conv | 1200 | 3850 | 6450 | 12900 | 22700 | 32200 |
| 9-pass T&C Sta Wgn | 500 | 1350 | 2350 | 4700 | 8100 | 11500 |
| 6-pass T&C Sta Wgn | 500 | 1300 | 2250 | 4500 | 7700 | 11000 |
| **300 "F", 8-cyl., 126" wb** | | | | | | |
| 2-dr Hdtp | 2150 | 6200 | 10450 | 20900 | 36700 | 52100 |
| 6-pass Conv | 3000 | 8900 | 14950 | 29900 | 52500 | 74600 |
| **Custom Imperial, 8-cyl., 129" wb** | | | | | | |
| 4-dr Sdn | 450 | 1250 | 2150 | 4300 | 7400 | 10700 |
| 4-dr Hdtp Southampton | 500 | 1350 | 2350 | 4700 | 8100 | 11500 |
| 2-dr Hdtp Southampton | 600 | 1650 | 2850 | 5700 | 9900 | 14200 |
| **Crown Imperial, 8-cyl., 149.5" wb** | | | | | | |
| 4-dr Sdn | 500 | 1350 | 2350 | 4700 | 8100 | 11500 |
| 4-dr Hdtp Southampton | 550 | 1450 | 2450 | 4900 | 8500 | 12000 |
| 2-dr Hdtp Southampton | 550 | 1500 | 2500 | 5100 | 8800 | 12500 |
| 6-pass Conv | 1400 | 4250 | 7100 | 14200 | 25000 | 35400 |
| **Imperial LeBaron, 8-cyl., 129" wb** | | | | | | |
| 4-dr Sdn | 550 | 1450 | 2450 | 4900 | 8500 | 12000 |
| 4-dr Hdtp Southampton | 550 | 1550 | 2650 | 5300 | 9100 | 13000 |
| **Crown Imperial Ghia, 8-cyl., 149.5" wb** | | | | | | |
| 8-pass Limo | 1150 | 3650 | 6100 | 12200 | 21500 | 30500 |
| **1961** | | | | | | |
| **Newport, 8-cyl., 122" wb** | | | | | | |
| 4-dr Sdn | 400 | 1150 | 1850 | 3700 | 6400 | 9300 |
| 4-dr Hdtp | 450 | 1250 | 2050 | 4100 | 7100 | 10300 |
| 2-dr Hdtp | 500 | 1300 | 2250 | 4500 | 7700 | 11000 |
| 6-pass Conv | 800 | 2450 | 4150 | 8300 | 14600 | 20700 |
| 9-pass T&C Sta Wgn | 400 | 1200 | 2000 | 4000 | 6900 | 10000 |
| 6-pass T&C Sta Wgn | 400 | 1200 | 1900 | 3800 | 6600 | 9600 |
| **Windsor, 8-cyl., 122" wb** | | | | | | |
| 4-dr Sdn | 400 | 1200 | 1950 | 3900 | 6800 | 9900 |
| 4-dr Hdtp | 450 | 1250 | 2150 | 4300 | 7400 | 10700 |
| 2-dr Hdtp | 500 | 1350 | 2350 | 4700 | 8100 | 11500 |
| **New Yorker, 8-cyl., 126" wb** | | | | | | |
| 4-dr Sdn | 450 | 1250 | 2050 | 4100 | 7100 | 10300 |
| 4-dr Hdtp | 450 | 1250 | 2150 | 4300 | 7400 | 10700 |
| 2-dr Hdtp | 550 | 1450 | 2450 | 4900 | 8500 | 12000 |
| 6-pass Conv | 1000 | 3250 | 5450 | 10900 | 19100 | 27200 |
| 9-pass T&C Sta Wgn | 450 | 1250 | 2200 | 4400 | 7600 | 10900 |
| 6-pass T&C Sta Wgn | 450 | 1250 | 2100 | 4200 | 7200 | 10500 |
| **300 "G", 8-cyl., 126" wb** | | | | | | |
| 2-dr Hdtp | 1800 | 5300 | 8950 | 17900 | 31500 | 44700 |
| 6-pass Conv | 2700 | 8000 | 13450 | 26900 | 47200 | 67100 |
| **Custom Imperial, 8-cyl., 129" wb** | | | | | | |
| 4-dr Hdtp Southampton | 500 | 1300 | 2250 | 4500 | 7700 | 11000 |
| 2-dr Hdtp Southampton | 550 | 1500 | 2500 | 5100 | 8800 | 12500 |

|  | 6 | 5 | 4 | 3 | 2 | 1 |
|---|---|---|---|---|---|---|
| **Crown Imperial, 8-cyl., 149.5" wb** | | | | | | |
| 4-dr Hdtp Southampton | 500 | 1350 | 2300 | 4600 | 8000 | 101300 |
| 2-dr Hdtp Southampton | 550 | 1550 | 2650 | 5300 | 9100 | 13000 |
| 6-pass Conv | 1350 | 4150 | 6950 | 13900 | 24500 | 34700 |
| **Imperial LeBaron, 8-cyl., 129" wb** | | | | | | |
| 4-dr Hdtp Southampton | 500 | 1350 | 2350 | 4700 | 8100 | 11500 |
| **Crown Imperial Ghia, 8-cyl., 149.5" wb** | | | | | | |
| 8-pass Limo | 1000 | 3250 | 5450 | 10900 | 19100 | 27200 |
| ***1962*** | | | | | | |
| **Newport, 8-cyl., 122" wb** | | | | | | |
| 4-dr Sdn | 400 | 1150 | 1850 | 3700 | 6400 | 9300 |
| 4-dr Hdtp | 400 | 1200 | 1950 | 3900 | 6800 | 9900 |
| 2-dr Hdtp | 500 | 1300 | 2250 | 4500 | 7700 | 11000 |
| 2-dr 6-pass Conv | 750 | 2250 | 3750 | 7500 | 13000 | 18700 |
| 9-pass T&C Sta Wgn | 450 | 1250 | 2200 | 4400 | 7600 | 10900 |
| 6-pass T&C Sta Wgn | 450 | 1250 | 2100 | 4200 | 7200 | 10500 |
| **300, 8-cyl., 122" wb** | | | | | | |
| 4-dr Hdtp | 450 | 1250 | 2050 | 4100 | 7100 | 10300 |
| 2-dr Hdtp | 550 | 1450 | 2450 | 4900 | 8500 | 12000 |
| 2-dr 6-pass Conv | 800 | 2500 | 4250 | 8500 | 15000 | 21200 |
| **300 "H", 8-cyl., 122" wb** | | | | | | |
| 2-dr Hdtp | 1600 | 4750 | 7950 | 15900 | 28000 | 39700 |
| 2-dr 4-pass Conv | 2400 | 7050 | 11950 | 23900 | 42000 | 59700 |
| **New Yorker, 8-cyl., 126" wb** | | | | | | |
| 4-dr Sdn | 400 | 1150 | 1850 | 3700 | 6400 | 9300 |
| 4-dr Hdtp | 450 | 1250 | 2200 | 4400 | 7600 | 10900 |
| 9-pass Hdtp Wgn | 550 | 1400 | 2400 | 4800 | 8300 | 11800 |
| 6-pass Hdtp Wgn | 500 | 1350 | 2300 | 4600 | 8000 | 11300 |
| **Custom Imperial, 8-cyl., 129" wb** | | | | | | |
| 4-dr Hdtp Southampton | 500 | 1300 | 2250 | 4500 | 7700 | 11000 |
| 2-dr Hdtp Southampton | 550 | 1500 | 2500 | 5100 | 8800 | 12500 |
| **Crown Imperial, 8-cyl., 129" wb** | | | | | | |
| 4-dr Hdtp Southampton | 500 | 1350 | 2350 | 4700 | 8100 | 11500 |
| 2-dr Hdtp Southampton | 600 | 1600 | 2750 | 5500 | 9500 | 13800 |
| 2-dr 6-pass Conv | 1200 | 3850 | 6450 | 12900 | 22700 | 32200 |
| **Imperial LeBaron, 8-cyl., 129" wb** | | | | | | |
| 4-dr Hdtp Southampton | 550 | 1450 | 2450 | 4900 | 8500 | 12000 |
| ***1963*** | | | | | | |
| **Newport, 8-cyl., 122" wb** | | | | | | |
| 4-dr Sdn | 400 | 1050 | 1700 | 3300 | 5800 | 8300 |
| 4-dr Hdtp | 400 | 1100 | 1800 | 3500 | 6100 | 8900 |
| 2-dr Hdtp | 500 | 1300 | 2250 | 4500 | 7700 | 11000 |
| 6-pass Conv | 700 | 2000 | 3450 | 6900 | 11900 | 17200 |
| 9-pass T&C Sta Wgn | 450 | 1250 | 2100 | 4200 | 7200 | 10500 |
| 6-pass T&C Sta Wgn | 400 | 1200 | 2000 | 4000 | 6900 | 10000 |
| **300 "383", 8-cyl., 122" wb** | | | | | | |
| 4-dr Hdtp | 450 | 1250 | 2050 | 4100 | 7100 | 10300 |
| 2-dr Hdtp | 550 | 1500 | 2500 | 5100 | 8800 | 12500 |
| 6-pass Conv | 750 | 2250 | 3750 | 7500 | 13000 | 18700 |
| **300 "Pacesetter", "383", 8-cyl., 122" wb** | | | | | | |
| 2-dr Hdtp | 550 | 1550 | 2650 | 5300 | 9100 | 13000 |
| 2-dr 6-pass Conv | 850 | 2650 | 4450 | 8900 | 15700 | 22300 |
| **300 "J", "413", 8-cyl., 122" wb** | | | | | | |
| 2-dr Hdtp | 1450 | 4450 | 7450 | 14900 | 26200 | 37200 |
| **New Yorker, 8-cyl., 122" wb** | | | | | | |
| 4-dr Sdn | 400 | 1100 | 1800 | 3500 | 6100 | 8900 |
| 4-dr Hdtp | 400 | 1200 | 1900 | 3800 | 6600 | 9600 |
| 4-dr Hdtp Salon | 400 | 1200 | 2000 | 4000 | 6900 | 10000 |

| | 6 | 5 | 4 | 3 | 2 | 1 |
|---|---|---|---|---|---|---|
| 9-pass T&C Hdtp Wgn | 500 | 1350 | 2300 | 4600 | 8000 | 11300 |
| 6-pass T&C Hdtp Wgn | 450 | 1250 | 2200 | 4400 | 7600 | 10900 |
| **Custom Imperial, 8-cyl., 129" wb** | | | | | | |
| 4-dr Hdtp Southampton | 500 | 1300 | 2250 | 4500 | 7700 | 11000 |
| 2-dr Hdtp Southampton | 550 | 1500 | 2500 | 5100 | 8800 | 12500 |
| **Crown Imperial, 8-cyl., 149.5" wb** | | | | | | |
| 4-dr Hdtp Southampton | 500 | 1350 | 2350 | 4700 | 8100 | 11500 |
| 2-dr Hdtp Southampton | 550 | 1550 | 2650 | 5300 | 9100 | 13000 |
| 6-pass Conv | 1150 | 3600 | 5950 | 11900 | 21000 | 29700 |
| **Imperial LeBaron, 8-cyl., 129" wb** | | | | | | |
| 4-dr Hdtp Southampton | 550 | 1450 | 2450 | 4900 | 8500 | 12000 |
| **Crown Imperial Ghia, 8-cyl., 149.5" wb** | | | | | | |
| 4-dr 8-pass Sdn | 650 | 1700 | 3000 | 5900 | 10200 | 14700 |
| 8-pass Limo | 850 | 2650 | 4450 | 8900 | 15700 | 22300 |
| **1964** | | | | | | |
| **Newport, 8-cyl., 122" wb** | | | | | | |
| 4-dr Sdn | 400 | 1050 | 1700 | 3300 | 5800 | 8300 |
| 4-dr Hdtp | 400 | 1100 | 1800 | 3500 | 6100 | 8900 |
| 2-dr Hdtp | 400 | 1200 | 1950 | 3900 | 6800 | 9900 |
| 6-pass Conv | 700 | 1900 | 3350 | 6700 | 11500 | 16500 |
| 9-pass T&C Sta Wgn | 400 | 1150 | 1850 | 3700 | 6400 | 9300 |
| 6-pass T&C Sta Wgn | 400 | 1100 | 1800 | 3500 | 6100 | 8900 |
| **300, 122" wb** | | | | | | |
| 4-dr Hdtp | 400 | 1200 | 1950 | 3900 | 6800 | 9900 |
| 2-dr Hdtp | 500 | 1300 | 2250 | 4500 | 7700 | 11000 |
| 6-pass Conv | 750 | 2250 | 3700 | 7400 | 12800 | 18500 |
| **300 "K", 8-cyl., 122" wb** | | | | | | |
| 2-dr Hdtp | 1000 | 3250 | 5450 | 10900 | 19100 | 27200 |
| 6-pass Conv | 1600 | 4750 | 7950 | 15900 | 28000 | 39700 |
| **New Yorker, 8-cyl., 122" wb** | | | | | | |
| 4-dr Sdn | 400 | 1150 | 1850 | 3700 | 6400 | 9300 |
| 4-dr Hdtp | 450 | 1250 | 2050 | 4100 | 7100 | 10300 |
| 4-dr Hdtp Salon | 450 | 1250 | 2150 | 4300 | 7400 | 10700 |
| 9-pass T&C Hdtp Wgn | 450 | 1250 | 2200 | 4400 | 7600 | 10900 |
| 6-pass T&C Hdtp Wgn | 450 | 1250 | 2100 | 4200 | 7200 | 10500 |
| **Imperial Crown, 8-cyl., 129" wb** | | | | | | |
| 4-dr Hdtp | 500 | 1350 | 2350 | 4700 | 8100 | 11500 |
| 2-dr Hdtp | 550 | 1500 | 2500 | 5100 | 8800 | 12500 |
| 6-pass Conv | 950 | 2950 | 4950 | 9900 | 17500 | 24700 |
| **Imperial LeBaron, 8-cyl., 129" wb** | | | | | | |
| 4-dr Hdtp | 550 | 1550 | 2650 | 5300 | 9100 | 13000 |
| **Crown Imperial Ghia, 8-cyl., 149.5" wb** | | | | | | |
| Limo | 900 | 2750 | 4650 | 9300 | 16400 | 23100 |
| **1965** | | | | | | |
| **Newport, 8-cyl., 124" wb** | | | | | | |
| 4-dr Sdn | 400 | 1050 | 1700 | 3300 | 5800 | 8300 |
| 4-dr 6-win Sdn | 350 | 1000 | 1600 | 3200 | 5700 | 8100 |
| 4-dr Hdtp | 400 | 1150 | 1850 | 3700 | 6400 | 9300 |
| 2-dr Hdtp | 450 | 1250 | 2050 | 4100 | 7100 | 10300 |
| 6-pass Conv | 650 | 1700 | 3000 | 6100 | 10600 | 15200 |
| **Town & Country, 8-cyl., 121" wb** | | | | | | |
| 9-pass Hdtp Wgn | 400 | 1200 | 2000 | 4000 | 6900 | 10000 |
| 6-pass Hdtp Wgn | 400 | 1200 | 1900 | 3800 | 6600 | 9600 |
| **300, 8-cyl., 124" wb** | | | | | | |
| 4-dr Hdtp | 400 | 1200 | 1950 | 3900 | 6800 | 9900 |
| 2-dr Hdtp | 500 | 1300 | 2250 | 4500 | 7700 | 11000 |
| 6-pass Conv | 700 | 2000 | 3450 | 6900 | 11900 | 17200 |

'60 Chrysler

'61 Chrysler

'61 Chrysler 300G

'62 Chrysler Imperial

'62 Chrysler

'62 Chrysler 300

'63 Chrysler 300

'63 Chrysler

'64 Chrysler Newport

'64 Chrysler 300

'65 Chrysler 300

'65 Chrysler

| | 6 | 5 | 4 | 3 | 2 | 1 |
|---|---|---|---|---|---|---|
| **300 "L", 8-cyl., 124" wb** | | | | | | |
| 2-dr Hdtp | 950 | 3050 | 5100 | 10200 | 18000 | 25400 |
| 5-pass Conv | 1100 | 3550 | 5900 | 11800 | 20800 | 29400 |
| **New Yorker, 8-cyl., 124" wb** | | | | | | |
| 4-dr 6-win Sdn | 400 | 1150 | 1850 | 3700 | 6400 | 9300 |
| 4-dr Hdtp | 450 | 1250 | 2050 | 4100 | 7100 | 10300 |
| 2-dr Hdtp | 500 | 1350 | 2300 | 4600 | 8000 | 11300 |
| **Town & Country, 8-cyl., 121" wb** | | | | | | |
| 9-pass Hdtp Wgn | 450 | 1250 | 2000 | 4400 | 7600 | 10900 |
| 6-pass Hdtp Wgn | 450 | 1250 | 2100 | 4200 | 7200 | 10500 |
| **Crown Imperial, 8-cyl., 129" wb** | | | | | | |
| 4-dr Hdtp | 500 | 1350 | 2350 | 4700 | 8100 | 11500 |
| 2-dr Hdtp | 550 | 1500 | 2500 | 5100 | 8800 | 12500 |
| 2-dr 6-pass Conv | 900 | 2900 | 4850 | 9700 | 17100 | 24200 |
| **Imperial LeBaron, 8-cyl., 129" wb** | | | | | | |
| 4-dr Hdtp | 550 | 1550 | 2650 | 5300 | 9100 | 13000 |
| **1966** | | | | | | |
| **Newport, 8-cyl., 124" wb** | | | | | | |
| 4-dr Sdn | 400 | 1100 | 1800 | 3500 | 6100 | 8900 |
| 4-dr 6-win Sdn | 400 | 1100 | 1800 | 3500 | 6100 | 8900 |
| 4-dr Hdtp | 400 | 1200 | 1950 | 3900 | 6800 | 9900 |
| 2-dr Hdtp | 450 | 1250 | 2150 | 4300 | 7400 | 10700 |
| 6-pass Conv | 650 | 1700 | 3000 | 6100 | 10600 | 15200 |
| **Town & Country, 8-cyl., 121" wb** | | | | | | |
| 9-pass Sta Wgn | 450 | 1250 | 2000 | 4400 | 7600 | 10900 |
| 6-pass Sta Wgn | 450 | 1250 | 2100 | 4200 | 7200 | 10500 |
| **Chrysler 300, 8-cyl., 124" wb** | | | | | | |
| 4-dr Hdtp | 450 | 1250 | 2150 | 4300 | 7400 | 10700 |
| 2-dr Hdtp | 600 | 1650 | 2850 | 5700 | 9900 | 14200 |
| 2-dr 5-pass Conv | 800 | 2350 | 3950 | 7900 | 13700 | 19700 |
| **New Yorker, 8-cyl., 124" wb** | | | | | | |
| 4-dr 6-win Twn Sdn | 450 | 1250 | 2050 | 4100 | 7100 | 10300 |
| 4-dr Hdtp | 450 | 1250 | 2100 | 4200 | 7200 | 10500 |
| 2-dr Hdtp | 500 | 1300 | 2250 | 4500 | 7700 | 11000 |
| **Crown Imperial, 8-cyl., 129" wb** | | | | | | |
| 4-dr Hdtp | 550 | 1450 | 2450 | 4900 | 8500 | 12000 |
| 2-dr Hdtp | 550 | 1550 | 2650 | 5300 | 9100 | 13000 |
| 2-dr 6-pass Conv | 950 | 2950 | 4950 | 9900 | 17500 | 24700 |
| **Imperial LeBaron, 8-cyl., 129" wb** | | | | | | |
| 4-dr Hdtp | 600 | 1650 | 2850 | 5700 | 9900 | 14200 |
| **1967** | | | | | | |
| **Newport, 8-cyl., 124" wb** | | | | | | |
| 4-dr Sdn | 400 | 1100 | 1800 | 3500 | 6100 | 8900 |
| 4-dr Hdtp | 450 | 1250 | 2050 | 4100 | 7100 | 10300 |
| 2-dr Hdtp | 500 | 1300 | 2250 | 4500 | 7700 | 11000 |
| 2-dr 6-pass Conv | 650 | 1700 | 3000 | 5900 | 10200 | 14700 |
| 6-pass T&C Sta Wgn (122" wb) | 450 | 1250 | 2050 | 4100 | 7100 | 10300 |
| 9-pass T&C Sta Wgn | 450 | 1250 | 2150 | 4300 | 7400 | 10700 |
| **Newport Custom, 8-cyl., 124" wb** | | | | | | |
| 4-dr Sdn | 400 | 1100 | 1800 | 3500 | 6100 | 8900 |
| 4-dr Hdtp | 450 | 1250 | 2100 | 4200 | 7200 | 10500 |
| 2-dr Hdtp | 500 | 1300 | 2250 | 4500 | 7700 | 11000 |
| **300, 8-cyl., 124" wb** | | | | | | |
| 2-dr Hdtp | 550 | 1450 | 2450 | 4900 | 8500 | 12000 |
| 4-dr Hdtp | 450 | 1250 | 2150 | 4300 | 7400 | 10700 |
| 2-dr 6-pass Conv | 800 | 2350 | 3950 | 7900 | 13700 | 19700 |

| | 6 | 5 | 4 | 3 | 2 | 1 |
|---|---|---|---|---|---|---|
| **New Yorker, 8-cyl., 124" wb** | | | | | | |
| 4-dr Sdn | 400 | 1150 | 1850 | 3700 | 6400 | 9300 |
| 2-dr Hdtp | 500 | 1350 | 2350 | 4700 | 8100 | 11500 |
| 4-dr Hdtp | 450 | 1250 | 2150 | 4300 | 7400 | 10700 |
| **Imperial, 8-cyl., 127" wb** | | | | | | |
| 4-dr Sdn | 550 | 1450 | 2450 | 4900 | 8500 | 12000 |
| 2-dr 6-pass Conv | 950 | 2950 | 4950 | 9900 | 17500 | 24700 |
| **Imperial Crown, 8-cyl., 127" wb** | | | | | | |
| 4-dr Hdtp | 550 | 1500 | 2500 | 5100 | 8800 | 12500 |
| 2-dr Hdtp | 650 | 1700 | 3000 | 6100 | 10600 | 15200 |
| **Imperial LeBaron, 8-cyl., 127" wb** | | | | | | |
| 4-dr Hdtp | 550 | 1550 | 2650 | 5300 | 9100 | 13000 |

### 1968

| | 6 | 5 | 4 | 3 | 2 | 1 |
|---|---|---|---|---|---|---|
| **Newport, 8-cyl., 124" wb** | | | | | | |
| 2-dr Hdtp | 500 | 1350 | 2350 | 4700 | 8100 | 11500 |
| 4-dr Sdn | 400 | 1200 | 1900 | 3800 | 6600 | 9600 |
| 4-dr Hdtp | 450 | 1250 | 2050 | 4100 | 7100 | 10300 |
| 2-dr 6-pass Conv | 650 | 1700 | 3000 | 5900 | 10200 | 14700 |
| 6-pass T&C Sta Wgn (122" wb) | 400 | 1200 | 1950 | 3900 | 6800 | 9900 |
| 9-pass T&C Sta Wgn | 450 | 1250 | 2050 | 4100 | 7100 | 10300 |
| **Newport Custom, 8-cyl., 124" wb** | | | | | | |
| 4-dr Sdn | 400 | 1200 | 1950 | 3900 | 6800 | 9900 |
| 4-dr Hdtp | 450 | 1250 | 2150 | 4300 | 7400 | 10700 |
| 2-dr Hdtp | 550 | 1450 | 2450 | 4900 | 8500 | 12000 |
| **300, 8-cyl., 124" wb** | | | | | | |
| 2-dr Hdtp | 550 | 1450 | 2450 | 4900 | 8500 | 12000 |
| 4-dr Hdtp | 450 | 1250 | 2150 | 4300 | 7400 | 10700 |
| 2-dr 6-pass Conv | 800 | 2350 | 3950 | 7900 | 13700 | 19700 |
| **New Yorker, 8-cyl., 124" wb** | | | | | | |
| 4-dr Sdn | 400 | 1200 | 1950 | 3900 | 6800 | 9900 |
| 2-dr Hdtp | 550 | 1450 | 2450 | 4900 | 8500 | 12000 |
| 4-dr Hdtp | 500 | 1300 | 2250 | 4500 | 7700 | 11000 |
| **Imperial Crown, 8-cyl., 127" wb** | | | | | | |
| 4-dr Sdn | 500 | 1300 | 2250 | 4500 | 7700 | 11000 |
| 2-dr 6-pass Conv | 950 | 2950 | 4950 | 9900 | 17500 | 24700 |
| 4-dr Hdtp | 550 | 1450 | 2450 | 4900 | 8500 | 12000 |
| 2-dr Hdtp | 650 | 1700 | 3000 | 6100 | 10600 | 15200 |
| **Imperial LeBaron, 8-cyl., 127" wb** | | | | | | |
| 4-dr Hdtp | 600 | 1650 | 2850 | 5700 | 9900 | 14200 |

### 1969

| | 6 | 5 | 4 | 3 | 2 | 1 |
|---|---|---|---|---|---|---|
| **Newport, 8-cyl., 124" wb** | | | | | | |
| 4-dr Sdn | 300 | 650 | 1100 | 2200 | 3800 | 5400 |
| 4-dr Hdtp | 300 | 650 | 1150 | 2300 | 3900 | 5700 |
| 2-dr Hdtp | 350 | 900 | 1500 | 2900 | 5200 | 7400 |
| 2-dr Conv | 550 | 1550 | 2650 | 5300 | 9100 | 13000 |
| **Newport Custom, 8-cyl., 124" wb** | | | | | | |
| 4-dr Sdn | 300 | 650 | 1150 | 2300 | 3900 | 5700 |
| 4-dr Hdtp | 300 | 700 | 1200 | 2400 | 4100 | 5900 |
| 2-dr Hdtp | 350 | 950 | 1550 | 3100 | 5500 | 7900 |
| **300, 8-cyl., 124" wb** | | | | | | |
| 2-dr Hdtp | 400 | 1100 | 1800 | 3500 | 6100 | 8900 |
| 4-dr Hdtp | 350 | 950 | 1550 | 3100 | 5500 | 7900 |
| 2-dr Conv | 750 | 2100 | 3550 | 7100 | 12300 | 17700 |
| **New Yorker, 8-cyl., 124" wb** | | | | | | |
| 4-dr Sdn | 300 | 800 | 1300 | 2600 | 4600 | 6600 |
| 4-dr Hdtp | 300 | 800 | 1350 | 2700 | 4700 | 6900 |
| 2-dr Hdtp | 400 | 1050 | 1700 | 3300 | 5800 | 8300 |

'66 Chrysler

'67 Chrysler Newport

'67 Chrysler New Yorker

'68 Chrysler 300

'69 Chrysler

'70 Chrysler Town & County wagon

'70 Chrysler New Yorker

'71 Chrysler Newport Royal

'71 Chrysler 300

'73 Chrysler New Yorker

'73 Chrysler Newport

'74 Chrysler New Yorker

| | 6 | 5 | 4 | 3 | 2 | 1 |
|---|---|---|---|---|---|---|
| **Town & Country, 8-cyl., 122" wb** | | | | | | |
| 6-pass Sta Wgn | 300 | 800 | 1300 | 2600 | 4600 | 6600 |
| 9-pass Sta Wgn | 350 | 850 | 1400 | 2800 | 4900 | 7100 |
| **Imperial Crown, 8-cyl., 127" wb** | | | | | | |
| 4-dr Sdn | 350 | 900 | 1500 | 2900 | 5200 | 7400 |
| 4-dr Hdtp | 350 | 950 | 1550 | 3100 | 5500 | 7900 |
| 2-dr Hdtp | 400 | 1100 | 1800 | 3500 | 6100 | 8900 |
| **Imperial LeBaron, 8-cyl., 127" wb** | | | | | | |
| 4-dr Hdtp | 350 | 950 | 1550 | 3100 | 5500 | 7900 |
| 2-dr Hdtp | 400 | 1150 | 1850 | 3700 | 6400 | 9300 |
| ***1970*** | | | | | | |
| **Newport, 8-cyl., 124" wb** | | | | | | |
| 4-dr Sdn | 300 | 650 | 1100 | 2200 | 3800 | 5400 |
| 4-dr Hdtp | 300 | 650 | 1150 | 2300 | 3900 | 5700 |
| 2-dr Hdtp | 350 | 900 | 1500 | 2900 | 5200 | 7400 |
| 2-dr Conv | 550 | 1550 | 2600 | 5200 | 9000 | 12800 |
| **Newport Custom** | | | | | | |
| 4-dr Sdn | 300 | 650 | 1150 | 2300 | 3900 | 5700 |
| 4-dr Hdtp | 300 | 800 | 1300 | 2600 | 4600 | 6600 |
| 2-dr Hdtp | 300 | 800 | 1350 | 2700 | 4700 | 6900 |
| **300, 8-cyl., 124" wb** | | | | | | |
| 4-dr Hdtp | 400 | 1150 | 1850 | 3700 | 6400 | 9300 |
| 2-dr Hdtp | 400 | 1200 | 1950 | 3900 | 6800 | 9900 |
| 2-dr Hdtp Hurst | 750 | 2100 | 3550 | 7100 | 12300 | 17700 |
| 2-dr Conv | 800 | 2350 | 3950 | 7900 | 13700 | 19700 |
| **New Yorker, 8-cyl., 124" wb** | | | | | | |
| 4-dr Sdn | 300 | 800 | 1300 | 2600 | 4600 | 6600 |
| 4-dr Hdtp | 350 | 850 | 1400 | 2800 | 4900 | 7100 |
| 2-dr Hdtp | 400 | 1050 | 1700 | 3300 | 5800 | 8300 |
| **Town & Country, 8-cyl., 122" wb** | | | | | | |
| 4-dr 6-pass Sta Wgn | 300 | 800 | 1350 | 2700 | 4700 | 6900 |
| 4-dr 9-pass Sta Wgn | 300 | 750 | 1250 | 2500 | 4400 | 6200 |
| **Imperial Crown, 8-cyl., 127" wb** | | | | | | |
| 4-dr Hdtp | 350 | 900 | 1550 | 3100 | 5500 | 7900 |
| 2-dr Hdtp | 400 | 1150 | 1850 | 3700 | 6400 | 9300 |
| **Imperial LeBaron, 8-cyl., 127" wb** | | | | | | |
| 4-dr Hdtp | 400 | 1050 | 1700 | 3300 | 5800 | 8300 |
| 2-dr Hdtp | 400 | 1200 | 1950 | 3900 | 6800 | 9900 |
| ***1971*** | | | | | | |
| **Newport Royal, 8-cyl., 124" wb** | | | | | | |
| 4-dr Sdn | 300 | 650 | 1000 | 2000 | 3500 | 4900 |
| 4-dr Hdtp | 300 | 650 | 1100 | 2100 | 3600 | 5100 |
| 2-dr Hdtp | 300 | 700 | 1200 | 2400 | 4100 | 5900 |
| **Newport, 8-cyl., 124" wb** | | | | | | |
| 4-dr Sdn | 300 | 650 | 1100 | 2100 | 3600 | 5100 |
| 4-dr Hdtp | 300 | 650 | 1150 | 2300 | 3900 | 5700 |
| 2-dr Hdtp | 350 | 850 | 1400 | 2800 | 4900 | 7100 |
| **Newport Custom, 8-cyl., 124" wb** | | | | | | |
| 4-dr Sdn | 300 | 650 | 1100 | 2200 | 3800 | 5400 |
| 4-dr Hdtp | 300 | 700 | 1200 | 2400 | 4100 | 5900 |
| 2-dr Hdtp | 350 | 900 | 1500 | 3000 | 5300 | 7600 |
| **300, 8-cyl., 124" wb** | | | | | | |
| 4-dr Hdtp | 300 | 800 | 1350 | 2700 | 4700 | 6900 |
| 2-dr Hdtp | 400 | 1100 | 1800 | 3500 | 6100 | 8900 |
| **New Yorker, 8-cyl., 124" wb** | | | | | | |
| 4-dr Sdn | 300 | 650 | 1150 | 2300 | 3900 | 5700 |
| 4-dr Hdtp | 300 | 800 | 1350 | 2700 | 4700 | 6900 |
| 2-dr Hdtp | 400 | 1050 | 1700 | 3300 | 5800 | 8300 |

|  | 6 | 5 | 4 | 3 | 2 | 1 |
|---|---|---|---|---|---|---|
| **Town & Country, 8-cyl., 124" wb** | | | | | | |
| 4-dr 6-pass Sta Wgn | 300 | 650 | 1150 | 2300 | 3900 | 5700 |
| 4-dr 9-pass Sta Wgn | 300 | 750 | 1250 | 2500 | 4400 | 6200 |
| **Imperial , 8-cyl., 127" wb** | | | | | | |
| 4-dr Hdtp | 350 | 900 | 1500 | 2900 | 5200 | 7400 |
| 2-dr Hdtp | 400 | 1100 | 1800 | 3500 | 6100 | 8900 |
| **1972** | | | | | | |
| **Newport Royal, 8-cyl., 124" wb** | | | | | | |
| 4-dr Sdn | 300 | 650 | 1000 | 2000 | 3500 | 4900 |
| 4-dr Hdtp | 300 | 650 | 1150 | 2300 | 3900 | 5700 |
| 2-dr Hdtp | 300 | 800 | 1350 | 2700 | 4700 | 6900 |
| **Newport Custom, 8-cyl., 124" wb** | | | | | | |
| 4-dr Sdn | 300 | 650 | 1100 | 2100 | 3600 | 5100 |
| 4-dr Hdtp | 300 | 750 | 1250 | 2500 | 4400 | 6200 |
| 2-dr Hdtp | 350 | 900 | 1500 | 2900 | 5200 | 7400 |
| **New Yorker Brougham, 8-cyl., 124" wb** | | | | | | |
| 4-dr Sdn | 300 | 750 | 1250 | 2500 | 4400 | 6200 |
| 4-dr Hdtp | 350 | 900 | 1500 | 2900 | 5200 | 7400 |
| 2-dr Hdtp | 400 | 1100 | 1800 | 3500 | 6100 | 8900 |
| **New Yorker, 8-cyl., 124" wb** | | | | | | |
| 4-dr Sdn | 300 | 700 | 1200 | 2400 | 4100 | 5900 |
| 4-dr Hdtp | 350 | 850 | 1400 | 2800 | 4900 | 7100 |
| 2-dr Hdtp | 400 | 1050 | 1700 | 3300 | 5800 | 8300 |
| **Town & Country, 8-cyl., 124" wb** | | | | | | |
| 4-dr 6-pass Sta Wgn | 300 | 650 | 1100 | 2200 | 3800 | 5400 |
| 4-dr 9-pass Sta Wgn | 300 | 700 | 1200 | 2400 | 4100 | 5900 |
| **Imperial, 8-cyl., 127" wb** | | | | | | |
| 4-dr Hdtp | 350 | 900 | 1500 | 2900 | 5200 | 7400 |
| 2-dr Hdtp | 400 | 1050 | 1700 | 3300 | 5800 | 8300 |
| **1973** | | | | | | |
| **Newport, 8-cyl., 124" wb** | | | | | | |
| 4-dr Sdn | 300 | 600 | 800 | 1800 | 3100 | 4400 |
| 4-dr Hdtp | 300 | 600 | 950 | 1900 | 3200 | 4600 |
| 2-dr Hdtp | 300 | 700 | 1200 | 2400 | 4100 | 5900 |
| **Newport Custom, 8-cyl., 124" wb** | | | | | | |
| 4-dr | 300 | 600 | 950 | 1900 | 3200 | 4600 |
| 4-dr Hdtp | 300 | 650 | 1000 | 2000 | 3500 | 4900 |
| 2-dr Hdtp | 300 | 750 | 1250 | 2500 | 4400 | 6200 |
| **New Yorker Brougham, 8-cyl., 124" wb** | | | | | | |
| 4-dr | 300 | 600 | 950 | 1900 | 3200 | 4600 |
| 4-dr Hdtp | 300 | 650 | 1000 | 2000 | 3500 | 4900 |
| 2-dr Hdtp | 300 | 800 | 1300 | 2600 | 4600 | 6600 |
| **Town & Country, 8-cyl., 122" wb** | | | | | | |
| 4-dr 6-pass Sta Wgn | 300 | 600 | 800 | 1800 | 3100 | 4400 |
| 4-dr 9-pass Sta Wgn | 300 | 650 | 1000 | 2000 | 3500 | 4900 |
| **Imperial LeBaron, 8-cyl., 124" wb** | | | | | | |
| 2-dr Hdtp | 350 | 950 | 1550 | 3100 | 5500 | 7900 |
| 4-dr Hdtp | 300 | 800 | 1350 | 2700 | 3700 | 6900 |
| **1974** | | | | | | |
| **Newport, 8-cyl., 124" wb** | | | | | | |
| 4-dr | 300 | 600 | 850 | 1700 | 2900 | 4100 |
| 4-dr Hdtp | 300 | 600 | 800 | 1800 | 3100 | 4400 |
| 2-dr Hdtp | 300 | 650 | 1150 | 2300 | 3900 | 5700 |
| **Newport Custom, 8-cyl., 124" wb** | | | | | | |
| 4-dr | 300 | 600 | 800 | 1800 | 3100 | 4400 |
| 4-dr Hdtp | 300 | 600 | 950 | 1900 | 3200 | 4600 |
| 2-dr Hdtp | 300 | 700 | 1200 | 2400 | 4100 | 5900 |

'75 Chrysler Cordoba

'75 Chrysler Town & Country wagon

'76 Chrysler Newport Custom

'76 Chrysler New Yorker

'77 Chrysler LeBaron

'77 Chrysler Cordoba

'78 Chrysler Cordoba

'78 Chrysler New Yorker

'79 Chrysler Newport

'79 Chrysler LeBaron Wagon

'80 Chrysler Cordoba

'80 Chrysler New Yorker

| | 6 | 5 | 4 | 3 | 2 | 1 |
|---|---|---|---|---|---|---|
| **New Yorker , 8-cyl., 124" wb** | | | | | | |
| 4-dr | 300 | 600 | 900 | 1800 | 3100 | 4400 |
| 4-dr Hdtp | 300 | 650 | 1100 | 2100 | 3600 | 5100 |
| **New Yorker Brougham, 8-cyl., 124" wb** | | | | | | |
| 4-dr | 300 | 600 | 950 | 1900 | 3200 | 4600 |
| 4-dr Hdtp | 300 | 650 | 1000 | 2000 | 3500 | 4900 |
| 2-dr Hdtp | 300 | 750 | 1250 | 2500 | 4400 | 6200 |
| **Town & Country, 8-cyl., 124" wb** | | | | | | |
| 6-pass 2-seat Sta Wgn | 300 | 600 | 900 | 1800 | 3100 | 4400 |
| 9-pass 3-seat Sta Wgn | 300 | 650 | 1000 | 2000 | 3500 | 4900 |
| **Imperial LeBaron, 8-cyl.,124"wb** | | | | | | |
| 4-dr Hdtp | 300 | 750 | 1250 | 2500 | 4400 | 6200 |
| 2-dr Hdtp | 350 | 900 | 1500 | 2900 | 5200 | 7400 |
| ***1975*** | | | | | | |
| **Cordoba, 8-cyl., 115" wb** | | | | | | |
| 2-dr Hdtp | 300 | 600 | 950 | 1900 | 3200 | 4600 |
| **Newport, 8-cyl., 124" wb** | | | | | | |
| 4-dr Sdn | 300 | 550 | 800 | 1600 | 2800 | 3900 |
| 4-dr Hdtp | 300 | 600 | 850 | 1700 | 2900 | 4100 |
| 2-dr Hdtp | 300 | 650 | 1000 | 2000 | 3500 | 4900 |
| **Newport Custom, 8-cyl., 124" wb** | | | | | | |
| 4-dr Sdn | 300 | 600 | 850 | 1700 | 2900 | 4100 |
| 4-dr Hdtp | 300 | 600 | 900 | 1800 | 3100 | 4400 |
| 2-dr Hdtp | 300 | 650 | 1100 | 2100 | 3600 | 5100 |
| **New Yorker Brougham, 8-cyl., 124" wb** | | | | | | |
| 4-dr | 300 | 600 | 950 | 1900 | 3200 | 4600 |
| 4-dr Hdtp | 300 | 650 | 1000 | 2000 | 3500 | 4900 |
| 2-dr Hdtp | 300 | 700 | 1200 | 2400 | 4100 | 5900 |
| **Town & Country, 8-cyl., 124" wb** | | | | | | |
| 6-pass 2-seat Sta Wgn | 300 | 600 | 850 | 1700 | 2900 | 4100 |
| 9-pass 3-seat Sta Wgn | 300 | 600 | 950 | 1900 | 3200 | 4600 |
| **Imperial LeBaron, 8-cyl., 124" wb** | | | | | | |
| 2-dr Hdtp | 300 | 800 | 1350 | 2700 | 4700 | 6900 |
| 4-dr Hdtp | 300 | 650 | 1150 | 2300 | 3900 | 5700 |
| ***1976*** | | | | | | |
| **Cordoba, 8-cyl., 115" wb** | | | | | | |
| 2-dr Hdtp | 300 | 600 | 950 | 1900 | 3200 | 4600 |
| **Newport, 8-cyl.** | | | | | | |
| 4-dr Sdn | 250 | 500 | 750 | 1500 | 2600 | 3600 |
| 4-dr Hdtp | 300 | 550 | 800 | 1600 | 2800 | 3900 |
| 2-dr Hdtp | 300 | 600 | 950 | 1900 | 3200 | 4600 |
| **Newport Custom, 8-cyl., 124" wb** | | | | | | |
| 4-dr Sdn | 300 | 550 | 800 | 1600 | 2800 | 3900 |
| 4-dr Hdtp | 300 | 600 | 850 | 1700 | 2900 | 4100 |
| 2-dr Hdtp | 300 | 650 | 1100 | 2100 | 3600 | 5100 |
| **Town & Country, 8-cyl., 124" wb** | | | | | | |
| 6-pass 2-seat Sta Wgn | 300 | 550 | 800 | 1600 | 2800 | 3900 |
| 9-pass 3-seat Sta Wgn | 300 | 600 | 900 | 1800 | 3100 | 4400 |
| **New Yorker Brougham, 8-cyl., 124" wb** | | | | | | |
| 4-dr Hdtp | 300 | 600 | 900 | 1800 | 3100 | 4400 |
| 2-dr Hdtp | 300 | 650 | 1100 | 2200 | 3800 | 5400 |
| ***1977*** | | | | | | |
| **LeBaron, 8-cyl., 112.7" wb** | | | | | | |
| 4-dr Sdn | 250 | 500 | 750 | 1400 | 2400 | 3400 |
| Cpe | 300 | 550 | 800 | 1600 | 2800 | 3900 |
| **LeBaron Medallion, 8-cyl., 112.7" wb** | | | | | | |
| 4-dr Sdn | 250 | 500 | 750 | 1500 | 2600 | 3600 |
| Cpe | 300 | 600 | 850 | 1700 | 2900 | 4100 |

|  | 6 | 5 | 4 | 3 | 2 | 1 |
|---|---|---|---|---|---|---|
| **Cordoba, 8-cyl., 115" wb** | | | | | | |
| 2-dr Hdtp | 300 | 600 | 950 | 1900 | 3200 | 4600 |
| **Newport, 8-cyl., 124" wb** | | | | | | |
| 4-dr Sdn | 250 | 500 | 750 | 1500 | 2600 | 3600 |
| 4-dr Hdtp | 300 | 550 | 800 | 1600 | 2800 | 3900 |
| 2-dr Hdtp | 300 | 600 | 950 | 1900 | 3200 | 4600 |
| **Town & Country, 8-cyl., 124" wb** | | | | | | |
| 6-pass 2-seat Sta Wgn | 300 | 550 | 800 | 1600 | 2800 | 3900 |
| 9-pass 3-seat Sta Wgn | 300 | 600 | 900 | 1800 | 3100 | 4400 |
| **New Yorker Brougham, 8-cyl., 124" wb** | | | | | | |
| 4-dr Hdtp | 300 | 600 | 900 | 1800 | 3100 | 4400 |
| 2-dr Hdtp | 300 | 650 | 1100 | 2200 | 3800 | 5400 |
| **1978** | | | | | | |
| **LeBaron, 6-cyl./8-cyl., 112.7" wb** | | | | | | |
| 4-dr "S" Sdn | 250 | 500 | 750 | 1400 | 2400 | 3400 |
| "S" Cpe | 300 | 550 | 800 | 1600 | 2800 | 3900 |
| 4-dr Sdn | 250 | 500 | 750 | 1400 | 2400 | 3400 |
| Cpe | 300 | 550 | 800 | 1600 | 2800 | 3900 |
| **Town & Country, 6-cyl./8-cyl.** | | | | | | |
| Sta Wgn | 300 | 550 | 800 | 1600 | 2800 | 3900 |
| **LeBaron Medallion** | | | | | | |
| 4-dr Sdn | 250 | 500 | 750 | 1500 | 2600 | 3600 |
| 2-dr Cpe | 300 | 600 | 850 | 1700 | 2900 | 4100 |
| **Cordoba, 8-cyl., 114.9" wb** | | | | | | |
| 2-dr Hdtp Cpe | 300 | 600 | 900 | 1800 | 3100 | 4400 |
| 2-dr Hdtp Cpe "S" | 300 | 600 | 950 | 1900 | 3200 | 4600 |
| **Newport, 8-cyl., 123.9" wb** | | | | | | |
| 4-dr | 250 | 500 | 750 | 1500 | 2600 | 3600 |
| 2-dr | 300 | 600 | 850 | 1700 | 2900 | 4100 |
| **New Yorker Brougham, 8-cyl., 123.9" wb** | | | | | | |
| 4-dr | 300 | 600 | 900 | 1800 | 3100 | 4400 |
| 2-dr | 300 | 650 | 1100 | 2200 | 3800 | 5400 |
| *Small block option deduct 10%* | | | | | | |
| **1979** | | | | | | |
| **LeBaron, 6-cyl./8-cyl., 112.7" wb** | | | | | | |
| 4-dr Sdn | 250 | 500 | 750 | 1400 | 2400 | 3400 |
| 2-dr Cpe | 300 | 550 | 800 | 1600 | 2800 | 3900 |
| **LeBaron Salon, 6-cyl./8-cyl., 112.7" wb** | | | | | | |
| 4-dr Sdn | 250 | 500 | 750 | 1400 | 2400 | 3400 |
| 2-dr Cpe | 300 | 550 | 800 | 1600 | 2800 | 3900 |
| **LeBaron Medallion, 8-cyl., 112.7" wb** | | | | | | |
| 4-dr Sdn | 250 | 500 | 750 | 1500 | 2600 | 3600 |
| 2-dr Cpe | 300 | 600 | 850 | 1700 | 2900 | 4100 |
| **Lebaron Town & Country, 6-cyl./8-cyl., 112.7" wb** | | | | | | |
| Sta Wgn | 300 | 600 | 850 | 1700 | 2900 | 4100 |
| **Cordoba, 8-cyl., 114.9" wb** | | | | | | |
| Cpe | 300 | 600 | 900 | 1800 | 3100 | 4400 |
| **Newport, 6-cyl./8-cyl., 118.5" wb** | | | | | | |
| 4-dr Sdn | 250 | 500 | 750 | 1500 | 2600 | 3600 |
| **New Yorker, 8-cyl., 118.5" wb** | | | | | | |
| 4-dr Sdn | 300 | 600 | 850 | 1700 | 2900 | 4100 |
| *Small block option deduct 10%* | | | | | | |
| **1980** | | | | | | |
| **LeBaron, 6-cyl./8-cyl., 112.7" wb** | | | | | | |
| 4-dr Sta Wgn T&C | 300 | 600 | 850 | 1700 | 2900 | 4100 |
| 4-dr Sdn Medallion | 250 | 500 | 750 | 1500 | 2600 | 3600 |
| 2-dr Cpe Medallion | 300 | 550 | 800 | 1600 | 2800 | 3900 |
| 4-dr Sdn Salon | 250 | 500 | 750 | 1400 | 2400 | 3400 |

|                                | 6   | 5   | 4   | 3    | 2    | 1    |
|--------------------------------|-----|-----|-----|------|------|------|
| 4-dr Spl V6 Sdn                | 200 | 450 | 650 | 1300 | 2200 | 3200 |
| 4-dr Sdn                       | 250 | 500 | 750 | 1400 | 2400 | 3400 |
| 2-dr Cpe                       | 250 | 500 | 750 | 1500 | 2600 | 3600 |
| 2-dr Cpe Salon                 | 300 | 550 | 800 | 1600 | 2800 | 3900 |
| 4-dr Sta Wgn                   | 250 | 500 | 750 | 1400 | 2400 | 3400 |
| **Cordoba, 6-cyl./8-cyl., 112.7" wb** |     |     |     |      |      |      |
| 2-dr Cpe Specialty             | 250 | 500 | 750 | 1500 | 2600 | 3600 |
| 2-dr Cpe Spl Crown             | 300 | 550 | 800 | 1600 | 2800 | 3900 |
| 2-dr Cpe Spl LS                | 300 | 550 | 800 | 1600 | 2800 | 3900 |
| **Newport, 8-cyl., 118.5" wb** |     |     |     |      |      |      |
| 4-dr Sdn                       | 250 | 500 | 750 | 1500 | 2600 | 3600 |
| **New Yorker, 8-cyl., 118.5" wb** |     |     |     |      |      |      |
| 4-dr Sdn                       | 300 | 600 | 850 | 1700 | 2900 | 4100 |

*Small block option deduct 10%*

## 1981
**LeBaron, 6-cyl./8-cyl., 112.7" wb**

|                                | 6   | 5   | 4   | 3    | 2    | 1    |
|--------------------------------|-----|-----|-----|------|------|------|
| 4-dr Sta Wgn T&C               | 300 | 600 | 900 | 1800 | 3100 | 4400 |
| 4-dr Sdn Medallion             | 300 | 550 | 800 | 1600 | 2800 | 3900 |
| 2-dr Cpe Medallion             | 300 | 550 | 800 | 1600 | 2800 | 3900 |
| 4-dr Spl Sdn                   | 250 | 500 | 750 | 1400 | 2400 | 3400 |
| 2-dr Spl Cpe                   | 250 | 500 | 750 | 1500 | 2600 | 3600 |
| 4-dr Sta Wgn                   | 250 | 500 | 750 | 1500 | 2600 | 3600 |
| 4-dr Sdn Salon                 | 250 | 500 | 750 | 1500 | 2600 | 3600 |
| 2-dr Cpe Salon                 | 300 | 550 | 800 | 1600 | 2800 | 3900 |
| **Cordoba, 6-cyl./8-cyl., 112.7" wb** |     |     |     |      |      |      |
| 2-dr Cpe Specialty LS          | 300 | 550 | 800 | 1600 | 2800 | 3900 |
| 2-dr Cpe Specialty             | 300 | 550 | 800 | 1600 | 2800 | 3900 |
| **Newport, 8-cyl., 118.5" wb** |     |     |     |      |      |      |
| 4-dr Sdn                       | 250 | 500 | 750 | 1500 | 2600 | 3600 |
| **Imperial, 8-cyl., 112.7" wb** |     |     |     |      |      |      |
| 2-dr Cpe                       | 300 | 600 | 850 | 1700 | 2900 | 4100 |
| **New Yorker, 8-cyl., 118.5" wb** |     |     |     |      |      |      |
| 4-dr Sdn                       | 300 | 600 | 850 | 1700 | 2900 | 4100 |

*Small block option deduct 10%*

## 1982
**LeBaron, 4-cyl., 99.9" wb**

|                                | 6   | 5   | 4   | 3    | 2    | 1    |
|--------------------------------|-----|-----|-----|------|------|------|
| 4-dr Sdn                       | 200 | 450 | 650 | 1300 | 2200 | 3200 |
| 2-dr Cpe  Specialty            | 200 | 450 | 650 | 1300 | 2200 | 3200 |
| 2-dr Conv                      | 250 | 500 | 750 | 1400 | 2400 | 3400 |
| 4-dr Sdn Medallion             | 200 | 450 | 650 | 1300 | 2200 | 3200 |
| 2-dr Cpe Spl Medallion         | 200 | 450 | 650 | 1300 | 2200 | 3200 |
| 2-dr Conv Medallion            | 250 | 500 | 750 | 1400 | 2400 | 3400 |
| 4-dr Sta Wgn T&C               | 250 | 500 | 750 | 1500 | 2600 | 3600 |
| **Cordoba, 6-cyl./8-cyl., 112.7" wb** |     |     |     |      |      |      |
| 2-dr Cpe Specialty LS          | 300 | 550 | 800 | 1600 | 2800 | 3900 |
| 2-dr Cpe Specialty             | 300 | 550 | 800 | 1600 | 2800 | 3900 |
| **New Yorker, 6-cyl./8-cyl., 112.7" wb** |     |     |     |      |      |      |
| 4-dr Sdn                       | 200 | 450 | 650 | 1300 | 2200 | 3200 |
| **Imperial, 8-cyl.**           |     |     |     |      |      |      |
| 2-dr Cpe Luxury                | 300 | 600 | 850 | 1700 | 2900 | 4100 |

*Small block option deduct 10%*

## 1983
**LeBaron, 4-cyl., 100.3" wb**

|                                | 6   | 5   | 4   | 3    | 2    | 1    |
|--------------------------------|-----|-----|-----|------|------|------|
| 4-dr Sdn                       | 200 | 450 | 650 | 1300 | 2200 | 3200 |
| 2-dr Cpe                       | 200 | 450 | 650 | 1300 | 2200 | 3200 |
| 2-dr Conv Marc Cross           | 250 | 500 | 750 | 1400 | 2400 | 3400 |
| 2-dr T&C Conv Marc Cross       | 300 | 600 | 850 | 1700 | 2900 | 4100 |
| 4-dr T&C Sta Wgn               | 250 | 500 | 750 | 1500 | 2600 | 3600 |
| 2-dr Conv                      | 250 | 500 | 750 | 1400 | 2400 | 3400 |

'81 Chrysler Newport

'81 Chrysler LeBaron

'81 Chrysler LeBaron Wagon

'82 Chrysler New Yorker

'86 Chrysler Laser

'87 Chrysler LeBaron GTS

'87 Chrysler Conquest

'90 Chrysler T & C

| | 6 | 5 | 4 | 3 | 2 | 1 |
|---|---|---|---|---|---|---|
| **E Class, 4-cyl., 103.3" wb** | | | | | | |
| 4-dr Sdn | 300 | 550 | 800 | 1600 | 2800 | 3900 |
| **Cordoba, 6-cyl./8-cyl., 112.7" wb** | | | | | | |
| 2-dr Cpe | 300 | 550 | 800 | 1600 | 2800 | 3900 |
| **New Yorker, 4-cyl., 103.3" wb** | | | | | | |
| 4-dr Sdn | 300 | 600 | 850 | 1700 | 2900 | 4100 |
| **New Yorker Fifth Avenue, 6-cyl./8-cyl., 112.7" wb** | | | | | | |
| 4-dr Sdn | 200 | 450 | 650 | 1300 | 2200 | 3200 |
| 4-dr Sdn Luxury | 250 | 500 | 750 | 1400 | 2400 | 3400 |
| **Imperial, 8-cyl.** | | | | | | |
| 2-dr Cpe | 300 | 600 | 900 | 1800 | 3100 | 4400 |

*Small block option deduct 10%*

|  | 6 | 5 | 4 | 3 | 2 | 1 |
|---|---|---|---|---|---|---|

**1984**

**LeBaron, 4-cyl., 100.3" wb**
| | 6 | 5 | 4 | 3 | 2 | 1 |
|---|---|---|---|---|---|---|
| 4-dr Sdn | 250 | 500 | 750 | 1400 | 2400 | 3400 |
| 2-dr Cpe | 250 | 500 | 750 | 1400 | 2400 | 3400 |
| 2-dr Conv | 250 | 500 | 750 | 1500 | 2600 | 3600 |
| 2-dr Conv Marc Cross | 250 | 500 | 750 | 1500 | 2600 | 3600 |
| 4-dr T&C Sta Wgn | 300 | 550 | 800 | 1600 | 2800 | 3900 |
| 2-dr T&C Conv Marc Cross | 300 | 600 | 900 | 1800 | 3100 | 4400 |

**Laser, 4-cyl., 97" wb**
| | | | | | | |
|---|---|---|---|---|---|---|
| 2-dr Htchbk | 200 | 450 | 650 | 1300 | 2200 | 3200 |
| 2-dr Htchbk XE | 250 | 500 | 750 | 1400 | 2400 | 3400 |

**E Class, 4-cyl., 103.3" wb**
| | | | | | | |
|---|---|---|---|---|---|---|
| 4-dr Sdn | 300 | 550 | 800 | 1600 | 2800 | 3900 |

**New Yorker, 4-cyl., 103.3" wb**
| | | | | | | |
|---|---|---|---|---|---|---|
| 4-dr Sdn | 300 | 600 | 900 | 1800 | 3100 | 4400 |

**New Yorker Fifth Avenue, 8-cyl., 112.7" wb**
| | | | | | | |
|---|---|---|---|---|---|---|
| 4-dr Sdn | 250 | 500 | 750 | 1400 | 2400 | 3400 |

**1985**

**LeBaron, 4-cyl., 100.3" wb**
| | | | | | | |
|---|---|---|---|---|---|---|
| 4-dr Sdn | 250 | 500 | 750 | 1400 | 2400 | 3400 |
| 2-dr Cpe | 250 | 500 | 750 | 1400 | 2400 | 3400 |
| 2-dr Conv | 250 | 500 | 750 | 1500 | 2600 | 3600 |
| 2-dr Conv Marc Cross | 250 | 500 | 750 | 1500 | 2600 | 3600 |
| 2-dr T&C Conv Marc Cross | 300 | 600 | 900 | 1800 | 3100 | 4400 |
| 4-dr T&C Sta Wgn | 300 | 550 | 800 | 1600 | 2800 | 3900 |

**Executive, 4-cyl., 131" wb**
| | | | | | | |
|---|---|---|---|---|---|---|
| 4-dr Limo | 300 | 650 | 1100 | 2200 | 3800 | 5400 |

**Laser, 4-cyl., 97" wb**
| | | | | | | |
|---|---|---|---|---|---|---|
| 2-dr Htchbk | 200 | 450 | 650 | 1300 | 2200 | 3200 |
| 2-dr Htchbk XE | 250 | 500 | 750 | 1400 | 2400 | 3400 |

**LeBaron GTS, 4-cyl., 103.1" wb**
| | | | | | | |
|---|---|---|---|---|---|---|
| 4-dr Spt Sdn | 250 | 500 | 750 | 1500 | 2600 | 3600 |
| 4-dr Spt LS Sdn | 300 | 550 | 800 | 1600 | 2800 | 3900 |

**New Yorker, 4-cyl., 103.3" wb**
| | | | | | | |
|---|---|---|---|---|---|---|
| 4-dr Sdn | 300 | 600 | 950 | 1900 | 3200 | 4600 |

**Fifth Avenue, 8-cyl., 112.7" wb**
| | | | | | | |
|---|---|---|---|---|---|---|
| 4-dr Sdn | 250 | 500 | 750 | 1400 | 2400 | 3400 |

**1986**

**Laser, 4-cyl., 97" wb**
| | | | | | | |
|---|---|---|---|---|---|---|
| 2-dr Htchbk | 250 | 500 | 750 | 1500 | 2600 | 3600 |
| Htchbk XE | 250 | 500 | 750 | 1500 | 2600 | 3600 |

**LeBaron, 4-cyl., 100.3" wb**
| | | | | | | |
|---|---|---|---|---|---|---|
| 2-dr Cpe | 250 | 500 | 750 | 1500 | 2600 | 3600 |
| 4-dr Sdn | 250 | 500 | 750 | 1500 | 2600 | 3600 |
| 2-dr Conv | 300 | 550 | 800 | 1600 | 2800 | 3900 |
| 2-dr Conv Mark Cross | 300 | 550 | 800 | 1600 | 2800 | 3900 |
| 2-dr T&C Conv Marc Cross | 300 | 650 | 1000 | 2000 | 3500 | 4900 |
| 4-dr T&C Sta Wgn | 300 | 600 | 900 | 1800 | 3100 | 4400 |

**New Yorker, 4-cyl., 103.3" wb**
| | | | | | | |
|---|---|---|---|---|---|---|
| 4-dr Sdn | 300 | 650 | 1100 | 2100 | 3600 | 5100 |

**Fifth Avenue, 8-cyl., 112.7" wb**
| | | | | | | |
|---|---|---|---|---|---|---|
| 4-dr Sdn | 250 | 500 | 750 | 1500 | 2600 | 3600 |

**Executive, 4-cyl., 131.3" wb**
| | | | | | | |
|---|---|---|---|---|---|---|
| 4-dr Limo | 300 | 700 | 1200 | 2400 | 4100 | 5900 |

**LeBaron GTS, 4-cyl., 103.1" wb**
| | | | | | | |
|---|---|---|---|---|---|---|
| 4-dr Spt Sdn | 300 | 550 | 800 | 1600 | 2800 | 3900 |
| 4-dr Premium Spt Sdn | 300 | 600 | 850 | 1700 | 2900 | 4100 |

|  | 6 | 5 | 4 | 3 | 2 | 1 |
|---|---|---|---|---|---|---|

## 1987

**LeBaron, 4-cyl., 100.3" wb**

| | | | | | | |
|---|---|---|---|---|---|---|
| 4-dr Sdn | 300 | 600 | 850 | 1700 | 2900 | 4100 |
| 4-dr T&C Sta Wgn | 300 | 650 | 1000 | 2000 | 3500 | 4900 |
| 2-dr Cpe | 300 | 650 | 1000 | 2000 | 3500 | 4900 |
| 2-dr Cpe Premium | 300 | 650 | 1100 | 2100 | 3600 | 5100 |
| 2-dr Conv | 300 | 700 | 1200 | 2400 | 4100 | 5900 |
| 4-dr Htchbk Spt GTS | 300 | 600 | 900 | 1800 | 3100 | 4400 |
| 4-dr Htchbk Spt Premium GTS | 300 | 600 | 950 | 1900 | 3200 | 4600 |

**Conquest, 4-cyl. Turbo**

| | | | | | | |
|---|---|---|---|---|---|---|
| 2-dr Htchbk | 300 | 650 | 1150 | 2300 | 3900 | 5700 |

**New Yorker, 4-cyl., 103.3" wb**

| | | | | | | |
|---|---|---|---|---|---|---|
| 4-dr Sdn | 300 | 650 | 1100 | 2200 | 3800 | 5400 |

**Fifth Avenue, 8-cyl., 112.7" wb**

| | | | | | | |
|---|---|---|---|---|---|---|
| 4-dr Sdn | 300 | 600 | 900 | 1800 | 3100 | 4400 |

## 1988

**LeBaron, 4-cyl., 100.3" wb**

| | | | | | | |
|---|---|---|---|---|---|---|
| 4-dr Sdn | 300 | 600 | 950 | 1900 | 3200 | 4600 |
| 4-dr T&C Sta Wgn | 300 | 650 | 1100 | 2200 | 3800 | 5400 |
| 2-dr Cpe | 300 | 650 | 1100 | 2200 | 3800 | 5400 |
| 2-dr Conv | 300 | 800 | 1300 | 2600 | 4600 | 6600 |
| 2-dr Cpe Premium | 300 | 650 | 1150 | 2300 | 3900 | 5700 |
| 2-dr Conv Premium | 350 | 1000 | 1600 | 3200 | 5700 | 8100 |
| 4-dr Htchbk Spt GTS | 300 | 650 | 1100 | 2100 | 3600 | 5100 |
| 4-dr Htchbk Spt Premium GTS | 300 | 650 | 1100 | 2100 | 3600 | 5100 |

**Conquest, 4-cyl., Turbo**

| | | | | | | |
|---|---|---|---|---|---|---|
| 2-dr Htchbk | 300 | 800 | 1350 | 2700 | 4700 | 6900 |

**New Yorker, 6-cyl.**

| | | | | | | |
|---|---|---|---|---|---|---|
| 4-dr Sdn Turbo (4-cyl.) | 400 | 1050 | 1700 | 3300 | 5800 | 8300 |
| 4-dr Sdn | 350 | 900 | 1500 | 3000 | 5300 | 7600 |
| 4-dr Landau Sdn | 400 | 1150 | 1850 | 3700 | 6400 | 9300 |

**Fifth Avenue, 8-cyl.**

| | | | | | | |
|---|---|---|---|---|---|---|
| 4-dr Sdn | 300 | 650 | 1000 | 2000 | 3500 | 4900 |

## 1989

**LeBaron, 4-cyl., 100.3" wb**

| | | | | | | |
|---|---|---|---|---|---|---|
| 2-dr Cpe Highline | 300 | 650 | 1150 | 2300 | 3900 | 5700 |
| 2-dr Conv Highline | 350 | 900 | 1500 | 2900 | 5200 | 7400 |
| 2-dr Cpe Premium | 300 | 800 | 1300 | 2600 | 4600 | 6600 |
| 2-dr Conv Premium | 400 | 1100 | 1800 | 3500 | 6100 | 8900 |
| 4-dr Sdn Spt Highline | 300 | 650 | 1150 | 2300 | 3900 | 5700 |
| 4-dr Sdn Spt Premium | 300 | 650 | 1150 | 2300 | 3900 | 5700 |

**Conquest TSI, 4-cyl, Turbo**

| | | | | | | |
|---|---|---|---|---|---|---|
| 2-dr Htchbk | 350 | 950 | 1550 | 3100 | 5500 | 7900 |

**New Yorker, 6-cyl., 104.3" wb**

| | | | | | | |
|---|---|---|---|---|---|---|
| 4-dr Sdn | 400 | 1050 | 1700 | 3400 | 5900 | 8500 |
| 4-dr Lan Sdn | 450 | 1250 | 2100 | 4200 | 7200 | 10500 |

**Fifth Avenue, 8-cyl., 112.7" wb**

| | | | | | | |
|---|---|---|---|---|---|---|
| 4-dr Sdn | 300 | 750 | 1250 | 2500 | 4400 | 6200 |

**T&C, 4-cyl., Turbo, 99.3" wb**

| | | | | | | |
|---|---|---|---|---|---|---|
| 2-dr Conv | 650 | 1750 | 3150 | 6300 | 10900 | 15700 |

## 1990

**LeBaron, 4-cyl.**

| | | | | | | |
|---|---|---|---|---|---|---|
| 2-dr Cpe Highline | 350 | 1000 | 1600 | 3200 | 5700 | 8100 |
| 2-dr Conv Highline | 400 | 1200 | 1900 | 3800 | 6600 | 9600 |
| 4-dr Sdn (6-cyl.) | 450 | 1250 | 2050 | 4100 | 7100 | 10300 |
| 2-dr Cpe Premium (6-cyl.) | 400 | 1050 | 1700 | 3400 | 5900 | 8500 |
| 2-dr Conv Premium (6-cyl.) | 500 | 1300 | 2250 | 4500 | 7700 | 11000 |

| | 6 | 5 | 4 | 3 | 2 | 1 |
|---|---|---|---|---|---|---|
| **New Yorker, 6-cyl., 104.3" wb** | | | | | | |
| 4-dr Salon Sdn | 450 | 1250 | 2200 | 4400 | 7600 | 10900 |
| 4-dr Lan Sdn | 550 | 1500 | 2500 | 5100 | 8800 | 12500 |
| **Fifth Avenue, 6-cyl., 109.3" wb** | | | | | | |
| 4-dr Sdn | 600 | 1600 | 2700 | 5400 | 9300 | 13500 |
| **Imperial, 6-cyl., 109.3" wb** | | | | | | |
| 4-dr Sdn | 650 | 1700 | 3000 | 6100 | 10600 | 15200 |
| **T&C, 4-cyl., Turbo, 93.3" wb** | | | | | | |
| 2-dr Conv | 750 | 2200 | 3650 | 7300 | 12600 | 18200 |
| ***1991*** | | | | | | |
| **LeBaron, 4-cyl., 100.3" wb** | | | | | | |
| 2-dr Cpe Highline | 400 | 1150 | 1850 | 3700 | 6400 | 9300 |
| 2-dr Conv Highline | 450 | 1250 | 2150 | 4300 | 7400 | 10700 |
| 4-dr Sdn (6-cyl.) | 500 | 1350 | 2300 | 4600 | 8000 | 11300 |
| 2-dr Cpe Premium LX (6-cyl.) | 400 | 1200 | 1950 | 3900 | 6800 | 9900 |
| 2-dr Conv Premium LX (6-cyl.) | 550 | 1500 | 2500 | 5100 | 8800 | 12500 |
| 2-dr Cpe GTC (6-cyl.) | 450 | 1250 | 2100 | 4200 | 7200 | 10500 |
| 2-dr Conv GTC (6-cyl.) | 500 | 1350 | 2350 | 4700 | 8100 | 11500 |
| **New Yorker, 6-cyl., 104.3" wb** | | | | | | |
| 4-dr Salon Sdn | 500 | 1350 | 2350 | 4700 | 8100 | 11500 |
| **Fifth Avenue, 6-cyl., 109.3" wb** | | | | | | |
| 4-dr Sdn | 650 | 1700 | 3000 | 6100 | 10600 | 15200 |
| **T&C, 6-cyl., 93.0" wb** | | | | | | |
| 2-dr Conv | 900 | 2900 | 4850 | 9700 | 17100 | 24200 |
| **Imperial, 6-cyl., 109.3" wb** | | | | | | |
| 4-dr Sdn | 700 | 2000 | 3450 | 6900 | 11900 | 17200 |

---

## PRICE GUIDE CLASSIFICATIONS:

**1. CONCOURS:** Perfection. At or near 100 points on a 100-point judging scale. Trailered; never driven; pampered. Totally restored to the max and 100 percent stock.
**2. SHOW:** Professionally restored to high standards. No major flaws or deviations from stock. Consistent trophy winner that needs nothing to show. In 90 to 95 point range.
**3. STREET/SHOW:** Older restoration or extremely nice original showing some wear from age and use. Very presentable; occasional trophy winner; everything working properly. About 80 to 89 points.

**4. DRIVER:** A nice looking, fine running collector car needing little or nothing to drive, enjoy and show in local competition. Would need extensive restoration to be a show car, but completely usable as is.
**5. RESTORABLE:** Project car that is relatively complete and restorable within a reasonable effort and expense. Needs total restoration, but all major components present and rebuildable. May or may not be running.
**6. PARTS CAR:** Deteriorated or stripped to a point beyond reasonable restoration, but still complete and solid enough to donate valuable parts to a restoration. Likely not running, possibly missing its engine.

**Collector Car Value Trends**

Value trends within the collector car hobby provide a look at what's been going on during the past two decades. The following charts were compiled from various sources that have tracked the value of selected models over the years. Models were chosen on the basis of their rarity *and* desirability by collectors and hobbyists. 2000 prices are based on vehicles in number one condition.

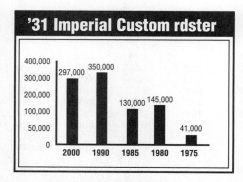

'31 Imperial Custom rdster

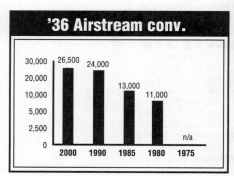

'36 Airstream conv.

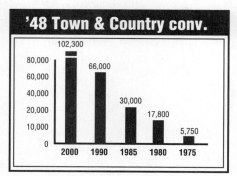

'48 Town & Country conv.

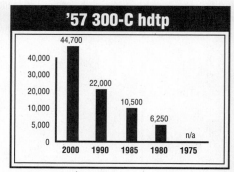

'57 300-C hdtp

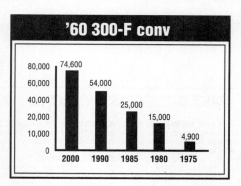

'60 300-F conv

# CORD
## 1929 – 1937

'29 Cord L-29

'30 Cord

'36 Cord phaeton

'37 Cord 812 Sportsman

| | 6 | 5 | 4 | 3 | 2 | 1 |
|---|---|---|---|---|---|---|
| **1929** | | | | | | |
| **Series L-29, 8-cyl., 125 hp, 137.5" wb** | | | | | | |
| 5-pass Sedan | 3250 | 9650 | 16250 | 32500 | 57100 | 81100 |
| 5-pass Brghm | 3400 | 10100 | 17000 | 34000 | 59700 | 84900 |
| 4-pass Cabrlt | 6900 | 20450 | 34450 | 68900 | 121000 | 172000 |
| 5-pass Phtn Sdn | 7200 | 21400 | 36000 | 72000 | 126400 | 179700 |
| **1930** | | | | | | |
| **Series L-29, 8-cyl., 125 hp, 137.5" wb** | | | | | | |
| 5-pass Sedan | 3250 | 9650 | 16250 | 32500 | 57100 | 81100 |
| 5-pass Brghm | 3400 | 10100 | 17000 | 34000 | 59700 | 84900 |
| 4-pass Cabrlt | 6900 | 20450 | 34450 | 68900 | 121000 | 172000 |
| 5-pass Phtn Sdn | 7200 | 21400 | 36000 | 72000 | 126400 | 179700 |
| **1931** | | | | | | |
| **Series L-29, 8-cyl., 125 hp, 137.5" wb** | | | | | | |
| 5-pass Sedan | 3300 | 9850 | 16600 | 33200 | 58300 | 82900 |
| 5-pass Brghm | 3450 | 10250 | 17250 | 34500 | 60600 | 86100 |
| 2-4 pass Cabrlt | 6900 | 20450 | 34450 | 68900 | 121000 | 172000 |
| Phtn Sdn | 7200 | 21400 | 36000 | 72000 | 126400 | 179700 |
| **1932** | | | | | | |
| **Series L-29, 8-cyl., 132 hp, 137.5" wb** | | | | | | |
| 5-pass Brghm | 3300 | 9850 | 16600 | 33200 | 58300 | 82900 |
| 5-pass Sedan | 3450 | 10250 | 17250 | 34500 | 60600 | 86100 |
| 2-4 pass Cabrlt | 6900 | 20450 | 34450 | 68900 | 121000 | 172000 |
| 5-pass Phtn Sdn | 7200 | 21400 | 36000 | 72000 | 126400 | 179700 |

|  | 6 | 5 | 4 | 3 | 2 | 1 |
|---|---|---|---|---|---|---|

**1933-34-35**

*(Not Manufactured)*

**1936**

**Model 810, 8-cyl., 125 hp, 125" wb**

| | 6 | 5 | 4 | 3 | 2 | 1 |
|---|---|---|---|---|---|---|
| 5-pass Conv Phtn Sdn | 5700 | 16950 | 28500 | 57000 | 100100 | 142300 |
| Sportsman Conv | 5800 | 17250 | 29000 | 58000 | 101800 | 144800 |
| 5-pass Westchester Sdn | 2500 | 7450 | 12600 | 25200 | 44250 | 63000 |
| 4-pass Beverly Sdn | 2600 | 7750 | 13100 | 26200 | 46000 | 65500 |

**1937**

**Model 812, 8-cyl., 125 hp, 125" wb**

| | 6 | 5 | 4 | 3 | 2 | 1 |
|---|---|---|---|---|---|---|
| 5-pass Conv Sdn | 5700 | 16950 | 28500 | 57000 | 100100 | 142300 |
| 2-pass Conv Cpe | 5800 | 17250 | 29000 | 58000 | 101800 | 144800 |
| 5-pass Westchester Sdn | 2500 | 7450 | 12600 | 25200 | 44250 | 63000 |
| 5-pass Beverly Sdn | 2600 | 7750 | 13100 | 26200 | 46000 | 65500 |

**Model 812, 8-cyl., 125 hp, 132" wb**

| | 6 | 5 | 4 | 3 | 2 | 1 |
|---|---|---|---|---|---|---|
| 5-pass Custom Beverly | 2600 | 7650 | 12950 | 25900 | 45500 | 64700 |
| 5-pass Custom Berline | 2700 | 8000 | 13450 | 26900 | 47200 | 67100 |

*Supercharged models add 50%*

---

# PRICE GUIDE CLASSIFICATIONS:

**1. CONCOURS:** Perfection. At or near 100 points on a 100-point judging scale. Trailered; never driven; pampered. Totally restored to the max and 100 percent stock.

**2. SHOW:** Professionally restored to high standards. No major flaws or deviations from stock. Consistent trophy winner that needs nothing to show. In 90 to 95 point range.

**3. STREET/SHOW:** Older restoration or extremely nice original showing some wear from age and use. Very presentable; occasional trophy winner; everything working properly. About 80 to 89 points.

**4. DRIVER:** A nice looking, fine running collector car needing little or nothing to drive, enjoy and show in local competition. Would need extensive restoration to be a show car, but completely usable as is.

**5. RESTORABLE:** Project car that is relatively complete and restorable within a reasonable effort and expense. Needs total restoration, but all major components present and rebuildable. May or may not be running.

**6. PARTS CAR:** Deteriorated or stripped to a point beyond reasonable restoration, but still complete and solid enough to donate valuable parts to a restoration. Likely not running, possibly missing its engine.

## Collector Car Value Trends

Value trends within the collector car hobby provide a look at what's been going on during the past two decades. The following charts were compiled from various sources that have tracked the value of selected models over the years. Models were chosen on the basis of their rarity *and* desirability by collectors and hobbyists. 2000 prices are based on vehicles in number one condition.

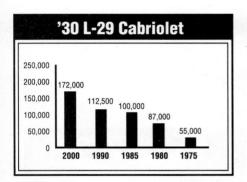

**'30 L-29 Cabriolet**

| Year | Value |
|------|-------|
| 2000 | 172,000 |
| 1990 | 112,500 |
| 1985 | 100,000 |
| 1980 | 87,000 |
| 1975 | 55,000 |

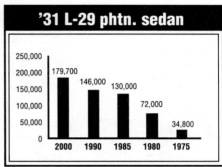

**'31 L-29 phtn. sedan**

| Year | Value |
|------|-------|
| 2000 | 179,700 |
| 1990 | 146,000 |
| 1985 | 130,000 |
| 1980 | 72,000 |
| 1975 | 34,800 |

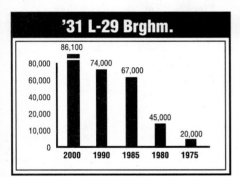

**'31 L-29 Brghm.**

| Year | Value |
|------|-------|
| 2000 | 86,100 |
| 1990 | 74,000 |
| 1985 | 67,000 |
| 1980 | 45,000 |
| 1975 | 20,000 |

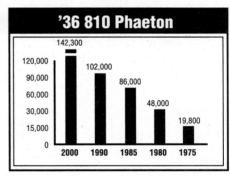

**'36 810 Phaeton**

| Year | Value |
|------|-------|
| 2000 | 142,300 |
| 1990 | 102,000 |
| 1985 | 86,000 |
| 1980 | 48,000 |
| 1975 | 19,800 |

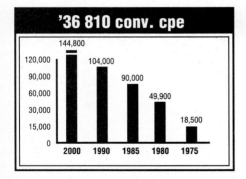

**'36 810 conv. cpe**

| Year | Value |
|------|-------|
| 2000 | 144,800 |
| 1990 | 104,000 |
| 1985 | 90,000 |
| 1980 | 49,900 |
| 1975 | 18,500 |

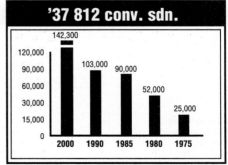

**'37 812 conv. sdn.**

| Year | Value |
|------|-------|
| 2000 | 142,300 |
| 1990 | 103,000 |
| 1985 | 90,000 |
| 1980 | 52,000 |
| 1975 | 25,000 |

# CROSLEY
## 1939 – 1952

'46 Crosley

'51 Crosley Super Sport roadster

'52 Crosley wagon

| | 6 | 5 | 4 | 3 | 2 | 1 |
|---|---|---|---|---|---|---|
| **1939** | | | | | | |
| **2-cyl., 15 hp, 80" wb** | | | | | | |
| 2-dr Conv Cpe | 350 | 850 | 1400 | 2800 | 4900 | 7100 |
| 2-dr Conv Sdn | 300 | 800 | 1350 | 2700 | 4700 | 6900 |
| **1940** | | | | | | |
| **2-cyl., 15 hp, 80" wb** | | | | | | |
| 2-dr Conv Cpe | 350 | 900 | 1500 | 2900 | 5200 | 7400 |
| 2-dr Dlx Conv Sdn | 300 | 800 | 1350 | 2700 | 4700 | 6900 |
| 2-dr Sta Wgn | 300 | 650 | 1150 | 2300 | 3900 | 5700 |
| 4-dr Sta Wgn | 300 | 700 | 1200 | 2400 | 4100 | 5900 |
| **1941** | | | | | | |
| **2-cyl., 12 hp, 80" wb** | | | | | | |
| 2-dr Conv Cpe | 350 | 900 | 1500 | 2900 | 5200 | 7400 |
| 2-dr Conv Sdn | 300 | 800 | 1350 | 2700 | 4700 | 6900 |
| 2-dr Sta Wgn | 300 | 650 | 1150 | 2300 | 3900 | 5700 |
| 2-dr Dlx Conv Sdn | 300 | 800 | 1350 | 2700 | 4700 | 6900 |
| 2-dr Covered Wgn | 300 | 700 | 1200 | 2400 | 4100 | 5900 |
| **1942** | | | | | | |
| **2-cyl., 12 hp, 80" wb** | | | | | | |
| 2-dr Conv Cpe | 350 | 900 | 1500 | 2900 | 5200 | 7400 |
| 2-dr Conv Sdn | 300 | 800 | 1350 | 2700 | 4700 | 6900 |
| 2-dr Sta Wgn | 300 | 650 | 1150 | 2300 | 3900 | 5700 |
| 2-dr Dlx Conv Sdn | 350 | 850 | 1400 | 2800 | 4900 | 7100 |
| 2-dr Covered Wgn | 300 | 700 | 1200 | 2400 | 4100 | 5900 |
| **1946** | | | | | | |
| **4-cyl., 26.5 hp, 80" wb** | | | | | | |
| 2-dr Sdn | 300 | 650 | 1150 | 2300 | 3900 | 5700 |

| | 6 | 5 | 4 | 3 | 2 | 1 |
|---|---|---|---|---|---|---|
| **1947** | | | | | | |
| **4-cyl., 26.5 hp, 80" wb** | | | | | | |
| 2-dr Sdn | 300 | 650 | 1150 | 2300 | 3900 | 5700 |
| 2-dr Conv Sdn | 300 | 800 | 1350 | 2700 | 4700 | 6900 |
| **1948** | | | | | | |
| **4-cyl., 26.5 hp, 80" wb** | | | | | | |
| 2-dr Sdn | 300 | 650 | 1150 | 2300 | 3900 | 5700 |
| 2-dr Conv Sdn | 300 | 800 | 1350 | 2700 | 4700 | 6900 |
| 2-dr Sta Wgn | 300 | 800 | 1300 | 2600 | 4600 | 6600 |
| **1949** | | | | | | |
| **4-cyl., 26.5 hp, 80" wb** | | | | | | |
| 2-dr Conv Sdn | 350 | 900 | 1500 | 2900 | 5200 | 7400 |
| 2-dr Dlx Sdn | 300 | 700 | 1200 | 2400 | 4100 | 5900 |
| 2-dr Sta Wgn | 300 | 800 | 1300 | 2600 | 4600 | 6600 |
| 2-dr Hot Shot Rdstr (85" wb) | 400 | 1150 | 1850 | 3700 | 6400 | 9300 |
| **1950** | | | | | | |
| **Standard, 4-cyl., 26.5 hp, 80" wb** | | | | | | |
| 2-dr Conv Sdn | 350 | 900 | 1500 | 2900 | 5200 | 7400 |
| 2-dr Sdn | 300 | 650 | 1150 | 2300 | 3900 | 5700 |
| 2-dr Sta Wgn | 300 | 800 | 1300 | 2600 | 4600 | 6600 |
| **Super Sport, 4-cyl., 26.5 hp, 80" wb** | | | | | | |
| 2-dr Conv Sdn | 350 | 900 | 1500 | 3000 | 5300 | 7600 |
| 2-dr Sdn | 300 | 700 | 1200 | 2400 | 4100 | 5900 |
| 2-dr Sta Wgn | 300 | 800 | 1300 | 2600 | 4600 | 6600 |
| **Hot Shot, 4-cyl., 26.5 hp, 85" wb** | | | | | | |
| Rdstr | 400 | 1150 | 1850 | 3700 | 6400 | 9300 |
| Super Rdstr | 400 | 1200 | 1950 | 3900 | 6800 | 9900 |
| **1951** | | | | | | |
| **Standard, 4-cyl., 26.5 hp, 80" wb** | | | | | | |
| 2-dr Bus Cpe | 300 | 650 | 1150 | 2300 | 3900 | 5700 |
| 2-dr Sta Wgn | 300 | 800 | 1300 | 2600 | 4600 | 6600 |
| **Super Sport, 4-cyl., 26.5 hp, 80" wb** | | | | | | |
| 2-dr Conv Sdn | 350 | 900 | 1500 | 3000 | 5300 | 7600 |
| 2-dr Sdn | 300 | 700 | 1200 | 2400 | 4100 | 5900 |
| 2-dr Sta Wgn | 300 | 800 | 1300 | 2600 | 4600 | 6600 |
| **Hot Shot, 4-cyl., 85" wb** | | | | | | |
| Rdstr | 400 | 1150 | 1850 | 3700 | 6400 | 9300 |
| Super Rdstr | 400 | 1200 | 1950 | 3900 | 6800 | 9900 |
| **1952** | | | | | | |
| **Standard, 4-cyl., 26.5 hp, 80" wb** | | | | | | |
| 2-dr Cpe | 300 | 650 | 1150 | 2300 | 3900 | 5700 |
| 2-dr Sta Wgn | 300 | 800 | 1300 | 2600 | 4600 | 6600 |
| **Super, 4-cyl., 26.5 hp, 80" wb** | | | | | | |
| 2-dr Conv Sdn | 350 | 900 | 1500 | 3000 | 5300 | 7600 |
| 2-dr Sdn | 300 | 700 | 1200 | 2400 | 4100 | 5900 |
| 2-dr Sta Wgn | 300 | 800 | 1300 | 2600 | 4600 | 6600 |
| **Hot Shot, 4-cyl., 85" wb** | | | | | | |
| Rdstr | 400 | 1150 | 1850 | 3700 | 6400 | 9300 |
| Super Rdstr | 400 | 1200 | 1950 | 3900 | 6800 | 9900 |

# DESOTO
## 1929 – 1961

'29 DeSoto

'31 DeSoto roadster

'32 Desoto Custom convertible

'36 Desoto

'38 Desoto Rollston Town Car

'40 DeSoto Custom

| | 6 | 5 | 4 | 3 | 2 | 1 |
|---|---|---|---|---|---|---|
| **1929** | | | | | | |
| **Model K, 6-cyl., 55 hp, 109" wb** | | | | | | |
| 2-4 pass Rdstr | 1050 | 3300 | 5500 | 11100 | 19500 | 27700 |
| 5-pass Phtn | 1100 | 3450 | 5750 | 11500 | 120300 | 28700 |
| 2-pass Bus Cpe | 550 | 1550 | 2650 | 5300 | 9100 | 13000 |
| 2-4 pass Dlx Cpe | 550 | 1500 | 2500 | 5100 | 8800 | 12500 |
| 2-dr 5-pass Sdn | 450 | 1250 | 2100 | 4200 | 7200 | 10500 |
| 4-dr 5-pass Sdn | 450 | 1250 | 2100 | 4200 | 7200 | 10500 |
| 5-pass Dlx Sdn | 450 | 1250 | 2150 | 4300 | 7400 | 10700 |
| **1930** | | | | | | |
| **Model K, 6-cyl., 55 hp, 109" wb** | | | | | | |
| 2-4 pass Rdstr | 1050 | 3300 | 5500 | 11100 | 19500 | 27700 |
| 5-pass Phtn | 1100 | 3450 | 5750 | 11500 | 120300 | 28700 |
| 2-pass Bus Cpe | 550 | 1550 | 2650 | 5300 | 9100 | 13000 |
| 2-4 pass Dlx Cpe | 550 | 1500 | 2500 | 5100 | 8800 | 12500 |
| 2-dr 5-pass Sdn | 450 | 1250 | 2100 | 4200 | 7200 | 10500 |
| 4-dr 5-pass Sdn | 450 | 1250 | 2100 | 4200 | 7200 | 10500 |
| 5-pass Dlx Sdn | 450 | 1250 | 2150 | 4300 | 7400 | 10700 |

| | 6 | 5 | 4 | 3 | 2 | 1 |
|---|---|---|---|---|---|---|
| **Model CK, 6-cyl., 60 hp, 109" wb** | | | | | | |
| 2-4 pass Rdstr | 1000 | 3200 | 5350 | 10700 | 18900 | 26700 |
| 5-pass Phtn | 1050 | 3300 | 5500 | 11100 | 19500 | 27700 |
| 2-pass Bus Cpe | 550 | 1500 | 2500 | 5100 | 8800 | 12500 |
| 2-4 pass Cpe | 550 | 1550 | 2650 | 5300 | 9100 | 13000 |
| 2-dr 5-pass Sdn | 400 | 1200 | 1950 | 3900 | 6800 | 9900 |
| 4-dr 5-pass Sdn | 450 | 1250 | 2050 | 4100 | 7100 | 10300 |
| **Model CF, 8-cyl., 70 hp, 109" wb** | | | | | | |
| 2-4 pass Rdstr | 1100 | 3450 | 5750 | 11500 | 20300 | 28700 |
| 5-pass Phtn | 1150 | 3600 | 5950 | 11900 | 21000 | 29700 |
| 2-pass Bus Cpe | 550 | 1550 | 2650 | 5300 | 9100 | 13000 |
| 2-4 pass Dlx Cpe | 600 | 1600 | 2750 | 5500 | 9500 | 13800 |
| 4-dr 5-pass Sdn | 500 | 1300 | 2250 | 4500 | 7700 | 11000 |
| 5-pass Dlx Sdn | 500 | 1350 | 2350 | 4700 | 8100 | 11500 |
| 2-4 pass Conv Cpe | 1050 | 3350 | 5600 | 11200 | 19700 | 28000 |
| ***1931*** | | | | | | |
| **Model SA, 6-cyl., 67 hp, 109" wb** | | | | | | |
| 2-4 pass Rdstr | 1050 | 3300 | 5500 | 11100 | 19500 | 27700 |
| 5-pass Tr | 1100 | 3450 | 5750 | 11500 | 20300 | 28700 |
| 2-pass Cpe | 550 | 1500 | 2500 | 5100 | 8800 | 12500 |
| 2-4 pass Cpe | 600 | 1650 | 2850 | 5700 | 9900 | 14200 |
| 2-dr 5-pass Sdn | 450 | 1250 | 2200 | 4400 | 7600 | 10900 |
| 4-dr 5-pass Sdn | 500 | 1300 | 2250 | 4500 | 7700 | 11000 |
| 5-pass Dlx Sdn | 500 | 1350 | 2300 | 4600 | 8000 | 11300 |
| 2-4 pass Conv Cpe | 1000 | 3200 | 5350 | 10700 | 18900 | 26700 |
| **Model CF, 8-cyl., 67 hp, 1C9" wb** | | | | | | |
| 2-4 pass Rdstr | 1150 | 3600 | 5950 | 11900 | 21000 | 29700 |
| 5-pass Tr | 1150 | 3650 | 6150 | 12300 | 21700 | 30700 |
| 2-pass Bus Cpe | 650 | 1700 | 3000 | 5900 | 10200 | 14700 |
| 2-4 pass Dlx Cpe | 650 | 1700 | 3000 | 6100 | 10600 | 15200 |
| 4-dr 5-pass Sdn | 500 | 1350 | 2300 | 4600 | 8000 | 11300 |
| 5-pass Dlx Sdn | 500 | 1350 | 2350 | 4700 | 8100 | 11500 |
| 2-4 pass Conv Cpe | 1100 | 3450 | 5750 | 11500 | 20300 | 28700 |
| ***1932*** | | | | | | |
| **SA, 6-cyl., 67 hp, 109" wb** | | | | | | |
| 5-pass Tr | 1150 | 3650 | 6150 | 12300 | 21700 | 30700 |
| 2-4 pass Rdstr | 1150 | 3600 | 5950 | 11900 | 21000 | 29700 |
| 2-pass Cpe | 650 | 1700 | 3000 | 6100 | 10600 | 15200 |
| 2-4 pass Dlx Cpe | 650 | 1750 | 3150 | 6300 | 10900 | 15700 |
| 2-4 pass Conv Cpe | 1100 | 3450 | 5750 | 11500 | 20300 | 28700 |
| 2-dr 5-pass Sdn | 450 | 1250 | 2150 | 4300 | 7400 | 10700 |
| 4-dr 5-pass Sdn | 450 | 1250 | 2200 | 4400 | 7600 | 10900 |
| 5-pass Dlx Sdn | 500 | 1300 | 2250 | 4500 | 7700 | 11000 |
| **SC, 6-cyl., 75 hp, 112" wb** | | | | | | |
| 2-dr 5-pass Custom Conv Sdn | 1100 | 3450 | 5750 | 11500 | 20300 | 28700 |
| 2-4 pass Custom Rdstr | 1150 | 3600 | 5950 | 11900 | 21000 | 29700 |
| 2-pass Rdstr | 1050 | 3400 | 5650 | 11300 | 19900 | 28200 |
| 2-pass Cpe | 700 | 1900 | 3350 | 6700 | 11500 | 16500 |
| 2-4 pass Custom Cpe | 700 | 2000 | 3450 | 6900 | 11900 | 17200 |
| 2-4 pass Cpe | 700 | 1900 | 3400 | 6800 | 11700 | 16900 |
| 2-dr 5-pass Phtn Brghm | 1150 | 3650 | 6150 | 12300 | 21700 | 30700 |
| 2-4 pass Conv Cpe | 1050 | 3300 | 5500 | 11100 | 19500 | 27700 |
| 5-pass Sdn | 500 | 1300 | 2250 | 4500 | 7700 | 11000 |
| 5-pass Custom Sdn | 500 | 1350 | 2350 | 4700 | 8100 | 11500 |
| 7-pass Sdn | 550 | 1550 | 2600 | 5200 | 9000 | 12800 |
| 5-pass Dlx Sdn | 550 | 1450 | 2450 | 4900 | 8500 | 12000 |

|  | 6 | 5 | 4 | 3 | 2 | 1 |
|---|---|---|---|---|---|---|
| **CF, 8-cyl., 114" wb** | | | | | | |
| 2-4 pass Rdstr | 1150 | 3650 | 6150 | 12300 | 21700 | 30700 |
| 5-pass Tr | 1200 | 3750 | 6250 | 12500 | 22000 | 31100 |
| 2-pass Bus Cpe | 650 | 1700 | 3000 | 6100 | 10600 | 15200 |
| 2-4 pass Dlx Cpe | 650 | 1750 | 3150 | 6300 | 10900 | 15700 |
| 2-4 pass Conv Cpe | 1200 | 3750 | 6250 | 12500 | 22000 | 31100 |
| 4-dr 5-pass Sdn | 550 | 1450 | 2450 | 4900 | 8500 | 12000 |
| 5-pass Dlx Sdn | 550 | 1500 | 2500 | 5000 | 8700 | 12300 |

### 1933

| **Standard, 6-cyl., 79 hp, 114" wb** | | | | | | |
|---|---|---|---|---|---|---|
| 2-pass Cpe | 550 | 1500 | 2500 | 5100 | 8800 | 12500 |
| 2-4 pass RS Cpe | 550 | 1550 | 2650 | 5300 | 9100 | 13000 |
| 2-dr 5-pass Std Brghm | 450 | 1250 | 2100 | 4200 | 7200 | 10500 |
| 5-pass Spl Brghm | 450 | 1250 | 2150 | 4300 | 7400 | 10700 |
| 5-pass Sdn | 450 | 1250 | 2050 | 4100 | 7100 | 10300 |
| **Custom, 6-cyl., 79 hp, 114" wb** | | | | | | |
| 2-4 pass RS Cpe | 600 | 1600 | 2750 | 5500 | 9500 | 13800 |
| 2-4 pass Conv Cpe | 1000 | 3200 | 5350 | 10700 | 18900 | 26700 |
| 5-pass Sdn | 450 | 1250 | 2100 | 4200 | 7200 | 10500 |
| 5-pass Conv Sdn | 1100 | 3450 | 5750 | 11500 | 20300 | 28700 |

### 1934

| **Airflow, 6-cyl., 115.5" wb** | | | | | | |
|---|---|---|---|---|---|---|
| 5-pass Cpe | 700 | 1900 | 3350 | 6700 | 11500 | 16500 |
| 6-pass Brghm | 650 | 1700 | 3000 | 6100 | 10600 | 15200 |
| 6-pass Sdn | 600 | 1650 | 2850 | 5700 | 9900 | 14200 |
| 6-pass Twn Sdn | 650 | 1700 | 3000 | 6100 | 10600 | 15200 |

### 1935

| **Airstream, 6-cyl., 116" wb** | | | | | | |
|---|---|---|---|---|---|---|
| 2-pass Bus Cpe | 550 | 1550 | 2650 | 5300 | 9100 | 13000 |
| 2-4 pass Cpe | 600 | 1600 | 2750 | 5500 | 9500 | 13800 |
| 2-4 pass Conv Cpe | 1000 | 3200 | 5350 | 10700 | 18900 | 26700 |
| 2-dr 5-pass Sdn | 400 | 1200 | 1950 | 3900 | 6800 | 9900 |
| 2-dr 5-pass Tr Sdn | 400 | 1200 | 1950 | 3900 | 6800 | 9900 |
| 5-pass Sdn | 400 | 1200 | 1900 | 3800 | 6600 | 9600 |
| 5-pass Tr Sdn | 400 | 1200 | 1950 | 3900 | 6800 | 9900 |
| **Airflow, 6-cyl., 116" wb** | | | | | | |
| 3-pass Bus Cpe | 650 | 1750 | 3150 | 6300 | 10900 | 15700 |
| 5-pass Cpe | 700 | 1900 | 3350 | 6700 | 11500 | 16500 |
| 6-pass Sdn | 600 | 1600 | 2750 | 5500 | 9500 | 13800 |
| 6-pass Twn Sdn | 650 | 1700 | 3000 | 5900 | 10200 | 14700 |

### 1936

| **DeLuxe Airstream, 6-cyl., 118" wb** | | | | | | |
|---|---|---|---|---|---|---|
| 2-pass Bus Cpe | 550 | 1550 | 2650 | 5300 | 9100 | 13000 |
| 5-pass Tr Brghm | 450 | 1250 | 2100 | 4200 | 7200 | 10500 |
| 5-pass Tr Sdn | 450 | 1250 | 2150 | 4300 | 7400 | 10700 |
| **Custom Airstream, 6-cyl., 118" wb** | | | | | | |
| 2-pass Bus Cpe | 600 | 1600 | 2750 | 5500 | 9500 | 13800 |
| 2-4 pass Cpe | 600 | 1650 | 2850 | 5700 | 9900 | 14200 |
| 2-4 pass Conv Cpe | 1100 | 3450 | 5750 | 11500 | 20300 | 28700 |
| 5-pass Tr Brghm | 450 | 1250 | 2200 | 4400 | 7600 | 10900 |
| 5-pass Tr Sdn | 500 | 1300 | 2250 | 4500 | 7700 | 11000 |
| 5-pass Conv Sdn | 1150 | 3600 | 5950 | 11900 | 21000 | 29700 |
| 5-pass Traveler Sdn | 500 | 1350 | 2300 | 4600 | 8000 | 11300 |
| 7-pass Sdn | 500 | 1350 | 2300 | 4600 | 8000 | 11300 |

|  | 6 | 5 | 4 | 3 | 2 | 1 |
|---|---|---|---|---|---|---|
| **Airflow III, 6-cyl., 118" wb** | | | | | | |
| 6-pass Cpe | 650 | 1800 | 3250 | 6500 | 11200 | 16100 |
| 6-pass Sdn | 600 | 1600 | 2750 | 5500 | 9500 | 13800 |
| **1937** | | | | | | |
| **Airstream, 6-cyl., 116" wb** | | | | | | |
| 3-5 pass Conv Cpe | 1100 | 3450 | 5750 | 11500 | 20300 | 28700 |
| 5-pass Conv Sdn | 1150 | 3600 | 5950 | 11900 | 21000 | 29700 |
| 3-pass Bus Cpe | 550 | 1500 | 2500 | 5100 | 8800 | 12500 |
| 3-5 pass Cpe | 550 | 1550 | 2650 | 5300 | 9100 | 13000 |
| 2-dr 6-pass Brghm | 450 | 1250 | 2050 | 4100 | 7100 | 10300 |
| 2-dr 6-pass Tr Brghm | 450 | 1250 | 2050 | 4100 | 7100 | 10300 |
| 4-dr 6-pass Sdn | 450 | 1250 | 2050 | 4100 | 7100 | 10300 |
| 4-dr 6-pass Tr Sdn | 450 | 1250 | 2100 | 4200 | 7200 | 10500 |
| 7-pass Sdn (133" wb) | 450 | 1250 | 2100 | 4200 | 7200 | 10500 |
| 7-pass Limo (133" wb) | 500 | 1350 | 2350 | 4700 | 8100 | 11500 |
| **1938** | | | | | | |
| **S-5, 6-cyl., 119" wb** | | | | | | |
| 3-5 pass Conv Cpe | 1100 | 3450 | 5750 | 11500 | 20300 | 28700 |
| 5-pass Conv Sdn | 1150 | 3600 | 5950 | 11900 | 21000 | 29700 |
| 3-pass Bus Cpe | 550 | 1500 | 2500 | 5100 | 8800 | 12500 |
| 2-dr 6-pass Tr Brghm | 450 | 1250 | 2150 | 4300 | 7400 | 10700 |
| 4-dr 6-pass Sdn | 450 | 1250 | 2200 | 4400 | 7600 | 10900 |
| 4-dr 6-pass Tr Sdn | 450 | 1250 | 2200 | 4400 | 7600 | 10900 |
| 7-pass Sdn (133" wb) | 500 | 1300 | 2250 | 4500 | 7700 | 11000 |
| 7-pass Limo (133" wb) | 550 | 1500 | 2500 | 5100 | 8800 | 12500 |
| **1939** | | | | | | |
| **DeLuxe, 6-cyl., 119" wb** | | | | | | |
| 2-pass Bus Cpe | 550 | 1550 | 2650 | 5300 | 9100 | 13000 |
| 2-4 pass Cpe | 600 | 1600 | 2750 | 5500 | 9500 | 13800 |
| 2-dr 5-pass Tr Sdn | 450 | 1250 | 2100 | 4200 | 7200 | 10500 |
| 4-dr 5-pass Tr Sdn | 450 | 1250 | 2150 | 4300 | 7400 | 10700 |
| 7-pass Tr Sdn (136" wb) | 550 | 1500 | 2500 | 5100 | 8800 | 12500 |
| 7-pass Limo (136" wb) | 550 | 1500 | 2500 | 5100 | 8800 | 12500 |
| **Custom, 6-cyl., 119" wb** | | | | | | |
| 2-pass Cpe | 600 | 1600 | 2750 | 5500 | 9500 | 13800 |
| 2-4 pass Cpe | 600 | 1650 | 2850 | 5700 | 9900 | 14200 |
| 2-4 pass Club Cpe | 650 | 1700 | 3000 | 5900 | 10200 | 14700 |
| 2-dr 5-pass Tr Sdn | 500 | 1300 | 2250 | 4500 | 7700 | 11000 |
| 4-dr 5-pass Tr Sdn | 500 | 1300 | 2250 | 4500 | 7700 | 11000 |
| 7-pass Sdn (136" wb) | 500 | 1350 | 2300 | 4600 | 8000 | 11300 |
| 7-pass Limo (136" wb) | 600 | 1600 | 2750 | 5500 | 9500 | 13800 |
| **1940** | | | | | | |
| **DeLuxe, 6-cyl., 122.5" wb** | | | | | | |
| 2-pass Bus Cpe | 600 | 1600 | 2750 | 5500 | 9500 | 13800 |
| 2-4 pass Cpe | 600 | 1650 | 2850 | 5700 | 9900 | 14200 |
| 2-dr 5-pass Tr Sdn | 500 | 1350 | 2300 | 4600 | 8000 | 11300 |
| 4-dr 5-pass Tr Sdn | 550 | 1350 | 2350 | 4700 | 8100 | 11500 |
| 7-pass Sdn (139.5" wb) | 550 | 1550 | 2650 | 5300 | 9100 | 13000 |
| **Custom, 6-cyl.** | | | | | | |
| Conv | 1040 | 3400 | 5650 | 11300 | 19900 | 28200 |
| 2-pass Cpe | 650 | 1700 | 3000 | 5900 | 10200 | 14700 |
| 2-4 pass Cpe | 650 | 1700 | 3000 | 6000 | 10400 | 14900 |
| 2-dr 5-pass Tr Sdn | 500 | 1350 | 2350 | 4700 | 8100 | 11500 |
| 4-dr 5-pass Tr Sdn | 500 | 1350 | 2350 | 4700 | 8100 | 11500 |
| 7-pass Sdn (139.5" wb) | 550 | 1450 | 2450 | 4900 | 8500 | 12000 |
| 7-pass Limo (139.5" wb) | 550 | 1500 | 2500 | 5100 | 8800 | 12500 |

| | 6 | 5 | 4 | 3 | 2 | 1 |
|---|---|---|---|---|---|---|

**1941**

**DeLuxe, 6-cyl., 105 hp, 121.5" wb**
| | 6 | 5 | 4 | 3 | 2 | 1 |
|---|---|---|---|---|---|---|
| 2-pass Bus Cpe | 600 | 1600 | 2750 | 5500 | 9500 | 13800 |
| 5-pass Cpe | 600 | 1650 | 2850 | 5700 | 9900 | 14200 |
| 2-dr 5-pass Sdn | 500 | 1350 | 2350 | 4700 | 8100 | 11500 |
| 4-dr 5-pass Sdn | 500 | 1350 | 2350 | 4700 | 8100 | 11500 |
| 7-pass Sdn (139.5" wb) | 550 | 1500 | 2500 | 5100 | 8800 | 12500 |

**Custom, 6-cyl., 105 hp, 121.5" wb**
| | 6 | 5 | 4 | 3 | 2 | 1 |
|---|---|---|---|---|---|---|
| 5-pass Conv Cpe | 1100 | 3450 | 5750 | 11500 | 20300 | 28700 |
| 2-pass Cpe | 600 | 1650 | 2850 | 5700 | 9900 | 14200 |
| 5-pass Club Cpe | 650 | 1700 | 3000 | 5900 | 10200 | 14700 |
| 2-dr 5-pass Brghm | 550 | 1400 | 2400 | 4800 | 8300 | 11800 |
| 4-dr 5-pass Sdn | 550 | 1450 | 2450 | 4900 | 8500 | 12000 |
| 5-pass Twn Sdn | 550 | 1450 | 2450 | 4900 | 8500 | 12000 |
| 7-pass Sdn (139.5" wb) | 550 | 1550 | 2650 | 5300 | 9100 | 13000 |
| 7-pass Limo (139.5" wb) | 600 | 1600 | 2750 | 5500 | 9500 | 13800 |

**1942**

**DeLuxe, 6-cyl., 115 hp, 121.5" wb**
| | 6 | 5 | 4 | 3 | 2 | 1 |
|---|---|---|---|---|---|---|
| 2-pass Bus Cpe | 550 | 1550 | 2650 | 5300 | 9100 | 13000 |
| 6-pass Cpe | 600 | 1600 | 2750 | 5500 | 9500 | 13800 |
| 2-dr 5-pass Sdn | 500 | 1350 | 2350 | 4700 | 8100 | 11500 |
| 4-dr 5-pass Sdn | 550 | 1400 | 2400 | 4800 | 8300 | 11800 |
| 5-pass Twn Sdn | 550 | 1400 | 2400 | 4800 | 8300 | 11800 |
| 7-pass Sdn (139.5" wb) | 550 | 1550 | 2650 | 5300 | 9100 | 13000 |

**Custom, 6-cyl.**
| | 6 | 5 | 4 | 3 | 2 | 1 |
|---|---|---|---|---|---|---|
| 5-pass Conv Cpe | 1150 | 3600 | 5950 | 11900 | 21000 | 29700 |
| 2-pass Cpe | 600 | 1600 | 2750 | 5500 | 9500 | 13800 |
| 5-pass Club Cpe | 650 | 1700 | 3000 | 6100 | 10600 | 15200 |
| 5-pass Brghm | 550 | 1450 | 2450 | 4900 | 8500 | 12000 |
| 4-dr 5-pass Sdn | 550 | 1450 | 2450 | 4900 | 8500 | 12000 |
| 5-pass Twn Sdn | 550 | 1500 | 2500 | 5100 | 8800 | 12500 |
| 7-pass Sdn (139.5" wb) | 600 | 1600 | 2700 | 5400 | 9300 | 13500 |
| 7-pass Limo (139.5" wb) | 600 | 1600 | 2800 | 5600 | 9700 | 14000 |

**1946**

**DeLuxe, 6-cyl., 109 hp, 121.5" wb**
| | 6 | 5 | 4 | 3 | 2 | 1 |
|---|---|---|---|---|---|---|
| 3-pass Cpe | 550 | 1450 | 2450 | 4900 | 8500 | 12000 |
| 6-pass Club Cpe | 600 | 1600 | 2700 | 5400 | 9300 | 13500 |
| 2-dr 6-pass Sdn | 450 | 1250 | 2150 | 4300 | 7400 | 10700 |
| 4-dr 6-pass Sdn | 450 | 1250 | 2200 | 4400 | 7600 | 10900 |

**Custom, 6-cyl., 109 hp, 121.5" wb**
| | 6 | 5 | 4 | 3 | 2 | 1 |
|---|---|---|---|---|---|---|
| 5-pass Conv Cpe | 1100 | 3500 | 5850 | 11700 | 20600 | 29100 |
| 6-pass Club Cpe | 600 | 1600 | 2800 | 5600 | 9700 | 14000 |
| 6-pass Brghm | 450 | 1250 | 2200 | 4400 | 7600 | 10900 |
| 4-dr 6-pass Sdn | 500 | 1300 | 2250 | 4500 | 7700 | 11000 |
| 4-dr 7-pass Sdn (139.5" wb) | 500 | 1350 | 2350 | 4700 | 8100 | 11500 |
| 7-pass Limo (139.5" wb) | 550 | 1500 | 2500 | 5100 | 8800 | 12500 |
| 9-pass Suburban (139.5" wb) | 550 | 1550 | 2650 | 5300 | 9100 | 13000 |

**1947**

**DeLuxe, 6-cyl., 109 hp, 121.5" wb**
| | 6 | 5 | 4 | 3 | 2 | 1 |
|---|---|---|---|---|---|---|
| 3-pass Cpe | 550 | 1450 | 2450 | 4900 | 8500 | 12000 |
| 6-pass Club Cpe | 600 | 1600 | 2700 | 5400 | 9300 | 13500 |
| 2-dr 6-pass Sdn | 450 | 1250 | 2150 | 4300 | 7400 | 10700 |
| 4-dr 6-pass Sdn | 450 | 1250 | 2200 | 4400 | 7600 | 10900 |

|  | 6 | 5 | 4 | 3 | 2 | 1 |
|---|---|---|---|---|---|---|
| **Custom, 6-cyl., 109 hp, 121.5" wb** | | | | | | |
| 5-pass Conv Cpe | 1100 | 3500 | 5850 | 11700 | 20600 | 29100 |
| 6-pass Club Cpe | 600 | 1600 | 2800 | 5600 | 9700 | 14000 |
| 6-pass Brghm | 450 | 1250 | 2200 | 4400 | 7600 | 10900 |
| 4-dr 6-pass Sdn | 500 | 1300 | 2250 | 4500 | 7700 | 11000 |
| 4-dr 7-pass Sdn (139.5" wb) | 500 | 1350 | 2350 | 4700 | 8100 | 11500 |
| 7-pass Limo (139.5" wb) | 550 | 1500 | 2500 | 5100 | 8800 | 12500 |
| 9-pass Suburban (139.5" wb) | 550 | 1550 | 2650 | 5300 | 9100 | 13000 |

### *1948*

| **DeLuxe, 6-cyl., 109 hp, 121.5" wb** | | | | | | |
|---|---|---|---|---|---|---|
| 3-pass Cpe | 550 | 1450 | 2450 | 4900 | 8500 | 12000 |
| 6-pass Club Cpe | 600 | 1600 | 2700 | 5400 | 9300 | 13500 |
| 2-dr 6-pass Sdn | 450 | 1250 | 2150 | 4300 | 7400 | 10700 |
| 4-dr 6-pass Sdn | 450 | 1250 | 2200 | 4400 | 7600 | 10900 |
| **Custom, 6-cyl., 109 hp, 121.5" wb** | | | | | | |
| 5-pass Conv Cpe | 1100 | 3500 | 5850 | 11700 | 20600 | 29100 |
| 6-pass Club Cpe | 600 | 1600 | 2800 | 5600 | 9700 | 14000 |
| 6-pass Brghm | 450 | 1250 | 2200 | 4400 | 7600 | 10900 |
| 4-dr 6-pass Sdn | 500 | 1300 | 2250 | 4500 | 7700 | 11000 |
| 4-dr 7-pass Sdn (139.5" wb) | 500 | 1350 | 2350 | 4700 | 8100 | 11500 |
| 7-pass Limo (139.5" wb) | 550 | 1500 | 2500 | 5100 | 8800 | 12500 |
| 9-pass Suburban (139.5" wb) | 550 | 1550 | 2650 | 5300 | 9100 | 13000 |

### *1949*

| **DeLuxe, 6-cyl., 109 hp, 121.5" wb** | | | | | | |
|---|---|---|---|---|---|---|
| 3-pass Cpe | 550 | 1450 | 2450 | 4900 | 8500 | 12000 |
| 6-pass Club Cpe | 600 | 1600 | 2700 | 5400 | 9300 | 13500 |
| 2-dr 6-pass Sdn | 450 | 1250 | 2150 | 4300 | 7400 | 10700 |
| 4-dr 6-pass Sdn | 450 | 1250 | 2200 | 4400 | 7600 | 10900 |
| **Custom, 6-cyl., 109 hp, 121.5" wb** | | | | | | |
| 5-pass Conv Cpe | 1100 | 3500 | 5850 | 11700 | 20600 | 29100 |
| 6-pass Club Cpe | 600 | 1600 | 2800 | 5600 | 9700 | 14000 |
| 6-pass Brghm | 450 | 1250 | 2200 | 4400 | 7600 | 10900 |
| 4-dr 6-pass Sdn | 500 | 1300 | 2250 | 4500 | 7700 | 11000 |
| 4-dr 7-pass Sdn (139.5" wb) | 500 | 1350 | 2350 | 4700 | 8100 | 11500 |
| 7-pass Limo (139.5" wb) | 550 | 1500 | 2500 | 5100 | 8800 | 12500 |
| 9-pass Suburban (139.5" wb) | 550 | 1550 | 2650 | 5300 | 9100 | 13000 |
| **Second Series** | | | | | | |
| **DeLuxe, 6-cyl., 112 hp, 125.5" wb** | | | | | | |
| 6-pass Club Cpe | 550 | 1500 | 2500 | 5100 | 8800 | 12500 |
| 4-dr 6-pass Sdn | 500 | 1300 | 2250 | 4500 | 7700 | 11000 |
| 6-pass Carry-All Sdn | 500 | 1350 | 2300 | 4600 | 8000 | 11300 |
| 9-pass Sta Wgn | 800 | 2450 | 4150 | 8300 | 14600 | 20700 |
| **Custom, 6-cyl., 112 hp, 125.5" wb** | | | | | | |
| 6-pass Conv | 1100 | 3500 | 5850 | 11700 | 20600 | 29100 |
| 6-pass Club Cpe | 550 | 1550 | 2650 | 5300 | 9100 | 13000 |
| 4-dr 6-pass Sdn | 500 | 1350 | 2350 | 4700 | 8100 | 11500 |
| 4-dr 8-pass Sdn (139.5" wb) | 550 | 1450 | 2450 | 4900 | 8500 | 12000 |
| 9-pass Suburban (139.5" wb) | 600 | 1650 | 2900 | 5800 | 10000 | 14500 |

### *1950*

| **DeLuxe, 6-cyl., 112 hp, 125.5" wb** | | | | | | |
|---|---|---|---|---|---|---|
| 6-pass Club Cpe | 550 | 1450 | 2450 | 4900 | 8500 | 12000 |
| 4-dr 6-pass Sdn | 500 | 1300 | 2250 | 4500 | 7700 | 11000 |
| 6-pass Carry-All Sdn | 500 | 1350 | 2300 | 4600 | 8000 | 11300 |
| 8-pass Sdn (139.5" wb) | 500 | 1350 | 2350 | 4700 | 8100 | 11500 |

| | 6 | 5 | 4 | 3 | 2 | 1 |
|---|---|---|---|---|---|---|
| **Custom, 6-cyl., 112 hp, 125.5" wb** | | | | | | |
| 6-pass Conv Cpe | 950 | 2950 | 4950 | 9900 | 17500 | 24700 |
| 2-dr 6-pass Hdtp Sprtsmn | 700 | 1900 | 3350 | 6700 | 11500 | 16500 |
| 6-pass Club Cpe | 550 | 1500 | 2500 | 5100 | 8800 | 12500 |
| 4-dr 5-pass Sdn | 500 | 1350 | 2350 | 4700 | 8100 | 11500 |
| 6-pass Sta Wgn | 850 | 2650 | 4450 | 8900 | 15700 | 22300 |
| 9-pass Steel Sta Wgn | 650 | 1700 | 3000 | 5900 | 10200 | 14700 |
| 8-pass Sdn (139.5" wb) | 550 | 1500 | 2500 | 5000 | 8700 | 12300 |
| 9-pass Suburban Sdn (139.5" wb) | 550 | 1450 | 2450 | 4900 | 8500 | 12000 |

### 1951

| | 6 | 5 | 4 | 3 | 2 | 1 |
|---|---|---|---|---|---|---|
| **DeLuxe, 6-cyl., 116 hp, 125.5" wb** | | | | | | |
| 4-dr 6-pass Sdn | 450 | 1250 | 2200 | 4400 | 7600 | 10900 |
| 6-pass Club Cpe | 550 | 1450 | 2450 | 4900 | 8500 | 12000 |
| 4-dr 6-pass Carry-All Sdn | 450 | 1250 | 2200 | 4400 | 7600 | 10900 |
| **DeLuxe, 6-cyl. 116 hp, 139.5" wb** | | | | | | |
| 4-dr 8-pass Sdn | 500 | 1300 | 2250 | 4500 | 7700 | 11000 |
| **Custom, 6-cyl., 116 hp, 125.5" wb** | | | | | | |
| 4-dr 6-pass Sdn | 500 | 1300 | 2250 | 4500 | 7700 | 11000 |
| 6-pass Club Cpe | 550 | 1500 | 2500 | 5100 | 8800 | 12500 |
| 2-dr 6-pass Hdtp Sprtsmn | 750 | 2250 | 3750 | 7500 | 13000 | 18700 |
| 6-pass Conv Cpe | 950 | 3000 | 5050 | 10100 | 17900 | 25100 |
| 4-dr 8-pass Sta Wgn | 700 | 1900 | 3350 | 6700 | 11500 | 16500 |
| **Custom, 6-cyl., 116 hp, 139.5" wb** | | | | | | |
| 4-dr 8-pass Sdn | 500 | 1350 | 2300 | 4600 | 8000 | 11300 |
| 4-dr 9-pass Suburban | 500 | 1350 | 2350 | 4700 | 8100 | 11500 |

### 1952

| | 6 | 5 | 4 | 3 | 2 | 1 |
|---|---|---|---|---|---|---|
| **DeLuxe, 6-cyl., 116 hp, 125.5" wb** | | | | | | |
| 4-dr 6-pass Sdn | 450 | 1250 | 2200 | 4400 | 7600 | 10900 |
| 6-pass Club Cpe | 550 | 1450 | 2450 | 4900 | 8500 | 12000 |
| 4-dr 6-pass Carry-All Sdn | 450 | 1250 | 2200 | 4400 | 7600 | 10900 |
| **DeLuxe, 6-cyl. 116 hp, 139.5" wb** | | | | | | |
| 4-dr 8-pass Sdn | 500 | 1300 | 2250 | 4500 | 7700 | 11000 |
| **Custom, 6-cyl., 116 hp, 125.5" wb** | | | | | | |
| 4-dr 6-pass Sdn | 500 | 1300 | 2250 | 4500 | 7700 | 11000 |
| 6-pass Club Cpe | 550 | 1500 | 2500 | 5100 | 8800 | 12500 |
| 2-dr 6-pass Hdtp Sprtsmn | 750 | 2250 | 3750 | 7500 | 13000 | 18700 |
| 6-pass Conv Cpe | 950 | 3000 | 5050 | 10100 | 17900 | 25100 |
| 4-dr 8-pass Sta Wgn | 700 | 1900 | 3350 | 6700 | 11500 | 16500 |
| **Custom, 6-cyl., 116 hp, 139.5" wb** | | | | | | |
| 4-dr 8-pass Sdn | 500 | 1350 | 2300 | 4600 | 8000 | 11300 |
| 4-dr 9-pass Suburban | 500 | 1350 | 2350 | 4700 | 8100 | 11500 |
| **Firedome, 8-cyl., 160 hp, 125.5" wb** | | | | | | |
| 4-dr 6-pass Sdn | 500 | 1350 | 2350 | 4700 | 8100 | 11500 |
| 6-pass Club Cpe | 650 | 1700 | 3000 | 5900 | 10200 | 14700 |
| 2-dr 6-pass Hdtp Sprtsmn | 800 | 2350 | 3950 | 7900 | 13700 | 19700 |
| 6-pass Conv Cpe | 1000 | 3250 | 5450 | 10900 | 19100 | 27200 |
| 4-dr 6-pass Sta Wgn | 700 | 1900 | 3350 | 6700 | 11500 | 16500 |
| **Firedome, 8-cyl., 160 hp, 139.5" wb** | | | | | | |
| 4-dr 8-pass Sdn | 550 | 1450 | 2450 | 4900 | 8500 | 12000 |

### 1953

| | 6 | 5 | 4 | 3 | 2 | 1 |
|---|---|---|---|---|---|---|
| **Powermaster Six, 6-cyl., 116 hp, 125.5" wb** | | | | | | |
| 4-dr 6-pass Sdn | 450 | 1250 | 2150 | 4300 | 7400 | 10700 |
| 6-pass Club Cpe | 500 | 1300 | 2250 | 4500 | 7700 | 11000 |
| 4-dr 6-pass Sta Wgn | 500 | 1300 | 2250 | 4500 | 7700 | 11000 |
| 2-dr 6-pass Hdtp Sprtsmn | 700 | 1900 | 3350 | 6700 | 11500 | 16500 |
| **Powermaster Six, 6-cyl., 116 hp, 139.5" wb** | | | | | | |
| 4-dr 8-pass Sdn | 450 | 1250 | 2100 | 4200 | 7200 | 10500 |

| | 6 | 5 | 4 | 3 | 2 | 1 |
|---|---|---|---|---|---|---|
| **Firedome, 8-cyl., 160 hp, 125.5" wb** | | | | | | |
| 4-dr 6-pass Sdn | 500 | 1300 | 2250 | 4500 | 7700 | 11000 |
| 6-pass Club Cpe | 550 | 1450 | 2450 | 4900 | 8500 | 12000 |
| 2-dr 6-pass Hdtp Sprtsmn | 800 | 2350 | 3950 | 7900 | 13700 | 19700 |
| 6-pass Conv Cpe | 1150 | 3600 | 5950 | 11900 | 21000 | 29700 |
| 4-dr 6-pass Sta Wgn | 650 | 1750 | 3150 | 6300 | 10900 | 15700 |
| **Firedome, 8-cyl., 160 hp, 139.5" wb** | | | | | | |
| 4-dr 8-pass Sdn | 450 | 1250 | 2200 | 4400 | 7600 | 10900 |
| **1954** | | | | | | |
| **Powermaster Six, 6-cyl., 116 hp, 125.5" wb** | | | | | | |
| 4-dr 6-pass Sdn | 450 | 1250 | 2150 | 4300 | 7400 | 10700 |
| 6-pass Club Cpe | 500 | 1300 | 2250 | 4500 | 7700 | 11000 |
| 4-dr 6-pass Sta Wgn | 500 | 1300 | 2250 | 4500 | 7700 | 11000 |
| **Powermaster Six, 6-cyl., 116 hp, 139.5" wb** | | | | | | |
| 4-dr 8-pass Sdn | 450 | 1250 | 2100 | 4200 | 7200 | 10500 |
| **Firedome, 8-cyl., 170 hp, 125.5" wb** | | | | | | |
| 4-dr 6-pass Sdn | 500 | 1300 | 2250 | 4500 | 7700 | 11000 |
| 6-pass Club Cpe | 550 | 1450 | 2450 | 4900 | 8500 | 12000 |
| 2-dr 6-pass Hdtp Sprtsmn | 800 | 2350 | 3950 | 7900 | 13700 | 19700 |
| 6-pass Conv Cpe | 1150 | 3600 | 5950 | 11900 | 21000 | 29700 |
| 4-dr 6-pass Sta Wgn | 650 | 1750 | 3100 | 6300 | 10900 | 15700 |
| **Firedome, 8-cyl., 170 hp, 139.5" wb** | | | | | | |
| 4-dr 8-pass Sdn | 450 | 1250 | 2200 | 4400 | 7600 | 10900 |
| **1955** | | | | | | |
| **Firedome, 8-cyl., 185 hp, 126" wb** | | | | | | |
| 4-dr 6-pass Sdn | 450 | 1250 | 2200 | 4400 | 7600 | 10900 |
| 2-dr 6-pass Spl Cpe | 750 | 2100 | 3550 | 7100 | 12300 | 17700 |
| 2-dr 6-pass Hdtp Sprtsmn | 850 | 2650 | 4450 | 8900 | 15700 | 22300 |
| 6-pass Conv | 1200 | 3750 | 6250 | 12500 | 22000 | 31100 |
| 4-dr 6-pass Sta Wgn | 800 | 2500 | 4200 | 8400 | 14800 | 20900 |
| **Fireflite, 8-cyl., 185 hp, 126" wb** | | | | | | |
| 4-dr 6-pass Sdn | 500 | 1350 | 2300 | 4600 | 8000 | 11300 |
| 2-dr 6-pass Hdtp Sprtsmn | 850 | 2700 | 4550 | 9100 | 16000 | 22700 |
| 6-pass Conv | 1150 | 3600 | 6000 | 12100 | 21300 | 30200 |
| **1956** | | | | | | |
| **Firedome, 8-cyl., 230 hp, 126" wb** | | | | | | |
| 4-dr 6-pass Sdn | 450 | 1250 | 2000 | 4100 | 7100 | 10300 |
| 4-dr 6-pass Hdtp Seville | 550 | 1500 | 2500 | 5100 | 8800 | 12500 |
| 4-dr 6-pass Hdtp Sprtsmn | 650 | 1750 | 3150 | 6300 | 10900 | 15700 |
| 2-dr 6-pass Hdtp Seville | 800 | 2350 | 3950 | 7900 | 13700 | 19700 |
| 2-dr 6-pass Hdtp Sprtsmn | 850 | 2550 | 4350 | 8700 | 15300 | 21700 |
| 6-pass Conv | 1200 | 3800 | 6350 | 12700 | 22400 | 31700 |
| 4-dr 6-pass Sta Wgn | 700 | 1900 | 3350 | 6700 | 11500 | 16500 |
| **Fireflite, 8-cyl., 255 hp, 126" wb** | | | | | | |
| 4-dr 6-pass Sdn | 450 | 1250 | 2150 | 4300 | 7400 | 10700 |
| 4-dr 6-pass Hdtp Sprtsmn | 650 | 1750 | 3100 | 6300 | 10900 | 15700 |
| 2-dr 6-pass Hdtp Sprtsmn | 850 | 2700 | 4550 | 9100 | 16000 | 22700 |
| 6-pass Conv | 1300 | 4050 | 6750 | 13500 | 23800 | 33700 |
| 4-dr 6-pass Conv IPC | 1650 | 4900 | 8250 | 16500 | 29000 | 41200 |
| **Adventurer, 255 hp, 126" wb** | | | | | | |
| Hdtp Cpe | 950 | 2950 | 4950 | 9900 | 17500 | 24700 |

| | 6 | 5 | 4 | 3 | 2 | 1 |
|---|---|---|---|---|---|---|
| **1957** | | | | | | |
| **Firesweep, 8-cyl., 245 hp, 122" wb** | | | | | | |
| 4-dr 6-pass Sdn | 400 | 1200 | 1950 | 3900 | 6800 | 9900 |
| 4-dr 6-pass Hdtp Sprtsmn | 550 | 1500 | 2500 | 5100 | 8800 | 12500 |
| 2-dr 6-pass Hdtp Sprtsmn | 750 | 2250 | 3750 | 7500 | 13000 | 18700 |
| 4-dr 6-pass 2-seat Sta Wgn | 500 | 1350 | 2300 | 4600 | 8000 | 11300 |
| 4-dr 9-pass 3-seat Sta Wgn | 550 | 1400 | 2400 | 4800 | 8300 | 11800 |
| **Firedome, 8-cyl., 270 hp, 126" wb** | | | | | | |
| 4-dr 6-pass Sdn | 400 | 1200 | 2000 | 4000 | 6900 | 10000 |
| 4-dr 6-pass Hdtp Sprtsmn | 600 | 1600 | 2750 | 5500 | 9500 | 13800 |
| 2-dr 6-pass Hdtp Sprtsmn | 800 | 2350 | 3950 | 7900 | 13700 | 19700 |
| 6-pass Conv | 1200 | 3750 | 6250 | 12500 | 22000 | 31100 |
| **Fireflite, 8-cyl., 270 hp, 126" wb** | | | | | | |
| 4-dr 6-pass Sdn | 450 | 1250 | 2050 | 4100 | 7100 | 10300 |
| 4-dr 6-pass Hdtp Sprtsmn | 650 | 1700 | 3000 | 5900 | 10200 | 14700 |
| 2-dr 6-pass Hdtp Sprtsmn | 800 | 2450 | 4150 | 8300 | 14600 | 20700 |
| 6-pass Conv | 1550 | 4650 | 7750 | 15500 | 27300 | 38700 |
| 4-dr 6-pass 2-seat Sta Wgn | 500 | 1350 | 2350 | 4700 | 8100 | 11500 |
| 4-dr 9-pass 3-seat Sta Wgn | 550 | 1450 | 2450 | 4900 | 8500 | 12000 |
| **Fireflite Adventurer, 345 hp, 126" wb** | | | | | | |
| 2-dr Hdtp | 1450 | 4450 | 7450 | 14900 | 26200 | 37200 |
| 2-dr Conv | 2400 | 7050 | 11950 | 23900 | 42000 | 59700 |
| **1958** | | | | | | |
| **Firesweep, 8-cyl., 280 hp, 122" wb** | | | | | | |
| 4-dr 6-pass Sdn | 400 | 1200 | 1950 | 3900 | 6800 | 9900 |
| 4-dr 6-pass Hdtp Sprtsmn | 550 | 1500 | 2500 | 5100 | 8800 | 12500 |
| 2-dr 6-pass Hdtp Sprtsmn | 650 | 1750 | 3150 | 6300 | 10900 | 15700 |
| 6-pass Conv | 1300 | 4050 | 6750 | 13500 | 23800 | 33700 |
| 4-dr 2-seat Sta Wgn | 450 | 1250 | 2100 | 4200 | 7200 | 10500 |
| 4-dr 3-seat Sta Wgn | 450 | 1250 | 2200 | 4400 | 7600 | 10900 |
| **Firedome, 8-cyl., 295 hp, 126" wb** | | | | | | |
| 4-dr 6-pass Sdn | 400 | 1200 | 2000 | 4000 | 6900 | 10000 |
| 4-dr 6-pass Hdtp Sprtsmn | 650 | 1700 | 3000 | 5900 | 10200 | 14700 |
| 2-dr 6-pass Hdtp Sprtsmn | 700 | 1900 | 3350 | 6700 | 11500 | 16500 |
| 6-pass Conv | 1200 | 3850 | 6450 | 12900 | 22700 | 32200 |
| **Fireflite, 8-cyl., 295 hp, 126" wb** | | | | | | |
| 4-dr 6-pass Sdn | 450 | 1250 | 2050 | 4100 | 7100 | 10300 |
| 4-dr 6-pass Hdtp Sprtsmn | 650 | 1750 | 3150 | 6300 | 10900 | 15700 |
| 2-dr 6-pass Hdtp Sprtsmn | 750 | 2250 | 3750 | 7500 | 13000 | 18700 |
| 6-pass Conv | 1450 | 4450 | 7450 | 14900 | 26200 | 37200 |
| 4-dr 2-seat Sta Wgn | 500 | 1300 | 2250 | 4500 | 7700 | 11000 |
| 4-dr 3-seat Sta Wgn | 500 | 1350 | 2350 | 4700 | 8100 | 11500 |
| **Adventurer, 8-cyl., 345 hp, 126" wb** | | | | | | |
| 2-dr Hdtp | 1350 | 4150 | 6950 | 13900 | 24500 | 34700 |
| Conv | 2200 | 6500 | 10950 | 21900 | 38500 | 54700 |
| **1959** | | | | | | |
| **Firesweep, 8-cyl., 290 hp, 122" wb** | | | | | | |
| 4-dr 6-pass Sdn | 400 | 1100 | 1800 | 3500 | 6100 | 8900 |
| 4-dr 6-pass Hdtp Sprtsmn | 550 | 1500 | 2500 | 5100 | 8800 | 12500 |
| 2-dr 6-pass Hdtp Sprtsmn | 650 | 1700 | 3000 | 5900 | 10200 | 14700 |
| 6-pass Conv | 1200 | 3750 | 6250 | 12500 | 22000 | 31100 |
| 4-dr 2-seat Sta Wgn | 450 | 1250 | 2100 | 4200 | 7200 | 10500 |
| 4-dr 3-seat Sta Wgn | 450 | 1250 | 2200 | 4400 | 7600 | 10900 |
| **Firedome, 8-cyl., 305 hp, 126" wb** | | | | | | |
| 4-dr 6-pass Sdn | 400 | 1150 | 1850 | 3700 | 6400 | 9300 |
| 4-dr 6-pass Hdtp Sprtsmn | 600 | 1600 | 2750 | 5500 | 9500 | 13800 |
| 2-dr 6-pass Hdtp Sprtsmn | 650 | 1750 | 3150 | 6300 | 10900 | 15700 |
| 6-pass Conv | 1150 | 3600 | 5950 | 11900 | 21000 | 29700 |

| | 6 | 5 | 4 | 3 | 2 | 1 |
|---|---|---|---|---|---|---|
| **Fireflite, 8-cyl., 305 hp, 126" wb** | | | | | | |
| 4-dr 6-pass Sdn | 400 | 1200 | 1950 | 3900 | 6800 | 9900 |
| 4-dr 6-pass Hdtp Sprtsmn | 650 | 1700 | 3000 | 5900 | 10200 | 14700 |
| 2-dr 6-pass Hdtp Sprtsmn | 700 | 1900 | 3350 | 6700 | 11500 | 16500 |
| 6-pass Conv | 1550 | 4650 | 7750 | 15500 | 27300 | 38700 |
| 4-dr 2-seat Sta Wgn | 450 | 1250 | 2200 | 4400 | 7600 | 10900 |
| 4-dr 3-seat Sta Wgn | 500 | 1350 | 2300 | 4600 | 8000 | 11300 |
| **Adventurer, 8-cyl., 126" wb** | | | | | | |
| 2-dr 6-pass Sprtsmn | 900 | 2850 | 4750 | 9500 | 16700 | 23700 |
| 6-pass Conv | 1650 | 4900 | 8250 | 16500 | 29000 | 41200 |
| ***1960*** | | | | | | |
| **Fireflite, 8-cyl., 295 hp, 122" wb** | | | | | | |
| 4-dr 6-pass Sdn | 400 | 1150 | 1850 | 3700 | 6400 | 9300 |
| 4-dr 6-pass Hdtp | 450 | 1250 | 2050 | 4100 | 7100 | 10300 |
| 2-dr 6-pass Hdtp | 550 | 1450 | 2450 | 4900 | 8500 | 12000 |
| **Adventurer, 8-cyl., 305 hp, 122" wb** | | | | | | |
| 4-dr 6-pass Sdn | 400 | 1200 | 1950 | 3900 | 6800 | 9900 |
| 4-dr 6-pass Hdtp | 500 | 1350 | 2350 | 4700 | 8100 | 11500 |
| 2-dr 6-pass Hdtp | 650 | 1750 | 3100 | 6200 | 10700 | 15400 |
| ***1961*** | | | | | | |
| **8-cyl., 265 hp, 122" wb** | | | | | | |
| 4-dr 6-pass Hdtp | 550 | 1450 | 2450 | 4900 | 8500 | 12000 |
| 2-dr 6-pass Hdtp | 650 | 1700 | 3000 | 5900 | 10200 | 14700 |

'53 Desoto

'56 Desoto Golden Adventurer

'57 DeSoto

'58 DeSoto

'59 DeSoto

'60 DeSoto

## Collector Car Value Trends

Value trends within the collector car hobby provide a look at what's been going on during the past two decades. The following charts were compiled from various sources that have tracked the value of selected models over the years. Models were chosen on the basis of their rarity *and* desirability by collectors and hobbyists. 2000 prices are based on vehicles in number one condition.

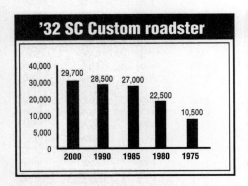

'32 SC Custom roadster

| Year | 2000 | 1990 | 1985 | 1980 | 1975 |
|------|------|------|------|------|------|
| Value | 29,700 | 28,500 | 27,000 | 22,500 | 10,500 |

'42 Custom conv.

| Year | 2000 | 1990 | 1985 | 1980 | 1975 |
|------|------|------|------|------|------|
| Value | 29,700 | 26,000 | 20,000 | 10,000 | 3,250 |

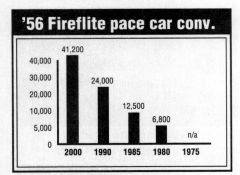

'56 Fireflite pace car conv.

| Year | 2000 | 1990 | 1985 | 1980 | 1975 |
|------|------|------|------|------|------|
| Value | 41,200 | 24,000 | 12,500 | 6,800 | n/a |

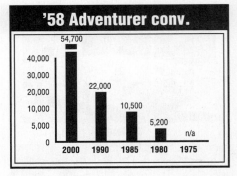

'58 Adventurer conv.

| Year | 2000 | 1990 | 1985 | 1980 | 1975 |
|------|------|------|------|------|------|
| Value | 54,700 | 22,000 | 10,500 | 5,200 | n/a |

# DODGE
## 1914 – 1991

'14 Dodge

'24 Dodge

'25 Dodge

'27 Dodge

'28 Dodge

'30 Dodge 6

'36 Dodge

'40 Dodge

'50 Dodge

'51 Dodge Coronet

|  | 6 | 5 | 4 | 3 | 2 | 1 |
|---|---|---|---|---|---|---|
| **1914** | | | | | | |
| **Model 30-35, 4-cyl., 110" wb (Serial #1-249)** | | | | | | |
| Tr | 750 | 2300 | 3800 | 7600 | 13100 | 18900 |
| **1915** | | | | | | |
| **4-cyl., 35 hp, 110" wb** | | | | | | |
| 2-pass Rdstr | 750 | 2100 | 3550 | 7100 | 12300 | 17700 |
| 2-pass Tr | 750 | 2300 | 3800 | 7600 | 13100 | 18900 |
| **1916** | | | | | | |
| **4-cyl., 35 hp, 110" wb** | | | | | | |
| 2-pass Rdstr | 750 | 2100 | 3550 | 7100 | 12300 | 17700 |
| 5-pass Tr | 800 | 2450 | 4100 | 8200 | 14400 | 20500 |
| **1917** | | | | | | |
| **Model 30, 4-cyl., 35 hp, 114" wb** | | | | | | |
| Rdstr | 700 | 1900 | 3350 | 6700 | 11500 | 16500 |
| Winter Rdstr | 750 | 2100 | 3550 | 7100 | 12300 | 17700 |
| Tr | 750 | 2300 | 3850 | 7700 | 13300 | 19200 |
| Winter Tr | 800 | 2400 | 4050 | 8100 | 14200 | 20200 |
| Cpe | 400 | 1050 | 1700 | 3300 | 5800 | 8300 |
| Sdn | 350 | 950 | 1550 | 3100 | 5500 | 7900 |
| **1918** | | | | | | |
| **Model 30, 4-cyl., 35 hp, 114" wb** | | | | | | |
| Rdstr | 700 | 1900 | 3350 | 6700 | 11500 | 16500 |
| Tr | 800 | 2350 | 3900 | 7800 | 13500 | 19500 |
| Cpe | 350 | 950 | 1550 | 3100 | 5500 | 7900 |
| Sdn | 350 | 900 | 1500 | 2900 | 5200 | 7400 |
| Limo | 500 | 1100 | 1800 | 3200 | 5600 | 7900 |
| **1919** | | | | | | |
| **Model 30, 4-cyl., 35 hp, 114" wb** | | | | | | |
| 2-pass Rdstr | 650 | 1750 | 3150 | 6300 | 10900 | 15700 |
| 5-pass Tr | 700 | 2000 | 3450 | 6900 | 11900 | 17200 |
| 3-pass Cpe | 350 | 950 | 1550 | 3100 | 5500 | 7900 |
| 5-pass Sdn | 350 | 900 | 1500 | 2900 | 5200 | 7400 |
| **1920** | | | | | | |
| **Model 30, 4-cyl., 35 hp, 114" wb** | | | | | | |
| 2-pass Rdstr | 650 | 1700 | 3000 | 5900 | 10200 | 14700 |
| 5-pass Tr | 650 | 1750 | 3150 | 6300 | 10900 | 15700 |
| 3-pass Cpe | 300 | 650 | 1150 | 2300 | 3900 | 5700 |
| 5-pass Sdn | 300 | 650 | 1100 | 2100 | 3600 | 5100 |
| **1921** | | | | | | |
| **Model 30, 4-cyl., 35 hp, 114" wb** | | | | | | |
| 2-pass Rdstr | 600 | 1600 | 2750 | 5500 | 9500 | 13800 |
| 5-pass Tr | 650 | 1700 | 3000 | 5900 | 10200 | 14700 |
| 3-pass Cpe | 300 | 600 | 950 | 1900 | 3200 | 4600 |
| 5-pass Sdn | 300 | 600 | 850 | 1700 | 2900 | 4100 |
| **1922** | | | | | | |
| **S/1 1st Series, 4-cyl., 35 hp, 114" wb** | | | | | | |
| 2-pass Rdstr | 600 | 1600 | 2750 | 5500 | 9500 | 13800 |
| 5-pass Tr | 650 | 1700 | 3000 | 5900 | 10200 | 14700 |
| 3-pass Cpe | 300 | 650 | 1000 | 2000 | 3500 | 4900 |
| 5-pass Sdn | 300 | 600 | 950 | 1900 | 3200 | 4600 |
| **S/2 2nd Series, 4-cyl., 35 hp, 114" wb** | | | | | | |
| 2-pass Rdstr | 550 | 1550 | 2650 | 5300 | 9100 | 13000 |
| 5-pass Tr | 600 | 1650 | 2850 | 5700 | 9900 | 14200 |
| 2-pass Bus Cpe | 300 | 650 | 1100 | 2100 | 3600 | 5100 |
| 5-pass Bus Sdn | 300 | 650 | 1000 | 2000 | 3500 | 4900 |
| 5-pass Sdn | 300 | 600 | 950 | 1900 | 3200 | 4600 |

|  | 6 | 5 | 4 | 3 | 2 | 1 |
|---|---|---|---|---|---|---|
| **1923** | | | | | | |
| **4-cyl., 35 hp, 114" wb** | | | | | | |
| 2-pass Rdstr | 500 | 1350 | 2350 | 4700 | 8100 | 11500 |
| 5-pass Tr | 550 | 1500 | 2500 | 5100 | 8800 | 12500 |
| 2-pass Bus Cpe | 300 | 650 | 1100 | 2100 | 3600 | 5100 |
| 5-pass Bus Sdn | 300 | 650 | 1000 | 2000 | 3500 | 4900 |
| 5-pass Sdn | 300 | 600 | 950 | 1900 | 3200 | 4600 |
| **1924** | | | | | | |
| **4-cyl., 35 hp, 116" wb** | | | | | | |
| 2-pass Rdstr | 550 | 1500 | 2500 | 5100 | 8800 | 12500 |
| 5-pass Tr | 600 | 1600 | 2750 | 5500 | 9500 | 13800 |
| 2-pass Bus Cpe | 300 | 650 | 1150 | 2300 | 3900 | 5700 |
| 4-pass Cpe | 300 | 700 | 1200 | 2400 | 4100 | 5900 |
| 5-pass Bus Sdn | 300 | 650 | 1150 | 2300 | 3900 | 5700 |
| 5-pass Sdn | 300 | 650 | 1150 | 2300 | 3900 | 5700 |
| **Special Series, 4-cyl., 35 hp, 116" wb** | | | | | | |
| 2-pass Rdstr | 550 | 1550 | 2650 | 5300 | 9100 | 13000 |
| 5-pass Tr | 600 | 1650 | 2850 | 5700 | 9900 | 14200 |
| 2-pass Bus Cpe | 300 | 650 | 1150 | 2300 | 3900 | 5700 |
| 4-pass Cpe | 300 | 750 | 1250 | 2500 | 4400 | 6200 |
| 5-pass Bus Sdn | 300 | 650 | 1150 | 2300 | 3900 | 5700 |
| 5-pass Sdn | 300 | 700 | 1200 | 2400 | 4100 | 5900 |
| **1925** | | | | | | |
| **4-cyl., 35 hp, 116" wb** | | | | | | |
| 2-pass Rdstr | 550 | 1450 | 2450 | 4900 | 8500 | 12000 |
| 2-pass Spl Rdstr | 550 | 1500 | 2500 | 5100 | 8800 | 12500 |
| 5-pass Tr | 550 | 1550 | 2650 | 5300 | 9100 | 13000 |
| 5-pass Spl Tr | 600 | 1600 | 2750 | 5500 | 9500 | 13800 |
| 2-pass Bus Cpe | 300 | 750 | 1250 | 2500 | 4400 | 6200 |
| 2-pass Spl Bus Cpe | 300 | 800 | 1300 | 2600 | 4600 | 6600 |
| 4-pass Cpe | 300 | 750 | 1250 | 2500 | 4400 | 6200 |
| 4-pass Spl Cpe | 300 | 800 | 1300 | 2600 | 4600 | 6600 |
| 5-pass Bus Sdn | 300 | 650 | 1150 | 2300 | 3900 | 5700 |
| 5-pass Spl Bus Sdn | 300 | 700 | 1200 | 2400 | 4100 | 5900 |
| 5-pass Sdn | 300 | 700 | 1200 | 2400 | 4100 | 5900 |
| 5-pass Spl Sdn | 300 | 750 | 1250 | 2500 | 4400 | 6200 |
| **1926** | | | | | | |
| **4-cyl., 35 hp, 116" wb** | | | | | | |
| 2-pass Rdstr | 500 | 1300 | 2250 | 4500 | 7700 | 11000 |
| 2-pass Spl Rdstr | 500 | 1350 | 2350 | 4700 | 8100 | 11500 |
| 2-pass Spt Rdstr | 550 | 1450 | 2450 | 4900 | 8500 | 12000 |
| 5-pass Tr | 500 | 1350 | 2350 | 4700 | 8100 | 11500 |
| 5-pass Spl Tr | 550 | 1450 | 2450 | 4900 | 8500 | 12000 |
| 5-pass Spt Tr | 600 | 1600 | 2700 | 5400 | 9300 | 13500 |
| 2-pass Bus Cpe | 300 | 650 | 1150 | 2300 | 3900 | 5700 |
| 2-pass Spl Bus Cpe | 300 | 750 | 1250 | 2500 | 4400 | 6200 |
| 5-pass Bus Sdn | 300 | 650 | 1100 | 2200 | 3800 | 5400 |
| 5-pass Sdn | 300 | 650 | 1150 | 2300 | 3900 | 5700 |
| 5-pass Spl Sdn | 300 | 650 | 1150 | 2300 | 3900 | 5700 |
| 5-pass Dlx Sdn | 300 | 700 | 1200 | 2400 | 4100 | 5900 |
| **1927** | | | | | | |
| **4-cyl., 35 hp, 116" wb** | | | | | | |
| 2-pass Rdstr | 500 | 1350 | 2350 | 4700 | 8100 | 11500 |
| 2-pass Spl Rdstr | 550 | 1450 | 2450 | 4900 | 8500 | 12000 |
| 2-4 pass RS Spt Rdstr | 550 | 1500 | 2500 | 5100 | 8800 | 12500 |
| 5-pass Spl Conv Sdn | 500 | 1300 | 2250 | 4500 | 7700 | 11000 |
| 5-pass Tr | 500 | 1300 | 2250 | 4500 | 7700 | 11000 |
| 5-pass Spl Tr | 500 | 1350 | 2350 | 4700 | 8100 | 11500 |
| 5-pass Spt Tr | 550 | 1450 | 2450 | 4900 | 8500 | 12000 |

| | 6 | 5 | 4 | 3 | 2 | 1 |
|---|---|---|---|---|---|---|
| 2-pass Bus Cpe | 300 | 700 | 1200 | 2400 | 4100 | 5900 |
| 2-pass Spl Bus Cpe | 300 | 750 | 1250 | 2500 | 4400 | 6200 |
| 5-pass Sdn | 300 | 650 | 1150 | 2300 | 3900 | 5700 |
| 5-pass Dlx Sdn | 300 | 700 | 1200 | 2400 | 4100 | 5900 |
| **Series 128, 4-cyl., 108" wb** | | | | | | |
| 2-pass Cpe | 350 | 850 | 1400 | 2800 | 4900 | 7100 |
| 2-4 pass Cabrlt | 450 | 1250 | 2050 | 4100 | 7100 | 10300 |
| 4-dr 5-pass Sdn | 300 | 800 | 1350 | 2700 | 4700 | 6900 |
| 5-pass Dlx Sdn | 350 | 900 | 1500 | 2900 | 5200 | 7400 |
| **Senior Six, 6-cyl., 60 hp, 116" wb** | | | | | | |
| 5-pass Bus Sdn | 350 | 950 | 1550 | 3100 | 5500 | 7900 |
| 4-pass Cpe | 400 | 1050 | 1700 | 3300 | 5800 | 8300 |
| 2-4 pass Cabrlt | 650 | 1800 | 3250 | 6500 | 11200 | 16100 |
| 4-dr 5-pass Sdn | 350 | 900 | 1500 | 2900 | 5200 | 7400 |

### 1928

| | 6 | 5 | 4 | 3 | 2 | 1 |
|---|---|---|---|---|---|---|
| **Standard Series, 6-cyl., 58 hp, 110" wb** | | | | | | |
| 2-4 pass Cabrlt | 500 | 1350 | 2350 | 4700 | 8100 | 11500 |
| 2-pass Cpe | 350 | 950 | 1550 | 3100 | 5500 | 7900 |
| 5-pass Sdn | 350 | 900 | 1500 | 2900 | 5200 | 7400 |
| 5-pass Dlx Sdn | 350 | 950 | 1550 | 3100 | 5500 | 7900 |
| **Victory Series, 6-cyl., 58 hp, 112" wb** | | | | | | |
| 5-pass Tr | 650 | 1800 | 3250 | 6500 | 11200 | 16100 |
| 2-pass Cpe | 400 | 1050 | 1700 | 3300 | 5800 | 8300 |
| 5-pass Cpe | 400 | 1100 | 1800 | 3500 | 6100 | 8900 |
| 5-pass Brghm | 400 | 1050 | 1700 | 3300 | 5800 | 8300 |
| 5-pass Sdn | 350 | 950 | 1550 | 3100 | 5500 | 7900 |
| 5-pass Dlx Sdn | 400 | 1050 | 1700 | 3300 | 5800 | 8300 |
| **Senior, 6-cyl., 67 hp, 116" wb** | | | | | | |
| 2-4 pass Cabrlt | 750 | 2250 | 3750 | 7500 | 13000 | 18700 |
| 2-pass Cpe | 400 | 1050 | 1700 | 3300 | 5800 | 8300 |
| 2-4 pass Spt Cpe | 400 | 1100 | 1800 | 3500 | 6100 | 8900 |
| 4-pass Cpe | 400 | 1050 | 1700 | 3300 | 5800 | 8300 |
| 5-pass Sdn | 350 | 950 | 1550 | 3100 | 5500 | 7900 |
| 5-pass Spt Sdn | 400 | 1050 | 1700 | 3300 | 5800 | 8300 |

### 1929

| | 6 | 5 | 4 | 3 | 2 | 1 |
|---|---|---|---|---|---|---|
| **Standard Six, Series J, 6-cyl., 58 hp, 110" wb** | | | | | | |
| 2-pass Cpe | 450 | 1250 | 2150 | 4300 | 7400 | 10700 |
| 4-pass Cabrlt | 600 | 1600 | 2750 | 5500 | 9500 | 13800 |
| 5-pass Sdn | 400 | 1150 | 1850 | 3700 | 6400 | 9300 |
| 5-pass Dlx Sdn | 400 | 1200 | 1950 | 3900 | 6800 | 9900 |
| **Victory Six, Series M** | | | | | | |
| 2-4 pass Rdstr | 900 | 2900 | 4850 | 9700 | 17100 | 24200 |
| 5-pass Tr | 950 | 3050 | 5100 | 10200 | 18000 | 25400 |
| 2-pass Cpe | 450 | 1250 | 2050 | 4100 | 7100 | 10300 |
| 4-pass Dlx Cpe | 450 | 1250 | 2150 | 4300 | 7400 | 10700 |
| 5-pass Sdn | 400 | 1100 | 1800 | 3500 | 6100 | 8900 |
| 5-pass Dlx Sdn | 400 | 1100 | 1800 | 3600 | 6200 | 9100 |
| 5-pass Spt Sdn | 400 | 1150 | 1850 | 3700 | 6400 | 9300 |
| **Senior, Series S, 6-cyl., 63 hp, 112" wb** | | | | | | |
| 2-4 pass Rdstr | 1000 | 3200 | 5350 | 10700 | 18900 | 26700 |
| 2-pass Cpe | 500 | 1300 | 2250 | 4500 | 7700 | 11000 |
| 2-4 pass Spt Cpe | 550 | 1500 | 2500 | 5100 | 8800 | 12500 |
| 2-dr 5-pass Sdn | 500 | 1300 | 2250 | 4500 | 7700 | 11000 |
| 4-dr 5-pass Sdn | 450 | 1250 | 2050 | 4100 | 7100 | 10300 |
| 5-pass Lan Sdn | 500 | 1350 | 2350 | 4700 | 8100 | 11500 |
| 5-pass Spt Sdn | 550 | 1450 | 2450 | 4900 | 8500 | 12000 |
| **Series DA, 6-cyl., 63 hp, 112" wb** | | | | | | |
| 2-4 pass Rdstr | 1000 | 3100 | 5200 | 10400 | 18400 | 26000 |
| 5-pass Phtn | 1100 | 3450 | 5750 | 11500 | 20300 | 28700 |

| | 6 | 5 | 4 | 3 | 2 | 1 |
|---|---|---|---|---|---|---|
| 2-pass Bus Cpe | 450 | 1250 | 2150 | 4300 | 7400 | 10700 |
| 2-4 pass Dlx Cpe | 500 | 1300 | 2250 | 4500 | 7700 | 11000 |
| 4-pass Vic Cpe | 450 | 1250 | 2100 | 4200 | 7200 | 10500 |
| 2-dr 5-pass Brghm | 400 | 1100 | 1800 | 3600 | 6200 | 9100 |
| 5-pass Sdn | 400 | 1100 | 1800 | 3500 | 6100 | 8900 |
| 5-pass Dlx Sdn | 400 | 1100 | 1800 | 3600 | 6200 | 9100 |

### 1930
**Series DB Senior, 6-cyl., 78 hp, 112" wb**

| | 6 | 5 | 4 | 3 | 2 | 1 |
|---|---|---|---|---|---|---|
| 2-4 pass Rdstr | 1000 | 3250 | 5450 | 10900 | 19100 | 27200 |
| 2-4 pass Cpe | 550 | 1450 | 2450 | 4900 | 8500 | 12000 |
| 5-pass Brghm | 500 | 1350 | 2350 | 4700 | 8100 | 11500 |
| 5-pass Sdn | 450 | 1250 | 2050 | 4100 | 7100 | 10300 |
| 5-pass Lan Sdn | 500 | 1350 | 2350 | 4700 | 8100 | 11500 |

**Series DA, 6-cyl., 63 hp, 112" wb**

| | 6 | 5 | 4 | 3 | 2 | 1 |
|---|---|---|---|---|---|---|
| 2-4 pass Rdstr | 1150 | 3600 | 5950 | 11900 | 21000 | 29700 |
| 5-pass Phtn | 1200 | 3750 | 6250 | 12500 | 22000 | 31100 |
| 2-pass Bus Cpe | 400 | 1200 | 1950 | 3900 | 6800 | 9900 |
| 2-4 pass Dlx Cpe | 450 | 1250 | 2050 | 4100 | 7100 | 10300 |
| 4-pass Vic Cpe | 450 | 1250 | 2100 | 4200 | 7200 | 10500 |
| 2-dr 5-pass Sdn | 400 | 1200 | 1900 | 3800 | 6600 | 9600 |
| 5-pass Brghm | 400 | 1200 | 1950 | 3900 | 6800 | 9900 |
| 5-pass Sdn | 400 | 1200 | 1900 | 3800 | 6600 | 9600 |
| 5-pass Dlx Sdn | 400 | 1200 | 1950 | 3900 | 6800 | 9900 |

**Series DD, 6-cyl., 60 hp, 109" wb**

| | 6 | 5 | 4 | 3 | 2 | 1 |
|---|---|---|---|---|---|---|
| 2-4 pass Rdstr | 1000 | 3250 | 5450 | 10900 | 19100 | 27200 |
| 2-pass Bus Cpe | 550 | 1450 | 2450 | 4900 | 8500 | 12000 |
| 2-4 pass Cpe | 600 | 1600 | 2750 | 5500 | 9500 | 13800 |
| 2-4 pass Conv Cpe | 1100 | 3500 | 5800 | 11600 | 20450 | 28900 |
| 5-pass Sdn | 400 | 1150 | 1850 | 3700 | 6400 | 9300 |

**Series DC, 8-cyl., 75 hp, 114" wb**

| | 6 | 5 | 4 | 3 | 2 | 1 |
|---|---|---|---|---|---|---|
| 2-4 pass Rdstr | 1050 | 3400 | 5650 | 11300 | 19900 | 28200 |
| 5-pass Phtn | 1150 | 3600 | 5950 | 11900 | 21000 | 29700 |
| 2-4 pass Cpe | 600 | 1650 | 2850 | 5700 | 9900 | 14200 |
| 2-4 pass Conv Cpe | 1050 | 3300 | 5500 | 11100 | 19500 | 27700 |
| 5-pass Sdn | 400 | 1200 | 1950 | 3900 | 6800 | 9900 |

### 1931
**Series DH, 6-cyl., 60 hp, 114" wb**

| | 6 | 5 | 4 | 3 | 2 | 1 |
|---|---|---|---|---|---|---|
| 2-4 pass Rdstr | 1100 | 3500 | 5850 | 11700 | 20600 | 29100 |
| 2-pass Bus Cpe | 550 | 1550 | 2650 | 5300 | 9100 | 13000 |
| 2-4 pass Cpe | 600 | 1650 | 2850 | 5700 | 9900 | 14200 |
| 2-4 pass Conv Cpe | 1100 | 3450 | 5750 | 11500 | 20300 | 28700 |
| 5-pass Sdn | 400 | 1050 | 1700 | 3300 | 5800 | 8300 |

**Series DG, 8-cyl., 75 hp, 118" wb**

| | 6 | 5 | 4 | 3 | 2 | 1 |
|---|---|---|---|---|---|---|
| 2-4 pass Rdstr | 1200 | 3750 | 6250 | 12500 | 22000 | 31100 |
| 5-pass Phtn | 1200 | 3800 | 6350 | 12700 | 22400 | 31700 |
| 2-4 pass Cpe | 650 | 1700 | 3000 | 5900 | 10200 | 14700 |
| 2-4 pass Conv Cpe | 1150 | 3600 | 5950 | 11900 | 21000 | 29700 |
| 5-pass Sdn | 500 | 1350 | 2350 | 4700 | 8100 | 11500 |

### 1932
**Series DG, 8-cyl., 118" wb**

| | 6 | 5 | 4 | 3 | 2 | 1 |
|---|---|---|---|---|---|---|
| 2-4 pass Rdstr | 1200 | 3750 | 6250 | 12500 | 22000 | 31100 |
| 2-4 pass RS Cpe | 650 | 1700 | 3000 | 5900 | 10200 | 14700 |
| 2-pass Cpe | 600 | 1600 | 2750 | 5500 | 9500 | 13800 |
| 5-pass Sdn | 500 | 1350 | 2350 | 4700 | 8100 | 11500 |

**Series DH, 6-cyl., 68 hp, 114" wb**

| | 6 | 5 | 4 | 3 | 2 | 1 |
|---|---|---|---|---|---|---|
| 5-pass Phtn | 1100 | 3500 | 5850 | 11700 | 20600 | 29100 |
| 2-pass Cpe | 550 | 1550 | 2650 | 5300 | 9100 | 13000 |
| 2-4 pass RS Cpe | 600 | 1650 | 2850 | 5700 | 9900 | 14200 |
| 5-pass Sdn | 400 | 1050 | 1700 | 3300 | 5800 | 8300 |

|  | 6 | 5 | 4 | 3 | 2 | 1 |
|---|---|---|---|---|---|---|
| **Series DL, 6-cyl., 79 hp, 114" wb** | | | | | | |
| 2-4 pass RS Conv | 1000 | 3250 | 5450 | 10900 | 19100 | 27200 |
| 2-pass Bus Cpe | 600 | 1600 | 2750 | 5500 | 9500 | 13800 |
| 5-pass Sdn | 450 | 1250 | 2050 | 4100 | 7100 | 10300 |
| 2-4 pass Cpe | 650 | 1700 | 3000 | 6100 | 10600 | 15200 |
| **Series DK, 8-cyl., 90 hp, 122" wb** | | | | | | |
| 2-4 pass Conv Cpe | 1050 | 3400 | 5700 | 11400 | 20100 | 28500 |
| 5-pass Conv Sdn | 1200 | 3800 | 6350 | 12700 | 22400 | 31700 |
| 5-pass Cpe | 600 | 1650 | 2850 | 5700 | 9900 | 14200 |
| 2-4 pass Cpe | 650 | 1750 | 3150 | 6300 | 10900 | 15700 |
| 5-pass Sdn | 450 | 1250 | 2150 | 4300 | 7400 | 10700 |
| ***1933*** | | | | | | |
| **Series DP, 6-cyl., 75 hp, 111" wb** | | | | | | |
| 2-4 pass RS Conv | 1150 | 3650 | 6100 | 12200 | 21500 | 30500 |
| 2-pass Bus Cpe | 600 | 1600 | 2750 | 5500 | 9500 | 13800 |
| 2-4 pass RS Cpe | 600 | 1650 | 2850 | 5700 | 9900 | 14200 |
| 4-dr 5-pass Sdn | 450 | 1250 | 2050 | 4100 | 7100 | 10300 |
| 2-dr 5-pass Sdn | 450 | 1250 | 2150 | 4300 | 7400 | 10700 |
| 5-pass Brghm | 450 | 1250 | 2100 | 4200 | 7200 | 10500 |
| 5-pass Dlx Brghm | 450 | 1250 | 2150 | 4300 | 7400 | 10700 |
| *New Series with 115" wb was introduced in April 1933* | | | | | | |
| **Series DO, 8-cyl., 92 hp, 122" wb** | | | | | | |
| 2-4 pass RS Conv | 1300 | 4000 | 6700 | 13400 | 23600 | 33400 |
| 5-pass Conv Sdn | 1300 | 4000 | 6700 | 13400 | 23600 | 33400 |
| 2-4 pass Cpe | 650 | 1800 | 3250 | 6500 | 11200 | 16100 |
| 5-pass Cpe | 650 | 1700 | 3000 | 6100 | 10600 | 15200 |
| 5-pass Sdn | 550 | 1450 | 2450 | 4900 | 8500 | 12000 |
| ***1934*** | | | | | | |
| **DeLuxe Series DR, 6-cyl., 82 hp, 117" wb** | | | | | | |
| 2-4 pass Conv Cpe | 1150 | 3650 | 6100 | 12200 | 21500 | 30500 |
| 2-pass Cpe | 600 | 1650 | 2850 | 5700 | 9900 | 14200 |
| 2-4 pass RS Cpe | 650 | 1700 | 3000 | 6100 | 10600 | 15200 |
| 2-dr 5-pass Sdn | 450 | 1250 | 2050 | 4100 | 7100 | 10300 |
| 4-dr 5-pass Sdn | 400 | 1200 | 2000 | 4000 | 6900 | 10000 |
| 7-pass Sdn | 450 | 1250 | 2100 | 4200 | 7200 | 10500 |
| **Series DS, 6-cyl., 87 hp, 121" wb** | | | | | | |
| 4-dr 5-pass Conv Sdn | 1200 | 3750 | 6300 | 12600 | 22200 | 31400 |
| 4-dr 5-pass Brghm | 500 | 1300 | 2250 | 4500 | 7700 | 11000 |
| **DeLuxe Series DRXX, 6-cyl., 117" wb** | | | | | | |
| 2-4 pass Conv Cpe | 1100 | 3550 | 5900 | 11800 | 20800 | 29400 |
| 2-pass Bus Cpe | 560 | 1700 | 3000 | 5900 | 10200 | 14700 |
| 2-pass Cpe | 650 | 1700 | 3000 | 6100 | 10600 | 15200 |
| 2-4 pass RS Cpe | 650 | 1800 | 3250 | 6500 | 11200 | 16100 |
| 2-dr 5-pass Sdn | 400 | 1200 | 1950 | 3900 | 6800 | 9900 |
| 4-dr 5-pass Sdn | 400 | 1200 | 1950 | 3900 | 6800 | 9900 |
| ***1935*** | | | | | | |
| **Series DU, 6-cyl., 116" wb** | | | | | | |
| 2-4 pass Conv Cpe | 1000 | 3250 | 5450 | 10900 | 19100 | 27200 |
| 2-pass Cpe | 550 | 1550 | 2650 | 5300 | 9100 | 13000 |
| 2-4 pass RS Cpe | 600 | 1650 | 2850 | 5700 | 9900 | 14200 |
| 2-dr 5-pass Sdn | 450 | 1250 | 2050 | 4100 | 7100 | 10300 |
| 2-dr 5-pass Tr Sdn | 450 | 1250 | 2100 | 4200 | 7200 | 10500 |
| 5-pass Sdn | 450 | 1250 | 2100 | 4200 | 7200 | 10500 |
| 5-pass Tr Sdn | 450 | 1250 | 2150 | 4300 | 7400 | 10700 |
| Caravan Sdn (128" wb) | 500 | 1300 | 2250 | 4500 | 7700 | 11000 |
| 7-pass Sdn (128" wb) | 500 | 1350 | 2350 | 4700 | 8100 | 11500 |

|  | 6 | 5 | 4 | 3 | 2 | 1 |
|---|---|---|---|---|---|---|

**1936**

**Series D2, 6-cyl., 116" wb**

| | 6 | 5 | 4 | 3 | 2 | 1 |
|---|---|---|---|---|---|---|
| 2-4 pass Conv Cpe | 1000 | 3250 | 5450 | 10900 | 19100 | 27200 |
| 5-pass Conv Sdn | 1050 | 3400 | 5700 | 11400 | 20100 | 28500 |
| 2-pass Cpe | 550 | 1550 | 2650 | 5300 | 9100 | 13000 |
| 2-4 pass RS Cpe | 600 | 1650 | 2850 | 5700 | 9900 | 14200 |
| 2-dr 5-pass Sdn | 400 | 1200 | 1950 | 3900 | 6800 | 9900 |
| 2-dr 5-pass Tr Sdn | 400 | 1200 | 2000 | 4000 | 6900 | 10000 |
| 5-pass Sdn | 400 | 1200 | 2000 | 4000 | 6900 | 10000 |
| 5-pass Tr Sdn | 450 | 1250 | 2050 | 4100 | 7100 | 10300 |
| 7-pass Sdn (128" wb) | 450 | 1250 | 2100 | 4200 | 7200 | 10500 |

**1937**

**Series D5, 6-cyl., 115" wb**

| | 6 | 5 | 4 | 3 | 2 | 1 |
|---|---|---|---|---|---|---|
| 2-4 pass Conv Cpe | 950 | 3050 | 5150 | 10300 | 18200 | 25700 |
| 2-pass Bus Cpe | 550 | 1550 | 2650 | 5300 | 9100 | 13000 |
| 2-4 pass RS Cpe | 600 | 1650 | 2850 | 5700 | 9900 | 14200 |
| 2-dr 5-pass Sdn | 400 | 1200 | 2000 | 4000 | 6900 | 10000 |
| 2-dr 5-pass Tr Sdn | 450 | 1250 | 2050 | 4100 | 7100 | 10300 |
| 4-dr 5-pass Sdn | 450 | 1250 | 2050 | 4100 | 7100 | 10300 |
| 5-pass Tr Sdn | 450 | 1250 | 2100 | 4200 | 7200 | 10500 |
| 7-pass Sdn (132" wb) | 500 | 1300 | 2250 | 4500 | 7700 | 11000 |
| 5-pass Limo (132" wb) | 500 | 1350 | 2350 | 4700 | 8100 | 11500 |

**1938**

**Series D8, 6-cyl., 115" wb**

| | 6 | 5 | 4 | 3 | 2 | 1 |
|---|---|---|---|---|---|---|
| 2-4 pass Conv Cpe | 1000 | 3250 | 5450 | 10900 | 19100 | 27200 |
| 5-pass Conv Sdn | 1200 | 3850 | 6450 | 12900 | 22700 | 32200 |
| 2-pass Bus Cpe | 550 | 1500 | 2500 | 5100 | 8800 | 12500 |
| 2-4 pass Cpe | 600 | 1600 | 2750 | 5500 | 9500 | 13800 |
| 2-dr 5-pass Sdn | 450 | 1250 | 2050 | 4100 | 7100 | 10300 |
| 2-dr 5-pass Tr Sdn | 450 | 1250 | 2100 | 4200 | 7200 | 10500 |
| 4-dr 5-pass Sdn | 450 | 1250 | 2100 | 4200 | 7200 | 10500 |
| 4-dr 5-pass Tr Sdn | 450 | 1250 | 2150 | 4300 | 7400 | 10700 |
| 7-pass Sdn (132" wb) | 550 | 1400 | 2400 | 4800 | 8300 | 11800 |
| 7-pass Limo (132" wb) | 550 | 1500 | 2500 | 5000 | 8700 | 12300 |

**1939**

**Special, 6-cyl., 117" wb**

| | 6 | 5 | 4 | 3 | 2 | 1 |
|---|---|---|---|---|---|---|
| 2-pass Cpe | 550 | 1500 | 2500 | 5100 | 8800 | 12500 |
| 2-dr 5-pass Sdn | 400 | 1200 | 1950 | 3900 | 6800 | 9900 |
| 4-dr 5-pass Sdn | 450 | 1250 | 2050 | 4100 | 7100 | 10300 |

**DeLuxe, 6-cyl., 117" wb**

| | 6 | 5 | 4 | 3 | 2 | 1 |
|---|---|---|---|---|---|---|
| 2-pass Cpe | 600 | 1600 | 2750 | 5500 | 9500 | 13800 |
| 2-4 pass A/S Cpe | 650 | 1750 | 3150 | 6300 | 10900 | 15700 |
| 5-pass Twn Cpe | 650 | 1700 | 3000 | 6100 | 10600 | 15200 |
| 2-dr 5-pass Sdn | 450 | 1250 | 2050 | 4100 | 7100 | 10300 |
| 4-dr 5-pass Sdn | 450 | 1250 | 2100 | 4200 | 7200 | 10500 |
| 7-pass Sdn (134" wb) | 550 | 1500 | 2500 | 5000 | 8700 | 12300 |
| 7-pass Limo (134" wb) | 550 | 1550 | 2600 | 5200 | 9000 | 12800 |

**1940**

**Special, 6-cyl., 119.5" wb**

| | 6 | 5 | 4 | 3 | 2 | 1 |
|---|---|---|---|---|---|---|
| 2-pass Cpe | 550 | 1550 | 2650 | 5300 | 9100 | 13000 |
| 2-dr 5-pass Sdn | 450 | 1250 | 2100 | 4200 | 7200 | 10500 |
| 4-dr 5-pass Sdn | 450 | 1250 | 2150 | 4300 | 7400 | 10700 |

**DeLuxe, 6-cyl., 119.5" wb**

| | 6 | 5 | 4 | 3 | 2 | 1 |
|---|---|---|---|---|---|---|
| 5-pass Conv Cpe | 1000 | 3250 | 5450 | 10900 | 19100 | 27200 |
| 2-pass Cpe | 600 | 1600 | 2750 | 5500 | 9500 | 13800 |
| 2-4 pass A/S Cpe | 650 | 1700 | 3000 | 5900 | 10200 | 14700 |
| 2-dr 5-pass Sdn | 500 | 1300 | 2250 | 4500 | 7700 | 11000 |
| 4-dr 5-pass Sdn | 500 | 1350 | 2300 | 4600 | 8000 | 11300 |

| | 6 | 5 | 4 | 3 | 2 | 1 |
|---|---|---|---|---|---|---|
| 7-pass Sdn (140" wb) | 500 | 1350 | 2350 | 4700 | 8100 | 11500 |
| 7-pass Limo (140" wb) | 550 | 1500 | 2500 | 5000 | 8700 | 12300 |

### 1941
**DeLuxe, 6-cyl., 91 hp, 119.5" wb**

| | 6 | 5 | 4 | 3 | 2 | 1 |
|---|---|---|---|---|---|---|
| 2-pass Cpe | 550 | 1500 | 2500 | 5100 | 8800 | 12500 |
| 2-dr 5-pass Sdn | 450 | 1250 | 2200 | 4400 | 7600 | 10900 |
| 4-dr 5-pass Sdn | 500 | 1300 | 2250 | 4500 | 7700 | 11000 |

**Custom, 6-cyl., 91 hp, 119.5" wb**

| | 6 | 5 | 4 | 3 | 2 | 1 |
|---|---|---|---|---|---|---|
| 5-pass Conv | 1100 | 3450 | 5750 | 11500 | 20300 | 28700 |
| 6-pass Club Cpe | 550 | 1550 | 2650 | 5300* | 9100 | 13000 |
| 2-dr 6-pass Brghm | 500 | 1350 | 2300 | 4600 | 8000 | 11300 |
| 4-dr 6-pass Sdn | 500 | 1300 | 2250 | 4500 | 7700 | 11000 |
| 4-dr 6-pass Twn Sdn | 500 | 1350 | 2300 | 4600 | 8000 | 11300 |
| 7-pass Sdn (138" wb) | 550 | 1400 | 2400 | 4800 | 8300 | 11800 |
| 7-pass Limo (138" wb) | 550 | 1500 | 2500 | 5100 | 8800 | 12500 |

### 1942
**DeLuxe, 6-cyl., 105 hp, 119.5" wb**

| | 6 | 5 | 4 | 3 | 2 | 1 |
|---|---|---|---|---|---|---|
| 2-pass Cpe | 550 | 1500 | 2500 | 5000 | 8700 | 12300 |
| 6-pass Club Cpe | 550 | 1500 | 2500 | 5100 | 8800 | 12500 |
| 2-dr 5-pass Sdn | 450 | 1250 | 2150 | 4300 | 7400 | 10700 |
| 4-dr 5-pass Sdn | 450 | 1250 | 2150 | 4300 | 7400 | 10700 |

**Custom, 6-cyl., 119.5" wb**

| | 6 | 5 | 4 | 3 | 2 | 1 |
|---|---|---|---|---|---|---|
| 5-pass Conv | 1150 | 3600 | 6000 | 12100 | 21300 | 30200 |
| 6-pass Club Cpe | 600 | 1600 | 2750 | 5500 | 9500 | 13800 |
| 6-pass Brghm | 550 | 1450 | 2450 | 4900 | 8500 | 12000 |
| 4-dr 5-pass Sdn | 550 | 1400 | 2400 | 4800 | 8300 | 11800 |
| 4-dr 5-pass Twn Sdn | 550 | 1450 | 2450 | 4900 | 8500 | 12000 |
| 7-pass Sdn (138" wb) | 550 | 1500 | 2500 | 5000 | 8700 | 12300 |
| 7-pass Limo (138" wb) | 600 | 1600 | 2750 | 5500 | 9500 | 13800 |

### 1946
**DeLuxe, 6-cyl., 102 hp, 119.5" wb**

| | 6 | 5 | 4 | 3 | 2 | 1 |
|---|---|---|---|---|---|---|
| 3-pass Cpe | 500 | 1300 | 2250 | 4500 | 7700 | 11000 |
| 2-dr 6-pass Sdn | 450 | 1250 | 2050 | 4100 | 7100 | 10300 |
| 4-dr 6-pass Sdn | 400 | 1200 | 2000 | 4000 | 6900 | 10000 |

**Custom, 6-cyl., 102 hp, 119.5" wb**

| | 6 | 5 | 4 | 3 | 2 | 1 |
|---|---|---|---|---|---|---|
| 5-pass Conv | 1000 | 3250 | 5450 | 10900 | 19100 | 27200 |
| 6-pass Club Cpe | 500 | 1300 | 2250 | 4500 | 7700 | 11000 |
| 4-dr 6-pass Sdn | 450 | 1250 | 2050 | 4100 | 7100 | 10300 |
| 4-dr 5-pass Twn Sdn | 450 | 1250 | 2150 | 4300 | 7400 | 10700 |
| 7-pass Sdn (138" wb) | 450 | 1250 | 2100 | 4200 | 7200 | 10500 |

### 1947
**DeLuxe, 6-cyl., 102 hp, 119.5" wb**

| | 6 | 5 | 4 | 3 | 2 | 1 |
|---|---|---|---|---|---|---|
| 3-pass Cpe | 500 | 1300 | 2250 | 4500 | 7700 | 11000 |
| 2-dr 6-pass Sdn | 450 | 1250 | 2050 | 4100 | 7100 | 10300 |
| 4-dr 6-pass Sdn | 400 | 1200 | 2000 | 4000 | 6900 | 10000 |

**Custom, 6-cyl., 102 hp, 119.5" wb**

| | 6 | 5 | 4 | 3 | 2 | 1 |
|---|---|---|---|---|---|---|
| 5-pass Conv | 1000 | 3250 | 5450 | 10900 | 19100 | 27200 |
| 6-pass Club Cpe | 500 | 1300 | 2250 | 4500 | 7700 | 11000 |
| 4-dr 6-pass Sdn | 450 | 1250 | 2050 | 4100 | 7100 | 10300 |
| 4-dr 5-pass Twn Sdn | 450 | 1250 | 2150 | 4300 | 7400 | 10700 |
| 7-pass Sdn (138" wb) | 450 | 1250 | 2100 | 4200 | 7200 | 10500 |

### 1948
**DeLuxe, 6-cyl., 102 hp, 119.5" wb**

| | 6 | 5 | 4 | 3 | 2 | 1 |
|---|---|---|---|---|---|---|
| 3-pass Cpe | 500 | 1300 | 2250 | 4500 | 7700 | 11000 |
| 2-dr 6-pass Sdn | 450 | 1250 | 2050 | 4100 | 7100 | 10300 |
| 4-dr 6-pass Sdn | 400 | 1200 | 2000 | 4000 | 6900 | 10000 |

**Custom, 6-cyl., 102 hp, 119.5" wb**

| | 6 | 5 | 4 | 3 | 2 | 1 |
|---|---|---|---|---|---|---|
| 5-pass Conv | 1000 | 3250 | 5450 | 10900 | 19100 | 27200 |
| 6-pass Club Cpe | 500 | 1300 | 2250 | 4500 | 7700 | 11000 |

| | 6 | 5 | 4 | 3 | 2 | 1 |
|---|---|---|---|---|---|---|
| 4-dr 6-pass Sdn | 450 | 1250 | 2050 | 4100 | 7100 | 10300 |
| 4-dr 5-pass Twn Sdn | 450 | 1250 | 2150 | 4300 | 7400 | 10700 |
| 7-pass Sdn (138" wb) | 450 | 1250 | 2100 | 4200 | 7200 | 10500 |

### 1949
**DeLuxe, 6-cyl., 102 hp, 119.5" wb**

| | 6 | 5 | 4 | 3 | 2 | 1 |
|---|---|---|---|---|---|---|
| 3-pass Cpe | 500 | 1300 | 2250 | 4500 | 7700 | 11000 |
| 2-dr 6-pass Sdn | 450 | 1250 | 2050 | 4100 | 7100 | 10300 |
| 4-dr 6-pass Sdn | 400 | 1200 | 2000 | 4000 | 6900 | 10000 |

**Custom, 6-cyl., 102 hp, 119.5" wb**

| | 6 | 5 | 4 | 3 | 2 | 1 |
|---|---|---|---|---|---|---|
| 5-pass Conv | 1000 | 3250 | 5450 | 10900 | 19100 | 27200 |
| 6-pass Club Cpe | 500 | 1300 | 2250 | 4500 | 7700 | 11000 |
| 4-dr 6-pass Sdn | 450 | 1250 | 2050 | 4100 | 7100 | 10300 |
| 4-dr 5-pass Twn Sdn | 450 | 1250 | 2150 | 4300 | 7400 | 10700 |
| 7-pass Sdn (138" wb) | 450 | 1250 | 2100 | 4200 | 7200 | 10500 |

**Wayfarer, 6-cyl., 103 hp, 115" wb**

| | 6 | 5 | 4 | 3 | 2 | 1 |
|---|---|---|---|---|---|---|
| 3-pass Rdstr | 1000 | 3150 | 5300 | 10600 | 18700 | 26500 |
| 3-pass Bus Cpe | 450 | 1250 | 2150 | 4300 | 7400 | 10700 |
| 2-dr 6-pass Sdn | 400 | 1200 | 1950 | 3900 | 6800 | 9900 |

**Meadowbrook, 6-cyl.,103 hp, 123.5" wb**

| | 6 | 5 | 4 | 3 | 2 | 1 |
|---|---|---|---|---|---|---|
| 4-dr 6-pass Sdn | 400 | 1200 | 1950 | 3900 | 6800 | 9900 |

**Coronet, 6-cyl., 103 hp, 123.5" wb**

| | 6 | 5 | 4 | 3 | 2 | 1 |
|---|---|---|---|---|---|---|
| 6-pass Conv | 1000 | 3100 | 5250 | 10500 | 18600 | 26200 |
| 6-pass Club Cpe | 450 | 1250 | 2150 | 4300 | 7400 | 10700 |
| 4-dr 6-pass Sdn | 400 | 1200 | 2000 | 4000 | 6900 | 10000 |
| 4-dr 6-pass Twn Sdn | 450 | 1250 | 2150 | 4300 | 7400 | 10700 |
| Sta Wgn | 850 | 2650 | 4450 | 8900 | 15700 | 22300 |
| 8-pass Sdn (138" wb) | 500 | 1300 | 2250 | 4500 | 7700 | 11000 |

### 1950
**Wayfarer, 6-cyl., 103 hp, 115" wb**

| | 6 | 5 | 4 | 3 | 2 | 1 |
|---|---|---|---|---|---|---|
| 3-pass Rdstr | 1000 | 3150 | 5300 | 10600 | 18700 | 26500 |
| 3-pass Cpe | 450 | 1250 | 2150 | 4300 | 7400 | 10700 |
| 2-dr 6-pass Sdn | 400 | 1200 | 2000 | 4000 | 6900 | 10000 |

**Meadowbrook, 6-cyl., 103 hp, 123.5" wb**

| | 6 | 5 | 4 | 3 | 2 | 1 |
|---|---|---|---|---|---|---|
| 4-dr 6-pass Sdn | 400 | 1200 | 1950 | 3900 | 6800 | 9900 |

**Coronet, 123.5" wb**

| | 6 | 5 | 4 | 3 | 2 | 1 |
|---|---|---|---|---|---|---|
| 6-pass Conv | 1050 | 3300 | 5500 | 11100 | 19500 | 27700 |
| 6-pass Club Cpe | 450 | 1250 | 2150 | 4300 | 7400 | 10700 |
| 2-dr 6-pass Diplomat Cpe | 650 | 1700 | 3000 | 5900 | 10200 | 14700 |
| 4-dr 6-pass Sdn | 400 | 1200 | 2000 | 4000 | 6900 | 10000 |
| 4-dr 6-pass Twn Sdn | 450 | 1250 | 2100 | 4200 | 7200 | 10500 |
| 4-dr Sta Wgn (Wood) | 950 | 2950 | 4950 | 9900 | 17500 | 24700 |
| 4-dr Sta Wgn (Metal) | 500 | 1500 | 2500 | 5100 | 8800 | 12500 |
| 8-pass Sdn (138" wb) | 500 | 1300 | 2250 | 4500 | 7700 | 11000 |

### 1951
**Wayfarer, 6-cyl., 103 hp, 115" wb**

| | 6 | 5 | 4 | 3 | 2 | 1 |
|---|---|---|---|---|---|---|
| 3-pass Rdstr | 950 | 3050 | 5150 | 10300 | 18200 | 25700 |
| 2-dr 6-pass Sdn | 400 | 1100 | 1800 | 3500 | 6100 | 8900 |
| 3-pass Cpe | 400 | 1200 | 1950 | 3900 | 6800 | 9900 |

**Meadowbrook, 6-cyl., 103 hp, 123.5" wb**

| | 6 | 5 | 4 | 3 | 2 | 1 |
|---|---|---|---|---|---|---|
| 4-dr 6-pass Sdn | 400 | 1150 | 1850 | 3700 | 6400 | 9300 |

**Coronet, 6-cyl., 103 hp, 123.5" wb**

| | 6 | 5 | 4 | 3 | 2 | 1 |
|---|---|---|---|---|---|---|
| 4-dr 6-pass Sdn | 400 | 1200 | 1900 | 3800 | 6600 | 9600 |
| 2-dr 6-pass Club Cpe | 450 | 1250 | 2050 | 4100 | 7100 | 10300 |
| 2-dr 6-pass Diplomat Cpe | 700 | 1900 | 3350 | 6700 | 11500 | 16500 |
| 6-pass Conv | 1000 | 3250 | 5450 | 10900 | 19100 | 27200 |
| 6-pass Sierra Sta Wgn | 500 | 1500 | 2500 | 5100 | 8800 | 12500 |
| 4-dr 8-pass Sdn (138" wb) | 400 | 1200 | 1950 | 3900 | 6800 | 9900 |

|  | 6 | 5 | 4 | 3 | 2 | 1 |
|---|---|---|---|---|---|---|
| **1952** | | | | | | |
| **Wayfarer, 6-cyl., 103 hp, 115" wb** | | | | | | |
| 2-dr 6-pass Sdn | 400 | 1100 | 1800 | 3500 | 6100 | 8900 |
| 3-pass Cpe | 400 | 1200 | 1950 | 3900 | 6800 | 9900 |
| **Meadowbrook, 6-cyl., 103 hp, 123.5" wb** | | | | | | |
| 4-dr 6-pass Sdn | 400 | 1150 | 1850 | 3700 | 6400 | 9300 |
| **Coronet, 6-cyl., 103 hp, 123.5" wb** | | | | | | |
| 4-dr 6-pass Sdn | 400 | 1200 | 1900 | 3800 | 6600 | 9600 |
| 2-dr 6-pass Club Cpe | 450 | 1250 | 2050 | 4100 | 7100 | 10300 |
| 2-dr 6-pass Diplomat Cpe | 700 | 1900 | 3350 | 6700 | 11500 | 16500 |
| 6-pass Conv | 1000 | 3250 | 5450 | 10900 | 19100 | 27200 |
| 6-pass Sierra Sta Wgn | 500 | 1500 | 2500 | 5100 | 8800 | 12500 |
| 4-dr 8-pass Sdn (138" wb) | 400 | 1200 | 1950 | 3900 | 6800 | 9900 |
| **1953** | | | | | | |
| **Meadowbrook, 6-cyl., 103 hp, 119" wb** | | | | | | |
| 2-dr Spl Club Cpe | 450 | 1250 | 2050 | 4100 | 7100 | 10300 |
| 4-dr Spl Sdn | 400 | 1200 | 2000 | 4000 | 6900 | 10000 |
| 4-dr Sdn | 450 | 1250 | 2050 | 4100 | 7100 | 10300 |
| 2-dr Club Cpe | 450 | 1250 | 2100 | 4200 | 7200 | 10500 |
| 6-pass Sub Sta Wgn | 450 | 1250 | 2050 | 4100 | 7100 | 10300 |
| **Coronet, 6-cyl., 103 hp, 119" wb** | | | | | | |
| 4-dr Sdn | 450 | 1250 | 2100 | 4200 | 7200 | 10500 |
| 2-dr Club Cpe | 450 | 1250 | 2200 | 4400 | 7600 | 10900 |
| **Coronet, 8-cyl., 140 hp, 119" wb** | | | | | | |
| 4-dr Sdn | 450 | 1250 | 2200 | 4400 | 7600 | 10900 |
| 2-dr Club Cpe | 500 | 1350 | 2300 | 4600 | 8000 | 11300 |
| **Coronet, 8-cyl., 140 hp, 114" wb** | | | | | | |
| 2-dr Hdtp Diplomat | 650 | 1750 | 3150 | 6300 | 10900 | 15700 |
| 2-dr Conv | 1050 | 3300 | 5500 | 11100 | 19500 | 27700 |
| 6-pass Sierra Sta Wgn | 500 | 1350 | 2350 | 4700 | 8100 | 11500 |
| **1954** | | | | | | |
| **Meadowbrook, 6-cyl./8-cyl., 119" wb** | | | | | | |
| 4-dr Sdn | 450 | 1250 | 2100 | 4200 | 7200 | 10500 |
| 2-dr Club Cpe | 450 | 1250 | 2150 | 4300 | 7400 | 10700 |
| **Coronet, 6-cyl./8-cyl., 114" wb** | | | | | | |
| 4-dr Sdn | 450 | 1250 | 2150 | 4300 | 7400 | 10700 |
| 2-dr Club Cpe | 450 | 1250 | 2200 | 4400 | 7600 | 10900 |
| **Coronet, 6-cyl./8-cyl., 119" wb** | | | | | | |
| 2-dr Sub Sta Wgn (114" wb) | 500 | 1300 | 2250 | 4500 | 7700 | 11000 |
| 4-dr 6-pass Sierra Sta Wgn | 550 | 1550 | 2600 | 5200 | 9000 | 12800 |
| 4-dr 9-pass Sierra Sta Wgn | 600 | 1600 | 2700 | 5400 | 9300 | 13500 |
| **Coronet, 8-cyl., 114" wb** | | | | | | |
| 2-dr Hdtp Cpe | 650 | 1800 | 3250 | 6500 | 11200 | 16100 |
| 2-dr 6-pass Conv | 1050 | 3400 | 5650 | 11300 | 19900 | 28200 |
| **Royal, 8-cyl., 119" wb** | | | | | | |
| 4-dr Sdn | 500 | 1500 | 2500 | 5100 | 8800 | 12500 |
| 2-dr Club Cpe | 550 | 1550 | 2600 | 5200 | 9000 | 12800 |
| **Royal, 8-cyl., 114" wb** | | | | | | |
| 2-dr Hdtp | 700 | 1900 | 3350 | 6700 | 11500 | 16500 |
| 2-dr Conv | 1000 | 3250 | 5450 | 10900 | 19100 | 27200 |
| **1955** | | | | | | |
| **Coronet, 8-cyl., 120" wb** | | | | | | |
| 4-dr Sdn | 450 | 1250 | 2050 | 4100 | 7100 | 10300 |
| 2-dr Sdn | 450 | 1250 | 2100 | 4200 | 7200 | 10500 |
| 2-dr Lancer Hdtp | 750 | 2100 | 3550 | 7100 | 12300 | 17700 |
| 2-dr Sub Sta Wgn | 500 | 1350 | 2300 | 4600 | 8000 | 11300 |
| 4-dr 6-pass Sierra Sta Wgn | 550 | 1450 | 2450 | 4900 | 8500 | 12000 |
| 4-dr 8-pass Sierra Sta Wgn | 500 | 1500 | 2500 | 5100 | 8800 | 12500 |

| | 6 | 5 | 4 | 3 | 2 | 1 |
|---|---|---|---|---|---|---|
| **Royal, 8-cyl., 120" wb** | | | | | | |
| 4-dr Sdn | 450 | 1250 | 2100 | 4200 | 7200 | 10500 |
| 2-dr Hdtp Lancer | 750 | 2300 | 3850 | 7700 | 13300 | 19200 |
| 6-pass Sierra Sta Wgn | 550 | 1500 | 2500 | 5100 | 8800 | 12500 |
| 8-pass Sierra Sta Wgn | 550 | 1550 | 2650 | 5300 | 9100 | 13000 |
| **Custom Royal, 8-cyl., 120" wb** | | | | | | |
| 4-dr Sdn | 500 | 1300 | 2250 | 4500 | 7700 | 11000 |
| 4-dr Lancer Sdn | 600 | 1650 | 2900 | 5800 | 10000 | 14500 |
| 2-dr Hdtp Lancer | 800 | 2450 | 4150 | 8300 | 14600 | 20700 |
| 6-pass Conv Lancer | 1100 | 3500 | 5850 | 11700 | 20600 | 29100 |

*6-cyl. deduct 10%*      *La-Femme add 10%*

### 1956

| | 6 | 5 | 4 | 3 | 2 | 1 |
|---|---|---|---|---|---|---|
| **Coronet, 8-cyl., 120" wb** | | | | | | |
| 4-dr Sdn | 450 | 1250 | 2100 | 4200 | 7200 | 10500 |
| 4-dr Hdtp Lancer | 500 | 1350 | 2300 | 4600 | 8000 | 11300 |
| 2-dr Club Sdn | 450 | 1250 | 2200 | 4400 | 7600 | 10900 |
| 2-dr Hdtp Lancer | 750 | 2100 | 3550 | 7100 | 12300 | 17700 |
| 2-dr Conv | 1150 | 3600 | 5950 | 11900 | 21000 | 29700 |
| 2-dr Sub Sta Wgn | 550 | 1400 | 2400 | 4800 | 8300 | 11800 |
| 4-dr 6-pass Sierra Sta Wgn | 550 | 1450 | 2450 | 4900 | 8500 | 12000 |
| 4-dr 8-pass Sierra Sta Wgn | 550 | 1500 | 2500 | 5100 | 8800 | 12500 |
| **Royal, 8-cyl., 120" wb** | | | | | | |
| 4-dr Sdn | 500 | 1300 | 2250 | 4500 | 7700 | 11000 |
| 4-dr Hdtp Lancer | 550 | 1450 | 2450 | 4900 | 8500 | 12000 |
| 2-dr Hdtp Lancer | 800 | 2400 | 4050 | 8100 | 14200 | 20200 |
| 2-dr Sub Custom | 550 | 1450 | 2450 | 4900 | 8500 | 12000 |
| 4-dr 6-pass Custom Sierra Sta Wgn | 550 | 1500 | 2500 | 5000 | 8700 | 12300 |
| 4-dr 8-pass Custom Sierra Sta Wgn | 550 | 1550 | 2600 | 5200 | 9000 | 12800 |
| **Custom, 8-cyl., 120" wb** | | | | | | |
| 4-dr Sdn | 500 | 1350 | 2300 | 4600 | 8000 | 11300 |
| 4-dr Hdtp Lancer | 650 | 1700 | 3000 | 5900 | 10200 | 14700 |
| 2-dr Hdtp Lancer | 850 | 2650 | 4450 | 8900 | 15700 | 22300 |
| 2-dr Conv | 1350 | 4150 | 6950 | 13900 | 24500 | 34700 |

*D500 add 30%*      *Golden Lancer add 10%*
*La-Femme or Texan add 10%*      *6-cyl. deduct 10%*

### 1957

| | 6 | 5 | 4 | 3 | 2 | 1 |
|---|---|---|---|---|---|---|
| **Coronet, 8-cyl., 122" wb** | | | | | | |
| 4-dr Sdn | 450 | 1250 | 2050 | 4100 | 7100 | 10300 |
| 4-dr Hdtp Lancer | 450 | 1250 | 2200 | 4400 | 7600 | 10900 |
| 2-dr Club Sdn | 450 | 1250 | 2150 | 4300 | 7400 | 10700 |
| 2-dr Hdtp Lancer | 750 | 2250 | 3750 | 7500 | 13000 | 18700 |
| 2-dr Conv | 1150 | 3650 | 6150 | 12300 | 21700 | 30700 |
| **Royal, 8-cyl., 122" wb** | | | | | | |
| 4-dr Sdn | 450 | 1250 | 2100 | 4200 | 7200 | 10500 |
| 4-dr Hdtp Lancer | 500 | 1350 | 2350 | 4700 | 8100 | 11500 |
| 2-dr Hdtp Lancer | 950 | 3050 | 5100 | 10200 | 18000 | 25400 |
| **Custom Royal, 8-cyl., 122" wb** | | | | | | |
| 4-dr Sdn | 450 | 1250 | 2150 | 4300 | 7400 | 10700 |
| 4-dr Hdtp Lancer | 550 | 1450 | 2450 | 4900 | 8500 | 12000 |
| 2-dr Hdtp Lancer | 1000 | 3100 | 5250 | 10500 | 18600 | 26200 |
| 2-dr Conv | 1600 | 4750 | 7950 | 15900 | 28000 | 39700 |
| **Station Wagon, 8-cyl., 122" wb** | | | | | | |
| 2-dr 6-pass Sub | 450 | 1250 | 2200 | 4400 | 7600 | 10900 |
| 4-dr 6-pass Sierra | 500 | 1350 | 2300 | 4600 | 8000 | 11300 |
| 4-dr 9-pass Sierra | 550 | 1400 | 2400 | 4800 | 8300 | 11800 |
| 4-dr 6-pass Custom Sierra | 550 | 1400 | 2400 | 4800 | 8300 | 11800 |
| 4-dr 9-pass Custom Sierra | 550 | 1500 | 2500 | 5000 | 8700 | 12300 |

*D500 add 30%*      *6-cyl. deduct 10%*

|  | 6 | 5 | 4 | 3 | 2 | 1 |
|---|---|---|---|---|---|---|

**1958**

**Coronet, 8-cyl., 122" wb**

| | 6 | 5 | 4 | 3 | 2 | 1 |
|---|---|---|---|---|---|---|
| 4-dr Sdn | 400 | 1050 | 1700 | 3400 | 5900 | 8500 |
| 4-dr Hdtp Lancer | 400 | 1200 | 2000 | 4000 | 6900 | 10000 |
| 2-dr Sdn | 400 | 1100 | 1800 | 3500 | 6100 | 8900 |
| 2-dr Hdtp Lancer | 700 | 2000 | 3450 | 6900 | 11900 | 17200 |
| 2-dr Conv | 1150 | 3600 | 6000 | 12100 | 21300 | 30200 |

**Royal, 8-cyl., 122" wb**

| | 6 | 5 | 4 | 3 | 2 | 1 |
|---|---|---|---|---|---|---|
| 4-dr Sdn | 400 | 1100 | 800 | 3500 | 6100 | 8900 |
| 4-dr Hdtp Lancer | 450 | 1250 | 2050 | 4100 | 7100 | 10300 |
| 2-dr Hdtp Lancer | 800 | 2350 | 3950 | 7900 | 13700 | 19700 |

**Custom Royal, 8-cyl., 122" wb**

| | 6 | 5 | 4 | 3 | 2 | 1 |
|---|---|---|---|---|---|---|
| 4-dr Sdn | 400 | 1150 | 1850 | 3700 | 6400 | 9300 |
| 4-dr Hdtp Lancer | 450 | 1250 | 2150 | 4300 | 7400 | 10700 |
| 2-dr Hdtp Lancer | 800 | 2500 | 4250 | 8500 | 15000 | 21200 |
| 2-dr Conv | 1400 | 4300 | 7150 | 14300 | 25200 | 35700 |

**Station Wagon, 8-cyl., 122" wb**

| | 6 | 5 | 4 | 3 | 2 | 1 |
|---|---|---|---|---|---|---|
| 2-dr Sub | 400 | 1200 | 1900 | 3800 | 6600 | 9600 |
| 4-dr 6-pass Sierra | 400 | 1200 | 2000 | 4000 | 6900 | 10000 |
| 4-dr 9-pass Sierra | 450 | 1250 | 2100 | 4200 | 7200 | 10500 |
| 4-dr 6-pass Custom Sierra | 450 | 1250 | 2150 | 4300 | 7400 | 10700 |
| 4-dr 9-pass Custom Sierra | 500 | 1300 | 2250 | 4500 | 7700 | 11000 |

*D500 add 30%     6-cyl. deduct 10%     Regal Lancer add 20%*

**1959**

**Coronet, 8-Cyl., 122" wb**

| | 6 | 5 | 4 | 3 | 2 | 1 |
|---|---|---|---|---|---|---|
| 4-dr Sdn | 350 | 1000 | 1600 | 3200 | 5700 | 8100 |
| 4-dr Hdtp Lancer | 400 | 1150 | 1850 | 3700 | 6400 | 9300 |
| 2-dr Sdn Club | 400 | 1050 | 1700 | 3400 | 5900 | 8500 |
| 2-dr Hdtp Lancer | 650 | 1800 | 3250 | 6500 | 11200 | 16100 |
| 2-dr Conv | 1100 | 3500 | 5850 | 11700 | 20600 | 29100 |

**Royal, 8-cyl., 122" wb**

| | 6 | 5 | 4 | 3 | 2 | 1 |
|---|---|---|---|---|---|---|
| 4-dr Sdn | 400 | 1050 | 1700 | 3300 | 5800 | 8300 |
| 4-dr Hdtp Lancer | 400 | 1150 | 1850 | 3700 | 6400 | 9300 |
| 2-dr Hdtp Lancer | 700 | 2000 | 3450 | 6900 | 11900 | 17200 |

**Custom Royal, 8-cyl., 122" wb**

| | 6 | 5 | 4 | 3 | 2 | 1 |
|---|---|---|---|---|---|---|
| 4-dr Sdn | 400 | 1050 | 1700 | 3400 | 5900 | 8500 |
| 4-dr Hdtp Lancer | 400 | 1200 | 1900 | 3800 | 6600 | 9600 |
| 2-dr Hdtp Lancer | 800 | 2350 | 3950 | 7900 | 13700 | 19700 |
| 2-dr Conv Lancer | 1450 | 4450 | 7450 | 14900 | 26200 | 37200 |

**Sierra, 8-cyl., 122" wb**

| | 6 | 5 | 4 | 3 | 2 | 1 |
|---|---|---|---|---|---|---|
| 4-dr 6-pass Sta Wgn | 450 | 1250 | 2050 | 4100 | 7100 | 10300 |
| 4-dr 9-pass Sta Wgn | 450 | 1250 | 2150 | 4300 | 7400 | 10700 |
| 4-dr 6-pass Custom Wgn | 450 | 1250 | 2200 | 4400 | 7600 | 10900 |
| 4-dr 9-pass Custom Wgn | 500 | 1350 | 2300 | 4600 | 8000 | 11300 |

*D500 add 30%     Super D500 add 30%     6-cyl. deduct 10%*

**1960**

**Dart Series**

**Seneca, 8-cyl., 118" wb**

| | 6 | 5 | 4 | 3 | 2 | 1 |
|---|---|---|---|---|---|---|
| 4-dr Sdn | 350 | 850 | 1400 | 2800 | 4900 | 7100 |
| 2-dr Sdn | 350 | 900 | 1500 | 2900 | 5200 | 7400 |
| Sta Wgn | 400 | 1050 | 1700 | 3300 | 5800 | 8300 |

**Pioneer, 8-cyl., 118" wb**

| | 6 | 5 | 4 | 3 | 2 | 1 |
|---|---|---|---|---|---|---|
| 4-dr Sdn | 350 | 900 | 1500 | 2900 | 5200 | 7400 |
| 2-dr Sdn | 350 | 950 | 1550 | 3100 | 5500 | 7900 |
| 2-dr Hdtp | 500 | 1350 | 2300 | 4600 | 8000 | 11300 |
| 4-dr 9-pass Sta Wgn | 400 | 1100 | 1800 | 3600 | 6200 | 9100 |
| 4-dr 6-pass Sta Wgn | 400 | 1050 | 1700 | 3400 | 5900 | 8500 |

**Phoenix, 8-cyl., 118" wb**

| | 6 | 5 | 4 | 3 | 2 | 1 |
|---|---|---|---|---|---|---|
| 4-dr Sdn | 350 | 950 | 1550 | 3100 | 5500 | 7900 |
| 4-dr Hdtp | 450 | 1250 | 2150 | 4300 | 7400 | 10700 |

'52 Dodge Coronet

'54 Dodge Royal

'59 Dodge

'60 Dodge Dart Phoenix

'60 Dodge

'61 Dodge lancer

'62 Dodge Polara

'63 Dodge Custom 880

'64 Dodge Dart

'64 Dodge

'65 Dodge Polara

'65 Dodge Coronet

|  | 6 | 5 | 4 | 3 | 2 | 1 |
|---|---|---|---|---|---|---|
| 2-dr Hdtp | 650 | 1700 | 3000 | 6100 | 10600 | 15200 |
| 2-dr Conv | 800 | 2400 | 4050 | 8100 | 14200 | 20200 |
| **Dodge Series** | | | | | | |
| **Matador, 8-cyl., 122" wb** | | | | | | |
| 4-dr Sdn | 350 | 950 | 1550 | 3100 | 5500 | 7900 |
| 4-dr Hdtp | 500 | 1300 | 2250 | 4500 | 7700 | 11000 |
| 2-dr Hdtp | 650 | 1700 | 3000 | 5900 | 10200 | 14700 |
| 4-dr 9-pass Sta Wgn | 400 | 1200 | 1900 | 3800 | 6600 | 9600 |
| 4-dr 6-pass Sta Wgn | 400 | 1100 | 1800 | 3600 | 6200 | 9100 |
| **Polara, 8-cyl., 122" wb** | | | | | | |
| 4-dr Sdn | 400 | 1050 | 1700 | 3300 | 5800 | 8300 |
| 4-dr Hdtp | 500 | 1350 | 2300 | 4600 | 8000 | 11300 |
| 2-dr Hdtp | 650 | 1750 | 3150 | 6300 | 10900 | 15700 |
| Conv | 850 | 2650 | 4450 | 8900 | 15700 | 22300 |
| 4-dr 9-pass Sta Wgn | 450 | 1250 | 2100 | 4200 | 7200 | 10500 |
| 4-dr 6-pass Sta Wgn | 400 | 1200 | 2000 | 4000 | 6900 | 10000 |
| | | | *6-cyl. deduct 10%* | | *D500 add 30%* | |
| **1961** | | | | | | |
| **Lancer 170, 6-cyl., 106.5" wb** | | | | | | |
| 4-dr Sdn | 300 | 800 | 1350 | 2700 | 4700 | 6900 |
| 2-dr Sdn | 350 | 900 | 1500 | 2900 | 5200 | 7400 |
| 4-dr Sta Wgn | 350 | 850 | 1400 | 2800 | 4900 | 7100 |
| **Lancer 770, 6-cyl., 106.5" wb** | | | | | | |
| 4-dr Sdn | 350 | 850 | 1400 | 2800 | 4900 | 7100 |
| 2-dr Hdtp Cpe | 350 | 1000 | 1600 | 3200 | 5700 | 8100 |
| 4-dr Sta Wgn | 350 | 900 | 1500 | 2900 | 5200 | 7400 |
| 2-dr Spt Cpe | 350 | 900 | 1500 | 3000 | 5300 | 7600 |
| **Dart Series** | | | | | | |
| **Seneca, 8-cyl., 118" wb** | | | | | | |
| 4-dr Sdn | 300 | 800 | 1350 | 2700 | 4700 | 6900 |
| 2-dr Sdn | 350 | 900 | 1500 | 2900 | 5200 | 7400 |
| Sta Wgn | 350 | 950 | 1550 | 3100 | 5500 | 7900 |
| **Pioneer, 8-cyl., 118" wb** | | | | | | |
| 4-dr Sdn | 350 | 850 | 1400 | 2800 | 4900 | 7100 |
| 2-dr Sdn | 350 | 900 | 1500 | 3000 | 5300 | 7600 |
| 2-dr Hdtp | 450 | 1250 | 2050 | 4100 | 7100 | 10300 |
| 9-pass Sta Wgn | 400 | 1050 | 1700 | 3400 | 5900 | 8500 |
| 6-pass Sta Wgn | 350 | 1000 | 1600 | 3200 | 5700 | 8100 |
| **Phoenix, 8-cyl., 118" wb** | | | | | | |
| 4-dr Sdn | 350 | 900 | 1500 | 2900 | 5200 | 7400 |
| 4-dr Hdtp | 400 | 1100 | 800 | 3500 | 6100 | 8900 |
| 2-dr Hdtp | 550 | 1500 | 2500 | 5100 | 8800 | 12500 |
| 2-dr Conv | 800 | 2400 | 4050 | 8100 | 14200 | 20200 |
| **Polara, 8-cyl., 122" wb** | | | | | | |
| 4-dr Sdn | 350 | 900 | 1500 | 2900 | 5200 | 7400 |
| 4-dr Hdtp | 400 | 1100 | 800 | 3500 | 6100 | 8900 |
| 2-dr Hdtp | 550 | 1450 | 2450 | 4900 | 8500 | 12000 |
| 2-dr Conv | 750 | 2250 | 3750 | 7500 | 13000 | 18700 |
| 4-dr 9-pass Sta Wgn | 400 | 1200 | 1950 | 3900 | 6800 | 9900 |
| 4-dr 6-pass Sta Wgn | 400 | 1150 | 1850 | 3700 | 6400 | 9300 |
| | *6-cyl. deduct 10%* | | *D500 add 30%* | | *413 V-8 add 50%* | |
| **1962** | | | | | | |
| **Lancer 170, 6-cyl., 106.5" wb** | | | | | | |
| 4-dr Sdn | 300 | 700 | 1200 | 2400 | 4100 | 5900 |
| 2-dr Sdn | 300 | 750 | 1250 | 2500 | 4400 | 6200 |
| 4-dr Sta Wgn | 300 | 800 | 1300 | 2600 | 4600 | 6600 |
| **Lancer 770, 6-cyl., 106.5" wb** | | | | | | |
| 4-dr Sdn | 300 | 750 | 1250 | 2500 | 4400 | 6200 |
| 2-dr Sdn | 300 | 800 | 1300 | 2600 | 4600 | 6600 |
| 4-dr Sta Wgn | 300 | 800 | 1350 | 2700 | 4700 | 6900 |
| 2-dr GT Cpe | 400 | 1100 | 800 | 3500 | 6100 | 8900 |

| | 6 | 5 | 4 | 3 | 2 | 1 |
|---|---|---|---|---|---|---|

**Dart Series**
**Dart, 8-cyl., 116" wb**

| | 6 | 5 | 4 | 3 | 2 | 1 |
|---|---|---|---|---|---|---|
| 4-dr Sdn | 300 | 750 | 1250 | 2500 | 4400 | 6200 |
| 2-dr Sdn | 300 | 800 | 1300 | 2600 | 4600 | 6600 |
| 4-dr 6-pass Sta Wgn | 300 | 800 | 1350 | 2700 | 4700 | 6900 |
| **Dart 330, 8-cyl., 116" wb** | | | | | | |
| 4-dr Sdn | 300 | 800 | 1300 | 2600 | 4600 | 6600 |
| 2-dr Sdn | 300 | 800 | 1350 | 2700 | 4700 | 6900 |
| 2-dr Hdtp | 350 | 900 | 1500 | 2900 | 5200 | 7400 |
| 4-dr 6-pass Sta Wgn | 350 | 850 | 1400 | 2800 | 4900 | 7100 |
| 4-dr 9-pass Sta Wgn | 350 | 900 | 1500 | 3000 | 5300 | 7600 |
| **Dart 440, 8-cyl., 116" wb** | | | | | | |
| 4-dr Sdn | 300 | 800 | 1350 | 2700 | 4700 | 6900 |
| 4-dr Hdtp | 350 | 900 | 1500 | 2900 | 5200 | 7400 |
| 2-dr Hdtp | 400 | 1200 | 1950 | 3900 | 6800 | 9900 |
| 2-dr Conv | 550 | 1450 | 2450 | 4900 | 8500 | 12000 |
| 4-dr 6-pass Sta Wgn | 350 | 900 | 1500 | 2900 | 5200 | 7400 |
| 4-dr 9-pass Sta Wgn | 350 | 950 | 1550 | 3100 | 5500 | 7900 |
| **Polara 500, 8-cyl., 116" wb** | | | | | | |
| 4-dr Hdtp | 350 | 950 | 1550 | 3100 | 5500 | 7900 |
| 2-dr Hdtp | 550 | 1450 | 2450 | 4900 | 8500 | 12000 |
| 2-dr Conv | 750 | 2300 | 3850 | 7700 | 13300 | 19200 |
| **Custom 880, 8-cyl., 122" wb** | | | | | | |
| 4-dr Sdn | 350 | 900 | 1500 | 2900 | 5200 | 7400 |
| 4-dr Hdtp | 350 | 950 | 1550 | 3100 | 5500 | 7900 |
| 2-dr Hdtp | 450 | 1250 | 2150 | 4300 | 7400 | 10700 |
| Conv | 750 | 2100 | 3550 | 7100 | 12300 | 17700 |
| 4-dr 6-pass Sta Wgn | 400 | 1100 | 1800 | 3500 | 6100 | 8900 |
| 4-dr 9-pass Sta Wgn | 400 | 1150 | 1850 | 3700 | 6400 | 9300 |

*6-cyl. deduct 10%*          *413 V-8 add 50%*
*Daytona 500 Pace Car add 20%*

**1963**
**Dart 170, 6-cyl., 111" wb**

| | 6 | 5 | 4 | 3 | 2 | 1 |
|---|---|---|---|---|---|---|
| 4-dr Sdn | 300 | 650 | 1150 | 2300 | 3900 | 5700 |
| 2-dr Sdn | 300 | 700 | 1200 | 2400 | 4100 | 5900 |
| 4-dr Sta Wgn | 300 | 750 | 1250 | 2500 | 4400 | 6200 |
| **Dart 270, 6-cyl., 111" wb** | | | | | | |
| 4-dr Sdn | 300 | 700 | 1200 | 2400 | 4100 | 5900 |
| 2-dr Sdn | 300 | 750 | 1250 | 2500 | 4400 | 6200 |
| 2-dr Conv | 450 | 1250 | 2150 | 4300 | 7400 | 10700 |
| 4-dr Sta Wgn | 300 | 800 | 1300 | 2600 | 4600 | 6600 |
| **Dart GT, 6-cyl., 111" wb** | | | | | | |
| 2-dr Hdtp | 450 | 1250 | 2050 | 4100 | 7100 | 10300 |
| 2-dr Conv | 550 | 1500 | 2500 | 5100 | 8800 | 12500 |
| **Dodge 330, 8-cyl., 119" wb** | | | | | | |
| 4-dr Sdn | 300 | 750 | 1250 | 2500 | 4400 | 6200 |
| 2-dr Sdn | 300 | 800 | 1350 | 2700 | 4700 | 6900 |
| 4-dr 6-pass Sta Wgn | 350 | 850 | 1400 | 2800 | 4900 | 7100 |
| 4-dr 9-pass Sta Wgn | 350 | 900 | 1500 | 3000 | 5300 | 7600 |
| **Dodge 440, 6-cyl., 119" wb** | | | | | | |
| 4-dr Sdn | 300 | 750 | 1250 | 2500 | 4400 | 6200 |
| 2-dr Sdn | 350 | 850 | 1400 | 2800 | 4900 | 7100 |
| 2-dr Hdtp | 400 | 1050 | 1700 | 3300 | 5800 | 8300 |
| **Dodge 440, 8-cyl., 119" wb** | | | | | | |
| 4-dr Sdn | 300 | 800 | 1300 | 2600 | 4600 | 6600 |
| 2-dr Sdn | 350 | 900 | 1500 | 2900 | 5200 | 7400 |
| 2-dr Hdtp | 400 | 1100 | 1800 | 3500 | 6100 | 8900 |
| 4-dr 6-pass Sta Wgn | 350 | 900 | 1500 | 2900 | 5200 | 7400 |
| 4-dr 9-pass Sta Wgn | 350 | 950 | 1550 | 3100 | 5500 | 7900 |

| | 6 | 5 | 4 | 3 | 2 | 1 |
|---|---|---|---|---|---|---|
| **Custom 880, 8-cyl., 122" wb** | | | | | | |
| 4-dr Sdn | 350 | 850 | 1400 | 2800 | 4900 | 7100 |
| 4-dr Hdtp | 400 | 1050 | 1700 | 3300 | 5800 | 8300 |
| 2-dr Hdtp | 450 | 1250 | 2150 | 4300 | 7400 | 10700 |
| 2-dr Conv | 750 | 2250 | 3750 | 7500 | 13000 | 18700 |
| 4-dr 6-pass Sta Wgn | 400 | 1050 | 1700 | 3300 | 5800 | 8300 |
| 4-dr 9-pass Sta Wgn | 400 | 1100 | 1800 | 3500 | 6100 | 8900 |
| **Polara, 318 CID 8-cyl., 119" wb** | | | | | | |
| 4-dr Sdn | 350 | 850 | 1400 | 2800 | 4900 | 7100 |
| 4-dr Hdtp | 350 | 900 | 1500 | 3000 | 5300 | 7600 |
| 2-dr Hdtp | 400 | 1150 | 1850 | 3700 | 6400 | 9300 |
| 2-dr Conv | 700 | 2000 | 3450 | 6900 | 11900 | 17200 |
| **Polara 500, 383 CID 8-cyl., 122" wb** | | | | | | |
| 2-dr Hdtp | 550 | 1450 | 2450 | 4900 | 8500 | 12000 |
| 2-dr Conv | 800 | 2400 | 4000 | 8000 | 13900 | 19900 |
| **880, 8-cyl., 122" wb** | | | | | | |
| 4-dr Sdn | 300 | 800 | 1350 | 2700 | 4700 | 6900 |
| 4-dr 6-pass Sta Wgn | 400 | 1100 | 1890 | 3600 | 6200 | 9100 |
| 4-dr 9-pass Sta Wgn | 400 | 1200 | 1900 | 3800 | 6600 | 9600 |

*6-cyl. deduct 5%*      *413 V-8 add 30%*
*426 Ram induction add 200%*

## 1964

| | 6 | 5 | 4 | 3 | 2 | 1 |
|---|---|---|---|---|---|---|
| **Dart 170, 6-cyl., 111" wb** | | | | | | |
| 4-dr Sdn | 300 | 650 | 1150 | 2300 | 3900 | 5700 |
| 2-dr Sdn | 300 | 700 | 1200 | 2400 | 4100 | 5900 |
| 4-dr Sta Wgn (106" wb) | 300 | 800 | 1300 | 2600 | 4600 | 6600 |
| **Dart 270, 6-cyl., 111" wb** | | | | | | |
| 4-dr Sdn | 300 | 700 | 1200 | 2400 | 4100 | 5900 |
| 2-dr Sdn | 300 | 750 | 1250 | 2500 | 4400 | 6200 |
| 2-dr Hdtp | 350 | 950 | 1550 | 3100 | 5500 | 7900 |
| 2-dr Conv | 600 | 1600 | 2750 | 5500 | 9500 | 13800 |
| 4-dr Sta Wgn (106" wb) | 300 | 800 | 1350 | 2700 | 4700 | 6900 |
| **Dart GT, 6-cyl., 111" wb** | | | | | | |
| 2-dr Hdtp | 450 | 1250 | 2150 | 4300 | 7400 | 10700 |
| 2-dr Conv | 650 | 1800 | 3250 | 6500 | 11200 | 16100 |
| **Dodge 440, 8-cyl., 119" wb** | | | | | | |
| 4-dr Sdn | 300 | 800 | 1300 | 2600 | 4600 | 6600 |
| 2-dr Sdn | 300 | 800 | 1350 | 2700 | 4700 | 6900 |
| 2-dr Hdtp | 400 | 1100 | 1800 | 3500 | 6100 | 8900 |
| 4-dr 6-pass Sta Wgn | 350 | 900 | 1500 | 2900 | 5200 | 7400 |
| 4-dr 9-pass Sta Wgn | 350 | 950 | 1550 | 3100 | 5500 | 7900 |
| **Dodge 330, 119" wb** | | | | | | |
| 4-dr Sdn | 300 | 750 | 1250 | 2500 | 4400 | 6200 |
| 2-dr Sdn | 300 | 800 | 1300 | 2600 | 4600 | 6600 |
| 4-dr 6-pass Sta Wgn | 300 | 800 | 1350 | 2700 | 4700 | 6900 |
| 4-dr 9-pass Sta Wgn | 350 | 900 | 1500 | 2900 | 5200 | 7400 |
| **Polara, 8-cyl., 119" wb** | | | | | | |
| 4-dr Sdn | 350 | 900 | 1500 | 2900 | 5200 | 7400 |
| 4-dr Hdtp | 350 | 950 | 1550 | 3100 | 5500 | 7900 |
| 2-dr Hdtp | 400 | 1200 | 1950 | 3900 | 6800 | 9900 |
| 2-dr Conv | 700 | 1900 | 3350 | 6700 | 11500 | 16500 |
| **880, 8-cyl., 122" wb** | | | | | | |
| 4-dr Sdn | 300 | 800 | 1350 | 2700 | 4700 | 6900 |
| 4-dr 6-pass Sta Wgn | 350 | 900 | 1500 | 2900 | 5200 | 7400 |
| 4-dr 9-pass Sta Wgn | 350 | 950 | 1550 | 3100 | 5500 | 7900 |
| **Custom 880, 8-cyl., 122" wb** | | | | | | |
| 4-dr Sdn | 350 | 850 | 1400 | 2800 | 4900 | 7100 |
| 4-dr Hdtp | 350 | 900 | 1500 | 3000 | 5300 | 7600 |
| 2-dr Hdtp | 450 | 1250 | 2050 | 4100 | 7100 | 10300 |
| 2-dr Conv | 750 | 2250 | 3750 | 7500 | 13000 | 18700 |

| | 6 | 5 | 4 | 3 | 2 | 1 |
|---|---|---|---|---|---|---|
| 4-dr 6-pass Sta Wgn | 350 | 900 | 1500 | 3000 | 5300 | 7600 |
| 4-dr 9-pass Sta Wgn | 350 | 1000 | 1600 | 3200 | 5700 | 8100 |

*426 V-8 add 50%*  *Polara 500 add 30%*
*6-cyl. deduct 10%*  *426 V-8 Ram induction add 200%*

## 1965

**Dart 170 Series, 8-cyl., 106" wb**

| | | | | | | |
|---|---|---|---|---|---|---|
| 4-dr Sdn | 300 | 650 | 1150 | 2300 | 3900 | 5700 |
| 2-dr Sdn | 300 | 700 | 1200 | 2400 | 4100 | 5900 |
| 4-dr Sta Wgn | 300 | 750 | 1250 | 2500 | 4400 | 6200 |

**Dart 270, 8-cyl., 106" wb**

| | | | | | | |
|---|---|---|---|---|---|---|
| 4-dr Sdn | 300 | 700 | 1200 | 2400 | 4100 | 5900 |
| 2-dr Sdn | 300 | 750 | 1250 | 2500 | 4400 | 6200 |
| 2-dr Hdtp | 400 | 1050 | 1700 | 3300 | 5800 | 8300 |
| 2-dr Conv | 550 | 1500 | 2500 | 5100 | 8800 | 12500 |
| 4-dr Sta Wgn | 300 | 800 | 1300 | 2600 | 4600 | 6600 |

**Dart GT, 8-cyl., 106" wb**

| | | | | | | |
|---|---|---|---|---|---|---|
| 2-dr Hdtp | 550 | 1450 | 2450 | 4900 | 8500 | 12000 |
| 2-dr Conv | 750 | 2250 | 3750 | 7500 | 13000 | 18700 |

**Coronet, 8-cyl., 117" wb**

| | | | | | | |
|---|---|---|---|---|---|---|
| 4-dr Sdn | 300 | 700 | 1200 | 2400 | 4100 | 5900 |
| 2-dr Sdn | 300 | 750 | 1250 | 2500 | 4400 | 6200 |
| 4-dr 6-pass Sta Wgn | 300 | 800 | 1300 | 2600 | 4600 | 6600 |

**Coronet 440, 8-cyl., 117" wb**

| | | | | | | |
|---|---|---|---|---|---|---|
| 4-dr Sdn | 300 | 750 | 1250 | 2500 | 4400 | 6200 |
| 2-dr Hdtp | 400 | 1200 | 1900 | 3800 | 6600 | 9600 |
| 2-dr Conv | 650 | 1750 | 3150 | 6300 | 10900 | 15700 |
| 4-dr 9-pass Sta Wgn | 350 | 900 | 1500 | 2900 | 5200 | 7400 |
| 4-dr 6-pass Sta Wgn | 300 | 800 | 1350 | 2700 | 4700 | 6900 |

**Coronet 500, 8-cyl., 117" wb**

| | | | | | | |
|---|---|---|---|---|---|---|
| 2-dr Hdtp | 550 | 1500 | 2500 | 5100 | 8800 | 12500 |
| 2-dr Conv | 800 | 2500 | 4250 | 8500 | 15000 | 21200 |

**Polara, 8-cyl., 121" wb**

| | | | | | | |
|---|---|---|---|---|---|---|
| 4-dr Sdn | 300 | 800 | 1300 | 2600 | 4600 | 6600 |
| 4-dr Hdtp | 300 | 800 | 1350 | 2700 | 4700 | 6900 |
| 2-dr Hdtp | 400 | 1200 | 1950 | 3900 | 6800 | 9900 |
| 2-dr Conv | 750 | 2100 | 3550 | 7100 | 12300 | 17700 |
| 4-dr 6-pass Sta Wgn | 350 | 900 | 1500 | 3000 | 5300 | 7600 |
| 4-dr 9-pass Sta Wgn | 350 | 1000 | 1600 | 3200 | 5700 | 8100 |

**Custom 880, 8-cyl., 121" wb**

| | | | | | | |
|---|---|---|---|---|---|---|
| 4-dr Sdn | 300 | 800 | 1300 | 2600 | 4600 | 6600 |
| 4-dr Hdtp | 300 | 800 | 1350 | 2700 | 4700 | 6900 |
| 2-dr Hdtp | 550 | 1450 | 2450 | 4900 | 8500 | 12000 |
| 2-dr Conv | 800 | 2500 | 4250 | 8500 | 15000 | 21200 |
| 4-dr 6-pass Sta Wgn | 400 | 1050 | 1700 | 3300 | 5800 | 8300 |
| 4-dr 9-pass Sta Wgn | 400 | 1100 | 1800 | 3500 | 6100 | 8900 |

**Monaco, 8-cyl., 121" wb**

| | | | | | | |
|---|---|---|---|---|---|---|
| 2-dr Hdtp | 450 | 1250 | 2200 | 4400 | 7600 | 10900 |

*413 V-8 add 20%*  *6-cyl. deduct 10%*
*426 V-8 add 50%*  *426 V-8 Ram induction add 200%*

## 1966

**Dart 170, 6-cyl., 111" wb**

| | | | | | | |
|---|---|---|---|---|---|---|
| 4-dr Sdn | 300 | 650 | 1150 | 2300 | 3900 | 5700 |
| 2-dr Sdn | 300 | 700 | 1200 | 2400 | 4100 | 5900 |
| 2-dr Sta Wgn | 300 | 800 | 1300 | 2600 | 4600 | 6600 |

**Dart 270, 8-cyl., 111" wb**

| | | | | | | |
|---|---|---|---|---|---|---|
| 4-dr Sdn | 300 | 700 | 1200 | 2400 | 4100 | 5900 |
| 2-dr Sdn | 300 | 750 | 1250 | 2500 | 4400 | 6200 |
| 2-dr Hdtp | 400 | 1050 | 1700 | 3300 | 5800 | 8300 |
| 2-dr Conv | 600 | 1600 | 2750 | 5500 | 9500 | 13800 |
| 4-dr Sta Wgn | 300 | 800 | 1350 | 2700 | 4700 | 6900 |

'66 Dodge Coronet

'66 Dodge Monaco

'67 Dodge Dart

'67 Dodge Charger

'68 Dodge Monaco

'68 Dodge Coronet

'69 Dodge Charger

'69 Dodge Polara

'70 Dodge Monaco

'70 Dodge Challenger

'71 Dodge Demon

'71 Dodge Charger 500

|  | 6 | 5 | 4 | 3 | 2 | 1 |
|---|---|---|---|---|---|---|
| **Dart GT, 8-cyl., 111" wb** | | | | | | |
| 2-dr Hdtp | 500 | 1350 | 2350 | 4700 | 8100 | 11500 |
| 2-dr Conv | 700 | 1900 | 3350 | 6700 | 11500 | 16500 |
| **Coronet, 8-cyl., 117" wb** | | | | | | |
| 4-dr Sdn | 300 | 650 | 1150 | 2300 | 3900 | 5700 |
| 2-dr Sdn | 300 | 700 | 1200 | 2400 | 4100 | 5900 |
| **Coronet DeLuxe, 8-cyl., 117" wb** | | | | | | |
| 4-dr Sdn | 300 | 700 | 1200 | 2400 | 4100 | 5900 |
| 2-dr Sdn | 300 | 750 | 1250 | 2500 | 4400 | 6200 |
| 6-pass Sta Wgn | 300 | 800 | 1350 | 2700 | 4700 | 6900 |
| **Coronet 440, 8-cyl., 117" wb** | | | | | | |
| 4-dr Sdn | 300 | 700 | 1200 | 2400 | 4100 | 5900 |
| 2-dr Hdtp | 400 | 1150 | 1850 | 3700 | 6400 | 9300 |
| 2-dr Conv | 600 | 1600 | 2750 | 5500 | 9500 | 13800 |
| 4-dr 6-pass Sta Wgn | 300 | 800 | 1350 | 2700 | 4700 | 6900 |
| 4-dr 9-pass Sta Wgn | 350 | 900 | 1500 | 2900 | 5200 | 7400 |
| **Coronet 500, 8-cyl., 117" wb** | | | | | | |
| 4-dr Sdn | 300 | 750 | 1250 | 2500 | 4400 | 6200 |
| 2-dr Hdtp | 550 | 1450 | 2450 | 4900 | 8500 | 12000 |
| 2-dr Conv | 800 | 2350 | 3950 | 7900 | 13700 | 19700 |
| **Polara, 8-cyl., 121" wb** | | | | | | |
| 4-dr Sdn | 300 | 800 | 1300 | 2600 | 4600 | 6600 |
| 4-dr Hdtp | 350 | 850 | 1400 | 2800 | 4900 | 7100 |
| 2-dr Hdtp | 400 | 1200 | 1950 | 3900 | 6800 | 9900 |
| 2-dr Conv | 700 | 2000 | 3450 | 6900 | 11900 | 17200 |
| 4-dr 6-pass Sta Wgn | 350 | 900 | 1500 | 3000 | 5300 | 7600 |
| 4-dr 9-pass Sta Wgn | 350 | 1000 | 1600 | 3200 | 5700 | 8100 |
| **Monaco, 8-cyl., 121" wb** | | | | | | |
| 4-dr Sdn | 300 | 800 | 1300 | 2600 | 4600 | 6600 |
| 4-dr Hdtp | 350 | 900 | 1500 | 3000 | 5300 | 7600 |
| 2-dr Hdtp | 450 | 1250 | 2050 | 4100 | 7100 | 10300 |
| 4-dr 6-pass Sta Wgn | 350 | 1000 | 1600 | 3200 | 5700 | 8100 |
| 4-dr 9-pass Sta Wgn | 400 | 1050 | 1700 | 3400 | 5900 | 8500 |
| **Monaco 500, 8-cyl., 121" wb** | | | | | | |
| 2-dr Hdtp | 500 | 1350 | 2350 | 4700 | 8100 | 11500 |
| **Charger, 8-cyl., 117" wb** | | | | | | |
| 2-dr Hdtp | 750 | 2200 | 3650 | 7300 | 12600 | 18200 |

*440 V-8 add 20%          426 V-8 Hemi add 200%          6-cyl. deduct 10%*

**1967**

|  | 6 | 5 | 4 | 3 | 2 | 1 |
|---|---|---|---|---|---|---|
| **Dart, 6-cyl., 111" wb** | | | | | | |
| 4-dr Sdn | 300 | 650 | 1150 | 2300 | 3900 | 5700 |
| 2-dr Sdn | 300 | 700 | 1200 | 2400 | 4100 | 5900 |
| **Dart 270, 6-cyl., 111" wb** | | | | | | |
| 4-dr Sdn | 300 | 650 | 1150 | 2300 | 3900 | 5700 |
| 2-dr Hdtp | 350 | 950 | 1550 | 3100 | 5500 | 7900 |
| **Dart GT, 8-cyl., 111" wb** | | | | | | |
| 2-dr Hdtp | 500 | 1350 | 2350 | 4700 | 8100 | 11500 |
| 2-dr Conv | 700 | 2000 | 3450 | 6900 | 11900 | 17200 |
| **Coronet Deluxe, 8-cyl., 117" wb** | | | | | | |
| 4-dr Sdn | 300 | 650 | 1150 | 2300 | 3900 | 5700 |
| 2-dr Sdn | 300 | 700 | 1200 | 2400 | 4100 | 5900 |
| 4-dr Sta Wgn | 300 | 800 | 1300 | 2600 | 4600 | 6600 |
| **Coronet 440, 8-cyl., 117" wb** | | | | | | |
| 4-dr Sdn | 300 | 650 | 1150 | 2300 | 3900 | 5700 |
| 2-dr Hdtp | 400 | 1150 | 1850 | 3700 | 6400 | 9300 |
| 2-dr Conv | 650 | 1700 | 3000 | 5900 | 10200 | 14700 |
| 4-dr 6-pass Sta Wgn | 300 | 800 | 1350 | 2700 | 4700 | 6900 |
| 4-dr 9-pass Sta Wgn | 350 | 900 | 1500 | 2900 | 5200 | 7400 |
| **Coronet 500, 8-cyl., 117" wb** | | | | | | |
| 4-dr Sdn | 300 | 700 | 1200 | 2400 | 4100 | 5900 |

| | 6 | 5 | 4 | 3 | 2 | 1 |
|---|---|---|---|---|---|---|
| 2-dr Hdtp | 550 | 1450 | 2450 | 4900 | 8500 | 12000 |
| 2-dr Conv | 800 | 2350 | 3950 | 7900 | 13700 | 19700 |
| **Coronet R/T, 8-cyl., 117" wb** | | | | | | |
| 2-dr Hdtp | 850 | 2650 | 4450 | 8900 | 15700 | 22300 |
| 2-dr Conv | 1000 | 3250 | 5450 | 10900 | 19100 | 27200 |
| **Charger, 8-cyl., 117" wb** | | | | | | |
| 2-dr Hdtp | 750 | 2300 | 3850 | 7700 | 13300 | 19200 |
| **Polara, 8-cyl., 122" wb** | | | | | | |
| 4-dr Sdn | 300 | 750 | 1250 | 2500 | 4400 | 6200 |
| 4-dr Hdtp | 350 | 900 | 1500 | 2900 | 5200 | 7400 |
| 2-dr Hdtp | 450 | 1250 | 2050 | 4100 | 7100 | 10300 |
| 2-dr Conv | 750 | 2100 | 3550 | 7100 | 12300 | 17700 |
| 4-dr 6-pass Sta Wgn | 350 | 900 | 1500 | 2900 | 5200 | 7400 |
| 4-dr 9-pass Sta Wgn | 350 | 950 | 1550 | 3100 | 5500 | 7900 |
| **Polara 500, 8-cyl., 122" wb** | | | | | | |
| 2-dr Hdtp | 550 | 1500 | 2500 | 5100 | 8800 | 12500 |
| 2-dr Conv | 700 | 1900 | 3350 | 6700 | 11500 | 16500 |
| **Monaco, 8-cyl., 122" wb** | | | | | | |
| 4-dr Sdn | 300 | 800 | 1300 | 2600 | 4600 | 6600 |
| 4-dr Hdtp | 350 | 850 | 1400 | 2800 | 4900 | 7100 |
| 2-dr Hdtp | 400 | 1200 | 2000 | 4000 | 6900 | 10000 |
| 4-dr 6-pass Sta Wgn | 350 | 1000 | 1600 | 3200 | 5700 | 8100 |
| 4-dr 9-pass Sta Wgn | 400 | 1050 | 1700 | 3400 | 5900 | 8500 |
| **Monaco 500, 8-cyl., 122" wb** | | | | | | |
| 2-dr Hdtp | 550 | 1450 | 2450 | 4900 | 8500 | 12000 |

*440 Magnum V-8 add 50%*  *6-cyl. deduct 10%*
*426 V-8 Hemi add 200%*

### 1968

| | 6 | 5 | 4 | 3 | 2 | 1 |
|---|---|---|---|---|---|---|
| **Dart, 6-cyl., 111" wb** | | | | | | |
| 4-dr Sdn | 300 | 650 | 1150 | 2300 | 3900 | 5700 |
| 2-dr Sdn | 300 | 700 | 1200 | 2400 | 4100 | 5900 |
| **Dart 270 Series, 8-cyl., 111" wb** | | | | | | |
| 4-dr Sdn | 300 | 700 | 1200 | 2400 | 4100 | 5900 |
| 2-dr Hdtp | 400 | 1050 | 1700 | 3300 | 5800 | 8300 |
| **Dart GT, 8-cyl., 111" wb** | | | | | | |
| 2-dr Hdtp | 450 | 1250 | 2150 | 4300 | 7400 | 10700 |
| 2-dr Conv | 650 | 1700 | 3000 | 6100 | 10600 | 15200 |
| **Dart GT Sport 340, 111" wb** | | | | | | |
| 2-dr Hdtp | 700 | 2000 | 3450 | 6900 | 11900 | 17200 |
| 2-dr Conv | 850 | 2650 | 4450 | 8900 | 15700 | 22300 |
| **Dart GT Sport 383, 111" wb** | | | | | | |
| 2-dr Hdtp | 800 | 2350 | 3950 | 7900 | 13700 | 19700 |
| 2-dr Conv | 950 | 2950 | 4950 | 9900 | 17500 | 24700 |
| **Coronet, 8-cyl., 117" wb** | | | | | | |
| 4-dr Sdn | 300 | 650 | 1150 | 2300 | 3900 | 5700 |
| 2-dr Sdn | 300 | 700 | 1200 | 2400 | 4100 | 5900 |
| **Coronet 440, 8-cyl., 117" wb** | | | | | | |
| 2-dr Hdtp | 450 | 1250 | 2150 | 4300 | 7400 | 10700 |
| 4-dr Sdn | 300 | 700 | 1200 | 2400 | 4100 | 5900 |
| 4-dr 6-pass Sta Wgn | 300 | 800 | 1350 | 2700 | 4700 | 6900 |
| 4-dr 9-pass Sta Wgn | 350 | 900 | 1500 | 2900 | 5200 | 7400 |
| **Coronet 500, 8-cyl., 117" wb** | | | | | | |
| 4-dr Sdn | 300 | 700 | 1200 | 2400 | 4100 | 5900 |
| 2-dr Hdtp | 500 | 1350 | 2350 | 4700 | 8100 | 11500 |
| 2-dr Conv | 750 | 2250 | 3750 | 7500 | 13000 | 18700 |
| 4-dr 6-pass Sta Wgn | 350 | 900 | 1500 | 2900 | 5200 | 7400 |
| 4-dr 9-pass Sta Wgn | 350 | 950 | 1550 | 3100 | 5500 | 7900 |
| **Coronet Super Bee, 8-cyl., 117" wb** | | | | | | |
| 2-dr Sdn | 850 | 2650 | 4450 | 8900 | 15700 | 22300 |

|  | 6 | 5 | 4 | 3 | 2 | 1 |
|---|---|---|---|---|---|---|
| **Coronet R/T, 8-cyl., 117" wb** | | | | | | |
| 2-dr Hdtp | 950 | 2950 | 4950 | 9900 | 17500 | 24700 |
| 2-dr Conv | 1300 | 4050 | 6750 | 13500 | 23800 | 33700 |
| **Charger, 8-cyl., 117" wb** | | | | | | |
| 2-dr Hdtp | 700 | 1900 | 3350 | 6700 | 11500 | 16500 |
| 2-dr Hdtp RT | 950 | 3000 | 5050 | 10100 | 17900 | 25100 |
| **Polara, 8-cyl., 122" wb** | | | | | | |
| 4-dr Sdn | 300 | 700 | 1200 | 2400 | 4100 | 5900 |
| 2-dr Hdtp | 400 | 1200 | 1950 | 3900 | 6800 | 9900 |
| 4-dr Hdtp | 350 | 900 | 1500 | 2900 | 5200 | 7400 |
| 2-dr Conv | 650 | 1800 | 3250 | 6500 | 11200 | 16100 |
| 4-dr 6-pass Sta Wgn | 400 | 1050 | 1700 | 3300 | 5800 | 8300 |
| 4-dr 9-pass Sta Wgn | 400 | 1100 | 1800 | 3500 | 6100 | 8900 |
| **Polara 500, 8-cyl., 122" wb** | | | | | | |
| 2-dr Hdtp | 500 | 1300 | 2250 | 4500 | 7700 | 11000 |
| 2-dr Conv | 650 | 1800 | 3200 | 6400 | 11000 | 15900 |
| **Monaco, 8-cyl., 122" wb** | | | | | | |
| 2-dr Hdtp | 400 | 1200 | 1950 | 3900 | 6800 | 9900 |
| 4-dr Hdtp | 350 | 950 | 1550 | 3100 | 5500 | 7900 |
| 4-dr Sdn | 300 | 750 | 1250 | 2500 | 4400 | 6200 |
| 4-dr 6-pass Sta Wgn | 400 | 1050 | 1700 | 3400 | 5900 | 8500 |
| 4-dr 9-pass Sta Wgn | 400 | 1100 | 1800 | 3600 | 6200 | 9100 |
| **Monaco 500, 8-cyl., 122" wb** | | | | | | |
| 2-dr Hdtp | 500 | 1300 | 2250 | 4500 | 7700 | 11000 |

*440 Magnum V-8 add 50%    426 V-8 Hemi add 200%*
*6-cyl. deduct 10%*

## 1969

|  | 6 | 5 | 4 | 3 | 2 | 1 |
|---|---|---|---|---|---|---|
| **Dart, 8-cyl., 111" wb** | | | | | | |
| 4-dr Sdn | 300 | 650 | 1100 | 2100 | 3600 | 5100 |
| **Dart Swinger, 6-cyl., 111" wb** | | | | | | |
| 2-dr Hdtp | 300 | 800 | 1300 | 2600 | 4600 | 6600 |
| **Dart Swinger, 8-cyl., 111" wb** | | | | | | |
| 2-dr Cpe | 300 | 650 | 1000 | 2000 | 3500 | 4900 |
| 2-dr Hdtp | 350 | 850 | 1400 | 2800 | 4900 | 7100 |
| **Dart Custom, 340 8-cyl., 111" wb** | | | | | | |
| 4-dr Sdn | 300 | 650 | 1150 | 2300 | 3900 | 5700 |
| 2-dr Hdtp | 350 | 950 | 1550 | 3100 | 5500 | 7900 |
| **Dart GT, 8-cyl., 111" wb** | | | | | | |
| 2-dr Hdtp | 550 | 1500 | 2500 | 5100 | 8800 | 12500 |
| 2-dr Conv | 650 | 1700 | 3000 | 6100 | 10600 | 15200 |
| **Dart GT Sport 340** | | | | | | |
| 2-dr Hdtp | 650 | 1800 | 3250 | 6500 | 11200 | 16100 |
| 2-dr Conv | 850 | 2550 | 4350 | 8700 | 15300 | 21700 |
| **Dart GT Sport 383, 111" wb** | | | | | | |
| 2-dr Hdtp (383 hp) | 750 | 2250 | 3750 | 7500 | 13000 | 18700 |
| 2-dr Conv (330 hp) | 950 | 2950 | 4950 | 9900 | 17500 | 24700 |
| **Dart GT Sport 440, 111" wb** | | | | | | |
| 2-dr Hdtp | 850 | 2650 | 4450 | 8900 | 15700 | 22300 |
| **Coronet, 8-cyl., 117" wb** | | | | | | |
| 4-dr Sdn | 300 | 700 | 1200 | 2400 | 4100 | 5900 |
| 2-dr Cpe | 300 | 750 | 1250 | 2500 | 4400 | 6200 |
| 4-dr 6-pass Sta Wgn | 300 | 800 | 1300 | 2600 | 4600 | 6600 |
| **Coronet 440, 8-cyl., 117" wb** | | | | | | |
| 4-dr Sdn | 300 | 700 | 1200 | 2400 | 4100 | 5900 |
| 2-dr Cpe | 300 | 750 | 1250 | 2500 | 4400 | 6200 |
| 2-dr Hdtp Cpe | 450 | 1250 | 2050 | 4100 | 7100 | 10300 |
| 4-dr 6-pass Sta Wgn | 300 | 700 | 1200 | 2400 | 4100 | 5900 |
| 4-dr 9-pass Sta Wgn | 300 | 750 | 1250 | 2500 | 4400 | 6200 |
| **Coronet 500, 8-cyl., 117" wb** | | | | | | |
| 2-dr Hdtp | 500 | 1300 | 2250 | 4500 | 7700 | 11000 |
| 2-dr Conv | 750 | 2200 | 3650 | 7300 | 12600 | 18200 |

|  | 6 | 5 | 4 | 3 | 2 | 1 |
|---|---|---|---|---|---|---|
| 4-dr Sdn | 300 | 750 | 1250 | 2500 | 4400 | 6200 |
| 4-dr 6-pass Sta Wgn | 300 | 800 | 1300 | 2600 | 4600 | 6600 |
| 4-dr 9-pass Sta Wgn | 350 | 850 | 1400 | 2800 | 4900 | 7100 |
| **Coronet Super Bee, 8-cyl.** | | | | | | |
| 2-dr Hdtp | 900 | 2850 | 4750 | 9500 | 16700 | 23700 |
| 2-dr Cpe (base 440/375) | 800 | 2350 | 3950 | 7900 | 13700 | 19700 |
| **Coronet R/T, 8-cyl., 117" wb** | | | | | | |
| 2-dr Hdtp | 1000 | 3100 | 5250 | 10500 | 18600 | 26200 |
| 2-dr Conv | 1300 | 4050 | 6750 | 13500 | 23800 | 33700 |
| **Charger, 8-cyl., 117" wb** | | | | | | |
| 2-dr Hdtp | 800 | 2350 | 3950 | 7900 | 13700 | 19700 |
| **Charger 500, 8-cyl., 117" wb** | | | | | | |
| 2-dr Hdtp | 1200 | 3850 | 6450 | 12900 | 22700 | 32200 |
| **Charger R/T, 8-cyl., 117" wb** | | | | | | |
| 2-dr Hdtp | 1000 | 3250 | 5450 | 10900 | 19100 | 27200 |
| **Charger Daytona, 8-cyl., 117" wb** | | | | | | |
| 2-dr Hdtp | 2550 | 7550 | 12750 | 25500 | 44800 | 63700 |
| **Polara, 8-cyl., 112" wb** | | | | | | |
| 4-dr Sdn | 300 | 650 | 1150 | 2300 | 3900 | 5700 |
| 2-dr Hdtp | 400 | 1050 | 1700 | 3300 | 5800 | 8300 |
| 4-dr Hdtp | 300 | 750 | 1250 | 2500 | 4400 | 6200 |
| 2-dr Conv | 600 | 1600 | 2750 | 5500 | 9500 | 13800 |
| 4-dr 6-pass Sta Wgn | 350 | 900 | 1500 | 2900 | 5200 | 7400 |
| 4-dr 9-pass Sta Wgn | 350 | 950 | 1550 | 3100 | 5500 | 7900 |
| **Polara 500, 8-cyl., 112" wb** | | | | | | |
| 2-dr Hdtp | 500 | 1300 | 2250 | 4500 | 7700 | 11000 |
| 2-dr Conv | 650 | 1700 | 3000 | 6100 | 10600 | 15200 |
| **Monaco, 8-cyl., 112" wb** | | | | | | |
| 2-dr Hdtp | 400 | 1100 | 1800 | 3500 | 6100 | 8900 |
| 4-dr Hdtp | 300 | 800 | 1350 | 2700 | 4700 | 6900 |
| 4-dr Sdn | 300 | 700 | 1200 | 2400 | 4100 | 5900 |
| 4-dr 6-pass Sta Wgn | 350 | 850 | 1400 | 2800 | 4900 | 7100 |
| 4-dr 9-pass Sta Wgn | 350 | 900 | 1500 | 3000 | 5300 | 7600 |

*440 Magnum V-8 add 60%*     *426 V-8 Hemi add 200%*
*Small block option deduct 10%*

**1970**

| **Dart, 8-cyl., 111" wb** | 6 | 5 | 4 | 3 | 2 | 1 |
|---|---|---|---|---|---|---|
| 4-dr Sdn | 300 | 650 | 1100 | 2100 | 3600 | 5100 |
| 2-dr Swinger Hdtp | 300 | 800 | 1350 | 2700 | 4700 | 6900 |
| **Dart Custom, 111" wb** | | | | | | |
| 4-dr Sdn | 300 | 650 | 1100 | 2100 | 3600 | 5100 |
| 2-dr Hdtp | 300 | 800 | 1300 | 2600 | 4600 | 6600 |
| **Dart Swinger 340, 111" wb** | | | | | | |
| 2-dr Hdtp | 400 | 1200 | 1950 | 3900 | 6800 | 9900 |
| **Dart Swinger, 6-cyl., 111" wb** | | | | | | |
| 2-dr Hdtp | 300 | 700 | 1200 | 2400 | 4100 | 5900 |
| **Challenger, 8-cyl., 110" wb** | | | | | | |
| 2-dr Hdtp | 650 | 1700 | 3000 | 5900 | 10200 | 14700 |
| 2-dr Hdtp Frml | 650 | 1750 | 3150 | 6300 | 10900 | 15700 |
| 2-dr Conv | 950 | 2950 | 4950 | 9900 | 17500 | 24700 |
| **Challenger R/T, 8-cyl., 110" wb** | | | | | | |
| 2-dr Hdtp | 750 | 2300 | 3850 | 7700 | 13300 | 19200 |
| 2-dr Hdtp Frml | 800 | 2400 | 4050 | 8100 | 14200 | 20200 |
| 2-dr Conv | 1200 | 3850 | 6450 | 12900 | 22700 | 32200 |
| **Challenger T/A, 8-cyl., 110" wb** | | | | | | |
| 2-dr Cpe | 1300 | 4050 | 6750 | 13500 | 23800 | 33700 |
| **Coronet, 8-cyl., 117" wb** | | | | | | |
| 4-dr Sdn | 300 | 650 | 1100 | 2100 | 3600 | 5100 |
| 2-dr Sdn | 300 | 650 | 1150 | 2300 | 3900 | 5700 |
| 4-dr 6-pass Sta Wgn | 300 | 700 | 1200 | 2400 | 4100 | 5900 |

| | 6 | 5 | 4 | 3 | 2 | 1 |
|---|---|---|---|---|---|---|
| **Coronet 440, 8-cyl., 117" wb** | | | | | | |
| 2-dr Hdtp | 400 | 1150 | 1850 | 3700 | 6400 | 9300 |
| 4-dr Sdn | 300 | 650 | 1100 | 2200 | 3800 | 5400 |
| 2-dr Sdn | 300 | 700 | 1200 | 2400 | 4100 | 5900 |
| 4-dr 6-pass Sta Wgn | 300 | 700 | 1200 | 2400 | 4100 | 5900 |
| 4-dr 9-pass Sta Wgn | 300 | 800 | 1300 | 2600 | 4600 | 6600 |
| **Coronet 500, 8-cyl., 117" wb** | | | | | | |
| 4-dr Sdn | 300 | 650 | 1150 | 2300 | 3900 | 5700 |
| 2-dr Hdtp | 450 | 1250 | 2200 | 4400 | 7600 | 10900 |
| 2-dr Conv | 750 | 2100 | 3550 | 7100 | 12300 | 17700 |
| 4-dr 5-pass Sta Wgn | 300 | 700 | 1200 | 2400 | 4100 | 5900 |
| 4-dr 8-pass Sta Wgn | 300 | 800 | 1300 | 2600 | 4600 | 6600 |
| **Coronet Super Bee, 8-cyl., 117" wb** | | | | | | |
| 2-dr Hdtp | 850 | 2550 | 4350 | 8700 | 15300 | 21700 |
| 2-dr Cpe | 800 | 2450 | 4150 | 8300 | 14600 | 20700 |
| **Coronet R/T, 8-cyl., 117" wb** | | | | | | |
| 2-dr Hdtp | 950 | 2950 | 4950 | 9900 | 17500 | 24700 |
| 2-dr Conv | 1350 | 4150 | 6950 | 13900 | 24500 | 34700 |
| **Charger, 8-cyl., 117" wb** | | | | | | |
| 2-dr Hdtp | 750 | 2300 | 3850 | 7700 | 13300 | 19200 |
| 2-dr Hdtp 500 | 900 | 2850 | 4750 | 9500 | 16700 | 23700 |
| 2-dr Hdtp R/T | 1000 | 3250 | 5450 | 10900 | 19100 | 27200 |
| **Polara, 8-cyl., 122" wb** | | | | | | |
| 4-dr Hdtp | 300 | 650 | 1150 | 2300 | 3900 | 5700 |
| 4-dr 6-pass Sta Wgn | 300 | 750 | 1250 | 2500 | 4400 | 6200 |
| 4-dr 9-pass Sta Wgn | 300 | 800 | 1350 | 2700 | 4700 | 6900 |
| **Polara 500, 8-cyl., 122" wb** | | | | | | |
| 4-dr Sdn | 300 | 650 | 1150 | 2300 | 3900 | 5700 |
| 4-dr Hdtp | 300 | 700 | 1200 | 2400 | 4100 | 5900 |
| 2-dr Hdtp | 350 | 900 | 1500 | 2900 | 5200 | 7400 |
| 2-dr Conv | 550 | 1450 | 2450 | 4900 | 8500 | 12000 |
| 4-dr 6-pass Sta Wgn | 300 | 800 | 1350 | 2700 | 4700 | 6900 |
| 4-dr 9-pass Sta Wgn | 350 | 900 | 1500 | 2900 | 5200 | 7400 |
| **Custom Polara, 8-cyl., 122" wb** | | | | | | |
| 4-dr Sdn | 300 | 650 | 1150 | 2300 | 3900 | 5700 |
| 4-dr Hdtp | 300 | 750 | 1250 | 2500 | 4400 | 6200 |
| 2-dr Hdtp | 350 | 950 | 1550 | 3100 | 5500 | 7900 |
| **Monaco 500, 8-cyl., 122" wb** | | | | | | |
| 4-dr Sdn | 300 | 650 | 1100 | 2100 | 3600 | 5100 |
| 4-dr Hdtp | 300 | 700 | 1200 | 2400 | 4100 | 5900 |
| 2-dr Hdtp | 400 | 1050 | 1700 | 3300 | 5800 | 8300 |
| 4-dr 6-pass Sta Wgn | 350 | 850 | 1400 | 2800 | 4900 | 7100 |
| 4-dr 9-pass Sta Wgn | 350 | 900 | 1500 | 3000 | 5300 | 7600 |

*440 Magnum V-8 add 50%*      *426 V-8 Hemi add 200%*
*Small block option deduct 10%*

## 1971

| | 6 | 5 | 4 | 3 | 2 | 1 |
|---|---|---|---|---|---|---|
| **Demon, 8-cyl., 108" wb** | | | | | | |
| 2-dr Cpe | 400 | 1100 | 1800 | 3500 | 6100 | 8900 |
| 2-dr 340 Cpe | 500 | 1300 | 2250 | 4500 | 7700 | 11000 |
| **Dart, 8-cyl., 111" wb** | | | | | | |
| 2-dr Spl Hdtp | 300 | 800 | 1300 | 2600 | 4600 | 6600 |
| 4-dr Custom Sdn | 300 | 600 | 950 | 1900 | 3200 | 4600 |
| **Swinger, 8-cyl., 111" wb** | | | | | | |
| 2-dr Hdtp | 350 | 900 | 1500 | 2900 | 5200 | 7400 |
| 4-dr Spl Custom Sdn | 300 | 650 | 1000 | 2000 | 3500 | 4900 |
| **Challenger, 8-cyl., 110" wb** | | | | | | |
| 2-dr Hdtp | 650 | 1800 | 3250 | 6500 | 11200 | 16100 |
| 2-dr Conv | 900 | 2850 | 4750 | 9500 | 16700 | 23700 |
| 2-dr Hdtp R/T | 850 | 2650 | 4450 | 8900 | 15700 | 22300 |

| | 6 | 5 | 4 | 3 | 2 | 1 |
|---|---|---|---|---|---|---|
| **Coronet, 8-cyl., 118" wb** | | | | | | |
| 4-dr Sdn | 300 | 600 | 850 | 1700 | 2900 | 4100 |
| 4-dr 6-pass Sta Wgn | 300 | 600 | 950 | 1900 | 3200 | 4600 |
| **Coronet Custom** | | | | | | |
| 4-dr Sdn | 300 | 600 | 900 | 1800 | 3100 | 4400 |
| 4-dr 6-pass Sta Wgn | 300 | 600 | 950 | 1900 | 3200 | 4600 |
| 4-dr 9-pass Sta Wgn | 300 | 650 | 1100 | 2100 | 3600 | 5100 |
| **Charger, 8-cyl., 115" wb** | | | | | | |
| 2-dr Hdtp 500 | 700 | 1900 | 3350 | 6700 | 11500 | 16500 |
| 2-dr Hdtp | 650 | 1700 | 3000 | 5900 | 10200 | 14700 |
| 2-dr Hdtp Super Bee | 750 | 2250 | 3700 | 7400 | 12800 | 18500 |
| 2-dr Hdtp SE Super Bee | 750 | 2250 | 3750 | 7500 | 13000 | 18700 |
| **Polara, 8-cyl., 122" wb** | | | | | | |
| 4-dr Sdn | 300 | 600 | 900 | 1800 | 3100 | 4400 |
| 2-dr Hdtp | 300 | 700 | 1200 | 2400 | 4100 | 5900 |
| 4-dr Hdtp | 300 | 650 | 1000 | 2000 | 3500 | 4900 |
| 4-dr Custom Sdn | 300 | 600 | 950 | 1900 | 3200 | 4600 |
| 4-dr Custom Hdtp | 300 | 650 | 1100 | 2100 | 3600 | 5100 |
| 2-dr Custom Hdtp | 300 | 800 | 1300 | 2600 | 4600 | 6600 |
| 4-dr 6-pass Custom Wgn | 300 | 600 | 950 | 1900 | 3200 | 4600 |
| 4-dr 9-pass Custom Wgn | 300 | 650 | 1100 | 2100 | 3600 | 5100 |
| 4-dr Brghm Hdtp | 300 | 650 | 1000 | 2000 | 3500 | 4900 |
| 2-dr Brghm Hdtp | 300 | 700 | 1200 | 2400 | 4100 | 5900 |
| **Broughm/Crestwood, 8-cyl.** | | | | | | |
| 4-dr Sdn | 300 | 600 | 900 | 1800 | 3100 | 4400 |
| 4-dr 6-pass Sta Wgn | 300 | 600 | 900 | 1800 | 3100 | 4400 |
| 4-dr 9-pass Sta Wgn | 300 | 650 | 1000 | 2000 | 3500 | 4900 |
| **Monaco, 8-cyl., 122" wb** | | | | | | |
| 4-dr Sdn | 300 | 600 | 950 | 1900 | 3200 | 4600 |
| 4-dr Hdtp | 300 | 650 | 1100 | 2200 | 3800 | 5400 |
| 2-dr Hdtp | 350 | 900 | 1500 | 2900 | 5200 | 7400 |
| 4-dr 6-pass Sta Wgn | 300 | 650 | 1100 | 2100 | 3600 | 5100 |
| 4-dr 9-pass Sta Wgn | 300 | 650 | 1150 | 2300 | 3900 | 5700 |

*440 Magnum V-8 add 50%*      *426 V-8 Hemi add 200%*
*Small block option deduct 10%*

### 1972

| | 6 | 5 | 4 | 3 | 2 | 1 |
|---|---|---|---|---|---|---|
| **Dart, 8-cyl., 111" wb** | | | | | | |
| 4-dr Sdn | 300 | 600 | 900 | 1800 | 3100 | 4400 |
| 2-dr Cpe Demon | 400 | 1050 | 1700 | 3300 | 5800 | 8300 |
| 2-dr Demon 340 Hdtp | 550 | 1450 | 2450 | 4900 | 8500 | 12000 |
| 2-dr Spl Hdtp | 300 | 700 | 1200 | 2400 | 4100 | 5900 |
| 4-dr Custom Sdn | 300 | 600 | 950 | 1900 | 3200 | 4600 |
| 2-dr Hdtp Swinger | 300 | 800 | 1350 | 2700 | 4700 | 6900 |
| **Challenger, 8-cyl., 110" wb** | | | | | | |
| 2-dr Hdtp | 550 | 1550 | 2600 | 5200 | 9000 | 12800 |
| 2-dr Hdtp Rallye | 650 | 1750 | 3100 | 6200 | 10700 | 15400 |
| **Coronet, 8-cyl., 118" wb** | | | | | | |
| 4-dr Sdn | 300 | 600 | 850 | 1700 | 2900 | 4100 |
| 4-dr 6-pass Sta Wgn | 300 | 600 | 950 | 1900 | 3200 | 4600 |
| **Coronet Custom, 8-cyl., 118" wb** | | | | | | |
| 4-dr Sdn | 300 | 600 | 900 | 1800 | 3100 | 4400 |
| 4-dr 2-seat Sta Wgn | 300 | 600 | 950 | 1900 | 3200 | 4600 |
| 4-dr 3-seat Sta Wgn | 300 | 650 | 1100 | 2100 | 3600 | 5100 |
| **Crestwood, 8-cyl.** | | | | | | |
| 4-dr 2-seat Sta Wgn | 300 | 650 | 1000 | 2000 | 3500 | 4900 |
| 4-dr 3-seat Sta Wgn | 300 | 650 | 1100 | 2200 | 3800 | 5400 |
| **Charger, 8-cyl., 115" wb** | | | | | | |
| 2-dr Cpe | 400 | 1150 | 1850 | 3700 | 6400 | 9300 |
| 2-dr Hdtp | 450 | 1250 | 2150 | 4300 | 7400 | 10700 |
| 2-dr Hdtp SE | 550 | 1450 | 2450 | 4900 | 8500 | 12000 |

|  | 6 | 5 | 4 | 3 | 2 | 1 |
|---|---|---|---|---|---|---|
| **Polara, 8-cyl., 122" wb** | | | | | | |
| 4-dr Sdn | 300 | 600 | 900 | 1800 | 3100 | 4400 |
| 4-dr Hdtp | 300 | 650 | 1000 | 2000 | 3500 | 4900 |
| 2-dr Hdtp | 300 | 650 | 1150 | 2300 | 3900 | 5700 |
| 4-dr 2-seat Sta Wgn | 300 | 650 | 1000 | 2000 | 3500 | 4900 |
| **Polara Custom, 8-cyl., 122" wb** | | | | | | |
| 4-dr Sdn | 300 | 600 | 950 | 1900 | 3200 | 4600 |
| 4-dr Hdtp | 300 | 650 | 1100 | 2100 | 3600 | 5100 |
| 2-dr Hdtp | 300 | 750 | 1250 | 2500 | 4400 | 6200 |
| 4-dr 2-seat Sta Wgn | 300 | 650 | 1100 | 2200 | 3800 | 5400 |
| 4-dr 3-seat Sta Wgn | 300 | 700 | 1200 | 2400 | 4100 | 5900 |
| **Monaco, 8-cyl., 122" wb** | | | | | | |
| 4-dr Sdn | 300 | 600 | 950 | 1900 | 3200 | 4600 |
| 4-dr Hdtp | 300 | 650 | 1100 | 2200 | 3800 | 5400 |
| 2-dr Hdtp | 300 | 800 | 1350 | 2700 | 4700 | 6900 |
| 4-dr 2-seat Sta Wgn | 300 | 650 | 1150 | 2300 | 3900 | 5700 |
| 4-dr 3-seat Sta Wgn | 300 | 750 | 1250 | 2500 | 4400 | 6200 |

*Small block option deduct 10%*     *440 V-8 add 30%*
*340 V-8 add 20%*

## 1973

|  | 6 | 5 | 4 | 3 | 2 | 1 |
|---|---|---|---|---|---|---|
| **Dart Sport, 6-cyl., 108" & 111" wb** | | | | | | |
| 2-dr Cpe | 300 | 600 | 950 | 1900 | 3200 | 4600 |
| 2-dr Cpe "340" | 350 | 900 | 1500 | 2900 | 5200 | 7400 |
| **Dart, 8-cyl., 108" & 111" wb** | | | | | | |
| 4-dr Sdn | 300 | 600 | 850 | 1700 | 2900 | 4100 |
| 2-dr Hdtp Cpe | 300 | 650 | 1100 | 2100 | 3600 | 5100 |
| 2-dr Swinger Hdtp | 300 | 800 | 1300 | 2600 | 4600 | 6600 |
| 4-dr Custom Sdn | 300 | 600 | 900 | 1800 | 3100 | 4400 |
| **Challenger, 8-cyl., 110" wb** | | | | | | |
| 2-dr Hdtp Cpe | 550 | 1450 | 2450 | 4900 | 8500 | 11800 |
| **Coronet, 118" wb** | | | | | | |
| 4-dr Sdn | 300 | 600 | 850 | 1700 | 2900 | 4100 |
| 4-dr 6-pass Sta Wgn | 300 | 600 | 900 | 1800 | 3100 | 4400 |
| **Coronet Custom, 6-cyl./8-cyl.** | | | | | | |
| 4-dr Sdn | 300 | 600 | 900 | 1800 | 3100 | 4400 |
| 4-dr 6-pass Sta Wgn | 300 | 600 | 900 | 1800 | 3100 | 4400 |
| 4-dr 9-pass Sta Wgn | 300 | 650 | 1000 | 2000 | 3500 | 4900 |
| **Crestwood, 8-cyl.** | | | | | | |
| 4-dr 6-pass Sta Wgn | 300 | 600 | 950 | 1900 | 3200 | 4600 |
| 4-dr 9-pass Sta Wgn | 300 | 650 | 1100 | 2100 | 3600 | 5100 |
| **Charger, 6-cyl./8-cyl., 115" wb** | | | | | | |
| 2-dr Cpe | 400 | 1100 | 1800 | 3500 | 6100 | 8900 |
| 2-dr Hdtp | 450 | 1250 | 2150 | 4300 | 7400 | 10700 |
| 2-dr "SE" Hdtp | 450 | 1250 | 2050 | 4100 | 7100 | 10300 |
| **Polara, 122" wb** | | | | | | |
| 4-dr Sdn | 300 | 600 | 900 | 1800 | 3100 | 4400 |
| 2-dr Hdtp Cpe | 300 | 650 | 1150 | 2300 | 3900 | 5700 |
| 4-dr 6-pass Sta Wgn | 300 | 650 | 1100 | 2100 | 3600 | 5100 |
| **Polara Custom, 122" wb** | | | | | | |
| 4-dr Sdn | 300 | 600 | 950 | 1900 | 3200 | 4600 |
| 4-dr Hdtp | 300 | 650 | 1100 | 2100 | 3600 | 5100 |
| 2-dr Hdtp Sdn | 300 | 750 | 1250 | 2500 | 4400 | 6200 |
| 4-dr 2-seat Sta Wgn | 300 | 650 | 1100 | 2200 | 3800 | 5400 |
| 4-dr 3-seat Sta Wgn | 300 | 700 | 1200 | 2400 | 4100 | 5900 |
| **Monaco, 8-cyl., 122" wb** | | | | | | |
| 4-dr Sdn | 300 | 600 | 950 | 1900 | 3200 | 4600 |
| 4-dr Hdtp Sdn | 300 | 650 | 1100 | 2200 | 3800 | 5400 |
| 2-dr Hdtp Cpe | 300 | 800 | 1350 | 2700 | 4700 | 6900 |
| 4-dr 2-seat Sta Wgn | 300 | 700 | 1200 | 2400 | 4100 | 5900 |
| 4-dr 3-seat Sta Wgn | 300 | 800 | 1300 | 2600 | 4600 | 6600 |

*Small block option deduct 10%*     *440 V-8 add 30%*     *340 V-8 add 20%*

|  | 6 | 5 | 4 | 3 | 2 | 1 |
|---|---|---|---|---|---|---|
| **1974** | | | | | | |
| **Dart, 6-cyl./8-cyl., 108"-111" wb** | | | | | | |
| 4-dr Sdn | 300 | 600 | 900 | 1800 | 3100 | 4400 |
| 2-dr Spl Hdtp Cpe | 300 | 700 | 1200 | 2400 | 4100 | 5900 |
| 2-dr Dart Sport "360" | 350 | 950 | 1550 | 3100 | 5500 | 7900 |
| 2-dr Spt Cpe | 300 | 650 | 1000 | 2000 | 3500 | 4900 |
| 2-dr Swinger | 300 | 800 | 1300 | 2600 | 4600 | 6600 |
| 4-dr Custom Sdn | 300 | 600 | 900 | 1800 | 3100 | 4400 |
| **Dart Special Edition, 6-cyl.** | | | | | | |
| 2-dr Hdtp Cpe | 350 | 900 | 1500 | 2900 | 5200 | 7400 |
| 4-dr Sdn | 300 | 600 | 950 | 1900 | 3200 | 4600 |
| **Challenger, 8-cyl., 110" wb** | | | | | | |
| 2-dr Hdtp Cpe | 500 | 1350 | 2350 | 4700 | 8100 | 11500 |
| **Coronet, 6-cyl./8-cyl., 118" wb** | | | | | | |
| 4-dr Sdn | 300 | 600 | 900 | 1800 | 3100 | 4400 |
| 4-dr 9-pass Sta Wgn | 300 | 600 | 950 | 1900 | 3200 | 4600 |
| **Coronet Custom, 6-cyl./8-cyl., 118" wb** | | | | | | |
| 4-dr Sdn | 300 | 600 | 900 | 1800 | 3100 | 4400 |
| 4-dr 6-pass Sta Wgn | 300 | 600 | 850 | 1700 | 2900 | 4100 |
| 4-dr 9-pass Sta Wgn | 300 | 600 | 950 | 1900 | 3200 | 4600 |
| **Coronet Crestwood, 8-cyl., 118" wb** | | | | | | |
| 4-dr 6-pass Sta Wgn | 300 | 600 | 950 | 1900 | 3200 | 4600 |
| 4-dr 9-pass Sta Wgn | 300 | 650 | 1100 | 2100 | 3600 | 5100 |
| **Charger, 6-cyl./8-cyl., 115" wb** | | | | | | |
| 2-dr Cpe | 350 | 850 | 1400 | 2800 | 4900 | 7100 |
| 2-dr Hdtp | 450 | 1250 | 2050 | 4100 | 7100 | 10300 |
| 2-dr "SE" Hdtp | 400 | 1100 | 1800 | 3500 | 6100 | 8900 |
| **Monaco, 8-cyl., 122" wb** | | | | | | |
| 4-dr Sdn | 300 | 600 | 900 | 1800 | 3100 | 4400 |
| 2-dr Hdtp Cpe | 300 | 650 | 1100 | 2100 | 3600 | 5100 |
| 4-dr 6-pass Sta Wgn | 300 | 650 | 1100 | 2100 | 3600 | 5100 |
| **Monaco Custom, 122" wb** | | | | | | |
| 4-dr Sdn | 300 | 600 | 900 | 1800 | 3100 | 4400 |
| 2-dr Hdtp Cpe | 300 | 650 | 1150 | 2300 | 3900 | 5700 |
| 4-dr Hdtp Sdn | 300 | 650 | 1100 | 2100 | 3600 | 5100 |
| 4-dr 6-pass 2-seat Sta Wgn | 300 | 650 | 1100 | 2200 | 3800 | 5400 |
| 4-dr 9-pass 3-seat Sta Wgn | 300 | 700 | 1200 | 2400 | 4100 | 5900 |
| **Monaco Brougham, 122" wb** | | | | | | |
| 4-dr Sdn | 300 | 600 | 950 | 1900 | 3200 | 4600 |
| 2-dr Hdtp Cpe | 300 | 750 | 1250 | 2500 | 4400 | 6200 |
| 4-dr Hdtp Sdn | 300 | 650 | 1100 | 2200 | 3800 | 5400 |
| 4-dr 2-seat Sta Wgn | 300 | 650 | 1150 | 2300 | 3900 | 5700 |
| 4-dr 3-seat Sta Wgn | 300 | 750 | 1250 | 2500 | 4400 | 6200 |
| *Small block option deduct 10%* | | | | *440 V-8 add 20%* | | |
| **1975** | | | | | | |
| **Dart, 108" & 111" wb** | | | | | | |
| 4-dr Sdn | 300 | 550 | 800 | 1600 | 2800 | 3900 |
| 2-dr Spt Hdtp | 300 | 650 | 1100 | 2200 | 3800 | 5400 |
| **Dart Sport, 108"-111" wb** | | | | | | |
| 2-dr Cpe | 300 | 600 | 900 | 1800 | 3100 | 4400 |
| 2-dr "360" Cpe | 300 | 700 | 1200 | 2400 | 4100 | 5900 |
| **Dart Custom, 108"-111" wb** | | | | | | |
| 4-dr Sdn | 300 | 600 | 850 | 1700 | 2900 | 4100 |
| 2-dr Swinger Hdtp | 300 | 650 | 1100 | 2100 | 3600 | 5100 |
| **Dart S.E., 108" & 111" wb** | | | | | | |
| 2-dr Hdtp Cpe | 300 | 700 | 1200 | 2400 | 4100 | 5900 |
| 4-dr Sdn | 300 | 600 | 900 | 1800 | 3100 | 4400 |
| **Coronet, 115"-118" wb** | | | | | | |
| 2-dr Hdtp Cpe | 300 | 650 | 1000 | 2000 | 3500 | 4900 |
| 4-dr Sdn | 300 | 600 | 850 | 1700 | 2900 | 4100 |
| 4-dr 6-pass Sta Wgn | 300 | 600 | 950 | 1900 | 3200 | 4600 |

| | 6 | 5 | 4 | 3 | 2 | 1 |
|---|---|---|---|---|---|---|
| **Coronet Custom, 115" wb** | | | | | | |
| 2-dr Hdtp Cpe | 300 | 650 | 1000 | 2000 | 3500 | 4900 |
| 4-dr Sdn | 300 | 600 | 850 | 1700 | 2900 | 4100 |
| 4-dr 6-pass Sta Wgn | 300 | 600 | 950 | 1900 | 3200 | 4600 |
| 4-dr 9-pass Sta Wgn | 300 | 650 | 1100 | 2100 | 3600 | 5100 |
| **Coronet Brougham** | | | | | | |
| 2-dr Hdtp Cpe | 300 | 650 | 1100 | 2100 | 3600 | 5100 |
| **Crestwood** | | | | | | |
| 4-dr 6-pass Sta Wgn | 300 | 650 | 1000 | 2000 | 3500 | 4900 |
| 4-dr 9-pass Sta Wgn | 300 | 650 | 1100 | 2200 | 3800 | 5400 |
| **Charger S.E., 115" wb** | | | | | | |
| 2-dr Hdtp Cpe | 400 | 1050 | 1700 | 3300 | 5800 | 8300 |
| **Monaco, 122"-124" wb** | | | | | | |
| 2-dr Hdtp Cpe | 300 | 650 | 1100 | 2100 | 3600 | 5100 |
| 4-dr Sdn | 300 | 600 | 850 | 1700 | 2900 | 4100 |
| 4-dr 6-pass Sta Wgn | 300 | 650 | 1100 | 2200 | 3800 | 5400 |
| **Royal Monaco, 8-cyl., 122"-124" wb** | | | | | | |
| 2-dr Hdtp Cpe | 300 | 650 | 1150 | 2300 | 3900 | 5700 |
| 4-dr Sdn | 300 | 600 | 900 | 1800 | 3100 | 4400 |
| 4-dr Hdtp Sdn | 300 | 650 | 1100 | 2100 | 3600 | 5100 |
| 4-dr 2-seat Sta Wgn | 300 | 650 | 1150 | 2300 | 3900 | 5700 |
| 4-dr 3-seat Sta Wgn | 300 | 750 | 1250 | 2500 | 4400 | 6200 |
| **Royal Monaco Brougham, 8-cyl., 122"-124" wb** | | | | | | |
| 2-dr Cpe | 300 | 650 | 1150 | 2300 | 3900 | 5700 |
| 4-dr Sdn | 300 | 900 | 950 | 1900 | 3200 | 4600 |
| 4-dr Hdtp Sdn | 300 | 650 | 1100 | 2200 | 3800 | 5400 |
| 4-dr 2-seat Sta Wgn | 300 | 700 | 1200 | 2400 | 4100 | 5900 |
| 4-dr 3-seat Sta Wgn | 300 | 800 | 1300 | 2600 | 4600 | 6600 |
| **1976** | | | | | | |
| **Dart Sport, 6-cyl., 108" wb** | | | | | | |
| 2-dr Spt Cpe | 300 | 600 | 900 | 1800 | 3100 | 4400 |
| **Dart Swinger Special, 6-cyl., 111" wb** | | | | | | |
| 2-dr Hdtp | 300 | 600 | 950 | 1900 | 3200 | 4600 |
| **Dart, 6-cyl., 111" wb** | | | | | | |
| 4-dr Sdn | 300 | 550 | 800 | 1600 | 2800 | 3900 |
| 2-dr Swinger Hdtp | 300 | 600 | 950 | 1900 | 3200 | 4600 |
| **Aspen, 8-cyl., 109"-113" wb** | | | | | | |
| 4-dr Sdn | 250 | 500 | 750 | 1500 | 2600 | 3600 |
| 2-dr Spt Cpe | 300 | 550 | 800 | 1600 | 2800 | 3900 |
| 4-dr 6-pass Sta Wgn | 300 | 550 | 800 | 1600 | 2800 | 3900 |
| **Aspen Custom, 8-cyl., 109"-113" wb** | | | | | | |
| 4-dr Sdn | 300 | 550 | 800 | 1600 | 2800 | 3900 |
| 2-dr Spt Cpe | 300 | 600 | 850 | 1700 | 2900 | 4100 |
| **Aspen Special Edition, 8-cyl., 109"-113" wb** | | | | | | |
| 4-dr Sdn | 300 | 600 | 850 | 1700 | 2900 | 4100 |
| 2-dr Spt Cpe | 300 | 600 | 900 | 1800 | 3100 | 4400 |
| 4-dr 6-pass Sta Wgn | 300 | 600 | 900 | 1800 | 3100 | 4400 |
| **Coronet, 8-cyl., 115"-118" wb** | | | | | | |
| 4-dr Sdn | 300 | 600 | 850 | 1700 | 2900 | 4100 |
| 4-dr 2-seat Sta Wgn | 300 | 600 | 950 | 1900 | 3200 | 4600 |
| 4-dr 3-seat Sta Wgn | 300 | 650 | 1100 | 2100 | 3600 | 5100 |
| **Coronet Brougham, 8-cyl., 115"-118" wb** | | | | | | |
| 4-dr Sdn | 300 | 600 | 900 | 1800 | 3100 | 4400 |
| **Crestwood, 8-cyl., 115"-118" wb** | | | | | | |
| 4-dr 2-seat Sta Wgn | 300 | 600 | 950 | 1900 | 3200 | 4600 |
| 4-dr 3-seat Sta Wgn | 300 | 650 | 1100 | 2100 | 3600 | 5100 |
| **Charger, 8-cyl., 115"-118" wb** | | | | | | |
| 2-dr Hdtp | 350 | 900 | 1500 | 3000 | 5300 | 7600 |
| 2-dr Hdtp Spt | 300 | 800 | 1300 | 2600 | 4600 | 6600 |

| | 6 | 5 | 4 | 3 | 2 | 1 |
|---|---|---|---|---|---|---|
| **Charger Special Edition, 8-cyl., 115"-118" wb** | | | | | | |
| 2-dr Hdtp | 350 | 850 | 1400 | 2800 | 4900 | 7100 |
| **Monaco, 8-cyl., 122"-124" wb** | | | | | | |
| 4-dr Sdn | 300 | 600 | 900 | 1800 | 3100 | 4400 |
| 4-dr 6-pass Sta Wgn | 300 | 650 | 1000 | 2000 | 3500 | 4900 |
| **Royal Monaco, 8-cyl., 122"-124" wb** | | | | | | |
| 4-dr Sdn | 300 | 600 | 950 | 1900 | 3200 | 4600 |
| 2-dr Hdtp | 300 | 650 | 1150 | 2300 | 3900 | 5700 |
| 4-dr 2-seat Sta Wgn | 300 | 650 | 1000 | 2000 | 3500 | 4900 |
| 4-dr 3-seat Sta Wgn | 300 | 650 | 1100 | 2200 | 3800 | 5400 |
| **Royal Monaco Brougham, 8-cyl., 122"-124" wb** | | | | | | |
| 4-dr Sdn | 300 | 600 | 950 | 1900 | 3200 | 4600 |
| 2-dr Hdtp Frml | 300 | 650 | 1150 | 2300 | 3900 | 5700 |
| 4-dr 9-pass Sta Wgn | 300 | 700 | 1200 | 2400 | 4100 | 5900 |
| **1977** | | | | | | |
| **Aspen, 8-cyl., 109"-113" wb** | | | | | | |
| 4-dr Sdn | 250 | 500 | 750 | 1500 | 2600 | 3600 |
| 2-dr Spt Cpe | 300 | 550 | 800 | 1600 | 2800 | 3900 |
| 4-dr 6-pass Sta Wgn | 300 | 550 | 800 | 1600 | 2800 | 3900 |
| **Aspen Custom, 8-cyl., 109"-113" wb** | | | | | | |
| 4-dr Sdn | 300 | 550 | 800 | 1600 | 2800 | 3900 |
| 2-dr Spt Cpe | 300 | 600 | 850 | 1700 | 2900 | 4100 |
| **Aspen Special Edition, 8-cyl., 109"-113" wb** | | | | | | |
| 4-dr Sdn | 300 | 600 | 850 | 1700 | 2900 | 4100 |
| 2-dr Spt Cpe | 300 | 600 | 900 | 1800 | 3100 | 4400 |
| 4-dr 6-pass Sta Wgn | 300 | 600 | 900 | 1800 | 3100 | 4400 |
| **Monaco, 8-cyl., 115"-118" wb** | | | | | | |
| 4-dr Sdn | 300 | 600 | 900 | 1800 | 3100 | 4400 |
| 2-dr Hdtp | 300 | 650 | 1000 | 2000 | 3500 | 4900 |
| 2-dr Spl Hdtp | 300 | 650 | 1000 | 2000 | 3500 | 4900 |
| 4-dr 2-seat Sta Wgn | 300 | 600 | 950 | 1900 | 3200 | 4600 |
| 4-dr 3-seat Sta Wgn | 300 | 650 | 1100 | 2100 | 3600 | 5100 |
| **Monaco Brougham, 8-cyl., 115"-118" wb** | | | | | | |
| 4-dr Sdn | 300 | 600 | 900 | 1800 | 3100 | 4400 |
| 2-dr Hdtp | 300 | 650 | 1100 | 2200 | 3800 | 5400 |
| **Monaco Crestwood, 8-cyl., 118" wb** | | | | | | |
| 4-dr 2-seat Sta Wgn | 300 | 650 | 1000 | 2000 | 3500 | 4900 |
| 4-dr 3-seat Sta Wgn | 300 | 650 | 1100 | 2200 | 3800 | 5400 |
| **Charger Special Edition, 8-cyl., 115" wb** | | | | | | |
| 2-dr Hdtp | 350 | 850 | 1400 | 2800 | 4900 | 7100 |
| **Diplomat, 8-cyl., 113" wb** | | | | | | |
| 4-dr Sdn | 200 | 350 | 500 | 1000 | 1900 | 2700 |
| 2-dr Cpe | 200 | 400 | 550 | 1100 | 2000 | 2900 |
| **Diplomat Medallion, 8-cyl., 113" wb** | | | | | | |
| 4-dr Sdn | 200 | 400 | 550 | 1100 | 2000 | 2900 |
| 2-dr Cpe | 200 | 400 | 550 | 1100 | 2000 | 2900 |
| **Royal Monaco, 8-cyl., 121" wb** | | | | | | |
| 4-dr Sdn | 300 | 600 | 950 | 1900 | 3200 | 4600 |
| 2-dr Hdtp | 300 | 650 | 1150 | 2300 | 3900 | 5700 |
| 4-dr 6-pass Sta Wgn | 300 | 650 | 1000 | 2000 | 3500 | 4900 |
| **Royal Monaco Brougham, 8-cyl., 124" wb** | | | | | | |
| 4-dr Sdn | 300 | 600 | 950 | 1900 | 3200 | 4600 |
| 2-dr Hdtp Frml | 300 | 650 | 1150 | 2300 | 3900 | 5700 |
| 4-dr 2-seat Sta Wgn | 300 | 650 | 1100 | 2200 | 3800 | 5400 |
| 4-dr 3-seat Sta Wgn | 300 | 700 | 1200 | 2400 | 4100 | 5900 |
| *Small block option deduct 10%* | | | | | | |
| **1978** | | | | | | |
| **Omni, 4-cyl., 99" wb** | | | | | | |
| 4-dr Htchbk | 125 | 250 | 400 | 800 | 1700 | 2500 |

| | 6 | 5 | 4 | 3 | 2 | 1 |
|---|---|---|---|---|---|---|
| **Aspen, 8-cyl., 109"-113" wb** | | | | | | |
| 4-dr Sdn | 250 | 500 | 750 | 1500 | 2600 | 3600 |
| 2-dr Spt Cpe | 300 | 550 | 800 | 1600 | 2800 | 3900 |
| 4-dr 6-pass Sta Wgn | 300 | 550 | 800 | 1600 | 2800 | 3900 |
| **Monaco, 8-cyl., 115"-118" wb** | | | | | | |
| 4-dr Sdn | 300 | 600 | 900 | 1800 | 3100 | 4400 |
| 2-dr Hdtp | 300 | 650 | 1000 | 2000 | 3500 | 4900 |
| 2-dr Hdtp "SS" | 300 | 650 | 1100 | 2200 | 3800 | 5400 |
| 4-dr 3-seat Sta Wgn | 300 | 650 | 1100 | 2100 | 3600 | 5100 |
| 4-dr 2-seat Sta Wgn | 300 | 600 | 950 | 1900 | 3200 | 4600 |
| **Monaco Brougham, 8-cyl., 115"-118" wb** | | | | | | |
| 4-dr Sdn | 300 | 600 | 900 | 1800 | 3100 | 4400 |
| 2-dr Hdtp | 300 | 650 | 1100 | 2200 | 3800 | 5400 |
| **Monaco Crestwood, 8-cyl., 118" wb** | | | | | | |
| 4-dr 3-seat Sta Wgn | 300 | 650 | 1100 | 2200 | 3800 | 5400 |
| 4-dr 2-seat Sta Wgn | 300 | 650 | 1000 | 2000 | 3500 | 4900 |
| **Charger SE, 8-cyl.** | | | | | | |
| 2-dr | 350 | 850 | 1400 | 2800 | 4900 | 7100 |
| **Magnum XE, 8-cyl.** | | | | | | |
| 2-dr Hdtp Cpe | 350 | 950 | 1550 | 3100 | 5500 | 7900 |
| **Challenger, 8-cyl.** | | | | | | |
| 2-dr Spt Cpe | 300 | 700 | 1200 | 2400 | 4100 | 5900 |
| **Diplomat, 8-cyl., 113" wb** | | | | | | |
| 4-dr "S" Sdn | 200 | 400 | 550 | 1100 | 2000 | 2900 |
| 2-dr "S" Cpe | 200 | 400 | 550 | 1100 | 2000 | 2900 |
| 4-dr Sdn | 200 | 350 | 500 | 1000 | 1900 | 2700 |
| 2-dr Cpe | 200 | 400 | 550 | 1100 | 2000 | 2900 |
| 4-dr 6-pass Sta Wgn | 200 | 350 | 500 | 1000 | 1900 | 2700 |
| **Diplomat Medallion, 8-cyl., 113" wb** | | | | | | |
| 4-dr Sdn | 200 | 350 | 500 | 1000 | 1900 | 2700 |
| 2-dr Cpe | 200 | 400 | 550 | 1100 | 2000 | 2900 |
| | *Small block option deduct 10%* | | | | | |
| **1979** | | | | | | |
| **Omni, 4-cyl., 99" wb** | | | | | | |
| 4-dr Htchbk | 125 | 250 | 400 | 800 | 1700 | 2500 |
| 2-dr Htchbk | 125 | 250 | 400 | 800 | 1700 | 2500 |
| **Aspen, 8-cyl., 109"-113" wb** | | | | | | |
| 4-dr Sdn | 250 | 500 | 750 | 1500 | 2600 | 3600 |
| 2-dr Cpe | 300 | 550 | 800 | 1600 | 2800 | 3900 |
| 4-dr 6-pass Sta Wgn | 300 | 550 | 800 | 1600 | 2800 | 3900 |
| **Magnum XE, 8-cyl., 115" wb** | | | | | | |
| 2-dr Specialty Hdtp | 350 | 950 | 1550 | 3100 | 5500 | 7900 |
| **Diplomat, 8-cyl., 113" wb** | | | | | | |
| 4-dr Sdn | 200 | 350 | 500 | 1000 | 1900 | 2700 |
| 2-dr Cpe | 200 | 400 | 550 | 1100 | 2000 | 2900 |
| **Diplomat Salon, 8-cyl., 113" wb** | | | | | | |
| 4-dr Sdn | 200 | 350 | 500 | 1000 | 1900 | 2700 |
| 2-dr Cpe | 200 | 400 | 550 | 1100 | 2000 | 2900 |
| 4-dr 6-pass Sta Wgn | 200 | 350 | 500 | 1000 | 1900 | 2700 |
| **Diplomat Medallion, 8-cyl., 113" wb** | | | | | | |
| 4-dr Sdn | 200 | 350 | 500 | 1000 | 1900 | 2700 |
| 2-dr Cpe | 200 | 400 | 550 | 1100 | 2000 | 2900 |
| **St. Regis, 8-cyl., 119" wb** | | | | | | |
| 4-dr Sdn | 300 | 550 | 800 | 1600 | 2800 | 3900 |
| | *Small block option deduct 10%* | | | | | |
| **1980** | | | | | | |
| **Omni, 4-cyl., 99" wb** | | | | | | |
| 4-dr Htchbk | 125 | 250 | 400 | 800 | 1700 | 2500 |
| 2-dr Htchbk | 125 | 250 | 400 | 800 | 1700 | 2500 |
| 2+2 (97" wb) | 125 | 250 | 400 | 800 | 1700 | 2500 |

| | 6 | 5 | 4 | 3 | 2 | 1 |
|---|---|---|---|---|---|---|
| **Aspen, 6-cyl., 109"-113" wb** | | | | | | |
| 4-dr Sdn Spl | 250 | 500 | 750 | 1400 | 2400 | 3400 |
| 2-dr Cpe Spl | 250 | 500 | 750 | 1500 | 2600 | 3600 |
| **Aspen, 8-cyl., 109"-113" wb** | | | | | | |
| 4-dr Sdn | 250 | 500 | 750 | 1500 | 2600 | 3600 |
| 2-dr Cpe | 300 | 550 | 800 | 1600 | 2800 | 3900 |
| 4-dr Sta Wgn | 300 | 550 | 800 | 1600 | 2800 | 3900 |
| **Challenger** | | | | | | |
| 2-dr Cpe | 300 | 650 | 1100 | 2200 | 3800 | 5400 |
| **Diplomat, 8-cyl., 109"-113" wb** | | | | | | |
| 4-dr Sdn Salon | 200 | 350 | 500 | 1000 | 1900 | 2700 |
| 2-dr Cpe Salon | 200 | 400 | 550 | 1100 | 2000 | 2900 |
| 4-dr 6-pass Sta Wgn Salon | 200 | 400 | 550 | 1100 | 2000 | 2900 |
| 2-dr Cpe | 200 | 400 | 550 | 1100 | 2000 | 2900 |
| 4-dr Sdn | 200 | 350 | 500 | 1000 | 1900 | 2700 |
| 4-dr 6-pass Sta Wgn | 200 | 350 | 500 | 1000 | 1900 | 2700 |
| 2-dr Spl Spt Cpe | 200 | 400 | 550 | 1100 | 2000 | 2900 |
| 4-dr Sdn Medallion | 200 | 400 | 550 | 1100 | 2000 | 2900 |
| 2-dr Cpe Medallion | 200 | 400 | 550 | 1100 | 2000 | 2900 |
| **Mirada, 8-cyl., 113" wb** | | | | | | |
| 2-dr Hdtp | 250 | 500 | 750 | 1400 | 2400 | 3400 |
| 2-dr Hdtp "S" Cpe | 250 | 500 | 750 | 1500 | 2600 | 3600 |
| **St. Regis, 8-cyl., 119" wb** | | | | | | |
| 4-dr Hdtp | 300 | 550 | 800 | 1600 | 2800 | 3900 |
| *Small block option deduct 10%* | | | | | | |
| ***1981*** | | | | | | |
| **Omni, 4-cyl., 99" wb** | | | | | | |
| 4-dr Htchbk | 150 | 300 | 450 | 900 | 1800 | 2600 |
| 2-dr Htchbk | 150 | 300 | 450 | 900 | 1800 | 2600 |
| 2-dr Miser Htchbk | 150 | 300 | 450 | 900 | 1800 | 2600 |
| 4-dr Miser Htchbk | 150 | 300 | 450 | 900 | 1800 | 2600 |
| **Aries, 4-cyl., 99.6" wb** | | | | | | |
| 4-dr Sdn SE | 200 | 350 | 500 | 1000 | 1900 | 2700 |
| 2-dr Sdn SE | 200 | 350 | 500 | 1000 | 1900 | 2700 |
| 4-dr 6-pass Sta Wgn SE | 200 | 350 | 500 | 1000 | 1900 | 2700 |
| 2-dr Sdn | 200 | 350 | 500 | 1000 | 1900 | 2700 |
| 4-dr Sdn | 200 | 350 | 500 | 1000 | 1900 | 2700 |
| 2-dr Custom Sdn | 200 | 350 | 500 | 1000 | 1900 | 2700 |
| 4-dr Custom Sdn | 200 | 350 | 500 | 1000 | 1900 | 2700 |
| 4-dr 6-pass Custom Sta Wgn | 200 | 350 | 500 | 1000 | 1900 | 2700 |
| **Diplomat, 8-cyl., 109"-113" wb** | | | | | | |
| 4-dr Sdn Medallion | 200 | 400 | 550 | 1100 | 2000 | 2900 |
| 2-dr Cpe Medallion | 200 | 400 | 550 | 1100 | 2000 | 2900 |
| 2-dr Spt Cpe | 200 | 400 | 550 | 1100 | 2000 | 2900 |
| 4-dr Spt Sdn | 200 | 400 | 550 | 1100 | 2000 | 2900 |
| 4-dr 6-pass Sta Wgn | 200 | 400 | 550 | 1100 | 2000 | 2900 |
| 2-dr Salon Cpe | 200 | 400 | 550 | 1100 | 2000 | 2900 |
| 4-dr Salon Sdn | 200 | 400 | 550 | 1100 | 2000 | 2900 |
| 4-dr Salon 6-pass Sta Wgn | 200 | 400 | 550 | 1100 | 2000 | 2900 |
| **Mirada, 8-cyl., 113" wb** | | | | | | |
| 2-dr Cpe | 250 | 500 | 750 | 1400 | 2400 | 3400 |
| **St. Regis, 8-cyl., 119" wb** | | | | | | |
| 4-dr Sdn | 300 | 550 | 800 | 1600 | 2800 | 3900 |
| *Small block option deduct 10%* | | | | | | |
| ***1982*** | | | | | | |
| **Omni, 4-cyl., 99" wb** | | | | | | |
| 4-dr Custom Htchbk | 150 | 300 | 450 | 900 | 1800 | 2600 |
| 2-dr Custom Htchbk (97" wb) | 150 | 300 | 450 | 900 | 1800 | 2600 |
| 2-dr Miser Htchbk | 150 | 300 | 450 | 900 | 1800 | 2600 |
| 4-dr Miser Htchbk | 150 | 300 | 450 | 900 | 1800 | 2600 |

| | 6 | 5 | 4 | 3 | 2 | 1 |
|---|---|---|---|---|---|---|
| 4-dr Htchbk Euro | 150 | 300 | 450 | 900 | 1800 | 2600 |
| 2-dr Htchbk Charger 2.2 | 150 | 300 | 450 | 900 | 1800 | 2600 |
| **Aries, 4-cyl., 100" wb** | | | | | | |
| 4-dr Sdn SE | 200 | 350 | 500 | 1000 | 1900 | 2700 |
| 2-dr Cpe SE | 200 | 350 | 500 | 1000 | 1900 | 2700 |
| 4-dr Sta Wgn SE | 200 | 350 | 500 | 1000 | 1900 | 2700 |
| 2-dr Sdn | 200 | 350 | 500 | 1000 | 1900 | 2700 |
| 4-dr Sdn | 200 | 350 | 500 | 1000 | 1900 | 2700 |
| 2-dr Custom Sdn | 200 | 350 | 500 | 1000 | 1900 | 2700 |
| 4-dr Custom Sdn | 200 | 350 | 500 | 1000 | 1900 | 2700 |
| 4-dr 6-pass Custom Wgn | 200 | 350 | 500 | 1000 | 1900 | 2700 |
| **400, 4-cyl., 100" wb** | | | | | | |
| 2-dr Cpe LS | 200 | 400 | 600 | 1200 | 2100 | 3000 |
| 4-dr Sdn LS | 200 | 400 | 600 | 1200 | 2100 | 3000 |
| 2-dr Conv | 300 | 600 | 900 | 1800 | 3100 | 4400 |
| 2-dr Cpe | 200 | 400 | 600 | 1200 | 2100 | 3000 |
| 4-dr Sdn | 200 | 400 | 600 | 1200 | 2100 | 3000 |
| **Diplomat, 8-cyl., 113" wb** | | | | | | |
| 4-dr Sdn Salon | 200 | 400 | 550 | 1100 | 2000 | 2900 |
| 4-dr Sdn Medallion | 200 | 400 | 550 | 1100 | 2000 | 2900 |
| **Mirada, 8-cyl., 113" wb** | | | | | | |
| 2-dr Cpe Hdtp | 250 | 500 | 750 | 1400 | 2400 | 3400 |

*Small block option deduct 10%*

### 1983

**Omni, 4-cyl., 99" wb**

| | 6 | 5 | 4 | 3 | 2 | 1 |
|---|---|---|---|---|---|---|
| 4-dr Htchbk | 150 | 300 | 450 | 900 | 1800 | 2600 |
| 4-dr Htchbk Cus | 150 | 300 | 450 | 900 | 1800 | 2600 |
| **Charger, 4-cyl., 97" wb** | | | | | | |
| 2-dr Htchbk | 150 | 300 | 450 | 900 | 1800 | 2600 |
| 2-dr Htchbk 2+2 | 150 | 300 | 450 | 900 | 1800 | 2600 |
| 2-dr Htchbk Shelby | 150 | 300 | 450 | 900 | 1800 | 2600 |
| **Aries, 4-cyl., 100" wb** | | | | | | |
| 4-dr Sdn SE | 200 | 350 | 500 | 1000 | 1900 | 2700 |
| 2-dr Sdn SE | 200 | 350 | 500 | 1000 | 1900 | 2700 |
| 4-dr 6-pass Sta Wgn SE | 200 | 350 | 500 | 1000 | 1900 | 2700 |
| 2-dr Sdn | 200 | 350 | 500 | 1000 | 1900 | 2700 |
| 4-dr Sdn | 200 | 350 | 500 | 1000 | 1900 | 2700 |
| 4-dr 6-pass Custom Wgn | 200 | 350 | 500 | 1000 | 1900 | 2700 |
| **400, 4-cyl., 100" wb** | | | | | | |
| 4-dr Sdn | 200 | 450 | 650 | 1300 | 2200 | 3200 |
| 2-dr Cpe | 200 | 450 | 650 | 1300 | 2200 | 3200 |
| 2-dr Conv | 300 | 600 | 950 | 1900 | 3200 | 4600 |
| **600, 4-cyl., 103" wb** | | | | | | |
| 4-dr Sdn | 250 | 500 | 750 | 1400 | 2400 | 3400 |
| 4-dr Sdn ES | 250 | 500 | 750 | 1500 | 2600 | 3600 |
| **Diplomat, 8-cyl., 113" wb** | | | | | | |
| 4-dr Sdn Salon | 200 | 400 | 550 | 1100 | 2000 | 2900 |
| 4-dr Sdn Medallion | 200 | 400 | 550 | 1100 | 2000 | 2900 |
| **Mirada, 8-cyl., 113" wb** | | | | | | |
| 2-dr Cpe Specialty | 250 | 500 | 750 | 1400 | 2400 | 3400 |

*Small block option deduct 10%*

### 1984

**Omni, 4-cyl., 99" wb**

| | 6 | 5 | 4 | 3 | 2 | 1 |
|---|---|---|---|---|---|---|
| 4-dr Htchbk | 200 | 350 | 500 | 1000 | 1900 | 2700 |
| 4-dr Htchbk GLH | 200 | 350 | 500 | 1000 | 1900 | 2700 |
| 4-dr SE Htchbk | 200 | 350 | 500 | 1000 | 1900 | 2700 |
| **Charger, 4-cyl., 97" wb** | | | | | | |
| 2-dr Htchbk | 200 | 350 | 500 | 1000 | 1900 | 2700 |
| 2-dr Htchbk 2+2 | 200 | 350 | 500 | 1000 | 1900 | 2700 |
| 2-dr Htchbk Shelby | 200 | 350 | 500 | 1000 | 1900 | 2700 |

| | 6 | 5 | 4 | 3 | 2 | 1 |
|---|---|---|---|---|---|---|
| **Aries, 4-cyl., 100" wb** | | | | | | |
| 4-dr Sdn SE | 200 | 400 | 550 | 1100 | 2000 | 2900 |
| 2-dr Sdn SE | 200 | 400 | 550 | 1100 | 2000 | 2900 |
| 4-dr Sta Wgn SE | 200 | 400 | 550 | 1100 | 2000 | 2900 |
| 2-dr Sdn | 200 | 400 | 550 | 1100 | 2000 | 2900 |
| 4-dr Sdn | 200 | 400 | 550 | 1100 | 2000 | 2900 |
| 4-pass Custom Wgn | 200 | 400 | 550 | 1100 | 2000 | 2900 |
| **Daytona, 4-cyl., 97" wb** | | | | | | |
| 2-dr Htchbk | 250 | 500 | 750 | 1400 | 2400 | 3400 |
| 2-dr Htchbk Turbo | 200 | 450 | 650 | 1300 | 2200 | 3200 |
| 2-dr Htchbk Turbo Z | 200 | 450 | 650 | 1300 | 2200 | 3200 |
| **600, 4-cyl., 103" wb** | | | | | | |
| 4-dr Sdn | 250 | 500 | 750 | 1500 | 2600 | 3600 |
| 2-dr Cpe | 250 | 500 | 750 | 1400 | 2400 | 3400 |
| 4-dr Sdn ES | 300 | 550 | 800 | 1600 | 2800 | 3900 |
| 2-dr Conv | 300 | 600 | 900 | 1800 | 3100 | 4400 |
| 2-dr Conv ES Turbo | 300 | 550 | 800 | 1600 | 2800 | 3900 |
| **Diplomat, 8-cyl., 113" wb** | | | | | | |
| 4-dr Sdn Salon | 200 | 400 | 550 | 1100 | 2000 | 2900 |
| 4-dr Sdn SE | 200 | 400 | 550 | 1100 | 2000 | 2900 |

*Turbo add 10%*

## 1985

| | 6 | 5 | 4 | 3 | 2 | 1 |
|---|---|---|---|---|---|---|
| **Omni, 4-cyl., 99" wb** | | | | | | |
| 4-dr Htchbk | 200 | 350 | 500 | 1000 | 1900 | 2700 |
| 4-dr SE Htchbk | 200 | 350 | 500 | 1000 | 1900 | 2700 |
| 4-dr GLH Htchbk | 200 | 350 | 500 | 1000 | 1900 | 2700 |
| **Charger, 4-cyl., 97" wb** | | | | | | |
| 2-dr Htchbk | 200 | 350 | 500 | 1000 | 1900 | 2700 |
| 2-dr Htchbk 2+2 | 200 | 350 | 500 | 1000 | 1900 | 2700 |
| 2-dr Htchbk Shelby | 200 | 350 | 500 | 1000 | 1900 | 2700 |
| **Aries, 4-cyl., 100" wb** | | | | | | |
| 4-dr Sdn LE | 200 | 400 | 550 | 1100 | 2000 | 2900 |
| 2-dr Sdn LE | 200 | 400 | 550 | 1100 | 2000 | 2900 |
| 4-dr Sta Wgn LE | 200 | 400 | 550 | 1100 | 2000 | 2900 |
| 2-dr Sdn | 200 | 400 | 550 | 1100 | 2000 | 2900 |
| 4-dr Sdn | 200 | 400 | 550 | 1100 | 2000 | 2900 |
| 2-dr SE Sdn | 200 | 400 | 550 | 1100 | 2000 | 2900 |
| 4-dr SE Sdn | 200 | 400 | 550 | 1100 | 2000 | 2900 |
| 4-dr 6-pass SE Wgn | 200 | 400 | 550 | 1100 | 2000 | 2900 |
| **Daytona, 4-cyl., 97" wb** | | | | | | |
| 2-dr Htchbk | 250 | 500 | 750 | 1500 | 2600 | 3600 |
| 2-dr Htchbk Turbo | 250 | 500 | 750 | 1400 | 2400 | 3400 |
| 2-dr Htchbk Turbo Z | 250 | 500 | 750 | 1400 | 2400 | 3400 |
| **600, 4-cyl., 103" wb** | | | | | | |
| 4-dr Sdn SE | 300 | 550 | 800 | 1600 | 2800 | 3900 |
| 2-dr Cpe | 250 | 500 | 750 | 1500 | 2600 | 3600 |
| 2-dr Conv | 300 | 600 | 950 | 1900 | 3200 | 4600 |
| 2-dr Conv ES Turbo | 300 | 600 | 900 | 1800 | 3100 | 4400 |
| **Lancer, 4-cyl., 103" wb** | | | | | | |
| 4-dr Htchbk | 250 | 500 | 750 | 1400 | 2400 | 3400 |
| 4-dr Htchbk ES | 250 | 500 | 750 | 1400 | 2400 | 3400 |
| **Diplomat, 8-cyl., 113" wb** | | | | | | |
| 4-dr Sdn Salon | 200 | 400 | 550 | 1100 | 2000 | 2900 |
| 4-dr Sdn SE | 200 | 400 | 550 | 1100 | 2000 | 2900 |

## 1986

| | 6 | 5 | 4 | 3 | 2 | 1 |
|---|---|---|---|---|---|---|
| **Omni, 4-cyl., 99" wb** | | | | | | |
| 4-dr Htchbk | 200 | 400 | 550 | 1100 | 2000 | 2900 |
| 4-dr Htchbk GLH | 200 | 400 | 550 | 1100 | 2000 | 2900 |
| 4-dr SE Htchbk | 200 | 400 | 550 | 1100 | 2000 | 2900 |

**'71 Dodge Dart Swinger**

**'73 Dodge Challenger**

**'75 Dodge Charger**

**'76 Dodge Aspen**

**'77 Dodge Royal Monaco**

**'78 Dodge Magnum XE**

**'79 Dodge Challenger**

**'83 Dodge Shelby Charger**

**'85 Dodge 600**

**'87 Dodge Lancer**

| | 6 | 5 | 4 | 3 | 2 | 1 |
|---|---|---|---|---|---|---|
| **Charger, 4-cyl., 97" wb** | | | | | | |
| 2-dr Htchbk | 200 | 400 | 550 | 1100 | 2000 | 2900 |
| 2-dr Htchbk 2+2 | 200 | 400 | 550 | 1100 | 2000 | 2900 |
| 2-dr Htchbk Shelby | 200 | 400 | 550 | 1100 | 2000 | 2900 |
| **Daytona, 4-cyl., 97"wb** | | | | | | |
| 2-dr Htchbk Daytona | 300 | 550 | 9800 | 1600 | 2800 | 3900 |
| 2-dr Htchbk Daytona Turbo Z | 250 | 500 | 750 | 1500 | 2600 | 3600 |

| | 6 | 5 | 4 | 3 | 2 | 1 |
|---|---|---|---|---|---|---|
| **Aries, 4-cyl., 100" wb** | | | | | | |
| 2-dr Sdn | 200 | 400 | 600 | 1200 | 2100 | 3000 |
| 4-dr Sdn | 200 | 400 | 600 | 1200 | 2100 | 3000 |
| 2-dr Sdn SE | 200 | 400 | 600 | 1200 | 2100 | 3000 |
| 4-dr Sdn SE | 200 | 400 | 600 | 1200 | 2100 | 3000 |
| 4-dr 6-pass Wgn SE | 200 | 400 | 600 | 1200 | 2100 | 3000 |
| 2-dr LE Sdn | 200 | 400 | 600 | 1200 | 2100 | 3000 |
| 4-dr LE Sdn | 200 | 400 | 600 | 1200 | 2100 | 3000 |
| 4-dr 6-pass LE Wgn | 200 | 400 | 600 | 1200 | 2100 | 3000 |
| **Lancer, 4-cyl., 103" wb** | | | | | | |
| 4-dr Htchbk | 300 | 600 | 850 | 1700 | 2900 | 4100 |
| 4-dr ES Htchbk | 300 | 550 | 800 | 1600 | 2800 | 3900 |
| **600, 4-cyl., 100" wb** | | | | | | |
| 2-dr Cpe | 300 | 600 | 850 | 1700 | 2900 | 4100 |
| 2-dr Conv | 300 | 650 | 1100 | 2100 | 3600 | 5100 |
| 2-dr ES Conv Turbo | 300 | 650 | 1000 | 2000 | 3500 | 4900 |
| 4-dr Sdn | 300 | 600 | 850 | 1700 | 2900 | 4100 |
| 4-dr SE Sdn | 300 | 600 | 900 | 1800 | 3100 | 4400 |
| **Diplomat, 8-cyl., 113" wb** | | | | | | |
| 4-dr Sdn Salon | 200 | 400 | 600 | 1200 | 2100 | 3000 |
| 4-dr SE Sdn | 200 | 400 | 600 | 1200 | 2100 | 3000 |
| | | | *Turbo add 10%* | | | |
| **1987** | | | | | | |
| **Omni, 4-cyl., 99" wb** | | | | | | |
| 4-dr Htchbk America | 200 | 400 | 600 | 1200 | 2100 | 3000 |
| 2-dr Htchbk Charger | 200 | 400 | 600 | 1200 | 2100 | 3000 |
| 2-dr Htchbk Charger Shelby | 200 | 400 | 600 | 1200 | 2100 | 3000 |
| **Aries, 4-cyl., 100" wb** | | | | | | |
| 2-dr Sdn | 250 | 500 | 750 | 1400 | 2400 | 3400 |
| 4-dr Sdn | 250 | 500 | 750 | 1400 | 2400 | 3400 |
| 2-dr LE Sdn | 250 | 500 | 750 | 1500 | 2600 | 3600 |
| 4-dr Sdn LE | 250 | 500 | 750 | 1500 | 2600 | 3600 |
| 4-dr LE Sta Wgn | 250 | 500 | 750 | 1500 | 2600 | 3600 |
| **Shadow, 4-cyl., 97" wb** | | | | | | |
| 2-dr Lftbck Sdn | 300 | 600 | 850 | 1700 | 2900 | 4100 |
| 4-dr Lftbck Sdn | 300 | 600 | 850 | 1700 | 2900 | 4100 |
| **Daytona, 4-cyl., 97" wb** | | | | | | |
| 2-dr Htchbk | 300 | 600 | 850 | 1700 | 2900 | 4100 |
| 2-dr Htchbk Pacifica | 300 | 650 | 1000 | 2000 | 3500 | 4900 |
| 2-dr Htchbk Shelby Z | 300 | 650 | 1100 | 2100 | 3600 | 5100 |
| **600, 4-cyl., 103" wb** | | | | | | |
| 4-dr Sdn | 300 | 600 | 950 | 1900 | 3200 | 4600 |
| 4-dr Sdn SE | 300 | 650 | 1000 | 2000 | 3500 | 4900 |
| **Lancer, 4-cyl., 103" wb** | | | | | | |
| 4-dr Htchbk | 300 | 600 | 900 | 1800 | 3100 | 4400 |
| 4-dr Htchbk ES | 300 | 600 | 900 | 1800 | 3100 | 4400 |
| **Diplomat, 8-cyl., 113" wb** | | | | | | |
| 4-dr Sdn Salon | 200 | 450 | 650 | 1300 | 2200 | 3200 |
| 4-dr Sdn SE | 200 | 450 | 650 | 1300 | 2200 | 3200 |
| | | | *Turbo add 10%* | | | |
| **1988** | | | | | | |
| **Omni, 4-cyl., 99"wb** | | | | | | |
| 4-dr Htchbk America | 200 | 450 | 650 | 1300 | 2200 | 3200 |
| **Aries, 4-cyl., 100" wb** | | | | | | |
| 2-dr Sdn America | 300 | 550 | 800 | 1600 | 2800 | 3900 |
| 4-dr Sdn America | 300 | 550 | 800 | 1600 | 2800 | 3900 |
| 4-dr Wgn America | 300 | 550 | 800 | 1600 | 2800 | 3900 |
| **Shadow, 4-cyl., 97" wb** | | | | | | |
| 2-dr Lftbck Sdn | 300 | 600 | 900 | 1800 | 3100 | 4400 |
| 4-dr Lftbck Sdn | 300 | 600 | 950 | 1900 | 3200 | 4600 |

| | 6 | 5 | 4 | 3 | 2 | 1 |
|---|---|---|---|---|---|---|
| **Daytona, 4-cyl., 97" wb** | | | | | | |
| 2-dr Htchbk | 300 | 650 | 1100 | 2100 | 3600 | 5100 |
| 2-dr Htchbk Pacifica | 300 | 700 | 1200 | 2400 | 4100 | 5900 |
| 2-dr Htchbk Shelby Z | 300 | 750 | 1250 | 2500 | 4400 | 6200 |
| **600, 4-cyl., 103" wb** | | | | | | |
| 4-dr Sdn | 300 | 650 | 1000 | 2000 | 3500 | 4900 |
| 4-dr Sdn SE | 300 | 650 | 1100 | 2100 | 3600 | 5100 |
| **Lancer, 4-cyl., 103" wb** | | | | | | |
| 4-dr Htchbk | 300 | 650 | 1000 | 2000 | 3500 | 4900 |
| 4-dr Htchbk ES | 300 | 650 | 1000 | 2000 | 3500 | 4900 |
| **Diplomat, 8-cyl., 113" wb** | | | | | | |
| 4-dr Sdn | 250 | 500 | 750 | 1400 | 2400 | 3400 |
| 4-dr Sdn Salon | 250 | 500 | 750 | 1500 | 2600 | 3600 |
| 4-dr Sdn SE | 250 | 500 | 750 | 1500 | 2600 | 3600 |
| **Dynasty, 6-cyl., 104" wb** | | | | | | |
| 4-dr Sdn | 300 | 700 | 1200 | 2400 | 4100 | 5900 |
| 4-dr Sdn Premium | 300 | 800 | 1350 | 2700 | 4700 | 6900 |
| | | *Turbo add 10%* | | | | |
| **1989** | | | | | | |
| **Omni, 4-cyl., 99" wb** | | | | | | |
| 4-dr Htchbk America | 250 | 500 | 750 | 1400 | 2400 | 3400 |
| **Aries, 4-cyl., 100" wb** | | | | | | |
| 2-dr Sdn | 300 | 600 | 850 | 1700 | 2900 | 4100 |
| 4-dr Sdn | 300 | 600 | 850 | 1700 | 2900 | 4100 |
| 4-dr Sta Wgn | 300 | 600 | 850 | 1700 | 2900 | 4100 |
| **Shadow, 4-cyl., 97" wb** | | | | | | |
| 2-dr Lftbck Sdn | 300 | 650 | 1000 | 2000 | 3500 | 4900 |
| 4-dr Lftbck Sdn | 300 | 650 | 1100 | 2100 | 3600 | 5100 |
| **Daytona, 4-cyl., 97" wb** | | | | | | |
| 2-dr Htchbk | 300 | 750 | 1250 | 2500 | 4400 | 6200 |
| 2-dr Htchbk ES | 300 | 800 | 1350 | 2700 | 4700 | 6900 |
| 2-dr Htchbk ES Turbo | 350 | 900 | 1500 | 3000 | 5300 | 7600 |
| 2-dr Htchbk Shelby Turbo | 350 | 950 | 1550 | 3100 | 5500 | 7900 |
| **Spirit, 4-cyl., 103" wb** | | | | | | |
| 4-dr Sdn | 300 | 650 | 1150 | 2300 | 3900 | 5700 |
| 4-dr Sdn LE | 300 | 700 | 1200 | 2400 | 4100 | 5900 |
| 4-dr Sdn ES Turbo | 300 | 800 | 1350 | 2700 | 4700 | 6900 |
| **Lancer, 4-cyl., 103" wb** | | | | | | |
| 4-dr Spt Sdn | 300 | 650 | 1150 | 2300 | 3900 | 5700 |
| 4-dr Spt Sdn ES | 300 | 650 | 1150 | 2300 | 3900 | 5700 |
| 4-dr Shelby Spt Sdn | 400 | 1050 | 1700 | 3300 | 5800 | 8300 |
| **Dynasty, 6-cyl., 104" wb** | | | | | | |
| 4-dr Sdn | 350 | 850 | 1400 | 2800 | 4900 | 7100 |
| 4-dr Sdn LE | 350 | 950 | 1550 | 3100 | 5500 | 7900 |
| **Diplomat, 8-cyl., 113" wb** | | | | | | |
| 4-dr Sdn Salon | 300 | 550 | 800 | 1600 | 2800 | 3900 |
| 4-dr Sdn SE | 300 | 550 | 800 | 1600 | 2800 | 3900 |
| **1990** | | *6-cyl. add 10%* | | | | |
| **Omni, 4-cyl., 99" wb** | | | | | | |
| 4-dr Htchbk America | 300 | 550 | 800 | 1600 | 2800 | 3900 |
| **Shadow, 4-cyl., 97" wb** | | | | | | |
| 2-dr Lftbck Cpe | 300 | 650 | 1150 | 2300 | 3900 | 5700 |
| 4-dr Lftbck Sdn | 300 | 700 | 1200 | 2400 | 4100 | 5900 |
| **Daytona, 4-cyl., 97" wb** | | | | | | |
| 2-dr Htchbk | 400 | 1050 | 1700 | 3300 | 5800 | 8300 |
| 2-dr Htchbk ES | 400 | 1100 | 1800 | 3500 | 6100 | 8900 |
| 2-dr Htchbk ES Turbo | 400 | 1150 | 1850 | 3700 | 6400 | 9300 |
| 2-dr Shelby Htchbk Turbo | 400 | 1200 | 1950 | 3900 | 6800 | 9900 |

| | 6 | 5 | 4 | 3 | 2 | 1 |
|---|---|---|---|---|---|---|
| **Spirit, 4-cyl., 103" wb** | | | | | | |
| 4-dr Sdn | 300 | 800 | 1300 | 2600 | 4600 | 6600 |
| 4-dr Sdn LE | 350 | 850 | 1400 | 2800 | 4900 | 7100 |
| 4-dr Sdn ES Turbo | 350 | 950 | 1550 | 3100 | 5500 | 7900 |
| **Dynasty, 6-cyl., 104" wb** | | | | | | |
| 4-dr Sdn | 400 | 1100 | 1800 | 3600 | 6200 | 9100 |
| 4-dr Sdn LE | 400 | 1200 | 1950 | 3900 | 6800 | 9900 |
| **Monaco, 6-cyl., 106" wb** | | | | | | |
| 4-dr Sdn LE | 300 | 600 | 950 | 1900 | 3200 | 4600 |
| 4-dr Sdn ES | 300 | 650 | 1100 | 2200 | 3800 | 5400 |
| | | | *6-cyl. add 10%* | | | |
| ***1991*** | | | | | | |
| **Shadow, 4-cyl., 97" wb** | | | | | | |
| 2-dr Htchbck America | 300 | 800 | 1350 | 2700 | 4700 | 6900 |
| 4-dr Htchbck America | 300 | 800 | 1350 | 2700 | 4700 | 6900 |
| 2-dr Highline Htchbck | 350 | 850 | 1400 | 2800 | 4900 | 7100 |
| 4-dr Highline Htchbck | 350 | 900 | 1500 | 2900 | 5200 | 7400 |
| 2-dr Highline Conv | 400 | 1050 | 1700 | 3400 | 5900 | 8500 |
| 2-dr Htchbck ES | 350 | 900 | 1500 | 3000 | 5300 | 7600 |
| 4-dr Htchbck ES | 350 | 950 | 1550 | 3100 | 5500 | 7900 |
| 2-dr Conv ES | 400 | 1100 | 1800 | 3500 | 6100 | 8900 |
| **Daytona, 4-cyl., 97" wb** | | | | | | |
| 2-dr Htchbk | 400 | 1200 | 1950 | 3900 | 6800 | 9900 |
| 2-dr Htchbk ES | 450 | 1250 | 2050 | 4100 | 7100 | 10300 |
| 2-dr Htchbk IROC (V6) | 550 | 1400 | 2400 | 4800 | 8300 | 11800 |
| 2-dr Htchbk Shelby Turbo | 500 | 1350 | 2300 | 4600 | 8000 | 11300 |
| **Spirit, 4-cyl., 103" wb** | | | | | | |
| 4-dr Sdn | 350 | 950 | 1550 | 3100 | 5500 | 7900 |
| 4-dr Sdn LE | 350 | 1000 | 1600 | 3200 | 5700 | 8100 |
| 4-dr Sdn ES Turbo | 400 | 1100 | 1800 | 3500 | 6100 | 8900 |
| 4-dr Sedan RT | 400 | 1100 | 1800 | 3600 | 6200 | 9100 |
| **Dynasty, 6-cyl., 104" wb** | | | | | | |
| 4-dr Sdn | 450 | 1250 | 2050 | 4100 | 7100 | 10300 |
| 4-dr Sdn LE | 450 | 1250 | 2200 | 4400 | 7600 | 10900 |
| **Monaco, 6-cyl., 106" wb** | | | | | | |
| 4-dr Sdn Salon | 300 | 700 | 1200 | 2400 | 4100 | 5900 |
| 4-dr Sdn SE | 350 | 850 | 1400 | 2800 | 4900 | 7100 |
| **Stealth, 6-cyl., 97.2"wb** | | | | | | |
| 2-dr Coupe | 650 | 1700 | 3000 | 6100 | 10600 | 15200 |
| 2-dr Coupe ES | 700 | 1850 | 3300 | 6600 | 11300 | 16300 |
| 2-dr Coupe R/T | 750 | 2300 | 3800 | 7600 | 13100 | 18900 |
| 2-dr Coupe AWD RT | 1000 | 3100 | 5200 | 10400 | 18400 | 26000 |

---

# PRICE GUIDE CLASSIFICATIONS:

**1. CONCOURS:** Perfection. At or near 100 points on a 100-point judging scale. Trailered; never driven; pampered. Totally restored to the max and 100 percent stock.

**2. SHOW:** Professionally restored to high standards. No major flaws or deviations from stock. Consistent trophy winner that needs nothing to show. In 90 to 95 point range.

**3. STREET/SHOW:** Older restoration or extremely nice original showing some wear from age and use. Very presentable; occasional trophy winner; everything working properly. About 80 to 89 points.

**4. DRIVER:** A nice looking, fine running collector car needing little or nothing to drive, enjoy and show in local competition. Would need extensive restoration to be a show car, but completely usable as is.

**5. RESTORABLE:** Project car that is relatively complete and restorable within a reasonable effort and expense. Needs total restoration, but all major components present and rebuildable. May or may not be running.

**6. PARTS CAR:** Deteriorated or stripped to a point beyond reasonable restoration, but still complete and solid enough to donate valuable parts to a restoration. Likely not running, possibly missing its engine.

### Collector Car Value Trends

Value trends within the collector car hobby provide a look at what's been going on during the past two decades. The following charts were compiled from various sources that have tracked the value of selected models over the years. Models were chosen on the basis of their rarity *and* desirability by collectors and hobbyists. 2000 prices are based on vehicles in number one condition.

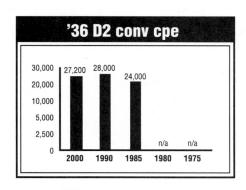

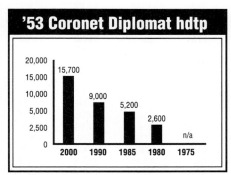

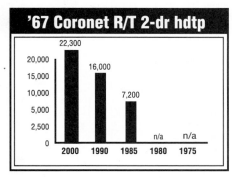

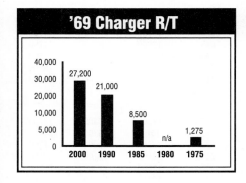

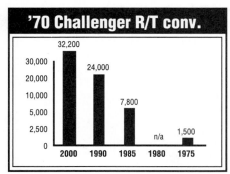

# DURANT
## 1921 – 1931

| | 6 | 5 | 4 | 3 | 2 | 1 |
|---|---|---|---|---|---|---|
| **1921** | | | | | | |
| **Model A, 4-cyl., 35 hp, 109" wb** | | | | | | |
| 5-pass Tr | 1000 | 3100 | 5250 | 10500 | 18600 | 26200 |
| 4-pass Cpe | 700 | 1900 | 3350 | 6700 | 11500 | 16500 |
| 5-pass Sdn | 650 | 1750 | 3100 | 6200 | 10700 | 15400 |
| **1922** | | | | | | |
| **Model A-22, 4-cyl., 35 hp, 109" wb** | | | | | | |
| 2-pass Rdstr | 1200 | 3800 | 6350 | 12700 | 22400 | 31700 |
| 5-pass Tr | 1050 | 3350 | 5600 | 11200 | 19700 | 25800 |
| 4-pass Cpe | 700 | 1900 | 3350 | 6700 | 11500 | 16500 |
| 5-pass Sdn | 650 | 1750 | 3100 | 6200 | 10700 | 15400 |
| **Model B-22, 6-cyl., 70 hp, 123 1/2" wb** | | | | | | |
| 5-pass Tr | 1200 | 3850 | 6450 | 12900 | 22700 | 32200 |
| 2-pass Rdstr | 1300 | 4050 | 6750 | 13500 | 23800 | 33700 |
| 4-pass Cpe | 750 | 2250 | 3700 | 7400 | 12800 | 18500 |
| 5-pass Sdn | 700 | 2000 | 3450 | 6900 | 11900 | 17200 |
| **1923** | | | | | | |
| **Model A-22, 4-cyl., 35 hp, 109" wb** | | | | | | |
| 2-pass Spt Rdstr | 1250 | 3950 | 6600 | 13200 | 23250 | 32900 |
| 5-pass Tr | 1050 | 3350 | 5600 | 11200 | 19700 | 28000 |
| 5-pass Spt Tr | 1050 | 3400 | 5700 | 11400 | 20100 | 28500 |
| 5-pass Spt Tr Sdn | 1100 | 3500 | 5800 | 11600 | 20450 | 28900 |
| 2-pass Bus Cpe | 650 | 1750 | 3150 | 6300 | 10900 | 15700 |
| 2-pass Rdstr | 1200 | 3800 | 6350 | 12700 | 22400 | 31700 |
| 5-pass Sdn | 700 | 1900 | 3350 | 6700 | 11500 | 16500 |
| 4-pass Cpe | 750 | 2150 | 3600 | 7200 | 12400 | 18000 |
| **Model B-22, 6-cyl., 70 hp, 123 1/2" wb** | | | | | | |
| 5-pass Tr | 1200 | 3850 | 6450 | 12900 | 22700 | 32200 |
| 5-pass Spt Tr | 1300 | 4050 | 6750 | 13500 | 23800 | 33700 |
| 2-pass Rdstr | 1350 | 4150 | 6950 | 13900 | 24500 | 34700 |
| 5-pass Sdn | 750 | 2250 | 3700 | 7400 | 12800 | 18500 |
| 5-pass Spt Sdn | 750 | 2300 | 3800 | 7600 | 13100 | 18900 |
| 4-pass Cpe | 800 | 2450 | 4100 | 8200 | 14400 | 20500 |
| **1924** | | | | | | |
| **Model A-22, 4-cyl., 35 hp, 109" wb** | | | | | | |
| 5-pass Tr | 1100 | 3450 | 5750 | 11500 | 20300 | 28700 |
| 2-pass Bus Cpe | 850 | 2550 | 4350 | 8700 | 15300 | 21700 |
| 2-pass Spl Rdstr | 1200 | 3750 | 6250 | 12500 | 22000 | 31100 |
| 2-pass Spt Rdstr | 1200 | 3850 | 6450 | 12900 | 22700 | 32200 |
| 5-pass Spl Tr | 1150 | 3600 | 5950 | 11900 | 21000 | 29700 |
| 5-pass Spt Tr | 1200 | 3750 | 6250 | 12500 | 22000 | 31100 |
| 4-pass Spl Coach | 750 | 2300 | 3850 | 7700 | 13300 | 19200 |
| 5-pass Coach | 750 | 2250 | 3700 | 7400 | 12800 | 18500 |
| 2-pass Cpe | 900 | 2800 | 4700 | 9400 | 16500 | 23400 |
| 5-pass Sdn | 750 | 2150 | 3600 | 7200 | 12400 | 18000 |
| 5-pass Spl Sdn | 750 | 2300 | 3800 | 7600 | 13100 | 18900 |
| 4-pass Cpe | 750 | 2300 | 3850 | 7700 | 13300 | 19200 |

| | 6 | 5 | 4 | 3 | 2 | 1 |
|---|---|---|---|---|---|---|
| 4-pass Spl Cpe | 800 | 2350 | 3950 | 7900 | 13700 | 19700 |
| 5-pass Tr Sdn | 800 | 2400 | 4050 | 8100 | 14200 | 20200 |

### *1925*
**Model A-22, 4-cyl., 37 hp, 109" wb**

| | | | | | | |
|---|---|---|---|---|---|---|
| 5-pass Tr | 1100 | 3450 | 5750 | 11500 | 20300 | 28700 |
| 5-pass Spl Tr | 1150 | 3600 | 5950 | 11900 | 21000 | 29700 |
| 2-pass Spl Rdstr | 1150 | 3650 | 6100 | 12200 | 21500 | 30500 |
| 2-pass Bus Cpe | 750 | 2300 | 3800 | 7600 | 13100 | 18900 |
| 4-pass Cpe | 800 | 2400 | 4050 | 8100 | 14200 | 20200 |
| 5-pass Sdn | 750 | 2100 | 3550 | 7100 | 12300 | 17700 |
| 5-pass Spl Sdn | 750 | 2300 | 3800 | 7600 | 13100 | 18900 |
| 4-pass Spl Cpe | 800 | 2450 | 4100 | 8200 | 14400 | 20500 |
| 5-pass Coach | 750 | 2250 | 3700 | 7400 | 12800 | 18500 |
| 5-pass Spl Coach | 750 | 2300 | 3800 | 7600 | 13100 | 18900 |

### *1926*
**Model A-22, 4-cyl., 37 hp, 109" wb**

| | | | | | | |
|---|---|---|---|---|---|---|
| 5-pass Tr | 1100 | 3450 | 5750 | 11500 | 20300 | 28700 |
| 5-pass Spl Tr | 1150 | 3600 | 5950 | 11900 | 21000 | 29700 |
| 2-pass Spl Rdstr | 1150 | 3650 | 6100 | 12200 | 21500 | 30500 |
| 4-pass Cpe | 800 | 2400 | 4050 | 8100 | 14200 | 20200 |
| 5-pass Sdn | 750 | 2100 | 3550 | 7100 | 12300 | 17700 |
| 5-pass Spl Sdn | 750 | 2300 | 3800 | 7600 | 13100 | 18900 |
| 4-pass Spl Cpe | 800 | 2450 | 4100 | 8200 | 14400 | 20500 |

### *1927 - No production*

### *1928*
**Model M2, 4-cyl., 36 hp, 107" wb**

| | | | | | | |
|---|---|---|---|---|---|---|
| 5-pass Spt Rdstr | 1100 | 3500 | 5800 | 11600 | 20450 | 28900 |
| 2-pass Bus Cpe | 850 | 2550 | 4300 | 8600 | 15100 | 21500 |
| 2-dr 5-pass Sdn | 750 | 2300 | 3800 | 7600 | 13100 | 18900 |
| 2-pass Spl Rdstr | 1100 | 3500 | 5800 | 11600 | 20450 | 28900 |
| 5-pass Spl Tr | 1100 | 3500 | 5800 | 11600 | 20450 | 28900 |
| 4-pass Spl Cpe | 850 | 2550 | 4350 | 8700 | 15300 | 21700 |
| 5-pass Spl Sdn | 800 | 2400 | 4050 | 8100 | 14200 | 20200 |
| 5-pass Tr (May 1) | 1100 | 3500 | 5800 | 11600 | 20450 | 28900 |
| 2-4 pass Spt Rdstr (May 1) | 1100 | 3500 | 5800 | 11600 | 20450 | 28900 |
| 2-pass Conv Rdstr (May 1) | 1100 | 3550 | 5900 | 11800 | 20800 | 29400 |
| 4-dr 5-pass Sdn (May 1) | 750 | 2300 | 3800 | 7600 | 13100 | 18900 |
| 4-dr 5-pass Brghm (May 1) | 750 | 2300 | 3800 | 7600 | 13100 | 18900 |
| 2-4 pass Cbrlt (May 1) | 1100 | 3550 | 5900 | 11800 | 20800 | 29400 |
| 5-pass Dlx Brghm (May 1) | 750 | 2300 | 3850 | 7700 | 13300 | 19200 |
| 2-4 pass Conv Cabrlt (Aug 1) | 1100 | 3550 | 5900 | 11800 | 20800 | 29400 |
| 5-pass Dlx Brghm (Aug 1) | 750 | 2300 | 3850 | 7700 | 13300 | 19200 |
| **Model 55, 6-cyl., 40 hp, 107" wb** | | | | | | |
| 2-pass Cpe | 800 | 2450 | 4150 | 8300 | 14600 | 20700 |
| 2-dr 5-pass Sdn | 750 | 2250 | 3700 | 7400 | 12800 | 18500 |
| 5-pass Brghm | 800 | 2350 | 3950 | 7900 | 13700 | 19700 |
| 4-dr 5-pass Sdn (May 1) | 750 | 2150 | 3600 | 7200 | 12400 | 18000 |
| 2-4 pass Clpsbl Cabrlt (May 1) | 1150 | 3600 | 5950 | 11900 | 21100 | 29700 |
| **Model 60, 6-cyl., 40 hp, 110" wb** | | | | | | |
| 5-pass Tr | 950 | 2950 | 4950 | 9900 | 17500 | 24700 |
| 2-4 pass Spt Rdstr | 1150 | 3600 | 5950 | 11900 | 21000 | 29700 |
| 2-pass Cpe | 850 | 2650 | 4450 | 8900 | 15700 | 22300 |
| 2-dr 5-pass Sdn | 800 | 2450 | 4150 | 8300 | 14600 | 20700 |
| 4-dr 5-pass Sdn | 800 | 2450 | 4150 | 8300 | 14600 | 20700 |
| 2-4 pass Dlx Rdstr | 1200 | 3800 | 6350 | 12700 | 22400 | 31700 |

| | 6 | 5 | 4 | 3 | 2 | 1 |
|---|---|---|---|---|---|---|
| 2-4 pass Dlx Cabrlt | 1150 | 3650 | 6150 | 12300 | 21700 | 30700 |
| 4-dr 5-pass Dlx Sdn | 800 | 2350 | 3900 | 7800 | 13500 | 19500 |
| **Model 65, 6-cyl., 47 hp, 110" wb** | | | | | | |
| 5-pass Tr | 1050 | 3400 | 5700 | 11400 | 20100 | 28500 |
| 4-pass Spt Rdstr | 1300 | 4100 | 6850 | 13700 | 24100 | 34200 |
| 4-pass Cpe | 850 | 2650 | 4450 | 8900 | 15700 | 22300 |
| 2-dr 5-pass Sdn | 800 | 2350 | 3950 | 7900 | 13700 | 19700 |
| 4-pass Cabrlt | 900 | 2800 | 4700 | 9400 | 16500 | 23400 |
| 5-pass Sdn | 750 | 2250 | 3700 | 7400 | 12800 | 18500 |
| 4-dr 5-pass Brghm | 800 | 2350 | 3950 | 7900 | 13700 | 19700 |
| **Model 75, 6-cyl., 70 hp, 119" wb** | | | | | | |
| 4-dr 5-pass Sdn | 800 | 2450 | 4100 | 8200 | 14400 | 20500 |
| 5-pass Brghm | 800 | 2500 | 4200 | 8400 | 14800 | 20900 |

### *1929*

| | 6 | 5 | 4 | 3 | 2 | 1 |
|---|---|---|---|---|---|---|
| **Model 40, 4-cyl., 36 hp, 107" wb** | | | | | | |
| 2-4 pass Spt Rdstr | 1200 | 3750 | 6250 | 12500 | 22000 | 31100 |
| 5-pass Tr | 1050 | 3400 | 5700 | 11400 | 20100 | 28500 |
| 2-pass Cpe | 850 | 2550 | 4350 | 8700 | 15300 | 21700 |
| 2-dr 5-pass Sdn | 750 | 2300 | 3850 | 7700 | 13300 | 19200 |
| 4-dr 5-pass Sdn | 750 | 2150 | 3600 | 7200 | 12400 | 18000 |
| 2-4 pass Dlx Rdstr | 1300 | 4050 | 6750 | 13500 | 23800 | 33700 |
| 2-4 pass Dlx Cpe | 850 | 2650 | 4450 | 8900 | 15700 | 22300 |
| 5-pass Dlx Sdn | 750 | 2300 | 3850 | 7700 | 13300 | 19200 |
| **Model 60, 6-cyl., 43 hp, 109" wb** | | | | | | |
| 2-4 pass Rdstr | 1100 | 3500 | 5800 | 11600 | 20450 | 28900 |
| 2-4 pass Dlx Rdstr | 1150 | 3600 | 6000 | 12000 | 21150 | 30000 |
| 2-pass Cpe | 900 | 2800 | 4700 | 9400 | 16500 | 23400 |
| 2-dr 5-pass Sdn | 800 | 2500 | 4200 | 8400 | 14800 | 20900 |
| 4-dr 5-pass Sdn | 800 | 2350 | 3950 | 7900 | 13700 | 19700 |
| 4-dr 4-pass Dlx Sdn | 850 | 2650 | 4450 | 8900 | 15700 | 22300 |
| 5-pass Tr (Apr 1) | 1100 | 3450 | 5750 | 11500 | 20300 | 28700 |
| 2-pass Dlx Cpe (Apr 1) | 950 | 3000 | 5000 | 10000 | 17700 | 24900 |
| 2-4 pass Cabrlt (Apr 1) | 900 | 2750 | 4650 | 9300 | 16400 | 23100 |
| 2-4 Pass Dlx Cabrlt (Apr 1) | 900 | 2800 | 4700 | 9400 | 16500 | 23400 |
| 2-4 pass Spt Rdstr (Aug 1) | 1200 | 3850 | 6450 | 12900 | 22700 | 32200 |
| 5-pass Dlx Tr | 1100 | 3500 | 5800 | 11600 | 20450 | 28900 |
| 2-dr 5-pass Dlx Sdn (Aug 1) | 850 | 2600 | 4400 | 8800 | 15500 | 21900 |
| 4-dr 5-pass Dlx Sdn (Aug 1) | 850 | 2600 | 4400 | 8800 | 15500 | 21900 |
| **Model 66, 6-cyl, 47 hp, 112" wb** | | | | | | |
| 4-dr 5-pass Sdn | 850 | 2650 | 4500 | 9000 | 15900 | 22500 |
| 2-4 pass Cpe | 1000 | 3100 | 5250 | 10500 | 18600 | 26200 |
| 2-4 pass Dlx Cpe | 1000 | 3250 | 5450 | 10900 | 19100 | 27200 |
| 5-pass Dlx Sdn | 900 | 2850 | 4800 | 9600 | 16900 | 24000 |
| 5-pass Phtn (Aug 1) | 1400 | 4300 | 7200 | 14400 | 25350 | 35900 |
| **Model 70, 6-cyl., 65 hp, 119" wb** | | | | | | |
| 4-dr 5-pass Sdn | 850 | 2550 | 4350 | 8700 | 15300 | 21700 |
| 2-4 pass Cpe | 900 | 2900 | 4900 | 9800 | 17300 | 24500 |
| 2-4 pass Dlx Cpe | 1000 | 3100 | 5250 | 10500 | 18600 | 26200 |
| 5-pass Dlx Sdn | 900 | 2750 | 4650 | 9300 | 16400 | 23100 |
| **Model 63, 6-cyl., 46 hp, 119" wb** | | | | | | |
| 5-pass Phtn | 1450 | 4450 | 7450 | 14900 | 26200 | 37200 |
| 2-pass Cpe | 1050 | 3300 | 5500 | 11000 | 19300 | 27500 |
| 4-dr 5-pass Sdn | 900 | 2900 | 4900 | 9800 | 17300 | 24500 |
| 5-pass Dlx Phtn | 1550 | 4650 | 7750 | 15500 | 27300 | 38700 |
| 2-4 pass Dlx Cpe | 1050 | 3400 | 5700 | 11400 | 20100 | 28500 |
| 5-pass Dlx Sdn | 950 | 3050 | 5100 | 10200 | 18000 | 25400 |

|  | 6 | 5 | 4 | 3 | 2 | 1 |
|---|---|---|---|---|---|---|

## 1930

**Model 6-14, 6-cyl., 58 hp, 112" wb**

|  | 6 | 5 | 4 | 3 | 2 | 1 |
|---|---|---|---|---|---|---|
| 5-pass Dlx Rdstr | 1450 | 4450 | 7450 | 14900 | 26200 | 37200 |
| 5-pass Dlx Phtn | 1400 | 4300 | 7200 | 14400 | 25350 | 35900 |
| 2-pass Bus Cpe | 900 | 2850 | 4750 | 9500 | 16700 | 23700 |
| 5-pass Std Cpe | 950 | 3000 | 5000 | 10000 | 17700 | 24900 |
| 5-pass Std Sdn | 850 | 2650 | 4450 | 8900 | 15700 | 22300 |
| 5-pass Dlx Cpe | 950 | 3050 | 5100 | 10200 | 18000 | 25400 |
| 5-pass Dlx Sdn | 900 | 2750 | 4600 | 9200 | 16200 | 22900 |
| 4-dr 5-pass Coach (Jun 14) | 850 | 2550 | 4300 | 8600 | 15100 | 21500 |

**Model 6-17, 6-cyl., 70 hp, 115" wb**

|  | 6 | 5 | 4 | 3 | 2 | 1 |
|---|---|---|---|---|---|---|
| 5-pass Dlx Rdstr | 1550 | 4650 | 7750 | 15500 | 27300 | 38700 |
| 5-pass Dlx Phtn | 1450 | 4400 | 7300 | 14600 | 25700 | 36500 |
| 2-pass Bus Cpe | 900 | 2900 | 4900 | 9800 | 17300 | 24500 |
| 5-pass Std Cpe | 1000 | 3100 | 5200 | 10400 | 18400 | 26000 |
| 5-pass Std Sdn | 900 | 2750 | 4600 | 9200 | 16200 | 22900 |
| 5-pass Dlx Sdn | 900 | 2800 | 4700 | 9400 | 16500 | 23400 |
| 5-pass Dlx Cpe | 1000 | 3100 | 5200 | 10400 | 18400 | 26000 |
| 4-dr 5-pass Coach (Jun 14) | 900 | 2850 | 4800 | 9600 | 16900 | 24000 |

## 1931

**Model 610, 4-cyl., 50 hp, 112" wb**

|  | 6 | 5 | 4 | 3 | 2 | 1 |
|---|---|---|---|---|---|---|
| 2-pass Bus Cpe | 850 | 2650 | 4500 | 9000 | 15900 | 22500 |
| 4-pass Cpe | 900 | 2750 | 4600 | 9200 | 16200 | 22900 |
| 5-pass Pullman Sdn | 850 | 2550 | 4350 | 8700 | 15300 | 21700 |

**Model 612, 6-cyl., 58 hp, 112" wb**

|  | 6 | 5 | 4 | 3 | 2 | 1 |
|---|---|---|---|---|---|---|
| 2-pass Bus Cpe | 900 | 2850 | 4800 | 9600 | 16900 | 24000 |
| 4-pass Cpe | 900 | 2900 | 4900 | 9800 | 17300 | 24500 |
| 5-pass Pullman Sdn | 900 | 2750 | 4600 | 9200 | 16200 | 22900 |
| 4-pass Spt Rdstr (Apr 1) | 950 | 3050 | 5150 | 10300 | 18200 | 25700 |
| 4-pass Spt Cpe | 950 | 2950 | 4950 | 9900 | 17500 | 24700 |
| 5-pass Spt Sdn | 850 | 2650 | 4450 | 8900 | 15700 | 22300 |
| 5-pass Sdn | 850 | 2550 | 4350 | 8700 | 15300 | 21700 |

**Models 614, 6-cyl., 71 hp, 112" wb**

|  | 6 | 5 | 4 | 3 | 2 | 1 |
|---|---|---|---|---|---|---|
| 4-pass Dlx Cpe | 900 | 2800 | 4700 | 9400 | 16500 | 23400 |
| 5-pass Dlx Sdn | 800 | 2500 | 4200 | 8400 | 14800 | 20900 |

**Models 619, 6-cyl., 71 hp, 112" wb**

|  | 6 | 5 | 4 | 3 | 2 | 1 |
|---|---|---|---|---|---|---|
| 4-dr 5-pass 6-win Sdn | 800 | 2500 | 4200 | 8400 | 14800 | 20900 |

---

## PRICE GUIDE CLASSIFICATIONS:

**1. CONCOURS:** Perfection. At or near 100 points on a 100-point judging scale. Trailered; never driven; pampered. Totally restored to the max and 100 percent stock.

**2. SHOW:** Professionally restored to high standards. No major flaws or deviations from stock. Consistent trophy winner that needs nothing to show. In 90 to 95 point range.

**3. STREET/SHOW:** Older restoration or extremely nice original showing some wear from age and use. Very presentable; occasional trophy winner; everything working properly. About 80 to 89 points.

**4. DRIVER:** A nice looking, fine running collector car needing little or nothing to drive, enjoy and show in local competition. Would need extensive restoration to be a show car, but completely usable as is.

**5. RESTORABLE:** Project car that is relatively complete and restorable within a reasonable effort and expense. Needs total restoration, but all major components present and rebuildable. May or may not be running.

**6. PARTS CAR:** Deteriorated or stripped to a point beyond reasonable restoration, but still complete and solid enough to donate valuable parts to a restoration. Likely not running, possibly missing its engine.

# EDSEL
## 1958 – 1960

'58 Edsel Citation

'60 Edsel

| | 6 | 5 | 4 | 3 | 2 | 1 |
|---|---|---|---|---|---|---|
| **1958** | | | | | | |
| **Ranger Series A, 8-cyl., 118" wb** | | | | | | |
| 4-dr Sdn | 400 | 1100 | 1800 | 3600 | 6200 | 9100 |
| 4-dr Hdtp | 450 | 1250 | 2050 | 4100 | 7100 | 10300 |
| 2-dr Sdn | 400 | 1200 | 1950 | 3900 | 6800 | 9900 |
| 2-dr Hdtp | 550 | 1500 | 2500 | 5100 | 8800 | 12500 |
| **Pacer Series B, 8-cyl., 118" wb** | | | | | | |
| 4-dr Sdn | 400 | 1200 | 1900 | 3800 | 6600 | 9600 |
| 4-dr Hdtp | 450 | 1250 | 2200 | 4400 | 7600 | 10900 |
| 2-dr Hdtp | 600 | 1600 | 2750 | 5500 | 9500 | 13800 |
| 2-dr Conv | 1100 | 3500 | 5800 | 11600 | 20450 | 28000 |
| **Corsair Series A, 8-cyl., 124" wb** | | | | | | |
| 4-dr Hdtp | 500 | 1350 | 2350 | 4700 | 8100 | 11500 |
| 2-dr Hdtp | 650 | 1700 | 3000 | 5900 | 10200 | 14700 |
| **Citation Series B, 8-cyl., 124" wb** | | | | | | |
| 4-dr Hdtp | 600 | 1600 | 2800 | 5600 | 9700 | 14000 |
| 2-dr Hdtp | 700 | 1900 | 3350 | 6700 | 11500 | 16500 |
| 2-dr Conv | 1500 | 4550 | 7650 | 15300 | 26900 | 38200 |
| **Station Wagons, 8-cyl., 116" wb** | | | | | | |
| 4-dr 6-pass Villager | 450 | 1250 | 2200 | 4400 | 7600 | 10900 |
| 4-dr 6-pass Bermuda | 500 | 1350 | 2300 | 4600 | 8000 | 11300 |
| 4-dr 9-pass Villager | 500 | 1350 | 2300 | 4600 | 8000 | 11300 |
| 4-dr 9-pass Bermuda | 550 | 1400 | 2400 | 4800 | 8300 | 11800 |
| 2-dr 6-pass Roundup | 550 | 1550 | 2650 | 5300 | 9100 | 13000 |
| **1959** | | | | | | |
| **Ranger Series, 8-cyl., 120" wb** | | | | | | |
| 4-dr Sdn | 400 | 1100 | 1800 | 3500 | 6100 | 8900 |
| 4-dr Hdtp | 400 | 1200 | 2000 | 4000 | 6900 | 10000 |
| 2-dr Sdn | 400 | 1200 | 1950 | 3900 | 6800 | 9900 |
| 2-dr Hdtp | 600 | 1600 | 2750 | 5500 | 9500 | 13800 |
| **Corsair Series, 8-cyl., 120" wb** | | | | | | |
| 4-dr Sdn | 400 | 1150 | 1850 | 3700 | 6400 | 9300 |
| 4-dr Hdtp | 450 | 1250 | 2150 | 4300 | 7400 | 10700 |
| 2-dr Hdtp | 600 | 1600 | 2750 | 5500 | 9500 | 13800 |
| 2-dr Conv | 1200 | 3750 | 6250 | 12500 | 22000 | 31100 |
| **Station Wagons, 8-cyl., 118" wb** | | | | | | |
| 4-dr 6-pass Villager | 450 | 1250 | 2200 | 4400 | 7600 | 10900 |
| 4-dr 9-pass Villager | 500 | 1350 | 2300 | 4600 | 8000 | 11300 |

*6-cyl. deduct 10%*

| | 6 | 5 | 4 | 3 | 2 | 1 |
|---|---|---|---|---|---|---|
| *1960* | | | | | | |
| **Ranger Series, 8-cyl., 120" wb** | | | | | | |
| 4-dr Sdn | 400 | 1100 | 1800 | 3500 | 6100 | 8900 |
| 4-dr Hdtp | 400 | 1200 | 2000 | 4000 | 6900 | 10000 |
| 2-dr Sdn | 450 | 1250 | 2050 | 4100 | 7100 | 10300 |
| 2-dr Hdtp | 750 | 2250 | 3750 | 7500 | 13000 | 18700 |
| 2-dr Conv | 1600 | 4750 | 7950 | 15900 | 28000 | 39700 |
| **Station Wagons, 8-cyl., 120" wb** | | | | | | |
| 4-dr 6-pass Villager | 500 | 1350 | 2300 | 4600 | 8000 | 11300 |
| 4-dr 9-pass Villager | 550 | 1400 | 2400 | 4800 | 8300 | 11800 |

*6-cyl. deduct 10%*

# ESSEX
# 1918 – 1932

'19 Essex

'26 Essex

| | 6 | 5 | 4 | 3 | 2 | 1 |
|---|---|---|---|---|---|---|
| *1918* | | | | | | |
| **Model A, 4-cyl., 55 hp** | | | | | | |
| 5-pass Phtn | 550 | 1550 | 2600 | 5300 | 9000 | 12800 |
| *1919* | | | | | | |
| **Model A, 4-cyl.** | | | | | | |
| 3-pass Rdstr | 550 | 1500 | 2500 | 5100 | 8800 | 12500 |
| 5-pass Tr | 550 | 1450 | 2450 | 4900 | 8500 | 12000 |
| 5-pass Sdn | 450 | 1250 | 2100 | 4200 | 7200 | 10500 |
| *1920* | | | | | | |
| **4-cyl.. 55 hp** | | | | | | |
| 3-pass Rdstr | 550 | 1550 | 2600 | 5300 | 9000 | 12800 |
| 5-pass Tr | 550 | 1450 | 2450 | 4900 | 8500 | 12000 |
| 5-pass Sdn | 450 | 1250 | 2100 | 4200 | 7200 | 10500 |
| Cabrlt | 550 | 1500 | 2500 | 5100 | 8800 | 12500 |
| *1921* | | | | | | |
| **4-cyl., 55 hp** | | | | | | |
| 3-pass Rdstr | 600 | 1600 | 2750 | 5500 | 9500 | 13800 |
| 5-pass Tr | 500 | 1350 | 2350 | 4700 | 8100 | 11500 |
| 2-pass Cabrlt | 550 | 1550 | 2600 | 5200 | 9000 | 12800 |
| 5-pass Sdn | 400 | 1150 | 1850 | 3700 | 6400 | 9300 |
| 5-pass Coach | 400 | 1200 | 1900 | 3800 | 6600 | 9600 |

| | 6 | 5 | 4 | 3 | 2 | 1 |
|---|---|---|---|---|---|---|
| **1922** | | | | | | |
| **4-cyl., 55 hp, 108.5" wb** | | | | | | |
| 5-pass Tr | 500 | 1350 | 2350 | 4700 | 8100 | 11500 |
| 2-pass Cabrlt | 550 | 1500 | 2500 | 5100 | 8800 | 12500 |
| 5-pass Sdn | 400 | 1150 | 1850 | 3700 | 6400 | 9300 |
| Coach | 400 | 1200 | 1900 | 3800 | 6600 | 9600 |
| 3-pass Rdstr | 550 | 1550 | 2650 | 5300 | 9100 | 13000 |
| **1923** | | | | | | |
| **4-cyl., 50 hp** | | | | | | |
| 5-pass Cabrlt | 500 | 1350 | 2350 | 4700 | 8100 | 11500 |
| 3-pass Cabrlt | 550 | 1500 | 2500 | 5100 | 8800 | 12500 |
| 5-pass Coach | 400 | 1100 | 1800 | 3500 | 6100 | 8900 |
| **1924** | | | | | | |
| **Six, 6-cyl., 50 hp** | | | | | | |
| 5-pass Phtn | 550 | 1500 | 2500 | 5100 | 8800 | 12500 |
| 5-pass Coach | 400 | 1100 | 1800 | 3600 | 6200 | 9100 |
| **Second Series** | | | | | | |
| 5-pass Phtn | 550 | 1500 | 2500 | 5100 | 8800 | 12500 |
| 5-pass Coach | 400 | 1100 | 1800 | 3600 | 6200 | 9100 |
| **1925** | | | | | | |
| **Six, 6-cyl., 55 hp** | | | | | | |
| Tr | 550 | 1500 | 2500 | 5100 | 8800 | 12500 |
| 2-dr Sdn | 400 | 1150 | 1850 | 3700 | 6400 | 9300 |
| **Second Series** | | | | | | |
| Tr | 550 | 1500 | 2500 | 5100 | 8800 | 12500 |
| 2-dr Sdn | 400 | 1150 | 1850 | 3700 | 6400 | 9300 |
| **1926** | | | | | | |
| **Model C, 6-cyl., 55 hp, 110.5" wb** | | | | | | |
| 5-pass Tr | 550 | 1500 | 2500 | 5100 | 8800 | 12500 |
| 5-pass Coach | 400 | 1150 | 1850 | 3700 | 6400 | 9300 |
| **Second Series, 6-cyl., 55 hp** | | | | | | |
| 4-pass All Steel Coach | 500 | 1300 | 2250 | 4500 | 7700 | 11000 |
| 4-pass Coach | 400 | 1200 | 1900 | 3800 | 6600 | 9600 |
| 5-pass Phtn | 550 | 1500 | 2500 | 5100 | 8800 | 12500 |
| 5-pass Sedan | 400 | 1200 | 1950 | 3900 | 6800 | 9900 |
| **1927** | | | | | | |
| **Super Six, 6-cyl., 40 hp, 110.5" wb** | | | | | | |
| 2-pass Bt Spdstr | 950 | 3050 | 5150 | 10300 | 18200 | 25700 |
| 4-pass Spdstr | 800 | 2400 | 4050 | 8100 | 14200 | 20200 |
| 2-pass Cpe | 400 | 1150 | 1850 | 3700 | 6400 | 9300 |
| 5-pass Sdn | 400 | 1050 | 1700 | 3300 | 5800 | 8300 |
| 5-pass Coach | 400 | 1050 | 1700 | 3400 | 5900 | 8500 |
| 5-pass Chair Seat Sdn | 400 | 1100 | 1800 | 3500 | 6100 | 8900 |
| 5-pass Bench Seat Sdn | 400 | 1050 | 1700 | 3300 | 5800 | 8300 |
| 5-pass Dlx Sdn | 400 | 1100 | 1800 | 3600 | 6200 | 9100 |
| **1928** | | | | | | |
| **Super Six, 6-cyl., 44 hp** | | | | | | |
| 5-pass Phtn | 850 | 2650 | 4450 | 8900 | 15700 | 22300 |
| 4-pass Rdstr | 900 | 2850 | 4750 | 9500 | 16700 | 23700 |
| 2-pass Cpe | 400 | 1150 | 1850 | 3700 | 6400 | 9300 |
| 4-pass Cpe | 400 | 1200 | 1900 | 3800 | 6600 | 9600 |
| 5-pass Sdn | 400 | 1050 | 1700 | 3400 | 5900 | 8500 |
| 5-pass Coach | 400 | 1100 | 1800 | 3500 | 6100 | 8900 |
| **Second Series, Super Six, 6-cyl., 110.5" wb** | | | | | | |
| 4-pass Rdstr | 900 | 2850 | 4750 | 9500 | 16700 | 23700 |
| 2-pass Cpe | 400 | 1200 | 1950 | 3900 | 6800 | 9900 |
| 4-pass Cpe | 400 | 1200 | 2000 | 4000 | 6900 | 10000 |
| 5-pass Sdn | 400 | 1050 | 1700 | 3300 | 5800 | 8300 |
| 5-pass Phtn | 850 | 2650 | 4450 | 8900 | 15700 | 22300 |
| 5-pass Coach | 400 | 1050 | 1700 | 3400 | 5900 | 8500 |

| | 6 | 5 | 4 | 3 | 2 | 1 |
|---|---|---|---|---|---|---|

### 1929
**Challenger, 6-cyl., 55 hp, 110.5" wb**

| | 6 | 5 | 4 | 3 | 2 | 1 |
|---|---|---|---|---|---|---|
| 4-pass Rdstr | 1200 | 3750 | 6250 | 12500 | 22000 | 31100 |
| 5-pass Phtn | 1150 | 3600 | 5950 | 11900 | 21000 | 29700 |
| 2-pass Cpe | 400 | 1200 | 1900 | 3800 | 6600 | 9600 |
| 5-pass Sdn | 400 | 1100 | 1800 | 3500 | 6100 | 8900 |
| 5-pass Town Sdn | 400 | 1200 | 1950 | 3900 | 6800 | 9900 |
| 4-pass Conv | 1100 | 3500 | 5800 | 11600 | 20450 | 28900 |
| 4-pass Cpe | 400 | 1200 | 2000 | 4000 | 6900 | 10000 |
| 5-pass Coach | 400 | 1150 | 1850 | 3700 | 6400 | 9300 |
| 3-pass Spdstr (May 9) | 1150 | 3700 | 6200 | 12400 | 21850 | 30900 |

### 1930
**Super Six Challenger, 58 hp, 6-cyl.**

| | 6 | 5 | 4 | 3 | 2 | 1 |
|---|---|---|---|---|---|---|
| 4-pass Rdstr | 1350 | 4200 | 7000 | 14100 | 24800 | 35100 |
| 5-pass Phnt | 1200 | 3800 | 6350 | 12700 | 22400 | 31700 |
| 2-pass Cpe | 400 | 1150 | 1850 | 3700 | 6400 | 9300 |
| 4-pass Cpe | 400 | 1200 | 1950 | 3900 | 6800 | 9900 |
| 5-pass Sdn | 400 | 1100 | 1800 | 3600 | 6200 | 9100 |
| 5-pass Std Sdn | 400 | 1150 | 1850 | 3700 | 6400 | 9300 |
| 5-pass Coach | 400 | 1200 | 1900 | 3800 | 6600 | 9600 |
| 5-pass Tr Sdn | 400 | 1200 | 1900 | 3800 | 6600 | 9600 |
| 5-pass Brghm | 400 | 1200 | 1950 | 3900 | 6800 | 9900 |
| 5-pass Sun Sdn | 550 | 1550 | 2650 | 5300 | 9100 | 13000 |

**Second Series, Challenger, Standard, 6-cyl., 58 hp, 113" wb**

| | 6 | 5 | 4 | 3 | 2 | 1 |
|---|---|---|---|---|---|---|
| 4-pass Rdstr | 1450 | 4450 | 7450 | 14900 | 26200 | 37200 |
| 5-pass Phtn | 1350 | 4200 | 7000 | 14100 | 24800 | 35100 |
| 5-pass Tr Sdn | 1300 | 4000 | 6700 | 13400 | 23600 | 33400 |
| 2-pass Cpe | 400 | 1150 | 1850 | 3700 | 6400 | 9300 |
| 4-pass Cpe | 450 | 1250 | 2050 | 4100 | 7100 | 10300 |
| 5-pass Std Sdn | 400 | 1150 | 1850 | 3700 | 6400 | 9300 |
| 5-pass Sdn | 400 | 1100 | 1800 | 3500 | 6100 | 8900 |
| 5-pass Brghm | 400 | 1200 | 1950 | 3900 | 6800 | 9900 |
| 5-pass Coach | 400 | 1200 | 1900 | 3800 | 6600 | 9600 |

### 1931
**Super Six, 6-cyl., 113" wb**

| | 6 | 5 | 4 | 3 | 2 | 1 |
|---|---|---|---|---|---|---|
| 2-pass Bus Cpe | 450 | 1250 | 2150 | 4300 | 7400 | 10700 |
| 5-pass Coach | 400 | 1100 | 1800 | 3500 | 6100 | 8900 |
| 4-pass Cpe | 500 | 1350 | 2350 | 4700 | 8100 | 11500 |
| 4-pass Spl Cpe | 500 | 1350 | 2350 | 4700 | 8100 | 11500 |
| 5-pass Std Sdn | 400 | 1150 | 1850 | 3700 | 6400 | 9300 |
| 5-pass Tr Sdn | 400 | 1150 | 1850 | 3700 | 6400 | 9300 |
| 5-pass Town Sdn | 400 | 1200 | 1900 | 3800 | 6600 | 9600 |
| 5-pass Spl Sdn | 400 | 1150 | 1850 | 3700 | 6400 | 9300 |
| 4-dr 7-pass Sdn | 400 | 1200 | 1950 | 3900 | 6800 | 9900 |
| Std Rdstr | 1300 | 4100 | 6850 | 13700 | 24100 | 34200 |

### 1932
**Pacemaker, 6-cyl., 70 hp, 113" wb**

| | 6 | 5 | 4 | 3 | 2 | 1 |
|---|---|---|---|---|---|---|
| 4-pass Conv Cpe | 1150 | 3600 | 5950 | 11900 | 21000 | 29700 |
| 5-pass Phtn | 1200 | 3850 | 6450 | 12900 | 22700 | 32200 |
| 5-pass Bus Cpe | 500 | 1350 | 2350 | 4700 | 8100 | 11500 |
| 5-pass Coach | 500 | 1300 | 2250 | 4500 | 7700 | 11000 |
| 4-pass Cpe | 600 | 1600 | 2750 | 5500 | 9500 | 13800 |
| 5-pass Std Sdn | 500 | 1350 | 2300 | 4600 | 8000 | 11300 |
| 4-pass Spl Cpe | 550 | 1400 | 2400 | 4800 | 8300 | 11800 |
| 5-pass Town Sdn | 550 | 1450 | 2450 | 4900 | 8500 | 12000 |

**Standard, 6-cyl., 70 hp, 113" wb**

| | 6 | 5 | 4 | 3 | 2 | 1 |
|---|---|---|---|---|---|---|
| 5-pass Coach | 450 | 1250 | 2200 | 4400 | 7600 | 10900 |
| 4-dr 5-pass Sdn | 500 | 1300 | 2250 | 4500 | 7700 | 11000 |
| 2-pass Bus Cpe | 500 | 1350 | 2300 | 4600 | 8000 | 11300 |
| 4-pass Cpe | 550 | 1550 | 2650 | 5300 | 9100 | 13000 |

# FORD
## 1903 – 1991

'11 Ford Model T

'13 Ford Model T Speedster

'14 Ford Model T Speedster

'19 Ford Model T

'23 Ford Model T Touring

'24 Ford Model T

'25 Ford Model T

'26 Ford Model T Coupe

'27 Ford Model A Roadster

'28 Ford Model A Deluxe Sedan

| | 6 | 5 | 4 | 3 | 2 | 1 |
|---|---|---|---|---|---|---|
| **1903** | | | | | | |
| **Model A, 2-cyl.** | | | | | | |
| Rnbt | 1650 | 4900 | 8200 | 16400 | 28850 | 41000 |
| Rnbt/Tonneau | 1750 | 5100 | 8600 | 17200 | 30250 | 43000 |
| **1904** | | | | | | |
| **Model C, 2-cyl., 78" wb** | | | | | | |
| Rnbt | 1650 | 4900 | 8200 | 16400 | 28850 | 41000 |
| Rnbt/Tonneau | 1750 | 5100 | 8600 | 17200 | 30250 | 43000 |
| **Model F, 2-cyl.** | | | | | | |
| Tr | 1700 | 5000 | 8350 | 16700 | 29400 | 41700 |
| **1905** | | | | | | |
| **Model F, 2-cyl.** | | | | | | |
| Tr | 1700 | 5000 | 8350 | 16700 | 29400 | 41700 |
| **Model C, 2-cyl., 78" wb** | | | | | | |
| Tr | 1750 | 5100 | 8600 | 17200 | 30250 | 43000 |
| **1906** | | | | | | |
| **Model K, 6-cyl., 40 hp** | | | | | | |
| Tr | 3000 | 8950 | 15100 | 30200 | 53000 | 75400 |
| Rdstr | 3000 | 8950 | 15100 | 30200 | 53000 | 75400 |
| **Model N, 4-cyl., 18 hp** | | | | | | |
| Rnbt | 1450 | 4450 | 7450 | 14900 | 26200 | 37200 |
| **Model F, 2-cyl.** | | | | | | |
| Tr | 1700 | 5000 | 8350 | 16700 | 29400 | 41700 |
| **1907** | | | | | | |
| **Model R, 4-cyl.** | | | | | | |
| Rnbt | 1600 | 4750 | 7950 | 15900 | 28000 | 39700 |
| **Model S, 4-cyl.** | | | | | | |
| Rnbt | 1600 | 4750 | 7950 | 15900 | 28000 | 39700 |
| Tr | 1600 | 4850 | 8100 | 16200 | 28500 | 40500 |
| **Model N, 4-cyl.** | | | | | | |
| Rnbt | 1450 | 4450 | 7450 | 14900 | 26200 | 37200 |
| **1908** | | | | | | |
| **Model T, 4-cyl.,** | | | | | | |
| Tr | 1700 | 5050 | 8450 | 16900 | 29700 | 42200 |
| Twn Car | 1650 | 4900 | 8250 | 16500 | 29000 | 41200 |
| Rdstr | 1700 | 5050 | 8450 | 16900 | 29700 | 42200 |
| **Model K, 6-cyl., 40 hp** | | | | | | |
| Tr | 3000 | 8950 | 15100 | 30200 | 53000 | 75400 |
| **Model N, 4-cyl.** | | | | | | |
| Rnbt | 1450 | 4450 | 7450 | 14900 | 26200 | 37200 |
| Lndlt | 1400 | 4350 | 7250 | 14500 | 25500 | 36200 |
| **Model S, 4-cyl.** | | | | | | |
| Rnbt | 1600 | 4750 | 7950 | 15900 | 28000 | 39700 |
| **Model R, 4-cyl.** | | | | | | |
| Rnbt | 1600 | 4750 | 7950 | 15900 | 28000 | 39700 |
| **1909** | | | | | | |
| **Model T, 4-cyl.** | | | | | | |
| Cpe | 950 | 2950 | 4950 | 9900 | 17500 | 24700 |
| Tr | 1100 | 3450 | 5750 | 11500 | 20300 | 28700 |
| Rnbt | 1050 | 3300 | 5500 | 11100 | 19500 | 27700 |
| Trabt | 1000 | 3200 | 5350 | 10700 | 18900 | 26700 |
| Twn Car | 1150 | 3600 | 5950 | 11900 | 21000 | 29700 |
| Lndlt | 1000 | 3200 | 5350 | 10700 | 18900 | 26700 |

| | 6 | 5 | 4 | 3 | 2 | 1 |
|---|---|---|---|---|---|---|

**1910**

**Model T, 4-cyl.**

| | 6 | 5 | 4 | 3 | 2 | 1 |
|---|---|---|---|---|---|---|
| Cpe | 900 | 2850 | 4750 | 9500 | 16700 | 23700 |
| Tr | 1050 | 3300 | 5500 | 11100 | 19500 | 27700 |
| Torp Rnbt | 1000 | 3200 | 5350 | 10700 | 18900 | 26700 |
| Twn Car | 950 | 2950 | 4950 | 9900 | 17500 | 24700 |
| Comm Rdstr | 900 | 2850 | 4750 | 9500 | 16700 | 23700 |

**1911**

**Model T, 4-cyl.**

| | 6 | 5 | 4 | 3 | 2 | 1 |
|---|---|---|---|---|---|---|
| Cpe | 850 | 2550 | 4350 | 8700 | 15300 | 21700 |
| Tr | 1000 | 3200 | 5350 | 10700 | 18900 | 26700 |
| Rnbt | 950 | 3050 | 5100 | 10200 | 18000 | 25400 |
| Torp Rdstr | 1000 | 3200 | 5350 | 10700 | 18900 | 26700 |
| Twn Car | 950 | 3050 | 5100 | 10200 | 18000 | 25400 |
| Comm Rdstr | 850 | 2700 | 4550 | 9100 | 16000 | 22700 |
| Del Van | 800 | 2500 | 4200 | 8400 | 14800 | 20900 |

**1912**

**Model T, 4-cyl.**

| | 6 | 5 | 4 | 3 | 2 | 1 |
|---|---|---|---|---|---|---|
| Tr | 1000 | 3250 | 5450 | 10900 | 19100 | 27200 |
| 4-dr Tr | 950 | 3050 | 5150 | 10300 | 18200 | 25700 |
| Rdstr | 950 | 2950 | 4950 | 9900 | 17500 | 24700 |
| Torp Rdstr | 950 | 3050 | 5100 | 10200 | 18000 | 25400 |
| Twn Car | 950 | 3050 | 5100 | 10200 | 18000 | 25400 |
| Del Van | 850 | 2650 | 4450 | 8900 | 15700 | 22300 |
| Comm Rnbt | 900 | 2850 | 4750 | 9500 | 16700 | 23700 |

**1913**

**Model T, 4-cyl.**

| | 6 | 5 | 4 | 3 | 2 | 1 |
|---|---|---|---|---|---|---|
| Tr | 1000 | 3250 | 5450 | 10900 | 19100 | 27200 |
| 2-pass Rnbt | 900 | 2850 | 4750 | 9500 | 16700 | 23700 |
| Twn Car | 900 | 2850 | 4750 | 9500 | 16700 | 23700 |
| Comm Rnbt | 900 | 2750 | 4600 | 9200 | 16200 | 22900 |

**1914**

**Model T, 4-cyl., 20 hp, 100" wb**

| | 6 | 5 | 4 | 3 | 2 | 1 |
|---|---|---|---|---|---|---|
| Cpe | 750 | 2100 | 3550 | 7100 | 12300 | 17700 |
| Tr | 1000 | 3250 | 5450 | 10900 | 19100 | 27200 |
| Rnbt | 900 | 2900 | 4850 | 9700 | 17100 | 24200 |
| Twn Car | 950 | 2950 | 4950 | 9900 | 17500 | 24700 |
| Conv Cpe | 1000 | 3250 | 5450 | 10900 | 19100 | 27200 |

**1915**

**Model T, 4-cyl., 20 hp, 100" wb**

| | 6 | 5 | 4 | 3 | 2 | 1 |
|---|---|---|---|---|---|---|
| Tr | 1000 | 3100 | 5200 | 10400 | 18400 | 26000 |
| Rnbt | 900 | 2750 | 4600 | 9200 | 16200 | 22900 |
| Conv Cpe | 1000 | 3250 | 5450 | 10900 | 19100 | 27200 |
| Cntr dr Sdn | 800 | 2350 | 3950 | 7900 | 13700 | 19700 |
| Twn Car | 900 | 2850 | 4750 | 9500 | 16700 | 23700 |

**1916**

**Model T, 4-cyl., 20 hp, 100" wb (start of steel rad.)**

| | 6 | 5 | 4 | 3 | 2 | 1 |
|---|---|---|---|---|---|---|
| Tr | 750 | 2300 | 3800 | 7600 | 13100 | 18900 |
| Rnbt | 700 | 2000 | 3450 | 6900 | 11900 | 17200 |
| Cntr dr Sdn | 600 | 1600 | 2750 | 5500 | 9500 | 13800 |
| Twn Car | 650 | 1750 | 3100 | 6200 | 10700 | 15400 |
| Conv Cpe | 800 | 2400 | 4050 | 8100 | 14200 | 20200 |

**1917**

**Model T, 4-cyl., 20 hp, 100" wb**

| | 6 | 5 | 4 | 3 | 2 | 1 |
|---|---|---|---|---|---|---|
| Cpe | 500 | 1350 | 2350 | 4700 | 8100 | 11500 |
| Tr | 750 | 2200 | 3650 | 7300 | 12600 | 18200 |

| | 6 | 5 | 4 | 3 | 2 | 1 |
|---|---|---|---|---|---|---|
| Rnbt | 650 | 1800 | 3250 | 6500 | 11200 | 16100 |
| Twn Car | 550 | 1500 | 2500 | 5100 | 8800 | 12500 |
| Cntr dr Sdn | 450 | 1250 | 2150 | 4300 | 7400 | 10700 |
| Conv Cpe | 650 | 1700 | 3000 | 6100 | 10600 | 15200 |
| **1918** | | | | | | |
| **Model T, 4-cyl., 20 hp, 100" wb** | | | | | | |
| Cpe | 500 | 1350 | 2350 | 4700 | 8100 | 11500 |
| Tr | 750 | 2200 | 3650 | 7300 | 12600 | 18200 |
| Rnbt | 650 | 1800 | 3250 | 6500 | 11200 | 16100 |
| Twn Car | 650 | 1700 | 3000 | 5900 | 10200 | 14700 |
| Cntr dr Sdn | 450 | 1250 | 2150 | 4300 | 7400 | 10700 |
| **1919** | | | | | | |
| **Model T, 4-cyl., 20 hp, 100" wb** | | | | | | |
| 2-pass Cpe | 500 | 1350 | 2350 | 4700 | 8100 | 11500 |
| 5-pass Tr | 750 | 2300 | 3850 | 7700 | 13300 | 19200 |
| 2-pass Rnbt | 700 | 2000 | 3450 | 6900 | 11900 | 17200 |
| 5-pass Twn Car | 650 | 1750 | 3150 | 6300 | 10900 | 15700 |
| 5-pass Cntr dr Sdn | 500 | 1350 | 2350 | 4700 | 8100 | 11500 |
| **1920** | | | | | | |
| **Model T, 4-cyl., 20 hp, 100" wb** | | | | | | |
| 2-pass Cpe | 450 | 1250 | 2150 | 4300 | 7400 | 10700 |
| 5-pass Tr | 750 | 2300 | 3850 | 7700 | 13300 | 19200 |
| 2-pass Rnbt | 750 | 2100 | 3550 | 7100 | 12300 | 17700 |
| 5-pass Cntr dr Sdn | 450 | 1250 | 2150 | 4300 | 7400 | 10700 |
| **1921** | | | | | | |
| **Model T, 4-cyl., 20 hp, 100" wb** | | | | | | |
| 2-pass Cpe | 450 | 1250 | 2150 | 4300 | 7400 | 10700 |
| 5-pass Tr | 750 | 2300 | 3850 | 7700 | 13300 | 19200 |
| 2-pass Rnbt | 750 | 2100 | 3550 | 7100 | 12300 | 17700 |
| 5-pass Cntr dr Sdn | 450 | 1250 | 2150 | 4300 | 7400 | 10700 |
| **1922** | | | | | | |
| **Model T, 4-cyl., 20 hp, 100" wb** | | | | | | |
| 2-pass Cpe | 450 | 1250 | 2150 | 4300 | 7400 | 10700 |
| 5-pass Tr | 700 | 2000 | 3450 | 6900 | 11900 | 17200 |
| 2-pass Rnbt | 650 | 1750 | 3150 | 6300 | 10900 | 15700 |
| 2-dr 5-pass Sdn | 350 | 1000 | 1600 | 3200 | 5700 | 8100 |
| 4-dr 5-pass Sdn | 400 | 1050 | 1700 | 3300 | 5800 | 8300 |
| **1923** | | | | | | |
| **Model T, 4-cyl., 20 hp, 100" wb** | | | | | | |
| 2-pass Cpe | 450 | 1250 | 2150 | 4300 | 7400 | 10700 |
| 5-pass Tr | 750 | 2100 | 3550 | 7100 | 12300 | 17700 |
| 2-pass Rnbt | 650 | 1750 | 3150 | 6300 | 10900 | 15700 |
| 2-dr 5-pass Sdn | 350 | 1000 | 1600 | 3200 | 5700 | 8100 |
| 4-dr 5-pass Sdn | 400 | 1050 | 1700 | 3300 | 5800 | 8300 |
| **1924** | | | | | | |
| **Model T, 4-cyl., 20 hp, 100" wb** | | | | | | |
| 2-pass Cpe | 500 | 1350 | 2350 | 4700 | 8100 | 11500 |
| 5-pass Tr | 750 | 2100 | 3550 | 7100 | 12300 | 17700 |
| 2-pass Rnbt | 650 | 1750 | 3150 | 6300 | 10900 | 15700 |
| 2-dr 5-pass Sdn | 400 | 1050 | 1700 | 3400 | 5900 | 8500 |
| 4-dr 5-pass Sdn | 400 | 1050 | 1700 | 3300 | 5800 | 8300 |
| **1925** | | | | | | |
| **Model T, 4-cyl., 20 hp, 100" wb** | | | | | | |
| 2-pass Cpe | 500 | 1350 | 2350 | 4700 | 8100 | 11500 |
| 5-pass Tr | 700 | 2000 | 3450 | 6900 | 11900 | 17200 |

|  | 6 | 5 | 4 | 3 | 2 | 1 |
|---|---|---|---|---|---|---|
| 2-pass Rnbt | 650 | 1750 | 3150 | 6300 | 10900 | 15700 |
| 2-dr 5-pass Sdn | 400 | 1050 | 1700 | 3300 | 5800 | 8300 |
| 4-dr 5-pass Sdn | 400 | 1100 | 1800 | 3500 | 6100 | 8900 |

### 1926

**Model T, 4-cyl., 20 hp, 100" wb**

|  | 6 | 5 | 4 | 3 | 2 | 1 |
|---|---|---|---|---|---|---|
| 2-pass Cpe | 500 | 1350 | 2350 | 4700 | 8100 | 11500 |
| 5-pass Tr | 750 | 2200 | 3650 | 7300 | 12600 | 18200 |
| 2-pass Rnbt | 700 | 1900 | 3350 | 6700 | 11500 | 16500 |
| 2-dr 5-pass Sdn | 400 | 1100 | 1800 | 3500 | 6100 | 8900 |
| 4-dr 5-pass Sdn | 400 | 1100 | 1800 | 3600 | 6200 | 9100 |

### 1927

**Model T, 4-cyl., 20 hp, 100" wb**

|  | 6 | 5 | 4 | 3 | 2 | 1 |
|---|---|---|---|---|---|---|
| 2-pass Cpe | 550 | 1450 | 2450 | 4900 | 8500 | 12000 |
| 5-pass Tr | 750 | 2300 | 3850 | 7700 | 13300 | 19200 |
| 2-pass Rdstr | 750 | 2100 | 3550 | 7100 | 12300 | 17700 |
| 2-dr 5-pass Sdn | 400 | 1150 | 1850 | 3700 | 6400 | 9300 |
| 4-dr 5-pass Sdn | 400 | 1100 | 1800 | 3600 | 6200 | 9100 |

### 1928

**Model A, 4-cyl., 40 hp, 103.5" wb**

|  | 6 | 5 | 4 | 3 | 2 | 1 |
|---|---|---|---|---|---|---|
| 2-pass Cpe | 550 | 1550 | 2600 | 5100 | 8800 | 12450 |
| 2-pass Spl Bus Cpe | 550 | 1550 | 2650 | 5300 | 9100 | 13000 |
| 2-pass Bus Cpe | 550 | 1550 | 2600 | 5100 | 8800 | 12450 |
| 2-4 pass Spt Cpe | 600 | 1600 | 2750 | 5500 | 9500 | 13800 |
| 2-4 pass Rdstr | 1000 | 3100 | 5250 | 10500 | 18600 | 26200 |
| 5-pass Phtn | 1000 | 3250 | 5450 | 10900 | 19100 | 27200 |
| 2-dr 5-pass Sdn | 500 | 1300 | 2250 | 4500 | 7700 | 11000 |
| 4-dr 5-pass Sdn | 500 | 1350 | 2300 | 4600 | 8000 | 11300 |

### 1929

**Model A, 4-cyl., 40 hp, 103.5" wb**

|  | 6 | 5 | 4 | 3 | 2 | 1 |
|---|---|---|---|---|---|---|
| 2-pass Cpe | 550 | 1500 | 2500 | 5000 | 8700 | 12300 |
| 2-4 pass Cpe | 550 | 1500 | 2500 | 5100 | 8800 | 12500 |
| 2-pass Bus Cpe | 550 | 1400 | 2400 | 4800 | 8300 | 11800 |
| 2-4 pass Bus Cpe | 550 | 1450 | 2500 | 4900 | 8500 | 12100 |
| Spl Cpe | 550 | 1500 | 2500 | 5000 | 8700 | 12300 |
| 2-4 pass Spt Cpe | 550 | 1550 | 2650 | 5300 | 9100 | 13000 |
| 2-pass Rdstr | 1000 | 3100 | 5250 | 10500 | 18600 | 26200 |
| 5-pass Phtn | 1000 | 3250 | 5450 | 10900 | 19100 | 27200 |
| 2-4 pass SptCabrlt | 950 | 3000 | 5050 | 10100 | 17900 | 25100 |
| 2-dr 5-pass Sdn | 500 | 1350 | 2300 | 4600 | 8000 | 11300 |
| 4-dr 5-pass 2-win Sdn | 500 | 1350 | 2350 | 4700 | 8100 | 11500 |
| 4-dr 5-pass 3-win Sdn | 500 | 1350 | 2350 | 4700 | 8100 | 11500 |
| 4-dr 5-pass 5-win Sdn | 500 | 1300 | 2250 | 4500 | 7700 | 11000 |
| 4-dr Del Sdn | 550 | 1450 | 2450 | 4900 | 8500 | 12000 |
| 4-dr 5-pass Twn Sdn | 550 | 1450 | 2450 | 4900 | 8500 | 12000 |
| 5-pass Dlx Twn Car | 800 | 2450 | 4150 | 8300 | 14600 | 20700 |
| Sta Wgn | 750 | 2250 | 3750 | 7500 | 13000 | 18700 |

### 1930

**Model A, 4-cyl., 40 hp, 103.5" wb**

|  | 6 | 5 | 4 | 3 | 2 | 1 |
|---|---|---|---|---|---|---|
| 2-pass Cpe | 550 | 1400 | 2400 | 4800 | 8300 | 11800 |
| 2-4 pass Cpe | 550 | 1500 | 2500 | 5000 | 8700 | 12300 |
| 2-4 pass Spt Cpe | 600 | 1600 | 2700 | 5400 | 9300 | 13500 |
| 2-pass Rdstr | 950 | 2950 | 4950 | 9900 | 17500 | 24700 |
| 2-4 pass Rdstr | 1000 | 3100 | 5250 | 10500 | 18600 | 26200 |
| 5-pass Phtn | 1100 | 3450 | 5750 | 11500 | 20300 | 28700 |
| 2-4 pass Cabrlt | 900 | 2900 | 4850 | 9700 | 17100 | 24200 |

|  | 6 | 5 | 4 | 3 | 2 | 1 |
|---|---|---|---|---|---|---|
| 2-dr 5-pass Sdn | 500 | 1350 | 2300 | 4600 | 8000 | 11300 |
| 4-dr 5-pass 3-win | 500 | 1350 | 2350 | 4700 | 8100 | 11500 |
| 4-dr 5-pass 5-win | 500 | 1300 | 2250 | 4500 | 7700 | 11000 |
| 5-pass Twn Sdn | 500 | 1350 | 2350 | 4700 | 8100 | 11500 |
| 5-pass Twn Car | 650 | 1750 | 3150 | 6300 | 10900 | 15700 |
| Sta Wgn | 750 | 2150 | 3600 | 7200 | 12400 | 18000 |

### 1931
**Model A, 4-cyl., 40 hp, 103.5" wb**

|  | 6 | 5 | 4 | 3 | 2 | 1 |
|---|---|---|---|---|---|---|
| 2-pass Cpe | 550 | 1400 | 2400 | 4800 | 8300 | 11800 |
| 2-pass Dlx Cpe | 550 | 1550 | 2600 | 5200 | 9000 | 12800 |
| 2-4 pass Spt Cpe | 600 | 1600 | 2800 | 5600 | 9700 | 14000 |
| 2-pass Rdstr | 950 | 2950 | 4950 | 9900 | 17500 | 24700 |
| 2-4 pass Rdstr | 950 | 3050 | 5100 | 10200 | 18000 | 25400 |
| 2-4 pass Dlx Rdstr | 1000 | 3100 | 5250 | 10500 | 18600 | 26200 |
| 5-pass Phtn | 1050 | 3350 | 5600 | 11200 | 19700 | 28000 |
| 5-pass Dlx Phtn | 1100 | 3500 | 5850 | 11700 | 20600 | 29100 |
| 2-4 pass Cabrlt | 900 | 2850 | 4750 | 9500 | 16700 | 23700 |
| 5-pass Conv Sdn | 1050 | 3350 | 5600 | 11200 | 19700 | 28000 |
| 5-pass Sdn | 500 | 1300 | 2250 | 4500 | 7700 | 11000 |
| 5-pass 3-win Sdn | 500 | 1350 | 2350 | 4700 | 8100 | 11500 |
| 5-pass Dlx Sdn | 550 | 1500 | 2500 | 5100 | 8800 | 12500 |
| 5-pass Twn Sdn | 550 | 1550 | 2650 | 5300 | 9100 | 13000 |
| 5-pass Vic | 650 | 1750 | 3150 | 6300 | 10900 | 15700 |
| Sta Wgn | 750 | 2150 | 3600 | 7200 | 12400 | 18000 |

### 1932
**Model B, 4-cyl., 106" wb**

|  | 6 | 5 | 4 | 3 | 2 | 1 |
|---|---|---|---|---|---|---|
| 2-pass Cpe | 800 | 2400 | 4050 | 8100 | 14200 | 20200 |
| 2-pass Dlx Cpe | 800 | 2450 | 4150 | 8300 | 14600 | 20700 |
| 2-4 pass Spt Cpe | 850 | 2550 | 4350 | 8700 | 15300 | 21700 |
| 2-pass Rdstr | 1150 | 3650 | 6150 | 12300 | 21700 | 30700 |
| 2-4 pass Rdstr | 1200 | 3750 | 6250 | 12500 | 22000 | 31100 |
| 2-4 pass Dlx Rdstr | 1200 | 3850 | 6450 | 12900 | 22700 | 32200 |
| 5-pass Phtn | 1250 | 3900 | 6500 | 13000 | 22900 | 32500 |
| 5-pass Dlx Phtn | 1300 | 4000 | 6650 | 13300 | 23400 | 33100 |
| 2-4 pass Cabrlt | 1150 | 3600 | 6000 | 12100 | 21300 | 30200 |
| 5-pass Conv Sdn | 1200 | 3850 | 6450 | 12900 | 22700 | 32200 |
| 2-dr 5-pass Sdn | 550 | 1450 | 2450 | 4900 | 8500 | 12000 |
| 2-dr 5-pass Dlx Sdn | 550 | 1500 | 2500 | 5000 | 8700 | 12300 |
| 4-dr 5-pass Sdn | 500 | 1300 | 2250 | 4500 | 7700 | 11000 |
| 4-dr 5-pass Dlx Sdn | 500 | 1350 | 2350 | 4700 | 8100 | 11500 |
| 5-pass Vic | 1000 | 3200 | 5350 | 10700 | 18900 | 26700 |

**Model 18, 8-cyl., 106" wb**

|  | 6 | 5 | 4 | 3 | 2 | 1 |
|---|---|---|---|---|---|---|
| 2-pass Cpe | 850 | 2700 | 4550 | 9100 | 16000 | 22700 |
| 2-4 pass Dlx Cpe | 900 | 2850 | 4750 | 9500 | 16700 | 23700 |
| 2-4 pass Spt Cpe | 950 | 2950 | 4950 | 9900 | 17500 | 24700 |
| 2-pass Rdstr | 1350 | 4150 | 6950 | 13900 | 24500 | 34700 |
| 2-4 pass Rdstr | 1350 | 4200 | 7000 | 14000 | 24650 | 34900 |
| 2-4 pass Dlx Rdstr | 1450 | 4400 | 7300 | 14600 | 25700 | 36500 |
| 5-pass Phtn | 1500 | 4500 | 7500 | 15000 | 26400 | 37500 |
| 5-pass Dlx Phtn | 1500 | 4600 | 7700 | 15400 | 27100 | 38500 |
| 2-4 pass Cabrlt | 1250 | 3950 | 6600 | 13200 | 23250 | 32900 |
| 5-pass Conv Sdn | 1450 | 4400 | 7300 | 14600 | 25700 | 36500 |
| 2-dr 5-pass Sdn | 600 | 1650 | 2850 | 5700 | 9900 | 14200 |
| 2-dr 5-pass Dlx Sdn | 650 | 1700 | 3000 | 6100 | 10600 | 15200 |
| 4-dr 5-pass Sdn | 550 | 1550 | 2650 | 5300 | 9100 | 13000 |
| 4-dr 5-pass Dlx Sdn | 600 | 1600 | 2800 | 5600 | 9700 | 14000 |
| 5-pass Vic | 1050 | 3300 | 5500 | 11100 | 19500 | 27700 |

'29 Ford Model A Deluxe Phaeton

'30 Ford Model A Wagon

'30 Ford Model A Coupe

'31 Ford Model A Deluxe Roadster

'32 Ford

'34 Ford coupe

'35 Ford phaeton

'36 Ford coupe

'38 Ford Deluxe Tudor

'39 Ford

'40 Ford convertible

'42 Ford Tudor coupe

|  | 6 | 5 | 4 | 3 | 2 | 1 |
|---|---|---|---|---|---|---|

## 1933

**Model 40, 8-cyl., 112" wb**

|  | 6 | 5 | 4 | 3 | 2 | 1 |
|---|---|---|---|---|---|---|
| 2-pass 3-win Cpe | 750 | 2100 | 3550 | 7100 | 12300 | 17700 |
| 2-4 pass 3-win Dlx Cpe | 800 | 2350 | 3950 | 7900 | 13700 | 19700 |
| 2-pass 5-win Cpe | 750 | 2100 | 3550 | 7100 | 12300 | 17700 |
| 2-4 pass 5-win Dlx Cpe | 800 | 2400 | 4050 | 8100 | 14200 | 20200 |
| 5-pass Phtn | 1200 | 3850 | 6450 | 12900 | 22700 | 32200 |
| 5-pass Dlx Phtn | 1300 | 4050 | 6750 | 13500 | 23800 | 33700 |
| 2-pass Rdstr | 1200 | 3850 | 6450 | 12900 | 22700 | 32200 |
| 2-4 pass Dlx Rdstr | 1300 | 4000 | 6650 | 13300 | 23400 | 33100 |
| 2-dr 5-pass Sdn | 550 | 1550 | 2650 | 5300 | 9100 | 13000 |
| 2-dr 5-pass Dlx Sdn | 600 | 1650 | 2850 | 5700 | 9900 | 14200 |
| 4-dr 5-pass Sdn | 500 | 1300 | 2250 | 4500 | 7700 | 11000 |
| 4-dr 5-pass Dlx Sdn | 550 | 1450 | 2450 | 4900 | 8500 | 12000 |
| 5-pass Vic | 800 | 2450 | 4150 | 8300 | 14600 | 20700 |
| Sta Wag | 1200 | 3800 | 6350 | 12700 | 22400 | 31700 |

## 1934

**Model 40, 8-cyl., 40 hp, 112" wb**

|  | 6 | 5 | 4 | 3 | 2 | 1 |
|---|---|---|---|---|---|---|
| 2-pass 5-win Cpe | 750 | 2100 | 3550 | 7100 | 12300 | 17700 |
| 2-4 pass Dlx Rdstr | 1350 | 4150 | 6950 | 13900 | 24500 | 34700 |
| 2-pass 3-win Dlx Cpe | 800 | 2350 | 3950 | 7900 | 13700 | 19700 |
| 2-pass 5-win Dlx Cpe | 750 | 2250 | 3750 | 7500 | 13000 | 18700 |
| 2-4 pass 5-win Cpe | 750 | 2200 | 3650 | 7300 | 12600 | 18200 |
| 2-4 pass 3-win Cpe | 750 | 2300 | 3850 | 7700 | 13300 | 19200 |
| 5-pass Dlx Phtn | 1400 | 4350 | 7250 | 14500 | 25500 | 36200 |
| 2-4 pass Conv Cabrlt | 1350 | 4200 | 7000 | 14100 | 24800 | 35100 |
| 2-dr 5-pass Sdn | 500 | 1300 | 2250 | 4500 | 7700 | 11000 |
| 2-dr 5-pass Dlx Sdn | 500 | 1350 | 2350 | 4700 | 8100 | 11500 |
| 4-dr 5-pass Sdn | 500 | 1350 | 2350 | 4700 | 8100 | 11500 |
| 4-dr 5-pass Dlx Sdn | 550 | 1400 | 2400 | 4800 | 8300 | 11800 |
| 5-pass Vic | 800 | 2450 | 4150 | 8300 | 14600 | 20700 |
| Sta Wgn | 1150 | 3600 | 5950 | 11900 | 21000 | 29700 |

## 1935

**Model 48, 8-cyl.**

|  | 6 | 5 | 4 | 3 | 2 | 1 |
|---|---|---|---|---|---|---|
| 2-pass 3-win Cpe | 800 | 2500 | 4250 | 8500 | 15000 | 21200 |
| 2-pass 3-win Dlx Cpe | 850 | 2550 | 4350 | 8700 | 15300 | 21700 |
| 2-pass 5-win Cpe | 750 | 2300 | 3850 | 7700 | 13300 | 19200 |
| 2-pass 5-win Dlx Cpe | 800 | 2400 | 4050 | 8100 | 14200 | 20200 |
| 5-pass Dlx Phtn | 1250 | 3950 | 6550 | 13100 | 23100 | 32700 |
| 2-4 pass Dlx Rdstr | 1200 | 3750 | 6250 | 12500 | 22000 | 31100 |
| Dlx Cabrlt | 1200 | 3750 | 6250 | 12500 | 22000 | 31100 |
| 2-4 pass Conv Cabrlt | 1200 | 3850 | 6450 | 12900 | 22700 | 32200 |
| 2-dr 5-pass Sdn | 500 | 1350 | 2300 | 4600 | 8000 | 11300 |
| 2-dr 5-pass Dlx Sdn | 550 | 1400 | 2400 | 4800 | 8300 | 11800 |
| 4-dr 5-pass Sdn | 500 | 1300 | 2250 | 4500 | 7700 | 11000 |
| 4-dr 5-pass Dlx Sdn | 500 | 1350 | 2350 | 4700 | 8100 | 11500 |
| Sta Wgn | 1150 | 3600 | 5950 | 11900 | 21000 | 29700 |

## 1936

**Model 68, 8-cyl., 112" wb**

|  | 6 | 5 | 4 | 3 | 2 | 1 |
|---|---|---|---|---|---|---|
| 2-4 pass 3-win Dlx Cpe | 850 | 2650 | 4450 | 8900 | 15700 | 22300 |
| 2-pass 3-win Dlx Cpe | 850 | 2700 | 4550 | 9100 | 16000 | 22700 |
| 2-pass 5-win Cpe | 800 | 2450 | 4250 | 8300 | 14600 | 20700 |
| 2-4 pass 5-win Cpe | 850 | 2550 | 4350 | 8700 | 15300 | 21700 |
| 2-pass 5-win Dlx Cpe | 850 | 2550 | 4350 | 8700 | 15300 | 21700 |
| 2-4 pass 5-win Dlx Cpe | 850 | 2650 | 4450 | 8900 | 15700 | 22300 |
| 2-4 pass Dlx Rdstr | 1200 | 3850 | 6450 | 12900 | 22700 | 32200 |
| 5-pass Dlx Phtn | 1300 | 4000 | 6650 | 13300 | 23400 | 33100 |
| 2-4 pass Conv Cabrlt | 1390 | 4150 | 6950 | 13900 | 24500 | 34700 |
| 4-pass Club Cabrlt | 1150 | 3650 | 6150 | 12300 | 21700 | 30700 |

| | 6 | 5 | 4 | 3 | 2 | 1 |
|---|---|---|---|---|---|---|
| 5-pass Conv Trk Sdn | 1200 | 3850 | 6450 | 12900 | 22700 | 32200 |
| 5-pass Conv Sdn | 1200 | 3750 | 6250 | 12500 | 22000 | 31100 |
| 2-dr 5-pass Sdn | 500 | 1350 | 2350 | 4700 | 8100 | 11500 |
| 2-dr 5-pass Dlx Tr Sdn | 550 | 1450 | 2450 | 4900 | 8500 | 12000 |
| 2-dr 5-pass Dlx Sdn | 550 | 1450 | 2450 | 4900 | 8500 | 12000 |
| 4-dr 5-pass Sdn | 500 | 1350 | 2350 | 4700 | 8100 | 11500 |
| 4-dr 5-pass Tr Sdn | 550 | 1450 | 2450 | 4900 | 8500 | 12000 |
| 4-dr 5-pass Dlx Sdn | 550 | 1500 | 2500 | 5100 | 8800 | 12500 |
| Sta Wgn | 1150 | 3600 | 6000 | 12100 | 21300 | 30200 |

### 1937
**Model 74, 8-cyl., 60 hp, 112" wb**

| | 6 | 5 | 4 | 3 | 2 | 1 |
|---|---|---|---|---|---|---|
| 2-pass 5-win Cpe | 650 | 1700 | 3000 | 6100 | 10600 | 15200 |
| 2-dr 5-pass Sdn | 450 | 1250 | 2050 | 4100 | 7100 | 10300 |
| 2-dr 5-pass Tr Sdn | 450 | 1250 | 2150 | 4300 | 7400 | 10700 |
| 4-dr 5-pass Sdn | 450 | 1250 | 2050 | 4100 | 7100 | 10300 |
| 4-dr 5-pass Tr Sdn | 450 | 1250 | 2150 | 4300 | 7400 | 10700 |

**Model 78, 8-cyl., 85 hp**

| | 6 | 5 | 4 | 3 | 2 | 1 |
|---|---|---|---|---|---|---|
| 2-pass 5-win Cpe | 650 | 1700 | 3000 | 5900 | 10200 | 14700 |
| 2-pass 5-win Dlx Cpe | 650 | 1700 | 3000 | 6100 | 10600 | 15200 |
| 2-4 pass Club Cpe | 650 | 1700 | 3000 | 6100 | 10600 | 15200 |
| 2-pass Dlx Rdstr | 1050 | 3300 | 5500 | 11100 | 19500 | 27700 |
| 5-pass Dlx Phtn | 1100 | 3500 | 5850 | 11700 | 20500 | 29100 |
| 5-pass Cabrlt Conv | 1100 | 3500 | 5850 | 11700 | 20500 | 29100 |
| 5-pass Club Cabrlt | 1150 | 3600 | 6000 | 12100 | 21300 | 30200 |
| 5-pass Conv | 1200 | 3800 | 6350 | 12700 | 22400 | 31700 |
| 2-dr 5-pass Sdn | 450 | 1250 | 2150 | 4300 | 7400 | 10700 |
| 2-dr 5-pass Tr Sdn | 500 | 1300 | 2250 | 4500 | 7700 | 11000 |
| 2-dr 5-pass Dlx Tr Sdn | 500 | 1300 | 2250 | 4500 | 7700 | 11000 |
| 4-dr 5-pass Sdn | 450 | 1250 | 2150 | 4300 | 7400 | 10700 |
| 4-dr 5-pass Dlx Tr Sdn | 500 | 1300 | 2250 | 4500 | 7700 | 11000 |
| Sta Wgn | 1050 | 3400 | 5650 | 11300 | 19900 | 28200 |

### 1938
**Standard, 8-cyl., 60 hp, 112" wb**

| | 6 | 5 | 4 | 3 | 2 | 1 |
|---|---|---|---|---|---|---|
| 2-pass Cpe | 600 | 1650 | 2850 | 5700 | 9900 | 14200 |
| 2-dr 5-pass | 450 | 1250 | 2050 | 4100 | 7100 | 10300 |
| 4-dr 5-pass | 450 | 1250 | 2050 | 4100 | 7100 | 10300 |

**Deluxe, 8-cyl., 85 hp, 112" wb**

| | 6 | 5 | 4 | 3 | 2 | 1 |
|---|---|---|---|---|---|---|
| 2-pass Cpe | 600 | 1600 | 2700 | 5400 | 9300 | 13500 |
| 5-pass Dlx Club Cpe | 600 | 1600 | 2800 | 5600 | 9700 | 14000 |
| 2-4 pass Dlx Club Cpe | 600 | 1600 | 2750 | 5500 | 9500 | 13800 |
| 5-pass Dlx Phtn | 1200 | 3750 | 6250 | 12500 | 22000 | 31100 |
| 2-pass Dlx Conv Cpe | 1150 | 3600 | 5950 | 11900 | 21000 | 29700 |
| 2-dr 5-pass Sdn | 500 | 1300 | 2250 | 4500 | 7700 | 11000 |
| 4-dr 5-pass | 500 | 1300 | 2250 | 4500 | 7700 | 11000 |
| 2-dr 5-pass Dlx Sdn | 500 | 1350 | 2350 | 4700 | 8100 | 11500 |
| 4-dr 5-pass Dlx Sdn | 500 | 1350 | 2350 | 4700 | 8100 | 11500 |
| 5-pass Dlx Conv | 1150 | 3600 | 6000 | 12100 | 21300 | 30200 |
| 2-4 pass Dlx Club Conv | 1200 | 3750 | 6300 | 12600 | 22200 | 31400 |
| 5-pass Dlx Conv Sdn | 1250 | 3950 | 6550 | 13100 | 23100 | 32700 |
| Sta Wgn | 1050 | 3350 | 5600 | 11200 | 19700 | 28000 |

### 1939
**Standard, 8-cyl., 60 hp, 112" wb**

| | 6 | 5 | 4 | 3 | 2 | 1 |
|---|---|---|---|---|---|---|
| 3-pass Cpe | 650 | 1800 | 3250 | 6500 | 11200 | 16100 |
| 2-dr 6-pass | 450 | 1250 | 2100 | 4200 | 7200 | 10500 |
| 4-dr 6-pass | 450 | 1250 | 2100 | 4200 | 7200 | 10500 |
| Sta Wgn | 1050 | 3400 | 5650 | 11300 | 19900 | 28200 |

**Standard, 8-cyl., 85 hp, 112" wb**

| | 6 | 5 | 4 | 3 | 2 | 1 |
|---|---|---|---|---|---|---|
| 3-pass Cpe | 700 | 2000 | 3450 | 6900 | 11900 | 17200 |

| | 6 | 5 | 4 | 3 | 2 | 1 |
|---|---|---|---|---|---|---|
| 2-dr 6-pass Sdn | 450 | 1250 | 2200 | 4400 | 7600 | 10900 |
| 4-dr 6-pass Sdn | 450 | 1250 | 2200 | 4400 | 7600 | 10900 |
| **Deluxe, 8-cyl., 85 hp, 112" wb** | | | | | | |
| 3-pass Cpe | 750 | 2100 | 3550 | 7100 | 12300 | 17700 |
| 2-dr 6-pass Sdn | 500 | 1300 | 2250 | 4500 | 7700 | 11000 |
| 4-dr 6-pass Sdn | 500 | 1300 | 2250 | 4500 | 7700 | 11000 |
| 3-pass Conv Cpe | 1450 | 4400 | 7350 | 14700 | 25900 | 36700 |
| 6-pass Conv Sdn | 1500 | 4550 | 7650 | 15300 | 26900 | 38200 |
| Sta Wgn | 1100 | 3550 | 5900 | 11800 | 20800 | 29400 |

## 1940

| | 6 | 5 | 4 | 3 | 2 | 1 |
|---|---|---|---|---|---|---|
| **Deluxe, 8-cyl., 85 hp, 112" wb** | | | | | | |
| 3-pass Cpe | 800 | 2350 | 3950 | 7900 | 13700 | 19700 |
| 3-pass Bus Cpe | 800 | 2350 | 3950 | 7900 | 13700 | 19700 |
| 2-dr 6-pass Sdn | 550 | 1450 | 2450 | 4900 | 8500 | 12000 |
| 4-dr 6-pass Sdn | 550 | 1450 | 2450 | 4900 | 8500 | 12000 |
| 3-pass Bus Cpe | 800 | 2350 | 3950 | 7900 | 13700 | 19700 |
| 3-pass Dlx Bus Cpe | 800 | 2400 | 4050 | 8100 | 14200 | 20200 |
| 2-dr 6-pass Dlx Sdn | 550 | 1500 | 2500 | 5000 | 8700 | 12300 |
| 4-dr 6-pass Dlx Sdn | 550 | 1500 | 2500 | 5000 | 8700 | 12300 |
| 5-pass Dlx Conv Club Cpe | 1550 | 4650 | 7750 | 15500 | 27300 | 38700 |
| Sta Wgn | 1150 | 3600 | 6000 | 12100 | 21300 | 30200 |
| Dlx Sta Wgn | 1200 | 3850 | 6450 | 12900 | 22700 | 32200 |
| **Standard, 8-cyl., 60 hp, 112" wb** | | | | | | |
| 3-pass Cpe | 750 | 2200 | 2650 | 7300 | 12600 | 18200 |
| 3-pass Bus Cpe | 750 | 2200 | 2650 | 7300 | 12600 | 18200 |
| 2-dr 6-pass Sdn | 500 | 1350 | 2350 | 4700 | 8100 | 11500 |
| 4-dr 6-pass Sdn | 500 | 1350 | 2350 | 4700 | 8100 | 11500 |

## 1941

| | 6 | 5 | 4 | 3 | 2 | 1 |
|---|---|---|---|---|---|---|
| **Special, 8-cyl., 60 hp, 112" wb** | | | | | | |
| 3-pass Cpe | 700 | 2000 | 3450 | 6900 | 11900 | 17200 |
| 2-dr 6-pass Sdn | 450 | 1250 | 2150 | 4300 | 7400 | 10700 |
| 4-dr 6-pass Sdn | 450 | 1250 | 2150 | 4300 | 7400 | 10700 |
| **Deluxe** | | | | | | |
| 3-pass Cpe | 750 | 2300 | 3850 | 7700 | 13300 | 19200 |
| 5-pass Cpe | 750 | 2300 | 3850 | 7700 | 13300 | 19200 |
| 2-dr 6-pass Sdn | 550 | 1450 | 2450 | 4900 | 8500 | 12000 |
| 4-dr 6-pass Sdn | 550 | 1450 | 2450 | 4900 | 8500 | 12000 |
| Sta Wgn | 1450 | 4400 | 7350 | 14700 | 25900 | 36700 |
| **Super Deluxe** | | | | | | |
| 3-pass Cpe | 800 | 2350 | 3950 | 7900 | 13700 | 19700 |
| 5-pass Cpe | 800 | 2350 | 3950 | 7900 | 13700 | 19700 |
| 2-dr 6-pass Sdn | 550 | 1500 | 2500 | 5100 | 8800 | 12500 |
| 4-dr 6-pass Sdn | 550 | 1500 | 2500 | 5100 | 8800 | 12500 |
| 5-pass Conv Club Cpe | 1400 | 4350 | 7250 | 14500 | 25500 | 36200 |
| Sta Wgn | 1500 | 4500 | 7550 | 15100 | 26600 | 37700 |

## 1942

| | 6 | 5 | 4 | 3 | 2 | 1 |
|---|---|---|---|---|---|---|
| **Special, 6-cyl., 114" wb** | | | | | | |
| 3-pass Cpe | 600 | 1650 | 2850 | 5700 | 9900 | 14200 |
| 2-dr 6-pass Sdn | 400 | 1200 | 2000 | 4000 | 6900 | 10000 |
| 4-dr 6-pass Sdn | 400 | 1200 | 2000 | 4000 | 6900 | 10000 |
| **Deluxe, 6-cyl., 114" wb** | | | | | | |
| 3-pass Cpe | 650 | 1700 | 3000 | 5900 | 10200 | 14700 |
| 6-pass Cpe Sdn | 650 | 1750 | 3150 | 6300 | 10900 | 15700 |
| 2-dr 6-pass Sdn | 450 | 1250 | 2100 | 4200 | 7200 | 10500 |
| 4-dr 6-pass Sdn | 450 | 1250 | 2100 | 4200 | 7200 | 10500 |
| **Super Deluxe, 6-cyl., 114" wb** | | | | | | |
| 3-pass Cpe | 650 | 1700 | 3000 | 6100 | 10600 | 15200 |
| 6-pass Cpe Sdn | 650 | 1800 | 3250 | 6500 | 11200 | 16100 |

| | 6 | 5 | 4 | 3 | 2 | 1 |
|---|---|---|---|---|---|---|
| 2-dr 6-pass Sdn | 450 | 1250 | 2100 | 4200 | 7200 | 10500 |
| 4-dr 6-pass Sdn | 450 | 1250 | 2100 | 4200 | 7200 | 10500 |
| Conv Club Cpe | 1250 | 3950 | 6550 | 13100 | 23100 | 32700 |
| Sta Wgn | 1350 | 4200 | 7000 | 14100 | 24800 | 35100 |
| **Deluxe, 8-cyl., 90 hp, 114" wb** | | | | | | |
| 3-pass Cpe | 650 | 1700 | 3000 | 6100 | 10600 | 15200 |
| 6-pass Cpe Sdn | 650 | 1800 | 3250 | 6500 | 11200 | 16100 |
| 2-dr 6-pass Sdn | 450 | 1250 | 2200 | 4400 | 7600 | 10900 |
| 4-dr 6-pass Sdn | 450 | 1250 | 2200 | 4400 | 7600 | 10900 |
| **Super Deluxe, 8-cyl., 90 hp, 114" wb** | | | | | | |
| 3-pass Cpe | 650 | 1750 | 3150 | 6300 | 10900 | 15700 |
| 5-pass Cpe Sdn | 700 | 1900 | 3350 | 6700 | 11500 | 16500 |
| 2-dr 6-pass Sdn | 450 | 1250 | 2200 | 4400 | 7600 | 10900 |
| 4-dr 6-pass Sdn | 450 | 1250 | 2200 | 4400 | 7600 | 10900 |
| Conv Club Cpe | 1350 | 4150 | 6950 | 13900 | 24500 | 34700 |
| 8-pass Sta Wgn | 1400 | 4350 | 7250 | 14500 | 25500 | 36200 |
| **1946** | | | | | | |
| **Deluxe, 6-cyl., 90 hp, 114" wb** | | | | | | |
| 2-dr 3-pass Cpe | 550 | 1550 | 2650 | 5300 | 9100 | 13000 |
| 2-dr 6-pass Sdn | 400 | 1200 | 1950 | 3900 | 6800 | 9900 |
| 4-dr 6-pass Sdn | 400 | 1200 | 1950 | 3900 | 6800 | 9900 |
| **Super Deluxe, 6-cyl., 90 hp, 114" wb** | | | | | | |
| 3-pass Cpe | 600 | 1650 | 2850 | 5700 | 9900 | 14200 |
| 6-pass Cpe Sdn | 650 | 1700 | 3000 | 6100 | 10600 | 15200 |
| 2-dr 6-pass Sdn | 450 | 1250 | 2050 | 4100 | 7100 | 10300 |
| 4-dr 6-pass Sdn | 450 | 1250 | 2050 | 4100 | 7100 | 10300 |
| 8-pass Sta Wgn | 1600 | 4750 | 7950 | 15900 | 28000 | 39700 |
| **Deluxe, 8-cyl., 100 hp, 114" wb** | | | | | | |
| 3-pass Cpe | 600 | 1600 | 2750 | 5500 | 9500 | 13800 |
| 2-dr 6-pass Sdn | 450 | 1250 | 2050 | 4100 | 7100 | 10300 |
| 4-dr 6-pass Sdn | 450 | 1250 | 2050 | 4100 | 7100 | 10300 |
| **Super Deluxe, 8-cyl., 100 hp, 114" wb** | | | | | | |
| 2-dr 3-pass Cpe | 650 | 1700 | 3000 | 5900 | 10200 | 14700 |
| 2-dr 6-pass Cpe Sdn | 650 | 1750 | 3150 | 6300 | 10900 | 15700 |
| 2-dr 6-pass Sdn | 450 | 1250 | 2150 | 4300 | 7400 | 10700 |
| 4-dr 6-pass Sdn | 450 | 1250 | 2150 | 4300 | 7400 | 10700 |
| 4-dr Sta Wgn | 1650 | 4900 | 8250 | 16500 | 29000 | 41200 |
| 2-dr Conv Club Cpe | 1550 | 4650 | 7750 | 15500 | 27300 | 38700 |
| 2-dr Sprtmn Conv Cpe | 2900 | 8600 | 14500 | 29000 | 50900 | 72400 |
| **1947** | | | | | | |
| **Deluxe, 6-cyl., 90-95 hp, 114" wb** | | | | | | |
| 3-pass Cpe | 550 | 1550 | 2650 | 5300 | 9100 | 13000 |
| 2-dr 6-pass Sdn | 400 | 1200 | 1950 | 3900 | 6800 | 9900 |
| 4-dr 6-pass Sdn | 400 | 1200 | 1950 | 3900 | 6800 | 9900 |
| **Super Deluxe** | | | | | | |
| 3-pass Cpe | 600 | 1650 | 2850 | 5700 | 9900 | 14200 |
| 6-pass Cpe Sdn | 650 | 1700 | 3000 | 6100 | 10600 | 15200 |
| 2-dr 6-pass Sdn | 450 | 1250 | 2050 | 4100 | 7100 | 10300 |
| 4-dr 6-pass Sdn | 450 | 1250 | 2050 | 4100 | 7100 | 10300 |
| 8-pass Sta Wgn | 1600 | 4750 | 7950 | 15900 | 28000 | 39700 |
| **Deluxe, 8-cyl., 100 hp, 114" wb** | | | | | | |
| 3-pass Cpe | 600 | 1600 | 2750 | 5500 | 9500 | 13800 |
| 2-dr 6-pass Sdn | 450 | 1250 | 2050 | 4100 | 7100 | 10300 |
| 4-dr 6-pass Sdn | 450 | 1250 | 2050 | 4100 | 7100 | 10300 |
| **Super Deluxe** | | | | | | |
| 3-pass Cpe | 650 | 1700 | 3000 | 5900 | 10200 | 14700 |
| 6-pass Cpe Sdn | 650 | 1750 | 3150 | 6300 | 10900 | 15700 |
| 2-dr 6-pass Sdn | 450 | 1250 | 2150 | 4300 | 7400 | 10700 |
| 4-dr 6-pass Sdn | 450 | 1250 | 2150 | 4300 | 7400 | 10700 |

|  | 6 | 5 | 4 | 3 | 2 | 1 |
|---|---|---|---|---|---|---|
| Conv Club Cpe | 1550 | 4650 | 7750 | 15500 | 27300 | 38700 |
| 6-pass Sptmn Conv Cpe | 2900 | 8600 | 14500 | 29000 | 50900 | 72400 |
| 8-pass Sta Wgn | 1650 | 4900 | 8250 | 16500 | 29000 | 41200 |

### 1948
**Deluxe, 6-cyl., 95 hp, 114" wb**

|  | 6 | 5 | 4 | 3 | 2 | 1 |
|---|---|---|---|---|---|---|
| 3-pass Cpe | 550 | 1550 | 2650 | 5300 | 9100 | 13000 |
| 2-dr 6-pass Sdn | 400 | 1200 | 1950 | 3900 | 6800 | 9900 |
| 4-dr 6-pass Sdn | 400 | 1200 | 1950 | 3900 | 6800 | 9900 |

**Super Deluxe**

|  | 6 | 5 | 4 | 3 | 2 | 1 |
|---|---|---|---|---|---|---|
| 3-pass Cpe | 600 | 1650 | 2850 | 5700 | 9900 | 14200 |
| 6-pass Cpe Sdn | 650 | 1700 | 3000 | 6100 | 10600 | 15200 |
| 2-dr 6-pass Sdn | 450 | 1250 | 2050 | 4100 | 7100 | 10300 |
| 4-dr 6-pass Sdn | 450 | 1250 | 2050 | 4100 | 7100 | 10300 |
| 8-pass Sta Wgn | 1600 | 4750 | 7950 | 15900 | 28000 | 39700 |

**Deluxe, 8-cyl., 100 hp, 114" wb**

|  | 6 | 5 | 4 | 3 | 2 | 1 |
|---|---|---|---|---|---|---|
| 3-pass Cpe | 600 | 1600 | 2750 | 5500 | 9500 | 13800 |
| 2-dr 6-pass Sdn | 450 | 1250 | 2050 | 4100 | 7100 | 10300 |
| 4-dr 6-pass Sdn | 450 | 1250 | 2050 | 4100 | 7100 | 10300 |

**Super Deluxe**

|  | 6 | 5 | 4 | 3 | 2 | 1 |
|---|---|---|---|---|---|---|
| 3-pass Cpe | 650 | 1700 | 3000 | 5900 | 10200 | 14700 |
| 6-pass Cpe Sdn | 650 | 1750 | 3150 | 6300 | 10900 | 15700 |
| 2-dr 6-pass Sdn | 450 | 1250 | 2150 | 4300 | 7400 | 10700 |
| 4-dr 6-pass Sdn | 450 | 1250 | 2150 | 4300 | 7400 | 10700 |
| Conv Club Cpe | 1550 | 4650 | 7750 | 15500 | 27300 | 38700 |
| Sptmn Conv Cpe | 2900 | 8600 | 14500 | 29000 | 50900 | 72400 |

### 1949
**Deluxe, 8-cyl., 100 hp, 114" wb**

|  | 6 | 5 | 4 | 3 | 2 | 1 |
|---|---|---|---|---|---|---|
| 3-pass Bus Cpe | 600 | 1650 | 2850 | 5700 | 9900 | 14200 |
| 5-pass Club Cpe | 650 | 1700 | 3000 | 5900 | 10200 | 14700 |
| 2-dr 6-pass Sdn | 500 | 1350 | 2350 | 4700 | 8100 | 11500 |
| 4-dr 6-pass Sdn | 500 | 1350 | 2350 | 4700 . | 8100 | 11500 |

**Custom, 8-cyl., 100 hp, 114" wb**

|  | 6 | 5 | 4 | 3 | 2 | 1 |
|---|---|---|---|---|---|---|
| 3-pass Cpe | 650 | 1700 | 3000 | 5900 | 10200 | 14700 |
| 5-pass Club Cpe | 650 | 1700 | 3000 | 6100 | 10600 | 15200 |
| 2-dr 6-pass Sdn | 550 | 1550 | 2650 | 5300 | 9100 | 13000 |
| 4-dr 6-pass Sdn | 550 | 1550 | 2650 | 5300 | 9100 | 13000 |
| Conv Club | 1450 | 4450 | 7450 | 14900 | 26200 | 37200 |
| 8-pass Sta Wgn | 1550 | 4650 | 7750 | 15500 | 27300 | 38700 |

**Deluxe, 6-cyl., 95 hp, 114" wb**

|  | 6 | 5 | 4 | 3 | 2 | 1 |
|---|---|---|---|---|---|---|
| 3-pass Bus Cpe | 600 | 1600 | 2750 | 5500 | 9500 | 13800 |
| 6-pass Club Cpe | 600 | 1650 | 2850 | 5700 | 9900 | 14200 |
| 2-dr 6-pass Sdn | 500 | 1300 | 2250 | 4500 | 7700 | 11000 |
| 4-dr 6-pass Sdn | 500 | 1300 | 2250 | 4500 | 7700 | 11000 |

**Custom**

|  | 6 | 5 | 4 | 3 | 2 | 1 |
|---|---|---|---|---|---|---|
| 5-pass Club Cpe | 600 | 1650 | 2850 | 5700 | 9900 | 14200 |
| 2-dr 6-pass Sdn | 550 | 1450 | 2450 | 4900 | 8500 | 12000 |
| 4-dr 6-pass Sdn | 550 | 1450 | 2450 | 4900 | 8500 | 12000 |
| 5-pass Conv Cpe | 1400 | 4250 | 7100 | 14200 | 25000 | 35400 |
| 8-pass Sta Wgn | 1500 | 4550 | 7650 | 15300 | 26900 | 38200 |

### 1950
**Deluxe, 6-cyl., 95 hp, 114" wb**

|  | 6 | 5 | 4 | 3 | 2 | 1 |
|---|---|---|---|---|---|---|
| 2-dr Bus Cpe | 600 | 1600 | 2750 | 5500 | 9500 | 13800 |
| 2-dr Sdn | 500 | 1300 | 2250 | 4500 | 7700 | 11000 |
| 4-dr Sdn | 500 | 1300 | 2250 | 4500 | 7700 | 11000 |

**Deluxe, 8-cyl., 100 hp, 114" wb**

|  | 6 | 5 | 4 | 3 | 2 | 1 |
|---|---|---|---|---|---|---|
| 2-dr Bus Cpe | 600 | 1650 | 2850 | 5700 | 9900 | 14200 |
| 2-dr Sdn | 500 | 1350 | 2350 | 4700 | 8100 | 11500 |
| 4-dr Sdn | 500 | 1350 | 2350 | 4700 | 8100 | 11500 |

'47 Ford Deluxe

'48 Ford Woodie Wagon

'49 Ford

'50 Ford

'52 Ford

'55 Ford Victoria

'56 Ford Victoria

'58 Ford Skyliner Retractable

'59 Ford

'60 Ford Falcon

'60 Ford Sunliner Convertible

'61 Ford

| | 6 | 5 | 4 | 3 | 2 | 1 |
|---|---|---|---|---|---|---|
| **Custom Deluxe, 6-cyl., 95 hp, 114" wb** | | | | | | |
| 2-dr Club Cpe | 600 | 1650 | 2850 | 5700 | 9900 | 14200 |
| 2-dr Sdn | 550 | 1450 | 2450 | 4900 | 8500 | 12000 |
| 4-dr Sdn | 550 | 1450 | 2450 | 4900 | 8500 | 12000 |
| 4-dr Sta Wgn | 1500 | 4550 | 7650 | 15300 | 26900 | 38200 |
| **Custom, 8-cyl., 100 hp, 114" wb** | | | | | | |
| 2-dr Club Cpe | 650 | 1700 | 3000 | 6100 | 10600 | 15200 |
| 2-dr Crestliner | 750 | 2200 | 3650 | 7300 | 12600 | 18200 |
| 2-dr Sdn | 550 | 1550 | 2650 | 5300 | 9100 | 13000 |
| 4-dr Sdn | 550 | 1550 | 2650 | 5300 | 9100 | 13000 |
| 2-dr Conv | 1450 | 4450 | 7450 | 14900 | 26200 | 37200 |
| Sta Wgn | 1600 | 4750 | 7950 | 15900 | 28000 | 39700 |

## 1951

| | 6 | 5 | 4 | 3 | 2 | 1 |
|---|---|---|---|---|---|---|
| **Deluxe, 8-cyl., 100 hp, 114" wb** | | | | | | |
| 2-dr Bus Cpe | 600 | 1600 | 2750 | 5500 | 9500 | 13800 |
| 2-dr Sdn | 550 | 1500 | 2500 | 5100 | 8800 | 12500 |
| 4-dr Sdn | 550 | 1500 | 2500 | 5100 | 8800 | 12500 |
| **Custom Deluxe, 8-cyl., 100 hp, 114" wb** | | | | | | |
| 2-dr Club Cpe | 650 | 1750 | 3150 | 6300 | 10900 | 15700 |
| 2-dr Sdn | 600 | 1650 | 2900 | 5800 | 10000 | 14500 |
| 4-dr Sdn | 600 | 1650 | 2900 | 5800 | 10000 | 14500 |
| 2-dr Crest | 750 | 2250 | 3750 | 7500 | 13000 | 18700 |
| 2-dr Vic Cpe | 800 | 2450 | 4150 | 8300 | 14600 | 20700 |
| 2-dr Conv | 1500 | 4550 | 7600 | 15200 | 26750 | 38000 |
| Ctry Squire Sta Wgn | 1500 | 4550 | 7600 | 15200 | 26750 | 38000 |
| **Deluxe, 6-cyl., 95 hp, 114" wb** | | | | | | |
| 2-dr Bus Cpe | 550 | 1550 | 2650 | 5300 | 9100 | 13000 |
| 2-dr Sdn | 500 | 1350 | 2350 | 4700 | 8100 | 11500 |
| 4-dr Sdn | 500 | 1350 | 2350 | 4700 | 8100 | 11500 |
| **Custom, 6-cyl., 95 hp, 114" wb** | | | | | | |
| 2-dr Club Cpe | 650 | 1700 | 3000 | 6100 | 10600 | 15200 |
| 2-dr Sdn | 550 | 1550 | 2650 | 5300 | 9100 | 13000 |
| 4-dr Sdn | 550 | 1550 | 2650 | 5300 | 9100 | 13000 |
| Ctry Squire Sta Wgn | 1450 | 4450 | 7450 | 14900 | 26200 | 37200 |

## 1952

| | 6 | 5 | 4 | 3 | 2 | 1 |
|---|---|---|---|---|---|---|
| **Mainline, 6-cyl./8-cyl., 115" wb** | | | | | | |
| 2-dr Bus Cpe | 500 | 1350 | 2350 | 4700 | 8100 | 11500 |
| 2-dr Sdn | 400 | 1200 | 1950 | 3900 | 6800 | 9900 |
| 4-dr Sdn | 400 | 1200 | 1950 | 3900 | 6800 | 9900 |
| Ranch Sta Wgn | 500 | 1350 | 2350 | 4700 | 8100 | 11500 |
| **Customline, 6-cyl./8-cyl., 115" wb** | | | | | | |
| 2-dr Club Cpe | 600 | 1600 | 2750 | 5500 | 9500 | 13800 |
| 2-dr Sdn | 550 | 1450 | 2450 | 4900 | 8500 | 12000 |
| 4-dr Sdn | 550 | 1450 | 2450 | 4900 | 8500 | 12000 |
| Ctry Sta Wgn (V-8) | 600 | 1600 | 2750 | 5500 | 9500 | 13800 |
| **Crestline, 8-cyl., 115" wb** | | | | | | |
| 2-dr Vic Hdtp | 800 | 2350 | 3950 | 7900 | 13700 | 19700 |
| 2-dr Sunliner Conv | 1200 | 3850 | 6450 | 12900 | 22700 | 32200 |
| Ctry Squire Sta Wgn | 600 | 1650 | 2850 | 5700 | 9900 | 14200 |

*Small block option deduct 10%*     *Indy 500 Pace Car add 50%*

## 1953

| | 6 | 5 | 4 | 3 | 2 | 1 |
|---|---|---|---|---|---|---|
| **Mainline, 6-cyl./8-cyl., 115" wb** | | | | | | |
| 2-dr Bus Cpe | 500 | 1350 | 2350 | 4700 | 8100 | 11500 |
| 2-dr Sdn | 400 | 1200 | 1950 | 3900 | 6800 | 9900 |
| 4-dr Sdn | 400 | 1200 | 1950 | 3900 | 6800 | 9900 |
| Ranch Sta Wgn | 500 | 1350 | 2350 | 4700 | 8100 | 11500 |
| **Customline, 6-cyl./8-cyl., 115" wb** | | | | | | |
| 2-dr Club Cpe | 600 | 1600 | 2750 | 5500 | 9500 | 13800 |

| | 6 | 5 | 4 | 3 | 2 | 1 |
|---|---|---|---|---|---|---|
| 2-dr Sdn | 550 | 1450 | 2450 | 4900 | 8500 | 12000 |
| 4-dr Sdn | 550 | 1450 | 2450 | 4900 | 8500 | 12000 |
| Ctry Sta Wgn (V-8) | 600 | 1600 | 2750 | 5500 | 9500 | 13800 |
| **Crestline, 8-cyl., 115" wb** | | | | | | |
| 2-dr Vic Hdtp | 800 | 2450 | 4150 | 8300 | 14600 | 20700 |
| 2-dr Sunliner Conv | 1250 | 3950 | 6600 | 13200 | 23250 | 32900 |
| Ctry Squire Sta Wgn | 650 | 1700 | 3000 | 5900 | 10200 | 14700 |
| *Small block option deduct 10%* | | | | | | |

## 1954

| | 6 | 5 | 4 | 3 | 2 | 1 |
|---|---|---|---|---|---|---|
| **Mainline, 6-cyl./8-cyl., 115.5" wb** | | | | | | |
| 2-dr Bus Cpe | 450 | 1250 | 2150 | 4300 | 7400 | 10700 |
| 2-dr Sdn | 400 | 1200 | 2000 | 4000 | 6900 | 10000 |
| 4-dr Sdn | 400 | 1200 | 2000 | 4000 | 6900 | 10000 |
| Ranch Sta Wgn | 500 | 1350 | 2350 | 4700 | 8100 | 11500 |
| **Customline, 6-cyl./8-cyl., 115.5" wb** | | | | | | |
| 2-dr Club Cpe | 600 | 1650 | 2850 | 5700 | 9900 | 14200 |
| 2-dr Sdn | 550 | 1550 | 2650 | 5300 | 9100 | 13000 |
| 4-dr Sdn | 550 | 1550 | 2650 | 5300 | 9100 | 13000 |
| 2-dr Ranch Sta Wgn | 650 | 1700 | 3000 | 5900 | 10200 | 14700 |
| 4-dr Ctry Sdn Sta Wgn | 650 | 1700 | 3000 | 6100 | 10600 | 15200 |
| **Crestline, 6-cyl./8-cyl., 115.5" wb** | | | | | | |
| 2-dr Skyliner Cpe | 1000 | 3100 | 5250 | 10500 | 18600 | 26200 |
| 4-dr Sdn | 600 | 1600 | 2750 | 5500 | 9500 | 13800 |
| 2-dr Vic Hdtp | 750 | 2250 | 3750 | 7500 | 13000 | 18700 |
| 2-dr Sunliner Conv | 1200 | 3850 | 6450 | 12900 | 22700 | 32200 |
| Ctry Squire Sta Wgn | 650 | 1800 | 3250 | 6500 | 11200 | 16100 |
| *Small block option deduct 10%* | | | | | | |

## 1955

| | 6 | 5 | 4 | 3 | 2 | 1 |
|---|---|---|---|---|---|---|
| **Mainline, 6-cyl./8-cyl., 115.5" wb** | | | | | | |
| 2-dr Bus Cpe | 400 | 1200 | 1900 | 3800 | 6600 | 9600 |
| 2-dr Sdn | 400 | 1200 | 1950 | 3900 | 6800 | 9900 |
| 4-dr Sdn | 400 | 1200 | 1950 | 3900 | 6800 | 9900 |
| **Customline, 6-cyl./8-cyl., 115.5" wb** | | | | | | |
| 2-dr Sdn | 450 | 1250 | 2050 | 4100 | 7100 | 10300 |
| 4-dr Sdn | 450 | 1250 | 2050 | 4100 | 7100 | 10300 |
| **Fairlane, 6-cyl./8-cyl., 115.5" wb** | | | | | | |
| 2-dr Club Sdn | 500 | 1350 | 2300 | 4600 | 8000 | 11300 |
| 4-dr Twn Sdn | 500 | 1350 | 2300 | 4600 | 8000 | 11300 |
| 2-dr Vic Hdtp | 750 | 2250 | 3750 | 7500 | 13000 | 18700 |
| 2-dr Crown Vic | 1200 | 3750 | 6250 | 12500 | 22000 | 31100 |
| 2-dr Crown Vic Skyliner | 1800 | 5350 | 9000 | 18000 | 31650 | 45000 |
| 2-dr Sunliner Conv | 1700 | 5050 | 8500 | 17000 | 29900 | 42500 |
| **Station Wagons, 8-cyl., 115.5" wb** | | | | | | |
| 2-dr Ranch Wgn | 550 | 1450 | 2450 | 4900 | 8500 | 12000 |
| 2-dr Custom Ranch Wgn | 550 | 1500 | 2500 | 5100 | 8800 | 12500 |
| 4-dr 8-pass Ctry Sdn Wgn | 600 | 1600 | 2750 | 5500 | 9500 | 13800 |
| 4-dr 6-pass Ctry Sdn | 550 | 1550 | 2650 | 5300 | 9100 | 13000 |
| Ctry Squire | 650 | 1700 | 3000 | 5900 | 10200 | 14700 |
| *Small block option deduct 10%* | | | | | | |

## 1956

| | 6 | 5 | 4 | 3 | 2 | 1 |
|---|---|---|---|---|---|---|
| **Mainline, 6-cyl./8-cyl., 115.5" wb** | | | | | | |
| 2-dr Sdn | 400 | 1200 | 1950 | 3900 | 6800 | 9900 |
| 4-dr Sdn | 400 | 1200 | 1950 | 3900 | 6800 | 9900 |
| 2-dr Bus Sdn | 400 | 1200 | 1900 | 3800 | 6600 | 9600 |
| **Customline, 6-cyl./8-cyl., 115.5" wb** | | | | | | |
| 2-dr Sdn | 450 | 1250 | 2050 | 4100 | 7100 | 10300 |
| 4-dr Sdn | 450 | 1250 | 2050 | 4100 | 7100 | 10300 |
| 2-dr Vic Hdtp | 650 | 1750 | 3150 | 6300 | 10900 | 15700 |

|  | 6 | 5 | 4 | 3 | 2 | 1 |
|---|---|---|---|---|---|---|
| **Fairlane, 6-cyl./8-cyl., 115.5" wb** | | | | | | |
| 2-dr Club Sdn | 500 | 1350 | 2300 | 4600 | 8000 | 11300 |
| 4-dr Twn Sdn | 500 | 1350 | 2300 | 4600 | 8000 | 11300 |
| 2-dr Hdtp | 900 | 2750 | 4650 | 9300 | 16400 | 23100 |
| 4-dr Vic Sdn | 650 | 1750 | 3150 | 6300 | 10900 | 15700 |
| 2-dr Crown Vic | 1200 | 3850 | 6450 | 12900 | 22700 | 32200 |
| 2-dr Crown Vic Skyliner | 1750 | 5200 | 8750 | 17500 | 30800 | 43700 |
| 2-dr Sunliner Conv | 1700 | 5050 | 8450 | 16900 | 29700 | 42200 |
| **Station Wagons, 6-cyl./8-cyl., 115.5" wb** | | | | | | |
| 2-dr Ranch Wgn | 500 | 1350 | 2300 | 4600 | 8000 | 11300 |
| 2-dr Custom Ranch Wgn | 550 | 1400 | 2400 | 4800 | 8300 | 11800 |
| 2-dr Parklane | 700 | 1900 | 3350 | 6700 | 11500 | 16500 |
| 4-dr 6-pass Ctry Sdn | 550 | 1550 | 2650 | 5300 | 9100 | 13000 |
| 4-dr 8-pass Ctry Sdn | 600 | 1600 | 2750 | 5500 | 9500 | 13800 |
| Ctry Squire | 650 | 1700 | 3000 | 5900 | 10200 | 14700 |

*Small block option deduct 10%*

### 1957

|  | 6 | 5 | 4 | 3 | 2 | 1 |
|---|---|---|---|---|---|---|
| **Custom, 6-cyl./8-cyl., 116" wb** | | | | | | |
| 2-dr Bus Sdn | 350 | 1000 | 1600 | 3200 | 5700 | 8100 |
| 4-dr Sdn | 400 | 1050 | 1700 | 3300 | 5800 | 8300 |
| 2-dr Sdn | 400 | 1050 | 1700 | 3400 | 5900 | 8500 |
| **Custom 300, 6-cyl./8-cyl., 116" wb** | | | | | | |
| 2-dr Sdn | 400 | 1100 | 1800 | 3500 | 6100 | 8900 |
| 4-dr Sdn | 400 | 1050 | 1700 | 3400 | 5900 | 8500 |
| **Fairlane, 6-cyl./8-cyl., 118" wb** | | | | | | |
| 2-dr Club Sdn | 400 | 1150 | 1850 | 3700 | 6400 | 9300 |
| 4-dr Twn Sdn | 400 | 1100 | 1800 | 3500 | 6100 | 8900 |
| 2-dr Vic Hdtp | 700 | 1900 | 3350 | 6700 | 11500 | 16500 |
| 4-dr Vic Hdtp | 650 | 1700 | 3000 | 5900 | 10200 | 14700 |
| **Fairlane 500, 6-cyl./8-cyl., 118" wb** | | | | | | |
| 2-dr Club Sdn | 450 | 1250 | 2050 | 4100 | 7100 | 10300 |
| 4-dr Twn Sdn | 400 | 1100 | 1800 | 3600 | 6200 | 9100 |
| 2-dr Club Vic Hdtp | 750 | 2250 | 3700 | 7400 | 12800 | 18500 |
| 4-dr Twn Vic Hdtp | 650 | 1700 | 3000 | 5900 | 10200 | 14700 |
| 2-dr Sunliner Conv | 1650 | 4900 | 8250 | 16500 | 29000 | 41200 |
| 2-dr Skyliner Hdtp Conv (V-8) | 1750 | 5200 | 8750 | 17500 | 30800 | 43700 |
| **Station Wagons, 6-cyl./8-cyl. 116" wb** | | | | | | |
| 4-dr 6-pass Ctry Sdn | 550 | 1500 | 2500 | 5000 | 8700 | 12300 |
| 4-dr 8-pass Ctry Sdn | 550 | 1550 | 2600 | 5200 | 9000 | 12800 |
| 4-dr Cntry Squire | 600 | 1600 | 2750 | 5500 | 9500 | 13800 |
| 2-dr Ranch Wgn | 500 | 1300 | 2250 | 4500 | 7700 | 11000 |
| 2-dr Del Rio Ranch Wgn | 500 | 1350 | 2350 | 4700 | 8100 | 11500 |

*Small block option deduct 10%*

### 1958

|  | 6 | 5 | 4 | 3 | 2 | 1 |
|---|---|---|---|---|---|---|
| **Custom 300, 6-cyl./8-cyl., 116.03" wb** | | | | | | |
| 2-dr Bus Sdn | 300 | 800 | 1350 | 2700 | 4700 | 6900 |
| 2-dr Sdn | 350 | 950 | 1550 | 3100 | 5500 | 7900 |
| 4-dr Sdn | 350 | 850 | 1400 | 2800 | 4900 | 7100 |
| **Fairlane, 6-cyl./8-cyl., 116.03" wb** | | | | | | |
| 2-dr Club Sdn | 350 | 950 | 1550 | 3100 | 5500 | 7900 |
| 4-dr Twn Sdn | 350 | 900 | 1500 | 3000 | 5300 | 7600 |
| 2-dr Club Vic Hdtp | 600 | 1600 | 2750 | 5500 | 9500 | 13800 |
| 4-dr Twn Vic Hdtp | 550 | 1500 | 2500 | 5100 | 8800 | 12500 |
| **Fairlane 500, 6-cyl./8-cyl., 118.04" wb** | | | | | | |
| 2-dr Club Sdn | 400 | 1100 | 1800 | 3500 | 6100 | 8900 |
| 4-dr Twn Sdn | 350 | 1000 | 1600 | 3200 | 5700 | 8100 |
| 2-dr Club Vic Hdtp | 650 | 1750 | 3150 | 6300 | 10900 | 15700 |
| 4-dr Twn Vic Hdtp | 600 | 1600 | 2750 | 5500 | 9500 | 13800 |
| 2-dr Sunliner Conv | 1300 | 4050 | 6750 | 13500 | 23800 | 33700 |
| 2-dr Skyliner Hdtp Conv | 1300 | 4000 | 6650 | 13300 | 23400 | 34700 |

| | 6 | 5 | 4 | 3 | 2 | 1 |
|---|---|---|---|---|---|---|
| **Station Wagons, 6-cyl./8-cyl. 116.03" wb** | | | | | | |
| 4-dr 6-pass Ctry Sdn | 400 | 1200 | 2000 | 4000 | 6900 | 10000 |
| 4-dr 8-pass Ctry Sdn | 450 | 1250 | 2100 | 4200 | 7200 | 10500 |
| 4-dr Ctry Squire | 550 | 1550 | 2650 | 5300 | 9100 | 13000 |
| 2-dr Ranch | 400 | 1200 | 1900 | 3800 | 6600 | 9600 |
| 4-dr Ranch | 400 | 1200 | 2000 | 4000 | 6900 | 10000 |
| 2-dr Del Rio Ranch Wgn | 450 | 1250 | 2150 | 4300 | 7400 | 10700 |

*Small block option deduct 10%*

## 1959

| | 6 | 5 | 4 | 3 | 2 | 1 |
|---|---|---|---|---|---|---|
| **Custom 300, 6-cyl./8-cyl., 118" wb** | | | | | | |
| 2-dr Bus Sdn (6-cyl.) | 350 | 900 | 1500 | 2900 | 5200 | 7400 |
| 4-dr Sdn | 350 | 900 | 1500 | 2900 | 5200 | 7400 |
| 2-dr Sdn | 350 | 900 | 1500 | 3000 | 5300 | 7600 |
| **Fairlane, 6-cyl./8-cyl., 118" wb** | | | | | | |
| 2-dr Club Sdn | 350 | 950 | 1550 | 3100 | 5500 | 7900 |
| 4-dr Twn Sdn | 350 | 900 | 1500 | 2900 | 5200 | 7400 |
| **Fairlane 500, 6-cyl./8-cyl., 118" wb** | | | | | | |
| 2-dr Club Sdn | 400 | 1050 | 1700 | 3400 | 5900 | 8500 |
| 4-dr Twn Sdn | 350 | 900 | 1500 | 3000 | 5300 | 7600 |
| 2-dr Club Vic Hdtp | 650 | 1700 | 3000 | 6100 | 10600 | 15200 |
| 4-dr Twn Vic Hdtp | 550 | 1450 | 2450 | 4900 | 8500 | 12000 |
| **Galaxie, 6-cyl./8-cyl., 118" wb** | | | | | | |
| 2-dr Club Sdn | 400 | 1100 | 1800 | 3600 | 6200 | 9100 |
| 4-dr Twn Sdn | 350 | 1000 | 1600 | 3200 | 5700 | 8100 |
| 2-dr Club Vic Hdtp | 650 | 1800 | 3250 | 6500 | 11200 | 16100 |
| 4-dr Twn Vic Hdtp | 550 | 1550 | 2650 | 5300 | 9100 | 13000 |
| 2-dr Sunliner Conv | 1450 | 4450 | 7450 | 14900 | 26200 | 37200 |
| 2-dr Skyliner Conv (V-8) | 1550 | 4700 | 7850 | 15700 | 27600 | 39100 |
| **Station Wagons, 6-cyl./8-cyl., 118" wb** | | | | | | |
| 4-dr 6-pass Ctry Sdn | 450 | 1250 | 2100 | 4200 | 7200 | 10500 |
| 4-dr 9-pass Ctry Sdn | 450 | 1250 | 2200 | 4400 | 7600 | 10900 |
| 4-dr Ctry Squire | 550 | 1550 | 2650 | 5300 | 9100 | 13000 |
| 2-dr Ranch | 400 | 1150 | 1850 | 3700 | 6400 | 9300 |
| 4-dr Ranch | 400 | 1200 | 1950 | 3900 | 6800 | 9900 |

*Small block option deduct 10%*

## 1960

| | 6 | 5 | 4 | 3 | 2 | 1 |
|---|---|---|---|---|---|---|
| **Falcon, 6-cyl. 109.5" wb** | | | | | | |
| 2-dr Sdn | 300 | 800 | 1350 | 2700 | 4700 | 6900 |
| 4-dr Sdn | 300 | 800 | 1300 | 2600 | 4600 | 6600 |
| 2-dr Sta Wgn | 300 | 800 | 1300 | 2600 | 4600 | 6600 |
| 4-dr Sta Wgn | 300 | 800 | 1350 | 2700 | 4700 | 6900 |
| **Custom 300, 6-cyl./8-cyl., 119" wb** | | | | | | |
| 2-dr Sdn | 350 | 900 | 1500 | 2900 | 5200 | 7400 |
| 4-dr Sdn | 300 | 800 | 1350 | 2700 | 4700 | 6900 |
| **Fairlane, 6-cyl./8-cyl., 119" wb** | | | | | | |
| 2-dr Bus Sdn | 300 | 750 | 1250 | 2500 | 4400 | 6200 |
| 4-dr Sdn | 300 | 700 | 1200 | 2400 | 4100 | 5900 |
| 2-dr Sdn | 300 | 750 | 1250 | 2500 | 4400 | 6200 |
| **Fairlane 500, 6-cyl./8-cyl., 119" wb** | | | | | | |
| 2-dr Club Sdn | 300 | 800 | 1350 | 2700 | 4700 | 6900 |
| 4-dr Twn Sdn | 350 | 850 | 1400 | 2800 | 4900 | 7100 |
| 4-dr Twn Vic Hdtp (GLX) | 400 | 1200 | 1950 | 3900 | 6800 | 9900 |
| 2-dr Club Sdn (GLX) | 350 | 1000 | 1600 | 3200 | 5700 | 8100 |
| 4-dr Twn Sdn (GLX) | 350 | 850 | 1400 | 2800 | 4900 | 7100 |
| **Galaxie Special, 8-cyl., 119" wb** | | | | | | |
| 2-dr Starliner Hdtp | 750 | 2250 | 3750 | 7500 | 13000 | 18700 |
| 2-dr Sunliner Conv | 950 | 3050 | 5150 | 10300 | 18200 | 25700 |

|  | 6 | 5 | 4 | 3 | 2 | 1 |
|---|---|---|---|---|---|---|
| **Station Wagons, 6-cyl./8-cyl., 119" wb** | | | | | | |
| 2-dr Ranch | 400 | 1100 | 1800 | 3500 | 6100 | 8900 |
| 4-dr Ranch | 400 | 1150 | 1850 | 3700 | 6400 | 9300 |
| 4-dr 6-pass Ctry Sdn | 400 | 1100 | 1800 | 3600 | 6200 | 9100 |
| 4-dr 9-pass Ctry Sdn | 400 | 1200 | 1900 | 3800 | 6600 | 9600 |
| 4-dr Ctry Squire | 400 | 1200 | 1950 | 3900 | 6800 | 9900 |

*Small block option deduct 10%*

## 1961

| Falcon, 6-cyl. 109.5" wb | 6 | 5 | 4 | 3 | 2 | 1 |
|---|---|---|---|---|---|---|
| 2-dr Sdn | 350 | 850 | 1400 | 2800 | 4900 | 7100 |
| 4-dr Sdn | 300 | 800 | 1350 | 2700 | 4700 | 6900 |
| 2-dr Futura Sdn | 400 | 1100 | 1800 | 3500 | 6100 | 8900 |
| 2-dr Sta Wgn | 300 | 800 | 1350 | 2700 | 4700 | 6900 |
| 4-dr Sta Wgn | 350 | 850 | 1400 | 2800 | 4900 | 7100 |
| **Fairlane, 6-cyl./8-cyl., 119" wb** | | | | | | |
| 2-dr Club Sdn | 350 | 900 | 1500 | 2900 | 5200 | 7400 |
| 4-dr Twn Sdn | 350 | 850 | 1400 | 2800 | 4900 | 7100 |
| **Fairlane 500, 6-cyl./8-cyl.** | | | | | | |
| 4-dr Twn Sdn | 350 | 900 | 1500 | 2900 | 5200 | 7400 |
| 2-dr Club Sdn | 350 | 950 | 1550 | 3100 | 5500 | 7900 |
| **Galaxie, 6-cyl./8-cyl., 119" wb** | | | | | | |
| 2-dr Club Sdn | 350 | 1000 | 1600 | 3200 | 5700 | 8100 |
| 4-dr Twn Sdn | 350 | 900 | 1500 | 2900 | 5200 | 7400 |
| 2-dr Club Vic Hdtp | 600 | 1650 | 2850 | 5700 | 9900 | 14200 |
| 4-dr Twn Vic Hdtp | 400 | 1050 | 1700 | 3400 | 5900 | 8500 |
| 2-dr Starliner Hdtp | 650 | 1750 | 3150 | 6300 | 10900 | 15700 |
| 2-dr Sunliner Conv | 850 | 2650 | 4450 | 8900 | 15700 | 22300 |
| **Station Wagons, 6-cyl./8-cyl., 119" wb** | | | | | | |
| 2-dr Ranch | 400 | 1050 | 1700 | 3300 | 5800 | 8300 |
| 4-dr Ranch | 400 | 1100 | 1800 | 3500 | 6100 | 8900 |
| 4-dr 6-pass Ctry Sdn | 400 | 1050 | 1700 | 3400 | 5900 | 8500 |
| 4-dr 9-pass Ctry Sdn | 400 | 1100 | 1800 | 3600 | 6200 | 9100 |
| 4-dr 6-pass Ctry Squire | 400 | 1150 | 1850 | 3700 | 6400 | 9300 |
| 4-dr 9-pass Ctry Squire | 400 | 1200 | 1950 | 3900 | 6800 | 9900 |

*Small block option deduct 10%*

## 1962

| Falcon, Standard, Deluxe & Futura, 6-cyl., 109.5" wb | 6 | 5 | 4 | 3 | 2 | 1 |
|---|---|---|---|---|---|---|
| 2-dr Sdn | 300 | 700 | 1200 | 2400 | 4100 | 5900 |
| 4-dr Sdn | 300 | 700 | 1200 | 2400 | 4100 | 5900 |
| 2-dr Futura Cpe | 400 | 1200 | 1950 | 3900 | 6800 | 9900 |
| 2-dr Sta Wgn | 300 | 700 | 1200 | 2400 | 4100 | 5900 |
| 4-dr Sta Wgn | 300 | 750 | 1250 | 2500 | 4400 | 6200 |
| 4-dr Squire Wgn | 300 | 800 | 1300 | 2600 | 4600 | 6600 |
| **Fairlane, 6-cyl./8-cyl., 115.5" wb** | | | | | | |
| 2-dr Twn Sdn | 300 | 650 | 1100 | 2200 | 3800 | 5400 |
| 4-dr Club Sdn | 300 | 650 | 1100 | 2200 | 3800 | 5400 |
| **Fairlane 500, 6-cyl./8-cyl.** | | | | | | |
| 2-dr Spt Cpe | 350 | 900 | 1500 | 2900 | 5200 | 7400 |
| 2-dr Club Sdn | 300 | 750 | 1250 | 2500 | 4400 | 6200 |
| 4-dr Twn Sdn | 300 | 700 | 1200 | 2400 | 4100 | 5900 |
| **Galaxie Mainliner, 6-cyl./8-cyl., 119" wb** | | | | | | |
| 2-dr Club Sdn | 300 | 650 | 1150 | 2300 | 3900 | 5700 |
| 4-dr Twn Sdn | 300 | 650 | 1150 | 2300 | 3900 | 5700 |
| **Galaxie, 6-cyl./8-cyl.** | | | | | | |
| 2-dr Club Sdn | 300 | 700 | 1200 | 2400 | 4100 | 5900 |
| 4-dr Twn Sdn | 300 | 700 | 1200 | 2400 | 4100 | 5900 |

| | 6 | 5 | 4 | 3 | 2 | 1 |
|---|---|---|---|---|---|---|
| **Galaxie 500, 6-cyl./8-cyl., 119" wb** | | | | | | |
| 2-dr Club Sdn | 300 | 750 | 1250 | 2500 | 4400 | 6200 |
| 4-dr Twn Sdn | 300 | 650 | 1150 | 2300 | 3900 | 5700 |
| 2-dr Club Vic Hdtp | 450 | 1250 | 2150 | 4300 | 7400 | 10700 |
| 4-dr Twn Vic Hdtp | 350 | 950 | 1500 | 3000 | 5500 | 7800 |
| 2-dr Sunliner Conv | 750 | 2250 | 3750 | 7500 | 13000 | 18700 |
| **Galaxie 500 XL, 8-cyl., 119" wb** | | | | | | |
| 2-dr Club Vic Hdtp | 550 | 1550 | 2600 | 5200 | 9000 | 12800 |
| 2-dr Sunliner Conv | 850 | 2550 | 4350 | 8700 | 15300 | 21700 |
| **Station Wagons, 8-cyl., 119" wb** | | | | | | |
| 4-dr 6-pass Ranch | 350 | 900 | 1500 | 2900 | 5200 | 7400 |
| 4-dr 6-pass Ctry Sdn | 350 | 900 | 1500 | 3000 | 5300 | 7600 |
| 4-dr 9-pass Ctry Sdn | 350 | 1000 | 1600 | 3200 | 5700 | 8100 |
| 4-dr 6-pass Ctry Squire | 400 | 1050 | 1700 | 3300 | 5800 | 8300 |
| 4-dr 9-pass Ctry Squire | 400 | 1100 | 1800 | 3500 | 6100 | 8900 |

*Small block option deduct 10%     406 V-8 add 25%*

## 1963

| | 6 | 5 | 4 | 3 | 2 | 1 |
|---|---|---|---|---|---|---|
| **Falcon, 6-cyl., 109.5" wb** | | | | | | |
| 2-dr Sta Wgn | 300 | 700 | 1200 | 2400 | 4100 | 5900 |
| 4-dr Sta Wgn | 300 | 750 | 1250 | 2500 | 4400 | 6200 |
| 2-dr Dlx Sta Wgn | 300 | 800 | 1350 | 2700 | 4700 | 6900 |
| 4-dr Dlx Sta Wgn | 350 | 900 | 1500 | 2900 | 5200 | 7400 |
| **Futura Series** | | | | | | |
| 2-dr Hdtp Sdn | 400 | 1200 | 1950 | 3900 | 6800 | 9900 |
| 2-dr Sdn | 300 | 700 | 1200 | 2400 | 4100 | 5900 |
| 4-dr Sdn | 300 | 700 | 1200 | 2400 | 4100 | 5900 |
| 2-dr Conv | 650 | 1700 | 3000 | 5900 | 10200 | 14700 |
| 2-dr Sta Wgn | 300 | 750 | 1250 | 2500 | 4400 | 6200 |
| 4-dr Sta Wgn | 300 | 800 | 1300 | 2600 | 4600 | 6600 |
| 4-dr Squire Sta Wgn | 350 | 950 | 1550 | 3100 | 5500 | 7900 |
| **Fairlane, 6-cyl./8-cyl., 115.5" wb** | | | | | | |
| 2-dr Sdn | 300 | 750 | 1250 | 2500 | 4400 | 6200 |
| 4-dr Sdn | 300 | 650 | 1200 | 2300 | 3900 | 5500 |
| 4-dr Ranch | 300 | 800 | 1300 | 2600 | 4600 | 6600 |
| **Fairlane 500, 6-cyl./8-cyl., 115.5" wb** | | | | | | |
| 2-dr Sdn | 300 | 800 | 1350 | 2700 | 4700 | 6900 |
| 4-dr Sdn | 300 | 700 | 1200 | 2400 | 4100 | 5900 |
| 2-dr Hdtp Cpe | 400 | 1100 | 1800 | 3500 | 6100 | 8900 |
| 2-dr Spt Cpe Hdtp | 400 | 1200 | 1950 | 3900 | 6800 | 9900 |
| 4-dr Ranch Wgn | 350 | 850 | 1400 | 2800 | 4900 | 7100 |
| 4-dr Squire Sta Wgn | 350 | 900 | 1500 | 3000 | 5300 | 7600 |
| **Ford 300, 6-cyl./8-cyl., 119" wb** | | | | | | |
| 4-dr Sdn | 300 | 650 | 1150 | 2300 | 3900 | 5700 |
| 2-dr Sdn | 300 | 750 | 1250 | 2500 | 4400 | 6200 |
| **Galaxie, 6-cyl./8-cyl.** | | | | | | |
| 2-dr Sdn | 300 | 800 | 1300 | 2600 | 4600 | 6600 |
| 4-dr Sdn | 300 | 700 | 1200 | 2400 | 4100 | 5900 |
| **Galaxie 500, 8-cyl., 119" wb** | | | | | | |
| 2-dr Sdn | 300 | 800 | 1350 | 2700 | 4700 | 6900 |
| 4-dr Sdn | 300 | 750 | 1250 | 2500 | 4400 | 6200 |
| 2-dr Hdtp | 550 | 1500 | 2500 | 5100 | 8800 | 12500 |
| 4-dr Hdtp | 350 | 850 | 1400 | 2800 | 4900 | 7100 |
| 2-dr Fstbk Hdtp | 650 | 1700 | 3000 | 6100 | 10600 | 15200 |
| 2-dr Sunliner Conv | 750 | 2200 | 3650 | 7300 | 12600 | 18200 |
| **Galaxie 500 XL, 8-cyl., 119" wb** | | | | | | |
| 2-dr Fstbk Cpe | 650 | 1800 | 3250 | 6500 | 11200 | 16100 |
| 2-dr Hdtp | 600 | 1600 | 2750 | 5500 | 9500 | 13800 |
| 4-dr Hdtp | 400 | 1100 | 1800 | 3500 | 6100 | 8900 |
| 2-dr Sunliner Conv | 850 | 2700 | 4550 | 9100 | 16000 | 22700 |

**'62 Ford Fairlane**

**'62 Ford Galaxie Station Wagon**

**'62 Ford Falcon Station Wagon**

**'63 Ford Fairlane Station Wagon**

**'64 Ford Galaxie**

**'64 Ford Falcon**

**'65 Ford Fairlane**

**'66 Ford**

**'67 Ford Galaxie**

**'67 Ford LTD**

**'68 Ford XL**

**'69 Ford Galaxie**

|  | 6 | 5 | 4 | 3 | 2 | 1 |
|---|---|---|---|---|---|---|
| **Station Wagons, 8-cyl., 119" wb** | | | | | | |
| 4-dr 6-pass Ctry Sdn | 350 | 850 | 1400 | 2800 | 4900 | 7100 |
| 4-dr 9-pass Ctry Sdn | 350 | 900 | 1500 | 3000 | 5300 | 7600 |
| 4-dr 6-pass Ctry Squire | 350 | 1000 | 1600 | 3200 | 5700 | 8100 |
| 4-dr 9-pass Ctry Squire | 400 | 1050 | 1700 | 3400 | 5900 | 8500 |

*Small block option deduct 10%*      *406 V-8 add 25%*
*427 V-8 add 50%*

## 1964

**Falcon 6-cyl., 109.5" wb**

|  | 6 | 5 | 4 | 3 | 2 | 1 |
|---|---|---|---|---|---|---|
| 2-dr Sdn | 300 | 800 | 1300 | 2600 | 4600 | 6600 |
| 4-dr Sdn | 300 | 700 | 1200 | 2400 | 4100 | 5900 |
| 2-dr Conv | 600 | 1600 | 2750 | 5500 | 9500 | 13800 |
| Spt Conv | 650 | 1750 | 3150 | 6300 | 10900 | 15700 |
| **Falcon Futura, 6-cyl., 109.5" wb** | | | | | | |
| 2-dr Hdtp Sdn | 400 | 1150 | 1850 | 3700 | 6400 | 9300 |
| 2-dr Sdn | 300 | 800 | 1300 | 2600 | 4600 | 6600 |
| 4-dr Sdn | 300 | 750 | 1250 | 2500 | 4400 | 6200 |
| 2-dr Spt Hdtp | 500 | 1350 | 2350 | 4700 | 8100 | 11500 |
| 2-dr Sprint Hdtp (V-8) | 550 | 1450 | 2450 | 4900 | 8500 | 12000 |
| 2-dr Sprint Conv (V-8) | 750 | 2100 | 3550 | 7100 | 12300 | 17700 |
| **Falcon Station Wagons, 6-cyl., 90" wb** | | | | | | |
| 2-dr Sta Wgn | 300 | 650 | 1150 | 2300 | 3900 | 5700 |
| 4-dr Sta Wgn | 300 | 700 | 1200 | 2400 | 4100 | 5900 |
| 4-dr Squire Wgn | 350 | 900 | 1500 | 2900 | 5200 | 7400 |
| 4-dr Dlx Sta Wgn | 300 | 750 | 1250 | 2500 | 4400 | 6200 |
| 2-dr Dlx Sta Wgn | 300 | 700 | 1200 | 2400 | 4100 | 5900 |
| **Fairlane, 8-cyl., 115.5" wb** | | | | | | |
| 4-dr Sdn | 300 | 650 | 1150 | 2300 | 3900 | 5700 |
| 2-dr Sdn | 300 | 750 | 1250 | 2500 | 4400 | 6200 |
| 2-dr Sta Wgn | 300 | 800 | 1350 | 2700 | 4700 | 6900 |
| **Fairlane 500, 8-cyl.** | | | | | | |
| 2-dr Hdtp Cpe | 400 | 1150 | 1850 | 3700 | 6400 | 9300 |
| 2-dr Hdtp Spt Cpe | 450 | 1250 | 2150 | 4300 | 7400 | 10700 |
| 2-dr Sdn | 300 | 800 | 1350 | 2700 | 4700 | 6900 |
| 4-dr Sdn | 300 | 700 | 1200 | 2400 | 4100 | 5900 |
| 4-dr Custom Sta Wgn | 350 | 900 | 1500 | 2900 | 5200 | 7400 |
| **Custom, 8-cyl., 119" wb** | | | | | | |
| 4-dr Sdn | 300 | 650 | 1100 | 2200 | 3800 | 5400 |
| 2-dr Sdn | 300 | 650 | 1100 | 2100 | 3600 | 5100 |
| **Custom 500, 8-cyl., 119" wb** | | | | | | |
| 4-dr Sdn | 300 | 650 | 1150 | 2300 | 3900 | 5700 |
| 2-dr Sdn | 300 | 650 | 1100 | 2200 | 3800 | 5400 |
| **Galaxie 500, 8-cyl., 119" wb** | | | | | | |
| 2-dr Club Sdn | 300 | 800 | 1300 | 2600 | 4600 | 6600 |
| 4-dr Sdn | 300 | 750 | 1250 | 2500 | 4400 | 6200 |
| 2-dr Hdtp | 650 | 1700 | 3000 | 5900 | 10200 | 14700 |
| 4-dr Hdtp | 350 | 950 | 1550 | 3100 | 5500 | 7900 |
| 2-dr Sunliner Conv | 750 | 2250 | 3750 | 7500 | 13000 | 18700 |
| **Galaxie 500XL, 8-cyl., 119" wb** | | | | | | |
| 2-dr Hdtp | 650 | 1750 | 3100 | 6200 | 10700 | 15400 |
| 4-dr Hdtp Sdn | 400 | 1200 | 1950 | 3900 | 6800 | 9900 |
| 2-dr Conv | 900 | 2900 | 4850 | 9700 | 17100 | 24200 |
| **Station Wagons, 8-cyl., 119" wb** | | | | | | |
| 4-dr 6-pass Ctry Sdn | 400 | 1100 | 1800 | 3500 | 6100 | 8900 |
| 4-dr 9-pass Ctry Sdn | 400 | 1150 | 1850 | 3700 | 6400 | 9300 |
| 4-dr 6-pass Ctry Squire | 400 | 1200 | 1900 | 3800 | 6600 | 9600 |
| 4-dr 9-pass Ctry Squire | 400 | 1200 | 2000 | 4000 | 6900 | 10000 |

*Small block option deduct 10%*            *427 V-8 add 50%*

|  | 6 | 5 | 4 | 3 | 2 | 1 |
|---|---|---|---|---|---|---|

### 1965

**Falcon, 6-cyl., 109.5" wb**

| | 6 | 5 | 4 | 3 | 2 | 1 |
|---|---|---|---|---|---|---|
| 2-dr Sdn | 300 | 650 | 1150 | 2300 | 3900 | 5700 |
| 4-dr Sdn | 300 | 650 | 1100 | 2100 | 3600 | 5100 |

**Futura, 6-cyl./8-cyl., 109.5" wb**

| | | | | | | |
|---|---|---|---|---|---|---|
| 2-dr Sdn | 300 | 700 | 1200 | 2400 | 4100 | 5900 |
| 4-dr Sdn | 300 | 650 | 1100 | 2200 | 3800 | 5400 |
| 2-dr Hdtp | 350 | 950 | 1550 | 3100 | 5500 | 7900 |
| 2-dr Conv | 550 | 1500 | 2500 | 5100 | 8800 | 12500 |
| 2-dr Sprint | 450 | 1250 | 2150 | 4300 | 7400 | 10700 |
| 2-dr Sprint Conv | 750 | 2250 | 3750 | 7500 | 13000 | 18700 |

**Falcon Station Wagons, 6-cyl., 90" wb**

| | | | | | | |
|---|---|---|---|---|---|---|
| 2-dr Sta Wgn | 300 | 650 | 1100 | 2100 | 3600 | 5100 |
| 4-dr Sta Wgn | 300 | 650 | 1100 | 2200 | 3800 | 5400 |
| 4-dr Futura Wgn | 300 | 650 | 1150 | 2300 | 3900 | 5700 |
| 4-dr Squire Wgn | 300 | 800 | 1300 | 2600 | 4600 | 6600 |

**Fairlane, 6-cyl./8-cyl., 116" wb**

| | | | | | | |
|---|---|---|---|---|---|---|
| 4-dr Sdn | 300 | 650 | 1100 | 2200 | 3800 | 5400 |
| 2-dr Sdn | 300 | 700 | 1200 | 2400 | 4100 | 5900 |
| 4-dr Sta Wgn | 300 | 750 | 1250 | 2500 | 4400 | 6200 |

**Fairlane 500, 6-cyl./8-cyl.**

| | | | | | | |
|---|---|---|---|---|---|---|
| 2-dr Spt Cpe | 400 | 1200 | 2000 | 4000 | 6900 | 10000 |
| 2-dr Sdn | 300 | 750 | 1250 | 2500 | 4400 | 6200 |
| 4-dr Sdn | 300 | 650 | 1150 | 2300 | 3900 | 5700 |
| 2-dr Hdtp | 400 | 1050 | 1700 | 3300 | 5800 | 8300 |
| 4-dr 6-pass Sta Wgn | 300 | 800 | 1300 | 2600 | 4600 | 6600 |

**Custom, 6-cyl./8-cyl., 119" wb**

| | | | | | | |
|---|---|---|---|---|---|---|
| 4-dr Sdn | 300 | 650 | 1100 | 2100 | 3600 | 5100 |
| 2-dr Sdn | 300 | 650 | 1000 | 2000 | 3500 | 4900 |

**Custom 500, 6-cyl./8-cyl., 119" wb**

| | | | | | | |
|---|---|---|---|---|---|---|
| 4-dr Sdn | 300 | 650 | 1100 | 2200 | 3800 | 5400 |
| 2-dr Sdn | 300 | 650 | 1100 | 2100 | 3600 | 5100 |

**Galaxie 500, 6-cyl./8-cyl., 119" wb**

| | | | | | | |
|---|---|---|---|---|---|---|
| 4-dr Sdn | 300 | 650 | 1150 | 2300 | 3900 | 5700 |
| 2-dr Hdtp | 450 | 1250 | 2050 | 4100 | 7100 | 10300 |
| 4-dr Hdtp | 350 | 950 | 1550 | 3100 | 5500 | 7900 |
| 2-dr Conv | 650 | 1700 | 3000 | 5900 | 10200 | 14700 |

**Galaxie 500 XL, 8-cyl., 119" wb**

| | | | | | | |
|---|---|---|---|---|---|---|
| 2-dr Hdtp | 550 | 1500 | 2500 | 5100 | 8800 | 12500 |
| 2-dr Conv | 750 | 2250 | 3750 | 7500 | 13000 | 18700 |

**Galaxie 500 LTD, 8-cyl., 119" wb**

| | | | | | | |
|---|---|---|---|---|---|---|
| 2-dr Fastback Hdtp | 550 | 1450 | 2450 | 4900 | 8500 | 12000 |
| 4-dr Hdtp | 400 | 1050 | 1700 | 3300 | 5800 | 8300 |

**Station Wagons, 8-cyl., 119" wb**

| | | | | | | |
|---|---|---|---|---|---|---|
| 4-dr 6-pass Ctry Squire | 350 | 900 | 1500 | 2900 | 5200 | 7400 |
| 4-dr 9-pass Ctry Squire | 350 | 950 | 1550 | 3100 | 5500 | 7900 |
| 4-dr 6-pass Ctry Sdn | 300 | 800 | 1350 | 2700 | 4700 | 6900 |
| 4-dr 9-pass Ctry Sdn | 350 | 900 | 1500 | 2900 | 5200 | 7400 |
| 4-dr Ranch Wgn | 300 | 750 | 1250 | 2500 | 4400 | 6200 |

*427 V-8 add 50%     Small block option deduct 10%*

### 1966

**Falcon, 6-cyl., 110.9" wb**

| | | | | | | |
|---|---|---|---|---|---|---|
| 4-dr Sdn | 300 | 650 | 1000 | 2000 | 3500 | 4900 |
| 2-dr Club Cpe | 300 | 650 | 1100 | 2100 | 3600 | 5100 |
| 6-pass Wgn | 300 | 650 | 1100 | 2100 | 3600 | 5100 |

**Falcon Futura, 8-cyl., 90" wb**

| | | | | | | |
|---|---|---|---|---|---|---|
| 2-dr Club Cpe | 300 | 700 | 1200 | 2400 | 4100 | 5900 |
| 2-dr Spt Cpe | 300 | 800 | 1350 | 2700 | 4700 | 6900 |

| | 6 | 5 | 4 | 3 | 2 | 1 |
|---|---|---|---|---|---|---|
| 4-dr Sdn | 300 | 650 | 1100 | 2200 | 3800 | 5400 |
| 4-dr Squire Wgn | 300 | 800 | 1300 | 2600 | 4600 | 6600 |
| **Fairlane, 8-cyl., 116" wb** | | | | | | |
| 4-dr Sdn | 300 | 650 | 1100 | 2200 | 3800 | 5400 |
| 2-dr Sdn | 300 | 750 | 1250 | 2500 | 4400 | 6200 |
| 4-dr Sta Wgn | 300 | 700 | 1200 | 2400 | 4100 | 5900 |
| **Fairlane 500 XL, 8-cyl., 116" wb** | | | | | | |
| 2-dr Hdtp Cpe | 400 | 1050 | 1700 | 3300 | 5800 | 8300 |
| 2-dr GT Hdtp | 500 | 1350 | 2350 | 4700 | 8100 | 11500 |
| 2-dr GT Conv | 750 | 2250 | 3750 | 7500 | 13000 | 18700 |
| 2-dr Conv | 700 | 2000 | 3450 | 6900 | 11900 | 17200 |
| **Fairlane 500, 8-cyl., 116" wb** | | | | | | |
| 2-dr Sdn | 300 | 650 | 1100 | 2200 | 3800 | 5400 |
| 4-dr Sdn | 300 | 650 | 1100 | 2200 | 3800 | 5400 |
| 2-dr Hdtp Cpe | 300 | 750 | 1250 | 2500 | 4400 | 6200 |
| 2-dr Conv | 550 | 1500 | 2500 | 5100 | 8800 | 12500 |
| 4-dr 6-pass Sta Wgn | 300 | 700 | 1200 | 2400 | 4100 | 5900 |
| 4-dr Squire Sta Wgn | 300 | 800 | 1300 | 2600 | 4600 | 6600 |
| **Custom, 6-cyl./8-cyl., 119" wb** | | | | | | |
| 4-dr Sdn | 300 | 650 | 1100 | 2200 | 3800 | 5400 |
| 2-dr Sdn | 300 | 650 | 1100 | 2100 | 3600 | 5100 |
| **Custom 500, 6-cyl./8-cyl.** | | | | | | |
| 2-dr Sdn | 300 | 650 | 1100 | 2200 | 3800 | 5400 |
| 4-dr Sdn | 300 | 650 | 1150 | 2300 | 3900 | 5700 |
| **Galaxie 500, 6-cyl./8-cyl., 119" wb** | | | | | | |
| 2-dr Hdtp Cpe | 400 | 1100 | 1800 | 3500 | 6100 | 8900 |
| 4-dr Sdn | 300 | 650 | 1150 | 2300 | 3900 | 5700 |
| 4-dr Hdtp Sdn | 350 | 900 | 1500 | 2900 | 5200 | 7400 |
| 2-dr Conv | 650 | 1700 | 3000 | 6100 | 10600 | 15200 |
| **Galaxie 500 XL, 8-cyl., 119" wb** | | | | | | |
| 2-dr Hdtp | 500 | 1300 | 2250 | 4500 | 7700 | 11000 |
| 2-dr Conv | 750 | 2100 | 3550 | 7100 | 12300 | 17700 |
| **Galaxie LTD, 8-cyl., 119" wb** | | | | | | |
| 2-dr Hdtp Cpe | 400 | 1100 | 1800 | 3500 | 6100 | 8900 |
| 4-dr Hdtp Sdn | 350 | 950 | 1550 | 3100 | 5500 | 7900 |
| **Galaxie 500 7-litre, 8-cyl., 119" wb** | | | | | | |
| 2-dr Hdtp | 650 | 1750 | 3150 | 6300 | 10900 | 15700 |
| 2-dr Conv | 900 | 2850 | 4750 | 9500 | 16700 | 23700 |
| **Station Wagons, 8-cyl., 119" wb** | | | | | | |
| 4-dr Ranch Wgn | 300 | 750 | 1250 | 2500 | 4400 | 6200 |
| 4-dr 6-pass Ctry Sdn | 300 | 800 | 1350 | 2700 | 4700 | 6900 |
| 4-dr 8-pass Ctry Sdn | 350 | 900 | 1500 | 2900 | 5200 | 7400 |
| 4-dr 6-pass Ctry Squire | 350 | 900 | 1500 | 2900 | 5200 | 7400 |
| 4-dr 8-pass Ctry Squire | 350 | 950 | 1550 | 3100 | 5500 | 7900 |

*427 or 428 V-8 add 50%*

### 1967

| | 6 | 5 | 4 | 3 | 2 | 1 |
|---|---|---|---|---|---|---|
| **Falcon, 6-cyl., 111" wb** | | | | | | |
| 2-dr Club Cpe | 300 | 650 | 1100 | 2100 | 3600 | 5100 |
| 4-dr Sdn | 300 | 650 | 1000 | 2000 | 3500 | 4900 |
| 4-dr Sta Wgn | 300 | 650 | 1100 | 2100 | 3600 | 5100 |
| **Futura** | | | | | | |
| 2-dr Spt Cpe | 300 | 800 | 1350 | 2700 | 4700 | 6900 |
| 4-dr Sdn | 300 | 650 | 1100 | 2100 | 3600 | 5100 |
| 2-dr Club Cpe | 300 | 650 | 1100 | 2200 | 3800 | 5400 |
| 4-dr Sta Wgn | 300 | 650 | 1100 | 2200 | 3800 | 5400 |
| **Fairlane** | | | | | | |
| 2-dr Sdn | 300 | 700 | 1200 | 2400 | 4100 | 5900 |
| 4-dr Sdn | 300 | 650 | 1200 | 2200 | 3700 | 5200 |
| 4-dr Sta Wgn | 300 | 650 | 1150 | 2300 | 3900 | 5700 |

| | 6 | 5 | 4 | 3 | 2 | 1 |
|---|---|---|---|---|---|---|
| **Fairlane 500, 8-cyl., 116" wb** | | | | | | |
| 2-dr Hdtp Cpe | 350 | 900 | 1500 | 2900 | 5200 | 7400 |
| 2-dr Sdn | 300 | 700 | 1200 | 2400 | 4100 | 5900 |
| 4-dr Sdn | 300 | 650 | 1200 | 2200 | 3700 | 5200 |
| Conv | 600 | 1600 | 2750 | 5500 | 9500 | 13800 |
| 4-dr Sta Wgn | 300 | 750 | 1250 | 2500 | 4400 | 6200 |
| 4-dr Squire Sta Wgn | 300 | 800 | 1300 | 2600 | 4600 | 6600 |
| **Fairlane 500 XL, 8-cyl.** | | | | | | |
| 2-dr Hdtp Cpe | 400 | 1050 | 1700 | 3300 | 5800 | 8300 |
| Conv | 700 | 1900 | 3350 | 6700 | 11500 | 16500 |
| 2-dr GT Hdtp Cpe | 550 | 1500 | 2500 | 5100 | 8800 | 12500 |
| 2-dr GT Conv | 800 | 2350 | 3950 | 7900 | 13700 | 19700 |
| **Custom, 6-cyl./8-cyl., 119" wb** | | | | | | |
| 2-dr Sdn | 300 | 650 | 1100 | 2200 | 3800 | 5400 |
| 4-dr Sdn | 300 | 650 | 1100 | 2100 | 3600 | 5100 |
| **Custom 500, 6-cyl./8-cyl., 119" wb** | | | | | | |
| 2-dr Sdn | 300 | 650 | 1150 | 2300 | 3900 | 5700 |
| 4-dr Sdn | 300 | 650 | 1100 | 2200 | 3800 | 5400 |
| **Galaxie 500, 6-cyl./8-cyl., 119" wb** | | | | | | |
| 2-dr Hdtp Cpe | 400 | 1150 | 1850 | 3700 | 6400 | 9300 |
| 4-dr Sdn | 300 | 650 | 1150 | 2300 | 3900 | 5700 |
| 4-dr Hdtp Sdn | 350 | 850 | 1400 | 2800 | 4900 | 7100 |
| 2-dr Conv | 650 | 1700 | 3000 | 6100 | 10600 | 15200 |
| **Galaxie 500 XL, 119" wb** | | | | | | |
| 2-dr Hdtp Cpe | 500 | 1300 | 2250 | 4500 | 7700 | 11000 |
| 2-dr Conv | 700 | 2000 | 3450 | 6900 | 11900 | 17200 |
| **LTD, 8-cyl., 119" wb** | | | | | | |
| 4-dr Hdtp Cpe | 400 | 1050 | 1700 | 3300 | 5800 | 8300 |
| 2-dr Hdtp Sdn | 450 | 1250 | 2150 | 4300 | 7400 | 10700 |
| 4-dr Sdn | 300 | 700 | 1200 | 2400 | 4100 | 5900 |
| **Station Wagons** | | | | | | |
| 4-dr Ranch | 300 | 700 | 1200 | 2400 | 4100 | 5900 |
| 4-dr 6-pass Ctry Squire | 350 | 850 | 1400 | 2800 | 4900 | 7100 |
| 4-dr 9-pass Ctry Squire | 350 | 900 | 1500 | 3000 | 5300 | 7600 |
| 4-dr 6-pass Ctry Sdn | 300 | 800 | 1350 | 2700 | 4700 | 6900 |
| 4-dr 9-pass Ctry Sdn | 350 | 900 | 1500 | 2900 | 5200 | 7400 |

*427 or 428 V-8 add 50%*          *Small block option deduct 10%*

## 1968

| | 6 | 5 | 4 | 3 | 2 | 1 |
|---|---|---|---|---|---|---|
| **Standard Falcon, 6-cyl., 111" wb** | | | | | | |
| 4-dr Sdn | 300 | 600 | 950 | 1900 | 3200 | 4600 |
| 2-dr Sdn | 300 | 650 | 1000 | 2000 | 3500 | 4900 |
| 4-dr Sta Wgn | 300 | 650 | 1100 | 2100 | 3600 | 5100 |
| **Falcon Futura, 6-cyl., 110.0" wb** | | | | | | |
| 4-dr Sdn | 300 | 650 | 1000 | 2000 | 3500 | 4900 |
| 2-dr Sdn | 300 | 650 | 1100 | 2200 | 3800 | 5400 |
| 2-dr Spt Cpe | 300 | 700 | 1200 | 2400 | 4100 | 5900 |
| 4-dr Squire Sta Wgn | 300 | 650 | 1150 | 2300 | 3900 | 5700 |
| **Fairlane** | | | | | | |
| 2-dr Hdtp | 300 | 800 | 1350 | 2700 | 4700 | 6900 |
| 4-dr Sdn | 300 | 650 | 1100 | 2100 | 3600 | 5100 |
| 4-dr Sta Wgn | 300 | 650 | 1150 | 2300 | 3900 | 5700 |
| **Fairlane 500, 6-cyl./8-cyl., 116" wb** | | | | | | |
| 2-dr Hdtp Cpe | 350 | 900 | 1500 | 3000 | 5300 | 7600 |
| 4-dr Sdn | 300 | 650 | 1100 | 2200 | 3800 | 5400 |
| 2-dr Fstbk | 400 | 1100 | 1800 | 3500 | 6100 | 8900 |
| 2-dr Conv | 550 | 1500 | 2500 | 5100 | 8800 | 12500 |
| 4-dr Sta Wgn | 300 | 700 | 1200 | 2400 | 4100 | 5900 |

| | 6 | 5 | 4 | 3 | 2 | 1 |
|---|---|---|---|---|---|---|
| **Fairlane GT, 8-cyl.** | | | | | | |
| 2-dr Hdtp Cpe | 450 | 1250 | 2150 | 4300 | 7400 | 10700 |
| 2-dr Fstbk | 550 | 1450 | 2450 | 4900 | 8500 | 12000 |
| 2-dr Conv | 650 | 1750 | 3150 | 6300 | 10900 | 15700 |
| **Torino, 8-cyl., 116" wb** | | | | | | |
| 2-dr Hdtp Cpe | 400 | 1200 | 1950 | 3900 | 6800 | 9900 |
| 4-dr Sdn | 300 | 650 | 1100 | 2200 | 3800 | 5400 |
| 4-dr Squire Sta Wgn | 300 | 750 | 1250 | 2500 | 4400 | 6200 |
| **Custom, 6-cyl./8-cyl., 119" wb** | | | | | | |
| 2-dr Sdn | 300 | 650 | 1100 | 2100 | 3600 | 5100 |
| 4-dr Sdn | 300 | 650 | 1000 | 2000 | 3500 | 4900 |
| **Custom 500, 6-cyl./8-cyl., 119" wb** | | | | | | |
| 2-dr Sdn | 300 | 650 | 1150 | 2300 | 3900 | 5700 |
| 4-dr Sdn | 300 | 650 | 1100 | 2100 | 3600 | 5100 |
| **Galaxie 500, 6-cyl./8-cyl., 119" wb** | | | | | | |
| 4-dr Sdn | 300 | 650 | 1100 | 2200 | 3800 | 5400 |
| 2-dr Hdtp | 350 | 950 | 1550 | 3100 | 5500 | 7900 |
| 4-dr Hdtp | 300 | 700 | 1200 | 2400 | 4100 | 5900 |
| 2-dr Fstbk | 450 | 1250 | 2050 | 4100 | 7100 | 10300 |
| 2-dr Conv | 550 | 1550 | 2650 | 5300 | 9100 | 13000 |
| **500 XL, 6-cyl./8-cyl., 119" wb** | | | | | | |
| 2-dr Fstbk | 500 | 1300 | 2250 | 4500 | 7700 | 11000 |
| 2-dr Conv | 650 | 1750 | 3150 | 6300 | 10900 | 15700 |
| **LTD, 8-cyl., 119" wb** | | | | | | |
| 4-dr Sdn | 300 | 650 | 1100 | 2200 | 3800 | 5400 |
| 2-dr Hdtp | 400 | 1150 | 1850 | 3700 | 6400 | 9300 |
| 4-dr Hdtp | 300 | 800 | 1350 | 2700 | 4700 | 6900 |
| **Station Wagons** | | | | | | |
| 4-dr Ranch | 300 | 750 | 1250 | 2500 | 4400 | 6200 |
| 4-dr 6-pass Custom Wgn | 300 | 800 | 1300 | 2600 | 4600 | 6600 |
| 4-dr 9-pass Custom Wgn | 350 | 850 | 1400 | 2800 | 4900 | 7100 |
| 4-dr 6-pass Ctry Sdn | 300 | 800 | 1350 | 2700 | 4700 | 6900 |
| 4-dr 9-pass Ctry Sdn | 350 | 900 | 1500 | 2900 | 5200 | 7400 |
| 4-dr 6-pass Ctry Squire | 350 | 850 | 1400 | 2800 | 4900 | 7100 |
| 4-dr 9-pass Ctry Squire | 350 | 900 | 1500 | 3000 | 5300 | 7600 |

*Small block option deduct 10%*          *428 V-8 add 50%*

## 1969

| | 6 | 5 | 4 | 3 | 2 | 1 |
|---|---|---|---|---|---|---|
| **Falcon, 6-cyl./8-cyl., 111" wb** | | | | | | |
| 2-dr Sdn | 300 | 600 | 950 | 1900 | 3200 | 4600 |
| 4-dr Sdn | 300 | 600 | 900 | 1800 | 3100 | 4400 |
| 4-dr Wgn | 300 | 650 | 1000 | 2000 | 3500 | 4900 |
| **Falcon Futura, 6-cyl., 111" wb** | | | | | | |
| 2-dr Spt Cpe | 300 | 700 | 1200 | 2400 | 4100 | 5900 |
| 2-dr Sdn | 300 | 650 | 1000 | 2000 | 3500 | 4900 |
| 4-dr Sdn | 300 | 600 | 950 | 1900 | 3200 | 4600 |
| 4-dr Sta Wgn | 300 | 650 | 1100 | 2100 | 3600 | 5100 |
| **Fairlane, 6-cyl.** | | | | | | |
| 2-dr Hdtp Cpe | 300 | 800 | 1300 | 2600 | 4600 | 6600 |
| 4-dr Sdn | 300 | 650 | 1000 | 2000 | 3500 | 4900 |
| 4-dr Wgn | 300 | 650 | 1100 | 2100 | 3600 | 5100 |
| **Fairlane 500, 8-cyl., 116" wb** | | | | | | |
| 2-dr Hdtp Cpe | 350 | 850 | 1400 | 2800 | 4900 | 7100 |
| 2-dr Fstbk Cpe | 350 | 900 | 1500 | 3000 | 5300 | 7600 |
| 4-dr Sdn | 300 | 650 | 1100 | 2100 | 3600 | 5100 |
| 2-dr Conv Cpe | 500 | 1350 | 2350 | 4700 | 8100 | 11500 |
| 4-dr Sta Wgn | 300 | 650 | 1150 | 2300 | 3900 | 5700 |
| **Torino, 6-cyl./8-cyl., 116" wb** | | | | | | |
| 4-dr Sdn | 300 | 650 | 1100 | 2100 | 3600 | 5100 |
| 2-dr Hdtp Cpe | 350 | 900 | 1500 | 2900 | 5200 | 7400 |
| 4-dr Squire Wgn | 300 | 650 | 1150 | 2300 | 3900 | 5700 |

| | 6 | 5 | 4 | 3 | 2 | 1 |
|---|---|---|---|---|---|---|
| **Torino GT, 8-cyl., 116" wb** | | | | | | |
| 2-dr Hdtp Cpe | 500 | 1300 | 2250 | 4500 | 7700 | 11000 |
| 2-dr Fstbk Cpe | 550 | 1450 | 2450 | 4900 | 8500 | 12000 |
| 2-dr Conv | 800 | 2350 | 3950 | 7900 | 13700 | 19700 |
| **Torino Cobra** | | | | | | |
| 2-dr Hdtp | 750 | 2200 | 3650 | 7300 | 12600 | 18200 |
| 2-dr Fstbk | 750 | 2250 | 3750 | 7500 | 13000 | 18700 |
| **Custom, 6-cyl./8-cyl., 121" wb** | | | | | | |
| 2-dr Sdn | 300 | 650 | 1000 | 2000 | 3500 | 4900 |
| 4-dr Sdn | 300 | 600 | 950 | 1900 | 3200 | 4600 |
| 4-dr Ranch Wgn | 300 | 650 | 1100 | 2100 | 3600 | 5100 |
| **Custom 500, 6-cyl./8-cyl., 121" wb** | | | | | | |
| 2-dr Sdn | 300 | 650 | 1100 | 2100 | 3600 | 5100 |
| 4-dr Sdn | 300 | 650 | 1000 | 2000 | 3500 | 4900 |
| 4-dr 6-pass Ranch Wgn | 300 | 650 | 1100 | 2200 | 3800 | 5400 |
| 4-dr 9-pass Ranch Wgn | 300 | 700 | 1200 | 2400 | 4100 | 5900 |
| **Galaxie 500, 6-cyl./8-cyl., 121" wb** | | | | | | |
| 4-dr Hdtp Sdn | 300 | 700 | 1200 | 2400 | 4100 | 5900 |
| 4-dr Sdn | 300 | 650 | 1000 | 2000 | 3500 | 4900 |
| 2-dr Hdtp Cpe | 350 | 900 | 1500 | 2900 | 5200 | 7400 |
| 2-dr Fstbk Cpe | 400 | 1050 | 1700 | 3300 | 5800 | 8300 |
| 2-dr Conv | 550 | 1500 | 2500 | 5100 | 8800 | 12500 |
| 4-dr 6-pass Ctry Sdn | 300 | 800 | 1300 | 2600 | 4600 | 6600 |
| 4-dr 9-pass Ctry Sdn | 350 | 850 | 1400 | 2800 | 4900 | 7100 |
| **500 XL, 6-cyl./8-cyl., 121" wb** | | | | | | |
| 2-dr Fstbk | 400 | 1200 | 1950 | 3900 | 6800 | 9900 |
| 2-dr Conv | 600 | 1650 | 2850 | 5700 | 9900 | 14200 |
| **LTD** | | | | | | |
| 2-dr Hdtp Cpe | 350 | 900 | 1500 | 2900 | 5200 | 7400 |
| 4-dr Sdn | 300 | 650 | 1100 | 2100 | 3600 | 5100 |
| 4-dr Hdtp Sdn | 300 | 650 | 1150 | 2300 | 3900 | 5700 |
| 4-dr 6-pass Ctry Squire | 300 | 800 | 1350 | 2700 | 4700 | 6900 |
| 4-dr 9-pass Ctry Squire | 350 | 900 | 1500 | 2900 | 5200 | 7400 |

*Small block option deduct 10%          428 or 429 V-8 add 25%*

| **1970** | | | | | | |
|---|---|---|---|---|---|---|
| **Falcon, Sub Series, 6-cyl., 110" wb** | | | | | | |
| 2-dr Sdn | 300 | 600 | 950 | 1900 | 3200 | 4600 |
| 4-dr Sdn | 350 | 650 | 900 | 1800 | 3000 | 4200 |
| Sta Wgn | 300 | 650 | 1000 | 2000 | 3500 | 4900 |
| **Falcon Futura, 6-cyl., 111" wb** | | | | | | |
| 2-dr Sdn | 300 | 650 | 1000 | 2000 | 3500 | 4900 |
| 4-dr Sdn | 300 | 600 | 950 | 1900 | 3200 | 4600 |
| 4-dr Sta Wgn | 300 | 650 | 1100 | 2100 | 3600 | 5100 |
| **Maverick** | | | | | | |
| 2-dr Sdn | 300 | 600 | 850 | 1700 | 2900 | 4100 |
| **Fairlane 500, Sub Series, 6-cyl./8-cyl., 117" wb** | | | | | | |
| 4-dr Sdn | 300 | 650 | 1000 | 2000 | 3500 | 4900 |
| 2-dr Hdtp Cpe | 300 | 800 | 1350 | 2700 | 4700 | 6900 |
| 4-dr Sta Wgn | 300 | 650 | 1100 | 2200 | 3800 | 5400 |
| **Torino, 6-cyl./8-cyl., 117" wb** | | | | | | |
| 2-dr Hdtp Cpe | 350 | 900 | 1500 | 2900 | 5200 | 7400 |
| 2-dr Fstbk Cpe | 400 | 1100 | 1800 | 3500 | 6100 | 8900 |
| 4-dr Sdn | 300 | 650 | 1000 | 2000 | 3500 | 4900 |
| 4-dr Hdtp Sdn | 300 | 650 | 1150 | 2300 | 3900 | 5700 |
| 4-dr Squire Sta Wgn | 300 | 650 | 1100 | 2200 | 3800 | 5400 |
| **Torino Brougham, 8-cyl., 117" wb** | | | | | | |
| 2-dr Hdtp | 350 | 900 | 1500 | 2900 | 5200 | 7400 |
| 4-dr Hdtp | 300 | 750 | 1250 | 2500 | 4400 | 6200 |
| 4-dr Squire Sta Wgn | 300 | 650 | 1100 | 2200 | 3800 | 5400 |

'69 Ford Torino Cobra 428

'70 Ford Maverick

'70 Ford Fairlane 500

'70 Ford Falcon Futura

'71 Ford Torino GT

'71 Ford Pinto

'71 Ford LTD

'73 Ford Gran Torino

'73 Ford Galaxie 500

'73 Ford LTD Brougham

'73 Ford LTD Country Squire

'73 Ford Pinto

| | 6 | 5 | 4 | 3 | 2 | 1 |
|---|---|---|---|---|---|---|
| **Torino GT, 8-cyl., 117" wb** | | | | | | |
| 2-dr Fstbk | 500 | 1300 | 2250 | 4500 | 7700 | 11000 |
| 2-dr Conv | 800 | 2350 | 3950 | 7900 | 13700 | 19700 |
| **Torino GT Cobra, 8-cyl., 117" wb** | | | | | | |
| 2-dr Fstbk | 1100 | 3450 | 5750 | 11500 | 20300 | 28700 |
| **Custom, 6-cyl./8-cyl., 121" wb** | | | | | | |
| 4-dr Sdn | 300 | 600 | 950 | 1900 | 3200 | 4600 |
| 4-dr Ranch Sta Wgn | 300 | 650 | 1000 | 2000 | 3500 | 4900 |
| **Custom 500, 6-cyl./8-cyl., 121" wb** | | | | | | |
| 4-dr Sdn | 300 | 650 | 1000 | 2000 | 3500 | 4900 |
| 4-dr 6-pass Ranch Wgn | 300 | 650 | 1100 | 2100 | 3600 | 5100 |
| 4-dr 9-pass Ranch Wgn | 300 | 650 | 1150 | 2300 | 3900 | 5700 |
| **Galaxie 500, 6-cyl./8-cyl., 121" wb** | | | | | | |
| 2-dr Hdtp Cpe | 300 | 800 | 1350 | 2700 | 4700 | 6900 |
| 4-dr Sdn | 300 | 650 | 1000 | 2000 | 3500 | 4900 |
| 4-dr Hdtp Sdn | 300 | 650 | 1150 | 2300 | 3900 | 5700 |
| 2-dr Fstbk Cpe | 400 | 1050 | 1700 | 3300 | 5800 | 8300 |
| 4-dr 6-pass Ctry Squire | 300 | 650 | 1150 | 2300 | 3900 | 5700 |
| 4-dr 9-pass Ctry Squire | 300 | 750 | 1250 | 2500 | 4400 | 6200 |
| **XL, 8-cyl., 121" wb** | | | | | | |
| 2-dr Fstbk | 400 | 1100 | 1800 | 3500 | 6100 | 8900 |
| 2-dr Conv | 600 | 1600 | 2750 | 5500 | 9500 | 13800 |
| **LTD, 8-cyl., 121" wb** | | | | | | |
| 4-dr Sdn | 300 | 650 | 1100 | 2100 | 3600 | 5100 |
| 4-dr Hdtp Sdn | 300 | 650 | 1150 | 2300 | 3900 | 5700 |
| 2-dr Hdtp Cpe | 300 | 750 | 1250 | 2500 | 4400 | 6200 |
| 4-dr 6-pass Ctry Squire | 300 | 700 | 1200 | 2400 | 4100 | 5900 |
| 4-dr 9-pass Ctry Squire | 300 | 800 | 1300 | 2600 | 4600 | 6600 |
| **LTD Brougham, 8-cyl., 121" wb** | | | | | | |
| 4-dr Sdn | 300 | 650 | 1100 | 2100 | 3600 | 5100 |
| 4-dr Hdtp Sdn | 300 | 650 | 1150 | 2300 | 3900 | 5700 |
| 2-dr Hdtp Cpe | 300 | 800 | 1300 | 2600 | 4600 | 6600 |

*429 V-8 add 25%        Small block option deduct 10%*

### 1971

| | 6 | 5 | 4 | 3 | 2 | 1 |
|---|---|---|---|---|---|---|
| **Pinto, 4-cyl.** | | | | | | |
| 3-dr Rnbt | 200 | 450 | 650 | 1300 | 2200 | 3200 |
| 2-dr Sdn | 200 | 400 | 600 | 1200 | 2100 | 3000 |
| **Maverick, 6-cyl./8-cyl.** | | | | | | |
| 2-dr Sdn | 300 | 600 | 900 | 1800 | 3100 | 4400 |
| 4-dr Sdn | 300 | 600 | 850 | 1700 | 2900 | 4100 |
| 2-dr Grabber Spt Sdn | 300 | 700 | 1200 | 2400 | 4100 | 5900 |
| **Torino, 6-cyl./8-cyl., 114" wb, Sta Wgn 117" wb** | | | | | | |
| 2-dr Hdtp | 300 | 800 | 1350 | 2700 | 4700 | 6900 |
| 4-dr Sdn | 300 | 650 | 1000 | 2000 | 3500 | 4900 |
| 4-dr 6-pass Sta Wgn | 300 | 650 | 1100 | 2100 | 3600 | 5100 |
| **Torino 500, 8-cyl., 114" wb, Sta Wgn 117" wb** | | | | | | |
| 4-dr Sdn | 300 | 650 | 1100 | 2100 | 3600 | 5100 |
| 4-dr Hdtp Sdn | 300 | 700 | 1200 | 2400 | 4100 | 5900 |
| 2-dr Hdtp Cpe | 400 | 1100 | 1800 | 3500 | 6100 | 8900 |
| 2-dr Fstbk Cpe | 400 | 1150 | 1850 | 3700 | 6400 | 9300 |
| 4-dr 6-pass Sta Wgn | 300 | 650 | 1100 | 2200 | 3800 | 5400 |
| **Torino Broughm/GT/Cobra** | | | | | | |
| 2-dr Brghm Hdtp | 350 | 900 | 1500 | 2900 | 5200 | 7400 |
| 4-dr Brghm Hdtp | 300 | 700 | 1200 | 2400 | 4100 | 5900 |
| 2-dr GT Spt Cpe | 550 | 1450 | 2450 | 4900 | 8500 | 12000 |
| 2-dr GT Conv | 750 | 2250 | 3750 | 7500 | 13000 | 18700 |
| 2-dr Cobra Hdtp | 950 | 2950 | 4950 | 9900 | 17500 | 24700 |
| 4-dr 6-pass Squire Wgn | 300 | 650 | 1150 | 2300 | 3900 | 5700 |

| | 6 | 5 | 4 | 3 | 2 | 1 |
|---|---|---|---|---|---|---|
| **Custom, 6-cyl./8-cyl., 121" wb** | | | | | | |
| 4-dr Sdn | 300 | 650 | 1000 | 2000 | 3500 | 4900 |
| 4-dr Ranch Sta Wgn | 300 | 650 | 1100 | 2100 | 3600 | 5100 |
| **Custom 500, 6-cyl./8-cyl., 121" wb** | | | | | | |
| 4-dr Sdn | 300 | 650 | 1100 | 2100 | 3600 | 5100 |
| 4-dr Ranch Sta Wgn | 300 | 600 | 1000 | 2200 | 3800 | 5600 |
| **Galaxie 500, 8-cyl., 121" wb** | | | | | | |
| 4-dr Sdn | 300 | 650 | 1100 | 2100 | 3600 | 5100 |
| 2-dr Hdtp | 300 | 750 | 1250 | 2500 | 4400 | 6200 |
| 4-dr Hdtp | 300 | 650 | 1100 | 2200 | 3800 | 5400 |
| 4-dr 6-pass Ctry Sdn | 300 | 650 | 1150 | 2300 | 3900 | 5700 |
| 4-dr 9-pass Ctry Sdn | 300 | 750 | 1250 | 2500 | 4400 | 6200 |
| **LTD** | | | | | | |
| 4-dr Sdn | 300 | 650 | 1100 | 2100 | 3600 | 5100 |
| 2-dr Hdtp | 300 | 700 | 1200 | 2400 | 4100 | 5900 |
| 4-dr Hdtp | 300 | 650 | 1100 | 2200 | 3800 | 5400 |
| 2-dr Conv | 500 | 1350 | 2350 | 4700 | 8100 | 11500 |
| 4-dr 6-pass Ctry Squire | 300 | 750 | 1250 | 2500 | 4400 | 6200 |
| 4-dr 9-pass Ctry Squire | 300 | 800 | 1350 | 2700 | 4700 | 6900 |
| **LTD Brougham, 8-cyl., 121" wb** | | | | | | |
| 4-dr Sdn | 300 | 650 | 1100 | 2200 | 3800 | 5400 |
| 2-dr Hdtp | 350 | 900 | 1500 | 2900 | 5200 | 7400 |
| 4-dr Hdtp | 300 | 650 | 1150 | 2300 | 3900 | 5700 |

*429 V-8 add 25%    Small block option deduct 10%*

## 1972

| | 6 | 5 | 4 | 3 | 2 | 1 |
|---|---|---|---|---|---|---|
| **Pinto, 4-cyl.** | | | | | | |
| 2-dr Sdn | 200 | 400 | 600 | 1200 | 2100 | 3000 |
| 2-dr Rnbt | 200 | 450 | 650 | 1300 | 2200 | 3200 |
| 2-dr Sta Wgn | 250 | 500 | 750 | 1400 | 2400 | 3400 |
| **Maverick, 6-cyl.** | | | | | | |
| 2-dr Sdn | 300 | 600 | 900 | 1800 | 3100 | 4400 |
| 4-dr Sdn | 300 | 600 | 850 | 1700 | 2900 | 4100 |
| 2-dr Grabber Spt Sdn | 300 | 750 | 1250 | 2500 | 4400 | 6200 |
| **Torino, 6-cyl./8-cyl., 118" wb, 2-dr 114" wb** | | | | | | |
| 2-dr Hdtp | 300 | 800 | 1300 | 2600 | 4600 | 6600 |
| 4-dr Sdn Hdtp | 300 | 650 | 1000 | 2000 | 3500 | 4900 |
| 4-dr Sta Wgn | 300 | 650 | 1100 | 2100 | 3600 | 5100 |
| **Gran Torino, 6-cyl./8-cyl.** | | | | | | |
| 2-dr Fstbk Cpe | 350 | 900 | 1500 | 3000 | 5300 | 7600 |
| 2-dr Spt Hdtp | 350 | 900 | 1500 | 2900 | 5200 | 7400 |
| 2-dr Hdtp | 300 | 800 | 1350 | 2700 | 4700 | 6900 |
| 4-dr Hdtp Sdn | 300 | 600 | 1000 | 2200 | 3800 | 5600 |
| 4-dr Spt Hdtp | 300 | 600 | 1000 | 2200 | 3800 | 5600 |
| 4-dr 6-pass Sta Wgn | 300 | 650 | 1000 | 2000 | 3500 | 4900 |
| 4-dr Squire Wgn | 300 | 650 | 1100 | 2100 | 3600 | 5100 |
| **Custom, 6-cyl./8-cyl., 121" wb** | | | | | | |
| 4-dr Sdn | 300 | 650 | 1000 | 2000 | 3500 | 4900 |
| 4-dr Ranch Sta Wgn | 300 | 650 | 1100 | 2100 | 3600 | 5100 |
| **Custom 500, 6-cyl./8-cyl., 121" wb** | | | | | | |
| 4-dr Sdn | 300 | 650 | 1100 | 2100 | 3600 | 5100 |
| 4-dr Ranch Wgn | 300 | 600 | 1000 | 2200 | 3800 | 5600 |
| **Galaxie 500, 8-cyl., 121" wb** | | | | | | |
| 2-dr Hdtp | 300 | 800 | 1350 | 2700 | 4700 | 6900 |
| 4-dr Hdtp | 300 | 650 | 1150 | 2300 | 3900 | 5700 |
| 4-dr Sdn | 300 | 650 | 1000 | 2000 | 3500 | 4900 |
| 4-dr Ctry Sdn | 300 | 650 | 1150 | 2300 | 3900 | 5700 |
| **LTD, 8-cyl., 121" wb** | | | | | | |
| 2-dr Hdtp | 350 | 850 | 1400 | 2800 | 4900 | 7100 |
| 4-dr Hdtp | 300 | 650 | 1100 | 2200 | 3800 | 5400 |

| | 6 | 5 | 4 | 3 | 2 | 1 |
|---|---|---|---|---|---|---|
| 4-dr Sdn | 300 | 650 | 1000 | 2000 | 3500 | 4900 |
| 2-dr Conv | 550 | 1450 | 2450 | 4900 | 8500 | 12000 |
| 4-dr 6-pass Ctry Squire | 300 | 750 | 1250 | 2500 | 4400 | 6200 |
| 4-dr 9-pass Ctry Squire | 300 | 800 | 1350 | 2700 | 4700 | 6900 |
| **LTD Brougham, 8-cyl., 121" wb** | | | | | | |
| 2-dr Hdtp | 350 | 900 | 1500 | 3000 | 5300 | 7600 |
| 4-dr Hdtp | 300 | 750 | 1250 | 2500 | 4400 | 6200 |
| 4-dr Sdn | 300 | 650 | 1000 | 2000 | 3500 | 4900 |

*429 or 460 V-8 add 25%*  *Small block option deduct 10%*

## 1973

**Pinto, 4-cyl.**

| | 6 | 5 | 4 | 3 | 2 | 1 |
|---|---|---|---|---|---|---|
| 2-dr Sdn | 200 | 400 | 600 | 1200 | 2100 | 3000 |
| 3-dr Rnbt | 200 | 450 | 650 | 1300 | 2200 | 3200 |
| 2-dr Sta Wgn | 250 | 500 | 750 | 1400 | 2400 | 3400 |
| **Maverick, 8-cyl.** | | | | | | |
| 2-dr Sdn | 300 | 600 | 900 | 1800 | 3100 | 4400 |
| 4-dr Sdn | 300 | 600 | 850 | 1700 | 2900 | 4100 |
| 2-dr Grabber Sdn | 300 | 750 | 1250 | 2500 | 4400 | 6200 |
| **Torino, 6-cyl./8-cyl.** | | | | | | |
| 4-dr Sdn | 300 | 600 | 950 | 1900 | 3200 | 4600 |
| 2-dr Hdtp | 300 | 800 | 1300 | 2600 | 4600 | 6600 |
| 4-dr Sta Wgn | 300 | 650 | 1000 | 2000 | 3500 | 4900 |
| **Gran Torino, 6-cyl./8-cyl.** | | | | | | |
| 2-dr Hdtp | 300 | 750 | 1250 | 2500 | 4400 | 6200 |
| 2-dr Spt Fstbk Cpe | 400 | 1150 | 1850 | 3700 | 6400 | 9300 |
| 2-dr Spt Hdtp Cpe | 400 | 1050 | 1700 | 3300 | 5800 | 8300 |
| 4-dr Sdn | 300 | 600 | 950 | 1900 | 3200 | 4600 |
| 4-dr Squire | 300 | 650 | 1100 | 2100 | 3600 | 5100 |
| 4-dr Sta Wgn | 300 | 650 | 1000 | 2000 | 3500 | 4900 |
| **Gran Torino Brougham, 6-cyl./8-cyl.** | | | | | | |
| 2-dr Hdtp | 350 | 1000 | 1600 | 3200 | 5700 | 8100 |
| 4-dr Sdn | 300 | 600 | 950 | 1900 | 3200 | 4600 |
| **Custom 500, 8-cyl.** | | | | | | |
| 4-dr Sdn | 300 | 600 | 950 | 1900 | 3200 | 4600 |
| 4-dr Ranch Wgn | 300 | 650 | 1000 | 2000 | 3500 | 4900 |
| **Galaxie 500, 8-cyl.** | | | | | | |
| 2-dr Hdtp | 300 | 750 | 1250 | 2500 | 4400 | 6200 |
| 4-dr Hdtp | 300 | 650 | 1000 | 2000 | 3500 | 4900 |
| 4-dr Sdn | 300 | 600 | 950 | 1900 | 3200 | 4600 |
| Ctry Sdn | 300 | 650 | 1100 | 2100 | 3600 | 5100 |
| **LTD, 8-cyl.** | | | | | | |
| 2-dr Hdtp Sdn | 300 | 750 | 1250 | 2500 | 4400 | 6200 |
| 4-dr Hdtp Sdn | 300 | 650 | 1000 | 2000 | 3500 | 4900 |
| 4-dr Sdn | 300 | 600 | 950 | 1900 | 3200 | 4600 |
| Ctry Sdn | 300 | 650 | 1150 | 2300 | 3900 | 5700 |
| **LTD Brougham, 8-cyl.** | | | | | | |
| 2-dr Hdtp | 300 | 800 | 1300 | 2600 | 4600 | 6600 |
| 4-dr Hdtp | 300 | 650 | 1100 | 2100 | 3600 | 5100 |
| 4-dr Sdn | 300 | 650 | 1000 | 2000 | 3500 | 4900 |

*429 or 460 V-8 add 30%*  *Small block option deduct 10%*

## 1974

**Pinto**

| | 6 | 5 | 4 | 3 | 2 | 1 |
|---|---|---|---|---|---|---|
| 3-dr Rnbt | 200 | 400 | 600 | 1200 | 2100 | 3000 |
| 2-dr Sdn | 200 | 450 | 650 | 1300 | 2200 | 3200 |
| 2-dr Sta Wgn | 250 | 500 | 750 | 1400 | 2400 | 3400 |
| **Maverick, 8-cyl.** | | | | | | |
| 2-dr Sdn | 300 | 600 | 900 | 1800 | 3100 | 4400 |

| | 6 | 5 | 4 | 3 | 2 | 1 |
|---|---|---|---|---|---|---|
| 4-dr Sdn | 300 | 600 | 850 | 1700 | 2900 | 4100 |
| 2-dr Grabber Spt Sdn | 300 | 750 | 1250 | 2500 | 4400 | 6200 |
| **Torino, 8-cyl.** | | | | | | |
| 2-dr Hdtp | 300 | 800 | 1300 | 2600 | 4600 | 6600 |
| 4-dr Sdn | 300 | 600 | 950 | 1900 | 3200 | 4600 |
| 4-dr Sta Wgn | 300 | 650 | 1000 | 2000 | 3500 | 4900 |
| **Gran Torino, 8-cyl.** | | | | | | |
| 2-dr Hdtp | 300 | 800 | 1300 | 2600 | 4600 | 6600 |
| 4-dr Sdn | 300 | 600 | 950 | 1900 | 3200 | 4600 |
| 4-dr Sta Wgn | 300 | 650 | 1000 | 2000 | 3500 | 4900 |
| **Gran Torino Sport, 8-cyl.** | | | | | | |
| 2-dr Hdtp Cpe | 350 | 900 | 1500 | 3000 | 5300 | 7600 |
| **Gran Torino Brougham, 8-cyl.** | | | | | | |
| 2-dr Hdtp Cpe | 350 | 850 | 1400 | 2800 | 4900 | 7100 |
| 4-dr Sdn | 300 | 650 | 1000 | 2000 | 3500 | 4900 |
| **Gran Torino Elite, 8-cyl.** | | | | | | |
| 2-dr Hdtp Cpe | 300 | 800 | 1350 | 2700 | 4700 | 6900 |
| **Gran Torino Squire, 8-cyl.** | | | | | | |
| 4-dr Sta Wgn | 300 | 650 | 1100 | 2100 | 3600 | 5100 |
| **Custom 500** | | | | | | |
| 4-dr Sdn | 300 | 600 | 950 | 1900 | 3200 | 4600 |
| 4-dr Sta Wgn | 300 | 650 | 1000 | 2000 | 3500 | 4900 |
| **Galaxie 500, 8-cyl.** | | | | | | |
| 2-dr Hdtp | 300 | 750 | 1250 | 2500 | 4400 | 6200 |
| 4-dr Hdtp | 300 | 650 | 1100 | 2100 | 3600 | 5100 |
| 4-dr Sdn | 300 | 650 | 1000 | 2000 | 3500 | 4900 |
| 4-dr Ctry Sdn | 300 | 650 | 1100 | 2200 | 3800 | 5400 |
| **LTD, 8-cyl.** | | | | | | |
| 2-dr Hdtp | 300 | 650 | 1150 | 2300 | 3900 | 5700 |
| 4-dr Hdtp | 300 | 600 | 950 | 1900 | 3200 | 4600 |
| 4-dr Sdn | 300 | 600 | 900 | 1800 | 3100 | 4400 |
| 4-dr Ctry Squire | 300 | 650 | 1150 | 2300 | 3900 | 5700 |
| **LTD Brougham, 8-cyl.** | | | | | | |
| 2-dr Hdtp | 300 | 700 | 1200 | 2400 | 4100 | 5900 |
| 4-dr Hdtp | 300 | 650 | 1000 | 2000 | 3500 | 4900 |
| 4-dr Sdn | 300 | 600 | 900 | 1800 | 3100 | 4400 |
| 4-dr LTD Sta Wgn | 300 | 650 | 1100 | 2200 | 3800 | 5400 |

*460 V-8 add 30%     Small block option deduct 10%*

### 1975

| | 6 | 5 | 4 | 3 | 2 | 1 |
|---|---|---|---|---|---|---|
| **Pinto, 4-cyl.** | | | | | | |
| 2-dr Sdn | 200 | 400 | 600 | 1200 | 2100 | 3000 |
| 3-dr Htchbk | 200 | 450 | 650 | 1300 | 2200 | 3200 |
| 2-dr Sta Wgn | 250 | 500 | 750 | 1400 | 2400 | 3400 |
| **Maverick, 6-cyl./8-cyl.** | | | | | | |
| 2-dr Sdn | 300 | 600 | 900 | 1800 | 3100 | 4400 |
| 4-dr Sdn | 300 | 600 | 850 | 1700 | 2900 | 4100 |
| 2-dr Grabber Sdn | 300 | 750 | 1250 | 2500 | 4400 | 6200 |
| **Torino, 8-cyl.** | | | | | | |
| 2-dr Hdtp | 300 | 800 | 1300 | 2600 | 4600 | 6600 |
| 4-dr Sdn | 300 | 600 | 950 | 1900 | 3200 | 4600 |
| 4-dr Sta Wgn | 300 | 650 | 1000 | 2000 | 3500 | 4900 |
| **Gran Torino, 8-cyl.** | | | | | | |
| 2-dr Hdtp | 300 | 800 | 1300 | 2600 | 4600 | 6600 |
| 4-dr Sdn | 300 | 600 | 950 | 1900 | 3200 | 4600 |
| 4-dr Sta Wgn | 300 | 650 | 1000 | 2000 | 3500 | 4900 |
| 4-dr Squire Sta Wgn | 300 | 650 | 1100 | 2100 | 3600 | 5100 |

**'74 Ford Gran Torino**

**'74 Ford Maverick**

**'75 Ford Granada**

**'75 Ford Elite**

**'75 Ford Pinto Station Wagon**

**'76 Ford LTD**

**'76 Ford Elite**

**'77 Ford Granada**

**'77 Ford LTD II**

**'77 Ford Maverick**

**'78 Ford Fairmont**

**'78 Ford LTD Wagon**

| | 6 | 5 | 4 | 3 | 2 | 1 |
|---|---|---|---|---|---|---|
| **Gran Torino Brougham, 8-cyl.** | | | | | | |
| 2-dr Hdtp | 350 | 850 | 1400 | 2800 | 4900 | 7100 |
| 4-dr Sdn | 300 | 650 | 1000 | 2000 | 3500 | 4900 |
| **Gran Torino Sport, 8-cyl.** | | | | | | |
| 2-dr Hdtp | 350 | 950 | 1550 | 3100 | 5500 | 7900 |
| **Elite, 8-cyl.** | | | | | | |
| 2-dr Hdtp | 300 | 750 | 1250 | 2500 | 4400 | 6200 |
| **Granada, 6-cyl./8-cyl.** | | | | | | |
| 2-dr Sdn | 300 | 550 | 800 | 1600 | 2800 | 3900 |
| 4-dr Sdn | 250 | 500 | 750 | 1500 | 2600 | 3600 |
| 2-dr Ghia Sdn | 300 | 600 | 850 | 1700 | 2900 | 4100 |
| 4-dr Ghia Sdn | 300 | 550 | 800 | 1600 | 2800 | 3900 |
| **Custom 500, 8-cyl.** | | | | | | |
| 4-dr Sdn | 300 | 600 | 900 | 1800 | 3100 | 4400 |
| 4-dr Ranch Wgn | 300 | 650 | 1000 | 2000 | 3500 | 4900 |
| **LTD, 8-cyl.** | | | | | | |
| 2-dr Hdtp | 300 | 650 | 1100 | 2100 | 3600 | 5100 |
| 4-dr Sdn | 300 | 600 | 900 | 1800 | 3100 | 4400 |
| **LTD Brougham, 8-cyl.** | | | | | | |
| 2-dr Hdtp | 300 | 650 | 1100 | 2200 | 3800 | 5400 |
| 4-dr Sdn | 300 | 600 | 950 | 1900 | 3200 | 4600 |
| **LTD Landau** | | | | | | |
| 2-dr Hdtp | 300 | 650 | 1100 | 2200 | 3800 | 5400 |
| 4-dr Sdn | 300 | 600 | 950 | 1900 | 3200 | 4600 |
| **LTD Station Wagon** | | | | | | |
| 4-dr Ctry Squire Brghm | 300 | 650 | 1100 | 2100 | 3600 | 5100 |
| 4-dr Ctry Squire | 300 | 650 | 1000 | 2000 | 3500 | 4900 |

*460 V-8 add 30%*

## 1976

| | 6 | 5 | 4 | 3 | 2 | 1 |
|---|---|---|---|---|---|---|
| **Pinto, 4-cyl.** | | | | | | |
| 2-dr Sdn | 200 | 400 | 600 | 1200 | 2100 | 3000 |
| 2-dr Sdn Pony | 200 | 400 | 600 | 1200 | 2100 | 3000 |
| 3-dr Htchbk | 200 | 450 | 650 | 1300 | 2200 | 3200 |
| 3-dr Squire Htchbk | 200 | 450 | 650 | 1300 | 2200 | 3200 |
| 2-dr Sta Wgn | 250 | 500 | 750 | 1400 | 2400 | 3400 |
| 2-dr Squire Wgn | 250 | 500 | 750 | 1400 | 2400 | 3400 |
| **Maverick, 8-cyl.** | | | | | | |
| 2-dr Sdn | 300 | 600 | 850 | 1700 | 2900 | 4100 |
| 4-dr Sdn | 300 | 550 | 800 | 1600 | 2800 | 3900 |
| **Torino, 8-cyl.** | | | | | | |
| 2-dr Hdtp Cpe | 300 | 650 | 1100 | 2100 | 3600 | 5100 |
| 4-dr Sdn | 300 | 600 | 850 | 1700 | 2900 | 4100 |
| **Gran Torino, 8-cyl.** | | | | | | |
| 2-dr Hdtp Cpe | 300 | 650 | 1100 | 2100 | 3600 | 5100 |
| 4-dr Sdn | 300 | 600 | 850 | 1700 | 2900 | 4100 |
| **Gran Torino Brougham, 8-cyl.** | | | | | | |
| 2-dr Hdtp Cpe | 300 | 650 | 1100 | 2200 | 3800 | 5400 |
| 4-dr Sdn | 300 | 600 | 850 | 1700 | 2900 | 4100 |
| **Station Wagons, 8-cyl.** | | | | | | |
| 4-dr 2-seat Torino | 300 | 600 | 900 | 1800 | 3100 | 4400 |
| 4-dr 2-seat Gran Torino | 300 | 600 | 950 | 1900 | 3200 | 4600 |
| 4-dr 2-seat Gran Torino Squire | 300 | 650 | 1000 | 2000 | 3500 | 4900 |
| **Granada, 6-cyl./8-cyl.** | | | | | | |
| 2-dr Sdn | 300 | 550 | 800 | 1600 | 2800 | 3900 |
| 4-dr Sdn | 250 | 500 | 750 | 1500 | 2600 | 3600 |
| **Granada Ghia, 6-cyl./8-cyl.** | | | | | | |
| 2-dr Sdn | 300 | 600 | 850 | 1700 | 2900 | 4100 |
| 4-dr Sdn | 300 | 550 | 800 | 1600 | 2800 | 3900 |

| | 6 | 5 | 4 | 3 | 2 | 1 |
|---|---|---|---|---|---|---|
| **Elite, 8-cyl.** | | | | | | |
| 2-dr Hdtp Cpe | 300 | 600 | 950 | 1900 | 3200 | 4600 |
| **Custom 500, 8-cyl., 121.0" wb** | | | | | | |
| 4-dr Sdn | 300 | 600 | 900 | 1800 | 3100 | 4400 |
| **LTD, 8-cyl., 121.0" wb** | | | | | | |
| 2-dr Sdn | 300 | 600 | 950 | 1900 | 3200 | 4600 |
| 4-dr Sdn | 300 | 600 | 900 | 1800 | 3100 | 4400 |
| **LTD Brougham, 8-cyl., 121.0" wb** | | | | | | |
| 2-dr Sdn | 300 | 650 | 1000 | 2000 | 3500 | 4900 |
| 4-dr Sdn | 300 | 600 | 950 | 1900 | 3200 | 4600 |
| **LTD Landau, 8-cyl., 121.0" wb** | | | | | | |
| 2-dr Sdn | 300 | 650 | 1000 | 2000 | 3500 | 4900 |
| 4-dr Sdn | 300 | 600 | 950 | 1900 | 3200 | 4600 |
| **Station Wagons, 8-cyl.** | | | | | | |
| 4-dr Ranch Wgn | 300 | 600 | 900 | 1800 | 3100 | 4400 |
| 4-dr LTD Wgn | 300 | 600 | 950 | 1900 | 3200 | 4600 |
| 4-dr Ctry Squire Wgn | 300 | 650 | 1100 | 2100 | 3600 | 5100 |

*Small block option deduct 10%*

## 1977

| | 6 | 5 | 4 | 3 | 2 | 1 |
|---|---|---|---|---|---|---|
| **Pinto, 4-cyl.** | | | | | | |
| 3-dr Rnbt Htchbk | 200 | 450 | 650 | 1300 | 2200 | 3200 |
| 2-dr Sdn | 200 | 400 | 600 | 1200 | 2100 | 3000 |
| 2-dr Sdn Pony | 200 | 400 | 600 | 1200 | 2100 | 3000 |
| 2-dr Sta Wgn | 250 | 500 | 750 | 1400 | 2400 | 3400 |
| 2-dr Squire Wgn | 250 | 500 | 750 | 1400 | 2400 | 3400 |
| **Maverick, 8-cyl.** | | | | | | |
| 2-dr Sdn | 300 | 600 | 850 | 1700 | 2900 | 4100 |
| 4-dr Sdn | 300 | 550 | 800 | 1600 | 2800 | 3900 |
| **Granada, 6-cyl./8-cyl.** | | | | | | |
| 2-dr Sdn | 250 | 500 | 750 | 1500 | 2600 | 3600 |
| 4-dr Sdn | 250 | 500 | 750 | 1400 | 2400 | 3400 |
| **Granada Ghia, 6-cyl./8-cyl.** | | | | | | |
| 2-dr Sdn | 300 | 550 | 800 | 1600 | 2800 | 3900 |
| 4-dr Sdn | 250 | 500 | 750 | 1500 | 2600 | 3600 |
| **LTD II "S", 8-cyl., 2-dr 114.0" wb, 4-dr 118.0" wb** | | | | | | |
| 2-dr Hdtp Cpe | 250 | 500 | 750 | 1400 | 2400 | 3400 |
| 4-dr Sdn | 200 | 450 | 650 | 1300 | 2200 | 3200 |
| **LTD II, 8-cyl., 2-dr 114.0" wb, 4-dr 118.0" wb** | | | | | | |
| 2-dr Hdtp Cpe | 250 | 500 | 750 | 1500 | 2600 | 3600 |
| 4-dr Sdn | 250 | 500 | 750 | 1400 | 2400 | 3400 |
| **LTD II Station Wagons, 8-cyl.** | | | | | | |
| 2-seat Sta Wgn | 250 | 500 | 750 | 1500 | 2600 | 3600 |
| 3-seat Sta Wgn | 300 | 600 | 850 | 1700 | 2900 | 4100 |
| 4-dr 2-seat Sta Wgn | 300 | 550 | 800 | 1600 | 2800 | 3900 |
| 4-dr 3-seat Sta Wgn | 300 | 600 | 900 | 1800 | 3100 | 4400 |
| 4-dr 2-seat Squire Sta Wgn | 300 | 600 | 950 | 1900 | 3200 | 4600 |
| 4-dr 3-seat Squire Sta Wgn | 300 | 650 | 1100 | 2100 | 3600 | 5100 |
| **LTD II Brougham, 8-cyl.** | | | | | | |
| 2-dr Hdtp Cpe | 300 | 600 | 950 | 1900 | 3200 | 4600 |
| 4-dr Sdn | 300 | 600 | 900 | 1800 | 3100 | 4400 |
| **LTD, 8-cyl., 121.0" wb** | | | | | | |
| 2-dr Sdn | 300 | 600 | 950 | 1900 | 3200 | 4600 |
| 4-dr Sdn | 300 | 600 | 900 | 1800 | 3100 | 4400 |
| **LTD Landau, 8-cyl., 121.0" wb** | | | | | | |
| 2-dr Sdn | 300 | 600 | 950 | 1900 | 3200 | 4600 |
| 4-dr Sdn | 300 | 600 | 900 | 1800 | 3100 | 4400 |

| | 6 | 5 | 4 | 3 | 2 | 1 |
|---|---|---|---|---|---|---|
| **Station Wagons, 8-cyl.** | | | | | | |
| 2-seat LTD | 300 | 600 | 900 | 1800 | 3100 | 4400 |
| 3-seat LTD | 300 | 650 | 1000 | 2000 | 3500 | 4900 |
| 2-seat Ctry Squire | 300 | 650 | 1100 | 2100 | 3600 | 5100 |
| 3-seat Ctry Squire | 300 | 650 | 1150 | 2300 | 3900 | 5700 |
| **1978** | | | | | | |
| **Fiesta, 4-cyl.** | | | | | | |
| 3-dr Htchbk | 200 | 400 | 550 | 1100 | 2000 | 2900 |
| **Pinto, 4-cyl./6-cyl.** | | | | | | |
| 2-dr Sdn | 200 | 400 | 600 | 1200 | 2100 | 3000 |
| 2-dr Sdn Pony | 200 | 400 | 600 | 1200 | 2100 | 3000 |
| 3-dr Rnbt Htchbk | 200 | 450 | 650 | 1300 | 2200 | 3200 |
| 2-dr Squire Wgn | 250 | 500 | 750 | 1400 | 2400 | 3400 |
| 2-dr Sta Wgn | 250 | 500 | 750 | 1400 | 2400 | 3400 |
| **Fairmont, 4-cyl./6-cyl.** | | | | | | |
| 2-dr Sdn | 200 | 400 | 600 | 1200 | 2100 | 3000 |
| 4-dr Sdn | 200 | 450 | 650 | 1300 | 2200 | 3200 |
| 2-dr Futura Cpe | 250 | 500 | 750 | 1400 | 2400 | 3400 |
| 4-dr Squire Wgn | 200 | 450 | 650 | 1300 | 2200 | 3200 |
| 4-dr Sta Wgn | 200 | 450 | 650 | 1300 | 2200 | 3200 |
| **Granada, 6-cyl./8-cyl.** | | | | | | |
| 2-dr Sdn | 250 | 500 | 750 | 1500 | 2600 | 3600 |
| 4-dr Sdn | 250 | 500 | 750 | 1400 | 2400 | 3400 |
| **Granada Ghia, 6-cyl./8-cyl.** | | | | | | |
| 2-dr Sdn | 300 | 550 | 800 | 1600 | 2800 | 3900 |
| 4-dr Sdn | 250 | 500 | 750 | 1500 | 2600 | 3600 |
| **Granada Sport European, 6-cyl./8-cyl.** | | | | | | |
| 2-dr Sdn | 300 | 550 | 800 | 1600 | 2800 | 3900 |
| 4-dr Sdn | 250 | 500 | 750 | 1500 | 2600 | 3600 |
| **LTD II "S", 8-cyl., 2-dr 114.0" wb, 4-dr 118.0" wb** | | | | | | |
| 2-dr Hdtp Cpe | 250 | 500 | 750 | 1400 | 2400 | 3400 |
| 4-dr Sdn | 200 | 450 | 650 | 1300 | 2200 | 3200 |
| **LTD II, 8-cyl., 2-dr 114.0" wb, 4-dr 118.0" wb** | | | | | | |
| 2-dr Hdtp Cpe | 250 | 500 | 750 | 1500 | 2600 | 3600 |
| 4-dr Sdn | 250 | 500 | 750 | 1400 | 2400 | 3400 |
| **LTD II Brougham, 8-cyl., 2-dr 114.0" wb, 118.0" wb** | | | | | | |
| 2-dr Hdtp Cpe | 250 | 500 | 750 | 1500 | 2600 | 3600 |
| 4-dr Sdn | 250 | 500 | 750 | 1400 | 2400 | 3400 |
| **LTD, 8-cyl., 121.0" wb** | | | | | | |
| 2-dr Hdtp Cpe | 300 | 600 | 900 | 1800 | 3100 | 4400 |
| 4-dr Sdn | 300 | 600 | 850 | 1700 | 2900 | 4100 |
| 2-seat Ctry Squire | 300 | 600 | 950 | 1900 | 3200 | 4600 |
| 2-dr Sta Wgn | 300 | 600 | 850 | 1700 | 2900 | 4100 |
| **LTD Landau, 8-cyl., 121.0" wb** | | | | | | |
| 2-dr Hdtp Cpe | 300 | 600 | 950 | 1900 | 3200 | 4600 |
| 4-dr Sdn | 300 | 600 | 900 | 1800 | 3100 | 4400 |
| *Small block option deduct 10%* | | | | | | |
| **1979** | | | | | | |
| **Fiesta, 4-cyl.** | | | | | | |
| 3-dr Htchbk | 200 | 400 | 550 | 1100 | 2000 | 2900 |
| **Pinto, 6-cyl.** | | | | | | |
| 2-dr Sdn | 200 | 400 | 600 | 1200 | 2100 | 3000 |
| 2-dr Sdn Pony | 200 | 400 | 600 | 1200 | 2100 | 3000 |
| 2-dr Pony Sta Wgn | 200 | 450 | 650 | 1300 | 2200 | 3200 |
| 3-dr Rnbt Htchbk | 200 | 450 | 650 | 1300 | 2200 | 3200 |
| 2-dr Sta Wgn | 250 | 500 | 750 | 1400 | 2400 | 3400 |
| 2-dr Squire Wgn | 250 | 500 | 750 | 1400 | 2400 | 3400 |

| | 6 | 5 | 4 | 3 | 2 | 1 |
|---|---|---|---|---|---|---|
| **Fairmont, 6-cyl.** | | | | | | |
| 2-dr Futura Cpe | 250 | 500 | 750 | 1400 | 2400 | 3400 |
| 2-dr Sdn | 200 | 450 | 650 | 1300 | 2200 | 3200 |
| 4-dr Sdn | 200 | 450 | 650 | 1300 | 2200 | 3200 |
| 4-dr Sta Wgn | 200 | 450 | 650 | 1300 | 2200 | 3200 |
| 4-dr Squire Wgn | 200 | 450 | 650 | 1300 | 2200 | 3200 |
| **Granada, 8-cyl.** | | | | | | |
| 2-dr Sdn | 250 | 500 | 750 | 1500 | 2600 | 3600 |
| 4-dr Sdn | 250 | 500 | 750 | 1400 | 2400 | 3400 |
| **Granada Ghia, 6-cyl./8-cyl.** | | | | | | |
| 2-dr Sdn | 300 | 550 | 800 | 1600 | 2800 | 3900 |
| 4-dr Sdn | 250 | 500 | 750 | 1500 | 2600 | 3600 |
| 2-dr ESS Sdn | 300 | 600 | 850 | 1700 | 2900 | 4100 |
| 4-dr ESS Sdn | 300 | 550 | 800 | 1600 | 2800 | 3900 |
| **LTD II "S", 6-cyl./8-cyl., 2-dr 114.0" wb, 4-dr 118.0" wb** | | | | | | |
| 2-dr Hdtp Cpe | 250 | 500 | 750 | 1400 | 2400 | 3400 |
| 4-dr Sdn | 200 | 450 | 650 | 1300 | 2200 | 3200 |
| 2-dr ESS Sdn | 250 | 500 | 750 | 1500 | 2600 | 3600 |
| 4-dr ESS Sdn | 250 | 500 | 750 | 1400 | 2400 | 3400 |
| **LTD II Brougham, 8-cyl., 2-dr 114.0" wb, 4-dr 118.0" wb** | | | | | | |
| 2-dr Hdtp Cpe | 250 | 500 | 750 | 1500 | 2600 | 3600 |
| 4-dr Sdn | 250 | 500 | 750 | 1400 | 2400 | 3400 |
| **LTD, 8-cyl., 114.4" wb** | | | | | | |
| 2-dr Sdn | 250 | 500 | 750 | 1400 | 2400 | 3400 |
| 4-dr Sdn | 200 | 450 | 650 | 1300 | 2200 | 3200 |
| 2-seat Sta Wgn | 250 | 500 | 750 | 1500 | 2600 | 3600 |
| 3-seat Sta Wgn | 300 | 600 | 850 | 1700 | 2900 | 4100 |
| 2-seat Ctry Squire Wgn | 300 | 600 | 850 | 1700 | 2900 | 4100 |
| 3-seat Ctry Squire Wgn | 300 | 600 | 950 | 1900 | 3200 | 4600 |
| **LTD Landau, 8-cyl., 114.4" wb** | | | | | | |
| 2-dr Sdn | 250 | 500 | 750 | 1500 | 2600 | 3600 |
| 4-dr Sdn | 250 | 500 | 750 | 1500 | 2600 | 3600 |
| *Small block option deduct 10%* | | | | | | |
| ***1980*** | | | | | | |
| **Fiesta, 4-cyl.** | | | | | | |
| 3-dr Htchbk | 200 | 400 | 550 | 1100 | 2000 | 2900 |
| **Pinto, 4-cyl.** | | | | | | |
| 2-dr Cpe | 200 | 400 | 600 | 1200 | 2100 | 3000 |
| 2-dr Pony Cpe | 200 | 400 | 600 | 1200 | 2100 | 3000 |
| 2-dr Pony Sta Wgn | 200 | 450 | 650 | 1300 | 2200 | 3200 |
| 3-dr Htchbk | 200 | 450 | 650 | 1300 | 2200 | 3200 |
| 2-dr Sta Wgn | 250 | 500 | 750 | 1400 | 2400 | 3400 |
| 2-dr Squire Sta Wgn | 250 | 500 | 750 | 1400 | 2400 | 3400 |
| **Fairmont, 6-cyl.** | | | | | | |
| 2-dr Sdn | 200 | 450 | 650 | 1300 | 2200 | 3200 |
| 4-dr Sdn | 200 | 450 | 650 | 1300 | 2200 | 3200 |
| 2-dr Cpe Futura | 250 | 500 | 750 | 1400 | 2400 | 3400 |
| 4-dr Sdn Futura | 250 | 500 | 750 | 1400 | 2400 | 3400 |
| 4-dr Sta Wgn | 200 | 450 | 650 | 1300 | 2200 | 3200 |
| **Granada, 8-cyl.** | | | | | | |
| 2-dr Sdn | 250 | 500 | 750 | 1500 | 2600 | 3600 |
| 4-dr Sdn | 250 | 500 | 750 | 1400 | 2400 | 3400 |
| 2-dr Sdn Ghia | 300 | 550 | 800 | 1600 | 2800 | 3900 |
| 4-dr Sdn Ghia | 250 | 500 | 750 | 1500 | 2600 | 3600 |
| 2-dr Sdn ESS | 300 | 600 | 850 | 1700 | 2900 | 4100 |
| 4-dr Sdn ESS | 300 | 550 | 800 | 1600 | 2800 | 3900 |

|  | 6 | 5 | 4 | 3 | 2 | 1 |
|---|---|---|---|---|---|---|
| **LTD, 8-cyl., 114.4" wb** | | | | | | |
| 2-dr S Sdn | 200 | 450 | 650 | 1300 | 2200 | 3200 |
| 4-dr S Sdn | 200 | 450 | 650 | 1300 | 2200 | 3200 |
| 4-dr S Sta Wgn | 250 | 500 | 750 | 1400 | 2400 | 3400 |
| 2-dr Sdn | 200 | 450 | 650 | 1300 | 2200 | 3200 |
| 4-dr Sdn | 250 | 500 | 750 | 1400 | 2400 | 3400 |
| 4-dr Sta Wgn | 250 | 500 | 750 | 1400 | 2400 | 3400 |
| 4-dr Sta Wgn Ctry Squire | 300 | 550 | 800 | 1600 | 2800 | 3900 |
| **LTD Crown Victoria, 8-cyl., 114.4" wb** | | | | | | |
| 2-dr Sdn | 250 | 500 | 750 | 1500 | 2600 | 3600 |
| 4-dr Sdn | 250 | 500 | 750 | 1500 | 2600 | 3600 |

*Small block option deduct 10%*

## 1981

| **Escort, 4-cyl.** | | | | | | |
|---|---|---|---|---|---|---|
| 3-dr Htchbk | 150 | 300 | 450 | 900 | 1800 | 2600 |
| 3-dr Htchbk SS | 150 | 300 | 450 | 900 | 1800 | 2600 |
| 4-dr Htchbk SS | 150 | 300 | 450 | 900 | 1800 | 2600 |
| 4-dr Sdn | 150 | 300 | 450 | 900 | 1800 | 2600 |
| 3-dr L Htchbk | 150 | 300 | 450 | 900 | 1800 | 2600 |
| 4-dr L Sdn | 150 | 300 | 450 | 900 | 1800 | 2600 |
| 3-dr GL Htchbk | 150 | 300 | 450 | 9C0 | 1800 | 2600 |
| 4-dr GL Sdn | 200 | 350 | 500 | 1000 | 1900 | 2700 |
| 3-dr GLX Htchbk | 200 | 350 | 500 | 1000 | 1900 | 2700 |
| 4-dr GLX Sdn | 200 | 350 | 500 | 1000 | 1900 | 2700 |
| **Fairmont, 6-cyl.** | | | | | | |
| 2-dr Sdn S | 250 | 500 | 750 | 1400 | 2400 | 3400 |
| 2-dr Sdn | 200 | 450 | 650 | 1300 | 2200 | 3200 |
| 4-dr Sdn | 200 | 450 | 650 | 1300 | 2200 | 3200 |
| 2-dr Futura Cpe | 250 | 500 | 750 | 1400 | 2400 | 3400 |
| 4-dr Futura | 250 | 500 | 750 | 1400 | 2400 | 3400 |
| 4-dr Sta Wgn | 200 | 450 | 650 | 1300 | 2200 | 3200 |
| 4-dr Futura Sta Wgn | 250 | 500 | 750 | 1400 | 2400 | 3400 |
| **Granada, 6-cyl.** | | | | | | |
| 2-dr L Sdn | 300 | 550 | 800 | 1600 | 2800 | 3900 |
| 4-dr L Sdn | 250 | 500 | 750 | 1500 | 2600 | 3600 |
| 2-dr GL Sdn | 300 | 600 | 850 | 1700 | 2900 | 4100 |
| 4-dr GL Sdn | 300 | 550 | 800 | 1600 | 2800 | 3900 |
| 2-dr Sdn GLX | 300 | 600 | 900 | 1800 | 3100 | 4400 |
| 4-dr Sdn GLX | 300 | 600 | 850 | 1700 | 2900 | 4100 |
| **LTD, 8-cyl., 114.4" wb** | | | | | | |
| 4-dr Sdn S | 200 | 450 | 650 | 1300 | 2200 | 3200 |
| 4-dr Sta Wgn S | 250 | 500 | 750 | 1400 | 2400 | 3400 |
| 2-dr Sdn | 200 | 450 | 650 | 1300 | 2200 | 3200 |
| 4-dr Sdn | 250 | 500 | 750 | 1400 | 2400 | 3400 |
| 4-dr Sta Wgn | 250 | 500 | 750 | 1400 | 2400 | 3400 |
| 4-dr Sta Wgn Ctry Squire | 300 | 550 | 800 | 1600 | 2800 | 3900 |
| **LTD Crown Victoria, 8-cyl., 114.4" wb** | | | | | | |
| 2-dr Sdn | 250 | 500 | 750 | 1500 | 2600 | 3600 |
| 4-dr Sdn | 250 | 500 | 750 | 1500 | 2600 | 3600 |

*Small block option deduct 10%*

## 1982

| **Escort, 4-cyl.** | | | | | | |
|---|---|---|---|---|---|---|
| 2-dr Htchbk | 150 | 300 | 450 | 900 | 1800 | 2600 |
| 4-dr Htchbk | 150 | 300 | 450 | 900 | 1800 | 2600 |
| 2-dr L Htchbk | 150 | 300 | 450 | 900 | 1800 | 2600 |
| 4-dr L Htchbk | 150 | 300 | 450 | 900 | 1800 | 2600 |
| 4-dr L Sta Wgn | 150 | 300 | 450 | 900 | 1800 | 2600 |
| 2-dr GL Htchbk | 150 | 300 | 450 | 900 | 1800 | 2600 |

**'78 Ford LTD**

**'79 Ford Fiesta**

**'80 Ford Pinto**

**'80 Ford Fairmont**

**'80 Ford LTD Wagon**

**'81 Ford LTD**

**'82 Ford Fairmont Futura**

**'82 Ford EXP**

**'82 Ford LTD**

**'84 Ford Crown Victoria**

**'88 Ford LTD Crown Victoria**

**'90 Ford Taurus SHO**

| | 6 | 5 | 4 | 3 | 2 | 1 |
|---|---|---|---|---|---|---|
| 4-dr GL Htchbk | 200 | 350 | 500 | 1000 | 1900 | 2700 |
| 4-dr GL Sta Wgn | 200 | 350 | 500 | 1000 | 1900 | 2700 |
| 2-dr GLX Htchbk | 200 | 350 | 500 | 1000 | 1900 | 2700 |
| 4-dr GLX Htchbk | 200 | 400 | 550 | 1100 | 2000 | 2900 |
| 4-dr GLX Sta Wgn | 200 | 400 | 550 | 1100 | 2000 | 2900 |
| 2-dr GT Htchbk | 200 | 400 | 550 | 1100 | 2000 | 2900 |
| **EXP, 4-cyl.** | | | | | | |
| 2-dr Cpe Htchbk | 150 | 300 | 450 | 900 | 1800 | 2600 |
| **Fairmont Futura, 4-cyl.** | | | | | | |
| 2-dr Spt Cpe | 250 | 500 | 750 | 1400 | 2400 | 3400 |
| 2-dr Sdn | 200 | 450 | 650 | 1300 | 2200 | 3200 |
| 4-dr Sdn | 250 | 500 | 750 | 1400 | 2400 | 3400 |
| **Fairmont Futura, 6-cyl.** | | | | | | |
| 2-dr Spt Cpe | 250 | 500 | 750 | 1500 | 2600 | 3600 |
| 4-dr Sdn | 250 | 500 | 750 | 1500 | 2600 | 3600 |
| **Granada, 6-cyl.** | | | | | | |
| 2-dr L Sdn | 300 | 550 | 800 | 1600 | 2800 | 3900 |
| 4-dr L Sdn | 250 | 500 | 750 | 1500 | 2600 | 3600 |
| 4-dr L Sta Wgn | 300 | 550 | 800 | 1600 | 2800 | 3900 |
| 2-dr GL Sdn | 300 | 600 | 850 | 1700 | 2900 | 4100 |
| 4-dr GL Sdn | 300 | 550 | 800 | 1600 | 2800 | 3900 |
| 4-dr GL Sta Wgn | 300 | 600 | 850 | 1700 | 2900 | 4100 |
| 2-dr Sdn GLX | 300 | 600 | 900 | 1800 | 3100 | 4400 |
| 4-dr Sdn GLX | 300 | 600 | 850 | 1700 | 2900 | 4100 |
| **LTD, 8-cyl., 114.3" wb** | | | | | | |
| 2-dr Sdn | 200 | 450 | 650 | 1300 | 2200 | 3200 |
| 4-dr Sdn | 250 | 500 | 750 | 1400 | 2400 | 3400 |
| 4-dr S Sdn | 200 | 450 | 650 | 1300 | 2200 | 3200 |
| **LTD Crown Victoria, 8-cyl., 114.3" wb** | | | | | | |
| 2-dr Sdn | 250 | 500 | 750 | 1500 | 2600 | 3600 |
| 4-dr Sdn | 250 | 500 | 750 | 1500 | 2600 | 3600 |
| **LTD Station Wagon, 8-cyl.** | | | | | | |
| 4-dr Sta Wgn | 250 | 500 | 750 | 1400 | 2400 | 3400 |
| 4-dr S Sta Wgn | 250 | 500 | 750 | 1400 | 2400 | 3400 |
| 4-dr Sta Wgn Ctry Squire | 300 | 550 | 800 | 1600 | 2800 | 3900 |

*Small block option deduct 10%*

### 1983
**Escort, 4-cyl.**

| | 6 | 5 | 4 | 3 | 2 | 1 |
|---|---|---|---|---|---|---|
| 2-dr L Htchbk | 150 | 300 | 450 | 900 | 1800 | 2600 |
| 4-dr L Htchbk | 150 | 300 | 450 | 900 | 1800 | 2600 |
| 4-dr L Sta Wgn | 150 | 300 | 450 | 900 | 1800 | 2600 |
| 2-dr GL Htchbk | 150 | 300 | 450 | 900 | 1800 | 2600 |
| 4-dr GL Htchbk | 200 | 350 | 500 | 1000 | 1900 | 2700 |
| 4-dr GL Sta Wgn | 200 | 350 | 500 | 1000 | 1900 | 2700 |
| 2-dr Htchbk GLX | 200 | 350 | 500 | 1000 | 1900 | 2700 |
| 4-dr Htchbk GLX | 200 | 400 | 550 | 1100 | 2000 | 2900 |
| 4-dr Sta Wgn GLX | 200 | 400 | 550 | 1100 | 2000 | 2900 |
| 2-dr Htchbk GT | 200 | 400 | 550 | 1100 | 2000 | 2900 |
| **Exp, 4-cyl.** | | | | | | |
| 3-dr Cpe | 150 | 300 | 450 | 900 | 1800 | 2600 |
| 3-dr Lux Htchbk | 200 | 350 | 500 | 1000 | 1900 | 2700 |
| 3-dr HO Spt Htchbk | 200 | 350 | 500 | 1000 | 1900 | 2700 |
| **Fairmont Futura, 6-cyl.** | | | | | | |
| 2-dr Cpe | 250 | 500 | 750 | 1500 | 2600 | 3600 |
| 2-dr Sdn | 250 | 500 | 750 | 1500 | 2600 | 3600 |
| 4-dr Sdn | 250 | 500 | 750 | 1500 | 2600 | 3600 |
| 2-dr S Sdn | 250 | 500 | 750 | 1400 | 2400 | 3400 |
| 4-dr S Sdn | 200 | 450 | 650 | 1300 | 2200 | 3200 |

| | 6 | 5 | 4 | 3 | 2 | 1 |
|---|---|---|---|---|---|---|
| **LTD, 6-cyl., 105.5" wb** | | | | | | |
| 4-dr Sdn | 200 | 400 | 550 | 1100 | 2000 | 2900 |
| 4-dr Sdn Brghm | 200 | 400 | 600 | 1200 | 2100 | 3000 |
| 4-dr Sta Wgn | 200 | 400 | 600 | 1200 | 2100 | 3000 |
| **LTD Crown Victoria, 8-cyl., 114.3" wb** | | | | | | |
| 2-dr Sdn | 250 | 500 | 750 | 1500 | 2600 | 3600 |
| 4-dr Sdn | 250 | 500 | 750 | 1500 | 2600 | 3600 |
| 4-dr Sta Wgn | 250 | 500 | 750 | 1400 | 2400 | 3400 |
| 4-dr S Sdn | 250 | 500 | 750 | 1400 | 2400 | 3400 |
| 4-dr Ctry Squire Wgn | 300 | 550 | 800 | 1600 | 2800 | 3900 |
| 4-dr S Sta Wgn | 250 | 500 | 750 | 1400 | 2400 | 3400 |

*Small block option deduct 10%*

## 1984

| | 6 | 5 | 4 | 3 | 2 | 1 |
|---|---|---|---|---|---|---|
| **Escort, 4-cyl.** | | | | | | |
| 2-dr Htchbk | 200 | 350 | 500 | 1000 | 1900 | 2700 |
| 4-dr Htchbk | 200 | 350 | 500 | 1000 | 1900 | 2700 |
| 2-dr L Htchbk | 200 | 350 | 500 | 1000 | 1900 | 2700 |
| 4-dr L Htchbk | 200 | 350 | 500 | 1000 | 1900 | 2700 |
| 4-dr L Wgn | 200 | 350 | 500 | 1000 | 1900 | 2700 |
| 2-dr GL Htchbk | 200 | 350 | 500 | 1000 | 1900 | 2700 |
| 4-dr GL Htchbk | 200 | 400 | 550 | 1100 | 2000 | 2900 |
| 4-dr GL Wgn | 200 | 400 | 550 | 1100 | 2000 | 2900 |
| 4-dr LX Htchbk | 200 | 400 | 550 | 1100 | 2000 | 2900 |
| 4-dr LX Sta Wgn | 200 | 400 | 550 | 1100 | 2000 | 2900 |
| 2-dr Htchbk GT | 200 | 400 | 550 | 1100 | 2000 | 2900 |
| 2-dr Turbo GT | 200 | 400 | 550 | 1100 | 2000 | 2900 |
| **EXP, 4-cyl.** | | | | | | |
| 3-dr Cpe Htchbk | 200 | 350 | 500 | 1000 | 1900 | 2700 |
| 3-dr Lux Cpe | 200 | 350 | 500 | 1000 | 1900 | 2700 |
| 3-dr Turbo Cpe | 200 | 400 | 550 | 1100 | 2000 | 2900 |
| **Tempo, 4-cyl.** | | | | | | |
| 2-dr L Sdn | 200 | 400 | 550 | 1100 | 2000 | 2900 |
| 4-dr L Sdn | 200 | 400 | 550 | 1100 | 2000 | 2900 |
| 2-dr GL Sdn | 200 | 400 | 600 | 1200 | 2100 | 3000 |
| 4-dr GL Sdn | 200 | 400 | 600 | 1200 | 2100 | 3000 |
| 2-dr Sdn GLX | 200 | 400 | 600 | 1200 | 2100 | 3000 |
| 4-dr Sdn GLX | 200 | 450 | 650 | 1300 | 2200 | 3200 |
| **LTD, 6-cyl., 105.6" wb** | | | | | | |
| 4-dr Sdn | 200 | 400 | 550 | 1100 | 2000 | 2900 |
| 4-dr Sdn Brghm | 200 | 400 | 600 | 1200 | 2100 | 3000 |
| 4-dr Sta Wgn | 200 | 400 | 600 | 1200 | 2100 | 3000 |
| 4-dr LX Sdn (V-8) | 200 | 450 | 650 | 1300 | 2200 | 3200 |
| **LTD Crown Victoria, 8-cyl., 114.3" wb** | | | | | | |
| 4-dr S Sdn | 250 | 500 | 750 | 1400 | 2400 | 3400 |
| 2-dr Sdn | 250 | 500 | 750 | 1500 | 2600 | 3600 |
| 4-dr Sdn | 250 | 500 | 750 | 1500 | 2600 | 3600 |
| 4-dr S Sta Wgn | 250 | 500 | 750 | 1400 | 2400 | 3400 |
| 4-dr Sta Wgn | 250 | 500 | 750 | 1400 | 2400 | 3400 |
| 4-dr Ctry Squire Sta Wgn | 300 | 550 | 800 | 1600 | 2800 | 3900 |

*Small block option deduct 10%*

## 1985

| | 6 | 5 | 4 | 3 | 2 | 1 |
|---|---|---|---|---|---|---|
| **Escort, 4-cyl.** | | | | | | |
| 2-dr Htchbk | 200 | 350 | 500 | 1000 | 1900 | 2700 |
| 4-dr Htchbk | 200 | 350 | 500 | 1000 | 1900 | 2700 |
| 2-dr L Htchbk | 200 | 350 | 500 | 1000 | 1900 | 2700 |
| 4-dr L Htchbk | 200 | 350 | 500 | 1000 | 1900 | 2700 |
| 4-dr L Sta Wgn | 200 | 350 | 500 | 1000 | 1900 | 2700 |
| 2-dr GL Htchbk | 200 | 350 | 500 | 1000 | 1900 | 2700 |

| | 6 | 5 | 4 | 3 | 2 | 1 |
|---|---|---|---|---|---|---|
| 4-dr GL Htchbk | 200 | 400 | 550 | 1100 | 2000 | 2900 |
| 4-dr GL Sta Wgn | 200 | 400 | 550 | 1100 | 2000 | 2900 |
| 4-dr LX Htchbk | 200 | 400 | 550 | 1100 | 2000 | 2900 |
| 4-dr LX Sta Wgn | 200 | 400 | 550 | 1100 | 2000 | 2900 |
| 2-dr GT Htchbk | 200 | 400 | 550 | 1100 | 2000 | 2900 |
| 2-dr GT Turbo Htchbk | 200 | 400 | 550 | 1100 | 2000 | 2900 |
| **EXP, 4-cyl., 94.2" wb** | | | | | | |
| 3-dr Cpe Htchbk | 200 | 350 | 500 | 1000 | 1900 | 2700 |
| 3-dr Lux Cpe Htchbk | 200 | 350 | 500 | 1000 | 1900 | 2700 |
| 3-dr Turbo Cpe Htchbk | 200 | 400 | 550 | 1100 | 2000 | 2900 |
| **Tempo, 4-cyl., 99.9" wb** | | | | | | |
| 2-dr L Sdn | 200 | 400 | 550 | 1100 | 2000 | 2900 |
| 4-dr L Sdn | 200 | 400 | 550 | 1100 | 2000 | 2900 |
| 2-dr GL Sdn | 200 | 450 | 650 | 1300 | 2200 | 3200 |
| 4-dr GL Sdn | 200 | 450 | 650 | 1300 | 2200 | 3200 |
| 2-dr Sdn GLX | 200 | 450 | 650 | 1300 | 2200 | 3200 |
| 4-dr Sdn GLX | 200 | 450 | 650 | 1300 | 2200 | 3200 |
| **LTD, 6-cyl., 105.6" wb** | | | | | | |
| 4-dr Sdn | 200 | 400 | 550 | 1100 | 2000 | 2900 |
| 4-dr Sdn Brghm | 200 | 400 | 600 | 1200 | 2100 | 3000 |
| 4-dr Sta Wgn | 200 | 400 | 600 | 1200 | 2100 | 3000 |
| 4-dr LX Sdn (8-cyl.) | 200 | 450 | 650 | 1300 | 2200 | 3200 |
| **LTD Crown Victoria, 8-cyl., 114.3" wb** | | | | | | |
| 2-dr Sdn | 250 | 500 | 750 | 1500 | 2600 | 3600 |
| 4-dr Sdn | 250 | 500 | 750 | 1500 | 2600 | 3600 |
| 4-dr S Sdn | 250 | 500 | 750 | 1400 | 2400 | 3400 |
| 4-dr S Sta Wgn | 250 | 500 | 750 | 1400 | 2400 | 3400 |
| 4-dr Sta Wgn | 250 | 500 | 750 | 1400 | 2400 | 3400 |
| 4-dr Sta Wgn Ctry Squire | 300 | 550 | 800 | 1600 | 2800 | 3900 |

*Small block or diesel option deduct 10%*

**1986**

**Escort, 4-cyl.**

| | 6 | 5 | 4 | 3 | 2 | 1 |
|---|---|---|---|---|---|---|
| 2-dr Pony | 200 | 400 | 550 | 1100 | 2000 | 2900 |
| 2-dr GT Htchbk | 200 | 400 | 600 | 1200 | 2100 | 3000 |
| 2-dr L Htchbk | 200 | 400 | 550 | 1100 | 2000 | 2900 |
| 4-dr L Htchbk | 200 | 400 | 550 | 1100 | 2000 | 2900 |
| 4-dr L Sta Wgn | 200 | 400 | 550 | 1100 | 2000 | 2900 |
| 2-dr LX Htchbk | 200 | 400 | 550 | 1100 | 2000 | 2900 |
| 4-dr LX Sdn | 200 | 400 | 600 | 1200 | 2100 | 3000 |
| 4-dr LX Sta Wgn | 200 | 400 | 600 | 1200 | 2100 | 3000 |
| **EXP, 4-cyl.** | | | | | | |
| 2-dr Cpe | 200 | 400 | 550 | 1100 | 2000 | 2900 |
| 2-dr Lux Cpe | 200 | 400 | 550 | 1100 | 2000 | 2900 |
| **Tempo, 4-cyl.** | | | | | | |
| 2-dr GL Sdn | 250 | 500 | 750 | 1400 | 2400 | 3400 |
| 4-dr GL Sdn | 250 | 500 | 750 | 1400 | 2400 | 3400 |
| 2-dr GLX Sdn | 250 | 500 | 750 | 1400 | 2400 | 3400 |
| 4-dr GLX Sdn | 250 | 500 | 750 | 1400 | 2400 | 3400 |
| **Taurus, 6-cyl., 106.0" wb** | | | | | | |
| 4-dr L Sdn | 300 | 600 | 850 | 1700 | 2900 | 4100 |
| 4-dr L Sta Wgn | 300 | 650 | 1000 | 2000 | 3500 | 4900 |
| 4-dr GL Sdn | 300 | 600 | 900 | 1800 | 3100 | 4400 |
| 4-dr GL Wgn | 300 | 650 | 1100 | 2100 | 3600 | 5100 |
| 4-dr LX Sdn | 300 | 650 | 1000 | 2000 | 3500 | 4900 |
| 4-dr LX Wgn | 300 | 700 | 1200 | 2400 | 4100 | 5900 |
| 4-dr Sdn (4-cyl.) | 200 | 400 | 600 | 1200 | 2100 | 3000 |
| 4-dr Wgn (4-cyl.) | 200 | 450 | 650 | 1300 | 2200 | 3200 |

| | 6 | 5 | 4 | 3 | 2 | 1 |
|---|---|---|---|---|---|---|
| **LTD, 6-cyl., 105.6" wb** | | | | | | |
| 4-dr Sdn | 200 | 400 | 600 | 1200 | 2100 | 3000 |
| 4-dr Brghm Sdn | 200 | 450 | 650 | 1300 | 2200 | 3200 |
| 4-dr Sta Wgn | 200 | 450 | 650 | 1300 | 2200 | 3200 |
| **LTD Crown Victoria, 8-cyl., 114.3" wb** | | | | | | |
| 2-dr Sdn | 300 | 600 | 850 | 1700 | 2900 | 4100 |
| 4-dr Sdn | 300 | 600 | 850 | 1700 | 2900 | 4100 |
| 4-dr Sta Wgn | 300 | 550 | 800 | 1600 | 2800 | 3900 |
| 4-dr S Sdn | 300 | 550 | 800 | 1600 | 2800 | 3900 |
| 4-dr S Sta Wgn | 300 | 550 | 800 | 1600 | 2800 | 3900 |
| 2-dr LX Sdn | 300 | 600 | 900 | 1800 | 3100 | 4400 |
| 4-dr LX Sdn | 300 | 600 | 950 | 1900 | 3200 | 4600 |
| 4-dr Ctry Squire Wgn | 300 | 600 | 950 | 1900 | 3200 | 4600 |
| 4-dr LX Sta Wgn | 300 | 600 | 950 | 1900 | 3200 | 4600 |
| 4-dr LX Ctry Squire Wgn | 300 | 600 | 950 | 1900 | 3200 | 4600 |

*Small block option deduct 10%*

## 1987

| | 6 | 5 | 4 | 3 | 2 | 1 |
|---|---|---|---|---|---|---|
| **Escort, 4-cyl.** | | | | | | |
| 2-dr Pony Htchbk | 200 | 400 | 600 | 1200 | 2100 | 3000 |
| 2-dr GL Htchbk | 200 | 450 | 650 | 1300 | 2200 | 3200 |
| 4-dr GL Htchbk | 250 | 500 | 750 | 1400 | 2400 | 3400 |
| 4-dr GL Sta Wgn | 250 | 500 | 750 | 1400 | 2400 | 3400 |
| 2-dr GT Htchbk | 250 | 500 | 750 | 1500 | 2600 | 3600 |
| **EXP, 4-cyl.** | | | | | | |
| 2-dr LX Cpe | 200 | 450 | 650 | 1300 | 2200 | 3200 |
| 2-dr Spt Cpe | 200 | 450 | 650 | 1300 | 2200 | 3200 |
| **Tempo** | | | | | | |
| 2-dr GL Sdn | 300 | 550 | 800 | 1600 | 2800 | 3900 |
| 4-dr GL Sdn | 300 | 550 | 800 | 1600 | 2800 | 3900 |
| 2-dr GL Spt Sdn | 300 | 550 | 800 | 1600 | 2800 | 3900 |
| 4-dr GL Spt Sdn | 300 | 600 | 850 | 1700 | 2900 | 4100 |
| 2-dr LX Sdn | 300 | 550 | 800 | 1600 | 2800 | 3900 |
| 4-dr LX Sdn | 300 | 600 | 850 | 1700 | 2900 | 4100 |
| 2-dr Sdn 4WD | 300 | 600 | 950 | 1900 | 3200 | 4600 |
| 4-dr Sdn 4WD | 300 | 650 | 1000 | 2000 | 3500 | 4900 |
| **Taurus, 4-cyl., 106.0" wb** | | | | | | |
| 4-dr Sdn | 200 | 450 | 650 | 1300 | 2200 | 3200 |
| 4-dr Sta Wgn | 300 | 550 | 800 | 1600 | 2800 | 3900 |
| **Taurus, 6-cyl., 106.0" wb** | | | | | | |
| 4-dr L Sdn | 300 | 600 | 900 | 1800 | 3100 | 4400 |
| 4-dr L Sta Wgn | 300 | 650 | 1150 | 2300 | 3900 | 5700 |
| 4-dr GL Sdn | 300 | 650 | 1000 | 2000 | 3500 | 4900 |
| 4-dr GL Sta Wgn | 300 | 700 | 1200 | 2400 | 4100 | 6900 |
| 4-dr LX Sdn | 300 | 650 | 1100 | 2200 | 3800 | 5400 |
| 4-dr LX Sta Wgn | 300 | 800 | 1300 | 2600 | 4600 | 6600 |
| **LTD Crown Victoria, 8-cyl., 114.3" wb** | | | | | | |
| 2-dr Cpe | 300 | 650 | 1000 | 2000 | 3500 | 4900 |
| 4-dr Sdn | 300 | 650 | 1000 | 2000 | 3500 | 4900 |
| 4-dr S Sdn | 300 | 600 | 900 | 1800 | 3100 | 4400 |
| 4-dr S Sta Wgn | 300 | 600 | 900 | 1800 | 3100 | 4400 |
| 4-dr Sta Wgn | 300 | 600 | 950 | 1900 | 3200 | 4600 |
| 4-dr Ctry Squire Sta Wgn | 300 | 650 | 1100 | 2100 | 3600 | 5100 |
| 4-dr LX Sdn | 300 | 650 | 1100 | 2100 | 3600 | 5100 |
| 2-dr LX Cpe | 300 | 650 | 1000 | 2000 | 3500 | 4900 |
| 4-dr LX Sta Wgn | 300 | 650 | 1100 | 2100 | 3600 | 5100 |
| 4-dr LX Ctry Squire Sta Wgn | 300 | 650 | 1100 | 2200 | 3800 | 5400 |

|  | 6 | 5 | 4 | 3 | 2 | 1 |
|---|---|---|---|---|---|---|
| **1988** | | | | | | |
| **Festiva, 4-cyl.** | | | | | | |
| 2-dr L Htchbk | 200 | 400 | 600 | 1200 | 2100 | 3000 |
| 2-dr L Plus Htchbk | 200 | 450 | 650 | 1300 | 2200 | 3200 |
| 2-dr LX Htchbk | 250 | 500 | 750 | 1400 | 2400 | 3400 |
| **Escort, 4-cyl.** | | | | | | |
| 2-dr Pony Htchbk | 200 | 450 | 650 | 1300 | 2200 | 3200 |
| 2-dr GL Htchbk | 250 | 500 | 750 | 1400 | 2400 | 3400 |
| 4-dr GL Htchbk | 250 | 500 | 750 | 1500 | 2600 | 3600 |
| 4-dr GL Sta Wgn | 300 | 550 | 800 | 1600 | 2800 | 3900 |
| 2-dr GT Htchbk (5-spd) | 300 | 600 | 850 | 1700 | 2900 | 4100 |
| **1988-1/2 Escort, 4-cyl.** | | | | | | |
| 2-dr Pony Htchbk | 250 | 500 | 750 | 1400 | 2400 | 3400 |
| 2-dr LX Htchbk | 250 | 500 | 750 | 1400 | 2400 | 3400 |
| 4-dr LX Htchbk | 300 | 550 | 800 | 1600 | 2800 | 3900 |
| 4-dr LX Sta Wgn | 300 | 550 | 800 | 1600 | 2800 | 3900 |
| 2-dr GT Htchbk (5-spd) | 300 | 600 | 850 | 1700 | 2900 | 4100 |
| **EXP, 4-cyl.** | | | | | | |
| 2-dr Luxury Htchbk | 250 | 500 | 750 | 1400 | 2400 | 3400 |
| **1988-1/2 EXP, 4-cyl.** | | | | | | |
| 2-dr Luxury Htchbk | 300 | 550 | 800 | 1600 | 2800 | 3900 |
| **Tempo GL, 4-cyl.** | | | | | | |
| 2-dr Sdn | 300 | 600 | 850 | 1700 | 2900 | 4100 |
| 4-dr Sdn | 300 | 600 | 900 | 1800 | 3100 | 4400 |
| **Tempo GLS, 4-cyl.** | | | | | | |
| 2-dr Sdn | 300 | 600 | 900 | 1800 | 3100 | 4400 |
| 4-dr Sdn | 300 | 600 | 950 | 1900 | 3200 | 4600 |
| **Tempo LX, 4-cyl.** | | | | | | |
| 4-dr Sdn | 300 | 600 | 950 | 1900 | 3200 | 4600 |
| **Tempo 4WD, 4-cyl.** | | | | | | |
| 4-dr Sdn | 300 | 650 | 1100 | 2200 | 3800 | 5400 |
| **Taurus, 4-cyl., 5-spd.** | | | | | | |
| 4-dr Sdn | 250 | 500 | 750 | 1400 | 2400 | 3400 |
| **Taurus, 6-cyl.** | | | | | | |
| 4-dr L Sdn | 300 | 650 | 1100 | 2100 | 3600 | 5100 |
| 4-dr L Sta Wgn | 300 | 800 | 1300 | 2600 | 4600 | 6600 |
| 4-dr GL Sdn | 300 | 650 | 1150 | 2300 | 3900 | 5700 |
| 4-dr GL Sta Wgn | 300 | 800 | 1350 | 2700 | 4700 | 6900 |
| 4-dr LX Sdn | 300 | 750 | 1250 | 2500 | 4400 | 6200 |
| 4-dr LX Sta Wgn | 350 | 900 | 1500 | 3000 | 5300 | 7600 |
| **LTD Crown Victoria, 8-cyl.** | | | | | | |
| 4-dr S Sdn | 300 | 650 | 1100 | 2200 | 3800 | 5400 |
| 4-dr Sdn | 300 | 700 | 1200 | 2400 | 4100 | 5900 |
| 4-dr LX Sdn | 300 | 750 | 1250 | 2500 | 4400 | 6200 |
| **LTD Crown Victoria Station Wagons, 8-cyl.** | | | | | | |
| 4-dr Sta Wgn | 300 | 650 | 1150 | 2300 | 3900 | 5700 |
| 4-dr LX Sta Wgn | 300 | 750 | 1250 | 2500 | 4400 | 6200 |
| 4-dr Ctry Squire | 300 | 750 | 1250 | 2500 | 4400 | 6200 |
| 4-dr LX Ctry Squire | 300 | 800 | 1300 | 2600 | 4600 | 6600 |
| **1989** | | | | | | |
| **Festiva, 4-cyl., 90.2" wb** | | | | | | |
| 2-dr L Htchbk | 250 | 500 | 750 | 1400 | 2400 | 3400 |
| 2-dr L Plus Htchbk | 250 | 500 | 750 | 1500 | 2600 | 3600 |
| 2-dr LX Htchbk | 300 | 550 | 800 | 1600 | 2800 | 3900 |
| **Escort, 4-cyl., 94.2" wb** | | | | | | |
| 2-dr Pony Htchbk | 250 | 500 | 750 | 1500 | 2600 | 3600 |
| 2-dr LX Htchbk | 300 | 600 | 850 | 1700 | 2900 | 4100 |
| 4-dr LX Htchbk | 300 | 600 | 900 | 1800 | 3100 | 4400 |

| | 6 | 5 | 4 | 3 | 2 | 1 |
|---|---|---|---|---|---|---|
| 4-dr LX Sta Wgn | 300 | 600 | 950 | 1900 | 3200 | 4600 |
| 2-dr GT Htchbk (5-spd) | 300 | 650 | 1000 | 2000 | 3500 | 4900 |
| **Tempo GL, 4-cyl., 99.9" wb** | | | | | | |
| 2-dr Sdn | 300 | 600 | 950 | 1900 | 3200 | 4600 |
| 4-dr Sdn | 300 | 650 | 1000 | 2000 | 3500 | 4900 |
| **Tempo GLS, 4-cyl.** | | | | | | |
| 2-dr Sdn | 300 | 650 | 1000 | 2000 | 3500 | 4900 |
| 4-dr Sdn | 300 | 650 | 1100 | 2100 | 3600 | 5100 |
| **Tempo LX, 4-cyl.** | | | | | | |
| 4-dr Sdn | 300 | 650 | 1100 | 2100 | 3600 | 5100 |
| **Tempo 4WD, 4-cyl.** | | | | | | |
| 4-dr Sdn | 300 | 700 | 1200 | 2400 | 4100 | 5900 |
| **Probe, 4-cyl., 99.0" wb** | | | | | | |
| 2-dr GL Htchbk | 300 | 700 | 1200 | 2400 | 4100 | 5900 |
| 2-dr LX Htchbk | 300 | 800 | 1300 | 2600 | 4600 | 6600 |
| 2-dr GT Turbo | 350 | 900 | 1500 | 2900 | 5200 | 7400 |
| **Taurus, 4-cyl.** | | | | | | |
| 4-dr L Sdn | 300 | 650 | 1100 | 2100 | 3600 | 5100 |
| 4-dr GL Sdn | 300 | 650 | 1150 | 2300 | 3900 | 5700 |
| **Taurus, 6-cyl.** | | | | | | |
| 4-dr L Sdn | 300 | 700 | 1200 | 2400 | 4100 | 5900 |
| 4-dr L Sta Wgn | 350 | 900 | 1500 | 3000 | 5300 | 7600 |
| 4-dr GL Sdn | 300 | 800 | 1300 | 2600 | 4600 | 6600 |
| 4-dr GL Sta Wgn | 350 | 950 | 1550 | 3100 | 5500 | 7900 |
| 4-dr LX Sdn | 350 | 850 | 1400 | 2800 | 4900 | 7100 |
| 4-dr LX Sta Wgn | 400 | 1050 | 1700 | 3300 | 5800 | 8300 |
| **Taurus SHO, 6-cyl., 5-spd.** | | | | | | |
| 4-dr Sdn | 350 | 1000 | 1600 | 3200 | 5700 | 8100 |
| **LTD Crown Victoria, 8-cyl.** | | | | | | |
| 4-dr S Sdn | 300 | 800 | 1300 | 2600 | 4600 | 6600 |
| 4-dr Sdn | 350 | 850 | 1400 | 2800 | 4900 | 7100 |
| 4-dr LX Sdn | 350 | 900 | 1500 | 3000 | 5300 | 7600 |
| **LTD Crown Victoria Station Wagons, 8-cyl.** | | | | | | |
| Sta Wgn | 350 | 900 | 1500 | 3000 | 5300 | 7600 |
| 2-seat Sta Wgn | 350 | 850 | 1400 | 2800 | 4900 | 7100 |
| LX Sta Wgn | 350 | 900 | 1500 | 2900 | 5200 | 7400 |
| Ctry Squire | 350 | 900 | 1500 | 2900 | 5200 | 7400 |
| 2-seat Ctry Squire | 350 | 900 | 1500 | 2900 | 5200 | 7400 |
| LX Ctry Squire | 350 | 950 | 1550 | 3100 | 5500 | 7900 |
| | | | | | | |
| ***1990*** | | | | | | |
| **Festiva, 4-cyl., 90.2" wb** | | | | | | |
| 2-dr L Htchbk | 300 | 600 | 850 | 1700 | 2900 | 4100 |
| 2-dr L Plus Htchbk | 300 | 600 | 900 | 1800 | 3100 | 4400 |
| 2-dr LX Htchbk | 300 | 600 | 950 | 1900 | 3200 | 4600 |
| **Escort, 4-cyl., 94.2" wb** | | | | | | |
| 2-dr Pony Htchbk | 300 | 600 | 850 | 1700 | 2900 | 4100 |
| 2-dr LX Htchbk | 300 | 600 | 900 | 1800 | 3100 | 4400 |
| 4-dr LX Htchbk | 300 | 650 | 1000 | 2000 | 3500 | 4900 |
| 4-dr LX Sta Wgn | 300 | 650 | 1100 | 2100 | 3600 | 5100 |
| 2-dr GT Htchbk (5-spd.) | 300 | 650 | 1150 | 2300 | 3900 | 5700 |
| **Tempo GL, 4-cyl., 99.9" wb** | | | | | | |
| 2-dr Sdn | 300 | 650 | 1000 | 2000 | 3500 | 4900 |
| 4-dr Sdn | 300 | 650 | 1100 | 2100 | 3600 | 5100 |
| **Tempo GLS, 4-cyl.** | | | | | | |
| 2-dr Sdn | 300 | 650 | 1100 | 2100 | 3600 | 5100 |
| 4-dr Sdn | 300 | 650 | 1150 | 2300 | 3900 | 5700 |
| **Tempo LX, 4-cyl.** | | | | | | |
| 4-dr Sdn | 300 | 650 | 1150 | 2300 | 3900 | 5700 |

|  | 6 | 5 | 4 | 3 | 2 | 1 |
|---|---|---|---|---|---|---|
| **Taurus, 6-cyl.** | | | | | | |
| 4-dr L Sdn | 400 | 1100 | 1800 | 3500 | 6100 | 8900 |
| 4-dr L Sta Wgn | 450 | 1250 | 2050 | 4100 | 7100 | 10300 |
| 4-dr GL Sdn | 400 | 1150 | 1850 | 3700 | 6400 | 9300 |
| 4-dr GL Sta Wgn | 450 | 1250 | 2100 | 4200 | 7200 | 10500 |
| 4-dr LX Sdn | 400 | 1200 | 1950 | 3900 | 6800 | 9900 |
| 4-dr LX Sta Wgn | 500 | 1300 | 2250 | 4500 | 7700 | 11000 |
| **Taurus SHO, 6-cyl., 5-spd.** | | | | | | |
| 4-dr Sdn | 500 | 1300 | 2250 | 4500 | 7700 | 11000 |
| **LTD Crown Victoria, 8-cyl.** | | | | | | |
| 4-dr S Sdn | 400 | 1100 | 1800 | 3600 | 6200 | 9100 |
| 4-dr Sdn | 400 | 1200 | 1900 | 3800 | 6600 | 9600 |
| 4-dr LX Sdn | 400 | 1200 | 2000 | 4000 | 6900 | 10000 |
| **LTD Crown Victoria Station Wagons, 8-cyl.** | | | | | | |
| Sta Wgn | 400 | 1200 | 2000 | 4000 | 6900 | 10000 |
| 2-seat Sta Wgn | 400 | 1200 | 1900 | 3800 | 6600 | 9600 |
| LX Sta Wgn | 400 | 1200 | 1950 | 3900 | 6800 | 9900 |
| Ctry Squire | 450 | 1250 | 2050 | 4100 | 7100 | 10300 |
| 2-seat Ctry Squire | 400 | 1200 | 1950 | 3900 | 6800 | 9900 |
| LX Ctry Squire | 450 | 1250 | 2050 | 4100 | 7100 | 10300 |
| **Tempo 4WD, 4-cyl.** | | | | | | |
| 4-dr Sdn | 300 | 800 | 1350 | 2700 | 4700 | 6900 |
| **Probe, 4-cyl., 99.0" wb** | | | | | | |
| 2-dr GL Htchbk | 350 | 850 | 1400 | 2800 | 4900 | 7100 |
| 2-dr LX Htchbk (6-cyl.) | 400 | 1050 | 1700 | 3300 | 5800 | 8300 |
| 2-dr GT Turbo Htchbk | 400 | 1050 | 1700 | 3300 | 5800 | 8300 |
| **Taurus, 4-cyl., 106.0" wb** | | | | | | |
| 4-dr L Sdn | 350 | 1000 | 1600 | 3200 | 5700 | 8100 |
| 4-dr GL Sdn | 400 | 1050 | 1700 | 3400 | 5900 | 8500 |
| | | | | | | |
| ***1991*** | | | | | | |
| **Festiva, 4-cyl., 90.2" wb** | | | | | | |
| 2-dr L Htchbk | 300 | 650 | 1100 | 2100 | 3600 | 5100 |
| 2-dr GL Htchbk | 300 | 650 | 1100 | 2200 | 3800 | 5400 |
| **Escort, 4-cyl., 98.4" wb** | | | | | | |
| 2-dr Pony Htchbk | 300 | 800 | 1300 | 2600 | 4600 | 6600 |
| 2-dr LX Htchbk | 350 | 850 | 1400 | 2800 | 4900 | 7100 |
| 4-dr LX Htchbk | 350 | 900 | 1500 | 3000 | 5300 | 7600 |
| 4-dr LX Sta Wgn | 350 | 900 | 1500 | 3000 | 5300 | 7600 |
| 2-dr GT Htchbk | 350 | 950 | 1550 | 3100 | 5500 | 7900 |
| **Probe, 4-cyl., 99.0" wb** | | | | | | |
| 2-dr GL Hatchback | 400 | 1050 | 1700 | 3400 | 5900 | 8500 |
| 2-dr GT Hatchback | 400 | 1200 | 1950 | 3900 | 6800 | 9900 |
| 2-dr LX Hatchback (V-6) | 400 | 1200 | 1950 | 3900 | 6800 | 9900 |
| **Tempo, 4-cyl., 99.9" wb** | | | | | | |
| 2-dr L Sdn | 300 | 650 | 1100 | 2200 | 3800 | 5400 |
| 4-dr L Sdn | 300 | 650 | 1100 | 2200 | 3800 | 5400 |
| 2-dr GL Spt Sdn | 300 | 800 | 1300 | 2600 | 4600 | 6600 |
| 4-dr GL Spt Sdn | 300 | 800 | 1350 | 2700 | 4700 | 6900 |
| 2-dr GLS Sdn | 300 | 800 | 1350 | 2700 | 4700 | 6900 |
| 4-dr GLS Sdn | 350 | 850 | 1400 | 2800 | 4900 | 7100 |
| 4-dr LX Sdn | 350 | 850 | 1400 | 2800 | 4900 | 7100 |
| 4-dr Sdn 4WD | 350 | 950 | 1550 | 3100 | 5500 | 7900 |
| **Taurus, 4-cyl., 106.0" wb** | | | | | | |
| 4-dr Sdn | 400 | 1150 | 1850 | 3700 | 6400 | 9300 |
| 4-dr Sta Wgn | 450 | 1250 | 2150 | 4300 | 7400 | 10700 |

| | 6 | 5 | 4 | 3 | 2 | 1 |
|---|---|---|---|---|---|---|
| **Taurus, 6-cyl., 106.0" wb** | | | | | | |
| 4-dr L Sdn | 400 | 1200 | 2000 | 4000 | 6900 | 10000 |
| 4-dr L Sta Wgn | 500 | 1350 | 2300 | 4600 | 8000 | 11300 |
| 4-dr GL Sdn | 450 | 1250 | 2150 | 4300 | 7400 | 10700 |
| 4-dr GL Sta Wgn | 500 | 1350 | 2350 | 4700 | 8100 | 11500 |
| 4-dr LX Sdn | 500 | 1300 | 2250 | 4500 | 7700 | 11000 |
| 4-dr LX Sta Wgn | 550 | 1500 | 2500 | 4500 | 7700 | 11000 |
| 4-dr SHO Sedan | 550 | 1500 | 2500 | 5100 | 8800 | 12500 |
| **LTD Crown Victoria, 8-cyl., 114.3" wb** | | | | | | |
| 4-dr Sdn | 450 | 1250 | 2200 | 4400 | 7600 | 10900 |
| 4-dr S Sdn | 450 | 1250 | 2100 | 4200 | 7200 | 10500 |
| 4-dr Sta Wgn | 450 | 1250 | 2200 | 4400 | 7600 | 10900 |
| 4-dr Ctry Squire Sta Wgn | 550 | 1500 | 2500 | 4500 | 7700 | 11000 |
| 4-dr LX Sdn | 500 | 1350 | 2300 | 4600 | 8000 | 11300 |
| 4-dr LX Sta Wgn | 550 | 1500 | 2500 | 4500 | 7700 | 11000 |
| 4-dr LX Ctry Squire Sta Wgn | 500 | 1350 | 2300 | 4600 | 8000 | 11300 |

### Collector Car Value Trends

Value trends within the collector car hobby provide a look at what's been going on during the past two decades. The following charts were compiled from various sources that have tracked the value of selected models over the years. Models were chosen on the basis of their rarity *and* desirability by collectors and hobbyists. 2000 prices are based on vehicles in number one condition.

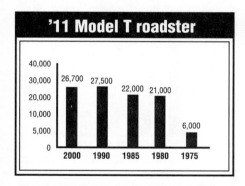

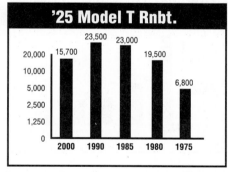

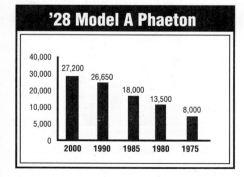

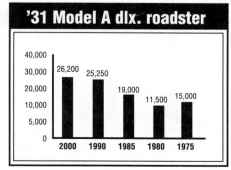

## Collector Car Value Trends

Value trends within the collector car hobby provide a look at what's been going on during the past two decades. The following charts were compiled from various sources that have tracked the value of selected models over the years. Models were chosen on the basis of their rarity *and* desirability by collectors and hobbyists. 2000 prices are based on vehicles in number one condition.

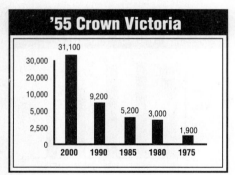

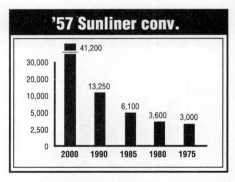

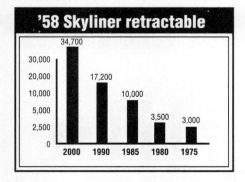

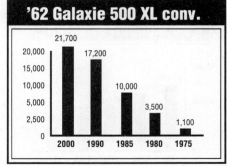

# MUSTANG
## 1964 1/2 – 1991

| | 6 | 5 | 4 | 3 | 2 | 1 |
|---|---|---|---|---|---|---|
| **1964-1/2** | | | | | | |
| 2-dr Hdtp | 750 | 2250 | 3750 | 7500 | 13000 | 18700 |
| 2-dr Conv | 1150 | 3600 | 5950 | 11900 | 21000 | 29700 |
| | | *6-cyl. deduct 25%* | | | | |
| **1965** | | | | | | |
| 2-dr Hdtp | 750 | 2250 | 3750 | 7500 | 13000 | 18700 |
| 2-dr Conv | 1150 | 3600 | 5950 | 11900 | 21000 | 29700 |
| 2-dr Fstbk | 950 | 2950 | 4950 | 9900 | 17500 | 24700 |
| | *271 hp Hi-perf engine add 25%* | | | *GT Package or Pony Interior add 20%* | | |
| | *Original "pony interior" add 10%* | | | *6-cyl. deduct 10%* | | |
| **Shelby GT** | | | | | | |
| 2-dr GT-350 Hdtp | 2300 | 6700 | 11300 | 22600 | 39700 | 56400 |
| **1966** | | | | | | |
| 2-dr Hdtp | 750 | 2200 | 3650 | 7300 | 12600 | 18200 |
| 2-dr Conv | 1200 | 3750 | 6250 | 12500 | 22000 | 31100 |
| 2-dr Fstbk | 1000 | 3250 | 5450 | 10900 | 19100 | 27200 |
| | *271 hp engine add 25%* | | *GT Package or Pony Interior add 20%* | | | |
| | | *6-cyl. deduct 10%* | | | | |
| **Shelby GT** | | | | | | |
| 2-dr GT-350 Hdtp | 2050 | 6050 | 10250 | 20500 | 36000 | 51200 |
| 2-dr GT-350H Hdtp | 2200 | 6350 | 10750 | 21500 | 37800 | 53700 |
| 2-dr GT-350 Conv | 3300 | 9800 | 16500 | 33000 | 57900 | 82400 |
| **1967** | | | | | | |
| 2-dr Hdtp | 650 | 1800 | 3250 | 6500 | 11200 | 16100 |
| 2-dr Conv | 1000 | 3250 | 5450 | 10900 | 19100 | 27200 |
| 2-dr Fstbk | 850 | 2550 | 4350 | 8700 | 15300 | 21700 |
| | *390 V-8 add 25%* | | *6-cyl. deduct 10%* | | | |
| **Shelby GT** | | | | | | |
| 2-dr GT-350 Hdtp | 1800 | 5350 | 9000 | 18000 | 31650 | 45000 |
| 2-dr GT-500 Hdtp | 2200 | 6350 | 10750 | 21500 | 35780 | 53700 |
| **1968** | | | | | | |
| 2-dr Hdtp | 650 | 1800 | 3250 | 6500 | 11200 | 16100 |
| 2-dr Conv | 1000 | 3250 | 5450 | 10900 | 19100 | 27200 |
| 2-dr Fstbk | 850 | 2550 | 4350 | 8700 | 15300 | 21700 |
| | *390 V-8 add 15%* | | *427 V-8 add 50%* | | | |
| | | *428 V-8 add 30%* | | | | |
| **Shelby GT** | | | | | | |
| 2-dr 350 Conv | 2250 | 6550 | 11000 | 22000 | 38650 | 55000 |
| 2-dr 350 Hdtp | 1400 | 4350 | 7250 | 14500 | 25500 | 36200 |
| 2-dr 500 Conv | 3000 | 8900 | 14950 | 29900 | 52500 | 74600 |
| 2-dr 500 Hdtp | 2250 | 6550 | 11000 | 22000 | 38650 | 55000 |
| | | *KR models add 50%* | | | | |
| **1969** | | | | | | |
| 2-dr Hdtp | 650 | 1750 | 3150 | 6300 | 10900 | 15700 |
| 2-dr Conv | 850 | 2650 | 4450 | 8900 | 15700 | 22300 |
| 2-dr Fstbk | 750 | 2200 | 3650 | 7300 | 12600 | 18200 |
| 2-dr Mach 1 Fstbk | 900 | 2850 | 4750 | 9500 | 16700 | 23700 |
| 2-dr Grande Hdtp | 650 | 1800 | 3250 | 6500 | 11200 | 16100 |

| | 6 | 5 | 4 | 3 | 2 | 1 |
|---|---|---|---|---|---|---|
| Boss 302 | 1550 | 4650 | 7750 | 15500 | 2730 | 38700 |
| Boss 429 | 2900 | 8600 | 14500 | 29000 | 50900 | 72400 |

*428 Cobra Jet V-8 add 30%*     *428 Ram Air engine add 50%*
*6-cyl. deduct 10%*     *390 V-8 add 15%*

**Shelby GT**

| | 6 | 5 | 4 | 3 | 2 | 1 |
|---|---|---|---|---|---|---|
| 2-dr 350 Conv | 2250 | 6550 | 11000 | 22000 | 38650 | 55000 |
| 2-dr 350 Hdtp | 1600 | 4750 | 7950 | 15900 | 28000 | 39700 |
| 2-dr 500 Conv | 3100 | 9200 | 15500 | 31000 | 54400 | 74400 |
| 2-dr 500 Hdtp | 2000 | 5950 | 10000 | 20000 | 35150 | 49900 |

**1970**

| | 6 | 5 | 4 | 3 | 2 | 1 |
|---|---|---|---|---|---|---|
| 2-dr Hdtp | 650 | 1700 | 3000 | 6100 | 10600 | 15200 |
| 2-dr Conv | 850 | 2700 | 4550 | 9100 | 16000 | 22700 |
| 2-dr Fstbk | 750 | 2200 | 3650 | 7300 | 12600 | 18200 |
| 2-dr Mach 1 | 900 | 2750 | 4650 | 9300 | 16400 | 23100 |
| 2-dr Boss 302 | 1550 | 4650 | 7750 | 15500 | 27300 | 38700 |
| 2-dr Boss 429 | 2900 | 8600 | 14500 | 29000 | 50900 | 72400 |
| 2-dr Grande | 650 | 1800 | 3250 | 6500 | 11200 | 16100 |

*428 Cobra Jet V-8 add 30%*     *428 V-8 Super Cobra Jet add 50%*
*6-cyl. deduct 10%*

**Shelby GT**

| | 6 | 5 | 4 | 3 | 2 | 1 |
|---|---|---|---|---|---|---|
| 2-dr 350 Conv | 2250 | 6550 | 11000 | 22000 | 38650 | 55000 |
| 2-dr 350 Hdtp | 1600 | 4750 | 7950 | 15900 | 28000 | 39700 |
| 500 Conv | 3100 | 9200 | 15500 | 31000 | 54400 | 74400 |
| 500 Hdtp | 2150 | 6200 | 10500 | 21000 | 36900 | 52400 |

**1971**

| | 6 | 5 | 4 | 3 | 2 | 1 |
|---|---|---|---|---|---|---|
| 2-dr Hdtp | 500 | 1300 | 2250 | 4500 | 7700 | 11000 |
| Grande | 550 | 1450 | 2450 | 4900 | 8500 | 12000 |
| Conv | 800 | 2500 | 4250 | 8500 | 15000 | 21200 |
| Fstbk | 700 | 2000 | 3450 | 6900 | 11900 | 17200 |
| Mach 1 | 900 | 2750 | 4650 | 9300 | 16400 | 23100 |
| Boss 351 | 1550 | 4650 | 7750 | 15500 | 27300 | 38700 |

*6-cyl. deduct 10%*     *429 V-8 add 50%*

**1972**

| | 6 | 5 | 4 | 3 | 2 | 1 |
|---|---|---|---|---|---|---|
| 2-dr Hdtp | 450 | 1250 | 2150 | 4300 | 7400 | 10700 |
| 2-dr Grande Hdtp | 500 | 1350 | 2350 | 4700 | 8100 | 11500 |
| 2-dr Fstbk | 650 | 1700 | 3000 | 5900 | 10200 | 14700 |
| 2-dr Mach 1 Fstbk | 750 | 2100 | 3550 | 7100 | 12300 | 17700 |
| 2-dr Conv | 850 | 2650 | 34450 | 8900 | 15700 | 22300 |

*6-cyl. deduct 10%*

**1973**

| | 6 | 5 | 4 | 3 | 2 | 1 |
|---|---|---|---|---|---|---|
| 2-dr Hdtp | 450 | 1250 | 2050 | 4100 | 7100 | 10300 |
| 2-dr Grande | 500 | 1300 | 2250 | 4500 | 7700 | 11000 |
| 2-dr Fstbk | 600 | 1600 | 2700 | 5400 | 9300 | 13500 |
| 2-dr Mach 1 (V-8) | 700 | 2050 | 3500 | 7000 | 12100 | 17400 |
| 2-dr Conv | 850 | 2700 | 4550 | 9100 | 16000 | 22700 |

*6-cyl. deduct 10%*

**1974**

**Mustang II**

**Mustang Four**

| | 6 | 5 | 4 | 3 | 2 | 1 |
|---|---|---|---|---|---|---|
| 2-dr Hdtp Cpe | 300 | 600 | 950 | 1900 | 3200 | 4600 |
| 3-dr 2+2 Hdtp | 300 | 650 | 1100 | 2100 | 3600 | 5100 |
| 2-dr Ghia | 300 | 650 | 1000 | 2000 | 3500 | 4900 |

**Mustang Six**

| | 6 | 5 | 4 | 3 | 2 | 1 |
|---|---|---|---|---|---|---|
| 2-dr Hdtp Cpe | 300 | 650 | 1000 | 2000 | 3500 | 4900 |
| 3-dr 2+2 Hdtp | 300 | 650 | 1100 | 2200 | 3800 | 5400 |
| 2-dr Ghia | 300 | 650 | 1100 | 2100 | 3600 | 5100 |

**Mach 1 Six**

| | 6 | 5 | 4 | 3 | 2 | 1 |
|---|---|---|---|---|---|---|
| 3-dr Hdtp | 300 | 700 | 1200 | 2400 | 4100 | 5900 |

'65 Mustang

'66 Mustang

'67 Mustang

'67 Mustang GT 350H

'68 Mustang

'69 Mustang Mach 1

'70 Mustang Boss 302

'73 Mustang

'75 Mustang II

'78 Mustang II

'82 Mustang

'89 Mustang

|  | 6 | 5 | 4 | 3 | 2 | 1 |
|---|---|---|---|---|---|---|
| **1975** | | | | | | |
| **Mustang** | | | | | | |
| 2-dr Cpe | 300 | 600 | 950 | 1900 | 3200 | 4600 |
| 3-dr 2+2 Hdtp | 300 | 650 | 1100 | 2100 | 3600 | 5100 |
| 2-dr Ghia | 300 | 650 | 1000 | 2000 | 3500 | 4900 |
| **Mustang Six** | | | | | | |
| 2-dr Cpe | 300 | 650 | 1000 | 2000 | 3500 | 4900 |
| 3-dr 2+2 Hdtp | 300 | 650 | 1100 | 2200 | 3800 | 5400 |
| 2-dr Ghia | 300 | 650 | 1100 | 2100 | 3600 | 5100 |
| 3-dr Mach 1 Hdtp | 300 | 700 | 1200 | 2400 | 4100 | 5900 |
| **1976** | | | | | | |
| **Mustang II, 6-cyl.** | | | | | | |
| 2-dr Cpe | 300 | 600 | 1000 | 2000 | 3500 | 4900 |
| 3-dr 2+2 Htchbk | 300 | 650 | 1100 | 2200 | 3800 | 5400 |
| 2-dr Ghia Cpe | 300 | 650 | 1100 | 2100 | 3600 | 5100 |
| **Mach 1, 6-cyl.** | | | | | | |
| 3-dr Htchbk | 300 | 700 | 1200 | 2400 | 4100 | 5900 |
| | | *302 V-8 add 25%* | | | | |
| **1977** | | | | | | |
| **Mustang II, 6-cyl.** | | | | | | |
| 2-dr Cpe | 300 | 650 | 1100 | 2100 | 3600 | 5100 |
| 3-dr 2+2 Htchbk | 300 | 650 | 1150 | 2300 | 3900 | 5700 |
| 2-dr Ghia Cpe | 300 | 650 | 1100 | 2200 | 3800 | 5400 |
| **Mach 1, 6-cyl.** | | | | | | |
| 3-dr Htchbk Cpe | 300 | 700 | 1200 | 2400 | 4100 | 5900 |
| | | *302 V-8 add 25%* | | | | |
| **1978** | | | | | | |
| **Mustang II** | | | | | | |
| 2-dr Hdtp | 300 | 650 | 1000 | 2000 | 3500 | 4900 |
| 3-dr 2+2 Htchbk | 300 | 650 | 1100 | 2200 | 3800 | 5400 |
| 2-dr Ghia Cpe | 300 | 650 | 1100 | 2100 | 3600 | 5100 |
| **Mach 1, 6-cyl.** | | | | | | |
| 3-dr Htchbk Cpe | 300 | 750 | 1250 | 2500 | 4400 | 6200 |
| | | *302 V-8 add 25%* | | | | |
| **1979** | | | | | | |
| **Mustang, 6-cyl.** | | | | | | |
| 2-dr Cpe | 300 | 550 | 800 | 1600 | 2800 | 3900 |
| 3-dr Htchbk | 300 | 600 | 850 | 1700 | 2900 | 4100 |
| 2-dr Ghia Cpe | 300 | 600 | 850 | 1700 | 2900 | 4100 |
| 3-dr Ghia Htchbk | 300 | 600 | 900 | 1800 | 3100 | 4400 |
| *Pace Car add 30%* | | *Small block option deduct 10%* | | | | |
| *302 V-8 add 25%* | | | | | | |
| **1980** | | | | | | |
| **Mustang, 6-cyl.** | | | | | | |
| 2-dr Cpe | 300 | 550 | 800 | 1600 | 2800 | 3900 |
| 3-dr Htchbk | 300 | 600 | 850 | 1700 | 2900 | 4100 |
| 2-dr Ghia Cpe | 300 | 600 | 850 | 1700 | 2900 | 4100 |
| 3-dr Ghia Htchbk Cpe | 300 | 600 | 900 | 1800 | 3100 | 4400 |
| *Small block option deduct 10%* | | | | *V-8 add 30%* | | |
| **1981** | | | | | | |
| **Mustang, 6-cyl.** | | | | | | |
| 2-dr Cpe | 300 | 550 | 800 | 1600 | 2800 | 3900 |
| 2-dr "S" Cpe | 300 | 600 | 850 | 1700 | 2900 | 4100 |
| 3-dr Htchbk Cpe | 300 | 600 | 850 | 1700 | 2900 | 4100 |
| 2-dr Ghia Cpe | 300 | 600 | 850 | 1700 | 2900 | 4100 |
| 3-dr Ghia Htchbk Cpe | 300 | 600 | 900 | 1800 | 3100 | 4400 |
| | | *V-8 add 30%* | | | | |

| | 6 | 5 | 4 | 3 | 2 | 1 |
|---|---|---|---|---|---|---|
| **1982** | | | | | | |
| **Mustang, 4-cyl.** | | | | | | |
| 2-dr L Cpe | 250 | 500 | 750 | 1500 | 2600 | 3600 |
| 2-dr GL Cpe | 250 | 500 | 750 | 1500 | 2600 | 3600 |
| 3-dr GL Htchbk | 250 | 500 | 750 | 1500 | 2600 | 3600 |
| 2-dr GLX Cpe | 300 | 550 | 800 | 1600 | 2800 | 3900 |
| 3-dr GLX Htchbk | 300 | 550 | 800 | 1600 | 2800 | 3900 |
| **Mustang, 6-cyl.** | | | | | | |
| 2-dr L Cpe | 300 | 600 | 850 | 1700 | 2900 | 4100 |
| 2-dr GL Cpe | 300 | 600 | 850 | 1700 | 2900 | 4100 |
| 3-dr GL Htchbk | 300 | 600 | 850 | 1700 | 2900 | 4100 |
| 2-dr GLX Cpe | 300 | 600 | 900 | 1800 | 3100 | 4400 |
| 3-dr GLX Htchbk | 300 | 600 | 900 | 1800 | 3100 | 4400 |
| **Mustang, 8-cyl.** | | | | | | |
| 2-dr GT Htchbk | 300 | 700 | 1200 | 2400 | 4100 | 5900 |

*V-8 add 30%*

| | 6 | 5 | 4 | 3 | 2 | 1 |
|---|---|---|---|---|---|---|
| **1983** | | | | | | |
| **Mustang, 4-cyl.** | | | | | | |
| 2-dr GT Turbo Htchbk | 300 | 650 | 1150 | 2300 | 3900 | 5700 |
| 2-dr L Cpe | 250 | 500 | 750 | 1500 | 2600 | 3600 |
| 2-dr GL Cpe | 250 | 500 | 750 | 1500 | 2600 | 3600 |
| 3-dr GL Htchbk | 250 | 500 | 750 | 1500 | 2600 | 3600 |
| 2-dr GLX Cpe | 300 | 550 | 800 | 1600 | 2800 | 3900 |
| 3-dr GLX Htchbk | 300 | 550 | 800 | 1600 | 2800 | 3900 |
| **Mustang, 6-cyl.** | | | | | | |
| 2-dr GL Cpe | 300 | 600 | 850 | 1700 | 2900 | 4100 |
| 3-dr GL Htchbk | 300 | 600 | 850 | 1700 | 2900 | 4100 |
| 2-dr GLX Cpe | 300 | 600 | 900 | 1800 | 3100 | 4400 |
| 3-dr GLX Htchbk | 300 | 600 | 900 | 1800 | 3100 | 4400 |
| 2-dr GLX Conv | 300 | 800 | 1300 | 2600 | 4600 | 6600 |
| **Mustang, 8-cyl.** | | | | | | |
| 2-dr GL Cpe | 300 | 600 | 950 | 1900 | 3200 | 4600 |
| 3-dr GL Htchbk | 300 | 600 | 950 | 1900 | 3200 | 4600 |
| 2-dr GLX Cpe | 300 | 650 | 1000 | 2000 | 3500 | 4900 |
| 3-dr GLX Htchbk | 300 | 650 | 1000 | 2000 | 3500 | 4900 |
| 2-dr GLX Conv | 350 | 850 | 1400 | 2800 | 4900 | 7100 |
| 3-dr GT Htchbk | 300 | 700 | 1200 | 2400 | 4100 | 5900 |
| 2-dr GT Conv | 350 | 900 | 1500 | 3000 | 5300 | 7600 |

| | 6 | 5 | 4 | 3 | 2 | 1 |
|---|---|---|---|---|---|---|
| **1984** | | | | | | |
| **Mustang, 4-cyl.** | | | | | | |
| 2-dr L Cpe | 250 | 500 | 750 | 1500 | 2600 | 3600 |
| 3-dr L Htchbk | 250 | 500 | 750 | 1500 | 2600 | 3600 |
| 2-dr LX Cpe | 300 | 550 | 800 | 1600 | 2800 | 3900 |
| 3-dr LX Htchbk | 300 | 550 | 800 | 1600 | 2800 | 3900 |
| 3-dr GT Turbo Htchbk | 300 | 700 | 1200 | 2400 | 4100 | 5900 |
| 2-dr GT Turbo Conv | 350 | 950 | 1550 | 3100 | 5500 | 7900 |
| 3-dr Cpe SVO Turbo | 450 | 1250 | 2150 | 4300 | 7400 | 10700 |
| **Mustang, 6-cyl.** | | | | | | |
| 2-dr L Cpe | 300 | 600 | 850 | 1700 | 2900 | 4100 |
| 3-dr L Htchbk | 300 | 600 | 850 | 1700 | 2900 | 4100 |
| 2-dr LX Cpe | 300 | 600 | 900 | 1800 | 3100 | 4400 |
| 3-dr LX Htchbk | 300 | 600 | 900 | 1800 | 3100 | 4400 |
| 2-dr LX Conv | 350 | 850 | 1400 | 2800 | 4900 | 7100 |
| **Mustang, 8-cyl.** | | | | | | |
| 3-dr L Htchbk | 300 | 600 | 950 | 1900 | 3200 | 4600 |
| 2-dr LX Cpe | 300 | 650 | 1000 | 2000 | 3500 | 4900 |
| 3-dr LX Htchbk | 300 | 650 | 1000 | 2000 | 3500 | 4900 |
| 2-dr LX Conv | 350 | 950 | 1550 | 3100 | 5500 | 7900 |

|  | 6 | 5 | 4 | 3 | 2 | 1 |
|---|---|---|---|---|---|---|
| 3-dr GT Htchbk | 300 | 750 | 1250 | 2500 | 4400 | 6200 |
| 2-dr GT Conv | 350 | 1000 | 1600 | 3200 | 5700 | 8100 |

*20th Anniversary Edition add 25%*

### 1985
**Mustang, 4-cyl.**

| | 6 | 5 | 4 | 3 | 2 | 1 |
|---|---|---|---|---|---|---|
| 2-dr LX Cpe | 300 | 600 | 850 | 1700 | 2900 | 4100 |
| 3-dr LX Htchbk | 300 | 600 | 850 | 1700 | 2900 | 4100 |
| 3-dr SVO Turbo | 550 | 1400 | 2400 | 4800 | 8300 | 11800 |

**6-Cyl.**

| | 6 | 5 | 4 | 3 | 2 | 1 |
|---|---|---|---|---|---|---|
| 2-dr LX Cpe | 300 | 600 | 950 | 1900 | 3200 | 4600 |
| 3-dr LX Htchbk | 300 | 600 | 950 | 1900 | 3200 | 4600 |
| 2-dr LX Conv | 350 | 1000 | 1600 | 3200 | 5700 | 8100 |

**8-Cyl.**

| | 6 | 5 | 4 | 3 | 2 | 1 |
|---|---|---|---|---|---|---|
| 2-dr LX Cpe | 300 | 650 | 1100 | 2100 | 3600 | 5100 |
| 3-dr LX Htchbk | 300 | 650 | 1100 | 2100 | 3600 | 5100 |
| 2-dr LX Conv | 400 | 1050 | 1700 | 3400 | 5900 | 8500 |
| 3-dr GT Htchbk | 300 | 800 | 1350 | 2700 | 4700 | 6900 |
| 2-dr GT Conv | 400 | 1100 | 1800 | 3500 | 6100 | 8900 |

### 1986
**Mustang, 4-cyl.**

| | 6 | 5 | 4 | 3 | 2 | 1 |
|---|---|---|---|---|---|---|
| 2-dr LX Cpe | 300 | 600 | 950 | 1900 | 3200 | 4600 |
| 3-dr LX Htchbk | 300 | 600 | 950 | 1900 | 3200 | 4600 |
| 2-dr LX Conv | 350 | 1000 | 1600 | 3200 | 5700 | 8100 |
| 3-dr Turbo SVO Htchbk | 550 | 1550 | 2650 | 5300 | 9100 | 13000 |

**Mustang, 6-cyl.**

| | 6 | 5 | 4 | 3 | 2 | 1 |
|---|---|---|---|---|---|---|
| 2-dr LX Cpe | 300 | 650 | 1100 | 2100 | 3600 | 5100 |
| 3-dr LX Htchbk | 300 | 650 | 1100 | 2100 | 3600 | 5100 |
| 2-dr LX Conv | 400 | 1100 | 1800 | 3500 | 6100 | 8900 |

**Mustang, 8-cyl.**

| | 6 | 5 | 4 | 3 | 2 | 1 |
|---|---|---|---|---|---|---|
| 2-dr LX Cpe | 300 | 650 | 1150 | 2300 | 3900 | 5700 |
| 3-dr LX Htchbk | 300 | 650 | 1150 | 2300 | 3900 | 5700 |
| 2-dr LX Conv | 400 | 1150 | 1850 | 3700 | 6400 | 9300 |
| 3-dr GT Htchbk | 350 | 900 | 1500 | 3000 | 5300 | 7600 |
| 2-dr GT Conv | 400 | 1200 | 1900 | 3800 | 6600 | 9600 |

### 1987
**Mustang, 4-cyl.**

| | 6 | 5 | 4 | 3 | 2 | 1 |
|---|---|---|---|---|---|---|
| 2-dr LX Cpe | 300 | 650 | 1000 | 2000 | 3500 | 4900 |
| 3-dr LX Htchbk | 300 | 650 | 1000 | 2000 | 3500 | 4900 |
| 2-dr LX Conv | 350 | 900 | 1500 | 3000 | 5300 | 7600 |

**Mustang, 8-cyl.**

| | 6 | 5 | 4 | 3 | 2 | 1 |
|---|---|---|---|---|---|---|
| 2-dr LX Cpe | 300 | 750 | 1250 | 2500 | 4400 | 6200 |
| 3-dr LX Htchbk | 300 | 750 | 1250 | 2500 | 4400 | 6200 |
| 2-dr LX Conv | 400 | 1100 | 1800 | 3500 | 6100 | 8900 |
| 3-dr GT Htchbk | 400 | 1050 | 1700 | 3400 | 5900 | 8500 |
| 2-dr GT Conv | 450 | 1250 | 2150 | 4300 | 7400 | 10700 |

### 1988
**Mustang, 4-cyl.**

| | 6 | 5 | 4 | 3 | 2 | 1 |
|---|---|---|---|---|---|---|
| 2-dr LX Cpe | 300 | 650 | 1150 | 2300 | 3900 | 5700 |
| 2-dr LX Htchbk | 300 | 650 | 1150 | 2300 | 3900 | 5700 |
| 2-dr LX Conv | 400 | 1050 | 1700 | 3300 | 5800 | 8300 |

**Mustang, 8-cyl.**

| | 6 | 5 | 4 | 3 | 2 | 1 |
|---|---|---|---|---|---|---|
| 2-dr LX Cpe | 350 | 900 | 1500 | 2900 | 5200 | 7400 |
| 2-dr LX Htchbk | 350 | 900 | 1500 | 2900 | 5200 | 7400 |
| 2-dr LX Conv | 400 | 1200 | 1950 | 3900 | 6800 | 9900 |
| 2-dr GT Htchbk | 400 | 1200 | 1900 | 3800 | 6600 | 9600 |
| 2-dr GT Conv | 550 | 1450 | 2450 | 4900 | 8500 | 12000 |

| | 6 | 5 | 4 | 3 | 2 | 1 |
|---|---|---|---|---|---|---|
| **1989** | | | | | | |
| **Mustang, 4-cyl.** | | | | | | |
| 2-dr LX Cpe | 300 | 800 | 1300 | 2600 | 4600 | 6600 |
| 2-dr LX Htchbk | 300 | 800 | 1300 | 2600 | 4600 | 6600 |
| 2-dr LX Conv | 400 | 1200 | 1900 | 3800 | 6600 | 9600 |
| **Mustang, 8-cyl.** | | | | | | |
| 2-dr LX Spt Cpe | 400 | 1200 | 2000 | 4000 | 6900 | 10000 |
| 2-dr LX Spt Htchbk | 450 | 1250 | 2050 | 4100 | 7100 | 10300 |
| 2-dr LX Spt Conv | 550 | 1550 | 2600 | 5200 | 9000 | 12800 |
| 2-dr GT Htchbk | 450 | 1250 | 2200 | 4400 | 7600 | 10900 |
| 2-dr GT Conv | 600 | 1600 | 2750 | 5500 | 9500 | 13800 |
| **1990** | | | | | | |
| **Mustang, 4-cyl.** | | | | | | |
| 2-dr LX Cpe | 350 | 1000 | 1600 | 3200 | 5700 | 8100 |
| 2-dr LX Htchbk | 350 | 1000 | 1600 | 3200 | 5700 | 8100 |
| 2-dr LX Conv | 450 | 1250 | 2200 | 4400 | 7600 | 10900 |
| **Mustang 8-cyl.** | | | | | | |
| 2-dr LX Spt Cpe | 550 | 1500 | 2500 | 5000 | 8700 | 12300 |
| 2-dr LX Spt Htchbk | 550 | 1500 | 2500 | 5100 | 8800 | 12500 |
| 2-dr LX Spt Conv | 650 | 1750 | 3150 | 6300 | 10900 | 15700 |
| 2-dr GT Htchbk | 600 | 1600 | 2700 | 5400 | 9300 | 13500 |
| 2-dr GT Conv | 700 | 1850 | 3300 | 6600 | 11300 | 16300 |

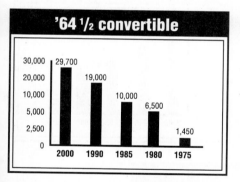

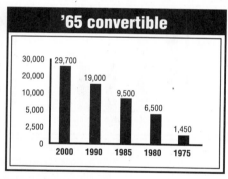

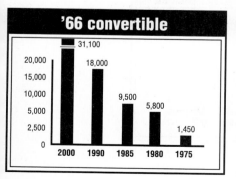

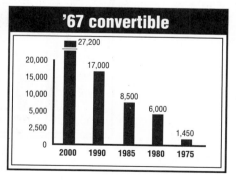

| | 6 | 5 | 4 | 3 | 2 | 1 |
|---|---|---|---|---|---|---|
| **1991** | | | | | | |
| **Mustang, 4-cyl.** | | | | | | |
| 2-dr LX Cpe | 400 | 1150 | 1850 | 3700 | 6400 | 9300 |
| 2-dr LX Htchbk | 400 | 1150 | 1850 | 3700 | 6400 | 9300 |
| 2-dr LX Conv | 550 | 1500 | 2500 | 5000 | 8700 | 12300 |
| **Mustang 8-cyl.** | | | | | | |
| 2-dr 5.0 Coupe | 600 | 1600 | 2800 | 5600 | 9700 | 14000 |
| 2-dr 5.0 Htchbk | 600 | 1650 | 2850 | 5700 | 9900 | 14200 |
| 2-dr 5.0 Conv | 700 | 2050 | 3500 | 7000 | 12100 | 17400 |
| 2-dr GT Htchbk | 650 | 1700 | 3000 | 6100 | 10600 | 15200 |
| 2-dr GT Conv | 750 | 2250 | 3700 | 7400 | 12800 | 18500 |

## Collector Car Value Trends

Value trends within the collector car hobby provide a look at what's been going on during the past two decades. The following charts were compiled from various sources that have tracked the value of selected models over the years. Models were chosen on the basis of their rarity *and* desirability by collectors and hobbyists. 2000 prices are based on vehicles in number one condition.

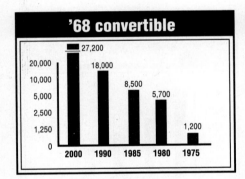

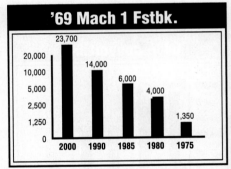

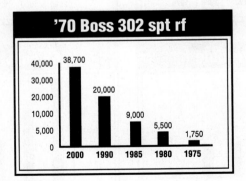

# THUNDERBIRD
## 1955 – 1991

'55 Thunderbird

'56 Thunderbird

'57 Thunderbird

'58 Thunderbird

'60 Thunderbird

'62 Thunderbird

'63 Thunderbird

'64 Thunderbird

'65 Thunderbird

'67 Thunderbird

|  | 6 | 5 | 4 | 3 | 2 | 1 |
|---|---|---|---|---|---|---|
| **1955** | | | | | | |
| **8-cyl., 102" wb** | | | | | | |
| Conv | 2150 | 6200 | 104550 | 20900 | 36700 | 52100 |
| **1956** | | | | | | |
| **8-cyl., 102" wb** | | | | | | |
| Conv | 2200 | 6500 | 10950 | 21900 | 38500 | 54700 |
| **1957** | | | | | | |
| **8-cyl., 102" wb** | | | | | | |
| Conv | 2300 | 6800 | 11450 | 22900 | 40200 | 57200 |
| | *Supercharged V-8 add 25%* | | | *T-Bird Special V-8 add 20%* | | |
| **1958** | | | | | | |
| **8-cyl., 113" wb** | | | | | | |
| 2-dr Hdtp | 950 | 3050 | 5100 | 10200 | 18000 | 25400 |
| Conv | 1500 | 4650 | 7750 | 15500 | 27300 | 38700 |
| **1959** | | | | | | |
| **8-cyl., 113" wb** | | | | | | |
| 2-dr Hdtp | 950 | 3000 | 5000 | 10000 | 17700 | 24900 |
| Conv | 1500 | 4500 | 7500 | 15000 | 26400 | 37500 |
| | | *430 V-8 add 15%* | | | | |
| **1960** | | | | | | |
| **8-cyl., 113" wb** | | | | | | |
| 2-dr Hdtp | 900 | 2900 | 4850 | 9700 | 17100 | 24200 |
| Conv | 1450 | 4450 | 7450 | 14900 | 26200 | 37200 |
| | | *430 V-8 add 15%* | | | | |
| **1961** | | | | | | |
| **8-cyl., 113" wb** | | | | | | |
| 2-dr Hdtp | 800 | 2350 | 3950 | 7900 | 13700 | 19700 |
| Conv | 1250 | 3950 | 6600 | 13200 | 23250 | 32900 |
| **1962** | | | | | | |
| **8-cyl., 113" wb** | | | | | | |
| 2-dr Hdtp | 750 | 2300 | 3850 | 7700 | 13300 | 19200 |
| 2-dr Lan Hdtp | 800 | 2400 | 4050 | 8100 | 14200 | 20200 |
| 2-dr Conv | 1200 | 3850 | 6450 | 12900 | 22700 | 32200 |
| 2-dr Spt Rdstr Conv | 2000 | 5900 | 9950 | 19900 | 35000 | 49700 |
| | | *406 V-8 add 50%* | | | | |
| **1963** | | | | | | |
| **8-cyl., 113" wb** | | | | | | |
| 2-dr Hdtp Cpe | 750 | 2300 | 3850 | 7700 | 13300 | 19200 |
| 2-dr Lan Hdtp | 800 | 2400 | 4050 | 8100 | 14200 | 20200 |
| 2-dr Spt Rdstr | 1900 | 5600 | 9450 | 18900 | 33200 | 47200 |
| 2-dr Conv | 1200 | 3850 | 6400 | 12800 | 22550 | 32000 |
| | *406 V-8 add 30%* | | | *427 V-8 add 50%* | | |
| **1964** | | | | | | |
| **8-cyl., 113" wb** | | | | | | |
| 2-dr Hdtp | 650 | 1750 | 3150 | 6300 | 10900 | 15700 |
| 2-dr Lan | 700 | 1900 | 3350 | 6700 | 11500 | 16500 |
| 2-dr Conv | 1150 | 3600 | 5950 | 11900 | 21000 | 29700 |
| | | *427 V-8 add 50%* | | | | |
| **1965** | | | | | | |
| **8-cyl., 113" wb** | | | | | | |
| 2-dr Hdtp | 650 | 1750 | 3150 | 6300 | 10900 | 15700 |
| 2-dr Lan | 700 | 1900 | 3350 | 6700 | 11500 | 16500 |
| 2-dr Conv | 1150 | 3600 | 5950 | 11900 | 21000 | 29700 |
| | | *427 V-8 add 50%* | | | | |

| | 6 | 5 | 4 | 3 | 2 | 1 |
|---|---|---|---|---|---|---|
| ***1966*** | | | | | | |
| **8-cyl., 113" wb** | | | | | | |
| 2-dr Hdtp Cpe | 700 | 1900 | 3350 | 6700 | 11500 | 16500 |
| 2-dr Lan Hdtp | 750 | 2250 | 3750 | 7500 | 13000 | 18700 |
| 2-dr Hdtp Twn | 750 | 2150 | 3600 | 7200 | 12400 | 18000 |
| 2-dr Conv | 1200 | 3750 | 6250 | 12500 | 22000 | 31100 |
| | | *427 or 428 V-8 add 50%* | | | | |
| ***1967*** | | | | | | |
| **8-cyl., 115" wb** | | | | | | |
| 4-dr Lan | 450 | 1250 | 2200 | 4400 | 7600 | 10900 |
| 2-dr Lan | 500 | 1300 | 2250 | 4500 | 7700 | 11000 |
| 2-dr Hdtp | 450 | 1250 | 2150 | 4300 | 7400 | 10700 |
| | | *427 or 428 V-8 add 50%* | | | | |
| ***1968*** | | | | | | |
| **8-cyl., 117" wb** | | | | | | |
| 4-dr Lan Sdn | 450 | 1250 | 2200 | 4400 | 7600 | 10900 |
| 2-dr Hdtp Cpe | 450 | 1250 | 2150 | 4300 | 7400 | 10700 |
| 2-dr Lan Cpe | 500 | 1300 | 2250 | 4500 | 7700 | 11000 |
| | | *427 or 428 V-8 add 50%* | | | | |
| ***1969*** | | | | | | |
| **8-cyl., 117" wb** | | | | | | |
| 4-dr Lan | 450 | 1250 | 2200 | 4400 | 7600 | 10900 |
| **8-cyl., 115" wb** | | | | | | |
| 2-dr Lan | 450 | 1250 | 2200 | 4400 | 7600 | 10900 |
| 2-dr Hdtp | 450 | 1250 | 2100 | 4200 | 7200 | 10500 |
| | | *428 or 429 V-8 add 50%* | | | | |
| ***1970*** | | | | | | |
| **8-cyl., 117" wb** | | | | | | |
| 4-dr Lan | 450 | 1250 | 2050 | 4100 | 7100 | 10300 |
| **8-cyl., 115" wb** | | | | | | |
| 2-dr Lan | 450 | 1250 | 2150 | 4300 | 7400 | 10700 |
| 2-dr Hdtp | 450 | 1250 | 2050 | 4100 | 7100 | 10300 |
| | | *428 or 429 V-8 add 50%* | | | | |
| ***1971*** | | | | | | |
| **8-cyl., 117" wb** | | | | | | |
| 4-dr Lan | 450 | 1250 | 2050 | 4100 | 7100 | 10300 |
| **8-cyl., 115" wb** | | | | | | |
| 2-dr Hdtp | 450 | 1250 | 2050 | 4100 | 7100 | 10300 |
| 2-dr Lan | 450 | 1250 | 2150 | 4300 | 7400 | 10700 |
| | | *429 V-8 add 50%* | | | | |
| ***1972*** | | | | | | |
| **8-cyl., 120" wb** | | | | | | |
| 2-dr Hdtp | 400 | 1150 | 1850 | 3700 | 6400 | 9300 |
| | | *429 or 460 V-8 add 50%* | | | | |
| ***1973*** | | | | | | |
| **8-cyl., 120" wb** | | | | | | |
| 2-dr Hdtp | 400 | 1100 | 1800 | 3600 | 6200 | 9100 |
| | | *429 or 460 V-8 add 50%* | | | | |
| ***1974*** | | | | | | |
| **8-cyl., 120" wb** | | | | | | |
| 2-dr Hdtp | 400 | 1050 | 1700 | 3400 | 5900 | 8500 |
| ***1975*** | | | | | | |
| **8-cyl., 120" wb** | | | | | | |
| 2-dr Hdtp | 400 | 1050 | 1700 | 3300 | 5800 | 8300 |
| ***1976*** | | | | | | |
| **8-cyl., 120" wb** | | | | | | |
| 2-dr Hdtp | 350 | 1000 | 1600 | 3200 | 5700 | 8100 |

'68 Thunderbird

'69 Thunderbird

'70 Thunderbird

'73 Thunderbird

'76 Thunderbird

'80 Thunderbird

'83 Thunderbird

'86 Thunderbird

'88 Thunderbird

'90 Thunderbird

|  | 6 | 5 | 4 | 3 | 2 | 1 |
|---|---|---|---|---|---|---|
| **1977** | | | | | | |
| **8-cyl., 114" wb** | | | | | | |
| 2-dr Hdtp | 350 | 900 | 1500 | 2900 | 5200 | 7400 |
| 2-dr Twn Lan | 350 | 900 | 1500 | 3000 | 5300 | 7600 |
| **1978** | | | | | | |
| **8-cyl., 114" wb** | | | | | | |
| 2-dr Hdtp | 300 | 800 | 1300 | 2600 | 4600 | 6600 |
| 2-dr Twn Lan | 300 | 800 | 1350 | 2700 | 4700 | 6900 |
| 2-dr Diamond Jubilee | 350 | 1000 | 1600 | 3200 | 5700 | 8100 |
| **1979** | | | | | | |
| **8-cyl., 114" wb** | | | | | | |
| 2-dr Hdtp | 300 | 700 | 1200 | 2400 | 4100 | 5900 |
| 2-dr Twn Lan | 300 | 750 | 1250 | 2500 | 4400 | 6200 |
| 2-dr Heritage Cpe | 300 | 800 | 1350 | 2700 | 4700 | 6900 |
| **1980** | | | | | | |
| **8-cyl., 108" wb** | | | | | | |
| 2-dr Cpe | 300 | 600 | 950 | 1900 | 3200 | 4600 |
| 2-dr Twn Lan Cpe | 300 | 650 | 1000 | 2000 | 3500 | 4900 |
| 2-dr Silver Anniv. Cpe | 300 | 650 | 1100 | 2100 | 3600 | 5100 |
| | | *6-cyl. deduct 10%* | | | | |
| **1981** | | | | | | |
| **8-cyl., 108" wb** | | | | | | |
| 2-dr Cpe | 300 | 600 | 900 | 1800 | 3100 | 4400 |
| 2-dr Twn Lan Cpe | 300 | 600 | 950 | 1900 | 3200 | 4600 |
| 2-dr Heritage Cpe | 300 | 650 | 1000 | 2000 | 3500 | 4900 |
| | | *6-cyl. deduct 10%* | | | | |
| **1982** | | | | | | |
| **8-cyl., 108" wb** | | | | | | |
| 2-dr Cpe | 300 | 600 | 850 | 1700 | 2900 | 4100 |
| 2-dr Twn Lan Cpe | 300 | 600 | 900 | 1800 | 3100 | 4400 |
| 2-dr Heritage Cpe | 300 | 600 | 950 | 1900 | 3200 | 4600 |
| | | *6-cyl. deduct 10%* | | | | |
| **1983** | | | | | | |
| **6-cyl./8-cyl., 104" wb** | | | | | | |
| 2-dr Cpe | 250 | 500 | 750 | 1500 | 2600 | 3600 |
| 2-dr Heritage Cpe | 300 | 600 | 850 | 1700 | 2900 | 4100 |
| **4-cyl. Turbo, 104" wb** | | | | | | |
| 2-dr Turbo Cpe | 250 | 500 | 750 | 1400 | 2400 | 3400 |
| | | *6-cyl. deduct 10%* | | | | |
| **1984** | | | | | | |
| **6-cyl./8-cyl., 104" wb** | | | | | | |
| 2-dr Cpe | 300 | 550 | 800 | 1600 | 2800 | 3900 |
| 2-dr Elan Cpe | 300 | 600 | 900 | 1800 | 3100 | 4400 |
| 2-dr Fila Cpe | 300 | 600 | 950 | 1900 | 3200 | 4600 |
| | | *6-cyl. deduct 10%* | | | | |
| **4-cyl. Turbo** | | | | | | |
| 2-dr Cpe | 250 | 500 | 750 | 1500 | 2600 | 3600 |
| **1985** | | | | | | |
| **6-cyl./8-cyl., 104" wb** | | | | | | |
| 2-dr Cpe | 300 | 600 | 900 | 1800 | 3100 | 4400 |
| 2-dr Elan Cpe | 300 | 650 | 1000 | 2000 | 3500 | 4900 |
| 2-dr Fila Cpe | 300 | 650 | 1100 | 2100 | 3600 | 5100 |
| | | *6-cyl. deduct 10%* | | | | |
| **4-cyl. Turbo** | | | | | | |
| 2-dr Cpe | 250 | 500 | 750 | 1500 | 2600 | 3600 |

| | 6 | 5 | 4 | 3 | 2 | 1 |
|---|---|---|---|---|---|---|
| **1986** | | | | | | |
| **6-cyl./8-cyl., 104" wb** | | | | | | |
| 2-dr Cpe | 300 | 650 | 1000 | 2000 | 3500 | 4900 |
| 2-dr Elan Cpe | 300 | 650 | 1150 | 2300 | 3900 | 5700 |
| | | *6-cyl. deduct 10%* | | | | |
| **4-cyl., 104" wb** | | | | | | |
| 2-dr Turbo Cpe | 300 | 600 | 850 | 1700 | 2900 | 4100 |
| **1987** | | | | | | |
| **6-cyl., 104" wb** | | | | | | |
| 2-dr Cpe | 300 | 650 | 1000 | 2000 | 3500 | 4900 |
| 2-dr LX Cpe | 300 | 650 | 1150 | 2300 | 3900 | 5700 |
| **8-cyl., 104" wb** | | | | | | |
| 2-dr Cpe | 300 | 700 | 1200 | 2400 | 4100 | 5900 |
| 2-dr Spt Cpe | 300 | 750 | 1250 | 2500 | 4400 | 6200 |
| 2-dr LX Cpe | 300 | 800 | 1350 | 2700 | 4700 | 6900 |
| **4-cyl. Turbo, 104" wb** | | | | | | |
| 2-dr Cpe | 300 | 650 | 1000 | 2000 | 3500 | 4900 |
| **1988** | | | | | | |
| **6-cyl., 104" wb** | | | | | | |
| 2-dr Cpe | 300 | 650 | 1150 | 2300 | 3900 | 5700 |
| 2-dr LX Cpe | 300 | 800 | 1300 | 2600 | 4600 | 6600 |
| **8-cyl.** | | | | | | |
| 2-dr Cpe | 300 | 800 | 1350 | 2700 | 4700 | 6900 |
| 2-dr Sport Cpe | 350 | 900 | 1500 | 2900 | 5200 | 7400 |
| 2-dr LX Cpe | 350 | 900 | 1500 | 3000 | 5300 | 7600 |
| **4-cyl., AT/5-spd.** | | | | | | |
| 2-dr Turbo Cpe | 300 | 650 | 1150 | 2300 | 3900 | 5700 |
| **1989** | | | | | | |
| **6-cyl., 113.0" wb** | | | | | | |
| 2-dr Cpe | 350 | 900 | 1500 | 3000 | 5300 | 7600 |
| 2-dr LX Cpe | 400 | 1050 | 1700 | 3300 | 5800 | 8300 |
| 2-dr Super Cpe | 450 | 1250 | 2150 | 4300 | 7400 | 10700 |
| **1990** | | | | | | |
| **6-cyl., 113.0" wb** | | | | | | |
| 2-dr Cpe | 400 | 1150 | 1850 | 3700 | 6400 | 9300 |
| 2-dr LX Cpe | 400 | 1200 | 2000 | 4000 | 6900 | 10000 |
| 2-dr Super Cpe | 550 | 1500 | 2500 | 5100 | 8800 | 12500 |
| **1991** | | | | | | |
| **6-cyl., 113.0" wb** | | | | | | |
| 2-dr Cpe | 450 | 1250 | 2150 | 4300 | 7400 | 10700 |
| 2-dr LX Cpe | 500 | 1350 | 2300 | 4600 | 8000 | 11300 |
| 2-dr Super Cpe | 650 | 1700 | 3000 | 5900 | 10200 | 14700 |
| | | *8-cyl. add 10%* | | | | |

## Collector Car Value Trends

Value trends within the collector car hobby provide a look at what's been going on during the past two decades. The following charts were compiled from various sources that have tracked the value of selected models over the years. Models were chosen on the basis of their rarity *and* desirability by collectors and hobbyists. 2000 prices are based on vehicles in number one condition.

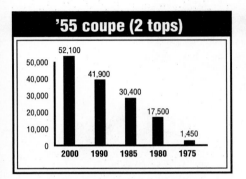

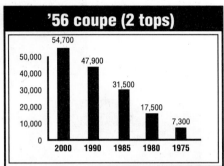

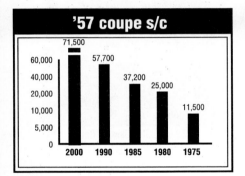

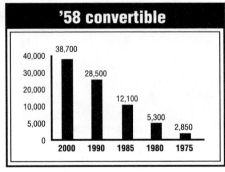

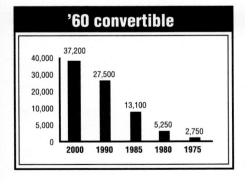

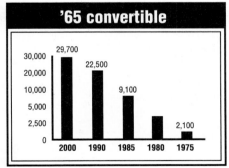

# FRANKLIN
## 1903 – 1934

'19 Franklin

'23 Franklin

'24 Franklin

'28 Franklin Roadster

'33 Franklin Olympic Sedan

|  | 6 | 5 | 4 | 3 | 2 | 1 |
|---|---|---|---|---|---|---|
| **1903** | | | | | | |
| **Four, 10 hp, 72" wb** | | | | | | |
| Light Rdstr | 1350 | 4150 | 6950 | 13900 | 24500 | 34700 |
| **1904** | | | | | | |
| **Type A, 4-cyl., 12 hp, 78" wb** | | | | | | |
| 2-pass Light Rnbt | 1300 | 4050 | 6750 | 13500 | 23800 | 33700 |
| **Type B, 4-cyl., 12 hp, 78" wb** | | | | | | |
| 4-pass Light Ton | 1300 | 4050 | 6750 | 13500 | 23800 | 33700 |
| **Type C, 4-cyl., 24 hp, 96" wb** | | | | | | |
| 5-pass Side Ent. Ton | 1300 | 4050 | 6750 | 13500 | 23800 | 33700 |
| **1905** | | | | | | |
| **Type A, 4-cyl., 12 hp, 82" wb** | | | | | | |
| Rnbt | 1150 | 3600 | 5950 | 11900 | 21000 | 29700 |
| Detachable Ton | 1200 | 3750 | 5250 | 12500 | 22000 | 31100 |
| **Type B, 4-cyl., 12 hp, 82" wb** | | | | | | |
| Tr | 1200 | 3750 | 5250 | 12500 | 22000 | 31100 |
| **Type C, 4-cyl., 30 hp, 110" wb** | | | | | | |
| Tr | 1300 | 4100 | 6850 | 13700 | 24100 | 34200 |

| | 6 | 5 | 4 | 3 | 2 | 1 |
|---|---|---|---|---|---|---|
| **Type D, 4-cyl., 20 hp, 100" wb** | | | | | | |
| Tr | 1300 | 4000 | 6650 | 13300 | 23400 | 33100 |
| **Type E, 4-cyl., 12 hp, 74" wb** | | | | | | |
| Rnbt | 1150 | 3600 | 5950 | 11900 | 21000 | 29700 |
| **Type F, 4-cyl., 12 hp, 82" wb** | | | | | | |
| Rnbt | 1250 | 3950 | 6600 | 13200 | 23250 | 32900 |
| **1906** | | | | | | |
| **Type E, 4-cyl., 12 hp, 81" wb** | | | | | | |
| 2-pass Rnbt | 1050 | 3350 | 5600 | 11200 | 19700 | 28000 |
| **Type G, 4-cyl., 12 hp, 88" wb** | | | | | | |
| 4-pass Tr | 1100 | 3450 | 5750 | 11500 | 20300 | 28700 |
| **Type D, 4-cyl., 20 hp, 100" wb** | | | | | | |
| 5-pass Tr | 1150 | 3600 | 5950 | 11900 | 21000 | 29700 |
| 5-pass Limo (115" wb) | 950 | 2950 | 4950 | 9900 | 17500 | 24700 |
| **Type H, 6-cyl., 30 hp, 119" wb** | | | | | | |
| 5-pass Tr | 1200 | 3850 | 6450 | 12900 | 22700 | 32200 |
| **1907** | | | | | | |
| **Model G, 4-cyl., 12 hp, 90" wb** | | | | | | |
| 2-pass Rnbt | 1200 | 3850 | 6450 | 12900 | 22700 | 32200 |
| 4-pass Tr | 1300 | 4000 | 6650 | 13300 | 23400 | 33100 |
| **Model D, 4-cyl., 20 hp, 105" wb** | | | | | | |
| 5-pass Limo | 1300 | 4050 | 6750 | 13500 | 23800 | 33700 |
| 2-pass Rnbt | 1300 | 4000 | 6650 | 13300 | 23400 | 33100 |
| 5-pass Lndlt | 1100 | 3450 | 5750 | 11500 | 20300 | 28700 |
| **Model H, 6-cyl., 30 hp, 120" wb** | | | | | | |
| 7-pass Tr | 1350 | 4200 | 7000 | 14100 | 24800 | 35100 |
| 2-pass Rnbt | 1350 | 4150 | 6950 | 13900 | 24500 | 34700 |
| 5-pass Limo | 1100 | 3500 | 5850 | 11700 | 20600 | 29100 |
| **1908** | | | | | | |
| **Model G, 4-cyl., 16 hp, 90" wb** | | | | | | |
| 4-pass Tr | 1200 | 3750 | 6250 | 12500 | 22000 | 31100 |
| 2-pass Rnbt | 1200 | 3850 | 6450 | 12900 | 22700 | 32200 |
| 4-pass Brghm | 950 | 2950 | 4950 | 9900 | 17500 | 24700 |
| 4-pass Lndlt | 1000 | 3100 | 5200 | 10400 | 18400 | 26000 |
| **Model D, 4-cyl., 28 hp, 105" wb** | | | | | | |
| 5-pass Tr | 1250 | 3950 | 6550 | 13100 | 23100 | 32700 |
| 4-pass Surrey-Seat Rnbt | 1200 | 3750 | 6250 | 12500 | 22000 | 31100 |
| 5-pass Lndlt | 1000 | 3200 | 5350 | 10700 | 18900 | 26700 |
| **Model H, 6-cyl., 42 hp, 127" wb** | | | | | | |
| 7-pass Tr | 1300 | 4100 | 6850 | 13700 | 24100 | 34200 |
| 7-pass Limo | 1150 | 3600 | 5950 | 11900 | 21000 | 29700 |
| 4-pass Rnbt (119" wb) | 1300 | 4000 | 6650 | 13300 | 23400 | 33100 |
| **1909** | | | | | | |
| **Model G, 4-cyl., 18 hp, 91-1/2" wb** | | | | | | |
| 4-pass Tr | 1200 | 3750 | 6250 | 12500 | 22000 | 31100 |
| 4-pass Cape Top Tr | 1200 | 3850 | 6450 | 12900 | 22700 | 32200 |
| 4-pass Brghm | 900 | 2900 | 4850 | 9700 | 17100 | 24200 |
| 4-pass Lndlt | 950 | 3000 | 5050 | 10100 | 17900 | 25100 |
| **Model D, 4-cyl., 28 hp, 106" wb** | | | | | | |
| 5-pass Tr | 1250 | 3950 | 6600 | 13200 | 23250 | 32900 |
| 5-pass Cape Top Tr | 1300 | 4100 | 6850 | 13700 | 24100 | 34200 |
| Rnbt, Single Rumble | 1350 | 4150 | 6950 | 13900 | 24500 | 34700 |
| Rnbt, Double Rumble | 1400 | 4250 | 7100 | 14200 | 25000 | 35400 |
| 5-pass Lndlt | 1000 | 3250 | 5450 | 10900 | 19100 | 27200 |
| **Model H, 6-cyl., 42 hp, 127" wb** | | | | | | |
| 7-pass Tr | 1300 | 4100 | 6850 | 13700 | 24100 | 34200 |
| 7-pass Cape Top Tr | 1350 | 4200 | 7000 | 14100 | 24800 | 35100 |
| 7-pass Limo | 1200 | 3750 | 6250 | 12500 | 22000 | 31100 |

| | 6 | 5 | 4 | 3 | 2 | 1 |
|---|---|---|---|---|---|---|
| **1910** | | | | | | |
| **Model G, 4-cyl., 18 hp, 91-1/2" wb** | | | | | | |
| 4-pass Tr | 1300 | 4050 | 6750 | 13500 | 23800 | 33700 |
| 4-pass Rnbt | 1250 | 3950 | 6550 | 13100 | 23100 | 32700 |
| 2-pass Rnbt | 1200 | 3800 | 6350 | 12700 | 22400 | 31700 |
| **Model D, 4-cyl., 28 hp, 106" wb** | | | | | | |
| 5-pass Tr | 1350 | 4150 | 6950 | 13900 | 24500 | 34700 |
| 4-pass Rnbt | 1150 | 3600 | 5950 | 11900 | 21000 | 29700 |
| 6-pass Close-Coupled | 1050 | 3300 | 5500 | 11100 | 19500 | 27700 |
| **Model H, 6-cyl., 42 hp, 127" wb** | | | | | | |
| 7-pass Tr | 1400 | 4300 | 7150 | 14300 | 25200 | 35700 |
| 4-pass Dbl RS | 1250 | 3900 | 6500 | 13000 | 22900 | 32500 |
| Close-Coupled | 1200 | 3750 | 6250 | 12500 | 22000 | 31100 |
| 7-pass Limo | 1150 | 3650 | 6100 | 12200 | 21500 | 30500 |
| **1911** | | | | | | |
| **Model G, 4-cyl., 18 hp, 100" wb** | | | | | | |
| 4-pass Tr | 1200 | 3850 | 6450 | 12900 | 22700 | 32200 |
| Torp Phtn | 1300 | 4100 | 6850 | 13700 | 24100 | 34200 |
| **Model M, 4-cyl., 25 hp, 108" wb** | | | | | | |
| 5-pass Tr | 1300 | 4050 | 6750 | 13500 | 23800 | 33700 |
| 7-pass Limo | 1000 | 3200 | 5350 | 10700 | 18900 | 26700 |
| 7-pass Lndlt | 1050 | 3300 | 5500 | 11100 | 19500 | 27700 |
| **Model D, 6-cyl., 38 hp, 123" wb** | | | | | | |
| 4-pass Torp Phtn | 1400 | 4350 | 7250 | 14500 | 25500 | 36200 |
| 5-pass Tr | 1350 | 4200 | 7000 | 14100 | 24800 | 35100 |
| 6-pass Limo | 1050 | 3300 | 5500 | 11100 | 19500 | 27700 |
| 6-pass Lndlt | 1100 | 3450 | 5750 | 11500 | 120300 | 28700 |
| **Model H, 6-cyl., 48 hp, 133" wb** | | | | | | |
| 7-pass Tr | 1400 | 4350 | 7250 | 14500 | 25500 | 36200 |
| Torp Phtn | 1500 | 4500 | 7550 | 15100 | 26600 | 37700 |
| **1912** | | | | | | |
| **Model G, 4-cyl., 25 hp, 103" wb** | | | | | | |
| 5-pass Tr | 1300 | 4050 | 6750 | 13500 | 23800 | 33700 |
| **Model M, 6-cyl., 31 hp, 116" wb** | | | | | | |
| 5-pass Tr | 1350 | 4200 | 7000 | 14100 | 24800 | 35100 |
| 7-pass Tr | 1400 | 4350 | 7250 | 14500 | 25500 | 36200 |
| Dbl Torp Phtn | 1500 | 4500 | 7500 | 15000 | 26400 | 37500 |
| Limo | 1050 | 3300 | 5500 | 11100 | 19500 | 27700 |
| **1913** | | | | | | |
| **Model G, 4-cyl., 18 hp, 100" wb** | | | | | | |
| 2-pass Rnbt | 1350 | 4150 | 6950 | 13900 | 24500 | 34700 |
| **Model G, 4-cyl., 25 hp, 103" wb** | | | | | | |
| 5-pass Tr | 1350 | 4200 | 7000 | 14100 | 24800 | 35100 |
| **Model M, 6-cyl., 31 hp, 116" wb** | | | | | | |
| 5-pass Tr | 1400 | 4350 | 7250 | 14500 | 25500 | 36200 |
| Vic Phtn | 1350 | 4150 | 6950 | 13900 | 24500 | 34700 |
| **Model D, 6-cyl., 38 hp, 123" wb** | | | | | | |
| 5-pass Tr | 1550 | 4650 | 7750 | 15500 | 27300 | 38700 |
| 4-pass Torp Phtn | 1600 | 4750 | 7950 | 15900 | 28000 | 39700 |
| **Model H, 4-cyl., 38 hp, 126" wb** | | | | | | |
| 7-pass Tr | 1600 | 4750 | 7950 | 15900 | 28000 | 39700 |
| 7-pass Limo | 1500 | 4500 | 7500 | 15000 | 26400 | 37500 |
| **1914** | | | | | | |
| **Model Six-30, 6-cyl., 31.6 hp, 120" wb** | | | | | | |
| 5-pass Tr | 1400 | 4350 | 7250 | 14500 | 25500 | 36200 |
| Rdstr | 1500 | 4500 | 7500 | 15000 | 26400 | 37500 |
| Cpe | 1200 | 3750 | 6250 | 12500 | 22400 | 31100 |
| Sdn | 1150 | 3600 | 6000 | 12100 | 21300 | 30200 |

| | 6 | 5 | 4 | 3 | 2 | 1 |
|---|---|---|---|---|---|---|
| Limo | 1300 | 4050 | 6750 | 13500 | 23800 | 33700 |
| Berline | 1350 | 4200 | 7000 | 14100 | 24800 | 35100 |

### 1915
**Model Six-30, 6-cyl., 30 hp, 120" wb**

| | 6 | 5 | 4 | 3 | 2 | 1 |
|---|---|---|---|---|---|---|
| 2-pass Rdstr | 1550 | 4650 | 7750 | 15500 | 27300 | 38700 |
| 5-pass Tr | 1500 | 4550 | 7600 | 15200 | 26750 | 38000 |
| Cpe | 1200 | 3750 | 6250 | 12500 | 22000 | 31100 |
| Sdn | 1150 | 3600 | 6000 | 12000 | 21150 | 30000 |
| Berline | 1350 | 4200 | 7000 | 14100 | 24800 | 35100 |

### 1916
**Model Six-30, 6-cyl., 30 hp, 120" wb**

| | 6 | 5 | 4 | 3 | 2 | 1 |
|---|---|---|---|---|---|---|
| 5-pass Tr | 1600 | 4750 | 7950 | 15900 | 28000 | 39700 |
| 3-pass Rdstr | 1600 | 4800 | 8000 | 16100 | 28300 | 40200 |
| 5-pass Sdn | 1200 | 3800 | 6350 | 12700 | 22400 | 31700 |
| 4-pass Brghm | 1250 | 3950 | 6550 | 13100 | 23100 | 32700 |
| 7-pass Berline | 1450 | 4450 | 7450 | 14900 | 26200 | 37200 |

### 1917
**Series 9, 6-cyl., 25 hp, 115" wb**

| | 6 | 5 | 4 | 3 | 2 | 1 |
|---|---|---|---|---|---|---|
| 5-pass Tr | 1600 | 4750 | 7950 | 15900 | 28000 | 39700 |
| 4-pass Rdstr | 1650 | 4900 | 8250 | 16500 | 29000 | 41200 |
| 2-pass Rdstr | 1400 | 4350 | 7250 | 14500 | 25500 | 36200 |
| 7-pass Limo | 1350 | 4200 | 7000 | 14100 | 24800 | 35100 |
| 5-pass Sdn | 1200 | 3800 | 6350 | 12700 | 22400 | 31700 |
| 7-pass Twn Car | 1400 | 4350 | 7250 | 14500 | 25500 | 36200 |
| 4-pass Brghm | 1300 | 4100 | 6850 | 13700 | 24100 | 34200 |
| 4-pass Cabrlt | 1500 | 45550 | 7650 | 15300 | 26900 | 38200 |

### 1918
**Series 9, 6-cyl., 25 hp, 115" wb**

| | 6 | 5 | 4 | 3 | 2 | 1 |
|---|---|---|---|---|---|---|
| 5-pass Tr | 1600 | 4750 | 7950 | 15900 | 28000 | 39700 |
| 2-pass Rdstr | 1600 | 4850 | 8150 | 16300 | 28700 | 40800 |
| 4-pass Rdstr | 1700 | 5000 | 8350 | 16700 | 29400 | 41700 |
| Sdn | 1100 | 3450 | 5750 | 11500 | 20300 | 28700 |
| Brghm | 1150 | 3600 | 5950 | 11900 | 21000 | 29700 |
| Limo | 1350 | 4200 | 7000 | 14100 | 24800 | 35100 |
| Twn Car | 1400 | 4350 | 7250 | 14500 | 25500 | 36200 |
| Cabrlt | 1500 | 45550 | 7650 | 15300 | 26900 | 38200 |

### 1919
**Series 9-B, 6-cyl., 25 hp, 115" wb**

| | 6 | 5 | 4 | 3 | 2 | 1 |
|---|---|---|---|---|---|---|
| 5-pass Tr | 1600 | 4850 | 8100 | 16200 | 28500 | 40500 |
| 2-pass Rnbt | 1600 | 4750 | 7950 | 15900 | 28000 | 39700 |
| 4-pass Rdstr | 1700 | 5000 | 8350 | 16700 | 29400 | 41700 |
| 4-pass Brghm | 1150 | 3600 | 5950 | 11900 | 21000 | 29700 |
| 5-pass Sdn | 1100 | 3450 | 5750 | 11500 | 20300 | 28700 |
| 7-pass Limo | 1350 | 4200 | 7000 | 14100 | 24800 | 35100 |

### 1920
**Model 9-B, 6-cyl., 25 hp, 115" wb**

| | 6 | 5 | 4 | 3 | 2 | 1 |
|---|---|---|---|---|---|---|
| 5-pass Tr | 1600 | 4850 | 8100 | 16200 | 28500 | 40500 |
| 7-pass Tr | 1700 | 5050 | 8450 | 16900 | 29700 | 42200 |
| 4-pass Rdstr | 1600 | 4750 | 7950 | 15900 | 28000 | 39700 |
| 2-pass Rdstr | 1550 | 4650 | 7750 | 15500 | 27300 | 38700 |
| 5-pass Sdn | 1100 | 3450 | 5750 | 11500 | 20300 | 28700 |
| 5-pass Club Sdn | 1100 | 3500 | 5850 | 11700 | 29600 | 29100 |
| 4-pass Brghm | 1150 | 3600 | 6000 | 12100 | 21300 | 30200 |

| | 6 | 5 | 4 | 3 | 2 | 1 |
|---|---|---|---|---|---|---|

## 1921

**Model 9-B, 6-cyl., 25 hp, 115" wb**

| | 6 | 5 | 4 | 3 | 2 | 1 |
|---|---|---|---|---|---|---|
| 2-pass Rnbt | 1600 | 4750 | 7950 | 15900 | 28000 | 39700 |
| 4-pass Rdstr | 1600 | 4850 | 8100 | 16200 | 28500 | 40500 |
| 5-pass Demi Sdn | 1750 | 5100 | 8550 | 17100 | 30100 | 42700 |
| 2-pass Demi Cpe | 1700 | 5050 | 8450 | 16900 | 29700 | 42200 |
| 5-pass Limo Tr | 1700 | 5000 | 8350 | 16700 | 29400 | 41700 |
| 4-pass Brghm | 1150 | 3600 | 6000 | 12100 | 21300 | 30200 |
| 5-pass Sdn | 1100 | 3500 | 5850 | 11700 | 20600 | 29100 |

## 1922

**Model 10-B, 6-cyl., 30 hp, 115" wb**

| | 6 | 5 | 4 | 3 | 2 | 1 |
|---|---|---|---|---|---|---|
| 2-pass Rnbt | 1550 | 4650 | 7750 | 15500 | 27300 | 38700 |
| 5-pass Tr | 1500 | 4550 | 7650 | 15300 | 26900 | 38200 |
| 2-pass Demi Cpe | 1200 | 3750 | 6250 | 12500 | 22000 | 31100 |
| 5-pass Demi Sdn | 1200 | 3800 | 6350 | 12700 | 22400 | 31700 |
| 4-pass Vic Cpe | 1150 | 3700 | 6200 | 12400 | 21850 | 30900 |
| 4-pass Brghm | 1150 | 3600 | 6000 | 12100 | 21300 | 30200 |
| 5-pass Sdn | 1100 | 3500 | 5850 | 11700 | 20600 | 29100 |
| 5-pass Limo | 1250 | 3950 | 6550 | 13100 | 23100 | 32700 |

## 1923

**Model 10-B, 6-cyl., 30 hp, 115" wb**

| | 6 | 5 | 4 | 3 | 2 | 1 |
|---|---|---|---|---|---|---|
| 5-pass Tr | 1450 | 4450 | 7450 | 14900 | 26200 | 27200 |
| 5-pass Demi Sdn | 1150 | 3600 | 6000 | 12100 | 21300 | 30200 |
| 4-pass Brghm | 1200 | 3750 | 6250 | 12500 | 22000 | 31100 |
| 4-pass Cpe | 1200 | 3850 | 6450 | 12900 | 22700 | 32200 |
| 5-pass Sdn | 1100 | 3500 | 5850 | 11700 | 20600 | 29100 |
| 5-pass Tr Limo | 1250 | 3950 | 6550 | 13100 | 23100 | 32700 |

## 1924

**Model 10-B, 6-cyl., 30 hp, 115" wb**

| | 6 | 5 | 4 | 3 | 2 | 1 |
|---|---|---|---|---|---|---|
| 5-pass Tr | 1400 | 4350 | 7250 | 14500 | 25500 | 36200 |
| 5-pass Demi Sdn | 1150 | 3600 | 6000 | 12100 | 21300 | 30200 |
| 4-pass Cpe | 1200 | 3750 | 6250 | 12500 | 22000 | 31100 |
| 4-pass Brghm | 1200 | 3750 | 6250 | 12500 | 22000 | 31100 |
| 2-dr 5-pass Sdn | 1100 | 3500 | 5850 | 11700 | 20600 | 29100 |
| 4-dr 5-pass Sdn | 1100 | 3450 | 5750 | 11500 | 20300 | 28700 |
| 5-pass Tr Limo | 1250 | 3950 | 6550 | 13100 | 23100 | 32700 |

## 1925

**Model 10-C, 6-cyl., 32 hp, 115" wb**

| | 6 | 5 | 4 | 3 | 2 | 1 |
|---|---|---|---|---|---|---|
| 5-pass Tr | 1350 | 4200 | 7000 | 14100 | 24800 | 235100 |
| 5-pass Demi Sdn | 1150 | 3600 | 6000 | 12100 | 21300 | 30200 |
| 3-pass Cpe | 1200 | 3750 | 6250 | 12500 | 22000 | 31100 |
| 4-pass Brghm | 1150 | 3600 | 6000 | 12100 | 21300 | 30200 |
| 7-pass Sdn | 1100 | 3500 | 5850 | 11700 | 20600 | 29100 |

## 1926

**Model 11-A, 6-cyl., 32 hp, 119" wb**

| | 6 | 5 | 4 | 3 | 2 | 1 |
|---|---|---|---|---|---|---|
| 5-pass Sdn | 1000 | 3100 | 5250 | 10500 | 18600 | 26200 |
| 5-pass Spt Sdn | 1000 | 3250 | 5450 | 10900 | 19100 | 27200 |
| 3-pass Cpe | 1050 | 3400 | 5650 | 11300 | 19900 | 28200 |
| 5-pass Encld Dr Limo | 1200 | 3850 | 6450 | 12900 | 22700 | 32200 |
| 7-pass Cabrlt | 1350 | 4150 | 6950 | 13900 | 24500 | 34700 |
| 5-pass Tr | 1400 | 4300 | 7150 | 14300 | 25200 | 35700 |
| 2-pass Spt Rnbt | 1350 | 4150 | 6950 | 13900 | 24500 | 34700 |
| 5-pass Cpe Rumble | 1100 | 3500 | 5850 | 11700 | 20600 | 29100 |
| 2-pass Spt Cpe | 1050 | 3400 | 5650 | 11300 | 19900 | 28200 |
| 4-pass Vic | 1050 | 3300 | 5500 | 11100 | 19500 | 27700 |

|  | 6 | 5 | 4 | 3 | 2 | 1 |
|---|---|---|---|---|---|---|

### 1927
**Model 11-B, 6-cyl., 32 hp, 119" wb**

|  | 6 | 5 | 4 | 3 | 2 | 1 |
|---|---|---|---|---|---|---|
| 4-pass Vic | 1100 | 3450 | 5750 | 11500 | 20300 | 28700 |
| 2-pass Spt Cpe | 1150 | 3600 | 5950 | 11900 | 21000 | 29700 |
| 4-pass Tandem Spt | 1300 | 4050 | 6750 | 13500 | 23800 | 33700 |
| 5-pass Sdn | 1000 | 3200 | 5350 | 10700 | 18900 | 26700 |
| 5-pass Spt Sdn | 1050 | 3300 | 5500 | 11100 | 19500 | 27700 |
| 3-pass Cpe | 1100 | 3450 | 5750 | 11500 | 20300 | 28700 |
| 5-pass Encld Dr Limo | 1250 | 3950 | 6550 | 13100 | 23100 | 32700 |
| 7-pass Cabrlt | 1850 | 5450 | 9150 | 18300 | 32200 | 45700 |
| 5-pass Tr | 1800 | 5300 | 8950 | 17900 | 31500 | 44700 |
| 2-pass Spt Rnbt | 1900 | 5550 | 9350 | 18700 | 32900 | 46700 |
| 5-pass Cpe Rumble | 1150 | 3600 | 5950 | 11900 | 21000 | 29700 |
| 4-pass CC Rnbt | 1900 | 5500 | 9250 | 18500 | 32500 | 46100 |
| 5-pass Oxford Sdn | 1000 | 3250 | 5450 | 10900 | 19100 | 27200 |
| 7-pass Aux Seat Sdn | 1050 | 3350 | 5600 | 11200 | 19700 | 28000 |

### 1928
**Airman, 6-cyl., 46 hp, 119" wb**

|  | 6 | 5 | 4 | 3 | 2 | 1 |
|---|---|---|---|---|---|---|
| 3-pass Cpe | 1200 | 3800 | 6350 | 12700 | 22400 | 31700 |
| 5-pass Standard Cpe | 1200 | 3800 | 6350 | 12700 | 22400 | 31700 |
| 4-pass Vic | 1150 | 3650 | 6150 | 12300 | 21700 | 30700 |
| 5-pass Vic Brghm | 1150 | 3650 | 6150 | 12300 | 21700 | 30700 |
| 5-pass Sdn | 1050 | 3300 | 5500 | 11000 | 19300 | 27500 |
| 5-pass Oxford Sdn | 1100 | 3500 | 5800 | 11600 | 20450 | 28900 |
| 5-pass Spt Sdn | 1100 | 3500 | 5800 | 11600 | 20450 | 28900 |
| 3-5 pass Conv | 2150 | 6200 | 10500 | 21000 | 36900 | 52400 |

**Airman, 6-cyl., 46 hp, 128" wb**

|  | 6 | 5 | 4 | 3 | 2 | 1 |
|---|---|---|---|---|---|---|
| 4-pass Spt Rnbt | 2200 | 6500 | 10950 | 21900 | 38500 | 54700 |
| 5-pass Spt Tr | 2200 | 6350 | 10700 | 21400 | 37600 | 53500 |
| 7-pass Sdn | 1050 | 3300 | 5500 | 11000 | 19300 | 27500 |
| Oxford Sdn | 1100 | 3500 | 5850 | 11700 | 20600 | 29100 |
| 7-pass Tr | 2050 | 6000 | 10100 | 20200 | 35500 | 50400 |
| 7-pass Limo | 1300 | 4000 | 6700 | 13400 | 23600 | 33400 |
| 5-pass Dlx Conv Sdn | 2150 | 6200 | 10450 | 20900 | 36700 | 52100 |
| 5-pass Dlx Spt Sdn | 1050 | 3350 | 5600 | 11200 | 19700 | 28000 |
| 5-pass Dlx Spl Sdn | 1050 | 3350 | 5600 | 11200 | 19700 | 28000 |
| 5-pass Conv Sdn | 2100 | 6150 | 10350 | 20700 | 36400 | 51700 |
| 5-pass Custom Spt Sdn | 1050 | 3350 | 5600 | 11200 | 19700 | 28000 |
| 7-pass Custom Twn Car | 1300 | 4100 | 6850 | 13700 | 24100 | 34200 |

### 1929
**Model 130, 6-cyl., 58 hp, 120" wb**

|  | 6 | 5 | 4 | 3 | 2 | 1 |
|---|---|---|---|---|---|---|
| 3-5 pass Cpe | 1000 | 3300 | 5500 | 11000 | 19300 | 27500 |
| 5-pass Sdn | 900 | 2850 | 4750 | 9500 | 16700 | 23700 |
| 5-pass Oxford Sdn | 950 | 2950 | 4950 | 9900 | 17500 | 24700 |

**Model 135, 6-cyl., 68 hp, 125" wb**

|  | 6 | 5 | 4 | 3 | 2 | 1 |
|---|---|---|---|---|---|---|
| 3-pass Cpe | 1100 | 3500 | 5800 | 11600 | 20450 | 28900 |
| 5-pass Sdn | 950 | 2950 | 4950 | 9900 | 17500 | 24700 |
| 3-5 pass Conv Cpe | 2050 | 6050 | 10250 | 20500 | 36000 | 51200 |
| 4-pass Vic Brghm | 1000 | 3150 | 5300 | 10600 | 18700 | 26500 |
| 5-pass Oxford Sdn | 1000 | 3150 | 5300 | 10600 | 18700 | 26500 |
| 5-pass Spt Sdn | 1000 | 3150 | 5300 | 10600 | 18700 | 26500 |

**Model 137, 6-cyl., 68 hp, 132" wb**

|  | 6 | 5 | 4 | 3 | 2 | 1 |
|---|---|---|---|---|---|---|
| 5-pass Spt Tr | 2250 | 6600 | 11100 | 22200 | 39000 | 55500 |
| 4-pass Spt Rnbt | 2250 | 6600 | 11100 | 22200 | 39000 | 55500 |
| 7-pass Tr | 2050 | 6050 | 10250 | 20500 | 36000 | 51200 |
| 7-pass Sdn | 950 | 3050 | 5100 | 10200 | 18000 | 25400 |
| 7-pass Limo | 1050 | 3400 | 5700 | 11400 | 20100 | 28500 |
| 4-pass Dietrich Encl Spdstr | 2400 | 7100 | 12000 | 24000 | 42150 | 59900 |
| 5-pass Holbrook Conv Rdstr | 2400 | 7100 | 12000 | 24000 | 42150 | 59900 |

| | 6 | 5 | 4 | 3 | 2 | 1 |
|---|---|---|---|---|---|---|
| 4-pass Derham Gntlmn CC Sdn | 1000 | 3200 | 5500 | 10500 | 19200 | 26500 |
| 7-pass Willoughby Twn Car | 1000 | 3200 | 5500 | 10500 | 19200 | 26500 |
| 6-pass Dietrich Clpsbl Vic Brghm | 2400 | 7000 | 11800 | 23600 | 41450 | 59000 |
| 4-pass Dietrich LePirate Club Sdn | 1100 | 3300 | 5700 | 10750 | 20400 | 27300 |

### 1930

**Model 145, 6-cyl., 95 hp, 125" wb**

| | 6 | 5 | 4 | 3 | 2 | 1 |
|---|---|---|---|---|---|---|
| 5-pass Sdn | 850 | 2650 | 4500 | 9000 | 15900 | 22500 |
| 3-5 pass Cpe | 900 | 2900 | 4900 | 9800 | 17300 | 24500 |
| 5-pass Club Sdn | 900 | 2900 | 4900 | 9800 | 17300 | 24500 |
| 5-pass Dlx Sdn | 900 | 2800 | 4700 | 9400 | 16500 | 23400 |
| 5-pass Oxford Sdn | 900 | 2800 | 4700 | 9400 | 16500 | 23400 |
| 4-pass Vic Brghm | 950 | 3050 | 5150 | 10300 | 18200 | 25700 |
| 5-pass Conv Cpe | 2200 | 6500 | 10950 | 21900 | 38500 | 54700 |
| 5-pass Tr Sdn | 950 | 2950 | 4950 | 9900 | 17500 | 24700 |
| 5-pass Pursuit Spt Phtn | 1450 | 4450 | 7450 | 14900 | 26200 | 37200 |

**Model 147, 6-cyl., 95 hp, 132" wb**

| | 6 | 5 | 4 | 3 | 2 | 1 |
|---|---|---|---|---|---|---|
| 2-4 pass Rdstr | 2550 | 7550 | 12750 | 25500 | 44800 | 63700 |
| 5-pass Pirate Conv Tr | 2450 | 7250 | 12300 | 24600 | 43200 | 61500 |
| 7-pass Pirate Conv Phtn | 2500 | 7350 | 12450 | 24900 | 43700 | 52100 |
| 5-pass Salon Spl Sdn | 900 | 2900 | 4900 | 9800 | 17300 | 24500 |
| 7-pass Sdn | 950 | 3050 | 5100 | 10200 | 18000 | 25400 |
| 7-pass Limo | 1100 | 3550 | 5900 | 11800 | 21000 | 29400 |
| 7-pass Sdn Limo | 1150 | 3650 | 6100 | 12200 | 21500 | 30500 |
| Spdstr | 1100 | 3550 | 5900 | 11800 | 21000 | 29400 |
| 4-pass Dietrich Conv Spdstr | 2900 | 8600 | 14500 | 29000 | 50900 | 72400 |
| 4-pass Dietrich Deauville Sdn | 2150 | 6200 | 10500 | 21000 | 36900 | 52400 |
| 7-pass Dietrich Twn Car | 1250 | 3900 | 6500 | 13000 | 23500 | 32500 |
| 4-pass Derham Cabrlt | 2600 | 7650 | 12900 | 25800 | 45300 | 64400 |
| 4-pass Locke Conv Sdn | 2900 | 78550 | 14400 | 28800 | 50600 | 71900 |

### 1931

**Series 15, 6-cyl., 100 hp, 125" wb**

| | 6 | 5 | 4 | 3 | 2 | 1 |
|---|---|---|---|---|---|---|
| 5-pass Pursuit Tr | 1300 | 4050 | 6750 | 13500 | 23800 | 33700 |
| 5-pass Sdn | 1000 | 3150 | 5300 | 10600 | 18700 | 26500 |
| 3-pass Cpe | 1100 | 3550 | 5900 | 11800 | 21000 | 29400 |
| Oxford Sdn | 1000 | 3200 | 5400 | 10800 | 19000 | 26900 |
| 4-pass Vic Brghm | 1050 | 3400 | 5700 | 11400 | 20100 | 28500 |
| 3-5 pass Conv Cpe | 2450 | 7250 | 12250 | 24500 | 43000 | 61200 |
| 5-pass Twn Sdn | 1100 | 3550 | 5900 | 11800 | 21000 | 29400 |

**Series 15, 6-cyl., 100 hp, 132" wb**

| | 6 | 5 | 4 | 3 | 2 | 1 |
|---|---|---|---|---|---|---|
| 2-4 pass Rdstr | 3050 | 9050 | 15250 | 30500 | 53600 | 76100 |
| 7-pass Sdn | 1100 | 3550 | 5900 | 11800 | 21000 | 29400 |
| 5-pass Spt Salon | 1150 | 3650 | 6100 | 12200 | 21700 | 30500 |
| 7-pass Spl Limo | 1250 | 3900 | 6500 | 13000 | 23500 | 32500 |
| 5-pass Spl Sdn | 1200 | 3800 | 6400 | 12800 | 22700 | 31800 |

**Series 15 DeLuxe, 6-cyl., 100 hp, 132" wb**

| | 6 | 5 | 4 | 3 | 2 | 1 |
|---|---|---|---|---|---|---|
| 5-pass Pirate Tr | 3000 | 8900 | 14950 | 29900 | 52500 | 74600 |
| 7-pass Pirate Phtn | 3000 | 8950 | 15100 | 30200 | 53000 | 75400 |
| Spdstr | 1250 | 3900 | 6500 | 13000 | 23500 | 32500 |
| 5-pass Sdn | 1150 | 3650 | 6100 | 12200 | 21700 | 30500 |
| 5-pass Club Sdn | 1200 | 3750 | 6300 | 12600 | 22600 | 31400 |
| Custom Conv Spdstr | 2900 | 8600 | 14450 | 28900 | 50700 | 72100 |
| 5-pass Vic Brghm | 1200 | 3750 | 6300 | 12600 | 22600 | 31400 |
| 5-pass Oxford Sdn | 1200 | 3750 | 6300 | 12600 | 22600 | 31400 |
| 3-5 pass Conv Cpe | 2650 | 7860 | 13250 | 26500 | 46500 | 66100 |
| 7-pass Custom Twn Berline | 1250 | 3900 | 6500 | 13000 | 23500 | 32500 |
| 7-pass Sdn | 1150 | 3650 | 6100 | 12200 | 21700 | 30500 |
| 7-pass Limo | 1300 | 4000 | 6700 | 13400 | 24400 | 33400 |

|  | 6 | 5 | 4 | 3 | 2 | 1 |
|---|---|---|---|---|---|---|
| **1932** | | | | | | |
| **Airman, 6-cyl., 100 hp, 132" wb** | | | | | | |
| 2-4 pass Spdstr | 1100 | 3550 | 5900 | 11800 | 21000 | 29400 |
| 5-pass Sdn | 1050 | 3400 | 5700 | 11400 | 20100 | 28500 |
| 3-5 pass Cpe | 1100 | 3550 | 5900 | 11800 | 21000 | 29400 |
| 5-pass Club Sdn | 1100 | 3500 | 5800 | 11600 | 20500 | 28900 |
| 4-pass Vic Brghm | 1100 | 3550 | 5900 | 11800 | 21000 | 29400 |
| 3-5 pass Conv Cpe | 2550 | 7550 | 12750 | 25500 | 44800 | 63700 |
| 7-pass Sdn | 1100 | 3550 | 5900 | 11800 | 21000 | 29400 |
| 7-pass Limo | 1150 | 3650 | 6100 | 12200 | 21700 | 30500 |
| 5-pass Sdn Oxford | 1050 | 3400 | 5700 | 11400 | 20100 | 28500 |
| **12-17, 12-cyl., 132" wb** | | | | | | |
| 5-pass Club Brghm | 3000 | 8900 | 14950 | 29900 | 52500 | 74600 |
| 5-pass Sdn | 2900 | 8600 | 14450 | 28900 | 50700 | 72100 |
| 7-pass Sdn | 2600 | 7650 | 12950 | 25900 | 45500 | 64700 |
| 7-pass Limo | 2950 | 8800 | 14850 | 29700 | 52200 | 74100 |
| **1933** | | | | | | |
| **Olympic 18, 6-cyl., 100 hp, 118" wb** | | | | | | |
| 5-pass Sdn | 850 | 2550 | 4300 | 8600 | 15100 | 21500 |
| 3-5 pass Cpe | 900 | 2800 | 4700 | 9400 | 16500 | 23400 |
| 3-5 pass Conv Cpe | 2000 | 5800 | 9750 | 19500 | 34300 | 48700 |
| **Olympic 18-B, 6-cyl., 111" wb** | | | | | | |
| 3-5 pass Cpe | 900 | 2800 | 4700 | 9400 | 16500 | 23400 |
| 3-5 pass Conv Cpe | 2050 | 6050 | 10250 | 20500 | 36000 | 51200 |
| 4-dr 5-pass Sdn | 850 | 2550 | 4300 | 8600 | 15100 | 21500 |
| **Airman, 6-cyl., 100 hp, 132" wb** | | | | | | |
| 5-pass Sdn | 950 | 3000 | 5050 | 10100 | 17900 | 25100 |
| 5-pass Club Sdn | 1000 | 3150 | 5300 | 10600 | 18700 | 26500 |
| 7-pass Sdn | 900 | 2850 | 4800 | 9600 | 16900 | 24000 |
| 6-pass Oxford Sdn | 950 | 3000 | 5000 | 10000 | 17700 | 24900 |
| **Twelve, V-12, 150 hp, 144" wb** | | | | | | |
| 5-pass Sdn | 2900 | 8600 | 14450 | 28900 | 50700 | 72100 |
| 5-pass Club Brghm | 3050 | 9050 | 15250 | 30500 | 53600 | 76100 |
| 7-pass Sdn | 2600 | 7650 | 12950 | 25900 | 45500 | 64700 |
| 7-pass Limo | 3100 | 9200 | 15450 | 30900 | 54300 | 77100 |
| **1934** | | | | | | |
| **Olympic 19, 6-cyl., 100 hp, 118" wb** | | | | | | |
| 5-pass Sdn | 850 | 2550 | 4300 | 8600 | 15100 | 21500 |
| 3-5 pass Cpe | 900 | 2800 | 4700 | 9400 | 16500 | 23400 |
| 5-pass Conv Cpe | 12150 | 6200 | 10450 | 20900 | 36700 | 52100 |
| **Airman, 6-cyl., 100 hp, 132" wb** | | | | | | |
| 7-pass Limo | 1150 | 3650 | 6100 | 12200 | 21500 | 30500 |
| 5-pass Sdn | 950 | 3000 | 5000 | 10000 | 17700 | 24900 |
| 5-pass Club Sdn | 950 | 3050 | 5100 | 10200 | 18000 | 25400 |
| 7-pass Sdn | 900 | 2900 | 4900 | 9800 | 17300 | 24500 |
| **Twelve, V-12, 150 hp, 144" wb** | | | | | | |
| 7-pass Limo | 3100 | 9200 | 15450 | 30900 | 54300 | 77100 |
| 5-pass Sdn | 2900 | 8600 | 14450 | 28900 | 50700 | 72100 |
| 5-pass Club Brghm | 3050 | 9050 | 15250 | 30500 | 53600 | 76100 |
| 7-pass Sdn | 2600 | 7650 | 12950 | 25900 | 45500 | 64700 |

# FRAZER

## 1947 – 1951

'47 Frazer

'51 Frazer Manhattan convertible

| | 6 | 5 | 4 | 3 | 2 | 1 |
|---|---|---|---|---|---|---|
| **1947** | | | | | | |
| **Standard, 6-cyl., 123.5" wb** | | | | | | |
| 4-dr Sdn | 550 | 1500 | 2500 | 5000 | 8700 | 12300 |
| **Manhattan, 6-cyl.** | | | | | | |
| 4-dr Sdn | 600 | 1650 | 2850 | 5700 | 9900 | 14200 |
| **1948** | | | | | | |
| **Standard, 6-cyl., 123.5" wb** | | | | | | |
| 4-dr Sdn | 550 | 1450 | 2450 | 4900 | 8500 | 12000 |
| **Manhattan, 6-cyl., 123.5" wb** | | | | | | |
| 4-dr Sdn | 600 | 1650 | 2850 | 5700 | 9900 | 14200 |
| **1949** | | | | | | |
| **Standard, 6-cyl., 123.5" wb** | | | | | | |
| 4-dr Sdn | 550 | 1500 | 2500 | 5100 | 8800 | 12500 |
| **Manhattan, 6-cyl.** | | | | | | |
| 4-dr Sdn | 600 | 1650 | 2850 | 5700 | 9900 | 14200 |
| 4-dr Conv Sdn | 1850 | 5400 | 9000 | 18100 | 31800 | 45200 |
| **1950** | | | | | | |
| **Standard** | | | | | | |
| 4-dr Sdn | 550 | 1500 | 2500 | 5100 | 8800 | 12500 |
| **Manhattan** | | | | | | |
| 4-dr Sdn | 600 | 1650 | 2850 | 5700 | 9900 | 14200 |
| 4-dr Conv Sdn | 1850 | 5400 | 9000 | 18100 | 31800 | 45200 |
| **1951** | | | | | | |
| **Manhattan, 6-cyl.** | | | | | | |
| 4-dr Sdn Hdtp | 850 | 2550 | 4350 | 8700 | 15300 | 21700 |
| 4-dr Conv Sdn | 1800 | 5300 | 8900 | 17800 | 31300 | 44400 |
| **Standard** | | | | | | |
| 4-dr Sdn | 600 | 1600 | 2750 | 5500 | 9500 | 13800 |
| 4-dr Vagabond Sdn | 650 | 1800 | 3250 | 6500 | 11200 | 16100 |

# GARDNER
## 1920 – 1931

| | 6 | 5 | 4 | 3 | 2 | 1 |
|---|---|---|---|---|---|---|

### 1920
**Model G, 4-cyl., 35 hp, 112" wb**

| | 6 | 5 | 4 | 3 | 2 | 1 |
|---|---|---|---|---|---|---|
| 2-pass Rdstr | 900 | 2900 | 4900 | 9800 | 17300 | 24500 |
| 5-pass Tr | 850 | 2650 | 4450 | 8900 | 15700 | 22300 |
| 3-pass Rdstr | 950 | 3050 | 5100 | 10200 | 18000 | 25400 |
| 5-pass Sdn | 650 | 1700 | 3000 | 5900 | 10200 | 14700 |

### 1921
**Model G, 4-cyl., 35 hp, 112" wb**

| | 6 | 5 | 4 | 3 | 2 | 1 |
|---|---|---|---|---|---|---|
| 3-pass Rdstr | 700 | 2000 | 3450 | 6900 | 11900 | 17200 |
| 5-pass Tr | 850 | 2650 | 4450 | 8900 | 15700 | 22300 |
| 5-pass Sdn | 650 | 1700 | 3000 | 5900 | 10200 | 14700 |

### 1922
**Four, 35 hp, 112" wb**

| | 6 | 5 | 4 | 3 | 2 | 1 |
|---|---|---|---|---|---|---|
| 3-pass Rdstr | 950 | 3050 | 5100 | 10200 | 18000 | 25400 |
| 5-pass Tr | 850 | 2650 | 4450 | 8900 | 15700 | 22300 |
| 5-pass Sdn | 650 | 1700 | 3000 | 5900 | 10200 | 14700 |

### 1923
**Model 5, 4-cyl., 43 hp, 112" wb**

| | 6 | 5 | 4 | 3 | 2 | 1 |
|---|---|---|---|---|---|---|
| 5-pass Phtn | 900 | 2750 | 4600 | 9200 | 16200 | 22900 |
| 2-pass Rdstr | 900 | 2900 | 4900 | 9800 | 17300 | 24500 |
| 2-pass Spt Rdstr | 950 | 3050 | 5100 | 10200 | 18000 | 25400 |
| 2-pass Bus Cpe | 750 | 2250 | 3700 | 7400 | 12800 | 18500 |
| 5-pass Sdn | 650 | 1700 | 3000 | 5900 | 10200 | 14700 |

### 1924
**Model 5, 4-cyl., 43 hp, 112" wb**

| | 6 | 5 | 4 | 3 | 2 | 1 |
|---|---|---|---|---|---|---|
| 2-pass Rdstr | 950 | 3000 | 5050 | 10100 | 17900 | 25100 |
| 5-pass Tr | 900 | 2750 | 4600 | 9200 | 16200 | 22900 |
| 5-pass Spt Tr | 900 | 2800 | 4700 | 9400 | 16500 | 23400 |
| 5-pass Tr Dlx | 900 | 2900 | 4900 | 9800 | 17300 | 24500 |
| 2-pass Bus Cpe | 750 | 2250 | 3700 | 7400 | 12800 | 18500 |
| 5-pass Brghm | 650 | 1750 | 3150 | 6300 | 10900 | 15700 |
| 5-pass Sdn | 650 | 1700 | 3000 | 5900 | 10200 | 14700 |

### 1925
**Model 5, 4-cyl., 43 hp, 112" wb**

| | 6 | 5 | 4 | 3 | 2 | 1 |
|---|---|---|---|---|---|---|
| 5-pass Tr | 900 | 2750 | 4600 | 9200 | 16200 | 22900 |
| 2-pass Rdstr | 950 | 3000 | 5050 | 10100 | 17900 | 25100 |
| 2-pass All Season Rdstr | 1000 | 3100 | 5200 | 10400 | 18400 | 26000 |
| 2-pass Spl Spt Rdstr | 1000 | 3150 | 5300 | 10600 | 18700 | 26500 |
| 5-pass Tr "A" | 900 | 2800 | 4700 | 9400 | 16500 | 23400 |
| 5-pass Dlx Tr | 900 | 2900 | 4900 | 9800 | 17300 | 24500 |
| 5-pass Spl Tr | 950 | 3000 | 5000 | 10000 | 17700 | 24900 |
| 5-pass All Season Tr | 950 | 3050 | 5100 | 10200 | 18000 | 25400 |
| 5-pass Sdn | 600 | 1650 | 2900 | 5800 | 10000 | 14500 |
| 5-pass Cpe | 750 | 2250 | 3700 | 7400 | 12800 | 18500 |
| 5-pass Radio Sdn | 700 | 2050 | 3500 | 7000 | 12100 | 17400 |

| | 6 | 5 | 4 | 3 | 2 | 1 |
|---|---|---|---|---|---|---|
| **1926** | | | | | | |
| **Six, 60 hp, 118" wb** | | | | | | |
| 5-pass Tr | 1000 | 3150 | 5300 | 10600 | 18700 | 26500 |
| 2-dr 5-pass Brghm | 700 | 2100 | 3600 | 7200 | 12500 | 17800 |
| 4-pass Rdstr | 1150 | 3650 | 6100 | 12200 | 21500 | 30500 |
| 4-pass Cabrlt | 900 | 2900 | 4900 | 9800 | 17300 | 24500 |
| 4-dr 5-pass Brghm | 700 | 2050 | 3500 | 7000 | 12100 | 17400 |
| 5-pass Spt Sdn | 650 | 1750 | 3100 | 6200 | 10700 | 15400 |
| 5-pass Dlx Sdn | 700 | 1900 | 3300 | 6600 | 11300 | 16300 |
| **Model 6-B, 6-cyl., 55 hp, 117" wb** | | | | | | |
| 5-pass Tr | 1000 | 3200 | 5400 | 10800 | 19000 | 26900 |
| 2-4 pass Rdstr | 1150 | 3650 | 6100 | 12200 | 21500 | 30500 |
| 4-pass Cabrlt | 900 | 2900 | 4900 | 9800 | 17300 | 24500 |
| 5-pass 4-dr Brghm | 700 | 2050 | 3500 | 7000 | 12100 | 17400 |
| 5-pass Imp Sdn | 700 | 1900 | 3400 | 6800 | 11700 | 16900 |
| **Line 8, 65 hp, 125" wb** | | | | | | |
| 5-pass Phtn | 1400 | 4350 | 7250 | 14500 | 25500 | 36200 |
| 2-dr 5-pass Brghm | 950 | 3100 | 5200 | 10500 | 18750 | 26000 |
| 4-pass Rdstr | 1600 | 4850 | 8100 | 16200 | 28500 | 40500 |
| 4-pass Lndlt Rdstr | 1550 | 4650 | 7800 | 15600 | 27450 | 38900 |
| 4-dr 5-pass Brghm | 950 | 3050 | 5100 | 10200 | 18000 | 25400 |
| 5-pass Sdn | 900 | 2800 | 4700 | 9400 | 16500 | 23400 |
| 5-pass Dlx Sdn | 950 | 2950 | 4950 | 9900 | 17500 | 24700 |
| 5-pass Imp Sdn | 950 | 3050 | 5100 | 10200 | 18000 | 25400 |
| **Junior, 8-cyl., 80 hp, 122" wb** | | | | | | |
| 2-4 pass Rdstr | 1600 | 4750 | 7950 | 15900 | 28000 | 39700 |
| 4-dr 5-pass Sdn | 900 | 2750 | 4600 | 9200 | 16200 | 22900 |
| **Senior, 8-cyl., 84 hp, 125" wb** | | | | | | |
| 2-4 pass Rdstr | 1700 | 5050 | 8450 | 16900 | 29700 | 42200 |
| 2-4 pass Lndlt Rdstr | 1650 | 4900 | 8250 | 16500 | 29000 | 41200 |
| 5-pass Custom Brghm (130" wb) | 1100 | 3500 | 5850 | 11700 | 20600 | 29100 |
| 5-pass Sdn ( (130" wb) | 1050 | 3350 | 5600 | 11200 | 19700 | 28000 |
| 5-pass Vic (130" wb) | 1150 | 3600 | 5950 | 11900 | 21000 | 29700 |
| **1927** | | | | | | |
| **Model 8-80, 8-cyl., 70 hp, 122" wb** | | | | | | |
| 4-pass Rdstr | 1500 | 4600 | 7700 | 15400 | 27100 | 38500 |
| 4-pass Dlx Rdstr | 1550 | 4650 | 7800 | 15600 | 27450 | 38900 |
| 4-pass Vic Dlx | 1050 | 3300 | 5500 | 11100 | 19500 | 27700 |
| 4-pass Brghm Cpe | 1000 | 3150 | 5300 | 10600 | 18700 | 26500 |
| 5-pass Brghm Dlx Cpe | 1000 | 3200 | 5400 | 10800 | 19000 | 26900 |
| 5-pass Sdn Dlx | 950 | 2900 | 4800 | 9600 | 16750 | 23600 |
| 5-pass Sdn | 900 | 2800 | 4700 | 9400 | 16500 | 23400 |
| 4-pass Vic Cpe | 1000 | 3200 | 5400 | 10800 | 19000 | 26900 |
| **Model 8-90, 8-cyl., 84 hp, 130" wb** | | | | | | |
| 4-pass Rdstr | 1600 | 4850 | 8100 | 16200 | 28500 | 40500 |
| 4-pass Lndlt Rdstr (125" wb) | 1500 | 4500 | 7500 | 15000 | 26400 | 37500 |
| 5-pass Sdn | 700 | 1900 | 3350 | 6700 | 11500 | 16500 |
| 5-pass Brghm | 750 | 2250 | 3750 | 7500 | 13000 | 18700 |
| 5-pass Vic | 750 | 2250 | 3750 | 7500 | 13000 | 18700 |
| **Model 75, 8-cyl., 65 hp, 122" wb** | | | | | | |
| 4-pass Rdstr | 1550 | 4700 | 7900 | 15800 | 27800 | 39400 |
| 4-pass Vic Cpe | 1000 | 3150 | 5300 | 10600 | 18700 | 26500 |
| 5-pass Club Sdn | 950 | 3050 | 5100 | 10200 | 18000 | 25400 |
| 5-pass Spt Cpe | 900 | 2900 | 4900 | 9800 | 17300 | 24500 |
| 5-pass Sdn | 850 | 2650 | 4500 | 9000 | 15900 | 22500 |

|  | 6 | 5 | 4 | 3 | 2 | 1 |
|---|---|---|---|---|---|---|
| **Model 85, 8-cyl., 65 hp, 130" wb** | | | | | | |
| 5-pass Tr | 1000 | 3200 | 5400 | 10800 | 19000 | 27000 |
| 7-pass Tr | 1000 | 3300 | 5500 | 11000 | 19500 | 27500 |
| **Model 88, 8-cyl., 74 hp, 122" wb** | | | | | | |
| 4-pass Rdstr | 1500 | 4600 | 7700 | 15400 | 27100 | 38500 |
| 5-pass Spt Cpe | 950 | 3100 | 5200 | 10400 | 18500 | 26200 |
| 4-pass Vic Cpe | 1000 | 3150 | 5300 | 10600 | 18700 | 26500 |
| 5-pass Sdn | 900 | 2750 | 4600 | 9200 | 16200 | 22900 |
| 4-dr 5-pass Brghm | 900 | 2800 | 4700 | 9400 | 16500 | 23400 |
| 4-pass Custom Cpe | 950 | 3000 | 5100 | 10200 | 18100 | 25850 |

### 1928

| **Model 8-75, 8-cyl., 65 hp, 122" wb** | | | | | | |
|---|---|---|---|---|---|---|
| 4-pass Rdstr | 1550 | 4700 | 7900 | 15800 | 27800 | 39400 |
| 4-pass Vic Cpe | 1000 | 3150 | 5300 | 10600 | 18700 | 26500 |
| 4-pass Spt Cpe | 950 | 3050 | 5100 | 10200 | 18000 | 25400 |
| 5-pass Club Sdn | 900 | 2900 | 4900 | 9800 | 17300 | 24500 |
| 5-pass Sdn | 850 | 2650 | 4500 | 9000 | 15900 | 22500 |
| **Model 8-85, 8-cyl., 74 hp, 125" wb** | | | | | | |
| 4-pass Rdstr | 1600 | 4850 | 8100 | 16200 | 28500 | 40500 |
| 5-pass Brghm | 1000 | 3150 | 5300 | 10600 | 18700 | 26500 |
| 4-pass Vic | 1000 | 3150 | 5300 | 10600 | 18700 | 26500 |
| 5-pass Sdn | 900 | 2800 | 4700 | 9400 | 16500 | 23400 |
| 4-pass Custom Cpe | 1050 | 3300 | 5500 | 11000 | 19300 | 27500 |
| **Model 88, 8-cyl., 86 hp, 130" wb** | | | | | | |
| 5-pass Tr | 1000 | 3200 | 5400 | 10800 | 19000 | 27000 |
| 7-pass Tr | 1000 | 3300 | 5500 | 11000 | 19500 | 27500 |
| **Model 90, 8-cyl., 84 hp, 130" wb** | | | | | | |
| 4-dr 5-pass Brghm | 750 | 2250 | 3750 | 7500 | 13000 | 18700 |
| 5-pass Sdn | 700 | 1900 | 3350 | 6700 | 11500 | 16500 |
| **Model 8-95, 8-cyl., 115 hp, 130" wb** | | | | | | |
| 4-pass Rdstr | 1750 | 5200 | 8700 | 17400 | 30600 | 43500 |
| 5-pass Brghm | 1050 | 3300 | 5500 | 11000 | 19300 | 27500 |
| 4-pass Vic | 1000 | 3200 | 5400 | 10800 | 19000 | 26900 |
| 5-pass Sdn | 900 | 2900 | 4900 | 9800 | 17300 | 24500 |
| 4-pass Custom Cpe | 1050 | 3400 | 5700 | 11400 | 20100 | 28500 |

### 1929

| **Model 120, 8-cyl., 65 hp, 120" wb** | | | | | | |
|---|---|---|---|---|---|---|
| 4-pass Rdstr | 1600 | 4850 | 8100 | 16200 | 28500 | 40500 |
| 5-pass Spt Sdn | 1050 | 3300 | 5500 | 11000 | 19300 | 27500 |
| 4-pass Cpe | 1100 | 3450 | 5750 | 11500 | 20300 | 28700 |
| 5-pass Sdn | 900 | 2800 | 4700 | 9400 | 16500 | 23400 |
| **Model 125, 8-cyl., 85 hp, 125" wb** | | | | | | |
| 4-pass Rdstr | 1800 | 5250 | 8800 | 17600 | 30950 | 43900 |
| 5-pass Brghm | 1000 | 3150 | 5300 | 10600 | 18700 | 26500 |
| 5-pass Sdn | 900 | 2900 | 4900 | 9800 | 17300 | 24500 |
| 5-pass Vic | 950 | 3050 | 5100 | 10200 | 18000 | 25400 |
| 5-pass Cpe | 1050 | 3400 | 5700 | 11400 | 20100 | 28500 |
| **Model 130, 8-cyl., 115 hp, 130" wb** | | | | | | |
| 4-pass Rdstr | 1750 | 5100 | 8600 | 17200 | 30250 | 43000 |
| 4-pass Cpe | 1100 | 3550 | 5900 | 11800 | 20800 | 29400 |
| 5-pass Brghm | 1050 | 3300 | 5500 | 11000 | 19300 | 27500 |
| 5-pass Sdn | 1000 | 3150 | 5300 | 10600 | 18700 | 26500 |
| 5-pass Vic | 1100 | 3550 | 5900 | 11800 | 20800 | 29400 |

### 1930

| **Model 136, 6-cyl., 70 hp, 122" wb** | | | | | | |
|---|---|---|---|---|---|---|
| 4-pass Rdstr | 1700 | 5050 | 8450 | 16900 | 29700 | 42200 |
| 5-pass Spt Phtn | 1600 | 4750 | 7950 | 15900 | 28000 | 39700 |
| 7-pass Spt Phtn | 1650 | 4900 | 8250 | 16500 | 29000 | 41200 |

| | 6 | 5 | 4 | 3 | 2 | 1 |
|---|---|---|---|---|---|---|
| 5-pass Spt Sdn | 1000 | 3150 | 5300 | 10600 | 18700 | 26500 |
| 4-pass Cpe | 1100 | 3550 | 5900 | 11800 | 20800 | 29400 |
| 5-pass Brghm | 1000 | 3150 | 5300 | 10600 | 18700 | 26500 |
| 5-pass Sdn | 900 | 2800 | 4700 | 9400 | 16500 | 23400 |
| 7-pass Sdn | 900 | 2900 | 4900 | 9800 | 17300 | 24500 |
| **Model 140, 8-cyl., 90 hp, 125" wb** | | | | | | |
| 4-pass Rdstr | 1800 | 5250 | 8800 | 17600 | 30950 | 43900 |
| 5-pass Spt Phtn | 1650 | 4900 | 8250 | 16500 | 29000 | 41200 |
| 7-pass Spt Phtn | 1700 | 5050 | 8450 | 16900 | 29700 | 42200 |
| 5-pass Spt Sdn | 1050 | 3400 | 5700 | 11400 | 20100 | 28500 |
| 5-pass Cpe | 1150 | 3650 | 6100 | 12200 | 21500 | 30500 |
| 5-pass Brghm | 1050 | 3300 | 5500 | 11000 | 19300 | 27500 |
| 5-pass Sdn | 900 | 2900 | 4900 | 9800 | 17300 | 24500 |
| 7-pass Sdn | 950 | 3050 | 5100 | 10200 | 18000 | 25400 |
| **Model 150, 8-cyl., 126 hp, 130" wb** | | | | | | |
| 4-pass Rdstr | 1900 | 5550 | 9350 | 18700 | 32900 | 46700 |
| 5-pass Spt Phtn | 1800 | 5250 | 8850 | 17700 | 31100 | 44100 |
| 7-pass Spt Phtn | 1850 | 5400 | 9000 | 18100 | 31800 | 45200 |
| 5-pass Spt Sdn | 1100 | 3550 | 5900 | 11800 | 20800 | 29400 |
| 5-pass Cpe | 1200 | 3750 | 6300 | 12600 | 22200 | 31400 |
| 5-pass Brghm | 1050 | 3400 | 5700 | 11400 | 20100 | 28500 |
| 5-pass Sdn | 950 | 3050 | 5100 | 10200 | 18000 | 25400 |
| 7-pass Sdn | 1000 | 3150 | 5300 | 10600 | 18700 | 26500 |

**Front Wheel Drive, 6-cyl., 80 hp, 133" wb**

*Prototypes only were built*

### 1931

| **Model 136, 6-cyl., 70 hp 122" wb** | | | | | | |
|---|---|---|---|---|---|---|
| 4-pass Rdstr | 1750 | 5100 | 8600 | 17200 | 30250 | 43000 |
| 5-pass Spt Phtn | 1700 | 5000 | 8350 | 16700 | 29400 | 41700 |
| 5-pass Spt Sdn | 1050 | 3400 | 5700 | 11400 | 20100 | 28500 |
| 4-pass Cpe | 1100 | 3550 | 5900 | 11800 | 20800 | 29400 |
| 5-pass Brghm | 1000 | 3250 | 5450 | 10900 | 19100 | 27200 |
| 5-pass Sdn | 950 | 3050 | 5100 | 10200 | 18000 | 25400 |
| **Model 148, 8-cyl., 100 hp, 125" wb** | | | | | | |
| 4-pass Rdstr | 1800 | 5300 | 8950 | 17900 | 31500 | 44700 |
| 5-pass Spt Phtn | 1750 | 5200 | 8750 | 17500 | 30800 | 43700 |
| 5-pass Spt Sdn | 1150 | 3650 | 6100 | 12200 | 21500 | 30500 |
| 4-pass Cpe | 1200 | 3750 | 6300 | 12600 | 22200 | 31400 |
| 5-pass Brghm | 1150 | 3650 | 6100 | 12200 | 21500 | 30500 |
| 5-pass Sdn | 1000 | 3200 | 5350 | 10700 | 18900 | 26700 |
| **Model 158, 8-cyl., 126 hp, 130" wb** | | | | | | |
| 4-pass Rdstr | 1850 | 5400 | 9100 | 18200 | 32000 | 45500 |
| 4-pass Cpe | 1250 | 3900 | 6500 | 13000 | 22900 | 32500 |
| 5-pass Brghm | 1200 | 3750 | 6300 | 12600 | 22200 | 31400 |
| 5-pass Sdn | 1050 | 3300 | 5500 | 11100 | 19500 | 27700 |

# GRAHAM-PAIGE
## 1928 – 1941

'29 Graham-Paige

'30 Graham Deluxe Town Sedan

'33 Graham Sedan

| | 6 | 5 | 4 | 3 | 2 | 1 |
|---|---|---|---|---|---|---|
| **1928** | | | | | | |
| **Model 610, 6-cyl., 52 hp, 111" wb** | | | | | | |
| 2-pass Cpe | 550 | 1450 | 2450 | 4900 | 8500 | 12000 |
| 5-pass Sdn | 450 | 1250 | 2100 | 4200 | 7200 | 10500 |
| **Model 614, 6-cyl., 71 hp, 114" wb** | | | | | | |
| 2-pass Cpe | 550 | 1500 | 2500 | 5100 | 8800 | 12500 |
| 4-pass Cpe | 550 | 1550 | 2650 | 5300 | 9100 | 13000 |
| 5-pass Sdn | 450 | 1250 | 2150 | 4300 | 7400 | 10700 |
| 4-pass Spt Phtn | 800 | 2350 | 3950 | 7900 | 13700 | 19700 |
| **Model 619, 6-cyl., 97 hp, 119" wb** | | | | | | |
| 4-pass Spt Phtn | 1000 | 3250 | 5450 | 10900 | 19100 | 27200 |
| 4-pass Cpe | 550 | 1550 | 2650 | 5300 | 9100 | 13000 |
| 5-pass Sdn | 500 | 1350 | 2350 | 4700 | 8100 | 11500 |
| 4-pass Cpe (Sidemount) | 600 | 1600 | 2750 | 5500 | 9500 | 13800 |
| 5-pass Sdn (Sidemount) | 550 | 1450 | 2450 | 4900 | 8500 | 12000 |
| **Model 629, 6-cyl., 97" wb, 129" wb** | | | | | | |
| 2-pass Cpe | 600 | 1600 | 2750 | 5500 | 9500 | 13800 |
| 5-pass Cpe | 600 | 1650 | 2850 | 5700 | 9900 | 14200 |
| 4-pass Cabrlt | 900 | 2850 | 4750 | 9500 | 16700 | 23700 |
| 5-pass Sdn | 550 | 1500 | 2500 | 5100 | 8800 | 12500 |
| 4-dr 5-pass Twn Sdn | 550 | 1400 | 2400 | 4800 | 8300 | 11800 |
| 4-dr 7-pass Sdn | 550 | 1550 | 2600 | 5200 | 9000 | 12800 |
| **Model 835, 8-cyl., 123 hp, 137" wb** | | | | | | |
| 2-pass Cpe | 600 | 1650 | 2850 | 5700 | 9900 | 14200 |
| 5-pass Cpe | 650 | 1700 | 3000 | 5900 | 10200 | 14700 |
| 4-pass Cabrlt | 1000 | 3100 | 5250 | 10500 | 18600 | 26200 |
| 4-dr 5-pass Sdn | 600 | 1600 | 2800 | 5600 | 9700 | 14000 |
| 4-dr 7-pass Sdn | 600 | 1650 | 2850 | 5700 | 9900 | 14200 |
| 4-dr 5-pass Twn Sdn | 600 | 1600 | 2800 | 5600 | 9700 | 14000 |

|  | 6 | 5 | 4 | 3 | 2 | 1 |
|---|---|---|---|---|---|---|
| **1929** | | | | | | |
| **Model 612, 6-cyl., 62 hp, 112" wb** | | | | | | |
| 4-pass Rdstr | 1050 | 3400 | 5700 | 11400 | 20100 | 28500 |
| 5-pass Phtn | 1100 | 3500 | 5850 | 11700 | 20600 | 29100 |
| 2-pass Cpe | 500 | 1350 | 2350 | 4700 | 8100 | 11500 |
| 4-pass Cpe | 550 | 1450 | 2450 | 4900 | 8500 | 12000 |
| 4-pass Cabrlt | 950 | 3050 | 5100 | 10200 | 18000 | 25400 |
| 2-dr 5-pass Sdn | 500 | 1350 | 2350 | 4700 | 8100 | 11500 |
| 4-dr 5-pass Sdn | 500 | 1350 | 2350 | 4700 | 8100 | 11500 |
| **Model 615, 6-cyl., 77 hp, 115" wb** | | | | | | |
| 4-pass Rdstr | 1100 | 3500 | 5800 | 11600 | 20450 | 28900 |
| 5-pass Phtn | 1150 | 3600 | 5950 | 11900 | 21000 | 29700 |
| 2-pass Cpe | 550 | 1400 | 2400 | 4800 | 8300 | 11800 |
| 4-pass Cpe | 550 | 1500 | 2500 | 5000 | 8700 | 12300 |
| 4-pass Cabrlt | 1000 | 3200 | 5350 | 10700 | 18900 | 26700 |
| 2-dr 5-pass Sdn | 550 | 1450 | 2450 | 4900 | 8500 | 12000 |
| 4-dr 5-pass Sdn | 550 | 1450 | 2450 | 4900 | 8500 | 12000 |
| **Model 621, 6-cyl., 97 hp, 121" wb** | | | | | | |
| 2-4 pass Rdstr | 1150 | 3600 | 5950 | 11900 | 21000 | 29700 |
| 5-pass Phtn | 1150 | 3650 | 6100 | 12200 | 21500 | 30500 |
| 2-4 pass Cpe | 550 | 1450 | 2450 | 4900 | 8500 | 12000 |
| 4-pass Cpe | 550 | 1500 | 2500 | 5100 | 8800 | 12500 |
| 4-pass Cabrlt | 1000 | 3250 | 5450 | 10900 | 19100 | 27200 |
| 5-pass Sdn | 550 | 1500 | 2500 | 5000 | 8700 | 12300 |
| **Model 827, 8-cyl., 123 hp, 127" wb** | | | | | | |
| 2-4 pass Rdstr | 1200 | 3850 | 6450 | 12900 | 22700 | 32200 |
| 5-pass Phtn | 1300 | 4050 | 6750 | 13500 | 23800 | 33700 |
| 2-4 pass Cpe | 650 | 1700 | 3000 | 5900 | 10200 | 14700 |
| 4-pass Cpe | 650 | 1700 | 3000 | 6100 | 10600 | 15200 |
| 2-4 pass Cabrlt | 1200 | 3750 | 6300 | 12600 | 22200 | 31400 |
| 5-pass Sdn | 600 | 1600 | 2750 | 5500 | 9500 | 13800 |
| **Model 837, 8-cyl., 123 hp, 137" wb** | | | | | | |
| 7-pass Phtn | 1450 | 4450 | 7450 | 14900 | 26200 | 37200 |
| 5-pass Cpe | 800 | 2350 | 3950 | 7900 | 13700 | 19700 |
| 5-pass Sdn | 750 | 2100 | 3550 | 7100 | 12300 | 17700 |
| 7-pass Sdn | 750 | 2250 | 3750 | 7500 | 13000 | 18700 |
| 7-pass Twn Sdn | 800 | 2350 | 3950 | 7900 | 13700 | 19700 |
| 7-pass Limo | 850 | 2550 | 4300 | 8600 | 15100 | 21500 |
| 7-pass LeBaron Limo | 900 | 2850 | 4750 | 9500 | 16700 | 23700 |
| 7-pass LeBaron Town Car | 900 | 2900 | 4900 | 9800 | 17300 | 24500 |
| 7-pass LeBaron Limo Sdn | 850 | 2650 | 4450 | 8900 | 15700 | 22300 |
| **1930** | | | | | | |
| **Standard Six, 6-cyl., 115" wb** | | | | | | |
| 2-4 pass Rdstr | 1450 | 4450 | 7450 | 14900 | 26200 | 37200 |
| 5-pass Phtn | 1450 | 4400 | 7300 | 14600 | 25700 | 36500 |
| 2-pass Cpe | 600 | 1600 | 2750 | 5500 | 9500 | 13800 |
| 2-4 pass Dlx Cpe | 650 | 1700 | 3000 | 5900 | 10200 | 14700 |
| 2-4 pass Cabrlt | 1150 | 3600 | 5950 | 11900 | 21000 | 29700 |
| 2-dr 5-pass Sdn | 550 | 1500 | 2500 | 5000 | 8700 | 12300 |
| 5-pass Sdn | 550 | 1500 | 2500 | 5000 | 8700 | 12300 |
| 5-pass Dlx Sdn | 550 | 1500 | 2500 | 5100 | 8800 | 12500 |
| 5-pass Twn Sdn | 550 | 1500 | 2500 | 5100 | 8800 | 12500 |
| 5-pass Dlx Town Sdn | 550 | 1550 | 2600 | 5200 | 9000 | 12800 |
| 2-pass Dlx Cpe | 550 | 1500 | 2500 | 5100 | 8800 | 12500 |
| 5-pass Universal Sdn | 550 | 1450 | 2450 | 4900 | 8500 | 12000 |
| **Special Six, 6-cyl., 76 hp, 115" wb** | | | | | | |
| 2-pass Cpe | 650 | 1700 | 3000 | 6100 | 10600 | 15200 |
| 2-4 pass Cpe | 650 | 1750 | 3150 | 6300 | 10900 | 15700 |
| 5-pass Sdn | 600 | 1600 | 2750 | 5500 | 9500 | 13800 |

| | 6 | 5 | 4 | 3 | 2 | 1 |
|---|---|---|---|---|---|---|
| **Custom Six, 6-cyl., 97 hp, 115" wb** | | | | | | |
| 2-4 pass Rdstr | 1500 | 4550 | 7600 | 15200 | 26750 | 38000 |
| 5-pass Phtn | 1450 | 4450 | 7450 | 14900 | 26200 | 37200 |
| 4-pass Vic Cpe | 550 | 1450 | 2450 | 4900 | 8500 | 12000 |
| **Standard Eight, 8-cyl., 100 hp, 122"** | | | | | | |
| 2-4 pass Cpe | 750 | 2100 | 3550 | 7100 | 12300 | 17700 |
| 5-pass Sdn | 650 | 1750 | 3150 | 6300 | 10900 | 15700 |
| 5-pass Conv Sdn | 1500 | 4550 | 7650 | 15300 | 26900 | 38200 |
| 4-dr 7-pass Sdn (134" wb) | 700 | 1900 | 3350 | 6700 | 11500 | 16500 |
| **Special Eight, 8-cyl., 122"** | | | | | | |
| 2-4 pass Cpe | 750 | 2200 | 3650 | 7300 | 12600 | 18200 |
| 5-pass Sdn | 650 | 1800 | 3250 | 6500 | 11200 | 16100 |
| 5-pass Conv Sdn | 1650 | 4900 | 8250 | 16500 | 29000 | 41200 |
| 4-dr 7-pass Sdn (134" wb) | 750 | 2100 | 3550 | 7100 | 12300 | 17700 |
| **Custom Eight, 8-cyl., 120 hp, 127" wb** | | | | | | |
| 2-4 pass Rdstr | 1600 | 4850 | 8150 | 16300 | 28700 | 40800 |
| 5-pass Phtn | 1600 | 4750 | 7950 | 15900 | 28000 | 39700 |
| 2-4 pass Cpe | 800 | 2350 | 3950 | 7900 | 13700 | 19700 |
| 4-pass Cpe | 800 | 2400 | 4060 | 8100 | 14200 | 20200 |
| 2-4 pass Cabrlt | 1450 | 4450 | 7400 | 14800 | 26050 | 36900 |
| 5-pass Sdn | 750 | 2250 | 3750 | 7500 | 13000 | 18700 |
| **Custom Eight, 8-cyl., 137" wb** | | | | | | |
| 7-pass Phtn | 1750 | 5100 | 8600 | 17200 | 30250 | 43000 |
| 5-pass Sdn | 750 | 2300 | 3850 | 7700 | 13300 | 19200 |
| 4-pass Twn Sdn | 800 | 2350 | 3950 | 7900 | 13700 | 19700 |
| 7-pass Sdn | 800 | 2400 | 4060 | 8100 | 14200 | 20200 |
| 7-pass Limo | 850 | 2550 | 4350 | 8700 | 15300 | 21700 |
| 7-pass LeBaron Limo | 900 | 2850 | 4750 | 9500 | 16700 | 23700 |
| 7-pass LeBaron Twn Car | 850 | 2550 | 4350 | 8700 | 15300 | 21700 |
| 5-pass LeBaron Limo Sdn | 850 | 2700 | 4550 | 9100 | 16000 | 22700 |
| 7-pass LeBaron Limo Sdn | 900 | 2750 | 4650 | 9300 | 16400 | 23100 |

## 1931

**First Series**

**Standard Six, 6-cyl., 115" wb**

| | 6 | 5 | 4 | 3 | 2 | 1 |
|---|---|---|---|---|---|---|
| 2-4 pass Rdstr | 1400 | 4250 | 7100 | 14200 | 25000 | 35400 |
| 2-pass Bus Cpe | 600 | 1600 | 2750 | 5500 | 9500 | 13800 |
| 2-4 pass Cpe | 600 | 1650 | 2850 | 5700 | 9900 | 14200 |
| 5-pass Sdn | 550 | 1500 | 2500 | 5100 | 8800 | 12500 |
| 5-pass Twn Sdn | 550 | 1550 | 2600 | 5200 | 9000 | 12800 |
| **Special Six, 6-cyl., 76 hp, 115" wb** | | | | | | |
| 2-pass Bus Cpe | 650 | 1700 | 3000 | 5900 | 10200 | 14700 |
| 2-4 pass Cpe | 650 | 1700 | 3000 | 6000 | 10400 | 14900 |
| 5-pass Sdn | 600 | 1650 | 2850 | 5700 | 9900 | 14200 |
| 2-4 pass Rdstr | 1400 | 4350 | 7250 | 14500 | 25500 | 36200 |
| 5-pass Twn Sdn | 600 | 1650 | 2850 | 5700 | 9900 | 14200 |
| **Custom Six, 6-cyl., 97 hp, 121" wb** | | | | | | |
| 2-4 pass Rdstr | 1450 | 4400 | 7350 | 14700 | 29500 | 36700 |
| 5-pass Phtn | 1350 | 4150 | 6950 | 13900 | 24500 | 34700 |
| 4-pass Vic Cpe | 650 | 1750 | 3100 | 6200 | 10700 | 15400 |
| 2-4 pass Cpe | 650 | 1800 | 3200 | 6400 | 11000 | 15900 |
| 5-pass Sdn | 650 | 1700 | 3000 | 6100 | 10600 | 15200 |
| **Standard Eight, 8-cyl., 100 hp, 122" wb** | | | | | | |
| Cpe | 700 | 1900 | 3350 | 6700 | 11500 | 16500 |
| 4-dr Sdn | 650 | 1800 | 3250 | 6500 | 11200 | 16100 |
| Conv Sdn | 1450 | 4450 | 7450 | 14900 | 26200 | 37200 |
| 4-dr 7-pass Sdn (134" wb) | 650 | 1800 | 3250 | 6500 | 11200 | 16100 |
| 4-dr 5-pass Sdn (134" wb) | 650 | 1800 | 3250 | 6500 | 11200 | 16100 |
| Limo (134" wb) | 750 | 2100 | 3550 | 7100 | 12300 | 17700 |

| | 6 | 5 | 4 | 3 | 2 | 1 |
|---|---|---|---|---|---|---|
| **Special Eight, 8-cyl., 85 hp, 120" wb** | | | | | | |
| 2-pass Bus Cpe | 750 | 2200 | 3650 | 7300 | 12600 | 18200 |
| 2-4 pass Cpe | 750 | 2250 | 3750 | 7500 | 13000 | 18700 |
| 5-pass Spt Sdn | 700 | 2000 | 3450 | 6900 | 11900 | 17200 |
| 5-pass Sdn | 700 | 1900 | 3350 | 6700 | 11500 | 16500 |
| **Special Eight, 8-cyl., 100 hp, 122" wb** | | | | | | |
| 5-pass Sdn | 750 | 2200 | 3650 | 7300 | 12600 | 18200 |
| 5-pass Conv Sdn | 1500 | 4550 | 7650 | 15300 | 26900 | 38200 |
| **Custom Eight, 8-cyl., 97 hp, 127" wb** | | | | | | |
| 2-4 pass Rdstr | 1600 | 4750 | 7950 | 15900 | 28000 | 39700 |
| 5-pass Phtn | 1500 | 4550 | 7650 | 15300 | 26900 | 38200 |
| 4-pass Vic Cpe | 750 | 2100 | 3650 | 7100 | 12300 | 17700 |
| 2-4 pass Cabrlt | 1400 | 4250 | 7100 | 14200 | 25000 | 35400 |
| 5-pass Sdn | 700 | 2000 | 3450 | 6900 | 11900 | 17200 |
| **Custom Eight, 8-cyl., 120 hp, 137" wb** | | | | | | |
| LeBaron Limo | 900 | 2750 | 4650 | 9300 | 16400 | 23100 |
| **Second Series** | | | | | | |
| **Prosperity Six, 6-cyl., 70 hp, 113" wb** | | | | | | |
| 2-pass Bus Cpe | 600 | 1600 | 2750 | 5500 | 9500 | 13800 |
| 2-4 pass Cpe | 650 | 1700 | 3000 | 5900 | 10200 | 14700 |
| 5-pass Sdn | 550 | 1550 | 2600 | 5200 | 9000 | 12800 |
| 5-pass Twn Sdn | 550 | 1550 | 2650 | 5300 | 9100 | 13000 |
| ***1932*** | | | | | | |
| **Model 56, 6-cyl., 70hp, 113" wb** | | | | | | |
| 5-pass Sdn | 600 | 1600 | 2800 | 5600 | 9700 | 14000 |
| 5-pass Twn Sdn | 600 | 1650 | 2850 | 5700 | 9900 | 14200 |
| **Companion, 6-cyl., 80 hp, 118" wb** | | | | | | |
| 2-pass Bus Cpe | 700 | 1900 | 3350 | 6700 | 11500 | 16500 |
| 2-4 pass Cpe | 750 | 2100 | 3650 | 7100 | 12300 | 17700 |
| 2-4 pass Conv Cpe | 1000 | 3100 | 5250 | 10500 | 18600 | 26200 |
| 5-pass Sdn | 650 | 1700 | 3000 | 5900 | 10200 | 14700 |
| **Blue Streak, Standard, 8-cyl., 123" wb** | | | | | | |
| 2-pass Bus Cpe | 750 | 2200 | 3650 | 7300 | 12600 | 18200 |
| 2-4 pass Cpe | 750 | 2250 | 3750 | 7500 | 13000 | 18700 |
| 5-pass Sdn | 700 | 2000 | 3450 | 6900 | 11900 | 17200 |
| 2-4 pass Conv Cpe | 1400 | 4350 | 7250 | 14500 | 25500 | 36200 |
| **Blue Streak, Deluxe, 8-cyl., 90 hp, 123" wb** | | | | | | |
| 2-pass Bus Cpe | 800 | 2350 | 3950 | 7900 | 13700 | 19700 |
| 2-4 pass RS Cpe | 800 | 2400 | 4050 | 8100 | 14200 | 20200 |
| 4-dr 5-pass Sdn | 750 | 2150 | 3600 | 7200 | 12400 | 18000 |
| 2-4 pass Conv Cpe | 1550 | 4650 | 7750 | 15500 | 27300 | 38700 |
| ***1933*** | | | | | | |
| **Standard Six, 6-cyl., 85 hp, 113" wb** | | | | | | |
| 2-pass Bus Cpe | 600 | 1650 | 2850 | 5700 | 9900 | 14200 |
| 2-4 pass RS Cpe | 650 | 1700 | 3000 | 5900 | 10200 | 14700 |
| 2-4 pass Conv Cpe | 1100 | 3550 | 5850 | 11700 | 20600 | 29100 |
| 4-dr Sdn | 600 | 1650 | 2850 | 5700 | 9900 | 14200 |
| **Standard Eight, 8-cyl., 95 hp, 119" wb** | | | | | | |
| 2-pass Bus Cpe | 650 | 1700 | 3000 | 5900 | 10200 | 14700 |
| 2-4 pass RS Cpe | 650 | 1700 | 3000 | 6100 | 10600 | 15200 |
| 4-dr 5-pass Sdn | 600 | 1650 | 2900 | 5800 | 10000 | 14500 |
| 2-4 pass Conv Cpe | 1200 | 3750 | 6250 | 12500 | 22000 | 31100 |
| **Custom Eight, 8-cyl., 95 hp, 123" wb** | | | | | | |
| 2-pass Bus Cpe | 650 | 1800 | 3250 | 6500 | 11200 | 16100 |
| 2-4 pass RS Cpe | 700 | 1900 | 3350 | 6700 | 11500 | 16500 |
| 4-dr 5-pass Sdn | 650 | 1700 | 3000 | 6100 | 10600 | 15200 |

|  | 6 | 5 | 4 | 3 | 2 | 1 |
|---|---|---|---|---|---|---|

### 1934

**Model 65, 6-cyl., 113" wb**

|  | 6 | 5 | 4 | 3 | 2 | 1 |
|---|---|---|---|---|---|---|
| 2-pass Cpe | 600 | 1650 | 2900 | 5800 | 10000 | 14500 |
| 2-4 pass Cpe | 650 | 1700 | 3000 | 6000 | 10400 | 14900 |
| 2-4 pass Conv Cpe | 1000 | 3250 | 5450 | 10900 | 19100 | 27200 |
| 4-dr 5-pass Sdn | 550 | 1550 | 2650 | 5300 | 9100 | 13000 |

**Model 64, 6-cyl., 119" wb**

|  | 6 | 5 | 4 | 3 | 2 | 1 |
|---|---|---|---|---|---|---|
| 2-pass Cpe | 650 | 1700 | 3000 | 5900 | 10200 | 14700 |
| 2-4 pass Cpe | 650 | 1700 | 3000 | 6100 | 10600 | 15200 |
| 2-4 pass Conv Cpe | 1050 | 3400 | 5650 | 11300 | 19900 | 28200 |
| 5-pass Sdn | 600 | 1600 | 2700 | 5400 | 9300 | 13500 |

**Model 68, 6-cyl., 85 hp, 116" wb**

|  | 6 | 5 | 4 | 3 | 2 | 1 |
|---|---|---|---|---|---|---|
| 2-pass Bus Cpe | 650 | 1700 | 3000 | 5900 | 10200 | 14700 |
| 2-4 pass RS Cpe | 650 | 1700 | 3000 | 6100 | 10600 | 15200 |
| 2-4 pass Conv Cpe | 1200 | 3750 | 6250 | 12500 | 22000 | 31100 |
| 5-pass Sdn | 600 | 1600 | 2700 | 5400 | 9300 | 13500 |
| 5-pass Sdn Trunk | 600 | 1600 | 2750 | 5500 | 9500 | 13800 |

**Model 67, 8-cyl., 95 hp, 123" wb**

|  | 6 | 5 | 4 | 3 | 2 | 1 |
|---|---|---|---|---|---|---|
| 2-pass Bus Cpe | 650 | 1700 | 3000 | 6100 | 10600 | 15200 |
| 2-4 pass Cpe | 650 | 1750 | 3150 | 6300 | 10900 | 15700 |
| 2-4 pass Conv Cpe | 1200 | 3850 | 6450 | 12900 | 22700 | 32200 |
| 5-pass Sdn | 600 | 1600 | 2750 | 5500 | 9500 | 13800 |
| 5-pass Sdn Trunk | 600 | 1600 | 2800 | 5600 | 9700 | 14000 |

**Model 69, 8-cyl., 135 hp, 123" wb**

|  | 6 | 5 | 4 | 3 | 2 | 1 |
|---|---|---|---|---|---|---|
| 2-pass Bus Cpe | 650 | 1750 | 3100 | 6200 | 10700 | 15400 |
| 2-4 pass Cpe | 650 | 1800 | 3200 | 6400 | 11000 | 15900 |
| 2-4 pass Conv Cpe | 1300 | 4050 | 6750 | 13500 | 23800 | 33700 |
| 5-pass Sdn | 600 | 1600 | 2800 | 5600 | 9700 | 14000 |
| 5-pass Sdn Trunk | 600 | 1650 | 2850 | 5700 | 9900 | 14200 |

**Custom 8-71, 8-cyl., 135 hp, 138" wb**

|  | 6 | 5 | 4 | 3 | 2 | 1 |
|---|---|---|---|---|---|---|
| 4-dr 7-passSdn | 600 | 1650 | 2900 | 5800 | 10000 | 14500 |
| 4-dr 7-pass Sdn Trunk | 650 | 1700 | 3000 | 6000 | 10400 | 14900 |

### 1935

**Model 74, 6-cyl., 111" wb**

|  | 6 | 5 | 4 | 3 | 2 | 1 |
|---|---|---|---|---|---|---|
| 2-dr 5-pass Tr Sdn | 550 | 1550 | 2600 | 5200 | 9000 | 12800 |
| 4-dr 5-pass Tr Sdn | 550 | 1550 | 2650 | 5300 | 9100 | 13000 |
| 2-dr 5-pass Tr Dlx Sdn | 550 | 1550 | 2650 | 5300 | 9100 | 13000 |
| 4-dr 5-pass Tr Dlx Sdn | 600 | 1600 | 2700 | 5400 | 9300 | 13500 |

**Model 68, 6-cyl., 85 hp, 116" wb**

|  | 6 | 5 | 4 | 3 | 2 | 1 |
|---|---|---|---|---|---|---|
| 3-pass Bus Cpe | 600 | 1650 | 2850 | 5700 | 9900 | 14200 |
| 3-5 pass Cpe | 650 | 1700 | 3000 | 5900 | 10200 | 14700 |
| 3-5 pass Conv Cpe | 1000 | 3100 | 5250 | 10500 | 18600 | 26200 |
| 6-pass Sdn | 550 | 1550 | 2650 | 5300 | 9100 | 13000 |
| 6-pass Sdn Trunk | 600 | 1600 | 2700 | 5400 | 9300 | 13500 |

**Model 67, 8-cyl., 95 hp, 123" wb**

|  | 6 | 5 | 4 | 3 | 2 | 1 |
|---|---|---|---|---|---|---|
| 3-pass Cpe | 650 | 1700 | 3000 | 5900 | 10200 | 14700 |
| 3-5 pass Cpe | 650 | 1700 | 3000 | 6100 | 10600 | 15200 |
| 3-5 pass Conv Cpe | 1000 | 3250 | 5450 | 10900 | 19100 | 27200 |
| 6-pass Sdn | 600 | 1600 | 2700 | 5400 | 9300 | 13500 |
| 6-pass Sdn Trunk | 600 | 1600 | 2750 | 5500 | 9500 | 13800 |

**Model 72, 8-cyl., 95 hp, 123" wb**

|  | 6 | 5 | 4 | 3 | 2 | 1 |
|---|---|---|---|---|---|---|
| 2-pass Cpe | 650 | 1700 | 3000 | 6000 | 10400 | 14900 |
| 2-4 pass Cpe | 650 | 1750 | 3100 | 6200 | 10700 | 15400 |
| 2-4 pass Conv Cpe | 1100 | 3500 | 5850 | 11700 | 20600 | 29100 |
| 5-pass Tr Sdn | 600 | 1600 | 2700 | 5400 | 9300 | 13500 |

**Custom, Model 69, Supercharged, 8-cyl., 135 hp, 123" wb**

|  | 6 | 5 | 4 | 3 | 2 | 1 |
|---|---|---|---|---|---|---|
| 3-pass Cpe | 650 | 1700 | 3000 | 6100 | 10600 | 15200 |
| 3-5 pass Cpe | 650 | 1750 | 3150 | 6300 | 10900 | 15700 |
| 3-5 pass Conv Cpe | 1150 | 3650 | 6150 | 12300 | 21700 | 30700 |

| | 6 | 5 | 4 | 3 | 2 | 1 |
|---|---|---|---|---|---|---|
| 6-pass Sdn | 600 | 1600 | 2750 | 5500 | 9500 | 13800 |
| 6-pass Sdn Trunk | 600 | 1600 | 2800 | 5600 | 9700 | 14000 |
| **Model 75, Supercharged, 8-cyl., 123" wb** | | | | | | |
| 2-pass Cpe | 650 | 1700 | 3000 | 6100 | 10600 | 15200 |
| 2-4 pass Cpe | 650 | 1750 | 3150 | 6300 | 10900 | 15700 |
| 2-4 pass Conv Cpe | 1150 | 3600 | 5950 | 11900 | 21000 | 29700 |
| 5-pass Sdn | 600 | 1600 | 2750 | 5500 | 9500 | 13800 |

### 1936

| **Crusader, 6-cyl., 111" wb** | | | | | | |
|---|---|---|---|---|---|---|
| 2-dr 5-pass Sdn | 550 | 1500 | 2500 | 5100 | 8800 | 12500 |
| 2-dr 5-pass Sdn Trunk | 550 | 1550 | 2600 | 5200 | 9000 | 12800 |
| 4-dr 5-pass Sdn | 550 | 1550 | 2600 | 5200 | 9000 | 12800 |
| 4-dr 5-pass Sdn Trunk | 550 | 1550 | 2650 | 5300 | 9100 | 13000 |
| **Cavalier, 6-cyl., 115" wb** | | | | | | |
| 2-pass Bus Cpe | 600 | 1600 | 2800 | 5600 | 9700 | 14000 |
| 2-4 pass Cpe | 600 | 1650 | 2850 | 5700 | 9900 | 14200 |
| 2-dr 5-pass Tr Sdn | 550 | 1550 | 2600 | 5200 | 9000 | 12800 |
| 2-dr 5-pass Tr Sdn Trunk | 550 | 1550 | 2650 | 5300 | 9100 | 13000 |
| 4-dr 5-pass Tr Sdn | 550 | 1550 | 2650 | 5300 | 9100 | 13000 |
| 4-dr 5-pass Tr Sdn Trunk | 600 | 1600 | 2700 | 5400 | 9300 | 13500 |
| **Model 110, Supercharged, 6-cyl., 115" wb** | | | | | | |
| 2-pass Cpe | 600 | 1650 | 2900 | 5800 | 10000 | 14500 |
| 2-4 pass Cpe | 650 | 1700 | 3000 | 6000 | 10400 | 14900 |
| 2-dr 5-pass Tr Sdn | 550 | 1550 | 2650 | 5300 | 9100 | 13000 |
| 2-dr 5-pass Tr Sdn Trunk | 600 | 1600 | 2700 | 5400 | 9300 | 13500 |
| 4-dr 5-pass Tr Sdn | 600 | 1600 | 2700 | 5400 | 9300 | 13500 |
| 4-dr 5-pass Tr Sdn Trunk | 600 | 1600 | 2750 | 5500 | 9500 | 13800 |
| 4-dr 5-pass Tr Custom Sdn | 600 | 1600 | 2800 | 5600 | 9700 | 14000 |

### 1937

| **Crusader, 6-cyl., 111" wb** | | | | | | |
|---|---|---|---|---|---|---|
| 2-dr 5-pass Tr Sdn | 550 | 1500 | 2500 | 5100 | 8800 | 12500 |
| 2-dr 5-pass Tr Sdn Trunk | 550 | 1550 | 2600 | 5200 | 9000 | 12800 |
| 4-dr 5-pass Tr Sdn | 550 | 1550 | 2600 | 5200 | 9000 | 12800 |
| 4-dr 5-pass Tr Sdn Trunk | 550 | 1550 | 2650 | 5300 | 9100 | 13000 |
| **Cavalier, 6-cyl., 116" wb** | | | | | | |
| 3-pass Bus Cpe | 600 | 1650 | 2850 | 5700 | 9900 | 14200 |
| 3-5 pass Cpe | 600 | 1650 | 2900 | 5800 | 10000 | 14500 |
| 3-5 pass Conv Cpe | 1100 | 3450 | 5750 | 11500 | 20300 | 28700 |
| 2-dr 5-pass Tr Sdn | 550 | 1500 | 2500 | 5100 | 8800 | 12500 |
| 2-dr 5-pass Tr Sdn Trunk | 550 | 1550 | 2600 | 5200 | 9000 | 12800 |
| 4-dr 5-pass Tr Sdn | 550 | 1550 | 2600 | 5200 | 9000 | 12800 |
| 4-dr 5-pass Sdn Trunk | 550 | 1550 | 2650 | 5300 | 9100 | 13000 |
| **Model 116, Supercharged, 6-cyl., 116" wb** | | | | | | |
| 3-pass Bus Cpe | 650 | 1700 | 3000 | 5900 | 10200 | 14700 |
| 3-5 pass Cpe | 650 | 1700 | 3000 | 6100 | 10600 | 15200 |
| 3-5 pass Conv Cpe | 1150 | 3600 | 5950 | 11900 | 21000 | 29700 |
| 2-dr 5-pass Tr Sdn | 550 | 1550 | 2650 | 5300 | 9100 | 13000 |
| 2-dr 5-pass Sdn Trunk | 600 | 1600 | 2700 | 5400 | 9300 | 13500 |
| 4-dr 5-pass Tr Sdn | 600 | 1600 | 2700 | 5400 | 9300 | 13500 |
| 4-dr 5-pass Tr Sdn Trunk | 600 | 1600 | 2750 | 5500 | 9500 | 13800 |
| **Model 120, Custom Supercharged, 6-cyl., 116"-120" wb** | | | | | | |
| 3-pass Bus Cpe | 650 | 1700 | 3000 | 6000 | 10400 | 14900 |
| 3-5 pass Cpe | 650 | 1750 | 3100 | 6200 | 10700 | 15400 |
| 3-5 pass Conv Cpe | 1200 | 3850 | 6450 | 12900 | 22700 | 32200 |
| 4-dr 5-pass Sdn | 600 | 1600 | 2750 | 5500 | 9500 | 13800 |
| 4-dr 5-pass Tr Sdn Trunk | 600 | 1600 | 2800 | 5600 | 9700 | 14000 |

|  | 6 | 5 | 4 | 3 | 2 | 1 |
|---|---|---|---|---|---|---|

### 1938
**Standard, 6-cyl., 120" wb**

| | | | | | | |
|---|---|---|---|---|---|---|
| 4-dr 6-pass Tr Sdn | 550 | 1500 | 2500 | 5000 | 8700 | 12300 |

**Special, 6-cyl., 120" wb**

| | | | | | | |
|---|---|---|---|---|---|---|
| 4-dr 6-pass Tr Sdn | 550 | 1500 | 2500 | 5100 | 8800 | 12500 |

**Standard, Supercharged, 6-cyl., 120" wb**

| | | | | | | |
|---|---|---|---|---|---|---|
| 4-dr 6-pass Tr Sdn | 550 | 1550 | 2650 | 5300 | 9100 | 13000 |

**Custom, , Supercharged, 6-cyl., 120" wb**

| | | | | | | |
|---|---|---|---|---|---|---|
| 4-dr 6-pass Tr Sdn | 600 | 1600 | 2750 | 5500 | 9500 | 13800 |

### 1939
**Special, 6-cyl., 120" wb**

| | | | | | | |
|---|---|---|---|---|---|---|
| 5-pass Cpe | 600 | 1600 | 2750 | 5500 | 9500 | 13800 |
| 2-dr 5-pass Sdn Trunk | 600 | 1600 | 2700 | 5400 | 9300 | 13500 |
| 4-dr 5-pass Sdn Trunk | 600 | 1600 | 2700 | 5400 | 9300 | 13500 |

**Custom, 6-cyl., 120" wb**

| | | | | | | |
|---|---|---|---|---|---|---|
| 5-pass Cpe | 600 | 1600 | 2800 | 5600 | 9700 | 14000 |
| 2-dr 5-pass Sdn Trunk | 600 | 1600 | 2750 | 5500 | 9500 | 13800 |
| 4-dr 6-pass Sdn Trunk | 600 | 1600 | 2750 | 5500 | 9500 | 13800 |

**Standard, Supercharged, 6-cyl., 120" wb**

| | | | | | | |
|---|---|---|---|---|---|---|
| 5-pass Cpe | 700 | 1900 | 3350 | 6700 | 11500 | 16500 |
| 2-dr 5-pass Sdn Trunk | 650 | 1800 | 3200 | 6400 | 11000 | 15900 |
| 4-dr 6-pass Sdn Trunk | 650 | 1800 | 3250 | 6500 | 11200 | 16100 |

**Custom, Supercharged, 6-cyl., 120" wb**

| | | | | | | |
|---|---|---|---|---|---|---|
| 5-pass Cpe | 700 | 2000 | 3450 | 6900 | 11900 | 17200 |
| 2-dr 5-pass Sdn Trunk | 650 | 1800 | 3250 | 6500 | 11200 | 16100 |
| 4-dr 6-pass Sdn Trunk | 700 | 1850 | 3300 | 6600 | 11300 | 16300 |

### 1940
**Senior DeLuxe, 6-cyl., 120" wb**

| | | | | | | |
|---|---|---|---|---|---|---|
| 5-pass Cpe | 600 | 1650 | 2850 | 5700 | 9900 | 14200 |
| 2-dr 5-pass Sdn | 600 | 1600 | 2750 | 5500 | 9500 | 13800 |
| 4-dr 5-pass Sdn | 600 | 1600 | 2750 | 5500 | 9500 | 13800 |

**Senior Custom, 6-cyl., 120" wb**

| | | | | | | |
|---|---|---|---|---|---|---|
| 5-pass Cpe | 600 | 1650 | 2850 | 5700 | 9900 | 14200 |
| 2-dr 5-pass Sdn | 600 | 1600 | 2750 | 5500 | 9500 | 13800 |
| 4-dr 5-pass Sdn | 600 | 1600 | 2800 | 5600 | 9700 | 14000 |

**Senior DeLuxe, Supercharged, 6-cyl., 120" wb**

| | | | | | | |
|---|---|---|---|---|---|---|
| 5-pass Cpe | 700 | 1900 | 3350 | 6700 | 11500 | 16500 |
| 2-dr 5-pass Sdn | 650 | 1800 | 3250 | 6500 | 11200 | 16100 |
| 4-dr 5-pass Sdn | 700 | 1850 | 3300 | 6600 | 11300 | 16300 |

**Senior Custom, Supercharged, 6-cyl., 120" wb**

| | | | | | | |
|---|---|---|---|---|---|---|
| 5-pass Cpe | 700 | 2000 | 3450 | 6900 | 11900 | 17200 |
| 2-dr 5-pass Sdn | 700 | 1850 | 3300 | 6600 | 11300 | 16300 |
| 4-dr 5-pass Sdn | 700 | 1900 | 3350 | 6700 | 11500 | 16500 |

**Hollywood Custom, Supercharged, 6-cyl., 115" wb**

| | | | | | | |
|---|---|---|---|---|---|---|
| 3-pass Conv Cpe | 1150 | 3600 | 6000 | 12100 | 21300 | 30200 |
| 5-pass Sdn | 750 | 2100 | 3550 | 7100 | 12300 | 17700 |

### 1941
**Custom Hollywood, 6-cyl., 115" wb**

| | | | | | | |
|---|---|---|---|---|---|---|
| 5-pass Sdn | 750 | 2100 | 3550 | 7100 | 12300 | 17700 |

**Custom Hollywood, Supercharged, 6-cyl., 115" wb**

| | | | | | | |
|---|---|---|---|---|---|---|
| 5-pass Sdn | 750 | 2250 | 3750 | 7500 | 13000 | 18700 |

# HENRY J/ALLSTATE
## 1951 – 1954

| | 6 | 5 | 4 | 3 | 2 | 1 |
|---|---|---|---|---|---|---|
| **1951** | | | | | | |
| **Standard, 4-cyl., 68 hp, 100" wb** | | | | | | |
| 2-dr Sdn | 450 | 1250 | 2200 | 4400 | 7600 | 10900 |
| **DeLuxe, 6-cyl., 80 hp, 100" wb** | | | | | | |
| 2-dr Sdn | 500 | 1350 | 2300 | 4600 | 8000 | 11300 |
| **1952** | | | | | | |
| **Vagabond, 4-cyl., 68 hp, 100" wb** | | | | | | |
| 2-dr Sdn | 500 | 1350 | 2300 | 4600 | 8000 | 11300 |
| **Vagabond Deluxe, 6-cyl., 80 hp, 100" wb** | | | | | | |
| 2-dr Sdn | 550 | 1400 | 2400 | 4800 | 8300 | 11800 |
| **Corsair 4-cyl., 68 hp, 100" wb** | | | | | | |
| 2-dr Sdn | 500 | 1300 | 2250 | 4500 | 7700 | 11000 |
| **Corsair Deluxe, 6-cyl., 80 hp, 100" wb** | | | | | | |
| 2-dr Sdn | 500 | 1350 | 2350 | 4700 | 8100 | 11500 |
| **Allstate, 4-cyl./6-cyl.** | | | | | | |
| 2-dr Sdn | 500 | 1350 | 2300 | 4600 | 8000 | 11300 |
| 2-dr Dlx Sdn | 550 | 1400 | 2400 | 4800 | 8300 | 11800 |
| **1953** | | | | | | |
| **Corsair, 4-cyl., 68 hp, 100" wb** | | | | | | |
| 2-dr Sdn | 550 | 1400 | 2400 | 4800 | 8300 | 11800 |
| **Corsair, 6-cyl., 80 hp, 100" wb** | | | | | | |
| 2-dr Sdn | 550 | 1500 | 2500 | 5000 | 8700 | 12300 |
| **Allstate, 4-cyl./6-cyl.** | | | | | | |
| 2-dr Sdn | 500 | 1350 | 2350 | 4700 | 8100 | 11500 |
| 2-dr Dlx Sdn | 550 | 1450 | 2450 | 4900 | 8500 | 12000 |
| **1954** | | | | | | |
| **Corsair, 4-cyl., 68 hp, 100" wb** | | | | | | |
| 2-dr Sdn | 550 | 1500 | 2500 | 5000 | 8700 | 12300 |
| **Corsair Deluxe, 6-cyl., 80 hp, 100" wb** | | | | | | |
| 2-dr Sdn | 550 | 1550 | 2600 | 5200 | 9000 | 12800 |

---

## PRICE GUIDE CLASSIFICATIONS:

**1. CONCOURS:** Perfection. At or near 100 points on a 100-point judging scale. Trailered; never driven; pampered. Totally restored to the max and 100 percent stock.
**2. SHOW:** Professionally restored to high standards. No major flaws or deviations from stock. Consistent trophy winner that needs nothing to show. In 90 to 95 point range.
**3. STREET/SHOW:** Older restoration or extremely nice original showing some wear from age and use. Very presentable; occasional trophy winner; everything working properly. About 80 to 89 points.

**4. DRIVER:** A nice looking, fine running collector car needing little or nothing to drive, enjoy and show in local competition. Would need extensive restoration to be a show car, but completely usable as is.
**5. RESTORABLE:** Project car that is relatively complete and restorable within a reasonable effort and expense. Needs total restoration, but all major components present and rebuildable. May or may not be running.
**6. PARTS CAR:** Deteriorated or stripped to a point beyond reasonable restoration, but still complete and solid enough to donate valuable parts to a restoration. Likely not running, possibly missing its engine.

# HUDSON
## 1910 – 1957

'16 Hudson

'28 Hudson

'32 Hudson Eight

'34 Hudson

'48 Hudson Commodore Six

'52 Hudson

'55 Hudson Rambler

'55 Hudson Wasp

'55 Hudson Hornet Hollywood

'56 Hudson Hornet

|  | 6 | 5 | 4 | 3 | 2 | 1 |
|---|---|---|---|---|---|---|

### 1910
**Model 20, 4-cyl., 22.5 hp, 100" wb**

| | 6 | 5 | 4 | 3 | 2 | 1 |
|---|---|---|---|---|---|---|
| 2-dr Rdstr | 1150 | 3650 | 6100 | 12200 | 21500 | 30500 |
| Open Rdstr | 1150 | 3650 | 6100 | 12200 | 21500 | 30500 |
| 5-pass Tr | 1150 | 3650 | 6100 | 12200 | 21500 | 30500 |

### 1911
**Model 33, 4-cyl., 26 hp, 114" wb**

| | | | | | | |
|---|---|---|---|---|---|---|
| 5-pass Torpedo Tr | 1150 | 3650 | 6150 | 12300 | 21700 | 30700 |
| 4-pass Pony Tonneau | 1200 | 3800 | 6350 | 12700 | 22400 | 31700 |
| 5-pass Tr | 1250 | 3950 | 6600 | 13200 | 23250 | 32900 |

**Model 20, 4-cyl., 26 hp, 100" wb**

| | | | | | | |
|---|---|---|---|---|---|---|
| 4-dr Rdstr (110" wb) | 1150 | 3650 | 6100 | 12200 | 21500 | 30500 |
| 4-dr Rdstr | 1150 | 3650 | 6100 | 12200 | 21500 | 30500 |

### 1912
**Model 33, 4-cyl., 26 hp, 144.5" wb**

| | | | | | | |
|---|---|---|---|---|---|---|
| Rdstr Mile-A-Minute | 1350 | 4200 | 7000 | 14000 | 24650 | 34900 |
| 2-dr Rdstr | 1350 | 4200 | 7000 | 14000 | 24650 | 34900 |
| 3-dr 4-pass Torpedo | 1400 | 4300 | 7200 | 14400 | 25350 | 35900 |
| 3-dr 5-pass Tr | 1500 | 4550 | 7650 | 15300 | 26900 | 38200 |
| 2-pass Cpe | 950 | 3050 | 5100 | 10200 | 18000 | 25400 |
| 7-pass Limo | 1050 | 3400 | 5700 | 11400 | 20100 | 28500 |

### 1913
**Model 37, 4-cyl., 27 hp, 118" wb**

| | | | | | | |
|---|---|---|---|---|---|---|
| 2-pass Rdstr | 1200 | 3750 | 6300 | 12600 | 22200 | 31400 |
| 3-dr 5-pass Torpedo | 1250 | 3900 | 6500 | 13000 | 22900 | 32500 |
| 6-pass Tr | 1300 | 4100 | 6850 | 13700 | 24100 | 34200 |
| 3-pass Cpe | 950 | 2950 | 4950 | 9900 | 17500 | 24700 |
| 7-pass Limo | 1050 | 3300 | 5500 | 11100 | 19500 | 27700 |

**Model 54, 6-cyl., 127" wb**

| | | | | | | |
|---|---|---|---|---|---|---|
| 2-pass Rdstr | 1250 | 3900 | 6500 | 13000 | 22900 | 32500 |
| 5-pass Tr | 1450 | 4400 | 7300 | 14600 | 25700 | 36500 |
| Torpedo | 1350 | 4150 | 6900 | 13800 | 24300 | 34500 |
| 7-pass Tr | 1450 | 4450 | 7450 | 14900 | 26200 | 37200 |
| 2-pass Cpe | 1000 | 3150 | 5300 | 10600 | 18700 | 26500 |
| 7-pass Limo | 1100 | 3450 | 5750 | 11500 | 20300 | 28700 |

### 1914
**Model 40, 6-cyl., 40 hp, 123" wb**

| | | | | | | |
|---|---|---|---|---|---|---|
| 5-pass Phtn | 1150 | 3650 | 6100 | 12200 | 21500 | 30500 |
| 6-pass Tr | 1150 | 3650 | 6100 | 12200 | 21500 | 30500 |
| 2-dr Rdstr | 1050 | 3400 | 5700 | 11400 | 20100 | 28500 |
| Cabrlt | 1100 | 3550 | 5900 | 11800 | 20800 | 29400 |

**Model 54, 6-cyl., 135" wb**

| | | | | | | |
|---|---|---|---|---|---|---|
| 7-pass Tr | 1200 | 3850 | 6450 | 12900 | 22700 | 32200 |
| 2-dr Sdn | 1000 | 3100 | 5250 | 10500 | 18600 | 26200 |

### 1915
**Model 40, 6-cyl., 40 hp, 123" wb**

| | | | | | | |
|---|---|---|---|---|---|---|
| Rdstr | 1050 | 3350 | 5600 | 11200 | 19700 | 28000 |
| Phtn | 1150 | 3650 | 6100 | 12200 | 21500 | 30500 |
| 7-pass Tr | 1100 | 3550 | 5900 | 11800 | 20800 | 29400 |
| Cabrlt | 1100 | 3550 | 5900 | 11800 | 20800 | 29400 |
| Cpe | 700 | 2050 | 3500 | 7000 | 12100 | 17400 |
| Limo | 800 | 2350 | 3900 | 7800 | 13500 | 19500 |
| Landlt Limo | 800 | 2450 | 4100 | 8200 | 14400 | 20500 |

**Model 54, 6-cyl., 54 hp, 135" wb**

| | | | | | | |
|---|---|---|---|---|---|---|
| Phtn | 1200 | 3850 | 6450 | 12900 | 22700 | 32200 |

| | 6 | 5 | 4 | 3 | 2 | 1 |
|---|---|---|---|---|---|---|
| 7-pass Tr | 1150 | 3700 | 6200 | 12400 | 21850 | 30900 |
| Sdn | 750 | 2250 | 3700 | 7400 | 12800 | 18500 |
| Limo | 850 | 2550 | 4300 | 8600 | 15100 | 21500 |

**1916**

**Model Six-40, 6-cyl., 76 hp, 123" wb**

| | 6 | 5 | 4 | 3 | 2 | 1 |
|---|---|---|---|---|---|---|
| Rdstr | 1000 | 3150 | 5300 | 10600 | 18700 | 26500 |
| Cabrlt | 1050 | 3300 | 5500 | 11000 | 19300 | 27500 |
| 7-pass Phtn | 1050 | 3400 | 5700 | 11400 | 20100 | 28500 |
| Cpe | 700 | 1900 | 3400 | 6800 | 11700 | 16900 |
| Tr Sdn | 700 | 2050 | 3500 | 7000 | 12100 | 17400 |
| Twn Car | 750 | 2150 | 3600 | 7200 | 12400 | 18000 |
| Limo | 750 | 2250 | 3700 | 7400 | 12800 | 18500 |

**Model 54, 6-cyl., 54 hp, 135" wb**

| | 6 | 5 | 4 | 3 | 2 | 1 |
|---|---|---|---|---|---|---|
| 7-pass Phtn | 1200 | 3850 | 6450 | 12900 | 22700 | 32200 |

**1917**

**Super Six, Series H, 6-cyl., 76 hp, 125.5" wb**

| | 6 | 5 | 4 | 3 | 2 | 1 |
|---|---|---|---|---|---|---|
| 3-pass Rdstr | 900 | 2800 | 4700 | 9400 | 16500 | 23400 |
| 3-pass Cabrlt | 900 | 2900 | 4900 | 9800 | 17300 | 24500 |
| 7-pass Phtn | 1000 | 3150 | 5300 | 10600 | 18700 | 26500 |
| 5-pass Tr Sdn | 600 | 1650 | 2900 | 5800 | 10000 | 14500 |
| 7-pass Twn Car | 700 | 2050 | 3500 | 7000 | 12100 | 17400 |
| Limo | 700 | 1900 | 3400 | 6800 | 11700 | 16900 |
| Twn Landau | 700 | 1900 | 3400 | 6800 | 11700 | 16900 |
| Limo Landau | 750 | 2150 | 3600 | 7200 | 124400 | 18000 |

**1918**

**Super Six, 6-cyl., 76 hp, 125.5" wb**

| | 6 | 5 | 4 | 3 | 2 | 1 |
|---|---|---|---|---|---|---|
| 2-pass Rdstr | 850 | 2550 | 4300 | 8600 | 15100 | 21500 |
| Tr Sdn | 650 | 1750 | 3100 | 6200 | 10700 | 15400 |
| 3-pass Cabrlt | 850 | 2650 | 4500 | 9000 | 15900 | 22500 |
| 4-pass Phtn | 850 | 2700 | 4550 | 9100 | 16000 | 22700 |
| 7-pass Phtn | 950 | 2950 | 4950 | 9900 | 17500 | 24700 |
| 2-dr 4-pass Cpe | 600 | 1650 | 2900 | 5800 | 10000 | 14500 |
| 4-dr Sdn | 650 | 1750 | 3100 | 6200 | 10700 | 15400 |
| Tr Limo | 700 | 1850 | 3300 | 6600 | 11300 | 16300 |
| Twn Car | 700 | 1850 | 3300 | 6600 | 11300 | 16300 |
| Limo | 700 | 2050 | 3500 | 7000 | 12100 | 17400 |
| Twn Car Landau | 700 | 2050 | 3500 | 7000 | 12100 | 17400 |
| Rnbt Landau | 750 | 2150 | 3600 | 7200 | 124400 | 18000 |
| Limo Landau | 700 | 2050 | 3500 | 7000 | 12100 | 17400 |
| Full Folding Landau | 750 | 2300 | 3850 | 7700 | 13300 | 19200 |

**1919**

**Super Six, Series O, 6-cyl., 76 hp, 125.5" wb**

| | 6 | 5 | 4 | 3 | 2 | 1 |
|---|---|---|---|---|---|---|
| 3-pass Cabrlt | 750 | 2250 | 3700 | 7400 | 12800 | 18500 |
| 4-pass Phtn | 800 | 2400 | 4050 | 8100 | 14200 | 20200 |
| 7-pass Phtn | 850 | 2550 | 4300 | 8600 | 15100 | 21500 |
| 4-pass Cpe | 500 | 1350 | 2300 | 4600 | 7200 | 11300 |
| 4-dr Sdn | 450 | 1250 | 2100 | 4200 | 7200 | 10500 |
| Tr Limo | 500 | 1350 | 2300 | 4600 | 7200 | 11300 |
| Twn Car | 550 | 1500 | 2500 | 5000 | 8700 | 12300 |
| Twn Landau | 550 | 1500 | 2500 | 5000 | 8700 | 12300 |

**1920**

**Super Six, 6-cyl., 76 hp, 125.5" wb**

| | 6 | 5 | 4 | 3 | 2 | 1 |
|---|---|---|---|---|---|---|
| 4-pass Phtn | 800 | 2350 | 3900 | 7800 | 13500 | 19500 |
| 7-pass Phtn | 850 | 2550 | 4300 | 8600 | 15100 | 21500 |
| Cabrlt | 700 | 1850 | 3300 | 6600 | 11300 | 16300 |
| 4-pass Cpe | 450 | 1250 | 2100 | 4200 | 7200 | 10500 |

| | 6 | 5 | 4 | 3 | 2 | 1 |
|---|---|---|---|---|---|---|
| 7-pass Tr Limo | 500 | 1350 | 2300 | 4600 | 7200 | 11300 |
| Limo | 550 | 1500 | 2500 | 5000 | 8700 | 12300 |
| 4-dr 7-pass Sdn | 400 | 1200 | 1900 | 3800 | 6600 | 9600 |

### 1921
**Super Six, Series 6, 6-cyl., 76 hp, 125.5" wb**

| | | | | | | |
|---|---|---|---|---|---|---|
| 4-pass Phtn | 800 | 2350 | 3900 | 7800 | 13500 | 19500 |
| 7-pass Phtn | 850 | 2550 | 4300 | 8600 | 15100 | 21500 |
| Cabrlt | 650 | 1750 | 3100 | 6200 | 10700 | 15400 |
| 4-pass Cpe | 400 | 1200 | 1900 | 3800 | 6600 | 9600 |
| 7-pass Sdn | 400 | 1050 | 1700 | 3400 | 5900 | 8500 |
| 7-pass Limo | 450 | 1250 | 2100 | 4200 | 7200 | 10500 |

### 1922
**Super Six, 6-cyl., 76 hp, 125.5" wb**

| | | | | | | |
|---|---|---|---|---|---|---|
| 4-pass Spdstr | 800 | 2450 | 4100 | 8200 | 14400 | 20500 |
| 7-pass Phtn | 750 | 2300 | 3800 | 7600 | 13100 | 18900 |
| 2-dr 5-pass C'ch | 350 | 1000 | 1600 | 3200 | 5700 | 8100 |
| 2-pass Cabrlt | 650 | 1750 | 3100 | 6200 | 10700 | 15400 |
| 4-pass Cpe | 400 | 1100 | 1800 | 3600 | 6200 | 9100 |
| 4-dr 7-pass Sdn | 350 | 1000 | 1600 | 3200 | 5700 | 8100 |
| 7-pass Tr Limo | 450 | 1250 | 2100 | 4200 | 7200 | 10500 |
| 7-pass Limo | 400 | 1200 | 1900 | 3800 | 6600 | 9600 |

### 1923
**Super Six, 6-cyl., 76 hp, 125.5" wb**

| | | | | | | |
|---|---|---|---|---|---|---|
| 4-pass Spdstr | 800 | 2450 | 4100 | 8200 | 14400 | 20500 |
| 7-pass Phtn | 750 | 2300 | 3800 | 7600 | 13100 | 18900 |
| 2-dr 5-pass C'ch | 350 | 1000 | 1600 | 3200 | 5700 | 8100 |
| 5-pass Sdn | 350 | 1000 | 1600 | 3200 | 5700 | 8100 |
| 7-pass Sdn | 400 | 1050 | 1700 | 3400 | 5900 | 8500 |

### 1924
**Super Six, 6-cyl., 126.5"-127.5" wb**

| | | | | | | |
|---|---|---|---|---|---|---|
| 4-pass Spdstr | 800 | 2350 | 3900 | 7800 | 13500 | 19500 |
| 7-pass Phtn | 750 | 2250 | 3700 | 7400 | 12800 | 18500 |
| 2-dr 5-pass C'ch | 350 | 900 | 1500 | 3000 | 5300 | 7600 |
| 5-pass Sdn | 350 | 1000 | 1600 | 3200 | 5700 | 8100 |
| 7-pass Sdn | 400 | 1050 | 1700 | 3300 | 5800 | 8300 |

### 1925
**Super Six, 6-cyl., 127.5" wb**

| | | | | | | |
|---|---|---|---|---|---|---|
| 7-pass Phtn | 750 | 2250 | 3700 | 7400 | 12800 | 18500 |
| 2-dr 5-pass C'ch | 400 | 1100 | 1800 | 3600 | 6200 | 9100 |
| 2-dr 5-pass Spl C'ch | 400 | 1150 | 1850 | 3700 | 6400 | 9300 |
| 4-pass Brghm | 400 | 1200 | 1900 | 3800 | 6600 | 9600 |
| 4-dr Sdn | 400 | 1100 | 1800 | 3600 | 6200 | 9100 |
| 7-pass Sdn | 400 | 1200 | 1900 | 3800 | 6600 | 9600 |

### 1926
**Super Six, 6-cyl., 76 hp, 127.5" wb**

| | | | | | | |
|---|---|---|---|---|---|---|
| 7-pass Phtn | 800 | 2400 | 4050 | 9100 | 14200 | 20200 |
| 2-dr 5-pass C'ch | 400 | 1200 | 1900 | 3800 | 6600 | 9600 |
| 4-pass Brghm | 450 | 1250 | 2100 | 4200 | 7200 | 10500 |
| 4-dr 7-pass Sdn | 450 | 1250 | 2050 | 4100 | 7100 | 10300 |
| 2-dr 5-pass C'ch Spl | 400 | 1200 | 1950 | 3900 | 6800 | 9900 |

### 1927
**Standard Six, 6-cyl., 90 hp, 127.37" wb**

| | | | | | | |
|---|---|---|---|---|---|---|
| 5-pass C'ch Sdn | 400 | 1200 | 1900 | 3800 | 6600 | 9600 |
| 4-dr 5-pass Sdn | 400 | 1200 | 1950 | 3900 | 6800 | 9900 |

|  | 6 | 5 | 4 | 3 | 2 | 1 |
|---|---|---|---|---|---|---|
| **Super Six Custom, 6-cyl., 90 hp, 127.5" wb** | | | | | | |
| 2-4 pass Rdstr | 1300 | 4100 | 6850 | 13700 | 24100 | 34200 |
| 7-pass Phtn | 1350 | 4200 | 7000 | 14100 | 24800 | 35100 |
| 5-pass Sdn | 450 | 1250 | 2100 | 4200 | 7200 | 10500 |
| 4-pass Brghm | 650 | 1750 | 3100 | 6200 | 10700 | 15400 |
| 7-pass Sdn | 700 | 1850 | 3300 | 6600 | 11300 | 16300 |
| **1928** | | | | | | |
| **Super Six, 6-cyl., 91 hp, 118.5" wb** | | | | | | |
| 2-dr 2-pass Cpe | 500 | 1350 | 2350 | 4700 | 8100 | 11500 |
| 2-dr 2-4 pass Cpe | 550 | 1450 | 2450 | 4900 | 8500 | 12000 |
| 2-dr 5-pass C'ch | 400 | 1200 | 1900 | 3800 | 6600 | 9600 |
| 5-pass Sdn | 400 | 1200 | 2000 | 4000 | 6900 | 10000 |
| 2-4 pass Rdstr | 800 | 2350 | 3900 | 7800 | 13500 | 19500 |
| **Super Six, 6-cyl., 91 hp, 127.37" wb** | | | | | | |
| 4-dr 7-pass Phtn | 900 | 2850 | 4750 | 9500 | 16700 | 23700 |
| 5-pass Sdn | 400 | 1200 | 1950 | 3900 | 6800 | 9900 |
| 4-pass Vic | 450 | 1250 | 2050 | 4100 | 7100 | 10300 |
| 5-pass Lan Sdn | 450 | 1250 | 2050 | 4100 | 7100 | 10300 |
| 7-pass Sdn | 450 | 1250 | 2150 | 4300 | 7400 | 10700 |
| **1929** | | | | | | |
| **Greater Hudson, 6-cyl., 92 hp, 122" wb** | | | | | | |
| 4-pass Conv Cpe | 1250 | 3950 | 6550 | 13100 | 23100 | 32700 |
| 5-pass Phtn | 1500 | 4550 | 7600 | 15200 | 26750 | 38000 |
| 2-pass Cpe | 650 | 1700 | 3000 | 5900 | 10200 | 14700 |
| 2-4 pass Cpe | 650 | 1700 | 3000 | 6100 | 10600 | 15200 |
| 2-dr 5-pass C'ch | 600 | 1600 | 2700 | 5400 | 9300 | 13500 |
| 2-dr 2-4 pass Rdstr | 1400 | 4250 | 7100 | 14200 | 25000 | 35400 |
| 5-pass Vic | 600 | 1650 | 2900 | 5800 | 10000 | 14500 |
| 5-pass Sdn | 500 | 1350 | 2350 | 4700 | 8100 | 11500 |
| 5-pass Twn Sdn | 550 | 1450 | 2450 | 4900 | 8500 | 12000 |
| 5-pass Lan Sdn | 550 | 1500 | 2500 | 5100 | 8800 | 12500 |
| **Greater Special Hudson, 6-cyl., 92 hp, 139" wb** | | | | | | |
| 4-dr Club Sdn | 700 | 2050 | 3500 | 7000 | 12100 | 17400 |
| 7-pass Sdn | 800 | 2350 | 3900 | 7800 | 13500 | 19500 |
| 5-pass Club Sdn | 700 | 2050 | 3500 | 7000 | 12100 | 17400 |
| 7-pass Limo Sdn | 850 | 2550 | 4300 | 8600 | 15100 | 21500 |
| 5-pass Spt Phtn | 1900 | 5600 | 9450 | 18900 | 33200 | 47200 |
| 7-pass Phtn | 1700 | 5050 | 8450 | 16900 | 29700 | 42200 |
| **1930** | | | | | | |
| **Great Eight, 8-cyl., 80 hp, 119" wb** | | | | | | |
| 2-4 pass Rdstr | 1600 | 4750 | 7950 | 15900 | 28000 | 39700 |
| 5-pass Phtn | 1700 | 5050 | 8450 | 16900 | 29700 | 42200 |
| 2-4 pass Cpe | 800 | 2350 | 3900 | 7800 | 13500 | 19500 |
| 2-dr 5-pass Sun Sdn | 1750 | 5100 | 8600 | 17200 | 30250 | 43000 |
| 5-pass Sdn | 650 | 1700 | 3000 | 6000 | 10400 | 14900 |
| 2-dr 5-pass C'ch | 600 | 1650 | 2900 | 5800 | 10000 | 14500 |
| **Great Eight, 8-cyl., 80 hp, 126" wb** | | | | | | |
| 7-pass Phtn | 1850 | 5400 | 9100 | 18200 | 32000 | 45500 |
| 5-pass Tr Sdn | 650 | 1700 | 3000 | 6000 | 10400 | 14900 |
| 7-pass Sdn | 650 | 1750 | 3100 | 6200 | 10700 | 15400 |
| 5-pass Brghm | 650 | 1750 | 3100 | 6200 | 10700 | 15400 |
| **1931** | | | | | | |
| **Greater Eight, 8-cyl., 119" wb** | | | | | | |
| 2-4 pass Spt Rdstr | 1900 | 5500 | 9250 | 18500 | 32500 | 46100 |
| 5-pass Phtn | 2000 | 5800 | 9750 | 19500 | 34300 | 48700 |
| 2-pass Cpe | 600 | 1600 | 2700 | 5400 | 9300 | 13500 |

| | 6 | 5 | 4 | 3 | 2 | 1 |
|---|---|---|---|---|---|---|
| 2-4 pass RS Spl Cpe | 650 | 1800 | 3200 | 6400 | 11000 | 15900 |
| 4-pass RS Rdstr | 700 | 1850 | 3300 | 6600 | 11300 | 16300 |
| 5-pass Cpe | 550 | 1500 | 2500 | 5100 | 8800 | 12500 |
| 2-dr 5-pass C'ch | 550 | 1550 | 2600 | 5200 | 9000 | 12800 |
| 5-pass Sdn | 550 | 1550 | 2600 | 5200 | 9000 | 12800 |
| 5-pass Twn Sdn | 600 | 1600 | 2750 | 5500 | 9500 | 13800 |
| **Great Eight, 8-cyl., 126" wb** | | | | | | |
| 7-pass Phtn | 2000 | 5950 | 10000 | 20000 | 35150 | 49900 |
| 5-pass Brghm | 750 | 2250 | 3750 | 7500 | 13000 | 18700 |
| 5-7 pass Family Sdn | 750 | 2250 | 3750 | 7500 | 13000 | 18700 |
| 7-pass Sdn | 750 | 2200 | 3650 | 7300 | 12600 | 18200 |
| 5-pass Club Sdn | 750 | 2200 | 3650 | 7300 | 12600 | 18200 |
| 5-pass Tr Sdn | 650 | 1750 | 3150 | 6300 | 10900 | 15700 |

### 1932

| | 6 | 5 | 4 | 3 | 2 | 1 |
|---|---|---|---|---|---|---|
| **Standard, Greater Eight, 8-cyl., 119" wb** | | | | | | |
| 2-pass Cpe | 550 | 1550 | 2600 | 5200 | 9000 | 12800 |
| 4-pass Cpe RS | 600 | 1600 | 2700 | 5400 | 9300 | 13500 |
| 2-4 pass Spl Cpe | 600 | 1650 | 2900 | 5800 | 10000 | 14500 |
| Conv Cpe | 1200 | 3850 | 6450 | 12900 | 22700 | 32200 |
| 2-dr 5-pass C'ch | 550 | 1500 | 2500 | 5100 | 8800 | 12500 |
| 5-pass Sdn | 550 | 1550 | 2650 | 5300 | 9100 | 13000 |
| 5-pass Twn Sdn | 600 | 1600 | 2700 | 5400 | 9300 | 13500 |
| **Sterling, Greater Eight, 8-cyl., 126" wb** | | | | | | |
| 5-pass Spl Sdn | 650 | 1700 | 3000 | 6100 | 10600 | 15200 |
| 5-pass Suburban | 600 | 1650 | 2850 | 5700 | 9900 | 14200 |
| **Major, Greater Eight, 8-cyl., 132" wb** | | | | | | |
| 5-pass Tr Sd | 700 | 1850 | 3300 | 6600 | 11300 | 16300 |
| 5-pass Club Sdn | 700 | 1900 | 3350 | 6700 | 11500 | 16500 |
| 5-pass Brghm | 650 | 1800 | 3200 | 6400 | 11000 | 15900 |
| 7-pass Sdn | 700 | 2000 | 3450 | 6900 | 11900 | 17200 |

### 1933

| | 6 | 5 | 4 | 3 | 2 | 1 |
|---|---|---|---|---|---|---|
| **Pacemaker, 6-cyl., 113" wb** | | | | | | |
| 2-4 pass Conv Cpe | 900 | 2750 | 4600 | 9200 | 16200 | 22900 |
| 5-pass Phtn | 900 | 2850 | 4800 | 9600 | 16900 | 24000 |
| 2-pass Bus Cpe | 450 | 1250 | 2200 | 4400 | 7600 | 10900 |
| 2-4 pass RS Cpe | 550 | 1450 | 2450 | 4900 | 8500 | 12000 |
| 2-dr 5-pass C'ch | 400 | 1050 | 1700 | 3400 | 5900 | 8500 |
| 5-pass Sdn | 400 | 1100 | 1800 | 3600 | 6200 | 9100 |
| **Pacemaker Standard Eight, 8-cyl., 119" wb** | | | | | | |
| 2-4 pass Conv Cpe | 1100 | 3450 | 5750 | 11500 | 20300 | 28700 |
| 2-4 pass Cpe | 500 | 1300 | 2250 | 4500 | 7700 | 11000 |
| 2-dr 5-pass C'ch | 400 | 1150 | 1850 | 3700 | 6400 | 9300 |
| 5-pass Sdn | 500 | 1350 | 2350 | 4700 | 8100 | 11500 |
| **Pacemaker Major Eight, 8-cyl., 132" wb** | | | | | | |
| 7-pass Phtn | 1100 | 3500 | 5850 | 11700 | 20600 | 29100 |
| 4-dr 5-pass Tr Sdn | 500 | 1350 | 2350 | 4700 | 8100 | 11500 |
| 5-pass Brghm | 500 | 1350 | 2350 | 4700 | 8100 | 11500 |
| 5-pass Club Sdn | 550 | 1500 | 2500 | 5100 | 8800 | 12500 |
| 7-pass Sdn | 600 | 1600 | 2700 | 5400 | 9300 | 13500 |

### 1934

| | 6 | 5 | 4 | 3 | 2 | 1 |
|---|---|---|---|---|---|---|
| **Deluxe, 8-cyl., 116" wb** | | | | | | |
| 2-4 pass Cpe | 500 | 1350 | 2350 | 4700 | 8100 | 11500 |
| 5-pass Comp Vic | 450 | 1250 | 2150 | 4300 | 7400 | 10700 |
| 2-dr 5-pass C'ch | 450 | 1250 | 2100 | 4200 | 7200 | 10500 |
| 5-pass Sdn | 400 | 1200 | 2000 | 4000 | 6900 | 10000 |
| 5-pass Comp Sdn | 450 | 1250 | 2050 | 4100 | 7100 | 10300 |
| **Standard Eight, 8-cyl., 116" wb** | | | | | | |
| 2-pass Cpe | 450 | 1250 | 2050 | 4100 | 7100 | 10300 |
| 2-4 pass Cpe | 500 | 1350 | 2350 | 4700 | 8100 | 11500 |

|  | 6 | 5 | 4 | 3 | 2 | 1 |
|---|---|---|---|---|---|---|
| 5-pass Comp Vic | 450 | 1250 | 2100 | 4200 | 7200 | 10500 |
| 2-dr 5-pass C'ch | 450 | 1250 | 2050 | 4100 | 7100 | 10300 |
| 5-pass Sdn | 400 | 1200 | 1950 | 3900 | 6800 | 9900 |
| 5-pass Comp Sdn | 450 | 1250 | 2150 | 4300 | 7400 | 10700 |
| 2-pass Bus Cpe | 400 | 1200 | 2000 | 4000 | 6900 | 10000 |
| 2-4 pass Conv Cpe | 1150 | 3650 | 6100 | 12200 | 21500 | 30500 |
| **Challenger Eight, 8-cyl., 116" wb** | | | | | | |
| 2-pass Cpe | 450 | 1250 | 2050 | 4100 | 7100 | 10300 |
| 2-4 pass Cpe | 500 | 1350 | 2300 | 4600 | 8000 | 11300 |
| 2-4 pass Conv Cpe | 1350 | 4150 | 6950 | 13900 | 24500 | 34700 |
| 2-dr 5-pass C'ch | 450 | 1250 | 2050 | 4100 | 7100 | 10300 |
| 5-pass Sdn | 450 | 1250 | 2100 | 4200 | 7200 | 10500 |
| **Standard Eight, 123" wb** | | | | | | |
| 5-pass Tr Sdn | 500 | 1350 | 2350 | 4700 | 8100 | 11500 |
| 5-pass Comp Tr Sdn | 550 | 1450 | 2450 | 4900 | 8500 | 12000 |
| **Deluxe Eight, 123" wb** | | | | | | |
| 5-pass Club Sdn | 550 | 1550 | 2600 | 5200 | 9000 | 12800 |
| 5-pass Brghm | 550 | 1500 | 2500 | 5000 | 8700 | 12300 |
| 5-pass Comp Club Sdn | 550 | 1500 | 2500 | 5000 | 8700 | 12300 |

### 1935

| **Big Six, 6-cyl., 116" wb** | | | | | | |
|---|---|---|---|---|---|---|
| 2-4 pass Conv Cpe | 1200 | 3850 | 6450 | 12900 | 22700 | 32200 |
| 2-pass Cpe | 450 | 1250 | 2150 | 4300 | 7400 | 10700 |
| 2-4 pass Cpe | 400 | 1200 | 1950 | 3900 | 6800 | 9900 |
| 5-pass Tr Brghm | 400 | 1200 | 1950 | 3900 | 6800 | 9900 |
| 2-dr 5-pass C'ch | 400 | 1150 | 1850 | 3700 | 6400 | 9300 |
| 5-pass Sdn | 400 | 1200 | 1950 | 3900 | 6800 | 9900 |
| 5-pass Suburban Sdn | 450 | 1250 | 2050 | 4100 | 7100 | 10300 |
| **Special Eight, 8-cyl., 117" wb** | | | | | | |
| 2-4 pass Conv Cpe | 1300 | 4050 | 6750 | 13500 | 23800 | 33700 |
| 2-pass Cpe | 450 | 1250 | 2100 | 4200 | 7200 | 10500 |
| 2-4 pass Cpe | 500 | 1300 | 2250 | 4500 | 7700 | 11000 |
| 5-pass Tr Brghm | 400 | 1200 | 2000 | 4000 | 6900 | 10000 |
| 2-dr 5-pass C'ch | 400 | 1200 | 1950 | 3900 | 6800 | 9900 |
| 5-pass Sdn | 450 | 1250 | 2050 | 4100 | 7100 | 10300 |
| 5-pass Suburban Sdn | 450 | 1250 | 2100 | 4200 | 7200 | 10500 |
| **DeLuxe Eight, 8-cyl., 117" wb** | | | | | | |
| 2-pass Cpe | 450 | 1250 | 2200 | 4400 | 7600 | 10900 |
| 2-4 pass Cpe | 500 | 1300 | 2250 | 4500 | 7700 | 11000 |
| 2-4 pass Conv Cpe | 1400 | 4300 | 7150 | 14300 | 25200 | 35700 |
| 5-pass Tr Brghm | 400 | 1200 | 2000 | 4000 | 6900 | 10000 |
| 2-dr 5-pass C'ch | 400 | 1200 | 2000 | 4000 | 6900 | 10000 |
| 5-pass Sdn | 450 | 1250 | 2100 | 4200 | 7200 | 10500 |
| 5-pass Suburban Sdn | 450 | 1250 | 2100 | 4200 | 7200 | 10500 |
| **Custom Eight, 8-cyl., 124" wb** | | | | | | |
| 5-pass Brghm | 450 | 1250 | 2100 | 4200 | 7200 | 10500 |
| 5-pass Tr Brghm | 450 | 1250 | 2100 | 4200 | 7200 | 10500 |
| 5-pass Club Sdn | 450 | 1250 | 2050 | 4100 | 7100 | 10300 |
| 5-pass Suburban Sdn | 450 | 1250 | 2100 | 4200 | 7200 | 10500 |
| **Special Eight, 8-cyl., 124" wb** | | | | | | |
| 5-pass Brghm | 450 | 1250 | 2050 | 4100 | 7100 | 10300 |
| 5-pass Tr Brghm | 450 | 1250 | 2100 | 4200 | 7200 | 10500 |
| 5-pass Club Sdn | 450 | 1250 | 2050 | 4100 | 7100 | 10300 |
| 5-pass Suburban Sdn | 450 | 1250 | 2100 | 4200 | 7200 | 10500 |
| **Deluxe Eight, 8-cyl., 124" wb** | | | | | | |
| 5-pass Brghm | 400 | 1200 | 2000 | 4000 | 6900 | 10000 |
| 5-pass Tr Brghm | 450 | 1250 | 2050 | 4100 | 7100 | 10300 |
| 5-pass Club Sdn | 400 | 1200 | 2000 | 4000 | 6900 | 10000 |
| 5-pass Suburban Sdn | 450 | 1250 | 2150 | 4300 | 7400 | 10700 |

|  | 6 | 5 | 4 | 3 | 2 | 1 |
|---|---|---|---|---|---|---|
| **1936** | | | | | | |
| **Custom Six, 6-cyl., 120" wb** | | | | | | |
| 2-4 pass Conv Cpe | 1200 | 3600 | 5900 | 11800 | 20500 | 29400 |
| 2-pass Cpe | 450 | 1250 | 2050 | 4100 | 7100 | 10300 |
| 2-4 pass Cpe | 500 | 1350 | 2350 | 4700 | 8100 | 11500 |
| 5-pass Brghm | 400 | 1200 | 1950 | 3900 | 6800 | 9900 |
| 5-pass Tr Brghm | 400 | 1200 | 1950 | 3900 | 6800 | 9900 |
| 5-pass Sdn | 400 | 1200 | 1950 | 3900 | 6800 | 9900 |
| 5-pass Tr Sdn | 450 | 1250 | 2050 | 4100 | 7100 | 10300 |
| **DeLuxe Eight, 8-cyl., 120" wb** | | | | | | |
| 2-4 pass Conv Cpe | 1300 | 4050 | 6750 | 13500 | 23800 | 33700 |
| 2-pass Cpe | 450 | 1250 | 2150 | 4300 | 7400 | 10700 |
| 2-4 pass Cpe | 450 | 1250 | 2050 | 4100 | 7100 | 10300 |
| 4-dr 5-pass Sdn | 400 | 1200 | 2000 | 4000 | 6900 | 10000 |
| 4-dr 5-pass Tr Sdn | 450 | 1250 | 2050 | 4100 | 7100 | 10300 |
| 5-pass Brghm | 400 | 1200 | 2000 | 4000 | 6900 | 10000 |
| 5-pass Tr Brghm | 400 | 1200 | 2000 | 4000 | 6900 | 10000 |
| **DeLuxe Eight, 8-cyl., 127" wb** | | | | | | |
| 5-pass Sdn | 450 | 1250 | 2150 | 4300 | 7400 | 10700 |
| 5-pass Tr Sdn | 450 | 1250 | 2200 | 4400 | 7600 | 10900 |
| **Custom Eight, 120" wb** | | | | | | |
| 2-pass Cpe | 450 | 1250 | 2100 | 4200 | 7200 | 10500 |
| 2-4 pass Cpe | 500 | 1300 | 2250 | 4500 | 7700 | 11000 |
| 2-4 pass Conv Cpe | 1300 | 4000 | 6650 | 13300 | 23400 | 33100 |
| 4-dr 5-pass Sdn | 450 | 1250 | 2050 | 4100 | 7100 | 10300 |
| 4-dr 5-pass Tr Sdn | 450 | 1250 | 2100 | 4200 | 7200 | 10500 |
| 5-pass Brghm | 400 | 1200 | 2000 | 4000 | 6900 | 10000 |
| 5-pass Tr Brghm | 450 | 1250 | 2050 | 4100 | 7100 | 10300 |
| **Custom Eight, 127" wb** | | | | | | |
| 5-pass Sdn | 450 | 1250 | 2100 | 4200 | 7200 | 10500 |
| 5-pass Tr Sdn | 450 | 1250 | 2150 | 4300 | 7400 | 10700 |
| **1937** | | | | | | |
| **Custom Six, 6-cyl., 122" wb** | | | | | | |
| 2-4 pass Conv Cpe | 1200 | 3850 | 6450 | 12900 | 22700 | 32200 |
| 4-pass Conv Brghm | 1250 | 3950 | 6600 | 13200 | 23250 | 32900 |
| 2-pass Bus Cpe | 450 | 1250 | 2050 | 4100 | 7100 | 10300 |
| 3-pass Cpe | 450 | 1250 | 2150 | 4300 | 7400 | 10700 |
| 3-pass Vic Cpe | 500 | 1300 | 2250 | 4500 | 7700 | 11000 |
| 5-pass Brghm | 450 | 1250 | 2050 | 4100 | 7100 | 10300 |
| 5-pass Tr Brghm | 450 | 1250 | 2100 | 4200 | 7200 | 10500 |
| 5-pass Sdn | 450 | 1250 | 2150 | 4300 | 7400 | 10700 |
| 5-pass Tr Sdn | 450 | 1250 | 2200 | 4400 | 7600 | 10900 |
| **DeLuxe Eight, 8-cyl., 122" wb** | | | | | | |
| 5-pass Sdn | 500 | 1500 | 2500 | 5000 | 8700 | 12300 |
| 5-pass Tr Sdn | 550 | 1500 | 2500 | 5100 | 8800 | 12500 |
| 3-pass Cpe | 500 | 1350 | 2350 | 4700 | 8100 | 11500 |
| 3-pass Vic Cpe | 550 | 1450 | 2450 | 4900 | 8500 | 12000 |
| 2-pass Conv Cpe | 1200 | 3800 | 6350 | 12700 | 22400 | 31700 |
| 5-pass Brghm | 550 | 1450 | 2450 | 4900 | 8500 | 12000 |
| 5-pass Tr Brghm | 550 | 1500 | 2500 | 5000 | 8700 | 12300 |
| 4-pass Conv Brghm | 1100 | 3450 | 5750 | 11500 | 20300 | 28700 |
| **DeLuxe Eight, 8-cyl., 129" wb** | | | | | | |
| 5-pass Sdn | 550 | 1550 | 2600 | 5200 | 9000 | 12800 |
| 5-pass Tr Sdn | 600 | 1600 | 2700 | 5400 | 9300 | 13500 |
| **Custom Eight, 8-cyl., 122" wb** | | | | | | |
| 3-pass Cpe | 500 | 1350 | 2350 | 4700 | 8100 | 11500 |
| 3-pass Vic Cpe | 550 | 1400 | 2400 | 4800 | 8300 | 11800 |
| 2-pass Conv Cpe | 1250 | 3950 | 6600 | 13200 | 23250 | 32900 |
| 5-pass Brghm | 500 | 1350 | 2300 | 4600 | 8000 | 11300 |

| | 6 | 5 | 4 | 3 | 2 | 1 |
|---|---|---|---|---|---|---|
| 2-dr 5-pass Tr Brghm | 500 | 1350 | 2350 | 4700 | 8100 | 11500 |
| 5-pass Sdn | 500 | 1350 | 2300 | 4600 | 8000 | 11300 |
| 5-pass Tr Sdn | 500 | 1350 | 2350 | 4700 | 8100 | 11500 |
| 5-pass Conv Brghm | 1300 | 4100 | 6850 | 13700 | 24100 | 34200 |
| **Custom Eight, 8-cyl., 129" wb** | | | | | | |
| 5-pass Sdn | 550 | 1400 | 2400 | 4800 | 8300 | 11800 |
| 5-pass Tr Sdn | 550 | 1450 | 2450 | 4900 | 8500 | 12000 |
| | | | | | | |
| ***1938*** | | | | | | |
| **Standard, 6-cyl., 112" wb** | | | | | | |
| 3-pass Conv Cpe | 1200 | 3850 | 6450 | 12900 | 22700 | 32200 |
| 6-pass Conv Brghm | 1300 | 4050 | 6750 | 13500 | 23800 | 33700 |
| 3-pass Cpe | 550 | 1450 | 2450 | 4900 | 8500 | 12000 |
| 4-pass Vic Cpe | 550 | 1450 | 2500 | 5100 | 8800 | 12500 |
| 6-pass Brghm | 500 | 1350 | 2350 | 4700 | 8100 | 11500 |
| 6-pass Tr Brghm | 500 | 1350 | 2350 | 4700 | 8100 | 11500 |
| 6-pass Sdn | 550 | 1400 | 2400 | 4800 | 8300 | 11800 |
| 6-pass Tr Sdn | 550 | 1450 | 2450 | 4900 | 8500 | 12000 |
| **Utility, 6-cyl., 112" wb** | | | | | | |
| 3-pass Cpe | 500 | 1350 | 2350 | 4700 | 8100 | 11500 |
| 6-pass C'ch | 450 | 1250 | 2200 | 4400 | 7600 | 10900 |
| 6-pass C'ch Tr | 450 | 1250 | 2150 | 4300 | 7400 | 10700 |
| **DeLuxe, 6-cyl., 112" wb** | | | | | | |
| 3-pass Conv Cpe | 1200 | 3750 | 6250 | 12500 | 22000 | 31100 |
| 6-pass Conv Brghm | 1200 | 3850 | 6450 | 12900 | 22700 | 32200 |
| 3-pass Cpe | 550 | 1550 | 2650 | 5300 | 9100 | 13000 |
| 4-pass Vic Cpe | 600 | 160 | 2750 | 5500 | 9500 | 13800 |
| 6-pass Brghm | 550 | 1450 | 2450 | 4900 | 8500 | 12000 |
| 6-pass Tr Brghm | 550 | 1500 | 2500 | 5000 | 8700 | 12300 |
| 6-pass Sdn | 550 | 1500 | 2500 | 5000 | 8700 | 12300 |
| 6-pass Tr Sdn | 550 | 1450 | 2500 | 5100 | 8800 | 12500 |
| **Custom, 6-cyl., 122" wb** | | | | | | |
| 3-pass Conv Cpe | 1200 | 3850 | 6450 | 12900 | 22700 | 32200 |
| 6-pass Conv Brghm | 1300 | 4050 | 6750 | 13500 | 23800 | 33700 |
| 3-pass Cpe | 550 | 1550 | 2650 | 5300 | 9100 | 13000 |
| 6-pass Sdn | 550 | 1450 | 2450 | 4900 | 8500 | 12000 |
| 3-5 pass Vic Cpe | 600 | 160 | 2750 | 5500 | 9500 | 13800 |
| 6-pass Brghm | 550 | 1450 | 2450 | 4900 | 9100 | 13000 |
| 6-pass Tr Brghm | 550 | 1500 | 2500 | 5000 | 8700 | 12300 |
| 6-pass Tr Sdn | 550 | 1500 | 2500 | 5000 | 8700 | 12300 |
| **DeLuxe, 8-cyl., 122" wb** | | | | | | |
| 3-pass Conv Cpe | 1200 | 3850 | 6450 | 12900 | 22700 | 32200 |
| 6-pass Conv Brghm | 1300 | 4050 | 6750 | 13500 | 23800 | 33700 |
| 3-pass Cpe | 600 | 1650 | 2850 | 5700 | 9900 | 14200 |
| 6-pass Sdn | 550 | 1500 | 2500 | 5100 | 8800 | 12500 |
| 3-5 pass Vic Cpe | 650 | 1700 | 3000 | 5900 | 10200 | 14700 |
| 6-pass Brghm | 600 | 160 | 2750 | 5500 | 9500 | 13800 |
| 6-pass Tr Brghm | 550 | 1550 | 2650 | 5300 | 9100 | 13000 |
| 6-pass Tr Sdn | 550 | 1450 | 2450 | 4900 | 9100 | 13000 |
| **Custom, 8-cyl., 122" wb** | | | | | | |
| 3-pass Cpe | 650 | 1700 | 3000 | 5900 | 10200 | 14700 |
| 3-5 pass Vic Cpe | 650 | 1700 | 3000 | 6100 | 10600 | 15200 |
| 6-pass Brghm | 600 | 1600 | 2750 | 5500 | 9500 | 13800 |
| 6-pass Tr Brghm | 600 | 1650 | 2850 | 5700 | 9900 | 14200 |
| 6-pass Sdn | 550 | 1550 | 2650 | 5300 | 9100 | 13000 |
| 6-pass Tr Sdn | 550 | 1550 | 2650 | 5300 | 9100 | 13000 |
| **Country Club, 8-cyl., 129" wb** | | | | | | |
| 6-pass Sdn | 650 | 1800 | 3250 | 6500 | 11200 | 16100 |
| 6-pass Tr Sdn | 700 | 1900 | 3350 | 6700 | 11500 | 16500 |

| | 6 | 5 | 4 | 3 | 2 | 1 |
|---|---|---|---|---|---|---|
| **1939** | | | | | | |
| **Deluxe Six, 6-cyl., 112" wb** | | | | | | |
| 3-pass Conv | 1200 | 3750 | 6250 | 12500 | 22000 | 31100 |
| 6-pass Conv Brghm | 1200 | 3850 | 6450 | 12900 | 22700 | 32200 |
| 3-pass Traveler Cpe | 550 | 1400 | 2400 | 4800 | 8300 | 11800 |
| 3-pass Uty Cpe | 550 | 1450 | 2450 | 4900 | 8500 | 12000 |
| 3-pass Cpe | 550 | 1500 | 2500 | 5000 | 8700 | 12300 |
| 4-pass Vic Cpe | 550 | 1500 | 2500 | 5100 | 8800 | 12500 |
| 6-pass Uty C'ch | 500 | 1300 | 2250 | 4500 | 7700 | 11000 |
| 6-pass Tr Brghm | 500 | 1350 | 2350 | 4700 | 8100 | 11500 |
| 6-pass Tr Sdn | 550 | 1400 | 2400 | 4800 | 8300 | 11800 |
| **Pacemaker, 6-cyl., 118" wb** | | | | | | |
| 3-pass Cpe | 550 | 1550 | 2650 | 5300 | 9100 | 13000 |
| 5-pass Vic Cpe | 600 | 1600 | 2750 | 5500 | 9500 | 13800 |
| 6-pass Tr Brghm | 550 | 1550 | 2600 | 5200 | 9000 | 12800 |
| 6-pass Tr Sdn | 550 | 1500 | 2500 | 5100 | 8800 | 12500 |
| **Six, 6-cyl., 118" wb** | | | | | | |
| 3-pass Conv Cpe | 1300 | 4000 | 6650 | 13300 | 23400 | 33100 |
| 6-pass Conv Brghm | 1350 | 4150 | 6950 | 13900 | 24500 | 34700 |
| 3-pass Cpe | 650 | 1700 | 3000 | 5900 | 10200 | 14700 |
| 5-pass Vic Cpe | 650 | 1700 | 3000 | 6100 | 10600 | 15200 |
| 6-pass Tr Brghm | 600 | 1650 | 2850 | 5700 | 9900 | 14200 |
| 6-pass Tr Sdn | 600 | 1600 | 2750 | 5500 | 9500 | 13800 |
| **Country Club, 6-cyl., 122" wb** | | | | | | |
| 3-pass Conv Cpe | 1350 | 4150 | 6950 | 13900 | 24500 | 34700 |
| 6-pass Conv Brghm | 1400 | 4350 | 7250 | 14500 | 25500 | 36200 |
| 3-pass Cpe | 650 | 1700 | 2300 | 6100 | 10600 | 15200 |
| 5-pass Vic Cpe | 650 | 1750 | 3150 | 6300 | 10900 | 15700 |
| 6-pass Tr Brghm | 650 | 1700 | 3000 | 6100 | 10600 | 15200 |
| 6-pass Tr Sdn | 650 | 1700 | 3000 | 6000 | 10400 | 14900 |
| **Country Club Eight, 8-cyl., 122" wb** | | | | | | |
| 3-pass Conv Cpe | 1400 | 4350 | 7250 | 14500 | 25500 | 36200 |
| 6-pass Conv Brghm | 1450 | 4450 | 7450 | 14900 | 26200 | 37200 |
| 3-pass Cpe | 650 | 1750 | 3150 | 6300 | 10900 | 15700 |
| 5-pass Vic Cpe | 650 | 1800 | 3250 | 6500 | 11200 | 16100 |
| 6-pass Tr Brghm | 650 | 1750 | 3100 | 6200 | 10700 | 15400 |
| 6-pass Tr Sdn | 650 | 1700 | 3000 | 6100 | 10600 | 15200 |
| **Country Club Eight, 8-cyl., 129" wb** | | | | | | |
| 6-pass Custom Sdn | 750 | 2100 | 3550 | 7100 | 12300 | 17700 |
| 7-pass Custom Sdn | 750 | 2200 | 3650 | 7300 | 12600 | 18200 |
| **Big Boy, 6-cyl., 119" wb** | | | | | | |
| 6-pass Sdn | 700 | 1900 | 3350 | 6700 | 11500 | 16500 |
| 7-pass Sdn | 700 | 2000 | 3450 | 6900 | 11900 | 17200 |
| **1940** | | | | | | |
| **Traveler, 6-cyl., 113" wb** | | | | | | |
| 3-pass Cpe | 550 | 1400 | 2400 | 4800 | 8300 | 11800 |
| 4-pass Vic Cpe | 550 | 1550 | 2650 | 5300 | 9100 | 13000 |
| 2-dr 6-pass Tr Sdn | 500 | 1350 | 2350 | 4700 | 8100 | 11500 |
| 4-dr 6-pass Sdn | 500 | 1350 | 2350 | 4700 | 8100 | 11500 |
| **DeLuxe, 6-cyl., 113" wb** | | | | | | |
| 5-pass Conv Cpe | 1050 | 3300 | 5500 | 11100 | 19500 | 27700 |
| 3-pass Cpe | 550 | 1450 | 2450 | 4900 | 8500 | 12000 |
| 4-pass Vic Cpe | 550 | 1550 | 2600 | 5200 | 9000 | 12800 |
| 2-dr 6-pass Tr Sdn | 550 | 1400 | 2400 | 4800 | 8300 | 11800 |
| 4-dr 6-pass Tr Sdn | 550 | 1400 | 2400 | 4800 | 8300 | 11800 |
| 6-pass Conv Sdn | 1050 | 3400 | 5650 | 11300 | 19900 | 28200 |
| **Super 6, 6-cyl., 118" wb** | | | | | | |
| 5-pass Conv Cpe | 1050 | 3400 | 5650 | 11300 | 19900 | 28200 |
| 6-pass Conv Sdn | 1100 | 3500 | 5850 | 11700 | 20600 | 29100 |
| 3-pass Cpe | 600 | 1600 | 2750 | 5500 | 9500 | 13800 |

|  | 6 | 5 | 4 | 3 | 2 | 1 |
|---|---|---|---|---|---|---|
| 4-pass Vic Cpe | 600 | 1600 | 2800 | 5600 | 9700 | 14000 |
| 2-dr 6-pass Tr Sdn | 500 | 1350 | 2350 | 4700 | 8100 | 11500 |
| 4-dr 6-pass Tr Sdn | 550 | 1400 | 2400 | 4800 | 8300 | 11800 |
| **Country Club, 6-cyl., 125" wb** | | | | | | |
| 4-dr 6-pass Tr Sdn | 550 | 1550 | 2650 | 5300 | 9100 | 13000 |
| 7-pass Sdn | 600 | 1600 | 2750 | 5500 | 9500 | 13800 |
| **Eight, 8-cyl., 118" wb** | | | | | | |
| 5-pass Conv Cpe | 1150 | 3700 | 6200 | 12400 | 21850 | 30900 |
| 6-pass Conv Sdn | 1200 | 3850 | 6450 | 12900 | 22700 | 32200 |
| 3-pass Cpe | 650 | 1750 | 3150 | 6300 | 10900 | 15700 |
| 4-pass Vic Cpe | 650 | 1800 | 3250 | 6500 | 11200 | 16100 |
| 2-dr 6-pass Tr Sdn | 650 | 1700 | 3000 | 6100 | 10600 | 15200 |
| 4-dr 6-pass Tr Sdn | 650 | 1750 | 3100 | 6200 | 10700 | 15400 |
| **DeLuxe, 8-cyl., 118" wb** | | | | | | |
| 2-dr 6-pass Tr Sdn | 650 | 1750 | 3100 | 6200 | 10700 | 15400 |
| 4-dr 6-pass Tr Sdn | 650 | 1750 | 3150 | 6300 | 10900 | 15700 |
| **Country Club Eight, 8-cyl., 125" wb** | | | | | | |
| 4-dr 6-pass Tr Sdn | 700 | 1900 | 3350 | 6700 | 11500 | 16500 |
| 7-pass Sdn | 700 | 1900 | 3400 | 6800 | 11700 | 16900 |
| **Big Boy, 6-cyl., 125" wb** | | | | | | |
| 7-pass Sdn | 650 | 1800 | 3250 | 6500 | 11200 | 16100 |
| 7-pass Carry-All Sdn | 650 | 1800 | 3200 | 6400 | 11000 | 15900 |

*1941*

**Utility, 6-cyl., 116" wb**

|  | 6 | 5 | 4 | 3 | 2 | 1 |
|---|---|---|---|---|---|---|
| 3-pass Cpe | 550 | 1550 | 2600 | 5200 | 9000 | 12800 |
| 6-pass C'ch | 500 | 1300 | 2250 | 4500 | 7700 | 11000 |
| **Traveler, 6-cyl., 116" wb** | | | | | | |
| 3-pass Cpe | 600 | 1600 | 2750 | 5500 | 9500 | 13800 |
| 4-pass Club Cpe | 600 | 1650 | 2900 | 5800 | 10000 | 14500 |
| 2-dr Tr Sdn | 550 | 1400 | 2400 | 4800 | 8300 | 11800 |
| 4-dr Tr Sdn | 550 | 1450 | 2450 | 4900 | 8500 | 12000 |
| **DeLuxe, 6-cyl., 116" wb** | | | | | | |
| Conv Sdn | 1050 | 3350 | 5600 | 11200 | 19700 | 28000 |
| 3-pass Cpe | 600 | 1600 | 2750 | 5500 | 9500 | 13800 |
| Club Cpe | 600 | 1650 | 2850 | 5700 | 9900 | 14200 |
| 2-dr Tr Sdn | 500 | 1350 | 2350 | 4700 | 8100 | 11500 |
| 4-dr Tr Sdn | 550 | 1400 | 2400 | 4800 | 8300 | 11800 |
| **Super, 6-cyl., 121" wb** | | | | | | |
| Conv Sdn | 1150 | 3600 | 6000 | 12100 | 21300 | 30200 |
| Cpe | 600 | 1650 | 2850 | 5700 | 9900 | 14200 |
| Club Cpe | 650 | 1700 | 3000 | 5900 | 10200 | 14700 |
| 2-dr Tr Sdn | 550 | 1450 | 2450 | 4900 | 8500 | 12000 |
| 4-dr Tr Sdn | 550 | 1450 | 2450 | 4900 | 8500 | 12000 |
| Sta Wgn | 1100 | 3450 | 5750 | 11500 | 20300 | 28700 |
| **Commodore, 6-cyl., 121" wb** | | | | | | |
| Conv Sdn | 1200 | 3750 | 6250 | 12500 | 22000 | 31100 |
| Cpe | 650 | 1700 | 3000 | 6000 | 10400 | 14900 |
| Club Cpe | 650 | 1750 | 3000 | 6100 | 10600 | 15200 |
| 2-dr Tr Sdn | 550 | 1500 | 2500 | 5100 | 8700 | 12300 |
| 4-dr Tr Sdn | 550 | 1500 | 2500 | 5100 | 8700 | 12300 |
| **Commodore, 8-cyl., 121" wb** | | | | | | |
| Conv Sdn | 1250 | 3950 | 6600 | 13200 | 23250 | 32900 |
| 3-pass Cpe | 650 | 1700 | 3000 | 6100 | 10600 | 15200 |
| Club Cpe | 650 | 1750 | 3100 | 6200 | 10700 | 15400 |
| 2-dr Tr Sdn | 600 | 1650 | 2850 | 5700 | 9900 | 14200 |
| 4-dr Tr Sdn | 600 | 1650 | 2900 | 5800 | 10000 | 14500 |
| Sta Wgn | 1200 | 3750 | 6250 | 12500 | 22000 | 31100 |
| **Commodore Custom, 8-cyl., 121" wb** | | | | | | |
| 3-pass Cpe | 650 | 1800 | 3200 | 6400 | 11000 | 15900 |
| Club Cpe | 650 | 1800 | 3250 | 6500 | 11200 | 16100 |

| | 6 | 5 | 4 | 3 | 2 | 1 |
|---|---|---|---|---|---|---|
| **Commodore Custom, 8-cyl., 128" wb** | | | | | | |
| 4-dr Tr Sdn | 650 | 1700 | 3000 | 6000 | 10400 | 14900 |
| 4-dr 7-pass Sdn | 650 | 1700 | 3000 | 6100 | 10600 | 15200 |
| **Big Boy, 6-cyl., 128" wb** | | | | | | |
| 7-pass Sdn | 650 | 1700 | 3000 | 5900 | 10200 | 14700 |
| Carry-All | 600 | 1650 | 2900 | 5800 | 10000 | 14500 |
| **1942** | | | | | | |
| **Traveler, 6-cyl., 116" wb** | | | | | | |
| 3-pass Cpe | 550 | 1500 | 2500 | 5100 | 8800 | 12500 |
| Club Cpe | 550 | 1550 | 2600 | 5200 | 9000 | 12800 |
| 2-dr Club Sdn | 500 | 1300 | 2250 | 4500 | 7700 | 11000 |
| 4-dr Sdn | 500 | 1350 | 2300 | 4600 | 8000 | 11300 |
| **DeLuxe, 6-cyl., 116" wb** | | | | | | |
| Conv Sdn | 1100 | 3500 | 5850 | 11700 | 20600 | 29100 |
| 3-pass Cpe | 550 | 1550 | 2600 | 5200 | 9000 | 12800 |
| Club Cpe | 550 | 1550 | 2650 | 5300 | 9100 | 13000 |
| 2-dr Club Sdn | 500 | 1350 | 2350 | 4700 | 8100 | 11500 |
| 4-dr Sdn | 500 | 1350 | 2350 | 4700 | 8100 | 11500 |
| **Super, 6-cyl., 121" wb** | | | | | | |
| Conv Sdn | 1200 | 3750 | 6250 | 12500 | 22000 | 31100 |
| 3-pass Cpe | 550 | 1500 | 2500 | 5100 | 8800 | 12500 |
| Club Cpe | 550 | 1550 | 2600 | 5200 | 9000 | 12800 |
| 2-dr Sdn | 550 | 1450 | 2450 | 4900 | 8500 | 12000 |
| 4-dr Sdn | 550 | 1500 | 2500 | 5000 | 8700 | 12300 |
| Sta Wgn | 1150 | 3650 | 6100 | 12200 | 21500 | 30500 |
| **Commodore, 6-cyl., 121" wb** | | | | | | |
| Conv Sdn | 1200 | 3850 | 6450 | 12900 | 22700 | 32200 |
| 3-pass Cpe | 600 | 1600 | 2750 | 5500 | 9500 | 13800 |
| Club Cpe | 600 | 1650 | 2850 | 5700 | 9900 | 14200 |
| 2-dr Sdn | 550 | 1450 | 2450 | 4900 | 8500 | 12000 |
| 4-dr Sdn | 550 | 1500 | 2500 | 5000 | 8700 | 12300 |
| **Commodore, 8-cyl., 121" wb** | | | | | | |
| Conv Sdn | 1350 | 4150 | 6950 | 13900 | 24500 | 34700 |
| 3-pass Cpe | 650 | 1700 | 3000 | 6100 | 10600 | 15200 |
| Club Cpe | 650 | 1750 | 3150 | 6300 | 10900 | 15700 |
| 2-dr Sdn | 600 | 1600 | 2800 | 5600 | 9700 | 14000 |
| 4-dr Sdn | 600 | 1650 | 2850 | 5700 | 9900 | 14200 |
| **Commodore Custom, 8-cyl., 121" wb** | | | | | | |
| Club Cpe | 650 | 1800 | 3200 | 6400 | 11000 | 15900 |
| **Commodore Custom, 8-cyl., 128" wb** | | | | | | |
| 4-dr Sdn | 650 | 1700 | 3000 | 5900 | 10200 | 14700 |
| **1946** | | | | | | |
| **Super, 6-cyl., 121" wb** | | | | | | |
| 6-pass Conv Brghm | 1200 | 3850 | 6450 | 12900 | 22700 | 32200 |
| 4-dr 6-pass Sdn | 450 | 1250 | 2150 | 4300 | 7400 | 10700 |
| 3-pass Cpe | 500 | 1350 | 2350 | 4700 | 8100 | 11500 |
| 6-pass Club Cpe | 500 | 1350 | 2350 | 4700 | 8100 | 11500 |
| 6-pass Brghm | 500 | 1350 | 2300 | 4600 | 8000 | 11300 |
| **Commodore, 6-cyl., 121" wb** | | | | | | |
| 4-dr 6-pass Sdn | 500 | 1350 | 2350 | 4700 | 8100 | 11500 |
| 6-pass Club Cpe | 550 | 1500 | 2500 | 5100 | 8800 | 12500 |
| **Super, 8-cyl., 121" wb** | | | | | | |
| 6-pass Club Cpe | 550 | 1550 | 2600 | 5200 | 9000 | 12800 |
| 4-dr 6-pass Sdn | 550 | 1400 | 2400 | 4800 | 8300 | 11800 |
| **Commodore, 8-cyl., 121" wb** | | | | | | |
| 6-pass Conv Brghm | 1450 | 4450 | 7450 | 14900 | 26200 | 37200 |
| 6-pass Club Cpe | 600 | 1650 | 2850 | 5700 | 9900 | 14200 |
| 4-dr 6-pass Sdn | 550 | 1500 | 2500 | 5000 | 8700 | 12300 |

|  | 6 | 5 | 4 | 3 | 2 | 1 |
|---|---|---|---|---|---|---|

### 1947
**Super Six, 6-cyl., 121" wb**
| 4-dr Sdn | 450 | 1250 | 2150 | 4300 | 7400 | 10700 |
| 6-pass Brghm | 500 | 1350 | 2300 | 4600 | 8000 | 11300 |
| 6-pass Cpe | 500 | 1350 | 2350 | 4700 | 8100 | 11500 |
| 3-pass Cpe | 500 | 1350 | 2350 | 4700 | 8100 | 11500 |
| 6-pass Brghm Conv | 1200 | 3850 | 6450 | 12900 | 22700 | 32200 |

**Commodore Six, 6-cyl., 121" wb**
| 4-dr 6-pass Sdn | 500 | 1350 | 2350 | 4700 | 8100 | 11500 |
| 6-pass Club Cpe | 550 | 1500 | 2500 | 5100 | 8800 | 12500 |

**Super Eight, 8-cyl., 121" wb**
| 4-dr 6-pass Sdn | 550 | 1400 | 2400 | 4800 | 8300 | 11800 |
| Club Cpe | 550 | 1550 | 2600 | 5200 | 9000 | 12800 |

**Commodore Eight, 8-cyl., 121" wb**
| 4-dr 6-pass Sdn | 550 | 1500 | 2500 | 5000 | 8700 | 12300 |
| Club Cpe | 600 | 1650 | 2850 | 5700 | 9900 | 14200 |
| 2-dr 6-pass Conv Sdn | 1450 | 4450 | 7450 | 14900 | 26200 | 37200 |

### 1948
**Super, 6-cyl., 124" wb**
| Conv. Brgm | 1600 | 4750 | 7950 | 15900 | 28000 | 39700 |
| 4-dr 6-pass Sdn | 450 | 1250 | 2150 | 4300 | 7400 | 10700 |
| 6-pass Club Cpe | 550 | 1450 | 2450 | 4900 | 8500 | 12000 |
| 3-pass Cpe | 500 | 1350 | 2350 | 4700 | 8100 | 11500 |
| 2-dr 5-pass Brghm | 450 | 1250 | 2150 | 4300 | 7400 | 10700 |

**Commodore, 6-cyl., 124" wb**
| Conv Brghm | 1600 | 4850 | 8100 | 16200 | 28500 | 40500 |
| Club Cpe | 550 | 1550 | 2650 | 5300 | 9100 | 13000 |
| 4-dr 6-pass Sdn | 550 | 1450 | 2450 | 4900 | 8500 | 12000 |

**Super, 8-cyl., 124" wb**
| Club Cpe | 600 | 1600 | 2750 | 5500 | 9500 | 13800 |
| 4-dr 6-pass Sdn | 550 | 1450 | 2450 | 4900 | 8500 | 12000 |

**Commodore, 8-cyl., 124" wb**
| Conv Brghm | 1700 | 5050 | 8450 | 16900 | 29700 | 42200 |
| Club Cpe | 600 | 1650 | 2850 | 5700 | 9900 | 14200 |
| Sdn | 550 | 1550 | 2650 | 5300 | 9100 | 13000 |

### 1949
**Super, 6-cyl., 124" wb**
| Conv. Brgm | 1600 | 4750 | 7950 | 15900 | 28000 | 39700 |
| 4-dr 6-pass Sdn | 450 | 1250 | 2150 | 4300 | 7400 | 10700 |
| 6-pass Club Cpe | 550 | 1450 | 2450 | 4900 | 8500 | 12000 |
| 3-pass Cpe | 500 | 1350 | 2350 | 4700 | 8100 | 11500 |
| 2-dr 5-pass Brghm | 450 | 1250 | 2150 | 4300 | 7400 | 10700 |

**Commodore, 6-cyl., 124" wb**
| Conv Brghm | 1600 | 4850 | 8100 | 16200 | 28500 | 40500 |
| Club Cpe | 550 | 1550 | 2650 | 5300 | 9100 | 13000 |
| 4-dr 6-pass Sdn | 550 | 1450 | 2450 | 4900 | 8500 | 12000 |

**Super, 8-cyl., 124" wb**
| Club Cpe | 600 | 1600 | 2750 | 5500 | 9500 | 13800 |
| 2-dr Sdn | 550 | 1450 | 2450 | 4900 | 8500 | 12000 |
| 4-dr 6-pass Sdn | 550 | 1450 | 2450 | 4900 | 8500 | 12000 |

**Commodore, 8-cyl., 124" wb**
| Conv Brghm | 1700 | 5050 | 8450 | 16900 | 29700 | 42200 |
| Club Cpe | 650 | 1700 | 3000 | 5900 | 10200 | 14700 |
| Sdn | 550 | 1550 | 2650 | 5300 | 9100 | 13000 |

### 1950
**Pacemaker, 6-cyl., 119" wb**
| 6-pass Conv Brghm | 1600 | 4750 | 7950 | 15900 | 28000 | 39700 |
| 3-pass Bus Cpe | 450 | 1250 | 2150 | 4300 | 7400 | 10700 |

| | 6 | 5 | 4 | 3 | 2 | 1 |
|---|---|---|---|---|---|---|
| 6-pass Club Cpe | 500 | 1350 | 2350 | 4700 | 8100 | 11500 |
| 2-dr 6-pass Brghm | 450 | 1250 | 2200 | 4400 | 7600 | 10900 |
| 4-dr 6-pass Sdn | 500 | 1300 | 2250 | 4500 | 7700 | 11000 |
| **DeLuxe, 6-cyl., 119" wb** | | | | | | |
| 6-pass Conv Brghm | 1700 | 5050 | 8450 | 16900 | 29700 | 42200 |
| 6-pass Club Cpe | 550 | 1550 | 2600 | 5200 | 9000 | 12800 |
| 2-dr 6-pass Brghm | 550 | 1450 | 2450 | 4900 | 8500 | 12000 |
| 4-dr 6-pass Sdn | 550 | 1500 | 2500 | 5000 | 8700 | 12300 |
| **Super Six, 6-cyl., 124" wb** | | | | | | |
| 6-pass Conv Brghm | 1750 | 5200 | 8750 | 17500 | 30800 | 43700 |
| 6-pass Club Cpe | 550 | 1550 | 2650 | 5300 | 9100 | 13000 |
| 2-dr 6-pass Brghm | 500 | 1350 | 2350 | 4700 | 8100 | 11500 |
| 4-dr 6-pass Sdn | 550 | 1400 | 2400 | 4800 | 8300 | 11800 |
| **Commodore, 6-cyl., 124" wb** | | | | | | |
| 6-pass Conv Brghm | 1850 | 5450 | 9150 | 18300 | 32200 | 45700 |
| 6-pass Club Cpe | 600 | 1650 | 2850 | 5700 | 9900 | 14200 |
| 4-dr 6-pass Sdn | 550 | 1500 | 2500 | 5100 | 8800 | 12500 |
| **Super, 8-cyl., 124" wb** | | | | | | |
| 6-pass Club Cpe | 600 | 1650 | 2850 | 5700 | 9900 | 14200 |
| 6-pass Brghm | 550 | 1500 | 2500 | 5100 | 8800 | 12500 |
| 4-dr 6-pass Sdn | 550 | 1550 | 2600 | 5200 | 9000 | 12800 |
| **Commodore, 8-cyl., 124" wb** | | | | | | |
| 6-pass Conv Brghm | 1900 | 5600 | 9450 | 18900 | 33200 | 47200 |
| 6-pass Club Cpe | 650 | 1700 | 3000 | 6100 | 10600 | 15200 |
| 4-dr 6-pass Sdn | 600 | 1600 | 2750 | 5500 | 9500 | 13800 |

## 1951

| | 6 | 5 | 4 | 3 | 2 | 1 |
|---|---|---|---|---|---|---|
| **Pacemaker Custom, 6-cyl., 119" wb** | | | | | | |
| Conv Brghm | 1550 | 4650 | 7800 | 15600 | 27450 | 38900 |
| 3-pass Cpe | 550 | 1450 | 2450 | 4900 | 8500 | 12000 |
| Club Cpe | 550 | 1550 | 2650 | 5300 | 9100 | 13000 |
| 2-dr Brghm | 500 | 1350 | 2350 | 4700 | 8100 | 11500 |
| 4-dr Sdn | 500 | 1350 | 2350 | 4700 | 8100 | 11500 |
| **Super Custom, 6-cyl., 124" wb** | | | | | | |
| Conv Brghm | 1600 | 4750 | 7950 | 15900 | 28000 | 39700 |
| Club Cpe | 600 | 1600 | 2750 | 5500 | 9500 | 13800 |
| 2-dr Brghm | 550 | 1500 | 2500 | 5000 | 8700 | 12300 |
| 4-dr Sdn | 550 | 1450 | 2450 | 4900 | 8500 | 12000 |
| Hollywood Hdtp | 800 | 2350 | 3950 | 7900 | 13700 | 19700 |
| **Commodore Custom Six, 124" wb** | | | | | | |
| Conv Brghm | 1650 | 4900 | 8200 | 16400 | 28850 | 41000 |
| 4-dr Sdn | 600 | 1650 | 2900 | 5800 | 10000 | 14500 |
| Club Cpe | 650 | 1700 | 3000 | 6100 | 10600 | 15200 |
| Hollywood Hdtp | 800 | 2450 | 4150 | 8300 | 14600 | 20700 |
| **Hornet H-145, 6-cyl., 124" wb** | | | | | | |
| Conv Brghm | 1900 | 5600 | 9450 | 18900 | 33200 | 47200 |
| Club Cpe | 650 | 1800 | 3250 | 6500 | 11200 | 16100 |
| 4-dr Sdn | 650 | 1700 | 3000 | 5900 | 10200 | 14700 |
| Hollywood Hdtp | 850 | 2650 | 4500 | 9000 | 15900 | 22500 |
| **Commodore, 8-cyl., 124" wb** | | | | | | |
| Conv Brghm | 1850 | 5400 | 9100 | 18200 | 32000 | 45500 |
| Club Cpe | 650 | 1800 | 3200 | 6400 | 11000 | 15900 |
| 4-dr Sdn | 650 | 1700 | 3000 | 6100 | 10600 | 15200 |
| Hollywood Hdtp | 850 | 2550 | 4350 | 8700 | 15300 | 21700 |

## 1952

| | 6 | 5 | 4 | 3 | 2 | 1 |
|---|---|---|---|---|---|---|
| **Pacemaker, 6-cyl., 119" wb** | | | | | | |
| 3-pass Cpe | 550 | 1500 | 2500 | 5000 | 8700 | 12300 |
| 6-pass Club Cpe | 550 | 1550 | 2650 | 5300 | 9100 | 13000 |
| 2-dr 6-pass Brghm | 550 | 1450 | 2450 | 4900 | 8500 | 12000 |
| 4-dr 6-pass Sdn | 550 | 1450 | 2450 | 4900 | 8500 | 12000 |

| | 6 | 5 | 4 | 3 | 2 | 1 |
|---|---|---|---|---|---|---|
| **Wasp, 6-cyl., 119" wb** | | | | | | |
| 6-pass Conv Brghm | 1650 | 4900 | 8200 | 16400 | 28850 | 41000 |
| 6-pass Hollywood Hdtp | 700 | 1900 | 3400 | 6800 | 11700 | 16900 |
| 2-dr 6-pass Brghm | 550 | 1450 | 2450 | 4900 | 8500 | 12000 |
| 4-dr 6-pass Sdn | 550 | 1500 | 2500 | 5000 | 8700 | 12300 |
| 6-pass Club Cpe | 600 | 1600 | 2750 | 5500 | 9500 | 13800 |
| **Commodore, 6-cyl., 124" wb** | | | | | | |
| 6-pass Conv Brghm | 1700 | 5050 | 8450 | 16900 | 29700 | 42200 |
| 6-pass Hollywood Hdtp | 750 | 2250 | 3750 | 7500 | 13000 | 18700 |
| 6-pass Club Cpe | 600 | 1650 | 2850 | 5700 | 9900 | 14200 |
| 4-dr 6-pass Sdn | 550 | 1500 | 2500 | 5100 | 8800 | 12500 |
| **Hornet, 6-cyl., 124" wb** | | | | | | |
| 6-pass Conv Brghm | 1900 | 5600 | 9450 | 18900 | 33200 | 47200 |
| 6-pass Club Cpe | 650 | 1700 | 3000 | 5900 | 10200 | 14700 |
| 4-dr 6-pass Sdn | 550 | 1500 | 2500 | 5100 | 8800 | 12500 |
| 6-pass Hollywood Hdtp | 850 | 2650 | 4450 | 8900 | 15700 | 22300 |
| **Commodore, 8-cyl., 124" wb** | | | | | | |
| 6-pass Conv Brghm | 1800 | 5300 | 8950 | 17900 | 31500 | 44700 |
| 6-pass Club Cpe | 650 | 1700 | 3000 | 6100 | 10600 | 15200 |
| 4-dr 6-pass Sdn | 600 | 1600 | 2750 | 5500 | 9500 | 13800 |
| 6-pass Hollywood Hdtp | 850 | 2550 | 4350 | 8700 | 15300 | 21700 |
| ***1953*** | | | | | | |
| **Jet, 6-cyl., 105" wb** | | | | | | |
| 4-dr Sdn | 450 | 1250 | 2150 | 4300 | 7400 | 10700 |
| **Super Jet, 6-cyl., 105" wb** | | | | | | |
| 2-dr Sdn Cpe | 500 | 1300 | 2250 | 4500 | 7700 | 11000 |
| 4-dr Sdn | 500 | 1300 | 2250 | 4500 | 7700 | 11000 |
| **Wasp, 6-cyl., 119" wb** | | | | | | |
| Club Cpe | 550 | 1400 | 2400 | 4800 | 8300 | 11800 |
| 2-dr Sdn | 500 | 1300 | 2250 | 4500 | 7700 | 11000 |
| 4-dr Sdn | 500 | 1300 | 2250 | 4500 | 7700 | 11000 |
| **Super Wasp, 6-cyl., 119" wb** | | | | | | |
| Conv Brghm | 1600 | 4850 | 8100 | 16200 | 28500 | 40500 |
| Club Cpe | 550 | 1500 | 2500 | 5000 | 8700 | 12300 |
| 2-dr Sdn | 500 | 1300 | 2250 | 4500 | 7700 | 11000 |
| 4-dr Sdn | 500 | 1300 | 2250 | 4500 | 7700 | 11000 |
| Hollywood Hdtp | 750 | 2200 | 3650 | 7300 | 12600 | 18200 |
| **Hornet, 6-cyl., 124" wb** | | | | | | |
| Conv Brghm | 1900 | 5600 | 9450 | 18900 | 33200 | 47200 |
| Club Cpe | 650 | 1700 | 3000 | 5900 | 10200 | 14700 |
| 4-dr Sdn | 600 | 1650 | 2850 | 5700 | 9900 | 14200 |
| Hollywood Hdtp | 800 | 2450 | 4150 | 8300 | 14600 | 20700 |
| ***1954*** | | | | | | |
| **Jet, 6-cyl., 105" wb** | | | | | | |
| 2-dr Uty Sdn | 450 | 1250 | 2150 | 4300 | 7400 | 10700 |
| 2-dr Club Sdn | 500 | 1300 | 2250 | 4500 | 7700 | 11000 |
| 4-dr Sdn | 450 | 1250 | 2200 | 4400 | 7600 | 10900 |
| **Super Jet, 6-cyl., 105" wb** | | | | | | |
| 2-dr Club Sdn | 500 | 1350 | 2300 | 4600 | 8000 | 11300 |
| 4-dr Sdn | 500 | 1350 | 2300 | 4600 | 8000 | 11300 |
| **Jet Liner, 6-cyl., 105" wb** | | | | | | |
| 2-dr Club Sdn | 550 | 1400 | 2400 | 4800 | 8300 | 11800 |
| 4-dr Sdn | 550 | 1400 | 2400 | 4800 | 8300 | 11800 |
| **Wasp, 6-cyl., 119" wb** | | | | | | |
| Club Cpe | 500 | 1350 | 2300 | 4600 | 8000 | 11300 |
| Club Sdn | 500 | 1300 | 2250 | 4500 | 7700 | 11000 |
| 4-dr Sdn | 500 | 1300 | 2250 | 4500 | 7700 | 11000 |

| | 6 | 5 | 4 | 3 | 2 | 1 |
|---|---|---|---|---|---|---|
| **Super Wasp, 6-cyl., 119" wb** | | | | | | |
| Conv Brghm | 1600 | 4750 | 7950 | 15900 | 28000 | 39700 |
| Club Cpe | 500 | 1350 | 2300 | 4600 | 8000 | 11300 |
| Club Sdn | 500 | 1300 | 2250 | 4500 | 7700 | 11000 |
| 4-dr Sdn | 500 | 1300 | 2250 | 4500 | 7700 | 11000 |
| Hollywood Hdtp | 700 | 1900 | 3350 | 6700 | 11500 | 16500 |
| **Hornet Special, 6-cyl., 124" wb** | | | | | | |
| Club Cpe | 550 | 1550 | 2600 | 5200 | 9000 | 12800 |
| Club Sdn | 550 | 1500 | 2500 | 5000 | 8700 | 12300 |
| 4-dr Sdn | 550 | 1450 | 2450 | 4900 | 8500 | 12000 |
| **Hornet, 6-cyl., 124" wb** | | | | | | |
| Brghm Conv | 1900 | 5600 | 9450 | 18900 | 33200 | 47200 |
| Club Cpe | 650 | 1700 | 3000 | 5900 | 10200 | 14700 |
| 4-dr Sdn | 550 | 1450 | 2450 | 4900 | 8500 | 12000 |
| Hollywood Hdtp | 750 | 2300 | 3850 | 7700 | 13300 | 19200 |
| **Italia, 6-cyl., 105" wb** | | | | | | |
| 2-dr Cpe | 2600 | 7650 | 12950 | 25900 | 45500 | 64700 |

## 1955

| | 6 | 5 | 4 | 3 | 2 | 1 |
|---|---|---|---|---|---|---|
| **Standard Wasp, 6-cyl., 114" wb** | | | | | | |
| 4-dr 6-pass Sdn | 450 | 1250 | 2050 | 4100 | 7100 | 10300 |
| **Custom Wasp, 6-cyl., 114" wb** | | | | | | |
| 6-pass Hollywood Hdtp | 650 | 1750 | 3150 | 6300 | 10900 | 15700 |
| 4-dr 6-pass Sdn | 450 | 1250 | 2100 | 4200 | 7200 | 10500 |
| **Hornet Super, 6-cyl., 121" wb** | | | | | | |
| 4-dr 6-pass Sdn | 450 | 1250 | 2150 | 4300 | 7400 | 10700 |
| **Hornet Custom, 6-cyl., 121" wb** | | | | | | |
| 4-dr 6-pass Sdn | 500 | 1300 | 2250 | 4500 | 7700 | 11000 |
| 6-pass Hollywood Hdtp | 700 | 2000 | 3450 | 6900 | 11900 | 17200 |
| **Hornet Super, 8-cyl.** | | | | | | |
| 4-dr 6-pass Sdn | 500 | 1350 | 2350 | 4700 | 8100 | 11500 |
| **Hornet Custom, 8-cyl.** | | | | | | |
| 4-dr 6-pass Sdn | 500 | 1350 | 2350 | 4700 | 8100 | 11500 |
| 6-pass Hollywood Hdtp | 750 | 2200 | 3650 | 7300 | 12600 | 18200 |
| **Italia, 6-cyl., 105" wb** | | | | | | |
| 2-dr GT Spt Cpe | 2600 | 7650 | 12950 | 25900 | 45500 | 64700 |

## 1956

| | 6 | 5 | 4 | 3 | 2 | 1 |
|---|---|---|---|---|---|---|
| **Super Wasp, 6-cyl., 114" wb** | | | | | | |
| 4-dr 6-pass Sdn | 400 | 1200 | 1950 | 3900 | 6800 | 9900 |
| **Super Hornet, 6-cyl., 121" wb** | | | | | | |
| 4-dr 6-pass Sdn | 450 | 1250 | 2150 | 4300 | 7400 | 10700 |
| **Custom Hornet, 6-cyl., 121" wb** | | | | | | |
| Sdn | 500 | 1350 | 2350 | 4700 | 8100 | 11500 |
| Hollywood Hdtp | 750 | 2200 | 3650 | 7300 | 12600 | 18200 |
| **Hornet Super Special, 8-cyl., 114" wb** | | | | | | |
| 4-dr 6-pass Sdn | 550 | 1400 | 2400 | 4800 | 8300 | 11800 |
| 6-pass Hollywood Hdtp | 750 | 2250 | 3750 | 7500 | 13000 | 18700 |
| **Hornet Custom, 8-cyl., 121" wb** | | | | | | |
| 4-dr 6-pass Sdn | 550 | 1450 | 2450 | 4900 | 8500 | 12000 |
| 6-pass Hollywood Hdtp | 800 | 2400 | 4050 | 8100 | 14200 | 20200 |

## 1957

| | 6 | 5 | 4 | 3 | 2 | 1 |
|---|---|---|---|---|---|---|
| **Hornet Super, 8-cyl., 121" wb** | | | | | | |
| 4-dr 6-pass Sdn | 550 | 1550 | 2650 | 5300 | 9100 | 13000 |
| 2-dr 6-pass Hollywood Hdtp Cpe | 800 | 2350 | 3950 | 7900 | 13700 | 19700 |
| **Hornet Custom, 8-cyl., 121" wb** | | | | | | |
| 4-dr 6-pass Sdn | 600 | 1650 | 2850 | 5700 | 9900 | 14200 |
| 2-dr 6-pass Hollywood Hdtp Cpe | 850 | 2650 | 4450 | 8900 | 15700 | 22300 |

## Collector Car Value Trends

Value trends within the collector car hobby provide a look at what's been going on during the past two decades. The following charts were compiled from various sources that have tracked the value of selected models over the years. Models were chosen on the basis of their rarity *and* desirability by collectors and hobbyists. 2000 prices are based on vehicles in number one condition.

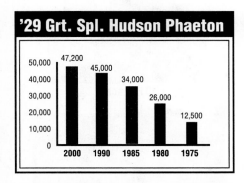

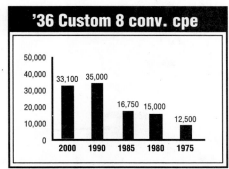

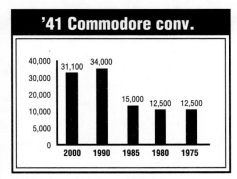

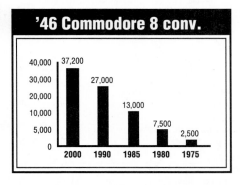

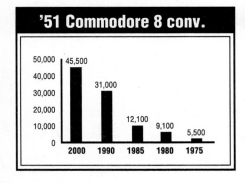

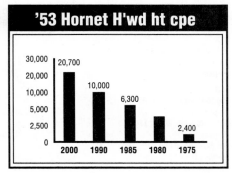

# HUPMOBILE
## 1909 – 1941

'09 Hupmobile

'10 Hupmobile

'30 Hupmobile Eight

'36 Hupmobile Deluxe Sedan

| | 6 | 5 | 4 | 3 | 2 | 1 |
|---|---|---|---|---|---|---|
| **1909** | | | | | | |
| **Model 20, 4-cyl., 20 hp, 86" wb** | | | | | | |
| 2-pass Rdstr | 1150 | 3650 | 6100 | 12200 | 21500 | 30500 |
| **1910** | | | | | | |
| **Model 20, 4-cyl., 20 hp, 86" wb** | | | | | | |
| 2-pass B Rdstr | 1150 | 3650 | 6100 | 12200 | 21500 | 30500 |
| **1911** | | | | | | |
| **Model 20, 4-cyl., 20 hp, 86" wb** | | | | | | |
| 2-pass C Rnbt | 1150 | 3650 | 6100 | 12200 | 21500 | 30500 |
| 2-pass T Tor | 1200 | 3750 | 6300 | 12600 | 22200 | 31400 |
| 4-pass D Tr | 1250 | 3900 | 6500 | 13000 | 22900 | 32500 |
| 4-pass F Cpe | 1050 | 3300 | 5500 | 11100 | 19500 | 27700 |
| **1912** | | | | | | |
| **Model 20, 4-cyl., 20 hp, 86" wb** | | | | | | |
| 2-pass Rnbt | 1150 | 3650 | 6100 | 12200 | 21500 | 30500 |
| 4-pass  Tr | 1250 | 3900 | 6500 | 13000 | 22900 | 32500 |
| **1913** | | | | | | |
| **Model 20-C, 4-cyl., 20 hp, 86" wb** | | | | | | |
| 2-pass Rnbt | 1150 | 3650 | 6100 | 12200 | 21500 | 30500 |
| **Model 20-E, 4-cyl., 20 hp, 110" wb** | | | | | | |
| 2-pass Rdstr | 1000 | 3200 | 5350 | 10700 | 18900 | 26700 |
| **Model 32, 4-cyl., 32 hp, 106" wb** | | | | | | |
| 6-pass H Tr | 1200 | 3750 | 6300 | 12600 | 22200 | 31400 |
| 2-5 pass H Tr Rdstr | 1250 | 3900 | 6500 | 13000 | 22900 | 32500 |
| **Model 32, 4-cyl., 32 hp, 126" wb** | | | | | | |
| 6-pass Tr | 1300 | 4000 | 6700 | 13400 | 23600 | 33400 |

| | 6 | 5 | 4 | 3 | 2 | 1 |
|---|---|---|---|---|---|---|
| **1914** | | | | | | |
| **Model 32, 4-cyl., 32 hp, 106" wb** | | | | | | |
| 6-pass HM Tr | 1050 | 3400 | 5700 | 11400 | 20100 | 28500 |
| 2-pass HR Rdstr | 1150 | 3600 | 5950 | 11900 | 21000 | 29700 |
| 5-pass H Tr | 1150 | 3650 | 6150 | 12300 | 21700 | 30700 |
| 3-pass HAK Cpe | 900 | 2850 | 4750 | 9500 | 16700 | 23700 |
| **1915** | | | | | | |
| **Model K, 4-cyl., 32 hp, 106" wb** | | | | | | |
| 4-pass Tr | 1150 | 3600 | 6000 | 12100 | 21300 | 30200 |
| 2-pass Rdstr | 1100 | 3500 | 5850 | 11700 | 20600 | 29100 |
| **Model N, 4-cyl., 36 hp, 119" wb** | | | | | | |
| 2-pass Rdstr | 1150 | 3600 | 6000 | 12100 | 21300 | 30200 |
| 5-pass Tr | 1200 | 3750 | 6250 | 12500 | 22000 | 31100 |
| 2-pass Cpe | 850 | 2550 | 4300 | 8600 | 15100 | 21500 |
| Sdn | 850 | 2650 | 4500 | 9000 | 15900 | 22500 |
| **1916** | | | | | | |
| **Model N, 4-cyl., 38 hp, 119" wb** | | | | | | |
| 5-pass Tr | 950 | 3050 | 5100 | 10200 | 18000 | 25400 |
| 2-pass Rdstr | 900 | 2900 | 4850 | 9700 | 17100 | 24200 |
| 5-pass Sdn | 750 | 2250 | 3750 | 7500 | 13000 | 18700 |
| 7-pass Tr | 1000 | 3150 | 5300 | 10600 | 18700 | 26500 |
| 2-pass Cpe | 800 | 2350 | 3900 | 7800 | 13500 | 19500 |
| **Model N, 4-cyl.,38 hp, 134" wb** | | | | | | |
| 7-pass Tr | 1100 | 3550 | 5900 | 11800 | 20800 | 29400 |
| 7-pass Limo | 850 | 2550 | 4350 | 8700 | 15300 | 21700 |
| 5-pass Sdn | 800 | 2400 | 3900 | 7800 | 13500 | 19200 |
| 2-pass Cpe | 850 | 2500 | 4200 | 8200 | 13900 | 20000 |
| **Model NU, 4-cyl., 38 hp, 119" wb** | | | | | | |
| 5-pass Tr | 950 | 3050 | 5100 | 10200 | 18000 | 25400 |
| 2-pass Rdstr | 900 | 2900 | 4850 | 9700 | 17100 | 24200 |
| 5-pass Sdn | 750 | 2250 | 3750 | 7500 | 13000 | 18700 |
| **Model NU, 4-cyl., 38 hp, 134" wb** | | | | | | |
| 7-pass Tr | 1100 | 3550 | 5900 | 11800 | 20800 | 29400 |
| 7-pass Limo | 850 | 2550 | 4350 | 8700 | 15300 | 21700 |
| 5-pass Sdn | 800 | 2900 | 3900 | 7800 | 13500 | 19200 |
| 2-pass Cpe | 850 | 2500 | 4200 | 8200 | 13900 | 20000 |
| **1917** | | | | | | |
| **Model N, 4-cyl., 38 hp, 119" wb** | | | | | | |
| 5-pass Tr | 900 | 2800 | 4700 | 9400 | 16500 | 23400 |
| 2-pass Rdstr | 900 | 2900 | 4850 | 9700 | 17100 | 24200 |
| 5-pass Sdn | 650 | 1700 | 3000 | 5900 | 10200 | 14700 |
| 2-pass Cpe | 650 | 1700 | 3000 | 5900 | 10200 | 14700 |
| **Model NU, 4-cyl., 22.5 hp, 134" wb** | | | | | | |
| 7-pass Tr | 1000 | 3150 | 5300 | 10600 | 18700 | 26500 |
| 5-pass Sdn | 650 | 1700 | 3000 | 5900 | 10200 | 14700 |
| **1918** | | | | | | |
| **Series R-1, 4-cyl., 38 hp, 112" wb** | | | | | | |
| 5-pass Tr | 750 | 2300 | 3850 | 7700 | 13300 | 19200 |
| 2-pass Rdstr | 750 | 2200 | 3650 | 7300 | 12600 | 18200 |
| 4-pass Cpe | 600 | 1600 | 2750 | 5500 | 9500 | 13800 |
| 5-pass Sdn | 500 | 1350 | 2350 | 4700 | 8100 | 11500 |
| **1919** | | | | | | |
| **Series R, 4-cyl., 38 hp, 112" wb** | | | | | | |
| 5-pass Tr | 800 | 2450 | 4100 | 8200 | 14400 | 20500 |
| 2-pass Rdstr | 750 | 2300 | 3850 | 7700 | 13300 | 19200 |
| 5-pass Sdn | 500 | 1350 | 2350 | 4700 | 8100 | 11500 |
| 4-pass Cpe | 600 | 1600 | 2750 | 5500 | 9500 | 13800 |

|  | 6 | 5 | 4 | 3 | 2 | 1 |
|---|---|---|---|---|---|---|
| **1920** | | | | | | |
| **Series R, 4-cyl., 38 hp, 112" wb** | | | | | | |
| 5-pass Tr | 800 | 2450 | 4100 | 8200 | 14400 | 20500 |
| 2-pass Rdstr | 750 | 2300 | 3850 | 7700 | 13300 | 19200 |
| 4-pass Cpe | 600 | 1600 | 2750 | 5500 | 9500 | 13800 |
| 5-pass Sdn | 500 | 1350 | 2350 | 4700 | 8100 | 11500 |
| **1921** | | | | | | |
| **Series R, 4-cyl., 35 hp, 112" wb** | | | | | | |
| 5-pass Tr | 800 | 2450 | 4100 | 8200 | 14400 | 20500 |
| 2-pass Rdstr | 750 | 2300 | 3850 | 7700 | 13300 | 19200 |
| 4-pass Cpe | 600 | 1600 | 2750 | 5500 | 9500 | 13800 |
| 5-pass Sdn | 500 | 1350 | 2350 | 4700 | 8100 | 11500 |
| **1922** | | | | | | |
| **Series R, 4-cyl., 35 hp, 112" wb** | | | | | | |
| 5-pass Tr | 800 | 2450 | 4100 | 8200 | 14400 | 20500 |
| 2-pass Rdstr | 750 | 2300 | 3850 | 7700 | 13300 | 19200 |
| 2-pass Rdstr Cpe | 600 | 1600 | 2750 | 5500 | 9500 | 13800 |
| 4-pass Cpe | 600 | 1650 | 2850 | 5700 | 9900 | 14200 |
| 5-pass Sdn | 500 | 1350 | 2350 | 4700 | 8100 | 11500 |
| **1923** | | | | | | |
| **Series R, 4-cyl., 35 hp, 112" wb** | | | | | | |
| 5-pass Tr | 750 | 2300 | 3850 | 7700 | 13300 | 19200 |
| 5-pass Spl Tr | 800 | 2450 | 4100 | 8200 | 14400 | 20500 |
| 2-pass Rdstr | 800 | 2400 | 4050 | 8100 | 14200 | 20200 |
| 2-pass Spl Rdstr | 800 | 2500 | 4250 | 8500 | 15000 | 21200 |
| 5-pass Sdn | 500 | 1350 | 2350 | 4700 | 8100 | 11500 |
| 4-pass Cpe | 650 | 1700 | 3000 | 5900 | 10200 | 14700 |
| 2-pass Rdstr Cpe | 600 | 1600 | 2750 | 5500 | 9500 | 13800 |
| **1924** | | | | | | |
| **Series R, 4-cyl., 40 hp, 115" wb** | | | | | | |
| 2-pass Rdstr | 800 | 2300 | 3900 | 8000 | 14000 | 20000 |
| 5-pass Tr | 750 | 2200 | 3650 | 7300 | 12600 | 18200 |
| 5-pass Spl Tr | 800 | 2350 | 3900 | 7800 | 13500 | 19500 |
| 2-pass Spl Rdstr | 800 | 2450 | 4100 | 8200 | 14400 | 20500 |
| 2-pass Cpe | 600 | 1600 | 2750 | 5500 | 9500 | 13800 |
| 4-pass Cpe | 650 | 1700 | 3000 | 5900 | 10200 | 14700 |
| 5-pass Sdn | 500 | 1350 | 2350 | 4700 | 8100 | 11500 |
| 5-pass Club Sdn | 550 | 1500 | 2500 | 5100 | 8800 | 12500 |
| **1925** | | | | | | |
| **Series R, 4-cyl., 39 hp, 115" wb** | | | | | | |
| 5-pass Tr | 750 | 2200 | 3650 | 7300 | 12600 | 18200 |
| 2-pass Rdstr | 750 | 2300 | 3850 | 7700 | 13300 | 19200 |
| 2-pass Cpe | 550 | 1500 | 2500 | 5000 | 8700 | 12300 |
| 4-pass Cpe | 550 | 1500 | 2500 | 5000 | 8700 | 12300 |
| 5-pass Club Sdn | 550 | 1500 | 2500 | 5100 | 8800 | 12500 |
| 5-pass Dlx Sdn | 500 | 1350 | 2350 | 4700 | 8100 | 11500 |
| **Series E-1, 8-cyl., 60 hp, 118-1/4" wb** | | | | | | |
| 5-pass Tr | 900 | 2800 | 4700 | 9400 | 16500 | 23400 |
| 2-pass Rdstr | 900 | 2900 | 4850 | 9700 | 17100 | 24200 |
| 4-pass Cpe | 650 | 1700 | 3000 | 5900 | 10200 | 14700 |
| 5-pass Sdn | 550 | 1500 | 2500 | 5100 | 8800 | 12500 |
| **1926** | | | | | | |
| **Series A, 6-cyl., 50 hp, 114" wb** | | | | | | |
| 5-pass Tr | 750 | 2250 | 3700 | 7400 | 12800 | 18500 |
| 2-4 pass Rdstr | 800 | 2400 | 4050 | 8100 | 14200 | 20200 |
| 2-4 pass Cpe | 500 | 1600 | 2750 | 5500 | 9500 | 13800 |
| 5-pass Sdn | 500 | 1350 | 2350 | 4700 | 8100 | 11500 |

| | 6 | 5 | 4 | 3 | 2 | 1 |
|---|---|---|---|---|---|---|
| **Series E-2, 8-cyl., 67 hp, 118-1/4" wb** | | | | | | |
| 2-4 pass Rdstr | 900 | 2900 | 4900 | 9800 | 17300 | 24500 |
| 5-pass Tr | 900 | 2800 | 4700 | 9400 | 16500 | 23400 |
| 7-pass Tr | 850 | 2650 | 4450 | 8900 | 15700 | 22300 |
| 2-pass Cpe | 650 | 1700 | 3000 | 5900 | 10200 | 14700 |
| 5-pass Sdn | 550 | 1500 | 2500 | 5100 | 8800 | 12500 |
| 7-pass Berline | 550 | 1500 | 2500 | 5000 | 8700 | 12300 |
| 2-4 pass Cpe | 650 | 1750 | 3150 | 6300 | 10900 | 15700 |
| 5-pass Brghm | 550 | 1400 | 2400 | 4800 | 8300 | 11800 |
| 5-pass Vic | 550 | 1550 | 2600 | 5200 | 9000 | 12800 |
| 7-pass Sdn | 550 | 1500 | 2500 | 5000 | 8700 | 12300 |
| 7-pass Sdn Limo | 600 | 1600 | 2750 | 5500 | 9500 | 13800 |
| **1927** | | | | | | |
| **Series A, 6-cyl., 50 hp, 114" wb** | | | | | | |
| 5-pass Tr | 750 | 2300 | 3850 | 7700 | 13300 | 19200 |
| 2-4 pass Rdstr | 800 | 2400 | 4050 | 8100 | 14200 | 20200 |
| 5-pass Sdn | 500 | 1350 | 2350 | 4700 | 8100 | 11500 |
| 4-pass Cpe | 600 | 1600 | 2750 | 5500 | 9500 | 13800 |
| 5-pass Brghm | 550 | 1500 | 2500 | 5100 | 8800 | 12500 |
| **Series E, 8-cyl., 67 hp, 125" wb** | | | | | | |
| 2-4 pass Rdstr | 900 | 2800 | 4700 | 9400 | 16500 | 23400 |
| 5-pass Tr | 850 | 2650 | 4450 | 8900 | 15700 | 22300 |
| 5-pass Spt Tr | 900 | 2800 | 4700 | 9400 | 16500 | 23400 |
| 2-4 pass Cpe | 650 | 1700 | 3000 | 5900 | 10200 | 14700 |
| 7-pass Tr | 800 | 2500 | 4250 | 8500 | 15000 | 21200 |
| 5-pass Sdn | 500 | 1350 | 2350 | 4700 | 8100 | 11500 |
| 7-pass Sdn | 550 | 1450 | 2450 | 4900 | 8500 | 12000 |
| 5-pass Brghm | 550 | 1450 | 2450 | 4900 | 8500 | 12000 |
| 5-pass Vic | 550 | 1500 | 2500 | 5100 | 8800 | 12500 |
| 7-pass Limo Sdn | 600 | 1600 | 2750 | 5500 | 9500 | 13800 |
| **1928** | | | | | | |
| **Century, 6-cyl., 57 hp, 114" wb** | | | | | | |
| 2-pass Comm Rdstr | 800 | 2400 | 4050 | 8100 | 14200 | 20200 |
| 2-4 pass Sptstr | 850 | 2500 | 4200 | 8300 | 14500 | 20500 |
| 2-pass Comm Cabrlt | 900 | 2750 | 4600 | 9200 | 16200 | 22900 |
| 2-4 pass Cabrlt | 900 | 2850 | 4800 | 9600 | 16900 | 24000 |
| 5-pass Phtn | 900 | 2850 | 4750 | 9500 | 16700 | 23700 |
| 7-pass Phtn | 850 | 2650 | 4500 | 9000 | 15900 | 22500 |
| 4-pass Cpe | 600 | 1600 | 2750 | 5500 | 9500 | 13800 |
| 4-dr 5-pass Sdn | 500 | 1350 | 2350 | 4700 | 8100 | 11500 |
| 2-dr 5-pass Sdn | 450 | 1250 | 2150 | 4300 | 7400 | 10700 |
| **Century, 8-cyl., 80 hp, 120" wb** | | | | | | |
| 2-pass Rdstr | 1000 | 3150 | 5300 | 10600 | 18700 | 26500 |
| 5 pass Touring | 950 | 3050 | 5100 | 10200 | 18000 | 25400 |
| 7 pass Touring | 900 | 2900 | 4900 | 9800 | 17300 | 24500 |
| 2-pass Coupe | 700 | 2050 | 3500 | 7000 | 12100 | 17400 |
| Brghm | 650 | 1750 | 3100 | 6200 | 10700 | 15400 |
| Victoria | 700 | 1850 | 3300 | 6600 | 11300 | 16300 |
| 5-pass Sedan | 550 | 1500 | 2500 | 5000 | 8700 | 12300 |
| 7-pass Sedan | 500 | 1350 | 2300 | 4600 | 8000 | 11300 |
| Limo Sedan | 600 | 1600 | 2700 | 5400 | 9300 | 13500 |
| **Century, 8-cyl., 80 hp, 125" wb** | | | | | | |
| 2-4 pass Rdstr | 1050 | 3300 | 5500 | 11000 | 19300 | 27500 |
| 5-pass Tr | 1000 | 3100 | 5250 | 10500 | 18600 | 26200 |
| 5-pass Spl Tr | 1000 | 3200 | 5350 | 10700 | 18900 | 26700 |
| 7-pass Tr | 950 | 3000 | 5050 | 10100 | 17900 | 25100 |
| 2-4 pass Cpe | 750 | 2100 | 3550 | 7100 | 12300 | 17700 |
| 5-pass Brghm | 700 | 1900 | 3350 | 6700 | 11500 | 16500 |
| 5-pass Sdn | 600 | 1600 | 2750 | 5500 | 9500 | 13800 |

| | 6 | 5 | 4 | 3 | 2 | 1 |
|---|---|---|---|---|---|---|
| 7-pass Sdn | 550 | 1500 | 2500 | 5100 | 8800 | 12500 |
| 5-pass Vic | 750 | 2100 | 3550 | 7100 | 12300 | 17700 |
| 7-pass Sdn | 650 | 1750 | 3150 | 6300 | 10900 | 15700 |

### 1929
**Century, 6-cyl., 57 hp, 114" wb**

| | 6 | 5 | 4 | 3 | 2 | 1 |
|---|---|---|---|---|---|---|
| 5-pass Phtn | 1100 | 3450 | 5750 | 11500 | 20300 | 28700 |
| 2-4 pass Sptstr | 1150 | 3600 | 6000 | 12000 | 21150 | 30000 |
| 7-pass Tr | 1050 | 3350 | 5600 | 11200 | 19700 | 28000 |
| 5-pass Brghm | 750 | 2200 | 3650 | 7300 | 12600 | 18200 |
| 4-pass Cpe | 750 | 2300 | 3850 | 7700 | 13300 | 19200 |
| 4-dr 5-pass Sdn | 650 | 1700 | 3000 | 6100 | 10600 | 15200 |
| 2-pass Cabrlt | 1000 | 3100 | 5250 | 10500 | 18600 | 26200 |
| 2-4 pass Cabrlt | 1000 | 3250 | 5450 | 10900 | 19100 | 27200 |

**Century, 8-cyl., 80 hp, 120" wb**

| | 6 | 5 | 4 | 3 | 2 | 1 |
|---|---|---|---|---|---|---|
| 5-pass Phtn | 1150 | 3600 | 6000 | 12000 | 21150 | 30000 |
| 4-pass Sptstr | 1150 | 3700 | 6200 | 12400 | 21850 | 30900 |
| 7-pass Tr | 1100 | 3500 | 5800 | 11600 | 20450 | 28900 |
| 2-dr 5-pass Sdn | 750 | 2300 | 3850 | 7700 | 13300 | 19200 |
| 4-pass Cpe | 800 | 2400 | 4050 | 8100 | 14200 | 20200 |
| 4-dr 5-pass Sdn | 650 | 1800 | 3250 | 6500 | 11200 | 16100 |
| 2-4 pass Cabrlt | 1050 | 3350 | 5600 | 11200 | 19700 | 28000 |
| 5-pass Twn Sdn | 750 | 2250 | 3700 | 7400 | 12800 | 18500 |
| 7-pass Sdn (130" wb) | 750 | 2300 | 3850 | 7700 | 13300 | 19200 |
| 7-pass Limo (130" wb) | 950 | 3000 | 5000 | 10000 | 17700 | 24900 |

### 1930
**Standard, 6-cyl., 70 hp, 114" wb**

| | 6 | 5 | 4 | 3 | 2 | 1 |
|---|---|---|---|---|---|---|
| 2-4 pass Rdstr | 1350 | 4150 | 6900 | 13800 | 24300 | 34500 |
| 2-pass Comm Cpe | 800 | 2400 | 4000 | 8000 | 13900 | 19900 |
| 5-pass Phtn | 1350 | 4200 | 7000 | 14000 | 24650 | 34900 |
| 2-4 pass Cpe | 800 | 2450 | 4100 | 8200 | 14400 | 20500 |
| 5-pass Sdn | 650 | 1800 | 3250 | 6500 | 11200 | 16100 |
| 2-4 pass Conv Cabrlt | 1200 | 3850 | 6400 | 12800 | 22550 | 32000 |
| 5-pass Dlx Sdn | 700 | 1850 | 3300 | 6600 | 11300 | 16300 |

**Standard, 8-cyl., 100 hp, 121" wb**

| | 6 | 5 | 4 | 3 | 2 | 1 |
|---|---|---|---|---|---|---|
| 7-pass Phtn | 1300 | 4100 | 6850 | 13700 | 24100 | 34200 |
| 2-4 pass Cpe | 800 | 2400 | 4050 | 8100 | 14200 | 20200 |
| 5-pass Sdn | 700 | 2000 | 3450 | 6900 | 11900 | 17200 |
| 4-pass Vic Cpe | 800 | 2450 | 4100 | 8200 | 14400 | 20500 |
| 2-4 pass Conv Cabrlt | 1300 | 4100 | 6800 | 13600 | 23950 | 34000 |
| 5-pass Tr Sdn | 750 | 2200 | 3650 | 7300 | 12600 | 18200 |

**Standard, 8-cyl., 133 hp, 124" wb**

| | 6 | 5 | 4 | 3 | 2 | 1 |
|---|---|---|---|---|---|---|
| 7-pass Phtn | 1550 | 4650 | 7750 | 15500 | 27300 | 38700 |
| 5-pass Sdn | 750 | 2300 | 3850 | 7700 | 13300 | 19200 |
| 2-4 pass Cpe | 800 | 2500 | 4250 | 8500 | 15000 | 21200 |
| 4-dr 5-pass Sdn | 750 | 2300 | 3850 | 7700 | 13300 | 19200 |
| 4-pass Vic Cpe | 800 | 2350 | 3950 | 7900 | 13700 | 19700 |
| 2-pass Conv Cabrlt | 1350 | 4150 | 6950 | 13900 | 24500 | 34700 |
| 5-pass Tr Sdn | 750 | 2300 | 3850 | 7700 | 13300 | 19200 |

### 1931
**Century Six, 70 hp, 114" wb**

| | 6 | 5 | 4 | 3 | 2 | 1 |
|---|---|---|---|---|---|---|
| 5-pass Phtn | 1450 | 4450 | 7400 | 14800 | 26050 | 36900 |
| 2-pass Cpe | 800 | 2450 | 4100 | 8200 | 14400 | 20500 |
| 2-4 pass Cpe | 800 | 2500 | 4250 | 8500 | 15000 | 21200 |
| 2-4 pass Rdstr | 1500 | 4550 | 7600 | 15200 | 26750 | 38000 |
| 5-pass Sdn | 650 | 1800 | 3250 | 6500 | 11200 | 16100 |
| 2-4 pass Conv Cabrlt | 1200 | 3800 | 6350 | 12700 | 22400 | 31700 |

**Century Eight, 90 hp, 118" wb**

| | 6 | 5 | 4 | 3 | 2 | 1 |
|---|---|---|---|---|---|---|
| 5-pass Phtn | 1550 | 4650 | 7750 | 15500 | 27300 | 38700 |
| 2-4 pass Rdstr | 1600 | 4800 | 8000 | 16000 | 28150 | 40000 |
| 2-pass Comm Cpe | 800 | 2400 | 4050 | 8100 | 14200 | 20200 |

| | 6 | 5 | 4 | 3 | 2 | 1 |
|---|---|---|---|---|---|---|
| 2-4 pass Cpe | 800 | 2500 | 4250 | 8500 | 15000 | 21200 |
| 5-pass Sdn | 700 | 2000 | 3450 | 6900 | 11900 | 17200 |
| 2-4 pass Conv Cabrlt | 1200 | 3850 | 6400 | 12800 | 22550 | 32000 |
| **Standard Eight, 8-cyl., 100 hp, 121" wb** | | | | | | |
| 7-pass Tr | 1750 | 5100 | 8600 | 17200 | 30250 | 43000 |
| 2-4 pass Cpe | 850 | 2600 | 4400 | 8800 | 15500 | 21900 |
| 4-pass Cpe | 850 | 2600 | 4400 | 8800 | 15500 | 21900 |
| 5-pass Sdn | 750 | 2200 | 3650 | 7300 | 12600 | 18200 |
| 5-pass Vic Cpe | 800 | 2500 | 4250 | 8500 | 15000 | 21200 |
| 2-4 pass Conv Cabrlt | 1300 | 4100 | 6800 | 13600 | 23950 | 34000 |
| 5-pass Twn Sdn | 800 | 2400 | 4050 | 8100 | 14200 | 20200 |
| **Standard Eight, 8-cyl., 133 hp, 125" wb** | | | | | | |
| 7-pass Tr | 1850 | 5450 | 9200 | 18400 | 32350 | 45900 |
| 2-4 pass Cpe | 900 | 2750 | 4650 | 9300 | 16400 | 23100 |
| 4-pass Cpe | 900 | 2750 | 4650 | 9300 | 16400 | 23100 |
| 5-pass Sdn | 750 | 2300 | 3850 | 7700 | 13300 | 19200 |
| 5-pass Twn Sdn | 800 | 2400 | 4050 | 8100 | 14200 | 20200 |
| 5-pass Vic Cpe | 850 | 2650 | 4450 | 8900 | 15700 | 22300 |
| 2-4 pass Conv Cabrlt | 1300 | 4100 | 6800 | 13600 | 23950 | 34000 |
| **Standard Eight, 8-cyl., 133 hp, 137" wb** | | | | | | |
| 5-pass Vic Cpe | 950 | 2950 | 4950 | 9900 | 17500 | 24700 |
| 7-pass Sdn | 800 | 2400 | 4050 | 8100 | 14200 | 20200 |
| 7-pass Sdn Limo | 1000 | 3100 | 5250 | 10500 | 18600 | 26200 |
| ***1932*** | | | | | | |
| **Series S-214, 6-cyl., 70 hp, 114" wb** | | | | | | |
| 2-4 pass Rdstr | 1550 | 4650 | 7800 | 15600 | 27450 | 38900 |
| 5-pass Phtn | 1650 | 4900 | 8200 | 16400 | 28850 | 41000 |
| 2-pass Cpe | 800 | 2500 | 4250 | 8500 | 15000 | 21200 |
| 2-4 pass Cpe | 850 | 2650 | 4450 | 8900 | 15700 | 22300 |
| 5-pass Sdn | 700 | 2000 | 3450 | 6900 | 11900 | 17200 |
| 2-4 pass Conv Cabrlt | 1450 | 4400 | 7350 | 14700 | 25900 | 36700 |
| **Series B-216, 6-cyl., 75 hp, 116" wb** | | | | | | |
| 5-pass Phtn | 1650 | 4900 | 8200 | 16400 | 28850 | 41000 |
| 2-4 pass Rdstr | 1700 | 5000 | 8400 | 16800 | 29550 | 41900 |
| 2-pass Cpe | 800 | 2500 | 4250 | 8500 | 15000 | 21200 |
| 2-pass Comm Cpe | 800 | 2500 | 4250 | 8500 | 15000 | 21200 |
| 2-4 pass Cpe | 850 | 2650 | 4450 | 8900 | 15700 | 22300 |
| 5-pass Sdn | 750 | 2200 | 3650 | 7300 | 12600 | 18200 |
| 2-4 pass Conv Cabrlt | 1600 | 4850 | 8100 | 16200 | 28500 | 40500 |
| **Series L-218, 8-cyl., 90 hp, 118" wb** | | | | | | |
| 2-4 pass Rdstr | 1600 | 4850 | 8100 | 16200 | 28500 | 40500 |
| 2-4 pass Cpe | 850 | 2650 | 4450 | 8900 | 15700 | 22300 |
| 4-pass Cpe | 850 | 2650 | 4450 | 8900 | 15700 | 22300 |
| 5-pass Sdn | 750 | 2300 | 3850 | 7700 | 13300 | 19200 |
| 5-pass Vic Cpe | 800 | 2500 | 4250 | 8500 | 15000 | 21200 |
| **Series C-221, 8-cyl., 100 hp, 121" wb** | | | | | | |
| 5-pass Sdn | 800 | 2400 | 4050 | 8100 | 14200 | 20200 |
| 5-pass Vic Cpe | 850 | 2650 | 4450 | 8900 | 15700 | 22300 |
| 5-pass Twn Sdn | 750 | 2300 | 3850 | 7700 | 13300 | 19200 |
| 7-pass Phtn | 1650 | 4950 | 8300 | 16600 | 29200 | 41500 |
| 2-4 pass Cpe | 850 | 2650 | 4450 | 8900 | 15700 | 22300 |
| **Series F-222, 8-cyl., 93 hp, 122" wb** | | | | | | |
| 2-4 pass Cabrlt Rdstr | 1650 | 4900 | 8200 | 16400 | 28850 | 41000 |
| 2-4 pass Cpe | 850 | 2650 | 4450 | 8900 | 15700 | 22300 |
| 5-pass Sdn | 800 | 2400 | 4050 | 8100 | 14200 | 20200 |
| 5-pass Vic Cpe | 900 | 2750 | 4650 | 9300 | 16400 | 23100 |
| **Series H-225, 8-cyl., 133 hp, 125" wb** | | | | | | |
| 7-pass Phtn | 1650 | 4950 | 8300 | 16600 | 29200 | 41500 |
| 2-4 pass Cpe | 850 | 2650 | 4450 | 8900 | 15700 | 22300 |
| 4-pass Cpe | 850 | 2650 | 4450 | 8900 | 15700 | 22300 |

| | 6 | 5 | 4 | 3 | 2 | 1 |
|---|---|---|---|---|---|---|
| 5-pass Vic Cpe | 850 | 2700 | 4550 | 9100 | 16000 | 22700 |
| 5-pass Twn Sdn | 800 | 2500 | 4250 | 8500 | 15000 | 21200 |
| 5-pass Sdn | 800 | 2500 | 4250 | 8500 | 15000 | 21200 |
| **Series I-226, 8-cyl., 103 hp, 126" wb** | | | | | | |
| 2-4 pass Cpe | 900 | 2750 | 4650 | 9300 | 16400 | 23100 |
| 2-4 pass Cabrlt Rdstr | 1700 | 5050 | 8450 | 16900 | 29700 | 42200 |
| 5-pass Sdn | 800 | 2500 | 4250 | 8500 | 15000 | 21200 |
| 5-pass Vic Cpe | 950 | 2950 | 4950 | 9900 | 17500 | 24700 |
| **Series V-237, 8-cyl., 133 hp, 137" wb** | | | | | | |
| 5-pass Vic Cpe | 1000 | 3100 | 5200 | 10400 | 18400 | 26000 |
| 7-pass Sdn | 850 | 2650 | 4450 | 8900 | 15700 | 22300 |
| 7-pass Limo | 950 | 3050 | 5150 | 10300 | 18200 | 25700 |
| **1933** | | | | | | |
| **Series B-316, 6-cyl., 116" wb** | | | | | | |
| 2-pass Rdstr | 1700 | 5050 | 8450 | 16900 | 29700 | 42200 |
| 5-pass Phtn | 1700 | 5000 | 8400 | 16800 | 29550 | 41900 |
| 2-pass Comm Cpe | 800 | 2500 | 4250 | 8500 | 15000 | 21200 |
| 2-4 pass Cpe | 850 | 2650 | 4450 | 8900 | 15700 | 22300 |
| 2-4 pass Conv Cabrlt | 1600 | 4850 | 8100 | 16200 | 28500 | 40500 |
| 5-pass Sdn | 750 | 2200 | 3650 | 7300 | 12600 | 18200 |
| **Series K-321, 6-cyl., 90 hp, 121" wb** | | | | | | |
| 2-4 pass Cpe | 750 | 2300 | 3850 | 7700 | 13300 | 19200 |
| 5-pass Sdn | 650 | 1800 | 3250 | 6500 | 11200 | 16100 |
| 5-pass Vic | 750 | 2200 | 3650 | 7300 | 12600 | 18200 |
| 2-4 pass Cabrlt Rdstr | 1550 | 4650 | 7750 | 15500 | 27300 | 38700 |
| **Series KK-321A, 6-cyl., 90 hp, 121" wb** | | | | | | |
| 2-4 pass Cpe | 800 | 2400 | 4050 | 8100 | 14200 | 20200 |
| 5-pass Sdn | 700 | 2000 | 3450 | 6900 | 11900 | 17200 |
| 5-pass Vic | 750 | 2300 | 3850 | 7700 | 13300 | 19200 |
| **Series F-322, 8-cyl., 96 hp, 122" wb** | | | | | | |
| 2-4 pass Cpe | 800 | 2500 | 4250 | 8500 | 15000 | 21200 |
| 5-pass Sdn | 750 | 2200 | 3650 | 7300 | 12600 | 18200 |
| 5-pass Vic | 800 | 2400 | 4050 | 8100 | 14200 | 20200 |
| 2-4 pass Cabrlt Rdstr | 1600 | 4750 | 7950 | 15900 | 28000 | 39700 |
| **Series I-326, 8-cyl., 109 hp, 126" wb** | | | | | | |
| 2-4 pass Cpe | 800 | 2500 | 4250 | 8500 | 15000 | 21200 |
| 5-pass Sdn | 750 | 2300 | 3850 | 7700 | 13300 | 19200 |
| 5-pass Vic | 800 | 2400 | 4050 | 8100 | 14200 | 20200 |
| 2-4 pass Cabrlt Rdstr | 1650 | 4900 | 8200 | 16400 | 28850 | 41000 |
| **1934** | | | | | | |
| **Series 417-W, 6-cyl., 80 hp, 117" wb** | | | | | | |
| 2-4 pass Cpe | 750 | 2200 | 3650 | 7300 | 12600 | 18200 |
| 2-4 pass Dlx Cpe | 750 | 2250 | 3700 | 7400 | 12800 | 18500 |
| 5-pass Sdn | 600 | 1650 | 2850 | 5700 | 9900 | 14200 |
| 5-pass Dlx Sdn | 650 | 1800 | 3250 | 6500 | 11200 | 16100 |
| 5-pass Tr Sdn | 650 | 1700 | 3000 | 6100 | 10600 | 15200 |
| 5-pass Dlx Tr Sdn | 650 | 1800 | 3250 | 6500 | 11200 | 16100 |
| 2-pass Comm Cpe | 800 | 2500 | 4250 | 8500 | 15000 | 21200 |
| 2-pass Dlx Comm Cpe | 850 | 2550 | 4300 | 8600 | 15100 | 21500 |
| **Series K-421, 6-cyl., 90 hp, 121" wb** | | | | | | |
| 2-4 pass Cpe | 650 | 1750 | 3150 | 6300 | 10900 | 15700 |
| 5-pass Sdn | 600 | 1650 | 2850 | 5700 | 9900 | 14200 |
| 5-pass Vic Cpe | 650 | 1800 | 3250 | 6500 | 11200 | 16100 |
| 2-4 pass Cabrlt Rdstr | 1450 | 4400 | 7350 | 14700 | 25900 | 36700 |
| **Series F-422, 8-cyl., 96 hp, 122" wb** | | | | | | |
| 2-4 pass Cpe | 850 | 2650 | 4450 | 8900 | 15700 | 22300 |
| 5-pass Sdn | 750 | 2200 | 3650 | 7300 | 12600 | 18200 |
| 5-pass Vic Cpe | 850 | 2650 | 4450 | 8900 | 15700 | 22300 |
| 2-4 pass Cabrlt Rdstr | 1500 | 4550 | 7600 | 15200 | 26750 | 38000 |

|  | 6 | 5 | 4 | 3 | 2 | 1 |
|---|---|---|---|---|---|---|
| **Series I-426, 8-cyl., 109 hp, 126" wb** | | | | | | |
| 2-4 pass Cpe | 900 | 2750 | 4650 | 9300 | 16400 | 23100 |
| 5-pass Sdn | 750 | 2300 | 3850 | 7700 | 13300 | 19200 |
| 5-pass Vic Cpe | 900 | 2750 | 4650 | 9300 | 16400 | 23100 |
| 2-4 pass Cabrlt Rdstr | 1550 | 4650 | 7800 | 15600 | 27450 | 38900 |
| **Series 427-T, 8-cyl., 115 hp, 127" wb** | | | | | | |
| 3-5 pass Cpe | 900 | 2900 | 4850 | 9700 | 17100 | 24200 |
| 6-pass Sdn | 800 | 2400 | 4050 | 8100 | 14200 | 20200 |
| 5-pass Vic Cpe | 900 | 2900 | 4850 | 9700 | 17100 | 24200 |
| **1935** | | | | | | |
| **Series 517-W, 6-cyl., 91 hp, 117" wb** | | | | | | |
| 2-4 pass Cpe | 550 | 1500 | 2500 | 5000 | 8700 | 12300 |
| 2-pass Dlx Cpe | 550 | 1550 | 2600 | 5200 | 9000 | 12800 |
| 5-pass Sdn | 500 | 1350 | 2350 | 4700 | 8100 | 11500 |
| 5-pass Sdn Tr | 500 | 1400 | 2400 | 4900 | 8300 | 11750 |
| 2-4 pass Dlx Cpe | 550 | 1550 | 2600 | 5200 | 9000 | 12800 |
| 5-pass Dlx Sdn | 550 | 1400 | 2400 | 4800 | 8300 | 11800 |
| 5-pass Dlx Sdn Tr | 550 | 1500 | 2500 | 5100 | 8800 | 12500 |
| **Series 518-D, 6-cyl., 91 hp, 118" wb** | | | | | | |
| 6-pass Sdn | 500 | 1400 | 2400 | 4900 | 8300 | 11750 |
| 6-pass Tr Sdn | 550 | 1500 | 2500 | 5000 | 8700 | 12300 |
| 6-pass Dlx Sdn | 550 | 1500 | 2500 | 5100 | 8800 | 12500 |
| 6-pass Dlx Tr Sdn | 550 | 1550 | 2600 | 5200 | 9000 | 12800 |
| **Series 521-O, 8-cyl., 120 hp, 121" wb** | | | | | | |
| 3-5 pass Cpe | 600 | 1650 | 2850 | 5700 | 9900 | 14200 |
| 3-5 pass Dlx Cpe | 650 | 1700 | 3000 | 5900 | 10200 | 14700 |
| 5-pass Vic | 650 | 1700 | 3000 | 5900 | 10200 | 14700 |
| 5-pass Vic Dlx | 650 | 1700 | 3000 | 6100 | 10600 | 15200 |
| 5-pass Sdn | 550 | 1500 | 2500 | 5100 | 8800 | 12500 |
| 6-pass Sdn Dlx | 550 | 1550 | 2650 | 5300 | 9100 | 13000 |
| 5-pass Vic Tr | 650 | 1700 | 3000 | 6100 | 10600 | 15200 |
| 6-pass Sdn Tr | 550 | 1550 | 2650 | 5300 | 9100 | 13000 |
| 5-pass Vic Dlx Tr | 650 | 1750 | 3150 | 6300 | 10900 | 15700 |
| **Series 527-T, 8-cyl., 120 hp, 127-1/2" wb** | | | | | | |
| 5-pass Sdn | 650 | 1700 | 3000 | 5900 | 10200 | 14700 |
| 3-5 pass Cpe | 650 | 1800 | 3250 | 6500 | 11200 | 16100 |
| 5-pass Vic | 700 | 2000 | 3450 | 6900 | 11900 | 17200 |
| 3-5 pass Dlx Cpe | 700 | 1850 | 3300 | 6600 | 11300 | 16300 |
| 5-pass Dlx Sdn | 650 | 1700 | 3000 | 6100 | 10600 | 15200 |
| 5-pass Dlx Vic | 750 | 2100 | 3550 | 7100 | 12300 | 17700 |
| **1936** | | | | | | |
| **Series 618-D, 6-cyl., 101 hp, 118" wb** | | | | | | |
| 4-dr Sdn | 500 | 1300 | 2250 | 4500 | 7700 | 11000 |
| 4-dr Dlx Sdn | 500 | 1300 | 2250 | 4500 | 7700 | 11000 |
| 4-dr Tr Sdn | 500 | 1350 | 2350 | 4700 | 8100 | 11500 |
| 4-dr Dlx Tr Sdn | 550 | 1400 | 2400 | 4800 | 8300 | 11800 |
| **Series 618-G, 6-cyl., 101 hp, 118" wb** | | | | | | |
| 3-pass Bus Cpe | 550 | 1550 | 2650 | 5300 | 9100 | 13000 |
| 3-5 pass Cpe | 600 | 1650 | 2850 | 5700 | 9900 | 14200 |
| 4-dr 6-pass Sdn | 500 | 1400 | 2400 | 4900 | 8300 | 11750 |
| 2-dr 6-pass Sdn | 500 | 1300 | 2250 | 4500 | 7700 | 11000 |
| 4-dr 6-pass Tr Sdn | 550 | 1500 | 2500 | 5100 | 8800 | 12500 |
| 2-dr 6-pass Tr Sdn | 500 | 1350 | 2350 | 4700 | 8100 | 11500 |
| **Series 621-N, 8-cyl., 120 hp, 121" wb** | | | | | | |
| 3-5 pass Cpe | 650 | 1550 | 2600 | 5900 | 9000 | 12800 |
| 2-dr 6-pass Sdn | 550 | 1450 | 2450 | 4900 | 8500 | 12000 |
| 4-dr 6-pass Sdn | 550 | 1550 | 2650 | 5300 | 9100 | 13000 |
| 4-dr 6-pass Tr Sdn | 600 | 1600 | 2750 | 5500 | 9500 | 13800 |
| 2-dr 6-pass Tr Sdn | 550 | 1500 | 2500 | 5100 | 8800 | 12500 |

|  | 6 | 5 | 4 | 3 | 2 | 1 |
|---|---|---|---|---|---|---|
| **Series 621-O, 8-cyl., 120 hp, 121" wb** | | | | | | |
| 3-5 pass Cpe | 650 | 1700 | 3000 | 6100 | 10600 | 15200 |
| 3-5 pass Dlx Cpe | 650 | 1750 | 3100 | 6200 | 10700 | 15400 |
| 4-dr 5-pass Vic | 650 | 1800 | 3250 | 6500 | 11200 | 16100 |
| 5-pass Dlx Vic | 700 | 1850 | 3300 | 6600 | 11300 | 16300 |
| 4-dr 5-pass Tr Vic | 700 | 1900 | 3350 | 6700 | 11500 | 16500 |
| 5-pass Dlx Tr Vic | 700 | 1900 | 3400 | 6800 | 11700 | 16900 |
| 4-dr 6-pass Sdn | 600 | 1600 | 2750 | 5500 | 9500 | 13800 |
| 4-dr 6-pass Tr Sdn | 600 | 1650 | 2850 | 5700 | 9900 | 14200 |
| 5-pass Dlx Tr Sdn | 650 | 1700 | 3000 | 5900 | 10200 | 14700 |
| **1937** | | | | | | |
| **Series 618-G, 6-cyl., 101 hp, 118" wb** | | | | | | |
| 3-pass Bus Cpe | 550 | 1550 | 2650 | 5300 | 9100 | 13000 |
| 3-5 pass Cpe | 600 | 1650 | 2850 | 5700 | 9900 | 14200 |
| 4-dr 6-pass Sdn | 550 | 1450 | 2450 | 4900 | 8500 | 12000 |
| 2-dr 6-pass Sdn | 500 | 1300 | 2250 | 4500 | 7700 | 11000 |
| 4-dr 6-pass Tr Sdn | 550 | 1500 | 2500 | 5100 | 8800 | 12500 |
| 2-dr 6-pass Tr Sdn | 500 | 1350 | 2350 | 4700 | 8100 | 11500 |
| **Series 621-N, 8-cyl., 120 hp, 121" wb** | | | | | | |
| 3-5 pass Cpe | 650 | 1700 | 3000 | 5900 | 10200 | 14700 |
| 2-dr 6-pass Sdn | 550 | 1450 | 2450 | 4900 | 8500 | 12000 |
| 4-dr 6-pass Sdn | 550 | 1550 | 2650 | 5300 | 9100 | 13000 |
| 4-dr 6-pass Tr Sdn | 600 | 1600 | 2750 | 5500 | 9500 | 13800 |
| 2-dr 6-pass Tr Sdn | 550 | 1500 | 2500 | 5100 | 8800 | 12500 |
| **1938** | | | | | | |
| **Series 822-ES, 6-cyl., 101 hp, 122" wb** | | | | | | |
| 4-dr Std Sdn | 400 | 1050 | 1700 | 3300 | 5800 | 8300 |
| 4-dr Sdn | 400 | 1100 | 1800 | 3500 | 6100 | 8900 |
| 4-dr Tr Sdn | 400 | 1100 | 1800 | 3600 | 6200 | 9100 |
| 4-dr Dlx Sdn | 400 | 1150 | 1850 | 3700 | 6400 | 9300 |
| 4-dr Custom Sdn | 450 | 1250 | 2050 | 4100 | 7100 | 10300 |
| **Series 825-H, 8-cyl., 120 hp, 125" wb** | | | | | | |
| 4-dr Sdn | 450 | 1250 | 2050 | 4100 | 7100 | 10300 |
| 4-dr Tr Sdn | 450 | 1250 | 2100 | 4200 | 7200 | 10500 |
| 4-dr Dlx Sdn | 450 | 1250 | 2150 | 4300 | 7400 | 10700 |
| 4-dr Custom Sdn | 500 | 1350 | 2350 | 4700 | 8100 | 11500 |
| **1939** | | | | | | |
| **Series E-922, 6-cyl., 101 hp, 122" wb** | | | | | | |
| Dlx Sdn | 450 | 1250 | 2050 | 4100 | 7100 | 10300 |
| Custom Sdn | 450 | 1250 | 2100 | 4200 | 7200 | 10500 |
| **Series H-925, 8-cyl., 120 hp, 125" wb** | | | | | | |
| 6-pass Dlx Sdn | 550 | 1450 | 2450 | 4900 | 8500 | 12000 |
| 6-pass Custom Sdn | 550 | 1500 | 2500 | 5000 | 8700 | 12300 |
| **1940** | | | | | | |
| **Skylark, 6-cyl., 101 hp, 115" wb** | | | | | | |
| 5-pass Sdn Flagship | 600 | 1650 | 2850 | 5700 | 9900 | 14200 |
| 5-pass Dlx Sdn Mainliner | 600 | 1650 | 2900 | 5800 | 10000 | 14500 |
| 5-pass Custom Sdn Cruiser | 650 | 1700 | 3000 | 5900 | 10200 | 14700 |
| **1941** | | | | | | |
| **Skylark, 6-cyl., 101 hp, 115" wb** | | | | | | |
| 5-pass Custom Sdn Tr | 650 | 1750 | 3150 | 6300 | 10900 | 15700 |

# JEFFERY
## 1914 – 1917

| | 6 | 5 | 4 | 3 | 2 | 1 |
|---|---|---|---|---|---|---|
| **1914** | | | | | | |
| **Model C4, 4-cyl., 27 hp, 120" wb** | | | | | | |
| 2-pass Rdstr | 1400 | 4350 | 7250 | 14500 | 25500 | 36200 |
| 4-pass/5-pass/7-pass Tr | 1450 | 4450 | 7450 | 14900 | 26200 | 37200 |
| **Model 93, 4-cyl., 40 hp, 116" wb** | | | | | | |
| 2-pass Rdstr | 1300 | 4050 | 6750 | 13500 | 23800 | 33700 |
| 4-pass/5-pass/7-pass Tr | 1350 | 4200 | 7000 | 14000 | 24650 | 34900 |
| **Model 96, 6-cyl., 48 hp, 128" wb** | | | | | | |
| 5-pass Tr | 1550 | 4700 | 7850 | 15700 | 27600 | 39100 |
| 6-pass Tr | 1600 | 4800 | 8000 | 16100 | 28300 | 40200 |
| 7-pass Limo | 950 | 2950 | 4950 | 9900 | 17500 | 24700 |
| **1915** | | | | | | |
| **Model 93, 4-cyl., 40 hp, 116" wb** | | | | | | |
| 5-pass Tr | 1600 | 4750 | 7950 | 15900 | 28000 | 39700 |
| 2-pass Rdstr | 1550 | 4650 | 7750 | 15500 | 27300 | 38700 |
| 2-pass A/W | 1050 | 3400 | 5700 | 11400 | 20100 | 28500 |
| 7-pass Limo | 900 | 2800 | 4700 | 9400 | 16500 | 23400 |
| 4-pass Sdn | 800 | 2350 | 3900 | 7800 | 13500 | 19500 |
| **Model 96, 6-cyl., 48 hp, 122" wb** | | | | | | |
| 5-pass Tr | 1800 | 5250 | 8850 | 17700 | 31100 | 44100 |
| 2-pass Rdstr | 1750 | 5100 | 8600 | 17200 | 30250 | 43000 |
| 2-pass A/W | 1650 | 4900 | 8250 | 16500 | 29000 | 41200 |
| **1916** | | | | | | |
| **Model 462, 4-cyl., 40 hp, 116" wb** | | | | | | |
| 3-pass Rdstr | 1600 | 4750 | 7950 | 15900 | 28000 | 39700 |
| 7-pass Tr | 1750 | 5200 | 8750 | 17500 | 30800 | 43700 |
| 5-pass Tr | 1700 | 5050 | 8450 | 16900 | 29700 | 42200 |
| 7-pass Sdn | 800 | 2450 | 4100 | 8200 | 14400 | 20500 |
| 5-pass Sdn | 800 | 2350 | 3900 | 7800 | 13500 | 19500 |
| **Model 104, 6-cyl., 48 hp, 121" wb** | | | | | | |
| 5-pass Tr | 1900 | 5600 | 9450 | 18900 | 33200 | 47200 |
| **Model 661, 6-cyl., 53 hp, 121" wb** | | | | | | |
| 3-pass Rdstr | 1600 | 4850 | 8100 | 16200 | 28500 | 40500 |
| 7-pass Tr | 1700 | 5000 | 8350 | 16700 | 29400 | 41700 |
| **1917** | | | | | | |
| **Model 472-2, 4-cyl., 40 hp, 116" wb** | | | | | | |
| 7-pass Tr | 1600 | 4850 | 8100 | 16200 | 28500 | 40500 |
| 2-pass Rdstr | 1600 | 4750 | 7950 | 15900 | 28000 | 39700 |
| 7-pass Sdn | 800 | 2350 | 3900 | 7800 | 13500 | 19500 |
| **Model 671, 6-cyl., 48 hp, 125" wb** | | | | | | |
| 7-pass Tr | 1800 | 5300 | 8950 | 17900 | 31500 | 44700 |
| 3-pass Rdstr | 1750 | 5200 | 8750 | 17500 | 30800 | 43700 |
| 5-pass Sdn | 800 | 2350 | 3900 | 7800 | 13500 | 19500 |

# KAISER
## 1947 – 1955

'47 Kaiser

'54 Kaiser Darrin

| | 6 | 5 | 4 | 3 | 2 | 1 |
|---|---|---|---|---|---|---|
| **1947** | | | | | | |
| **Special, 6-cyl., 123.5" wb** | | | | | | |
| 4-dr Sdn | 550 | 1500 | 2500 | 5100 | 8800 | 12500 |
| **Custom, 6-cyl.** | | | | | | |
| 4-dr Sdn | 550 | 1550 | 2650 | 5300 | 9100 | 13000 |
| **1948** | | | | | | |
| **Special, 6-cyl., 123.5" wb** | | | | | | |
| 4-dr Sdn | 550 | 1500 | 2500 | 5100 | 8800 | 12500 |
| **Custom, 6-cyl., 123.5" wb** | | | | | | |
| 4-dr Sdn | 550 | 1550 | 2650 | 5300 | 9100 | 13000 |
| **1949** | | | | | | |
| **Special, 6-cyl., 123.5" wb** | | | | | | |
| 4-dr Sdn | 600 | 1600 | 2700 | 5400 | 9300 | 13500 |
| 4-dr Uty Sdn | 600 | 1600 | 2750 | 5500 | 9500 | 13800 |
| **DeLuxe, 6-cyl.** | | | | | | |
| 4-dr Sdn | 600 | 1650 | 2850 | 5700 | 9900 | 14200 |
| Conv Sdn | 1600 | 4800 | 8000 | 16000 | 28150 | 40000 |
| Vagabond Uty Sdn | 700 | 2000 | 3450 | 6900 | 11900 | 17200 |
| Virginian Hdtp Sdn | 950 | 3050 | 5150 | 10300 | 18200 | 25700 |
| **1950** | | | | | | |
| **Special, 6-cyl., 123.5" wb** | | | | | | |
| 4-dr Sdn | 600 | 1600 | 2700 | 5400 | 9300 | 13500 |
| 4-dr Uty Sdn | 600 | 1600 | 2750 | 5500 | 9500 | 13800 |
| **DeLuxe, 6-cyl.** | | | | | | |
| 4-dr Sdn | 600 | 1650 | 2850 | 5700 | 9900 | 14200 |
| Conv | 1600 | 4800 | 8000 | 16000 | 28150 | 40000 |
| Vagabond Uty Sdn | 700 | 2000 | 3450 | 6900 | 11900 | 17200 |
| Virginian Hdtp Sdn | 950 | 3050 | 5150 | 10300 | 18200 | 25700 |
| **1951** | | | | | | |
| **Special, 6-cyl., 115 hp, 118.5" wb** | | | | | | |
| 4-dr Sdn | 600 | 1600 | 2750 | 5500 | 9500 | 13800 |
| 4-dr Traveler Uty Sdn | 600 | 1600 | 2800 | 5600 | 9700 | 14000 |
| 2-dr Sdn | 600 | 1600 | 2750 | 5500 | 9500 | 13800 |
| 2-dr Traveler Uty Sdn | 600 | 1650 | 2850 | 5700 | 9900 | 14200 |
| Bus Cpe | 650 | 1750 | 3150 | 6300 | 10900 | 15700 |
| Club Cpe | 700 | 1900 | 3350 | 6700 | 11500 | 16500 |
| **DeLuxe, 6-cyl., 118.5" wb** | | | | | | |
| 4-dr Sdn | 600 | 1650 | 2850 | 5700 | 9900 | 14200 |
| 4-dr Traveler Uty Sdn | 600 | 1650 | 2850 | 5700 | 9900 | 14200 |

| | 6 | 5 | 4 | 3 | 2 | 1 |
|---|---|---|---|---|---|---|
| 2-dr Sdn | 600 | 1650 | 2850 | 5700 | 9900 | 14200 |
| 2-dr Traveler Uty Sdn | 600 | 1650 | 2900 | 5800 | 10000 | 14500 |
| Club Cpe | 700 | 2000 | 3450 | 6900 | 11900 | 17200 |

**1952**

**DeLuxe, 6-cyl., 115 hp, 118.5" wb**

| | 6 | 5 | 4 | 3 | 2 | 1 |
|---|---|---|---|---|---|---|
| 4-dr Sdn | 600 | 1600 | 2750 | 5500 | 9500 | 13800 |
| 4-dr Traveler Uty Sdn | 600 | 1650 | 2850 | 5700 | 9900 | 14200 |
| 2-dr Sdn | 600 | 1600 | 2750 | 5500 | 9500 | 13800 |
| 2-dr Traveler Uty Sdn | 650 | 1700 | 3000 | 5900 | 10200 | 14700 |
| Bus Cpe | 700 | 2000 | 3450 | 6900 | 11900 | 17200 |

**Manhattan, 6-cyl.**

| | 6 | 5 | 4 | 3 | 2 | 1 |
|---|---|---|---|---|---|---|
| 4-dr Sdn | 650 | 1700 | 3000 | 6100 | 10600 | 15200 |
| 2-dr Sdn | 650 | 1750 | 3150 | 6300 | 10900 | 15700 |
| Club Cpe | 750 | 2100 | 3550 | 7100 | 12300 | 17700 |

**Virginian, 6-cyl.**

| | 6 | 5 | 4 | 3 | 2 | 1 |
|---|---|---|---|---|---|---|
| 4-dr Sdn | 600 | 1650 | 2850 | 5700 | 9900 | 14200 |
| 2-dr Sdn | 600 | 1650 | 2850 | 5700 | 9900 | 14200 |
| Bus Cpe | 650 | 1800 | 3250 | 6500 | 11200 | 16100 |
| 2-dr Traveler Sdn | 650 | 1700 | 3000 | 5900 | 10200 | 14700 |
| 4-dr Traveler Sdn | 600 | 1650 | 2900 | 5800 | 10000 | 14500 |

**Virginian DeLuxe, 6-cyl.**

| | 6 | 5 | 4 | 3 | 2 | 1 |
|---|---|---|---|---|---|---|
| 4-dr Sdn | 650 | 1700 | 3000 | 5900 | 10200 | 14700 |
| 4-dr Traveler Uty Sdn | 650 | 1700 | 3000 | 6000 | 10400 | 14900 |
| 2-dr Sdn | 650 | 1700 | 3000 | 5900 | 10200 | 14700 |
| 2-dr Traveler Uty Sdn | 650 | 1700 | 3000 | 6100 | 10600 | 15200 |
| 2-dr Club Cpe | 700 | 1900 | 3350 | 6700 | 11500 | 16500 |

**1953**

**Carolina, 6-cyl., 118 hp, 118.5" wb**

| | 6 | 5 | 4 | 3 | 2 | 1 |
|---|---|---|---|---|---|---|
| 2-dr Sdn | 600 | 1600 | 2800 | 5600 | 9700 | 14000 |
| 4-dr Sdn | 600 | 1600 | 2800 | 5600 | 9700 | 14000 |

**Deluxe, 6-cyl.**

| | 6 | 5 | 4 | 3 | 2 | 1 |
|---|---|---|---|---|---|---|
| 2-dr Sdn | 600 | 1650 | 2850 | 5700 | 9900 | 14200 |
| 4-dr Traveler Uty Sdn | 600 | 1650 | 2900 | 5800 | 10000 | 14500 |
| 4-dr Sdn | 600 | 1650 | 2850 | 5700 | 9900 | 14200 |

**Manhattan, 6-cyl.**

| | 6 | 5 | 4 | 3 | 2 | 1 |
|---|---|---|---|---|---|---|
| Club Sdn | 650 | 1750 | 3100 | 6200 | 10700 | 15400 |
| 4-dr Sdn | 650 | 1700 | 3000 | 6100 | 10600 | 15200 |
| 4-dr Traveler Uty Sdn | 650 | 1800 | 3200 | 6400 | 11000 | 15900 |

**Dragon, 6-cyl.**

| | 6 | 5 | 4 | 3 | 2 | 1 |
|---|---|---|---|---|---|---|
| 4-dr Sdn | 800 | 2350 | 3950 | 7900 | 13700 | 19700 |

**1954**

**Special, 6-cyl., 118.5" wb**

| | 6 | 5 | 4 | 3 | 2 | 1 |
|---|---|---|---|---|---|---|
| 4-dr Sdn | 650 | 1700 | 3000 | 6100 | 10600 | 15200 |
| Club Sdn | 650 | 1750 | 3100 | 6200 | 10700 | 15400 |

**Late Special, 6-cyl., 118.5" wb**

| | 6 | 5 | 4 | 3 | 2 | 1 |
|---|---|---|---|---|---|---|
| 4-dr Sdn | 650 | 1750 | 3100 | 6200 | 10700 | 15400 |
| 2-dr Sdn | 650 | 1750 | 3150 | 6300 | 10900 | 15700 |

**Manhattan, 6-cyl., 118.5" wb**

| | 6 | 5 | 4 | 3 | 2 | 1 |
|---|---|---|---|---|---|---|
| 4-dr Sdn | 650 | 1800 | 3250 | 6500 | 11200 | 16100 |
| Club Sdn | 650 | 1800 | 3250 | 6500 | 11200 | 16100 |

**Kaiser Darrin, 6-cyl., 90 hp, 100" wb**

| | 6 | 5 | 4 | 3 | 2 | 1 |
|---|---|---|---|---|---|---|
| Spt Conv Rdstr | 2500 | 7350 | 12450 | 24900 | 43700 | 62100 |

**1955**

**Manhattan, 6-cyl., 140 hp, 118.5" wb**

| | 6 | 5 | 4 | 3 | 2 | 1 |
|---|---|---|---|---|---|---|
| 4-dr Sdn | 700 | 1850 | 3300 | 6600 | 11300 | 16300 |
| 2-dr Sdn | 700 | 1850 | 3300 | 6600 | 11300 | 16300 |

# LASALLE
## 1927 – 1940

'27 LaSalle

'28 LaSalle 303

'29 LaSalle

'30 LaSalle 340

'31 LaSalle Town Sedan

'34 LaSalle Coupe

'39 LaSalle

'40 LaSalle Convertible Sedan

|  | 6 | 5 | 4 | 3 | 2 | 1 |
|---|---|---|---|---|---|---|
| **1927** | | | | | | |
| **Series 303, 8-cyl., 125" wb** | | | | | | |
| 2-pass RS Rdstr | 3000 | 8850 | 14900 | 29800 | 52300 | 74400 |
| 5-pass Phtn | 3050 | 9100 | 15300 | 30600 | 53700 | 76500 |
| 4-pass Spt Phtn | 3150 | 9350 | 15700 | 31400 | 55100 | 78400 |
| 2-pass Conv Cpe | 2650 | 7850 | 13300 | 26600 | 46700 | 66400 |
| 2-pass RS Cpe | 1600 | 4750 | 7950 | 15900 | 28000 | 39600 |
| 4-pass Vic | 1350 | 4150 | 6950 | 13900 | 24500 | 34700 |
| 5-pass Sdn | 900 | 2900 | 4900 | 9800 | 17300 | 24500 |
| 5-pass Twn Sdn | 950 | 3050 | 5100 | 10200 | 18000 | 25400 |

| | 6 | 5 | 4 | 3 | 2 | 1 |
|---|---|---|---|---|---|---|
| **Series 303, 8-cyl., 134" wb** | | | | | | |
| 7-pass Imperial Sdn | 1050 | 3400 | 5700 | 11400 | 20100 | 28500 |
| 7-pass Sdn | 1050 | 3300 | 5500 | 11000 | 19300 | 27500 |
| 7-pass Imperial Sdn | 1100 | 3550 | 5900 | 11800 | 20800 | 29400 |
| **1928** | | | | | | |
| **Series 303, 8-cyl., 125" wb** | | | | | | |
| 2-pass Rdstr | 3000 | 8850 | 14900 | 29800 | 52300 | 74400 |
| 5-pass Phtn | 3050 | 9100 | 15300 | 30600 | 53700 | 76400 |
| 4-pass Spt Phtn | 3150 | 9350 | 15700 | 31400 | 55100 | 78400 |
| 2-pass Conv Cpe | 2650 | 7850 | 13300 | 26600 | 46700 | 66400 |
| 2-pass Bus Cpe | 1300 | 4000 | 6700 | 13400 | 23600 | 33400 |
| 2-pass RS Cpe | 1600 | 4750 | 7950 | 15900 | 28000 | 39400 |
| 4-pass Vic | 1250 | 3900 | 6500 | 13000 | 22900 | 32500 |
| 5-pass Sdn | 1150 | 3600 | 5950 | 11900 | 21000 | 29500 |
| 5-pass Family Sdn | 1050 | 3300 | 5500 | 11000 | 19300 | 27500 |
| 5-pass Twn Sdn | 1050 | 3400 | 5700 | 11400 | 20100 | 28500 |
| **Series 303, 8-cyl., 134" wb** | | | | | | |
| 5-pass Cpe | 1500 | 4500 | 7500 | 15000 | 26400 | 37500 |
| 5-pass Cabrlt Sdn | 2900 | 8550 | 14400 | 28800 | 50600 | 71900 |
| 5-pass Imperial Sdn | 1600 | 4850 | 8100 | 16200 | 28500 | 40500 |
| 7-pass Sdn | 1600 | 4750 | 7950 | 15900 | 28000 | 39700 |
| 7-pass Family Sdn | 1400 | 4250 | 7100 | 14200 | 25000 | 35500 |
| 7-pass Imperial Sdn | 1600 | 4850 | 8100 | 16200 | 28500 | 40500 |
| **Fleetwood, Series 303, 8-cyl., 125" wb** | | | | | | |
| Bus Cpe | 1500 | 4600 | 7700 | 15400 | 27100 | 38500 |
| 5-pass Sdn | 1400 | 4250 | 7100 | 14200 | 25000 | 35400 |
| Twn Cabrlt | 2900 | 8550 | 14400 | 28800 | 50600 | 71900 |
| Trans Twn Cabrlt | 3000 | 8800 | 14800 | 29600 | 52000 | 73900 |
| **1929** | | | | | | |
| **Series 328, 8-cyl., 125" wb** | | | | | | |
| 2-pass Rdstr | 3100 | 9200 | 15500 | 31000 | 54400 | 77400 |
| 4-pass Phtn | 3200 | 9500 | 15950 | 31900 | 56000 | 79600 |
| 4-pass Spt Phtn | 3250 | 9650 | 16250 | 32500 | 57100 | 81100 |
| **Series 328, 8-cyl., 134" wb** | | | | | | |
| 2-pass Conv Cpe | 2900 | 8650 | 14600 | 29200 | 51300 | 72900 |
| 4-pass RS Cpe | 1750 | 5200 | 8750 | 17500 | 30800 | 43700 |
| 5-pass Cpe | 1600 | 4850 | 8100 | 16200 | 28500 | 40500 |
| 5-pass Sdn | 1500 | 4500 | 7500 | 15000 | 26400 | 37500 |
| 5-pass Family Sdn | 1500 | 4600 | 7700 | 15400 | 27100 | 38500 |
| 5-pass Twn Sdn | 1600 | 4750 | 7950 | 15900 | 28000 | 39700 |
| 7-pass Sdn | 1600 | 4750 | 7950 | 15900 | 28000 | 39700 |
| 7-pass Imperial Sdn | 1600 | 4850 | 8100 | 16200 | 28500 | 40500 |
| 5-pass Lan Cabrlt | 3450 | 10250 | 17250 | 34500 | 60600 | 86100 |
| **Fleetwood** | | | | | | |
| 4-dr Trans Twn Cabrlt (125" wb) | 2750 | 8150 | 13700 | 27400 | 48100 | 68400 |
| 4-dr Trans Twn Cabrlt (134" wb) | 3450 | 10300 | 17300 | 34600 | 60800 | 86400 |
| **1930** | | | | | | |
| **Fisher, 8-cyl., 134" wb** | | | | | | |
| 4-pass Conv Cpe | 3100 | 9150 | 15400 | 30800 | 54100 | 76900 |
| 5-pass Cpe | 2000 | 5800 | 9800 | 19600 | 34450 | 49000 |
| 4-pass Cpe | 1750 | 5200 | 8700 | 17400 | 30600 | 43500 |
| 5-pass Sdn | 1500 | 4600 | 7700 | 15400 | 27100 | 38500 |
| 7-pass Sdn | 1600 | 4850 | 8100 | 16200 | 28500 | 40500 |
| 7-pass Imperial Sdn | 1750 | 5200 | 8700 | 17400 | 30600 | 43500 |
| **Fleetwood, 8-cyl., 134" wb** | | | | | | |
| 4-pass Rdstr | 3500 | 10400 | 17500 | 35000 | 61500 | 87400 |
| 5-pass Phtn | 3400 | 10100 | 17000 | 34000 | 59700 | 84900 |
| 7-pass Tr | 2850 | 8450 | 14200 | 28400 | 49900 | 70900 |

| | 6 | 5 | 4 | 3 | 2 | 1 |
|---|---|---|---|---|---|---|
| 5-pass A/W Phtn | 3600 | 10650 | 17950 | 35900 | 63000 | 89600 |
| 5-pass S'net Cabrlt | 2800 | 8300 | 14000 | 28000 | 49200 | 69900 |

### 1931
**Fisher, 8-cyl., 134" wb**
| | | | | | | |
|---|---|---|---|---|---|---|
| 5-pass Cpe | 2200 | 6400 | 10800 | 21600 | 37950 | 53900 |
| 4-pass RS Cpe | 2050 | 6000 | 10100 | 20200 | 35500 | 50400 |
| 5-pass Sdn | 1600 | 4750 | 7950 | 15900 | 28000 | 39500 |
| 5-pass Town Sdn | 1600 | 4850 | 8100 | 16200 | 28500 | 40500 |
| 7-pass Sdn | 1650 | 4950 | 8300 | 16600 | 29200 | 41500 |
| 7-pass Imperial Sdn | 1700 | 5050 | 8500 | 17000 | 29900 | 42900 |
| 4-pass Conv Cpe | 2800 | 8300 | 13950 | 27900 | 49000 | 69600 |

**Fleetwood, 8-cyl., 134" wb**
| | | | | | | |
|---|---|---|---|---|---|---|
| 4-pass RS Rdstr | 3500 | 10350 | 17450 | 34900 | 61300 | 87100 |
| 7-pass Tr | 3250 | 9650 | 16200 | 32400 | 56900 | 80900 |
| 5-pass A/W Phtn | 3750 | 11200 | 18900 | 37800 | 66400 | 94400 |
| 5-pass S'net (4081) | 2900 | 8600 | 14500 | 29000 | 50900 | 72400 |
| 5-pass S'net Cabrlt (4082) | 3050 | 9100 | 15300 | 30600 | 53700 | 76400 |

### 1932
**Series 345B, 8-cyl., 130" wb**
| | | | | | | |
|---|---|---|---|---|---|---|
| 2-pass Conv Cpe | 2950 | 8750 | 14750 | 29500 | 51800 | 73600 |
| 4-pass RS Cpe | 1950 | 5750 | 9700 | 19400 | 34100 | 48400 |
| 5-pass Town Cpe | 1750 | 5200 | 8700 | 17400 | 30600 | 43500 |
| 4-dr Sdn | 1300 | 4000 | 6700 | 13400 | 23600 | 33400 |

**Series 345B, 8-cyl., 136" wb**
| | | | | | | |
|---|---|---|---|---|---|---|
| 7-pass Sdn | 1300 | 4000 | 6700 | 13400 | 23600 | 33400 |
| 7-pass Imperial Sdn | 1750 | 5200 | 8700 | 17400 | 30600 | 43500 |
| 7-pass Town Sdn | 1800 | 5300 | 8950 | 17900 | 31500 | 44700 |

### 1933
**Series 345C, 8-cyl., 130" wb**
| | | | | | | |
|---|---|---|---|---|---|---|
| 2-pass Conv Cpe | 2700 | 8000 | 13500 | 27000 | 47400 | 67400 |
| 4-pass RS Cpe | 1600 | 4750 | 7950 | 15900 | 28000 | 39700 |
| 5-pass Town Cpe | 1450 | 4400 | 7300 | 14600 | 25700 | 36500 |
| 4-dr Sdn | 1250 | 3900 | 6500 | 13000 | 22900 | 32500 |

**Series 345C, 8-cyl., 136" wb**
| | | | | | | |
|---|---|---|---|---|---|---|
| 4-dr Town Sdn | 1750 | 5200 | 8700 | 17400 | 30600 | 43500 |
| 7-pass Sdn | 1400 | 4250 | 7100 | 14200 | 25000 | 35400 |
| 7-pass Imperial Sdn | 1350 | 4150 | 6950 | 13900 | 24500 | 34700 |

### 1934
**Series 350, 8-cyl., 119" wb**
| | | | | | | |
|---|---|---|---|---|---|---|
| 2-pass Conv Cpe | 2250 | 6600 | 11100 | 22200 | 39000 | 55500 |
| 2-pass Cpe | 1250 | 3900 | 6500 | 13000 | 22900 | 32500 |
| 5-pass Club Sdn | 950 | 3050 | 5100 | 10200 | 18000 | 25400 |
| 4-dr Sdn | 900 | 2900 | 4900 | 9800 | 17300 | 24500 |

### 1935
**Series 50, 8-cyl., 120" wb**
| | | | | | | |
|---|---|---|---|---|---|---|
| 2-4-pass Conv Cpe | 2250 | 6550 | 11000 | 22000 | 38650 | 55000 |
| 2-pass Cpe | 1150 | 3600 | 5950 | 11900 | 21000 | 29700 |
| 2-dr Sdn | 800 | 2450 | 4100 | 8200 | 14400 | 20500 |
| 4-dr Sdn | 850 | 2550 | 4300 | 8600 | 15100 | 21500 |

### 1936
**Series 50, 8-cyl., 120" wb**
| | | | | | | |
|---|---|---|---|---|---|---|
| 2-4-pass Conv Cpe | 2000 | 5900 | 9950 | 19900 | 35000 | 49700 |
| 4-pass RS Cpe | 1050 | 3350 | 5600 | 11200 | 19700 | 28000 |
| 2-dr Tr Sdn | 750 | 2250 | 3700 | 7400 | 12800 | 18500 |
| 4-dr Tr Sdn | 800 | 2350 | 3950 | 7900 | 13700 | 19700 |

| | 6 | 5 | 4 | 3 | 2 | 1 |
|---|---|---|---|---|---|---|
| **1937** | | | | | | |
| **Series 50, 8-cyl., 124" wb** | | | | | | |
| 2-4-pass Conv Cpe | 2150 | 6200 | 10450 | 20900 | 36700 | 52100 |
| 5-pass Conv Sdn | 2250 | 6600 | 11100 | 22200 | 39000 | 55500 |
| 2-4-pass Spt Cpe | 1000 | 3250 | 5450 | 10900 | 19100 | 27200 |
| 2-dr Tr Sdn | 800 | 2350 | 3900 | 7800 | 13500 | 19500 |
| 4-dr Tr Sdn | 800 | 2450 | 4100 | 8200 | 14400 | 20500 |
| **1938** | | | | | | |
| **Series 50, 8-cyl., 124" wb** | | | | | | |
| 2-4-pass Conv Cpe | 2150 | 6250 | 10600 | 21200 | 37250 | 53000 |
| 5-pass Conv Sdn | 2300 | 6800 | 11500 | 23000 | 40400 | 57500 |
| 2-4-pass Cpe | 1100 | 3450 | 5750 | 11500 | 20300 | 28700 |
| 2-dr Tr Sdn | 800 | 2450 | 4100 | 8200 | 14400 | 20500 |
| 4-dr Tr Sdn | 850 | 2550 | 4300 | 8600 | 15100 | 21500 |
| 4-dr S/R Sdn | 850 | 2600 | 4400 | 8800 | 15500 | 21900 |
| **1939** | | | | | | |
| **Series 50, 8-cyl., 120" wb** | | | | | | |
| 2-4-pass Conv Cpe | 2150 | 6250 | 10600 | 21200 | 37250 | 53000 |
| 5-pass Conv Sdn | 2300 | 6800 | 11500 | 23000 | 40400 | 57500 |
| 2-4-pass Cpe | 1100 | 3450 | 5750 | 11500 | 20300 | 28700 |
| 2-dr Tr Sdn | 800 | 2450 | 4100 | 8200 | 14400 | 20500 |
| 2-dr S/R Sdn | 800 | 2500 | 4200 | 8400 | 14800 | 20900 |
| 4-dr Tr Sdn | 850 | 2550 | 4300 | 8600 | 15100 | 21500 |
| 4-dr S/R Sdn | 850 | 2600 | 4400 | 8800 | 15500 | 21900 |
| **1940** | | | | | | |
| **Series 50, 8-cyl., 123" wb** | | | | | | |
| 2-4-pass Conv Cpe | 2150 | 6250 | 10600 | 21200 | 37250 | 53000 |
| 5-pass Conv Sdn | 2300 | 6800 | 11500 | 23000 | 40400 | 57500 |
| 2-4-pass Cpe | 1100 | 3550 | 5900 | 11800 | 20800 | 29400 |
| 2-dr Tr Sdn | 800 | 2450 | 4100 | 8200 | 14400 | 20500 |
| 2-dr S/R Sdn | 800 | 2500 | 4200 | 8400 | 14800 | 20900 |
| 4-dr Tr Sdn | 850 | 2550 | 4300 | 8600 | 15100 | 21500 |
| 4-dr S/R Sdn | 850 | 2600 | 4400 | 8800 | 15500 | 21900 |
| **Special Series 52, 8-cyl., 123" wb** | | | | | | |
| 2-4-pass Conv Cpe | 2200 | 6450 | 10850 | 21700 | 38100 | 54100 |
| 5-pass Conv Sdn | 2350 | 6950 | 11750 | 23500 | 41300 | 58700 |
| 2-4-pass Cpe | 1150 | 3650 | 6100 | 12200 | 21500 | 30500 |
| 4-dr Tr Sdn | 850 | 2550 | 4300 | 8600 | 15100 | 21500 |

# PRICE GUIDE CLASSIFICATIONS:

**1. CONCOURS:** Perfection. At or near 100 points on a 100-point judging scale. Trailered; never driven; pampered. Totally restored to the max and 100 percent stock.

**2. SHOW:** Professionally restored to high standards. No major flaws or deviations from stock. Consistent trophy winner that needs nothing to show. In 90 to 95 point range.

**3. STREET/SHOW:** Older restoration or extremely nice original showing some wear from age and use. Very presentable; occasional trophy winner; everything working properly. About 80 to 89 points.

**4. DRIVER:** A nice looking, fine running collector car needing little or nothing to drive, enjoy and show in local competition. Would need extensive restoration to be a show car, but completely usable as is.

**5. RESTORABLE:** Project car that is relatively complete and restorable within a reasonable effort and expense. Needs total restoration, but all major components present and rebuildable. May or may not be running.

**6. PARTS CAR:** Deteriorated or stripped to a point beyond reasonable restoration, but still complete and solid enough to donate valuable parts to a restoration. Likely not running, possibly missing its engine.

# LINCOLN
## 1920 – 1991

'32 Lincoln

'39 Lincoln Royal

'48 Lincoln Mark I

'54 Lincoln Capri

'65 Lincoln Continental

'68 Lincoln Continental

'71 Lincoln Continental Mark III

'78 Lincoln Versailles

'82 Lincoln Town Car

'90 Lincoln Mark VII

|  | 6 | 5 | 4 | 3 | 2 | 1 |
|---|---|---|---|---|---|---|

### 1920
**Lincoln, 8-cyl., 90 hp, 130" wb**

| | 6 | 5 | 4 | 3 | 2 | 1 |
|---|---|---|---|---|---|---|
| 4-pass Cpe | 1200 | 3900 | 6700 | 13400 | 23900 | 33400 |
| 7-pass Tr | 1800 | 5500 | 9200 | 18400 | 32400 | 45900 |
| 5-pass Phtn | 2000 | 5800 | 9800 | 19600 | 34450 | 49000 |
| 3-pass Rdstr | 1750 | 5400 | 9000 | 18000 | 31600 | 45200 |
| 5-pass Sdn | 1200 | 3850 | 6450 | 12900 | 22700 | 32200 |
| 7-pass Sub Sdn | 1200 | 3850 | 6450 | 12900 | 22700 | 32200 |
| 7-pass Twn Car | 1350 | 4200 | 6900 | 13800 | 24500 | 34500 |

### 1921
**Lincoln, 8-cyl., 90 hp, 130" wb**

| | 6 | 5 | 4 | 3 | 2 | 1 |
|---|---|---|---|---|---|---|
| 4-pass Cpe | 1300 | 4000 | 6700 | 13400 | 23600 | 33400 |
| 7-pass Tr | 1800 | 5350 | 9000 | 18000 | 31650 | 45000 |
| 5-pass Phtn | 1900 | 5600 | 9400 | 18800 | 33050 | 47000 |
| 3-pass Rdstr | 1800 | 5250 | 8850 | 17700 | 31100 | 44100 |
| 4-pass Sdn | 1150 | 3650 | 6250 | 12500 | 22200 | 31100 |
| 5-pass Sdn | 1200 | 3850 | 6450 | 12900 | 22700 | 32200 |
| 7-pass Twn Car | 1350 | 4200 | 6900 | 13800 | 24500 | 34500 |
| 7-pass Sub Limo | 1250 | 3950 | 6600 | 13200 | 23250 | 32900 |
| 2-pass Spt Rdstr (136" wb) | 1800 | 5400 | 9000 | 18000 | 32000 | 45000 |
| 4-pass Phtn Dlx (136" wb) | 1900 | 5700 | 9700 | 19000 | 33500 | 47500 |
| 7-pass Judkins Sdn (136" wb) | 1250 | 3950 | 6600 | 13200 | 23250 | 32900 |
| 7-pass Fleetwood Sdn (136" wb) | 1250 | 3950 | 6600 | 13200 | 23250 | 32900 |
| 5-7 pass Fltwd Limo (136" wb) | 1300 | 4100 | 6800 | 13600 | 23950 | 34000 |

### 1922
**Lincoln, 8-cyl., 90 hp, 130" wb**

| | 6 | 5 | 4 | 3 | 2 | 1 |
|---|---|---|---|---|---|---|
| 7-pass Tr | 1800 | 5250 | 8800 | 17600 | 30950 | 43900 |
| 5-pass Phtn | 1800 | 5500 | 9200 | 18400 | 32400 | 45900 |
| 3-pass Rdstr | 1900 | 5650 | 9550 | 19100 | 33600 | 47700 |
| 7-pass Conv Tr | 1850 | 5400 | 9100 | 18200 | 32000 | 45500 |
| 4-pass Cpe | 1300 | 4100 | 6850 | 13700 | 24100 | 34200 |
| 5-pass Sdn | 1300 | 4000 | 6650 | 13300 | 23400 | 33100 |

**Lincoln, 8-cyl., 90 hp, 136" wb**

| | 6 | 5 | 4 | 3 | 2 | 1 |
|---|---|---|---|---|---|---|
| 7-pass Dlx Tr | 1750 | 5450 | 9000 | 18000 | 31900 | 45500 |
| 4-pass Dlx Phtn | 1950 | 5700 | 9600 | 19200 | 33750 | 47900 |
| 2-pass Spt Rdstr | 1900 | 5500 | 9250 | 18500 | 32500 | 46100 |
| 7-pass Std Sdn | 1350 | 4200 | 6900 | 13800 | 24500 | 34500 |
| 7-pass Judkins Sdn | 1400 | 4300 | 7200 | 14400 | 25350 | 35900 |
| 5-7 pass Judkins Limo | 1550 | 4650 | 7750 | 15500 | 27300 | 38700 |
| 7-pass Fleetwood Sdn | 1400 | 4250 | 7100 | 14200 | 25000 | 35400 |
| 7-pass York Sdn | 1400 | 4250 | 7100 | 14200 | 25000 | 35400 |
| 5-7 pass Sub Limo | 1600 | 4850 | 8150 | 16300 | 28700 | 40800 |
| 5-7 pass Twn Car | 1700 | 5000 | 8400 | 16800 | 29550 | 41900 |
| 5-7 pass Fleetwood Limo | 1800 | 5250 | 8800 | 17600 | 30950 | 43900 |
| 5-7 pass Std Limo | 1700 | 5000 | 8400 | 16800 | 29550 | 41900 |

### 1923
**Lincoln, 8-cyl., 95 hp, 136" wb**

| | 6 | 5 | 4 | 3 | 2 | 1 |
|---|---|---|---|---|---|---|
| 5-pass Cpe | 1450 | 4400 | 7300 | 14600 | 25700 | 36500 |
| 7-pass Tr | 1800 | 5250 | 8800 | 17600 | 30950 | 43900 |
| 4-pass Phtn | 1900 | 5500 | 9250 | 18500 | 32500 | 46100 |
| 2-pass Rdstr | 1800 | 5250 | 8800 | 17600 | 30950 | 43900 |
| 4-pass Sdn | 1350 | 4150 | 6950 | 13900 | 24500 | 34700 |
| 5-Pass Sdn | 1400 | 4250 | 7100 | 14200 | 25000 | 35400 |
| 7-Pass Sdn | 1450 | 4400 | 7300 | 14600 | 25700 | 36500 |
| 7-pass Berline Limo | 1650 | 4950 | 8300 | 16600 | 29200 | 41500 |
| 5-7 pass Twn Car | 1750 | 5100 | 8550 | 17100 | 30100 | 42700 |
| 5-7 pass Twn Limo | 1600 | 4850 | 8150 | 16300 | 28700 | 40800 |

| | 6 | 5 | 4 | 3 | 2 | 1 |
|---|---|---|---|---|---|---|
| 7-pass Fleetwood Brghm | 1400 | 4300 | 7200 | 14400 | 25350 | 35900 |
| 7-pass Fleetwood Cabrlt | 1750 | 5100 | 8600 | 17200 | 30250 | 43000 |
| 7-pass Fleetwood Lan | 1700 | 5050 | 8500 | 17000 | 29900 | 42500 |
| 7-pass Fleetwood Twn Car | 1750 | 5200 | 8700 | 17400 | 30600 | 43500 |
| 2-pass Judkins Cpe | 1450 | 4400 | 7300 | 14600 | 25700 | 36500 |
| 4-pass Judkins Berline | 1450 | 4400 | 7300 | 14600 | 25700 | 36500 |
| 7-pass Holbrook Cabrlt | 1850 | 6000 | 9950 | 19900 | 34600 | 49500 |

### 1924
**Lincoln, 8-cyl., 90 hp, 136" wb**

| | 6 | 5 | 4 | 3 | 2 | 1 |
|---|---|---|---|---|---|---|
| 5-pass Cpe | 1450 | 4450 | 7450 | 14900 | 26200 | 37200 |
| 7-pass Tr | 1800 | 5300 | 8950 | 17900 | 31500 | 44700 |
| 4-pass Phtn | 1900 | 5500 | 9250 | 18500 | 32500 | 46100 |
| 2-pass Rdstr | 1900 | 5600 | 9450 | 18900 | 33200 | 47200 |
| 5-pass Sdn | 1400 | 4250 | 7100 | 14200 | 25000 | 35400 |
| 7-pass Sdn | 1350 | 4200 | 7000 | 14000 | 24650 | 34900 |
| 7-pass Limo | 1400 | 4350 | 7250 | 14500 | 25500 | 36200 |
| 4-pass 2-win Sdn | 1350 | 4150 | 6950 | 13900 | 24500 | 34700 |
| 4-pass 3-win Sdn | 1350 | 4150 | 6950 | 13900 | 24500 | 34700 |
| 7-pass Twn Car | 1550 | 4700 | 7900 | 15800 | 27800 | 39400 |
| 7-pass Twn Limo | 1600 | 4750 | 7950 | 15900 | 28000 | 39700 |
| 7-pass Fleetwood Limo | 1600 | 4850 | 8100 | 16200 | 28500 | 40500 |
| 2-pass Judkins Cpe | 1350 | 4300 | 7200 | 14400 | 25000 | 35700 |
| 4-pass Judkins Berline | 1350 | 4450 | 7400 | 14800 | 25900 | 36900 |
| 7-pass Brunn Cabrlt | 1650 | 5150 | 8600 | 17200 | 30200 | 43200 |

### 1925
**Lincoln, 8-cyl., 90 hp, 136" wb**

| | 6 | 5 | 4 | 3 | 2 | 1 |
|---|---|---|---|---|---|---|
| 5-pass Cpe | 1500 | 4600 | 7700 | 15400 | 27100 | 38500 |
| 7-pass Tr | 1950 | 5700 | 9600 | 19200 | 33750 | 47900 |
| 2-pass Spt Tr | 2150 | 6200 | 10450 | 20900 | 36700 | 52100 |
| 4-pass Phtn | 1950 | 5750 | 9700 | 19400 | 34100 | 48400 |
| 2-pass Rdstr | 1900 | 5650 | 9500 | 19000 | 33400 | 47500 |
| 4-pass Sdn | 1050 | 3400 | 5700 | 11400 | 20100 | 28500 |
| 5-pass Sdn | 1050 | 3300 | 5500 | 11100 | 19500 | 27700 |
| 7-pass Sdn | 1050 | 3300 | 5500 | 11100 | 19500 | 27700 |
| 7-pass Limo | 1500 | 4500 | 7500 | 15000 | 26400 | 37500 |
| 7-pass Fleetwood Limo | 1500 | 4600 | 7700 | 15400 | 27100 | 38500 |
| 2-pass Judkins Cpe | 1350 | 4150 | 6900 | 13800 | 24300 | 34500 |
| 4-pass Judkins Berline | 1400 | 4250 | 7100 | 14200 | 25000 | 35400 |
| 7-pass Brunn Cabrlt | 2000 | 5800 | 9750 | 19500 | 34300 | 48700 |
| Fleetwood Clpsble Club Rdstr | 1900 | 5600 | 9400 | 18800 | 33050 | 47000 |
| 7-pass Fleetwood Sdn | 1700 | 5000 | 8400 | 16800 | 29950 | 41900 |
| 7-pass Fleetwood Brghm | 1750 | 5100 | 8600 | 17200 | 30250 | 43000 |
| 7-pass Fleetwood Cabrlt | 1850 | 5450 | 9200 | 18400 | 32350 | 45900 |
| 3-win Judkins Berline | 1700 | 5050 | 8500 | 17000 | 29900 | 42500 |
| 4-pass Judkins Cpe | 1700 | 5050 | 8500 | 17000 | 29900 | 42500 |
| Judkins Brghm | 1700 | 5000 | 8350 | 16700 | 29400 | 41700 |
| Murray OD Limo | 1900 | 5500 | 9250 | 18500 | 32500 | 46100 |
| Holbrook Brghm | 1800 | 5300 | 8900 | 17800 | 31300 | 44400 |
| Holbrook Clpsble | 1850 | 5400 | 9100 | 18200 | 32000 | 45500 |
| Brunn OD Limo | 1850 | 5400 | 9100 | 18200 | 32000 | 45500 |
| Brunn Spt Phtn | 2150 | 6200 | 10500 | 21000 | 36900 | 52400 |
| Brunn Lan Sdn | 1800 | 5350 | 9000 | 18000 | 31650 | 45000 |
| Brunn Town Car | 1850 | 5400 | 9100 | 18200 | 32000 | 45500 |
| Brunn Pan Brghm | 1800 | 5350 | 9000 | 18000 | 31650 | 45000 |
| Hume Limo | 1900 | 5600 | 9400 | 18800 | 33050 | 47000 |
| Hume Cpe | 1750 | 5200 | 8700 | 17400 | 30600 | 43500 |
| 5-pass LeBaron Sdn | 1850 | 5400 | 9100 | 18200 | 32000 | 45500 |

| | 6 | 5 | 4 | 3 | 2 | 1 |
|---|---|---|---|---|---|---|
| 4-pass LeBaron Sdn | 1750 | 5200 | 8750 | 17500 | 30800 | 43700 |
| LeBaron DC Phtn | 2750 | 8200 | 13800 | 27600 | 48500 | 68900 |
| LeBaron Club Rdstr | 2200 | 6500 | 10950 | 21900 | 38500 | 54700 |
| LeBaron Limo | 1800 | 5300 | 8900 | 17800 | 31300 | 44400 |
| LeBaron Brghm | 1800 | 5300 | 8950 | 17900 | 31500 | 44700 |
| LeBaron Town Brghm | 1850 | 5400 | 9100 | 18200 | 32000 | 45500 |
| LeBaron Cabrlt | 2000 | 5850 | 9900 | 19800 | 34800 | 49500 |
| LeBaron Clpsble Spt Cabrlt | 2200 | 6350 | 10700 | 21400 | 37600 | 53500 |
| Locke Cabrlt | 2100 | 6150 | 10400 | 20800 | 36550 | 51900 |
| Dietrich Clpsble Cabrlt | 2150 | 6250 | 10600 | 21200 | 37250 | 53000 |

### 1926
**Lincoln, 8-cyl., 90 hp, 136" wb**

| | 6 | 5 | 4 | 3 | 2 | 1 |
|---|---|---|---|---|---|---|
| 2-pass Cpe | 1200 | 3750 | 6250 | 12500 | 22000 | 31100 |
| 4-pass Cpe | 1300 | 4100 | 6800 | 13600 | 23950 | 34000 |
| Tr | 2050 | 6050 | 10200 | 20400 | 35850 | 51000 |
| 7-pass Spt Tr | 2300 | 6800 | 11450 | 22900 | 40200 | 57200 |
| 4-pass Phtn | 2200 | 6450 | 10900 | 21800 | 38300 | 54400 |
| 4-pass Spt Phtn | 2400 | 7050 | 11900 | 23800 | 41800 | 59500 |
| 2-4 pass Rdstr | 2150 | 6200 | 10500 | 21000 | 36900 | 52400 |
| 2-4 pass Spt Rdstr | 2250 | 6700 | 11200 | 22500 | 39500 | 56100 |
| 4-pass Sdn | 1050 | 3400 | 5700 | 11400 | 20100 | 28500 |
| 5-pass Sdn | 1050 | 3300 | 5500 | 11000 | 19300 | 27500 |
| 7-pass Sdn | 1050 | 3300 | 5500 | 11000 | 19300 | 27500 |
| 2-4 pass Club Rdstr | 2050 | 6050 | 10250 | 20500 | 36000 | 51200 |
| 4-pass Club Rdstr | 2100 | 6150 | 10400 | 20800 | 36550 | 51900 |
| 7-pass Limo | 1350 | 4150 | 6950 | 13900 | 24500 | 34700 |
| 7-pass Fleetwood Limo | 1400 | 4250 | 7100 | 14200 | 25000 | 35400 |
| 4-pass 2-win Judkins Berline | 1600 | 4800 | 8000 | 16000 | 28150 | 40000 |
| 7-pass Holbrook Cabrlt | 2100 | 6100 | 10300 | 20600 | 36200 | 51500 |
| 6-pass Willoughby Lndlt | 1650 | 4950 | 8300 | 16600 | 29200 | 41500 |
| 7-pass Dietrich Brghm | 1650 | 4950 | 8300 | 16600 | 29200 | 41500 |
| 4-pass 3-win Judkins Berline | 1550 | 4700 | 7900 | 15800 | 27800 | 39400 |
| 7-pass Brunn Brghm | 1500 | 4550 | 7600 | 15200 | 26750 | 38000 |
| 7-pass Brunn Cabrlt | 2000 | 5850 | 9900 | 19800 | 34800 | 49500 |
| 7-pass LeBaron Spt Cabrlt | 2250 | 6550 | 11000 | 22000 | 38650 | 55000 |

### 1927
**Lincoln, 8-cyl., 90 hp, 136" wb**

| | 6 | 5 | 4 | 3 | 2 | 1 |
|---|---|---|---|---|---|---|
| 2-pass Cpe | 1450 | 4400 | 7300 | 14600 | 25700 | 36500 |
| 4-pass Cpe | 1550 | 4650 | 7800 | 15600 | 27450 | 38900 |
| 7-pass Spt Tr | 2800 | 8400 | 14100 | 28200 | 49500 | 70400 |
| 4-pass Spt Phtn | 2900 | 8900 | 14950 | 29900 | 52500 | 74600 |
| 2-4 pass Spt Rdstr | 2800 | 8600 | 14450 | 28900 | 50700 | 72100 |
| 2-4 pass Club Rdstr | 2650 | 7850 | 13250 | 26500 | 46500 | 66100 |
| 4-pass 2-win Sdn | 1150 | 3600 | 5950 | 11900 | 21000 | 29700 |
| 4-pass 3-win Sdn | 1100 | 3450 | 5750 | 11500 | 20300 | 28700 |
| 5-pass Sdn | 1050 | 3350 | 5600 | 11200 | 19700 | 28000 |
| 7-pass Sdn | 1150 | 3600 | 5950 | 11900 | 21000 | 29700 |
| 7-pass Limo | 1300 | 4050 | 6750 | 13500 | 23800 | 33700 |
| 4-pass Folding Seat Cpe | 1500 | 4600 | 7700 | 15400 | 27100 | 38500 |
| 4-pass 2-win Berline | 1150 | 3600 | 5950 | 11900 | 21000 | 29700 |
| 4-pass 3-win Berline | 1100 | 3450 | 5750 | 11500 | 20300 | 28700 |
| 4-pass Cllpsble Berline | 2700 | 8000 | 13450 | 26900 | 47200 | 67100 |
| 7-pass Brghm | 1150 | 3600 | 6000 | 12000 | 21150 | 30000 |
| 7-pass Lndlt | 1150 | 3650 | 6100 | 12200 | 21500 | 30500 |
| 6-pass Berline Lndlt | 1150 | 3600 | 5950 | 11900 | 21000 | 29700 |
| 7-pass Spt Cabrlt | 2900 | 8650 | 14600 | 29200 | 51300 | 72900 |
| 4-pass LeBaron Spt Phtn | 3100 | 9200 | 15450 | 30900 | 54300 | 77100 |

| | 6 | 5 | 4 | 3 | 2 | 1 |
|---|---|---|---|---|---|---|
| 4-pass LeB Semi-Clpsble Cabrlt | 2900 | 8900 | 14950 | 29900 | 52500 | 74600 |
| Ton Cowl Spt Phtn | 2900 | 8900 | 14950 | 29900 | 52500 | 74600 |
| 4-pass Judkins 2-win Berline | 1600 | 4750 | 7950 | 15900 | 28000 | 39700 |
| 7-pass Brunn Cabrlt | 2800 | 8400 | 14250 | 28500 | 50000 | 71100 |
| Holbrook Cabrlt | 2900 | 8900 | 14950 | 29900 | 52500 | 74600 |
| 4-pass Brunn Cpe | 2000 | 5900 | 9950 | 19900 | 35000 | 49700 |
| 7-pass Brunn Limo | 2800 | 8600 | 14450 | 28900 | 50700 | 72100 |
| 7-pass Holbrook Clpsble Cabrlt | 3000 | 9100 | 15250 | 30500 | 53600 | 76100 |
| 7-pass LeBaron Spt Cabrlt | 3000 | 9100 | 15250 | 30500 | 53600 | 76100 |
| 7-pass Willoughby Cabrlt | 2900 | 8800 | 14750 | 29500 | 51800 | 73600 |
| 4-pass Judkins 3-win Berline | 1600 | 4750 | 7950 | 15900 | 28000 | 39700 |
| 7-pass Willoughby Cabrlt | 1750 | 5200 | 8700 | 17400 | 30600 | 43500 |

### 1928
**Lincoln, 8-cyl., 90 hp, 136" wb**

| | 6 | 5 | 4 | 3 | 2 | 1 |
|---|---|---|---|---|---|---|
| 2-4 pass Spt Rdstr | 3400 | 10300 | 17300 | 34600 | 60800 | 86500 |
| 2-4 pass Club Rdstr | 3200 | 9900 | 16500 | 33000 | 57900 | 82500 |
| 4-pass 2-win Sdn | 1150 | 3600 | 6000 | 12000 | 21150 | 30000 |
| 4-pass 3-win Sdn | 1100 | 3550 | 5900 | 11800 | 20800 | 29400 |
| 7-pass Sdn | 1050 | 3400 | 5700 | 11400 | 20100 | 28500 |
| 5-pass Sdn | 1050 | 3400 | 5700 | 11400 | 20100 | 28500 |
| 7-pass Limo | 1900 | 5650 | 9500 | 19000 | 33400 | 47500 |
| 7-pass Full Clpsble Cabrlt | 3500 | 10600 | 17750 | 35500 | 62300 | 88600 |
| 4-pass Judkins 2-win Berline | 2000 | 5900 | 9950 | 19900 | 35000 | 49700 |
| 4-pass Judkins 3-win Berline | 2000 | 5900 | 9950 | 19900 | 35000 | 49700 |
| 2-pass Judkins Cpe | 2200 | 6450 | 10900 | 21800 | 38300 | 54400 |
| 7-pass Brunn Brghm | 2700 | 8300 | 13900 | 27800 | 48800 | 69400 |
| 7-pass LeB Semi-Clpsble Cabrlt | 3300 | 10600 | 17750 | 35500 | 63100 | 88500 |
| 7-pass LeBaron Spt Cabrlt | 3900 | 11800 | 19750 | 39500 | 69500 | 99000 |
| 7-pass Willoughby Lndlt Berline | 3500 | 10600 | 17700 | 35400 | 62200 | 88300 |
| 7-pass Willoughby Limo | 3700 | 11250 | 18750 | 37500 | 65800 | 93600 |
| 7-pass LeBaron Cabrlt | 3600 | 11100 | 18500 | 37000 | 64900 | 92400 |
| 4-pass LeBaron Spt Phtn | 4200 | 12800 | 21500 | 43000 | 75500 | 107300 |
| 4-pass LeBaron Ton Cowl Phtn | 4300 | 12900 | 21750 | 43500 | 76400 | 108600 |
| 7-pass LeBaron Spt Tr | 4100 | 12500 | 21000 | 42000 | 73500 | 104800 |
| 2-4 pass LeBaron Club Rdstr | 3200 | 9900 | 16500 | 33000 | 57900 | 82500 |
| 4-pass LeBaron Vic Cpe | 3200 | 10000 | 16800 | 33600 | 59000 | 83900 |
| 4-pass Dietrich Conv Sdn | 3800 | 11700 | 19750 | 39500 | 69400 | 98600 |
| 5-pass Dietrich Twn Sdn | 3700 | 11500 | 19300 | 38600 | 67900 | 96700 |
| 4-pass Dietrich Conv Cpe | 3900 | 11550 | 19450 | 38900 | 68300 | 97100 |

### 1929
**Lincoln, 8-cyl., 90 hp, 136" wb**

| | 6 | 5 | 4 | 3 | 2 | 1 |
|---|---|---|---|---|---|---|
| 4-pass Cpe | 1950 | 5750 | 9700 | 19400 | 34100 | 48400 |
| 2-4 pass Spt Rdstr | 3600 | 11300 | 18950 | 37900 | 66700 | 94600 |
| 2-4 pass Club Rdstr | 3600 | 11100 | 18450 | 36900 | 64700 | 92100 |
| 4-pass Dble Cowl Phtn | 4800 | 14700 | 24750 | 49500 | 86900 | 123600 |
| 4-pass Spt Phtn | 4500 | 13350 | 22500 | 45000 | 79000 | 112300 |
| Locke TWS Spt Phtn | 4500 | 13700 | 23000 | 46000 | 80800 | 114800 |
| Locke Spt Phtn TC & WS | 4750 | 14100 | 23750 | 47500 | 83400 | 118600 |
| 7-pass Spt Tr | 3800 | 11800 | 19950 | 39900 | 70100 | 99600 |
| 7-pass Sdn | 1100 | 3550 | 5900 | 11800 | 20800 | 29400 |
| 7-pass Limo | 1900 | 5650 | 9500 | 19000 | 33400 | 47500 |
| 2-pass Judkins Cpe | 1900 | 5650 | 9500 | 19000 | 33400 | 47500 |
| 4-pass 2-win Judkins Berline | 2100 | 6100 | 10300 | 20600 | 36200 | 51500 |
| 4-pass 3-win Judkins Berline | 2050 | 6000 | 10100 | 20200 | 35500 | 50400 |
| 7-pass Brunn AW Brghm | 3400 | 10600 | 17700 | 35400 | 62200 | 88300 |
| 7-pass Brunn Cabrlt | 3700 | 11000 | 18500 | 37000 | 65000 | 92400 |

|  | 6 | 5 | 4 | 3 | 2 | 1 |
|---|---|---|---|---|---|---|
| Brunn Non-Clpbsle Cabrlt | 3500 | 10450 | 17600 | 35200 | 61800 | 87900 |
| 7-pass Holbrook Clpsble Cabrlt | 4000 | 11700 | 19700 | 39400 | 69200 | 98400 |
| 7-pass LeBaron Cabrlt | 4250 | 12600 | 21200 | 42400 | 74500 | 105800 |
| 7-pass LeB Semi-Clpsble Cabrlt | 3400 | 10600 | 17700 | 35400 | 62200 | 88300 |
| 7-pass LeBaron Clpsble Cabrlt | 3800 | 11700 | 19750 | 39500 | 69500 | 98600 |
| 7-pass Willoughby Lndlt | 2800 | 8850 | 14750 | 29500 | 51800 | 73600 |
| 7-pass Willoughby Limo | 2800 | 8300 | 14000 | 28000 | 49200 | 69900 |
| 7-pass Dietrich Conv Sdn | 4400 | 13050 | 22000 | 44000 | 77300 | 109800 |
| 7-pass LeBaron Cabrlt | 3500 | 10950 | 18250 | 36500 | 64000 | 91100 |
| 4-pass Dietrich Conv Sdn | 4100 | 12150 | 20450 | 40900 | 71800 | 102100 |
| 4-pass Dietrich Conv Cpe | 4200 | 12400 | 21000 | 42000 | 73700 | 104800 |

### 1930
**Lincoln, 8-cyl., 98 hp, 136" wb**

|  | 6 | 5 | 4 | 3 | 2 | 1 |
|---|---|---|---|---|---|---|
| 2-4 pass Club Rdstr | 4200 | 12450 | 20950 | 41900 | 73600 | 104600 |
| 4-pass Spt Phtn | 4250 | 12650 | 21250 | 42500 | 74600 | 106100 |
| 4-pass Spt Phtn TC | 4400 | 13050 | 22000 | 44000 | 77300 | 109800 |
| 7-pass Spt Tr | 4200 | 12450 | 20950 | 41900 | 73600 | 104600 |
| 4-pass 2-win Twn Sdn | 1150 | 3650 | 6100 | 12200 | 21500 | 30500 |
| 7-pass Sdn | 1100 | 3550 | 5900 | 11800 | 20800 | 29400 |
| 7-pass Limo | 1900 | 5650 | 9500 | 19000 | 33400 | 47500 |
| 2-pass Judkins Cpe | 2500 | 7350 | 12450 | 24900 | 43700 | 62100 |
| 4-pass Judkins Berline | 2800 | 8300 | 13950 | 27900 | 49000 | 69600 |
| 5-pass 2-win Judkins Berline | 2900 | 8600 | 14450 | 28900 | 50700 | 72100 |
| 5-pass 3-win Judkins Berline | 2900 | 8600 | 14450 | 28900 | 50700 | 72100 |
| 7-pass Brunn AW Brghm | 3000 | 9250 | 15500 | 31000 | 54400 | 77400 |
| 5-pass Brunn AW Twn Car | 2900 | 9050 | 15250 | 30500 | 53600 | 76100 |
| 7-pass LeBaron | 3000 | 9250 | 15500 | 31000 | 54400 | 77400 |
| 5-pass LeBaron AW Cabrlt | 4400 | 13050 | 22000 | 44000 | 77300 | 109800 |
| 7-pass LeB Semi-Clpsble Cabrlt | 4200 | 12450 | 20950 | 41900 | 73600 | 104600 |
| 7-pass Willoughby Limo | 2900 | 8600 | 14450 | 28900 | 50700 | 72100 |
| 5-pass LeBaron Cpe | 2700 | 8000 | 13450 | 26900 | 47200 | 67100 |
| 5-pass LeBaron Cpe Sdn | 2900 | 8650 | 14600 | 29200 | 51300 | 72900 |
| 2-4 pass Derham Conv Phtn | 4350 | 12900 | 21750 | 43500 | 76400 | 108600 |
| 2-4 pass Dietrich Conv Cpe | 4300 | 12750 | 21500 | 43000 | 75500 | 107300 |
| 4-pass Dietrich Conv Sdn | 4500 | 13350 | 22500 | 45000 | 79000 | 112300 |

### 1931
**Lincoln, 8-cyl., 120 hp, 145" wb**

|  | 6 | 5 | 4 | 3 | 2 | 1 |
|---|---|---|---|---|---|---|
| 5-pass Cpe | 2500 | 7350 | 12450 | 24900 | 43700 | 562100 |
| 4-pass Spt Phtn | 5000 | 14850 | 25000 | 50000 | 87800 | 124800 |
| 4-pass TC Spt Phtn | 5100 | 15100 | 25450 | 50900 | 89400 | 127100 |
| 7-pass Spt Tr | 4600 | 13650 | 22950 | 45900 | 80600 | 114600 |
| 4-pass Twn Sdn | 2000 | 5950 | 10000 | 20000 | 35150 | 49900 |
| 5-pass Sdn | 1800 | 5350 | 9000 | 18000 | 31650 | 45000 |
| 7-pass Sdn | 1800 | 5350 | 9000 | 18000 | 31650 | 45000 |
| 5-7 pass Limo | 2400 | 7050 | 11950 | 23900 | 42000 | 59700 |
| 5-pass Judkins 2-win Berline | 2600 | 7650 | 12950 | 25900 | 45500 | 64700 |
| 5-pass Judkins 3-win Berline | 2600 | 7650 | 12950 | 25900 | 45500 | 64700 |
| 2-pass Judkins Cpe | 2600 | 7650 | 12950 | 25900 | 45500 | 64700 |
| 2-pass Dietrich Stationary Cpe | 2300 | 6800 | 11500 | 23000 | 40400 | 57500 |
| 5-pass Brunn Cabrlt | 4400 | 13050 | 22000 | 44000 | 77300 | 109800 |
| 5-pass Brunn AW Brghm | 2700 | 8000 | 13450 | 26900 | 47200 | 67100 |
| 5-pass LeBaron AW Cabrlt | 4500 | 13350 | 22500 | 45000 | 79000 | 112300 |
| 5-pass Willoughby Pan Brghm | 3000 | 8900 | 14950 | 29900 | 52500 | 74600 |
| 5-7 pass Willoughby Limo | 2900 | 8600 | 14450 | 28900 | 50700 | 72100 |
| 4-pass Derham Conv Phtn | 5100 | 15150 | 25500 | 51000 | 89600 | 127300 |
| 2-pass LeBaron Conv Rdstr | 4800 | 14250 | 23950 | 47900 | 84100 | 119600 |
| 4-pass Dietrich Conv Cpe | 5000 | 14850 | 25000 | 50000 | 87800 | 124800 |

| | 6 | 5 | 4 | 3 | 2 | 1 |
|---|---|---|---|---|---|---|
| 5-pass Dietrich Conv Sdn | 5050 | 15000 | 25250 | 50500 | 88700 | 126100 |
| 5-pass Waterhouse Conv Vic | 5150 | 15300 | 25750 | 51500 | 90400 | 128600 |

*V-12, 150 hp Series started November 25th*

## 1932

### Model KA, 8-cyl., 125 hp, 136" wb

| | 6 | 5 | 4 | 3 | 2 | 1 |
|---|---|---|---|---|---|---|
| 2-4 pass Cpe | 2700 | 8000 | 13500 | 27000 | 47400 | 67400 |
| 2-pass Rdstr | 4300 | 12750 | 21500 | 43000 | 75500 | 107300 |
| 5-pass Sdn | 2000 | 5900 | 9950 | 19900 | 35000 | 49700 |
| 4-pass 2-win Twn Sdn | 12150 | 6200 | 10450 | 20900 | 36700 | 52100 |
| 7-pass Sdn | 2600 | 7700 | 13000 | 26000 | 45650 | 65000 |
| 5-pass Vic Cpe | 2700 | 8000 | 13450 | 26900 | 47200 | 67100 |
| 7-pass Limo | 2900 | 8600 | 14450 | 28900 | 50700 | 72100 |

### Model KB, 12-cyl., 150 hp, 145" wb

| | 6 | 5 | 4 | 3 | 2 | 1 |
|---|---|---|---|---|---|---|
| 5-pass Cpe | 2800 | 8300 | 14000 | 28000 | 49200 | 69900 |
| 4-pass TC Spt Phtn | 4800 | 14250 | 24000 | 48000 | 84300 | 119800 |
| 4-pass Spt Phtn | 5000 | 14800 | 24950 | 49900 | 87600 | 124600 |
| 7-pass Spt Tr | 4900 | 14550 | 24450 | 48900 | 85900 | 122100 |
| 4-pass 2-win Tr Sdn | 2250 | 6550 | 11000 | 22000 | 38650 | 55000 |
| 4-pass 3-win Tr Sdn | 2200 | 6400 | 10800 | 21600 | 37950 | 53900 |
| 5-pass Sdn | 2150 | 6250 | 10600 | 21200 | 37250 | 53000 |
| 7-pass Sdn | 2150 | 6200 | 10450 | 20900 | 36700 | 52100 |
| 7-pass Limo | 2800 | 8300 | 14000 | 28000 | 49200 | 69900 |
| 2-4 pass LeBaron Conv Rdstr | 5200 | 15400 | 25950 | 51900 | 91100 | 129600 |
| 2-pass Dietrich Cpe | 3500 | 10400 | 17500 | 35000 | 61500 | 87400 |
| 4-pass Dietrich Cpe | 3400 | 10050 | 16950 | 33900 | 59500 | 84600 |
| 2-4 pass Judkins Cpe | 3600 | 10700 | 18000 | 36000 | 63200 | 79600 |
| 5-pass Judkins Berline | 2800 | 8300 | 13950 | 27900 | 49000 | 69600 |
| 5-pass Waterhouse Conv Vic | 5100 | 15100 | 25450 | 50900 | 89400 | 127100 |
| 5-pass Dietrich Spt Berline | 4500 | 13350 | 22500 | 45000 | 79000 | 112300 |
| 5-pass Dietrich Conv Sdn | 5200 | 15450 | 26000 | 52000 | 91300 | 129800 |
| 4-pass Willoughby Panel Brghm | 3900 | 11550 | 19450 | 38900 | 68300 | 97100 |
| 7-pass Willoughby Limo | 3200 | 9500 | 16000 | 32000 | 56200 | 79900 |
| 7-pass Brunn AW Brghm | 5400 | 16050 | 27000 | 54000 | 94800 | 134800 |
| 5-pass Brunn AW Non-Coll Cabrlt | 4300 | 12750 | 21450 | 42900 | 75300 | 107100 |
| 5-pass Brunn AW Semi-Clpsble Cabrlt | 5250 | 15600 | 26250 | 52500 | 92200 | 131100 |
| 5-pass LeBaron Twn Cabrlt | 5600 | 16600 | 27950 | 55900 | 98200 | 139500 |
| 7-pass Rollston Twn Car | 5200 | 15400 | 25950 | 51900 | 91100 | 129600 |
| 4-pass Brunn Spt Phtn | 5500 | 16350 | 27500 | 55000 | 96600 | 137300 |
| 4-pass Brunn Dbl-tree Spt Cabrlt | 4300 | 12750 | 21500 | 43000 | 75500 | 107300 |
| 2-pass Murphy Spt Rdstr | 7500 | 22300 | 37500 | 75000 | 131700 | 187200 |

## 1933

### Model KA, 12-cyl., 125 hp, 136" wb

| | 6 | 5 | 4 | 3 | 2 | 1 |
|---|---|---|---|---|---|---|
| 2-4 pass Cpe | 2900 | 8600 | 14500 | 29000 | 50900 | 72400 |
| 2-pass Cpe | 2800 | 8300 | 14000 | 28000 | 49200 | 69900 |
| 2-4 pass Conv Rdstr | 4500 | 13350 | 22450 | 44900 | 78800 | 112100 |
| 5-pass Vic | 2300 | 6800 | 11500 | 23000 | 40400 | 57500 |
| 5-pass Sdn | 2150 | 6200 | 10500 | 21000 | 36900 | 52400 |
| 7-pass Sdn | 2150 | 6200 | 10500 | 21000 | 36900 | 52400 |
| 4-pass Twn Sdn | 2250 | 6550 | 11000 | 22000 | 38650 | 55500 |
| 7-pass Limo | 2700 | 8000 | 13500 | 27000 | 47400 | 67400 |
| 4-pass TC Phtn | 5400 | 16050 | 27000 | 54000 | 94800 | 134800 |
| 4-pass Phtn | 5200 | 15400 | 25950 | 51900 | 91100 | 129600 |
| 7-pass Tr | 4900 | 14550 | 24450 | 48900 | 85900 | 122100 |
| 2-4 pass Rdstr | 4500 | 13350 | 22500 | 45000 | 79000 | 112300 |
| 2-pass Rdstr | 4400 | 13050 | 22000 | 44000 | 77300 | 109800 |

| | 6 | 5 | 4 | 3 | 2 | 1 |
|---|---|---|---|---|---|---|
| **Model KB, 12-cyl., 150 hp, 145" wb** | | | | | | |
| 4-pass TC Phtn | 5500 | 16350 | 27500 | 55000 | 96600 | 137300 |
| 4-pass Phtn | 5200 | 15450 | 26000 | 52000 | 91300 | 129800 |
| 7-pass Tr | 5200 | 15450 | 26000 | 52000 | 91300 | 129800 |
| 5-pass Cpe | 3000 | 8900 | 14950 | 29900 | 52500 | 74600 |
| 5-pass Sdn | 2700 | 8000 | 13450 | 26900 | 47200 | 67100 |
| 7-pass Sdn | 2600 | 7650 | 12950 | 25900 | 45500 | 64700 |
| 4-pass Twn Sdn | 2550 | 7550 | 12750 | 25500 | 44800 | 63700 |
| 7-pass Limo | 3000 | 8900 | 15000 | 30000 | 52700 | 74900 |
| 5-pass Brunn Semi-Coll Cabrlt | 5100 | 15150 | 25500 | 51000 | 89600 | 127300 |
| 5-pass Brunn Non-Coll Cabrlt | 4600 | 13650 | 23000 | 46000 | 80800 | 114800 |
| 7-pass Brunn Brghm | 3800 | 11300 | 19000 | 38000 | 66700 | 94900 |
| 2-4 pass Brunn Conv Cpe | 7500 | 22300 | 37500 | 75000 | 131700 | 187200 |
| 5-pass Dietrich Conv Sdn | 7800 | 23150 | 39000 | 78000 | 137000 | 194700 |
| 2-pass Dietrich Cpe | 3800 | 11250 | 18950 | 37900 | 66500 | 94600 |
| 4-pass Dietrich Cpe | 3300 | 9750 | 16450 | 32900 | 57800 | 82100 |
| 7-pass Judkins Berline | 3200 | 9500 | 16000 | 32000 | 56200 | 79900 |
| 2-pass Judkins Cpe | 3400 | 10100 | 17000 | 34000 | 59700 | 84900 |
| 4-pass Judkins Cpe | 3400 | 10100 | 17000 | 34000 | 59700 | 84900 |
| 7-pass Judkins Limo | 3600 | 10700 | 18000 | 36000 | 63200 | 89900 |
| 2-4 pass LeBaron Conv Rdstr | 6100 | 18100 | 30500 | 61000 | 107100 | 152300 |
| 7-pass Willoughby Limo | 3700 | 10950 | 18450 | 36900 | 64800 | 92100 |
| 4-6 pass Willoughby Pan Brghm | 3800 | 11250 | 18950 | 37900 | 66500 | 94600 |
| **1934** | | | | | | |
| **Model KA, 12-cyl., 150 hp, 136" wb** | | | | | | |
| 2-pass Cpe | 2800 | 8300 | 13950 | 27900 | 49000 | 69600 |
| 4-pass RS Cpe | 2500 | 7350 | 12450 | 24900 | 43700 | 62100 |
| 5-pass Vic Cpe | 2700 | 8000 | 13450 | 26900 | 47200 | 67100 |
| 2-4 pass Conv Rdstr | 4550 | 13500 | 22750 | 45500 | 79900 | 113600 |
| 4-5 pass Town Sdn | 2150 | 6200 | 10450 | 20900 | 36700 | 52100 |
| 5-pass Sdn | 2200 | 6500 | 10950 | 21900 | 38500 | 54700 |
| 7-pass Sdn | 2400 | 7050 | 11950 | 23900 | 42000 | 59700 |
| 7-pass Limo | 2800 | 8300 | 14000 | 28000 | 49200 | 69900 |
| 5-pass Conv Phtn | 4550 | 13500 | 22750 | 45500 | 79900 | 113600 |
| **Model KB, 12-cyl., 150 hp, 145" wb** | | | | | | |
| 7-pass Tr | 4500 | 13350 | 22450 | 44900 | 78800 | 112100 |
| 7-pass Sdn | 2500 | 7350 | 12450 | 24900 | 43700 | 62100 |
| 7-pass Limo | 2900 | 8600 | 14450 | 28900 | 50700 | 72100 |
| 5-pass 2-win Judkins Berline | 3200 | 9500 | 15950 | 31900 | 56000 | 79600 |
| 5-pass 3-win Judkins Berline | 3150 | 9350 | 15750 | 31500 | 55300 | 78600 |
| 7-pass Judkins Sdn Limo | 2800 | 8300 | 14000 | 28000 | 49200 | 69900 |
| 7-pass Brunn Brghm | 3100 | 9200 | 15450 | 30900 | 54300 | 77100 |
| 5-pass Brunn Semi-Clpsble Cabrlt | 4000 | 11900 | 20000 | 40000 | 70200 | 99800 |
| 5-pass Brunn Non-Clpsble Cabrlt | 4100 | 12200 | 20500 | 41000 | 72000 | 102300 |
| 5-pass Brunn Conv Cpe | 5050 | 15000 | 25250 | 50500 | 88700 | 126100 |
| 2-4 pass LeBaron Conv Rdstr | 5100 | 15100 | 25450 | 50900 | 89400 | 127100 |
| 5-pass Dietrich Conv Sdn | 5600 | 16650 | 28000 | 56000 | 98300 | 139800 |
| 7-pass Willoughby Limo | 2900 | 8600 | 14450 | 28900 | 50700 | 72100 |
| **1935** | | | | | | |
| **Model K, 12-cyl., 150 hp, 136" wb** | | | | | | |
| 5-pass Cpe | 2300 | 6650 | 11250 | 22500 | 39500 | 56100 |
| 5-pass 2-win Sdn | 2000 | 5900 | 9950 | 19900 | 35000 | 49700 |
| 5-pass 3-win Sdn | 2000 | 5800 | 9750 | 19500 | 34300 | 48700 |
| 2-pass LeBaron Cpe | 2400 | 7050 | 11950 | 23900 | 42000 | 59700 |
| 5-pass LeBaron Cabrlt Phtn | 4700 | 13950 | 23500 | 47000 | 82500 | 117300 |
| 2-4 pass LeBaron Conv Rdstr | 4500 | 13350 | 22500 | 45000 | 79000 | 112300 |
| 5-pass Brunn Conv Vic | 4600 | 13650 | 23000 | 46000 | 80800 | 114800 |

| | 6 | 5 | 4 | 3 | 2 | 1 |
|---|---|---|---|---|---|---|
| **Model K, 12-cyl., 150 hp, 145" wb** | | | | | | |
| 7-pass Tr | 4450 | 13200 | 22250 | 44500 | 78100 | 111100 |
| 7-pass Sdn | 2000 | 5950 | 10000 | 20000 | 35150 | 49900 |
| 7-pass Limo | 2350 | 6950 | 11750 | 23500 | 41300 | 58700 |
| 5-7 pass LeBaron Cabrlt Sdn | 5050 | 15000 | 25250 | 50500 | 88700 | 126100 |
| 5-7 pass Brunn Semi-Coll Cabrlt | 4200 | 12450 | 20950 | 41900 | 73600 | 104600 |
| 5-7 pass Brunn Non-Coll Cabrlt | 4000 | 11900 | 20000 | 40000 | 70200 | 99800 |
| 5-7 pass Brunn Brghm | 2450 | 7250 | 12250 | 24500 | 43000 | 61200 |
| 7-pass Willoughby Limo | 2550 | 7550 | 12750 | 25500 | 44800 | 63700 |
| 5-pass Willoughby Spt Sdn | 2450 | 7250 | 12250 | 24500 | 43000 | 61200 |
| 5-pass 2-win Judkins Berline | 2550 | 7550 | 12750 | 25500 | 44800 | 63700 |
| 5-pass 3-win Judkins Berline | 2400 | 7050 | 11950 | 23900 | 42000 | 59700 |
| 7-pass Judkins Sdn Limo | 2600 | 7650 | 12950 | 25900 | 45500 | 64700 |
| ***1936*** | | | | | | |
| **Zephyr, 12-cyl., 110 hp, 122" wb** | | | | | | |
| 2-dr 6-pass Sdn | 1150 | 3650 | 6100 | 12200 | 21500 | 30500 |
| 4-dr 6-pass Sdn | 1150 | 3600 | 5950 | 11900 | 21000 | 29700 |
| **Model K, 12-cyl., 150 hp, 136" wb** | | | | | | |
| 5-pass Cpe | 1700 | 5050 | 8500 | 17000 | 29900 | 42500 |
| 5-pass 2-win Sdn | 1500 | 4500 | 7500 | 15000 | 26400 | 37500 |
| 5-pass 3-win Sdn | 1400 | 4350 | 7250 | 14500 | 25500 | 36200 |
| 2-pass LeBaron Conv Cpe | 1800 | 5300 | 8950 | 17900 | 31500 | 44700 |
| 2-4 pass LeBaron Conv Rdstr | 3600 | 10650 | 17950 | 35900 | 63000 | 89600 |
| 2-4 pass LeBaron Conv Sdn | 4000 | 11850 | 19950 | 39900 | 70100 | 99600 |
| 5-pass Brunn Conv Vic | 3900 | 11550 | 19450 | 38900 | 68300 | 97100 |
| 5-pass Willoughby Pan Brghm | 2000 | 5800 | 9750 | 19500 | 34300 | 48700 |
| **Model K, 12-cyl., 150 hp, 145" wb** | | | | | | |
| 7-pass Tr | 4000 | 11850 | 19950 | 39900 | 70100 | 99600 |
| 7-pass Sdn | 1800 | 5300 | 8950 | 17900 | 31500 | 44700 |
| 7-pass Limo | 2000 | 5900 | 9950 | 19900 | 35000 | 49700 |
| 5-pass LeBaron Conv Sdn Limo | 4250 | 12650 | 21300 | 42600 | 74800 | 106300 |
| 5-pass Brunn Semi-Clpsble Cabrlt | 3900 | 11550 | 19450 | 38900 | 68300 | 97100 |
| 5-pass Brunn Non-Clpsble Cabrlt | 3100 | 9200 | 15450 | 30900 | 54300 | 77100 |
| 7-pass Brunn Brghm | 2000 | 5850 | 9900 | 19800 | 34800 | 49500 |
| 7-pass Willoughby Limo | 2050 | 6050 | 10250 | 20500 | 36000 | 51200 |
| 7-pass Willoughby Spt Sdn | 1950 | 5700 | 9650 | 19300 | 33900 | 48100 |
| 5-pass 2-win Judkins Berline | 2000 | 5850 | 9900 | 19800 | 34800 | 49500 |
| 5-pass 3-win Judkins Berline | 2050 | 6050 | 10200 | 20400 | 35850 | 51000 |
| 7-pass Judkins Limo | 2150 | 6200 | 10500 | 21000 | 36900 | 52400 |
| ***1937*** | | | | | | |
| **Zephyr, 12-cyl., 110 hp, 122" wb** | | | | | | |
| 3-pass Cpe | 1000 | 3200 | 5350 | 10700 | 18900 | 26700 |
| 2-dr Sdn | 900 | 2800 | 4700 | 9400 | 16500 | 23400 |
| 4-dr Sdn | 900 | 2750 | 4600 | 9200 | 16200 | 22900 |
| 5-pass Twn Limo Sdn | 900 | 2850 | 4800 | 9600 | 16900 | 24000 |
| Conv Sdn | 2350 | 6900 | 11600 | 23200 | 40750 | 57900 |
| **Model K, 12-cyl., 150 hp, 136" wb** | | | | | | |
| 2-pass LeBaron Cpe | 1750 | 5200 | 8700 | 17400 | 30600 | 43500 |
| 2-pass LeBaron Conv Rdstr | 3450 | 10250 | 17250 | 34500 | 60600 | 86100 |
| 5-pass Willoughby Cpe | 1850 | 5400 | 9100 | 18200 | 32000 | 45500 |
| 5-pass Brunn Conv Vic | 3600 | 10700 | 18000 | 36000 | 63200 | 89900 |
| 5-pass 2-win Sdn | 1550 | 4700 | 7900 | 15800 | 27800 | 39400 |
| 5-pass 3-win Sdn | 1500 | 4600 | 7700 | 15400 | 27100 | 38500 |
| **Model K, 12-cyl., 150 hp, 145" wb** | | | | | | |
| 7-pass Sdn | 1650 | 4950 | 8300 | 16600 | 29200 | 41500 |
| 7-pass Limo | 1750 | 5200 | 8700 | 17400 | 30600 | 43500 |
| 5-pass LeBaron Conv Sdn | 3650 | 10850 | 18300 | 36600 | 64300 | 91400 |

|  | 6 | 5 | 4 | 3 | 2 | 1 |
|---|---|---|---|---|---|---|
| 5-pass LeBaron Conv Sdn w/part | 3900 | 11600 | 19500 | 39000 | 68500 | 97400 |
| 5-pass Brunn Semi-Coll Cabrlt | 3400 | 10100 | 17000 | 34000 | 59700 | 84900 |
| 5-pass Brunn Non-Coll Cabrlt | 2750 | 8150 | 13750 | 27500 | 48300 | 68600 |
| 5-pass Brunn Brghm | 2050 | 6000 | 10100 | 20200 | 35500 | 50400 |
| 5-pass Brunn Tr Cabrlt | 3600 | 10700 | 18000 | 36000 | 63200 | 89900 |
| 5-pass 2-win Judkins Berline | 2000 | 5900 | 9950 | 19900 | 35000 | 49700 |
| 5-pass 3-win Judkins Berline | 2000 | 5800 | 9750 | 19500 | 34300 | 48700 |
| 7-pass Judkins Limo | 2200 | 6500 | 10950 | 21900 | 38500 | 54700 |
| 7-pass Willoughby Tr | 2500 | 7400 | 12500 | 25000 | 43900 | 62400 |
| 5-pass Willoughby Spt Sdn | 2000 | 5800 | 9750 | 19500 | 34300 | 48700 |
| 5-pass Willoughby Pan Brghm | 2050 | 6050 | 10250 | 20500 | 36000 | 51200 |
| 7-pass Willoughby Limo | 2200 | 6350 | 10750 | 21500 | 37800 | 53700 |

## 1938
### Zephyr, 12-cyl., 110 hp, 125" wb

|  | 6 | 5 | 4 | 3 | 2 | 1 |
|---|---|---|---|---|---|---|
| 3-pass Cpe | 1150 | 3600 | 5950 | 11900 | 21000 | 29700 |
| 3-5 pass Conv Cpe | 1900 | 5500 | 9250 | 18500 | 32500 | 46100 |
| 4-dr 6-pass Sdn | 750 | 2250 | 3700 | 7400 | 12800 | 18500 |
| 2-dr 5-pass Sdn Cpe | 800 | 2350 | 3900 | 7800 | 13500 | 19500 |
| 5-pass Twn Limo | 850 | 2600 | 4400 | 8800 | 15500 | 21900 |
| 5-pass Conv Sdn | 2400 | 7100 | 12000 | 24000 | 42150 | 59900 |

### Model K, 12-cyl., 136" wb

|  | 6 | 5 | 4 | 3 | 2 | 1 |
|---|---|---|---|---|---|---|
| 2-pass LeBaron Cpe | 1750 | 5200 | 8700 | 17400 | 30600 | 43500 |
| 4-pass LeBaron Conv Rdstr | 3450 | 10250 | 17250 | 34500 | 60600 | 86100 |
| 5-pass Willoughby Cpe | 1800 | 5300 | 8900 | 17800 | 31300 | 44400 |
| 5-pass 2-win Sdn | 1600 | 4800 | 8000 | 16000 | 28150 | 40000 |
| 5-pass 3-win Sdn | 1500 | 4600 | 7700 | 15400 | 27100 | 38500 |
| 5-pass Brunn Conv Vic | 3600 | 10650 | 17950 | 35900 | 63000 | 89600 |

### Model K, 12-cyl., 145" wb

|  | 6 | 5 | 4 | 3 | 2 | 1 |
|---|---|---|---|---|---|---|
| 7-pass Sdn | 1600 | 4850 | 8100 | 16200 | 28500 | 40500 |
| 7-pass Sdn Limo | 1700 | 5000 | 8350 | 16700 | 29400 | 41700 |
| 5-pass LeBaron Conv Sdn | 3850 | 11450 | 19250 | 38500 | 67600 | 96100 |
| 5-pass LeBaron Conv Sdn w/part | 4000 | 11900 | 20000 | 40000 | 70200 | 99800 |
| 5-pass 2-win Judkins Berline | 1650 | 4950 | 8300 | 16600 | 29200 | 41500 |
| 5-pass 3-win Judkins Berline | 1700 | 5050 | 8500 | 17000 | 29900 | 42500 |
| 7-pass Judkins Limo | 1800 | 5300 | 8900 | 17800 | 31300 | 44400 |
| 2-pass Brunn Tr Cabrlt | 4000 | 11850 | 19950 | 39900 | 70100 | 99600 |
| 5-pass Brunn Non-Clpsble Cabrlt | 2150 | 6650 | 11100 | 22200 | 39000 | 55500 |
| 5-pass Brunn Semi-Clpsble Cabrlt | 3400 | 10100 | 17000 | 34000 | 59700 | 84900 |
| Brunn Brghm | 1800 | 5300 | 8900 | 17800 | 31300 | 44400 |
| 7-pass Willoughby Tr | 2550 | 7500 | 12700 | 25400 | 44600 | 63500 |
| 5-pass Willoughby Spt Sdn | 1800 | 5300 | 8900 | 17800 | 31300 | 44400 |
| 5-pass Willoughby Pan Brghm | 1650 | 4950 | 8300 | 16600 | 29200 | 41500 |
| 7-pass Willoughby Limo | 2000 | 5900 | 9950 | 19900 | 35000 | 49700 |

## 1939
### Zephyr, 12-cyl., 110 hp, 125" wb

|  | 6 | 5 | 4 | 3 | 2 | 1 |
|---|---|---|---|---|---|---|
| 3-pass Cpe | 1100 | 3500 | 5850 | 11700 | 20600 | 29100 |
| 6-pass Conv Cpe | 2000 | 5950 | 10000 | 20000 | 35150 | 49900 |
| 2-dr 6-pass Sdn Cpe | 800 | 2450 | 4100 | 8200 | 14400 | 20500 |
| 6-pass Custom Sdn | 800 | 2400 | 4000 | 8000 | 13900 | 19900 |
| 6-pass Custom Twn Sdn | 900 | 2850 | 4750 | 9500 | 16700 | 23700 |
| 6-pass Conv Sdn | 2400 | 7100 | 12000 | 24000 | 42150 | 59900 |

### Model K, 12-cyl., 136" wb

|  | 6 | 5 | 4 | 3 | 2 | 1 |
|---|---|---|---|---|---|---|
| 2-pass LeBaron Cpe | 1850 | 5400 | 9100 | 18200 | 32000 | 45500 |
| 4-pass LeBaron Conv Rdstr | 3050 | 9050 | 15250 | 30500 | 53600 | 76100 |
| 5-pass Willoughby Cpe | 1900 | 5500 | 9300 | 18600 | 32700 | 46400 |
| 5-pass 2-win Sdn | 1700 | 5050 | 8500 | 17000 | 29900 | 42500 |
| 5-pass 3-win Sdn | 1700 | 5050 | 8500 | 17000 | 29900 | 42500 |
| 5-pass Brunn Conv Vic | 3050 | 9050 | 15250 | 30500 | 53600 | 76100 |

| | 6 | 5 | 4 | 3 | 2 | 1 |
|---|---|---|---|---|---|---|
| **Model K, 12-cyl., 145" wb** | | | | | | |
| 5-pass 2-win Judkins Berline | 1800 | 5300 | 8900 | 17800 | 31300 | 44400 |
| 5-pass 3-win Judkins Berline | 1800 | 5250 | 8800 | 17600 | 30950 | 43900 |
| 7-pass Judkins Limo | 1900 | 5500 | 9250 | 18500 | 32500 | 46100 |
| 2-pass Brunn Tr Cabrlt | 2600 | 7650 | 12900 | 25800 | 45300 | 64400 |
| 7-pass Judkins Sdn | 1750 | 5200 | 8700 | 17400 | 30600 | 43500 |
| 7-pass Limo | 1900 | 5500 | 9300 | 18600 | 32700 | 46400 |
| 5-pass LeBaron Conv Sdn | 3850 | 11450 | 19250 | 38500 | 67600 | 96100 |
| 5-pass LeBaron Conv Sdn w/part | 4000 | 11900 | 20000 | 40000 | 70200 | 99800 |
| 5-pass Willoughby Spt Sdn | 2000 | 5900 | 9950 | 19900 | 35000 | 49700 |
| **Model K, 12-cyl., 145" wb, 6 wheels** | | | | | | |
| 5-pass Brunn Non-Coll Cabrlt | 3500 | 10400 | 17500 | 35000 | 61500 | 87400 |
| 5-pass Brunn Semi-Coll Cabrlt | 3900 | 11600 | 19500 | 39000 | 68500 | 97400 |
| 7-pass Brunn Brghm | 2150 | 6200 | 10500 | 21000 | 36900 | 52400 |
| 7-pass Willoughby Limo | 2400 | 7000 | 11800 | 23600 | 41450 | 59000 |

## 1940

**Zephyr, 12-cyl., 120 hp, 125" wb**

| | 6 | 5 | 4 | 3 | 2 | 1 |
|---|---|---|---|---|---|---|
| 3-pass Cpe | 1000 | 3250 | 5450 | 10900 | 19100 | 27200 |
| 5-pass A/S Cpe | 1050 | 3300 | 5500 | 11000 | 19300 | 27500 |
| 6-pass Club Cpe | 1100 | 3450 | 5750 | 11500 | 20300 | 28700 |
| 6-pass Conv Club Cpe | 1800 | 5350 | 9000 | 18000 | 31650 | 45000 |
| 6-pass Sdn | 800 | 2400 | 4000 | 8000 | 13900 | 19900 |
| 5-pass Twn Limo | 1100 | 3550 | 5900 | 11800 | 20800 | 29400 |
| 6-pass Cont Club Cpe | 2150 | 6200 | 10500 | 21000 | 36900 | 52400 |
| 5-pass Cont Conv Cabrlt | 2900 | 8600 | 14500 | 29000 | 50900 | 72400 |
| **Model K, 12-cyl., 136" wb** | | | | | | |
| 2-pass LeBaron Cpe | 1850 | 5400 | 9100 | 18200 | 32000 | 45500 |
| 4-pass LeBaron Conv Rdstr | 3050 | 9050 | 15250 | 30500 | 53600 | 76100 |
| 5-pass Willoughby Cpe | 1900 | 5500 | 9300 | 18600 | 32700 | 46400 |
| 5-pass 2-win Sdn | 1700 | 5050 | 8500 | 17000 | 29900 | 42500 |
| 5-pass 3-win Sdn | 1700 | 5050 | 8500 | 17000 | 29900 | 42500 |
| 5-pass Brunn Conv Vic | 3050 | 9050 | 15250 | 30500 | 53600 | 76100 |
| **Model K, 12-cyl., 145" wb** | | | | | | |
| 5-pass 2-win Judkins Berline | 1800 | 5300 | 8900 | 17800 | 31300 | 44400 |
| 5-pass 3-win Judkins Berline | 1800 | 5250 | 8800 | 17600 | 30950 | 43900 |
| 7-pass Judkins Limo | 1900 | 5500 | 9250 | 18500 | 32500 | 46100 |
| 2-pass Brunn Tr Cabrlt | 2600 | 7650 | 12900 | 25800 | 45300 | 64400 |
| 7-pass Judkins Sdn | 1750 | 5200 | 8700 | 17400 | 30600 | 43500 |
| 7-pass Limo | 1900 | 5500 | 9300 | 18600 | 32700 | 46400 |
| 5-pass LeBaron Conv Sdn | 3850 | 11450 | 19250 | 38500 | 67600 | 96100 |
| 5-pass LeBaron Conv Sdn w/part | 4000 | 11900 | 20000 | 40000 | 70200 | 99800 |
| 5-pass Willoughby Spt Sdn | 2000 | 5900 | 9950 | 19900 | 35000 | 49700 |
| **Model K, 12-cyl., 145" wb, 6 wheels** | | | | | | |
| 5-pass Brunn Non-Coll Cabrlt | 3500 | 10400 | 17500 | 35000 | 61500 | 87400 |
| 5-pass Brunn Semi-Coll Cabrlt | 3900 | 11600 | 19500 | 39000 | 68500 | 97400 |
| 7-pass Brunn Brghm | 2150 | 6200 | 10500 | 21000 | 36900 | 52400 |
| 7-pass Willoughby Limo | 2400 | 7000 | 11800 | 23600 | 41450 | 59000 |

## 1941

**Zephyr, 12-cyl., 120 hp, 125" wb**

| | 6 | 5 | 4 | 3 | 2 | 1 |
|---|---|---|---|---|---|---|
| 3-pass Cpe | 1000 | 3250 | 5450 | 10900 | 19100 | 27200 |
| 3-5 pass A/S Cpe | 1050 | 3350 | 5600 | 11200 | 19700 | 28000 |
| 6-pass Club Cpe | 1100 | 3450 | 5750 | 11500 | 20300 | 28700 |
| 6-pass Conv Cpe | 1800 | 5350 | 9000 | 18000 | 31650 | 45000 |
| 4-dr 6-pass Sdn | 800 | 2450 | 4100 | 8200 | 14400 | 20500 |
| **Continental, 12-cyl., 120 hp, 125" wb** | | | | | | |
| 6-pass Cpe | 2000 | 5950 | 10000 | 20000 | 35150 | 49900 |
| 6-pass Conv Cabrlt | 2800 | 8300 | 14000 | 28000 | 49200 | 69900 |
| 6-pass Sdn | 800 | 2500 | 4200 | 8400 | 14800 | 20500 |

| | 6 | 5 | 4 | 3 | 2 | 1 |
|---|---|---|---|---|---|---|
| **Custom, 12-cyl., 120 hp, 125" wb** | | | | | | |
| 8-pass Sdn | 850 | 2650 | 4450 | 8900 | 15700 | 22300 |
| 8-pass Limo | 1000 | 3250 | 5450 | 10900 | 19100 | 27200 |
| **1942** | | | | | | |
| **Zephyr, 12-cyl., 130 hp, 125" wb** | | | | | | |
| 3-pass Cpe | 750 | 2100 | 3550 | 7100 | 12300 | 17700 |
| 6-pass Sdn | 650 | 1800 | 3250 | 6500 | 11200 | 16100 |
| 6-pass Club Cpe | 800 | 2350 | 3950 | 7900 | 13700 | 19700 |
| 6-pass Conv Club Cpe | 1800 | 5350 | 9000 | 18000 | 31650 | 45000 |
| **Continental, 12-cyl., 130 hp, 125" wb** | | | | | | |
| 6-pass Cpe | 2000 | 5950 | 10000 | 20000 | 35150 | 49900 |
| 6-pass Conv Cabrlt | 2800 | 8300 | 14000 | 28000 | 49200 | 69900 |
| **Custom, 12-cyl., 130 hp, 138" wb** | | | | | | |
| 8-pass Sdn | 750 | 2150 | 3600 | 7200 | 12400 | 18000 |
| 8-pass Limo | 1050 | 3300 | 5500 | 11100 | 19500 | 27700 |
| **1946** | | | | | | |
| **Model 66H, 12-cyl., 125 hp, 125" wb** | | | | | | |
| Club Cpe | 800 | 2450 | 4150 | 8300 | 14600 | 20700 |
| 4-dr Sdn | 700 | 1900 | 3350 | 6700 | 11500 | 16500 |
| Conv Cpe | 1800 | 5300 | 8950 | 17900 | 31500 | 44700 |
| **Continental, 12-cyl., 125 hp, 125" wb** | | | | | | |
| Club Cpe | 1900 | 5650 | 9500 | 19000 | 33400 | 47500 |
| Conv Cabrlt | 2800 | 8300 | 14000 | 28000 | 49200 | 69900 |
| **1947** | | | | | | |
| **Model 76H, 12-cyl., 125 hp, 125" wb** | | | | | | |
| Club Cpe | 800 | 2450 | 4150 | 8300 | 14600 | 20700 |
| 4-dr Sdn | 700 | 1900 | 3350 | 6700 | 11500 | 16500 |
| Conv Cpe | 1800 | 5300 | 8950 | 17900 | 31500 | 44700 |
| **Continental, 12-cyl., 125 hp, 125" wb** | | | | | | |
| Club Cpe | 1900 | 5650 | 9500 | 19000 | 33400 | 47500 |
| Conv Cabrlt | 2800 | 8300 | 14000 | 28000 | 49200 | 69900 |
| **1948** | | | | | | |
| **Model 876H, 12-cyl., 125 hp, 125" wb** | | | | | | |
| Club Cpe | 800 | 2450 | 4150 | 8300 | 14600 | 20700 |
| 4-dr Sdn | 700 | 1900 | 3350 | 6700 | 11500 | 16500 |
| Conv Cpe | 1800 | 5300 | 8950 | 17900 | 31500 | 44700 |
| **Continental, 12-cyl., 125 hp, 125" wb** | | | | | | |
| Club Cpe | 1900 | 5650 | 9500 | 19000 | 33400 | 47500 |
| Conv Cabrlt | 2800 | 8300 | 14000 | 28000 | 49200 | 69900 |
| **1949** | | | | | | |
| **Model 9EL, 8-cyl., 152 hp, 121" wb** | | | | | | |
| 6-pass Club Cpe | 800 | 2350 | 3950 | 7900 | 13700 | 19700 |
| 4-dr 6-pass Spt Sdn | 650 | 1750 | 3150 | 6300 | 10900 | 15700 |
| Club Conv | 1350 | 4150 | 6950 | 13900 | 24500 | 34700 |
| **Cosmopolitan, 8-cyl., 152 hp, 125" wb** | | | | | | |
| 6-pass Club Cpe | 850 | 2550 | 4350 | 8700 | 15300 | 21700 |
| 4-dr 6-pass Twn Sdn | 700 | 1900 | 3350 | 6700 | 11500 | 16500 |
| 4-dr 6-pass Spt Sdn | 700 | 2000 | 3450 | 6900 | 11900 | 17200 |
| Conv Cpe | 1600 | 4750 | 7950 | 15900 | 28000 | 39700 |
| **1950** | | | | | | |
| **Model OEL, 8-cyl., 152 hp, 121" wb** | | | | | | |
| 6-pass Club Cpe | 800 | 2350 | 3950 | 7900 | 13700 | 19700 |
| 4-dr 6-pass Spt Sdn | 650 | 1750 | 3150 | 6300 | 10900 | 15700 |
| Lido Cpe | 950 | 3000 | 5050 | 10100 | 17900 | 25100 |

|  | 6 | 5 | 4 | 3 | 2 | 1 |
|---|---|---|---|---|---|---|
| **Cosmopolitan, 8-cyl., 152 hp, 125" wb** | | | | | | |
| 6-pass Club Cpe | 850 | 2550 | 4350 | 8700 | 15300 | 21700 |
| 4-dr 6-pass Spt Sdn | 700 | 2000 | 3450 | 6900 | 11900 | 17200 |
| 6-pass Capri Cpe | 950 | 2950 | 4950 | 9900 | 17500 | 24700 |
| 6-pass Conv Cpe | 1600 | 4750 | 7950 | 15900 | 28000 | 39700 |
| **1951** | | | | | | |
| **Model 1EL, 8-cyl., 154 hp, 121" wb** | | | | | | |
| 6-pass Cpe | 800 | 2450 | 4150 | 8300 | 14600 | 20700 |
| 6-pass Lido Cpe | 950 | 3000 | 5050 | 10100 | 17900 | 25100 |
| 4-dr 6-pass Spt Sdn | 700 | 1900 | 3350 | 6700 | 11500 | 16500 |
| **Cosmopolitan, 8-cyl., 154 hp, 125" wb** | | | | | | |
| 6-pass Cpe | 850 | 2550 | 4350 | 8700 | 15300 | 21700 |
| 6-pass Capri Cpe | 900 | 2900 | 4850 | 9700 | 17100 | 24200 |
| 4-dr 6-pass Spt Sdn | 750 | 2100 | 3550 | 7100 | 12300 | 17700 |
| 6-pass Conv Cpe | 1600 | 4750 | 7950 | 15900 | 28000 | 39700 |
| **1952** | | | | | | |
| **Cosmopolitan, 8-cyl., 160 hp, 123" wb** | | | | | | |
| 2-dr Spt Cpe | 900 | 2750 | 4650 | 9300 | 16400 | 23100 |
| 4-dr Sdn | 650 | 1800 | 3250 | 6500 | 11200 | 16100 |
| **Capri, 8-cyl., 160 hp, 123" wb** | | | | | | |
| 2-dr Cpe | 950 | 2950 | 4950 | 9900 | 17500 | 24700 |
| 4-dr Sdn | 700 | 2000 | 3450 | 6900 | 11900 | 17200 |
| 2-dr Conv Cpe | 1600 | 4800 | 8000 | 16100 | 28300 | 40200 |
| **1953** | | | | | | |
| **Cosmopolitan, 8-cyl., 205 hp, 123" wb** | | | | | | |
| 2-dr Hdtp Spt Cpe | 900 | 2750 | 4650 | 9300 | 16400 | 23100 |
| 4-dr Sdn | 650 | 1800 | 3250 | 6500 | 11200 | 16100 |
| **Capri, 8-cyl., 205 hp, 123" wb** | | | | | | |
| 2-dr Hdtp | 950 | 2950 | 4950 | 9900 | 17500 | 24700 |
| 4-dr Sdn | 700 | 2000 | 3450 | 6900 | 11900 | 17200 |
| 2-dr Conv Cpe | 1600 | 4800 | 8000 | 16100 | 28300 | 40200 |
| **1954** | | | | | | |
| **Cosmopolitan, 8-cyl., 205 hp, 123" wb** | | | | | | |
| 2-dr Hdtp Spt Cpe | 900 | 2900 | 4850 | 9700 | 17100 | 24200 |
| 4-dr Sdn | 650 | 1800 | 3250 | 6500 | 11200 | 16100 |
| **Capri, 8-cyl., 205 hp, 123" wb** | | | | | | |
| 2-dr Hdtp | 950 | 3050 | 5150 | 10300 | 18200 | 25700 |
| 4-dr Sdn | 650 | 1800 | 3200 | 6400 | 11000 | 15900 |
| 2-dr Conv Cpe | 1600 | 4850 | 8150 | 16300 | 28700 | 40800 |
| **1955** | | | | | | |
| **Custom, 8-cyl., 225 hp, 123" wb** | | | | | | |
| 2-dr Hdtp Spt Cpe | 900 | 2750 | 4650 | 9300 | 16400 | 23100 |
| 4-dr Sdn | 650 | 1800 | 3250 | 6500 | 11200 | 16100 |
| **Capri, 8-cyl., 225 hp, 123" wb** | | | | | | |
| 2-dr Hdtp Cpe | 950 | 3000 | 5050 | 10100 | 17900 | 25100 |
| 4-dr Sdn | 700 | 2000 | 3450 | 6900 | 11900 | 17200 |
| 2-dr Conv Cpe | 1700 | 5050 | 8450 | 16900 | 29700 | 42200 |
| **1956** | | | | | | |
| **Capri, 8-cyl., 285 hp, 126" wb** | | | | | | |
| 2-dr Hdtp Spt Cpe | 950 | 3000 | 5050 | 10100 | 17900 | 25100 |
| 4-dr Sdn | 650 | 1800 | 3250 | 6500 | 11200 | 16100 |
| **Premiere, 8-cyl., 285 hp, 126" wb** | | | | | | |
| 2-dr Hdtp Cpe | 1000 | 3100 | 5200 | 10400 | 18400 | 26000 |
| 4-dr Sdn | 700 | 2000 | 3450 | 6900 | 11900 | 17200 |
| 2-dr Conv Cpe | 1900 | 5500 | 9250 | 18500 | 32500 | 46100 |

| | 6 | 5 | 4 | 3 | 2 | 1 |
|---|---|---|---|---|---|---|
| **Continental Mark II, 8-cyl., 300 hp, 126" wb** | | | | | | |
| 2-dr Spt Cpe | 1650 | 4900 | 8250 | 16500 | 29000 | 41200 |
| ***1957*** | | | | | | |
| **Capri, 8-cyl., 300 hp, 126" wb** | | | | | | |
| 2-dr Hdtp Cpe | 900 | 2750 | 4650 | 9300 | 16400 | 23100 |
| 4-dr Hdtp Lan | 650 | 1750 | 3150 | 6300 | 10900 | 15700 |
| 4-dr Sdn | 600 | 1650 | 2850 | 5700 | 9900 | 14200 |
| **Premiere, 8-cyl., 300 hp, 126" wb** | | | | | | |
| 2-dr Hdtp Cpe | 900 | 2900 | 4850 | 9700 | 17100 | 24200 |
| 4-dr Hdtp Lan | 700 | 1900 | 3350 | 6700 | 11500 | 16500 |
| 4-dr Sdn | 650 | 1700 | 3000 | 5900 | 10200 | 14700 |
| 2-dr Conv Cpe | 1800 | 5300 | 8950 | 17900 | 31500 | 44700 |
| **Continental Mark II, 300 hp, 126" wb** | | | | | | |
| 2-dr Spt Cpe | 1650 | 4900 | 8250 | 16500 | 29000 | 41200 |
| ***1958*** | | | | | | |
| **Capri, 8-cyl., 375 hp, 131" wb** | | | | | | |
| 2-dr Hdtp Cpe | 700 | 1900 | 3350 | 6700 | 11500 | 16500 |
| 4-dr Hdtp Lan | 600 | 1600 | 2750 | 5500 | 9500 | 13800 |
| 4-dr Sdn | 500 | 1350 | 2350 | 4700 | 8100 | 11500 |
| **Premiere, 8-cyl., 375 hp, 131" wb** | | | | | | |
| 2-dr Hdtp | 750 | 2100 | 3550 | 7100 | 12300 | 17700 |
| 4-dr Hdtp | 650 | 1700 | 3000 | 5900 | 10200 | 14700 |
| 4-dr Sdn | 550 | 1500 | 2500 | 5100 | 8800 | 12500 |
| **Continental Mark III, 8-cyl., 375 hp, 131" wb** | | | | | | |
| 2-dr Hdtp Cpe | 800 | 2400 | 4050 | 8100 | 14200 | 20200 |
| 4-dr Hdtp Sdn | 700 | 1900 | 3350 | 6700 | 11500 | 16500 |
| 4-dr Sdn | 650 | 1700 | 3000 | 5900 | 10200 | 14700 |
| Conv Cpe | 1500 | 4500 | 7500 | 15000 | 26400 | 37500 |
| ***1959*** | | | | | | |
| **Lincoln, 8-cyl., 350 hp, 131" wb** | | | | | | |
| 2-dr Hdtp Cpe | 700 | 1900 | 3350 | 6700 | 11500 | 16500 |
| 4-dr Hdtp Lan | 600 | 1600 | 2750 | 5500 | 9500 | 13800 |
| 4-dr Sdn | 500 | 1350 | 2350 | 4700 | 8100 | 11500 |
| **Premiere, 8-cyl., 350 hp, 131" wb** | | | | | | |
| 2-dr Hdtp | 750 | 2100 | 3550 | 7100 | 12300 | 17700 |
| 4-dr Hdtp | 650 | 1700 | 3000 | 5900 | 10200 | 14700 |
| 4-dr Sdn | 550 | 1500 | 2500 | 5100 | 8800 | 12500 |
| **Continental Mark IV, 8-cyl., 350 hp, 131" wb** | | | | | | |
| 2-dr Hdtp Cpe | 800 | 2400 | 4050 | 8100 | 14200 | 20200 |
| 4-dr Hdtp Sdn | 700 | 1900 | 3350 | 6700 | 11500 | 16500 |
| 4-dr Sdn | 650 | 1700 | 3000 | 5900 | 10200 | 14700 |
| Conv Cpe | 1500 | 4500 | 7500 | 15000 | 26400 | 37500 |
| Twn Car | 800 | 2350 | 3950 | 7900 | 13700 | 19700 |
| Limo | 800 | 2450 | 4150 | 8300 | 14600 | 20700 |
| ***1960*** | | | | | | |
| **Lincoln, 8-cyl., 315 hp, 131" wb** | | | | | | |
| 2-dr Hdtp | 700 | 1900 | 3350 | 6700 | 11500 | 16500 |
| 4-dr Hdtp | 650 | 1700 | 3000 | 5900 | 10200 | 14700 |
| 4-dr Sdn | 550 | 1500 | 2500 | 5100 | 8800 | 12500 |
| **Premiere, 8-cyl., 315 hp, 131" wb** | | | | | | |
| 2-dr Hdtp | 750 | 2100 | 3550 | 7100 | 12300 | 17700 |
| 4-dr Hdtp | 650 | 1750 | 3150 | 6300 | 10900 | 15700 |
| 4-dr Sdn | 600 | 1600 | 2750 | 5500 | 9500 | 13800 |
| **Continental Mark V, 8-cyl., 315 hp, 131" wb** | | | | | | |
| 2-dr Hdtp Cpe | 850 | 2550 | 4350 | 8700 | 15300 | 21700 |

| | 6 | 5 | 4 | 3 | 2 | 1 |
|---|---|---|---|---|---|---|
| 4-dr Hdtp Sdn | 750 | 2100 | 3550 | 7100 | 12300 | 17700 |
| 4-dr Sdn | 650 | 1750 | 3150 | 6300 | 10900 | 15700 |
| 4-dr Twn Car Sdn | 800 | 2450 | 4150 | 8300 | 14600 | 20700 |
| Conv Cpe | 1500 | 4500 | 7500 | 15000 | 26400 | 37500 |
| 4-dr Limo | 850 | 2550 | 4350 | 8700 | 15300 | 21700 |

### 1961
**Continental, 8-cyl., 300 hp, 123" wb**

| | | | | | | |
|---|---|---|---|---|---|---|
| 4-dr Sdn | 550 | 1450 | 2450 | 4900 | 8500 | 12000 |
| 4-dr Conv Sdn | 1150 | 3600 | 5950 | 11900 | 21000 | 29700 |

### 1962
**Continental, 8-cyl., 300 hp, 123" wb**

| | | | | | | |
|---|---|---|---|---|---|---|
| 4-dr Sdn | 550 | 1450 | 2450 | 4900 | 8500 | 12000 |
| 4-dr Conv Sdn | 1050 | 3400 | 5650 | 11300 | 19900 | 28200 |

### 1963
**Continental, 8-cyl., 320 hp, 123" wb**

| | | | | | | |
|---|---|---|---|---|---|---|
| 4-dr Sdn | 550 | 1450 | 2450 | 4900 | 8500 | 12000 |
| 4-dr Conv Sdn | 1050 | 3400 | 5650 | 11300 | 19900 | 28200 |

### 1964
**Continental, 8-cyl., 320 hp, 126" wb**

| | | | | | | |
|---|---|---|---|---|---|---|
| 4-dr Sdn | 500 | 1350 | 2350 | 4700 | 8100 | 11500 |
| 4-dr Conv Sdn | 1100 | 3500 | 5850 | 11700 | 20600 | 29100 |

### 1965
**Continental, 8-cyl., 320 hp, 126" wb**

| | | | | | | |
|---|---|---|---|---|---|---|
| 4-dr Sdn | 500 | 1350 | 2350 | 4700 | 8100 | 11500 |
| 4-dr Conv Sdn | 1100 | 3500 | 5850 | 11700 | 20600 | 29100 |

### 1966
**Continental, 8-cyl., 340 hp, 126" wb**

| | | | | | | |
|---|---|---|---|---|---|---|
| 2-dr Hdtp Cpe | 600 | 1650 | 2850 | 5700 | 9900 | 14200 |
| 4-dr Sdn | 500 | 1350 | 2350 | 4700 | 8100 | 11500 |
| 4-dr Conv Sdn | 1100 | 3500 | 5850 | 11700 | 20600 | 29100 |

### 1967
**Continental, 8-cyl., 340 hp, 126" wb**

| | | | | | | |
|---|---|---|---|---|---|---|
| 2-dr Hdtp Cpe | 600 | 1650 | 2850 | 5700 | 9900 | 14200 |
| 4-dr Sdn | 500 | 1350 | 2350 | 4700 | 8100 | 11500 |
| 4-dr Conv Sdn | 1100 | 3500 | 5850 | 11700 | 20600 | 29100 |

### 1968
**Continental, 8-cyl., 365 hp, 126" wb**

| | | | | | | |
|---|---|---|---|---|---|---|
| 2-dr Hdtp | 550 | 1550 | 2650 | 5300 | 9100 | 13000 |
| 4-dr Sdn | 450 | 1250 | 2150 | 4300 | 7400 | 10700 |

**Continental Mark III, 8-cyl., 365 hp, 117" wb**

| | | | | | | |
|---|---|---|---|---|---|---|
| 2-dr Hdtp Cpe | 700 | 2050 | 3500 | 7000 | 12100 | 17400 |

### 1969
**Continental, 8-cyl., 365 hp, 126" wb**

| | | | | | | |
|---|---|---|---|---|---|---|
| 2-dr Hdtp Cpe | 550 | 1500 | 2500 | 5100 | 8800 | 12500 |
| 4-dr Sdn | 450 | 1250 | 2050 | 4100 | 7100 | 10300 |

**Continental Mark III, 8-cyl., 365 hp, 117" wb**

| | | | | | | |
|---|---|---|---|---|---|---|
| 2-dr Hdtp Cpe | 700 | 1900 | 3400 | 6800 | 11700 | 16900 |

### 1970
**Continental, 8-cyl., 365 hp, 127" wb**

| | | | | | | |
|---|---|---|---|---|---|---|
| 2-dr Hdtp Cpe | 500 | 1300 | 2250 | 4500 | 7700 | 11000 |
| 4-dr Sdn | 400 | 1150 | 1850 | 3700 | 6400 | 9300 |

|  | 6 | 5 | 4 | 3 | 2 | 1 |
|---|---|---|---|---|---|---|
| **Continental Mark III, 8-cyl., 365 hp, 117" wb** | | | | | | |
| 2-dr Hdtp Cpe | 650 | 1750 | 3150 | 6300 | 10900 | 15700 |

### 1971
|  | 6 | 5 | 4 | 3 | 2 | 1 |
|---|---|---|---|---|---|---|
| **Continental, 8-cyl., 365 hp, 127" wb** | | | | | | |
| 2-dr Hdtp Cpe | 450 | 1250 | 2050 | 4100 | 7100 | 10300 |
| 4-dr Sdn | 400 | 1050 | 1700 | 3300 | 5800 | 8300 |
| **Continental Mark III, 8-cyl., 365 hp, 117" wb** | | | | | | |
| 2-dr Hdtp Cpe | 650 | 1750 | 3150 | 6300 | 10900 | 15700 |

### 1972
|  | 6 | 5 | 4 | 3 | 2 | 1 |
|---|---|---|---|---|---|---|
| **Continental, 8-cyl., 365 hp, 127" wb** | | | | | | |
| 2-dr Hdtp Cpe | 400 | 1200 | 1950 | 3900 | 6800 | 9900 |
| 4-dr Sdn | 350 | 950 | 1550 | 3100 | 5500 | 7900 |
| **Continental Mark IV, 8-cyl., 212 hp, 120" wb** | | | | | | |
| 2-dr Hdtp Cpe | 500 | 1300 | 2250 | 4500 | 7700 | 11000 |

### 1973
|  | 6 | 5 | 4 | 3 | 2 | 1 |
|---|---|---|---|---|---|---|
| **Continental, 8-cyl., 219 hp, 127" wb** | | | | | | |
| 2-dr Hdtp Cpe | 400 | 1100 | 1800 | 3500 | 6100 | 8900 |
| 4-dr Hdtp Sdn | 350 | 900 | 1500 | 2900 | 5200 | 7400 |
| **Continental Mark IV, 8-cyl., 208 hp, 120" wb** | | | | | | |
| 2-dr Hdtp Cpe | 450 | 1250 | 2150 | 4300 | 7400 | 10700 |

### 1974
|  | 6 | 5 | 4 | 3 | 2 | 1 |
|---|---|---|---|---|---|---|
| **Continental, 8-cyl., 215 hp, 127" wb** | | | | | | |
| 2-dr Hdtp Cpe | 400 | 1050 | 1700 | 3300 | 5800 | 8300 |
| 4-dr Sdn | 300 | 800 | 1350 | 2700 | 4700 | 6900 |
| **Continental Mark IV, 8-cyl., 220 hp, 120" wb** | | | | | | |
| 2-dr Hdtp Cpe | 450 | 1250 | 2050 | 4100 | 7100 | 10300 |

### 1975
|  | 6 | 5 | 4 | 3 | 2 | 1 |
|---|---|---|---|---|---|---|
| **Continental, 8-cyl., 206 hp, 127" wb** | | | | | | |
| 2-dr Hdtp Spt Cpe | 350 | 950 | 1550 | 3100 | 5500 | 7900 |
| 4-dr Sdn | 300 | 750 | 1250 | 2500 | 4400 | 6200 |
| **Continental Mark IV, 8-cyl., 194 hp, 120" wb** | | | | | | |
| 2-dr Hdtp Cpe | 400 | 1200 | 1950 | 3900 | 6800 | 9900 |

### 1976
|  | 6 | 5 | 4 | 3 | 2 | 1 |
|---|---|---|---|---|---|---|
| **Continental, 8-cyl., 202 hp, 127" wb** | | | | | | |
| 2-dr Cpe | 350 | 900 | 1500 | 3000 | 5300 | 7600 |
| 4-dr Sdn | 300 | 750 | 1250 | 2500 | 4400 | 6200 |
| **Continental Mark IV, 8-cyl., 202 hp, 120" wb** | | | | | | |
| 2-dr Hdtp Cpe | 400 | 1200 | 1950 | 3900 | 6800 | 9900 |

### 1977
|  | 6 | 5 | 4 | 3 | 2 | 1 |
|---|---|---|---|---|---|---|
| **Versailles, 8-cyl., 135 hp, 110" wb** | | | | | | |
| 4-dr Sdn | 300 | 650 | 1100 | 2200 | 3800 | 5400 |
| **Continental, 8-cyl., 127" wb** | | | | | | |
| 2-dr Cpe | 300 | 800 | 1350 | 2700 | 4700 | 6900 |
| 4-dr Sdn | 300 | 750 | 1250 | 2500 | 4400 | 6200 |
| **Continental Mark V, 8-cyl., 120" wb** | | | | | | |
| 2-dr Hdtp Cpe | 450 | 1250 | 2050 | 4100 | 7100 | 10300 |

*460 V-8 add 10%*

### 1978
|  | 6 | 5 | 4 | 3 | 2 | 1 |
|---|---|---|---|---|---|---|
| **Versailles, 8-cyl., 133 hp, 110" wb** | | | | | | |
| 4-dr Sdn | 300 | 650 | 1100 | 2200 | 3800 | 5400 |
| **Continental, 8-cyl., 127" wb** | | | | | | |
| 2-dr Cpe | 300 | 700 | 1200 | 2400 | 4100 | 5900 |
| 4-dr Sdn | 300 | 650 | 1150 | 2300 | 3900 | 5700 |

| | 6 | 5 | 4 | 3 | 2 | 1 |
|---|---|---|---|---|---|---|
| **Continental Mark V, 8-cyl., 120" wb** | | | | | | |
| 2-dr Hdtp Cpe | 450 | 1250 | 2050 | 4100 | 7100 | 10300 |
| | | *460 V-8 add 10%* | | | | |

### 1979
| | 6 | 5 | 4 | 3 | 2 | 1 |
|---|---|---|---|---|---|---|
| **Versailles, 8-cyl., 130 hp, 110" wb** | | | | | | |
| 4-dr Sdn | 300 | 650 | 1100 | 2200 | 3800 | 5400 |
| **Continental, 8-cyl., 159 hp, 127" wb** | | | | | | |
| 2-dr Cpe | 300 | 650 | 1150 | 2300 | 3900 | 5700 |
| 4-dr Sdn | 300 | 650 | 1100 | 2200 | 3800 | 5400 |
| **Continental Mark V, 8-cyl., 159 hp, 120" wb** | | | | | | |
| 2-dr Hdtp Cpe | 400 | 1150 | 1850 | 3700 | 6400 | 9300 |

### 1980
| | 6 | 5 | 4 | 3 | 2 | 1 |
|---|---|---|---|---|---|---|
| **Versailles, 8-cyl., 132 hp, 110" wb** | | | | | | |
| 4-dr Sdn | 300 | 650 | 1100 | 2200 | 3800 | 5400 |
| **Continental, 8-cyl., 129 hp, 117" wb** | | | | | | |
| 2-dr Cpe | 300 | 650 | 1100 | 2100 | 3600 | 5100 |
| 4-dr Sdn | 300 | 650 | 1100 | 2200 | 3800 | 5400 |
| **Continental Mark VI, 8-cyl., 129 hp, 117" wb** | | | | | | |
| 2-dr Cpe | 300 | 650 | 1100 | 2200 | 3800 | 5400 |
| 4-dr Sdn | 300 | 650 | 1100 | 2200 | 3800 | 5400 |
| 2-dr Signature Cpe | 300 | 650 | 1150 | 2300 | 3900 | 5700 |
| 4-dr Signature Sdn | 300 | 700 | 1200 | 2400 | 4100 | 5900 |
| | | *351 V-8 add 10%* | | | | |

### 1981
| | 6 | 5 | 4 | 3 | 2 | 1 |
|---|---|---|---|---|---|---|
| **Town Car, 8-cyl., 130 hp, 117" wb** | | | | | | |
| 2-dr Sdn | 300 | 650 | 1100 | 2100 | 3600 | 5100 |
| 4-dr Sdn | 300 | 650 | 1100 | 2200 | 3800 | 5400 |
| **Continental Mark VI, 130 hp, 114" wb** | | | | | | |
| 2-dr Sdn | 300 | 650 | 1100 | 2100 | 3600 | 5100 |
| 4-dr Sdn (117" wb) | 300 | 650 | 1100 | 2200 | 3800 | 5400 |
| 2-dr Signature Cpe | 300 | 650 | 1150 | 2300 | 3900 | 5700 |
| 4-dr Signature Sdn (117" wb) | 300 | 700 | 1200 | 2400 | 4100 | 5900 |

### 1982
| | 6 | 5 | 4 | 3 | 2 | 1 |
|---|---|---|---|---|---|---|
| **Continental, 8-cyl., 130 hp, 109" wb** | | | | | | |
| 4-dr Sdn | 300 | 600 | 950 | 1900 | 3200 | 4600 |
| 4-dr Signature Sdn | 300 | 650 | 1000 | 2000 | 3500 | 4900 |
| 4-dr Designer Sdn | 300 | 650 | 1000 | 2000 | 3500 | 4900 |
| **Town Car, 8-cyl., 134 hp, 114" wb** | | | | | | |
| 4-dr Sdn | 300 | 650 | 1000 | 2000 | 3500 | 4900 |
| 4-dr Signature Sdn | 300 | 650 | 1100 | 2200 | 3800 | 5400 |
| 4-dr Designer Sdn | 300 | 650 | 1100 | 2200 | 3800 | 5400 |
| **Continental Mark VI, 8-cyl., 134 hp, 114" wb** | | | | | | |
| 2-dr Cpe | 300 | 650 | 1100 | 2100 | 3600 | 5100 |
| 4-dr Sdn (117" wb) | 300 | 650 | 1100 | 2200 | 3800 | 5400 |
| 2-dr Signature Cpe | 300 | 650 | 1150 | 2300 | 3900 | 5700 |
| 4-dr Signature Sdn (117" wb) | 300 | 700 | 1200 | 2400 | 4100 | 5900 |
| 2-dr Designer Cpe | 300 | 750 | 1250 | 2500 | 4400 | 6200 |
| 4-dr Designer Sdn (117" wb) | 300 | 750 | 1250 | 2500 | 4400 | 6200 |
| | | *6-cyl. deduct 10%* | | | | |

### 1983
| | 6 | 5 | 4 | 3 | 2 | 1 |
|---|---|---|---|---|---|---|
| **Continental, 8-cyl., 130 hp, 109" wb** | | | | | | |
| 4-dr Sdn | 300 | 600 | 950 | 1900 | 3200 | 4600 |
| 4-dr Designer Sdn | 300 | 650 | 1000 | 2000 | 3500 | 4900 |
| **Town Car, 8-cyl., 130 hp, 117" wb** | | | | | | |
| 4-dr Sdn | 300 | 650 | 1000 | 2000 | 3500 | 4900 |
| 4-dr Signature Sdn | 300 | 650 | 1100 | 2200 | 3800 | 5400 |
| 4-dr Designer Sdn | 300 | 650 | 1100 | 2200 | 3800 | 5400 |

| | 6 | 5 | 4 | 3 | 2 | 1 |
|---|---|---|---|---|---|---|
| **Continental Mark VI, 8-cyl., 130 hp, 114" wb** | | | | | | |
| 2-dr Cpe | 300 | 650 | 1100 | 2100 | 3600 | 5100 |
| 4-dr Sdn (117" wb) | 300 | 650 | 1100 | 2200 | 3800 | 5400 |
| 2-dr Signature Cpe | 300 | 650 | 1150 | 2300 | 3900 | 5700 |
| 4-dr Signature Sdn (117" wb) | 300 | 700 | 1200 | 2400 | 4100 | 5900 |
| 2-dr Designer Cpe | 300 | 750 | 1250 | 2500 | 4400 | 6200 |
| 4-dr Designer Sdn (117" wb) | 300 | 750 | 1250 | 2500 | 4400 | 6200 |
| **1984** | | | | | | |
| **Continental, 8-cyl., 109" wb** | | | | | | |
| 4-dr Sdn | 300 | 600 | 950 | 1900 | 3200 | 4600 |
| 4-dr Designer Sdn | 300 | 650 | 1000 | 2000 | 3500 | 4900 |
| **Town Car, 8-cyl., 117" wb** | | | | | | |
| 4-dr Sdn | 300 | 650 | 1000 | 2000 | 3500 | 4900 |
| 4-dr Signature Sdn | 300 | 650 | 1100 | 2200 | 3800 | 5400 |
| 4-dr Designer Sdn | 300 | 650 | 1150 | 2300 | 3900 | 5700 |
| **Continental Mark VII, 8-cyl., 109" wb** | | | | | | |
| 2-dr Cpe | 300 | 650 | 1100 | 2200 | 3800 | 5400 |
| 2-dr LSC Cpe | 300 | 700 | 1200 | 2400 | 4100 | 5900 |
| 2-dr Designer Cpe | 300 | 700 | 1200 | 2400 | 4100 | 5900 |
| | | *Diesel deduct 10%* | | | | |
| **1985** | | | | | | |
| **Continental, 8-cyl., 109" wb** | | | | | | |
| 4-dr Sdn | 300 | 600 | 950 | 1900 | 3200 | 4600 |
| 4-dr Designer Sdn | 300 | 650 | 1000 | 2000 | 3500 | 4900 |
| **Town Car, 8-cyl., 117" wb** | | | | | | |
| 4-dr Sdn | 300 | 650 | 1000 | 2000 | 3500 | 4900 |
| 4-dr Signature Sdn | 300 | 650 | 1100 | 2200 | 3800 | 5400 |
| 4-dr Designer Sdn | 300 | 650 | 1150 | 2300 | 3900 | 5700 |
| **Continental Mark VII, 8-cyl., 109" wb** | | | | | | |
| 2-dr Cpe | 300 | 800 | 1300 | 2600 | 4600 | 6600 |
| 2-dr LSC Cpe | 300 | 800 | 1350 | 2700 | 4700 | 6900 |
| 2-dr Designer Cpe | 300 | 800 | 1350 | 2700 | 4700 | 6900 |
| | | *Diesel deduct 10%* | | | | |
| **1986** | | | | | | |
| **Continental, 8-cyl., 150 hp, 109" wb** | | | | | | |
| 4-dr Sdn | 300 | 650 | 1100 | 2100 | 3600 | 5100 |
| 4-dr Designer Sdn | 300 | 650 | 1100 | 2200 | 3800 | 5400 |
| **Town Car, 8-cyl., 150 hp, 117" wb** | | | | | | |
| 4-dr Sdn | 300 | 650 | 1150 | 2300 | 3900 | 5700 |
| 4-dr Signature Sdn | 300 | 750 | 1250 | 2500 | 4400 | 6200 |
| 4-dr Designer Sdn | 300 | 800 | 1300 | 2600 | 4600 | 6600 |
| **Continental Mark VII, 8-cyl., 200 hp, 109" wb** | | | | | | |
| 2-dr Cpe | 350 | 900 | 1500 | 3000 | 5300 | 7600 |
| 2-dr LSC Cpe | 350 | 1000 | 1600 | 3200 | 5700 | 8100 |
| 2-dr Designer Cpe | 350 | 1000 | 1600 | 3200 | 5700 | 8100 |
| **1987** | | | | | | |
| **Continental, 8-cyl., 150 hp, 109" wb** | | | | | | |
| 4-dr Sdn | 300 | 750 | 1250 | 2500 | 4400 | 6200 |
| 4-dr Sdn Givenchy | 300 | 800 | 1300 | 2600 | 4600 | 6600 |
| **Town Car, 8-cyl., 150 hp, 117" wb** | | | | | | |
| 4-dr Sdn | 300 | 800 | 1300 | 2600 | 4600 | 6600 |
| 4-dr Signature Sdn | 350 | 900 | 1500 | 2900 | 5200 | 7400 |
| 4-dr Cartier Sdn | 350 | 900 | 1500 | 3000 | 5300 | 7600 |
| **Continental Mark VII, 8-cyl., 200 hp, 109" wb** | | | | | | |
| 2-dr Cpe | 400 | 1100 | 1800 | 3500 | 6100 | 8900 |
| 2-dr Cpe LSC | 400 | 1150 | 1850 | 3700 | 6400 | 9300 |
| 2-dr Cpe Bill Blass | 400 | 1150 | 1850 | 3700 | 6400 | 9300 |

|  | 6 | 5 | 4 | 3 | 2 | 1 |
|---|---|---|---|---|---|---|

### 1988
**Continental, 6-cyl., FWD, 140 hp, 109" wb**

| | 6 | 5 | 4 | 3 | 2 | 1 |
|---|---|---|---|---|---|---|
| 4-dr Sdn | 350 | 950 | 1550 | 3100 | 5500 | 7900 |
| 4-dr Signature Sdn | 350 | 1000 | 1600 | 3200 | 5700 | 8100 |

**Town Car, 8-cyl., 150 hp, 117" wb**

| | 6 | 5 | 4 | 3 | 2 | 1 |
|---|---|---|---|---|---|---|
| 4-dr Sdn | 350 | 900 | 1500 | 3000 | 5300 | 7600 |
| 4-dr Signature Sdn | 400 | 1050 | 1700 | 3300 | 5800 | 8300 |
| 4-dr Cartier Sdn | 400 | 1050 | 1700 | 3400 | 5900 | 8500 |

**Continental Mark VII, 8-cyl., 225 hp, 109" wb**

| | 6 | 5 | 4 | 3 | 2 | 1 |
|---|---|---|---|---|---|---|
| 2-dr LSC Cpe | 450 | 1250 | 2100 | 4200 | 7200 | 10500 |
| 2-dr Bill Blass Cpe | 450 | 1250 | 2100 | 4200 | 7200 | 10500 |

### 1989
**Continental, 6-cyl., FWD, 140 hp, 109" wb**

| | 6 | 5 | 4 | 3 | 2 | 1 |
|---|---|---|---|---|---|---|
| 4-dr Sdn | 400 | 1100 | 1800 | 3600 | 6200 | 9100 |
| 4-dr Signature Sdn | 400 | 1150 | 1850 | 3700 | 6400 | 9300 |

**Town Car, 8-cyl., 150 hp, 117" wb**

| | 6 | 5 | 4 | 3 | 2 | 1 |
|---|---|---|---|---|---|---|
| 4-dr Sdn | 400 | 1050 | 1700 | 3400 | 5900 | 8500 |
| 4-dr Signature Sdn | 400 | 1200 | 1900 | 3800 | 6600 | 9600 |
| 4-dr Cartier Sdn | 400 | 1200 | 1950 | 3900 | 6800 | 9900 |

**Continental Mark VII, 8-cyl., 225 hp, 109" wb**

| | 6 | 5 | 4 | 3 | 2 | 1 |
|---|---|---|---|---|---|---|
| 2-dr LSC Cpe | 550 | 1500 | 2500 | 5000 | 8700 | 12300 |
| 2-dr Bill Blass Cpe | 550 | 1500 | 2500 | 5000 | 8700 | 12300 |

### 1990
**Continental, 6-cyl., FWD, 140 hp, 109" wb**

| | 6 | 5 | 4 | 3 | 2 | 1 |
|---|---|---|---|---|---|---|
| 4-dr Sdn | 500 | 1350 | 2300 | 4600 | 8000 | 11300 |
| 4-dr Signature Sdn | 500 | 1350 | 2350 | 4700 | 8100 | 11500 |

**Town Car, 8-cyl., 150 hp, 117" wb**

| | 6 | 5 | 4 | 3 | 2 | 1 |
|---|---|---|---|---|---|---|
| 4-dr Sdn | 600 | 1600 | 2750 | 5500 | 9500 | 13800 |
| 4-dr Signature Sdn | 650 | 1700 | 3000 | 6000 | 10400 | 14900 |
| 4-dr Cartier Sdn | 650 | 1700 | 3000 | 6100 | 10600 | 15200 |

**Continental Mark VII, 8-cyl., 225 hp, 109" wb**

| | 6 | 5 | 4 | 3 | 2 | 1 |
|---|---|---|---|---|---|---|
| 2-dr LSC Cpe | 650 | 1700 | 3000 | 5900 | 10200 | 14700 |
| 2-dr Bill Blass Cpe | 650 | 1700 | 3000 | 5900 | 10200 | 14700 |

### 1991
**Continental, 6-cyl., FWD, 140 hp, 109" wb**

| | 6 | 5 | 4 | 3 | 2 | 1 |
|---|---|---|---|---|---|---|
| 4-dr Executive Sdn | 600 | 1600 | 2800 | 5600 | 9700 | 14000 |
| 4-dr Signature Sdn | 600 | 1650 | 2850 | 5700 | 9900 | 14200 |

**Town Car, 8-cyl., 150 hp, 117" wb**

| | 6 | 5 | 4 | 3 | 2 | 1 |
|---|---|---|---|---|---|---|
| 4-dr Sdn | 650 | 1800 | 3250 | 6500 | 11200 | 16100 |
| 4-dr Signature Sdn | 750 | 2100 | 3550 | 7100 | 12300 | 17700 |
| 4-dr Cartier Sdn | 750 | 2150 | 3600 | 7200 | 12400 | 18000 |

**Continental Mark VII, 8-cyl., 225 hp, 109" wb**

| | 6 | 5 | 4 | 3 | 2 | 1 |
|---|---|---|---|---|---|---|
| 2-dr LSC Cpe | 700 | 2050 | 3500 | 7000 | 12100 | 17400 |
| 2-dr Bill Blass Cpe | 700 | 2050 | 3500 | 7000 | 12100 | 17400 |

## Collector Car Value Trends

Value trends within the collector car hobby provide a look at what's been going on during the past two decades. The following charts were compiled from various sources that have tracked the value of selected models over the years. Models were chosen on the basis of their rarity *and* desirability by collectors and hobbyists. 2000 prices are based on vehicles in number one condition.

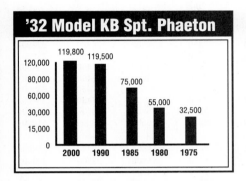

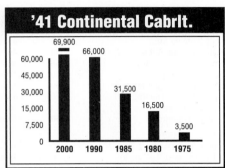

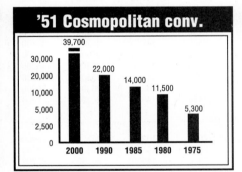

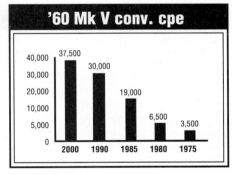

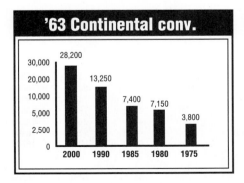

# LOCOMOBILE
## 1901 – 1929

| | 6 | 5 | 4 | 3 | 2 | 1 |
|---|---|---|---|---|---|---|
| **1901** | | | | | | |
| Style 2 Steam Rnbt | 1450 | 4450 | 7450 | 14900 | 26200 | 37200 |
| Style 02 Steam Rnbt | 1500 | 4550 | 7600 | 15200 | 26750 | 38000 |
| Style 3 Buggy Top Rnbt | 1550 | 4650 | 7800 | 15600 | 27450 | 38900 |
| Style 03 Vic Top Rnbt | 1550 | 4650 | 7800 | 15600 | 27450 | 38900 |
| Style 003 Vic Top Rnbt | 1550 | 4650 | 7800 | 15600 | 27450 | 38900 |
| Style 0003 Vic Top Rnbt | 1550 | 4650 | 7800 | 15600 | 27450 | 38900 |
| Style 5 Locosurrey | 1600 | 4850 | 8100 | 16200 | 28500 | 40500 |
| Style 05 Locosurrey | 1650 | 4900 | 8250 | 16500 | 29000 | 41200 |
| **1902** | | | | | | |
| 4-pass Model A Steam Tr | 1550 | 4650 | 7800 | 15600 | 27450 | 38900 |
| 2/4-Pass Model B Steam Tr | 1660 | 4850 | 8100 | 16200 | 28500 | 40500 |
| 2-pass Steam Vic | 1450 | 4450 | 7450 | 14900 | 26200 | 37200 |
| Style No. 2 Std Steam Rnbt | 1400 | 4350 | 7250 | 14500 | 25500 | 36200 |
| Style No. 02 Steam Rnbt | 1450 | 4450 | 7450 | 14900 | 26200 | 37200 |
| Style No. 5 Steam Locosurrey | 1550 | 4650 | 7800 | 15600 | 27450 | 38900 |
| Style No. 05 Steam Locosurrey | 1600 | 4850 | 8100 | 16200 | 28500 | 40500 |
| Style No. 3 Steam Physician's Car | 1450 | 4450 | 7450 | 14900 | 26200 | 37200 |
| Style No. 03 Steam Stanhope | 1400 | 4250 | 7100 | 14200 | 25000 | 35400 |
| Style No. 003 Stanhope | 1400 | 4350 | 7250 | 14500 | 25500 | 36200 |
| Style No. 0003 Stanhope | 1400 | 4350 | 7250 | 14500 | 25500 | 36200 |
| Steam Locotrap | 1400 | 4350 | 7250 | 14500 | 25500 | 36200 |
| Steam Locodelivery | 1450 | 4450 | 7450 | 14900 | 26200 | 37200 |
| **1903** | | | | | | |
| **Steam Cars** | | | | | | |
| 4-pass Dos-a-Dos | 1500 | 4550 | 7600 | 15200 | 26750 | 38000 |
| 4-pass Locosurrey | 1550 | 4650 | 7800 | 15600 | 27450 | 38900 |
| 2-pass Rnbt | 1450 | 4450 | 7450 | 14900 | 26200 | 37200 |
| **Gasoline Cars** | | | | | | |
| **2-cyl., 9 hp, 76" wb** | | | | | | |
| 5-pass Tr | 1500 | 4500 | 7550 | 15100 | 26600 | 37700 |
| **4-cyl., 16 hp, 86" wb** | | | | | | |
| 5-pass Tr | 1650 | 4900 | 8250 | 16500 | 29000 | 41200 |
| **1904** | | | | | | |
| **Steam Cars** | | | | | | |
| Model A, Tr (85" wb) | 1600 | 4850 | 8100 | 16200 | 28500 | 40500 |
| Model B, Tr (79" wb) | 1650 | 4900 | 8250 | 16500 | 29000 | 41200 |
| Stanhope B (79" wb) | 1450 | 4450 | 7450 | 14900 | 26200 | 37200 |
| Dos-a-Dos (79" wb) | 1550 | 4650 | 7800 | 15600 | 27450 | 38900 |
| LWB Rnbt | 1500 | 4550 | 2600 | 15200 | 26750 | 38000 |
| Model 5, Locosurrey (75" wb) | 1650 | 4900 | 8200 | 16400 | 28850 | 41000 |
| Spl Surrey (93" wb) | 1700 | 5000 | 8350 | 16700 | 29400 | 41700 |
| **Gasoline Cars** | | | | | | |
| **Model C, 2-cyl., 9/12 hp, 76" wb** | | | | | | |
| 5-pass Tonneau | 1600 | 4850 | 8100 | 16200 | 28500 | 40500 |
| 5-pass Canopy Top | 1800 | 5250 | 8850 | 17700 | 31100 | 44100 |

| | 6 | 5 | 4 | 3 | 2 | 1 |
|---|---|---|---|---|---|---|
| **Model D, 4-cyl., 16-22 hp, 86" wb** | | | | | | |
| 6-8 pass Limo | 1300 | 4050 | 6750 | 13500 | 23800 | 33700 |
| 6-pass Canopy Top | 1450 | 4450 | 7450 | 14900 | 26200 | 37200 |
| 6-pass Tonneau | 1300 | 4000 | 6650 | 13300 | 23400 | 33100 |

### 1905

| | 6 | 5 | 4 | 3 | 2 | 1 |
|---|---|---|---|---|---|---|
| **Model E, 4-cyl., 15/20 hp, 92" wb** | | | | | | |
| 5-pass Tr | 1650 | 4900 | 8250 | 16500 | 29000 | 41200 |
| 5-pass Lndlt | 1550 | 4650 | 7750 | 15500 | 27300 | 38700 |
| **Model D, 4-cyl., 20/25 hp, 96" wb** | | | | | | |
| 7-pass Tr | 1700 | 5050 | 8450 | 16900 | 29700 | 42200 |
| **Model H, 4-cyl., 30/35 hp, 106" wb** | | | | | | |
| 7-pass Tr | 1750 | 5200 | 8750 | 17500 | 30800 | 43700 |
| 7-pass Limo | 1350 | 4150 | 6950 | 13900 | 24500 | 34700 |
| **Model F, 4-cyl., 40/45 hp, 110" wb** | | | | | | |
| 7-pass Limo | 1400 | 4300 | 7150 | 14300 | 25200 | 35700 |

### 1906

| | 6 | 5 | 4 | 3 | 2 | 1 |
|---|---|---|---|---|---|---|
| **Model E, 4-cyl., 15/20 hp, 93" wb** | | | | | | |
| 5-pass Tr | 1650 | 4900 | 8250 | 16500 | 29000 | 41200 |
| 2-pass Fishtail Rnbt | 1700 | 5050 | 8450 | 16900 | 29700 | 42200 |
| 5-pass Limo | 1300 | 4050 | 6750 | 13500 | 23800 | 33700 |
| **Model H, 4-cyl., 30/35 hp, 106' wb** | | | | | | |
| 5/7-pass Tr | 1750 | 5200 | 8750 | 17500 | 30800 | 43700 |
| 5/7-pass Limo | 1350 | 4150 | 6950 | 13900 | 24500 | 34700 |
| **Cup Racer, 4-cyl., 90 hp, 110" wb** | | | | | | |
| Racer | | NO ESTIMATE | | | | |

### 1907

| | 6 | 5 | 4 | 3 | 2 | 1 |
|---|---|---|---|---|---|---|
| **Model E, 4-cyl., 20 hp, 96" wb** | | | | | | |
| 5-pass Tr | 1700 | 5050 | 8450 | 16900 | 29700 | 42200 |
| 2-pass Fishtail Rnbt | 1750 | 5100 | 8600 | 17200 | 30250 | 43000 |
| 7-pass Limo (106" wb) | 1350 | 4150 | 6950 | 13900 | 24500 | 34700 |
| **Model F, 4-cyl., 40 hp, 117" wb** | | | | | | |
| 3-pass Rnbt | 1850 | 5400 | 9200 | 18500 | 32400 | 46000 |
| **Model H, 4-cyl., 35 hp, 120" wb** | | | | | | |
| 7-pass Tr | 1800 | 5250 | 8850 | 17700 | 31100 | 44100 |
| 7-pass Limo | 1400 | 4300 | 7150 | 14300 | 25200 | 35700 |
| **Racer, 4-cyl., 90 hp, 120" wb** | | | | | | |
| Racer | | NO ESTIMATE | | | | |

### 1908

| | 6 | 5 | 4 | 3 | 2 | 1 |
|---|---|---|---|---|---|---|
| **Model E, 4-cyl., 20 hp, 102" wb** | | | | | | |
| 5-pass Tr | 1750 | 5150 | 8650 | 17300 | 30400 | 43200 |
| 6-pass Limo (116" wb) | 1350 | 4150 | 6950 | 13900 | 24500 | 34700 |
| 6-pass Lndlt (116" wb) | 1500 | 4550 | 7600 | 15200 | 16750 | 38000 |
| **Model I, 4-cyl., 40 hp, 123" wb** | | | | | | |
| 3-pass Rnbt | 1800 | 5350 | 9000 | 18000 | 31650 | 45000 |
| 7-pass Tr | 1900 | 5500 | 9200 | 18500 | 32500 | 46000 |
| 7-pass Limo | 1400 | 4350 | 7250 | 14500 | 25500 | 36200 |

### 1909

| | 6 | 5 | 4 | 3 | 2 | 1 |
|---|---|---|---|---|---|---|
| **Model 30, 4-cyl., 32 hp, 120" wb** | | | | | | |
| 5-pass Tr | 1800 | 5250 | 8850 | 17700 | 31100 | 44100 |
| 4-pass Rnbt | 1800 | 5350 | 9000 | 18000 | 31650 | 45000 |
| **Model 40, 4-cyl., 40 hp, 123" wb** | | | | | | |
| 7-pass Tr | 1900 | 5500 | 9250 | 18500 | 32500 | 46100 |
| 4-pass Baby Tonneau | 1900 | 5600 | 9400 | 18800 | 33050 | 47000 |
| 7-pass Limo | 1350 | 4150 | 6950 | 13900 | 24500 | 34700 |

|  | 6 | 5 | 4 | 3 | 2 | 1 |
|---|---|---|---|---|---|---|
| **1910** | | | | | | |
| **Model L, 4-cyl., 30 hp, 120" wb** | | | | | | |
| 4-pass Rnbt | 1900 | 5500 | 9250 | 18500 | 32500 | 46100 |
| 4-pass Baby Tonneau | 1800 | 5350 | 9000 | 18000 | 31650 | 45000 |
| 5-pass Tr | 1800 | 5250 | 8850 | 17700 | 31100 | 44100 |
| Limo | 1350 | 4150 | 6950 | 13900 | 24500 | 34700 |
| **Model I, 4-cyl., 40 hp, 123" wb** | | | | | | |
| 7-pass Tr | 2150 | 6200 | 10450 | 20900 | 36700 | 52100 |
| 4-pass Rnbt | 2050 | 6050 | 10200 | 20400 | 35850 | 51000 |
| 7-pass Limo | 1700 | 5000 | 8350 | 16700 | 29400 | 41700 |
| 7-pass Lndlt | 1800 | 5350 | 9000 | 18000 | 31650 | 45000 |
| 4-pass Baby Tonneau | 2050 | 6000 | 10150 | 20300 | 35700 | 50700 |
| **1911** | | | | | | |
| **Model L, 4-cyl., 32 hp, 120" wb** | | | | | | |
| 5-pass Tr | 1900 | 5500 | 9250 | 18500 | 32500 | 46100 |
| 4-pass Baby Tonneau | 1950 | 5700 | 9600 | 19200 | 33750 | 47900 |
| 4-pass Torp | 2000 | 5800 | 9750 | 19500 | 34300 | 48700 |
| 6-pass Limo | 1450 | 4400 | 7350 | 14700 | 25900 | 36700 |
| 6-pass Lndlt | 1600 | 4800 | 8000 | 16000 | 28150 | 40000 |
| **Model M, 6-cyl., 48 hp, 125" wb** | | | | | | |
| 7-pass Tr | 2200 | 6350 | 10700 | 21400 | 37600 | 53500 |
| 4-pass Baby Tonneau | 2300 | 6650 | 11250 | 22500 | 39500 | 56100 |
| 7-pass Limo | 1750 | 5200 | 8750 | 17500 | 30800 | 43700 |
| 7-pass Lndlt | 1900 | 5600 | 9400 | 18800 | 33050 | 47000 |
| **1912** | | | | | | |
| **Model L, 4-cyl., 30 hp, 120" wb** | | | | | | |
| 5-pass Tr | 1900 | 5500 | 9250 | 18500 | 32500 | 46100 |
| Baby Tonneau | 1900 | 5600 | 9400 | 18800 | 33050 | 47000 |
| 4-pass Torp | 1950 | 5700 | 9600 | 19200 | 33750 | 47900 |
| 7-pass Limo | 1450 | 4400 | 7350 | 14700 | 25900 | 36700 |
| 7-pass Berline | 1600 | 4850 | 8100 | 16200 | 28500 | 40500 |
| 7-pass Lndlt | 1750 | 5200 | 8750 | 17500 | 30800 | 43700 |
| **Model M, 6-cyl., 48 hp, 135" wb** | | | | | | |
| 7-pass Tr | 2200 | 6350 | 10700 | 21400 | 37600 | 53500 |
| 4-pass Torp | 2200 | 6450 | 10900 | 21800 | 38300 | 54400 |
| 5-pass Torp | 2250 | 6600 | 11100 | 22200 | 39000 | 55500 |
| 7-pass Limo | 1750 | 5100 | 8550 | 17100 | 30100 | 42700 |
| 7-pass Berline | 1900 | 5550 | 9350 | 18700 | 32900 | 46700 |
| 7-pass Lndlt | 2050 | 6000 | 10100 | 20200 | 35500 | 50400 |
| **1913** | | | | | | |
| **Model L, 4-cyl., 30 hp, 120" wb** | | | | | | |
| 4-pass Torp | 2000 | 5800 | 9800 | 19600 | 34450 | 49000 |
| 5-pass Tr | 2050 | 6000 | 10100 | 20200 | 35500 | 50400 |
| Rdstr | 2000 | 5850 | 9900 | 19800 | 34800 | 49500 |
| **Model R, 6-cyl., 45 hp, 128" wb** | | | | | | |
| 4-pass Torp | 2450 | 7150 | 12100 | 24200 | 42500 | 60400 |
| 5-pass Tr | 2400 | 7050 | 11900 | 23800 | 41800 | 59500 |
| Rdstr | 2600 | 7650 | 12900 | 25800 | 45300 | 64400 |
| 7-pass Limo | 1750 | 5200 | 8750 | 17500 | 30800 | 43700 |
| 7-pass Lndlt | 1850 | 5450 | 9200 | 18400 | 32350 | 45900 |
| 7-pass Berline Limo | 2000 | 5800 | 9750 | 19500 | 34300 | 48700 |
| 7-pass Berline Lndlt | 2050 | 6050 | 10250 | 20500 | 36000 | 51200 |
| **1914** | | | | | | |
| **Model 38, 6-cyl., 30-38 hp, 132" wb** | | | | | | |
| 4-pass Torp | 2800 | 8300 | 14000 | 28000 | 49200 | 69900 |
| 5-pass Tr | 2900 | 8600 | 14500 | 29000 | 50900 | 72400 |
| 2-pass Rdstr | 3000 | 8850 | 14900 | 29800 | 52300 | 74400 |
| 7-pass Limo | 2100 | 6150 | 10350 | 20700 | 36400 | 51700 |

| | 6 | 5 | 4 | 3 | 2 | 1 |
|---|---|---|---|---|---|---|
| 7-pas Lndlt | 2150 | 6250 | 10600 | 21200 | 37250 | 53000 |
| 7-pass Berline | 2200 | 6500 | 10950 | 21900 | 38500 | 54700 |
| **Model 48, 6-cyl., 95 hp, 136-140" wb** | | | | | | |
| 7-pass Tr | 2900 | 8600 | 14500 | 29000 | 50900 | 72400 |
| 6-pass Torp | 2950 | 8800 | 14800 | 29600 | 52000 | 73900 |
| 2-pass Rdstr | 3050 | 9100 | 15300 | 30600 | 53700 | 76400 |
| 7-pass Limo | 2200 | 6500 | 10950 | 21900 | 38500 | 54700 |
| 7-pass Lndlt | 2300 | 6750 | 11400 | 22800 | 40050 | 57000 |
| 7-pass Berline | 2350 | 6950 | 11750 | 23500 | 41300 | 58700 |

*Left hand drive add 10%*

### 1915
| | 6 | 5 | 4 | 3 | 2 | 1 |
|---|---|---|---|---|---|---|
| **Model 38, 6-cyl., 60 hp, 132" wb** | | | | | | |
| 5-pass Tr | 2900 | 8600 | 14500 | 29000 | 50900 | 72400 |
| 2-pass Rdstr | 3000 | 8850 | 14900 | 29800 | 52300 | 74400 |
| 4-pass Torp | 2900 | 8550 | 14400 | 28800 | 50600 | 71900 |
| 7-pass Limo | 1450 | 4400 | 7350 | 14700 | 25900 | 36700 |
| 7-pass Lndlt | 1500 | 4550 | 7650 | 15300 | 26900 | 38200 |
| 7-pass Berline | 1550 | 4650 | 7750 | 15500 | 27300 | 38700 |
| **Model 48, 6-cyl., 95 hp, 140" wb** | | | | | | |
| 7-pass Tr | 3000 | 8850 | 14900 | 29800 | 52300 | 74400 |
| 2-pass Rdstr | 3050 | 9100 | 15300 | 30600 | 53700 | 76400 |
| 6-pass Torp | 2950 | 8800 | 14800 | 29600 | 52000 | 73900 |
| 7-pass Limo | 1500 | 4500 | 7500 | 15000 | 26400 | 37500 |
| 7-pass Lndlt | 1550 | 4650 | 7750 | 15500 | 27300 | 38700 |
| 7-pass Berline | 1600 | 4750 | 7950 | 15900 | 28000 | 39700 |

### 1916
| | 6 | 5 | 4 | 3 | 2 | 1 |
|---|---|---|---|---|---|---|
| **Model 38, 6-cyl., 60 hp, 140" wb** | | | | | | |
| 7-pass Tr | 3150 | 9350 | 15700 | 31400 | 55100 | 78400 |
| 6-pass Torp | 3250 | 9650 | 16200 | 32400 | 56900 | 80900 |
| 7-pass Limo | 1450 | 4400 | 7350 | 14700 | 25900 | 36700 |
| 7-pass Lndlt | 1500 | 4500 | 7500 | 15000 | 26400 | 37500 |
| 7-pass Berline | 1550 | 4650 | 7750 | 15500 | 27300 | 38700 |
| **Model 48, 6-cyl., 95 hp, 143" wb** | | | | | | |
| 6-pass Torp | 3850 | 11450 | 19300 | 38600 | 67800 | 96400 |
| 7-pass Tr | 3550 | 10500 | 17700 | 35400 | 62200 | 88400 |
| 7-pass Lndlt | 1650 | 4900 | 8200 | 16400 | 28850 | 41000 |
| 7-pass Berline | 1700 | 5000 | 8350 | 16700 | 29400 | 41700 |
| 7-pass Limo | 1600 | 4750 | 7950 | 15900 | 28000 | 39700 |

### 1917
| | 6 | 5 | 4 | 3 | 2 | 1 |
|---|---|---|---|---|---|---|
| **Model 38, 6-cyl., 60 hp, 139" wb** | | | | | | |
| 7-pass Tr | 3700 | 10950 | 18450 | 36900 | 64800 | 92100 |
| 6-pass Torp | 3850 | 11450 | 19300 | 38600 | 67800 | 96400 |
| 4-pass Tr | 3950 | 11700 | 19700 | 39400 | 69200 | 98400 |
| 7-pass Limo | 1600 | 4750 | 7950 | 15900 | 28000 | 39700 |
| 7-pass Lndlt | 1600 | 4850 | 8150 | 16300 | 28700 | 40800 |
| 7-pass Berline | 1700 | 5050 | 8500 | 17000 | 29900 | 42500 |
| **Model 48, 6-cyl., 95 hp, 142" wb** | | | | | | |
| 6-pass Torp | 3950 | 11700 | 19700 | 39400 | 69200 | 98400 |
| 7-pass Tr | 3850 | 11450 | 19300 | 38600 | 67800 | 96400 |
| 7-pass Lndlt | 1700 | 5050 | 8500 | 17000 | 29900 | 42500 |
| 7-pass Berline | 1800 | 5300 | 8950 | 17900 | 31500 | 44700 |
| 7-pass Limo | 1700 | 5000 | 8350 | 16700 | 29400 | 41700 |

### 1918
| | 6 | 5 | 4 | 3 | 2 | 1 |
|---|---|---|---|---|---|---|
| **Model 38, 6-cyl., 75 hp, 139" wb** | | | | | | |
| 4-pass Sportif | 5900 | 17550 | 29500 | 59000 | 103600 | 147300 |
| 7-pass Tr | 3700 | 10950 | 18450 | 36900 | 64800 | 92100 |
| 6-pass Torp | 3750 | 11200 | 18850 | 37700 | 66200 | 94100 |
| 4-pass Tr | 3850 | 11450 | 19300 | 38600 | 67800 | 96400 |

| | 6 | 5 | 4 | 3 | 2 | 1 |
|---|---|---|---|---|---|---|
| 7-pass Limo | 1500 | 4600 | 7700 | 15400 | 27100 | 38500 |
| 7-pass Lndlt | 1600 | 4750 | 7950 | 15900 | 28000 | 39700 |
| 7-pass Berline | 1700 | 5050 | 8500 | 17000 | 29900 | 42500 |
| **Model 48, 6-cyl., 95 hp, 142" wb** | | | | | | |
| 4-pass Sportif | 5900 | 17550 | 29500 | 59000 | 103600 | 147300 |
| 7-pass Tr | 3850 | 11450 | 19300 | 38600 | 67800 | 96400 |
| 6-pass Torp | 3950 | 11700 | 19700 | 39400 | 69200 | 98400 |
| 4-pass Tr | 3950 | 11700 | 19700 | 39400 | 69200 | 98400 |
| 7-pass Limo | 1700 | 5000 | 8350 | 16700 | 29400 | 41700 |
| 7-pass Lndlt | 1700 | 5050 | 8500 | 17000 | 29900 | 42500 |
| 7-pass Berline | 1800 | 5300 | 8950 | 17900 | 31500 | 44700 |

### 1919

| | 6 | 5 | 4 | 3 | 2 | 1 |
|---|---|---|---|---|---|---|
| **Model 38, 6-cyl., 75 hp, 139" wb** | | | | | | |
| 4-pass Sportif | 5900 | 17550 | 29500 | 59000 | 103600 | 147300 |
| 7-pass Tr | 3700 | 10950 | 18450 | 36900 | 64800 | 92100 |
| 6-pass Torp | 3750 | 11200 | 18850 | 37700 | 66200 | 94100 |
| 7-pass Limo | 1500 | 4600 | 7700 | 15400 | 27100 | 38500 |
| 7-pass Lndlt | 1600 | 4750 | 7950 | 15900 | 28000 | 39700 |
| 7-pass Berline | 1700 | 5050 | 8500 | 17000 | 29900 | 42500 |
| **Model 48, 6-cyl., 95 hp, 142" wb** | | | | | | |
| 7-pass Tr | 3950 | 11700 | 19700 | 39400 | 69200 | 98400 |
| Torp | 3900 | 11650 | 19600 | 39200 | 68800 | 97900 |
| 7-pass Limo | 2000 | 5900 | 9950 | 19900 | 35000 | 49700 |
| 7-pass Lndlt | 2100 | 6150 | 10350 | 20700 | 36400 | 51700 |
| 7-pass Berline | 2200 | 6500 | 10950 | 21900 | 38500 | 54700 |

### 1920

| | 6 | 5 | 4 | 3 | 2 | 1 |
|---|---|---|---|---|---|---|
| **Model VII, 6-cyl., 95 hp, 142" wb** | | | | | | |
| 4-pass Sportif | 5900 | 17550 | 29500 | 59000 | 103600 | 147300 |
| 4-pass Spl Tr | 4050 | 12050 | 20250 | 40500 | 71100 | 101100 |
| 7-pass Tr | 3650 | 10850 | 18250 | 36500 | 64100 | 91100 |
| 7-pass Limo | 2250 | 6550 | 11000 | 22000 | 38650 | 55000 |
| 7-pass Lndlt | 2300 | 6750 | 11400 | 22800 | 40050 | 57000 |
| 7-pass Sdn | 1200 | 3800 | 6350 | 12700 | 22400 | 31700 |
| 4-pass Cabrlt | 1800 | 5350 | 9000 | 18000 | 31650 | 45000 |
| 5-pass Semi-Tr | 2200 | 6500 | 10950 | 21900 | 38500 | 54700 |

### 1921

| | 6 | 5 | 4 | 3 | 2 | 1 |
|---|---|---|---|---|---|---|
| **Model VII, 6-cyl., 95 hp, 142" wb** | | | | | | |
| 7-pass Tr | 3650 | 10850 | 18250 | 36500 | 64100 | 91100 |
| 4-pass Sportif | 5850 | 17400 | 29250 | 58500 | 102700 | 146000 |
| 7-pass Limo | 2200 | 6500 | 10950 | 21900 | 38500 | 54700 |
| 7-pass Lan | 2300 | 6700 | 11300 | 22600 | 39700 | 56400 |
| 7-pass Sdn | 1200 | 3800 | 6350 | 12700 | 22400 | 31700 |
| 4-pass Cabrlt | 1800 | 5350 | 9000 | 18000 | 31650 | 45000 |

### 1922

| | 6 | 5 | 4 | 3 | 2 | 1 |
|---|---|---|---|---|---|---|
| **Model 48, 6-cyl., 80 hp, 142" wb** | | | | | | |
| 4-pass Sportif | 5850 | 17400 | 29250 | 58500 | 102700 | 146000 |
| 7-pass Tr | 3700 | 11000 | 18500 | 37000 | 65000 | 92400 |
| 6-pass Limo | 2200 | 6500 | 10950 | 21900 | 38500 | 54700 |
| 6-pass Lndlt | 2300 | 6750 | 11350 | 22700 | 39900 | 56700 |
| 6-pass DC Phtn | 5900 | 17550 | 29500 | 59000 | 103600 | 147300 |
| 6-pass Cpe-Limo | 2400 | 7050 | 11950 | 23900 | 42000 | 59700 |
| 6-pass Cabrlt | 2600 | 7800 | 13200 | 26400 | 46350 | 65900 |
| 6-pass Sdn | 1800 | 5300 | 8950 | 17900 | 31500 | 44700 |

### 1923

| | 6 | 5 | 4 | 3 | 2 | 1 |
|---|---|---|---|---|---|---|
| **Model 48, 6-cyl., 95 hp, 142" wb** | | | | | | |
| 4-pass Sportif | 5900 | 17550 | 29500 | 59000 | 103600 | 147300 |
| 7-pass Tr | 3700 | 11000 | 18500 | 37000 | 65000 | 92400 |
| 7-pass Limo | 2400 | 7050 | 11950 | 23900 | 42000 | 59700 |

| | 6 | 5 | 4 | 3 | 2 | 1 |
|---|---|---|---|---|---|---|
| 4-pass DC Phtn | 5900 | 17550 | 29500 | 59000 | 103600 | 147300 |
| 5-pass Cpe | 1800 | 5300 | 8950 | 17900 | 31500 | 44700 |
| 5-pass Cabrlt | 2600 | 7800 | 13200 | 26400 | 46350 | 65900 |
| 7-pass Sdn | 1600 | 4750 | 7950 | 15900 | 28000 | 39700 |
| 5-pass Sdn | 1400 | 4200 | 7100 | 14200 | 25000 | 35400 |
| 7-pass Lan | 2300 | 6700 | 11300 | 22600 | 39700 | 56400 |

### 1924
**Model 48, 6-cyl., 100 hp, 142" wb**

| | 6 | 5 | 4 | 3 | 2 | 1 |
|---|---|---|---|---|---|---|
| 4-pass Sportif | 5650 | 16800 | 28250 | 56500 | 99200 | 141000 |
| 7-pass Tr | 3900 | 11600 | 19500 | 39000 | 68500 | 97400 |
| 7-pass Tr Limo | 2600 | 7800 | 13200 | 26400 | 46350 | 65900 |
| 7-pass Brghm | 2400 | 7050 | 11950 | 23900 | 42000 | 59700 |
| 7-pass Enclosed Dr Limo | 2450 | 7300 | 12350 | 24700 | 4340 | 61700 |
| 5-pass Vic Sdn | 1800 | 5300 | 8950 | 17900 | 31500 | 44700 |
| 6-pass Cabrlt | 2800 | 8300 | 14000 | 28000 | 49200 | 69900 |

### 1925
**Junior 8, 8-cyl., 66 hp, 124" wb**

| | 6 | 5 | 4 | 3 | 2 | 1 |
|---|---|---|---|---|---|---|
| 5-pass Tr | 3150 | 9350 | 15700 | 31400 | 55100 | 78400 |
| 5-pass Sdn | 1400 | 4250 | 7100 | 14200 | 25000 | 35400 |
| 5-pass Brghm | 1850 | 5400 | 9100 | 18200 | 32000 | 45500 |
| 4-pass Rdstr | 3300 | 9800 | 16500 | 33000 | 57900 | 82400 |
| 3-pass Cpe | 1600 | 4850 | 8100 | 16200 | 28500 | 40500 |

**Model 48, 6-cyl., 103 hp, 142" wb**

| | 6 | 5 | 4 | 3 | 2 | 1 |
|---|---|---|---|---|---|---|
| 4-pass Sportif | 5850 | 17400 | 29250 | 58500 | 102700 | 146000 |
| 7-pass Tr | 4000 | 11850 | 19950 | 39900 | 70100 | 99600 |
| 7-pass Tr Limo | 2700 | 8100 | 13600 | 27200 | 47800 | 67900 |
| 6-pass Brghm | 2450 | 7250 | 12300 | 24600 | 43200 | 61500 |
| 5-pass Vic Sdn | 1850 | 5400 | 9100 | 18200 | 32000 | 45500 |
| 7-pass Enclosed Limo | 2550 | 7500 | 12700 | 25400 | 44600 | 63500 |
| 7-pass Cabrlt | 2900 | 8550 | 14400 | 28800 | 50600 | 71900 |

### 1926
**Junior 8, 8-cyl., 66 hp, 124" wb**

| | 6 | 5 | 4 | 3 | 2 | 1 |
|---|---|---|---|---|---|---|
| 5-pass Tr | 3200 | 9550 | 16100 | 32200 | 56500 | 80400 |
| 5-pass Sdn | 1400 | 4250 | 7100 | 14200 | 25000 | 35400 |
| 5-pass Brghm | 1600 | 4850 | 8100 | 16200 | 28500 | 40500 |
| 4-pass Rdstr | 3300 | 9800 | 16500 | 33000 | 57900 | 82400 |

**Model 90, 6-cyl., 86 hp, 138" wb**

| | 6 | 5 | 4 | 3 | 2 | 1 |
|---|---|---|---|---|---|---|
| 4-pass Rdstr | 5150 | 15300 | 25750 | 51500 | 90400 | 128600 |
| 5-pass Vic Sdn | 1600 | 4850 | 8100 | 16200 | 29500 | 40500 |
| 5-pass Vic Div Sdn | 1850 | 5400 | 9100 | 18200 | 32000 | 45500 |
| 7-pass Brghm | 1900 | 5650 | 9500 | 19000 | 33400 | 47500 |
| 7-pass Sub Limo | 1950 | 5750 | 9700 | 19400 | 34100 | 48400 |
| 7-pass Cabrlt | 2600 | 7800 | 13200 | 26400 | 46350 | 65900 |

**Model 48, 6-cyl., 103 hp, 138" wb**

| | 6 | 5 | 4 | 3 | 2 | 1 |
|---|---|---|---|---|---|---|
| 4-pass Sportif | 5550 | 16500 | 27750 | 55500 | 97500 | 138500 |
| 7-pass Tr | 4000 | 11850 | 19950 | 39900 | 70100 | 99600 |
| 7-pass Cabrlt | 2700 | 8100 | 13600 | 27200 | 47800 | 67900 |
| 5-pass Vic Sdn | 1850 | 5400 | 9100 | 18200 | 32000 | 45500 |
| 7-pass Enclosed Dr Limo | 2250 | 6600 | 11100 | 22200 | 39000 | 55500 |
| 7-pass Tr Limo | 2050 | 6050 | 10200 | 20400 | 35850 | 51000 |
| 6-pass Twn Brghm | 2000 | 5900 | 9950 | 19900 | 35000 | 49700 |

### 1927
**Model 8-66, 8-cyl., 66 hp, 124" wb**

| | 6 | 5 | 4 | 3 | 2 | 1 |
|---|---|---|---|---|---|---|
| 5-pass Tr | 3550 | 10500 | 17700 | 35400 | 62200 | 88400 |
| 5-pass Sdn | 1850 | 5400 | 9100 | 18200 | 32000 | 45500 |
| 5-pass Brghm | 2250 | 6600 | 11100 | 22200 | 39000 | 55500 |
| 4-pass Rdstr | 3400 | 10050 | 16950 | 33900 | 59500 | 84600 |
| 4-pass Cpe | 2300 | 6800 | 11500 | 23000 | 40400 | 57500 |

|  | 6 | 5 | 4 | 3 | 2 | 1 |
|---|---|---|---|---|---|---|
| **Model 8-80, 8-cyl., 90 hp, 130" wb** | | | | | | |
| 5-pass Sdn | 1600 | 4850 | 8100 | 16200 | 28500 | 40500 |
| **Model 90, 6-cyl., 86 hp, 138" wb** | | | | | | |
| 4-pass Sportif | 5300 | 15750 | 16500 | 53000 | 93100 | 132300 |
| 4-pass Tr | 3700 | 11000 | 18500 | 37000 | 65000 | 92400 |
| 4-pass Rdstr | 4050 | 12050 | 20250 | 40500 | 71100 | 101100 |
| 5-pass Vic Cpe | 2450 | 7250 | 12300 | 24600 | 43200 | 61500 |
| 5-pass Sdn | 2050 | 6000 | 10100 | 20200 | 35500 | 50400 |
| 5-pass Div Sdn | 2150 | 6250 | 10600 | 21200 | 37250 | 53000 |
| 7-pass Sdn | 2100 | 6100 | 10300 | 20600 | 36200 | 51500 |
| 6-pass Brghm | 2450 | 7250 | 12300 | 24600 | 43200 | 61500 |
| 7-pass Cabrlt | 2900 | 8550 | 14400 | 28800 | 50600 | 71900 |
| **Model 48, 6-cyl., 103 hp, 138" wb** | | | | | | |
| 4-pass Sportif | 5550 | 16500 | 27750 | 55500 | 97500 | 138500 |
| 7-pass Tr | 3800 | 11250 | 18950 | 37900 | 66500 | 94600 |
| 4-pass Rdstr | 4100 | 12200 | 20500 | 41000 | 72000 | 102300 |
| 7-pass Cabrlt | 3100 | 9250 | 15600 | 31200 | 54800 | 77900 |
| 5-pass Vic Sdn | 1850 | 5400 | 9100 | 18200 | 32000 | 45500 |
| 7-pass Enclosed Dr Limo | 2250 | 6600 | 11100 | 22200 | 39000 | 55500 |
| 7-pass Tr Limo | 2150 | 6250 | 10600 | 21200 | 37250 | 53000 |
| 6-pass Twn Brghm | 2450 | 7250 | 12300 | 24600 | 43200 | 61500 |
| ***1928*** | | | | | | |
| **Model 8-70, 8-cyl., 70 hp, 122" wb** | | | | | | |
| 5-pass Sdn | 1400 | 4250 | 7100 | 14200 | 25000 | 35400 |
| 5-pass Brghm | 1500 | 4500 | 7500 | 15000 | 26400 | 37500 |
| 5-pass Del Sdn | 1600 | 4750 | 7950 | 15900 | 28000 | 39700 |
| 4-pass Vic Cpe | 1700 | 5050 | 8500 | 17000 | 29900 | 42500 |
| **Model 8-80, 8-cyl., 90 hp, 130" wb** | | | | | | |
| 4-pass Sportif | 3100 | 9000 | 15000 | 30000 | 56000 | 72500 |
| 5-pass Sdn | 1500 | 4500 | 7500 | 15000 | 26400 | 37500 |
| 5-pass Brghm | 1600 | 4750 | 7950 | 15900 | 28000 | 39700 |
| 4-pass Vic Cpe | 1850 | 5400 | 9100 | 18200 | 32000 | 45500 |
| 4-pass Col Cpe | 2000 | 5800 | 9800 | 19600 | 34450 | 49000 |
| 5-pass Vic Sdn | 1600 | 4750 | 7950 | 15900 | 28000 | 39700 |
| 7-pass Tr (140" wb) | 2750 | 8150 | 13750 | 27500 | 48300 | 68600 |
| 7-pass Sdn (140" wb) | 1500 | 4500 | 7500 | 15000 | 26400 | 37500 |
| 7-pass Sub (140" wb) | 1600 | 4750 | 7950 | 15900 | 28000 | 39700 |
| **Model 90, 6-cyl., 86 hp, 138" wb** | | | | | | |
| 4-pass Sportif | 3550 | 10550 | 17750 | 35500 | 62300 | 88600 |
| 4-pass Rdstr | 3150 | 9350 | 15750 | 31500 | 55300 | 78600 |
| 5-pass Vic Sdn | 1700 | 5050 | 8500 | 17000 | 29900 | 42500 |
| 7-pass Tr | 3050 | 9100 | 15300 | 30600 | 53700 | 76400 |
| 7-pass Sub | 1900 | 5500 | 9300 | 18600 | 32700 | 46400 |
| 7-pass Twn Brghm | 1900 | 5500 | 9300 | 18600 | 32700 | 46400 |
| 7-pass Cabrlt | 2700 | 8100 | 13600 | 27200 | 47800 | 67900 |
| 7-pass Semi-Clpsble Cabrlt | 2600 | 7750 | 13100 | 26200 | 46000 | 65500 |
| **Model 48, 6-cyl., 103 hp, 142" wb** | | | | | | |
| 4-pass Sportif | 3700 | 11000 | 18500 | 37000 | 65000 | 92400 |
| 7-pass Tr | 3550 | 10550 | 17750 | 35500 | 62300 | 88600 |
| 4-pass Rdstr | 3600 | 10750 | 18100 | 36200 | 63600 | 90400 |
| 5-pass Cabrlt | 2800 | 8300 | 14000 | 28000 | 49200 | 69900 |
| 5-pass Vic Sdn | 2800 | 8250 | 13900 | 27800 | 48800 | 69400 |
| 7-pass Enclosed Dr Limo | 2700 | 8000 | 13500 | 27000 | 47400 | 67400 |
| 7-pass Tr Limo | 2900 | 8550 | 14400 | 28800 | 50600 | 71900 |
| 6-pass Twn Brghm | 2850 | 8500 | 14300 | 28600 | 50200 | 71400 |

|  | 6 | 5 | 4 | 3 | 2 | 1 |
|---|---|---|---|---|---|---|

## 1929

**Model 88, 8-cyl., 115 hp, 130" wb**

| | 6 | 5 | 4 | 3 | 2 | 1 |
|---|---|---|---|---|---|---|
| 4-pass Phtn | 3150 | 9350 | 15750 | 31500 | 55300 | 78600 |
| 5-pass Sdn | 1600 | 4850 | 8100 | 16200 | 28500 | 40500 |
| 4-pass Vic Cpe | 2300 | 6800 | 11500 | 23000 | 40400 | 57500 |
| 7-pass Sdn | 1500 | 4600 | 7700 | 15400 | 27100 | 38500 |
| 7-pass Sub | 1600 | 4750 | 7950 | 15900 | 28000 | 39700 |
| 7-pass A/W Cabrlt | 2500 | 7350 | 12450 | 24900 | 43700 | 62100 |
| **Model 90, 6-cyl., 86 hp, 138" wb** | | | | | | |
| 4-pass Sportif | 3550 | 10550 | 17750 | 35500 | 62300 | 88600 |
| 4-pass Rdstr | 3500 | 10450 | 17600 | 35200 | 61800 | 87900 |
| 7-pass Tr | 3200 | 9550 | 16100 | 32200 | 56500 | 80400 |
| 5-pass Vic Sdn | 2250 | 6600 | 11100 | 22200 | 39000 | 55500 |
| 5-pass Vic Div Sdn | 2450 | 7250 | 12300 | 24600 | 43200 | 61500 |
| 6-pass Twn Brghm | 2550 | 7500 | 12700 | 25400 | 44600 | 63500 |
| 7-pass Cabrlt | 2850 | 8500 | 14300 | 28600 | 50200 | 71400 |
| 7-pass Semi-Clpsble Cabrlt | 2800 | 8300 | 13950 | 27900 | 49000 | 69600 |
| **Model 48, 6-cyl., 103 hp, 142" wb** | | | | | | |
| 4-pass Sportif | 3800 | 11300 | 19000 | 38000 | 66700 | 94900 |
| 7-pass Tr | 3550 | 10550 | 17750 | 35500 | 62300 | 88600 |
| 4-pass Rdstr | 3700 | 11000 | 18500 | 37000 | 65000 | 92400 |
| 7-pass Cabrlt | 3100 | 9250 | 15600 | 31200 | 54800 | 77900 |
| 5-pass Vic Sdn | 2450 | 7250 | 12300 | 24600 | 43200 | 61500 |
| 7-pass Enclosed Dr Limo | 2600 | 7750 | 13100 | 26200 | 46000 | 65500 |
| 7-pass Tr Limo | 2700 | 8100 | 13600 | 27200 | 47800 | 67900 |
| 7-pass Twn Brghm | 2700 | 8000 | 13500 | 27000 | 47400 | 67400 |

---

## PRICE GUIDE CLASSIFICATIONS:

**1. CONCOURS:** Perfection. At or near 100 points on a 100-point judging scale. Trailered; never driven; pampered. Totally restored to the max and 100 percent stock.

**2. SHOW:** Professionally restored to high standards. No major flaws or deviations from stock. Consistent trophy winner that needs nothing to show. In 90 to 95 point range.

**3. STREET/SHOW:** Older restoration or extremely nice original showing some wear from age and use. Very presentable; occasional trophy winner; everything working properly. About 80 to 89 points.

**4. DRIVER:** A nice looking, fine running collector car needing little or nothing to drive, enjoy and show in local competition. Would need extensive restoration to be a show car, but completely usable as is.

**5. RESTORABLE:** Project car that is relatively complete and restorable within a reasonable effort and expense. Needs total restoration, but all major components present and rebuildable. May or may not be running.

**6. PARTS CAR:** Deteriorated or stripped to a point beyond reasonable restoration, but still complete and solid enough to donate valuable parts to a restoration. Likely not running, possibly missing its engine.

# MARMON
## 1909 – 1933

'21 Marmon

'23 Marmon

'27 Marmon

'32 Marmon

| | 6 | 5 | 4 | 3 | 2 | 1 |
|---|---|---|---|---|---|---|
| **1909** | | | | | | |
| **Model 32, 4-cyl., 32 hp, 112" wb** | | | | | | |
| 5-pass Tr | 1650 | 4900 | 8250 | 16500 | 29000 | 41200 |
| 4-pass Suburban | 1500 | 4500 | 7500 | 15000 | 26400 | 37500 |
| 2-4 pass Rdstr | 1600 | 4800 | 8000 | 16000 | 28150 | 40000 |
| **Model 45, 4-cyl., 50-60 hp, 118" wb** | | | | | | |
| 2-4 pass Rdstr | 1600 | 4800 | 8000 | 16000 | 28150 | 40000 |
| **Model 50, 4-cyl., 50-60 hp, 118" wb** | | | | | | |
| 7-pass Tr | 1700 | 5000 | 8400 | 16800 | 29550 | 41900 |
| 4-pass Tr | 1650 | 4900 | 8250 | 16500 | 29000 | 41200 |
| 7-pass Limo | 1400 | 4350 | 7250 | 14500 | 25500 | 36200 |
| 7-pass Lndlt | 1500 | 4500 | 7500 | 15000 | 26400 | 37500 |
| **1910** | | | | | | |
| **Model 32, 4-cyl., 32 hp, 116" wb** | | | | | | |
| 5-pass Tr | 1650 | 4900 | 8250 | 16500 | 29000 | 41200 |
| 4-pass Suburban | 1500 | 4500 | 7500 | 15000 | 26400 | 37500 |
| 2-4 pass Rdstr | 1600 | 4800 | 8000 | 16000 | 28150 | 40000 |
| Cpe | 1050 | 3300 | 5500 | 11000 | 19300 | 27500 |
| 7-pass Limo | 1400 | 4350 | 7250 | 14500 | 25500 | 36200 |
| 7-pass Lndlt | 1500 | 4500 | 7500 | 15000 | 26400 | 37500 |
| **1911** | | | | | | |
| **Model 32, 4-cyl., 32 hp, 120" wb** | | | | | | |
| 5-pass Tr | 1650 | 4900 | 8250 | 16500 | 29000 | 41200 |
| 4-pass Suburban | 1500 | 4500 | 7500 | 15000 | 26400 | 37500 |
| Rdstr | 1600 | 4800 | 8000 | 16000 | 28150 | 40000 |
| 7-pass Limo | 1400 | 4350 | 7250 | 14500 | 25500 | 36200 |
| 7-pass Lndlt | 1500 | 4500 | 7500 | 15000 | 26400 | 37500 |
| **1912** | | | | | | |
| **Model 32, 4-cyl., 32 hp, 120" wb** | | | | | | |
| 5-pass Tr | 1650 | 4900 | 8250 | 16500 | 29000 | 41200 |
| 4-pass Suburban | 1500 | 4500 | 7500 | 15000 | 26400 | 37500 |

|  | 6 | 5 | 4 | 3 | 2 | 1 |
|---|---|---|---|---|---|---|
| 2 pass Rdstr | 1550 | 4700 | 7900 | 15800 | 27800 | 39400 |
| 7-pass Limo | 1400 | 4350 | 7250 | 14500 | 25500 | 36200 |
| 7-pass Lndlt | 1500 | 4500 | 7500 | 15000 | 26400 | 37500 |

### 1913
**Model 32, 4-cyl., 50 hp, 120" wb**

|  | 6 | 5 | 4 | 3 | 2 | 1 |
|---|---|---|---|---|---|---|
| 2-pass Rdstr | 1600 | 4800 | 8000 | 16000 | 28150 | 40000 |
| 4-pass Tr | 1650 | 4900 | 8250 | 16500 | 29000 | 41200 |
| 5-pass Tr | 1700 | 5000 | 8350 | 16700 | 29400 | 41700 |
| Spdstr | 1750 | 5200 | 8750 | 17500 | 30800 | 43700 |
| 7-pass Limo | 1400 | 4350 | 7250 | 14500 | 25500 | 36200 |
| 7-pass Lndlt | 1500 | 4500 | 7500 | 15000 | 26400 | 37500 |

**Model 48, 6-cyl., 80 hp, 145" wb**

|  | 6 | 5 | 4 | 3 | 2 | 1 |
|---|---|---|---|---|---|---|
| 2-pass Rdstr | 2300 | 6650 | 11250 | 22500 | 39500 | 56100 |
| 4-pass Tr | 2300 | 6800 | 11500 | 23000 | 40400 | 57500 |
| 5-pass Tr | 2350 | 6900 | 11650 | 23300 | 40900 | 58100 |
| 7-pass Limo | 2200 | 6350 | 10750 | 21500 | 37800 | 53700 |
| 7-pass Lndlt | 2250 | 6550 | 11000 | 22000 | 38650 | 55000 |

### 1914
**Model 32, 4-cyl., 50 hp, 120" wb**

|  | 6 | 5 | 4 | 3 | 2 | 1 |
|---|---|---|---|---|---|---|
| 2-pass Rdstr | 1600 | 4800 | 8000 | 16000 | 28150 | 40000 |
| 4-pass Tr | 1650 | 4900 | 8250 | 16500 | 29000 | 41200 |
| Spdstr | 2000 | 5800 | 9750 | 19500 | 34300 | 48700 |
| 7-pass Limo | 1600 | 4850 | 8100 | 16200 | 28500 | 40500 |
| 7-pass Lndlt | 1650 | 4950 | 8300 | 16600 | 29200 | 41500 |

**Model 41, 6-cyl., 70 hp, 132" wb**

|  | 6 | 5 | 4 | 3 | 2 | 1 |
|---|---|---|---|---|---|---|
| 2-pass Rdstr | 1750 | 5200 | 8700 | 17400 | 230600 | 43500 |
| 4-pass Demi Tr | 1800 | 5250 | 8850 | 17700 | 31100 | 44100 |
| 4-pass Tr | 1800 | 5300 | 8950 | 17900 | 31500 | 44700 |
| 7-pass Limo | 1850 | 5400 | 9100 | 18200 | 32000 | 45500 |
| Spdstr | 2050 | 6000 | 10100 | 20200 | 35500 | 50400 |

**Model 48, 6-cyl., 80 hp, 145" wb**

|  | 6 | 5 | 4 | 3 | 2 | 1 |
|---|---|---|---|---|---|---|
| 2-pass Rdstr | 2150 | 6200 | 10450 | 20900 | 36700 | 52100 |
| 4-pass Demi Tr | 2150 | 6200 | 10500 | 21000 | 36900 | 52400 |
| 7-pass Limo | 2150 | 6200 | 10500 | 21000 | 36900 | 52400 |
| 7-pass Berline Limo | 2200 | 6350 | 10750 | 21500 | 37800 | 53700 |

### 1915
**Model 41, 6-cyl., 70 hp, 132" wb**

|  | 6 | 5 | 4 | 3 | 2 | 1 |
|---|---|---|---|---|---|---|
| 2-pass Rdstr | 1700 | 5050 | 8450 | 16900 | 29700 | 42200 |
| 4-pass Tr | 1750 | 5100 | 8600 | 17200 | 30250 | 43000 |
| 5-pass Tr | 1800 | 5250 | 8850 | 17700 | 31100 | 44100 |
| 7-pass Tr | 1800 | 5350 | 9000 | 18000 | 31650 | 45000 |
| 7-pass Limo | 1850 | 5400 | 9100 | 18200 | 32000 | 45500 |
| 7-pass Berline Limo | 1900 | 5500 | 9300 | 18600 | 32700 | 46400 |
| Spdstr | 2000 | 5950 | 10000 | 20000 | 35150 | 49900 |

**Model 48, 6-cyl., 80 hp, 145" wb**

|  | 6 | 5 | 4 | 3 | 2 | 1 |
|---|---|---|---|---|---|---|
| 2-pass Rdstr | 2150 | 6200 | 10450 | 20900 | 36700 | 52100 |
| 4-pass Tr | 2150 | 6200 | 10500 | 21000 | 36900 | 52400 |
| 7-pass Limo | 2150 | 6200 | 10500 | 21000 | 36900 | 52400 |
| 7-pass Berline Limo | 2200 | 6350 | 10750 | 21500 | 37800 | 53700 |
| 7-pass Lndlt | 2050 | 6050 | 10250 | 20500 | 36000 | 51200 |
| 7-pass Tr | 2250 | 6550 | 11000 | 22000 | 38650 | 55500 |

### 1916
**Model 41, 6-cyl., 70 hp, 132" wb**

|  | 6 | 5 | 4 | 3 | 2 | 1 |
|---|---|---|---|---|---|---|
| 3-pass Club Rdstr | 1600 | 4850 | 8100 | 16200 | 28500 | 40500 |
| 4-pass Club Rdstr | 1600 | 4850 | 8100 | 16200 | 28500 | 40500 |
| 5-pass Tr | 1700 | 5050 | 8500 | 17000 | 29900 | 42500 |
| 7-pass Tr | 1750 | 5200 | 8750 | 17500 | 30800 | 43700 |
| 5-pass Sdn | 1100 | 3600 | 6000 | 12200 | 21700 | 30500 |

**Model 34, 6-cyl., 74 hp, 132" wb**

|  | 6 | 5 | 4 | 3 | 2 | 1 |
|---|---|---|---|---|---|---|
| 5-pass Tr | 1650 | 4900 | 8250 | 16500 | 29000 | 41200 |

| | 6 | 5 | 4 | 3 | 2 | 1 |
|---|---|---|---|---|---|---|
| 7-pass Tr | 1700 | 5050 | 8450 | 16900 | 29700 | 42200 |
| 7-pass Limo | 1550 | 4650 | 7750 | 15500 | 27300 | 38700 |
| 7-pass Holbrook Lndlt | 1600 | 4750 | 7950 | 15900 | 28000 | 39700 |
| 5-pass Sdn | 1200 | 3750 | 6250 | 12500 | 22000 | 31100 |

### 1917
**Model 34, 6-cyl., 74 hp, 136" wb**

| | 6 | 5 | 4 | 3 | 2 | 1 |
|---|---|---|---|---|---|---|
| 5-pass Tr | 1200 | 3850 | 6450 | 12900 | 22700 | 32200 |
| 3-pass Rdstr | 1150 | 3650 | 6100 | 12200 | 21500 | 30500 |
| 4-pass Club Rdstr | 1200 | 3750 | 6250 | 12500 | 22000 | 31100 |
| 7-pass Tr | 1300 | 4050 | 6750 | 13500 | 23800 | 33700 |
| 7-pass Limo | 800 | 2350 | 3900 | 7800 | 13500 | 19500 |
| 7-pass Lndlt | 900 | 2750 | 4600 | 9200 | 16200 | 22900 |
| 7-pass Holbrook Limo | 800 | 2400 | 4000 | 8000 | 13900 | 19900 |
| 7-pass Holbrook Lndlt | 900 | 2800 | 4700 | 9400 | 16500 | 23400 |

### 1918
**Model 34, 6-cyl., 74 hp, 136" wb**

| | 6 | 5 | 4 | 3 | 2 | 1 |
|---|---|---|---|---|---|---|
| 5-pass Tr | 1200 | 3850 | 6450 | 12900 | 22700 | 32200 |
| 4-pass Rdstr | 1150 | 3650 | 6150 | 12300 | 21700 | 30700 |
| 7-pass Tr | 1300 | 4050 | 6750 | 13500 | 23800 | 33700 |
| 4-dr Sdn | 700 | 2050 | 3500 | 7000 | 12100 | 17400 |
| Twn Car | 950 | 2950 | 4950 | 9900 | 17500 | 24700 |
| 7-pass Lndlt | 950 | 3050 | 5150 | 10300 | 18200 | 25700 |
| 6-pass Rubay Twn Car | 1100 | 3450 | 5750 | 11500 | 20300 | 28700 |
| 6-pass Rubay Limo | 1150 | 3600 | 6000 | 12000 | 21150 | 30000 |

### 1919
**Model 34, 6-cyl., 74 hp, 136" wb**

| | 6 | 5 | 4 | 3 | 2 | 1 |
|---|---|---|---|---|---|---|
| 5-pass Tr | 1200 | 3850 | 6450 | 12900 | 22700 | 32200 |
| 4-pass Rdstr | 1150 | 3650 | 6150 | 12300 | 21700 | 30700 |
| 7-pass Tr | 1300 | 4050 | 6750 | 13500 | 23800 | 33700 |
| 7-pass Sdn | 700 | 2050 | 3500 | 7000 | 12100 | 17400 |
| 7-pass Limo | 900 | 2850 | 4750 | 9500 | 16700 | 23700 |
| 7-pass Twn Car | 950 | 3050 | 5100 | 10200 | 18000 | 25400 |
| 7-pass Lndlt | 1000 | 3150 | 5300 | 10600 | 18700 | 26500 |
| 6-pass Rubay Twn Car | 1100 | 3450 | 5750 | 11500 | 20300 | 28700 |
| 6-pass Rubay Limo | 1150 | 3600 | 6000 | 12000 | 21150 | 30000 |

### 1920
**Model 34, 6-cyl., 80 hp, 136" wb**

| | 6 | 5 | 4 | 3 | 2 | 1 |
|---|---|---|---|---|---|---|
| 4-pass Rdstr | 1300 | 4050 | 6750 | 13500 | 23800 | 33700 |
| 4-pass Tr | 1300 | 4050 | 6750 | 13500 | 23800 | 33700 |
| 7-pass Tr | 1350 | 4150 | 6900 | 13800 | 24300 | 34500 |
| 4-pass Cpe | 700 | 2050 | 3500 | 7000 | 12100 | 17400 |
| 7-pass Sdn | 700 | 1900 | 3350 | 6700 | 11500 | 16500 |
| 7-pass Twn Car | 800 | 2450 | 4100 | 8200 | 14400 | 20500 |
| 7-pass Limo | 900 | 2850 | 4750 | 9500 | 16700 | 23700 |

### 1921
**Model 34, 6-cyl., 80 hp, 136" wb**

| | 6 | 5 | 4 | 3 | 2 | 1 |
|---|---|---|---|---|---|---|
| 4-pass Rdstr | 1300 | 4050 | 6750 | 13500 | 23800 | 33700 |
| 4-pass Tr | 1100 | 3450 | 5750 | 11500 | 20300 | 28700 |
| 7-pass Tr | 1350 | 4200 | 7000 | 14000 | 24650 | 34900 |
| 2-pass Spdstr | 1600 | 4750 | 7950 | 15900 | 28000 | 39700 |
| 4-pass Cpe | 700 | 2050 | 3500 | 7000 | 12100 | 17400 |
| 7-pass Sdn | 700 | 1900 | 3350 | 6700 | 11500 | 16500 |
| 7-pass Limo | 700 | 2050 | 3500 | 7000 | 12100 | 17400 |
| 7-pass Twn Car | 800 | 2450 | 4100 | 8200 | 14400 | 20500 |

### 1922
**Model 34, 6-cyl., 84 hp, 136" wb**

| | 6 | 5 | 4 | 3 | 2 | 1 |
|---|---|---|---|---|---|---|
| 4-pass Rdstr | 1150 | 3600 | 6000 | 12100 | 21300 | 30200 |
| 4-pass Tr | 1150 | 3650 | 6100 | 12200 | 21500 | 30500 |
| 7-pass Tr | 1200 | 3800 | 6350 | 12700 | 22400 | 31700 |

| | 6 | 5 | 4 | 3 | 2 | 1 |
|---|---|---|---|---|---|---|
| 4-pass Cpe | 750 | 2150 | 3600 | 7200 | 12400 | 18000 |
| 2-pass Spdstr | 1450 | 4450 | 7450 | 14900 | 26200 | 37200 |
| 4-pass Spdstr | 1400 | 4250 | 7100 | 14200 | 25000 | 35400 |
| 4-pass W'by Cpe | 800 | 2350 | 3900 | 7800 | 13500 | 19500 |
| 4-pass N & M Cpe | 700 | 1900 | 3350 | 6700 | 11500 | 16500 |
| 7-pass N & M Sdn | 700 | 1900 | 3350 | 6700 | 11500 | 16500 |
| 4-pass N & M Sdn | 650 | 1700 | 3000 | 5900 | 10200 | 14700 |
| 7-pass New Haven Sdn | 700 | 2050 | 3500 | 7000 | 12100 | 17400 |
| 7-pass Rubay Twn Car | 950 | 3050 | 5150 | 10300 | 18200 | 25700 |
| 7-pass Rubay Limo | 1000 | 3200 | 5350 | 10700 | 18900 | 26700 |
| 7-pass W'by Limo | 1150 | 3650 | 6100 | 12200 | 21500 | 30500 |
| 7-pass W'by Twn Car | 1000 | 3150 | 5300 | 10600 | 18700 | 26500 |

### 1923
**Model 34, 6-cyl., 84 hp, 136" wb**

| | 6 | 5 | 4 | 3 | 2 | 1 |
|---|---|---|---|---|---|---|
| 4-pass Phtn | 1150 | 3650 | 6100 | 12200 | 21500 | 30500 |
| 2-pass Rdstr | 1100 | 3500 | 5800 | 11600 | 20450 | 28900 |
| 4-pass Rdstr | 1100 | 3550 | 5900 | 11800 | 20800 | 29400 |
| 7-pass Phtn | 1200 | 3750 | 6300 | 12600 | 22200 | 31400 |
| 4-pass Tr | 1100 | 3550 | 5900 | 11800 | 20800 | 29400 |
| 7-pass Tr | 1200 | 3750 | 6250 | 12500 | 22000 | 31100 |
| 7-pass Conv Phtn | 1350 | 4200 | 7000 | 14000 | 24650 | 34900 |
| 2-pass Spdstr | 1600 | 4750 | 7950 | 15900 | 28000 | 39700 |
| 4-pass Spdstr | 1500 | 4550 | 7650 | 15300 | 26900 | 38200 |
| 4-pass Cpe | 700 | 1850 | 3300 | 6600 | 11300 | 16300 |
| 4-pass Sdn | 650 | 1700 | 3000 | 5900 | 10200 | 14700 |
| 7-pass Sdn | 650 | 1750 | 3150 | 6300 | 10900 | 15700 |
| 7-pass Limo | 950 | 3050 | 5100 | 10200 | 18000 | 25400 |
| 7-pass Twn Car | 950 | 3000 | 5000 | 10000 | 17700 | 24900 |
| 7-pass Sub Sdn | 600 | 1650 | 2900 | 5800 | 10000 | 14500 |

### 1924
**Model 34, 6-cyl., 84 hp, 136" wb**

| | 6 | 5 | 4 | 3 | 2 | 1 |
|---|---|---|---|---|---|---|
| 2-pass Spt Spdstr | 1600 | 4750 | 7950 | 15900 | 28000 | 39700 |
| 4-pass Spt Spdstr | 1500 | 4500 | 7500 | 15000 | 26400 | 37500 |
| 4-pass Phtn | 1300 | 4000 | 6700 | 13400 | 23600 | 33400 |
| 4-pass Conv Phtn | 1350 | 4150 | 6900 | 13800 | 24300 | 34500 |
| 7-pass Conv Phtn | 1400 | 4250 | 7100 | 14200 | 25000 | 35400 |
| 7-pass Phtn | 1300 | 4100 | 6800 | 13600 | 23950 | 34000 |
| 4-pass Cpe | 700 | 1900 | 3400 | 6800 | 11700 | 16900 |
| 2-pass Spt Cpe | 700 | 1800 | 3300 | 6600 | 11500 | 16500 |
| 4-pass Twn Cpe | 700 | 1900 | 3400 | 6800 | 11700 | 16900 |
| 4-pass Sdn | 600 | 1650 | 2900 | 5800 | 10000 | 14500 |
| 7-pass Sdn | 650 | 1750 | 3100 | 6200 | 10700 | 15400 |
| 7-pass Sub Sdn | 600 | 1650 | 2900 | 5800 | 10000 | 14500 |
| 7-pass Limo | 950 | 3050 | 5100 | 10200 | 18000 | 25400 |
| 7-pass Twn Car | 950 | 3000 | 5000 | 10000 | 17700 | 24900 |

### 1925
**Model 74, 6-cyl., 88 hp, 136" wb**

| | 6 | 5 | 4 | 3 | 2 | 1 |
|---|---|---|---|---|---|---|
| 2-4 pass R/S Rdstr | 1950 | 5750 | 9700 | 19400 | 34100 | 48400 |
| 5-pass Spt Phtn | 2050 | 6000 | 10100 | 20200 | 35500 | 50400 |
| 7-pass Tr | 1650 | 4950 | 8300 | 16600 | 29200 | 41500 |
| 4-pass Spdstr | 2050 | 6050 | 10250 | 20500 | 36000 | 51200 |
| 5-pass Std Sdn | 800 | 2350 | 3900 | 7800 | 13500 | 19500 |
| 5-pass Brghm | 800 | 2400 | 4000 | 8000 | 13900 | 19900 |
| 5-pass Spl Brghm | 800 | 2400 | 4000 | 8000 | 13900 | 19900 |
| 5-pass Dlx Cpe | 800 | 2450 | 4100 | 8200 | 14400 | 20500 |
| 5-pass Spl Sdn | 800 | 2400 | 4000 | 8000 | 13900 | 19900 |
| 7-pass Spl Sdn | 800 | 2450 | 4100 | 8200 | 14400 | 20500 |
| 5-pass Dlx Sdn | 800 | 2400 | 4000 | 8000 | 13900 | 19900 |
| 7-pass Dlx Sdn | 800 | 2450 | 4100 | 8200 | 14400 | 20500 |
| 5-pass Sdn Limo | 800 | 2450 | 4100 | 8200 | 14400 | 20500 |

| | 6 | 5 | 4 | 3 | 2 | 1 |
|---|---|---|---|---|---|---|
| 7-pass Sdn Limo | 800 | 2500 | 4200 | 8400 | 14800 | 20900 |
| 7-pass Std Sdn | 800 | 2400 | 4000 | 8000 | 13900 | 19900 |
| 4-pass Vic Cpe | 800 | 2400 | 4000 | 8000 | 13900 | 19900 |
| 2-pass Std Cpe | 800 | 2450 | 4100 | 8200 | 14400 | 20500 |

### 1926
**Model 74, 6-cyl., 84 hp, 136" wb**

| | 6 | 5 | 4 | 3 | 2 | 1 |
|---|---|---|---|---|---|---|
| 2-pass Spdstr | 2000 | 5900 | 9950 | 19900 | 35000 | 49700 |
| 5-pass Phtn | 2050 | 6050 | 10250 | 20500 | 36000 | 51200 |
| 7-pass Tr | 1700 | 5000 | 8400 | 16800 | 29550 | 41900 |
| 5-pass Std Sdn | 800 | 2350 | 3900 | 7800 | 13500 | 19500 |
| 7-pass Std Sdn | 800 | 2350 | 3950 | 7900 | 13700 | 19700 |
| 5-pass Dlx Sdn | 800 | 2400 | 4000 | 8000 | 13900 | 19900 |
| 7-pass Dlx Sdn | 800 | 2450 | 4100 | 8200 | 14400 | 20500 |
| 4-pass Vic | 800 | 2500 | 4250 | 8500 | 15000 | 21200 |
| 5-pass Std Brghm | 800 | 2400 | 4000 | 8000 | 13900 | 19900 |
| 5-pass Dlx Limo | 800 | 2500 | 4200 | 8400 | 14800 | 20900 |
| 7-pass Dlx Limo | 850 | 2550 | 4300 | 8600 | 15100 | 21500 |
| 5-pass Spl Brghm | 800 | 2450 | 4100 | 8200 | 14400 | 20500 |
| 7-pass Special Sdn | 800 | 2450 | 4100 | 8200 | 14400 | 20500 |
| 5-pass Special Sdn | 800 | 2400 | 4000 | 8000 | 13900 | 19900 |
| 4-pass Spdstr | 1800 | 5350 | 9000 | 18000 | 31650 | 45000 |
| 2-pass Std Cpe | 800 | 2450 | 4100 | 8200 | 14400 | 20500 |

**Little Marmon, 8-cyl., 64 hp, 116" wb**

| | 6 | 5 | 4 | 3 | 2 | 1 |
|---|---|---|---|---|---|---|
| 2-pass Spdstr | 850 | 2650 | 4450 | 8900 | 15700 | 22300 |
| 2-pass Cpe | 650 | 1700 | 3000 | 5900 | 10200 | 14700 |
| 2-dr 5-pass Sdn | 550 | 1400 | 2400 | 4800 | 8300 | 11800 |
| 4-dr 5-pass Sdn | 550 | 1500 | 2500 | 5000 | 8700 | 12300 |

### 1927
**Little Marmon, 8-cyl., 64 hp, 116" wb**

| | 6 | 5 | 4 | 3 | 2 | 1 |
|---|---|---|---|---|---|---|
| 2-pass Spdstr | 850 | 2650 | 4450 | 8900 | 15700 | 22300 |
| 4-pass Spdstr | 800 | 2500 | 4200 | 8400 | 14800 | 20900 |
| 4-dr 4-pass Sdn | 550 | 1500 | 2500 | 5000 | 8700 | 12300 |
| 2-dr 4-pass Sdn | 550 | 1400 | 2400 | 4800 | 8300 | 11800 |
| 2-4 pass Cpe | 650 | 1700 | 3000 | 5900 | 10200 | 14700 |
| Coll Rdstr Cpe | 850 | 2550 | 4350 | 8700 | 15300 | 21700 |
| 4-dr 4-pass Brghm | 550 | 1550 | 2600 | 5200 | 9000 | 12800 |

**Custom**

| | 6 | 5 | 4 | 3 | 2 | 1 |
|---|---|---|---|---|---|---|
| 4-pass 3-win Sdn | 800 | 2350 | 3900 | 7800 | 13500 | 19500 |
| 4-pass Vic Cpe | 850 | 2600 | 4400 | 8800 | 15200 | 21650 |
| 4-pass Twn Car | 800 | 2500 | 4200 | 8400 | 14800 | 20900 |
| 2-4 pass Cpe | 800 | 2500 | 4200 | 8200 | 14400 | 20500 |

**Model 75 Series, 6-cyl., 84 hp, 136" wb**

| | 6 | 5 | 4 | 3 | 2 | 1 |
|---|---|---|---|---|---|---|
| 5-pass Sdn | 800 | 2500 | 4250 | 8500 | 15000 | 21200 |
| 7-pass Sdn | 850 | 2550 | 4350 | 8700 | 15300 | 21700 |
| 5-pass Brghm | 850 | 2650 | 4450 | 8900 | 15700 | 22300 |
| 5-pass Phtn | 2050 | 6000 | 10100 | 20200 | 35500 | 50400 |
| 2-pass Cpe | 800 | 2450 | 4100 | 8200 | 14400 | 20500 |
| 2-4 pass Rdstr Cpe | 850 | 2700 | 4550 | 9100 | 16000 | 22700 |
| 5-pass Twn Cpe | 900 | 2750 | 4650 | 9300 | 16400 | 23100 |
| 4-pass Vic | 900 | 2850 | 4750 | 9500 | 16700 | 23700 |

**Custom body**

| | 6 | 5 | 4 | 3 | 2 | 1 |
|---|---|---|---|---|---|---|
| 2-pass Spdstr | 2150 | 6200 | 10450 | 20900 | 36700 | 52100 |
| 7-pass Sdn | 1000 | 3150 | 5300 | 10600 | 18700 | 26500 |
| 5-pass Sdn | 950 | 3050 | 5100 | 10200 | 18000 | 25400 |
| 7-pass Limo Sdn | 1000 | 3100 | 5200 | 10400 | 18400 | 26000 |
| 7-pass Tr Spdstr | 2450 | 7250 | 12300 | 24600 | 43200 | 61500 |

**Model 78, 8-cyl., 86 hp, 120" wb**

| | 6 | 5 | 4 | 3 | 2 | 1 |
|---|---|---|---|---|---|---|
| 2-4 pass Rdstr | 1200 | 3750 | 6300 | 12600 | 22200 | 31400 |
| 4-pass Spdstr | 1250 | 3900 | 6500 | 13000 | 22900 | 32500 |
| 5-pass Sdn | 600 | 1600 | 2800 | 5600 | 9700 | 14000 |

| | 6 | 5 | 4 | 3 | 2 | 1 |
|---|---|---|---|---|---|---|
| 2-4 pass Cpe | 650 | 1750 | 3100 | 6200 | 10700 | 15400 |
| 4-pass Vic Cpe | 700 | 2050 | 3500 | 7000 | 12100 | 17400 |
| 2-4 pass CC Rdstr | 1250 | 3900 | 6500 | 13000 | 22900 | 32500 |

### 1928
**Model 68, 8-cyl., 72 hp, 114" wb**

| | 6 | 5 | 4 | 3 | 2 | 1 |
|---|---|---|---|---|---|---|
| 2-4 pass Rdstr | 1200 | 3750 | 6300 | 12600 | 22200 | 31400 |
| 4-dr 5-pass Sdn | 550 | 1550 | 2600 | 5200 | 9000 | 12800 |
| 2-4 pass Cpe | 650 | 1700 | 3000 | 6000 | 10400 | 14900 |
| 4-pass Vic | 650 | 1750 | 3100 | 6200 | 10700 | 15400 |
| 6-pass Tr Spdstr | 1200 | 3800 | 6500 | 12700 | 22800 | 31750 |
| 2-4 pass Coll Cpe | 800 | 2450 | 4100 | 8200 | 14400 | 20500 |

**Model 78, 8-cyl., 86 hp, 120" wb**

| | 6 | 5 | 4 | 3 | 2 | 1 |
|---|---|---|---|---|---|---|
| 2-4 pass Cpe | 700 | 1850 | 3300 | 6600 | 11300 | 16300 |
| 4-dr 5-pass Sdn | 600 | 1600 | 2800 | 5600 | 9700 | 14000 |
| 2-4 pass Rdstr | 1200 | 3850 | 6400 | 12800 | 22550 | 32000 |
| 4-pass Spdstr | 1250 | 3900 | 6500 | 13000 | 22900 | 32500 |
| 2-pass Coll Cpe | 850 | 2650 | 4500 | 9000 | 15900 | 22500 |
| 4-pass Vic Cpe | 700 | 2050 | 3500 | 7000 | 12100 | 17400 |

**Model 75, 6-cyl., 84 hp, 136" wb**

| | 6 | 5 | 4 | 3 | 2 | 1 |
|---|---|---|---|---|---|---|
| 5-pass Twn Cpe | 850 | 2650 | 4500 | 9000 | 15900 | 22500 |
| 2-pass Spdstr | 1550 | 4650 | 7750 | 15500 | 27300 | 38700 |
| 4-pass Spdstr | 1450 | 4400 | 7300 | 14600 | 25700 | 36500 |
| 7-pass Spdstr | 1500 | 4500 | 7500 | 15000 | 26100 | 37200 |
| 2-pass Cpe | 800 | 2450 | 4100 | 8200 | 14400 | 20500 |
| 4-pass Vic | 850 | 2550 | 4300 | 8600 | 15100 | 21500 |
| 2-pass Cpe Rdstr | 950 | 3050 | 5100 | 10200 | 18000 | 25400 |
| 5-pass Brghm | 800 | 2450 | 4100 | 8200 | 14400 | 20500 |
| 5-pass Sdn | 800 | 2350 | 3950 | 7900 | 13700 | 19700 |
| 7-pass Sdn | 800 | 2400 | 4050 | 8100 | 14200 | 20200 |

**Custom**

| | 6 | 5 | 4 | 3 | 2 | 1 |
|---|---|---|---|---|---|---|
| 4-pass Spdstr | 2100 | 6150 | 10400 | 20800 | 36550 | 51900 |
| 7-pass Spdstr | 2050 | 6050 | 10200 | 20400 | 35800 | 51000 |
| 5-pass Sdn | 800 | 2350 | 3900 | 7800 | 13500 | 19500 |
| 7-pass Sdn | 800 | 2450 | 4100 | 8200 | 14400 | 20500 |
| 7-pass Limo | 800 | 2500 | 4200 | 8400 | 14800 | 20900 |

### 1929
**Model 68, 8-cyl., 76 hp, 114" wb**

| | 6 | 5 | 4 | 3 | 2 | 1 |
|---|---|---|---|---|---|---|
| 5-pass Sdn | 800 | 2350 | 3900 | 7800 | 13500 | 19500 |
| 2-4 pass Coll Cpe | 1050 | 3400 | 5700 | 11400 | 20100 | 28500 |
| 2-4 pass Cpe | 850 | 2550 | 4300 | 8600 | 15100 | 21500 |
| 2-4 pass Rdstr | 1600 | 4850 | 8100 | 16200 | 28500 | 40500 |
| 4-pass Vic Cpe | 850 | 2650 | 4500 | 9000 | 15900 | 22500 |
| 6-pass Spdstr | 1750 | 5100 | 8600 | 17200 | 30250 | 43000 |

**Model 78, 8-cyl., 86 hp, 120" wb**

| | 6 | 5 | 4 | 3 | 2 | 1 |
|---|---|---|---|---|---|---|
| 5-pass Sdn | 800 | 2450 | 4100 | 8200 | 14400 | 20500 |
| 2-4 pass Cpe | 850 | 2650 | 4500 | 9000 | 15900 | 22500 |
| 4-pass Vic Cpe | 900 | 2850 | 4750 | 9500 | 16700 | 23700 |
| 2-4 pass Coll Cpe | 1350 | 4200 | 7000 | 14000 | 24650 | 34900 |
| 2-4 pass Rdstr | 1650 | 4900 | 8250 | 16500 | 29000 | 41200 |
| 6-pass Spdstr | 1800 | 5350 | 9000 | 18000 | 31650 | 45000 |

**Big Eight, 8-cyl., 125 hp, 136" wb**

| | 6 | 5 | 4 | 3 | 2 | 1 |
|---|---|---|---|---|---|---|
| 2-4 pass Cpe | 1500 | 4550 | 7600 | 15200 | 26750 | 38000 |
| 4-dr 5-pass Sdn | 1200 | 3750 | 6300 | 12600 | 22200 | 31400 |
| 5-pass Club Sdn | 1300 | 4050 | 6750 | 13500 | 23800 | 33700 |
| 4-dr 5-pass Brghm | 1250 | 3900 | 6500 | 13000 | 22900 | 32500 |
| 7-pass Sdn | 1250 | 3900 | 6500 | 13000 | 22900 | 32500 |
| 7-pass Limo | 1350 | 4150 | 6900 | 13800 | 24300 | 34500 |

### 1930
**Roosevelt, 8-cyl., 72 hp, 112" wb**

| | 6 | 5 | 4 | 3 | 2 | 1 |
|---|---|---|---|---|---|---|
| 4-dr 5-pass Sdn | 750 | 2250 | 3700 | 7400 | 12800 | 18500 |

| | 6 | 5 | 4 | 3 | 2 | 1 |
|---|---|---|---|---|---|---|
| 2-4 pass Cpe | 800 | 2450 | 4100 | 8200 | 14400 | 20500 |
| 4-pass Vic Cpe | 800 | 2350 | 3900 | 7800 | 13500 | 19500 |
| 2-4 pass Coll Cpe | 1500 | 4550 | 7600 | 15200 | 26750 | 38000 |
| **Model 69, 8-cyl., 76 hp, 114" wb** | | | | | | |
| 4-dr 5-pass Sdn | 800 | 2500 | 4200 | 8400 | 14800 | 20900 |
| 2-4 pass Cpe | 850 | 2550 | 4300 | 8600 | 15100 | 21500 |
| 5-pass Brghm | 800 | 2450 | 4100 | 8200 | 14400 | 20500 |
| 5-pass Club Sdn | 800 | 2400 | 4000 | 8000 | 13900 | 19900 |
| 2-4 pass Coll Cpe | 1150 | 3700 | 6200 | 12400 | 21850 | 30900 |
| **Model 79, 8-cyl., 107 hp, 120" wb** | | | | | | |
| 4-dr 5-pass Sdn | 800 | 2350 | 3900 | 7800 | 13500 | 19500 |
| 2-4 pass R/S Cpe | 850 | 2650 | 4500 | 9000 | 15900 | 22500 |
| 2-4 pass Coll Cpe | 1300 | 4000 | 6700 | 13400 | 23600 | 33400 |
| 5-pass Brghm | 850 | 2550 | 4300 | 8600 | 15100 | 21500 |
| 5-pass Club Sdn | 750 | 2250 | 3750 | 7500 | 13000 | 18700 |
| **Big Eight, 8-cyl., 125 hp, 136" wb** | | | | | | |
| 4-dr 5-pass Sdn | 1200 | 3750 | 6300 | 12600 | 22200 | 31400 |
| 2-4 pass Cpe | 1500 | 4500 | 7500 | 15000 | 264300 | 37500 |
| 4-dr 5-pass Wayman Sdn | | | VALUE INESTIMABLE | | | |
| 5-pass Sptsmn Conv Sdn | 2700 | 8000 | 13500 | 27000 | 47400 | 67400 |
| 7-pass Sdn | 1250 | 3900 | 6500 | 13000 | 22900 | 32500 |
| 7-pass Limo | 1350 | 4150 | 6900 | 13800 | 24300 | 34500 |
| 5-pass Brghm | 1250 | 3900 | 6500 | 13000 | 22900 | 32500 |
| 5-pass Club Sdn | 1300 | 4000 | 6700 | 13400 | 23600 | 33400 |

### 1931
| | 6 | 5 | 4 | 3 | 2 | 1 |
|---|---|---|---|---|---|---|
| **Model 70, 8-cyl., 84 hp, 113" wb** | | | | | | |
| 5-pass Sdn | 700 | 1900 | 3350 | 6700 | 11500 | 16500 |
| 2-4 pass Cpe | 750 | 2250 | 3750 | 7500 | 13000 | 18700 |
| 4-pass Vic Cpe | 700 | 2050 | 3500 | 7000 | 12100 | 17400 |
| 2-4 pass Conv Cpe | 1350 | 4200 | 7000 | 14000 | 24650 | 34900 |
| **Model 88, 8-cyl., 125 hp, 130" wb** | | | | | | |
| 5-pass Sdn | 1050 | 3350 | 5600 | 11200 | 19700 | 28000 |
| 2-4 pass Cpe | 1050 | 3400 | 5700 | 11400 | 20100 | 28500 |
| 5-pass Club Sdn | 1000 | 3150 | 5300 | 10600 | 18700 | 26500 |
| 7-pass Sdn (136" wb) | 1000 | 3250 | 5450 | 10900 | 19100 | 27200 |
| **Model 16, 16-cyl., 200 hp, 145" wb** | | | | | | |
| 5-pass Sdn | 3400 | 10150 | 17100 | 34200 | 60100 | 85400 |
| 2-pass Cpe | 3800 | 11350 | 19100 | 38200 | 67100 | 95400 |
| 5-pass Cpe | 3600 | 10750 | 18100 | 36200 | 63600 | 90400 |
| 7-pass Sdn | 3600 | 10650 | 17900 | 35800 | 62900 | 89400 |

### 1932
| | 6 | 5 | 4 | 3 | 2 | 1 |
|---|---|---|---|---|---|---|
| **Model 70, 8-cyl., 70 hp, 113" wb** | | | | | | |
| 2-4 pass Cpe | 850 | 2550 | 4300 | 8600 | 15100 | 21500 |
| 5-pass Sdn | 800 | 2400 | 4000 | 8000 | 13900 | 19900 |
| **Model 125, 8-cyl., 125 hp, 125" wb** | | | | | | |
| 2-4 pass Cpe | 900 | 2800 | 4700 | 9400 | 16500 | 23400 |
| 5-pass Sdn | 800 | 2450 | 4100 | 8200 | 14400 | 20500 |
| **Model 16, 16-cyl., 200 hp, 145" wb** | | | | | | |
| 2-4 pass Cpe | 3800 | 11350 | 19100 | 38200 | 67100 | 95400 |
| 5-pass Sdn | 3400 | 10150 | 17100 | 34200 | 60100 | 85400 |
| 5-pass CC Sdn | 3700 | 11100 | 18500 | 37000 | 65200 | 94000 |
| 7-pass Sdn | 3600 | 10650 | 17900 | 35800 | 62900 | 89400 |

### 1933
| | 6 | 5 | 4 | 3 | 2 | 1 |
|---|---|---|---|---|---|---|
| **Model 16, 16-cyl., 200 hp, 145" wb** | | | | | | |
| 5-pass Sdn | 3400 | 10150 | 17100 | 34200 | 60100 | 85400 |
| 2-4 pass Cpe | 3800 | 11350 | 19100 | 38200 | 67100 | 95400 |
| 5-pass Conv Sdn | 11400 | 33850 | 57000 | 114000 | 200200 | 284600 |
| 7-pass Sdn | 3600 | 10650 | 17900 | 35800 | 62900 | 89400 |

# MERCURY
# 1939 – 1991

'42 Mercury Woodie Wagon

'47 Mecury Convertible

'50 Mercury Monterey

'56 Mercury

'59 Mercury

'60 Mercury Comet

'61 Mercury

'62 Mercury Meteor

'63 Mercury Monterey

'63 Mercury Comet

|  | 6 | 5 | 4 | 3 | 2 | 1 |
|---|---|---|---|---|---|---|
| **1939** | | | | | | |
| **Series 99A, 8-cyl., 95 hp, 116" wb** | | | | | | |
| 2-dr Cpe Sdn | 750 | 2100 | 3550 | 7100 | 12300 | 17700 |
| 2-dr Sdn | 550 | 1550 | 2650 | 5300 | 9100 | 13000 |
| 4-dr Twn Sdn | 550 | 1550 | 2600 | 5200 | 9000 | 12800 |
| 5-pass Conv Cpe | 1350 | 4200 | 7000 | 14000 | 24650 | 34900 |
| **1940** | | | | | | |
| **Series 09A, 8-cyl., 95 hp, 116" wb** | | | | | | |
| 2-dr Cpe Sdn | 750 | 2250 | 3750 | 7500 | 13000 | 18700 |
| 2-dr Sdn | 600 | 1600 | 2700 | 5400 | 9300 | 13500 |
| 4-dr Twn Sdn | 550 | 1550 | 2650 | 5300 | 9100 | 13000 |
| Conv Cpe | 1350 | 4150 | 6900 | 13800 | 24300 | 34500 |
| Conv Sdn | 1250 | 3950 | 6600 | 13200 | 23250 | 32900 |
| **1941** | | | | | | |
| **Series 19A, 8-cyl., 95 hp, 118" wb** | | | | | | |
| Bus Cpe | 650 | 1700 | 3000 | 5900 | 10200 | 14700 |
| 5-pass Cpe | 650 | 1700 | 3000 | 6000 | 10400 | 14900 |
| 6-pass Cpe | 650 | 1750 | 3100 | 6200 | 10700 | 15400 |
| 2-dr Sdn | 550 | 1550 | 2650 | 5300 | 9100 | 13000 |
| 4-dr Twn Sdn | 550 | 1500 | 2500 | 5100 | 8800 | 12500 |
| Conv Cpe | 1550 | 4650 | 7750 | 15500 | 27300 | 38700 |
| 4-dr Sta Wgn | 1450 | 4450 | 7450 | 14900 | 26200 | 37200 |
| **1942** | | | | | | |
| **Series 29A, 8-cyl., 100 hp, 118" wb** | | | | | | |
| Bus Cpe | 600 | 1600 | 2700 | 5400 | 9300 | 13500 |
| 6-pass Cpe | 600 | 1650 | 2900 | 5800 | 10000 | 14500 |
| 2-dr Sdn | 550 | 1500 | 2500 | 5100 | 8800 | 12500 |
| 4-dr Twn Sdn | 550 | 1450 | 2450 | 4900 | 8500 | 12000 |
| Conv Cpe | 1350 | 4200 | 7000 | 14000 | 24650 | 34900 |
| 4-dr Sta Wgn | 1450 | 4450 | 7450 | 14900 | 26200 | 37200 |
| **1946** | | | | | | |
| **Series 69M, 8-cyl., 100 hp, 118" wb** | | | | | | |
| Conv Cpe | 1500 | 4550 | 7600 | 15200 | 26750 | 38000 |
| 2-dr Sdn | 550 | 1500 | 2500 | 5000 | 8700 | 12300 |
| 2-dr Sdn Cpe | 650 | 1700 | 3000 | 6100 | 10600 | 15200 |
| 4-dr Twn Sdn | 500 | 1350 | 2350 | 4700 | 8100 | 11500 |
| Sptsman Conv Cpe | 2900 | 8600 | 14500 | 29000 | 50900 | 72400 |
| 4-dr Sta Wgn | 1600 | 4750 | 7950 | 15900 | 28000 | 39700 |
| **1947** | | | | | | |
| **Series 79M, 8-cyl., 100 hp, 118" wb** | | | | | | |
| Conv Cpe | 1500 | 4550 | 7600 | 15200 | 26750 | 38000 |
| 2-dr Sdn Cpe | 650 | 1700 | 3000 | 6100 | 10600 | 15200 |
| 2-dr Sdn | 550 | 1500 | 2500 | 5000 | 8700 | 12300 |
| 4-dr Twn Sdn | 500 | 1350 | 2350 | 4700 | 8100 | 11500 |
| Sptsman Conv Cpe | 2900 | 8600 | 14500 | 29000 | 50900 | 72400 |
| 4-dr Sta Wgn | 1600 | 4750 | 7950 | 15900 | 28000 | 39700 |
| **1948** | | | | | | |
| **Series 89M, 8-cyl., 100 hp, 118" wb** | | | | | | |
| Conv Cpe | 1500 | 4550 | 7600 | 15200 | 26750 | 38000 |
| 2-dr Sdn Cpe | 650 | 1700 | 3000 | 6100 | 10600 | 15200 |
| 2-dr Sdn | 550 | 1500 | 2500 | 5000 | 8700 | 12300 |
| 4-dr Twn Sdn | 500 | 1350 | 2350 | 4700 | 8100 | 11500 |
| 4-dr Sta Wgn | 1600 | 4750 | 7950 | 15900 | 28000 | 39700 |
| **1949** | | | | | | |
| **Series 9CM, 8-cyl., 110 hp, 118" wb** | | | | | | |
| 2-dr Club Cpe | 950 | 3000 | 5050 | 10100 | 17900 | 25100 |
| 4-dr Spt Sdn | 700 | 2050 | 3500 | 7000 | 12100 | 17400 |
| Conv Cpe | 1600 | 4750 | 7950 | 15900 | 28000 | 39700 |
| 2-dr Sta Wgn | 1250 | 3950 | 6600 | 13200 | 23250 | 32900 |

|  | 6 | 5 | 4 | 3 | 2 | 1 |
|---|---|---|---|---|---|---|

### 1950
**Series OCM, 8-cyl., 110 hp, 118" wb**

| | | | | | | |
|---|---|---|---|---|---|---|
| 2-dr Cpe | 900 | 2850 | 4800 | 9600 | 16900 | 24000 |
| 2-dr Club Cpe | 950 | 3000 | 5050 | 10100 | 17900 | 25100 |
| Monterey Cpe | 1000 | 3250 | 5450 | 10900 | 19100 | 27200 |
| 4-dr Spt Sdn | 700 | 2050 | 3500 | 7000 | 12100 | 17400 |
| Conv Cpe | 1600 | 4750 | 7950 | 15900 | 28000 | 39700 |
| 2-dr Sta Wgn | 1250 | 3950 | 6600 | 13200 | 23250 | 32900 |

### 1951
**Series 2CM, 8-cyl., 112 hp, 118" wb**

| | | | | | | |
|---|---|---|---|---|---|---|
| Spt Cpe | 950 | 3000 | 5050 | 10100 | 17900 | 25100 |
| 4-dr Spt Sdn | 800 | 2350 | 3950 | 7900 | 13700 | 19700 |
| Conv Cpe | 1600 | 4850 | 8100 | 16200 | 28500 | 40500 |
| 2-dr Sta Wgn | 1250 | 3950 | 6600 | 13200 | 23250 | 32900 |

**Monterey**

| | | | | | | |
|---|---|---|---|---|---|---|
| Cloth Top Cpe | 1000 | 3250 | 5450 | 10900 | 19100 | 27200 |
| Leather Top Cpe | 1100 | 3450 | 5750 | 11500 | 20300 | 28700 |

### 1952
**Series 2M, 8-cyl., 125 hp, 118" wb**

| | | | | | | |
|---|---|---|---|---|---|---|
| 2-dr Sdn | 550 | 1500 | 2500 | 5100 | 8800 | 12500 |
| 4-dr Sdn | 550 | 1450 | 2450 | 4900 | 8500 | 12000 |
| 2-dr Hdtp | 800 | 2500 | 4250 | 8500 | 15000 | 21200 |
| 6-pass Sta Wgn | 650 | 1700 | 3000 | 5900 | 10200 | 14700 |
| 9-pass Sta Wgn | 650 | 1700 | 3000 | 6100 | 10600 | 15200 |

**Monterey**

| | | | | | | |
|---|---|---|---|---|---|---|
| 2-dr Hdtp | 900 | 2850 | 4750 | 9500 | 16700 | 23700 |
| 4-dr Sdn | 600 | 1600 | 2750 | 5500 | 9500 | 13800 |
| Conv Cpe | 1200 | 3850 | 6450 | 12900 | 22700 | 32200 |

### 1953
**Custom, 8-cyl., 125 hp, 118" wb**

| | | | | | | |
|---|---|---|---|---|---|---|
| 2-dr Sdn | 550 | 1500 | 2500 | 5100 | 8800 | 12500 |
| 4-dr Sdn | 550 | 1450 | 2450 | 4900 | 8500 | 12000 |
| 2-dr Hdtp | 800 | 2500 | 4250 | 8500 | 15000 | 21200 |

**Monterey**

| | | | | | | |
|---|---|---|---|---|---|---|
| 2-dr Hdtp | 900 | 2850 | 4750 | 9500 | 16700 | 23700 |
| 4-dr Sdn | 600 | 1600 | 2750 | 5500 | 9500 | 13800 |
| Conv Cpe | 1200 | 3850 | 6450 | 12900 | 22700 | 32200 |
| 4-dr Sta Wgn | 650 | 1800 | 3250 | 6500 | 11200 | 16100 |

### 1954
**Custom, 8-cyl., 161 hp, 118" wb**

| | | | | | | |
|---|---|---|---|---|---|---|
| 2-dr Hdtp | 800 | 2450 | 4150 | 8300 | 14600 | 20700 |
| 2-dr Sdn | 550 | 1550 | 2650 | 5300 | 9100 | 13000 |
| 4-dr Sdn | 600 | 1600 | 2750 | 5500 | 9500 | 13800 |

**Monterey**

| | | | | | | |
|---|---|---|---|---|---|---|
| 2-dr Hdtp | 850 | 2650 | 4450 | 8900 | 15700 | 22300 |
| 2-dr Sun Valley Hdtp | 1400 | 4350 | 7250 | 14500 | 25500 | 26200 |
| 4-dr Sdn | 600 | 1600 | 2800 | 5600 | 9700 | 14000 |
| Conv Cpe | 1450 | 4450 | 7450 | 14900 | 26200 | 37200 |
| 4-dr Sta Wgn | 700 | 1900 | 3350 | 6700 | 11500 | 16500 |

### 1955
**Custom, 8-cyl., 188 hp, 119" wb**

| | | | | | | |
|---|---|---|---|---|---|---|
| 2-dr Hdtp | 700 | 2050 | 3500 | 7000 | 12100 | 17400 |
| 2-dr Sdn | 550 | 1500 | 2500 | 5100 | 8800 | 12500 |
| 4-dr Sdn | 550 | 1450 | 2450 | 4900 | 8500 | 12000 |
| 4-dr Sta Wgn | 550 | 1550 | 2650 | 5300 | 9100 | 13000 |

**Monterey, 8-cyl., 119" wb**

| | | | | | | |
|---|---|---|---|---|---|---|
| 2-dr Hdtp | 750 | 2300 | 3850 | 7700 | 13300 | 19200 |
| 4-dr Sdn | 550 | 1500 | 2500 | 5100 | 8800 | 12500 |
| 4-dr Sta Wgn | 600 | 1650 | 2850 | 5700 | 9900 | 14200 |

| | 6 | 5 | 4 | 3 | 2 | 1 |
|---|---|---|---|---|---|---|
| **Montclair, 8-cyl., 119" wb** | | | | | | |
| 2-dr Hdtp | 800 | 2450 | 4150 | 8300 | 14600 | 20700 |
| 2-dr Hdtp Sun Valley | 1450 | 4450 | 7450 | 14900 | 26200 | 37200 |
| 4-dr Sdn | 550 | 1550 | 2650 | 5300 | 9100 | 13000 |
| Conv | 1600 | 4750 | 7950 | 15900 | 28000 | 39700 |
| **1956** | | | | | | |
| **Medalist, 8-cyl., 119" wb** | | | | | | |
| 2-dr Hdtp | 650 | 1750 | 3150 | 6300 | 10900 | 15700 |
| 4-dr Hdtp Sdn | 550 | 1450 | 2450 | 4900 | 8500 | 12000 |
| 2-dr Sdn | 500 | 1350 | 2300 | 4600 | 8000 | 11300 |
| 4-dr Sdn | 500 | 1300 | 2250 | 4500 | 7700 | 11000 |
| **Custom, 8-cyl., 119" wb** | | | | | | |
| 2-dr Hdtp Cpe | 700 | 1900 | 3350 | 6700 | 11500 | 16500 |
| 4-dr Hdtp Sdn | 600 | 1600 | 2750 | 5500 | 9500 | 13800 |
| 2-dr Sdn | 550 | 1450 | 2450 | 4900 | 8500 | 12000 |
| 4-dr Sdn | 550 | 1400 | 2400 | 4800 | 8300 | 11800 |
| Conv | 1350 | 4150 | 6950 | 13900 | 24500 | 34700 |
| 2-dr Sta Wgn | 600 | 1650 | 2850 | 5700 | 9900 | 14200 |
| 4-dr Sta Wgn | 650 | 1700 | 3000 | 5900 | 10200 | 14700 |
| **Monterey, 8-cyl., 119" wb** | | | | | | |
| 2-dr Hdtp Cpe | 750 | 2300 | 3850 | 7700 | 13300 | 19200 |
| 4-dr Hdtp Sdn | 600 | 1650 | 2850 | 5700 | 9900 | 14200 |
| 4-dr Sdn | 550 | 1500 | 2500 | 5000 | 8700 | 12300 |
| 4-dr Spt Sdn | 550 | 1550 | 2600 | 5200 | 9000 | 12800 |
| 4-dr Sta Wgn | 700 | 1900 | 3350 | 6700 | 11500 | 16500 |
| **Montclair, 8-cyl., 119" wb** | | | | | | |
| 2-dr Hdtp Cpe | 850 | 2550 | 4350 | 8700 | 15300 | 21700 |
| 4-dr Hdtp Sdn | 650 | 1700 | 3000 | 6100 | 10600 | 15200 |
| 4-dr Spt Sdn | 550 | 1550 | 2650 | 5300 | 9100 | 13000 |
| Conv Cpe | 1600 | 4850 | 8100 | 16200 | 28500 | 40500 |
| **1957** | | | | | | |
| **Monterey, 8-cyl., 122" wb** | | | | | | |
| 2-dr Hdtp Cpe | 750 | 2100 | 3550 | 7100 | 12300 | 17700 |
| 4-dr Hdtp Sdn | 650 | 1700 | 3000 | 5900 | 10200 | 14700 |
| 2-dr Sdn | 500 | 1350 | 2300 | 4600 | 8000 | 11300 |
| 4-dr Sdn | 500 | 1300 | 2250 | 4500 | 7700 | 11000 |
| Conv Cpe | 1300 | 4050 | 6750 | 13500 | 23800 | 33700 |
| **Montclair, 8-cyl., 122" wb** | | | | | | |
| 2-dr Hdtp Cpe | 750 | 2250 | 3750 | 7500 | 13000 | 18700 |
| 4-dr Hdtp Sdn | 650 | 1750 | 3150 | 6300 | 10900 | 15700 |
| 4-dr Sdn | 500 | 1350 | 2300 | 4600 | 8000 | 11300 |
| Conv Cpe | 1400 | 4350 | 7250 | 14500 | 25500 | 36200 |
| **Turnpike Cruiser, 8-cyl., 122" wb** | | | | | | |
| 2-dr Hdtp Cpe | 950 | 2950 | 4950 | 9900 | 17500 | 24700 |
| 4-dr Hdtp Sdn | 800 | 2350 | 3950 | 7900 | 13700 | 19700 |
| Conv Cpe | 1900 | 5650 | 9500 | 19000 | 33400 | 47500 |
| **Station Wagons, 8-cyl., 122" wb** | | | | | | |
| 2-dr Voyager | 750 | 2300 | 3850 | 7700 | 13300 | 19200 |
| 4-dr Voyager | 800 | 2350 | 3950 | 7900 | 13700 | 19700 |
| 2-dr Commuter | 800 | 2450 | 4150 | 8300 | 14600 | 20700 |
| 4-dr 6-pass Commuter | 800 | 2500 | 4200 | 8400 | 14800 | 20900 |
| 4-dr 9-pass Commuter | 850 | 2550 | 4300 | 8600 | 15100 | 21500 |
| 4-dr Colony Park | 900 | 2750 | 4650 | 9300 | 16400 | 23100 |
| **1958** | | | | | | |
| **Medalist, 8-cyl., 122" wb** | | | | | | |
| 2-dr Sdn | 400 | 1200 | 2000 | 4000 | 6900 | 10000 |
| 4-dr Sdn | 400 | 1200 | 1950 | 3900 | 6800 | 9900 |
| **Monterey, 8-cyl., 122" wb** | | | | | | |
| 2-dr Hdtp Cpe | 600 | 1650 | 2850 | 5700 | 9900 | 14200 |
| 4-dr Hdtp Sdn | 500 | 1350 | 2350 | 4700 | 8100 | 11500 |

| | 6 | 5 | 4 | 3 | 2 | 1 |
|---|---|---|---|---|---|---|
| 2-dr Sdn | 450 | 1250 | 2100 | 4200 | 7200 | 10500 |
| 4-dr Sdn | 400 | 1200 | 2000 | 4000 | 6900 | 10000 |
| Conv Cpe | 1300 | 4050 | 6750 | 13500 | 23800 | 33700 |
| **Montclair, 8-cyl., 122" wb** | | | | | | |
| 2-dr Hdtp Cpe | 750 | 2250 | 3750 | 7500 | 13000 | 18700 |
| 4-dr Hdtp Sdn | 650 | 1700 | 3000 | 5900 | 10200 | 14700 |
| 4-dr Sdn | 400 | 1200 | 1950 | 3900 | 6800 | 9900 |
| Conv Cpe | 1250 | 3950 | 6600 | 13200 | 23250 | 32900 |
| 2-dr Hdtp TC | 850 | 2650 | 4450 | 8900 | 15700 | 22300 |
| 4-dr Hdtp TC | 750 | 2200 | 3650 | 7300 | 12600 | 18200 |
| **Station Wagons, 8-cyl., 122" wb** | | | | | | |
| 2-dr Voyager | 750 | 2250 | 3700 | 7400 | 12800 | 18500 |
| 4-dr Voyager | 750 | 2300 | 3800 | 7600 | 13100 | 18900 |
| 2-dr Commuter | 800 | 2350 | 3900 | 7800 | 13500 | 19500 |
| 4-dr 6-pass Commuter | 800 | 2350 | 3950 | 7900 | 13700 | 19700 |
| 4-dr 9-pass Commuter | 800 | 2400 | 4050 | 8100 | 14200 | 20200 |
| 4-dr Colony Park | 850 | 2550 | 4350 | 8700 | 15300 | 21700 |
| **Parklane, 8-cyl., 125" wb** | | | | | | |
| 2-dr Hdtp Cpe | 800 | 2450 | 4150 | 8300 | 14600 | 20700 |
| 4-dr Hdtp Sdn | 650 | 1750 | 3150 | 6300 | 10900 | 15700 |
| Conv Cpe | 1300 | 4000 | 6650 | 13300 | 23400 | 33100 |
| ***1959*** | | | | | | |
| **Monterey, 8-cyl., 126" wb** | | | | | | |
| 2-dr Hdtp Cpe | 600 | 1650 | 2850 | 5700 | 9900 | 14200 |
| 4-dr Hdtp Sdn | 450 | 1250 | 2100 | 4200 | 7200 | 10500 |
| 2-dr Sdn | 400 | 1200 | 1950 | 3900 | 6800 | 9900 |
| 4-dr Sdn | 400 | 1150 | 1850 | 3700 | 6400 | 9300 |
| Conv Cpe | 1200 | 3750 | 6250 | 12500 | 22000 | 31100 |
| **Montclair, 8-cyl., 126" wb** | | | | | | |
| 2-dr Hdtp Cpe | 650 | 1750 | 3150 | 6300 | 10900 | 15700 |
| 4-dr Hdtp Sdn | 500 | 1350 | 2350 | 4700 | 8100 | 11500 |
| 4-dr Sdn | 400 | 1200 | 1950 | 3900 | 6800 | 9900 |
| **Parklane, 8-cyl., 128" wb** | | | | | | |
| 2-dr Hdtp Cpe | 750 | 2250 | 3750 | 7500 | 13000 | 18700 |
| 4-dr Hdtp Sdn | 600 | 1600 | 2700 | 5400 | 9300 | 13500 |
| Conv Cpe | 1300 | 4050 | 6750 | 13500 | 23800 | 33700 |
| **Station Wagons, 8-cyl., 126" wb** | | | | | | |
| 2-dr Commuter | 700 | 1900 | 3400 | 6800 | 11700 | 16900 |
| 4-dr Commuter | 700 | 2050 | 3500 | 7000 | 12100 | 17400 |
| 4-dr Voyager | 750 | 2250 | 3750 | 7500 | 13000 | 18700 |
| 4-dr Colony Park | 750 | 2300 | 3850 | 7700 | 13300 | 19200 |
| ***1960*** | | | | | | |
| **Comet, 6-cyl., 114" wb** | | | | | | |
| 2-dr Sdn | 350 | 900 | 1500 | 2900 | 5200 | 7400 |
| 4-dr Sdn | 350 | 850 | 1400 | 2800 | 4900 | 7100 |
| 2-dr Sta Wgn | 350 | 900 | 1500 | 3000 | 5300 | 7600 |
| 4-dr Sta Wgn | 350 | 1000 | 1600 | 3200 | 5700 | 8100 |
| **Monterey, 8-cyl., 126" wb** | | | | | | |
| 2-dr Sdn | 400 | 1050 | 1700 | 3400 | 5900 | 8500 |
| 4-dr Sdn | 350 | 1000 | 1600 | 3200 | 5700 | 8100 |
| 2-dr Hdtp | 550 | 1450 | 2450 | 4900 | 8500 | 12000 |
| 4-dr Hdtp | 400 | 1150 | 1850 | 3700 | 6400 | 9300 |
| Conv Cpe | 950 | 2950 | 4950 | 9900 | 17500 | 24700 |
| **Station Wagons, 8-cyl., 126" wb** | | | | | | |
| 4-dr Commuter | 650 | 1800 | 3250 | 6500 | 11200 | 16100 |
| 4-dr Colony Park | 750 | 2100 | 3550 | 7100 | 12300 | 17700 |
| **Montclair, 8-cyl., 126" wb** | | | | | | |
| 2-dr Hdtp Cpe | 550 | 1550 | 2650 | 5300 | 9100 | 13000 |
| 4-dr Hdtp Sdn | 450 | 1250 | 2050 | 4100 | 7100 | 10300 |
| 4-dr Sdn | 400 | 1050 | 1700 | 3400 | 5900 | 8500 |

| | 6 | 5 | 4 | 3 | 2 | 1 |
|---|---|---|---|---|---|---|
| **Parklane, 8-cyl., 126" wb** | | | | | | |
| 2-dr Hdtp Cpe | 650 | 1800 | 3250 | 6500 | 11200 | 16100 |
| 4-dr Hdtp Sdn | 500 | 1350 | 2350 | 4700 | 8100 | 11500 |
| Conv Cpe | 1150 | 3600 | 5950 | 11900 | 21000 | 29700 |
| **1961** | | | | | | |
| **Comet, 6-cyl., 114" wb** | | | | | | |
| 2-dr Sdn | 300 | 700 | 1200 | 2400 | 4100 | 5900 |
| 4-dr Sdn | 300 | 650 | 1150 | 2300 | 3900 | 5700 |
| 2-dr Sta Wgn | 300 | 800 | 1350 | 2700 | 4700 | 6900 |
| 4-dr Sta Wgn | 350 | 850 | 1400 | 2800 | 4900 | 7100 |
| 2-dr S-22 Sdn | 400 | 1100 | 1800 | 3600 | 6200 | 9100 |
| | | *V-8 add 20%* | | | | |
| **Meteor 600, 120" wb** | | | | | | |
| 2-dr Sdn | 300 | 700 | 1200 | 2400 | 4100 | 5900 |
| 4-dr Sdn | 300 | 650 | 1150 | 2300 | 3900 | 5700 |
| **Meteor 800, 120" wb** | | | | | | |
| 2-dr Sdn | 300 | 750 | 1250 | 2500 | 4400 | 6200 |
| 4-dr Sdn | 300 | 700 | 1200 | 2400 | 4100 | 5900 |
| 2-dr Hdtp | 400 | 1050 | 1700 | 3300 | 5800 | 8300 |
| 4-dr Hdtp | 350 | 900 | 1500 | 2900 | 5200 | 7400 |
| **Monterey, 8-cyl., 120" wb** | | | | | | |
| 2-dr Hdtp | 400 | 1200 | 1950 | 3900 | 6800 | 9900 |
| 4-dr Hdtp | 350 | 950 | 1550 | 3100 | 5500 | 7900 |
| 4-dr Sdn | 300 | 800 | 1350 | 2700 | 4700 | 6900 |
| Conv | 800 | 2500 | 4250 | 8500 | 15000 | 21200 |
| **Station Wagons, 8-cyl., 120" wb** | | | | | | |
| 4-dr Colony Park | 400 | 1150 | 1850 | 3700 | 6400 | 9300 |
| 4-dr Commuter | 350 | 950 | 1550 | 3100 | 5500 | 7900 |
| | | *6-cyl. option deduct 15%* | | | | |
| **1962** | | | | | | |
| **Comet, 6-cyl., 114" wb** | | | | | | |
| 2-dr Sdn | 300 | 650 | 1150 | 2300 | 3900 | 5700 |
| 4-dr Sdn | 300 | 650 | 1100 | 2200 | 3800 | 5400 |
| 2-dr Sta Wgn | 300 | 800 | 1300 | 2600 | 4600 | 6600 |
| 4-dr Sta Wgn | 300 | 800 | 1350 | 2700 | 4700 | 6900 |
| S-22 Spl Cpe | 400 | 1100 | 1800 | 3600 | 6200 | 9100 |
| Villager Spl Sta Wgn | 350 | 900 | 1500 | 2900 | 5200 | 7400 |
| | | *V-8 add 20%* | | | | |
| **Meteor, 8-cyl., 120" wb** | | | | | | |
| 4-dr Sdn | 300 | 650 | 1150 | 2300 | 3900 | 5700 |
| 2-dr Sdn | 300 | 700 | 1200 | 2400 | 4100 | 5900 |
| S-33 2-dr Sdn | 350 | 1000 | 1600 | 3200 | 5700 | 8100 |
| **Monterey, 8-cyl., 120" wb** | | | | | | |
| 2-dr Sdn | 350 | 900 | 1500 | 2900 | 5200 | 7400 |
| 4-dr Sdn | 300 | 700 | 1200 | 2400 | 4100 | 5900 |
| 4-dr Hdtp Sdn | 300 | 800 | 1300 | 2600 | 4600 | 6600 |
| 2-dr Hdtp | 400 | 1050 | 1700 | 3300 | 5800 | 8300 |
| Custom Conv | 750 | 2100 | 3550 | 7100 | 12300 | 17700 |
| 4-dr Commuter Sta Wgn | 350 | 900 | 1500 | 2900 | 5200 | 7400 |
| 4-dr Colony Park Sta Wgn | 400 | 1100 | 1800 | 3500 | 6100 | 8900 |
| 2-dr S-55 Hdtp Cpe | 550 | 1450 | 2450 | 4900 | 8500 | 12000 |
| S-55 Conv Cpe | 800 | 2350 | 3950 | 7900 | 13700 | 19700 |
| | *406 add 30%* | *6-cyl. option deduct 10%* | | | | |
| **1963** | | | | | | |
| **Comet, 6-cyl., 114" wb** | | | | | | |
| 2-dr Sdn | 300 | 650 | 1150 | 2300 | 3900 | 5700 |
| 4-dr Sdn | 300 | 650 | 1100 | 2200 | 3800 | 5400 |
| Custom Hdtp Cpe | 400 | 1050 | 1700 | 3300 | 5800 | 8300 |
| Custom Conv | 550 | 1450 | 2450 | 4900 | 8500 | 12000 |
| S-22 Hdtp Cpe | 400 | 1200 | 1950 | 3900 | 6800 | 9900 |
| S-22 2-dr Sdn | 400 | 1100 | 1800 | 3500 | 6100 | 8900 |
| S-22 Conv | 650 | 1800 | 3250 | 6500 | 11200 | 16100 |

|  | 6 | 5 | 4 | 3 | 2 | 1 |
|---|---|---|---|---|---|---|
| 2-dr Sta Wgn | 300 | 750 | 1250 | 2500 | 4400 | 6200 |
| 4-dr Sta Wgn | 300 | 800 | 1300 | 2600 | 4600 | 6600 |
| Villager Custom Sta Wgn | 350 | 900 | 1500 | 3100 | 5300 | 7600 |
| **Meteor, 8-cyl., 116" wb** | | | | | | |
| 2-dr Sdn | 300 | 700 | 1200 | 2400 | 4100 | 5900 |
| 4-dr Sdn | 300 | 650 | 1150 | 2300 | 3900 | 5700 |
| Custom Hdtp Cpe | 400 | 1050 | 1700 | 3300 | 5800 | 8300 |
| S-33 Hdtp Cpe | 400 | 1200 | 1900 | 3800 | 6600 | 9600 |
| Sta Wgn | 300 | 800 | 1350 | 2700 | 4700 | 6900 |
| **Monterey, 8-cyl., 120" wb** | | | | | | |
| 2-dr Sdn | 300 | 750 | 1250 | 2500 | 4400 | 6200 |
| 4-dr Sdn | 300 | 700 | 1200 | 2400 | 4100 | 5900 |
| 2-dr Fstbk Cpe | 400 | 1050 | 1700 | 3300 | 5800 | 8300 |
| 2-dr Hdtp Cpe | 400 | 1100 | 1800 | 3500 | 6100 | 8900 |
| 4-dr Hdtp Sdn | 300 | 800 | 1300 | 2600 | 4600 | 6600 |
| Custom Conv | 750 | 2200 | 3650 | 7300 | 12600 | 18200 |
| 4-dr Colony Park Sta Wgn | 400 | 1050 | 1700 | 3300 | 5800 | 8300 |
| S-55 2-dr Hdtp Cpe | 450 | 1250 | 2150 | 4300 | 7400 | 10700 |
| S-55 4-dr Hdtp Sdn | 400 | 1100 | 1800 | 3600 | 6200 | 9100 |
| S-55 Fstbk Cpe | 600 | 1600 | 2750 | 5500 | 9500 | 13800 |
| S-55 Conv | 750 | 2250 | 3750 | 7500 | 13000 | 18700 |

*406 add 30%          427 add 40%          6-cyl. option deduct 10%*

## 1964

| **Comet 202, 6-cyl., 114" wb** | 6 | 5 | 4 | 3 | 2 | 1 |
|---|---|---|---|---|---|---|
| 2-dr Sdn | 300 | 650 | 1150 | 2300 | 3900 | 5700 |
| 4-dr Sdn | 300 | 650 | 1100 | 2200 | 3800 | 5400 |
| Sta Wgn | 300 | 700 | 1200 | 2400 | 4100 | 5900 |
| **Comet 404, 6-cyl., 114" wb** | | | | | | |
| 2-dr Sdn | 300 | 700 | 1200 | 2400 | 4100 | 5900 |
| 4-dr Sdn | 300 | 650 | 1150 | 2300 | 3900 | 5700 |
| Dlx Wgn | 300 | 800 | 1350 | 2700 | 4700 | 6900 |
| Sta Wgn | 300 | 800 | 1300 | 2600 | 4600 | 6600 |
| **Comet Caliente, 8-cyl. cyl., 114" wb** | | | | | | |
| 2-dr Hdtp Cpe | 400 | 1200 | 1950 | 3900 | 6800 | 9900 |
| 4-dr Sdn | 300 | 750 | 1250 | 2500 | 4400 | 6200 |
| Conv | 650 | 1700 | 3000 | 6100 | 10600 | 15200 |
| **Comet Cyclone, 8-cyl., 114" wb** | | | | | | |
| 2-dr Hdtp Cpe | 550 | 1550 | 2650 | 5300 | 9100 | 13000 |
| **Monterey, 8-cyl., 120" wb** | | | | | | |
| 2-dr Sdn | 300 | 750 | 1250 | 2500 | 4400 | 6200 |
| 4-dr Sdn | 300 | 700 | 1200 | 2400 | 4100 | 5900 |
| 2-dr Hdtp Cpe | 350 | 900 | 1500 | 2900 | 5200 | 7400 |
| 2-dr Hdtp Fstbk | 400 | 1100 | 1800 | 3600 | 6200 | 9100 |
| 4-dr Hdtp Fstbk | 350 | 900 | 1500 | 3000 | 5300 | 7600 |
| Conv | 700 | 2000 | 3450 | 6900 | 11900 | 17200 |
| **Montclair, 8-cyl., 120" wb** | | | | | | |
| 4-dr Sdn | 300 | 800 | 1350 | 2700 | 4700 | 6900 |
| 2-dr Hdtp Cpe | 400 | 1100 | 1800 | 3500 | 6100 | 8900 |
| 2-dr Hdtp Fstbk | 400 | 1200 | 1950 | 3900 | 6800 | 9900 |
| 4-dr Hdtp Fstbk | 350 | 900 | 1500 | 2900 | 5200 | 7400 |
| **Parklane, 8-cyl., 120" wb** | | | | | | |
| 4-dr Sdn | 300 | 800 | 1300 | 2600 | 4600 | 6600 |
| 2-dr Hdtp Cpe | 400 | 1100 | 1800 | 3600 | 6200 | 9100 |
| 4-dr Hdtp Sdn | 300 | 800 | 1350 | 2700 | 4700 | 6900 |
| 2-dr Hdtp Fstbk | 450 | 1250 | 2150 | 4300 | 7400 | 10700 |
| 4-dr Hdtp Fstbk | 400 | 1050 | 1700 | 3300 | 5800 | 8300 |
| Conv | 750 | 2100 | 3550 | 7100 | 12300 | 17700 |
| **Station Wagons, 8-cyl., 120" wb** | | | | | | |
| 4-dr 6-pass Colony Park | 400 | 1100 | 1800 | 3500 | 6100 | 8900 |
| 4-dr 9-pass Colony Park | 400 | 1150 | 1850 | 3700 | 6400 | 9300 |

| | 6 | 5 | 4 | 3 | 2 | 1 |
|---|---|---|---|---|---|---|
| 4-dr 6-pass Commuter | 350 | 850 | 1400 | 2800 | 4900 | 7100 |
| 4-dr 9-pass Commuter | 350 | 900 | 1500 | 3000 | 5300 | 7600 |

*Marauder add 10%*     *6-cyl. option deduct 10%*
*427 Marauder add 40%*

## 1965

**Comet 202, 114" wb**

| | 6 | 5 | 4 | 3 | 2 | 1 |
|---|---|---|---|---|---|---|
| 2-dr Sdn | 300 | 650 | 1150 | 2300 | 3900 | 5700 |
| 4-dr Sdn | 300 | 650 | 1100 | 2200 | 3800 | 5400 |
| Sta Wgn | 300 | 700 | 1200 | 2400 | 4100 | 5900 |

**Comet 404, 114" wb**

| | 6 | 5 | 4 | 3 | 2 | 1 |
|---|---|---|---|---|---|---|
| 2-dr Sdn | 300 | 700 | 1200 | 2400 | 4100 | 5900 |
| 4-dr Sdn | 300 | 650 | 1150 | 2300 | 3900 | 5700 |
| Sta Wgn | 300 | 750 | 1250 | 2500 | 4400 | 6200 |
| Villager Wgn | 350 | 850 | 1400 | 2800 | 4900 | 7100 |

**Comet Caliente, 114" wb**

| | 6 | 5 | 4 | 3 | 2 | 1 |
|---|---|---|---|---|---|---|
| 2-dr Hdtp Cpe | 400 | 1050 | 1700 | 3300 | 5800 | 8300 |
| 4-dr Sdn | 300 | 700 | 1200 | 2400 | 4100 | 5900 |
| Conv | 650 | 1700 | 3000 | 6100 | 10600 | 15200 |

**Comet Cyclone, 8-cyl., 114" wb**

| | 6 | 5 | 4 | 3 | 2 | 1 |
|---|---|---|---|---|---|---|
| 2-dr Hdtp Cpe | 650 | 1700 | 3000 | 5900 | 10200 | 14700 |

**Monterey, 8-cyl., 123" wb**

| | 6 | 5 | 4 | 3 | 2 | 1 |
|---|---|---|---|---|---|---|
| 2-dr Sdn | 300 | 800 | 1300 | 2600 | 4600 | 6600 |
| 4-dr Sdn | 300 | 750 | 1250 | 2500 | 4400 | 6200 |
| 2-dr Hdtp Fstbk | 400 | 1150 | 1850 | 3700 | 6400 | 9300 |
| 4-dr Hdtp Fstbk | 350 | 900 | 1500 | 2900 | 5200 | 7400 |
| Breezeway | 400 | 1050 | 1700 | 3300 | 5800 | 8300 |
| Conv | 750 | 2100 | 3550 | 7100 | 12300 | 17700 |

**Montclair, 8-cyl., 123" wb**

| | 6 | 5 | 4 | 3 | 2 | 1 |
|---|---|---|---|---|---|---|
| 2-dr Hdtp | 400 | 1200 | 1950 | 3900 | 6800 | 9900 |
| 4-dr Hdtp Fstbk | 350 | 950 | 1550 | 3100 | 5500 | 7900 |
| 4-dr Breezeway | 400 | 1200 | 1950 | 3900 | 6800 | 9900 |

**Parklane, 8-cyl., 123" wb**

| | 6 | 5 | 4 | 3 | 2 | 1 |
|---|---|---|---|---|---|---|
| 2-dr Hdtp Fstbk | 450 | 1250 | 2150 | 4300 | 7400 | 10700 |
| 4-dr Hdtp Fstbk | 400 | 1050 | 1700 | 3300 | 5800 | 8300 |
| 4-dr Breezeway | 400 | 1100 | 1800 | 3600 | 6200 | 9100 |
| Conv | 700 | 2000 | 3450 | 6900 | 11900 | 17200 |

**Station Wagons, 8-cyl., 119" wb**

| | 6 | 5 | 4 | 3 | 2 | 1 |
|---|---|---|---|---|---|---|
| 4-dr Colony Park | 400 | 1050 | 1700 | 3300 | 5800 | 8300 |
| 4-dr Commuter | 350 | 950 | 1550 | 3100 | 5500 | 7900 |

*427 add 20%*     *6-cyl. option deduct 10%*

## 1966

**Comet 202, 116" wb**

| | 6 | 5 | 4 | 3 | 2 | 1 |
|---|---|---|---|---|---|---|
| 2-dr Sdn | 300 | 650 | 1150 | 2300 | 3900 | 5700 |
| 4-dr Sdn | 300 | 650 | 1100 | 2200 | 3800 | 5400 |

**Comet Capri, 116" wb**

| | 6 | 5 | 4 | 3 | 2 | 1 |
|---|---|---|---|---|---|---|
| 2-dr Hdtp | 350 | 850 | 1400 | 2800 | 4900 | 7100 |
| 4-dr Sdn | 300 | 650 | 1150 | 2300 | 3900 | 5700 |
| Sta Wgn | 300 | 750 | 1250 | 2500 | 4400 | 6200 |

**Comet Caliente, 116" wb**

| | 6 | 5 | 4 | 3 | 2 | 1 |
|---|---|---|---|---|---|---|
| 4-dr Sdn | 300 | 750 | 1250 | 2500 | 4400 | 6200 |
| 2-dr Hdtp | 400 | 1100 | 1800 | 3500 | 6100 | 8900 |
| Conv | 650 | 1700 | 3000 | 6100 | 10600 | 15200 |

**Comet Cyclone, 116" wb**

| | 6 | 5 | 4 | 3 | 2 | 1 |
|---|---|---|---|---|---|---|
| 2-dr Cpe | 550 | 1450 | 2450 | 4900 | 8500 | 12000 |
| Conv | 650 | 1800 | 3250 | 6500 | 11200 | 16100 |

**Comet Cyclone GT/GTA, 8-cyl., 116" wb**

| | 6 | 5 | 4 | 3 | 2 | 1 |
|---|---|---|---|---|---|---|
| 2-dr Cpe | 650 | 1700 | 3000 | 5900 | 10200 | 14700 |
| Conv | 800 | 2500 | 4250 | 8500 | 15000 | 21200 |

**Monterey, 8-cyl., 123" wb**

| | 6 | 5 | 4 | 3 | 2 | 1 |
|---|---|---|---|---|---|---|
| 2-dr Hdtp Cpe | 400 | 1150 | 1850 | 3700 | 6400 | 9300 |
| 4-dr Hdtp Sdn | 350 | 950 | 1550 | 3100 | 5500 | 7900 |

|  | 6 | 5 | 4 | 3 | 2 | 1 |
|---|---|---|---|---|---|---|
| 2-dr Sdn | 300 | 800 | 1350 | 2700 | 4700 | 6900 |
| 4-dr Sdn | 300 | 750 | 1250 | 2500 | 4400 | 6200 |
| 4-dr Breezeway Sdn | 350 | 900 | 1500 | 2900 | 5200 | 7400 |
| Conv | 650 | 1800 | 3250 | 6500 | 11200 | 16100 |
| **Montclair, 8-cyl., 123" wb** | | | | | | |
| 2-dr Hdtp Cpe | 400 | 1150 | 1850 | 3700 | 6400 | 9300 |
| 4-dr Hdtp Sdn | 350 | 1000 | 1600 | 3200 | 5700 | 8100 |
| 4-dr Sdn | 300 | 800 | 1350 | 2700 | 4700 | 6900 |
| **Parklane, 8-cyl., 123" wb** | | | | | | |
| 4-dr Breezeway Sdn | 400 | 1050 | 1700 | 3300 | 5800 | 8300 |
| 2-dr Hdtp Cpe | 450 | 1250 | 2050 | 4100 | 7100 | 10300 |
| 4-dr Hdtp Sdn | 400 | 1050 | 1700 | 3300 | 5800 | 8300 |
| Conv | 650 | 1750 | 3150 | 6300 | 10900 | 15700 |
| **S-55, 8-cyl., 123" wb** | | | | | | |
| 2-dr Hdtp Cpe | 500 | 1300 | 2250 | 4500 | 7700 | 11000 |
| Conv | 650 | 1700 | 3000 | 6100 | 10600 | 15200 |
| **Station Wagons, 8-cyl., 119" wb** | | | | | | |
| Commuter | 350 | 1000 | 1600 | 3200 | 5700 | 8100 |
| Colony Park | 400 | 1100 | 1800 | 3600 | 6200 | 9100 |
| 4-dr Villager (113" wb) | 350 | 900 | 1500 | 3000 | 5300 | 7600 |
| 4-dr Voyager (113" wb) | 350 | 850 | 1400 | 2800 | 4900 | 7100 |
| *410 add 18%* | | | *428 add 40%* | | *6-cyl. option deduct 10%* | |
| **1967** | | | | | | |
| **Comet 202, 116" wb** | | | | | | |
| 2-dr Sdn | 300 | 700 | 1200 | 2400 | 4100 | 5900 |
| 4-dr Sdn | 300 | 650 | 1150 | 2300 | 3900 | 5700 |
| **Capri, 116" wb** | | | | | | |
| 2-dr Hdtp Cpe | 350 | 900 | 1500 | 2900 | 5200 | 7400 |
| 4-dr Sdn | 300 | 700 | 1200 | 2400 | 4100 | 5900 |
| **Caliente, 116" wb** | | | | | | |
| 2-dr Hdtp Cpe | 400 | 1050 | 1700 | 3300 | 5800 | 8300 |
| 4-dr Sdn | 300 | 800 | 1300 | 2600 | 4600 | 6600 |
| Conv | 650 | 1700 | 3000 | 5900 | 10200 | 14700 |
| **Cyclone, 8-cyl., 116" wb** | | | | | | |
| 2-dr Hdtp Cpe | 550 | 1450 | 2450 | 4900 | 8500 | 12000 |
| Conv | 750 | 2250 | 3750 | 7500 | 13000 | 18700 |
| **Station Wagons, 8-cyl., 113" wb** | | | | | | |
| 4-dr Voyager | 300 | 800 | 1350 | 2700 | 4700 | 6900 |
| 4-dr Villager | 350 | 900 | 1500 | 2900 | 5200 | 7400 |
| **Cougar, 8-cyl., 111" wb** | | | | | | |
| 2-dr Hdtp Cpe | 550 | 1500 | 2500 | 5100 | 8800 | 12500 |
| XR-7 Hdtp Cpe | 650 | 1700 | 3000 | 6100 | 10600 | 15200 |
| **Monterey, 8-cyl., 123" wb** | | | | | | |
| 2-dr Hdtp Cpe | 350 | 950 | 1550 | 3100 | 5500 | 7900 |
| 4-dr Hdtp Sdn | 300 | 800 | 1350 | 2700 | 4700 | 6900 |
| 4-dr Sdn | 300 | 800 | 1300 | 2600 | 4600 | 6600 |
| 4-dr Breezeway | 350 | 850 | 1400 | 2800 | 4900 | 7100 |
| Conv | 650 | 1750 | 3100 | 6200 | 10700 | 15400 |
| **Montclair, 8-cyl., 123" wb** | | | | | | |
| 2-dr Hdtp Cpe | 350 | 950 | 1550 | 3100 | 5500 | 7900 |
| 4-dr Hdtp Sdn | 350 | 900 | 1500 | 2900 | 5200 | 7400 |
| 4-dr Sdn | 300 | 800 | 1350 | 2700 | 4700 | 6900 |
| 4-dr Breezeway | 350 | 900 | 1500 | 3000 | 5300 | 7600 |
| **Parklane, 8-cyl., 123" wb** | | | | | | |
| 2-dr Hdtp Cpe | 400 | 1050 | 1700 | 3300 | 5800 | 8300 |
| 4-dr Hdtp Sdn | 350 | 900 | 1500 | 3000 | 5300 | 7600 |
| 4-dr Breezeway | 350 | 950 | 1550 | 3100 | 5500 | 7900 |
| Conv | 650 | 1700 | 3000 | 6100 | 10600 | 15200 |
| **Brougham, 8-cyl., 123" wb** | | | | | | |
| 4-dr Hdtp Sdn | 400 | 1050 | 1700 | 3300 | 5800 | 8300 |
| 4-dr Breezeway | 400 | 1100 | 1800 | 3500 | 6100 | 8900 |

| | 6 | 5 | 4 | 3 | 2 | 1 |
|---|---|---|---|---|---|---|
| **Marquis, 8-cyl., 123" wb** | | | | | | |
| 2-dr Hdtp Cpe | 400 | 1150 | 1850 | 3700 | 6400 | 9300 |
| **Station Wagons, 119" wb** | | | | | | |
| 4-dr Commuter | 350 | 950 | 1550 | 3100 | 5500 | 7900 |
| 4-dr Colony Park | 400 | 1100 | 1800 | 3500 | 6100 | 8900 |

*GT add 10%*     *S-55 add 15%*     *6-cyl. option deduct 10%*
*427 add 40%*     *428 add 50%*

## 1968

| | 6 | 5 | 4 | 3 | 2 | 1 |
|---|---|---|---|---|---|---|
| **Comet, 116" wb** | | | | | | |
| 2-dr Hdtp Cpe | 300 | 800 | 1350 | 2700 | 4700 | 6900 |
| **Montego, 116" wb** | | | | | | |
| 2-dr Hdtp Cpe | 300 | 800 | 1300 | 2600 | 4600 | 6600 |
| 4-dr Sdn | 300 | 650 | 1100 | 2200 | 3800 | 5400 |
| **Montego MX** | | | | | | |
| Sdn | 300 | 650 | 1100 | 2200 | 3800 | 5400 |
| 2-dr Hdtp | 350 | 950 | 1550 | 3100 | 5500 | 7900 |
| Conv | 600 | 1650 | 2850 | 5700 | 9900 | 14200 |
| Sta Wgn | 300 | 750 | 1250 | 2500 | 4400 | 6200 |
| **Cyclone, 8-cyl., 116" wb** | | | | | | |
| Fstbk Cpe | 550 | 1400 | 2400 | 4800 | 8300 | 11800 |
| 2-dr Hdtp Cpe | 450 | 1250 | 2200 | 4400 | 7600 | 10900 |
| **Cougar, 8-cyl., 111" wb** | | | | | | |
| Hdtp Cpe | 500 | 1300 | 2250 | 4500 | 7700 | 11000 |
| XR-7 Cpe | 650 | 1700 | 3000 | 6100 | 10600 | 15200 |
| **Monterey, 8-cyl., 123" wb** | | | | | | |
| 2-dr Hdtp | 300 | 800 | 1350 | 2700 | 4700 | 6900 |
| 4-dr Hdtp | 300 | 800 | 1300 | 2600 | 4600 | 6600 |
| 4-dr Sdn | 300 | 650 | 1150 | 2300 | 3900 | 5700 |
| Conv | 650 | 1700 | 3000 | 5900 | 10200 | 14700 |
| **Montclair, 8-cyl., 123" wb** | | | | | | |
| 2-dr Hdtp | 350 | 850 | 1400 | 2800 | 4900 | 7100 |
| 4-dr Hdtp | 300 | 800 | 1350 | 2700 | 4700 | 6900 |
| 4-dr Sdn | 300 | 650 | 1150 | 2300 | 3900 | 5700 |
| **Parklane, 8-cyl., 123" wb** | | | | | | |
| 2-dr Hdtp | 350 | 950 | 1550 | 3100 | 5500 | 7900 |
| 4-dr Hdtp | 300 | 800 | 1350 | 2700 | 4700 | 6900 |
| 4-dr Sdn | 300 | 650 | 1150 | 2300 | 3900 | 5700 |
| Conv | 650 | 1750 | 3150 | 6300 | 10900 | 15700 |
| **Marquis, 8-cyl., 123" wb** | | | | | | |
| 2-dr Hdtp | 400 | 1150 | 1850 | 3700 | 6400 | 9300 |
| **Station Wagons, 8-cyl., 119" wb** | | | | | | |
| 4-dr Commuter | 350 | 950 | 1550 | 3100 | 5500 | 7900 |
| 4-dr Colony Park | 400 | 1050 | 1700 | 3300 | 5800 | 8300 |

*6-cyl. option deduct 10%*     *427 add 40%*     *428 add 50%*

## 1969

| | 6 | 5 | 4 | 3 | 2 | 1 |
|---|---|---|---|---|---|---|
| **Comet, 6-cyl., 116" wb** | | | | | | |
| 2-dr Hdtp Cpe | 300 | 750 | 1250 | 2500 | 4400 | 6200 |
| **Montego, 6-cyl., 116" wb** | | | | | | |
| 2-dr Hdtp Cpe | 300 | 650 | 1100 | 2200 | 3800 | 5400 |
| 4-dr Sdn | 300 | 600 | 950 | 1900 | 3200 | 4600 |
| **Montego MX, 8-cyl., 116" wb** | | | | | | |
| 2-dr Hdtp Cpe | 300 | 750 | 1250 | 2500 | 4400 | 6200 |
| 4-dr Sdn | 300 | 600 | 950 | 1900 | 3200 | 4600 |
| Conv | 550 | 1450 | 2450 | 4900 | 8500 | 12000 |
| Sta Wgn | 300 | 650 | 1150 | 2300 | 3900 | 5700 |
| **Cyclone, 8-cyl., 116" wb** | | | | | | |
| 2-dr Fstbk Cpe | 450 | 1250 | 2150 | 4300 | 7400 | 10700 |
| 2-dr CJ Fstbk Cpe | 900 | 2900 | 4850 | 9700 | 17100 | 24200 |
| **Cougar, 8-cyl., 111" wb** | | | | | | |
| 2-dr Hdtp Cpe | 450 | 1250 | 2150 | 4300 | 7400 | 10700 |
| XR-7 Hdtp Cpe | 550 | 1550 | 2650 | 5300 | 9100 | 13000 |

| | 6 | 5 | 4 | 3 | 2 | 1 |
|---|---|---|---|---|---|---|
| Conv | 650 | 1700 | 3000 | 6100 | 10600 | 15200 |
| XR-7 Conv | 700 | 1900 | 3350 | 6700 | 11500 | 16500 |
| **Monterey, 8-cyl., 124" wb** | | | | | | |
| 4-dr Sdn | 300 | 650 | 1150 | 2300 | 3900 | 5700 |
| 2-dr Hdtp Cpe | 300 | 800 | 1300 | 2600 | 4600 | 6600 |
| 4-dr Hdtp Sdn | 300 | 750 | 1250 | 2500 | 4400 | 6200 |
| Conv | 600 | 1650 | 2850 | 5700 | 9900 | 14200 |
| Sta Wgn | 300 | 750 | 1250 | 2500 | 4400 | 6200 |
| **Monterey Custom, 8 cyl., 124" wb** | | | | | | |
| 2-dr Hdtp Cpe | 300 | 800 | 1350 | 2700 | 4700 | 6900 |
| 4-dr Hdtp Sdn | 300 | 800 | 1300 | 2600 | 4600 | 6600 |
| 4-dr Sdn | 300 | 700 | 1200 | 2400 | 4100 | 5900 |
| 4-dr Sta Wgn | 300 | 800 | 1300 | 2600 | 4600 | 6600 |
| **Marauder, 8-cyl., 121" wb** | | | | | | |
| 2-dr Hdtp Cpe | 400 | 1100 | 1800 | 3500 | 6100 | 8900 |
| X-100 Hdtp Cpe | 650 | 1700 | 3000 | 5900 | 10200 | 14600 |
| **Marquis, 8-cyl., 124" wb** | | | | | | |
| 2-dr Hdtp Cpe | 350 | 950 | 1550 | 3100 | 5500 | 7900 |
| 4-dr Hdtp Sdn | 300 | 800 | 1300 | 2600 | 4600 | 6600 |
| Sdn | 300 | 700 | 1200 | 2400 | 4100 | 5900 |
| Conv | 650 | 1700 | 3000 | 5900 | 10200 | 14700 |
| 4-dr Colony Park Wgn | 350 | 950 | 1550 | 3100 | 5500 | 7900 |

*Montego/Comet V-8 add 10%*      *Eliminator 428 add 50%*
*429 add 50%*      *428 add 40%*

### 1970

| | 6 | 5 | 4 | 3 | 2 | 1 |
|---|---|---|---|---|---|---|
| **Montego, 6-cyl., 117" wb** | | | | | | |
| 2-dr Hdtp | 300 | 800 | 1300 | 2600 | 4600 | 6600 |
| 4-dr Sdn | 300 | 650 | 1150 | 2300 | 3900 | 5700 |
| **Montego MX, 8-cyl., 117" wb** | | | | | | |
| 2-dr Hdtp Cpe | 350 | 900 | 1500 | 2900 | 5200 | 7400 |
| 4-dr Sdn | 300 | 750 | 1250 | 2500 | 4400 | 6200 |
| Sta Wgn | 300 | 800 | 1350 | 2700 | 4700 | 6900 |
| 2-dr Hdtp Cpe Brghm | 350 | 900 | 1500 | 3000 | 5300 | 7600 |
| 4-dr Hdtp Sdn Brghm | 300 | 800 | 1350 | 2700 | 4700 | 6900 |
| 4-dr Sdn Brghm | 300 | 800 | 1300 | 2600 | 4600 | 6600 |
| Villager Sta Wgn Brghm | 350 | 850 | 1400 | 2800 | 4900 | 7100 |
| **Cyclone, 8-cyl., 117" wb** | | | | | | |
| 2-dr Hdtp Cpe | 450 | 1250 | 2050 | 4100 | 7100 | 10300 |
| 2-dr GT Hdtp Cpe | 650 | 1700 | 3000 | 6100 | 10600 | 15200 |
| 2-dr Spoiler Hdtp Cpe | 800 | 2450 | 4150 | 8300 | 14600 | 20700 |
| **Cougar, 8-cyl., 111" wb** | | | | | | |
| 2-dr Hdtp cpe | 450 | 1250 | 2050 | 4100 | 7100 | 10300 |
| Conv | 650 | 1750 | 3150 | 6300 | 10900 | 15700 |
| 2-dr Hdtp Cpe XR-7 | 550 | 1500 | 2500 | 5100 | 8800 | 12500 |
| Conv XR-7 | 750 | 2200 | 3650 | 7300 | 12600 | 18200 |
| **Monterey, 8-cyl., 124" wb** | | | | | | |
| 2-dr Hdtp Cpe | 350 | 900 | 1500 | 3000 | 5300 | 7600 |
| 4-dr Hdtp Sdn | 350 | 900 | 1500 | 2900 | 5200 | 7400 |
| 4-dr Sdn | 300 | 750 | 1250 | 2500 | 4400 | 6200 |
| Conv | 500 | 1300 | 2250 | 4500 | 7700 | 11000 |
| Sta Wgn | 350 | 1000 | 1600 | 3200 | 5700 | 8100 |
| **Monterey Custom, 8-cyl., 124" wb** | | | | | | |
| 2-dr Hdtp Cpe | 350 | 950 | 1550 | 3100 | 5500 | 7900 |
| 4-dr Hdtp Sdn | 300 | 800 | 1350 | 2700 | 4700 | 6900 |
| 4-dr Sdn | 300 | 800 | 1300 | 2600 | 4600 | 6600 |
| **Marauder, 8-cyl., 121" wb** | | | | | | |
| 2-dr Hdtp Cpe | 400 | 1100 | 1800 | 3500 | 6100 | 8900 |
| X-100 2-dr Hdtp Cpe | 650 | 1700 | 3000 | 6100 | 10600 | 15200 |
| **Marquis, 8-cyl.** | | | | | | |
| 2-dr Hdtp Cpe | 350 | 950 | 1550 | 3100 | 5500 | 7900 |
| 4-dr Hdtp Sdn | 350 | 900 | 1500 | 2900 | 5200 | 7400 |

|  | 6 | 5 | 4 | 3 | 2 | 1 |
|---|---|---|---|---|---|---|
| 4-dr Sdn | 300 | 750 | 1250 | 2500 | 4400 | 6200 |
| Conv | 650 | 1700 | 3000 | 5900 | 10200 | 14700 |
| Sta Wgn | 350 | 850 | 1400 | 2800 | 4900 | 7100 |
| Colony Park Wgn | 350 | 950 | 1550 | 3100 | 5500 | 7900 |
| **Marquis Brougham, 8-cyl., 124" wb** | | | | | | |
| 2-dr Hdtp Cpe | 400 | 1050 | 1700 | 3300 | 5800 | 8300 |
| 4-dr Hdtp Sdn | 350 | 950 | 1550 | 3100 | 5500 | 7900 |
| 4-dr Sdn | 300 | 800 | 1300 | 2600 | 4600 | 6600 |

*429 add 50%*     *428 add 40%*

## 1971

**Comet, 8-cyl.**

| | 6 | 5 | 4 | 3 | 2 | 1 |
|---|---|---|---|---|---|---|
| 2-dr Sdn | 300 | 650 | 1100 | 2100 | 3600 | 5100 |
| 4-dr Sdn | 300 | 650 | 1000 | 2000 | 3500 | 4900 |
| **Montego, 8-cyl., 117" wb** | | | | | | |
| 2-dr Hdtp Cpe | 300 | 750 | 1250 | 2500 | 4400 | 6200 |
| 4-dr Sdn | 300 | 650 | 1100 | 2100 | 3600 | 5100 |
| 2-dr MX Hdtp Cpe | 300 | 800 | 1350 | 2700 | 4700 | 6900 |
| 4-dr MX Sdn | 300 | 650 | 1100 | 2200 | 3800 | 5400 |
| MX Sta Wgn | 300 | 650 | 1150 | 2300 | 3900 | 5700 |
| 2-dr MX Brghm Hdtp Cpe | 350 | 850 | 1400 | 2800 | 4900 | 7100 |
| 4-dr MX Brghm Hdtp Sdn | 300 | 700 | 1200 | 2400 | 4100 | 5900 |
| 4-dr MX Brghm Sdn | 300 | 650 | 1150 | 2300 | 3900 | 5700 |
| Villager MX Brghm Sta Wgn | 300 | 750 | 1250 | 2500 | 4400 | 6200 |
| **Cyclone, 8-cyl.** | | | | | | |
| 2-dr Hdtp Cpe | 450 | 1250 | 2050 | 4100 | 7100 | 10300 |
| 2-dr GT Hdtp Cpe | 550 | 1450 | 2450 | 4900 | 8500 | 12000 |
| 2-dr Spoiler Hdtp Cpe | 650 | 1700 | 3000 | 6100 | 10600 | 15200 |
| **Cougar, 8-cyl., 113" wb** | | *429 V-8 add 40%* | | | | |
| 2-dr Hdtp Cpe | 400 | 1200 | 1950 | 3900 | 6800 | 9900 |
| Conv | 600 | 1650 | 2850 | 5700 | 9900 | 14200 |
| 2-dr XR-7 Hdtp Cpe | 550 | 1450 | 2450 | 4900 | 8500 | 12000 |
| XR-7 Conv | 700 | 2000 | 3450 | 6900 | 11900 | 17200 |
| **Monterey, 8-cyl., 124" wb** | | | | | | |
| 2-dr Hdtp Cpe | 300 | 800 | 1300 | 2600 | 4600 | 6600 |
| 4-dr Hdtp Sdn | 300 | 650 | 1100 | 2200 | 3800 | 5400 |
| 4-dr Sdn | 300 | 650 | 1100 | 2100 | 3600 | 5100 |
| Sta Wgn | 300 | 750 | 1250 | 2500 | 4400 | 6200 |
| **Monterey Custom, 8-cyl.** | | | | | | |
| 2-dr Hdtp Cpe | 300 | 800 | 1350 | 2700 | 4700 | 6900 |
| 4-dr Hdtp Sdn | 300 | 650 | 1150 | 2300 | 3900 | 5700 |
| 4-dr Sdn | 300 | 650 | 1100 | 2100 | 3600 | 5100 |
| **Marquis, 8-cyl.** | | | | | | |
| 2-dr Hdtp Cpe | 300 | 800 | 1350 | 2700 | 4700 | 6900 |
| 4-dr Hdtp Sdn | 300 | 700 | 1200 | 2400 | 4100 | 5900 |
| 4-dr Sdn | 300 | 650 | 1100 | 2200 | 3800 | 5400 |
| Sta Wgn | 300 | 800 | 1350 | 2700 | 4700 | 6900 |
| Colony Park Wgn | 350 | 950 | 1550 | 3100 | 5500 | 7900 |
| **Marquis Brougham, 8-cyl.** | | | | | | |
| 4-dr Sdn | 300 | 650 | 1150 | 2300 | 3900 | 5700 |
| 4-dr Hdtp Sdn | 300 | 750 | 1250 | 2500 | 4400 | 6200 |
| 2-dr Hdtp Cpe | 350 | 900 | 1500 | 2900 | 5200 | 7400 |

*429 add 30%*     *429/370 add 40%*     *6-cyl. option deduct 10%*

## 1972

**Comet, 8-cyl., 109" wb**

| | 6 | 5 | 4 | 3 | 2 | 1 |
|---|---|---|---|---|---|---|
| 2-dr Sdn | 300 | 650 | 1100 | 2200 | 3800 | 5400 |
| 4-dr Sdn | 300 | 650 | 1000 | 2000 | 3500 | 4900 |
| **Montego, 8-cyl., 118" wb** | | | | | | |
| 2-dr Hdtp Cpe | 300 | 700 | 1200 | 2400 | 4100 | 5900 |
| 4-dr Sdn | 300 | 650 | 1000 | 2000 | 3500 | 4900 |
| 2-dr MX Hdtp Cpe | 300 | 800 | 1350 | 2700 | 4700 | 6900 |

**'64 Mercury**

**'65 Mercury Comet**

**'66 Mercury Comet**

**'67 Mercury Cougar**

**'67 Mercury Cyclone GT**

**'67 Mercury Caliente**

**'68 Mercury Parklane**

**'68 Mercury Montego**

**'69 Mercury Marquis**

**'69 Mercury Comet**

**'71 Mercury Cougar**

**'71 Mercury Montego**

| | 6 | 5 | 4 | 3 | 2 | 1 |
|---|---|---|---|---|---|---|
| 4-dr MX Sdn | 300 | 650 | 1100 | 2100 | 3600 | 5100 |
| MX Sta Wgn | 300 | 700 | 1200 | 2400 | 4100 | 5900 |
| **Montego MX Brougham, 8-cyl., 118" wb** | | | | | | |
| 2-dr Hdtp Cpe | 350 | 850 | 1400 | 2800 | 4900 | 7100 |
| 4-dr Sdn | 300 | 650 | 1100 | 2200 | 3800 | 5400 |
| Villager Sta Wgn | 300 | 750 | 1250 | 2500 | 4400 | 6200 |
| **Cougar, 8-cyl., 112" wb** | | | | | | |
| 2-dr Hdtp Cpe | 400 | 1150 | 1850 | 3700 | 6400 | 9300 |
| Conv | 600 | 1650 | 2850 | 5700 | 9900 | 14200 |
| 2-dr XR-7 Hdtp Cpe | 450 | 1250 | 2150 | 4300 | 7400 | 10700 |
| XR-7 Conv | 700 | 2000 | 3450 | 6900 | 11900 | 17200 |
| **Monterey, 8-cyl., 124" wb** | | | | | | |
| 2-dr Hdtp Cpe | 300 | 700 | 1200 | 2400 | 4100 | 5900 |
| 4-dr Hdtp Sdn | 300 | 650 | 1100 | 2100 | 3600 | 5100 |
| 4-dr Sdn | 300 | 650 | 1000 | 2000 | 3500 | 4900 |
| Sta Wgn | 300 | 650 | 1150 | 2300 | 3900 | 5700 |
| **Monterey Custom, 8-cyl., 124" wb** | | | | | | |
| 2-dr Hdtp Cpe | 300 | 750 | 1250 | 2500 | 4400 | 6200 |
| 4-dr Hdtp Sdn | 300 | 650 | 1100 | 2200 | 3800 | 5400 |
| 4-dr Sdn | 300 | 650 | 1000 | 2000 | 3500 | 4900 |
| **Marquis, 8-cyl., 124" wb** | | | | | | |
| 2-dr Hdtp Cpe | 300 | 800 | 1350 | 2700 | 4700 | 6900 |
| 4-dr Hdtp Sdn | 300 | 650 | 1150 | 2300 | 3900 | 5700 |
| 4-dr Sdn | 300 | 650 | 1100 | 2100 | 3600 | 5100 |
| Sta Wgn | 300 | 800 | 1300 | 2600 | 4600 | 6600 |
| **Marquis Brougham, 8-cyl.** | | | | | | |
| 2-dr Hdtp Cpe | 350 | 850 | 1400 | 2800 | 4900 | 7100 |
| 4-dr Hdtp Sdn | 300 | 700 | 1200 | 2400 | 4100 | 5900 |
| 4-dr Sdn | 300 | 650 | 1100 | 2100 | 3600 | 5100 |
| Sta Wgn | 350 | 900 | 1500 | 3000 | 5300 | 7600 |

*6-cyl. option deduct 10%*

### 1973

| | 6 | 5 | 4 | 3 | 2 | 1 |
|---|---|---|---|---|---|---|
| **Comet, 8-cyl., 110" wb** | | | | | | |
| 2-dr Sdn | 300 | 650 | 1100 | 2200 | 3800 | 5400 |
| 4-dr Sdn | 300 | 650 | 1000 | 2000 | 3500 | 4900 |
| **Montego, 8-cyl., 118" wb** | | | | | | |
| 2-dr Hdtp Cpe | 300 | 700 | 1200 | 2400 | 4100 | 5900 |
| 4-dr Sdn | 300 | 650 | 1000 | 2000 | 3500 | 4900 |
| 2-dr GT Hdtp Fstbk | 350 | 900 | 1500 | 2900 | 5200 | 7400 |
| 4-dr MX Sdn | 300 | 650 | 1000 | 2000 | 3500 | 4900 |
| 2-dr MX Hdtp | 300 | 750 | 1250 | 2500 | 4400 | 6200 |
| 4-dr MX Sta Wgn | 300 | 650 | 1150 | 2300 | 3900 | 5700 |
| **Montego MX Brougham** | | | | | | |
| 4-dr Sdn | 300 | 650 | 1100 | 2100 | 3600 | 5100 |
| 2-dr Hdtp Cpe | 300 | 800 | 1350 | 2700 | 4700 | 6900 |
| Villager Wgn | 300 | 750 | 1250 | 2500 | 4400 | 6200 |
| **Cougar, 8-cyl., 113" wb** | | | | | | |
| 2-dr Hdtp Cpe | 400 | 1100 | 1800 | 3500 | 6100 | 8900 |
| Conv | 600 | 1600 | 2750 | 5500 | 9500 | 13800 |
| 2-dr XR-7 Hdtp Cpe | 400 | 1200 | 1950 | 3900 | 6800 | 9900 |
| XR-7 Conv | 700 | 2000 | 3450 | 6900 | 11900 | 17200 |
| **Monterey, 8-cyl.124" wb** | | | | | | |
| 2-dr Hdtp Cpe | 300 | 700 | 1200 | 2400 | 4100 | 5900 |
| 4-dr Sdn | 300 | 650 | 1000 | 2000 | 3500 | 4900 |
| 4-dr Sta Wgn | 300 | 650 | 1150 | 2300 | 3900 | 5700 |
| **Monterey Custom** | | | | | | |
| 2-dr Hdtp Cpe | 300 | 750 | 1250 | 2500 | 4400 | 6200 |
| 4-dr Sdn | 300 | 650 | 1000 | 2000 | 3500 | 4900 |
| **Marquis, 8-cyl., 124" wb** | | | | | | |
| 4-dr Sdn | 300 | 650 | 1000 | 2000 | 3500 | 4900 |
| 4-dr Hdtp Sdn | 300 | 650 | 1100 | 2100 | 3600 | 5100 |

| | 6 | 5 | 4 | 3 | 2 | 1 |
|---|---|---|---|---|---|---|
| 2-dr Hdtp Cpe | 300 | 800 | 1300 | 2600 | 4600 | 6600 |
| 4-dr Sta Wgn | 300 | 650 | 1100 | 2200 | 3800 | 5500 |
| **Marquis Brougham** | | | | | | |
| 4-dr Sdn | 300 | 650 | 1100 | 2100 | 3600 | 5100 |
| 4-dr Hdtp Sdn | 300 | 650 | 1150 | 2300 | 3900 | 5700 |
| 2-dr Hdtp Cpe | 300 | 800 | 1350 | 2700 | 4700 | 6900 |
| 4-dr Colony Park | 350 | 850 | 1400 | 2800 | 4900 | 7100 |

*6-cyl. option deduct 10%*

## 1974

| | 6 | 5 | 4 | 3 | 2 | 1 |
|---|---|---|---|---|---|---|
| **Comet, 8-cyl., 110" wb** | | | | | | |
| 2-dr Sdn | 300 | 650 | 1100 | 2100 | 3600 | 5100 |
| 4-dr Sdn | 300 | 600 | 950 | 1900 | 3200 | 4600 |
| **Montego, 8-cyl., 118" wb** | | | | | | |
| 2-dr Hdtp | 300 | 650 | 1100 | 2200 | 3800 | 5400 |
| 4-dr Sdn | 300 | 650 | 1000 | 2000 | 3500 | 4900 |
| 2-dr MX Hdtp Cpe | 300 | 650 | 1150 | 2300 | 3900 | 5700 |
| 4-dr MX Sdn | 300 | 650 | 1000 | 2000 | 3500 | 4900 |
| **Montego MX Brougham** | | | | | | |
| 2-dr Hdtp Cpe | 300 | 650 | 1150 | 2300 | 3900 | 5700 |
| 4-dr Sdn | 300 | 650 | 1100 | 2100 | 3600 | 5100 |
| Villager Wgn | 300 | 650 | 1100 | 2200 | 3800 | 5400 |
| **Cougar XR-7, 8-cyl., 114" wb** | | | | | | |
| 2-dr Hdtp Cpe | 350 | 850 | 1400 | 2800 | 4900 | 7100 |
| **Monterey, 8-cyl., 124" wb** | | | | | | |
| 2-dr Hdtp Cpe | 300 | 700 | 1200 | 2400 | 4100 | 5900 |
| 4-dr Sdn | 300 | 650 | 1000 | 2000 | 3500 | 4900 |
| 4-dr Sta Wgn | 300 | 650 | 1150 | 2300 | 3900 | 5700 |
| **Monterey Custom** | | | | | | |
| 2-dr Hdtp Cpe | 300 | 750 | 1250 | 2500 | 4400 | 6200 |
| 4-dr Sdn | 300 | 650 | 1000 | 2000 | 3500 | 4900 |
| **Marquis, 8-cyl., 124" wb** | | | | | | |
| 2-dr Hdtp Cpe | 300 | 750 | 1250 | 2500 | 4400 | 6200 |
| 4-dr Hdtp Sdn | 300 | 650 | 1100 | 2100 | 3600 | 5100 |
| 4-dr Sdn | 300 | 650 | 1000 | 2000 | 3500 | 4900 |
| 4-dr Sta Wgn | 300 | 650 | 1100 | 2200 | 3800 | 5400 |
| **Marquis Brougham** | | | | | | |
| 4-dr | 300 | 650 | 1000 | 2000 | 3500 | 4900 |
| 4-dr Hdtp | 300 | 650 | 1100 | 2200 | 3800 | 5400 |
| 2-dr Hdtp | 300 | 800 | 1300 | 2600 | 4600 | 6600 |
| 4-dr Colony Park | 300 | 800 | 1350 | 2700 | 4700 | 6900 |

*6-cyl. option deduct 10%*

## 1975

| | 6 | 5 | 4 | 3 | 2 | 1 |
|---|---|---|---|---|---|---|
| **Bobcat, 4-cyl., 95" wb** | | | | | | |
| Htchbk | 200 | 450 | 650 | 1300 | 2200 | 3200 |
| Sta Wgn | 250 | 500 | 750 | 1400 | 2400 | 3400 |
| **Comet, 8-cyl., 110" wb** | | | | | | |
| 2-dr Sdn | 300 | 600 | 900 | 1800 | 3100 | 4400 |
| 4-dr Sdn | 300 | 600 | 850 | 1700 | 2900 | 4100 |
| **Monarch, 8-cyl., 110" wb** | | | | | | |
| 2-dr Sdn | 250 | 500 | 750 | 1500 | 2600 | 3600 |
| 4-dr Sdn | 250 | 500 | 750 | 1400 | 2400 | 3400 |
| **Monarch Ghia** | | | | | | |
| 2-dr Sdn | 250 | 500 | 750 | 1500 | 2600 | 3600 |
| 4-dr Sdn | 250 | 500 | 750 | 1400 | 2400 | 3400 |
| **Montego, 8-cyl., 118" wb** | | | | | | |
| 2-dr Hdtp Cpe | 300 | 650 | 1000 | 2000 | 3500 | 4900 |
| 4-dr Sdn | 300 | 600 | 900 | 1800 | 3100 | 4400 |
| **Montego MX** | | | | | | |
| 2-dr Hdtp Cpe | 300 | 650 | 1100 | 2100 | 3600 | 5100 |
| 4-dr Sdn | 300 | 600 | 900 | 1800 | 3100 | 4400 |
| 4-dr Sta Wgn | 300 | 600 | 950 | 1900 | 3200 | 4600 |

| | 6 | 5 | 4 | 3 | 2 | 1 |
|---|---|---|---|---|---|---|
| **Montego MX Brougham** | | | | | | |
| 2-dr Hdtp Cpe | 300 | 650 | 1100 | 2200 | 3800 | 5400 |
| 4-dr Sdn | 300 | 600 | 950 | 1900 | 3200 | 4600 |
| Villager Wgn | 300 | 650 | 1000 | 2000 | 3500 | 4900 |
| **Cougar XR-7, 8-cyl., 114" wb** | | | | | | |
| 2-dr Hdtp Cpe | 300 | 650 | 1100 | 2200 | 3800 | 5400 |
| **Marquis, 8-cyl., 124" wb** | | | | | | |
| 2-dr Hdtp Cpe | 300 | 650 | 1150 | 2300 | 3900 | 5700 |
| 4-dr Sdn | 300 | 600 | 950 | 1900 | 3200 | 4600 |
| 4-dr Sta Wgn | 300 | 750 | 1250 | 2500 | 4400 | 6200 |
| **Marquis Brougham** | | | | | | |
| 2-dr Hdtp Cpe | 300 | 700 | 1200 | 2400 | 4100 | 5900 |
| 4-dr Sdn | 300 | 600 | 950 | 1900 | 3200 | 4600 |
| Colony Park Wgn | 300 | 750 | 1250 | 2500 | 4400 | 6200 |
| **Grand Marquis** | | | | | | |
| 2-dr Hdtp Cpe | 300 | 750 | 1250 | 2500 | 4400 | 6200 |
| 4-dr Sdn | 300 | 650 | 1000 | 2000 | 3500 | 4900 |
| *Small block option deduct 10%* | | | | | | |
| **1976** | | | | | | |
| **Bobcat, 4-cyl., 95" wb** | | | | | | |
| 3-dr Rnbt Htchbk | 200 | 450 | 650 | 1300 | 2200 | 3200 |
| Villager Sta Wgn | 250 | 500 | 750 | 1400 | 2400 | 3400 |
| *6-cyl. add 20%* | | | | | | |
| **Comet, 8-cyl., 110" wb** | | | | | | |
| 2-dr Sdn | 300 | 600 | 850 | 1700 | 2900 | 4100 |
| 4-dr Sdn | 300 | 550 | 800 | 1600 | 2800 | 3900 |
| **Monarch, 8-cyl., 110" wb** | | | | | | |
| 2-dr Sdn | 250 | 500 | 750 | 1500 | 2600 | 3600 |
| 4-dr Sdn | 250 | 500 | 750 | 1400 | 2400 | 3400 |
| **Monarch Ghia** | | | | | | |
| 2-dr Sdn | 250 | 500 | 750 | 1500 | 2600 | 3600 |
| 4-dr Sdn | 250 | 500 | 750 | 1400 | 2400 | 3400 |
| 4-dr Grand Ghia Sdn | 300 | 550 | 800 | 1600 | 2800 | 3900 |
| **Montego, 8-cyl., 118" wb** | | | | | | |
| Cpe | 300 | 650 | 1000 | 2000 | 3500 | 4900 |
| 4-dr Sdn | 300 | 600 | 900 | 1800 | 3100 | 4400 |
| **Montego MX** | | | | | | |
| Cpe | 300 | 650 | 1100 | 2100 | 3600 | 5100 |
| 4-dr Sdn | 300 | 600 | 900 | 1800 | 3100 | 4400 |
| Villager Wgn | 300 | 650 | 1000 | 2000 | 3500 | 4900 |
| **Montego MX Brougham** | | | | | | |
| Cpe | 300 | 650 | 1100 | 2200 | 3800 | 5400 |
| 4-dr Sdn | 300 | 600 | 950 | 1900 | 3200 | 4600 |
| **Cougar XR-7, 8-cyl., 114" wb** | | | | | | |
| 2-dr Hdtp Cpe | 300 | 650 | 1000 | 2000 | 3500 | 4900 |
| **Marquis, 8-cyl., 124" wb** | | | | | | |
| Cpe | 300 | 650 | 1000 | 2000 | 3500 | 4900 |
| 4-dr Sdn | 300 | 600 | 850 | 1700 | 2900 | 4100 |
| **Marquis Brougham** | | | | | | |
| Cpe | 300 | 650 | 1100 | 2100 | 3600 | 5100 |
| 4-dr Sdn | 300 | 600 | 850 | 1700 | 2900 | 4100 |
| **Grand Marquis** | | | | | | |
| Cpe | 300 | 650 | 1100 | 2200 | 3800 | 5400 |
| 4-dr Sdn | 300 | 600 | 900 | 1800 | 3100 | 4400 |
| **Station Wagons, 8-cyl., 121" wb** | | | | | | |
| Marquis | 300 | 600 | 900 | 1800 | 3100 | 4400 |
| Colony Park | 300 | 650 | 1150 | 2300 | 3900 | 5700 |
| *6-cyl. option deduct 10%* | | | | | | |
| **1977** | | | | | | |
| **Bobcat, 4-cyl., 95" wb** | | | | | | |
| 3-dr Rnbt Htchbk | 200 | 400 | 600 | 1200 | 2100 | 3000 |

'73 Mercury Cougar

'73 Mercury Capri

'74 Mercury Montego

'74 Mercury Comet

'75 Mercury Monarch

'75 Mercury Marquis

'76 Colony Park Station Wagon

'77 Mercury Bobcat

'78 Mercury Cougar

'78 Mercury Capri

'79 Mercury Monarch

'79 Mercury Marquis

|  | 6 | 5 | 4 | 3 | 2 | 1 |
|---|---|---|---|---|---|---|
| Sta Wgn | 200 | 450 | 650 | 1300 | 2200 | 3200 |
| Villager Wgn | 250 | 500 | 750 | 1400 | 2400 | 3400 |

*6-cyl. add 20%*

**Comet, 8-cyl., 110" wb**

|  | 6 | 5 | 4 | 3 | 2 | 1 |
|---|---|---|---|---|---|---|
| 2-dr Sdn | 250 | 500 | 750 | 1500 | 2600 | 3600 |
| 4-dr Sdn | 250 | 500 | 750 | 1400 | 2400 | 3400 |

**Monarch, 8-cyl., 110" wb**

|  | 6 | 5 | 4 | 3 | 2 | 1 |
|---|---|---|---|---|---|---|
| 2-dr Sdn | 250 | 500 | 750 | 1500 | 2600 | 3600 |
| 4-dr Sdn | 250 | 500 | 750 | 1400 | 2400 | 3400 |

**Monarch Ghia**

|  | 6 | 5 | 4 | 3 | 2 | 1 |
|---|---|---|---|---|---|---|
| 2-dr Sdn | 250 | 500 | 750 | 1500 | 2600 | 3600 |
| 4-dr Sdn | 250 | 500 | 750 | 1400 | 2400 | 3400 |

**Cougar, 8-cyl., 114"/118" wb**

|  | 6 | 5 | 4 | 3 | 2 | 1 |
|---|---|---|---|---|---|---|
| 2-dr Sdn | 300 | 550 | 800 | 1600 | 2800 | 3900 |
| 4-dr Sdn | 250 | 500 | 750 | 1500 | 2600 | 3600 |

**Cougar Brougham**

|  | 6 | 5 | 4 | 3 | 2 | 1 |
|---|---|---|---|---|---|---|
| 2-dr Sdn | 300 | 550 | 800 | 1600 | 2800 | 3900 |
| 4-dr Sdn | 250 | 500 | 750 | 1500 | 2600 | 3600 |
| 2-dr XR-7 Cpe | 300 | 600 | 900 | 1800 | 3100 | 4400 |

**Station Wagons, 8-cyl.**

|  | 6 | 5 | 4 | 3 | 2 | 1 |
|---|---|---|---|---|---|---|
| 5-dr Cougar | 300 | 550 | 800 | 1600 | 2800 | 3900 |
| 5-dr Villager | 300 | 600 | 900 | 1800 | 3100 | 4400 |

**Marquis, 8-cyl., 124" wb**

|  | 6 | 5 | 4 | 3 | 2 | 1 |
|---|---|---|---|---|---|---|
| 2-dr Sdn | 300 | 600 | 950 | 1900 | 3200 | 4600 |
| 4-dr Sdn | 300 | 550 | 800 | 1600 | 2800 | 3900 |

**Marquis Brougham**

|  | 6 | 5 | 4 | 3 | 2 | 1 |
|---|---|---|---|---|---|---|
| 2-dr Sdn | 300 | 650 | 1000 | 2000 | 3500 | 4900 |
| 4-dr Sdn | 300 | 550 | 800 | 1600 | 2800 | 3900 |

**Grand Marquis, 8-cyl., 124" wb**

|  | 6 | 5 | 4 | 3 | 2 | 1 |
|---|---|---|---|---|---|---|
| 2-dr Hdtp Cpe | 300 | 650 | 1100 | 2100 | 3600 | 5100 |
| 4-dr Hdtp Sdn | 300 | 600 | 850 | 1700 | 2900 | 4100 |

**Station Wagons, 121" wb**

|  | 6 | 5 | 4 | 3 | 2 | 1 |
|---|---|---|---|---|---|---|
| 2-seat Marquis | 300 | 600 | 900 | 1800 | 3100 | 4400 |
| 3-seat Marquis | 300 | 650 | 1000 | 2000 | 3500 | 4900 |

*Small block option deduct 10%*

## 1978

**Bobcat, 4-cyl., 95" wb**

|  | 6 | 5 | 4 | 3 | 2 | 1 |
|---|---|---|---|---|---|---|
| 3-dr Rnbt Htchbk | 200 | 400 | 600 | 1200 | 2100 | 3000 |
| Sta Wgn | 200 | 450 | 650 | 1300 | 2200 | 3200 |
| Villager Wgn | 250 | 500 | 750 | 1400 | 2400 | 3400 |

**Zephyr, 6-cyl., 106" wb**

|  | 6 | 5 | 4 | 3 | 2 | 1 |
|---|---|---|---|---|---|---|
| Z-7 Spt Cpe | 250 | 500 | 750 | 1500 | 2600 | 3600 |
| 2-dr Sdn | 250 | 500 | 750 | 1400 | 2400 | 3400 |
| 4-dr Sdn | 200 | 450 | 650 | 1300 | 2200 | 3200 |
| Sta Wgn | 200 | 450 | 650 | 1300 | 2200 | 3200 |

**Monarch, 8-cyl., 110" wb**

|  | 6 | 5 | 4 | 3 | 2 | 1 |
|---|---|---|---|---|---|---|
| 2-dr Sdn | 250 | 500 | 750 | 1500 | 2600 | 3600 |
| 4-dr Sdn | 250 | 500 | 750 | 1400 | 2400 | 3400 |

**Cougar, 8-cyl., 118"/114" wb**

|  | 6 | 5 | 4 | 3 | 2 | 1 |
|---|---|---|---|---|---|---|
| 2-dr Hdtp Cpe | 300 | 550 | 800 | 1600 | 2800 | 3900 |
| 4-dr Sdn | 250 | 500 | 750 | 1500 | 2600 | 3600 |
| 2-dr XR-7 Cpe | 300 | 600 | 900 | 1800 | 3100 | 4400 |

**Marquis, 8-cyl., 124" wb**

|  | 6 | 5 | 4 | 3 | 2 | 1 |
|---|---|---|---|---|---|---|
| 2-dr Hdtp Cpe | 300 | 600 | 900 | 1800 | 3100 | 4400 |
| 4-dr Sdn | 300 | 550 | 800 | 1600 | 2800 | 3900 |
| Sta Wgn | 300 | 600 | 900 | 1800 | 3100 | 4400 |

**Marquis Brougham**

|  | 6 | 5 | 4 | 3 | 2 | 1 |
|---|---|---|---|---|---|---|
| 2-dr Hdtp Cpe | 300 | 600 | 950 | 1900 | 3200 | 4600 |
| 4-dr Sdn | 300 | 550 | 800 | 1600 | 2800 | 3900 |

| | 6 | 5 | 4 | 3 | 2 | 1 |
|---|---|---|---|---|---|---|
| **Grand Marquis, 8-cyl., 124" wb** | | | | | | |
| 2-dr Hdtp Cpe | 300 | 650 | 1000 | 2000 | 3500 | 4900 |
| 4-dr Sdn | 300 | 550 | 800 | 1700 | 2900 | 4100 |
| *Small block option deduct 10%* | | | | | | |
| **1979** | | | | | | |
| **Bobcat, 4-cyl., 95" wb** | | | | | | |
| 3-dr Rnbt | 200 | 400 | 600 | 1200 | 2100 | 3000 |
| 3-dr Wgn | 200 | 450 | 650 | 1300 | 2200 | 3200 |
| 3-dr Villager Wgn | 250 | 500 | 750 | 1400 | 2400 | 3400 |
| **Capri, 6-cyl., 100" wb** | | | | | | |
| 3-dr Htchbk Cpe | 200 | 450 | 650 | 1300 | 2200 | 3200 |
| 3-dr Ghia Htchbk Cpe | 250 | 500 | 750 | 1400 | 2400 | 3400 |
| *V-8 add 10%* | | | | | | |
| **Zephyr, 6-cyl., 106" wb** | | | | | | |
| 2-dr Sdn | 250 | 500 | 750 | 1400 | 2400 | 3400 |
| 4-dr Sdn | 200 | 450 | 650 | 1300 | 2200 | 3200 |
| Z-7 Spt Cpe | 250 | 500 | 750 | 1500 | 2600 | 3600 |
| Sta Wgn | 200 | 450 | 650 | 1300 | 2200 | 3200 |
| *V-8 add 10%* | | | | | | |
| **Monarch, 8-cyl., 110" wb** | | | | | | |
| 2-dr Sdn | 250 | 500 | 750 | 1500 | 2600 | 3600 |
| 4-dr S | 250 | 500 | 750 | 1400 | 2400 | 3400 |
| **Cougar, 8-cyl., 118"/114" wb** | | | | | | |
| 2-dr Hdtp Cpe | 300 | 550 | 800 | 1600 | 2800 | 3900 |
| 2-dr XR-7 Hdtp Cpe | 300 | 600 | 900 | 1800 | 3100 | 4400 |
| 4-dr Sdn | 250 | 500 | 750 | 1500 | 2600 | 3600 |
| **Marquis, 8-cyl., 114" wb** | | | | | | |
| 4-dr Sdn | 250 | 500 | 750 | 1400 | 2400 | 3400 |
| 2-dr Hdtp Cpe | 250 | 500 | 750 | 1500 | 2600 | 3600 |
| **Marquis Brougham** | | | | | | |
| 2-dr Cpe Hdtp | 300 | 550 | 800 | 1600 | 2800 | 3900 |
| 4-dr Sdn | 250 | 500 | 750 | 1400 | 2400 | 3400 |
| **Grand Marquis, 8-cyl., 114" wb** | | | | | | |
| 2-dr Hdtp Cpe | 300 | 550 | 800 | 1700 | 2900 | 4100 |
| 4-dr Sdn | 300 | 550 | 800 | 1600 | 2800 | 3900 |
| **Station Wagons, 8-cyl., 114" wb** | | | | | | |
| 3-seat Marquis | 300 | 600 | 850 | 1700 | 2900 | 4100 |
| 3-seat Colony Park | 300 | 550 | 800 | 1700 | 2900 | 4100 |
| *Small block option deduct 10%* | | | | | | |
| **1980** | | | | | | |
| **Bobcat, 4-cyl., 95" wb** | | | | | | |
| 2-dr Htchbk Rnbt | 200 | 400 | 600 | 1200 | 2100 | 3000 |
| 2-dr Sta Wgn | 200 | 450 | 650 | 1300 | 2200 | 3200 |
| 2-dr Villager Sta Wgn | 250 | 500 | 750 | 1400 | 2400 | 3400 |
| **Capri, 6-cyl., 100" wb** | | | | | | |
| 2-dr Htchbk Cpe | 200 | 450 | 650 | 1300 | 2200 | 3200 |
| 2-dr Ghia Htchbk Cpe | 250 | 500 | 750 | 1400 | 2400 | 3400 |
| *V-8 add 10%* | | | | | | |
| **Zephyr, 6-cyl., 106" wb** | | | | | | |
| 2-dr Sdn | 250 | 500 | 750 | 1400 | 2400 | 3400 |
| 4-dr Sdn | 200 | 450 | 650 | 1300 | 2200 | 3200 |
| 2-dr Z7-Spt Cpe | 250 | 500 | 750 | 1500 | 2600 | 3600 |
| 4-dr Sta Wgn | 250 | 500 | 750 | 1400 | 2400 | 3400 |
| **Monarch, 8-cyl., 110" wb** | | | | | | |
| 2-dr Sdn | 250 | 500 | 750 | 1500 | 2600 | 3600 |
| 4-dr Sdn | 250 | 500 | 750 | 1400 | 2400 | 3400 |
| **Cougar XR-7, 8-cyl., 108" wb** | | | | | | |
| 2-dr Cpe | 300 | 600 | 900 | 1800 | 3100 | 4400 |
| **Marquis, 8-cyl., 114" wb** | | | | | | |
| 2-dr Sdn | 250 | 500 | 750 | 1500 | 2600 | 3600 |
| 4-dr Sdn | 250 | 500 | 750 | 1400 | 2400 | 3400 |
| **Marquis Brougham, 8-cyl., 114" wb** | | | | | | |
| 2-dr Sdn | 300 | 550 | 800 | 1600 | 2800 | 3900 |
| 4-dr Sdn | 250 | 500 | 750 | 1400 | 2400 | 3400 |

| | 6 | 5 | 4 | 3 | 2 | 1 |
|---|---|---|---|---|---|---|
| **Grand Marquis, 8-cyl., 114" wb** | | | | | | |
| 2-dr Sdn | 300 | 550 | 800 | 1600 | 2800 | 3900 |
| 4-dr Sdn | 300 | 550 | 800 | 1600 | 2800 | 3900 |
| 4-dr Sta Wgn | 300 | 550 | 800 | 1700 | 2900 | 4100 |
| 4-dr Colony Park Sta Wgn | 300 | 550 | 800 | 1700 | 2900 | 4100 |

*Small block option deduct 10%*

## 1981

| | 6 | 5 | 4 | 3 | 2 | 1 |
|---|---|---|---|---|---|---|
| **Lynx, 4-cyl., 95" wb** | | | | | | |
| 2-dr RS Htchbk | 200 | 350 | 500 | 1000 | 1900 | 2700 |
| 4-dr RS Htchbk | 200 | 350 | 500 | 1000 | 1900 | 2700 |
| 2-dr LS Htchbk | 200 | 350 | 500 | 1000 | 1900 | 2700 |
| 4-dr GS Lftbk | 200 | 350 | 500 | 1000 | 1900 | 2700 |
| 2-dr GS Htchbk | 200 | 350 | 500 | 1000 | 1900 | 2700 |
| 2-dr GL Htchbk | 150 | 300 | 450 | 900 | 1800 | 2600 |
| 4-dr GL Lftbk | 150 | 300 | 450 | 900 | 1800 | 2600 |
| 4-dr Lftbk | 150 | 300 | 450 | 900 | 1800 | 2600 |
| 4-dr L Lftbk | 150 | 300 | 450 | 900 | 1800 | 2600 |
| 2-dr L Htchbk | 150 | 300 | 450 | 900 | 1800 | 2600 |
| 2-dr Htchbk | 150 | 300 | 450 | 900 | 1800 | 2600 |
| **Zephyr, 6-cyl., 106" wb** | | | | | | |
| 2-dr S Sdn | 250 | 500 | 750 | 1400 | 2400 | 3400 |
| 4-dr Sdn | 200 | 450 | 650 | 1300 | 2200 | 3200 |
| 2-dr Sdn | 250 | 500 | 750 | 1500 | 2600 | 3600 |
| 2-dr Z-7 Cpe | 300 | 550 | 800 | 1600 | 2800 | 3900 |
| 4-dr Sta Wgn | 250 | 500 | 750 | 1400 | 2400 | 3400 |

*4-cyl. deduct 10%*

| | 6 | 5 | 4 | 3 | 2 | 1 |
|---|---|---|---|---|---|---|
| **Capri, 6-cyl., 100" wb** | | | | | | |
| 2-dr Htchbk | 250 | 500 | 750 | 1400 | 2400 | 3400 |
| 2-dr GS Htchbk | 250 | 500 | 750 | 1500 | 2600 | 3600 |
| **Cougar, 6-cyl., 105.5" wb** | | | | | | |
| 2-dr Sdn | 250 | 500 | 750 | 1500 | 2600 | 3600 |
| 4-dr Sdn | 250 | 500 | 750 | 1500 | 2600 | 3600 |
| 2-dr XR-7 Cpe (108" wb) | 300 | 550 | 800 | 1700 | 2900 | 4100 |
| **Marquis, 8-cyl., 114" wb** | | | | | | |
| 4-dr Sdn | 250 | 500 | 750 | 1400 | 2400 | 3400 |
| **Marquis Brougham, 8-cyl., 114" wb** | | | | | | |
| 2-dr Sdn | 300 | 550 | 800 | 1600 | 2800 | 3900 |
| 4-dr Sdn | 250 | 500 | 750 | 1400 | 2400 | 3400 |
| **Grand Marquis, 8-cyl., 114" wb** | | | | | | |
| 2-dr Sdn | 300 | 550 | 800 | 1600 | 2800 | 3900 |
| 4-dr Sdn | 300 | 550 | 800 | 1600 | 2800 | 3900 |
| 4-dr Sta Wgn | 300 | 550 | 800 | 1700 | 2900 | 4100 |
| 4-dr Colony Park Sta Wgn | 300 | 550 | 800 | 1700 | 2900 | 4100 |

*Small block option deduct 10%*

## 1982

| | 6 | 5 | 4 | 3 | 2 | 1 |
|---|---|---|---|---|---|---|
| **Lynx, 4-cyl., 95" wb** | | | | | | |
| 2-dr Htchbk | 200 | 350 | 500 | 1000 | 1900 | 2700 |
| 4-dr Htchbk Sdn | 200 | 350 | 500 | 1000 | 1900 | 2700 |
| 2-dr GL Htchbk | 200 | 350 | 500 | 1000 | 1900 | 2700 |
| 4-dr GL Htchbk Sdn | 200 | 350 | 500 | 1000 | 1900 | 2700 |
| 4-dr GL Wgn | 200 | 350 | 500 | 1000 | 1900 | 2700 |
| 2-dr GS Htchbk | 200 | 400 | 550 | 1100 | 2000 | 2900 |
| 4-dr GS Htchbk Sdn | 200 | 400 | 550 | 1100 | 2000 | 2900 |
| 4-dr GS Wgn | 200 | 400 | 550 | 1100 | 2000 | 2900 |
| 2-dr L Htchbk | 200 | 350 | 500 | 1000 | 1900 | 2700 |
| 4-dr L Htchbk Sdn | 200 | 350 | 500 | 1000 | 1900 | 2700 |
| 4-dr L Wgn | 200 | 350 | 500 | 1000 | 1900 | 2700 |
| 2-dr LS Htchbk | 200 | 400 | 550 | 1100 | 2000 | 2900 |
| 4-dr LS Htchbk | 200 | 400 | 550 | 1100 | 2000 | 2900 |
| 4-dr LS Sta Wgn | 200 | 400 | 550 | 1100 | 2000 | 2900 |
| 2-dr RS Htchbk | 200 | 400 | 550 | 1100 | 2000 | 2900 |

| | 6 | 5 | 4 | 3 | 2 | 1 |
|---|---|---|---|---|---|---|
| **LN7, 4-cyl., 95" wb** | | | | | | |
| 2-dr Htchbk Cpe | 200 | 350 | 500 | 1000 | 1900 | 2700 |
| **Zephyr, 6-cyl., 106" wb** | | | | | | |
| 4-dr Sdn | 250 | 500 | 750 | 1400 | 2400 | 3400 |
| 2-dr Spt Cpe | 250 | 500 | 750 | 1400 | 2400 | 3400 |
| 4-dr GS Sdn | 250 | 500 | 750 | 1500 | 2600 | 3600 |
| 2-dr GS Z-7 Cpe | 250 | 500 | 750 | 1500 | 2600 | 3600 |
| **Capri, 6-cyl., 100" wb** | | | | | | |
| 2-dr Htchbk | 250 | 500 | 750 | 1400 | 2400 | 3400 |
| 2-dr L Htchbk | 250 | 500 | 750 | 1500 | 2600 | 3600 |
| 2-dr GS Htchbk | 250 | 500 | 750 | 1500 | 2600 | 3600 |
| **Capri, 8-cyl., 100" wb** | | | | | | |
| 2-dr RS Htchbk | 300 | 550 | 800 | 1700 | 2900 | 4100 |
| **Cougar, 6-cyl., 105.5" wb** | | | | | | |
| 2-dr GS Sdn | 250 | 500 | 750 | 1500 | 2600 | 3600 |
| 4-dr GS Sdn | 250 | 500 | 750 | 1500 | 2600 | 3600 |
| 4-dr GS Sta Wgn | 250 | 500 | 750 | 1500 | 2600 | 3600 |
| 2-dr LS Sdn | 300 | 550 | 800 | 1600 | 2800 | 3900 |
| 4-dr LS Sdn | 300 | 550 | 800 | 1600 | 2800 | 3900 |
| **Cougar XR-7, 8-cyl., 108" wb** | | | | | | |
| 2-dr GS Cpe | 300 | 550 | 800 | 1600 | 2800 | 3900 |
| 2-dr LS Cpe | 300 | 600 | 900 | 1800 | 3100 | 4400 |
| **Marquis, 8-cyl., 114" wb** | | | | | | |
| 4-dr Sdn | 250 | 500 | 750 | 1400 | 2400 | 3400 |
| **Marquis Brougham, 8-cyl., 114" wb** | | | | | | |
| 2-dr Sdn | 300 | 550 | 800 | 1600 | 2800 | 3900 |
| 4-dr Sdn | 250 | 500 | 750 | 1400 | 2400 | 3400 |
| **Grand Marquis, 8-cyl., 114" wb** | | | | | | |
| 2-dr Sdn | 300 | 550 | 800 | 1700 | 2900 | 4100 |
| 4-dr Sdn | 300 | 550 | 800 | 1700 | 2900 | 4100 |
| 4-dr Sta Wgn | 300 | 600 | 900 | 1800 | 3100 | 4400 |
| 4-dr Colony Park Sta Wgn | 300 | 600 | 900 | 1800 | 3100 | 4400 |
| | | *Small block option deduct 10%* | | | | |
| **1983** | | | | | | |
| **Lynx, 4-cyl., 95" wb** | | | | | | |
| 2-dr L Htchbk | 200 | 350 | 500 | 1000 | 1900 | 2700 |
| 4-dr L Htchbk | 200 | 350 | 500 | 1000 | 1900 | 2700 |
| 4-dr L Wgn | 200 | 350 | 500 | 1000 | 1900 | 2700 |
| 2-dr GS Htchbk | 200 | 400 | 550 | 1100 | 2000 | 2900 |
| 4-dr GS Htchbk | 200 | 400 | 550 | 1100 | 2000 | 2900 |
| 4-dr GS Wgn | 200 | 400 | 550 | 1100 | 2000 | 2900 |
| 2-dr LS Htchbk | 200 | 400 | 550 | 1100 | 2000 | 2900 |
| 4-dr LS Htchbk | 200 | 400 | 550 | 1100 | 2000 | 2900 |
| 4-dr LS Sta Wgn | 200 | 400 | 550 | 1100 | 2000 | 2900 |
| 2-dr RS Htchbk | 200 | 400 | 550 | 1100 | 2000 | 2900 |
| 4-dr LTS Htchbk | 200 | 350 | 500 | 1000 | 1900 | 2700 |
| **LN7, 4-cyl., 95" wb** | | | | | | |
| 2-dr Htchbk Cpe | 200 | 350 | 500 | 1000 | 1900 | 2700 |
| 2-dr Htchbk Spt | 200 | 350 | 500 | 1000 | 1900 | 2700 |
| 2-dr GS Htchbk | 200 | 350 | 500· | 1000 | 1900 | 2700 |
| 2-dr RS Htchbk | 200 | 350 | 500 | 1000 | 1900 | 2700 |
| **Zephyr, 6-cyl., 106" wb** | | | | | | |
| 4-dr Sdn | 250 | 500 | 750 | 1400 | 2400 | 3400 |
| 2-dr Z-7 Spt Cpe | 250 | 500 | 750 | 1400 | 2400 | 3400 |
| 4-dr GS Sdn GS | 250 | 500 | 750 | 1500 | 2600 | 3600 |
| 2-dr GS Z-7 Spt Cpe | 250 | 500 | 750 | 1500 | 2600 | 3600 |
| **Capri, 6-cyl., 100" wb** | | | | | | |
| 2-dr Htchbk | 250 | 500 | 750 | 1400 | 2400 | 3400 |
| 2-dr L Htchbk | 250 | 500 | 750 | 1500 | 2600 | 3600 |
| 2-dr GS Htchbk | 250 | 500 | 750 | 1500 | 2600 | 3600 |

'79 Mercury Capri

'79 Mercury Cougar

'81 Mercury Zephyr

'82 Mercury Cougar

'83 Mercury Capri

'84 Mercury Grand Marquis

'85 Mercury Cougar

'90 Mercury Sable

| | 6 | 5 | 4 | 3 | 2 | 1 |
|---|---|---|---|---|---|---|
| **Capri, 8-cyl., 100" wb** | | | | | | |
| 2-dr RS Htchbk | 300 | 550 | 800 | 1700 | 2900 | 4100 |
| **Cougar, 8-cyl., 104" wb** | | | | | | |
| 2-dr Cpe | 300 | 550 | 800 | 1600 | 2800 | 3900 |
| 2-dr LS Cpe | 300 | 600 | 900 | 1800 | 3100 | 4400 |
| **Marquis, 4-cyl., 106" wb** | | | | | | |
| 4-dr Sdn | 200 | 350 | 500 | 1000 | 1900 | 2700 |
| 4-dr Brghm Sdn | 200 | 400 | 550 | 1100 | 2000 | 2900 |
| **Marquis, 6-cyl., 106" wb** | | | | | | |
| 4-dr Sdn | 200 | 400 | 600 | 1200 | 2100 | 3000 |
| 4-dr Sdn Brghm | 200 | 450 | 650 | 1300 | 2200 | 3200 |
| 4-dr Sta Wgn | 200 | 450 | 650 | 1300 | 2200 | 3200 |
| 4-dr Sta Wgn Brghm | 250 | 500 | 750 | 1400 | 2400 | 3400 |
| **Grand Marquis, 8-cyl., 114" wb** | | | | | | |
| 2-dr Cpe | 300 | 550 | 800 | 1700 | 2900 | 4100 |
| 4-dr Sdn | 300 | 550 | 800 | 1700 | 2900 | 4100 |
| 4-dr LS Sdn | 300 | 600 | 900 | 1800 | 3100 | 4400 |

| | 6 | 5 | 4 | 3 | 2 | 1 |
|---|---|---|---|---|---|---|
| 2-dr LS Cpe | 300 | 600 | 900 | 1800 | 3100 | 4400 |
| 4-dr Colony Park Sta Wgn | 300 | 600 | 900 | 1800 | 3100 | 4400 |
| *Small block option deduct 15%* | | | | | | |

**1984**

**Lynx, 4-cyl., 95" wb**

| | | | | | | |
|---|---|---|---|---|---|---|
| 2-dr Htchbk | 200 | 350 | 500 | 1000 | 1900 | 2700 |
| 4-dr Htchbk | 200 | 350 | 500 | 1000 | 1900 | 2700 |
| 2-dr L Htchbk | 200 | 350 | 500 | 1000 | 1900 | 2700 |
| 4-dr L Htchbk | 200 | 350 | 500 | 1000 | 1900 | 2700 |
| 2-dr GS Htchbk | 200 | 400 | 550 | 1100 | 2000 | 2900 |
| 4-dr G Htchbk | 200 | 400 | 550 | 1100 | 2000 | 2900 |
| 4-dr GS Wgn | 200 | 400 | 550 | 1100 | 2000 | 2900 |
| 4-dr L Wgn | 200 | 350 | 500 | 1000 | 1900 | 2700 |
| 4-dr LS Htchbk | 200 | 400 | 550 | 1100 | 2000 | 2900 |
| 2-dr RS Htchbk | 200 | 400 | 550 | 1100 | 2000 | 2900 |
| 2-dr RS Htchbk Turbo | 200 | 350 | 500 | 1000 | 1900 | 2700 |

**Topaz, 4-cyl., 99.9" wb**

| | | | | | | |
|---|---|---|---|---|---|---|
| 2-dr LS Sdn | 200 | 450 | 650 | 1300 | 2200 | 3200 |
| 4-dr LS Sdn | 200 | 450 | 650 | 1300 | 2200 | 3200 |
| 2-dr GS Sdn | 200 | 400 | 600 | 1200 | 2100 | 3000 |
| 4-dr GS Sdn | 200 | 400 | 600 | 1200 | 2100 | 3000 |

**Capri, 4-cyl., 101" wb**

| | | | | | | |
|---|---|---|---|---|---|---|
| 2-dr GS Htchbk | 250 | 500 | 750 | 1400 | 2400 | 3400 |
| 2-dr RS Htchbk Turbo | 300 | 550 | 800 | 1600 | 2800 | 3900 |
| 2-dr GS Htchbk (6-cyl.) | 300 | 550 | 800 | 1600 | 2800 | 3900 |
| 2-dr GS Htchbk (8-cyl.) | 300 | 600 | 900 | 1800 | 3100 | 4400 |
| 2-dr RS Htchbk (8-cyl.) | 300 | 600 | 900 | 1800 | 3100 | 4400 |

**Cougar, 4-cyl. Turbo, 104" wb**

| | | | | | | |
|---|---|---|---|---|---|---|
| 2-dr XR-7 Cpe | 300 | 550 | 800 | 1600 | 2800 | 3900 |

**Cougar, 6-cyl., 104" wb**

| | | | | | | |
|---|---|---|---|---|---|---|
| 2-dr Cpe | 300 | 550 | 800 | 1600 | 2800 | 3900 |
| 2-dr LS Cpe | 300 | 600 | 900 | 1800 | 3100 | 4400 |

**Cougar, 8-cyl., 104" wb**

| | | | | | | |
|---|---|---|---|---|---|---|
| 2-dr Cpe | 300 | 600 | 950 | 1900 | 3200 | 4600 |
| 2-dr LS Cpe | 300 | 650 | 1100 | 2100 | 3600 | 5100 |
| 2-dr XR-7 Cpe | 300 | 650 | 1100 | 2100 | 3600 | 5100 |

**Marquis, 4-cyl., 106" wb**

| | | | | | | |
|---|---|---|---|---|---|---|
| 4-dr Sdn | 200 | 350 | 500 | 1000 | 1900 | 2700 |
| 4-dr Sdn Brghm | 200 | 400 | 550 | 1100 | 2000 | 2900 |

**Marquis, 6-cyl., 106" wb**

| | | | | | | |
|---|---|---|---|---|---|---|
| 4-dr Sdn | 200 | 400 | 600 | 1200 | 2100 | 3000 |
| 4-dr Sdn Brghm | 200 | 450 | 650 | 1300 | 2200 | 3200 |
| 4-dr Sta Wgn | 200 | 450 | 650 | 1300 | 2200 | 3200 |
| 4-dr Sta Wgn Brghm | 250 | 500 | 750 | 1400 | 2400 | 3400 |

**Grand Marquis, 8-cyl., 114" wb**

| | | | | | | |
|---|---|---|---|---|---|---|
| 2-dr Sdn | 300 | 550 | 800 | 1700 | 2900 | 4100 |
| 4-dr Sdn | 300 | 550 | 800 | 1700 | 2900 | 4100 |
| 2-dr LS Sdn | 300 | 600 | 900 | 1800 | 3100 | 4400 |
| 4-dr LS Sdn | 300 | 600 | 900 | 1800 | 3100 | 4400 |
| 4-dr Colony Park Sta Wgn | 300 | 600 | 900 | 1800 | 3100 | 4400 |
| *Small block option deduct 15%* | | | *Diesel deduct 10%* | | | |

**1985**

**Lynx, 4-cyl., 95" wb**

| | | | | | | |
|---|---|---|---|---|---|---|
| 2-dr Htchbk | 200 | 350 | 500 | 1000 | 1900 | 2700 |
| 2-dr Htchbk GS | 200 | 400 | 550 | 1100 | 2000 | 2900 |
| 4-dr Htchbk GS | 200 | 400 | 550 | 1100 | 2000 | 2900 |
| 4-dr Sta Wgn GS | 200 | 400 | 550 | 1100 | 2000 | 2900 |
| 2-dr L Htchbk | 200 | 350 | 500 | 1000 | 1900 | 2700 |
| 4-dr L Htchbk | 200 | 350 | 500 | 1000 | 1900 | 2700 |
| 4-dr L Wgn | 200 | 350 | 500 | 1000 | 1900 | 2700 |

| | 6 | 5 | 4 | 3 | 2 | 1 |
|---|---|---|---|---|---|---|
| **Topaz, 4-cyl., 99.9" wb** | | | | | | |
| 2-dr GS Sdn | 200 | 400 | 600 | 1200 | 2100 | 3000 |
| 4-dr GS Sdn | 200 | 400 | 600 | 1200 | 2100 | 3000 |
| 2-dr LS Sdn | 200 | 450 | 650 | 1300 | 2200 | 3200 |
| 4-dr LS Sdn | 200 | 450 | 650 | 1300 | 2200 | 3200 |
| **Capri, 4-cyl., 101" wb** | | | | | | |
| 2-dr GS Htchbk | 250 | 500 | 750 | 1400 | 2400 | 3400 |
| 2-dr GS Htchbk (6-cyl.) | 300 | 550 | 800 | 1600 | 2800 | 3900 |
| 2-dr GS Htchbk (8-cyl.) | 300 | 600 | 900 | 1800 | 3100 | 4400 |
| 2-dr Htchbk 5.0-litre (8-cyl.) | 300 | 600 | 950 | 1900 | 3200 | 4600 |
| **Cougar, 104" wb** | | | | | | |
| 2-dr Cpe (6-cyl.) | 300 | 550 | 800 | 1700 | 2900 | 4100 |
| 2-dr LS Cpe (6 cyl.) | 300 | 600 | 950 | 1900 | 3200 | 4600 |
| 2-dr Cpe (8-cyl.) | 300 | 650 | 1000 | 2000 | 3500 | 4900 |
| 2-dr LS Cpe (8-cyl.) | 300 | 650 | 1100 | 2200 | 3800 | 5400 |
| 2-dr XR-7 Cpe Turbo (4-cyl.) | 300 | 550 | 800 | 1700 | 2900 | 4100 |
| **Marquis, 6-cyl., 106" wb** | | | | | | |
| 4-dr Sdn | 200 | 400 | 600 | 1200 | 2100 | 3000 |
| 4-dr Sta Wgn | 200 | 450 | 650 | 1300 | 2200 | 3200 |
| 4-dr Sdn Brghm | 200 | 450 | 650 | 1300 | 2200 | 3200 |
| 4-dr Sta Wgn Brghm | 250 | 500 | 750 | 1400 | 2400 | 3400 |
| **Grand Marquis, 8-cyl., 114" wb** | | | | | | |
| 2-dr Sdn | 300 | 550 | 800 | 1700 | 2900 | 4100 |
| 4-dr Sdn | 300 | 550 | 800 | 1700 | 2900 | 4100 |
| 2-dr LS Sdn | 300 | 600 | 900 | 1800 | 3100 | 4400 |
| 4-dr LS Sdn | 300 | 600 | 900 | 1800 | 3100 | 4400 |
| 4-dr Colony Park Sta Wgn | 300 | 600 | 900 | 1800 | 3100 | 4400 |

*Diesel deduct 10%*      *Small block option deduct 15%*

## 1986

| | 6 | 5 | 4 | 3 | 2 | 1 |
|---|---|---|---|---|---|---|
| **Lynx, 4-cyl., 95" wb** | | | | | | |
| 2-dr Htchbk | 200 | 400 | 550 | 1100 | 2000 | 2900 |
| 2-dr L Htchbk | 200 | 400 | 550 | 1100 | 2000 | 2900 |
| 4-dr L Htchbk | 200 | 400 | 550 | 1100 | 2000 | 2900 |
| 4-dr L Sta Wgn | 200 | 400 | 550 | 1100 | 2000 | 2900 |
| 2-dr GS Htchbk | 200 | 400 | 600 | 1200 | 2100 | 3000 |
| 4-dr GS Htchbk | 200 | 400 | 600 | 1200 | 2100 | 3000 |
| 4-dr GS Wgn | 200 | 400 | 600 | 1200 | 2100 | 3000 |
| 2-dr XR3 Htchbk | 200 | 400 | 550 | 1100 | 2000 | 2900 |
| **Capri, 4-cyl., 101" wb** | | | | | | |
| 2-dr GS Htchbk, 4-cyl | 300 | 550 | 800 | 1600 | 2800 | 3900 |
| 5.0L Htchbk Cpe | 300 | 650 | 1100 | 2100 | 3600 | 5100 |
| **Topaz, 4-cyl., 99.9" wb** | | | | | | |
| 2-dr GS Sdn | 200 | 450 | 650 | 1300 | 2200 | 3200 |
| 4-dr GS Sdn | 200 | 450 | 650 | 1300 | 2200 | 3200 |
| 2-dr LS Sdn | 250 | 500 | 750 | 1400 | 2400 | 3400 |
| 4-dr LS Sdn | 250 | 500 | 750 | 1400 | 2400 | 3400 |
| **Marquis, 4-cyl., 106" wb** | | | | | | |
| 4-dr Sdn | 200 | 400 | 600 | 1200 | 2100 | 3000 |
| 4-dr Sta Wgn | 200 | 450 | 650 | 1300 | 2200 | 3200 |
| **Marquis Brougham, 6-cyl., 106" wb** | | | | | | |
| 4-dr Sdn | 200 | 450 | 650 | 1300 | 2200 | 3200 |
| 4-dr Sta Wgn | 250 | 500 | 750 | 1400 | 2400 | 3400 |
| **Grand Marquis, 8-cyl., 114" wb** | | | | | | |
| 2-dr Sdn | 300 | 600 | 950 | 1900 | 3200 | 4600 |
| 4-dr Sdn | 300 | 600 | 950 | 1900 | 3200 | 4600 |
| 2-dr LS Sdn | 300 | 650 | 1000 | 2000 | 3500 | 4900 |
| 4-dr LS Sdn | 300 | 650 | 1000 | 2000 | 3500 | 4900 |
| 4-dr Colony Park Sta Wgn | 300 | 650 | 1000 | 2000 | 3500 | 4900 |
| **Cougar, 6-cyl., 104" wb** | | | | | | |
| 2-dr GS Cpe | 300 | 600 | 950 | 1900 | 3200 | 4600 |
| 2-dr LS Cpe | 300 | 650 | 1550 | 2300 | 3900 | 5700 |
| 2-dr XR-7 Cpe (4 cyl. Turbo) | 300 | 600 | 950 | 1900 | 3200 | 4600 |

| | 6 | 5 | 4 | 3 | 2 | 1 |
|---|---|---|---|---|---|---|
| **Sable, 6-cyl., 106" wb** | | | | | | |
| 4-dr GS Sdn | 300 | 550 | 800 | 1700 | 2900 | 4100 |
| 4-dr LS Sdn | 300 | 600 | 950 | 1900 | 3200 | 4600 |
| 4-dr GS Wgn | 300 | 650 | 1100 | 2200 | 3800 | 5400 |
| 4-dr LS Wgn | 300 | 700 | 1200 | 2400 | 4100 | 5900 |

*Small block option deduct 15%*         *Diesel deduct 10%*

## 1987

| | 6 | 5 | 4 | 3 | 2 | 1 |
|---|---|---|---|---|---|---|
| **Lynx, 4-cyl., 95" wb** | | | | | | |
| 2-dr L Htchbk | 200 | 400 | 600 | 1200 | 2100 | 3000 |
| 2-dr GS Htchbk | 200 | 450 | 650 | 1300 | 2200 | 3200 |
| 4-dr GS Htchbk | 200 | 450 | 650 | 1300 | 2200 | 3200 |
| 4-dr GS Sta Wgn | 200 | 450 | 650 | 1300 | 2200 | 3200 |
| 2-dr XR3 Htchbk | 200 | 450 | 650 | 1300 | 2200 | 3200 |
| **Topaz, 4-cyl., 99.9" wb** | | | | | | |
| 2-dr GS Sdn | 250 | 500 | 750 | 1400 | 2400 | 3400 |
| 4-dr GS Sdn | 250 | 500 | 750 | 1500 | 2600 | 3600 |
| 2-dr GS Spt Sdn | 250 | 500 | 750 | 1500 | 2600 | 3600 |
| 4-dr GS Spt Sdn | 250 | 500 | 750 | 1500 | 2600 | 3600 |
| 4-dr LS Sdn | 250 | 500 | 750 | 1500 | 2600 | 3600 |
| **Cougar, 6-cyl., 104" wb** | | | | | | |
| 2-dr LS Cpe | 300 | 750 | 1250 | 2500 | 4400 | 6200 |
| 2-dr LS Cpe LS (8-cyl.) | 350 | 900 | 1500 | 2900 | 5200 | 7400 |
| 2-dr XR-7 Cpe (8-cyl.) | 350 | 900 | 1500 | 3000 | 5300 | 7600 |
| **Sable, 6-cyl., 106" wb** | | | | | | |
| 4-dr GS Sdn | 300 | 600 | 950 | 1900 | 3200 | 4600 |
| 4-dr LS Sdn | 300 | 650 | 1100 | 2100 | 3600 | 5100 |
| 4-dr GS Sta Wgn | 300 | 700 | 1200 | 2400 | 4100 | 5900 |
| 4-dr LS Sta Wgn | 300 | 800 | 1300 | 2600 | 4600 | 6600 |
| **Grand Marquis, 8-cyl., 114" wb** | | | | | | |
| 4-dr GS Sdn GS | 300 | 650 | 1100 | 2200 | 3800 | 5400 |
| 4-dr Colony Park GS Sta Wgn | 300 | 700 | 1200 | 2400 | 4100 | 5900 |
| 2-dr LS Sdn | 300 | 700 | 1200 | 2400 | 4100 | 5900 |
| 4-dr LS Sdn | 300 | 700 | 1200 | 2400 | 4100 | 5900 |
| 4-dr LS Colony Park Sta Wgn | 300 | 750 | 1250 | 2500 | 4400 | 6200 |

*Small block option deduct 15%*         *Diesel deduct 10%*

## 1988

| | 6 | 5 | 4 | 3 | 2 | 1 |
|---|---|---|---|---|---|---|
| **Tracer, 4-cyl., 94.7" wb** | | | | | | |
| 4-dr Htchbk | 250 | 500 | 750 | 1400 | 2400 | 3400 |
| 2-dr Hchbk | 250 | 500 | 750 | 1500 | 2600 | 3600 |
| 4-dr Sta Wgn | 300 | 550 | 800 | 1700 | 2900 | 4100 |
| **Topaz GS, 4-cyl., 99.9" wb** | | | | | | |
| 4-dr Sdn | 300 | 550 | 800 | 1600 | 2800 | 3900 |
| 2-dr Sdn | 250 | 500 | 750 | 1500 | 2600 | 3600 |
| 4-dr LS Sdn | 300 | 550 | 800 | 1700 | 2900 | 4100 |
| 4-dr LTS Sdn | 300 | 600 | 900 | 1800 | 3100 | 4400 |
| 2-dr XR5 Sdn | 300 | 550 | 800 | 1600 | 2800 | 3900 |
| **Cougar, 6-cyl., 104" wb** | | | | | | |
| 2-dr LS Hdtp | 350 | 850 | 1400 | 2800 | 4900 | 7100 |
| **Cougar, 8-cyl., 104" wb** | | | | | | |
| 2-dr LS Hdtp | 350 | 1000 | 1600 | 3200 | 5700 | 8100 |
| 2-dr XR-7 Hdtp | 400 | 1050 | 1700 | 3300 | 5800 | 8300 |
| **Sable, 6-cyl., 106" wb** | | | | | | |
| 4-dr GS Sdn | 300 | 650 | 1150 | 2300 | 3900 | 5700 |
| 4-dr GS Sta Wgn | 300 | 800 | 1350 | 2700 | 4700 | 6900 |
| 4-dr LS Sdn | 300 | 700 | 1200 | 2400 | 4100 | 5900 |
| 4-dr LS Sta Wgn | 350 | 900 | 1500 | 3000 | 5300 | 7600 |
| **Grand Marquis, 8-cyl., 114" wb** | | | | | | |
| 4-dr GS Sdn | 300 | 800 | 1300 | 2600 | 4600 | 6600 |
| 4-dr LS Sdn | 350 | 850 | 1400 | 2800 | 4900 | 7100 |
| 4-dr GS Colony Park S/W | 350 | 850 | 1400 | 2800 | 4900 | 7100 |
| 4-dr LS Colony Park S/W | 350 | 900 | 1500 | 2900 | 5200 | 7400 |

*Small block option deduct 15%*

|  | 6 | 5 | 4 | 3 | 2 | 1 |
|---|---|---|---|---|---|---|
| **1989** | | | | | | |
| **Tracer, 4-cyl., 94.7" wb** | | | | | | |
| 4-dr Htchbk | 300 | 550 | 800 | 1600 | 2800 | 3900 |
| 2-dr Htchbk | 300 | 550 | 800 | 1600 | 2800 | 3900 |
| 4-dr Sta Wgn | 300 | 650 | 1000 | 2000 | 3500 | 4900 |
| **Topaz GS, 4-cyl., 99.9" wb** | | | | | | |
| 2-dr Sdn | 300 | 600 | 850 | 1700 | 2900 | 4100 |
| 4-dr Sdn | 300 | 600 | 950 | 1900 | 3200 | 4600 |
| 4-dr LS Sdn | 300 | 650 | 1000 | 2000 | 3500 | 4900 |
| 4-dr LTS Sdn | 300 | 650 | 1100 | 2100 | 3600 | 5100 |
| 2-dr XR5 Sdn | 300 | 600 | 950 | 1900 | 3200 | 4600 |
| **Cougar, 6-cyl., 113" wb** | | | | | | |
| 2-dr LS Cpe | 350 | 950 | 1550 | 3100 | 5500 | 7900 |
| 2-dr XR-7 Cpe | 500 | 1300 | 2250 | 4500 | 7700 | 11000 |
| **Sable, 6-cyl., 106" wb** | | | | | | |
| 4-dr GS Sdn | 300 | 800 | 1300 | 2600 | 4600 | 6600 |
| 4-dr GS Sta Wgn | 350 | 950 | 1550 | 3100 | 5500 | 7900 |
| 4-dr LS Sdn | 350 | 850 | 1400 | 2800 | 4900 | 7100 |
| 4-dr LS Sta Wgn | 400 | 1050 | 1700 | 3400 | 5900 | 8500 |
| **Grand Marquis, 8-cyl., 114" wb** | | | | | | |
| 4-dr GS Sdn | 350 | 950 | 1550 | 3100 | 5500 | 7900 |
| 4-dr LS Sdn | 400 | 1050 | 1700 | 3300 | 5800 | 8300 |
| 2-seat Colony Park S/W GS | 350 | 1000 | 1600 | 3200 | 5700 | 8100 |
| 2-seat Colony Park S/W LS | 400 | 1050 | 1700 | 3400 | 5900 | 8500 |
| **1990** | | | | | | |
| **Topaz GS, 4-cyl., 99.9" wb** | | | | | | |
| 2-dr Sdn | 300 | 650 | 1000 | 2000 | 3500 | 4900 |
| 4-dr Sdn | 300 | 650 | 1100 | 2200 | 3800 | 5400 |
| 4-dr LS Sdn | 300 | 650 | 1150 | 2300 | 3900 | 5700 |
| 4-dr LTS Sdn | 300 | 750 | 1250 | 2500 | 4400 | 6200 |
| 2-dr XR5 Sdn | 300 | 650 | 1100 | 2200 | 3800 | 5400 |
| **Cougar, 6-cyl., 113" wb** | | | | | | |
| 2-dr LS Cpe | 400 | 1100 | 1800 | 3600 | 6200 | 9100 |
| 2-dr XR-7 Cpe | 550 | 1500 | 2500 | 5100 | 8800 | 12500 |
| **Sable, 6-cyl., 106" wb** | | | | | | |
| 4-dr GS Sdn | 400 | 1150 | 1850 | 3700 | 6400 | 9300 |
| 4-dr GS Sta Wgn | 450 | 1250 | 2100 | 4200 | 7200 | 10500 |
| 4-dr LS Sdn | 400 | 1200 | 1950 | 3900 | 6800 | 9900 |
| 4-dr LS Sta Wgn | 500 | 1300 | 2250 | 4500 | 7700 | 11000 |
| **Grand Marquis, 8-cyl., 114" wb** | | | | | | |
| 4-dr GS Sdn | 400 | 1150 | 1850 | 3700 | 6400 | 9300 |
| 4-dr LS Sdn | 400 | 1200 | 1900 | 3800 | 6600 | 9600 |
| 2-seat Colony Park S/W GS | 400 | 1200 | 1900 | 3800 | 6600 | 9600 |
| 2-seat Colony Park S/W LS | 400 | 1200 | 2000 | 4000 | 6900 | 10000 |

*Small block option deduct 15%*

| **1991** | | | | | | |
|---|---|---|---|---|---|---|
| **Tracer, 4-cyl., 98.4" wb** | | | | | | |
| 4-dr Notchback | 350 | 900 | 1500 | 3000 | 5300 | 7600 |
| 4-dr Sta Wagon | 400 | 1050 | 1700 | 3400 | 5900 | 8500 |
| 4-dr LTS Notchback | 400 | 1100 | 1800 | 3500 | 6100 | 8900 |
| **Capri, 4-cyl., 94.7" wb** | | | | | | |
| 2-dr Conv | 350 | 850 | 1400 | 2800 | 4900 | 7100 |
| 2-dr XR2 Conv | 350 | 1000 | 1600 | 3200 | 5700 | 8100 |
| **Topaz GS, 4-cyl., 99.9" wb** | | | | | | |
| 2-dr Sdn | 300 | 750 | 1250 | 2500 | 4400 | 6200 |
| 4-dr Sdn | 300 | 800 | 1350 | 2700 | 4700 | 6900 |
| 4-dr LS Sdn | 350 | 850 | 1400 | 2800 | 4900 | 7100 |
| 4-dr LTS Sdn | 350 | 900 | 1500 | 2900 | 5200 | 7400 |
| 2-dr XR5 Sdn | 300 | 800 | 1350 | 2700 | 4700 | 6900 |

| | 6 | 5 | 4 | 3 | 2 | 1 |
|---|---|---|---|---|---|---|
| **Cougar, 6-cyl., 113" wb** | | | | | | |
| 2-dr LS Cpe | 450 | 1250 | 2150 | 4300 | 7400 | 10700 |
| 2-dr XR-7 Cpe | 650 | 1700 | 3000 | 6000 | 10400 | 14900 |
| **Sable, 6-cyl., 106" wb** | | | | | | |
| 4-dr GS Sdn | 450 | 1250 | 2150 | 4300 | 7400 | 10700 |
| 4-dr GS Sta Wgn | 550 | 1400 | 2400 | 4800 | 8300 | 11800 |
| 4-dr LS Sdn | 450 | 1250 | 2200 | 4400 | 7600 | 10900 |
| 4-dr LS Sta Wgn | 550 | 1500 | 2500 | 5100 | 8800 | 12500 |
| **Grand Marquis, 8-cyl., 114" wb** | | | | | | |
| 4-dr GS Sdn | 450 | 1250 | 2200 | 4400 | 7600 | 10900 |
| 4-dr LS Sdn | 500 | 1300 | 2250 | 4500 | 7700 | 11000 |
| 2-seat Colony Park S/W GS | 500 | 1300 | 2250 | 4500 | 7700 | 11000 |
| 2-seat Colony Park S/W LS | 500 | 1350 | 2350 | 4700 | 8100 | 11500 |

*Small block option deduct 15%*

## Collector Car Value Trends

Value trends within the collector car hobby provide a look at what's been going on during the past two decades. The following charts were compiled from various sources that have tracked the value of selected models over the years. Models were chosen on the basis of their rarity *and* desirability by collectors and hobbyists. 2000 prices are based on vehicles in number one condition.

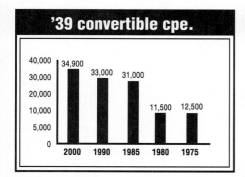

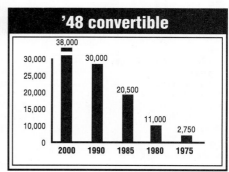

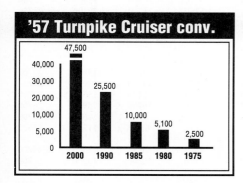

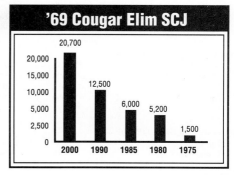

# NASH
## 1918 – 1957

'19 Nash

'22 Nash Six

| | 6 | 5 | 4 | 3 | 2 | 1 |
|---|---|---|---|---|---|---|
| **1918** | | | | | | |
| **Series 680, 6-cyl., 55 hp, 121" wb** | | | | | | |
| 7-pass Tr (125" wb) | 1100 | 3450 | 5750 | 11500 | 20300 | 28700 |
| 5-pass Tr | 1050 | 3300 | 5500 | 11100 | 19500 | 27700 |
| 4-pass Rdstr | 1150 | 3600 | 5950 | 11900 | 21000 | 29700 |
| Tr Sdn | 750 | 2250 | 3750 | 7500 | 13000 | 18700 |
| 4-pass Cpe | 750 | 2300 | 3800 | 7600 | 13100 | 18900 |
| **1919** | | | | | | |
| **Series 680, 6-cyl., 55 hp, 121" wb** | | | | | | |
| 2-pass Rdstr | 1100 | 3450 | 5750 | 11500 | 20300 | 28700 |
| 4-pass Spt Rdstr | 1050 | 3300 | 5500 | 11100 | 19500 | 27700 |
| 5-pass Tr | 1150 | 3600 | 5950 | 11900 | 21000 | 29700 |
| 7-pass Tr | 1150 | 3650 | 6150 | 12300 | 21700 | 30700 |
| 7-pass Tr Sdn | 750 | 2100 | 3550 | 7100 | 12300 | 17700 |
| 4-pass Cpe | 750 | 2200 | 3650 | 7300 | 12600 | 18200 |
| **1920** | | | | | | |
| **Series 680, 6-cyl., 55 hp, 121" wb** | | | | | | |
| 5-pass Tr | 1050 | 3300 | 5500 | 11100 | 19500 | 27700 |
| 2-pass Rdstr | 1000 | 3200 | 5350 | 10700 | 18900 | 26700 |
| 7-pass Tr | 1100 | 3450 | 5750 | 11500 | 20300 | 28700 |
| 4-pass Cpe | 750 | 2200 | 3650 | 7300 | 12600 | 18200 |
| 7-pass Sdn | 750 | 2100 | 3550 | 7100 | 12300 | 17700 |
| **1921** | | | | | | |
| **Series 680, 6-cyl., 55 hp, 121" wb** | | | | | | |
| 5-pass Tr | 950 | 3050 | 5150 | 10300 | 18200 | 25700 |
| 2-pass Rdstr | 1000 | 3200 | 5350 | 10700 | 18900 | 26700 |
| 4-pass Spt | 1050 | 3300 | 5500 | 11100 | 19500 | 27700 |
| 7-pass Tr | 1000 | 3200 | 5350 | 10700 | 18900 | 26700 |
| 4-pass Cpe | 750 | 2200 | 3650 | 7300 | 12600 | 18200 |
| 7-pass Sdn | 700 | 1900 | 3350 | 6700 | 11500 | 16500 |
| **Series 40, 4-cyl., 44 hp, 112" wb** | | | | | | |
| 5-pass Tr | 950 | 2950 | 4950 | 9900 | 17500 | 24700 |
| 2-pass Rdstr | 950 | 3050 | 5150 | 10300 | 18200 | 25700 |
| 3-pass Cpe | 650 | 1750 | 3150 | 6300 | 10900 | 15700 |
| 5-pass Sdn | 600 | 1600 | 2750 | 5500 | 9500 | 13800 |
| **1922** | | | | | | |
| **Series 690, 6-cyl., 55 hp, 121" wb** | | | | | | |
| 5-pass Tr | 950 | 3050 | 5150 | 10300 | 18200 | 25700 |
| 7-pass Tr | 1000 | 3200 | 5350 | 10700 | 18900 | 26700 |

| | 6 | 5 | 4 | 3 | 2 | 1 |
|---|---|---|---|---|---|---|
| 7-pass Sdn | 650 | 1750 | 3150 | 6300 | 10900 | 15700 |
| 2-pass Rdstr | 1050 | 3300 | 5500 | 11100 | 19500 | 27700 |
| 4-pass Cpe | 750 | 2150 | 3600 | 7200 | 12400 | 18000 |
| 4-pass Spt Tr | 1100 | 3450 | 5750 | 11500 | 20300 | 28700 |
| 5-pass Sdn | 700 | 1900 | 3350 | 6700 | 11500 | 16500 |
| 4-dr 4-pass Cpe | 750 | 2150 | 3600 | 7200 | 12400 | 18000 |
| **Series 40, 4-cyl., 112" wb** | | | | | | |
| 5-pass Tr | 950 | 2950 | 4950 | 9900 | 17500 | 24700 |
| 2-pass Rdstr | 950 | 3050 | 5150 | 10300 | 18200 | 25700 |
| 3-pass Cpe | 700 | 1900 | 3350 | 6700 | 11500 | 16500 |
| 5-pass Sdn | 550 | 1500 | 2500 | 5100 | 8800 | 12500 |
| 2-pass Cabrlt | 800 | 2400 | 4000 | 8000 | 13900 | 19900 |
| 5-pass Carriole | 650 | 1700 | 3000 | 5900 | 10200 | 14700 |
| ***1923*** | | | | | | |
| **Series 690, 6-cyl., 55 hp, 121" wb** | | | | | | |
| 2-pass Rdstr | 1000 | 3200 | 5350 | 10700 | 18900 | 26700 |
| 5-pass Tr | 1050 | 3300 | 5500 | 11100 | 19500 | 27700 |
| 4-pass Spt Dlx | 1100 | 3450 | 5750 | 11500 | 20300 | 28700 |
| 5-pass Sdn | 500 | 1350 | 2350 | 4700 | 8100 | 11500 |
| 5-pass Cpe | 650 | 1700 | 3000 | 5900 | 10200 | 14700 |
| **Series 690, 6-cyl., 127" wb** | | | | | | |
| 7-pass Tr | 1050 | 3300 | 5500 | 11100 | 19500 | 27700 |
| 7-pass Sdn | 550 | 1450 | 2450 | 4900 | 8500 | 12000 |
| Cpe | 650 | 1700 | 3000 | 6100 | 10600 | 15200 |
| **Series 40, 4-cyl., 35 hp, 112" wb** | | | | | | |
| 5-pass Tr | 950 | 3050 | 5150 | 10300 | 18200 | 25700 |
| 2-pass Rdstr | 1000 | 3200 | 5350 | 10700 | 18900 | 26700 |
| 5-pass Spt | 1050 | 3300 | 5500 | 11100 | 19500 | 27700 |
| 5-pass Sdn | 550 | 1500 | 2500 | 5100 | 8800 | 12500 |
| 5-pass Carriole | 600 | 1600 | 2750 | 5500 | 9500 | 13800 |
| ***1924*** | | | | | | |
| **Series 690, 6-cyl., 55 hp, 121" wb** | | | | | | |
| 2-pass Rdstr | 1000 | 3200 | 5350 | 10700 | 18900 | 26700 |
| 4-pass Spt | 950 | 3050 | 5150 | 10300 | 18200 | 25700 |
| 5-pass Spl Sdn | 400 | 1200 | 1950 | 3900 | 6800 | 9900 |
| 5-pass Sdn | 450 | 1250 | 2150 | 4300 | 7400 | 10700 |
| 4-dr Cpe | 500 | 1350 | 2350 | 4700 | 8100 | 11500 |
| **Series 690, 6-cyl., 127" wb\*** | | | | | | |
| 7-pass Tr | 1050 | 3300 | 5500 | 11100 | 19500 | 27700 |
| 7-pass Sdn | 450 | 1250 | 2050 | 4100 | 7100 | 10300 |
| 4-pass Vic | 450 | 1250 | 2150 | 4300 | 7400 | 10700 |
| 5-pass Brghm | 450 | 1100 | 1900 | 3800 | 6800 | 9750 |
| **Series 40, 4-cyl., 112" wb** | | | | | | |
| 5-pass Tr | 1000 | 3200 | 5350 | 10700 | 18900 | 26700 |
| 2-pass Rdstr | 1050 | 3300 | 5500 | 11100 | 19500 | 27700 |
| 5-pass Carriole | 950 | 3050 | 5150 | 10300 | 18200 | 25700 |
| 5-pass Sdn | 450 | 1250 | 2150 | 4300 | 7400 | 10700 |
| 5-pass Spt | 500 | 1350 | 2350 | 4700 | 8100 | 11500 |
| 2-pass Bus Cpe | 550 | 1500 | 2500 | 5100 | 8800 | 12500 |
| ***1925*** | | | | | | |
| **Advanced, 6-cyl., 60 hp, 121"-127" wb** | | | | | | |
| 5-pass Tr | 900 | 2850 | 4750 | 9500 | 16700 | 23700 |
| 5-pass Encl Tr | 950 | 2950 | 4950 | 9900 | 17500 | 24700 |
| 7-pass Tr (127" wb) | 950 | 2950 | 4950 | 9900 | 17500 | 24700 |
| 7-pass Encl Tr (127" wb) | 950 | 3050 | 5150 | 10300 | 18200 | 25700 |
| 7-pass Sdn (127" wb) | 550 | 1500 | 2500 | 5100 | 8800 | 12500 |
| 2-pass Rdstr | 950 | 2950 | 4950 | 9900 | 17500 | 24700 |
| 2-pass Encl Rdstr | 950 | 3050 | 5150 | 10300 | 18200 | 25700 |
| 4-dr 5-pass Cpe | 500 | 1350 | 2350 | 4700 | 8100 | 11500 |
| 5-pass Sdn | 400 | 1200 | 1950 | 3900 | 6800 | 9900 |

| | 6 | 5 | 4 | 3 | 2 | 1 |
|---|---|---|---|---|---|---|
| **Special, 6-cyl., 48 hp, 112" wb** | | | | | | |
| 5-pass Tr | 850 | 2700 | 4550 | 9100 | 16000 | 22700 |
| 5-pass Encl Tr | 900 | 2850 | 4750 | 9500 | 16700 | 23700 |
| 5-pass Sdn | 450 | 1250 | 2150 | 4300 | 7400 | 10700 |
| 2-pass Rdstr | 900 | 2850 | 4750 | 9500 | 16700 | 23700 |
| 2-pass Encl Rdstr | 950 | 2950 | 4950 | 9900 | 17500 | 24700 |
| **Ajax, 6-cyl., 40 hp, 108" wb** | | | | | | |
| 5-pass Tr | 750 | 2250 | 3750 | 7500 | 13000 | 18700 |
| 5-pass Sdn | 400 | 1200 | 1950 | 3900 | 6800 | 9900 |
| ***1926*** | | | | | | |
| **Advanced, S6-cyl., 60 hp, 121" wb** | | | | | | |
| 5-pass Tr | 900 | 2850 | 4750 | 9500 | 16700 | 23700 |
| 7-pass Tr (127" wb) | 950 | 2950 | 4950 | 9900 | 17500 | 24700 |
| 2-dr 5-pass Sdn | 400 | 1200 | 1950 | 3900 | 6800 | 9900 |
| 4-dr 5-pass Sdn | 400 | 1200 | 2000 | 4000 | 6900 | 10000 |
| 7-pass Sdn (127" wb) | 500 | 1300 | 2250 | 4500 | 7700 | 11000 |
| 4-dr 4-pass Cpe | 450 | 1250 | 2150 | 4300 | 7400 | 10700 |
| 2-4 pass Rdstr | 950 | 2950 | 4950 | 9900 | 17500 | 24700 |
| 5-pass Vic Cpe (127" wb) | 550 | 1500 | 2500 | 5100 | 8800 | 12500 |
| **Special, 6-cyl., 46 hp, 112.5" wb** | | | | | | |
| 2-pass Rdstr | 850 | 2700 | 4550 | 9100 | 16000 | 22700 |
| 2-dr 5-pass Sdn | 450 | 1250 | 2050 | 4100 | 7100 | 10300 |
| 4-dr 7-pass Sdn | 450 | 1250 | 2100 | 4200 | 7200 | 10500 |
| 2-pass Bus Cpe | 450 | 1250 | 2150 | 4300 | 7400 | 10700 |
| 4-dr 5-pass Sdn | 450 | 1250 | 2050 | 4100 | 7100 | 10300 |
| 2-4 pass Rdstr | 950 | 3050 | 5150 | 10300 | 18200 | 25700 |
| **Series 220, 6-cyl., 40 hp, 108" wb** | | | | | | |
| 5-pass Tr | 850 | 2650 | 4450 | 8900 | 15700 | 22300 |
| 5-pass 2-dr Sdn | 400 | 1150 | 1850 | 3700 | 6400 | 9300 |
| 5-pass Sdn | 400 | 1200 | 1900 | 3800 | 6600 | 9600 |
| 2-pass Cpe | 450 | 1250 | 2050 | 4100 | 7100 | 10300 |
| **Light Six (Ajax), 6-cyl., 40 hp, 108" wb** | | | | | | |
| 5-pass Tr | 750 | 2100 | 3550 | 7100 | 12300 | 17700 |
| 5-pass Sdn | 400 | 1150 | 1850 | 3700 | 6400 | 9300 |
| ***1927*** | | | | | | |
| **Light Six, 6-cyl., 40 hp, 108" wb** | | | | | | |
| 5-pass Tr | 800 | 2350 | 3950 | 7900 | 13700 | 19700 |
| 2-pass Cpe | 500 | 1300 | 2250 | 4500 | 7700 | 11000 |
| 2-dr 5-pass Sdn | 450 | 1250 | 2100 | 4200 | 7200 | 10500 |
| 4-dr 5-pass Sdn | 400 | 1200 | 1900 | 3800 | 6600 | 9600 |
| 4-dr 5-pass Dlx Sdn | 450 | 1250 | 2100 | 4200 | 7200 | 10500 |
| **Special, 6-cyl., 52 hp, 112.5" wb** | | | | | | |
| 2-pass Rdstr | 800 | 2450 | 4150 | 8300 | 14600 | 20700 |
| 5-pass Tr | 800 | 2350 | 3950 | 7900 | 13700 | 19700 |
| 2-pass Cpe | 500 | 1350 | 2350 | 4700 | 8100 | 11500 |
| 2-dr 5-pass Sdn | 450 | 1250 | 2150 | 4300 | 7400 | 10700 |
| 4-dr 5-pass Sdn | 450 | 1250 | 2200 | 4400 | 7600 | 10900 |
| 5-pass Cavalier Sdn | 500 | 1300 | 2250 | 4500 | 7700 | 11000 |
| 4-dr 5-pass Sdn | 500 | 1300 | 2250 | 4500 | 7700 | 11000 |
| 2-4 pass Cabrlt | 700 | 1900 | 3350 | 6700 | 11500 | 16500 |
| 2-4 pass Rdstr | 800 | 2350 | 3950 | 7900 | 13700 | 19700 |
| **Advanced, 6-cyl., 60 hp, 121" wb** | | | | | | |
| 2-4 pass Rdstr | 900 | 2850 | 4750 | 9500 | 16700 | 23700 |
| 5-pass Tr | 850 | 2700 | 4550 | 9100 | 16000 | 22700 |
| 7-pass Tr (127" wb) | 900 | 2850 | 4750 | 9500 | 16700 | 23700 |
| 4-dr 4-pass Cpe | 550 | 1500 | 2500 | 5100 | 8800 | 12500 |
| 4-pass Vic (127" wb) | 600 | 1600 | 2750 | 5500 | 9500 | 13800 |
| 2-dr 5-pass Sdn | 450 | 1250 | 2150 | 4300 | 7400 | 10700 |
| 4-dr 5-pass Sdn | 450 | 1250 | 2200 | 4400 | 7600 | 10900 |
| 7-pass Sdn (127" wb) | 500 | 1300 | 2250 | 4500 | 7700 | 11000 |

| | 6 | 5 | 4 | 3 | 2 | 1 |
|---|---|---|---|---|---|---|
| 4-pass Spt Tr | 650 | 1700 | 3000 | 5900 | 10200 | 14700 |
| 5-pass Spl Sdn | 450 | 1250 | 2050 | 4100 | 7100 | 10300 |

### 1928
**Standard Six, 6-cyl., 45 hp, 108" wb**

| | 6 | 5 | 4 | 3 | 2 | 1 |
|---|---|---|---|---|---|---|
| 5-pass Tr | 750 | 2250 | 3700 | 7400 | 12800 | 18500 |
| 2-pass Cpe | 500 | 1350 | 2350 | 4700 | 8100 | 11500 |
| 2-4 pass Conv Cabrlt | 800 | 2450 | 4150 | 8300 | 14600 | 20700 |
| 2-dr 5-pass Sdn | 450 | 1250 | 2050 | 4100 | 7100 | 10300 |
| 4-dr 5-pass Sdn | 450 | 1250 | 2100 | 4200 | 7200 | 10500 |
| 5-pass Lan Sdn | 450 | 1250 | 2150 | 4300 | 7400 | 10700 |

**Special, 6-cyl., 52 hp, 112.5" wb**

| | 6 | 5 | 4 | 3 | 2 | 1 |
|---|---|---|---|---|---|---|
| 5-pass Tr | 750 | 2150 | 3600 | 7200 | 12400 | 18000 |
| 2-4 pass Rdstr | 800 | 2350 | 3950 | 7900 | 13700 | 19700 |
| 2-pass Cpe | 500 | 1350 | 2350 | 4700 | 8100 | 11500 |
| 2-4 pass Cpe | 550 | 1450 | 2450 | 4900 | 8500 | 12000 |
| 4-dr 5-pass Cpe | 550 | 1500 | 2500 | 5100 | 8800 | 12500 |
| 2-4 pass Conv Cabrlt | 900 | 2750 | 4650 | 9300 | 16400 | 23100 |
| 4-pass Vic | 650 | 1700 | 3000 | 5900 | 10200 | 14700 |
| 2-dr 5-pass Sdn | 550 | 1500 | 2500 | 5100 | 8800 | 12500 |
| 4-dr 5-pass Sdn Spl | 550 | 1550 | 2600 | 5200 | 9000 | 12800 |
| 4-dr Lan Sdn | 550 | 1550 | 2650 | 5300 | 9100 | 13000 |

**Advanced, 6-cyl., 121" wb**

| | 6 | 5 | 4 | 3 | 2 | 1 |
|---|---|---|---|---|---|---|
| 5-pass Tr | 950 | 3050 | 5150 | 10300 | 18200 | 25700 |
| 7-pass Tr (127" wb) | 950 | 2950 | 4950 | 9900 | 17500 | 24700 |
| 2-4 pass Rdstr | 1000 | 3250 | 5450 | 10900 | 19100 | 27200 |
| 2-4 pass Cpe | 550 | 1500 | 2500 | 5100 | 8800 | 12500 |
| 4-pass Vic (127" wb) | 550 | 1550 | 2650 | 5300 | 9100 | 13000 |
| 2-dr 5-pass S | 450 | 1250 | 2200 | 4400 | 7600 | 10900 |
| 4-dr 5-pass Sdn (127" wb) | 500 | 1300 | 2250 | 4500 | 7700 | 11000 |
| 7-pass Imperial Sdn (127" wb) | 500 | 1350 | 2350 | 4700 | 8100 | 11500 |
| 7-pass Sdn | 500 | 1300 | 2250 | 4500 | 7700 | 11000 |
| 5-pass Ambassador Sdn (127" wb) | 550 | 1400 | 2400 | 4800 | 8300 | 11800 |
| 5-pass Spt Tr (127" wb) | 1000 | 3150 | 5300 | 10600 | 18700 | 26500 |

### 1929
**Standard, 6-cyl., 50 hp, 112.75" wb**

| | 6 | 5 | 4 | 3 | 2 | 1 |
|---|---|---|---|---|---|---|
| 4-dr 5-pass Sdn | 400 | 1200 | 2000 | 4000 | 6900 | 10000 |
| 5-pass Phtn | 900 | 2750 | 4650 | 9300 | 16400 | 23100 |
| 2-4 pass Cabrlt | 700 | 1900 | 3350 | 6700 | 11500 | 16500 |
| 2-dr 5-pass Sdn | 450 | 1250 | 2050 | 4100 | 7100 | 10300 |
| 2-pass Cpe | 400 | 1200 | 2000 | 4000 | 6900 | 10000 |
| 2-4 pass Cpe | 450 | 1250 | 2050 | 4100 | 7100 | 10300 |
| 5-pass Lan Sdn | 450 | 1250 | 2050 | 4100 | 7100 | 10300 |

**Special Six, 6-cyl., 65 hp, 116" wb**

| | 6 | 5 | 4 | 3 | 2 | 1 |
|---|---|---|---|---|---|---|
| 2-dr 5-pass Sdn | 450 | 1250 | 2150 | 4300 | 7400 | 10700 |
| 5-pass Phtn | 1100 | 3200 | 5200 | 10000 | 17200 | 24200 |
| 2-pass Cpe | 500 | 1300 | 2250 | 4500 | 7700 | 11000 |
| 2-4 pass Cpe | 500 | 1350 | 2350 | 4700 | 8100 | 11500 |
| 2-4 pass Rdstr | 1050 | 3400 | 5650 | 11300 | 19900 | 28200 |
| 5-pass Sdn | 450 | 1250 | 2150 | 4300 | 7400 | 10700 |
| 2-4 pass Cabrlt | 850 | 2550 | 4350 | 8700 | 15300 | 21700 |
| 4-pass Vic (122" wb) | 500 | 1300 | 2250 | 4500 | 7700 | 11000 |
| 7-pass Sdn (122" wb) | 500 | 1300 | 2250 | 4500 | 7700 | 11000 |

**Advanced Six, 6-cyl., 78 hp, 121"-130" wb**

| | 6 | 5 | 4 | 3 | 2 | 1 |
|---|---|---|---|---|---|---|
| 2-4 pass Cpe | 500 | 1350 | 2350 | 4700 | 8100 | 11500 |
| 2-4 pass Cabrlt | 950 | 3050 | 5150 | 10300 | 18200 | 25700 |
| 2-dr 5-pass Sdn (121" wb) | 500 | 1300 | 2250 | 4500 | 7700 | 11000 |
| 7-pass Sdn | 500 | 1300 | 2250 | 4500 | 7700 | 11000 |
| 7-pass Ambassador Lan Sdn | 500 | 1350 | 2300 | 4600 | 8000 | 11300 |
| 4-dr 5-pass Sdn (121" wb) | 500 | 1300 | 2250 | 4500 | 7700 | 11000 |

| | 6 | 5 | 4 | 3 | 2 | 1 |
|---|---|---|---|---|---|---|
| 7-pass Phtn | 1000 | 3150 | 5300 | 10600 | 18700 | 26500 |
| 7-pass Limo | 500 | 1300 | 2250 | 4500 | 7700 | 11000 |

### 1930
**Single Six, 6-cyl., 60 hp, 114.25" wb**

| | 6 | 5 | 4 | 3 | 2 | 1 |
|---|---|---|---|---|---|---|
| 2-4 pass Rdstr | 800 | 2450 | 4150 | 8300 | 14600 | 20700 |
| 5-pass Tr | 800 | 2350 | 3950 | 7900 | 13700 | 19700 |
| 2-pass Cpe | 500 | 1300 | 2250 | 4500 | 7700 | 11000 |
| 2-dr 5-pass Sdn | 450 | 1250 | 2150 | 4300 | 7400 | 10700 |
| 2-4 pass Cpe | 550 | 1450 | 2450 | 4900 | 8500 | 12000 |
| 2-4 pass Cabrlt | 800 | 2350 | 3950 | 7900 | 13700 | 19700 |
| 4-dr 5-pass Sdn | 450 | 1250 | 2200 | 4400 | 7600 | 10900 |
| 5-pass Dlx Sdn | 500 | 1300 | 2250 | 4500 | 7700 | 11000 |
| 5-pass Lndlt | 500 | 1350 | 2350 | 4700 | 8100 | 11500 |

**Twin-Ignition Six, 6-cyl., 74 hp, 118" wb**

| | 6 | 5 | 4 | 3 | 2 | 1 |
|---|---|---|---|---|---|---|
| 2-4 pass Rdstr | 1200 | 3750 | 6250 | 12500 | 22000 | 31100 |
| 7-pass Tr | 1150 | 3600 | 5950 | 11900 | 21000 | 29700 |
| 5-pass Tr | 1100 | 3450 | 5750 | 11500 | 20300 | 28700 |
| 2-pass Cpe | 500 | 1350 | 2350 | 4700 | 8100 | 11500 |
| 2-4 pass Cpe | 550 | 1400 | 2400 | 4800 | 8300 | 11800 |
| 2-dr 5-pass Sdn | 450 | 1250 | 2150 | 4300 | 7400 | 10700 |
| 2-4 pass Cabrlt | 850 | 2650 | 4450 | 8900 | 15700 | 22300 |
| 4-pass Vic | 650 | 1700 | 3000 | 5900 | 10200 | 14700 |
| 4-dr 5-pass Sdn | 550 | 1450 | 2450 | 4900 | 8500 | 12000 |
| 7-pass Sdn | 550 | 1500 | 2500 | 5000 | 8700 | 12300 |
| 7-pass Limo | 550 | 1550 | 2650 | 5300 | 9100 | 13000 |

**Twin-Ignition Eight, 8-cyl., 100 hp, 124"-133" wb**

| | 6 | 5 | 4 | 3 | 2 | 1 |
|---|---|---|---|---|---|---|
| 7-pass Tr | 1050 | 3300 | 5500 | 11000 | 19300 | 27500 |
| 7-pass TC Tr | 1050 | 3350 | 5600 | 11200 | 19700 | 28000 |
| 2-dr 5-pass Sdn | 600 | 1650 | 2850 | 5700 | 9900 | 14200 |
| 2-pass Cpe | 700 | 2000 | 3450 | 6900 | 11900 | 17200 |
| 2-4 pass Cpe | 750 | 2100 | 3550 | 7100 | 12300 | 17700 |
| 5-pass Vic | 800 | 2350 | 3950 | 7900 | 13700 | 19700 |
| 2-4 pass Cabrlt | 1650 | 4900 | 8250 | 16500 | 29000 | 41200 |
| 4-dr 5-pass Sdn | 600 | 1650 | 2850 | 5700 | 9900 | 14200 |
| 5-pass Ambassador Sdn | 650 | 1700 | 3000 | 6100 | 10600 | 15200 |
| 5-pass Ambassador Tr Sdn | 650 | 1750 | 3150 | 6300 | 10900 | 15700 |
| 7-pass Sdn | 600 | 1600 | 2750 | 5500 | 9500 | 13800 |
| 7-pass Limo | 650 | 1750 | 3150 | 6300 | 10900 | 15700 |

### 1931
**Series 660, 6-cyl., 114.5" wb**

| | 6 | 5 | 4 | 3 | 2 | 1 |
|---|---|---|---|---|---|---|
| 5-pass Tr | 950 | 2950 | 4950 | 9900 | 17500 | 24700 |
| 2-pass Cpe | 550 | 1450 | 2450 | 4900 | 8500 | 12000 |
| 2-4 pass Cpe | 550 | 1500 | 2500 | 5000 | 8700 | 12300 |
| 2-dr 5-pass Sdn | 500 | 1350 | 2350 | 4700 | 8100 | 11500 |
| 4-dr 5-pass Sdn | 500 | 1350 | 2350 | 4700 | 8100 | 11500 |

**Series 870, 8-cyl., 116.25" wb**

| | 6 | 5 | 4 | 3 | 2 | 1 |
|---|---|---|---|---|---|---|
| 2-pass Cpe | 650 | 1700 | 3000 | 5900 | 10200 | 14700 |
| 2-4 pass RS Cpe | 650 | 1700 | 3000 | 6000 | 10400 | 14900 |
| 2-dr 5-pass Conv Sdn | 2150 | 6200 | 10500 | 21000 | 36900 | 52400 |
| 4-dr 5-pass Sdn | 600 | 1600 | 2800 | 5600 | 9700 | 14000 |
| 4-dr 5-pass Spl Sdn | 600 | 1650 | 2850 | 5700 | 9900 | 14200 |

**Series 880 - Twin-Ignition, 8-cyl., 121" wb**

| | 6 | 5 | 4 | 3 | 2 | 1 |
|---|---|---|---|---|---|---|
| 2-pass Cpe | 700 | 1900 | 3350 | 6700 | 11500 | 16500 |
| 4-pass Cpe | 700 | 2000 | 3450 | 6900 | 11900 | 17200 |
| 2-dr 4-pass Conv Sdn | 2250 | 6550 | 11000 | 22000 | 38650 | 55000 |
| 4-dr 5-pass Sdn | 650 | 1700 | 3000 | 5900 | 10200 | 14700 |
| 4-dr 5-pass Twn Sdn | 650 | 1700 | 3000 | 6100 | 10600 | 15200 |

**Series 890 - Twin-Ignition, 8-cyl., 124/133" wb**

| | 6 | 5 | 4 | 3 | 2 | 1 |
|---|---|---|---|---|---|---|
| 7-pass Tr | 1900 | 5500 | 9250 | 18500 | 32500 | 46100 |
| 2-pass Cpe | 850 | 2700 | 4550 | 9100 | 16000 | 22700 |

| | 6 | 5 | 4 | 3 | 2 | 1 |
|---|---|---|---|---|---|---|
| 4-pass Cpe | 900 | 2850 | 4750 | 9500 | 16700 | 23700 |
| 2-4 pass Cabrlt | 2150 | 6200 | 10500 | 21000 | 36900 | 52400 |
| 5-pass Vic | 800 | 2350 | 3950 | 7900 | 13700 | 19700 |
| 4-dr Sdn | 750 | 2100 | 3550 | 7100 | 12300 | 17700 |
| 5-pass Ambassador Sdn | 750 | 2250 | 3750 | 7500 | 13000 | 18700 |
| 7-pass Sdn | 800 | 2350 | 3950 | 7900 | 13700 | 19700 |
| 7-pass Limo | 850 | 2550 | 4350 | 8700 | 15300 | 21700 |

### 1932
**Series 960, 6-cyl., 114.25" wb**

| | 6 | 5 | 4 | 3 | 2 | 1 |
|---|---|---|---|---|---|---|
| 5-pass Phtn | 1200 | 3750 | 6300 | 12600 | 22200 | 31400 |
| 2-pass Cpe | 550 | 1500 | 2500 | 5100 | 8800 | 12500 |
| 2-4 pass Cpe | 550 | 1550 | 2650 | 5300 | 9100 | 13000 |
| 2-dr 5-pass Sdn | 400 | 1200 | 1950 | 3900 | 6800 | 9900 |
| 4-dr 5-pass Sdn | 400 | 1200 | 2000 | 4000 | 6900 | 10000 |

**Series 970, 8-cyl., 116.5" wb**

| | | | | | | |
|---|---|---|---|---|---|---|
| 2-pass Cpe | 650 | 1750 | 3150 | 6300 | 10900 | 15700 |
| 2-4 pass Cpe | 650 | 1800 | 3250 | 6500 | 11200 | 16100 |
| 4-dr 4-pass Conv Sdn | 2250 | 6550 | 11000 | 22000 | 38650 | 55000 |
| 4-dr 5-pass Sdn | 550 | 1550 | 2650 | 5300 | 9100 | 13000 |
| 4-dr 5-pass Spl Sdn | 600 | 1600 | 2700 | 5400 | 9300 | 13500 |

**Series 980 - Twin-Ignition, 8-cyl., 121" wb**

| | | | | | | |
|---|---|---|---|---|---|---|
| 2-pass Cpe | 900 | 2850 | 4750 | 9500 | 16700 | 23700 |
| 2-4 pass Cpe | 950 | 2950 | 4950 | 9900 | 17500 | 24700 |
| 4-dr 4-pass Conv Sdn | 2150 | 6250 | 10600 | 21200 | 37250 | 53000 |
| 4-dr 5-pass Sdn | 800 | 2450 | 4150 | 8300 | 14600 | 20700 |
| 4-dr 5-pass Twn Sdn | 850 | 2550 | 4350 | 8700 | 15300 | 21700 |

**Series 990 - Twin-Ignition, 8-cyl., 124"-133" wb**

| | | | | | | |
|---|---|---|---|---|---|---|
| 7-pass Tr | 1950 | 5750 | 9700 | 19400 | 34100 | 48400 |
| 2-pass Cpe | 950 | 3050 | 5100 | 10200 | 18000 | 25400 |
| 2-4 pass Cpe | 1000 | 3150 | 5300 | 10600 | 18700 | 26500 |
| 2-4 pass Cabrlt | 2050 | 6000 | 10100 | 20200 | 35500 | 50400 |
| 5-pass Vic | 1000 | 3100 | 5250 | 10500 | 18600 | 26200 |
| 4-dr 5-pass Sdn | 850 | 2550 | 4350 | 8700 | 15300 | 21700 |
| 5-pass Sdn | 900 | 2850 | 4750 | 9500 | 16700 | 23700 |
| 5-pass Ambassador Sdn | 950 | 3000 | 5050 | 10100 | 17900 | 25100 |
| 7-pass Sdn | 900 | 2850 | 4750 | 9500 | 16700 | 23700 |
| 7-pass Limo | 1100 | 3500 | 5850 | 11700 | 20600 | 29100 |

**Series 1060, 6-cyl., 116" wb**

| | | | | | | |
|---|---|---|---|---|---|---|
| 2-4 pass Conv Rdstr | 2100 | 6000 | 10000 | 20000 | 35000 | 50000 |
| 2-pass Cpe | 550 | 1550 | 2650 | 5300 | 9100 | 13000 |
| 2-4 pass Cpe | 600 | 1600 | 2750 | 5500 | 9500 | 13800 |
| 4-dr 5-pass Sdn | 450 | 1250 | 2050 | 4100 | 7100 | 10300 |
| 2-dr 5-pass Conv Sdn | 2100 | 6300 | 10400 | 21000 | 37000 | 52500 |
| 4-dr 5-pass Twn Sdn | 450 | 1250 | 2150 | 4300 | 7400 | 10700 |

**Series 1070, 8-cyl., 121" wb**

| | | | | | | |
|---|---|---|---|---|---|---|
| 2-4 pass Conv Rdstr | 2200 | 6400 | 10800 | 21600 | 37950 | 53900 |
| 2-pass Cpe | 950 | 3050 | 5100 | 10200 | 18000 | 25400 |
| 2-4 pass Cpe | 1000 | 3100 | 5200 | 10400 | 18400 | 26000 |
| 4-dr pass Sdn | 850 | 2650 | 4450 | 8900 | 15700 | 22300 |
| 2-dr 5-pass Conv Sdn | 2250 | 6550 | 11000 | 22000 | 38650 | 55000 |
| 4-dr 5-pass Twn Sdn | 850 | 2700 | 4550 | 9100 | 16000 | 22700 |

**Series 1080, 8-cyl., 128" wb**

| | | | | | | |
|---|---|---|---|---|---|---|
| 2-4 pass Conv Rdstr | 2200 | 6450 | 10900 | 21800 | 38300 | 54400 |
| 2-pass Cpe | 1000 | 3100 | 5200 | 10400 | 18400 | 26000 |
| 2-4 Pass Cpe | 1000 | 3150 | 5300 | 10600 | 18700 | 26500 |
| 2-dr 5-pass Vic | 1000 | 3200 | 5350 | 10700 | 18900 | 26700 |
| 4-dr 5-pass Sdn | 950 | 3050 | 5100 | 10200 | 18000 | 25400 |
| 4-dr 5-pass Conv Sdn | 2250 | 6600 | 11100 | 22200 | 39000 | 55500 |

**Series 1090, 8-cyl., 133" wb**

| | | | | | | |
|---|---|---|---|---|---|---|
| 2-4 pass Conv Rdstr | 2250 | 6550 | 11000 | 22000 | 38650 | 55000 |
| 2-4 pass Cpe | 1050 | 3350 | 5600 | 11200 | 19700 | 28000 |

|  | 6 | 5 | 4 | 3 | 2 | 1 |
|---|---|---|---|---|---|---|
| 2-dr 5-pass Vic | 1000 | 3250 | 5450 | 10900 | 19100 | 27200 |
| 4-dr 5-pass Sdn | 950 | 3050 | 5150 | 10300 | 18200 | 25700 |
| 4-dr 5-pass Conv Sdn | 2300 | 6650 | 11200 | 22400 | 39350 | 55900 |
| Ambassador | 950 | 3000 | 5000 | 10000 | 17700 | 24900 |
| **Series 1090, 8-cyl., 142" wb** | | | | | | |
| 4-dr 5-pass Sdn | 1000 | 3120 | 5200 | 10400 | 18200 | 26000 |
| 4-dr 5-pass Brghm | 1000 | 3250 | 5400 | 10800 | 18900 | 27000 |
| 4-dr 7-pass Sdn | 1050 | 3350 | 5600 | 11200 | 19600 | 28000 |
| 4-dr 7-pass Limo | 1200 | 3600 | 6000 | 12000 | 21000 | 30000 |

### 1933

**Standard, 8-cyl., 116" wb**

|  | 6 | 5 | 4 | 3 | 2 | 1 |
|---|---|---|---|---|---|---|
| 2-4 pass Conv Rdstr | 900 | 2900 | 4900 | 9800 | 17300 | 24500 |
| 2-pass Cpe | 500 | 1300 | 2250 | 4500 | 7700 | 11000 |
| 2-4 pass Cpe | 500 | 1350 | 2350 | 4700 | 8100 | 11500 |
| 4-dr 5-pass Sdn | 400 | 1200 | 1950 | 3900 | 6800 | 9900 |
| 4-dr 5-pass Twn Sdn | 450 | 1250 | 2050 | 4100 | 7100 | 10300 |
| **Special, 8-cyl., 121" wb** | | | | | | |
| 2-4 pass Conv Rdstr | 1050 | 3400 | 5700 | 11400 | 20100 | 28500 |
| 2-pass Cpe | 550 | 1550 | 2650 | 5300 | 9100 | 13000 |
| 2-4 pass Cpe | 600 | 1600 | 2750 | 5500 | 9500 | 13800 |
| 4-dr 5-pass Sdn | 550 | 1500 | 2500 | 5100 | 8800 | 12500 |
| 2-dr 5-pass Conv Sdn | 1850 | 5400 | 9100 | 18200 | 32000 | 45500 |
| 4-dr 5-pass Twn Sdn | 550 | 1550 | 2650 | 5300 | 9100 | 13000 |
| **Advanced, 8-cyl., 128" wb** | | | | | | |
| 2-4 pass Conv Rdstrt | 1400 | 4250 | 7100 | 14200 | 25000 | 35400 |
| 2-pass Cpe | 600 | 1600 | 2750 | 5500 | 9500 | 13800 |
| 2-4 pass Cpe | 600 | 1650 | 2850 | 5700 | 9900 | 14200 |
| 4-dr 5-pass Sdn | 550 | 1400 | 2400 | 4800 | 8300 | 11800 |
| 4-dr 5-pass Conv Sdn | 2200 | 6400 | 10800 | 21600 | 37950 | 53900 |
| 4-dr 5-pass Vic | 650 | 1700 | 3000 | 5900 | 10200 | 14700 |
| **Ambassador, 8-cyl., 133"-142" wb** | | | | | | |
| 2-4 pass Conv Rdstr | 1850 | 5400 | 9100 | 18200 | 32000 | 45500 |
| 2-4 pass Cpe | 650 | 1750 | 3150 | 6300 | 10900 | 15700 |
| 4-dr 5-pass Sdn | 650 | 1700 | 3000 | 5900 | 10200 | 14700 |
| 4-dr 5-pass Conv Sdn | 2300 | 6650 | 11200 | 22400 | 39350 | 55900 |
| 5-pass Vic | 1000 | 3250 | 5450 | 10900 | 19100 | 27200 |
| 4-dr 5-pass Brghm (142" wb) | 900 | 2850 | 4750 | 9500 | 16700 | 23700 |
| 4-dr 5-pass Sdn (142" wb) | 850 | 2550 | 4350 | 8700 | 15300 | 21700 |
| 4-dr 7-pass Limo (142" wb) | 1050 | 3350 | 5600 | 11200 | 19600 | 28000 |
| **Big Six, 6-cyl., 116" wb** | | | | | | |
| 2-4 pass Conv Rdstr | 950 | 2950 | 4950 | 9900 | 17500 | 24700 |
| 2-pass Cpe | 450 | 1250 | 2100 | 4200 | 7200 | 10500 |
| 4-pass Cpe | 400 | 1200 | 2000 | 4000 | 6900 | 10000 |
| 4-dr 5-pass Sdn | 400 | 1200 | 1900 | 3800 | 6600 | 9600 |
| 4-dr 5-pass Twn Sdn | 400 | 1200 | 1900 | 3800 | 6600 | 9600 |

### 1934

**Big Six, 6-cyl., 116" wb**

|  | 6 | 5 | 4 | 3 | 2 | 1 |
|---|---|---|---|---|---|---|
| 2-pass Bus Cpe | 550 | 1450 | 2450 | 4900 | 8500 | 12000 |
| 2-4 pass Cpe | 550 | 1500 | 2500 | 5100 | 8800 | 12500 |
| 5-pass Tr Brghm | 500 | 1300 | 2250 | 4500 | 7700 | 11000 |
| 4-dr 5-pass Sdn | 450 | 1250 | 2150 | 4300 | 7400 | 10700 |
| 5-pass Twn Sdn | 500 | 1300 | 2250 | 4500 | 7700 | 11000 |
| 5-pass Brghm Sdn | 500 | 1300 | 2250 | 4500 | 7700 | 11000 |
| **Advanced Eight, 8-cyl., 121" wb** | | | | | | |
| 2-pass Cpe | 550 | 1500 | 2500 | 5100 | 8800 | 12500 |
| 2-4 pass Cpe | 550 | 1550 | 2650 | 5300 | 9100 | 13000 |
| 5-pass Brghm | 550 | 1500 | 2500 | 5100 | 8800 | 12500 |
| 2-dr 5-pass Sdn | 550 | 1550 | 2650 | 5300 | 9100 | 13000 |
| 5-pass Twn Sdn | 550 | 1550 | 2650 | 5300 | 9100 | 13000 |
| 5-pass Tr Sdn | 550 | 1500 | 2500 | 5100 | 8800 | 12500 |

| | 6 | 5 | 4 | 3 | 2 | 1 |
|---|---|---|---|---|---|---|
| **Amabassador, 8-cyl., 133/142" wb** | | | | | | |
| 5-pass Brghm | 550 | 1550 | 2650 | 5300 | 9100 | 13000 |
| 4-dr 5-pass Sdn (142" wb) | 550 | 1500 | 2500 | 5100 | 8800 | 12500 |
| 5-pass Tr Sdn (142" wb) | 550 | 1550 | 2600 | 5200 | 9000 | 12800 |
| 7-pass Sdn | 600 | 1600 | 2750 | 5500 | 9500 | 13800 |
| 7-pas Limo | 650 | 1750 | 3150 | 6300 | 10900 | 15700 |
| **Lafayette, 6-cyl., 113" wb** | | | | | | |
| 2-dr 5-pass Sdn | 400 | 1200 | 1950 | 3900 | 6800 | 9900 |
| 4-dr 5-pass Twn Sdn | 400 | 1200 | 1950 | 3900 | 6800 | 9900 |
| 4-dr 5-pass Brghm | 400 | 1200 | 2000 | 4000 | 6900 | 10000 |
| 2 pass Spl Cpe | 500 | 1300 | 2250 | 4500 | 7700 | 11000 |
| 2-4 pass Spl Cpe | 500 | 1350 | 2350 | 4700 | 8100 | 11500 |
| 5-pass Spl Tr Sdn | 450 | 1250 | 2050 | 4100 | 7100 | 10300 |
| 4-dr 5-pass Spl Sdn | 450 | 1250 | 2100 | 4200 | 7200 | 10500 |
| 4-dr 5-pass Brghm Sdn | 450 | 1250 | 2150 | 4300 | 7400 | 10700 |
| ***1935*** | | | | | | |
| **Lafayette, 6-cyl., 113" wb** | | | | | | |
| 2-pass Bus Cpe | 450 | 1250 | 2050 | 4100 | 7100 | 10300 |
| 2-dr 5-pass Sdn | 400 | 1200 | 1900 | 3800 | 6600 | 9600 |
| 5-pass Brghm | 400 | 1200 | 1950 | 3900 | 6800 | 9900 |
| 2-dr 5-pass Tr Sdn | 400 | 1200 | 1900 | 3800 | 6600 | 9600 |
| 4-dr 5-pass Twn Sdn | 400 | 1200 | 1950 | 3900 | 6800 | 9900 |
| 2-4 pass Spl Cpe | 500 | 1300 | 2250 | 4500 | 7700 | 11000 |
| 5-pass 6-win Spl Sdn | 450 | 1250 | 2050 | 4100 | 7100 | 10300 |
| 5-pass 6-win Spl Brghm | 450 | 1250 | 2100 | 4200 | 7200 | 10500 |
| **Advanced, 6-cyl., 120" wb** | | | | | | |
| 6-pass Vic | 450 | 1250 | 2150 | 4300 | 7400 | 10700 |
| 6-pass 6-win Sdn | 400 | 1200 | 1950 | 3900 | 6800 | 9900 |
| **Advanced Eight, 8-cyl., 125" wb** | | | | | | |
| 6-pass Vic | 550 | 1550 | 2650 | 5300 | 9100 | 13000 |
| 6-pass 6-win Sdn | 550 | 1450 | 2450 | 4900 | 8500 | 12000 |
| **Ambassador Eight, 8-cyl., 125" wb** | | | | | | |
| 6-pass Vic | 600 | 1600 | 2750 | 5400 | 9300 | 13500 |
| 6-pass 6-win Sdn | 550 | 1500 | 2500 | 5000 | 8700 | 12300 |
| ***1936*** | | | | | | |
| **Lafayette, 6-cyl., 113" wb** | | | | | | |
| 3-pass Bus Cpe | 450 | 1250 | 2050 | 4100 | 7100 | 10300 |
| 3-5 pass Cpe | 450 | 1250 | 2100 | 4200 | 7200 | 10500 |
| 5-pass Cabrlt | 750 | 2300 | 3850 | 7700 | 13300 | 19200 |
| 6-pass Sdn | 400 | 1150 | 1850 | 3700 | 6400 | 9300 |
| 2-dr 5-pass Vic Sdn | 400 | 1200 | 1950 | 3900 | 6800 | 9900 |
| 6-pass Tr Sdn | 400 | 1200 | 1900 | 3800 | 6600 | 9600 |
| **400, 6-cyl., 117" wb** | | | | | | |
| 3-pass Bus Cpe | 450 | 1250 | 2100 | 4200 | 7200 | 10500 |
| 3-5 pass Cpe | 450 | 1250 | 2150 | 4300 | 7400 | 10700 |
| 2-dr 5-pass Vic | 450 | 1250 | 2050 | 4100 | 7100 | 10300 |
| 2-dr 5-pass Tr Vic | 450 | 1250 | 2150 | 4300 | 7400 | 10700 |
| 4-dr 6-pass Sdn | 400 | 1150 | 1850 | 3700 | 6400 | 9300 |
| 4-dr 6-pass Tr Sdn | 400 | 1200 | 1900 | 3800 | 6600 | 9600 |
| **400, Series 3640A, 6-cyl., 117" wb** | | | | | | |
| 3-pass Dlx Bus Cpe | 450 | 1250 | 2150 | 4300 | 7400 | 10700 |
| 3-5 pass Dlx Cpe | 500 | 1300 | 2250 | 4500 | 7700 | 11000 |
| 2-dr 5-pass Dlx Vic | 450 | 1250 | 2050 | 4100 | 7100 | 10300 |
| 2-dr 6-pass Dlx Tr Vic | 450 | 1250 | 2150 | 4300 | 7400 | 10700 |
| 4-dr 6-pass Dlx Sdn | 400 | 1200 | 1900 | 3800 | 6600 | 9600 |
| 4-dr 6-pass Dlx Tr Sdn | 400 | 1200 | 1950 | 3900 | 6800 | 9900 |
| **Ambassador, 6-cyl., 125" wb** | | | | | | |
| 6-pass Vic | 500 | 1350 | 2350 | 4700 | 8100 | 11500 |
| 6-pass Tr Sdn | 450 | 1250 | 2150 | 4300 | 7400 | 10700 |

|  | 6 | 5 | 4 | 3 | 2 | 1 |
|---|---|---|---|---|---|---|
| **Ambassador Super 8, 8-cyl., 125" wb** | | | | | | |
| 6-pass 6-win Sdn | 500 | 1350 | 2350 | 4700 | 8100 | 11500 |
| **1937** | | | | | | |
| **Lafayette 400, 6-cyl., 117" wb** | | | | | | |
| 3-pass Cpe | 500 | 1300 | 2250 | 4500 | 7700 | 11000 |
| 5-pass Cpe | 500 | 1350 | 2350 | 4700 | 8100 | 11500 |
| 5-pass All Purpose Cpe | 500 | 1350 | 2350 | 4700 | 8100 | 11500 |
| 5-pass Cabrlt | 750 | 2250 | 3750 | 7500 | 13000 | 18700 |
| 6-pass Vic Sdn | 400 | 1200 | 1950 | 3900 | 6800 | 9900 |
| 6-pass Tr Sdn | 400 | 1200 | 2000 | 4000 | 6900 | 10000 |
| **Ambassador 6, 6-cyl., 121" wb** | | | | | | |
| 3-pass Cpe | 500 | 1350 | 2350 | 4700 | 8100 | 11500 |
| 5-pass Cpe | 550 | 1450 | 2450 | 4900 | 8500 | 12000 |
| 5-pass All Purpose Cpe | 550 | 1500 | 2450 | 5000 | 8700 | 12300 |
| 5-pass Cabrlt | 800 | 2450 | 4100 | 8200 | 14400 | 20500 |
| 6-pass Vic Sdn | 450 | 1250 | 2150 | 4300 | 7400 | 10700 |
| 6-pass Tr Sdn | 450 | 1250 | 2150 | 4300 | 7400 | 10700 |
| **Ambassador 8, 8-cyl., 125" wb** | | | | | | |
| 3-pass Cpe | 550 | 1550 | 2650 | 5300 | 9100 | 13000 |
| 5-pass Cpe | 600 | 1600 | 2750 | 5500 | 9500 | 13800 |
| 5-pass All Purpose Cpe | 600 | 1650 | 2850 | 5700 | 9900 | 14200 |
| 5-pass Cabrlt | 850 | 2700 | 4550 | 9100 | 16000 | 22700 |
| 6-pass Vic Sdn | 550 | 1450 | 2450 | 4900 | 8500 | 12000 |
| 6-pass Tr Sdn | 550 | 1450 | 2450 | 4900 | 8500 | 12000 |
| **1938** | | | | | | |
| **Lafayette, 6-cyl., 117" wb** | | | | | | |
| 3-pass Bus Cpe | 450 | 1250 | 2050 | 4100 | 7100 | 10300 |
| 2-dr 5-pass Sdn | 450 | 1250 | 2100 | 4200 | 7200 | 10500 |
| 4-dr 6-pass Sdn | 400 | 1200 | 1900 | 3800 | 6600 | 9600 |
| **DeLuxe, 6-cyl., 117" wb** | | | | | | |
| 3-pass Cpe | 450 | 1250 | 2100 | 4200 | 7200 | 10500 |
| 5-pass All Purpose Cpe | 450 | 1250 | 2150 | 4300 | 7400 | 10700 |
| 5-pass Cabrlt | 700 | 1900 | 3350 | 6700 | 11500 | 16500 |
| 2-dr 6-pass Sdn | 450 | 1250 | 2050 | 4100 | 7100 | 10300 |
| 4-dr 6-pass Sdn | 400 | 1200 | 1900 | 3800 | 6600 | 9600 |
| **Ambassador, 6-cyl., 121" wb** | | | | | | |
| 3-pass Bus Cpe | 450 | 1250 | 2050 | 4100 | 7100 | 10300 |
| 5-pass All Purpose Cpe | 450 | 1250 | 2150 | 4300 | 7400 | 10700 |
| 5-pass Cabrlt | 750 | 2200 | 3650 | 7300 | 12600 | 18200 |
| 2-dr 6-pass Sdn | 400 | 1200 | 1950 | 3900 | 6800 | 9900 |
| 4-dr 6-pass Sdn | 400 | 1100 | 1800 | 3600 | 6200 | 9100 |
| **Ambassador, 8-cyl., 125" wb** | | | | | | |
| 3-pass Bus Cpe | 450 | 1250 | 2150 | 4300 | 7400 | 10700 |
| 5-pass All Purpose Cpe | 500 | 1300 | 2250 | 4500 | 7700 | 11000 |
| 5-pass Cabrlt | 800 | 2450 | 4100 | 8200 | 14400 | 20500 |
| 2-dr 6-pass Sdn | 450 | 1250 | 2150 | 4300 | 7400 | 10700 |
| 4-dr 6-pass Sdn | 450 | 1250 | 2150 | 4300 | 7400 | 10700 |
| **1939** | | | | | | |
| **Lafayette, 6-cyl., 117" wb** | | | | | | |
| 3-pass Bus Cpe | 450 | 1250 | 2050 | 4100 | 7100 | 10300 |
| 2-dr 5-pass Sdn | 400 | 1200 | 1950 | 3900 | 6800 | 9900 |
| 4-dr 6-pass Sdn | 400 | 1100 | 1800 | 3600 | 6200 | 9100 |
| 6-pass Tr Sdn | 400 | 1150 | 1850 | 3700 | 6400 | 9300 |
| 5-pass All Purpose Dlx Cpe | 550 | 1400 | 2400 | 4800 | 8300 | 11800 |
| 5-pass All Purpose Dlx Cabrlt | 850 | 2550 | 4350 | 8700 | 15300 | 21700 |

*Deluxe add 10%*

| | 6 | 5 | 4 | 3 | 2 | 1 |
|---|---|---|---|---|---|---|
| **Ambassador, 6-cyl., 121" wb** | | | | | | |
| 3-pass Bus Cpe | 500 | 1300 | 2250 | 4500 | 7700 | 11000 |
| 5-pass All Purpose Cpe | 500 | 1350 | 2350 | 4700 | 8100 | 11500 |
| 5-pass All Purpose Cabrlt | 900 | 2750 | 4650 | 9300 | 16400 | 23100 |
| 2-dr 6-pass Sdn | 400 | 1200 | 1900 | 3800 | 6600 | 9600 |
| 4-dr 6-pass Sdn | 400 | 1200 | 1950 | 3900 | 6800 | 9900 |
| 4-dr 6-pass Tr Sdn | 400 | 1200 | 2000 | 4000 | 6900 | 10000 |
| **Ambassador, 8-cyl., 125" wb** | | | | | | |
| 3-pass Bus Cpe | 550 | 1550 | 2650 | 5300 | 9100 | 13000 |
| 5-pass All Purpose Cpe | 550 | 1550 | 2650 | 5300 | 9100 | 13000 |
| 5-pass All Purpose Cabrlt | 1100 | 3550 | 5900 | 11800 | 20800 | 29400 |
| 2-dr 6-pass Sdn | 500 | 1300 | 2250 | 4500 | 7700 | 11000 |
| 4-dr 6-pass Sdn | 500 | 1300 | 2250 | 4500 | 7700 | 11000 |
| 4-dr 6-pass Tr Sdn | 500 | 1350 | 2300 | 4600 | 8000 | 11300 |

## 1940

| | 6 | 5 | 4 | 3 | 2 | 1 |
|---|---|---|---|---|---|---|
| **Lafayette, 6-cyl., 117" wb** | | | | | | |
| 3-pass Bus Cpe | 500 | 1300 | 2250 | 4500 | 7700 | 11000 |
| 5-pass All Purpose Cpe | 500 | 1300 | 2250 | 4500 | 7700 | 11000 |
| 5-pass All Purpose Cabrlt | 1000 | 3150 | 5300 | 10600 | 18700 | 26500 |
| 2-dr 6-pass Sdn | 400 | 1200 | 2000 | 4000 | 6900 | 10000 |
| 4-dr 6-pass Sdn | 450 | 1250 | 2050 | 4100 | 7100 | 10300 |
| 4-dr 6-pass Tr Sdn | 450 | 1250 | 2050 | 4100 | 7100 | 10300 |
| **Ambassador, 6-cyl., 121" wb** | | | | | | |
| 3-pass Bus Cpe | 550 | 1450 | 2450 | 4900 | 8500 | 12000 |
| 5-pass All Purpose Cpe | 550 | 1500 | 2500 | 5100 | 8800 | 12500 |
| 5-pass All Purpose Cabrlt | 1250 | 3950 | 6550 | 13100 | 23100 | 32700 |
| 2-dr 6-pass Sdn | 500 | 1300 | 2250 | 4500 | 7700 | 11000 |
| 4-dr 6-pass Sdn | 500 | 1350 | 2300 | 4600 | 8000 | 11300 |
| 4-dr 6-pass Tr Sdn | 500 | 1350 | 2300 | 4600 | 8000 | 11300 |
| **Ambassador, 8-cyl., 125" wb** | | | | | | |
| 3-pass Bus Cpe | 600 | 1650 | 2850 | 5700 | 9900 | 14200 |
| 5-pass All Purpose Cpe | 600 | 1650 | 2850 | 5700 | 9900 | 14200 |
| 5-pass All Purpose Cabrlt | 1400 | 4250 | 7100 | 14200 | 25000 | 35400 |
| 2-dr 6-pass Sdn | 550 | 1500 | 2500 | 5100 | 8800 | 12500 |
| 4-dr 6-pass Sdn | 550 | 1500 | 2500 | 5100 | 8800 | 12500 |
| 4-dr Tr Sdn | 550 | 1550 | 2600 | 5200 | 9000 | 12800 |

## 1941

| | 6 | 5 | 4 | 3 | 2 | 1 |
|---|---|---|---|---|---|---|
| **600, 6-cyl., 112" wb** | | | | | | |
| 3-pass Bus Cpe | 500 | 1350 | 2350 | 4700 | 8100 | 11500 |
| 2-dr 6-pass Sdn | 450 | 1250 | 2050 | 4100 | 7100 | 10300 |
| 4-dr 6-pass Sdn | 450 | 1250 | 2100 | 4200 | 7200 | 10500 |
| 3-pass Dlx Bus Cpe | 550 | 1500 | 2450 | 5000 | 8700 | 12300 |
| 6-pass Dlx Brghm | 500 | 1300 | 2250 | 4500 | 7700 | 11000 |
| 2-dr Dlx 6-pass Sdn | 450 | 1250 | 2150 | 4300 | 7400 | 10700 |
| 4-dr Dlx 6-pass Sdn | 450 | 1250 | 2150 | 4300 | 7400 | 10700 |
| 4-dr 6-pass Tr Sdn | 450 | 1250 | 2200 | 4400 | 7600 | 10900 |
| **Ambassador, 6-cyl., 121" wb** | | | | | | |
| 5-pass Dlx Conv Cpe | 1050 | 3400 | 5700 | 11400 | 20100 | 28500 |
| 3-pass Spl Bus Cpe | 600 | 1690 | 2700 | 5400 | 9300 | 13500 |
| 3-pass Dlx Bus Cpe | 600 | 1600 | 2750 | 5500 | 9500 | 13800 |
| 6-pass Dlx Brghm | 550 | 1450 | 2450 | 4900 | 8500 | 12000 |
| 4-dr 6-pass Spl Sdn | 550 | 1450 | 2450 | 4900 | 8500 | 12000 |
| 2-dr 6-pass Spl Sdn | 550 | 1450 | 2450 | 4900 | 8500 | 12000 |
| 4-dr 6-pass Dlx Sdn | 550 | 1450 | 2450 | 4900 | 8500 | 12000 |
| 4-dr 6-pass Dlx Tr Sdn | 550 | 1450 | 2450 | 4900 | 8500 | 12000 |

|  | 6 | 5 | 4 | 3 | 2 | 1 |
|---|---|---|---|---|---|---|
| **Ambassador, 8-cyl., 121" wb** | | | | | | |
| 5-pass Conv Cpe | 1200 | 3750 | 6300 | 12600 | 22200 | 31400 |
| 2-dr 6-pass Dlx Brghm | 550 | 1550 | 2650 | 5300 | 9100 | 13000 |
| 4-dr 6-pass Spl Sdn | 550 | 1550 | 2650 | 5300 | 9100 | 13000 |
| 4-dr 6-pass Dlx Sdn | 600 | 1690 | 2700 | 5400 | 9300 | 13500 |
| 4-dr 6-pass Tr Sdn | 600 | 1690 | 2700 | 5400 | 9300 | 13500 |
| **1942** | | | | | | |
| **600, 6-cyl., 112" wb** | | | | | | |
| 2-dr 3-pass Bus Cpe | 550 | 1500 | 2450 | 5000 | 8700 | 12300 |
| 2-dr 6-pass Brghm | 500 | 1300 | 2250 | 4500 | 7700 | 11000 |
| 2-dr 6-pass SS Sdn | 500 | 1300 | 2250 | 4500 | 7700 | 11000 |
| 4-dr 6-pass SS Sdn | 500 | 1300 | 2250 | 4500 | 7700 | 11000 |
| 4-dr 6-pass Tr Sdn | 500 | 1350 | 2300 | 4600 | 8000 | 11300 |
| **Ambassador, 6-cyl., 121" wb** | | | | | | |
| 3-pass Bus Cpe | 600 | 1600 | 2750 | 5500 | 9500 | 13800 |
| 2-dr 6-pass Brghm | 550 | 1500 | 2450 | 5000 | 8700 | 12300 |
| 2-dr 6-pass SS Sdn | 550 | 1500 | 2450 | 5000 | 8700 | 12300 |
| 4-dr 6-pass SS Sdn | 550 | 1500 | 2450 | 5000 | 8700 | 12300 |
| 4-dr 6-pass Tr Sdn | 550 | 1500 | 2500 | 5100 | 8800 | 12500 |
| **Ambassador, 8-cyl., 121" wb** | | | | | | |
| 3-pass Bus Cpe | 550 | 1550 | 2650 | 5300 | 9100 | 13000 |
| 2-dr 6-pass Brghm | 550 | 1500 | 2500 | 5100 | 8800 | 12500 |
| 2-dr 6-pass SS Sdn | 550 | 1500 | 2450 | 5000 | 8700 | 12300 |
| 4-dr 6-pass SS Sdn | 550 | 1500 | 2500 | 5100 | 8800 | 12500 |
| 4-dr 6-pass SS Tr Sdn | 550 | 1500 | 2500 | 5100 | 8800 | 12500 |
| **1946** | | | | | | |
| **600, 6-cyl., 112" wb** | | | | | | |
| 2-dr 6-pass Brghm | 450 | 1250 | 2200 | 4400 | 7600 | 10900 |
| 4-dr 6-pass Sdn | 450 | 1250 | 2150 | 4300 | 7400 | 10700 |
| 4-dr 6-pass Sdn | 450 | 1250 | 2200 | 4400 | 7600 | 10900 |
| **Ambassador, 6-cyl., 121" wb** | | | | | | |
| 2-dr 6-pass Brghm | 550 | 1450 | 2450 | 4900 | 8500 | 12000 |
| 4-dr 6-pass Sdn | 550 | 1500 | 2450 | 5000 | 8700 | 12300 |
| 4-dr 6-pass Tr Sdn | 550 | 1500 | 2450 | 5000 | 8700 | 12300 |
| 4-dr 6-pass Suburban Sdn | 1000 | 3250 | 5450 | 10900 | 19100 | 27200 |
| **1947** | | | | | | |
| **600, 6-cyl., 112" wb** | | | | | | |
| 2-dr 6-pass Brghm | 450 | 1250 | 2200 | 4400 | 7600 | 10900 |
| 4-dr 6-pass Sdn | 450 | 1250 | 2150 | 4300 | 7400 | 10700 |
| 4-dr 6-pass Tr Sdn | 450 | 1250 | 2200 | 4400 | 7600 | 10900 |
| **Ambassador, 6-cyl., 121" wb** | | | | | | |
| 2-dr 6-pass Brghm | 550 | 1450 | 2450 | 4900 | 8500 | 12000 |
| 4-dr 6-pass Sdn | 550 | 1500 | 2450 | 5000 | 8700 | 12300 |
| 4-dr 6-pass Tr Sdn | 550 | 1500 | 2450 | 5000 | 8700 | 12300 |
| 4-dr 6-pass Suburban Sdn | 1000 | 3250 | 5450 | 10900 | 19100 | 27200 |
| **1948** | | | | | | |
| **600, 6-cyl., 112" wb** | | | | | | |
| 3-pass Dlx Bus Cpe | 550 | 1500 | 2500 | 5100 | 8800 | 12500 |
| 4-dr 6-pass Super Sdn | 450 | 1250 | 2100 | 4200 | 7200 | 10500 |
| 4-dr 6-pass Super Truck Sdn | 450 | 1250 | 2100 | 4200 | 7200 | 10500 |
| 2-dr 6-pass Brghm | 450 | 1250 | 2100 | 4200 | 7200 | 10500 |
| 4-dr 6-pass Custom Sdn | 450 | 1250 | 2100 | 4200 | 7200 | 10500 |
| 4-dr 6-pass Custom Tr Sdn | 450 | 1250 | 2150 | 4300 | 7400 | 10700 |
| 2-dr 6-pass Custom Brghm | 450 | 1250 | 2150 | 4300 | 7400 | 10700 |
| **Ambassador Super Line, 6-cyl., 121" wb** | | | | | | |
| 4-dr 6-pass Sdn | 550 | 1400 | 2400 | 4800 | 8300 | 11800 |
| 4-dr 6-pass Tr Sdn | 550 | 1400 | 2400 | 4800 | 8300 | 11800 |
| 2-dr 6-pass Brghm | 550 | 1400 | 2400 | 4800 | 8300 | 11800 |
| 4-dr 6-pass Suburban Sdn | 1050 | 3300 | 5500 | 11000 | 19300 | 27500 |

| | 6 | 5 | 4 | 3 | 2 | 1 |
|---|---|---|---|---|---|---|
| **Ambassador Custom, 6-cyl., 121" wb** | | | | | | |
| 4-dr 6-pass Sdn | 550 | 1500 | 2450 | 5000 | 8700 | 12300 |
| 4-dr 6-pass Tr Sdn | 500 | 1350 | 2350 | 4700 | 8100 | 11500 |
| 2-dr 6-pass Brghm | 550 | 1500 | 2450 | 5000 | 8700 | 12300 |
| 2-dr 6-pass Cabrlt | 1050 | 3400 | 5700 | 11400 | 20100 | 28500 |
| **1949** | | | | | | |
| **600 Super, 6-cyl., 112" wb** | | | | | | |
| 4-dr 6-pass Sdn | 500 | 1350 | 2350 | 4700 | 8100 | 11500 |
| 2-dr 6-pass Sdn | 550 | 1400 | 2400 | 4800 | 8300 | 11800 |
| 2-dr 5-pass Brghm | 550 | 1400 | 2400 | 4800 | 8300 | 11800 |
| **600 Super Special, 6-cyl., 112" wb** | | | | | | |
| 4-dr 6-pass Sdn | 550 | 1400 | 2400 | 4800 | 8300 | 11800 |
| 2-dr 6-pass Sdn | 550 | 1400 | 2400 | 4800 | 8300 | 11800 |
| 2-dr 5-pass Brghm | 550 | 1400 | 2400 | 4800 | 8300 | 11800 |
| **600 Custom, 6-cyl., 112" wb** | | | | | | |
| 4-dr 6-pass Sdn | 550 | 1400 | 2400 | 4800 | 8300 | 11800 |
| 2-dr 6-pass Sdn | 550 | 1450 | 2450 | 4900 | 8500 | 12000 |
| 2-dr 5-pass Brghm | 550 | 1450 | 2450 | 4900 | 8500 | 12000 |
| **Ambassador Super, 6-cyl., 121" wb** | | | | | | |
| 4-dr 6-pass Sdn | 550 | 1550 | 2600 | 5200 | 9000 | 12800 |
| 2-dr 6-pass Sdn | 550 | 1550 | 2600 | 5200 | 9000 | 12800 |
| 2-dr 5-pass Brghm | 550 | 1550 | 2600 | 5200 | 9000 | 12800 |
| **Ambassador Super Special, 6-cyl.** | | | | | | |
| 4-dr 6-pass Sdn | 550 | 1550 | 2600 | 5200 | 9000 | 12800 |
| 2-dr 6-pass Sdn | 550 | 1550 | 2600 | 5200 | 9000 | 12800 |
| 2-dr 5-pass Brghm | 550 | 1550 | 2650 | 5300 | 9100 | 13000 |
| **Ambassador Custom, 6-cyl.** | | | | | | |
| 4-dr 6-pass Sdn | 550 | 1550 | 2650 | 5300 | 9100 | 13000 |
| 2-dr 6-pass Sdn | 550 | 1550 | 2650 | 5300 | 9100 | 13000 |
| 2-dr 5-pass Brghm | 600 | 1600 | 2700 | 5400 | 9300 | 13500 |
| **1950** | | | | | | |
| **Rambler, 6-cyl., 100" wb** | | | | | | |
| 2-dr 5-pass Conv Lan | 650 | 1800 | 3250 | 6500 | 11200 | 16100 |
| 2-dr 5-pass Custom Sta Wgn | 550 | 1450 | 2450 | 4900 | 8500 | 12000 |
| **Nash Deluxe Statesman, 6-cyl., 112" wb** | | | | | | |
| 3-pass Bus Cpe | 550 | 1400 | 2400 | 4800 | 8300 | 11800 |
| **Nash Super Statesman, 6-cyl., 112" wb** | | | | | | |
| 2-dr 5-pass Club Cpe | 550 | 1450 | 2450 | 4900 | 8500 | 12000 |
| 4-dr 6-pass Sdn | 500 | 1350 | 2350 | 4700 | 8100 | 11500 |
| 2-dr 6-pass Sdn | 550 | 1450 | 2450 | 4900 | 8500 | 12000 |
| **Nash Custom Statesman, 6-cyl., 112" wb** | | | | | | |
| 4-dr 6-pass Sdn | 550 | 1450 | 2450 | 4900 | 8500 | 12000 |
| 2-dr 6-pass Sdn | 550 | 1450 | 2450 | 4900 | 8500 | 12000 |
| 2-dr 5-pass Club Cpe | 550 | 1500 | 2500 | 5000 | 8700 | 12300 |
| **Ambassador Super, 6-cyl., 121" wb** | | | | | | |
| 4-dr 6-pass Sdn | 550 | 1500 | 2500 | 5100 | 8800 | 12500 |
| 2-dr 6-pass Sdn | 550 | 1550 | 2600 | 5200 | 9000 | 12800 |
| 2-dr 5-pass Club Cpe | 550 | 1550 | 2600 | 5200 | 9000 | 12800 |
| **Ambassador Custom, 6-cyl., 121" wb** | | | | | | |
| 4-dr 6-pass Sdn | 550 | 1550 | 2650 | 5300 | 9100 | 13000 |
| 2-dr 6-pass Sdn | 550 | 1550 | 2650 | 5300 | 9100 | 13000 |
| 2-dr 5-pass Club Cpe | 600 | 1600 | 2700 | 5400 | 9300 | 13500 |
| **1951** | | | | | | |
| **Rambler, 6-cyl., 100" wb** | | | | | | |
| 2-dr 5-pass Ctry Club Sdn | 550 | 1450 | 2450 | 4900 | 8500 | 12000 |
| 2-dr 5-pass Custom Conv | 700 | 2000 | 3450 | 6900 | 11900 | 17200 |
| 2-dr 5-pass Custom Sta Wgn | 550 | 1500 | 2500 | 5100 | 8800 | 12500 |

| | 6 | 5 | 4 | 3 | 2 | 1 |
|---|---|---|---|---|---|---|
| **Nash Statesman, 6-cyl., 112" wb** | | | | | | |
| 2-dr 3-pass Dlx Bus Cpe | 550 | 1450 | 2450 | 4900 | 8500 | 12000 |
| 4-dr 6-pass Super Sdn | 550 | 1400 | 2400 | 4800 | 8300 | 11800 |
| 2-dr 6-pass Super Sdn | 550 | 1400 | 2400 | 4800 | 8300 | 11800 |
| 2-dr 5-pass Super Club Cpe | 550 | 1450 | 2450 | 4900 | 8500 | 12000 |
| 4-dr 6-pass Custom Sdn | 550 | 1450 | 2450 | 4900 | 8500 | 12000 |
| 2-dr 6-pass Custom Sdn | 550 | 1500 | 2500 | 5000 | 8700 | 12300 |
| 2-dr 5-pass Custom Club Cpe | 550 | 1500 | 2500 | 5100 | 8800 | 12500 |
| **Ambassador Super, 6-cyl., 121" wb** | | | | | | |
| 2-dr 5-pass Club Cpe | 550 | 1550 | 2600 | 5200 | 9000 | 12800 |
| 4-dr 6-pass Sdn | 550 | 1550 | 2600 | 5200 | 9000 | 12800 |
| 2-dr 6-pass Sdn | 550 | 1550 | 2600 | 5200 | 9000 | 12800 |
| **Ambassador Custom, 6-cyl., 121" wb** | | | | | | |
| 2-dr 5-pass Club Cpe | 550 | 1550 | 2650 | 5300 | 9100 | 13000 |
| 4-dr 6-pass Sdn | 550 | 1550 | 2650 | 5300 | 9100 | 13000 |
| 2-dr 6-pass Sdn | 550 | 1550 | 2650 | 5300 | 9100 | 13000 |
| ***1952*** | | | | | | |
| **Rambler, 6-cyl., 100" wb** | | | | | | |
| 2-dr 5-pass Suburban | 500 | 1350 | 2350 | 4700 | 8100 | 11500 |
| 2-dr 5-pass Custom Ctry Club | 600 | 1600 | 2750 | 5500 | 9500 | 13800 |
| 2-dr 5-pass Custom Conv Sdn | 700 | 2000 | 3450 | 6900 | 11900 | 17200 |
| 2-dr Custom Sta Wgn | 550 | 1500 | 2500 | 5100 | 8800 | 12500 |
| **Nash Statesman Super, 6-cyl.** | | | | | | |
| 2-dr 6-pass Sdn | 550 | 1500 | 2500 | 5000 | 8700 | 12300 |
| 4-dr 6-pass Sdn | 550 | 1500 | 2500 | 5000 | 8700 | 12300 |
| **Nash Statesman Custom, 6-cyl., 114" wb** | | | | | | |
| 4-dr 6-pass Sdn | 550 | 1550 | 2600 | 5200 | 9000 | 12800 |
| 2-dr 6-pass Sdn | 550 | 1550 | 2600 | 5200 | 9000 | 12800 |
| **Ambassador Super, 6-cyl., 121.75" wb** | | | | | | |
| 2-dr 6-pass Sdn | 550 | 1500 | 2500 | 5100 | 8800 | 12500 |
| 4-dr 6-pass Sdn | 550 | 1500 | 2500 | 5100 | 8800 | 12500 |
| **Ambassador Custom, 6-cyl., 121.75" wb** | | | | | | |
| 4-dr 6-pass Sdn | 550 | 1550 | 2650 | 5300 | 9100 | 13000 |
| 2-dr 6-pass Sdn | 550 | 1550 | 2650 | 5300 | 9100 | 13000 |
| **Nash-Healey, 6-cyl.** | | | | | | |
| 2-dr Spt Conv | 1900 | 5600 | 9450 | 18900 | 33200 | 47200 |
| ***1953*** | | | | | | |
| **Rambler, 6-cyl., 100" wb** | | | | | | |
| Custom Ctry Club Hdtp | 600 | 1600 | 2750 | 5500 | 9500 | 13800 |
| 2-dr 5-pass Custom Conv Sdn | 700 | 2000 | 3450 | 6900 | 11900 | 17200 |
| 2-dr 5-pass Custom Sta Wgn | 550 | 1500 | 2500 | 5100 | 8800 | 12500 |
| 2-dr 5-pass Super Sta Wgn | 600 | 1600 | 2700 | 5400 | 9300 | 13500 |
| **Statesman, 6-cyl., 114.25" wb** | | | | | | |
| 2-dr 6-pass Super Sdn | 550 | 1500 | 2500 | 5000 | 8700 | 12300 |
| 4-dr 6-pass Super Sdn | 550 | 1500 | 2500 | 5000 | 8700 | 12300 |
| 2-dr 6-pass Custom Sdn | 550 | 1550 | 2600 | 5200 | 9000 | 12800 |
| 4-dr 6-pass Custom Sdn | 550 | 1550 | 2600 | 5200 | 9000 | 12800 |
| Custom Hdtp Ctry Club | 600 | 1650 | 2850 | 5700 | 9900 | 14200 |
| **Ambassador, 6-cyl., 121.25" wb** | | | | | | |
| 4-dr 6-pass Super Sdn | 550 | 1500 | 2500 | 5100 | 8800 | 12500 |
| 2-dr 6-pass Super Sdn | 550 | 1500 | 2500 | 5100 | 8800 | 12500 |
| 4-dr 6-pass Custom Sdn | 550 | 1550 | 2650 | 5300 | 9100 | 13000 |
| 2-dr 6-pass Custom Sdn | 550 | 1550 | 2650 | 5300 | 9100 | 13000 |
| Custom Ctry Club Hdtp | 650 | 1800 | 3250 | 6500 | 11200 | 16100 |
| **Nash-Healey, 6-cyl., 102" wb** | | | | | | |
| 2-dr Spt Conv | 1900 | 5600 | 9450 | 18900 | 33200 | 47200 |

'27 Nash

'29 Nash

'32 Ambassador

'33 Nash Advanced 8

'50 Nash Rambler

'51 Nash

'52 Nash Rambler

'53 Nash-Healey Roadster

'55 Nash Statesman

'57 Nash

|  | 6 | 5 | 4 | 3 | 2 | 1 |
|---|---|---|---|---|---|---|
| **1954** | | | | | | |
| **Rambler, 6-cyl., 100" wb** | | | | | | |
| 2-dr Dlx Club Sdn | 550 | 1450 | 2450 | 4900 | 8500 | 12000 |
| 2-dr Super Club Sdn | 550 | 1500 | 2500 | 5000 | 8700 | 12300 |
| 2-dr Super Ctry Club Sdn | 550 | 1550 | 2650 | 5300 | 9100 | 13000 |
| 2-dr Super Suburban Wgn | 550 | 1500 | 2500 | 5000 | 8700 | 12300 |
| 4-dr Super Sdn (108" wb) | 550 | 1500 | 2500 | 5000 | 8700 | 12300 |
| 2-dr Custom Hdtp Cpe | 650 | 1700 | 3000 | 5900 | 10200 | 14700 |
| 2-dr Conv | 700 | 2050 | 3500 | 7000 | 12100 | 17400 |
| 2-dr Sta Wgn | 550 | 1550 | 2650 | 5300 | 9100 | 13000 |
| 4-dr Custom Sdn (108" wb) | 550 | 1500 | 2500 | 5000 | 8700 | 12300 |
| 4-dr Custom Wgn (108" wb) | 600 | 1600 | 2700 | 5400 | 9300 | 13500 |
| **Nash Statesman, 6-cyl., 114.25" wb** | | | | | | |
| 4-dr Super Sdn | 500 | 1350 | 2350 | 4700 | 8100 | 11500 |
| 2-dr Super Sdn | 550 | 1400 | 2400 | 4800 | 8300 | 11800 |
| 4-dr Custom Sdn | 550 | 1400 | 2400 | 4800 | 8300 | 11800 |
| 2-dr Hdtp Cpe | 650 | 1800 | 3250 | 6500 | 11200 | 16100 |
| **Nash Ambassador, 6-cyl.** | | | | | | |
| 4-dr Super Sdn | 550 | 1550 | 2600 | 5200 | 9000 | 12800 |
| 2-dr Super Sdn | 550 | 1550 | 2600 | 5200 | 9000 | 12800 |
| 4-dr Custom Sdn | 550 | 1550 | 2650 | 5300 | 9100 | 13000 |
| 2-dr Custom Hdtp Cpe | 650 | 1800 | 3250 | 6500 | 11200 | 16100 |
| **Nash-Healey, 6-cyl., 108" wb** | | | | | | |
| 2-dr Hdtp Cpe | 1900 | 5600 | 9450 | 18900 | 33200 | 47200 |
| **1955** | | | | | | |
| **Rambler, 6-cyl., 100" wb** | | | | | | |
| 2-dr Dlx Club Sdn | 550 | 1450 | 2450 | 4900 | 8500 | 12000 |
| 2-dr Dlx Bus Sdn | 550 | 1450 | 2450 | 4900 | 8500 | 12000 |
| 2-dr Dlx Sub Wgn | 650 | 1700 | 3000 | 5900 | 10200 | 14700 |
| 4-dr Dlx Sdn (108" wb) | 550 | 1450 | 2450 | 4900 | 8500 | 12000 |
| 2-dr Super Club Sdn | 550 | 1500 | 2500 | 5000 | 8700 | 12300 |
| 2-dr Super Sub Uty Wgn | 550 | 1450 | 2450 | 4900 | 8500 | 12000 |
| 4-dr Super Sdn (108" wb) | 550 | 1500 | 2500 | 5000 | 8700 | 12300 |
| 4-dr Super Cross Ctry (108" wb) | 550 | 1550 | 2650 | 5300 | 9100 | 13000 |
| 2-dr Custom Ctry Club | 650 | 1700 | 3000 | 6100 | 10600 | 15200 |
| 4-dr Custom Sdn (108" wb) | 550 | 1500 | 2500 | 5000 | 8700 | 12300 |
| 4-dr Custom Cross Ctry (108" wb) | 650 | 1700 | 3000 | 5900 | 10200 | 14700 |
| **Nash Statesman, 6-cyl., 114.25" wb** | | | | | | |
| 4-dr Super Sdn | 550 | 1450 | 2450 | 4900 | 8500 | 12000 |
| 4-dr Custom Sdn | 550 | 1500 | 2500 | 5000 | 8700 | 12300 |
| 2-dr Hdtp Ctry Club Cpe | 650 | 1750 | 3150 | 6300 | 10900 | 15700 |
| **Nash Ambassador, 6-cyl.** | | | | | | |
| 4-dr Super Sdn | 600 | 1600 | 2700 | 5400 | 9300 | 13500 |
| 4-dr Custom Sdn | 600 | 1600 | 2700 | 5400 | 9300 | 13500 |
| 2-dr Hdtp Ctry Club Cpe | 700 | 2000 | 3450 | 6900 | 11900 | 17200 |
| **Nash Ambassador, 8-cyl.** | | | | | | |
| 4-dr Super Sdn | 600 | 1600 | 2700 | 5400 | 9300 | 13500 |
| 4-dr Custom Sdn | 600 | 1650 | 2850 | 5700 | 9900 | 14200 |
| 2-dr Hdtp Ctry Club Cpe | 750 | 2100 | 3550 | 7100 | 12300 | 17700 |
| **Nash-Healey, 6-cyl.** | | | | | | |
| 2-dr Hdtp Cpe | 1900 | 5600 | 9450 | 18900 | 33200 | 47200 |
| **1956** | | | | | | |
| **Rambler, 6-cyl., 108" wb** | | | | | | |
| 4-dr Dlx Sdn | 450 | 1250 | 2200 | 4400 | 7600 | 10900 |
| 4-dr Super Sdn | 450 | 1250 | 2200 | 4400 | 7600 | 10900 |
| 4-dr Super Sta Wgn | 550 | 1400 | 2400 | 4800 | 8300 | 11800 |
| 4-dr Custom Sdn | 550 | 1400 | 2400 | 4800 | 8300 | 11800 |
| 4-dr Custom Hdtp | 600 | 1600 | 2700 | 5400 | 9300 | 13500 |
| 4-dr Custom Cross Ctry | 550 | 1450 | 2450 | 4900 | 8500 | 12000 |
| 4-dr Ctry Club Hdtp Wgn | 550 | 1500 | 2500 | 5100 | 8800 | 12500 |

| | 6 | 5 | 4 | 3 | 2 | 1 |
|---|---|---|---|---|---|---|
| **Nash Statesman, 6-cyl.** | | | | | | |
| 4-dr Super Sdn | 550 | 1450 | 2450 | 4900 | 8500 | 12000 |
| **Nash Ambassador, 6-cyl.** | | | | | | |
| 4-dr Super Sdn | 550 | 1500 | 2500 | 5100 | 8800 | 12500 |
| **Nash Ambassador, 8-cyl.** | | | | | | |
| 4-dr Super Sdn | 550 | 1550 | 2600 | 5200 | 9000 | 12800 |
| 4-dr Custom Sdn | 550 | 1550 | 2650 | 5300 | 9100 | 13000 |
| 2-dr Custom Hdtp | 750 | 2250 | 3750 | 7500 | 13000 | 18700 |
| **1957** | | | | | | |
| **Rambler, 6-cyl., 108" wb** | | | | | | |
| 4-dr Dlx Sdn | 400 | 1200 | 2000 | 4000 | 6900 | 10000 |
| 4-dr Super Sdn | 450 | 1250 | 2050 | 4100 | 7100 | 10300 |
| 4-dr Super Hdtp | 450 | 1250 | 2150 | 4300 | 7400 | 10700 |
| 4-dr Super Sta Wgn | 450 | 1250 | 2200 | 4400 | 7600 | 10900 |
| 4-dr Custom Sdn | 450 | 1250 | 2050 | 4100 | 7100 | 10300 |
| 4-dr Custom Sta Wgn | 450 | 1250 | 2200 | 4400 | 7600 | 10900 |
| **Rambler, 8-cyl.** | | | | | | |
| 4-dr Super Sdn | 450 | 1250 | 2050 | 4100 | 7100 | 10300 |
| 4-dr Super Sta Wgn | 450 | 1250 | 2200 | 4400 | 7600 | 10900 |
| 4-dr Custom Sdn | 450 | 1250 | 2100 | 4200 | 7200 | 10500 |
| 4-dr Custom Hdtp Sta Wgn | 500 | 1350 | 2300 | 4600 | 8000 | 11300 |
| 4-dr 6-pass Custom Wgn | 500 | 1300 | 2250 | 4500 | 7700 | 11000 |
| 4-dr Custom Hdtp Wgn | 550 | 1450 | 2450 | 4900 | 8500 | 12000 |
| **Rebel, 8-cyl.** | | | | | | |
| 4-dr Hdtp Custom | 650 | 1750 | 3150 | 6300 | 10900 | 15700 |
| **Nash Ambassador, 8-cyl., 121.5" wb** | | | | | | |
| 4-dr Super Sdn | 550 | 1500 | 2500 | 5000 | 8700 | 12300 |
| 2-dr Super Hdtp | 700 | 2000 | 3450 | 6900 | 11900 | 17200 |
| 4-dr Custom Sdn | 550 | 1500 | 2500 | 5100 | 8800 | 12500 |
| 2-dr Custom Hdtp | 750 | 2250 | 3750 | 7500 | 13000 | 18700 |

## PRICE GUIDE CLASSIFICATIONS:

**1. CONCOURS:** Perfection. At or near 100 points on a 100-point judging scale. Trailered; never driven; pampered. Totally restored to the max and 100 percent stock.

**2. SHOW:** Professionally restored to high standards. No major flaws or deviations from stock. Consistent trophy winner that needs nothing to show. In 90 to 95 point range.

**3. STREET/SHOW:** Older restoration or extremely nice original showing some wear from age and use. Very presentable; occasional trophy winner; everything working properly. About 80 to 89 points.

**4. DRIVER:** A nice looking, fine running collector car needing little or nothing to drive, enjoy and show in local competition. Would need extensive restoration to be a show car, but completely usable as is.

**5. RESTORABLE:** Project car that is relatively complete and restorable within a reasonable effort and expense. Needs total restoration, but all major components present and rebuildable. May or may not be running.

**6. PARTS CAR:** Deteriorated or stripped to a point beyond reasonable restoration, but still complete and solid enough to donate valuable parts to a restoration. Likely not running, possibly missing its engine.

# OAKLAND
## 1908 – 1931

'09 Oakland Model C

'16 Oakland

'17 Oakland

'18 Oakland Touring

| | 6 | 5 | 4 | 3 | 2 | 1 |
|---|---|---|---|---|---|---|
| **1908** | | | | | | |
| **4-cyl. 96" wb - 100" wb** | | | | | | |
| Models A, B, C, D, E | 1300 | 4000 | 6700 | 13400 | 23600 | 33400 |
| **1909** | | | | | | |
| **Model 20, 2-cyl., 100" wb** | | | | | | |
| Rnbt | 1150 | 3650 | 6100 | 12200 | 21500 | 30500 |
| Tr Rdstr | 1150 | 3650 | 6100 | 12200 | 21500 | 30500 |
| **Model 40, 4-cyl., 112" wb** | | | | | | |
| 3-pass Rnbt | 1050 | 3400 | 5700 | 11400 | 20100 | 28500 |
| 5-pass Tr | 1050 | 3400 | 5700 | 11400 | 20100 | 28500 |
| 4-pass Tr Rdstr | 1050 | 3400 | 5700 | 11400 | 20100 | 28500 |
| **1910** | | | | | | |
| **Model 25, 4-cyl., 100" wb** | | | | | | |
| Tr | 800 | 2400 | 4000 | 8000 | 13900 | 19900 |
| **Model 30, 4-cyl., 30 hp, 100" wb** | | | | | | |
| Rnbt | 800 | 2450 | 4100 | 8200 | 14400 | 20500 |
| Tr | 800 | 2450 | 4100 | 8200 | 14400 | 20500 |
| **Model 40, 4-cyl., 40 hp, 112" wb** | | | | | | |
| Tr | 800 | 2500 | 4200 | 8400 | 14800 | 20900 |
| Rdstr | 850 | 2550 | 4350 | 8700 | 15200 | 21700 |
| **Model K, 4-cyl., 40 hp, 111" wb** | | | | | | |
| Tr | 1000 | 3150 | 5300 | 10600 | 18700 | 26500 |
| **Model M, 4-cyl., 40 hp, 112" wb** | | | | | | |
| Rdstr | 1050 | 3300 | 5500 | 11000 | 19300 | 27500 |
| **1911** | | | | | | |
| **Model 24, 4-cyl., 30 hp, 96" wb** | | | | | | |
| Rdstr | 850 | 2650 | 4500 | 9000 | 15900 | 22500 |
| **Model 30, 4-cyl., 30 hp, 100" wb** | | | | | | |
| Tr | 800 | 2450 | 4100 | 8200 | 14400 | 20500 |
| **Model 33, 4-cyl., 30 hp, 106" wb** | | | | | | |
| Tr | 900 | 2900 | 4900 | 9800 | 17300 | 24500 |

|  | 6 | 5 | 4 | 3 | 2 | 1 |
|---|---|---|---|---|---|---|
| **Model 40, 4-cyl., 40 hp, 112" wb** | | | | | | |
| Tr | 800 | 2500 | 4200 | 8400 | 14800 | 20900 |
| Rdstr | 850 | 2550 | 4350 | 8700 | 15300 | 21700 |
| 5-pass Rdstr | 800 | 2500 | 4200 | 8400 | 14800 | 20900 |
| ***1912*** | | | | | | |
| **Model 30, 4-cyl., 100" wb** | | | | | | |
| 5-pass Tr | 650 | 1700 | 3000 | 6000 | 10400 | 14900 |
| Rnbt | 650 | 1750 | 3150 | 6300 | 10900 | 15700 |
| **Model 40, 4-cyl., 112" wb** | | | | | | |
| 5-pass Tr | 650 | 1750 | 3150 | 6300 | 10900 | 15700 |
| 3-pass Cpe | 500 | 1300 | 2250 | 4500 | 7700 | 11000 |
| Rdstr | 700 | 1850 | 3300 | 6600 | 11300 | 16300 |
| **Model 45, 4-cyl., 120" wb** | | | | | | |
| 7-pass Tr | 800 | 2500 | 4250 | 8500 | 15000 | 21200 |
| 7-pass Limo | 800 | 2400 | 4000 | 8000 | 13900 | 19900 |
| ***1913*** | | | | | | |
| **Model 6-60, 6-cyl., 130" wb** | | | | | | |
| 4-pass Tr | 900 | 2900 | 4900 | 9800 | 17300 | 24500 |
| 7-pass Tr | 900 | 2800 | 4700 | 9400 | 16500 | 23400 |
| Rnbt | 800 | 2350 | 3900 | 7800 | 13500 | 19500 |
| **Model 42, 4-cyl., 116" wb** | | | | | | |
| 4-pass Tr | 700 | 2050 | 3500 | 7000 | 12100 | 17400 |
| 5-pass Tr | 750 | 2150 | 3600 | 7200 | 12400 | 18000 |
| 3-pass Rdstr | 700 | 1850 | 3300 | 6600 | 11300 | 16300 |
| 4-pass Cpe | 450 | 1250 | 2200 | 4400 | 7600 | 10900 |
| **Model 35, 4-cyl., 112" wb** | | | | | | |
| 5-pass Tr | 650 | 1750 | 3100 | 6200 | 10700 | 15400 |
| 3-pass Rdstr | 650 | 1750 | 3100 | 6200 | 10700 | 15400 |
| **Model 40, 4-cyl., 114" wb** | | | | | | |
| 5-pass Tr | 700 | 1850 | 3300 | 6600 | 11300 | 16300 |
| **Model 45, 4-cyl., 120" wb** | | | | | | |
| 7-pass Limo | 650 | 1700 | 3000 | 5900 | 10200 | 14700 |
| ***1914*** | | | | | | |
| **Model 6-60, 6-cyl., 130" wb** | | | | | | |
| Rnbt | 700 | 1850 | 3300 | 6600 | 11300 | 16300 |
| Rdstr | 800 | 2450 | 4100 | 8200 | 14400 | 20500 |
| Cl Cpl | 700 | 1850 | 3300 | 6600 | 11300 | 16300 |
| 5-pass Tr | 900 | 2800 | 4700 | 9400 | 16500 | 23400 |
| **Model 6-48, 6-cyl., 130" wb** | | | | | | |
| Spt | 550 | 1500 | 2500 | 5000 | 8700 | 12300 |
| Rdstr | 750 | 2250 | 3700 | 7400 | 12800 | 18500 |
| Tr | 800 | 2350 | 3900 | 7800 | 13500 | 19500 |
| **Model 43, 4-cyl., 116" wb** | | | | | | |
| 5-pass Tr | 650 | 1750 | 3100 | 6200 | 10700 | 15400 |
| Cpe | 400 | 1200 | 1900 | 3800 | 6600 | 9600 |
| 4-pass Sdn | 400 | 1100 | 1800 | 3600 | 6200 | 9100 |
| **Model 36, 4-cyl., 112" wb** | | | | | | |
| 5-pass Tr | 600 | 1650 | 2900 | 5800 | 10000 | 14500 |
| Cabrlt Cpe | 600 | 1600 | 2800 | 5600 | 9700 | 14000 |
| Rdstr | 600 | 1600 | 2800 | 5600 | 9700 | 14000 |
| ***1915*** | | | | | | |
| **Model 37, 4-cyl., 112" wb** | | | | | | |
| Tr | 600 | 1600 | 2700 | 5400 | 9300 | 13500 |
| Rdstr | 550 | 1500 | 2500 | 5000 | 8700 | 12300 |
| Spdstr | 5500 | 1400 | 2400 | 4800 | 8300 | 11800 |
| **Model 49, 6-cyl., 110"-123.5" wb** | | | | | | |
| Tr | 650 | 1750 | 3100 | 6200 | 10700 | 15400 |
| Rdstr | 650 | 1700 | 3000 | 6000 | 10400 | 14900 |

| | 6 | 5 | 4 | 3 | 2 | 1 |
|---|---|---|---|---|---|---|
| **1916** | | | | | | |
| **Model 32, 6-cyl., 32 hp, 110" wb** | | | | | | |
| 2-pass Rdstr | 650 | 1700 | 3000 | 6000 | 10400 | 14900 |
| 5-pass Rdstr | 650 | 1750 | 3100 | 6200 | 10700 | 15400 |
| **Model 38, 4-cyl., 38 hp, 112" wb** | | | | | | |
| 5-pass Tr | 600 | 1600 | 2700 | 5400 | 9300 | 13500 |
| Sptstr | 550 | 1500 | 2500 | 5000 | 8700 | 12300 |
| Rdstr | 550 | 1400 | 2400 | 4800 | 8300 | 11800 |
| **Model 50, 8-cyl., 127" wb** | | | | | | |
| 7-pass Tr | 750 | 2250 | 3700 | 7400 | 12800 | 18500 |
| **1917** | | | | | | |
| **Model 34, 6-cyl., 41 hp, 112" wb** | | | | | | |
| 2-pass Rdstr | 500 | 1350 | 2350 | 4700 | 8100 | 11500 |
| 5-pass Tr | 550 | 1450 | 2450 | 4900 | 8500 | 12000 |
| Cpe | 400 | 1200 | 1900 | 3800 | 6600 | 9600 |
| Sdn | 400 | 1100 | 1800 | 3600 | 6200 | 9100 |
| **Model 50, 8-cyl., 50 hp, 127" wb** | | | | | | |
| 7-pass Tr | 750 | 2300 | 3850 | 7700 | 13300 | 19200 |
| **1918** | | | | | | |
| **Model 34-B, 6-cyl., 44 hp, 112" wb** | | | | | | |
| 5-pass Tr | 500 | 1350 | 2350 | 4700 | 8100 | 11500 |
| 3-pass Rdstr | 450 | 1250 | 2200 | 4400 | 7600 | 10900 |
| 2-pass Rdstr Cpe | 400 | 1150 | 1850 | 3700 | 6400 | 9300 |
| 5-pass Tr Sdn | 400 | 1100 | 1800 | 3500 | 6100 | 8900 |
| 4-pass Cpe | 400 | 1050 | 1700 | 3300 | 5800 | 8300 |
| Sdn | 350 | 950 | 1550 | 3100 | 5500 | 7900 |
| **1919** | | | | | | |
| **Model 34-B, 6-cyl., 44 hp, 112" wb** | | | | | | |
| 5-pass Tr | 550 | 1400 | 2400 | 4800 | 8300 | 11800 |
| Rdstr | 500 | 1350 | 2300 | 4600 | 8000 | 11300 |
| 4-pass Cpe | 350 | 1000 | 1600 | 3200 | 5700 | 8100 |
| 4-dr Sdn | 350 | 950 | 1550 | 3100 | 5500 | 7900 |
| **1920** | | | | | | |
| **Model 34-C, 6-cyl., 44 hp, 112" wb** | | | | | | |
| 5-pass Tr | 550 | 1400 | 2400 | 4800 | 8300 | 11800 |
| 3-pass Rdstr | 500 | 1350 | 2300 | 4600 | 8000 | 11300 |
| 4-pass Cpe | 400 | 1050 | 1700 | 3400 | 5900 | 8500 |
| **1921** | | | | | | |
| **Model 34-C, 6-cyl., 44 hp, 115" wb** | | | | | | |
| 5-pass Tr | 550 | 1550 | 2600 | 5200 | 9000 | 12800 |
| 2-pass Rdstr | 550 | 1500 | 2500 | 5000 | 8700 | 12300 |
| 5-pass Sdn | 400 | 1050 | 1700 | 3300 | 5800 | 8300 |
| 3-pass Cpe | 400 | 1100 | 1800 | 3500 | 6100 | 8900 |
| 4-pass Spt | 350 | 900 | 1500 | 3000 | 5300 | 7600 |
| **1922** | | | | | | |
| **Model 34-D, 6-cyl., 44 hp, 115" wb** | | | | | | |
| 5-pass Tr | 550 | 1550 | 2600 | 5200 | 9000 | 12800 |
| 2-pass Rdstr | 550 | 1500 | 2500 | 5000 | 8700 | 12300 |
| 5-pass Sdn | 400 | 1050 | 1700 | 3300 | 5800 | 8300 |
| 3-pass Cpe | 400 | 1100 | 1800 | 3500 | 6100 | 8900 |
| 4-pass Cpe | 350 | 1000 | 1600 | 3200 | 5700 | 8100 |
| 4-pass Spt | 350 | 900 | 1500 | 3000 | 5300 | 7600 |
| **1923** | | | | | | |
| **Model 6-44, 6-cyl., 44 hp, 115" wb** | | | | | | |
| 3-pass Rdstr | 550 | 1500 | 2500 | 5100 | 8800 | 12500 |
| 5-pass Tr | 550 | 1550 | 2650 | 5300 | 9100 | 13000 |
| 2-pass Spt Rdstr | 550 | 1550 | 2650 | 5300 | 9100 | 13000 |
| 4-pass Spt | 600 | 1600 | 2750 | 5500 | 9500 | 13800 |
| 2-pass Cpe | 350 | 900 | 1500 | 2900 | 5200 | 7400 |
| 4-pass Cpe | 350 | 850 | 1400 | 2800 | 4900 | 7100 |
| 5-pass Sdn | 300 | 750 | 1250 | 2500 | 4400 | 6200 |

| | 6 | 5 | 4 | 3 | 2 | 1 |
|---|---|---|---|---|---|---|
| **1924** | | | | | | |
| **Model 6-54, 6-cyl., 44 hp, 113" wb** | | | | | | |
| 5-pass Tr | 650 | 1700 | 3000 | 5900 | 10200 | 14700 |
| 5-pass Spt Tr | 650 | 1800 | 3200 | 6400 | 11000 | 15900 |
| 2-pass Rdstr | 600 | 1650 | 2900 | 5800 | 10000 | 14500 |
| 2-pass Spl Rdstr | 650 | 1700 | 3000 | 5900 | 10200 | 14700 |
| 3-pass Cpe | 400 | 1100 | 1800 | 3600 | 6200 | 9100 |
| 4-pass Cpe | 400 | 1150 | 1850 | 3700 | 6400 | 9300 |
| 3-pass Lan Cpe | 400 | 1200 | 1900 | 3800 | 6600 | 9600 |
| 5-pass Sdn | 350 | 950 | 1550 | 3100 | 5500 | 7900 |
| 5-pass Lan Sdn | 400 | 1050 | 1700 | 3300 | 5800 | 8300 |
| 5-pass Sdn | 350 | 950 | 1550 | 3100 | 5500 | 7900 |
| **1925** | | | | | | |
| **Model 6-54, 6-cyl., 54 hp, 113" wb** | | | | | | |
| 5-pass Tr | 650 | 1700 | 3000 | 5900 | 10200 | 14700 |
| 3-pass Rdstr | 600 | 1650 | 2900 | 5800 | 10000 | 14500 |
| 3-pass Spl Rdstr | 650 | 1700 | 3000 | 5900 | 10200 | 14700 |
| 5-pass Spl Tr | 650 | 1750 | 3100 | 6200 | 10700 | 15400 |
| 5-pass Coach | 350 | 850 | 1400 | 2800 | 4900 | 7100 |
| 4-pass Cpe | 400 | 1150 | 1850 | 3700 | 6400 | 9300 |
| 3-pass Lan Cpe | 400 | 1200 | 1900 | 3800 | 6600 | 9600 |
| 5-pass Sdn | 350 | 950 | 1550 | 3100 | 5500 | 7900 |
| 5-pass Lan Sdn | 400 | 1050 | 1700 | 3300 | 5800 | 8300 |
| 5-pass Sdn | 350 | 950 | 1550 | 3100 | 5500 | 7900 |
| 2-dr Lan Sdn | 400 | 1050 | 1700 | 3300 | 5800 | 8300 |
| **1926** | | | | | | |
| **Model 6-54, 6-cyl., 44/50 hp, 113" wb** | | | | | | |
| 5-pass Tr | 650 | 1700 | 3000 | 6100 | 10600 | 15200 |
| 5-pass Spt Phtn | 650 | 1750 | 3150 | 6300 | 10900 | 15700 |
| 3-pass Rdstr | 650 | 1700 | 3000 | 5900 | 10200 | 14700 |
| 2-4 pass Spt Rdstr | 650 | 1700 | 3000 | 6100 | 10600 | 15200 |
| 2-dr 5-pass Sdn | 400 | 1100 | 1800 | 3500 | 6100 | 8900 |
| 3-pass Lan Cpe | 450 | 1250 | 2100 | 4200 | 7200 | 10500 |
| 4-dr 5-pass Sdn | 400 | 1050 | 1700 | 3300 | 5800 | 8300 |
| 5-pass Lan Sdn | 400 | 1100 | 1800 | 3500 | 6100 | 8900 |
| **1927** | | | | | | |
| **Model 6-54, 6-cyl., 50 hp, 113" wb** | | | | | | |
| 5-pass Tr | 650 | 1700 | 3000 | 6100 | 10600 | 15200 |
| 5-pass Spt Phtn | 650 | 1750 | 3150 | 6300 | 10900 | 15700 |
| 2-4 pass Spt Rdstr | 650 | 1700 | 3000 | 6100 | 10600 | 15200 |
| 2-dr 5-pass Sdn | 400 | 1100 | 1800 | 3500 | 6100 | 8900 |
| 4-dr 5-pass Sdn | 400 | 1050 | 1700 | 3300 | 5800 | 8300 |
| 3-pass Lan Cpe | 450 | 1250 | 2100 | 4200 | 7200 | 10500 |
| 5-pass Lan Sdn | 400 | 1100 | 1800 | 3500 | 6100 | 8900 |
| **1928** | | | | | | |
| **Model AAS, 6-cyl., 60 hp, 117" wb** | | | | | | |
| 2-4 pass Spt Rdstr | 650 | 1850 | 3250 | 6500 | 11200 | 16100 |
| 5-pass Phtn | 700 | 1900 | 3350 | 6700 | 11500 | 16500 |
| 3-pass Lan Cpe | 450 | 1250 | 2150 | 4300 | 7400 | 10700 |
| 2-4 pass Cabrlt | 650 | 1700 | 3000 | 5900 | 10200 | 14700 |
| 2-dr 5-pass Sdn | 400 | 1200 | 1950 | 3900 | 6800 | 9900 |
| 4-dr 5-pass Sdn | 400 | 1100 | 1800 | 3500 | 6100 | 8900 |
| 5-pass Lan Sdn | 400 | 1200 | 1950 | 3900 | 6800 | 9900 |
| **1929** | | | | | | |
| **Model AAS, 6-cyl., 68 hp, 117" wb** | | | | | | |
| 2-4 pass Spt Rdstr | 900 | 2800 | 4700 | 9400 | 16500 | 23400 |
| 5-pass Spt Phtn | 950 | 3050 | 5150 | 10300 | 18200 | 25700 |
| 3-pass Cpe | 450 | 1250 | 2150 | 4300 | 7400 | 10700 |
| 2-4 pass Cabrlt Conv | 850 | 2550 | 4350 | 8700 | 15300 | 21700 |
| 2-dr 5-pass Sdn | 400 | 1200 | 1950 | 3900 | 6800 | 9900 |
| 4-dr 5-pass Sdn | 400 | 1100 | 1800 | 3500 | 6100 | 8900 |

| | 6 | 5 | 4 | 3 | 2 | 1 |
|---|---|---|---|---|---|---|
| 4-dr 5-pass Spl Sdn | 400 | 1150 | 1850 | 3700 | 6400 | 9300 |
| 5-pass Brghm | 500 | 1300 | 2250 | 4500 | 7700 | 11000 |
| 5-pass Lan Sdn | 450 | 1250 | 2050 | 4100 | 7100 | 10300 |
| **1930** | | | | | | |
| **Model 101, 8-cyl., 85 hp, 117" wb** | | | | | | |
| 2-4 pass Spt Rdstr | 1000 | 3200 | 5350 | 10700 | 18900 | 26700 |
| 5-pass Phtn | 1000 | 3100 | 5250 | 10500 | 18600 | 26200 |
| 2- pass Cpe | 600 | 1600 | 2750 | 5500 | 9500 | 13800 |
| 2-4 pass Spt Cpe | 650 | 1700 | 3000 | 5900 | 10200 | 14700 |
| 2-dr 5-pass Sdn | 450 | 1250 | 2150 | 4300 | 7400 | 10700 |
| 5-pass Sdn | 450 | 1250 | 2050 | 4100 | 7100 | 10300 |
| 5-pass Custom Sdn | 450 | 1250 | 2100 | 4200 | 7200 | 10500 |
| **1931** | | | | | | |
| **Model 301, 8-cyl., 85 hp, 117" wb** | | | | | | |
| 2-pass Bus Cpe | 650 | 1700 | 3000 | 5900 | 10200 | 14700 |
| 2-4 pass Spt Cpe | 650 | 1750 | 3150 | 6300 | 10900 | 15700 |
| 2-4 pass Conv | 950 | 3000 | 5050 | 10100 | 17900 | 25100 |
| 2-dr 5-pass Sdn | 450 | 1250 | 2050 | 4100 | 7100 | 10300 |
| 4-dr 5-pass Sdn | 450 | 1250 | 2100 | 4200 | 7200 | 10500 |
| 5-pass Custom Sdn | 450 | 1250 | 2150 | 4300 | 7400 | 10700 |

# OLDSMOBILE
## 1901 – 1991

'02 Oldsmobile

'08 Oldsmobile

| | 6 | 5 | 4 | 3 | 2 | 1 |
|---|---|---|---|---|---|---|
| **1901** | | | | | | |
| **Curved Dash, Model R, 1-cyl., 4 hp** | | | | | | |
| Rnbt | 1550 | 4650 | 7750 | 15500 | 27300 | 38700 |
| **1902** | | | | | | |
| **Curved Dash, Model R, 1-cyl., 4 hp** | | | | | | |
| Rnbt | 1500 | 4500 | 7500 | 15000 | 26400 | 37500 |
| **1903** | | | | | | |
| **Curved Dash, Model R, 1-cyl., 4 hp** | | | | | | |
| Rnbt | 1500 | 4500 | 7500 | 15000 | 26400 | 37500 |
| Tonneau (10 hp) | 1600 | 4700 | 7800 | 15500 | 27000 | 38000 |

**'12 Oldsmobile Autocrat**

**'16 Oldsmobile Modle 43 Roadster**

**'20 Oldsmobile Model 37A**

**'22 Oldsmobile Coupe**

**'23 Oldsmobile Model 47**

**'24 Oldsmobile Model 30 Deluxe Sedan**

**'25 Oldsmobile Model 30**

**'28 Oldsmobile Phaeton**

| | 6 | 5 | 4 | 3 | 2 | 1 |
|---|---|---|---|---|---|---|
| **1904** | | | | | | |
| **Curved Dash, Model GC, 1-cyl., 7 hp, 66" wb** | | | | | | |
| Rnbt | 1500 | 4500 | 7500 | 15000 | 26400 | 37500 |
| **Touring Runabout, Model TR, 1-cyl., 7 hp, 76" wb** | | | | | | |
| Rnbt | 1350 | 4150 | 6900 | 13800 | 24300 | 34500 |
| **Light Tonneau, Model LT, 1-cyl., 10 hp, 82" wb** | | | | | | |
| 4-pass Tonneau w/RS | 1300 | 4000 | 6700 | 13400 | 23600 | 33400 |
| 2-pass Tonneau w/o RS | 1250 | 3950 | 6600 | 13200 | 23500 | 32900 |
| **1905** | | | | | | |
| **Curved Dash, Model B, 1-cyl., 7 hp, 66" wb** | | | | | | |
| Rnbt | 1500 | 4500 | 7500 | 15000 | 26400 | 37500 |
| **Touring Runabout, Model TR, 1-cyl., 7 hp, 76" wb** | | | | | | |
| Rnbt | 1350 | 4150 | 6900 | 13800 | 24300 | 34500 |
| **Touring, Model LT, 2-cyl., 20 hp, 90" wb** | | | | | | |
| Tr Side Ent | 1300 | 4000 | 6700 | 13400 | 23600 | 33400 |

| | 6 | 5 | 4 | 3 | 2 | 1 |
|---|---|---|---|---|---|---|
| **1906** | | | | | | |
| **Straight Dash B, 1-cyl., 7 hp, 66" wb** | | | | | | |
| Rnbt | 1150 | 3650 | 6100 | 12200 | 21500 | 30500 |
| **Curved Dash B, 1-cyl., 7 hp, 66" wb** | | | | | | |
| Rnbt | 1500 | 4500 | 7500 | 15000 | 26400 | 37500 |
| **Model L, 2-cyl., 20-24 hp, 102" wb** | | | | | | |
| Tr | 1200 | 3800 | 6350 | 12700 | 22400 | 31700 |
| **Model S, 4-cyl., 26-28 hp, 106" wb** | | | | | | |
| Pal Tr | 1350 | 4150 | 6950 | 13900 | 24500 | 34700 |
| **1907** | | | | | | |
| **Straight Dash F, 1-cyl., 7 hp, 66" wb** | | | | | | |
| Rnbt | 1150 | 3650 | 6100 | 12200 | 21500 | 30500 |
| **Model H, 4-cyl., 35-40 hp, 106.5" wb** | | | | | | |
| 2-pass Fly Rdstr | 1300 | 4000 | 6700 | 13400 | 23600 | 33400 |
| **Model A, 4-cyl., 35-40 hp, 106.5" wb** | | | | | | |
| 5-pass Pal Tr | 1450 | 4400 | 7300 | 14600 | 25700 | 36500 |
| 5-pass Limo | 1400 | 4250 | 7100 | 14200 | 25000 | 35400 |
| **1908** | | | | | | |
| **Model X, 4-cyl., 32 hp, 106.5" wb** | | | | | | |
| 5-pass Tr | 1300 | 4000 | 6700 | 13400 | 23600 | 33400 |
| **Model M, 4-cyl., 36 hp, 112.5" wb** | | | | | | |
| 5-pass Tr | 1300 | 4000 | 6700 | 13400 | 23600 | 33400 |
| **Model MR, 4-cyl., 36 hp, 106.5" wb** | | | | | | |
| 3-pass Rdstr | 1350 | 4150 | 6900 | 13800 | 24300 | 34500 |
| **Model Z, 6-cyl., 48 hp, 130" wb** | | | | | | |
| 7-pass Tr | 1800 | 5350 | 9000 | 18000 | 31650 | 45000 |
| **1909** | | | | | | |
| **Model D, 4-cyl., 40 hp** | | | | | | |
| 4-pass Tr | 1900 | 5650 | 9500 | 19000 | 33400 | 47500 |
| **Model DR, 4-cyl., 40 hp** | | | | | | |
| 5-pass Cpe Tr | 1650 | 4950 | 8300 | 16600 | 29200 | 41500 |
| 2-pass Rdstr | 1900 | 5500 | 9300 | 18600 | 32700 | 46400 |
| **Model X, 4-cyl.** | | | | | | |
| 2-pass Rnbt | 1300 | 4000 | 6700 | 13400 | 23600 | 33400 |
| **Model Z, 4-cyl., 40 hp; 6-cyl., 60 hp** | | | | | | |
| 2-pass Rnbt | 2600 | 7750 | 13100 | 26200 | 46000 | 65500 |
| 7-pass Tr | 2800 | 8100 | 14300 | 27000 | 49750 | 67500 |
| **1910** | | | | | | |
| **Special, 4-cyl., 40 hp, 118" wb** | | | | | | |
| 2-pass Rnbt | 1300 | 4000 | 6700 | 13400 | 23600 | 33400 |
| 7-pass C-C | 1400 | 4250 | 7100 | 14200 | 25000 | 35400 |
| 7-pass Limo | 1500 | 4500 | 7500 | 15000 | 26400 | 37500 |
| **Limited, 6-cyl., 60 hp, 130" wb** | | | | | | |
| 7-pass Tr | 5000 | 13500 | 22500 | 43000 | 72500 | 104500 |
| **1911** | | | | | | |
| **Special, 4-cyl., 36 hp, 118" wb** | | | | | | |
| 2-pass Rnbt | 1300 | 4000 | 6700 | 13400 | 23600 | 33400 |
| 7-pass Tr | 1400 | 4250 | 7100 | 14200 | 25000 | 35400 |
| 7-pass Limo | 1350 | 4150 | 6900 | 13800 | 24300 | 34500 |
| **Autocrat, 4-cyl., 40 hp, 124" wb** | | | | | | |
| 3-pass Rnbt | 2300 | 6700 | 11300 | 22600 | 39700 | 56400 |
| 7-pass Tr | 2350 | 6900 | 11600 | 23200 | 40750 | 57900 |
| 5-pass Tr | 2300 | 6800 | 11500 | 23000 | 40400 | 57500 |
| 7-pass Limo | 2300 | 6800 | 11500 | 23000 | 40400 | 57500 |
| **Limited, 6-cyl., 60 hp, 130" wb** | | | | | | |
| Rnbt | 3500 | 11200 | 18500 | 35000 | 61000 | 86250 |
| 7-pass Tr | 4200 | 12750 | 21650 | 42200 | 73000 | 102500 |
| 5-pass Tr | 4100 | 12950 | 21450 | 41500 | 72850 | 101750 |
| Limo | 2400 | 7050 | 11950 | 23900 | 42000 | 59700 |

|  | 6 | 5 | 4 | 3 | 2 | 1 |
|---|---|---|---|---|---|---|

### 1912
**Autocrat, 4-cyl., 40 hp, 126" wb**

| | 6 | 5 | 4 | 3 | 2 | 1 |
|---|---|---|---|---|---|---|
| 2-pass Spdstr | 2400 | 7500 | 14500 | 28000 | 46900 | 58500 |
| 2-pass Rdstr | 2600 | 7700 | 13000 | 26000 | 45650 | 65000 |
| 4-pass Tr | 2600 | 7700 | 13000 | 26000 | 45650 | 65000 |
| 7-pass Tr | 2600 | 7800 | 13200 | 26400 | 46350 | 65900 |
| 7-pass Limo | 2600 | 7900 | 13500 | 27000 | 47200 | 66250 |

**Defender, 4-cyl., 35 hp, 116" wb**

| | 6 | 5 | 4 | 3 | 2 | 1 |
|---|---|---|---|---|---|---|
| 2-pass Tr | 1400 | 4250 | 7100 | 14200 | 25000 | 35400 |
| 4-pass Tr | 1450 | 4400 | 7300 | 14600 | 25700 | 36500 |
| 5-pass Tr | 1450 | 4400 | 7300 | 14600 | 25700 | 36500 |
| 3-pass Cpe | 1200 | 3750 | 6300 | 12600 | 22200 | 31400 |
| 5-pass Cpe | 1150 | 3650 | 6100 | 12200 | 21500 | 30500 |
| 2-pass Rdstr | 1350 | 4150 | 6900 | 13800 | 24300 | 34500 |

**Limited, 6-cyl., 60 hp, 140" wb**

| | 6 | 5 | 4 | 3 | 2 | 1 |
|---|---|---|---|---|---|---|
| 7-pass Tr | 3990 | 11850 | 19950 | 39900 | 70100 | 99600 |
| 4-pass Tr | 3890 | 11560 | 19450 | 38900 | 68300 | 97100 |
| 2-4 pass Rdstr | 3300 | 9700 | 16450 | 34000 | 56900 | 81200 |
| 7-pass Limo | 2600 | 7700 | 13000 | 26000 | 45650 | 65000 |

### 1913
**Model 53, 6-cyl., 50 hp, 116" wb**

| | 6 | 5 | 4 | 3 | 2 | 1 |
|---|---|---|---|---|---|---|
| 5-pass Tr | 1300 | 4100 | 6800 | 13600 | 23950 | 34000 |
| 4-pass Tr | 1250 | 3900 | 6500 | 13000 | 22900 | 32500 |
| 7-pass Tr | 1200 | 3750 | 6300 | 12600 | 22200 | 31400 |

**Defender, 6-cyl., 26 hp, 116" wb**

| | 6 | 5 | 4 | 3 | 2 | 1 |
|---|---|---|---|---|---|---|
| 5-pass Tr | 1700 | 5050 | 8500 | 17000 | 29900 | 42500 |

### 1914
**Model 54, 6-cyl., 60 hp, 132" wb**

| | 6 | 5 | 4 | 3 | 2 | 1 |
|---|---|---|---|---|---|---|
| Phtn | 1650 | 4900 | 8200 | 16400 | 28850 | 41000 |
| 5-pass Tr | 1600 | 4750 | 7950 | 15900 | 28000 | 39700 |
| 7-pass Tr | 1600 | 4850 | 8100 | 16200 | 28500 | 40500 |
| Limo | 1350 | 4150 | 6900 | 13800 | 24300 | 34500 |

**Model 42, 4-cyl., 30 hp, 112" wb**

| | 6 | 5 | 4 | 3 | 2 | 1 |
|---|---|---|---|---|---|---|
| 5-pass Tr | 1200 | 3750 | 6300 | 12600 | 22200 | 31400 |

### 1915
**Model 42, 4-cyl., 30 hp, 112" wb**

| | 6 | 5 | 4 | 3 | 2 | 1 |
|---|---|---|---|---|---|---|
| Tr | 1150 | 3700 | 6200 | 12400 | 21850 | 30900 |
| Rdstr | 1100 | 3550 | 5900 | 11800 | 20800 | 29400 |

**Model 43, 4-cyl., 30 hp, 112" wb**

| | 6 | 5 | 4 | 3 | 2 | 1 |
|---|---|---|---|---|---|---|
| Tr | 1100 | 3550 | 5900 | 11800 | 20800 | 29400 |
| Rdstr | 1050 | 3400 | 5700 | 11400 | 20100 | 28500 |

**Model 55, 6-cyl., 139" wb**

| | 6 | 5 | 4 | 3 | 2 | 1 |
|---|---|---|---|---|---|---|
| Tr | 2200 | 6500 | 10950 | 21900 | 38500 | 54700 |
| 7-pass Tr | 2150 | 6250 | 10600 | 21200 | 37250 | 53000 |

### 1916
**Model 43, 4-cyl., 30 hp, 112" wb**

| | 6 | 5 | 4 | 3 | 2 | 1 |
|---|---|---|---|---|---|---|
| 5-pass Tr | 1100 | 3550 | 5900 | 11800 | 20800 | 29400 |
| Rdstr | 1050 | 3400 | 5700 | 11400 | 20100 | 28500 |

**Model 44, 8-cyl., 40 hp, 120" wb**

| | 6 | 5 | 4 | 3 | 2 | 1 |
|---|---|---|---|---|---|---|
| Tr | 1700 | 5000 | 8400 | 16800 | 29550 | 41900 |
| Rdstr | 1650 | 4900 | 8200 | 16400 | 28850 | 41000 |
| Sdn | 850 | 2550 | 4300 | 8600 | 15100 | 21500 |
| Cabrlt | 1550 | 4700 | 7900 | 15800 | 27800 | 39400 |

### 1917
**Model 37, 6-cyl., 41 hp, 112" wb**

| | 6 | 5 | 4 | 3 | 2 | 1 |
|---|---|---|---|---|---|---|
| Tr | 1000 | 3200 | 5400 | 10800 | 19000 | 26900 |
| Rdstr | 950 | 3050 | 5100 | 10200 | 18000 | 25400 |
| Sdn | 700 | 2050 | 3500 | 7000 | 12100 | 17400 |
| Cabrlt | 900 | 2900 | 4900 | 9800 | 17300 | 24500 |

| | 6 | 5 | 4 | 3 | 2 | 1 |
|---|---|---|---|---|---|---|
| **Model 45, 8-cyl., 58 hp, 120" wb** | | | | | | |
| 5-pass Tr | 1550 | 4700 | 7900 | 15800 | 27800 | 39400 |
| 7-pass Tr | 1600 | 4850 | 8100 | 16200 | 28500 | 40500 |
| Conv | 1600 | 4800 | 8000 | 16000 | 28150 | 40000 |
| Conv Rdstr | 1500 | 4500 | 7500 | 15000 | 26400 | 37500 |
| Cabrlt | 1550 | 4650 | 7800 | 15600 | 27450 | 38900 |
| **1918** | | | | | | |
| **Model 37, 6-cyl., 41 hp, 112" wb** | | | | | | |
| Tr | 850 | 2600 | 4400 | 8800 | 15500 | 21900 |
| Rdstr | 800 | 2450 | 4100 | 8200 | 14400 | 20500 |
| 4-pass Cpe | 600 | 1650 | 2900 | 5800 | 10000 | 14500 |
| Cabrlt | 800 | 2350 | 3900 | 7800 | 13500 | 19500 |
| Sdn | 550 | 1500 | 2500 | 5000 | 8700 | 12300 |
| **Model 45-A, 8-cyl., 58 hp, 120" wb** | | | | | | |
| 5-pass Tr | 1450 | 4400 | 7300 | 14600 | 25700 | 36500 |
| 7-pass Tr | 1500 | 4500 | 7500 | 15000 | 26400 | 37500 |
| Rdstr | 1400 | 4250 | 7100 | 14200 | 25000 | 35400 |
| Sptstr | 1450 | 4400 | 7300 | 14600 | 25700 | 36500 |
| Cabrlt | 1350 | 4150 | 6900 | 13800 | 24300 | 34500 |
| Sdn | 1050 | 3300 | 5500 | 11000 | 19300 | 27500 |
| **1919** | | | | | | |
| **Model 37-A, 6-cyl., 44 hp, 112" wb** | | | | | | |
| Tr | 800 | 2500 | 4200 | 8400 | 14800 | 20900 |
| Rdstr | 800 | 2350 | 3900 | 7800 | 13500 | 19500 |
| Cpe | 600 | 1650 | 2900 | 5800 | 10000 | 14500 |
| Sdn | 550 | 1500 | 2500 | 5000 | 8700 | 12300 |
| **Model 45-B, 8-cyl., 58 hp, 118" wb** | | | | | | |
| Tr | 1350 | 4150 | 6900 | 13800 | 24300 | 34500 |
| Pacemaker | 1300 | 4000 | 6700 | 13400 | 23600 | 33400 |
| **Model 45-A, 8-cyl., 58 hp, 118" wb** | | | | | | |
| 2-pass Rdstr | 1250 | 3900 | 6500 | 13000 | 22900 | 32500 |
| 4-pass Tr | 1300 | 4000 | 6700 | 13400 | 23600 | 33400 |
| 7-pass Tr | 1350 | 4150 | 6950 | 13900 | 24500 | 34700 |
| **1920** | | | | | | |
| **Model 37-A, 6-cyl., 44 hp, 112" wb** | | | | | | |
| Tr | 750 | 2300 | 3800 | 7600 | 13100 | 18900 |
| Rdstr | 750 | 2100 | 3550 | 7100 | 12300 | 17700 |
| **Model 37-B, 6-cyl., 44 hp, 112" wb** | | | | | | |
| Cpe | 550 | 1500 | 2500 | 5100 | 8800 | 12500 |
| Sdn | 450 | 1250 | 2150 | 4300 | 7400 | 10700 |
| **Model 45-B, 8-cyl., 58 hp, 122" wb** | | | | | | |
| 4-pass Tr | 1050 | 3300 | 5500 | 11000 | 19300 | 27500 |
| Pacemaker | 1100 | 3500 | 5850 | 11700 | 20600 | 29100 |
| 7-pass Sdn | 800 | 2350 | 3950 | 7900 | 13700 | 19700 |
| **1921** | | | | | | |
| **Model 37, 6-cyl., 44 hp, 112" wb** | | | | | | |
| 5-pass Tr | 750 | 2150 | 3600 | 7200 | 12400 | 18000 |
| 2-4 pass Rdstr | 700 | 1900 | 3350 | 6700 | 11500 | 16500 |
| 4-pass Cpe | 500 | 1350 | 2300 | 4600 | 8000 | 11300 |
| 5-pass Sdn | 400 | 1200 | 1900 | 3800 | 6600 | 9600 |
| **Model 43-A, 4-cyl., 44 hp, 115" wb** | | | | | | |
| 5-pass Tr | 650 | 1800 | 3200 | 6400 | 11000 | 15900 |
| 2-4 pass Rdstr | 650 | 1700 | 3000 | 5900 | 10200 | 14700 |
| 4-pass Cpe | 450 | 1250 | 2100 | 4200 | 7200 | 10500 |
| 5-pass Sdn | 400 | 1150 | 1850 | 3700 | 6400 | 9300 |
| **Model 46, 8-cyl., 60 hp, 122" wb** | | | | | | |
| 7-pass Tr | 1000 | 3150 | 5300 | 10600 | 18700 | 26500 |
| 4-pass Pacemaker | 950 | 3050 | 5100 | 10200 | 18000 | 25400 |
| 7-pass Sdn | 700 | 1850 | 3300 | 6600 | 11300 | 16300 |

|  | 6 | 5 | 4 | 3 | 2 | 1 |
|---|---|---|---|---|---|---|
| **Model 47, 8-cyl., 57 hp, 115" wb** | | | | | | |
| 5-pass Tr | 1000 | 3150 | 5300 | 10600 | 18700 | 26500 |
| 4-pass Cpe | 800 | 2350 | 3900 | 7800 | 13500 | 19500 |
| 5-pass Sdn | 1050 | 3300 | 5500 | 11000 | 19300 | 27500 |
| **1922** | | | | | | |
| **Model 43A, 4-cyl., 44 hp, 115" wb** | | | | | | |
| 5-pass Tr | 650 | 1800 | 3200 | 6400 | 11000 | 15900 |
| 2-4 pass Rdstr | 650 | 1700 | 3000 | 5900 | 10200 | 14700 |
| 5-pass Calif Tr | 700 | 1900 | 3400 | 6800 | 11700 | 16900 |
| 4-pass Brghm | 500 | 1350 | 2300 | 4600 | 8000 | 11300 |
| 4-pass Cpe | 450 | 1250 | 2100 | 4200 | 7200 | 10500 |
| 5-pass Sdn | 400 | 1150 | 1850 | 3700 | 6400 | 9300 |
| **Model 46, 8-cyl., 60 hp, 122" wb** | | | | | | |
| Spt Tr | 1000 | 3150 | 5300 | 10600 | 18700 | 26500 |
| 4-pass Pacemaker | 950 | 2950 | 4950 | 9900 | 17500 | 24700 |
| 7-pass Tr | 950 | 3050 | 5150 | 10300 | 18200 | 25700 |
| 7-pass Sdn | 650 | 1750 | 3150 | 6300 | 10900 | 15700 |
| **Model 47, 8-cyl., 57 hp, 115" wb** | | | | | | |
| 5-pass Tr | 1000 | 3150 | 5300 | 10600 | 18700 | 26500 |
| 4-pass Spt Tr | 1000 | 3200 | 5400 | 10800 | 19000 | 26900 |
| 4-pass Super Spt | 1050 | 3300 | 5500 | 11000 | 19300 | 27500 |
| 5-pass Super Spt Tr | 1050 | 3350 | 5600 | 11200 | 19700 | 28000 |
| 4-pass Rdstr | 950 | 2950 | 4950 | 9900 | 17500 | 24700 |
| 4-pass Cpe | 750 | 2100 | 3550 | 7100 | 12300 | 17700 |
| 5-pass Sdn | 650 | 1700 | 3000 | 5900 | 10200 | 14700 |
| **1923** | | | | | | |
| **Model 30-A, 6-cyl., 42 hp, 110" wb** | | | | | | |
| 5-pass Tr | 800 | 2400 | 4000 | 8000 | 13900 | 19900 |
| 5-pass Spt Tr | 850 | 2650 | 4500 | 9000 | 15900 | 22500 |
| 3-pass Rdstr | 750 | 2250 | 3750 | 7500 | 13000 | 18700 |
| 3-pass Cabrlt | 750 | 2300 | 3850 | 7700 | 13300 | 19200 |
| 4-pass Cpe | 500 | 1350 | 2300 | 4600 | 8000 | 11300 |
| 5-pass Sdn | 400 | 1200 | 1950 | 3900 | 6800 | 9900 |
| **Model 43-A, 4-cyl., 44 hp, 115" wb** | | | | | | |
| 5-pass Tr | 800 | 2500 | 4200 | 8400 | 14800 | 20900 |
| Rdstr | 800 | 2350 | 3950 | 7900 | 13700 | 19700 |
| 4-pass Cpe | 500 | 1350 | 2300 | 4600 | 8000 | 11300 |
| 5-pass Sdn | 400 | 1200 | 1950 | 3900 | 6800 | 9900 |
| 5-pass Brghm | 450 | 1250 | 2100 | 4200 | 7200 | 10500 |
| **Model 47, 8-cyl., 60 hp, 115" wb** | | | | | | |
| 4-pass Tr | 950 | 3050 | 5150 | 10300 | 18200 | 25700 |
| 5-pass Tr | 1000 | 3200 | 5350 | 10700 | 18900 | 26700 |
| 2-pass Spt Rdstr | 950 | 3000 | 5050 | 10100 | 17900 | 25100 |
| 4-pass Super Spt | 1050 | 3300 | 5500 | 11100 | 19500 | 27700 |
| 2-pass Rdstr | 900 | 2900 | 4850 | 9700 | 17100 | 24200 |
| 4-pass Cpe | 750 | 2100 | 3550 | 7100 | 12300 | 17700 |
| 5-pass Sdn | 650 | 1750 | 3150 | 6300 | 10900 | 15700 |
| **1924** | | | | | | |
| **Model 30-B, 6-cyl., 42 hp, 110" wb** | | | | | | |
| 5-pass Tr | 650 | 1750 | 3150 | 6300 | 10900 | 15700 |
| 2-pass Spt Tr | 700 | 1900 | 3350 | 6700 | 11500 | 16500 |
| 3-pass Rdstr | 650 | 1700 | 3000 | 5900 | 10200 | 14700 |
| 4-pass Cpe | 400 | 1050 | 1700 | 3400 | 5900 | 8500 |
| 5-pass Sdn | 350 | 950 | 1550 | 3100 | 5500 | 7900 |
| 5-pass Dlx Sdn | 400 | 1050 | 1700 | 3300 | 5800 | 8300 |

|  | 6 | 5 | 4 | 3 | 2 | 1 |
|---|---|---|---|---|---|---|
| **1925** | | | | | | |
| **Model 30-C, 6-cyl., 42 hp, 110" wb** | | | | | | |
| 5-pass Tr | 650 | 1750 | 3150 | 6300 | 10900 | 15700 |
| 2-pass Spt Tr | 700 | 1900 | 3350 | 6700 | 11500 | 16500 |
| 2-pass Rdstr | 650 | 1700 | 3000 | 5900 | 10200 | 14700 |
| 2-pass Spt Rdstr | 650 | 1750 | 3150 | 6300 | 10900 | 15700 |
| 4-pass Cpe | 350 | 1000 | 1600 | 3200 | 5700 | 8100 |
| 3-pass Cabrlt | 650 | 1700 | 3000 | 6100 | 10600 | 15200 |
| 5-pass Sdn | 350 | 900 | 1500 | 2900 | 5200 | 7400 |
| 5-pass Dlx Sdn | 350 | 950 | 1550 | 3100 | 5500 | 7900 |
| 5-pass Coach | 300 | 800 | 1350 | 2700 | 4700 | 6900 |
| **1926** | | | | | | |
| **Model 30-D, 6-cyl., 42 hp, 110" wb** | | | | | | |
| 5-pass Tr | 700 | 1900 | 3350 | 6700 | 11500 | 16500 |
| 5-pass Dlx Tr | 700 | 2000 | 3450 | 6900 | 11900 | 17200 |
| 2-4 pass Dlx Rdstr | 750 | 2150 | 3600 | 7200 | 12400 | 18000 |
| 3-pass Cpe | 400 | 1100 | 1800 | 3600 | 6200 | 9100 |
| 3-pass Dlx Cpe | 400 | 1200 | 1900 | 3800 | 6600 | 9600 |
| 5-pass Coach | 300 | 800 | 1300 | 2600 | 4600 | 6600 |
| 2-dr Sdn | 300 | 700 | 1200 | 2400 | 4100 | 5900 |
| 2-dr Dlx Sdn | 300 | 800 | 1300 | 2600 | 4600 | 6600 |
| 5-pass Sdn | 300 | 800 | 1300 | 2600 | 4600 | 6600 |
| 5-pass Dlx Sdn | 350 | 900 | 1500 | 2900 | 5200 | 7400 |
| 5-pass Lan Sdn | 550 | 1500 | 2500 | 5000 | 8700 | 12300 |
| **1927** | | | | | | |
| **Model 30-E, 6-cyl., 40 hp, 110" wb** | | | | | | |
| 5-pass Tr | 550 | 1500 | 2500 | 5100 | 8800 | 12500 |
| 5-pass Dlx Spt Tr | 600 | 1600 | 2800 | 5600 | 9700 | 14000 |
| 2-4 pass Dlx Rdstr | 600 | 1600 | 2800 | 5600 | 9700 | 14000 |
| 2-pass Cpe | 400 | 1100 | 1800 | 3600 | 6200 | 9100 |
| 2-4 pass Dlx Spt Cpe | 400 | 1200 | 1900 | 3800 | 6600 | 9600 |
| 5-pass Coach | 350 | 900 | 1500 | 3000 | 5300 | 7600 |
| 5-pass Sdn | 350 | 900 | 1500 | 3000 | 5300 | 7600 |
| 5-pass Dlx Sdn | 400 | 1050 | 1700 | 3300 | 5800 | 8300 |
| 5-pass Lan Sdn | 450 | 1250 | 2150 | 4300 | 7400 | 10700 |
| **1928** | | | | | | |
| **Model F-28, 6-cyl., 55 hp, 113.5" wb** | | | | | | |
| 5-pass Spt Phtn | 650 | 1750 | 3150 | 6300 | 10900 | 15700 |
| 5-pass Spt Dlx Phtn | 700 | 1900 | 3350 | 6700 | 11500 | 16500 |
| 2-pass Spt Rdstr | 650 | 1700 | 3000 | 5900 | 10200 | 14700 |
| 2-4 pass Dlx Spt Rdstr | 650 | 1750 | 3150 | 6300 | 10900 | 15700 |
| 2-pass Cpe | 400 | 1200 | 1950 | 3900 | 6800 | 9900 |
| 2-4 pass Spt Cpe | 450 | 1250 | 2150 | 4300 | 7400 | 10700 |
| 2-4 pass Dlx Spt Cpe | 500 | 1300 | 2250 | 4500 | 7700 | 11000 |
| 2-dr 5-pass Sdn | 350 | 900 | 1500 | 3000 | 5300 | 7600 |
| 4-dr 5-pass Sdn | 350 | 950 | 1550 | 3100 | 5500 | 7900 |
| 4-dr 5-pass Dlx Sdn | 350 | 1000 | 1600 | 3200 | 5700 | 8100 |
| 5-pass Lan Sdn | 400 | 1200 | 1950 | 3900 | 6800 | 9900 |
| 5-pass Lan | 400 | 1200 | 1950 | 3900 | 6800 | 9900 |
| 5-pass Dlx Lan | 450 | 1250 | 2150 | 4300 | 7400 | 10700 |
| **1929** | | | | | | |
| **Model F-29, 6-cyl., 62 hp, 113.5" wb** | | | | | | |
| 5-pass Phtn | 750 | 2250 | 3750 | 7500 | 13000 | 18700 |
| 2-4 pass Spt Rdstr | 800 | 2400 | 4000 | 8000 | 13900 | 19900 |
| 2-4 pass Conv Rdstr | 850 | 2500 | 4200 | 8300 | 14300 | 20400 |
| 3-pass Cpe | 450 | 1250 | 2200 | 4400 | 7600 | 10900 |
| 4-dr 5-pass Sdn | 400 | 1100 | 1800 | 3600 | 6200 | 9100 |
| 2-dr 5-pass Sdn | 400 | 1100 | 1800 | 3500 | 6100 | 8900 |

| | 6 | 5 | 4 | 3 | 2 | 1 |
|---|---|---|---|---|---|---|
| 5-pass Lan | 400 | 1150 | 1850 | 3700 | 6400 | 9300 |
| 2-4 pass Spl Spt Rdstr | 800 | 2450 | 4100 | 8200 | 14400 | 20500 |
| 5-pass Spl Phtn | 800 | 2350 | 3900 | 7800 | 13500 | 19500 |
| 2-4-pass Spl Conv Rdstr | 800 | 2500 | 4200 | 8400 | 14800 | 20900 |
| 3-pass Spl Cpe | 400 | 1200 | 1900 | 3800 | 6600 | 9600 |
| 2-dr 5-pass Spl Sdn | 350 | 900 | 1500 | 3000 | 5300 | 7600 |
| 3-5 pass Spl Spt Cpe | 450 | 1250 | 2100 | 4200 | 7200 | 10500 |
| 4-dr 5-pass Spl Sdn | 350 | 1000 | 1600 | 3200 | 5700 | 8100 |
| 5-pass Spl Lan | 400 | 1200 | 1950 | 3900 | 6800 | 9900 |
| 2-4 pass Dlx Spt Rdstr | 800 | 2500 | 4200 | 8400 | 14800 | 20900 |
| 5-pass Dlx Phtn | 800 | 2350 | 3900 | 7800 | 13500 | 19500 |
| 2-4 pass Dlx Conv Rdstr | 850 | 2550 | 4300 | 8600 | 15100 | 21500 |
| 3-pass Dlx Cpe | 400 | 1200 | 1900 | 3800 | 6600 | 9600 |
| 2-dr 5-pass Dlx Sdn | 350 | 1000 | 1600 | 3200 | 5700 | 8100 |
| 3-5 pass Spl Spt Cpe | 450 | 1250 | 2200 | 4400 | 7600 | 10900 |
| 4-dr 5-pass Dlx Sdn | 350 | 1000 | 1600 | 3200 | 5700 | 8100 |
| 5-pass Dlx Lan | 450 | 1250 | 2150 | 4300 | 7400 | 10700 |

### 1930
#### Model F-30, 6-cyl., 62 hp, 113.5" wb
| | 6 | 5 | 4 | 3 | 2 | 1 |
|---|---|---|---|---|---|---|
| 5-pass Phtn | 850 | 2650 | 4500 | 9000 | 15900 | 22500 |
| 2-4 pass Conv Rdstr | 800 | 2500 | 4250 | 8500 | 15000 | 21200 |
| 2-pass Cpe | 450 | 1250 | 2150 | 4300 | 7400 | 10700 |
| 2-4 pass Spt Cpe | 550 | 1450 | 2450 | 4900 | 8500 | 12000 |
| 4-dr 5-pass Sdn | 750 | 2150 | 3600 | 7200 | 12400 | 18000 |
| 2-dr 5-pass Sdn | 400 | 1200 | 1950 | 3900 | 6800 | 9900 |
| 5-pass Patrician Sdn | 750 | 2250 | 3750 | 7500 | 13000 | 18700 |
| 5-pass Spl Phtn | 900 | 2750 | 4650 | 9300 | 16400 | 23100 |
| 2-dr 5-pass Spl Sdn | 450 | 1250 | 2050 | 4100 | 7100 | 10300 |
| 2-pass Spl Cpe | 500 | 1300 | 2250 | 4500 | 7700 | 11000 |
| 2-4 pass Spl Spt Cpe | 550 | 1500 | 2500 | 5100 | 8800 | 12500 |
| 2-4 pass Spl Conv Rdstr | 850 | 2650 | 4450 | 8900 | 15700 | 22300 |
| 4-dr 5-pass Spl Sdn | 750 | 2250 | 3700 | 7400 | 12800 | 18500 |
| 5-pass Spl Patrician Sdn | 750 | 2300 | 3850 | 7700 | 13300 | 19200 |
| 5-pass Dlx Phtn | 900 | 2900 | 4850 | 9700 | 17100 | 24200 |
| 2-dr 5-pass Dlx Sdn | 450 | 1250 | 2150 | 4300 | 7400 | 10700 |
| 2-pass Dlx Cpe | 500 | 1350 | 2350 | 4700 | 8100 | 11500 |
| 2-4 pass Dlx Spt Cpe | 550 | 1550 | 2650 | 5300 | 9100 | 13000 |
| 2-4-pass Dlx Conv Rdstr | 900 | 2750 | 4650 | 9300 | 16400 | 23100 |
| 5-pass Dlx Sdn | 750 | 2300 | 3800 | 7600 | 13100 | 18900 |
| 5-pass Dlx Patrician Sdn | 800 | 2350 | 3950 | 7900 | 13700 | 19700 |

### 1931
#### Model F-31, 6-cyl., 65 hp, 113.5" wb
| | 6 | 5 | 4 | 3 | 2 | 1 |
|---|---|---|---|---|---|---|
| 4-pass Conv Rdstr | 1000 | 3150 | 5300 | 10600 | 18700 | 26500 |
| 2-pass Bus Cpe | 550 | 1450 | 2450 | 4900 | 8500 | 12000 |
| 4-pass Spt Cpe | 550 | 1550 | 2650 | 5300 | 9100 | 13000 |
| 4-dr 5-pass Sdn | 450 | 1250 | 2050 | 4100 | 7100 | 10300 |
| 2-dr 5-pass Sdn | 450 | 1250 | 2050 | 4100 | 7100 | 10300 |
| 5-pass Patrician Sdn | 500 | 1350 | 2350 | 4700 | 8100 | 11500 |
| 4-pass Dlx Conv Rdstr | 1000 | 3250 | 5450 | 10900 | 19100 | 27200 |
| 2-pass Dlx Bus Cpe | 550 | 1500 | 2500 | 5100 | 8800 | 12500 |
| 4-pass Dlx Spt Cpe | 600 | 1600 | 2750 | 5500 | 9500 | 13800 |
| 2-dr 5-pass Dlx Sdn | 450 | 1250 | 2150 | 4300 | 7400 | 10700 |
| 4-dr 5-pass Dlx Sdn | 450 | 1250 | 2150 | 4300 | 7400 | 10700 |
| 5-pass Dlx Patrician Sdn | 550 | 1500 | 2500 | 5100 | 8800 | 12500 |

### 1932
#### F Series, 6-cyl., 116.5" wb
| | 6 | 5 | 4 | 3 | 2 | 1 |
|---|---|---|---|---|---|---|
| 2-4 pass Conv Rdstr | 1150 | 3600 | 6000 | 12000 | 21150 | 30000 |
| 2-pass Cpe | 700 | 2050 | 3500 | 7000 | 12100 | 17400 |
| 2-4-pass Spt Cpe | 750 | 2250 | 3700 | 7400 | 12800 | 18500 |

| | 6 | 5 | 4 | 3 | 2 | 1 |
|---|---|---|---|---|---|---|
| 4-dr 5-pass Sdn | 700 | 1850 | 3300 | 6600 | 11300 | 16300 |
| 2-dr 5-pass Sdn | 650 | 1750 | 3100 | 6200 | 10700 | 15400 |
| 5-pass Patrician Sdn | 700 | 1900 | 3400 | 6800 | 11700 | 16900 |
| **L Series, 8-cyl., 116.5" wb** | | | | | | |
| 2-4 pass Conv Rdstr | 1250 | 3950 | 6600 | 13200 | 23250 | 32900 |
| 2-pass Cpe | 750 | 2250 | 3700 | 7400 | 12800 | 18500 |
| 2-4 pass Spt Cpe | 800 | 2350 | 3900 | 7800 | 13500 | 19500 |
| 4-dr 5-pass Sdn | 700 | 1900 | 3400 | 6800 | 11700 | 16900 |
| 2-dr 5-pass Sdn | 650 | 1800 | 3200 | 6400 | 11000 | 15900 |
| 5-pass Patrician Sdn | 700 | 2050 | 3500 | 7000 | 12100 | 17400 |
| **1933** | | | | | | |
| **F Series, 6-cyl., 115" wb** | | | | | | |
| 4-dr 5-pass Sdn | 550 | 1500 | 2500 | 5100 | 8800 | 12500 |
| 4-dr 5-pass Tr Sdn | 550 | 1550 | 2600 | 5200 | 9000 | 12800 |
| 2-pass Bus Cpe | 550 | 1550 | 2650 | 5300 | 9100 | 13000 |
| 2-4 pass Spt Cpe | 650 | 1700 | 3000 | 5900 | 10200 | 14700 |
| 5-pass Cpe | 600 | 1650 | 2850 | 5700 | 9900 | 14200 |
| 5-pass Tr Cpe | 550 | 1550 | 2650 | 5300 | 9100 | 13000 |
| 2-4 pass Conv Cpe | 950 | 3000 | 5050 | 10100 | 17900 | 25100 |
| **L Series, 8-cyl., 119" wb** | | | | | | |
| 2-pass Bus Cpe | 600 | 1600 | 2750 | 5500 | 9500 | 13800 |
| 2-4 pass Spt Cpe | 650 | 1700 | 3000 | 5900 | 10200 | 14700 |
| 5-pass Sdn | 550 | 1550 | 2650 | 5300 | 9100 | 13000 |
| 5-pass Tr Spl | 600 | 1600 | 2750 | 5500 | 9500 | 13800 |
| 2-dr Sdn | 550 | 1550 | 2650 | 5300 | 9100 | 13000 |
| 4-dr 5-pass Tr Sdn | 600 | 1600 | 2750 | 5500 | 9500 | 13800 |
| 2-4 pass Conv Cpe | 1000 | 300 | 5350 | 10700 | 18900 | 26700 |
| **1934** | | | | | | |
| **F Series, 6-cyl., 114" wb** | | | | | | |
| 2-pass Bus Cpe | 450 | 1250 | 2200 | 4400 | 7600 | 10900 |
| 2-4 pass Spt Cpe | 500 | 1350 | 2300 | 4600 | 8000 | 11300 |
| 5-pass Cpe | 450 | 1250 | 2100 | 4200 | 7200 | 10500 |
| 4-dr 5-pass Sdn | 400 | 1200 | 2000 | 4000 | 6900 | 10000 |
| 5-pass Tr Sdn | 450 | 1250 | 2050 | 4100 | 7100 | 10300 |
| **L Series, 8-cyl., 119" wb** | | | | | | |
| 2-pass Bus Cpe | 550 | 1500 | 2500 | 5100 | 8800 | 12500 |
| 2-4 pass Spt Cpe | 600 | 1600 | 2750 | 5500 | 9500 | 13800 |
| 5-pass Cpe | 550 | 1550 | 2650 | 5300 | 9100 | 13000 |
| 5-pass Tr Cpe | 500 | 1350 | 2350 | 4700 | 8100 | 11500 |
| 4-dr 5-pass Sdn | 450 | 1250 | 2150 | 4300 | 7400 | 10700 |
| 5-pass Tr Sdn | 450 | 1250 | 2200 | 4400 | 7600 | 10900 |
| 2-4 pass Conv | 1000 | 300 | 5350 | 10700 | 18900 | 26700 |
| **1935** | | | | | | |
| **F Series, 6-cyl., 115" wb** | | | | | | |
| 5-pass Tr Cpe | 400 | 1200 | 1900 | 3800 | 6600 | 9600 |
| 2-pass Bus Cpe | 400 | 1150 | 1850 | 3700 | 6400 | 9300 |
| 2-4-pass Spt Cpe | 400 | 1200 | 1950 | 3900 | 6800 | 9900 |
| 5-pass Cpe | 400 | 1200 | 1900 | 3800 | 6600 | 9600 |
| 5-pass Sdn | 400 | 1050 | 1700 | 3300 | 5800 | 8300 |
| 5-pass Tr Sdn | 400 | 1050 | 1700 | 3400 | 5900 | 8500 |
| 2-4 pass Conv Cpe | 900 | 2850 | 4750 | 9500 | 16700 | 23700 |
| **L Series, 8-cyl., 121" wb** | | | | | | |
| Club Cpe | 450 | 1250 | 2050 | 4100 | 7100 | 10300 |
| 2-pass Bus Cpe | 400 | 1200 | 1950 | 3900 | 6800 | 9900 |
| 2-4 pass Spt Cpe | 450 | 1250 | 2150 | 4300 | 7400 | 10700 |
| 5-pass Cpe | 400 | 1100 | 1800 | 3500 | 6100 | 8900 |
| 5-pass Tr Cpe | 400 | 1050 | 1700 | 3400 | 5900 | 8500 |
| 5-pass Sdn | 400 | 1100 | 1800 | 3500 | 6100 | 8900 |
| 5-pass Tr Sdn | 400 | 1100 | 1800 | 3600 | 6200 | 9100 |
| 5-pass Conv Cpe | 1000 | 300 | 5350 | 10700 | 18900 | 26700 |

| | 6 | 5 | 4 | 3 | 2 | 1 |
|---|---|---|---|---|---|---|
| **1936** | | | | | | |
| **F Series, 6-cyl., 115" wb** | | | | | | |
| 2-pass Bus Cpe | 450 | 1250 | 2050 | 4100 | 7100 | 10300 |
| 2-4 pass Spt Cpe | 450 | 1250 | 2150 | 4300 | 7400 | 10700 |
| 5-pass Cpe | 400 | 1150 | 1850 | 3700 | 6400 | 9300 |
| 5-pass Tr Cpe | 400 | 1100 | 1800 | 3600 | 6200 | 9100 |
| 4-dr 5-pass Sdn | 400 | 1100 | 1800 | 3600 | 6200 | 9100 |
| 5-pass Tr Sdn | 400 | 1150 | 1850 | 3700 | 6400 | 9300 |
| 2-4 pass Conv Cpe | 950 | 3050 | 5100 | 10200 | 18000 | 25400 |
| **L Series, 8-cyl., 121" wb** | | | | | | |
| 2-passs Bus Cpe | 400 | 1200 | 2000 | 4000 | 6900 | 10000 |
| 2-4 pass Spt Cpe | 500 | 1300 | 2250 | 4500 | 7700 | 11000 |
| 5-pass Cpe | 450 | 1250 | 2050 | 4100 | 7100 | 10300 |
| 5-pass TR Cpe | 400 | 1200 | 1950 | 3900 | 6800 | 9900 |
| 4-dr 5-pass Sdn | 400 | 1200 | 1900 | 3800 | 6600 | 9600 |
| 5-pass Tr Sdn | 400 | 1200 | 2000 | 4000 | 6900 | 10000 |
| 2-4 pass Conv Cpe | 1050 | 3350 | 5600 | 11200 | 19700 | 28000 |
| **1937** | | | | | | |
| **F Series, 6-cyl., 117" wb** | | | | | | |
| 2-pass Bus Cpe | 450 | 1250 | 2050 | 4100 | 7100 | 10300 |
| 2-4 pass Club Cpe | 500 | 1300 | 2250 | 4500 | 7700 | 11000 |
| 2-dr 5-pass Sdn | 450 | 1250 | 2150 | 4300 | 7400 | 10700 |
| 2-dr 5-pass Tr Sdn | 400 | 1200 | 1950 | 3900 | 6800 | 9900 |
| 4-dr 5-pass Sdn | 450 | 1250 | 2200 | 4400 | 7600 | 10900 |
| 4-dr 5-pass Tr Sdn | 400 | 1200 | 2000 | 4000 | 6900 | 10000 |
| 2-4 pass Conv Cpe | 1050 | 3350 | 5600 | 11200 | 19700 | 28000 |
| **L Series, 8-cyl., 124" wb** | | | | | | |
| 2-4 pass Conv Cpe | 1200 | 3850 | 6450 | 12900 | 22700 | 32200 |
| 2-pass Bus Cpe | 500 | 1300 | 2250 | 4500 | 7700 | 11000 |
| 2-4 pass Club Cpe | 450 | 1250 | 2200 | 4400 | 7600 | 10900 |
| 4-dr 5-pass Sdn | 500 | 1300 | 2250 | 4500 | 7700 | 11000 |
| 2-dr 5-pass Sdn | 450 | 1250 | 2200 | 4400 | 7600 | 10900 |
| 2-dr 5-pass Tr Sdn | 450 | 1250 | 2100 | 4200 | 7200 | 10500 |
| 4-dr 5-pass Tr Sdn | 450 | 1250 | 2150 | 4300 | 7400 | 10700 |
| **1938** | | | | | | |
| **F Series, 6-cyl., 117" wb** | | | | | | |
| 2-pass Bus Cpe | 450 | 1250 | 2050 | 4100 | 7100 | 10300 |
| 2-pass Club Cpe | 450 | 1250 | 2150 | 4300 | 7400 | 10700 |
| 4-dr 5-pass Sdn | 400 | 1200 | 1950 | 3900 | 6800 | 9900 |
| 2-dr 5-pass Sdn | 400 | 1150 | 1850 | 3700 | 6400 | 9300 |
| 2-dr 5-pass Tr Sdn | 400 | 1200 | 1950 | 3900 | 6800 | 9900 |
| 4-dr 5-pass Tr Sdn | 400 | 1200 | 2000 | 4000 | 6900 | 10000 |
| 2-pass Conv Cpe | 1150 | 3650 | 6100 | 12200 | 21500 | 30500 |
| **L Series, 8-cyl., 124' wb** | | | | | | |
| 2-pass Bus Cpe | 450 | 1250 | 2150 | 4300 | 7400 | 10700 |
| 2-pass Club Cpe | 500 | 1300 | 2250 | 4500 | 7700 | 11000 |
| 4-dr 5-pass Sdn | 400 | 1200 | 2000 | 4000 | 6900 | 10000 |
| 2-dr 5-pass Sdn | 400 | 1200 | 1950 | 3900 | 6800 | 9900 |
| 2-dr 5-pass Tr Sdn | 450 | 1250 | 2050 | 4100 | 7100 | 10300 |
| 4-dr 5-pass Tr Sdn | 450 | 1250 | 2100 | 4200 | 7200 | 10500 |
| 2-pass Conv Cpe | 1350 | 4150 | 6900 | 13800 | 24300 | 34500 |
| **1939** | | | | | | |
| **F Series (60), 6-cyl., 115" wb** | | | | | | |
| 2-pass Bus Cpe | 400 | 1200 | 2000 | 4000 | 6900 | 10000 |
| 2-4 pass Club Cpe | 500 | 1300 | 2250 | 4500 | 7700 | 11000 |
| 4-dr 5-pass Sdn | 450 | 1250 | 2050 | 4100 | 7100 | 10300 |
| 2-dr 5-pass Sdn | 400 | 1200 | 2000 | 4000 | 6900 | 10000 |

| | 6 | 5 | 4 | 3 | 2 | 1 |
|---|---|---|---|---|---|---|
| **G Series (70), 6-cyl., 120" wb** | | | | | | |
| 2-4 pass Club Cpe | 500 | 1350 | 2300 | 4600 | 8000 | 11300 |
| 4-dr 5-pass Sdn | 450 | 1250 | 2100 | 4200 | 7200 | 10500 |
| 3-pass Bus Cpe | 450 | 1250 | 2050 | 4100 | 7100 | 10300 |
| 2-dr 5-pass Sdn | 450 | 1250 | 2050 | 4100 | 7100 | 10300 |
| 2-4 pass Conv | 1050 | 3400 | 5700 | 11400 | 20100 | 28500 |
| **L Series (80), 8-cyl., 120" wb** | | | | | | |
| 2-pass Bus Cpe | 500 | 1300 | 2250 | 4500 | 7700 | 11000 |
| 2-4 pass Club Cpe | 500 | 1350 | 2350 | 4700 | 8100 | 11500 |
| 4-dr 5-pass Sdn | 450 | 1250 | 2200 | 4400 | 7600 | 10900 |
| 2-dr 5-pass Sdn | 450 | 1250 | 2200 | 4400 | 7600 | 10900 |
| 2-pass Conv Cpe | 1200 | 3750 | 6300 | 12600 | 22200 | 31400 |

### 1940

| | 6 | 5 | 4 | 3 | 2 | 1 |
|---|---|---|---|---|---|---|
| **Model 60, 6-cyl., 116" wb** | | | | | | |
| 2-pass Bus Cpe | 500 | 1300 | 2250 | 4500 | 7700 | 11000 |
| 2-pass Club Cpe | 550 | 1450 | 2450 | 4900 | 8500 | 12000 |
| 4-dr 5-pass Tr Sdn | 450 | 1250 | 2100 | 4200 | 7200 | 10500 |
| 2-dr 5-pass Tr Sdn | 450 | 1250 | 2100 | 4200 | 7200 | 10500 |
| Sta Wgn | 900 | 2850 | 4750 | 9500 | 16700 | 23700 |
| 2-pass Conv Cpe | 1150 | 3600 | 6000 | 12000 | 21150 | 30000 |
| **Model 70, 6-cyl., 120" wb** | | | | | | |
| 2-pass Bus Cpe | 500 | 1350 | 2350 | 4700 | 8100 | 11500 |
| 2-pass Club Cpe | 550 | 1550 | 2650 | 5300 | 9100 | 13000 |
| 4-dr 5-pass Tr Sdn | 500 | 1300 | 2250 | 4500 | 7700 | 11000 |
| 2-dr 5-pass Tr Sdn | 500 | 1300 | 2250 | 4500 | 7700 | 11000 |
| 2-pass Conv Cpe | 1200 | 3850 | 6450 | 12900 | 22700 | 32200 |
| **Model 90, 8-cyl., 120" wb** | | | | | | |
| 5-pass Conv Phtn | 2000 | 5900 | 9950 | 19900 | 35000 | 49700 |
| 2-pass Conv Cpe | 1900 | 5600 | 9450 | 18900 | 33200 | 47200 |
| 2-pass Club Cpe | 700 | 1850 | 3300 | 6600 | 11300 | 16300 |
| 4-dr 5-pass Tr Sdn | 600 | 1650 | 2850 | 5700 | 9900 | 14200 |

### 1941

| | 6 | 5 | 4 | 3 | 2 | 1 |
|---|---|---|---|---|---|---|
| **Model 66, 6-cyl., 119' wb** | | | | | | |
| 2-pass Conv Cpe | 1100 | 3500 | 5800 | 11600 | 20450 | 28900 |
| 2-pass Bus Cpe | 450 | 1250 | 2100 | 4200 | 7200 | 10500 |
| 2-pass Club Cpe | 500 | 1300 | 2250 | 4500 | 7700 | 11000 |
| 4-dr 5-pass Sdn | 450 | 1250 | 2050 | 4100 | 7100 | 10300 |
| 4-dr 5-pass Twn Sdn | 450 | 1250 | 2100 | 4200 | 7200 | 10500 |
| 2-dr 5-pass Sdn | 450 | 1250 | 2050 | 4100 | 7100 | 10300 |
| 8-pass Sta Wgn | 1200 | 3850 | 6450 | 12900 | 22700 | 32200 |
| **Model 68, 8-cyl., 119" wb** | | | | | | |
| 2-pass Conv Cpe | 1150 | 3600 | 5950 | 11900 | 21000 | 29700 |
| 2-pass Bus Cpe | 450 | 1250 | 2200 | 4400 | 7600 | 10900 |
| 2-pass Club Cpe | 500 | 1350 | 2350 | 4700 | 8100 | 11500 |
| 4-dr 5-pass Sdn | 450 | 1250 | 2100 | 4200 | 7200 | 10500 |
| 5-pass Twn Sdn | 450 | 1250 | 2150 | 4300 | 7400 | 10700 |
| 2-dr 5-pass Sdn | 450 | 1250 | 2100 | 4200 | 7200 | 10500 |
| **Model 76, 6-cyl., 125" wb** | | | | | | |
| 2-pass Bus Cpe | 550 | 1450 | 2450 | 4900 | 8500 | 12000 |
| 2-dr 5-pass Club Sdn | 500 | 1350 | 2300 | 4600 | 8000 | 11300 |
| 4-dr 6-pass Dlx Sdn | 500 | 1350 | 2300 | 4600 | 8000 | 11300 |
| 2-dr 5-pass Dlx Club Sdn | 500 | 1350 | 2350 | 4700 | 8100 | 11500 |
| 3-pass Dlx Bus Cpe | 550 | 1500 | 2500 | 5000 | 8700 | 12300 |
| **Model 78, 8-cyl., 125" wb** | | | | | | |
| 4-dr 5-pass Sdn | 500 | 1400 | 2350 | 4700 | 8200 | 11500 |
| 2-pass Bus Cpe | 550 | 1500 | 2500 | 5100 | 8800 | 12500 |
| 2-dr 5-pass Club Sdn | 550 | 1400 | 2400 | 4800 | 8300 | 11800 |
| 4-dr 5-pass Dlx Twn Sdn | 550 | 1450 | 2450 | 4900 | 8500 | 12000 |
| 2-dr 5-pass Dlx Club Sdn | 550 | 1500 | 2500 | 5000 | 8700 | 12300 |
| 3-pass Dlx Bus Cpe | 550 | 1550 | 2650 | 5300 | 9100 | 13000 |

| | 6 | 5 | 4 | 3 | 2 | 1 |
|---|---|---|---|---|---|---|
| **Model 96, 6-cyl., 125" wb** | | | | | | |
| 2-pass Conv Cpe | 1650 | 4950 | 8300 | 16600 | 29200 | 41500 |
| 2-pass Club Cpe | 650 | 1700 | 3000 | 5900 | 10200 | 14700 |
| 4-dr 5-pass Sdn | 550 | 1500 | 2500 | 5100 | 8800 | 12500 |
| **Model 98, 8-cyl., 125" wb** | | | | | | |
| 5-pass Phtn Conv | 2150 | 6200 | 10500 | 21000 | 36900 | 52400 |
| 2-pass Conv Cpe | 2000 | 5900 | 9950 | 19900 | 35000 | 49700 |
| 2-pass Club Cpe | 700 | 1900 | 3350 | 6700 | 11500 | 16500 |
| 4-dr 5-pass Sdn | 650 | 1700 | 3000 | 5900 | 10200 | 14700 |
| ***1942*** | | | | | | |
| **Special 66, 6-cyl., 119' wb** | | | | | | |
| 2-pass Bus Cpe | 450 | 1250 | 2150 | 4300 | 7400 | 10700 |
| 2-pass Club Cpe | 500 | 1300 | 2250 | 4500 | 7700 | 11000 |
| 4-dr 5-pass Sdn | 450 | 1250 | 2050 | 4100 | 7100 | 10300 |
| 2-dr 5-pass Club Sdn | 450 | 1250 | 2150 | 4300 | 7400 | 10700 |
| 2-dr 5-pass Sdn | 400 | 1200 | 2000 | 4000 | 6900 | 10000 |
| 4-dr 5-pass Twn Sdn | 450 | 1250 | 2200 | 4400 | 7600 | 10900 |
| 2-pass Conv Cpe | 1000 | 3250 | 5450 | 10900 | 19100 | 27200 |
| 8-pass Sta Wgn | 1150 | 3600 | 5950 | 11900 | 201000 | 29700 |
| **Special 68, 8-cyl., 119" wb** | | | | | | |
| 2-pass Bus Cpe | 500 | 1300 | 2250 | 4500 | 7700 | 11000 |
| 2-pass Club Cpe | 500 | 1350 | 2350 | 4700 | 8100 | 11500 |
| 4-dr 5-pass Sdn | 450 | 1250 | 2150 | 4300 | 7400 | 10700 |
| 2-dr 5-pass Club Sdn | 500 | 1300 | 2250 | 4500 | 7700 | 11000 |
| 2-dr 5-pass Sdn | 450 | 1250 | 2100 | 4200 | 7200 | 10500 |
| 4-dr 5-pass Twn Sdn | 500 | 1350 | 2300 | 4600 | 8000 | 11300 |
| 2-pass Conv Cpe | 1050 | 3400 | 5650 | 11300 | 19900 | 28200 |
| 8-pass Sta Wgn | 1150 | 3650 | 6150 | 12300 | 21700 | 30700 |
| **Dynamic 76, 6-cyl., 125" wb** | | | | | | |
| 4-dr 5-pass Sdn | 500 | 1350 | 2300 | 4600 | 8000 | 11300 |
| 2-dr 5-pass Club Sdn | 550 | 1400 | 2400 | 4800 | 8300 | 11800 |
| **Dynamic 78, 8-cyl., 125" wb** | | | | | | |
| 4-dr 5-pass Sdn | 550 | 1400 | 2400 | 4800 | 8300 | 11800 |
| 2-dr 5-pass Club Sdn | 550 | 1500 | 2500 | 5000 | 8700 | 12300 |
| **Custom 98, 8-cyl., 127" wb** | | | | | | |
| 4-dr 5-pass Sdn | 600 | 1600 | 2800 | 5600 | 9700 | 14000 |
| 2-dr 5-pass Club Sdn | 600 | 1650 | 2850 | 5700 | 9900 | 14200 |
| 2-pass Conv | 1350 | 4150 | 6950 | 13900 | 24500 | 34700 |
| ***1946*** | | | | | | |
| **66, 6-cyl., 119" wb** | | | | | | |
| 5-pass Club Cpe | 450 | 1250 | 2050 | 4100 | 7100 | 10300 |
| 5-pass Club Sdn | 450 | 1250 | 2150 | 4300 | 7400 | 10700 |
| 4-dr 5-pass Sdn | 400 | 1200 | 2000 | 4000 | 6900 | 10000 |
| 5-pass Conv Cpe | 1100 | 3500 | 5850 | 11700 | 20600 | 29100 |
| 4-dr Sta Wag | 1550 | 4700 | 7850 | 15700 | 27600 | 39100 |
| **76, 6-cyl., 125" wb** | | | | | | |
| 4-dr 5-pass Club Sdn | 450 | 1250 | 2200 | 4400 | 7600 | 10900 |
| 5-pass Sdn | 450 | 1250 | 2050 | 4100 | 7100 | 10300 |
| **78, 8-cyl., 125' wb** | | | | | | |
| 5-pass Club Sdn | 550 | 1400 | 2400 | 4800 | 8300 | 11800 |
| 4-dr 5-pass Sdn | 500 | 1300 | 2250 | 4500 | 7700 | 11000 |
| **98, 8-cyl., 127" wb** | | | | | | |
| 5-pass Club Sdn | 550 | 1500 | 2500 | 5100 | 8800 | 12500 |
| 4-dr 5-pass Sdn | 550 | 1400 | 2400 | 4800 | 8300 | 11800 |
| 5-pass Conv Cpe | 1300 | 4050 | 6750 | 13500 | 23800 | 33700 |
| ***1947*** | | | | | | |
| **66, 6-cyl., 119" wb** | | | | | | |
| 5-pass Club Cpe | 450 | 1250 | 2050 | 4100 | 7100 | 10300 |
| 5-pass Club Sdn | 450 | 1250 | 2150 | 4300 | 7400 | 10700 |

'30 Oldsmobile Sedan

'31 Oldsmobile Deluxe Convertible Roadster

'32 Oldsmobile Sedan

'33 Oldsmobile Touring

'34 Oldsmobile Convertible

'36 Oldsmobile Touring Sedan

'38 Oldsmobile Touring

'39 Oldsmobile Club Coupe

'40 Oldsmobile Woodie Wagon

'47 Oldsmobile Touring Sedan

'59 Oldsmobile

'60 Oldsmobile

| | 6 | 5 | 4 | 3 | 2 | 1 |
|---|---|---|---|---|---|---|
| 4-dr 5-pass Sdn | 400 | 1200 | 2000 | 4000 | 6900 | 10000 |
| 5-pass Conv Cpe | 1100 | 3450 | 5750 | 11500 | 20300 | 28700 |
| 4-dr Sta Wag | 1550 | 4700 | 7850 | 15700 | 27600 | 39100 |
| **68, 8-cyl., 119" wb** | | | | | | |
| 5-pass Club Cpe | 500 | 1300 | 2250 | 4500 | 7700 | 11000 |
| 5-pass Club Sdn | 500 | 1350 | 2350 | 4700 | 8100 | 11500 |
| 4-dr 5-pass Sdn | 450 | 1250 | 2200 | 4400 | 7600 | 10900 |
| 5-pass Conv Cpe | 1150 | 3600 | 5950 | 11900 | 21000 | 29700 |
| Sta Wgn | 1600 | 4800 | 8000 | 16100 | 28300 | 40200 |
| **76, 6-cyl., 125" wb** | | | | | | |
| 4-dr 5-pass Club Sdn | 450 | 1250 | 2200 | 4400 | 7600 | 10900 |
| 5-pass Sdn | 450 | 1250 | 2050 | 4100 | 7100 | 10300 |
| Dlx Club Sdn | 500 | 1350 | 2300 | 4600 | 8000 | 11300 |
| Dlx Sdn | 450 | 1250 | 2100 | 4200 | 7200 | 10500 |
| **78, 8-cyl., 125' wb** | | | | | | |
| 5-pass Club Sdn | 550 | 1400 | 2400 | 4800 | 8300 | 11800 |
| Dlx Club Sdn | 550 | 1500 | 2500 | 5000 | 8700 | 12300 |
| 4-dr 5-pass Sdn | 500 | 1300 | 2250 | 4500 | 7700 | 11000 |
| Dlx Sdn | 500 | 1350 | 2350 | 4700 | 8100 | 11500 |
| **98, 8-cyl., 127" wb** | | | | | | |
| 5-pass Club Sdn | 550 | 1500 | 2500 | 5100 | 8800 | 12500 |
| 4-dr 5-pass Sdn | 550 | 1400 | 2400 | 4800 | 8300 | 11800 |
| 5-pass Conv Cpe | 1300 | 4050 | 6750 | 13500 | 23800 | 33700 |
| **_1948_** | | | | | | |
| **66, 6-cyl., 119" wb** | | | | | | |
| 5-pass Club Cpe | 450 | 1250 | 2050 | 4100 | 7100 | 10300 |
| 5-pass Club Sdn | 450 | 1250 | 2150 | 4300 | 7400 | 10700 |
| 4-dr 5-pass Sdn | 400 | 1200 | 2000 | 4000 | 6900 | 10000 |
| 5-pass Conv Cpe | 1100 | 3450 | 5750 | 11500 | 20300 | 28700 |
| Sta Wgn | 1550 | 4700 | 7850 | 15700 | 27600 | 39100 |
| **68, 8-cyl., 119" wb** | | | | | | |
| 5-pass Club Cpe | 500 | 1300 | 2250 | 4500 | 7700 | 11000 |
| 5-pass Club Sdn | 500 | 1350 | 2350 | 4700 | 8100 | 11500 |
| 4-dr 5-pass Sdn | 500 | 1300 | 2250 | 4500 | 7700 | 11000 |
| 5-pass Conv Cpe | 1150 | 3600 | 5950 | 11900 | 21000 | 29700 |
| Sta Wgn | 1600 | 4800 | 8000 | 16100 | 28300 | 40200 |
| **76, 6-cyl., 125" wb** | | | | | | |
| 2-dr 5-pass Club Sdn | 450 | 1250 | 2150 | 4300 | 7400 | 10700 |
| 4-dr 5-pass Sdn | 500 | 1300 | 2250 | 4500 | 7700 | 11000 |
| **78, 8-cyl., 125" wb** | | | | | | |
| 5-pass Club Sdn | 500 | 1350 | 2350 | 4700 | 8100 | 11500 |
| 4-dr 5-pass Sdn | 550 | 1450 | 2450 | 4900 | 8500 | 12000 |
| **98, 8-cyl., 125" wb** | | | | | | |
| 5-pass Club Sdn | 550 | 1450 | 2450 | 4900 | 8500 | 12000 |
| 4-dr 5-pass Sdn | 550 | 1500 | 2500 | 5000 | 8700 | 12300 |
| 5-pass Conv | 1400 | 4350 | 7250 | 14500 | 25500 | 36200 |
| **_1949_** | | | | | | |
| **76, 6-cyl., 119.5" wb** | | | | | | |
| 5-pass Club Cpe | 500 | 1350 | 2350 | 4700 | 8100 | 11500 |
| 5-pass Club Sdn | 500 | 1300 | 2250 | 4500 | 7700 | 11000 |
| 4-dr 5-pass Twn Sdn | 450 | 1250 | 2150 | 4300 | 7400 | 10700 |
| 4-dr 5-pass Sdn | 450 | 1250 | 2050 | 4100 | 7100 | 10300 |
| 5-pass Conv Cpe | 1150 | 3600 | 5950 | 11900 | 21000 | 29700 |
| Dlx Sta Wgn | 1250 | 3950 | 6550 | 13100 | 23100 | 32700 |
| 4-dr 5-pass Dlx Sdn | 450 | 1250 | 2150 | 4300 | 7400 | 10700 |
| 4-dr 5-pass Dlx Twn Sdn | 500 | 1300 | 2250 | 4500 | 7700 | 11000 |
| 5-pass Dlx Club Cpe | 550 | 1450 | 2450 | 4900 | 8500 | 12000 |
| 5-pass Dlx Conv Cpe | 1200 | 3850 | 6450 | 12900 | 22700 | 32200 |

|  | 6 | 5 | 4 | 3 | 2 | 1 |
|---|---|---|---|---|---|---|
| **88, 8-cyl., 119.5" wb** | | | | | | |
| 5-pass Club Cpe | 650 | 1750 | 3100 | 6200 | 10700 | 15400 |
| 4-dr 5-pass Sdn | 550 | 1550 | 2650 | 5300 | 9100 | 13000 |
| 5-pass Conv Cpe | 1450 | 4450 | 7450 | 14900 | 26200 | 37200 |
| 4-dr 5-pass Twn Sdn | 600 | 1600 | 2750 | 5500 | 9500 | 13800 |
| 5-pass Club Sdn | 550 | 1550 | 2650 | 5300 | 9100 | 13000 |
| Sta Wgn | 1300 | 4050 | 6750 | 13500 | 23800 | 33700 |
| 4-dr 5-pass Dlx Sdn | 600 | 1650 | 2850 | 5700 | 9900 | 14200 |
| 5-pass Dlx Club Cpe | 650 | 1800 | 3250 | 6500 | 11200 | 16100 |
| 5-pass Dlx Club Sdn | 600 | 1600 | 2800 | 5600 | 9700 | 14000 |
| Dlx Sta Wgn | 1350 | 4150 | 6950 | 13900 | 24500 | 34700 |
| **98, 8-cyl., 125" wb** | | | | | | |
| 4-dr 5-pass Club Sdn | 600 | 1600 | 2750 | 5500 | 9500 | 13800 |
| 4-dr 5-pass Sdn | 600 | 1650 | 2850 | 5700 | 9900 | 14200 |
| 4-dr 5-pass Dlx Club Sdn | 600 | 1650 | 2850 | 5700 | 9900 | 14200 |
| 4-dr 5-pass Dlx Sdn | 650 | 1700 | 3000 | 5900 | 10200 | 14700 |
| 5-pass Dlx Holiday Hdtp | 900 | 2850 | 4750 | 9500 | 16700 | 23700 |
| 5-pass Dlx Conv | 1550 | 4650 | 7750 | 15500 | 27300 | 38700 |
| ***1950*** | | | | | | |
| **76, 6-cyl., 119.5" wb** | | | | | | |
| 5- pass Club Cpe | 650 | 1750 | 3150 | 6300 | 10900 | 15700 |
| 5-pass Club Sdn | 650 | 1700 | 3000 | 6000 | 10400 | 14900 |
| 2-dr 5-pass Sdn | 450 | 1250 | 2100 | 4200 | 7200 | 10500 |
| 4-dr 5-pass Sdn | 450 | 1250 | 2050 | 4100 | 7100 | 10300 |
| 5-pass Holiday Hdtp | 1000 | 3100 | 5250 | 10500 | 18600 | 26200 |
| 5-pass Conv Cpe | 1400 | 4350 | 7250 | 14500 | 25500 | 36200 |
| 6-pass Sta Wgn | 1550 | 4650 | 7750 | 15500 | 27300 | 38700 |
| 4-dr 5-pass Dlx Sdn | 450 | 1250 | 2150 | 4300 | 7400 | 10700 |
| 2-dr 5-pass Dlx Sdn | 450 | 1250 | 2200 | 4400 | 7600 | 10900 |
| 5-pass Dlx Club Sdn | 650 | 1750 | 3100 | 6200 | 10700 | 15400 |
| 5-pass Dlx Holiday Hdtp | 1050 | 3300 | 5500 | 11000 | 19300 | 27500 |
| 5-pass Dlx Club Cpe | 700 | 1900 | 3350 | 6700 | 11500 | 16500 |
| 6-pass Dlx Sta Wgn | 1600 | 4750 | 7950 | 15900 | 28000 | 39700 |
| **88, 8-cyl., 119.5" wb** | | | | | | |
| 5-pass Club Cpe | 750 | 2100 | 3550 | 7100 | 12300 | 17700 |
| 5-pass Club Sdn | 650 | 1750 | 3150 | 6300 | 10900 | 15700 |
| 2-dr 5-pass Sdn | 600 | 1650 | 2850 | 5700 | 9900 | 14200 |
| 4-dr 5-pass Sdn | 600 | 1650 | 2850 | 5700 | 9900 | 14200 |
| 5-pass Holiday Hdtp | 1150 | 3600 | 6000 | 12000 | 21150 | 30000 |
| 5-pass Conv Cpe | 1800 | 5300 | 8950 | 17900 | 31500 | 44700 |
| 6-pass Sta Wgn | 1350 | 4150 | 6950 | 13900 | 24500 | 24700 |
| 4-dr 5-pass Dlx Sdn | 650 | 1700 | 3000 | 5900 | 10200 | 14700 |
| 2-dr 5-pass Dlx Sdn | 650 | 1700 | 3000 | 5900 | 10200 | 14700 |
| 5-pass Dlx Club Sdn | 650 | 1800 | 3250 | 6500 | 11200 | 16100 |
| 5-pass Dlx Holiday Hdtp | 1150 | 3700 | 6200 | 12400 | 21850 | 30900 |
| 5-pass Dlx Club Cpe | 750 | 2200 | 3650 | 7300 | 12600 | 18200 |
| 6-pass Dlx Sta Wgn | 1400 | 4350 | 7250 | 14500 | 25500 | 36200 |
| **98, 8-cyl., 122" wb** | | | | | | |
| 5-pass Club Sdn | 650 | 1700 | 3000 | 5900 | 10200 | 14700 |
| 5-pass Town Sdn | 600 | 1600 | 2750 | 5500 | 9500 | 13800 |
| 4-dr 5-pass Sdn | 600 | 1650 | 2850 | 5700 | 9900 | 14200 |
| 5-pass Holiday Hdtp | 950 | 2950 | 4950 | 9900 | 17500 | 24700 |
| 4-dr 5-pass Dlx Sdn | 550 | 1500 | 2500 | 5000 | 8700 | 12300 |
| 5-pass Dlx Twn Sdn | 600 | 1650 | 2900 | 5800 | 10000 | 14500 |
| 5-pass Dlx Club Sdn | 650 | 1750 | 3100 | 6200 | 10700 | 15400 |
| 5-pass Dlx Holiday Hdtp | 950 | 3050 | 5150 | 10300 | 18200 | 25700 |
| 5-pass Dlx Conv | 1600 | 4800 | 8000 | 16000 | 28150 | 40000 |

*6-cyl. deduct 10%*

| | 6 | 5 | 4 | 3 | 2 | 1 |
|---|---|---|---|---|---|---|

**1951**

**88, 8-cyl., 119.5" wb**
| | | | | | | |
|---|---|---|---|---|---|---|
| 2-dr Sdn | 600 | 1650 | 2850 | 5700 | 9900 | 14200 |
| 4-dr Sdn | 600 | 1650 | 2850 | 5700 | 9900 | 14200 |

**Super 88, 8-cyl., 120" wb**
| | | | | | | |
|---|---|---|---|---|---|---|
| 6-pass Club Cpe | 650 | 1700 | 3000 | 5900 | 10200 | 14700 |
| 2-dr Sdn | 550 | 1500 | 2500 | 5100 | 8800 | 12500 |
| 4-dr Sdn | 550 | 1400 | 2400 | 4800 | 8300 | 11800 |
| 2-dr Holiday Hdtp | 850 | 2650 | 4450 | 8900 | 15700 | 22300 |
| 6-pass Conv | 1150 | 3600 | 5950 | 11900 | 21000 | 29700 |

**98, 8-cyl., 122" wb**
| | | | | | | |
|---|---|---|---|---|---|---|
| 6-pass Dlx Conv | 1200 | 3850 | 6450 | 12900 | 22700 | 32200 |
| 2-dr Holiday Hdtp | 900 | 2850 | 4750 | 9500 | 16700 | 23700 |
| 4-dr Dlx Holiday Sdn | 550 | 1500 | 2500 | 5100 | 8800 | 12500 |
| 2-dr Dlx Holiday Hdtp | 950 | 2950 | 4950 | 9900 | 17500 | 24700 |

**1952**

**Deluxe 88, 8-cyl., 120" wb**
| | | | | | | |
|---|---|---|---|---|---|---|
| 2-dr Sdn | 550 | 1500 | 2500 | 5000 | 8700 | 12300 |
| 4-dr Sdn | 500 | 1350 | 2350 | 4700 | 8100 | 11500 |

**Super 88, 8-cyl., 120" wb**
| | | | | | | |
|---|---|---|---|---|---|---|
| 5-pass Club Cpe | 650 | 1700 | 3000 | 5900 | 10200 | 14700 |
| 2-dr Sdn | 550 | 1500 | 2500 | 5100 | 8800 | 12500 |
| 4-dr Sdn | 550 | 1400 | 2400 | 4800 | 8300 | 11800 |
| 2-dr Holiday Hdtp | 850 | 2650 | 4450 | 8900 | 15700 | 22300 |
| 5-pass Conv | 1150 | 3600 | 5950 | 11900 | 21000 | 29700 |

**98, 8-cyl., 122" wb**
| | | | | | | |
|---|---|---|---|---|---|---|
| 2-dr Holiday Hdtp | 900 | 2850 | 4750 | 9500 | 16700 | 23700 |
| 4-dr Sdn | 550 | 1500 | 2500 | 5100 | 8800 | 12500 |
| 5-pass Conv | 1200 | 3850 | 6450 | 12900 | 22700 | 32200 |

**1953**

**Deluxe 88, 8-cyl., 120" wb**
| | | | | | | |
|---|---|---|---|---|---|---|
| 2-dr Sdn | 450 | 1250 | 2050 | 4100 | 7100 | 10300 |
| 4-dr Sdn | 450 | 1250 | 2100 | 4200 | 7200 | 10500 |

**Super 88, 8-cyl., 120" wb**
| | | | | | | |
|---|---|---|---|---|---|---|
| 2-dr Sdn | 450 | 1250 | 2150 | 4300 | 7400 | 10700 |
| 4-dr Sdn | 500 | 1300 | 2250 | 4500 | 7700 | 11000 |
| 2-dr Holiday Hdtp | 900 | 2890 | 4700 | 9400 | 16500 | 23400 |
| 5-pass Conv | 1200 | 3750 | 6250 | 12500 | 22000 | 31100 |

**98, 8-cyl., 124" wb**
| | | | | | | |
|---|---|---|---|---|---|---|
| 4-dr Sdn | 550 | 1450 | 2450 | 4900 | 8500 | 12000 |
| 2-dr Holiday Hdtp | 950 | 3000 | 5050 | 10100 | 17900 | 25100 |
| 5-pass Conv | 1350 | 4150 | 6950 | 13900 | 24500 | 34700 |

**Fiesta 98, 8-cyl., 124" wb**
| | | | | | | |
|---|---|---|---|---|---|---|
| 5-pass Conv | 3000 | 8900 | 15000 | 30000 | 52700 | 74900 |

**1954**

**88, 8-cyl., 122" wb**
| | | | | | | |
|---|---|---|---|---|---|---|
| 2-dr Sdn | 500 | 1350 | 2300 | 4600 | 8000 | 11300 |
| 4-dr Sdn | 500 | 1300 | 2250 | 4500 | 7700 | 11000 |
| 2-dr Holiday Hdtp | 850 | 2700 | 4550 | 9100 | 16000 | 22700 |

**Super 88, 8-cyl., 122" wb**
| | | | | | | |
|---|---|---|---|---|---|---|
| 2-dr Sdn | 550 | 1400 | 2400 | 4800 | 8300 | 11800 |
| 4-dr Sdn | 500 | 1350 | 2350 | 4700 | 8100 | 11500 |
| 2-dr Dlx Holiday Hdtp | 950 | 2950 | 4950 | 9900 | 17500 | 24700 |
| 5-pass Conv | 1200 | 3850 | 6450 | 12900 | 22700 | 32200 |

**98, 8-cyl., 126" wb**
| | | | | | | |
|---|---|---|---|---|---|---|
| 5-pass Starfire Conv | 2000 | 5900 | 9950 | 19900 | 35000 | 49700 |
| 2-dr Holiday Hdtp | 1100 | 3450 | 5750 | 11500 | 20300 | 28700 |
| 4-dr Dlx Sdn | 600 | 1600 | 2750 | 5500 | 9500 | 13800 |

| | 6 | 5 | 4 | 3 | 2 | 1 |
|---|---|---|---|---|---|---|
| **1955** | | | | | | |
| **88, 8-cyl., 122" wb** | | | | | | |
| 2-dr Sdn | 550 | 1400 | 2400 | 4800 | 8300 | 11800 |
| 4-dr Sdn | 500 | 1350 | 2350 | 4700 | 8100 | 11500 |
| 2-dr Holiday Hdtp | 800 | 2450 | 4150 | 8300 | 14600 | 20700 |
| 4-dr Holiday Hdtp | 600 | 1600 | 2750 | 5500 | 9500 | 13800 |
| **Super 88, 8-cyl., 122" wb** | | | | | | |
| 2-dr Sdn | 550 | 1450 | 2450 | 4900 | 8500 | 12000 |
| 4-dr Sdn | 550 | 1400 | 2400 | 4800 | 8300 | 11800 |
| 2-dr Holiday Hdtp | 850 | 2700 | 4550 | 9100 | 16000 | 22700 |
| 4-dr Holiday Hdtp | 600 | 1650 | 2900 | 5800 | 10000 | 14500 |
| 5-pass Conv | 1250 | 3950 | 6600 | 13200 | 23250 | 32900 |
| **98, 8-cyl., 126" wb** | | | | | | |
| 4-dr Sdn | 600 | 1600 | 2750 | 5500 | 9500 | 13800 |
| 2-dr Holiday Hdtp | 1000 | 3250 | 5450 | 10900 | 19100 | 27200 |
| 4-dr Holiday Hdtp | 650 | 1800 | 3200 | 6400 | 11000 | 15900 |
| 5-pass Starfire Conv | 2050 | 6050 | 10250 | 20500 | 36000 | 51200 |
| **1956** | | | | | | |
| **88, 8-cyl., 122" wb** | | | | | | |
| 2-dr Sdn | 550 | 1500 | 2500 | 5100 | 8800 | 12500 |
| 4-dr Sdn | 550 | 1450 | 2450 | 4900 | 8500 | 12000 |
| 2-dr Holiday Hdtp | 850 | 2700 | 4450 | 9100 | 16000 | 22700 |
| 4-dr Holiday Hdtp | 650 | 1700 | 3000 | 6100 | 10600 | 15200 |
| **Super 88, 8-cyl., 122" wb** | | | | | | |
| 5-pass Conv | 1250 | 3900 | 6500 | 13000 | 22900 | 32500 |
| 2-dr Holiday Hdtp | 900 | 2900 | 4850 | 9700 | 17100 | 24200 |
| 4-dr Holiday Hdtp | 700 | 2000 | 3450 | 6900 | 11900 | 17200 |
| 2-dr Sdn | 600 | 1600 | 2750 | 5500 | 9500 | 13800 |
| 4-dr Sdn | 550 | 1550 | 2650 | 5300 | 9100 | 13000 |
| **98, 8-cyl., 126" wb** | | | | | | |
| 4-dr Sdn | 600 | 1650 | 2850 | 5700 | 9900 | 14200 |
| 2-dr Holiday Hdtp | 950 | 3050 | 5150 | 10300 | 18200 | 25700 |
| 4-dr Holiday Hdtp | 750 | 2100 | 3550 | 7100 | 12300 | 17700 |
| 5-pass Starfire Conv | 2050 | 6050 | 10250 | 20500 | 36000 | 51200 |
| **1957** | | | | | | |
| **Golden Rocket, 88, 8-cyl., 122" wb** | | | | | | |
| 2-dr Sdn | 550 | 1500 | 2500 | 5000 | 8700 | 12300 |
| 4-dr Sdn | 550 | 1450 | 2450 | 4900 | 8500 | 12000 |
| 2-dr Holiday Hdtp | 950 | 2950 | 4950 | 9900 | 17500 | 24700 |
| 4-dr Holiday Hdtp | 700 | 1900 | 3350 | 6700 | 11500 | 16500 |
| 5-pass Conv | 1450 | 4450 | 7450 | 14900 | 26200 | 37200 |
| 4-dr Fiesta Sta Wgn | 600 | 1600 | 2750 | 5500 | 9500 | 13800 |
| 4-dr Hdtp Fiesta Sta Wgn | 800 | 2350 | 3950 | 7900 | 13700 | 19700 |
| **Super 88, 8-cyl., 122" wb** | | | | | | |
| 2-dr Sdn | 550 | 1550 | 2650 | 5300 | 9100 | 13000 |
| 4-dr Sdn | 550 | 1550 | 2600 | 5200 | 9000 | 12800 |
| 2-dr Holiday Hdtp | 950 | 2950 | 4950 | 9900 | 17500 | 24700 |
| 4-dr Holiday Hdtp | 700 | 2000 | 3450 | 6900 | 11900 | 17200 |
| 5-pass Conv | 1600 | 4750 | 7950 | 15900 | 28000 | 39700 |
| 4-dr Hdtp Fiesta Sta Wgn | 850 | 2550 | 4350 | 8700 | 15300 | 21700 |
| **98, 8-cyl., 126" wb** | | | | | | |
| 4-dr Sdn | 600 | 1600 | 2750 | 5500 | 9500 | 13800 |
| 2-dr Holiday Hdtp | 950 | 3050 | 5150 | 10300 | 18200 | 25700 |
| 4-dr Holiday Hdtp | 750 | 2300 | 3850 | 7700 | 13300 | 19200 |
| 5-pass Conv | 1750 | 5200 | 8750 | 17500 | 30800 | 43700 |
| **1958** | | | | | | |
| **Dynamic 88, 8-cyl., 122.5" wb** | | | | | | |
| 2-dr Sdn | 500 | 1300 | 2250 | 4500 | 7700 | 11000 |
| 4-dr Sdn | 450 | 1250 | 2200 | 4400 | 7600 | 10900 |

| | 6 | 5 | 4 | 3 | 2 | 1 |
|---|---|---|---|---|---|---|
| 2-dr Holiday Hdtp | 850 | 2550 | 4300 | 8600 | 15100 | 21500 |
| 4-dr Holiday Hdtp | 600 | 1650 | 2850 | 5700 | 9900 | 14200 |
| 2-dr Conv | 900 | 2900 | 4900 | 9800 | 17300 | 24500 |
| 4-dr Fiesta Sta Wgn | 550 | 1500 | 2500 | 5100 | 8800 | 12500 |
| 4-dr Hdtp Fiesta Sta Wgn | 650 | 1800 | 3250 | 6500 | 11200 | 16100 |
| **Super 88, 8-cyl., 122.5" wb** | | | | | | |
| 4-dr Sdn | 500 | 1350 | 2350 | 4700 | 8100 | 11500 |
| 2-dr Holiday Hdtp | 950 | 2950 | 4950 | 9900 | 17500 | 24700 |
| 4-dr Holiday Hdtp | 650 | 1800 | 3250 | 6500 | 11200 | 16100 |
| 2-dr Conv | 1150 | 3600 | 6000 | 12100 | 21300 | 30200 |
| 4-dr Hdtp Fiesta Sta Wgn | 800 | 2350 | 3900 | 7800 | 13500 | 19500 |
| **98, 8-cyl., 126.5" wb** | | | | | | |
| 4-dr Sdn | 550 | 1500 | 2500 | 5100 | 8800 | 12500 |
| 2-dr Holiday Hdtp | 900 | 2750 | 4650 | 9300 | 16400 | 23100 |
| 4-dr Holiday Hdtp | 700 | 2050 | 3500 | 7000 | 12100 | 17400 |
| 2-dr Conv | 1800 | 5300 | 8950 | 17900 | 31500 | 44700 |

### 1959

| **Dynamic 88, 8-cyl., 123" wb** | | | | | | |
|---|---|---|---|---|---|---|
| 2-dr Sdn Cpe | 450 | 1250 | 2150 | 4300 | 7400 | 10700 |
| 4-dr Sdn | 400 | 1200 | 2000 | 4000 | 6900 | 10000 |
| 2-dr Scenic Hdtp | 800 | 2350 | 3950 | 7900 | 13700 | 19700 |
| 4-dr Holiday Hdtp | 600 | 1650 | 2850 | 5700 | 9900 | 14200 |
| 2-dr Conv | 1000 | 3250 | 5450 | 10900 | 19100 | 27200 |
| 4-dr Fiesta Sta Wgn | 450 | 1250 | 2150 | 4300 | 7400 | 10700 |
| **Super 88, 8-cyl., 123" wb** | | | | | | |
| 4-dr Sdn | 450 | 1250 | 2150 | 4300 | 7400 | 10700 |
| 2-dr Scenic  Hdtp | 850 | 2550 | 4350 | 8700 | 15300 | 21700 |
| 4-dr Holiday Hdtp | 650 | 1800 | 3250 | 6500 | 11200 | 16100 |
| 2-dr Conv | 1150 | 3650 | 6150 | 12300 | 21700 | 30700 |
| 4-dr Fiesta Sta Wgn | 500 | 1300 | 2250 | 4500 | 7700 | 11000 |
| **98, 8-cyl., 126.3" wb** | | | | | | |
| 4-dr Sdn | 450 | 1250 | 2150 | 4300 | 7400 | 10700 |
| 2-dr Scenic Hdtp | 900 | 2850 | 4750 | 9500 | 16700 | 23700 |
| 4-dr Holiday Hdtp | 750 | 2200 | 3650 | 7300 | 12600 | 18200 |
| 2-dr Conv | 1350 | 4150 | 6950 | 13900 | 24500 | 34700 |

### 1960

| **Dynamic 88, 8-cyl., 123" wb** | | | | | | |
|---|---|---|---|---|---|---|
| 2-dr Sdn | 450 | 1250 | 2150 | 4300 | 7400 | 10700 |
| 4-dr Sdn | 450 | 1250 | 2050 | 4100 | 7100 | 10300 |
| 2-dr Scenic Hdtp | 750 | 2200 | 3650 | 7300 | 12600 | 18200 |
| 4-dr Holiday Hdtp | 550 | 1550 | 2650 | 5300 | 9100 | 13000 |
| 2-dr Conv | 900 | 2900 | 4850 | 9700 | 17100 | 24200 |
| 6-pass Fiesta Sta Wgn | 450 | 1250 | 2100 | 4200 | 7200 | 10500 |
| 8-pass Fiesta Sta Wgn | 450 | 1250 | 2200 | 4400 | 7600 | 10900 |
| **Super 88, 8-cyl., 123" wb** | | | | | | |
| 4-dr Sdn | 450 | 1250 | 2050 | 4100 | 7100 | 10300 |
| 2-dr Scenic Hdtp | 800 | 2350 | 3950 | 7900 | 13700 | 19700 |
| 4-dr Holiday Hdtp | 650 | 1700 | 3000 | 6100 | 10600 | 15200 |
| 2-dr Conv | 1100 | 3500 | 5850 | 11700 | 20600 | 29100 |
| 6-pass Fiesta Sta Wgn | 450 | 1250 | 2200 | 4400 | 7600 | 10900 |
| 8-pass Fiesta Sta Wgn | 500 | 1350 | 2300 | 4600 | 8000 | 11300 |
| **98, 8-cyl., 126.3" wb** | | | | | | |
| 4-dr Sdn | 450 | 1250 | 2150 | 4300 | 7400 | 10700 |
| 2-dr Scenic Hdtp | 850 | 2550 | 4350 | 8700 | 15300 | 21700 |
| 4-dr Holiday Hdtp | 650 | 1800 | 3250 | 6500 | 11200 | 16100 |
| 2-dr Conv | 1300 | 4100 | 6800 | 13600 | 23950 | 34000 |

| | 6 | 5 | 4 | 3 | 2 | 1 |
|---|---|---|---|---|---|---|

## 1961

**F-85, 8-cyl., 112" wb**

| | 6 | 5 | 4 | 3 | 2 | 1 |
|---|---|---|---|---|---|---|
| 2-dr Club Cpe | 300 | 800 | 1350 | 2700 | 4700 | 6900 |
| 4-dr Sdn | 350 | 900 | 1500 | 2900 | 5200 | 7400 |
| 6-pass Sta Wgn | 350 | 900 | 1500 | 2900 | 5200 | 7400 |
| 8-pass Sta Wgn | 350 | 950 | 1550 | 3100 | 5500 | 7900 |

**F-85 Deluxe, 8-cyl.**

| | 6 | 5 | 4 | 3 | 2 | 1 |
|---|---|---|---|---|---|---|
| 2-dr Cutlass Spt Cpe | 350 | 850 | 1400 | 2800 | 4900 | 7100 |
| 4-dr Sdn | 350 | 900 | 1500 | 3000 | 5300 | 7600 |
| 6-pass Sta Wgn | 350 | 900 | 1500 | 3000 | 5300 | 7600 |
| 8-pass Sta Wgn | 350 | 1000 | 1600 | 3200 | 5700 | 8100 |

**Dynamic 88, 8-cyl., 123" wb**

| | 6 | 5 | 4 | 3 | 2 | 1 |
|---|---|---|---|---|---|---|
| 2-dr Sdn | 350 | 850 | 1400 | 2800 | 4900 | 7100 |
| 4-dr Sdn | 350 | 900 | 1500 | 2900 | 5200 | 7400 |
| 2-dr Holiday Hdtp | 650 | 1700 | 3000 | 5900 | 10200 | 14700 |
| 4-dr Holiday Hdtp | 450 | 1250 | 2150 | 4300 | 7400 | 10700 |
| 2-dr Conv | 850 | 2700 | 4550 | 9100 | 16000 | 22700 |
| 4-dr 6-pass Sta Wgn | 400 | 1200 | 1900 | 3800 | 6600 | 9600 |
| 4-dr 8-pass Sta Wgn | 400 | 1200 | 2000 | 4000 | 6900 | 10000 |

**Super 88, 8-cyl., 123" wb**

| | 6 | 5 | 4 | 3 | 2 | 1 |
|---|---|---|---|---|---|---|
| 4-dr Sdn | 350 | 950 | 1550 | 3100 | 5500 | 7900 |
| 2-dr Holiday Hdtp | 700 | 1900 | 3350 | 6700 | 11500 | 16500 |
| 4-dr Holiday Hdtp | 500 | 1350 | 2350 | 4700 | 8100 | 11500 |
| 2-dr Conv | 1000 | 3100 | 5200 | 10400 | 18400 | 26000 |
| 4-dr 6-pass Sta Wgn | 400 | 1200 | 2000 | 4000 | 6900 | 10000 |
| 4-dr 8-pass Sta Wgn | 450 | 1250 | 2100 | 4200 | 7200 | 10500 |

**98, 8-cyl., 126" wb**

| | 6 | 5 | 4 | 3 | 2 | 1 |
|---|---|---|---|---|---|---|
| 4-dr Twn Sdn | 450 | 1250 | 2050 | 4100 | 7100 | 10300 |
| 4-dr Spt Hdtp Sdn | 450 | 1250 | 2100 | 4200 | 7200 | 10500 |
| 2-dr Holiday Hdtp | 750 | 2200 | 3650 | 7300 | 12600 | 18200 |
| 4-dr Holiday Hdtp | 550 | 1500 | 2500 | 5100 | 8800 | 12500 |
| 2-dr Conv | 1050 | 3300 | 5500 | 11100 | 19500 | 27700 |

## 1962

**F-85 Standard, 8-cyl., 112" wb**

| | 6 | 5 | 4 | 3 | 2 | 1 |
|---|---|---|---|---|---|---|
| 2-dr Club Cpe | 350 | 950 | 1550 | 3100 | 5500 | 7900 |
| 4-dr Sdn | 300 | 800 | 1350 | 2700 | 4700 | 6900 |
| 2-dr Conv | 500 | 1350 | 2300 | 4600 | 8000 | 11300 |
| 6-pass Sta Wgn | 300 | 800 | 1350 | 2700 | 4700 | 6900 |
| 8-pass Sta Wgn | 350 | 900 | 1500 | 2900 | 5200 | 7400 |

**F-85 Deluxe**

| | 6 | 5 | 4 | 3 | 2 | 1 |
|---|---|---|---|---|---|---|
| 2-dr Cpe | 350 | 900 | 1500 | 3000 | 5300 | 7600 |
| 4-dr Sdn | 350 | 850 | 1400 | 2800 | 4900 | 7100 |
| 2-dr Conv | 550 | 1400 | 2400 | 4800 | 8300 | 11800 |
| 6-pass Sta Wgn | 350 | 850 | 1400 | 2800 | 4900 | 7100 |

**Jetfire Turbo-charged, 8-cyl., 112" wb**

| | 6 | 5 | 4 | 3 | 2 | 1 |
|---|---|---|---|---|---|---|
| 2-dr Spt Cpe | 550 | 1500 | 2500 | 5100 | 8800 | 12500 |

**Dynamic 88, 8-cyl., 123" wb**

| | 6 | 5 | 4 | 3 | 2 | 1 |
|---|---|---|---|---|---|---|
| 4-dr Sdn | 350 | 900 | 1500 | 2900 | 5200 | 7400 |
| 4-dr Holiday Hdtp | 450 | 1250 | 2150 | 4300 | 7400 | 10700 |
| 2-dr Holiday Hdtp | 650 | 1750 | 3150 | 6300 | 10900 | 15700 |
| 2-dr Conv | 850 | 2700 | 4550 | 9100 | 16000 | 22700 |
| 4-dr 6-pass Sta Wgn | 400 | 1150 | 1850 | 3700 | 6400 | 9300 |
| 4-dr 9-pass Sta Wgn | 400 | 1200 | 1950 | 3900 | 6800 | 9900 |

**Super 88, 8-cyl., 123" wb**

| | 6 | 5 | 4 | 3 | 2 | 1 |
|---|---|---|---|---|---|---|
| 4-dr Sdn | 350 | 950 | 1550 | 3100 | 5500 | 7900 |
| 4-dr Holiday Hdtp | 500 | 1350 | 2350 | 4700 | 8100 | 11500 |
| 2-dr Holiday Hdtp | 700 | 1900 | 3350 | 6700 | 11500 | 16500 |
| 4-dr 6-pass Sta Wgn | 450 | 1250 | 2050 | 4100 | 7100 | 10300 |

| | 6 | 5 | 4 | 3 | 2 | 1 |
|---|---|---|---|---|---|---|
| **Starfire, 8-cyl., 345 hp, 123" wb** | | | | | | |
| 2-dr Hdtp | 850 | 2700 | 4550 | 9100 | 16000 | 22700 |
| 2-dr Conv | 1350 | 4200 | 7000 | 14000 | 24650 | 34900 |
| **98, 8-cyl., 126" wb** | | | | | | |
| 4-dr Twn Sdn | 400 | 1150 | 1850 | 3700 | 6400 | 9300 |
| 4-dr Spt Hdtp Sdn | 400 | 1200 | 1950 | 3900 | 6800 | 9900 |
| 2-dr Holiday Hdtp | 750 | 2250 | 3750 | 7500 | 13000 | 18700 |
| 4-dr Holiday Hdtp | 600 | 1600 | 2700 | 5400 | 9300 | 13500 |
| 2-dr Conv | 950 | 3000 | 5050 | 10100 | 17900 | 25100 |
| ***1963*** | | | | | | |
| **F-85 Standard, 8-cyl., 112" wb** | | | | | | |
| 4-dr Sdn | 300 | 800 | 1350 | 2700 | 4700 | 6900 |
| 2-dr Cpe | 350 | 950 | 1550 | 3100 | 5500 | 7900 |
| 4-dr 6-pass Sta Wgn | 350 | 900 | 1500 | 3000 | 5300 | 7600 |
| **F-85 Deluxe** | | | | | | |
| 2-dr Cutlass Cpe | 400 | 1050 | 1700 | 3400 | 5900 | 8500 |
| 2-dr Cutlass Conv | 650 | 1700 | 3000 | 6100 | 10600 | 15200 |
| 4-dr Sdn | 350 | 850 | 1400 | 2800 | 4900 | 7100 |
| 4-dr 6-pass Sta Wgn | 350 | 950 | 1550 | 3100 | 5500 | 7900 |
| **Jetfire, 8-cyl., 112" wb** | | | | | | |
| 2-dr Hdtp | 550 | 1500 | 2500 | 5100 | 8800 | 12500 |
| **Dynamic 88, 8-cyl., 123" wb** | | | | | | |
| 4-dr Sdn | 400 | 1050 | 1700 | 3300 | 5800 | 8300 |
| 2-dr Holiday Hdtp | 650 | 1700 | 3000 | 5900 | 10200 | 14700 |
| 4-dr Holiday Hdtp | 450 | 1250 | 2050 | 4100 | 7100 | 10300 |
| 2-dr Conv | 800 | 2350 | 3950 | 7900 | 13700 | 19700 |
| 4-dr 6-pass Sta Wgn | 400 | 1100 | 1800 | 3600 | 6200 | 9100 |
| 4-dr 8-pass Sta Wgn | 400 | 1200 | 1900 | 3800 | 6600 | 9600 |
| **Super 88, 8-cyl., 123" wb** | | | | | | |
| 4-dr Sdn | 400 | 1100 | 1800 | 3500 | 6100 | 8900 |
| 2-dr Holiday Hdtp | 650 | 1750 | 3150 | 6300 | 10900 | 15700 |
| 4-dr Holiday Hdtp | 500 | 1350 | 2350 | 4700 | 8100 | 11500 |
| 4-dr 6-pass Fiesta Sta Wgn | 400 | 1200 | 2000 | 4000 | 6900 | 10000 |
| **Starfire, 8-cyl., 123" wb** | | | | | | |
| 2-dr Holiday Hdtp | 800 | 2350 | 3950 | 7900 | 13700 | 19700 |
| 2-dr Conv | 1150 | 3650 | 6100 | 12200 | 21500 | 30500 |
| **98, 8-cyl., 126" wb** | | | | | | |
| 4-dr Twn Sdn | 400 | 1100 | 1800 | 3500 | 6100 | 8900 |
| 4-dr Luxury Sdn | 500 | 1350 | 2350 | 4700 | 8100 | 11500 |
| 2-dr Holiday Hdtp | 700 | 1900 | 3350 | 6700 | 11500 | 16500 |
| 4-dr Spt Hdtp | 550 | 1500 | 2500 | 5100 | 8800 | 12500 |
| 2-dr Custom Spt Hdtp | 700 | 2000 | 3450 | 6900 | 11900 | 17200 |
| 2-dr Conv | 1000 | 3100 | 5250 | 10500 | 18600 | 26200 |
| ***1964*** | | | | | | |
| **F-85, 8-cyl., 115" wb** | | | | | | |
| 2-dr Club Cpe | 350 | 950 | 1550 | 3100 | 5500 | 7900 |
| 4-dr Sdn | 350 | 900 | 1500 | 2900 | 5200 | 7400 |
| 4-dr 6-pass Sta Wgn | 350 | 900 | 1500 | 2900 | 5200 | 7400 |
| **F-85 Deluxe, 8-cy., 115" wb** | | | | | | |
| 2-dr Spt Cpe | 350 | 1000 | 1600 | 3200 | 5700 | 8100 |
| 4-dr Sdn | 350 | 900 | 1500 | 3000 | 5300 | 7600 |
| 4-dr 6-pass Sta Wgn | 350 | 900 | 1500 | 3000 | 5300 | 7600 |
| **F-85 Cutlass, 8-cyl., 115" wb** | | | | | | |
| 2-dr Spt Cpe | 400 | 1050 | 1700 | 3300 | 5800 | 8300 |
| 2-dr Holiday Hdtp | 550 | 1450 | 2450 | 4900 | 8500 | 12000 |
| 2-dr Conv | 750 | 2100 | 3550 | 7100 | 12300 | 17700 |
| **Vista Cruiser, 8-cyl., 120" wb** | | | | | | |
| 4-dr 6-pass Sta Wgn | 350 | 900 | 1500 | 3000 | 5300 | 7600 |
| 4-dr 9-pass Sta Wgn | 350 | 1000 | 1600 | 3200 | 5700 | 8100 |

'61 Oldsmobile

'61 Oldsmobile F-85

'63 Oldsmobile F-85

'63 Oldsmobile

'64 Oldsmobile

'64 Oldsmobile F-85

'65 Oldsmobile F-85

'65 Oldsmobile

'66 Oldsmobile Star Fire

'66 Oldsmobile Toronado

'66 Oldsmobile Jet Star 88

'66 Oldsmobile Delta 88

| | 6 | 5 | 4 | 3 | 2 | 1 |
|---|---|---|---|---|---|---|
| **Custom, 8-cyl., 120" wb** | | | | | | |
| 4-dr 6-pass Sta Wgn | 350 | 950 | 1550 | 3100 | 5500 | 7900 |
| 4-dr 9-pass Sta Wgn | 400 | 1050 | 1700 | 3300 | 5800 | 8300 |
| **Jetstar 88, 8-cyl., 123" wb** | | | | | | |
| 4-dr Sdn | 350 | 950 | 1550 | 3100 | 5500 | 7900 |
| 2-dr Holiday Hdtp | 500 | 1300 | 2250 | 4500 | 7700 | 11000 |
| 4-dr Holiday Hdtp | 400 | 1150 | 1850 | 3700 | 6400 | 9300 |
| 2-dr Conv | 800 | 2350 | 3950 | 7900 | 13700 | 19700 |
| **Jetstar I, 8-cyl., 123" wb** | | | | | | |
| 2-dr Spt Cpe | 650 | 1750 | 3150 | 6300 | 10900 | 15700 |
| **Dynamic 88, 8-cyl., 123" wb** | | | | | | |
| 4-dr Sdn | 400 | 1050 | 1700 | 3300 | 5800 | 8300 |
| 2-dr Holiday Hdtp | 650 | 1700 | 3000 | 5900 | 10200 | 14700 |
| 4-dr Holiday Hdtp | 400 | 1200 | 1950 | 3900 | 6800 | 9900 |
| 2-dr Conv | 850 | 2550 | 4350 | 8700 | 15300 | 21700 |
| 4-dr 6-pass Sta Wgn | 400 | 1200 | 1900 | 3800 | 6600 | 9600 |
| 4-dr 9-pass Sta Wgn | 400 | 1200 | 2000 | 4000 | 6900 | 10000 |
| **Super 88, 8-cyl., 123" wb** | | | | | | |
| 4-dr Sdn | 400 | 1100 | 1800 | 3500 | 6100 | 8900 |
| 4-dr Holiday Hdtp | 450 | 1250 | 2150 | 4300 | 7400 | 10700 |
| **Starfire, 8-cyl., 123" wb** | | | | | | |
| 2-dr Cpe | 750 | 2250 | 3750 | 7500 | 13000 | 18700 |
| 2-dr Conv | 1150 | 3600 | 5950 | 11900 | 21000 | 29700 |
| **98, 8-cyl., 126" wb** | | | | | | |
| 2-dr Custom Spt Cpe | 700 | 1900 | 3350 | 6700 | 11500 | 16500 |
| 4-dr Twn Sdn | 400 | 1150 | 1850 | 3700 | 6400 | 9300 |
| 4-dr Luxury Sdn | 500 | 1350 | 2350 | 4700 | 8100 | 11500 |
| 4-dr Spt Sdn | 550 | 1450 | 2450 | 4900 | 8500 | 12000 |
| 2-dr Spt Hdtp | 700 | 1900 | 3350 | 6700 | 11500 | 16500 |
| 2-dr Conv | 1000 | 3200 | 5350 | 10700 | 18900 | 26700 |
| **1965** | | | | | | |
| **F-85 Series, 6-cyl./8-cyl., 115" wb** | | | | | | |
| 2-dr Club Cpe | 350 | 850 | 1400 | 2800 | 4900 | 7100 |
| 4-dr Sdn | 300 | 750 | 1250 | 2500 | 4400 | 6200 |
| 2-dr Spt Cpe | 350 | 900 | 1500 | 2900 | 5200 | 7400 |
| 2-dr Dlx Spt Cpe | 350 | 900 | 1500 | 3000 | 5300 | 7600 |
| 4-dr Dlx Sdn | 300 | 800 | 1300 | 2600 | 4600 | 6600 |
| 6-pass Sta Wgn | 300 | 750 | 1250 | 2500 | 4400 | 6200 |
| 6-pass Dlx Wgn | 300 | 800 | 1350 | 2700 | 4700 | 6900 |
| **Cutlass, 8-cyl., 115" wb** | | | | | | |
| 2-dr Spt Cpe | 400 | 1100 | 1800 | 3500 | 6100 | 8900 |
| 2-dr Holiday Hdtp | 450 | 1250 | 2050 | 4100 | 7100 | 10300 |
| 2-dr Conv | 650 | 1800 | 3250 | 6500 | 11200 | 16100 |
| **Vista Cruiser, 8-cyl., 120" wb** | | | | | | |
| 6-pass Sta Wgn | 350 | 850 | 1400 | 2800 | 4900 | 7100 |
| 9-pass Sta Wgn | 350 | 900 | 1500 | 3000 | 5300 | 7600 |
| 6-pass Custom Sta Wgn | 350 | 900 | 1500 | 2900 | 5200 | 7400 |
| 9-pass Custom Sta Wgn | 350 | 950 | 1550 | 3100 | 5500 | 7900 |
| **Jetstar, 8-cyl., 123" wb** | | | | | | |
| 4-dr Sdn | 350 | 900 | 1500 | 2900 | 5200 | 7400 |
| 2-dr Holiday Hdtp | 500 | 1300 | 2250 | 4500 | 7700 | 11000 |
| 4-dr Holiday Hdtp | 400 | 1100 | 1800 | 3600 | 6200 | 9100 |
| 2-dr Conv | 650 | 1800 | 3250 | 6500 | 11200 | 16100 |
| **Dynamic 88, 8-cyl., 123" wb** | | | | | | |
| 4-dr Sdn | 350 | 950 | 1550 | 3100 | 5500 | 7900 |
| 2-dr Holiday Hdtp | 500 | 1300 | 2250 | 4500 | 7700 | 11000 |
| 4-dr Holiday Hdtp | 400 | 1200 | 1950 | 3900 | 6800 | 9900 |
| 2-dr Conv | 750 | 2100 | 3550 | 7100 | 12300 | 17700 |

'67 Oldsmobile Cutlass Supreme

'67 Oldsmobile Delmont 88

'68 Oldsmobile Toronado

'68 Oldsmobile 4-4-2

'69 Oldsmobile Cutlass Supreme

'69 Oldsmobile Delta 88 Custom

'70 Oldsmobile Toronado

'70 Oldsmobile Delta Royale

'71 Oldsmobile 98 Luxury Sedan

'71 Oldsmobile Cutlass Town Sedan

'73 Oldsmobile Cutlass Colonnade

'73 Oldsmobile Omega

|  | 6 | 5 | 4 | 3 | 2 | 1 |
|---|---|---|---|---|---|---|
| **Delta 88, 8-cyl., 123" wb** | | | | | | |
| 4-dr Sdn | 400 | 1050 | 1700 | 3300 | 5800 | 8300 |
| 4-dr Holiday Hdtp | 400 | 1200 | 1950 | 3900 | 6800 | 9900 |
| 2-dr Holiday Hdtp | 550 | 1450 | 2450 | 4900 | 8500 | 12000 |
| **Jetstar I, 8-cyl., 123" wb** | | | | | | |
| 2-dr Spt Cpe | 550 | 1550 | 2650 | 5300 | 9100 | 13000 |
| **Starfire, 123" wb** | | | | | | |
| 2-dr Spt Cpe | 700 | 1900 | 3350 | 6700 | 11500 | 16500 |
| 2-dr Conv | 1000 | 3250 | 5450 | 10900 | 19100 | 27200 |
| **98, 8-cyl., 126" wb** | | | | | | |
| 2-dr Spt Cpe | 550 | 1450 | 2450 | 4900 | 8500 | 12000 |
| 4-dr Twn Sdn | 400 | 1050 | 1700 | 3300 | 5800 | 8300 |
| 4-dr Luxury Sdn | 400 | 1100 | 1800 | 3500 | 6100 | 8900 |
| 4-dr Holiday Hdtp | 400 | 1150 | 1850 | 3700 | 6400 | 9300 |
| 2-dr Conv | 700 | 2300 | 3800 | 7600 | 13100 | 18900 |
| | | *425 add 10%* | | | | |

## 1966

| F-85, Standard, 8-cyl., 115" wb | 6 | 5 | 4 | 3 | 2 | 1 |
|---|---|---|---|---|---|---|
| 4-dr Sdn | 300 | 750 | 1250 | 2500 | 4400 | 6200 |
| 2-dr Club Cpe | 350 | 850 | 1400 | 2800 | 4900 | 7100 |
| 4-dr Sta Wgn | 350 | 850 | 1400 | 2800 | 4900 | 7100 |
| **F-85, Deluxe, 8-cyl., 115" wb** | | | | | | |
| 4-dr Sdn | 300 | 800 | 1300 | 2600 | 4600 | 6600 |
| 4-dr Holiday Hdtp | 300 | 800 | 1350 | 2700 | 4700 | 6900 |
| 2-dr Holiday Hdtp | 400 | 1050 | 1700 | 3300 | 5800 | 8300 |
| 4-dr Sta Wgn | 350 | 900 | 1500 | 2900 | 5200 | 7400 |
| | | *6-cyl. deduct 15%* | | | | |
| **Cutlass, 8-cyl., 115" wb** | | | | | | |
| 4-dr Sdn | 350 | 850 | 1400 | 2800 | 4900 | 7100 |
| 2-dr Spt Cpe | 350 | 950 | 1550 | 3100 | 5500 | 7900 |
| 2-dr Holiday Hdtp | 450 | 1250 | 2150 | 4300 | 7400 | 10700 |
| 4-dr Supreme Hdtp | 400 | 1050 | 1700 | 3300 | 5800 | 8300 |
| 2-dr Conv | 700 | 2000 | 3450 | 6900 | 11900 | 17200 |
| | | *W-30 add 30%* | | | | |
| **Vista Cruiser, 8-cyl., 120" wb** | | | | | | |
| 4-dr 2-seat Sta Wgn | 350 | 900 | 1500 | 2900 | 5200 | 7400 |
| 4-dr 3-seat Sta Wgn | 350 | 950 | 1550 | 3100 | 5500 | 7900 |
| 4-dr 2-seat Custom Sta Wgn | 350 | 950 | 1550 | 3100 | 5500 | 7900 |
| 4-dr 3-seat Custom Sta Wgn | 400 | 1050 | 1700 | 3300 | 5800 | 8300 |
| **Jetstar 88, 8-cyl., 123" wb** | | | | | | |
| 4-dr Sdn | 350 | 900 | 1500 | 2900 | 5200 | 7400 |
| 2-dr Hdtp | 450 | 1250 | 2050 | 4100 | 7100 | 10300 |
| 4-dr Hdtp | 350 | 950 | 1550 | 3100 | 5500 | 7900 |
| **Dynamic 88, 8-cyl., 123" wb** | | | | | | |
| 4-dr Sdn | 350 | 900 | 1500 | 3000 | 5300 | 7600 |
| 2-dr Hdtp | 450 | 1250 | 2150 | 4300 | 7400 | 10700 |
| 4-dr Hdtp | 350 | 1000 | 1600 | 3200 | 5700 | 8100 |
| 2-dr Conv | 650 | 1800 | 3250 | 6500 | 11200 | 16100 |
| **Delta 88, 8-cyl., 123" wb** | | | | | | |
| 4-dr Sdn | 350 | 950 | 1550 | 3100 | 5500 | 7900 |
| 2-dr Hdtp | 500 | 1300 | 2250 | 4500 | 7700 | 11000 |
| 4-dr Hdtp | 400 | 1050 | 1700 | 3300 | 5800 | 8300 |
| 2-dr Conv | 650 | 1800 | 3250 | 6500 | 11200 | 16100 |
| **Starfire, 8-cyl., 123" wb** | | | | | | |
| 2-dr Hdtp | 600 | 1650 | 2850 | 5700 | 9900 | 14200 |
| **98, 8-cyl., 126" wb** | | | | | | |
| 4-dr Twn Sdn | 350 | 950 | 1550 | 3100 | 5500 | 7900 |
| 4-dr Luxury Sdn | 350 | 1000 | 1600 | 3200 | 5700 | 8100 |
| 2-dr Hdtp | 550 | 1450 | 2450 | 4900 | 8500 | 12000 |
| 4-dr Hdtp | 400 | 1050 | 1700 | 3400 | 5900 | 8500 |
| 2-dr Conv | 750 | 2200 | 3650 | 7300 | 12600 | 18200 |

|  | 6 | 5 | 4 | 3 | 2 | 1 |
|---|---|---|---|---|---|---|
| **Toronado, FWD, 8-cyl., 119" wb** | | | | | | |
| 2-dr Spt Cpe | 500 | 1300 | 2250 | 4500 | 7700 | 11000 |
| 2-dr Custom Spt Cpe | 550 | 1450 | 2450 | 4900 | 8500 | 12000 |
| | | *4-4-2 add 10%* | | | | |
| **1967** | | | | | | |
| **F-85, 6-cyl.** | | | | | | |
| 2-dr Club Cpe | 300 | 800 | 1350 | 2700 | 4700 | 6900 |
| 4-dr Sdn | 300 | 750 | 1250 | 2500 | 4400 | 6200 |
| 6-pass Sta Wgn | 300 | 800 | 1300 | 2600 | 4600 | 6600 |
| **F-85, Standard, 8-cyl., 115" wb** | | | | | | |
| 2-dr Club Cpe | 350 | 850 | 1400 | 2800 | 4900 | 7100 |
| 4-dr Sdn | 300 | 800 | 1300 | 2600 | 4600 | 6600 |
| 2-seat Sta Wgn | 300 | 800 | 1350 | 2700 | 4700 | 6900 |
| **Cutlass, 6-cyl., 15" wb** | | | | | | |
| 2-dr Holiday Hdtp | 400 | 1150 | 1850 | 3700 | 6400 | 9300 |
| 4-dr Holiday Hdtp | 300 | 800 | 1350 | 2700 | 4700 | 6900 |
| 4-dr Town Sdn | 300 | 800 | 1300 | 2600 | 4600 | 6600 |
| 2-dr Conv | 700 | 2000 | 3450 | 6900 | 11900 | 17200 |
| 6-pass Sta Wgn | 350 | 850 | 1400 | 2800 | 4900 | 7100 |
| **Cutlass, 8-cyl., 115" wb** | | | | | | |
| 4-dr Twn Sdn | 350 | 900 | 1500 | 2900 | 5200 | 7400 |
| 2-dr Holiday Hdtp | 450 | 1250 | 2050 | 4100 | 7100 | 10300 |
| 4-dr Holiday Hdtp | 350 | 900 | 1500 | 2900 | 5200 | 7400 |
| 2-dr Conv | 750 | 2250 | 3750 | 7500 | 13000 | 18700 |
| 2-seat Sta Wgn | 350 | 900 | 1500 | 3000 | 5300 | 7600 |
| **Cutlass-Supreme, 8-cyl., 115" wb** | | | | | | |
| 2-dr Club Cpe | 350 | 1000 | 1600 | 3200 | 5700 | 8100 |
| 4-dr Twn Sdn | 350 | 900 | 1500 | 3000 | 5300 | 7600 |
| 2-dr Holiday Hdtp | 550 | 1500 | 2500 | 5100 | 8800 | 12500 |
| 4-dr Holiday Hdtp | 350 | 950 | 1550 | 3100 | 5500 | 7900 |
| 2-dr Conv | 800 | 2500 | 4250 | 8500 | 15000 | 21200 |
| **Vista Cruiser, 8-cyl., 120" wb** | | | | | | |
| 4-dr 3-seat Sta Wgn | 350 | 950 | 1550 | 3100 | 5500 | 7900 |
| 4-dr 2-seat Custom Sta Wgn | 350 | 1000 | 1600 | 3200 | 5700 | 8100 |
| 4-dr 3-seat Custom Sta Wgn | 400 | 1050 | 1700 | 3400 | 5900 | 8500 |
| **Delmont 88, 330, 8-cyl., 123" wb** | | | | | | |
| 4-dr Twn Sdn | 300 | 750 | 1250 | 2500 | 4400 | 6200 |
| 2-dr Holiday Hdtp | 400 | 1100 | 1800 | 3500 | 6100 | 8900 |
| 4-dr Holiday Hdtp | 300 | 800 | 1350 | 2700 | 4700 | 6900 |
| **Delmont 88, 425, 8-cyl., 123" wb** | | | | | | |
| 4-dr Twn Sdn | 350 | 900 | 1500 | 3000 | 5300 | 7600 |
| 2-dr Holiday Hdtp | 400 | 1200 | 1900 | 3800 | 6600 | 9600 |
| 4-dr Holiday Hdtp | 350 | 1000 | 1600 | 3200 | 5700 | 8100 |
| 2-dr Conv | 650 | 1700 | 3000 | 6100 | 10600 | 15200 |
| **Delta 88, 8-cyl., 123" wb** | | | | | | |
| 4-dr Twn Sdn | 350 | 950 | 1550 | 3100 | 5500 | 7900 |
| 4-dr Holiday Hdtp | 400 | 1050 | 1700 | 3300 | 5800 | 8300 |
| 2-dr Holiday Hdtp | 450 | 1250 | 2050 | 4100 | 7100 | 10300 |
| 2-dr Conv | 750 | 2250 | 3750 | 7500 | 13000 | 18700 |
| **Delta 88, Custom, 8-cyl., 123" wb** | | | | | | |
| 2-dr Holiday Hdtp | 450 | 1250 | 2150 | 4300 | 7400 | 10700 |
| 4-dr Holiday Hdtp | 400 | 1050 | 1700 | 3300 | 5800 | 8300 |
| **98, 8-cyl., 126" wb** | | | | | | |
| 4-dr Twn Sdn | 350 | 950 | 1550 | 3100 | 5500 | 7900 |
| 4-dr Luxury Sdn | 350 | 1000 | 1600 | 3200 | 5700 | 8100 |
| 2-dr Holiday Hdtp | 450 | 1250 | 2150 | 4300 | 7400 | 10700 |
| 4-dr Holiday Hdtp | 400 | 1050 | 1700 | 3400 | 5900 | 8500 |
| 2-dr Conv | 750 | 2300 | 3850 | 7700 | 13300 | 19200 |

|  | 6 | 5 | 4 | 3 | 2 | 1 |
|---|---|---|---|---|---|---|
| **Toronado, 8-cyl., 119" wb** | | | | | | |
| 2-dr Hdtp Cpe | 450 | 1250 | 2150 | 4300 | 7400 | 10700 |
| 2-dr Dlx Hdtp Cpe | 500 | 1350 | 2350 | 4700 | 8100 | 11500 |
| | *4-4-2 add 10%* | | *W-30 add 30%* | | | |
| **1968** | | | | | | |
| **F-85, 6-cyl.** | | | | | | |
| 2-dr Club Cpe | 300 | 800 | 1300 | 2600 | 4600 | 6600 |
| 4-dr Twn Sdn | 300 | 750 | 1250 | 2500 | 4400 | 6200 |
| **F-85, 8-cyl., 116" wb, 2-dr 112" wb** | | | | | | |
| 2-dr Club Cpe | 350 | 850 | 1400 | 2800 | 4900 | 7100 |
| 4-dr Twn Sdn | 300 | 800 | 1350 | 2700 | 4700 | 6900 |
| **Cutlass, 6-cyl.** | | | | | | |
| 2-dr S Spt Cpe | 350 | 950 | 1550 | 3100 | 5500 | 7900 |
| 2-dr S Hdtp | 400 | 1150 | 1850 | 3700 | 6400 | 9300 |
| 4-dr Holiday Hdtp | 300 | 750 | 1250 | 2500 | 4400 | 6200 |
| 4-dr Twn Sdn | 300 | 700 | 1200 | 2400 | 4100 | 5900 |
| 2-dr S Conv | 700 | 2000 | 3450 | 6900 | 11900 | 17200 |
| 4-dr 6-pass Sta Wgn | 300 | 750 | 1250 | 2500 | 4400 | 6200 |
| **Cutlass, 8-cyl., 116" wb, 2-dr 112" wb** | | | | | | |
| 4-dr Twn Sdn | 300 | 800 | 1350 | 2700 | 4700 | 6900 |
| 4-dr Hdtp | 350 | 850 | 1400 | 2800 | 4900 | 7100 |
| 2-dr S Spt Cpe | 400 | 1050 | 1700 | 3400 | 5900 | 8500 |
| 2-dr S Hdtp | 400 | 1200 | 2000 | 4000 | 6900 | 10000 |
| 2-dr S Conv | 750 | 2250 | 3850 | 7500 | 13000 | 18700 |
| 4-dr Sta Wgn | 350 | 850 | 1400 | 2800 | 4900 | 7100 |
| **Cutlass Supreme, 8-cyl., 116" wb, 2-dr 112" wb** | | | | | | |
| 2-dr Cpe | 500 | 1300 | 2250 | 4500 | 7700 | 11000 |
| 4-dr Hdtp | 350 | 900 | 1500 | 2900 | 5200 | 7400 |
| 4-dr Twn Sdn | 350 | 850 | 1400 | 2800 | 4900 | 7100 |
| **4-4-2, 8-cyl., 112" wb** | | | | | | |
| 2-dr Spt Cpe | 550 | 1500 | 2500 | 5100 | 8800 | 12500 |
| 2-dr Hdtp | 650 | 1800 | 3250 | 6500 | 11200 | 16100 |
| 2-dr Conv | 1000 | 3100 | 5200 | 10400 | 18400 | 26000 |
| **Hurst/Olds** | | | | | | |
| 2-dr Hdtp | 750 | 2250 | 3850 | 7500 | 13000 | 18700 |
| 2-dr Sdn | 650 | 1700 | 3000 | 6100 | 10600 | 15200 |
| **Vista Cruiser, 8-cyl., 121" wb** | | | | | | |
| 4-dr 2-seat Sta Wgn | 350 | 850 | 1400 | 2800 | 4900 | 7100 |
| 4-dr 3-seat Sta Wgn | 350 | 900 | 1500 | 3000 | 5300 | 7600 |
| **Delmont 88, 8-cyl., 123" wb** | | | | | | |
| 4-dr Twn Sdn | 300 | 800 | 1350 | 2700 | 4700 | 6900 |
| 2-dr Hdtp | 400 | 1150 | 1850 | 3700 | 6400 | 9300 |
| 4-dr Hdtp | 300 | 800 | 1300 | 2600 | 4600 | 6600 |
| 2-dr Conv | 650 | 1800 | 3250 | 6500 | 11200 | 16100 |
| **Delta 88, 8-cyl., 123" wb** | | | | | | |
| 4-dr Twn Sdn | 350 | 850 | 1400 | 2800 | 4900 | 7100 |
| 2-dr Hdtp | 400 | 1200 | 1950 | 3900 | 6800 | 9900 |
| 4-dr Hdtp | 350 | 900 | 1500 | 2900 | 5200 | 7400 |
| 2-dr Custom Hdtp | 400 | 1200 | 1950 | 3900 | 6800 | 9900 |
| 4-dr Custom Hdtp | 350 | 950 | 1550 | 3100 | 5500 | 7900 |
| **98, 8-cyl., 126" wb** | | | | | | |
| 4-dr Twn Sdn | 350 | 900 | 1500 | 2900 | 5200 | 7400 |
| 4-dr Lux Sdn | 350 | 900 | 1500 | 3000 | 5300 | 7600 |
| 2-dr Hdtp | 450 | 1250 | 2150 | 4300 | 7400 | 10700 |
| 4-dr Hdtp | 400 | 1050 | 1700 | 3300 | 5800 | 8300 |
| 2-dr Conv | 650 | 1800 | 3250 | 6500 | 11200 | 16100 |
| **Toronado, 8-cyl., 119" wb** | | | | | | |
| 2-dr Cpe | 450 | 1250 | 2050 | 4100 | 7100 | 10300 |
| | *W-30 add 30%* | | *455 add 20%* | | | |

|  | 6 | 5 | 4 | 3 | 2 | 1 |
|---|---|---|---|---|---|---|
| **1969** | | | | | | |
| **F-85, 116" wb, 2-dr 112" wb** | | | | | | |
| 2-dr Spt Cpe (6-cyl.) | 300 | 700 | 1200 | 2400 | 4100 | 5900 |
| 2-dr Spt Cpe (8-cyl.) | 300 | 800 | 1350 | 2700 | 4700 | 6900 |
| **Cutlass, 6-cyl.** | | | | | | |
| 2-dr Spt Cpe | 350 | 850 | 1400 | 2800 | 4900 | 7100 |
| 2-dr Hdtp | 400 | 1150 | 1850 | 3700 | 6400 | 9300 |
| 4-dr Hdtp | 300 | 650 | 1150 | 2300 | 3900 | 5700 |
| 4-dr Twn Sdn | 300 | 650 | 1100 | 2200 | 3800 | 5400 |
| 2-dr Conv | 650 | 1800 | 3200 | 6400 | 11000 | 15900 |
| 4-dr Sta Wgn | 300 | 650 | 1100 | 2200 | 3800 | 5400 |
| **Cutlass, 8-cyl., 116" wb, 2-dr 112" wb** | | | | | | |
| 2-dr Spt Cpe | 350 | 950 | 1550 | 3100 | 5500 | 7900 |
| 4-dr Twn Sdn | 300 | 700 | 1200 | 2400 | 4100 | 5900 |
| 2-dr Hdtp | 400 | 1200 | 1950 | 3900 | 6800 | 9900 |
| 4-dr Hdtp | 300 | 750 | 1250 | 2500 | 4400 | 6200 |
| 2-dr Conv | 700 | 1900 | 3350 | 6700 | 11500 | 16500 |
| 4-dr Sta Wgn | 300 | 700 | 1200 | 2400 | 4100 | 5900 |
| **Cutlass Supreme, 8-cyl., 116" wb, 2-dr 112" wb** | | | | | | |
| 4-dr Twn Sdn | 300 | 800 | 1350 | 2700 | 4700 | 6900 |
| 4-dr Hdtp | 350 | 900 | 1500 | 2900 | 5200 | 7400 |
| 2-dr Hdtp | 650 | 1700 | 3000 | 5900 | 10200 | 14700 |
| **4-4-2, 8-cyl., 112" wb** | | | | | | |
| 2-dr Spt Cpe | 550 | 1550 | 2650 | 5300 | 9100 | 13000 |
| 2-dr Hdtp | 700 | 1900 | 3350 | 6700 | 11500 | 16500 |
| 2-dr Conv | 1000 | 3100 | 5200 | 10400 | 18400 | 26000 |
| 2-dr Hurst/Olds | 800 | 2450 | 4100 | 8200 | 14400 | 20500 |
| **Vista Cruiser** | | | | | | |
| 2-seat Sta Wgn | 300 | 800 | 1350 | 2700 | 4700 | 6900 |
| 3-seat Sta Wgn | 350 | 900 | 1500 | 2900 | 5200 | 7400 |
| **Delta 88, 8-cyl., 124" wb** | | | | | | |
| 4-dr Twn Sdn | 350 | 900 | 1500 | 2900 | 5200 | 7400 |
| 2-dr Hdtp | 400 | 1200 | 1950 | 3900 | 6800 | 9900 |
| 4-dr Hdtp | 350 | 900 | 1500 | 3000 | 5300 | 7600 |
| 2-dr Conv | 650 | 1750 | 3150 | 6300 | 10900 | 15700 |
| **Delta 88 Custom, 8-cyl., 124" wb** | | | | | | |
| 4-dr Twn Sdn | 350 | 850 | 1400 | 2800 | 4900 | 7100 |
| 2-dr Hdtp | 450 | 1250 | 2050 | 4100 | 7100 | 10300 |
| 4-dr Hdtp | 350 | 1000 | 1600 | 3200 | 5700 | 8100 |
| **Delta 88 Royale, 8-cyl., 124" wb** | | | | | | |
| 2-dr Hdtp | 450 | 1250 | 2150 | 4300 | 7400 | 10700 |
| **98, 8-cyl., 127" wb** | | | | | | |
| 4-dr Twn Sdn | 350 | 950 | 1550 | 3100 | 5500 | 7900 |
| 4-dr Lux Sdn | 350 | 1000 | 1600 | 3200 | 5700 | 8100 |
| 4-dr Lux Hdtp | 400 | 1100 | 1800 | 3600 | 6200 | 9100 |
| 2-dr Hdtp | 500 | 1300 | 2250 | 4500 | 7700 | 11000 |
| 4-dr Hdtp | 400 | 1100 | 1800 | 3600 | 6200 | 9100 |
| 2-dr Conv | 650 | 1700 | 3000 | 5900 | 10200 | 14700 |
| **Toronado, 8-cyl., 119" wb** | | | | | | |
| 2-dr Cpe | 450 | 1250 | 2050 | 4100 | 7100 | 10300 |
| | *W-30 add 30%* | | | *455 add 20%* | | |
| **1970** | | | | | | |
| **F-85, 8-cyl., 116" wb, 2-dr 112" wb** | | | | | | |
| 2-dr Spt Cpe | 300 | 800 | 1300 | 2600 | 4600 | 6600 |
| 2-dr Spt Cpe (6-cyl) | 300 | 700 | 1200 | 2400 | 4100 | 5900 |
| **Cutlass, 6-cyl.** | | | | | | |
| 2-dr Spt Cpe | 300 | 800 | 1300 | 2600 | 4600 | 6600 |
| 4-dr Twn Sdn | 300 | 700 | 1200 | 2400 | 4100 | 5900 |
| 2-dr Hdtp | 500 | 1350 | 2300 | 4600 | 8000 | 11300 |
| 4-dr Hdtp | 300 | 800 | 1300 | 2600 | 4600 | 6600 |
| 4-dr Sta Wgn | 300 | 750 | 1250 | 2500 | 4400 | 6200 |

| | 6 | 5 | 4 | 3 | 2 | 1 |
|---|---|---|---|---|---|---|
| **Cutlass, 8-cyl., 116" wb, 2-dr 112" wb** | | | | | | |
| 2-dr Spt Cpe | 350 | 850 | 1400 | 2800 | 4900 | 7100 |
| 4-dr Twn Sdn | 300 | 800 | 1300 | 2600 | 4600 | 6600 |
| 2-dr Hdtp | 550 | 1450 | 2450 | 4900 | 8500 | 12000 |
| 4-dr Hdtp | 350 | 850 | 1400 | 2800 | 4900 | 7100 |
| 4-dr Sta Wgn | 300 | 800 | 1350 | 2700 | 4700 | 6900 |
| **Cutlass-Supreme, 8-cyl., 112" wb** | | | | | | |
| 4-dr Holiday Hdtp | 350 | 900 | 1500 | 2900 | 5200 | 7400 |
| 2-dr Holiday Hdtp | 600 | 1650 | 2850 | 5700 | 9900 | 14200 |
| Conv | 750 | 2300 | 3850 | 7700 | 13300 | 19200 |
| **4-4-2, 8-cyl., 112" wb** | | | | | | |
| Spt Cpe | 650 | 1800 | 3250 | 6500 | 11200 | 16100 |
| 2-dr Holiday Hdtp | 800 | 2400 | 4050 | 8100 | 14200 | 20200 |
| Conv | 1050 | 3300 | 5500 | 11100 | 19500 | 27700 |
| **Vista Cruiser, 8-cyl., 121" wb** | | | | | | |
| 2-seat Sta Wgn | 300 | 800 | 1350 | 2700 | 4700 | 6900 |
| 3-seat Sta Wgn | 350 | 900 | 1500 | 2900 | 5200 | 7400 |
| **Delta 88, 8-cyl., 124" wb** | | | | | | |
| 4-dr Twn Sdn | 300 | 800 | 1300 | 2600 | 4600 | 6600 |
| 2-dr Hdtp | 400 | 1100 | 1800 | 3500 | 6100 | 8900 |
| 4-dr Hdtp | 300 | 800 | 1350 | 2700 | 4700 | 6900 |
| 2-dr Conv | 600 | 1650 | 2850 | 5700 | 9900 | 14200 |
| **Delta 88 Custom, 8-cyl., 124" wb** | | | | | | |
| 4-dr Twn Sdn | 300 | 800 | 1350 | 2700 | 4700 | 6900 |
| 2-dr Hdtp | 400 | 1150 | 1850 | 3700 | 6400 | 9300 |
| 4-dr Hdtp | 350 | 850 | 1400 | 2800 | 4900 | 7100 |
| **Delta 88 Royale, 8-cyl., 124" wb** | | | | | | |
| 2-dr Hdtp | 400 | 1200 | 2000 | 4000 | 6900 | 10000 |
| **98, 8-cyl., 127" wb** | | | | | | |
| 4-dr Twn Sdn | 350 | 850 | 1400 | 2800 | 4900 | 7100 |
| 4-dr Lux  Sdn | 350 | 900 | 1500 | 2900 | 5200 | 7400 |
| 4-dr Lux  Hdtp | 350 | 900 | 1500 | 3000 | 5300 | 7600 |
| 2-dr Hdtp | 450 | 1250 | 2150 | 4300 | 7400 | 10700 |
| 4-dr Hdtp | 350 | 900 | 1500 | 2900 | 5200 | 7400 |
| 2-dr Conv | 650 | 1700 | 3000 | 5900 | 10200 | 14700 |
| **Toronado, 8-cyl., 119" wb** | | | | | | |
| 2-dr Hdtp Cpe | 400 | 1100 | 1800 | 3600 | 6200 | 9100 |
| 2-dr Custom Hdtp Cpe | 400 | 1200 | 1900 | 3800 | 6600 | 9600 |

*SX Cutlass Supreme add 20%*      *Indy Pace Car option add 30%*
*W-30 add 30%*      *455 add 20%*

| **1971** | | | | | | |
|---|---|---|---|---|---|---|
| **F-85, 8-cyl., 116" wb** | | | | | | |
| 4-dr Twn Sdn | 300 | 650 | 1100 | 2100 | 3600 | 5100 |
| **Cutlass, 8-cyl., 116" wb, 2-dr 112" wb** | | | | | | |
| 4-dr Twn Sdn | 300 | 650 | 1100 | 2100 | 3600 | 5100 |
| 2-dr Hdtp | 400 | 1200 | 1950 | 3900 | 6800 | 9900 |
| 4-dr Sta Wgn | 300 | 650 | 1100 | 2200 | 3800 | 5400 |
| **Cutlass-S, 8-cyl., 112" wb** | | | | | | |
| 2-dr Spt Cpe | 350 | 900 | 1500 | 3000 | 5300 | 7600 |
| 2-dr Hdtp | 450 | 1250 | 2150 | 4300 | 7400 | 10700 |
| **Cutlass Supreme, 8-cyl., 116" wb, 2-dr 112" wb** | | | | | | |
| 4-dr Hdtp | 300 | 750 | 1250 | 2500 | 4400 | 6200 |
| 2-dr Hdtp | 550 | 1500 | 2500 | 5000 | 8700 | 12300 |
| 2-dr Conv | 750 | 2250 | 3750 | 7500 | 13000 | 18700 |
| **4-4-2, 8-cyl., 112" wb** | | | | | | |
| 2-dr Hdtp | 750 | 2250 | 3750 | 7500 | 13000 | 18700 |
| 2-dr Conv | 950 | 2950 | 4950 | 9900 | 17500 | 24700 |
| **Vista Cruiser, 121" wb** | | | | | | |
| 4-dr 2-seat Sta Wgn | 300 | 650 | 1100 | 2200 | 3800 | 5400 |
| 4-dr 3-seat Sta Wgn | 300 | 700 | 1200 | 2400 | 4100 | 5900 |

| | 6 | 5 | 4 | 3 | 2 | 1 |
|---|---|---|---|---|---|---|
| **Delta 88, 8-cyl., 124" wb** | | | | | | |
| 4-dr Twn Sdn | 300 | 600 | 950 | 1900 | 3200 | 4600 |
| 2-dr Hdtp | 350 | 900 | 1500 | 2900 | 5200 | 7400 |
| 4-dr Hdtp | 300 | 650 | 1100 | 2200 | 3800 | 5400 |
| **Delta 88 Custom, 8-cyl., 124" wb** | | | | | | |
| 4-dr Sdn | 300 | 650 | 1100 | 2200 | 3800 | 5400 |
| 2-dr Hdtp | 350 | 950 | 1550 | 3100 | 5500 | 7900 |
| 4-dr Hdtp | 300 | 700 | 1200 | 2400 | 4100 | 5900 |
| **Delta 88 Royale, 8-cyl., 124" wb** | | | | | | |
| 2-dr Hdtp | 400 | 1050 | 1700 | 3400 | 5900 | 8500 |
| 2-dr Conv | 500 | 1350 | 2350 | 4700 | 8100 | 11500 |
| **98, 8-cyl., 127" wb** | | | | | | |
| 2-dr Hdtp | 400 | 1200 | 1950 | 3900 | 6800 | 9900 |
| 4-dr Hdtp | 300 | 650 | 1150 | 2300 | 3900 | 5700 |
| 2-dr Lux Cpe | 400 | 1150 | 1850 | 3700 | 6400 | 9300 |
| 4-dr Lux Sdn | 300 | 700 | 1200 | 2400 | 4100 | 5900 |
| **Custom Cruiser, 8-cyl., 127" wb** | | | | | | |
| 4-dr 2-seat Sta Wgn | 300 | 750 | 1250 | 2500 | 4400 | 6200 |
| 4-dr 3-seat Sta Wgn | 300 | 800 | 1350 | 2700 | 4700 | 6900 |
| **Toronado, 122" wb** | | | | | | |
| 2-dr Cpe | 400 | 1100 | 1800 | 3500 | 6100 | 8900 |

*W-30 add 30%*  
*SX Cutlass Supreme add 20%*  
*455 add 20%*  
*Small block option deduct 10%*

## 1972

| | 6 | 5 | 4 | 3 | 2 | 1 |
|---|---|---|---|---|---|---|
| **F-85, 8-cyl., 116" wb** | | | | | | |
| 4-dr Sdn | 300 | 650 | 1000 | 2000 | 3500 | 4900 |
| **Cutlass, 8-cyl., 116" wb, 2-dr 112" wb** | | | | | | |
| 2-dr Cpe | 400 | 1050 | 1700 | 3400 | 5900 | 8500 |
| 4-dr Twn Sdn | 300 | 650 | 1100 | 2100 | 3600 | 5100 |
| 4-dr Sta Wgn | 300 | 650 | 1100 | 2200 | 3800 | 5400 |
| **Cutlass-S, 8-cyl., 112" wb** | | | | | | |
| 2-dr Spt Cpe | 350 | 900 | 1500 | 3000 | 5300 | 7600 |
| 2-dr Hdtp | 450 | 1250 | 2050 | 4100 | 7100 | 10300 |
| **Cutlass Supreme, 8-cyl., 116" wb, 2-dr 112" wb** | | | | | | |
| 2-dr Hdtp | 550 | 1450 | 2450 | 4900 | 8500 | 12000 |
| 4-dr Hdtp | 300 | 750 | 1250 | 2500 | 4400 | 6200 |
| 2-dr Conv | 750 | 2250 | 3750 | 7500 | 13000 | 18700 |
| **Vista Cruiser, 121" wb** | | | | | | |
| 4-dr 2-seat Sta Wgn | 300 | 650 | 1100 | 2200 | 3800 | 5400 |
| 4-dr 3-seat Sta Wgn | 300 | 700 | 1200 | 2400 | 4100 | 5900 |
| **Delta 88, 8-cyl., 124" wb** | | | | | | |
| 2-dr Hdtp Cpe | 400 | 1050 | 1700 | 3300 | 5800 | 8300 |
| 4-dr Hdtp | 300 | 650 | 1100 | 2200 | 3800 | 5400 |
| 4-dr Twn Sdn | 300 | 600 | 950 | 1900 | 3200 | 4600 |
| **Delta 88 Royale, 124" wb** | | | | | | |
| 2-dr Hdtp Cpe | 400 | 1100 | 1800 | 3500 | 6100 | 8900 |
| 4-dr Twn Sdn | 300 | 650 | 1000 | 2000 | 3500 | 4900 |
| 4-dr Hdtp | 300 | 650 | 1150 | 2300 | 3900 | 5700 |
| 2-dr Conv | 550 | 1450 | 2450 | 4900 | 8500 | 12000 |
| **Custom Cruiser, 127" wb** | | | | | | |
| 4-dr 2-seat Sta Wgn | 300 | 650 | 1150 | 2300 | 3900 | 5700 |
| 4-dr 3-seat Sta Wgn | 300 | 750 | 1250 | 2500 | 4400 | 6200 |
| **98, 127" wb** | | | | | | |
| 2-dr Hdtp | 400 | 1100 | 1800 | 3500 | 6100 | 8900 |
| 4-dr Hdtp | 300 | 650 | 1150 | 2300 | 3900 | 5700 |
| **98 Luxury, 127" wb** | | | | | | |
| 2-dr Hdtp | 400 | 1150 | 1850 | 3700 | 6400 | 9300 |
| 4-dr Hdtp | 300 | 700 | 1200 | 2400 | 4100 | 5900 |

| | 6 | 5 | 4 | 3 | 2 | 1 |
|---|---|---|---|---|---|---|
| **Toronado, 122" wb** | | | | | | |
| 2-dr Hdtp Cpe | 400 | 1050 | 1700 | 3300 | 5800 | 8300 |

*W-30 add 30%*      *455 add 20%*      *4-4-2 add 40%*
*Small block option deduct 10%*      *Hurst add 20%*

## 1973

| | 6 | 5 | 4 | 3 | 2 | 1 |
|---|---|---|---|---|---|---|
| **Omega, 8-cyl., 111" wb** | | | | | | |
| 2-dr Cpe | 200 | 400 | 600 | 1200 | 2100 | 3000 |
| 2-dr Htchbk | 200 | 450 | 650 | 1300 | 2200 | 3200 |
| 4-dr Sdn | 200 | 400 | 600 | 1200 | 2100 | 3000 |
| **Cutlass, 112"-116" wb** | | | | | | |
| 2-dr Hdtp | 300 | 650 | 1100 | 2200 | 3800 | 5400 |
| 4-dr Sdn | 300 | 600 | 950 | 1900 | 3200 | 4600 |
| **Cutlass-S, 112" wb** | | | | | | |
| 2-dr Hdtp | 300 | 700 | 1200 | 2400 | 4100 | 5900 |
| **Cutlass Supreme, 112"-116" wb** | | | | | | |
| 2-dr Hdtp | 300 | 750 | 1250 | 2500 | 4400 | 6200 |
| 4-dr Sdn | 300 | 650 | 1100 | 2100 | 3600 | 5100 |
| **Vista Cruiser, 116" wb** | | | | | | |
| 4-dr 2-seat Sta Wgn | 300 | 650 | 1100 | 2100 | 3600 | 5100 |
| 4-dr 3-seat Sta Wgn | 300 | 650 | 1150 | 2300 | 3900 | 5700 |
| **Delta 88, 124" wb** | | | | | | |
| 2-dr Hdtp | 350 | 850 | 1400 | 2800 | 4900 | 7100 |
| 4-dr Twn Sdn | 300 | 600 | 900 | 1800 | 3100 | 4400 |
| 4-dr Hdtp | 300 | 650 | 1100 | 2100 | 3600 | 5100 |
| **Delta 88 Royale, 124" wb** | | | | | | |
| 2-dr Hdtp | 350 | 900 | 1500 | 2900 | 5200 | 7400 |
| 4-dr Twn Sdn | 300 | 600 | 950 | 1900 | 3200 | 4600 |
| 4-dr Hdtp | 300 | 650 | 1100 | 2200 | 3800 | 5400 |
| 2-dr Conv | 500 | 1350 | 2350 | 4700 | 8100 | 11500 |
| **Custom Cruiser, 127" wb** | | | | | | |
| 4-dr 2-seat Sta Wgn | 300 | 650 | 1100 | 2200 | 3800 | 5400 |
| 4-dr 3-seat Sta Wgn | 300 | 700 | 1200 | 2400 | 4100 | 5900 |
| **98, 127" wb** | | | | | | |
| 2-dr Hdtp | 350 | 850 | 1400 | 2800 | 4900 | 7100 |
| 4-dr Sdn | 300 | 650 | 1100 | 2100 | 3600 | 5100 |
| 2-dr Lux Cpe | 350 | 900 | 1500 | 3000 | 5300 | 7600 |
| 4-dr Lux Sdn | 300 | 650 | 1150 | 2300 | 3900 | 5700 |
| 4-dr Hdtp Regency | 300 | 700 | 1200 | 2400 | 4100 | 5900 |
| **Toronado, 122" wb** | | | | | | |
| 2-dr Hdtp Cpe | 350 | 950 | 1550 | 3100 | 5500 | 7900 |

*Hurst/Olds add 20%*      *Small block option deduct 10%*

## 1974

| | 6 | 5 | 4 | 3 | 2 | 1 |
|---|---|---|---|---|---|---|
| **Omega, 111" wb** | | | | | | |
| 2-dr Cpe | 200 | 400 | 600 | 1200 | 2100 | 3000 |
| 2-dr Htchbk | 200 | 450 | 650 | 1300 | 2200 | 3200 |
| 4-dr Twn Sdn | 200 | 400 | 600 | 1200 | 2100 | 3000 |
| **Cutlass, 112"-116" wb** | | | | | | |
| 2-dr Hdtp | 300 | 650 | 1100 | 2200 | 3800 | 5400 |
| 4-dr Hdtp | 300 | 600 | 900 | 1800 | 3100 | 4400 |
| **Cutlass-S, 112" wb** | | | | | | |
| 2-dr Hdtp | 300 | 650 | 1100 | 2100 | 3600 | 5100 |
| **Cutlass Supreme, 112"- 116" wb** | | | | | | |
| 2-dr Hdtp | 300 | 650 | 1150 | 2300 | 3900 | 5700 |
| 4-dr Hdtp | 300 | 660 | 1000 | 2000 | 3500 | 4900 |
| 4-dr 6-pass Sta Wgn | 300 | 600 | 900 | 1800 | 3100 | 4400 |
| 4-dr 9-pass Sta Wgn | 300 | 660 | 1000 | 2000 | 3500 | 4900 |
| **Vista Cruiser, 116" wb** | | | | | | |
| 4-dr 6-pass Sta Wgn | 300 | 660 | 1000 | 2000 | 3500 | 4900 |
| 4-dr 8-pass Sta Wgn | 300 | 650 | 1100 | 2200 | 3800 | 5400 |

# OLDSMOBILE

| | 6 | 5 | 4 | 3 | 2 | 1 |
|---|---|---|---|---|---|---|
| **Delta 88, 124" wb** | | | | | | |
| 2-dr Hdtp | 300 | 650 | 1150 | 2300 | 3900 | 5700 |
| 4-dr Hdtp Sdn | 300 | 600 | 900 | 1800 | 3100 | 4400 |
| 4-dr Twn Sdn | 300 | 600 | 850 | 1700 | 2900 | 4100 |
| **Custom Cruiser, 127" wb** | | | | | | |
| 4-dr 6-pass Sta Wgn | 300 | 650 | 1100 | 2100 | 3600 | 5100 |
| 4-dr 8-pass Sta Wgn | 300 | 650 | 1150 | 2300 | 3900 | 5700 |
| **Delta 88 Royale, 124" wb** | | | | | | |
| 2-dr Hdtp Cpe | 300 | 750 | 1250 | 2500 | 4400 | 6200 |
| 4-dr Hdtp Sdn | 300 | 600 | 950 | 1900 | 3200 | 4600 |
| 4-dr Twn Sdn | 300 | 600 | 900 | 1800 | 3100 | 4400 |
| 2-dr Conv | 500 | 1350 | 2350 | 4700 | 8100 | 11500 |
| **98, 127" wb** | | | | | | |
| 2-dr Hdtp Cpe | 300 | 750 | 1250 | 2500 | 4400 | 6200 |
| 4-dr Lux Sdn | 300 | 660 | 1000 | 2000 | 3500 | 4900 |
| 4-dr Lux Sdn | 300 | 650 | 1100 | 2100 | 3600 | 5100 |
| 2-dr Regency Cpe | 300 | 800 | 1350 | 2700 | 4700 | 6900 |
| 4-dr Regency Sdn | 300 | 650 | 1100 | 2100 | 3600 | 5100 |
| **Toronado, 122" wb** | | | | | | |
| 2-dr Hdtp Cpe | 350 | 900 | 1500 | 2900 | 5200 | 7400 |
| *4-4-2 add 10%* | | *Indy Pace Car add 20%* | | | *Small block option deduct 10%* | |
| **1975** | | | | | | |
| **Starfire, 97" wb** | | | | | | |
| 2-dr Cpe | 250 | 500 | 750 | 1400 | 2400 | 3400 |
| 2-dr Spt Cpe | 200 | 450 | 650 | 1300 | 2200 | 3200 |
| **Omega, 111" wb** | | | | | | |
| 2-dr Cpe | 200 | 400 | 600 | 1200 | 2100 | 3000 |
| 2-dr Htchbk | 200 | 450 | 650 | 1300 | 2200 | 3200 |
| 4-dr Sdn | 200 | 400 | 600 | 1200 | 2100 | 3000 |
| **Omega Salon, 111" wb** | | | | | | |
| 2-dr Cpe | 200 | 400 | 600 | 1200 | 2100 | 3000 |
| 2-dr Htchbk | 200 | 450 | 650 | 1300 | 2200 | 3200 |
| 4-dr Sdn | 200 | 400 | 600 | 1200 | 2100 | 3000 |
| **Cutlass, 112"-116" wb** | | | | | | |
| 2-dr Hdtp | 300 | 600 | 950 | 1900 | 3200 | 4600 |
| 4-dr Sdn | 300 | 600 | 850 | 1700 | 2900 | 4100 |
| 2-dr Hdtp 'S' | 300 | 660 | 1000 | 2000 | 3500 | 4900 |
| **Cutlass Supreme, 112"-116" wb** | | | | | | |
| 2-dr Hdtp | 300 | 660 | 1000 | 2000 | 3500 | 4900 |
| 4-dr Sdn | 300 | 600 | 900 | 1800 | 3100 | 4400 |
| **Cutlass Salon, 112"-116" wb** | | | | | | |
| 2-dr Hdtp | 300 | 650 | 1100 | 2100 | 3600 | 5100 |
| 4-dr Sdn | 300 | 600 | 950 | 1900 | 3200 | 4600 |
| 4-dr 6-pass Cruiser Sta Wgn | 300 | 600 | 900 | 1800 | 3100 | 4400 |
| 4-dr 9-pass Cruiser Sta Wgn | 300 | 660 | 1000 | 2000 | 3500 | 4900 |
| **Vista Cruiser, 116" wb** | | | | | | |
| 4-dr 6-pass Sta Wgn | 300 | 660 | 1000 | 2000 | 3500 | 4900 |
| 4-dr 9-pass Sta Wgn | 300 | 650 | 1100 | 2200 | 3800 | 5400 |
| **Delta 88, 124" wb** | | | | | | |
| 2-dr Hdtp | 300 | 600 | 950 | 1900 | 3200 | 4600 |
| 4-dr Hdtp | 300 | 660 | 1000 | 2000 | 3500 | 4900 |
| 4-dr Twn Sdn | 300 | 600 | 900 | 1800 | 3100 | 4400 |
| **Delta 88 Royale, 124" wb** | | | | | | |
| 2-dr Hdtp | 300 | 600 | 950 | 1900 | 3200 | 4600 |
| 4-dr Hdtp | 300 | 660 | 1000 | 2000 | 3500 | 4900 |
| 4-dr Twn Sdn | 300 | 600 | 950 | 1900 | 3200 | 4600 |
| 2-dr Conv | 500 | 1350 | 2350 | 4700 | 8100 | 11500 |
| **98, 127" wb** | | | | | | |
| 2-dr Lux Cpe | 300 | 650 | 1100 | 2100 | 3600 | 5100 |
| 4-dr Lux Sdn | 300 | 600 | 950 | 1900 | 3200 | 4600 |

'74 Oldsmobile Omega

'74 Oldsmobile 98

'75 Oldsmobile 98 Regency

'75 Oldsmobile Cutlass Crusier

'76 Oldsmobile Cutlass

'76 Oldsmobile Starfire

'77 Oldsmobile Custom Cruiser Wagon

'77 Oldsmobile Delta 88

'78 Oldsmobile Starfire

'78 Oldsmobile Cutlass Brougham

'79 Oldsmobile Cutlass Salon

'79 Oldsmobile Toronado

| | 6 | 5 | 4 | 3 | 2 | 1 |
|---|---|---|---|---|---|---|
| 2-dr Regency Cpe | 300 | 650 | 1100 | 2200 | 3800 | 5400 |
| 4-dr Regency Hdtp | 300 | 600 | 950 | 1900 | 3200 | 4600 |
| **Toronado, 122" wb** | | | | | | |
| 2-dr Custom Hdtp Cpe | 300 | 800 | 1300 | 2600 | 4600 | 6600 |
| 2-dr Brghm Hdtp Cpe | 350 | 850 | 1400 | 2800 | 4900 | 7100 |
| **Custom Cruiser, 127" wb** | | | | | | |
| 6-pass Sta Wgn | 300 | 600 | 950 | 1900 | 3200 | 4600 |
| 9-pass Sta Wgn | 300 | 650 | 1100 | 2100 | 3600 | 5100 |

*Hurst/Olds add 20%          4-4-2 add 10%          Small block option deduct 10%*

## 1976

**Starfire, 6-cyl.**

| | 6 | 5 | 4 | 3 | 2 | 1 |
|---|---|---|---|---|---|---|
| 2-dr Spt Cpe | 200 | 450 | 650 | 1300 | 2200 | 3200 |
| 2-dr SX Spt Cpe | 250 | 500 | 750 | 1400 | 2400 | 3400 |

*V-8 add 5%*

**Omega F-85, 8-cyl.**

| | 6 | 5 | 4 | 3 | 2 | 1 |
|---|---|---|---|---|---|---|
| 2-dr Cpe | 200 | 400 | 600 | 1200 | 2100 | 3000 |
| **Omega, 8-cyl.** | | | | | | |
| 2-dr Cpe | 200 | 400 | 600 | 1200 | 2100 | 3000 |
| 2-dr Htchbk | 200 | 450 | 650 | 1300 | 2200 | 3200 |
| 4-dr Sdn | 200 | 400 | 600 | 1200 | 2100 | 3000 |
| **Omega Brougham, 8-cyl.** | | | | | | |
| 2-dr Cpe | 200 | 400 | 600 | 1200 | 2100 | 3000 |
| 2-dr Htchbk | 200 | 450 | 650 | 1300 | 2200 | 3200 |
| 4-dr Sdn | 200 | 400 | 600 | 1200 | 2100 | 3000 |
| **Cutlass "S", 8-cyl.** | | | | | | |
| 2-dr Hdtp | 300 | 600 | 850 | 1700 | 2900 | 4100 |
| 4-dr Hdtp | 250 | 500 | 750 | 1500 | 2600 | 3600 |
| **Cutlass Supreme, 8-cyl.** | | | | | | |
| 2-dr Hdtp | 300 | 600 | 900 | 1800 | 3100 | 4400 |
| 4-dr Hdtp | 300 | 550 | 800 | 1600 | 2800 | 3900 |
| **Cutlass Salon, 8-cyl.** | | | | | | |
| 2-dr Hdtp | 300 | 600 | 900 | 1800 | 3100 | 4400 |
| 4-dr Hdtp | 300 | 550 | 800 | 1600 | 2800 | 3900 |
| **Cutlass Supreme Brougham, 8-cyl.** | | | | | | |
| 2-dr Hdtp | 300 | 660 | 1000 | 2000 | 3500 | 4900 |
| **Station Wagons, 8-cyl.** | | | | | | |
| 4-dr 2-seat Cruiser | 300 | 600 | 850 | 1700 | 2900 | 4100 |
| 4-dr 3-seat Cruiser | 300 | 600 | 950 | 1900 | 3200 | 4600 |
| 4-dr 2-seat Vista Cruiser | 300 | 600 | 900 | 1800 | 3100 | 4400 |
| 4-dr 3-seat Vista Cruiser | 300 | 660 | 1000 | 2000 | 3500 | 4900 |
| **Delta 88, 8-cyl.** | | | | | | |
| 2-dr Hdtp | 300 | 550 | 800 | 1600 | 2800 | 3900 |
| 4-dr Hdtp | 300 | 600 | 850 | 1700 | 2900 | 4100 |
| 4-dr Twn Sdn | 300 | 600 | 850 | 1700 | 2900 | 4100 |
| **Delta 88 Royale, 8-cyl.** | | | | | | |
| 2-dr Hdtp | 300 | 600 | 850 | 1700 | 2900 | 4100 |
| 4-dr Hdtp | 300 | 600 | 900 | 1800 | 3100 | 4400 |
| 4-dr Twn Sdn | 300 | 600 | 900 | 1800 | 3100 | 4400 |
| **Station Wagons, 8-cyl.** | | | | | | |
| 4-dr 2-seat Custom Cruiser | 300 | 600 | 850 | 1700 | 2900 | 4100 |
| 4-dr 3-seat Custom Cruiser | 300 | 600 | 950 | 1900 | 3200 | 4600 |
| **98, 8-cyl.** | | | | | | |
| 2-dr Lux Cpe | 300 | 600 | 950 | 1900 | 3200 | 4600 |
| 4-dr Lux Sdn | 300 | 600 | 850 | 1700 | 2900 | 4100 |
| 2-dr Regency Cpe | 300 | 600 | 950 | 1900 | 3200 | 4600 |
| 4-dr Hdtp Regency | 300 | 600 | 900 | 1800 | 3100 | 4400 |
| **Toronado, 8-cyl.** | | | | | | |
| 2-dr Custom Hdtp | 300 | 650 | 1100 | 2100 | 3600 | 5100 |
| 2-dr Brghm Hdtp | 300 | 650 | 1100 | 2200 | 3800 | 5400 |

*Small block option deduct 10%*

| | 6 | 5 | 4 | 3 | 2 | 1 |
|---|---|---|---|---|---|---|
| **1977** | | | | | | |
| **Starfire, 6-cyl.** | | | | | | |
| 2-dr Spt Cpe | 200 | 450 | 650 | 1300 | 2200 | 3200 |
| 2-dr SX Spt Cpe | 250 | 500 | 750 | 1400 | 2400 | 3400 |
| | | *V-8 add 5%* | | | | |
| **Omega F-85, 8-cyl.** | | | | | | |
| 2-dr Cpe | 200 | 400 | 600 | 1200 | 2100 | 3000 |
| **Omega, 8-cyl.** | | | | | | |
| 2-dr Cpe | 200 | 400 | 600 | 1200 | 2100 | 3000 |
| 2-dr Htchbk | 200 | 450 | 650 | 1300 | 2200 | 3200 |
| 4-dr Sdn | 200 | 400 | 600 | 1200 | 2100 | 3000 |
| **Omega Brougham, 8-cyl.** | | | | | | |
| 2-dr Cpe | 200 | 400 | 600 | 1200 | 2100 | 3000 |
| 2-dr Htchbk | 200 | 450 | 650 | 1300 | 2200 | 3200 |
| 4-dr Sdn | 200 | 400 | 600 | 1200 | 2100 | 3000 |
| **Cutlass "S", 8-cyl.** | | | | | | |
| 2-dr Hdtp | 300 | 550 | 800 | 1600 | 2800 | 3900 |
| 4-dr Hdtp | 250 | 500 | 750 | 1400 | 2400 | 3400 |
| **Cutlass Supreme, 8-cyl.** | | | | | | |
| 2-dr Hdtp | 300 | 550 | 800 | 1600 | 2800 | 3900 |
| 4-dr Hdtp | 250 | 500 | 750 | 1400 | 2400 | 3400 |
| **Cutlass Salon, 8-cyl.** | | | | | | |
| 2-dr Hdtp | 300 | 550 | 800 | 1600 | 2800 | 3900 |
| **Cutlass Supreme Brougham, 8-cyl.** | | | | | | |
| 2-dr Hdtp | 300 | 600 | 850 | 1700 | 2900 | 4100 |
| 4-dr Hdtp | 250 | 500 | 750 | 1500 | 2600 | 3600 |
| **Station Wagons, 8-cyl.** | | | | | | |
| 4-dr 3-seat Cruiser | 250 | 500 | 750 | 1500 | 2600 | 3600 |
| **Delta 88, 8-cyl.** | | | | | | |
| 2-dr Hdtp | 250 | 500 | 750 | 1400 | 2400 | 3400 |
| 4-dr Twn Sdn | 200 | 450 | 650 | 1300 | 2200 | 3200 |
| **Delta 88 Royale, 8-cyl.** | | | | | | |
| 2-dr Hdtp | 250 | 500 | 750 | 1500 | 2600 | 3600 |
| 4-dr Twn Sdn | 250 | 500 | 750 | 1400 | 2400 | 3400 |
| **Station Wagons, 8-cyl.** | | | | | | |
| 4-dr 2-seat Custom Cruiser | 250 | 500 | 750 | 1400 | 2400 | 3400 |
| 4-dr 3-seat Custom Cruiser | 300 | 550 | 800 | 1600 | 2800 | 3900 |
| **98, 8-cyl.** | | | | | | |
| 2-dr Lux Cpe | 300 | 550 | 800 | 1600 | 2800 | 3900 |
| 4-dr Lux Sdn | 250 | 500 | 750 | 1500 | 2600 | 3600 |
| 2-dr Regency Cpe | 300 | 550 | 800 | 1600 | 2800 | 3900 |
| 4-dr Regency Sdn | 250 | 500 | 750 | 1500 | 2600 | 3600 |
| **Toronado, 8-cyl.** | | | | | | |
| 2-dr Hdtp SXR | 300 | 660 | 1000 | 2000 | 3500 | 4900 |
| 2-dr Brghm Hdtp | 300 | 600 | 900 | 1800 | 3100 | 4400 |
| | *XS add 20%* | | *Small block option deduct 10%* | | | |
| **1978** | | | | | | |
| **Starfire** | | | | | | |
| 2-dr Cpe | 200 | 400 | 600 | 1200 | 2100 | 3000 |
| 2-dr SX Cpe | 200 | 450 | 650 | 1300 | 2200 | 3200 |
| **Omega** | | | | | | |
| 2-dr Cpe | 200 | 400 | 600 | 1200 | 2100 | 3000 |
| 2-dr Htchbk | 200 | 450 | 650 | 1300 | 2200 | 3200 |
| 4-dr Sdn | 200 | 400 | 600 | 1200 | 2100 | 3000 |
| **Omega Brougham** | | | | | | |
| 2-dr Cpe | 200 | 450 | 650 | 1300 | 2200 | 3200 |
| 4-dr Sdn | 200 | 400 | 600 | 1200 | 2100 | 3000 |
| **Cutlass Salon** | | | | | | |
| 2-dr Cpe | 250 | 500 | 750 | 1400 | 2400 | 3400 |
| 4-dr Sdn | 200 | 450 | 650 | 1300 | 2200 | 3200 |

| | 6 | 5 | 4 | 3 | 2 | 1 |
|---|---|---|---|---|---|---|
| **Cutlass Salon Brougham** | | | | | | |
| 2-dr Cpe | 250 | 500 | 750 | 1400 | 2400 | 3400 |
| 4-dr Sdn | 200 | 450 | 650 | 1300 | 2200 | 3200 |
| **Cutlass Supreme** | | | | | | |
| 2-dr Cpe | 250 | 500 | 750 | 1500 | 2600 | 3600 |
| **Cutlass Calais** | | | | | | |
| 2-dr Cpe | 250 | 500 | 750 | 1500 | 2600 | 3600 |
| **Cutlass Supreme Brougham** | | | | | | |
| 2-dr Cpe | 300 | 550 | 80 | 1600 | 2800 | 3900 |
| **Cutlass Cruiser** | | | | | | |
| 2-seat Sta Wgn | 250 | 500 | 750 | 1400 | 2400 | 3400 |
| **Delta 88** | | | | | | |
| 2-dr Cpe | 200 | 450 | 650 | 1300 | 2200 | 3200 |
| 4-dr Sdn | 200 | 450 | 650 | 1300 | 2200 | 3200 |
| **Delta 88 Royale** | | | | | | |
| 2-dr Cpe | 250 | 500 | 750 | 1400 | 2400 | 3400 |
| 4-dr Sdn | 250 | 500 | 750 | 1400 | 2400 | 3400 |
| **Custom Cruiser** | | | | | | |
| 4-dr Sta Wgn | 250 | 500 | 750 | 1400 | 2400 | 3400 |
| **98, 119" wb** | | | | | | |
| 2-dr Lux  Cpe | 300 | 550 | 800 | 1600 | 2800 | 3900 |
| 4-dr Lux  Sdn | 250 | 500 | 750 | 1500 | 2600 | 3600 |
| 2-dr Regency Cpe | 300 | 550 | 800 | 1600 | 2800 | 3900 |
| 4-dr Regency Sdn | 250 | 500 | 750 | 1500 | 2600 | 3600 |
| **Toronado Brougham** | | | | | | |
| 2-dr Brghm Cpe | 300 | 600 | 900 | 1800 | 3100 | 4400 |
| 2-dr XS Cpe | 300 | 660 | 1000 | 2000 | 3500 | 4900 |

*Small block option deduct 10%*

| **1979** | | | | | | |
|---|---|---|---|---|---|---|
| **Starfire, 4-cyl.** | | | | | | |
| 2-dr Spt Cpe | 200 | 400 | 600 | 1200 | 2100 | 3000 |
| 2-dr SX Cpe | 200 | 450 | 650 | 1300 | 2200 | 3200 |
| **Omega, 8-cyl.** | | | | | | |
| 2-dr Cpe | 200 | 400 | 600 | 1200 | 2100 | 3000 |
| 2-dr Htchbk | 200 | 450 | 650 | 1300 | 2200 | 3200 |
| 4-dr Sdn | 200 | 400 | 600 | 1200 | 2100 | 3000 |
| **Omega Brougham, 8-cyl.** | | | | | | |
| 2-dr Cpe | 200 | 450 | 650 | 1300 | 2200 | 3200 |
| 4-dr Sdn | 200 | 450 | 650 | 1300 | 2200 | 3200 |
| **Cutlass Salon, 8-cyl.** | | | | | | |
| 2-dr Cpe | 250 | 500 | 750 | 1400 | 2400 | 3400 |
| 4-dr Sdn | 200 | 450 | 650 | 1300 | 2200 | 3200 |
| **Cutlass Salon Brougham, 8-cyl.** | | | | | | |
| 2-dr Cpe | 250 | 500 | 750 | 1500 | 2600 | 3600 |
| 4-dr Sdn | 250 | 500 | 750 | 1400 | 2400 | 3400 |
| **Cutlass Supreme, 8-cyl.** | | | | | | |
| 2-dr Cpe | 250 | 500 | 750 | 1500 | 2600 | 3600 |
| **Cutlass Calais, 8-cyl.** | | | | | | |
| 2-dr Cpe | 250 | 500 | 750 | 1500 | 2600 | 3600 |
| **Cutlass Supreme Brougham, 8-cyl.** | | | | | | |
| 2-dr Cpe | 300 | 550 | 800 | 1600 | 2800 | 3900 |
| **Cutlass Cruiser, 8-cyl.** | | | | | | |
| 2-seat Sta Wgn | 250 | 500 | 750 | 1400 | 2400 | 3400 |
| **Cutlass Cruiser Brougham, 8-cyl.** | | | | | | |
| 2-seat Sta Wgn | 250 | 500 | 750 | 1500 | 2600 | 3600 |
| **Delta 88, 8-cyl.** | | | | | | |
| 2-dr Cpe | 200 | 450 | 650 | 1300 | 2200 | 3200 |
| 4-dr Sdn | 200 | 450 | 650 | 1300 | 2200 | 3200 |
| **Delta 88 Royale, 8-cyl.** | | | | | | |
| 2-dr Cpe | 250 | 500 | 750 | 1400 | 2400 | 3400 |
| 4-dr Sdn | 250 | 500 | 750 | 1400 | 2400 | 3400 |

|  | 6 | 5 | 4 | 3 | 2 | 1 |
|---|---|---|---|---|---|---|
| **Custom Cruiser, 8-cyl.** | | | | | | |
| 2-seat Sta Wgn | 250 | 500 | 750 | 1500 | 2600 | 3600 |
| 3-seat Sta Wgn | 300 | 600 | 850 | 1700 | 2900 | 4100 |
| **98** | | | | | | |
| 2-dr Lux Cpe | 300 | 600 | 850 | 1700 | 2900 | 4100 |
| 4-dr Lux Sdn | 300 | 550 | 800 | 1600 | 2800 | 3900 |
| 2-dr Regency Cpe | 250 | 500 | 750 | 1500 | 2600 | 3600 |
| 2-dr Regency Sdn | 250 | 500 | 750 | 1500 | 2600 | 3600 |
| **Toronado** | | | | | | |
| 2-dr Brghm Cpe | 250 | 500 | 750 | 1500 | 2600 | 3600 |

*Small block option deduct 10%*     *Diesel deduct 10%*     *Hurst/Olds add 50%*

## 1980

|  | 6 | 5 | 4 | 3 | 2 | 1 |
|---|---|---|---|---|---|---|
| **Starfire, 4-cyl.** | | | | | | |
| 2-dr Cpe | 200 | 400 | 600 | 1200 | 2100 | 3000 |
| 2-dr SX Cpe | 200 | 450 | 650 | 1300 | 2200 | 3200 |
| **Omega, 6-cyl.** | | | | | | |
| 2-dr Cpe | 200 | 400 | 600 | 1200 | 2100 | 3000 |
| 4-dr Sdn | 200 | 400 | 600 | 1200 | 2100 | 3000 |
| **Omega Brougham, 6-cyl.** | | | | | | |
| 2-dr Cpe | 200 | 450 | 650 | 1300 | 2200 | 3200 |
| 4-dr Sdn | 200 | 450 | 650 | 1300 | 2200 | 3200 |
| **Cutlass, 8-cyl.** | | | | | | |
| 4-dr Sdn | 250 | 500 | 750 | 1500 | 2600 | 3600 |
| **Cutlass Salon, 8-cyl.** | | | | | | |
| 2-dr Cpe | 250 | 500 | 750 | 1500 | 2600 | 3600 |
| **Cutlass Salon Brougham, 8-cyl.** | | | | | | |
| 2-dr Cpe | 300 | 550 | 800 | 1600 | 2800 | 3900 |
| **Cutlass Supreme, 8-cyl.** | | | | | | |
| 2-dr Cpe | 300 | 550 | 800 | 1600 | 2800 | 3900 |
| **Cutlass LS, 8-cyl.** | | | | | | |
| 4-dr Sdn | 250 | 500 | 750 | 1500 | 2600 | 3600 |
| **Cutlass Calais, 8-cyl.** | | | | | | |
| 2-dr Cpe | 250 | 500 | 750 | 1500 | 2600 | 3600 |
| **Cutlass Brougham, 8-cyl.** | | | | | | |
| 2-dr Cpe Supreme | 300 | 600 | 850 | 1700 | 2900 | 4100 |
| 4-dr Sdn | 250 | 500 | 750 | 1500 | 2600 | 3600 |
| **Cutlass Cruiser, 8-cyl.** | | | | | | |
| 4-dr Sta Wgn | 250 | 500 | 750 | 1500 | 2600 | 3600 |
| 4-dr Sta Wgn Brghm | 300 | 550 | 800 | 1600 | 2800 | 3900 |
| **Delta 88, 8-cyl.** | | | | | | |
| 2-dr Cpe | 200 | 450 | 650 | 1300 | 2200 | 3200 |
| 4-dr Sdn | 200 | 450 | 650 | 1300 | 2200 | 3200 |
| **Delta 88 Royale, 8-cyl.** | | | | | | |
| 2-dr Cpe | 250 | 500 | 750 | 1400 | 2400 | 3400 |
| 4-dr Sdn | 250 | 500 | 750 | 1400 | 2400 | 3400 |
| **Custom Cruiser, 8-cyl.** | | | | | | |
| 4-dr 2-seat Sta Wgn | 250 | 500 | 750 | 1500 | 2600 | 3600 |
| 4-dr 3-seat Sta Wgn | 300 | 600 | 850 | 1700 | 2900 | 4100 |
| **98, 8-cyl.** | | | | | | |
| 4-dr Lux Sdn | 300 | 600 | 850 | 1700 | 2900 | 4100 |
| 4-dr Regency Sdn | 250 | 500 | 750 | 1500 | 2600 | 3600 |
| 2-dr Regency Cpe | 250 | 500 | 750 | 1500 | 2600 | 3600 |
| **Toronado, 8-cyl.** | | | | | | |
| 2-dr Cpe | 250 | 500 | 750 | 1500 | 2600 | 3600 |

*Small block option deduct 10%*

## 1981

|  | 6 | 5 | 4 | 3 | 2 | 1 |
|---|---|---|---|---|---|---|
| **Omega, 6-cyl.** | | | | | | |
| 2-dr Cpe | 200 | 400 | 600 | 1200 | 2100 | 3000 |
| 4-dr Sdn | 200 | 400 | 600 | 1200 | 2100 | 3000 |

'80 Oldsmobile Starfire

'80 Oldsmobile 98

'81 Oldsmobile Toronado

'81 Oldsmobile Omega

'81 Oldsmobile Eighty-Eight

'81 Oldsmobile Cutlass Wagon

'82 Oldsmobile Firenza

'82 Oldsmobile 98

'82 Oldsmobile Cutlass Ciera

'82 Oldsmobile Toronado

'85 Oldsmobile 98

'88 Oldsmobile Calais

| | 6 | 5 | 4 | 3 | 2 | 1 |
|---|---|---|---|---|---|---|
| **Omega Brougham, 6-cyl.** | | | | | | |
| 2-dr Cpe | 200 | 450 | 650 | 1300 | 2200 | 3200 |
| 4-dr Sdn | 200 | 450 | 650 | 1300 | 2200 | 3200 |
| **Cutlass, 8-cyl.** | | | | | | |
| 4-dr Sdn | 250 | 500 | 750 | 1500 | 2600 | 3600 |
| **Cutlass Supreme, 8-cyl.** | | | | | | |
| 2-dr Cpe | 300 | 600 | 850 | 1700 | 2900 | 4100 |
| **Cutlass LS, 8-cyl.** | | | | | | |
| 4-dr Sdn | 250 | 500 | 750 | 1500 | 2600 | 3600 |
| **Cutlass Calais, 8-cyl.** | | | | | | |
| 2-dr Cpe | 250 | 500 | 750 | 1500 | 2600 | 3600 |
| **Cutlass Supreme Brougham, 8-cyl.** | | | | | | |
| 2-dr Cpe | 300 | 600 | 850 | 1700 | 2900 | 4100 |
| **Cutlass Brougham, 8-cyl.** | | | | | | |
| 4-dr Supreme Sdn | 250 | 500 | 750 | 1500 | 2600 | 3600 |
| **Cutlass Cruiser, 8-cyl.** | | | | | | |
| 4-dr Sta Wgn | 250 | 500 | 750 | 1500 | 2600 | 3600 |
| 4-dr Brghm Sta Wgn | 300 | 550 | 800 | 1600 | 2800 | 3900 |
| **Delta 88, 8-cyl.** | | | | | | |
| 2-dr Cpe | 200 | 450 | 650 | 1300 | 2200 | 3200 |
| 4-dr Sdn | 200 | 450 | 650 | 1300 | 2200 | 3200 |
| **Delta 88 Royale, 8-cyl.** | | | | | | |
| 2-dr Cpe | 250 | 500 | 750 | 1400 | 2400 | 3400 |
| 4-dr Sdn | 250 | 500 | 750 | 1400 | 2400 | 3400 |
| **Delta 88 Royale Brougham, 8-cyl.** | | | | | | |
| 2-dr Cpe | 250 | 500 | 750 | 1400 | 2400 | 3400 |
| 4-dr Sdn | 250 | 500 | 750 | 1400 | 2400 | 3400 |
| **Custom Cruiser, 8-cyl.** | | | | | | |
| 4-dr 2-seat Sta Wgn | 250 | 500 | 750 | 1500 | 2600 | 3600 |
| 4-dr 3-seat Sta Wgn | 300 | 600 | 850 | 1700 | 2900 | 4100 |
| **98, 8-cyl.** | | | | | | |
| 2-dr Regency Cpe | 250 | 500 | 750 | 1500 | 2600 | 3600 |
| 4-dr Regency Sdn | 250 | 500 | 750 | 1500 | 2600 | 3600 |
| 4-dr Lux Sdn | 300 | 600 | 850 | 1700 | 2900 | 4100 |
| **Toronado Brougham, 8-cyl.** | | | | | | |
| 2-dr Cpe | 250 | 500 | 750 | 1500 | 2600 | 3600 |

*Small block option deduct 10%*

### 1982

| | 6 | 5 | 4 | 3 | 2 | 1 |
|---|---|---|---|---|---|---|
| **Firenza, 4-cyl.** | | | | | | |
| 2-dr S Cpe | 200 | 350 | 500 | 1000 | 1900 | 2700 |
| 4-dr Sdn | 200 | 350 | 500 | 1000 | 1900 | 2700 |
| 4-dr Sdn LX | 200 | 400 | 550 | 1100 | 2000 | 2900 |
| 2-dr LX Cpe | 200 | 400 | 550 | 1100 | 2000 | 2900 |
| **Omega, 6-cyl.** | | | | | | |
| 2-dr Cpe | 200 | 450 | 650 | 1300 | 2200 | 3200 |
| 4-dr Sdn | 200 | 450 | 650 | 1300 | 2200 | 3200 |
| **Omega Brougham, 6-cyl.** | | | | | | |
| 2-dr Cpe | 250 | 500 | 750 | 1400 | 2400 | 3400 |
| 4-dr Sdn | 250 | 500 | 750 | 1400 | 2400 | 3400 |
| **Cutlass Supreme, 8-cyl.** | | | | | | |
| 2-dr Cpe | 300 | 600 | 850 | 1700 | 2900 | 4100 |
| 4-dr Sdn | 250 | 500 | 750 | 1400 | 2400 | 3400 |
| **Cutlass Supreme Brougham, 8-cyl.** | | | | | | |
| 2-dr Cpe | 300 | 600 | 900 | 1800 | 3100 | 4400 |
| 4-dr Sdn | 250 | 500 | 750 | 1500 | 2600 | 3600 |
| **Cutlass Calais, 8-cyl.** | | | | | | |
| 2-dr Cpe | 300 | 550 | 800 | 1600 | 2800 | 3900 |
| **Cutlass Cruiser, 8-cyl.** | | | | | | |
| 4-dr Sta Wgn | 300 | 550 | 800 | 1600 | 2800 | 3900 |

|  | 6 | 5 | 4 | 3 | 2 | 1 |
|---|---|---|---|---|---|---|
| **Cutlass Ciera, 6-cyl.** | | | | | | |
| 2-dr Cpe | 250 | 500 | 750 | 1500 | 2600 | 3600 |
| 4-dr Sdn | 250 | 500 | 750 | 1500 | 2600 | 3600 |
| **Cutlass Ciera LS, 6-cyl.** | | | | | | |
| 2-dr Cpe | 250 | 500 | 750 | 1500 | 2600 | 3600 |
| 4-dr Sdn | 250 | 500 | 750 | 1500 | 2600 | 3600 |
| **Cutlass Ciera Brougham, 6-cyl.** | | | | | | |
| 2-dr Cpe | 300 | 550 | 800 | 1600 | 2800 | 3900 |
| 4-dr Sdn | 250 | 500 | 750 | 1500 | 2600 | 3600 |
| **Delta 88, 8-cyl.** | | | | | | |
| 4-dr Sdn | 200 | 450 | 650 | 1300 | 2200 | 3200 |
| **Delta 88 Royale, 8-cyl.** | | | | | | |
| 2-dr Cpe | 250 | 500 | 750 | 1400 | 2400 | 3400 |
| 4-dr Sdn | 250 | 500 | 750 | 1400 | 2400 | 3400 |
| **Delta 88 Royale Brougham, 8-cyl.** | | | | | | |
| 2-dr Cpe | 250 | 500 | 750 | 1400 | 2400 | 3400 |
| 4-dr Sdn | 250 | 500 | 750 | 1400 | 2400 | 3400 |
| **Custom Cruiser, 8-cyl.** | | | | | | |
| 4-dr Sta Wgn | 300 | 600 | 850 | 1700 | 2900 | 4100 |
| **98 Regency, 8-cyl.** | | | | | | |
| 2-dr Cpe | 250 | 500 | 750 | 1500 | 2600 | 3600 |
| 4-dr Sdn | 250 | 500 | 750 | 1500 | 2600 | 3600 |
| 4-dr Brghm Sdn | 300 | 600 | 850 | 1700 | 2900 | 4100 |
| **Toronado Brougham, 8-cyl.** | | | | | | |
| 2-dr Cpe | 250 | 500 | 750 | 1500 | 2600 | 3600 |

*Small block option deduct 12%*

## 1983

| | 6 | 5 | 4 | 3 | 2 | 1 |
|---|---|---|---|---|---|---|
| **Firenza, 4-cyl.** | | | | | | |
| 2-dr S Cpe | 200 | 400 | 550 | 1100 | 2000 | 2900 |
| 4-dr Sdn | 200 | 400 | 550 | 1100 | 2000 | 2900 |
| 2-dr SX Cpe | 200 | 400 | 600 | 1200 | 2100 | 3000 |
| 4-dr LX Sdn | 200 | 400 | 600 | 1200 | 2100 | 3000 |
| 4-dr Cruiser Sta Wgn | 200 | 400 | 550 | 1100 | 2000 | 2900 |
| 4-dr Cruiser LX Sta Wgn | 200 | 400 | 600 | 1200 | 2100 | 3000 |
| **Omega, 6-cyl.** | | | | | | |
| 2-dr Cpe | 200 | 450 | 650 | 1300 | 2200 | 3200 |
| 4-dr Sdn | 200 | 450 | 650 | 1300 | 2200 | 3200 |
| **Omega Brougham, 6-cyl.** | | | | | | |
| 2-dr Cpe | 250 | 500 | 750 | 1400 | 2400 | 3400 |
| 4-dr Sdn | 250 | 500 | 750 | 1400 | 2400 | 3400 |
| **Cutlass Supreme, 8-cyl.** | | | | | | |
| 2-dr Cpe | 300 | 600 | 850 | 1700 | 2900 | 4100 |
| 4-dr Sdn | 250 | 500 | 750 | 1400 | 2400 | 3400 |
| **Cutlass Supreme Brougham, 8-cyl.** | | | | | | |
| 2-dr Cpe | 300 | 600 | 900 | 1800 | 3100 | 4400 |
| 4-dr Sdn | 250 | 500 | 750 | 1400 | 2400 | 3400 |
| **Cutlass Calais, 8-cyl.** | | | | | | |
| 2-dr Cpe | 300 | 550 | 800 | 1600 | 2800 | 3900 |
| **Cutlass Cruiser, 8-cyl.** | | | | | | |
| 4-dr Sta Wgn | 300 | 550 | 800 | 1600 | 2800 | 3900 |
| **Cutlass Ciera, 6-cyl.** | | | | | | |
| 2-dr LS Cpe | 250 | 500 | 750 | 1500 | 2600 | 3600 |
| 4-dr LS Sdn | 250 | 500 | 750 | 1500 | 2600 | 3600 |
| **Cutlass Ciera Brougham, 6-cyl.** | | | | | | |
| 2-dr Cpe | 300 | 550 | 800 | 1600 | 2800 | 3900 |
| 4-dr Sdn | 250 | 500 | 750 | 1500 | 2600 | 3600 |
| **Delta 88, 8-cyl.** | | | | | | |
| 4-dr Sdn | 200 | 450 | 650 | 1300 | 2200 | 3200 |
| **Delta 88 Royale, 8-cyl.** | | | | | | |
| 2-dr Cpe | 250 | 500 | 750 | 1400 | 2400 | 3400 |
| 4-dr Sdn | 250 | 500 | 750 | 1400 | 2400 | 3400 |

| | 6 | 5 | 4 | 3 | 2 | 1 |
|---|---|---|---|---|---|---|
| **Delta 88 Royale Brougham, 8-cyl.** | | | | | | |
| 2-dr Cpe | 250 | 500 | 750 | 1400 | 2400 | 3400 |
| 4-dr Sdn | 250 | 500 | 750 | 1400 | 2400 | 3400 |
| **Custom Cruiser, 8-cyl.** | | | | | | |
| 4-dr Sta Wgn | 300 | 600 | 850 | 1700 | 2900 | 4100 |
| **98 Regency, 8-cyl.** | | | | | | |
| 2-dr Cpe | 250 | 500 | 750 | 1500 | 2600 | 3600 |
| 4-dr Sdn | 250 | 500 | 750 | 1500 | 2600 | 3600 |
| 4-dr Sdn Brghm | 300 | 600 | 850 | 1700 | 2900 | 4100 |
| **Toronado Brougham, 8-cyl.** | | | | | | |
| 2-dr Cpe | 250 | 500 | 750 | 1500 | 2600 | 3600 |

*Small block option deduct 13%*          *Hurst/Olds add 15%*

## 1984

| | 6 | 5 | 4 | 3 | 2 | 1 |
|---|---|---|---|---|---|---|
| **Firenza, 4-cyl.** | | | | | | |
| 2-dr "S" Cpe | 200 | 400 | 550 | 1100 | 2000 | 2900 |
| 4-dr Sdn | 200 | 400 | 550 | 1100 | 2000 | 2900 |
| 4-dr LX Sdn | 200 | 400 | 600 | 1200 | 2100 | 3000 |
| 2-dr SX Cpe | 200 | 400 | 600 | 1200 | 2100 | 3000 |
| 4-dr Sta Wgn Cruiser | 200 | 400 | 550 | 1100 | 2000 | 2900 |
| 4-dr LX Sta Wgn Cruiser | 200 | 400 | 600 | 1200 | 2100 | 3000 |
| **Omega, 6-cyl** | | | | | | |
| 2-dr Cpe | 200 | 450 | 650 | 1300 | 2200 | 3200 |
| 4-dr Sdn | 200 | 450 | 650 | 1300 | 2200 | 3200 |
| 4-dr Sdn Brghm | 250 | 500 | 750 | 1400 | 2400 | 3400 |
| 2-dr Brghm Cpe | 250 | 500 | 750 | 1400 | 2400 | 3400 |
| **Cutlass Ciera, 6-cyl.** | | | | | | |
| 4-dr LS Sdn | 250 | 500 | 750 | 1500 | 2600 | 3600 |
| 2-dr LS Cpe | 250 | 500 | 750 | 1500 | 2600 | 3600 |
| 4-dr LS Cruiser | 300 | 550 | 800 | 1600 | 2800 | 3900 |
| 4-dr Sdn Brghm | 250 | 500 | 750 | 1500 | 2600 | 3600 |
| 2-dr Cpe Brghm | 300 | 550 | 800 | 1600 | 2800 | 3900 |
| **Cutlass, 8-cyl.** | | | | | | |
| Calais Cpe | 300 | 550 | 800 | 1600 | 2800 | 3900 |
| 2-dr Calais Hurst/Olds Cpe | 300 | 700 | 1200 | 2400 | 4100 | 5900 |
| 2-dr Supreme Cpe | 300 | 600 | 850 | 1700 | 2900 | 4100 |
| 4-dr Supreme Sdn | 250 | 500 | 750 | 1400 | 2400 | 3400 |
| 2-dr Sdn Brghm | 300 | 600 | 900 | 1800 | 3100 | 4400 |
| 4-dr Sdn Brghm | 250 | 500 | 750 | 1400 | 2400 | 3400 |
| **Delta 88 Royale, 8-cyl.** | | | | | | |
| 2-dr Cpe | 250 | 500 | 750 | 1400 | 2400 | 3400 |
| 4-dr Sdn | 250 | 500 | 750 | 1400 | 2400 | 3400 |
| 2-dr Cpe Brghm | 250 | 500 | 750 | 1400 | 2400 | 3400 |
| 4-dr Sdn Brghm | 250 | 500 | 750 | 1400 | 2400 | 3400 |
| 4-dr Custom Cruiser Wgn | 300 | 600 | 850 | 1700 | 2900 | 4100 |
| **98 Regency, 8-cyl.** | | | | | | |
| 4-dr Sdn | 250 | 500 | 750 | 1500 | 2600 | 3600 |
| 2-dr Cpe | 250 | 500 | 750 | 1500 | 2600 | 3600 |
| 4-dr Sdn Brghm | 300 | 600 | 850 | 1700 | 2900 | 4100 |
| **Toronado** | | | | | | |
| 2-dr Cpe (6-cyl.) | 250 | 500 | 750 | 1400 | 2400 | 3400 |
| 2-dr Cpe (8-cyl.) | 250 | 500 | 750 | 1500 | 2600 | 3600 |

*Small block option deduct 10%*

## 1985

| | 6 | 5 | 4 | 3 | 2 | 1 |
|---|---|---|---|---|---|---|
| **Firenza, 6-cyl.** | | | | | | |
| 2-dr "S" Cpe | 200 | 400 | 600 | 1200 | 2100 | 3000 |
| 4-dr Sdn | 200 | 400 | 600 | 1200 | 2100 | 3000 |
| 4-dr Cruiser Wgn | 200 | 400 | 600 | 1200 | 2100 | 3000 |
| 4-dr LX Sdn | 200 | 450 | 650 | 1300 | 2200 | 3200 |
| 2-dr SX Cpe | 200 | 450 | 650 | 1300 | 2200 | 3200 |
| 4-dr LX Cruiser Sta Wgn | 200 | 450 | 650 | 1300 | 2200 | 3200 |

| | 6 | 5 | 4 | 3 | 2 | 1 |
|---|---|---|---|---|---|---|
| **Cutlass, 8-cyl.** | | | | | | |
| 2-dr Cpe | 300 | 600 | 900 | 1800 | 3100 | 4400 |
| 4-dr Sdn | 250 | 500 | 750 | 1500 | 2600 | 3600 |
| **Cutlass Supreme Brougham, 8-cyl.** | | | | | | |
| 2-dr Cpe | 300 | 600 | 950 | 1900 | 3200 | 4600 |
| 4-dr Sdn | 250 | 500 | 750 | 1500 | 2600 | 3600 |
| **Cutlass Salon, 8-cyl.** | | | | | | |
| 2-dr Cpe | 300 | 600 | 900 | 1800 | 3100 | 4400 |
| 2-dr 442 Cpe | 300 | 800 | 1300 | 2600 | 4600 | 6600 |
| **Calais, 6-cyl.** | | | | | | |
| 2-dr Cpe | 300 | 600 | 850 | 1700 | 2900 | 4100 |
| 2-dr Supreme Cpe | 300 | 600 | 900 | 1800 | 3100 | 4400 |
| **Cutlass Ciera, 6-cyl.** | | | | | | |
| 2-dr LS Cpe | 300 | 550 | 800 | 1600 | 2800 | 3900 |
| 4-dr LS Sdn | 300 | 550 | 800 | 1600 | 2800 | 3900 |
| 4-dr LS Sta Wgn | 300 | 600 | 850 | 1700 | 2900 | 4100 |
| **Cutlass Ciera Brougham, 6-cyl.** | | | | | | |
| 2-dr Sdn | 300 | 550 | 800 | 1600 | 2800 | 3900 |
| 4-dr Sdn | 300 | 600 | 850 | 1700 | 2900 | 4100 |
| **Delta 88 Royale, 8-cyl.** | | | | | | |
| 2-dr Cpe | 250 | 500 | 750 | 1500 | 2600 | 3600 |
| 4-dr Sdn | 250 | 500 | 750 | 1500 | 2600 | 3600 |
| 2-dr Cpe Brghm | 250 | 500 | 750 | 1500 | 2600 | 3600 |
| 4-dr Sdn Brghm | 250 | 500 | 750 | 1500 | 2600 | 3600 |
| 4-dr LS Sdn | 300 | 600 | 850 | 1700 | 2900 | 4100 |
| 4-dr Custom Cruiser Sta Wgn | 300 | 600 | 900 | 1800 | 3100 | 4400 |
| **98 Regency, 6-cyl.** | | | | | | |
| 2-dr Cpe | 300 | 550 | 800 | 1600 | 2800 | 3900 |
| 4-dr Sdn | 300 | 550 | 800 | 1600 | 2800 | 3900 |
| 2-dr Cpe Brghm | 300 | 550 | 800 | 1600 | 2800 | 3900 |
| 4-dr Sdn Brghm | 300 | 600 | 900 | 1800 | 3100 | 4400 |
| **Toronado, 8-cyl.** | | | | | | |
| 2-dr Cpe | 250 | 500 | 750 | 1500 | 2600 | 3600 |

*Small block option deduct 10%*          *Diesel deduct 30%*

### 1986

| | 6 | 5 | 4 | 3 | 2 | 1 |
|---|---|---|---|---|---|---|
| **Firenza, 4-cyl.** | | | | | | |
| 2-dr Cpe | 200 | 450 | 650 | 1300 | 2200 | 3200 |
| 2-dr S Cpe | 200 | 450 | 650 | 1300 | 2200 | 3200 |
| 4-dr Sdn | 200 | 450 | 650 | 1300 | 2200 | 3200 |
| 4-dr Sta Wgn Cruiser | 200 | 450 | 650 | 1300 | 2200 | 3200 |
| 2-dr LC Cpe | 250 | 500 | 750 | 1400 | 2400 | 3400 |
| 4-dr LX Sdn | 250 | 500 | 750 | 1400 | 2400 | 3400 |
| 2-dr GT Cpe (6-cyl.) | 250 | 500 | 750 | 1500 | 2600 | 3600 |
| **Calais, 6-cyl.** | | | | | | |
| 2-dr Cpe | 300 | 600 | 900 | 1800 | 3100 | 4400 |
| 4-dr Sdn | 300 | 600 | 900 | 1800 | 3100 | 4400 |
| 2-dr Supreme Cpe | 300 | 600 | 950 | 1900 | 3200 | 4600 |
| 4-dr Supreme Sdn | 300 | 600 | 950 | 1900 | 3200 | 4600 |
| **Cutlass, 8-cyl.** | | | | | | |
| 2-dr Salon Cpe | 300 | 650 | 1150 | 2300 | 3900 | 5700 |
| 2-dr Supreme Brghm Cpe | 300 | 650 | 1150 | 2300 | 3900 | 5700 |
| 4-dr Supreme Brghm Sdn | 300 | 650 | 1000 | 2000 | 3500 | 4900 |
| 2-dr Supreme Cpe | 300 | 650 | 1150 | 2300 | 3900 | 5700 |
| 4-dr Supreme Sdn | 300 | 600 | 950 | 1900 | 3200 | 4600 |
| **Cutlass Ciera, 6-cyl** | | | | | | |
| 2-dr LS Cpe | 300 | 600 | 900 | 1800 | 3100 | 4400 |
| 2-dr S Cpe | 300 | 600 | 900 | 1800 | 3100 | 4400 |
| 4-dr LS Sdn | 300 | 600 | 900 | 1800 | 3100 | 4400 |
| 2-dr Brghm Cpe | 300 | 600 | 900 | 1800 | 3100 | 4400 |
| 2-dr SL Brghm Cpe | 300 | 650 | 1000 | 2000 | 3500 | 4900 |

| | 6 | 5 | 4 | 3 | 2 | 1 |
|---|---|---|---|---|---|---|
| 4-dr Brghm Sdn | 300 | 600 | 950 | 1900 | 3200 | 4600 |
| 2-dr LS Cruiser Wgn | 300 | 650 | 1000 | 2000 | 3500 | 4900 |
| **Delta 88 Royale, 6-cyl.** | | | | | | |
| 2-dr Cpe | 300 | 550 | 800 | 1600 | 2800 | 3900 |
| 4-dr Sdn | 300 | 600 | 850 | 1700 | 2900 | 4100 |
| 2-dr Brghm Cpe | 300 | 600 | 850 | 1700 | 2900 | 4100 |
| 4-dr Brghm Sdn | 300 | 600 | 900 | 1800 | 3100 | 4400 |
| 4-dr Custom Cruiser Sta Wgn | 300 | 650 | 1000 | 2000 | 3500 | 4900 |
| **98 Regency, 6-cyl.** | | | | | | |
| 2-dr Cpe | 300 | 600 | 900 | 1800 | 3100 | 4400 |
| 4-dr Sdn | 300 | 600 | 900 | 1800 | 3100 | 4400 |
| 2-dr Brghm Cpe | 300 | 600 | 900 | 1800 | 3100 | 4400 |
| 4-dr Brghm Sdn | 300 | 650 | 1000 | 2000 | 3500 | 4900 |
| **Toronado** | | | | | | |
| 2-dr Cpe | 300 | 700 | 1200 | 2400 | 4100 | 5900 |
| | | *Small block option deduct 10%* | | | | |
| **1987** | | | | | | |
| **Firenza, 4-cyl.** | | | | | | |
| 2-dr Cpe | 250 | 500 | 750 | 1400 | 2400 | 3400 |
| 2-dr Htchbk S | 250 | 500 | 750 | 1400 | 2400 | 3400 |
| 4-dr Sdn | 250 | 500 | 750 | 1400 | 2400 | 3400 |
| 4-dr Cruiser Sta Wgn | 250 | 500 | 750 | 1400 | 2400 | 3400 |
| 2-dr Cpe LC | 250 | 500 | 750 | 1500 | 2600 | 3600 |
| 4-dr Sdn LX | 250 | 500 | 750 | 1500 | 2600 | 3600 |
| 2-dr Htchbk GT, 6-cyl. | 300 | 550 | 800 | 1600 | 2800 | 3900 |
| **Cutlass Supreme, 6-cyl.** | | | | | | |
| 2-dr Cpe | 300 | 700 | 1200 | 2400 | 4100 | 5900 |
| 4-dr Sdn | 300 | 650 | 1000 | 2000 | 3500 | 4900 |
| **Cutlass Supreme, 8-cyl.** | | | | | | |
| 2-dr Cpe | 300 | 800 | 1300 | 2600 | 4600 | 6600 |
| 2-dr Cpe 442 | 350 | 1000 | 1300 | 3200 | 5700 | 8100 |
| 4-dr Sdn | 300 | 650 | 1100 | 2200 | 3800 | 5400 |
| **Cutlass Supreme Brougham, 6-cyl.** | | | | | | |
| 2-dr Cpe | 300 | 750 | 1250 | 2500 | 4400 | 6200 |
| 4-dr Sdn | 300 | 650 | 1000 | 2000 | 3500 | 4900 |
| **Cutlass Supreme Brougham, 8-cyl.** | | | | | | |
| 2-dr Cpe | 300 | 800 | 1350 | 2700 | 4700 | 6900 |
| 4-dr Sdn | 300 | 650 | 1100 | 2200 | 3800 | 5400 |
| **Cutlass Salon** | | | | | | |
| 2-dr Cpe (6-cyl.) | 300 | 700 | 1200 | 2400 | 4100 | 5900 |
| 2-dr Cpe (8-cyl.) | 300 | 800 | 1300 | 2600 | 4600 | 6600 |
| **Calais, 4-cyl.** | | | | | | |
| 2-dr Cpe | 300 | 650 | 1000 | 2000 | 3500 | 4900 |
| 4-dr Sdn | 300 | 650 | 1000 | 2000 | 3500 | 4900 |
| **Calais, 6-cyl.** | | | | | | |
| 2-dr Cpe | 300 | 650 | 1100 | 2200 | 3800 | 5400 |
| 4-dr Sdn | 300 | 650 | 1100 | 2200 | 3800 | 5400 |
| **Calais Supreme, 4-cyl.** | | | | | | |
| 2-dr Cpe | 300 | 650 | 1100 | 2200 | 3800 | 5400 |
| 4-dr Sdn | 300 | 650 | 1100 | 2200 | 3800 | 5400 |
| **Calais Supreme, 6-cyl.** | | | | | | |
| 2-dr Cpe | 300 | 700 | 1200 | 2400 | 4100 | 5900 |
| 4-dr Sdn | 300 | 700 | 1200 | 2400 | 4100 | 5900 |
| **Cutlass Ciera, 4-cyl.** | | | | | | |
| 2-dr Cpe S | 300 | 600 | 900 | 1800 | 3100 | 4400 |
| 4-dr Sdn | 300 | 600 | 900 | 1800 | 3100 | 4400 |
| 4-dr Sta Wgn | 300 | 650 | 1000 | 2000 | 3500 | 4900 |
| **Cutlass Ciera, 6-cyl.** | | | | | | |
| 2-dr S Cpe | 300 | 650 | 1000 | 2000 | 3500 | 4900 |
| 4-dr Sdn | 300 | 650 | 1000 | 2000 | 3500 | 4900 |
| 4-dr Sta Wgn | 300 | 650 | 1150 | 2300 | 3900 | 5700 |

| | 6 | 5 | 4 | 3 | 2 | 1 |
|---|---|---|---|---|---|---|
| **Cutlass Ciera Brougham, 4-cyl.** | | | | | | |
| 2-dr SL Cpe | 300 | 650 | 1000 | 2000 | 3500 | 4900 |
| 4-dr Sdn | 300 | 600 | 950 | 1900 | 3200 | 4600 |
| 4-dr Sta Wgn | 300 | 650 | 1100 | 2100 | 3600 | 5100 |
| **Cutlass Ciera Brougham, 6-cyl.** | | | | | | |
| 2-dr Cpe SL | 300 | 650 | 1100 | 2200 | 3800 | 5400 |
| 4-dr Sdn | 300 | 650 | 1100 | 2100 | 3600 | 5100 |
| 4-dr Sta Wgn | 300 | 650 | 1150 | 2300 | 3900 | 5700 |
| **Delta 88 Royale, 6-cyl.** | | | | | | |
| 2-dr Cpe | 300 | 650 | 1000 | 2000 | 3500 | 4900 |
| 4-dr Sdn | 300 | 650 | 1100 | 2100 | 3600 | 5100 |
| 2-dr Cpe Brghm | 300 | 650 | 1000 | 2000 | 3500 | 4900 |
| 4-dr Sdn Brghm | 300 | 650 | 1100 | 2200 | 3800 | 5400 |
| **Custom Cruiser, 8-cyl.** | | | | | | |
| 4-dr Sta Wgn | 300 | 650 | 1150 | 2300 | 3900 | 5700 |
| **98, 6-cyl.** | | | | | | |
| 2-dr Sdn Regency Brghm | 300 | 650 | 1100 | 2200 | 3800 | 5400 |
| 4-dr Sdn Regency Brghm | 300 | 700 | 1200 | 2400 | 4100 | 5900 |
| 4-dr Regency Sdn | 300 | 650 | 1100 | 2200 | 3800 | 5400 |
| **Toronado, 6-cyl.** | | | | | | |
| 2-dr Cpe Brghm | 300 | 800 | 1350 | 2700 | 4700 | 6900 |

*Add 10% for Trofeo option*

## 1988

| | 6 | 5 | 4 | 3 | 2 | 1 |
|---|---|---|---|---|---|---|
| **Firenza, L4** | | | | | | |
| 2-dr Cpe | 300 | 550 | 800 | 1600 | 2800 | 3900 |
| 4-dr Sdn | 300 | 550 | 800 | 1600 | 2800 | 3900 |
| 4-dr Cruiser Wgn | 300 | 550 | 800 | 1600 | 2800 | 3900 |
| **Cutlass Calais, L4** | | | | | | |
| 2-dr Cpe | 300 | 650 | 1100 | 2200 | 3800 | 5400 |
| 4-dr Sdn | 300 | 650 | 1100 | 2200 | 3800 | 5400 |
| **Cutlass Calais SL, L4** | | | | | | |
| 2-dr Cpe | 300 | 700 | 1200 | 2400 | 4100 | 5900 |
| 4-dr Sdn | 300 | 700 | 1200 | 2400 | 4100 | 5900 |
| **Cutlass Calais International, Quad-4** | | | | | | |
| 2-dr Cpe | 300 | 800 | 1300 | 2600 | 4600 | 6600 |
| 4-dr Sdn | 300 | 800 | 1300 | 2600 | 4600 | 6600 |
| **Cutlass Calais, 6-cyl.** | | | | | | |
| 2-dr Cpe | 300 | 700 | 1200 | 2400 | 4100 | 5900 |
| 4-dr Sdn | 300 | 700 | 1200 | 2400 | 4100 | 5900 |
| **Cutlass Calais SL, 6-cyl.** | | | | | | |
| 2-dr Cpe | 300 | 800 | 1300 | 2600 | 4600 | 6600 |
| 4-dr Sdn | 300 | 800 | 1300 | 2600 | 4600 | 6600 |
| **Cutlass Ciera, L4** | | | | | | |
| 2-dr Cpe | 300 | 650 | 1000 | 2000 | 3500 | 4900 |
| 4-dr Sdn | 300 | 650 | 1100 | 2100 | 3600 | 5100 |
| 4-dr Cruiser Wgn | 300 | 650 | 1150 | 2300 | 3900 | 5700 |
| **Cutlass Ciera Brougham, L4** | | | | | | |
| 2-dr SL Cpe | 300 | 650 | 1100 | 2200 | 3800 | 5400 |
| 4-dr Sdn | 300 | 650 | 1100 | 2200 | 3800 | 5400 |
| 4-dr Cruiser Wgn | 300 | 650 | 1150 | 2300 | 3900 | 5700 |
| **Cutlass Ciera, 6-cyl.** | | | | | | |
| 2-dr Cpe | 300 | 650 | 1150 | 2300 | 3900 | 5700 |
| 4-dr Sdn | 300 | 700 | 1200 | 2400 | 4100 | 5900 |
| 4-dr Cruiser Wgn | 300 | 800 | 1300 | 2600 | 4600 | 6600 |
| **Cutlass Ciera Brougham, 6-cyl.** | | | | | | |
| 2-dr SL Cpe | 300 | 750 | 1250 | 2500 | 4400 | 6200 |
| 4-dr Sdn | 300 | 750 | 1250 | 2500 | 4400 | 6200 |
| 4-dr Cruiser Wgn | 300 | 800 | 1300 | 2600 | 4600 | 6600 |
| **Cutlass Ciera International, 6-cyl.** | | | | | | |
| 2-dr Cpe | 300 | 800 | 1350 | 2700 | 4700 | 6900 |
| 4-dr Sdn | 350 | 850 | 1400 | 2800 | 4900 | 7100 |

| | 6 | 5 | 4 | 3 | 2 | 1 |
|---|---|---|---|---|---|---|
| **Cutlass Supreme, 6-cyl.** | | | | | | |
| 2-dr Cpe | 300 | 700 | 1200 | 2400 | 4100 | 5900 |
| 2-dr SL Cpe | 300 | 750 | 1250 | 2500 | 4400 | 6200 |
| 2-dr International Cpe | 350 | 850 | 1400 | 2800 | 4900 | 7100 |
| **Cutlass Supreme Classic, 8-cyl.** | | | | | | |
| 2-dr Cpe | 350 | 850 | 1400 | 2800 | 4900 | 7100 |
| 2-dr Brougham Cpe | 350 | 900 | 1500 | 2900 | 5200 | 7400 |
| **Delta 88 Royale, 6-cyl.** | | | | | | |
| 4-dr Sdn | 300 | 700 | 1200 | 2400 | 4100 | 5900 |
| 2-dr Cpe | 300 | 650 | 1150 | 2300 | 3900 | 5700 |
| **Delta 88 Royale Brougham, 6-cyl.** | | | | | | |
| 4-dr Sdn | 300 | 800 | 1300 | 2600 | 4600 | 6600 |
| 2-dr Cpe | 300 | 700 | 1200 | 2400 | 4100 | 5900 |
| **Custom Cruiser, 8-cyl.** | | | | | | |
| 4-dr Sta Wgn | 300 | 800 | 1350 | 2700 | 4700 | 6900 |
| **Ninety-Eight Regency, 6-cyl.** | | | | | | |
| 4-dr Sd | 300 | 800 | 1300 | 2600 | 4600 | 6600 |
| **Ninety-Eight Regency Brougham, 6-cyl.** | | | | | | |
| 4-dr Sdn | 350 | 900 | 1500 | 2900 | 5200 | 7400 |
| **Touring Sedan, 6-cyl.** | | | | | | |
| 4-dr Sdn | 400 | 1100 | 1800 | 3600 | 6200 | 9100 |
| **Toronado, 6-cyl.** | | | | | | |
| 2-dr Cpe | 350 | 950 | 1550 | 3100 | 5500 | 7900 |
| 2-dr Cpe Trofeo | 400 | 1050 | 1700 | 3300 | 5800 | 8300 |
| **1989** | | | | | | |
| **Cutlass Calais, L4** | | | | | | |
| 4-dr Sdn | 300 | 750 | 1250 | 2500 | 4400 | 6200 |
| 2-dr Cpe | 300 | 750 | 1250 | 2500 | 4400 | 6200 |
| **Cutlass Calais S, L4** | | | | | | |
| 4-dr Sdn | 300 | 800 | 1350 | 2700 | 4700 | 6900 |
| 2-dr Cpe | 300 | 800 | 1350 | 2700 | 4700 | 6900 |
| **Cutlass Calais SL, L4** | | | | | | |
| 4-dr Sdn | 300 | 800 | 1350 | 2700 | 4700 | 6900 |
| 2-dr Cpe | 300 | 800 | 1350 | 2700 | 4700 | 6900 |
| **Cutlass Calais International, Quad-4** | | | | | | |
| 4-dr Sdn | 350 | 900 | 1500 | 3000 | 5300 | 7600 |
| 2-dr Cpe | 350 | 900 | 1500 | 3000 | 5300 | 7600 |
| **Cutlass Calais S, 6-cyl.** | | | | | | |
| 4-dr Sdn | 350 | 900 | 1500 | 3000 | 5300 | 7600 |
| 2-dr Cpe | 350 | 900 | 1500 | 3000 | 5300 | 7600 |
| **Cutlass Calais SL, 6-cyl.** | | | | | | |
| 4-dr Sdn | 350 | 900 | 1500 | 3000 | 5300 | 7600 |
| 2-dr Cpe | 350 | 900 | 1500 | 3000 | 5300 | 7600 |
| **Cutlass Ciera, L4** | | | | | | |
| 4-dr Sdn | 300 | 650 | 1150 | 2300 | 3900 | 5700 |
| 2-dr Cpe | 300 | 650 | 1100 | 2200 | 3800 | 5400 |
| 2-seat Cruiser Wgn | 300 | 750 | 1250 | 2500 | 4400 | 6200 |
| **Cutlass Ciera SL, L4** | | | | | | |
| 4-dr Sdn | 300 | 800 | 1300 | 2600 | 4600 | 6600 |
| 2-dr Cpe | 300 | 750 | 1250 | 2500 | 4400 | 6200 |
| 3-seat Cruiser Wgn | 300 | 800 | 1300 | 2600 | 4600 | 6600 |
| **Cutlass Ciera, 6-cyl.** | | | | | | |
| 4-dr Sdn | 300 | 800 | 1300 | 2600 | 4600 | 6600 |
| 2-dr Cpe | 300 | 750 | 1250 | 2500 | 4400 | 6200 |
| 2-seat Cruiser Wgn | 350 | 850 | 1400 | 2800 | 4900 | 7100 |
| **Cutlass Ciera SL, 6-cyl.** | | | | | | |
| 4-dr Sdn | 350 | 900 | 1500 | 2900 | 5200 | 7400 |
| 2-dr Cpe | 350 | 850 | 1400 | 2800 | 4900 | 7100 |
| 3-seat Cruiser Wgn | 350 | 900 | 1500 | 2900 | 5200 | 7400 |

| | 6 | 5 | 4 | 3 | 2 | 1 |
|---|---|---|---|---|---|---|
| **Cutlass Ciera International, 6-cyl.** | | | | | | |
| 4-dr Sdn | 350 | 1000 | 1600 | 3200 | 5700 | 8100 |
| 2-dr Cpe | 350 | 950 | 1550 | 3100 | 5500 | 7900 |
| **Cutlass Supreme, 6-cyl.** | | | | | | |
| 2-dr Cpe | 350 | 850 | 1400 | 2800 | 4900 | 7100 |
| 2-dr SL Cpe | 350 | 900 | 1500 | 2900 | 5200 | 7400 |
| 2-dr International Cpe | 400 | 1050 | 1700 | 3300 | 5800 | 8300 |
| **Eighty-Eight Royale, 6-cyl.** | | | | | | |
| 4-dr Sdn | 350 | 900 | 1500 | 2900 | 5200 | 7400 |
| 2-dr Cpe | 350 | 850 | 1400 | 2800 | 4900 | 7100 |
| **Eighty-Eight Royale Brougham, 6-cyl.** | | | | | | |
| 4-dr Sdn | 350 | 900 | 1500 | 3000 | 5300 | 7600 |
| 2-dr Cpe | 350 | 900 | 1500 | 2900 | 5200 | 7400 |
| **Custom Cruiser, 8-cyl.** | | | | | | |
| 3-seat Sta Wgn | 350 | 950 | 1550 | 3100 | 5500 | 7900 |
| **Ninety-Eight Regency, 6-cyl.** | | | | | | |
| 4-dr Sdn | 350 | 900 | 1500 | 3000 | 5300 | 7600 |
| **Ninety-Eight Regency Brougham, 6-cyl.** | | | | | | |
| 4-dr Sdn | 400 | 1050 | 1700 | 3400 | 5900 | 8500 |
| **Touring Sedan, 6-cyl.** | | | | | | |
| 4-dr Sdn | 450 | 1250 | 2150 | 4300 | 7400 | 10700 |
| **Toronado, 6-cyl.** | | | | | | |
| 2-dr Cpe | 400 | 1150 | 1850 | 3700 | 6400 | 9300 |
| 2-dr Trofeo Cpe | 400 | 1200 | 1950 | 3900 | 6800 | 9900 |
| ***1990*** | | | | | | |
| **Cutlass Calais, L4** | | | | | | |
| 4-dr Sdn | 350 | 900 | 1500 | 2900 | 5200 | 7400 |
| 2-dr Cpe | 350 | 900 | 1500 | 2900 | 5200 | 7400 |
| **Cutlass Calais S, L4** | | | | | | |
| 4-dr Sdn | 350 | 950 | 1550 | 3100 | 5500 | 7900 |
| 2-dr Cpe | 350 | 950 | 1550 | 3100 | 5500 | 7900 |
| **Cutlass Calais SL, Quad-4** | | | | | | |
| 4-dr Sdn | 400 | 1050 | 1700 | 3300 | 5800 | 8300 |
| 2-dr Cpe | 350 | 1000 | 1600 | 3200 | 5700 | 8100 |
| **Cutlass Calais International, Quad-4** | | | | | | |
| 4-dr Sdn | 400 | 1050 | 1700 | 3400 | 5900 | 8500 |
| 2-dr Cpe | 400 | 1050 | 1700 | 3400 | 5900 | 8500 |
| **Cutlass Calais SL, 6-cyl.** | | | | | | |
| 4-dr Sdn | 400 | 1100 | 1800 | 3600 | 6200 | 9100 |
| 2-dr Cpe | 400 | 1100 | 1800 | 3500 | 6100 | 8900 |
| **Cutlass Ciera, L4** | | | | | | |
| 4-dr Sdn | 350 | 900 | 1500 | 2900 | 5200 | 7400 |
| **Cutlass Ciera S, L4** | | | | | | |
| 4-dr Sdn | 350 | 950 | 1550 | 3100 | 5500 | 7900 |
| 2-dr Cpe | 350 | 850 | 1400 | 2800 | 4900 | 7100 |
| 2-seat Cruiser Wgn | 350 | 1000 | 1600 | 3200 | 5700 | 8100 |
| **Cutlass Ciera, 6-cyl.** | | | | | | |
| 4-dr Sdn | 350 | 1000 | 1600 | 3200 | 5700 | 8100 |
| **Cutlass Ciera S, 6-cyl.** | | | | | | |
| 4-dr Sdn | 400 | 1050 | 1700 | 3400 | 5900 | 8500 |
| 2-dr Cpe | 350 | 950 | 1550 | 3100 | 5500 | 7900 |
| 2-seat Cruiser Wgn | 400 | 1100 | 1800 | 3500 | 6100 | 8900 |
| **Cutlass Ciera SL, 6-cyl.** | | | | | | |
| 4-dr Sdn | 400 | 1100 | 1800 | 3500 | 6100 | 8900 |
| 3-seat Cruiser Wgn | 400 | 1100 | 1800 | 3600 | 6200 | 9100 |
| **Cutlass Ciera International, 6-cyl.** | | | | | | |
| 4-dr Sdn | 400 | 1200 | 1900 | 3800 | 6600 | 9600 |
| 2-dr Cpe | 400 | 1150 | 1850 | 3700 | 6400 | 9300 |
| **Cutlass Supreme, Quad-4** | | | | | | |
| 4-dr Sdn | 400 | 1100 | 1800 | 3600 | 6200 | 9100 |
| 2-dr Cpe | 400 | 1050 | 1700 | 3400 | 5900 | 8500 |

| | 6 | 5 | 4 | 3 | 2 | 1 |
|---|---|---|---|---|---|---|
| **Cutlass Supreme International, Quad-4** | | | | | | |
| 4-dr Sdn | 400 | 1200 | 2000 | 4000 | 6900 | 10000 |
| 2-dr Cpe | 400 | 1200 | 1950 | 3900 | 6800 | 9900 |
| **Cutlass Supreme, 6-cyl.** | | | | | | |
| 4-dr Sdn | 400 | 1200 | 2000 | 4000 | 6900 | 10000 |
| 2-dr Cpe | 400 | 1200 | 1900 | 3800 | 6600 | 9600 |
| **Cutlass Supreme SL, 6-cyl.** | | | | | | |
| 4-dr Sdn | 450 | 1250 | 2050 | 4100 | 7100 | 10300 |
| 2-dr Cpe | 400 | 1200 | 2000 | 4000 | 6900 | 10000 |
| **Cutlass Supreme  International, 6-cyl.** | | | | | | |
| 4-dr Sdn | 450 | 1250 | 2200 | 4400 | 7600 | 10900 |
| 2-dr Cpe | 450 | 1250 | 2150 | 4300 | 7400 | 10700 |
| **Eighty-Eight Royale, 6-cyl.** | | | | | | |
| 4-dr Sdn | 400 | 1200 | 1900 | 3800 | 6600 | 9600 |
| 2-dr Cpe | 400 | 1100 | 1800 | 3600 | 6200 | 9100 |
| **Eighty-Eight Royale Brougham, 6-cyl.** | | | | | | |
| 4-dr Sdn | 400 | 1200 | 2000 | 4000 | 6900 | 10000 |
| 2-dr Cpe | 400 | 1200 | 1900 | 3800 | 6600 | 9600 |
| **Custom Cruiser, 8-cyl.** | | | | | | |
| 3-seat Sta Wgn | 400 | 1150 | 1850 | 3700 | 6400 | 9300 |
| **Ninety-Eight Regency, 6-cyl.** | | | | | | |
| 4-dr Sdn | 400 | 1100 | 1800 | 3600 | 6200 | 9100 |
| **Ninety-Eight Regency Brougham, 6-cyl.** | | | | | | |
| 4-dr Sdn | 400 | 1200 | 2000 | 4000 | 6900 | 10000 |
| **Touring Sedan, 6-cyl.** | | | | | | |
| 4-dr Sdn | 550 | 1500 | 2500 | 5000 | 8700 | 12300 |
| **Toronado, 6-cyl.** | | | | | | |
| 2-dr Cpe | 550 | 1500 | 2500 | 5100 | 8800 | 12500 |
| 2-dr Trofeo Cpe | 550 | 1550 | 2650 | 5300 | 9100 | 13000 |
| ***1991*** | | | | | | |
| **Cutlass Calais, L4** | | | | | | |
| 4-dr Sdn | 400 | 1050 | 1700 | 3400 | 5900 | 8500 |
| 2-dr Cpe | 400 | 1050 | 1700 | 3400 | 5900 | 8500 |
| **Cutlass Calais S, L4** | | | | | | |
| 4-dr Sdn | 400 | 1100 | 1800 | 3500 | 6100 | 8900 |
| 2-dr Cpe | 400 | 1100 | 1800 | 3500 | 6100 | 8900 |
| **Cutlass Calais SL, Quad-4** | | | | | | |
| 4-dr Sdn | 400 | 1200 | 1900 | 3800 | 6600 | 9600 |
| 2-dr Cpe | 400 | 1150 | 1850 | 3700 | 6400 | 9300 |
| **Cutlass Calais International, Quad-4** | | | | | | |
| 4-dr Sdn | 400 | 1200 | 1950 | 3900 | 6800 | 9900 |
| 2-dr Cpe | 400 | 1200 | 1950 | 3900 | 6800 | 9900 |
| **Cutlass Calais SL, 6-cyl.** | | | | | | |
| 4-dr Sdn | 450 | 1250 | 2050 | 4100 | 7100 | 10300 |
| 2-dr Cpe | 400 | 1200 | 2000 | 4000 | 6900 | 10000 |
| **Cutlass Ciera, L4** | | | | | | |
| 4-dr Sdn | 400 | 1050 | 1700 | 3400 | 5900 | 8500 |
| **Cutlass Ciera S, L4** | | | | | | |
| 4-dr Sdn | 400 | 1100 | 1800 | 3600 | 6200 | 9100 |
| 2-dr Cpe | 400 | 1050 | 1700 | 3300 | 5800 | 8300 |
| 2-seat Cruiser Wgn | 400 | 1150 | 1850 | 3700 | 6400 | 9300 |
| **Cutlass Ciera, 6-cyl.** | | | | | | |
| 4-dr Sdn | 400 | 1150 | 1850 | 3700 | 6400 | 9300 |
| **Cutlass Ciera S, 6-cyl.** | | | | | | |
| 4-dr Sdn | 400 | 1200 | 1950 | 3900 | 6800 | 9900 |
| 2-dr Cpe | 400 | 1100 | 1800 | 3600 | 6200 | 9100 |
| 2-seat Cruiser Wgn | 400 | 1200 | 2000 | 4000 | 6900 | 10000 |
| **Cutlass Ciera SL, 6-cyl.** | | | | | | |
| 4-dr Sdn | 400 | 1200 | 2000 | 4000 | 6900 | 10000 |
| 3-seat Cruiser Wgn | 450 | 1250 | 2050 | 4100 | 7100 | 10300 |

| | 6 | 5 | 4 | 3 | 2 | 1 |
|---|---|---|---|---|---|---|
| **Cutlass Supreme, Quad-4** | | | | | | |
| 4-dr Sdn | 450 | 1250 | 2100 | 4200 | 7200 | 10500 |
| 2-dr Cpe | 400 | 1200 | 2000 | 4000 | 6900 | 10000 |
| **Cutlass Supreme International, Quad-4** | | | | | | |
| 4-dr Sdn | 500 | 1350 | 2350 | 4700 | 8100 | 11500 |
| 2-dr Cpe | 500 | 1350 | 2300 | 4600 | 8000 | 11300 |
| **Cutlass Supreme, 6-cyl.** | | | | | | |
| 4-dr Sdn | 500 | 1350 | 2300 | 4600 | 8000 | 11300 |
| 2-dr Cpe | 450 | 1250 | 2200 | 4400 | 7600 | 10900 |
| **Cutlass Supreme SL, 6-cyl.** | | | | | | |
| 4-dr Sdn | 500 | 1350 | 2350 | 4700 | 8100 | 11500 |
| 2-dr Cpe | 500 | 1350 | 2300 | 4600 | 8000 | 11300 |
| **Cutlass Supreme  International, 6-cyl.** | | | | | | |
| 4-dr Sdn | 550 | 1500 | 2500 | 5100 | 8800 | 12500 |
| 2-dr Cpe | 550 | 1500 | 2500 | 5000 | 8700 | 12300 |
| **Eighty-Eight Royale, 6-cyl.** | | | | | | |
| 4-dr Sdn | 500 | 1300 | 2250 | 4500 | 7700 | 11000 |
| 2-dr Cpe | 450 | 1250 | 2150 | 4300 | 7400 | 10700 |
| **Eighty-Eight Royale Brougham, 6-cyl.** | | | | | | |
| 4-dr Sdn | 500 | 1350 | 2300 | 4600 | 8000 | 11300 |
| 2-dr Cpe | 450 | 1250 | 2200 | 4400 | 7600 | 10900 |
| **Custom Cruiser, 8-cyl.** | | | | | | |
| 3-seat Sta Wgn | 750 | 2200 | 3650 | 7300 | 12600 | 18200 |
| **Ninety-Eight Regency Elite, 6-cyl.** | | | | | | |
| 4-dr Sdn | 650 | 1700 | 3000 | 6100 | 10600 | 15200 |
| **Touring Sedan, 6-cyl.** | | | | | | |
| 4-dr Sdn | 750 | 2250 | 3700 | 7400 | 12800 | 18500 |
| **Toronado, 6-cyl.** | | | | | | |
| 2-dr Cpe | 650 | 1700 | 3000 | 6100 | 10600 | 15200 |
| 2-dr Trofeo Cpe | 650 | 1750 | 3150 | 6300 | 10900 | 15700 |

# PRICE GUIDE CLASSIFICATIONS:

**1. CONCOURS:** Perfection. At or near 100 points on a 100-point judging scale. Trailered; never driven; pampered. Totally restored to the max and 100 percent stock.
**2. SHOW:** Professionally restored to high standards. No major flaws or deviations from stock. Consistent trophy winner that needs nothing to show. In 90 to 95 point range.
**3. STREET/SHOW:** Older restoration or extremely nice original showing some wear from age and use. Very presentable; occasional trophy winner; everything working properly. About 80 to 89 points.

**4. DRIVER:** A nice looking, fine running collector car needing little or nothing to drive, enjoy and show in local competition. Would need extensive restoration to be a show car, but completely usable as is.
**5. RESTORABLE:** Project car that is relatively complete and restorable within a reasonable effort and expense. Needs total restoration, but all major components present and rebuildable. May or may not be running.
**6. PARTS CAR:** Deteriorated or stripped to a point beyond reasonable restoration, but still complete and solid enough to donate valuable parts to a restoration. Likely not running, possibly missing its engine.

### Collector Car Value Trends

Value trends within the collector car hobby provide a look at what's been going on during the past two decades. The following charts were compiled from various sources that have tracked the value of selected models over the years. Models were chosen on the basis of their rarity *and* desirability by collectors and hobbyists. 2000 prices are based on vehicles in number one condition.

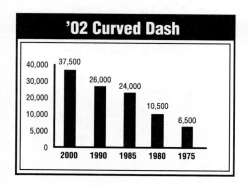

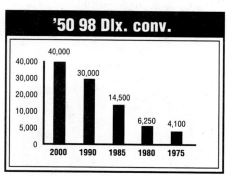

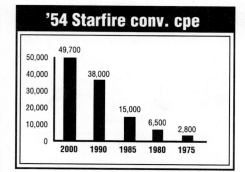

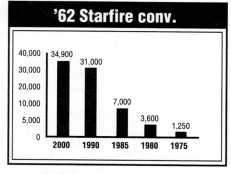

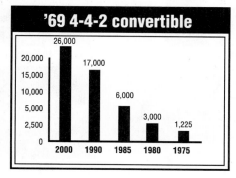

# PACKARD
## 1902 – 1958

'10 Packard Runabout

'25 Packard 236

'29 Packard 640 Convertible Coupe

'30 Packard 726

'31 Packard Phaeton

'34 Packard

'37 Packard

'40 Packard 180 Custom

'47 Packard

'49 Packard Deluxe Eight

|  | 6 | 5 | 4 | 3 | 2 | 1 |
|---|---|---|---|---|---|---|
| **1902** | | | | | | |
| **Model F, 4-cyl.** | | | | | | |
| Rdstr | 2600 | 7750 | 13100 | 26200 | 46000 | 65500 |
| Rear Tonneau | 2600 | 7750 | 13100 | 26200 | 46000 | 65500 |
| **1903** | | | | | | |
| **Model K, 4-cyl.** | | | | | | |
| Rear Tonneau | 2600 | 7750 | 13100 | 26200 | 46000 | 65500 |
| King Belgium Tonneau | 2600 | 7750 | 13100 | 26200 | 46000 | 65500 |
| **1904** | | | | | | |
| **Model L, 4-cyl.** | | | | | | |
| Tonneau | 2400 | 7100 | 12000 | 24000 | 42150 | 59000 |
| Surrey | 2450 | 7300 | 12250 | 24500 | 43000 | 63500 |
| **1905** | | | | | | |
| **Model N, 4-cyl.** | | | | | | |
| Rnbt | 2300 | 6650 | 11250 | 22500 | 39500 | 56100 |
| Tonneau | 2300 | 6650 | 11250 | 22500 | 39500 | 56100 |
| Tr | 2300 | 6650 | 11250 | 22500 | 39500 | 56100 |
| Brghm | 2350 | 6950 | 11750 | 23500 | 41300 | 58700 |
| Limo | 2400 | 7100 | 12000 | 24000 | 42150 | 59000 |
| **1906** | | | | | | |
| **Model 24 or S, 4-cyl., 24 hp** | | | | | | |
| Rnbt | 2300 | 6650 | 11250 | 22500 | 39500 | 56100 |
| Tr | 2300 | 6650 | 11250 | 22500 | 39500 | 56100 |
| Lan | 2300 | 6800 | 11500 | 23000 | 40400 | 57500 |
| Limo | 2300 | 6800 | 11500 | 23000 | 40400 | 57500 |
| **1907** | | | | | | |
| **Model 30 or U, 4-cyl., 30 hp** | | | | | | |
| Rnbt | 2300 | 6800 | 11500 | 23000 | 40400 | 57500 |
| Tr | 2300 | 6800 | 11500 | 23000 | 40400 | 57500 |
| Lan | 2350 | 6950 | 11750 | 23500 | 41300 | 58700 |
| Limo | 2350 | 6950 | 11750 | 23500 | 41300 | 58700 |
| **1908** | | | | | | |
| **Model 30 or UA, 4-cyl., 30 hp** | | | | | | |
| Rnbt | 2100 | 6100 | 10300 | 20600 | 36200 | 57500 |
| Tr | 2300 | 6650 | 11250 | 22500 | 39500 | 56100 |
| CC Tr | 2250 | 6600 | 11100 | 22200 | 39000 | 55500 |
| Lan | 2300 | 6800 | 11500 | 23000 | 40400 | 57500 |
| Limo | 2300 | 6800 | 11500 | 23000 | 40400 | 57500 |
| **1909** | | | | | | |
| **Model 30 or UB/UBS, 4-cyl., 30 hp** | | | | | | |
| Rnbt (UBS) | 1700 | 5050 | 8500 | 17000 | 29900 | 42500 |
| Tr | 2000 | 6350 | 10750 | 21500 | 37800 | 53700 |
| CC Tr | 2050 | 6050 | 10250 | 25000 | 36000 | 51200 |
| Lan | 2350 | 6550 | 11000 | 22000 | 38650 | 55000 |
| Limo | 2300 | 6800 | 11500 | 23000 | 40400 | 57500 |
| Demi-Limo | 2300 | 6800 | 11500 | 23000 | 40400 | 57500 |
| **Model 18 or NA, 4-cyl., 18 hp** | | | | | | |
| Cpe | 1750 | 5200 | 8750 | 17500 | 30800 | 43700 |
| Rnbt | 1750 | 5200 | 8750 | 17500 | 30800 | 43700 |
| Tr | 1850 | 5400 | 9100 | 18200 | 32000 | 45500 |
| Lan | 2250 | 6550 | 11000 | 22000 | 38650 | 55000 |
| Limo | 2250 | 6550 | 11000 | 22000 | 38650 | 55000 |

| | 6 | 5 | 4 | 3 | 2 | 1 |
|---|---|---|---|---|---|---|
| **1910** | | | | | | |
| **Model UC/UCS, 4-cyl., 30 hp** | | | | | | |
| Rnbt (UCS) | 2150 | 6200 | 10500 | 21000 | 36900 | 52400 |
| Phtn | 2300 | 6800 | 11500 | 23000 | 40400 | 57500 |
| Tr | 2250 | 6600 | 11100 | 22200 | 39000 | 55500 |
| CC Tr | 2300 | 6650 | 11200 | 22400 | 39350 | 55900 |
| Lndlt | 2350 | 6950 | 11700 | 23400 | 41100 | 58400 |
| Limo | 2350 | 6950 | 11700 | 23400 | 41100 | 58400 |
| Demi-Limo | 2450 | 7200 | 12200 | 24400 | 42850 | 61000 |
| **Model NB, 4-cyl., 18 hp** | | | | | | |
| Rnbt | 2000 | 5850 | 9900 | 19800 | 34800 | 49500 |
| Tr | 2000 | 5850 | 9900 | 19800 | 34800 | 49500 |
| Lan | 2150 | 6200 | 10500 | 21000 | 36900 | 52400 |
| Limo | 2150 | 6200 | 10500 | 21000 | 36900 | 52400 |
| **1911** | | | | | | |
| **Model UC/UCS, 4-cyl., 30 hp** | | | | | | |
| Rnbt (UCS) | 2150 | 6200 | 10500 | 21000 | 36900 | 52400 |
| Phtn | 2300 | 6800 | 11500 | 23000 | 40400 | 57500 |
| Tr | 2250 | 6600 | 11100 | 22200 | 39000 | 55500 |
| CC Tr | 2300 | 6650 | 11200 | 22400 | 39350 | 55900 |
| Lndlt | 2350 | 6950 | 11700 | 23400 | 41100 | 58400 |
| Limo | 2350 | 6950 | 11700 | 23400 | 41100 | 58400 |
| Demi-Limo | 2450 | 7200 | 12200 | 24400 | 42850 | 61000 |
| **Model NB, 4-cyl., 18 hp** | | | | | | |
| Rnbt | 2000 | 5850 | 9900 | 19800 | 34800 | 49500 |
| Tr | 2000 | 5850 | 9900 | 19800 | 34800 | 49500 |
| Lan | 2150 | 6200 | 10500 | 21000 | 36900 | 52400 |
| Limo | 2150 | 6200 | 10500 | 21000 | 36900 | 52400 |
| **1912** | | | | | | |
| **Model NE, 4-cyl., 18 hp** | | | | | | |
| Cpe | 1100 | 3550 | 5900 | 11800 | 20800 | 29400 |
| Rnbt | 1850 | 5400 | 9100 | 18200 | 32000 | 45500 |
| Tr | 1900 | 5500 | 9250 | 18500 | 32500 | 46100 |
| Limo | 1450 | 4400 | 7300 | 14600 | 25700 | 36500 |
| Imperial Limo | 1550 | 4700 | 7900 | 15800 | 27800 | 39400 |
| **Model UE, 4-cyl., 30 hp** | | | | | | |
| Cpe | 1350 | 4150 | 6900 | 13800 | 24300 | 34500 |
| Tr | 2450 | 7250 | 12250 | 24500 | 43000 | 61200 |
| Phtn | 2500 | 7400 | 12500 | 25000 | 43900 | 62400 |
| Rnbt | 2600 | 7650 | 12900 | 25800 | 45300 | 64400 |
| Brghm | 1200 | 3750 | 6300 | 12600 | 22200 | 31400 |
| Lndlt | 1700 | 5000 | 8400 | 16800 | 29550 | 41900 |
| Limo | 1550 | 4700 | 7900 | 15800 | 27800 | 39400 |
| **Model 1-48, 6-cyl., 36 hp** | | | | | | |
| Cpe | 1800 | 5300 | 8900 | 17800 | 31300 | 44400 |
| Tr | 2250 | 6600 | 11100 | 22200 | 39000 | 55500 |
| Vic Tr | 2350 | 6950 | 11700 | 23400 | 41100 | 58400 |
| Canopy Tr | 2400 | 7050 | 11950 | 23900 | 42000 | 59700 |
| Phtn | 2300 | 6700 | 11300 | 22600 | 39700 | 56400 |
| Phtn-Vic | 2300 | 6800 | 11500 | 23000 | 40400 | 57500 |
| Rnbt | 2000 | 5900 | 9950 | 19900 | 35000 | 49700 |
| CC | 1850 | 5400 | 9100 | 18200 | 32000 | 45500 |
| Brghm | 1700 | 5000 | 8400 | 16800 | 29550 | 41900 |
| Lan | 1900 | 5500 | 9300 | 18600 | 32700 | 46400 |
| Imperial Lndlt | 1900 | 5650 | 9500 | 19000 | 33400 | 47500 |
| Limo | 2000 | 5850 | 9900 | 19800 | 34800 | 49500 |
| Imperial Limo | 2150 | 6200 | 10500 | 21000 | 36900 | 52400 |

|  | 6 | 5 | 4 | 3 | 2 | 1 |
|---|---|---|---|---|---|---|

## 1913

### Model 1-38, 6-cyl., 38 hp

|  | 6 | 5 | 4 | 3 | 2 | 1 |
|---|---|---|---|---|---|---|
| Cpe | 1800 | 5300 | 8900 | 17800 | 31300 | 44400 |
| Tr | 2250 | 6600 | 11100 | 22200 | 39000 | 55500 |
| Rnbt | 2000 | 5900 | 9950 | 19900 | 35000 | 49700 |
| Phtn | 2300 | 6700 | 11300 | 22600 | 39700 | 56400 |
| Imperial Cpe | 1850 | 5400 | 9100 | 18200 | 32000 | 45500 |
| Brghm | 1600 | 485ʋ | 8100 | 16200 | 28500 | 40500 |
| Lan | 1900 | 5500 | 9300 | 18600 | 32700 | 46400 |
| Limo | 2000 | 5850 | 9900 | 19800 | 34800 | 49500 |
| Imperial Limo | 2150 | 6200 | 10500 | 21000 | 36900 | 52400 |

## 1914

### Model 2-38, 6-cyl.

|  | 6 | 5 | 4 | 3 | 2 | 1 |
|---|---|---|---|---|---|---|
| Cpe | 1800 | 5300 | 8900 | 17800 | 31300 | 44400 |
| Tr | 2150 | 6200 | 10500 | 21000 | 36900 | 52400 |
| Salon Tr | 2200 | 6350 | 10750 | 21500 | 37800 | 53700 |
| Spl Tr | 2200 | 6450 | 10900 | 21800 | 38300 | 54400 |
| Phtn | 2250 | 6600 | 11100 | 22200 | 39000 | 55500 |
| 4-pass Phtn | 2300 | 6700 | 11300 | 22600 | 39700 | 56400 |
| Brghm | 1550 | 4700 | 7900 | 15800 | 27800 | 39400 |
| 4-pass Brghm | 1550 | 4700 | 7900 | 15800 | 27800 | 39400 |
| Lndlt | 1650 | 4950 | 8300 | 16600 | 29200 | 41500 |
| Cabrlt Lndlt | 1900 | 5500 | 9300 | 18600 | 32700 | 46400 |
| Limo | 1550 | 4700 | 7900 | 15800 | 27800 | 39400 |
| Cabrlt Limo | 1900 | 5650 | 9500 | 19000 | 33400 | 47500 |
| Imperial Limo | 1900 | 5500 | 9250 | 18500 | 32500 | 46100 |
| Salon Limo | 1900 | 5600 | 9400 | 18800 | 33050 | 47000 |

### Model 3-48

|  | 6 | 5 | 4 | 3 | 2 | 1 |
|---|---|---|---|---|---|---|
| Cpe | 1800 | 5300 | 8900 | 17800 | 31300 | 44400 |
| Tr | 2050 | 6000 | 10100 | 20200 | 35500 | 50400 |
| Salon Tr | 2050 | 6000 | 10100 | 20200 | 35500 | 50400 |
| Spl Tr | 2050 | 6000 | 10100 | 20200 | 35500 | 50400 |
| Phtn | 2200 | 6400 | 10800 | 21600 | 37950 | 53900 |
| 4-pass Phtn | 2200 | 6450 | 10900 | 21800 | 38300 | 54400 |
| Brghm | 1750 | 5200 | 8700 | 17400 | 30600 | 43500 |
| 4-pass Brghm | 1800 | 5300 | 8900 | 17800 | 31300 | 44400 |
| Lndlt | 1850 | 5400 | 9100 | 18200 | 32000 | 45500 |
| Cabrlt Lndlt | 1950 | 5750 | 9700 | 19400 | 34100 | 48400 |
| Limo | 1800 | 5350 | 9000 | 18000 | 31650 | 45000 |
| Limo Cabrlt | 1900 | 5500 | 9300 | 18600 | 32700 | 46400 |
| Imperial Limo | 1900 | 5600 | 9400 | 18800 | 33050 | 47000 |
| Salon Limo | 1950 | 5700 | 9600 | 19200 | 33750 | 47900 |

### Model 4-48, 6-cyl., 48 hp

|  | 6 | 5 | 4 | 3 | 2 | 1 |
|---|---|---|---|---|---|---|
| Cpe | 1850 | 5400 | 9100 | 18200 | 32000 | 45500 |
| Tr | 2100 | 6100 | 10300 | 20600 | 36200 | 51500 |
| Salon Tr | 2100 | 6100 | 10300 | 20600 | 36200 | 51500 |
| Phtn | 2250 | 6550 | 11000 | 22000 | 38650 | 55000 |
| 4-pass Phtn | 2300 | 6650 | 11200 | 22400 | 39350 | 55900 |
| Brghm | 1800 | 5300 | 8900 | 17800 | 31300 | 44400 |
| Salon Brghm | 1850 | 5400 | 9100 | 18200 | 32000 | 45500 |
| Lndlt | 1900 | 5500 | 9300 | 18600 | 32700 | 46400 |
| Cabrlt Lndlt | 2000 | 5900 | 9950 | 19900 | 35000 | 49700 |
| Limo | 1900 | 5500 | 9300 | 18600 | 32700 | 46400 |
| Imperial Limo | 2000 | 5800 | 9750 | 19500 | 34300 | 48700 |
| Salon Limo | 2000 | 5900 | 9950 | 19900 | 35000 | 49700 |

|  | 6 | 5 | 4 | 3 | 2 | 1 |
|---|---|---|---|---|---|---|

## 1915

### Model 3-38, 6-cyl.

|  | 6 | 5 | 4 | 3 | 2 | 1 |
|---|---|---|---|---|---|---|
| Tr | 2050 | 6000 | 10100 | 20200 | 35500 | 50400 |
| Salon Tr | 2150 | 6200 | 10500 | 21000 | 36900 | 52400 |
| Spl Tr | 2200 | 6500 | 10950 | 21900 | 38500 | 54700 |
| Phtn | 2250 | 6600 | 11100 | 22200 | 39000 | 55500 |
| 4-pass Phtn | 2200 | 6450 | 10900 | 21800 | 38300 | 54400 |

### Model 3-38

|  | 6 | 5 | 4 | 3 | 2 | 1 |
|---|---|---|---|---|---|---|
| Cpe | 1650 | 4950 | 8300 | 16600 | 29200 | 41500 |
| Brghm | 1600 | 4850 | 8100 | 16200 | 28500 | 40500 |
| 4-pass Brghm | 1550 | 4700 | 7900 | 15800 | 27800 | 39400 |
| Lndlt | 1800 | 5300 | 8900 | 17800 | 31300 | 44400 |
| Cabrlt Lndlt | 2100 | 6100 | 10300 | 20600 | 36200 | 51500 |
| Limo | 1900 | 5500 | 9300 | 18600 | 32700 | 46400 |
| Limo Cabrlt | 2000 | 5850 | 9900 | 19800 | 34800 | 49500 |
| Imperial Limo | 1950 | 5750 | 9700 | 19400 | 34100 | 48400 |
| Salon Limo | 2050 | 6000 | 10100 | 20200 | 35500 | 50400 |

### Model 5-48, 6-cyl., 48 hp

|  | 6 | 5 | 4 | 3 | 2 | 1 |
|---|---|---|---|---|---|---|
| Cpe | 1550 | 4700 | 7900 | 15800 | 27800 | 39400 |
| Tr | 2100 | 6100 | 10300 | 20600 | 36200 | 51500 |
| Salon Tr | 2150 | 6200 | 10500 | 21000 | 36900 | 52400 |
| Phtn | 2200 | 6350 | 10700 | 21400 | 37600 | 53500 |
| 4-pass Phtn | 2200 | 6450 | 10900 | 21800 | 38300 | 54400 |
| Rnbt | 2300 | 6800 | 11500 | 23000 | 40400 | 57500 |
| Brghm | 1550 | 4650 | 7750 | 15500 | 27300 | 38700 |
| Salon Brghm | 1600 | 4750 | 7950 | 15900 | 28000 | 39700 |
| Lndlt | 2000 | 5950 | 10000 | 20000 | 35150 | 49900 |
| Limo | 2300 | 6700 | 11300 | 22600 | 39700 | 56400 |
| Imperial Limo | 2500 | 7350 | 12400 | 24800 | 43550 | 61900 |
| Salon Limo | 2500 | 7350 | 12400 | 24800 | 43550 | 61900 |

## 1916

### Twin Six, 12-cyl., 125" wb

|  | 6 | 5 | 4 | 3 | 2 | 1 |
|---|---|---|---|---|---|---|
| Cpe | 1600 | 4850 | 8100 | 16200 | 28500 | 40500 |
| Tr | 2050 | 6050 | 10250 | 20500 | 36000 | 51200 |
| Salon Tr | 2150 | 6200 | 10500 | 21000 | 36900 | 52400 |
| Phtn | 2200 | 6350 | 10700 | 21400 | 37600 | 53500 |
| Salon Phtn | 2200 | 6450 | 10900 | 21800 | 38300 | 54400 |
| Rnbt | 2100 | 6100 | 10300 | 20600 | 36200 | 51500 |
| Brghm | 1550 | 4700 | 7900 | 15800 | 27800 | 39400 |
| Lndlt | 1700 | 5050 | 8500 | 17000 | 29900 | 42500 |
| Limo | 1750 | 5200 | 8700 | 17400 | 30600 | 43500 |

### Twin Six, 12-cyl., 135" wb

|  | 6 | 5 | 4 | 3 | 2 | 1 |
|---|---|---|---|---|---|---|
| Tr | 2250 | 6550 | 11000 | 22000 | 38650 | 55000 |
| Salon Tr | 2300 | 6800 | 11500 | 23000 | 40400 | 57500 |
| Phtn | 2250 | 6550 | 11000 | 22000 | 38650 | 55000 |
| Salon Phtn | 2300 | 6700 | 11300 | 22600 | 39700 | 56400 |
| Brghm | 1700 | 5050 | 8500 | 17000 | 29900 | 42500 |
| Lndlt | 1800 | 5300 | 8900 | 17800 | 31300 | 44400 |
| Salon Lndlt | 1850 | 5400 | 9100 | 18200 | 32000 | 45500 |
| Cabrlt Lndlt | 2150 | 6200 | 10500 | 21000 | 36900 | 52400 |
| Limo | 1850 | 5400 | 9100 | 18200 | 32000 | 45500 |
| Cabrlt Limo | 2200 | 6350 | 10700 | 21400 | 37600 | 53500 |
| Imperial Limo | 2150 | 6200 | 10500 | 21000 | 36900 | 52400 |

## 1917

### Series II, Twin Six, 12-cyl., 126" wb

|  | 6 | 5 | 4 | 3 | 2 | 1 |
|---|---|---|---|---|---|---|
| Cpe | 1400 | 4250 | 7100 | 14200 | 25000 | 35400 |
| Tr | 1900 | 5500 | 9300 | 18600 | 32700 | 46400 |

|  | 6 | 5 | 4 | 3 | 2 | 1 |
|---|---|---|---|---|---|---|
| Phtn | 1900 | 5650 | 9500 | 19000 | 33400 | 47500 |
| Salon Phtn | 1950 | 5750 | 9700 | 19400 | 34100 | 48400 |
| 2-pass Rnbt | 1800 | 5350 | 9000 | 18000 | 31650 | 45000 |
| 4-pass Rnbt | 1850 | 5450 | 9200 | 18400 | 32350 | 45900 |
| Brghm | 1300 | 4000 | 6700 | 13400 | 23600 | 33400 |
| Lndlt | 1700 | 5050 | 8500 | 17000 | 29900 | 42500 |
| Limo | 1750 | 5200 | 8700 | 17400 | 30600 | 43500 |
| **Twin Six, 12-cyl., 135" wb** | | | | | | |
| Tr | 2000 | 5850 | 9900 | 19800 | 34800 | 49500 |
| Salon Tr | 2050 | 6000 | 10100 | 20200 | 35500 | 50400 |
| Phtn | 2100 | 6100 | 10300 | 20600 | 36200 | 51500 |
| Salon Phtn | 2150 | 6200 | 10500 | 21000 | 36900 | 52400 |
| Brghm | 1100 | 3550 | 5900 | 11800 | 20800 | 29400 |
| Ldnlt | 1600 | 4850 | 8100 | 16200 | 28500 | 40500 |
| Cabrlt Lndlt | 1750 | 5200 | 8700 | 17400 | 30600 | 43500 |
| Limo | 1700 | 5050 | 8500 | 17000 | 29900 | 42500 |
| Cabrlt Limo | 1750 | 5200 | 8700 | 17400 | 30600 | 43500 |
| Imperial Limo | 1800 | 5300 | 8900 | 17800 | 31300 | 44400 |

### 1918

**Twin Six, 12-cyl., 128" wb**

|  | 6 | 5 | 4 | 3 | 2 | 1 |
|---|---|---|---|---|---|---|
| Cpe | 1300 | 4000 | 6700 | 13400 | 23600 | 33400 |
| Tr | 1800 | 5300 | 8900 | 17800 | 31300 | 44400 |
| Salon Tr | 1850 | 5400 | 9100 | 18200 | 32000 | 45500 |
| Phtn | 1900 | 5650 | 9500 | 19000 | 33400 | 47500 |
| Salon Phtn | 2000 | 5850 | 9900 | 19800 | 34800 | 49500 |
| Rnbt | 1900 | 5650 | 9500 | 19000 | 33400 | 47500 |
| 2-dr Brghm | 1200 | 3750 | 6300 | 12600 | 22200 | 31400 |
| Lndlt | 1650 | 4950 | 8300 | 16600 | 29200 | 41500 |
| Limo | 1750 | 5200 | 8700 | 17400 | 30600 | 43500 |
| **Twin Six, 12-cyl., 136" wb** | | | | | | |
| Tr | 2000 | 5850 | 9900 | 19800 | 34800 | 49500 |
| Salon Tr | 2100 | 6100 | 10300 | 20600 | 36200 | 51500 |
| Brghm | 1250 | 3900 | 6500 | 13000 | 22900 | 32500 |
| Lndlt | 1750 | 5200 | 8700 | 17400 | 30600 | 43500 |
| Limo | 1800 | 5300 | 8900 | 17800 | 31300 | 44400 |
| Imperial Limo | 1900 | 5500 | 9300 | 18600 | 32700 | 46400 |

### 1919

**Twin Six, 12-cyl., 128" wb**

|  | 6 | 5 | 4 | 3 | 2 | 1 |
|---|---|---|---|---|---|---|
| Cpe | 1300 | 4000 | 6700 | 13400 | 23600 | 33400 |
| Tr | 1800 | 5300 | 8900 | 17800 | 31300 | 44400 |
| Salon Tr | 1850 | 5400 | 9100 | 18200 | 32000 | 45500 |
| Phtn | 1900 | 5650 | 9500 | 19000 | 33400 | 47500 |
| Salon Phtn | 2000 | 5850 | 9900 | 19800 | 34800 | 49500 |
| Rnbt | 1900 | 5650 | 9500 | 19000 | 33400 | 47500 |
| 2-dr Brghm | 1200 | 3750 | 6300 | 12600 | 22200 | 31400 |
| Lndlt | 1650 | 4950 | 8300 | 16600 | 29200 | 41500 |
| Limo | 1750 | 5200 | 8700 | 17400 | 30600 | 43500 |
| **Twin Six, 12-cyl., 136" wb** | | | | | | |
| Tr | 2000 | 5850 | 9900 | 19800 | 34800 | 49500 |
| Salon Tr | 2100 | 6100 | 10300 | 20600 | 36200 | 51500 |
| Brghm | 1250 | 3900 | 6500 | 13000 | 22900 | 32500 |
| Lndlt | 1750 | 5200 | 8700 | 17400 | 30600 | 43500 |
| Limo | 1800 | 5300 | 8900 | 17800 | 31300 | 44400 |
| Imperial Limo | 1900 | 5500 | 9300 | 18600 | 32700 | 46400 |

### 1920

**Twin Six, Model 3-35, 12-cyl.**

|  | 6 | 5 | 4 | 3 | 2 | 1 |
|---|---|---|---|---|---|---|
| Cpe | 1300 | 4000 | 6700 | 13400 | 23600 | 33400 |

|  | 6 | 5 | 4 | 3 | 2 | 1 |
|---|---|---|---|---|---|---|
| Dlx Cpe | 1400 | 4250 | 7100 | 14200 | 25000 | 35400 |
| Tr | 1800 | 5300 | 8900 | 17800 | 31300 | 44400 |
| Phtn | 1900 | 5650 | 9500 | 19000 | 33400 | 47500 |
| Rdstr | 1950 | 5750 | 9700 | 19400 | 34100 | 48400 |
| Sdn | 1200 | 3750 | 6300 | 12600 | 22200 | 31400 |
| Duplex Sdn | 1600 | 4850 | 8100 | 16200 | 28500 | 40500 |
| Limo | 1750 | 5200 | 8700 | 17400 | 30600 | 43500 |

### 1921
**Twin Six, Model 3-35, 12-cyl.**

|  | 6 | 5 | 4 | 3 | 2 | 1 |
|---|---|---|---|---|---|---|
| Cpe | 1300 | 4000 | 6700 | 13400 | 23600 | 33400 |
| Dlx Cpe | 1400 | 4250 | 7100 | 14200 | 25000 | 35400 |
| Tr | 1800 | 5300 | 8900 | 17800 | 31300 | 44400 |
| Phtn | 1900 | 5650 | 9500 | 19000 | 33400 | 47500 |
| Rdstr | 1950 | 5750 | 9700 | 19400 | 34100 | 48400 |
| Sdn | 1200 | 3750 | 6300 | 12600 | 22200 | 31400 |
| Duplex Sdn | 1600 | 4850 | 8100 | 16200 | 28500 | 40500 |
| Limo | 1750 | 5200 | 8700 | 17400 | 30600 | 43500 |

**Model 116, 6-cyl.**

|  | 6 | 5 | 4 | 3 | 2 | 1 |
|---|---|---|---|---|---|---|
| Cpe | 1050 | 3400 | 5700 | 11400 | 20100 | 28500 |
| Tr | 1350 | 4150 | 6900 | 13800 | 24300 | 34500 |
| Rnbt | 1250 | 3900 | 6500 | 13000 | 22900 | 32500 |
| Sdn | 1000 | 3150 | 5300 | 10600 | 18700 | 26500 |

### 1922
**Twin Six, Model 3-35, 12-cyl.**

|  | 6 | 5 | 4 | 3 | 2 | 1 |
|---|---|---|---|---|---|---|
| Cpe | 1300 | 4000 | 6700 | 13400 | 23600 | 33400 |
| Dlx Cpe | 1400 | 4250 | 7100 | 14200 | 25000 | 35400 |
| Tr | 1800 | 5300 | 8900 | 17800 | 31300 | 44400 |
| Phtn | 1900 | 5650 | 9500 | 19000 | 33400 | 47500 |
| Rdstr | 1950 | 5750 | 9700 | 19400 | 34100 | 48400 |
| Sdn | 1200 | 3750 | 6300 | 12600 | 22200 | 31400 |
| Duplex Sdn | 1600 | 4850 | 8100 | 16200 | 28500 | 40500 |
| Limo | 1750 | 5200 | 8700 | 17400 | 31700 | 43500 |

**Model 116, 6-cyl.**

|  | 6 | 5 | 4 | 3 | 2 | 1 |
|---|---|---|---|---|---|---|
| Cpe | 1050 | 3400 | 5700 | 11400 | 20100 | 28500 |
| Tr | 1350 | 4150 | 6900 | 13800 | 24300 | 34500 |
| Rnbt | 1250 | 3900 | 6500 | 13000 | 22900 | 32500 |
| Sdn | 1000 | 3150 | 5300 | 10600 | 18700 | 26500 |

**Model 126, 6-cyl., 126" wb**

|  | 6 | 5 | 4 | 3 | 2 | 1 |
|---|---|---|---|---|---|---|
| Cpe | 1100 | 3550 | 5900 | 11800 | 20800 | 29400 |
| Tr | 1500 | 4500 | 7500 | 15000 | 26400 | 37500 |
| Rnbt | 1400 | 4250 | 7100 | 14200 | 25000 | 35400 |
| Spt Model | 1250 | 3900 | 6500 | 13000 | 22900 | 32500 |
| Sdn | 1050 | 3300 | 5500 | 11000 | 19300 | 27500 |

**Model 133, 6-cyl., 133" wb**

|  | 6 | 5 | 4 | 3 | 2 | 1 |
|---|---|---|---|---|---|---|
| Tr | 1500 | 4600 | 7700 | 15400 | 27100 | 38500 |
| Sdn | 1050 | 3300 | 5500 | 11000 | 19300 | 27500 |
| Sdn Limo | 1150 | 3650 | 6100 | 12200 | 21500 | 30500 |

### 1923
**Twin Six, Model 3-35, 12-cyl.**

|  | 6 | 5 | 4 | 3 | 2 | 1 |
|---|---|---|---|---|---|---|
| Cpe | 1300 | 4000 | 6700 | 13400 | 23600 | 33400 |
| Dlx Cpe | 1400 | 4250 | 7100 | 14200 | 25000 | 35400 |
| Tr | 1800 | 5300 | 8900 | 17800 | 31300 | 44400 |
| Phtn | 1900 | 5650 | 9500 | 19000 | 33400 | 47500 |
| Rdstr | 1950 | 5750 | 9700 | 19400 | 34100 | 48400 |
| Sdn | 1200 | 3750 | 6300 | 12600 | 22200 | 31400 |
| Duplex Sdn | 1600 | 4850 | 8100 | 16200 | 28500 | 40500 |
| Limo | 1750 | 5200 | 8700 | 17400 | 31700 | 43500 |

|  | 6 | 5 | 4 | 3 | 2 | 1 |
|---|---|---|---|---|---|---|
| **Model 126, 6-cyl., 126" wb** | | | | | | |
| Cpe | 1100 | 3550 | 5900 | 11800 | 20800 | 29400 |
| Tr | 1300 | 4000 | 6700 | 13400 | 23600 | 33400 |
| Rnbt | 1200 | 3750 | 6300 | 12600 | 22200 | 31400 |
| Spt Model | 1250 | 3900 | 6500 | 13000 | 22900 | 32500 |
| Sdn | 900 | 2800 | 4700 | 9400 | 16500 | 23400 |
| **Model 133, 6-cyl., 133" wb** | | | | | | |
| Tr | 1400 | 4250 | 7100 | 14200 | 25000 | 35400 |
| Sdn | 900 | 2900 | 4900 | 9800 | 17300 | 24500 |
| Sdn Limo | 1050 | 3400 | 5700 | 11400 | 20100 | 28500 |
| ***1924*** | | | | | | |
| **Model 136, 8-cyl.** | | | | | | |
| 4-pass Cpe | 1050 | 3300 | 5500 | 11000 | 19300 | 27500 |
| 5-pass Cpe | 1000 | 3150 | 5300 | 10600 | 18700 | 26500 |
| 5-pass Tr | 1600 | 4850 | 8100 | 16200 | 28500 | 40500 |
| 2-4 pass Rnbt | 1650 | 4950 | 8300 | 16600 | 29200 | 41500 |
| 4-pass Spt Mod | 1850 | 5400 | 9100 | 18200 | 32000 | 45500 |
| 5-pass Sdn | 950 | 3050 | 5100 | 10200 | 18000 | 25400 |
| Sdn Limo | 1100 | 3550 | 5900 | 11800 | 20800 | 29400 |
| **Model 143, 8-cyl.** | | | | | | |
| 7-pass Tr | 1700 | 5050 | 8500 | 17000 | 29900 | 42500 |
| 7-pass Sdn | 1000 | 3150 | 5300 | 10600 | 18700 | 26500 |
| 7-pass Sdn Limo | 1150 | 3650 | 6100 | 12200 | 21500 | 30500 |
| **Model 226, 6-cyl. 126" wb** | | | | | | |
| Cpe | 950 | 3050 | 5100 | 10200 | 18000 | 25400 |
| Tr | 1300 | 4000 | 6700 | 13400 | 23600 | 33400 |
| Tr Sdn | 950 | 3050 | 5100 | 10200 | 18000 | 25400 |
| Rdstr | 1300 | 4100 | 6800 | 13600 | 23950 | 34000 |
| Spt Rdstr | 1350 | 4150 | 6900 | 13800 | 24300 | 34500 |
| Sdn | 900 | 2800 | 4700 | 9400 | 16500 | 23400 |
| Sdn Limo | 1050 | 3300 | 5500 | 11000 | 19300 | 27500 |
| **Model 233, 6-cyl. 133" wb** | | | | | | |
| Sdn | 900 | 2900 | 4900 | 9800 | 17300 | 24500 |
| Sdn Limo | 1050 | 3400 | 5700 | 11400 | 20100 | 28500 |
| Tr | 1400 | 4250 | 7100 | 14200 | 25000 | 35400 |
| ***1925*** | | | | | | |
| **Model 236, 8-cyl. 136" wb** | | | | | | |
| 4-pass Cpe | 1050 | 3300 | 5500 | 11000 | 19300 | 27500 |
| 5-pass Cpe | 1000 | 3200 | 5400 | 10800 | 19000 | 26900 |
| Spt Tr | 1600 | 4850 | 8100 | 16200 | 28500 | 40500 |
| 2-pass Holbrook | 1850 | 5400 | 9100 | 18200 | 32000 | 45500 |
| Rnbt | 1700 | 5050 | 8500 | 17000 | 29900 | 42500 |
| Sdn | 950 | 3050 | 5100 | 10200 | 18000 | 25400 |
| Sdn Limo | 1100 | 3550 | 5900 | 11800 | 20800 | 29400 |
| **Model 243, 143" wb** | | | | | | |
| Tr | 1700 | 5050 | 8500 | 17000 | 29900 | 42500 |
| Sdn | 1000 | 3150 | 5300 | 10600 | 18700 | 26500 |
| Club Sdn | 1050 | 3300 | 5500 | 11000 | 19300 | 27500 |
| Sdn Limo | 1150 | 3650 | 6100 | 12200 | 21500 | 30500 |
| **Model 326, 6-cyl., 126" wb** | | | | | | |
| 2-pass Cpe | 950 | 3050 | 5100 | 10200 | 18000 | 25400 |
| 4-pass Cpe | 900 | 2900 | 4900 | 9800 | 17300 | 24500 |
| 5-pass Cpe | 900 | 2800 | 4700 | 9400 | 16500 | 23400 |
| Tr | 1450 | 4400 | 7300 | 14600 | 25700 | 36500 |
| Rnbt | 1300 | 4000 | 6700 | 13400 | 23600 | 33400 |
| Spt Rdstr | 1450 | 4450 | 7400 | 14800 | 26050 | 36900 |
| Phtn | 1500 | 4550 | 7600 | 15200 | 26750 | 38000 |

| | 6 | 5 | 4 | 3 | 2 | 1 |
|---|---|---|---|---|---|---|
| Sdn | 850 | 2550 | 4300 | 8600 | 15100 | 21500 |
| Sdn Limo | 1000 | 3150 | 5300 | 10600 | 18700 | 26500 |
| **Model 333, 6-cyl, 133" wb** | | | | | | |
| Tr | 1250 | 3900 | 6500 | 13000 | 22900 | 32500 |
| Sdn | 850 | 2650 | 4500 | 9000 | 15900 | 22500 |
| Club Sdn | 900 | 2800 | 4700 | 9400 | 16500 | 23400 |
| Sdn Limo | 1050 | 3300 | 5500 | 11000 | 19300 | 27500 |
| ***1926*** | | | | | | |
| **Model 236, 8-cyl. 136" wb** | | | | | | |
| 4-pass Cpe | 1050 | 3300 | 5500 | 11000 | 19300 | 27500 |
| 5-pass Cpe | 1000 | 3200 | 5400 | 10800 | 19000 | 26900 |
| Spt Tr | 1600 | 4850 | 8100 | 16200 | 28500 | 40500 |
| 2-pass Holbrook | 1850 | 5400 | 9100 | 18200 | 32000 | 45500 |
| Rnbt | 1700 | 5050 | 8500 | 17000 | 29900 | 42500 |
| Sdn | 950 | 3050 | 5100 | 10200 | 18000 | 25400 |
| Sdn Limo | 1100 | 3550 | 5900 | 11800 | 20800 | 29400 |
| **Model 243, 143" wb** | | | | | | |
| Tr | 1700 | 5050 | 8500 | 17000 | 29900 | 42500 |
| Sdn | 1000 | 3150 | 5300 | 10600 | 18700 | 26500 |
| Club Sdn | 1050 | 3300 | 5500 | 11000 | 19300 | 27500 |
| Sdn Limo | 1150 | 3650 | 6100 | 12200 | 21500 | 30500 |
| **Model 326, 6-cyl., 126" wb** | | | | | | |
| 2-pass Cpe | 950 | 3050 | 5100 | 10200 | 18000 | 25400 |
| 4-pass Cpe | 900 | 2900 | 4900 | 9800 | 17300 | 24500 |
| 5-pass Cpe | 900 | 2800 | 4700 | 9400 | 16500 | 23400 |
| Tr | 1450 | 4400 | 7300 | 14600 | 25700 | 36500 |
| Rnbt | 1300 | 4000 | 6700 | 13400 | 23600 | 33400 |
| Spt Rdstr | 1450 | 4450 | 7400 | 14800 | 26050 | 36900 |
| Phtn | 1500 | 4550 | 7600 | 15200 | 26750 | 38000 |
| Sdn | 850 | 2550 | 4300 | 8600 | 15100 | 21500 |
| Sdn Limo | 1000 | 3150 | 5300 | 10600 | 18700 | 26500 |
| **Model 333, 6-cyl, 133" wb** | | | | | | |
| Tr | 1250 | 3900 | 6500 | 13000 | 22900 | 32500 |
| Sdn | 850 | 2650 | 4500 | 9000 | 15900 | 22500 |
| Club Sdn | 900 | 2800 | 4700 | 9400 | 16500 | 23400 |
| Sdn Limo | 1050 | 3300 | 5500 | 11000 | 19300 | 27500 |
| ***1927*** | | | | | | |
| **Model 426, 6-cyl., 126" wb** | | | | | | |
| Rdstr | 1450 | 4400 | 7300 | 14600 | 25700 | 36500 |
| Phtn | 1500 | 4500 | 7500 | 15000 | 26400 | 37500 |
| Sdn | 900 | 2800 | 4700 | 9400 | 16500 | 23400 |
| **Model 433, 6-cyl, 133" wb** | | | | | | |
| Cpe | 950 | 3050 | 5100 | 10200 | 18000 | 25400 |
| Tr | 1500 | 4500 | 7500 | 15000 | 26400 | 37500 |
| Sdn | 900 | 2900 | 4900 | 9800 | 17300 | 24500 |
| Club Sdn | 950 | 3050 | 5100 | 10200 | 18000 | 25400 |
| Sdn Limo | 1050 | 3400 | 5700 | 11400 | 20100 | 28500 |
| **Model 336, 8-cyl, 136" wb** | | | | | | |
| Rdstr | 1800 | 5300 | 8900 | 17800 | 31300 | 44400 |
| Phtn | 1750 | 5200 | 8700 | 17400 | 30600 | 43500 |
| Sdn | 900 | 2800 | 4700 | 9400 | 16500 | 23400 |
| **Model 343, 8-cyl., 143" wb** | | | | | | |
| Cpe | 1050 | 3300 | 5500 | 11000 | 19300 | 27500 |
| Tr | 1900 | 5500 | 9300 | 18600 | 32700 | 46400 |
| Sdn | 900 | 2900 | 4900 | 9800 | 17300 | 24500 |
| Club Sdn | 950 | 3050 | 5100 | 10200 | 18000 | 25400 |
| Sdn Limo | 1050 | 3400 | 5700 | 11400 | 20100 | 28500 |

|  | 6 | 5 | 4 | 3 | 2 | 1 |
|---|---|---|---|---|---|---|

## 1928

**Model 526, 6-cyl., 126" wb**

| | 6 | 5 | 4 | 3 | 2 | 1 |
|---|---|---|---|---|---|---|
| Cpe | 900 | 2800 | 4700 | 9400 | 16500 | 23400 |
| Phtn | 1600 | 4850 | 8100 | 16200 | 28500 | 40500 |
| Rnbt | 1500 | 4600 | 7700 | 15400 | 27100 | 38500 |
| Conv | 1400 | 4350 | 7250 | 14500 | 25500 | 36200 |
| Sdn | 850 | 2550 | 4300 | 8600 | 15100 | 21500 |

**Model 533, 6-cyl., 133" wb**

| | | | | | | |
|---|---|---|---|---|---|---|
| Cpe | 950 | 2950 | 4950 | 9900 | 17500 | 24700 |
| Phtn | 1900 | 5500 | 9300 | 18600 | 32700 | 46400 |
| 7-pass Tr | 1900 | 5650 | 9500 | 19000 | 33400 | 47500 |
| Rnbt | 1750 | 5200 | 8700 | 17400 | 30600 | 43500 |
| Sdn | 850 | 2650 | 4500 | 9000 | 15900 | 22500 |
| Club Sdn | 900 | 2800 | 4700 | 9400 | 16500 | 23400 |
| Sdn Limo | 900 | 2900 | 4900 | 9800 | 17300 | 24500 |

**Standard, Model 443, 8-cyl., 143" wb**

| | | | | | | |
|---|---|---|---|---|---|---|
| 2-4 pass Cpe | 850 | 2650 | 4500 | 9000 | 15900 | 22500 |
| 4-pass Cpe | 900 | 2800 | 4700 | 9400 | 16500 | 23400 |
| 7-pass Tr | 2100 | 6150 | 10350 | 20700 | 36400 | 51700 |
| Rdstr | 2050 | 6000 | 10100 | 20200 | 35500 | 50400 |
| Phtn | 2150 | 6200 | 10500 | 21000 | 36900 | 52400 |
| Sdn | 850 | 2550 | 4300 | 8600 | 15100 | 21500 |
| Club Sdn | 850 | 2650 | 4500 | 9000 | 15900 | 22500 |
| Conv | 1800 | 5350 | 9000 | 18000 | 31650 | 45000 |
| Sdn Limo | 900 | 2900 | 4900 | 9800 | 17300 | 24500 |

**Custom, Model 443, 8-cyl., 143" wb**

| | | | | | | |
|---|---|---|---|---|---|---|
| 2-4 pass Cpe | 900 | 2900 | 4900 | 9800 | 17300 | 24500 |
| Conv Cpe | 2300 | 6800 | 11500 | 23000 | 40400 | 57500 |
| RS Cpe | 1000 | 3100 | 5250 | 10500 | 18600 | 26200 |
| 7-pass Tr | 2500 | 7400 | 12500 | 25000 | 43900 | 62400 |
| Phtn | 2500 | 7400 | 12500 | 25000 | 43900 | 62400 |
| Rnbt | 2550 | 7550 | 12750 | 25500 | 44800 | 63700 |
| 7-pass Sdn | 900 | 2800 | 4700 | 9400 | 16500 | 23400 |
| Sdn | 850 | 2650 | 4500 | 9000 | 15900 | 22500 |
| Club Sdn | 900 | 2900 | 4900 | 9800 | 17300 | 24500 |
| Sdn Limo | 950 | 3050 | 5100 | 10200 | 18000 | 25400 |

## 1929

**Model 626, Standard Eight, 8-cyl., 126" wb**

| | | | | | | |
|---|---|---|---|---|---|---|
| Cpe | 1100 | 3550 | 5900 | 11800 | 20800 | 29400 |
| Sdn | 900 | 2900 | 4900 | 9800 | 17300 | 24500 |
| Conv | 3000 | 8900 | 14950 | 29900 | 52500 | 74600 |

**Model 633, Standard Eight, 8-cyl., 133" wb**

| | | | | | | |
|---|---|---|---|---|---|---|
| Cpe | 1550 | 4700 | 7900 | 15800 | 27800 | 39400 |
| 7-pass Tr | 3450 | 10250 | 17300 | 34600 | 60800 | 86400 |
| Rnbt | 3600 | 10750 | 18100 | 36200 | 63600 | 90400 |
| Phtn | 3500 | 10350 | 17450 | 34900 | 61300 | 87100 |
| Sdn | 1000 | 3200 | 5350 | 10700 | 18900 | 26700 |
| Club Sdn | 1050 | 3300 | 5500 | 11000 | 19300 | 27500 |
| Limo Sdn | 1300 | 4000 | 6700 | 13400 | 23600 | 33400 |

**Model 626, Speedster Eight, 8-cyl., 126" wb**

| | | | | | | |
|---|---|---|---|---|---|---|
| Phtn | 10200 | 30300 | 51000 | 102000 | 179100 | 254600 |
| Rdstr | 11000 | 32700 | 55000 | 110000 | 193200 | 274600 |

**Model 640, Custom Eight, 8-cyl., 140" wb**

| | | | | | | |
|---|---|---|---|---|---|---|
| RS Cpe | 2250 | 6600 | 11100 | 22200 | 39000 | 55500 |
| 4-pass Cpe | 1800 | 5300 | 8900 | 17800 | 31300 | 44400 |
| 7-pass Tr | 5100 | 15150 | 25500 | 51000 | 89600 | 127300 |
| DC Phtn | 5300 | 15750 | 26500 | 53000 | 93100 | 132300 |
| Rdstr | 5100 | 15150 | 25500 | 51000 | 89600 | 127300 |

| | 6 | 5 | 4 | 3 | 2 | 1 |
|---|---|---|---|---|---|---|
| Sdn | 1050 | 3400 | 5700 | 11400 | 20100 | 28500 |
| Club Sdn | 1100 | 3550 | 5900 | 11800 | 20800 | 29400 |
| Conv | 5000 | 14850 | 25000 | 50000 | 87800 | 124800 |
| Limo | 1250 | 3900 | 6500 | 13000 | 22900 | 32500 |
| **Model 645, Deluxe Eight, 8-cyl., 140" wb** | | | | | | |
| RS Cpe | 2500 | 7350 | 12400 | 24800 | 43550 | 61900 |
| 5-pass Cpe | 2000 | 5850 | 9900 | 19800 | 34800 | 49500 |
| 7-pass Tr | 5900 | 17500 | 29450 | 58900 | 103400 | 147000 |
| Phtn | 6000 | 17800 | 29950 | 59900 | 105200 | 149500 |
| Spt Phtn | 6100 | 18100 | 30500 | 61000 | 107100 | 152300 |
| Rdstr | 6000 | 17800 | 29950 | 59900 | 105200 | 149500 |
| Sdn | 1600 | 4750 | 7950 | 15900 | 28000 | 39700 |
| Club Sdn | 1700 | 5050 | 8450 | 16900 | 29700 | 42200 |
| Limo | 1850 | 5400 | 9100 | 18200 | 32000 | 45500 |
| **1930** | | | | | | |
| **Model 726, Standard Eight, 8-cyl.** | | | | | | |
| Sdn | 1150 | 3650 | 6100 | 12200 | 21500 | 30500 |
| **Model 733, Standard Eight, 8-cyl., 134" wb** | | | | | | |
| 2-4 pass Cpe | 2400 | 7050 | 11900 | 23800 | 41800 | 59500 |
| 5-pass Cpe | 1350 | 4150 | 6900 | 13800 | 24300 | 34500 |
| 7-pass Tr | 5000 | 14800 | 24950 | 49900 | 87600 | 124600 |
| Phtn | 5050 | 15000 | 25250 | 50500 | 88700 | 126100 |
| Spt Phtn | 5150 | 15300 | 25750 | 51500 | 90400 | 128600 |
| Rdstr | 5050 | 15000 | 25250 | 50500 | 88700 | 126100 |
| Sdn | 1500 | 4400 | 7350 | 14700 | 25900 | 36700 |
| Club Sdn | 1550 | 4650 | 7750 | 15500 | 27300 | 38700 |
| Conv | 3800 | 11300 | 19000 | 38000 | 66700 | 94900 |
| Limo Sdn | 1700 | 5050 | 8500 | 17000 | 29900 | 42500 |
| **Model 734, Speedster Eight, 8-cyl., 134" wb** | | | | | | |
| 2-pass Rnbt | 11200 | 33250 | 56000 | 112000 | 196700 | 279600 |
| 2-4 pass Rnbt | 10300 | 30600 | 51500 | 103000 | 180900 | 257100 |
| Phtn | 10500 | 31200 | 52500 | 105000 | 184400 | 262100 |
| Vic | 4900 | 14550 | 24500 | 49000 | 86000 | 122300 |
| Sdn | 3600 | 10650 | 17950 | 35900 | 63000 | 89600 |
| **Model 740, Custom Eight, 8-cyl., 140" wb** | | | | | | |
| 2-4 pass Cpe | 2800 | 8350 | 14100 | 28200 | 49500 | 70400 |
| 5-pass Cpe | 2000 | 5850 | 9900 | 19800 | 34800 | 49500 |
| 7-pass Tr | 6000 | 17800 | 29950 | 59900 | 105200 | 149500 |
| Phtn | 5600 | 16650 | 28000 | 56000 | 98300 | 139800 |
| Spt Phtn | 5800 | 17250 | 29000 | 58000 | 101800 | 144800 |
| Rdstr | 7000 | 20800 | 35000 | 70000 | 122900 | 174700 |
| Sdn | 1900 | 5650 | 9500 | 19000 | 33400 | 47500 |
| 5-7 pass Sdn | 1950 | 5750 | 9700 | 19400 | 34100 | 48400 |
| Club Sdn | 2000 | 5850 | 9900 | 19800 | 34800 | 49500 |
| Conv | 5500 | 16350 | 27500 | 55000 | 96600 | 137300 |
| Limo Sdn | 2200 | 6350 | 10700 | 21400 | 37600 | 53500 |
| **Model 745, Deluxe Eight, 8-cyl., 145" wb** | | | | | | |
| 2-4 pass Cpe | 3100 | 9200 | 15500 | 31000 | 54400 | 77400 |
| 5-pass Cpe | 2700 | 8000 | 13500 | 27000 | 47400 | 67400 |
| 7-pass Tr | 10400 | 30900 | 52000 | 104000 | 182600 | 259600 |
| Phtn | 11000 | 32700 | 55000 | 110000 | 193200 | 274600 |
| Spt Phtn | 11400 | 33850 | 57000 | 114000 | 200200 | 284600 |
| Rdstr | 10800 | 32100 | 54000 | 108000 | 189600 | 269600 |
| Sdn | 2200 | 6450 | 10900 | 21800 | 38300 | 54400 |
| 5-7 pass Sdn | 2250 | 6700 | 11300 | 22600 | 39700 | 56400 |
| Club Sdn | 2350 | 6950 | 11700 | 23400 | 41100 | 58400 |
| Conv | 10200 | 30300 | 51000 | 102000 | 179100 | 254600 |
| Limo | 2700 | 8000 | 13500 | 27000 | 47400 | 67400 |

|  | 6 | 5 | 4 | 3 | 2 | 1 |
|---|---|---|---|---|---|---|
| **1931** | | | | | | |
| **Model 826, Standard Eight** | | | | | | |
| Sdn | 1150 | 3650 | 6100 | 12200 | 21500 | 30500 |
| **Model 833, Standard Eight** | | | | | | |
| 2-4 pass Cpe | 2450 | 7150 | 12100 | 24200 | 42500 | 60400 |
| 5-pass Cpe | 2150 | 6200 | 10500 | 21000 | 36900 | 52400 |
| 7-pass Tr | 5200 | 15450 | 26000 | 52000 | 91300 | 129800 |
| Phtn | 5400 | 16050 | 27000 | 54000 | 94800 | 134800 |
| Spt Phtn | 5600 | 16600 | 27950 | 55900 | 98200 | 139500 |
| Conv Sdn | 5900 | 17550 | 29500 | 59000 | 103600 | 147300 |
| Rdstr | 5500 | 16300 | 27450 | 54900 | 96400 | 137000 |
| 4-dr Sdn | 1550 | 4700 | 7900 | 15800 | 27800 | 39400 |
| Club Sdn | 1600 | 4850 | 8100 | 16200 | 28500 | 40500 |
| Conv | 4100 | 12200 | 20500 | 41000 | 72000 | 102300 |
| Limo Sdn | 1800 | 5300 | 8900 | 17800 | 31300 | 44400 |
| **Model 833, Custom** | | | | | | |
| A/W Cabrlt | 6900 | 20500 | 34500 | 69000 | 121200 | 172200 |
| A/W Spt Cabrlt | 7100 | 21100 | 35500 | 71000 | 124700 | 177200 |
| A/W Lan | 7450 | 22100 | 37250 | 74500 | 130800 | 186000 |
| A/W Spt Lan | 7650 | 22750 | 38250 | 76500 | 134300 | 191000 |
| A/W Town Car | 7500 | 22300 | 37500 | 75000 | 131700 | 187200 |
| A/W Town Car Lan | 7700 | 22850 | 38500 | 77000 | 135200 | 192200 |
| Conv Vic | 8100 | 24050 | 40500 | 81000 | 142200 | 202200 |
| Conv Sdn | 8200 | 24350 | 41000 | 82000 | 144000 | 204700 |
| Cabrlt Sdn Limo | 7700 | 22850 | 38500 | 77000 | 135200 | 192200 |
| **Model 840, Custom** | | | | | | |
| 2-4 pass Cpe | 3100 | 9200 | 15500 | 31000 | 54400 | 74400 |
| 5-pass Cpe | 2400 | 7200 | 12100 | 24200 | 42500 | 60400 |
| Tr | 8400 | 24950 | 42000 | 84000 | 147500 | 209700 |
| Spt Phtn | 9100 | 27050 | 45500 | 91000 | 159800 | 227200 |
| Phtn | 8900 | 26450 | 44500 | 89000 | 156300 | 222200 |
| Rdstr | 8600 | 25550 | 43000 | 86000 | 15100 | 214700 |
| Sdn | 2000 | 5950 | 10000 | 20000 | 35150 | 49900 |
| Club Sdn | 2100 | 6250 | 10500 | 21000 | 36900 | 52400 |
| Conv | 8200 | 24350 | 41000 | 82000 | 144000 | 204700 |
| Sdn (Model 845) | 2900 | 8600 | 14500 | 29000 | 50900 | 72400 |
| Limo Sdn (Model 845) | 3150 | 9350 | 15700 | 31400 | 55100 | 78400 |
| **Model 840, Individual Custom** | | | | | | |
| A/W Cabrlt | 10600 | 31500 | 53000 | 106000 | 186100 | 264600 |
| A/W Spt Cabrlt | 10800 | 32100 | 54000 | 108000 | 189600 | 269600 |
| A/W Lndlt | 9400 | 27900 | 47000 | 94000 | 165100 | 234600 |
| A/W Spt Lndlt | 9600 | 28500 | 48000 | 96000 | 168600 | 239600 |
| Cabrlt Sdn Limo | 9800 | 29100 | 49000 | 98000 | 172100 | 244600 |
| A/W Town Car | 10200 | 30300 | 51000 | 102000 | 179100 | 254600 |
| Conv Vic | 10500 | 31200 | 52500 | 105000 | 184400 | 262100 |
| Sdn Conv | 10450 | 31050 | 52250 | 104500 | 183500 | 260900 |
| **1932** | | | | | | |
| **Model 900, Light Eight** | | | | | | |
| Cpe | 1150 | 3650 | 6100 | 12200 | 21500 | 30500 |
| Cpe Sdn | 1050 | 3400 | 5700 | 11400 | 20100 | 28500 |
| Rdstr | 2500 | 7400 | 12500 | 26000 | 43900 | 62400 |
| Sdn | 1000 | 3150 | 5300 | 10600 | 18700 | 26500 |
| **Model 901, Standard Eight, 129" wb** | | | | | | |
| Sdn | 1000 | 3200 | 5350 | 10700 | 18900 | 26700 |
| **Model 902, Standard Eight, 136" wb** | | | | | | |
| Tr | 5000 | 14800 | 24950 | 49900 | 87600 | 124600 |
| RS Cpe | 2000 | 5950 | 10000 | 20000 | 35150 | 49900 |
| 5-pass Cpe | 1800 | 5350 | 8950 | 17900 | 31500 | 44700 |

| | 6 | 5 | 4 | 3 | 2 | 1 |
|---|---|---|---|---|---|---|
| Rdstr | 4700 | 13950 | 23500 | 47000 | 82500 | 117300 |
| Phtn | 5100 | 15150 | 25500 | 51000 | 89600 | 127300 |
| Spt Phtn | 5300 | 15750 | 26500 | 53000 | 93100 | 132300 |
| Sdn | 1150 | 3650 | 6100 | 12200 | 21500 | 30500 |
| 7-pass Sdn | 1200 | 3750 | 6300 | 12600 | 22200 | 31400 |
| Club Sdn | 1250 | 3950 | 6600 | 13200 | 23250 | 32900 |
| Conv Sdn | 5400 | 16050 | 27000 | 54000 | 94800 | 134800 |
| Conv Vic | 5550 | 16500 | 27750 | 55500 | 97500 | 138500 |
| **Model 903, Deluxe Eight, 142" wb** | | | | | | |
| RS Cpe | 2600 | 7750 | 13100 | 26200 | 46000 | 65500 |
| 5-pass Cpe | 2500 | 7350 | 12400 | 24800 | 43550 | 61900 |
| 7-pass Tr | 4450 | 13200 | 22200 | 44400 | 78000 | 110800 |
| Phtn | 5600 | 16650 | 28000 | 56000 | 98300 | 139800 |
| Spt Phtn | 5900 | 17500 | 29450 | 58900 | 103400 | 147000 |
| Conv Sdn | 6000 | 17800 | 30000 | 60000 | 105400 | 149800 |
| Conv Vic | 6200 | 18400 | 31000 | 62000 | 108900 | 154800 |
| Sdn | 1650 | 4950 | 8300 | 16600 | 29200 | 41500 |
| Club Sdn | 1750 | 5200 | 8700 | 17400 | 30600 | 43500 |
| Conv | 5500 | 16350 | 27500 | 55000 | 96600 | 137300 |
| **Model 904, Deluxe Eight, 147" wb** | | | | | | |
| Sdn | 2500 | 7350 | 12400 | 24800 | 43550 | 61900 |
| Limo | 2900 | 8550 | 14400 | 28800 | 50600 | 71900 |
| **Model 904, Individual Custom, 147" wb** | | | | | | |
| Dietrich Cpe | 6800 | 20200 | 34000 | 68000 | 119400 | 169700 |
| Dietrich Conv Cpe | 10500 | 31200 | 52500 | 105000 | 184400 | 262100 |
| Cabrlt | 11000 | 32700 | 55000 | 110000 | 193200 | 274600 |
| Spt Cabrlt | 11400 | 33850 | 56950 | 113900 | 200000 | 284300 |
| A/W Brghm | 11500 | 34150 | 57450 | 114900 | 201800 | 286800 |
| A/W Town Car | 11700 | 34750 | 58450 | 116900 | 205300 | 291800 |
| Dietrich Spt Phtn | 11300 | 33550 | 56450 | 112900 | 198200 | 281800 |
| Dietrich Conv Sdn | 11500 | 34150 | 57450 | 114900 | 201800 | 286800 |
| Spt Sdn | 6800 | 20200 | 34000 | 68000 | 119400 | 169700 |
| Limo Cabrlt | 11600 | 34450 | 57950 | 115900 | 203500 | 289300 |
| Dietrich Limo | 7800 | 23150 | 38950 | 77900 | 136800 | 194500 |
| Dietrich Conv Vic | 12500 | 37150 | 62500 | 125000 | 219500 | 312000 |
| Lndlt | 7400 | 22000 | 37000 | 74000 | 129900 | 184700 |
| Spt Lan | 7800 | 23150 | 39000 | 78000 | 137000 | 194700 |
| Town Car Lndlt | 8300 | 24650 | 41450 | 82900 | 145600 | 206900 |
| **Model 905, Twin Six, 142" wb** | | | | | | |
| RS Cpe | 3900 | 11600 | 19500 | 39000 | 68500 | 97400 |
| 5-pass Cpe | 3600 | 10700 | 18000 | 36000 | 63200 | 89900 |
| 7-pass Tr | 10600 | 31450 | 52950 | 105900 | 186000 | 264300 |
| Phtn | 11200 | 33250 | 56000 | 112000 | 196700 | 279600 |
| Spt Phtn | 11000 | 32700 | 55000 | 110000 | 193200 | 274600 |
| Sdn | 2800 | 8250 | 13900 | 27800 | 48800 | 69400 |
| Club Sdn | 2850 | 8500 | 14300 | 28600 | 50200 | 71400 |
| Conv Sdn | 11500 | 34150 | 57450 | 114900 | 201800 | 286800 |
| Conv Vic | 11700 | 34750 | 58450 | 116900 | 205300 | 291800 |
| Conv | 11450 | 34000 | 57250 | 114500 | 201100 | 285800 |
| **Model 906, Twin Six, 147" wb** | | | | | | |
| 7-pass Sdn | 3600 | 10700 | 18000 | 36000 | 63200 | 89900 |
| Limo | 4200 | 12500 | 21000 | 42000 | 73700 | 104800 |
| ***1933*** | | | | | | |
| **Model 1001, Eight, 127" wb** | | | | | | |
| Cpe Rdstr | 4250 | 12700 | 21300 | 42600 | 74800 | 106300 |
| Cpe | 1350 | 4200 | 7000 | 14000 | 24650 | 34900 |
| Cpe Sdn | 1300 | 4000 | 6700 | 13400 | 23600 | 33400 |
| Sdn | 1200 | 3750 | 6300 | 12600 | 22200 | 31400 |

| | 6 | 5 | 4 | 3 | 2 | 1 |
|---|---|---|---|---|---|---|
| **Model 1002, Eight, 136" wb** | | | | | | |
| 7-pass Tr | 5700 | 16950 | 28500 | 57000 | 100100 | 142300 |
| 5-pass Cpe | 1400 | 4350 | 7250 | 14500 | 25500 | 36200 |
| Phtn | 6100 | 18200 | 30600 | 61200 | 107500 | 152800 |
| Spt Phtn | 6300 | 18700 | 31500 | 63000 | 110600 | 157300 |
| Sdn | 1350 | 4150 | 6900 | 13800 | 24300 | 34500 |
| Frml Sdn | 1400 | 4250 | 7100 | 14200 | 25000 | 35400 |
| 5-7 pass Sdn | 1400 | 4250 | 7100 | 14200 | 25000 | 35400 |
| Club Sdn | 1450 | 4400 | 7300 | 14600 | 25700 | 36500 |
| Conv Sdn | 6400 | 19000 | 32000 | 64000 | 112400 | 159800 |
| Conv Vic | 6500 | 19300 | 32500 | 65000 | 114100 | 162300 |
| Limo | 1550 | 4700 | 7900 | 15800 | 27800 | 39400 |
| **Model 1003, Super Eight, 135"wb** | | | | | | |
| Sdn | 1550 | 4700 | 7900 | 15800 | 27800 | 39400 |
| **Model 1004, Super Eight, 142" wb** | | | | | | |
| 2-4 pass Cpe | 2450 | 7200 | 12200 | 24400 | 42850 | 61000 |
| 5-pass Cpe | 2000 | 5950 | 10000 | 20000 | 35150 | 49900 |
| 7-pass Tr | 7350 | 21850 | 36750 | 73500 | 129100 | 183500 |
| Phtn | 7100 | 21050 | 35450 | 70900 | 124500 | 177000 |
| Spt Phtn | 7800 | 23150 | 39000 | 78000 | 137000 | 194700 |
| Cpe Rdstr | 6700 | 19900 | 33500 | 67000 | 117600 | 167200 |
| Sdn | 1350 | 4150 | 6900 | 13800 | 24300 | 34500 |
| 5-7 pass Sdn | 1350 | 4200 | 7000 | 14000 | 24650 | 34900 |
| Club Sdn | 1450 | 4450 | 7450 | 14900 | 26200 | 37200 |
| Frml Sdn | 1900 | 5500 | 9300 | 18600 | 32700 | 46400 |
| Conv Vic | 8100 | 24050 | 40450 | 80900 | 142100 | 201900 |
| Conv Sdn | 7800 | 23150 | 39000 | 78000 | 137000 | 194700 |
| Limo | 1750 | 5200 | 8700 | 17400 | 30600 | 43500 |
| **Model 1005, Twelve, 142" wb** | | | | | | |
| RS Cpe | 3100 | 9200 | 15500 | 31000 | 54400 | 77400 |
| 5-pass Cpe | 2550 | 7500 | 12700 | 25400 | 44600 | 63500 |
| Spt Phtn | 10300 | 30600 | 51500 | 103000 | 180900 | 257100 |
| Sdn | 2000 | 5850 | 9900 | 19800 | 34800 | 49500 |
| Frml Sdn | 2150 | 6200 | 10500 | 21000 | 36900 | 52400 |
| Club Sdn | 2200 | 6350 | 10700 | 21400 | 37600 | 53500 |
| Conv Sdn | 10300 | 30600 | 51500 | 103000 | 180900 | 257100 |
| Conv Vic | 10800 | 32100 | 54000 | 108000 | 189600 | 269600 |
| Conv | 10400 | 30900 | 52000 | 104000 | 182600 | 259600 |
| **Model 1006, Standard, 147" wb** | | | | | | |
| 7-pass Sdn | 3050 | 9050 | 15200 | 30400 | 53400 | 75900 |
| Limo | 3300 | 9800 | 16500 | 33000 | 59700 | 82400 |
| **Model 1006, Custom Twelve, 147" wb Dietrich** | | | | | | |
| Cpe | 3400 | 10150 | 17100 | 34200 | 60100 | 85400 |
| Spt Phtn | 11500 | 34150 | 57500 | 115000 | 201900 | 287100 |
| Conv Sdn | 11100 | 32950 | 55500 | 111000 | 194900 | 277100 |
| Frml Sdn | 3300 | 9700 | 16300 | 32600 | 57200 | 81400 |
| Conv Vic | 11900 | 35350 | 59500 | 119000 | 209000 | 297000 |
| Conv | 12000 | 35650 | 60000 | 120000 | 210700 | 299500 |
| ***1934*** | | | | | | |
| **Model 1100, Eight, 129" wb** | | | | | | |
| Sdn | 1550 | 4700 | 7900 | 15800 | 27800 | 39400 |
| **Model 1101, Eight, 136" wb** | | | | | | |
| RS Cpe | 2000 | 5950 | 10000 | 20000 | 35150 | 49900 |
| 5-pass Cpe | 1650 | 4950 | 8300 | 16600 | 29200 | 41500 |
| Phtn | 4700 | 13950 | 23500 | 47000 | 82500 | 117300 |
| Sdn | 1600 | 4750 | 7950 | 15900 | 28000 | 39700 |
| Club Sdn | 1600 | 4850 | 8100 | 16200 | 28500 | 40500 |
| Frml Sdn | 1700 | 5050 | 8450 | 16900 | 29700 | 42200 |

| | 6 | 5 | 4 | 3 | 2 | 1 |
|---|---|---|---|---|---|---|
| Conv Sdn | 4850 | 14400 | 24200 | 48400 | 85000 | 120800 |
| Conv Vic | 4800 | 14200 | 23900 | 47800 | 83900 | 119300 |
| Conv | 4500 | 13350 | 22500 | 45000 | 79000 | 112300 |
| **Model 1102, Eight, 141" wb** | | | | | | |
| 7-pass Sdn | 1700 | 5050 | 8500 | 17000 | 29900 | 42500 |
| Limo | 1800 | 5250 | 8850 | 17700 | 31100 | 44100 |
| **Model 1103, Super Eight, 135" wb** | | | | | | |
| Sdn | 1750 | 5200 | 8750 | 17500 | 30800 | 43700 |
| **Model 1104, Super Eight, 142" wb** | | | | | | |
| RS Cpe | 3200 | 9450 | 15900 | 31800 | 55800 | 79400 |
| 5-pass Cpe | 2600 | 7700 | 13000 | 26000 | 45650 | 65000 |
| Phtn | 5350 | 15900 | 26750 | 53500 | 93900 | 133500 |
| Spt Phtn | 5800 | 17250 | 29000 | 58000 | 101800 | 144800 |
| Club Sdn | 2500 | 7450 | 12600 | 25200 | 44250 | 63000 |
| Frml Sdn | 2600 | 7750 | 13100 | 26200 | 46000 | 65500 |
| Conv Vic | 6100 | 18100 | 30500 | 61000 | 107100 | 152300 |
| Conv Sdn | 6000 | 17800 | 30000 | 60000 | 105400 | 149800 |
| Conv | 5500 | 16350 | 27500 | 55000 | 96600 | 137300 |
| **Model 1105, Super Eight, Standard, 147" wb** | | | | | | |
| 7-pass Sdn | 2850 | 8500 | 14300 | 28600 | 50200 | 71400 |
| Limo | 3000 | 8950 | 15100 | 30200 | 53000 | 75400 |
| **Model 1105, Dietrich, Super Eight, 147" wb** | | | | | | |
| Cpe | 3750 | 11150 | 18750 | 37500 | 65800 | 93600 |
| Spt Sdn | 3700 | 10900 | 18400 | 36800 | 64600 | 91900 |
| Conv Vic | 7250 | 21550 | 36250 | 72500 | 127300 | 181000 |
| Conv Sdn | 7000 | 20750 | 34950 | 69900 | 122700 | 174500 |
| Conv | 6100 | 18100 | 30500 | 61000 | 107100 | 152300 |
| **Model 1108, Twelve, Standard, 147" wb** | | | | | | |
| 7-pass Sdn | 3400 | 10150 | 17100 | 34200 | 60100 | 85400 |
| Limo | 3600 | 10650 | 17900 | 35800 | 62900 | 89400 |
| | | | | | | |
| **_1935_** | | | | | | |
| **Model 120, 8-cyl., 120" wb** | | | | | | |
| Bus Cpe | 1050 | 3300 | 5500 | 11000 | 19300 | 27500 |
| Spt Cpe | 1100 | 3550 | 5900 | 11800 | 20800 | 29400 |
| Tr Cpe | 1100 | 3550 | 5900 | 11800 | 20800 | 29400 |
| Sdn | 800 | 2350 | 3900 | 7800 | 13500 | 19500 |
| Club Sdn | 850 | 2550 | 4300 | 8600 | 15100 | 21500 |
| Tr Sdn | 800 | 2450 | 4100 | 8200 | 14400 | 20500 |
| Conv | 1900 | 5550 | 9350 | 18700 | 32900 | 46700 |
| **Model 1200, 8-cyl., 127" wb** | | | | | | |
| Sdn | 900 | 2800 | 4700 | 9400 | 16500 | 23400 |
| **Model 1201, 8-cyl., 134" wb** | | | | | | |
| RS Cpe | 1950 | 5750 | 9700 | 19400 | 34100 | 48400 |
| 5-pass Cpe | 1900 | 5500 | 9300 | 18600 | 32700 | 46400 |
| Cpe Rdstr | 2500 | 7350 | 12400 | 24800 | 43550 | 61900 |
| Phtn | 2600 | 7700 | 13000 | 26000 | 45650 | 65000 |
| LeBaron A/W Cabrlt | 3200 | 9550 | 16100 | 32200 | 56500 | 80400 |
| Sdn | 1400 | 4250 | 7100 | 14200 | 25000 | 35400 |
| Frml Sdn | 1350 | 4150 | 6950 | 13900 | 24500 | 34700 |
| Club Sdn | 1450 | 4400 | 7350 | 14700 | 25900 | 36700 |
| Conv Vic | 2950 | 8750 | 14750 | 29500 | 51800 | 73600 |
| **Model 1202, 8-cyl., 139" wb** | | | | | | |
| 7-pass Sdn | 1800 | 5300 | 8900 | 17800 | 31300 | 44400 |
| LeBaron A/W Town Car | 4100 | 12200 | 20500 | 41000 | 72000 | 102300 |
| Conv Sdn | 3700 | 11050 | 18600 | 37200 | 65300 | 92900 |
| Limo | 2050 | 6000 | 10100 | 20200 | 35500 | 50400 |
| **Model 1203, Super 8, 132" wb** | | | | | | |
| 5-pass Sdn | 1900 | 5650 | 9500 | 19000 | 33400 | 47500 |

| | 6 | 5 | 4 | 3 | 2 | 1 |
|---|---|---|---|---|---|---|
| **Model 1204, Super 8, 139" wb** | | | | | | |
| RS Cpe | 2500 | 7350 | 12400 | 24800 | 43550 | 61900 |
| 5-pass Cpe | 2150 | 6200 | 10500 | 21000 | 36900 | 52400 |
| Rdstr | 3650 | 10850 | 18250 | 36500 | 64100 | 91100 |
| Phtn | 3750 | 11150 | 18750 | 37500 | 65800 | 93600 |
| Spt Phtn | 3850 | 11450 | 19300 | 38600 | 67800 | 96400 |
| Frml Sdn | 1750 | 5200 | 8700 | 17400 | 30600 | 43500 |
| LeBaron A/W Cabrlt | 3700 | 11050 | 18600 | 37200 | 65300 | 92900 |
| Conv Vic | 4000 | 11900 | 20000 | 40000 | 70200 | 99800 |
| Club Sdn | 1800 | 5300 | 8900 | 17800 | 31300 | 44400 |
| **Model 1205, Super 8, 144" wb** | | | | | | |
| Tr Sdn | 2750 | 8150 | 13700 | 27400 | 48100 | 68400 |
| 7-pass Sdn | 2050 | 6000 | 10100 | 20200 | 35500 | 50400 |
| LeBaron AW Town Car | 3900 | 11600 | 19500 | 39000 | 68500 | 97400 |
| Conv Sdn | 4500 | 13350 | 22500 | 45000 | 79000 | 112300 |
| Limo | 2300 | 6700 | 11300 | 22600 | 39700 | 56400 |
| **Model 1207, 12-cyl., 139" wb** | | | | | | |
| RS Cpe | 3250 | 9650 | 16200 | 32400 | 56900 | 80900 |
| 5-pass Cpe | 2950 | 8750 | 14700 | 29400 | 51600 | 73400 |
| Rdstr | 6250 | 18550 | 31250 | 62500 | 109700 | 156000 |
| Phtn | 6450 | 19150 | 32250 | 64500 | 113300 | 161000 |
| Spt Phtn | 7200 | 21400 | 36000 | 72000 | 126400 | 179700 |
| Sdn | 2700 | 7950 | 13400 | 26800 | 47100 | 66900 |
| Frml Sdn | 2800 | 8300 | 13950 | 27900 | 49000 | 69600 |
| Club Sdn | 2600 | 7750 | 13100 | 26200 | 46000 | 65500 |
| Conv Vic | 6250 | 18550 | 31250 | 62500 | 109700 | 156000 |
| LeBaron A/W Cabrlt | 6450 | 19150 | 32250 | 64500 | 113300 | 161000 |
| **Model 1208, 12-cyl., 144" wb** | | | | | | |
| 7-pass Sdn | 2800 | 8250 | 13900 | 27800 | 48800 | 69400 |
| Conv Sdn | 7600 | 22550 | 37950 | 75900 | 133300 | 189500 |
| LeBaron A/W Town Car | 7000 | 20750 | 34950 | 69900 | 122500 | 174500 |
| Limo | 3200 | 9450 | 15900 | 31800 | 55800 | 79400 |
| **_1936_** | | | | | | |
| **Model 120-B, 8-cyl., 120" wb** | | | | | | |
| Bus Cpe | 1100 | 3550 | 5900 | 11800 | 20800 | 29400 |
| Spt Cpe | 1150 | 3650 | 6100 | 12200 | 21500 | 30500 |
| Tr Cpe | 1100 | 3550 | 5900 | 11800 | 20800 | 29400 |
| Tr Sdn | 700 | 2050 | 3500 | 7000 | 12100 | 17400 |
| Sdn | 700 | 1850 | 3300 | 6600 | 11300 | 16300 |
| Club Sdn | 750 | 2250 | 3700 | 7400 | 12800 | 18500 |
| Conv | 2300 | 6750 | 11400 | 22800 | 40000 | 57000 |
| Conv Sdn | 2400 | 7100 | 12000 | 24000 | 42150 | 59900 |
| **Model 1400, 8-cyl., 127" wb** | | | | | | |
| Sdn | 800 | 2350 | 3900 | 7800 | 13500 | 19500 |
| **Model 1401, 8-cyl., 134" wb** | | | | | | |
| 2-4 pass Cpe | 1800 | 5300 | 8900 | 17800 | 31300 | 44400 |
| 5-pass Cpe | 1700 | 5050 | 8500 | 17000 | 29900 | 42500 |
| Rdstr | 3450 | 10300 | 17300 | 34600 | 60800 | 86400 |
| Phtn | 3500 | 10500 | 17600 | 35200 | 61800 | 87900 |
| Spt Phtn | 3600 | 10750 | 18100 | 36200 | 63600 | 90400 |
| LeBaron Cabrlt | 3800 | 11250 | 18950 | 37900 | 66500 | 94600 |
| Sdn | 1350 | 4150 | 6900 | 13800 | 24300 | 34500 |
| Club Sdn | 1400 | 4350 | 7250 | 14500 | 25500 | 36200 |
| Frml Sdn | 1400 | 4200 | 7100 | 14200 | 25000 | 35400 |
| Conv Vic | 4000 | 11850 | 19950 | 39900 | 70100 | 99600 |
| **Model 1402, 8-cyl., 139" wb** | | | | | | |
| 7-pass Tr | 4150 | 12350 | 20750 | 41500 | 72900 | 103600 |
| Sdn | 1800 | 5300 | 8900 | 17800 | 31300 | 44400 |

| | 6 | 5 | 4 | 3 | 2 | 1 |
|---|---|---|---|---|---|---|
| Bus Sdn | 1700 | 5050 | 8500 | 17000 | 29900 | 42500 |
| LeBaron Town Car | 3900 | 11650 | 19600 | 39200 | 68800 | 97900 |
| Conv Sdn | 4350 | 12900 | 21750 | 43500 | 76400 | 108600 |
| Limo | 2000 | 5850 | 9900 | 19800 | 34800 | 49500 |
| Bus Limo | 1900 | 5650 | 9500 | 19000 | 33400 | 47500 |
| **Model 1403, Super Eight, 132" wb** | | | | | | |
| Sdn | 1700 | 5050 | 8500 | 17000 | 29900 | 42500 |
| **Model 1404, Super Eight, 139" wb** | | | | | | |
| RS Cpe | 2500 | 7450 | 12600 | 25200 | 44250 | 63000 |
| 5-pass Cpe | 2350 | 6900 | 11600 | 23200 | 40750 | 57900 |
| Cpe Rdstr | 3700 | 11000 | 18500 | 37000 | 65000 | 92400 |
| Phtn | 4400 | 13050 | 22000 | 44000 | 77300 | 109800 |
| Spt Phtn | 4850 | 14400 | 24250 | 48500 | 85200 | 121100 |
| LeBaron A/W Cabrlt | 4900 | 14500 | 24500 | 49000 | 86000 | 122300 |
| Club Sdn | 2100 | 6100 | 10300 | 20600 | 36200 | 51500 |
| Frml Sdn | 2000 | 5850 | 9900 | 19800 | 34800 | 49500 |
| Conv Vic | 4800 | 14250 | 23950 | 47900 | 84100 | 119600 |
| **Model 1405, Super Eight, 144" wb** | | | | | | |
| 7-pass Tr | 5000 | 14850 | 25000 | 50000 | 87800 | 124800 |
| Conv Sdn | 5200 | 15450 | 26000 | 52000 | 91300 | 129800 |
| **Model 1407, 12-cyl., 139" wb** | | | | | | |
| RS Cpe | 3000 | 8950 | 15100 | 30200 | 53000 | 75400 |
| 5-pass Cpe | 2600 | 7800 | 13200 | 26400 | 46350 | 65900 |
| Cpe Rdstr | 6200 | 18400 | 31000 | 62000 | 108900 | 154800 |
| Phtn | 6400 | 19050 | 32100 | 64200 | 112700 | 160300 |
| Spt Phtn | 7000 | 20750 | 34950 | 69900 | 122700 | 174500 |
| LeBaron A/W Cabrlt | 6650 | 19750 | 33200 | 66400 | 116600 | 165700 |
| Sdn | 1850 | 5400 | 9100 | 18200 | 32000 | 45500 |
| Club Sdn | 2000 | 6000 | 10100 | 20200 | 35500 | 50400 |
| Frml Sdn | 1800 | 5300 | 8900 | 17800 | 31300 | 44400 |
| **Model 1408, 12-cyl., 144" wb** | | | | | | |
| 7-pass Tr | 6650 | 19750 | 33200 | 66400 | 116600 | 165700 |
| Conv Sdn | 6850 | 20350 | 34250 | 68500 | 120300 | 171000 |
| 7-pass Sdn | 2000 | 5850 | 9900 | 19800 | 34800 | 49500 |
| LeBaron AW Town Car | 7500 | 22300 | 37500 | 75000 | 131700 | 187200 |
| Limo | 2400 | 7050 | 11900 | 23800 | 41800 | 59500 |
| ***1937*** | | | | | | |
| **Model 115-C, 6-cyl., 115" wb** | | | | | | |
| Tr Cpe | 700 | 2050 | 3500 | 7000 | 12100 | 17400 |
| Bus Cpe | 900 | 2900 | 4900 | 9800 | 17300 | 24500 |
| Spt Cpe | 1000 | 3150 | 5300 | 10600 | 18700 | 26500 |
| Sdn | 700 | 1850 | 3300 | 6600 | 11300 | 16300 |
| Club Sdn | 750 | 2250 | 3700 | 7400 | 12800 | 18500 |
| Tr Sdn | 700 | 2050 | 3500 | 7000 | 12100 | 17400 |
| Conv | 1700 | 5050 | 8450 | 16900 | 29700 | 42200 |
| Sta Wgn | 1650 | 4950 | 8350 | 16700 | 29300 | 41700 |
| **Model 120-C, 8-cyl., 120" wb** | | | | | | |
| Tr Cpe | 850 | 2550 | 4300 | 8600 | 15100 | 21500 |
| Bus Cpe | 1150 | 3700 | 6200 | 12400 | 21850 | 30900 |
| Spt Cpe | 1250 | 3900 | 6500 | 13000 | 22900 | 32500 |
| Sdn | 800 | 2450 | 4100 | 8200 | 14400 | 20500 |
| Club Sdn | 850 | 2650 | 4500 | 9000 | 15900 | 22500 |
| Tr Sdn | 850 | 2550 | 4300 | 8600 | 15100 | 21500 |
| Conv Sdn | 2250 | 6550 | 11000 | 22000 | 38650 | 55000 |
| Conv | 2150 | 6200 | 10450 | 20900 | 36700 | 52100 |
| Sta Wgn | 1900 | 5600 | 9450 | 18900 | 33200 | 47200 |

| | 6 | 5 | 4 | 3 | 2 | 1 |
|---|---|---|---|---|---|---|
| **Model 120-CD, 8-cyl., 120" wb** | | | | | | |
| Tr Cpe | 900 | 2850 | 4800 | 9600 | 16900 | 24000 |
| Club Sdn | 1000 | 3200 | 5350 | 10700 | 18900 | 26700 |
| Tr Sdn | 950 | 3050 | 5100 | 10200 | 18000 | 25400 |
| **Model 138-CD, 8-cyl., 138" wb** | | | | | | |
| Tr Sdn | 1050 | 3300 | 5500 | 11000 | 19300 | 27500 |
| Tr Limo | 1150 | 3650 | 6100 | 12200 | 21500 | 30500 |
| **Model 1500, Super Eight, 127" wb** | | | | | | |
| Sdn | 1000 | 3200 | 5350 | 10700 | 18900 | 26700 |
| **Model 1501, Super Eight, 134" wb** | | | | | | |
| RS Cpe | 2300 | 6800 | 11450 | 22900 | 40200 | 57200 |
| 5-pass Cpe | 2000 | 5900 | 9950 | 19900 | 35000 | 49700 |
| LeBaron A/W Cabrlt | 3950 | 11700 | 19700 | 39400 | 69200 | 98400 |
| Club Sdn | 1400 | 4250 | 7100 | 14200 | 25000 | 35400 |
| Tr Sdn | 1250 | 3950 | 6550 | 13100 | 23100 | 32700 |
| Frml Sdn | 1300 | 4050 | 6750 | 13500 | 23800 | 33700 |
| Vic | 2900 | 8600 | 14500 | 29000 | 50900 | 72400 |
| Conv | 3700 | 10950 | 18450 | 36900 | 64800 | 92100 |
| **Model 1502, Super Eight, 139" wb** | | | | | | |
| Bus Sdn | 1350 | 4150 | 6950 | 13900 | 24500 | 34700 |
| Tr Sdn | 1400 | 4300 | 7150 | 14300 | 25200 | 35700 |
| LeBaron A/W Town Car | 4450 | 13200 | 22250 | 44500 | 78100 | 111100 |
| Conv Sdn | 4600 | 13650 | 23000 | 46000 | 80800 | 114800 |
| Tr Limo | 1600 | 4800 | 8000 | 16000 | 28150 | 40000 |
| Bus Limo | 1500 | 4600 | 7700 | 15400 | 27100 | 38500 |
| **Model 1506, V-12, 132" wb** | | | | | | |
| Tr Sdn | 1550 | 4700 | 7900 | 15800 | 27800 | 39400 |
| **Model 1507, V-12, 139" wb** | | | | | | |
| RS Cpe | 2600 | 7700 | 13000 | 26000 | 45650 | 65000 |
| 5-pass Cpe | 2450 | 7250 | 12300 | 24600 | 43200 | 61500 |
| LeBaron A/W Cabrlt | 6400 | 19000 | 32000 | 64000 | 112400 | 159800 |
| Club Sdn | 1800 | 5300 | 8900 | 17800 | 31300 | 44400 |
| Frml Sdn | 1750 | 5200 | 8700 | 17400 | 30600 | 43500 |
| Tr Sdn | 1700 | 5000 | 8400 | 16800 | 29550 | 41900 |
| Conv Vic | 5600 | 16600 | 27950 | 55900 | 98200 | 139500 |
| Conv | 6200 | 18400 | 31000 | 62000 | 108900 | 154800 |
| **Model 1508, V-12, 144" wb** | | | | | | |
| LeBaron A/W Town Car | 9700 | 28800 | 48500 | 97000 | 170300 | 242100 |
| Conv Sdn | 10000 | 29700 | 49950 | 99900 | 175400 | 249400 |
| Tr Sdn | 3200 | 94500 | 15900 | 31800 | 55800 | 79400 |
| Tr Limo | 3400 | 10100 | 17000 | 34000 | 59700 | 84900 |
| | | | | | | |
| ***1938*** | | | | | | |
| **Model 1600, 6-cyl., 122" wb** | | | | | | |
| Bus Cpe | 800 | 2450 | 4100 | 8200 | 14400 | 20500 |
| Club Cpe | 800 | 2350 | 3900 | 7800 | 13500 | 19500 |
| 2-dr Tr Sdn | 600 | 1600 | 2750 | 5500 | 9500 | 13800 |
| Sdn Tr | 600 | 1650 | 2900 | 5800 | 10000 | 14500 |
| **Model 1601, 8-cyl., 127" wb** | | | | | | |
| Bus Cpe | 1000 | 3200 | 5350 | 10700 | 18900 | 26700 |
| Club Cpe | 1050 | 3300 | 5500 | 11000 | 19500 | 27700 |
| 2-dr Tr Sdn | 800 | 2350 | 3900 | 7800 | 13500 | 19500 |
| Sdn Tr | 750 | 2250 | 3700 | 7400 | 12800 | 18500 |
| Conv | 1900 | 5650 | 9500 | 19000 | 33400 | 47500 |
| Conv Sdn | 2000 | 5900 | 9950 | 19900 | 35000 | 49700 |
| **Model 1601-D, 8-cyl., 127" wb** | | | | | | |
| Tr Sdn | 900 | 2850 | 4800 | 9600 | 16900 | 24000 |
| **Model 1601, 8-cyl., 139" wb** | | | | | | |
| Rollston A/W Cabrlt | 4600 | 13650 | 23000 | 46000 | 80800 | 114800 |

| | 6 | 5 | 4 | 3 | 2 | 1 |
|---|---|---|---|---|---|---|
| Rollston A/W Town Car | 4450 | 13200 | 22200 | 44400 | 78000 | 110800 |
| Rollston Brghm | 3900 | 11600 | 19500 | 39000 | 68500 | 97400 |
| **Model 1602, 8-cyl., 148" wb** | | | | | | |
| Tr Sdn | 1100 | 3550 | 5900 | 11800 | 20800 | 29400 |
| Tr Limo | 1300 | 4100 | 6850 | 13700 | 24100 | 34200 |
| **Model 1603, Super Eight, 127" wb** | | | | | | |
| Tr Sdn | 1400 | 4250 | 7100 | 14200 | 25000 | 35400 |
| **Model 1604, Super Eight, 134" wb** | | | | | | |
| 2-4 pass Cpe | 1800 | 5300 | 8900 | 17800 | 31300 | 44400 |
| 5-pass Cpe | 1600 | 4800 | 8000 | 16000 | 28150 | 40000 |
| Club Sdn | 1000 | 3200 | 5350 | 10700 | 18900 | 26700 |
| Tr Sdn | 950 | 2950 | 4950 | 9900 | 17500 | 24700 |
| Frml Sdn | 950 | 3050 | 5100 | 10200 | 18000 | 25400 |
| Vic Conv | 4000 | 11850 | 19950 | 39900 | 70100 | 99600 |
| Conv Cpe | 3500 | 10400 | 17500 | 35000 | 61500 | 87400 |
| **Model 1605, Super 8, 139" wb** | | | | | | |
| Bus Sdn | 1350 | 4150 | 6900 | 13900 | 24300 | 34500 |
| Conv Sdn | 4150 | 12350 | 20750 | 41500 | 72900 | 103600 |
| Bus Limo | 2000 | 5900 | 9950 | 19900 | 35000 | 49700 |
| **Model 1607, 12-cyl., 134" wb** | | | | | | |
| 2-4-pass Cpe | 2600 | 7650 | 12950 | 25900 | 45500 | 64700 |
| 5-pass Cpe | 2450 | 7300 | 12350 | 24700 | 43400 | 61700 |
| Club Sdn | 2050 | 6000 | 10100 | 20200 | 35500 | 50400 |
| Tr Sdn | 1900 | 5600 | 9450 | 18900 | 33200 | 47200 |
| Frml Sdn | 2000 | 5850 | 9900 | 19800 | 34800 | 49500 |
| Vic Conv | 7550 | 22450 | 37750 | 75500 | 132600 | 188500 |
| Conv Cpe | 7700 | 22870 | 38500 | 77000 | 135200 | 192200 |
| **Model 1608, 12-cyl., 139" wb** | | | | | | |
| Conv Sdn | 7800 | 23150 | 39000 | 78000 | 137000 | 194700 |
| Tr Sdn | 2550 | 7550 | 12750 | 25500 | 44800 | 63700 |
| Tr Limo Sdn | 2700 | 8000 | 13500 | 27000 | 47400 | 67400 |
| **_1939_** | | | | | | |
| **Model 1700, 6-cyl., 122" wb** | | | | | | |
| Bus Cpe | 750 | 2250 | 3700 | 7400 | 12800 | 18500 |
| Club Cpe | 800 | 2350 | 3900 | 7800 | 13500 | 19500 |
| 2-dr Sdn | 600 | 1600 | 2700 | 5400 | 9300 | 13500 |
| Tr Sdn | 600 | 1600 | 2800 | 5600 | 9700 | 14000 |
| Conv | 1450 | 4450 | 7450 | 14900 | 26200 | 37200 |
| Sta Wgn | 1600 | 4750 | 7950 | 15900 | 28000 | 39700 |
| **Model 1701, 8-cyl., 127" wb** | | | | | | |
| Club Cpe | 900 | 2750 | 4600 | 9200 | 16200 | 22900 |
| Bus Cpe | 800 | 2450 | 4100 | 8200 | 14400 | 20500 |
| 2-dr Tr Sdn | 700 | 1900 | 3350 | 6700 | 11500 | 16500 |
| Tr Sdn | 700 | 1900 | 3350 | 6700 | 11500 | 16500 |
| Conv Cpe | 2400 | 7050 | 11950 | 23900 | 42000 | 59700 |
| Conv Sdn | 2450 | 7300 | 12250 | 24500 | 43000 | 63500 |
| Sta Wgn | 1450 | 4450 | 7450 | 14900 | 26200 | 37200 |
| **Model 1702, 8-cyl., 148" wb** | | | | | | |
| Tr Sdn | 850 | 2550 | 4300 | 8600 | 15100 | 21500 |
| Tr Limo | 950 | 2950 | 4950 | 9900 | 17500 | 24700 |
| **Model 1703, Super 8, 127" wb** | | | | | | |
| Club Cpe | 1350 | 4150 | 6900 | 13800 | 24300 | 34500 |
| Tr Sdn | 1000 | 3200 | 5350 | 10700 | 18900 | 26700 |
| Conv | 4800 | 14250 | 24000 | 48000 | 84300 | 119800 |
| Conv Sdn | 5250 | 15600 | 26250 | 52500 | 92200 | 131100 |
| **Model 1705, Super 8, 148" wb** | | | | | | |
| Tr Sdn | 1100 | 3550 | 5900 | 11800 | 20800 | 29400 |
| Tr Limo | 1350 | 4150 | 6950 | 13900 | 24500 | 34700 |

| | 6 | 5 | 4 | 3 | 2 | 1 |
|---|---|---|---|---|---|---|
| **Model 1707, 12-cyl., 134" wb** | | | | | | |
| 2-4 pass Cpe | 2600 | 7750 | 13100 | 26200 | 46000 | 65500 |
| 5-pass Cpe | 2400 | 7050 | 11900 | 23800 | 41800 | 59500 |
| Rollston A/W Cbrlt | 5350 | 15900 | 26750 | 53500 | 93900 | 133500 |
| Tr Sdn | 2000 | 5950 | 10000 | 20000 | 35150 | 49900 |
| Club Sdn | 2150 | 6200 | 10500 | 21000 | 36900 | 52400 |
| Frml Sdn | 2300 | 6650 | 11250 | 22500 | 39500 | 56100 |
| Conv Cpe | 6800 | 20200 | 34000 | 68000 | 119400 | 169700 |
| Conv Vic | 6800 | 20200 | 34000 | 68000 | 119400 | 169700 |
| **Model 1708, 12-cyl., 139" wb** | | | | | | |
| Tr Sdn | 3100 | 9200 | 15500 | 31000 | 54400 | 77400 |
| Tr Limo Sdn | 3100 | 9250 | 15600 | 31200 | 54800 | 77900 |
| ***1940*** | | | | | | |
| **18th Series** | | | | | | |
| **Model 1800, 6-cyl., 122" wb** | | | | | | |
| Bus Cpe | 800 | 2350 | 3900 | 7800 | 13500 | 19500 |
| Club Cpe | 800 | 2450 | 4100 | 8200 | 14400 | 20500 |
| 2-dr Tr Sdn | 600 | 1600 | 2700 | 5400 | 9300 | 13500 |
| Tr Sdn | 600 | 1600 | 2700 | 5400 | 9300 | 13500 |
| Conv Cpe | 1450 | 4450 | 7450 | 14900 | 26200 | 37200 |
| Sta Wgn | 1600 | 4750 | 7950 | 15900 | 28000 | 39700 |
| **Model 1801, Standard, 8-cyl., 127" wb** | | | | | | |
| Bus Cpe | 900 | 2850 | 4800 | 9600 | 16900 | 24000 |
| Club Cpe | 900 | 2900 | 4900 | 9800 | 17300 | 24500 |
| 2-dr Tr Sdn | 700 | 1900 | 3400 | 6800 | 11700 | 16900 |
| Club Sdn | 750 | 2250 | 3700 | 7400 | 12800 | 18500 |
| Tr Sdn | 700 | 2050 | 3500 | 7000 | 12100 | 17400 |
| Conv Cpe | 1800 | 5250 | 8850 | 17700 | 31100 | 44100 |
| Conv Sdn | 2150 | 6200 | 10450 | 20900 | 36700 | 52100 |
| Darrin Vic Conv | 4200 | 12500 | 21000 | 42000 | 73700 | 104800 |
| Sta Wgn | 2200 | 6500 | 10950 | 21900 | 38500 | 54700 |
| **Model 1801, Deluxe, 8-cyl., 127" wb** | | | | | | |
| Club Cpe | 900 | 2900 | 4900 | 9800 | 17300 | 24500 |
| Club Sdn | 800 | 2350 | 3900 | 7800 | 13500 | 19500 |
| Tr Sdn | 750 | 2250 | 3700 | 7400 | 12800 | 18500 |
| Conv Cpe | 2000 | 5850 | 9850 | 19700 | 34600 | 49200 |
| **Model 1803, Super 8, 127" wb** | | | | | | |
| Bus Cpe | 1000 | 3150 | 5300 | 10600 | 18700 | 26500 |
| Club Cpe | 1050 | 3400 | 5700 | 11400 | 20100 | 28500 |
| Club Sdn | 1000 | 3150 | 5300 | 10600 | 18700 | 26500 |
| Tr Sdn | 900 | 2900 | 4900 | 9800 | 17300 | 24500 |
| Conv | 3200 | 9500 | 15950 | 31900 | 56000 | 79600 |
| Conv Sdn | 3350 | 9950 | 16750 | 33500 | 58800 | 83600 |
| **Model 1804, Super Eight, 138" wb** | | | | | | |
| Sdn Tr | 1000 | 3250 | 5450 | 10900 | 19100 | 27200 |
| **Model 1805, Super Eight, 148" wb** | | | | | | |
| Tr Sdn | 1100 | 3500 | 5800 | 11600 | 20450 | 28900 |
| Tr Limo | 1150 | 3650 | 6100 | 12200 | 21500 | 30500 |
| **Model 1806, Custom, Super Eight, 127" wb** | | | | | | |
| Club Sdn | 1300 | 4000 | 6700 | 13400 | 23600 | 33400 |
| Darrin Conv Vic | 5000 | 14800 | 24950 | 49900 | 87600 | 124600 |
| **Model 1807, Custom, Super Eight, 138" wb** | | | | | | |
| Rollston A/W Cabrlt | 4650 | 13800 | 23250 | 46500 | 81700 | 116100 |
| Frml Sdn | 1800 | 5300 | 8900 | 17800 | 31300 | 44400 |
| Tr Sdn | 1750 | 5200 | 8700 | 17400 | 30600 | 43500 |
| Darrin Spt Sdn | 3600 | 10750 | 18100 | 36200 | 63600 | 90400 |
| Darrin Conv Sdn | 4950 | 14700 | 24750 | 49500 | 86900 | 123600 |
| **Model 1808, Custom, Super Eight, 148" wb** | | | | | | |
| Rollston A/W Town Car | 3750 | 11150 | 18750 | 37500 | 65800 | 93600 |
| Tr Sdn | 1800 | 5300 | 8900 | 17800 | 31300 | 44400 |
| Tr Limo | 1900 | 5500 | 9300 | 18600 | 32700 | 46400 |

| | 6 | 5 | 4 | 3 | 2 | 1 |
|---|---|---|---|---|---|---|
| **1941** | | | | | | |
| **Model 1900, Standard, 6-cyl., 122" wb** | | | | | | |
| Bus Cpe | 650 | 1800 | 3250 | 6500 | 11200 | 16100 |
| Club Cpe | 700 | 2050 | 3500 | 7000 | 12100 | 17400 |
| 2-dr Tr Sdn | 600 | 1600 | 2750 | 5500 | 9500 | 13800 |
| Tr Sdn | 600 | 1650 | 2850 | 5700 | 9900 | 14200 |
| Conv | 1450 | 4450 | 7450 | 14900 | 26200 | 37200 |
| Sta Wgn | 1800 | 5300 | 8950 | 17900 | 31500 | 44700 |
| **Model 1900, Deluxe, 6-cyl., 122" wb** | | | | | | |
| Club Cpe | 800 | 2350 | 3900 | 7800 | 13500 | 19500 |
| Tr Sdn | 600 | 1650 | 2900 | 5800 | 10000 | 14500 |
| 2-dr Tr Sdn | 700 | 1850 | 3300 | 6600 | 11300 | 16300 |
| Conv | 1600 | 4750 | 7950 | 15900 | 28000 | 39700 |
| Sta Wgn | 2000 | 5900 | 9950 | 19900 | 35000 | 49700 |
| **Model 1901, 8-cyl., 127" wb** | | | | | | |
| Bus Cpe | 850 | 2550 | 4300 | 8600 | 15100 | 21500 |
| Club Cpe | 850 | 2650 | 4500 | 9000 | 15900 | 22500 |
| Sdn | 700 | 2050 | 3500 | 7000 | 12100 | 17400 |
| 2-dr Tr Sdn | 750 | 2250 | 3700 | 7400 | 12800 | 18500 |
| Tr Sdn | 800 | 2350 | 3900 | 7800 | 13500 | 19500 |
| Conv Cpe | 1700 | 5050 | 8450 | 16900 | 29700 | 42200 |
| Conv Sdn | 1900 | 5500 | 9250 | 18500 | 32500 | 46100 |
| Sta Wgn | 2300 | 6800 | 11450 | 22900 | 40200 | 57200 |
| Dlx Sta Wgn | 2400 | 7050 | 11950 | 23900 | 42000 | 59700 |
| **Model 1903, Super Eight, 127" wb** | | | | | | |
| Club Cpe | 900 | 2900 | 4900 | 9800 | 17300 | 24500 |
| Bus Cpe | 900 | 2800 | 4700 | 9400 | 16500 | 23400 |
| Conv Sdn | 3200 | 9500 | 15950 | 31900 | 56000 | 76000 |
| Conv Sdn | 3150 | 9350 | 15750 | 31500 | 55300 | 78600 |
| Dlx Conv Cpe | 3150 | 9400 | 15850 | 31700 | 55700 | 79100 |
| Dlx Conv Sdn | 3400 | 10100 | 17000 | 34000 | 59700 | 84900 |
| **Model 1904, Super Eight, 138" wb** | | | | | | |
| Tr Sdn | 1000 | 3150 | 5300 | 10600 | 18700 | 26500 |
| **Model 1905, Super Eight, 148" wb** | | | | | | |
| Tr Sdn | 1050 | 3400 | 5700 | 11400 | 20100 | 28500 |
| Tr Limo | 1200 | 3750 | 6300 | 12600 | 22200 | 31400 |
| **Model 1906, Custom, Super Eight, 127" wb** | | | | | | |
| Darrin Conv Vic | 5100 | 15150 | 25500 | 51000 | 89600 | 127300 |
| **Model 1907, Custom, Super Eight, 138" wb** | | | | | | |
| LeBaron Spt Brghm | 2900 | 8650 | 14600 | 29200 | 51300 | 72900 |
| Rollston A/W Cabrlt | 3800 | 11300 | 19000 | 38000 | 66700 | 94900 |
| Darrin Spt Sdn | 3050 | 9100 | 15300 | 30600 | 53700 | 76400 |
| Tr Sdn | 1550 | 4700 | 7900 | 15800 | 27800 | 39400 |
| Frml Sdn | 1650 | 4950 | 8300 | 16600 | 29200 | 41500 |
| **Model 1908, Custom, Super Eight, 148" wb** | | | | | | |
| Rollston AW Town Car | 3600 | 10650 | 17950 | 35900 | 63000 | 89600 |
| Tr Sdn | 1800 | 5300 | 8900 | 17800 | 31300 | 44400 |
| LeBaron Tr Sdn | 2000 | 5850 | 9900 | 19800 | 34800 | 49500 |
| Tr Limo | 2100 | 6100 | 10300 | 20600 | 36200 | 51500 |
| LeBaron Tr Limo | 2400 | 7050 | 11900 | 23800 | 41800 | 59500 |
| **Model 1951, Clipper, 8-cyl., 127" wb** | | | | | | |
| 4-dr Tr Sdn | 700 | 1900 | 3350 | 6700 | 11500 | 16500 |
| **1942** | | | | | | |
| **Clipper, Model 2000, Special, 6-cyl., 120" wb** | | | | | | |
| Bus Cpe | 650 | 1800 | 3200 | 6400 | 11000 | 15900 |
| Club Sdn | 600 | 1650 | 2900 | 5800 | 10000 | 14500 |
| Tr Sdn | 600 | 1600 | 2700 | 5400 | 9300 | 13500 |
| **Model 2010, Custom, 120" wb** | | | | | | |
| Club Sdn | 700 | 2050 | 3500 | 7000 | 12100 | 17400 |
| Tr Sdn | 700 | 1900 | 3400 | 6800 | 11700 | 16900 |

| | 6 | 5 | 4 | 3 | 2 | 1 |
|---|---|---|---|---|---|---|
| **Model 2020, Custom, 122" wb** | | | | | | |
| Conv | 1600 | 4750 | 7950 | 15900 | 28000 | 39700 |
| **Clipper, Model 2001, Special, 8-cyl., 120" wb** | | | | | | |
| Bus Cpe | 750 | 2150 | 3600 | 7200 | 12400 | 18000 |
| Club Sdn | 750 | 2100 | 3550 | 7100 | 12300 | 17700 |
| Tr Sdn | 700 | 1900 | 3350 | 6700 | 11500 | 16500 |
| **Model 2011, Custom, 120" wb** | | | | | | |
| Club Sdn | 800 | 2450 | 4100 | 8200 | 14400 | 20500 |
| Tr Sdn | 800 | 2350 | 3900 | 7800 | 13500 | 19500 |
| **Model 2021, Custom, 127" wb** | | | | | | |
| Conv | 1700 | 5050 | 8450 | 16900 | 29700 | 42200 |
| **Clipper, 160, Super 8, 127" wb** | | | | | | |
| Club Sdn | 900 | 2900 | 4900 | 9800 | 17300 | 24500 |
| Tr Sdn | 900 | 2800 | 4700 | 9400 | 16500 | 23400 |
| **Super Eight, 160, 127" wb** | | | | | | |
| Conv | 3100 | 9200 | 15500 | 31000 | 54400 | 77400 |
| **Super Eight, 160, 138" wb** | | | | | | |
| Tr Sdn | 1000 | 3150 | 5300 | 10600 | 18700 | 26500 |
| **Super Eight, 160, 148" wb** | | | | | | |
| 7-pass Sdn | 1050 | 3400 | 5700 | 11400 | 20100 | 28500 |
| Limo | 1150 | 3650 | 6100 | 12200 | 21500 | 30500 |
| **Super Eight, 160, 148" wb** | | | | | | |
| Bus Sdn | 1000 | 3200 | 5350 | 10700 | 18900 | 26700 |
| Bus Limo | 1050 | 3400 | 5700 | 11400 | 20100 | 28500 |
| **Clipper, Super Eight, 180, 127" wb** | | | | | | |
| Club Sdn | 950 | 3050 | 5100 | 10200 | 18000 | 25400 |
| Tr Sdn | 900 | 2900 | 4900 | 9800 | 17300 | 24500 |
| **Super Eight, 180, Special, 127" wb** | | | | | | |
| Darrin Conv Vic | 6100 | 18100 | 30500 | 61000 | 107100 | 152300 |
| **Super Eight, 180, 138" wb** | | | | | | |
| Tr Sdn | 950 | 2950 | 4950 | 9900 | 17500 | 24700 |
| Frml Sdn | 1000 | 3200 | 5350 | 10700 | 18900 | 26700 |
| Rollston A/W Cabrlt | 3800 | 11250 | 18950 | 37900 | 66500 | 94600 |
| **Super Eight, 180, 148" wb** | | | | | | |
| Tr Sdn | 1200 | 3750 | 6300 | 12600 | 22200 | 31400 |
| Limo | 1350 | 4150 | 6900 | 13800 | 24300 | 34500 |
| LeBaron Sdn | 1900 | 5500 | 9300 | 18600 | 32700 | 46400 |
| LeBaron Limo | 2050 | 6000 | 10100 | 20200 | 35500 | 50400 |
| Rollston A/W Town Car | 3850 | 11450 | 19250 | 38500 | 67600 | 96100 |
| ***1946*** | | | | | | |
| **Clipper, 6-cyl., 120" wb** | | | | | | |
| Tr Sdn | 650 | 1700 | 3000 | 5900 | 10200 | 14700 |
| Club Sdn | 650 | 1750 | 3150 | 6300 | 10900 | 15700 |
| **Clipper, 6-cyl., 120" wb** | | | | | | |
| 4-dr Taxi | 700 | 2050 | 3500 | 7000 | 12100 | 17400 |
| **Clipper, 8-cyl., 120" wb** | | | | | | |
| Tr Sdn | 650 | 1700 | 3000 | 6100 | 10600 | 15200 |
| **Clipper, Deluxe, 8-cyl., 120" wb** | | | | | | |
| Tr Sdn | 650 | 1750 | 3150 | 6300 | 10900 | 15700 |
| Club Sdn | 700 | 1900 | 3350 | 6700 | 11500 | 16500 |
| **Clipper, Super Eight, 127" wb** | | | | | | |
| Tr Sdn | 700 | 1900 | 3350 | 6700 | 11500 | 16500 |
| Club Sdn | 750 | 2100 | 3550 | 7100 | 12300 | 17700 |
| **Clipper, Super Eight Custom, 127" wb** | | | | | | |
| Tr Sdn | 900 | 2750 | 4600 | 9200 | 16200 | 22900 |
| Club Sdn | 1200 | 3750 | 6300 | 12600 | 22200 | 31400 |
| **Clipper, Super, 148" wb** | | | | | | |
| 8-pass Sdn | 900 | 2800 | 4700 | 9400 | 16500 | 23400 |
| Limo | 1050 | 3400 | 5700 | 11400 | 20100 | 28500 |

|  | 6 | 5 | 4 | 3 | 2 | 1 |
|---|---|---|---|---|---|---|
| **1947** | | | | | | |
| **Clipper, 6-cyl., 120" wb** | | | | | | |
| Sdn | 650 | 1700 | 3000 | 5900 | 10200 | 14700 |
| Club Sdn | 650 | 1750 | 3150 | 6300 | 10900 | 15700 |
| **Clipper, Deluxe, 8-cyl, 120" wb** | | | | | | |
| Sdn | 650 | 1700 | 3000 | 6100 | 10600 | 15200 |
| Club Sdn | 700 | 1900 | 3350 | 6700 | 11500 | 16500 |
| **Clipper, Super Eight, 127" wb** | | | | | | |
| Sdn | 750 | 2100 | 3550 | 7100 | 12300 | 17700 |
| Club Sdn | 800 | 2350 | 3950 | 7900 | 13700 | 19700 |
| **Clipper, Super Eight Custom, 127" wb** | | | | | | |
| Sdn | 900 | 2750 | 4600 | 9200 | 16200 | 22900 |
| Club Sdn | 1200 | 3750 | 6300 | 12600 | 22200 | 31400 |
| **Clipper, Super Eight, 148" wb** | | | | | | |
| 7-pass Sdn | 900 | 2800 | 4700 | 9400 | 16500 | 23400 |
| Limo | 1050 | 3400 | 5700 | 11400 | 20100 | 28500 |
| **1948** | | | | | | |
| **Model 2201, 8-cyl., 120" wb** | | | | | | |
| Sdn | 600 | 1600 | 2750 | 5500 | 9500 | 13800 |
| Club Sdn | 650 | 1700 | 3000 | 5900 | 10200 | 14700 |
| Sta Wgn | 1800 | 5300 | 8950 | 17900 | 31500 | 44700 |
| **Model 2211, Delxue, 8-cyl., 120" wb** | | | | | | |
| Sdn | 650 | 1700 | 3000 | 6100 | 10600 | 15200 |
| Club Sdn | 650 | 1800 | 3250 | 6500 | 11200 | 16100 |
| **Super Eight, 120" wb** | | | | | | |
| Sdn | 750 | 2200 | 3650 | 7300 | 12600 | 18200 |
| Club Sdn | 800 | 2350 | 3950 | 7900 | 13700 | 19700 |
| **Super Eight, 120" wb** | | | | | | |
| Conv Vic | 1900 | 5600 | 9450 | 18900 | 33200 | 47200 |
| **Super Eight, 141" wb** | | | | | | |
| Sdn | 900 | 2750 | 4650 | 9300 | 16400 | 23100 |
| Limo | 1050 | 3400 | 5650 | 11300 | 19900 | 28200 |
| **Super Eight, Deluxe, 141" wb** | | | | | | |
| Sdn | 900 | 2900 | 4850 | 9700 | 17100 | 24200 |
| Limo | 1100 | 3500 | 5850 | 11700 | 20600 | 29100 |
| **Custom Eight, 127" wb** | | | | | | |
| Sdn | 850 | 2650 | 4500 | 9000 | 15900 | 22500 |
| Club Sdn | 950 | 3050 | 5100 | 10200 | 18000 | 25400 |
| **Custom Eight, 127" wb** | | | | | | |
| Conv Vic | 2300 | 6800 | 11450 | 22900 | 40200 | 57200 |
| **Custom Eight, 148" wb** | | | | | | |
| 7-pass Sdn | 1150 | 3600 | 5950 | 11900 | 21000 | 29700 |
| Limo | 1150 | 3600 | 6000 | 12100 | 21300 | 30200 |
| **1949** | | | | | | |
| **Model 2301, 120" wb** | | | | | | |
| Sdn | 650 | 1700 | 3000 | 5900 | 10200 | 14700 |
| Club Sdn | 650 | 1750 | 3150 | 6300 | 10900 | 15700 |
| Sta Wgn | 1800 | 5300 | 8950 | 17900 | 31500 | 44700 |
| **Model 2301 Deluxe, 120" wb** | | | | | | |
| Sdn | 650 | 1750 | 3150 | 6300 | 10900 | 15700 |
| Club Sdn | 700 | 1900 | 3350 | 6700 | 11500 | 16500 |
| **Super Eight, 127" wb** | | | | | | |
| Sdn | 750 | 2100 | 3550 | 7100 | 12300 | 17700 |
| Club Sdn | 750 | 2250 | 3750 | 7500 | 13000 | 18700 |
| **Super Eight** | | | | | | |
| Sdn | 750 | 2250 | 3750 | 7500 | 13000 | 18700 |
| Club Sdn | 800 | 2350 | 3950 | 7900 | 13700 | 19700 |
| **Super Eight, Super Deluxe, 127" wb** | | | | | | |
| Conv Vic | 1900 | 5600 | 9450 | 18900 | 33200 | 47200 |

| | 6 | 5 | 4 | 3 | 2 | 1 |
|---|---|---|---|---|---|---|
| **Super Eight, 141" wb** | | | | | | |
| Limo | 1100 | 3500 | 5850 | 11700 | 20600 | 29100 |
| 7-pass Sdn | 950 | 3000 | 5050 | 10100 | 17900 | 25100 |
| **Custom Eight, 127" wb** | | | | | | |
| Sdn | 850 | 2650 | 4450 | 8900 | 15700 | 22300 |
| **Custom Eight, 127" wb** | | | | | | |
| Conv | 2400 | 7050 | 11950 | 23900 | 42000 | 59700 |
| **1950** | | | | | | |
| **Model 2301, 120" wb** | | | | | | |
| Sdn | 650 | 1700 | 3000 | 5900 | 10200 | 14700 |
| Club Sdn | 650 | 1750 | 3150 | 6300 | 10900 | 15700 |
| Sta Wgn | 1800 | 5300 | 8950 | 17900 | 31500 | 44700 |
| **Model 2301 Deluxe, 120" wb** | | | | | | |
| Sdn | 650 | 1750 | 3150 | 6300 | 10900 | 15700 |
| Club Sdn | 700 | 1900 | 3350 | 6700 | 11500 | 16500 |
| **Super Eight, 127" wb** | | | | | | |
| Sdn | 750 | 2100 | 3550 | 7100 | 12300 | 17700 |
| Club Sdn | 750 | 2250 | 3750 | 7500 | 13000 | 18700 |
| **Super Eight** | | | | | | |
| Sdn | 750 | 2250 | 3750 | 7500 | 13000 | 18700 |
| Club Sdn | 800 | 2350 | 3950 | 7900 | 13700 | 19700 |
| **Super Eight, Super Deluxe, 127" wb** | | | | | | |
| Conv Vic | 1900 | 5600 | 9450 | 18900 | 33200 | 47200 |
| **Super Eight, 141" wb** | | | | | | |
| Limo | 1100 | 3500 | 5850 | 11700 | 20600 | 29100 |
| 7-pass Sdn | 950 | 3000 | 5050 | 10100 | 17900 | 25100 |
| **Custom Eight, 127" wb** | | | | | | |
| Sdn | 850 | 2650 | 4450 | 8900 | 15700 | 22300 |
| **Custom Eight, 127" wb** | | | | | | |
| Conv | 2400 | 7050 | 11950 | 23900 | 42000 | 59700 |
| **1951** | | | | | | |
| **200, Standard, 122" wb** | | | | | | |
| Bus Cpe | 550 | 1450 | 2450 | 4900 | 8500 | 12000 |
| Sdn | 550 | 1500 | 2500 | 5100 | 8800 | 12500 |
| 2-dr Club Sdn | 550 | 1500 | 2500 | 5100 | 8800 | 12500 |
| **200, Deluxe** | | | | | | |
| Sdn | 600 | 1600 | 2750 | 5500 | 9500 | 13800 |
| 2-dr Club Sdn | 600 | 1600 | 2700 | 5400 | 9300 | 13500 |
| **250, 8-cyl.** | | | | | | |
| 2-dr Hdtp Cpe | 700 | 2000 | 3450 | 6900 | 11900 | 17200 |
| 2-dr Conv | 1350 | 4150 | 6950 | 13900 | 24500 | 34700 |
| **300, 127" wb** | | | | | | |
| Sdn | 650 | 1700 | 3000 | 5900 | 10200 | 14700 |
| **Patrician 400, 127" wb** | | | | | | |
| Sdn | 700 | 1900 | 3400 | 6800 | 11700 | 16900 |
| **1952** | | | | | | |
| **200, Standard, 122" wb** | | | | | | |
| Sdn | 550 | 1500 | 2500 | 5000 | 8700 | 12300 |
| 2-dr Club Sdn | 550 | 1500 | 2500 | 5100 | 8800 | 12500 |
| **200, Deluxe** | | | | | | |
| Sdn | 600 | 1600 | 2750 | 5500 | 9500 | 13800 |
| 2-dr Club Sdn | 600 | 1600 | 2700 | 5400 | 9300 | 13500 |
| **250, 122" wb** | | | | | | |
| Hdtp Spt Cpe | 700 | 2000 | 3450 | 6900 | 11900 | 17200 |
| Conv | 1350 | 4150 | 6950 | 13900 | 24500 | 34700 |
| **300, 122" wb** | | | | | | |
| Sdn | 650 | 1700 | 3000 | 5900 | 10200 | 14700 |
| **Patrician 400, 127" wb** | | | | | | |
| Sdn | 700 | 2000 | 3450 | 6900 | 11900 | 17200 |

|  | 6 | 5 | 4 | 3 | 2 | 1 |
|---|---|---|---|---|---|---|

## 1953

**200 Clipper, 122" wb**
| Sdn | 550 | 1550 | 2650 | 5300 | 9100 | 13000 |
| 2-dr Club Sdn | 600 | 1600 | 2750 | 5500 | 9500 | 13800 |
| 2-dr Sportster | 700 | 1900 | 3350 | 6700 | 11500 | 16500 |

**Clipper Deluxe**
| Sdn | 600 | 1650 | 2850 | 5700 | 9900 | 14200 |
| 2-dr Club Sdn | 650 | 1700 | 3000 | 5900 | 10200 | 14700 |

**Cavalier, 127" wb**
| Cavalier Sdn | 650 | 1750 | 3150 | 6300 | 10900 | 15700 |

**Packard, 122" wb**
| Mayfair Hdtp Spt Cpe | 700 | 2000 | 3450 | 6900 | 11900 | 17200 |
| Caribbean Custom Conv | 2500 | 7350 | 12450 | 24900 | 43700 | 62100 |
| Cavalier Conv | 1350 | 4150 | 6950 | 13900 | 24500 | 34700 |

**Patrician, 127" wb**
| Sdn | 700 | 1900 | 3350 | 6700 | 11500 | 16500 |
| Derham Frml Sdn | 800 | 2400 | 4000 | 8000 | 13900 | 19900 |

**Henney Corp Exec, 149" wb**
| Corp Limo | 800 | 2350 | 3950 | 7900 | 13700 | 19700 |
| Exec Sdn | 750 | 2250 | 3750 | 7500 | 13000 | 18700 |

## 1954

**Clipper Deluxe, 122" wb**
| Sdn | 600 | 1600 | 2750 | 5500 | 9500 | 13800 |
| Club Sdn | 600 | 1600 | 2700 | 5400 | 9300 | 13500 |
| 2-dr Sportster | 700 | 1900 | 3350 | 6700 | 11500 | 16500 |

**Clipper Super**
| Sdn | 600 | 1650 | 2900 | 5800 | 10000 | 14500 |
| Club Sdn | 650 | 1700 | 3000 | 5900 | 10200 | 14700 |
| Panama Sport Cpe Hdtp | 750 | 2100 | 3550 | 7100 | 12300 | 17700 |

**Clipper Special**
| 4-dr Sdn | 600 | 1650 | 2850 | 5700 | 9900 | 14200 |
| 2-dr Club Sdn | 600 | 1650 | 2900 | 5800 | 10000 | 14500 |

**Cavalier, 127" wb**
| Sdn | 650 | 1750 | 3150 | 6300 | 10900 | 15700 |

**Packard 8, 122" wb**
| Pacific Hdtp Cpe | 750 | 2250 | 3750 | 7500 | 13000 | 18700 |
| Caribbean Custom Conv | 2600 | 7650 | 12950 | 25900 | 45500 | 64700 |
| Conv | 1200 | 3850 | 6450 | 12900 | 22700 | 32200 |

**Patrician, Custom/Henney Custom, 127" wb**
| Sdn | 700 | 2000 | 3450 | 6900 | 11900 | 17200 |

**149" wb**
| 8-pass Sdn | 800 | 2350 | 3950 | 7900 | 13700 | 19700 |
| Limo | 800 | 2450 | 4150 | 8300 | 14600 | 20700 |

## 1955

**Clipper, Deluxe, 122" wb**
| Sdn | 500 | 1350 | 2350 | 4700 | 8100 | 11500 |

**Clipper, Super**
| Sdn | 550 | 1450 | 2450 | 4900 | 8500 | 12000 |
| Panama Hdtp Spt Cpe | 650 | 1750 | 3150 | 6300 | 10900 | 15700 |

**Clipper Custom, 8-cyl., 352 cid**
| Sdn | 600 | 1600 | 2750 | 5500 | 9500 | 13800 |
| Constellation Hdtp Spt Cpe | 750 | 2100 | 3550 | 7100 | 12300 | 17700 |

**Packard, 400, 127" wb**
| Hdtp Cpe | 1050 | 3400 | 5650 | 11300 | 19900 | 28200 |

**Caribbean**
| Custom Conv | 2600 | 7650 | 12950 | 25900 | 45500 | 64700 |

**Patrician**
| Sdn | 750 | 2150 | 3600 | 7200 | 12400 | 18000 |

| | 6 | 5 | 4 | 3 | 2 | 1 |
|---|---|---|---|---|---|---|
| **1956** | | | | | | |
| **Clipper, Deluxe, 122" wb** | | | | | | |
| Sdn | 550 | 1500 | 2500 | 5100 | 8800 | 12500 |
| **Clipper, Super** | | | | | | |
| Sdn | 550 | 1550 | 2650 | 5300 | 9100 | 13000 |
| Panama Hdtp Cpe | 700 | 1900 | 3350 | 6700 | 11500 | 16500 |
| **Clipper, Custom** | | | | | | |
| Sdn | 600 | 1600 | 2750 | 5500 | 9500 | 13800 |
| Constellation Hdtp | 750 | 2100 | 3550 | 7100 | 12300 | 17700 |
| **Clipper Executive** | | | | | | |
| Hdtp Cpe | 750 | 2250 | 3750 | 7500 | 13000 | 18700 |
| Sdn | 650 | 1700 | 3000 | 5900 | 10200 | 14700 |
| **Packard, 400, 127" wb** | | | | | | |
| Hdtp Cpe | 1050 | 3400 | 5650 | 11300 | 19900 | 28200 |
| **Caribbean** | | | | | | |
| Custom Hdtp Cpe | 1300 | 4050 | 6750 | 13500 | 23800 | 33700 |
| Custom Conv | 2600 | 7650 | 12950 | 25900 | 45500 | 64700 |
| **Patrician** | | | | | | |
| Sdn | 750 | 2150 | 3600 | 7200 | 12400 | 18000 |
| **1957** | | | | | | |
| **Clipper** | | | | | | |
| Twn Sdn | 500 | 1350 | 2350 | 4700 | 8100 | 11500 |
| Ctry Sdn Sta Wgn | 550 | 1500 | 2500 | 5100 | 8800 | 12500 |
| **1958** | | | | | | |
| **58-L, 8-cyl.** | | | | | | |
| Hdtp Cpe | 650 | 1700 | 3000 | 5900 | 10200 | 14700 |
| Sdn | 500 | 1300 | 2250 | 4500 | 7700 | 11000 |
| Sta Wgn | 450 | 1250 | 2150 | 4300 | 7400 | 10700 |
| **Hawk, 58LS, 8-cyl.** | | | | | | |
| 2-dr Hdtp Spt Cpe | 1050 | 3350 | 5600 | 11200 | 19700 | 28000 |

---

## PRICE GUIDE CLASSIFICATIONS:

**1. CONCOURS:** Perfection. At or near 100 points on a 100-point judging scale. Trailered; never driven; pampered. Totally restored to the max and 100 percent stock.

**2. SHOW:** Professionally restored to high standards. No major flaws or deviations from stock. Consistent trophy winner that needs nothing to show. In 90 to 95 point range.

**3. STREET/SHOW:** Older restoration or extremely nice original showing some wear from age and use. Very presentable; occasional trophy winner; everything working properly. About 80 to 89 points.

**4. DRIVER:** A nice looking, fine running collector car needing little or nothing to drive, enjoy and show in local competition. Would need extensive restoration to be a show car, but completely usable as is.

**5. RESTORABLE:** Project car that is relatively complete and restorable within a reasonable effort and expense. Needs total restoration, but all major components present and rebuildable. May or may not be running.

**6. PARTS CAR:** Deteriorated or stripped to a point beyond reasonable restoration, but still complete and solid enough to donate valuable parts to a restoration. Likely not running, possibly missing its engine.

## Collector Car Value Trends

Value trends within the collector car hobby provide a look at what's been going on during the past two decades. The following charts were compiled from various sources that have tracked the value of selected models over the years. Models were chosen on the basis of their rarity *and* desirability by collectors and hobbyists. 2000 prices are based on vehicles in number one condition.

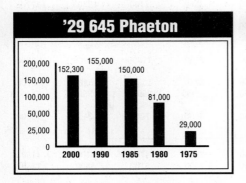

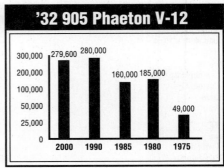

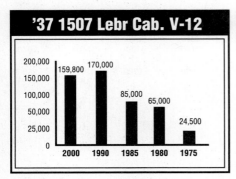

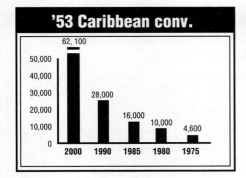

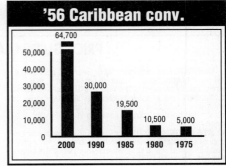

# PEERLESS
## 1900 – 1931

'22 Peerless

'31 Peerless Sedan

| | 6 | 5 | 4 | 3 | 2 | 1 |
|---|---|---|---|---|---|---|
| **1900** | | | | | | |
| **Type B, 1-cyl., 2.75 hp** | | | | | | |
| Motorette | 400 | 1150 | 1850 | 3700 | 6400 | 9300 |
| **Type C, 1-cyl., 3.5 hp** | | | | | | |
| Motorette | 400 | 1150 | 1850 | 3700 | 6400 | 9300 |
| **1901** | | | | | | |
| **Type B, 1-cyl., 2.75 hp** | | | | | | |
| Motorette | 400 | 1150 | 1850 | 3700 | 6400 | 9300 |
| **Type C, 1-cyl., 3.5 hp** | | | | | | |
| Motorette | 400 | 1150 | 1850 | 3700 | 6400 | 9300 |
| **1902** | | | | | | |
| **Type B, 1-cyl., 2.75 hp** | | | | | | |
| Motorette | 400 | 1150 | 1850 | 3700 | 6400 | 9300 |
| **Type C, 1-cyl., 3.5 hp** | | | | | | |
| Motorette | 400 | 1150 | 1850 | 3700 | 6400 | 9300 |
| **1903** | | | | | | |
| **Type 4, 2-cyl., 16 hp** | | | | | | |
| 5-pass Tonneau | 550 | 1400 | 2400 | 4800 | 8300 | 11800 |
| **1904** | | | | | | |
| **Type 8, 4-cyl., 24 hp, 104" wb** | | | | | | |
| 5-pass Tr | 650 | 1800 | 3250 | 6500 | 11200 | 16100 |
| 5-pass Limo | 550 | 1350 | 2650 | 5300 | 9100 | 13000 |
| **Type 7, 4-cyl., 35 hp, 102" wb** | | | | | | |
| 5-pass Tr | 750 | 2150 | 3600 | 7200 | 12400 | 18000 |
| **1905** | | | | | | |
| **Model 9, 4-cyl., 24 hp, 102" wb** | | | | | | |
| 5-pass King of Belgian Tr | 700 | 2000 | 3450 | 6900 | 11900 | 17200 |
| 5-pass Limo | 650 | 1700 | 3000 | 5900 | 10200 | 14700 |
| 7-pass Limo | 650 | 1750 | 3150 | 6300 | 10900 | 15700 |
| **Model 10, 4-cyl., 30 hp, 104" wb** | | | | | | |
| Side Ent. Tonneau | 800 | 2350 | 3950 | 7900 | 13700 | 19700 |
| **Model 11, 4-cyl., 35 hp, 104" wb** | | | | | | |
| 5-pass King of Belgian | 800 | 2500 | 4250 | 8500 | 15000 | 21200 |
| **Model 12, 4-cyl., 60 hp, 107" wb** | | | | | | |
| 5-pass Vic Tonneau | 900 | 2850 | 4800 | 9600 | 16900 | 24000 |

| | 6 | 5 | 4 | 3 | 2 | 1 |
|---|---|---|---|---|---|---|
| **1906** | | | | | | |
| **Model 14, 4-cyl., 30 hp, 107" wb** | | | | | | |
| 5-pass Tr | 800 | 2400 | 4050 | 8100 | 14200 | 20200 |
| 5-pass Limo | 650 | 1750 | 3150 | 6300 | 10900 | 15700 |
| 2-pass Racing Runabt | 900 | 2800 | 4700 | 9400 | 16500 | 23400 |
| **Model 15, 4-cyl., 45 hp, 114" wb** | | | | | | |
| 5-pass Tr | 900 | 2850 | 4800 | 9600 | 16900 | 24000 |
| 5-pass Vic | 650 | 1700 | 3000 | 5900 | 10200 | 14700 |
| **1907** | | | | | | |
| **Model 16, 4-cyl., 30 hp, 109" wb** | | | | | | |
| 5-pass Tr | 800 | 2450 | 4100 | 8200 | 14400 | 20500 |
| 7-pass Limo | 650 | 1700 | 3000 | 5900 | 10200 | 14700 |
| **Model 15, 4-cyl., 45 hp, 114" wb** | | | | | | |
| 3-pass Rdstr | 800 | 2450 | 4100 | 8200 | 14400 | 20500 |
| 5-pass Tr | 850 | 2550 | 4300 | 8600 | 15100 | 21500 |
| 7-pass Limo | 650 | 1750 | 3150 | 6300 | 10900 | 15700 |
| 7-pass Tr | 900 | 2850 | 4750 | 9500 | 16700 | 23700 |
| **1908** | | | | | | |
| **Model 20, 6-cyl., 50 hp, 132.5" wb** | | | | | | |
| 7-pass Tr | 950 | 3050 | 5100 | 10200 | 18000 | 25400 |
| 3-pass Rdstr | 850 | 2650 | 4450 | 8900 | 15700 | 22300 |
| 7-pass Landlt | 650 | 1750 | 3100 | 6200 | 10700 | 15400 |
| **Model 18, 8-cyl., 30 hp, 118" wb** | | | | | | |
| 7-pass Tr | 800 | 2350 | 3950 | 7900 | 13700 | 19700 |
| 7-pass Landlt | 650 | 1750 | 3150 | 6300 | 10900 | 15700 |
| 3-pass Rdstr | 750 | 2250 | 3750 | 7500 | 13000 | 18700 |
| 7-pass Limo | 400 | 1200 | 1950 | 3900 | 6800 | 9900 |
| **1909** | | | | | | |
| **Model 19, 4-cyl., 30 hp, 122" wb** | | | | | | |
| 7-pass Tr | 800 | 2350 | 3900 | 7800 | 13500 | 19500 |
| 7-pass Cape Top Tr | 800 | 2400 | 4000 | 8000 | 13900 | 19900 |
| 5-pass CC Tr | 750 | 2150 | 3600 | 7200 | 12400 | 18000 |
| 5-pass CC Cape Top Tr | 750 | 2300 | 3800 | 7600 | 13100 | 18900 |
| 3-pass Rdstr | 750 | 2150 | 3600 | 7200 | 12400 | 18000 |
| 3-pass Cape Top Rdstr | 750 | 2300 | 3800 | 7600 | 13100 | 18900 |
| 7-pass Limo | 650 | 1700 | 3000 | 5900 | 10200 | 14700 |
| 7-pass Landlt | 650 | 1750 | 3150 | 6300 | 10900 | 15700 |
| **Model 25, 6-cyl., 50 hp, 136" wb** | | | | | | |
| 7-pass Tr | 950 | 3050 | 5100 | 10200 | 18000 | 25400 |
| 7-pass Cape Top Tr | 950 | 3050 | 5100 | 10200 | 18000 | 25400 |
| 7-pass Limo | 650 | 1750 | 3100 | 6200 | 10700 | 15400 |
| 7-pass Landlt | 700 | 1850 | 3300 | 6600 | 11300 | 16300 |
| **1910** | | | | | | |
| **Model 27, 4-cyl., 30 hp, 118.5" wb** | | | | | | |
| 3-pass Rdstr | 800 | 2350 | 3900 | 7800 | 13500 | 19500 |
| 4-pass Pony Tonneau | 700 | 2050 | 3500 | 7000 | 12100 | 17400 |
| **Model 27, 4-cyl., 30 hp, 122" wb** | | | | | | |
| 7-pass Tr | 800 | 2500 | 4250 | 8500 | 15000 | 21200 |
| 5-pass CC Tr | 800 | 2500 | 4250 | 8500 | 15000 | 21200 |
| 7-pass Limo | 650 | 1700 | 3000 | 5900 | 10200 | 14700 |
| 7-pass Landlt | 700 | 1900 | 3350 | 6700 | 11500 | 16500 |
| 7-pass Demi-Limo | 650 | 1750 | 3150 | 6300 | 10900 | 15700 |
| **Model 28, 6-cyl., 50 hp, 136" wb** | | | | | | |
| 7-pass Tr | 950 | 3050 | 5100 | 10200 | 18000 | 25400 |
| **1911** | | | | | | |
| **Model 29, 4-cyl., 6-cyl., 20 hp, 113" wb** | | | | | | |
| 6-pass Limo | 650 | 1700 | 3000 | 5900 | 10200 | 14700 |

| | 6 | 5 | 4 | 3 | 2 | 1 |
|---|---|---|---|---|---|---|
| **Model 31, 4-cyl., 40 hp, 123" wb** | | | | | | |
| 7-pass Tr | 850 | 2550 | 4350 | 8700 | 15300 | 21700 |
| 3-pass Rdstr | 800 | 2350 | 3950 | 7900 | 13700 | 19700 |
| 5-pass CC Tr | 800 | 2450 | 4150 | 8300 | 14600 | 20700 |
| 4-pass Pony Tonneau | 800 | 2450 | 4150 | 8300 | 14600 | 20700 |
| 7-pass Limo | 600 | 1600 | 2750 | 5500 | 9500 | 13800 |
| **Model 32, 6-cyl., 60 hp, 136" wb** | | | | | | |
| 7-pass Tr | 1000 | 3100 | 5250 | 10500 | 18600 | 26200 |
| 4-pass Torpedo | 1000 | 3100 | 5250 | 10500 | 18600 | 26200 |
| ***1912*** | | | | | | |
| **Town Car, 4-cyl., 25.6 hp, 113" wb** | | | | | | |
| Landlt | 650 | 1800 | 3200 | 6400 | 11000 | 15900 |
| 6-pass Twn Car | 650 | 1750 | 3100 | 6200 | 10700 | 15400 |
| **Model 38-Six, 6-cyl., 38 hp, 125" wb** | | | | | | |
| Tr | 900 | 2750 | 4600 | 9200 | 16200 | 22900 |
| 4-pass Torpedo | 900 | 2750 | 4600 | 9200 | 16200 | 22900 |
| Rdstr | 850 | 2550 | 4350 | 8700 | 15300 | 21700 |
| Cpe | 600 | 1600 | 2750 | 5500 | 9500 | 13800 |
| Limo | 700 | 1850 | 3300 | 6600 | 11300 | 16300 |
| 7-pass Berline Limo | 700 | 2000 | 3450 | 6900 | 11900 | 17200 |
| Landlt | 700 | 2000 | 3450 | 6900 | 11900 | 17200 |
| **Model 48-Six, 6-cyl., 48 hp, 137" wb** | | | | | | |
| Tr | 1100 | 3450 | 5750 | 11500 | 20300 | 28700 |
| 4-pass Torpedo | 1050 | 3400 | 5650 | 11300 | 19900 | 28200 |
| 5-pass Phtn | 1050 | 3400 | 5650 | 11300 | 19900 | 28200 |
| Limo | 750 | 2250 | 3750 | 7500 | 13000 | 18700 |
| 7-pass Berline Limo | 800 | 2350 | 3950 | 7900 | 13700 | 19700 |
| Landlt | 800 | 2350 | 3950 | 7900 | 13700 | 19700 |
| **Model 60-Six, 6-cyl., 60 hp, 140" wb** | | | | | | |
| Tr | 1150 | 3600 | 6000 | 12100 | 21300 | 30200 |
| 4-pass Torpedo | 1150 | 3600 | 5950 | 11900 | 21000 | 29700 |
| 5-pass Phtn | 1150 | 3600 | 5950 | 11900 | 21000 | 29700 |
| Limo | 800 | 2350 | 3950 | 7900 | 13700 | 19700 |
| 7-pass Berline Limo | 800 | 2450 | 4150 | 8300 | 14600 | 20700 |
| Landlt | 800 | 2450 | 4150 | 8300 | 14600 | 20700 |
| **Model 40-Four, 4-cyl., 40 hp, 125" wb** | | | | | | |
| 7-pass Tr | 1000 | 3100 | 5250 | 10500 | 18600 | 26200 |
| 4-pass Torpedo | 950 | 3050 | 5100 | 10200 | 18000 | 25400 |
| 5-pass Phtn | 950 | 3050 | 5100 | 10200 | 18000 | 25400 |
| Limo | 750 | 2150 | 3600 | 7200 | 12400 | 18000 |
| 7-pass Berline Limo | 750 | 2300 | 3800 | 7600 | 13100 | 18900 |
| Landlt | 750 | 2300 | 3800 | 7600 | 13100 | 18900 |
| ***1913*** | | | | | | |
| **Model 24-Four, 4-cyl., 25.6 hp, 113" wb** | | | | | | |
| 6-pass Twn Car | 650 | 1750 | 3100 | 6200 | 10700 | 15400 |
| 6-pass Limo | 650 | 1700 | 3000 | 5900 | 10200 | 14700 |
| 6-pass Landlt | 550 | 1550 | 2650 | 5300 | 9100 | 13000 |
| **Model 38-Six, 6-cyl., 38.4 hp, 125" wb** | | | | | | |
| 3-pass Rdstr | 850 | 2650 | 4450 | 8900 | 15700 | 22300 |
| 4-pass Torpedo | 850 | 2700 | 4550 | 9100 | 16000 | 22700 |
| 5-pass Tr Car | 850 | 2700 | 4550 | 9100 | 16000 | 22700 |
| 3-pass Cpe | 600 | 1600 | 2750 | 5500 | 9500 | 13800 |
| 7-pass Limo | 650 | 1800 | 3200 | 6400 | 11000 | 15900 |
| 7-pass Landlt | 700 | 1850 | 3300 | 6600 | 11300 | 16300 |
| Berline Limo | 700 | 2000 | 3450 | 6900 | 11900 | 17200 |
| **Model 40-Four, 4-cyl., 40 hp, 125" wb** | | | | | | |
| 7-pass Landlt | 700 | 2000 | 3450 | 6900 | 11900 | 17200 |
| 7-pass Tr | 1000 | 3100 | 5200 | 10400 | 18400 | 26000 |
| 6-pass Torpedo | 950 | 2950 | 4950 | 9900 | 17500 | 24700 |
| 7-pass Limo | 700 | 1850 | 3300 | 6600 | 11300 | 16300 |
| Berline Limo | 700 | 2000 | 3450 | 6900 | 11900 | 17200 |

| | 6 | 5 | 4 | 3 | 2 | 1 |
|---|---|---|---|---|---|---|
| **Model 48-Six, 6-cyl., 48.6 hp, 137" wb** | | | | | | |
| 6-pass Torpedo | 1050 | 3350 | 5600 | 11200 | 19700 | 28000 |
| 7-pass Tr | 1100 | 3450 | 5750 | 11500 | 20300 | 28700 |
| 7-pass Limo | 750 | 2250 | 3750 | 7500 | 13000 | 18700 |
| 7-pass Landlt | 800 | 2350 | 3950 | 7900 | 13700 | 19700 |
| Berline Limo | 800 | 2350 | 3950 | 7900 | 13700 | 19700 |
| **Model 60-Six, 6-cyl., 60 hp, 140" wb** | | | | | | |
| 7-pass Tr | 1150 | 3650 | 6100 | 12200 | 21500 | 30500 |
| 6-pass Torpedo | 1150 | 3600 | 5950 | 11900 | 21000 | 29700 |
| 7-pass Limo | 800 | 2350 | 3950 | 7900 | 13700 | 19700 |
| 7-pass Landlt | 800 | 2450 | 4150 | 8300 | 14600 | 20700 |
| Berline Limo | 800 | 2450 | 4150 | 8300 | 14600 | 20700 |

### 1914

| | 6 | 5 | 4 | 3 | 2 | 1 |
|---|---|---|---|---|---|---|
| **Model 38-Six, 6-cyl., 38.4 hp, 125" wb** | | | | | | |
| 4-pass Torpedo | 900 | 2900 | 4900 | 9800 | 17300 | 24500 |
| 5-pass Tr | 950 | 3050 | 5100 | 10200 | 18000 | 25400 |
| Rdstr | 900 | 2900 | 4850 | 9700 | 17100 | 24200 |
| Cpe | 600 | 1600 | 2750 | 5500 | 9500 | 13800 |
| Limo | 650 | 1750 | 3100 | 6200 | 10700 | 15400 |
| Landlt | 650 | 1800 | 3200 | 6400 | 11000 | 15900 |
| Berline Limo | 650 | 1800 | 3200 | 6400 | 11000 | 15900 |
| **Model 48-Six, 6-cyl., 49 hp, 137" wb** | | | | | | |
| 7-pass Tr | 1050 | 3350 | 5600 | 11200 | 19700 | 28000 |
| Torpedo | 950 | 3050 | 5100 | 10200 | 18000 | 25400 |
| Limo | 700 | 1850 | 3300 | 6600 | 11300 | 16300 |
| Landlt | 700 | 2000 | 3450 | 6900 | 11900 | 17200 |
| Berline Limo | 700 | 2000 | 3450 | 6900 | 11900 | 17200 |
| **Model 60-Six, 6-cyl., 60 hp, 140" wb** | | | | | | |
| 7-pass Limo | 750 | 2150 | 3600 | 7200 | 12400 | 18000 |
| Torpedo | 1150 | 3600 | 5950 | 11900 | 21000 | 29700 |
| 7-pass Tr | 1150 | 3650 | 6100 | 12200 | 21500 | 30500 |
| Landlt | 750 | 2250 | 3750 | 7500 | 13000 | 18700 |
| Berline Limo | 750 | 2250 | 3750 | 7500 | 13000 | 18700 |

### 1915

| | 6 | 5 | 4 | 3 | 2 | 1 |
|---|---|---|---|---|---|---|
| **Model 54, 4-cyl., 22.5 hp, 113" wb** | | | | | | |
| 5-pass Tr | 800 | 2400 | 4000 | 8000 | 13900 | 19900 |
| Rdstr | 800 | 2350 | 3900 | 7800 | 13500 | 19500 |
| Limo | 650 | 1750 | 3100 | 6200 | 10700 | 15400 |
| Cabrlt | 700 | 2000 | 3450 | 6900 | 11900 | 17200 |
| 5-pass Sdn | 550 | 1450 | 2450 | 4900 | 8500 | 12000 |
| **Model 55, 6-cyl., 29.4 hp, 121" wb** | | | | | | |
| 5-pass Tr | 850 | 2650 | 4450 | 8900 | 15700 | 22300 |
| Rdstr | 800 | 2500 | 4250 | 8500 | 15000 | 21200 |
| Limo | 650 | 1800 | 3200 | 6400 | 11000 | 15900 |
| Cabrlt | 750 | 2250 | 3750 | 7500 | 13000 | 18700 |
| Sdn | 600 | 1600 | 2750 | 5500 | 9500 | 13800 |
| **Model 48, 6-cyl., 48 hp, 137" wb** | | | | | | |
| 7-pass Tr | 1000 | 3100 | 5250 | 10500 | 18600 | 26200 |
| 7-pass Limo | 700 | 2000 | 3450 | 6900 | 11900 | 17200 |
| 3-pass Rdstr | 950 | 3050 | 5100 | 10200 | 18000 | 25400 |
| 7-pass Berline | 750 | 2250 | 3750 | 7500 | 13000 | 18700 |
| 7-pass Landlt | 750 | 2250 | 3750 | 7500 | 13000 | 18700 |
| 7-pass Sdn | 600 | 1650 | 2900 | 5800 | 10000 | 14500 |

### 1916

| | 6 | 5 | 4 | 3 | 2 | 1 |
|---|---|---|---|---|---|---|
| **Model 56, 8-cyl., 80 hp, 125" wb** | | | | | | |
| 7-pass Tr | 1050 | 3350 | 5600 | 11200 | 19700 | 28000 |
| 3-pass Rdstr | 1000 | 3100 | 5250 | 10500 | 18600 | 26200 |
| 7-pass Limo | 650 | 1800 | 3250 | 6500 | 11200 | 16100 |
| 4-pass Cpe | 500 | 1300 | 2250 | 4500 | 7700 | 11000 |

| | 6 | 5 | 4 | 3 | 2 | 1 |
|---|---|---|---|---|---|---|

### 1917
**Model 56, 8-cyl., 80 hp, 125" wb**

| | 6 | 5 | 4 | 3 | 2 | 1 |
|---|---|---|---|---|---|---|
| 7-pass Tr | 1050 | 3350 | 5600 | 11200 | 19700 | 28000 |
| 2-pass Rdstr | 1000 | 3200 | 5350 | 10700 | 18900 | 26700 |
| 4-pass Rdstr | 1000 | 3100 | 5250 | 10500 | 18600 | 26200 |
| Limo | 650 | 1750 | 3150 | 6300 | 10900 | 15700 |
| Cpe | 500 | 1300 | 2250 | 4500 | 7700 | 11000 |
| Sdn | 450 | 1250 | 2050 | 4100 | 7100 | 10300 |

### 1918
**Model 56, 8-cyl., 80 hp, 125" wb**

| | 6 | 5 | 4 | 3 | 2 | 1 |
|---|---|---|---|---|---|---|
| 2-pass Spdstr | 1050 | 3350 | 5600 | 11200 | 19700 | 28000 |
| 7-pass Tr | 1050 | 3350 | 5600 | 11200 | 19700 | 28000 |
| 4-pass Rdstr | 1000 | 3100 | 5250 | 10500 | 18600 | 26200 |
| 2-pass Spt Rdstr | 1050 | 3350 | 5600 | 11200 | 19700 | 28000 |
| 6-pass Sdn | 450 | 1250 | 2050 | 4100 | 7100 | 10300 |
| 4-pass Cpe | 500 | 1300 | 2250 | 4500 | 7700 | 11000 |
| 7-pass Sdn Limo | 650 | 1700 | 3000 | 5900 | 10200 | 14700 |
| 7-pass Limo | 650 | 1800 | 3200 | 6400 | 11000 | 15900 |

### 1919
**Model 56, 8-cyl., 80 hp, 125" wb**

| | 6 | 5 | 4 | 3 | 2 | 1 |
|---|---|---|---|---|---|---|
| 7-pass Tr | 1100 | 3450 | 5750 | 11500 | 20300 | 28700 |
| 4-pass Rdstr | 1050 | 3350 | 5600 | 11200 | 19700 | 28000 |
| 7-pass Sdn | 450 | 1250 | 2050 | 4100 | 7100 | 10300 |
| 4-pass Cpe | 500 | 1300 | 2250 | 4500 | 7700 | 11000 |
| 7-pass Sdn Limo | 650 | 1700 | 3000 | 5900 | 10200 | 14700 |

### 1920
**Model 56, 8-cyl., 80 hp, 125" wb**

| | 6 | 5 | 4 | 3 | 2 | 1 |
|---|---|---|---|---|---|---|
| 7-pass Tr | 1100 | 3500 | 5850 | 11700 | 20600 | 29100 |
| 4-pass Rdstr | 1100 | 3450 | 5750 | 11500 | 20300 | 28700 |
| 4-pass Cpe | 500 | 1350 | 2350 | 4700 | 8100 | 11500 |
| 7-pass Sdn | 450 | 1250 | 2150 | 4300 | 7400 | 10700 |
| 7-pass Sdn Limo | 650 | 1750 | 3100 | 6200 | 10700 | 15400 |

### 1921
**Model 56, 8-cyl., 80 hp, 125" wb**

| | 6 | 5 | 4 | 3 | 2 | 1 |
|---|---|---|---|---|---|---|
| 4-pass Rdstr | 1100 | 3450 | 5750 | 11500 | 20300 | 28700 |
| 7-pass Tr | 1100 | 3500 | 5850 | 11700 | 20600 | 29100 |
| 4-pass Cpe | 500 | 1350 | 2350 | 4700 | 8100 | 11500 |
| 7-pass Sdn | 450 | 1250 | 2150 | 4300 | 7400 | 10700 |
| 7-pass Limo | 650 | 1750 | 3100 | 6200 | 10700 | 15400 |

### 1922
**Model 56-7, 8-cyl., 80 hp, 125" wb**

| | 6 | 5 | 4 | 3 | 2 | 1 |
|---|---|---|---|---|---|---|
| 4-pass Rdstr | 1100 | 3450 | 5750 | 11500 | 20300 | 28700 |
| 7-pass Tr | 1100 | 3500 | 5850 | 11700 | 20600 | 29100 |
| 4-pass Cpe | 500 | 1350 | 2350 | 4700 | 8100 | 11500 |
| 5-pass Sdn | 450 | 1250 | 2150 | 4300 | 7400 | 10700 |
| 7-pass Sdn | 500 | 1300 | 2250 | 4500 | 7700 | 11000 |
| 7-pass Limo Sdn | 650 | 1750 | 3100 | 6200 | 10700 | 15400 |

**Model 66, 8-cyl., 70 hp, 128" wb**

| | 6 | 5 | 4 | 3 | 2 | 1 |
|---|---|---|---|---|---|---|
| 7-pass Tr Phtn | 1150 | 3600 | 5950 | 11900 | 21000 | 29700 |
| 4-pass Tr Phtn | 1100 | 3500 | 5850 | 11700 | 20600 | 29100 |
| 4-pass Vic | 550 | 1450 | 2450 | 4900 | 8500 | 12000 |
| 2-pass Rdstr Cpe | 500 | 1350 | 2350 | 4700 | 8100 | 11500 |
| 4-pass Sub Cpe | 500 | 1350 | 2350 | 4700 | 8100 | 11500 |
| 5-pass Twn Sdn | 450 | 1250 | 2150 | 4300 | 7400 | 10700 |
| 5-pass Twn Brghm | 500 | 1300 | 2250 | 4500 | 7700 | 11000 |
| 7-pass Sub Sdn | 500 | 1300 | 2250 | 4500 | 7700 | 11000 |
| 4-pass Opera Brghm | 550 | 1450 | 2450 | 4900 | 8500 | 12000 |
| 5-pass Berline Limo | 650 | 1750 | 3100 | 6200 | 10700 | 15400 |

|  | 6 | 5 | 4 | 3 | 2 | 1 |
|---|---|---|---|---|---|---|

### 1923

**Model 66, 8-cyl., 70 hp, 128" wb**

|  | 6 | 5 | 4 | 3 | 2 | 1 |
|---|---|---|---|---|---|---|
| 7-pass Tr Phtn | 1150 | 3600 | 5950 | 11900 | 21000 | 29700 |
| 4-pass Tr Phtn | 1100 | 3500 | 5850 | 11700 | 20600 | 29100 |
| 4-pass Vic | 550 | 1450 | 2450 | 4900 | 8500 | 12000 |
| 2-pass Rdstr Cpe | 500 | 1350 | 2350 | 4700 | 8100 | 11500 |
| 4-pass Sub Cpe | 500 | 1350 | 2350 | 4700 | 8100 | 11500 |
| 5-pass Twn Sdn | 450 | 1250 | 2150 | 4300 | 7400 | 10700 |
| 5-pass Twn Brghm | 500 | 1300 | 2250 | 4500 | 7700 | 11000 |
| 7-pass Sub Sdn | 500 | 1300 | 2250 | 4500 | 7700 | 11000 |
| 4-pass Opera Brghm | 550 | 1450 | 2450 | 4900 | 8500 | 12000 |
| 5-pass Berline Limo | 650 | 1750 | 3100 | 6200 | 10700 | 15400 |

### 1924

**Model 66, 8-cyl., 70 hp, 128" wb**

|  | 6 | 5 | 4 | 3 | 2 | 1 |
|---|---|---|---|---|---|---|
| 7-pass Tr Phtn | 1150 | 3600 | 5950 | 11900 | 21000 | 29700 |
| 4-pass Tr Phtn | 1100 | 3500 | 5850 | 11700 | 20600 | 29100 |
| 2-pass Cpe | 500 | 1350 | 2350 | 4700 | 8100 | 11500 |
| 4-pass Vic | 550 | 1450 | 2450 | 4900 | 8500 | 12000 |
| 5-pass Town Sdn | 450 | 1250 | 2150 | 4300 | 7400 | 10700 |
| 5-pass Town Brghm | 500 | 1300 | 2250 | 4500 | 7700 | 11000 |
| 5-pass Sub Sdn | 550 | 1450 | 2450 | 4900 | 8500 | 12000 |
| 7-pass Berline Limo | 650 | 1750 | 3100 | 6200 | 10700 | 15400 |

**Model 67, 8-cyl., 70 hp, 128" wb**

|  | 6 | 5 | 4 | 3 | 2 | 1 |
|---|---|---|---|---|---|---|
| 4-pass Tr Phtn | 1100 | 3500 | 5850 | 11700 | 20600 | 29100 |
| 4-pass Vic | 900 | 2850 | 4800 | 9600 | 16900 | 24000 |
| 5-pass Cpe | 650 | 1700 | 3000 | 5900 | 10200 | 14700 |
| 5-pass Twn Sdn | 550 | 1450 | 2450 | 4900 | 8500 | 12000 |
| 5-pass Twn Brghm | 550 | 1550 | 2600 | 5200 | 9000 | 12800 |
| 7-pass Sub Sdn | 600 | 1600 | 2750 | 5500 | 9500 | 13800 |
| 7-pass Berline Limo | 650 | 1800 | 3200 | 6400 | 11000 | 15900 |

**Model 70, 6-cyl., 70 hp, 126" wb**

|  | 6 | 5 | 4 | 3 | 2 | 1 |
|---|---|---|---|---|---|---|
| 2-pass Rdstr | 900 | 2900 | 4850 | 9700 | 17100 | 24200 |
| 5-pass Tr Phtn | 950 | 3050 | 5100 | 10200 | 18000 | 25400 |
| 5-pass Cpe | 500 | 1300 | 2250 | 4500 | 7700 | 11000 |
| 5-pass Sdn | 450 | 1250 | 2050 | 4100 | 7100 | 10300 |
| 7-pass Tr Phtn | 1000 | 3100 | 5200 | 10400 | 18400 | 26000 |
| 7-pass Sdn | 450 | 1250 | 2150 | 4300 | 7400 | 10700 |

### 1925

**Model 70, 6-cyl., 70 hp, 126" wb**

|  | 6 | 5 | 4 | 3 | 2 | 1 |
|---|---|---|---|---|---|---|
| 2-pass Rdstr | 900 | 2900 | 4850 | 9700 | 17100 | 24200 |
| 5-pass Tr Phtn | 950 | 3050 | 5100 | 10200 | 18000 | 25400 |
| 4-pass Cpe | 500 | 1300 | 2250 | 4500 | 7700 | 11000 |
| 5-pass Sdn | 450 | 1250 | 2050 | 4100 | 7100 | 10300 |

**Model 70, 6-cyl., 70 hp, 133" wb**

|  | 6 | 5 | 4 | 3 | 2 | 1 |
|---|---|---|---|---|---|---|
| 7-pass Tr Phtn | 950 | 3050 | 5100 | 10200 | 18000 | 25400 |
| 7-pass Sdn | 450 | 1250 | 2150 | 4300 | 7400 | 10700 |

**Model 67, 8-cyl., 70 hp, 128" wb**

|  | 6 | 5 | 4 | 3 | 2 | 1 |
|---|---|---|---|---|---|---|
| 4-pass Tr Phtn | 1100 | 3500 | 5850 | 11700 | 20600 | 29100 |
| 4-pass Vic | 900 | 2850 | 4800 | 9600 | 16900 | 24000 |
| 5-pass Cpe | 650 | 1700 | 3000 | 5900 | 10200 | 14700 |
| 5-pass Twn Sdn | 550 | 1450 | 2450 | 4900 | 8500 | 12000 |
| 5-pass Twn Brghm | 550 | 1550 | 2600 | 5200 | 9000 | 12800 |
| 7-pass Suburban | 600 | 1600 | 2750 | 5500 | 9500 | 13800 |
| 7-pass Berline Limo | 650 | 1800 | 3200 | 6400 | 11000 | 15900 |

### 1926

**Model 6-80, 6-cyl., 63 hp, 116" wb**

|  | 6 | 5 | 4 | 3 | 2 | 1 |
|---|---|---|---|---|---|---|
| 2-4 pass Rdstr | 850 | 2650 | 4450 | 8900 | 15700 | 22300 |
| 5-pass Sdn | 450 | 1250 | 2050 | 4100 | 7100 | 10300 |
| 5-pass CC Sdn | 450 | 1250 | 2150 | 4300 | 7400 | 10700 |
| 5-pass Lndlt | 400 | 1200 | 1950 | 3900 | 6800 | 9900 |
| 2-4 pass Cpe | 500 | 1300 | 2250 | 4500 | 7700 | 11000 |

| | 6 | 5 | 4 | 3 | 2 | 1 |
|---|---|---|---|---|---|---|
| **Model 6-72, 6-cyl, 70 hp, 133" wb** | | | | | | |
| 5-pass Phtn | 900 | 2900 | 4900 | 9800 | 17300 | 24500 |
| 5-pass Cpe | 600 | 1600 | 2750 | 5500 | 9500 | 13800 |
| 5-pass Sdn | 550 | 1550 | 2600 | 5200 | 9000 | 12800 |
| 5-pass Dlx Sdn | 550 | 1550 | 2650 | 5300 | 9100 | 13000 |
| 7-pass Dlx Sdn | 600 | 1650 | 2850 | 5700 | 9900 | 14200 |
| 3-5 pass Rdstr | 950 | 3050 | 5100 | 10200 | 18000 | 25400 |
| 7-pass Phtn | 1000 | 3250 | 5450 | 10900 | 19100 | 27200 |
| 7-pass Sdn | 450 | 1250 | 2150 | 4300 | 7400 | 10700 |
| 7-pass Limo | 650 | 1750 | 3100 | 6200 | 10700 | 15400 |
| **Model 8-67, 8-cyl., 70 hp, 128" wb** | | | | | | |
| 5-pass Twn Brghm | 550 | 1550 | 2600 | 5200 | 9000 | 12800 |
| 5-pass Twn Sdn | 550 | 1450 | 2450 | 4900 | 8500 | 12000 |
| 4-pass Tr Phtn | 1100 | 3500 | 5850 | 11700 | 20600 | 29100 |
| 7-pass Tr Phtn | 1150 | 3600 | 6000 | 12100 | 21300 | 30200 |
| 4-pass Vic | 900 | 2850 | 4800 | 9600 | 16900 | 24000 |
| 5-pass Suburban Cpe | 650 | 1700 | 3000 | 5900 | 10200 | 14700 |
| 7-pass Suburban Sdn | 600 | 1600 | 2750 | 5500 | 9500 | 13800 |
| 7-pass Berline | 650 | 1800 | 3200 | 6400 | 11000 | 15900 |
| **Model 8-69, 8-cyl., 80 hp, 133" wb** | | | | | | |
| 7-pass Phtn | 1150 | 3650 | 6100 | 12200 | 21500 | 30500 |
| 3-5 pass Spt Rdstr | 1150 | 3700 | 6200 | 12400 | 21850 | 30900 |
| 5-pass Sdn | 650 | 1750 | 3100 | 6200 | 10700 | 15400 |
| 7-pass Sdn | 650 | 1800 | 3200 | 6400 | 11000 | 15900 |
| 7-pass Limo | 700 | 1900 | 3400 | 6800 | 11700 | 16900 |
| **1927** | | | | | | |
| **Model 6-90, 6-cyl., 70 hp, 120" wb** | | | | | | |
| 2-4 pass Rdstr | 950 | 3050 | 5100 | 10200 | 18000 | 25400 |
| 2-4 pass Cpe | 600 | 1600 | 2700 | 5400 | 9300 | 13500 |
| 4-pass CC Sdn | 550 | 1500 | 2500 | 5100 | 8800 | 12500 |
| 2-dr 5-pass Sdn | 500 | 1350 | 2350 | 4700 | 8100 | 11500 |
| 2-4 pass Rdstr Cpe | 1000 | 3100 | 5250 | 10500 | 18600 | 26200 |
| 5-pass Phtn | 1100 | 3500 | 5850 | 11700 | 20600 | 29100 |
| 5-pass Landlt | 700 | 1850 | 3300 | 6600 | 11300 | 16300 |
| **Model 6-72, 6-cyl., 70 hp, 126.5" wb** | | | | | | |
| 5-pass Sdn | 550 | 1550 | 2600 | 5200 | 9000 | 12800 |
| 5-pass Phtn | 1000 | 3100 | 5250 | 10500 | 18600 | 26200 |
| 5-pass Cpe | 600 | 1650 | 2850 | 5700 | 9900 | 14200 |
| **Model 6-72, 6-cyl., 70 hp, 133.5" wb** | | | | | | |
| 2-4 pass Spt Rdstr | 1000 | 3100 | 5250 | 10500 | 18600 | 26200 |
| 7-pass Sdn | 550 | 1500 | 2500 | 5100 | 8800 | 12500 |
| 7-pass Limo | 650 | 1800 | 3200 | 6400 | 11000 | 15900 |
| 5-pass Dlx Sdn | 600 | 1600 | 2750 | 5500 | 9500 | 13800 |
| 7-pass Dlx Sdn | 600 | 1650 | 2850 | 5700 | 9900 | 14200 |
| **Model 8-69, 8-cyl., 70 hp, 126.5" wb** | | | | | | |
| 5-pass Std Sdn | 600 | 1600 | 2700 | 5400 | 9300 | 13500 |
| 5-pass Std Cpe | 650 | 1800 | 3200 | 6400 | 11000 | 15900 |
| **Model 8-69, 8-cyl., 70 hp, 133" wb** | | | | | | |
| 4-pass Spt Rdstr | 1100 | 3450 | 5750 | 11500 | 20300 | 28700 |
| 7-pass Dlx Sdn | 650 | 1700 | 3000 | 5900 | 10200 | 14700 |
| 7-pass Std Sdn | 600 | 1600 | 2750 | 5500 | 9500 | 13800 |
| 5-pass Dlx Sdn | 600 | 1650 | 2850 | 5700 | 9900 | 14200 |
| 5-pass Berline Sdn Limo | 700 | 1900 | 3350 | 6700 | 11500 | 16500 |
| **Model 6-80, 6-cyl., 68 hp, 116" wb** | | | | | | |
| 5-pass Phtn | 1150 | 3650 | 6100 | 12200 | 21500 | 30500 |
| 2-4 pass Rdstr | 1100 | 3500 | 5850 | 11700 | 20600 | 29100 |
| 2-dr 5-pass Sdn | 600 | 1600 | 2700 | 5400 | 9300 | 13500 |
| 2-4 pass Rdstr Cpe | 1050 | 3350 | 5600 | 11200 | 19700 | 28000 |
| 4-dr 5-pass Sdn | 600 | 1650 | 2850 | 5700 | 9900 | 14200 |

|  | 6 | 5 | 4 | 3 | 2 | 1 |
|---|---|---|---|---|---|---|

## 1928

**Model 6-60, 6-cyl., 62 hp, 116" wb**

| | 6 | 5 | 4 | 3 | 2 | 1 |
|---|---|---|---|---|---|---|
| 2-4 pass Rdstr | 1150 | 3600 | 6000 | 12000 | 21150 | 30000 |
| 5-pass Phtn | 1150 | 3650 | 6100 | 12200 | 21500 | 30500 |
| 2-4 pass Rdstr Cpe | 700 | 1900 | 3350 | 6700 | 11500 | 16500 |
| 2-dr 5-pass Sdn | 500 | 1350 | 2350 | 4700 | 8100 | 11500 |

**Model 6-80, 6-cyl., 63 hp, 116" wb**

| | | | | | | |
|---|---|---|---|---|---|---|
| 5-pass Tr | 1150 | 3600 | 5950 | 11900 | 21000 | 29700 |
| 5-pass 2-dr Sdn | 550 | 1450 | 2450 | 4900 | 8500 | 12000 |
| 2-4 pass Rdstr | 1100 | 3500 | 5800 | 11600 | 20450 | 28900 |
| 2-4 pass Rdstr Cpe | 1050 | 3300 | 5500 | 11000 | 19300 | 27500 |
| 5-pass CC Spt Sdn | 550 | 1500 | 2500 | 5100 | 8800 | 12500 |

**Model 6-91, 6-cyl,. 70 hp, 120" wb**

| | | | | | | |
|---|---|---|---|---|---|---|
| 2-4 pass Cpe | 900 | 2850 | 4750 | 9500 | 16700 | 23700 |
| 4-pass Vic | 800 | 2450 | 4150 | 8300 | 14600 | 20700 |
| 5-pass Sdn | 600 | 1600 | 2750 | 5500 | 9500 | 13800 |
| 7-pass Sdn | 600 | 1650 | 2900 | 5800 | 10000 | 14500 |

**Model 8-69, 8-cyl., 80 hp, 126.5" wb**

| | | | | | | |
|---|---|---|---|---|---|---|
| 2-4 pass Rdstr | 1450 | 4450 | 7450 | 14900 | 26200 | 37200 |
| 5-pass Cpe | 800 | 2500 | 4250 | 8500 | 15000 | 21200 |
| 5-pass Sdn | 650 | 1800 | 3200 | 6400 | 11000 | 15900 |
| 7-pass Sdn | 700 | 1850 | 3300 | 6600 | 11300 | 16300 |
| 7-pass Berline Sdn Limo | 750 | 2100 | 3550 | 7100 | 12300 | 17700 |

## 1929

**Model 6-61, 6-cyl., 62 hp, 116" wb**

| | | | | | | |
|---|---|---|---|---|---|---|
| 2-4 pass Rdstr | 1550 | 4650 | 7750 | 15500 | 27300 | 38700 |
| 5-pass Vic | 600 | 1650 | 2850 | 5700 | 9900 | 14200 |
| 5-pass Sdn | 550 | 1550 | 2650 | 5300 | 9100 | 13000 |

**Model 6-81, 6-cyl., 66 hp, 116" wb**

| | | | | | | |
|---|---|---|---|---|---|---|
| 5-pass Phtn | 1600 | 4800 | 8000 | 16000 | 28150 | 40000 |
| 7-pass Phtn | 1700 | 5050 | 8450 | 16900 | 29700 | 42200 |
| 2-4 pass Cpe | 750 | 2150 | 3600 | 7200 | 12400 | 18000 |
| 4-pass Vic | 700 | 2000 | 3450 | 6900 | 11900 | 17200 |
| 5-pass Sdn | 650 | 1800 | 3250 | 6500 | 11200 | 16100 |

**Model 125, 8-cyl., 115 hp, 130"-138" wb**

| | | | | | | |
|---|---|---|---|---|---|---|
| 2-4 pass Rdstr | 1650 | 4900 | 8250 | 16500 | 29000 | 41200 |
| 2-4 pass Cpe | 800 | 2350 | 3950 | 7900 | 13700 | 19700 |
| 5-pass Sdn | 750 | 2150 | 3600 | 7200 | 12400 | 18000 |
| 4-pass Vic | 750 | 2250 | 3750 | 7500 | 13000 | 18700 |
| 7-pass Sdn | 750 | 2250 | 3750 | 7500 | 13000 | 18700 |
| 7-pass Limo | 800 | 2400 | 4000 | 8000 | 13900 | 19900 |

## 1930

**Standard 8, 90 hp, 118" wb**

| | | | | | | |
|---|---|---|---|---|---|---|
| 5-pass Sdn | 750 | 2250 | 3750 | 7500 | 13000 | 18700 |
| 2-4 pass Cpe | 800 | 2450 | 4100 | 8200 | 14400 | 20500 |
| 5-pass Brghm | 800 | 2350 | 3950 | 7900 | 13700 | 19700 |
| 5-pass Club Sdn | 800 | 2450 | 4100 | 8200 | 14400 | 20500 |
| 2-4 pass Cabrlt | 1150 | 3600 | 6000 | 12000 | 21150 | 30000 |

**Master 8, 115 hp, 125" wb**

| | | | | | | |
|---|---|---|---|---|---|---|
| 5-pass Sdn | 800 | 2350 | 3950 | 7900 | 13700 | 19700 |
| 2-4 pass Cpe | 800 | 2500 | 4250 | 8500 | 15000 | 21200 |
| 2-4 pass Cabrlt | 1150 | 3600 | 6000 | 12100 | 21300 | 30200 |
| 5-pass Club Sdn | 800 | 2500 | 4250 | 8500 | 15000 | 21200 |
| 5-pass Brghm | 800 | 2450 | 4150 | 8300 | 14600 | 20700 |

**Custom 8, 120 hp, 138" wb**

| | | | | | | |
|---|---|---|---|---|---|---|
| 5-pass Sdn | 850 | 2650 | 4450 | 8900 | 15700 | 22300 |
| 2-4 pass Cpe | 950 | 2950 | 4950 | 9900 | 17500 | 24700 |
| 7-pass Sdn | 900 | 2800 | 4700 | 9400 | 16500 | 23400 |
| 7-pass Limo Sdn | 950 | 2950 | 4950 | 9900 | 17500 | 24700 |
| 5-pass Club Sdn | 1000 | 3100 | 5250 | 10500 | 18600 | 26200 |
| 7-pass Brghm | 1000 | 3250 | 5450 | 10900 | 19100 | 27200 |

|  | 6 | 5 | 4 | 3 | 2 | 1 |
|---|---|---|---|---|---|---|
| **1931** | | | | | | |
| **Standard 8, 90 hp, 118" wb** | | | | | | |
| 5-pass Sdn | 750 | 2250 | 3750 | 7500 | 13000 | 18700 |
| 2-4 pass Cpe | 800 | 2500 | 4250 | 8500 | 15000 | 21200 |
| 5-pass Brghm | 800 | 2350 | 3950 | 7900 | 13700 | 19700 |
| 5-pass Club Sdn | 800 | 2450 | 4100 | 8200 | 14400 | 20500 |
| 2-4 pass Cabrlt | 1150 | 3650 | 6100 | 12200 | 21500 | 30500 |
| **Master 8, 120 hp, 125" wb** | | | | | | |
| 5-pass Sdn | 800 | 2350 | 3950 | 7900 | 13700 | 19700 |
| 2-4 pass Cpe | 850 | 2600 | 4400 | 8800 | 15500 | 21900 |
| 5-pass Club Sdn | 800 | 2500 | 4250 | 8500 | 15000 | 21200 |
| 5-pass Brghm | 800 | 2450 | 4100 | 8200 | 14400 | 20500 |
| 2-4 pass Cabrlt | 1200 | 3800 | 6350 | 12700 | 22400 | 31700 |
| **Custom 8, 125 hp, 138" wb** | | | | | | |
| 2-4 pass Cpe | 900 | 2850 | 4750 | 9500 | 16700 | 23700 |
| 5-pass Sdn | 800 | 2500 | 4250 | 8500 | 15000 | 21200 |
| 5-pass Club Sdn | 900 | 2750 | 4650 | 9300 | 16400 | 23100 |
| 5-pass Brghm | 800 | 2500 | 4250 | 8500 | 15000 | 21200 |
| 7-pass Sdn | 800 | 2500 | 4250 | 8500 | 15000 | 21200 |
| 7-pass Limo Sdn | 900 | 2750 | 4650 | 9300 | 16400 | 23100 |

## PRICE GUIDE CLASSIFICATIONS:

**1. CONCOURS:** Perfection. At or near 100 points on a 100-point judging scale. Trailered; never driven; pampered. Totally restored to the max and 100 percent stock.
**2. SHOW:** Professionally restored to high standards. No major flaws or deviations from stock. Consistent trophy winner that needs nothing to show. In 90 to 95 point range.
**3. STREET/SHOW:** Older restoration or extremely nice original showing some wear from age and use. Very presentable; occasional trophy winner; everything working properly. About 80 to 89 points.

**4. DRIVER:** A nice looking, fine running collector car needing little or nothing to drive, enjoy and show in local competition. Would need extensive restoration to be a show car, but completely usable as is.
**5. RESTORABLE:** Project car that is relatively complete and restorable within a reasonable effort and expense. Needs total restoration, but all major components present and rebuildable. May or may not be running.
**6. PARTS CAR:** Deteriorated or stripped to a point beyond reasonable restoration, but still complete and solid enough to donate valuable parts to a restoration. Likely not running, possibly missing its engine.

# PIERCE-ARROW
## 1901 – 1938

'04 Pierce-Arrow

'11 Pierce-Arrow Raceabout

'19 Pierce-Arrow Touring

'21 Pierce-Arrow Roadster

'27 Pierce-Arrow

'30 Pierce-Arrow Club Sedan

'33 Pierce-Arrow Silver Arrow

'35 Pierce-Arrow

| | 6 | 5 | 4 | 3 | 2 | 1 |
|---|---|---|---|---|---|---|
| **1901** | | | | | | |
| 1-cyl., 3-1/2 hp | | | | | | |
| Motorette | 2000 | 5950 | 10000 | 20000 | 35150 | 49900 |
| **1902** | | | | | | |
| 1-cyl., 3-1/2 hp, 58" wb | | | | | | |
| Motorette | 2000 | 5950 | 10000 | 20000 | 35150 | 49900 |
| **1903** | | | | | | |
| 1-cyl., 5 hp | | | | | | |
| Rnbt | 2100 | 6100 | 10300 | 20600 | 36200 | 51500 |

| | 6 | 5 | 4 | 3 | 2 | 1 |
|---|---|---|---|---|---|---|
| **15-J, 2-cyl., 15 hp** | | | | | | |
| 5-pass Tr | 2300 | 6800 | 11500 | 23000 | 40400 | 57500 |
| **1904** | | | | | | |
| **1-cyl., 8 hp, 70" wb** | | | | | | |
| Stanhope | 1900 | 5650 | 9500 | 19000 | 33400 | 47500 |
| **4-cyl., 24/28 hp, 93" wb** | | | | | | |
| 5-pass Great Arrow Tr | 2900 | 8600 | 14450 | 28900 | 50700 | 72100 |
| **1905** | | | | | | |
| **1-cyl., 8 hp, 70" wb** | | | | | | |
| Stanhope | 1500 | 4500 | 7500 | 15000 | 26400 | 37500 |
| **Great Arrow, 4-cyl., 24/28 hp, 100" wb** | | | | | | |
| 5-pass Tonneau | 2500 | 7350 | 12450 | 24900 | 43700 | 62100 |
| 5-pass Canopy Tonneau | 2550 | 7600 | 12850 | 25700 | 45100 | 64100 |
| 5-pass Vic | 2250 | 6600 | 11100 | 22200 | 39000 | 55500 |
| 5-pass Cape Tonneau | 2300 | 6800 | 11450 | 22900 | 40200 | 57200 |
| **Great Arrow, 4-cyl. 28/32 hp, 104" wb** | | | | | | |
| 5-pass Tonneau | 2650 | 7850 | 13300 | 26600 | 46700 | 66400 |
| 5-pass Canopy Tonneau | 2550 | 7600 | 12850 | 25700 | 45100 | 64100 |
| 5-pass Vic | 2500 | 7350 | 12450 | 24900 | 43700 | 62100 |
| 5-pass Cape Tonneau | 2550 | 7600 | 12850 | 25700 | 45100 | 64100 |
| **Great Arrow, 4-cyl., 28/32 hp, 109" wb** | | | | | | |
| 7-pass Sub | 2000 | 5950 | 10000 | 20000 | 35150 | 49900 |
| 7-pass Lndlt | 1800 | 5350 | 9000 | 18000 | 31650 | 45000 |
| 8-pass Opera Coach | 2100 | 6150 | 10400 | 20800 | 36550 | 51900 |
| **1906** | | | | | | |
| **Motorette, 1-cyl., 8 hp, 70" wb** | | | | | | |
| Stanhope | 1150 | 3700 | 6200 | 12400 | 21850 | 30900 |
| **Great Arrow, 4-cyl., 28/32 hp, 107" wb** | | | | | | |
| 5-pass Tr | 2650 | 7900 | 13300 | 26600 | 46700 | 66400 |
| 5-pass Vic | 2250 | 6550 | 11000 | 22000 | 38650 | 55000 |
| 8-pass Open Coach | 2800 | 8300 | 14000 | 28000 | 49200 | 69900 |
| 7-pass Sub | 2700 | 8100 | 13600 | 27200 | 47800 | 67900 |
| 7-pass Lndlt | 2500 | 7350 | 12450 | 24900 | 43700 | 62100 |
| **Great Arrow, 4-cyl., 40/45 hp, 109" wb** | | | | | | |
| 7-pass Tr | 2900 | 8600 | 14450 | 28900 | 50700 | 72100 |
| 8-pass Open Coach | 2950 | 8800 | 14800 | 29600 | 52000 | 73900 |
| 7-pass Sub | 2900 | 8550 | 14400 | 28800 | 50600 | 71900 |
| 7-pass Lndlt | 2650 | 7850 | 13250 | 26500 | 46500 | 66100 |
| **1907** | | | | | | |
| **Great Arrow, 4-cyl., 28/32 hp, 112" wb** | | | | | | |
| 5-pass Tr | 2950 | 8800 | 14850 | 29700 | 52200 | 74100 |
| 5-pass Limo | 2600 | 7800 | 13200 | 26400 | 46350 | 65900 |
| 7-pass Sub | 2700 | 8100 | 13600 | 27200 | 47800 | 67900 |
| **Great Arrow, 4-cyl., 40/45 hp, 124" wb** | | | | | | |
| 7-pass Tr | 3050 | 9100 | 15300 | 30600 | 53700 | 76400 |
| 7-pass Limo | 2900 | 8550 | 14400 | 28800 | 50600 | 71900 |
| 7-pass Sub | 2950 | 8800 | 14800 | 29600 | 52000 | 73900 |
| **Great Arrow, 6-cyl., 65 hp, 135" wb** | | | | | | |
| 7-pass Tr | 3100 | 9200 | 15500 | 31000 | 54400 | 77400 |
| **1908** | | | | | | |
| **Great Arrow, 4-cyl., 40 hp, 124" wb** | | | | | | |
| 7-pass Tr | 3050 | 9100 | 15300 | 30600 | 53700 | 76400 |
| **Great Arrow, 6-cyl., 40 hp, 130" wb** | | | | | | |
| 7-pass Tr | 3300 | 9750 | 16450 | 32900 | 57800 | 82100 |
| 7-pass Sub | 3050 | 9050 | 15200 | 30400 | 53400 | 75900 |
| **Great Arrow, 6-cyl., 60 hp, 135" wb** | | | | | | |
| 7-pass Tr | 3600 | 10750 | 18100 | 36200 | 63600 | 90400 |
| 7-pass Sub | 3200 | 9500 | 16000 | 32000 | 56200 | 79900 |

| | 6 | 5 | 4 | 3 | 2 | 1 |
|---|---|---|---|---|---|---|
| **1909** | | | | | | |
| **Model 24, 4-cyl., 24 hp, 111-1/2" wb** | | | | | | |
| 3-pass Rnbt | 1350 | 4200 | 7000 | 14000 | 24650 | 34900 |
| 3-pass Vic Top Rnbt | 1450 | 4450 | 7400 | 14800 | 26050 | 36900 |
| 2-pass Rnbt | 1300 | 4000 | 6700 | 13400 | 23600 | 33400 |
| 4-pass Tr Car | 1600 | 4800 | 8000 | 16100 | 28300 | 40200 |
| 5-pass Lndlt | 1500 | 4450 | 7650 | 15300 | 26900 | 38200 |
| 5-pass Brghm | 1500 | 4600 | 7700 | 15400 | 27100 | 38500 |
| **Model 36, 6-cyl., 36 hp, 119" wb** | | | | | | |
| 5-pass Tr | 1800 | 5250 | 8850 | 17700 | 31100 | 44100 |
| 5-pass Cape Top Tr | 1850 | 5400 | 9100 | 18200 | 32000 | 45500 |
| 2-pass Rnbt | 1550 | 4650 | 7800 | 15600 | 27450 | 38900 |
| 3-pass Rnbt | 1550 | 4700 | 7900 | 15800 | 27800 | 39400 |
| 4-pass Tr | 1750 | 5200 | 8700 | 17400 | 30600 | 43500 |
| 5-pass Brghm | 1600 | 4800 | 8000 | 16000 | 28150 | 40000 |
| 5-pass Lndlt | 1700 | 5050 | 8450 | 16900 | 29700 | 42200 |
| **Model 40, 4-cyl., 40 hp, 124" wb** | | | | | | |
| 7-pass Sub | 2000 | 5950 | 10000 | 20000 | 35150 | 49900 |
| 4-pass Tr Car | 2000 | 5850 | 9850 | 19700 | 34600 | 49200 |
| 7-pass Tr | 2050 | 6000 | 10100 | 20200 | 35500 | 50400 |
| 7-pass Lan | 1850 | 5400 | 9100 | 18200 | 32000 | 45500 |
| **Model 48, 6-cyl., 48 hp, 130" wb** | | | | | | |
| 4-pass Tr | 2300 | 6800 | 11450 | 22900 | 40200 | 57200 |
| 4-pass Cape Top Tr | 2400 | 7050 | 11900 | 23800 | 41800 | 59500 |
| 2-pass Tr | 2250 | 6600 | 11100 | 22200 | 39000 | 55500 |
| 3-pass Tr | 2300 | 6800 | 11450 | 22900 | 40200 | 57200 |
| 7-pass Tr | 2500 | 7350 | 12450 | 24900 | 43700 | 62100 |
| 7-pass Lan | 2250 | 6600 | 11100 | 22200 | 39000 | 55500 |
| 7-pass Sub | 2500 | 7350 | 12400 | 24800 | 43550 | 61900 |
| **Model 60, 6-cyl., 60 hp, 135" wb** | | | | | | |
| 7-pass Tr | 3050 | 9100 | 15300 | 30600 | 53700 | 76400 |
| 7-pass Cape Top Tr | 3150 | 9300 | 15650 | 31300 | 55000 | 78100 |
| 7-pass Sub | 3100 | 9200 | 15500 | 31000 | 54400 | 77400 |
| 7-pass Lan | 2800 | 8400 | 14100 | 28200 | 49500 | 70400 |
| **1910** | | | | | | |
| **Model 36, 6-cyl., 36 hp, 125" wb** | | | | | | |
| 5-pass Lndlt | 1800 | 5250 | 8800 | 17600 | 30950 | 43900 |
| 4-pass Miniature Tonneau | 1700 | 5000 | 8400 | 16800 | 29550 | 41900 |
| 5-pass Tr | 1800 | 5250 | 8850 | 17700 | 31100 | 44100 |
| 5-pass Brghm | 1600 | 4800 | 8000 | 16000 | 28150 | 40000 |
| 3-pass Rnbt (119" wb) | 1600 | 4800 | 8000 | 16000 | 28150 | 40000 |
| **Model 48, 6-cyl., 48 hp, 134-1/2" wb** | | | | | | |
| 7-pass Lndlt | 2050 | 6000 | 10100 | 20200 | 35500 | 50400 |
| Miniature Tonneau | 1950 | 5700 | 9600 | 19200 | 33750 | 47900 |
| 7-pass Tr | 2250 | 6600 | 16100 | 22200 | 39000 | 55500 |
| 7-pass Sub | 2250 | 6550 | 11000 | 22000 | 38650 | 55000 |
| Rnbt (128" wb) | 2000 | 5950 | 10000 | 20000 | 35150 | 49900 |
| **Model 66, 6-cyl., 66 hp, 140" wb** | | | | | | |
| 7-pass Tr | 3050 | 9100 | 15300 | 30600 | 53700 | 76400 |
| 4-pass Miniature Tonneau | 2800 | 8300 | 14000 | 28000 | 49200 | 69900 |
| 7-pass Sub | 3050 | 9050 | 15200 | 30400 | 53400 | 75900 |
| 7-pass Lndlt | 2800 | 8300 | 14000 | 28000 | 49200 | 69900 |
| Rnbt (133.5" wb) | 2700 | 8100 | 13600 | 27200 | 47800 | 67900 |
| **1911** | | | | | | |
| **Model 36T, 6-cyl., 38 hp, 125" wb** | | | | | | |
| 5-pass Tr | 2750 | 8150 | 13700 | 27400 | 48100 | 68400 |
| 3-pass Rnbt | 2550 | 7550 | 12800 | 25600 | 44950 | 63900 |
| 4-pass Miniature Tonneau | 2550 | 7550 | 12800 | 25600 | 44950 | 63900 |
| 5-pass Brghm | 2300 | 6750 | 11400 | 22800 | 40050 | 57000 |
| 5-pass Lndlt | 2500 | 7350 | 12400 | 24800 | 43550 | 61900 |

| | 6 | 5 | 4 | 3 | 2 | 1 |
|---|---|---|---|---|---|---|
| **Model 48T, 6-cyl., 48 hp, 134.5" wb** | | | | | | |
| 7-pass Tr | 3000 | 8850 | 14900 | 29800 | 52300 | 74400 |
| Rnbt | 2600 | 7800 | 13200 | 26400 | 46350 | 65900 |
| Miniature Tonneau | 2700 | 8100 | 13600 | 27200 | 47800 | 67900 |
| 5-pass Close-Coupled | 2250 | 6550 | 11000 | 22000 | 38650 | 55000 |
| 5-pass Protected Tr | 2650 | 7850 | 13300 | 26600 | 46700 | 66400 |
| 7-pass Sub | 2900 | 8550 | 14400 | 28800 | 50600 | 71900 |
| Lan | 2900 | 8550 | 14400 | 28800 | 50600 | 71900 |
| **Model 66T, 6-cyl., 66 hp, 140" wb** | | | | | | |
| 7-pass Tr | 3300 | 9750 | 16450 | 32900 | 57800 | 82100 |
| Rnbt | 3050 | 9050 | 15200 | 30400 | 53400 | 75900 |
| Miniature Tonneau | 3100 | 9250 | 15600 | 31200 | 54800 | 77900 |
| 5-pass Protected Tr | 3050 | 9100 | 15300 | 30600 | 53700 | 76400 |
| Close-Coupled | 2600 | 7800 | 13200 | 26400 | 46350 | 65900 |
| Sub | 3200 | 9500 | 16200 | 32000 | 56250 | 79900 |
| Lan | 3200 | 9550 | 16100 | 32200 | 56500 | 80400 |
| ***1912*** | | | | | | |
| **Model 36, 6-cyl., 36 hp, 127.5" wb** | | | | | | |
| 4-pass Tr | 2650 | 7850 | 13300 | 26600 | 46700 | 66400 |
| 5-pass Tr | 2650 | 7850 | 13300 | 26600 | 46700 | 66400 |
| 5-pass Brghm | 2500 | 7350 | 12400 | 24800 | 43550 | 61900 |
| 5-pass Lndlt | 2500 | 7350 | 12450 | 24900 | 43700 | 62100 |
| 3-pass Rnbt (119" wb) | 2550 | 7550 | 12800 | 25600 | 44950 | 63900 |
| **Model 48, 6-cyl., 48 hp, 134.5" wb** | | | | | | |
| 4-pass Tr | 2900 | 8600 | 14450 | 28900 | 50700 | 72100 |
| 5-pass Tr | 2900 | 8600 | 14450 | 28900 | 50700 | 72100 |
| 7-pass Tr | 2950 | 8800 | 14850 | 29700 | 52200 | 74100 |
| Brghm | 2600 | 7800 | 13200 | 26400 | 46350 | 65900 |
| 7-pass Sub | 2800 | 8300 | 14000 | 28000 | 49200 | 69900 |
| 7-pass Lan | 2800 | 8400 | 14100 | 28200 | 49500 | 70400 |
| 3-pass Rnbt (128" wb) | 2700 | 8100 | 13600 | 27200 | 47800 | 67900 |
| **Model 66, 6-cyl., 66 hp, 140" wb** | | | | | | |
| 4-pass Tr | 3200 | 9550 | 16100 | 32200 | 56500 | 80400 |
| 5-pass Tr | 3300 | 9750 | 16450 | 32900 | 57800 | 82100 |
| 7-pass Tr | 3350 | 10000 | 16850 | 33700 | 59200 | 84100 |
| 7-pass Sub | 3300 | 9750 | 16400 | 32800 | 57600 | 81900 |
| 7-pass Lan | 3200 | 9550 | 16100 | 32200 | 56500 | 80400 |
| 3-pass Rnbt (133.5" wb) | 3200 | 9500 | 16000 | 32000 | 56200 | 79900 |
| ***1913*** | | | | | | |
| **Model 38-C, 6-cyl., 38.4 hp, 119" wb** | | | | | | |
| 3-pass Rnbt | 2250 | 6550 | 11000 | 22000 | 38650 | 55000 |
| 4-pass Tr | 2300 | 6800 | 11450 | 22900 | 40200 | 57200 |
| 5-pass Tr | 2400 | 7000 | 11850 | 23700 | 41600 | 59200 |
| 6-pass Brghm | 2150 | 6250 | 10600 | 21200 | 37250 | 53000 |
| 6-pass Lndlt | 2200 | 6400 | 10800 | 21600 | 37950 | 53900 |
| **Model 48-B, 6-cyl., 48.6 hp, 134.5" wb** | | | | | | |
| 5-pass Tr | 2900 | 8600 | 14450 | 28900 | 50700 | 72100 |
| Rnbt | 2800 | 8300 | 14000 | 28000 | 49200 | 69900 |
| 4-pass Tr | 2900 | 8600 | 14450 | 28900 | 50700 | 72100 |
| 7-pass Tr | 2950 | 8800 | 14850 | 29700 | 52200 | 74100 |
| Brghm | 2250 | 6550 | 11000 | 22000 | 38650 | 55000 |
| Lndlt | 2300 | 6750 | 11400 | 22800 | 40050 | 57000 |
| 7-pass Sub | 2500 | 7350 | 12400 | 24800 | 43550 | 61900 |
| 7-pass Lan | 2400 | 7050 | 11900 | 23800 | 41800 | 59500 |
| Vestibule Sub | 2550 | 7550 | 12800 | 25600 | 44950 | 63900 |
| Vestibule Lan | 2550 | 7600 | 12850 | 25700 | 45100 | 64100 |
| **Model 66-A, 6-cyl., 60 hp, 147-1/2" wb** | | | | | | |
| 7-pass Tr | 3550 | 10500 | 17700 | 35400 | 62200 | 88400 |
| Rnbt | 3200 | 9500 | 16000 | 32000 | 56200 | 79900 |
| 4-pass Tr | 3450 | 10300 | 17300 | 34600 | 60800 | 86400 |

# PIERCE-ARROW

| | 6 | 5 | 4 | 3 | 2 | 1 |
|---|---|---|---|---|---|---|
| 5-pass Tr | 3450 | 10300 | 17300 | 34600 | 60800 | 86400 |
| Brghm | 2800 | 8300 | 14000 | 28000 | 49200 | 69900 |
| Lndlt | 2800 | 8300 | 14000 | 28000 | 49200 | 69900 |
| 7-pass Sub | 3050 | 9050 | 15200 | 30400 | 53400 | 75900 |
| 7-pass Lan | 3050 | 9050 | 15200 | 30400 | 53400 | 75900 |
| 7-pass Vestibule Sub | 3100 | 9250 | 15600 | 31200 | 54800 | 77900 |
| Vestibule Lan | 3150 | 9350 | 15700 | 31400 | 55100 | 78400 |
| **1914** | | | | | | |
| **Model 38-C, 6-cyl., 38.4 hp, 132" wb** | | | | | | |
| 5-pass Tr | 2400 | 7050 | 11900 | 23800 | 41800 | 59500 |
| 4-pass Tr | 2300 | 6800 | 11450 | 22900 | 40200 | 57200 |
| 7-pass Brghm | 2150 | 6250 | 10600 | 21200 | 37250 | 53000 |
| 7-pass Lndlt | 2200 | 6400 | 10800 | 21600 | 37950 | 53900 |
| Vestibule Brghm | 2250 | 6550 | 11000 | 22000 | 38650 | 55000 |
| Vestibule Lan | 2250 | 6600 | 11100 | 22200 | 39000 | 55500 |
| 2-pass Rnbt (127.5" wb) | 2300 | 6750 | 11400 | 22800 | 40050 | 57000 |
| **Model 48-B, 6-cyl., 48.6 hp, 142" wb** | | | | | | |
| 4-pass Tr | 2900 | 8600 | 14450 | 28900 | 50700 | 72100 |
| 5-pass Tr | 2950 | 8800 | 14800 | 29600 | 52000 | 73900 |
| 7-pass Tr | 3050 | 9050 | 15200 | 30400 | 53400 | 75900 |
| 7-pass Sub | 2950 | 8800 | 14800 | 29600 | 52000 | 73900 |
| 7-pass Lan | 2700 | 8100 | 73600 | 27200 | 47800 | 67900 |
| Vestibule Sub | 2600 | 7800 | 13200 | 26400 | 46350 | 65900 |
| Vestibule Lan | 2650 | 7850 | 13300 | 26600 | 46700 | 66400 |
| Brghm | 2600 | 7800 | 13200 | 26400 | 46350 | 65900 |
| Lan | 2700 | 8100 | 13600 | 27200 | 47800 | 67900 |
| Vestibule Brghm | 2700 | 8100 | 13600 | 27200 | 47800 | 67900 |
| Rnbt (134.5" wb) | 2800 | 8300 | 14400 | 28000 | 49200 | 69900 |
| **Model 66-A, 6-cyl., 60 hp, 147.5" wb** | | | | | | |
| 4-pass Tr | 3400 | 10050 | 16900 | 33800 | 59300 | 84400 |
| 5-pass Tr | 3450 | 10300 | 17300 | 34600 | 60800 | 86400 |
| 7-pass Tr | 3500 | 10450 | 17600 | 35200 | 61800 | 87900 |
| 7-pass Sub | 3350 | 10000 | 16800 | 33600 | 59000 | 83900 |
| 7-pass Lan | 3200 | 9550 | 16100 | 32200 | 56500 | 80400 |
| Vestibule Lan | 3200 | 9550 | 16100 | 32200 | 56500 | 80400 |
| 7-pass Brghm | 3200 | 9500 | 16000 | 32000 | 56200 | 79900 |
| 7-pass Lan | 3200 | 9550 | 16100 | 32200 | 56500 | 80400 |
| Vestibule Brghm | 3300 | 9750 | 16400 | 32800 | 57600 | 81900 |
| Vestibule Lan | 3300 | 9750 | 16400 | 32800 | 57600 | 81900 |
| 3-pass Rnbt | 3300 | 9750 | 16400 | 32800 | 57600 | 81900 |
| **1915** | | | | | | |
| **Model 38-C, 6-cyl., 38.4 hp, 134" wb** | | | | | | |
| 4-pass Torpedo | 2450 | 7250 | 12300 | 24600 | 43200 | 61500 |
| 4-pass Tr | 2450 | 7150 | 12100 | 24200 | 42500 | 60400 |
| 2-pass Rnbt | 2300 | 6750 | 11400 | 22800 | 40050 | 57000 |
| 2-pass Cpe Rnbt | 2250 | 6550 | 11000 | 22000 | 38650 | 55000 |
| 7-pass Brghm | 2200 | 6400 | 10800 | 21600 | 37950 | 53900 |
| 7-pass Lan | 2200 | 6400 | 10800 | 21600 | 37950 | 53900 |
| Vestibule Brghm | 2300 | 6750 | 11400 | 22800 | 40050 | 57000 |
| Vestibule Sub | 2300 | 6750 | 11400 | 22800 | 40050 | 57000 |
| **Model 48-B, 6-cyl., 48.6 hp, 142" wb** | | | | | | |
| 5-pass Tr | 2950 | 8800 | 14850 | 29700 | 52200 | 74100 |
| 4-pass Torpedo | 2950 | 8800 | 14850 | 29700 | 52200 | 74100 |
| 7-pass Tr | 3050 | 9050 | 15250 | 30500 | 53600 | 76100 |
| 2-pass Rnbt | 2900 | 8550 | 14400 | 28800 | 50600 | 71900 |
| Cpe | 2700 | 8000 | 13500 | 27000 | 47400 | 67400 |
| 7-pass Sub | 2600 | 7800 | 13200 | 26400 | 46350 | 65900 |
| 7-pass Lan | 2650 | 7850 | 13300 | 26600 | 46700 | 66400 |
| 7-pass Brghm | 2600 | 7800 | 13200 | 26400 | 46350 | 65900 |
| Vestibule Sub | 2700 | 8050 | 13500 | 27200 | 47800 | 67900 |
| Vestibule Brghm | 2600 | 7800 | 13200 | 26400 | 46350 | 65900 |

| | 6 | 5 | 4 | 3 | 2 | 1 |
|---|---|---|---|---|---|---|
| **Model 66-A, 6-cyl., 60 hp, 147-1/2" wb** | | | | | | |
| 7-pass Tr | 3550 | 10500 | 17700 | 35400 | 62200 | 88400 |
| 4-pass Torpedo | 3400 | 10050 | 16900 | 33800 | 59300 | 84400 |
| 5-pass Tr | 3450 | 10300 | 17300 | 34600 | 60800 | 86400 |
| 2-pass Rnbt | 3300 | 9750 | 16400 | 32800 | 57600 | 81900 |
| 2-pass Cpe Rnbt | 3200 | 9500 | 16000 | 32000 | 56200 | 79900 |
| 7-pass Sub | 3350 | 10000 | 16800 | 33600 | 59000 | 83900 |
| 7-pass Lan | 3400 | 10050 | 16900 | 33800 | 59300 | 84400 |
| Vestibule Sub | 3450 | 10200 | 17200 | 34400 | 60400 | 85900 |
| Vestibule Brghm | 3350 | 10000 | 16800 | 33600 | 59000 | 83900 |

## 1916

| | 6 | 5 | 4 | 3 | 2 | 1 |
|---|---|---|---|---|---|---|
| **Model 38-C, 6-cyl., 38.4 hp, 134" wb** | | | | | | |
| 5-pass Tr | 2600 | 7650 | 12900 | 25800 | 45300 | 64400 |
| 4-pass Torpedo | 2600 | 7650 | 12900 | 25800 | 45300 | 64400 |
| 4-pass Rnbt | 2500 | 7350 | 12400 | 24800 | 43550 | 61900 |
| 3-pass Cpe | 2000 | 5950 | 10000 | 20000 | 35150 | 49900 |
| 7-pass Brghm | 2000 | 5800 | 9800 | 19600 | 34450 | 49000 |
| 7-pass Lan | 2000 | 5850 | 9900 | 19800 | 34800 | 49500 |
| Vestibule Brghm | 2100 | 6150 | 10400 | 20800 | 36550 | 51900 |
| Vestibule Lndlt | 2150 | 6200 | 10450 | 20900 | 36700 | 52100 |
| **Model 48-B, 6-cyl., 48.6 hp, 142" wb** | | | | | | |
| 7-pass Tr | 3000 | 8850 | 14900 | 29800 | 52300 | 74400 |
| 4-pass Torpedo | 2900 | 8600 | 14450 | 28900 | 50700 | 72100 |
| 5-pass Tr | 2950 | 8800 | 14850 | 29700 | 52200 | 74100 |
| 2-pass Rnbt | 2900 | 8550 | 14400 | 28800 | 50600 | 71900 |
| 2-pass Cpe | 2450 | 7250 | 12300 | 24600 | 43200 | 61500 |
| 7-pass Sub | 2600 | 7800 | 13300 | 26400 | 46350 | 65900 |
| 7-pass Lan | 2650 | 7850 | 13300 | 26600 | 46700 | 66400 |
| 7-pass Brghm | 2550 | 7550 | 12800 | 25600 | 44950 | 63900 |
| Sub Lan | 2650 | 7850 | 13300 | 26600 | 46700 | 66400 |
| Vestibule Sub | 2600 | 7800 | 13200 | 26400 | 46350 | 65900 |
| Vestibule Lan | 2650 | 7850 | 13300 | 26600 | 46700 | 66400 |
| Vestibule Brghm | 2550 | 7550 | 12800 | 25600 | 44950 | 63900 |
| **Model 66-A, 6-cyl., 60 hp, 147-1/2" wb** | | | | | | |
| 7-pass Tr | 3450 | 10300 | 17300 | 34600 | 60800 | 86400 |
| 4-pass Torpedo | 3400 | 10050 | 16900 | 33800 | 59300 | 84400 |
| 5-pass Tr | 3400 | 10050 | 16900 | 33800 | 59300 | 84400 |
| 2-pass Rnbt | 3300 | 9750 | 16400 | 32800 | 57600 | 81900 |
| 2-pass Cpe | 3000 | 8950 | 15100 | 30200 | 53000 | 75400 |
| 7-pass Sub | 3200 | 9500 | 16000 | 32000 | 56200 | 79900 |
| 7-pass Lan | 3150 | 9350 | 15700 | 31400 | 55100 | 78400 |
| 7-pass Brghm | 3100 | 9250 | 15600 | 31200 | 54800 | 77900 |
| Vestibule Lan | 3150 | 9350 | 15700 | 31400 | 55100 | 78400 |
| Vestibule Sub | 3100 | 9250 | 15600 | 31200 | 54800 | 77900 |
| Vestibule Brghm | 3100 | 9250 | 15600 | 31200 | 54800 | 77900 |

## 1917

| | 6 | 5 | 4 | 3 | 2 | 1 |
|---|---|---|---|---|---|---|
| **Model 38, 6-cyl., 38.4 hp, 134" wb** | | | | | | |
| 5-pass Tr | 2250 | 6600 | 11100 | 22200 | 39000 | 55500 |
| 2-pass Rnbt | 2150 | 6250 | 10600 | 21200 | 37250 | 53000 |
| 3-pass Rnbt | 2150 | 6250 | 10600 | 21200 | 37250 | 53000 |
| 2-pass Conv Rnbt | 2200 | 6450 | 10900 | 21800 | 38300 | 54400 |
| 3-pass Conv Rnbt | 2200 | 6450 | 10900 | 21800 | 38300 | 54000 |
| 2-pass Cpe | 1600 | 4750 | 7950 | 15900 | 28000 | 39700 |
| 3-pass Cpe | 1600 | 4850 | 8150 | 16300 | 28700 | 40800 |
| 4-pass Rdstr | 2250 | 6600 | 11100 | 22200 | 39000 | 55500 |
| 4-pass Tr | 2200 | 6450 | 10900 | 21800 | 38300 | 54400 |
| Twn Brghm | 1550 | 4650 | 7800 | 15600 | 27450 | 38900 |
| Twn Brghm Lndlt | 1550 | 4700 | 7850 | 15700 | 27600 | 39100 |
| Sdn Brghm | 1400 | 4250 | 7100 | 14200 | 25000 | 35400 |
| Vestibule Brghm | 1600 | 4800 | 8000 | 16000 | 28150 | 40000 |
| Brghm Lndlt | 1600 | 4850 | 8100 | 16200 | 28500 | 40500 |

| | 6 | 5 | 4 | 3 | 2 | 1 |
|---|---|---|---|---|---|---|
| Vestibule Brghm Lndlt | 1700 | 5050 | 8450 | 16900 | 29700 | 42200 |
| Fr Brghm | 1700 | 5000 | 8400 | 16800 | 29550 | 41900 |
| Fr Brghm Lndlt | 1700 | 5050 | 8450 | 16900 | 29700 | 42200 |
| **Model 48, 6-cyl., 48.6 hp, 142" wb** | | | | | | |
| 7-pass Tr | 2650 | 7850 | 13300 | 26600 | 46700 | 66400 |
| 2-pass Rnbt | 2500 | 7350 | 12400 | 24800 | 43550 | 61900 |
| 3-pass Rnbt | 2550 | 7550 | 12800 | 25600 | 44950 | 63900 |
| 4-pass Rdstr | 2650 | 7750 | 12800 | 25600 | 44950 | 63900 |
| 2-pass Conv Rnbt | 2600 | 7550 | 12800 | 25600 | 44950 | 63900 |
| 3-pass Conv Rnbt | 2600 | 7550 | 12900 | 25800 | 45300 | 64400 |
| 2-pass Cpe | 2000 | 5850 | 9900 | 19800 | 24800 | 49500 |
| 3-pass Cpe | 2000 | 5850 | 9900 | 19800 | 34800 | 49500 |
| 5-pass Tr | 2650 | 7850 | 13300 | 26600 | 46700 | 66400 |
| 4-pass Tr | 2550 | 7600 | 12850 | 25700 | 45100 | 64100 |
| Brghm | 2000 | 5800 | 9800 | 19600 | 34450 | 4900 |
| Sub | 2000 | 5950 | 10000 | 20000 | 35150 | 49900 |
| Lan Brghm | 2050 | 6000 | 10100 | 20200 | 35500 | 50400 |
| Sub Lan | 2000 | 5950 | 10000 | 20000 | 35150 | 49900 |
| Vestibule Sub | 2150 | 6200 | 10450 | 20900 | 36700 | 52100 |
| Vestibule Lan | 2150 | 6200 | 10500 | 21000 | 36900 | 52400 |
| Vestibule Brghm | 2050 | 6050 | 10200 | 20400 | 35850 | 51000 |
| Vestibule Sub Lan | 2150 | 6200 | 10450 | 20900 | 36700 | 52100 |
| **Model 66, 6-cyl., 66 hp, 147.5" wb** | | | | | | |
| 7-pass Tr | 3450 | 10300 | 17300 | 34600 | 60800 | 86400 |
| 2-pass Rnbt | 3300 | 9750 | 16400 | 32800 | 57600 | 81900 |
| 3-pass Rnbt | 3300 | 9750 | 16400 | 32800 | 57600 | 81900 |
| 4-pass Rdstr | 3400 | 10050 | 16900 | 33800 | 59300 | 84400 |
| 2-pass Conv Rnbt | 3400 | 10050 | 16900 | 33800 | 59300 | 84400 |
| 3-pass Conv Rnbt | 3400 | 10050 | 16900 | 33800 | 59300 | 84400 |
| 2-pass Cpe | 3000 | 8950 | 15100 | 30200 | 53000 | 75400 |
| 3-pass Cpe | 3000 | 8950 | 15100 | 30200 | 53000 | 75400 |
| 4-pass Tr | 3400 | 10050 | 16900 | 33800 | 59300 | 84400 |
| 5-pass Tr | 3400 | 10050 | 16900 | 33800 | 59300 | 84400 |
| 7-pass Brghm | 2700 | 8100 | 13600 | 27200 | 47800 | 67900 |
| 7-pass Sub | 2800 | 8300 | 14000 | 28000 | 49200 | 69900 |
| 7-pass Lan | 2800 | 8400 | 14100 | 28200 | 49500 | 70400 |
| 7-pass Sub Lan | 2800 | 8400 | 14100 | 28200 | 49500 | 70400 |
| 7-pass Vestibule Sub | 2800 | 8300 | 14000 | 28000 | 49200 | 69900 |
| 7-pass Vestibule Lan | 2800 | 8400 | 14100 | 28200 | 49500 | 70400 |
| 7-pass Vestibule Brghm | 2800 | 8300 | 14000 | 28000 | 49200 | 69900 |
| 7-pass Vestibule Sub Lan | 2800 | 8400 | 14100 | 28200 | 49500 | 70400 |
| **1918** | | | | | | |
| **Model 38, 6-cyl., 38.4 hp, 134" wb** | | | | | | |
| 5-pass Tr | 2650 | 7850 | 13300 | 26600 | 46700 | 66400 |
| 2-pass Rnbt | 2550 | 7550 | 12800 | 25600 | 44950 | 63900 |
| 3-pass Rnbt | 2550 | 7550 | 12800 | 25600 | 44950 | 63900 |
| 2-pass Cpe | 2200 | 6350 | 10700 | 21400 | 37600 | 53500 |
| 3-pass Cpe | 2200 | 6350 | 10700 | 21400 | 37600 | 53500 |
| 2-pass Conv Rdstr | 2600 | 7650 | 12900 | 25800 | 45300 | 64400 |
| 3-pass Conv Rdstr | 2600 | 7650 | 12900 | 25800 | 45300 | 64400 |
| 4-pass Rdstr | 2650 | 7850 | 13300 | 26600 | 46700 | 66400 |
| 4-pass Torpedo | 2600 | 7650 | 12900 | 25800 | 45300 | 64400 |
| Brghm | 2200 | 6450 | 10900 | 21800 | 38300 | 54400 |
| Lan | 2250 | 6550 | 11000 | 22000 | 38650 | 55000 |
| Sdn | 2000 | 5850 | 9900 | 19800 | 34800 | 49500 |
| Vestibule Brghm | 2100 | 6100 | 10300 | 20600 | 36200 | 51500 |
| Brghm Lndlt | 2050 | 6050 | 10250 | 20500 | 36000 | 51200 |
| Vestibule Sub | 2200 | 6400 | 10800 | 21600 | 37950 | 53900 |
| French Brghm | 2150 | 6200 | 10500 | 21000 | 36900 | 52400 |
| French Brghm Lndlt | 2200 | 6400 | 10800 | 21600 | 37950 | 53900 |
| Town Brghm | 2150 | 6200 | 10500 | 21000 | 36900 | 52400 |

| | 6 | 5 | 4 | 3 | 2 | 1 |
|---|---|---|---|---|---|---|
| **Model 48, 6-cyl., 48.6 hp, 142" wb** | | | | | | |
| 2-pass Rnbt | 2600 | 7800 | 13150 | 26300 | 46200 | 65700 |
| 3-pass Rdstr | 2600 | 7800 | 13150 | 26300 | 46200 | 65700 |
| 2-pass Cpe | 2300 | 6700 | 11300 | 22600 | 39700 | 56400 |
| 3-pass Cpe | 2300 | 6700 | 11300 | 22600 | 39700 | 56400 |
| 2-pass Conv Rdstr | 2650 | 7850 | 13300 | 26600 | 46700 | 66400 |
| 3-pass Conv Rdstr | 2750 | 8150 | 13700 | 27400 | 48100 | 68400 |
| 4-pass Tr Rdstr | 2800 | 8400 | 14100 | 28200 | 49500 | 70400 |
| 5-pass Tr | 2800 | 8400 | 14100 | 28200 | 49500 | 70400 |
| Brghm | 2450 | 7250 | 12300 | 24600 | 43200 | 61500 |
| Brghm Lan | 2500 | 7350 | 12400 | 24800 | 43550 | 61900 |
| Sub | 2450 | 7250 | 12300 | 24600 | 43200 | 61500 |
| Lan | 2500 | 7350 | 12400 | 24800 | 43550 | 61900 |
| Sub Lan | 2500 | 7350 | 12450 | 24900 | 43700 | 62100 |
| Vestibule Sub | 2500 | 7350 | 12400 | 24800 | 43550 | 61900 |
| Vestibule Lan | 2500 | 7350 | 12450 | 24900 | 43700 | 62100 |
| Vestibule Brghm | 2550 | 7500 | 12700 | 25400 | 44600 | 63500 |
| Vestibule Brghm Lan | 2600 | 7800 | 13200 | 26400 | 46350 | 65900 |
| Vestibule Sub Lan | 2650 | 7850 | 13300 | 26600 | 46700 | 66400 |
| French Brghm | 2450 | 7250 | 12300 | 24600 | 43200 | 61500 |
| 7-pass Tr | 2900 | 8600 | 14450 | 28900 | 50700 | 72100 |
| 7-pass Sub Lan | 2600 | 7800 | 13200 | 26400 | 46350 | 65900 |
| **Model 66, 6-cyl., 60 hp, 147-1/2" wb** | | | | | | |
| 2-pass Rnbt | 3200 | 9500 | 16000 | 32000 | 56200 | 79900 |
| 3-pass Rnbt | 3200 | 9500 | 16000 | 32000 | 56200 | 79900 |
| 4-pass Rdstr | 3300 | 9750 | 16450 | 32900 | 57800 | 82100 |
| 2-pass Cpe | 3000 | 8950 | 15100 | 30200 | 53000 | 75400 |
| 3-pass Cpe | 3000 | 8950 | 15100 | 30200 | 53000 | 75400 |
| 2-pass Conv Rdstr | 3200 | 9550 | 16100 | 32200 | 56500 | 80400 |
| 3-pass Conv Rdstr | 3300 | 9750 | 16450 | 32900 | 57800 | 82100 |
| 4-pass Torpedo | 3400 | 10050 | 16950 | 33900 | 59500 | 84600 |
| 5-pass Tr | 3400 | 10050 | 16950 | 33900 | 59500 | 84600* |
| 7-pass Tr | 3450 | 10250 | 17250 | 34500 | 60600 | 86100 |
| Brghm | 2800 | 8250 | 13900 | 27800 | 48800 | 69400 |
| Brghm Lan | 2800 | 8250 | 13900 | 27800 | 48800 | 69400 |
| Sub | 2900 | 8550 | 14400 | 28800 | 50500 | 71900 |
| Lan | 2900 | 8600 | 14450 | 28900 | 50700 | 72100 |
| Sub Lan | 2900 | 8600 | 14450 | 28900 | 50700 | 72100 |
| Vestibule Lan | 3050 | 9050 | 15250 | 30500 | 53600 | 76100 |
| Vestibule Brghm | 3050 | 9050 | 15200 | 30400 | 53400 | 75900 |
| Vestibule Sub | 3050 | 9050 | 15200 | 30400 | 53400 | 75900 |
| Vestibule Sub Lan | 3050 | 9050 | 15250 | 30500 | 53600 | 76100 |
| **_1919_** | | | | | | |
| **Model 38-C, 6-cyl., 38 hp, 134" wb** | | | | | | |
| 2-pass Rnbt | 2600 | 7700 | 13250 | 26500 | 46000 | 65000 |
| 3-pass Rdstr | 2650 | 7850 | 13300 | 26600 | 46700 | 66400 |
| 4-pass Tr | 2650 | 7850 | 13300 | 26600 | 46700 | 66400 |
| 4-pass Rdstr | 2700 | 7900 | 13500 | 27000 | 47200 | 67000 |
| 5-pass Tr | 2700 | 7900 | 13500 | 27000 | 47200 | 67000 |
| 7-pass Tr | 2800 | 8400 | 13900 | 27800 | 47900 | 67850 |
| 2-pass Cpe | 2300 | 6500 | 11150 | 22300 | 38600 | 54700 |
| 3-pass Cpe | 2300 | 6500 | 11150 | 22300 | 38600 | 54700 |
| 2-pass Conv Rdstr | 2650 | 7850 | 13250 | 26500 | 46500 | 66100 |
| 3-pass Conv Rdstr | 2650 | 7850 | 13250 | 26500 | 46500 | 66100 |
| 7-pass Brghm | 2300 | 6500 | 11350 | 22700 | 39300 | 55500 |
| French Brghm | 2200 | 6300 | 10800 | 21600 | 37500 | 53400 |
| Twn Brghm | 2200 | 6300 | 10800 | 21600 | 37500 | 53400 |
| French Brghm Lan | 2300 | 6500 | 11350 | 22700 | 39300 | 55500 |
| 4-pass Sdn | 2100 | 5900 | 10250 | 20500 | 35600 | 50500 |
| Twn Lan | 2300 | 6500 | 11350 | 22700 | 39300 | 55500 |

| | 6 | 5 | 4 | 3 | 2 | 1 |
|---|---|---|---|---|---|---|
| Vestibule Brghm | 2200 | 6200 | 10600 | 21200 | 37000 | 52500 |
| Vestibule Brghm Lan | 2250 | 6300 | 10750 | 21500 | 37650 | 53400 |
| **Model 48-B-5, 6-cyl., 48.6 hp, 142" wb** | | | | | | |
| 7-pass Tr | 3050 | 9100 | 15300 | 30600 | 53700 | 76400 |
| 2-pass Rnbt | 2700 | 8100 | 13600 | 27200 | 47800 | 67900 |
| 3-pass Rdstr | 2700 | 8100 | 13600 | 27200 | 47800 | 67900 |
| 4-pass Tr | 2800 | 8400 | 14100 | 28200 | 49500 | 70400 |
| 4-pass Rdstr | 3000 | 8850 | 14900 | 29800 | 52300 | 74400 |
| 5-pass Tr | 3050 | 9100 | 15300 | 30600 | 53700 | 76400 |
| 2-pass Cpe | 2400 | 7050 | 11900 | 23800 | 41800 | 59500 |
| 3-pass Cpe | 2400 | 7050 | 11900 | 23800 | 41800 | 59500 |
| 2-pass Conv Rdstr | 2650 | 7850 | 13300 | 26600 | 46700 | 66400 |
| 3-pass Conv Rdstr | 2650 | 7850 | 13300 | 26600 | 46700 | 66400 |
| 7-pass Brghm | 2400 | 7100 | 12000 | 24000 | 42150 | 59900 |
| Brghm Lndlt | 2450 | 7150 | 12100 | 24200 | 42500 | 60400 |
| French Brghm | 2500 | 7350 | 12400 | 24800 | 43550 | 61900 |
| French Brghm Lndlt | 2600 | 7650 | 12900 | 25800 | 45300 | 64400 |
| Lan | 2300 | 7000 | 11800 | 23800 | 42000 | 59800 |
| Sub | 2400 | 7100 | 12000 | 24000 | 42150 | 59900 |
| Sub Lan | 2450 | 7150 | 12100 | 24200 | 42500 | 60400 |
| Vestibule Brghm | 2500 | 7350 | 12400 | 24800 | 43550 | 61900 |
| Vestibule Brghm Lan | 2550 | 7550 | 12800 | 25600 | 44950 | 63900 |
| Vestibule Sub | 2500 | 7350 | 12400 | 24800 | 43550 | 61900 |
| Vestibule Lan | 2500 | 7350 | 12450 | 24900 | 43700 | 62100 |
| Vestibule Sub Lan | 2550 | 7600 | 12850 | 25700 | 45100 | 64100 |
| **1920** | | | | | | |
| **Model 31, 6-cyl., 38 hp, 134" wb** | | | | | | |
| 2-3 pass Rnbt | 2250 | 6550 | 11000 | 22000 | 38650 | 55000 |
| 4-pass Tr | 2300 | 6700 | 11300 | 22600 | 39700 | 56400 |
| 4-pass Rdstr | 2300 | 6800 | 11450 | 22900 | 40200 | 57200 |
| 5-pass Tr | 2350 | 6950 | 11700 | 23400 | 41100 | 58400 |
| 7-pass Tr | 2450 | 7150 | 12100 | 24200 | 42500 | 60400 |
| 2-3 pass Cpe | 1800 | 5300 | 8900 | 17800 | 31300 | 44400 |
| 4-pass Sdn | 1150 | 3600 | 5950 | 11900 | 21000 | 29700 |
| 7-pass Sdn | 1200 | 3750 | 6300 | 12600 | 22200 | 31400 |
| Brghm | 1350 | 4200 | 7000 | 14000 | 24650 | 34900 |
| French Brghm | 1450 | 4400 | 7300 | 14600 | 25700 | 36500 |
| Brghm Lndlt | 1500 | 4550 | 7650 | 15300 | 26900 | 38200 |
| Town Brghm | 1550 | 4650 | 7800 | 15600 | 27450 | 38900 |
| Vestibule Brghm | 1600 | 4800 | 8000 | 16000 | 28150 | 40000 |
| **Model 51, 6-cyl., 48 hp, 142" wb** | | | | | | |
| 3-pass Rnbt | 2300 | 6800 | 11500 | 23000 | 40400 | 57500 |
| 4-pass Tr | 2450 | 7150 | 12100 | 24200 | 42500 | 60400 |
| 4-pass Rdstr | 2450 | 7150 | 12100 | 24200 | 42500 | 60400 |
| 5-pass Tr | 2500 | 7350 | 12450 | 24900 | 43700 | 62100 |
| 6-pass Tr | 2650 | 7850 | 13250 | 26500 | 46500 | 66100 |
| 7-pass Tr | 2650 | 7950 | 13400 | 26800 | 47050 | 67000 |
| 2-3 pass Cpe | 2000 | 5900 | 9950 | 19900 | 35000 | 49700 |
| 5-pass Brghm | 2200 | 6350 | 10750 | 21500 | 37800 | 53700 |
| 7-pass French Brghm | 2200 | 6350 | 10750 | 21500 | 37800 | 53700 |
| 7-pass Sub | 2300 | 6650 | 11200 | 22400 | 39350 | 55900 |
| 7-pass Vestibule Sub | 2350 | 6950 | 11700 | 23400 | 41100 | 58400 |
| 7-pass French Sub | 2250 | 6600 | 11100 | 22200 | 39000 | 55500 |
| **1921** | | | | | | |
| **Model 32, 6-cyl., 38 hp, 138" wb** | | | | | | |
| 4-pass Tr | 2300 | 6700 | 11300 | 22600 | 39700 | 56400 |
| 6-pass Tr | 2300 | 6700 | 11300 | 22600 | 39700 | 56400 |
| 7-pass Tr | 2350 | 6950 | 11700 | 23400 | 41100 | 58400 |
| 2-pass Rdstr | 2350 | 6950 | 11700 | 23400 | 41100 | 58400 |
| 4-pass Cpe | 1800 | 5300 | 8900 | 17800 | 31300 | 44400 |

| | 6 | 5 | 4 | 3 | 2 | 1 |
|---|---|---|---|---|---|---|
| 6-pass Brghm | 1550 | 4700 | 7900 | 15800 | 27800 | 39400 |
| 7-pass Limo | 1650 | 4950 | 8300 | 16600 | 29200 | 41500 |
| 7-pass Sdn | 1550 | 4700 | 7900 | 15800 | 27800 | 39400 |
| 7-pass Vestibule Sdn | 1650 | 4950 | 8300 | 16600 | 29200 | 41500 |
| 6-pass Lan | 1800 | 5300 | 8900 | 17800 | 31300 | 44400 |
| 3-pass Cpe | 1700 | 5100 | 8500 | 17000 | 30300 | 43200 |
| 4-pass Sdn | 1400 | 4200 | 7400 | 15300 | 27000 | 38400 |
| 7-pass French Limo | 1650 | 4950 | 8300 | 16600 | 29200 | 41500 |

### 1922
**Model 33, 6-cyl., 38 hp, 138" wb**

| | 6 | 5 | 4 | 3 | 2 | 1 |
|---|---|---|---|---|---|---|
| 4-pass Tr | 2300 | 6700 | 11300 | 22600 | 39700 | 56400 |
| 7-pass Tr | 2350 | 6950 | 11700 | 23400 | 41100 | 58400 |
| 3-pass Rdstr | 2300 | 6700 | 11300 | 22600 | 39700 | 56400 |
| 6-pass Brghm | 1550 | 4700 | 7900 | 15800 | 27800 | 39400 |
| Cpe | 1550 | 4700 | 7900 | 15800 | 27800 | 39400 |
| 3-pass Cpe | 1800 | 5300 | 8900 | 17800 | 31300 | 44400 |
| 4-pass Sdn | 1850 | 5400 | 9100 | 18200 | 32000 | 45500 |
| 6-pass Lndlt | 1600 | 4850 | 8100 | 16200 | 28500 | 40500 |
| 7-pass Limo | 1650 | 4950 | 8300 | 16600 | 29200 | 41500 |
| 7-pass French Limo | 1750 | 5200 | 8700 | 17400 | 30600 | 43500 |
| 7-pass Encl Dr Limo | 1800 | 5300 | 8900 | 17800 | 31300 | 44400 |
| 4-7 pass Sdn | 1750 | 5200 | 8700 | 17400 | 30600 | 43500 |

### 1923
**Model 33, 6-cyl., 38 hp, 138" wb**

| | 6 | 5 | 4 | 3 | 2 | 1 |
|---|---|---|---|---|---|---|
| 7-pass Tr | 2050 | 6000 | 10100 | 20200 | 35500 | 50400 |
| 4-pass Tr | 1950 | 5750 | 9700 | 19400 | 34100 | 48400 |
| 6-pass Tr | 2000 | 5950 | 10000 | 20000 | 35150 | 49900 |
| 2-4 pass Rnbt | 1800 | 5300 | 8950 | 17900 | 31500 | 44700 |
| 3-pass Cpe | 1500 | 4500 | 7500 | 15000 | 26400 | 37500 |
| 4-pass Cpe Sdn | 1400 | 4250 | 7100 | 14200 | 25000 | 35400 |
| 4-pass Brghm | 1350 | 4150 | 6950 | 13900 | 24500 | 34700 |
| 4-pass Sdn | 1200 | 3750 | 6300 | 12600 | 22200 | 31400 |
| 7-pass Sdn | 1300 | 4000 | 6700 | 13400 | 23600 | 33400 |
| 6-pass Lndlt | 1600 | 4850 | 8100 | 16200 | 28500 | 40500 |
| 7-pass Limo | 1650 | 4950 | 8300 | 16600 | 29200 | 41500 |
| 7-pass Enclosed Dr Limo | 1750 | 5200 | 8700 | 17400 | 30600 | 43500 |
| 7-pass Frml Limo | 1800 | 5300 | 8900 | 17800 | 31300 | 44400 |

### 1924
**Model 33, 6-cyl., 138" wb**

| | 6 | 5 | 4 | 3 | 2 | 1 |
|---|---|---|---|---|---|---|
| 7-pass Tr | 2050 | 6000 | 10100 | 20200 | 35500 | 50400 |
| 6-pass Tr | 1950 | 5750 | 9700 | 19400 | 34100 | 48400 |
| 4-pass Tr | 1900 | 5500 | 9300 | 18600 | 32700 | 46400 |
| 2-4 pass Rnbt | 1650 | 4950 | 8300 | 16600 | 29200 | 41500 |
| 4-pass Brghm | 1600 | 4750 | 7950 | 15900 | 28000 | 39700 |
| 3-pass Cpe | 1600 | 4850 | 8100 | 16200 | 28500 | 40500 |
| 4-pass Cpe Sdn | 1600 | 4850 | 8100 | 16200 | 28500 | 40500 |
| 4-dr 4-pass Sdn | 1500 | 4500 | 7500 | 15000 | 26400 | 37500 |
| 7-pass Enclosed Dr Limo | 1900 | 5500 | 9300 | 18600 | 32700 | 46400 |
| 7-pass Frml Limo | 1900 | 5650 | 9500 | 19000 | 33400 | 47500 |
| 6-pass Lndlt | 2000 | 5850 | 9900 | 19800 | 34800 | 49500 |
| 7-pass Limo | 2000 | 5950 | 10000 | 20000 | 35150 | 49900 |
| 7-pass Sdn | 1900 | 5650 | 9500 | 19000 | 33400 | 47500 |
| 7-pass Frml Lan | 2050 | 6000 | 10100 | 20200 | 35500 | 50400 |
| 7-pass Limo Lan | 2100 | 6100 | 10300 | 20600 | 36200 | 51500 |
| 4-pass Sdn Lan | 2000 | 5950 | 10000 | 20000 | 35150 | 49900 |
| 3-pass Cpe Lan | 2250 | 6600 | 11100 | 22200 | 39000 | 55500 |
| 7-pass Enclosed Dr Lan | 2250 | 6600 | 11100 | 22200 | 39000 | 55500 |
| 7-pass Sdn Lan | 2200 | 6450 | 10900 | 21800 | 38300 | 54400 |

# PIERCE-ARROW

| | 6 | 5 | 4 | 3 | 2 | 1 |
|---|---|---|---|---|---|---|
| **1925** | | | | | | |
| **Model 80, 6-cyl., 130" wb** | | | | | | |
| 7-pass Phtn | 2050 | 6000 | 10100 | 20200 | 35500 | 50400 |
| 4-pass Tr | 2000 | 5850 | 9900 | 19800 | 34800 | 49500 |
| 5-pass Sdn | 1450 | 4400 | 7300 | 14600 | 25700 | 36500 |
| 4-pass Coach | 1700 | 5050 | 8500 | 17000 | 29900 | 42500 |
| 7-pass Sdn | 1500 | 4500 | 7500 | 15000 | 26400 | 37500 |
| 7-pass Enclosed Dr Limo | 1800 | 5300 | 8900 | 17800 | 31300 | 44400 |
| 2-pass Rnbt | 1900 | 5500 | 9300 | 18600 | 32700 | 46400 |
| **Model 33, 6-cyl., 138" wb** | | | | | | |
| 2-pass Rnbt | 2100 | 6150 | 10350 | 20700 | 36400 | 51700 |
| 4-pass Tr | 2200 | 6350 | 10700 | 21400 | 37600 | 53500 |
| 6-pass Tr | 2200 | 6450 | 10900 | 21800 | 38300 | 54400 |
| 7-pass Tr | 2250 | 6600 | 11100 | 22200 | 39000 | 55500 |
| 6-pass Brghm | 1900 | 5500 | 9300 | 18600 | 32700 | 46400 |
| 4-pass Cpe Sdn | 2000 | 5900 | 9950 | 19900 | 35000 | 49700 |
| 4-pass Sdn | 1800 | 5300 | 8900 | 17800 | 31300 | 44400 |
| 3-pass Sdn Lan | 1800 | 5300 | 8900 | 17800 | 31300 | 44400 |
| 6-pass Lan | 1900 | 5650 | 9500 | 19000 | 33400 | 47500 |
| 7-pass Sdn | 1850 | 5400 | 9100 | 18200 | 32000 | 45500 |
| 7-pass Enclosed Dr Limo | 1900 | 5500 | 9300 | 18600 | 32700 | 46400 |
| 7-pass Sdn Limo | 1950 | 5750 | 9700 | 19400 | 34100 | 48400 |
| 7-pass Limo Lan | 1900 | 5600 | 9400 | 18800 | 33050 | 47000 |
| 7-pass Fr Limo | 2000 | 5900 | 9950 | 19900 | 35000 | 49700 |
| 7-pass Fr Lan | 2000 | 5850 | 9900 | 19800 | 34800 | 49500 |
| 7-pas Enclosed Dr Lan | 2100 | 6100 | 10300 | 20600 | 36200 | 51500 |
| **1926** | | | | | | |
| **Model 80, 6-cyl., 70 hp, 130" wb** | | | | | | |
| 7-pass Tr | 2050 | 6000 | 10100 | 20200 | 35500 | 50400 |
| 4-pass Tr | 1900 | 5600 | 9450 | 18900 | 33200 | 47200 |
| 2-pass Rdstr | 1950 | 5750 | 9700 | 19400 | 34100 | 48400 |
| 2-pass Cpe | 2150 | 6200 | 10500 | 21000 | 36900 | 52400 |
| 4-pass Cpe | 2150 | 6200 | 10500 | 21000 | 36900 | 52400 |
| 2-4 pass Cpe | 2150 | 6250 | 10600 | 21200 | 37250 | 53000 |
| 7-pass Sdn | 2000 | 5850 | 9900 | 19800 | 34800 | 59500 |
| 7-pass Enclosed Dr Limo | 2200 | 6450 | 10900 | 21800 | 38300 | 54400 |
| 5-pass Sdn | 1900 | 5650 | 9500 | 19000 | 33400 | 47500 |
| 4-pass Cpe Lan | 1900 | 5600 | 9400 | 18800 | 33050 | 47000 |
| 5-pass Coach | 1450 | 4400 | 7300 | 14600 | 25700 | 36500 |
| 7-pass Coach | 1500 | 4600 | 7500 | 15000 | 26500 | 37500 |
| 7-pass Coach Limo | 1550 | 4800 | 7700 | 15400 | 27000 | 38000 |
| **Model 33, 6-cyl., 100 hp, 138" wb** | | | | | | |
| 4-pass Tr | 2650 | 7850 | 13300 | 26600 | 46700 | 66400 |
| 2-pass Rnbt | 2550 | 7500 | 12700 | 25400 | 44600 | 63500 |
| 6-pass Tr | 2750 | 8150 | 13700 | 27400 | 48100 | 68400 |
| 7-pass Tr | 2900 | 8600 | 14500 | 29000 | 50900 | 72400 |
| 6-pass Brghm | 2400 | 7050 | 11900 | 23800 | 41800 | 59600 |
| 3-pass Cpe | 2100 | 6100 | 10300 | 20600 | 36200 | 51500 |
| 4-pass Sdn | 2000 | 5850 | 9900 | 19800 | 34800 | 59500 |
| 4-pass Cpe Sdn | 2050 | 6000 | 10100 | 20200 | 35500 | 50400 |
| 4-pass Enclosed Dr Limo | 2450 | 7250 | 12300 | 24600 | 43200 | 61500 |
| 7-pass Sdn | 2300 | 6700 | 11300 | 22600 | 39700 | 56400 |
| 6-pass Lndlt | 2450 | 7250 | 12300 | 24600 | 43200 | 61500 |
| 7-pass French Limo | 2450 | 7250 | 12300 | 24600 | 43200 | 61500 |
| 7-pass French Lan | 2450 | 7250 | 12300 | 24600 | 43200 | 61500 |
| 7-pass Sdn Lndlt | 2450 | 7250 | 12300 | 24600 | 43200 | 61500 |
| 4-pass Sdn Lndlt | 2450 | 7250 | 12300 | 24600 | 43200 | 61500 |
| 3-pass Cpe Lndlt | 2550 | 7550 | 12800 | 25600 | 44950 | 63900 |
| 7-pass Limo | 2550 | 7550 | 12800 | 25600 | 44950 | 63900 |
| 7-pass Enclosed Dr Limo | 2600 | 7750 | 13100 | 26200 | 46000 | 65500 |
| 7-pass Enclosed Dr Lndlt | 2700 | 8000 | 13500 | 27000 | 47400 | 67400 |

| | 6 | 5 | 4 | 3 | 2 | 1 |
|---|---|---|---|---|---|---|
| **1927** | | | | | | |
| **Model 80, 6-cyl., 70 hp, 130" wb** | | | | | | |
| 7-pass Tr | 2300 | 6700 | 11300 | 22600 | 39700 | 56400 |
| 4-pass Tr | 2250 | 6600 | 11100 | 22200 | 39000 | 55500 |
| 2-pass Rdstr | 2200 | 6450 | 10900 | 21800 | 38300 | 54400 |
| 2-4 pass Cpe | 1900 | 5650 | 9500 | 19000 | 33400 | 47500 |
| 7-pass Sdn | 1650 | 4950 | 8300 | 16600 | 29200 | 41500 |
| 7-pass Enclosed Dr Limo | 2200 | 6450 | 10900 | 21800 | 38300 | 54400 |
| 5-pass Sdn | 1600 | 4850 | 8100 | 16200 | 28500 | 40500 |
| 2-dr 5-pass Club Sdn | 1650 | 4950 | 8300 | 16600 | 29200 | 41500 |
| 4-dr 5-pass Club Sdn | 1800 | 5300 | 8900 | 17800 | 31300 | 44400 |
| 4-pass Dlx Cpe | 1950 | 5750 | 9700 | 19400 | 34100 | 48400 |
| 2-pass Conv Rdstr | 2150 | 6200 | 10500 | 21000 | 36900 | 52400 |
| 5-pass Sdn Lan | 1850 | 5400 | 9100 | 18200 | 32000 | 45500 |
| 7-pass Sdn Lan | 1850 | 5450 | 9200 | 18400 | 32350 | 45900 |
| 2-pass Cpe | 1900 | 5500 | 9300 | 18600 | 32700 | 46400 |
| 7-pass Fr Opera Brghm | 1900 | 5500 | 9300 | 18600 | 32700 | 46400 |
| 7-pass Encl Dr Lan | 2050 | 6050 | 10200 | 20400 | 35850 | 51000 |
| **Model 36, 6-cyl., 100 hp, 138" wb** | | | | | | |
| 2-pass Rnbt | 2500 | 7350 | 12400 | 24800 | 43550 | 61900 |
| 4-pass Tr | 2550 | 7500 | 12700 | 25400 | 44600 | 63500 |
| 7-pass Tr | 2700 | 8000 | 13500 | 27000 | 47400 | 67400 |
| 2-pass Cpe | 2300 | 6800 | 11500 | 23000 | 40400 | 57500 |
| 3-pass Cpe | 2350 | 6950 | 11700 | 23400 | 41100 | 58400 |
| 4-dr 4-pass Sdn | 2000 | 5850 | 9900 | 19800 | 34800 | 49500 |
| 4-pass Cpe Sdn | 2100 | 6100 | 10300 | 20600 | 36200 | 51500 |
| 4-pass Enclosed Dr Limo | 2300 | 6800 | 11500 | 23000 | 40400 | 57500 |
| 4-pass Enclosed Dr Lan | 2300 | 6700 | 11300 | 22600 | 39700 | 56400 |
| 7-pass Sdn | 2200 | 6450 | 10900 | 21800 | 38300 | 54400 |
| 7-pass French Lan | 2250 | 6600 | 11100 | 22200 | 39000 | 55500 |
| 7-pass Sdn Lan | 2250 | 6600 | 11100 | 22200 | 39000 | 55500 |
| 4-pass Sdn Lan | 2200 | 6450 | 10900 | 21800 | 38300 | 54400 |
| 7-pass Enclosed Dr Limo | 2350 | 6950 | 11700 | 23400 | 41100 | 58400 |
| 7-pass Encl Dr Lan | 2350 | 6950 | 11700 | 23400 | 41100 | 58400 |
| 7-pass French Limo | 2300 | 6700 | 11300 | 22600 | 39700 | 56400 |
| 4-pass CC Sdn | 2100 | 6100 | 10300 | 20600 | 36200 | 51500 |
| **1928** | | | | | | |
| **Model 81, 6-cyl., 75 hp, 130" wb** | | | | | | |
| 2-4 pass Rnbt | 2400 | 7100 | 12000 | 24000 | 42150 | 59900 |
| 4-pass Tr | 2500 | 7350 | 12450 | 24900 | 43700 | 62100 |
| 7-pass Tr | 2600 | 7650 | 12950 | 25900 | 45500 | 64700 |
| 2-4 pass Conv Rdstr | 2550 | 7600 | 12850 | 25700 | 45100 | 64100 |
| 5-pass Club Brghm | 2200 | 6350 | 10750 | 21500 | 37800 | 53700 |
| 2-pass Cpe | 2200 | 6500 | 10950 | 21900 | 38500 | 54700 |
| 5-pass Club Sdn | 2200 | 6350 | 10750 | 21500 | 37800 | 53700 |
| 2-4 pass Fabric Cpe | 2350 | 6950 | 11700 | 23400 | 41100 | 58400 |
| 4-pass Cpe | 2250 | 6600 | 11100 | 22200 | 39000 | 55500 |
| 5-pass Sdn | 2100 | 6100 | 10300 | 20600 | 36200 | 51500 |
| 5-pass Spt Sdn | 2150 | 6200 | 10500 | 21000 | 36900 | 52400 |
| 2-pass Conv Rdstr | 2600 | 7650 | 12950 | 25900 | 45500 | 64700 |
| 5-pass Club Sdn Lan | 2200 | 6350 | 10700 | 21400 | 37600 | 53500 |
| 7-pass Sdn Lan | 2150 | 6200 | 10500 | 21000 | 36900 | 52400 |
| 7-pass Encl Dr Lan | 2150 | 6200 | 10500 | 21000 | 36900 | 52400 |
| 5-pass Fr Opera Brghm | 2200 | 6500 | 10950 | 21900 | 38500 | 54700 |
| 7-pass Sdn | 2200 | 6350 | 10700 | 21400 | 37600 | 53500 |
| 7-pass Enclosed Dr Limo | 2350 | 6950 | 11700 | 23400 | 41100 | 58400 |
| **Model 36, 6-cyl., 100 hp, 138" wb** | | | | | | |
| 4-pass Tr | 3100 | 9250 | 15550 | 31100 | 54600 | 77600 |
| 7-pass Tr | 3200 | 9500 | 15950 | 31900 | 56000 | 79600 |
| 7-pass Sdn | 2550 | 7500 | 12700 | 25400 | 44600 | 63500 |
| 7-pass Enclosed Dr Lndlt | 2800 | 8300 | 13950 | 27900 | 49000 | 69600 |

| | 6 | 5 | 4 | 3 | 2 | 1 |
|---|---|---|---|---|---|---|
| 3-pass Cpe | 2600 | 7750 | 13100 | 26200 | 46000 | 65500 |
| 4-pass Cpe Sdn | 2600 | 7750 | 13100 | 26200 | 46000 | 65500 |
| 4-pass Enclosed Dr Limo | 3000 | 8950 | 15100 | 30200 | 53000 | 75400 |
| 2-4 pass Cpe | 2750 | 8150 | 13750 | 27500 | 48300 | 68600 |
| 7-pass Enclosed Dr Limo | 2800 | 8300 | 13950 | 27900 | 49000 | 69600 |
| 4-pass CC Sdn | 2700 | 8000 | 13500 | 27000 | 47400 | 67400 |
| 4-pass Sdn Lan | 2800 | 8300 | 13950 | 27900 | 49000 | 69600 |
| 4-pass Enclosed Dr Lan | 2700 | 8000 | 13500 | 27000 | 47400 | 67400 |
| 6-pass French Limo | 3000 | 8950 | 15100 | 30200 | 53000 | 75400 |
| 6-pass French Lan | 3100 | 9200 | 15500 | 31000 | 54400 | 77400 |

**1929**

**Model 133, 8-cyl., 125 hp, 133" wb**

| | 6 | 5 | 4 | 3 | 2 | 1 |
|---|---|---|---|---|---|---|
| 2-pass Rdstr | 3600 | 10750 | 18100 | 36200 | 63600 | 90400 |
| 4-pass Tr | 3550 | 10500 | 17700 | 35400 | 62200 | 88400 |
| 4-pass Spt Tr | 3550 | 10600 | 17800 | 35600 | 62500 | 88900 |
| 5-pass Club Brghm | 2400 | 7050 | 11900 | 23800 | 41800 | 59500 |
| 2-pass Cpe | 2700 | 8000 | 13500 | 27000 | 47400 | 67400 |
| 5-pass Sdn | 2450 | 7250 | 12300 | 24600 | 43200 | 61500 |
| 5-pass Club Berline | 2550 | 7500 | 12700 | 25400 | 44600 | 63500 |
| 7-pass Sdn | 2550 | 7500 | 12700 | 25400 | 44600 | 63500 |
| 7-pass Enclosed Dr Limo | 2800 | 8300 | 13950 | 27900 | 49000 | 69600 |

**Model 143, 8-cyl., 125 hp, 143" wb**

| | 6 | 5 | 4 | 3 | 2 | 1 |
|---|---|---|---|---|---|---|
| 7-pass Tr | 3900 | 11550 | 19450 | 38900 | 68300 | 97100 |
| 2-pass Conv Cpe | 3950 | 11750 | 19750 | 39500 | 69400 | 98600 |
| 7-pass Sdn | 2900 | 8600 | 14500 | 29000 | 50900 | 72400 |
| 7-pass Enclosed Dr Limo | 3000 | 8900 | 15000 | 30000 | 52700 | 74900 |
| 7-pass AW Sdn | 2850 | 8450 | 14250 | 28500 | 50000 | 71100 |

**1930**

**Model C, 8-cyl., 115 hp, 132" wb**

| | 6 | 5 | 4 | 3 | 2 | 1 |
|---|---|---|---|---|---|---|
| 5-pass Club Brghm | 2000 | 5900 | 9950 | 19900 | 35000 | 49700 |
| 2-pass Cpe | 2050 | 6050 | 10250 | 20500 | 36000 | 51200 |
| 5-pass Sdn | 1900 | 5500 | 9300 | 18600 | 32700 | 46400 |

**Model B, 8-cyl., 125 hp, 134" wb**

| | 6 | 5 | 4 | 3 | 2 | 1 |
|---|---|---|---|---|---|---|
| 2-pass Rdstr | 4100 | 12200 | 20500 | 41000 | 72000 | 102300 |
| 4-pass Tr | 4100 | 12200 | 20500 | 41000 | 72000 | 102300 |
| 4-pass Spt Phtn | 4300 | 12750 | 21500 | 43000 | 75500 | 107300 |
| 2-pass Conv Cpe | 3950 | 11750 | 19750 | 39500 | 69400 | 98600 |

**Model B, 8-cyl., 125 hp, 139" wb**

| | 6 | 5 | 4 | 3 | 2 | 1 |
|---|---|---|---|---|---|---|
| 5-pass Sdn | 2700 | 8000 | 13500 | 27000 | 47400 | 67400 |
| 5-pass Vic Cpe | 2800 | 8300 | 13950 | 27900 | 49000 | 69600 |
| 7-pass Sdn | 2700 | 8000 | 13500 | 27000 | 47400 | 67400 |
| 5-pass Club Sdn | 2800 | 8300 | 13950 | 27900 | 49000 | 69600 |
| 7-pass Enclosed Dr Limo | 3150 | 9350 | 15750 | 31500 | 55300 | 78600 |
| 7-pass Berline | 3150 | 9350 | 15750 | 31500 | 55300 | 78600 |

**Model A, 8-cyl., 132 hp, 144" wb**

| | 6 | 5 | 4 | 3 | 2 | 1 |
|---|---|---|---|---|---|---|
| 7-pass Tr | 4500 | 13350 | 22500 | 45000 | 79000 | 112300 |
| 2-pass Conv Cpe | 4300 | 12750 | 21450 | 42900 | 75300 | 107100 |
| 7-pass Sdn | 3000 | 8900 | 15000 | 30000 | 52700 | 74900 |
| 7-pass Enclosed Dr Limo | 3800 | 11300 | 19000 | 38000 | 66700 | 94900 |
| 7-pass Twn Car | 3500 | 10350 | 17450 | 34900 | 61300 | 87100 |

**1931**

**Model 43, 8-cyl., 125 hp, 134" wb**

| | 6 | 5 | 4 | 3 | 2 | 1 |
|---|---|---|---|---|---|---|
| 4-pass Rdstr | 4050 | 12050 | 20250 | 40500 | 71100 | 101100 |
| 4-pass Tr | 4050 | 12050 | 20250 | 40500 | 71100 | 101100 |
| 4-pass Cpe | 2750 | 8150 | 13750 | 27500 | 48300 | 68600 |

**Model 43, 8-cyl., 125 hp, 137" wb**

| | 6 | 5 | 4 | 3 | 2 | 1 |
|---|---|---|---|---|---|---|
| 5-pass Sdn | 2000 | 5850 | 9900 | 19800 | 34800 | 49500 |
| 5-pass Club Sdn | 2200 | 6450 | 10900 | 21800 | 38400 | 54400 |
| 7-pass Sdn | 2300 | 6700 | 11300 | 22600 | 39700 | 56400 |

| | 6 | 5 | 4 | 3 | 2 | 1 |
|---|---|---|---|---|---|---|
| 7-pass Enclosed Dr Limo | 2400 | 7050 | 11900 | 23800 | 41800 | 59500 |
| **Model 42, 8-cyl., 132 hp, 142" wb** | | | | | | |
| 4-pass Rdstr | 4500 | 13350 | 22500 | 45000 | 79000 | 112300 |
| 4-pass Tr | 4500 | 13350 | 22500 | 45000 | 79000 | 112300 |
| 4-pass Spt Phtn | 4650 | 13800 | 23250 | 46500 | 81700 | 116100 |
| 4-pass Conv Cpe | 4100 | 12250 | 20600 | 41200 | 72300 | 102800 |
| 5-pass Sdn | 2200 | 6450 | 10900 | 21800 | 38400 | 54400 |
| 5-pass Club Sdn | 2300 | 6800 | 11500 | 23000 | 40400 | 57500 |
| 7-pass Sdn | 2300 | 6700 | 11300 | 22600 | 39700 | 56400 |
| 5-pass Club Berline | 2400 | 7050 | 11900 | 23800 | 41800 | 59500 |
| Enclosed Dr Limo | 2750 | 8150 | 13750 | 27500 | 48300 | 68600 |
| **Model 41, 8-cyl., 132 hp, 147" wb** | | | | | | |
| 7-pass Tr | 4700 | 13950 | 23500 | 47000 | 82500 | 117300 |
| 4-pass Conv Cpe | 4600 | 13650 | 23000 | 46000 | 80800 | 114800 |
| 7-pass Sdn | 2350 | 6950 | 11750 | 23500 | 41300 | 58700 |
| 7-pass Enclosed Dr Limo | 2650 | 7950 | 13400 | 26800 | 47050 | 67000 |
| Twn Car | 2700 | 8100 | 13600 | 27200 | 47800 | 67900 |
| Twn Lan | 2450 | 7250 | 12250 | 24500 | 43000 | 61200 |
| Twn Brghm | 2350 | 6950 | 11750 | 23500 | 41300 | 58700 |

### *1932*

| | 6 | 5 | 4 | 3 | 2 | 1 |
|---|---|---|---|---|---|---|
| **Model 54, 8-cyl., 125 hp, 137" wb** | | | | | | |
| 4-pass Conv Cpe Rdstr | 4200 | 12400 | 20900 | 41800 | 73400 | 104300 |
| 4-pass Tr | 4100 | 12200 | 20500 | 41000 | 72000 | 102300 |
| 4-pass Spt Phtn | 4100 | 12200 | 20500 | 41000 | 72000 | 102300 |
| 5-pass Brghm | 2200 | 6350 | 10700 | 21400 | 37600 | 53500 |
| 5-pass RS Cpe | 2350 | 6950 | 11750 | 23500 | 41300 | 58700 |
| 5-pass Sdn | 2150 | 6200 | 10500 | 21000 | 36900 | 52400 |
| 5-pass Club Sdn | 2200 | 6350 | 10700 | 21400 | 37600 | 53500 |
| Club Berline | 2200 | 6450 | 10900 | 21800 | 38400 | 54400 |
| 5-pass Conv Sdn | 4250 | 12650 | 21250 | 42500 | 74600 | 106100 |
| **Model 54, 8-cyl., 125 hp, 142" wb** | | | | | | |
| 7-pass Tr | 4250 | 12650 | 21300 | 42600 | 74800 | 106300 |
| 7-pass Sdn | 2200 | 6450 | 10900 | 21800 | 38400 | 54400 |
| 7-pass Encl Dr Limo | 2400 | 7050 | 11900 | 23800 | 41800 | 59500 |
| **Model 53, 12-cyl., 140 hp, 137" wb** | | | | | | |
| 2-4 pass Conv Cpe Rdstr | 4500 | 13350 | 22500 | 45000 | 79000 | 112300 |
| 4-pass Tr | 4600 | 13650 | 23000 | 46000 | 80800 | 114800 |
| 4-pass Spt Phtn | 4500 | 13350 | 22500 | 45000 | 79000 | 112300 |
| 5-pass Club Brghm | 2400 | 7050 | 11900 | 23800 | 41800 | 59500 |
| 2-4 pass Cpe | 2450 | 7250 | 12250 | 24500 | 43000 | 61200 |
| 5-pass Sdn | 2300 | 6700 | 11300 | 22600 | 39700 | 56400 |
| 5-pass Club Sdn | 2350 | 6950 | 11700 | 23400 | 41100 | 58400 |
| 5-pass Club Berline | 2600 | 7750 | 13100 | 26200 | 46000 | 65500 |
| 5-pass Conv Sdn | 4200 | 12450 | 21000 | 42000 | 73700 | 104800 |
| **Model 53, 12-cyl., 140 hp, 142" wb** | | | | | | |
| 7-pass Tr | 4600 | 13650 | 23000 | 46000 | 80800 | 114800 |
| 7-pass Sdn | 2600 | 7750 | 13100 | 26200 | 46000 | 65500 |
| 7-pass Encl Dr Limo | 2850 | 8500 | 14300 | 28600 | 50200 | 71400 |
| **Model 52, 12-cyl., 150 hp, 142" wb** | | | | | | |
| 5-pass Sdn | 2700 | 8000 | 13500 | 27000 | 47400 | 67400 |
| 5-pass Club Sdn | 2700 | 8000 | 13500 | 27000 | 47400 | 67400 |
| 5-pass Club Berline | 2650 | 7850 | 13250 | 26500 | 46500 | 66100 |
| 7-pass Enclosed Dr Limo (147" wb) | 3500 | 10400 | 17500 | 35000 | 61500 | 87400 |
| 7-pass Sdn (147" wb) | 3350 | 9950 | 16750 | 33500 | 58800 | 83600 |

### *1933*

| | 6 | 5 | 4 | 3 | 2 | 1 |
|---|---|---|---|---|---|---|
| **Model 836, 8-cyl., 135 hp, 136" wb** | | | | | | |
| 5-pass Club Brghm | 1850 | 5400 | 9100 | 18200 | 32000 | 45500 |
| 5-pass Sdn | 1900 | 5500 | 9300 | 18600 | 32700 | 46400 |
| 5-pass Club Sdn | 2050 | 6000 | 10100 | 20200 | 35500 | 50400 |
| 5-pass Conv Sdn | 3700 | 10950 | 18450 | 36900 | 64800 | 92100 |

| | 6 | 5 | 4 | 3 | 2 | 1 |
|---|---|---|---|---|---|---|
| 2-4 pass Conv Rdstr | 3600 | 10650 | 17950 | 35900 | 63000 | 89600 |
| 7-pass Sdn | 1900 | 5650 | 9500 | 19000 | 33400 | 47500 |
| 7-pass Enclosed Dr Limo | 2200 | 6450 | 10900 | 21800 | 38300 | 54400 |

*Salon add 10%*

**Model 1236, 12-cyl., 160 hp, 136" wb**

| | 6 | 5 | 4 | 3 | 2 | 1 |
|---|---|---|---|---|---|---|
| 5-pass Club Brghm | 2050 | 6000 | 10100 | 20200 | 35500 | 50400 |
| 5-pass Sdn | 2100 | 6100 | 10300 | 20600 | 36200 | 51500 |
| 5-pass Club Sdn | 2250 | 6600 | 11100 | 22200 | 39000 | 55500 |
| 5-pass Conv Sdn | 3750 | 11150 | 18750 | 37500 | 65800 | 93600 |
| 5-pass Conv Rdstr | 3700 | 10950 | 18450 | 36900 | 64800 | 92100 |
| 7-pass Sdn (139") | 2150 | 6200 | 10500 | 21000 | 36900 | 52400 |
| 7-pass Enclosed Dr Limo (139") | 2400 | 7050 | 11900 | 23800 | 41800 | 59500 |

*Salon add 10%*

**Model 1242, 12-cyl., 175 hp, 137" wb**

| | 6 | 5 | 4 | 3 | 2 | 1 |
|---|---|---|---|---|---|---|
| 5-pass Tr | 3850 | 11450 | 19250 | 38500 | 62600 | 96100 |
| 5-pass Spt Phtn | 4200 | 12500 | 21000 | 42000 | 73700 | 104800 |
| 7-pass Tr (142" wb) | 4000 | 11850 | 19950 | 39900 | 70100 | 99600 |
| 5-pass Club Brghm | 2150 | 6200 | 10500 | 21000 | 36900 | 52400 |
| 5-pass Sdn | 2200 | 6350 | 10750 | 21500 | 37800 | 53700 |
| 5-pass Club Sdn | 2300 | 6800 | 11500 | 23000 | 40400 | 57500 |
| 5-pass Club Berline | 2400 | 7050 | 11900 | 23800 | 41800 | 59500 |
| 2-4 pass Cpe | 2500 | 7350 | 12400 | 24800 | 43550 | 61900 |
| 4-pass Custom Rdstr | 4200 | 12500 | 21000 | 42000 | 73700 | 104800 |
| 5-pass Conv Sdn | 3900 | 11600 | 19500 | 39000 | 68500 | 97400 |
| 7-pass Sdn (142" wb) | 2150 | 6250 | 10600 | 21200 | 37250 | 53000 |
| 7-pass Enclosed Dr Limo (142" wb) | 2600 | 7750 | 13100 | 26200 | 46000 | 65500 |

**Model 1247, 12-cyl., 175 hp, 142" wb**

| | 6 | 5 | 4 | 3 | 2 | 1 |
|---|---|---|---|---|---|---|
| 5-pass Sdn | 2600 | 7750 | 13100 | 26200 | 46000 | 65500 |
| 5-pass Club Sdn | 2700 | 8000 | 13500 | 27000 | 47400 | 67400 |
| 7-pass Sdn (147" wb) | 2700 | 8000 | 13500 | 27000 | 47400 | 67400 |
| 5-pass Club Berline | 2700 | 8000 | 13500 | 27000 | 47400 | 67400 |
| 7-pass Encld Dr Limo (147" wb) | 2850 | 8500 | 14300 | 28600 | 50200 | 71400 |
| 5-pass LeB Conv Sdn (147" wb) | 4600 | 13700 | 23100 | 46200 | 81100 | 115300 |
| 5-pass LeB Club Sdn (147" wb) | 2850 | 8500 | 14300 | 28600 | 50200 | 71400 |
| 5-pass LeB Vic Conv (147" wb) | 4950 | 14700 | 24750 | 49500 | 86900 | 123600 |
| 7-pass Encld Dr Limo (147" wb) | 3000 | 8950 | 15100 | 30200 | 53000 | 75400 |
| 7-pass Twn Brghm (147" wb) | 3100 | 9200 | 15500 | 31000 | 54400 | 77400 |
| 7-pass Twn Car (147" wb) | 3250 | 9700 | 16300 | 32600 | 57200 | 81400 |
| 7-pass Encld Dr Brghm (147" wb) | 3250 | 9700 | 16300 | 32600 | 57200 | 81400 |

### 1934

**Model 836A, 8-cyl., 136" wb**

| | 6 | 5 | 4 | 3 | 2 | 1 |
|---|---|---|---|---|---|---|
| 5-pass Club Brghm | 1900 | 5650 | 9500 | 19000 | 33400 | 47500 |
| 5-pass Club Brghm Salon | 2000 | 5850 | 9900 | 19800 | 34800 | 49500 |
| 4-dr 5-pass Sdn | 2000 | 5850 | 9900 | 19800 | 34800 | 49500 |
| 4-dr 5-pass Salon Sdn | 2100 | 6100 | 10300 | 20600 | 36200 | 51500 |

**Model 840A, 8-cyl., 139" wb**

| | 6 | 5 | 4 | 3 | 2 | 1 |
|---|---|---|---|---|---|---|
| 4-pass Conv Rdstr | 2900 | 8600 | 14500 | 29000 | 50900 | 72400 |
| 5-pass Club Brghm | 2100 | 6100 | 10300 | 20600 | 36200 | 51500 |
| 5-pass Sdn | 2150 | 6200 | 10500 | 21000 | 36900 | 52400 |
| 5-pass Club Sdn | 2200 | 6350 | 10700 | 21400 | 37600 | 53500 |
| 4-pass Cpe | 2300 | 6700 | 11300 | 22600 | 39700 | 56400 |

**Model 840A, 8-cyl., 144" wb**

| | 6 | 5 | 4 | 3 | 2 | 1 |
|---|---|---|---|---|---|---|
| 5-pass Silver Arrow | 4700 | 13950 | 23500 | 47000 | 82500 | 117300 |
| 7-pass Sdn | 2200 | 6450 | 10900 | 21800 | 38300 | 54400 |
| 7-pass Enclosed Dr Limo | 2600 | 7800 | 13200 | 26400 | 46350 | 65900 |
| 7-pass Twn Brghm | 2600 | 7750 | 13100 | 26200 | 46000 | 65500 |

**Model 1240A, 12-cyl., 139" wb**

| | 6 | 5 | 4 | 3 | 2 | 1 |
|---|---|---|---|---|---|---|
| 4-pass Conv Rdstr | 3700 | 11000 | 18500 | 37000 | 65000 | 92400 |
| 5-pass Club Brghm | 2200 | 6450 | 10900 | 21800 | 38300 | 54400 |
| 5-pass Sdn | 2250 | 6600 | 11100 | 22200 | 39000 | 55500 |
| 5-pass Club Sdn | 2300 | 6700 | 11300 | 22600 | 39700 | 56400 |

| | 6 | 5 | 4 | 3 | 2 | 1 |
|---|---|---|---|---|---|---|
| 4-pass Cpe | 2400 | 7050 | 11900 | 23800 | 41800 | 59500 |
| **Model 1240A, 12-cyl., 144" wb** | | | | | | |
| 5-pass Silver Arrow | 5200 | 15450 | 26000 | 52000 | 91300 | 129800 |
| 7-pass Sdn | 2400 | 7050 | 11900 | 23800 | 41800 | 59500 |
| 7-pass Enclosed Dr Limo | 2850 | 8500 | 14300 | 28600 | 50200 | 71400 |
| **Model 1248A, 12-cyl., 147" wb** | | | | | | |
| 7-pass Sdn | 2600 | 7750 | 13100 | 26200 | 46000 | 65500 |
| 7-pass Enclosed Dr Limo | 3000 | 8950 | 15100 | 30200 | 53000 | 75400 |

## 1935

| | 6 | 5 | 4 | 3 | 2 | 1 |
|---|---|---|---|---|---|---|
| **Model 836, 8-cyl., 136" wb** | | | | | | |
| 5-pass Club Brghm | 2000 | 5800 | 9750 | 19500 | 34300 | 48700 |
| 5-pass Sdn | 2050 | 6000 | 10100 | 20200 | 35500 | 50400 |
| **Model 845, 8-cyl., 140 hp, 138" wb** | | | | | | |
| 2-4 pass Conv Rdstr | 2800 | 8400 | 14100 | 28200 | 49500 | 70400 |
| 5-pass Club Brghm | 2050 | 6050 | 10250 | 20500 | 36000 | 51200 |
| 2-4 pass Cpe | 2200 | 6450 | 10900 | 21800 | 38300 | 54400 |
| 5-pass Sdn | 2100 | 6150 | 10400 | 20800 | 36550 | 51900 |
| 5-pass Club Sdn | 2150 | 6200 | 10500 | 21000 | 36900 | 52400 |
| **Model 845, 8-cyl., 140 hp, 144" wb** | | | | | | |
| 7-pass Sdn | 2150 | 6200 | 10500 | 21000 | 36900 | 52400 |
| 7-pass Enclosed Dr Limo | 2400 | 7050 | 11900 | 23800 | 41800 | 59500 |
| 5-pass Silver Arrow | 4800 | 14250 | 24000 | 48000 | 84300 | 119800 |
| 5-pass Twn Brghm Brunn | 2150 | 6200 | 10500 | 21000 | 36900 | 52400 |
| **Model 1245, 12-cyl., 175 hp, 138" wb** | | | | | | |
| 2-4 pass Conv Rdstr | 3500 | 10400 | 17500 | 35000 | 61500 | 87400 |
| 5-pass Club Brghm | 2200 | 6450 | 10900 | 21800 | 38300 | 54400 |
| 2-4 pass Cpe | 2400 | 7050 | 11900 | 23800 | 41800 | 59500 |
| 5-pass Sdn | 2250 | 6600 | 11100 | 22200 | 39000 | 55500 |
| 5-pass Club Sdn | 2300 | 6700 | 11300 | 22600 | 39700 | 56400 |
| **Model 1245, 12-cyl., 175 hp, 144" wb** | | | | | | |
| 7-pass Sdn | 2450 | 7250 | 12300 | 24600 | 43200 | 61500 |
| 7-pass Enclosed Dr Limo | 2600 | 7750 | 13100 | 26200 | 46000 | 65500 |
| 5-pass Silver Arrow | 5200 | 15450 | 26000 | 52000 | 91300 | 129800 |
| **Model 1255, 12-cyl., 175 hp, 147" wb** | | | | | | |
| 7-pass Sdn | 2600 | 7750 | 13100 | 26200 | 46000 | 65500 |
| 7-pass Enclosed Dr Limo | 2850 | 8500 | 14300 | 28600 | 50200 | 71400 |

## 1936

| | 6 | 5 | 4 | 3 | 2 | 1 |
|---|---|---|---|---|---|---|
| **Model 1601, Deluxe 8, 150 hp, 138" wb** | | | | | | |
| 2-4 pass Cpe | 2000 | 5850 | 9900 | 19800 | 34800 | 49500 |
| 2-4 pass Conv Cpe Rdstr | 2600 | 7750 | 13100 | 26200 | 46000 | 65500 |
| 5-pass Club Sdn | 1800 | 5300 | 8900 | 17800 | 31300 | 44400 |
| 5-pass Sdn | 1750 | 5200 | 8700 | 17400 | 30600 | 43500 |
| 5-pass Club Berline | 2000 | 5850 | 9900 | 19800 | 34800 | 49500 |
| 5-pass Frml Sdn | 1900 | 5650 | 9500 | 19000 | 33400 | 47500 |
| **Deluxe 8, 150 hp, 144" wb** | | | | | | |
| 7-pass Sdn | 1900 | 5500 | 9300 | 18600 | 32700 | 46400 |
| 7-pass Limo | 2200 | 6450 | 10900 | 21800 | 38300 | 54400 |
| Metro Town Car | 2400 | 7050 | 11900 | 23800 | 41800 | 59500 |
| 5-pass Conv Sdn | 2900 | 8600 | 14500 | 29000 | 50900 | 72400 |
| **Model 1602, 185 hp, 139" wb** | | | | | | |
| 2-4 pass Cpe | 2200 | 6450 | 10900 | 21800 | 38300 | 54400 |
| 2-4 pass Conv Cpe Rdstr | 3100 | 9150 | 15400 | 30800 | 54100 | 76900 |
| 5-pass Club Sdn | 1950 | 5750 | 9700 | 19400 | 34100 | 48400 |
| 5-pass Sdn | 1900 | 5650 | 9500 | 19000 | 33400 | 47500 |
| 5-pass Club Berline | 2200 | 6450 | 10900 | 21800 | 38300 | 54400 |
| 5-pass Frml Sdn | 2000 | 5800 | 9800 | 19600 | 34450 | 49000 |
| **Salon Twelve, 185 hp, 144" wb** | | | | | | |
| 7-pass Sdn | 2150 | 6200 | 10500 | 21000 | 36900 | 52400 |
| Enclosed Dr Limo | 2400 | 7050 | 11900 | 23800 | 41800 | 59500 |
| Metro Town Brghm | 2600 | 7750 | 13100 | 26200 | 46000 | 65500 |
| 5-pass Conv Sdn | 3400 | 10100 | 17000 | 34000 | 59700 | 84900 |

| | 6 | 5 | 4 | 3 | 2 | 1 |
|---|---|---|---|---|---|---|
| 7-pass Sdn (147" wb) | 2400 | 7050 | 11900 | 23800 | 41800 | 59500 |
| 7-pass Enclosed Dr Limo | 2700 | 8000 | 13500 | 27000 | 47400 | 67400 |

### 1937
**Model 1701, 8-cyl., 150 hp, 138" wb**

| | 6 | 5 | 4 | 3 | 2 | 1 |
|---|---|---|---|---|---|---|
| 4-pass Cpe | 1950 | 5750 | 9700 | 19400 | 34100 | 48400 |
| 5-pass Sdn | 1700 | 5050 | 8500 | 17000 | 29900 | 42500 |
| 4-pass Conv Rdstr | 2650 | 7850 | 13250 | 26500 | 46500 | 66100 |
| 5-pass Club Sdn | 1800 | 5300 | 8900 | 17800 | 31300 | 44400 |
| 5-pass Club Berline | 1800 | 5350 | 9000 | 18000 | 31650 | 45000 |
| 5-pass Frml Sdn | 2050 | 6000 | 10100 | 20200 | 35500 | 50400 |

**Model 1701, 8-cyl., 150 hp, 144" wb**

| | 6 | 5 | 4 | 3 | 2 | 1 |
|---|---|---|---|---|---|---|
| 7-pass Frml Sdn | 2200 | 6450 | 10900 | 21800 | 38300 | 54400 |
| 7-pass Sdn | 2100 | 6100 | 10300 | 20600 | 36200 | 51500 |
| 5-pass Conv Sdn | 3100 | 9200 | 15450 | 30900 | 54300 | 77100 |
| 7-pass Brunn Metro Twn Car | 2600 | 7750 | 13100 | 26200 | 46000 | 65500 |
| 5-pass Conv Sdn (147" wb) | 3150 | 9350 | 15750 | 31500 | 55300 | 78600 |

**Model 1702, 12-cyl., 185 hp, 139" wb**

| | 6 | 5 | 4 | 3 | 2 | 1 |
|---|---|---|---|---|---|---|
| 4-pass Cpe | 2150 | 6200 | 10500 | 21000 | 36900 | 52400 |
| 5-pass Sdn | 1900 | 5500 | 9300 | 18600 | 32700 | 46400 |
| 4-pass Conv Rdstr | 3100 | 9200 | 15450 | 30900 | 54300 | 77100 |
| 5-pass Club Sdn | 1900 | 5650 | 9500 | 19000 | 33400 | 47500 |
| 5-pass Club Berline | 2000 | 5800 | 9750 | 19500 | 34300 | 48700 |
| 5-pass Frml Sdn | 2200 | 6450 | 10900 | 21800 | 38300 | 54400 |

**Model 1702, 12-cyl., 185 hp, 144" wb**

| | 6 | 5 | 4 | 3 | 2 | 1 |
|---|---|---|---|---|---|---|
| 7-pass Sdn | 2000 | 5850 | 9900 | 19800 | 34800 | 49500 |
| 7-pass Enclosed Dr Limo | 2200 | 6450 | 10900 | 21800 | 38300 | 54400 |
| 5-pass Conv Sdn | 3900 | 11600 | 19500 | 39000 | 68500 | 97400 |
| 7-pass Brunn Metro Twn Brghm | 3000 | 8950 | 15100 | 30200 | 53000 | 75400 |

**Pierce-Arrow 12, 185 hp, 147" wb**

| | 6 | 5 | 4 | 3 | 2 | 1 |
|---|---|---|---|---|---|---|
| 7-pass Sdn | 2400 | 7050 | 11900 | 23800 | 41800 | 59500 |
| 7-pass Enclosed Dr Limo | 2700 | 8000 | 13500 | 27000 | 47400 | 67400 |

### 1938
**Pierce-Arrow 8, 150 hp, 139" wb**

| | 6 | 5 | 4 | 3 | 2 | 1 |
|---|---|---|---|---|---|---|
| 5-pass Sdn | 1600 | 4850 | 8100 | 16200 | 28500 | 40500 |
| 5-pass Club Sdn | 1700 | 5050 | 8500 | 17000 | 29900 | 42500 |
| 4-pass Cpe | 1900 | 5650 | 9500 | 19000 | 33400 | 47500 |
| 4-pass Conv Sdn | 2700 | 8000 | 13450 | 26900 | 47200 | 67100 |
| 5-pass Club Berline | 1900 | 5500 | 9300 | 18600 | 32700 | 46400 |
| 5-pass Frml Sdn | 1750 | 5200 | 8700 | 17400 | 30600 | 43500 |

**Pierce-Arrow 8, 150 hp, 144" wb**

| | 6 | 5 | 4 | 3 | 2 | 1 |
|---|---|---|---|---|---|---|
| 7-pass Brunn Metro Twn Brghm | 2450 | 7250 | 12300 | 24600 | 43200 | 61500 |
| 7-pass Sdn | 2150 | 6200 | 10500 | 21000 | 36900 | 52400 |
| 5-pass Conv Sdn | 3100 | 9200 | 15500 | 31000 | 54400 | 77400 |
| 7-pass Frml Sdn | 2200 | 6450 | 10900 | 21800 | 38300 | 54400 |

**Pierce-Arrow 12, 185 hp, 139" wb**

| | 6 | 5 | 4 | 3 | 2 | 1 |
|---|---|---|---|---|---|---|
| 5-pass Sdn | 2200 | 6450 | 10900 | 21800 | 38300 | 54400 |
| 5-pass Club Sdn | 2300 | 6700 | 11300 | 22600 | 39700 | 56400 |
| 4-pass Cpe | 2550 | 7500 | 12700 | 25400 | 44600 | 63500 |
| 4-pass Conv Rdstr | 3300 | 9800 | 16500 | 33000 | 57900 | 82400 |
| 5-pass Club Berline | 2000 | 5850 | 9900 | 19800 | 34800 | 49500 |
| 5-pass Frml Sdn | 2000 | 5850 | 9900 | 19800 | 34800 | 49500 |

**Pierce-Arrow 12, 185 hp, 144" wb**

| | 6 | 5 | 4 | 3 | 2 | 1 |
|---|---|---|---|---|---|---|
| 7-pass Sdn | 2400 | 7050 | 11900 | 23800 | 41800 | 59500 |
| 7-pass Enclosed Dr limo | 2850 | 8500 | 14300 | 28600 | 50200 | 71400 |
| 5-pass Conv Sdn | 3400 | 10100 | 17000 | 34000 | 59700 | 84900 |
| 7-pass Brunn Metro Twn Brghm | 2950 | 8750 | 14750 | 29500 | 51800 | 73600 |

**Pierce-Arrow 12, 147" wb**

| | 6 | 5 | 4 | 3 | 2 | 1 |
|---|---|---|---|---|---|---|
| 7-pass Sdn | 2550 | 7500 | 12700 | 25400 | 44600 | 63500 |
| 7-pass Enclosed Dr Limo | 3000 | 8950 | 15100 | 30200 | 53000 | 75400 |

*Pierce-Arrow produced a handful of automobiles in 1938, its last year of production.*

# PLYMOUTH
## 1928 – 1991

'28 Plymouth

'30 Plymouth

'31 Plymouth PA

'32 Plymouth PB Sedan

'33 Plymouth

'34 Plymouth

'38 Plymouth Woodie Wagon

'39 Plymouth

'49 Plymouth

'50 Plymouth Woodie Wagon

|  | 6 | 5 | 4 | 3 | 2 | 1 |
|---|---|---|---|---|---|---|

## 1928
**Model Q, 4-cyl., 45 hp, 109" wb**

| | 6 | 5 | 4 | 3 | 2 | 1 |
|---|---|---|---|---|---|---|
| 2-4 pass Rdstr | 850 | 2650 | 4450 | 8900 | 15700 | 22300 |
| 5-pass Tr | 800 | 2500 | 4250 | 8500 | 15000 | 21200 |
| 2-pass Cpe | 400 | 1200 | 1900 | 3800 | 6600 | 9600 |
| 2-4 pass Dlx Cpe | 400 | 1200 | 2000 | 4000 | 6900 | 10000 |
| 2-dr 5-pass Sdn | 350 | 900 | 1500 | 3000 | 5300 | 7600 |
| 4-dr 5-pass Sdn | 350 | 950 | 1550 | 3100 | 5500 | 7900 |

## 1929
**Model Q, 4-cyl., 45 hp, 109" wb**

| | 6 | 5 | 4 | 3 | 2 | 1 |
|---|---|---|---|---|---|---|
| 2-4 pass Rdstr | 850 | 2650 | 4450 | 8900 | 15700 | 22300 |
| 5-pass Tr | 800 | 2500 | 4250 | 8500 | 15000 | 21200 |
| 2-pass Cpe | 400 | 1200 | 1900 | 3800 | 6600 | 9600 |
| 2-4 pass Dlx Cpe | 400 | 1200 | 2000 | 4000 | 6900 | 10000 |
| 2-dr 5-pass Sdn | 350 | 900 | 1500 | 3000 | 5300 | 7600 |
| 4-dr 5-pass Sdn | 350 | 950 | 1550 | 3100 | 5500 | 7900 |
| 5-pass Dlx Sdn | 350 | 1000 | 1600 | 3200 | 5700 | 8100 |

**Model U, 4-cyl., 48 hp, 109" wb**

| | 6 | 5 | 4 | 3 | 2 | 1 |
|---|---|---|---|---|---|---|
| 2-4 pass RS Rdstr | 900 | 2750 | 4600 | 9200 | 16200 | 22900 |
| 5-pass Tr | 850 | 2650 | 4450 | 8900 | 15700 | 22300 |
| 2-pass Cpe | 400 | 1150 | 1850 | 3700 | 6400 | 9300 |
| 2-dr Sdn | 400 | 1100 | 1800 | 3500 | 6100 | 8900 |
| 4-dr Sdn | 400 | 1050 | 1700 | 3400 | 5900 | 8500 |
| 2-4 pass Dlx RS Rdstr | 900 | 2800 | 4700 | 9400 | 16500 | 23400 |

## 1930
**Model 30U, 4-cyl., 48 hp, 109" wb**

| | 6 | 5 | 4 | 3 | 2 | 1 |
|---|---|---|---|---|---|---|
| 2-4 pass Rdstr | 900 | 2750 | 4600 | 9200 | 16200 | 22900 |
| 2-4 pass Spt Rdstr | 900 | 2800 | 4700 | 9400 | 16500 | 23400 |
| 5-pass Phtn | 900 | 2900 | 4850 | 9700 | 17100 | 24200 |
| 2-4 pass Conv Cpe | 900 | 2850 | 4800 | 9600 | 16900 | 24000 |
| 2-pass Cpe | 400 | 1050 | 1700 | 3300 | 5800 | 8300 |
| 2-4 pass Cpe | 400 | 1150 | 1850 | 3700 | 6400 | 9300 |
| 2-dr 5-pass Sdn | 400 | 1100 | 1800 | 3500 | 6100 | 8900 |
| 4-dr 5-pass Sdn | 400 | 1050 | 1700 | 3400 | 5900 | 8500 |
| Comm Sdn | 350 | 900 | 1500 | 3000 | 5300 | 7600 |

## 1931
**Model PA, 4-cyl., 48 hp, 109" wb**

| | 6 | 5 | 4 | 3 | 2 | 1 |
|---|---|---|---|---|---|---|
| 2-pass Rdstr | 900 | 2850 | 4800 | 9600 | 16900 | 24000 |
| 5-pass Phtn | 900 | 2900 | 4850 | 9700 | 17100 | 24200 |
| 2-4 pass Spt Rdstr | 950 | 2950 | 4950 | 9900 | 17500 | 24700 |
| 2-4 pass Cpe | 400 | 1200 | 1950 | 3900 | 6800 | 9900 |
| 2-4 pass Conv Cpe | 800 | 2500 | 4200 | 8400 | 14800 | 20900 |
| 2-pass Cpe | 400 | 1150 | 1850 | 3700 | 6400 | 9300 |
| 2-dr 5-pass Sdn | 350 | 900 | 1500 | 3000 | 5300 | 7600 |
| 4-dr 5-pass Sdn | 400 | 1050 | 1700 | 3300 | 5800 | 8300 |

## 1932
**Model PA, 4-cyl., 48 hp, 109" wb**

| | 6 | 5 | 4 | 3 | 2 | 1 |
|---|---|---|---|---|---|---|
| 2-pass Rdstr | 900 | 2850 | 4800 | 9600 | 16900 | 24000 |
| 5-pass Phtn | 900 | 2900 | 4850 | 9700 | 17100 | 24200 |
| 2-4 pass Spt Rdstr | 950 | 2950 | 4950 | 9900 | 17500 | 24700 |
| 2-4 pass Cpe | 450 | 1250 | 2150 | 4300 | 7400 | 10700 |
| 2-4 pass Conv Cpe | 1000 | 3100 | 5250 | 10500 | 18600 | 26200 |
| 2-pass Cpe | 450 | 1250 | 2050 | 4100 | 7100 | 10300 |
| 2-dr 5-pass Sdn | 400 | 1100 | 1800 | 3500 | 6100 | 8900 |
| 4-dr 5-pass Sdn | 400 | 1100 | 1800 | 3500 | 6100 | 8900 |
| 2-dr 5-pass Thrift Sdn | 400 | 1050 | 1700 | 3300 | 5800 | 8300 |
| 4-dr 5-pass Thrift Sdn | 400 | 1050 | 1700 | 3300 | 5800 | 8300 |

| | 6 | 5 | 4 | 3 | 2 | 1 |
|---|---|---|---|---|---|---|
| **Model PB, 4-cyl., 65 hp, 112" wb** | | | | | | |
| 2-pass Rdstr | 900 | 2800 | 4700 | 9400 | 16500 | 23400 |
| 2-4 pass Spt Rdstr | 900 | 2850 | 4800 | 9600 | 16900 | 24000 |
| 5-pass Spt Phtn | 950 | 2950 | 4950 | 9900 | 17500 | 24700 |
| 2-pass Cpe | 400 | 1200 | 1950 | 3900 | 6800 | 9900 |
| 2-4 pass Conv Cpe | 1000 | 3100 | 5250 | 10500 | 18600 | 26200 |
| 5-pass Conv Sdn | 950 | 3050 | 5100 | 10200 | 18000 | 25400 |
| 2-4 pass Cpe | 450 | 1250 | 2050 | 4100 | 7100 | 10300 |
| 2-dr 5-pass Sdn | 400 | 1150 | 1850 | 3700 | 6400 | 9300 |
| 4-dr 5-pass Sdn | 400 | 1150 | 1850 | 3700 | 6400 | 9300 |
| 7-pass Sdn | 400 | 1200 | 1950 | 3900 | 6800 | 9900 |

### 1933
| | 6 | 5 | 4 | 3 | 2 | 1 |
|---|---|---|---|---|---|---|
| **Model PC, 6-cyl., 108" wb** | | | | | | |
| 2-4 pass Conv Cpe | 950 | 3050 | 5100 | 10200 | 18000 | 25400 |
| 2-pass Cpe | 450 | 1250 | 2150 | 4300 | 7400 | 10700 |
| 2-4 pass Cpe | 500 | 1350 | 2350 | 4700 | 8100 | 11500 |
| 2-dr 5-pass Sdn | 400 | 1200 | 1950 | 3900 | 6800 | 9900 |
| 4-dr 5-pass Sdn | 400 | 1200 | 1950 | 3900 | 6800 | 9900 |
| 2-pass Bus Cpe | 450 | 1250 | 2050 | 4100 | 7100 | 10300 |
| **Model PD, 6-cyl., 108" wb** | | | | | | |
| 2-4 pass Conv Cpe | 1000 | 3100 | 5250 | 10500 | 18600 | 26200 |
| 2-pass Cpe | 500 | 1300 | 2250 | 4500 | 7700 | 11000 |
| 2-4 pass Cpe | 550 | 1450 | 2450 | 4900 | 8500 | 12000 |
| 2-dr 5-pass Sdn | 450 | 1250 | 2050 | 4100 | 7100 | 10300 |
| 4-dr 5-pass Sdn | 450 | 1250 | 2050 | 4100 | 7100 | 10300 |

### 1934
| | 6 | 5 | 4 | 3 | 2 | 1 |
|---|---|---|---|---|---|---|
| **Standard PG, 6-cyl., 108" wb** | | | | | | |
| 2-pass Bus Cpe | 400 | 1200 | 1900 | 3800 | 6600 | 9600 |
| 2-dr 5-pass Sdn | 350 | 1000 | 1600 | 3200 | 5700 | 8100 |
| 4-dr Sdn | 350 | 900 | 1500 | 3000 | 5300 | 7600 |
| **Standard PF, 6-cyl., 108" wb** | | | | | | |
| 2-pass Bus Cpe | 400 | 1200 | 2000 | 4000 | 6900 | 10000 |
| 2-4 pass Cpe | 450 | 1250 | 2100 | 4200 | 7200 | 10500 |
| 2-dr 5-pass Sdn | 350 | 950 | 1550 | 3100 | 5500 | 7900 |
| 4-dr 5-pass Sdn | 350 | 950 | 1550 | 3100 | 5500 | 7900 |
| **DeLuxe PE, 6-cyl., 114" wb** | | | | | | |
| 2-4 pass Conv Cpe | 1000 | 3100 | 5250 | 10500 | 18600 | 26200 |
| 2-pass Bus Cpe | 450 | 1250 | 2050 | 4100 | 7100 | 10300 |
| 2-4 pass Cpe | 500 | 1300 | 2250 | 4500 | 7700 | 11000 |
| 2-dr 5-pass Sdn | 400 | 1050 | 1700 | 3300 | 5800 | 8300 |
| 4-dr 5-pass Sdn | 400 | 1050 | 1700 | 3300 | 5800 | 8300 |
| 5-pass Twn Sdn | 400 | 1200 | 1950 | 3900 | 6800 | 9900 |
| **Special PF, 6-cyl., 108" wb** | | | | | | |
| 2-pass Bus Cpe | 450 | 1250 | 2050 | 4100 | 7100 | 10300 |
| 2-4 pass Cpe | 500 | 1300 | 2250 | 4500 | 7700 | 11000 |
| 2-dr 5-pass Sdn | 350 | 1000 | 1600 | 3200 | 5700 | 8100 |
| 4-dr 5-pass Sdn | 350 | 1000 | 1600 | 3200 | 5700 | 8100 |
| 5-pass Twn Sdn | 400 | 1200 | 1900 | 3800 | 6600 | 9600 |

### 1935
| | 6 | 5 | 4 | 3 | 2 | 1 |
|---|---|---|---|---|---|---|
| **Business PJ, 6-cyl., 113" wb** | | | | | | |
| 2-dr 5-pass Sdn | 350 | 1000 | 1600 | 3200 | 5700 | 8100 |
| 2-pass Cpe | 400 | 1200 | 1900 | 3800 | 6600 | 9600 |
| Bus Cpe | 400 | 1100 | 1800 | 3500 | 6100 | 8900 |
| 4-dr 5-pass Bus Sdn | 400 | 1050 | 1700 | 3300 | 5800 | 8300 |
| 2-dr 5-pass Bus Sdn | 350 | 950 | 1550 | 3100 | 5500 | 7900 |
| **PJ DeLuxe, 6-cyl., 113" wb** | | | | | | |
| 2-4 pass Conv Cpe | 850 | 2650 | 4450 | 8900 | 15700 | 22300 |
| 2-pass Bus Cpe | 400 | 1200 | 1950 | 3900 | 6800 | 9900 |
| 2-4 pass Cpe | 450 | 1250 | 2150 | 4300 | 7400 | 10700 |

| | 6 | 5 | 4 | 3 | 2 | 1 |
|---|---|---|---|---|---|---|
| 2-dr 5-pass Sdn | 400 | 1050 | 1700 | 3300 | 5800 | 8300 |
| 2-dr 5-pass Tr Sdn | 400 | 1050 | 1700 | 3400 | 5900 | 8500 |
| 5-pass Sdn | 400 | 1100 | 1800 | 3500 | 6100 | 8900 |
| 4-dr 5-pass Tr Sdn | 400 | 1150 | 1850 | 3700 | 6400 | 9300 |
| 7-pass Traveler Sdn (128" wb) | 400 | 1200 | 1950 | 3900 | 6800 | 9900 |
| 5-pass Traveler Sdn (128" wb) | 450 | 1250 | 2050 | 4100 | 7100 | 10300 |

### 1936
**Business, 6-cyl., 113" wb**

| | 6 | 5 | 4 | 3 | 2 | 1 |
|---|---|---|---|---|---|---|
| 2-pass Bus Cpe | 400 | 1150 | 1850 | 3700 | 6400 | 9300 |
| 2-dr 5-pass Bus Sdn | 400 | 1050 | 1700 | 3300 | 5800 | 8300 |
| 4-dr 5-pass Bus Sdn | 400 | 1050 | 1700 | 3400 | 5900 | 8500 |

**DeLuxe, 6-cyl., 113" wb**

| | 6 | 5 | 4 | 3 | 2 | 1 |
|---|---|---|---|---|---|---|
| 2-4 pass Conv Cpe | 1000 | 3200 | 5350 | 10700 | 18900 | 26700 |
| 2-pass Cpe | 400 | 1200 | 2000 | 4000 | 6900 | 10000 |
| 2-4 pass Cpe | 450 | 1250 | 2200 | 4400 | 7600 | 10900 |
| 2-dr 5-pass Sdn | 400 | 1100 | 1800 | 3500 | 6100 | 8900 |
| 2-dr 5-pass Tr Sdn | 400 | 1150 | 1850 | 3700 | 6400 | 9300 |
| 5-pass Sdn | 400 | 1100 | 1800 | 3500 | 6100 | 8900 |
| 4-dr 5-pass Tr Sdn | 400 | 1150 | 1850 | 3700 | 6400 | 9300 |
| 7-pass Tr Sdn (125" wb) | 450 | 1250 | 2100 | 4200 | 7200 | 10500 |

### 1937
**Business, 6-cyl., 112" wb**

| | 6 | 5 | 4 | 3 | 2 | 1 |
|---|---|---|---|---|---|---|
| 2-pass Cpe | 400 | 1150 | 1850 | 3700 | 6400 | 9300 |
| 2-dr 5-pass Sdn | 350 | 900 | 1500 | 2900 | 5200 | 7400 |
| 4-dr 5-pass Sdn | 350 | 900 | 1500 | 3000 | 5300 | 7600 |

**DeLuxe, 6-cyl., 112" wb**

| | 6 | 5 | 4 | 3 | 2 | 1 |
|---|---|---|---|---|---|---|
| 2-4 pass Conv Cpe | 900 | 2900 | 4850 | 9700 | 17100 | 24200 |
| 2-pass Cpe | 400 | 1200 | 1950 | 3900 | 6800 | 9900 |
| 2-4 pass Cpe | 450 | 1250 | 2100 | 4200 | 7200 | 10500 |
| 2-dr 5-pass Sdn | 350 | 950 | 1550 | 3100 | 5500 | 7900 |
| 2-dr 5-pass Tr Sdn | 350 | 1000 | 1600 | 3200 | 5700 | 8100 |
| 4-dr 5-pass Sdn | 350 | 950 | 1550 | 3100 | 5500 | 7900 |
| 4-sdr 5-pass Tr Sdn | 350 | 1000 | 1600 | 3200 | 5700 | 8100 |
| 7-pass Sdn Limo (132" wb) | 450 | 1250 | 2200 | 4400 | 7600 | 10900 |
| 4-dr 7-pass Sdn (132" wb) | 450 | 1250 | 2150 | 4300 | 7400 | 10700 |

### 1938
**Business Roadking, 6-cyl., 112" wb**

| | 6 | 5 | 4 | 3 | 2 | 1 |
|---|---|---|---|---|---|---|
| 2-pass Cpe | 400 | 1150 | 1850 | 3700 | 6400 | 9300 |
| 2-dr 5-pass Sdn | 350 | 850 | 1400 | 2800 | 4900 | 7100 |
| 4-dr 5-pass Sdn | 350 | 900 | 1500 | 2900 | 5200 | 7400 |
| 2-dr 5-pass Tr Sdn | 350 | 900 | 1500 | 3000 | 5300 | 7600 |
| 4-dr 5-pass Tr Sdn | 300 | 750 | 1250 | 2500 | 4400 | 6200 |

**DeLuxe, 6-cyl., 112" wb**

| | 6 | 5 | 4 | 3 | 2 | 1 |
|---|---|---|---|---|---|---|
| 2-4 pass Conv Cpe | 900 | 2900 | 4850 | 9700 | 17100 | 24200 |
| 2-4 Pass Cpe | 400 | 1200 | 1950 | 3900 | 6800 | 9900 |
| 2-4 pass Dlx Cpe | 450 | 1250 | 2100 | 4200 | 7200 | 10500 |
| 2-dr 5-pass Sdn | 350 | 1000 | 1600 | 3200 | 5700 | 8100 |
| 2-dr 5-pass Tr Sdn | 400 | 1050 | 1700 | 3300 | 5800 | 8300 |
| 4-dr 5-pass Sdn | 350 | 1000 | 1600 | 3200 | 5700 | 8100 |
| 4-dr 5-pass Tr Sdn | 400 | 1050 | 1700 | 3300 | 5800 | 8300 |
| 7-pass Sdn (132" wb) | 400 | 1100 | 1800 | 3600 | 6200 | 9100 |
| 7-pass Sdn Limo (132" wb) | 450 | 1250 | 2050 | 4100 | 7100 | 10300 |
| 8-pass Suburban Sta Wgn | 900 | 2850 | 4750 | 9500 | 16700 | 23700 |

### 1939
**Roadking, 6-cyl., 114" wb**

| | 6 | 5 | 4 | 3 | 2 | 1 |
|---|---|---|---|---|---|---|
| 2-pass Cpe | 400 | 1200 | 1950 | 3900 | 6800 | 9900 |
| 2-dr 5-pass Sdn | 350 | 900 | 1500 | 2900 | 5200 | 7400 |
| 4-dr 5-pass Sdn | 350 | 900 | 1500 | 3000 | 5300 | 7600 |

| | 6 | 5 | 4 | 3 | 2 | 1 |
|---|---|---|---|---|---|---|
| 2-dr 5-pass Tr Sdn | 350 | 900 | 1500 | 3000 | 5300 | 7600 |
| 4-dr 5-pass Tr Sdn | 350 | 950 | 1550 | 3100 | 5500 | 7900 |
| 2-dr 2-pass Uty Sdn | 350 | 950 | 1550 | 3100 | 5500 | 7900 |
| **DeLuxe, 6-cyl., 114" wb** | | | | | | |
| 2-4 pass Conv Cpe | 900 | 2850 | 4750 | 9500 | 16700 | 23700 |
| 5-pass Conv Sdn (117" wb) | 900 | 2850 | 4750 | 9500 | 16700 | 23700 |
| 2-pass Cpe | 450 | 1250 | 2050 | 4100 | 7100 | 10300 |
| 2-4 pass RS Cpe | 500 | 1300 | 2250 | 4500 | 7700 | 11000 |
| 2-dr 5-pass Sdn | 350 | 1000 | 1600 | 3200 | 5700 | 8100 |
| 4-dr 5-pass Sdn | 350 | 1000 | 1600 | 3200 | 5700 | 8100 |
| 2-dr 5-pass Tr Sdn | 400 | 1050 | 1700 | 3300 | 5800 | 8300 |
| 4-dr 5-pass Tr Sdn | 400 | 1050 | 1700 | 3300 | 5800 | 8300 |
| 8-pass Sub Sta Wgn W/O Glass | 850 | 2550 | 4300 | 8600 | 15100 | 21500 |
| 8-pass Sub Sta Wgn W/Glass | 850 | 2650 | 4500 | 9000 | 15900 | 22500 |
| 7-pass Sdn (134" wb) | 400 | 1100 | 1800 | 3500 | 6100 | 8900 |
| 7-pass Sdn Limo (134" wb) | 450 | 1250 | 2100 | 4200 | 7200 | 10500 |

### 1940

| **Roadking, 6-cyl., 117" wb** | | | | | | |
|---|---|---|---|---|---|---|
| 2-pass Cpe | 450 | 1250 | 2050 | 4100 | 7100 | 10300 |
| 2-dr 5-pass Tr Sdn | 400 | 1050 | 1700 | 3300 | 5800 | 8300 |
| 4-dr 5-pass Tr Sdn | 400 | 1050 | 1700 | 3300 | 5800 | 8300 |
| 2-dr 2-pass Uty Sdn | 350 | 850 | 1400 | 2800 | 4900 | 7100 |
| **DeLuxe, 6-cyl., 137" wb** | | | | | | |
| Conv | 900 | 2900 | 4850 | 9700 | 17100 | 24200 |
| 2-pass Cpe | 500 | 1300 | 2250 | 4500 | 7700 | 11000 |
| 2-4 pass Cpe | 500 | 1350 | 2350 | 4700 | 8100 | 11500 |
| 2-dr 5-pass Sdn | 350 | 950 | 1550 | 3100 | 5500 | 7900 |
| 4-dr 5-pass Sdn | 350 | 950 | 1550 | 3100 | 5500 | 7900 |
| 8-pass Sta Wgn | 850 | 2700 | 4550 | 9100 | 16000 | 22700 |
| 7-pass Sdn (137" wb) | 400 | 1100 | 1800 | 3600 | 6200 | 9100 |
| 7-pass Sdn Limo (137" wb) | 450 | 1250 | 2150 | 4300 | 7400 | 10700 |

### 1941

| **Deluxe, 6-cyl., 117" wb** | | | | | | |
|---|---|---|---|---|---|---|
| 2-pass Cpe | 450 | 1250 | 2150 | 4300 | 7400 | 10700 |
| 2-dr 5-pass Sdn | 400 | 1050 | 1700 | 3300 | 5800 | 8300 |
| 4-dr Sdn | 400 | 1050 | 1700 | 3300 | 5800 | 8300 |
| **Standard, 6-cyl., 117" wb** | | | | | | |
| 2-pass Cpe | 450 | 1250 | 2200 | 4400 | 7600 | 10900 |
| 2-dr 5-pass Sdn | 400 | 1050 | 1700 | 3400 | 5900 | 8500 |
| 4-dr 5-pass Sdn | 400 | 1050 | 1700 | 3400 | 5900 | 8500 |
| **Special DeLuxe, 6-cyl., 117"-137" wb** | | | | | | |
| 2-4 pass Conv Cpe | 900 | 2850 | 4800 | 9600 | 16900 | 24000 |
| 2-pass Cpe | 500 | 1300 | 2250 | 4500 | 7700 | 11000 |
| 2-4 pass Cpe | 500 | 1350 | 2350 | 4700 | 8100 | 11500 |
| 2-dr 5-pass Sdn | 400 | 1050 | 1700 | 3300 | 5800 | 8300 |
| 4-dr 5-pass Sdn | 400 | 1050 | 1700 | 3300 | 5800 | 8300 |
| 8-pass Sta Wgn | 850 | 2700 | 4550 | 9100 | 16000 | 22700 |
| 7-pass Sdn (137" wb) | 400 | 1100 | 1800 | 3600 | 6200 | 9100 |
| 7-pass Limo (137" wb) | 450 | 1250 | 2150 | 4300 | 7400 | 10700 |

### 1942

| **DeLuxe, 6-cyl., 117" wb** | | | | | | |
|---|---|---|---|---|---|---|
| 3-pass Cpe | 450 | 1250 | 2050 | 4100 | 7100 | 10300 |
| 2-dr 6-pass Sdn | 350 | 900 | 1500 | 2900 | 5200 | 7400 |
| 2-dr 2-pass Uty Sdn | 300 | 800 | 1300 | 2600 | 4600 | 6600 |
| 6-pass Club Cpe | 450 | 1250 | 2100 | 4200 | 7200 | 10500 |
| 4-dr 6-pass Sdn | 300 | 800 | 1300 | 2600 | 4600 | 6600 |
| **Special DeLuxe, 6-cyl., 117" wb** | | | | | | |
| 6-pass Conv Cpe | 850 | 2700 | 4550 | 9100 | 16000 | 22700 |

| | 6 | 5 | 4 | 3 | 2 | 1 |
|---|---|---|---|---|---|---|
| 3-pass Cpe | 500 | 1300 | 2250 | 4500 | 7700 | 11000 |
| 2-dr 6-pass Sdn | 350 | 850 | 1400 | 2800 | 4900 | 7100 |
| 4-dr 6-pass Sdn | 350 | 850 | 1400 | 2800 | 4900 | 7100 |
| 4-dr 6-pass Twn Sdn | 350 | 850 | 1400 | 2800 | 4900 | 7100 |
| 6-pass Club Cpe | 500 | 1350 | 2350 | 4700 | 8100 | 11500 |
| 8-pass Sta Wgn | 850 | 2650 | 4450 | 8900 | 15700 | 22300 |

### 1946

**DeLuxe, 6-cyl., 117" wb**

| | 6 | 5 | 4 | 3 | 2 | 1 |
|---|---|---|---|---|---|---|
| 3-pass Cpe | 450 | 1250 | 2050 | 4100 | 7100 | 10300 |
| 6-pass Club Cpe | 450 | 1250 | 2200 | 4400 | 7600 | 10900 |
| 2-dr 6-pass Sdn | 400 | 1100 | 1800 | 3600 | 6200 | 9100 |
| 4-dr 6-pass Sdn | 400 | 1100 | 1800 | 3600 | 6200 | 9100 |

**Special DeLuxe, 6-cyl., 117" wb**

| | 6 | 5 | 4 | 3 | 2 | 1 |
|---|---|---|---|---|---|---|
| 5-pass Conv Cpe | 950 | 2950 | 4950 | 9900 | 17500 | 24700 |
| 3-pass Cpe | 450 | 1250 | 2150 | 4300 | 7400 | 10700 |
| 6-pass Club Cpe | 500 | 1350 | 2350 | 4700 | 8100 | 11500 |
| 2-dr 6-pass Sdn | 400 | 1200 | 1950 | 3900 | 6800 | 9900 |
| 4-dr 6-pass Sdn | 400 | 1200 | 1950 | 3900 | 6800 | 9900 |
| 8-pass Sta Wgn | 1050 | 3300 | 5500 | 11000 | 19300 | 27500 |

### 1947

**DeLuxe, 6-cyl., 117" wb**

| | 6 | 5 | 4 | 3 | 2 | 1 |
|---|---|---|---|---|---|---|
| 3-pass Cpe | 450 | 1250 | 2050 | 4100 | 7100 | 10300 |
| 6-pass Club Cpe | 450 | 1250 | 2200 | 4400 | 7600 | 10900 |
| 2-dr 6-pass Sdn | 400 | 1100 | 1800 | 3600 | 6200 | 9100 |
| 4-dr 6-pass Sdn | 400 | 1100 | 1800 | 3600 | 6200 | 9100 |

**Special DeLuxe, 6-cyl., 117" wb**

| | 6 | 5 | 4 | 3 | 2 | 1 |
|---|---|---|---|---|---|---|
| 5-pass Conv Cpe | 950 | 2950 | 4950 | 9900 | 17500 | 24700 |
| 3-pass Cpe | 450 | 1250 | 2150 | 4300 | 7400 | 10700 |
| 6-pass Club Cpe | 500 | 1350 | 2350 | 4700 | 8100 | 11500 |
| 2-dr 6-pass Sdn | 400 | 1200 | 1950 | 3900 | 6800 | 9900 |
| 4-dr 6-pass Sdn | 400 | 1200 | 1950 | 3900 | 6800 | 9900 |
| 8-pass Sta Wgn | 1050 | 3300 | 5500 | 11000 | 19300 | 27500 |

### 1948

**DeLuxe, 6-cyl., 117" wb**

| | 6 | 5 | 4 | 3 | 2 | 1 |
|---|---|---|---|---|---|---|
| 3-pass Cpe | 450 | 1250 | 2050 | 4100 | 7100 | 10300 |
| 6-pass Club Cpe | 450 | 1250 | 2200 | 4400 | 7600 | 10900 |
| 2-dr 6-pass Sdn | 400 | 1100 | 1800 | 3600 | 6200 | 9100 |
| 4-dr 6-pass Sdn | 400 | 1100 | 1800 | 3600 | 6200 | 9100 |

**Special DeLuxe, 6-cyl., 117" wb**

| | 6 | 5 | 4 | 3 | 2 | 1 |
|---|---|---|---|---|---|---|
| 5-pass Conv Cpe | 950 | 2950 | 4950 | 9900 | 17500 | 24700 |
| 3-pass Cpe | 450 | 1250 | 2150 | 4300 | 7400 | 10700 |
| 6-pass Club Cpe | 500 | 1350 | 2350 | 4700 | 8100 | 11500 |
| 2-dr 6-pass Sdn | 400 | 1200 | 1950 | 3900 | 6800 | 9900 |
| 4-dr 6-pass Sdn | 400 | 1200 | 1950 | 3900 | 6800 | 9900 |
| 8-pass Sta Wgn | 1050 | 3300 | 5500 | 11000 | 19300 | 27500 |

### 1949

**DeLuxe, 6-cyl., 111" wb**

| | 6 | 5 | 4 | 3 | 2 | 1 |
|---|---|---|---|---|---|---|
| 3-pass Cpe | 400 | 1150 | 1850 | 3700 | 6400 | 9300 |
| 2-dr Sdn | 400 | 1100 | 1800 | 3500 | 6100 | 8900 |
| 2-dr Suburban | 450 | 1250 | 2050 | 4100 | 7100 | 10300 |

**DeLuxe, 6-cyl., 118.5" wb**

| | 6 | 5 | 4 | 3 | 2 | 1 |
|---|---|---|---|---|---|---|
| 6-pass Club Cpe | 400 | 1200 | 1950 | 3900 | 6800 | 9900 |
| 4-dr 6-pass Sdn | 400 | 1100 | 1800 | 3500 | 6100 | 8900 |

**Special DeLuxe, 6-cyl., 118.5" wb**

| | 6 | 5 | 4 | 3 | 2 | 1 |
|---|---|---|---|---|---|---|
| 6-pass Conv Club Cpe | 950 | 3000 | 5050 | 10100 | 17900 | 25100 |
| 6-pass Club Cpe | 450 | 1250 | 2050 | 4100 | 7100 | 10300 |
| 4-dr 6-pass Sdn | 400 | 1100 | 1800 | 3600 | 6200 | 9100 |
| 8-pass Sta Wgn | 1050 | 3400 | 5650 | 11300 | 19900 | 28200 |

| | 6 | 5 | 4 | 3 | 2 | 1 |
|---|---|---|---|---|---|---|
| **DeLuxe, 6-cyl., 111" wb** | | | | | | |
| 3-pass Cpe | 400 | 1200 | 1900 | 3800 | 6600 | 9600 |
| 2-dr 6-pass Sdn | 400 | 1100 | 1800 | 3600 | 6200 | 9100 |
| 5-pass Suburban | 400 | 1200 | 2000 | 4000 | 6900 | 10000 |
| 5-pass Spl Suburban | 450 | 1250 | 2100 | 4200 | 7200 | 10500 |
| **DeLuxe, 6-cyl., 118.5" wb** | | | | | | |
| 6-pass Club Cpe | 400 | 1200 | 1950 | 3900 | 6800 | 9900 |
| 4-dr 6-pass Sdn | 400 | 1150 | 1850 | 3700 | 6400 | 9300 |
| **Special DeLuxe, 6-cyl., 118.5" wb** | | | | | | |
| 6-pass Conv Club Cpe | 950 | 3000 | 5050 | 10100 | 17900 | 25100 |
| 6-pass Club Cpe | 450 | 1250 | 2050 | 4100 | 7100 | 10300 |
| 4-dr 6-pass Sdn | 400 | 1200 | 1950 | 3900 | 6800 | 9900 |
| 8-pass Sta Wgn | 1100 | 3450 | 5750 | 11500 | 20300 | 28700 |
| **1951** | | | | | | |
| **Concord, 6-cyl., 111" wb** | | | | | | |
| 2-dr 6-pass Sdn | 350 | 950 | 1550 | 3100 | 5500 | 7900 |
| 3-pass Cpe | 400 | 1050 | 1700 | 3300 | 5800 | 8300 |
| 5-pass Suburban | 400 | 1200 | 1950 | 3900 | 6800 | 9900 |
| 5-pass Savoy | 350 | 1000 | 1600 | 3200 | 5700 | 8100 |
| **Cambridge, 6-cyl., 118.5" wb** | | | | | | |
| 4-dr 6-pass Sdn | 400 | 1050 | 1700 | 3400 | 5900 | 8500 |
| 6-pass Club Cpe | 400 | 1150 | 1850 | 3700 | 6400 | 9300 |
| **Cranbrook, 6-cyl., 118.5" wb** | | | | | | |
| 4-dr 6-pass Sdn | 400 | 1100 | 1800 | 3500 | 6100 | 8900 |
| 6-pass Club Cpe | 400 | 1200 | 1950 | 3900 | 6800 | 9900 |
| 6-pass Belvedere | 650 | 1700 | 3000 | 5900 | 10200 | 14700 |
| Club Cpe Conv | 900 | 2750 | 4650 | 9300 | 16400 | 23100 |
| **1952** | | | | | | |
| **Concord, 6-cyl., 111" wb** | | | | | | |
| 2-dr 6-pass Sdn | 350 | 950 | 1550 | 3100 | 5500 | 7900 |
| 3-pass Cpe | 400 | 1100 | 1800 | 3500 | 6100 | 8900 |
| 5-pass Suburban | 400 | 1200 | 1950 | 3900 | 6800 | 9900 |
| 5-pass Savoy | 350 | 1000 | 1600 | 3200 | 5700 | 8100 |
| **Cambridge, 6-cyl., 118.5" wb** | | | | | | |
| 4-dr 6-pass Sdn | 400 | 1050 | 1700 | 3400 | 5900 | 8500 |
| 6-pass Club Cpe | 400 | 1150 | 1850 | 3700 | 6400 | 9300 |
| **Cranbrook, 6-cyl., 118.5" wb** | | | | | | |
| 4-dr 6-pass Sdn | 400 | 1100 | 1800 | 3500 | 6100 | 8900 |
| 6-pass Club Cpe | 400 | 1200 | 1950 | 3900 | 6800 | 9900 |
| 6-pass Belvedere | 650 | 1700 | 3000 | 5900 | 10200 | 14700 |
| Club Cpe Conv | 900 | 2750 | 4650 | 9300 | 16400 | 23100 |
| **1953** | | | | | | |
| **Cambridge, 6-cyl., 114" wb** | | | | | | |
| 4-dr Sdn | 350 | 900 | 1500 | 3000 | 5300 | 7600 |
| 2-dr Club Sdn | 350 | 900 | 1500 | 3000 | 5300 | 7600 |
| 3-pass Bus Cpe | 350 | 950 | 1550 | 3100 | 5500 | 7900 |
| 2-dr Suburban Wgn | 500 | 1300 | 2250 | 4500 | 7700 | 11000 |
| **Cranbrook, 6-cyl., 114" wb** | | | | | | |
| 4-dr Sdn | 350 | 950 | 1550 | 3100 | 5500 | 7900 |
| 6-pass Club Cpe | 400 | 1050 | 1700 | 3300 | 5800 | 8300 |
| Hdtp Cpe Belvedere | 650 | 1700 | 3000 | 5900 | 10200 | 14700 |
| 2-dr Savoy Suburban | 400 | 1200 | 1950 | 3900 | 6800 | 9900 |
| 6-pass Club Cpe Conv | 850 | 2700 | 4550 | 9100 | 16000 | 22700 |
| **1954** | | | | | | |
| **Plaza, 6-cyl., 114" wb** | | | | | | |
| 4-dr Sdn | 400 | 1050 | 1700 | 3400 | 5900 | 8500 |
| 2-dr Club Sdn | 400 | 1100 | 1800 | 3500 | 6100 | 8900 |
| 2-dr Suburban | 500 | 1350 | 2350 | 4700 | 8100 | 11500 |
| 3-pass Bus Cpe | 400 | 1100 | 1800 | 3500 | 6100 | 8900 |

| | 6 | 5 | 4 | 3 | 2 | 1 |
|---|---|---|---|---|---|---|
| **Savoy, 6-cyl., 114" wb** | | | | | | |
| 4-dr Sdn | 400 | 1100 | 1800 | 3500 | 6100 | 8900 |
| 2-dr Club Sdn | 400 | 1100 | 1800 | 3500 | 6100 | 8900 |
| 2-dr Club Cpe | 400 | 1150 | 1850 | 3700 | 6400 | 9300 |
| **Belvedere, 6-cyl., 114" wb** | | | | | | |
| 4-dr Sdn | 400 | 1150 | 1850 | 3700 | 6400 | 9300 |
| 2-dr Hdtp Spt Cpe | 650 | 1800 | 3250 | 6500 | 11200 | 16100 |
| 6-pass Conv | 900 | 2850 | 4750 | 9500 | 16700 | 23700 |
| 2-dr Suburban | 450 | 1250 | 2100 | 4200 | 7200 | 10500 |
| ***1955*** | | | | | | |
| **Plaza, 8-cyl., 115" wb** | | | | | | |
| 4-dr Sdn | 350 | 1000 | 1600 | 3200 | 5700 | 8100 |
| 2-dr Club Sdn | 350 | 1000 | 1600 | 3200 | 5700 | 8100 |
| 2-dr Suburban | 400 | 1050 | 1700 | 3400 | 5900 | 8500 |
| 4-dr Suburban | 400 | 1100 | 1800 | 3600 | 6200 | 9100 |
| 2-dr Bus Cpe | 350 | 1000 | 1600 | 3200 | 5700 | 8100 |
| **Savoy, 8-cyl., 115" wb** | | | | | | |
| 4-dr Sdn | 400 | 1050 | 1700 | 3300 | 5800 | 8300 |
| 2-dr Club Sdn | 400 | 1050 | 1700 | 3300 | 5800 | 8300 |
| **Belvedere, 8-cyl., 115" wb** | | | | | | |
| 4-dr Sdn | 400 | 1050 | 1700 | 3400 | 5900 | 8500 |
| 2-dr Club Sdn | 400 | 1050 | 1700 | 3400 | 5900 | 8500 |
| 2-dr Hdtp Spt Cpe | 700 | 1900 | 3350 | 6700 | 11500 | 16500 |
| 2-dr Conv (P27) | 1100 | 3450 | 5750 | 11500 | 20300 | 28700 |
| 4-dr Suburban | 450 | 1250 | 2100 | 4200 | 7200 | 10500 |

*6-cyl. deduct 10%*

| | 6 | 5 | 4 | 3 | 2 | 1 |
|---|---|---|---|---|---|---|
| ***1956*** | | | | | | |
| **Plaza, 8-cyl., 115" wb** | | | | | | |
| 4-dr Sdn | 350 | 900 | 1500 | 2900 | 5200 | 7400 |
| 2-dr Club Sdn | 350 | 900 | 1500 | 3000 | 5300 | 7600 |
| 2-dr Bus Cpe | 350 | 900 | 1500 | 2900 | 5200 | 7400 |
| **Savoy, 8-cyl., 115" wb** | | | | | | |
| 4-dr Sdn | 350 | 900 | 1500 | 3000 | 5300 | 7600 |
| 2-dr Club Sdn | 400 | 1050 | 1700 | 3300 | 5800 | 8300 |
| 2-dr Hdtp Spt Cpe | 600 | 1650 | 2900 | 5800 | 10000 | 14500 |
| **Belvedere, 8-cyl., 115" wb** | | | | | | |
| 4-dr Sdn | 350 | 950 | 1550 | 3100 | 5500 | 7900 |
| 4-dr Spt Hdtp | 400 | 1200 | 1950 | 3900 | 6800 | 9900 |
| 2-dr Club Sdn | 350 | 1000 | 1600 | 3200 | 5700 | 8100 |
| 2-dr Spt Hdtp | 800 | 2350 | 3900 | 7800 | 13500 | 19500 |
| 2-dr Conv (8-cyl. only) | 1100 | 3450 | 5750 | 11500 | 20300 | 28700 |
| **Suburban, 8-cyl., 115" wb** | | | | | | |
| 2-dr Dlx Wgn | 400 | 1150 | 1850 | 3700 | 6400 | 9300 |
| 2-dr Custom Wgn | 400 | 1200 | 1900 | 3800 | 6600 | 9600 |
| 4-dr Custom Wgn | 400 | 1200 | 2000 | 4000 | 6900 | 10000 |
| 4-dr Spt Wgn | 450 | 1250 | 2150 | 4300 | 7400 | 10700 |
| **Fury, 8-cyl.** | | | | | | |
| 2-dr Spt Hdtp (8-cyl. only) | 900 | 2750 | 4650 | 9300 | 16400 | 23100 |

*6-cyl. deduct 10%*

| | 6 | 5 | 4 | 3 | 2 | 1 |
|---|---|---|---|---|---|---|
| ***1957*** | | | | | | |
| **Plaza, 8-cyl., 118" wb** | | | | | | |
| 4-dr Sdn | 300 | 800 | 1300 | 2600 | 4600 | 6600 |
| 2-dr Club Sdn | 300 | 800 | 1350 | 2700 | 4700 | 6900 |
| 2-dr Bus Cpe | 300 | 800 | 1300 | 2600 | 4600 | 6600 |
| **Savoy, 8-cyl., 118" wb** | | | | | | |
| 4-dr Sdn | 300 | 800 | 1350 | 2700 | 4700 | 6900 |
| 4-dr Spt Hdtp | 400 | 1100 | 1800 | 3500 | 6100 | 8900 |
| 2-dr Club Sdn | 350 | 950 | 1550 | 3100 | 5500 | 7900 |
| 2-dr Spt Hdtp | 650 | 1750 | 3100 | 6200 | 10700 | 15400 |

|  | 6 | 5 | 4 | 3 | 2 | 1 |
|---|---|---|---|---|---|---|
| **Belvedere, 8-cyl., 118" wb** | | | | | | |
| 4-dr Sdn | 350 | 900 | 1500 | 2900 | 5200 | 7400 |
| 4-dr Spt Hdtp | 400 | 1150 | 1850 | 3700 | 6400 | 9300 |
| 2-dr Club Sdn | 350 | 950 | 1550 | 3100 | 5500 | 7900 |
| 2-dr Spt Hdtp | 850 | 2700 | 4550 | 9100 | 16000 | 22700 |
| 2-dr Conv (P31, 8-cyl. only) | 1150 | 3650 | 6100 | 12200 | 21500 | 30500 |
| **Suburban, 8-cyl., 122" wb** | | | | | | |
| 4-dr 6-pass Custom Wgn | 400 | 1150 | 1850 | 3700 | 6400 | 9300 |
| 2-dr 6-pass Custom Wgn | 400 | 1100 | 1800 | 3500 | 6100 | 8900 |
| 4-dr 6-pass Spt Wgn | 400 | 1200 | 2000 | 4000 | 6900 | 10000 |
| 2-dr Dlx Wgn | 400 | 1100 | 1800 | 3500 | 6100 | 8900 |
| 4-dr 9-pass Custom Wgn | 400 | 1200 | 1950 | 3900 | 6800 | 9900 |
| 4-dr 9-pass Spt Wgn | 450 | 1250 | 2100 | 4200 | 7200 | 10500 |
| **Fury, 8-cyl., 118" wb** | | | | | | |
| 2-dr Hdtp (8-cyl. only) | 1000 | 3200 | 5350 | 10700 | 18900 | 26700 |

*6-cyl. deduct 10%*

### 1958

| **Plaza, 8-cyl., 118" wb** | | | | | | |
|---|---|---|---|---|---|---|
| 4-dr Sdn | 300 | 800 | 1300 | 2600 | 4600 | 6600 |
| 2-dr Club Sdn | 300 | 800 | 1350 | 2700 | 4700 | 6900 |
| 2-dr Bus Cpe | 300 | 800 | 1300 | 2600 | 4600 | 6600 |
| **Savoy, 8-cyl., 118" wb** | | | | | | |
| 4-dr Sdn | 300 | 800 | 1350 | 2700 | 4700 | 6900 |
| 4-dr Spt Hdtp | 400 | 1100 | 1800 | 3500 | 6100 | 8900 |
| 2-dr Club Sdn | 350 | 950 | 1550 | 3100 | 5500 | 7900 |
| 2-dr Spt Hdtp | 650 | 1750 | 3100 | 6200 | 10700 | 15400 |
| **Belvedere, 8-cyl., 118" wb** | | | | | | |
| 4-dr Sdn | 350 | 900 | 1500 | 2900 | 5200 | 7400 |
| 4-dr Spt Hdtp | 400 | 1150 | 1850 | 3700 | 6400 | 9300 |
| 2-dr Club Sdn | 350 | 950 | 1550 | 3100 | 5500 | 7900 |
| 2-dr Spt Hdtp | 850 | 2700 | 4550 | 9100 | 16000 | 22700 |
| 2-dr Conv (LP2, 8-cyl. only) | 1100 | 3450 | 5750 | 11500 | 20300 | 28700 |
| **Suburban, 8-cyl., 122" wb** | | | | | | |
| 4-dr 6-pass Custom Wgn | 400 | 1150 | 1850 | 3700 | 6400 | 9300 |
| 2-dr Custom Wgn | 400 | 1100 | 1800 | 3500 | 6100 | 8900 |
| 4-dr 6-pass Spt Wgn | 400 | 1200 | 2000 | 4000 | 6900 | 10000 |
| 2-dr Dlx Wgn | 400 | 1100 | 1800 | 3500 | 6100 | 8900 |
| 4-dr Dlx Wgn | 400 | 1150 | 1850 | 3700 | 6400 | 9300 |
| 4-dr 9-pass Custom Wgn | 400 | 1200 | 1950 | 3900 | 6800 | 9900 |
| 4-dr 9-pass Spt Wgn | 450 | 1250 | 2100 | 4200 | 7200 | 10500 |
| **Fury, 8-cyl., 118" wb** | | | | | | |
| 2-dr Hdtp (8-cyl. only) | 1000 | 3200 | 5350 | 10700 | 18900 | 26700 |

*6-cyl. deduct 10%*

### 1959

| **Savoy, 8-cyl., 118" wb** | | | | | | |
|---|---|---|---|---|---|---|
| 4-dr Sdn | 300 | 750 | 1250 | 2500 | 4400 | 6200 |
| 2-dr Club Sdn | 350 | 850 | 1400 | 2800 | 4900 | 7100 |
| 2-dr Bus Cpe | 300 | 800 | 1300 | 2600 | 4600 | 6600 |
| **Belvedere, 8-cyl., 118" wb** | | | | | | |
| 4-dr Sdn | 300 | 750 | 1250 | 2500 | 4400 | 6200 |
| 4-dr Spt Hdtp | 350 | 900 | 1500 | 2900 | 5200 | 7400 |
| 2-dr Club Sdn | 350 | 850 | 1400 | 2800 | 4900 | 7100 |
| 2-dr Spt Hdtp | 650 | 1700 | 3000 | 6000 | 10400 | 14900 |
| 2-dr Conv (8-cyl. only) | 1000 | 3100 | 5250 | 10500 | 18600 | 26200 |
| **Suburban, 8-cyl., 122" wb** | | | | | | |
| 4-dr 6-pass Spt Sta Wgn | 350 | 1000 | 1600 | 3200 | 5700 | 8100 |
| 2-dr Custom Wgn | 350 | 850 | 1400 | 2800 | 4900 | 7100 |
| 4-dr 6-pass Custom Wgn | 350 | 900 | 1500 | 3000 | 5300 | 7600 |
| 4-dr 9-pass Spt Wgn | 400 | 1050 | 1700 | 3400 | 5900 | 8500 |

'59 Plymouth Sport Fury

'59 Plymouth

'60 Plymouth Valiant

'60 Plymouth

'61 Plymouth

'62 Plymouth Valiant

'62 Plymouth

'63 Plymouth

'64 Plymouth Valiant

'64 Plymouth

'65 Plymouth Barracuda

'65 Plymouth

| | 6 | 5 | 4 | 3 | 2 | 1 |
|---|---|---|---|---|---|---|
| 4-dr 9-pass Custom Wgn | 350 | 1000 | 1600 | 3200 | 5700 | 8100 |
| 4-dr 9-pass Dlx Wgn | 400 | 1050 | 1700 | 3300 | 5800 | 8300 |
| 2-dr 6-pass Dlx Wgn | 350 | 950 | 1550 | 3100 | 5500 | 7900 |
| **Fury, 8-cyl., 118" wb** | | | | | | |
| 4-dr Sdn | 300 | 750 | 1250 | 2500 | 4400 | 6200 |
| 4-dr Spt Hdtp | 350 | 950 | 1550 | 3100 | 5500 | 7900 |
| 2-dr Spt Hdtp | 700 | 1900 | 3350 | 6700 | 11500 | 16500 |
| **Sport Fury, 8-cyl., 118" wb** | | | | | | |
| 2-dr Spt Hdtp | 800 | 2500 | 4250 | 8500 | 15000 | 21200 |
| 2-dr Conv | 1200 | 3850 | 6450 | 12900 | 22700 | 32200 |

*6-cyl. deduct 10%*

### 1960

| Valiant 100, 6-cyl., 106.5" wb | 6 | 5 | 4 | 3 | 2 | 1 |
|---|---|---|---|---|---|---|
| 4-dr Sdn | 300 | 650 | 1150 | 2300 | 3900 | 5700 |
| 4-dr 6-pass Wgn | 300 | 700 | 1200 | 2400 | 4100 | 5900 |
| 4-dr 9-pass Wgn | 300 | 800 | 1300 | 2600 | 4600 | 6600 |
| **Valiant 200, 6-cyl., 106" wb** | | | | | | |
| 4-dr Sdn | 300 | 700 | 1200 | 2400 | 4100 | 5900 |
| 4-dr 6-pass Wgn | 300 | 750 | 1250 | 2500 | 4400 | 6200 |
| 4-dr 9-pass Wgn | 300 | 800 | 1350 | 2700 | 4700 | 6900 |
| **Fleet Special, 8-cyl., 118" wb** | | | | | | |
| 4-dr Sdn | 300 | 650 | 1150 | 2300 | 3900 | 5700 |
| 2-dr Sdn | 300 | 650 | 1150 | 2300 | 3900 | 5700 |
| **Suburban** | | | | | | |
| 4-dr Dlx Sta Wgn | 350 | 950 | 1550 | 3100 | 5500 | 7900 |
| 2-dr Dlx Sta Wgn | 350 | 900 | 1500 | 2900 | 5200 | 7400 |
| **Savoy, 8-cyl., 118" wb** | | | | | | |
| 4-dr Sdn | 300 | 800 | 1300 | 2600 | 4600 | 6600 |
| 2-dr Sdn | 350 | 850 | 1400 | 2800 | 4900 | 7100 |
| **Belvedere, 8-cyl., 118" wb** | | | | | | |
| 4-dr Sdn | 350 | 900 | 1500 | 2900 | 5200 | 7400 |
| 2-dr Sdn | 300 | 800 | 1350 | 2700 | 4700 | 6900 |
| 2-dr Hdtp | 450 | 1250 | 2150 | 4300 | 7400 | 10700 |
| 4-dr 6-pass Custom Sta Wgn | 350 | 900 | 1500 | 2900 | 5200 | 7400 |
| 4-dr 9-pass Custom Sta Wgn | 350 | 950 | 1550 | 3100 | 5500 | 7900 |
| **Fury, 8-cyl., 118" wb** | | | | | | |
| 4-dr Sdn | 350 | 900 | 1500 | 2900 | 5200 | 7400 |
| 4-dr Hdtp | 400 | 1100 | 1800 | 3500 | 6100 | 8900 |
| 2-dr Hdtp | 550 | 1500 | 2500 | 5100 | 8800 | 12500 |
| 2-dr Conv (8-cyl. only) | 900 | 2850 | 4750 | 9500 | 16700 | 23700 |
| **Sport Suburban, 8-cyl., 122" wb** | | | | | | |
| 4-dr 6-pass Sta Wgn | 350 | 1000 | 1600 | 3200 | 5700 | 8100 |
| 4-dr 9-pass Sta Wgn | 400 | 1050 | 1700 | 3400 | 5900 | 8500 |

*6-cyl. deduct 10%*

### 1961

| Valiant 100, 6-cyl., 106.5" wb | 6 | 5 | 4 | 3 | 2 | 1 |
|---|---|---|---|---|---|---|
| 4-dr Sdn | 300 | 750 | 1250 | 2500 | 4400 | 6200 |
| 2-dr Sdn | 300 | 700 | 1200 | 2400 | 4100 | 5900 |
| 4-dr Sta Wgn | 300 | 800 | 1300 | 2600 | 4600 | 6600 |
| **Valiant 200, 6-cyl., 106.5" wb** | | | | | | |
| 4-dr Sdn | 300 | 800 | 1300 | 2600 | 4600 | 6600 |
| 2-dr Hdtp | 400 | 1100 | 1800 | 3500 | 6100 | 8900 |
| 4-dr Sta Wgn | 300 | 800 | 1350 | 2700 | 4700 | 6900 |
| **Fleet Special, 8-cyl., 118" wb** | | | | | | |
| 4-dr Sdn | 300 | 650 | 1150 | 2300 | 3900 | 5700 |
| 2-dr Sdn | 300 | 650 | 1150 | 2300 | 3900 | 5700 |
| **Savoy, 8-cyl., 118" wb** | | | | | | |
| 4-dr Sdn | 300 | 800 | 1300 | 2600 | 4600 | 6600 |
| 2-dr Sdn | 350 | 850 | 1400 | 2800 | 4900 | 7100 |

|  | 6 | 5 | 4 | 3 | 2 | 1 |
|---|---|---|---|---|---|---|
| **Belvedere, 8-cyl., 118" wb** | | | | | | |
| 4-dr Sdn | 300 | 800 | 1350 | 2700 | 4700 | 6900 |
| 2-dr Club Sdn | 350 | 850 | 1400 | 2800 | 4900 | 7100 |
| 2-dr Hdtp Cpe | 450 | 1250 | 2150 | 4300 | 7400 | 10700 |
| **Fury, 8-cyl., 118" wb** | | | | | | |
| 4-dr Sdn | 350 | 850 | 1400 | 2800 | 4900 | 7100 |
| 4-dr Hdtp | 350 | 900 | 1500 | 3000 | 5300 | 7600 |
| 2-dr Hdtp | 550 | 1400 | 2400 | 4800 | 8300 | 11800 |
| 2-dr Conv (8-cyl. only) | 800 | 2350 | 3950 | 7900 | 13700 | 19700 |
| **Suburban, 8-cyl., 122" wb** | | | | | | |
| 4-dr 6-pass Dlx Sta Wgn | 350 | 850 | 1400 | 2800 | 4900 | 7100 |
| 2-dr 6-pass Dlx Sta Wgn | 300 | 800 | 1300 | 2600 | 4600 | 6600 |
| 4-dr 6-pass Custom Sta Wgn | 300 | 800 | 1350 | 2700 | 4700 | 6900 |
| 4-dr 9-pass Custom Sta Wgn | 350 | 900 | 1500 | 2900 | 5200 | 7400 |
| 4-dr 6-pass Spt Sta Wgn | 350 | 900 | 1500 | 3000 | 5300 | 7600 |
| 4-dr 9-pass Spt Sta Wgn | 350 | 1000 | 1600 | 3200 | 5700 | 8100 |

*6-cyl. deduct 10%        413 V-8 add 30%*

## 1962

|  | 6 | 5 | 4 | 3 | 2 | 1 |
|---|---|---|---|---|---|---|
| **Valiant 100, 6-cyl., 106.5" wb** | | | | | | |
| 4-dr Sdn | 300 | 750 | 1250 | 2500 | 4400 | 6200 |
| 2-dr Sdn | 300 | 700 | 1200 | 2400 | 4100 | 5900 |
| 4-dr Sta Wgn | 300 | 800 | 1300 | 2600 | 4600 | 6600 |
| **Valiant 200, 6-cyl., 106.5" wb** | | | | | | |
| 4-dr Sdn | 300 | 800 | 1300 | 2600 | 4600 | 6600 |
| 2-dr Sdn | 300 | 750 | 1250 | 2500 | 4400 | 6200 |
| 4-dr Sta Wgn | 300 | 800 | 1350 | 2700 | 4700 | 6900 |
| **Valiant Signet 200, 6-cyl., 106.5" wb** | | | | | | |
| 2-dr Hdtp | 400 | 1050 | 1700 | 3300 | 5800 | 8300 |
| **Fleet Special, 8-cyl., 116" wb** | | | | | | |
| 4-dr Sdn | 300 | 700 | 1200 | 2400 | 4100 | 5900 |
| 2-dr Sdn | 300 | 700 | 1200 | 2400 | 4100 | 5900 |
| **Savoy, 8-cyl., 116" wb** | | | | | | |
| 4-dr Sdn | 300 | 800 | 1300 | 2600 | 4600 | 6600 |
| 2-dr Sdn | 300 | 800 | 1350 | 2700 | 4700 | 6900 |
| **Belvedere, 8-cyl., 116" wb** | | | | | | |
| 4-dr Sdn | 300 | 800 | 1300 | 2600 | 4600 | 6600 |
| 2-dr Sdn | 300 | 800 | 1350 | 2700 | 4700 | 6900 |
| 2-dr Hdtp | 400 | 1150 | 1850 | 3700 | 6400 | 9300 |
| **Fury, 8-cyl., 116" wb** | | | | | | |
| 4-dr Sdn | 350 | 850 | 1400 | 2800 | 4900 | 7100 |
| 4-dr Hdtp | 350 | 900 | 1500 | 3000 | 5300 | 7600 |
| 2-dr Hdtp (8-cyl. only) | 450 | 1250 | 2150 | 4300 | 7400 | 10700 |
| 2-dr Conv (8-cyl. only) | 800 | 2350 | 3950 | 7900 | 13700 | 19700 |
| **Sport Fury, 8-cyl., 116" wb** | | | | | | |
| 2-dr Hdtp | 600 | 1600 | 2750 | 5500 | 9500 | 13800 |
| 2-dr Conv | 850 | 2650 | 4450 | 8900 | 15700 | 22300 |
| **Suburban, 8-cyl., 116" wb** | | | | | | |
| 4-dr 6-pass Savoy Sta Wgn | 300 | 800 | 1350 | 2700 | 4700 | 6900 |
| 4-dr 6-pass Belv Sta Wgn | 300 | 800 | 1350 | 2700 | 4700 | 6900 |
| 4-dr 9-pass Belv Sta Wgn | 350 | 900 | 1500 | 2900 | 5200 | 7400 |
| 4-dr 6-pass Fury Sta Wgn | 350 | 900 | 1500 | 2900 | 5200 | 7400 |
| 4-dr 9-pass Fury Sta Wgn | 350 | 950 | 1550 | 3100 | 5500 | 7900 |

*6-cyl. deduct 10%        413 V-8 add 30%*

## 1963

|  | 6 | 5 | 4 | 3 | 2 | 1 |
|---|---|---|---|---|---|---|
| **Valiant 100, 6-cyl., 106.5" wb** | | | | | | |
| 4-dr Sdn | 300 | 650 | 1150 | 2300 | 3900 | 5700 |
| 2-dr Sdn | 300 | 650 | 1100 | 2200 | 3800 | 5400 |
| 4-dr Sta Wgn | 300 | 700 | 1200 | 2400 | 4100 | 5900 |

| | 6 | 5 | 4 | 3 | 2 | 1 |
|---|---|---|---|---|---|---|
| **Valiant 200, 6-cyl., 106.5" wb** | | | | | | |
| 4-dr Sdn | 300 | 700 | 1200 | 2400 | 4100 | 5900 |
| 2-dr Sdn | 300 | 650 | 1150 | 2300 | 3900 | 5700 |
| 2-dr Conv | 450 | 1250 | 2050 | 4100 | 7100 | 10300 |
| 4-dr Sta Wgn | 300 | 750 | 1250 | 2500 | 4400 | 6200 |
| **Valiant Signet, 6-cyl., 106.5" wb** | | | | | | |
| 2-dr Hdtp | 400 | 1150 | 1850 | 3700 | 6400 | 9300 |
| 2-dr Conv | 500 | 1300 | 2250 | 4500 | 7700 | 11000 |
| **Fleet Special, 8-cyl., 116" wb** | | | | | | |
| 4-dr Sdn | 300 | 650 | 1100 | 2200 | 3800 | 5400 |
| 2-dr Sdn | 300 | 650 | 1100 | 2200 | 3800 | 5400 |
| **Savoy, 8-cyl., 116" wb** | | | | | | |
| 4-dr Sdn | 300 | 750 | 1250 | 2500 | 4400 | 6200 |
| 2-dr Sdn | 300 | 800 | 1300 | 2600 | 4600 | 6600 |
| 4-dr 6-pass Sta Wgn | 300 | 800 | 1300 | 2600 | 4600 | 6600 |
| 4-dr 9-pass Sta Wgn | 350 | 850 | 1400 | 2800 | 4900 | 7100 |
| **Belvedere, 8-cyl., 116" wb** | | | | | | |
| 4-dr Sdn | 300 | 800 | 1300 | 2600 | 4600 | 6600 |
| 2-dr Sdn | 300 | 800 | 1300 | 2600 | 4600 | 6600 |
| 2-dr Hdtp | 350 | 900 | 1500 | 3000 | 5300 | 7600 |
| 4-dr 6-pass Sta Wgn (8-cyl. only) | 300 | 800 | 1350 | 2700 | 4700 | 6900 |
| 4-dr 9-pass Sta Wgn (8-cyl. only) | 350 | 900 | 1500 | 2900 | 5200 | 7400 |
| **Fury, 8-cyl., 116" wb** | | | | | | |
| 4-dr Sdn | 300 | 800 | 1350 | 2700 | 4700 | 6900 |
| 4-dr Hdtp | 350 | 900 | 1500 | 2900 | 5200 | 7400 |
| 2-dr Hdtp | 450 | 1250 | 2200 | 4400 | 7600 | 10900 |
| 2-dr Conv (8-cyl. only) | 700 | 2000 | 3450 | 6900 | 11900 | 17200 |
| 4-dr 6-pass Sta Wgn (8-cyl. only) | 350 | 850 | 1400 | 2800 | 4900 | 7100 |
| 4-dr 9-pass Sta Wgn (8-cyl. only) | 350 | 900 | 1500 | 3000 | 5300 | 7600 |
| **Sport Fury, 8-cyl., 116" wb** | | | | | | |
| 2-dr Hdtp | 550 | 1550 | 2650 | 5300 | 9100 | 13000 |
| 2-dr Conv | 800 | 2500 | 4250 | 8500 | 15000 | 21200 |
| | *6-cyl. deduct 10%* | | | *426 engine add 100%* | | |

### 1964

| | 6 | 5 | 4 | 3 | 2 | 1 |
|---|---|---|---|---|---|---|
| **Valiant 100, 6-cyl., 106.5" wb** | | | | | | |
| 4-dr Sdn | 300 | 650 | 1150 | 2300 | 3900 | 5700 |
| 2-dr Sdn | 300 | 650 | 1100 | 2200 | 3800 | 5400 |
| 4-dr Sta Wgn | 300 | 700 | 1200 | 2400 | 4100 | 5900 |
| **Valiant 200, 6-cyl. or 8-cyl., 106.5" wb** | | | | | | |
| 4-dr Sdn | 300 | 700 | 1200 | 2400 | 4100 | 5900 |
| 2-dr Sdn | 300 | 650 | 1150 | 2300 | 3900 | 5700 |
| 2-dr Conv | 500 | 1350 | 2300 | 4600 | 8000 | 11300 |
| 4-dr Sta Wgn | 300 | 750 | 1250 | 2500 | 4400 | 6200 |
| **Valiant Signet 200, 8-cyl., 106.5" wb** | | | | | | |
| 2-dr Hdtp | 400 | 1200 | 2000 | 4000 | 6900 | 10000 |
| 2-dr Conv | 650 | 1700 | 3000 | 5900 | 10200 | 14700 |
| **Barracuda Series, 6-cyl., 106" wb** | | | | | | |
| 2-dr Glassback Hdtp | 550 | 1550 | 2650 | 5300 | 9100 | 13000 |
| **Savoy, 8-cyl., 116" wb** | | | | | | |
| 4-dr Sdn | 300 | 800 | 1350 | 2700 | 4700 | 6900 |
| 2-dr Sdn | 350 | 850 | 1400 | 2800 | 4900 | 7100 |
| 4-dr 6-pass Sta Wgn | 300 | 800 | 1300 | 2600 | 4600 | 6600 |
| 4-dr 9-pass Sta Wgn | 350 | 850 | 1400 | 2800 | 4900 | 7100 |
| **Belvedere, 8-cyl., 116" wb** | | | | | | |
| 2-dr Hdtp | 400 | 1100 | 1800 | 3600 | 6200 | 9100 |
| 4-dr Sdn | 300 | 800 | 1350 | 2700 | 4700 | 6900 |
| 2-dr Sdn | 350 | 900 | 1500 | 2900 | 5200 | 7400 |
| 4-dr 6-pass Sta Wgn (8-cyl. only) | 300 | 800 | 1350 | 2700 | 4700 | 6900 |
| 4-dr 9-pass Sta Wgn (8-cyl. only) | 350 | 900 | 1500 | 2900 | 5200 | 7400 |

| | 6 | 5 | 4 | 3 | 2 | 1 |
|---|---|---|---|---|---|---|
| **Fury, 8-cyl., 116" wb** | | | | | | |
| 4-dr Sdn | 300 | 800 | 1300 | 2600 | 4600 | 6600 |
| 4-dr Hdtp | 350 | 850 | 1400 | 2800 | 4900 | 7100 |
| 2-dr Hdtp | 500 | 1350 | 2300 | 4600 | 8000 | 11300 |
| 2-dr Conv (8-cyl. only) | 700 | 2000 | 3450 | 6900 | 11900 | 17200 |
| 4-dr 6-pass Sta Wgn (8-cyl. only) | 350 | 900 | 1500 | 2900 | 5200 | 7400 |
| 4-dr 9-pass Sta Wgn (8-cyl. only) | 350 | 950 | 1550 | 3100 | 5500 | 7900 |
| **Sport Fury, 8-cyl., 116" wb** | | | | | | |
| 2-dr Hdtp | 550 | 1500 | 2500 | 5100 | 8800 | 12500 |
| Conv | 800 | 2450 | 4150 | 8300 | 14600 | 20700 |

*6-cyl. deduct 10%          426 Hemi add 100%*

## 1965

| | 6 | 5 | 4 | 3 | 2 | 1 |
|---|---|---|---|---|---|---|
| **Valiant 100, 6-cyl./8-cyl., 106.5" wb** | | | | | | |
| 4-dr Sdn | 300 | 650 | 1150 | 2300 | 3900 | 5700 |
| 2-dr Sdn | 300 | 650 | 1100 | 2200 | 3800 | 5400 |
| 4-dr Sta Wgn | 300 | 700 | 1200 | 2400 | 4100 | 5900 |
| **Valiant 200, 6-cyl./8-cyl., 106" wb** | | | | | | |
| 4-dr Sdn | 300 | 700 | 1200 | 2400 | 4100 | 5900 |
| 2-dr Sdn | 300 | 650 | 1150 | 2300 | 3900 | 5700 |
| 2-dr Conv | 450 | 1250 | 2200 | 4400 | 7600 | 10900 |
| 4-dr Sta Wgn | 300 | 750 | 1250 | 2500 | 4400 | 6200 |
| **Valiant Signet, 8-cyl., 106" wb** | | | | | | |
| 2-dr Hdtp | 450 | 1250 | 2200 | 4400 | 7600 | 10900 |
| 2-dr Conv | 650 | 1700 | 3000 | 6100 | 10600 | 15200 |
| **Barracuda, 6-cyl./8-cyl., 106" wb** | | | | | | |
| 2-dr Spt Hdtp | 650 | 1700 | 3000 | 6100 | 10600 | 15200 |
| **Belvedere I, 8-cyl., 116" wb** | | | | | | |
| 4-dr Sdn | 300 | 700 | 1200 | 2400 | 4100 | 5900 |
| 2-dr Sdn | 300 | 650 | 1150 | 2300 | 3900 | 5700 |
| 4-dr Sta Wgn | 300 | 750 | 1250 | 2500 | 4400 | 6200 |
| **Belvedere II, 8-cyl., 116" wb** | | | | | | |
| 4-dr Sdn | 300 | 750 | 1250 | 2500 | 4400 | 6200 |
| 2-dr Hdtp | 350 | 1000 | 1600 | 3200 | 5700 | 8100 |
| 2-dr Conv | 500 | 1350 | 2350 | 4700 | 8100 | 11500 |
| 4-dr 6-pass Sta Wgn | 300 | 700 | 1200 | 2400 | 4100 | 5900 |
| 4-dr 9-pass Sta Wgn | 300 | 800 | 1300 | 2600 | 4600 | 6600 |
| **Satellite, 8-cyl., 116" wb** | | | | | | |
| 2-dr Hdtp | 500 | 1300 | 2250 | 4500 | 7700 | 11000 |
| 2-dr Conv | 750 | 2200 | 3650 | 7300 | 12600 | 18200 |
| **Fury I, 8-cyl., 119" wb; 121" Sta Wgn** | | | | | | |
| 4-dr Sdn | 300 | 750 | 1250 | 2500 | 4400 | 6200 |
| 2-dr Sdn | 300 | 700 | 1200 | 2400 | 4100 | 5900 |
| 4-dr Sta Wgn | 300 | 800 | 1300 | 2600 | 4600 | 6600 |
| **Fury II, 8-cyl., 119" wb; Sta Wgn 121" wb** | | | | | | |
| 4-dr Sdn | 300 | 800 | 1300 | 2600 | 4600 | 6600 |
| 2-dr Sdn | 300 | 800 | 1300 | 2600 | 4600 | 6600 |
| 4-dr 6-pass Sta Wgn | 300 | 800 | 1300 | 2600 | 4600 | 6600 |
| 4-dr 9-pass Sta Wgn | 350 | 850 | 1400 | 2800 | 4900 | 7100 |
| **Fury III, 8-cyl., 119" wb; Sta Wgn 121" wb** | | | | | | |
| 4-dr Sdn | 300 | 800 | 1300 | 2600 | 4600 | 6600 |
| 4-dr Hdtp | 350 | 850 | 1400 | 2800 | 4900 | 7100 |
| 2-dr Hdtp | 400 | 1200 | 1950 | 3900 | 6800 | 9900 |
| 2-dr Conv | 650 | 1800 | 3250 | 6500 | 11200 | 16100 |
| 4-dr 6-pass Sta Wgn | 350 | 900 | 1500 | 2900 | 5200 | 7400 |
| 4-dr 9-pass Sta Wgn | 350 | 950 | 1550 | 3100 | 5500 | 7900 |
| **Sport Fury, 8-cyl.** | | | | | | |
| 2-dr Hdtp | 550 | 1500 | 2500 | 5100 | 8800 | 12500 |
| 2-dr Conv | 800 | 2400 | 4050 | 8100 | 14200 | 20200 |

*6-cyl. deduct 5%                    426 Hemi add 200%*
*426 V-8 add 60%*

|  | 6 | 5 | 4 | 3 | 2 | 1 |
|---|---|---|---|---|---|---|

### 1966

**Valiant 100, 8-cyl., 106" wb**

| | 6 | 5 | 4 | 3 | 2 | 1 |
|---|---|---|---|---|---|---|
| 4-dr Sdn | 300 | 650 | 1150 | 2300 | 3900 | 5700 |
| 2-dr Sdn | 300 | 650 | 1100 | 2200 | 3800 | 5400 |
| 4-dr Sta Wgn | 300 | 700 | 1200 | 2400 | 4100 | 5900 |

**Valiant 200, 8-cyl., 106" wb**

| | 6 | 5 | 4 | 3 | 2 | 1 |
|---|---|---|---|---|---|---|
| 4-dr Sdn | 300 | 650 | 1150 | 2300 | 3900 | 5700 |
| 4-dr Sta Wgn | 300 | 750 | 1250 | 2500 | 4400 | 6200 |

**Valiant Signet**

| | 6 | 5 | 4 | 3 | 2 | 1 |
|---|---|---|---|---|---|---|
| 2-dr Hdtp | 400 | 1200 | 1950 | 3900 | 6800 | 9900 |
| 2-dr Conv | 600 | 1600 | 2700 | 5400 | 9300 | 13500 |

**Valiant Barracuda, 8-cyl., 106" wb**

| | 6 | 5 | 4 | 3 | 2 | 1 |
|---|---|---|---|---|---|---|
| 2-dr Hdtp | 650 | 1700 | 3000 | 6100 | 10600 | 15200 |

**Belvedere I, 8-cyl., 116" wb**

| | 6 | 5 | 4 | 3 | 2 | 1 |
|---|---|---|---|---|---|---|
| 4-dr Sdn | 300 | 700 | 1200 | 2400 | 4100 | 5900 |
| 2-dr Sdn | 300 | 650 | 1150 | 2300 | 3900 | 5700 |
| 4-dr Sta Wgn | 300 | 750 | 1250 | 2500 | 4400 | 6200 |

**Belvedere II, 8-cyl., 116" wb**

| | 6 | 5 | 4 | 3 | 2 | 1 |
|---|---|---|---|---|---|---|
| 4-dr Sdn | 300 | 750 | 1250 | 2500 | 4400 | 6200 |
| 2-dr Hdtp | 400 | 1150 | 1850 | 3700 | 6400 | 9300 |
| 2-dr Conv | 550 | 1500 | 2500 | 5100 | 8800 | 12500 |
| 4-dr 6-pass Sta Wgn | 300 | 800 | 1350 | 2700 | 4700 | 6900 |
| 4-dr 9-pass Sta Wgn | 350 | 900 | 1500 | 2900 | 5200 | 7400 |

**Satellite, 8-cyl., 116" wb**

| | 6 | 5 | 4 | 3 | 2 | 1 |
|---|---|---|---|---|---|---|
| 2-dr Hdtp | 550 | 1450 | 2450 | 4900 | 8500 | 12000 |
| 2-dr Conv | 750 | 2200 | 3650 | 7300 | 12600 | 18200 |

**Fury I, 8-cyl., 119" wb**

| | 6 | 5 | 4 | 3 | 2 | 1 |
|---|---|---|---|---|---|---|
| 4-dr Sdn | 300 | 750 | 1250 | 2500 | 4400 | 6200 |
| 2-dr Sdn | 300 | 700 | 1200 | 2400 | 4100 | 5900 |
| 4-dr 6-pass Sta Wgn | 300 | 800 | 1350 | 2700 | 4700 | 6900 |

**Fury II, 8-cyl., 119" wb**

| | 6 | 5 | 4 | 3 | 2 | 1 |
|---|---|---|---|---|---|---|
| 4-dr Sdn | 300 | 750 | 1250 | 2500 | 4400 | 6200 |
| 2-dr Sdn | 300 | 700 | 1200 | 2400 | 4100 | 5900 |
| 4-dr 6-pass Sta Wgn | 350 | 850 | 1400 | 2800 | 4900 | 7100 |
| 4-dr 9-pass Sta Wgn | 350 | 900 | 1500 | 3000 | 5300 | 7600 |

**Fury III, 8-cyl., 119" wb**

| | 6 | 5 | 4 | 3 | 2 | 1 |
|---|---|---|---|---|---|---|
| 4-dr Sdn | 300 | 800 | 1300 | 2600 | 4600 | 6600 |
| 2-dr Hdtp | 450 | 1250 | 2150 | 4300 | 7400 | 10700 |
| 4-dr Hdtp | 300 | 800 | 1350 | 2700 | 4700 | 6900 |
| 2-dr Conv | 650 | 1700 | 3000 | 5900 | 10200 | 14700 |
| 4-dr 6-pass Sta Wgn | 350 | 900 | 1500 | 2900 | 5200 | 7400 |
| 4-dr 9-pass Sta Wgn | 350 | 950 | 1550 | 3100 | 5500 | 7900 |

**Sport Fury, 8-cyl., 119" wb**

| | 6 | 5 | 4 | 3 | 2 | 1 |
|---|---|---|---|---|---|---|
| 2-dr Hdtp | 500 | 1350 | 2300 | 4600 | 8000 | 11300 |
| 2-dr Conv | 750 | 2250 | 3750 | 7500 | 13000 | 18700 |

**VIP, 8-cyl., 119" wb**

| | 6 | 5 | 4 | 3 | 2 | 1 |
|---|---|---|---|---|---|---|
| 4-dr Hdtp | 400 | 1050 | 1700 | 3300 | 5800 | 8300 |
| 2-dr Hdtp | 450 | 1250 | 2200 | 4400 | 7600 | 10900 |

*426 Hemi add 200%*     *440 add 50%*     *Small block option deduct 10%*

### 1967

**Valiant 100, 8-cyl., 108" wb**

| | 6 | 5 | 4 | 3 | 2 | 1 |
|---|---|---|---|---|---|---|
| 4-dr Sdn | 300 | 650 | 1150 | 2300 | 3900 | 5700 |
| 2-dr Sdn | 300 | 650 | 1100 | 2200 | 3800 | 5400 |

**Valiant Signet, 8-cyl., 108" wb**

| | 6 | 5 | 4 | 3 | 2 | 1 |
|---|---|---|---|---|---|---|
| 4-dr Sdn | 300 | 700 | 1200 | 2400 | 4100 | 5900 |
| 2-dr Sdn | 300 | 700 | 1200 | 2400 | 4100 | 5900 |

|  | 6 | 5 | 4 | 3 | 2 | 1 |
|---|---|---|---|---|---|---|
| **Barracuda, 8-cyl., 108" wb** | | | | | | |
| 2-dr Hdtp | 650 | 1700 | 3000 | 6100 | 10600 | 15200 |
| 2-dr Fstbk | 700 | 1900 | 3350 | 6700 | 11500 | 16500 |
| 2-dr Conv | 800 | 2350 | 3950 | 7900 | 13700 | 19700 |
| | | | *383 add 50%* | | | |
| **Belvedere I, 8-cyl., 116" wb** | | | | | | |
| 4-dr Sdn | 300 | 650 | 1150 | 2300 | 3900 | 5700 |
| 2-dr Sdn | 300 | 650 | 1150 | 2300 | 3900 | 5700 |
| 4-dr 6-pass Sta Wgn | 300 | 700 | 1200 | 2400 | 4100 | 5900 |
| **Belvedere II, 8-cyl., 116" wb** | | | | | | |
| 4-dr Sdn | 300 | 650 | 1150 | 2300 | 3900 | 5700 |
| 2-dr Hdtp | 400 | 1150 | 1850 | 3700 | 6400 | 9300 |
| 2-dr Conv | 550 | 1450 | 2450 | 4900 | 8500 | 12000 |
| 4-dr 6-pass Sta Wgn | 300 | 700 | 1200 | 2400 | 4100 | 5900 |
| 4-dr 9-pass Sta Wgn | 300 | 800 | 1300 | 2600 | 4600 | 6600 |
| **Satellite, 8-cyl., 116" wb** | | | | | | |
| 2-dr Hdtp | 550 | 1550 | 2650 | 5300 | 9100 | 13000 |
| 2-dr Conv | 750 | 2100 | 3550 | 7100 | 12300 | 17700 |
| **GTX, 8-cyl., 116" wb** | | | | | | |
| 2-dr Hdtp | 850 | 2650 | 4500 | 9000 | 15900 | 22500 |
| 2-dr Conv | 1000 | 3250 | 5450 | 10900 | 19100 | 27200 |
| **Fury I, 8-cyl., 122" wb** | | | | | | |
| 4-dr Sdn | 300 | 700 | 1200 | 2400 | 4100 | 5900 |
| 2-dr Sdn | 300 | 650 | 1150 | 2300 | 3900 | 5700 |
| 4-dr 6-pass Sta Wgn | 300 | 750 | 1250 | 2500 | 4400 | 6200 |
| **Fury II, 8-cyl., 122" wb** | | | | | | |
| 4-dr Sdn | 300 | 700 | 1200 | 2400 | 4100 | 5900 |
| 2-dr Sdn | 300 | 650 | 1150 | 2300 | 3900 | 5700 |
| 4-dr 6-pass Sta Wgn | 300 | 750 | 1250 | 2500 | 4400 | 6200 |
| 4-dr 9-pass Sta Wgn | 300 | 800 | 1350 | 2700 | 4700 | 6900 |
| **Fury III, 8-cyl., 122" wb** | | | | | | |
| 4-dr Sdn | 300 | 700 | 1200 | 2400 | 4100 | 5900 |
| 4-dr Hdtp | 300 | 800 | 1300 | 2600 | 4600 | 6600 |
| 2-dr Hdtp | 400 | 1200 | 1950 | 3900 | 6800 | 9900 |
| 2-dr Conv | 550 | 1450 | 2450 | 4900 | 8500 | 12000 |
| 4-dr 6-pass Sta Wgn | 300 | 800 | 1300 | 2600 | 4600 | 6600 |
| 4-dr 9-pass Sta Wgn | 350 | 850 | 1400 | 2800 | 4900 | 7100 |
| **Sport Fury, 8-cyl., 119" wb** | | | | | | |
| 2-dr Hdtp | 400 | 1200 | 2000 | 4000 | 6900 | 10000 |
| 2-dr Fstbk | 500 | 1350 | 2350 | 4700 | 8100 | 11500 |
| 2-dr Conv | 750 | 2100 | 3550 | 7100 | 12300 | 17700 |
| **VIP, 8-cyl., 119" wb** | | | | | | |
| 4-dr Hdtp | 350 | 950 | 1550 | 3100 | 5500 | 7900 |
| 2-dr Hdtp | 450 | 1250 | 2050 | 4100 | 7100 | 10300 |
| | *440 add 50%* | *426 Hemi add 200%* | | *Small block option deduct 10%* | | |
| **1968** | | | | | | |
| **Valiant 100, 8-cyl., 108" wb** | | | | | | |
| 4-dr Sdn | 300 | 650 | 1100 | 2200 | 3800 | 5400 |
| 2-dr Sdn | 300 | 650 | 1100 | 2200 | 3800 | 5400 |
| **Valiant Signet, 8-cyl., 108" wb** | | | | | | |
| 4-dr Sdn | 300 | 650 | 1150 | 2300 | 3900 | 5700 |
| 2-dr Sdn | 300 | 650 | 1150 | 2300 | 3900 | 5700 |
| **Barracuda, 8-cyl., 108" wb** | | | | | | |
| 2-dr Hdtp | 550 | 1500 | 2500 | 5100 | 8800 | 12500 |
| 2-dr Fstbk | 600 | 1650 | 2850 | 5700 | 9900 | 14200 |
| 2-dr Conv | 750 | 2250 | 3700 | 7400 | 12800 | 18500 |
| | | | *383 add 50%* | | | |

| | 6 | 5 | 4 | 3 | 2 | 1 |
|---|---|---|---|---|---|---|
| **Belvedere, 8-cyl., 116" wb** | | | | | | |
| 4-dr Sdn | 300 | 650 | 1100 | 2200 | 3800 | 5400 |
| 2-dr Sdn | 300 | 650 | 1100 | 2200 | 3800 | 5400 |
| 4-dr 6-pass Sta Wgn | 300 | 700 | 1200 | 2400 | 4100 | 5900 |
| **Satellite, 8-cyl., 116" wb** | | | | | | |
| 4-dr Sdn | 300 | 650 | 1150 | 2300 | 3900 | 5700 |
| 2-dr Hdtp | 450 | 1250 | 2200 | 4400 | 7600 | 10900 |
| 2-dr Conv | 650 | 1700 | 3000 | 5900 | 10200 | 14700 |
| 4-dr 6-pass Sta Wgn | 300 | 750 | 1250 | 2500 | 4400 | 6200 |
| 4-dr 9-pass Sta Wgn | 300 | 800 | 1350 | 2700 | 4700 | 6900 |
| **Sport Satellite, 8-cyl., 116" wb** | | | | | | |
| 2-dr Hdtp | 600 | 1650 | 2850 | 5700 | 9900 | 14200 |
| 2-dr Conv | 700 | 2000 | 3450 | 6900 | 11900 | 17200 |
| 4-dr 6-pass Sta Wgn | 300 | 800 | 1300 | 2600 | 4600 | 6600 |
| 4-dr 9-pass Sta Wgn | 350 | 850 | 1400 | 2800 | 4900 | 7100 |
| **Road Runner, 8-cyl., 116" wb** | | | | | | |
| 2-dr Cpe | 800 | 2350 | 3950 | 7900 | 13700 | 19700 |
| 2-dr Hdtp | 850 | 2650 | 4450 | 8900 | 15700 | 22300 |
| **GTX, 8-cyl., 116" wb** | | | | | | |
| 2-dr Hdtp | 850 | 2650 | 4500 | 9000 | 15900 | 22500 |
| 2-dr Conv | 1000 | 3250 | 5450 | 10900 | 19100 | 27200 |
| **Fury I, 8-cyl., 119"-122" wb** | | | | | | |
| 4-dr Sdn | 300 | 650 | 1100 | 2200 | 3800 | 5400 |
| 2-dr Sdn | 300 | 650 | 1150 | 2300 | 3900 | 5700 |
| 4-dr 6-pass Sta Wgn | 300 | 750 | 1250 | 2500 | 4400 | 6200 |
| **Fury II, 8-cyl., 119"-122" wb** | | | | | | |
| 4-dr Sdn | 300 | 650 | 1100 | 2200 | 3800 | 5400 |
| 2-dr Sdn | 300 | 650 | 1100 | 2200 | 3800 | 5400 |
| 4-dr 6-pass Custom Sta Wgn | 300 | 800 | 1300 | 2600 | 4600 | 6600 |
| 4-dr 9-pass Custom Sta Wgn | 350 | 850 | 1400 | 2800 | 4900 | 7100 |
| **Fury III, 8-cyl., 119" and 122" wb** | | | | | | |
| 4-dr Sdn | 300 | 700 | 1200 | 2400 | 4100 | 5900 |
| 4-dr Hdtp | 350 | 850 | 1400 | 2800 | 4900 | 7100 |
| 2-dr Hdtp | 400 | 1200 | 2000 | 4000 | 6900 | 10000 |
| 2-dr Hdtp Fstbk | 450 | 1250 | 2050 | 4100 | 7100 | 10300 |
| 2-dr Conv | 550 | 1550 | 2600 | 5200 | 9000 | 12800 |
| 4-dr 6-pass Spt Sta Wgn | 300 | 800 | 1350 | 2700 | 4700 | 6900 |
| 4-dr 9-pass Spt Sta Wgn | 350 | 900 | 1500 | 2900 | 5200 | 7400 |
| **Sport Fury, 8-cyl., 119" wb** | | | | | | |
| 2-dr Hdtp | 450 | 1250 | 2100 | 4200 | 7200 | 10500 |
| 2-dr Hdtp Fstbk | 500 | 1350 | 2350 | 4700 | 8100 | 11500 |
| 2-dr Conv | 650 | 1750 | 3150 | 6300 | 10900 | 15700 |
| **VIP, 8-cyl., 119" wb** | | | | | | |
| 4-dr Hdtp | 400 | 1100 | 1800 | 3600 | 6200 | 9100 |
| 2-dr Fstbk | 450 | 1250 | 2150 | 4300 | 7400 | 10700 |

*440 add 50%*       *426 Hemi add 200%*       *Small block option deduct 10%*

## 1969

| | 6 | 5 | 4 | 3 | 2 | 1 |
|---|---|---|---|---|---|---|
| **Valiant 100, 8-cyl., 108" wb** | | | | | | |
| 4-dr Sdn | 300 | 650 | 1100 | 2100 | 3600 | 5100 |
| 2-dr Sdn | 300 | 650 | 1100 | 2100 | 3600 | 5100 |
| **Valiant Signet, 8-cyl., 108" wb** | | | | | | |
| 4-dr Sdn | 300 | 650 | 1100 | 2200 | 3800 | 5400 |
| 2-dr Sdn | 300 | 650 | 1100 | 2200 | 3800 | 5400 |
| **Barracuda, 8-cyl., 108" wb** | | | | | | |
| 2-dr Hdtp | 650 | 1750 | 3100 | 6200 | 10700 | 15400 |
| 2-dr Fstbk | 700 | 1850 | 3300 | 6600 | 11300 | 16300 |
| 2-dr Conv | 800 | 2500 | 4250 | 8500 | 15000 | 21200 |

*383 add 50%*

| | 6 | 5 | 4 | 3 | 2 | 1 |
|---|---|---|---|---|---|---|
| **Belvedere, 8-cyl., 117" wb** | | | | | | |
| 4-dr Sdn | 300 | 650 | 1100 | 2200 | 3800 | 5400 |
| 2-dr Sdn | 300 | 650 | 1100 | 2200 | 3800 | 5400 |
| 4-dr 6-pass Sta Wgn | 300 | 650 | 1150 | 2300 | 3900 | 5700 |
| **Satellite, 8-cyl., 116"-117" wb** | | | | | | |
| 4-dr Sdn | 300 | 650 | 1100 | 2200 | 3800 | 5400 |
| 2-dr Hdtp | 450 | 1250 | 2150 | 4300 | 7400 | 10700 |
| 2-dr Conv | 650 | 1700 | 3000 | 5900 | 10200 | 14700 |
| 4-dr 6-pass Sta Wgn | 300 | 700 | 1200 | 2400 | 4100 | 5900 |
| 4-dr 9-pass Sta Wgn | 300 | 800 | 1300 | 2600 | 4600 | 6600 |
| **Sport Satellite, 8-cyl., 116"-117" wb** | | | | | | |
| 4-dr Sdn | 300 | 650 | 1100 | 2200 | 3800 | 5400 |
| 2-dr Hdtp | 550 | 1500 | 2500 | 5100 | 8800 | 12500 |
| 2-dr Conv | 700 | 2000 | 3450 | 6900 | 11900 | 17200 |
| 4-dr 6-pass Sta Wgn | 300 | 750 | 1250 | 2500 | 4400 | 6200 |
| 4-dr 9-pass Sta Wgn | 300 | 800 | 1350 | 2700 | 4700 | 6900 |
| **Road Runner, 8-cyl., 116" wb** | | | | | | |
| 2-dr Sdn | 800 | 2350 | 3950 | 7900 | 13700 | 19700 |
| 2-dr Hdtp | 850 | 2700 | 4550 | 9100 | 16000 | 22700 |
| 2-dr Conv | 1200 | 3850 | 6450 | 12900 | 22700 | 32200 |
| **GTX, 8-cyl., 116" wb** | | | | | | |
| 2-dr Hdtp | 900 | 2750 | 4650 | 9300 | 16400 | 23100 |
| 2-dr Conv | 1050 | 3300 | 5500 | 11100 | 19500 | 27700 |
| **Fury I, 8-cyl., 120"-122" wb** | | | | | | |
| 4-dr Sdn | 300 | 650 | 1150 | 2300 | 3900 | 5700 |
| 2-dr Sdn | 300 | 650 | 1150 | 2300 | 3900 | 5700 |
| 4-dr 6-pass Sta Wgn | 300 | 700 | 1200 | 2400 | 4100 | 5900 |
| **Fury II, 8-cyl., 120"-122" wb** | | | | | | |
| 4-dr Sdn | 300 | 650 | 1150 | 2300 | 3900 | 5700 |
| 2-dr Sdn | 300 | 650 | 1150 | 2300 | 3900 | 5700 |
| 4-dr 6-pass Sta Wgn | 300 | 750 | 1250 | 2500 | 4400 | 6200 |
| 4-dr 9-pass Sta Wgn | 300 | 800 | 1350 | 2700 | 4700 | 6900 |
| **Fury III, 8-cyl., 120"-122" wb** | | | | | | |
| 4-dr Sdn | 300 | 650 | 1150 | 2300 | 3900 | 5700 |
| 4-dr Hdtp | 300 | 750 | 1250 | 2500 | 4400 | 6200 |
| 2-dr Hdtp | 400 | 1200 | 1900 | 3800 | 6600 | 9600 |
| 2-dr Conv | 700 | 2000 | 3450 | 6900 | 11900 | 17200 |
| 2-dr Fstbk Cpe | 400 | 1100 | 1800 | 3600 | 6200 | 9100 |
| 4-dr 6-pass Sta Wgn | 300 | 800 | 1300 | 2600 | 4600 | 6600 |
| 4-dr 9-pass Sta Wgn | 350 | 850 | 1400 | 2800 | 4900 | 7100 |
| **Sport Fury, 8-cyl., 120" wb** | | | | | | |
| 2-dr Hdtp | 400 | 1200 | 2000 | 4000 | 6900 | 10000 |
| 2-dr Fstbk | 450 | 1250 | 2050 | 4100 | 7100 | 10300 |
| 2-dr Conv | 650 | 1700 | 3000 | 5900 | 10200 | 14700 |
| **VIP, 8-cyl., 120" wb** | | | | | | |
| 4-dr Hdtp | 350 | 950 | 1550 | 3100 | 5500 | 7900 |
| 2-dr Hdtp | 400 | 1200 | 1950 | 3900 | 6800 | 9900 |
| 2-dr Fstbk | 400 | 1200 | 2000 | 4000 | 6900 | 10000 |

*440 6 pack add 90%*        *426 Hemi add 200%*
*'Cuda 340 add 50%*        *Small block option deduct 10%*

### 1970

| | 6 | 5 | 4 | 3 | 2 | 1 |
|---|---|---|---|---|---|---|
| **Valiant, 6-cyl., 108" wb** | | | | | | |
| 4-dr Sdn | 300 | 650 | 1000 | 2000 | 3500 | 4900 |
| **Duster, 6-cyl., 108" wb** | | | | | | |
| 2-dr Cpe | 300 | 750 | 1250 | 2500 | 4400 | 6200 |
| **Duster '340', 8-cyl., 108" wb** | | | | | | |
| 2-dr Cpe | 500 | 1350 | 2350 | 4700 | 8100 | 11500 |
| **Barracuda, 8-cyl., 108" wb** | | | | | | |
| 2-dr Hdtp | 700 | 2050 | 3500 | 7000 | 12100 | 17400 |
| 2-dr Conv | 800 | 2400 | 4050 | 8100 | 14200 | 20200 |

| | 6 | 5 | 4 | 3 | 2 | 1 |
|---|---|---|---|---|---|---|
| **Gran Coupe, 8-cyl., 108" wb** | | | | | | |
| 2-dr Hdtp | 800 | 2450 | 4150 | 8300 | 14600 | 20700 |
| 2-dr Conv | 900 | 2750 | 4650 | 9300 | 16400 | 23100 |
| **'Cuda, 108" wb** | | | | | | |
| 2-dr Hdtp | 900 | 2900 | 4850 | 9700 | 17100 | 24200 |
| 2-dr Conv | 1000 | 3250 | 5450 | 10900 | 19100 | 27200 |
| **'Cuda AAR, 8-cyl., 108" wb** | | | | | | |
| 2-dr Hdtp | 1400 | 4350 | 7250 | 14500 | 25500 | 36200 |
| **Belvedere, 8-cyl., 116"-117" wb** | | | | | | |
| 4-dr Sdn | 300 | 650 | 1000 | 2000 | 3500 | 4900 |
| 2-dr Cpe | 300 | 600 | 950 | 1900 | 3200 | 4600 |
| 4-dr 6-pass Sta Wgn | 300 | 650 | 1100 | 2100 | 3600 | 5100 |
| **Road Runner, 8-cyl., 116"-117" wb** | | | | | | |
| 2-dr Cpe | 800 | 2350 | 3950 | 7900 | 13700 | 19700 |
| 2-dr Hdtp | 800 | 2450 | 4150 | 8300 | 14600 | 20700 |
| 2-dr Superbird | 2450 | 7250 | 12250 | 24500 | 43000 | 61200 |
| 2-dr Conv | 1150 | 3600 | 5950 | 11900 | 21000 | 29700 |
| **Satellite, 8-cyl., 116"-117" wb** | | | | | | |
| 2-dr Sdn | 300 | 650 | 1100 | 2100 | 3600 | 5100 |
| 2-dr Hdtp | 450 | 1250 | 2200 | 4400 | 7600 | 10900 |
| 2-dr Conv | 600 | 1600 | 2750 | 5500 | 9500 | 13800 |
| 4-dr 6-pass Wgn | 300 | 650 | 1100 | 2100 | 3600 | 5100 |
| 4-dr 9-pass Wgn | 300 | 650 | 1150 | 2300 | 3900 | 5700 |
| **Sport Satellite, 8-cyl., 116"-117" wb** | | | | | | |
| 4-dr Sdn | 300 | 650 | 1100 | 2200 | 3800 | 5400 |
| 2-dr Hdtp | 600 | 1600 | 2800 | 5600 | 9700 | 14000 |
| 4-dr 6-pass Wgn | 300 | 650 | 1100 | 2200 | 3800 | 5400 |
| 4-dr 9-pass Wgn | 300 | 700 | 1200 | 2400 | 4100 | 5900 |
| **GTX, 8-cyl., 116"-117" wb** | | | | | | |
| 2-dr Hdtp | 900 | 2750 | 4650 | 9300 | 16400 | 23100 |
| **Fury I, 8-cyl., 120" wb** | | | | | | |
| 4-dr Sdn | 300 | 650 | 1100 | 2100 | 3600 | 5100 |
| 2-dr Sdn | 300 | 650 | 1100 | 2100 | 3600 | 5100 |
| **Fury II, 8-cyl., 120" wb** | | | | | | |
| 4-dr Sdn | 300 | 650 | 1100 | 2200 | 3800 | 5400 |
| 2-dr Sdn | 300 | 650 | 1100 | 2200 | 3800 | 5400 |
| 4-dr 6-pass Wgn | 300 | 650 | 1100 | 2200 | 3800 | 5400 |
| 4-dr 9-pass Wgn | 300 | 700 | 1200 | 2400 | 4100 | 5900 |
| **Gran Coupe, 8-cyl., 120" wb** | | | | | | |
| 2-dr 2-dr Sdn | 550 | 1500 | 2500 | 5100 | 8800 | 12500 |
| **Fury III, 8-cyl., 120" wb** | | | | | | |
| 4-dr Sdn | 300 | 650 | 1150 | 2300 | 3900 | 5700 |
| 2-dr Hdtp | 400 | 1050 | 1700 | 3300 | 5800 | 8300 |
| 4-dr Hdtp | 300 | 650 | 1150 | 2300 | 3900 | 5700 |
| 2-dr Frml Hdtp | 400 | 1050 | 1700 | 3300 | 5800 | 8300 |
| 2-dr Conv | 500 | 1350 | 2350 | 4700 | 8100 | 11500 |
| 4-dr 6-pass Wgn | 300 | 650 | 1150 | 2300 | 3900 | 5700 |
| 4-dr 9-pass Wgn | 300 | 750 | 1250 | 2500 | 4400 | 6200 |
| **Sport Fury, 8-cyl., 120" wb** | | | | | | |
| 4-dr Sdn | 300 | 700 | 1200 | 2400 | 4100 | 5900 |
| 2-dr Hdtp | 400 | 1100 | 1800 | 3500 | 6100 | 8900 |
| 4-dr Hdtp | 300 | 650 | 1150 | 2300 | 3900 | 5700 |
| 2-dr Frml Hdtp | 400 | 1050 | 1700 | 3300 | 5800 | 8300 |
| 4-dr 6-pass Wgn | 300 | 700 | 1200 | 2400 | 4100 | 5900 |
| 4-dr 9-pass Wgn | 300 | 800 | 1300 | 2600 | 4600 | 6600 |
| **Fury S-23, 8-cyl., 120" wb** | | | | | | |
| 2-dr Hdtp | 500 | 1350 | 2300 | 4600 | 8000 | 11300 |
| **Fury GT, 8-cyl., 120" wb** | | | | | | |
| 2-dr Hdtp | 550 | 1500 | 2500 | 5000 | 8700 | 12300 |

*440 6 pack add 90%*   *426 Hemi add 200%*   *Small block option deduct 10%*

|  | 6 | 5 | 4 | 3 | 2 | 1 |
|---|---|---|---|---|---|---|

**1971**

**Valiant, 8-cyl., 108" wb**
| | | | | | | |
|---|---|---|---|---|---|---|
| 4-dr Sdn | 300 | 650 | 1000 | 2000 | 3500 | 4900 |

**Duster, 8-cyl., 108" wb**
| | | | | | | |
|---|---|---|---|---|---|---|
| 2-dr Spt Cpe | 300 | 650 | 1100 | 2200 | 3800 | 5400 |

**Duster '340', 8-cyl., 108" wb**
| | | | | | | |
|---|---|---|---|---|---|---|
| 2-dr Spt Cpe | 450 | 1250 | 2050 | 4100 | 7100 | 10300 |

**Scamp, 8-cyl., 111" wb**
| | | | | | | |
|---|---|---|---|---|---|---|
| 2-dr Hdtp | 350 | 900 | 1500 | 2900 | 5200 | 7400 |

**Barracuda, 8-cyl., 108" wb**
| | | | | | | |
|---|---|---|---|---|---|---|
| 2-dr Spt Cpe | 650 | 1800 | 3200 | 6400 | 11000 | 15900 |
| 2-dr Hdtp | 750 | 2100 | 3550 | 7100 | 12300 | 17700 |
| 2-dr Conv | 800 | 2400 | 4050 | 8100 | 14200 | 20200 |

**Gran Coupe, 8-cyl., 108" wb**
| | | | | | | |
|---|---|---|---|---|---|---|
| 2-dr Hdtp | 750 | 2100 | 3550 | 7100 | 12300 | 17700 |

**'Cuda, 8-cyl., 108" wb**
| | | | | | | |
|---|---|---|---|---|---|---|
| 2-dr Hdtp | 800 | 2450 | 4150 | 8300 | 14600 | 20700 |
| 2-dr Conv | 950 | 3050 | 5150 | 10300 | 18200 | 25700 |

**Satellite, 8-cyl., 115"-117" wb**
| | | | | | | |
|---|---|---|---|---|---|---|
| 4-dr Sdn | 300 | 650 | 1000 | 2000 | 3500 | 4900 |
| 2-dr Cpe | 300 | 800 | 1300 | 2600 | 4600 | 6600 |
| 4-dr Sta Wgn | 300 | 650 | 1100 | 2100 | 3600 | 5100 |

**Satellite Sebring, 8-cyl., 115"-117" wb**
| | | | | | | |
|---|---|---|---|---|---|---|
| 2-dr Hdtp | 550 | 1500 | 2500 | 5000 | 8700 | 12300 |

**Satellite Custom, 8-cyl., 115"-117" wb**
| | | | | | | |
|---|---|---|---|---|---|---|
| 4-dr Sdn | 300 | 650 | 1000 | 2000 | 3500 | 4900 |
| 4-dr 6-pass Sta Wgn | 300 | 650 | 1100 | 2200 | 3800 | 5400 |
| 4-dr 9-pass Sta Wgn | 300 | 700 | 1200 | 2400 | 4100 | 5900 |

**Road Runner, 8-cyl., 115"-117" wb**
| | | | | | | |
|---|---|---|---|---|---|---|
| 2-dr Hdtp | 750 | 2250 | 3750 | 7500 | 13000 | 18700 |

**Sebring Plus, 8-cyl., 115"-117" wb**
| | | | | | | |
|---|---|---|---|---|---|---|
| 2-dr Hdtp | 550 | 1450 | 2450 | 4900 | 8500 | 12000 |

**Satellite Brougham, 8-cyl., 115"-117" wb**
| | | | | | | |
|---|---|---|---|---|---|---|
| 4-dr Sdn | 300 | 650 | 1100 | 2200 | 3800 | 5400 |

**Satellite Regent Wagon, 8-cyl., 117" wb**
| | | | | | | |
|---|---|---|---|---|---|---|
| 4-dr 6-pass Sta Wgn | 300 | 650 | 1100 | 2200 | 3800 | 5400 |
| 4-dr 9-pass Sta Wgn | 300 | 700 | 1200 | 2400 | 4100 | 5900 |

**GTX, 8-cyl., 115" & 117" wb**
| | | | | | | |
|---|---|---|---|---|---|---|
| 2-dr Hdtp | 750 | 2200 | 3650 | 7300 | 12600 | 18200 |

**Fury I, 8-cyl., 120" wb**
| | | | | | | |
|---|---|---|---|---|---|---|
| 4-dr Sdn | 300 | 650 | 1100 | 2200 | 3800 | 5400 |
| 2-dr Sdn | 300 | 650 | 1100 | 2200 | 3800 | 5400 |

**Fury Custom, 8-cyl., 120" wb**
| | | | | | | |
|---|---|---|---|---|---|---|
| 4-dr Sdn | 300 | 650 | 1100 | 2200 | 3800 | 5400 |
| 2-dr Sdn | 300 | 650 | 1100 | 2200 | 3800 | 5400 |

**Fury II, 8-cyl., 120" wb**
| | | | | | | |
|---|---|---|---|---|---|---|
| 4-dr Sdn | 300 | 650 | 1100 | 2200 | 3800 | 5400 |
| 2-dr Hdtp | 400 | 1050 | 1700 | 3400 | 5900 | 8500 |
| 4-dr 6-pass Sta Wgn | 300 | 650 | 1150 | 2300 | 3900 | 5700 |
| 4-dr 9-pass Sta Wgn | 300 | 750 | 1250 | 2500 | 4400 | 6200 |

**Fury III, 8-cyl., 120" wb**
| | | | | | | |
|---|---|---|---|---|---|---|
| 4-dr Sdn | 300 | 650 | 1100 | 2200 | 3800 | 5400 |
| 2-dr Hdtp | 400 | 1100 | 1800 | 3600 | 6200 | 9100 |
| 4-dr Hdtp | 300 | 700 | 1200 | 2400 | 4100 | 5900 |
| 2-dr Frml Hdtp | 400 | 1050 | 1700 | 3300 | 5800 | 8300 |
| 4-dr 6-pass Sta Wgn | 300 | 700 | 1200 | 2400 | 4100 | 5900 |
| 4-dr 9-pass Sta Wgn | 300 | 800 | 1300 | 2600 | 4600 | 6600 |

**'66 Plymouth Fury**

**'66 Plymouth Belvedere**

**'67 Plymouth Belvedere GTX**

**'67 Plymouth Barracuda**

**'68 Plymouth Road Runner**

**'69 Plymouth Fury III**

**'70 Plymouth Barracuda**

**'70 Plymouth Road Runner**

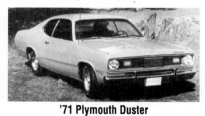

**'71 Plymouth Duster**

**'71 Plymouth Valiant**

| | 6 | 5 | 4 | 3 | 2 | 1 |
|---|---|---|---|---|---|---|
| **Sport Fury, 8-cyl., 120" wb** | | | | | | |
| 4-dr Sdn | 300 | 650 | 1150 | 2300 | 3900 | 5700 |
| 4-dr Hdtp | 300 | 750 | 1250 | 2500 | 4400 | 6200 |
| 2-dr Frml Hdtp | 350 | 950 | 1550 | 3100 | 5500 | 7900 |
| 2-dr Hdtp | 350 | 1000 | 1600 | 3200 | 5700 | 8100 |
| 4-dr 6-pass Sta Wgn | 300 | 700 | 1200 | 2400 | 4100 | 5900 |
| 4-dr 9-pass Sta Wgn | 300 | 800 | 1300 | 2600 | 4600 | 6600 |

| | 6 | 5 | 4 | 3 | 2 | 1 |
|---|---|---|---|---|---|---|
| **Sport Fury 'GT'** | | | | | | |
| 2-dr Hdtp | 500 | 1350 | 2350 | 4700 | 8100 | 11500 |

*440 V-8 add 50%*      *440 6 pack add 90%*
*426 Hemi add 200%*      *Small block option deduct 10%*

## 1972

| | 6 | 5 | 4 | 3 | 2 | 1 |
|---|---|---|---|---|---|---|
| **Valiant, 8-cyl., 108" wb** | | | | | | |
| 4-dr Sdn | 300 | 600 | 950 | 1900 | 3200 | 4600 |
| **Duster, 8-cyl., 108" wb** | | | | | | |
| 2-dr Cpe | 300 | 800 | 1350 | 2700 | 4700 | 6900 |
| 2-dr '340' Cpe | 400 | 1200 | 1950 | 3900 | 6800 | 9900 |
| **Scamp, 8-cyl., 117" wb** | | | | | | |
| 2-dr Hdtp | 400 | 1050 | 1700 | 3300 | 5800 | 8300 |
| **Barracuda, 8-cyl., 108" wb** | | | | | | |
| 2-dr Hdtp | 650 | 1750 | 3150 | 6300 | 10900 | 15700 |
| **'Cuda, 8-cyl., 108" wb** | | | | | | |
| 2-dr Hdtp | 700 | 1900 | 3350 | 6700 | 11500 | 16500 |
| **Satellite, 8-cyl., 115"-117" wb** | | | | | | |
| 4-dr Sdn | 300 | 650 | 1000 | 2000 | 3500 | 4900 |
| 2-dr Cpe | 300 | 800 | 1300 | 2600 | 4600 | 6600 |
| 4-dr 6-pass Wgn | 300 | 650 | 1100 | 2100 | 3600 | 5100 |
| **Satellite Sebring, 8-cyl., 115"-117" wb** | | | | | | |
| 2-dr Hdtp | 450 | 1250 | 2200 | 4400 | 7600 | 10900 |
| **Satellite Custom, 8-cyl., 115"-117" wb** | | | | | | |
| 4-dr Sdn | 300 | 650 | 1000 | 2000 | 3500 | 4900 |
| 4-dr 6-pass Wgn | 300 | 650 | 1100 | 2100 | 3600 | 5100 |
| 4-dr 9-pass Wgn | 300 | 650 | 1150 | 2300 | 3900 | 5700 |
| **Sebring-Plus, 8-cyl., 115"-117" wb** | | | | | | |
| 2-dr Hdtp | 500 | 1350 | 2300 | 4600 | 8000 | 11300 |
| **Regent, 8-cyl., 115"-117" wb** | | | | | | |
| 4-dr 6-pass Wgn | 300 | 600 | 950 | 1900 | 3200 | 4600 |
| 4-dr 9-pass Wgn | 300 | 650 | 1100 | 2100 | 3600 | 5100 |
| **Road Runner, 8-cyl., 115"-117" wb** | | | | | | |
| 2-dr Hdtp | 650 | 1750 | 3100 | 6200 | 10700 | 15400 |
| **Fury I, 8-cyl., 120" wb** | | | | | | |
| 4-dr Sdn | 300 | 650 | 1000 | 2000 | 3500 | 4900 |
| **Fury II, 8-cyl., 120" wb** | | | | | | |
| 4-dr Sdn | 300 | 650 | 1000 | 2000 | 3500 | 4900 |
| 2-dr Hdtp | 350 | 1000 | 1600 | 3200 | 5700 | 8100 |
| **Fury III, 8-cyl., 120" wb** | | | | | | |
| 4-dr Sdn | 300 | 650 | 1100 | 2100 | 3600 | 5100 |
| 4-dr Hdtp | 300 | 650 | 1100 | 2200 | 3800 | 5400 |
| 2-dr Frml Cpe | 400 | 1050 | 1700 | 3300 | 5800 | 8300 |
| 2-dr Hdtp | 400 | 1050 | 1700 | 3400 | 5900 | 8500 |
| **Gran Fury, 8-cyl., 120" wb** | | | | | | |
| 4-dr Hdtp | 300 | 650 | 1150 | 2300 | 3900 | 5700 |
| 2-dr Hdtp | 400 | 1050 | 1700 | 3300 | 5800 | 8300 |
| 2-dr Frml Cpe | 350 | 950 | 1550 | 3100 | 5500 | 7900 |
| **Suburban, 8-cyl., 122" wb** | | | | | | |
| 4-dr 6-pass Sta Wgn | 300 | 650 | 1000 | 2000 | 3500 | 4900 |
| 4-dr 9-pass Sta Wgn | 300 | 650 | 1100 | 2200 | 3800 | 5400 |
| 4-dr 6-pass Custom Wgn | 300 | 650 | 1100 | 2200 | 3800 | 5400 |
| 4-dr 9-pass Custom Wgn | 300 | 700 | 1200 | 2400 | 4100 | 5900 |
| 4-dr 6-pass Spt Wgn | 300 | 650 | 1150 | 2300 | 3900 | 5700 |
| 4-dr 9-pass Spt Wgn | 300 | 750 | 1250 | 2500 | 4400 | 6200 |

*340 V-8 20%*      *Small block option deduct 10%*

## 1973

| | 6 | 5 | 4 | 3 | 2 | 1 |
|---|---|---|---|---|---|---|
| **Valiant, 8-cyl., 108" wb** | | | | | | |
| 4-dr Sdn | 300 | 600 | 950 | 1900 | 3200 | 4600 |

| | 6 | 5 | 4 | 3 | 2 | 1 |
|---|---|---|---|---|---|---|
| **Duster, 8-cyl., 108" wb** | | | | | | |
| 2-dr Spt Cpe | 300 | 700 | 1200 | 2400 | 4100 | 5900 |
| 2-dr 340 Spt Cpe | 400 | 1150 | 1850 | 3700 | 6400 | 9300 |
| **Scamp, 8-cyl., 111" wb** | | | | | | |
| 2-dr Hdtp | 300 | 650 | 1150 | 2300 | 3900 | 5700 |
| **Barracuda, 8-cyl., 108" wb** | | | | | | |
| 2-dr Hdtp | 500 | 1350 | 2350 | 4700 | 8100 | 11500 |
| 2-dr 'Cuda Hdtp | 550 | 1550 | 2650 | 5300 | 9100 | 13000 |
| **Satellite, 8-cyl., 115"-117" wb; Wgn 216" wb** | | | | | | |
| 4-dr Sdn | 300 | 600 | 900 | 1800 | 3100 | 4400 |
| 2-dr Cpe | 300 | 600 | 900 | 1800 | 3100 | 4400 |
| **Satellite Custom, 8-cyl., 115"-117" wb** | | | | | | |
| 4-dr Sdn | 300 | 600 | 950 | 1900 | 3200 | 4600 |
| **Satellite Sebring, 8-cyl.** | | | | | | |
| 2-dr Hdtp | 400 | 1200 | 1900 | 3800 | 6600 | 9600 |
| **Satellite Wagons, 8-cyl.** | | | | | | |
| 4-dr 6-pass Custom | 300 | 600 | 950 | 1900 | 3200 | 4600 |
| 4-dr 9-pass Custom | 300 | 650 | 1100 | 2100 | 3600 | 5100 |
| 4-dr 6-pass Regent | 300 | 650 | 1000 | 2000 | 3500 | 4900 |
| 4-dr 9-pass Regent | 300 | 650 | 1100 | 2200 | 3800 | 5400 |
| **Road Runner, 8-cyl., 115"-117" wb** | | | | | | |
| 2-dr Cpe | 550 | 1550 | 2600 | 5200 | 9000 | 12800 |
| **Sebring Plus, 8-cyl., 115"-117" wb** | | | | | | |
| 2-dr Hdtp | 450 | 1250 | 2100 | 4200 | 7200 | 10500 |
| **Fury, 8-cyl., 120" wb** | | | | | | |
| 4-dr Sdn I | 300 | 600 | 950 | 1900 | 3200 | 4600 |
| 4-dr Sdn II | 300 | 650 | 1000 | 2000 | 3500 | 4900 |
| 4-dr Sdn III | 300 | 650 | 1100 | 2100 | 3600 | 5100 |
| 2-dr Hdtp III | 350 | 950 | 1550 | 3100 | 5500 | 7900 |
| 4-dr Hdtp III | 300 | 650 | 1150 | 2300 | 3900 | 5700 |
| **Gran Fury, 8-cyl., 120" wb** | | | | | | |
| 2-dr Hdtp | 350 | 1000 | 1600 | 3200 | 5700 | 8100 |
| 4-dr Hdtp | 300 | 650 | 1150 | 2300 | 3900 | 5700 |
| **Fury Suburban, 8-cyl., 122" wb** | | | | | | |
| 4-dr 3-seat Spt Sta Wgn | 300 | 650 | 1000 | 2000 | 3500 | 4900 |
| 4-dr 6-pass Sta Wgn | 300 | 600 | 900 | 1800 | 3100 | 4400 |
| 4-dr 6-pass Custom | 300 | 650 | 1000 | 2000 | 3500 | 4900 |
| 4-dr 9-pass Custom | 300 | 650 | 1100 | 2200 | 3800 | 5400 |
| 4-dr 6-pass Spt | 300 | 650 | 1100 | 2200 | 3800 | 5400 |
| 4-dr 9-pass Spt | 300 | 700 | 1200 | 2400 | 4100 | 5900 |
| | *340 V-8 add 20%* | | | *Small block option deduct 10%* | | |

## 1974

| | 6 | 5 | 4 | 3 | 2 | 1 |
|---|---|---|---|---|---|---|
| **Valiant, 8-cyl., 111" wb** | | | | | | |
| 4-dr Sdn | 300 | 600 | 950 | 1900 | 3200 | 4600 |
| **Duster, 8-cyl., 108" wb** | | | | | | |
| 2-dr Spt Cpe | 300 | 650 | 1100 | 2100 | 3600 | 5100 |
| **Scamp, 8-cyl., 111" wb** | | | | | | |
| 2-dr Hdtp | 300 | 650 | 1100 | 2100 | 3600 | 5100 |
| **Duster '360', 8-cyl., 108" wb** | | | | | | |
| 2-dr Spt Cpe | 350 | 900 | 1500 | 2900 | 5200 | 7400 |
| **Valiant Brougham, 8-cyl., 111" wb** | | | | | | |
| 4-dr Sdn | 300 | 600 | 950 | 1900 | 3200 | 4600 |
| 2-dr Hdtp | 300 | 750 | 1250 | 2500 | 4400 | 6200 |
| **Barracuda, 8-cyl., 111" wb** | | | | | | |
| 2-dr Spt Cpe | 500 | 1300 | 2250 | 4500 | 7700 | 11000 |
| **'Cuda, 8-cyl., 108" wb** | | | | | | |
| 2-dr Spt Cpe | 550 | 1450 | 2450 | 4900 | 8500 | 12000 |
| **Satellite, 8-cyl., 115"-117" wb** | | | | | | |
| 4-dr Sdn | 300 | 600 | 900 | 1800 | 3100 | 4400 |
| 2-dr Cpe | 300 | 600 | 900 | 1800 | 3100 | 4400 |

| | 6 | 5 | 4 | 3 | 2 | 1 |
|---|---|---|---|---|---|---|
| **Satellite Custom, 8-cyl., 115"-117" wb** | | | | | | |
| 4-dr Sdn | 300 | 600 | 950 | 1900 | 3200 | 4600 |
| **Sebring, 8-cyl., 115"-117" wb** | | | | | | |
| 2-dr Hdtp | 400 | 1050 | 1700 | 3300 | 5800 | 8300 |
| **Sebring-Plus, 8-cyl., 115"-117" wb** | | | | | | |
| 2-dr Hdtp | 400 | 1050 | 1700 | 3400 | 5900 | 8500 |
| **Road Runner, 8-cyl., 115"-117" wb** | | | | | | |
| 2-dr Cpe | 500 | 1300 | 2250 | 4500 | 7700 | 11000 |
| **Satellite Wagon, 8-cyl., 115"-117" wb** | | | | | | |
| 4-dr Sta Wgn | 300 | 600 | 900 | 1800 | 3100 | 4400 |
| 4-dr 6-pass Custom Wgn | 300 | 600 | 950 | 1900 | 3200 | 4600 |
| 4-dr 9-pass Custom Wgn | 300 | 650 | 1100 | 2100 | 3600 | 5100 |
| 4-dr 6-pass Regent | 300 | 650 | 1000 | 2000 | 3500 | 4900 |
| 4-dr 9-pass Regent | 300 | 650 | 1100 | 2200 | 3800 | 5400 |
| **Fury I, 8-cyl., 120" wb** | | | | | | |
| 4-dr Sdn | 300 | 600 | 900 | 1800 | 3100 | 4400 |
| **Fury II, 8-cyl., 120" wb** | | | | | | |
| 4-dr Sdn | 300 | 600 | 900 | 1800 | 3100 | 4400 |
| **Fury III, 8-cyl., 122" wb** | | | | | | |
| 4-dr Sdn | 300 | 600 | 950 | 1900 | 3200 | 4600 |
| 2-dr Hdtp | 300 | 650 | 1150 | 2300 | 3900 | 5700 |
| 4-dr Hdtp | 300 | 650 | 1000 | 2000 | 3500 | 4900 |
| **Gran Fury, 8-cyl., 122" wb** | | | | | | |
| 2-dr Hdtp | 300 | 750 | 1250 | 2500 | 4400 | 6200 |
| 4-dr Hdtp | 300 | 650 | 1000 | 2000 | 3500 | 4900 |
| **Suburban, 8-cyl., 124" wb** | | | | | | |
| 4-dr Std Wgn | 300 | 600 | 900 | 1800 | 3100 | 4400 |
| 4-dr 6-pass Custom | 300 | 650 | 1000 | 2000 | 3500 | 4900 |
| 4-dr 9-pass Custom | 300 | 650 | 1100 | 2200 | 3800 | 5400 |
| 4-dr 6-pass Spt | 300 | 650 | 1100 | 2200 | 3800 | 5400 |
| 4-dr 9-pass Spt | 300 | 700 | 1200 | 2400 | 4100 | 5900 |
| *Small block option deduct 10%* | | | | | | |
| **1975** | | | | | | |
| **Valiant, 8-cyl., 111" wb** | | | | | | |
| 4-dr Sdn | 300 | 600 | 850 | 1700 | 2900 | 4100 |
| 4-dr Custom | 300 | 600 | 850 | 1700 | 2900 | 4100 |
| 4-dr Sdn Brghm | 300 | 600 | 900 | 1800 | 3100 | 4400 |
| **Duster, 8-cyl., 108" wb** | | | | | | |
| 2-dr Cpe | 300 | 600 | 850 | 1700 | 2900 | 4100 |
| 2-dr Custom Cpe | 300 | 600 | 900 | 1800 | 3100 | 4400 |
| 2-dr '360' Cpe | 300 | 650 | 1100 | 2200 | 3800 | 5400 |
| **Scamp, 8-cyl., 111" wb** | | | | | | |
| 2-dr Hdtp | 300 | 600 | 900 | 1800 | 3100 | 4400 |
| 2-dr Brghm | 300 | 600 | 950 | 1900 | 3200 | 4600 |
| 4-dr Brghm | 300 | 600 | 900 | 1800 | 3100 | 4400 |
| **Fury, 8-cyl., 115" & 117" wb** | | | | | | |
| 2-dr Hdtp | 300 | 600 | 850 | 1700 | 2900 | 4100 |
| 2-dr Custom Hdtp | 300 | 600 | 900 | 1800 | 3100 | 4400 |
| 2-dr Spt Hdtp | 300 | 600 | 950 | 1900 | 3200 | 4600 |
| 4-dr Sdn | 300 | 550 | 800 | 1600 | 2800 | 3900 |
| 4-dr Custom Sdn | 300 | 600 | 850 | 1700 | 2900 | 4100 |
| **Suburban, 8-cyl., 124" wb** | | | | | | |
| 4-dr Sta Wgn | 300 | 600 | 850 | 1700 | 2900 | 4100 |
| 4-dr 6-pass Custom | 300 | 600 | 900 | 1800 | 3100 | 4400 |
| 4-dr 9-pass Custom | 300 | 650 | 1000 | 2000 | 3500 | 4900 |
| 4-dr 6-pass Spt | 300 | 600 | 900 | 1800 | 3100 | 4400 |
| 4-dr 9-pass Spt | 300 | 650 | 1000 | 2000 | 3500 | 4900 |
| **Road Runner, 8-cyl., 115" wb** | | | | | | |
| 2-dr Hdtp | 300 | 800 | 1300 | 2600 | 4600 | 6600 |

**'73 Plymouth Road Runner**

**'73 Plymouth Satellite Sebring Plus**

**'74 Plymouth Valiant**

**'74 Plymouth 'Cuda**

**'75 Plymouth Gran Fury**

**'75 Plymouth Duster**

**'76 Plymouth Fury Station Wagon**

**'76 Plymouth Volare**

**'77 Plymouth Volare**

**'77 Plymouth Arrow**

**'78 Plymouth Volare Wagon**

**'78 Plymouth Sapporo**

|  | 6 | 5 | 4 | 3 | 2 | 1 |
|---|---|---|---|---|---|---|
| **Gran Fury, 8-cyl., 122" wb** | | | | | | |
| 4-dr Sdn | 300 | 550 | 800 | 1600 | 2800 | 3900 |
| **Gran Fury Custom, 8-cyl., 122" wb** | | | | | | |
| 4-dr Sdn | 300 | 600 | 850 | 1700 | 2900 | 4100 |
| 4-dr Hdtp | 300 | 600 | 900 | 1800 | 3100 | 4400 |
| 2-dr Hdtp | 300 | 650 | 1000 | 2000 | 3500 | 4900 |
| 4-dr Hdtp Brghm | 300 | 650 | 1000 | 2000 | 3500 | 4900 |
| 2-dr Hdtp Brghm | 300 | 650 | 1100 | 2100 | 3600 | 5100 |
| **Suburban, 8-cyl., 124" wb** | | | | | | |
| 4-dr Sta Wgn | 300 | 600 | 850 | 1700 | 2900 | 4100 |
| 4-dr 6-pass Custom | 300 | 600 | 850 | 1700 | 2900 | 4100 |
| 4-dr 9-pass Custom | 300 | 600 | 950 | 1900 | 3200 | 4600 |
| 4-dr 6-pass Spt | 300 | 650 | 1000 | 2000 | 3500 | 4900 |
| 4-dr 9-pass Spt | 300 | 650 | 1100 | 2200 | 3800 | 5400 |

*Small block option deduct 10%*

### 1976

|  | 6 | 5 | 4 | 3 | 2 | 1 |
|---|---|---|---|---|---|---|
| **Arrow, 4-cyl.** | | | | | | |
| 2-dr Htchbk | 200 | 350 | 500 | 1000 | 1900 | 2700 |
| 2-dr GT Htchbk | 200 | 400 | 550 | 1100 | 2000 | 2900 |
| **Valiant, 6-cyl.** | | | | | | |
| 2-dr Duster Spt Cpe | 250 | 500 | 750 | 1500 | 2600 | 3600 |
| 4-dr Sdn (111" wb) | 250 | 500 | 750 | 1400 | 2400 | 3400 |
| 2-dr Hdtp Scamp Spl | 250 | 500 | 750 | 1500 | 2600 | 3600 |
| 2-dr Hdtp Scamp | 250 | 500 | 750 | 1500 | 2600 | 3600 |
| **Volare, 8-cyl., 113" wb** | | | | | | |
| 4-dr Sdn | 250 | 500 | 750 | 1400 | 2400 | 3400 |
| 2-dr Spt Cpe (109" wb) | 250 | 500 | 750 | 1500 | 2600 | 3600 |
| 6-pass Sta Wgn | 250 | 500 | 750 | 1500 | 2600 | 3600 |
| **Volare Custom, 8-cyl.** | | | | | | |
| 4-dr Sdn (113" wb) | 250 | 500 | 750 | 1400 | 2400 | 3400 |
| 2-dr Spt Cpe (109" wb) | 300 | 550 | 800 | 1600 | 2800 | 3900 |
| **Volare Premier, 8-cyl., 113" wb** | | | | | | |
| 4-dr Sdn | 250 | 500 | 750 | 1500 | 2600 | 3600 |
| 2-dr Spt Cpe (109" wb) | 300 | 600 | 850 | 1700 | 2900 | 4100 |
| 6-pass Sta Wgn | 300 | 600 | 850 | 1700 | 2900 | 4100 |
| **Fury, 8-cyl., 115"-117" wb** | | | | | | |
| 4-dr Sdn | 250 | 500 | 750 | 1400 | 2400 | 3400 |
| 2-dr Hdtp | 300 | 600 | 850 | 1700 | 2900 | 4100 |
| 4-dr Sdn Salon | 250 | 500 | 750 | 1500 | 2600 | 3600 |
| 2-dr Hdtp Spt | 300 | 600 | 900 | 1800 | 3100 | 4400 |
| 4-dr 2-seat Suburban | 300 | 550 | 800 | 1600 | 2800 | 3900 |
| 4-dr 3-seat Suburban | 300 | 600 | 900 | 1800 | 3100 | 4400 |
| 4-dr 2-seat Spt Suburban | 300 | 600 | 850 | 1700 | 2900 | 4100 |
| 4-dr 3-seat Spt Suburban | 300 | 600 | 950 | 1900 | 3200 | 4600 |
| **Gran Fury, 8-cyl., 122" wb** | | | | | | |
| 4-dr Sdn | 250 | 500 | 750 | 1500 | 2600 | 3600 |
| 4-dr Sdn Custom | 300 | 550 | 800 | 1600 | 2800 | 3900 |
| 2-dr Hdtp Custom | 300 | 600 | 850 | 1700 | 2900 | 4100 |
| 4-dr Sdn Brghm | 300 | 550 | 800 | 1600 | 2800 | 3900 |
| 2-dr Cpe Brghm | 300 | 600 | 900 | 1800 | 3100 | 4400 |
| 4-dr 2-seat Sta Wgn | 300 | 600 | 900 | 1800 | 3100 | 4400 |
| 4-dr 3-seat Sta Wgn | 300 | 650 | 1000 | 2000 | 3500 | 4900 |

*Small block option deduct 10%*

### 1977

|  | 6 | 5 | 4 | 3 | 2 | 1 |
|---|---|---|---|---|---|---|
| **Arrow, 4-cyl.** | | | | | | |
| 2-dr Htchbk | 200 | 350 | 500 | 1000 | 1900 | 2700 |
| 2-dr GS Htchbk | 200 | 400 | 550 | 1100 | 2000 | 2900 |
| 2-dr GT Htchbk | 200 | 400 | 550 | 1100 | 2000 | 2900 |

|  | 6 | 5 | 4 | 3 | 2 | 1 |
|---|---|---|---|---|---|---|
| **Volare, 8-cyl., 113" wb** | | | | | | |
| 4-dr Sdn | 250 | 500 | 750 | 1400 | 2400 | 3400 |
| 2-dr Spt Cpe (109" wb) | 250 | 500 | 750 | 1500 | 2600 | 3600 |
| 4-dr 2-seat Sta Wgn | 250 | 500 | 750 | 1500 | 2600 | 3600 |
| **Volare Custom, 8-cyl.** | | | | | | |
| 4-dr Sdn (113" wb) | 250 | 500 | 750 | 1400 | 2400 | 3400 |
| 2-dr Spt Cpe (109" wb) | 300 | 550 | 800 | 1600 | 2800 | 3900 |
| **Volare Premier, 8-cyl., 113" wb** | | | | | | |
| 4-dr Sdn | 250 | 500 | 750 | 1500 | 2600 | 3600 |
| 2-dr Spt Cpe (109" wb) | 300 | 600 | 850 | 1700 | 2900 | 4100 |
| 4-dr 2-seat Sta Wgn | 300 | 600 | 850 | 1700 | 2900 | 4100 |
| **Fury, 8-cyl., 117" wb** | | | | | | |
| 4-dr Sdn | 250 | 500 | 750 | 1400 | 2400 | 3400 |
| 2-dr Hdtp | 300 | 600 | 850 | 1700 | 2900 | 4100 |
| 4-dr 2-seat Suburban | 250 | 500 | 750 | 1500 | 2600 | 3600 |
| 4-dr 3-seat Suburban | 300 | 600 | 850 | 1700 | 2900 | 4100 |
| **Fury Sport, 8-cyl., 117" wb** | | | | | | |
| 2-dr Spt Hdtp | 300 | 600 | 850 | 1700 | 2900 | 4100 |
| 4-dr Salon Sdn | 250 | 500 | 750 | 1500 | 2600 | 3600 |
| 4-dr 2-seat Suburban | 300 | 600 | 850 | 1700 | 2900 | 4100 |
| 4-dr 3-seat Suburban | 300 | 600 | 950 | 1900 | 3200 | 4600 |
| **Gran Fury, 8-cyl., 121" wb** | | | | | | |
| 4-dr Sdn | 250 | 500 | 750 | 1500 | 2600 | 3600 |
| 2-dr Hdtp | 300 | 600 | 900 | 1800 | 3100 | 4400 |
| **Gran Fury Brougham, 8-cyl., 121" wb** | | | | | | |
| 4-dr Sdn | 300 | 550 | 800 | 1600 | 2800 | 3900 |
| 2-dr Hdtp | 300 | 600 | 900 | 1800 | 3100 | 4400 |
| **Station Wagons, 8-cyl., 124" wb** | | | | | | |
| 4-dr 2-seat Gran Fury | 300 | 600 | 900 | 1800 | 3100 | 4400 |
| 4-dr 3-seat Gran Fury Spt | 300 | 650 | 1000 | 2000 | 3500 | 4900 |
| *Small block option deduct 10%* | | | | | | |
| **1978** | | | | | | |
| **Horizon, 4-cyl., 99" wb** | | | | | | |
| 4-dr Htchbk | 150 | 300 | 450 | 900 | 1800 | 2600 |
| **Arrow** | | | | | | |
| 2-dr Htchbk | 200 | 350 | 500 | 1000 | 1900 | 2700 |
| 2-dr GS Htchbk | 200 | 400 | 550 | 1100 | 2000 | 2900 |
| 2-dr GT Htchbk | 200 | 400 | 550 | 1100 | 2000 | 2900 |
| **Volare, 8-cyl., 113" wb** | | | | | | |
| 4-dr Sdn | 200 | 450 | 650 | 1300 | 2200 | 3200 |
| 2-dr Spt Cpe (109" wb) | 250 | 500 | 750 | 1400 | 2400 | 3400 |
| 2-seat Sta Wgn | 200 | 450 | 650 | 1300 | 2200 | 3200 |
| **Sapporo** | | | | | | |
| 2-dr Luxury Cpe | 200 | 400 | 550 | 1100 | 2000 | 2900 |
| **Fury, 8-cyl., 115"-117" wb** | | | | | | |
| 4-dr Sdn | 250 | 500 | 750 | 1400 | 2400 | 3400 |
| 2-dr Hdtp Cpe | 300 | 600 | 850 | 1700 | 2900 | 4100 |
| 4-dr Salon | 300 | 600 | 850 | 1700 | 2900 | 4100 |
| 2-dr Spt Hdtp | 300 | 600 | 900 | 1800 | 3100 | 4400 |
| **Station Wagons, 117.5" wb** | | | | | | |
| 3-seat Fury Suburban | 300 | 600 | 900 | 1800 | 3100 | 4400 |
| 2-seat Fury Suburban | 300 | 550 | 800 | 1600 | 2800 | 3900 |
| 3-seat Spt Fury Suburban | 300 | 600 | 950 | 1900 | 3200 | 4600 |
| 2-seat Spt Fury Suburban | 300 | 600 | 850 | 1700 | 2900 | 4100 |
| *Small block option deduct 10%* | | | | | | |
| **1979** | | | | | | |
| **Champ, 4-cyl.** | | | | | | |
| 2-dr Htchbk | 125 | 250 | 400 | 800 | 1700 | 2500 |
| 2-dr Custom Htchbk | 125 | 250 | 400 | 800 | 1700 | 2500 |

|  | 6 | 5 | 4 | 3 | 2 | 1 |
|---|---|---|---|---|---|---|
| **Horizon, 4-cyl., 99" wb** | | | | | | |
| 4-dr Htchbk | 150 | 300 | 450 | 900 | 1800 | 2600 |
| 2-dr TC 3 Htchbk | 150 | 300 | 450 | 900 | 1800 | 2600 |
| **Arrow, 4-cyl.** | | | | | | |
| 2-dr Htchbk | 200 | 350 | 500 | 1000 | 1900 | 2700 |
| 2-dr GS Htchbk | 200 | 400 | 550 | 1100 | 2000 | 2900 |
| 2-dr GT Htchbk | 200 | 400 | 550 | 1100 | 2000 | 2900 |
| **Volare, 8-cyl., 113" wb** | | | | | | |
| 4-dr Sdn | 200 | 450 | 650 | 1300 | 2200 | 3200 |
| 2-dr Spt Cpe (109" wb) | 250 | 500 | 750 | 1400 | 2400 | 3400 |
| 2-seat Sta Wgn | 250 | 500 | 750 | 1400 | 2400 | 3400 |
| **Sapporo, 4-cyl.** | | | | | | |
| 2-dr Cpe | 200 | 400 | 550 | 1100 | 2000 | 2900 |
| | | *Small block option deduct 10%* | | | | |
| **1980** | | | | | | |
| **Champ, 4-cyl.** | | | | | | |
| 2-dr Htchbk | 125 | 250 | 400 | 800 | 1700 | 2500 |
| 2-dr Custom Htchbk | 125 | 250 | 400 | 800 | 1700 | 2500 |
| **Horizon, 4-cyl., 99" wb** | | | | | | |
| 4-dr Htchbk | 150 | 300 | 450 | 900 | 1800 | 2600 |
| 2-dr Htchbk 2 + 2 TC3 | 150 | 300 | 450 | 900 | 1800 | 2600 |
| **Arrow, 4-cyl.** | | | | | | |
| 2-dr Htchbk | 200 | 350 | 500 | 1000 | 1900 | 2700 |
| **Fire Arrow, 4-cyl.** | | | | | | |
| 2-dr Htchbk | 200 | 400 | 550 | 1100 | 2000 | 2900 |
| **Volare, 8-cyl., 113" wb** | | | | | | |
| 4-dr Sdn | 200 | 450 | 650 | 1300 | 2200 | 3200 |
| 2-dr Cpe (109" wb) | 250 | 500 | 750 | 1400 | 2400 | 3400 |
| 4-dr Sta Wgn | 250 | 500 | 750 | 1400 | 2400 | 3400 |
| **Volare Special, 6-cyl.** | | | | | | |
| 2-dr Cpe (109" wb) | 200 | 450 | 650 | 1300 | 2200 | 3200 |
| 4-dr Sdn (113" wb) | 200 | 400 | 600 | 1200 | 2100 | 3000 |
| **Sapporo, 4-cyl.** | | | | | | |
| 2-dr Cpe | 200 | 400 | 550 | 1100 | 2000 | 2900 |
| **Gran Fury, 8-cyl., 119" wb** | | | | | | |
| 4-dr Sdn | 200 | 400 | 550 | 1100 | 2000 | 2900 |
| **Gran Fury Salon, 8-cyl., 119" wb** | | | | | | |
| 4-dr Sdn | 200 | 400 | 550 | 1100 | 2000 | 2900 |
| | | *Small block option deduct 10%* | | | | |
| **1981** | | | | | | |
| **Champ, 4-cyl.** | | | | | | |
| 2-dr Htchbk | 125 | 250 | 400 | 800 | 1700 | 2500 |
| 2-dr Dlx Htchbk | 125 | 250 | 400 | 800 | 1700 | 2500 |
| 2-dr Custom Htchbk | 125 | 250 | 400 | 800 | 1700 | 2500 |
| **Horizon, 4-cyl., 99" wb** | | | | | | |
| 4-dr Miser Htchbk | 150 | 300 | 450 | 900 | 1800 | 2600 |
| 2-dr Miser Htchbk TC3 | 150 | 300 | 450 | 900 | 1800 | 2600 |
| 4-dr Htchbk | 150 | 300 | 450 | 900 | 1800 | 2600 |
| 2-dr Htchbk TC3 | 150 | 300 | 450 | 900 | 1800 | 2600 |
| **Reliant, 4-cyl., 99" wb** | | | | | | |
| 4-dr Sdn | 200 | 350 | 500 | 1000 | 1900 | 2700 |
| 2-dr Sdn | 200 | 350 | 500 | 1000 | 1900 | 2700 |
| **Reliant Custom, 4-cyl., 99.6" wb** | | | | | | |
| 4-dr Sdn | 200 | 350 | 500 | 1000 | 1900 | 2700 |
| 2-dr Sdn | 200 | 350 | 500 | 1000 | 1900 | 2700 |
| 4-dr Sta Wgn | 200 | 350 | 500 | 1000 | 1900 | 2700 |

| | 6 | 5 | 4 | 3 | 2 | 1 |
|---|---|---|---|---|---|---|
| **Reliant SE, 4-cyl., 99.6" wb** | | | | | | |
| 4-dr Sdn | 200 | 400 | 550 | 1100 | 2000 | 2900 |
| 2-dr Sdn | 200 | 400 | 550 | 1100 | 2000 | 2900 |
| 4-dr Sta Wgn | 200 | 400 | 550 | 1100 | 2000 | 2900 |
| **Sapporo, 4-cyl.** | | | | | | |
| 2-dr Hdtp | 200 | 400 | 550 | 1100 | 2000 | 2900 |
| **Gran Fury, 8-cyl., 118.5" wb** | | | | | | |
| 4-dr Sdn | 200 | 400 | 550 | 1100 | 2000 | 2900 |

*Small block option deduct 10%*

## 1982

| | 6 | 5 | 4 | 3 | 2 | 1 |
|---|---|---|---|---|---|---|
| **Champ, 4-cyl.** | | | | | | |
| 4-dr Htchbk | 125 | 250 | 400 | 800 | 1700 | 2500 |
| 2-dr Htchbk | 125 | 250 | 400 | 800 | 1700 | 2500 |
| 2-dr Dlx Htchbk | 125 | 250 | 400 | 800 | 1700 | 2500 |
| 4-dr Custom Htchbk | 150 | 300 | 450 | 900 | 1800 | 2600 |
| 2-dr Custom Htchbk | 150 | 300 | 450 | 900 | 1800 | 2600 |
| **Horizon, 4-cyl.** | | | | | | |
| 4-dr Miser Htchbk | 150 | 300 | 450 | 900 | 1800 | 2600 |
| 2-dr Miser Htchbk TC3 | 150 | 300 | 450 | 900 | 1800 | 2600 |
| 4-dr Custom Htchbk | 150 | 300 | 450 | 900 | 1800 | 2600 |
| 2-dr Custom Htchbk | 150 | 300 | 450 | 900 | 1800 | 2600 |
| 4-dr E Type Htchbk | 150 | 300 | 450 | 900 | 1800 | 2600 |
| **Turismo, 4-cyl., 97" wb** | | | | | | |
| 2-dr Htchbk TC3 | 125 | 250 | 400 | 800 | 1700 | 2500 |
| **Reliant, 4-cyl., 99" wb** | | | | | | |
| 4-dr Sdn | 200 | 400 | 550 | 1100 | 2000 | 2900 |
| 2-dr Sdn | 200 | 400 | 550 | 1100 | 2000 | 2900 |
| **Reliant Custom, 4-cyl., 99" wb** | | | | | | |
| 4-dr Sdn | 200 | 400 | 550 | 1100 | 2000 | 2900 |
| 2-dr Sdn | 200 | 400 | 550 | 1100 | 2000 | 2900 |
| 4-dr Sta Wgn | 200 | 400 | 550 | 1100 | 2000 | 2900 |
| **Reliant SE, 4-cyl., 99" wb** | | | | | | |
| 4-dr Sdn | 200 | 400 | 550 | 1100 | 2000 | 2900 |
| 2-dr Sdn | 200 | 400 | 550 | 1100 | 2000 | 2900 |
| 4-dr Sta Wgn | 200 | 400 | 550 | 1100 | 2000 | 2900 |
| **Sapporo** | | | | | | |
| 2-dr Hdtp | 200 | 400 | 550 | 1100 | 2000 | 2900 |
| **Gran Fury, 8-cyl., 112.7" wb** | | | | | | |
| 4-dr Sdn | 200 | 400 | 550 | 1100 | 2000 | 2900 |

*Small block option deduct 10%*

## 1983

| | 6 | 5 | 4 | 3 | 2 | 1 |
|---|---|---|---|---|---|---|
| **Colt, 4-cyl.** | | | | | | |
| 2-dr Htchbk | 200 | 350 | 500 | 1000 | 1900 | 2700 |
| 4-dr Htchbk | 200 | 350 | 500 | 1000 | 1900 | 2700 |
| 4-dr Custom Htchbk | 200 | 400 | 550 | 1100 | 2000 | 2900 |
| 2-dr Custom Htchbk | 200 | 400 | 550 | 1100 | 2000 | 2900 |
| **Horizon, 4-cyl., 99" wb** | | | | | | |
| 4-dr Htchbk | 150 | 300 | 450 | 900 | 1800 | 2600 |
| 4-dr Custom Htchbk | 150 | 300 | 450 | 900 | 1800 | 2600 |
| **Turismo, 4-cyl., 97" wb** | | | | | | |
| 2-dr Htchbk | 125 | 250 | 400 | 800 | 1700 | 2500 |
| 2-dr Htchbk 2 + 2 | 125 | 250 | 400 | 800 | 1700 | 2500 |
| **Reliant, 4-cyl., 100" wb** | | | | | | |
| 4-dr Sdn | 200 | 400 | 550 | 1100 | 2000 | 2900 |
| 2-dr Sdn | 200 | 400 | 550 | 1100 | 2000 | 2900 |
| 4-dr Custom Sta Wgn | 200 | 400 | 550 | 1100 | 2000 | 2900 |

| | 6 | 5 | 4 | 3 | 2 | 1 |
|---|---|---|---|---|---|---|
| **Reliant SE, 4-cyl., 100" wb** | | | | | | |
| 4-dr Sdn | 200 | 400 | 550 | 1100 | 2000 | 2900 |
| 2-dr Sdn | 200 | 400 | 550 | 1100 | 2000 | 2900 |
| 4-dr Sta Wgn | 200 | 400 | 550 | 1100 | 2000 | 2900 |
| **Sapporo, 4-cyl.** | | | | | | |
| 2-dr Hdtp | 200 | 400 | 550 | 1100 | 2000 | 2900 |
| **Gran Fury Salon, 8-cyl., 112.7" wb** | | | | | | |
| 4-dr Sdn | 200 | 400 | 550 | 1100 | 2000 | 2900 |

*Small block option deduct 10%*

## 1984

| | 6 | 5 | 4 | 3 | 2 | 1 |
|---|---|---|---|---|---|---|
| **Colt, 4-cyl.** | | | | | | |
| 4-dr Htchbk E | 200 | 400 | 550 | 1100 | 2000 | 2900 |
| 2-dr Htchbk E | 200 | 400 | 550 | 1100 | 2000 | 2900 |
| 4-dr Htchbk DL | 200 | 400 | 600 | 1200 | 2100 | 3000 |
| 2-dr Htchbk DL | 200 | 400 | 600 | 1200 | 2100 | 3000 |
| 4-dr Vista Sta Wgn | 250 | 500 | 750 | 1500 | 2600 | 3600 |
| **Horizon, 4-cyl., 99" wb** | | | | | | |
| 4-dr Htchbk | 150 | 300 | 450 | 900 | 1800 | 2600 |
| 4-dr Htchbk SE | 150 | 300 | 450 | 900 | 1800 | 2600 |
| **Turismo, 4-cyl., 97" wb** | | | | | | |
| 2-dr Htchbk | 150 | 300 | 450 | 900 | 1800 | 2600 |
| 2-dr Htchbk 2 + 2 | 150 | 300 | 450 | 900 | 1800 | 2600 |
| **Reliant, 4-cyl., 100" wb** | | | | | | |
| 4-dr Sdn | 200 | 400 | 600 | 1200 | 2100 | 3000 |
| 2-dr Sdn | 200 | 400 | 600 | 1200 | 2100 | 3000 |
| 4-dr Custom Sta Wgn | 200 | 400 | 600 | 1200 | 2100 | 3000 |
| **Reliant SE, 4-cyl., 100" wb** | | | | | | |
| 2-dr Sdn | 200 | 400 | 600 | 1200 | 2100 | 3000 |
| 4-dr Sdn | 200 | 400 | 600 | 1200 | 2100 | 3000 |
| 4-dr Sta Wgn | 200 | 400 | 600 | 1200 | 2100 | 3000 |
| **Conquest, 4-cyl.** | | | | | | |
| 2-dr Htchbk | 300 | 550 | 800 | 1600 | 2800 | 3900 |
| **Gran Fury, 8-cyl., 112.7" wb** | | | | | | |
| 4-dr Sdn | 200 | 400 | 550 | 1100 | 2000 | 2900 |

## 1985

| | 6 | 5 | 4 | 3 | 2 | 1 |
|---|---|---|---|---|---|---|
| **Colt, 4-cyl.** | | | | | | |
| 4-dr Htchbk E | 200 | 400 | 550 | 1100 | 2000 | 2900 |
| 2-dr Htchbk E | 200 | 400 | 550 | 1100 | 2000 | 2900 |
| 4-dr Sdn DL | 200 | 400 | 600 | 1200 | 2100 | 3000 |
| 2-dr Htchbk DL | 200 | 400 | 600 | 1200 | 2100 | 3000 |
| 4-dr Sdn Premier | 200 | 450 | 650 | 1300 | 2200 | 3200 |
| 4-dr Vista Sta Wgn | 300 | 550 | 800 | 1600 | 2800 | 3900 |
| 4-dr Vista Sta Wgn 4WD | 300 | 600 | 850 | 1700 | 2900 | 4100 |
| **Horizon, 4-cyl., 99" wb** | | | | | | |
| 4-dr Htchbk | 150 | 300 | 450 | 900 | 1800 | 2600 |
| 4-dr Htchbk SE | 150 | 300 | 450 | 900 | 1800 | 2600 |
| **Turismo, 4-cyl., 96.5" wb** | | | | | | |
| 2-dr Htchbk | 150 | 300 | 450 | 900 | 1800 | 2600 |
| 2-dr Htchbk 2 + 2 | 150 | 300 | 450 | 900 | 1800 | 2600 |
| **Reliant, 4-cyl., 100" wb** | | | | | | |
| 4-dr Sdn | 200 | 400 | 600 | 1200 | 2100 | 3000 |
| 2-dr Sdn | 200 | 400 | 600 | 1200 | 2100 | 3000 |
| 4-dr Sdn SE | 200 | 400 | 600 | 1200 | 2100 | 3000 |
| 2-dr Sdn SE | 200 | 400 | 600 | 1200 | 2100 | 3000 |
| 4-dr Sta Wgn SE | 200 | 400 | 600 | 1200 | 2100 | 3000 |
| 4-dr Sdn LE | 200 | 400 | 600 | 1200 | 2100 | 3000 |
| 2-dr Sdn LE | 200 | 400 | 600 | 1200 | 2100 | 3000 |
| 4-dr Sta Wgn LE | 200 | 400 | 600 | 1200 | 2100 | 3000 |

| | 6 | 5 | 4 | 3 | 2 | 1 |
|---|---|---|---|---|---|---|
| **Conquest, 4-cyl.** | | | | | | |
| 2-dr Htchbk Turbo | 300 | 600 | 900 | 1800 | 3100 | 4400 |
| **Caravelle, 4-cyl., 103" wb** | | | | | | |
| 4-dr Sdn SE | 300 | 550 | 800 | 1600 | 2800 | 3900 |
| **Grand Fury, 8-cyl., 112.7" wb** | | | | | | |
| 4-dr Sdn Salon | 200 | 400 | 550 | 1100 | 2000 | 2900 |
| ***1986*** | | | | | | |
| **Colt** | | | | | | |
| 4-dr Sdn E | 200 | 400 | 600 | 1200 | 2100 | 3000 |
| 2-dr Htchbk E | 200 | 400 | 600 | 1200 | 2100 | 3000 |
| 4-dr Sdn DL | 200 | 450 | 650 | 1300 | 2200 | 3200 |
| 2-dr Htchbk DL | 200 | 450 | 650 | 1300 | 2200 | 3200 |
| 4-dr Sdn Premier | 250 | 500 | 750 | 1400 | 2400 | 3400 |
| 4-dr Vista Sta Wgn | 300 | 600 | 900 | 1800 | 3100 | 4400 |
| 4-dr Vista Sta Wgn 4WD | 300 | 600 | 950 | 1900 | 3200 | 4600 |
| **Horizon, 4-cyl., 99" wb** | | | | | | |
| 4-dr Htchbk | 200 | 350 | 500 | 1000 | 1900 | 2700 |
| 4-dr SE Htchbk | 200 | 350 | 500 | 1000 | 1900 | 2700 |
| **Turismo, 4-cyl., 97" wb** | | | | | | |
| 2-dr Htchbk | 200 | 350 | 500 | 1000 | 1900 | 2700 |
| 2-dr Htchbk 2 + 2 | 200 | 350 | 500 | 1000 | 1900 | 2700 |
| **Reliant, 4-cyl., 100" wb** | | | | | | |
| 2-dr Sdn | 200 | 450 | 650 | 1300 | 2200 | 3200 |
| 4-dr Sdn | 200 | 450 | 650 | 1300 | 2200 | 3200 |
| 2-dr Sdn SE | 200 | 450 | 650 | 1300 | 2200 | 3200 |
| 4-dr Sdn SE | 200 | 450 | 650 | 1300 | 2200 | 3200 |
| 4-dr Sta Wgn SE | 200 | 450 | 650 | 1300 | 2200 | 3200 |
| 2-dr Sdn LE | 200 | 450 | 650 | 1300 | 2200 | 3200 |
| 4-dr Sdn LE | 200 | 450 | 650 | 1300 | 2200 | 3200 |
| 4-dr Sta Wgn LE | 200 | 450 | 650 | 1300 | 2200 | 3200 |
| **Caravelle, 4-cyl., 103" wb** | | | | | | |
| 4-dr Sdn | 300 | 550 | 800 | 1600 | 2800 | 3900 |
| 4-dr Sdn SE | 300 | 600 | 850 | 1700 | 2900 | 4100 |
| **Grand Fury, 8-cyl., 112.6" wb** | | | | | | |
| 4-dr Salon Sdn | 200 | 400 | 600 | 1200 | 2100 | 3000 |
| ***1987*** | | | | | | |
| **Colt, 4-cyl.** | | | | | | |
| 4-dr Sdn E | 200 | 450 | 650 | 1300 | 2200 | 3200 |
| 2-dr Htchbk E | 200 | 450 | 650 | 1300 | 2200 | 3200 |
| 4-dr Sdn DL | 250 | 500 | 750 | 1400 | 2400 | 3400 |
| 2-dr Htchbk DL | 250 | 500 | 750 | 1400 | 2400 | 3400 |
| 4-dr Sdn Premier | 250 | 500 | 750 | 1500 | 2600 | 3600 |
| 4-dr Vista Sta Wgn | 300 | 650 | 1000 | 2000 | 3500 | 4900 |
| 4-dr Vista Sta Wgn 4WD | 300 | 650 | 1100 | 2100 | 3600 | 5100 |
| **Horizon, 4-cyl., 99" wb** | | | | | | |
| 4-dr Htchbk | 200 | 400 | 550 | 1100 | 2000 | 2900 |
| **Turismo, 4-cyl., 97" wb** | | | | | | |
| 2-dr Htchbk | 200 | 400 | 550 | 1100 | 2000 | 2900 |
| **Sundance, 4-cyl., 97" wb** | | | | | | |
| 2-dr Htchbk | 300 | 550 | 800 | 1600 | 2800 | 3900 |
| 4-dr Htchbk | 300 | 550 | 800 | 1600 | 2800 | 3900 |
| **Reliant, 4-cyl., 100" wb** | | | | | | |
| 2-dr Sdn | 250 | 500 | 750 | 1400 | 2400 | 3400 |
| 4-dr Sdn | 250 | 500 | 750 | 1400 | 2400 | 3400 |
| 2-dr Sdn LE | 250 | 500 | 750 | 1500 | 2600 | 3600 |
| 4-dr Sdn LE | 250 | 500 | 750 | 1500 | 2600 | 3600 |
| 4-dr Sta Wgn LE | 250 | 500 | 750 | 1500 | 2600 | 3600 |

'79 Plymouth Volare

'79 Plymouth Arrow

'79 Plymouth Champ

'80 Plymouth Fury

'80 Plymouth Horizon 2+2

'80 Plymouth Arrow

'82 Plymouth Gran Fury

'82 Plymouth Sapporo

'83 Plymouth Turismo

'85 Plymouth Turismo

'88 Plymouth Sundance

'90 Plymouth Laser

|  | 6 | 5 | 4 | 3 | 2 | 1 |
|---|---|---|---|---|---|---|
| **Caravelle, 4-cyl., 103" wb** | | | | | | |
| 4-dr Sdn | 300 | 600 | 850 | 1700 | 2900 | 4100 |
| 4-dr Sdn SE | 300 | 600 | 900 | 1800 | 3100 | 4400 |
| **Grand Fury, 8-cyl., 112.7" wb** | | | | | | |
| 4-dr Sdn | 200 | 450 | 650 | 1300 | 2200 | 3200 |
| **1988** | | | | | | |
| **Colt, 4-cyl.** | | | | | | |
| 3-dr Htchbk | 200 | 450 | 650 | 1300 | 2200 | 3200 |
| 3-dr E Htchbk | 250 | 500 | 750 | 1400 | 2400 | 3400 |
| 4-dr E Sdn | 250 | 500 | 750 | 1400 | 2400 | 3400 |
| 3-dr DL Htchbk | 250 | 500 | 750 | 1500 | 2600 | 3600 |
| 4-dr DL Sdn | 250 | 500 | 750 | 1500 | 2600 | 3600 |
| 4-dr DL Sta Wgn | 250 | 500 | 750 | 1500 | 2600 | 3600 |
| 4-dr Premier Sdn | 300 | 550 | 800 | 1600 | 2800 | 3900 |
| 4-dr Vista Sta Wgn | 300 | 650 | 1150 | 2300 | 3900 | 5700 |
| 4-dr Vista  Sta Wgn 4WD | 300 | 700 | 1200 | 2400 | 4100 | 5900 |
| **Horizon America, 4-cyl.** | | | | | | |
| 4-dr Htchbk | 200 | 400 | 600 | 1200 | 2100 | 3000 |
| **Reliant America, 4-cyl.** | | | | | | |
| 2-dr Sdn | 250 | 500 | 750 | 1500 | 2600 | 3600 |
| 4-dr Sdn | 250 | 500 | 750 | 1500 | 2600 | 3600 |
| 4-dr Sta Wgn | 250 | 500 | 750 | 1500 | 2600 | 3600 |
| **Sundance, 4-cyl.** | | | | | | |
| 2-dr Liftback | 300 | 600 | 850 | 1700 | 2900 | 4100 |
| 4-dr Liftback | 300 | 600 | 900 | 1800 | 3100 | 4400 |
| **Caravelle, 4-cyl.** | | | | | | |
| 4-dr Sdn | 300 | 600 | 950 | 1900 | 3200 | 4600 |
| 4-dr SE Sdn | 300 | 650 | 1000 | 2000 | 3500 | 4900 |
| **Gran Fury, 8-cyl.** | | | | | | |
| 4-dr Sdn | 200 | 450 | 650 | 1300 | 2200 | 3200 |
| 4-dr Salon Sdn | 250 | 500 | 750 | 1400 | 2400 | 3400 |
| **1989** | | | | | | |
| **Colt, 4-cyl.** | | | | | | |
| 3-dr Htchbk | 250 | 500 | 750 | 1500 | 2600 | 3600 |
| 3-dr E Htchbk | 300 | 550 | 800 | 1600 | 2800 | 3900 |
| 3-dr GT Htchbk | 300 | 650 | 1000 | 2000 | 3500 | 4900 |
| 4-dr DL Sta Wgn | 300 | 600 | 900 | 1800 | 3100 | 4400 |
| 4-dr S/W DL 4WD | 300 | 650 | 1100 | 2200 | 3800 | 5400 |
| 4-dr Vista Sta Wgn | 300 | 800 | 1300 | 2600 | 4600 | 6600 |
| 4-dr Vista 4WD | 300 | 800 | 1350 | 2700 | 4700 | 6900 |
| **Horizon America, 4-cyl.** | | | | | | |
| 4-dr Htchbk | 200 | 450 | 650 | 1300 | 2200 | 3200 |
| **Reliant America, 4-cyl.** | | | | | | |
| 2-dr Sdn | 300 | 550 | 800 | 1600 | 2800 | 3900 |
| 4-dr Sdn | 300 | 550 | 800 | 1600 | 2800 | 3900 |
| **Sundance, 4-cyl.** | | | | | | |
| 2-dr Lftbk | 300 | 650 | 1000 | 2000 | 3500 | 4900 |
| 4-dr Lftbk | 300 | 650 | 1100 | 2100 | 3600 | 5100 |
| **Acclaim, 4-cyl.** | | | | | | |
| 4-dr Sdn | 300 | 650 | 1150 | 2300 | 3900 | 5700 |
| 4-dr LE Sdn | 300 | 700 | 1200 | 2400 | 4100 | 5900 |
| **Acclaim, 6-cyl.** | | | | | | |
| 4-dr LX Sdn | 350 | 850 | 1400 | 2800 | 4900 | 7100 |
| **Gran Fury Salon, 8-cyl.** | | | | | | |
| 4-dr Sdn | 250 | 500 | 750 | 1500 | 2600 | 3600 |

*Small block option deduct 10%*

|  | 6 | 5 | 4 | 3 | 2 | 1 |
|---|---|---|---|---|---|---|
| **1990** | | | | | | |
| **Colt, 4-cyl.** | | | | | | |
| 3-dr Htchbk | 300 | 600 | 950 | 1900 | 3200 | 4600 |
| 3-dr GL Htchbk | 300 | 650 | 1000 | 2000 | 3500 | 4900 |
| 3-dr GT Htchbk | 300 | 650 | 1150 | 2300 | 3900 | 5700 |
| 4-dr DL Sta Wgn | 300 | 650 | 1100 | 2200 | 3800 | 5400 |
| 4-dr S/W DL 4WD | 300 | 750 | 1250 | 2500 | 4400 | 6200 |
| 4-dr Vista Sta Wgn | 350 | 900 | 1500 | 2900 | 5200 | 7400 |
| 4-dr Vista 4WD | 350 | 950 | 1550 | 3100 | 5500 | 7900 |
| **Horizon, 4-cyl.** | | | | | | |
| 4-dr Htchbk | 250 | 500 | 750 | 1500 | 2600 | 3600 |
| **Sundance, 4-cyl.** | | | | | | |
| 2-dr Lftbk | 300 | 650 | 1150 | 2300 | 3900 | 5700 |
| 4-dr Lftbk | 300 | 700 | 1200 | 2400 | 4100 | 5900 |
| **Laser, 4-cyl.** | | | | | | |
| 3-dr Htchbk | 350 | 850 | 1400 | 2800 | 4900 | 7100 |
| 3-dr RS Htchbk | 350 | 950 | 1550 | 3100 | 5500 | 7900 |
| 3-dr RS Turbo Htchbk | 400 | 1050 | 1700 | 3300 | 5800 | 8300 |
| **Acclaim, 4-cyl.** | | | | | | |
| 4-dr Sdn | 300 | 800 | 1300 | 2600 | 4600 | 6600 |
| 4-dr LE Sdn | 350 | 850 | 1400 | 2800 | 4900 | 7100 |
| **Acclaim, 6-cyl.** | | | | | | |
| 4-dr Sdn | 350 | 900 | 1500 | 3000 | 5300 | 7600 |
| 4-dr LE Sdn | 350 | 1000 | 1600 | 3200 | 5700 | 8100 |
| 4-dr LX Sdn | 400 | 1050 | 1700 | 3300 | 5800 | 8300 |
| *Small block option deduct 10%* | | | | | | |
| **1991** | | | | | | |
| **Colt, 4-cyl.** | | | | | | |
| 3-dr Htchbk | 300 | 650 | 1150 | 2300 | 3900 | 5700 |
| 3-dr GL Htchbk | 300 | 700 | 1200 | 2400 | 4100 | 5900 |
| 4-dr Vista Sta Wgn | 400 | 1050 | 1700 | 3400 | 5900 | 8500 |
| 4-dr Vista 4WD | 400 | 1100 | 1800 | 3600 | 6200 | 9100 |
| **Sundance, 4-cyl.** | | | | | | |
| 2-dr America Cpe | 300 | 800 | 1350 | 2700 | 4700 | 6900 |
| 4-dr America Sedan | 300 | 800 | 1350 | 2700 | 4700 | 6900 |
| 2-dr Cpe | 350 | 850 | 1400 | 2800 | 4900 | 7100 |
| 4-dr Sedan | 350 | 850 | 1400 | 2800 | 4900 | 7100 |
| 2-dr RS Cpe | 350 | 950 | 1550 | 3100 | 5500 | 7900 |
| 4-dr RS Sedan | 350 | 950 | 1550 | 3100 | 5500 | 7900 |
| **Laser, 4-cyl.** | | | | | | |
| 3-dr Htchbk | 400 | 1050 | 1700 | 3400 | 5900 | 8500 |
| 3-dr RS Htchbk | 400 | 1150 | 1850 | 3700 | 6400 | 9300 |
| 3-dr RS Turbo Htchbk | 400 | 1200 | 1950 | 3900 | 6800 | 9900 |
| **Acclaim, 4-cyl.** | | | | | | |
| 4-dr Sdn | 350 | 950 | 1550 | 3100 | 5500 | 7900 |
| 4-dr LE Sdn | 350 | 1000 | 1600 | 3200 | 5700 | 8100 |
| **Acclaim, 6-cyl.** | | | | | | |
| 4-dr Sdn | 400 | 1100 | 1800 | 3500 | 6100 | 8900 |
| 4-dr LE Sdn | 400 | 1100 | 1800 | 3600 | 6200 | 9100 |
| 4-dr LX Sdn | 400 | 1150 | 1850 | 3700 | 6400 | 9300 |

## Collector Car Value Trends

Value trends within the collector car hobby provide a look at what's been going on during the past two decades. The following charts were compiled from various sources that have tracked the value of selected models over the years. Models were chosen on the basis of their rarity *and* desirability by collectors and hobbyists. 2000 prices are based on vehicles in number one condition.

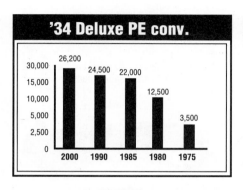

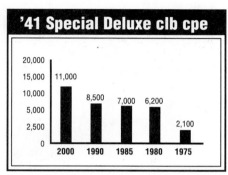

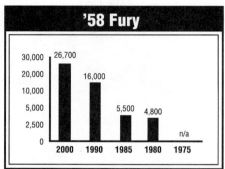

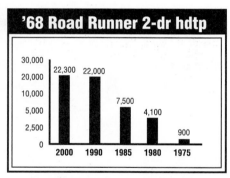

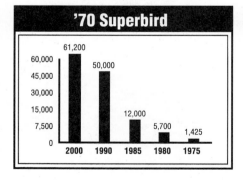

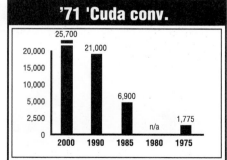

# PONTIAC
## 1926 – 1991

'26 Pontiac

'27 Pontiac Sport Roadster

'28 Pontiac

'29 Pontiac

'30 Pontiac

'31 Pontiac

'32 Pontiac

'33 Pontiac

'35 Pontiac Six

'36 Pontiac Deluxe Eight

| | 6 | 5 | 4 | 3 | 2 | 1 |
|---|---|---|---|---|---|---|
| **1926** | | | | | | |
| **6-cyl., 36 hp, 110" wb** | | | | | | |
| 2-dr Cpe | 600 | 1650 | 2850 | 5700 | 9900 | 14200 |
| 2-dr Coach | 550 | 1550 | 2650 | 5300 | 9100 | 13000 |
| 4-dr Lan Sdn | 600 | 1600 | 2700 | 5400 | 9300 | 13500 |
| 2-dr Dlx Cpe | 600 | 1650 | 2900 | 5800 | 10000 | 14500 |
| 4-dr Dlx Lan Sdn | 600 | 1600 | 2800 | 5600 | 9700 | 14000 |
| **1927** | | | | | | |
| **Model 6-27, 6-cyl., 36 hp, 110" wb** | | | | | | |
| 2-pass Cpe | 550 | 1500 | 2500 | 5100 | 8800 | 12500 |
| 4-dr 5-pass Lan Sdn | 550 | 1500 | 2500 | 5100 | 8800 | 12500 |
| 5-pas Dlx Lan Sdn | 550 | 1550 | 2650 | 5300 | 9100 | 13000 |
| 2-dr Coach | 500 | 1350 | 2350 | 4700 | 8100 | 11500 |
| 2-pass Dlx Cpe | 550 | 1550 | 2650 | 5300 | 9100 | 13000 |
| 2-4 pass Spt Rdstr | 700 | 2050 | 3500 | 7000 | 12100 | 17400 |
| 2-4 pass Spt Cabrlt | 700 | 1850 | 3300 | 6600 | 11300 | 16300 |
| **1928** | | | | | | |
| **Model 6-28, 6-cyl., 43 hp, 110" wb** | | | | | | |
| 2-pass Cpe | 550 | 1450 | 2450 | 4900 | 8500 | 12000 |
| 2-pass Spt Cpe | 550 | 1550 | 2650 | 5300 | 9100 | 13000 |
| 4-dr 5-pass Sdn | 450 | 1250 | 2050 | 4100 | 7100 | 10300 |
| 2-dr 5-pass Sdn | 450 | 1250 | 2150 | 4300 | 7400 | 10700 |
| 5-pass Lan Spt Sdn | 600 | 1600 | 2750 | 5500 | 9500 | 13800 |
| 2-4 pass Rdstr | 750 | 2100 | 3550 | 7100 | 12300 | 17700 |
| 5-pass Spt Phtn | 700 | 1900 | 3350 | 6700 | 11500 | 16500 |
| **1929** | | | | | | |
| **Model 6-29A, 6-cyl., 57 hp, 110" wb** | | | | | | |
| 5-pass Phtn | 800 | 2400 | 4050 | 8100 | 14200 | 20200 |
| 2-dr 5-pass Sdn | 450 | 1250 | 2150 | 4300 | 7400 | 10700 |
| 4-dr 5-pass Sdn | 450 | 1250 | 2150 | 4300 | 7400 | 10700 |
| 4-dr 5-pass Lan | 500 | 1300 | 2250 | 4500 | 7700 | 11000 |
| 2-dr Cpe | 550 | 1450 | 2450 | 4900 | 8500 | 12000 |
| 2-4 pass Conv Cabrlt | 800 | 2350 | 3950 | 7900 | 13700 | 19700 |
| 2-4 pass Spt Rdstr | 800 | 2450 | 4150 | 8300 | 14600 | 20700 |
| **1930** | | | | | | |
| **Model 6-30B, 6-cyl., 60 hp, 110" wb** | | | | | | |
| 2-pass Cpe | 450 | 1250 | 2150 | 4300 | 7400 | 10700 |
| 2-4 pass Spt Cpe | 500 | 1300 | 2250 | 4500 | 7700 | 11000 |
| 2-dr 5-pass Sdn | 400 | 1200 | 2000 | 4000 | 6900 | 10000 |
| 4-dr 5-pass Sdn | 400 | 1200 | 1950 | 3900 | 6800 | 9900 |
| 5-pass Custom Sdn | 450 | 1250 | 2050 | 4100 | 7100 | 10300 |
| 5-pass Phtn | 800 | 2350 | 3900 | 7800 | 13500 | 19500 |
| 2-4 pass Spt Rdstr | 800 | 2400 | 4000 | 8000 | 13900 | 19900 |
| **1931** | | | | | | |
| **Model 401, 6-cyl., 60 hp, 112" wb** | | | | | | |
| 2-dr Bus Cpe | 550 | 1550 | 2650 | 5300 | 9100 | 13000 |
| 2-4 pass Spt Cpe | 600 | 1600 | 2750 | 5500 | 9500 | 13800 |
| 2-4 pass Conv Cpe | 800 | 2500 | 4250 | 8500 | 15000 | 21200 |
| 4-dr Sdn | 450 | 1250 | 2200 | 4400 | 7600 | 10900 |
| 2-dr Sdn | 500 | 1300 | 2250 | 4500 | 7700 | 11000 |
| 5-pass Custom Sdn | 500 | 1350 | 2300 | 4600 | 8000 | 11300 |
| 5-pass Phtn | 800 | 2500 | 4250 | 8500 | 15000 | 21200 |
| **1932** | | | | | | |
| **Model 402, 6-cyl., 65 hp, 114" wb** | | | | | | |
| 2-pass Cpe | 600 | 1650 | 2850 | 5700 | 9900 | 14200 |
| 2-4 pass Spt Cpe | 650 | 1700 | 3000 | 5900 | 10200 | 14700 |

| | 6 | 5 | 4 | 3 | 2 | 1 |
|---|---|---|---|---|---|---|
| 2-4 pass Conv Cpe | 950 | 3050 | 5150 | 10300 | 18200 | 25700 |
| 2-dr Sdn | 500 | 1300 | 2250 | 4500 | 7700 | 11000 |
| 4-dr Sdn | 500 | 1350 | 2350 | 4700 | 8100 | 11500 |
| 5-pass Custom Sdn | 550 | 1400 | 2400 | 4800 | 8300 | 11800 |
| **Model 302, 8-cyl., 85 hp, 117" wb** | | | | | | |
| 2-pass Cpe | 650 | 1800 | 3250 | 6500 | 11200 | 16100 |
| 2-4 pass Spt Cpe | 700 | 1900 | 3350 | 6700 | 11500 | 16500 |
| 2-4 pass Spl Spt Cpe | 700 | 1900 | 3400 | 6800 | 11700 | 16900 |
| 2-4 pass Conv Cpe | 1050 | 3400 | 5700 | 11400 | 20100 | 28500 |
| 2-dr Sdn | 550 | 1450 | 2450 | 4900 | 8500 | 12000 |
| 4-dr Sdn | 550 | 1500 | 2500 | 5100 | 8800 | 12500 |
| 5-pass Custom Sdn | 600 | 1600 | 2750 | 5500 | 9500 | 13800 |

### 1933

| | 6 | 5 | 4 | 3 | 2 | 1 |
|---|---|---|---|---|---|---|
| **Model 601, 8-cyl., 77 hp, 115" wb** | | | | | | |
| 2-pass Cpe | 600 | 1600 | 2750 | 5500 | 9500 | 13800 |
| 2-4 pass Spt Cpe | 650 | 1700 | 3000 | 5900 | 10200 | 14700 |
| 2-4 pass Conv Cpe | 900 | 2750 | 4650 | 9300 | 16400 | 23100 |
| 4-dr 5-pass Sdn | 500 | 1350 | 2350 | 4700 | 8100 | 11500 |
| 2-dr Sdn | 500 | 1300 | 2250 | 4500 | 7700 | 11000 |
| 2-dr 5-pass Tr Sdn | 500 | 1350 | 2300 | 4600 | 8000 | 11300 |
| 2-4 pass Rdstr | 900 | 2900 | 4850 | 9700 | 17100 | 24200 |

### 1934

| | 6 | 5 | 4 | 3 | 2 | 1 |
|---|---|---|---|---|---|---|
| **Model 603, 8-cyl., 84 hp, 117.25" wb** | | | | | | |
| 2-pass Cpe | 650 | 1700 | 3000 | 5900 | 10200 | 14700 |
| 2-4 pass Spt Cpe | 650 | 1700 | 3000 | 6100 | 10600 | 15200 |
| 4-dr 5-pass Sdn | 450 | 1250 | 2150 | 4300 | 7400 | 10700 |
| 2-dr 5-pass Sdn | 450 | 1250 | 2100 | 4200 | 7200 | 10500 |
| 4-dr 5-pass Tr Sdn | 450 | 1250 | 2200 | 4400 | 7600 | 10900 |
| 2-dr 5-pass Tr Sdn | 450 | 1250 | 2150 | 4300 | 7400 | 10700 |
| 2-dr 2-4 pass Cabrlt | 800 | 2400 | 4050 | 8100 | 14200 | 20200 |

### 1935

| | 6 | 5 | 4 | 3 | 2 | 1 |
|---|---|---|---|---|---|---|
| **Standard 6AB, 6-cyl., 80 hp, 112" wb** | | | | | | |
| 2-pass BusCpe | 500 | 1350 | 2350 | 4700 | 8100 | 11500 |
| 4-dr 5-pass Sdn | 400 | 1200 | 1950 | 3900 | 6800 | 9900 |
| 2-dr 5-pass Sdn | 400 | 1150 | 1850 | 3700 | 6400 | 9300 |
| 2-dr 5-pass Tr Sdn | 400 | 1200 | 1900 | 3800 | 6600 | 9600 |
| 4-dr 5-pass Tr Sdn | 450 | 1250 | 2050 | 4100 | 7100 | 10300 |
| **Deluxe 6AA, 6-cyl., 80 hp, 112" wb** | | | | | | |
| 2-pass Bus Cpe | 550 | 1450 | 2450 | 4900 | 8500 | 12000 |
| 2-4 pass Spt Cpe | 550 | 1500 | 2500 | 5100 | 8800 | 12500 |
| 4-dr 5-pass Sdn | 400 | 1200 | 1950 | 3900 | 6800 | 9900 |
| 2-dr 5-pass Sdn | 400 | 1150 | 1850 | 3700 | 6400 | 9300 |
| 2-dr 5-pass Tr Sdn | 400 | 1200 | 1900 | 3800 | 6600 | 9600 |
| 4-dr 5-pass Tr Sdn | 400 | 1200 | 2000 | 4000 | 6900 | 10000 |
| 2-4 pass Cabrlt | 650 | 1800 | 3250 | 6500 | 11200 | 16100 |
| **Imperial Eight 8AA, 8-cyl., 116" wb** | | | | | | |
| 2-pass Bus Cpe | 550 | 1500 | 2500 | 5100 | 8800 | 12500 |
| 2-4 pass Spt Cpe | 600 | 1600 | 2750 | 5500 | 9500 | 13800 |
| 4-dr 5-pass Sdn | 450 | 1250 | 2150 | 4300 | 7400 | 10700 |
| 2-dr 5-pass Sdn | 400 | 1200 | 1900 | 3800 | 6600 | 9600 |
| 2-dr 5-pass Tr Sdn | 400 | 1200 | 1950 | 3900 | 6800 | 9900 |
| 4-dr 5-pass Tr Sdn | 500 | 1300 | 2250 | 4500 | 7700 | 11000 |
| 2-4 pass Cabrlt | 800 | 2450 | 4100 | 8200 | 14400 | 20500 |

### 1936

| | 6 | 5 | 4 | 3 | 2 | 1 |
|---|---|---|---|---|---|---|
| **Master Six, 6-cyl., 81 hp, 112" wb** | | | | | | |
| 2-pass Cpe | 500 | 1350 | 2350 | 4700 | 8100 | 11500 |
| 2-4 pass Spt Cpe | 550 | 1450 | 2450 | 4900 | 8500 | 12000 |

| | 6 | 5 | 4 | 3 | 2 | 1 |
|---|---|---|---|---|---|---|
| 2-dr 5-pass Sdn | 400 | 1150 | 1850 | 3700 | 6400 | 9300 |
| 4-dr 5-pass Sdn | 400 | 1200 | 1950 | 3900 | 6800 | 9900 |
| 2-dr 5-pass Tr Sdn | 400 | 1150 | 1850 | 3700 | 6400 | 9300 |
| 4-dr 5-pass Tr Sdn | 450 | 1250 | 2050 | 4100 | 7100 | 10300 |
| 2-4 pass Cabrlt | 700 | 1900 | 3400 | 6800 | 11700 | 16900 |
| **Deluxe Six, 6-cyl., 81 hp, 112" wb** | | | | | | |
| 2-pass Bus Cpe | 550 | 1550 | 2650 | 5300 | 9100 | 13000 |
| 2-4 pass Spt Cpe | 600 | 1600 | 2750 | 5500 | 9500 | 13800 |
| 2-4 pass Cabrlt | 850 | 2550 | 4300 | 8600 | 15100 | 21500 |
| 2-dr 5-pass Sdn | 400 | 1150 | 1850 | 3700 | 6400 | 9300 |
| 4-dr 5-pass Sdn | 400 | 1200 | 1950 | 3900 | 6800 | 9900 |
| 2-dr 5-pass Tr Sdn | 400 | 1200 | 1900 | 3800 | 6600 | 9600 |
| 4-dr 5-pass Tr Sdn | 400 | 1200 | 2000 | 4000 | 6900 | 10000 |
| **Deluxe Eight, Silver Streak, 8-cyl., 87 hp, 116" wb** | | | | | | |
| 2-pass Bus Cpe | 600 | 1600 | 2750 | 5500 | 9500 | 13800 |
| 2-4 pass Spt Cpe | 600 | 1650 | 2850 | 5700 | 9900 | 14200 |
| 2-dr 5-pass Sdn | 400 | 1200 | 1950 | 3900 | 6800 | 9900 |
| 4-dr 5-pass Sdn | 400 | 1200 | 2000 | 4000 | 6900 | 10000 |
| 2-dr 5-pass Tr Sdn | 400 | 1200 | 2000 | 4000 | 6900 | 10000 |
| 4-dr 5-pass Tr Sdn | 450 | 1250 | 2050 | 4100 | 7100 | 10300 |
| 2-4 pass Cabrlt | 850 | 2650 | 4450 | 8900 | 15700 | 22300 |

## 1937

**Deluxe Model 6CA, Series 26, 6-cyl., 117" wb**

| | 6 | 5 | 4 | 3 | 2 | 1 |
|---|---|---|---|---|---|---|
| 2-dr Bus Cpe | 550 | 1500 | 2500 | 5100 | 8800 | 12500 |
| 2-4 pass Spt Cpe | 600 | 1600 | 2750 | 5500 | 9500 | 13800 |
| 2-dr 5-pass Sdn | 400 | 1150 | 1850 | 3700 | 6400 | 9300 |
| 4-dr 5-pass Sdn | 400 | 1200 | 1950 | 3900 | 6800 | 9900 |
| 4-dr 5-pass Conv Sdn | 1200 | 3800 | 6350 | 12700 | 22400 | 31700 |
| 2-dr 5-pass Tr Sdn | 400 | 1200 | 1900 | 3800 | 6600 | 9600 |
| 4-dr 5-pass Tr Sdn | 400 | 1200 | 2000 | 4000 | 6900 | 10000 |
| Sta Wgn | 1150 | 3600 | 5950 | 11900 | 21000 | 29700 |
| 2-dr 4-pass Cabrlt | 1150 | 3600 | 6000 | 12100 | 21300 | 30200 |
| **Deluxe Model 88A, Series 28, 8-cyl., 122" wb** | | | | | | |
| 2-dr Bus Cpe | 600 | 1650 | 2850 | 5700 | 9900 | 14200 |
| 4-pass Spt Cpe | 650 | 1700 | 3000 | 5900 | 10200 | 14700 |
| 2-dr 5-pass Sdn | 450 | 1250 | 2050 | 4100 | 7100 | 10300 |
| 4-dr 5-pass Sdn | 450 | 1250 | 2100 | 4200 | 7200 | 10500 |
| 2-dr 5-pass Tr Sdn | 450 | 1250 | 2050 | 4100 | 7100 | 10300 |
| 4-dr 5-pass Tr Sdn | 450 | 1250 | 2100 | 4200 | 7200 | 10500 |
| 4-dr 5-pass Conv Sdn | 1350 | 4200 | 7000 | 14000 | 24650 | 34900 |
| 4-pass Cabrlt | 1200 | 3750 | 6300 | 12600 | 22200 | 31400 |

## 1938

**Deluxe Model 6DA, Series 26, 6-cyl., 117" wb**

| | 6 | 5 | 4 | 3 | 2 | 1 |
|---|---|---|---|---|---|---|
| 2-dr Bus Cpe | 550 | 1500 | 2500 | 5100 | 8800 | 12500 |
| 2-4 pass Spt Cpe | 600 | 1600 | 2750 | 5500 | 9500 | 13800 |
| 2-dr 5-pass Sdn | 400 | 1150 | 1850 | 3700 | 6400 | 9300 |
| 4-dr 5-pass Sdn | 400 | 1200 | 1950 | 3900 | 6800 | 9900 |
| 4-dr 5-pass Conv Sdn | 1200 | 3800 | 6350 | 12700 | 22400 | 31700 |
| 2-dr 5-pass Tr Sdn | 400 | 1200 | 1900 | 3800 | 6600 | 9600 |
| 4-dr 5-pass Tr Sdn | 400 | 1200 | 2000 | 4000 | 6900 | 10000 |
| Sta Wgn | 1150 | 3600 | 5950 | 11900 | 21000 | 29700 |
| 2-dr 4-pass Cabrlt | 1150 | 3600 | 6000 | 12100 | 21300 | 30200 |
| **Deluxe Model 8DA, Series 28, 8-cyl., 122" wb** | | | | | | |
| 2-dr Bus Cpe | 600 | 1650 | 2850 | 5700 | 9900 | 14200 |
| 4-pass Spt Cpe | 650 | 1700 | 3000 | 5900 | 10200 | 14700 |
| 2-dr 5-pass Sdn | 450 | 1250 | 2050 | 4100 | 7100 | 10300 |
| 4-dr 5-pass Sdn | 450 | 1250 | 2100 | 4200 | 7200 | 10500 |
| 2-dr 5-pass Tr Sdn | 450 | 1250 | 2050 | 4100 | 7100 | 10300 |

| | 6 | 5 | 4 | 3 | 2 | 1 |
|---|---|---|---|---|---|---|
| 4-dr 5-pass Tr Sdn | 450 | 1250 | 2100 | 4200 | 7200 | 10500 |
| 4-dr 5-pass Conv Sdn | 1350 | 4200 | 7000 | 14000 | 24650 | 34900 |
| 4-pass Cabrlt | 1200 | 3750 | 6300 | 12600 | 22200 | 31400 |

### 1939

**Quality 115, Series 25, 6-cyl., 115" wb**

| | 6 | 5 | 4 | 3 | 2 | 1 |
|---|---|---|---|---|---|---|
| 2-dr Cpe | 550 | 1500 | 2500 | 5100 | 8800 | 12500 |
| 2-4 pass Spt Cpe | 600 | 1600 | 2750 | 5500 | 9500 | 13800 |
| 2-dr 5-pass Tr Sdn | 450 | 1250 | 2150 | 4300 | 7400 | 10700 |
| 4-dr 5-pass Tr Sdn | 450 | 1250 | 2200 | 4400 | 7600 | 10900 |
| Sta Wgn | 1050 | 3400 | 5700 | 11400 | 20100 | 28500 |

**Deluxe 120, Series 26, 6-cyl., 120" wb**

| | 6 | 5 | 4 | 3 | 2 | 1 |
|---|---|---|---|---|---|---|
| 2-dr Cpe | 550 | 1550 | 2650 | 5300 | 9100 | 13000 |
| 2-4 pass Spt Cpe | 600 | 1650 | 2850 | 5700 | 9900 | 14200 |
| 2-dr 5-pass Tr Sdn | 450 | 1250 | 2150 | 4300 | 7400 | 10700 |
| 4-dr 5-pass Tr Sdn | 450 | 1250 | 2200 | 4400 | 7600 | 10900 |
| 2-4 pass Cabrlt | 950 | 3050 | 5100 | 10200 | 18000 | 25400 |

**Model 28, 8-cyl., 120" wb**

| | 6 | 5 | 4 | 3 | 2 | 1 |
|---|---|---|---|---|---|---|
| 2-dr Cpe | 600 | 1600 | 2750 | 5500 | 9500 | 13800 |
| 2-4 pass Spt Cpe | 650 | 1700 | 3000 | 5900 | 10200 | 14700 |
| 2-dr Tr Sdn | 500 | 1300 | 2250 | 4500 | 7700 | 11000 |
| 4-dr Tr Sdn | 500 | 1350 | 2300 | 4600 | 8000 | 11300 |
| 2-4 pass Cabrlt | 1000 | 3250 | 5450 | 10900 | 19100 | 27200 |

### 1940

**Special 25, 6-cyl., 117" wb**

| | 6 | 5 | 4 | 3 | 2 | 1 |
|---|---|---|---|---|---|---|
| 2-dr 3-pass Cpe | 550 | 1500 | 2500 | 5100 | 8800 | 12500 |
| 4-pass Spt Cpe | 600 | 1600 | 2750 | 5500 | 9500 | 13800 |
| 2-dr 5-pass Tr Sdn | 450 | 1250 | 2100 | 4200 | 7200 | 10500 |
| 4-dr 5-pass Tr Sdn | 450 | 1250 | 2150 | 4300 | 7400 | 10700 |
| 8-pass Sta Wgn | 1000 | 3250 | 5450 | 10900 | 19100 | 27200 |

**Deluxe 26, 6-cyl., 120" wb**

| | 6 | 5 | 4 | 3 | 2 | 1 |
|---|---|---|---|---|---|---|
| 2-dr 3-pass Cpe | 550 | 1550 | 2650 | 5300 | 9100 | 13000 |
| 4-pass Spt Cpe | 600 | 1650 | 2850 | 5700 | 9900 | 14200 |
| 2-dr 5-pass Tr Sdn | 400 | 1200 | 2000 | 4000 | 6900 | 10000 |
| 4-dr 5-pass Tr Sdn | 450 | 1250 | 2150 | 4300 | 7400 | 10700 |
| 4-pass Cabrlt | 1150 | 3600 | 5950 | 11900 | 21000 | 29700 |

**Deluxe 28, 8-cyl., 120" wb**

| | 6 | 5 | 4 | 3 | 2 | 1 |
|---|---|---|---|---|---|---|
| 2-dr 3-pass Cpe | 600 | 1600 | 2750 | 5500 | 9500 | 13800 |
| 4-pass Spt Cpe | 650 | 1700 | 3000 | 5900 | 10200 | 14700 |
| 2-dr 5-pass Tr Sdn | 450 | 1250 | 2150 | 4300 | 7400 | 10700 |
| 4-dr 5-pass Tr Sdn | 500 | 1350 | 2300 | 4600 | 8000 | 11300 |
| 4-pass Cabrlt | 1150 | 3650 | 6150 | 12300 | 21700 | 30700 |

**Torpedo 29, 8-cyl., 122" wb**

| | 6 | 5 | 4 | 3 | 2 | 1 |
|---|---|---|---|---|---|---|
| 4-pass Spt Cpe | 650 | 1750 | 3150 | 6300 | 10900 | 15700 |
| 4-dr 5-pass Tr Sdn | 600 | 1600 | 2750 | 5500 | 9500 | 13800 |

### 1941

**Deluxe Torpedo, JA, 6-cyl./8-cyl., 119" wb**

| | 6 | 5 | 4 | 3 | 2 | 1 |
|---|---|---|---|---|---|---|
| 3-pass Bus Cpe | 550 | 1450 | 2450 | 4900 | 8500 | 12000 |
| 5-pass Sdn Cpe | 550 | 1500 | 2500 | 5100 | 8800 | 12500 |
| 2-dr 5-pass Sdn | 450 | 1250 | 2050 | 4100 | 7100 | 10300 |
| 4-dr 5-pass Sdn | 450 | 1250 | 2100 | 4200 | 7200 | 10500 |
| 5-pass Conv | 1100 | 3500 | 5850 | 11700 | 20600 | 29100 |
| 4-dr 5-pass Metro Sdn | 450 | 1250 | 2100 | 4200 | 7200 | 10500 |

**Streamliner Torpedo, JB, 6-cyl./8-cyl., 122" wb**

| | 6 | 5 | 4 | 3 | 2 | 1 |
|---|---|---|---|---|---|---|
| 5-pass Cpe | 550 | 1550 | 2650 | 5300 | 9100 | 13000 |
| 4-dr 5-pass Sdn | 500 | 1350 | 2350 | 4700 | 8100 | 11500 |

**Super Streamliner, 6-cyl./8-cyl., 122" wb**

| | 6 | 5 | 4 | 3 | 2 | 1 |
|---|---|---|---|---|---|---|
| 5-pass Cpe | 600 | 1600 | 2750 | 5500 | 9500 | 13800 |
| 4-dr 5-pass Sdn | 550 | 1450 | 2450 | 4900 | 8500 | 12000 |

| | 6 | 5 | 4 | 3 | 2 | 1 |
|---|---|---|---|---|---|---|
| **Custom Torpedo, JC, 6-cyl./8-cyl., 122" wb** | | | | | | |
| 5-pass Cpe Sdn | 650 | 1750 | 3150 | 6300 | 10900 | 15700 |
| 4-dr 5-pass Sdn | 600 | 1600 | 2750 | 5500 | 9500 | 13800 |
| 8-pass Sta Wgn | 1150 | 3650 | 6100 | 12200 | 21500 | 30500 |
| 8-pass Dlx Sta Wgn | 1200 | 3750 | 6250 | 12500 | 22000 | 31100 |
| | | *6-cyl. deduct 10%* | | | | |

## 1942

| | 6 | 5 | 4 | 3 | 2 | 1 |
|---|---|---|---|---|---|---|
| **Torpedo, KA, 6-cyl./8-cyl., 119" wb** | | | | | | |
| 5-pass Cpe Sdn | 550 | 1500 | 2500 | 5100 | 8800 | 12500 |
| 2-dr Bus Cpe | 500 | 1350 | 2350 | 4700 | 8100 | 11500 |
| 5-pass Conv Sdn Cpe | 1000 | 3200 | 5350 | 10700 | 18900 | 26700 |
| 5-pass Spt Cpe | 550 | 1450 | 2450 | 4900 | 8500 | 12000 |
| 2-dr Sdn | 450 | 1250 | 2100 | 4200 | 7200 | 10500 |
| 4-dr Sdn | 450 | 1250 | 2050 | 4100 | 7100 | 10300 |
| 4-dr Metro Sdn | 450 | 1250 | 2150 | 4300 | 7400 | 10700 |
| **Streamliner, KB, 6-cyl./8-cyl., 122" wb** | | | | | | |
| 5-pass Cpe Sdn | 550 | 1500 | 2500 | 5100 | 8800 | 12500 |
| 4-dr 5-pass Sdn | 500 | 1300 | 2250 | 4500 | 7700 | 11000 |
| 8-pass Sta Wgn | 1150 | 3600 | 5950 | 11900 | 21000 | 29700 |
| **Chieftain, 6-cyl./8-cyl., 122" wb** | | | | | | |
| 5-pass Cpe Sdn | 550 | 1550 | 2650 | 5300 | 9100 | 13000 |
| 4-dr 5-pass Sdn | 500 | 1350 | 2300 | 4600 | 8000 | 11300 |
| 8-pass Sta Wgn | 1100 | 3450 | 5750 | 11500 | 20300 | 28700 |
| | | *6-cyl. deduct 10%* | | | | |

## 1946

| | 6 | 5 | 4 | 3 | 2 | 1 |
|---|---|---|---|---|---|---|
| **Torpedo, 25, 6-cyl., 119" wb** | | | | | | |
| 5-pass Cpe Sdn | 550 | 1550 | 2650 | 5300 | 9100 | 13000 |
| 5-pass Spt Cpe | 600 | 1600 | 2700 | 5400 | 9300 | 13500 |
| 2-dr 3-pass Bus Cpe | 550 | 1450 | 2450 | 4900 | 8500 | 12000 |
| 5-pass Conv Sdn Cpe | 900 | 2850 | 4750 | 9500 | 16700 | 23700 |
| 2-dr 5-pass Sdn | 450 | 1250 | 2200 | 4400 | 7600 | 10900 |
| 4-dr 5-pass Sdn | 500 | 1300 | 2250 | 4500 | 7700 | 11000 |
| **Torpedo, 27, 8-cyl.** | | | | | | |
| 2-dr Sdn Cpe | 600 | 1600 | 2750 | 5500 | 9500 | 13800 |
| 2-dr Spt Cpe | 600 | 1600 | 2800 | 5600 | 9700 | 14000 |
| 2-dr Bus Cpe | 550 | 1500 | 2500 | 5100 | 8800 | 12500 |
| 2-dr Conv Sdn Cpe | 950 | 2950 | 4950 | 9900 | 17500 | 24700 |
| 2-dr Sdn | 500 | 1350 | 2300 | 4600 | 8000 | 11300 |
| 4-dr Sdn | 500 | 1350 | 2350 | 4700 | 8100 | 11500 |
| **Streamliner, 26, 6-cyl., 122" wb** | | | | | | |
| 2-dr Sdn Cpe | 600 | 1650 | 2850 | 5700 | 9900 | 14200 |
| 4-dr Sdn | 500 | 1350 | 2300 | 4600 | 8000 | 11300 |
| 8-pass Std Sta Wgn | 1100 | 3450 | 5750 | 11500 | 20300 | 28700 |
| 8-pass Dlx Sta Wgn | 1200 | 3850 | 6450 | 12900 | 22700 | 32200 |
| **Streamliner, 28, 8-cyl., 122" wb** | | | | | | |
| 5-pass Cpe | 650 | 1700 | 3000 | 5900 | 10200 | 14700 |
| 4-dr Sdn | 550 | 1400 | 2400 | 4800 | 8300 | 11800 |
| 8-pass Sta Wgn | 1150 | 3600 | 5950 | 11900 | 21000 | 29700 |
| 8-pass Dlx Sta Wgn | 1250 | 3950 | 6600 | 13200 | 23250 | 32900 |

## 1947

| | 6 | 5 | 4 | 3 | 2 | 1 |
|---|---|---|---|---|---|---|
| **Torpedo, 25, 6-cyl., 119" wb** | | | | | | |
| 5-pass Cpe Sdn | 550 | 1550 | 2650 | 5300 | 9100 | 13000 |
| 2-dr 5-pass Spt Cpe | 600 | 1600 | 2700 | 5400 | 9300 | 13500 |
| 3-pass Bus Cpe | 550 | 1450 | 2450 | 4900 | 8500 | 12000 |
| 5-pass Conv Sdn | 900 | 2850 | 4750 | 9500 | 16700 | 23700 |
| 5-pass Dlx Conv Sdn | 950 | 2950 | 4950 | 9900 | 17500 | 24700 |
| 2-dr Sdn | 450 | 1250 | 2200 | 4400 | 7600 | 10900 |
| 4-dr Sdn | 500 | 1300 | 2250 | 4500 | 7700 | 11000 |

'38 Pontiac Six

'39 Pontiac Quality Six

'40 Pontiac Deluxe

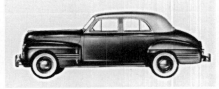

'41 Pontiac Custom Torpedo

'42 Pontiac

'46 Pontiac

'47 Pontiac

'48 Pontiac

'50 Pontiac Eight

'51 Pontiac Deluxe

'54 Pontiac

'55 Pontiac Star Chief Safari Wagon

|  | 6 | 5 | 4 | 3 | 2 | 1 |
|---|---|---|---|---|---|---|
| **Torpedo, 27, 8-cyl., 119" wb** | | | | | | |
| 5-pass Cpe Sdn | 600 | 1600 | 2750 | 5500 | 9500 | 13800 |
| 5-pass Spt Cpe | 600 | 1600 | 2800 | 5600 | 9700 | 14000 |
| 2-dr Bus Cpe | 550 | 1500 | 2500 | 5100 | 8800 | 12500 |
| 5-pass Conv Sdn | 950 | 2950 | 4950 | 9900 | 17500 | 24700 |
| 5-pass Dlx Conv Sdn | 1000 | 3100 | 5250 | 10500 | 18600 | 26200 |
| 2-dr Sdn | 500 | 1350 | 2300 | 4600 | 8000 | 11300 |
| 4-dr Sdn | 500 | 1350 | 2350 | 4700 | 8100 | 11500 |
| **Streamliner, 26, 6-cyl., 122" wb** | | | | | | |
| 5-pass Cpe Sdn | 600 | 1600 | 2750 | 5500 | 9500 | 13800 |
| 4-dr Sdn | 500 | 1300 | 2250 | 4500 | 7700 | 11000 |
| 8-pass Std Sta Wgn | 1100 | 3450 | 5750 | 11500 | 20300 | 28700 |
| 6-pass Dlx Sta Wgn | 1200 | 3850 | 6450 | 12900 | 22700 | 32200 |
| **Streamliner, 28, 8-cyl.** | | | | | | |
| 5-pass Cpe Sdn | 600 | 1650 | 2850 | 5700 | 9900 | 14200 |
| 4-dr Sdn | 500 | 1350 | 2350 | 4700 | 8100 | 11500 |
| 8-pass Std Sta Wgn | 1150 | 3600 | 5950 | 11900 | 21000 | 29700 |
| 8-pass Dlx Sta Wgn | 1250 | 3950 | 6600 | 13200 | 23250 | 32900 |

### 1948

|  | 6 | 5 | 4 | 3 | 2 | 1 |
|---|---|---|---|---|---|---|
| **Torpedo, 25/27, 6-cyl./8-cyl., 122" wb** | | | | | | |
| 5-pass Cpe | 600 | 1650 | 2850 | 5700 | 9900 | 14200 |
| Bus Cpe | 550 | 1550 | 2650 | 5300 | 9100 | 13000 |
| Spt Cpe | 600 | 1650 | 2900 | 5800 | 10000 | 14500 |
| 2-dr Sdn | 500 | 1300 | 2250 | 4500 | 7700 | 11000 |
| 4-dr Sdn | 450 | 1250 | 2150 | 4300 | 7400 | 10700 |
| **Deluxe Torpedo, 6-cyl./8-cyl., 122" wb** | | | | | | |
| 5-pass Cpe Sdn | 650 | 1700 | 3000 | 5900 | 10200 | 14700 |
| 5-pass Spt Cpe | 650 | 1700 | 3000 | 6000 | 10400 | 14900 |
| 5-pass Conv Sdn | 950 | 2950 | 4950 | 9900 | 17500 | 24700 |
| 4-dr Sdn | 550 | 1500 | 2500 | 5000 | 8700 | 12300 |
| **Streamliner, 26/28, 6-cyl./8-cyl., 122" wb** | | | | | | |
| 5-pass Cpe | 600 | 1650 | 2850 | 5700 | 9900 | 14200 |
| 4-dr Sdn | 500 | 1350 | 2350 | 4700 | 8100 | 11500 |
| 8-pass Sta Wgn | 1200 | 3850 | 6450 | 12900 | 22700 | 32200 |
| **Deluxe Streamliner, 26/28, 6-cyl./8-cyl., 122" wb** | | | | | | |
| 4-dr Sdn | 550 | 1400 | 2400 | 4800 | 8300 | 11800 |
| 5-pass Cpe Sdn | 600 | 1650 | 2900 | 5800 | 10000 | 14500 |
| 6-pass Sta Wgn | 1250 | 3950 | 6600 | 13200 | 23250 | 32900 |

*6-cyl. deduct 10%*

### 1949

|  | 6 | 5 | 4 | 3 | 2 | 1 |
|---|---|---|---|---|---|---|
| **Streamliner, 6-cyl./8-cyl., 120" wb** | | | | | | |
| 5-pass Sdn Cpe | 400 | 1200 | 2000 | 4000 | 6900 | 10000 |
| 4-dr Sdn | 450 | 1250 | 2050 | 4100 | 7100 | 10300 |
| 8-pass Sta Wgn | 550 | 1400 | 2400 | 4800 | 8300 | 11800 |
| 8-pass Wood Sta Wgn | 1200 | 3850 | 6450 | 12900 | 22700 | 32200 |
| **Streamliner Deluxe, 6-cyl./8-cyl., 120" wb** | | | | | | |
| 5-pass Sdn Cpe | 450 | 1250 | 2100 | 4200 | 7200 | 10500 |
| 4-dr Sdn | 450 | 1250 | 2150 | 4300 | 7400 | 10700 |
| 6-pass Sta Wgn | 500 | 1300 | 2250 | 4500 | 7700 | 11000 |
| 6-pass Wood Sta Wgn | 1250 | 3950 | 6600 | 13200 | 23250 | 32900 |
| **Chieftain, 6-cyl./8-cyl., 120" wb** | | | | | | |
| 6-pass Sdn Cpe | 450 | 1250 | 2100 | 4200 | 7200 | 1υ500 |
| 2-dr Bus Cpe | 500 | 1300 | 2250 | 4500 | 7700 | 11000 |
| 2-dr Sdn | 450 | 1250 | 2050 | 4100 | 7100 | 10300 |
| 4-dr Sdn | 450 | 1250 | 2050 | 4100 | 7100 | 10300 |

| | 6 | 5 | 4 | 3 | 2 | 1 |
|---|---|---|---|---|---|---|
| **Chieftain Deluxe, 6-cyl./8-cyl., 120" wb** | | | | | | |
| 6-pass Sdn Cpe | 450 | 1250 | 2200 | 4400 | 7600 | 10900 |
| 5-pass Conv | 950 | 2950 | 4950 | 9900 | 17500 | 24700 |
| 2-dr Sdn | 450 | 1250 | 2100 | 4200 | 7200 | 10500 |
| 4-dr Sdn | 450 | 1250 | 2100 | 4200 | 7200 | 10500 |
| | | *6-cyl. deduct 10%* | | | | |

## 1950

| | 6 | 5 | 4 | 3 | 2 | 1 |
|---|---|---|---|---|---|---|
| **Streamliner, 6-cyl./8-cyl., 120" wb** | | | | | | |
| 5-pass Sdn Cpe | 400 | 1200 | 2000 | 4000 | 6900 | 10000 |
| 4-dr Sdn | 450 | 1250 | 2050 | 4100 | 7100 | 10300 |
| 4-dr Sta Wgn | 550 | 1400 | 2400 | 4800 | 8300 | 11800 |
| **Streamliner Deluxe, 6-cyl./8-cyl., 120" wb** | | | | | | |
| 5-pass Sdn Cpe | 450 | 1250 | 2100 | 4200 | 7200 | 10500 |
| 4-dr Sdn | 450 | 1250 | 2150 | 4300 | 7400 | 10700 |
| 4-dr Sta Wgn | 550 | 1450 | 2450 | 4900 | 8500 | 12000 |
| **Chieftain, 8-cyl.** | | | | | | |
| 5-pass Sdn Cpe | 450 | 1250 | 2100 | 4200 | 7200 | 10500 |
| 3-pass Bus Cpe | 500 | 1300 | 2250 | 4500 | 7700 | 11000 |
| 2-dr Sdn | 450 | 1250 | 2050 | 4100 | 7100 | 10300 |
| 4-dr Sdn | 450 | 1250 | 2050 | 4100 | 7100 | 10300 |
| **Chieftain Deluxe, 6-cyl./8-cyl., 120" wb** | | | | | | |
| 5-pass Sdn Cpe | 450 | 1250 | 2100 | 4200 | 7200 | 10500 |
| 2-dr Cat Cpe | 700 | 2000 | 3450 | 6900 | 11900 | 17200 |
| 5-pass Conv Cpe | 950 | 3000 | 5050 | 10100 | 17900 | 25100 |
| 2-dr Sdn | 450 | 1250 | 2100 | 4200 | 7200 | 10500 |
| 4-dr Sdn | 450 | 1250 | 2100 | 4200 | 7200 | 10500 |
| **Chieftain Super Deluxe, 6-cyl./8-cyl., 120" wb** | | | | | | |
| 5-pass Cat Cpe | 750 | 2150 | 3600 | 7200 | 12400 | 18000 |
| | | *6-cyl. deduct 10%* | | | | |

## 1951

| | 6 | 5 | 4 | 3 | 2 | 1 |
|---|---|---|---|---|---|---|
| **Streamliner, 6-cyl./8-cyl., 120" wb** | | | | | | |
| 5-pass Sdn Cpe | 450 | 1250 | 2050 | 4100 | 7100 | 10300 |
| 4-dr Sta Wgn | 550 | 1400 | 2400 | 4800 | 8300 | 11800 |
| **Streamliner Deluxe, 6-cyl./8-cyl., 120" wb** | | | | | | |
| 5-pass Sdn Cpe | 450 | 1250 | 2100 | 4200 | 7200 | 10500 |
| 4-dr Sta Wgn | 550 | 1450 | 2450 | 4900 | 8500 | 12000 |
| **Chieftain, 6-cyl./8-cyl., 120" wb** | | | | | | |
| 5-pass Sdn Cpe | 450 | 1250 | 2150 | 4300 | 7400 | 10700 |
| 3-pass Bus Cpe | 500 | 1300 | 2250 | 4500 | 7700 | 11000 |
| 2-dr Sdn | 450 | 1250 | 2050 | 4100 | 7100 | 10300 |
| 4-dr Sdn | 450 | 1250 | 2100 | 4200 | 7200 | 10500 |
| **Chieftain Deluxe, 8-cyl.** | | | | | | |
| 5-pass Sdn Cpe | 450 | 1250 | 2200 | 4400 | 7600 | 10900 |
| 2-dr 5-pass Cat Hdtp | 700 | 2000 | 3450 | 6900 | 11900 | 17200 |
| 2-dr Sdn | 450 | 1250 | 2150 | 4300 | 7400 | 10700 |
| 4-dr Sdn | 450 | 1250 | 2150 | 4300 | 7400 | 10700 |
| 5-pass Dlx Conv | 1000 | 3100 | 5250 | 10500 | 18600 | 26200 |
| **Chieftain Super Deluxe, 6-cyl./8-cyl., 120" wb** | | | | | | |
| 5-pass Catalina Cpe | 750 | 2250 | 3750 | 7500 | 13000 | 18700 |
| | | *6-cyl. deduct 10%* | | | | |

## 1952

| | 6 | 5 | 4 | 3 | 2 | 1 |
|---|---|---|---|---|---|---|
| **Chieftain, 6-cyl./8-cyl., 120" wb** | | | | | | |
| 4-dr Sdn | 450 | 1250 | 2100 | 4200 | 7200 | 10500 |
| 2-dr Sdn | 450 | 1250 | 2050 | 4100 | 7100 | 10300 |
| 4-dr Sta Wgn | 550 | 1400 | 2400 | 4800 | 8300 | 11800 |
| **Deluxe, 6-cyl./8-cyl., 120" wb** | | | | | | |
| 4-dr Sdn | 450 | 1250 | 2150 | 4300 | 7400 | 10700 |
| 2-dr Sdn | 450 | 1250 | 2150 | 4300 | 7400 | 10700 |

| | 6 | 5 | 4 | 3 | 2 | 1 |
|---|---|---|---|---|---|---|
| 5-pass Cat Cpe | 700 | 2000 | 3450 | 6900 | 11900 | 17200 |
| 5-pass Conv Cpe | 1000 | 3100 | 5250 | 10500 | 18600 | 26200 |
| 4-dr Sta Wgn | 550 | 1500 | 2500 | 5000 | 8700 | 12300 |
| **Super Deluxe, 6-cyl./8-cyl., 120" wb** | | | | | | |
| 5-pass Cat Cpe | 750 | 2250 | 3750 | 7500 | 13000 | 18700 |
| | | *6-cyl. deduct 10%* | | | | |

## 1953

| | 6 | 5 | 4 | 3 | 2 | 1 |
|---|---|---|---|---|---|---|
| **Chieftain, 6-cyl./8-cyl., 122" wb** | | | | | | |
| 2-dr Sdn | 450 | 1250 | 2150 | 4300 | 7400 | 10700 |
| 4-dr Sdn | 450 | 1250 | 2150 | 4300 | 7400 | 10700 |
| 4-dr Sta Wgn - Paint | 500 | 1350 | 2350 | 4700 | 8100 | 11500 |
| 4-dr Sta Wgn - Woodgrain | 550 | 1450 | 2450 | 4900 | 8500 | 12000 |
| **Chieftain Deluxe, 6-cyl./8-cyl., 122" wb** | | | | | | |
| 2-dr Sdn | 450 | 1250 | 2200 | 4400 | 7600 | 10900 |
| 4-dr Sdn | 450 | 1250 | 2200 | 4400 | 7600 | 10900 |
| 2-dr Catalina Hdtp | 700 | 1900 | 3350 | 6700 | 11500 | 16500 |
| 5-pass Conv | 1050 | 3300 | 5500 | 11100 | 19500 | 27700 |
| 4-dr Sta Wgn - Paint | 600 | 1600 | 2700 | 5400 | 9300 | 13500 |
| 4-dr Sta Wgn - Woodgrain | 600 | 1600 | 2800 | 5600 | 9700 | 14000 |
| **Custom Chieftain, 6-cyl./8-cyl., 122" wb** | | | | | | |
| 2-dr Cat Hdtp | 750 | 2200 | 3650 | 7300 | 12600 | 18200 |
| | | *6-cyl. deduct 10%* | | | | |

## 1954

| | 6 | 5 | 4 | 3 | 2 | 1 |
|---|---|---|---|---|---|---|
| **Chieftain, 6-cyl./8-cyl, 122" wb** | | | | | | |
| 2-dr Sdn | 450 | 1250 | 2150 | 4300 | 7400 | 10700 |
| 4-dr Sdn | 450 | 1250 | 2150 | 4300 | 7400 | 10700 |
| 4-dr Sta Wgn | 550 | 1450 | 2450 | 4900 | 8500 | 12000 |
| **Chieftain Deluxe, 6-cyl./8-cyl., 122" wb** | | | | | | |
| 2-dr Sdn | 450 | 1250 | 2200 | 4400 | 7600 | 10900 |
| 4-dr Sdn | 450 | 1250 | 2200 | 4400 | 7600 | 10900 |
| 2-dr Cat Hdtp | 700 | 2000 | 3450 | 6900 | 11900 | 17200 |
| 4-dr Sta Wgn | 550 | 1500 | 2500 | 5100 | 8800 | 12500 |
| **Custom Chieftain, 6-cyl./8-cyl., 122" wb** | | | | | | |
| 2-dr Cat Hdtp | 750 | 2300 | 3850 | 7700 | 13300 | 19200 |
| **Star Chief Deluxe, 8-cyl.** | | | | | | |
| 4-dr Sdn | 500 | 1350 | 2350 | 4700 | 8100 | 11500 |
| 5-pass Conv | 1050 | 3300 | 5500 | 11100 | 19500 | 27700 |
| **Custom Star Chief, 8-cyl.** | | | | | | |
| 4-dr Sdn | 550 | 1500 | 2500 | 5100 | 8800 | 12500 |
| 2-dr Cat Hdtp | 800 | 2350 | 3950 | 7900 | 13700 | 19700 |
| | | *6-cyl. deduct 10%* | | | | |

## 1955

| | 6 | 5 | 4 | 3 | 2 | 1 |
|---|---|---|---|---|---|---|
| **Chieftain 860, 8-cyl., 122" wb** | | | | | | |
| 2-dr Sdn | 450 | 1250 | 2050 | 4100 | 7100 | 10300 |
| 4-dr Sdn | 450 | 1250 | 2050 | 4100 | 7100 | 10300 |
| 2-dr Sta Wgn | 500 | 1300 | 2250 | 4500 | 7700 | 11000 |
| 4-dr Sta Wgn | 500 | 1350 | 2350 | 4700 | 8100 | 11500 |
| **Chieftain 870 Deluxe, 8-cyl., 122" wb** | | | | | | |
| 2-dr Sdn | 450 | 1250 | 2100 | 4200 | 7200 | 10500 |
| 4-dr Sdn | 450 | 1250 | 2100 | 4200 | 7200 | 10500 |
| 2-dr Cat Hdtp | 750 | 2150 | 3600 | 7200 | 12400 | 18000 |
| 4-dr Sta Wgn | 500 | 1350 | 2350 | 4700 | 8100 | 11500 |
| 2-dr 6-pass Safari Sta Wgn | 900 | 2900 | 4850 | 9700 | 17100 | 24200 |
| **Star Chief, 28, 8-cyl., 124" wb** | | | | | | |
| 4-dr Sdn | 500 | 1350 | 2350 | 4700 | 8100 | 11500 |
| 5-pass Conv | 1400 | 4350 | 7250 | 14500 | 25500 | 36200 |
| **Custom Star Chief, 28, 8-cyl., 124" wb** | | | | | | |
| 4-dr Sdn | 550 | 1450 | 2450 | 4900 | 8500 | 12000 |
| 2-dr Cat Hdtp | 800 | 2450 | 4150 | 8300 | 14600 | 20700 |

|  | 6 | 5 | 4 | 3 | 2 | 1 |
|---|---|---|---|---|---|---|
| **1956** | | | | | | |
| **Chieftain 860, 8-cyl., 122" wb** | | | | | | |
| 2-dr Sdn | 450 | 1250 | 2050 | 4100 | 7100 | 10300 |
| 4-dr Sdn | 450 | 1250 | 2050 | 4100 | 7100 | 10300 |
| 2-dr Cat Hdtp | 650 | 1800 | 3250 | 6500 | 11200 | 16100 |
| 4-dr Cat Hdtp | 450 | 1250 | 2200 | 4400 | 7600 | 10900 |
| 2-dr Sta Wgn | 550 | 1500 | 2500 | 5000 | 8700 | 12300 |
| 4-dr Sta Wgn | 550 | 1550 | 2600 | 5200 | 9000 | 12800 |
| **Chieftain 870 Deluxe, 8-cyl., 122" wb** | | | | | | |
| 4-dr Sdn | 450 | 1250 | 2050 | 4100 | 7100 | 10300 |
| 2-dr Cat Cpe | 750 | 2200 | 3650 | 7300 | 12600 | 18200 |
| 4-dr Cat Sdn | 550 | 1450 | 2450 | 4900 | 8500 | 12000 |
| 4-dr Sta Wgn | 550 | 1550 | 2650 | 5300 | 9100 | 13000 |
| 2-dr Safari Sta Wgn | 900 | 2900 | 4850 | 9700 | 17100 | 24200 |
| **Star Chief, 28, 8-cyl., 124" wb** | | | | | | |
| 4-dr Sdn | 550 | 1500 | 2500 | 5100 | 8800 | 12500 |
| **Custom Star Chief, 28, 8-cyl., 124" wb** | | | | | | |
| 4-dr Cat Sdn | 600 | 1600 | 2750 | 5500 | 9500 | 13800 |
| 2-dr Cat Cpe | 800 | 2500 | 4250 | 8500 | 15000 | 21200 |
| Conv | 1450 | 4400 | 7350 | 14700 | 25900 | 36700 |
| **1957** | | | | | | |
| **Chieftain, 8-cyl., 122" wb** | | | | | | |
| 2-dr Sdn | 450 | 1250 | 2100 | 4200 | 7200 | 10500 |
| 4-dr Sdn | 400 | 1200 | 1950 | 3900 | 6800 | 9900 |
| 2-dr Cat Hdtp | 650 | 1750 | 3150 | 6300 | 10900 | 15700 |
| 4-dr Cat Hdtp | 450 | 1250 | 2100 | 4200 | 7200 | 10500 |
| 2-dr Safari Sta Wgn | 500 | 1300 | 2250 | 4500 | 7700 | 11000 |
| 4-dr Safari Sta Wgn | 500 | 1350 | 2350 | 4700 | 8100 | 11500 |
| **Super Chief, 8-cyl., 122" wb** | | | | | | |
| 4-dr Sdn | 450 | 1250 | 2050 | 4100 | 7100 | 10300 |
| 2-dr Cat Cpe | 700 | 2000 | 3450 | 6900 | 11900 | 17200 |
| 4-dr Cat Sdn | 550 | 1500 | 2500 | 5100 | 8800 | 12500 |
| 4-dr Safari Sta Wgn | 600 | 1600 | 2750 | 5500 | 9500 | 13800 |
| **Star Chief Custom, 27, 8-cyl., 122" wb** | | | | | | |
| 2-dr Safari Sta Wgn | 950 | 3000 | 5050 | 10100 | 17900 | 25100 |
| 4-dr Safari Sta Wgn | 750 | 2300 | 3850 | 7700 | 13300 | 19200 |
| **Star Chief, 28, 8-cyl., 124" wb** | | | | | | |
| 4-dr Sdn | 500 | 1350 | 2350 | 4700 | 8100 | 11500 |
| 5-pass Conv | 1400 | 4300 | 7150 | 14300 | 25200 | 35700 |
| **Custom Star Chief, 28, 8-cyl., 124" wb** | | | | | | |
| 4-dr Sdn | 550 | 1450 | 2450 | 4900 | 8500 | 12000 |
| 2-dr Cat Cpe | 850 | 2650 | 4450 | 8900 | 15700 | 22300 |
| 4-dr Cat Sdn | 600 | 1600 | 2750 | 5500 | 9500 | 13800 |
| 2-dr Bonneville Conv | 3300 | 9800 | 16500 | 33000 | 57900 | 82400 |
| **1958** | | | | | | |
| **Chieftain, 27, 8-cyl., 122" wb** | | | | | | |
| 2-dr Sdn | 400 | 1100 | 1800 | 3600 | 6200 | 9100 |
| 4-dr Sdn | 350 | 1000 | 1600 | 3200 | 5700 | 8100 |
| 2-dr Cat Cpe | 650 | 1700 | 3000 | 5900 | 10200 | 14700 |
| 4-dr Cat Sdn | 400 | 1200 | 1950 | 3900 | 6800 | 9900 |
| 5-pass Conv | 1200 | 3750 | 6250 | 12500 | 22000 | 31100 |
| 2-dr Safari Sta Wgn | 450 | 1250 | 2100 | 4200 | 7200 | 10500 |
| 4-dr Safari Sta Wgn | 450 | 1250 | 2200 | 4400 | 7600 | 10900 |
| **Super-Chief Deluxe, 28, 8-cyl., 122" wb** | | | | | | |
| 4-dr Sdn | 400 | 1050 | 1700 | 3300 | 5800 | 8300 |
| 2-dr Cat Cpe | 650 | 1800 | 3250 | 6500 | 11200 | 16100 |
| 4-dr Cat Sdn | 500 | 1300 | 2250 | 4500 | 7700 | 11000 |

| | 6 | 5 | 4 | 3 | 2 | 1 |
|---|---|---|---|---|---|---|
| **Star Chief, 28, 8-cyl., 124" wb** | | | | | | |
| 4-dr Custom Sdn | 400 | 1100 | 1800 | 3500 | 6100 | 8900 |
| 2-dr Cat Cpe | 700 | 2000 | 3450 | 6900 | 11900 | 17200 |
| 4-dr Cat Sdn | 550 | 1450 | 2450 | 4900 | 8500 | 12000 |
| 4-dr Custom Safari Sta Wgn | 600 | 1600 | 2750 | 5500 | 9500 | 13800 |
| **Bonneville, Super Deluxe, 25, 8-cyl., 122" wb** | | | | | | |
| 2-dr Spt Cpe | 1250 | 3900 | 6500 | 13000 | 22900 | 32500 |
| 6-pass Conv | 2500 | 7400 | 12500 | 25000 | 43900 | 62400 |
| | *Fuel-injection add 20%* | | | *Tri-power add 20%* | | |

**1959**

| | 6 | 5 | 4 | 3 | 2 | 1 |
|---|---|---|---|---|---|---|
| **Catalina, 21, 8-cyl., 122" wb** | | | | | | |
| 2-dr Sdn Spt | 400 | 1200 | 1900 | 3800 | 6600 | 9600 |
| 4-dr Sdn | 350 | 950 | 1550 | 3100 | 5500 | 7900 |
| 2-dr Spt Hdtp | 600 | 1600 | 2750 | 5500 | 9500 | 13800 |
| 4-dr Hdtp Vista | 400 | 1100 | 1800 | 3500 | 6100 | 8900 |
| 5-pass Conv | 850 | 2700 | 4550 | 9100 | 16000 | 22700 |
| **Safari, 8-cyl., 122" wb** | | | | | | |
| 4-dr 6-pass Sta Wgn | 400 | 1200 | 1950 | 3900 | 6800 | 9900 |
| 4-dr 9-pass Sta Wgn | 450 | 1250 | 2050 | 4100 | 7100 | 10300 |
| **Star Chief, 24, 8-cyl., 124" wb** | | | | | | |
| 2-dr Sdn Spt | 400 | 1150 | 1850 | 3700 | 6400 | 9300 |
| 4-dr Sdn | 400 | 1100 | 1800 | 3500 | 6100 | 8900 |
| 4-dr Hdtp Vista | 450 | 1250 | 2150 | 4300 | 7400 | 10700 |
| **Bonneville, 28, 8-cyl., 124" wb** | | | | | | |
| 2-dr Hdtp | 800 | 2350 | 3950 | 7900 | 13700 | 19700 |
| 4-dr Hdtp Vista | 550 | 1550 | 2650 | 5300 | 9100 | 13000 |
| 5-pass Conv | 1200 | 3850 | 6450 | 12900 | 22700 | 32200 |
| **Custom, 27, 8-cyl., 122" wb** | | | | | | |
| 4-dr Safari Sta Wgn | 550 | 1500 | 2500 | 5100 | 8800 | 12500 |
| | | *Tri-power add 20%* | | | | |

**1960**

| | 6 | 5 | 4 | 3 | 2 | 1 |
|---|---|---|---|---|---|---|
| **Catalina, 21, 8-cyl., 122" wb** | | | | | | |
| 2-dr Sdn Spt | 350 | 950 | 1550 | 3100 | 5500 | 7900 |
| 4-dr Sdn | 350 | 900 | 1500 | 3000 | 5300 | 7600 |
| 2-dr Spt Hdtp | 600 | 1600 | 2750 | 5500 | 9500 | 13800 |
| 4-dr Hdtp Vista | 400 | 1100 | 1800 | 3500 | 6100 | 8900 |
| 5-pass Conv | 900 | 2800 | 4700 | 9400 | 16500 | 23400 |
| **Safari, 8-cyl., 122" wb** | | | | | | |
| 4-dr 6-pass Sta Wgn | 450 | 1250 | 2150 | 4300 | 7400 | 10700 |
| 4-dr 9-pass Sta Wgn | 500 | 1300 | 2250 | 4500 | 7700 | 11000 |
| **Ventura, 23, 8-cyl., 122" wb** | | | | | | |
| 2-dr Spt Hdtp | 600 | 1650 | 2850 | 5700 | 9900 | 14200 |
| 4-dr Hdtp Vista | 400 | 1200 | 1950 | 3900 | 6800 | 9900 |
| **Star Chief, 26, 8-cyl., 124" wb** | | | | | | |
| 2-dr Sdn Spt | 400 | 1200 | 1950 | 3900 | 6800 | 9900 |
| 4-dr Sdn | 400 | 1150 | 1850 | 3700 | 6400 | 9300 |
| 4-dr Hdtp Vista | 450 | 1250 | 2150 | 4300 | 7400 | 10700 |
| **Bonneville, 28, 8-cyl., 124" wb** | | | | | | |
| 2-dr Spt Hdtp | 750 | 2250 | 3750 | 7500 | 13000 | 18700 |
| 4-dr Hdtp Vista | 500 | 1350 | 2350 | 4700 | 8100 | 11500 |
| 5-pass Conv | 1150 | 3600 | 6000 | 12100 | 21300 | 30200 |
| **Custom, 27, 8-cyl., 122" wb** | | | | | | |
| 4-dr Sta Wgn | 550 | 1500 | 2500 | 5100 | 8800 | 12500 |
| | | *Tri-power add 20%* | | | | |

|  | 6 | 5 | 4 | 3 | 2 | 1 |
|---|---|---|---|---|---|---|
| **1961** | | | | | | |
| **Tempest Compact, 4-cyl., 112" wb** | | | | | | |
| 4-dr Sdn | 300 | 700 | 1200 | 2400 | 4100 | 5900 |
| 2-dr Hdtp | 300 | 750 | 1250 | 2500 | 4400 | 6200 |
| 2-dr Custom Hdtp | 300 | 800 | 1350 | 2700 | 4700 | 6900 |
| 6-pass Sta Wgn | 350 | 850 | 1400 | 2800 | 4900 | 7100 |
| | | *V-8 add 20%* | | | | |
| **Catalina, 23, 8-cyl., 119" wb** | | | | | | |
| 2-dr Sdn Spt | 350 | 900 | 1500 | 3000 | 5300 | 7600 |
| 4-dr Sdn | 350 | 900 | 1500 | 2900 | 5200 | 7400 |
| 2-dr Spt Hdtp | 550 | 1450 | 2450 | 4900 | 8500 | 12000 |
| 4-dr Hdtp Vista | 400 | 1050 | 1700 | 3300 | 5800 | 8300 |
| 2-dr Conv | 750 | 2250 | 3750 | 7500 | 13000 | 18700 |
| 6-pass Safari Sta Wgn | 400 | 1150 | 1850 | 3700 | 6400 | 9300 |
| 9-pass Safari Sta Wgn | 400 | 1200 | 1950 | 3900 | 6800 | 9900 |
| **Ventura, 25, 8-cyl., 119" wb** | | | | | | |
| 2-dr Spt Hdtp | 600 | 1600 | 2750 | 5500 | 9500 | 13800 |
| 4-dr Hdtp Vista | 400 | 1150 | 1850 | 3700 | 6400 | 9300 |
| **Star Chief, 26, 8-cyl., 123" wb** | | | | | | |
| 4-dr Hdtp Vista | 400 | 1200 | 1950 | 3900 | 6800 | 9900 |
| 4-dr Sdn | 400 | 1050 | 1700 | 3300 | 5800 | 8300 |
| **Bonneville, 28, 8-cyl., 123" wb** | | | | | | |
| 2-dr Spt Hdtp | 650 | 1700 | 3000 | 6100 | 10600 | 15200 |
| 4-dr Hdtp Vista | 450 | 1250 | 2050 | 4100 | 7100 | 10300 |
| 2-dr Conv | 950 | 3000 | 5050 | 10100 | 17900 | 25100 |
| **Custom, 8-cyl., 119" wb** | | | | | | |
| 4-dr Sta Wgn | 450 | 1250 | 2150 | 4300 | 7400 | 10700 |
| | | *421 add 30%* | | | | |
| **1962** | | | | | | |
| **Tempest, 4-cyl., 112" wb** | | | | | | |
| 4-dr Sdn | 300 | 700 | 1200 | 2400 | 4100 | 5900 |
| 2-dr Cpe | 300 | 750 | 1250 | 2500 | 4400 | 6200 |
| 2-dr Spt Cpe | 400 | 1050 | 1700 | 3400 | 5900 | 8500 |
| 2-dr Conv | 500 | 1350 | 2350 | 4700 | 8100 | 11500 |
| 4-dr 6-pass Safari Sta Wgn | 350 | 850 | 1400 | 2800 | 4900 | 7100 |
| | | *V-8 add 20%* | | | | |
| **Catalina, 8-cyl., 120" wb** | | | | | | |
| 2-dr Spt Sdn | 400 | 1050 | 1700 | 3300 | 5800 | 8300 |
| 4-dr Sdn | 350 | 900 | 1500 | 2900 | 5200 | 7400 |
| 2-dr Spt Hdtp | 500 | 1350 | 2350 | 4700 | 8100 | 11500 |
| 4-dr Vista Hdtp | 400 | 1050 | 1700 | 3300 | 5800 | 8300 |
| 2-dr Conv | 700 | 1900 | 3350 | 6700 | 11500 | 16500 |
| 6-pass Safari Sta Wgn | 400 | 1100 | 1800 | 3500 | 6100 | 8900 |
| 9-pass Safari Sta Wgn | 400 | 1150 | 1850 | 3700 | 6400 | 9300 |
| **Star Chief, 8-cyl., 123" wb** | | | | | | |
| 4-dr Sdn | 350 | 950 | 1550 | 3100 | 5500 | 7900 |
| 4-dr Hdtp Vista | 400 | 1150 | 1850 | 3700 | 6400 | 9300 |
| **Bonneville, 8-cyl., 123" wb, Sta Wgn 119" wb** | | | | | | |
| 4-dr Hdtp Vista | 400 | 1200 | 1950 | 3900 | 6800 | 9900 |
| 2-dr Spt Hdtp | 600 | 1600 | 2750 | 5500 | 9500 | 13800 |
| 2-dr Conv | 800 | 2500 | 4250 | 8500 | 15000 | 21200 |
| **Custom, 27, 8-cyl., 120" wb** | | | | | | |
| 6-pass Sta Wgn | 500 | 1300 | 2250 | 4500 | 7700 | 11000 |
| **Grand Prix, 8-cyl., 120" wb** | | | | | | |
| 2-dr Spt Hdtp | 650 | 1800 | 3250 | 6500 | 11200 | 16100 |
| | | *421 add 30%* | | | | |

**'56 Pontiac Star Chief**

**'57 Pontiac Custom Catalina**

**'59 Pontiac Bonneville**

**'59 Pontiac**

**'60 Pontiac**

**'61 Pontiac Tempest Wagon**

**'61 Pontiac**

**'62 Pontiac Tempest Convertible**

**'66 Pontiac LeMans**

**'64 Pontiac Grand Prix**

**'66 Pontiac Bonneville**

**'66 Pontiac GTO**

|  | 6 | 5 | 4 | 3 | 2 | 1 |
|---|---|---|---|---|---|---|

## 1963

**Tempest, 4-cyl., 112" wb**
| | 6 | 5 | 4 | 3 | 2 | 1 |
|---|---|---|---|---|---|---|
| 2-dr Cpe | 300 | 800 | 1300 | 2600 | 4600 | 6600 |
| 2-dr Spt Cpe | 400 | 1050 | 1700 | 3300 | 5800 | 8300 |
| 4-dr Sdn | 300 | 700 | 1200 | 2400 | 4100 | 5900 |
| 2-dr Conv | 550 | 1450 | 2450 | 4900 | 8500 | 12000 |
| 4-dr 6-pass Sta Wgn | 350 | 900 | 1500 | 2900 | 5200 | 7400 |

*V-8 add 20%*

**LeMans, 8-cyl., 112" wb**
| | 6 | 5 | 4 | 3 | 2 | 1 |
|---|---|---|---|---|---|---|
| 2-dr Spt Cpe | 500 | 1300 | 2250 | 4500 | 7700 | 11000 |
| 2-dr Conv | 650 | 1700 | 3000 | 6100 | 10600 | 15200 |

**Catalina, 8-cyl., 119" wb**
| | 6 | 5 | 4 | 3 | 2 | 1 |
|---|---|---|---|---|---|---|
| 4-dr Sdn | 350 | 850 | 1400 | 2800 | 4900 | 7100 |
| 4-dr Hdtp Vista | 400 | 1050 | 1700 | 3300 | 5800 | 8300 |
| 2-dr Spt Sdn | 400 | 1050 | 1700 | 3300 | 5800 | 8300 |
| 2-dr Hdtp Cpe | 550 | 1500 | 2500 | 5100 | 8800 | 12500 |
| 2-dr Conv | 700 | 2000 | 3450 | 6900 | 11900 | 17200 |
| 4-dr 6-pass Safari Sta Wgn | 400 | 1200 | 1950 | 3900 | 6800 | 9900 |
| 4-dr 9-pass Safari Sta Wgn | 450 | 1250 | 2050 | 4100 | 7100 | 10300 |

**Star Chief, 8-cyl., 123" wb**
| | 6 | 5 | 4 | 3 | 2 | 1 |
|---|---|---|---|---|---|---|
| 4-dr Hdtp Vista | 400 | 1150 | 1850 | 3700 | 6400 | 9300 |
| 4-dr Sdn | 350 | 900 | 1500 | 2900 | 5200 | 7400 |

**Bonneville, 8-cyl., 123" wb**
| | 6 | 5 | 4 | 3 | 2 | 1 |
|---|---|---|---|---|---|---|
| 2-dr Spt Hdtp | 600 | 1600 | 2750 | 5500 | 9500 | 13800 |
| 4-dr Hdtp Vista | 400 | 1200 | 1950 | 3900 | 6800 | 9900 |
| 2-dr Conv | 800 | 2450 | 4100 | 8200 | 14400 | 20500 |
| 4-dr Safari (119" wb) | 450 | 1250 | 2150 | 4300 | 7400 | 10700 |

**Grand Prix, 8-cyl., 120" wb**
| | 6 | 5 | 4 | 3 | 2 | 1 |
|---|---|---|---|---|---|---|
| 2-dr Hdtp Cpe | 650 | 1700 | 3000 | 6000 | 10400 | 14900 |

*421 add 30%*

## 1964

**Tempest Custom 21, 8-cyl., 115" wb**
| | 6 | 5 | 4 | 3 | 2 | 1 |
|---|---|---|---|---|---|---|
| 2-dr Hdtp | 400 | 1050 | 1700 | 3300 | 5800 | 8300 |
| 4-dr Sdn | 300 | 750 | 1250 | 2500 | 4400 | 6200 |
| Conv Custom | 550 | 1500 | 2500 | 5100 | 8800 | 12500 |
| 4-dr 6-pass Sta Wgn | 300 | 800 | 1300 | 2600 | 4600 | 6600 |

*6-cyl. deduct 10%*

**LeMans, 8-cyl., 115" wb**
| | 6 | 5 | 4 | 3 | 2 | 1 |
|---|---|---|---|---|---|---|
| 2-dr Spt Hdtp Cpe | 500 | 1350 | 2350 | 4700 | 8100 | 11500 |
| 2-dr Spt Cpe | 450 | 1250 | 2050 | 4100 | 7100 | 10300 |
| 4-pass Conv | 600 | 1650 | 2850 | 5700 | 9900 | 14200 |
| GTO Cpe | 800 | 2500 | 4250 | 8500 | 15000 | 21200 |
| GTO Conv | 1200 | 3850 | 6450 | 12900 | 22700 | 32200 |
| GTO Hdtp | 900 | 2850 | 4750 | 9500 | 16700 | 23700 |

*6-cyl. deduct 10%*

**Catalina, 8-cyl., 120" wb**
| | 6 | 5 | 4 | 3 | 2 | 1 |
|---|---|---|---|---|---|---|
| 2-dr Sdn | 350 | 900 | 1500 | 2900 | 5200 | 7400 |
| 4-dr Sdn | 350 | 900 | 1500 | 2900 | 5200 | 7400 |
| 2-dr Spt Hdtp | 500 | 1350 | 2300 | 4600 | 8000 | 11300 |
| 4-dr Vista Hdtp | 400 | 1050 | 1700 | 3300 | 5800 | 8300 |
| 2-dr Conv | 750 | 2200 | 3650 | 7300 | 12600 | 18200 |
| 4-dr 6-pass Safari Sta Wgn | 400 | 1050 | 1700 | 3300 | 5800 | 8300 |
| 4-dr 9-pass Safari Sta Wgn | 400 | 1100 | 1800 | 3500 | 6100 | 8900 |

**Star Chief, 123" wb**
| | 6 | 5 | 4 | 3 | 2 | 1 |
|---|---|---|---|---|---|---|
| 4-dr Sdn | 350 | 900 | 1500 | 2900 | 5200 | 7400 |
| 4-dr Vista Hdtp | 400 | 1100 | 1800 | 3600 | 6200 | 9100 |

**Bonneville, 8-cyl., 123" wb**
| | 6 | 5 | 4 | 3 | 2 | 1 |
|---|---|---|---|---|---|---|
| 2-dr Spt Hdtp | 550 | 1500 | 2500 | 5100 | 8800 | 12500 |
| 4-dr Hdtp Sdn | 450 | 1250 | 2150 | 4300 | 7400 | 10700 |

| | 6 | 5 | 4 | 3 | 2 | 1 |
|---|---|---|---|---|---|---|
| 2-dr Conv | 800 | 2500 | 4250 | 8500 | 15000 | 21200 |
| 4-dr 6-pass Safari Sta Wgn | 450 | 1250 | 2050 | 4100 | 7100 | 10300 |
| **Grand Prix, 8-cyl., 124" wb** | | | | | | |
| 2-dr Hdtp Spt Cpe | 650 | 1700 | 3000 | 5900 | 10200 | 14700 |

*Tri-power add 20%*

## 1965

**Tempest, 6-cyl./8-cyl., 115" wb**

| | 6 | 5 | 4 | 3 | 2 | 1 |
|---|---|---|---|---|---|---|
| 2-dr Spt Cpe | 300 | 800 | 1300 | 2600 | 4600 | 6600 |
| 4-dr Sdn | 300 | 700 | 1200 | 2400 | 4100 | 5900 |
| 2-dr Hdtp Cpe | 350 | 950 | 1550 | 3100 | 5500 | 7900 |
| 2-dr Conv | 500 | 1350 | 2350 | 4700 | 8100 | 11500 |
| 4-dr Safari Sta Wgn | 350 | 900 | 1500 | 2900 | 5200 | 7400 |
| **LeMans, 6-cyl./8-cyl., 115" wb** | | | | | | |
| 2-dr Spt Cpe | 400 | 1050 | 1700 | 3300 | 5800 | 8300 |
| 2-dr Hdtp Cpe | 450 | 1250 | 2050 | 4100 | 7100 | 10300 |
| 4-dr Sdn | 300 | 800 | 1350 | 2700 | 4700 | 6900 |
| 2-dr Conv | 650 | 1700 | 3000 | 6000 | 10400 | 14900 |
| GTO Conv | 1200 | 3850 | 6450 | 12900 | 22700 | 32200 |
| GTO Hdtp | 900 | 2850 | 4750 | 9500 | 16700 | 23700 |
| GTO Cpe | 800 | 2450 | 4150 | 8300 | 14600 | 20700 |
| **Catalina, 8-cyl., 124" wb (Sta Wgn 121" wb)** | | | | | | |
| 2-dr Sdn | 350 | 950 | 1550 | 3100 | 5500 | 7900 |
| 4-dr Sdn | 300 | 750 | 1250 | 2500 | 4400 | 6200 |
| 2-dr Hdtp Spt Cpe | 400 | 1200 | 1950 | 3900 | 6800 | 9900 |
| 4-dr Vista Hdtp | 350 | 950 | 1550 | 3100 | 5500 | 7900 |
| 2-dr Conv | 700 | 2000 | 3450 | 6900 | 11900 | 17200 |
| 4-dr 6-pass Safari Sta Wgn | 400 | 1150 | 1850 | 3700 | 6400 | 9300 |
| 4-dr 9-pass Safari Sta Wgn | 400 | 1200 | 1950 | 3900 | 6800 | 9900 |
| **Star Chief, 8-cyl., 124" wb** | | | | | | |
| 4-dr Hdtp | 400 | 1050 | 1700 | 3300 | 5800 | 8300 |
| 4-dr Sdn | 300 | 800 | 1350 | 2700 | 4700 | 6900 |
| **Bonneville, 8-cyl., 124" wb** | | | | | | |
| 2-dr Hdtp Spt Cpe | 500 | 1350 | 2350 | 4700 | 8100 | 11500 |
| 4-dr Hdtp | 400 | 1150 | 1850 | 3700 | 6400 | 9300 |
| 2-dr Conv | 750 | 2300 | 3850 | 7700 | 13300 | 19200 |
| 4-dr 2-seat Safari Sta Wgn | 400 | 1200 | 2000 | 4000 | 6900 | 10000 |
| **Grand Prix, 124" wb** | | | | | | |
| 2-dr Hdtp | 600 | 1650 | 2850 | 5700 | 9900 | 14200 |

*421 HO/tri-power add 40%        Tri-power add 20%        Small block option deduct 10%*

## 1966

**Tempest Standard, 6-cyl./8-cyl., 115" wb**

| | 6 | 5 | 4 | 3 | 2 | 1 |
|---|---|---|---|---|---|---|
| 2-dr Cpe | 300 | 800 | 1350 | 2700 | 4700 | 6900 |
| 4-dr Sdn | 300 | 700 | 1200 | 2400 | 4100 | 5900 |
| 4-dr 6-pass Sta Wgn | 300 | 800 | 1300 | 2600 | 4600 | 6600 |
| **Tempest Custom, 6-cyl./8-cyl., 115" wb** | | | | | | |
| 2-dr Spt Cpe | 350 | 900 | 1500 | 2900 | 5200 | 7400 |
| 4-dr Sdn | 300 | 750 | 1250 | 2500 | 4400 | 6200 |
| 2-dr Hdtp | 400 | 1100 | 1800 | 3500 | 6100 | 8900 |
| 4-dr Hdtp | 300 | 800 | 1350 | 2700 | 4700 | 6900 |
| 2-dr Conv | 500 | 1300 | 2250 | 4500 | 7700 | 11000 |
| 4-dr 6-pass Sta Wgn | 300 | 800 | 1350 | 2700 | 4700 | 6900 |
| **LeMans, 6-cyl./8-cyl., 115" wb** | | | | | | |
| 2-dr Spt Cpe | 350 | 900 | 1500 | 2900 | 5200 | 7400 |
| 2-dr Hdtp | 400 | 1200 | 1950 | 3900 | 6800 | 9900 |
| 4-dr Hdtp Sdn | 300 | 800 | 1350 | 2700 | 4700 | 6900 |
| 2-dr Conv | 550 | 1550 | 2600 | 5200 | 9000 | 12800 |

|  | 6 | 5 | 4 | 3 | 2 | 1 |
|---|---|---|---|---|---|---|
| **GTO, 8-cyl., 115" wb** | | | | | | |
| 2-dr Spt Cpe | 750 | 2250 | 3750 | 7500 | 13000 | 18700 |
| 2-dr Hdtp Cpe | 900 | 2750 | 4600 | 9200 | 16200 | 22900 |
| 2-dr Conv | 1200 | 3800 | 6350 | 12700 | 22400 | 31700 |
| *4-speed add $1000* | | | | | | |
| **Catalina, 8-cyl., 121" wb** | | | | | | |
| 2-dr Sdn | 350 | 950 | 1550 | 3100 | 5500 | 7900 |
| 4-dr Sdn | 300 | 750 | 1250 | 2500 | 4400 | 6200 |
| 2-dr Hdtp Cpe | 500 | 1300 | 2250 | 4500 | 7700 | 11000 |
| 4-dr Hdtp | 350 | 900 | 1500 | 2900 | 5200 | 7400 |
| 2-dr Conv | 700 | 1900 | 3350 | 6700 | 11500 | 16500 |
| 4-dr 6-pass Sta Wgn | 400 | 1100 | 1800 | 3600 | 6200 | 9100 |
| 4-dr 9-pass Sta Wgn | 400 | 1200 | 1900 | 3800 | 6600 | 9600 |
| **Catalina, 2 Plus 2, 8-cyl., 121" wb** | | | | | | |
| 2-dr Hdtp Cpe | 550 | 1450 | 2450 | 4900 | 8500 | 12000 |
| 2-dr Conv | 750 | 2250 | 3750 | 7500 | 13000 | 18700 |
| **Star Chief Executive, 8-cyl., 124" wb** | | | | | | |
| 4-dr Sdn | 350 | 900 | 1500 | 2900 | 5200 | 7400 |
| 2-dr Hdtp | 450 | 1250 | 2150 | 4300 | 7400 | 10700 |
| 4-dr Hdtp | 400 | 1050 | 1700 | 3300 | 5800 | 8300 |
| **Bonneville, 8-cyl., 124" wb** | | | | | | |
| 2-dr Hdtp | 550 | 1450 | 2450 | 4900 | 8500 | 12000 |
| 4-dr Hdtp | 400 | 1100 | 1800 | 3500 | 6100 | 8900 |
| 2-dr Conv | 750 | 2250 | 3750 | 7500 | 13000 | 18700 |
| 4-dr 9-pass Sta Wgn | 400 | 1150 | 1850 | 3700 | 6400 | 9300 |
| **Grand Prix, 8-cyl., 121" wb** | | | | | | |
| 2-dr Hdtp | 550 | 1550 | 2650 | 5300 | 9100 | 13000 |
| *421 add 40% Small block option deduct 10% Tri-power add 20%* | | | | | | |
| **1967** | | | | | | |
| **Tempest, 6-cyl./8-cyl., 115" wb** | | | | | | |
| 2-dr Spt Cpe | 300 | 800 | 1300 | 2600 | 4600 | 6600 |
| 4-dr Sdn | 300 | 700 | 1200 | 2400 | 4100 | 5900 |
| 6-pass Sta Wgn | 300 | 800 | 1350 | 2700 | 4700 | 6900 |
| **Tempest Custom, 6-cyl., 115" wb** | | | | | | |
| 2-dr Spt Cpe | 350 | 900 | 1500 | 2900 | 5200 | 7400 |
| 2-dr Hdtp Cpe | 350 | 950 | 1550 | 3100 | 5500 | 7900 |
| 4-dr Hdtp Sdn | 350 | 850 | 1400 | 2800 | 4900 | 7100 |
| 4-dr Sdn | 300 | 750 | 1250 | 2500 | 4400 | 6200 |
| 2-dr Conv | 500 | 1300 | 2250 | 4500 | 7700 | 11000 |
| 6-pass Sta Wgn | 350 | 850 | 1400 | 2800 | 4900 | 7100 |
| **LeMans, 6-cyl./8-cyl., 115" wb** | | | | | | |
| 2-dr Spt Cpe | 350 | 900 | 1500 | 3000 | 5300 | 7600 |
| 2-dr Hdtp Cpe | 400 | 1100 | 1800 | 3500 | 6100 | 8900 |
| 4-dr Hdtp | 300 | 800 | 1350 | 2700 | 4700 | 6900 |
| 2-dr Conv | 650 | 1700 | 3000 | 5900 | 10200 | 14700 |
| **Tempest Safari, 6-cyl., 115" wb** | | | | | | |
| Sta Wgn | 350 | 1000 | 1600 | 3200 | 5700 | 8100 |
| **GTO, 8-cyl., 115" wb** | | | | | | |
| 2-dr Cpe | 800 | 2350 | 3950 | 7900 | 13700 | 19700 |
| 2-dr Hdtp | 900 | 2900 | 4850 | 9700 | 17100 | 24200 |
| 2-dr Conv | 1200 | 3750 | 6250 | 12500 | 22000 | 31100 |
| *4-speed add $1000* | | | | | | |
| **Catalina, 8-cyl., 121" wb** | | | | | | |
| 2-dr Sdn | 350 | 950 | 1550 | 3100 | 5500 | 7900 |
| 4-dr Sdn | 300 | 750 | 1250 | 2500 | 4400 | 6200 |
| 2-dr Hdtp | 450 | 1250 | 2050 | 4100 | 7100 | 10300 |
| 4-dr Hdtp | 350 | 900 | 1500 | 2900 | 5200 | 7400 |
| 2-dr Conv | 600 | 1600 | 2750 | 5500 | 9500 | 13800 |

| | 6 | 5 | 4 | 3 | 2 | 1 |
|---|---|---|---|---|---|---|
| 6-pass Safari Sta Wgn | 350 | 950 | 1550 | 3100 | 5500 | 7900 |
| 3-seat Safari Sta Wgn | 400 | 1050 | 1700 | 3300 | 5800 | 8300 |
| **Executive, 8-cyl., 124" wb, Sta Wgn 121" wb** | | | | | | |
| 4-dr Sdn | 300 | 800 | 1350 | 2700 | 4700 | 6900 |
| 2-dr Hdtp Cpe | 450 | 1250 | 2050 | 4100 | 7100 | 10300 |
| 4-dr Hdtp | 350 | 950 | 1550 | 3100 | 5500 | 7900 |
| 6-pass Safari Sta Wgn | 400 | 1050 | 1700 | 3300 | 5800 | 8300 |
| 3-seat Safari Sta Wgn | 400 | 1100 | 1800 | 3500 | 6100 | 8900 |
| **Bonneville, 8-cyl., 124" wb** | | | | | | |
| 2-dr Hdtp | 500 | 1350 | 2350 | 4700 | 8100 | 11500 |
| 4-dr Hdtp | 400 | 1050 | 1700 | 3300 | 5800 | 8300 |
| 2-dr Conv | 750 | 2250 | 3750 | 7500 | 13000 | 18700 |
| 9-pass Safari Sta Wgn | 400 | 1200 | 1900 | 3800 | 6600 | 9600 |
| **Grand Prix, 8-cyl., 121" wb** | | | | | | |
| 2-dr Hdtp | 550 | 1500 | 2500 | 5100 | 8800 | 12500 |
| 2-dr Conv | 800 | 2350 | 3950 | 7900 | 13700 | 19700 |
| | | *428 add 40%* | | | | |
| **Firebird, 8-cyl., 108" wb** | | | | | | |
| 2-dr Cpe Hdtp | 600 | 1600 | 2750 | 5500 | 9500 | 13800 |
| 2-dr Conv | 800 | 2400 | 4000 | 8000 | 13900 | 19900 |
| | *Small block option deduct 10%* | | | *Ram Air 400 Firebird add 20%* | | |

## 1968

| | 6 | 5 | 4 | 3 | 2 | 1 |
|---|---|---|---|---|---|---|
| **Tempest, 6-cyl./8-cyl., 112"-114" wb** | | | | | | |
| 2-dr Spt Cpe | 300 | 800 | 1350 | 2700 | 4700 | 6900 |
| 4-dr Sdn | 300 | 650 | 1150 | 2300 | 3900 | 5700 |
| **Tempest Custom, 6-cyl./8-cyl., 112"-114" wb** | | | | | | |
| 2-dr Spt Cpe | 350 | 900 | 1500 | 2900 | 5200 | 7400 |
| 2-dr Hdtp | 350 | 1000 | 1600 | 3200 | 5700 | 8100 |
| 4-dr Hdtp | 300 | 800 | 1350 | 2700 | 4700 | 6900 |
| 2-dr Conv | 450 | 1250 | 2050 | 4100 | 7100 | 10300 |
| 4-dr Sdn | 300 | 700 | 1200 | 2400 | 4100 | 5900 |
| Sta Wgn | 300 | 800 | 1300 | 2600 | 4600 | 6600 |
| **LeMans, 6-cyl./8-cyl., 112"-114" wb** | | | | | | |
| 2-dr Spt Cpe | 350 | 900 | 1500 | 2900 | 5200 | 7400 |
| 2-dr Hdtp | 350 | 950 | 1550 | 3100 | 5500 | 7900 |
| 4-dr Hdtp | 300 | 800 | 1300 | 2600 | 4600 | 6600 |
| 2-dr Conv | 600 | 1600 | 2750 | 5500 | 9500 | 13800 |
| Sta Wgn | 300 | 800 | 1300 | 2600 | 4600 | 6600 |
| **Safari, 6-cyl./8-cyl., 114" wb** | | | | | | |
| 6-pass Sta Wgn | 350 | 900 | 1500 | 2900 | 5200 | 7400 |
| **GTO, 8-cyl., 112" wb** | | | | | | |
| 2-dr Hdtp Cpe | 800 | 2350 | 3950 | 7900 | 13700 | 19700 |
| 2-dr Conv | 950 | 3050 | 5150 | 10300 | 18200 | 25700 |
| **Catalina, 8-cyl., 121" wb** | | | | | | |
| 2-dr Sdn | 350 | 900 | 1500 | 3000 | 5300 | 7600 |
| 4-dr Sdn | 300 | 700 | 1200 | 2400 | 4100 | 5900 |
| 2-dr Hdtp | 400 | 1050 | 1700 | 3400 | 5900 | 8500 |
| 4-dr Hdtp | 300 | 800 | 1300 | 2600 | 4600 | 6600 |
| 2-dr Conv | 550 | 1450 | 2450 | 4900 | 8500 | 12000 |
| 6-pass Sta Wgn | 350 | 900 | 1500 | 3000 | 5300 | 7600 |
| 9-pass Sta Wgn | 350 | 1000 | 1600 | 3200 | 5700 | 8100 |
| **Executive, 8-cyl., 124" wb, Sta Wgn 121" wb** | | | | | | |
| 4-dr Sdn | 300 | 700 | 1200 | 2400 | 4100 | 5900 |
| 2-dr Hdtp | 400 | 1100 | 1800 | 3500 | 6100 | 8900 |
| 4-dr Hdtp | 300 | 800 | 1300 | 2600 | 4600 | 6600 |
| 2-seat Safari Sta Wgn | 350 | 900 | 1500 | 3000 | 5300 | 7600 |
| 3-seat Safari Sta Wgn | 350 | 1000 | 1600 | 3200 | 5700 | 8100 |

| | 6 | 5 | 4 | 3 | 2 | 1 |
|---|---|---|---|---|---|---|
| **Bonneville, 8-cyl., 125" wb** | | | | | | |
| 4-dr Sdn | 300 | 750 | 1250 | 2500 | 4400 | 6200 |
| 2-dr Hdtp | 450 | 1250 | 2100 | 4200 | 7200 | 10500 |
| 4-dr Hdtp | 350 | 950 | 1550 | 3100 | 5500 | 7900 |
| 2-dr Conv | 650 | 1800 | 3250 | 6500 | 11200 | 16100 |
| 3-seat Sta Wgn | 400 | 1100 | 1800 | 3500 | 6100 | 8900 |
| **Grand Prix, 8-cyl., 118" wb** | | | | | | |
| 2-dr Hdtp Cpe | 550 | 1450 | 2450 | 4900 | 8500 | 12000 |
| | | *428 add 40%* | | *Ram Air add 20%* | | |
| **Firebird, 6-cyl./8-cyl., 108" wb** | | | | | | |
| 2-dr Cpe Hdtp | 600 | 1600 | 2750 | 5500 | 9500 | 13800 |
| 2-dr Conv | 800 | 2350 | 3950 | 7900 | 13700 | 19700 |
| | | *Small block option deduct 10%* | | *Ram Air 400 Firebird add 20%* | | |

## 1969

| | 6 | 5 | 4 | 3 | 2 | 1 |
|---|---|---|---|---|---|---|
| **Tempest, 6-cyl./8-cyl., 116" wb, 2-dr 112" wb** | | | | | | |
| 2-dr Cpe | 300 | 800 | 1300 | 2600 | 4600 | 6600 |
| 4-dr Sdn | 300 | 650 | 1100 | 2200 | 3800 | 5400 |
| **Tempest 'S' Custom, 6-cyl./8-cyl., 116" wb, 2-dr 112" wb** | | | | | | |
| 2-dr Spt Cpe | 350 | 900 | 1500 | 2900 | 5200 | 7400 |
| 2-dr Hdtp | 350 | 900 | 1500 | 3000 | 5300 | 7600 |
| 4-dr Hdtp | 300 | 700 | 1200 | 2400 | 4100 | 5900 |
| 4-dr Sdn | 300 | 650 | 1150 | 2300 | 3900 | 5700 |
| 2-dr Conv | 400 | 1150 | 1850 | 3700 | 6400 | 9300 |
| Sta Wgn | 300 | 750 | 1250 | 2500 | 4400 | 6200 |
| **Tempest LeMans, 6-cyl./8-cyl., 116" wb, 2-dr 112" wb** | | | | | | |
| 2-dr Spt Cpe | 350 | 900 | 1500 | 2900 | 5200 | 7400 |
| 2-dr Hdtp | 350 | 950 | 1550 | 3100 | 5500 | 7900 |
| 4-dr Hdtp | 300 | 700 | 1200 | 2400 | 4100 | 5900 |
| 2-dr Conv | 600 | 1600 | 2750 | 5500 | 9500 | 13800 |
| **Tempest Safari, 6-cyl./8-cyl., 116" wb** | | | | | | |
| 2-seat Sta Wgn | 300 | 800 | 1300 | 2600 | 4600 | 6600 |
| **GTO, 8-cyl., 112" wb** | | | | | | |
| 2-dr Hdtp | 750 | 2200 | 3650 | 7300 | 12600 | 18200 |
| 2-dr Conv | 900 | 2900 | 4850 | 9700 | 17100 | 24200 |
| | | | *Judge add 25%* | | | |
| **Catalina, 8-cyl., 122" wb** | | | | | | |
| 2-dr Hdtp | 350 | 1000 | 1600 | 3200 | 5700 | 8100 |
| 4-dr Hdtp | 300 | 750 | 1250 | 2500 | 4400 | 6200 |
| 4-dr Sdn | 300 | 650 | 1150 | 2300 | 3900 | 5700 |
| 2-dr Conv | 500 | 1350 | 2350 | 4700 | 8100 | 11500 |
| 2-seat Sta Wgn | 350 | 900 | 1500 | 2900 | 5200 | 7400 |
| 3-seat Sta Wgn | 350 | 950 | 1550 | 3100 | 5500 | 7900 |
| **Executive, 8-cyl., 125" wb, Sta Wgn 122" wb** | | | | | | |
| 4-dr Sdn | 300 | 650 | 1150 | 2300 | 3900 | 5700 |
| 4-dr Hdtp | 300 | 750 | 1250 | 2500 | 4400 | 6200 |
| 2-dr Hdtp | 350 | 950 | 1550 | 3100 | 5500 | 7900 |
| 2-seat Sta Wgn | 350 | 900 | 1500 | 3000 | 5300 | 7600 |
| 3-seat Sta Wgn | 350 | 1000 | 1600 | 3200 | 5700 | 8100 |
| **Bonneville, 8-cyl., 125" wb** | | | | | | |
| 2-dr Hdtp | 400 | 1150 | 1850 | 3700 | 6400 | 9300 |
| 4-dr Hdtp | 300 | 800 | 1350 | 2700 | 4700 | 6900 |
| 4-dr Sdn | 300 | 650 | 1150 | 2300 | 3900 | 5700 |
| 2-dr Conv | 600 | 1650 | 2850 | 5700 | 9900 | 14200 |
| 3-seat Sta Wgn | 400 | 1050 | 1700 | 3300 | 5800 | 8300 |
| **Grand Prix, 8-cyl., 118" wb** | | | | | | |
| 2-dr Hdtp Cpe | 500 | 1350 | 2350 | 4700 | 8100 | 11500 |
| | | *428 add 25%* | | *Ram Air add 25%* | | |

'67 Pontiac GTO

'67 Pontiac Catalina

'68 Pontiac Executive

'69 Pontiac Firebird

'70 Pontiac Judge

'70 Pontiac Bonneville

'71 Pontiac LeMans Sport

'71 Pontiac GT-37

'73 Pontiac Grand Am

'73 Pontiac Catalina

'74 Pontiac Trans Am

'74 Pontiac Ventura

| | 6 | 5 | 4 | 3 | 2 | 1 |
|---|---|---|---|---|---|---|
| **Firebird, 6-cyl./8-cyl., 108" wb** | | | | | | |
| 2-dr Hdtp Cpe | 550 | 1550 | 2650 | 5300 | 9100 | 13000 |
| 2-dr Trans Am Hdtp Cpe | 1200 | 3850 | 6450 | 12900 | 22700 | 32200 |
| 2-dr Conv | 750 | 2300 | 3850 | 7700 | 13300 | 19200 |
| 2-dr Trans Am Conv | 1800 | 5300 | 8950 | 17900 | 31500 | 44700 |

*Tempest V-8 add 20%*      *HO 400 Firebird add 15%*      *Ram Air IV Firebird add 25%*
*Small block option deduct 10%*

## 1970

| | 6 | 5 | 4 | 3 | 2 | 1 |
|---|---|---|---|---|---|---|
| **Tempest, 6-cyl./8-cyl., 116" wb, 2-dr 112" wb** | | | | | | |
| 2-dr Cpe | 300 | 800 | 1300 | 2600 | 4600 | 6600 |
| 2-dr Hdtp | 300 | 800 | 1350 | 2700 | 4700 | 6900 |
| 4-dr Sdn | 300 | 650 | 1100 | 2200 | 3800 | 5400 |
| **LeMans, 6-cyl./8-cyl., 116" wb, 2-dr 112" wb** | | | | | | |
| 2-dr Hdtp | 350 | 900 | 1500 | 3000 | 5300 | 7600 |
| 4-dr Hdtp | 300 | 700 | 1200 | 2400 | 4100 | 5900 |
| 4-dr Sdn | 300 | 650 | 1100 | 2200 | 3800 | 5400 |
| 2-dr Cpe | 300 | 800 | 1300 | 2600 | 4600 | 6600 |
| Sta Wgn | 300 | 750 | 1250 | 2500 | 4400 | 6200 |
| **LeMans Sport, 6-cyl./8-cyl., 116" wb, 2-dr 112" wb** | | | | | | |
| 2-dr Cpe | 350 | 900 | 1500 | 3000 | 5300 | 7600 |
| 2-dr Hdtp | 400 | 1050 | 1700 | 3300 | 5800 | 8300 |
| 4-dr Hdtp | 300 | 750 | 1250 | 2500 | 4400 | 6200 |
| 2-dr Conv | 600 | 1600 | 2750 | 5500 | 9500 | 13800 |
| Sta Wgn | 300 | 800 | 1350 | 2700 | 4700 | 6900 |
| **GTO, 8-cyl., 112" wb** | | | | | | |
| 2-dr Hdtp | 750 | 2300 | 3850 | 7700 | 13300 | 19200 |
| 2-dr Conv | 900 | 2750 | 4600 | 9200 | 16200 | 22900 |

*Judge add 25%*

| | 6 | 5 | 4 | 3 | 2 | 1 |
|---|---|---|---|---|---|---|
| **Catalina, 8-cyl., 122" wb** | | | | | | |
| 2-dr Hdtp | 350 | 950 | 1550 | 3100 | 5500 | 7900 |
| 4-dr Hdtp | 300 | 800 | 1350 | 2700 | 4700 | 6900 |
| 4-dr Sdn | 300 | 650 | 1150 | 2300 | 3900 | 5700 |
| 2-dr Conv | 450 | 1250 | 2150 | 4300 | 7400 | 10700 |
| 2-seat Sta Wgn | 350 | 900 | 1500 | 2900 | 5200 | 7400 |
| 3-seat Sta Wgn | 350 | 950 | 1550 | 3100 | 5500 | 7900 |
| **Executive, 8-cyl., 125" wb, Sta Wgn 122" wb** | | | | | | |
| 2-dr Hdtp | 400 | 1050 | 1700 | 3300 | 5800 | 8300 |
| 4-dr Hdtp | 350 | 900 | 1500 | 2900 | 5200 | 7400 |
| 4-dr Sdn | 300 | 700 | 1200 | 2400 | 4100 | 5900 |
| 2-seat Safari Sta Wgn | 350 | 900 | 1500 | 3000 | 5300 | 7600 |
| 3-seat Safari Sta Wgn | 350 | 1000 | 1600 | 3200 | 5700 | 8100 |
| **Bonneville, 8-cyl., 125" wb, Sta Wgn 122" wb** | | | | | | |
| 2-dr Hdtp | 400 | 1100 | 1800 | 3500 | 6100 | 8900 |
| 4-dr Hdtp | 350 | 950 | 1550 | 3100 | 5500 | 7900 |
| 4-dr Sdn | 300 | 750 | 1250 | 2500 | 4400 | 6200 |
| 2-dr Conv | 550 | 1500 | 2500 | 5100 | 8800 | 12500 |
| 3-seat Sta Wgn | 400 | 1050 | 1700 | 3300 | 5800 | 8300 |
| **Grand Prix, 8-cyl., 118" wb** | | | | | | |
| 2-dr Hdtp | 500 | 1350 | 2350 | 4700 | 8100 | 11500 |

*428 add 25%*                          *Ram Air IV add 25%*

| | 6 | 5 | 4 | 3 | 2 | 1 |
|---|---|---|---|---|---|---|
| **Firebird, 6-cyl./8-cyl., 108" wb** | | | | | | |
| 2-dr Hdtp | 450 | 1250 | 2100 | 4200 | 7200 | 10500 |
| 2-dr Hdtp Esprit | 500 | 1350 | 2300 | 4600 | 8000 | 11300 |
| 2-dr Hdtp Formula | 650 | 1700 | 3000 | 5900 | 10200 | 14700 |
| 2-dr Hdtp Trans Am | 700 | 2000 | 3450 | 6900 | 11900 | 17200 |

*Tempest V-8 add 20%*    *4-speed Trans Am add 25%*    *Ram Air IV add 25%*
*Small block option deduct 10%*

|  | 6 | 5 | 4 | 3 | 2 | 1 |
|---|---|---|---|---|---|---|

## 1971

**Ventura II, 6-cyl./8-cyl., 111" wb**

| | 6 | 5 | 4 | 3 | 2 | 1 |
|---|---|---|---|---|---|---|
| 2-dr Cpe | 300 | 600 | 900 | 1800 | 3100 | 4400 |
| 4-dr Sdn | 300 | 550 | 800 | 1600 | 2800 | 3900 |

**LeMans T37, 6-cyl./8-cyl., 116" wb, 2-dr 112" wb**

| | | | | | | |
|---|---|---|---|---|---|---|
| 2-dr Sdn | 300 | 650 | 1000 | 2000 | 3500 | 4900 |
| 4-dr Sdn | 300 | 600 | 900 | 1800 | 3100 | 4400 |
| 2-dr Hdtp | 300 | 800 | 1350 | 2700 | 4700 | 6900 |

**LeMans, 6-cyl./8-cyl., 116" wb, 2-dr 112" wb**

| | | | | | | |
|---|---|---|---|---|---|---|
| 2-dr Sdn | 300 | 750 | 1250 | 2500 | 4400 | 6200 |
| 4-dr Sdn | 300 | 650 | 1000 | 2000 | 3500 | 4900 |
| 2-dr Hdtp | 350 | 900 | 1500 | 2900 | 5200 | 7400 |
| 4-dr Hdtp | 300 | 650 | 1100 | 2200 | 3800 | 5400 |
| 4-dr 6-pass Sta Wgn | 300 | 650 | 1000 | 2000 | 3500 | 4900 |
| 4-dr 3-seat Sta Wgn | 300 | 650 | 1100 | 2200 | 3800 | 5400 |

**LeMans Sport, 6-cyl./8-cyl., 116" wb, 2-dr 112" wb**

| | | | | | | |
|---|---|---|---|---|---|---|
| 4-dr Hdtp | 300 | 650 | 1100 | 2200 | 3800 | 5400 |
| 2-dr Hdtp Cpe | 350 | 950 | 1550 | 3100 | 5500 | 7900 |
| 2-dr Spt Conv | 500 | 1300 | 2250 | 4500 | 7700 | 11000 |

**GTO, 8-cyl.**

| | | | | | | |
|---|---|---|---|---|---|---|
| 2-dr Hdtp | 750 | 2150 | 3600 | 7200 | 12400 | 18000 |
| 2-dr Conv | 850 | 2650 | 4500 | 9000 | 15900 | 22500 |

*Judge option add 25%*

**Catalina, 8-cyl., 123" wb**

| | | | | | | |
|---|---|---|---|---|---|---|
| 2-dr Hdtp | 300 | 800 | 1350 | 2700 | 4700 | 6900 |
| 4-dr Hdtp | 300 | 650 | 1150 | 2300 | 3900 | 5700 |
| 4-dr Sdn | 300 | 650 | 1100 | 2200 | 3800 | 5400 |
| 2-dr Conv | 450 | 1250 | 2050 | 4100 | 7100 | 10300 |
| 6-pass Safari Sta Wgn | 350 | 850 | 1400 | 2800 | 4900 | 7100 |
| 9-pass Safari Sta Wgn | 350 | 900 | 1500 | 3000 | 5300 | 7600 |

**Catalina Brougham**

| | | | | | | |
|---|---|---|---|---|---|---|
| 2-dr Hdtp | 350 | 850 | 1400 | 2800 | 4900 | 7100 |
| 4-dr Hdtp | 300 | 700 | 1200 | 2400 | 4100 | 5900 |
| 4-dr Sdn | 300 | 650 | 1150 | 2300 | 3900 | 5700 |

**Grand Safari, 8-cyl., 127" wb**

| | | | | | | |
|---|---|---|---|---|---|---|
| 2-seat Sta Wgn | 300 | 800 | 1350 | 2700 | 4700 | 6900 |
| 3-seat Sta Wgn | 350 | 900 | 1500 | 2900 | 5200 | 7400 |

**Bonneville**

| | | | | | | |
|---|---|---|---|---|---|---|
| 2-dr Hdtp | 350 | 900 | 1500 | 3000 | 5300 | 7600 |
| 4-dr Hdtp | 300 | 650 | 1150 | 2300 | 3900 | 5700 |
| 4-dr Sdn | 300 | 650 | 1100 | 2200 | 3800 | 5400 |

**Grandville**

| | | | | | | |
|---|---|---|---|---|---|---|
| 2-dr Hdtp | 350 | 950 | 1550 | 3100 | 5500 | 7900 |
| 4-dr Hdtp | 300 | 650 | 1150 | 2300 | 3900 | 5700 |
| 2-dr Conv | 550 | 1500 | 2500 | 5100 | 8800 | 12500 |

**Grand Prix**

| | | | | | | |
|---|---|---|---|---|---|---|
| 2-dr Hdtp | 500 | 1300 | 2250 | 4500 | 7700 | 11000 |

**Firebird, 6-cyl./8-cyl., 108" wb**

| | | | | | | |
|---|---|---|---|---|---|---|
| 2-dr Hdtp | 450 | 1250 | 2100 | 4200 | 7200 | 10500 |
| 2-dr Hdtp Esprit | 450 | 1250 | 2200 | 4400 | 7600 | 10900 |
| 2-dr Hdtp Formula | 550 | 1500 | 2500 | 5100 | 8800 | 12500 |
| 2-dr Hdtp Trans Am | 700 | 1900 | 3350 | 6700 | 11500 | 16500 |

*Firebird/LeMans 455 add 25%    455 HO V-8 add 25%    Small block option deduct 10%*
*LeMans V-8 add 20%*

## 1972

**Ventura II, 6-cyl./8-cyl., 111" wb**

| | 6 | 5 | 4 | 3 | 2 | 1 |
|---|---|---|---|---|---|---|
| 2-dr Cpe | 300 | 600 | 850 | 1700 | 2900 | 4100 |
| 4-dr Sdn | 250 | 500 | 750 | 1500 | 2600 | 3600 |

| | 6 | 5 | 4 | 3 | 2 | 1 |
|---|---|---|---|---|---|---|
| **LeMans, 6-cyl./8-cyl., 116" wb, 2-dr 112" wb** | | | | | | |
| 2-dr Cpe | 300 | 650 | 1150 | 2300 | 3900 | 5700 |
| 2-dr Hdtp | 300 | 750 | 1250 | 2500 | 4400 | 6200 |
| 2-dr Conv | 500 | 1350 | 2350 | 4700 | 8100 | 11500 |
| 4-dr Sdn | 300 | 600 | 950 | 1900 | 3200 | 4600 |
| 4-dr 2-seat Sta Wgn | 300 | 600 | 950 | 1900 | 3200 | 4600 |
| 4-dr 3-seat Sta Wgn | 300 | 650 | 1100 | 2100 | 3600 | 5100 |
| *V-8 add 20%* | | | | | | |
| **Luxury LeMans, 8-cyl.** | | | | | | |
| 2-dr Hdtp | 350 | 900 | 1500 | 2900 | 5200 | 7400 |
| 4-dr Hdtp | 300 | 650 | 1100 | 2100 | 3600 | 5100 |
| **GTO** | | | | | | |
| 2-dr Hdtp | 650 | 1700 | 3000 | 6100 | 10600 | 15200 |
| 2-dr Sdn | 550 | 1450 | 2450 | 4900 | 8500 | 12000 |
| **Catalina, 8-cyl., 123" wb** | | | | | | |
| 2-dr Hdtp | 300 | 800 | 1300 | 2600 | 4600 | 6600 |
| 4-dr Hdtp | 300 | 650 | 1000 | 2000 | 3500 | 4900 |
| 4-dr Sdn | 300 | 600 | 950 | 1900 | 3200 | 4600 |
| Conv | 450 | 1250 | 2050 | 4100 | 7100 | 10300 |
| 4-dr 6-pass Safari Sta Wgn | 300 | 650 | 1100 | 2100 | 3600 | 5100 |
| 4-dr 9-pass Safari Sta Wgn | 300 | 650 | 1150 | 2300 | 3900 | 5700 |
| **Catalina Brougham, 8-cyl., 123" wb** | | | | | | |
| 2-dr Hdtp | 350 | 850 | 1400 | 2800 | 4900 | 7100 |
| 4-dr Hdtp | 300 | 650 | 1100 | 2200 | 3800 | 5400 |
| 4-dr Sdn | 300 | 650 | 1100 | 2100 | 3600 | 5100 |
| **Bonneville** | | | | | | |
| 2-dr Hdtp | 350 | 900 | 1500 | 2900 | 5200 | 7400 |
| 4-dr Hdtp | 300 | 650 | 1150 | 2300 | 3900 | 5700 |
| 4-dr Sdn | 300 | 650 | 1100 | 2100 | 3600 | 5100 |
| 6-pass Safari Sta Wgn | 300 | 650 | 1100 | 2200 | 3800 | 5400 |
| 9-pass Safari Sta Wgn | 300 | 700 | 1200 | 2400 | 4100 | 5900 |
| **Grand Ville** | | | | | | |
| 2-dr Hdtp | 350 | 900 | 1500 | 3000 | 5300 | 7600 |
| 4-dr Hdtp | 300 | 650 | 1150 | 2300 | 3900 | 5700 |
| 2-dr Conv | 500 | 1350 | 2350 | 4700 | 8100 | 11500 |
| **Grand Prix** | | | | | | |
| 2-dr Hdtp | 450 | 1250 | 2150 | 4300 | 7400 | 10700 |
| **Firebird, 8-cyl., 108" wb** | | | | | | |
| 2-dr Hdtp | 400 | 1200 | 1900 | 3800 | 6600 | 9600 |
| 2-dr Esprit | 400 | 1200 | 2000 | 4000 | 6900 | 10000 |
| 2-dr Formula | 550 | 1450 | 2450 | 4900 | 8500 | 12000 |
| 2-dr Trans Am | 650 | 1800 | 3200 | 6400 | 11000 | 15900 |
| *Firebird/LeMans 455 add 25%* | | | *Small block option deduct 10%* | | | |
| ***1973*** | | | | | | |
| **Ventura, 6-cyl./8-cyl.** | | | | | | |
| 2-dr Htchbk Cpe | 300 | 550 | 800 | 1600 | 2800 | 3900 |
| 2-dr Cpe | 250 | 500 | 750 | 1500 | 2600 | 3600 |
| 4-dr Sdn | 250 | 500 | 750 | 1400 | 2400 | 3400 |
| **Ventura Custom, 6-cyl./8-cyl.** | | | | | | |
| 2-dr Htchbk Cpe | 300 | 600 | 850 | 1700 | 2900 | 4100 |
| 2-dr Cpe | 300 | 550 | 800 | 1600 | 2800 | 3900 |
| 4-dr Sdn | 250 | 500 | 750 | 1500 | 2600 | 3600 |
| **LeMans, 6-cyl./8-cyl.** | | | | | | |
| 4-dr Sdn Hdtp | 300 | 550 | 800 | 1600 | 2800 | 3900 |
| 2-dr Hdtp | 300 | 600 | 850 | 1700 | 2900 | 4100 |
| 4-dr 6-pass Sta Wgn | 300 | 550 | 800 | 1600 | 2800 | 3900 |
| 4-dr 9-pass Sta Wgn | 300 | 600 | 900 | 1800 | 3100 | 4400 |
| **LeMans Sport, 6-cyl./8-cyl.** | | | | | | |
| 2-dr Hdtp | 300 | 600 | 950 | 1900 | 3200 | 4600 |

|  | 6 | 5 | 4 | 3 | 2 | 1 |
|---|---|---|---|---|---|---|
| **Luxury LeMans, 6-cyl./8-cyl.** | | | | | | |
| 2-dr Hdtp | 300 | 600 | 950 | 1900 | 3200 | 4600 |
| 4-dr Hdtp | 300 | 600 | 850 | 1700 | 2900 | 4100 |
| **Grand Am, 8-cyl.** | | | | | | |
| 2-dr Hdtp | 350 | 900 | 1500 | 2900 | 5200 | 7400 |
| 4-dr Hdtp | 300 | 650 | 1100 | 2200 | 3800 | 5400 |
| **GTO** | | | | | | |
| Sport Cpe | 400 | 1100 | 1800 | 3600 | 6200 | 9100 |
| **Catalina, 8-cyl.** | | | | | | |
| 2-dr Hdtp | 300 | 650 | 1100 | 2200 | 3800 | 5400 |
| 4-dr Hdtp | 300 | 600 | 850 | 1700 | 2900 | 4100 |
| 4-dr Sdn | 300 | 550 | 800 | 1600 | 2800 | 3900 |
| 4-dr 6-pass Safari Sta Wgn | 300 | 600 | 950 | 1900 | 3200 | 4600 |
| 4-dr 9-pass Safari Sta Wgn | 300 | 650 | 1100 | 2100 | 3600 | 5100 |
| **Bonneville, 8-cyl.** | | | | | | |
| 2-dr Hdtp | 300 | 650 | 1100 | 2200 | 3800 | 5400 |
| 4-dr Hdtp | 300 | 600 | 900 | 1800 | 3100 | 4400 |
| 4-dr Sdn | 300 | 600 | 850 | 1700 | 2900 | 4100 |
| **Grand Ville, 8-cyl.** | | | | | | |
| 2-dr Hdtp | 300 | 700 | 1200 | 2400 | 4100 | 5900 |
| 4-dr Hdtp | 300 | 650 | 1000 | 2000 | 3500 | 4900 |
| 2-dr Conv | 500 | 1350 | 2350 | 4700 | 8100 | 11500 |
| **Grand Safari, 8-cyl.** | | | | | | |
| 6-pass Sta Wgn | 300 | 650 | 1000 | 2000 | 3500 | 4900 |
| 9-pass Sta Wgn | 300 | 650 | 1100 | 2200 | 3800 | 5400 |
| **Grand Prix, 8-cyl.** | | | | | | |
| 2-dr Hdtp | 350 | 950 | 1550 | 3100 | 5500 | 7900 |
| 2-dr SJ Hdtp | 400 | 1050 | 1700 | 3400 | 5900 | 8500 |
| **Firebird, 6-cyl., 108" wb** | | | | | | |
| 2-dr Hdtp | 350 | 900 | 1500 | 3000 | 5300 | 7600 |
| **Firebird, 8-cyl., 108" wb** | | | | | | |
| 2-dr Hdtp | 400 | 1100 | 1800 | 3600 | 6200 | 9100 |
| 2-dr Hdtp Esprit | 400 | 1200 | 1900 | 3800 | 6600 | 9600 |
| 2-dr Hdtp Formula | 550 | 1400 | 2400 | 4800 | 8300 | 11800 |
| 2-dr Hdtp Trans Am | 600 | 1650 | 2900 | 5800 | 10000 | 14500 |
| | *455 SD V-8 add 50%* | | | *Small block option deduct 10%* | | |

## 1974

|  | 6 | 5 | 4 | 3 | 2 | 1 |
|---|---|---|---|---|---|---|
| **Ventura, 6-cyl./8-cyl.** | | | | | | |
| 2-dr Htchbk | 300 | 550 | 800 | 1600 | 2800 | 3900 |
| 2-dr Cpe | 250 | 500 | 750 | 1500 | 2600 | 3600 |
| 4-dr Sdn | 250 | 500 | 750 | 1400 | 2400 | 3400 |
| **Ventura Custom, 6-cyl./8-cyl.** | | | | | | |
| 2-dr Htchbk | 300 | 600 | 850 | 1700 | 2900 | 4100 |
| 2-dr Cpe | 300 | 550 | 800 | 1600 | 2800 | 3900 |
| 2-dr Cpe GTO | 400 | 1050 | 1700 | 3300 | 5800 | 8300 |
| 4-dr Sdn | 250 | 500 | 750 | 1500 | 2600 | 3600 |
| **LeMans, 6-cyl./8-cyl.** | | | | | | |
| 2-dr Hdtp | 300 | 550 | 800 | 1600 | 2800 | 3900 |
| 4-dr Hdtp | 250 | 500 | 750 | 1500 | 2600 | 3600 |
| 4-dr 6-pass Safari Sta Wgn | 250 | 500 | 750 | 1500 | 2600 | 3600 |
| 4-dr 9-pass Safari Sta Wgn | 300 | 600 | 850 | 1700 | 2900 | 4100 |
| **LeMans Sport, 6-cyl./8-cyl.** | | | | | | |
| 2-dr Cpe Hdtp | 300 | 600 | 900 | 1800 | 3100 | 4400 |
| **Luxury LeMans, 8-cyl.** | | | | | | |
| 2-dr Hdtp | 300 | 600 | 900 | 1800 | 3100 | 4400 |
| 4-dr Hdtp | 300 | 550 | 800 | 1600 | 2800 | 3900 |
| **Grand Am, 8-cyl.** | | | | | | |
| 2-dr Hdtp | 350 | 850 | 1400 | 2800 | 4900 | 7100 |
| 4-dr Hdtp | 300 | 650 | 1000 | 2000 | 3500 | 4900 |

| | 6 | 5 | 4 | 3 | 2 | 1 |
|---|---|---|---|---|---|---|
| **Catalina, 8-cyl.** | | | | | | |
| 4-dr Hdtp | 300 | 550 | 800 | 1600 | 2800 | 3900 |
| 2-dr Hdtp | 300 | 600 | 900 | 1800 | 3100 | 4400 |
| 4-dr Sdn | 250 | 500 | 750 | 1500 | 2600 | 3600 |
| 4-dr 6-pass Safari Sta Wgn | 300 | 550 | 800 | 1600 | 2800 | 3900 |
| 4-dr 9-pass Safari Sta Wgn | 300 | 600 | 900 | 1800 | 3100 | 4400 |
| **Bonneville, 8-cyl.** | | | | | | |
| 2-dr Hdtp | 300 | 650 | 1100 | 2100 | 3600 | 5100 |
| 4-dr Hdtp | 300 | 600 | 900 | 1800 | 3100 | 4400 |
| 4-dr Sdn | 300 | 550 | 800 | 1600 | 2800 | 3900 |
| **Grand Ville, 8-cyl.** | | | | | | |
| 4-dr Hdtp | 300 | 600 | 900 | 1800 | 3100 | 4400 |
| 2-dr Hdtp | 300 | 650 | 1100 | 2200 | 3800 | 5400 |
| 2-dr Conv | 500 | 1350 | 2300 | 4600 | 8000 | 11300 |
| **Grand Safari, 8-cyl.** | | | | | | |
| 4-dr 6-pass Sta Wgn | 300 | 600 | 900 | 1800 | 3100 | 4400 |
| 4-dr 9-pass Sta Wgn | 300 | 650 | 1000 | 2000 | 3500 | 4900 |
| **Grand Prix** | | | | | | |
| 2-dr Hdtp | 300 | 800 | 1350 | 2700 | 4700 | 6900 |
| 2-dr Hdtp SJ Cpe | 350 | 900 | 1500 | 3000 | 5300 | 7600 |
| **Firebird, 6-cyl., 108" wb** | | | | | | |
| 2-dr Hdtp | 300 | 800 | 1350 | 2700 | 4700 | 6900 |
| **Firebird, 8-cyl., 108" wb** | | | | | | |
| 2-dr Hdtp | 350 | 1000 | 1600 | 3200 | 5700 | 8100 |
| Esprit | 400 | 1050 | 1700 | 3400 | 5900 | 8500 |
| Formula | 500 | 1300 | 2250 | 4500 | 7700 | 11000 |
| Trans Am | 600 | 1600 | 2750 | 5500 | 9500 | 13800 |
| | *455-SD V-8 add 50%* | | | *Small block option deduct 10%* | | |

### 1975

| | 6 | 5 | 4 | 3 | 2 | 1 |
|---|---|---|---|---|---|---|
| **Astre S, 4-cyl.** | | | | | | |
| 2-dr Cpe | 200 | 350 | 500 | 1000 | 1900 | 2700 |
| 2-dr Htchbk | 200 | 400 | 550 | 1100 | 2000 | 2900 |
| 2-dr Sta Wgn | 200 | 400 | 550 | 1100 | 2000 | 2900 |
| **Astre** | | | | | | |
| 2-dr Htchbk | 200 | 400 | 550 | 1100 | 2000 | 2900 |
| 2-dr Sta Wgn | 200 | 400 | 550 | 1100 | 2000 | 2900 |
| **Ventura, 6-cyl./8-cyl.** | | | | | | |
| 2-dr Htchbk | 250 | 500 | 750 | 1400 | 2400 | 3400 |
| 2-dr Cpe | 200 | 450 | 650 | 1300 | 2200 | 3200 |
| 4-dr Sdn | 200 | 400 | 600 | 1200 | 2100 | 3000 |
| **LeMans, 6-cyl./8-cyl.** | | | | | | |
| 4-dr Hdtp | 250 | 500 | 750 | 1400 | 2400 | 3400 |
| 2-dr Hdtp | 300 | 550 | 800 | 1600 | 2800 | 3900 |
| 4-dr 6-pass Sta Wgn | 250 | 500 | 750 | 1400 | 2400 | 3400 |
| 4-dr 9-pass Sta Wgn | 300 | 550 | 800 | 1600 | 2800 | 3900 |
| **LeMans Sport, 6-cyl./8-cyl.** | | | | | | |
| 2-dr Hdtp Cpe | 300 | 600 | 850 | 1700 | 2900 | 4100 |
| **Grand Am, 8-cyl.** | | | | | | |
| 2-dr Hdtp | 300 | 650 | 1100 | 2100 | 3600 | 5100 |
| 4-dr Hdtp | 300 | 550 | 800 | 1600 | 2800 | 3900 |
| **Catalina, 8-cyl.** | | | | | | |
| 2-dr Cpe | 300 | 550 | 800 | 1600 | 2800 | 3900 |
| 4-dr Sdn | 250 | 500 | 750 | 1400 | 2400 | 3400 |
| 4-dr 6-pass Sta Wgn | 250 | 500 | 750 | 1400 | 2400 | 3400 |
| 4-dr 9-pass Sta Wgn | 300 | 550 | 800 | 1600 | 2800 | 3900 |
| **Bonneville, 8-cyl.** | | | | | | |
| 2-dr Hdtp | 300 | 550 | 800 | 1600 | 2800 | 3900 |
| 4-dr Hdtp | 250 | 500 | 750 | 1500 | 2600 | 3600 |

| | 6 | 5 | 4 | 3 | 2 | 1 |
|---|---|---|---|---|---|---|
| **Grand Safari, 8-cyl.** | | | | | | |
| 4-dr 6-pass Sta Wgn | 250 | 500 | 750 | 1500 | 2600 | 3600 |
| 4-dr 9-pass Sta Wgn | 300 | 600 | 850 | 1700 | 2900 | 4100 |
| **Grand Ville Brougham, 8-cyl.** | | | | | | |
| 2-dr Hdtp | 300 | 600 | 850 | 1700 | 2900 | 4100 |
| 4-dr Hdtp | 250 | 500 | 750 | 1500 | 2600 | 3600 |
| 2-dr Conv | 550 | 1500 | 2500 | 5100 | 8800 | 12500 |
| **Grand Prix** | | | | | | |
| 2-dr J Hdtp | 300 | 700 | 1200 | 2400 | 4100 | 5900 |
| 2-dr LJ Hdtp | 300 | 750 | 1250 | 2500 | 4400 | 6200 |
| 2-dr SJ Hdtp | 300 | 800 | 1300 | 2600 | 4600 | 6600 |
| **Firebird, 6-cyl.** | | | | | | |
| 2-dr Hdtp | 300 | 700 | 1200 | 2400 | 4100 | 5900 |
| 2-dr Hdtp Esprit | 300 | 800 | 1300 | 2600 | 4600 | 6600 |
| **Firebird, 8-cyl., 108" wb** | | | | | | |
| 2-dr Hdtp | 350 | 850 | 1400 | 2800 | 4900 | 7100 |
| 2-dr Hdtp Esprit | 350 | 900 | 1500 | 3000 | 5300 | 7600 |
| 2-dr Formula | 400 | 1150 | 1850 | 3700 | 6400 | 9300 |
| 2-dr Trans Am | 500 | 1300 | 2250 | 4500 | 7700 | 11000 |

*455 V-8 add 20%*     *Small block option deduct 10%*

## 1976

| | 6 | 5 | 4 | 3 | 2 | 1 |
|---|---|---|---|---|---|---|
| **Astre, 4-cyl., 97" wb** | | | | | | |
| 2-dr Cpe | 200 | 350 | 500 | 1000 | 1900 | 2700 |
| 2-dr Htchbk | 200 | 400 | 550 | 1100 | 2000 | 2900 |
| 2-seat Sta Wgn | 200 | 400 | 550 | 1100 | 2000 | 2900 |
| **Sunbird, 4-cyl., 97" wb** | | | | | | |
| 2-dr Cpe Htchbk | 200 | 400 | 550 | 1100 | 2000 | 2900 |
| **Ventura, 6-cyl./8-cyl., 111" wb** | | | | | | |
| 2-dr Cpe | 250 | 500 | 750 | 1400 | 2400 | 3400 |
| 2-dr Htchbk | 200 | 450 | 650 | 1300 | 2200 | 3200 |
| 4-dr Sdn | 200 | 400 | 600 | 1200 | 2100 | 3000 |
| **Ventura SJ, 6-cyl./8-cyl.** | | | | | | |
| 2-dr Cpe | 250 | 500 | 750 | 1500 | 2600 | 3600 |
| 2-dr Htchbk | 250 | 500 | 750 | 1400 | 2400 | 3400 |
| 4-dr Sdn | 200 | 450 | 650 | 1300 | 2200 | 3200 |
| **LeMans, 6-cyl./8-cyl., 116" wb, 2-dr 112" wb** | | | | | | |
| 4-dr Sdn | 200 | 400 | 600 | 1200 | 2100 | 3000 |
| 2-dr Sdn | 200 | 450 | 650 | 1300 | 2200 | 3200 |
| 2-seat Safari Wgn | 200 | 450 | 650 | 1300 | 2200 | 3200 |
| 3-seat Safari Wgn | 250 | 500 | 750 | 1500 | 2600 | 3600 |
| **LeMans Sport Cpe, 6-cyl./8-cyl.** | | | | | | |
| 2-dr Cpe | 250 | 500 | 750 | 1500 | 2600 | 3600 |
| **Grand LeMans, 6-cyl./8-cyl.** | | | | | | |
| 2-dr Sdn | 300 | 550 | 800 | 1600 | 2800 | 3900 |
| 4-dr Sdn | 250 | 500 | 750 | 1400 | 2400 | 3400 |
| 2-seat Safari Wgn (8-cyl.) | 250 | 500 | 750 | 1400 | 2400 | 3400 |
| 3-seat Safari Wgn (8-cyl.) | 300 | 550 | 800 | 1600 | 2800 | 3900 |
| **Catalina, 8-cyl., 123.4" wb** | | | | | | |
| 2-dr Hdtp Cpe | 250 | 500 | 750 | 1500 | 2600 | 3600 |
| 4-dr Sdn | 250 | 500 | 750 | 1400 | 2400 | 3400 |
| 4-dr 2-seat Safari Sta Wgn | 250 | 500 | 750 | 1400 | 2400 | 3400 |
| 4-dr 3-seat Safari Sta Wgn | 300 | 550 | 800 | 1600 | 2800 | 3900 |
| **Bonneville, 8-cyl., 123.4" wb** | | | | | | |
| 2-dr Hdtp Cpe | 300 | 550 | 800 | 1600 | 2800 | 3900 |
| 4-dr Sdn | 250 | 500 | 750 | 1500 | 2600 | 3600 |
| **Bonneville Brougham, 8-cyl.** | | | | | | |
| 2-dr Hdtp Cpe | 300 | 550 | 800 | 1600 | 2800 | 3900 |
| 4-dr Sdn | 300 | 550 | 800 | 1600 | 2800 | 3900 |

| | 6 | 5 | 4 | 3 | 2 | 1 |
|---|---|---|---|---|---|---|
| **Grand Safari, 8-cyl.** | | | | | | |
| 4-dr 2-seat Sta Wgn | 250 | 500 | 750 | 1500 | 2600 | 3600 |
| 4-dr 3-seat Sta Wgn | 300 | 600 | 850 | 1700 | 2900 | 4100 |
| **Grand Prix, 8-cyl., 116.0" wb** | | | | | | |
| 2-dr Hdtp Cpe | 300 | 650 | 1100 | 2100 | 3600 | 5100 |
| 2-dr Hdtp SJ Cpe | 300 | 650 | 1100 | 2200 | 3800 | 5400 |
| **Firebird, 6-cyl., 108.1" wb** | | | | | | |
| 2-dr Hdtp Cpe | 300 | 650 | 1150 | 2300 | 3900 | 5700 |
| 2-dr Hdtp Cpe Esprit | 300 | 700 | 1200 | 2400 | 4100 | 5900 |
| **Firebird, 8-cyl.** | | | | | | |
| 2-dr Hdtp Cpe | 300 | 800 | 1350 | 2700 | 4700 | 6900 |
| 2-dr Hdtp Esprit Cpe | 350 | 900 | 1500 | 2900 | 5200 | 7400 |
| 2-dr Hdtp Formula Cpe | 400 | 1100 | 1800 | 3500 | 6100 | 8900 |
| 2-dr Hdtp Trans Am Cpe | 450 | 1250 | 2150 | 4300 | 7400 | 10700 |
| | *455 V-8 add 20%* | | | *Small block option deduct 10%* | | |

## 1977

| | 6 | 5 | 4 | 3 | 2 | 1 |
|---|---|---|---|---|---|---|
| **Astre, 4-cyl., 97.0" wb** | | | | | | |
| 2-dr Sdn | 200 | 350 | 500 | 1000 | 1900 | 2700 |
| 2-dr Cpe Htchbk | 200 | 400 | 550 | 1100 | 2000 | 2900 |
| 2-seat Sta Wgn | 200 | 400 | 550 | 1100 | 2000 | 2900 |
| **Sunbird, 4-cyl., 97.0" wb** | | | | | | |
| 2-dr Cpe | 200 | 350 | 500 | 1000 | 1900 | 2700 |
| 2-dr Htchbk | 200 | 400 | 550 | 1100 | 2000 | 2900 |
| **Phoenix, 6-cyl./8-cyl.** | | | | | | |
| 2-dr Cpe | 200 | 400 | 550 | 1100 | 2000 | 2900 |
| 4-dr Sdn | 200 | 400 | 550 | 1100 | 2000 | 2900 |
| **Ventura, 6-cyl./8-cyl., 111.1" wb** | | | | | | |
| 2-dr Cpe | 250 | 500 | 750 | 1400 | 2400 | 3400 |
| 2-dr Htchbk | 200 | 450 | 650 | 1300 | 2200 | 3200 |
| 4-dr Sdn | 200 | 400 | 600 | 1200 | 2100 | 3000 |
| **Ventura SJ, 6-cyl./8-cyl.** | | | | | | |
| 2-dr Cpe | 250 | 500 | 750 | 1500 | 2600 | 3600 |
| 2-dr Htchbk | 250 | 500 | 750 | 1400 | 2400 | 3400 |
| 4-dr Sdn | 200 | 450 | 650 | 1300 | 2200 | 3200 |
| **LeMans, 6-cyl./8-cyl.** | | | | | | |
| 2-dr Hdtp Cpe | 200 | 450 | 650 | 1300 | 2200 | 3200 |
| 4-dr Sdn | 200 | 400 | 600 | 1200 | 2100 | 3000 |
| 2-seat Sta Wgn | 200 | 450 | 650 | 1300 | 2200 | 3200 |
| 3-seat Sta Wgn | 250 | 500 | 750 | 1500 | 2600 | 3600 |
| **LeMans Sport, 6-cyl./8-cyl., 112.0" wb** | | | | | | |
| 2-dr Hdtp Cpe | 250 | 500 | 750 | 1500 | 2600 | 3600 |
| **Grand LeMans, 6-cyl./8-cyl.** | | | | | | |
| 4-dr Sdn | 250 | 500 | 750 | 1400 | 2400 | 3400 |
| 2-dr Hdtp Cpe | 250 | 500 | 750 | 1500 | 2600 | 3600 |
| 4-dr 2-seat Sta Wgn | 250 | 500 | 750 | 1400 | 2400 | 3400 |
| 4-dr 3-seat Sta Wgn | 300 | 550 | 800 | 1600 | 2800 | 3900 |
| **Catalina, 6-cyl./8-cyl., 115.9" wb** | | | | | | |
| • 2-dr Cpe | 250 | 500 | 750 | 1500 | 2600 | 3600 |
| 4-dr Sdn | 250 | 500 | 750 | 1400 | 2400 | 3400 |
| 4-dr 2-seat Safari Wgn (8-cyl.) | 250 | 500 | 750 | 1400 | 2400 | 3400 |
| 4-dr 3-seat Safari Wgn (8-cyl.) | 300 | 550 | 800 | 1600 | 2800 | 3900 |
| **Bonneville, 8-cyl., 115.9" wb** | | | | | | |
| 2-dr Cpe | 250 | 500 | 750 | 1500 | 2600 | 3600 |
| 4-dr Sdn | 250 | 500 | 750 | 1500 | 2600 | 3600 |
| **Bonneville Brougham, 8-cyl.** | | | | | | |
| 2-dr Cpe | 250 | 500 | 750 | 1500 | 2600 | 3600 |
| 4-dr Sdn | 300 | 550 | 800 | 1600 | 2800 | 3900 |

| | 6 | 5 | 4 | 3 | 2 | 1 |
|---|---|---|---|---|---|---|
| **Grand Safari** | | | | | | |
| 4-dr 2-seat Sta Wgn | 250 | 500 | 750 | 1500 | 2600 | 3600 |
| 4-dr 3-seat Sta Wgn | 300 | 600 | 850 | 1700 | 2900 | 4100 |
| **Grand Prix, 8-cyl., 116.0" wb** | | | | | | |
| 2-dr Cpe | 300 | 550 | 800 | 1600 | 2800 | 3900 |
| 2-dr SJ Cpe | 300 | 600 | 950 | 1900 | 3200 | 4600 |
| 2-dr LJ Cpe | 300 | 600 | 900 | 1800 | 3100 | 4400 |
| **Firebird, 6-cyl., 108.1" wb** | | | | | | |
| 2-dr Cpe | 300 | 650 | 1100 | 2100 | 3600 | 5100 |
| 2-dr Cpe Esprit | 300 | 650 | 1100 | 2200 | 3800 | 5400 |
| **Firebird, 8-cyl.** | | | | | | |
| 2-dr Cpe | 300 | 650 | 1150 | 2300 | 3900 | 5700 |
| 2-dr Esprit Cpe | 300 | 700 | 1200 | 2400 | 4100 | 5900 |
| 2-dr Formula Cpe | 400 | 1050 | 1700 | 3300 | 5800 | 8300 |
| 2-dr Trans Am Cpe | 450 | 1250 | 2050 | 4100 | 7100 | 10300 |

*Small block option deduct 10%*

## 1978

| | 6 | 5 | 4 | 3 | 2 | 1 |
|---|---|---|---|---|---|---|
| **Sunbird, 4-cyl., 97.0" wb** | | | | | | |
| 2-dr Cpe | 200 | 350 | 500 | 1000 | 1900 | 2700 |
| 2-dr Cpe Htchbk | 200 | 400 | 550 | 1100 | 2000 | 2900 |
| 2-dr Spt Cpe | 200 | 400 | 550 | 1100 | 2000 | 2900 |
| 2-seat Spt Wgn | 200 | 400 | 550 | 1100 | 2000 | 2900 |
| **Phoenix, 6-cyl./8-cyl., 111.1" wb** | | | | | | |
| 2-dr Cpe | 200 | 400 | 550 | 1100 | 2000 | 2900 |
| 2-dr Htchbk | 200 | 400 | 550 | 1100 | 2000 | 2900 |
| 4-dr Sdn | 200 | 400 | 550 | 1100 | 2000 | 2900 |
| **Phoenix LJ, 6-cyl./8-cyl.** | | | | | | |
| 2-dr Cpe | 200 | 400 | 550 | 1100 | 2000 | 2900 |
| 4-dr Sdn | 200 | 400 | 550 | 1100 | 2000 | 2900 |
| **LeMans, 6-cyl./8-cyl., 108.1" wb** | | | | | | |
| 2-dr Cpe | 200 | 400 | 600 | 1200 | 2100 | 3000 |
| 4-dr Sdn | 200 | 400 | 550 | 1100 | 2000 | 2900 |
| 2-seat Safari Sta Wgn | 200 | 400 | 600 | 1200 | 2100 | 3000 |
| **Grand LeMans, 6-cyl./8-cyl.** | | | | | | |
| 2-dr Cpe | 200 | 450 | 650 | 1300 | 2200 | 3200 |
| 4-dr Sdn | 200 | 400 | 600 | 1200 | 2100 | 3000 |
| 2-seat Safari Sta Wgn | 200 | 450 | 650 | 1300 | 2200 | 3200 |
| **Grand Am, 8-cyl.** | | | | | | |
| 2-dr Cpe | 250 | 500 | 750 | 1400 | 2400 | 3400 |
| 4-dr Sdn | 200 | 450 | 650 | 1300 | 2200 | 3200 |
| **Catalina, 6-cyl./8-cyl., 115.9" wb** | | | | | | |
| 2-dr Cpe | 250 | 500 | 750 | 1400 | 2400 | 3400 |
| 4-dr Sdn | 200 | 450 | 650 | 1300 | 2200 | 3200 |
| 2-seat Sta Wgn (8-cyl.) | 250 | 500 | 750 | 1400 | 2400 | 3400 |
| **Bonneville, 8-cyl., 115.9" wb** | | | | | | |
| 2-dr Cpe | 250 | 500 | 750 | 1400 | 2400 | 3400 |
| 4-dr Sdn | 250 | 500 | 750 | 1400 | 2400 | 3400 |
| **Grand Safari, 8-cyl.** | | | | | | |
| 2-seat Sta Wgn | 250 | 500 | 750 | 1400 | 2400 | 3400 |
| 3-seat Sta Wgn | 300 | 550 | 800 | 1600 | 2800 | 3900 |
| **Bonneville Brougham** | | | | | | |
| 2-dr Cpe | 250 | 500 | 750 | 1400 | 2400 | 3400 |
| 4-dr Sdn | 250 | 500 | 750 | 1500 | 2600 | 3600 |
| **Grand Prix, 6-cyl., 108.1" wb** | | | | | | |
| 2-dr Cpe | 200 | 400 | 600 | 1200 | 2100 | 3000 |
| **Grand Prix, 8-cyl.** | | | | | | |
| 2-dr Cpe | 200 | 450 | 650 | 1300 | 2200 | 3200 |
| 2-dr SJ Cpe | 250 | 500 | 750 | 1500 | 2600 | 3600 |
| 2-dr LJ Cpe | 250 | 500 | 750 | 1400 | 2400 | 3400 |

PONTIAC

| | 6 | 5 | 4 | 3 | 2 | 1 |
|---|---|---|---|---|---|---|
| **Firebird, 6-cyl., 108.1" wb** | | | | | | |
| 2-dr Cpe | 300 | 650 | 1100 | 2100 | 3600 | 5100 |
| 2-dr Cpe Esprit | 300 | 650 | 1100 | 2200 | 3800 | 5400 |
| **Firebird, 8-cyl., 108.1" wb** | | | | | | |
| 2-dr Cpe | 300 | 650 | 1150 | 2300 | 3900 | 5700 |
| 2-dr Esprit Cpe | 300 | 700 | 1200 | 2400 | 4100 | 5900 |
| 2-dr Formula Cpe | 400 | 1050 | 1700 | 3300 | 5800 | 8300 |
| 2-dr Trans Am Cpe | 400 | 1200 | 2000 | 4000 | 6900 | 10000 |

*Small block option deduct 10%*

### 1979

| | 6 | 5 | 4 | 3 | 2 | 1 |
|---|---|---|---|---|---|---|
| **Sunbird, 4-cyl., 97.0" wb** | | | | | | |
| 2-dr Cpe | 200 | 350 | 500 | 1000 | 1900 | 2700 |
| 2-dr Spt Cpe | 200 | 400 | 550 | 1100 | 2000 | 2900 |
| 2-dr Htchbk | 200 | 400 | 550 | 1100 | 2000 | 2900 |
| 2-seat Sta Wgn | 200 | 400 | 550 | 1100 | 2000 | 2900 |
| **Phoenix, 6-cyl./8-cyl., 111.1" wb** | | | | | | |
| 2-dr Cpe | 200 | 400 | 550 | 1100 | 2000 | 2900 |
| 2-dr Htchbk | 200 | 400 | 550 | 1100 | 2000 | 2900 |
| 4-dr Sdn | 200 | 400 | 550 | 1100 | 2000 | 2900 |
| **Phoenix LJ, 6-cyl./8-cyl.** | | | | | | |
| 2-dr Cpe | 200 | 400 | 550 | 1100 | 2000 | 2900 |
| 4-dr Sdn | 200 | 400 | 550 | 1100 | 2000 | 2900 |
| **LeMans, 6-cyl./8-cyl., 108.1" wb** | | | | | | |
| 2-dr Cpe | 200 | 400 | 600 | 1200 | 2100 | 3000 |
| 4-dr Sdn | 200 | 400 | 550 | 1100 | 2000 | 2900 |
| 2-seat Sta Wgn | 200 | 400 | 600 | 1200 | 2100 | 3000 |
| **Grand LeMans, 6-cyl./8-cyl.** | | | | | | |
| 2-dr Cpe | 200 | 450 | 650 | 1300 | 2200 | 3200 |
| 4-dr Sdn | 200 | 400 | 600 | 1200 | 2100 | 3000 |
| 2-seat Sta Wgn | 200 | 450 | 650 | 1300 | 2200 | 3200 |
| **Grand Am, 6-cyl./8-cyl.** | | | | | | |
| 2-dr Cpe | 250 | 500 | 750 | 1400 | 2400 | 3400 |
| 4-dr Sdn | 200 | 450 | 650 | 1300 | 2200 | 3200 |
| **Catalina, 116.0" wb** | | | | | | |
| 2-dr Cpe | 250 | 500 | 750 | 1400 | 2400 | 3400 |
| 4-dr Sdn | 200 | 450 | 650 | 1300 | 2200 | 3200 |
| 2-seat Sta Wgn (8-cyl.) | 250 | 500 | 750 | 1400 | 2400 | 3400 |
| 3-seat Sta Wgn (8-cyl.) | 300 | 550 | 800 | 1600 | 2800 | 3900 |
| **Bonneville, 6-cyl./8-cyl., 116.0" wb** | | | | | | |
| 2-dr Cpe | 250 | 500 | 750 | 1400 | 2400 | 3400 |
| 4-dr Sdn | 250 | 500 | 750 | 1400 | 2400 | 3400 |
| 2-seat Sta Wgn (8-cyl.) | 250 | 500 | 750 | 1400 | 2400 | 3400 |
| 3-seat Sta Wgm (8-cyl.) | 300 | 550 | 800 | 1600 | 2800 | 3900 |
| **Bonneville Brougham** | | | | | | |
| 2-dr Cpe | 250 | 500 | 750 | 1400 | 2400 | 3400 |
| 4-dr Sdn | 250 | 500 | 750 | 1500 | 2600 | 3600 |
| **Grand Prix, 6-cyl., 108.1" wb** | | | | | | |
| 2-dr Cpe | 200 | 400 | 600 | 1200 | 2100 | 3000 |
| **Grand Prix, 8-cyl.** | | | | | | |
| 2-dr Cpe | 200 | 450 | 650 | 1300 | 2200 | 3200 |
| 2-dr LJ Cpe | 200 | 450 | 650 | 1300 | 2200 | 3200 |
| 2-dr SJ Cpe | 250 | 500 | 750 | 1400 | 2400 | 3400 |
| **Firebird, 6-cyl.** | | | | | | |
| 2-dr Cpe | 300 | 650 | 1100 | 2100 | 3600 | 5100 |
| 2-dr Cpe Esprit | 300 | 650 | 1100 | 2200 | 3800 | 5400 |
| **Firebird, 8-cyl., 108.2" wb** | | | | | | |
| 2-dr Cpe | 300 | 700 | 1200 | 2400 | 4100 | 5900 |
| 2-dr Esprit Cpe | 300 | 750 | 1250 | 2500 | 4400 | 6200 |

| | 6 | 5 | 4 | 3 | 2 | 1 |
|---|---|---|---|---|---|---|
| 2-dr Formula Cpe | 400 | 1050 | 1700 | 3300 | 5800 | 8300 |
| 2-dr Trans Am Cpe | 400 | 1200 | 1900 | 3800 | 6600 | 9600 |

*Small block option deduct 10%*

### 1980
**Sunbird, 6-cyl., 97.0" wb**
| | | | | | | |
|---|---|---|---|---|---|---|
| 2-dr Cpe | 200 | 350 | 500 | 1000 | 1900 | 2700 |
| 2-dr Spt Cpe | 200 | 350 | 500 | 1000 | 1900 | 2700 |
| 2-dr Htchbk | 200 | 350 | 500 | 1000 | 1900 | 2700 |
| 2-dr Cpe Htchbk | 200 | 350 | 500 | 1000 | 1900 | 2700 |

**Phoenix, 6-cyl., 104.9" wb**
| | | | | | | |
|---|---|---|---|---|---|---|
| 2-dr Cpe | 200 | 400 | 550 | 1100 | 2000 | 2900 |
| 2-dr Sdn Htchbk | 200 | 400 | 550 | 1100 | 2000 | 2900 |

**Phoenix LJ, 6-cyl.**
| | | | | | | |
|---|---|---|---|---|---|---|
| 2-dr Cpe | 200 | 400 | 550 | 1100 | 2000 | 2900 |
| 4-dr Sdn Htchbk | 200 | 400 | 550 | 1100 | 2000 | 2900 |

**LeMans, 8-cyl., 108.1" wb**
| | | | | | | |
|---|---|---|---|---|---|---|
| 2-dr Cpe | 200 | 400 | 600 | 1200 | 2100 | 3000 |
| 4-dr Sdn | 200 | 400 | 550 | 1100 | 2000 | 2900 |
| 4-dr 2-seat Sta Wgn | 200 | 400 | 600 | 1200 | 2100 | 3000 |

**Grand LeMans, 8-cyl.**
| | | | | | | |
|---|---|---|---|---|---|---|
| 2-dr Cpe | 200 | 450 | 650 | 1300 | 2200 | 3200 |
| 4-dr Sdn | 200 | 400 | 600 | 1200 | 2100 | 3000 |
| 4-dr 2-seat Sta Wgn | 200 | 450 | 650 | 1300 | 2200 | 3200 |

**Grand Am, 8-cyl.**
| | | | | | | |
|---|---|---|---|---|---|---|
| 2-dr Cpe | 250 | 500 | 750 | 1400 | 2400 | 3400 |

**Firebird, 8-cyl.**
| | | | | | | |
|---|---|---|---|---|---|---|
| 2-dr Cpe | 300 | 700 | 1200 | 2400 | 4100 | 5900 |
| 2-dr Cpe Esprit | 300 | 750 | 1250 | 2500 | 4400 | 6200 |
| 2-dr Cpe Formula (8-cyl.) | 400 | 1050 | 1700 | 3300 | 5800 | 8300 |
| 2-dr Cpe Trans Am (8-cyl.) | 400 | 1200 | 1900 | 3800 | 6600 | 9600 |

**Catalina, 6-cyl./8-cyl., 116.0" wb**
| | | | | | | |
|---|---|---|---|---|---|---|
| 4-dr Sdn | 200 | 450 | 650 | 1300 | 2200 | 3200 |
| 2-dr Cpe | 250 | 500 | 750 | 1400 | 2400 | 3400 |
| 4-dr 2-seat Sta Wgn (8-cyl.) | 250 | 500 | 750 | 1500 | 2600 | 3600 |
| 4-dr 3-seat Sta Wgn (8-cyl.) | 300 | 600 | 850 | 1700 | 2900 | 4100 |

**Bonneville, 6-cyl./8-cyl., 116.0" wb**
| | | | | | | |
|---|---|---|---|---|---|---|
| 2-dr Cpe | 250 | 500 | 750 | 1400 | 2400 | 3400 |
| 4-dr Sdn | 250 | 500 | 750 | 1400 | 2400 | 3400 |
| 4-dr 2-seat Sta Wgn (8-cyl.) | 250 | 500 | 750 | 1400 | 2400 | 3400 |
| 4-dr 3-seat Sta Wgn (8-cyl.) | 300 | 550 | 800 | 1600 | 2800 | 3900 |

**Bonneville Brougham, 8-cyl.**
| | | | | | | |
|---|---|---|---|---|---|---|
| 2-dr Cpe | 250 | 500 | 750 | 1400 | 2400 | 3400 |
| 4-dr Sdn | 250 | 500 | 750 | 1500 | 2600 | 3600 |

**Grand Prix, 8-cyl., 108.1" wb**
| | | | | | | |
|---|---|---|---|---|---|---|
| 2-dr Cpe | 200 | 450 | 650 | 1300 | 2200 | 3200 |
| 2-dr LJ Cpe | 200 | 450 | 650 | 1300 | 2200 | 3200 |
| 2-dr SJ Cpe | 250 | 500 | 750 | 1400 | 2400 | 3400 |

*Small block option deduct 10%*

### 1981
**T1000, 4-cyl., 94.3" wb**
| | | | | | | |
|---|---|---|---|---|---|---|
| 2-dr Sdn Htchbk | 125 | 250 | 400 | 800 | 1700 | 2500 |
| 4-dr Sdn Htchbk | 150 | 300 | 450 | 900 | 1800 | 2600 |

**Phoenix, 4-cyl./6-cyl., 104.9" wb**
| | | | | | | |
|---|---|---|---|---|---|---|
| 2-dr Cpe | 200 | 400 | 550 | 1100 | 2000 | 2900 |
| 4-dr Sdn Htchbk | 200 | 400 | 550 | 1100 | 2000 | 2900 |

**Phoenix LJ, 4-cyl./6-cyl.**
| | | | | | | |
|---|---|---|---|---|---|---|
| 2-dr Cpe | 200 | 400 | 550 | 1100 | 2000 | 2900 |
| 4-dr Sdn Htchbk | 200 | 400 | 550 | 1100 | 2000 | 2900 |

'75 Pontiac Astre

'75 Pontiac Grand Safari Wagon

'76 Pontiac Sunbird

'76 Pontiac Catalina

'77 Pontiac Grand Prix

'77 Pontiac Firebird

'78 Pontiac Phoenix

'78 Pontiac Grand Safari Wagon

'79 Pontiac Sunbird Hatchback

'79 Pontiac Catalina

'80 Pontiac Firebird

'80 Pontiac Grand Prix

| | 6 | 5 | 4 | 3 | 2 | 1 |
|---|---|---|---|---|---|---|
| **LeMans, 6-cyl./8-cyl.** | | | | | | |
| 2-dr Cpe | 200 | 400 | 600 | 1200 | 2100 | 3000 |
| 4-dr Sdn | 200 | 400 | 550 | 1100 | 2000 | 2900 |
| 4-dr LJ Sdn | 200 | 400 | 600 | 1200 | 2100 | 3000 |
| 4-dr Safari Sta Wgn | 200 | 400 | 600 | 1200 | 2100 | 3000 |
| **Grand LeMans, 6-cyl./8-cyl.** | | | | | | |
| 2-dr Cpe | 250 | 500 | 750 | 1400 | 2400 | 3400 |
| 4-dr Sdn | 200 | 400 | 600 | 1200 | 2100 | 3000 |
| 4-dr Safari Sta Wgn | 250 | 500 | 750 | 1400 | 2400 | 3400 |
| **Firebird, 6-cyl./8-cyl., 108.2" wb** | | | | | | |
| 2-dr Cpe | 300 | 650 | 1100 | 2200 | 3800 | 5400 |
| 2-dr Cpe Esprit | 300 | 650 | 1150 | 2300 | 3900 | 5700 |
| 2-dr Cpe Formula (8-cyl.) | 400 | 1050 | 1700 | 3300 | 5800 | 8300 |
| 2-dr Cpe Trans Am (8-cyl.) | 400 | 1200 | 1900 | 3800 | 6600 | 9600 |
| 2-dr Cpe Trans Am SE (8-cyl.) | 400 | 1200 | 2000 | 4000 | 6900 | 10000 |
| **Catalina, 6-cyl./8-cyl., 116.0" wb** | | | | | | |
| 2-dr Cpe | 250 | 500 | 750 | 1400 | 2400 | 3400 |
| 4-dr Sdn | 200 | 450 | 650 | 1300 | 2200 | 3200 |
| 4-dr 2-seat Sta Wgn (8-cyl.) | 250 | 500 | 750 | 1500 | 2600 | 3600 |
| 4-dr 3-seat Sta Wgn (8-cyl.) | 300 | 600 | 850 | 1700 | 2900 | 4100 |
| **Bonneville, 6-cyl./8-cyl., 116.0" wb** | | | | | | |
| 2-dr Cpe | 250 | 500 | 750 | 1400 | 2400 | 3400 |
| 4-dr Sdn | 250 | 500 | 750 | 1400 | 2400 | 3400 |
| 4-dr 2-seat Sta Wgn | 250 | 500 | 750 | 1400 | 2400 | 3400 |
| 4-dr 3-seat Sta Wgn | 300 | 550 | 800 | 1600 | 2800 | 3900 |
| **Bonneville Brougham, 6-cyl./8-cyl.** | | | | | | |
| 4-dr Sdn | 250 | 500 | 750 | 1500 | 2600 | 3600 |
| 2-dr Cpe | 250 | 500 | 750 | 1400 | 2400 | 3400 |
| **Grand Prix, 6-cyl./8-cyl., 108.1" wb** | | | | | | |
| 2-dr Cpe | 200 | 450 | 650 | 1300 | 2200 | 3200 |
| 2-dr LJ Cpe | 200 | 450 | 650 | 1300 | 2200 | 3200 |
| 2-dr Cpe Brghm | 250 | 500 | 750 | 1400 | 2400 | 3400 |
| | *Small block option deduct 10%* | | | | | |
| **1982** | | | | | | |
| **T1000, 4-cyl., 94.3" wb** | | | | | | |
| 2-dr Cpe Htchbk | 125 | 250 | 400 | 800 | 1700 | 2500 |
| 4-dr Sdn Htchbk | 150 | 300 | 450 | 900 | 1800 | 2600 |
| **J2000 S, 4-cyl., 101.2" wb** | | | | | | |
| 2-dr Cpe | 200 | 350 | 500 | 1000 | 1900 | 2700 |
| 4-dr Sdn | 200 | 350 | 500 | 1000 | 1900 | 2700 |
| 4-dr Sta Wgn | 200 | 350 | 500 | 1000 | 1900 | 2700 |
| **J2000, 4-cyl.** | | | | | | |
| 4-dr Sdn | 200 | 350 | 500 | 1000 | 1900 | 2700 |
| 2-dr Cpe | 200 | 350 | 500 | 1000 | 1900 | 2700 |
| 2-dr Cpe Htchbk | 200 | 350 | 500 | 1000 | 1900 | 2700 |
| 4-dr Sta Wgn | 200 | 350 | 500 | 1000 | 1900 | 2700 |
| **J2000 LE, 4-cyl.** | | | | | | |
| 2-dr Cpe | 200 | 400 | 550 | 1100 | 2000 | 2900 |
| 4-dr Sdn | 200 | 400 | 550 | 1100 | 2000 | 2900 |
| **J2000 SE, 4-cyl.** | | | | | | |
| 2-dr Cpe Htchbk | 200 | 350 | 500 | 1000 | 1900 | 2700 |
| **Phoenix, 4-cyl./6-cyl., 104.9" wb** | | | | | | |
| 2-dr Cpe | 200 | 400 | 550 | 1100 | 2000 | 2900 |
| 5-dr Sdn Htchbk | 200 | 400 | 550 | 1100 | 2000 | 2900 |
| **Phoenix LJ, 4-cyl./6-cyl.** | | | | | | |
| 2-dr Cpe | 200 | 400 | 550 | 1100 | 2000 | 2900 |
| 5-dr Sdn Htchbk | 200 | 400 | 550 | 1100 | 2000 | 2900 |

| | 6 | 5 | 4 | 3 | 2 | 1 |
|---|---|---|---|---|---|---|
| **Phoenix SJ, 4-cyl./6-cyl.** | | | | | | |
| 2-dr Cpe | 200 | 400 | 600 | 1200 | 2100 | 3000 |
| 5-dr Sdn Htchbk | 200 | 450 | 650 | 1300 | 2200 | 3200 |
| **6000, 4-cyl./6-cyl., 104.9" wb** | | | | | | |
| 2-dr Cpe | 250 | 500 | 750 | 1500 | 2600 | 3600 |
| 4-dr Sdn | 250 | 500 | 750 | 1500 | 2600 | 3600 |
| **6000 LE, 4-cyl./6-cyl.** | | | | | | |
| 2-dr Cpe | 300 | 550 | 800 | 1600 | 2800 | 3900 |
| 4-dr Sdn | 300 | 550 | 800 | 1600 | 2800 | 3900 |
| **Firebird, 6-cyl./8-cyl., 101.0" wb** | | | | | | |
| 2-dr Cpe | 300 | 650 | 1100 | 2200 | 3800 | 5400 |
| 2-dr Cpe Trans Am (8-cyl.) | 300 | 800 | 1300 | 2600 | 4600 | 6600 |
| 2-dr SE Cpe | 300 | 650 | 1150 | 2300 | 3900 | 5700 |
| **Bonneville, 6-cyl., 108.1" wb** | | | | | | |
| 4-dr Sdn | 200 | 450 | 650 | 1300 | 2200 | 3200 |
| 4-dr Sta Wgn | 200 | 450 | 650 | 1300 | 2200 | 3200 |
| **Bonneville Brougham** | | | | | | |
| 4-dr Sdn | 250 | 500 | 750 | 1400 | 2400 | 3400 |
| **Grand Prix, 6-cyl., 108.1" wb** | | | | | | |
| 2-dr Cpe | 200 | 450 | 650 | 1300 | 2200 | 3200 |
| 2-dr LJ Cpe | 200 | 450 | 650 | 1300 | 2200 | 3200 |
| 2-dr Cpe Brghm | 250 | 500 | 750 | 1400 | 2400 | 3400 |

*Small block option deduct 10%*

### 1983

| | 6 | 5 | 4 | 3 | 2 | 1 |
|---|---|---|---|---|---|---|
| **1000, 4-cyl., 94.3" wb** | | | | | | |
| 2-dr Sdn | 125 | 250 | 400 | 800 | 1700 | 2500 |
| 5-dr Sdn Htchbk | 150 | 300 | 450 | 900 | 1800 | 2600 |
| **2000, 4-cyl., 101.2" wb** | | | | | | |
| 2-dr Cpe | 200 | 350 | 500 | 1000 | 1900 | 2700 |
| 3-dr Cpe Htchbk | 200 | 350 | 500 | 1000 | 1900 | 2700 |
| 4-dr Sdn | 200 | 350 | 500 | 1000 | 1900 | 2700 |
| 4-dr Sta Wgn | 200 | 350 | 500 | 1000 | 1900 | 2700 |
| **2000 LE, 4-cyl.** | | | | | | |
| 2-dr Cpe | 200 | 400 | 550 | 1100 | 2000 | 2900 |
| 4-dr Sdn | 200 | 400 | 550 | 1100 | 2000 | 2900 |
| 3-dr Cpe Htchbk | 200 | 400 | 550 | 1100 | 2000 | 2900 |
| 4-dr Sta Wgn | 200 | 400 | 550 | 1100 | 2000 | 2900 |
| **2000 SE, 4-cyl.** | | | | | | |
| 3-dr Cpe Htchbk | 200 | 350 | 500 | 1000 | 1900 | 2700 |
| **Phoenix, 4-cyl./6-cyl., 104.9" wb** | | | | | | |
| 2-dr Cpe | 200 | 400 | 550 | 1100 | 2000 | 2900 |
| 5-dr Sdn Htchbk | 200 | 400 | 550 | 1100 | 2000 | 2900 |
| **Phoenix LJ, 4-cyl./6-cyl.** | | | | | | |
| 2-dr Cpe | 200 | 400 | 550 | 1100 | 2000 | 2900 |
| 5-dr Sdn Htchbk | 200 | 400 | 550 | 1100 | 2000 | 2900 |
| **Phoenix SJ, 6-cyl.** | | | | | | |
| 2-dr Cpe | 200 | 400 | 600 | 1200 | 2100 | 3000 |
| 5-dr Sdn Htchbk | 200 | 450 | 650 | 1300 | 2200 | 3200 |
| **6000, 4-cyl./6-cyl., 104.9" wb** | | | | | | |
| 2-dr Cpe | 300 | 550 | 800 | 1600 | 2800 | 3900 |
| 4-dr Sdn | 300 | 550 | 800 | 1600 | 2800 | 3900 |
| **6000 LE, 4-cyl./6-cyl.** | | | | | | |
| 2-dr Cpe | 300 | 550 | 800 | 1600 | 2800 | 3900 |
| 4-dr Sdn | 300 | 600 | 850 | 1700 | 2900 | 4100 |
| **6000 STE, 6-cyl.** | | | | | | |
| 4-dr Sdn | 300 | 600 | 950 | 1900 | 3200 | 4600 |
| **Firebird, 6-cyl./8-cyl., 101.0" wb** | | | | | | |
| 2-dr Cpe | 300 | 650 | 1100 | 2200 | 3800 | 5400 |

|  | 6 | 5 | 4 | 3 | 2 | 1 |
|---|---|---|---|---|---|---|
| 2-dr SE Cpe | 300 | 650 | 1150 | 2300 | 3900 | 5700 |
| 2-dr Cpe Trans Am (8-cyl.) | 300 | 800 | 1300 | 2600 | 4600 | 6600 |
| **Bonneville, 6-cyl./8-cyl., 108.1" wb** | | | | | | |
| 4-dr Sdn | 250 | 500 | 750 | 1400 | 2400 | 3400 |
| 4-dr Brghm | 250 | 500 | 750 | 1500 | 2600 | 3600 |
| 4-dr Sta Wgn | 250 | 500 | 750 | 1400 | 2400 | 3400 |
| **Grand Prix, 6-cyl./8-cyl., 108.1" wb** | | | | | | |
| 2-dr Cpe | 250 | 500 | 750 | 1400 | 2400 | 3400 |
| 2-dr LJ Cpe | 250 | 500 | 750 | 1400 | 2400 | 3400 |
| 2-dr Cpe Brghm | 250 | 500 | 750 | 1500 | 2600 | 3600 |
| **Parisienne, 6-cyl./8-cyl., 115.9" wb** | | | | | | |
| 4-dr Sdn | 200 | 450 | 650 | 1300 | 2200 | 3200 |
| 4-dr Brghm Sdn | 200 | 450 | 650 | 1300 | 2200 | 3200 |
| 4-dr Sta Wgn (8-cyl.) | 250 | 500 | 750 | 1500 | 2600 | 3600 |

*Small block option deduct 10%*

## 1984

| **1000, 4-cyl., 94.3" wb** | | | | | | |
|---|---|---|---|---|---|---|
| 2-dr Htchbk | 150 | 300 | 450 | 900 | 1800 | 2600 |
| 5-dr Htchbk | 200 | 350 | 500 | 1000 | 1900 | 2700 |
| **Sunbird 2000, 4-cyl., 101.2" wb** | | | | | | |
| 2-dr Cpe | 200 | 350 | 500 | 1000 | 1900 | 2700 |
| 3-dr Htchbk Cpe | 200 | 350 | 500 | 1000 | 1900 | 2700 |
| 4-dr Sdn | 200 | 350 | 500 | 1000 | 1900 | 2700 |
| 4-dr Sta Wgn | 200 | 350 | 500 | 1000 | 1900 | 2700 |
| 2-dr LE Cpe | 200 | 400 | 550 | 1100 | 2000 | 2900 |
| 2-dr SE Cpe | 200 | 350 | 500 | 1000 | 1900 | 2700 |
| 2-dr LE Conv | 300 | 600 | 850 | 1700 | 2900 | 4100 |
| 4-dr LE Sdn | 200 | 400 | 550 | 1100 | 2000 | 2900 |
| 4-dr SE Sdn | 200 | 350 | 500 | 1000 | 1900 | 2700 |
| 3-dr SE Htchbk | 200 | 350 | 500 | 1000 | 1900 | 2700 |
| 4-dr LE Sta Wgn | 200 | 400 | 550 | 1100 | 2000 | 2900 |
| **Phoenix, 4-cyl., 104.9" wb** | | | | | | |
| 2-dr Cpe | 200 | 400 | 550 | 1100 | 2000 | 2900 |
| 2-dr LE Cpe | 200 | 400 | 550 | 1100 | 2000 | 2900 |
| 5-dr Htchbk | 200 | 400 | 550 | 1100 | 2000 | 2900 |
| 5-dr LE Htchbk | 200 | 400 | 550 | 1100 | 2000 | 2900 |
| **Phoenix, 6-cyl.** | | | | | | |
| 2-dr Cpe | 200 | 400 | 600 | 1200 | 2100 | 3000 |
| 2-dr LE Cpe | 200 | 400 | 600 | 1200 | 2100 | 3000 |
| 2-dr SE Cpe | 250 | 500 | 750 | 1400 | 2400 | 3400 |
| 5-dr Htchbk | 200 | 400 | 600 | 1200 | 2100 | 3000 |
| 5-dr LE Htchbk | 200 | 400 | 600 | 1200 | 2100 | 3000 |
| **6000, 4-cyl./6-cyl., 104.9" wb** | | | | | | |
| 4-dr Sdn | 300 | 550 | 800 | 1600 | 2800 | 3900 |
| 2-dr Cpe | 300 | 550 | 800 | 1600 | 2800 | 3900 |
| 4-dr Sta Wgn | 300 | 550 | 800 | 1600 | 2800 | 3900 |
| **6000 LE, 4-cyl./6-cyl.** | | | | | | |
| 2-dr LE Cpe | 300 | 550 | 800 | 1600 | 2800 | 3900 |
| 4-dr Sdn | 300 | 600 | 850 | 1700 | 2900 | 4100 |
| 4-dr STE Sdn | 300 | 650 | 1100 | 2200 | 3800 | 5400 |
| 4-dr Sta Wgn | 300 | 600 | 850 | 1700 | 2900 | 4100 |
| **Fiero, 4-cyl., 93.4" wb** | | | | | | |
| 2-dr Cpe | 200 | 450 | 650 | 1300 | 2200 | 3200 |
| 2-dr SE Cpe | 250 | 500 | 750 | 1400 | 2400 | 3400 |
| 2-dr Cpe Spt | 200 | 450 | 650 | 1300 | 2200 | 3200 |

*Indy Pace Car add 25%*

| **Firebird, 6-cyl., 101.0" wb** | | | | | | |
|---|---|---|---|---|---|---|
| 2-dr Cpe | 300 | 650 | 1100 | 2200 | 3800 | 5400 |
| 2-dr SE Cpe | 300 | 650 | 1150 | 2300 | 3900 | 5700 |

| | 6 | 5 | 4 | 3 | 2 | 1 |
|---|---|---|---|---|---|---|
| **Firebird, 8-cyl.** | | | | | | |
| 2-dr Cpe | 300 | 750 | 1250 | 2500 | 4400 | 6200 |
| 2-dr SE Cpe | 300 | 800 | 1300 | 2600 | 4600 | 6600 |
| 2-dr Cpe Trans Am | 300 | 800 | 1350 | 2700 | 4700 | 6900 |
| **Bonneville, 6-cyl., 108.1" wb** | | | | | | |
| 4-dr Sdn | 250 | 500 | 750 | 1500 | 2600 | 3600 |
| 4-dr LE Sdn | 250 | 500 | 750 | 1500 | 2600 | 3600 |
| 4-dr Sdn Brghm | 300 | 550 | 800 | 1600 | 2800 | 3900 |
| **Bonneville, 8-cyl.** | | | | | | |
| 4-dr Sdn | 300 | 600 | 850 | 1700 | 2900 | 4100 |
| 4-dr LE Sdn | 300 | 600 | 850 | 1700 | 2900 | 4100 |
| 4-dr Sdn Brghm | 300 | 600 | 900 | 1800 | 3100 | 4400 |
| **Grand Prix, 6-cyl., 108.1" wb** | | | | | | |
| 2-dr Cpe | 250 | 500 | 750 | 1500 | 2600 | 3600 |
| 2-dr LE Cpe | 250 | 500 | 750 | 1500 | 2600 | 3600 |
| 2-dr Cpe Brghm | 250 | 500 | 750 | 1500 | 2600 | 3600 |
| **Grand Prix, 8-cyl.** | | | | | | |
| 2-dr Cpe | 300 | 600 | 850 | 1700 | 2900 | 4100 |
| 2-dr LE Cpe | 300 | 600 | 850 | 1700 | 2900 | 4100 |
| 2-dr Cpe Brghm | 300 | 600 | 850 | 1700 | 2900 | 4100 |
| **Parisienne, 6-cyl., 115.9" wb** | | | | | | |
| 4-dr Sdn | 200 | 450 | 650 | 1300 | 2200 | 3200 |
| 4-dr Sdn Brghm | 200 | 450 | 650 | 1300 | 2200 | 3200 |
| **Parisienne, 8-cyl.** | | | | | | |
| 4-dr Sdn | 250 | 500 | 750 | 1500 | 2600 | 3600 |
| 4-dr Sdn Brghm | 250 | 500 | 750 | 1500 | 2600 | 3600 |
| 4-dr Sta Wgn | 300 | 550 | 800 | 1600 | 2800 | 3900 |

*Small block option deduct 10%*

## 1985

| | 6 | 5 | 4 | 3 | 2 | 1 |
|---|---|---|---|---|---|---|
| **1000, 4-cyl., 94.3" wb** | | | | | | |
| 2-dr Htchbk | 150 | 300 | 450 | 900 | 1800 | 2600 |
| 5-dr Htchbk | 200 | 350 | 500 | 1000 | 1900 | 2700 |
| **Sunbird, 4-cyl., 101.2" wb** | | | | | | |
| 2-dr Cpe | 200 | 400 | 550 | 1100 | 2000 | 2900 |
| 2-dr LE Cpe | 200 | 400 | 600 | 1200 | 2100 | 3000 |
| 2-dr LE Conv | 300 | 600 | 900 | 1800 | 3100 | 4400 |
| 2-dr SE Cpe | 200 | 400 | 550 | 1100 | 2000 | 2900 |
| 3-dr Htchbk | 200 | 400 | 550 | 1100 | 2000 | 2900 |
| 3-dr SE Htchbk | 200 | 400 | 550 | 1100 | 2000 | 2900 |
| 4-dr Sdn | 200 | 400 | 550 | 1100 | 2000 | 2900 |
| 4-dr LE Sdn | 200 | 400 | 600 | 1200 | 2100 | 3000 |
| 4-dr SE Sdn | 200 | 400 | 550 | 1100 | 2000 | 2900 |
| 4-dr Sta Wgn | 200 | 400 | 550 | 1100 | 2000 | 2900 |
| 4-dr LE Sta Wgn | 200 | 400 | 600 | 1200 | 2100 | 3000 |

*Turbo add 25%*

| | 6 | 5 | 4 | 3 | 2 | 1 |
|---|---|---|---|---|---|---|
| **Grand Am, 4-cyl./6-cyl., 103.4" wb** | | | | | | |
| 2-dr Cpe | 250 | 500 | 750 | 1500 | 2600 | 3600 |
| 2-dr LE Cpe | 300 | 600 | 850 | 1700 | 2900 | 4100 |
| **6000, 4-cyl./6-cyl., 104.8" wb** | | | | | | |
| 2-dr Cpe | 300 | 600 | 850 | 1700 | 2900 | 4100 |
| 4-dr Sdn | 300 | 600 | 850 | 1700 | 2900 | 4100 |
| 2-dr LE Cpe | 300 | 600 | 850 | 1700 | 2900 | 4100 |
| 4-dr LE Sdn | 300 | 600 | 900 | 1800 | 3100 | 4400 |
| 4-dr STE Sdn (6-cyl.) | 300 | 650 | 1150 | 2300 | 3900 | 5700 |
| 4-dr Sta Wgn | 300 | 600 | 850 | 1700 | 2900 | 4100 |
| 4-dr LE Sta Wgn | 300 | 600 | 900 | 1800 | 3100 | 4400 |

'81 Pontiac Trans Am

'81 Pontiac LeMans

'82 Pontiac Bonneville Wagon

'82 Pontiac Firebird

'82 Pontiac 6000

'82 Pontiac Phoenix

'82 Pontiac J2000

'84 Pontiac Sunbird 2000

'85 Pontiac Grand Prix

'85 Pontiac Fiero GT

'88 Pontiac Bonneville

'90 Pontiac Grand Prix

| | 6 | 5 | 4 | 3 | 2 | 1 |
|---|---|---|---|---|---|---|
| **Fiero, 6-cyl., 93.4" wb** | | | | | | |
| 2-dr Cpe | 200 | 450 | 650 | 1300 | 2200 | 3200 |
| 2-dr SE Cpe | 250 | 500 | 750 | 1400 | 2400 | 3400 |
| 2-dr GT Cpe | 300 | 700 | 1200 | 2400 | 4100 | 5900 |
| 2-dr Cpe Spt | 200 | 450 | 650 | 1300 | 2200 | 3200 |
| **Firebird, 6-cyl., 101.0" wb** | | | | | | |
| 2-dr Cpe | 300 | 650 | 1150 | 2300 | 3900 | 5700 |
| 2-dr SE Cpe | 300 | 700 | 1200 | 2400 | 4100 | 5900 |
| **Firebird, 8-cyl.** | | | | | | |
| 2-dr Cpe | 300 | 800 | 1300 | 2600 | 4600 | 6600 |
| 2-dr SE Cpe | 300 | 800 | 1350 | 2700 | 4700 | 6900 |
| 2-dr Cpe Trans Am | 350 | 850 | 1400 | 2800 | 4900 | 7100 |
| **Bonneville, 6-cyl./8-cyl., 108.1" wb** | | | | | | |
| 4-dr Sdn | 300 | 600 | 850 | 1700 | 2900 | 4100 |
| 4-dr LE Sdn | 300 | 600 | 850 | 1700 | 2900 | 4100 |
| 4-dr Sdn Brghm | 300 | 600 | 900 | 1800 | 3100 | 4400 |
| **Grand Prix, 6-cyl./8-cyl., 108.1" wb** | | | | | | |
| 2-dr Cpe | 300 | 600 | 850 | 1700 | 2900 | 4100 |
| 2-dr LE Cpe | 300 | 600 | 850 | 1700 | 2900 | 4100 |
| 2-dr Cpe Brghm | 300 | 600 | 850 | 1700 | 2900 | 4100 |
| **Parisienne, 6-cyl./8-cyl., 116.0" wb** | | | | | | |
| 4-dr Sdn | 250 | 500 | 750 | 1500 | 2600 | 3600 |
| 4-dr Sdn Brghm | 250 | 500 | 750 | 1500 | 2600 | 3600 |
| 4-dr Sta Wgn (8-cyl.) | 300 | 600 | 850 | 1700 | 2900 | 4100 |

*Diesel deduct 30%*          *Small block option deduct 20%*

## 1986

| | 6 | 5 | 4 | 3 | 2 | 1 |
|---|---|---|---|---|---|---|
| **Fiero, 93.4" wb** | | | | | | |
| 2-dr Cpe | 250 | 500 | 750 | 1400 | 2400 | 3400 |
| SE Cpe | 250 | 500 | 750 | 1500 | 2600 | 3600 |
| GT Cpe | 300 | 800 | 1350 | 2700 | 4700 | 6900 |
| Spt Cpe | 250 | 500 | 750 | 1500 | 2600 | 3600 |
| **1000, 94.3" wb** | | | | | | |
| 3-dr Htchbk | 150 | 300 | 450 | 900 | 1800 | 2600 |
| 5-dr Htchbk | 200 | 350 | 500 | 1000 | 1900 | 2700 |
| **Sunbird, 4-cyl., 101.2" wb** | | | | | | |
| 2-dr Cpe | 200 | 400 | 600 | 1200 | 2100 | 3000 |
| 3-dr GT Htchbk | 200 | 400 | 600 | 1200 | 2100 | 3000 |
| 2-dr GT Conv | 300 | 650 | 1100 | 2100 | 3600 | 5100 |
| 2-dr SE Cpe | 200 | 400 | 600 | 1200 | 2100 | 3000 |
| 3-dr SE Htchbk | 200 | 400 | 600 | 1200 | 2100 | 3000 |
| 2-dr SE Conv | 300 | 650 | 1000 | 2000 | 3500 | 4900 |
| 4-dr Sdn | 200 | 400 | 600 | 1200 | 2100 | 3000 |
| 4-dr GT Sdn | 200 | 400 | 600 | 1200 | 2100 | 3000 |
| 4-dr Sta Wgn | 200 | 400 | 600 | 1200 | 2100 | 3000 |
| **Grand Am, 4-cyl./6-cyl., 103.4" wb** | | | | | | |
| 2-dr Cpe | 300 | 600 | 850 | 1700 | 2900 | 4100 |
| 4-dr Sdn | 300 | 600 | 850 | 1700 | 2900 | 4100 |
| 2-dr LE Cpe | 300 | 600 | 950 | 1900 | 3200 | 4600 |
| 4-dr LE Sdn | 300 | 600 | 950 | 1900 | 3200 | 4600 |
| 2-dr SE Cpe (6-cyl.) | 300 | 650 | 1100 | 2200 | 3800 | 5400 |
| 4-dr SE Sdn (6-cyl.) | 300 | 650 | 1150 | 2300 | 3900 | 5700 |
| **Firebird, 6-cyl./8-cyl., 101.0" wb** | | | | | | |
| 2-dr Cpe | 300 | 800 | 1300 | 2600 | 4600 | 6600 |
| 2-dr SE Cpe | 300 | 800 | 1350 | 2700 | 4700 | 6900 |
| Trans Am Cpe (8-cyl.) | 350 | 1000 | 1600 | 3200 | 5700 | 8100 |
| **6000, 4-cyl./6-cyl., 104.9" wb** | | | | | | |
| 2-dr Cpe | 300 | 600 | 950 | 1900 | 3200 | 4600 |
| 2-dr LE Cpe | 300 | 600 | 950 | 1900 | 3200 | 4600 |
| 2-dr SE Cpe | 300 | 650 | 1150 | 2300 | 3900 | 5700 |

| | 6 | 5 | 4 | 3 | 2 | 1 |
|---|---|---|---|---|---|---|
| 4-dr Sdn | 300 | 600 | 950 | 1900 | 3200 | 4600 |
| 4-dr LE Sdn | 300 | 650 | 1000 | 2000 | 3500 | 4900 |
| 4-dr SE Sdn | 300 | 650 | 1150 | 2300 | 3900 | 5700 |
| 4-dr STE Sdn (6-cyl.) | 300 | 750 | 1250 | 2500 | 4400 | 6200 |
| 4-dr LE Sta Wgn | 300 | 650 | 1000 | 2000 | 3500 | 4900 |
| 4-dr SE Sta Wgn | 300 | 650 | 1150 | 2300 | 3900 | 5700 |
| 4-dr Sta Wgn | 300 | 600 | 950 | 1900 | 3200 | 4600 |
| **Grand Prix, 6-cyl./8-cyl., 108.1" wb** | | | | | | |
| 2-dr Cpe | 300 | 600 | 900 | 1800 | 3100 | 4400 |
| 2-dr 2 + 2 Cpe (8-cyl.) | 300 | 650 | 1000 | 2000 | 3500 | 4900 |
| 2-dr LE Cpe | 300 | 600 | 900 | 1800 | 3100 | 4400 |
| 2-dr Brghm Cpe | 300 | 600 | 950 | 1900 | 3200 | 4600 |
| **Bonneville, 6-cyl./8-cyl., 108.1" wb** | | | | | | |
| 4-dr Sdn | 300 | 600 | 900 | 1800 | 3100 | 4400 |
| 4-dr Brghm Sdn (8-cyl.) | 300 | 650 | 1000 | 2000 | 3500 | 4900 |
| 4-dr LE Sdn | 300 | 600 | 950 | 1900 | 3200 | 4600 |
| **Parisienne, 6-cyl./8-cyl., 116.0" wb** | | | | | | |
| 4-dr Sdn | 250 | 500 | 750 | 1500 | 2600 | 3600 |
| 4-dr Brghm Sdn (8-cyl.) | 250 | 500 | 750 | 1500 | 2600 | 3600 |
| 4-dr Sta Wgn | 300 | 600 | 900 | 1800 | 3100 | 4400 |

*Small block option deduct 20%*

## 1987

| **1000, 4-cyl., 94.3" wb** | | | | | | |
|---|---|---|---|---|---|---|
| 3-dr Htchbk | 200 | 350 | 500 | 1000 | 1900 | 2700 |
| 5-dr Htchbk | 200 | 400 | 550 | 1100 | 2000 | 2900 |
| **Sunbird, 4-cyl., 101.2" wb** | | | | | | |
| 4-dr Sdn | 200 | 450 | 650 | 1300 | 2200 | 3200 |
| 4-dr Sta Wgn | 200 | 450 | 650 | 1300 | 2200 | 3200 |
| 2-dr SE Cpe | 250 | 500 | 750 | 1400 | 2400 | 3400 |
| 3-dr SE Htchbk | 250 | 500 | 750 | 1400 | 2400 | 3400 |
| 2-dr SE Conv | 300 | 650 | 1150 | 2300 | 3900 | 5700 |
| 2-dr GT Cpe | 250 | 500 | 750 | 1500 | 2600 | 3600 |
| 3-dr GT Htchbk | 250 | 500 | 750 | 1500 | 2600 | 3600 |
| 4-dr GT Sdn | 250 | 500 | 750 | 1400 | 2400 | 3400 |
| 3-dr GT Conv | 300 | 700 | 1200 | 2400 | 4100 | 5900 |
| **Grand Am, 4-cyl., 103.4" wb** | | | | | | |
| 2-dr Cpe | 300 | 650 | 1000 | 2000 | 3500 | 4900 |
| 4-dr Sdn | 300 | 650 | 1000 | 2000 | 3500 | 4900 |
| 2-dr LE Cpe | 300 | 650 | 1100 | 2200 | 3800 | 5400 |
| 4-dr LE Sdn | 300 | 650 | 1100 | 2200 | 3800 | 5400 |
| 2-dr SE Cpe | 300 | 650 | 1150 | 2300 | 3900 | 5700 |
| 4-dr SE Sdn | 300 | 700 | 1200 | 2400 | 4100 | 5900 |
| **Grand Am, 6-cyl., 103.4" wb** | | | | | | |
| 2-dr Cpe | 300 | 650 | 1100 | 2200 | 3800 | 5400 |
| 4-dr Sdn | 300 | 650 | 1100 | 2200 | 3800 | 5400 |
| 2-dr LE Cpe | 300 | 700 | 1200 | 2400 | 4100 | 5900 |
| 4-dr LE Sdn | 300 | 700 | 1200 | 2400 | 4100 | 5900 |
| 2-dr SE Cpe | 300 | 750 | 1250 | 2500 | 4400 | 6200 |
| 4-dr SE Sdn | 300 | 800 | 1300 | 2600 | 4600 | 6600 |
| **6000, 4-cyl., 104.9" wb** | | | | | | |
| 2-dr Cpe | 300 | 600 | 950 | 1900 | 3200 | 4600 |
| 4-dr Sdn | 300 | 600 | 950 | 1900 | 3200 | 4600 |
| 4-dr Sta Wgn | 300 | 600 | 950 | 1900 | 3200 | 4600 |
| 4-dr LE Sdn | 300 | 650 | 1100 | 2100 | 3600 | 5100 |
| 4-dr LE Sta Wgn | 300 | 650 | 1100 | 2100 | 3600 | 5100 |

| | 6 | 5 | 4 | 3 | 2 | 1 |
|---|---|---|---|---|---|---|
| **6000, 6-cyl.** | | | | | | |
| 2-dr Cpe | 300 | 650 | 1100 | 2100 | 3600 | 5100 |
| 4-dr Sdn | 300 | 650 | 1100 | 2100 | 3600 | 5100 |
| 4-dr Sta Wgn | 300 | 650 | 1100 | 2100 | 3600 | 5100 |
| 4-dr LE Sdn | 300 | 650 | 1150 | 2300 | 3900 | 5700 |
| 4-dr LE Sta Wgn | 300 | 650 | 1150 | 2300 | 3900 | 5700 |
| 4-dr SE Sdn | 300 | 800 | 1300 | 2600 | 4600 | 6600 |
| 4-dr SE Sta Wgn | 300 | 800 | 1300 | 2600 | 4600 | 6600 |
| 4-dr STE Sdn | 300 | 800 | 1350 | 2700 | 4700 | 6900 |
| **Fiero, 4-cyl., 93.4" wb** | | | | | | |
| 2-dr Cpe | 250 | 500 | 750 | 1500 | 2600 | 3600 |
| 2-dr Spt Cpe | 300 | 550 | 800 | 1600 | 2800 | 3900 |
| 2-dr SE Cpe | 300 | 600 | 850 | 1700 | 2900 | 4100 |
| **Fiero, 6-cyl.** | | | | | | |
| 2-dr GT Cpe | 350 | 950 | 1550 | 3100 | 5500 | 7900 |
| **Firebird, 6-cyl., 2.8 L, 101.0" wb** | | | | | | |
| 2-dr Cpe | 350 | 850 | 1400 | 2800 | 4900 | 7100 |
| **Firebird, 8-cyl., 5.0 L** | | | | | | |
| 2-dr Cpe Trans Am | 400 | 1100 | 1800 | 3500 | 6100 | 8900 |
| **Bonneville, 6-cyl., 110.8" wb** | | | | | | |
| 4-dr Sdn | 300 | 650 | 1100 | 2100 | 3600 | 5100 |
| 4-dr LE Sdn | 300 | 650 | 1150 | 2300 | 3900 | 5700 |
| **Grand Prix, 6-cyl., 108.1" wb** | | | | | | |
| 2-dr Cpe | 300 | 650 | 1000 | 2000 | 3500 | 4900 |
| 2-dr LE Cpe | 300 | 650 | 1000 | 2000 | 3500 | 4900 |
| 2-dr Brghm Cpe | 300 | 650 | 1100 | 2100 | 3600 | 5100 |
| **Grand Prix, 8-cyl.** | | | | | | |
| 2-dr Cpe | 300 | 650 | 1100 | 2200 | 3800 | 5400 |
| 2-dr LE Cpe | 300 | 650 | 1100 | 2200 | 3800 | 5400 |
| 2-dr Brghm Cpe | 300 | 650 | 1150 | 2300 | 3900 | 5700 |
| **Safari, 8-cyl., 116.0" wb** | | | | | | |
| 4-dr Brghm Sta Wgn | 300 | 650 | 1100 | 2100 | 3600 | 5100 |
| ***1988*** | | | | | | |
| **LeMans, 99.2" wb** | | | | | | |
| 3-dr Aerocpe (4-spd.) | 250 | 500 | 750 | 1400 | 2400 | 3400 |
| 3-dr Aerocpe | 200 | 400 | 600 | 1200 | 2100 | 3000 |
| 4-dr Sdn | 250 | 500 | 750 | 1500 | 2600 | 3600 |
| 4-dr SE Sdn | 300 | 600 | 850 | 1700 | 2900 | 4100 |
| **Sunbird, 101.2" wb** | | | | | | |
| 4-dr Sdn | 250 | 500 | 750 | 1500 | 2600 | 3600 |
| **Sunbird SE** | | | | | | |
| 4-dr Sdn | 300 | 600 | 850 | 1700 | 2900 | 4100 |
| 2-dr Cpe | 300 | 600 | 850 | 1700 | 2900 | 4100 |
| 4-dr Sta Wgn | 300 | 600 | 850 | 1700 | 2900 | 4100 |
| **Sunbird GT, Turbo** | | | | | | |
| 2-dr Cpe | 300 | 600 | 900 | 1800 | 3100 | 4400 |
| 2-dr Conv | 350 | 850 | 1400 | 2800 | 4900 | 7100 |
| **Grand Am, 103.4" wb** | | | | | | |
| 4-dr Sdn | 300 | 650 | 1150 | 2300 | 3900 | 5700 |
| 2-dr Cpe | 300 | 650 | 1150 | 2300 | 3900 | 5700 |
| **Grand Am LE** | | | | | | |
| 4-dr Sdn | 300 | 750 | 1250 | 2500 | 4400 | 6200 |
| 2-dr Cpe | 300 | 700 | 1200 | 2400 | 4100 | 5900 |
| **Grand Am SE** | | | | | | |
| 4-dr Sdn | 350 | 900 | 1500 | 2900 | 5200 | 7400 |
| 2-dr Cpe | 300 | 800 | 1350 | 2700 | 4700 | 6900 |
| **6000, 104.9" wb** | | | | | | |
| 4-dr Sdn | 300 | 650 | 1100 | 2100 | 3600 | 5100 |
| 4-dr Safari Wgn | 300 | 650 | 1100 | 2100 | 3600 | 5100 |

| | 6 | 5 | 4 | 3 | 2 | 1 |
|---|---|---|---|---|---|---|
| **6000 LE** | | | | | | |
| 4-dr Sdn | 300 | 650 | 1100 | 2200 | 3800 | 5400 |
| 4-dr Safari Wgn | 300 | 650 | 1100 | 2200 | 3800 | 5400 |
| **6000, 6-cyl.** | | | | | | |
| 4-dr Sdn | 300 | 700 | 1200 | 2400 | 4100 | 5900 |
| 4-dr Safari Wgn | 300 | 700 | 1200 | 2400 | 4100 | 5900 |
| **6000 LE, 6-cyl.** | | | | | | |
| 4-dr Sdn | 300 | 750 | 1250 | 2500 | 4400 | 6200 |
| 4-dr Safari Wgn | 300 | 750 | 1250 | 2500 | 4400 | 6200 |
| **6000, SE, 6-cyl.** | | | | | | |
| 4-dr Sdn | 350 | 850 | 1400 | 2800 | 4900 | 7100 |
| 4-dr Safari Wgn | 350 | 850 | 1400 | 2800 | 4900 | 7100 |
| **6000 STE, 6-cyl.** | | | | | | |
| 4-dr Sdn | 350 | 900 | 1500 | 3000 | 5300 | 7600 |
| **Fiero, 6-cyl., 93.4" wb** | | | | | | |
| 2-dr Cpe (4-cyl.) | 300 | 600 | 850 | 1700 | 2900 | 4100 |
| 2-dr Formula Cpe | 350 | 900 | 1500 | 3000 | 5300 | 7600 |
| 2-dr GT Cpe | 400 | 1100 | 1800 | 3600 | 6200 | 9100 |
| **Firebird, 6-cyl., 101.0" wb** | | | | | | |
| 2-dr Cpe | 350 | 900 | 1500 | 3000 | 5300 | 7600 |
| **Firebird, 8-cyl.** | | | | | | |
| 2-dr Cpe | 400 | 1050 | 1700 | 3400 | 5900 | 8500 |
| 2-dr Formula Cpe | 400 | 1100 | 1800 | 3600 | 6200 | 9100 |
| 2-dr Trans Am Cpe | 400 | 1200 | 1900 | 3800 | 6600 | 9600 |
| 2-dr GTA Cpe | 450 | 1250 | 2100 | 4200 | 7200 | 10500 |
| **Bonneville, 6-cyl., 110.8" wb** | | | | | | |
| 4-dr LE Sdn | 300 | 700 | 1200 | 2400 | 4100 | 5900 |
| 4-dr SE Sdn | 350 | 900 | 1500 | 3000 | 5300 | 7600 |
| 4-dr SSE Sdn | 400 | 1050 | 1700 | 3300 | 5800 | 8300 |
| **Grand Prix, 6-cyl., 107.6" wb** | | | | | | |
| 2-dr Cpe | 300 | 650 | 1150 | 2300 | 3900 | 5700 |
| 2-dr LE Cpe | 300 | 650 | 1150 | 2300 | 3900 | 5700 |
| 2-dr SE Cpe | 300 | 800 | 1300 | 2600 | 4600 | 6600 |
| **Safari, 8-cyl., 116.0" wb** | | | | | | |
| 4-dr Sta Wgn | 300 | 700 | 1200 | 2400 | 4100 | 5900 |
| ***1989*** | | | | | | |
| **LeMans, 99.2" wb** | | | | | | |
| 3-dr Aerocpe | 250 | 500 | 750 | 1400 | 2400 | 3400 |
| 3-dr LE Aerocpe | 300 | 550 | 800 | 1600 | 2800 | 3900 |
| 3-dr GSE Aerocpe | 300 | 600 | 850 | 1700 | 2900 | 4100 |
| 4-dr LE Sdn | 300 | 600 | 850 | 1700 | 2900 | 4100 |
| 4-dr SE Sdn | 300 | 600 | 900 | 1800 | 3100 | 4400 |
| **Sunbird LE, 101.2" wb** | | | | | | |
| 4-dr Sdn | 300 | 650 | 1000 | 2000 | 3500 | 4900 |
| 2-dr Cpe | 300 | 650 | 1000 | 2000 | 3500 | 4900 |
| **Sunbird SE** | | | | | | |
| 2-dr Cpe | 300 | 650 | 1000 | 2000 | 3500 | 4900 |
| **Sunbird GT, Turbo** | | | | | | |
| 2-dr Cpe | 300 | 650 | 1100 | 2100 | 3600 | 5100 |
| 2-dr Conv | 350 | 1000 | 1600 | 3200 | 5700 | 8100 |
| **Grand Am LE, 103.4" wb** | | | | | | |
| 4-dr Sdn | 350 | 900 | 1500 | 2900 | 5200 | 7400 |
| 2-dr Cpe | 350 | 850 | 1400 | 2800 | 4900 | 7100 |
| **Grand AM SE** | | | | | | |
| 4-dr Sdn | 350 | 1000 | 1600 | 3200 | 5700 | 8100 |
| 2-dr Cpe | 350 | 900 | 1500 | 3000 | 5300 | 7600 |
| **6000 LE, 104.9" wb** | | | | | | |
| 4-dr Sdn | 300 | 750 | 1250 | 2500 | 4400 | 6200 |

| | 6 | 5 | 4 | 3 | 2 | 1 |
|---|---|---|---|---|---|---|
| **6000 LE, 6-cyl.** | | | | | | |
| 4-dr Sdn | 350 | 850 | 1400 | 2800 | 4900 | 7100 |
| 4-dr Sta Wgn | 350 | 850 | 1400 | 2800 | 4900 | 7100 |
| **6000 SE, 6-cyl.** | | | | | | |
| 4-dr Sdn | 350 | 1000 | 1600 | 3200 | 5700 | 8100 |
| 4-dr Sta Wgn | 350 | 1000 | 1600 | 3200 | 5700 | 8100 |
| **6000 STE 4WD, 6-cyl.** | | | | | | |
| 4-dr Sdn | 400 | 1100 | 1800 | 3600 | 6200 | 9100 |
| **Firebird, 6-cyl., 101.0" wb** | | | | | | |
| 2-dr Cpe | 400 | 1050 | 1700 | 3400 | 5900 | 8500 |
| **Firebird, 8-cyl.** | | | | | | |
| 2-dr Cpe | 400 | 1200 | 1900 | 3800 | 6600 | 9600 |
| 2-dr Formula Cpe | 400 | 1200 | 1950 | 3900 | 6800 | 9900 |
| 2-dr Trans Am Cpe | 450 | 1250 | 2100 | 4200 | 7200 | 10500 |
| 2-dr GTA Cpe | 500 | 1350 | 2350 | 4700 | 8100 | 11500 |
| **Bonneville, 6-cyl., 110.8" wb** | | | | | | |
| 4-dr LE Sdn | 350 | 850 | 1400 | 2800 | 4900 | 7100 |
| 4-dr SE Sdn | 400 | 1050 | 1700 | 3400 | 5900 | 8500 |
| 4-dr SSE Sdn | 400 | 1200 | 1900 | 3800 | 6600 | 9600 |
| **Grand Prix, 6-cyl., 107.5" wb** | | | | | | |
| 2-dr Cpe | 300 | 800 | 1300 | 2600 | 4600 | 6600 |
| 2-dr LE Cpe | 300 | 800 | 1300 | 2600 | 4600 | 6600 |
| 2-dr SE Cpe | 350 | 900 | 1500 | 3000 | 5300 | 7600 |
| **Safari, 8-cyl., 116.0" wb** | | | | | | |
| 4-dr Sta Wgn | 350 | 850 | 1400 | 2800 | 4900 | 7100 |
| ***1990*** | | | | | | |
| **LeMans, 99.2" wb** | | | | | | |
| 3-dr Aerocpe (4-spd.) | 250 | 500 | 750 | 1500 | 2600 | 3600 |
| 3-dr LE Aerocpe | 300 | 600 | 900 | 1800 | 3100 | 4400 |
| 3-dr GSE Aerocpe | 300 | 600 | 950 | 1900 | 3200 | 4600 |
| 4-dr LE Sdn | 300 | 600 | 950 | 1900 | 3200 | 4600 |
| **Sunbird LE, 101.2" wb** | | | | | | |
| 4-dr Sdn | 300 | 650 | 1150 | 2300 | 3900 | 5700 |
| 2-dr Cpe | 300 | 650 | 1150 | 2300 | 3900 | 5700 |
| 2-dr Conv | 350 | 1000 | 1600 | 3200 | 5700 | 8100 |
| **Sunbird SE** | | | | | | |
| 2-dr Cpe | 300 | 700 | 1200 | 2400 | 4100 | 5900 |
| **Sunbird GT** | | | | | | |
| 2-dr Cpe | 300 | 750 | 1250 | 2500 | 4400 | 6200 |
| **Grand Am LE, 103.4" wb** | | | | | | |
| 4-dr Sdn | 350 | 1000 | 1600 | 3200 | 5700 | 8100 |
| 2-dr Cpe | 350 | 950 | 1550 | 3100 | 5500 | 7900 |
| **Grand Am SE, Quad-4** | | | | | | |
| 4-dr Sdn | 400 | 1100 | 1800 | 3500 | 6100 | 8900 |
| 2-dr Cpe | 400 | 1050 | 1700 | 3400 | 5900 | 8500 |
| **6000 LE, 104.9" wb** | | | | | | |
| 4-dr Sdn | 400 | 1050 | 1700 | 3300 | 5800 | 8300 |
| **6000 LE, 6-cyl.** | | | | | | |
| 4-dr Sdn | 400 | 1100 | 1800 | 3600 | 6200 | 9100 |
| 4-dr Sta Wgn | 400 | 1100 | 1800 | 3600 | 6200 | 9100 |
| **6000 SE, 6-cyl.** | | | | | | |
| 4-dr Sdn | 400 | 1200 | 1950 | 3900 | 6800 | 9900 |
| 4-dr Sta Wgn | 400 | 1200 | 1950 | 3900 | 6800 | 9900 |
| **Firebird, 6-cyl., 101.0" wb** | | | | | | |
| 2-dr Cpe | 450 | 1250 | 2100 | 4200 | 7200 | 10500 |
| **Firebird, 8-cyl.** | | | | | | |
| 2-dr Cpe | 500 | 1350 | 2300 | 4600 | 8000 | 11300 |
| 2-dr Formula Cpe | 500 | 1350 | 2350 | 4700 | 8100 | 11500 |

|  | 6 | 5 | 4 | 3 | 2 | 1 |
|---|---|---|---|---|---|---|
| 2-dr Trans Am Cpe | 550 | 1500 | 2500 | 5000 | 8700 | 12300 |
| 2-dr GTA Cpe | 600 | 1600 | 2800 | 5600 | 9700 | 14000 |
| **Bonneville, 6-cyl., 110.8" wb** | | | | | | |
| 4-dr LE Sdn | 400 | 1050 | 1700 | 3300 | 5800 | 8300 |
| 4-dr SE Sdn | 400 | 1200 | 2000 | 4000 | 6900 | 10000 |
| 4-dr SSE Sdn | 450 | 1250 | 2150 | 4300 | 7400 | 10700 |
| **Grand Prix, Quad-4** | | | | | | |
| 4-dr LE Sdn | 350 | 850 | 1400 | 2800 | 4900 | 7100 |
| 2-dr LE Cpe | 300 | 800 | 1350 | 2700 | 4700 | 6900 |
| **Grand Prix, 6-cyl., 107.5" wb** | | | | | | |
| 4-dr LE Sdn | 350 | 1000 | 1600 | 3200 | 5700 | 8100 |
| 2-dr LE Cpe | 350 | 950 | 1550 | 3100 | 5500 | 7900 |
| 4-dr STE Sdn | 450 | 1250 | 2150 | 4300 | 7400 | 10700 |
| 2-dr SE Cpe | 400 | 1100 | 1800 | 3500 | 6100 | 8900 |
| **_1991_** | | | | | | |
| **LeMans, 99.2" wb** | | | | | | |
| 3-dr Aerocpe (4-spd.) | 300 | 600 | 850 | 1700 | 2900 | 4100 |
| 3-dr LE Aerocpe | 300 | 650 | 1000 | 2000 | 3500 | 4900 |
| 4-dr LE Sdn | 300 | 650 | 1100 | 2100 | 3600 | 5100 |
| **Sunbird VL, 101.2" wb** | | | | | | |
| 4-dr Sdn | 350 | 900 | 1500 | 2900 | 5200 | 7400 |
| 2-dr Cpe | 350 | 900 | 1500 | 2900 | 5200 | 7400 |
| **Sunbird LE** | | | | | | |
| 4-dr Sdn | 350 | 950 | 1550 | 3100 | 5500 | 7900 |
| 2-dr Cpe | 350 | 950 | 1550 | 3100 | 5500 | 7900 |
| 2-dr Conv | 400 | 1200 | 2000 | 4000 | 6900 | 10000 |
| **Sunbird SE** | | | | | | |
| 2-dr Cpe | 350 | 950 | 1550 | 3100 | 5500 | 7900 |
| **Sunbird GT** | | | | | | |
| 2-dr Cpe | 400 | 1100 | 1800 | 3600 | 6200 | 9100 |
| **Grand Am, 103.4" wb** | | | | | | |
| 4-dr Sdn | 400 | 1100 | 1800 | 3500 | 6100 | 8900 |
| 2-dr Cpe | 400 | 1100 | 1800 | 3500 | 6100 | 8900 |
| **Grand Am LE** | | | | | | |
| 4-dr Sdn | 400 | 1150 | 1850 | 3700 | 6400 | 9300 |
| 2-dr Cpe | 400 | 1100 | 1800 | 3600 | 6200 | 9100 |
| **Grand Am SE, Quad-4** | | | | | | |
| 4-dr Sdn | 450 | 1250 | 2050 | 4100 | 7100 | 10300 |
| 2-dr Cpe | 400 | 1200 | 1950 | 3900 | 6800 | 9900 |
| **6000 LE, 104.9" wb** | | | | | | |
| 4-dr Sdn | 400 | 1150 | 1850 | 3700 | 6400 | 9300 |
| **6000 LE, 6-cyl.** | | | | | | |
| 4-dr Sdn | 450 | 1250 | 2050 | 4100 | 7100 | 10300 |
| 4-dr Sta Wgn | 450 | 1250 | 2050 | 4100 | 7100 | 10300 |
| **6000 SE, 6-cyl.** | | | | | | |
| 4-dr Sdn | 500 | 1300 | 2250 | 4500 | 7700 | 11000 |
| **Firebird, 6-cyl., 101.0" wb** | | | | | | |
| 2-dr Cpe | 550 | 1400 | 2400 | 4800 | 8300 | 11800 |
| 2-dr Conv | 700 | 1900 | 3350 | 6700 | 11500 | 16500 |
| **Firebird, 8-cyl.** | | | | | | |
| 2-dr Cpe | 550 | 1550 | 2650 | 5300 | 9100 | 13000 |
| 2-dr Formula Cpe | 600 | 1600 | 2700 | 5400 | 9300 | 13500 |
| 2-dr Trans Am Cpe | 600 | 1600 | 2800 | 5600 | 9700 | 14000 |
| 2-dr GTA Cpe | 650 | 1750 | 3150 | 6300 | 10900 | 15700 |
| 2-dr Trans Am Conv | 800 | 2400 | 4050 | 8100 | 14200 | 20200 |
| **Bonneville, 6-cyl., 110.8" wb** | | | | | | |
| 4-dr LE Sdn | 400 | 1200 | 1950 | 3900 | 6800 | 9900 |
| 4-dr SE Sdn | 500 | 1350 | 2350 | 4700 | 8100 | 11500 |
| 4-dr SSE Sdn | 550 | 1500 | 2500 | 5100 | 8800 | 12500 |

| | 6 | 5 | 4 | 3 | 2 | 1 |
|---|---|---|---|---|---|---|
| **Grand Prix, 6-cyl., 107.5" wb** | | | | | | |
| 2-dr Cpe SE | 450 | 1250 | 2050 | 4100 | 7100 | 10300 |
| 4-dr LE Sedan | 400 | 1200 | 1900 | 3800 | 6600 | 9600 |
| 4-dr SE Sedan | 450 | 1250 | 2100 | 4200 | 7200 | 10500 |
| 4-dr STE Sedan | 550 | 1500 | 2500 | 5000 | 8700 | 12300 |
| 2-dr GT Coupe | 550 | 1400 | 2400 | 4800 | 8300 | 11800 |

### Collector Car Value Trends

Value trends within the collector car hobby provide a look at what's been going on during the past two decades. The following charts were compiled from various sources that have tracked the value of selected models over the years. Models were chosen on the basis of their rarity *and* desirability by collectors and hobbyists. 2000 prices are based on vehicles in number one condition.

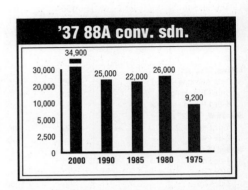

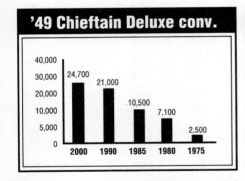

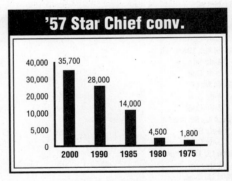

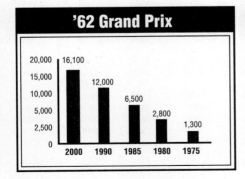

# REO
## 1905 – 1936

'16 Reo

'34 Reo Flying Cloud

|  | 6 | 5 | 4 | 3 | 2 | 1 |
|---|---|---|---|---|---|---|
| **1905** | | | | | | |
| **Model A, 2-Cyl., 16 hp, 88" wb** | | | | | | |
| 5-pass Detachable  Tonneau | 950 | 2950 | 4950 | 9900 | 17500 | 24700 |
| **Model B, 1-Cyl., 8 hp, 76" wb** | | | | | | |
| Rnbt | 900 | 2850 | 4750 | 9500 | 16700 | 23700 |
| **1906** | | | | | | |
| **1-Cyl., 8 hp, 76" wb** | | | | | | |
| 2-pass Bus Rnbt | 900 | 2850 | 4750 | 9500 | 16700 | 23700 |
| **1-Cyl., 8-hp, 78" wb** | | | | | | |
| 4-pass Rnbt | 950 | 2950 | 4950 | 9900 | 17500 | 24700 |
| **Model A, 2-Cyl., 16 hp, 90" wb** | | | | | | |
| 2-pass Physician's Vehicle | 950 | 3050 | 5100 | 10200 | 18000 | 25400 |
| 4-pass Cpe/Depot Wgn | 1000 | 3200 | 5350 | 10700 | 18900 | 26700 |
| 5-pass Tr | 950 | 2950 | 4950 | 9900 | 17500 | 24700 |
| **Four - 24 hp, 100" wb** | | | | | | |
| 5-pass Tr | 950 | 3050 | 5100 | 10200 | 18000 | 25400 |
| **1907** | | | | | | |
| **2-cyl., 20 hp, 94" wb** | | | | | | |
| 5-pass Tr | 950 | 3050 | 5100 | 10200 | 18000 | 25400 |
| 7-pass Limo | 1000 | 3200 | 5350 | 10700 | 18900 | 26700 |
| **1-cyl., 8 hp, 78" wb** | | | | | | |
| 2-4 pass Rnbt | 950 | 3050 | 5100 | 10200 | 18000 | 25400 |
| 2-pass Rnbt | 950 | 2950 | 4950 | 9900 | 17500 | 24700 |
| **1908** | | | | | | |
| **1-cyl., 10 hp, 78" wb** | | | | | | |
| Rnbt | 950 | 2950 | 4950 | 9900 | 17500 | 24700 |
| **2-cyl., 20 hp, 94" wb** | | | | | | |
| Tr | 950 | 3050 | 5100 | 10200 | 18000 | 25400 |
| Rdstr | 950 | 2950 | 4950 | 9900 | 17500 | 24700 |
| **1909** | | | | | | |
| **1-cyl., 10 hp, 78" wb** | | | | | | |
| Rnbt | 900 | 2850 | 4750 | 9500 | 16700 | 23700 |

| | 6 | 5 | 4 | 3 | 2 | 1 |
|---|---|---|---|---|---|---|
| **2-cyl., 20 hp, 96" wb** | | | | | | |
| Tr | 950 | 3050 | 5100 | 10200 | 18000 | 25400 |
| Semi-Racer | 950 | 2950 | 4950 | 9900 | 17500 | 24700 |
| ***1910*** | | | | | | |
| **Model G, 1-cyl., 10/12 hp, 78" wb** | | | | | | |
| Rnbt | 900 | 2850 | 4750 | 9500 | 16700 | 23700 |
| **Model D, 2-cyl., 20 hp, 96" wb** | | | | | | |
| Tr | 950 | 2950 | 4950 | 9900 | 17500 | 24700 |
| **Model R, 4-cyl., 35 hp, 108" wb** | | | | | | |
| 5-pass Tr | 950 | 3050 | 5100 | 10200 | 18000 | 25400 |
| **Model S, 4-cyl., 35 hp, 108" wb** | | | | | | |
| Rdstr | 950 | 3050 | 5100 | 10200 | 18000 | 25400 |
| ***1911*** | | | | | | |
| **Model K, 4-cyl., 22.5 hp, 98" wb** | | | | | | |
| Rnbt | 950 | 3050 | 5100 | 10200 | 18000 | 25400 |
| **Thirty, 4-cyl., 30 hp, 108" wb** | | | | | | |
| 2-pass Torp Rdstr | 1050 | 3300 | 5500 | 11100 | 19500 | 27700 |
| 5-pass Tr | 1050 | 3300 | 5500 | 11100 | 19500 | 27700 |
| 4-pass Rdstr | 1000 | 3200 | 5350 | 10700 | 18900 | 26700 |
| **Thirty-Five, 4-cyl., 35 hp, 108" wb** | | | | | | |
| 5-pass Tr | 1150 | 3600 | 5950 | 11900 | 21000 | 29700 |
| 4-pass Demi-Ton | 1100 | 3450 | 5750 | 11500 | 20300 | 28700 |
| ***1912*** | | | | | | |
| **The Fifth, 4-cyl., 25.6 hp, 112" wb** | | | | | | |
| 5-pass Tr | 1050 | 3300 | 5500 | 11100 | 19500 | 27700 |
| 4-pass Rdstr | 1000 | 3200 | 5350 | 10700 | 18900 | 26700 |
| 2-pass Rnbt | 1000 | 3200 | 5350 | 10700 | 18900 | 26700 |
| ***1913*** | | | | | | |
| **The Fifth, 4-cyl., 25.6 hp, 112" wb** | | | | | | |
| 5-pass Tr | 1000 | 3200 | 5350 | 10700 | 18900 | 26700 |
| 2-pass Rnbt | 950 | 3050 | 5150 | 10300 | 18200 | 25700 |
| ***1914*** | | | | | | |
| **The Fifth, 4-cyl., 35 hp, 112" wb** | | | | | | |
| 5-pass Tr | 1000 | 3200 | 5350 | 10700 | 18900 | 26700 |
| 2-pass Rnbt | 950 | 3050 | 5150 | 10300 | 18200 | 25700 |
| ***1915*** | | | | | | |
| **The Fifth, 4-cyl., 35 hp, 115" wb** | | | | | | |
| 5-pass Tr | 950 | 3050 | 5100 | 10200 | 18000 | 25400 |
| 2-pass Rdstr | 900 | 2850 | 4750 | 9500 | 16700 | 23700 |
| **ST-C, 4-cyl., 45 hp** | | | | | | |
| 3-pass Cpe | 800 | 2350 | 3950 | 7900 | 13700 | 19700 |
| 5-pass Tr | 950 | 2950 | 4950 | 9900 | 17500 | 24700 |
| ***1916*** | | | | | | |
| **Model R-S, 4-cyl., 35 hp, 115" wb** | | | | | | |
| 5-pass Tr | 850 | 2550 | 4350 | 8700 | 15300 | 21700 |
| 3-pass Rnbt | 800 | 2450 | 4150 | 8300 | 14600 | 20700 |
| **Model M-N, 6-cyl., 45 hp, 126" wb** | | | | | | |
| 7-pass Tr | 950 | 3050 | 5100 | 10200 | 18000 | 25400 |
| 4-pass Rdstr | 900 | 2850 | 4750 | 9500 | 16700 | 23700 |
| ***1917*** | | | | | | |
| **Model R-S, 4-cyl., 35 hp, 115" wb** | | | | | | |
| R 5-pass Tr | 850 | 2550 | 4350 | 8700 | 15300 | 21700 |
| S 3-pass Rdstr | 800 | 2450 | 4150 | 8300 | 14600 | 20700 |

| | 6 | 5 | 4 | 3 | 2 | 1 |
|---|---|---|---|---|---|---|
| **Model M-N, 6-cyl., 45 hp, 126" wb** | | | | | | |
| M 7-pass Tr | 950 | 3050 | 5100 | 10200 | 18000 | 25400 |
| N 4-pass Rdstr | 900 | 2850 | 4750 | 9500 | 16700 | 23700 |
| M 7-pass Sdn | 550 | 1500 | 2500 | 5100 | 8800 | 12500 |
| N 4-pass Encld Rdstr | 850 | 2700 | 4550 | 9100 | 16000 | 22700 |

### 1918

| | 6 | 5 | 4 | 3 | 2 | 1 |
|---|---|---|---|---|---|---|
| **Model R-S, 4-cyl., 30/35 hp, 120" wb** | | | | | | |
| R 5-pass Tr | 900 | 2750 | 4650 | 9300 | 16400 | 23100 |
| S 3-pass Rdstr | 850 | 2550 | 4350 | 8700 | 15300 | 21700 |
| S 3-pass Encld Rdstr | 800 | 2500 | 4250 | 8500 | 15000 | 21200 |
| **Model M-N, 6-cyl., 45 hp, 126" wb** | | | | | | |
| M 7-pass Tr | 950 | 3050 | 5100 | 10200 | 18000 | 25400 |
| N 4-pass Rdstr | 900 | 2850 | 4750 | 9500 | 16700 | 23700 |
| N 4-pass Encld Rdstr | 850 | 2700 | 4550 | 9100 | 16000 | 22700 |
| M 7-pass Sdn | 550 | 1500 | 2500 | 5100 | 8800 | 12500 |

### 1919

| | 6 | 5 | 4 | 3 | 2 | 1 |
|---|---|---|---|---|---|---|
| **Model T-U, 4-cyl., 35 hp, 120" wb** | | | | | | |
| T 5-pass Tr | 800 | 2500 | 4250 | 8500 | 15000 | 21200 |
| U 3-pass Rdstr | 800 | 2350 | 3950 | 7900 | 13700 | 19700 |
| U 4-pass Cpe | 550 | 1400 | 2400 | 4800 | 8300 | 11800 |
| T 5-pass Sdn | 450 | 1250 | 2200 | 4400 | 7600 | 10900 |
| **Model T6-U6, 6-cyl., 50 hp, 120" wb** | | | | | | |
| T 5-pass Tr | 900 | 2750 | 4650 | 9300 | 16400 | 23100 |
| U 3-pass Rdstr | 850 | 2700 | 4550 | 9100 | 16000 | 22700 |

### 1920

| | 6 | 5 | 4 | 3 | 2 | 1 |
|---|---|---|---|---|---|---|
| **Model T6-U6, 6-cyl., 50 hp, 120" wb** | | | | | | |
| T6-A 5-pass Tr | 900 | 2750 | 4650 | 9300 | 16400 | 23100 |
| U6-A 3-pass Rdstr | 850 | 2700 | 4550 | 9100 | 16000 | 22700 |
| U6-A 4-pass Cpe | 600 | 1600 | 2750 | 5500 | 9500 | 13800 |
| T6-A 5-pass Sdn | 500 | 1350 | 2350 | 4700 | 8100 | 11500 |

### 1921

| | 6 | 5 | 4 | 3 | 2 | 1 |
|---|---|---|---|---|---|---|
| **Model T6-U6, 6-cyl., 50 hp, 120" wb** | | | | | | |
| T6-A 5-pass Tr | 900 | 2750 | 4650 | 9300 | 16400 | 23100 |
| U6-A 3-pass Rdstr | 850 | 2700 | 4550 | 9100 | 16000 | 22700 |
| U6-A 4-pass Cpe | 600 | 1600 | 2750 | 5500 | 9500 | 13800 |
| T6-A 5-pass Sdn | 500 | 1350 | 2350 | 4700 | 8100 | 11500 |
| T6-B 7-pass Tr | 850 | 2650 | 4450 | 8900 | 15700 | 22300 |
| T6-B 5-pass Sdn | 450 | 1250 | 2150 | 4300 | 7400 | 10700 |
| U6-B 4-pass Cpe | 550 | 1500 | 2500 | 5100 | 8800 | 12500 |

### 1922

| | 6 | 5 | 4 | 3 | 2 | 1 |
|---|---|---|---|---|---|---|
| **Model T6-U6, 6-cyl., 50 hp, 120" wb** | | | | | | |
| T6-B 7-pass Tr | 850 | 2650 | 4450 | 8900 | 15700 | 22300 |
| T6-C 5-pass Phtn | 850 | 2650 | 4450 | 8900 | 15700 | 22300 |
| T6-C Bus Cpe | 500 | 1350 | 2350 | 4700 | 8100 | 11500 |
| 46-B 4-pass Cpe | 550 | 1500 | 2500 | 5100 | 8800 | 12500 |
| T6-B 5-pass Sdn | 450 | 1250 | 2150 | 4300 | 7400 | 10700 |

### 1923

| | 6 | 5 | 4 | 3 | 2 | 1 |
|---|---|---|---|---|---|---|
| **Model T-6, 6-cyl., 50 hp, 120" wb** | | | | | | |
| T6-B 7-pass Tr | 850 | 2550 | 4350 | 8700 | 15300 | 21700 |
| T6-C 5-pass Phtn | 850 | 2700 | 4550 | 9100 | 16000 | 22700 |
| T6-C 4-pass Cpe | 500 | 1350 | 2350 | 4700 | 8100 | 11500 |
| T6-C 5-pass Sdn | 450 | 1250 | 2150 | 4300 | 7400 | 10700 |
| T6-C 5-pass Tr | 800 | 2500 | 4250 | 8500 | 15000 | 21200 |
| T6-D 5-pass Brghm Sdn | 500 | 1350 | 2350 | 4700 | 8100 | 11500 |

| | 6 | 5 | 4 | 3 | 2 | 1 |
|---|---|---|---|---|---|---|

### 1924
**Model T-6, 6-cyl., 50 hp, 120" wb**

| | 6 | 5 | 4 | 3 | 2 | 1 |
|---|---|---|---|---|---|---|
| 5-pass Tr | 850 | 2550 | 4350 | 8700 | 15300 | 21700 |
| 5-pass Phtn | 850 | 2700 | 4550 | 9100 | 16000 | 22700 |
| 5-pass Spl Tr | 900 | 2750 | 4650 | 9300 | 16400 | 23100 |
| 4-pass Cpe | 550 | 1500 | 2500 | 5100 | 8800 | 12500 |
| 5-pass Sdn | 450 | 1250 | 2150 | 4300 | 7400 | 10700 |
| 5-pass Brghm | 500 | 1350 | 2350 | 4700 | 8100 | 11500 |

### 1925
**Model T-6, 6-cyl., 50 hp, 120" wb**

| | 6 | 5 | 4 | 3 | 2 | 1 |
|---|---|---|---|---|---|---|
| 5-pass Tr | 800 | 2500 | 4250 | 8500 | 15000 | 21200 |
| 5-pass Sdn | 500 | 1350 | 2350 | 4700 | 8100 | 11500 |
| 4-pass Cpe | 650 | 1700 | 3000 | 5900 | 10200 | 14700 |
| 5-pass Sdn | 550 | 1550 | 2650 | 5300 | 9100 | 13000 |
| 5-pass Brghm | 600 | 1600 | 2750 | 5500 | 9500 | 13800 |

### 1926
**Model T-6, 6-cyl., 50 hp, 120" wb**

| | 6 | 5 | 4 | 3 | 2 | 1 |
|---|---|---|---|---|---|---|
| 7-pass Tr | 800 | 2450 | 4150 | 8300 | 14600 | 20700 |
| 5-pass Spl Tr | 850 | 2550 | 4350 | 8700 | 15300 | 21700 |
| 7-pass Spl Tr | 850 | 2650 | 4450 | 8900 | 15700 | 22300 |
| 2-4 pass Spt Rdstr | 750 | 2300 | 3850 | 7700 | 13300 | 19200 |
| 2-4 pass Spl Rdstr | 800 | 2350 | 3900 | 7800 | 13500 | 19500 |
| 2-3 pass Cpe | 500 | 1350 | 2350 | 4700 | 8100 | 11500 |
| 2-3 pass Spl Cpe | 550 | 1450 | 2450 | 4900 | 8500 | 12000 |
| 5-pass Sdn | 450 | 1250 | 2150 | 4300 | 7400 | 10700 |
| 5-pass Spl Sdn | 500 | 1300 | 2250 | 4500 | 7700 | 11000 |
| 5-pass Tr | 800 | 2400 | 4050 | 8100 | 14200 | 20200 |

### 1927
**Flying Cloud, 6-cyl., 65 hp, 121" wb**

| | 6 | 5 | 4 | 3 | 2 | 1 |
|---|---|---|---|---|---|---|
| 4-pass Rdstr | 900 | 2900 | 4850 | 9700 | 17100 | 24200 |
| 2-4 pass Cpe | 550 | 1500 | 2500 | 5100 | 8800 | 12500 |
| 4-pass Vic Cpe | 600 | 1600 | 2750 | 5500 | 9500 | 13800 |
| 2-dr 5-pass Brghm | 550 | 1500 | 2500 | 5100 | 8800 | 12500 |
| 4-dr 5-pass Sdn | 500 | 1350 | 2350 | 4700 | 8100 | 11500 |

**Wolverine, 6-cyl., 55 hp**

| | 6 | 5 | 4 | 3 | 2 | 1 |
|---|---|---|---|---|---|---|
| 5-pass 2-dr Brghm | 600 | 1600 | 2750 | 5500 | 9500 | 13800 |
| 2-4 pass Cabrlt | 750 | 2250 | 3750 | 7500 | 13000 | 18700 |
| 5-pass Lan Sdn | 550 | 1500 | 2500 | 5100 | 8800 | 12500 |

### 1928
**Flying Cloud, 6-cyl., 65 hp, 121" wb**

| | 6 | 5 | 4 | 3 | 2 | 1 |
|---|---|---|---|---|---|---|
| 2-4 pass Rdstr | 900 | 2900 | 4850 | 9700 | 17100 | 24200 |
| 4-pass Vic Cpe | 600 | 1600 | 2700 | 5400 | 9300 | 13500 |
| 5-pass Dlx Sdn | 450 | 1250 | 2100 | 4200 | 7200 | 10500 |
| 2-4 pass Cpe | 550 | 1500 | 2500 | 5000 | 8700 | 12300 |
| 2-dr 5-pass Brghm | 500 | 1350 | 2300 | 4600 | 8000 | 11300 |
| 4-dr 5-pass Sdn | 450 | 1250 | 2150 | 4300 | 7400 | 10700 |
| 2-4 pass Spt Rdstr | 750 | 2250 | 3700 | 7400 | 12800 | 18500 |
| 2-4 pass Spt Cpe | 600 | 1600 | 2800 | 5600 | 9700 | 14000 |
| 5-pass Spt Brghm | 600 | 1600 | 2700 | 5400 | 9300 | 13500 |
| 5-pass Spt Vic | 650 | 1700 | 3000 | 6000 | 10400 | 14900 |
| 5-pass Spt Sdn | 650 | 1700 | 3000 | 6000 | 10400 | 14900 |
| 5-pass Spt Dlx Sdn | 650 | 1750 | 3100 | 6200 | 10700 | 15400 |

**Wolverine, 6-cyl., 55 hp**

| | 6 | 5 | 4 | 3 | 2 | 1 |
|---|---|---|---|---|---|---|
| 2-dr 5-pass Brghm | 600 | 1600 | 2750 | 5500 | 9500 | 13800 |
| 2-4 pass Cabrlt | 750 | 2250 | 3750 | 7500 | 13000 | 18700 |
| 5-pass Lan Sdn | 550 | 1500 | 2500 | 5100 | 8800 | 12500 |
| 4-dr 5-pass Sdn | 550 | 1500 | 2500 | 5100 | 8800 | 12500 |

| | 6 | 5 | 4 | 3 | 2 | 1 |
|---|---|---|---|---|---|---|

### 1929

**Flying Cloud Mate, 6-cyl., 65 hp, 115" wb**

| | 6 | 5 | 4 | 3 | 2 | 1 |
|---|---|---|---|---|---|---|
| 5-pass Sdn | 400 | 1200 | 2000 | 4000 | 6900 | 10000 |
| 4-pass Cpe | 550 | 1500 | 2500 | 5100 | 8800 | 12500 |
| 2-pass Bus Cpe | 550 | 1400 | 2400 | 4800 | 8300 | 11800 |
| Spt Bus Cpe | 550 | 1400 | 2400 | 4800 | 8300 | 11800 |
| 4-pass Spt Cpe | 550 | 1450 | 2450 | 4900 | 8500 | 12000 |
| 5-pass Spt Sdn | 500 | 1300 | 2250 | 4500 | 7700 | 11000 |

**Flying Cloud Master, 6-cyl., 80 hp, 121" wb**

| | 6 | 5 | 4 | 3 | 2 | 1 |
|---|---|---|---|---|---|---|
| 4-pass Rdstr | 1000 | 3150 | 5300 | 10600 | 18700 | 26500 |
| 4-pass Cpe | 600 | 1600 | 2750 | 5500 | 9500 | 13800 |
| 5-pass Brghm | 500 | 1350 | 2300 | 4600 | 8000 | 11300 |
| 5-pass Sdn | 450 | 1250 | 2100 | 4200 | 7200 | 10500 |
| 4-pass Vic | 500 | 1350 | 2300 | 4600 | 8000 | 11300 |
| 4-pass Spt Rdstr | 1000 | 3200 | 5400 | 10800 | 19000 | 26900 |
| 5-pass Spt Brghm | 550 | 1400 | 2400 | 4800 | 8300 | 11800 |
| 4-pass Spt Cpe | 600 | 1650 | 2850 | 5700 | 9900 | 14200 |
| 4-pass Spt Vic | 550 | 1400 | 2400 | 4800 | 8300 | 11800 |
| 5-pass Spt Sdn | 450 | 1250 | 2200 | 4400 | 7600 | 10900 |

### 1930

**Flying Cloud, Model 15, 6-cyl., 65 hp, 115" wb**

| | 6 | 5 | 4 | 3 | 2 | 1 |
|---|---|---|---|---|---|---|
| 5-pass Sdn | 450 | 1250 | 2100 | 4200 | 7200 | 10500 |
| 2-pass Cpe | 600 | 1600 | 2750 | 5500 | 9500 | 13800 |
| 4-pass Cpe | 650 | 1700 | 3000 | 5900 | 10200 | 14700 |
| 5-pass Spt Phtn | 1000 | 3100 | 5200 | 10400 | 18400 | 26000 |
| 2-pass Spt Cpe | 600 | 1600 | 2800 | 5600 | 9700 | 14000 |
| 4-pass Spt Cpe | 650 | 1700 | 3000 | 6000 | 10400 | 14900 |
| 5-pass Spt Sdn | 450 | 1250 | 2200 | 4400 | 7600 | 10900 |

**Flying Cloud, Model 20, 6-cyl., 80 hp, 120" wb**

| | 6 | 5 | 4 | 3 | 2 | 1 |
|---|---|---|---|---|---|---|
| 5-pass Sdn | 550 | 1500 | 2500 | 5000 | 8700 | 12300 |
| 4-pass Cpe | 600 | 1650 | 2900 | 5800 | 10000 | 14500 |
| 4-pass Spt Cpe | 650 | 1750 | 3100 | 6200 | 10700 | 15400 |
| 5-pass Spt Sdn | 550 | 1500 | 2500 | 5100 | 8800 | 12500 |

**Flying Cloud, Model 25, 6-cyl., 80 hp, 124" wb**

| | 6 | 5 | 4 | 3 | 2 | 1 |
|---|---|---|---|---|---|---|
| 5-pass Sdn | 600 | 1600 | 2700 | 5400 | 9300 | 13500 |
| 5-pass Spt Sdn | 600 | 1600 | 2750 | 5500 | 9500 | 13800 |

### 1931

**Flying Cloud, Model 15, 6-cyl., 65 hp, 116" wb**

| | 6 | 5 | 4 | 3 | 2 | 1 |
|---|---|---|---|---|---|---|
| 5-pass Phtn | 1000 | 3100 | 5200 | 10400 | 18400 | 26000 |
| 5-pass Sdn | 550 | 1500 | 2500 | 5000 | 8700 | 12300 |
| 2-pass Cpe | 650 | 1750 | 3100 | 6200 | 10700 | 15400 |
| 4-pass Cpe | 700 | 1850 | 3300 | 6600 | 11300 | 16300 |
| 5-pass Spt Phtn | 1000 | 3200 | 5400 | 10800 | 19000 | 26900 |
| 2-pass Spt Cpe | 650 | 1800 | 3200 | 6400 | 11000 | 15900 |
| 4-pass Spt Cpe | 700 | 1900 | 3400 | 6800 | 11700 | 16900 |
| 5-pass Spt Sdn | 550 | 1550 | 2600 | 5200 | 9000 | 12800 |

**Flying Cloud, Model 20/21, 6-cyl., 85 hp, 120" wb**

| | 6 | 5 | 4 | 3 | 2 | 1 |
|---|---|---|---|---|---|---|
| 5-pass Sdn | 600 | 1600 | 2700 | 5400 | 9300 | 13500 |
| 4-pass Spt Cpe | 650 | 1800 | 3250 | 6500 | 11200 | 16100 |
| 5-pass Spt Sdn | 600 | 1650 | 2900 | 5800 | 10000 | 14500 |
| 4-pass Cpe | 650 | 1800 | 3250 | 6500 | 11200 | 16100 |

**Flying Cloud, Model 25, 6-cyl., 85 hp, 125" wb**

| | 6 | 5 | 4 | 3 | 2 | 1 |
|---|---|---|---|---|---|---|
| 5-pass Sdn | 600 | 1600 | 2700 | 5400 | 9300 | 13500 |
| 5-pass Vic | 600 | 1650 | 2900 | 5800 | 10000 | 14500 |
| 4-pass Cpe | 700 | 1850 | 3300 | 6600 | 11300 | 16300 |
| 5-pass Elite Sdn | 650 | 1700 | 3000 | 6000 | 10400 | 14900 |
| 5-pass Elite Vic | 650 | 1750 | 3100 | 6200 | 10700 | 15400 |
| 4-pass Elite Cpe | 700 | 1900 | 3400 | 6800 | 11700 | 16900 |

| | 6 | 5 | 4 | 3 | 2 | 1 |
|---|---|---|---|---|---|---|
| **Flying Cloud, Model 25, 8-cyl., 90 hp** | | | | | | |
| 4-pass Cpe | 700 | 1900 | 3350 | 6700 | 11500 | 16500 |
| 5-pass Vic | 650 | 1700 | 3000 | 6100 | 10600 | 15200 |
| 5-pass Sdn | 600 | 1650 | 2850 | 5700 | 9900 | 14200 |
| 4-pass Elite Cpe | 700 | 2050 | 3500 | 7000 | 12100 | 17400 |
| 5-pass Elite Vic | 650 | 1800 | 3200 | 6400 | 11000 | 15900 |
| 5-pass Elite Sdn | 650 | 1750 | 3100 | 6200 | 10700 | 15400 |
| **Flying Cloud, Model 30/31, 8-cyl., 125 hp, 130" wb** | | | | | | |
| 5-pass Sdn | 700 | 2050 | 3500 | 7000 | 12100 | 17400 |
| 5-pass Vic | 800 | 2350 | 3900 | 7800 | 13500 | 19500 |
| 4-pass Cpe | 800 | 2400 | 4000 | 8000 | 13900 | 19900 |
| 5-pass Elite Sdn | 750 | 2250 | 3700 | 7400 | 12800 | 18500 |
| 5-pass Elite Vic | 800 | 2450 | 4100 | 8200 | 14400 | 20500 |
| 7-pass Elite Cpe | 800 | 2500 | 4200 | 8400 | 14800 | 20900 |
| **Royale, Model 35, 8-cyl., 125 hp, 135" wb** | | | | | | |
| 5-pass Elite Sdn | 1100 | 3500 | 5800 | 10600 | 20450 | 28900 |
| 5-pass Elite Vic | 1050 | 3300 | 5500 | 11000 | 19300 | 27500 |
| 4-pass Elite Cpe | 1100 | 3600 | 6000 | 12000 | 21150 | 30000 |
| 4-pass Conv Cpe | 2250 | 6550 | 11000 | 22000 | 38650 | 55000 |
| 5-pass Conv Vic | 2200 | 6400 | 10800 | 21600 | 37950 | 53900 |
| 5-pass Conv Sdn | 2200 | 6350 | 10750 | 21500 | 37800 | 53700 |
| **Royale, Model 52, 8-cyl., 125 hp** | | | | | | |
| 7-pass Elite Sdn | 1000 | 3250 | 5450 | 10900 | 19100 | 27200 |
| 7-pass Elite Berline | 1050 | 3400 | 5700 | 11400 | 20100 | 28500 |
| **1932** | | | | | | |
| **Flying Cloud, Model 6-21, 6-cyl., 85 hp, 121" wb** | | | | | | |
| 5-pass Sdn | 800 | 2450 | 4100 | 8200 | 14400 | 20500 |
| 5-pass Spt Sdn | 850 | 2550 | 4300 | 8600 | 15100 | 21500 |
| 4-pass Cpe | 850 | 2550 | 4300 | 8600 | 15100 | 21500 |
| 4-pass Spt Cpe | 850 | 2650 | 4500 | 9000 | 15900 | 22500 |
| **Flying Cloud, Model 8-21, 8-cyl., 90 hp, 121" wb** | | | | | | |
| 5-pass Sdn | 800 | 2500 | 4200 | 8400 | 14800 | 20900 |
| 5-pass Spt Sdn | 850 | 2600 | 4400 | 8800 | 15500 | 21900 |
| 4-pass Cpe | 850 | 2600 | 4400 | 8800 | 15500 | 21900 |
| 4-pass Spt Cpe | 900 | 2750 | 4600 | 9200 | 16200 | 22900 |
| **Flying Cloud, Model 6-25, 125" wb** | | | | | | |
| 5-pass Vic | 950 | 3000 | 5000 | 10000 | 17700 | 24900 |
| 5-pass Sdn | 850 | 2650 | 4500 | 9000 | 15900 | 22500 |
| 4-pass Cpe | 900 | 2850 | 4800 | 9600 | 16900 | 24000 |
| 4-pass Elite Cpe | 900 | 2900 | 4900 | 9800 | 17300 | 24500 |
| 5-pass Elite Vic | 950 | 3050 | 5100 | 10200 | 18000 | 25400 |
| 5-pass Elite Sdn | 900 | 2750 | 4600 | 9200 | 16200 | 22900 |
| **Flying Cloud, Model 8-25, 8-cyl., 90 hp, 125" wb** | | | | | | |
| 5-pass Sdn | 900 | 2750 | 4600 | 9200 | 16200 | 22900 |
| 5-pass Vic | 950 | 3050 | 5100 | 10200 | 18000 | 25400 |
| 4-pass Cpe | 900 | 2900 | 4900 | 9800 | 17300 | 24500 |
| 5-pass Elite Sdn | 900 | 2800 | 4700 | 9400 | 16500 | 23400 |
| 5-pass Elite Vic | 1000 | 3100 | 5200 | 10400 | 18400 | 26000 |
| 4-pass Elite Cpe | 950 | 3000 | 5000 | 10000 | 17700 | 24900 |
| **Royale, Model 8-31, 8-cyl., 125 hp, 131" wb** | | | | | | |
| 5-pass Sdn | 1250 | 3900 | 6500 | 13000 | 22900 | 32500 |
| 5-pass Vic | 1350 | 4150 | 6900 | 13800 | 24300 | 34500 |
| 4-pass Cpe | 1350 | 4150 | 6900 | 13800 | 24300 | 34500 |
| 5-pass Spt Sdn | 1300 | 4100 | 6800 | 13600 | 23950 | 34000 |
| 5-pass Spt Vic | 1400 | 4250 | 7100 | 14200 | 25000 | 35400 |
| 4-pass Spt Cpe | 1400 | 4250 | 7100 | 14200 | 25000 | 35400 |
| 4-pass Elite Cpe | 1400 | 4300 | 7200 | 14400 | 25350 | 35900 |

|  | 6 | 5 | 4 | 3 | 2 | 1 |
|---|---|---|---|---|---|---|
| 5-pass Elite Vic | 1400 | 4300 | 7200 | 14400 | 25350 | 35900 |
| 5-pass Elite Sdn | 1350 | 4150 | 6900 | 13800 | 24300 | 34500 |
| **Royale, Model 8-35, 8-cyl., 125 hp, 135" wb** | | | | | | |
| 5-pass Elite Sdn | 1300 | 4050 | 6750 | 13500 | 23800 | 33700 |
| 5-pass Elite Vic | 1400 | 4250 | 7100 | 14200 | 25000 | 35400 |
| 4-pass Elite Cpe | 1400 | 4250 | 7100 | 14200 | 25000 | 35400 |
| 4-pass Elite Conv Cpe | 2800 | 8300 | 14000 | 28000 | 49200 | 69900 |
| **Flying Cloud, Model 6-S, 117" wb** | | | | | | |
| 4-pass Std Cpe | 750 | 2150 | 3600 | 7200 | 12400 | 18000 |
| 4-pass Std Conv Cpe | 1100 | 3450 | 5750 | 11500 | 20300 | 28700 |
| 5-pass Std Sdn | 650 | 1700 | 3000 | 6000 | 10400 | 14900 |
| 4-pass Spt Cpe | 750 | 2300 | 3800 | 7600 | 13100 | 18900 |
| 4-pass Spt Conv Cpe | 1150 | 3600 | 5950 | 11900 | 21000 | 29700 |
| 5-pass Spt Sdn | 650 | 1800 | 3200 | 6400 | 11000 | 15900 |
| 5-pass Dlx Spt Sdn | 700 | 1900 | 3400 | 6800 | 11700 | 16900 |
| 4-pass Dlx Spt Cpe | 750 | 2300 | 3800 | 7600 | 13100 | 18900 |
| 4-pass Dlx Spt Conv Cpe | 1250 | 3900 | 6500 | 13000 | 22900 | 32500 |

## *1933*

| **Flying Cloud, 6-cyl., 85 hp, 117-1/2" wb** | | | | | | |
|---|---|---|---|---|---|---|
| 5-pass Sdn | 800 | 2350 | 3900 | 7800 | 13500 | 19500 |
| 4-pass Cpe | 850 | 2650 | 4500 | 9000 | 15900 | 22500 |
| 4-pass Conv Cpe | 1300 | 4000 | 6650 | 13300 | 23400 | 33100 |
| 5-pass Elite Sdn | 800 | 2400 | 4000 | 8000 | 13900 | 19900 |
| 4-pass Elite Cpe | 900 | 2750 | 4600 | 9200 | 16200 | 22900 |
| 4-pass Elite Conv Cpe | 1600 | 4850 | 8150 | 16300 | 28700 | 40800 |
| **Royale, 8-cyl., 125 hp, 131" wb** | | | | | | |
| 5-pass Sdn | 1150 | 3650 | 6150 | 12300 | 21700 | 30700 |
| 5-pass Vic | 1300 | 4000 | 6700 | 13400 | 23600 | 33400 |
| 4-pass Cpe | 1250 | 3900 | 6500 | 13000 | 22900 | 32500 |
| 5-pass Elite Sdn | 1150 | 3650 | 6100 | 12200 | 21500 | 30500 |
| 5-pass Elite Vic | 1300 | 4100 | 6800 | 13600 | 23950 | 34000 |
| 4-pass Elite Cpe | 1250 | 3950 | 6600 | 13200 | 23250 | 32900 |
| 5-pass Custom Sdn | 1150 | 3700 | 6200 | 12400 | 21850 | 30900 |
| 5-pass Custom Vic | 1350 | 4150 | 6900 | 13800 | 24300 | 34500 |
| 4-pass Custom Cpe | 1300 | 4000 | 6700 | 13400 | 23600 | 33400 |
| 4-pass Custom Conv Cpe | 2300 | 6650 | 11200 | 22400 | 39350 | 55900 |

## *1934*

| **Flying Cloud, 6-cyl., 85 hp, 118" wb** | | | | | | |
|---|---|---|---|---|---|---|
| 5-pass Cpe | 800 | 2450 | 4100 | 8200 | 14400 | 20500 |
| 5-pass Sdn | 800 | 2350 | 3900 | 7800 | 13500 | 19500 |
| 5-pass Conv Cpe | 1150 | 3600 | 6000 | 12000 | 21150 | 30000 |
| 5-pass Dlx Cpe | 800 | 2500 | 4200 | 8400 | 14800 | 20900 |
| 5-pass Dlx Sdn | 800 | 2400 | 4000 | 8000 | 13900 | 19900 |
| 5-pass Conv Cpe | 1150 | 3700 | 6200 | 12400 | 21850 | 30900 |
| 5-pass Elite Sdn | 850 | 2550 | 4300 | 8600 | 15100 | 21500 |
| 5-pass Elite Cpe | 900 | 2750 | 4600 | 9200 | 16200 | 22900 |
| 5-pass Elite Conv Cpe | 1200 | 3850 | 6450 | 12900 | 22700 | 32200 |
| **Royale, 8-cyl., 125 hp, 131" wb** | | | | | | |
| 5-pass Sdn | 1200 | 3750 | 6300 | 12600 | 22200 | 31400 |
| 5-pass Cpe | 1350 | 4150 | 6900 | 13800 | 24300 | 34500 |
| 5-pass Vic | 1300 | 4000 | 6700 | 13400 | 23600 | 33400 |
| 5-pass Elite Sdn | 1250 | 3900 | 6500 | 13000 | 22900 | 32500 |
| 5-pass Elite Vic | 1350 | 4150 | 6900 | 13800 | 24300 | 34500 |
| 5-pass Elite Cpe | 1400 | 4250 | 7100 | 14200 | 25000 | 35400 |

| | 6 | 5 | 4 | 3 | 2 | 1 |
|---|---|---|---|---|---|---|
| **Royale, 8-cyl., 125 hp, 135" wb** | | | | | | |
| 5-pass Custom Sdn | 1350 | 4150 | 6900 | 13800 | 24300 | 34500 |
| 5-pass Custom Vic | 1450 | 4400 | 7300 | 14600 | 25700 | 36500 |
| 5-pass Custom Cpe | 1500 | 4500 | 7500 | 15000 | 26400 | 37500 |
| 4-pass Custom Conv Cpe | 1800 | 5350 | 9000 | 18000 | 31650 | 45000 |
| 7-pass Custom Sdn | 1350 | 4200 | 7000 | 14000 | 24650 | 34900 |
| **1935** | | | | | | |
| **Flying Cloud, 6-cyl., 90 hp, 115" wb** | | | | | | |
| 2-dr 5-pass Sdn | 800 | 2400 | 4000 | 8000 | 13900 | 19900 |
| 4-dr 5-pass Sdn | 750 | 2300 | 3800 | 7600 | 13100 | 18900 |
| **Royale, 6-cyl., 85 hp, 118" wb** | | | | | | |
| 5-pass Sdn | 800 | 2400 | 4000 | 8000 | 13900 | 19900 |
| 5-pass Dlx Sdn | 800 | 2450 | 4100 | 8200 | 14400 | 20500 |
| 4-pass Cpe | 900 | 2750 | 4600 | 9200 | 16200 | 22900 |
| 4-pass Dlx Cpe | 900 | 2800 | 4700 | 9400 | 16500 | 23400 |
| **1936** | | | | | | |
| **Flying Cloud, 6-cyl., 90 hp, 115" wb** | | | | | | |
| 2-dr 5-pass Coach | 700 | 2050 | 3500 | 7000 | 12100 | 17400 |
| 4-dr 5-pass Sdn | 750 | 2250 | 3700 | 7400 | 12800 | 18500 |
| 2-dr 5-pass Trunk Coach | 750 | 2100 | 3550 | 7100 | 12300 | 17700 |
| 4-dr 5-pass Trunk Sdn | 750 | 2250 | 3750 | 7500 | 13000 | 18700 |
| 2-dr 5-pass Dlx Brghm | 800 | 2450 | 4100 | 8200 | 14400 | 20500 |
| 4-dr 5-pass Dlx Sdn | 800 | 2350 | 3900 | 7800 | 13500 | 19500 |
| 2-dr 5-pass Trunk Brghm | 800 | 2500 | 4200 | 8400 | 14800 | 20900 |
| 4-dr 5-pass Trunk Sdn | 800 | 2350 | 3950 | 7900 | 13700 | 19700 |

---

## PRICE GUIDE CLASSIFICATIONS:

**1. CONCOURS:** Perfection. At or near 100 points on a 100-point judging scale. Trailered; never driven; pampered. Totally restored to the max and 100 percent stock.

**2. SHOW:** Professionally restored to high standards. No major flaws or deviations from stock. Consistent trophy winner that needs nothing to show. In 90 to 95 point range.

**3. STREET/SHOW:** Older restoration or extremely nice original showing some wear from age and use. Very presentable; occasional trophy winner; everything working properly. About 80 to 89 points.

**4. DRIVER:** A nice looking, fine running collector car needing little or nothing to drive, enjoy and show in local competition. Would need extensive restoration to be a show car, but completely usable as is.

**5. RESTORABLE:** Project car that is relatively complete and restorable within a reasonable effort and expense. Needs total restoration, but all major components present and rebuildable. May or may not be running.

**6. PARTS CAR:** Deteriorated or stripped to a point beyond reasonable restoration, but still complete and solid enough to donate valuable parts to a restoration. Likely not running, possibly missing its engine.

# STUDEBAKER
## 1903 – 1966

'13 Studebaker

'27 Studebaker Commander 6

'30 Studebaker

'32 Studebaker Roadster

'42 Studebaker Commander

'50 Studebaker

'51 Studebaker Convertible

'52 Studebaker Commander

| | 6 | 5 | 4 | 3 | 2 | 1 |
|---|---|---|---|---|---|---|
| **1903** | | | | | | |
| **Model A, 8 hp** | | | | | | |
| Tonneau Tr | | *NO ESTIMATE* | | | | |
| **1904** | | | | | | |
| **Model A, 2-cyl., 78" wb** | | | | | | |
| Tonneau Tr | 1050 | 3350 | 5600 | 11200 | 19700 | 28000 |
| **Model B, 2-cyl., 78" wb** | | | | | | |
| Del Wgn | 1000 | 3200 | 5350 | 10700 | 18900 | 26700 |

| | 6 | 5 | 4 | 3 | 2 | 1 |
|---|---|---|---|---|---|---|
| **Model C, 2-cl., 86" wb** | | | | | | |
| Tonneau Tr | 1100 | 3450 | 5750 | 11500 | 20300 | 28700 |
| **1905** | | | | | | |
| **Model 9502, 2-cyl., 15 hp, 82" wb** | | | | | | |
| 5-pass Rear Ent Tr | 1150 | 3600 | 6000 | 12100 | 21300 | 30200 |
| 5-pass Side Ent Tr | 1200 | 3750 | 6250 | 12500 | 22000 | 31100 |
| **Model 9503, 4-cyl., 20 hp, 96" wb** | | | | | | |
| 5-pass Side Ent Tr | 1300 | 4000 | 6700 | 13400 | 23600 | 33400 |
| **Standard, 4-cyl., 25 hp, 109" wb** | | | | | | |
| 5-pass Tr | 1350 | 4150 | 6950 | 13900 | 24500 | 34700 |
| **1906** | | | | | | |
| **Model E-20, 4-cyl., 20 hp, 98" wb** | | | | | | |
| Side Ent Tr | 1100 | 3450 | 5750 | 11500 | 20300 | 28700 |
| **Model F-284-cyl., 28 hp, 104" wb** | | | | | | |
| Side Ent Tr | 1150 | 3700 | 6200 | 12400 | 21850 | 30900 |
| **Model G-304-cyl., 30 hp, 104" wb** | | | | | | |
| Side Ent Tr | 1300 | 4050 | 6750 | 13500 | 23800 | 33700 |
| **1907** | | | | | | |
| **Model L, 4-cyl., 28 hp, 104" wb** | | | | | | |
| 5-pass Rear Ent Tr | 1350 | 4200 | 7000 | 14000 | 24650 | 34900 |
| Limo | 1300 | 4100 | 6800 | 13600 | 23950 | 34000 |
| **Model G, 4-cyl., 30 hp, 104" wb** | | | | | | |
| 5-pass Rear Ent Tr | 1400 | 4350 | 7250 | 14500 | 25500 | 36200 |
| **Model H, 4-cyl., 30 hp, 104" wb** | | | | | | |
| 5-pass Rear Ent Tr | 1400 | 4350 | 7250 | 14500 | 25500 | 36200 |
| 7-pass Limo | | *NO ESTIMATE* | | | | |
| **1908** | | | | | | |
| **Model H, 4-cyl., 27 hp, 104" wb** | | | | | | |
| 5-pass Rear Ent Tr | 1400 | 4350 | 7250 | 14500 | 25500 | 36200 |
| 3-pass Rnbt | 1350 | 4200 | 7000 | 14000 | 24650 | 34900 |
| **Model A, 4-cyl., 30 hp, 104" wb** | | | | | | |
| 5-pass Tr | 1400 | 4350 | 7250 | 14500 | 25500 | 36200 |
| **Model B, 4-cyl., 36 hp, 114" wb** | | | | | | |
| 5-pass Tr | 1500 | 4600 | 7700 | 15400 | 27100 | 38500 |
| **1909** | | | | | | |
| **Model A, 4-cyl., 30 hp, 104" wb** | | | | | | |
| 4-pass Tr | 1450 | 4400 | 7300 | 14600 | 25700 | 36500 |
| **Model B, 4-cyl., 40 hp, 114" wb** | | | | | | |
| 3-pass Spd Car | 1400 | 4300 | 7200 | 14400 | 25350 | 35900 |
| 5-pass Lndlt | 1500 | 4550 | 7600 | 15200 | 26750 | 38000 |
| **Model C, 4-cyl., 30 hp, 104" wb** | | | | | | |
| 5-pass Tr | 1450 | 4400 | 7300 | 14600 | 25700 | 36500 |
| **Model D, 4-cyl., 40 hp, 117" wb** | | | | | | |
| 7-pass Tr | 1550 | 4650 | 7800 | 15600 | 27450 | 38900 |
| **1910** | | | | | | |
| **Model B, E-M-F 30, 4-cyl., 30 hp, 108" wb** | | | | | | |
| 5-pass Tr | 1500 | 4550 | 7650 | 15300 | 26900 | 38200 |
| **Flanders 20, 4-cyl., 20 hp, 100" wb** | | | | | | |
| 2-pass Rnbt | 1450 | 4450 | 7400 | 14800 | 26050 | 36900 |
| 4-pass Rnbt | 1450 | 4450 | 7400 | 14800 | 26050 | 36900 |
| **Model G-7, 4-cyl., 40 hp, 117.5" wb** | | | | | | |
| 7-pass Tr | 1550 | 4700 | 7850 | 15700 | 27600 | 39100 |
| 7-pass Limo | 1400 | 4300 | 7200 | 14400 | 25350 | 35900 |

|  | 6 | 5 | 4 | 3 | 2 | 1 |
|---|---|---|---|---|---|---|
| **1911** | | | | | | |
| **Model G-8, 4-cyl., 40 hp, 117.5" wb** | | | | | | |
| 7-pass Limo | 1450 | 4400 | 7300 | 14600 | 25700 | 36500 |
| 4-pass Tourabout | 1550 | 4700 | 7900 | 15800 | 27800 | 39400 |
| **1913** | | | | | | |
| **Model SA-25, 4-cyl., 101" wb** | | | | | | |
| Rdstr | 1000 | 3100 | 5200 | 10400 | 18400 | 26000 |
| Tr | 1000 | 3200 | 5400 | 10800 | 19000 | 26900 |
| **Model AA-35, 4-cyl., 115.5" wb** | | | | | | |
| Tr | 1050 | 3350 | 5600 | 11200 | 19700 | 28000 |
| Cpe | 850 | 2550 | 4300 | 8600 | 15100 | 21500 |
| Sdn | 800 | 2450 | 4100 | 8200 | 14400 | 20500 |
| **Model E, 6-cyl., 121" wb** | | | | | | |
| Tr | 1100 | 3550 | 5900 | 11800 | 20800 | 29400 |
| Limo | 900 | 2800 | 4700 | 9400 | 16500 | 23400 |
| **1914** | | | | | | |
| **Model 14, Model 1 SC, 4-cyl., 108.3" wb** | | | | | | |
| Tr | 900 | 2850 | 4800 | 9600 | 16900 | 24000 |
| Lan Rdstr | 900 | 2800 | 4700 | 9400 | 16500 | 23400 |
| **Model 14, Model EB, 6-cyl., 121.3" wb** | | | | | | |
| Tr | 950 | 3000 | 5050 | 10100 | 17900 | 25100 |
| Lan Rdstr | 950 | 3000 | 5050 | 10100 | 17900 | 25100 |
| 2-dr Sdn | 700 | 1850 | 3300 | 6600 | 11300 | 16300 |
| **1915** | | | | | | |
| **Model 15, 4-cyl., 108" wb** | | | | | | |
| Rdstr | 900 | 2900 | 4850 | 9700 | 17100 | 24200 |
| Tr | 900 | 2900 | 4850 | 9700 | 17100 | 24200 |
| **Model 15, 6-cyl., 121" wb** | | | | | | |
| 5-pass Tr | 950 | 3000 | 5050 | 10100 | 17900 | 25100 |
| 7-pass Tr | 1000 | 3100 | 5250 | 10500 | 18600 | 26200 |
| **1916** | | | | | | |
| **Model 16 & 17, 4-40, 4-cyl., 40 hp, 112" wb** | | | | | | |
| 3-pass Rdstr | 900 | 2750 | 4600 | 9200 | 16200 | 22900 |
| Lan Rdstr | 900 | 2850 | 4800 | 9600 | 16900 | 24000 |
| 7-pass Tr | 950 | 3050 | 5100 | 10200 | 18000 | 25400 |
| 3-pass Cpe | 750 | 2300 | 3850 | 7700 | 13300 | 19200 |
| **Model 16 & 17, 6-50, 6-cyl., 50 hp, 121.8" wb** | | | | | | |
| 3-pass Rdstr | 900 | 2900 | 4850 | 9700 | 17100 | 24200 |
| Lan Rdstr | 950 | 3000 | 5000 | 10000 | 17700 | 24900 |
| 7-pass Tr | 1000 | 3150 | 5300 | 10600 | 18700 | 26500 |
| Cpe | 550 | 1500 | 2500 | 5000 | 8700 | 12300 |
| Sdn | 450 | 1250 | 2100 | 4200 | 7200 | 10500 |
| Limo | 750 | 2250 | 3750 | 7500 | 13000 | 18700 |
| Lndlt | 750 | 2300 | 3800 | 7600 | 13100 | 18900 |
| **1917** | | | | | | |
| **Model 18, 4-cyl., 40 hp, 112" wb** | | | | | | |
| Rdstr | 800 | 2400 | 4000 | 8000 | 13900 | 19900 |
| Lan Rdstr | 800 | 2500 | 4250 | 8500 | 15000 | 21200 |
| 7-pass Tr | 850 | 2650 | 4450 | 8900 | 15700 | 22300 |
| A/W Sdn | 700 | 1900 | 3400 | 6800 | 11700 | 16900 |
| **Model 18, 6-cyl., 50 hp, 122" wb** | | | | | | |
| Rdstr | 850 | 2550 | 4300 | 8600 | 15100 | 21500 |
| 7-pass Tr | 900 | 2800 | 4700 | 9400 | 16500 | 23400 |
| Cpe | 500 | 1350 | 2300 | 4600 | 8000 | 11300 |
| Sdn | 450 | 1250 | 2100 | 4200 | 7200 | 10500 |
| Limo | 600 | 1600 | 2750 | 5500 | 9500 | 13800 |
| A/W Sdn | 750 | 2300 | 3800 | 7600 | 13100 | 18900 |

|  | 6 | 5 | 4 | 3 | 2 | 1 |
|---|---|---|---|---|---|---|

**1918**

**Model 18, 4-cyl., 40 hp, 112" wb**

| | 6 | 5 | 4 | 3 | 2 | 1 |
|---|---|---|---|---|---|---|
| Rdstr | 800 | 2400 | 4000 | 8000 | 13900 | 19900 |
| Tr | 850 | 2650 | 4450 | 8900 | 15700 | 22300 |
| A/W Sdn | 700 | 1900 | 3400 | 6800 | 11700 | 16900 |

**Model 18, 6-cyl., 50 hp, 122" wb**

| | 6 | 5 | 4 | 3 | 2 | 1 |
|---|---|---|---|---|---|---|
| Rdstr | 850 | 2550 | 4300 | 8600 | 15100 | 21500 |
| Tr | 900 | 2800 | 4700 | 9400 | 16500 | 23400 |
| A/W Sdn | 750 | 2300 | 3800 | 7600 | 13100 | 18900 |
| Sdn | 450 | 1250 | 2100 | 4200 | 7200 | 10500 |
| Cpe | 500 | 1350 | 2300 | 4600 | 8000 | 11300 |
| Limo | 600 | 1600 | 2750 | 5500 | 9500 | 13800 |

**Model 19, Model SH, 4-cyl., 40 hp, 112" wb**

| | 6 | 5 | 4 | 3 | 2 | 1 |
|---|---|---|---|---|---|---|
| Rdstr | 700 | 1900 | 3400 | 6800 | 11700 | 16900 |
| Tr | 700 | 2000 | 3450 | 6900 | 11900 | 17200 |
| Sdn | 400 | 1150 | 1850 | 3700 | 6400 | 9300 |

**Model 19, Model EH, 6-cyl., 51 hp, 118" wb**

| | 6 | 5 | 4 | 3 | 2 | 1 |
|---|---|---|---|---|---|---|
| Tr | 750 | 2250 | 3700 | 7400 | 12800 | 18500 |
| 4-pass Club Rdstr | 750 | 2250 | 3700 | 7400 | 12800 | 18500 |
| Rdstr | 600 | 1650 | 2850 | 5700 | 9900 | 14200 |
| Sdn | 400 | 1150 | 1850 | 3700 | 6400 | 9300 |
| Cpe | 400 | 1200 | 1950 | 3900 | 6800 | 9900 |

**Model 19, Model EG, 6-cyl., 62 hp, 126" wb**

| | 6 | 5 | 4 | 3 | 2 | 1 |
|---|---|---|---|---|---|---|
| 7-pass Tr | 800 | 2450 | 4100 | 8200 | 14400 | 20500 |

**1919**

**Model 19, SH, 4-cyl., 40 hp, 112" wb**

| | 6 | 5 | 4 | 3 | 2 | 1 |
|---|---|---|---|---|---|---|
| 4-dr 5-pass Tr | 700 | 1900 | 3400 | 6800 | 11700 | 16900 |
| 2-pass Rdstr | 700 | 1900 | 3400 | 6800 | 11700 | 16900 |
| Sdn | 400 | 1150 | 1850 | 3700 | 6400 | 9300 |

**Model 19, EH, 6-cyl., 51 hp, 119" wb**

| | 6 | 5 | 4 | 3 | 2 | 1 |
|---|---|---|---|---|---|---|
| Tr | 750 | 2250 | 3700 | 7400 | 12800 | 18500 |
| 4-pass Club Rdstr | 750 | 2250 | 3700 | 7400 | 12800 | 18500 |
| Cpe | 400 | 1200 | 1950 | 3900 | 6800 | 9900 |
| Sdn | 400 | 1150 | 1850 | 3700 | 6400 | 9300 |

**Model 19, EG, 6-cyl., 62 hp, 126" wb**

| | 6 | 5 | 4 | 3 | 2 | 1 |
|---|---|---|---|---|---|---|
| Tr | 800 | 2450 | 4100 | 8200 | 14400 | 20500 |
| 4-pass Spdstr | 850 | 2650 | 4500 | 9000 | 15900 | 22500 |

**1920**

**Model 6EJ, 6-cyl., 40 hp, 112" wb**

| | 6 | 5 | 4 | 3 | 2 | 1 |
|---|---|---|---|---|---|---|
| 4-dr 5-pass Tr | 600 | 1650 | 2900 | 5800 | 10000 | 14500 |
| 2-dr 2-pass Lan Rdstr | 650 | 1750 | 3100 | 6200 | 10700 | 15400 |
| 4-dr 5-pass Sdn | 400 | 1100 | 1800 | 3500 | 6100 | 8900 |

**Model 6EH, 6-cyl., 50 hp, 119" wb**

| | 6 | 5 | 4 | 3 | 2 | 1 |
|---|---|---|---|---|---|---|
| 4-dr 5-pass Tr | 650 | 1750 | 3100 | 6200 | 10700 | 15400 |
| 2-dr 2-pass Rdstr | 650 | 1750 | 3150 | 6300 | 10900 | 15700 |
| 4-dr 4-pass Club Rdstr | 650 | 1800 | 3200 | 6400 | 11000 | 15900 |
| 2-dr 4-pass Cpe | 400 | 1200 | 2000 | 4000 | 6900 | 10000 |
| 4-dr 5-pass Sdn | 400 | 1100 | 1800 | 3500 | 6100 | 8900 |

**Model 6EG, Big Six, 6-cyl., 60 hp, 126" wb**

| | 6 | 5 | 4 | 3 | 2 | 1 |
|---|---|---|---|---|---|---|
| 4-dr 7-pass Tr | 700 | 2050 | 3500 | 7000 | 12100 | 17400 |

**1921**

**Model 6EJ, 6-cyl., 40 hp, 112" wb**

| | 6 | 5 | 4 | 3 | 2 | 1 |
|---|---|---|---|---|---|---|
| 4-dr 5-pass Tr | 600 | 1650 | 2900 | 5800 | 10000 | 14500 |
| 3-pass Lan Rdstr | 650 | 1700 | 3000 | 6000 | 10400 | 14900 |
| 2-dr 2-pass Rdstr | 650 | 1700 | 3000 | 5900 | 10200 | 14700 |
| 2-dr 3-pass Cpe Rdstr | 650 | 1700 | 3000 | 6000 | 10400 | 14900 |
| 4-dr 5-pass Sdn | 400 | 1100 | 1800 | 3500 | 6100 | 8900 |

| | 6 | 5 | 4 | 3 | 2 | 1 |
|---|---|---|---|---|---|---|
| **Model 6EH, 6-cyl., 50 hp, 119" wb** | | | | | | |
| 4-pass Rdstr | 650 | 1800 | 3200 | 6400 | 11000 | 15900 |
| 2-pass Rdstr | 650 | 1750 | 3150 | 6300 | 10900 | 15700 |
| 4-pass Cpe | 400 | 1200 | 2000 | 4000 | 6900 | 10000 |
| 5-pass Sdn | 400 | 1100 | 1800 | 3500 | 6100 | 8900 |
| **Model 6EG, Big Six, 6-cyl., 60 hp, 126" wb** | | | | | | |
| 7-pass Tr | 700 | 2050 | 3500 | 7000 | 12100 | 17400 |
| 4-pass Cpe | 450 | 1250 | 2100 | 4200 | 7200 | 10500 |
| 7-pass Sdn | 400 | 1200 | 1900 | 3800 | 6600 | 9600 |
| **1922** | | | | | | |
| **Model EJ, Light Six, 6-cyl., 40 hp, 112" wb** | | | | | | |
| 3-pass Rdstr | 600 | 1650 | 2900 | 5800 | 10000 | 14500 |
| 5-pass Tr | 600 | 1600 | 2800 | 5600 | 9700 | 14000 |
| 2-pass Cpe Rdstr | 650 | 1700 | 3000 | 6000 | 10400 | 14900 |
| 5-pass Sdn | 400 | 1100 | 1800 | 3600 | 6200 | 9100 |
| **Model EL, Special Six, 6-cyl., 50 hp, 119" wb** | | | | | | |
| 2-pass Rdstr | 650 | 1700 | 3000 | 6000 | 10400 | 14900 |
| 5-pass Tr | 600 | 1650 | 2900 | 5800 | 10000 | 14500 |
| 4-pass Rdstr | 650 | 1750 | 3100 | 6200 | 10700 | 15400 |
| 4-pass Cpe | 450 | 1250 | 2100 | 4200 | 7200 | 10500 |
| 5-pass Sdn | 400 | 1200 | 1950 | 3900 | 6800 | 9900 |
| **Model EK, Big Six, 6-cyl., 60 hp, 126" wb** | | | | | | |
| 7-pass Tr | 650 | 1750 | 3100 | 6200 | 10700 | 15400 |
| 4-pass Cpe | 400 | 1200 | 2000 | 4000 | 6900 | 10000 |
| 7-pass Sdn | 400 | 1200 | 1950 | 3900 | 6800 | 9900 |
| 4-pass Spdstr | 650 | 1800 | 3250 | 6500 | 11200 | 16100 |
| **1923** | | | | | | |
| **Model EM, Light Six, 6-cyl., 40 hp, 112" wb** | | | | | | |
| 3-pass Rdstr | 600 | 1650 | 2850 | 5700 | 9900 | 14200 |
| 5-pass Tr | 600 | 1600 | 2750 | 5500 | 9500 | 13800 |
| 5-pass Custom Tr | 600 | 1600 | 2800 | 5600 | 9700 | 14000 |
| 2-pass Cpe Rdstr | 400 | 1200 | 1950 | 3900 | 6800 | 9900 |
| 5-pass Sdn | 400 | 1150 | 1850 | 3700 | 6400 | 9300 |
| **Model EL, Special Six, 6-cyl., 50 hp, 119" wb** | | | | | | |
| 5-pass Tr | 600 | 1650 | 2850 | 5700 | 9900 | 14200 |
| 4-pass Cpe | 400 | 1200 | 2000 | 4000 | 6900 | 10000 |
| 2-pass Rdstr | 650 | 1700 | 3000 | 5900 | 10200 | 14700 |
| 5-pass Cpe | 450 | 1250 | 2100 | 4200 | 7200 | 10500 |
| 5-pass Sdn | 400 | 1200 | 1950 | 3900 | 6800 | 9900 |
| **Model EK, Big Six** | | | | | | |
| 7-pass Tr | 650 | 1800 | 3200 | 6400 | 11000 | 15900 |
| 4-pass Spdstr | 750 | 2250 | 3750 | 7500 | 13000 | 18700 |
| 5-pass Cpe | 500 | 1300 | 2250 | 4500 | 7700 | 11000 |
| 4-pass Cpe | 450 | 1250 | 2200 | 4400 | 7600 | 10900 |
| 7-pass Sdn | 400 | 1200 | 2000 | 4000 | 6900 | 10000 |
| **1924** | | | | | | |
| **Model EM, Light Six, 6-cyl., 40 hp, 112" wb** | | | | | | |
| 5-pass Tr | 550 | 1550 | 2650 | 5300 | 9100 | 13000 |
| 3-pass Rdstr | 600 | 1600 | 2750 | 5500 | 9500 | 13800 |
| 2-pass Cpe Rdstr | 650 | 1700 | 3000 | 6000 | 10400 | 14900 |
| 5-pass Sdn | 350 | 1000 | 1600 | 3200 | 5700 | 8100 |
| 5-pass Cpe | 400 | 1100 | 1800 | 3600 | 6200 | 9100 |
| **Model EL, Special Six, 6-cyl., 50 hp, 119" wb** | | | | | | |
| 5-pass Tr | 600 | 1650 | 2850 | 5700 | 9900 | 14200 |
| 2-pass Rdstr | 650 | 1700 | 3000 | 5900 | 10200 | 14700 |
| 5-pass Cpe | 450 | 1250 | 2100 | 4200 | 7200 | 10500 |
| 5-pass Sdn | 400 | 1200 | 1950 | 3900 | 6800 | 9900 |

| | 6 | 5 | 4 | 3 | 2 | 1 |
|---|---|---|---|---|---|---|
| **Model EK, Big Six, 6-cyl., 60 hp, 126" wb** | | | | | | |
| 7-pass Tr | 750 | 2150 | 3600 | 7200 | 12400 | 18000 |
| 4-pass Spdstr | 750 | 2200 | 3650 | 7300 | 12600 | 18200 |
| 5-pass Cpe | 450 | 1250 | 2200 | 4400 | 7600 | 10900 |
| 7-pass Sdn | 400 | 1200 | 1950 | 3900 | 6800 | 9900 |
| **1925** | | | | | | |
| **Model ER, Standard Six, 6-cyl., 50 hp, 113" wb** | | | | | | |
| 5-pass Dplx Phtn | 650 | 1800 | 3250 | 6500 | 11200 | 16100 |
| 3-pass Dplx Rdstr | 700 | 1900 | 3350 | 6700 | 11500 | 16500 |
| 3-pass Cpe Rdstr | 700 | 1850 | 3300 | 6600 | 11300 | 16300 |
| 5-pass Cpe | 450 | 1250 | 2100 | 4200 | 7200 | 10500 |
| 5-pass Berline | 450 | 1250 | 2050 | 4100 | 7100 | 10300 |
| **Model EQ, Special Six, 6-cyl., 65 hp, 120" wb** | | | | | | |
| 7-pass Dplx Phtn | 750 | 2200 | 3650 | 7300 | 12600 | 18200 |
| 3-pass Dplx Rdstr | 800 | 2350 | 3950 | 7900 | 13700 | 19700 |
| 4-pass Vic | 450 | 1250 | 2050 | 4100 | 7100 | 10300 |
| 5-pass Sdn | 400 | 1200 | 2000 | 4000 | 6900 | 10000 |
| 5-pass Berline | 450 | 1250 | 2200 | 4400 | 7600 | 10900 |
| **Model EP, Big Six, 6-cyl., 127" wb** | | | | | | |
| 7-pass Dplx Phtn | 800 | 2500 | 4200 | 8400 | 14800 | 20900 |
| 5-pass Cpe | 500 | 1350 | 2300 | 4600 | 8000 | 11300 |
| 7-pass Berline | 450 | 1250 | 2100 | 4200 | 7200 | 10500 |
| 5-pass Sdn | 400 | 1100 | 1800 | 3600 | 6200 | 9100 |
| Spt Phtn | 800 | 2350 | 3950 | 7900 | 13700 | 19700 |
| **Model EU, 6-cyl., 50 hp, 113" wb** | | | | | | |
| 4-pass Custom Vic | 400 | 1100 | 1800 | 3600 | 6200 | 9100 |
| 5-pass Custom Sdn | 400 | 1050 | 1700 | 3400 | 5900 | 8500 |
| **1926** | | | | | | |
| **Model ER, Standard Six, 6-cyl., 50 hp, 113" wb** | | | | | | |
| 5-pass Dplx Phtn | 700 | 1900 | 3400 | 6800 | 11700 | 16900 |
| 3-pass Dplx Rdstr | 700 | 2000 | 3450 | 6900 | 11900 | 17200 |
| 5-pass Coach | 400 | 1050 | 1700 | 3400 | 5900 | 8500 |
| 3-pass Ctry Club Cpe | 500 | 1350 | 2350 | 4700 | 8100 | 11500 |
| 3-pass Spt Rdstr | 650 | 1700 | 3000 | 6100 | 10600 | 15200 |
| 5-pass Sdn | 400 | 1100 | 1800 | 3500 | 6100 | 8900 |
| **Model EQ, Special Six, 6-cyl., 65 hp, 120" wb** | | | | | | |
| 7-pass Dplx Phtn | 750 | 2250 | 3750 | 7500 | 13000 | 18700 |
| 5-pass Brghm | 450 | 1250 | 2150 | 4300 | 7400 | 10700 |
| 2-4 pass Spt Rdstr | 800 | 2350 | 3950 | 7900 | 13700 | 19700 |
| 5-pass Coach | 400 | 1200 | 1950 | 3900 | 6800 | 9900 |
| **Model EP, Big Six, 6-cyl., 127" wb** | | | | | | |
| 7-pass Dplx Phtn | 800 | 2500 | 4200 | 8400 | 14800 | 20900 |
| 5-pass Dplx Spt Phtn | 800 | 2350 | 3900 | 7800 | 13500 | 19500 |
| 3-pass Fire Chief Rdstr | 800 | 2450 | 4100 | 8200 | 14400 | 20500 |
| 7-pass Phtn | 800 | 2400 | 4000 | 8000 | 13900 | 19900 |
| 5-pass Brghm | 400 | 1100 | 1800 | 3600 | 6200 | 9100 |
| 7-pass Sdn | 400 | 1100 | 1800 | 3600 | 6200 | 9100 |
| 5-pass Sdn | 400 | 1100 | 1800 | 3600 | 6200 | 9100 |
| 5-pass Club Cpe | 400 | 1100 | 1800 | 3500 | 6100 | 8900 |
| **1927** | | | | | | |
| **Dictator, Model EU Standard, 6-cyl., 50 hp, 113" wb** | | | | | | |
| 2-4 pass Spt Rdstr | 850 | 2650 | 4450 | 8900 | 15700 | 22300 |
| 5-pass Tr | 800 | 2450 | 4150 | 8300 | 14600 | 20700 |
| 5-pass Dplx Tr | 850 | 2550 | 4350 | 8700 | 15300 | 21700 |
| 7-pass Tr | 800 | 2450 | 4100 | 8200 | 14400 | 20500 |
| 2-pass Bus Cpe | 450 | 1250 | 2200 | 4400 | 7600 | 10900 |
| 2-4 pass Spt Cpe | 500 | 1350 | 2300 | 4600 | 8000 | 11300 |
| 4-pass Vic | 400 | 1100 | 1800 | 3600 | 6200 | 9100 |

| | 6 | 5 | 4 | 3 | 2 | 1 |
|---|---|---|---|---|---|---|
| 4-dr 5-pass (P) Sdn | 400 | 1100 | 1800 | 3500 | 6100 | 8900 |
| 4-dr 5-pass (M) Sdn | 400 | 1200 | 1950 | 3900 | 6800 | 9900 |
| **Dictator, Model GE, 6-cyl., 65 hp, 113" wb** | | | | | | |
| 5-pass Tr | 1300 | 4000 | 6700 | 13400 | 23600 | 33400 |
| 5-pass Dplx Phtn | 1300 | 4100 | 6850 | 13700 | 24100 | 34200 |
| 7-pass Tr | 1400 | 4250 | 7100 | 14200 | 25000 | 35400 |
| 2-4 pass Spt Rdstr | 1400 | 4250 | 7100 | 14200 | 25000 | 35400 |
| 5-pass Sdn | 400 | 1100 | 1800 | 3600 | 6200 | 9100 |
| 4-pass Vic | 400 | 1200 | 2000 | 4000 | 6900 | 10000 |
| 2-4 pass Cpe | 450 | 1250 | 2100 | 4200 | 7200 | 10500 |
| **Special, Model EQ, 6-cyl., 65 hp, 120" wb** | | | | | | |
| 5-pass Dplx Phtn | 900 | 2850 | 4800 | 9600 | 16900 | 24000 |
| 5-pass Coach | 400 | 1200 | 1900 | 3800 | 6600 | 9600 |
| 5-pass Brghm | 450 | 1250 | 2100 | 4200 | 7200 | 10500 |
| 2-4 pass Spt Rdstr | 950 | 2950 | 4950 | 9900 | 17500 | 24700 |
| **Commander, Model EW, 6-cyl., 75 hp, 120" wb** | | | | | | |
| 2-pass Commander Cpe | 550 | 1450 | 2450 | 4900 | 8500 | 12000 |
| 5-pass Commander Brghm | 450 | 1250 | 2100 | 4200 | 7200 | 10500 |
| 5-pass Commander Sdn | 450 | 1250 | 2050 | 4100 | 7100 | 10300 |
| 4-pass Commander Vic | 500 | 1300 | 2250 | 4500 | 7700 | 11000 |
| 2-4 pass Regal Cpe | 500 | 1350 | 2350 | 4700 | 8100 | 11500 |
| 4-pass Regal Vic | 450 | 1250 | 2200 | 4400 | 7600 | 10900 |
| 2-4 pass Chancellor Vic | 500 | 1350 | 2350 | 4700 | 8100 | 11500 |
| 2-4 pass Commander Cpe | 500 | 1300 | 2250 | 4500 | 7700 | 11000 |
| 2-4 pass Regal Spt Rdstr | 1000 | 3100 | 5250 | 10500 | 18600 | 26200 |
| 5-pass Regal Sdn | 400 | 1200 | 2000 | 4000 | 6900 | 10000 |
| **Commander, Model GB, 6-cyl., 86 hp, 120" wb** | | | | | | |
| 2-4 pass Spt Rdstr | 1400 | 4350 | 7250 | 14500 | 25500 | 36200 |
| 4-pass Vic | 450 | 1250 | 2050 | 4100 | 7100 | 10300 |
| 5-pass Sdn | 450 | 1250 | 2050 | 4100 | 7100 | 10300 |
| 4-pass Regal Vic | 450 | 1250 | 2150 | 4300 | 7400 | 10700 |
| 5-pass Regal Sdn | 400 | 1200 | 1950 | 3900 | 6800 | 9900 |
| **President, Model ES, 6-cyl., 75 hp, 127" wb** | | | | | | |
| 7-pass Sdn | 450 | 1250 | 2050 | 4100 | 7100 | 10300 |
| 7-pass Limo | 700 | 2050 | 3500 | 7000 | 12100 | 17400 |
| 7-pass Custom Tr | 900 | 2850 | 4800 | 9600 | 16900 | 24000 |
| **President, Model GB, 8-cyl., 100 hp, 131" wb** | | | | | | |
| 5-pass Sdn | 450 | 1250 | 2150 | 4300 | 7400 | 10700 |
| 7-pass Sdn | 450 | 1250 | 2200 | 4400 | 7600 | 10900 |
| 5-pass Regal Sdn | 450 | 1250 | 2050 | 4100 | 7100 | 10300 |
| **1928** | | | | | | |
| **Dictator, Model GE, 6-cyl., 65 hp, 113" wb** | | | | | | |
| 2-4 pass Royal Rdstr | 1400 | 4250 | 7100 | 14200 | 25000 | 35400 |
| 5-pass Royal Tr | 1300 | 4000 | 6700 | 13400 | 23600 | 33400 |
| 5-pass Royal Dplx Phtn | 1300 | 4100 | 6850 | 13700 | 24100 | 34200 |
| 7-pass Royal Tr | 1400 | 4250 | 7100 | 14200 | 25000 | 35400 |
| 2-pass Cpe | 400 | 1200 | 2000 | 4000 | 6900 | 10000 |
| 2-4 pass Royal Cpe | 450 | 1250 | 2100 | 4200 | 7200 | 10500 |
| 5-pass Royal Vic | 400 | 1200 | 2000 | 4000 | 6900 | 10000 |
| Club Sdn | 400 | 1150 | 1850 | 3700 | 6400 | 9300 |
| 5-pass Sdn | 400 | 1100 | 1800 | 3500 | 6100 | 8900 |
| 5-pass Royal Sdn | 400 | 1100 | 1800 | 3600 | 6200 | 9100 |
| **Commander, Model GB, 6-cyl., 86 hp, 120" wb** | | | | | | |
| 2-4 pass Rdstr | 1400 | 4350 | 7250 | 14500 | 25500 | 36200 |
| 2-4 pass Reg Rdstr | 1450 | 4400 | 7300 | 14600 | 25700 | 36500 |
| 5-pass Cpe | 450 | 1250 | 2200 | 4400 | 7600 | 10900 |
| 2-4 pass Reg Cpe | 500 | 1350 | 2300 | 4600 | 8000 | 11300 |
| 2-4 pass Cabrlt | 400 | 1200 | 2000 | 4000 | 6900 | 10000 |
| 4-pass Vic | 400 | 1200 | 2000 | 4000 | 6900 | 10000 |

| | 6 | 5 | 4 | 3 | 2 | 1 |
|---|---|---|---|---|---|---|
| 5-pass Reg Vic | 450 | 1250 | 2100 | 4200 | 7200 | 10500 |
| 5-pass Sdn | 400 | 1200 | 2000 | 4000 | 6900 | 10000 |
| 5-pass Club Sdn | 450 | 1250 | 2050 | 4100 | 7100 | 10300 |
| 5-pass Reg Sdn | 400 | 1200 | 1900 | 3800 | 6600 | 9600 |
| **Commander, Model GH, 6-cyl., 86 hp, 121" wb** | | | | | | |
| 5-pass Reg Vic | 450 | 1250 | 2100 | 4200 | 7200 | 10500 |
| 5-pass Sdn | 400 | 1200 | 2000 | 4000 | 6900 | 10000 |
| 5-pass Reg Sdn | 450 | 1250 | 2050 | 4100 | 7100 | 10300 |
| **President, Model ES, 6-cyl.** | | | | | | |
| Custom Sdn | 400 | 1200 | 2000 | 4000 | 6900 | 10000 |
| Limo | 650 | 1750 | 3100 | 6200 | 10700 | 15400 |
| Custom Tr | 900 | 2800 | 4700 | 9400 | 16500 | 23400 |
| **President, Model FA, 8-cyl., 60 hp, 131" wb** | | | | | | |
| 7-pass Tr | 1150 | 3650 | 6100 | 12200 | 21500 | 30500 |
| 2-4 pass Sta Cabrlt | 1250 | 3950 | 6600 | 13200 | 23250 | 32900 |
| 5-pass Sdn | 500 | 1350 | 2300 | 4600 | 8000 | 11300 |
| 5-pass Sta Sdn | 500 | 1350 | 2350 | 4700 | 8100 | 11500 |
| 7-pass Sdn | 500 | 1350 | 2350 | 4700 | 8100 | 11500 |
| 7-pass Sta Sdn | 550 | 1450 | 2450 | 4900 | 8500 | 12000 |
| 7-pass Limo | 700 | 2050 | 3500 | 7000 | 12100 | 17400 |
| 7-pass Sta Berline | 750 | 2250 | 3700 | 7400 | 12800 | 18500 |
| **President, Model FB, 8-cyl., 109 hp, 121" wb** | | | | | | |
| 2-4 pass Sta Rdstr | 1150 | 3650 | 6100 | 12200 | 21500 | 30500 |
| 2-4 pass Sta Cabrlt | 1100 | 3550 | 5900 | 11800 | 20800 | 29400 |
| 4-pass Sta Vic | 450 | 1250 | 2050 | 4100 | 7100 | 10300 |
| 5-pass Sdn | 400 | 1200 | 2000 | 4000 | 6900 | 10000 |
| 5-pass Sta Sdn | 450 | 1250 | 2050 | 4100 | 7100 | 10300 |
| **1929** | | | | | | |
| **Dictator, Model GE, 6-cyl., 67 hp, 113" wb** | | | | | | |
| 5-pass Tr | 900 | 2900 | 4900 | 9800 | 17300 | 24500 |
| 7-pass Tr | 950 | 3000 | 5000 | 10000 | 17700 | 24900 |
| 5-pass Club Sdn | 400 | 1150 | 1850 | 3700 | 6400 | 9300 |
| 2-pass Bus Cpe | 450 | 1250 | 2100 | 4200 | 7200 | 10500 |
| 5-pass Sdn | 450 | 1250 | 2050 | 4100 | 7100 | 10300 |
| 2-4 pass Royal Cabrlt | 900 | 2900 | 4900 | 9800 | 17300 | 24500 |
| 5-pass Royal Sdn | 500 | 1300 | 2250 | 4500 | 7700 | 11000 |
| 4-pass Royal Vic Sdn | 450 | 1250 | 2150 | 4300 | 7400 | 10700 |
| **Dictator, Model GL, 6-cyl., 68 hp, 115" wb** | | | | | | |
| 5-pass Tr | 1300 | 4000 | 6700 | 13400 | 23600 | 33400 |
| 5-pass Reg Tr | 1400 | 4250 | 7100 | 14200 | 25000 | 35400 |
| 2-pass Bus Cpe | 550 | 1400 | 2400 | 4800 | 8300 | 11800 |
| 2-4 pass Spt Cpe | 550 | 1500 | 2500 | 5000 | 8700 | 12300 |
| 5-pass Reg Brghm | 450 | 1250 | 2200 | 4400 | 7600 | 10900 |
| 5-pass Club Sdn | 450 | 1250 | 2100 | 4200 | 7200 | 10500 |
| 4-dr 5-pass Sdn | 450 | 1250 | 2100 | 4200 | 7200 | 10500 |
| 5-pass Reg Sdn | 450 | 1250 | 2200 | 4400 | 7600 | 10900 |
| **Dictator, 8-cyl., 70 hp, 115" wb** | | | | | | |
| 5-pass Tr | 1350 | 4150 | 6900 | 13800 | 24300 | 34500 |
| 5-pass Reg Tr | 1450 | 4400 | 7300 | 14600 | 25700 | 36500 |
| 2-pass Bus Cpe | 600 | 1600 | 2750 | 5500 | 9500 | 13800 |
| 2-4 pass Spt Cpe | 650 | 1750 | 3100 | 6200 | 10700 | 15400 |
| 5-pass Reg Brghm | 550 | 1500 | 2500 | 5000 | 8700 | 12300 |
| 5-pass Club Sdn | 500 | 1350 | 2300 | 4600 | 8000 | 11300 |
| 4-dr 5-pass Sdn | 500 | 1350 | 2300 | 4600 | 8000 | 11300 |
| 5-pass Reg Sdn | 550 | 1400 | 2400 | 4800 | 8300 | 11800 |
| **Commander, Model GJ, 6-cyl., 75 hp, 120" wb** | | | | | | |
| 2-pass Bus Rdstr | 1500 | 4600 | 7700 | 15400 | 27100 | 38500 |
| 2-4 pass Rdstr | 1550 | 4700 | 7900 | 15800 | 27800 | 39400 |
| 2-4 pass Reg Rdstr | 1600 | 4800 | 8000 | 16000 | 28150 | 40000 |
| 5-pass Tr | 1350 | 4150 | 6900 | 13800 | 24300 | 34500 |

| | 6 | 5 | 4 | 3 | 2 | 1 |
|---|---|---|---|---|---|---|
| 5-pass Reg Tr | 1450 | 4400 | 7300 | 14600 | 25700 | 36500 |
| 7-pass Tr | 1350 | 4150 | 6900 | 13800 | 24300 | 34500 |
| 7-pass Reg Tr | 1450 | 4400 | 7300 | 14600 | 25700 | 36500 |
| 2-pass Cpe | 500 | 1300 | 2250 | 4500 | 7700 | 11000 |
| 2-4 pass Spt Cpe | 450 | 1250 | 2150 | 4300 | 7400 | 10700 |
| 2-4 pass Reg Conv Cabrlt | 1300 | 4000 | 6700 | 13400 | 23600 | 33400 |
| 4-pass Vic | 400 | 1200 | 2000 | 4000 | 6900 | 10000 |
| 5-pass Sdn | 400 | 1200 | 1950 | 3900 | 6800 | 9900 |
| 5-pass Reg Sdn | 450 | 1250 | 2150 | 4300 | 7400 | 10700 |
| 5-pass Reg Brghm | 500 | 1300 | 2250 | 4500 | 7700 | 11000 |
| **Commander, Model FD, 8-cyl., 80 hp, 120" wb** | | | | | | |
| 2-4 pass Reg Rdstr | 1700 | 5050 | 8450 | 16900 | 29700 | 42200 |
| 5-pass Tr | 1450 | 4450 | 7450 | 14900 | 26200 | 37200 |
| 5-pass Reg Tr | 1550 | 4700 | 7850 | 15700 | 27600 | 39100 |
| 7-pass Tr | 1450 | 4450 | 7450 | 14900 | 26200 | 37200 |
| 7-pass Reg Tr | 1550 | 4700 | 7850 | 15700 | 27600 | 39100 |
| 2-pass Bus Cpe | 550 | 1550 | 2600 | 5200 | 9000 | 12800 |
| 2-4 pass Spt Cpe | 600 | 1600 | 2700 | 5400 | 9300 | 13500 |
| 2-4 pass Reg Conv | 1450 | 4450 | 7450 | 14900 | 26200 | 37200 |
| 4-pass Vic | 500 | 1350 | 2350 | 4700 | 8100 | 11500 |
| 5-pass Reg Brghm | 550 | 1500 | 2500 | 5100 | 8800 | 12500 |
| 5-pass Sdn | 550 | 1450 | 2450 | 4900 | 8500 | 12000 |
| 7-pass Sdn | 550 | 1500 | 2500 | 5000 | 8700 | 12300 |
| 5-pass Reg Sdn | 550 | 1500 | 2500 | 5100 | 8800 | 12500 |
| 7-pass Reg Sdn | 550 | 1550 | 2600 | 5200 | 9000 | 12800 |
| **President, Model FH, 8-cyl., 115 hp, 125" wb** | | | | | | |
| 2-4 pass Rdstr | 1750 | 5200 | 8700 | 17400 | 30600 | 43500 |
| 2-4 pass Sta Conv Cabrlt | 1550 | 4700 | 7850 | 15700 | 27600 | 39100 |
| 4-pass Sta Vic | 650 | 1700 | 3000 | 5900 | 10200 | 14700 |
| 5-pass Sdn | 600 | 1600 | 2750 | 5500 | 9500 | 13800 |
| 5-pass Sta Sdn | 650 | 1700 | 3000 | 5900 | 10200 | 14700 |
| **President, Model FE, 8-cyl., 115 hp, 135" wb** | | | | | | |
| 7-pass Tr | 1550 | 4700 | 7900 | 15800 | 27800 | 39400 |
| 7-pass Sta Tr | 1600 | 4800 | 8000 | 16000 | 28150 | 40000 |
| 5-pass Sta Brghm | 650 | 1700 | 3000 | 5900 | 10200 | 14700 |
| 7-pass Sdn | 650 | 1700 | 3000 | 5900 | 10200 | 14700 |
| 7-pass Sta Sdn | 650 | 1750 | 3150 | 6300 | 10900 | 15700 |
| 7-pass Limo | 700 | 1850 | 3300 | 6600 | 11300 | 16300 |
| 5-pass Sta Limo | 700 | 1900 | 3400 | 6800 | 11700 | 16900 |
| **_1930_** | | | | | | |
| **Studebaker, Model 53, 6-cyl., 114" wb** | | | | | | |
| 2-4 pass Rdstr | 1550 | 4650 | 7800 | 15600 | 27450 | 38900 |
| 2-4 pass Reg Rdstr | 1600 | 4800 | 8000 | 16000 | 28150 | 40000 |
| 5-pass Tr | 1300 | 4100 | 6800 | 13600 | 23950 | 34000 |
| 5-pass Reg Tr | 1350 | 4150 | 6900 | 13800 | 24300 | 34500 |
| 2-pass Bus Cpe | 500 | 1350 | 2300 | 4600 | 8000 | 11300 |
| 2-4 pass Reg Cpe | 550 | 1450 | 2450 | 4900 | 8500 | 12000 |
| 5-pass Club Sdn | 450 | 1250 | 2150 | 4300 | 7400 | 10700 |
| 5-pass Sdn | 400 | 1200 | 1950 | 3900 | 6800 | 9900 |
| 5-pass Reg Sdn | 450 | 1250 | 2050 | 4100 | 7100 | 10300 |
| 5-pass Lan Sdn | 400 | 1200 | 1900 | 3800 | 6600 | 9600 |
| **Dictator, Model GL, 6-cyl., 68 hp; 8 cyl., 72 hp, 115" wb** | | | | | | |
| 5-pass Tr | 1350 | 4150 | 6900 | 13800 | 24300 | 34500 |
| 5-pass Reg Tr | 1450 | 4400 | 7300 | 14600 | 25700 | 36500 |
| 2-pass Cpe | 600 | 1600 | 2700 | 5400 | 9300 | 13500 |
| 2-4 pass Spt Cpe | 600 | 1650 | 2900 | 5800 | 10000 | 14500 |
| 5-pass Reg Brghm | 550 | 1400 | 2400 | 4800 | 8300 | 11800 |
| 5-pass Club Sdn | 500 | 1350 | 2300 | 4600 | 8000 | 11300 |
| 5-pass Reg Sdn | 550 | 1400 | 2400 | 4800 | 8300 | 11800 |

|  | 6 | 5 | 4 | 3 | 2 | 1 |
|---|---|---|---|---|---|---|
| **Commander, Model GJ, 6-cyl., 75 hp; 8 cyl., 80 hp, 120" wb** | | | | | | |
| 2-4 pass Reg Rdstr | 1550 | 4700 | 7900 | 15800 | 27800 | 39400 |
| 5-pass Tr | 1450 | 4400 | 7300 | 14600 | 25700 | 36500 |
| 5-pass Reg Tr | 1500 | 4500 | 7500 | 15000 | 26400 | 37500 |
| 7-pass Tr | 1450 | 4400 | 7300 | 14600 | 25700 | 36500 |
| 7-pass Reg Tr | 1500 | 4500 | 7500 | 15000 | 26400 | 37500 |
| 2-pass Bus Cpe | 600 | 1600 | 2750 | 5500 | 9500 | 13800 |
| 2-4 pass Spt Cpe | 650 | 1700 | 3000 | 5900 | 10200 | 14700 |
| 2-4 pass Conv Cabrlt | 1450 | 4400 | 7300 | 14600 | 25700 | 36500 |
| 4-pass Vic | 500 | 1350 | 2300 | 4600 | 8000 | 11300 |
| 5-pass Reg Brghm | 550 | 1450 | 2450 | 4900 | 8500 | 12000 |
| 5-pass Reg Sdn | 550 | 1500 | 2500 | 5100 | 8800 | 12500 |
| **President, Model FH, 8-cyl., 115 hp, 125" wb** | | | | | | |
| 2-4 pass Rdstr | 1950 | 5750 | 9700 | 19400 | 34100 | 48400 |
| 2-4 pass Conv Cabrlt | 1900 | 5650 | 9500 | 19000 | 33400 | 47500 |
| 5-pass Sta Vic | 650 | 1750 | 3100 | 6200 | 10700 | 15400 |
| 5-pass Sdn | 600 | 1600 | 2750 | 5500 | 9500 | 13800 |
| 5-pass Sta Sdn | 650 | 1700 | 3000 | 5900 | 10200 | 14700 |
| **President, Model FE, 8-cyl., 115 hp, 135" wb** | | | | | | |
| 7-pass Tr | 1900 | 5650 | 9500 | 19000 | 33400 | 47500 |
| 7-pass Sta Tr | 1950 | 5700 | 9600 | 19200 | 33750 | 47900 |
| 5-pass Sta Vic | 1050 | 3300 | 5500 | 11000 | 19300 | 27500 |
| 5-pass Brghm | 650 | 1700 | 3000 | 6100 | 10600 | 15200 |
| 7-pass Sdn | 650 | 1750 | 3150 | 6300 | 10900 | 15700 |
| 7-pass Sta Sdn | 700 | 1900 | 3350 | 6700 | 11500 | 16500 |
| 7-pass Limo | 800 | 2350 | 3950 | 7900 | 13700 | 19700 |
| 7-pass Sta Limo | 800 | 2450 | 4150 | 8300 | 14600 | 20700 |
| **Commander, Model 70, 8-cyl., 101 hp, 124" wb** | | | | | | |
| 2-4 pass Cpe | 600 | 1600 | 2800 | 5600 | 9700 | 14000 |
| 4-pass Vic | 600 | 1600 | 2700 | 5400 | 9300 | 13500 |
| 5-pass Sdn | 600 | 1600 | 2800 | 5600 | 9700 | 14000 |
| 5-pass Reg Sdn | 600 | 1650 | 2900 | 5800 | 10000 | 14500 |
| 5-pass Reg Brghm | 600 | 1600 | 2800 | 5600 | 9700 | 14000 |
| **President Eight, Model 80, 8-cyl., 122 hp, 130" wb** | | | | | | |
| 2-pass Cpe | 850 | 2650 | 4500 | 9000 | 15900 | 22500 |
| 5-pass Sdn | 700 | 2000 | 3450 | 6900 | 11900 | 17200 |
| 2-4 pass Sta Cpe | 950 | 3000 | 5000 | 10000 | 17700 | 24900 |
| 5-pass Sta Sdn | 750 | 2100 | 3550 | 7100 | 12300 | 17700 |
| **President Eight, Model 90, 8-cyl., 122 hp, 136" wb** | | | | | | |
| 7-pass Tr | 1950 | 5750 | 9700 | 19400 | 34100 | 48400 |
| 7-pass Sdn | 800 | 2350 | 3950 | 7900 | 13700 | 19700 |
| 7-pass Sta Tr | 2050 | 6000 | 10100 | 20200 | 35500 | 50400 |
| 4-pass Sta Vic | 850 | 2550 | 4350 | 8700 | 15300 | 21700 |
| 5-pass Sta Brghm | 850 | 2550 | 4350 | 8700 | 15300 | 21700 |
| 7-pass Sta Sdn | 800 | 2450 | 4150 | 8300 | 14600 | 20700 |
| 7-pass Sta Limo | 850 | 2650 | 4500 | 9000 | 15900 | 22500 |
| *1931* | | | | | | |
| **Studebaker, Model 53, 6-cyl., 114" wb** | | | | | | |
| 2-pass Rdstr | 1450 | 4400 | 7300 | 14600 | 25700 | 36500 |
| 5-pass Tr | 1250 | 3900 | 6500 | 13000 | 22900 | 32500 |
| 5-pass Reg Tr | 1300 | 4000 | 6700 | 13400 | 23600 | 33400 |
| 2-pass Bus Cpe | 450 | 1250 | 2100 | 4200 | 7200 | 10500 |
| 2-4 pass Cpe | 500 | 1350 | 2300 | 4600 | 8000 | 11300 |
| 5-pass Reg Sdn | 400 | 1150 | 1850 | 3700 | 6400 | 9300 |
| 5-pass Lan Sdn | 400 | 1200 | 1900 | 3800 | 6600 | 9600 |
| 5-pass Club Sdn | 400 | 1200 | 2000 | 4000 | 6900 | 10000 |
| **Model 54, 6-cyl., 114" wb** | | | | | | |
| 2-pass Rdstr | 1700 | 5050 | 8500 | 17000 | 29900 | 42500 |
| 5-pass Tr | 1600 | 4850 | 8100 | 16200 | 28500 | 40500 |
| 5-pass Reg Tr | 1650 | 4950 | 8300 | 16600 | 29200 | 41500 |

| | 6 | 5 | 4 | 3 | 2 | 1 |
|---|---|---|---|---|---|---|
| 2-pass Bus Cpe | 550 | 1450 | 2450 | 4900 | 8500 | 12000 |
| 2-4 pass Cpe | 550 | 1500 | 2500 | 5100 | 8800 | 12500 |
| 5-pass Sdn | 450 | 1250 | 2150 | 4300 | 7400 | 10700 |
| 5-pass Reg Sdn | 500 | 1300 | 2250 | 4500 | 7700 | 11000 |
| **Dictator, Model FC, 8-cyl., 115" wb** | | | | | | |
| 5-pass Tr | 1550 | 4700 | 7900 | 15800 | 27800 | 39400 |
| 5-pass Reg Tr | 1600 | 4850 | 8100 | 16200 | 28500 | 40500 |
| 2-pass Cpe | 550 | 1500 | 2500 | 5000 | 8700 | 12300 |
| 2-4 pass Cpe | 550 | 1550 | 2600 | 5200 | 9000 | 12800 |
| 5-pass Reg Brghm | 500 | 1350 | 2350 | 4700 | 8100 | 11500 |
| 5-pass Club Sdn | 500 | 1300 | 2250 | 4500 | 7700 | 11000 |
| 5-pass Sdn | 500 | 1350 | 2350 | 4700 | 8100 | 11500 |
| 5-pass Reg Sdn | 550 | 1500 | 2500 | 5100 | 8800 | 12500 |
| **Model 61, 8-cyl., 114" wb** | | | | | | |
| 2-pass Cpe | 600 | 1650 | 2850 | 5700 | 9900 | 14200 |
| 2-4 pass Cpe | 650 | 1700 | 3000 | 6100 | 10600 | 15200 |
| 5-pass Sdn | 550 | 1450 | 2450 | 4900 | 8500 | 12000 |
| 5-pass Reg Sdn | 550 | 1550 | 2650 | 5300 | 9100 | 13000 |
| **Commander, Model 70, 8-cyl.** | | | | | | |
| 2-4 pass Cpe | 600 | 1650 | 2850 | 5700 | 9900 | 14200 |
| 4-pass Vic | 600 | 1600 | 2750 | 5500 | 9500 | 13800 |
| 5-pass Reg Brghm | 650 | 1700 | 3000 | 5900 | 10200 | 14700 |
| 5-pass Sdn | 600 | 1650 | 2850 | 5700 | 9900 | 14200 |
| 5-pass Reg Sdn | 650 | 1700 | 3000 | 6100 | 10600 | 15200 |
| **President, Model 80, 8-cyl., 130" wb** | | | | | | |
| 4-pass Sta Rdstr | 2300 | 6700 | 11300 | 22600 | 39700 | 56400 |
| 2-pass Cpe | 850 | 2650 | 4500 | 9000 | 15900 | 22500 |
| 2-4 pass Sta Cpe | 950 | 3000 | 5000 | 10000 | 17700 | 24900 |
| 5-pass Sdn | 700 | 2000 | 3450 | 6900 | 11900 | 17200 |
| 5-pass Sta Sdn | 750 | 2100 | 3550 | 7100 | 12300 | 17700 |
| **President, Model 90, 8-cyl.** | | | | | | |
| 7-pass Tr | 1950 | 5750 | 9700 | 19400 | 34100 | 48400 |
| 7-pass Sta Tr | 2050 | 6000 | 10100 | 20200 | 35500 | 50400 |
| 5-pass Sta Vic | 850 | 2550 | 4350 | 8700 | 15300 | 21700 |
| 5-pass Sta Brghm | 850 | 2600 | 4400 | 8800 | 15500 | 21900 |
| 7-pass Sdn | 800 | 2350 | 3950 | 7900 | 13700 | 19700 |
| 7-pass Sta Sdn | 800 | 2450 | 4150 | 8300 | 14600 | 20700 |
| 7-pass Sta Limo | 850 | 2650 | 4500 | 9000 | 15900 | 22500 |
| **1932** | | | | | | |
| **Model 55, 6-cyl., 117" wb** | | | | | | |
| 2-4 pass Conv Rdstr | 1300 | 4000 | 6700 | 13400 | 23600 | 33400 |
| 2-4 pass Reg Conv Rdstr | 1500 | 4550 | 7600 | 15200 | 26750 | 38000 |
| 2-pass Cpe | 550 | 1450 | 2450 | 4900 | 8500 | 12000 |
| 2-pass Reg Cpe | 550 | 1500 | 2500 | 5000 | 8700 | 12300 |
| 2-4 pass Cpe | 550 | 1450 | 2450 | 4900 | 8500 | 12000 |
| 2-4 pass Reg Cpe | 550 | 1500 | 2500 | 5100 | 8800 | 12500 |
| 5-pass St Brghm | 500 | 1300 | 2250 | 4500 | 7700 | 11000 |
| 5-pass Reg St Brghm | 500 | 1350 | 2300 | 4600 | 8000 | 11300 |
| 5-pass Conv Sdn | 1500 | 4500 | 7500 | 15000 | 26400 | 37500 |
| 5-pass Reg Conv Sdn | 1550 | 4650 | 7800 | 15600 | 27450 | 38900 |
| 5-pass Sdn | 450 | 1250 | 2100 | 4200 | 7200 | 10500 |
| 5-pass Reg Sdn | 450 | 1250 | 2200 | 4400 | 7600 | 10900 |
| **Dictator, Model 62, 8-cyl., 117" wb** | | | | | | |
| 2-4 pass Conv Rdstr | 1700 | 5050 | 8500 | 17000 | 29900 | 42500 |
| 2-4 pass Reg Conv Rdstr | 1800 | 5350 | 9000 | 18000 | 31650 | 45000 |
| 2-pass Cpe | 800 | 2350 | 3950 | 7900 | 13700 | 19700 |
| 2-pass Reg Cpe | 800 | 2450 | 4150 | 8300 | 14600 | 20700 |
| 2-4 pass Cpe | 1000 | 3200 | 5350 | 10700 | 18900 | 26700 |
| 2-4 pass Reg Cpe | 1050 | 3300 | 5500 | 11000 | 19300 | 27500 |
| 5-pass St Brghm | 900 | 2850 | 4750 | 9500 | 16700 | 23700 |

| | 6 | 5 | 4 | 3 | 2 | 1 |
|---|---|---|---|---|---|---|
| 5-pass Reg St Brghm | 950 | 2950 | 4950 | 9900 | 17500 | 24700 |
| 5-pass Conv Sdn | 1600 | 4800 | 8000 | 16000 | 28150 | 40000 |
| 5-pass Reg Conv Sdn | 1800 | 5250 | 8850 | 17700 | 31100 | 44100 |
| 5-pass Sdn | 800 | 2350 | 3950 | 7900 | 13700 | 19700 |
| 5-pass Reg Sdn | 800 | 2450 | 4150 | 8300 | 14600 | 20700 |
| **Rockne, Model 65, 6-cyl., 110" wb** | | | | | | |
| 2-pass Cpe | 500 | 1350 | 2350 | 4700 | 8100 | 11500 |
| 2-4 pass Cpe | 550 | 1500 | 2500 | 5000 | 8700 | 12300 |
| 4-dr 5-pass Sdn | 450 | 1250 | 2150 | 4300 | 7400 | 10700 |
| 2-dr 5-pass Sdn | 450 | 1250 | 2050 | 4100 | 7100 | 10300 |
| 5-pass Conv Sdn | 1350 | 4150 | 6900 | 13800 | 24300 | 34500 |
| 2-4 pass Conv Rdstr | 1500 | 4600 | 7700 | 15400 | 27100 | 38500 |
| **Commander, Model 71, 8-cyl., 125" wb** | | | | | | |
| Rdstr Conv | 1850 | 5450 | 9150 | 18300 | 32200 | 45700 |
| Reg Rdstr Conv | 1900 | 5500 | 9300 | 18600 | 32700 | 46400 |
| Spt Cpe | 950 | 3050 | 5100 | 10200 | 18000 | 25400 |
| Reg Spt Cpe | 1000 | 3200 | 5350 | 10700 | 18900 | 26700 |
| St R Brghm | 950 | 3050 | 5150 | 10300 | 18200 | 25700 |
| Reg St R Brghm | 1000 | 3200 | 5350 | 10700 | 18900 | 26700 |
| Conv Sdn | 1800 | 5350 | 9000 | 18000 | 31650 | 45000 |
| Reg Conv Sdn | 1850 | 5450 | 9200 | 18400 | 32350 | 45900 |
| Sdn | 800 | 2350 | 3950 | 7900 | 13700 | 19700 |
| Reg Sdn | 800 | 2400 | 4050 | 8100 | 14200 | 20200 |
| **Rockne, Model 75, 6-cyl., 114" wb** | | | | | | |
| 2-pass Cpe | 550 | 1400 | 2400 | 4800 | 8300 | 11800 |
| 2-4 pass Cpe | 500 | 1350 | 2300 | 4600 | 8000 | 11300 |
| 4-dr 5-pass Sdn | 450 | 1250 | 2100 | 4200 | 7200 | 10500 |
| **President, Model 91, 8-cyl., 135" wb** | | | | | | |
| 2-4 pass Rdstr Conv | 2500 | 7350 | 12450 | 24900 | 43700 | 62100 |
| 2-4 pass Sta Rdstr Conv | 2600 | 7650 | 12950 | 25900 | 45500 | 64700 |
| 2-pass Cpe | 1100 | 3550 | 5900 | 11800 | 20800 | 29400 |
| 2-pass Sta Cpe | 1150 | 3650 | 6100 | 12200 | 21500 | 30500 |
| 2-4 pass St Brghm | 1000 | 3150 | 5300 | 10600 | 18700 | 26500 |
| 5-pass Sta St Reg Brghm | 1050 | 3300 | 5500 | 11000 | 19300 | 27500 |
| 5-pass Conv Sdn | 2400 | 7050 | 11950 | 23900 | 42000 | 59700 |
| 5-pass Sta Conv Sdn | 2500 | 7350 | 12450 | 24900 | 43700 | 62100 |
| 5-pass Sdn | 800 | 2450 | 4100 | 8200 | 14400 | 20500 |
| 5-pass Sta Sdn | 850 | 2550 | 4300 | 8600 | 15100 | 21500 |
| 7-pass Limo | 950 | 2950 | 4950 | 9900 | 17500 | 24700 |
| 7-pass Sta Limo | 950 | 3050 | 5100 | 10200 | 18000 | 25400 |
| 7-pass Sdn | 800 | 2350 | 3900 | 7800 | 13500 | 19500 |
| 7-pass Sta Sdn | 800 | 2450 | 4100 | 8200 | 14400 | 20500 |
| *1933* | | | | | | |
| **Rockne, Model 10, 6-cyl., 110" wb** | | | | | | |
| 2-4 pass Conv | 1300 | 4000 | 6700 | 13400 | 23600 | 33400 |
| 2-pass Cpe | 600 | 1600 | 2750 | 5500 | 9500 | 13800 |
| 5-pass Coach | 400 | 1200 | 1950 | 3900 | 6800 | 9900 |
| 2-4 pass Cpe | 550 | 1450 | 2450 | 4900 | 8500 | 12000 |
| 5-pass Sdn | 400 | 1200 | 1950 | 3900 | 6800 | 9900 |
| 5-pass Conv Sdn | 1500 | 4600 | 7700 | 15400 | 27100 | 38500 |
| **Rockne, Model 75, 6-cyl., 114" wb** | | | | | | |
| 2-pass Cpe | 550 | 1500 | 2500 | 5000 | 8700 | 12300 |
| 2-4 pass Cpe | 550 | 1400 | 2400 | 4800 | 8300 | 11800 |
| 5-pass Sdn | 450 | 1250 | 2200 | 4400 | 7600 | 10900 |
| **Studebaker, Model 56, 6-cyl., 117" wb** | | | | | | |
| 2-4 pass Rdstr | 1550 | 4650 | 7800 | 15600 | 27450 | 38900 |
| 2-4 pass Reg Rdstr | 1600 | 4850 | 8100 | 16200 | 28500 | 40500 |
| 2-pass Cpe | 700 | 1850 | 3300 | 6600 | 11300 | 16300 |
| 2-pass Reg Cpe | 700 | 2050 | 3500 | 7000 | 12100 | 17400 |

| | 6 | 5 | 4 | 3 | 2 | 1 |
|---|---|---|---|---|---|---|
| 2-4 pass Cpe | 750 | 2200 | 3650 | 7300 | 12600 | 18200 |
| 2-4 pass Reg Cpe | 750 | 2300 | 3850 | 7700 | 13300 | 19200 |
| 5-pass St Brghm | 650 | 1700 | 3000 | 5900 | 10200 | 14700 |
| 5-pass Reg St Brghm | 650 | 1750 | 3150 | 6300 | 10900 | 15700 |
| 5-pass Conv Sdn | 1550 | 4700 | 7900 | 15800 | 27800 | 39400 |
| 5-pass Reg Conv Sdn | 1650 | 4950 | 8300 | 16600 | 29200 | 41500 |
| 5-pass Sdn | 550 | 1500 | 2500 | 5100 | 8800 | 12500 |
| 5-pass Reg Sdn | 600 | 1600 | 2750 | 5500 | 9500 | 13800 |
| **Commander, Model 73, 8-cyl., 117" wb** | | | | | | |
| 2-4 pass Rdstr Conv | 1600 | 4850 | 8100 | 16200 | 28500 | 40500 |
| 2-4 pass Reg Rdstr Conv | 1650 | 4950 | 8300 | 16600 | 29200 | 41500 |
| 2-pass Cpe | 750 | 2100 | 3550 | 7100 | 12300 | 17700 |
| 2-pass Reg Cpe | 750 | 2250 | 3750 | 7500 | 13000 | 18700 |
| 2-4 pass Cpe | 800 | 2350 | 3950 | 7900 | 13700 | 19700 |
| 2-4 pass Reg Cpe | 800 | 2450 | 4150 | 8300 | 14600 | 20700 |
| 5-pass St Brghm | 650 | 1750 | 3150 | 6300 | 10900 | 15700 |
| 5-pass Reg St Brghm | 700 | 1900 | 3350 | 6700 | 11500 | 16500 |
| 5-pass Conv Sdn | 1600 | 4850 | 8100 | 16200 | 28500 | 40500 |
| 5-pass Reg Conv Sdn | 1700 | 5000 | 8350 | 16700 | 29400 | 41700 |
| 5-pass Sdn | 650 | 1750 | 3150 | 6300 | 10900 | 15700 |
| 5-pass Reg Sdn | 700 | 1900 | 3350 | 6700 | 11500 | 16500 |
| **President, Model 82, 8-cyl., 125" wb** | | | | | | |
| 2-4 pass Rdstr Conv | 1750 | 5100 | 8600 | 17200 | 30250 | 43000 |
| 2-4 pass Sta Rdstr Conv | 1750 | 5200 | 8750 | 17500 | 30800 | 43700 |
| 2-4 pass Cpe | 750 | 2100 | 3550 | 7100 | 12300 | 17700 |
| 2-4 pass Sta Cpe | 800 | 2450 | 4150 | 8300 | 14600 | 20700 |
| 5-pass St Brghm | 650 | 1750 | 3150 | 6300 | 10900 | 15700 |
| 5-pass Sta St Rgs Brghm | 700 | 1900 | 3350 | 6700 | 11500 | 16500 |
| 5-pass Sta Conv Sdn | 1750 | 5200 | 8750 | 17500 | 30800 | 43700 |
| 5-pass Sdn | 700 | 1900 | 3350 | 6700 | 11500 | 16500 |
| 5-pass Sta Sdn | 750 | 2100 | 3550 | 7100 | 12300 | 17700 |
| **President Speedway, Model 92, 8-cyl., 135" wb** | | | | | | |
| 2-4 pass Rdstr Conv | 1800 | 5250 | 8800 | 17600 | 30950 | 43900 |
| 2-4 pass Sta Rdstr Conv | 1800 | 5300 | 8900 | 17800 | 31300 | 44400 |
| 2-4 pass Cpe | 800 | 2350 | 3950 | 7900 | 13700 | 19700 |
| 2-4 pass Sta Cpe | 800 | 2450 | 4150 | 8300 | 14600 | 20700 |
| 5-pass Sta St Brghm | 850 | 2550 | 4350 | 8700 | 15300 | 21700 |
| 5-pass Sta Conv Sdn | 1800 | 5300 | 8900 | 17800 | 31300 | 44400 |
| 5-pass Sdn | 650 | 1750 | 3150 | 6300 | 10900 | 15700 |
| 5-pass Sta Sdn | 700 | 1900 | 3350 | 6700 | 11500 | 16500 |
| 7-pass Sdn | 750 | 2100 | 3550 | 7100 | 12300 | 17700 |
| 7-pass Sta Sdn | 750 | 2250 | 3750 | 7500 | 13000 | 18700 |
| 7-pass Sta Limo | 800 | 2450 | 4100 | 8200 | 14400 | 20500 |
| **1934** | | | | | | |
| **Dictator, Model Special A, 6-cyl., 113" wb** | | | | | | |
| 2-pass Cpe | 550 | 1500 | 2500 | 5100 | 8800 | 12500 |
| 2-pass Reg Cpe | 650 | 1700 | 3000 | 5900 | 10200 | 14700 |
| 2-4 pass Cpe | 550 | 1500 | 2500 | 5100 | 8800 | 12500 |
| 2-4 pass Reg Cpe | 600 | 1600 | 2750 | 5500 | 9500 | 13800 |
| 5-pass St R Brghm | 400 | 1200 | 1950 | 3900 | 6800 | 9900 |
| 5-pass Reg St R Brghm | 450 | 1250 | 2050 | 4100 | 7100 | 10300 |
| 5-pass Sdn | 400 | 1200 | 1950 | 3900 | 6800 | 9900 |
| 5-pass Reg Sdn | 450 | 1250 | 2050 | 4100 | 7100 | 10300 |
| 5-pass Custom Reg Sdn | 450 | 1250 | 2150 | 4300 | 7400 | 10700 |
| 5-pass Custom Sdn | 500 | 1300 | 2250 | 4500 | 7700 | 11000 |
| **Dictator** | | | | | | |
| 2-4 pass Conv Rdstr | 1300 | 4100 | 6800 | 13600 | 23950 | 34000 |
| 2-4 pass Reg Conv Rdstr | 1400 | 4250 | 7100 | 14200 | 25000 | 35400 |
| 2-pass Cpe | 650 | 1800 | 3200 | 6400 | 11000 | 15900 |

| | 6 | 5 | 4 | 3 | 2 | 1 |
|---|---|---|---|---|---|---|
| 2-pass Reg Cpe | 700 | 1850 | 3300 | 6600 | 11300 | 16300 |
| 2-4 pass Reg Cpe | 700 | 2000 | 3450 | 6900 | 11900 | 17200 |
| 5-pass St Brghm | 550 | 1550 | 2600 | 5200 | 9000 | 12800 |
| 5-pass Reg St Brghm | 550 | 1550 | 2650 | 5300 | 9100 | 13000 |
| 5-pass Custom St Brghm | 450 | 1250 | 2100 | 4200 | 7200 | 10500 |
| 5-pass Sdn | 400 | 1200 | 2000 | 4000 | 6900 | 10000 |
| 5-pass Reg Sdn | 450 | 1250 | 2050 | 4100 | 7100 | 10300 |
| 5-pass Custom Sdn | 450 | 1250 | 2100 | 4200 | 7200 | 10500 |
| **Commander, 8-cyl., 119" wb** | | | | | | |
| 2-4 pass Rdstr Conv | 1400 | 4250 | 7100 | 14200 | 25000 | 35400 |
| 2-4 pass Reg Rdstr Conv | 1450 | 4450 | 7400 | 14800 | 26050 | 36900 |
| 2-pass Cpe | 700 | 1900 | 3350 | 6700 | 11500 | 16500 |
| 2-pass Reg Cpe | 750 | 2100 | 3550 | 7100 | 12300 | 17700 |
| 2-4 pass Cpe | 650 | 1750 | 3150 | 6300 | 10900 | 15700 |
| 2-4 pass Reg Cpe | 700 | 1900 | 3350 | 6700 | 11500 | 16500 |
| 5-pass St Brghm | 450 | 1250 | 2150 | 4300 | 7400 | 10700 |
| 5-pass St Reg Brghm | 450 | 1250 | 2200 | 4400 | 7600 | 10900 |
| 5-pass Custom St Brghm | 500 | 1300 | 2250 | 4500 | 7700 | 11000 |
| 5-pass Sdn | 400 | 1200 | 1950 | 3900 | 6800 | 9900 |
| 5-pass Reg Sdn | 450 | 1250 | 2050 | 4100 | 7100 | 10300 |
| 5-pass Custom Sdn | 450 | 1250 | 2100 | 4200 | 7200 | 10500 |
| 5-pass L Cruise | 450 | 1250 | 2150 | 4300 | 7400 | 10700 |
| 5-pass Reg L Cruise | 450 | 1250 | 2200 | 4400 | 7600 | 10900 |
| **President** | | | | | | |
| 2-4 pass Rdstr Conv | 1550 | 4650 | 7750 | 15500 | 27300 | 38700 |
| 2-4 pass Reg Rdstr Conv | 1600 | 4800 | 8000 | 16000 | 28150 | 40000 |
| 2-pass Cpe | 750 | 2100 | 3550 | 7100 | 12300 | 17700 |
| 2-pass Reg Cpe | 750 | 2250 | 3750 | 7500 | 13000 | 18700 |
| 2-4 pass Cpe | 700 | 1900 | 3350 | 6700 | 11500 | 16500 |
| 2-4 pass Reg Cpe | 750 | 2100 | 3550 | 7100 | 12300 | 17700 |
| 5-pass Sdn | 500 | 1300 | 2250 | 4500 | 7700 | 11000 |
| 5-pass Reg Sdn | 500 | 1350 | 2350 | 4700 | 8100 | 11500 |
| 5-pass Custom Sdn | 500 | 1350 | 2350 | 4700 | 8100 | 11500 |
| 5-pass Custom Berline | 550 | 1450 | 2450 | 4900 | 8500 | 12000 |
| 5-pass Reg Berline | 550 | 1450 | 2450 | 4900 | 8500 | 12000 |
| 5-pass L Cruise | 550 | 1550 | 2600 | 5200 | 9000 | 12800 |
| 5-pass Reg L Cruise | 600 | 1600 | 2700 | 5400 | 9300 | 13500 |
| **1935** | | | | | | |
| **Dictator, 6-cyl., 114" wb** | | | | | | |
| 3-5 pass Rdstr | 1300 | 4000 | 6700 | 13400 | 23600 | 33400 |
| 3-5 pass Reg Rdstr | 1350 | 4150 | 6900 | 13800 | 24300 | 34500 |
| 3-pass Cpe | 500 | 1350 | 2350 | 4700 | 8100 | 11500 |
| 3-pass Reg Cpe | 550 | 1500 | 2500 | 5100 | 8800 | 12500 |
| 3-5 pass Cpe | 550 | 1550 | 2650 | 5300 | 9100 | 13000 |
| 3-5 pass Reg Cpe | 600 | 1650 | 2850 | 5700 | 9900 | 14200 |
| 5-pass St Sdn | 400 | 1050 | 1700 | 3400 | 5900 | 8500 |
| 5-pass St Custom Sdn | 400 | 1100 | 1800 | 3500 | 6100 | 8900 |
| 5-pass St Reg Sdn | 400 | 1100 | 1800 | 3600 | 6200 | 9100 |
| 5-pass Sdn | 400 | 1050 | 1700 | 3300 | 5800 | 8300 |
| 5-pass Reg Sdn | 400 | 1050 | 1700 | 3400 | 5900 | 8500 |
| 5-pass Custom Sdn | 400 | 1100 | 1800 | 3500 | 6100 | 8900 |
| 5-pass L Cr | 400 | 1100 | 1800 | 3600 | 6200 | 9100 |
| 5-pass Reg L Cr | 400 | 1150 | 1850 | 3700 | 6400 | 9300 |
| **Commander, 8-cyl., 120" wb** | | | | | | |
| 3-5 pass Rdstr | 1450 | 4400 | 7300 | 14600 | 25700 | 36500 |
| 3-5 pass Reg Rdstr | 1500 | 4500 | 7500 | 15000 | 26400 | 37500 |
| 3-pass Cpe | 550 | 1500 | 2500 | 5000 | 8700 | 12300 |
| 3-pass Reg Cpe | 600 | 1600 | 2700 | 5400 | 9300 | 13500 |
| 3-5 pass Cpe | 600 | 1600 | 2800 | 5600 | 9700 | 14000 |

|  | 6 | 5 | 4 | 3 | 2 | 1 |
|---|---|---|---|---|---|---|
| 3-5 pass Reg Cpe | 600 | 1650 | 2900 | 5800 | 10000 | 14500 |
| 5-pass Reg St Sdn | 400 | 1200 | 1950 | 3900 | 6800 | 9900 |
| 5-pass Custom St Sdn | 400 | 1200 | 2000 | 4000 | 6900 | 10000 |
| 6-pass Reg Sdn | 400 | 1200 | 2000 | 4000 | 6900 | 10000 |
| 6-pass Custom Sdn | 450 | 1250 | 2050 | 4100 | 7100 | 10300 |
| 5-pass L Cr | 450 | 1250 | 2100 | 4200 | 7200 | 10500 |
| 5-pass Reg L Cr | 450 | 1250 | 2200 | 4400 | 7600 | 10900 |
| **President, 8-cyl., 124" wb** | | | | | | |
| 3-5 pass Rdstr | 1500 | 4550 | 7650 | 15300 | 26900 | 38200 |
| 3-5 pass Reg Rdstr | 1550 | 4650 | 7750 | 15500 | 27300 | 38700 |
| 3-pass Cpe | 650 | 1750 | 3150 | 6300 | 10900 | 15700 |
| 3-pass Reg Cpe | 700 | 1900 | 3350 | 6700 | 11500 | 16500 |
| 3-5 pass Cpe | 700 | 2000 | 3450 | 6900 | 11900 | 17200 |
| 3-5 pass Reg Cpe | 750 | 2100 | 3550 | 7100 | 12300 | 17700 |
| 6-pass Reg Sdn | 450 | 1250 | 2100 | 4200 | 7200 | 10500 |
| 6-pass Custom Sdn | 500 | 1350 | 2300 | 4600 | 8000 | 11300 |
| 5-pass L Cr | 550 | 1500 | 2500 | 5100 | 8800 | 12500 |
| 5-pass Reg L Cr | 600 | 1600 | 2750 | 5500 | 9500 | 13800 |
| 5-pass Custom Berline | 650 | 1700 | 3000 | 5900 | 10200 | 14700 |
| 5-pass Reg Berline | 650 | 1700 | 3000 | 6100 | 10600 | 15200 |

## 1936

**Dictator, 6-cyl., 116" wb**

|  | 6 | 5 | 4 | 3 | 2 | 1 |
|---|---|---|---|---|---|---|
| 3-pass Bus Cpe | 450 | 1250 | 2150 | 4300 | 7400 | 10700 |
| 3-pass Custom Cpe | 500 | 1350 | 2350 | 4700 | 8100 | 11500 |
| 5-pass Custom Cpe | 550 | 1500 | 2500 | 5100 | 8800 | 12500 |
| 5-pass Custom St R Sdn | 400 | 1100 | 1800 | 3600 | 6200 | 9100 |
| 5-pass Cr St Rgs Sdn | 400 | 1150 | 1850 | 3700 | 6400 | 9300 |
| 6-pass Custom Sdn | 400 | 1150 | 1850 | 3700 | 6400 | 9300 |
| 6-pass Cr Sdn | 400 | 1200 | 1900 | 3800 | 6600 | 9600 |
| **President, 8-cyl., 125" wb** | | | | | | |
| 3-pass Custom Cpe | 600 | 1600 | 2750 | 5500 | 9500 | 13800 |
| 5-pass Custom Cpe | 650 | 1700 | 3000 | 5900 | 10200 | 14700 |
| 5-pass Custom St R Sdn | 450 | 1250 | 2200 | 4400 | 7600 | 10900 |
| 5-pass Cr St R Sdn | 500 | 1300 | 2250 | 4500 | 7700 | 11000 |
| 6-pass Custom Sdn | 500 | 1350 | 2300 | 4600 | 8000 | 11300 |
| 6-pass Cr Sdn | 550 | 1500 | 2500 | 5000 | 8700 | 12300 |

## 1937

**Dictator, 6-cyl.**

|  | 6 | 5 | 4 | 3 | 2 | 1 |
|---|---|---|---|---|---|---|
| 3-pass Bus Cpe | 500 | 1350 | 2350 | 4700 | 8100 | 11500 |
| 3-pass Custom Cpe | 550 | 1500 | 2500 | 5100 | 8800 | 12500 |
| 5-pass Custom Cpe | 550 | 1450 | 2450 | 4900 | 8500 | 12000 |
| 6-pass Custom St R Sdn | 400 | 1200 | 1900 | 3800 | 6600 | 9600 |
| 6-pass St R Cr Sdn | 400 | 1150 | 1850 | 3700 | 6400 | 9300 |
| 6-pass Custom Sdn | 400 | 1150 | 1850 | 3700 | 6400 | 9300 |
| 6-pass Cr Sdn | 400 | 1200 | 1950 | 3900 | 6800 | 9900 |
| **President, 8-cyl., 125" wb** | | | | | | |
| 3-pass Custom Cpe | 600 | 1600 | 2750 | 5500 | 9500 | 13800 |
| 5-pass Custom Cpe | 550 | 1550 | 2650 | 5300 | 9100 | 13000 |
| 6-pass Custom St R Sdn | 450 | 1250 | 2200 | 4400 | 7600 | 10900 |
| 6-pass St R Cr Sdn | 450 | 1250 | 2150 | 4300 | 7400 | 10700 |
| 6-pass Custom Sdn | 450 | 1250 | 2150 | 4300 | 7400 | 10700 |
| 6-pass Cr Sdn | 500 | 1300 | 2250 | 4500 | 7700 | 11000 |

## 1938

**Commander, 6-cyl., 116.5" wb**

|  | 6 | 5 | 4 | 3 | 2 | 1 |
|---|---|---|---|---|---|---|
| 3-pass Bus Cpe | 450 | 1250 | 2150 | 4300 | 7400 | 10700 |
| 3-pass Custom Cpe | 500 | 1350 | 2350 | 4700 | 8100 | 11500 |
| 6-pass Club Sdn | 400 | 1200 | 1900 | 3800 | 6600 | 9600 |
| 6-pass Cr Sdn | 400 | 1200 | 1950 | 3900 | 6800 | 9900 |

| | 6 | 5 | 4 | 3 | 2 | 1 |
|---|---|---|---|---|---|---|
| **State Commander, 6-cyl., 116.5" wb** | | | | | | |
| 3-pass Custom Cpe | 550 | 1450 | 2450 | 4900 | 8500 | 12000 |
| 6-pass Club Sdn | 400 | 1150 | 1850 | 3700 | 6400 | 9300 |
| 6-pass Cr Sdn | 400 | 1200 | 1950 | 3900 | 6800 | 9900 |
| 6-pass Conv Sdn | 1050 | 3300 | 5500 | 11000 | 19300 | 27500 |
| **President, 8-cyl., 122" wb** | | | | | | |
| 3-pass Cpe | 550 | 1500 | 2500 | 5100 | 8800 | 12500 |
| 6-pass Club Sdn | 500 | 1350 | 2350 | 4700 | 8100 | 11500 |
| 6-pass Cr Sdn | 550 | 1450 | 2450 | 4900 | 8500 | 12000 |
| **State President, 8-cyl., 125" wb** | | | | | | |
| 3-pass Cpe | 600 | 1600 | 2750 | 5500 | 9500 | 13800 |
| 6-pass Club Sdn | 550 | 1400 | 2400 | 4800 | 8300 | 11800 |
| 6-pass Cr Sdn | 550 | 1500 | 2500 | 5100 | 8800 | 12500 |
| 6-pass Conv Sdn | 1200 | 3750 | 6250 | 12500 | 22000 | 31100 |

### 1939

| | 6 | 5 | 4 | 3 | 2 | 1 |
|---|---|---|---|---|---|---|
| **Custom Champion, 6-cyl., 110" wb** | | | | | | |
| 3-pass Cpe | 500 | 1350 | 2350 | 4700 | 8100 | 11500 |
| 5-pass Club Sdn | 450 | 1250 | 2100 | 4200 | 7200 | 10500 |
| 5-pass Cr Sdn | 450 | 1250 | 2200 | 4400 | 7600 | 10900 |
| **Deluxe Champion, 6-cyl., 110" wb** | | | | | | |
| 3-pass Cpe | 600 | 1600 | 2750 | 5500 | 9500 | 13800 |
| 5-pass Club Sdn | 500 | 1350 | 2300 | 4600 | 8000 | 11300 |
| 5-pass Cr Sdn | 550 | 1400 | 2400 | 4800 | 8300 | 11800 |
| **Commander, 6-cyl., 116.5" wb** | | | | | | |
| 3-pass Bus Cpe | 650 | 1700 | 3000 | 5900 | 10200 | 14700 |
| 3-pass Custom Cpe | 650 | 1750 | 3150 | 6300 | 10900 | 15700 |
| 6-pass Club Sdn | 550 | 1550 | 2650 | 5300 | 9100 | 13000 |
| 6-pass Cr Sdn | 600 | 1600 | 2800 | 5600 | 9700 | 14000 |
| **State President, 8-cyl., 122" wb** | | | | | | |
| 3-pass Custom Cpe | 700 | 1900 | 3350 | 6700 | 11500 | 16500 |
| 6-pass Club Sdn | 650 | 1700 | 3000 | 5900 | 10200 | 14700 |
| 6-pass Cr Sdn | 650 | 1750 | 3150 | 6300 | 10900 | 15700 |
| 6-pass Conv Sdn | 1450 | 4450 | 7450 | 14900 | 26200 | 37200 |

### 1940

| | 6 | 5 | 4 | 3 | 2 | 1 |
|---|---|---|---|---|---|---|
| **Champion Custom, 6-cyl., 110" wb** | | | | | | |
| 3-pass Cpe | 550 | 1550 | 2650 | 5300 | 9100 | 13000 |
| 5-pass Opera Cpe | 600 | 1650 | 2850 | 5700 | 9900 | 14200 |
| 2-dr 4-pass Club Sdn | 500 | 1350 | 2350 | 4700 | 8100 | 11500 |
| 4-dr 5-pass Cr Sdn | 550 | 1400 | 2400 | 4800 | 8300 | 11800 |
| **Champion Custom Deluxe, 6-cyl., 110" wb** | | | | | | |
| 3-pass Cpe | 650 | 1700 | 3000 | 5900 | 10200 | 14700 |
| 5-pass Opera Cpe | 650 | 1700 | 3000 | 6100 | 10600 | 15200 |
| 2-dr 5-pass Club Sdn | 550 | 1400 | 2400 | 4800 | 8300 | 11800 |
| 4-dr 5-pass Cr Sdn | 550 | 1450 | 2450 | 4900 | 8500 | 12000 |
| **Commander, 6-cyl., 116.5" wb** | | | | | | |
| 3-pass Custom Cpe | 700 | 1900 | 3350 | 6700 | 11500 | 16500 |
| 2-dr 6-pass Club Sdn | 550 | 1450 | 2450 | 4900 | 8500 | 12000 |
| 4-dr 6-pass Cr Sdn | 550 | 1500 | 2500 | 5000 | 8700 | 12300 |
| **State President, 6-cyl., 125" wb** | | | | | | |
| 3-pass Cpe | 750 | 2200 | 3650 | 7300 | 12600 | 18200 |
| 2-dr 6-pass Club Sdn | 600 | 1650 | 2850 | 5700 | 9900 | 14200 |
| 4-dr 6-pass Cr Sdn | 650 | 1700 | 3000 | 5900 | 10200 | 14700 |

### 1941

| | 6 | 5 | 4 | 3 | 2 | 1 |
|---|---|---|---|---|---|---|
| **Champion Custom, 6-cyl., 110" wb** | | | | | | |
| 3-pass Cpe | 600 | 1600 | 2750 | 5500 | 9500 | 13800 |
| 5-pass D D Cpe | 600 | 1650 | 2850 | 5700 | 9900 | 14200 |
| 5-pass Opera Cpe | 650 | 1700 | 3000 | 5900 | 10200 | 14700 |
| 2-dr 5-pass Club Sdn | 550 | 1500 | 2500 | 5000 | 8700 | 12300 |
| 4-dr 5-pass Cr Sdn | 550 | 1500 | 2500 | 5100 | 8800 | 12500 |

| | 6 | 5 | 4 | 3 | 2 | 1 |
|---|---|---|---|---|---|---|
| **Champion Custom Deluxe, 6-cyl., 110" wb** | | | | | | |
| 3-pass Cpe | 600 | 1650 | 2850 | 5700 | 9900 | 14200 |
| 5-pass D D Cpe | 650 | 1700 | 3000 | 5900 | 10200 | 14700 |
| 5-pass Opera Cpe | 650 | 1700 | 3000 | 6100 | 10600 | 15200 |
| 2-dr 5-pass Club Sdn | 550 | 1550 | 2600 | 5200 | 9000 | 12800 |
| 4-dr 5-pass Cr Sdn | 550 | 1550 | 2650 | 5300 | 9100 | 13000 |
| **Champion Deluxe-Tone, 6-cyl., 110" wb** | | | | | | |
| 3-pass Cpe | 650 | 1700 | 3000 | 5900 | 10200 | 14700 |
| 5-pass D D Cpe | 650 | 1700 | 3000 | 6100 | 10600 | 15200 |
| 5-pass Opera Cpe | 650 | 1750 | 3150 | 6300 | 10900 | 15700 |
| 2-dr 5-pass Club Sdn | 550 | 1500 | 2500 | 5000 | 8700 | 12300 |
| 4-dr 5-pass Cr Sdn | 550 | 1500 | 2500 | 5100 | 8800 | 12500 |
| **Commander Custom, 6-cyl., 119.5" wb** | | | | | | |
| 6-pass Sdn Cpe | 650 | 1700 | 3000 | 5900 | 10200 | 14700 |
| 6-pass Cr Cpe | 650 | 1800 | 3250 | 6500 | 11200 | 16100 |
| 6-pass L Cruise | 650 | 1700 | 3000 | 6100 | 10600 | 15200 |
| **Commander Deluxe-Tone, 6-cyl., 119.5" wb** | | | | | | |
| 6-pass Cr Sdn | 650 | 1700 | 3000 | 6000 | 10400 | 14900 |
| 6-pass L Cruise | 650 | 1750 | 3100 | 6200 | 10700 | 15400 |
| **Commander Skyway, 6-cyl., 119.5" wb** | | | | | | |
| 6-pass Sdn Cpe | 700 | 1900 | 3350 | 6700 | 11500 | 16500 |
| 6-pass Cr Sdn | 650 | 1750 | 3150 | 6300 | 10900 | 15700 |
| 6-pass L Cruise | 650 | 1800 | 3250 | 6500 | 11200 | 16100 |
| **President Custom, 8-cyl., 124.5" wb** | | | | | | |
| 6-pass Cr Sdn | 650 | 1800 | 3250 | 6500 | 11200 | 16100 |
| 6-pass L Cruise | 700 | 2000 | 3450 | 6900 | 11900 | 17200 |
| **President Deluxe-Tone, 8-cyl., 124.5" wb** | | | | | | |
| 6-pass Cr Sdn | 700 | 1850 | 3300 | 6600 | 11300 | 16300 |
| 6-pass L Cruise | 700 | 2050 | 3500 | 7000 | 12100 | 17400 |
| **President Skyway, 8-cyl., 124.5" wb** | | | | | | |
| 6-pass Sdn Cpe | 800 | 2450 | 4150 | 8300 | 14600 | 20700 |
| 6-pass Cr Sdn | 750 | 2250 | 3750 | 7500 | 13000 | 18700 |
| 6-pass L Cruise | 800 | 2450 | 4150 | 8300 | 14600 | 20700 |
| ***1942*** | | | | | | |
| **Champion Custom, 6-cyl., 110" wb** | | | | | | |
| 3-pass Cpe | 500 | 1300 | 2250 | 4500 | 7700 | 11000 |
| 5-pass D D Cpe | 500 | 1350 | 2350 | 4700 | 8100 | 11500 |
| 5-pass Club Sdn | 400 | 1200 | 1950 | 3900 | 6800 | 9900 |
| 5-pass Cr Sdn | 400 | 1200 | 2000 | 4000 | 6900 | 10000 |
| **Champion Deluxstyle, 6-cyl., 110" wb** | | | | | | |
| 3-pass Cpe | 500 | 1350 | 2350 | 4700 | 8100 | 11500 |
| 5-pass D D Cpe | 550 | 1450 | 2450 | 4900 | 8500 | 12000 |
| 5-pass Club Sdn | 400 | 1200 | 2000 | 4000 | 6900 | 10000 |
| 5-pass Cr Sdn | 450 | 1250 | 2050 | 4100 | 7100 | 10300 |
| **Commander Custom, 6-cyl., 119" wb** | | | | | | |
| 2-dr 6-pass Sdn Cpe | 550 | 1450 | 2450 | 4900 | 8500 | 12000 |
| 6-pass Cr Sdn | 450 | 1250 | 2100 | 4200 | 7200 | 10500 |
| 6-pass L Cr | 450 | 1250 | 2200 | 4400 | 7600 | 10900 |
| **Commander Deluxstyle, 6-cyl., 119" wb** | | | | | | |
| 2-dr 6-pass Sdn Cpe | 550 | 1550 | 2650 | 5300 | 9100 | 13000 |
| 6-pass Cr Sdn | 450 | 1250 | 2200 | 4400 | 7600 | 10900 |
| 6-pass L Cr | 550 | 1400 | 2400 | 4800 | 8300 | 11800 |
| **Commander Skyway, 6-cyl., 119" wb** | | | | | | |
| 2-dr 6-pass Sdn Cpe | 650 | 1700 | 3000 | 6100 | 10600 | 15200 |
| 6-pass Cr Sdn | 550 | 1500 | 2500 | 5000 | 8700 | 12300 |
| 6-pass L Cr | 600 | 1600 | 2800 | 5600 | 9700 | 14000 |
| **President Custom, 8-cyl., 124.5" wb** | | | | | | |
| 2-dr 6-pass Sdn Cpe | 650 | 1700 | 3000 | 6100 | 10600 | 15200 |
| 6-pass Cr Sdn | 550 | 1500 | 2500 | 5000 | 8700 | 12300 |
| 6-pass L Cr | 600 | 1650 | 2900 | 5800 | 10000 | 14500 |

| | 6 | 5 | 4 | 3 | 2 | 1 |
|---|---|---|---|---|---|---|
| **President Deluxstyle, 8-cyl., 124.5" wb** | | | | | | |
| 2-dr 6-pass Sdn Cpe | 650 | 1800 | 3250 | 6500 | 11200 | 16100 |
| 6-pass Cr Sdn | 600 | 1600 | 2700 | 5400 | 9300 | 13500 |
| 6-pass L Cr | 650 | 1750 | 3100 | 6200 | 10700 | 15400 |
| **President Skyway, 8-cyl., 124.5" wb** | | | | | | |
| 2-dr 6-pass Sdn Cpe | 700 | 2000 | 3450 | 6900 | 11900 | 17200 |
| 6-pass Cr Sdn | 600 | 1650 | 2900 | 5800 | 10000 | 14500 |
| 6-pass L Cr | 700 | 1850 | 3300 | 6600 | 11300 | 16300 |

## 1946

| | 6 | 5 | 4 | 3 | 2 | 1 |
|---|---|---|---|---|---|---|
| **Skyway Champion, 6-cyl., 110" wb** | | | | | | |
| 3-pass Cpe | 550 | 1500 | 2500 | 5100 | 8800 | 12500 |
| 5-pass D D Cpe | 550 | 1550 | 2650 | 5300 | 9100 | 13000 |
| 2-dr 5-pass Club Sdn | 450 | 1250 | 2200 | 4400 | 7600 | 10900 |
| 4-dr 5-pass CR Sdn | 500 | 1350 | 2350 | 4700 | 8100 | 11500 |

## 1947

| | 6 | 5 | 4 | 3 | 2 | 1 |
|---|---|---|---|---|---|---|
| **Champion Deluxe, 6-cyl., 112" wb** | | | | | | |
| 3-pass Cpe | 450 | 1250 | 2150 | 4300 | 7400 | 10700 |
| 2-dr 6-pass Sdn | 400 | 1200 | 1950 | 3900 | 6800 | 9900 |
| 4-dr 6-pass Sdn | 400 | 1200 | 2000 | 4000 | 6900 | 10000 |
| **Champion Regal Deluxe, 6-cyl., 112" wb** | | | | | | |
| 4-dr Sdn | 450 | 1250 | 2050 | 4100 | 7100 | 10300 |
| 2-dr Sdn | 400 | 1200 | 2000 | 4000 | 6900 | 10000 |
| 2-dr 3-pass Bus Cpe | 450 | 1250 | 2200 | 4400 | 7600 | 10900 |
| 2-dr 5-pass Club Cpe | 550 | 1500 | 2500 | 5000 | 8700 | 12300 |
| 2-dr 5-pass Club Cpe Conv | 850 | 2650 | 4450 | 8900 | 15700 | 22300 |
| **Commander Deluxe, 6-cyl., 119" wb** | | | | | | |
| 3-pass Bus Cpe | 500 | 1300 | 2250 | 4500 | 7700 | 11000 |
| 2-dr 6-pass Sdn | 450 | 1250 | 2050 | 4100 | 7100 | 10300 |
| 4-dr 6-pass Sdn | 450 | 1250 | 2100 | 4200 | 7200 | 10500 |
| **Commander Regal Deluxe, 6-cyl., 119" wb** | | | | | | |
| 3-pass Bus Cpe | 550 | 1450 | 2450 | 4900 | 8500 | 12000 |
| 5-pass Cpe | 550 | 1550 | 2650 | 5300 | 9100 | 13000 |
| 2-dr 6-pas Sdn | 450 | 1250 | 2100 | 4200 | 7200 | 10500 |
| 4-dr 6-pass Sdn | 450 | 1250 | 2150 | 4300 | 7400 | 10700 |
| 6-pass Land Cruiser | 600 | 1600 | 2750 | 5500 | 9500 | 13800 |
| 5-pass Conv | 1000 | 3100 | 5250 | 10500 | 18600 | 26200 |

## 1948

| | 6 | 5 | 4 | 3 | 2 | 1 |
|---|---|---|---|---|---|---|
| **Champion Deluxe, 6-cyl., 112" wb** | | | | | | |
| 3-pass Cpe | 450 | 1250 | 2150 | 4300 | 7400 | 10700 |
| 2-dr 6-pass Sdn | 400 | 1200 | 1950 | 3900 | 6800 | 9900 |
| 4-dr 6-pass Sdn | 400 | 1200 | 2000 | 4000 | 6900 | 10000 |
| **Champion Regal Deluxe, 6-cyl., 112" wb** | | | | | | |
| 4-dr Sdn | 450 | 1250 | 2050 | 4100 | 7100 | 10300 |
| 2-dr Sdn | 400 | 1200 | 2000 | 4000 | 6900 | 10000 |
| 2-dr 3-pass Bus Cpe | 450 | 1250 | 2200 | 4400 | 7600 | 10900 |
| 2-dr 5-pass Club Cpe | 550 | 1500 | 2500 | 5000 | 8700 | 12300 |
| 2-dr 5-pass Club Cpe Conv | 850 | 2650 | 4450 | 8900 | 15700 | 22300 |
| **Commander Deluxe, 6-cyl., 119" wb** | | | | | | |
| 3-pass Bus Cpe | 500 | 1300 | 2250 | 4500 | 7700 | 11000 |
| 2-dr 6-pass Sdn | 450 | 1250 | 2050 | 4100 | 7100 | 10300 |
| 4-dr 6-pass Sdn | 450 | 1250 | 2100 | 4200 | 7200 | 10500 |
| **Commander Regal Deluxe, 6-cyl., 119" wb** | | | | | | |
| 3-pass Bus Cpe | 550 | 1450 | 2450 | 4900 | 8500 | 12000 |
| 5-pass Cpe | 550 | 1550 | 2650 | 5300 | 9100 | 13000 |
| 2-dr 6-pas Sdn | 450 | 1250 | 2100 | 4200 | 7200 | 10500 |
| 4-dr 6-pass Sdn | 450 | 1250 | 2150 | 4300 | 7400 | 10700 |
| 6-pass Land Cruiser | 600 | 1600 | 2750 | 5500 | 9500 | 13800 |
| 5-pass Conv | 1000 | 3100 | 5250 | 10500 | 18600 | 26200 |

|  | 6 | 5 | 4 | 3 | 2 | 1 |
|---|---|---|---|---|---|---|
| **1949** | | | | | | |
| **Champion Deluxe, 6-cyl., 112" wb** | | | | | | |
| 3-pass Cpe | 450 | 1250 | 2150 | 4300 | 7400 | 10700 |
| 5-pass Cpe | 550 | 1450 | 2450 | 4900 | 8500 | 12000 |
| 2-dr 6-pass Sdn | 400 | 1200 | 1950 | 3900 | 6800 | 9900 |
| 4-dr 6-pass Sdn | 400 | 1200 | 2000 | 4000 | 6900 | 10000 |
| **Champion Regal Deluxe, 6-cyl., 112" wb** | | | | | | |
| 4-dr Sdn | 450 | 1250 | 2050 | 4100 | 7100 | 10300 |
| 2-dr Sdn | 400 | 1200 | 2000 | 4000 | 6900 | 10000 |
| 2-dr 3-pass Bus Cpe | 450 | 1250 | 2200 | 4400 | 7600 | 10900 |
| 2-dr 5-pass Club Cpe | 550 | 1500 | 2500 | 5000 | 8700 | 12300 |
| 2-dr 5-pass Club Cpe Conv | 850 | 2650 | 4450 | 8900 | 15700 | 22300 |
| **Commander Deluxe, 6-cyl., 119" wb** | | | | | | |
| 3-pass Bus Cpe | 500 | 1300 | 2250 | 4500 | 7700 | 11000 |
| 5-pass Club Cpe | 600 | 1650 | 2850 | 5700 | 9900 | 14200 |
| 2-dr 6-pass Sdn | 450 | 1250 | 2050 | 4100 | 7100 | 10300 |
| 4-dr 6-pass Sdn | 450 | 1250 | 2100 | 4200 | 7200 | 10500 |
| **Commander Regal Deluxe, 6-cyl., 119" wb** | | | | | | |
| 3-pass Bus Cpe | 550 | 1450 | 2450 | 4900 | 8500 | 12000 |
| 5-pass Cpe | 650 | 1700 | 3000 | 5900 | 10200 | 14700 |
| 2-dr 6-pas Sdn | 450 | 1250 | 2100 | 4200 | 7200 | 10500 |
| 4-dr 6-pass Sdn | 450 | 1250 | 2150 | 4300 | 7400 | 10700 |
| 6-pass Land Cruiser | 600 | 1650 | 2850 | 5700 | 9900 | 14200 |
| 5-pass Conv | 1000 | 3100 | 5250 | 10500 | 18600 | 26200 |
| **1950** | | | | | | |
| **Champion, Custom Line, 6-cyl., 113" wb** | | | | | | |
| 3-pass Cpe | 550 | 1450 | 2450 | 4900 | 8500 | 12000 |
| 5-pass Cpe Starlight | 600 | 1600 | 2750 | 5500 | 9500 | 13800 |
| 2-dr Sdn | 450 | 1250 | 2150 | 4300 | 7400 | 10700 |
| 4-dr Sdn | 450 | 1250 | 2200 | 4400 | 7600 | 10900 |
| **Champion Deluxe Line, 6-cyl., 113" wb** | | | | | | |
| 4-dr 6-pass Sdn | 500 | 1300 | 2250 | 4500 | 7700 | 11000 |
| 2-dr 6-pass Sdn | 450 | 1250 | 2200 | 4400 | 7600 | 10900 |
| 2-dr 3-pass Cpe | 550 | 1500 | 2500 | 5000 | 8700 | 12300 |
| 2-dr 5-pass Cpe Starlight | 600 | 1650 | 2850 | 5700 | 9900 | 14200 |
| **Regal Deluxe, 6-cyl., 113" wb** | | | | | | |
| 4-dr Sdn | 500 | 1350 | 2300 | 4600 | 8000 | 11300 |
| 2-dr Sdn | 500 | 1300 | 2250 | 4500 | 7700 | 11000 |
| 2-dr 3-pass Cpe | 550 | 1500 | 2500 | 5100 | 8800 | 12500 |
| 2-dr 5-pass Cpe | 650 | 1700 | 3000 | 5900 | 10200 | 14700 |
| 5-pass Conv | 900 | 2850 | 4750 | 9500 | 16700 | 23700 |
| **Commander, Deluxe Line, 6-cyl., 120" wb** | | | | | | |
| 4-dr 6-pass Sdn | 600 | 1600 | 2700 | 5400 | 9300 | 13500 |
| 5-pass Cpe | 700 | 1900 | 3350 | 6700 | 11500 | 16500 |
| 2-dr 6-pass Sdn | 550 | 1550 | 2650 | 5300 | 9100 | 13000 |
| **Regal Deluxe Line** | | | | | | |
| 4-dr Sdn | 500 | 1350 | 2350 | 4700 | 8100 | 11500 |
| 2-dr Sdn | 500 | 1350 | 2300 | 4600 | 8000 | 11300 |
| 2-dr 5-pass Cpe | 650 | 1800 | 3250 | 6500 | 11200 | 16100 |
| 5-pass Conv | 1000 | 3250 | 5450 | 10900 | 19100 | 27200 |
| **Land Cruiser, 6-cyl., 124" wb** | | | | | | |
| 4-dr 6-pass Sdn | 650 | 1700 | 3000 | 5900 | 10200 | 14700 |
| **1951** | | | | | | |
| **Champion Custom, 6-cyl., 115" wb** | | | | | | |
| 4-dr Sdn | 600 | 1600 | 2750 | 5500 | 9500 | 13800 |
| 2-dr Sdn | 600 | 1600 | 2750 | 5500 | 9500 | 13800 |
| 5-pass Cpe | 650 | 1750 | 3150 | 6300 | 10900 | 15700 |
| 3-pass Cpe | 600 | 1650 | 2850 | 5700 | 9900 | 14200 |

|  | 6 | 5 | 4 | 3 | 2 | 1 |
|---|---|---|---|---|---|---|
| **Champion DeLuxe, 6-cyl., 115" wb** | | | | | | |
| 4-dr Sdn | 500 | 1350 | 2350 | 4700 | 8100 | 11500 |
| 2-dr Sdn | 500 | 1350 | 2350 | 4700 | 8100 | 11500 |
| 5-pass Cpe | 650 | 1750 | 3150 | 6300 | 10900 | 15700 |
| 3-pass Cpe | 600 | 1600 | 2750 | 5500 | 9500 | 13800 |
| **Champion Regal, 6-cyl., 115" wb** | | | | | | |
| 4-dr Sdn | 550 | 1500 | 2500 | 5100 | 8800 | 12500 |
| 2-dr Sdn | 550 | 1500 | 2500 | 5100 | 8800 | 12500 |
| 5-pass Cpe | 650 | 1700 | 3000 | 5900 | 10200 | 14700 |
| 3-pass Cpe | 600 | 1600 | 2750 | 5500 | 9500 | 13800 |
| 5-pass Conv | 900 | 2850 | 4750 | 9500 | 16700 | 23700 |
| **Commander Regal, 8-cyl., 115" wb** | | | | | | |
| 4-dr Sdn | 550 | 1500 | 2500 | 5000 | 8700 | 12300 |
| 2-dr Sdn | 550 | 1500 | 2500 | 5000 | 8700 | 12300 |
| 5-pass Cpe | 650 | 1750 | 3150 | 6300 | 10900 | 15700 |
| 3-pass Cpe | 600 | 1650 | 2850 | 5700 | 9900 | 14200 |
| **Commander State, 8-cyl., 115" wb** | | | | | | |
| 4-dr Sdn | 550 | 1550 | 2650 | 5300 | 9100 | 13000 |
| 2-dr Sdn | 550 | 1550 | 2650 | 5300 | 9100 | 13000 |
| 5-pass Cpe | 700 | 1900 | 3350 | 6700 | 11500 | 16500 |
| 5-pass Conv | 1150 | 3600 | 5950 | 11900 | 21000 | 29700 |
| **Land Cruiser, 8-cyl., 119" wb** | | | | | | |
| 4-dr 6-pass Sdn | 650 | 1700 | 3000 | 5900 | 10200 | 14700 |
| **1952** | | | | | | |
| **Champion Custom, 6-cyl., 115" wb** | | | | | | |
| 4-dr Sdn | 500 | 1350 | 2350 | 4700 | 8100 | 11500 |
| 2-dr Sdn | 500 | 1350 | 2350 | 4700 | 8100 | 11500 |
| 5-pass Cpe | 650 | 1700 | 3000 | 5900 | 10200 | 14700 |
| **Champion DeLuxe, 6-cyl., 115" wb** | | | | | | |
| 4-dr Sdn | 500 | 1350 | 2350 | 4700 | 8100 | 11500 |
| 2-dr Sdn | 500 | 1350 | 2350 | 4700 | 8100 | 11500 |
| 5-pass Cpe | 650 | 1700 | 3000 | 6100 | 10600 | 15200 |
| **Champion Regal, 6-cyl., 115" wb** | | | | | | |
| 4-dr Sdn | 550 | 1450 | 2450 | 4900 | 8500 | 12000 |
| 2-dr Sdn | 550 | 1450 | 2450 | 4900 | 8500 | 12000 |
| 5-pass Cpe | 650 | 1800 | 3250 | 6500 | 11200 | 16100 |
| 5-pass Starliner Hdtp Cpe | 650 | 1750 | 3150 | 6300 | 10900 | 15700 |
| 5-pass Conv | 950 | 2950 | 4950 | 9900 | 17500 | 24700 |
| **Commander Regal, 8-cyl., 115" wb** | | | | | | |
| 4-dr Sdn | 550 | 1500 | 2500 | 5100 | 8800 | 12500 |
| 2-dr Sdn | 550 | 1500 | 2500 | 5100 | 8800 | 12500 |
| 5-pass Cpe | 700 | 1900 | 3350 | 6700 | 11500 | 16500 |
| **Commander State, 8-cyl., 115" wb** | | | | | | |
| 4-dr Sdn | 550 | 1550 | 2650 | 5300 | 9100 | 13000 |
| 2-dr Sdn | 550 | 1550 | 2650 | 5300 | 9100 | 13000 |
| 5-pass Cpe | 750 | 2100 | 3550 | 7100 | 12300 | 17700 |
| 5-pass Starliner Hdtp Cpe | 700 | 2000 | 3450 | 6900 | 11900 | 17200 |
| 5-pass Conv | 1150 | 3600 | 5950 | 11900 | 21000 | 29700 |
| **Land Cruiser, 8-cyl., 119" wb** | | | | | | |
| 4-dr 6-pass Sdn | 600 | 1600 | 2750 | 5500 | 9500 | 13800 |
| **1953** | | | | | | |
| **Champion Custom, 6-cyl., 116.5" wb** | | | | | | |
| 4-dr Sdn | 450 | 1250 | 2150 | 4300 | 7400 | 10700 |
| 2-dr Sdn | 450 | 1250 | 2150 | 4300 | 7400 | 10700 |
| **Champion DeLuxe, 6-cyl., 116.5" wb** | | | | | | |
| 4-dr Sdn | 500 | 1350 | 2350 | 4700 | 8100 | 11500 |
| 2-dr Sdn | 500 | 1350 | 2350 | 4700 | 8100 | 11500 |
| 5-pass Cpe (120.5" wb) | 650 | 1750 | 3150 | 6300 | 10900 | 15700 |

| | 6 | 5 | 4 | 3 | 2 | 1 |
|---|---|---|---|---|---|---|
| **Champion Regal, 6-cyl., 116.5" wb** | | | | | | |
| 4-dr Sdn | 550 | 1450 | 2450 | 4900 | 8500 | 12000 |
| 2-dr Sdn | 550 | 1450 | 2450 | 4900 | 8500 | 12000 |
| 5-pass Cpe (120.5" wb) | 700 | 1900 | 3350 | 6700 | 11500 | 16500 |
| 5-pass Starline Hdtp (120.5" wb) | 650 | 1800 | 3250 | 6500 | 11200 | 16100 |
| **Commander DeLuxe, 8-cyl., 116.5" wb** | | | | | | |
| 4-dr Sdn | 550 | 1500 | 2500 | 5100 | 8800 | 12500 |
| 2-dr Sdn | 550 | 1500 | 2500 | 5100 | 8800 | 12500 |
| 5-pass Cpe (120.5" wb) | 750 | 2100 | 3550 | 7100 | 12300 | 17700 |
| **Commander Regal, 8-cyl., 116.5" wb** | | | | | | |
| 4-dr Sdn | 550 | 1550 | 2650 | 5300 | 9100 | 13000 |
| 5-pass Cpe (120.5" wb) | 750 | 2200 | 3650 | 7300 | 12600 | 18200 |
| 5-pass Stlnr Hdtp Cpe (120.5" wb) | 800 | 2350 | 3950 | 7900 | 13700 | 19700 |
| **Land Cruiser, 8-cyl., 120.5" wb** | | | | | | |
| 4-dr Sdn | 550 | 1500 | 2500 | 5100 | 8800 | 12500 |

## 1954

| | 6 | 5 | 4 | 3 | 2 | 1 |
|---|---|---|---|---|---|---|
| **Champion Custom, 6-cyl., 116.5" wb** | | | | | | |
| 4-dr Sdn | 450 | 1250 | 2150 | 4300 | 7400 | 10700 |
| 2-dr Sdn | 450 | 1250 | 2150 | 4300 | 7400 | 10700 |
| **Champion DeLuxe, 6-cyl., 116.5" wb** | | | | | | |
| 4-dr Sdn | 500 | 1350 | 2350 | 4700 | 8100 | 11500 |
| 2-dr Sdn | 500 | 1350 | 2350 | 4700 | 8100 | 11500 |
| 5-pass Starlight Cpe (120.5" wb) | 650 | 1750 | 3150 | 6300 | 10900 | 15700 |
| 6-pass Sta Wgn | 550 | 1500 | 2500 | 5100 | 8800 | 12500 |
| **Champion Regal, 6-cyl., 116.5" wb** | | | | | | |
| 4-dr Sdn | 550 | 1450 | 2450 | 4900 | 8500 | 12000 |
| 2-dr Sdn | 550 | 1450 | 2450 | 4900 | 8500 | 12000 |
| 5-pass Starlight Cpe (120.5" wb) | 700 | 1900 | 3350 | 6700 | 11500 | 16500 |
| 5-pass Starline R Hdtp (120.5" wb) | 750 | 2100 | 3550 | 7100 | 12300 | 17700 |
| 6-pass Sta Wgn | 600 | 1600 | 2750 | 5500 | 9500 | 13800 |
| **Commander DeLuxe, 8-cyl., 116.5" wb** | | | | | | |
| 4-dr Sdn | 550 | 1500 | 2500 | 5100 | 8800 | 12500 |
| 2-dr Sdn | 550 | 1500 | 2500 | 5100 | 8800 | 12500 |
| 2-dr Starlight Cpe (120.5" wb) | 750 | 2100 | 3550 | 7100 | 12300 | 17700 |
| 6-pass Sta Wgn | 650 | 1700 | 3000 | 5900 | 10200 | 14700 |
| **Commander Regal, 8-cyl., 116.5" wb** | | | | | | |
| 4-dr Sdn | 550 | 1550 | 2650 | 5300 | 9100 | 13000 |
| 5-pass Starlight Cpe (120.5" wb) | 800 | 2350 | 3950 | 7900 | 13700 | 19700 |
| 5-pass Starliner Hdtp (120.5" wb) | 750 | 2300 | 3850 | 7700 | 13300 | 19200 |
| 6-pass Sta Wgn | 600 | 1650 | 2850 | 5700 | 9900 | 14200 |
| **Land Cruiser, 8-cyl., 120.5" wb** | | | | | | |
| 4-dr Sdn | 550 | 1500 | 2500 | 5100 | 8800 | 12500 |

## 1955

| | 6 | 5 | 4 | 3 | 2 | 1 |
|---|---|---|---|---|---|---|
| **Champion Custom, 6-cyl., 116.5" wb** | | | | | | |
| 4-dr Sdn | 450 | 1250 | 2150 | 4300 | 7400 | 10700 |
| 2-dr Sdn | 450 | 1250 | 2150 | 4300 | 7400 | 10700 |
| **Champion DeLuxe, 6-cyl., 116.5"-120.5" wb** | | | | | | |
| 4-dr Sdn | 500 | 1350 | 2350 | 4700 | 8100 | 11500 |
| 2-dr Sdn | 500 | 1350 | 2350 | 4700 | 8100 | 11500 |
| 5-pass Cpe | 650 | 1750 | 3150 | 6300 | 10900 | 15700 |
| 2-dr 6-pass Sta Wgn | 550 | 1450 | 2450 | 4900 | 8500 | 12000 |
| **Champion Regal, 6-cyl., 116.5"-120.5" wb** | | | | | | |
| 4-dr Sdn | 500 | 1350 | 2350 | 4700 | 8100 | 11500 |
| 5-pass Cpe | 500 | 1350 | 2350 | 4700 | 8100 | 11500 |
| 2-dr Hdtp | 750 | 2100 | 3550 | 7100 | 12300 | 17700 |
| 6-pass Sta Wgn | 550 | 1500 | 2500 | 5100 | 8800 | 12500 |
| **Commander Custom, 8-cyl., 116.5" wb** | | | | | | |
| 4-dr Sdn | 550 | 1450 | 2450 | 4900 | 8500 | 12000 |
| 2-dr Sdn | 550 | 1450 | 2450 | 4900 | 8500 | 12000 |

| | 6 | 5 | 4 | 3 | 2 | 1 |
|---|---|---|---|---|---|---|
| **Commander DeLuxe, 8-cyl., 116.5"-120.5" wb** | | | | | | |
| 4-dr Sdn | 550 | 1500 | 2500 | 5100 | 8800 | 12500 |
| 2-dr Sdn | 550 | 1500 | 2500 | 5100 | 8800 | 12500 |
| 5-pass Cpe | 750 | 2100 | 3550 | 7100 | 12300 | 17700 |
| 6-pass Sta Wgn | 600 | 1600 | 2750 | 5500 | 9500 | 13800 |
| **Commander Regal, 8-cyl., 116.5"-120.5" wb** | | | | | | |
| 4-dr Sdn | 550 | 1550 | 2650 | 5300 | 9100 | 13000 |
| 2-dr Cpe | 750 | 2100 | 3550 | 7100 | 12300 | 17700 |
| 2-dr Hdtp Cpe | 750 | 2250 | 3750 | 7500 | 13000 | 18700 |
| 2-dr 6-pass Sta Wgn | 600 | 1650 | 2850 | 5700 | 9900 | 14200 |
| **President State, 8-cyl., 120.5' wb** | | | | | | |
| 4-dr Sdn | 600 | 1650 | 2850 | 5700 | 9900 | 14200 |
| 2-dr Cpe | 750 | 2250 | 3750 | 7500 | 13000 | 18700 |
| 2-dr Hdtp | 800 | 2450 | 4150 | 8300 | 14600 | 20700 |
| 2-dr Spdstr Hdtp | 950 | 2950 | 4950 | 9900 | 17500 | 24700 |
| **President Deluxe, 8-cyl., 120.5" wb** | | | | | | |
| 4-dr Sdn | 550 | 1550 | 2650 | 5300 | 9100 | 13000 |
| **1956** | | | | | | |
| **Champion Deluxe, 6-cyl., 116.5" wb** | | | | | | |
| 4-dr Sdn | 400 | 1100 | 1800 | 3500 | 6100 | 8900 |
| 2-dr Sedanet | 400 | 1050 | 1700 | 3400 | 5900 | 8500 |
| 2-dr Sdn | 400 | 1050 | 1700 | 3400 | 5900 | 8500 |
| **Flight Hawk, 6-cyl., 120.5" wb** | | | | | | |
| 5-pass Cpe | 600 | 1650 | 2850 | 5700 | 9900 | 14200 |
| **Champion Pelham, 6-cyl., 116.5" wb** | | | | | | |
| 2-dr 6-pass Sta Wgn | 400 | 1200 | 1900 | 3800 | 6600 | 9600 |
| **Commander, 8-cyl., 116.5" wb** | | | | | | |
| 4-dr Sdn | 400 | 1200 | 1900 | 3800 | 6600 | 9600 |
| 2-dr Sedanet | 400 | 1200 | 1900 | 3800 | 6600 | 9600 |
| 2-dr Sdn | 400 | 1200 | 1900 | 3800 | 6600 | 9600 |
| **Power Hawk, 8-cyl., 120.5" wb** | | | | | | |
| 2-dr Cpe | 650 | 1700 | 3000 | 6100 | 10600 | 15200 |
| **Commander Parkview, 8-cyl., 116.5" wb** | | | | | | |
| 2-dr 6-pass Sta Wgn | 500 | 1350 | 2350 | 4700 | 8100 | 11500 |
| **President, 8-cyl., 116.5" wb** | | | | | | |
| 4-dr Sdn | 450 | 1250 | 2050 | 4100 | 7100 | 10300 |
| 4-dr Classic (120.5" wb) | 450 | 1250 | 2150 | 4300 | 7400 | 10700 |
| 2-dr Sdn | 400 | 1200 | 2000 | 4000 | 6900 | 10000 |
| **Sky Hawk, 8-cyl., 120.5" wb** | | | | | | |
| 2-dr Hdtp | 750 | 2100 | 3550 | 7100 | 12300 | 17700 |
| **President Pinehurst, 8-cyl., 116.5" wb** | | | | | | |
| 2-dr 6-pass Sta Wgn | 500 | 1350 | 2350 | 4700 | 8100 | 11500 |
| **Golden Hawk, 8-cyl., 120.5" wb** | | | | | | |
| 2-dr Hdtp | 1000 | 3100 | 5250 | 10500 | 18600 | 26200 |
| **1957** | | | | | | |
| **Champion Scotsman, 6-cyl., 116.5" wb** | | | | | | |
| 4-dr Sdn | 400 | 1100 | 1800 | 3500 | 6100 | 8900 |
| 2-dr Sdn | 400 | 1100 | 1800 | 3500 | 6100 | 8900 |
| 2-dr 6-pass Sta Wgn | 400 | 1200 | 1950 | 3900 | 6800 | 9900 |
| **Champion Custom, 6-cyl., 116.5" wb** | | | | | | |
| 4-dr Sdn | 400 | 1100 | 1800 | 3600 | 6200 | 9100 |
| 2-dr Club Sdn | 400 | 1100 | 1800 | 3600 | 6200 | 9100 |
| **Champion DeLuxe, 6-cyl., 116.5" wb** | | | | | | |
| 4-dr Sdn | 400 | 1150 | 1850 | 3700 | 6400 | 9300 |
| 2-dr Club Sdn | 400 | 1150 | 1850 | 3700 | 6400 | 9300 |
| **Silver Hawk, 6-cyl., 120.5" wb** | | | | | | |
| 2-dr Cpe | 650 | 1750 | 3150 | 6300 | 10900 | 15700 |
| **Champion Pelham, 6-cyl., 116.5" wb** | | | | | | |
| 2-dr 6-pass Sta Wgn | 400 | 1200 | 1950 | 3900 | 6800 | 9900 |

'53 Studebaker Champion Starlite

'56 Studebaker Golden Hawk

'58 Studebaker Golden Hawk

'59 Studebaker Lark

'60 Studebaker Hawk

'61 Studebaker Lark Wagon

'62 Studebaker Hawk

'63 Studebaker

'65 Studebaker

'66 Studebaker Daytona

|  | 6 | 5 | 4 | 3 | 2 | 1 |
|---|---|---|---|---|---|---|
| **Commander Custom, 8-cyl., 116.5" wb** | | | | | | |
| 4-dr Sdn | 400 | 1150 | 1850 | 3700 | 6400 | 9300 |
| 2-dr Club Sdn | 400 | 1150 | 1850 | 3700 | 6400 | 9300 |
| **Commander DeLuxe, 8-cyl., 116.5" wb** | | | | | | |
| 4-dr Sdn | 400 | 1200 | 1950 | 3900 | 6800 | 9900 |
| 2-dr Club Sdn | 450 | 1250 | 2050 | 4100 | 7100 | 10300 |
| **Commander Station Wagon, 8-cyl., 116.5" wb** | | | | | | |
| 2-dr 6-pass Parkview | 500 | 1350 | 2350 | 4700 | 8100 | 11500 |
| 4-dr 6-pass Provincial | 550 | 1450 | 2450 | 4900 | 8500 | 12000 |
| **President, 8-cyl., 116.5" wb** | | | | | | |
| 4-dr Sdn | 450 | 1250 | 2150 | 4300 | 7400 | 10700 |
| 4-dr Classic Sdn (120.5" wb) | 450 | 1250 | 2150 | 4300 | 7400 | 10700 |
| 2-dr Club Sdn | 450 | 1250 | 2100 | 4200 | 7200 | 10500 |
| **Silver Hawk, 8-cyl., 120.5" wb** | | | | | | |
| 2-dr Cpe | 700 | 2000 | 3450 | 6900 | 11900 | 17200 |
| **President Broadmoor, 8-cyl., 116.5" wb** | | | | | | |
| 4-dr Sta Wgn | 550 | 1450 | 2450 | 4900 | 8500 | 12000 |
| **Golden Hawk, 8-cyl., 120.5" wb** | | | | | | |
| 2-dr Spt Hdtp | 1350 | 4150 | 6950 | 13900 | 24500 | 34700 |
| **1958** | | | | | | |
| **Champion Scotsman, 6-cyl., 116.5" wb** | | | | | | |
| 4-dr Sdn | 350 | 900 | 1500 | 3000 | 5300 | 7600 |
| 2-dr Sdn | 350 | 900 | 1500 | 2900 | 5200 | 7400 |
| 2-dr 6-pass Sta Wgn | 350 | 1000 | 1600 | 3200 | 5700 | 8100 |
| **Champion, 6-cyl., 116.5" wb** | | | | | | |
| 4-dr Sdn | 350 | 900 | 1500 | 3000 | 5300 | 7600 |
| 2-dr Sdn | 350 | 900 | 1500 | 3000 | 5300 | 7600 |
| **Silver Hawk, 6-cyl., 120.5" wb** | | | | | | |
| 2-dr Cpe | 650 | 1750 | 3150 | 6300 | 10900 | 15700 |
| **Commander, 8-cyl., 116.5" wb** | | | | | | |
| 4-dr Sdn | 400 | 1100 | 1800 | 3500 | 6100 | 8900 |
| 2-dr Hdtp Cpe | 450 | 1250 | 2050 | 4100 | 7100 | 10300 |
| 4-dr 6-pass Provincial Sta Wgn | 400 | 1150 | 1850 | 3700 | 6400 | 9300 |
| **President, 8-cyl., 120.5" wb** | | | | | | |
| 4-dr Sdn | 400 | 1200 | 1900 | 3800 | 6600 | 9600 |
| 2-dr Hdtp Cpe | 550 | 1500 | 2500 | 5100 | 8800 | 12500 |
| **Silver Hawk, 8-cyl., 120.5" wb** | | | | | | |
| 2-dr Cpe | 700 | 2000 | 3450 | 6900 | 11900 | 17200 |
| **Golden Hawk, 8-cyl., 120.5" wb** | | | | | | |
| 2-dr Spt Hdtp | 1100 | 3450 | 5750 | 11500 | 20300 | 28700 |
| **1959** | | | | | | |
| **Lark DeLuxe, 8-cyl., 108.5" wb** | | | | | | |
| 4-dr Sdn | 350 | 950 | 1550 | 3100 | 5500 | 7900 |
| 2-dr Sdn | 350 | 950 | 1550 | 3100 | 5500 | 7900 |
| 2-dr Sta Wgn (113" wb) | 400 | 1050 | 1700 | 3300 | 5800 | 8300 |
| **Silver Hawk, 8-cyl., 120.5" wb** | | | | | | |
| 2-dr Spt Cpe | 700 | 1900 | 3350 | 6700 | 11500 | 16500 |
| **Lark Regal, 8-cyl., 108.5" wb** | | | | | | |
| 4-dr 6-pass Sdn | 400 | 1100 | 1800 | 3500 | 6100 | 8900 |
| 2-dr 6-pass Hdtp | 500 | 1300 | 2250 | 4500 | 7700 | 11000 |
| 2-dr 6-pass Sta Wgn (113" wb) | 400 | 1100 | 1800 | 3500 | 6100 | 8900 |

*Small block option deduct 10%*

| **1960** | | | | | | |
|---|---|---|---|---|---|---|
| **Lark DeLuxe, 8-cyl., 108.5" wb** | | | | | | |
| 4-dr Sdn | 350 | 950 | 1550 | 3100 | 5500 | 7900 |
| 2-dr Sdn | 350 | 950 | 1550 | 3100 | 5500 | 7900 |
| 4-dr Sta Wgn | 400 | 1050 | 1700 | 3400 | 5900 | 8500 |
| 2-dr Sta Wgn | 400 | 1050 | 1700 | 3300 | 5800 | 8300 |

|  | 6 | 5 | 4 | 3 | 2 | 1 |
|---|---|---|---|---|---|---|
| **Lark Regal, 8-cyl., 108.5" wb** | | | | | | |
| 4-dr Sdn | 400 | 1100 | 1800 | 3500 | 6100 | 8900 |
| 2-dr Hdtp | 500 | 1300 | 2250 | 4500 | 7700 | 11000 |
| 2-dr Conv | 700 | 1900 | 3350 | 6700 | 11500 | 16500 |
| 2-dr Sta Wgn | 400 | 1100 | 1800 | 3500 | 6100 | 8900 |
| **Silver Hawk, 8-cyl., 120.5" wb** | | | | | | |
| 2-dr Spt Cpe | 750 | 2200 | 3650 | 7300 | 12600 | 18200 |
| *Small block option deduct 10%* | | | | | | |
| **1961** | | | | | | |
| **Lark DeLuxe, 8-cyl., 108.5" wb** | | | | | | |
| 4-dr Sdn | 350 | 900 | 1500 | 3000 | 5300 | 7600 |
| 2-dr Sdn | 350 | 950 | 1550 | 3100 | 5500 | 7900 |
| **Lark Regal, 8-cyl., 108.5" wb** | | | | | | |
| 4-dr Sdn | 350 | 950 | 1550 | 3100 | 5500 | 7900 |
| 2-dr Hdtp | 450 | 1250 | 2050 | 4100 | 7100 | 10300 |
| 2-dr Conv | 700 | 2000 | 3450 | 6900 | 11900 | 17200 |
| **Lark Cruiser, 8-cyl., 113" wb** | | | | | | |
| 4-dr Sdn | 350 | 1000 | 1600 | 3200 | 5700 | 8100 |
| **Station Wagon, 8-cyl., 113" wb** | | | | | | |
| 4-dr Dlx | 350 | 1000 | 1600 | 3200 | 5700 | 8100 |
| 2-dr Dlx | 350 | 950 | 1550 | 3100 | 5500 | 7900 |
| 4-dr Reg | 350 | 1000 | 1600 | 3200 | 5700 | 8100 |
| **Hawk, 8-cyl., 120.5" wb** | | | | | | |
| 2-dr Spt Cpe | 750 | 2200 | 3650 | 7300 | 12600 | 18200 |
| *Small block option deduct 10%* | | | | | | |
| **1962** | | | | | | |
| **Lark DeLuxe, 8-cyl., 113" wb** | | | | | | |
| 4-dr Sdn | 350 | 900 | 1500 | 3000 | 5300 | 7600 |
| 2-dr Sdn (109" wb) | 350 | 900 | 1500 | 3000 | 5300 | 7600 |
| 4-dr Sta Wgn | 350 | 1000 | 1600 | 3200 | 5700 | 8100 |
| **Lark Regal, 8-cyl., 113" wb** | | | | | | |
| 4-dr Sdn | 350 | 900 | 1500 | 3000 | 5300 | 7600 |
| 2-dr Hdtp (109" wb) | 450 | 1250 | 2050 | 4100 | 7100 | 10300 |
| 2-dr Conv | 700 | 2000 | 3450 | 6900 | 11900 | 17200 |
| 4-dr Sta Wgn | 400 | 1050 | 1700 | 3300 | 5800 | 8300 |
| **Daytona, 8-cyl., 109" wb** | | | | | | |
| 2-dr Hdtp | 450 | 1250 | 2050 | 4100 | 7100 | 10300 |
| 2-dr Conv | 700 | 2000 | 3450 | 6900 | 11900 | 17200 |
| **Cruiser, 8-cyl., 113' wb** | | | | | | |
| 4-dr Sdn | 400 | 1200 | 1950 | 3900 | 6800 | 9900 |
| **Gran Turismo Hawk, 8-cyl., 120.5" wb** | | | | | | |
| 2-dr Hdtp | 800 | 2500 | 4250 | 8500 | 15000 | 21200 |
| *Small block option deduct 10%* | | | | | | |
| **1963** | | | | | | |
| **Lark Standard, 8-cyl., 113" wb** | | | | | | |
| 4-dr Sdn | 350 | 950 | 1550 | 3100 | 5500 | 7900 |
| 2-dr Sdn (109" wb) | 350 | 950 | 1550 | 3100 | 5500 | 7900 |
| 4-dr Sta Wgn | 400 | 1050 | 1700 | 3400 | 5900 | 8500 |
| **Lark Regal, 8-cyl., 113" wb** | | | | | | |
| 4-dr Sdn | 350 | 950 | 1550 | 3100 | 5500 | 7900 |
| 2-dr Sdn (109" wb) | 350 | 950 | 1550 | 3100 | 5500 | 7900 |
| 4-dr Sta Wgn | 400 | 1100 | 1800 | 3500 | 6100 | 8900 |
| **Lark Custom, 8-cyl., 113" wb** | | | | | | |
| 4-dr Sdn | 350 | 950 | 1550 | 3100 | 5500 | 7900 |
| 2-dr Sdn | 350 | 1000 | 1600 | 3200 | 5700 | 8100 |
| **Lark Daytona, 8-cyl., 113" wb** | | | | | | |
| 2-dr Hdtp (109" wb) | 450 | 1250 | 2050 | 4100 | 7100 | 10300 |
| 2-dr Conv (109" wb) | 700 | 2050 | 3500 | 7000 | 12100 | 17400 |
| 4-dr Sta Wgn | 400 | 1200 | 1950 | 3900 | 6800 | 9900 |

| | 6 | 5 | 4 | 3 | 2 | 1 |
|---|---|---|---|---|---|---|
| **Cruiser, 8-cyl., 113" wb** | | | | | | |
| 4-dr Sdn | 400 | 1200 | 1950 | 3900 | 6800 | 9900 |
| **Gran Turismo Hawk, 8-cyl., 120.5" wb** | | | | | | |
| 2-dr Hdtp | 850 | 2650 | 4450 | 8900 | 15700 | 22300 |
| | | *Small block option deduct 10%* | | | | |

### 1964

| | 6 | 5 | 4 | 3 | 2 | 1 |
|---|---|---|---|---|---|---|
| **Challenger, 8-cyl., 113" wb** | | | | | | |
| 4-dr Sdn | 350 | 950 | 1550 | 3100 | 5500 | 7900 |
| 2-dr Sdn (109" wb) | 350 | 1000 | 1600 | 3200 | 5700 | 8100 |
| 4-dr Sta Wgn | 400 | 1050 | 1700 | 3300 | 5800 | 8300 |
| **Commander, 8-cyl., 113" wb** | | | | | | |
| 4-dr Sdn | 350 | 950 | 1550 | 3100 | 5500 | 7900 |
| 2-dr Sdn (109" wb) | 350 | 1000 | 1600 | 3200 | 5700 | 8100 |
| 4-dr Sta Wgn | 400 | 1050 | 1700 | 3300 | 5800 | 8300 |
| **Daytona, 8-cyl., 113' wb** | | | | | | |
| 4-dr Sdn | 400 | 1050 | 1700 | 3300 | 5800 | 8300 |
| 2-dr Hdtp (109" wb) | 500 | 1300 | 2250 | 4500 | 7700 | 11000 |
| 2-dr Conv (109" wb) | 700 | 2050 | 3500 | 7000 | 12100 | 17400 |
| 4-dr Sta Wgn | 450 | 1250 | 2050 | 4100 | 7100 | 10300 |
| **Cruiser, 8-cyl., 113" wb** | | | | | | |
| 4-dr Sdn | 400 | 1200 | 2000 | 4000 | 6900 | 10000 |
| **Gran Turismo Hawk, 8-cyl., 120.5" wb** | | | | | | |
| 2-dr Hdtp | 850 | 2550 | 4350 | 8700 | 15300 | 21700 |
| | | *Small block option deduct 10%* | | | | |

### 1965

| | 6 | 5 | 4 | 3 | 2 | 1 |
|---|---|---|---|---|---|---|
| **Commander, 113" wb** | | | | | | |
| 4-dr Sdn | 350 | 950 | 1550 | 3100 | 5500 | 7900 |
| 2-dr Sdn | 350 | 950 | 1550 | 3100 | 5500 | 7900 |
| 4-dr Sta Wgn | 350 | 1000 | 1600 | 3200 | 5700 | 8100 |
| **Daytona, 8-cyl., 109"-113" wb** | | | | | | |
| 2-dr Spt Sdn | 400 | 1200 | 1950 | 3900 | 6800 | 9900 |
| 4-dr Sta Wgn | 400 | 1050 | 1700 | 3300 | 5800 | 8300 |
| **Cruiser, 8-cyl., 113" wb** | | | | | | |
| 4-dr Sdn | 400 | 1050 | 1700 | 3400 | 5900 | 8500 |
| | | *Small block option deduct 10%* | | | | |

### 1966

| | 6 | 5 | 4 | 3 | 2 | 1 |
|---|---|---|---|---|---|---|
| **Commander, 8-cyl., 109" wb** | | | | | | |
| 4-dr Sdn | 350 | 1000 | 1600 | 3200 | 5700 | 8100 |
| 2-dr Sdn | 350 | 950 | 1550 | 3100 | 5500 | 7900 |
| **Daytona, 8-cyl., 109"-113" wb** | | | | | | |
| 2-dr Spt Sdn | 400 | 1200 | 2000 | 4000 | 6900 | 10000 |
| **Cruiser, 8-cyl., 113" wb** | | | | | | |
| 4-dr Sdn | 400 | 1050 | 1700 | 3300 | 5800 | 8300 |
| **Wagonaire, 8-cyl., 113" wb** | | | | | | |
| 4-dr Sta Wgn | 400 | 1050 | 1700 | 3400 | 5900 | 8500 |
| | | *Small block option deduct 10%* | | | | |

# STUTZ
## 1911 – 1936

**'14 Stutz Bearcat**

**'18 Stutz Bearcat**

**'20 Stutz**

**'25 Stutz Suburban**

**'27 Stutz**

**'31 Stutz**

| | 6 | 5 | 4 | 3 | 2 | 1 |
|---|---|---|---|---|---|---|
| **1911** | | | | | | |
| **Model A, 4-cyl., 50 hp, 120" wb** | | | | | | |
| 2-pass Rdstr | 3050 | 9050 | 15200 | 30400 | 53400 | 75900 |
| 4-pass Toy Tonneau | 2900 | 8650 | 14600 | 29200 | 51300 | 72900 |
| 5-pass Tr | 2900 | 8650 | 14600 | 29200 | 51300 | 72900 |
| **1912** | | | | | | |
| **Model A, 4-cyl., 50 hp, 120" wb** | | | | | | |
| 2-pass Rdstr | 3050 | 9050 | 15200 | 30400 | 53400 | 75900 |
| 4-pass Toy Tonneau | 2900 | 8650 | 14600 | 29200 | 51300 | 72900 |
| 5-pass Tr | 2900 | 8650 | 14600 | 29200 | 51300 | 72900 |
| 2-pass Bearcat | 5650 | 16800 | 28250 | 56500 | 99200 | 141000 |
| 4-pass Cpe | 2250 | 6550 | 11000 | 22000 | 38650 | 55000 |
| **Model A, 6-cyl., 60 hp, 124" wb** | | | | | | |
| 4-pass Toy Tonneau | 2600 | 7700 | 13050 | 26100 | 45800 | 65200 |
| 2-pass Bearcat | 6250 | 18550 | 31200 | 62400 | 109600 | 155800 |
| 6-pass Tr (130" wb) | 2750 | 8150 | 13700 | 27400 | 48100 | 68400 |
| **1913** | | | | | | |
| **Model B, 4-cyl., 50 hp, 120" wb** | | | | | | |
| 2-pass Rdstr | 3050 | 9050 | 15200 | 30400 | 53400 | 75900 |

|  | 6 | 5 | 4 | 3 | 2 | 1 |
|---|---|---|---|---|---|---|
| 4-pass Toy Tonneau | 2900 | 8650 | 14600 | 29200 | 51300 | 72900 |
| 2-pass Bearcat | 5650 | 16800 | 28250 | 56500 | 99200 | 141000 |
| 4-pass Tr (124" wb) | 2900 | 8650 | 14600 | 29200 | 51300 | 72900 |
| 6-pass Tr (124" wb) | 3100 | 9150 | 15400 | 30800 | 54100 | 76900 |
| **Model B, 6-cyl., 60 hp, 124" wb** | | | | | | |
| 2-pass Bearcat | 6250 | 18550 | 31200 | 62400 | 109600 | 155800 |
| 4-pass Toy Tonneau | 2900 | 8650 | 14600 | 29200 | 51300 | 72900 |
| 6-pass Tr (130" wb) | 3150 | 9400 | 15800 | 31600 | 55500 | 78900 |

### 1914

| **Model 4E, 4-cyl., 50 hp, 120" wb** | | | | | | |
|---|---|---|---|---|---|---|
| 2-pass Rdstr | 2900 | 8650 | 14600 | 29200 | 51300 | 72900 |
| 2-pass Bearcat | 6050 | 17950 | 30200 | 60400 | 106100 | 150800 |
| 5-pass Tr | 2900 | 8650 | 14600 | 29200 | 51300 | 72900 |
| **Model 6E, 6-cyl., 55 hp, 130" wb** | | | | | | |
| 2-pass Rdstr | 3150 | 9400 | 15800 | 31600 | 55500 | 78900 |
| 6-pass Tr | 3150 | 9400 | 15800 | 31600 | 55500 | 78900 |

### 1915

| **Model H.C.S., 4-cyl., 23 hp, 108" wb** | | | | | | |
|---|---|---|---|---|---|---|
| 2-pass Rdstr | 2250 | 6550 | 11000 | 22000 | 38650 | 55000 |
| **Model 4F, 4-cyl., 36.1 hp, 120" wb** | | | | | | |
| 2-pass Rdstr | 2500 | 7350 | 12450 | 24900 | 43700 | 62100 |
| 2-pass Bearcat | 5600 | 16650 | 28000 | 56000 | 98300 | 139800 |
| Cpe | 1300 | 4000 | 6650 | 13300 | 23400 | 33100 |
| 4-pass Bulldog | 2400 | 7100 | 12000 | 24100 | 42300 | 60100 |
| 5-pass Tr | 2600 | 7650 | 12900 | 25800 | 45300 | 64400 |
| 5-pass Sdn | 1150 | 3600 | 6000 | 12000 | 21150 | 30000 |
| **Model 6F, 6-cyl., 38.4 hp, 130" wb** | | | | | | |
| 2-pass Rdstr | 2600 | 7700 | 13050 | 26100 | 45800 | 65200 |
| 2-pass Bearcat | 5650 | 16800 | 28250 | 56500 | 99200 | 141000 |
| Cpe | 1450 | 4400 | 7300 | 14600 | 25700 | 36500 |
| 5-pass Tr | 2750 | 8150 | 13700 | 27400 | 48100 | 68400 |
| 6-pass Tr | 2750 | 8150 | 13700 | 27400 | 48100 | 68400 |
| 5-pass Sdn | 1200 | 3750 | 6250 | 12500 | 22000 | 31100 |

### 1916

| **Model C, 4-cyl., 50 hp, 120" wb** | | | | | | |
|---|---|---|---|---|---|---|
| 2-pass Rdstr | 2500 | 7350 | 12450 | 24900 | 43700 | 62100 |
| 2-pass Bearcat | 5400 | 16050 | 27000 | 54000 | 94800 | 134800 |
| 4-pass Bulldog Tr | 2750 | 8150 | 13700 | 27400 | 48100 | 68400 |
| 6-pass Tr | 1150 | 3600 | 6000 | 12000 | 21150 | 30000 |
| **Bulldog Special, 4-cyl., 36.1 hp, 130" wb** | | | | | | |
| 4-pass Tr | 2750 | 8150 | 13700 | 27400 | 48100 | 68400 |

### 1917

| **Model R, 4-cyl., 50 hp, 130" wb** | | | | | | |
|---|---|---|---|---|---|---|
| 2-pass Rdstr | 2900 | 8650 | 14600 | 29200 | 51300 | 72900 |
| 4-pass Bulldog Spl Tr | 2750 | 8150 | 13700 | 27400 | 48100 | 68400 |
| 6-pass Bulldog Spl Tr | 2900 | 8600 | 14500 | 29000 | 50900 | 72400 |
| 2-pass Bearcat (120" wb) | 5600 | 16650 | 28000 | 56000 | 98300 | 139800 |

### 1918

| **Model S, 4-cyl., 60 hp, 130" wb** | | | | | | |
|---|---|---|---|---|---|---|
| 2-pass Rdstr | 2900 | 8650 | 14600 | 29200 | 51300 | 72900 |
| 4-pass C.C. | 2750 | 8150 | 13700 | 27400 | 48100 | 68400 |
| 5-pass C.C. | 2750 | 8150 | 13700 | 27400 | 48100 | 68400 |
| 6-pass Tr | 2900 | 8600 | 14500 | 29000 | 50900 | 72400 |
| 7-pass Tr | 2900 | 8600 | 14500 | 29000 | 50900 | 72400 |
| 2-pass Bearcat (120" wb) | 5600 | 16650 | 28000 | 56000 | 98300 | 139800 |

| | 6 | 5 | 4 | 3 | 2 | 1 |
|---|---|---|---|---|---|---|
| **1919** | | | | | | |
| **Model G, 4-cyl., 60 hp, 130" wb** | | | | | | |
| 6-pass Tr | 3050 | 9050 | 15200 | 30400 | 53400 | 75900 |
| 7-pass Tr | 3050 | 9050 | 15200 | 30400 | 53400 | 75900 |
| 2-pass Rdstr | 2750 | 8150 | 13700 | 27400 | 48100 | 68400 |
| 4-pass CC Tr | 3050 | 9050 | 15200 | 30400 | 53400 | 75900 |
| 5-pass C.C. | 3050 | 9050 | 15200 | 30400 | 53400 | 75900 |
| 2-pass Bearcat (120" wb) | 5600 | 16650 | 28000 | 56000 | 98300 | 139800 |
| **1920** | | | | | | |
| **Model H, 4-cyl., 60 hp, 130" wb** | | | | | | |
| 2-pass Bearcat 120" wb | 5600 | 16650 | 28000 | 56000 | 98300 | 139800 |
| 2-pass Rdstr | 2900 | 8650 | 14600 | 29200 | 51300 | 72900 |
| 4-pass Tr | 2950 | 8750 | 14700 | 29400 | 51600 | 73400 |
| 5-pass Tr | 2950 | 8750 | 14700 | 29400 | 51600 | 73400 |
| 6-pass Tr | 3050 | 9050 | 15200 | 30400 | 53400 | 75900 |
| 7-pass Tr | 3050 | 9050 | 15200 | 30400 | 53400 | 75900 |
| **1921** | | | | | | |
| **Model K, 4-cyl., 80 hp, 130" wb** | | | | | | |
| 2-pass Bearcat (120" wb) | 5600 | 16650 | 28000 | 56000 | 98300 | 139800 |
| 2-pass Rdstr | 3750 | 11100 | 18700 | 37400 | 65700 | 93400 |
| 4-pass C.C. | 3050 | 9050 | 15200 | 30400 | 53400 | 75900 |
| 5-pass C.C. | 3050 | 9050 | 15200 | 30400 | 53400 | 75900 |
| 6-pass Tr | 3050 | 9050 | 15200 | 30400 | 53400 | 75900 |
| 7-pass Tr | 3050 | 9050 | 15200 | 30400 | 53400 | 75900 |
| 4-pass Cpe | 1650 | 4950 | 8300 | 16600 | 29200 | 41500 |
| **1922** | | | | | | |
| **Model K, 4-cyl., 90 hp, 130" wb** | | | | | | |
| 3-pass Cpe | 1650 | 4950 | 8300 | 16600 | 29200 | 41500 |
| 2-pass Rdstr | 2900 | 8650 | 14600 | 29200 | 51300 | 72900 |
| 2-pass Bearcat (120" wb) | 5600 | 16650 | 28000 | 56000 | 98300 | 139800 |
| 6-pass Tr | 3050 | 9050 | 15200 | 30400 | 53400 | 75900 |
| 4-pass Cpe | 3150 | 9400 | 15800 | 31600 | 55500 | 78900 |
| 2-pass Spdwy Rdstr | 3050 | 9050 | 15200 | 30400 | 53400 | 75900 |
| 4-pass Spt Tr | 3050 | 9050 | 15200 | 30400 | 53400 | 75900 |
| 4-pass Calif Tr | 3050 | 9050 | 15200 | 30400 | 53400 | 75900 |
| 7-pass Calif Tr | 3050 | 9050 | 15200 | 30400 | 53400 | 75900 |
| **1923** | | | | | | |
| **Special Six, 75 hp, 120" wb** | | | | | | |
| 5-pass Sdn | 1450 | 4400 | 7300 | 14600 | 25700 | 36500 |
| 5-pass Tr | 3050 | 9050 | 15200 | 30400 | 53400 | 75900 |
| 4-pass Sptabt | 1450 | 4450 | 7400 | 14800 | 26050 | 36900 |
| 2-pass Rdstr | 3050 | 9050 | 15200 | 30400 | 53400 | 75900 |
| **Speedway Four, 90 hp, 130" wb** | | | | | | |
| 6-pass Tr | 3150 | 9400 | 15800 | 31600 | 55500 | 78900 |
| 2-pass Sportstr | 3350 | 10000 | 16900 | 33800 | 58400 | 83200 |
| 4-pass Bulldog | 1650 | 4900 | 8250 | 16500 | 29000 | 41200 |
| 4-pass Cpe | 1650 | 4950 | 8300 | 16600 | 29200 | 41500 |
| 2-pass Rdstr | 2900 | 8650 | 14600 | 29200 | 51300 | 72900 |
| 2-pass Bearcat | 5650 | 16800 | 28250 | 56500 | 99200 | 141000 |
| **1924** | | | | | | |
| **Six, 6-cyl., 90 hp** | | | | | | |
| 3-pass Rdstr | 2900 | 8650 | 14600 | 29200 | 51300 | 72900 |
| 5-pass Phtn | 2900 | 8600 | 14500 | 29000 | 50900 | 72400 |
| 5-pass Trbt | 2900 | 8600 | 14500 | 29000 | 50900 | 72400 |
| 5-pass Sdn | 1300 | 4000 | 6650 | 13300 | 23400 | 33100 |
| 5-pass Tr Sdn | 1300 | 4050 | 6750 | 13500 | 23800 | 33700 |

| | 6 | 5 | 4 | 3 | 2 | 1 |
|---|---|---|---|---|---|---|
| **Special Six, 70 hp, 120" wb** | | | | | | |
| 5-pass Phtn | 2900 | 8600 | 14500 | 29000 | 50900 | 72400 |
| 5-pass Trbt | 2900 | 8600 | 14500 | 29000 | 50900 | 72400 |
| 3-pass Rdstr | 2900 | 8650 | 14600 | 29200 | 51300 | 72900 |
| 5-pass Tr Sdn | 1300 | 4050 | 6750 | 13500 | 23800 | 33700 |
| 5-pass Sdn | 1300 | 4000 | 6650 | 13300 | 23400 | 33100 |
| **Speedway Four, 4-cyl., 88 hp, 130" wb** | | | | | | |
| 3-pass Rdstr | 2900 | 8650 | 14600 | 29200 | 51300 | 72900 |
| 3-pass Bearcat | 5600 | 16650 | 28000 | 56000 | 98300 | 139800 |
| 7-pass Phtn | 2950 | 8750 | 14700 | 29400 | 51600 | 73400 |
| 4-pass Bulldog | 1650 | 4900 | 8250 | 16500 | 29000 | 41200 |
| 4-pass Spt Cpe | 1650 | 4950 | 8300 | 16600 | 29200 | 41500 |
| 6-pass Tr | 3050 | 9050 | 15200 | 30400 | 53400 | 75900 |
| 4-pass Cpe | 1650 | 4950 | 8300 | 16600 | 29200 | 41500 |
| **Speedway Six, 6-cyl., 80 hp** | | | | | | |
| 5-pass Sptstr | 2900 | 8550 | 14400 | 28800 | 50600 | 71900 |
| 7-pass Trstr | 2900 | 8550 | 14400 | 28800 | 50600 | 71900 |
| 5-pass Sptbohm | 1850 | 5400 | 9100 | 18200 | 32000 | 45500 |
| 7-pass Suburban | 1900 | 5500 | 9300 | 18600 | 32700 | 46400 |
| 7-pass Berline | 1900 | 5600 | 9450 | 18900 | 33200 | 47200 |
| ***1925*** | | | | | | |
| **Model 693, 6-cyl., 80 hp, 120" wb** | | | | | | |
| 5-pass Phtn | 2750 | 8150 | 13700 | 27400 | 48100 | 68400 |
| 5-pass Trbt | 2900 | 8600 | 14500 | 29000 | 50900 | 72400 |
| 3-pass Rdstr | 2750 | 8150 | 13700 | 27400 | 48100 | 68400 |
| 5-pass Sdn | 1300 | 4000 | 6650 | 13300 | 23400 | 33100 |
| **Model 694, 6-cyl., 80 hp, 120" wb** | | | | | | |
| 5-pass Phtn | 2750 | 8150 | 13700 | 27400 | 48100 | 68400 |
| 5-pass Trbt | 2900 | 8600 | 14500 | 29000 | 50900 | 72400 |
| 3-pass Rdstr | 2750 | 8150 | 13700 | 27400 | 48100 | 68400 |
| 5-pass Sdn | 1300 | 4000 | 6650 | 13300 | 23400 | 33100 |
| **Model 695, 6-cyl., 80 hp, 130" wb** | | | | | | |
| 7-pass Tourster | 2900 | 8600 | 14500 | 29000 | 50900 | 72400 |
| 5-pass Sptstr | 2900 | 8600 | 14500 | 29000 | 50900 | 72400 |
| 7-pass Suburban | 1900 | 5550 | 9350 | 18700 | 32900 | 46700 |
| 7-pass Berline | 1900 | 5600 | 9450 | 18900 | 33200 | 47200 |
| 5-pass Sptbohm | 1850 | 5450 | 9150 | 18300 | 32200 | 45700 |
| **Speedway Four, 4-cyl.** | | | | | | |
| 3-pass Rdstr | 2900 | 8650 | 14600 | 29200 | 51300 | 72900 |
| 3-pass Bearcat Spt Rdstr | 5600 | 16650 | 28000 | 56000 | 98300 | 139800 |
| 7-pass Phtn | 2950 | 8750 | 14700 | 29400 | 51600 | 73400 |
| 4-pass Bulldog Spt Tr | 1650 | 4900 | 8250 | 16500 | 29000 | 41200 |
| 4-pass Cpe | 1650 | 4950 | 8300 | 16600 | 29200 | 41500 |
| 4-pass Spt Cpe | 1650 | 4950 | 8300 | 16600 | 29200 | 41500 |
| ***1926*** | | | | | | |
| **Model 694, 6-cyl., 80 hp, 120" wb** | | | | | | |
| 2-pass Rdstr | 2750 | 8150 | 13700 | 27400 | 48100 | 68400 |
| 5-pass Tr | 3050 | 9050 | 15250 | 30500 | 53600 | 76100 |
| 4-pass Cpe | 1700 | 5000 | 8350 | 16700 | 29400 | 41700 |
| 5-pass Sdn | 1300 | 4050 | 6750 | 13500 | 23800 | 33700 |
| **Model 695, 6-cyl., 80 hp, 130" wb** | | | | | | |
| 5-pass Sptstr | 2900 | 8600 | 14500 | 29000 | 50900 | 72400 |
| 7-pass Trstr | 1900 | 5600 | 9450 | 18900 | 33200 | 47200 |
| 5-pass Sptbohm | 1850 | 5450 | 9150 | 18300 | 32200 | 45700 |
| 7-pass Suburban | 1900 | 5550 | 9350 | 18700 | 32900 | 46700 |
| 7-pass Berline | 1900 | 5600 | 9450 | 18900 | 33200 | 47200 |

| | 6 | 5 | 4 | 3 | 2 | 1 |
|---|---|---|---|---|---|---|
| **Model AA, 8-cyl., 92 hp, 131" wb** | | | | | | |
| 4-pass Spdstr Rdstr | 5600 | 16650 | 28000 | 56000 | 98300 | 139800 |
| 5-pass Spdstr Phtn | 5600 | 16650 | 28000 | 56000 | 98300 | 139800 |
| 4-pass Vic Cpe | 2300 | 6750 | 11400 | 22800 | 40050 | 57000 |
| 5-pass Brghm | 2000 | 5950 | 10000 | 20000 | 35150 | 49900 |
| 5-pass Sdn | 1650 | 4950 | 8300 | 16600 | 29200 | 41500 |
| 4-pass Cpe | 1700 | 5050 | 8450 | 16900 | 29700 | 42200 |
| 7-pass Sdn | 1700 | 5050 | 8500 | 17000 | 29900 | 42500 |
| 7-pass Limo | 1750 | 5100 | 8600 | 17200 | 30250 | 43000 |
| **1927** | | | | | | |
| **Model AA, 8-cyl., 96 hp, 131" wb** | | | | | | |
| 2-4 pass Spdstr | 5600 | 16650 | 28000 | 56000 | 98300 | 139800 |
| 4-pass Spdstr | 5600 | 16650 | 28000 | 56000 | 98300 | 139800 |
| 2-4 pass Cpe | 2250 | 6550 | 11000 | 22000 | 38650 | 55000 |
| 4-pass Vic Cpe | 2250 | 6550 | 11000 | 22000 | 38650 | 55000 |
| 5-pass Brghm | 2000 | 5950 | 10000 | 20000 | 35150 | 49900 |
| 5-pass Sdn | 1650 | 4950 | 8300 | 16600 | 29200 | 41500 |
| 7-pass Berline | 2000 | 5950 | 10000 | 20000 | 35150 | 49900 |
| 7-pass Sdn | 1750 | 5200 | 8750 | 17500 | 30800 | 43700 |
| 7-pass Sdn Limo | 1800 | 5250 | 8850 | 17700 | 31100 | 44100 |
| 5-pass Lan Sdn | 1800 | 5250 | 8850 | 17700 | 31100 | 44100 |
| 5-pass Tr Brghm | 1800 | 5250 | 8850 | 17700 | 31100 | 44100 |
| **Deluxe, 8-cyl., 96 hp, 131" wb** | | | | | | |
| 2-4 pass Spdstr | 5600 | 17050 | 29200 | 56300 | 99400 | 141900 |
| 4-pass Spdstr | 5600 | 17050 | 29200 | 56300 | 99400 | 141900 |
| 5-pass Sdn | 1700 | 5000 | 8400 | 16800 | 29550 | 41900 |
| 5-pass Brghm | 1700 | 5000 | 8400 | 16800 | 29550 | 41900 |
| 7-pass Sdn | 1800 | 5300 | 8900 | 17800 | 31300 | 44400 |
| 7-pass Sdn Limo | 1800 | 5350 | 9000 | 18000 | 31650 | 45000 |
| 4-pass Vic Cpe | 2250 | 6600 | 11150 | 22300 | 39200 | 55700 |
| 2-4 pass Cpe | 2250 | 6600 | 11150 | 22300 | 39200 | 55700 |
| 5-pass Lan Sdn | 1800 | 5300 | 8950 | 17900 | 31500 | 44700 |
| 5-pass Tr Brghm | 1800 | 5300 | 8950 | 17900 | 31500 | 44700 |
| **Custom Line, 8-cyl., 96 hp, 131" wb** | | | | | | |
| 2-4 pass Cbrlt Cpe | 1700 | 5050 | 8500 | 17000 | 29900 | 42500 |
| 5-pass Sdn | 1700 | 5050 | 8450 | 16900 | 29700 | 42200 |
| 4-pass Vic Cpe | 2300 | 6650 | 11200 | 22400 | 39350 | 55900 |
| 2-4 pass Cpe | 2300 | 6650 | 11200 | 22400 | 39350 | 55900 |
| 7-pass Spdstr (145" wb) | 1850 | 5400 | 9100 | 18200 | 32000 | 45500 |
| 2-4 pass Black Hawk | 1850 | 5400 | 9100 | 18200 | 32000 | 45500 |
| **Weyman Line, 8-cyl., 96 hp, 131" wb** | | | | | | |
| 2-4 pass Cbrlt Cpe | 1700 | 5050 | 8500 | 17000 | 29900 | 42500 |
| 5-pass Chantilly Cpe | 1700 | 5050 | 8500 | 17000 | 29900 | 42500 |
| 5-pass Lan Sdn | 1750 | 5100 | 8600 | 17200 | 30250 | 43000 |
| 5-pass Deauville Sdn | 1750 | 5100 | 8600 | 17200 | 30250 | 43000 |
| 5-pass Biarritz Sdn | 1750 | 5100 | 8600 | 17200 | 30250 | 43000 |
| 4-pass Monaco Sdn | 1750 | 5100 | 8600 | 17200 | 30250 | 43000 |
| 5-pass Riviera Sdn | 1750 | 5100 | 8600 | 17200 | 30250 | 43000 |
| **Prince of Wales, 8-cyl., 96 hp, 145" wb** | | | | | | |
| 5-pass Sdn | 2900 | 8650 | 14600 | 29200 | 51300 | 72900 |
| 7-pass Sdn | 3050 | 9050 | 15200 | 30400 | 53400 | 75900 |
| **1928** | | | | | | |
| **Model BB, 8-cyl., 115 hp, 131 & 135" wb** | | | | | | |
| 2-4 pass Spdstr | 5600 | 16650 | 28000 | 56000 | 98300 | 139800 |
| 4-pass Spdstr | 5600 | 16650 | 28000 | 56000 | 98300 | 139800 |
| 4-pass Dual Cowl Spdstr | 5800 | 17300 | 29100 | 58200 | 102000 | 144500 |
| 5-pass Ton Spdstr | 5650 | 16800 | 28250 | 56500 | 99200 | 141000 |
| 7-pass Spdstr | 5650 | 16750 | 28150 | 56300 | 98900 | 140500 |

| | 6 | 5 | 4 | 3 | 2 | 1 |
|---|---|---|---|---|---|---|
| 2-pass Blk Hwk Spdstr | 6000 | 18100 | 30200 | 60400 | 105550 | 150800 |
| 4-pass Blk Hwk Spdstr | 6000 | 18100 | 30200 | 60400 | 105550 | 150800 |
| 4-pass Vic Cpe | 2300 | 6750 | 11400 | 22800 | 40050 | 57000 |
| 2-4 pass Cpe | 2200 | 6350 | 10700 | 21400 | 37600 | 53500 |
| 5-pass Cpe | 1650 | 4900 | 8200 | 16400 | 28850 | 41000 |
| 5-pass Sdn | 1650 | 4950 | 8300 | 16600 | 29200 | 41500 |
| 5-pass Brghm | 1700 | 5050 | 8500 | 17000 | 29900 | 42500 |
| 2-4 pass Cabrlt Cpe | 3700 | 11200 | 18700 | 37400 | 65500 | 93600 |
| 7-pass Sdn | 1750 | 5200 | 8750 | 17500 | 30800 | 43700 |
| 7-pass Sdn Limo | 2500 | 7400 | 12500 | 25000 | 43900 | 62400 |
| 5-pass Coll Sdn | 2500 | 7400 | 12500 | 25000 | 43900 | 62400 |
| 7-pass Coll Sdn | 2500 | 7400 | 12500 | 25000 | 43900 | 62400 |
| 7-pass Ench Drive Limo | 2500 | 7400 | 12500 | 25000 | 43900 | 62400 |
| 4-pass Deauville | 2600 | 7650 | 12900 | 25800 | 45300 | 64400 |
| 5-pass Chntlly Sdn | 2600 | 7650 | 12900 | 25800 | 45300 | 64400 |
| 4-pass Monaco Cpe | 2750 | 8150 | 13700 | 27400 | 48100 | 68400 |
| 5-pass Riviera Sdn | 2750 | 8150 | 13700 | 27400 | 48100 | 68400 |
| 5-pass Biarritz Sdn | 2650 | 7950 | 13400 | 26800 | 47050 | 67000 |
| 7-pass Biarritz Sdn | 2750 | 8150 | 13700 | 27400 | 48100 | 68400 |
| 5-pass Chamonix Sdn | 2900 | 8600 | 14500 | 29000 | 50900 | 72400 |
| 7-pass Fontainbleau | 2900 | 8600 | 14500 | 29000 | 50900 | 72400 |
| 5-pass Aix Les Bains | 2900 | 8600 | 14500 | 29000 | 50900 | 72400 |
| 7-pass Versailles | 2900 | 8650 | 14600 | 29200 | 51300 | 72900 |
| 5-pass Prince of Wales | 2900 | 8650 | 14600 | 29200 | 51300 | 72900 |
| 7-pass Prince of Wales | 3050 | 9050 | 15200 | 30400 | 53400 | 75900 |
| Transfrmble Twn Car | 3150 | 9400 | 15800 | 31600 | 55500 | 78900 |

### 1929
**Model M, 8-cyl., 115 hp, 134-1/2" wb**

| | 6 | 5 | 4 | 3 | 2 | 1 |
|---|---|---|---|---|---|---|
| 2-4 pass RS Spdstr | 5600 | 16650 | 28000 | 56000 | 98300 | 139800 |
| 4-dr 4-pass Spdstr | 5500 | 16350 | 27500 | 55000 | 96600 | 137300 |
| 4-dr 4-pass Ton Spdstr | 5550 | 16700 | 27750 | 55500 | 97500 | 138500 |
| 5-pass Spdstr | 5750 | 17100 | 28750 | 57500 | 101000 | 143500 |
| 7-pass Spdstr | 5800 | 17300 | 29100 | 58200 | 102200 | 145300 |
| 2-pass Torpedo Spdstr | 5900 | 17550 | 29500 | 59000 | 103600 | 147300 |
| 5-pass Cpe | 2200 | 6350 | 10700 | 21400 | 37600 | 53500 |
| 2-pass Cpe | 2150 | 6200 | 10500 | 21000 | 36900 | 52400 |
| 4-pass Cpe | 2200 | 6350 | 10700 | 21400 | 37600 | 53500 |
| 2-pass Cabrlt Cpe | 3950 | 11950 | 20000 | 39900 | 69900 | 100000 |
| 4-dr 5-pass Sedan | 1750 | 5200 | 8750 | 17500 | 30800 | 43700 |
| 5-pass Chntlly Sdn | 2600 | 7650 | 12900 | 25800 | 45300 | 64400 |
| 5-pass Monaco Cpe | 2750 | 8150 | 13700 | 27400 | 48100 | 68400 |
| 5-pass Deauville | 2600 | 7650 | 12900 | 25800 | 45300 | 64400 |

**Model M, 8-cyl., 113 hp, 145" wb**

| | 6 | 5 | 4 | 3 | 2 | 1 |
|---|---|---|---|---|---|---|
| 4-dr 4-pass Spdstr | 5800 | 17500 | 29100 | 58200 | 101300 | 145600 |
| 4-dr 7-pass Spdstr | 5800 | 17500 | 29100 | 58200 | 101300 | 145600 |
| 4-dr 5-pass Sdn | 1800 | 5300 | 8950 | 17900 | 31500 | 44700 |
| 7-pass Sdn | 1850 | 5400 | 9100 | 18200 | 32000 | 45500 |
| 7-pass Limo | 2100 | 6150 | 10400 | 20800 | 36550 | 51900 |
| 5-pass Conv Sdn | 1900 | 5550 | 9350 | 18700 | 32900 | 46700 |
| 2-pass Cabrlt Cpe | 4100 | 12200 | 20500 | 41000 | 72000 | 102300 |
| 5-pass Biarritz | 2750 | 8150 | 13700 | 27400 | 48100 | 68400 |
| 7-pass Fontainbleau | 2900 | 8600 | 14500 | 29000 | 50900 | 72400 |
| 7-pass Aix Les Baines | 2900 | 8600 | 14500 | 29000 | 50900 | 72400 |
| 5-pass Biarritz Sdn | 2250 | 6850 | 11400 | 22800 | 40000 | 57200 |
| 5-pass LeBaron Limo | 2750 | 8150 | 13700 | 27400 | 48100 | 68400 |
| 6-pass LeBaron Brghm | 2750 | 8150 | 13700 | 27400 | 48100 | 68400 |
| 6-pass LeBaron Brghm Limo | 2900 | 8600 | 14500 | 29000 | 50900 | 72400 |
| 6-pass LeBaron Sdn | 2300 | 6650 | 11200 | 22400 | 39350 | 55900 |

| | 6 | 5 | 4 | 3 | 2 | 1 |
|---|---|---|---|---|---|---|
| 6-pass LeBaron Sdn Limo | 2900 | 8600 | 14500 | 29000 | 50900 | 72400 |
| 7-pass LeBaron Sdn Limo | 2900 | 8600 | 14500 | 29000 | 50900 | 72400 |
| 5-pass Trnsfrmbl Cbrlt | 3550 | 10700 | 17900 | 35800 | 62400 | 89400 |
| 7-pass Trnsfrmabl Town Car | 3550 | 10700 | 17900 | 35800 | 62400 | 89400 |
| 5-pass Trans Town Car | 3650 | 10950 | 18300 | 36600 | 64350 | 91500 |
| 2-dr 4-pass Longchamps C.C. Sdn | 2300 | 6650 | 11200 | 22400 | 39350 | 55900 |
| 4-dr 5-pass Versailles Sdn | 2300 | 6650 | 11200 | 22400 | 39350 | 55900 |
| 4-dr 5-pass Chaumont Sdn | 2300 | 6650 | 11200 | 22400 | 39350 | 55900 |
| 4-dr 4-pass Monte Carlo C.C. Cpe | 2300 | 6650 | 11200 | 22400 | 39350 | 55900 |

### 1930
**Model LA, 6-cyl., 85 hp, 127.5" wb**

| | 6 | 5 | 4 | 3 | 2 | 1 |
|---|---|---|---|---|---|---|
| 5-pass Sdn | 1650 | 4950 | 8300 | 16600 | 29200 | 41500 |
| 5-pass Cpe | 2300 | 6750 | 11400 | 22800 | 40050 | 57000 |
| 2-pass Cpe | 2300 | 6750 | 11400 | 22800 | 40050 | 57000 |
| 2-pass Spdstr | 5500 | 16350 | 27500 | 55000 | 96600 | 137300 |
| 4-pass Spdstr | 5500 | 16350 | 27500 | 55000 | 96600 | 137300 |
| 4-pass Ton Cowl Spdstr | 2300 | 6750 | 11400 | 22800 | 40050 | 57000 |
| 2-4 pass Cbrlt Cpe | 3750 | 11100 | 18700 | 37400 | 65700 | 93400 |

**Model MA, 8-cyl., 113 hp, 134-1/2" wb**

| | 6 | 5 | 4 | 3 | 2 | 1 |
|---|---|---|---|---|---|---|
| 2-pass Spdstr | 5600 | 16650 | 28000 | 56000 | 98300 | 139800 |
| 4-pass Spdstr | 5600 | 16650 | 28000 | 56000 | 98300 | 139800 |
| 2-pass Cpe | 2300 | 6750 | 11400 | 22800 | 40050 | 57000 |
| 5-pass Cpe | 2300 | 6750 | 11400 | 22800 | 40050 | 57000 |
| 4-pass Ton Cowl Spdstr | 2300 | 6750 | 11400 | 22800 | 40050 | 57000 |
| 5-pass Sdn | 1650 | 4950 | 8300 | 16600 | 29200 | 41500 |
| 2-4 pass Cabrlt Cpe | 3750 | 11100 | 18700 | 37400 | 65700 | 93400 |
| 2-dr 4-pass C.C. Longchamps | 2750 | 8150 | 13700 | 27400 | 48100 | 68400 |
| 4-dr 5-pass Versailles Sdn | 2750 | 8150 | 13700 | 27400 | 48100 | 68400 |
| 2-pass Torpedo Spdstr | 2900 | 8650 | 14600 | 29200 | 51300 | 72900 |

**Model MB, 8-cyl., 115 hp, 145" wb**

| | 6 | 5 | 4 | 3 | 2 | 1 |
|---|---|---|---|---|---|---|
| 7-pass Conv Sdn | 5850 | 17400 | 29250 | 58500 | 102700 | 146000 |
| 5-pass Sdn | 1800 | 5300 | 8950 | 17900 | 31500 | 44700 |
| 7-pass Sdn | 1850 | 5450 | 9150 | 18300 | 32200 | 45700 |
| 7-pass Spdstr | 5850 | 17400 | 29250 | 58500 | 102700 | 146000 |
| 2-4 pass Cabrlt Cpe | 3350 | 9950 | 16750 | 33500 | 58800 | 83600 |
| 4-dr 5-pass Chaumont Sdn | 2900 | 8650 | 14600 | 29200 | 51300 | 72900 |
| 4-dr 5-pass C.C. Monte Carlo Cpe | 2900 | 8650 | 14600 | 29200 | 51300 | 72900 |
| 5-pass LeB Sdn | 2450 | 7150 | 12100 | 24200 | 42500 | 60400 |
| 5-pass LeB Limo | 2600 | 7650 | 12900 | 25800 | 45300 | 64400 |
| 6-pass LeB Brghm | 2500 | 7400 | 12500 | 25000 | 43900 | 62400 |
| 6-pass LeB Brghm Limo | 2750 | 8150 | 13700 | 27400 | 48100 | 68400 |
| 6-pass LeB Sdn | 2500 | 7400 | 12500 | 25000 | 43900 | 62400 |
| 6-pass LeB Sdn Limo | 2750 | 8150 | 13700 | 27400 | 48100 | 68400 |
| 7-pass LeB Sdn Limo | 2900 | 8600 | 14500 | 29000 | 50900 | 72400 |
| 7-pass LeB Trnsfrmabl Cabrlt | 3600 | 10650 | 17900 | 35800 | 62900 | 89400 |
| 5-pass LeB Trnsfrmabl Twn Car | 3600 | 10650 | 17900 | 35800 | 62900 | 89400 |
| 7-pass LeB Trnsfrmabl Tr Cabrlt | 3650 | 10850 | 18300 | 36600 | 64300 | 91400 |

### 1931
**Model LA, 6-cyl., 85 hp, 127-1/2" wb**

| | 6 | 5 | 4 | 3 | 2 | 1 |
|---|---|---|---|---|---|---|
| 4-pass Ton Cowl Spdstr | 5200 | 15450 | 26000 | 52000 | 91300 | 129800 |
| 2-pass Spdstr | 5100 | 15150 | 25500 | 51000 | 89600 | 127300 |
| 4-pass Spdstr | 5100 | 15150 | 25500 | 51000 | 89600 | 127300 |
| 5-pass Cpe | 1900 | 5550 | 9350 | 18700 | 32900 | 46700 |
| 5-pass Sdn | 1550 | 4650 | 7800 | 15600 | 27450 | 38900 |
| 4-pass Cpe | 1950 | 5700 | 9600 | 19200 | 33750 | 47900 |
| 2-4 pass Cabrlt Cpe | 3400 | 10050 | 16900 | 33800 | 59300 | 84400 |
| 5-pass Club Sdn | 1550 | 4700 | 7850 | 15700 | 27600 | 39100 |

| | 6 | 5 | 4 | 3 | 2 | 1 |
|---|---|---|---|---|---|---|
| **Model MA, 8-cyl., 115 hp, 134-1/2" wb** | | | | | | |
| 4-pass Ton Cowl Spdstr | 5400 | 16050 | 27000 | 54000 | 94800 | 134800 |
| 2-pass Torp Spdstr | 3750 | 11150 | 18750 | 37500 | 65800 | 93600 |
| 4-pass Spdstr | 5600 | 16650 | 28000 | 56000 | 98300 | 139800 |
| 2-pass Spdstr | 5600 | 16650 | 28000 | 56000 | 98300 | 139800 |
| 5-pass Cpe | 2100 | 6150 | 10400 | 20800 | 36550 | 51900 |
| 5-pass Club Sdn | 2100 | 6150 | 10400 | 20800 | 36550 | 51900 |
| 2-pass Cpe | 2100 | 6150 | 10400 | 20800 | 36550 | 51900 |
| 2-4 pass Cabrlt Cpe | 3350 | 9500 | 16750 | 33500 | 57500 | 82000 |
| 5-pass Sedan | 1750 | 5250 | 8750 | 17500 | 30600 | 43700 |
| 2-dr 4-pass C.C. Longchamps Sdn | 2200 | 6750 | 11200 | 22400 | 39300 | 56100 |
| 4-dr 5-pass Versailles Sdn | 2200 | 6750 | 11200 | 22400 | 39300 | 56100 |
| **Model MB, 8-cyl., 115 hp, 145" wb** | | | | | | |
| 7-pass Spdstr | 5600 | 16650 | 28000 | 56000 | 98300 | 139800 |
| 5-pass Sdn | 2000 | 6100 | 10200 | 20400 | 35700 | 50900 |
| 7-pass Sdn | 2100 | 6150 | 10400 | 20800 | 36550 | 51900 |
| 7-pass Limo | 2500 | 7500 | 12500 | 25000 | 48700 | 62400 |
| 2-4 pass Cabrlt Cpe | 3950 | 11900 | 20000 | 39900 | 69900 | 99500 |
| 5-pass Conv Sdn | 5200 | 15600 | 26000 | 52000 | 93500 | 131000 |
| 4-dr 5-pass Chaumont Sdn | 3950 | 11900 | 20000 | 39900 | 69900 | 99500 |
| 4-dr 5-pass C.C. Monte Carlo Cpe | 3950 | 11900 | 20000 | 39900 | 69900 | 99500 |
| 5-pass LeBaron Sdn | 2500 | 7500 | 12500 | 25000 | 48700 | 62400 |
| 6-pass LeBaron Brghm | 2550 | 7750 | 12900 | 25800 | 45000 | 64500 |
| 7-pass LeBaron Sdn | 2750 | 8150 | 13700 | 27400 | 48100 | 68400 |
| 6-pass LeBaron Brghm Limo | 2900 | 8600 | 14500 | 29000 | 50900 | 72400 |
| 6-pass LeBaron Sdn | 2900 | 8600 | 14500 | 29000 | 50900 | 72400 |
| 6-7 pass LeBaron Sdn Limo | 2900 | 8650 | 14600 | 29200 | 51300 | 72900 |
| 5-pass LeBaron Trnsfrmbl Cabrlt | 3700 | 10950 | 18400 | 36800 | 64600 | 91900 |
| 7-pass LeBaron Trnsfrmbl Twn Car | 3600 | 10650 | 17900 | 35800 | 62900 | 89400 |
| 7-pass LeBaron Trnsfrmbl Twn Cabrlt | 3750 | 11100 | 18700 | 37400 | 65700 | 93400 |
| **Model DV, 8-cyl., 155 hp, 134.5" wb** | | | | | | |
| 5-pass Sdn | 2050 | 6000 | 10150 | 20300 | 35700 | 50700 |
| 5-pass Cpe | 2050 | 6000 | 10150 | 20300 | 35700 | 50700 |
| 2-pass Cpe | 2050 | 6000 | 10100 | 20200 | 35500 | 50400 |
| 2-pass Spdstr | 2500 | 7450 | 12600 | 25200 | 44250 | 63000 |
| 4-pass Spdstr | 4000 | 11950 | 20100 | 40200 | 70600 | 100300 |
| 4-pass Ton Cowl Spdstr | 2150 | 6250 | 10600 | 21200 | 37250 | 53000 |
| 2-4 pass Cbrlt Cpe | 4000 | 11950 | 20100 | 40200 | 70600 | 100300 |
| 2-4 pass Bearcat Spdstr | 7500 | 22250 | 37450 | 74900 | 131500 | 187000 |
| 5-pass Club Sdn | 2150 | 6200 | 10500 | 21000 | 36900 | 52400 |
| 4-pass Longchamps C.C. 2-dr Sdn | 2150 | 6200 | 10500 | 21000 | 36900 | 52400 |
| 4-dr 5-pass Versailles Sdn | 2300 | 6750 | 11350 | 22700 | 39900 | 56700 |
| **Model DV, 8-cyl., 155 hp, 145" wb** | | | | | | |
| 7-pass Sdn | 2900 | 8600 | 14500 | 29000 | 50900 | 72400 |
| 7-pass Limo | 2900 | 8600 | 14500 | 29000 | 50900 | 72400 |
| 5-pass Conv Sdn | 5400 | 16050 | 27000 | 54000 | 94800 | 134800 |
| 7-pass Spdstr | 5600 | 16650 | 28000 | 56000 | 98300 | 139800 |
| 2-4 pass Cabrlt Cpe | 4000 | 11950 | 20100 | 40200 | 70600 | 100300 |
| 5-pass Sdn | 2050 | 6000 | 10100 | 20200 | 35500 | 50400 |
| 4-dr 5-pass Chateau Sdn | 2500 | 7400 | 12500 | 25000 | 43900 | 62400 |
| 4-dr 5-pass Chateau C.C. Cpe | 2500 | 7400 | 12500 | 25000 | 43900 | 62400 |
| 5-pass LeBaron Sdn | 2500 | 7400 | 12500 | 25000 | 43900 | 62400 |
| 6-pass LeBaron Brghm | 2500 | 7400 | 12500 | 25000 | 43900 | 62400 |
| 6-pass LeBaron Brghm Limo | 2600 | 7700 | 13000 | 26000 | 45650 | 65000 |
| 6-pass LeBaron Sdn | 2600 | 7700 | 13000 | 26000 | 45650 | 65000 |
| 6-pass LeBaron Sdn Limo | 2950 | 8700 | 14650 | 29300 | 51400 | 73100 |
| 7-pass LeBaron Limo | 2950 | 8700 | 14650 | 29300 | 51400 | 73100 |
| 5-pass LeBaron Trans Cabrlt | 3600 | 10650 | 18000 | 35900 | 63000 | 89600 |
| 7-pass LeBaron Trans Twn Car | 3600 | 10650 | 18000 | 35900 | 63000 | 89600 |

|  | 6 | 5 | 4 | 3 | 2 | 1 |
|---|---|---|---|---|---|---|
| 7-pass Fleetwood Trans Twn Car | 3600 | 10650 | 17900 | 35800 | 62900 | 89400 |
| 2-pass Super Bearcat Cabrlt Cpe | 7450 | 22500 | 37450 | 74900 | 131200 | 187200 |

### 1932
**Model LAA, 6-cyl., 85 hp, 127-1/2" wb**

|  | 6 | 5 | 4 | 3 | 2 | 1 |
|---|---|---|---|---|---|---|
| 5-pass Sedan | 1650 | 4950 | 8300 | 16600 | 29200 | 41500 |
| 5-pass Cpe | 2300 | 6750 | 11400 | 22800 | 40050 | 57000 |
| 2-4 pass Cpe | 2300 | 6750 | 11400 | 22800 | 40050 | 57000 |
| 5-pass Club Sdn | 1900 | 5550 | 9350 | 18700 | 32900 | 46700 |

**Model SV-16, 8-cyl., 115 hp, 134-1/2" wb**

|  | 6 | 5 | 4 | 3 | 2 | 1 |
|---|---|---|---|---|---|---|
| 2-pass Spdstr | 3550 | 10200 | 17750 | 35500 | 62200 | 89000 |
| 4-pass Ton Spdstr | 5400 | 16050 | 27000 | 54000 | 94800 | 134800 |
| 2-pass Torp Spdstr | 3550 | 10700 | 17900 | 35800 | 62600 | 89400 |
| 5-pass Cpe | 2100 | 6150 | 10400 | 20800 | 36550 | 51900 |
| 5-pass Sdn | 1900 | 5550 | 9350 | 18700 | 32900 | 46700 |
| 2-4 pass Cpe | 2300 | 6750 | 11400 | 22800 | 40050 | 57000 |
| 5-pass Club Sdn | 1900 | 5650 | 9550 | 19100 | 33600 | 47700 |
| 2-4 pass Cabrlt Cpe | 3550 | 10700 | 17900 | 35800 | 62600 | 89400 |
| 2-dr 4-pass C.C. Longchamps Sdn | 2300 | 6750 | 11400 | 22800 | 40050 | 57000 |
| 4-dr 5-pass Versailles Sdn | 2300 | 6750 | 11400 | 22800 | 40050 | 57000 |
| 6-pass Sdn | 2200 | 6350 | 10700 | 21400 | 37600 | 53500 |
| Cont Cpe | 2900 | 8600 | 14500 | 29000 | 50900 | 72400 |

**Model SV-16, 8-cyl., 115 hp, 145" wb**

|  | 6 | 5 | 4 | 3 | 2 | 1 |
|---|---|---|---|---|---|---|
| 7-pass Spdstr | 6000 | 18100 | 30200 | 60400 | 105550 | 150800 |
| 7-pass Sdn | 3350 | 10000 | 16900 | 33800 | 58400 | 83200 |
| 5-pass LeBaron Sdn | 3150 | 9450 | 15800 | 31600 | 55300 | 79000 |
| 7-pass Limo | 3550 | 10700 | 17900 | 35800 | 62600 | 89400 |
| 5-pass Conv Sdn | 5200 | 15600 | 26000 | 52000 | 93500 | 131000 |
| 4-dr 5-pass Chaumont Sdn | 3950 | 11900 | 20000 | 39900 | 69900 | 99500 |
| 6-pass LeBaron Brghm | 3550 | 10700 | 17900 | 35800 | 62600 | 89400 |
| Monte Carlo | 3800 | 11250 | 18950 | 37900 | 66500 | 94600 |
| 6-pass LeBaron Brghm Limo | 3750 | 11100 | 18700 | 37400 | 65700 | 93400 |
| 7-pass LeBaron Sdn Limo | 3750 | 11100 | 18700 | 37400 | 65700 | 93400 |
| 6-pass LeBaron Sdn Limo | 3750 | 11100 | 18700 | 37400 | 65700 | 93400 |
| 7-pass LeBaron Trnsfrmbl Cabrlt | 4000 | 11850 | 20000 | 39900 | 70100 | 99600 |
| 4-dr 5-pass C.C. Monte Carlo Cpe | 4100 | 12100 | 20400 | 40800 | 71600 | 101800 |
| 6-pass Prnce of Wles Brghm Limo | 4100 | 12100 | 20400 | 40800 | 71600 | 101800 |
| 5-pass Vic Conv | 4550 | 13700 | 22950 | 45900 | 80000 | 114400 |
| 4-pass Hollywood Spt Sdn | 3550 | 10700 | 17900 | 35800 | 62600 | 89400 |
| 6-pass Tuxedo Cabrlt | 5600 | 16650 | 28000 | 56000 | 98300 | 139800 |
| 5-pass Patrician Club Cpe | 3750 | 11100 | 18700 | 37400 | 65700 | 93400 |
| Trnsfrmbl Twn Car | 5800 | 17250 | 29000 | 58000 | 101800 | 144800 |

**Model DV-32, 8-cyl., 156 hp, 143.5" wb**

|  | 6 | 5 | 4 | 3 | 2 | 1 |
|---|---|---|---|---|---|---|
| 2-pass Bearcat Torp Spdstr | 7450 | 22500 | 37450 | 74900 | 131200 | 187200 |
| 2-pass Spdstr | 3700 | 11000 | 18500 | 37000 | 63500 | 91500 |
| 4-pass Ton Spdstr | 6000 | 17800 | 29950 | 59900 | 105200 | 149500 |
| 2-pass Torp Spdstr | 4000 | 11900 | 20000 | 40000 | 70200 | 99800 |
| 5-pass Cpe | 2550 | 7550 | 12750 | 25500 | 44800 | 63700 |
| 5-pass Sdn | 2300 | 6650 | 11200 | 22400 | 39350 | 55900 |
| 2-4 pass Cpe | 2650 | 7850 | 13300 | 26600 | 46700 | 66400 |
| 5-pass Club Sdn | 2300 | 6650 | 11200 | 22400 | 39350 | 55900 |
| 2-4 pass Cabrlt Cpe | 4000 | 11900 | 20000 | 40000 | 70200 | 99800 |
| 2-dr 4-pass C.C. Longchamps Sdn | 2650 | 7850 | 13300 | 26600 | 46700 | 66400 |
| 4-dr 5-pass Versailles Sdn | 2650 | 7850 | 13300 | 26600 | 46700 | 66400 |
| 6-pass Sdn | 2550 | 7550 | 12750 | 25500 | 44800 | 63700 |
| Cont Cpe | 3300 | 9750 | 16400 | 32800 | 57600 | 81900 |

**Model DV-32, 8-cyl., 156 hp, 145" wb**

|  | 6 | 5 | 4 | 3 | 2 | 1 |
|---|---|---|---|---|---|---|
| 7-pass Spdstr | 6500 | 19300 | 32450 | 64900 | 114000 | 162000 |
| 7-pass Sdn | 3800 | 11300 | 19000 | 38000 | 66700 | 94900 |
| 5-pass LeBaron Sdn | 3600 | 10650 | 17950 | 35900 | 63000 | 89600 |

| | 6 | 5 | 4 | 3 | 2 | 1 |
|---|---|---|---|---|---|---|
| 7-pass Limo | 4000 | 11900 | 20000 | 40000 | 70200 | 99800 |
| 5-pass Conv Sdn | 6000 | 17800 | 29950 | 59900 | 105200 | 149500 |
| 4-dr 5-pass Chaumont Sdn | 4400 | 13050 | 21950 | 43900 | 77100 | 109600 |
| 6-pass LeBaron Brghm | 4000 | 11900 | 20000 | 40000 | 70200 | 99800 |
| Monte Carlo | 4200 | 12450 | 20950 | 41900 | 73600 | 104600 |
| 6-pass LeBaron Brghm Limo | 4050 | 12050 | 20250 | 40500 | 71100 | 101100 |
| 7-pass LeBaron Sdn Limo | 4050 | 12050 | 20250 | 40500 | 71100 | 101100 |
| 6-pass LeBaron Sdn Limo | 4050 | 12050 | 20250 | 40500 | 71100 | 101100 |
| 7-pass LeBaron Trnsfrmbl Cabrlt | 4400 | 13050 | 21950 | 43900 | 77100 | 109600 |
| 4-dr 5-pass C.C. Monte Carlo Cpe | 4400 | 13050 | 22000 | 44000 | 77300 | 109800 |
| 6-pass Prnce of Wles Brghm Limo | 4400 | 13050 | 22000 | 44000 | 77300 | 109800 |
| 5-pass Vic Conv | 4900 | 14550 | 24500 | 49000 | 86000 | 122300 |
| 4-pass Hollywood Spt Sdn | 4000 | 11900 | 20000 | 40000 | 70200 | 99800 |
| 6-pass Tuxedo Cabrlt | 6000 | 17800 | 29950 | 59900 | 105200 | 149500 |
| 5-pass Patrician Club Cpe | 4150 | 12350 | 20750 | 41500 | 72900 | 103600 |
| Trnsfrmbl Twn Car | 6200 | 18400 | 30950 | 61900 | 108700 | 154500 |

**Model DV-32, 8-cyl., 156 hp, 116" wb**

| | 6 | 5 | 4 | 3 | 2 | 1 |
|---|---|---|---|---|---|---|
| Super Bearcat Cabrlt Spdstr | 7450 | 22500 | 37450 | 74900 | 131200 | 187200 |

### 1933

**Model LAA, 6-cyl., 85 hp, 127-1/2" wb**

| | 6 | 5 | 4 | 3 | 2 | 1 |
|---|---|---|---|---|---|---|
| 5-pass Sdn | 1750 | 5200 | 8750 | 17500 | 30800 | 43700 |
| 5-pass Cpe | 2100 | 6150 | 10400 | 20800 | 36550 | 51900 |
| 2-4 pass Cpe | 2100 | 6150 | 10400 | 20800 | 36550 | 51900 |
| 5-pass Club Sdn | 1900 | 5550 | 9350 | 18700 | 32900 | 46700 |
| 4-pass Cabrlt Cpe | 3150 | 9400 | 15800 | 31600 | 55500 | 78900 |

**Model CS-16/CD-32, 8-cyl., 115 hp, 134.5" wb**

| | 6 | 5 | 4 | 3 | 2 | 1 |
|---|---|---|---|---|---|---|
| 5-pass Sdn | 1800 | 5250 | 8850 | 17700 | 31100 | 44100 |
| 5-pass Cpe | 2150 | 6200 | 10500 | 21000 | 36900 | 52400 |
| 2-4 pass Cpe | 2150 | 6200 | 10500 | 21000 | 36900 | 52400 |
| 2-pass Spdstr | 2150 | 6200 | 10500 | 21000 | 36900 | 52400 |
| 2-4 pass Cabrlt Cpe | 3200 | 9500 | 16000 | 32000 | 55500 | 80000 |
| 2-pass Torp Spdstr | 3200 | 9500 | 16000 | 32000 | 55500 | 80000 |
| 5-0pass Club Sdn | 1950 | 5700 | 9600 | 19200 | 33750 | 47900 |
| 7-pass Sdn (145" wb) | 2000 | 5800 | 9750 | 19500 | 34300 | 48700 |
| 7-pass Limo (145" wb) | 2750 | 8150 | 13700 | 27400 | 48100 | 68400 |
| 5-pass Conv Sdn (145" wb) | 5350 | 16000 | 26850 | 53700 | 94000 | 134000 |
| 2-4 pass Cabrlt Cpe (145" wb) | 3200 | 9700 | 16150 | 32300 | 55700 | 81000 |

**Model SV-16, 8-cyl., 115 hp, 134-1/2" wb**

| | 6 | 5 | 4 | 3 | 2 | 1 |
|---|---|---|---|---|---|---|
| 2-pass Spdstr | 3300 | 9800 | 16700 | 33400 | 58000 | 82800 |
| 4-pass Ton Spdstr | 4650 | 14000 | 23450 | 46900 | 81500 | 116900 |
| 2-pass Torp Spdstr | 3350 | 10000 | 16900 | 33800 | 58400 | 83200 |
| 5-pass Coupe | 2400 | 7000 | 11850 | 23700 | 41600 | 59200 |
| 5-pass Sdn | 1900 | 5550 | 9350 | 18700 | 32900 | 46700 |
| 2-4 pass Cpe | 2400 | 7100 | 12000 | 24100 | 42300 | 60100 |
| 5-pass Club Sdn | 1900 | 5650 | 9550 | 19100 | 33600 | 47700 |
| 2-4 pass Cabrlt Cpe | 3350 | 10000 | 16900 | 33800 | 58400 | 83200 |
| 5-pass Versailles Sdn | 2750 | 8150 | 13700 | 27400 | 48100 | 68400 |

**Model SV-16, 8-cyl., 115 hp, 145" wb**

| | 6 | 5 | 4 | 3 | 2 | 1 |
|---|---|---|---|---|---|---|
| 7-pass Spdstr | 2300 | 6750 | 11400 | 22800 | 40050 | 57000 |
| 7-pass Sdn | 2400 | 7000 | 11850 | 23700 | 41600 | 59200 |
| 5-pass Sdn | 2300 | 6750 | 11400 | 22800 | 40050 | 57000 |
| 7-pass Limo | 2750 | 8150 | 13700 | 27400 | 48100 | 68400 |
| 2-4 pass Cabrlt Cpe | 3900 | 11550 | 19450 | 38900 | 68300 | 97100 |
| 5-pass Conv Sdn | 5400 | 16050 | 27000 | 54000 | 94800 | 134800 |
| 6-pass Sdn | 2900 | 8600 | 14500 | 29000 | 50900 | 72400 |
| 5-pass Chaumont Sdn | 2900 | 8650 | 14600 | 29200 | 51300 | 72900 |
| 6-pass LeBaron Brghm | 2900 | 8650 | 14600 | 29200 | 51300 | 72900 |
| 6-pass LeBaron Sdn | 2900 | 8600 | 14500 | 29000 | 50900 | 72400 |

| | 6 | 5 | 4 | 3 | 2 | 1 |
|---|---|---|---|---|---|---|
| 5-pass Monte Carlo C.C. Cpe | 3050 | 9050 | 15200 | 30400 | 53400 | 75900 |
| 6-pass LeBaron Brghm Limo | 3550 | 10700 | 17900 | 35800 | 62600 | 89400 |
| 6-pass LeBaron Sdn Limo | 3350 | 10000 | 16900 | 33800 | 58400 | 83200 |
| 7-pass LeBaron Twn Car | 3750 | 11100 | 18700 | 37400 | 65700 | 93400 |
| **Series DV-32, 8-cyl., 156" wb** | | | | | | |
| 2-pass Spdstr | 3700 | 11000 | 18500 | 37000 | 63500 | 91500 |
| 4-pass Ton Spdstr | 6000 | 17800 | 29950 | 59900 | 105200 | 149500 |
| 2-pass Torp Spdstr | 4000 | 11900 | 20000 | 40000 | 70200 | 99800 |
| 5-pass Cpe | 2550 | 7550 | 12750 | 25500 | 44800 | 63700 |
| 5-pass Sdn | 2300 | 6650 | 11200 | 22400 | 39350 | 55900 |
| 2-4 pass Cpe | 2650 | 7850 | 13300 | 26600 | 46700 | 66400 |
| 5-pass Club Sdn | 2300 | 6650 | 11200 | 22400 | 39350 | 55900 |
| 2-4 pass Cabrlt Cpe | 4000 | 11900 | 20000 | 40000 | 70200 | 99800 |
| 2-dr 4-pass C.C. Longchamps Sdn | 2650 | 7850 | 13300 | 26600 | 46700 | 66400 |
| 4-dr 5-pass Versailles Sdn | 2650 | 7850 | 13300 | 26600 | 46700 | 66400 |
| 6-pass Sdn | 2550 | 7550 | 12750 | 25500 | 44800 | 63700 |
| Cont Cpe | 3300 | 9750 | 16400 | 32800 | 57600 | 81900 |
| **Model DV-32, 8-cyl., 156 hp, 145" wb** | | | | | | |
| 7-pass Spdstr | 6500 | 19300 | 32450 | 64900 | 114000 | 162000 |
| 7-pass Sdn | 3800 | 11300 | 19000 | 38000 | 66700 | 94900 |
| 5-pass LeBaron Sdn | 3600 | 10650 | 17950 | 35900 | 63000 | 89600 |
| 7-pass Limo | 4000 | 11900 | 20000 | 40000 | 70200 | 99800 |
| 5-pass Conv Sdn | 6000 | 17800 | 29950 | 59900 | 105200 | 149500 |
| 4-dr 5-pass Chaumont Sdn | 4400 | 13050 | 21950 | 43900 | 77100 | 109600 |
| 6-pass LeBaron Brghm | 4000 | 11900 | 20000 | 40000 | 70200 | 99800 |
| Monte Carlo | 4200 | 12450 | 20950 | 41900 | 73600 | 104600 |
| 6-pass LeBaron Brghm Limo | 4050 | 12050 | 20250 | 40500 | 71100 | 101100 |
| 7-pass LeBaron Sdn Limo | 4050 | 12050 | 20250 | 40500 | 71100 | 101100 |
| 6-pass LeBaron Sdn Limo | 4050 | 12050 | 20250 | 40500 | 71100 | 101100 |
| 7-pass LeBaron Trnsfrmbl Cabrlt | 4400 | 13050 | 21950 | 43900 | 77100 | 109600 |
| 4-dr 5-pass C.C. Monte Carlo Cpe | 4400 | 13050 | 22000 | 44000 | 77300 | 109800 |
| 6-pass Prnce of Wles Brghm Limo | 4400 | 13050 | 22000 | 44000 | 77300 | 109800 |
| 5-pass Vic Conv | 4900 | 14550 | 24500 | 49000 | 86000 | 122300 |
| 4-pass Hollywood Spt Sdn | 4000 | 11900 | 20000 | 40000 | 70200 | 99800 |
| 6-pass Tuxedo Cabrlt | 6000 | 17800 | 29950 | 59900 | 105200 | 149500 |
| 5-pass Patrician Club Cpe | 4150 | 12350 | 20750 | 41500 | 72900 | 103600 |
| Trnsfrmbl Twn Car | 6200 | 18400 | 30950 | 61900 | 108700 | 154500 |
| **1934** | | | | | | |
| **Model SV-16, 8-cyl., 115 hp, 134-1/2" wb** | | | | | | |
| 2- pass Spdstr | 4900 | 15000 | 24700 | 49400 | 87300 | 124800 |
| 2-pass Torp Spdstr | 4550 | 13700 | 22850 | 45700 | 80100 | 114400 |
| 2-4 pass Cpe | 2100 | 6150 | 10400 | 20800 | 36550 | 51900 |
| 2-4 pass Cabrlt Cpe | 3550 | 10700 | 17900 | 35800 | 62600 | 89400 |
| 5-pass Club Sdn | 2500 | 7400 | 12500 | 25000 | 43900 | 62400 |
| 5-pass Sdn | 2300 | 6750 | 11400 | 22800 | 40050 | 57000 |
| 5-pass Cpe | 2500 | 7400 | 12500 | 25000 | 43900 | 62400 |
| **Model CS-16/CD32, 8-cyl., 113 hp, 134.5" and 145" wb** | | | | | | |
| 4-pass Ton Cowl Spdstr | 2500 | 7400 | 12500 | 25000 | 43900 | 62400 |
| **Model SV-16, 8-cyl., 115 hp, 145" wb** | | | | | | |
| 5-pass Conv Sdn | 3750 | 11100 | 18700 | 37400 | 65700 | 93400 |
| 7-pass Sdn | 2450 | 7250 | 12250 | 24500 | 43000 | 61200 |
| 7-pass Limo | 2600 | 7650 | 12900 | 25800 | 45300 | 64400 |
| 5-pass Club Sdn | 2600 | 7650 | 12900 | 25800 | 45300 | 64400 |
| 7-pass Spdstr | 2600 | 7650 | 12900 | 25800 | 45300 | 64400 |
| 2-4 pass Cabrlt Cpe | 3700 | 11000 | 18500 | 37000 | 65000 | 93000 |
| **Model DV-32, 8-cyl., 156 hp, 134-1/2" wb** | | | | | | |
| 2-pass Spdstr | 5400 | 16050 | 27000 | 54000 | 94800 | 134800 |
| 2-pass Torp | 5300 | 16000 | 26600 | 53100 | 92100 | 135500 |
| 2-4 pass Cpe | 2500 | 7350 | 12450 | 24900 | 43700 | 62100 |

| | 6 | 5 | 4 | 3 | 2 | 1 |
|---|---|---|---|---|---|---|
| 5-pass Club Sdn | 2450 | 7250 | 12250 | 24500 | 42900 | 61350 |
| 5-pass Sdn | 2400 | 7250 | 12050 | 24100 | 42200 | 60300 |
| 5-pass Cpe | 2550 | 7750 | 12900 | 25800 | 45000 | 64500 |
| **Model DV-32, 8-cyl., 156 hp, 145" wb** | | | | | | |
| 5-pass Cowl Sdn | 4900 | 15000 | 24700 | 49400 | 87300 | 124800 |
| 7-pass Sdn | 2500 | 7500 | 12500 | 25000 | 48700 | 62400 |
| 7-pass Limo | 2900 | 8750 | 14600 | 29200 | 50900 | 72800 |
| 7-pass Spdstr | 2900 | 8750 | 14600 | 29200 | 50900 | 72800 |
| 2-4 pass Cabrlt Cpe | 3750 | 11500 | 18750 | 37500 | 65500 | 93500 |
| ***1935*** | | | | | | |
| **Model SV-16/CS-16, 8-cyl., 113 hp, 134" wb** | | | | | | |
| 2-4 pass Spdstr | 3650 | 10950 | 18300 | 36600 | 64350 | 91500 |
| 2-4 pass Cpe | 2100 | 6500 | 10700 | 21400 | 37950 | 54100 |
| 5-pass Sdn | 1750 | 5250 | 8750 | 17500 | 30600 | 43700 |
| 7-pass Sdn (145" wb) | 2000 | 6000 | 10000 | 20000 | 34900 | 49900 |
| **Model DV-32/CD-32, 8-cyl., 156 hp, 134" wb** | | | | | | |
| 2-4 pass Spdstr | 3700 | 11200 | 18700 | 37400 | 65500 | 93600 |
| 2-4 pass Cpe | 2250 | 6850 | 11400 | 22800 | 40000 | 57200 |
| 5-pass Sdn | 1750 | 5250 | 8750 | 17500 | 30600 | 43700 |
| 7-pass Limo (145" wb) | 2250 | 6850 | 11400 | 22800 | 40000 | 57200 |
| ***1936*** | | | | | | |
| **Model SV-16, 8-cyl., 134.5" and 145" wb** | | | | | | |
| 2-4 pass Spdstr | 3650 | 10950 | 18300 | 36600 | 64350 | 91500 |
| 2-4 pass Cpe | 2100 | 6500 | 10700 | 21400 | 37950 | 54100 |
| 5-pass Sdn | 1750 | 5250 | 8750 | 17500 | 30600 | 43700 |
| 7-pass Sdn (145" wb) | 2000 | 6000 | 10000 | 20000 | 34900 | 49900 |
| **Model DV-32, 8-cyl., 134.5" and 145" wb** | | | | | | |
| 2-4 pass Spdstr | 3700 | 11200 | 18700 | 37400 | 65500 | 93600 |
| 2-4 pass Cpe | 2250 | 6850 | 11400 | 22800 | 40000 | 57200 |
| 5-pass Sdn | 1750 | 5250 | 8750 | 17500 | 30600 | 43700 |
| 7-pass Limo (145" wb) | 2250 | 6850 | 11400 | 22800 | 40000 | 57200 |

# TERRAPLANE
## 1933 – 1938

| | 6 | 5 | 4 | 3 | 2 | 1 |
|---|---|---|---|---|---|---|
| ***1933*** | | | | | | |
| **Model K, 6-cyl., 106" wb** | | | | | | |
| 2-4 pass Rdstr | 1100 | 3500 | 5800 | 11600 | 20450 | 28900 |
| 5-pass Phtn | 1150 | 3600 | 6000 | 12000 | 21150 | 30000 |
| 2-pass Cpe | 450 | 1250 | 2100 | 4200 | 7200 | 10500 |
| 2-4 pass Cpe | 500 | 1350 | 2300 | 4600 | 8000 | 11300 |
| 2-dr 5-pass C'ch | 450 | 1250 | 2150 | 4300 | 7400 | 10700 |
| 4-dr 5-pass Sdn | 450 | 1250 | 2200 | 4400 | 7600 | 10900 |
| **Special Six, Model K, 6-cyl., 106" wb** | | | | | | |
| 2-4 pass Rdstr | 1100 | 3550 | 5900 | 11800 | 20800 | 29400 |
| 2-4 pass Conv Cpe | 1050 | 3300 | 5500 | 11000 | 19300 | 27500 |
| 2-4 pass Cpe | 500 | 1350 | 2350 | 4700 | 8100 | 11500 |
| 2-dr 5-pass C'ch | 450 | 1250 | 2150 | 4300 | 7400 | 10700 |
| 5-pass Sdn | 450 | 1250 | 2200 | 4400 | 7600 | 10900 |

| | 6 | 5 | 4 | 3 | 2 | 1 |
|---|---|---|---|---|---|---|
| **DeLuxe Six, Model KU, 6-cyl., 113" wb** | | | | | | |
| 2-4 pass Conv Cpe | 1100 | 3500 | 5800 | 11600 | 20450 | 28900 |
| 2-dr 2-pass Cpe | 450 | 1250 | 2150 | 4300 | 7400 | 10700 |
| 2-4 pass Cpe | 550 | 1450 | 2450 | 4900 | 8500 | 12000 |
| 2-dr 5-pass C'ch | 450 | 1250 | 2200 | 4400 | 7600 | 10900 |
| 5-pass Sdn | 500 | 1300 | 2250 | 4500 | 7700 | 11000 |
| **Model KT, 8-cyl., 113" wb** | | | | | | |
| 2-pass Rdstr | 1100 | 3550 | 5900 | 11800 | 20800 | 29400 |
| 4-pass Rdstr | 1150 | 3650 | 6100 | 12200 | 21500 | 30500 |
| 2-pass Cpe | 500 | 1350 | 2350 | 4700 | 8100 | 11500 |
| 2-4 pass Cpe | 550 | 1550 | 2650 | 5300 | 9100 | 13000 |
| 2-4 pass Conv Cpe | 1050 | 3400 | 5700 | 11400 | 20100 | 28500 |
| 2-dr 5-pass C'ch | 500 | 1350 | 2300 | 4600 | 8000 | 11300 |
| 5-pass Sdn | 550 | 1450 | 2450 | 4900 | 8500 | 12000 |
| **DeLuxe Eight, Model KT, 8-cyl., 113" wb** | | | | | | |
| 2-4 pass Conv Cpe | 1100 | 3550 | 5900 | 11800 | 20800 | 29400 |
| 2-pass Cpe | 550 | 1450 | 2450 | 4900 | 8500 | 12000 |
| 2-4 pass Cpe | 600 | 1600 | 2750 | 5500 | 9500 | 13800 |
| 2-dr 5-pass C'ch | 550 | 1400 | 2400 | 4800 | 8300 | 11800 |
| 5-pass Sdn | 550 | 1450 | 2450 | 4900 | 8500 | 12000 |
| **1934** | | | | | | |
| **Challenger KS, 6-cyl., 80 hp, 112" wb** | | | | | | |
| 2-dr 2-pass Cpe | 450 | 1250 | 2150 | 4300 | 7400 | 10700 |
| 2-4 pass Cpe | 500 | 1350 | 2350 | 4700 | 8100 | 11500 |
| 2-dr 5-pass C'ch | 400 | 1200 | 2000 | 4000 | 6900 | 10000 |
| 5-pass Sdn | 450 | 1250 | 2050 | 4100 | 7100 | 10300 |
| **Model KU Deluxe, 6-cyl., 85 hp, 116" wb** | | | | | | |
| 2-pass Cpe | 450 | 1250 | 2150 | 4300 | 7400 | 10700 |
| 2-4 pass Cpe | 500 | 1350 | 2350 | 4700 | 8100 | 11500 |
| 2-4 pass Conv Cpe | 1150 | 3600 | 5950 | 11900 | 21000 | 29700 |
| 5-pass Comp Vic | 450 | 1250 | 2150 | 4300 | 7400 | 10700 |
| 5-pass C'ch | 400 | 1150 | 1850 | 3700 | 6400 | 9300 |
| 5-pass Sdn | 450 | 1250 | 2050 | 4100 | 7100 | 10300 |
| 5-pass Comp Sdn | 450 | 1250 | 2100 | 4200 | 7200 | 10500 |
| **Standard K, 6-cyl., 80 hp, 112" wb** | | | | | | |
| 2-pass Cpe | 500 | 1300 | 2250 | 4500 | 7700 | 11000 |
| 2-4 pass Cpe | 550 | 1450 | 2450 | 4900 | 8500 | 12000 |
| 2-4 pass Conv Cpe | 1200 | 3850 | 6450 | 12900 | 22700 | 32200 |
| 5-pass Comp Vic | 450 | 1250 | 2150 | 4300 | 7400 | 10700 |
| 5-pass Sdn | 450 | 1250 | 2050 | 4100 | 7100 | 10300 |
| 5-pass Comp Sdn | 450 | 1250 | 2100 | 4200 | 7200 | 10500 |
| 5-pass C'ch | 450 | 1250 | 2050 | 4100 | 7100 | 10300 |
| **1935** | | | | | | |
| **Model G, 6-cyl., 112" wb** | | | | | | |
| 2-pass Cpe | 450 | 1250 | 2150 | 4300 | 7400 | 10700 |
| 2-4 pass Cpe | 450 | 1250 | 2200 | 4400 | 7600 | 10900 |
| 5-pass Tr Brghm | 450 | 1250 | 2100 | 4200 | 7200 | 10500 |
| 5-pass C'ch | 450 | 1250 | 2050 | 4100 | 7100 | 10300 |
| 5-pass Sdn | 450 | 1250 | 2100 | 4200 | 7200 | 10500 |
| 5-pass Sub Sdn | 450 | 1250 | 2100 | 4200 | 7200 | 10500 |
| **DeLuxe GU, 6-cyl., Big Six, 112" wb** | | | | | | |
| 2-pass Cpe | 450 | 1250 | 2150 | 4300 | 7400 | 10700 |
| 2-4 pass Cpe | 500 | 1300 | 2250 | 4500 | 7700 | 11000 |
| 2-4 pass Conv Cpe | 1000 | 3200 | 5400 | 10800 | 19000 | 26900 |
| 5-pass Tr Brghm | 450 | 1250 | 2200 | 4400 | 7600 | 10900 |
| 5-pass C'ch | 450 | 1250 | 2150 | 4300 | 7400 | 10700 |
| 5-pass Sdn | 450 | 1250 | 2150 | 4300 | 7400 | 10700 |
| 5-pass Sub Sdn | 450 | 1250 | 2200 | 4400 | 7600 | 10900 |
| **1936** | | | | | | |
| **DeLuxe 61, 6-cyl., 88 hp, 115" wb** | | | | | | |
| 2-pass Cpe | 450 | 1250 | 2050 | 4100 | 7100 | 10300 |

| | 6 | 5 | 4 | 3 | 2 | 1 |
|---|---|---|---|---|---|---|
| 2-4 pass Cpe | 500 | 1300 | 2250 | 4500 | 7700 | 11000 |
| 5-pass Coach | 400 | 1200 | 1950 | 3900 | 6800 | 9900 |
| 5-pass Tr Brghm | 450 | 1250 | 2050 | 4100 | 7100 | 10300 |
| 5-pass Sdn | 400 | 1200 | 2000 | 4000 | 6900 | 10000 |
| 5-pass Sub Sdn | 400 | 1200 | 2000 | 4000 | 6900 | 10000 |
| **Custom 62, 6-cyl., 88 hp, 115" wb** | | | | | | |
| 2-4 pass Conv Cpe | 1100 | 3450 | 5750 | 11500 | 20300 | 28700 |
| 2-pass Cpe | 450 | 1250 | 2150 | 4300 | 7400 | 10700 |
| 2-4 pass Bus Cpe | 550 | 1450 | 2450 | 4900 | 8500 | 12000 |
| 5-pass Coach | 450 | 1250 | 2150 | 4300 | 7400 | 10700 |
| 5-pass Tr Brghm | 450 | 1250 | 2200 | 4400 | 7600 | 10900 |
| 5-pass Sdn | 450 | 1250 | 2150 | 4300 | 7400 | 10700 |
| 5-pass Sub Sdn | 450 | 1250 | 2150 | 4300 | 7400 | 10700 |

### 1937

**DeLuxe 71, 6-cyl., 117" wb**

| | 6 | 5 | 4 | 3 | 2 | 1 |
|---|---|---|---|---|---|---|
| 2- pass Bus Cpe | 450 | 1250 | 2050 | 4100 | 7100 | 10300 |
| 2-dr 3-pass Cpe | 450 | 1250 | 2050 | 4100 | 7100 | 10300 |
| 3-pass Vic Cpe | 450 | 1250 | 2150 | 4300 | 7400 | 10700 |
| 2-pass Conv Cpe | 1000 | 3250 | 5450 | 10900 | 19100 | 27200 |
| 5-pass Brghm | 450 | 1250 | 2050 | 4100 | 7100 | 10300 |
| 4-pass Conv Brghm | 1100 | 3450 | 5750 | 11500 | 20300 | 28700 |
| 5-pass Sdn | 400 | 1200 | 1900 | 3800 | 6600 | 9600 |
| 5-pass Tr Sdn | 400 | 1200 | 1900 | 3800 | 6600 | 9600 |
| 5-pass Tr Brghm | 400 | 1200 | 1950 | 3900 | 6800 | 9900 |
| **Super 72, 6-cyl., 117" wb** | | | | | | |
| 3-pass Cpe | 450 | 1250 | 2100 | 4200 | 7200 | 10500 |
| 3-pass Vic Cpe | 450 | 1250 | 2200 | 4400 | 7600 | 10900 |
| 4-dr 5-pass Tr Sdn | 400 | 1200 | 1950 | 3900 | 6800 | 9900 |
| 2-pass Conv Cpe | 1050 | 3400 | 5650 | 11300 | 19900 | 28200 |
| 4-pass Conv Brghm | 1150 | 3600 | 5950 | 11900 | 21000 | 29700 |
| 5-pass Brghm | 450 | 1250 | 2100 | 4200 | 7200 | 10500 |
| 5-pass Tr Brghm | 400 | 1200 | 2000 | 4000 | 6900 | 10000 |
| 5-pass Sdn | 400 | 1200 | 1950 | 3900 | 6800 | 9900 |

### 1938

**Utility 80, 6-cyl., 117" wb**

| | 6 | 5 | 4 | 3 | 2 | 1 |
|---|---|---|---|---|---|---|
| 3-pass Cpe | 400 | 1200 | 1950 | 3900 | 6800 | 9900 |
| 6-pass Sdn | 400 | 1150 | 1850 | 3700 | 6400 | 9300 |
| 6-pass Coach | 400 | 1200 | 1900 | 3800 | 6600 | 9600 |
| 6-pass Tr Coach | 400 | 1200 | 1950 | 3900 | 6800 | 9900 |
| 6-pass Tr Sdn | 400 | 1200 | 1900 | 3800 | 6600 | 9600 |
| **Deluxe 81, 6-cyl., 117" wb** | | | | | | |
| 3-pass Conv Cpe | 1000 | 3250 | 5450 | 10900 | 19100 | 27200 |
| 6-pass Conv Brghm | 1150 | 3600 | 5950 | 11900 | 21000 | 29700 |
| 3-pass Cpe | 400 | 1200 | 1950 | 3900 | 6800 | 9900 |
| 3-pass Vic Cpe | 500 | 1300 | 2250 | 4500 | 7700 | 11000 |
| 6-pass Brghm | 400 | 1200 | 1900 | 3800 | 6600 | 9600 |
| 6-pass Tr Brghm | 400 | 1150 | 1850 | 3700 | 6400 | 9300 |
| 6-pass Sdn | 400 | 1200 | 1900 | 3800 | 6600 | 9600 |
| 6-pass Tr Sdn | 400 | 1200 | 1950 | 3900 | 6800 | 9900 |
| **Super 82, 6-cyl., 117" wb** | | | | | | |
| 3-pass Cpe | 400 | 1200 | 2000 | 4000 | 6900 | 10000 |
| 3-pass Conv Cpe | 1150 | 3600 | 5950 | 11900 | 21000 | 29700 |
| 6-pass Conv Brghm | 1000 | 3250 | 5450 | 10900 | 19100 | 27200 |
| 3-5 pass Vic Cpe | 500 | 1300 | 2250 | 4500 | 7700 | 11000 |
| 6-pass Brghm | 450 | 1250 | 2150 | 4300 | 7400 | 10700 |
| 6-pass Tr Brghm | 450 | 1250 | 2100 | 4200 | 7200 | 10500 |
| 6-pass Sdn | 450 | 1250 | 2100 | 4200 | 7200 | 10500 |
| 6-pass Tr Sdn | 450 | 1250 | 2150 | 4300 | 7400 | 10700 |

# TUCKER
## 1948

**'48 Tucker**

| | 6 | 5 | 4 | 3 | 2 | 1 |
|---|---|---|---|---|---|---|
| **1948** | | | | | | |
| Tucker | 15000 | 80000 | 120000 | 165000 | 222500 | 295000 |

---

## PRICE GUIDE CLASSIFICATIONS:

**1. CONCOURS:** Perfection. At or near 100 points on a 100-point judging scale. Trailered; never driven; pampered. Totally restored to the max and 100 percent stock.

**2. SHOW:** Professionally restored to high standards. No major flaws or deviations from stock. Consistent trophy winner that needs nothing to show. In 90 to 95 point range.

**3. STREET/SHOW:** Older restoration or extremely nice original showing some wear from age and use. Very presentable; occasional trophy winner; everything working properly. About 80 to 89 points.

**4. DRIVER:** A nice looking, fine running collector car needing little or nothing to drive, enjoy and show in local competition. Would need extensive restoration to be a show car, but completely usable as is.

**5. RESTORABLE:** Project car that is relatively complete and restorable within a reasonable effort and expense. Needs total restoration, but all major components present and rebuildable. May or may not be running.

**6. PARTS CAR:** Deteriorated or stripped to a point beyond reasonable restoration, but still complete and solid enough to donate valuable parts to a restoration. Likely not running, possibly missing its engine.

# WHIPPET
## 1926 – 1930

'27 Whippet 96

'28 Whippet

| | 6 | 5 | 4 | 3 | 2 | 1 |
|---|---|---|---|---|---|---|
| **1926** | | | | | | |
| **Model 96, 4-cyl.** | | | | | | |
| 2-pass Cpe | 350 | 1000 | 1600 | 3200 | 5700 | 8100 |
| 5-pass Tr | 750 | 2300 | 3850 | 7700 | 13300 | 19200 |
| 5-pass Sdn | 350 | 1000 | 1600 | 3200 | 5700 | 8100 |
| **1927** | | | | | | |
| **Model 96, 4-cyl., 30 hp, 104-1/4" wb** | | | | | | |
| 5-pass Tr | 750 | 2300 | 3850 | 7700 | 13300 | 19200 |
| 5-pass Coach | 400 | 1050 | 1700 | 3300 | 5800 | 8300 |
| 2-4 pass Rdstr | 750 | 2250 | 3700 | 7400 | 12800 | 18500 |
| 2-pass Cpe | 400 | 1150 | 1850 | 3700 | 6400 | 9300 |
| 5-pass Sdn | 400 | 1050 | 1700 | 3400 | 5900 | 8500 |
| 2-4 pass Cabrlt | 600 | 1600 | 2800 | 5600 | 9700 | 14000 |
| 5-pass Lan Sdn | 400 | 1050 | 1700 | 3300 | 5800 | 8300 |
| **Model 93A, 6-cyl., 40 hp, 109-1/4" wb** | | | | | | |
| 5-pass Tr | 800 | 2450 | 4100 | 8200 | 14400 | 20500 |
| 2-4 pass Rdstr | 750 | 2300 | 3850 | 7700 | 13300 | 19700 |
| 2-pass Cpe | 400 | 1200 | 1950 | 3900 | 6800 | 9900 |
| 5-pass Cpe | 400 | 1100 | 1800 | 3500 | 6100 | 8900 |
| 5-pass Sdn | 400 | 1100 | 1800 | 3600 | 6200 | 9100 |
| 2-4 pass Cabrlt | 600 | 1600 | 2800 | 5600 | 9700 | 14000 |
| 5-pass Lan Sdn | 400 | 1050 | 1700 | 3300 | 5800 | 8300 |
| **1928** | | | | | | |
| **Model 96, 4-cyl., 32 hp, 100-1/4" wb** | | | | | | |
| 2-pass Rdstr | 750 | 2250 | 3700 | 7400 | 12800 | 18500 |
| 2-4 pass Coll Rdstr | 800 | 2350 | 3950 | 7900 | 13700 | 19700 |
| 5-pass Tr | 750 | 2300 | 3850 | 7700 | 13300 | 19200 |
| 5-pass Coach | 350 | 950 | 1550 | 3100 | 5500 | 7900 |
| 2-pass Cpe | 400 | 1100 | 1800 | 3500 | 6100 | 8900 |
| 2-4 pass Cabrlt | 600 | 1600 | 2800 | 5600 | 9700 | 14000 |
| 5-pass Sdn | 350 | 1000 | 1600 | 3200 | 5700 | 8100 |
| 5-pass Lan | 400 | 1050 | 1700 | 3300 | 5800 | 8300 |
| **Model 98, 6-cyl.,** | | | | | | |
| 2-4 pass Rdstr | 750 | 2300 | 3850 | 7700 | 13300 | 19200 |
| 5-pass Tr | 800 | 2400 | 4050 | 8100 | 14200 | 20200 |
| 2-pass Cpe | 400 | 1200 | 1950 | 3900 | 6800 | 9900 |

|  | 6 | 5 | 4 | 3 | 2 | 1 |
|---|---|---|---|---|---|---|
| 5-pass Coach | 400 | 1100 | 1800 | 3500 | 6100 | 8900 |
| 5-pass Sdn | 400 | 1100 | 1800 | 3600 | 6200 | 9100 |
| 2-4 pass Cabrlt | 600 | 1650 | 2900 | 5800 | 10000 | 14500 |

## 1929

**Model 96A, 4-cyl., 103-1/2" wb**

|  | 6 | 5 | 4 | 3 | 2 | 1 |
|---|---|---|---|---|---|---|
| 2-pass Coll Rdstr | 750 | 2250 | 3700 | 7400 | 12800 | 18500 |
| 2-4 pass Rdstr | 750 | 2300 | 3850 | 7700 | 13300 | 19200 |
| 2-4 pass Rdstr College | 800 | 2350 | 3950 | 7900 | 13700 | 19700 |
| 5-pass Tr | 800 | 2350 | 3900 | 7800 | 13500 | 19500 |
| 2-pass Cpe | 400 | 1100 | 1800 | 3500 | 6100 | 8900 |
| 2-4 pass Cpe | 600 | 1600 | 2800 | 5600 | 9700 | 14000 |
| 5-pass Cabrlt | 600 | 1600 | 2800 | 5600 | 9700 | 14000 |
| 5-pass Coach | 350 | 950 | 1550 | 3100 | 5500 | 7900 |
| 5-pass Sdn | 350 | 1000 | 1600 | 3200 | 5700 | 8100 |
| 5-pass Dlx Sdn | 400 | 1050 | 1700 | 3300 | 5800 | 8300 |

**Model 98A, 6-cyl.**

|  | 6 | 5 | 4 | 3 | 2 | 1 |
|---|---|---|---|---|---|---|
| 2-4 Pass Spt Rdstr | 850 | 2550 | 4300 | 8600 | 15100 | 21500 |
| 5-pass Tr | 850 | 2650 | 4450 | 8900 | 15700 | 22300 |
| 2-pass Cpe | 400 | 1150 | 1850 | 3700 | 6400 | 9300 |
| 2-4 pass Cpe | 450 | 1250 | 2050 | 4100 | 7100 | 10300 |
| 5-pass Coach | 350 | 1000 | 1600 | 3200 | 5700 | 8100 |
| 5-pass Sdn | 400 | 1050 | 1700 | 3300 | 5800 | 8300 |
| 5-pass Dlx Sdn | 400 | 1050 | 1700 | 3400 | 5900 | 8500 |

## 1930

**Model 96A, 4-cyl.**

|  | 6 | 5 | 4 | 3 | 2 | 1 |
|---|---|---|---|---|---|---|
| 2-pass Rdstr | 900 | 2750 | 4600 | 9200 | 16200 | 22900 |
| 2-4 pass Rdstr College | 1000 | 3100 | 5250 | 10500 | 18600 | 26200 |
| 5-pass Tr | 900 | 2850 | 4750 | 9500 | 16700 | 23700 |
| 2-pass Cpe | 400 | 1100 | 1800 | 3500 | 6100 | 8900 |
| 2-4 pass Cpe | 400 | 1200 | 1950 | 3900 | 6800 | 9900 |
| 5-pass Coach | 350 | 950 | 1550 | 3100 | 5500 | 7900 |
| 5-pass Sdn | 350 | 1000 | 1600 | 3200 | 5700 | 8100 |
| 5-pass Dlx Sdn | 400 | 1050 | 1700 | 3300 | 5800 | 8300 |

**Model 98A, 6-cyl.**

|  | 6 | 5 | 4 | 3 | 2 | 1 |
|---|---|---|---|---|---|---|
| 5-pass Tr | 950 | 2950 | 4950 | 9900 | 17500 | 24700 |
| 2-4 pass Spt Rdstr | 900 | 2750 | 4650 | 9300 | 16400 | 23100 |
| 2-pass Cpe | 400 | 1100 | 1800 | 3600 | 6200 | 9100 |
| 2-4 pass Cpe | 450 | 1250 | 2050 | 4100 | 7100 | 10300 |
| 5-pass Coach | 400 | 1100 | 1800 | 3500 | 6100 | 8900 |
| 5-pass Sdn | 400 | 1100 | 1800 | 3600 | 6200 | 9100 |
| 5-pass Dlx Sdn | 400 | 1150 | 1850 | 3700 | 6400 | 9300 |

# WILLYS
## 1902 – 1955

'05 Silent Knight Touring

'09 Overland

'18 Overland

'26 Willys Knight

'46 Willys Overland

'50 Willys Jeepster

| | 6 | 5 | 4 | 3 | 2 | 1 |
|---|---|---|---|---|---|---|
| ***1902 - Overland*** | | | | | | |
| **Model 13, 1-cyl.** | | | | | | |
| 2-pass Rnbt | 1150 | 3600 | 5950 | 11900 | 21000 | 29700 |
| ***1903 - Overland*** | | | | | | |
| **Model 13, 1-cyl.** | | | | | | |
| 2-pass Rnbt | 1150 | 3600 | 5950 | 11900 | 21000 | 29700 |
| ***1904 - Overland*** | | | | | | |
| **Model 13, 1-cyl.** | | | | | | |
| 2-pass Rnbt | 1050 | 3300 | 5500 | 11100 | 19500 | 27700 |
| **Model 15, 2-cyl., 6.5 hp, 72" wb** | | | | | | |
| 2-pass Rnbt | 1050 | 3350 | 5600 | 11200 | 19700 | 28000 |

|  | 6 | 5 | 4 | 3 | 2 | 1 |
|---|---|---|---|---|---|---|
| **1905 - Overland** | | | | | | |
| **Model 15, 2-cyl., 7 hp, 72" wb** | | | | | | |
| 2-pass Rnbt | 1050 | 3350 | 5600 | 11200 | 19700 | 28000 |
| **Model 17, 2-cyl., 9 hp, 78" wb** | | | | | | |
| 2-pass Rnbt | 1050 | 3350 | 5600 | 11200 | 19700 | 28000 |
| **Model 18, 4-cyl., 16 hp, 90" wb** | | | | | | |
| Side Ent Tonneau | 1100 | 3500 | 5850 | 11700 | 20600 | 29100 |
| **1906 - Overland** | | | | | | |
| **Model 16, 2-cyl., 9 hp, 78" wb** | | | | | | |
| 2-pass Rnbt | 1000 | 3250 | 5450 | 10900 | 19100 | 27200 |
| **Model 18, 4-cyl., 16 hp 90" wb** | | | | | | |
| 4-pass Tonneau | 1050 | 3350 | 5600 | 11200 | 19700 | 28000 |
| **1907 - Overland** | | | | | | |
| **Model 22, 4-cyl., 16/18 hp, 86" wb** | | | | | | |
| Spl Rnbt | 1000 | 3250 | 5450 | 10900 | 19100 | 27200 |
| 5-pass Tr | 1050 | 3350 | 5600 | 11200 | 19700 | 28000 |
| **1908 - Overland** | | | | | | |
| **Model 24, 4-cyl., 20/22 hp, 96" wb** | | | | | | |
| 2-pass Rdstr | 1050 | 3350 | 5600 | 11200 | 19700 | 28000 |
| 5-pass Tr | 1100 | 3450 | 5750 | 11500 | 20300 | 28700 |
| **1909 - Overland** | | | | | | |
| **Model 30, 4-cyl., 30 hp, 108" wb** | | | | | | |
| 5-pass Tonneau | 1000 | 3250 | 5450 | 10900 | 19100 | 27200 |
| 4-pass Rdstr | 1000 | 3250 | 5450 | 10900 | 19100 | 27200 |
| 2-pass Cpe | 950 | 2950 | 4950 | 9900 | 17500 | 24700 |
| **Model 31, 4-cyl., 30 hp, 110" wb** | | | | | | |
| 4-pass Toy Tonn | 1050 | 3350 | 5600 | 11200 | 19700 | 28000 |
| 5-pass Tourist | 1050 | 3350 | 5600 | 11200 | 19700 | 28000 |
| 5-pass Taxi | 1000 | 3250 | 5450 | 10900 | 19100 | 27200 |
| **Model 32, 4-cyl., 30 hp, 110" wb** | | | | | | |
| 3-pass Rdstr | 1000 | 3100 | 5250 | 10500 | 18600 | 26200 |
| 4-pass Rdstr | 1000 | 3250 | 5450 | 10900 | 19100 | 27200 |
| 4-pass Tr | 1050 | 3350 | 5600 | 11200 | 19700 | 28000 |
| **Model 34, 6-cyl., 45 hp, 116" wb** | | | | | | |
| 3-pass Rdstr | 1050 | 3350 | 5600 | 11200 | 19700 | 28000 |
| 6-pass Rdstr | 1050 | 3350 | 5600 | 11200 | 19700 | 28000 |
| **1910 - Overland** | | | | | | |
| **Model 38, 4-cyl., 22.5 hp, 102" wb** | | | | | | |
| 2-pass Rdstr | 1000 | 3250 | 5450 | 10900 | 19100 | 27200 |
| 3-pass Rdstr | 1000 | 3250 | 5450 | 10900 | 19100 | 27200 |
| 4-pass Rdstr | 1050 | 3350 | 5600 | 11200 | 19700 | 28000 |
| **Model 40, 4-cyl., 29 hp, 112" wb** | | | | | | |
| 3-pass Rdstr | 1050 | 3400 | 5650 | 11300 | 19900 | 28200 |
| 4-pass Rdstr | 1050 | 3400 | 5650 | 11300 | 19900 | 28200 |
| **Model 41, 4-cyl., 29 hp, 112" wb** | | | | | | |
| 5-pass Tr | 1100 | 3450 | 5750 | 11500 | 20300 | 28700 |
| **Model 42, 4-cyl., 29 hp, 112" wb** | | | | | | |
| 5-pass Tr | 1150 | 3600 | 5950 | 11900 | 21000 | 29700 |
| **1911 - Overland** | | | | | | |
| **Model 45, 4-cyl., 20 hp, 96" wb** | | | | | | |
| 2-pass Rdstr | 1000 | 3100 | 5250 | 10500 | 18600 | 26200 |

| | 6 | 5 | 4 | 3 | 2 | 1 |
|---|---|---|---|---|---|---|
| **Model 49, 4-cyl., 22.5 hp, 102" wb** | | | | | | |
| 5-pass Tr | 1000 | 3100 | 5250 | 10500 | 18600 | 26200 |
| **Model 50, 4-cyl., 25.6 hp, 110" wb** | | | | | | |
| 2-pass Torp | 1150 | 3600 | 5950 | 11900 | 21000 | 29700 |
| **Model 51, 4-cyl., 25.6 hp, 110" wb** | | | | | | |
| 4-dr 5-pass Tr | 1100 | 3450 | 5750 | 11500 | 20300 | 28700 |
| **Model 52, 4-cyl., 29 hp, 118" wb** | | | | | | |
| 5-pass Tr | 1150 | 3600 | 5950 | 11900 | 21000 | 29700 |
| **Model 53, 4-cyl., 29 hp, 118" wb** | | | | | | |
| 2-pass Rdstr Torp | 1150 | 3650 | 6100 | 12200 | 21500 | 30500 |
| 4-pass Torp | 1150 | 3650 | 6100 | 12200 | 21500 | 30500 |
| **Marion, Model 10, 4-cyl., 29 hp, 112" wb** | | | | | | |
| 2-pass Rdstr | 1150 | 3650 | 6100 | 12200 | 21500 | 30500 |
| 5-pass Tr | 1100 | 3450 | 5750 | 11500 | 20300 | 28700 |
| **Marion, Model 40, 4-cyl., 29 hp, 115" wb** | | | | | | |
| 2-pass Rdstr | 1150 | 3650 | 6100 | 12200 | 21500 | 30500 |

### 1912 - Overland

| | 6 | 5 | 4 | 3 | 2 | 1 |
|---|---|---|---|---|---|---|
| **Model 58, 4-cyl., 22.5 hp, 96" wb** | | | | | | |
| 2-pass Rdstr | 1000 | 3100 | 5250 | 10500 | 18600 | 26200 |
| **Model 59, 4-cyl., 30 hp, 106" wb** | | | | | | |
| 2-pass Rdstr | 1000 | 3250 | 5450 | 10900 | 19100 | 27200 |
| 5-pass Tr | 1050 | 3350 | 5600 | 11200 | 19700 | 28000 |
| 3-pass Cpe | 800 | 2400 | 4050 | 8100 | 14200 | 20200 |
| **Model 60, 4-cyl., 27.2 hp, 114" wb** | | | | | | |
| 5-pass Tr | 1100 | 3450 | 5750 | 11500 | 20300 | 28700 |
| **Model 61, 4-cyl., 30.6 hp, 118" wb** | | | | | | |
| 2-pass Rdstr | 1300 | 4050 | 6750 | 13500 | 23800 | 33700 |
| 4-dr 4-pass Tr | 1350 | 4150 | 6950 | 13900 | 24500 | 34700 |
| 4-dr 5-pass Tr | 1350 | 4150 | 6950 | 13900 | 24500 | 34700 |
| **Marion, Model 35, 4-cyl., 25.6 hp, 112" wb** | | | | | | |
| 5-pass Tr | 1000 | 3250 | 5450 | 10900 | 19100 | 27200 |
| **Marion, Model 37, 4-cyl., 25.6 hp, 112" wb** | | | | | | |
| 5-pass Tr | 1000 | 3250 | 5450 | 10900 | 19100 | 27200 |
| Bobcat Rdstr | 1300 | 4050 | 6750 | 13500 | 23800 | 33700 |
| **Marion, Model 48, 4-cyl., 27.2 hp, 120" wb** | | | | | | |
| 5-pass Tr | 1350 | 4150 | 6950 | 13900 | 24500 | 34700 |
| 4-dr Rdstr | 1300 | 4050 | 6750 | 13500 | 23800 | 33700 |
| Tandem Torpedo | 1400 | 4250 | 7100 | 14200 | 25000 | 35400 |

### 1913 - Overland

| | 6 | 5 | 4 | 3 | 2 | 1 |
|---|---|---|---|---|---|---|
| **Model 69, 4-cyl., 25.6 hp, 110" wb** | | | | | | |
| 3-pass Cpe | 750 | 2250 | 3750 | 7500 | 13000 | 18700 |
| 5-pass Tr | 1100 | 3450 | 5750 | 11500 | 20300 | 28700 |
| 2-pass Rdstr | 1000 | 3250 | 5450 | 10900 | 19100 | 27200 |
| 4-pass Tr | 1100 | 3500 | 5850 | 11700 | 20600 | 29100 |
| **Model 71, 4-cyl., 30.6 hp, 114" wb** | | | | | | |
| 2-pass Rdstr | 1300 | 4050 | 6750 | 13500 | 23800 | 33700 |
| 4-pass Tr | 1350 | 4150 | 6950 | 13900 | 24500 | 34700 |
| 5-pass Tr | 1400 | 4350 | 7250 | 14500 | 25500 | 36200 |

### 1914 - Overland

| | 6 | 5 | 4 | 3 | 2 | 1 |
|---|---|---|---|---|---|---|
| **Model 79, 4-cyl., 35 hp, 114" wb** | | | | | | |
| Rdstr | 1000 | 3250 | 5450 | 10900 | 19100 | 27200 |
| 5-pass Tr | 1050 | 3400 | 5650 | 11300 | 19900 | 28200 |
| Cpe | 800 | 2350 | 3950 | 7900 | 13700 | 19700 |
| **Model 46, 4-cyl., 35 hp, 114" wb** | | | | | | |
| 5-pass Tr | 1100 | 3500 | 5850 | 11700 | 20600 | 29100 |

| | 6 | 5 | 4 | 3 | 2 | 1 |
|---|---|---|---|---|---|---|

### 1915

**Overland, Model 81, 4-cyl., 30 hp, 106" wb**

| | 6 | 5 | 4 | 3 | 2 | 1 |
|---|---|---|---|---|---|---|
| Rdstr | 1050 | 3350 | 5600 | 11200 | 19700 | 28000 |
| 5-pass Tr | 1100 | 3500 | 5850 | 11700 | 20600 | 29100 |

**Overland, Model 80, 4-cyl., 35 hp, 114" wb**

| | | | | | | |
|---|---|---|---|---|---|---|
| Rdstr | 950 | 2950 | 4950 | 9900 | 17500 | 24700 |
| 5-pass Tr | 900 | 2850 | 4750 | 9500 | 16700 | 23700 |
| Cpe | 800 | 2350 | 3950 | 7900 | 13700 | 19700 |

**Overland, Model 82, 6-cyl., 50 hp, 125" wb**

| | | | | | | |
|---|---|---|---|---|---|---|
| 7-pass Tr | 1550 | 4650 | 7750 | 15500 | 27300 | 38700 |

**Willys-Knight K-19, 4-cyl., 45 hp, 120" wb**

| | | | | | | |
|---|---|---|---|---|---|---|
| Rdstr | 1050 | 3400 | 5700 | 11400 | 20100 | 28500 |
| Tr | 1150 | 3600 | 5950 | 11900 | 21000 | 29700 |

### 1916

**Overland, Model 75, 4-cyl., 20-25 hp, 104" wb**

| | | | | | | |
|---|---|---|---|---|---|---|
| Rdstr | 750 | 2250 | 3750 | 7500 | 13000 | 18700 |
| Tr | 800 | 2400 | 4000 | 8000 | 13900 | 19900 |

**Overland, Model 83, 4-cyl., 35 hp, 106" wb**

| | | | | | | |
|---|---|---|---|---|---|---|
| Rdstr | 800 | 2400 | 4000 | 8000 | 13900 | 19900 |
| Tr | 800 | 2500 | 4200 | 8400 | 14800 | 20900 |

**Willys-Knight, Model 84, 4-cyl., 40 hp, 114" wb**

| | | | | | | |
|---|---|---|---|---|---|---|
| Rdstr | 950 | 3050 | 5150 | 10300 | 18200 | 25700 |
| Tr | 1000 | 3250 | 5450 | 10900 | 19100 | 27200 |

**Overland, Willys-Knight, Model 86, 6-cyl., 45 hp**

| | | | | | | |
|---|---|---|---|---|---|---|
| 7-pass Tr | 1400 | 4300 | 7150 | 14300 | 25200 | 35700 |

### 1917

**Overland, Light Four 90, 4-cyl., 32 hp, 106" wb**

| | | | | | | |
|---|---|---|---|---|---|---|
| 2-pass Rdstr | 700 | 1850 | 3300 | 6600 | 11300 | 16300 |
| 5-pass Tr | 750 | 2200 | 3650 | 7300 | 12600 | 18200 |
| 4-pass Ctry Club (104" wb) | 650 | 1800 | 3200 | 6400 | 11000 | 15900 |
| 5-pass Sdn | 400 | 1200 | 2000 | 4000 | 6900 | 10000 |

**Overland, Big Four 85, 4-cyl., 35 hp, 112" wb**

| | | | | | | |
|---|---|---|---|---|---|---|
| 3-pass Rdstr | 750 | 2100 | 3550 | 7100 | 12300 | 17700 |
| 5-pass Tr | 750 | 2300 | 3850 | 7700 | 13300 | 19200 |
| 3-pass Tr Cpe | 650 | 1700 | 3000 | 6000 | 10400 | 14900 |
| 5-pass Tr Sdn | 450 | 1250 | 2200 | 4400 | 7600 | 10900 |

**Overland, Light Six 85, 6-cyl., 40 hp, 116" wb**

| | | | | | | |
|---|---|---|---|---|---|---|
| 3-pass Rdstr | 750 | 2250 | 3750 | 7500 | 13000 | 18700 |
| 5-pass Tr | 800 | 2450 | 4100 | 8200 | 14400 | 20500 |
| 3-pass Tr Cpe | 650 | 1750 | 3100 | 6200 | 10700 | 15400 |
| 5-pass Tr Sdn | 500 | 1350 | 2300 | 4600 | 8000 | 11300 |

**Willys-Knight 88-4, 4-cyl., 40 hp, 114" wb**

| | | | | | | |
|---|---|---|---|---|---|---|
| 7-pass Tr | 1050 | 3400 | 5700 | 11400 | 20100 | 28500 |
| 4-pass Cpe | 700 | 1850 | 3300 | 6600 | 11300 | 16300 |
| 7-pass Tr Sdn | 550 | 1500 | 2500 | 5100 | 8800 | 12500 |
| 7-pass Limo | 700 | 2050 | 3500 | 7000 | 12100 | 17400 |
| 7-pass Twn Car | 750 | 2150 | 3600 | 7200 | 12400 | 18000 |

**Willys Six, Model 88-6, 6-cyl., 45 hp, 125" wb**

| | | | | | | |
|---|---|---|---|---|---|---|
| 7-pass Tr | 1150 | 3600 | 5950 | 11900 | 21000 | 29700 |

**Willys-Knight 88-8, 8-cyl., 65 hp, 125" wb**

| | | | | | | |
|---|---|---|---|---|---|---|
| 7-pass Tr | 1350 | 4150 | 6950 | 13900 | 24500 | 34700 |
| 4-pass Cpe | 700 | 1850 | 3300 | 6600 | 11300 | 16300 |
| 7-pass Sdn | 600 | 1600 | 2700 | 5400 | 9300 | 13500 |
| 7-pass Limo | 750 | 2150 | 3600 | 7200 | 12400 | 18000 |
| 7-pass Town Car | 750 | 2250 | 3700 | 7400 | 12800 | 18500 |

| | 6 | 5 | 4 | 3 | 2 | 1 |
|---|---|---|---|---|---|---|

## 1918

**Overland, Light Four 90, 4-cyl., 32 hp, 106" wb**

| | 6 | 5 | 4 | 3 | 2 | 1 |
|---|---|---|---|---|---|---|
| 2-pass Rdstr | 700 | 1850 | 3300 | 6600 | 11300 | 16300 |
| 5-pass Tr | 750 | 2200 | 3650 | 7300 | 12600 | 18200 |
| 4-pass Ctry Club (104" wb) | 650 | 1800 | 3200 | 6400 | 11000 | 15900 |
| 5-pass Sdn | 400 | 1200 | 2000 | 4000 | 6900 | 10000 |

**Overland, Big Four 85, 4-cyl., 35 hp, 112" wb**

| | 6 | 5 | 4 | 3 | 2 | 1 |
|---|---|---|---|---|---|---|
| 3-pass Rdstr | 750 | 2100 | 3550 | 7100 | 12300 | 17700 |
| 5-pass Tr | 750 | 2300 | 3850 | 7700 | 13300 | 19200 |
| 3-pass Tr Cpe | 650 | 1700 | 3000 | 6000 | 10400 | 14900 |
| 5-pass Tr Sdn | 450 | 1250 | 2200 | 4400 | 7600 | 10900 |

**Overland, Light Six 85, 6-cyl., 40 hp, 116" wb**

| | 6 | 5 | 4 | 3 | 2 | 1 |
|---|---|---|---|---|---|---|
| 3-pass Rdstr | 750 | 2250 | 3750 | 7500 | 13000 | 18700 |
| 5-pass Tr | 800 | 2450 | 4100 | 8200 | 14400 | 20500 |
| 3-pass Tr Cpe | 650 | 1750 | 3100 | 6200 | 10700 | 15400 |
| 5-pass Tr Sdn | 500 | 1350 | 2300 | 4600 | 8000 | 11300 |

**Willys-Knight 88-4, 4-cyl., 40 hp, 121" wb**

| | 6 | 5 | 4 | 3 | 2 | 1 |
|---|---|---|---|---|---|---|
| 7-pass Tr | 1150 | 3600 | 5950 | 11900 | 21000 | 29700 |
| 4-pass Cpe | 700 | 1850 | 3300 | 6600 | 11300 | 16300 |
| 7-pass Tr Sdn | 550 | 1500 | 2500 | 5100 | 8800 | 12500 |
| 7-pass Limo | 700 | 2050 | 3500 | 7000 | 12100 | 17400 |
| 7-pass Twn Car | 750 | 2150 | 3600 | 7200 | 12400 | 18000 |

**Willys-Knight 88-8, 8-cyl., 65 hp, 125" wb**

| | 6 | 5 | 4 | 3 | 2 | 1 |
|---|---|---|---|---|---|---|
| 7-pass Tr | 1350 | 4150 | 6950 | 13900 | 24500 | 34700 |
| 4-pass Cpe | 700 | 1850 | 3300 | 6600 | 11300 | 16300 |
| 7-pass Sdn | 600 | 1600 | 2700 | 5400 | 9300 | 13500 |
| 7-pass Limo | 750 | 2150 | 3600 | 7200 | 12400 | 18000 |
| 7-pass Town Car | 750 | 2250 | 3700 | 7400 | 12800 | 18500 |

**Willys 89, 6-cyl., 45 hp, 120" wb**

| | 6 | 5 | 4 | 3 | 2 | 1 |
|---|---|---|---|---|---|---|
| 7-pass Tr | 1000 | 3200 | 5350 | 10700 | 18900 | 26700 |
| 4-pass Club Rdstr | 950 | 2950 | 4950 | 9900 | 17500 | 24700 |
| 6-pass Sdn | 600 | 1600 | 2700 | 5400 | 9300 | 13500 |

## 1919

**Overland, Light Four 90, 4-cyl., 32 hp, 106" wb**

| | 6 | 5 | 4 | 3 | 2 | 1 |
|---|---|---|---|---|---|---|
| 3-pass Rdstr (104" wb) | 600 | 1600 | 2700 | 5400 | 9300 | 13500 |
| 4-pass Ctry Club (104" wb) | 650 | 1750 | 3100 | 6200 | 10700 | 15400 |
| 5-pass Tr | 650 | 1750 | 3100 | 6200 | 10700 | 15400 |
| 5-pass Sdn | 450 | 1250 | 2050 | 4100 | 7100 | 10300 |

**Willys Six, 89, 6-cyl., 45 hp, 120" wb**

| | 6 | 5 | 4 | 3 | 2 | 1 |
|---|---|---|---|---|---|---|
| 7-pass Tr | 1000 | 3250 | 5450 | 10900 | 19100 | 27200 |
| 4-pass Club Rdstr | 950 | 2950 | 4950 | 9900 | 17500 | 24700 |
| 6-pass Sdn | 400 | 1200 | 2000 | 4000 | 6900 | 10000 |

**Willys-Knight 88-4, 4-cyl., 40 hp, 121" wb**

| | 6 | 5 | 4 | 3 | 2 | 1 |
|---|---|---|---|---|---|---|
| 7-pass Tr | 950 | 2950 | 4950 | 9900 | 17500 | 24700 |
| 4-pass Cpe | 400 | 1100 | 1800 | 3600 | 6200 | 9100 |
| 7-pass Sdn | 400 | 1150 | 1850 | 3700 | 6400 | 9300 |
| 7-pass Limo | 500 | 1350 | 2350 | 4700 | 8100 | 11500 |

**Willys-Knight 88-8, 8-cyl., 65 hp, 125" wb**

| | 6 | 5 | 4 | 3 | 2 | 1 |
|---|---|---|---|---|---|---|
| 7-pass Tr | 1050 | 3400 | 5650 | 11300 | 19900 | 28200 |
| 4-pass Cpe | 400 | 1200 | 2000 | 4000 | 6900 | 10000 |
| 7-pass Tr Sdn | 400 | 1200 | 1900 | 3800 | 6600 | 9600 |

## 1920

**Overland, Model 4, 4-cyl., 27 hp, 100" wb**

| | 6 | 5 | 4 | 3 | 2 | 1 |
|---|---|---|---|---|---|---|
| 2-pass Rdstr | 700 | 2050 | 3500 | 7000 | 12100 | 17400 |
| 5-pass Tr | 750 | 2300 | 3850 | 7700 | 13300 | 19200 |
| 2-pass Cpe | 600 | 1600 | 2800 | 5600 | 9700 | 14000 |
| 5-pass Sdn | 400 | 1200 | 1900 | 3800 | 6600 | 9600 |

|  | 6 | 5 | 4 | 3 | 2 | 1 |
|---|---|---|---|---|---|---|
| **Willys-Knight, Model 88-8, 8-cyl., 65 hp, 125" wb** | | | | | | |
| 7-pass Tr | 1050 | 3400 | 5650 | 11300 | 19900 | 28200 |
| 7-pass Limo | 550 | 1500 | 2500 | 5000 | 8700 | 12300 |
| 7-pass Sdn | 400 | 1200 | 1900 | 3800 | 6600 | 9600 |
| Cpe | 400 | 1200 | 2000 | 4000 | 6900 | 10000 |
| **Willys-Knight, Model 20, 4-cyl., 48 hp, 118" wb** | | | | | | |
| 3-pass Rdstr | 750 | 2250 | 3700 | 7400 | 12800 | 18500 |
| 5-pass Tr | 800 | 2450 | 4100 | 8200 | 14400 | 20500 |
| 4-pass Cpe | 450 | 1250 | 2050 | 4100 | 7100 | 10300 |
| 5-pass Sdn | 400 | 1200 | 1950 | 3900 | 6800 | 9900 |
| **1921** | | | | | | |
| **Overland, Model 4, 4-cyl., 27 hp, 100" wb** | | | | | | |
| 5-pass Tr | 700 | 2050 | 3500 | 7000 | 12100 | 17400 |
| 2-pass Rdstr | 750 | 2250 | 3700 | 7400 | 12800 | 18500 |
| 5-pass Sdn | 450 | 1250 | 2050 | 4100 | 7100 | 10300 |
| 2-pass Cpe | 450 | 1250 | 2100 | 4200 | 7200 | 10500 |
| **Willys-Knight, Model 20, 4-cyl., 40 hp, 118" wb** | | | | | | |
| 3-pass Rdstr | 700 | 1850 | 3300 | 6600 | 11300 | 16300 |
| 5-pass Tr | 750 | 2250 | 3700 | 7400 | 12800 | 18500 |
| 4-pass Cpe | 500 | 1300 | 2250 | 4500 | 7700 | 11000 |
| 5-pass Sdn | 450 | 1250 | 2150 | 4300 | 7400 | 10700 |
| **1922** | | | | | | |
| **Overland, Model 4, 4-cyl., 27 hp, 100" wb** | | | | | | |
| 2-pass Rdstr | 700 | 1850 | 3300 | 6600 | 11300 | 16300 |
| 5-pass Tr | 750 | 2250 | 3700 | 7400 | 12800 | 18500 |
| 5-pass Sdn | 450 | 1250 | 2050 | 4100 | 7100 | 10300 |
| 2-pass Cpe | 450 | 1250 | 2100 | 4200 | 7200 | 10500 |
| **Willys-Knight, Model 20, 4-cyl., 40 hp, 118" wb** | | | | | | |
| 3-pass Rdstr | 750 | 2250 | 3750 | 7500 | 13000 | 18700 |
| 5-pass Tr | 800 | 2450 | 4100 | 8200 | 14400 | 20500 |
| 4-pass Cpe | 450 | 1250 | 2150 | 4300 | 7400 | 10700 |
| 5-pass Sdn | 450 | 1250 | 2050 | 4100 | 7100 | 10300 |
| **Willys-Knight, Model 27, 4-cyl., 40 hp, 118" wb** | | | | | | |
| 7-pass Tr | 800 | 2500 | 4200 | 8400 | 14800 | 20900 |
| 7-pass Sdn | 450 | 1250 | 2050 | 4100 | 7100 | 10300 |
| **1923** | | | | | | |
| **Overland, Model 91, 4-cyl., 27 hp, 100" wb** | | | | | | |
| 2-pass Rdstr | 600 | 1600 | 2750 | 5500 | 9500 | 13800 |
| 5-pass Tr | 600 | 1650 | 2850 | 5700 | 9900 | 14200 |
| 2-pass Cpe | 450 | 1250 | 2050 | 4100 | 7100 | 10300 |
| 5-pass Sdn | 400 | 1200 | 1950 | 3900 | 6800 | 9900 |
| **Overland, Model 92, 4-cyl., 30 hp, 106" wb** | | | | | | |
| 5-pass Redbird Spt Tr | 1000 | 3100 | 5250 | 10500 | 18600 | 26200 |
| **Willys-Knight, Model 64, 4-cyl., 40 hp, 118" wb** | | | | | | |
| 3-pass Rdstr | 800 | 2350 | 3950 | 7900 | 13700 | 19700 |
| 5-pass Tr | 800 | 2450 | 4100 | 8200 | 14400 | 20500 |
| 5-pass Ctry Club | 550 | 1500 | 2500 | 5100 | 8800 | 12500 |
| 3-pass Cpe | 400 | 1150 | 1850 | 3700 | 6400 | 9300 |
| 4-pass Cpe Sdn | 450 | 1250 | 2050 | 4100 | 7100 | 10300 |
| 5-pass Sdn | 400 | 1200 | 1950 | 3900 | 6800 | 9900 |
| **Willys-Knight, Model 67, 4-cyl., 40 hp, 124" wb** | | | | | | |
| 7-pass Tr | 800 | 2400 | 4000 | 8000 | 13900 | 19900 |
| 7-pass Sdn | 450 | 1250 | 2150 | 4300 | 7400 | 10700 |

| | 6 | 5 | 4 | 3 | 2 | 1 |
|---|---|---|---|---|---|---|

## 1924

**Overland, Model 91, 4-cyl., 30 hp, 100" wb**

| | 6 | 5 | 4 | 3 | 2 | 1 |
|---|---|---|---|---|---|---|
| 2-pass Rdstr | 600 | 1600 | 2750 | 5500 | 9500 | 13800 |
| 5-pass Tr | 600 | 1650 | 2850 | 5700 | 9900 | 14200 |
| 5-pass Sdn | 400 | 1200 | 1950 | 3900 | 6800 | 9900 |
| 5-pass Tr Dlx | 650 | 1700 | 3000 | 6100 | 10600 | 15200 |
| 2-pass Bus Cpe | 450 | 1250 | 2050 | 4100 | 7100 | 10300 |
| 5-pass Champ Sdn | 400 | 1200 | 1950 | 3900 | 6800 | 9900 |

**Overland, Model 92, 4-cyl., 30 hp, 106" wb**

| | 6 | 5 | 4 | 3 | 2 | 1 |
|---|---|---|---|---|---|---|
| 5-pass Redbird | 1000 | 3100 | 5250 | 10500 | 18600 | 26200 |
| 5-pass Blackbird | 1000 | 3100 | 5250 | 10500 | 18600 | 26200 |
| 5-pass Bluebird | 1000 | 3100 | 5250 | 10500 | 18600 | 26200 |

**Willys-Knight, Model 64, 4-cyl., 40 hp, 118" wb**

| | 6 | 5 | 4 | 3 | 2 | 1 |
|---|---|---|---|---|---|---|
| 3-pass Rdstr | 800 | 2350 | 3950 | 7900 | 13700 | 19700 |
| 5-pass Tr | 800 | 2450 | 4100 | 8200 | 14400 | 20500 |
| 5-pass Sdn | 400 | 1200 | 1950 | 3900 | 6800 | 9900 |
| 5-pass Sdn Dlx | 450 | 1250 | 2050 | 4100 | 7100 | 10300 |
| 4-pass Cpe Sdn | 450 | 1250 | 2050 | 4100 | 7100 | 10300 |
| 4-pass Cpe Sdn Dlx | 450 | 1250 | 2150 | 4300 | 7400 | 10700 |

**Willys-Knight, Model 67, 4-cyl., 40 hp, 124" wb**

| | 6 | 5 | 4 | 3 | 2 | 1 |
|---|---|---|---|---|---|---|
| 7-pass Tr | 800 | 2400 | 4000 | 8000 | 13900 | 19900 |
| 7-pass Sdn | 450 | 1250 | 2150 | 4300 | 7400 | 10700 |

## 1925

**Overland, Model 91, 4-cyl., 27 hp, 100" wb**

| | 6 | 5 | 4 | 3 | 2 | 1 |
|---|---|---|---|---|---|---|
| 5-pass Tr | 700 | 2000 | 3450 | 6900 | 11900 | 17200 |
| 2-pass Cpe | 450 | 1250 | 2200 | 4400 | 7600 | 10900 |
| 5-pass Tr Sdn | 400 | 1200 | 1950 | 3900 | 6800 | 9900 |
| 5-pass Sdn | 400 | 1200 | 2000 | 4000 | 6900 | 10000 |
| 2-pass Rdstr | 700 | 1850 | 3300 | 6600 | 11300 | 16300 |

**Overland, Model 92, 4-cyl., 30 hp, 106" wb**

| | 6 | 5 | 4 | 3 | 2 | 1 |
|---|---|---|---|---|---|---|
| Bluebird | 850 | 2650 | 4450 | 8900 | 15700 | 22300 |

**Overland, Model 93, 6-cyl., 38 hp, 113" wb**

| | 6 | 5 | 4 | 3 | 2 | 1 |
|---|---|---|---|---|---|---|
| 5-pass Tr | 750 | 2150 | 3600 | 7200 | 12400 | 18000 |
| 2-pass Cpe | 500 | 1350 | 2350 | 4700 | 8100 | 11500 |
| 5-pass Sdn | 450 | 1250 | 2150 | 4300 | 7400 | 10700 |
| Dlx Sdn | 450 | 1250 | 2200 | 4400 | 7600 | 10900 |

**Model 65 Willys-Knight, 4-cyl., 40 hp, 124" wb**

| | 6 | 5 | 4 | 3 | 2 | 1 |
|---|---|---|---|---|---|---|
| 5-pass Tr | 800 | 2350 | 3950 | 7900 | 13700 | 19700 |
| 3-pass Cpe | 500 | 1350 | 2350 | 4700 | 8100 | 11500 |
| 5-pass Cpe Sdn | 500 | 1300 | 2250 | 4500 | 7700 | 11000 |
| 5-pass Sdn | 400 | 1200 | 1950 | 3900 | 6800 | 9900 |
| 5-pass Brghm | 450 | 1250 | 2200 | 4400 | 7600 | 10900 |

**Model 66 Willys-Knight, 6-cyl., 60 hp, 126" wb**

| | 6 | 5 | 4 | 3 | 2 | 1 |
|---|---|---|---|---|---|---|
| 2-pass Rdstr | 800 | 2400 | 4000 | 8000 | 13900 | 19900 |
| 5-pass Tr | 850 | 2650 | 4450 | 8900 | 15700 | 22300 |
| 5-pass Cpe Sdn | 500 | 1350 | 2350 | 4700 | 8100 | 11500 |
| 5-pass Brghm | 550 | 1450 | 2450 | 4900 | 8500 | 12000 |
| 4-pass Cpe | 550 | 1450 | 2450 | 4900 | 8500 | 12000 |
| 5-pass Sdn | 500 | 1300 | 2250 | 4500 | 7700 | 11000 |
| 7-pass Tr | 850 | 2550 | 4350 | 8700 | 15300 | 21700 |
| 7-pass Sdn | 500 | 1350 | 2350 | 4700 | 8100 | 11500 |

## 1926

**Overland, Model 91, 4-cyl., 27 hp, 100" wb**

| | 6 | 5 | 4 | 3 | 2 | 1 |
|---|---|---|---|---|---|---|
| 5-pass Tr | 750 | 2250 | 3750 | 7500 | 13000 | 18700 |
| 2-pass Cpe | 500 | 1300 | 2250 | 4500 | 7700 | 11000 |
| 5-pass Sdn | 400 | 1200 | 1900 | 3800 | 6600 | 9600 |
| 5-pass Dlx Sdn | 450 | 1250 | 2050 | 4100 | 7100 | 10300 |

| | 6 | 5 | 4 | 3 | 2 | 1 |
|---|---|---|---|---|---|---|
| **Overland, Model 93, 6-cyl., 38 hp, 113" wb** | | | | | | |
| 5-pass Tr | 800 | 2450 | 4100 | 8200 | 14400 | 20500 |
| 5-pass Sdn | 400 | 1200 | 1950 | 3900 | 6800 | 9900 |
| 5-pass Dlx Sdn | 450 | 1250 | 2050 | 4100 | 7100 | 10300 |
| 2-pass Cpe | 400 | 1200 | 1950 | 3900 | 6800 | 9900 |
| **Willys-Knight, Model 66, 6-cyl., 60 hp, 126" wb** | | | | | | |
| 2-4 pass Rdstr | 900 | 2850 | 4800 | 9600 | 16900 | 24000 |
| 7-pass Tr | 1000 | 3100 | 5250 | 10500 | 18600 | 26200 |
| 5-pass Tr | 950 | 2950 | 4950 | 9900 | 17500 | 24700 |
| 4-pass Cpe | 500 | 1300 | 2250 | 4500 | 7700 | 11000 |
| 5-pass Cpe Sdn | 450 | 1250 | 2200 | 4400 | 7600 | 10900 |
| 5-pass Sdn | 450 | 1250 | 2100 | 4200 | 7200 | 10500 |
| 7-pass Sdn | 450 | 1250 | 2150 | 4300 | 7400 | 10700 |
| 5-pass Brghm | 450 | 1250 | 2200 | 4400 | 7600 | 10900 |
| **Willys-Knight, Model 70, 6-cyl., 53 hp, 113" wb** | | | | | | |
| 5-pass Sdn | 450 | 1250 | 2050 | 4100 | 7100 | 10300 |
| 2-dr 5-pass Sdn | 400 | 1200 | 2000 | 4000 | 6900 | 10000 |
| 2-pass Cpe | 500 | 1300 | 2250 | 4500 | 7700 | 11000 |
| ***1927*** | | | | | | |
| **Overland, Model 93, 6-cyl., 40 hp, 113" wb** | | | | | | |
| 5-pass Tr | 800 | 2450 | 4100 | 8200 | 14400 | 20500 |
| 2-pass Cpe | 400 | 1200 | 1950 | 3900 | 6800 | 9900 |
| 5-pass C'ch | 450 | 1250 | 2050 | 4100 | 7100 | 10300 |
| 5-pass Sdn | 400 | 1200 | 1950 | 3900 | 6800 | 9900 |
| **Willys-Knight, Model 70A, 6-cyl., 53 hp, 113" wb** | | | | | | |
| 2-4 pass Rdstr | 850 | 2650 | 4500 | 9000 | 15900 | 22500 |
| 5-pass Tr | 900 | 2800 | 4700 | 9400 | 16500 | 23400 |
| 2-pass Cpe | 550 | 1500 | 2500 | 5100 | 8800 | 12500 |
| 2-4 pass Cabrlt | 800 | 2450 | 4100 | 8200 | 14400 | 20500 |
| 4-dr 5-pass Sdn | 450 | 1250 | 2200 | 4400 | 7600 | 10900 |
| 2-dr C'ch | 450 | 1250 | 2100 | 4200 | 7200 | 10500 |
| **Willys-Knight, Model 66A, 6-cyl., 65 hp, 126" wb** | | | | | | |
| 2-4 pass Rdstr | 950 | 3050 | 5100 | 10200 | 18000 | 25400 |
| 5-pass Tr | 1050 | 3400 | 5650 | 11300 | 19900 | 28200 |
| 7-pass Tr | 1100 | 3450 | 5750 | 11500 | 20300 | 28700 |
| Foursome Sdn | 950 | 3050 | 5100 | 10200 | 18000 | 25400 |
| 2-4 pass Cabrlt | 900 | 2750 | 4600 | 9200 | 16200 | 22900 |
| 4-dr 5-pass Sdn | 550 | 1450 | 2450 | 4900 | 8500 | 12000 |
| 7-pass Sdn | 550 | 1550 | 2650 | 5300 | 9100 | 13000 |
| 7-pass Limo | 600 | 1650 | 2900 | 5800 | 10000 | 14500 |
| ***1928*** | | | | | | |
| **Willys-Knight, Model 56, 6-cyl., 45 hp, 109.5" wb** | | | | | | |
| 2-pass Rdstr | 800 | 2450 | 4100 | 8200 | 14400 | 20500 |
| 5-pass Tr | 900 | 2750 | 4650 | 9300 | 16400 | 23100 |
| 2-4 pass Cpe | 550 | 1550 | 2600 | 5200 | 9000 | 12800 |
| 2-dr Sdn | 450 | 1250 | 2100 | 4200 | 7200 | 10500 |
| 5-pass Sdn | 450 | 1250 | 2200 | 4400 | 7600 | 10900 |
| **Willys-Knight, Model 70A, 6-cyl., 53 hp, 113.5" wb** | | | | | | |
| 2-4 pass Rdstr | 850 | 2650 | 4500 | 9000 | 15900 | 22500 |
| 5-pass Tr | 950 | 2950 | 4950 | 9900 | 17500 | 24700 |
| 2-pass Cpe | 600 | 1650 | 2900 | 5800 | 10000 | 14500 |
| 5-pass C'ch | 650 | 1700 | 3000 | 6000 | 10400 | 14900 |
| 2-4 pass Cabrlt | 700 | 2050 | 3500 | 7000 | 12100 | 17400 |
| 5-pass Sdn | 550 | 1500 | 2500 | 5000 | 8700 | 12300 |

| | 6 | 5 | 4 | 3 | 2 | 1 |
|---|---|---|---|---|---|---|
| **Willys-Knight, Model 66A, 6-cyl., 70 hp, 126" wb** | | | | | | |
| 2-pass Rdstr | 950 | 2950 | 4950 | 9900 | 17500 | 24700 |
| 5-pass Tr | 1000 | 3250 | 5450 | 10900 | 19100 | 27200 |
| 2-4 pass Cabrlt | 900 | 2800 | 4700 | 9400 | 16500 | 23400 |
| Foursome | 550 | 1550 | 2600 | 5200 | 9000 | 12800 |
| Foursome Dlx | 550 | 1550 | 2650 | 5300 | 9100 | 13000 |
| 5-pass Sdn | 500 | 1350 | 2350 | 4700 | 8100 | 11500 |
| **Willys-Knight, Model 66A, 6-cyl., 70 hp, 135" wb** | | | | | | |
| 7-pass Tr | 1050 | 3400 | 5650 | 11300 | 19900 | 28200 |
| 5-pass Cpe | 700 | 1850 | 3300 | 6600 | 11300 | 16300 |
| 7-pass Sdn | 650 | 1700 | 3000 | 6100 | 10600 | 15200 |
| 7-pass Limo | 650 | 1750 | 3100 | 6200 | 10700 | 15400 |

### 1929

| | 6 | 5 | 4 | 3 | 2 | 1 |
|---|---|---|---|---|---|---|
| **Series 56, 6-cyl., 45 hp, 109.5" wb** | | | | | | |
| 2-4 pass Rdstr | 1000 | 3100 | 5200 | 10400 | 18400 | 26000 |
| 5-pass Tr | 850 | 2550 | 4350 | 8700 | 15300 | 21700 |
| 2-4 pass Cpe | 550 | 1500 | 2500 | 5100 | 8800 | 12500 |
| 5-pass C'ch | 550 | 1400 | 2400 | 4800 | 8300 | 11800 |
| 5-pass Sdn | 550 | 1500 | 2500 | 5000 | 8700 | 12300 |
| **Series 66B, 6-cyl., 82 hp, 120" wb** | | | | | | |
| 2-4 pass Rdstr | 1050 | 3300 | 5500 | 11000 | 19300 | 27500 |
| 2-4 pass Standard Cpe | 600 | 1650 | 2900 | 5800 | 10000 | 14500 |
| 5-pass Great Cpe | 650 | 1700 | 3000 | 6000 | 10400 | 14900 |
| 5-pass Cpe | 650 | 1700 | 3000 | 5900 | 10200 | 14700 |
| 5-pass Sdn | 600 | 1600 | 2750 | 5500 | 9500 | 13800 |
| **Series 70B, 6-cyl., 53 hp, 112.5"-115" wb** | | | | | | |
| 2-4 pass Rdstr | 1000 | 3100 | 5200 | 10400 | 18400 | 26000 |
| 5-pass Tr | 1050 | 3400 | 5650 | 11300 | 19900 | 28200 |
| 5-pass C'ch | 600 | 1600 | 2800 | 5600 | 9700 | 14000 |
| 2-4 pass Cpe Dlx | 650 | 1700 | 3000 | 6000 | 10400 | 14900 |
| 2-4 pass Cpe | 600 | 1650 | 2900 | 5800 | 10000 | 14500 |
| 2-dr 5-pass Sdn | 550 | 1400 | 2400 | 4800 | 8300 | 11800 |
| 5-pass Sdn Dlx | 550 | 1450 | 2450 | 4900 | 8500 | 12000 |
| 5-pass Dlx Sdn (115" wb) | 550 | 1500 | 2500 | 5100 | 8800 | 12500 |

### 1930

| | 6 | 5 | 4 | 3 | 2 | 1 |
|---|---|---|---|---|---|---|
| **Willys, Series 98B, 6-cyl., 65 hp, 110" wb** | | | | | | |
| 2-4 pass Rdstr | 1100 | 3500 | 5800 | 11600 | 20450 | 28900 |
| 4-pass Rdstr | 1150 | 3650 | 6100 | 12200 | 21500 | 30500 |
| 5-pass Tr | 1100 | 3550 | 5900 | 11800 | 20800 | 29400 |
| 2-pass Cpe | 600 | 1650 | 2900 | 5800 | 10000 | 14500 |
| 4-pass Cpe | 650 | 1700 | 3000 | 6000 | 10400 | 14900 |
| 2-dr Sdn | 550 | 1450 | 2450 | 4900 | 8500 | 12000 |
| 5-pass Sdn | 550 | 1500 | 2500 | 5100 | 8800 | 12500 |
| 5-pass Dlx Sdn | 550 | 1550 | 2650 | 5300 | 9100 | 13000 |
| **Willys-Knight, Series 66B, 6-cyl., 87 hp, 120" wb** | | | | | | |
| 2-4 pass Rdstr | 1050 | 3400 | 5700 | 11400 | 20100 | 28500 |
| 2-4 pass Cpe | 700 | 1900 | 3350 | 6700 | 11500 | 16500 |
| 5-pass Cpe | 750 | 2100 | 3550 | 7100 | 12300 | 17700 |
| 5-pass Sdn | 650 | 1800 | 3200 | 6400 | 11000 | 15900 |
| **Series 70B, 6-cyl., 53 hp, 112.5" wb** | | | | | | |
| 2-4 pass Rdstr | 1000 | 3200 | 5400 | 10800 | 19000 | 26900 |
| 5-pass Tr | 1050 | 3400 | 5650 | 11300 | 19900 | 28200 |
| 5-pass C'ch | 600 | 1600 | 2800 | 5600 | 9700 | 14000 |
| 2-4 pass C'ch Dlx | 650 | 1700 | 3000 | 6000 | 10400 | 14900 |
| 5-pass Sdn | 550 | 1400 | 2400 | 4800 | 8300 | 11800 |
| 5-pass Dlx Sdn | 550 | 1500 | 2500 | 5100 | 8800 | 12500 |

| | 6 | 5 | 4 | 3 | 2 | 1 |
|---|---|---|---|---|---|---|

## 1931

**Willys 97, 6-cyl., 65 hp, 110" wb**

| | 6 | 5 | 4 | 3 | 2 | 1 |
|---|---|---|---|---|---|---|
| 2-pass Rdstr | 950 | 3000 | 5050 | 10100 | 17900 | 25100 |
| 2-pass Cpe | 650 | 1750 | 3100 | 6200 | 10700 | 15400 |
| 5-pass Sdn | 550 | 1550 | 2650 | 5300 | 9100 | 13000 |

**Willys 98B, 6-cyl., 65 hp, 110" wb**

| | | | | | | |
|---|---|---|---|---|---|---|
| 2-4 pass Rdstr | 1000 | 3250 | 5450 | 10900 | 19100 | 27200 |
| 5-pass Sdn | 550 | 1550 | 2650 | 5300 | 9100 | 13000 |

**Willys 98D, 6-cyl., 65 hp, 113" wb**

| | | | | | | |
|---|---|---|---|---|---|---|
| 5-pass Vic Cpe | 650 | 1700 | 3000 | 5900 | 10200 | 14700 |
| 5-pass Sdn | 600 | 1600 | 2700 | 5400 | 9300 | 13500 |

**Willys 66B, 6-cyl., 120" wb**

| | | | | | | |
|---|---|---|---|---|---|---|
| 2-4 pass Rdstr | 1050 | 3400 | 5700 | 11400 | 20100 | 28500 |
| 2-4 pass Cpe | 700 | 1900 | 3350 | 6700 | 11500 | 16500 |
| 5-pass Sdn | 650 | 1800 | 3200 | 6400 | 11000 | 15900 |

**Willys-Knight 66D, 6-cyl., 87 hp, 121" wb**

| | | | | | | |
|---|---|---|---|---|---|---|
| 5-pass Vic Cpe | 600 | 1650 | 2900 | 5800 | 10000 | 14500 |
| 5-pass Sdn | 600 | 1600 | 2700 | 5400 | 9300 | 13500 |

**Willys 8-80, 8-cyl., 80 hp, 121" wb**

| | | | | | | |
|---|---|---|---|---|---|---|
| 2-4 pass Cpe | 600 | 1650 | 2900 | 5800 | 10000 | 14500 |
| 5-pass Sdn | 550 | 1500 | 2500 | 5000 | 8700 | 12300 |

**Willys 8-80D, 8-cyl., 80 hp, 120" wb**

| | | | | | | |
|---|---|---|---|---|---|---|
| 5-pass Vic Cpe | 600 | 1600 | 2750 | 5500 | 9500 | 13800 |
| 5-pass Sdn | 550 | 1400 | 2400 | 4800 | 8300 | 11800 |

**Willys-Knight 87, 6-cyl., 112.5" wb**

| | | | | | | |
|---|---|---|---|---|---|---|
| 2-4 pass Rdstr | 1000 | 3100 | 5200 | 10400 | 18400 | 26000 |
| 2-4 pass Cpe | 550 | 1500 | 2500 | 5100 | 8800 | 12500 |
| 5-pass Sdn | 550 | 1500 | 2500 | 5000 | 8700 | 12300 |

## 1932

**Willys 90 (Silver Streak), 6-cyl., 65 hp, 113" wb**

| | | | | | | |
|---|---|---|---|---|---|---|
| 2-pass Rdstr | 950 | 2950 | 4950 | 9900 | 17500 | 24700 |
| 2-4 pass Rdstr | 950 | 3000 | 5050 | 10100 | 17900 | 25100 |
| 2-4 pass Spt Rdstr | 950 | 3050 | 5100 | 10200 | 18000 | 25400 |
| 5-pass Tr | 1000 | 3200 | 5350 | 10700 | 18900 | 26700 |
| 2-pass Cpe | 700 | 1850 | 3300 | 6600 | 11300 | 16300 |
| 4-pass Cpe | 700 | 1900 | 3400 | 6800 | 11700 | 16900 |
| 5-pass Vic Custom | 600 | 1600 | 2700 | 5400 | 9300 | 13500 |
| 5-pass Sdn | 450 | 1250 | 2200 | 4400 | 7600 | 10900 |
| 5-pass C'ch | 550 | 1450 | 2450 | 4900 | 8500 | 12000 |
| 5-pass Spl Sdn | 600 | 1600 | 2700 | 5400 | 9300 | 13500 |
| 5-pass Custom Sdn | 600 | 1650 | 2850 | 5700 | 9900 | 14200 |

**Willys Eight 80, 121" wb**

| | | | | | | |
|---|---|---|---|---|---|---|
| 4-pass Vic Cpe | 600 | 1600 | 2750 | 5500 | 9500 | 13800 |
| 4-pass Dlx Vic Cpe | 600 | 1650 | 2850 | 5700 | 9900 | 14200 |
| 5-pass Sdn | 550 | 1400 | 2400 | 4800 | 8300 | 11800 |
| 5-pass Dlx Sdn | 550 | 1500 | 2500 | 5000 | 8700 | 12300 |
| 5-pass Custom Sdn | 550 | 1550 | 2600 | 5200 | 9000 | 12800 |

**Willys 8-88 (Silver Streak), 8-cyl., 80 hp, 121" wb**

| | | | | | | |
|---|---|---|---|---|---|---|
| 2-pass Rdstr | 950 | 3050 | 5100 | 10200 | 18000 | 25400 |
| 2-4 pass Spt Rdstr | 1000 | 3100 | 5200 | 10400 | 18400 | 26000 |
| 2-pass Cpe | 650 | 1750 | 3150 | 6300 | 10900 | 15700 |
| 2-4 pass Cpe | 700 | 1900 | 3350 | 6700 | 11500 | 16500 |
| 4-pass Vic Custom | 650 | 1800 | 3250 | 6500 | 11200 | 16100 |
| 5-pass Sdn | 600 | 1600 | 2800 | 5600 | 9700 | 14000 |
| 5-pass Spl Sdn | 600 | 1650 | 2900 | 5800 | 10000 | 14500 |
| 5-pass Custom Sdn | 650 | 1750 | 3150 | 6300 | 10900 | 15700 |

| | 6 | 5 | 4 | 3 | 2 | 1 |
|---|---|---|---|---|---|---|
| **Willys-Knight 95 DeLuxe, 6-cyl., 60 hp, 113" wb** | | | | | | |
| 2-pass Cpe | 650 | 1700 | 3000 | 6100 | 10600 | 15200 |
| 2-4 pass Cpe | 650 | 1750 | 3150 | 6300 | 10900 | 15700 |
| 4-pass Vic | 650 | 1700 | 3000 | 5900 | 10200 | 14700 |
| 5-pass Coach | 600 | 1600 | 2750 | 5500 | 9500 | 13800 |
| 5-pass Sdn | 600 | 1650 | 2850 | 5700 | 9900 | 14200 |
| **Willys 97, 6-cyl., 110" wb** | | | | | | |
| 2-pass Cpe | 650 | 1750 | 3100 | 6200 | 10700 | 15400 |
| 2-4 pass Cpe | 650 | 1800 | 3250 | 6500 | 11200 | 16100 |
| 5-pass Sdn | 550 | 1550 | 2650 | 5300 | 9100 | 13000 |
| 5-pass Club Sdn | 600 | 1650 | 2850 | 5700 | 9900 | 14200 |
| 5-pass Dlx Sdn | 650 | 1700 | 3000 | 5900 | 10200 | 14700 |
| 5-pass C'ch | 650 | 1700 | 3000 | 5900 | 10200 | 14700 |
| 5-pass Vic Custom | 650 | 1700 | 3000 | 6000 | 10400 | 14900 |
| 2-pass Rdstr | 950 | 3000 | 5050 | 10100 | 17900 | 25100 |
| 2-4 pass Rdstr | 950 | 3050 | 5100 | 10200 | 18000 | 25400 |
| 2-4 pass Dlx Rdstr | 1000 | 3100 | 5250 | 10500 | 18600 | 26200 |
| 5-pass Tr | 1050 | 3300 | 5500 | 11000 | 19300 | 27500 |
| **Willys 98, 6-cyl., 113" wb** | | | | | | |
| 4-pass Dlx Vic Cpe | 650 | 1750 | 3100 | 6200 | 10700 | 15400 |
| 2-pass Vic | 650 | 1700 | 3000 | 5900 | 10200 | 14700 |
| 5-pass Sdn | 600 | 1600 | 2700 | 5400 | 9300 | 13500 |
| 5-pass Dlx Sdn | 600 | 1650 | 2850 | 5700 | 9900 | 14200 |
| **Willys-Knight 66D, 6-cyl., 87 hp, 121" wb** | | | | | | |
| 5-pass Vic Custom | 700 | 1900 | 3350 | 6700 | 11500 | 16500 |
| 5-pass Custom Sdn | 650 | 1800 | 3250 | 6500 | 11200 | 16100 |

### 1933

| | 6 | 5 | 4 | 3 | 2 | 1 |
|---|---|---|---|---|---|---|
| **Willys 77, 4-cyl., 48 hp, 100" wb** | | | | | | |
| 2-pass Cpe | 650 | 1800 | 3250 | 6500 | 11200 | 16100 |
| 2-pass Custom Cpe | 700 | 1900 | 3350 | 6700 | 11500 | 16500 |
| 2-4 pass Cpe | 700 | 2000 | 3450 | 6900 | 11900 | 17200 |
| 2-4 pass Custom Cpe | 750 | 2100 | 3550 | 7100 | 12300 | 17700 |
| 4-pass Sdn | 650 | 1750 | 3150 | 6300 | 10900 | 15700 |
| 4-pass Custom Sdn | 650 | 1800 | 3250 | 6500 | 11200 | 16100 |
| **Willys 6-90A (Silver Streak), 6-cyl., 65 hp, 113" wb** | | | | | | |
| 2-pass Rdstr | 800 | 2350 | 3900 | 7800 | 13500 | 19500 |
| 2-4 pass Rdstr | 800 | 2400 | 4000 | 8000 | 13900 | 19900 |
| 2-4 pass Spt Rdstr | 800 | 2450 | 4100 | 8200 | 14400 | 20500 |
| 2-pass Cpe | 600 | 1650 | 2900 | 5800 | 10000 | 14500 |
| 2-4 pass Custom Cpe | 650 | 1700 | 3000 | 6000 | 10400 | 14900 |
| 5-pass C'ch | 550 | 1550 | 2600 | 5200 | 9000 | 12800 |
| 5-pass Sdn | 600 | 1600 | 2750 | 5500 | 9500 | 13800 |
| 5-pass Custom Sdn | 600 | 1650 | 2850 | 5700 | 9900 | 14200 |
| **Willys 8-88A (Streamline) 8-cyl., 80 hp, 121" wb** | | | | | | |
| 2-pass Cpe | 600 | 1650 | 2900 | 5800 | 10000 | 14500 |
| 2-4 pass Custom Cpe | 650 | 1750 | 3100 | 6200 | 10700 | 15400 |
| 5-pass Sdn | 600 | 1600 | 2800 | 5600 | 9700 | 14000 |
| 5-pass Custom Sdn | 650 | 1750 | 3100 | 6200 | 10700 | 15400 |
| **Willys-Knight 66E, 6-cyl., 87 hp, 121" wb** | | | | | | |
| 5-pass Custom Sdn | 700 | 1900 | 3400 | 6800 | 11700 | 16900 |

### 1934

| | 6 | 5 | 4 | 3 | 2 | 1 |
|---|---|---|---|---|---|---|
| **Willys 77, 4-cyl., 48 hp, 100" wb** | | | | | | |
| 2-pass Cpe | 700 | 1900 | 3350 | 6700 | 11500 | 16500 |
| 2-pass Custom Cpe | 700 | 2000 | 3450 | 6900 | 11900 | 17200 |
| 2-4 pass Cpe | 700 | 2050 | 3500 | 7000 | 12100 | 17400 |
| 2-4 pass Custom Cpe | 750 | 2100 | 3550 | 7100 | 12300 | 17700 |
| 5-pass Sdn | 650 | 1750 | 3150 | 6300 | 10900 | 15700 |

| | 6 | 5 | 4 | 3 | 2 | 1 |
|---|---|---|---|---|---|---|
| 5-pass Custom Sdn | 650 | 1800 | 3250 | 6500 | 11200 | 16100 |
| Pan Del | 700 | 1900 | 3350 | 6700 | 11500 | 16500 |

### 1935
**Willys 77, 4-cyl., 48 hp, 100" wb**

| | 6 | 5 | 4 | 3 | 2 | 1 |
|---|---|---|---|---|---|---|
| 2-pass Cpe | 700 | 2000 | 3450 | 6900 | 11900 | 17200 |
| 4-pass Sdn | 650 | 1700 | 3000 | 5900 | 10200 | 14700 |

### 1936
**Willys 77, 4-cyl., 48 hp, 100" wb**

| | 6 | 5 | 4 | 3 | 2 | 1 |
|---|---|---|---|---|---|---|
| 2-pass Cpe | 700 | 1900 | 3350 | 6700 | 11500 | 16500 |
| 4-pass Sdn | 650 | 1700 | 3000 | 5900 | 10200 | 14700 |
| 4-pass Dlx Sdn | 650 | 1700 | 3000 | 6100 | 10600 | 15200 |

### 1937
**Willys 37, 4-cyl., 48 hp, 100" wb**

| | 6 | 5 | 4 | 3 | 2 | 1 |
|---|---|---|---|---|---|---|
| 2-pass Cpe | 700 | 1900 | 3350 | 6700 | 11500 | 16500 |
| 2-pass Dlx Cpe | 700 | 2000 | 3450 | 6900 | 11900 | 17200 |
| 5-pass Sdn | 650 | 1750 | 3150 | 6300 | 10900 | 15700 |
| 5-pass Dlx Sdn | 650 | 1800 | 3250 | 6500 | 11200 | 16100 |

### 1938
**Willys 38, 4-cyl., 48 hp, 100" wb**

| | 6 | 5 | 4 | 3 | 2 | 1 |
|---|---|---|---|---|---|---|
| 2-pass Std Cpe | 600 | 1650 | 2850 | 5700 | 9900 | 14200 |
| 2-pass Dlx Cpe | 650 | 1700 | 3000 | 5900 | 10200 | 14700 |
| 2-dr 5-pass Clipper Sdn | 550 | 1500 | 2500 | 5100 | 8800 | 12500 |
| 4-dr 5-pass Sdn | 550 | 1500 | 2500 | 5000 | 8700 | 12300 |
| 2-dr 5-pass Clipper Dlx Sdn | 550 | 1550 | 2600 | 5200 | 9000 | 12800 |
| 4-dr 5-pass Dlx Sdn | 550 | 1500 | 2500 | 5100 | 8800 | 12500 |
| 4-dr 5-pass Custom Sdn | 550 | 1550 | 2600 | 5200 | 9000 | 12800 |

### 1939
**Willys 48, 4-cyl., 48 hp, 100" wb**

| | 6 | 5 | 4 | 3 | 2 | 1 |
|---|---|---|---|---|---|---|
| 2-pass Cpe | 650 | 1800 | 3200 | 6400 | 11000 | 15900 |
| 2-dr 5-pass Sdn | 600 | 1600 | 2800 | 5600 | 9700 | 14000 |
| 4-dr 5-pass Sdn | 600 | 1600 | 2700 | 5400 | 9300 | 13500 |

**Overland 39, 4-cyl., 102" wb**

| | 6 | 5 | 4 | 3 | 2 | 1 |
|---|---|---|---|---|---|---|
| 2-pass Speedway Cpe | 650 | 1700 | 3000 | 6100 | 10600 | 15200 |
| 2-dr 5-pass Speedway Sdn | 550 | 1550 | 2650 | 5300 | 9100 | 13000 |
| 4-dr 5-pass Speedway Sdn | 550 | 1500 | 2500 | 5100 | 8800 | 12500 |
| 2-pass Spl Speedway Cpe | 650 | 1750 | 3150 | 6300 | 10900 | 15700 |
| 2-dr 5-pass Spl Speedway Sdn | 600 | 1600 | 2750 | 5500 | 9500 | 13800 |
| 4-dr 5-pass Spl Speedway Sdn | 550 | 1550 | 2650 | 5300 | 9100 | 13000 |
| 2-pass Dlx Cpe | 650 | 1750 | 3100 | 6200 | 10700 | 15400 |
| 2-dr 5-pass Dlx Sdn | 600 | 1600 | 2700 | 5400 | 9300 | 13500 |
| 4-dr 5-pass Dlx Sdn | 550 | 1550 | 2600 | 5200 | 9000 | 12800 |

**Willys 38, 4-cyl., 48 hp, 100" wb**

| | 6 | 5 | 4 | 3 | 2 | 1 |
|---|---|---|---|---|---|---|
| 2-pass Cpe | 650 | 1800 | 3200 | 6400 | 11000 | 15900 |
| 2-dr 5-pass Sdn | 600 | 1600 | 2800 | 5600 | 9700 | 14000 |
| 4-dr 5-pass Sdn | 600 | 1600 | 2700 | 5400 | 9300 | 13500 |
| 2-pass Dlx Cpe | 650 | 1800 | 3200 | 6400 | 11000 | 15900 |
| 2-dr 5-pass Dlx Sdn | 600 | 1600 | 2800 | 5600 | 9700 | 14000 |
| 4-dr 5-pass Dlx Sdn | 600 | 1600 | 2700 | 5400 | 9300 | 13500 |

### 1940
**Willys Speedway, 4-cyl., 48 hp, 102" wb**

| | 6 | 5 | 4 | 3 | 2 | 1 |
|---|---|---|---|---|---|---|
| 3-pass Cpe | 650 | 1700 | 3000 | 6100 | 10600 | 15200 |
| 5-pass Sdn | 600 | 1600 | 2700 | 5400 | 9300 | 13500 |
| 5-pass Dlx Sdn | 600 | 1650 | 2850 | 5700 | 9900 | 14200 |
| 3-pass Dlx Cpe | 650 | 1800 | 3200 | 6400 | 11000 | 15900 |

| | 6 | 5 | 4 | 3 | 2 | 1 |
|---|---|---|---|---|---|---|

## 1941
**Willys (American)**
**Speedway Series 441, 4-cyl., 63 hp, 104" wb**

| | 6 | 5 | 4 | 3 | 2 | 1 |
|---|---|---|---|---|---|---|
| 2-pass Cpe | 650 | 1700 | 3000 | 6100 | 10600 | 15200 |
| 4-dr 5-pass Sdn | 600 | 1600 | 2750 | 5500 | 9500 | 13800 |

**DeLuxe, Series 441, 4-cyl., 63 hp, 104" wb**

| | | | | | | |
|---|---|---|---|---|---|---|
| 2-pass Cpe | 650 | 1750 | 3150 | 6300 | 10900 | 15700 |
| 4-dr 5-pass Sdn | 600 | 1600 | 2750 | 5500 | 9500 | 13800 |
| 5-pass Sta Wgn | 850 | 2550 | 4350 | 8700 | 15300 | 21700 |

**Plainsman, Series 441, 4-cyl., 63 hp, 104" wb**

| | | | | | | |
|---|---|---|---|---|---|---|
| 2-pass Cpe | 650 | 1700 | 3000 | 6100 | 10600 | 15200 |
| 4-dr 5-pass Sdn | 600 | 1600 | 2800 | 5600 | 9700 | 14000 |

## 1942
**Willys American**
**Speedway, Series 442, 4-cyl., 63 hp, 104" wb**

| | | | | | | |
|---|---|---|---|---|---|---|
| 2-pass Cpe | 650 | 1700 | 3000 | 6100 | 10600 | 15200 |
| 4-dr 5-pass Sdn | 600 | 1600 | 2750 | 5500 | 9500 | 13800 |

**Deluxe, Series 442, 4-cyl., 63 hp, 104" wb**

| | | | | | | |
|---|---|---|---|---|---|---|
| 2-pass Cpe | 650 | 1750 | 3150 | 6300 | 10900 | 15700 |
| 4-dr 5-pass Sdn | 600 | 1600 | 2750 | 5500 | 9500 | 13800 |
| Sta Wgn | 850 | 2550 | 4350 | 8700 | 15300 | 21700 |

**Plainsman, Series 442, 4-cyl., 63 hp, 104" wb**

| | | | | | | |
|---|---|---|---|---|---|---|
| 2-pass Cpe | 650 | 1700 | 3000 | 6100 | 10600 | 15200 |
| 4-dr 5-pass Sdn | 600 | 1600 | 2800 | 5600 | 9700 | 14000 |
| Sta Wgn | 850 | 2550 | 4350 | 8700 | 15300 | 21700 |

## 1946
**Willys 4-63, 4-cyl., 63 hp, 104" wb**

| | | | | | | |
|---|---|---|---|---|---|---|
| 6-pass Sta Wgn | 500 | 1300 | 2250 | 4500 | 7700 | 11000 |

## 1947
**Willys 4-63, 4-cyl., 63 hp, 104" wb**

| | | | | | | |
|---|---|---|---|---|---|---|
| 6-pass Sta Wgn | 500 | 1300 | 2250 | 4500 | 7700 | 11000 |

## 1948
**Willys 463, 4-cyl., 63 hp, 104" wb**

| | | | | | | |
|---|---|---|---|---|---|---|
| Sta Wgn | 500 | 1300 | 2250 | 4500 | 7700 | 11000 |

**Willys VJ-2, 4-cyl., 63 hp, 104" wb**

| | | | | | | |
|---|---|---|---|---|---|---|
| Jeepster | 600 | 1650 | 2850 | 5700 | 9900 | 14200 |

**Willys 663, 6-cyl., 75 hp, 104" wb**

| | | | | | | |
|---|---|---|---|---|---|---|
| Sta Sdn | 500 | 1350 | 2350 | 4700 | 8100 | 11500 |

## 1949
**Willys 4X463, 4-cyl., 63 hp, 104" wb**

| | | | | | | |
|---|---|---|---|---|---|---|
| 6-pass Sta Wgn FWD | 450 | 1250 | 2050 | 4100 | 7100 | 10300 |

**Willys VJ2, 4-cyl., 63 hp, 104" wb**

| | | | | | | |
|---|---|---|---|---|---|---|
| 2-dr Jeepster | 600 | 1650 | 2850 | 5700 | 9900 | 14200 |

**Willys VJ3, 6-cyl., 70 hp, 104" wb**

| | | | | | | |
|---|---|---|---|---|---|---|
| 2-dr Jeepster | 650 | 1700 | 3000 | 5900 | 10200 | 14700 |

**Willys 463, 4-cyl., 63 hp, 104" wb**

| | | | | | | |
|---|---|---|---|---|---|---|
| 6-pass Sta Wgn | 500 | 1300 | 2250 | 4500 | 7700 | 11000 |

**Willys Six 663, 6-cyl., 70 hp, 104" wb**

| | | | | | | |
|---|---|---|---|---|---|---|
| Sta Sdn | 550 | 1400 | 2400 | 4800 | 8300 | 11800 |
| Sta Wgn | 500 | 1350 | 2350 | 4700 | 8100 | 11500 |

## 1950
**1st Series, 4-cyl. 463, 63 hp, 104" wb**

| | | | | | | |
|---|---|---|---|---|---|---|
| 6-pass Sta Wgn | 500 | 1300 | 2250 | 4500 | 7700 | 11000 |
| FWD Sta Wgn | 450 | 1250 | 2150 | 4300 | 7400 | 10700 |
| 2-dr Jeepster (VJ3) | 600 | 1650 | 2900 | 5800 | 10000 | 14500 |

| | 6 | 5 | 4 | 3 | 2 | 1 |
|---|---|---|---|---|---|---|
| **2nd Series, 4-cyl. 463, 63 hp, 104.5" wb** | | | | | | |
| 2-dr Jeepster (VJ3) | 600 | 1650 | 2900 | 5800 | 10000 | 14500 |
| 6-pass Sta Wgn | 500 | 1300 | 2250 | 4500 | 7700 | 11000 |
| Sta Wgn FWD | 450 | 1250 | 2150 | 4300 | 7400 | 10700 |
| **1st Series, 6-cyl. 663, 63 hp, 104" wb** | | | | | | |
| 2-dr 6-pass Sta Wgn | 450 | 1250 | 2150 | 4300 | 7400 | 10700 |
| 2-dr Jeepster (VJ3) | 650 | 1750 | 3100 | 6200 | 10700 | 15400 |
| **2nd Series, 6-cyl., 663** | | | | | | |
| 2-dr 6-pass Sta Wgn | 500 | 1350 | 2300 | 4600 | 8000 | 11300 |
| 2-dr Jeepster (VJ3) | 650 | 1750 | 3100 | 6200 | 10700 | 15400 |

## 1951

| | 6 | 5 | 4 | 3 | 2 | 1 |
|---|---|---|---|---|---|---|
| **Willys-Overland, Series 473, 4-cyl., 72 hp, 104" wb** | | | | | | |
| 6-pass Sta Wgn | 500 | 1350 | 2350 | 4700 | 8100 | 11500 |
| **Series 4X473, 4-cyl., 72 hp, 104" wb** | | | | | | |
| 6-pass Sta Wgn | 500 | 1350 | 2350 | 4700 | 8100 | 11500 |
| **Series 473, VJ4, 4-cyl., 72 hp, 104" wb** | | | | | | |
| 5-pass Jeepster | 600 | 1650 | 2850 | 5700 | 9900 | 14200 |
| **Series 673, 6-cyl., 75 hp, 104" wb** | | | | | | |
| 6-pass Sta Wgn | 550 | 1500 | 2500 | 5000 | 8700 | 12300 |
| **Series 673, VJ6, 6-cyl., 75 hp, 104" wb** | | | | | | |
| 5-pass Jeepster | 650 | 1750 | 3100 | 6200 | 10700 | 15400 |

## 1952

| | 6 | 5 | 4 | 3 | 2 | 1 |
|---|---|---|---|---|---|---|
| **Willys Aero 675, 6-cyl., 75 hp, 108" wb** | | | | | | |
| 2-dr Lark Dlx Sdn | 400 | 1150 | 1850 | 3700 | 6400 | 9300 |
| **Willys Aero, 685, 6-cyl., 90 hp, 108" wb** | | | | | | |
| 2-dr Wing Sup Dlx Sdn | 400 | 1200 | 1950 | 3900 | 6800 | 9900 |
| 2-dr Ace Custom Sdn | 400 | 1200 | 1900 | 3800 | 6600 | 9600 |
| **1st and 2nd Series 473, Willys Four, 4-cyl., 63 hp, 104" wb** | | | | | | |
| 4x4 Sta Wgn | 400 | 1200 | 1900 | 3800 | 6600 | 9600 |
| 6-pass Sta Wgn | 400 | 1200 | 2000 | 4000 | 6900 | 10000 |
| **1st and 2nd Series 673, Willys Six, 6-cyl., 75 hp, 104" wb** | | | | | | |
| 6-pass Sta Wgn | 450 | 1250 | 2100 | 4200 | 7200 | 10500 |
| **Series 473, Willys, 4-cyl., 72 hp, 104" wb** | | | | | | |
| 6-pass 4X4 Dlx Sta Wgn | 400 | 1200 | 1900 | 3800 | 6600 | 9600 |
| 6-pass Sta Wgn | 400 | 1200 | 2000 | 4000 | 6900 | 10000 |
| **Series 685, Willys, 6-cyl., 75 hp, 104" wb** | | | | | | |
| 6-pass Sta Wgn | 450 | 1250 | 2100 | 4200 | 7200 | 10500 |

## 1953

| | 6 | 5 | 4 | 3 | 2 | 1 |
|---|---|---|---|---|---|---|
| **Willys Aero 675, 6-cyl., 75 hp, 108" wb** | | | | | | |
| 4-dr HD Sdn | 400 | 1100 | 1800 | 3500 | 6100 | 8900 |
| 4-dr Dlx Lark Sdn | 400 | 1100 | 1800 | 3600 | 6200 | 9100 |
| 2-dr Dlx Lark Sdn | 400 | 1100 | 1800 | 3500 | 6100 | 8900 |
| **Willys Aero, Super Deluxe, 6-cyl., 75 hp, 108" wb** | | | | | | |
| 4-dr Falcon Sdn | 400 | 1100 | 1800 | 3600 | 6200 | 9100 |
| 2-dr Falcon Sdn | 400 | 1150 | 1850 | 3700 | 6400 | 9300 |
| **Willys Aero, 685, 6-cyl., 90 hp, 108" wb** | | | | | | |
| 4-dr Ace Sdn | 400 | 1200 | 1950 | 3900 | 6800 | 9900 |
| 2-dr Ace Sdn | 400 | 1200 | 1900 | 3800 | 6600 | 9600 |
| **Willys Aero, 685, 6-cyl., 90 hp, 108" wb** | | | | | | |
| 2-dr Hdtp Eagle Sdn | 500 | 1350 | 2350 | 4700 | 8100 | 11500 |
| **Willys Four, 4-cyl., 72 hp, 104'-104.5" wb** | | | | | | |
| 4x4 Sta Wgn | 400 | 1150 | 1850 | 3700 | 6400 | 9300 |
| 6-pass Sta Wgn | 400 | 1200 | 1950 | 3900 | 6800 | 9900 |
| **Willys Deluxe Six, 6-cyl., 90 hp, 104" wb** | | | | | | |
| 6-pass Sta Wgn | 450 | 1250 | 2050 | 4100 | 7100 | 10300 |

|  | 6 | 5 | 4 | 3 | 2 | 1 |
|---|---|---|---|---|---|---|
| **1954** | | | | | | |
| **Willys Aero, 6-cyl., 90 hp, 108" wb** | | | | | | |
| 4-dr Dlx 226 Ace Sedan | 400 | 1100 | 1800 | 3500 | 6100 | 8900 |
| 2-dr Dlx 226 Ace Sedan | 400 | 1100 | 1800 | 3600 | 6200 | 9100 |
| 2-dr Dlx 226 Eagle Hdtp | 500 | 1350 | 2350 | 4700 | 8100 | 11500 |
| 2-dr 226 Custom Eagle Hdtp | 550 | 1450 | 2450 | 4900 | 8500 | 12000 |
| 4-dr Lark Sdn | 400 | 1150 | 1850 | 3700 | 6400 | 9300 |
| 2-dr Lark Sdn | 400 | 1100 | 1800 | 3500 | 6100 | 8900 |
| 4-dr Ace Sdn | 400 | 1050 | 1700 | 3400 | 5900 | 8500 |
| 2-dr Ace Sdn | 400 | 1100 | 1800 | 3500 | 6100 | 8900 |
| 2-dr Hdtp Eagle | 550 | 1400 | 2400 | 4800 | 8300 | 11800 |
| 2-dr Eagle Dlx Hdtp | 550 | 1500 | 2500 | 5100 | 8800 | 12500 |
| 2-dr Eagle Custom Hdtp | 550 | 1550 | 2650 | 5300 | 9100 | 13000 |
| **Willys Six, 6-cyl., 90 hp, 104" wb** | | | | | | |
| 6-pass Sta Wgn | 400 | 1200 | 1950 | 3900 | 6800 | 9900 |
| **1955** | | | | | | |
| **Willys Six, 6-cyl., 90 hp, 108" wb** | | | | | | |
| 4-dr Custom Sdn | 400 | 1200 | 1950 | 3900 | 6800 | 9900 |
| 2-dr Custom Sdn | 450 | 1250 | 2050 | 4100 | 7100 | 10300 |
| 2-dr Hdtp Bermuda | 550 | 1550 | 2650 | 5300 | 9100 | 13000 |
| 2-dr 6-pass Sta Wgn (104" wb) | 400 | 1200 | 1950 | 3900 | 6800 | 9900 |

# AC/ACE
## 1947 – 1973

| | 6 | 5 | 4 | 3 | 2 | 1 |
|---|---|---|---|---|---|---|
| **1947** | | | | | | |
| **Two-Litre, 6-cyl., 117" wb** | | | | | | |
| 2-dr Tourer | 950 | 3000 | 5000 | 10000 | 17700 | 24900 |
| 4-dr Saloon | 650 | 1800 | 3250 | 6500 | 11200 | 16100 |
| **1948** | | | | | | |
| **Two-Litre, 6-cyl., 117" wb** | | | | | | |
| 2-dr Tourer | 950 | 3000 | 5000 | 10000 | 17700 | 24900 |
| 4-dr Saloon | 650 | 1800 | 3250 | 6500 | 11200 | 16100 |
| **1949** | | | | | | |
| **Two-Litre, 6-cyl., 117" wb** | | | | | | |
| 2-dr Tourer | 950 | 3000 | 5000 | 10000 | 17700 | 24900 |
| 4-dr Saloon | 650 | 1800 | 3250 | 6500 | 11200 | 16100 |
| **1950** | | | | | | |
| **Two-Litre, 6-cyl., 117" wb** | | | | | | |
| 2-dr Tourer | 950 | 3000 | 5000 | 10000 | 17700 | 24900 |
| 4-dr Saloon | 650 | 1800 | 3250 | 6500 | 11200 | 16100 |
| **1951** | | | | | | |
| **Two-Litre, 6-cyl., 117" wb** | | | | | | |
| 2-dr Tourer | 950 | 3000 | 5000 | 10000 | 17700 | 24900 |
| 4-dr Saloon | 650 | 1800 | 3250 | 6500 | 11200 | 16100 |
| **1952** | | | | | | |
| **Two-Litre, 6-cyl., 117" wb** | | | | | | |
| 2-dr Tourer | 950 | 3000 | 5000 | 10000 | 17700 | 24900 |
| 4-dr Saloon | 650 | 1800 | 3250 | 6500 | 11200 | 16100 |
| **1953** | | | | | | |
| **Ace, 6-cyl., 2-litre, 90" wb** | | | | | | |
| 2-dr Spt Tourer | 850 | 2600 | 4400 | 8800 | 15500 | 21900 |
| 2-dr Saloon | 650 | 1700 | 3000 | 6000 | 10400 | 14900 |
| 4-dr Saloon | 650 | 1750 | 3100 | 6200 | 10700 | 15400 |
| **1954** | | | | | | |
| **Ace, 6-cyl., 2-litre, 90" wb** | | | | | | |
| 2-dr Spt Tourer | 850 | 2600 | 4400 | 8800 | 15500 | 21900 |
| 2-dr Saloon | 650 | 1700 | 3000 | 6000 | 10400 | 14900 |
| 4-dr Saloon | 650 | 1750 | 3100 | 6200 | 10700 | 15400 |
| **1955** | | | | | | |
| **Ace, 6-cyl., 90" wb** | | | | | | |
| 2-dr Rdstr | 2500 | 7400 | 12500 | 25000 | 43900 | 62400 |
| **Aceca, 6-cyl., 90" wb** | | | | | | |
| 2-dr Fstbk Cpe | 2000 | 5950 | 10000 | 20000 | 35150 | 49900 |
| **1956** | | | | | | |
| **Ace, 6-cyl., 90" wb** | | | | | | |
| 2-dr Rdstr | 2500 | 7400 | 12500 | 25000 | 43900 | 62400 |

| | 6 | 5 | 4 | 3 | 2 | 1 |
|---|---|---|---|---|---|---|
| **Aceca, 6-cyl., 90" wb** | | | | | | |
| 2-dr Fstbk Cpe | 2000 | 5950 | 10000 | 20000 | 35150 | 49900 |
| ***1957*** | | | | | | |
| **Ace, 6-cyl., 90" wb** | | | | | | |
| 2-dr Rdstr | 2500 | 7400 | 12500 | 25000 | 43900 | 62400 |
| **Aceca, 6-cyl., 90" wb** | | | | | | |
| 2-dr Fstbk Cpe | 2000 | 5950 | 10000 | 20000 | 35150 | 49900 |
| | | *Bristol engine add 20%* | | | | |
| ***1958*** | | | | | | |
| **Ace, 6-cyl., 90" wb** | | | | | | |
| 2-dr Rdstr | 2500 | 7400 | 12500 | 25000 | 43900 | 62400 |
| **Aceca, 6-cyl., 90" wb** | | | | | | |
| 2-dr Fstbk Cpe | 2000 | 5950 | 10000 | 20000 | 35150 | 49900 |
| | | *Bristol engine add 20%* | | | | |
| ***1959*** | | | | | | |
| **Ace, 6-cyl., 90" wb** | | | | | | |
| 2-dr Rdstr | 2500 | 7400 | 12500 | 25000 | 43900 | 62400 |
| **Aceca, 6-cyl., 90" wb** | | | | | | |
| 2-dr Fstbk Cpe | 2000 | 5950 | 10000 | 20000 | 35150 | 49900 |
| | | *Bristol engine add 20%* | | | | |
| ***1960*** | | | | | | |
| **Ace, 6-cyl., 90" wb** | | | | | | |
| 2-dr Rdstr | 2500 | 7400 | 12500 | 25000 | 43900 | 62400 |
| **Aceca, 6-cyl., 90" wb** | | | | | | |
| 2-dr Fstbk Cpe | 2000 | 5950 | 10000 | 20000 | 35150 | 49900 |
| | | *Bristol engine add 20%* | | | | |
| ***1961*** | | | | | | |
| **Ace, 6-cyl., 90" wb** | | | | | | |
| 2-dr Rdstr | 2500 | 7400 | 12500 | 25000 | 43900 | 62400 |
| **Aceca, 6-cyl., 90" wb** | | | | | | |
| 2-dr Fstbk Cpe | 2000 | 5950 | 10000 | 20000 | 35150 | 49900 |
| | | *Bristol engine add 20%* | | | | |
| ***1962*** | | | | | | |
| **Ace, 6-cyl., 90" wb** | | | | | | |
| 2-dr Rdstr | 2500 | 7400 | 12500 | 25000 | 43900 | 62400 |
| **Aceca, 6-cyl., 90" wb** | | | | | | |
| 2-dr Fstbk Cpe | 2100 | 6100 | 10300 | 20600 | 36200 | 51500 |
| **Ford/AC Shelby Cobra, 260/289, 8-cyl., 90" wb** | | | | | | |
| 260 2-dr Rdstr | 8000 | 23750 | 40000 | 80000 | 140500 | 199700 |
| | | *Bristol engine add 20%* | | | | |
| ***1963*** | | | | | | |
| **Ace, 6-cyl., 90" wb** | | | | | | |
| 2-dr Rdstr | 2500 | 7400 | 12500 | 25000 | 43900 | 62400 |
| **Aceca, 6-cyl., 90" wb** | | | | | | |
| 2-dr Fstbk Cpe | 2100 | 6100 | 10300 | 20600 | 36200 | 51500 |
| **Ford/AC Shelby Cobra, 289, 8-cyl., 90" wb** | | | | | | |
| 2-dr Rdstr | 8500 | 25250 | 42500 | 85000 | 149300 | 212200 |
| | | *Bristol engine add 20%* | | | | |
| ***1964*** | | | | | | |
| **Ace, 6-cyl., 90" wb** | | | | | | |
| 2-dr Rdstr | 2500 | 7400 | 12500 | 25000 | 43900 | 62400 |
| **Aceca, 6-cyl., 90" wb** | | | | | | |
| 2-dr Fstbk Cpe | 2100 | 6100 | 10300 | 20600 | 36200 | 51500 |
| **Ford/AC Shelby Cobra, 289, 8-cyl., 90" wb** | | | | | | |
| 2-dr Rdstr | 8500 | 25250 | 42500 | 85000 | 149300 | 212200 |
| ***1965*** | | | | | | |
| **Ford/AC Shelby Cobra, 289, 8-cyl., 108" wb** | | | | | | |
| 2-dr Rdstr | 8500 | 25250 | 42500 | 85000 | 149300 | 212200 |

| | 6 | 5 | 4 | 3 | 2 | 1 |
|---|---|---|---|---|---|---|
| **Ford/AC Shelby Cobra, 427, 8-cyl., 90" wb** | | | | | | |
| 2-dr Rdstr | 17500 | 52000 | 87500 | 175000 | 307300 | 436800 |
| **Ford/AC 427, 8-cyl., 96" wb** | | | | | | |
| 2-dr Conv | 2800 | 8300 | 14000 | 28000 | 49200 | 69900 |
| 2-dr Cpe | 2400 | 7100 | 12000 | 24000 | 42150 | 59900 |
| **Shelby Cobra, 427 SC, 8-cyl., 90" wb** | | | | | | |
| 2-dr Rdstr | 17500 | 52000 | 87500 | 175000 | 307300 | 436800 |
| **Shelby Cobra Daytona** | | | | | | |
| 2-dr Cpe | 17500 | 52000 | 87500 | 175000 | 307300 | 436800 |
| **_1966_** | | | | | | |
| **Ford/AC Shelby Cobra, 427, 8-cyl., 90" wb** | | | | | | |
| 2-dr Rdstr | 17500 | 52000 | 87500 | 175000 | 307300 | 436800 |
| **Ford/AC 289, 8-cyl., 90" wb** | | | | | | |
| 2-dr Rdstr | 2000 | 5950 | 10000 | 20000 | 35150 | 49900 |
| **Ford/AC 427, 8-cyl., 96" wb** | | | | | | |
| 2-dr Rdstr | 2800 | 8300 | 14000 | 28000 | 49200 | 69900 |
| **_1967_** | | | | | | |
| **Ford/AC Shelby Cobra, 427, 8-cyl., 90" wb** | | | | | | |
| 2-dr Rdstr | 17500 | 52000 | 87500 | 175000 | 307300 | 436800 |
| **Ford/AC 289, 8-cyl., 90" wb** | | | | | | |
| 2-dr Rdstr | 2000 | 5950 | 10000 | 20000 | 35150 | 49900 |
| **Ford/AC 427/428, 8-cyl., 96" wb** | | | | | | |
| 2-dr Conv | 2800 | 8300 | 14000 | 28000 | 49200 | 69900 |
| 2-dr Cpe Fstbk | 2400 | 7100 | 12000 | 24000 | 42150 | 59900 |
| **_1968_** | | | | | | |
| **Ford/AC 289, 8-cyl., 90" wb** | | | | | | |
| 2-dr Rdstr | 2000 | 5950 | 10000 | 20000 | 35150 | 49900 |
| **Ford/AC 427/428 8-cyl., 96" wb** | | | | | | |
| 2-dr Conv | 2800 | 8300 | 14000 | 28000 | 49200 | 69900 |
| 2-dr Cpe Fstbk | 2400 | 7100 | 12000 | 24000 | 42150 | 59900 |
| **_1969_** | | | | | | |
| **Ford/AC 427/428 8-cyl., 96" wb** | | | | | | |
| 2-dr Conv | 2800 | 8300 | 14000 | 28000 | 49200 | 69900 |
| 2-dr Cpe Fstbk | 2400 | 7100 | 12000 | 24000 | 42150 | 59900 |
| **_1970_** | | | | | | |
| **Ford/AC 427/428 8-cyl., 96" wb** | | | | | | |
| 2-dr Conv | 2800 | 8300 | 14000 | 28000 | 49200 | 69900 |
| 2-dr Cpe Fstbk | 2400 | 7100 | 12000 | 24000 | 42150 | 59900 |
| **_1971_** | | | | | | |
| **Ford/AC 427/428 8-cyl., 96" wb** | | | | | | |
| 2-dr Conv | 2800 | 8300 | 14000 | 28000 | 49200 | 69900 |
| 2-dr Cpe Fstbk | 2400 | 7100 | 12000 | 24000 | 42150 | 59900 |
| **_1972_** | | | | | | |
| **Ford/AC 427/428 8-cyl., 96" wb** | | | | | | |
| 2-dr Conv | 2800 | 8300 | 14000 | 28000 | 49200 | 69900 |
| 2-dr Cpe Fstbk | 2400 | 7100 | 12000 | 24000 | 42150 | 59900 |
| **_1973_** | | | | | | |
| **Ford/AC 427/428 8-cyl., 96" wb** | | | | | | |
| 2-dr Conv | 2800 | 8300 | 14000 | 28000 | 49200 | 69900 |
| 2-dr Cpe Fstbk | 2400 | 7100 | 12000 | 24000 | 42150 | 59900 |

# ACURA
## 1986 – 1991

**'87 Acura Integra LS**

**'90 Acura Legend**

| | 6 | 5 | 4 | 3 | 2 | 1 |
|---|---|---|---|---|---|---|
| ***1986*** | | | | | | |
| **Integra, 4-cyl., 96.5" wb** | | | | | | |
| 3-dr Htchbk | 300 | 800 | 1350 | 2700 | 4700 | 6900 |
| **Integra, 4-cyl., 99.2" wb** | | | | | | |
| 5-dr Htchbk | 300 | 800 | 1300 | 2600 | 4600 | 6600 |
| | | | | | | |
| **Legend, 6-cyl., 108.7" wb** | | | | | | |
| 4-dr Sdn | 450 | 1250 | 2150 | 4300 | 7400 | 10700 |
| ***1987*** | | | | | | |
| **Integra, 4-cyl., 96.5" wb** | | | | | | |
| 3-dr Htchbk | 350 | 950 | 1550 | 3100 | 5500 | 7900 |
| 3-dr Spl Edition Htchbk | | | | | | |
| | 400 | 1100 | 1800 | 3500 | 6100 | 8900 |
| **Integra, 4-cyl., 99.2" wb** | | | | | | |
| 5-dr Htchbk | 350 | 900 | 1500 | 3000 | 5300 | 7600 |
| | | | | | | |
| **Legend, 6-cyl., 106.5" wb** | | | | | | |
| 2-dr Cpe | 550 | 1450 | 2450 | 4900 | 8500 | 12000 |
| 2-dr Luxury Cpe | 600 | 1650 | 2900 | 5800 | 10000 | 14500 |
| 2-dr LS Cpe | 650 | 1700 | 3000 | 6100 | 10600 | 15200 |
| **Legend, 6-cyl., 108.7" wb** | | | | | | |
| 4-dr Sdn | 550 | 1400 | 2400 | 4800 | 8300 | 11800 |
| 4-dr Luxury Sdn | 600 | 1650 | 2850 | 5700 | 19900 | 14200 |
| ***1988*** | | | | | | |
| **Integra, 4-cyl., 96.5" wb** | | | | | | |
| 3-dr Htchbk | 400 | 1100 | 1800 | 3600 | 6200 | 9100 |
| 3-dr Spl Edition Htchbk | | | | | | |
| | 400 | 1200 | 2000 | 4000 | 6900 | 10000 |
| **Integra, 4-cyl, 99.2" wb** | | | | | | |
| 5-dr Htchbk | 400 | 1050 | 1700 | 3400 | 5900 | 8500 |

**Legend, 6-cyl., 106.5" wb**

| | | | | | | |
|---|---|---|---|---|---|---|
| 2-dr Cpe | 600 | 1600 | 2800 | 5600 | 9700 | 14000 |
| 2-dr L Cpe | 650 | 1800 | 3250 | 6500 | 11200 | 16100 |
| 2-dr LS Cpe | 700 | 2000 | 3450 | 6900 | 11900 | 17200 |

**Legend, 6-cyl., 108.7" wb**

| | | | | | | |
|---|---|---|---|---|---|---|
| 4-dr Sdn | 600 | 1600 | 2750 | 5500 | 9500 | 13800 |
| 4-dr L Sdn | 650 | 1800 | 3200 | 6400 | 11000 | 15900 |
| 4-dr LS Sdn | 700 | 1900 | 3400 | 6800 | 11700 | 16900 |

## 1989

**Integra, 4-cyl., 96.5" wb**

| | | | | | | |
|---|---|---|---|---|---|---|
| 3-dr Htchbk | 450 | 1250 | 2050 | 4100 | 7100 | 10300 |

**Integra, 4-cyl., 99.2" wb**

| | | | | | | |
|---|---|---|---|---|---|---|
| 5-dr Htchbk | 400 | 1200 | 2000 | 4000 | 6900 | 10000 |

**Legend, 6-cyl., 106.5" wb**

| | | | | | | |
|---|---|---|---|---|---|---|
| 2-dr Cpe | 650 | 1750 | 3150 | 6300 | 10900 | 15700 |
| 2-dr L Cpe | 750 | 2200 | 3650 | 7300 | 12600 | 18200 |
| 2-dr LS Cpe | 800 | 2350 | 3900 | 7800 | 13500 | 19500 |

**Legend, 6-cyl., 108.7" wb**

| | | | | | | |
|---|---|---|---|---|---|---|
| 4-dr Sdn | 650 | 1750 | 3100 | 6200 | 10700 | 15400 |
| 4-dr L Sdn | 750 | 2150 | 3600 | 7200 | 12400 | 18000 |
| 4-dr LS Sdn | 750 | 2300 | 3800 | 7600 | 13100 | 18900 |

## 1990

**Integra, 4-cyl, 100.4" wb**

| | | | | | | |
|---|---|---|---|---|---|---|
| 3-dr Htchbk | 550 | 1550 | 2650 | 5300 | 9100 | 13000 |
| 3-dr LS Htchbk | 600 | 1650 | 2850 | 5700 | 9900 | 14200 |
| 3-dr GS Htchbk | 650 | 1700 | 3000 | 6000 | 10400 | 14900 |

**Integra, 4-cyl., 102.4" wb**

| | | | | | | |
|---|---|---|---|---|---|---|
| 4-dr Sdn | 550 | 1500 | 2500 | 5100 | 8800 | 12500 |
| 4-dr LS Sdn | 600 | 1600 | 2800 | 5600 | 9700 | 14000 |
| 4-dr GS Sdn | 650 | 1700 | 3000 | 5900 | 10200 | 14700 |

**Legend, 6-cyl., 106.5" wb**

| | | | | | | |
|---|---|---|---|---|---|---|
| 2-dr Cpe | 750 | 2100 | 3550 | 7100 | 12300 | 17700 |
| 2-dr L Cpe | 800 | 2450 | 4100 | 8200 | 14400 | 20500 |
| 2-dr LS Cpe | 850 | 2550 | 4350 | 8700 | 15300 | 21700 |

**Legend, 6-cyl., 108.7" wb**

| | | | | | | |
|---|---|---|---|---|---|---|
| 4-dr Sdn | 700 | 2000 | 3450 | 6900 | 11900 | 17200 |
| 4-dr L Sdn | 800 | 2400 | 4050 | 8100 | 14200 | 20200 |
| 4-dr LS Sdn | 800 | 2500 | 4250 | 8500 | 15000 | 21200 |

## 1991

**Integra, 4-cyl, 100.4" wb**

| | | | | | | |
|---|---|---|---|---|---|---|
| 3-dr Htchbk | 650 | 1700 | 3000 | 6000 | 10400 | 14900 |
| 3-dr LS Htchbk | 650 | 1800 | 3250 | 6500 | 11200 | 16100 |
| 3-dr GS Htchbk | 700 | 2000 | 3450 | 6900 | 11900 | 17200 |

**Integra, 4-cyl., 102.4" wb**

| | | | | | | |
|---|---|---|---|---|---|---|
| 4-dr Sdn | 650 | 1700 | 3000 | 5900 | 10200 | 14700 |
| 4-dr LS Sdn | 650 | 1800 | 3200 | 6400 | 11000 | 15900 |
| 4-dr GS Sdn | 700 | 1900 | 3400 | 6800 | 11700 | 16900 |

**Legend, 6-cyl., 111.4" wb**

| | | | | | | |
|---|---|---|---|---|---|---|
| 2-dr L Cpe | 1150 | 3650 | 6150 | 12300 | 21700 | 30700 |
| 2-dr LS Cpe | 1200 | 3850 | 6400 | 12800 | 22550 | 32000 |

| | 6 | 5 | 4 | 3 | 2 | 1 |
|---|---|---|---|---|---|---|
| **Legend, 6-cyl., 114.6" wb** | | | | | | |
| 4-dr Sdn | 1000 | 3100 | 5200 | 10400 | 18400 | 26000 |
| 4-dr L Sdn | 1100 | 3500 | 5800 | 11600 | 20450 | 28900 |
| 4-dr LS Sdn | 1150 | 3650 | 6100 | 12200 | 21500 | 30500 |
| **NSX, 6 cyl., 99.6"wb** | | | | | | |
| 2-dr Cpe | 3000 | 8950 | 15100 | 30200 | 53000 | 75400 |

---

## PRICE GUIDE CLASSIFICATIONS:

**1. CONCOURS:** Perfection. At or near 100 points on a 100-point judging scale. Trailered; never driven; pampered. Totally restored to the max and 100 percent stock.
**2. SHOW:** Professionally restored to high standards. No major flaws or deviations from stock. Consistent trophy winner that needs nothing to show. In 90 to 95 point range.
**3. STREET/SHOW:** Older restoration or extremely nice original showing some wear from age and use. Very presentable; occasional trophy winner; everything working properly. About 80 to 89 points.

**4. DRIVER:** A nice looking, fine running collector car needing little or nothing to drive, enjoy and show in local competition. Would need extensive restoration to be a show car, but completely usable as is.
**5. RESTORABLE:** Project car that is relatively complete and restorable within a reasonable effort and expense. Needs total restoration, but all major components present and rebuildable. May or may not be running.
**6. PARTS CAR:** Deteriorated or stripped to a point beyond reasonable restoration, but still complete and solid enough to donate valuable parts to a restoration. Likely not running, possibly missing its engine.

# ALFA-ROMEO
## 1946 – 1991

| | 6 | 5 | 4 | 3 | 2 | 1 |
|---|---|---|---|---|---|---|
| **1946** | | | | | | |
| **6C-2500, 6-cyl., 106" SS, 118" wb** | | | | | | |
| 2-dr Berlina Sdn | 650 | 1750 | 3150 | 6300 | 10900 | 15700 |
| 2-dr Cabrlt | 800 | 2350 | 3950 | 7900 | 13700 | 19700 |
| 2-dr SS Cpe | 900 | 2850 | 4750 | 9500 | 16700 | 23700 |
| 2-dr SS Cabrlt | 1150 | 3650 | 6100 | 12200 | 21500 | 30500 |
| **1947** | | | | | | |
| **6C-2500, 6-cyl., 106" SS, 118" wb** | | | | | | |
| 2-dr Berlina Sdn | 650 | 1750 | 3150 | 6300 | 10900 | 15700 |
| 2-dr Cabrlt | 800 | 2350 | 3950 | 7900 | 13700 | 19700 |
| 2-dr SS Cpe | 900 | 2850 | 4750 | 9500 | 16700 | 23700 |
| 2-dr SS Cabrlt | 1150 | 3650 | 6100 | 12200 | 21500 | 30500 |
| **1948** | | | | | | |
| **6C-2500, 6-cyl., 106" SS, 118" wb** | | | | | | |
| 2-dr Berlina Sdn | 650 | 1750 | 3150 | 6300 | 10900 | 15700 |
| 2-dr Cabrlt | 800 | 2350 | 3950 | 7900 | 13700 | 19700 |
| 2-dr SS Cpe | 900 | 2850 | 4750 | 9500 | 16700 | 23700 |
| 2-dr SS Cabrlt | 1150 | 3650 | 6100 | 12200 | 21500 | 30500 |
| **1949** | | | | | | |
| **6C-2500, 6-cyl., 106" SS, 118" wb** | | | | | | |
| 2-dr Berlina Sdn | 650 | 1750 | 3150 | 6300 | 10900 | 15700 |
| 2-dr Cabrlt | 800 | 2350 | 3950 | 7900 | 13700 | 19700 |
| 2-dr SS Cpe | 900 | 2850 | 4750 | 9500 | 16700 | 23700 |
| 2-dr SS Cabrlt | 1150 | 3650 | 6100 | 12200 | 21500 | 30500 |
| **1950** | | | | | | |
| **6C-2500, 6-cyl., 106" SS, 118" wb** | | | | | | |
| 2-dr Berlina Sdn | 650 | 1750 | 3150 | 6300 | 10900 | 15700 |
| 2-dr Cabrlt | 800 | 2350 | 3950 | 7900 | 13700 | 19700 |
| 2-dr SS Cpe | 900 | 2850 | 4750 | 9500 | 16700 | 23700 |
| 2-dr SS Cabrlt | 1150 | 3650 | 6100 | 12200 | 21500 | 30500 |
| **1951** | | | | | | |
| **1900, 4-cyl., 104" wb** | | | | | | |
| 4-dr Berlina Sdn | 400 | 1200 | 1950 | 3900 | 6800 | 9900 |
| **1900C, 4-cyl., 98.5" wb** | | | | | | |
| 2-dr Sprint Cpe | 650 | 1700 | 3000 | 5900 | 10200 | 14700 |
| 2-dr Sprint Cabrlt 2+2 | 800 | 2450 | 4100 | 8200 | 14400 | 20500 |
| **6C 2500, 6-cyl., 118" wb SS, 106" wb** | | | | | | |
| 2-dr 5-6 pass Spt Sdn | 650 | 1800 | 3200 | 6400 | 11000 | 15900 |
| 2-dr 4-5 pass Spt Sdn | 650 | 1750 | 3150 | 6300 | 10900 | 15700 |
| 2-dr Spt Cabrlt | 800 | 2350 | 3950 | 7900 | 13700 | 19700 |
| 2-dr SS Cpe | 900 | 2850 | 4750 | 9500 | 16700 | 23700 |
| 2-dr SS Cabrlt | 1150 | 3650 | 6100 | 12200 | 21500 | 30500 |
| **1952** | | | | | | |
| **1900, 4-cyl., 104" wb** | | | | | | |
| 4-dr Berlina Sdn | 400 | 1200 | 1950 | 3900 | 6800 | 9900 |
| **1900C, 4-cyl., 98.5" wb** | | | | | | |
| 2-dr Sprint Cpe | 650 | 1700 | 3000 | 5900 | 10200 | 14700 |
| 2-dr Sprint Cabrlt 2+2 | 800 | 2450 | 4100 | 8200 | 14400 | 20500 |

| | 6 | 5 | 4 | 3 | 2 | 1 |
|---|---|---|---|---|---|---|
| **6C 2500, 6-cyl., 118" wb SS, 106" wb** | | | | | | |
| 2-dr 5-6 pass Spt Sdn | 650 | 1800 | 3200 | 6400 | 11000 | 15900 |
| 2-dr 4-5 pass Spt Sdn | 650 | 1750 | 3150 | 6300 | 10900 | 15700 |
| 2-dr Spt Cabrlt | 800 | 2350 | 3950 | 7900 | 13700 | 19700 |
| 2-dr SS Cpe | 900 | 2850 | 4750 | 9500 | 16700 | 23700 |
| 2-dr SS Cabrlt | 1150 | 3650 | 6100 | 12200 | 21500 | 30500 |
| **1953** | | | | | | |
| **1900, 4-cyl., 98.5" wb** | | | | | | |
| 4-dr Berlina Sdn | 400 | 1200 | 1950 | 3900 | 6800 | 9900 |
| 4-dr Super Sdn | 500 | 1350 | 2350 | 4700 | 8100 | 11500 |
| **1900C** | | | | | | |
| 2-dr Cpe | 650 | 1700 | 3000 | 5900 | 10200 | 14700 |
| 2-dr Cabrlt | 800 | 2450 | 4100 | 8200 | 14400 | 20500 |
| **1900L** | | | | | | |
| 2-dr Cabrlt | 800 | 2350 | 3950 | 7900 | 13700 | 19700 |
| **1954** | | | | | | |
| **1900, 4-cyl., 98.5" wb** | | | | | | |
| 4-dr Berlina Sdn | 400 | 1200 | 1950 | 3900 | 6800 | 9900 |
| 2-dr Primavera Cpe | 650 | 1700 | 3000 | 5900 | 10200 | 14700 |
| 4-dr TI Super Sdn | 500 | 1350 | 2350 | 4700 | 8100 | 11500 |
| 2-dr SS Cpe | 750 | 2250 | 3750 | 7500 | 13000 | 18700 |
| **Giulietta, 4-cyl., 93.7" wb** | | | | | | |
| 4-dr Berlina Sdn | 400 | 1100 | 1800 | 3500 | 6100 | 8900 |
| 2-dr Sprint Cpe | 600 | 1600 | 2750 | 5500 | 9500 | 13800 |
| 2-dr Spider Rdstr (89" wb) | 800 | 2350 | 3950 | 7900 | 13700 | 19700 |
| **1955** | | | | | | |
| **1900, 4-cyl., 98.5" wb** | | | | | | |
| 4-dr Berlina Sdn | 400 | 1200 | 1950 | 3900 | 6800 | 9900 |
| 2-dr Primavera Cpe | 650 | 1700 | 3000 | 5900 | 10200 | 14700 |
| 4-dr TI Super Sdn | 500 | 1350 | 2350 | 4700 | 8100 | 11500 |
| 2-dr SS Cpe | 750 | 2250 | 3750 | 7500 | 13000 | 18700 |
| **Giulietta, 4-cyl., 93.7" wb** | | | | | | |
| 4-dr Berlina Sdn | 400 | 1100 | 1800 | 3500 | 6100 | 8900 |
| 2-dr Sprint Cpe | 600 | 1600 | 2750 | 5500 | 9500 | 13800 |
| 2-dr Spider Rdstr (89" wb) | 800 | 2350 | 3950 | 7900 | 13700 | 19700 |
| **1956** | | | | | | |
| **1900, 4-cyl., 98.5" wb** | | | | | | |
| 2-dr SS Cpe | 750 | 2250 | 3750 | 7500 | 13000 | 18700 |
| 4-dr TI Sdn | 500 | 1350 | 2350 | 4700 | 8100 | 11500 |
| 2-dr Primavera Cpe | 650 | 1700 | 3000 | 5900 | 10200 | 14700 |
| **Giulietta, 4-cyl., 93.7" wb** | | | | | | |
| 4-dr Berlina Sdn | 400 | 1100 | 1800 | 3500 | 6100 | 8900 |
| 2-dr Sprint Cpe | 600 | 1600 | 2750 | 5500 | 9500 | 13800 |
| 2-dr Sprint Veloce Cpe | 650 | 1800 | 3250 | 6500 | 11200 | 16100 |
| 2-dr Spider Rdstr (89" wb) | 800 | 2350 | 3950 | 7900 | 13700 | 19700 |
| 2-dr Spider Veloce Rdstr (89" wb) | 800 | 2500 | 4250 | 8500 | 15000 | 21200 |
| **1957** | | | | | | |
| **Giulietta, 4-cyl., 87" wb** | | | | | | |
| Spider Conv | 800 | 2350 | 3950 | 7900 | 13700 | 19700 |
| Super Spider Conv | 800 | 2500 | 4250 | 8500 | 15000 | 21200 |
| **Giulietta Veloce, 4-cyl.** | | | | | | |
| 2-dr Sprint Cpe (94" wb) | 650 | 1700 | 3000 | 5900 | 10200 | 14700 |
| **Giulietta Sprint Speciale** | | | | | | |
| 2-dr Sprint Cpe (94" wb) | 1150 | 3600 | 5950 | 11900 | 21000 | 29700 |
| **1958** | | | | | | |
| **Giulietta, 4-cyl., 87" wb** | | | | | | |
| Spider Conv | 800 | 2350 | 3950 | 7900 | 13700 | 19700 |
| Super Spider Conv | 800 | 2500 | 4250 | 8500 | 15000 | 21200 |

| | 6 | 5 | 4 | 3 | 2 | 1 |
|---|---|---|---|---|---|---|
| **Giulietta Veloce, 4-cyl.** | | | | | | |
| 2-dr Sprint Cpe (94" wb) | 650 | 1700 | 3000 | 5900 | 10200 | 14700 |
| **Giulietta Sprint Speciale** | | | | | | |
| 2-dr Sprint Cpe (94" wb) | 1150 | 3600 | 5950 | 11900 | 21000 | 29700 |
| **1959** | | | | | | |
| **2000 4-cyl., Sdn 107" wb; Rdstr 98" wb** | | | | | | |
| 4-dr Sdn Berlina | 450 | 1250 | 2150 | 4300 | 7400 | 10700 |
| 2-dr Spider Conv | 900 | 2850 | 4750 | 9500 | 16700 | 23700 |
| **Giulietta, Series 750, 4-cyl.** | | | | | | |
| Spider Rdstr | 700 | 1900 | 3350 | 6700 | 11500 | 16500 |
| Super Spider Rdstr | 900 | 2900 | 4900 | 9800 | 17300 | 24500 |
| Sprint Cpe | 550 | 1500 | 2500 | 5100 | 8800 | 12500 |
| Veloce Cpe | 650 | 1800 | 3250 | 6500 | 11200 | 16100 |
| **1960** | | | | | | |
| **Giulietta, 4-cyl.** | | | | | | |
| Spider Rdstr | 750 | 2300 | 3800 | 7600 | 13100 | 18900 |
| Super Spider Rdstr | 950 | 3050 | 5100 | 10200 | 18000 | 25400 |
| Sprint Cpe | 550 | 1500 | 2500 | 5100 | 8800 | 12500 |
| Sprint Veloce | 650 | 1800 | 3250 | 6500 | 11200 | 16100 |
| **2000** | | | | | | |
| Spider Rdstr | 900 | 2850 | 4750 | 9500 | 16700 | 23700 |
| **1961** | | | | | | |
| **Giulietta** | | | | | | |
| Spider Rdstr | 750 | 2300 | 3800 | 7600 | 13100 | 18900 |
| Veloce Rdstr | 900 | 2900 | 4900 | 9800 | 17300 | 24500 |
| Sprint Cpe | 400 | 1150 | 1850 | 3700 | 6400 | 9300 |
| Sprint Veloce Cpe | 650 | 1800 | 3250 | 6500 | 11200 | 16100 |
| **2000, 4-cyl.** | | | | | | |
| 2-dr Spider Rdstr | 950 | 2950 | 4950 | 9900 | 17500 | 24700 |
| **1962** | | | | | | |
| **Giulietta** | | | | | | |
| Spider Rdstr | 750 | 2300 | 3800 | 7600 | 13100 | 18900 |
| Sprint Cpe | 550 | 1500 | 2500 | 5100 | 8800 | 12500 |
| Sprint Veloce Cpe | 650 | 1800 | 3250 | 6500 | 11200 | 16100 |
| Veloce Conv | 1000 | 3100 | 5250 | 10500 | 18600 | 26200 |
| **2000, 4-cyl., 98" wb** | | | | | | |
| 2-dr Rdstr | 950 | 2950 | 4950 | 9900 | 17500 | 24700 |
| **1963** | | | | | | |
| **Giulietta** | | | | | | |
| Spider Rdstr | 800 | 2350 | 3950 | 7900 | 13700 | 19700 |
| Sprint Cpe | 550 | 1500 | 2500 | 5100 | 8800 | 12500 |
| Sprint Veloce Cpe | 650 | 1800 | 3250 | 6500 | 11200 | 16100 |
| **2600** | | | | | | |
| Spider Conv | 850 | 2700 | 4550 | 9100 | 16000 | 22700 |
| Sprint Hdtp Cpe | 600 | 1600 | 2750 | 5500 | 9500 | 13800 |
| **Giulia 1600** | | | | | | |
| Spider Rdstr | 800 | 2350 | 3950 | 7900 | 13700 | 19700 |
| Sprint Cpe | 600 | 1600 | 2750 | 5500 | 9500 | 13800 |
| **1964** | | | | | | |
| **Giulia 1600** | | | | | | |
| Spider Rdstr | 800 | 2350 | 3950 | 7900 | 13700 | 19700 |
| Speciale Cpe | 1150 | 3600 | 5950 | 11900 | 21000 | 29700 |
| TI Sdn | 400 | 1150 | 1850 | 3700 | 6400 | 9300 |
| **2600** | | | | | | |
| Conv | 850 | 2700 | 4550 | 9100 | 16000 | 22700 |
| Cpe | 600 | 1600 | 2750 | 5500 | 9500 | 13800 |

| | 6 | 5 | 4 | 3 | 2 | 1 |
|---|---|---|---|---|---|---|
| **1965** | | | | | | |
| **Giulia** | | | | | | |
| 2-dr Spider Rdstr | 800 | 2350 | 3950 | 7900 | 13700 | 19700 |
| 2-dr Veloce Spider Rdstr | 800 | 2450 | 4150 | 8300 | 14600 | 20700 |
| 2-dr Speciale Cpe 2+2 | 1200 | 3850 | 6450 | 12900 | 22700 | 32200 |
| **Giula** | | | | | | |
| 4-dr TI Sdn | 400 | 1150 | 1850 | 3700 | 6400 | 9300 |
| 2-dr Sprint GT Cpe | 600 | 1600 | 2750 | 5500 | 9500 | 13800 |
| **1966** | | | | | | |
| **Giulia 1600** | | | | | | |
| 2-dr Spider Rdstr | 800 | 2350 | 3950 | 7900 | 13700 | 19700 |
| 2-dr Spider Veloce Rdstr | 800 | 2450 | 4150 | 8300 | 14600 | 20700 |
| 2-dr Sprint GT Cpe | 600 | 1600 | 2750 | 5500 | 9500 | 13800 |
| 4-dr TI Sdn | 400 | 1150 | 1850 | 3700 | 6400 | 9300 |
| **1967** | | | | | | |
| **Giulia** | | | | | | |
| 4-dr Sup Sdn | 300 | 700 | 1200 | 2400 | 4100 | 5900 |
| 4-dr TI Sdn | 400 | 1150 | 1850 | 3700 | 6400 | 9300 |
| **1968** | | | | | | |
| **Giulia** | | | | | | |
| 2-dr Sprint GTV Cpe | 650 | 1800 | 3250 | 6500 | 11200 | 16100 |
| **Duetto 1600** | | | | | | |
| 2-dr Spider Conv | 850 | 2650 | 4500 | 9000 | 15900 | 22500 |
| **1969** | | | | | | |
| **1750** | | | | | | |
| 4-dr Berlina Sdn | 300 | 650 | 1000 | 2000 | 3500 | 4900 |
| Veloce GT Cpe | 550 | 1550 | 2650 | 5300 | 9100 | 13000 |
| Spider Veloce Conv | 650 | 1800 | 3250 | 6500 | 11200 | 16100 |
| **1970** | | | | | | |
| **1750** | | | | | | |
| 4-dr Berlina Sdn | 300 | 650 | 1000 | 2000 | 3500 | 4900 |
| Veloce GT Cpe | 550 | 1450 | 2450 | 4900 | 8500 | 12000 |
| Spider Veloce Conv | 650 | 1700 | 3000 | 5900 | 10200 | 14700 |
| **1971** | | | | | | |
| **1750** | | | | | | |
| 4-dr Berlina Sdn | 300 | 650 | 1000 | 2000 | 3500 | 4900 |
| Veloce GT Cpe | 500 | 1300 | 2250 | 4500 | 7700 | 11000 |
| Spider Veloce Conv | 600 | 1600 | 2750 | 5500 | 9500 | 13800 |
| **1972** | | | | | | |
| **2000** | | | | | | |
| 4-dr Berlina Sdn | 300 | 650 | 1100 | 2100 | 3600 | 5100 |
| Veloce GT Cpe | 450 | 1250 | 2050 | 4100 | 7100 | 10300 |
| Spider Veloce Rdstr | 550 | 1450 | 2450 | 4900 | 8500 | 12000 |
| **1973** | | | | | | |
| **2000** | | | | | | |
| 4-dr Berlina Sdn | 300 | 650 | 1100 | 2100 | 3600 | 5100 |
| Veloce GT Cpe | 450 | 1250 | 2050 | 4100 | 7100 | 10300 |
| Spider Veloce Conv | 500 | 1300 | 2250 | 4500 | 7700 | 11000 |
| **1974** | | | | | | |
| **2000** | | | | | | |
| 4-dr Berlina Sdn | 300 | 650 | 1100 | 2100 | 3600 | 5100 |
| Veloce GT Cpe | 450 | 1250 | 2050 | 4100 | 7100 | 10300 |
| Spider Veloce Conv | 500 | 1300 | 2250 | 4500 | 7700 | 11000 |
| **1975** | | | | | | |
| Alfetta Sdn | 300 | 650 | 1100 | 2100 | 3600 | 5100 |
| Alfetta GT Cpe | 400 | 1050 | 1700 | 3300 | 5800 | 8300 |
| Spider Veloce 2000 | 450 | 1250 | 2100 | 4200 | 7200 | 10500 |

|  | 6 | 5 | 4 | 3 | 2 | 1 |
|---|---|---|---|---|---|---|
| **1976** | | | | | | |
| Alfetta Spt Sdn | 300 | 650 | 1100 | 2100 | 3600 | 5100 |
| Alfetta GT Cpe | 400 | 1050 | 1700 | 3300 | 5800 | 8300 |
| Spider Veloce Conv 2000 | 450 | 1250 | 2100 | 4200 | 7200 | 10500 |
| **1977** | | | | | | |
| 4-dr Spt Sdn Alfetta | 300 | 650 | 1100 | 2100 | 3600 | 5100 |
| Sprint Veloce | 400 | 1150 | 1850 | 3700 | 6400 | 9300 |
| Spider Veloce Conv 2000 | 400 | 1200 | 1950 | 3900 | 6800 | 9900 |
| **1978** | | | | | | |
| **4-cyl., Sports Sdn, 98.8" wb** | | | | | | |
| 4-dr Spt Sdn | 300 | 650 | 1150 | 2300 | 3900 | 5700 |
| Sprint Veloce Cpe | 400 | 1150 | 1850 | 3700 | 6400 | 9300 |
| Spider Veloce Conv 2000 | 400 | 1100 | 1800 | 3600 | 6200 | 9100 |
| **1979** | | | | | | |
| **4-cyl.** | | | | | | |
| 4-dr Spt Sdn | 300 | 650 | 1150 | 2300 | 3900 | 5700 |
| Sprint Veloce Cpe | 400 | 1150 | 1850 | 3700 | 6400 | 9300 |
| Spider Veloce Conv | 400 | 1100 | 1800 | 3500 | 6100 | 8900 |
| **1980** | | | | | | |
| **4-cyl.** | | | | | | |
| Spider Veloce Conv | 400 | 1050 | 1700 | 3400 | 5900 | 8500 |
| **1981** | | | | | | |
| Spt Cpe | 300 | 800 | 1350 | 2700 | 4700 | 6900 |
| Spider Veloce Conv | 350 | 1000 | 1600 | 3200 | 5700 | 8100 |
| **1982** | | | | | | |
| Spt Cpe | 300 | 800 | 1300 | 2600 | 4600 | 6600 |
| Spider Veloce Conv | 350 | 1000 | 1600 | 3200 | 5700 | 8100 |
| **1983** | | | | | | |
| GTV6 Spt Cpe | 300 | 700 | 1200 | 2400 | 4100 | 5900 |
| Spider Veloce 2000 | 350 | 1000 | 1600 | 3200 | 5700 | 8100 |
| **1984** | | | | | | |
| GTV6 Spt Cpe | 300 | 750 | 1250 | 2500 | 4400 | 6200 |
| Spider Veloce Rdstr | 350 | 1000 | 1600 | 3200 | 5700 | 8100 |
| **1985** | | | | | | |
| GTV6 Spt Cpe | 300 | 750 | 1250 | 2500 | 4400 | 6200 |
| Spider Graduate Conv | 350 | 900 | 1500 | 3000 | 5300 | 7600 |
| Spider Veloce Conv | 400 | 1050 | 1700 | 3400 | 5900 | 8500 |
| **1986** | | | | | | |
| **4-cyl.** | | | | | | |
| GTV6 Spt Cpe | 350 | 900 | 1500 | 2900 | 5200 | 7400 |
| Quadrifoglio Spider Conv | 400 | 1200 | 2000 | 4000 | 6900 | 10000 |
| Graduate Conv | 400 | 1050 | 1700 | 3400 | 5900 | 8500 |
| Spider Veloce Conv | 400 | 1100 | 1800 | 3600 | 6200 | 9100 |
| **1987** | | | | | | |
| 4-dr Milano Silver Sdn | 200 | 450 | 650 | 1300 | 2200 | 3200 |
| Quadrifoglio Conv | 500 | 1300 | 2250 | 4500 | 7700 | 11000 |
| Graduate Conv | 400 | 1200 | 1900 | 3800 | 6600 | 9600 |
| Spider Veloce Conv | 450 | 1250 | 2150 | 4300 | 7400 | 10700 |
| **1988** | | | | | | |
| 4-dr Milano Gold Sdn | 300 | 550 | 800 | 1600 | 2800 | 3900 |
| 4-dr Milano Plat Sdn | 300 | 650 | 1100 | 2100 | 3600 | 5100 |
| 4-dr Milano Verde Sdn | 300 | 650 | 1150 | 2300 | 3900 | 5700 |
| Quadrifoglio | 550 | 1500 | 2500 | 5000 | 8700 | 12300 |
| Graduate Conv | 450 | 1250 | 2100 | 4200 | 7200 | 10500 |
| Spider Veloce Conv | 550 | 1400 | 2400 | 4800 | 8300 | 11800 |

# ALFA-ROMEO

| | 6 | 5 | 4 | 3 | 2 | 1 |
|---|---|---|---|---|---|---|
| **1989** | | | | | | |
| 4-dr Milano Gold Sdn | 300 | 650 | 1000 | 2000 | 3500 | 4900 |
| 4-dr Milano Plat | 300 | 800 | 1300 | 2600 | 4600 | 6600 |
| 4-dr Milano 3.0 | 350 | 850 | 1400 | 2800 | 4900 | 7100 |
| Quadrifoglio Conv | 600 | 1650 | 2850 | 5700 | 9900 | 14200 |
| Graduate Conv | 500 | 1350 | 2350 | 4700 | 8100 | 11500 |
| Spider Veloce Conv | 600 | 1600 | 2700 | 5400 | 9300 | 13500 |
| **1990** | | | | | | |
| 2-dr Quadrifoglio Spider Conv | 650 | 1800 | 3250 | 6500 | 11200 | 16100 |
| 2-dr Graduate Conv | 600 | 1600 | 2700 | 5400 | 9300 | 13500 |
| 2-dr Spider Veloce Conv | 650 | 1700 | 3000 | 6100 | 10600 | 15200 |
| **1991** | | | | | | |
| 2-dr Spider Convertible | 750 | 2300 | 3800 | 7600 | 13100 | 18900 |
| 2-dr Spider Veloce Conv. | 800 | 2500 | 4200 | 8400 | 14800 | 20900 |
| 4-dr 164 Sdn | 550 | 1550 | 2600 | 5200 | 9000 | 12800 |
| 4-dr 164 L Sdn | 600 | 1600 | 2800 | 5600 | 9700 | 14000 |
| 4-dr 164 S Sdn | 700 | 2000 | 3450 | 6900 | 11900 | 17200 |

# ASTON-MARTIN
## 1950 – 1991

| | 6 | 5 | 4 | 3 | 2 | 1 |
|---|---|---|---|---|---|---|
| **1950** | | | | | | |
| **DB2, 6-cyl., 99" wb** | | | | | | |
| 2-dr Dhd Cpe | 5800 | 17250 | 29000 | 58000 | 101800 | 144800 |
| 2-dr Cpe | 3000 | 8900 | 14950 | 29900 | 52500 | 74600 |
| **1951** | | | | | | |
| **DB2, 6-cyl., 99" wb** | | | | | | |
| 2-dr Dhd Cpe | 5800 | 17250 | 29000 | 58000 | 101800 | 144800 |
| 2-dr Cpe | 3000 | 8900 | 14950 | 29900 | 52500 | 74600 |
| **1952** | | | | | | |
| **DB2, 6-cyl., 99" wb** | | | | | | |
| 2-dr Dhd Cpe | 5800 | 17250 | 29000 | 58000 | 101800 | 144800 |
| 2-dr Cpe | 3000 | 8900 | 14950 | 29900 | 52500 | 74600 |
| **1953** | | | | | | |
| **DB2, 6-cyl., 99" wb** | | | | | | |
| 2-dr Dhd Cpe | 5800 | 17250 | 29000 | 58000 | 101800 | 144800 |
| 2-dr Cpe | 3000 | 8900 | 14950 | 29900 | 52500 | 74600 |
| **DB2/4 MK I, 6-cyl., 99" wb** | | | | | | |
| 2-dr Fstbk Cpe 2+2 | 3500 | 10400 | 17500 | 35000 | 61500 | 87400 |
| 2-dr Dhd Cpe 2+2 | 5700 | 16950 | 28500 | 57000 | 100100 | 142300 |
| **DB2/4 MK IV, 6-cyl., 99" wb** | | | | | | |
| 2-dr Fstbk Cpe 2+2 | 4000 | 11900 | 20000 | 40000 | 70200 | 99800 |
| **1954** | | | | | | |
| **DB2/4 MK I, 6-cyl., 99" wb** | | | | | | |
| 2-dr Fstbk Cpe 2+2 | 3500 | 10400 | 17500 | 35000 | 61500 | 87400 |
| 2-dr Dhd Cpe 2+2 | 5700 | 16950 | 28500 | 57000 | 100100 | 142300 |
| **DB2/4 MK IV, 6-cyl., 99" wb** | | | | | | |
| 2-dr Fstbk Cpe 2+2 | 4000 | 11900 | 20000 | 40000 | 70200 | 99800 |
| 2-dr Dhd Cpe 2+2 | 5000 | 14800 | 25000 | 50000 | 87800 | 124800 |
| **1955** | | | | | | |
| **DB2/4 MK I, 6-cyl., 99" wb** | | | | | | |
| 2-dr Fstbk Cpe 2+2 | 3500 | 10400 | 17500 | 35000 | 61500 | 87400 |
| 2-dr Dhd Cpe 2+2 | 5700 | 16950 | 28500 | 57000 | 100100 | 142300 |
| **DB2/4 MK IV, 6-cyl., 99" wb** | | | | | | |
| 2-dr Fstbk Cpe 2+2 | 4000 | 11900 | 20000 | 40000 | 70200 | 99800 |
| 2-dr Dhd Cpe 2+2 | 5000 | 14800 | 25000 | 50000 | 87800 | 124800 |
| **1956** | | | | | | |
| **DB2/4 MK II, 6-cyl., 99" wb** | | | | | | |
| 2-dr Fstbk Cpe 2+2 | 3500 | 10400 | 17500 | 35000 | 61500 | 87400 |
| 2-dr Dhd Cpe 2+2 | 5700 | 16950 | 28500 | 57000 | 100100 | 142300 |
| **DB2/4 MK IV, 6-cyl., 99" wb** | | | | | | |
| 2-dr Fstbk Cpe 2+2 | 4000 | 11900 | 20000 | 40000 | 70200 | 99800 |
| 2-dr Dhd Cpe 2+2 | 5000 | 14800 | 25000 | 50000 | 87800 | 124800 |
| **1957** | | | | | | |
| **DB Mark III, 6-cyl., 99" wb** | | | | | | |
| 2-dr Fstbk Cpe | 2800 | 8300 | 14000 | 28000 | 49200 | 69900 |
| 2-dr Dhd Cpe | 6000 | 17800 | 30000 | 60000 | 105400 | 149800 |

| | 6 | 5 | 4 | 3 | 2 | 1 |
|---|---|---|---|---|---|---|
| **DB2/4 MK II, 6-cyl., 99" wb** | | | | | | |
| 2-dr Fstbk Cpe | 4000 | 11900 | 20000 | 40000 | 70200 | 99800 |
| 2-dr Dhd Cpe | 5000 | 14800 | 25000 | 50000 | 87800 | 124800 |
| **1958** | | | | | | |
| **DB Mark IIIB, 6-cyl., 99" wb** | | | | | | |
| 2-dr Fstbk Cpe | 2800 | 8300 | 14000 | 28000 | 49200 | 69900 |
| 2-dr Dhd Cpe | 6000 | 17800 | 30000 | 60000 | 105400 | 149800 |
| **DB4, 6-cyl., 98" wb** | | | | | | |
| 2-dr Fstbk Cpe | 3400 | 10100 | 17000 | 34000 | 59700 | 84900 |
| **1959** | | | | | | |
| **DB Mark IIIB, 6-cyl., 99" wb** | | | | | | |
| 2-dr Fstbk Cpe | 2800 | 8300 | 14000 | 28000 | 49200 | 69900 |
| 2-dr Dhd Cpe | 6000 | 17800 | 30000 | 60000 | 105400 | 149800 |
| **DB4, 6-cyl., 98" wb** | | | | | | |
| 2-dr Fstbk Cpe | 3400 | 10100 | 17000 | 34000 | 59700 | 84900 |
| **1960** | | | | | | |
| **DB4, 6-cyl., 98" wb** | | | | | | |
| 2-dr Fstbk Cpe | 3050 | 9050 | 15200 | 30400 | 53400 | 75900 |
| 2-dr Conv | 6400 | 19000 | 32000 | 64000 | 112400 | 159800 |
| Zagato 2-dr Fstbk Cpe | | | *NOT ESTIMABLE* | | | |
| **DB4GT, 6-cyl., 93" wb** | | | | | | |
| 2-dr Cpe | 7200 | 21400 | 36000 | 72000 | 126400 | 179700 |
| **1961** | | | | | | |
| **DB4, 6-cyl., 98" wb** | | | | | | |
| 2-dr Fstbk Cpe | 3050 | 9050 | 15200 | 30400 | 53400 | 75900 |
| 2-dr Conv | 6400 | 19000 | 32000 | 64000 | 112400 | 159800 |
| Zagato 2-dr Fstbk Cpe | | | *NOT ESTIMABLE* | | | |
| **DB4GT, 6-cyl., 93" wb** | | | | | | |
| 2-dr Cpe | 7200 | 21400 | 36000 | 72000 | 126400 | 179700 |
| **1962** | | | | | | |
| **DB4, 6-cyl., 98" wb** | | | | | | |
| 2-dr Fstbk Cpe | 3050 | 9050 | 15200 | 30400 | 53400 | 75900 |
| 2-dr Conv | 6400 | 19000 | 32000 | 64000 | 112400 | 159800 |
| **DB4GT, 6-cyl., 93" wb** | | | | | | |
| 2-dr Cpe | 7200 | 21400 | 36000 | 72000 | 53400 | 75900 |
| **1963** | | | | | | |
| **DB4, 6-cyl., 98" wb** | | | | | | |
| 2-dr Fstbk Cpe | 3050 | 9050 | 15200 | 30400 | 53400 | 75900 |
| 2-dr Conv | 6400 | 19000 | 32000 | 64000 | 112400 | 159800 |
| **DB4GT, 6-cyl., 93" wb** | | | | | | |
| 2-dr Cpe | 7200 | 21400 | 36000 | 72000 | 53400 | 75900 |
| **DB5, 6-cyl., 98" wb** | | | | | | |
| 2-dr Cpe | 3200 | 9500 | 16000 | 32000 | 56200 | 79900 |
| 2-dr Conv | 6600 | 19600 | 33000 | 66000 | 115900 | 164700 |
| **1964** | | | | | | |
| **DB5, 6-cyl., 98" wb** | | | | | | |
| 2-dr Cpe | 3200 | 9500 | 16000 | 32000 | 56200 | 79900 |
| 2-dr Conv | 6600 | 19600 | 33000 | 66000 | 115900 | 164700 |
| **1965** | | | | | | |
| **DB5, 6-cyl., 98" wb** | | | | | | |
| 2-dr Cpe | 3200 | 9500 | 16000 | 32000 | 56200 | 79900 |
| **DB6, 6-cyl., 102" wb** | | | | | | |
| 2-dr Cpe | 3450 | 10200 | 17200 | 34400 | 60400 | 85900 |
| 2-dr Conv | 6400 | 19000 | 32000 | 64000 | 112400 | 159800 |

|  | 6 | 5 | 4 | 3 | 2 | 1 |
|---|---|---|---|---|---|---|
| **1966** | | | | | | |
| **DB6, 6-cyl., 102" wb** | | | | | | |
| 2-dr Cpe | 3450 | 10200 | 17200 | 34400 | 60400 | 85900 |
| 2-dr Conv | 6400 | 19000 | 32000 | 64000 | 112400 | 159800 |
| **Volante** | | | | | | |
| 2-dr Conv | 6800 | 20200 | 34000 | 68000 | 119400 | 169700 |
| **1967** | | | | | | |
| **DB6, 6-cyl., 102" wb** | | | | | | |
| 2-dr Cpe | 3450 | 10200 | 17200 | 34400 | 60400 | 85900 |
| **DBS, 6-cyl., 103" wb** | | | | | | |
| 2-dr Fstbk Cpe | 2400 | 7100 | 12000 | 24000 | 42150 | 59900 |
| **Volante** | | | | | | |
| 2-dr Conv | 6800 | 20200 | 34000 | 68000 | 119400 | 169700 |
| **1968** | | | | | | |
| **DB6, 6-cyl., 102" wb** | | | | | | |
| 2-dr Cpe | 3450 | 10200 | 17200 | 34400 | 60400 | 85900 |
| **DBS, 6-cyl., 103" wb** | | | | | | |
| 2-dr Fstbk Cpe | 2400 | 7100 | 12000 | 24000 | 42150 | 59900 |
| **Volante** | | | | | | |
| 2-dr Conv | 6800 | 20200 | 34000 | 68000 | 119400 | 169700 |
| **1969** | | | | | | |
| **DB6 MK II, 6-cyl., 102" wb** | | | | | | |
| 2-dr Cpe | 3450 | 10200 | 17200 | 34400 | 60400 | 85900 |
| **DBS, 8-cyl., 103" wb** | | | | | | |
| 2-dr Fstbk Cpe | 2800 | 8300 | 14000 | 28000 | 49200 | 69900 |
| **1970** | | | | | | |
| **DB6 MK II, 6-cyl., 102" wb** | | | | | | |
| 2-dr Cpe | 3450 | 10200 | 17200 | 34400 | 60400 | 85900 |
| **DBS, 8-cyl., 103" wb** | | | | | | |
| 2-dr Fstbk Cpe | 2800 | 8300 | 14000 | 28000 | 49200 | 69900 |
| **1971** | | | | | | |
| **DBS, 8-cyl., 103" wb** | | | | | | |
| 2-dr Fstbk Cpe | 3000 | 8900 | 15000 | 30000 | 52700 | 74900 |
| **1972** | | | | | | |
| **A-M Vantage, 8-cyl., 103" wb** | | | | | | |
| 2-dr Fstbk Cpe | 1900 | 5650 | 9500 | 19000 | 33400 | 47500 |
| **1973** | | | | | | |
| **A-M Vantage, 8-cyl., 103" wb** | | | | | | |
| 2-dr Fstbk Cpe | 1900 | 5650 | 9500 | 19000 | 33400 | 47500 |
| **1977** | | | | | | |
| **Logonda, 8-cyl., 103" wb** | | | | | | |
| 4-dr Saloon | 2400 | 7100 | 12000 | 24000 | 42150 | 59900 |
| **Vantage, 8-cyl., 103" wb** | | | | | | |
| 2-dr Fstbk Cpe | 2900 | 8600 | 14500 | 29000 | 50900 | 72400 |
| **1978** | | | | | | |
| **Logonda, 8-cyl., 103" wb** | | | | | | |
| 4-dr Saloon | 2400 | 7100 | 12000 | 24000 | 42150 | 59900 |
| **Vantage, 8-cyl., 103" wb** | | | | | | |
| 2-dr Fstbk Cpe | 2900 | 8600 | 14500 | 29000 | 50900 | 72400 |
| **Volante, 8-cyl., 103" wb** | | | | | | |
| 2-dr Conv | 4200 | 12500 | 21000 | 42000 | 73700 | 104800 |

| | 6 | 5 | 4 | 3 | 2 | 1 |
|---|---|---|---|---|---|---|
| **1979** | | | | | | |
| **Logonda, 8-cyl., 103" wb** | | | | | | |
| 4-dr Saloon | 2400 | 7100 | 12000 | 24000 | 42150 | 59900 |
| **Vantage, 8-cyl., 103" wb** | | | | | | |
| 2-dr Fstbk Cpe | 2900 | 8600 | 14500 | 29000 | 50900 | 72400 |
| **Volante, 8-cyl., 103" wb** | | | | | | |
| 2-dr Conv | 4200 | 12500 | 21000 | 42000 | 73700 | 104800 |
| **1980** | | | | | | |
| **Logonda, 8-cyl., 103" wb** | | | | | | |
| 4-dr Saloon | 2400 | 7100 | 12000 | 24000 | 42150 | 59900 |
| **Vantage, 8-cyl., 103" wb** | | | | | | |
| 2-dr Fstbk Cpe | 2900 | 8600 | 14500 | 29000 | 50900 | 72400 |
| **Volante, 8-cyl., 103" wb** | | | | | | |
| 2-dr Conv | 4200 | 12500 | 21000 | 42000 | 73700 | 104800 |
| **1981** | | | | | | |
| **Logonda, 8-cyl., 115" wb** | | | | | | |
| 4-dr Saloon | 2400 | 7100 | 12000 | 24000 | 42150 | 59900 |
| **Vantage, 8-cyl., 103" wb** | | | | | | |
| 2-dr Fstbk Cpe | 2900 | 8600 | 14500 | 29000 | 50900 | 72400 |
| **Volante, 8-cyl., 103" wb** | | | | | | |
| 2-dr Conv | 4200 | 12500 | 21000 | 42000 | 73700 | 104800 |
| **1982** | | | | | | |
| **Logonda, 8-cyl., 115" wb** | | | | | | |
| 4-dr Saloon | 2700 | 8000 | 13500 | 27000 | 47400 | 67400 |
| **Vantage, 8-cyl., 103" wb** | | | | | | |
| 2-dr Fstbk Cpe | 2900 | 8600 | 14500 | 29000 | 50900 | 72400 |
| **Volante, 8-cyl., 103" wb** | | | | | | |
| 2-dr Conv | 4200 | 12500 | 21000 | 42000 | 73700 | 104800 |
| **1983** | | | | | | |
| **Logonda, 8-cyl., 115" wb** | | | | | | |
| 4-dr Saloon | 2700 | 8000 | 13500 | 27000 | 47400 | 67400 |
| **Vantage, 8-cyl., 103" wb** | | | | | | |
| 2-dr Fstbk Cpe | 2900 | 8600 | 14500 | 29000 | 50900 | 72400 |
| **Volante, 8-cyl., 103" wb** | | | | | | |
| 2-dr Conv | 4200 | 12500 | 21000 | 42000 | 73700 | 104800 |
| **1984** | | | | | | |
| **Logonda, 8-cyl., 115" wb** | | | | | | |
| 4-dr Saloon | 2700 | 8000 | 13500 | 27000 | 47400 | 67400 |
| **Vantage, 8-cyl., 103" wb** | | | | | | |
| 2-dr Fstbk Cpe | 3300 | 9800 | 16500 | 33000 | 57900 | 82400 |
| **Volante, 8-cyl., 103" wb** | | | | | | |
| 2-dr Conv | 4500 | 13350 | 23250 | 45000 | 79000 | 112300 |
| **1985** | | | | | | |
| **Logonda, 8-cyl., 115" wb** | | | | | | |
| 4-dr Saloon | 2700 | 8000 | 13500 | 27000 | 47400 | 67400 |
| **Vantage, 8-cyl., 103" wb** | | | | | | |
| 2-dr Fstbk Cpe | 3300 | 9800 | 16500 | 33000 | 57900 | 82400 |
| **Volante, 8-cyl., 103" wb** | | | | | | |
| 2-dr Conv | 4650 | 13800 | 23250 | 46500 | 81700 | 116100 |
| **1986** | | | | | | |
| **Logonda, 8-cyl., 115" wb** | | | | | | |
| 4-dr Saloon | 2900 | 8600 | 14500 | 29000 | 50900 | 72400 |
| **Vantage, 8-cyl., 103" wb** | | | | | | |
| 2-dr Fstbk Cpe | 3300 | 9800 | 16500 | 33000 | 57900 | 82400 |

| | 6 | 5 | 4 | 3 | 2 | 1 |
|---|---|---|---|---|---|---|
| **Volante, 8-cyl., 103" wb** | | | | | | |
| 2-dr Conv | 4800 | 14250 | 24000 | 48000 | 84300 | 119800 |
| ***1987*** | | | | | | |
| **Logonda, 8-cyl., 103" wb** | | | | | | |
| 4-dr Saloon | 3100 | 9200 | 15500 | 31000 | 54400 | 77400 |
| **Vantage, 8-cyl., 103" wb** | | | | | | |
| 2-dr Fstbk Cpe | 3500 | 10400 | 17500 | 35000 | 61500 | 87400 |
| **Volante, 8-cyl., 103" wb** | | | | | | |
| 2-dr Conv | 5050 | 15000 | 25250 | 50500 | 88700 | 126100 |
| ***1988*** | | | | | | |
| **Logonda, 8-cyl., 103" wb** | | | | | | |
| 4-dr Saloon | 3500 | 10400 | 17500 | 35000 | 61500 | 87400 |
| **Vantage, 8-cyl., 103" wb** | | | | | | |
| 2-dr Fstbk Cpe | 3900 | 11600 | 19500 | 39000 | 68500 | 97400 |
| **Volante, 8-cyl., 103" wb** | | | | | | |
| 2-dr Conv | 5250 | 15600 | 26250 | 52500 | 92200 | 131100 |
| ***1989*** | | | | | | |
| **Logonda, 8-cyl., 103" wb** | | | | | | |
| 4-dr Saloon | 3700 | 11000 | 18500 | 37000 | 65000 | 92400 |
| **Vantage Volante, 8-cyl., 103" wb** | | | | | | |
| 2-dr Conv | 7500 | 22300 | 37500 | 75000 | 131700 | 187200 |
| **Volante, 8-cyl., 103" wb** | | | | | | |
| 2-dr Conv | 5550 | 16500 | 27800 | 55600 | 97600 | 138800 |
| ***1990*** | | | | | | |
| **Virage, 8-cyl., 103" wb** | | | | | | |
| 2-dr Cpe | 4700 | 13950 | 23500 | 47000 | 82500 | 117300 |
| ***1991*** | | | | | | |
| **Viraage, 8-cyl., 103" wb** | | | | | | |
| 2-dr Cpe | 4700 | 13950 | 23500 | 47000 | 82500 | 117300 |
| **Volante, 8-cyl., 103" wb** | | | | | | |
| 2-dr Conv | 7900 | 23450 | 39500 | 79000 | 138700 | 197200 |

# AUSTIN
## 1948 – 1975

'56 Austin Princess

'61 Austin Princess

'64 Austin

'67 Austin

| | 6 | 5 | 4 | 3 | 2 | 1 |
|---|---|---|---|---|---|---|
| **1948** | | | | | | |
| **A40, 4-cyl., 40 hp, 92.5" wb** | | | | | | |
| 2-dr Dorset Sdn | 400 | 1200 | 1950 | 3900 | 6800 | 9900 |
| 4-dr Devon Sdn | 400 | 1100 | 1800 | 3600 | 6200 | 9100 |
| **1949** | | | | | | |
| **A40, 4-cyl., 40 hp, 92.5" wb** | | | | | | |
| 2-dr Dorset Sdn | 400 | 1200 | 1950 | 3900 | 6800 | 9900 |
| 4-dr Devon Sdn | 400 | 1100 | 1800 | 3600 | 6200 | 9100 |
| 2-dr Countryman Wgn | 400 | 1200 | 1900 | 3800 | 6600 | 9600 |
| **A90 Atlantic, 4-cyl., 88 hp, 96" wb** | | | | | | |
| 2-dr Conv | 700 | 2000 | 3450 | 6900 | 11900 | 17200 |
| **A125 Sheerline, 6-cyl., 125 hp, 109" wb** | | | | | | |
| 4-dr Sdn | 600 | 1600 | 2700 | 5400 | 9300 | 13500 |
| **1950** | | | | | | |
| **A40 Devon, 4-cyl., 40 hp, 92.5" wb** | | | | | | |
| 2-dr Mk II Sdn | 400 | 1200 | 1950 | 3900 | 6800 | 9900 |
| 4-dr Dlx Sdn | 400 | 1100 | 1800 | 3600 | 6200 | 9100 |
| **A40 Countryman, 4-cyl., 40 hp, 92.5" wb** | | | | | | |
| 2-dr Sta Wgn | 400 | 1200 | 1900 | 3800 | 6600 | 9600 |
| **A90 Atlantic, 4-cyl., 88 hp, 96" wb** | | | | | | |
| 2-dr Conv | 700 | 2000 | 3450 | 6900 | 11900 | 17200 |
| **1951** | | | | | | |
| **A40 Devon, 4-cyl., 46 hp, 92.5" wb** | | | | | | |
| 2-dr Spt Conv | 600 | 1600 | 2700 | 5400 | 9300 | 13500 |
| 4-dr Sdn | 400 | 1100 | 1800 | 3600 | 6200 | 9100 |
| **A40 Countryman, 4-cyl., 46 hp, 92.5" wb** | | | | | | |
| 2-dr Sta Wgn | 400 | 1200 | 1900 | 3800 | 6600 | 9600 |
| **A70 Hereford, 4-cyl., 68 hp, 87" wb** | | | | | | |
| 4-dr Sdn | 450 | 1250 | 2100 | 4200 | 7200 | 10500 |

| | 6 | 5 | 4 | 3 | 2 | 1 |
|---|---|---|---|---|---|---|
| **A90 Atlantic, 4-cyl., 88 hp, 96" wb** | | | | | | |
| 2-dr Conv | 700 | 2000 | 3450 | 6900 | 11900 | 17200 |
| 2-dr Spt Sdn | 450 | 1250 | 2200 | 4400 | 7600 | 10900 |
| **A125 Sheerline, 6-cyl., 125 hp, 119" wb** | | | | | | |
| 4-dr Sdn | 600 | 1600 | 2700 | 5400 | 9300 | 13500 |
| ***1952*** | | | | | | |
| **A40, 4-cyl., 42 hp, 92.5" wb** | | | | | | |
| 2-dr Spt Conv (50 hp) | 650 | 1700 | 3000 | 6100 | 10600 | 15200 |
| 4-dr Sdn | 400 | 1200 | 1900 | 3800 | 6600 | 9600 |
| **Somerset, 4-cyl., 42 hp, 92.5" wb** | | | | | | |
| 2-dr Conv | 650 | 1700 | 3000 | 5900 | 10200 | 14700 |
| ***1953*** | | | | | | |
| **A30 "Seven", 4-cyl., 30 hp, 79.5" wb** | | | | | | |
| 4-dr Sdn | 400 | 1000 | 1800 | 3500 | 6100 | 8900 |
| **A40, 4-cyl., 50 hp, 92.5" wb** | | | | | | |
| 2-dr Spt Conv | 650 | 1750 | 3150 | 6300 | 10900 | 15700 |
| 2-dr Sta Wgn | 500 | 1350 | 2350 | 4700 | 8100 | 11500 |
| **A40 Somerset, 4-cyl., 50 hp, 92.5" wb** | | | | | | |
| 2-dr Conv | 650 | 1700 | 3000 | 5900 | 10200 | 14700 |
| 4-dr Sdn | 400 | 1200 | 1900 | 3800 | 6600 | 9600 |
| **100, 4-cyl., 90 hp, 90" wb** | | | | | | |
| 2-dr Spt Rdstr | 650 | 1800 | 3200 | 6400 | 11000 | 15900 |
| ***1954*** | | | | | | |
| **A30 "Seven", 4-cyl., 30 hp, 79.5" wb** | | | | | | |
| 2-dr Sdn | 400 | 1100 | 1800 | 3500 | 6100 | 8900 |
| **A40 Somerset, 4-cyl., 42/50 hp, 92.5" wb** | | | | | | |
| 2-dr Conv | 650 | 1700 | 3000 | 5900 | 10200 | 14700 |
| 4-dr Sdn | 400 | 1200 | 1900 | 3800 | 6600 | 9600 |
| 4-dr Dlx Sdn | 400 | 1050 | 1700 | 3400 | 5900 | 8500 |
| 2-dr Countryman Sta Wgn | 450 | 1250 | 2150 | 4300 | 7400 | 10700 |
| ***1955*** | | | | | | |
| **A50 Cambridge, 4-cyl., 50 hp, 99" wb** | | | | | | |
| 4-dr Sdn | 400 | 1150 | 1850 | 3700 | 6400 | 9300 |
| **A30 Westminster, 4-cyl., 30 hp, 79.5" wb** | | | | | | |
| 4-dr Sdn | 400 | 1100 | 1800 | 3600 | 6200 | 9100 |
| ***1956*** | | | | | | |
| **A50 Cambridge, 4-cyl., 50 hp, 99" wb** | | | | | | |
| 4-dr Sdn | 400 | 1150 | 1850 | 3700 | 6400 | 9300 |
| ***1957*** | | | | | | |
| **A35, 4-cyl., 34 hp, 79.5" wb** | | | | | | |
| 2-dr Dlx Sdn | 350 | 850 | 1400 | 2800 | 4900 | 7100 |
| **A55 Cambridge, 4-cyl., 50 hp, 99" wb** | | | | | | |
| 4-dr Sdn | 400 | 1150 | 1850 | 3700 | 6400 | 9300 |
| ***1958*** | | | | | | |
| **A35, 4-cyl., 34 hp, 79.5" wb** | | | | | | |
| 2-dr Sdn | 350 | 850 | 1400 | 2800 | 4900 | 7100 |
| **A55 Cambridge, 4-cyl., 50 hp, 99" wb** | | | | | | |
| 4-dr Sdn | 400 | 1150 | 1850 | 3700 | 6400 | 9300 |
| ***1959*** | | | | | | |
| **A35, 4-cyl., 34 hp, 79.5" wb** | | | | | | |
| 2-dr Sdn | 350 | 850 | 1400 | 2800 | 4900 | 7100 |
| **A40, 4-cyl., 34 hp, 83" wb** | | | | | | |
| 2-dr Sdn | 350 | 900 | 1500 | 2900 | 5200 | 7400 |
| 2-dr Dlx Sdn | 350 | 900 | 1500 | 3000 | 5300 | 7600 |
| **A55 Cambridge, 4-cyl., 50 hp, 99" wb** | | | | | | |
| 4-dr Dlx Sdn | 400 | 1150 | 1850 | 3700 | 6400 | 9300 |
| **A55 Mark II, 4-cyl., 50 hp, 99" wb** | | | | | | |
| 4-dr Sdn | 400 | 1200 | 1900 | 3800 | 6600 | 9600 |

| | 6 | 5 | 4 | 3 | 2 | 1 |
|---|---|---|---|---|---|---|
| **1960** | | | | | | |
| **850 Mini, 4-cyl., 37 hp, 80" wb** | | | | | | |
| 2-dr Sdn | 550 | 1450 | 2450 | 4900 | 8500 | 12000 |
| **A40, 4-cyl., 34 hp, 85" wb** | | | | | | |
| 2-dr Sdn | 350 | 900 | 1500 | 2900 | 5200 | 7400 |
| **A55 Mark II, 4-cyl., 53 hp, 99" wb** | | | | | | |
| 4-dr Sdn | 400 | 1200 | 1900 | 3800 | 6600 | 9600 |
| **1961** | | | | | | |
| **850 Mini, 4-cyl., 37 hp, 80" wb** | | | | | | |
| 2-dr Sdn | 550 | 1450 | 2450 | 4900 | 8500 | 12000 |
| **A40, 4-cyl., 34 hp, 83" wb** | | | | | | |
| 2-dr Sdn | 350 | 900 | 1500 | 2900 | 5200 | 7400 |
| 2-dr Std Countryman Wgn | 350 | 950 | 1550 | 3100 | 5500 | 7900 |
| **A55 Mark II, 4-cyl., 51 hp, 99" wb** | | | | | | |
| 4-dr Sdn | 400 | 1200 | 1900 | 3800 | 6600 | 9600 |
| **1962** | | | | | | |
| **850 Mini, 4-cyl., 37 hp, 80" wb** | | | | | | |
| 2-dr Sdn | 550 | 1450 | 2450 | 4900 | 8500 | 12000 |
| 2-dr Sta Wgn | 500 | 1350 | 2350 | 4700 | 8100 | 11500 |
| **1963** | | | | | | |
| **850 Mini, 4-cyl., 37 hp, 80" wb** | | | | | | |
| 2-dr Sdn Export | 550 | 1450 | 2450 | 4900 | 8500 | 12000 |
| 2-dr Super Sdn | 550 | 1400 | 2400 | 4800 | 8300 | 11800 |
| 2-dr Sta Wgn (74" wb) | 500 | 1350 | 2350 | 4700 | 8100 | 11500 |
| **850 Mini Cooper, 4-cyl., 56 hp, 80" wb** | | | | | | |
| 2-dr Sdn | 650 | 1700 | 3000 | 5900 | 10200 | 14700 |
| **1964** | | | | | | |
| **850 Mini, 4-cyl., 37 hp, 80" wb** | | | | | | |
| 2-dr Sdn Export | 550 | 1500 | 2500 | 5100 | 8800 | 12500 |
| **850 Mini Cooper "S", 4-cyl., 68 hp, 80" wb** | | | | | | |
| 2-dr Sdn | 700 | 1900 | 3350 | 6700 | 11500 | 16500 |
| **1965** | | | | | | |
| **850 Mini, 4-cyl., 34 hp, 80" wb** | | | | | | |
| 2-dr Sdn Export | 550 | 1500 | 2500 | 5100 | 8800 | 12500 |
| **850 Mini Cooper "S", 4-cyl., 75 hp, 80" wb** | | | | | | |
| 2-dr Sdn | 700 | 1900 | 3350 | 6700 | 11500 | 16500 |
| **1966** | | | | | | |
| **850 Mini, 4-cyl., 34 hp, 80" wb** | | | | | | |
| 2-dr Sdn | 550 | 1500 | 2500 | 5100 | 8800 | 12500 |
| **850 Mini Cooper "S", 4-cyl., 75 hp, 80" wb** | | | | | | |
| 2-dr Sdn | 700 | 1900 | 3350 | 6700 | 11500 | 16500 |
| **Mini Moke, 4-cyl., 34 hp, 80" wb** | | | | | | |
| 2-dr Tr | 350 | 850 | 1400 | 2800 | 4900 | 7100 |
| **1967** | | | | | | |
| **850 Mini Cooper "S", 4-cyl., 75 hp, 80" wb** | | | | | | |
| 2-dr Sdn | 750 | 2150 | 3600 | 7200 | 12400 | 18000 |
| **1968** | | | | | | |
| **4-cyl., 58 hp, 93" wb** | | | | | | |
| 2-dr Sdn | 300 | 650 | 1100 | 2100 | 3600 | 5100 |
| **1969** | | | | | | |
| **America, 4-cyl., 58 hp, 93" wb** | | | | | | |
| 2-dr Sdn | 300 | 650 | 1100 | 2100 | 3600 | 5100 |
| **1970** | | | | | | |
| **America, 4-cyl., 58 hp, 93" wb** | | | | | | |
| 2-dr Sdn | 300 | 650 | 1100 | 2100 | 3600 | 5100 |

|  | 6 | 5 | 4 | 3 | 2 | 1 |
|---|---|---|---|---|---|---|
| **1971** | | | | | | |
| **America, 4-cyl., 58 hp, 93" wb** | | | | | | |
| 2-dr Sdn | 300 | 650 | 1100 | 2100 | 3600 | 5100 |
| **1973** | | | | | | |
| **Marina, 4-cyl., 68 hp, 96" wb** | | | | | | |
| 2-dr GT Sdn | 300 | 650 | 1000 | 2000 | 3500 | 4900 |
| 4-dr Sdn | 300 | 600 | 900 | 1800 | 3100 | 4400 |
| **1974** | | | | | | |
| **Marina, 4-cyl., 68 hp, 96" wb** | | | | | | |
| 2-dr GT Sdn | 300 | 650 | 1000 | 2000 | 3500 | 4900 |
| 4-dr Sdn | 300 | 600 | 900 | 1800 | 3100 | 4400 |
| **1975** | | | | | | |
| **Marina, 4-cyl., 68 hp, 96" wb** | | | | | | |
| 2-dr GT Sdn | 300 | 650 | 1000 | 2000 | 3500 | 4900 |
| 4-dr Sdn | 300 | 600 | 900 | 1800 | 3100 | 4400 |

# AMPHICAR
# 1961 – 1968

|  | 6 | 5 | 4 | 3 | 2 | 1 |
|---|---|---|---|---|---|---|
| **1961** | | | | | | |
| **Model 770, 4-cyl., 43 hp, 83" wb** | | | | | | |
| 2-dr Conv | 1000 | 3250 | 5450 | 10900 | 19100 | 27200 |
| **1962** | | | | | | |
| **Model 770, 4-cyl., 43 hp, 83" wb** | | | | | | |
| 2-dr Conv | 1000 | 3200 | 5350 | 10700 | 18900 | 26700 |
| **1963** | | | | | | |
| **Model 770, 4-cyl., 43 hp, 83" wb** | | | | | | |
| 2-dr Conv | 1000 | 3200 | 5350 | 10700 | 18900 | 26700 |
| **1964** | | | | | | |
| **Model 770, 4-cyl., 43 hp, 83" wb** | | | | | | |
| 2-dr Conv | 1000 | 3100 | 5250 | 10500 | 18600 | 26200 |
| **1965** | | | | | | |
| **Model 770, 4-cyl., 43 hp, 83" wb** | | | | | | |
| 2-dr Conv | 950 | 3050 | 5150 | 10300 | 18200 | 25700 |
| **1966** | | | | | | |
| **Model 770, 4-cyl., 43 hp, 83" wb** | | | | | | |
| 2-dr Conv | 950 | 3050 | 5150 | 10300 | 18200 | 25700 |
| **1967** | | | | | | |
| **Model 770, 4-cyl., 43 hp, 83" wb** | | | | | | |
| 2-dr Conv | 950 | 3050 | 5150 | 10300 | 18200 | 25700 |
| **1968** | | | | | | |
| **Model 770, 4-cyl., 43 hp, 83" wb** | | | | | | |
| 2-dr Conv | 950 | 3050 | 5150 | 10300 | 18200 | 25700 |

# AUSTIN-HEALEY
## 1953 – 1969

**'67 Austin-Healey MK 3000**

| | 6 | 5 | 4 | 3 | 2 | 1 |
|---|---|---|---|---|---|---|
| **1953** | | | | | | |
| **4-cyl., 90 hp, 90" wb** | | | | | | |
| 2-dr Spt Rdstr | 1050 | 3400 | 5700 | 11400 | 20100 | 28500 |
| **1954** | | | | | | |
| **4-cyl., 90 hp, 90" wb** | | | | | | |
| 2-dr Spt Rdstr | 1050 | 3400 | 5700 | 11400 | 20100 | 28500 |
| **1955** | | | | | | |
| **100, 4-cyl., 90 hp, 90" wb** | | | | | | |
| 2-dr Spt Rdstr | 1150 | 3700 | 6200 | 12400 | 21850 | 30900 |
| **1956** | | | | | | |
| **100, 4-cyl., 90 hp, 90" wb** | | | | | | |
| 2-dr Spt Rdstr | 1150 | 3700 | 6200 | 12400 | 21850 | 30900 |
| **100M, 4-cyl., 110 hp, 90" wb** | | | | | | |
| 2-dr LeMans Rdstr | 2000 | 5950 | 10000 | 20000 | 35150 | 49900 |
| **1957** | | | | | | |
| **100-6, 6-cyl., 102 hp, 92" wb** | | | | | | |
| 2dr Spt Rdstr | 1200 | 3850 | 6450 | 12900 | 22700 | 32200 |
| **1958** | | | | | | |
| **100-6, 6-cyl., 102 hp, 92" wb** | | | | | | |
| 2-dr Spt Rdstr | 1200 | 3850 | 6450 | 12900 | 22700 | 32200 |
| 2-dr Dlx Rdstr | 1350 | 4200 | 7000 | 14000 | 24650 | 34900 |
| **Sprite, 4-cyl., 43 hp, 80" wb** | | | | | | |
| 2-dr Rdstr | 600 | 1600 | 2700 | 5400 | 9300 | 13500 |
| **1959** | | | | | | |
| **100-6, 6-cyl., 102 hp, 92" wb** | | | | | | |
| 2-dr Spt Rdstr | 1200 | 3850 | 6450 | 12900 | 22700 | 32200 |
| 2-dr Dlx Rdstr | 1350 | 4200 | 7000 | 14000 | 24650 | 34900 |
| **3000 Mark I, 6-cyl., 124 hp, 92" wb** | | | | | | |
| 2-dr Rdstr | 1400 | 4350 | 7250 | 14500 | 25500 | 36200 |
| 2-dr Dlx Rdstr | 1500 | 4500 | 7500 | 15000 | 26400 | 37500 |
| **Sprite, 4-cyl., 49 hp, 80" wb** | | | | | | |
| 2-dr Rdstr | 600 | 1600 | 2700 | 5400 | 9300 | 13500 |
| **1960** | | | | | | |
| **100-6, 6-cyl., 102 hp, 92" wb** | | | | | | |
| 2-dr Spt Rdstr | 1200 | 3850 | 6450 | 12900 | 22700 | 32200 |
| 2-dr Dlx Rdstr | 1350 | 4200 | 7000 | 14000 | 24650 | 34900 |

| | 6 | 5 | 4 | 3 | 2 | 1 |
|---|---|---|---|---|---|---|
| **3000 Mark I, 6-cyl., 124 hp, 92" wb** | | | | | | |
| 2-dr Rdstr | 1400 | 4350 | 7250 | 14500 | 25500 | 36200 |
| 2-dr Dlx Rdstr | 1500 | 4500 | 7500 | 15000 | 26400 | 37500 |
| **Sprite, 4-cyl., 49 hp, 80" wb** | | | | | | |
| 2-dr Rdstr | 600 | 1600 | 2700 | 5400 | 9300 | 13500 |
| ***1961*** | | | | | | |
| **3000 Mark I, 6-cyl., 130 hp, 92" wb** | | | | | | |
| 2-dr Spl Rdstr | 1400 | 4350 | 7250 | 14500 | 25500 | 36200 |
| 2-dr 2+2 Dlx Rdstr | 1500 | 4500 | 7500 | 15000 | 26400 | 37500 |
| **Sprite, 4-cyl., 43 hp, 80" wb** | | | | | | |
| 2-dr Rdstr | 600 | 1600 | 2700 | 5400 | 9300 | 13500 |
| ***1962*** | | | | | | |
| **3000 Mark II, 6-cyl., 136 hp, 92" wb** | | | | | | |
| 2-dr Rdstr | 1450 | 4450 | 7450 | 14900 | 26200 | 37200 |
| 2-dr 2+2 Dlx Rdstr | 1550 | 4650 | 7750 | 15500 | 27300 | 38700 |
| 2-dr 2+2 Rdstr | 1500 | 4550 | 7600 | 15200 | 26750 | 38000 |
| **Sprite Mark II, 4-cyl., 56 hp, 80" wb** | | | | | | |
| 2-dr Rdstr | 450 | 1250 | 2150 | 4300 | 7400 | 10700 |
| ***1963*** | | | | | | |
| **3000 Mark II, 6-cyl., 136 hp, 92" wb** | | | | | | |
| 2-dr Spt Conv | 1450 | 4450 | 7450 | 14900 | 26200 | 37200 |
| 2-dr Spt Dlx Conv | 1500 | 4550 | 7600 | 15200 | 26750 | 38000 |
| **Sprite Mark II, 4-cyl., 48 hp, 80" wb** | | | | | | |
| 2-dr Rdstr | 400 | 1200 | 1950 | 3900 | 6800 | 9900 |
| 2-dr Rdstr  1100 (56 hp) | 450 | 1250 | 2150 | 4300 | 7400 | 10700 |
| ***1964*** | | | | | | |
| **3000 Mark II, 6-cyl., 136 hp, 92" wb** | | | | | | |
| 2-dr Spt Conv | 1450 | 4450 | 7450 | 14900 | 26200 | 37200 |
| **3000 Mark III, 6-cyl., 150 hp, 92" wb** | | | | | | |
| 2-dr Spt Conv | 1800 | 5300 | 8900 | 17800 | 31300 | 44400 |
| **Sprite Mark II, 4-cyl., 56 hp, 80" wb** | | | | | | |
| 2-dr Rdstr | 450 | 1250 | 2150 | 4300 | 7400 | 10700 |
| ***1965*** | | | | | | |
| **3000 Mark III, 6-cyl., 150 hp, 92" wb** | | | | | | |
| 2-dr Spt Conv | 1800 | 5300 | 8900 | 17800 | 31300 | 44400 |
| **Sprite Mark III, 4-cyl., 56 hp, 80" wb** | | | | | | |
| 2-dr Conv | 450 | 1250 | 2150 | 4300 | 7400 | 10700 |
| ***1966*** | | | | | | |
| **3000 Mark III, 6-cyl., 150 hp, 92" wb** | | | | | | |
| 2-dr Spt Conv | 1800 | 5300 | 8900 | 17800 | 31300 | 44400 |
| **Sprite Mark III, 4-cyl., 59 hp, 80" wb** | | | | | | |
| 2-dr Conv | 450 | 1250 | 2150 | 4300 | 7400 | 10700 |
| ***1967*** | | | | | | |
| **3000 Mark III, 6-cyl., 150 hp, 92" wb** | | | | | | |
| 2-dr Spt Conv | 1800 | 5300 | 8900 | 17800 | 31300 | 44400 |
| **Sprite Mark III, 4-cyl., 59 hp, 80" wb** | | | | | | |
| 2-dr Conv | 450 | 1250 | 2150 | 4300 | 7400 | 10700 |
| ***1968*** | | | | | | |
| **Sprite Mark IV, 4-cyl., 65 hp, 80" wb** | | | | | | |
| 2-dr Conv | 450 | 1250 | 2150 | 4300 | 7400 | 10700 |
| ***1969*** | | | | | | |
| **Sprite Mark IV, 4-cyl., 65 hp, 80" wb** | | | | | | |
| 2-dr Conv | 450 | 1250 | 2150 | 4300 | 7400 | 10700 |

# BENTLEY
## 1947 – 1991

| '53 Bentley | | | | '61 Bentley | |
|---|---|---|---|---|---|

| | 6 | 5 | 4 | 3 | 2 | 1 |
|---|---|---|---|---|---|---|
| **1947** | | | | | | |
| **Mark VI, 6-cyl., 120" wb** | | | | | | |
| 2-dr Cpe (James Young) | 1250 | 3900 | 6500 | 13000 | 22900 | 32500 |
| 2-dr Cpe (Park Ward) | 1400 | 4350 | 7250 | 14500 | 25500 | 36200 |
| 2-dr Dhd Cpe (H.J. Mulliner) | 3700 | 11000 | 18500 | 37000 | 65000 | 92400 |
| 2-dr Sdn (H.J. Mulliner) | 1450 | 4400 | 7300 | 14600 | 25700 | 36500 |
| 2-dr Dhd Cpe (Park Ward) | 3100 | 9200 | 15500 | 31000 | 54400 | 74400 |
| 4-dr Sdn (Hooper) | 1650 | 4900 | 8250 | 16500 | 29000 | 41200 |
| 4-dr Sdn (James Young) | 1650 | 4900 | 8250 | 16500 | 29000 | 41200 |
| 4-dr Sdn (Park Ward) | 1350 | 4200 | 7000 | 14000 | 24650 | 34900 |
| 4-dr Sdn (Saloon) | 1100 | 3550 | 5900 | 11800 | 20800 | 29400 |
| 4-dr Sdn (H.J. Mulliner) | 1150 | 3600 | 6000 | 12000 | 21150 | 30000 |
| **1948** | | | | | | |
| **Mark VI, 6-cyl., 120" wb** | | | | | | |
| 2-dr Cpe (James Young) | 1250 | 3900 | 6500 | 13000 | 22900 | 32500 |
| 2-dr Cpe (Park Ward) | 1400 | 4350 | 7250 | 14500 | 25500 | 36200 |
| 2-dr Dhd Cpe (H.J. Mulliner) | 3700 | 11000 | 18500 | 37000 | 65000 | 92400 |
| 2-dr Sdn (H.J. Mulliner) | 1450 | 4400 | 7300 | 14600 | 25700 | 36500 |
| 2-dr Dhd Cpe (Park Ward) | 3100 | 9200 | 15500 | 31000 | 54400 | 77400 |
| 4-dr Sdn (Hooper) | 1650 | 4900 | 8250 | 16500 | 29000 | 41200 |
| 4-dr Sdn (James Young) | 1650 | 4900 | 8250 | 16500 | 29000 | 41200 |
| 4-dr Sdn (Park Ward) | 1350 | 4200 | 7000 | 14000 | 24650 | 34900 |
| 4-dr Sdn (Saloon) | 1100 | 3550 | 5900 | 11800 | 20800 | 29400 |
| 4-dr Sdn (H.J. Mulliner) | 1150 | 3600 | 6000 | 12000 | 21150 | 30000 |
| **1949** | | | | | | |
| **Mark VI, 6-cyl., 120" wb** | | | | | | |
| 2-dr Cpe (James Young) | 1250 | 3900 | 6500 | 13000 | 22900 | 32500 |
| 2-dr Cpe (Park Ward) | 1400 | 4350 | 7250 | 14500 | 25500 | 36200 |
| 2-dr Dhd Cpe (H.J. Mulliner) | 3700 | 11000 | 18500 | 37000 | 65000 | 92400 |
| 2-dr Sdn (H.J. Mulliner) | 1450 | 4400 | 7300 | 14600 | 25700 | 36500 |
| 2-dr Dhd Cpe (Park Ward) | 3100 | 9200 | 15500 | 31000 | 54400 | 77400 |
| 4-dr Sdn (Hooper) | 1650 | 4900 | 8250 | 16500 | 29000 | 41200 |
| 4-dr Sdn (James Young) | 1650 | 4900 | 8250 | 16500 | 29000 | 41200 |
| 4-dr Sdn (Park Ward) | 1350 | 4200 | 7000 | 14000 | 24650 | 34900 |
| 4-dr Sdn (Saloon) | 1100 | 3550 | 5900 | 11800 | 20800 | 29400 |
| 4-dr Sdn (H.J. Mulliner) | 1150 | 3600 | 6000 | 12000 | 21150 | 30000 |

| | 6 | 5 | 4 | 3 | 2 | 1 |
|---|---|---|---|---|---|---|

## 1950
**Mark VI, 6-cyl., 120" wb**

| | 6 | 5 | 4 | 3 | 2 | 1 |
|---|---|---|---|---|---|---|
| 2-dr Cpe (James Young) | 1250 | 3900 | 6500 | 13000 | 22900 | 32500 |
| 2-dr Cpe (Park Ward) | 1400 | 4350 | 7250 | 14500 | 25500 | 36200 |
| 2-dr Dhd Cpe (H.J. Mulliner) | 3700 | 11000 | 18500 | 37000 | 65000 | 92400 |
| 2-dr Sdn (H.J. Mulliner) | 1450 | 4400 | 7300 | 14600 | 25700 | 36500 |
| 2-dr Dhd Cpe (Park Ward) | 3100 | 9200 | 15500 | 31000 | 54400 | 77400 |
| 4-dr Sdn (Hooper) | 1650 | 4900 | 8250 | 16500 | 29000 | 41200 |
| 4-dr Sdn (James Young) | 1650 | 4900 | 8250 | 16500 | 29000 | 41200 |
| 4-dr Sdn (Park Ward) | 1350 | 4200 | 7000 | 14000 | 24650 | 34900 |
| 4-dr Sdn (Saloon) | 1100 | 3550 | 5900 | 11800 | 20800 | 29400 |
| 4-dr Sdn (H.J. Mulliner) | 1150 | 3600 | 6000 | 12000 | 21150 | 30000 |

## 1951
**Mark VI, 6-cyl., 120" wb**

| | 6 | 5 | 4 | 3 | 2 | 1 |
|---|---|---|---|---|---|---|
| 2-dr Cpe (James Young) | 1250 | 3900 | 6500 | 13000 | 22900 | 32500 |
| 2-dr Cpe (Park Ward) | 1400 | 4350 | 7250 | 14500 | 25500 | 36200 |
| 2-dr Dhd Cpe (H.J. Mulliner) | 3700 | 11000 | 18500 | 37000 | 65000 | 92400 |
| 2-dr Sdn (H.J. Mulliner) | 1450 | 4400 | 7350 | 14600 | 25700 | 36500 |
| 2-dr Dhd Cpe (Park Ward) | 3100 | 9200 | 15500 | 31000 | 54400 | 77400 |
| 4-dr Sdn (Hooper) | 1650 | 4900 | 8250 | 16500 | 29000 | 41200 |
| 4-dr Sdn (James Young) | 1650 | 4900 | 8250 | 16500 | 29000 | 41200 |
| 4-dr Sdn (Park Ward) | 1350 | 4200 | 7000 | 14000 | 24650 | 34900 |
| 4-dr Sdn (Saloon) | 1100 | 3550 | 5900 | 11800 | 20800 | 29400 |
| 4-dr Sdn (H.J. Mulliner) | 1150 | 3600 | 6000 | 12000 | 21150 | 30000 |

## 1952
**Mark VI, 6-cyl., 120" wb**

| | 6 | 5 | 4 | 3 | 2 | 1 |
|---|---|---|---|---|---|---|
| 2-dr Cpe (James Young) | 1250 | 3900 | 6500 | 13000 | 22900 | 32500 |
| 2-dr Cpe (Park Ward) | 1400 | 4350 | 7250 | 14500 | 25500 | 36200 |
| 2-dr Dhd Cpe (H.J. Mulliner) | 3700 | 11000 | 18500 | 37000 | 65000 | 92400 |
| 2-dr Cpe (H.J. Mulliner) | 1450 | 4400 | 7350 | 14600 | 25700 | 36500 |
| 2-dr Dhd Cpe (Park Ward) | 3100 | 9200 | 15500 | 31000 | 54400 | 77400 |
| 4-dr Sdn (James Young) | 1650 | 4900 | 8250 | 16500 | 29000 | 41200 |
| 4-dr Sdn (Park Ward) | 1350 | 4200 | 7000 | 14000 | 24650 | 34900 |
| 4-dr Sdn (Saloon) | 1100 | 3550 | 5900 | 11800 | 20800 | 29400 |
| 4-dr Sdn (H.J. Mulliner) | 1150 | 3600 | 6000 | 12000 | 21150 | 30000 |

**R Type 2, 6-cyl., 120" wb**

| | 6 | 5 | 4 | 3 | 2 | 1 |
|---|---|---|---|---|---|---|
| 2-dr Cpe (James Young) | 1200 | 3850 | 6450 | 12900 | 22700 | 32200 |
| 2-dr Cpe (Park Ward) | 1650 | 4900 | 8250 | 16500 | 29000 | 41200 |
| 2-dr Dhd Cpe (H.J. Mulliner) | 3000 | 8900 | 15000 | 30000 | 52700 | 74900 |
| 2-dr Dhd Cpe (Park Ward) | 2650 | 7850 | 13250 | 26500 | 46500 | 66100 |
| 2-dr Sdn (Hooper) | 1500 | 4500 | 7500 | 15000 | 26400 | 37500 |

**R Type 4, 6-cyl., 120" wb**

| | 6 | 5 | 4 | 3 | 2 | 1 |
|---|---|---|---|---|---|---|
| 4-dr Sdn (H.J. Mulliner) | 1300 | 4050 | 6750 | 13500 | 23800 | 33700 |
| 4-dr Sdn (Hooper) | 1350 | 4200 | 7000 | 14000 | 24650 | 34900 |
| 4-dr Sdn (James Young) | 1050 | 3300 | 5500 | 11000 | 19300 | 27500 |
| 4-dr Sdn (Saloon) | 1200 | 3750 | 6250 | 12500 | 22000 | 31100 |
| 4-dr Sdn (Freestone Webb) | 1350 | 4200 | 7000 | 14000 | 24650 | 34900 |

**R Type Continental, 6-cyl.**

| | 6 | 5 | 4 | 3 | 2 | 1 |
|---|---|---|---|---|---|---|
| 2-dr Cpe (H.J. Mulliner) | 2600 | 7700 | 13000 | 26000 | 45650 | 65000 |

## 1953
**R Type 2, 6-cyl., 120" wb**

| | 6 | 5 | 4 | 3 | 2 | 1 |
|---|---|---|---|---|---|---|
| 2-dr Cpe (Abbott) | 1400 | 4850 | 7250 | 14500 | 25500 | 36200 |
| 2-dr Cpe (James Young) | 1200 | 3850 | 6450 | 12900 | 22700 | 32200 |
| 2-dr Cpe (Park Ward) | 1650 | 4900 | 8250 | 16500 | 29000 | 41200 |
| 2-dr Dhd Cpe (H.J. Mulliner) | 3000 | 8900 | 15000 | 30000 | 52700 | 74900 |

| | 6 | 5 | 4 | 3 | 2 | 1 |
|---|---|---|---|---|---|---|
| 2-dr Dhd Cpe (Park Ward) | 2650 | 7850 | 13250 | 26500 | 46500 | 66100 |
| 2-dr Sdn (Hooper) | 1500 | 4500 | 7500 | 15000 | 26400 | 37500 |
| **R Type 4, 6-cyl., 120" wb** | | | | | | |
| 4-dr Sdn (H.J. Mulliner) | 1300 | 4050 | 6750 | 13500 | 23800 | 33700 |
| 4-dr Sdn (Hooper) | 1350 | 4200 | 7000 | 14000 | 24650 | 34900 |
| 4-dr Sdn (James Young) | 1050 | 3300 | 5500 | 11000 | 19300 | 27500 |
| 4-dr Sdn (Saloon) | 1200 | 3750 | 6250 | 12500 | 22000 | 31100 |
| 4-dr Sdn (Freestone Webb) | 1350 | 4200 | 7000 | 14000 | 24650 | 34900 |
| **R Type Continental, 6-cyl.** | | | | | | |
| 2-dr Cpe (H.J. Mulliner) | 2600 | 7700 | 13000 | 26000 | 45650 | 65000 |

### 1954

| | 6 | 5 | 4 | 3 | 2 | 1 |
|---|---|---|---|---|---|---|
| **R Type 2, 6-cyl., 120" wb** | | | | | | |
| 2-dr Cpe (Abbott) | 1400 | 4350 | 7250 | 14500 | 25500 | 36200 |
| 2-dr Cpe (James Young) | 1200 | 3850 | 6450 | 12900 | 22700 | 32200 |
| 2-dr Cpe (Park Ward) | 1650 | 4900 | 8250 | 16500 | 29000 | 41200 |
| 2-dr Dhd Cpe (H.J. Mulliner) | 3000 | 8900 | 15000 | 30000 | 52700 | 74900 |
| 2-dr Dhd Cpe (Park Ward) | 2650 | 7850 | 13250 | 26500 | 46500 | 66100 |
| 2-dr Sdn (Hooper) | 1500 | 4500 | 7500 | 15000 | 26400 | 37500 |
| **R Type 4, 6-cyl., 120" wb** | | | | | | |
| 4-dr Sdn (H.J. Mulliner) | 1300 | 4050 | 6750 | 13500 | 23800 | 33700 |
| 4-dr Sdn (Hooper) | 1350 | 4200 | 7000 | 14000 | 24800 | 35100 |
| 4-dr Sdn (James Young) | 1050 | 3300 | 5500 | 11000 | 19300 | 27500 |
| 4-dr Sdn (Saloon) | 1200 | 3750 | 6250 | 12500 | 22000 | 31100 |
| 4-dr Sdn (Freestone Webb) | 1350 | 4200 | 7000 | 14000 | 24800 | 35100 |
| **R Type Continental, 6-cyl.** | | | | | | |
| 2-dr Cpe (H.J. Mulliner) | 2600 | 7700 | 13000 | 26000 | 45650 | 65000 |

### 1955

| | 6 | 5 | 4 | 3 | 2 | 1 |
|---|---|---|---|---|---|---|
| **R Type 2, 6-cyl., 120" wb** | | | | | | |
| 2-dr Cpe (Abbott) | 1400 | 4350 | 7250 | 14500 | 25500 | 36200 |
| 2-dr Cpe (James Young) | 1200 | 3850 | 6450 | 12900 | 22700 | 32200 |
| 2-dr Cpe (Park Ward) | 1650 | 4900 | 8250 | 16500 | 29000 | 41200 |
| 2-dr Dhd Cpe (H.J. Mulliner) | 3000 | 8900 | 15000 | 30000 | 52700 | 74900 |
| 2-dr Dhd Cpe (Park Ward) | 2650 | 7850 | 13250 | 26500 | 46500 | 66100 |
| 2-dr Sdn (Hooper) | 1500 | 4500 | 7500 | 15000 | 26400 | 37500 |
| **R Type 4, 6-cyl., 120" wb** | | | | | | |
| 4-dr Sdn (H.J. Mulliner) | 1300 | 4050 | 6750 | 13500 | 23800 | 33700 |
| 4-dr Sdn (Hooper) | 1350 | 4200 | 7000 | 14000 | 24800 | 35100 |
| 4-dr Sdn (James Young) | 1050 | 3300 | 5500 | 11000 | 19300 | 27500 |
| 4-dr Sdn (Saloon) | 1200 | 3750 | 6250 | 12500 | 22000 | 31100 |
| 4-dr Sdn (Freestone Webb) | 1350 | 4200 | 7000 | 14000 | 24800 | 35100 |
| **R Type Continental, 6-cyl.** | | | | | | |
| 2-dr Cpe (H.J. Mulliner) | 2600 | 7700 | 13000 | 26000 | 45650 | 65000 |
| **S1 Type, 6-cyl., 123" or 127" wb** | | | | | | |
| 2-dr Cpe (Park Ward) | 2000 | 5950 | 10000 | 20000 | 35150 | 49900 |
| 2-dr Cpe (James Young) | 1600 | 4750 | 7950 | 15900 | 28000 | 39700 |
| 4-dr Sdn (Freestone Webb) | 1550 | 4650 | 7750 | 15500 | 27300 | 38700 |
| 4-dr Sdn (H.J. Mulliner) | 1600 | 4800 | 8000 | 16000 | 28150 | 40000 |
| 4-dr Sdn (Hooper) | 1550 | 4650 | 7750 | 15500 | 27300 | 38700 |
| 4-dr Sdn (Saloon) | 1350 | 4200 | 7000 | 14000 | 24650 | 34900 |
| **S1 Type Continental, 6-cyl., 123" wb** | | | | | | |
| 2-dr Dhd Cpe (Park Ward) | 3200 | 9500 | 16000 | 32000 | 56200 | 79900 |
| 2-dr Dhd Cpe (H.J. Mulliner) | 2600 | 7700 | 13000 | 26000 | 45650 | 65000 |
| 2-dr Cpe (H.J. Mulliner) | 1900 | 5650 | 9500 | 19000 | 33400 | 47500 |
| 4-dr Sdn Flying Spur (HJM) | 2250 | 6550 | 11000 | 22000 | 38650 | 55000 |

|  | 6 | 5 | 4 | 3 | 2 | 1 |
|---|---|---|---|---|---|---|

**1956**

**S1, 6-cyl., 123" or 127" wb**

| | 6 | 5 | 4 | 3 | 2 | 1 |
|---|---|---|---|---|---|---|
| 2-dr Cpe (Park Ward) | 2000 | 5950 | 10000 | 20000 | 35150 | 49900 |
| 2-dr Sdn (James Young) | 1600 | 4750 | 7950 | 15900 | 28000 | 39700 |
| 4-dr Sdn (Freestone Webb) | 1550 | 4650 | 7750 | 15500 | 27300 | 38700 |
| 4-dr Sdn (H.J. Mulliner) | 1600 | 4800 | 8000 | 16000 | 28150 | 40000 |
| 4-dr Sdn (Hooper) | 1550 | 4650 | 7750 | 15500 | 27300 | 38700 |
| 4-dr Sdn (Saloon) | 1350 | 4200 | 7000 | 14000 | 24650 | 34900 |

**S1 Continental, 6-cyl., 123" wb**

| | 6 | 5 | 4 | 3 | 2 | 1 |
|---|---|---|---|---|---|---|
| 2-dr Dhd Cpe (Park Ward) | 3200 | 9500 | 16000 | 32000 | 56200 | 79900 |
| 2-dr Dhd Cpe (H.J. Mulliner) | 2600 | 7700 | 13000 | 26000 | 45650 | 65000 |
| 2-dr Cpe (H.J. Mulliner) | 1900 | 5650 | 9500 | 19000 | 33400 | 47500 |
| 4-dr Sdn Flying Spur (HJM) | 2250 | 6550 | 11000 | 22000 | 38650 | 55000 |

**1957**

**S1, 6-cyl., 123" or 127" wb**

| | 6 | 5 | 4 | 3 | 2 | 1 |
|---|---|---|---|---|---|---|
| 2-dr Cpe (Park Ward) | 2000 | 5950 | 10000 | 20000 | 35150 | 49900 |
| 2-dr Sdn (James Young) | 1600 | 4750 | 7950 | 15900 | 28000 | 39700 |
| 4-dr Sdn (Freestone Webb) | 1550 | 4650 | 7750 | 15500 | 27300 | 38700 |
| 4-dr Sdn (H.J. Mulliner) | 1600 | 4800 | 8000 | 16000 | 28150 | 40000 |
| 4-dr Sdn (Hooper) | 1550 | 4650 | 7750 | 15500 | 27300 | 38700 |
| 4-dr Sdn (Saloon) | 1350 | 4200 | 7000 | 14000 | 24650 | 34900 |

**S1 Continental, 6-cyl., 123" wb**

| | 6 | 5 | 4 | 3 | 2 | 1 |
|---|---|---|---|---|---|---|
| 2-dr Dhd Cpe (Park Ward) | 3200 | 9500 | 16000 | 32000 | 56200 | 79900 |
| 2-dr Dhd Cpe (H.J. Mulliner) | 2600 | 7700 | 13000 | 26000 | 45650 | 65000 |
| 2-dr Cpe (H.J. Mulliner) | 1900 | 5650 | 9500 | 19000 | 33400 | 47500 |
| 4-dr Sdn Flying Spur (HJM) | 2250 | 6550 | 11000 | 22000 | 39650 | 55000 |

**1958**

**S1, 6-cyl., 123" or 127" wb**

| | 6 | 5 | 4 | 3 | 2 | 1 |
|---|---|---|---|---|---|---|
| 2-dr Cpe (Park Ward) | 2000 | 5950 | 10000 | 20000 | 35150 | 49900 |
| 2-dr Sdn (James Young) | 1600 | 4750 | 7950 | 15900 | 28000 | 39700 |
| 4-dr Sdn (Freestone Webb) | 1550 | 4650 | 7750 | 15500 | 27300 | 38700 |
| 4-dr Sdn (H.J. Mulliner) | 1600 | 4800 | 8000 | 16000 | 28150 | 40000 |
| 4-dr Sdn (Hooper) | 1550 | 4650 | 7750 | 15500 | 27300 | 38700 |
| 4-dr Sdn (Saloon) | 1350 | 4200 | 7000 | 14000 | 24650 | 34900 |

**S1 Continental, 6-cyl., 123" wb**

| | 6 | 5 | 4 | 3 | 2 | 1 |
|---|---|---|---|---|---|---|
| 2-dr Dhd Cpe (Park Ward) | 3200 | 9500 | 16000 | 32000 | 56200 | 79900 |
| 2-dr Dhd Cpe (H.J. Mulliner) | 2600 | 7700 | 13000 | 26000 | 45650 | 65000 |
| 2-dr Cpe (H.J. Mulliner) | 1900 | 5650 | 9500 | 19000 | 33400 | 47500 |
| 4-dr Sdn Flying Spur (HJM) | 2250 | 6550 | 11000 | 22000 | 39650 | 55000 |

**1959**

**S1, 6-cyl., 123" or 127" wb**

| | 6 | 5 | 4 | 3 | 2 | 1 |
|---|---|---|---|---|---|---|
| 2-dr Cpe (Park Ward) | 2000 | 5950 | 10000 | 20000 | 35150 | 49900 |
| 2-dr Sdn (James Young) | 1600 | 4750 | 7950 | 15900 | 28000 | 39700 |
| 4-dr Sdn (Freestone Webb) | 1550 | 4650 | 7750 | 15500 | 27300 | 38700 |
| 4-dr Sdn (H.J. Mulliner) | 1600 | 4800 | 8000 | 16000 | 28150 | 40000 |
| 4-dr Sdn (Hooper) | 1550 | 4650 | 7750 | 15500 | 27300 | 38700 |
| 4-dr Sdn (Saloon) | 1350 | 4200 | 7000 | 14000 | 24650 | 34900 |

**S1 Continental, 6-cyl., 123" wb**

| | 6 | 5 | 4 | 3 | 2 | 1 |
|---|---|---|---|---|---|---|
| 2-dr Dhd Cpe (Park Ward) | 3200 | 9500 | 16000 | 32000 | 56200 | 79900 |
| 2-dr Dhd Cpe (H.J. Mulliner) | 2600 | 7700 | 13000 | 26000 | 45650 | 65000 |
| 2-dr Cpe (H.J. Mulliner) | 1900 | 5650 | 9500 | 19000 | 33400 | 47500 |
| 4-dr Sdn Flying Spur (HJM) | 2250 | 6550 | 11000 | 22000 | 39650 | 55000 |

**S2, 8-cyl., 123" or 127" wb**

| | 6 | 5 | 4 | 3 | 2 | 1 |
|---|---|---|---|---|---|---|
| 2-dr Dhd Cpe (H.J. Mulliner) | 3600 | 10700 | 18000 | 36000 | 63200 | 89900 |
| 2-dr Dhd Cpe (Park Ward) | 2300 | 6800 | 11500 | 23000 | 40400 | 57500 |
| 4-dr Sdn (Saloon) | 1500 | 4500 | 7500 | 15000 | 26400 | 37500 |

| | 6 | 5 | 4 | 3 | 2 | 1 |
|---|---|---|---|---|---|---|
| **S2 Continental, 8-cyl., 123" wb** | | | | | | |
| 2-dr Dhd Cpe (Park Ward) | 3100 | 9200 | 15500 | 31000 | 54400 | 77400 |
| 2-dr Cpe (H.J. Mulliner) | 2700 | 8000 | 13500 | 27000 | 47400 | 67400 |
| 4-dr Sdn (James Young) | 1400 | 4350 | 7250 | 14500 | 25500 | 36200 |
| 4-dr Sdn Flying Spur (HJM) | 2600 | 7700 | 13000 | 26000 | 45650 | 65000 |
| | | | | | | |
| ***1960*** | | | | | | |
| **James Young, 6-cyl.** | | | | | | |
| 4-dr Sdn (Saloon) | 1350 | 4200 | 7000 | 14000 | 24650 | 34900 |
| **S2, 8-cyl., 123" or 127" wb** | | | | | | |
| 2-dr Dhd Cpe (H.J. Mulliner) | 3600 | 10700 | 18000 | 36000 | 63200 | 89900 |
| 2-dr Dhd Cpe (Park Ward) | 2300 | 6800 | 11500 | 23000 | 40400 | 57500 |
| 4-dr Sdn (Saloon) | 1500 | 4500 | 7500 | 15000 | 26400 | 37500 |
| **S2 Continental, 8-cyl., 123" wb** | | | | | | |
| 2-dr Dhd Cpe (Park Ward) | 3100 | 9200 | 15500 | 31000 | 54400 | 77400 |
| 2-dr Cpe (H.J. Mulliner) | 2700 | 8000 | 13500 | 27000 | 47400 | 67400 |
| 4-dr Sdn Flying Spur (HJM) | 2600 | 7700 | 13000 | 26000 | 45650 | 65000 |
| | | | | | | |
| ***1961*** | | | | | | |
| **James Young, 6-cyl.** | | | | | | |
| 4-dr Sdn (Saloon) | 1350 | 4200 | 7000 | 14000 | 24650 | 34900 |
| **S2, 8-cyl., 123" or 127" wb** | | | | | | |
| 2-dr Dhd Cpe (H.J. Mulliner) | 3600 | 10700 | 18000 | 36000 | 63200 | 89900 |
| 2-dr Dhd Cpe (Park Ward) | 2300 | 6800 | 11500 | 23000 | 40400 | 57500 |
| 4-dr Sdn (Saloon) | 1500 | 4500 | 7500 | 15000 | 26400 | 37500 |
| **S2 Continental, 8-cyl., 123" wb** | | | | | | |
| 2-dr Dhd Cpe (Park Ward) | 2900 | 8600 | 14500 | 29000 | 50900 | 72400 |
| 2-dr Cpe (H.J. Mulliner) | 2700 | 8000 | 13500 | 27000 | 47400 | 67400 |
| 4-dr Sdn Flying Spur (HJM) | 2600 | 7700 | 13000 | 26000 | 45650 | 65000 |
| | | | | | | |
| ***1962*** | | | | | | |
| **James Young, 6-cyl.** | | | | | | |
| 2-dr Sdn | 1400 | 4350 | 7250 | 14500 | 25500 | 36200 |
| 4-dr Sdn (Saloon) | 1350 | 4200 | 7000 | 14000 | 24650 | 34900 |
| **S3, 8-cyl, 123" or 127" wb** | | | | | | |
| 2-dr Cpe (H.J. Mulliner) | 1500 | 4600 | 7700 | 15400 | 27100 | 38500 |
| 2-dr Cpe (Park Ward) | 2250 | 6550 | 11000 | 22000 | 38650 | 55000 |
| 2-dr Dhd Cpe (H.J. Mulliner) | 2350 | 6900 | 11600 | 23200 | 40750 | 57900 |
| 2-dr Dhd Cpe (Park Ward) | 3200 | 9500 | 16000 | 32000 | 56200 | 79900 |
| 4-dr Sdn (Saloon) | 1600 | 4800 | 8000 | 16000 | 28150 | 40000 |
| **S3 Continental, 8-cyl., 123" wb** | | | | | | |
| 2-dr Dhd Cpe (Park Ward) | 2900 | 8600 | 14500 | 29000 | 50900 | 72400 |
| 2-dr Cpe (H.J. Mulliner) | 2000 | 5800 | 9750 | 19500 | 34300 | 48700 |
| 2-dr Dhd Cpe (H.J. Mulliner) | 2900 | 8600 | 14500 | 29000 | 50900 | 72400 |
| 4-dr Sdn Flying Spur (HJM) | 2800 | 8300 | 14000 | 28000 | 49200 | 69900 |
| 4-dr Sdn Flying Spur (PW) | 2800 | 8300 | 14000 | 28000 | 49200 | 69900 |
| 2-dr Cpe (Park Ward) | 2000 | 5800 | 9750 | 19500 | 34300 | 48700 |
| | | | | | | |
| ***1963*** | | | | | | |
| **James Young, 6-cyl.** | | | | | | |
| 2-dr Sdn | 1400 | 4350 | 7250 | 14500 | 25500 | 36200 |
| 4-dr Sdn (Saloon) | 1350 | 4200 | 7000 | 14000 | 24650 | 34900 |
| **S3, 8-cyl, 123" or 127" wb** | | | | | | |
| 2-dr Cpe (H.J. Mulliner) | 1500 | 4600 | 7700 | 15400 | 27100 | 38500 |
| 2-dr Cpe (Park Ward) | 2250 | 6550 | 11000 | 22000 | 38650 | 55000 |
| 2-dr Dhd Cpe (H.J. Mulliner) | 2350 | 6900 | 11600 | 23200 | 40750 | 57900 |
| 2-dr Dhd Cpe (Park Ward) | 3200 | 9500 | 16000 | 32000 | 56200 | 79900 |
| 4-dr Sdn (Saloon) | 1600 | 4800 | 8000 | 16000 | 28150 | 40000 |

| | 6 | 5 | 4 | 3 | 2 | 1 |
|---|---|---|---|---|---|---|
| **S3 Continental, 8-cyl., 123" wb** | | | | | | |
| 2-dr Dhd Cpe (Park Ward) | 2900 | 8600 | 14500 | 29000 | 50900 | 72400 |
| 2-dr Cpe (H.J. Mulliner) | 2000 | 5800 | 9750 | 19500 | 34300 | 48700 |
| 2-dr Dhd Cpe (H.J. Mulliner) | 2900 | 8600 | 14500 | 29000 | 50900 | 72400 |
| 4-dr Sdn Flying Spur (HJM) | 2800 | 8300 | 14000 | 28000 | 49200 | 69900 |
| 4-dr Sdn Flying Spur (PW) | 2800 | 8300 | 14000 | 28000 | 49200 | 69900 |
| 2-dr Cpe (Park Ward) | 2000 | 5800 | 9750 | 19500 | 34300 | 48700 |
| **1964** | | | | | | |
| **James Young, 6-cyl.** | | | | | | |
| 2-dr Sdn | 1400 | 4350 | 7250 | 14500 | 25500 | 36200 |
| 4-dr Sdn (Saloon) | 1350 | 4200 | 7000 | 14000 | 24650 | 34900 |
| **S3, 8-cyl, 123" or 127" wb** | | | | | | |
| 2-dr Cpe (H.J. Mulliner) | 1500 | 4600 | 7700 | 15400 | 27100 | 38500 |
| 2-dr Cpe (Park Ward) | 2250 | 6550 | 11000 | 22000 | 38650 | 55000 |
| 2-dr Dhd Cpe (H.J. Mulliner) | 2350 | 6900 | 11600 | 23200 | 40750 | 57900 |
| 2-dr Dhd Cpe (Park Ward) | 3200 | 9500 | 16000 | 32000 | 56200 | 79900 |
| 4-dr Sdn (Saloon) | 1600 | 4800 | 8000 | 16000 | 28150 | 40000 |
| **S3 Continental, 8-cyl., 123" wb** | | | | | | |
| 2-dr Dhd Cpe (Park Ward) | 2900 | 8600 | 14500 | 29000 | 50900 | 72400 |
| 2-dr Cpe (H.J. Mulliner) | 2000 | 5800 | 9750 | 19500 | 34300 | 48700 |
| 2-dr Dhd Cpe (H.J. Mulliner) | 2900 | 8600 | 14500 | 29000 | 50900 | 72400 |
| 4-dr Sdn Flying Spur (HJM) | 2800 | 8300 | 14000 | 28000 | 49200 | 69900 |
| 4-dr Sdn Flying Spur (PW) | 2800 | 8300 | 14000 | 28000 | 49200 | 69900 |
| 2-dr Cpe (Park Ward) | 2000 | 5800 | 9750 | 19500 | 34300 | 48700 |
| **1965** | | | | | | |
| **James Young, 6-cyl.** | | | | | | |
| 2-dr Sdn | 1400 | 4350 | 7250 | 14500 | 25500 | 36200 |
| 4-dr Sdn (Saloon) | 1350 | 4200 | 7000 | 14000 | 24650 | 34900 |
| **S3, 8-cyl, 123" or 127" wb** | | | | | | |
| 2-dr Cpe (H.J. Mulliner) | 1500 | 4600 | 7700 | 15400 | 27100 | 38500 |
| 2-dr Cpe (Park Ward) | 2250 | 6550 | 11000 | 22000 | 38650 | 55000 |
| 2-dr Dhd Cpe (H.J. Mulliner) | 2350 | 6900 | 11600 | 23200 | 40750 | 57900 |
| 2-dr Dhd Cpe (Park Ward) | 3200 | 9500 | 16000 | 32000 | 56200 | 79900 |
| 4-dr Sdn (Saloon) | 1600 | 4800 | 8000 | 16000 | 28150 | 40000 |
| **S3 Continental, 8-cyl., 123" wb** | | | | | | |
| 2-dr Dhd Cpe (Park Ward) | 2900 | 8600 | 14500 | 29000 | 50900 | 72400 |
| 2-dr Cpe (H.J. Mulliner) | 2000 | 5800 | 9750 | 19500 | 34300 | 48700 |
| 2-dr Dhd Cpe (H.J. Mulliner) | 2900 | 8600 | 14500 | 29000 | 50900 | 72400 |
| 4-dr Sdn Flying Spur (HJM) | 2800 | 8300 | 14000 | 28000 | 49200 | 69900 |
| 4-dr Sdn Flying Spur (PW) | 2800 | 8300 | 14000 | 28000 | 49200 | 60000 |
| 2-dr Cpe (Park Ward) | 2000 | 5800 | 9750 | 19500 | 34300 | 48700 |
| **1966** | | | | | | |
| **T1, 8-cyl., 119.5" wb** | | | | | | |
| 2-dr Cpe (H.J. Mulliner) | 2150 | 6200 | 10500 | 21000 | 36900 | 52400 |
| 2-dr Cpe (Park Ward) | 3300 | 9800 | 16500 | 33000 | 57900 | 82400 |
| 2-dr Dhd Cpe (Park Ward) | 3900 | 11600 | 19500 | 39000 | 68500 | 97400 |
| 4-dr Sdn (Saloon) | 1500 | 4500 | 7500 | 15000 | 26400 | 37500 |
| **1967** | | | | | | |
| **T1, 8-cyl., 119.5" wb** | | | | | | |
| 2-dr Cpe (H.J. Mulliner) | 2150 | 6200 | 10500 | 21000 | 36900 | 52400 |
| 2-dr Cpe (Park Ward) | 3300 | 9800 | 16500 | 33000 | 57900 | 82400 |
| 2-dr Dhd Cpe (Park Ward) | 3900 | 11600 | 19500 | 39000 | 68500 | 97400 |
| 4-dr Sdn (Saloon) | 1500 | 4500 | 7500 | 15000 | 26400 | 37500 |

|  | 6 | 5 | 4 | 3 | 2 | 1 |
|---|---|---|---|---|---|---|

**1968**

**T1, 8-cyl., 119.5" wb**

| | 6 | 5 | 4 | 3 | 2 | 1 |
|---|---|---|---|---|---|---|
| 2-dr Cpe (H.J. Mulliner) | 2150 | 6200 | 10500 | 21000 | 36900 | 52400 |
| 2-dr Cpe (Park Ward) | 3300 | 9800 | 16500 | 33000 | 57900 | 82400 |
| 2-dr Dhd Cpe (Park Ward) | 3900 | 11600 | 19500 | 39000 | 68500 | 97400 |
| 4-dr Sdn (Saloon) | 1500 | 4500 | 7500 | 15000 | 26400 | 37500 |

**1969**

**T1, 8-cyl., 119.5" wb**

| | 6 | 5 | 4 | 3 | 2 | 1 |
|---|---|---|---|---|---|---|
| 2-dr Cpe (H.J. Mulliner) | 2150 | 6200 | 10500 | 21000 | 36900 | 52400 |
| 2-dr Cpe (Park Ward) | 3300 | 9800 | 16500 | 33000 | 57900 | 82400 |
| 2-dr Dhd Cpe (Park Ward) | 3900 | 11600 | 19500 | 39000 | 68500 | 97400 |
| 4-dr Sdn (Saloon) | 1600 | 4800 | 8000 | 16000 | 28150 | 40000 |

**1970**

**T1, 8-cyl., 119.5" wb**

| | 6 | 5 | 4 | 3 | 2 | 1 |
|---|---|---|---|---|---|---|
| 2-dr Cpe (H.J. Mulliner) | 2150 | 6200 | 10500 | 21000 | 36900 | 52400 |
| 2-dr Cpe (Park Ward) | 3300 | 9800 | 16500 | 33000 | 57900 | 82400 |
| 2-dr Dhd Cpe (Park Ward) | 3900 | 11600 | 19500 | 39000 | 68500 | 97400 |
| 4-dr Sdn (Saloon) | 1600 | 4800 | 8000 | 16000 | 28150 | 40000 |

**1971**

**T1, 8-cyl., 119.5" wb**

| | 6 | 5 | 4 | 3 | 2 | 1 |
|---|---|---|---|---|---|---|
| 2-dr Cpe (H.J. Mulliner) | 2150 | 6200 | 10500 | 21000 | 36900 | 52400 |
| 2-dr Cpe (Park Ward) | 3300 | 9800 | 16500 | 33000 | 57900 | 82400 |
| 2-dr Dhd Cpe (Park Ward) | 3900 | 11600 | 19500 | 39000 | 68500 | 97400 |
| 4-dr Sdn (Saloon) | 1500 | 4500 | 7500 | 15000 | 26400 | 37500 |

**1972**

**T1, 8-cyl., 119.5" wb**

| | 6 | 5 | 4 | 3 | 2 | 1 |
|---|---|---|---|---|---|---|
| 2-dr Cpe (H.J. Mulliner) | 2150 | 6200 | 10500 | 21000 | 36900 | 52400 |
| 2-dr Cpe (Park Ward) | 3300 | 9800 | 16500 | 33000 | 57900 | 82400 |
| 2-dr Dhd Cpe (Park Ward) | 3900 | 11600 | 19500 | 39000 | 68500 | 97400 |
| 4-dr Sdn (Saloon) | 1500 | 4500 | 7500 | 15000 | 26400 | 37500 |

**1973**

**T1, 8-cyl., 119.5" wb**

| | 6 | 5 | 4 | 3 | 2 | 1 |
|---|---|---|---|---|---|---|
| 2-dr Cpe (H.J. Mulliner) | 2150 | 6200 | 10500 | 21000 | 36900 | 52400 |
| 2-dr Cpe (Park Ward) | 3300 | 9800 | 16500 | 33000 | 57900 | 82400 |
| 2-dr Dhd Cpe (Park Ward) | 3900 | 11600 | 19500 | 39000 | 68500 | 97400 |
| 4-dr Sdn (Saloon) | 1500 | 4500 | 7500 | 15000 | 26400 | 37500 |

**1974**

**T1, 8-cyl., 119.5" wb**

| | 6 | 5 | 4 | 3 | 2 | 1 |
|---|---|---|---|---|---|---|
| 2-dr Cpe (H.J. Mulliner) | 2150 | 6200 | 10500 | 21000 | 36900 | 52400 |
| 2-dr Cpe (Park Ward) | 3300 | 9800 | 16500 | 33000 | 57900 | 82400 |
| 2-dr Dhd Cpe (Park Ward) | 3900 | 11600 | 19500 | 39000 | 68500 | 97400 |
| 4-dr Sdn (Saloon) | 1500 | 4500 | 7500 | 15000 | 26400 | 37500 |

**1975**

**T1, 8-cyl., 119.5" wb**

| | 6 | 5 | 4 | 3 | 2 | 1 |
|---|---|---|---|---|---|---|
| 2-dr Cpe (H.J. Mulliner) | 2150 | 6200 | 10500 | 21000 | 36900 | 52400 |
| 2-dr Cpe (Park Ward) | 3300 | 9800 | 16500 | 33000 | 57900 | 82400 |
| 2-dr Dhd Cpe (Park Ward) | 3900 | 11600 | 19500 | 39000 | 68500 | 97400 |
| 4-dr Sdn (Saloon) | 1500 | 4500 | 7500 | 15000 | 26400 | 37500 |

**1976**

**Corniche**

| | 6 | 5 | 4 | 3 | 2 | 1 |
|---|---|---|---|---|---|---|
| 2-dr Conv | 3200 | 9500 | 16000 | 32000 | 56200 | 79900 |
| 2-dr Cpe | 2400 | 7100 | 12000 | 24000 | 42150 | 59900 |

|  | 6 | 5 | 4 | 3 | 2 | 1 |
|---|---|---|---|---|---|---|
| **T1, 8-cyl., 119.5" wb** | | | | | | |
| 4-dr Sdn (Saloon) | 1600 | 4800 | 8000 | 16000 | 28150 | 40000 |
| ***1977*** | | | | | | |
| **Corniche** | | | | | | |
| 2-dr Conv | 3300 | 9800 | 16500 | 33000 | 57900 | 82400 |
| 2-dr Cpe | 2500 | 7400 | 12500 | 25000 | 43900 | 62400 |
| **T2** | | | | | | |
| 4-dr Sdn (Saloon) | 1900 | 5650 | 9500 | 19000 | 33400 | 47500 |
| ***1978*** | | | | | | |
| **Corniche** | | | | | | |
| 2-dr Conv | 3500 | 10400 | 17500 | 35000 | 61500 | 87400 |
| 2-dr Cpe | 2600 | 7700 | 13000 | 26000 | 45650 | 65000 |
| **T2** | | | | | | |
| 4-dr Sdn (Saloon) | 1900 | 5650 | 9500 | 19000 | 33400 | 47500 |
| ***1979*** | | | | | | |
| **Corniche** | | | | | | |
| 2-dr Conv | 3500 | 10400 | 17500 | 35000 | 61500 | 87400 |
| 2-dr Cpe | 2600 | 7700 | 13000 | 26000 | 45650 | 65000 |
| **T2** | | | | | | |
| 4-dr Sdn (Saloon) | 2050 | 6000 | 10100 | 20200 | 35500 | 50400 |
| ***1980*** | | | | | | |
| **Corniche** | | | | | | |
| 2-dr Conv | 3700 | 11000 | 18500 | 37000 | 65000 | 92400 |
| 2-dr Cpe | 2750 | 8150 | 13750 | 27500 | 48300 | 68600 |
| **T2** | | | | | | |
| 4-dr Sdn (Saloon) | 2200 | 6350 | 10750 | 21500 | 37800 | 53700 |
| ***1981*** | | | | | | |
| **Corniche** | | | | | | |
| 2-dr Conv | 3800 | 11300 | 19000 | 38000 | 66700 | 94900 |
| **Mulsanne** | | | | | | |
| 4-dr Sdn (Saloon) | 2400 | 7100 | 12000 | 24000 | 42150 | 59900 |
| ***1982*** | | | | | | |
| **Corniche** | | | | | | |
| 2-dr Conv | 3900 | 11600 | 19500 | 39000 | 68500 | 97400 |
| **Mulsanne** | | | | | | |
| 4-dr Sdn (Saloon) | 2500 | 7400 | 12500 | 25000 | 43900 | 62400 |
| 4-dr Turbo Sdn (Saloon) | 2600 | 7700 | 13000 | 26000 | 45650 | 65000 |
| ***1983*** | | | | | | |
| **Corniche** | | | | | | |
| 2-dr Conv | 4100 | 12200 | 20500 | 41000 | 72000 | 102300 |
| **Mulsanne** | | | | | | |
| 4-dr Sdn (Saloon) | 2600 | 7700 | 13000 | 26000 | 45650 | 65000 |
| 4-dr Turbo Sdn (Saloon) | 2700 | 8000 | 13500 | 27000 | 47400 | 67400 |
| ***1984*** | | | | | | |
| **Continental** | | | | | | |
| 2-dr Conv | 4400 | 13050 | 22000 | 44000 | 77300 | 109800 |
| **Mulsanne** | | | | | | |
| 4-dr Sdn (Saloon) | 2700 | 8000 | 13500 | 27000 | 47400 | 67400 |
| ***1985*** | | | | | | |
| **Continental** | | | | | | |
| 2-dr Conv | 4600 | 13650 | 23000 | 46000 | 80800 | 114800 |

| | 6 | 5 | 4 | 3 | 2 | 1 |
|---|---|---|---|---|---|---|
| **Mulsanne** | | | | | | |
| 4-dr Sdn (Saloon) | 2800 | 8300 | 14000 | 28000 | 49200 | 69900 |
| ***1986*** | | | | | | |
| **Continental** | | | | | | |
| 2-dr Conv | 4800 | 14250 | 24000 | 48000 | 84300 | 119800 |
| **Mulsanne** | | | | | | |
| 4-dr Sdn (Saloon) | 2900 | 8600 | 14500 | 29000 | 50900 | 72400 |
| **Turbo R** | | | | | | |
| 4-dr Sdn (Saloon) | 3100 | 9200 | 15500 | 31000 | 54400 | 77400 |
| ***1987*** | | | | | | |
| **Continental** | | | | | | |
| 2-dr Conv | 5200 | 15450 | 26000 | 52000 | 91300 | 129800 |
| **Eight** | | | | | | |
| 4-dr Sdn (Saloon) | 2700 | 8000 | 13500 | 27000 | 47400 | 67400 |
| ***1988*** | | | | | | |
| **Continental** | | | | | | |
| 2-dr Conv | 5600 | 16650 | 28000 | 56000 | 98300 | 139800 |
| **Eight** | | | | | | |
| 4-dr Sdn (Saloon) | 3000 | 8900 | 15000 | 30000 | 52700 | 74900 |
| **Mulsanne S** | | | | | | |
| 4-dr Sdn (Saloon) | 3300 | 9800 | 16500 | 33000 | 57900 | 82400 |
| ***1989*** | | | | | | |
| **Continental** | | | | | | |
| 2-dr Conv | 6000 | 17800 | 30000 | 60000 | 105400 | 149800 |
| **Eight** | | | | | | |
| 4-dr Sdn (Saloon) | 3200 | 9500 | 16000 | 32000 | 56200 | 79900 |
| **Mulsanne S** | | | | | | |
| 4-dr Sdn (Saloon) | 3500 | 10400 | 17500 | 35000 | 61500 | 87400 |
| **Turbo R** | | | | | | |
| 4-dr Sdn (Saloon) | 4300 | 12750 | 21500 | 43000 | 75500 | 107300 |
| ***1990*** | | | | | | |
| **Continental** | | | | | | |
| 2-dr Conv | 6700 | 19900 | 33500 | 67000 | 117600 | 167200 |
| **Eight** | | | | | | |
| 4-dr Sdn (Saloon) | 3400 | 10100 | 17000 | 34000 | 59700 | 84900 |
| **Mulsanne S** | | | | | | |
| 4-dr Sdn (Saloon) | 3700 | 11000 | 18500 | 37000 | 65000 | 92400 |
| **Turbo R** | | | | | | |
| 4-dr Sdn (Saloon) | 4900 | 14550 | 24500 | 49000 | 86000 | 122300 |
| ***1991*** | | | | | | |
| **Continental** | | | | | | |
| 2-dr Conv | 7700 | 22850 | 38500 | 77000 | 135200 | 192200 |
| **Eight** | | | | | | |
| 4-dr Sdn (Saloon) | 3900 | 11600 | 19500 | 39000 | 68500 | 97400 |
| **Mulsanne S** | | | | | | |
| 4-dr Sdn (Saloon) | 4200 | 12500 | 21000 | 42000 | 73700 | 104800 |
| **Turbo R** | | | | | | |
| 4-dr Sdn (Saloon) | 5600 | 16650 | 28000 | 56000 | 98300 | 139800 |

# BORGWARD
## 1949 – 1961

| | 6 | 5 | 4 | 3 | 2 | 1 |
|---|---|---|---|---|---|---|
| *1949* | | | | | | |
| **Hansa 1500, 4-cyl., 96" wb** | | | | | | |
| 2-dr Sdn | 300 | 750 | 1250 | 2500 | 4100 | 6200 |
| 2-dr Conv | 600 | 1650 | 2850 | 5700 | 9900 | 14200 |
| **Hansa 1800, 4-cyl., 102" wb** | | | | | | |
| 4-dr Sdn | 300 | 800 | 1300 | 2600 | 4600 | 6600 |
| **Hansa 2400, 4-cyl., 102" or 111" wb** | | | | | | |
| 4-dr Sdn | 300 | 800 | 1350 | 2700 | 4700 | 6900 |
| *1950* | | | | | | |
| **Hansa 1500, 4-cyl., 96" wb** | | | | | | |
| 2-dr Sdn | 300 | 750 | 1250 | 2500 | 4400 | 6200 |
| 2-dr Conv | 600 | 1650 | 2850 | 5700 | 9900 | 14200 |
| **Hansa 1800, 4-cyl., 102" wb** | | | | | | |
| 4-dr Sdn | 300 | 800 | 1300 | 2600 | 4600 | 6600 |
| **Hansa 2400, 4-cyl., 102" or 111" wb** | | | | | | |
| 4-dr Sdn | 300 | 800 | 1350 | 2700 | 4700 | 6900 |
| *1951* | | | | | | |
| **Hansa 1500, 4-cyl., 96" wb** | | | | | | |
| 2-dr Sdn | 300 | 750 | 1250 | 2500 | 4400 | 6200 |
| 2-dr Conv | 650 | 1700 | 3000 | 5900 | 10200 | 14700 |
| **Hansa 1800, 4-cyl., 102" wb** | | | | | | |
| 4-dr Sdn | 300 | 800 | 1300 | 2600 | 4600 | 6600 |
| **Hansa 2400, 4-cyl., 102" or 111" wb** | | | | | | |
| 4-dr Sdn | 300 | 800 | 1350 | 2700 | 4700 | 6900 |
| *1952* | | | | | | |
| **Hansa 1500, 4-cyl., 96" wb** | | | | | | |
| 2-dr Sdn | 300 | 750 | 1250 | 2500 | 4400 | 6200 |
| 2-dr Conv | 650 | 1700 | 3000 | 5900 | 10200 | 14700 |
| **Hansa 1800, 4-cyl., 102" wb** | | | | | | |
| 4-dr Sdn | 300 | 800 | 1300 | 2600 | 4600 | 6600 |
| **Hansa 2400, 4-cyl., 102" or 111" wb** | | | | | | |
| 4-dr Sdn | 300 | 800 | 1350 | 2700 | 4700 | 6900 |
| *1953* | | | | | | |
| **Hansa 1500, 4-cyl., 96" wb** | | | | | | |
| 2-dr Sdn | 300 | 750 | 1250 | 2500 | 4400 | 6200 |
| 2-dr Conv | 650 | 1700 | 3000 | 6100 | 10600 | 15200 |
| **Hansa 1800, 4-cyl., 102" wb** | | | | | | |
| 4-dr Sdn | 300 | 800 | 1300 | 2600 | 4600 | 6600 |
| **Hansa 2400, 4-cyl., 102" or 111" wb** | | | | | | |
| 4-dr Sdn | 300 | 800 | 1350 | 2700 | 4700 | 6900 |
| *1954* | | | | | | |
| **Hansa 1500, 4-cyl., 96" wb** | | | | | | |
| 2-dr Sdn | 300 | 750 | 1250 | 2500 | 4400 | 6200 |
| 2-dr Conv | 650 | 1700 | 3000 | 6100 | 10600 | 15200 |
| **Hansa 1800, 4-cyl., 102" wb** | | | | | | |
| 4-dr Sdn | 300 | 800 | 1300 | 2600 | 4600 | 6600 |

|  | 6 | 5 | 4 | 3 | 2 | 1 |
|---|---|---|---|---|---|---|
| **Hansa 2400, 4-cyl., 102" or 111" wb** | | | | | | |
| 4-dr Sdn | 300 | 800 | 1350 | 2700 | 4700 | 6900 |
| **1955** | | | | | | |
| **Hansa 1500, 4-cyl., 96" wb** | | | | | | |
| 2-dr Sdn | 300 | 750 | 1250 | 2500 | 4400 | 6200 |
| 2-dr Conv | 650 | 1800 | 3250 | 6500 | 11200 | 16100 |
| **Hansa 1800, 4-cyl., 102" w** | | | | | | |
| 4-dr Sdn | 300 | 800 | 1300 | 2600 | 4600 | 6600 |
| **Hansa 2400, 4-cyl., 102" or 111" wb** | | | | | | |
| 4-dr Sdn | 300 | 800 | 1350 | 2700 | 4700 | 6900 |
| **Isabella, 4-cyl., 102" wb** | | | | | | |
| 2-dr Sdn | 350 | 900 | 1500 | 3000 | 5300 | 7600 |
| **1956** | | | | | | |
| **Isabella, 4-cyl., 104" wb** | | | | | | |
| 2-dr Sdn | 350 | 900 | 1500 | 3000 | 5300 | 7600 |
| 2-dr Sta Wgn | 350 | 950 | 1550 | 3100 | 5500 | 7900 |
| **Isbella TS, 4-cyl., 104" wb** | | | | | | |
| 2-dr Sdn | 350 | 900 | 1500 | 3000 | 5300 | 7600 |
| 2-dr Sta Wgn | 350 | 950 | 1550 | 3100 | 5500 | 7900 |
| 2-dr Conv | 450 | 1250 | 2150 | 4300 | 7400 | 10700 |
| **1957** | | | | | | |
| **Isabella, 4-cyl., 104" wb** | | | | | | |
| 2-dr Sdn | 350 | 900 | 1500 | 3000 | 5300 | 7600 |
| 2-dr Sta Wgn | 350 | 950 | 1550 | 3100 | 5500 | 7900 |
| **Isbella TS, 4-cyl., 104" wb** | | | | | | |
| 2-dr Spt Cpe | 550 | 1500 | 2500 | 5100 | 8800 | 12500 |
| 2-dr Conv | 450 | 1250 | 2150 | 4300 | 7400 | 10700 |
| 2-dr Spt Sdn | 350 | 950 | 1550 | 3100 | 5500 | 7900 |
| **1958** | | | | | | |
| **Isabella, 4-cyl., 104" wb** | | | | | | |
| 2-dr Sdn | 350 | 900 | 1500 | 3000 | 5300 | 7600 |
| 2-dr Sta Wgn | 350 | 950 | 1550 | 3100 | 5500 | 7900 |
| **Isabella TS, 4-cyl, 104" wb** | | | | | | |
| 2-dr Spt Cpe | 550 | 1500 | 2500 | 5100 | 8800 | 12500 |
| 2-dr Spt Sdn | 350 | 950 | 1550 | 3100 | 5500 | 7900 |
| **1959** | | | | | | |
| **Isabella, 4-cyl., 104" wb** | | | | | | |
| 2-dr Sdn | 350 | 900 | 1500 | 3000 | 5300 | 7600 |
| 2-dr Sta Wgn | 350 | 950 | 1550 | 3100 | 5500 | 7900 |
| 2-dr SR Sdn | 350 | 950 | 1550 | 3100 | 5500 | 7900 |
| **Isabella TS, 4-cyl., 104" wb** | | | | | | |
| 2-dr Spt Sdn | 350 | 950 | 1550 | 3100 | 5500 | 7900 |
| 2-dr Spt Cpe | 550 | 1500 | 2500 | 5100 | 8800 | 12500 |
| **1960** | | | | | | |
| **Isabella, 4-cyl., 104" wb** | | | | | | |
| 2-dr Sdn | 350 | 900 | 1500 | 3000 | 5300 | 7600 |
| 2-dr SR Sdn | 350 | 950 | 1550 | 3100 | 5500 | 7900 |
| 2-dr Combi Wagn | 350 | 950 | 1550 | 3100 | 5500 | 7900 |
| **Isabella TS, 4-cyl., 104" wb** | | | | | | |
| 2-dr Spt Sdn | 350 | 950 | 1550 | 3100 | 5500 | 7900 |
| 2-dr Spt Cpe | 550 | 1500 | 2500 | 5100 | 8800 | 12500 |

|  | 6 | 5 | 4 | 3 | 2 | 1 |
|---|---|---|---|---|---|---|
| **1961** | | | | | | |
| **Isabella, 4-cyl., 104" wb** | | | | | | |
| 2-dr Sdn | 350 | 900 | 1500 | 3000 | 5300 | 7600 |
| 2-dr Combi Wgn | 350 | 950 | 1550 | 3100 | 5500 | 7900 |
| **Isabella TS, 4-cyl., 104" wb** | | | | | | |
| 2-dr Spt Sdn | 350 | 950 | 1550 | 3100 | 5500 | 7900 |
| 2-dr Spt Cpe | 550 | 1500 | 2500 | 5100 | 8800 | 12500 |

# BMW
# 1952 – 1991

|  | 6 | 5 | 4 | 3 | 2 | 1 |
|---|---|---|---|---|---|---|
| **1952** | | | | | | |
| **6-cyl., 111.6" wb** | | | | | | |
| 501 4-dr Sdn | 450 | 1250 | 2200 | 4400 | 7600 | 10900 |
| **1953** | | | | | | |
| **6-cyl., 111.6" wb** | | | | | | |
| 501 4-dr Sdn | 450 | 1250 | 2200 | 4400 | 7600 | 10900 |
| **1954** | | | | | | |
| **6-cyl., 111.6" wb** | | | | | | |
| 501A 4-dr Sdn | 400 | 1200 | 1950 | 3900 | 6800 | 9900 |
| 501B 4-dr Sdn | 400 | 1200 | 1950 | 3900 | 6800 | 9900 |
| **8-cyl., 111.6" wb** | | | | | | |
| 502/2.6 4-dr Sdn | 550 | 1450 | 2450 | 4900 | 8500 | 12000 |
| **1955** | | | | | | |
| **Isetta, 1-cyl., 59.1" wb** | | | | | | |
| 250 1-dr Cpe | 450 | 1250 | 2200 | 4400 | 7600 | 10900 |
| **6-cyl., 111.6" wb** | | | | | | |
| 501A 4-dr Sdn | 400 | 1200 | 1950 | 3900 | 6800 | 9900 |
| 501B 4-dr Sdn | 400 | 1200 | 1950 | 3900 | 6800 | 9900 |
| **6-cyl., 111.6" wb** | | | | | | |
| 501/3 4-dr Sdn | 500 | 1300 | 2250 | 4500 | 7700 | 11000 |
| **8-cyl., 111.6" wb** | | | | | | |
| 501 4-dr Sdn | 550 | 1450 | 2450 | 4900 | 8500 | 12000 |
| 502/2.6 4-dr Sdn | 550 | 1550 | 2650 | 5300 | 9100 | 13000 |
| **8-cyl., 111.6" wb** | | | | | | |
| 502/3.2 4-dr Sdn | 500 | 1300 | 2250 | 4500 | 7700 | 11000 |
| **1956** | | | | | | |
| **Isetta, 1-cyl., 59.1" wb** | | | | | | |
| 250 1-dr Cpe | 450 | 1250 | 2200 | 4400 | 7600 | 10900 |
| **6-cyl., 111.6" wb** | | | | | | |
| 501/3 4-dr Sdn | 400 | 1200 | 1950 | 3900 | 6800 | 9900 |
| **8-cyl., 111.6" wb** | | | | | | |
| 501 4-dr Sdn | 500 | 1350 | 2350 | 4700 | 8100 | 11500 |
| 502/2.6 4-dr Sdn | 550 | 1500 | 2500 | 5100 | 8800 | 12500 |

|  | 6 | 5 | 4 | 3 | 2 | 1 |
|---|---|---|---|---|---|---|
| **8-cyl., 111.6" wb** | | | | | | |
| 502/3.2 4-dr Sdn | 650 | 1700 | 3000 | 5900 | 10200 | 14700 |
| 503 2-dr Cpe | 1150 | 3600 | 5950 | 11900 | 21000 | 29700 |
| 503 2-dr Cabrlt | 1600 | 4850 | 8100 | 16200 | 28500 | 40500 |
| **8-cyl., 97.6" wb** | | | | | | |
| 507 Rdstr | 8900 | 26450 | 44500 | 89000 | 156300 | 222200 |
| **1957** | | | | | | |
| **Isetta, 1-cyl., 59.1" wb** | | | | | | |
| 300 1-dr Cpe | 450 | 1250 | 2200 | 4400 | 7600 | 10900 |
| **6-cyl., 111.6" wb** | | | | | | |
| 501/3 4-dr Sdn | 400 | 1200 | 1950 | 3900 | 6800 | 9900 |
| **8-cyl., 111.6" wb** | | | | | | |
| 501 4-dr Sdn | 500 | 1350 | 2350 | 4700 | 8100 | 11500 |
| 502/2.6 4-dr Sdn | 550 | 1500 | 2500 | 5100 | 8800 | 12500 |
| **8-cyl., 111.6" wb** | | | | | | |
| 502/3.2 4-dr Sdn | 650 | 1700 | 3000 | 5900 | 10200 | 14700 |
| 502/3.2 Sup 4-dr Sdn | 650 | 1750 | 3150 | 6300 | 10900 | 15700 |
| 503 2-dr Cpe | 1150 | 3600 | 5950 | 11900 | 21000 | 29700 |
| 503 2-dr Cabrlt | 1600 | 4850 | 8100 | 16200 | 28500 | 40500 |
| **8-cyl., 97.6" wb** | | | | | | |
| 507 Rdstr | 8900 | 26450 | 44500 | 89000 | 156300 | 222200 |
| **1958** | | | | | | |
| **Isetta, 1-cyl., 59.1" wb** | | | | | | |
| 300 1-dr Cpe | 500 | 1300 | 2250 | 4500 | 7700 | 11000 |
| **2-cyl., 66.9" wb** | | | | | | |
| 600 2-dr Sdn | 400 | 1200 | 1950 | 3900 | 6800 | 9900 |
| **6-cyl., 111.6" wb** | | | | | | |
| 501/3 4-dr Sdn | 400 | 1200 | 1950 | 3900 | 6800 | 9900 |
| **8-cyl., 111.6" wb** | | | | | | |
| 501 4-dr Sdn | 500 | 1350 | 2350 | 4700 | 8100 | 11500 |
| 502/2.6 4-dr Sdn | 550 | 1500 | 2500 | 5100 | 8800 | 12500 |
| **8-cyl., 111.6" wb** | | | | | | |
| 502/3.2 4-dr Sdn | 650 | 1700 | 3000 | 5900 | 10200 | 14700 |
| 502/3.2 Super 4-dr Sdn | 650 | 1750 | 3150 | 6300 | 10900 | 15700 |
| 503 2-dr Cpe | 1150 | 3600 | 5950 | 11900 | 21000 | 29700 |
| 503 2-dr Cabrlt | 1600 | 4850 | 8100 | 16200 | 28500 | 40500 |
| **8-cyl., 97.6" wb** | | | | | | |
| 507 Rdstr | 8900 | 26450 | 44500 | 89000 | 156300 | 222200 |
| **1959** | | | | | | |
| **Isetta, 1-cyl., 59.1" wb** | | | | | | |
| 300 1-dr Cpe | 500 | 1300 | 2250 | 4500 | 7700 | 11000 |
| **2-cyl., 66.9" wb** | | | | | | |
| 600 2-dr Sdn | 400 | 1200 | 1950 | 3900 | 6800 | 9900 |
| **2-cyl., 83.5" wb** | | | | | | |
| 700 Cpe | 300 | 800 | 1350 | 2700 | 4700 | 6900 |
| 700 2-dr Sdn | 300 | 800 | 1300 | 2600 | 4600 | 6600 |
| **8-cyl., 111.6" wb** | | | | | | |
| 501 4-dr Sdn | 500 | 1350 | 2350 | 4700 | 8100 | 11500 |
| 502/2.6 4-dr Sdn | 550 | 1500 | 2500 | 5100 | 8800 | 12500 |
| **8-cyl., 111.6" wb** | | | | | | |
| 502/3.2 4-dr Sdn | 650 | 1700 | 3000 | 5900 | 10200 | 14700 |
| 502/3.2 Sup 4-dr Sdn | 650 | 1750 | 3150 | 6300 | 10900 | 15700 |
| 503 2-dr Cpe | 1150 | 3600 | 5950 | 11900 | 21000 | 29700 |
| 503 2-dr Cabrlt | 1600 | 4850 | 8100 | 16200 | 28500 | 40500 |
| **8-cyl., 97.6" wb** | | | | | | |
| 507 Rdstr | 8900 | 26450 | 44500 | 89000 | 156300 | 222200 |

| | 6 | 5 | 4 | 3 | 2 | 1 |
|---|---|---|---|---|---|---|
| **1960** | | | | | | |
| **Isetta, 1-cyl., 59.1" wb** | | | | | | |
| 300 1-dr Cpe | 500 | 1300 | 2250 | 4500 | 7700 | 11000 |
| **2-cyl., 66.9" wb** | | | | | | |
| 600 2-dr Sdn | 400 | 1200 | 1950 | 3900 | 6800 | 9900 |
| **2-cyl., 83.5" wb** | | | | | | |
| 700 Cpe | 350 | 900 | 1500 | 2900 | 5200 | 7400 |
| 700 2-dr Sdn | 350 | 850 | 1400 | 2800 | 4900 | 7100 |
| **8-cyl., 111.6" wb** | | | | | | |
| 501 4-dr Sdn | 500 | 1350 | 2350 | 4700 | 8100 | 11500 |
| 502/2.6 4-dr Sdn | 550 | 1500 | 2500 | 5100 | 8800 | 12500 |
| **8-cyl., 111.6" wb** | | | | | | |
| 502/3.2 4-dr Sdn | 650 | 1700 | 3000 | 5900 | 10200 | 14700 |
| 502/3.2 Sup 4-dr Sdn | 650 | 1750 | 3150 | 6300 | 10900 | 15700 |
| 503 2-dr Cpe | 1150 | 3600 | 5950 | 11900 | 21000 | 29700 |
| 503 2-dr Cabrlt | 1600 | 4850 | 8100 | 16200 | 28500 | 40500 |
| 507 2-dr Rdstr | 8900 | 26450 | 44500 | 89000 | 156300 | 222200 |
| **1961** | | | | | | |
| **Isetta, 1-cyl., 59.1" wb** | | | | | | |
| 300 1-dr Cpe | 500 | 1300 | 2250 | 4500 | 7700 | 11000 |
| **2-cyl., 83.5" wb** | | | | | | |
| 700 2-dr Cpe | 350 | 900 | 1500 | 2900 | 5200 | 7400 |
| 700 2-dr Sdn | 300 | 800 | 1350 | 2700 | 4700 | 6900 |
| 700 2-dr Spt Sdn | 350 | 900 | 1500 | 2900 | 5200 | 7400 |
| 2-dr Conv | 550 | 1400 | 2400 | 4800 | 8300 | 11800 |
| **8-cyl., 111.6" wb** | | | | | | |
| 502/2.6 4-dr Sdn | 550 | 1500 | 2500 | 5100 | 8800 | 12500 |
| 2600 4-dr Sdn | 600 | 1600 | 2750 | 5500 | 9500 | 13800 |
| 2600L 4-dr Sdn | 600 | 1650 | 2850 | 5700 | 9900 | 14200 |
| **8-cyl., 111.6" wb** | | | | | | |
| 502/3.2 4-dr Sdn | 550 | 1550 | 2600 | 5200 | 9000 | 12800 |
| 502/3.2 Sup 4-dr Sdn | 600 | 1600 | 2800 | 5600 | 9700 | 14000 |
| 3200L 4-dr Sdn | 550 | 1450 | 2450 | 4900 | 8500 | 12000 |
| 3200S 4-dr Sdn | 600 | 1650 | 2850 | 5700 | 9900 | 14200 |
| **1962** | | | | | | |
| **Isetta, 1-cyl., 59.1" wb** | | | | | | |
| 300 1-dr Cpe | 500 | 1300 | 2250 | 4500 | 7700 | 11000 |
| **2-cyl., 83.5" wb** | | | | | | |
| 700 2-dr Cpe | 350 | 900 | 1500 | 2900 | 5200 | 7400 |
| 700 2-dr Sdn | 300 | 800 | 1350 | 2700 | 4700 | 6900 |
| 700 2-dr Spt Sdn | 350 | 900 | 1500 | 2900 | 5200 | 7400 |
| 2-dr Conv | 550 | 1400 | 2400 | 4800 | 8300 | 11800 |
| **4-cyl., 100.4" wb** | | | | | | |
| 1500 4-dr Sdn | 350 | 900 | 1500 | 2900 | 5200 | 7400 |
| **8-cyl., 111.6" wb** | | | | | | |
| 2600 4-dr Sdn | 400 | 1200 | 1900 | 3800 | 6600 | 9600 |
| 2600L 4-dr Sdn | 400 | 1200 | 2000 | 4000 | 6900 | 10000 |
| **8-cyl., 111.6" wb** | | | | | | |
| 3200L 4-dr Sdn | 550 | 1450 | 2450 | 4900 | 8500 | 12000 |
| 3200S 4-dr Sdn | 600 | 1650 | 2850 | 5700 | 9900 | 14200 |
| 3200CS Cpe | 800 | 2450 | 4150 | 8300 | 14600 | 20700 |
| **1963** | | | | | | |
| **2-cyl., 83.5" wb** | | | | | | |
| 700 2-dr Cpe | 300 | 700 | 1200 | 2400 | 4100 | 5900 |
| 700 2-dr Sdn Luxus | 350 | 900 | 1500 | 2900 | 5200 | 7400 |
| 700CS Spt Cpe | 300 | 800 | 1300 | 2600 | 4600 | 6600 |
| 700 Conv | 550 | 1400 | 2400 | 4800 | 8300 | 11800 |

|  | 6 | 5 | 4 | 3 | 2 | 1 |
|---|---|---|---|---|---|---|
| **2-cyl., 697cc, 89.8" wb** | | | | | | |
| 700LS Luxus 2-dr Sdn | 350 | 850 | 1400 | 2800 | 4900 | 7100 |
| 700LS 2-dr Luxus Cpe | 350 | 900 | 1500 | 2900 | 5200 | 7400 |
| **4-cyl., 1499cc, 100.4' wb** | | | | | | |
| 1500 4-dr Sdn | 350 | 850 | 1400 | 2800 | 4900 | 7100 |
| **4-cyl., 1773cc, 100.4" wb** | | | | | | |
| 1800 4-dr Sdn | 350 | 950 | 1550 | 3100 | 5500 | 7900 |
| **6-cyl., 2580cc, 111.6" wb** | | | | | | |
| 2600L 4-dr Sdn | 450 | 1250 | 2050 | 4100 | 7100 | 10300 |
| **8-cyl., 3680cc, 111.6" wb** | | | | | | |
| 3200S 4-dr Sdn | 600 | 1650 | 2850 | 5700 | 9900 | 14200 |
| 3200CS 2-dr Sdn | 800 | 2450 | 4150 | 8300 | 14600 | 20700 |
| 3200L 4-dr Sdn | 550 | 1450 | 2450 | 4900 | 8500 | 12000 |
| ***1964*** | | | | | | |
| **2-cyl., 83.5" wb** | | | | | | |
| 700 2-dr Cpe | 300 | 700 | 1200 | 2400 | 4100 | 5900 |
| 700 2-dr Luxus Sdn | 300 | 800 | 1350 | 2700 | 4700 | 6900 |
| 700CS Spt Cpe | 300 | 800 | 1300 | 2600 | 4600 | 6600 |
| 700 Conv | 550 | 1400 | 2400 | 4800 | 8300 | 11800 |
| **2-cyl., 89.8" wb** | | | | | | |
| 700LS Luxus Cpe | 350 | 850 | 1400 | 2800 | 4900 | 7100 |
| 700LS Luxus 2-dr Sdn | 300 | 800 | 1350 | 2700 | 4700 | 6900 |
| **4-cyl., 100.4" wb** | | | | | | |
| 1500 4-dr Sdn | 300 | 800 | 1350 | 2700 | 4700 | 6900 |
| **4-cyl., 100.4" wb** | | | | | | |
| 1600 4-dr Sdn | 350 | 900 | 1500 | 2900 | 5200 | 7400 |
| **4-cyl., 100.4" wb** | | | | | | |
| 1800 4-dr Sdn | 350 | 950 | 1550 | 3100 | 5500 | 7900 |
| 1800ti 4-dr Sdn | 400 | 1050 | 1700 | 3300 | 5800 | 8300 |
| 1800ti/SA 4-dr Sdn | 450 | 1250 | 2100 | 4200 | 7200 | 10500 |
| **8-cyl., 111.6" wb** | | | | | | |
| 3200CS 2-dr Cpe | 800 | 2450 | 4150 | 8300 | 14600 | 20700 |
| ***1965*** | | | | | | |
| **2-cyl., 89.8" wb** | | | | | | |
| 700LS Luxus Cpe | 350 | 850 | 1400 | 2800 | 4900 | 7100 |
| 700LS Luxus 2-dr Sdn | 300 | 800 | 1350 | 2700 | 4700 | 6900 |
| **4-cyl., 100.4" wb** | | | | | | |
| 1600 4-dr Sdn | 350 | 900 | 1500 | 2900 | ·5200 | 7400 |
| **4-cyl., 100.4" wb** | | | | | | |
| 1800 4-dr Sdn | 400 | 1100 | 1800 | 3500 | 6100 | 8900 |
| 1800ti 4-dr Sdn | 400 | 1150 | 1850 | 3700 | 6400 | 9300 |
| 1800ti/SA 4-dr Sdn | 500 | 1350 | 2350 | 4700 | 8100 | 11500 |
| **4-cyl., 100.4" wb** | | | | | | |
| 2000C Cpe | 550 | 1500 | 2500 | 5100 | 8800 | 12500 |
| 2000CS Cpe | 600 | 1600 | 2750 | 5500 | 9500 | 13800 |
| **8-cyl., 111.4" wb** | | | | | | |
| 3200CS 2-dr Cpe | 800 | 2450 | 4150 | 8300 | 14600 | 20700 |
| ***1966*** | | | | | | |
| **4-cyl., 98.4" wb** | | | | | | |
| 1600-2 2-dr Sdn | 350 | 950 | 1550 | 3100 | 5500 | 7900 |
| **4-cyl., 100.4" wb** | | | | | | |
| 1600 4-dr Sdn | 350 | 900 | 1500 | 2900 | 5200 | 7400 |
| 1600ti 2-dr Sdn | 400 | 1100 | 1800 | 3500 | 6100 | 8900 |
| **4-cyl., 100.4" wb** | | | | | | |
| 1800 4-dr Sdn | 350 | 950 | 1550 | 3100 | 5500 | 7900 |
| 1800ti 4-dr Sdn | 400 | 1050 | 1700 | 3400 | 5900 | 8500 |
| 1800ti/SA 4-dr Sdn | 400 | 1150 | 1850 | 3700 | 6400 | 9300 |

| | 6 | 5 | 4 | 3 | 2 | 1 |
|---|---|---|---|---|---|---|
| **4-cyl., 100.4" wb** | | | | | | |
| 2000 4-dr Sdn | 350 | 950 | 1550 | 3100 | 5500 | 7900 |
| 2000ti 4-dr Sdn | 400 | 1050 | 1700 | 3400 | 5900 | 8500 |
| 2000tilux 4-dr Sdn | 400 | 1100 | 1800 | 3600 | 6200 | 9100 |
| 2000C Cpe | 550 | 1500 | 2500 | 5100 | 8800 | 12500 |
| 2000CS Cpe | 600 | 1650 | 2850 | 5700 | 9900 | 14200 |
| ***1967*** | | | | | | |
| **4-cyl., 98.4" wb** | | | | | | |
| 1600-2 2-dr Sdn | 300 | 800 | 1350 | 2700 | 4700 | 6900 |
| **4-cyl., 100.4" wb** | | | | | | |
| 1600 4-dr Sdn | 300 | 800 | 1300 | 2600 | 4600 | 6600 |
| 1600ti 2-dr Sdn | 400 | 1100 | 1800 | 3500 | 6100 | 8900 |
| **4-cyl., 100.4" wb** | | | | | | |
| 1800 4-dr Sdn | 350 | 850 | 1400 | 2800 | 4900 | 7100 |
| 1800ti 4-dr Sdn | 350 | 950 | 1550 | 3100 | 5500 | 7900 |
| 1800ti/SA 4-dr Sdn | 400 | 1050 | 1700 | 3400 | 5900 | 8500 |
| **4-cyl., 100.4" wb** | | | | | | |
| 2000 4-dr Sdn | 350 | 900 | 1500 | 2900 | 5200 | 7400 |
| 2000ti 4-dr Sdn | 350 | 950 | 1550 | 3100 | 5500 | 7900 |
| 2000tilux 4-dr Sdn | 400 | 1050 | 1700 | 3300 | 5800 | 8300 |
| 2000C Cpe | 550 | 1500 | 2500 | 5100 | 8800 | 12500 |
| 2000CS Cpe | 600 | 1650 | 2850 | 5700 | 9900 | 14200 |
| ***1968*** | | | | | | |
| **4-cyl., 98.4" wb** | | | | | | |
| 1600 2-dr Sdn | 400 | 1100 | 1800 | 3500 | 6100 | 8900 |
| 1600 2-dr Cabrlt | 650 | 1700 | 3000 | 5900 | 10200 | 14700 |
| **4-cyl., 100.4" wb** | | | | | | |
| 1800 4-dr Sdn | 300 | 800 | 1350 | 2700 | 4700 | 6900 |
| **4-cyl., 98.4" wb** | | | | | | |
| 2002 2-dr Sdn | 400 | 1100 | 1800 | 3500 | 6100 | 3900 |
| 2002ti 2-dr Sdn | 450 | 1250 | 2150 | 4300 | 7400 | 10700 |
| **4-cyl., 100.4' wb** | | | | | | |
| 2000 4-dr Sdn | 300 | 800 | 1350 | 2700 | 4700 | 6900 |
| 2000ti 4-dr Sdn | 350 | 900 | 1500 | 2900 | 5200 | 7400 |
| ***1969*** | | | | | | |
| **4-cyl., 98.4" wb** | | | | | | |
| 1600 2-dr Sdn | 350 | 950 | 1550 | 3100 | 5500 | 7900 |
| **4-cyl., 98.4" wb** | | | | | | |
| 2002 2-dr Sdn | 400 | 1100 | 1800 | 3500 | 6100 | 9900 |
| **4-cyl., 100.4" wb** | | | | | | |
| 2000 4-dr Sdn | 350 | 900 | 1500 | 2900 | 5200 | 7400 |
| **6-cyl., 106" wb** | | | | | | |
| 2500 4-dr Sdn | 300 | 800 | 1350 | 2700 | 4700 | 6900 |
| **6-cyl., 106" wb** | | | | | | |
| 2800 4-dr Sdn | 350 | 900 | 1500 | 2900 | 5200 | 7400 |
| **6-cyl., 103.3" wb** | | | | | | |
| 2800CS Cpe | 650 | 1800 | 3250 | 6500 | 11200 | 16100 |
| ***1970*** | | | | | | |
| **4-cyl., 98.4" wb** | | | | | | |
| 1600 2-dr Sdn | 400 | 1050 | 1700 | 3300 | 5800 | 8300 |
| **4-cyl, 98.4" wb** | | | | | | |
| 2002 2-dr Sdn | 400 | 1100 | 1800 | 3500 | 6100 | 8900 |
| **4-cyl., 100.4" wb** | | | | | | |
| 2000 4-dr Sdn | 400 | 1050 | 1700 | 3300 | 5800 | 8300 |
| **6-cyl., 106" wb** | | | | | | |
| 2500 4-dr Sdn | 350 | 900 | 1500 | 2900 | 5200 | 7400 |
| **6-cyl., 106" wb** | | | | | | |
| 2800 4-dr Sdn | 400 | 1050 | 1700 | 3300 | 5800 | 8300 |

| | 6 | 5 | 4 | 3 | 2 | 1 |
|---|---|---|---|---|---|---|
| **6-cyl., 103.3" wb** | | | | | | |
| 2800CS Cpe | 650 | 1800 | 3250 | 6500 | 11200 | 16100 |
| ***1971*** | | | | | | |
| **4-cyl., 98.4" wb** | | | | | | |
| 1600 2-dr Sdn | 400 | 1050 | 1700 | 3300 | 5800 | 8300 |
| **4-cyl., 98.4" wb** | | | | | | |
| 2002 2-dr Sdn | 400 | 1100 | 1800 | 3500 | 6100 | 8900 |
| **6-cyl., 106" wb** | | | | | | |
| 2500 4-dr Sdn | 300 | 800 | 1350 | 2700 | 4700 | 6900 |
| **6-cyl., 106" wb** | | | | | | |
| 2800 4-dr Sdn | 350 | 900 | 1500 | 2900 | 5200 | 7400 |
| **6-cyl., 103.3" wb** | | | | | | |
| 2800CS Cpe | 650 | 1800 | 3250 | 6500 | 11200 | 16100 |
| ***1972*** | | | | | | |
| **4-cyl., 98.4" wb** | | | | | | |
| 2002 2-dr Sdn | 400 | 1100 | 1800 | 3500 | 6100 | 8900 |
| 2002ti 2-dr Sdn | 400 | 1200 | 1950 | 3900 | 6800 | 9900 |
| **6-cyl., 106" wb** | | | | | | |
| Bavaria 4-dr Sdn | 350 | 900 | 1500 | 2900 | 5200 | 7400 |
| **6-cyl., 103.3" wb** | | | | | | |
| 3.0CS 2-dr Cpe | 750 | 2250 | 3750 | 7500 | 13000 | 18700 |
| ***1973*** | | | | | | |
| **4-cyl., 98.4" wb** | | | | | | |
| 2002 2-dr Sdn | 400 | 1100 | 1800 | 3500 | 6100 | 8900 |
| 2002tii 2-dr Sdn | 400 | 1200 | 1950 | 3900 | 6800 | 9900 |
| **6-cyl., 106" wb** | | | | | | |
| 3.0S 4-dr Sdn | 400 | 1050 | 1700 | 3300 | 5800 | 8300 |
| **6-cyl., 103.3" wb** | | | | | | |
| 3.0CS 2-dr Cpe | 750 | 2250 | 3750 | 7500 | 13000 | 18700 |
| ***1974*** | | | | | | |
| **4-cyl., 98.4" wb** | | | | | | |
| 2002 2-dr Sdn | 400 | 1100 | 1800 | 3500 | 6100 | 8900 |
| 2002ti 2-dr Sdn | 400 | 1200 | 1950 | 3900 | 6800 | 9900 |
| 2002A 2-dr Sdn | 600 | 1650 | 2850 | 5700 | 9900 | 14200 |
| **6-cyl., 106" wb** | | | | | | |
| 3.0S 4-dr Sdn | 400 | 1050 | 1700 | 3300 | 5800 | 8300 |
| Bavaria 4-dr Sdn | 400 | 1050 | 1700 | 3400 | 5900 | 8500 |
| **6-cyl., 103.3" wb** | | | | | | |
| 3.0CS 2-dr Cpe | 750 | 2250 | 3750 | 7500 | 13000 | 18700 |
| 3.0CSA 2-dr Cpe | 650 | 1700 | 3000 | 5900 | 10200 | 14700 |
| ***1975*** | | | | | | |
| **4-cyl., 98.4" wb** | | | | | | |
| 2002 2-dr Sdn | 400 | 1150 | 1850 | 3700 | 6400 | 9300 |
| 2002A 2-dr Sdn | 600 | 1650 | 2850 | 5700 | 9900 | 14200 |
| **6-cyl., 106" wb** | | | | | | |
| 3.0Si 4-dr Sdn | 400 | 1100 | 1800 | 3500 | 6100 | 8900 |
| 3.0SiA 4-dr Sdn | 400 | 1100 | 1800 | 3600 | 6200 | 9100 |
| 3.0CSi Cpe | 800 | 2350 | 3950 | 7900 | 13700 | 19700 |
| **6-cyl., 2985cc, 103" wb** | | | | | | |
| 530i 4-dr Sdn | 350 | 900 | 1500 | 2900 | 5200 | 7400 |
| ***1976*** | | | | | | |
| **4-cyl., 98.4" wb** | | | | | | |
| 2002 2-dr Sdn | 400 | 1100 | 1800 | 3500 | 6100 | 8900 |
| 2002A 2-dr Sdn | 600 | 1650 | 2850 | 5700 | 9900 | 14200 |
| **6-cyl., 106" wb** | | | | | | |
| 3.0Si 4-dr Sdn | 400 | 1100 | 1800 | 3500 | 6100 | 8900 |

| | 6 | 5 | 4 | 3 | 2 | 1 |
|---|---|---|---|---|---|---|
| **6-cyl., 103" wb** | | | | | | |
| 530i 4-dr Sdn | 350 | 900 | 1500 | 2900 | 5200 | 7400 |
| ***1977*** | | | | | | |
| **4-cyl., 100.9" wb** | | | | | | |
| 320i 2-dr Sdn | 300 | 700 | 1200 | 2400 | 4100 | 5900 |
| **6-cyl., 103.4" wb** | | | | | | |
| 530i 4-dr Sdn | 350 | 900 | 1500 | 2900 | 5200 | 7400 |
| 630CSi Cpe | 500 | 1350 | 2350 | 4700 | 8100 | 11500 |
| ***1978*** | | | | | | |
| **4-cyl., 100.9" wb** | | | | | | |
| 320i 2-dr Sdn | 300 | 700 | 1200 | 2400 | 4100 | 5900 |
| **6-cyl., 103.4" wb** | | | | | | |
| 633CSi Cpe | 500 | 1350 | 2350 | 4700 | 8100 | 11500 |
| **6-cyl., 103.8" wb** | | | | | | |
| 530i 4-dr Sdn | 350 | 950 | 1550 | 3100 | 5500 | 7900 |
| **6-cyl., 110" wb** | | | | | | |
| 733i 4-dr Sdn | 350 | 900 | 1500 | 3000 | 5300 | 7600 |
| ***1979*** | | | | | | |
| **4-cyl., 100.9" wb** | | | | | | |
| 320i 2-dr Sdn | 300 | 700 | 1200 | 2400 | 4100 | 5900 |
| **6-cyl., 103.8" wb** | | | | | | |
| 528i 4-dr Sdn | 350 | 900 | 1500 | 2900 | 5200 | 7400 |
| **6-cyl., 110.0" wb** | | | | | | |
| 733i 4-dr Sdn | 350 | 950 | 1550 | 3100 | 5500 | 7900 |
| **6-cyl., 103.4" wb** | | | | | | |
| 633CSi 2-dr Cpe | 500 | 1350 | 2350 | 4700 | 8100 | 11500 |
| ***1980*** | | | | | | |
| **4-cyl., 100.9" wb** | | | | | | |
| 320i 2-dr Sdn | 300 | 700 | 1200 | 2400 | 4100 | 5900 |
| **6-cyl., 103.8" wb** | | | | | | |
| 528i 4-dr Sdn | 350 | 900 | 1500 | 3000 | 5300 | 7600 |
| **6-cyl., 110.0" wb** | | | | | | |
| 733i 4-dr Sdn | 350 | 1000 | 1600 | 3200 | 5700 | 8100 |
| **6-cyl., 103.4" wb** | | | | | | |
| 633CSi 2-dr Cpe | 550 | 1450 | 2450 | 4900 | 8500 | 12000 |
| ***1981*** | | | | | | |
| **4-cyl., 100.9" wb** | | | | | | |
| 320i 2-dr Sdn | 300 | 750 | 1250 | 2500 | 4400 | 6200 |
| **6-cyl., 103.8" wb** | | | | | | |
| 528i 4-dr Sdn | 350 | 900 | 1500 | 3000 | 5300 | 7600 |
| **6-cyl., 110.0" wb** | | | | | | |
| 733i 4-dr Sdn | 350 | 1000 | 1600 | 3200 | 5700 | 8100 |
| **6-cyl., 103.4" wb** | | | | | | |
| 633CSi 2-dr Cpe | 550 | 1450 | 2450 | 4900 | 8500 | 12000 |
| ***1982*** | | | | | | |
| **4-cyl., 100.9" wb** | | | | | | |
| 320i 2-dr Sdn | 300 | 750 | 1250 | 2500 | 4400 | 6200 |
| **6-cyl., 103.3" wb** | | | | | | |
| 528e 4-dr Sdn | 350 | 950 | 1550 | 3100 | 5500 | 7900 |
| **6-cyl., 110.0" wb** | | | | | | |
| 733i 4-dr Sdn | 400 | 1050 | 1700 | 3300 | 5800 | 8300 |
| **6-cyl., 103.4" wb** | | | | | | |
| 633CSi 2-dr Cpe | 550 | 1500 | 2500 | 5100 | 8800 | 12500 |
| ***1983*** | | | | | | |
| **4-cyl., 100.9" wb** | | | | | | |
| 320i 2-dr Sdn | 300 | 800 | 1350 | 2700 | 4700 | 6900 |

| | 6 | 5 | 4 | 3 | 2 | 1 |
|---|---|---|---|---|---|---|
| **6-cyl., 103.3" wb** | | | | | | |
| 528e 4-dr Sdn | 350 | 1000 | 1600 | 3200 | 5700 | 8100 |
| **6-cyl., 103.3" wb** | | | | | | |
| 533i 4-dr Sdn | 400 | 1100 | 1850 | 3600 | 6200 | 9100 |
| **6-cyl., 110.0" wb** | | | | | | |
| 733i 4-dr Sdn | 400 | 1050 | 1700 | 3400 | 5900 | 8500 |
| **6-cyl., 103.4" wb** | | | | | | |
| 633CSi 2-dr Cpe | 600 | 1600 | 2750 | 5500 | 9500 | 13800 |
| ***1984*** | | | | | | |
| **4-cyl., 101.2" wb** | | | | | | |
| 318i 2-dr Sdn | 350 | 900 | 1500 | 2900 | 5200 | 7400 |
| **6-cyl., 101.2" wb** | | | | | | |
| 325e 2-dr Sdn | 400 | 1050 | 1700 | 3300 | 5800 | 8300 |
| **6-cyl., 103.3" wb** | | | | | | |
| 528e 4-dr Sdn | 400 | 1100 | 1800 | 3500 | 6100 | 8900 |
| **6-cyl., 103.3" wb** | | | | | | |
| 533i 4-dr Sdn | 400 | 1200 | 1950 | 3900 | 6800 | 9900 |
| **6-cyl., 110.0" wb** | | | | | | |
| 733i 4-dr Sdn | 400 | 1150 | 1850 | 3700 | 6400 | 9300 |
| **6-cyl., 103.4" wb** | | | | | | |
| 633CSi 2-dr Cpe | 650 | 1700 | 3000 | 6000 | 10400 | 14900 |
| ***1985*** | | | | | | |
| **4-cyl., 101.2" wb** | | | | | | |
| 318i 2-dr Sdn | 400 | 1050 | 1700 | 3300 | 5800 | 8300 |
| 318i 4-dr Sdn | 400 | 1050 | 1700 | 3300 | 5800 | 8300 |
| **6-cyl., 101.2" wb** | | | | | | |
| 325e 2-dr Sdn | 400 | 1200 | 2000 | 4000 | 6900 | 10000 |
| 325e 4-dr Sdn | 450 | 1250 | 2100 | 4200 | 7200 | 10500 |
| **6-cyl., 103.3" wb** | | | | | | |
| 528e 4-dr Sdn | 400 | 1200 | 2000 | 4000 | 6900 | 10000 |
| 535i 4-dr Sdn | 500 | 1350 | 2350 | 4700 | 8100 | 11500 |
| 524td 4-dr Sdn Turbo Diesel | 400 | 1200 | 1900 | 3800 | 6600 | 9600 |
| **6-cyl., 110.0" wb** | | | | | | |
| 735i 4-dr Sdn | 550 | 1200 | 2500 | 5100 | 8800 | 12500 |
| **6-cyl., 103.5" wb** | | | | | | |
| 635CSi 2-dr Cpe | 700 | 1900 | 3400 | 6800 | 11700 | 16800 |
| ***1986*** | | | | | | |
| **6-cyl., 101.2' wb** | | | | | | |
| 325 2-dr Sdn | 550 | 1500 | 2500 | 5000 | 8700 | 12300 |
| 325 4-dr Sdn | 550 | 1500 | 2500 | 5000 | 8700 | 12300 |
| 325es 2-dr Sdn | 550 | 1550 | 2650 | 5300 | 9100 | 13000 |
| 325e 4-dr Sdn | 550 | 1550 | 2650 | 5300 | 9100 | 13000 |
| **6-cyl., 103.3" wb** | | | | | | |
| 524td 4-dr Sdn | 450 | 1250 | 2200 | 4400 | 7600 | 10900 |
| 528e 4-dr Sdn | 500 | 1350 | 2300 | 4600 | 8000 | 11300 |
| **6-cyl., 110.0" wb** | | | | | | |
| 535i 4-dr Sdn | 600 | 1600 | 2700 | 5400 | 9300 | 13500 |
| 735i 4-dr Sdn | 600 | 1650 | 2900 | 5800 | 10000 | 14500 |
| L7 4-dr Sdn | 650 | 1700 | 3000 | 6100 | 10600 | 15200 |
| **6-cyl., 103.5" wb** | | | | | | |
| 635CSi 2-dr Cpe | 800 | 2350 | 3950 | 7900 | 13700 | 19700 |
| ***1987*** | | | | | | |
| **6-cyl., 101.2" wb** | | | | | | |
| 325 2-dr Sdn | 600 | 1600 | 2800 | 5600 | 9700 | 14000 |
| 325 4-dr Sdn | 600 | 1600 | 2800 | 5600 | 9700 | 14000 |
| 325es 2-dr Sdn | 650 | 1700 | 3000 | 5900 | 10200 | 14700 |
| 325e 4-dr Sdn | 650 | 1700 | 3000 | 5900 | 10200 | 14700 |
| 325iS 2-dr Sdn | 650 | 1800 | 3200 | 6400 | 11000 | 15900 |

| | 6 | 5 | 4 | 3 | 2 | 1 |
|---|---|---|---|---|---|---|
| 325i 4-dr Sdn | 650 | 1800 | 3250 | 6500 | 11200 | 16100 |
| 325i 2-dr Conv | 750 | 2300 | 3850 | 7700 | 13300 | 19200 |
| **6-cyl., 103.3" wb** | | | | | | |
| 528e 4-dr Sdn | 550 | 1200 | 2500 | 5100 | 8800 | 12500 |
| 535i 4-dr Sdn | 700 | 1850 | 3300 | 6600 | 11300 | 16300 |
| 535iS 4-dr Sdn | 700 | 1900 | 3350 | 6700 | 11500 | 16500 |
| **6-cyl., 110.0" wb** | | | | | | |
| 735i 4-dr Sdn | 700 | 1850 | 3300 | 6600 | 11300 | 16300 |
| L7 4-dr Sdn | 700 | 2000 | 3450 | 6900 | 11900 | 17200 |
| **6-cyl., 103.5" wb** | | | | | | |
| 635CSi Cpe | 850 | 2650 | 4450 | 8900 | 15700 | 22300 |
| L6 2-dr Cpe | 900 | 2750 | 4600 | 9200 | 16200 | 22900 |
| M6 2-dr Cpe | 1050 | 3300 | 5500 | 11000 | 19500 | 27700 |
| **1988** | | | | | | |
| **6-cyl., 101.2" wb** | | | | | | |
| 325 2-dr Sdn | 650 | 1750 | 3100 | 6200 | 10700 | 15400 |
| 325 4-dr Sdn | 650 | 1750 | 3150 | 6300 | 10900 | 15700 |
| 325iS 2-dr Sdn | 750 | 2150 | 3600 | 7200 | 12400 | 18000 |
| 325i 4-dr Sdn | 750 | 2150 | 3600 | 7200 | 12400 | 18000 |
| 325iC 2-dr Conv | 800 | 2500 | 4250 | 8500 | 15000 | 21200 |
| 325ix 2-dr Sdn | 800 | 2350 | 3950 | 7900 | 13700 | 19700 |
| **4-cyl., 101.0" wb** | | | | | | |
| M3 2-dr Sdn | 900 | 2750 | 4650 | 9300 | 16400 | 23100 |
| **6-cyl., 103.3" wb** | | | | | | |
| 528e 4-dr Sdn | 600 | 1650 | 2850 | 5700 | 9900 | 14200 |
| 535i 4-dr Sdn | 750 | 2250 | 3750 | 7500 | 13000 | 18700 |
| 535iS 4-dr Sdn | 750 | 2300 | 3850 | 7700 | 13300 | 19200 |
| M5 4-dr Sdn | 950 | 3000 | 5000 | 10000 | 17700 | 24900 |
| **6-cyl., 111.5" wb** | | | | | | |
| 735i 4-dr Sdn | 950 | 3050 | 5100 | 10200 | 18000 | 25400 |
| **12-cyl., 116.00" wb** | | | | | | |
| 750iL 4-dr Sdn | 1100 | 3500 | 5850 | 11700 | 20600 | 29100 |
| **6-cyl., 103.5" wb** | | | | | | |
| 635CSi Cpe | 950 | 3000 | 5000 | 10000 | 17700 | 24900 |
| M6 2-dr Cpe | 1200 | 3750 | 6250 | 12500 | 22000 | 31100 |
| **6-cyl., 101.2" wb** | | | | | | |
| 735iL 4-dr Sdn | 1050 | 3300 | 5500 | 11000 | 19300 | 27500 |
| **1989** | | | | | | |
| **6-cyl., 101.2" wb** | | | | | | |
| 325i 2-dr Sdn | 700 | 1900 | 3400 | 6800 | 11700 | 16800 |
| 325i 4-dr Sdn | 750 | 2100 | 3550 | 7100 | 12300 | 17700 |
| 325iS 2-dr Sdn | 800 | 2400 | 4000 | 8000 | 13900 | 19900 |
| 325i 2-dr Conv | 900 | 2800 | 4700 | 9400 | 16500 | 23400 |
| 325iX 2-dr Sdn (4WD) | 850 | 2650 | 4450 | 8900 | 15700 | 22300 |
| 325iX 4-dr Sdn (4WD) | 850 | 2650 | 4500 | 9000 | 15900 | 22500 |
| **4-cyl., 101.0" wb** | | | | | | |
| M3 2-dr Sdn | 1000 | 3100 | 5250 | 10500 | 18600 | 26200 |
| **6-cyl., 108.7" wb** | | | | | | |
| 525i 4-dr Sdn | 1050 | 3300 | 5500 | 11000 | 19300 | 27500 |
| 535i 4-dr Sdn | 1200 | 3750 | 6300 | 12600 | 22200 | 31400 |
| **6-cyl., 111.5" wb** | | | | | | |
| 735i 4-dr Sdn | 1050 | 3400 | 5650 | 11300 | 19900 | 28200 |
| **6-cyl., 116.0" wb** | | | | | | |
| 735iL 4-dr Sdn | 1150 | 3650 | 6150 | 12300 | 21700 | 30700 |
| **12-cyl.** | | | | | | |
| 750iL 4-dr Sdn | 1250 | 3900 | 6500 | 13000 | 22900 | 32500 |
| **6-cyl., 103.3" wb** | | | | | | |
| 635CSi 2-dr Cpe | 1050 | 3400 | 5650 | 11300 | 19900 | 28200 |

|  | 6 | 5 | 4 | 3 | 2 | 1 |
|---|---|---|---|---|---|---|
| **1990** | | | | | | |
| **4-cyl., 101" wb** | | | | | | |
| M3 2-dr Sdn | 1100 | 3550 | 5900 | 11800 | 20800 | 29400 |
| **6-cyl., 101.2" wb** | | | | | | |
| 325i 2-dr Sdn | 750 | 2300 | 3850 | 7700 | 13300 | 19200 |
| 325i 4-dr Sdn | 800 | 2400 | 4050 | 8100 | 14200 | 20200 |
| 325iS 2-dr Sdn | 850 | 2700 | 4550 | 9100 | 16000 | 22700 |
| 325iX 2-dr Sdn (4WD) | 950 | 3000 | 5050 | 10100 | 17900 | 25100 |
| 325iX 4-dr Sdn (4WD) | 950 | 3050 | 5100 | 10200 | 18000 | 25400 |
| 325i 2-dr Conv | 1000 | 3100 | 5250 | 10500 | 18600 | 26200 |
| **6-cyl., 108.7" wb** | | | | | | |
| 525i 4-dr Sdn | 1150 | 3700 | 6200 | 12400 | 21850 | 30900 |
| 535i 4-dr Sdn | 1400 | 4250 | 7100 | 14200 | 25000 | 35400 |
| **6-cyl., 111.5" wb** | | | | | | |
| 735i 4-dr Sdn | 1200 | 3800 | 6350 | 12700 | 22400 | 31700 |
| 735iL 4-dr Sdn | 1300 | 4100 | 6850 | 13700 | 24100 | 34200 |
| **12-cyl., 116.0" wb** | | | | | | |
| 750iL 4-dr Sdn | 1400 | 4350 | 7250 | 14500 | 25500 | 36200 |
| **1991** | | | | | | |
| **4-cyl., 101.0" wb** | | | | | | |
| 318i 4-dr Sdn | 850 | 2550 | 3500 | 7000 | 15100 | 21500 |
| 318iS 2-dr Sdn | 900 | 2850 | 3550 | 7100 | 16900 | 24000 |
| 318i 2-dr Conv | 1000 | 3150 | 4500 | 9000 | 18700 | 26500 |
| M3 2-dr Sdn | 1000 | 3200 | 6650 | 13300 | 19000 | 26900 |
| **6-cyl., 101.2" wb** | | | | | | |
| 325i 2-dr Sdn | 750 | 2150 | 4450 | 8900 | 12400 | 18000 |
| 325i 4-dr Sdn | 750 | 2300 | 4650 | 9300 | 13100 | 18900 |
| 325i 2-dr Conv | 950 | 2950 | 5850 | 11700 | 17500 | 24700 |
| 325iX 2-dr Sdn (4WD) | 900 | 2850 | 5700 | 11400 | 16700 | 23700 |
| 325iX 4-dr Sdn (4WD) | 900 | 2850 | 5750 | 11500 | 16900 | 24000 |
| **6-cyl., 108.7" wb** | | | | | | |
| 525i 4-dr Sdn | 1100 | 3500 | 5850 | 13900 | 20600 | 29100 |
| 535i 4-dr Sdn | 1300 | 4000 | 6650 | 15800 | 23400 | 33100 |
| M5 4-dr Sdn | 0000 | 0000 | 10750 | 21500 | 0000 | 0000 |
| **6-cyl., 111.5" wb** | | | | | | |
| 735i 4-dr Sdn | 1150 | 3600 | 7050 | 14100 | 21000 | 29700 |
| **6-cyl., 116.0" wb** | | | | | | |
| 735iL 4-dr Sdn | 1200 | 3850 | 7600 | 15200 | 22700 | 32200 |
| **12-cyl., 116.0" wb** | | | | | | |
| 750iL 4-dr Sdn | 1300 | 4100 | 8050 | 16100 | 24100 | 34200 |
| **12-cyl., 105.7" wb** | | | | | | |
| 850i 2-dr Sdn | 1150 | 3600 | 13000 | 26000 | 21150 | 30000 |

# DATSUN/NISSAN
## 1958 – 1991

**'77 Datsun 280Z**

**'77 Datsun F-10 Wagon**

|  | 6 | 5 | 4 | 3 | 2 | 1 |
|---|---|---|---|---|---|---|
| **1958** | | | | | | |
| **Series 1000, 4-cyl., 87" wb** | | | | | | |
| 4-dr Sdn | 200 | 400 | 600 | 1200 | 2100 | 3000 |
| **Fair Lady, 4-cyl., 87" wb** | | | | | | |
| 2-dr Conv | 350 | 850 | 1400 | 2900 | 4900 | 7100 |
| **1959** | | | | | | |
| **Series 1000, 4-cyl., 87" wb** | | | | | | |
| 4-dr Sdn | 200 | 400 | 600 | 1200 | 2100 | 3000 |
| **Fair Lady, 4-cyl., 87" wb** | | | | | | |
| 2-dr Conv | 350 | 850 | 1400 | 2900 | 4900 | 7100 |
| **1960** | | | | | | |
| **Series 1000, 4-cyl., 87" wb** | | | | | | |
| 4-dr Sdn | 200 | 400 | 600 | 1200 | 2100 | 3000 |
| **Bluebird, 4-cyl., 90" wb** | | | | | | |
| 4-dr Sdn | 300 | 550 | 800 | 1600 | 2800 | 3900 |
| 2-dr Sta Wgn | 300 | 550 | 800 | 1700 | 2800 | 3900 |
| **Fair Lady, 4-cyl., 87.4" wb** | | | | | | |
| 2-dr Conv | 350 | 850 | 1400 | 2900 | 4900 | 7100 |
| **1961** | | | | | | |
| **Bluebird, 4-cyl., 90" wb** | | | | | | |
| 4-dr Sdn | 300 | 550 | 800 | 1600 | 2800 | 3900 |
| 2-dr Sta Wgn | 300 | 600 | 850 | 1700 | 2900 | 4100 |
| **Fair Lady, 4-cyl., 86.6" wb** | | | | | | |
| 2-dr Conv | 350 | 900 | 1500 | 3000 | 5300 | 7600 |
| **1962** | | | | | | |
| **1500, 4 cyl., 89.8" wb** | | | | | | |
| 2-dr Conv | 400 | 1100 | 1800 | 3500 | 6100 | 8900 |
| **Bluebird, 4-cyl., 94" wb** | | | | | | |
| 4-dr Sdn | 300 | 550 | 800 | 1600 | 2800 | 3900 |
| 4-dr Sta Wgn | 300 | 600 | 850 | 1700 | 2900 | 4100 |

| | 6 | 5 | 4 | 3 | 2 | 1 |
|---|---|---|---|---|---|---|
| **Fair Lady, 4-cyl.** | | | | | | |
| 2-dr Conv | 350 | 900 | 1500 | 3000 | 5300 | 7600 |
| ***1963*** | | | | | | |
| **1500, 4 cyl., 89.8" wb** | | | | | | |
| 2-dr Conv | 400 | 1100 | 1800 | 3500 | 6100 | 8900 |
| **Bluebird, 4-cyl., 94" wb** | | | | | | |
| 4-dr Sdn | 300 | 550 | 800 | 1600 | 2800 | 3900 |
| 4-dr Sta Wgn | 300 | 600 | 850 | 1700 | 2900 | 4100 |
| ***1964*** | | | | | | |
| **1500, 4 cyl., 89.8" wb** | | | | | | |
| 2-dr Conv | 400 | 1100 | 1800 | 3500 | 6100 | 8900 |
| **410, 4-cyl., 94" wb** | | | | | | |
| 4-dr Sdn | 200 | 350 | 500 | 1000 | 1900 | 2700 |
| 4-dr Sta Wgn | 200 | 400 | 550 | 1100 | 2000 | 2900 |
| ***1965*** | | | | | | |
| **1500, 4 cyl., 89.8" wb** | | | | | | |
| 2-dr Conv | 400 | 1050 | 1700 | 3300 | 5800 | 8300 |
| **410, 4-cyl., 94" wb** | | | | | | |
| 4-dr Sdn | 200 | 350 | 500 | 1000 | 1900 | 2700 |
| 4-dr Sta Wgn | 200 | 400 | 550 | 1100 | 2000 | 2900 |
| ***1966*** | | | | | | |
| **1600, 4-cyl., 89.8" wb** | | | | | | |
| 2-dr Conv | 400 | 1100 | 1800 | 3600 | 6200 | 9100 |
| **411, 4-cyl., 94" wb** | | | | | | |
| 4-dr Sdn | 200 | 400 | 550 | 1100 | 2000 | 2900 |
| 4-dr Sta Wgn | 200 | 400 | 600 | 1200 | 2100 | 3000 |
| ***1967*** | | | | | | |
| **1600, 4-cyl., 89.8" wb** | | | | | | |
| 2-dr Conv | 400 | 1100 | 1800 | 3600 | 6200 | 9100 |
| **2000, 4-cyl., 89.8" wb** | | | | | | |
| 2-dr Conv | 400 | 1200 | 1900 | 3800 | 6600 | 9600 |
| **411, 4-cyl., 94" wb** | | | | | | |
| 4-dr Sdn | 200 | 400 | 550 | 1100 | 2000 | 2900 |
| 4-dr Sta Wgn | 200 | 400 | 600 | 1200 | 2100 | 3000 |
| ***1968*** | | | | | | |
| **1600, 4-cyl., 89.8" wb** | | | | | | |
| 2-dr Conv | 400 | 1100 | 1800 | 3600 | 6200 | 9100 |
| **2000, 4-cyl., 89.8" wb** | | | | | | |
| 2-dr Conv | 400 | 1200 | 1900 | 3800 | 6600 | 9600 |
| **411, 4-cyl., 94" wb** | | | | | | |
| 4-dr Sdn | 200 | 400 | 550 | 1100 | 2000 | 2900 |
| 4-dr Sta Wgn | 200 | 400 | 600 | 1200 | 2100 | 3000 |
| ***1969*** | | | | | | |
| **510, 4-cyl., 95.3" wb** | | | | | | |
| 2-dr Sdn | 250 | 500 | 750 | 1500 | 2600 | 3600 |
| 4-dr Sdn | 250 | 500 | 750 | 1400 | 2400 | 3400 |
| 4-dr Sta Wgn | 250 | 500 | 750 | 1400 | 2400 | 3400 |
| **1600, 4-cyl., 89.8" wb** | | | | | | |
| 2-dr Conv | 400 | 1100 | 1800 | 3500 | 6100 | 8900 |
| **2000, 4-cyl., 89.8" wb** | | | | | | |
| 2-dr Conv | 400 | 1150 | 1850 | 3700 | 6400 | 9300 |

|  | 6 | 5 | 4 | 3 | 2 | 1 |
|---|---|---|---|---|---|---|

## 1970

**1600, 4-cyl., 89.8" wb**

| | 6 | 5 | 4 | 3 | 2 | 1 |
|---|---|---|---|---|---|---|
| 2-dr Conv | 400 | 1100 | 1800 | 3500 | 6100 | 8900 |

**2000, 4-cyl., 89.8" wb**

| | | | | | | |
|---|---|---|---|---|---|---|
| 2-dr Conv | 400 | 1150 | 1850 | 3700 | 6400 | 9300 |

**240Z, 6-cyl., 90.7" wb**

| | | | | | | |
|---|---|---|---|---|---|---|
| 2-dr Cpe | 500 | 1350 | 2300 | 4600 | 8000 | 11300 |

**510, 4-cyl., 95.3" wb**

| | | | | | | |
|---|---|---|---|---|---|---|
| 2-dr Sdn | 250 | 500 | 750 | 1500 | 2600 | 3600 |
| 4-dr Sdn | 250 | 500 | 750 | 1400 | 2400 | 3400 |
| 4-dr Sta Wgn | 250 | 500 | 750 | 1400 | 2400 | 3400 |

## 1971

**110, 4-cyl.**

| | 6 | 5 | 4 | 3 | 2 | 1 |
|---|---|---|---|---|---|---|
| 2-dr Cpe | 150 | 300 | 450 | 900 | 1800 | 2600 |
| 2-dr Sdn | 150 | 300 | 450 | 900 | 1800 | 2600 |

**240Z, 6-cyl., 90.7" wb**

| | | | | | | |
|---|---|---|---|---|---|---|
| 2-dr Cpe | 500 | 1300 | 2250 | 4500 | 7700 | 11000 |

**510, 4-cyl., 95.3" wb**

| | | | | | | |
|---|---|---|---|---|---|---|
| 2-dr Sdn | 250 | 500 | 750 | 1500 | 2600 | 3600 |
| 4-dr Sdn | 250 | 500 | 750 | 1400 | 2400 | 3400 |
| 4-dr Sta Wgn | 250 | 500 | 750 | 1400 | 2400 | 3400 |

## 1972

**110, 4-cyl.**

| | 6 | 5 | 4 | 3 | 2 | 1 |
|---|---|---|---|---|---|---|
| 2-dr Cpe | 150 | 300 | 450 | 900 | 1800 | 2600 |
| 2-dr Sdn | 150 | 300 | 450 | 900 | 1800 | 2600 |

**240Z, 6-cyl., 90.7" wb**

| | | | | | | |
|---|---|---|---|---|---|---|
| 2-dr Cpe | 450 | 1250 | 2200 | 4400 | 7600 | 10900 |

**510, 4-cyl., 95.3" wb**

| | | | | | | |
|---|---|---|---|---|---|---|
| 2-dr Sdn | 300 | 550 | 800 | 1600 | 2800 | 3900 |
| 4-dr Sdn | 250 | 500 | 750 | 1500 | 2600 | 3600 |
| 4-dr Sta Wgn | 250 | 500 | 750 | 1500 | 2600 | 3600 |

## 1973

**110, 4-cyl.**

| | 6 | 5 | 4 | 3 | 2 | 1 |
|---|---|---|---|---|---|---|
| 2-dr Cpe | 150 | 300 | 450 | 900 | 1800 | 2600 |
| 2-dr Sdn | 150 | 300 | 450 | 900 | 1800 | 2600 |

**240Z, 6-cyl., 90.7" wb**

| | | | | | | |
|---|---|---|---|---|---|---|
| 2-dr Cpe | 450 | 1250 | 2150 | 4300 | 7400 | 10700 |

**510, 4-cyl., 95.3" wb**

| | | | | | | |
|---|---|---|---|---|---|---|
| 2-dr Sdn | 300 | 550 | 800 | 1600 | 2800 | 3900 |
| 4-dr Sdn | 250 | 500 | 750 | 1500 | 2600 | 3600 |
| 4-dr Sta Wgn | 250 | 500 | 750 | 1500 | 2600 | 3600 |

**610, 4-cyl., 98" wb**

| | | | | | | |
|---|---|---|---|---|---|---|
| 2-dr Hdtp | 200 | 350 | 500 | 1000 | 1900 | 2700 |
| 4-dr Sdn | 150 | 300 | 450 | 900 | 1800 | 2600 |
| 4-dr Sta Wgn | 150 | 300 | 450 | 900 | 1800 | 2600 |

## 1974

**210, 4-cyl.**

| | 6 | 5 | 4 | 3 | 2 | 1 |
|---|---|---|---|---|---|---|
| 2-dr Cpe | 150 | 300 | 450 | 900 | 1800 | 2600 |
| 2-dr Sdn | 200 | 350 | 500 | 1000 | 1900 | 2700 |
| 4-dr Sdn | 200 | 350 | 500 | 1000 | 1900 | 2700 |

**260Z, 6-cyl., 90.7" wb**

| | | | | | | |
|---|---|---|---|---|---|---|
| 2-dr Cpe | 300 | 800 | 1350 | 2700 | 4700 | 6900 |

**260Z, 6-cyl., 102.6" wb**

| | | | | | | |
|---|---|---|---|---|---|---|
| 2-dr Cpe 2 + 2 | 300 | 800 | 1300 | 2600 | 4600 | 6600 |

| | 6 | 5 | 4 | 3 | 2 | 1 |
|---|---|---|---|---|---|---|
| **610, 4-cyl., 98" wb** | | | | | | |
| 2-dr Hdtp | 200 | 350 | 500 | 1000 | 1900 | 2700 |
| 4-dr Sdn | 150 | 300 | 450 | 900 | 1800 | 2600 |
| 4-dr Sta Wgn | 150 | 300 | 450 | 900 | 1800 | 2600 |
| **710, 4-cyl., 97" wb** | | | | | | |
| 2-dr Sdn | 200 | 400 | 550 | 1100 | 2000 | 2900 |
| 4-dr Sdn | 200 | 350 | 500 | 1000 | 1900 | 2700 |
| 2-dr Hdtp | 200 | 400 | 550 | 1100 | 2000 | 2900 |
| 4-dr Sta Wgn | 200 | 350 | 500 | 1000 | 1900 | 2700 |

### *1975*

| | 6 | 5 | 4 | 3 | 2 | 1 |
|---|---|---|---|---|---|---|
| **210, 4-cyl.** | | | | | | |
| 2-dr Cpe | 150 | 300 | 450 | 900 | 1800 | 2600 |
| 2-dr Sdn | 200 | 350 | 500 | 1000 | 1900 | 2700 |
| 4-dr Sdn | 200 | 350 | 500 | 1000 | 1900 | 2700 |
| **260Z, 6-cyl., 90.7" wb** | | | | | | |
| 2-dr Cpe | 300 | 800 | 1350 | 2700 | 4700 | 6900 |
| **260Z, 6-cyl., 102.6" wb** | | | | | | |
| 2-dr Cpe 2 + 2 | 300 | 800 | 1300 | 2600 | 4600 | 6600 |
| **280Z, 6-cyl., 90.7" wb** | | | | | | |
| 2-dr Cpe | 350 | 850 | 1400 | 2800 | 4900 | 7100 |
| **280Z, 6-cyl., 102.6" wb** | | | | | | |
| 2-dr Cpe 2 + 2 | 300 | 800 | 1350 | 2700 | 4700 | 6900 |
| **610, 4-cyl., 98" wb** | | | | | | |
| 2-dr Hdtp | 200 | 350 | 500 | 1000 | 1900 | 2700 |
| 4-dr Sdn | 150 | 300 | 450 | 900 | 1800 | 2600 |
| 4-dr Sta Wgn | 150 | 300 | 450 | 900 | 1800 | 2600 |
| **710, 4-cyl., 97" wb** | | | | | | |
| 2-dr Sdn | 200 | 400 | 550 | 1100 | 2000 | 2900 |
| 4-dr Sdn | 200 | 350 | 500 | 1000 | 1900 | 2700 |
| 2-dr Hdtp | 200 | 400 | 550 | 1100 | 2000 | 2900 |
| 4-dr Sta Wgn | 200 | 350 | 500 | 1000 | 1900 | 2700 |

### *1976*

| | 6 | 5 | 4 | 3 | 2 | 1 |
|---|---|---|---|---|---|---|
| **210, 4-cyl.** | | | | | | |
| 2-dr Sdn | 200 | 350 | 500 | 1000 | 1900 | 2700 |
| 4-dr Sdn | 200 | 350 | 500 | 1000 | 1900 | 2700 |
| 2-dr Htchbk | 250 | 500 | 750 | 1400 | 2400 | 3400 |
| 2-dr Sdn (Honeybee) | 200 | 350 | 500 | 1000 | 1900 | 2700 |
| **280Z, 6-cyl., 90.7" wb** | | | | | | |
| 2-dr Cpe | 350 | 850 | 1400 | 2800 | 4900 | 7100 |
| **280Z, 6-cyl., 102.6" wb** | | | | | | |
| 2-dr Cpe 2 + 2 | 300 | 800 | 1350 | 2700 | 4700 | 6900 |
| **610, 4-cyl., 98" wb** | | | | | | |
| 2-dr Hdtp | 200 | 350 | 500 | 1000 | 1900 | 2700 |
| 4-dr Sdn | 150 | 300 | 450 | 900 | 1800 | 2600 |
| 4-dr Sta Wgn | 150 | 300 | 450 | 900 | 1800 | 2600 |
| **710, 4-cyl., 97" wb** | | | | | | |
| 2-dr Sdn | 200 | 400 | 550 | 1100 | 2000 | 2900 |
| 4-dr Sdn | 200 | 350 | 500 | 1000 | 1900 | 2700 |
| 2-dr Hdtp | 200 | 400 | 550 | 1100 | 2000 | 2900 |
| 4-dr Sta Wgn | 200 | 350 | 500 | 1000 | 1900 | 2700 |
| **F10** | | | | | | |
| 2-dr Htchbk | 300 | 550 | 800 | 1600 | 2800 | 3900 |
| 3-dr Sta Wgn | 300 | 550 | 800 | 1600 | 2800 | 3900 |

### *1977*

| | 6 | 5 | 4 | 3 | 2 | 1 |
|---|---|---|---|---|---|---|
| **200SX, 4-cyl., 92" wb** | | | | | | |
| 2-dr Cpe | 200 | 450 | 650 | 1300 | 2200 | 3200 |

| | 6 | 5 | 4 | 3 | 2 | 1 |
|---|---|---|---|---|---|---|
| **280Z, 6-cyl., 90.7" wb** | | | | | | |
| 2-dr Cpe | 300 | 800 | 1350 | 2700 | 4700 | 6900 |
| **280Z, 6-cyl., 102.6" wb** | | | | | | |
| 2-dr Cpe 2 + 2 | 300 | 800 | 1300 | 2600 | 4600 | 6600 |
| **710, 4-cyl., 97" wb** | | | | | | |
| 2-dr Sdn | 200 | 400 | 550 | 1100 | 2000 | 2900 |
| 4-dr Sdn | 200 | 350 | 500 | 1000 | 1900 | 2700 |
| 2-dr Hdtp | 200 | 400 | 550 | 1100 | 2000 | 2900 |
| 4-dr Sta Wgn | 200 | 350 | 500 | 1000 | 1900 | 2700 |
| **810, 6-cyl., 104" wb** | | | | | | |
| 4-dr Sdn | 200 | 350 | 500 | 1000 | 1900 | 2700 |
| 5-dr Sta Wgn | 150 | 300 | 450 | 900 | 1800 | 2600 |
| **B210** | | | | | | |
| 2-dr Dlx Htchbk | 250 | 500 | 750 | 1500 | 2600 | 3600 |
| 2-dr Dlx Sdn | 250 | 500 | 750 | 1500 | 2600 | 3600 |
| 4-dr Dlx Sdn | 250 | 500 | 750 | 1500 | 2600 | 3600 |
| 2-dr Sdn (Honeybee) | 250 | 500 | 750 | 1500 | 2600 | 3600 |
| **F10** | | | | | | |
| 2-dr Htchbk | 300 | 550 | 800 | 1600 | 2800 | 3900 |
| 3-dr Sta Wgn | 300 | 550 | 800 | 1600 | 2800 | 3900 |
| | | | | | | |
| ***1978*** | | | | | | |
| **200SX, 4-cyl., 92" wb** | | | | | | |
| 2-dr Cpe | 200 | 450 | 650 | 1300 | 2200 | 3200 |
| **280Z, 6-cyl., 90.7" wb** | | | | | | |
| 2-dr Cpe | 300 | 750 | 1250 | 2500 | 4400 | 6200 |
| **280Z, 6-cyl., 102.6" wb** | | | | | | |
| 2-dr Cpe 2 + 2 | 300 | 700 | 1200 | 2400 | 4100 | 5900 |
| **510, 4-cyl., 97" wb** | | | | | | |
| 2-dr Htchbk | 150 | 300 | 450 | 900 | 1800 | 2600 |
| 2-dr Sdn | 150 | 300 | 400 | 800 | 1700 | 2500 |
| 4-dr Sdn | 150 | 300 | 400 | 800 | 1700 | 2500 |
| 5-dr Sta Wgn | 150 | 300 | 400 | 800 | 1700 | 2500 |
| **810, 6-cyl., 104" wb** | | | | | | |
| 4-dr Sdn | 200 | 350 | 500 | 1000 | 1900 | 2700 |
| 5-dr Sta Wgn | 200 | 350 | 500 | 1000 | 1900 | 2700 |
| **B210** | | | | | | |
| 2-dr Sdn | 200 | 400 | 600 | 1200 | 2100 | 3000 |
| 4-dr Sdn | 200 | 400 | 550 | 1100 | 2000 | 2900 |
| 2-dr GX Htchbk | 200 | 400 | 600 | 1200 | 2100 | 3000 |
| **F10** | | | | | | |
| 2-dr Htchbk | 300 | 550 | 800 | 1600 | 2800 | 3900 |
| 3-dr Sta Wgn | 300 | 550 | 800 | 1600 | 2800 | 3900 |
| ***1979*** | | | | | | |
| **210, 4-cyl., 97" wb** | | | | | | |
| 2-dr Sdn | 200 | 400 | 550 | 1100 | 2000 | 2900 |
| 2-dr Dlx Sdn | 200 | 400 | 600 | 1200 | 2100 | 3000 |
| 4-dr Dlx Sdn | 200 | 400 | 600 | 1200 | 2100 | 3000 |
| 2-dr Htchbk | 200 | 400 | 600 | 1200 | 2100 | 3000 |
| 5-dr Sta Wgn | 200 | 450 | 650 | 1300 | 2200 | 3200 |
| **310** | | | | | | |
| 2-dr Sdn | 200 | 400 | 600 | 1200 | 2100 | 3000 |
| 2-dr GX Cpe | 200 | 400 | 600 | 1200 | 2100 | 3000 |
| **510** | | | | | | |
| 2-dr Sdn | 150 | 300 | 400 | 800 | 1700 | 2500 |
| 4-dr Sdn | 150 | 300 | 400 | 800 | 1700 | 2500 |
| 2-dr Htchbk | 150 | 300 | 450 | 900 | 1800 | 2600 |
| 5-dr Sta Wgn | 150 | 300 | 400 | 800 | 1700 | 2500 |

| | 6 | 5 | 4 | 3 | 2 | 1 |
|---|---|---|---|---|---|---|
| **810, 6-cyl., 104" wb** | | | | | | |
| 2-dr Hdtp | 200 | 400 | 550 | 1100 | 2000 | 2900 |
| 4-dr Sdn | 200 | 350 | 500 | 1000 | 1900 | 2700 |
| 5-dr Sta Wgn | 200 | 400 | 550 | 1100 | 2000 | 2900 |
| **200SX, 4-cyl., 92" wb** | | | | | | |
| 2-dr Cpe | 200 | 450 | 650 | 1300 | 2200 | 3200 |
| **280ZX, 6-cyl., 90.7" wb** | | | | | | |
| 2-dr Cpe | 300 | 650 | 1100 | 2200 | 3800 | 5400 |
| **280ZX, 6-cyl., 102.6" wb** | | | | | | |
| 2-dr Cpe 2 + 2 | 300 | 650 | 1100 | 2100 | 3600 | 5100 |
| **F10** | | | | | | |
| 2-dr Htchbk | 300 | 550 | 800 | 1600 | 2800 | 3900 |
| 3-dr Sta Wgn | 300 | 550 | 800 | 1600 | 2800 | 3900 |

## *1980*

| | 6 | 5 | 4 | 3 | 2 | 1 |
|---|---|---|---|---|---|---|
| **210, 4-cyl., 97" wb** | | | | | | |
| 2-dr Sdn | 200 | 400 | 550 | 1100 | 2000 | 2900 |
| 2-dr Dlx Sdn | 200 | 400 | 600 | 1200 | 2100 | 3000 |
| 4-dr Dlx Sdn | 200 | 400 | 600 | 1200 | 2100 | 3000 |
| 2-dr Htchbk | 200 | 400 | 600 | 1200 | 2100 | 3000 |
| 5-dr Sta Wgn | 200 | 450 | 650 | 1300 | 2200 | 3200 |
| **310** | | | | | | |
| 2-dr Sdn | 200 | 400 | 600 | 1200 | 2100 | 3000 |
| 2-dr GX Cpe | 200 | 400 | 600 | 1200 | 2100 | 3000 |
| 4-dr Sdn | 200 | 400 | 600 | 1200 | 2100 | 3000 |
| **510** | | | | | | |
| 2-dr Sdn | 150 | 300 | 400 | 800 | 1700 | 2500 |
| 4-dr Htchbk | 150 | 300 | 450 | 900 | 1800 | 2600 |
| 5-dr Sta Wgn | 150 | 300 | 400 | 800 | 1700 | 2500 |
| **810, 6-cyl., 104" wb** | | | | | | |
| 2-dr Hdtp | 200 | 400 | 550 | 1100 | 2000 | 2900 |
| 4-dr Sdn | 200 | 350 | 500 | 1000 | 1900 | 2700 |
| 5-dr Sta Wgn | 200 | 400 | 550 | 1100 | 2000 | 2900 |
| **200SX, 4-cyl., 92" wb** | | | | | | |
| 2-dr Cpe | 200 | 450 | 650 | 1300 | 2200 | 3200 |
| 2-dr Htchbk | 250 | 500 | 750 | 1400 | 2400 | 3400 |
| **280ZX, 6-cyl., 90.7" wb** | | | | | | |
| 2-dr Cpe | 300 | 650 | 1100 | 2200 | 3800 | 5400 |
| **280ZX, 6-cyl., 102.6" wb** | | | | | | |
| 2-dr Cpe 2 + 2 | 300 | 650 | 1100 | 2100 | 3600 | 5100 |

## *1981*

| | 6 | 5 | 4 | 3 | 2 | 1 |
|---|---|---|---|---|---|---|
| **210, 4-cyl., 97" wb** | | | | | | |
| 2-dr Dlx Sdn | 200 | 400 | 600 | 1200 | 2100 | 3000 |
| 4-dr Dlx Sdn | 200 | 400 | 600 | 1200 | 2100 | 3000 |
| 2-dr Dlx Htchbk | 200 | 400 | 600 | 1200 | 2100 | 3000 |
| 4-dr Dlx Sta Wgn | 200 | 450 | 650 | 1300 | 2200 | 3200 |
| **310** | | | | | | |
| 2-dr Htchbk | 200 | 400 | 600 | 1200 | 2100 | 3000 |
| 4-dr GX Htchbk | 200 | 400 | 600 | 1200 | 2100 | 3000 |
| 2-dr GX Cpe | 200 | 400 | 600 | 1200 | 2100 | 3000 |
| **510** | | | | | | |
| 2-dr Sdn | 150 | 300 | 450 | 900 | 1800 | 2600 |
| 4-dr Htchbk | 200 | 350 | 500 | 1000 | 1900 | 2700 |
| 4-dr Sta Wgn | 150 | 300 | 450 | 900 | 1800 | 2600 |
| **810, 6-cyl., 104" wb** | | | | | | |
| 4-dr Dlx Sdn | 200 | 400 | 600 | 1200 | 2100 | 3000 |
| 4-dr Dlx Wgn | 200 | 400 | 550 | 1100 | 2000 | 2900 |

| | 6 | 5 | 4 | 3 | 2 | 1 |
|---|---|---|---|---|---|---|
| 4-dr Maxima Sdn | 300 | 600 | 900 | 1800 | 3100 | 4400 |
| 4-dr Maxima Wgn | 300 | 600 | 900 | 1800 | 3100 | 4400 |
| **200SX** | | | | | | |
| 2-dr Hdtp | 200 | 400 | 550 | 1100 | 2000 | 2900 |
| 2-dr Htchbk | 200 | 400 | 550 | 1100 | 2000 | 2900 |
| **280ZX, 6-cyl., 90.7" wb** | | | | | | |
| 2-dr Cpe | 300 | 650 | 1100 | 2200 | 3800 | 5400 |
| **280ZX, 6-cyl., 102.6" wb** | | | | | | |
| 2-dr Cpe 2 + 2 | 300 | 650 | 1100 | 2100 | 3600 | 5100 |
| 2-dr Turbo GL | 300 | 650 | 1100 | 2100 | 3600 | 5100 |
| **1982** | | | | | | |
| **210, 4-cyl., 97" wb** | | | | | | |
| 2-dr Sdn | 200 | 400 | 550 | 1100 | 2000 | 2900 |
| 2-dr MPG Sdn | 200 | 400 | 550 | 1100 | 2000 | 2900 |
| 2-dr Dlx Sdn | 200 | 400 | 600 | 1200 | 2100 | 3000 |
| 4-dr Dlx Sdn | 200 | 400 | 600 | 1200 | 2100 | 3000 |
| 2-dr Dlx Htchbk | 200 | 400 | 600 | 1200 | 2100 | 3000 |
| 4-dr Dlx Sta Wgn | 200 | 450 | 650 | 1300 | 2200 | 3200 |
| **Sentra** | | | | | | |
| 2-dr Sdn | 200 | 350 | 500 | 1000 | 1900 | 2700 |
| 2-dr MPG Sdn | 200 | 400 | 550 | 1100 | 2000 | 2900 |
| 2-dr MPG Dlx | 200 | 400 | 550 | 1100 | 2000 | 2900 |
| 2-dr Dlx Sdn | 200 | 400 | 550 | 1100 | 2000 | 2900 |
| 4-dr Dlx Sdn | 200 | 400 | 600 | 1200 | 2100 | 3000 |
| 4-dr Dlx Sta Wgn | 200 | 450 | 650 | 1300 | 2200 | 3200 |
| 2-dr XE Htchbk Cpe | 200 | 450 | 650 | 1300 | 2200 | 3200 |
| **310** | | | | | | |
| 2-dr Dlx Htchbk | 200 | 400 | 600 | 1200 | 2100 | 3000 |
| 4-dr GX Htchbk | 200 | 400 | 600 | 1200 | 2100 | 3000 |
| 2-dr GX Cpe | 200 | 400 | 600 | 1200 | 2100 | 3000 |
| **Stanza** | | | | | | |
| 2-dr Dlx Htchbk | 200 | 400 | 550 | 1100 | 2000 | 2900 |
| 4-dr Dlx Htchbk | 200 | 400 | 550 | 1100 | 2000 | 2900 |
| **200 SX** | | | | | | |
| 2-dr Dlx Hdtp Cpe | 200 | 400 | 550 | 1100 | 2000 | 2900 |
| 2-dr Dlx Htchbk | 200 | 400 | 550 | 1100 | 2000 | 2900 |
| **Maxima** | | | | | | |
| 4-dr GL Sdn | 300 | 600 | 950 | 1900 | 3200 | 4600 |
| 4-dr GL Wgn | 300 | 600 | 950 | 1900 | 3200 | 4600 |
| **280ZX** | | | | | | |
| 2-dr Cpe | 300 | 650 | 1100 | 2200 | 3800 | 5400 |
| 2-dr Turbo Cpe | 300 | 650 | 1100 | 2200 | 3800 | 5400 |
| **280ZX** | | | | | | |
| 2-dr Cpe 2 + 2 | 300 | 650 | 1100 | 2100 | 3600 | 5100 |
| 2-dr Turbo Cpe 2 + 2 | 300 | 650 | 1100 | 2100 | 3600 | 5100 |
| **1983** | | | | | | |
| **Sentra** | | | | | | |
| 2-dr Sdn | 200 | 350 | 500 | 1000 | 1900 | 2700 |
| 2-dr MPG Sdn | 200 | 400 | 550 | 1100 | 2000 | 2900 |
| 2-dr Dlx Sdn | 200 | 400 | 550 | 1100 | 2000 | 2900 |
| 4-dr Dlx Sdn | 200 | 400 | 600 | 1200 | 2100 | 3000 |
| 4-dr Dlx Sta Wgn | 200 | 450 | 650 | 1300 | 2200 | 3200 |
| 2-dr Dlx Htchbk | 200 | 450 | 650 | 1300 | 2200 | 3200 |
| **Stanza** | | | | | | |
| 2-dr Dlx Htchbk | 250 | 500 | 750 | 1400 | 2400 | 3400 |
| 4-dr Dlx Htchbk | 250 | 500 | 750 | 1400 | 2400 | 3400 |
| 4-dr GL Htchbk | 250 | 500 | 750 | 1500 | 2600 | 3600 |

|  | 6 | 5 | 4 | 3 | 2 | 1 |
|---|---|---|---|---|---|---|
| **Pulsar** | | | | | | |
| 2-dr Dlx Htchbk | 200 | 400 | 550 | 1100 | 2000 | 2900 |
| 4-dr Dlx Htchbk | 200 | 400 | 600 | 1200 | 2100 | 3000 |
| 2-dr NX Cpe | 200 | 450 | 650 | 1300 | 2200 | 3200 |
| 2-dr Turbo NX Cpe | 250 | 500 | 750 | 1400 | 2400 | 3400 |
| **200 SX** | | | | | | |
| 2-dr Dlx Hdtp Cpe | 200 | 400 | 550 | 1100 | 2000 | 2900 |
| 2-dr Dlx Htchbk | 200 | 400 | 550 | 1100 | 2000 | 2900 |
| **Maxima** | | | | | | |
| 4-dr GL Sdn | 300 | 650 | 1100 | 2100 | 3600 | 5100 |
| 4-dr GL Wgn | 300 | 650 | 1100 | 2100 | 3600 | 5100 |
| **280ZX** | | | | | | |
| 2-dr GL Cpe | 300 | 650 | 1150 | 2300 | 3900 | 5700 |
| 2-dr GL Cpe 2 + 2 | 300 | 650 | 1100 | 2200 | 3800 | 5400 |
| 2-dr Turbo Cpe | 300 | 650 | 1150 | 2300 | 3900 | 5700 |
| 2-dr Turbo Cpe 2 + 2 | 300 | 650 | 1100 | 2200 | 3800 | 5400 |
| **1984** | | | | | | |
| **Sentra** | | | | | | |
| 2-dr Sdn | 200 | 400 | 550 | 1100 | 2000 | 2900 |
| 2-dr Dlx Sdn | 200 | 400 | 550 | 1100 | 2000 | 2900 |
| 4-dr Dlx Sdn | 200 | 400 | 600 | 1200 | 2100 | 3000 |
| 4-dr Dlx Wgn | 200 | 450 | 650 | 1300 | 2200 | 3200 |
| 2-dr XE Sdn | 200 | 450 | 650 | 1300 | 2200 | 3200 |
| 4-dr XE Sdn | 200 | 450 | 650 | 1300 | 2200 | 3200 |
| 2-dr XE Htchbk Cpe | 200 | 450 | 650 | 1300 | 2200 | 3200 |
| 4-dr XE Wgn | 200 | 450 | 650 | 1300 | 2200 | 3200 |
| **Stanza** | | | | | | |
| 2-dr XE Htchbk | 250 | 500 | 750 | 1500 | 2600 | 3600 |
| 4-dr XE Htchbk | 250 | 500 | 750 | 1500 | 2600 | 3800 |
| 4-dr GL Sdn | 300 | 550 | 800 | 1600 | 2800 | 3900 |
| **Pulsar** | | | | | | |
| 2-dr NX Cpe | 200 | 450 | 650 | 1300 | 2200 | 3200 |
| **200 SX** | | | | | | |
| 2-dr Dlx Notchbk | 200 | 400 | 550 | 1100 | 2000 | 2900 |
| 2-dr Dlx Htchbk | 200 | 400 | 550 | 1100 | 2000 | 2900 |
| 2-dr XE Notchbk | 200 | 450 | 650 | 1300 | 2200 | 3200 |
| 2-dr XE Htchbk | 200 | 450 | 650 | 1300 | 2200 | 3200 |
| 2-dr Turbo Htchbk | 250 | 500 | 750 | 1400 | 2400 | 3400 |
| **Maxima** | | | | | | |
| 4-dr GL Sdn | 300 | 650 | 1150 | 2300 | 3900 | 5700 |
| 4-dr GL Wgn | 300 | 650 | 1150 | 2300 | 3900 | 5700 |
| **300ZX** | | | | | | |
| 2-dr Cpe | 300 | 700 | 1200 | 2400 | 4100 | 5900 |
| 2-dr GL Cpe 2 + 2 | 300 | 650 | 1150 | 2300 | 3900 | 5700 |
| 2-dr Turbo Cpe | 300 | 700 | 1200 | 2400 | 4100 | 5900 |
| 2-dr Annv Cpe | 350 | 850 | 1400 | 2800 | 4900 | 7100 |
| **1985** | | | | | | |
| **Sentra** | | | | | | |
| 2-dr Sdn | 200 | 400 | 550 | 1100 | 2000 | 2900 |
| 2-dr MPG Sdn | 200 | 400 | 550 | 1100 | 2000 | 2900 |
| 2-dr Dlx Sdn | 200 | 400 | 550 | 1100 | 2000 | 2900 |
| 4-dr Dlx Sdn | 200 | 400 | 600 | 1200 | 2100 | 3000 |
| 4-dr Dlx Wgn | 200 | 450 | 650 | 1300 | 2200 | 3200 |
| 2-dr XE Sdn | 200 | 450 | 650 | 1300 | 2200 | 3200 |
| 4-dr XE Sdn | 200 | 450 | 650 | 1300 | 2200 | 3200 |
| 2-dr XE Htchbk Cpe | 200 | 450 | 650 | 1300 | 2200 | 3200 |

| | 6 | 5 | 4 | 3 | 2 | 1 |
|---|---|---|---|---|---|---|
| 4-dr XE Wgn | 200 | 450 | 650 | 1300 | 2200 | 3200 |
| 2-dr SE Htchbk Cpe | 200 | 450 | 650 | 1300 | 2200 | 3200 |
| **Stanza** | | | | | | |
| 4-dr XE Htchbk | 250 | 500 | 750 | 1500 | 2600 | 3600 |
| 4-dr GL Sdn | 300 | 550 | 800 | 1600 | 2800 | 3900 |
| **Pulsar** | | | | | | |
| 2-dr NX Cpe | 200 | 450 | 650 | 1300 | 2200 | 3200 |
| **200 SX** | | | | | | |
| 2-dr Dlx Notchbk | 200 | 400 | 550 | 1100 | 2000 | 2900 |
| 2-dr Dlx Htchbk | 200 | 400 | 550 | 1100 | 2000 | 2900 |
| 2-dr XE Notchbk | 200 | 450 | 650 | 1300 | 2200 | 3200 |
| 2-dr XE Htchbk | 200 | 450 | 650 | 1300 | 2200 | 3200 |
| 2-dr Turbo Htchbk | 250 | 500 | 750 | 1400 | 2400 | 3400 |
| **Maxima** | | | | | | |
| 4-dr SE Sdn | 300 | 800 | 1350 | 2700 | 4700 | 6900 |
| 4-dr GL Sdn | 350 | 900 | 1500 | 2900 | 5200 | 7400 |
| 4-dr GL Wgn | 350 | 900 | 1500 | 2900 | 5200 | 7400 |
| **300ZX** | | | | | | |
| 2-dr Cpe | 300 | 750 | 1250 | 2500 | 4400 | 6200 |
| 2-dr Cpe 2 + 2 | 300 | 700 | 1200 | 2400 | 4100 | 5900 |
| 2-dr Turbo Cpe | 300 | 750 | 1250 | 2500 | 4400 | 6200 |
| ***1986*** | | | | | | |
| **Sentra** | | | | | | |
| 2-dr Sdn | 200 | 450 | 650 | 1300 | 2200 | 3200 |
| 2-dr MPG Sdn | 200 | 450 | 650 | 1300 | 2200 | 3200 |
| 2-dr Dlx Sdn | 200 | 450 | 650 | 1300 | 2200 | 3200 |
| 4-dr Dlx Sdn | 250 | 500 | 750 | 1400 | 2400 | 3400 |
| 4-dr Dlx Wgn | 250 | 500 | 750 | 1400 | 2400 | 3400 |
| 2-dr XE Sdn | 250 | 500 | 750 | 1400 | 2400 | 3400 |
| 4-dr XE Sdn | 250 | 500 | 750 | 1400 | 2400 | 3400 |
| 2-dr XE Htchbk Cpe | 250 | 500 | 750 | 1400 | 2400 | 3400 |
| 4-dr XE Wgn | 250 | 500 | 750 | 1400 | 2400 | 3400 |
| 2-dr SE Htchbk Cpe | 250 | 500 | 750 | 1400 | 2400 | 3400 |
| **Stanza** | | | | | | |
| 4-dr XE Htchbk | 300 | 600 | 950 | 1900 | 3200 | 4600 |
| 4-dr GL Sdn | 300 | 650 | 950 | 1900 | 3200 | 4600 |
| 4-dr XE Wgn | 300 | 650 | 950 | 1900 | 3200 | 4600 |
| 4-dr XE 4WD Wgn | 300 | 650 | 1000 | 2000 | 3500 | 4900 |
| **Pulsar** | | | | | | |
| 2-dr NX Cpe | 250 | 500 | 750 | 1400 | 2400 | 3400 |
| **200SX** | | | | | | |
| 2-dr E Notchbk | 200 | 450 | 650 | 1300 | 2200 | 3200 |
| 2-dr E Htchbk | 250 | 500 | 750 | 1400 | 2400 | 3400 |
| 2-dr XE Notchbk | 250 | 500 | 750 | 1500 | 2600 | 3600 |
| 2-dr XE Htchbk | 250 | 500 | 750 | 1500 | 2600 | 3600 |
| 2-dr Turbo Htchbk | 300 | 550 | 800 | 1600 | 2800 | 3900 |
| **Maxima** | | | | | | |
| 4-dr SE Sdn | 350 | 900 | 1500 | 3000 | 5300 | 7600 |
| 4-dr GL Sdn | 350 | 950 | 1550 | 3100 | 5500 | 7900 |
| 4-dr GL Wgn | 350 | 950 | 1550 | 3100 | 5500 | 7900 |
| **300ZX** | | | | | | |
| 2-dr Cpe | 350 | 850 | 1400 | 2800 | 4900 | 7100 |
| 2-dr Cpe 2 + 2 | 300 | 800 | 1350 | 2700 | 4700 | 6900 |
| 2-dr Turbo Cpe | 350 | 850 | 1400 | 2800 | 4900 | 7100 |

| | 6 | 5 | 4 | 3 | 2 | 1 |
|---|---|---|---|---|---|---|
| **1987** | | | | | | |
| **Sentra** | | | | | | |
| 2-dr Sdn | 300 | 600 | 850 | 1700 | 2900 | 4100 |
| 2-dr E Sdn | 300 | 600 | 850 | 1700 | 2900 | 4100 |
| 4-dr E Sdn | 300 | 600 | 900 | 1800 | 3100 | 4400 |
| 3-dr E Htchbk Sdn | 300 | 600 | 900 | 1800 | 3100 | 4400 |
| 4-dr E Wgn | 300 | 600 | 900 | 1800 | 3100 | 4400 |
| 2-dr XE Sdn | 300 | 600 | 900 | 1800 | 3100 | 4400 |
| 4-dr XE Sdn | 300 | 600 | 900 | 1800 | 3100 | 4400 |
| 2-dr XE Htchbk Sdn | 300 | 600 | 900 | 1800 | 3100 | 4400 |
| 2-dr XE Cpe | 300 | 600 | 900 | 1800 | 3100 | 4400 |
| 4-dr XE Wgn | 300 | 600 | 900 | 1800 | 3100 | 4400 |
| 4-dr GXE Sdn | 300 | 650 | 1100 | 2200 | 3800 | 5400 |
| 4-dr GXE Wgn | 300 | 650 | 1150 | 2300 | 3900 | 5700 |
| 2-dr SE Cpe | 300 | 750 | 1200 | 2400 | 4100 | 5900 |
| **Stanza** | | | | | | |
| 4-dr E Notchbk Sdn | 300 | 750 | 1200 | 2400 | 4100 | 5900 |
| 5-dr XE Htchbk Sdn | 300 | 800 | 1300 | 2600 | 4600 | 6600 |
| 4-dr XE Wgn | 300 | 650 | 1150 | 2300 | 3900 | 5700 |
| 4-dr XE 4WD Wgn | 300 | 750 | 1200 | 2400 | 4100 | 5900 |
| 4-dr GXE Notchbk Sdn | 300 | 700 | 1200 | 2400 | 4100 | 5900 |
| **Pulsar NX** | | | | | | |
| 3-dr XE Htchbk Cpe | 300 | 650 | 1000 | 2000 | 3500 | 4900 |
| 3-dr SE Htchbk Cpe | 300 | 650 | 1100 | 2200 | 3800 | 5400 |
| **200SX** | | | | | | |
| 2-dr XE Notchbk | 300 | 600 | 850 | 1700 | 2900 | 4100 |
| 2-dr XE Htchbk | 300 | 600 | 900 | 1800 | 3100 | 4400 |
| 2-dr SE Htchbk | 300 | 650 | 1150 | 2300 | 3900 | 5700 |
| **Maxima** | | | | | | |
| 4-dr GXE Sdn | 400 | 1100 | 1800 | 3600 | 6200 | 9100 |
| 4-dr GXE Wgn | 400 | 1100 | 1800 | 3600 | 6200 | 9100 |
| 4-dr SE Sdn | 400 | 1100 | 1800 | 3600 | 6200 | 9100 |
| **300ZX** | | | | | | |
| 2-dr GS Htchbk Cpe | 350 | 1000 | 1600 | 3200 | 5700 | 8100 |
| 2-dr GS Htchbk Cpe 2 + 2 | 350 | 1000 | 1600 | 3200 | 5700 | 8100 |
| 2-dr Turbo Cpe | 350 | 1000 | 1600 | 3200 | 5700 | 8100 |
| **1988** | | | | | | |
| **Sentra** | | | | | | |
| 2-dr Sdn | 300 | 600 | 950 | 1900 | 3200 | 4600 |
| 2-dr E Sdn | 300 | 650 | 1000 | 2000 | 3500 | 4900 |
| 4-dr E Sdn | 300 | 650 | 1000 | 2000 | 3500 | 4900 |
| 3-dr E Htchbk Sdn | 300 | 650 | 1000 | 2000 | 3500 | 4900 |
| 5-dr E Wgn | 300 | 650 | 1000 | 2000 | 3500 | 4900 |
| 2-dr XE Sdn | 300 | 650 | 1100 | 2100 | 3600 | 5100 |
| 4-dr XE Sdn | 300 | 650 | 1100 | 2100 | 3600 | 5100 |
| 2-dr XE Cpe | 300 | 650 | 1100 | 2100 | 3600 | 5100 |
| 5-dr 4WD XE Wgn | 300 | 650 | 1100 | 2200 | 3800 | 5400 |
| 4-dr GXE Sdn | 300 | 700 | 1200 | 2400 | 4100 | 5900 |
| 2-dr SE Cpe | 300 | 800 | 1300 | 2600 | 4600 | 6600 |
| **Stanza** | | | | | | |
| 4-dr E Notchbk Sdn | 350 | 850 | 1400 | 2800 | 4900 | 7100 |
| 4-dr XE Wgn | 300 | 800 | 1350 | 2700 | 4700 | 6900 |
| 4-dr XE 4WD Wgn | 350 | 900 | 1500 | 2900 | 5200 | 7400 |
| 4-dr GXE Notchbk Sdn | 350 | 850 | 1400 | 2800 | 4900 | 7100 |
| **Pulsar NX** | | | | | | |
| 3-dr XE Htchbk Cpe | 300 | 650 | 1150 | 2300 | 3900 | 5700 |
| 3-dr SE Htchbk Cpe | 300 | 750 | 1250 | 2500 | 4400 | 6200 |

| | 6 | 5 | 4 | 3 | 2 | 1 |
|---|---|---|---|---|---|---|
| **200SX** | | | | | | |
| 2-dr XE Notchbk Cpe | 300 | 650 | 1000 | 2000 | 3500 | 4900 |
| 2-dr XE Htchbk Cpe | 300 | 650 | 1000 | 2000 | 3500 | 4900 |
| 2-dr SE Htchbk Cpe | 300 | 800 | 1350 | 2700 | 4700 | 6900 |
| **Maxima** | | | | | | |
| 4-dr GXE Sdn | 450 | 1250 | 2050 | 4100 | 7100 | 10300 |
| 4-dr GXE Wgn | 450 | 1250 | 2050 | 4100 | 7100 | 10300 |
| 4-dr SE Sdn | 450 | 1250 | 2050 | 4100 | 7100 | 10300 |
| **300ZX** | | | | | | |
| 2-dr GS Htchbk Cpe | 400 | 1150 | 1850 | 3700 | 6400 | 9300 |
| 2-dr GS Htchbk Cpe 2 + 2 | 400 | 1150 | 1850 | 3700 | 6400 | 9300 |
| 2-dr Turbo Cpe | 400 | 1150 | 1850 | 3700 | 6400 | 9300 |
| ***1989*** | | | | | | |
| **Sentra** | | | | | | |
| 2-dr Sdn | 300 | 650 | 1000 | 2100 | 3600 | 5100 |
| 2-dr E Sdn | 300 | 650 | 1100 | 2200 | 3800 | 5400 |
| 4-dr E Sdn | 300 | 650 | 1150 | 2300 | 3900 | 5700 |
| 5-dr E Wgn | 300 | 650 | 1150 | 2300 | 3900 | 5700 |
| 2-dr XE Sdn | 300 | 650 | 1150 | 2300 | 3900 | 5700 |
| 4-dr XE Sdn | 300 | 650 | 1150 | 2300 | 3900 | 5700 |
| 2-dr XE Cpe | 300 | 700 | 1200 | 2400 | 4100 | 5900 |
| 5-dr XE Wgn | 300 | 700 | 1200 | 2400 | 4100 | 5900 |
| 5-dr 4WD XE Wgn | 300 | 750 | 1250 | 2500 | 4400 | 6200 |
| 2-dr SE Cpe | 350 | 850 | 1400 | 2800 | 4900 | 7100 |
| **Stanza** | | | | | | |
| 4-dr E Notchbk Sdn | 400 | 1050 | 1700 | 3300 | 5800 | 8300 |
| 4-dr GXE Notchbk Sdn | 400 | 1050 | 1700 | 3300 | 5800 | 8300 |
| **Pulsar NX** | | | | | | |
| 3-dr XE Htchbk Cpe | 300 | 800 | 1300 | 2600 | 4600 | 6600 |
| 3-dr SE Htchbk Cpe | 350 | 850 | 1400 | 2800 | 4900 | 7100 |
| **240SX** | | | | | | |
| 2-dr XE Cpe | 400 | 1150 | 1850 | 3700 | 6400 | 9300 |
| 2-dr SE Fstbk | 400 | 1200 | 1900 | 3800 | 6600 | 9600 |
| **Maxima** | | | | | | |
| 4-dr GXE Sdn | 550 | 1400 | 2400 | 4800 | 8300 | 11800 |
| 4-dr SE Sdn | 550 | 1500 | 2500 | 5100 | 8800 | 12500 |
| **300ZX** | | | | | | |
| 2-dr GS Cpe | 450 | 1250 | 2150 | 4300 | 7400 | 10700 |
| 2-dr GS Cpe 2 + 2 | 450 | 1250 | 2150 | 4300 | 7400 | 10700 |
| 2-dr Turbo Cpe | 450 | 1250 | 2150 | 4300 | 7400 | 10700 |
| ***1990*** | | | | | | |
| **Sentra** | | | | | | |
| 2-dr Sdn | 300 | 800 | 1300 | 2600 | 4600 | 6600 |
| 2-dr XE Sdn | 350 | 850 | 1400 | 2800 | 4900 | 7100 |
| 4-dr XE Sdn | 350 | 850 | 1400 | 2800 | 4900 | 7100 |
| 2-dr XE Spt Cpe | 350 | 900 | 1500 | 2900 | 5200 | 7400 |
| 5-dr XE Wgn | 350 | 900 | 1500 | 2900 | 5200 | 7400 |
| 2-dr SE Cpe | 350 | 1000 | 1600 | 3200 | 5700 | 8100 |
| **Stanza** | | | | | | |
| 4-dr XE Sdn | 400 | 1050 | 1700 | 3400 | 5900 | 8500 |
| 4-dr GXE Sdn | 400 | 1200 | 1900 | 3800 | 6600 | 9600 |
| **Pulsar NX** | | | | | | |
| 3-dr XE Htchbk Cpe | 350 | 900 | 1500 | 3000 | 5300 | 7600 |
| **240SX** | | | | | | |
| 2-dr XE Cpe | 450 | 1250 | 2150 | 4300 | 7400 | 10700 |
| 2-dr SE Fstbk | 450 | 1250 | 2200 | 4400 | 7600 | 10900 |

|  | 6 | 5 | 4 | 3 | 2 | 1 |
|---|---|---|---|---|---|---|
| **Axxess** | | | | | | |
| 4-dr XE Wgn | 500 | 1300 | 2250 | 4500 | 7700 | 11000 |
| 4-dr XE 4WD Wgn | 500 | 1350 | 2300 | 4600 | 8000 | 11300 |
| **Maxima** | | | | | | |
| 4-dr GXE Sdn | 600 | 1600 | 2750 | 5500 | 9500 | 13800 |
| 4-dr SE Sdn | 600 | 1650 | 2900 | 5800 | 10000 | 14500 |
| **300ZX** | | | | | | |
| 2-dr GS Cpe | 900 | 2800 | 4700 | 9400 | 16500 | 23400 |
| 2-dr GS Cpe 2 + 2 | 950 | 2950 | 4950 | 9900 | 17500 | 24700 |
| 2-dr Turbo Cpe | 1050 | 3350 | 5600 | 11200 | 19700 | 28000 |
| | | | | | | |
| ***1991*** | | | | | | |
| **Sentra** | | | | | | |
| 2-dr E Sedan | 350 | 950 | 1550 | 3100 | 5500 | 7900 |
| 4-dr E Sedan | 350 | 1000 | 1600 | 3200 | 5700 | 8100 |
| 2-dr XE Sedan | 400 | 1050 | 1700 | 3300 | 5800 | 8300 |
| 4-dr XE Sedan | 400 | 1050 | 1700 | 3400 | 5900 | 8500 |
| 2-dr SE Sedan | 400 | 1050 | 1700 | 3400 | 5900 | 8500 |
| 2-dr SE-R Sedan | 400 | 1200 | 1950 | 3900 | 6800 | 9900 |
| 4-dr GXE Sedan | 400 | 1100 | 1800 | 3600 | 6200 | 9100 |
| **Stanza** | | | | | | |
| 4-dr XE Notchbk Sdn | 400 | 1200 | 2000 | 4000 | 6900 | 10000 |
| 4-dr GXE Notchbk Sdn | 450 | 1250 | 2200 | 4400 | 7600 | 10900 |
| **NX** | | | | | | |
| 3-dr 1600 Htchbk Cpe | 400 | 1200 | 1900 | 3800 | 6600 | 9600 |
| 3-dr 2000 Htchbk Cpe | 450 | 1250 | 2150 | 4300 | 7400 | 10700 |
| **240SX** | | | | | | |
| 2-dr Cpe | 550 | 1500 | 2500 | 5000 | 8700 | 12300 |
| 2-dr Fstbk | 550 | 1500 | 2500 | 5100 | 8800 | 12500 |
| 2-dr LE Fastback | 550 | 1500 | 2500 | 5100 | 8800 | 12500 |
| 2-dr SE Coupe | 550 | 1500 | 2500 | 5100 | 8800 | 12500 |
| 2-dr SE Fastback | 550 | 1550 | 2600 | 5200 | 9000 | 12800 |
| **Maxima** | | | | | | |
| 4-dr GXE Sdn | 650 | 1750 | 3150 | 6300 | 10900 | 15700 |
| 4-dr SE Sdn | 700 | 1850 | 3300 | 6600 | 11300 | 16300 |
| **300ZX** | | | | | | |
| 2-dr GS Cpe | 1000 | 3200 | 5350 | 10700 | 18900 | 26700 |
| 2-dr GS Cpe 2 + 2 | 1050 | 3350 | 5600 | 11200 | 19700 | 28000 |
| 2-dr Turbo Cpe | 1200 | 3800 | 6350 | 12700 | 22400 | 31700 |

# DETOMASO
## 1967 – 1989

'69 Detomaso Mangusta

'72 Detomaso Pantera

|  | 6 | 5 | 4 | 3 | 2 | 1 |
|---|---|---|---|---|---|---|
| **1967** | | | | | | |
| **Vallelunga** | | | | | | |
| 2-dr Cpe | 4500 | 13350 | 22500 | 45000 | 79000 | 112300 |
| **Mangusta** | | | | | | |
| 2-dr Cpe | 2800 | 8300 | 14000 | 28000 | 49200 | 69900 |
| **1968** | | | | | | |
| **Mangusta** | | | | | | |
| 2-dr Cpe | 2800 | 8300 | 14000 | 28000 | 49200 | 69900 |
| **1969** | | | | | | |
| **Mangusta** | | | | | | |
| 2-dr Cpe | 2800 | 8300 | 14000 | 28000 | 49200 | 69900 |
| **1970** | | | | | | |
| **Mangusta** | | | | | | |
| 2-dr Cpe | 2800 | 8300 | 14000 | 28000 | 49200 | 69900 |
| **Pantera** | | | | | | |
| 2-dr Cpe | 2200 | 6350 | 10750 | 21500 | 37800 | 53700 |
| 2-dr GTS Cpe | 2350 | 6950 | 11750 | 23500 | 41300 | 58700 |
| **1971** | | | | | | |
| **Mangusta** | | | | | | |
| 2-dr Cpe | 2800 | 8300 | 14000 | 28000 | 49200 | 69900 |
| **Pantera** | | | | | | |
| 2-dr Cpe | 2200 | 6350 | 10750 | 21500 | 37800 | 53700 |
| 2-dr GTS Cpe | 2350 | 6950 | 11750 | 23500 | 41300 | 58700 |
| **1972** | | | | | | |
| **Mangusta** | | | | | | |
| 2-dr Cpe | 2800 | 8300 | 14000 | 28000 | 49200 | 69900 |
| **Pantera** | | | | | | |
| 2-dr Cpe | 2200 | 6350 | 10750 | 21500 | 37800 | 53700 |
| 2-dr GTS Cpe | 2350 | 6950 | 11750 | 23500 | 41300 | 58700 |

|  | 6 | 5 | 4 | 3 | 2 | 1 |
|---|---|---|---|---|---|---|
| **1973** | | | | | | |
| **Pantera II** | | | | | | |
| 2-dr Cpe | 2250 | 6550 | 11000 | 22000 | 38650 | 55000 |
| 2-dr GTS Cpe | 2400 | 7100 | 12000 | 24000 | 42150 | 59900 |
| **1974** | | | | | | |
| **Pantera II** | | | | | | |
| 2-dr Cpe | 2250 | 6550 | 11000 | 22000 | 38650 | 55000 |
| 2-dr GTS Cpe | 2400 | 7100 | 12000 | 24000 | 42150 | 59900 |
| **1981** | | | | | | |
| **Pantera GT** | | | | | | |
| 2-dr Cpe | 2500 | 7350 | 12450 | 24900 | 43700 | 62100 |
| **1982** | | | | | | |
| **Pantera GT** | | | | | | |
| 2-dr Cpe | 2500 | 7350 | 12450 | 24900 | 43700 | 62100 |
| **1983** | | | | | | |
| **Pantera GT** | | | | | | |
| 2-dr Cpe | 2500 | 7350 | 12450 | 24900 | 43700 | 62100 |
| **1984** | | | | | | |
| **Pantera GT** | | | | | | |
| 2-dr Cpe | 2700 | 8000 | 13450 | 26900 | 47200 | 67100 |
| **1985** | | | | | | |
| **Longchamp GTS** | | | | | | |
| 2-dr Cpe | 2500 | 7350 | 12450 | 24900 | 43700 | 62100 |
| **Pantera GT** | | | | | | |
| 2-dr Cpe | 2700 | 8000 | 13450 | 26900 | 47200 | 67100 |
| **1986** | | | | | | |
| **Pantera GT** | | | | | | |
| 2-dr Cpe | 2800 | 8300 | 13950 | 27900 | 49000 | 69600 |
| **1987** | | | | | | |
| **Pantera GT** | | | | | | |
| 2-dr Cpe | 2800 | 8300 | 13950 | 27900 | 49000 | 69600 |
| **1988** | | | | | | |
| **Pantera GT** | | | | | | |
| 2-dr Cpe | 2900 | 8600 | 14450 | 28900 | 50700 | 72100 |
| **1989** | | | | | | |
| **Pantera GT** | | | | | | |
| 2-dr Cpe | 2900 | 8600 | 14450 | 28900 | 50700 | 72100 |

# DELOREAN
## 1981 – 1982

| | 6 | 5 | 4 | 3 | 2 | 1 |
|---|---|---|---|---|---|---|
| **1981** | | | | | | |
| **DMC-12, 6-cyl., 95" wb** | | | | | | |
| 2-dr Spt Cpe | 1200 | 3850 | 6450 | 12900 | 22700 | 32200 |
| **1982** | | | | | | |
| **DMC-12, 6-cyl., 95" wb** | | | | | | |
| 2-dr Spt Cpe | 1200 | 3850 | 6450 | 12900 | 22700 | 32200 |

# FERRARI
## 1954 – 1991

'67 Ferrari 330GT

'71 Ferrari Daytona Coupe

| | 6 | 5 | 4 | 3 | 2 | 1 |
|---|---|---|---|---|---|---|
| **1954** | | | | | | |
| **Type 250 Europa, V-12** | | | | | | |
| Europa 2-dr Cpe 2 + 2 | 11900 | 35350 | 59500 | 119000 | 209000 | 297000 |
| Europa 2-dr Cabrlt | 16500 | 49000 | 82500 | 165000 | 289700 | 411900 |
| **Type 250 GT, V-12** | | | | | | |
| GT Boano 2-dr Cpe | 8300 | 24650 | 41500 | 83000 | 145700 | 207200 |
| **1955** | | | | | | |
| **Type 250 Europa, V-12** | | | | | | |
| Europa 2-dr Cpe 2 + 2 | 11900 | 35300 | 59500 | 119000 | 209000 | 297000 |
| Europa 2-dr Cabrlt | 16500 | 49000 | 82500 | 165000 | 289700 | 411900 |
| **Type 250 GT, V-12** | | | | | | |
| GT Boano 2-dr Cpe | 8300 | 24650 | 41500 | 83000 | 145700 | 207200 |

|  | 6 | 5 | 4 | 3 | 2 | 1 |
|---|---|---|---|---|---|---|
| **1956** | | | | | | |
| **Type 250 GT, V-12** | | | | | | |
| GT Boano 2-dr Cpe | 8300 | 24650 | 41500 | 83000 | 145700 | 207200 |
| California 2-dr Conv | 45000 | 133700 | 225000 | 450000 | 790200 | 1123000 |
| **Type 410 Superamerica, V-12** | | | | | | |
| 2-dr Cpe | 13500 | 40100 | 67500 | 135000 | 237000 | 337000 |
| **1957** | | | | | | |
| **Type 250 GT, V-12** | | | | | | |
| GT Boano 2-dr Cpe | 8300 | 24650 | 41500 | 83000 | 145700 | 207200 |
| California 2-dr Conv | 42500 | 126250 | 212500 | 425000 | 746300 | 1060900 |
| **Type 410 Superamerica, V-12** | | | | | | |
| 2-dr Cpe | 13500 | 40100 | 67500 | 135000 | 237000 | 337000 |
| **1958** | | | | | | |
| **Type 250 GT, V-12** | | | | | | |
| GT Boano 2-dr Cpe | 8300 | 24650 | 41500 | 83000 | 145700 | 207200 |
| California 2-dr Conv | 42500 | 126250 | 212500 | 425000 | 746300 | 1060900 |
| **Type 410 Superamerica, V-12** | | | | | | |
| 2-dr Cpe | 13500 | 40100 | 67500 | 135000 | 237000 | 337000 |
| **1959** | | | | | | |
| **Type 250 GT, V-12** | | | | | | |
| GT 2-dr Cpe | 5900 | 17550 | 29500 | 59000 | 103600 | 147300 |
| California 2-dr Conv | 42500 | 126250 | 212500 | 425000 | 746300 | 1060900 |
| **Type 410 Superamerica, V-12** | | | | | | |
| 2-dr Cpe | 13500 | 40100 | 67500 | 135000 | 237000 | 337000 |
| **1960** | | | | | | |
| **Type 250 GT, V-12** | | | | | | |
| GT lwb 2-dr Cpe | 10000 | 29700 | 50000 | 100000 | 175600 | 249600 |
| GT swb 2-dr Cpe | 12000 | 35650 | 60000 | 120000 | 210700 | 299500 |
| California 2-dr Conv | 57500 | 170800 | 287500 | 575000 | 1009700 | 1435300 |
| **Type 250 GT 2+2, V-12** | | | | | | |
| GT 2-dr Cpe 2 + 2 | 3800 | 11300 | 19000 | 38000 | 66700 | 94900 |
| **Type 400 Superamerica** | | | | | | |
| 2-dr Cpe | 13500 | 40100 | 67500 | 135000 | 237000 | 337000 |
| **1961** | | | | | | |
| **Type 250 GT, V-12** | | | | | | |
| GT lwb 2-dr Cpe | 10000 | 29700 | 50000 | 100000 | 175600 | 249600 |
| GT swb 2-dr Cpe | 12000 | 35650 | 60000 | 120000 | 210700 | 299500 |
| California 2-dr Conv | 57500 | 170800 | 287500 | 575000 | 1009700 | 1435300 |
| **Type 250 GT 2+2, V-12** | | | | | | |
| GT 2-dr Cpe 2 + 2 | 3800 | 11300 | 19000 | 38000 | 66700 | 94900 |
| **Type 400 Superamerica** | | | | | | |
| 2-dr Cpe | 13500 | 40100 | 67500 | 135000 | 237000 | 337000 |
| **1962** | | | | | | |
| **Type 250 GT, V-12** | | | | | | |
| GT lwb 2-dr Cpe | 10000 | 29700 | 50000 | 100000 | 175600 | 249600 |
| GT swb 2-dr Cpe | 12000 | 35650 | 60000 | 120000 | 210700 | 299500 |
| California 2-dr Conv | 57500 | 170800 | 287500 | 575000 | 1009700 | 1435300 |
| **Type 250 GT 2+2, V-12** | | | | | | |
| GT 2-dr Cpe 2 + 2 | 3800 | 11300 | 19000 | 38000 | 66700 | 94900 |
| **Type 400 Superamerica** | | | | | | |
| 2-dr Cpe | 13500 | 40100 | 67500 | 135000 | 237000 | 337000 |
| **1963** | | | | | | |
| **Type 250 GT, V-12** | | | | | | |
| GT swb 2-dr Cpe | 12000 | 35650 | 60000 | 120000 | 210700 | 299500 |
| California 2-dr Conv | 57500 | 170800 | 287500 | 575000 | 1009700 | 1435300 |
| **Type 250 GT 2+2** | | | | | | |
| GT 2-dr Cpe 2 + 2 | 3800 | 11300 | 19000 | 38000 | 66700 | 94900 |

| | 6 | 5 | 4 | 3 | 2 | 1 |
|---|---|---|---|---|---|---|
| **Type 250 LM** | | | | | | |
| 2-dr Cpe | 51000 | 151500 | 255000 | 510000 | 895500 | 1273100 |
| **Type 400 Superamerica** | | | | | | |
| 2-dr Cpe | 13500 | 40100 | 67500 | 135000 | 237000 | 337000 |
| ***1964*** | | | | | | |
| **Type 250 GT, V-12** | | | | | | |
| GT swb 2-dr Cpe | 12000 | 35650 | 60000 | 120000 | 210700 | 299500 |
| **Type 250 LM (275 LM), V-12** | | | | | | |
| 2-dr Cpe | 51000 | 151500 | 255000 | 510000 | 895500 | 1273100 |
| **275 GTB/GTS, V-12** | | | | | | |
| GTB 2-dr Cpe | 14000 | 41600 | 70000 | 140000 | 245800 | 349500 |
| GTS 2-dr Conv Cpe | 12500 | 37150 | 62500 | 125000 | 219500 | 312000 |
| **330 GT 2+2, V-12** | | | | | | |
| GT 2-dr Cpe 2 + 2 | 3900 | 11600 | 19500 | 39000 | 68500 | 97400 |
| **Type 400 Superamerica, V-12** | | | | | | |
| 2-dr Cpe | 13500 | 40100 | 67500 | 135000 | 237000 | 337000 |
| **Type 500 Superfast, V-12** | | | | | | |
| 2-dr Cpe | 16000 | 47550 | 80000 | 160000 | 280900 | 399400 |
| ***1965*** | | | | | | |
| **Type 250 GT, V-12** | | | | | | |
| GT swb 2-dr Cpe | 12000 | 35650 | 60000 | 120000 | 210700 | 299500 |
| **Type 250 LM (275 LM), V-12** | | | | | | |
| 2-dr Cpe | 51000 | 151500 | 255000 | 510000 | 895500 | 1273100 |
| **275 GTB/GTS, V-12** | | | | | | |
| GTB 2-dr Cpe | 14000 | 41600 | 70000 | 140000 | 245800 | 349500 |
| GTS 2-dr Conv Cpe | 12500 | 37150 | 62500 | 125000 | 219500 | 312000 |
| **330 GT 2+2, V-12** | | | | | | |
| GT 2-dr Cpe 2 + 2 | 3900 | 11600 | 19500 | 39000 | 68500 | 97400 |
| **Type 400 Superamerica, V-12** | | | | | | |
| 2-dr Cpe | 13500 | 40100 | 67500 | 135000 | 237000 | 337000 |
| **Type 500 Superfast, V-12** | | | | | | |
| 2-dr Cpe | 16000 | 47550 | 80000 | 160000 | 280900 | 399400 |
| ***1966*** | | | | | | |
| **275 GTB/GTS, V-12** | | | | | | |
| GTB 2-dr Cpe | 14000 | 41600 | 70000 | 140000 | 245800 | 349500 |
| GTS 2-dr Conv Cpe | 12500 | 37150 | 62500 | 125000 | 219500 | 312000 |
| GTB/4 2-dr Cpe | 19000 | 56400 | 95000 | 190000 | 333600 | 474300 |
| **330 GT 2+2, V-12** | | | | | | |
| GT 2-dr Cpe 2 + 2 | 3900 | 11600 | 19500 | 39000 | 68500 | 97400 |
| **330 GTC/GTS, V-12** | | | | | | |
| GTC 2-dr Cpe | 5000 | 14850 | 25000 | 50000 | 87800 | 124800 |
| GTS 2-dr Conv Cpe | 17000 | 50500 | 85000 | 170000 | 298500 | 424400 |
| **Type 400 Superamerica, V-12** | | | | | | |
| 2-dr Cpe | 13500 | 40100 | 67500 | 135000 | 237000 | 337000 |
| **Type 500 Superfast, V-12** | | | | | | |
| 2-dr Cpe | 16000 | 47550 | 80000 | 160000 | 280900 | 399400 |
| ***1967*** | | | | | | |
| **206 Dino GT, 4-cyl.** | | | | | | |
| Dino 2-dr Cpe | 4500 | 13350 | 22500 | 45000 | 79000 | 112300 |
| **275 GTB/4, V-12** | | | | | | |
| GTB/4 2-dr Cpe | 19000 | 56400 | 95000 | 190000 | 333600 | 474300 |
| **330 GT 2+2, V-12** | | | | | | |
| GT 2-dr Cpe 2 + 2 | 3900 | 11600 | 19500 | 39000 | 68500 | 97400 |
| **330 GTC/GTS, V-12** | | | | | | |
| GTC 2-dr Cpe | 5000 | 14850 | 25000 | 50000 | 87800 | 124800 |
| GTS 2-dr Conv Cpe | 17000 | 50500 | 85000 | 170000 | 298500 | 424400 |
| **365 GT 2+2, V-12** | | | | | | |
| GT 2-dr Cpe 2 + 2 | 4100 | 12200 | 20500 | 41000 | 72000 | 102300 |

| | 6 | 5 | 4 | 3 | 2 | 1 |
|---|---|---|---|---|---|---|
| **1968** | | | | | | |
| **206 Dino GT, 6-cyl.** | | | | | | |
| Dino 2-dr Cpe | 4500 | 13350 | 22500 | 45000 | 79000 | 112300 |
| **275 GTB/4, V-12** | | | | | | |
| GTB/4 2-dr Cpe | 19000 | 56400 | 95000 | 190000 | 333600 | 474300 |
| **330 GT 2+2, V-12** | | | | | | |
| GT 2-dr Cpe 2 + 2 | 3900 | 11600 | 19500 | 39000 | 68500 | 97400 |
| **330 GTC/GTS, V-12** | | | | | | |
| GTC 2-dr Cpe | 5000 | 14850 | 25000 | 50000 | 87800 | 124800 |
| GTS 2-dr Conv Cpe | 17000 | 50500 | 85000 | 170000 | 298500 | 424400 |
| **365 GTC/GTS, V-12** | | | | | | |
| GTC 2-dr Cpe | 6900 | 20500 | 34500 | 69000 | 121200 | 172200 |
| GTS 2-dr Conv Cpe | 21000 | 62400 | 105000 | 210000 | 368700 | 524200 |
| **365 GT 2+2, V-12** | | | | | | |
| GT 2-dr Cpe | 4100 | 12200 | 20500 | 41000 | 72000 | 102300 |
| **365 GTB/4 Daytona, V-12** | | | | | | |
| GTB/4 2-dr Cpe | 11900 | 35350 | 59500 | 119000 | 209000 | 297000 |
| **1969** | | | | | | |
| **206 Dino GT, 6-cyl.** | | | | | | |
| Dino 2-dr Cpe | 4500 | 13350 | 22500 | 45000 | 79000 | 112300 |
| **246 Dino GT, 6-cyl.** | | | | | | |
| Dino 2-dr Cpe | 3900 | 11600 | 19500 | 39000 | 68500 | 97400 |
| **365 GTC/GTS, V-12** | | | | | | |
| GTC 2-dr Cpe | 6900 | 20500 | 34500 | 69000 | 121200 | 172200 |
| GTS 2-dr Conv Cpe | 21000 | 62400 | 105000 | 210000 | 368700 | 524200 |
| **365 GT 2+2, V-12** | | | | | | |
| GT 2-dr Cpe 2 + 2 | 4100 | 12200 | 20500 | 41000 | 72000 | 102300 |
| **365 GTB/4 Daytona, V-12** | | | | | | |
| GTB/4 2-dr Cpe | 11900 | 35350 | 59500 | 119000 | 209000 | 297000 |
| GTS/4 2-dr Conv Cpe | 25000 | 74250 | 125000 | 250000 | 439000 | 624100 |
| **365 GTC/4 (1971), V-12** | | | | | | |
| GTC/4 2-dr Cpe | 4000 | 11900 | 20000 | 40000 | 70200 | 99800 |
| **1970** | | | | | | |
| **206 Dino GT, 6-cyl.** | | | | | | |
| Dino 2-dr Cpe | 4500 | 13350 | 22500 | 45000 | 79000 | 112300 |
| **246 Dino GT, 6-cyl.** | | | | | | |
| Dino 2-dr Cpe | 3900 | 11600 | 19500 | 39000 | 68500 | 97400 |
| **365 GTC/GTS, V-12** | | | | | | |
| GTC 2-dr Cpe | 6900 | 20500 | 34500 | 69000 | 121200 | 172200 |
| GTS 2-dr Conv Cpe | 21000 | 62400 | 105000 | 210000 | 368700 | 524200 |
| **365 GT 2+2, V-12** | | | | | | |
| GT 2-dr Cpe 2 + 2 | 4100 | 12200 | 20500 | 41000 | 72000 | 102300 |
| **365 GTB/4 Daytona, V-12** | | | | | | |
| GTB/4 2-dr Cpe | 11900 | 35350 | 59500 | 119000 | 209000 | 297000 |
| GTS/4 2-dr Conv Cpe | 25000 | 74250 | 125000 | 250000 | 439000 | 624100 |
| **365 GTC/4 (1971), V-12** | | | | | | |
| GTC/4 2-dr Cpe | 4000 | 11900 | 20000 | 40000 | 70200 | 99800 |
| **1971** | | | | | | |
| **206 Dino GT, 6-cyl.** | | | | | | |
| Dino 2-dr Cpe | 4500 | 13350 | 22500 | 45000 | 79000 | 112300 |
| **246 Dino GT, 6-cyl.** | | | | | | |
| Dino 2-dr Cpe | 3900 | 11600 | 19500 | 39000 | 68500 | 97400 |
| **365 GTC/GTS, V-12** | | | | | | |
| GTC 2-dr Cpe | 6900 | 20500 | 34500 | 69000 | 121200 | 172200 |
| GTS 2-dr Conv Cpe | 21000 | 62400 | 105000 | 210000 | 368700 | 524200 |
| **365 GT 2+2, V-12** | | | | | | |
| GT 2-dr Cpe 2 + 2 | 4100 | 12200 | 20500 | 41000 | 72000 | 102300 |
| **365 GTB/4 Daytona, V-12** | | | | | | |
| GTB/4 2-dr Cpe | 11900 | 35350 | 59500 | 119000 | 209000 | 297000 |
| GTS/4 2-dr Conv Cpe | 25000 | 74250 | 125000 | 250000 | 439000 | 624100 |

| | 6 | 5 | 4 | 3 | 2 | 1 |
|---|---|---|---|---|---|---|
| **365 GTC/4 (1971), V-12** | | | | | | |
| GTC/4 2-dr Cpe | 4000 | 11900 | 20000 | 40000 | 70200 | 99800 |
| ***1972*** | | | | | | |
| **246 Dino, 6-cyl.** | | | | | | |
| GT 2-dr Cpe | 3900 | 11600 | 19500 | 39000 | 68500 | 97400 |
| GTS 2-dr Targa Cpe | 4900 | 14550 | 24500 | 49000 | 86000 | 122300 |
| **365 GTB/4 Daytona, V-12** | | | | | | |
| GTB/4 2-dr Cpe | 11900 | 35350 | 59500 | 119000 | 209000 | 297000 |
| GTS/4 2-dr Conv Cpe | 25000 | 74250 | 125000 | 250000 | 439000 | 624100 |
| **GTC/4, V-12** | | | | | | |
| GTC/4 2-dr Cpe | 4000 | 11900 | 20000 | 40000 | 70200 | 98800 |
| **365 GT4 2+2, V-12** | | | | | | |
| GT4 2-dr Cpe 2 + 2 | 2250 | 6550 | 11000 | 22000 | 38650 | 55000 |
| ***1973*** | | | | | | |
| **246 Dino, 6-cyl.** | | | | | | |
| GT 2-dr Cpe | 3900 | 11600 | 19500 | 39000 | 68500 | 97400 |
| GTS 2-dr Targa Cpe | 4900 | 14550 | 24500 | 49000 | 86000 | 122300 |
| **Dino 308 GT4, V-8** | | | | | | |
| GT4 2-dr Cpe 2 + 2 | 1700 | 5050 | 8500 | 17000 | 29900 | 42500 |
| **365 GTB/4 Daytona, V-12** | | | | | | |
| GTB/4 2-dr Cpe | 11900 | 35350 | 59500 | 119000 | 209000 | 297000 |
| GTS/4 2-dr Conv Cpe | 25000 | 74250 | 125000 | 250000 | 439000 | 624100 |
| **365 GT4 2+2, V-12** | | | | | | |
| GT4 2-dr Cpe | 2250 | 6550 | 11000 | 22000 | 38650 | 55000 |
| ***1974*** | | | | | | |
| **Dino 308 GT4, V-8** | | | | | | |
| GT4 2-dr Cpe | 1700 | 5050 | 8500 | 17000 | 29900 | 42500 |
| **365 GTB/4 Daytona, V-12** | | | | | | |
| GTB/4 2-dr Cpe | 11900 | 35350 | 59500 | 119000 | 209000 | 297000 |
| GTS/4 2-dr Conv Cpe | 25000 | 74250 | 125000 | 250000 | 439000 | 624100 |
| **365 GT4 2+2, V-12** | | | | | | |
| GT4 2-dr Cpe 2 + 2 | 2250 | 6550 | 11000 | 22000 | 38650 | 55000 |
| **365 GT4 BB, V-12** | | | | | | |
| GT4 BB 2-dr Cpe | 5900 | 17550 | 29500 | 59000 | 103600 | 147300 |
| ***1975*** | | | | | | |
| **Dino 308 GT4, V-8** | | | | | | |
| GT4 2-dr Cpe 2 + 2 | 1700 | 5050 | 8500 | 17000 | 29900 | 42500 |
| **308 GTB, V-8** | | | | | | |
| GTB 2-dr Cpe | 3100 | 9200 | 15500 | 31000 | 54400 | 77400 |
| **365 GT4 BB, V-12** | | | | | | |
| GTB BB 2-dr Cpe | 5900 | 17550 | 29500 | 59000 | 103600 | 147300 |
| ***1976*** | | | | | | |
| **Dino 308 GT4, V-8** | | | | | | |
| GT4 2-dr Cpe 2 + 2 | 1700 | 5050 | 8500 | 17000 | 29900 | 42500 |
| **308 GTB/GTS, V-8** | | | | | | |
| GTB 2-dr Cpe | 3100 | 9200 | 15500 | 31000 | 54400 | 74400 |
| GTS 2-dr Targa Cpe | 3300 | 9800 | 16500 | 33000 | 57900 | 82400 |
| **365 GT4 BB, V-12** | | | | | | |
| GT4 BB 2-dr Cpe | 5900 | 17550 | 29500 | 59000 | 103600 | 147300 |
| **400i, V-12** | | | | | | |
| 2-dr Cpe 2 + 2 | 2250 | 6550 | 11000 | 22000 | 38650 | 55000 |
| **512 BB, V-12** | | | | | | |
| BB 2-dr Cpe | 5500 | 16350 | 27500 | 55000 | 96600 | 137300 |
| ***1977*** | | | | | | |
| **Dino 308 GT4, V-8** | | | | | | |
| GT4 2-dr Cpe 2 + 2 | 1700 | 5050 | 8500 | 17000 | 29900 | 42500 |

| | 6 | 5 | 4 | 3 | 2 | 1 |
|---|---|---|---|---|---|---|
| **308 GTB/GTS, V-8** | | | | | | |
| GTB 2-dr Cpe | 3100 | 9200 | 15500 | 31000 | 54400 | 74400 |
| GTS 2-dr Targa Cpe | 3300 | 9800 | 16500 | 33000 | 57900 | 82400 |
| **365 GT4 BB, V-12** | | | | | | |
| GT4 BB 2-dr Cpe | 5900 | 17550 | 29500 | 59000 | 103600 | 147300 |
| **400i, V-12** | | | | | | |
| 2-dr Cpe 2 + 2 | 2250 | 6550 | 11000 | 22000 | 38650 | 55000 |
| **512 BB, V-12** | | | | | | |
| BB 2-dr Cpe | 5500 | 16350 | 27500 | 55000 | 96600 | 137300 |
| *1978* | | | | | | |
| **Dino 308 GT4, V-8** | | | | | | |
| GT4 2-dr Cpe 2 + 2 | 1700 | 5050 | 8500 | 17000 | 29900 | 42500 |
| **308 GTB/GTS, V-8** | | | | | | |
| GTB 2-dr Cpe | 3100 | 9200 | 15500 | 31000 | 54400 | 74400 |
| GTS 2-dr Targa Cpe | 3300 | 9800 | 16500 | 33000 | 57900 | 82400 |
| **365 GT4 BB, V-12** | | | | | | |
| GT4 BB 2-dr Cpe | 5900 | 17550 | 29500 | 59000 | 103600 | 147300 |
| **400i, V-12** | | | | | | |
| 2-dr Cpe 2 + 2 | 2250 | 6550 | 11000 | 22000 | 38650 | 55000 |
| **512 BB, V-12** | | | | | | |
| BB 2-dr Cpe | 5500 | 16350 | 27500 | 55000 | 96600 | 137300 |
| *1979* | | | | | | |
| **Dino 308 GT4, V-8** | | | | | | |
| GT4 2-dr Cpe 2 + 2 | 1700 | 5050 | 8500 | 17000 | 29900 | 42500 |
| **308 GTB/GTS, V-8** | | | | | | |
| GTB 2-dr Cpe | 3100 | 9200 | 15500 | 31000 | 54400 | 74400 |
| GTS 2-dr Targa Cpe | 3300 | 9800 | 16500 | 33000 | 57900 | 82400 |
| **365 GT4 BB, V-12** | | | | | | |
| GT4 BB 2-dr Cpe | 5900 | 17550 | 29500 | 59000 | 103600 | 147300 |
| **400i, V-12** | | | | | | |
| 2-dr Cpe 2 + 2 | 2250 | 6550 | 11000 | 22000 | 38650 | 55000 |
| **512 BB, V-12** | | | | | | |
| BB 2-dr Cpe | 5500 | 16350 | 27500 | 55000 | 96600 | 137300 |
| *1980* | | | | | | |
| **Mondial 8, V-8** | | | | | | |
| Mondial 8 2-dr Cpe 2 + 2 | 1500 | 4500 | 7500 | 15000 | 26400 | 37500 |
| **308 GTB/GTS, V-8** | | | | | | |
| GTB 2-dr Cpe | 3100 | 9200 | 15500 | 31000 | 54400 | 74400 |
| GTS 2-dr Targa Cpe | 3300 | 9800 | 16500 | 33000 | 57900 | 82400 |
| **400i, V-12** | | | | | | |
| 2-dr Cpe 2 + 2 | 2250 | 6550 | 11000 | 22000 | 38650 | 55000 |
| **512 BB, V-12** | | | | | | |
| BB 2-dr Cpe | 5500 | 16350 | 27500 | 55000 | 96600 | 137300 |
| *1981* | | | | | | |
| **Mondial 8, V-8** | | | | | | |
| Mondial 8 2-dr Cpe 2 + 2 | 1500 | 4500 | 7500 | 15000 | 26400 | 37500 |
| **308i GTB/GTS, V-8** | | | | | | |
| GTB 2-dr Cpe | 3500 | 10400 | 17500 | 35000 | 61500 | 87400 |
| GTS 2-dr Targa Cpe | 3800 | 11300 | 19000 | 38000 | 66700 | 94900 |
| **400i, V-12** | | | | | | |
| 2-dr Cpe 2 + 2 | 2250 | 6550 | 11000 | 22000 | 38650 | 55000 |
| **512 BB, V-12** | | | | | | |
| BB 2-dr Cpe | 5500 | 16350 | 27500 | 55000 | 96600 | 137300 |
| *1982* | | | | | | |
| **Mondial 8, V-8** | | | | | | |
| Mondial 8 2-dr Cpe 2 + 2 | 1500 | 4500 | 7500 | 15000 | 26400 | 37500 |
| Mondial 8 2-dr Cabrlt 2 + 2 | 1900 | 5650 | 9500 | 19000 | 33400 | 47500 |

| | 6 | 5 | 4 | 3 | 2 | 1 |
|---|---|---|---|---|---|---|
| **308i GTB/GTS, V-8** | | | | | | |
| GTB 2-dr Cpe | 3500 | 10400 | 17500 | 35000 | 61500 | 87400 |
| GTS 2-dr Targa Cpe | 3800 | 11300 | 19000 | 38000 | 66700 | 94900 |
| **308 Quattrovalvole, V-8** | | | | | | |
| GTB 2-dr Cpe | 3900 | 11600 | 19500 | 39000 | 68500 | 97400 |
| GTS 2-dr Targa Cpe | 4200 | 12500 | 21000 | 42000 | 73700 | 104800 |
| **400i, V-12** | | | | | | |
| 2-dr Cpe | 2250 | 6550 | 11000 | 22000 | 38650 | 55000 |
| **512 BBi, V-12** | | | | | | |
| BBi 2-dr Cpe | 5500 | 16350 | 27500 | 55000 | 96600 | 137300 |
| **1983** | | | | | | |
| **Mondial 8, V-8** | | | | | | |
| Mondial 8 2-dr Cpe 2 + 2 | 1500 | 4500 | 7500 | 15000 | 26400 | 37500 |
| Mondial 8 2-dr Cabrlt 2 + 2 | 1900 | 5650 | 9500 | 19000 | 33400 | 47500 |
| **308i GTB/GTS, V-8** | | | | | | |
| GTB 2-dr Cpe | 3500 | 10400 | 17500 | 35000 | 61500 | 87400 |
| GTS 2-dr Targa Cpe | 3800 | 11300 | 19000 | 38000 | 66700 | 94900 |
| **308 Quattrovalvole, V-8** | | | | | | |
| GTB 2-dr Cpe | 3900 | 11600 | 19500 | 39000 | 68500 | 97400 |
| GTS 2-dr Targa Cpe | 4200 | 12500 | 21000 | 42000 | 73700 | 10480 |
| **400i, V-12** | | | | | | |
| 2-dr Cpe | 2250 | 6550 | 11000 | 22000 | 38650 | 55500 |
| **512 BBi, V-12** | | | | | | |
| BBi 2-dr Cpe | 5500 | 16350 | 27500 | 55000 | 96600 | 137300 |
| **1984** | | | | | | |
| **Mondial Quattrovalvole, V-8** | | | | | | |
| Mondial 2-dr Cpe 2 + 2 | 2000 | 5950 | 10000 | 20000 | 35150 | 49900 |
| Mondial 2-dr Cabrlt 2 + 2 | 2400 | 7100 | 12000 | 24000 | 42150 | 59900 |
| **GTO, V-8** | | | | | | |
| GTO 2-dr Cpe | 22500 | 66850 | 112500 | 225000 | 395100 | 561600 |
| **308 Quattrovalvole, V-8** | | | | | | |
| GTB Berl 2-dr Cpe | 3900 | 11600 | 19500 | 39000 | 68500 | 97400 |
| GTS Spider 2-dr Targa | 4200 | 12500 | 21000 | 42000 | 73700 | 10480 |
| **400i, V-12** | | | | | | |
| 2-dr Cpe 2 plus 2 | 2250 | 6550 | 11000 | 22000 | 38650 | 55500 |
| **512 BBi, V-12** | | | | | | |
| BBi 2-dr Cpe | 5500 | 16350 | 27500 | 55000 | 96600 | 137300 |
| **1985** | | | | | | |
| **Mondial Quattrovalvole, V-8** | | | | | | |
| Mondial 2-dr Cpe 2 + 2 | 2000 | 5950 | 10000 | 20000 | 35150 | 49900 |
| Mondial 2-dr Cabrlt 2 + 2 | 2400 | 7100 | 12000 | 24000 | 42150 | 59900 |
| **GTO, V-8** | | | | | | |
| GTO 2-dr Cpe | 22500 | 66850 | 112500 | 225000 | 395100 | 561600 |
| **Testarossa, V-12** | | | | | | |
| 2-dr Cpe | 4900 | 14550 | 24500 | 49000 | 86000 | 122300 |
| **328, V-8** | | | | | | |
| GTB 2-dr Cpe | 2900 | 8600 | 14500 | 29000 | 50900 | 72400 |
| GTS 2-dr Targa Cpe | 3300 | 9800 | 16500 | 33000 | 57900 | 82400 |
| **400i, V-12** | | | | | | |
| 2-dr Cpe 2 + 2 | 2250 | 6550 | 11000 | 22000 | 38650 | 55500 |
| **412i, V-12** | | | | | | |
| 2-dr Cpe 2 + 2 | 4500 | 13350 | 22500 | 45000 | 79000 | 112300 |
| **512 BBi, V-12** | | | | | | |
| BBi 2-dr Cpe | 5500 | 16350 | 27500 | 55000 | 96600 | 137300 |
| **1986** | | | | | | |
| **3.2 Mondial, V-8** | | | | | | |
| 2-dr Cpe 2 + 2 | 2500 | 7400 | 12500 | 25000 | 43900 | 62400 |
| 2-dr Cabrlt 2 + 2 | 2900 | 8600 | 14500 | 29000 | 50900 | 72400 |

| | 6 | 5 | 4 | 3 | 2 | 1 |
|---|---|---|---|---|---|---|
| **GTO, V-8** | | | | | | |
| GTO 2-dr Cpe | 22500 | 66850 | 112500 | 225000 | 395100 | 561600 |
| **Testarossa, V-12** | | | | | | |
| 2-dr Cpe | 4900 | 14550 | 24500 | 49000 | 86000 | 122300 |
| **328, V-8** | | | | | | |
| GTB 2-dr Cpe | 2900 | 8600 | 14500 | 29000 | 50900 | 72400 |
| GTS 2-dr Targa Cpe | 3300 | 9800 | 16500 | 33000 | 57900 | 82400 |
| **400i, V-12** | | | | | | |
| 2-dr Cpe 2 + 2 | 2250 | 6550 | 11000 | 22000 | 38650 | 55500 |
| **412i, V-12** | | | | | | |
| 2-dr Cpe 2 + 2 | 4500 | 13350 | 22500 | 45000 | 79000 | 112300 |
| **512 BBi, V-12** | | | | | | |
| BBi 2-dr Cpe | 5500 | 16350 | 27500 | 55000 | 96600 | 137300 |
| ***1987*** | | | | | | |
| **3.2 Mondial, V-8** | | | | | | |
| 2-dr Cpe 2 + 2 | 2500 | 7400 | 12500 | 25000 | 43900 | 62400 |
| 2-dr Cabrlt 2 + 2 | 2900 | 8600 | 14500 | 29000 | 50900 | 72400 |
| **GTO, V-8** | | | | | | |
| GTO 2-dr Cpe | 22500 | 66850 | 112500 | 225000 | 395100 | 561600 |
| **Testarossa, V-12** | | | | | | |
| 2-dr Cpe | 5100 | 15150 | 25500 | 51000 | 89600 | 127300 |
| **F40, V-8** | | | | | | |
| 2-dr Cpe | 20000 | 59100 | 99500 | 199000 | 349400 | 496700 |
| **328, V-8** | | | | | | |
| GTB 2-dr Cpe | 2900 | 8600 | 14500 | 29000 | 50900 | 72400 |
| GTS 2-dr Targa Cpe | 3300 | 9800 | 16500 | 33000 | 57900 | 82400 |
| **412i, V-12** | | | | | | |
| 2-dr Cpe 2 + 2 | 4500 | 13350 | 22500 | 45000 | 79000 | 112300 |
| ***1988*** | | | | | | |
| **3.2 Mondial, V-8** | | | | | | |
| 2-dr Cpe 2 + 2 | 2500 | 7400 | 12500 | 25000 | 43900 | 62400 |
| 2-dr Cabrlt 2 + 2 | 2900 | 8600 | 14500 | 29000 | 50900 | 72400 |
| **GTO, V-8** | | | | | | |
| GTO 2-dr Cpe | 22500 | 66800 | 112500 | 225000 | 395100 | 561600 |
| **Testarossa, V-12** | | | | | | |
| 2-dr Cpe | 5300 | 15750 | 26500 | 53000 | 93100 | 132300 |
| **F40, V-8** | | | | | | |
| 2-dr Cpe | 20000 | 59100 | 99500 | 199000 | 349400 | 496700 |
| **328, V-8** | | | | | | |
| GTB 2-dr Cpe | 3000 | 8900 | 15000 | 30000 | 52700 | 74900 |
| GTS 2-dr Targa Cpe | 3400 | 10100 | 17000 | 34000 | 59700 | 84900 |
| **412i, V-12** | | | | | | |
| 2-dr Cpe 2 + 2 | 4700 | 13950 | 23500 | 47000 | 82500 | 117300 |
| ***1989*** | | | | | | |
| **Mondial, V-8** | | | | | | |
| 2-dr Cpe 2 + 2 | 2900 | 8600 | 14500 | 29000 | 50900 | 72400 |
| 2-dr Cabrlt 2 + 2 | 3300 | 9800 | 16500 | 33000 | 57900 | 82400 |
| **Testarossa, V-12** | | | | | | |
| 2-dr Cpe | 5500 | 16350 | 27500 | 55000 | 96600 | 137300 |
| **F40, V-8** | | | | | | |
| 2-dr Cpe | 20100 | 5970 | 100500 | 201000 | 352900 | 501700 |
| **348, V-8** | | | | | | |
| GTB 2-dr Cpe | 3500 | 10400 | 17500 | 35000 | 61500 | 87400 |
| GTS 2-dr Targa Cpe | 3900 | 11600 | 19500 | 39000 | 68500 | 97400 |
| ***1990*** | | | | | | |
| **Mondial, V-8** | | | | | | |
| 2-dr Cpe 2 + 2 | 3000 | 8900 | 15000 | 30000 | 52700 | 74900 |
| 2-dr Cabrlt 2 + 2 | 3400 | 10100 | 17000 | 34000 | 59700 | 84900 |
| **Testarossa, V-12** | | | | | | |
| 2-dr Cpe | 5700 | 16950 | 28500 | 57000 | 100100 | 142300 |

| | 6 | 5 | 4 | 3 | 2 | 1 |
|---|---|---|---|---|---|---|
| **F40, V-8** | | | | | | |
| 2-dr Cpe | 20500 | 60900 | 102500 | 205000 | 360000 | 511700 |
| **348, V-8** | | | | | | |
| GTB 2-dr Cpe | 3700 | 11000 | 18500 | 37000 | 65000 | 92400 |
| GTS 2-dr Targa Cpe | 4100 | 12200 | 20500 | 41000 | 72000 | 102300 |
| ***1991*** | | | | | | |
| **Mondial, V-8** | | | | | | |
| 2-dr Cpe 2 + 2 | 3100 | 9200 | 15500 | 31000 | 54400 | 77400 |
| 2-dr Cabrlt 2 + 2 | 3500 | 10400 | 17500 | 35000 | 61500 | 87400 |
| **Testarossa, V-12** | | | | | | |
| 2-dr Cpe | 5800 | 17250 | 29000 | 58000 | 101800 | 144800 |
| **F40, V-8** | | | | | | |
| 2-dr Cpe | 20900 | 62100 | 104500 | 209000 | 36700 | 521700 |
| **348, V-8** | | | | | | |
| GTB 2-dr Cpe | 3800 | 11300 | 19000 | 38000 | 66700 | 94900 |
| GTS 2-dr Targa Cpe | 4200 | 12500 | 21000 | 42000 | 73700 | 104800 |

# FORD-BRITISH
## 1948 – 1970

| | 6 | 5 | 4 | 3 | 2 | 1 |
|---|---|---|---|---|---|---|
| ***1948*** | | | | | | |
| **Anglia, 4-cyl., 90" wb** | | | | | | |
| 2-dr Sdn | 400 | 1050 | 1700 | 3400 | 5900 | 8500 |
| **Prefect, 4-cyl., 94" wb** | | | | | | |
| 4-dr Sdn | 350 | 1000 | 1600 | 3200 | 5700 | 8100 |
| ***1949*** | | | | | | |
| **Anglia, 4-cyl., 90" wb** | | | | | | |
| 2-dr Sdn | 400 | 1050 | 1700 | 3400 | 5900 | 8500 |
| **Prefect, 4-cyl., 94" wb** | | | | | | |
| 4-dr Sdn | 350 | 1000 | 1600 | 3200 | 5700 | 8100 |
| ***1950*** | | | | | | |
| **Anglia, 4-cyl., 90" wb** | | | | | | |
| 2-dr Sdn | 400 | 1050 | 1700 | 3400 | 5900 | 8500 |
| **Prefect, 4-cyl., 94" wb** | | | | | | |
| 4-dr Sdn | 350 | 1000 | 1600 | 3200 | 5700 | 8100 |
| ***1951*** | | | | | | |
| **Anglia, 4-cyl., 90" wb** | | | | | | |
| 2-dr Sdn | 400 | 1050 | 1700 | 3400 | 5900 | 8500 |
| **Prefect, 4-cyl., 94" wb** | | | | | | |
| 4-dr Sdn | 350 | 1000 | 1600 | 3200 | 5700 | 8100 |

| | 6 | 5 | 4 | 3 | 2 | 1 |
|---|---|---|---|---|---|---|
| **Consul, 4-cyl., 100" wb** | | | | | | |
| 4-dr Sdn | 400 | 1100 | 1800 | 3500 | 6100 | 8900 |
| | | | | | | |
| ***1952*** | | | | | | |
| **Anglia, 4-cyl., 90" wb** | | | | | | |
| 2-dr Sdn | 400 | 1050 | 1700 | 3400 | 5900 | 8500 |
| **Prefect, 4-cyl., 94" wb** | | | | | | |
| 4-dr Sdn | 350 | 1000 | 1600 | 3200 | 5700 | 8100 |
| **Consul, 4-cyl., 100" wb** | | | | | | |
| 4-dr Sdn | 400 | 1100 | 1800 | 3500 | 6100 | 8900 |
| **Zephyr, 6-cyl., 104" wb** | | | | | | |
| 4-dr Sdn | 400 | 1200 | 1900 | 3800 | 6600 | 9600 |
| | | | | | | |
| ***1953*** | | | | | | |
| **Anglia, 4-cyl., 90" wb** | | | | | | |
| 2-dr Sdn | 400 | 1050 | 1700 | 3400 | 5900 | 8500 |
| **Prefect, 4-cyl., 94" wb** | | | | | | |
| 4-dr Sdn | 350 | 1000 | 1600 | 3200 | 5700 | 8100 |
| **Consul, 4-cyl., 100" wb** | | | | | | |
| 4-dr Sdn | 400 | 1100 | 1800 | 3500 | 6100 | 8900 |
| 2-dr Conv | 550 | 1450 | 2450 | 4900 | 8500 | 12000 |
| **Zephyr, 6-cyl., 104" wb** | | | | | | |
| 4-dr Sdn | 400 | 1200 | 1900 | 3800 | 6600 | 9600 |
| 2-dr Conv | 600 | 1600 | 2750 | 5500 | 9500 | 13800 |
| | | | | | | |
| ***1954*** | | | | | | |
| **Anglia, 4-cyl., 87" wb** | | | | | | |
| 2-dr Sdn | 350 | 900 | 1500 | 3000 | 5300 | 7600 |
| **Prefect, 4-cyl., 87" wb** | | | | | | |
| 4-dr Sdn | 350 | 850 | 1400 | 2800 | 4900 | 7100 |
| **Consul, 4-cyl., 100" wb** | | | | | | |
| 4-dr Sdn | 400 | 1100 | 1800 | 3500 | 6100 | 8900 |
| 2-dr Conv | 550 | 1450 | 2450 | 4900 | 8500 | 12000 |
| **Zephyr, 6-cyl., 104" wb** | | | | | | |
| 4-dr Sdn | 400 | 1200 | 1900 | 3800 | 6600 | 9600 |
| 2-dr Conv | 600 | 1600 | 2750 | 5500 | 9500 | 13800 |
| | | | | | | |
| ***1955*** | | | | | | |
| **Anglia, 4-cyl., 87" wb** | | | | | | |
| 2-dr Sdn | 350 | 900 | 1500 | 3000 | 5300 | 7600 |
| **Prefect, 4-cyl., 87" wb** | | | | | | |
| 4-dr Sdn | 350 | 850 | 1400 | 2800 | 4900 | 7100 |
| **Consul, 4-cyl., 100" wb** | | | | | | |
| 4-dr Sdn | 400 | 1100 | 1800 | 3500 | 6100 | 8900 |
| 2-dr Conv | 550 | 1450 | 2450 | 4900 | 8500 | 12000 |
| **Zephyr, 6-cyl., 104" wb** | | | | | | |
| 4-dr Sdn | 400 | 1200 | 1900 | 3800 | 6600 | 9600 |
| | | | | | | |
| ***1956*** | | | | | | |
| **Anglia, 4-cyl., 87" wb** | | | | | | |
| 2-dr Sdn | 350 | 900 | 1500 | 3000 | 5300 | 7600 |
| 2-dr Dlx Sdn | 350 | 950 | 1550 | 3100 | 5500 | 7900 |
| **Prefect, 4-cyl., 87" wb** | | | | | | |
| 4-dr Sdn | 350 | 850 | 1400 | 2800 | 4900 | 7100 |
| 4-dr Dlx Sdn | 350 | 900 | 1500 | 2900 | 5200 | 7400 |
| **Escort/Squire, 4-cyl., 87" wb** | | | | | | |
| 2-dr Sta Wgn | 350 | 1000 | 1600 | 3200 | 5700 | 8100 |

|  | 6 | 5 | 4 | 3 | 2 | 1 |
|---|---|---|---|---|---|---|
| **Consul, 4-cyl., 100" wb** | | | | | | |
| 4-dr Sdn | 400 | 1100 | 1800 | 3500 | 6100 | 8900 |
| 2-dr Conv | 550 | 1450 | 2450 | 4900 | 8500 | 12000 |
| **Zephyr, 6-cyl., 104" wb** | | | | | | |
| 4-dr Sdn | 400 | 1200 | 1900 | 3800 | 6600 | 9600 |
| 4-dr Sdn (Zodiac) | 450 | 1250 | 2050 | 4100 | 7100 | 10300 |
| 2-dr Conv | 600 | 1600 | 2750 | 5500 | 9500 | 13800 |

### 1957

| | 6 | 5 | 4 | 3 | 2 | 1 |
|---|---|---|---|---|---|---|
| **Anglia, 4-cyl., 87" wb** | | | | | | |
| 2-dr Dlx Sdn | 350 | 950 | 1550 | 3100 | 5500 | 7900 |
| **Prefect, 4-cyl., 87" wb** | | | | | | |
| 4-dr Dlx Sdn | 350 | 850 | 1400 | 2800 | 4900 | 7100 |
| **Escort/Squire, 4-cyl., 87" wb** | | | | | | |
| 2-dr Sta Wgn | 350 | 1000 | 1600 | 3200 | 5700 | 8100 |
| **Consul, 4-cyl., 104" wb** | | | | | | |
| 4-dr Sdn | 400 | 1100 | 1800 | 3500 | 6100 | 8900 |
| 2-dr Conv | 550 | 1450 | 2450 | 4900 | 8500 | 12000 |
| **Zephyr, 6-cyl., 107" wb** | | | | | | |
| 4-dr Sdn | 400 | 1200 | 1900 | 3800 | 6600 | 9600 |
| 4-dr Sdn (Zodiac) | 450 | 1250 | 2050 | 4100 | 7100 | 10300 |
| 2-dr Conv | 600 | 1600 | 2750 | 5500 | 9500 | 13800 |

### 1958

| | 6 | 5 | 4 | 3 | 2 | 1 |
|---|---|---|---|---|---|---|
| **Anglia, 4-cyl., 87" wb** | | | | | | |
| 2-dr Sdn | 350 | 950 | 1550 | 3100 | 5500 | 7900 |
| **Prefect, 4-cyl., 87" wb** | | | | | | |
| 4-dr Sdn | 350 | 850 | 1400 | 2800 | 4900 | 7100 |
| **Escort/Squire, 4-cyl., 87" wb** | | | | | | |
| 2-dr Sta Wgn | 350 | 1000 | 1600 | 3200 | 5700 | 8100 |
| **Consul Mark II, 4-cyl., 104" wb** | | | | | | |
| 4-dr Sdn | 400 | 1200 | 1900 | 3800 | 6600 | 9600 |
| 2-dr Conv | 550 | 1450 | 2450 | 4900 | 8500 | 12000 |

### 1959

| | 6 | 5 | 4 | 3 | 2 | 1 |
|---|---|---|---|---|---|---|
| **Anglia, 4-cyl., 87" wb** | | | | | | |
| 2-dr Dlx Sdn | 350 | 950 | 1550 | 3100 | 5500 | 7900 |
| **Prefect, 4-cyl., 87" wb** | | | | | | |
| 4-dr Dlx Sdn | 350 | 850 | 1400 | 2800 | 4900 | 7100 |
| **Escort/Squire, 4-cyl., 87" wb** | | | | | | |
| 2-dr Sta Wgn | 350 | 1000 | 1600 | 3200 | 5700 | 8100 |
| **Consul Mark II, 4-cyl., 104" wb** | | | | | | |
| 4-dr Sdn | 400 | 1200 | 1900 | 3800 | 6600 | 9600 |
| 2-dr Conv | 550 | 1450 | 2450 | 4900 | 8500 | 12000 |

### 1960

| | 6 | 5 | 4 | 3 | 2 | 1 |
|---|---|---|---|---|---|---|
| **Anglia, 4-cyl., 90.5"** | | | | | | |
| 2-dr Sdn | 350 | 850 | 1400 | 2800 | 4900 | 7100 |
| **Prefect, 4-cyl., 90.5" wb** | | | | | | |
| 4-dr Sdn | 300 | 800 | 1300 | 2600 | 4600 | 6600 |
| **Escort/Squire, 4-cyl., 87" wb** | | | | | | |
| 2-dr Sta Wgn | 350 | 950 | 1550 | 3100 | 5500 | 7900 |
| **Consul Mark II, 4-cyl., 104" wb** | | | | | | |
| 4-dr Sdn | 400 | 1200 | 1900 | 3800 | 6600 | 9600 |
| 2-dr Conv | 550 | 1450 | 2450 | 4900 | 8500 | 12000 |

|  | 6 | 5 | 4 | 3 | 2 | 1 |
|---|---|---|---|---|---|---|
| **1961** | | | | | | |
| **Anglia** | | | | | | |
| 2-dr Sdn | 350 | 850 | 1400 | 2800 | 4900 | 7100 |
| **Escort, 4-cyl., 87" wb** | | | | | | |
| 2-dr Sta Wgn | 350 | 950 | 1550 | 3100 | 5500 | 7900 |
| **Consul Mark II, 4-cyl., 104" wb** | | | | | | |
| 4-dr Sdn | 400 | 1200 | 1900 | 3800 | 6600 | 9600 |
| 2-dr Conv | 550 | 1450 | 2450 | 4900 | 8500 | 12000 |
| **1962** | | | | | | |
| **Anglia, 4-cyl., 90" wb** | | | | | | |
| 2-dr Sdn | 350 | 850 | 1400 | 2800 | 4900 | 7100 |
| 2-dr Dlx Sdn | 350 | 900 | 1500 | 2900 | 5200 | 7400 |
| 2-dr Dlx Sta Wgn | 350 | 900 | 1500 | 3000 | 5300 | 7600 |
| **Consul, 4-cyl., 99" wb** | | | | | | |
| 2-dr Sdn | 300 | 650 | 1100 | 2200 | 3800 | 5400 |
| 4-dr Dlx Sdn | 300 | 650 | 1150 | 2300 | 3900 | 5700 |
| **Consul Capri, 4-cyl., 99" wb** | | | | | | |
| 2-dr Hdtp Cpe | 350 | 950 | 1550 | 3100 | 5500 | 7900 |
| **1963** | | | | | | |
| **Anglia, 4-cyl., 90" wb** | | | | | | |
| 2-dr Sdn | 350 | 850 | 1400 | 2800 | 4900 | 7100 |
| 2-dr Dlx Sdn | 350 | 900 | 1500 | 2900 | 5200 | 7400 |
| 2-dr Dlx Sta Wgn | 350 | 900 | 1500 | 3000 | 5300 | 7600 |
| **Consul, 4-cyl., 99" wb** | | | | | | |
| 2-dr Sdn | 300 | 650 | 1100 | 2200 | 3800 | 5400 |
| 4-dr Dlx Sdn | 300 | 650 | 1150 | 2300 | 3900 | 5700 |
| **Consul Capri, 4-cyl., 99" wb** | | | | | | |
| 2-dr Hdtp Cpe | 350 | 1950 | 1550 | 3100 | 5500 | 7900 |
| **Cortina, 4-cyl., 98" wb** | | | | | | |
| 2-dr Sdn | 300 | 800 | 1300 | 2600 | 4600 | 6600 |
| 4-dr Dlx Sdn | 300 | 800 | 1350 | 2700 | 4700 | 6900 |
| 4-dr Sta Wgn | 300 | 800 | 1350 | 2700 | 4700 | 6900 |
| **1964** | | | | | | |
| **Anglia, 4-cyl., 90" wb** | | | | | | |
| 2-dr Sdn | 350 | 850 | 1400 | 2800 | 4900 | 7100 |
| 2-dr Dlx Sdn | 350 | 900 | 1500 | 2900 | 5200 | 7400 |
| 2-dr Dlx Sta Wgn | 350 | 900 | 1500 | 3000 | 5300 | 7600 |
| **Capri, 4-cyl., 99" wb** | | | | | | |
| 2-dr Cpe | 350 | 950 | 1550 | 3100 | 5500 | 7900 |
| 2-dr GT Hdtp Cpe | 400 | 1100 | 1800 | 3500 | 6100 | 8900 |
| **Cortina, 4-cyl., 98" wb** | | | | | | |
| 2-dr GT Sdn | 350 | 900 | 1500 | 2900 | 5200 | 7400 |
| 2-dr Dlx Sdn | 350 | 850 | 1400 | 2800 | 4900 | 7100 |
| 4-dr Dlx Sdn | 300 | 800 | 1350 | 2700 | 4700 | 6900 |
| 4-dr Dlx Sta Wgn | 300 | 800 | 1350 | 2700 | 4700 | 6900 |
| **Zodiac, 6-cyl., 107" wb** | | | | | | |
| 4-dr Sdn | 400 | 1100 | 1800 | 3500 | 6100 | 8900 |
| **1965** | | | | | | |
| **Cortina, 4-cyl., 98" wb** | | | | | | |
| 2-dr GT Sdn | 350 | 900 | 1500 | 2900 | 5200 | 7400 |
| 2-dr Dlx Sdn | 350 | 850 | 1400 | 2800 | 4900 | 7100 |
| 4-dr Dlx Sdn | 300 | 800 | 1350 | 2700 | 4700 | 6900 |
| 4-dr Dlx Sta Wgn | 300 | 800 | 1350 | 2700 | 4700 | 6900 |

|  | 6 | 5 | 4 | 3 | 2 | 1 |
|---|---|---|---|---|---|---|
| **1966** | | | | | | |
| **Cortina 1500, 4-cyl., 98" wb** | | | | | | |
| 2-dr GT Sdn | 350 | 900 | 1500 | 2900 | 5200 | 7400 |
| 2-dr Dlx Sdn | 350 | 850 | 1400 | 2800 | 4900 | 7100 |
| 4-dr Dlx Sdn | 300 | 800 | 1350 | 2700 | 4700 | 6900 |
| 4-dr Dlx Sta Wgn | 300 | 800 | 1350 | 2700 | 4700 | 6900 |
| **1967** | | | | | | |
| **Cortina, 4-cyl., 98" wb** | | | | | | |
| 2-dr GT Sdn | 350 | 900 | 1500 | 2900 | 5200 | 7400 |
| 2-dr Sdn | 350 | 850 | 1400 | 2800 | 4900 | 7100 |
| 4-dr Sdn | 300 | 800 | 1350 | 2700 | 4700 | 6900 |
| 4-dr Sta Wgn | 300 | 800 | 1350 | 2700 | 4700 | 6900 |
| **1968** | | | | | | |
| **Cortina, 4-cyl., 98" wb** | | | | | | |
| 2-dr Sdn | 300 | 800 | 1350 | 2700 | 4700 | 6900 |
| 4-dr Sdn | 300 | 800 | 1300 | 2600 | 4600 | 6600 |
| 2-dr GT Sdn | 350 | 900 | 1500 | 2900 | 5200 | 7400 |
| 4-dr GT Sdn | 350 | 900 | 1500 | 2900 | 5200 | 7400 |
| 4-dr Sta Wgn | 350 | 900 | 1500 | 2900 | 5200 | 7400 |
| **1969** | | | | | | |
| **Cortina, 4-cyl., 98" wb** | | | | | | |
| 2-dr Sdn | 300 | 800 | 1350 | 2700 | 4700 | 6900 |
| 4-dr Sdn | 300 | 800 | 1300 | 2600 | 4600 | 6600 |
| 2-dr GT Sdn | 350 | 900 | 1500 | 2900 | 5200 | 7400 |
| 4-dr GT Sdn | 350 | 900 | 1500 | 2900 | 5200 | 7400 |
| 4-dr Sta Wgn | 350 | 900 | 1500 | 2900 | 5200 | 7400 |
| **1970** | | | | | | |
| **Cortina, 4-cyl., 98" wb** | | | | | | |
| 2-dr Dlx Sdn | 350 | 850 | 1400 | 2800 | 4900 | 7100 |
| 4-dr Dlx Sdn | 300 | 800 | 1350 | 2700 | 4700 | 6900 |
| 2-dr GT Sdn | 350 | 900 | 1500 | 2900 | 5200 | 7400 |
| 4-dr GT Sdn | 350 | 900 | 1500 | 2900 | 5200 | 7400 |
| 4-dr Sta Wgn | 350 | 900 | 1500 | 2900 | 5200 | 7400 |

---

# PRICE GUIDE CLASSIFICATIONS:

**1. CONCOURS:** Perfection. At or near 100 points on a 100-point judging scale. Trailered; never driven; pampered. Totally restored to the max and 100 percent stock.

**2. SHOW:** Professionally restored to high standards. No major flaws or deviations from stock. Consistent trophy winner that needs nothing to show. In 90 to 95 point range.

**3. STREET/SHOW:** Older restoration or extremely nice original showing some wear from age and use. Very presentable; occasional trophy winner; everything working properly. About 80 to 89 points.

**4. DRIVER:** A nice looking, fine running collector car needing little or nothing to drive, enjoy and show in local competition. Would need extensive restoration to be a show car, but completely usable as is.

**5. RESTORABLE:** Project car that is relatively complete and restorable within a reasonable effort and expense. Needs total restoration, but all major components present and rebuildable. May or may not be running.

**6. PARTS CAR:** Deteriorated or stripped to a point beyond reasonable restoration, but still complete and solid enough to donate valuable parts to a restoration. Likely not running, possibly missing its engine.

# FORD-CAPRI
## 1971 – 1977

| | 6 | 5 | 4 | 3 | 2 | 1 |
|---|---|---|---|---|---|---|
| **1971** | | | | | | |
| **1600, 4-cyl., 100.8" wb, 1599cc** | | | | | | |
| 2-dr Spt Cpe | 300 | 650 | 1000 | 2000 | 3500 | 4900 |
| **1972** | | | | | | |
| **1600, 4-cyl., 100.8" wb, 1599cc** | | | | | | |
| 2-dr Spt Cpe | 300 | 650 | 1000 | 2000 | 3500 | 4900 |
| **2000, 4-cyl., 100.8" wb, 1993cc** | | | | | | |
| 2-dr Spt Cpe | 300 | 700 | 1200 | 2400 | 4100 | 5900 |
| **2600, 6-cyl., 100.8" wb, 2548cc** | | | | | | |
| 2-dr Spt Cpe | 300 | 800 | 1350 | 2700 | 4700 | 6900 |
| **1973** | | | | | | |
| **2000, 4-cyl., 100.8" wb, 1993cc** | | | | | | |
| 2-dr Spt Cpe | 300 | 700 | 1200 | 2400 | 4100 | 5900 |
| **2600, 6-cyl., 100.8" wb, 2548cc** | | | | | | |
| 2-dr Spt Cpe | 300 | 800 | 1350 | 2700 | 4700 | 6900 |
| **1974** | | | | | | |
| **2000, 4-cyl., 100.8" wb, 1993cc** | | | | | | |
| 2-dr Spt Cpe | 300 | 700 | 1200 | 2400 | 4100 | 5900 |
| **2800, 6-cyl., 100.8" wb, 2792cc** | | | | | | |
| 2-dr Spt Cpe | 300 | 800 | 1350 | 2700 | 4700 | 6900 |

## FORD-CAPRI II

| | 6 | 5 | 4 | 3 | 2 | 1 |
|---|---|---|---|---|---|---|
| **1976** | | | | | | |
| **2300, 4-cyl., 100.9" wb, 2300cc** | | | | | | |
| 3-dr Spt Cpe | 300 | 650 | 1150 | 2300 | 3900 | 5700 |
| 2-dr Spt Ghia | 300 | 700 | 1250 | 2500 | 4400 | 6200 |
| **2800, 6-cyl., 100.9" wb, 2795cc** | | | | | | |
| 2-dr Spt Cpe | 300 | 700 | 1250 | 2500 | 4400 | 6200 |
| 2-dr Spt Ghia | 300 | 800 | 1350 | 2700 | 4700 | 6900 |
| **1977** | | | | | | |
| **2300, 4-cyl., 100.9" wb, 2300cc** | | | | | | |
| 3-dr Spt Cpe | 300 | 650 | 1150 | 2300 | 3900 | 5700 |
| 3-dr Spt Ghia | 300 | 750 | 1250 | 2500 | 4400 | 6200 |
| **2800, 6-cyl., 100.9" wb, 2795cc** | | | | | | |
| 3-dr Spt Cpe | 300 | 750 | 1250 | 2500 | 4400 | 6200 |
| 3-dr Spt Ghia | 300 | 800 | 1350 | 2700 | 4700 | 6900 |

# GEO
## 1989 – 1991

| | 6 | 5 | 4 | 3 | 2 | 1 |
|---|---|---|---|---|---|---|
| **1989** | | | | | | |
| **Metro** | | | | | | |
| 2-dr Htch | 200 | 350 | 500 | 1000 | 1900 | 2700 |
| 2-dr LSi Htch | 200 | 400 | 600 | 1200 | 2100 | 3000 |
| 4-dr LSi Sdn | 200 | 450 | 650 | 1300 | 2200 | 3200 |
| **Spectrum** | | | | | | |
| 4-dr Sedan | 200 | 400 | 600 | 1200 | 2100 | 3000 |
| 2-dr Htch | 200 | 400 | 550 | 1100 | 2000 | 2900 |
| **Prizm** | | | | | | |
| 4-dr Sedan | 300 | 650 | 1100 | 2100 | 3600 | 5100 |
| 4-dr Htch | 300 | 650 | 1000 | 2000 | 3500 | 4900 |
| **1990** | | | | | | |
| **Metro** | | | | | | |
| 2-dr XFi Htch | 200 | 400 | 600 | 1200 | 2100 | 3000 |
| 2-dr Htch | 200 | 450 | 650 | 1300 | 2200 | 3200 |
| 4-dr Htch | 250 | 500 | 750 | 1400 | 2400 | 3400 |
| 2-dr LSi Htch | 250 | 500 | 750 | 1400 | 2400 | 3400 |
| 4-dr LSi Htch | 250 | 500 | 750 | 1500 | 2600 | 3600 |
| 2-dr LSi Conv. | 300 | 600 | 900 | 1800 | 3100 | 4400 |
| **Storm** | | | | | | |
| 2-dr Cpe | 300 | 650 | 1000 | 2000 | 3500 | 4900 |
| 2-dr GSi Cpe | 300 | 700 | 1200 | 2400 | 4100 | 5900 |
| **Prizm** | | | | | | |
| 4-dr Sedan | 350 | 850 | 1400 | 2800 | 4900 | 7100 |
| 4-dr Htch | 350 | 850 | 1400 | 2800 | 4900 | 7100 |
| 4-dr GSi Sedan | 350 | 900 | 1500 | 3000 | 5300 | 7600 |
| 4-dr GSi Htch | 350 | 950 | 1550 | 3100 | 5500 | 7900 |
| **1991** | | | | | | |
| **Metro** | | | | | | |
| 2-dr XFi Htch | 200 | 450 | 650 | 1300 | 2200 | 3200 |
| 2-dr Htch | 250 | 500 | 750 | 1400 | 2400 | 3400 |
| 4-dr Htch | 250 | 500 | 750 | 1500 | 2600 | 3600 |
| 2-dr LSi Htch | 250 | 500 | 750 | 1500 | 2600 | 3600 |
| 4-dr LSi Htch | 300 | 550 | 800 | 1600 | 2800 | 3900 |
| 2-dr LSi Conv. | 300 | 650 | 1000 | 2000 | 3500 | 4900 |
| **Storm** | | | | | | |
| 2-dr Cpe | 300 | 750 | 1250 | 2500 | 4400 | 6200 |
| 2-dr Htch Cpe | 300 | 750 | 1250 | 2500 | 4400 | 6200 |
| 2-dr GSi Cpe | 350 | 900 | 1500 | 2900 | 5200 | 7400 |
| **Prizm** | | | | | | |
| 4-dr Sedan | 400 | 1050 | 1700 | 3300 | 5800 | 8300 |
| 4-dr Htch | 400 | 1050 | 1700 | 3300 | 5800 | 8300 |
| 4-dr GSi Sedan | 400 | 1100 | 1800 | 3500 | 6100 | 8900 |
| 4-dr GSi Htch | 400 | 1100 | 1800 | 3600 | 6200 | 9100 |

# HILLMAN
## 1948 - 1967

| | 6 | 5 | 4 | 3 | 2 | 1 |
|---|---|---|---|---|---|---|
| **1948** | | | | | | |
| **Minx Mark II, 4-cyl., 37.5 hp, 92" wb** | | | | | | |
| 4-dr Sdn | 300 | 700 | 1200 | 2400 | 4100 | 5900 |
| 2-dr Conv | 400 | 1150 | 1850 | 3700 | 6400 | 9300 |
| 4-dr Estate Wgn | 300 | 750 | 1250 | 2500 | 4400 | 6200 |
| **1949** | | | | | | |
| **Minx Mark III, 4-cyl., 37.5 hp, 93" wb** | | | | | | |
| 4-dr Sdn | 300 | 700 | 1200 | 2400 | 4100 | 5900 |
| 2-dr Conv | 400 | 1150 | 1850 | 3700 | 6400 | 9300 |
| 4-dr Estate Wgn | 300 | 750 | 1250 | 2500 | 4400 | 6200 |
| **1950** | | | | | | |
| **Minx Mark IV, 4-cyl., 42 hp, 93" wb** | | | | | | |
| 4-dr Sdn | 300 | 700 | 1200 | 2400 | 4100 | 5900 |
| 2-dr Conv | 400 | 1150 | 1850 | 3700 | 6400 | 9300 |
| 4-dr Estate Wgn | 300 | 750 | 1250 | 2500 | 4400 | 6200 |
| **1951** | | | | | | |
| **Minx Mark IV, 4-cyl., 42 hp, 93" wb** | | | | | | |
| 4-dr Sdn | 300 | 700 | 1200 | 2400 | 4100 | 5900 |
| 2-dr Conv | 400 | 1150 | 1850 | 3700 | 6400 | 9300 |
| 4-dr Estate Car | 300 | 750 | 1250 | 2500 | 4400 | 6200 |
| **1952** | | | | | | |
| **Minx Mark IV, 4-cyl., 42, hp, 93" wb** | | | | | | |
| 4-dr Sdn | 300 | 700 | 1200 | 2400 | 4100 | 5900 |
| 2-dr Conv | 400 | 1150 | 1850 | 3700 | 6400 | 9300 |
| 4-dr Estate Wgn | 300 | 750 | 1250 | 2500 | 4400 | 6200 |
| **Minx Mark V, 4-cyl., 42 hp, 93" wb** | | | | | | |
| 4-dr Sdn | 300 | 700 | 1200 | 2400 | 4100 | 5900 |
| 2-dr Conv Cpe | 400 | 1200 | 1900 | 3800 | 6600 | 9600 |
| 4-dr Estate Car | 300 | 750 | 1250 | 2500 | 4400 | 6200 |
| **1953** | | | | | | |
| **Minx Mark VI, 4-cyl., 42 hp, 93" wb** | | | | | | |
| 4-dr Sdn | 300 | 700 | 1200 | 2400 | 4100 | 5900 |
| 2-dr Conv | 400 | 1200 | 1900 | 3800 | 6600 | 9600 |
| 4-dr Estate Wgn | 300 | 750 | 1250 | 2500 | 4400 | 6200 |
| **1954** | | | | | | |
| **Minx Mark VI, 4-cyl., 42 hp, 93" wb** | | | | | | |
| 4-dr Sdn | 300 | 700 | 1200 | 2400 | 4100 | 5900 |
| 2-dr Hdtp | 350 | 850 | 1400 | 2800 | 4900 | 7100 |
| 2-dr Conv | 400 | 1200 | 1900 | 3800 | 6600 | 9600 |
| 4-dr Estate Wgn | 300 | 750 | 1250 | 2500 | 4400 | 6200 |

| | 6 | 5 | 4 | 3 | 2 | 1 |
|---|---|---|---|---|---|---|

**1955**

**Husky, 4-cyl., 36 hp, 93" wb**

| | 6 | 5 | 4 | 3 | 2 | 1 |
|---|---|---|---|---|---|---|
| 2-dr Sta Wgn | 300 | 750 | 1250 | 2500 | 4400 | 6200 |

**Minx Mark VIII, 4-cyl., 42 hp, 93" wb**

| | 6 | 5 | 4 | 3 | 2 | 1 |
|---|---|---|---|---|---|---|
| 4-dr Sdn | 300 | 700 | 1200 | 2400 | 4100 | 5900 |
| 2-dr Hdtp Cpe | 350 | 850 | 1400 | 2800 | 4900 | 7100 |
| 2-dr Conv | 400 | 1200 | 1900 | 3800 | 6600 | 9600 |
| 4-dr Estate Wgn | 300 | 800 | 1300 | 2600 | 4600 | 6600 |

**1956**

**Husky Mark I, 4-cyl., 42 hp, 84" wb**

| | 6 | 5 | 4 | 3 | 2 | 1 |
|---|---|---|---|---|---|---|
| 2-dr Sta Wgn | 300 | 750 | 1250 | 2500 | 4400 | 6200 |

**Minx, 4-cyl., 51 hp, 93" wb**

| | 6 | 5 | 4 | 3 | 2 | 1 |
|---|---|---|---|---|---|---|
| 4-dr Sdn | 300 | 700 | 1200 | 2400 | 4100 | 5900 |
| 2-dr Conv | 400 | 1200 | 1900 | 3800 | 6600 | 9600 |
| 4-dr Estate Wgn | 300 | 800 | 1300 | 2600 | 4600 | 6600 |

**1957**

**Husky Mark I, 4-cyl., 42 hp, 84" wb**

| | 6 | 5 | 4 | 3 | 2 | 1 |
|---|---|---|---|---|---|---|
| 2-dr Sta Wgn | 300 | 750 | 1250 | 2500 | 4400 | 6200 |

**Minx, 4-cyl., 51 hp, 96" wb**

| | 6 | 5 | 4 | 3 | 2 | 1 |
|---|---|---|---|---|---|---|
| 4-dr Sdn | 300 | 700 | 1200 | 2400 | 4100 | 5900 |
| 2-dr Conv | 400 | 1200 | 1900 | 3800 | 6600 | 9600 |
| 4-dr Estate Wgn | 300 | 800 | 1300 | 2600 | 4600 | 6600 |

**1958**

**Series 2, Husky, 4-cyl., 46 hp, 84" wb**

| | 6 | 5 | 4 | 3 | 2 | 1 |
|---|---|---|---|---|---|---|
| 2-dr Sta Wgn | 300 | 750 | 1250 | 2500 | 4400 | 6200 |

**Series II, Minx, 4-cyl., 51 hp, 96" wb**

| | 6 | 5 | 4 | 3 | 2 | 1 |
|---|---|---|---|---|---|---|
| 4-dr Spl Sdn | 300 | 650 | 1150 | 2300 | 3900 | 5700 |
| 4-dr Dlx Sdn | 300 | 700 | 1200 | 2400 | 4100 | 5900 |
| 2-dr Conv | 400 | 1200 | 1900 | 3800 | 6600 | 9600 |
| 4-dr Estate Wgn | 300 | 800 | 1350 | 2700 | 4700 | 6900 |

**1959**

**Series 2, Husky, 4-cyl., 46 hp, 86" wb**

| | 6 | 5 | 4 | 3 | 2 | 1 |
|---|---|---|---|---|---|---|
| 2-dr Sta Wgn | 300 | 750 | 1250 | 2500 | 4400 | 6200 |

**Minx Series II, 4-cyl., 52 hp, 96" wb**

| | 6 | 5 | 4 | 3 | 2 | 1 |
|---|---|---|---|---|---|---|
| 4-dr Spl Sdn | 300 | 650 | 1150 | 2300 | 3900 | 5700 |
| 4-dr Dlx Sdn | 300 | 700 | 1200 | 2400 | 4100 | 5900 |
| 2-dr Conv | 400 | 1200 | 1900 | 3800 | 6600 | 9600 |
| 4-dr Estate Wgn | 300 | 800 | 1350 | 2700 | 4700 | 6900 |

**1960**

**Series 2, Husky, 4-cyl., 46 hp, 86" wb**

| | 6 | 5 | 4 | 3 | 2 | 1 |
|---|---|---|---|---|---|---|
| 2-dr Sta Wgn | 300 | 750 | 1250 | 2500 | 4400 | 6200 |

**Minx Series IIIA, 4-cyl., 52 hp, 96" wb**

| | 6 | 5 | 4 | 3 | 2 | 1 |
|---|---|---|---|---|---|---|
| 4-dr Spl Sdn | 300 | 650 | 1150 | 2300 | 3900 | 5700 |
| 4-dr Dlx Sdn | 300 | 700 | 1200 | 2400 | 4100 | 5900 |
| 2-dr Conv | 400 | 1200 | 1900 | 3800 | 6600 | 9600 |
| 4-dr Estate Wgn | 300 | 800 | 1350 | 2700 | 4700 | 6900 |

**1961**

**Series II, Husky, 4-cyl., 46 hp, 86" wb**

| | 6 | 5 | 4 | 3 | 2 | 1 |
|---|---|---|---|---|---|---|
| 2-dr Sta Wgn | 300 | 750 | 1250 | 2500 | 4400 | 6200 |

**Minx Series IIIB, 4-cyl., 52 hp, 96" wb**

| | 6 | 5 | 4 | 3 | 2 | 1 |
|---|---|---|---|---|---|---|
| 4-dr Spl Sdn | 300 | 650 | 1150 | 2300 | 3900 | 5700 |
| 4-dr Dlx Sdn | 300 | 700 | 1200 | 2400 | 4100 | 5900 |

| | 6 | 5 | 4 | 3 | 2 | 1 |
|---|---|---|---|---|---|---|
| 2-dr Conv | 400 | 1200 | 1900 | 3800 | 6600 | 9600 |
| 4-dr Estate Wgn | 300 | 800 | 1350 | 2700 | 4700 | 6900 |

**1962**

**Series II, Husky, 4-cyl., 46 hp, 86" wb**
| | | | | | | |
|---|---|---|---|---|---|---|
| 2-dr Sta Wgn | 300 | 750 | 1250 | 2500 | 4400 | 6200 |

**Minx Series 111C, 4-cyl., 52 hp, 96" wb**
| | | | | | | |
|---|---|---|---|---|---|---|
| 4-dr Dlx Sdn | 300 | 700 | 1200 | 2400 | 4100 | 5900 |
| 2-dr Conv | 400 | 1200 | 1900 | 3800 | 6600 | 9600 |

**Super Minx, 4-cyl., 57 hp, 101" wb**
| | | | | | | |
|---|---|---|---|---|---|---|
| 4-dr Sdn | 300 | 700 | 1200 | 2400 | 4100 | 5900 |

**1963**

**Husky II, 4-cyl., 46 hp, 86" wb**
| | | | | | | |
|---|---|---|---|---|---|---|
| 2-dr Sta Wgn | 300 | 750 | 1250 | 2500 | 4400 | 6200 |

**Minx Series 111C, 4-cyl., 96" wb**
| | | | | | | |
|---|---|---|---|---|---|---|
| 1600 4-dr Dlx Sdn | 300 | 700 | 1200 | 2400 | 4100 | 5900 |

**Super Minx Mark I, 4-cyl., 101" wb**
| | | | | | | |
|---|---|---|---|---|---|---|
| 4-dr Sdn | 300 | 750 | 1250 | 2500 | 4400 | 6200 |
| 2-dr Conv | 400 | 1200 | 1900 | 3800 | 6600 | 9600 |
| 4-dr Wgn | 300 | 800 | 1300 | 2600 | 4600 | 6600 |

**Super Minx Mark II Deluxe, 4-cyl., 101" wb**
| | | | | | | |
|---|---|---|---|---|---|---|
| 4-dr Sdn | 300 | 800 | 1350 | 2700 | 4700 | 6900 |
| 2-dr Conv | 400 | 1200 | 1950 | 3900 | 6800 | 9900 |
| 4-dr Estate Wgn | 300 | 800 | 1350 | 2700 | 4700 | 6900 |

**1964**

**Husky III, 4-cyl., 86" wb**
| | | | | | | |
|---|---|---|---|---|---|---|
| 2-dr Sta Wgn | 300 | 750 | 1250 | 2500 | 4400 | 6200 |

**Minx Mark V, 4-cyl., 96" wb**
| | | | | | | |
|---|---|---|---|---|---|---|
| 4-dr Sdn | 300 | 700 | 1200 | 2400 | 4100 | 5900 |

**Super Minx Mark II, 4-cyl., 101" wb**
| | | | | | | |
|---|---|---|---|---|---|---|
| 4-dr Sdn | 300 | 800 | 1300 | 2600 | 4600 | 6600 |
| 2-dr Conv | 400 | 1200 | 1950 | 3900 | 6800 | 9900 |
| 4-dr Estate Wgn | 300 | 800 | 1350 | 2700 | 4700 | 6900 |

**1965**

**Husky, Series III, 4-cyl., 86" wb**
| | | | | | | |
|---|---|---|---|---|---|---|
| 2-dr Sta Wgn | 300 | 750 | 1250 | 2500 | 4400 | 6200 |

**Super Minx Mark II, 4-cyl., 101" wb**
| | | | | | | |
|---|---|---|---|---|---|---|
| 2-dr Conv | 400 | 1200 | 1950 | 3900 | 6800 | 9900 |
| 4-dr Sdn | 300 | 800 | 1300 | 2600 | 4600 | 6600 |
| 4-dr Estate Wgn | 300 | 800 | 1350 | 2700 | 4700 | 6900 |

**Minx Deluxe, 4-cyl., 96" wb**
| | | | | | | |
|---|---|---|---|---|---|---|
| 4-dr Sdn | 300 | 700 | 1200 | 2400 | 4100 | 5900 |

**1966**

**Husky III, 4-cyl., 86" wb**
| | | | | | | |
|---|---|---|---|---|---|---|
| 2-dr Sta Wgn | 300 | 750 | 1250 | 2500 | 4400 | 6200 |

**1967**

**Husky, 4-cyl., 86" wb**
| | | | | | | |
|---|---|---|---|---|---|---|
| 2-dr Sta Wgn | 300 | 750 | 1250 | 2500 | 4400 | 6200 |

# JAGUAR
## 1946 – 1991

'53 Jaguar XK120

'56 Jaguar XK140

'63 Jaguar Convertible

'68 Jaguar XKE Coupe

'73 Jaguar XJ12 Sedan

'90 Jaguar XJ6

| | 6 | 5 | 4 | 3 | 2 | 1 |
|---|---|---|---|---|---|---|
| **1946** | | | | | | |
| **3.5 Litre, 6-cyl., 125 hp, 120" wb** | | | | | | |
| Cpe Conv | 2600 | 7700 | 12950 | 25900 | 45500 | 64700 |
| 4-dr Saloon | 1150 | 3600 | 5950 | 11900 | 21000 | 29700 |
| **1947** | | | | | | |
| **3.5 Litre, 6-cyl., 125 hp, 120" wb** | | | | | | |
| Cpe Conv | 2600 | 7700 | 12950 | 25900 | 45500 | 64700 |
| 4-dr Saloon | 1150 | 3600 | 5950 | 11900 | 21000 | 29700 |
| **1948** | | | | | | |
| **3.5 Litre, 6-cyl., 125 hp, 120" wb** | | | | | | |
| Cpe Conv | 2600 | 7700 | 12950 | 25900 | 45500 | 64700 |
| 4-dr Saloon | 1150 | 3600 | 5950 | 11900 | 21000 | 29700 |

| | 6 | 5 | 4 | 3 | 2 | 1 |
|---|---|---|---|---|---|---|
| **1949** | | | | | | |
| **XK-120, 6-cyl., 102" wb** | | | | | | |
| 2-dr Rdstr (alloy body) | 5700 | 16950 | 28500 | 57000 | 100100 | 142300 |
| **Mark V, 3.5 Litre, 6-cyl., 120" wb** | | | | | | |
| 4-dr Saloon | 1000 | 3150 | 5300 | 10600 | 18700 | 26500 |
| 2-dr Cpe Conv | 2400 | 7100 | 12000 | 24000 | 42150 | 59900 |
| **1950** | | | | | | |
| **Mark V, 6-cyl., 160 hp, 120" wb** | | | | | | |
| 3.5 Litre Saloon | 1000 | 3150 | 5300 | 10600 | 18700 | 142300 |
| 3.5 Litre Cpe Conv | 2400 | 7100 | 12000 | 24000 | 42150 | 59900 |
| **XK-120, 6-cyl., 160 hp, 120" wb** | | | | | | |
| 2-dr Rdstr | 2800 | 8300 | 14000 | 28000 | 49200 | 69900 |
| **1951** | | | | | | |
| **Mark VII, 6-cyl., 160 hp, 120" wb** | | | | | | |
| 4-dr Sdn | 800 | 2350 | 3950 | 7900 | 13700 | 19700 |
| **XK-120, 6-cyl., 160 hp, 102" wb** | | | | | | |
| Spt Rdstr | 2800 | 8300 | 14000 | 28000 | 49200 | 62100 |
| Cpe | 2000 | 5900 | 9950 | 19900 | 35000 | 49700 |
| **1952** | | | | | | |
| **Mark VII, twin-cam, 6-cyl., 160 hp, 120" wb** | | | | | | |
| 4-dr Saloon | 800 | 2350 | 3950 | 7900 | 13700 | 19700 |
| **XK-120M, modified, 160 hp, 102" wb** | | | | | | |
| Rdstr | 3400 | 10100 | 17000 | 34000 | 59700 | 84900 |
| Cpe | 2050 | 6000 | 10100 | 20200 | 35500 | 50400 |
| **XK-120, 6-cyl., 160 hp, 102" wb** | | | | | | |
| Rdstr | 2800 | 8300 | 14000 | 28000 | 49200 | 69900 |
| Cpe | 1900 | 5600 | 9950 | 19900 | 33200 | 47200 |
| **1953** | | | | | | |
| **Mark VII, 6-cyl., 160 hp, 120" wb** | | | | | | |
| 4-dr Saloon | 800 | 2350 | 3950 | 7900 | 13700 | 19700 |
| **XK-120M, modified, 6-cyl., 160 hp, 102" wb** | | | | | | |
| Spt Rdstr | 3400 | 10100 | 17000 | 34000 | 59700 | 84900 |
| Cpe | 2050 | 6000 | 10100 | 20200 | 35500 | 50400 |
| Conv | 2500 | 7400 | 12500 | 25000 | 43900 | 62400 |
| **XK-120, 6-cyl., 160 hp, 102" wb** | | | | | | |
| Spt Rdstr | 2800 | 8300 | 14000 | 28000 | 49200 | 69900 |
| Cpe | 2000 | 5900 | 9950 | 19900 | 35000 | 49700 |
| Conv | 2400 | 7100 | 12000 | 24000 | 42150 | 59900 |
| **1954** | | | | | | |
| **Mark VII, 6-cyl., 160 hp, 120" wb** | | | | | | |
| 4-dr Saloon | 800 | 2350 | 3950 | 7900 | 13700 | 19700 |
| **XK-120M, modified, 6-cyl., 102" wb** | | | | | | |
| Spt Rdstr | 3400 | 10100 | 17000 | 34000 | 59700 | 84900 |
| Cpe | 2150 | 6200 | 10450 | 20900 | 36700 | 52100 |
| Conv | 2600 | 7650 | 12950 | 25900 | 45500 | 64700 |
| **XK-120, 6-cyl., 160 hp, 102" wb** | | | | | | |
| Spt Rdstr | 2800 | 8300 | 14000 | 28000 | 49200 | 69900 |
| Cpe | 2000 | 5900 | 9950 | 19900 | 35000 | 49700 |
| Conv | 2400 | 7100 | 12000 | 24000 | 42150 | 59900 |
| **1955** | | | | | | |
| **Mark VII M, 6-cyl., 190 hp, 120" wb** | | | | | | |
| 4-dr Saloon | 1000 | 3100 | 5250 | 10500 | 18600 | 26200 |
| **XK-140, 6-cyl., 190 hp, 102" wb** | | | | | | |
| 3-pass Cpe | 1650 | 4900 | 8250 | 16500 | 29000 | 41200 |
| Rdstr | 3000 | 8900 | 15000 | 30000 | 52700 | 74900 |
| 2-pass Conv | 2300 | 6800 | 12500 | 25000 | 40200 | 57200 |
| **XK-140M, 6-cyl., 190 hp, 102" wb** | | | | | | |
| 3-pass Cpe | 1750 | 5200 | 8750 | 17500 | 30800 | 43700 |

| | 6 | 5 | 4 | 3 | 2 | 1 |
|---|---|---|---|---|---|---|
| Rdstr | 3300 | 9800 | 16500 | 33000 | 57900 | 82400 |
| 2-pass Conv | 2800 | 8300 | 14000 | 28000 | 49200 | 69900 |
| **XK-140MC, 6-cyl., 210 hp, 102" wb** | | | | | | |
| 3-pass Cpe | 2000 | 5800 | 9750 | 19500 | 34300 | 48700 |
| Rdstr | 3600 | 10700 | 18000 | 36000 | 63200 | 89900 |
| 2-pass Conv | 3150 | 9350 | 15750 | 31500 | 55300 | 78600 |

### 1956

| | 6 | 5 | 4 | 3 | 2 | 1 |
|---|---|---|---|---|---|---|
| **Mark VII M, 6-cyl., 190 hp, 120" wb** | | | | | | |
| 4-dr Saloon | 1000 | 3100 | 5250 | 10500 | 18600 | 26200 |
| **XK-140, 6-cyl., 190 hp, 102" wb** | | | | | | |
| 2-pass Cpe | 1650 | 4900 | 8250 | 16500 | 29000 | 41200 |
| 2-pass Rdstr | 3000 | 8900 | 15000 | 30000 | 52700 | 74900 |
| 2-pass Conv | 2500 | 7400 | 12500 | 25000 | 43900 | 62400 |
| **XK-140M, 6-cyl., 190 hp, 102" wb** | | | | | | |
| 2-pass Cpe | 1750 | 5200 | 8750 | 17500 | 30800 | 43700 |
| 2-pass Rdstr | 3300 | 9800 | 16500 | 33000 | 57900 | 82400 |
| 2-pass Conv | 2800 | 8300 | 14000 | 28000 | 49200 | 69900 |
| **XK-140MC, 6-cyl., 210 hp, 102" wb** | | | | | | |
| 2-pass Cpe | 2000 | 5800 | 9750 | 19500 | 34300 | 48700 |
| 2-pass Rdstr | 3600 | 10700 | 18000 | 36000 | 63200 | 89900 |
| 2-pass Conv | 3150 | 9350 | 15750 | 31500 | 55300 | 78600 |
| **2.4 Litre, 6-cyl., 112 hp, 108" wb** | | | | | | |
| 4-dr Sdn | 700 | 2000 | 3450 | 6900 | 11900 | 17200 |

### 1957

| | 6 | 5 | 4 | 3 | 2 | 1 |
|---|---|---|---|---|---|---|
| **Mark VIII, 6-cyl., 210 hp, 102" wb** | | | | | | |
| 4-dr Saloon | 850 | 2650 | 4450 | 8900 | 15700 | 22300 |
| **XK-140** | | | | | | |
| 2-pass Cpe | 1650 | 4900 | 8250 | 16500 | 29000 | 41200 |
| 2-pass Rdstr | 3000 | 8900 | 15000 | 30000 | 52700 | 74900 |
| 2-pass Conv | 2500 | 7400 | 12500 | 25000 | 43900 | 62400 |
| **XK-140M** | | | | | | |
| 2-dr 2-pass Cpe | 1750 | 5200 | 8750 | 17500 | 30800 | 43700 |
| 2-dr 2-pass Rdstr | 3300 | 9800 | 16500 | 33000 | 57900 | 82400 |
| 2-dr 2-pass Conv | 2800 | 8300 | 14000 | 28000 | 49200 | 69900 |
| **XK-140MC** | | | | | | |
| 2-dr 2-pass Rdstr | 2000 | 5800 | 9750 | 19500 | 34300 | 48700 |
| 2-dr 2-pass Cpe | 3600 | 10700 | 18000 | 36000 | 63200 | 89900 |
| 2-dr 2-pass Conv | 3150 | 9350 | 15750 | 31500 | 55300 | 78600 |
| **2.4 Litre, 6-cyl., 112 hp, 108" wb** | | | | | | |
| 4-dr Sdn | 700 | 2000 | 3450 | 6900 | 11900 | 17200 |
| **3.4 Litre, 6-cyl., 210 hp, 108" wb** | | | | | | |
| 4-dr Sdn | 800 | 2500 | 3950 | 7900 | 14800 | 20900 |

### 1958

| | 6 | 5 | 4 | 3 | 2 | 1 |
|---|---|---|---|---|---|---|
| **3.4 Litre, 6-cyl., 210 hp, 108" wb** | | | | | | |
| 4-dr Sdn | 800 | 2350 | 3950 | 7900 | 13700 | 19700 |
| **XK-150, 6-cyl., 190 hp, 120" wb** | | | | | | |
| Hdtp Cpe | 1900 | 5600 | 9450 | 18900 | 33200 | 47200 |
| Rdstr S | 2900 | 8600 | 14500 | 29000 | 50900 | 72400 |
| Conv | 2250 | 6550 | 11000 | 22000 | 38650 | 55000 |
| Rdstr S/E | 3200 | 9500 | 15950 | 31900 | 56000 | 79600 |
| **Mark VIII, 6-cyl., 210 hp, 120" wb** | | | | | | |
| 4-dr Sdn | 850 | 2650 | 4450 | 8900 | 15700 | 22300 |

### 1959

| | 6 | 5 | 4 | 3 | 2 | 1 |
|---|---|---|---|---|---|---|
| **XK-150, 6-cyl., 210 hp, 102" wb** | | | | | | |
| Cpe | 1900 | 5600 | 9450 | 18900 | 33200 | 47200 |
| Rdstr | 2700 | 8000 | 13500 | 27000 | 47400 | 67400 |
| Conv | 2250 | 6550 | 11000 | 22000 | 38650 | 55000 |
| **XK-150S, 6-cyl., 210 hp, 102" wb** | | | | | | |
| Rdstr S | 3100 | 9200 | 15500 | 31000 | 54400 | 77400 |

|  | 6 | 5 | 4 | 3 | 2 | 1 |
|---|---|---|---|---|---|---|
| **3.4 Litre, 6-cyl., 210 hp, 108" wb** | | | | | | |
| 4-dr Sdn | 800 | 2350 | 3950 | 7900 | 13700 | 19700 |
| **Mark II, 3.8 Litre, 6-cyl., 107.4" wb** | | | | | | |
| 4-dr Sdn | 850 | 2650 | 4450 | 8900 | 15700 | 22300 |
| **Mark VII, 6-cyl., 220 hp, 120" wb** | | | | | | |
| 4-dr Sdn | 900 | 2850 | 4750 | 9500 | 16700 | 23700 |
| **Mark IX, 6-cyl., 220 hp, 120" wb** | | | | | | |
| 4-dr Sdn | 950 | 3050 | 5150 | 10300 | 18200 | 25700 |
| **_1960_** | | | | | | |
| **XK-150, 6-cyl., 210 hp, 102" wb** | | | | | | |
| Cpe | 1900 | 5600 | 9450 | 18900 | 33200 | 47200 |
| Rdstr | 2700 | 8000 | 13500 | 27000 | 47400 | 67400 |
| Conv | 2250 | 6550 | 11000 | 22000 | 38650 | 55000 |
| **XK-150S, 6-cyl., 210 hp, 102" wb** | | | | | | |
| Rdstr S | 3100 | 9200 | 15500 | 31000 | 54400 | 77400 |
| **XK-150S, 6-cyl., 250 hp, 102" wb** | | | | | | |
| Rdstr | 3400 | 10100 | 17000 | 34000 | 59700 | 84900 |
| **3.4 Litre, 6-cyl., 210 hp, 108" wb** | | | | | | |
| 4-dr Sdn | 800 | 2350 | 3950 | 7900 | 13700 | 19700 |
| **Mark II, 3.8 Litre, 6-cyl., 107.4" wb** | | | | | | |
| 4-dr Sdn | 850 | 2650 | 4450 | 8900 | 15700 | 22300 |
| **Mark IX, 6-cyl., 220 hp, 120" wb** | | | | | | |
| 4-dr Sdn | 950 | 3050 | 5150 | 10300 | 18200 | 25700 |
| **_1961_** | | | | | | |
| **XK-150, 6-cyl., 210 hp, 102" wb** | | | | | | |
| Cpe | 1900 | 5600 | 9450 | 18900 | 33200 | 47200 |
| Conv | 2250 | 6550 | 11000 | 22000 | 38650 | 55000 |
| **XKE, 6-cyl., 265 hp, 96" wb** | | | | | | |
| Rdstr | 2300 | 6750 | 11400 | 22800 | 40050 | 57000 |
| Cpe | 1500 | 4500 | 7500 | 15000 | 26400 | 37500 |
| **Mark IX, 6-cyl., 265 hp, 120" wb** | | | | | | |
| 4-dr Sdn | 950 | 3050 | 5150 | 10300 | 18200 | 25700 |
| **Mark II 3.8 Litre, 6-cyl., 265 hp, 108" wb** | | | | | | |
| 4-dr Sdn | 850 | 2650 | 4450 | 8900 | 15700 | 22300 |
| **_1962_** | | | | | | |
| **XKE, 6-cyl., 265 hp, 96" wb** | | | | | | |
| Rdstr | 2300 | 6750 | 11400 | 22800 | 40050 | 57000 |
| Cpe | 1500 | 4500 | 7500 | 15000 | 26400 | 37500 |
| **Mark X, 6-cyl., 265 hp, 120" wb** | | | | | | |
| 4-dr Sdn | 750 | 2250 | 3750 | 7500 | 13000 | 18700 |
| **_1963_** | | | | | | |
| **XKE, 6-cyl., 265 hp, 96" wb** | | | | | | |
| Rdstr | 2300 | 6650 | 11250 | 22500 | 39500 | 56100 |
| Cpe | 1450 | 4350 | 7250 | 14500 | 25500 | 36200 |
| **Mark II, 3.8 Litre, 6-cyl., 265 hp, 108" wb** | | | | | | |
| 4-dr Sdn | 850 | 2650 | 4450 | 8900 | 15700 | 22300 |
| **Mark X, 6-cyl., 265 hp, 120" wb** | | | | | | |
| 4-dr Sdn | 750 | 2250 | 3750 | 7500 | 13000 | 18700 |
| **_1964_** | | | | | | |
| **XKE, 6-cyl., 265 hp, 96" wb** | | | | | | |
| Rdstr | 2300 | 6650 | 11250 | 22500 | 39500 | 56100 |
| Cpe | 1450 | 4350 | 7250 | 14500 | 25500 | 36200 |
| **Mark II, 3.8 Litre, 6-cyl., 265 hp, 108" wb** | | | | | | |
| 4-dr Sdn | 850 | 2650 | 4450 | 8900 | 15700 | 22300 |
| **Mark X, 6-cyl., 265 hp, 120" wb** | | | | | | |
| 4-dr Sdn | 750 | 2250 | 3750 | 7500 | 13000 | 18700 |

|  | 6 | 5 | 4 | 3 | 2 | 1 |
|---|---|---|---|---|---|---|
| **1965** | | | | | | |
| **XKE, 4.2 Litre, 6-cyl., 265 hp, 96" wb** | | | | | | |
| Rdstr | 2300 | 6650 | 11250 | 22500 | 39500 | 56100 |
| Cpe | 1500 | 4500 | 7500 | 15000 | 26400 | 37500 |
| **Mark II, 3.8 Litre, 6-cyl., 107.4" wb** | | | | | | |
| 4-dr Sdn | 850 | 2650 | 4450 | 8900 | 15700 | 22300 |
| **Mark X, 4.8 Litre, 6-cyl., 120" wb** | | | | | | |
| 4-dr Sdn | 750 | 2250 | 3750 | 7500 | 13000 | 18700 |
| **1966** | | | | | | |
| **XKE, 4.2 Litre, 6-cyl., 265 hp, 96" wb** | | | | | | |
| Rdstr | 2300 | 6800 | 11500 | 23000 | 40400 | 57500 |
| Cpe | 1500 | 4500 | 7500 | 15000 | 26400 | 37500 |
| 2-dr Cpe 2 + 2 | 1100 | 3450 | 5750 | 11500 | 20300 | 28700 |
| **Mark II, 3.8 Litre, 108" wb** | | | | | | |
| 4-dr Sdn | 850 | 2650 | 4450 | 8900 | 15700 | 22300 |
| 4-dr Sdn S | 900 | 2750 | 4650 | 9300 | 16400 | 23100 |
| **Mark X, 4.2 Litre, 6-cyl., 245 hp, 120" wb** | | | | | | |
| 4-dr Sdn | 750 | 2250 | 3750 | 7500 | 13000 | 18700 |
| **1967** | | | | | | |
| **XKE, 4.2 Litre, 6-cyl., 265 hp, 96" wb** | | | | | | |
| Rdstr | 2300 | 6800 | 11500 | 23000 | 40400 | 57500 |
| Cpe | 1500 | 4500 | 7500 | 15000 | 26400 | 37500 |
| Cpe 2 + 2 | 1100 | 3450 | 5750 | 11500 | 20300 | 28700 |
| **340, 6-cyl., 225 hp, 108" wb** | | | | | | |
| 4-dr Sdn | 800 | 2350 | 3900 | 7800 | 13500 | 19500 |
| **420, 6-cyl., 255 hp, 108" wb** | | | | | | |
| 4-dr Sdn | 750 | 2300 | 3800 | 7600 | 13100 | 18900 |
| **420 G, 6-cyl., 245 hp, 107" wb** | | | | | | |
| 4-dr Sdn | 800 | 2400 | 4000 | 8000 | 13900 | 19900 |
| **1968** | | | | | | |
| **XKE, 4.2 Litre, 6-cyl., 245 hp, 96" wb** | | | | | | |
| Spt Conv | 2050 | 6000 | 10100 | 20200 | 35500 | 50400 |
| Cpe | 1400 | 4250 | 7100 | 14200 | 25000 | 35400 |
| Cpe 2 + 2 | 1100 | 3550 | 5900 | 11800 | 20800 | 29400 |
| **1969** | | | | | | |
| **XKE, 6-cyl., 246 hp, 96" wb** | | | | | | |
| Rdstr | 2050 | 6000 | 10100 | 20200 | 35500 | 50400 |
| Cpe | 1400 | 4250 | 7100 | 14200 | 25000 | 35400 |
| Cpe 2 + 2 | 1100 | 3550 | 5900 | 11800 | 20800 | 29400 |
| **XJ, 6-cyl., 246 hp, 96" wb** | | | | | | |
| 4-dr Sdn | 400 | 1100 | 1800 | 3500 | 6100 | 8900 |
| **1970** | | | | | | |
| **XKE, 6-cyl., 246 hp, 96" wb** | | | | | | |
| Rdstr | 2050 | 6000 | 10100 | 20200 | 35500 | 50400 |
| Cpe | 1400 | 4250 | 7100 | 14200 | 25000 | 35400 |
| Cpe 2 + 2 | 1150 | 3600 | 6000 | 12000 | 21150 | 30000 |
| **XJ, 6-cyl., 246 hp, 96" wb** | | | | | | |
| 4-dr Sdn | 400 | 1100 | 1800 | 3500 | 6100 | 8900 |
| **1971** | | | | | | |
| **XKE, 6-cyl., 246 hp, 96" wb** | | | | | | |
| Rdstr | 2050 | 6000 | 10100 | 20200 | 35500 | 50400 |
| Cpe | 1400 | 4250 | 7100 | 14200 | 25000 | 35400 |
| Cpe 2 + 2 (12-cyl.) | 1650 | 4900 | 8250 | 16500 | 29000 | 41200 |
| Conv (12-cyl.) | 2800 | 8300 | 14000 | 28000 | 49200 | 69900 |
| **XJ, 246 hp, 96" wb** | | | | | | |
| 4-dr Sdn | 400 | 1100 | 1800 | 3500 | 6100 | 8900 |

|  | 6 | 5 | 4 | 3 | 2 | 1 |
|---|---|---|---|---|---|---|
| **1972** | | | | | | |
| **XKE, 12-cyl., 272 hp, 105" wb** | | | | | | |
| Conv | 2800 | 8300 | 14000 | 28000 | 49200 | 69900 |
| Cpe 2 + 2 | 1650 | 4900 | 8250 | 16500 | 29000 | 41200 |
| **XJ6, 186 hp, 108.9" wb** | | | | | | |
| 4-dr Sdn | 350 | 900 | 1500 | 3000 | 5300 | 7600 |
| **1973** | | | | | | |
| **XKE, 12-cyl., 272 hp, 105" wb** | | | | | | |
| Conv | 2800 | 8300 | 14000 | 28000 | 49200 | 69900 |
| Cpe 2 + 2 | 1650 | 4900 | 8250 | 16500 | 29000 | 41200 |
| **XJ, 186 hp, 108.9" wb** | | | | | | |
| 4-dr Sdn (6-cyl.) | 350 | 900 | 1500 | 3000 | 5300 | 7600 |
| 4-dr Sdn (12-cyl.) | 450 | 1250 | 2150 | 4300 | 7400 | 10700 |
| **1974** | | | | | | |
| **XKE, 12-cyl., 272 hp, 105" wb** | | | | | | |
| Conv | 2800 | 8300 | 14000 | 28000 | 49200 | 69900 |
| **XJ** | | | | | | |
| 4-dr Sdn | 350 | 900 | 1500 | 3000 | 5300 | 7600 |
| 4-dr (LWB) Sdn | 350 | 1000 | 1600 | 3200 | 5700 | 8100 |
| 4-dr Sdn (12-cyl.) | 450 | 1250 | 2150 | 4300 | 7400 | 10700 |
| **1975** | | | | | | |
| **XJ6** | | | | | | |
| 2-dr Cpe | 550 | 1450 | 2450 | 4900 | 8500 | 12000 |
| 4-dr Sdn | 350 | 950 | 1550 | 3100 | 5500 | 7900 |
| **XJ12** | | | | | | |
| 2-dr Cpe | 700 | 1900 | 3350 | 6700 | 11500 | 16500 |
| 4-dr Sdn | 450 | 1250 | 2150 | 4300 | 7400 | 10700 |
| **1976** | | | | | | |
| **XJ6** | | | | | | |
| 2-dr Cpe | 550 | 1450 | 2450 | 4900 | 8500 | 12000 |
| 4-dr Sdn | 350 | 950 | 1550 | 3100 | 5500 | 7900 |
| **XJ12** | | | | | | |
| 2-dr Cpe | 700 | 1900 | 3350 | 6700 | 11500 | 16500 |
| 4-dr Sdn | 450 | 1250 | 2150 | 4300 | 7400 | 10700 |
| **XJS** | | | | | | |
| GT Cpe 2 + 2 | 400 | 1200 | 1950 | 3900 | 6800 | 9900 |
| **1977** | | | | | | |
| **XJ6** | | | | | | |
| 2-dr Cpe | 550 | 1450 | 2450 | 4900 | 8500 | 12000 |
| 4-dr Sdn | 350 | 950 | 1550 | 3100 | 5500 | 7900 |
| **XJ12L** | | | | | | |
| 4-dr Sdn | 450 | 1250 | 2150 | 4300 | 7400 | 10700 |
| **XJS** | | | | | | |
| GT Cpe 2 + 2 | 400 | 1200 | 1950 | 3900 | 6800 | 9900 |
| **1978** | | | | | | |
| **XJ6L** | | | | | | |
| 4-dr Sdn | 350 | 950 | 1550 | 3100 | 5500 | 7900 |
| **XJ12L** | | | | | | |
| 4-dr Sdn | 450 | 1250 | 2150 | 4300 | 7400 | 10700 |
| **XJS** | | | | | | |
| GT Cpe | 400 | 1200 | 1950 | 3900 | 6800 | 9900 |
| **1979** | | | | | | |
| **XJ6 L** | | | | | | |
| 4-dr Sdn | 350 | 1000 | 1600 | 3200 | 5700 | 8100 |
| **XJ12 L** | | | | | | |
| 4-dr Sdn | 500 | 1300 | 2250 | 4500 | 7700 | 11000 |
| **XJS** | | | | | | |
| GT Cpe 2 + 2 | 400 | 1200 | 1950 | 3900 | 6800 | 9900 |

| | 6 | 5 | 4 | 3 | 2 | 1 |
|---|---|---|---|---|---|---|
| **1980** | | | | | | |
| 4-dr Sdn | 350 | 1000 | 1600 | 3200 | 5700 | 8100 |
| 2-dr GT Cpe 2 + 2 | 400 | 1200 | 1950 | 3900 | 6800 | 9900 |
| **1981** | | | | | | |
| **XJ6** | | | | | | |
| 4-dr Sdn | 350 | 1000 | 1600 | 3200 | 5700 | 8100 |
| **XJS** | | | | | | |
| 2-dr GT Cpe 2 + 2 | 400 | 1200 | 1950 | 3900 | 6800 | 9900 |
| **1982** | | | | | | |
| **XJ6, III** | | | | | | |
| 4-dr Sdn | 350 | 1000 | 1600 | 3200 | 5700 | 8100 |
| 4-dr Sdn Vanden Plas | 400 | 1050 | 1700 | 3400 | 5900 | 8500 |
| **XJS, HE** | | | | | | |
| 2-dr Cpe 2 + 2 | 400 | 1200 | 2000 | 4000 | 6900 | 10000 |
| **1983** | | | | | | |
| **XJ6, III** | | | | | | |
| 4-dr Sdn | 400 | 1050 | 1700 | 3300 | 5800 | 8300 |
| 4-dr Sdn Vanden Plas | 400 | 1100 | 1800 | 3500 | 6100 | 8900 |
| **XJS, HE** | | | | | | |
| 2-dr Cpe 2 + 2 | 450 | 1250 | 2050 | 4100 | 7100 | 10300 |
| **1984** | | | | | | |
| **XJ6, III** | | | | | | |
| 4-dr Sdn | 400 | 1050 | 1700 | 3400 | 5900 | 8500 |
| 4-dr Sdn Vanden Plas | 400 | 1100 | 1800 | 3600 | 6200 | 9100 |
| **XJS, HE** | | | | | | |
| 2-dr Cpe 2 + 2 | 450 | 1250 | 2100 | 4200 | 7200 | 10500 |
| **1985** | | | | | | |
| **XJ6, III** | | | | | | |
| 4-dr Sdn | 400 | 1050 | 1700 | 3400 | 5900 | 8500 |
| 4-dr Sdn Vanden Plas | 400 | 1100 | 1800 | 3600 | 6200 | 9100 |
| **XJS, HE** | | | | | | |
| 2-dr Cpe 2 + 2 | 450 | 1250 | 2100 | 4200 | 7200 | 10500 |
| **1986** | | | | | | |
| **XJ6, III** | | | | | | |
| 4-dr Sdn | 400 | 1200 | 1950 | 3900 | 6800 | 9900 |
| 4-dr Sdn Vanden Plas | 450 | 1250 | 2050 | 4100 | 7100 | 10300 |
| **XJS, HE** | | | | | | |
| 2-dr Cpe 2 + 2 | 500 | 1350 | 2350 | 4700 | 8100 | 11500 |
| **1987** | | | | | | |
| **XJ6** | | | | | | |
| 4-dr Sdn | 500 | 1300 | 2250 | 4500 | 7700 | 11000 |
| 4-dr Sdn Vanden Plas | 550 | 1450 | 2450 | 4900 | 8500 | 12000 |
| **XJS** | | | | | | |
| 2-dr Cpe 2 + 2 | 550 | 1500 | 2500 | 5000 | 8700 | 12300 |
| 2-dr Cabrlt | 650 | 1800 | 3250 | 6500 | 11200 | 16100 |
| **1988** | | | | | | |
| **XJ6** | | | | | | |
| 4-dr Sdn | 550 | 1550 | 2650 | 5300 | 9100 | 13000 |
| 4-dr Sdn Vanden Plas | 600 | 1650 | 2900 | 5800 | 10000 | 14500 |
| **XJS** | | | | | | |
| 2-dr Cpe 2 + 2 | 600 | 1600 | 2750 | 5500 | 9500 | 13800 |
| 2-dr Cabrlt | 750 | 2150 | 3600 | 7200 | 12400 | 18000 |
| 2-dr Conv 2 + 2 | 750 | 2200 | 3650 | 7300 | 12600 | 18200 |
| **1989** | | | | | | |
| **XJ6** | | | | | | |
| 4-dr Sdn | 650 | 1750 | 3150 | 6300 | 10900 | 15700 |
| 4-dr Sdn Vanden Plas | 700 | 2000 | 3450 | 6900 | 11900 | 17200 |

|  | 6 | 5 | 4 | 3 | 2 | 1 |
|---|---|---|---|---|---|---|
| **XJS** | | | | | | |
| 2-dr Cpe 2 + 2 | 700 | 2000 | 3450 | 6900 | 11900 | 17200 |
| 2-dr Conv | 1000 | 3200 | 5400 | 10800 | 19000 | 26900 |
| ***1990*** | | | | | | |
| **XJ6** | | | | | | |
| 4-dr Sdn | 750 | 2250 | 3750 | 7500 | 13000 | 18700 |
| 4-dr Sdn Sovereign | 800 | 2500 | 4250 | 8500 | 15000 | 21200 |
| 4-dr Sdn Vanden Plas | 900 | 2750 | 4600 | 9200 | 16200 | 22900 |
| 4-dr Sdn Vanden Plas M | 900 | 2850 | 4750 | 9500 | 16700 | 23700 |
| **XJS, 12-cyl.** | | | | | | |
| 2-dr Cpe | 800 | 2400 | 4000 | 8000 | 13900 | 19900 |
| 2-dr Conv | 1200 | 3800 | 6350 | 12700 | 22400 | 31700 |
| ***1991*** | | | | | | |
| **XJ6** | | | | | | |
| 4-dr Sdn | 850 | 2650 | 4500 | 9000 | 15900 | 22500 |
| 4-dr Sdn Sovereign | 950 | 3000 | 5050 | 10100 | 17900 | 25100 |
| 4-dr Sdn Vanden Plas | 1000 | 3250 | 5450 | 10900 | 19100 | 27200 |
| **XJS, 12-cyl.** | | | | | | |
| 2-dr Cpe | 900 | 2800 | 4700 | 9400 | 16500 | 23400 |
| 2-dr Conv | 1450 | 4450 | 7450 | 14900 | 26200 | 37200 |

# JENSEN
# 1950 – 1976

|  | 6 | 5 | 4 | 3 | 2 | 1 |
|---|---|---|---|---|---|---|
| ***1950*** | | | | | | |
| **Interceptor, 6-cyl., 112.5" wb** | | | | | | |
| 2-dr Cabrlt | 750 | 2250 | 3750 | 7500 | 13000 | 18700 |
| 2-dr Saloon | 400 | 1200 | 2000 | 4000 | 6900 | 10000 |
| ***1951*** | | | | | | |
| **Interceptor, 6-cyl., 112.5" wb** | | | | | | |
| 2-dr Cabrlt | 750 | 2250 | 3750 | 7500 | 13000 | 18700 |
| 2-dr Saloon | 400 | 1200 | 2000 | 4000 | 6900 | 10000 |
| ***1952*** | | | | | | |
| **Interceptor, 6-cyl., 112.5" wb** | | | | | | |
| 2-dr Cabrlt | 700 | 2050 | 3500 | 7000 | 12100 | 17400 |
| 2-dr Saloon | 400 | 1100 | 1800 | 3500 | 6100 | 8900 |
| ***1953*** | | | | | | |
| **Interceptor, 6-cyl., 112.5" wb** | | | | | | |
| 2-dr Cabrlt | 700 | 2050 | 3500 | 7000 | 12100 | 17400 |
| 2-dr Saloon | 400 | 1100 | 1800 | 3500 | 6100 | 8900 |
| ***1954*** | | | | | | |
| **Interceptor, 6-cyl., 112.5" wb** | | | | | | |
| 2-dr Conv | 750 | 2250 | 3750 | 7500 | 13000 | 18700 |
| 2-dr Saloon | 400 | 1100 | 1800 | 3500 | 6100 | 8900 |
| **541, 6-cyl., 105" wb** | | | | | | |
| 2-dr Saloon | 600 | 1600 | 2750 | 5500 | 9500 | 13800 |

|  | 6 | 5 | 4 | 3 | 2 | 1 |
|---|---|---|---|---|---|---|
| **1955** | | | | | | |
| **Interceptor, 6-cyl., 112.5" wb** | | | | | | |
| 2-dr Conv | 750 | 2250 | 3750 | 7500 | 13000 | 18700 |
| 2-dr Saloon | 400 | 1100 | 1800 | 3500 | 6100 | 8900 |
| **541, 6-cyl., 105" wb** | | | | | | |
| 2-dr Saloon | 600 | 1600 | 2750 | 5500 | 9500 | 13800 |
| **1956** | | | | | | |
| **Interceptor, 6-cyl., 112.5" wb** | | | | | | |
| 2-dr Conv | 750 | 2250 | 3750 | 7500 | 13000 | 18700 |
| 2-dr Saloon | 400 | 1100 | 1800 | 3500 | 6100 | 8900 |
| **541, 6-cyl., 105" wb** | | | | | | |
| 2-dr Saloon | 600 | 1600 | 2750 | 5500 | 9500 | 13800 |
| **1957** | | | | | | |
| **Interceptor, 6-cyl., 112.5" wb** | | | | | | |
| 2-dr Conv | 750 | 2250 | 3750 | 7500 | 13000 | 18700 |
| 2-dr Saloon | 400 | 1100 | 1800 | 3500 | 6100 | 8900 |
| **541, 6-cyl., 105" wb** | | | | | | |
| 2-dr Saloon | 600 | 1600 | 2750 | 5500 | 9500 | 13800 |
| 2-dr Dlx Saloon | 650 | 1700 | 3000 | 5900 | 10200 | 14700 |
| **1958** | | | | | | |
| **Interceptor, 6-cyl., 112.5" wb** | | | | | | |
| 2-dr Saloon | 400 | 1100 | 1800 | 3500 | 6100 | 8900 |
| **541, 6-cyl., 105" wb** | | | | | | |
| 2-dr Saloon | 600 | 1600 | 2750 | 5500 | 9500 | 13800 |
| 2-dr Dlx Saloon | 650 | 1700 | 3000 | 5900 | 10200 | 14700 |
| **1959** | | | | | | |
| **541R, 6-cyl., 105" wb** | | | | | | |
| 2-dr Saloon | 650 | 1800 | 3250 | 6500 | 11200 | 16100 |
| **1960** | | | | | | |
| **541R, 6-cyl., 105" wb** | | | | | | |
| 2-dr Saloon | 650 | 1800 | 3250 | 6500 | 11200 | 16100 |
| **1961** | | | | | | |
| **541S, 6-cyl., 105" wb** | | | | | | |
| 2-dr Saloon | 750 | 2150 | 3600 | 7200 | 12400 | 18000 |
| **1962** | | | | | | |
| **541S, 6-cyl., 105" wb** | | | | | | |
| 2-dr Saloon | 750 | 2150 | 3600 | 7200 | 12400 | 18000 |
| **1963** | | | | | | |
| **C-V8, Mk I, V-8, 105" wb** | | | | | | |
| 2-dr Saloon | 850 | 2550 | 4350 | 8700 | 15300 | 21700 |
| **1964** | | | | | | |
| **C-V8, Mk II, V-8, 105" wb** | | | | | | |
| 2-dr Saloon | 850 | 2550 | 4350 | 8700 | 15300 | 21700 |
| **1965** | | | | | | |
| **C-V8, V-8, 105" wb** | | | | | | |
| Mk II 2-dr Saloon | 850 | 2550 | 4350 | 8700 | 15300 | 21700 |
| Mk III 2-dr Saloon | 850 | 2700 | 4550 | 9100 | 16000 | 22700 |
| FF 2-dr Saloon (109" wb) | 950 | 2950 | 4950 | 9900 | 17500 | 24700 |
| **1966** | | | | | | |
| **C-V8, V-8, 105" wb** | | | | | | |
| Mk II 2-dr Saloon | 850 | 2550 | 4350 | 8700 | 15300 | 21700 |
| Mk III 2-dr Saloon | 850 | 2700 | 4550 | 9100 | 16000 | 22700 |
| FF 2-dr Saloon (109" wb) | 950 | 2950 | 4950 | 9900 | 17500 | 24700 |

|  | 6 | 5 | 4 | 3 | 2 | 1 |
|---|---|---|---|---|---|---|
| **1967** | | | | | | |
| **Interceptor, V-8, 105" wb** | | | | | | |
| I 2-dr Saloon | 850 | 2700 | 4550 | 9100 | 16000 | 22700 |
| FF 2-dr Saloon (109" wb) | 1050 | 3300 | 5500 | 11000 | 19300 | 27500 |
| **1968** | | | | | | |
| **Interceptor, V-8, 105" wb** | | | | | | |
| I 2-dr Saloon | 850 | 2700 | 4550 | 9100 | 16000 | 22700 |
| FF 2-dr Saloon (109" wb) | 1050 | 3300 | 5500 | 11000 | 19300 | 27500 |
| **1969** | | | | | | |
| **Interceptor, V-8, 105" wb** | | | | | | |
| I 2-dr Saloon | 850 | 2700 | 4550 | 9100 | 16000 | 22700 |
| FF 2-dr Saloon (109" wb) | 1050 | 3300 | 5500 | 11000 | 19300 | 27500 |
| **1970** | | | | | | |
| **Interceptor, V-8, 105" wb** | | | | | | |
| II 2-dr Saloon | 900 | 2750 | 4650 | 9300 | 16400 | 23100 |
| FF 2-dr Saloon (109" wb) | 1150 | 3600 | 5950 | 11900 | 21000 | 29700 |
| **1971** | | | | | | |
| **Interceptor, V-8, 105" wb** | | | | | | |
| II 2-dr Saloon | 900 | 2750 | 4650 | 9300 | 16400 | 23100 |
| FF 2-dr Saloon (109" wb) | 1150 | 3600 | 5950 | 11900 | 21000 | 29700 |
| **1972** | | | | | | |
| **Jensen-Healey, 4-cyl., 92" wb** | | | | | | |
| 2-dr Rdstr | 500 | 1300 | 2250 | 4500 | 7700 | 11000 |
| **Interceptor, V-8, 105" wb** | | | | | | |
| III 2-dr Saloon | 900 | 2750 | 4650 | 9300 | 16400 | 23100 |
| SP 2-dr Saloon | 950 | 3050 | 5150 | 10300 | 18200 | 25700 |
| **1973** | | | | | | |
| **Jensen-Healey, 4-cyl., 92" wb** | | | | | | |
| 2-dr Rdstr | 500 | 1350 | 2350 | 4700 | 8100 | 11500 |
| **Interceptor, V-8, 105" wb** | | | | | | |
| III 2-dr Saloon | 900 | 2750 | 4650 | 9300 | 16400 | 23100 |
| SP 2-dr Saloon | 950 | 3050 | 5150 | 10300 | 18200 | 25700 |
| **1974** | | | | | | |
| **Jensen-Healey, 4-cyl., 92" wb** | | | | | | |
| 2-dr Rdstr | 550 | 1450 | 2450 | 4900 | 8500 | 12000 |
| **Interceptor, V-8, 105" wb** | | | | | | |
| 2-dr Saloon | 900 | 2850 | 4750 | 9500 | 16700 | 23700 |
| 2-dr Conv | 1800 | 5300 | 8950 | 17900 | 31500 | 44700 |
| **1975** | | | | | | |
| **Jensen-Healey, 4-cyl.,. 92" wb** | | | | | | |
| 2-dr Rdstr | 550 | 1500 | 2500 | 5000 | 8700 | 12300 |
| **Interceptor, V-8, 105" wb** | | | | | | |
| 2-dr Saloon | 900 | 2850 | 4750 | 9500 | 16700 | 23700 |
| 2-dr Conv | 1900 | 5600 | 9450 | 18900 | 33200 | 47200 |
| **1976** | | | | | | |
| **GT, 4-cyl., 92" wb** | | | | | | |
| 2-dr Cpe | 550 | 1500 | 2500 | 5000 | 8700 | 12300 |
| **Interceptor, V-8, 105" wb** | | | | | | |
| 2-dr Saloon | 900 | 2850 | 4750 | 9500 | 16700 | 23700 |
| 2-dr Conv | 2000 | 5800 | 9750 | 19500 | 34300 | 48700 |

# LAMBORGHINI
## 1964 – 1991

| | 6 | 5 | 4 | 3 | 2 | 1 |
|---|---|---|---|---|---|---|
| **1964** | | | | | | |
| **350 GT, 12-cyl., 99.5" wb, 3464cc** | | | | | | |
| Cpe | 5900 | 17550 | 29500 | 59000 | 103600 | 147300 |
| **1965** | | | | | | |
| **350 GT, 12-cyl., 99.5" wb, 3464cc** | | | | | | |
| Cpe | 5900 | 17550 | 29500 | 59000 | 103600 | 147300 |
| **1966** | | | | | | |
| **350 GT, 12-cyl., 99.5" wb, 3464cc** | | | | | | |
| 2-dr Cpe | 5900 | 17550 | 29500 | 59000 | 103600 | 147300 |
| **400 GT, 12-cyl., 99.5" wb, 3929cc** | | | | | | |
| 2-dr Cpe | 6100 | 18100 | 30500 | 61000 | 107100 | 152300 |
| 2-dr Cpe 2 + 2 | 4100 | 12150 | 20450 | 40900 | 71800 | 102100 |
| **Miura, 12-cyl., 98.4" wb** | | | | | | |
| P400 2-dr Cpe | 7000 | 20750 | 349500 | 69900 | 122700 | 174500 |
| **1967** | | | | | | |
| **400 GT, 12-cyl., 99.5" wb, 3929cc** | | | | | | |
| 2-dr Cpe 2 + 2 | 4100 | 12150 | 20450 | 40900 | 71800 | 102100 |
| **Miura, 12-cyl., 98.4" wb** | | | | | | |
| P400 2-dr Cpe | 7000 | 20750 | 34950 | 69900 | 122700 | 174500 |
| **1968** | | | | | | |
| **400 GT, 12-cyl., 99.5" wb, 3929cc** | | | | | | |
| 2-dr Cpe 2 + 2 | 4100 | 12150 | 20450 | 40900 | 71800 | 102100 |
| **Miura, 12-cyl., 97.5" wb, 3929cc** | | | | | | |
| P400 Cpe | 7000 | 20750 | 34950 | 69900 | 122700 | 174500 |
| **Espada Series I 400 GT, 12-cyl., 99.5" wb, 3929cc** | | | | | | |
| 2-dr Cpe | 2200 | 6500 | 10950 | 21900 | 38500 | 54700 |
| **Islero, 12-cyl., 99.5" wb, 3929cc** | | | | | | |
| 400 GT 2-dr Cpe (2 plus 2) | 3000 | 8900 | 14950 | 29900 | 52500 | 74600 |
| **1969** | | | | | | |
| **Miura, 12-cyl., 97.5" wb, 3929cc** | | | | | | |
| P400 S 2-dr Cpe | 8500 | 25250 | 42500 | 85000 | 149300 | 212200 |
| **Espada S, 12-cyl., 99.5" wb, 3929cc** | | | | | | |
| 2-dr Cpe | 2150 | 6200 | 10450 | 20900 | 36700 | 52100 |
| **Islero S, 12-cyl., 99.5" wb, 3929cc** | | | | | | |
| 2-dr Cpe | 3100 | 9200 | 15450 | 30900 | 54300 | 77100 |
| **1970** | | | | | | |
| **Miura, 12-cyl., 97.5" wb, 3929cc** | | | | | | |
| P400 S 2-dr Cpe | 8500 | 25250 | 42500 | 85000 | 149300 | 212200 |
| **Espada Series II 400 GT, 12-cyl., 99.5" wb, 3929cc** | | | | | | |
| 2-dr Cpe | 2200 | 6500 | 10950 | 21900 | 38500 | 54700 |
| **Islero S, 12-cyl., 99.5" wb, 3929cc** | | | | | | |
| 2-dr Cpe | 3100 | 9200 | 15450 | 30900 | 54300 | 77100 |

| | 6 | 5 | 4 | 3 | 2 | 1 |
|---|---|---|---|---|---|---|
| **Jarama 400 GT, 12-cyl., 92.8" wb, 3929cc** | | | | | | |
| 2-dr Cpe | 2500 | 7350 | 12450 | 24900 | 43700 | 62100 |
| **1971** | | | | | | |
| **Miura, 12-cyl., 97.5" wb, 3929cc** | | | | | | |
| P400 S 2-dr Cpe | 8500 | 25250 | 42500 | 85000 | 149300 | 212200 |
| P400 SV 2-dr Cpe | 13900 | 41300 | 69500 | 139000 | 244100 | 347000 |
| **Espada Series II 400 GT, 12-cyl., 99.5" wb, 3929cc** | | | | | | |
| 2-dr Cpe | 2200 | 6500 | 10950 | 21900 | 38500 | 54700 |
| **Islero S, 12-cyl., 99.5" wb, 3929cc** | | | | | | |
| 2-dr Cpe | 3100 | 9200 | 15450 | 30900 | 54300 | 77100 |
| **Jarama 400 GT, 12-cyl., 92.8" wb, 3929cc** | | | | | | |
| 2-dr Cpe | 2500 | 7350 | 12450 | 24900 | 43700 | 62100 |
| **1972** | | | | | | |
| **Miura, 12-cyl., 97.5" wb, 3929cc** | | | | | | |
| P400 SV 2-dr Cpe | 13900 | 41300 | 69500 | 139000 | 244100 | 347000 |
| **Espada Series II 400 GT, 12-cyl., 99.5" wb, 3929cc** | | | | | | |
| 2-dr Cpe | 2200 | 6500 | 10950 | 21900 | 38500 | 54700 |
| **Jarama 400 GT, 12-cyl., 92.8" wb, 3929cc** | | | | | | |
| 2-dr Cpe | 2500 | 7350 | 12450 | 24900 | 43700 | 62100 |
| **Urraco, 8-cyl., 95.5" wb, 2462cc** | | | | | | |
| P250 2-dr Cpe | 1700 | 5050 | 8500 | 17000 | 29900 | 42500 |
| **1973** | | | | | | |
| **Espada Series III 400 GT, 12-cyl., 99.5" wb, 3929cc** | | | | | | |
| 2-dr Cpe | 2400 | 7050 | 11950 | 23900 | 42000 | 59700 |
| **Jarama 400 GTS, 12-cyl., 92.8" wb, 3929cc** | | | | | | |
| 2-dr Cpe | 2700 | 8000 | 13450 | 26900 | 47200 | 67100 |
| **Urraco, 8-cyl., 95.5" wb, 2462cc** | | | | | | |
| P250 2-dr Cpe | 1700 | 5050 | 8500 | 17000 | 29900 | 42500 |
| **1974** | | | | | | |
| **Espada Series III 400 GT, 12-cyl., 99.5" wb, 3929cc** | | | | | | |
| 2-dr Cpe | 2400 | 7050 | 11950 | 23900 | 42000 | 59700 |
| **Jarama 400 GTS, 12-cyl., 92.8" wb, 3929cc** | | | | | | |
| 2-dr Cpe | 2700 | 8000 | 13450 | 26900 | 47200 | 67100 |
| **Urraco, 8-cyl., 95.5" wb, 2462cc** | | | | | | |
| P250 2-dr Cpe | 1700 | 5050 | 8500 | 17000 | 29900 | 42500 |
| **Countach, 12-cyl., 96.5" wb** | | | | | | |
| LP400 2-dr Cpe | 5200 | 15450 | 26000 | 52000 | 91300 | 129800 |
| **1975** | | | | | | |
| **Espada Series III 400 GT, 12-cyl., 99.5" wb, 3929cc** | | | | | | |
| 2-dr Cpe | 2400 | 7050 | 11950 | 23900 | 42000 | 59700 |
| **Jarama 400 GTS, 12-cyl., 92.8" wb, 3929cc** | | | | | | |
| 2-dr Cpe | 2700 | 8000 | 13450 | 26900 | 47200 | 67100 |
| **Urraco, 8-cyl., 95.5" wb, 2462cc** | | | | | | |
| P250 2-dr Cpe | 1700 | 5050 | 8500 | 17000 | 29900 | 42500 |
| P300 2-dr Cpe | 2800 | 8300 | 13950 | 27900 | 49000 | 69600 |
| **Countach, 12-cyl., 96.5" wb** | | | | | | |
| LP400 2-dr Cpe | 5200 | 15450 | 26000 | 52000 | 91300 | 129800 |
| **1976** | | | | | | |
| **Espada Series III 400 GT, 12-cyl., 99.5" wb, 3929cc** | | | | | | |
| 2-dr Cpe | 2400 | 7050 | 11950 | 23900 | 42000 | 59700 |
| **Jarama 400 GTS, 12-cyl., 92.8" wb, 3929cc** | | | | | | |
| 2-dr Cpe | 2700 | 8000 | 13450 | 26900 | 47200 | 67100 |

| | 6 | 5 | 4 | 3 | 2 | 1 |
|---|---|---|---|---|---|---|
| **Urraco, 8-cyl., 95.5" wb, 1994cc** | | | | | | |
| P250 2-dr Cpe | 1700 | 5050 | 8500 | 17000 | 29900 | 42500 |
| P300 2-dr Cpe | 2800 | 8300 | 13950 | 27900 | 49000 | 69600 |
| **Countach, 12-cyl., 95.5" wb, 3929cc** | | | | | | |
| LP400 2-dr Cpe | 5200 | 15450 | 26000 | 52000 | 91300 | 129800 |
| **Silhouette, 8-cyl., 96.5" wb, 2996cc** | | | | | | |
| 2-dr Cpe | 3200 | 9500 | 15950 | 31900 | 56000 | 79600 |
| *1977* | | | | | | |
| **Urraco, 8-cyl., 95.5" wb, 1994cc** | | | | | | |
| P300 2-dr Cpe | 2800 | 8300 | 13950 | 27900 | 49000 | 69600 |
| **Countach, 12-cyl., 95.5" wb, 3929cc** | | | | | | |
| LP400S 2-dr Cpe | 5300 | 15750 | 26500 | 53000 | 93100 | 132300 |
| **Silhouette, 8-cyl., 96.5" wb, 2996cc** | | | | | | |
| 2-dr Cpe | 3200 | 9500 | 15950 | 31900 | 56000 | 79600 |
| *1978* | | | | | | |
| **Countach, 12-cyl., 95.5" wb, 3929cc** | | | | | | |
| LP400S 2-dr Cpe | 5300 | 15750 | 26500 | 53000 | 93100 | 132300 |
| *1979* | | | | | | |
| **Countach, 12-cyl., 95.5" wb, 3929cc** | | | | | | |
| LP400S 2-dr Cpe | 5400 | 16050 | 27000 | 54000 | 94800 | 134800 |
| *1980* | | | | | | |
| **Countach, 12-cyl., 95.5" wb, 3929cc** | | | | | | |
| LP400S 2-dr Cpe | 5400 | 16050 | 27000 | 54000 | 94600 | 134800 |
| *1981* | | | | | | |
| **Countach, 12-cyl., 95.5" wb, 3929cc** | | | | | | |
| LP400S 2-dr Cpe | 5500 | 16350 | 27500 | 55000 | 96600 | 137300 |
| *1982* | | | | | | |
| **Countach, 12-cyl., 95.5" wb, 3929cc** | | | | | | |
| LP400S 2-dr Cpe | 5500 | 16350 | 27500 | 55000 | 96600 | 137300 |
| LP500S 2-dr Cpe | 5900 | 17550 | 29500 | 59000 | 103600 | 147300 |
| **Jalpa, 8-cyl., 95.5" wb, 3485cc** | | | | | | |
| P350 GTS 2-dr Cpe | 2800 | 8300 | 13950 | 27900 | 49000 | 69600 |
| *1983* | | | | | | |
| **Countach, 12-cyl., 95.5" wb, 3929cc** | | | | | | |
| LP500S 2-dr Cpe | 5900 | 17550 | 29500 | 59000 | 103600 | 147300 |
| **Jalpa, 8-cyl., 95.5" wb, 3485cc** | | | | | | |
| P350 GTS 2-dr Cpe | 2900 | 8600 | 14450 | 28900 | 50700 | 72100 |
| *1984* | | | | | | |
| **Countach, 12-cyl., 95.5" wb, 3929cc** | | | | | | |
| LP500S 2-dr Cpe | 6000 | 17800 | 30000 | 60000 | 105400 | 149800 |
| **Jalpa, 8-cyl., 95.5" wb, 3485cc** | | | | | | |
| P350 GTS 2-dr Cpe | 3000 | 8900 | 14950 | 29900 | 52500 | 74600 |
| *1985* | | | | | | |
| **Countach, 12-cyl., 95.5" wb, 3929cc** | | | | | | |
| LP500S 2-dr Cpe | 6300 | 18700 | 31500 | 63000 | 110600 | 157300 |
| **Countach, 12-cyl., 95.5" wb, 3929cc** | | | | | | |
| 5000 Quattro 2-dr Cpe | 7400 | 21950 | 36950 | 73900 | 129800 | 184500 |
| **Jalpa, 8-cyl., 95.5" wb, 3485cc** | | | | | | |
| P350 GTS 2-dr Cpe | 3100 | 9200 | 15450 | 30900 | 54300 | 77100 |

|  | 6 | 5 | 4 | 3 | 2 | 1 |
|---|---|---|---|---|---|---|
| **1986** | | | | | | |
| **Countach, 12-cyl., 95.5" wb, 3929cc** | | | | | | |
| 5000 Quattro 2-dr Cpe | 7600 | 22550 | 37950 | 75900 | 133300 | 189500 |
| **Jalpa, 8-cyl., 95.5" wb, 3485cc** | | | | | | |
| P350 GTS 2-dr Cpe | 3200 | 9500 | 15950 | 31900 | 56000 | 79600 |
| **LM002A Luxury Sport Utility** | | | | | | |
| 4x4 | 4400 | 13050 | 21950 | 43900 | 77100 | 109600 |
| **1987** | | | | | | |
| **Countach, 12-cyl., 95.5" wb, 3929cc** | | | | | | |
| 5000 Quattro 2-dr Cpe | 7800 | 23150 | 38950 | 77900 | 136800 | 194500 |
| **Jalpa, 8-cyl., 95.5" wb, 3485cc** | | | | | | |
| P350 GTS 2-dr Cpe | 3300 | 9750 | 16450 | 32900 | 57800 | 82100 |
| **LM002A Luxury Sport Utility** | | | | | | |
| 4x4 | 4600 | 13650 | 22950 | 45900 | 80600 | 114600 |
| **1988** | | | | | | |
| **Countach, 12-cyl., 95.5" wb, 3929cc** | | | | | | |
| 5000 Quattro 2-dr Cpe | 8000 | 23750 | 39950 | 79900 | 140300 | 199400 |
| **Jalpa, 8-cyl., 95.5" wb, 3485cc** | | | | | | |
| P350 GTS 2-dr Cpe | 3400 | 10050 | 16950 | 33900 | 59500 | 84600 |
| **LM002A Luxury Sport Utility** | | | | | | |
| 4x4 | 5000 | 14800 | 24950 | 49900 | 87600 | 124600 |
| **1989** | | | | | | |
| **Countach, 12-cyl., 95.5" wb, 3929cc** | | | | | | |
| Silver Ann 2-dr Cpe | 9500 | 28200 | 47500 | 95000 | 166800 | 237100 |
| **LM002A Luxury Sport Utility** | | | | | | |
| 4x4 | 5600 | 16600 | 27950 | 55900 | 98200 | 139500 |
| **1990** | | | | | | |
| **Countach, 12-cyl., 95.5" wb, 3929cc** | | | | | | |
| Silver Ann 2-dr Cpe | 9600 | 28500 | 48000 | 96000 | 168600 | 239600 |
| **LM002A Luxury Sport Utility** | | | | | | |
| 4x4 | 6000 | 17800 | 29950 | 59900 | 105200 | 149500 |
| Diablo | | | | | | |
| 2-dr Cpe | 5300 | 15750 | 26500 | 53000 | 93100 | 132300 |
| **1991** | | | | | | |
| **Diablo** | | | | | | |
| 2-dr Cpe | 5500 | 16350 | 27500 | 55000 | 96600 | 137300 |

# LOTUS
## 1957 – 1991

| | 6 | 5 | 4 | 3 | 2 | 1 |
|---|---|---|---|---|---|---|
| **1957** | | | | | | |
| **Seven, S1, 4-cyl., 88" wb** | | | | | | |
| S1 2-dr Rdstr | 1350 | 4150 | 6950 | 13900 | 24500 | 34700 |
| **Eleven (Competition), 4-cyl., 85" wb** | | | | | | |
| 2-dr Spt Rdstr | 3000 | 8900 | 14950 | 29900 | 52500 | 54600 |
| 2-dr Club Rdstr | 3000 | 8900 | 14950 | 29900 | 52500 | 54600 |
| 2-dr LeMans 75 Rdstr | 3200 | 9500 | 16000 | 32000 | 56200 | 79900 |
| 2-dr LeMans 100 Rdstr | 3200 | 9500 | 16000 | 32000 | 56200 | 79900 |
| **1958** | | | | | | |
| **Seven, S1, 4-cyl., 88" wb** | | | | | | |
| 2-dr Rdstr | 1700 | 5050 | 8500 | 17000 | 29900 | 42500 |
| 2-dr America Rdstr | 1550 | 4700 | 7850 | 15700 | 27600 | 39100 |
| 2-dr Super Rdstr | 1600 | 4850 | 8100 | 16200 | 28500 | 40500 |
| **Elite, 4-cyl., 88.2" wb** | | | | | | |
| S1 2-dr Cpe | 1900 | 5600 | 9450 | 18900 | 33200 | 47200 |
| **1959** | | | | | | |
| **Seven, S1, 4-cyl., 88" wb** | | | | | | |
| 2-dr Rdstr | 1700 | 5050 | 8500 | 17000 | 29900 | 42500 |
| 2-dr America Rdstr | 1550 | 4700 | 7850 | 15700 | 27600 | 39100 |
| 2-dr Super Rdstr | 1600 | 4850 | 8100 | 16200 | 28500 | 40500 |
| **Elite, 4-cyl., 88.2" wb** | | | | | | |
| S1 2-dr Cpe | 1900 | 5600 | 9450 | 18900 | 33200 | 47200 |
| **1960** | | | | | | |
| **Seven, S1, 4-cyl., 88" wb** | | | | | | |
| 2-dr Rdstr | 1800 | 5350 | 9000 | 18000 | 31650 | 45000 |
| 2-dr America Rdstr | 1600 | 4800 | 8000 | 16000 | 28150 | 40000 |
| 2-dr Super Rdstr | 1700 | 5050 | 8500 | 17000 | 29900 | 42500 |
| **Seven, S2, 4-cyl., 88" wb** | | | | | | |
| 2-dr Rdstr | 1550 | 4650 | 7750 | 15500 | 27300 | 38700 |
| 2-dr America Rdstr | 1450 | 4400 | 7350 | 14700 | 25900 | 36700 |
| 2-dr Super Rdstr | 1500 | 4550 | 7600 | 15200 | 26750 | 38000 |
| **Elite, 4-cyl., 88.2" wb** | | | | | | |
| S1 2-dr Cpe | 1900 | 5600 | 9450 | 18900 | 33200 | 47200 |
| **1961** | | | | | | |
| **Seven, S2, 4-cyl., 88" wb** | | | | | | |
| 2-dr Rdstr | 1550 | 4650 | 7750 | 15500 | 27300 | 38700 |
| 2-dr America Rdstr | 1450 | 4400 | 7350 | 14700 | 25900 | 36700 |
| 2-dr Super Rdstr | 1500 | 4550 | 7600 | 15200 | 26750 | 38000 |
| **Elite, 4-cyl., 88.2" wb** | | | | | | |
| S1 2-dr Cpe | 1900 | 5600 | 9450 | 18900 | 33200 | 47200 |
| **1962** | | | | | | |
| **Seven, S2, 4-cyl., 88" wb** | | | | | | |
| 2-dr A Rdstr | 1500 | 4800 | 8000 | 16000 | 28150 | 40000 |
| 2-dr Super Rdstr | 1500 | 4550 | 7600 | 15200 | 26750 | 38000 |
| 2-dr Super 1500 Rdstr | 1700 | 5050 | 8500 | 17000 | 29900 | 42500 |
| **Elite, 4-cyl., 88" wb** | | | | | | |
| S2 2-dr Cpe | 2000 | 5900 | 9950 | 19900 | 35000 | 49700 |
| **Elan, 4-cyl., 84" wb** | | | | | | |
| S1 2-dr Conv | 1000 | 3250 | 5450 | 10900 | 19100 | 27200 |

|  | 6 | 5 | 4 | 3 | 2 | 1 |
|---|---|---|---|---|---|---|
| **1963** | | | | | | |
| **Seven, S2, 4-cyl., 88" wb** | | | | | | |
| 2-dr A Rdstr | 1600 | 4800 | 8000 | 16000 | 28150 | 40000 |
| 2-dr Super Rdstr | 1500 | 4550 | 7600 | 15200 | 26750 | 38000 |
| 2-dr Super 1500 Rdstr | 1700 | 5050 | 8500 | 17000 | 29900 | 42500 |
| **Elite, 4-cyl., 88" wb** | | | | | | |
| S2 2-dr Cpe | 2000 | 5900 | 9950 | 19900 | 35000 | 49700 |
| **Elan, 4-cyl., 84" wb** | | | | | | |
| S1 2-dr Conv | 1000 | 3250 | 5450 | 10900 | 19100 | 27200 |
| **1964** | | | | | | |
| **Seven, S2, 4-cyl., 88" wb** | | | | | | |
| 2-dr A Rdstr | 1600 | 4800 | 8000 | 16000 | 28150 | 40000 |
| 2-dr Super Rdstr | 1500 | 4550 | 7600 | 15200 | 26750 | 38000 |
| 2-dr Super 1500 Rdstr | 1700 | 5050 | 8500 | 17000 | 29900 | 42500 |
| **Elan, 4-cyl., 84" wb** | | | | | | |
| S1 2-dr Conv | 1000 | 3250 | 5450 | 10900 | 19100 | 27200 |
| S2 2-dr Conv | 950 | 3050 | 5150 | 10300 | 18200 | 25700 |
| **1965** | | | | | | |
| **Seven, S2, 4-cyl., 88" wb** | | | | | | |
| 2-dr A Rdstr | 1600 | 4800 | 8000 | 16000 | 28150 | 40000 |
| 2-dr Super Rdstr | 1500 | 4550 | 7600 | 15200 | 26750 | 38000 |
| 2-dr Super 1500 Rdstr | 1700 | 5050 | 8500 | 17000 | 29900 | 42500 |
| **Elan, 4-cyl., 84" wb** | | | | | | |
| S2 2-dr Conv | 950 | 3050 | 5150 | 10300 | 18200 | 25700 |
| S3 2-dr Cpe | 750 | 2150 | 3600 | 7200 | 12400 | 18000 |
| S3 2-dr Conv | 950 | 3000 | 5050 | 10100 | 17900 | 25100 |
| **1966** | | | | | | |
| **Seven, S2, 4-cyl., 88" wb** | | | | | | |
| 2-dr A Rdstr | 1600 | 4800 | 8000 | 16000 | 28150 | 40000 |
| 2-dr Super Rdstr | 1500 | 4550 | 7600 | 15200 | 26750 | 38000 |
| 2-dr Super 1500 Rdstr | 1700 | 5050 | 8500 | 17000 | 29900 | 42500 |
| **Elan, 4-cyl., 84" wb** | | | | | | |
| S2 2-dr Conv | 950 | 3050 | 5150 | 10300 | 18200 | 25700 |
| S3 2-dr Cpe | 750 | 2150 | 3600 | 7200 | 12400 | 18000 |
| S3 2-dr Conv | 950 | 3000 | 5050 | 10100 | 17900 | 25100 |
| **1967** | | | | | | |
| **Seven, S2, 4-cyl., 88" wb** | | | | | | |
| 2-dr A Rdstr | 1700 | 5050 | 8500 | 17000 | 29900 | 42500 |
| 2-dr Super Rdstr | 1550 | 4650 | 7750 | 15500 | 27300 | 38700 |
| **Elan, 4-cyl., 84" wb** | | | | | | |
| S3 2-dr Cpe | 750 | 2150 | 3600 | 7200 | 12400 | 18000 |
| S3 2-dr Rdstr | 950 | 3000 | 5050 | 10100 | 17900 | 25100 |
| **Elan Plus 2, 4-cyl., 96" wb** | | | | | | |
| 2-dr Cpe 2 plus 2 | 550 | 1500 | 2500 | 5100 | 8800 | 12500 |
| **Europa, 4-cyl., 91' wb** | | | | | | |
| S1 2-dr Cpe | 400 | 1200 | 1950 | 3900 | 6800 | 9900 |
| **1968** | | | | | | |
| **Seven, S2, 4-cyl., 88" wb** | | | | | | |
| 2-dr A Rdstr | 1700 | 5050 | 8500 | 17000 | 29900 | 42500 |
| 2-dr Super Rdstr | 1550 | 4650 | 7750 | 15500 | 27300 | 38700 |
| **Elan, 4-cyl., 84" wb** | | | | | | |
| S3 2-dr Cpe | 750 | 2150 | 3600 | 7200 | 12400 | 18000 |
| S3 2-dr Rdstr | 950 | 3000 | 5050 | 10100 | 17900 | 25100 |
| S4 2-dr Cpe | 700 | 1900 | 3350 | 6700 | 11500 | 16500 |
| S4 2-dr Rdstr | 950 | 2950 | 4950 | 9900 | 17500 | 24700 |
| **Elan Plus 2, 4-cyl., 96" wb** | | | | | | |
| 2-dr Cpe 2 plus 2 | 550 | 1500 | 2500 | 5100 | 8800 | 12500 |

|  | 6 | 5 | 4 | 3 | 2 | 1 |
|---|---|---|---|---|---|---|
| **Europa, 4-cyl., 91' wb** | | | | | | |
| S1 2-dr Cpe | 400 | 1200 | 1950 | 3900 | 6800 | 9900 |
| ***1969*** | | | | | | |
| **Seven, S3, 4-cyl., 90" wb** | | | | | | |
| 1300 2-dr Rdstr | 1450 | 4450 | 7400 | 14800 | 26050 | 36900 |
| 1600 2-dr Rdstr | 1500 | 4500 | 7550 | 15100 | 26600 | 37700 |
| Twin Cam 2-dr Rdstr | 1700 | 5050 | 8500 | 17000 | 29900 | 42500 |
| **Elan, 4-cyl., 84" wb** | | | | | | |
| S4 2-dr Cpe | 700 | 1900 | 3350 | 6700 | 11500 | 16500 |
| S4 2-dr Rdstr | 950 | 2950 | 4950 | 9900 | 17500 | 24700 |
| **Elan Plus 2, 4-cyl., 96" wb** | | | | | | |
| 2-dr Cpe 2 plus 2 | 550 | 1500 | 2500 | 5100 | 8800 | 12500 |
| 2-dr Cpe 2 plus 2S | 550 | 1550 | 2600 | 5200 | 9000 | 12800 |
| **Europa, 4-cyl., 91" wb** | | | | | | |
| S1 2-dr Cpe | 400 | 1200 | 1950 | 3900 | 6800 | 9900 |
| S2 2-dr Cpe | 450 | 1250 | 2150 | 4300 | 7400 | 10700 |
| ***1970*** | | | | | | |
| **Seven, S3, 4-cyl., 90" wb** | | | | | | |
| 1300 2-dr Rdstr | 1450 | 4450 | 7400 | 14800 | 26050 | 36900 |
| 1600 2-dr Rdstr | 1500 | 4500 | 7550 | 15100 | 26600 | 37700 |
| Twin Cam 2-dr Rdstr | 1700 | 5050 | 8500 | 17000 | 29900 | 42500 |
| **Elan, 4-cyl., 84" wb** | | | | | | |
| S4 2-dr Cpe | 700 | 1900 | 3350 | 6700 | 11500 | 16500 |
| S4 2-dr Rdstr | 950 | 2950 | 4950 | 9900 | 17500 | 24700 |
| **Elan Plus 2, 4-cyl., 96" wb** | | | | | | |
| 2-dr Cpe 2 plus 2 | 550 | 1500 | 2500 | 5100 | 8800 | 12500 |
| 2-dr Cpe 2 plus 2S | 550 | 1550 | 2600 | 5200 | 9000 | 12800 |
| **Europa, 4-cyl., 91" wb** | | | | | | |
| S1 2-dr Cpe | 400 | 1200 | 1950 | 3900 | 6800 | 9900 |
| S2 2-dr Cpe | 450 | 1250 | 2150 | 4300 | 7400 | 10700 |
| ***1971*** | | | | | | |
| **Seven, S4, 4-cyl., 90" wb** | | | | | | |
| 1300 2-dr Rdstr | 1150 | 3600 | 6000 | 12000 | 21150 | 30000 |
| 1600 2-dr Rdstr | 1200 | 3750 | 6250 | 12500 | 22000 | 31100 |
| **Elan, 4-cyl., 84" wb** | | | | | | |
| S4 2-dr Cpe | 700 | 1900 | 3350 | 6700 | 11500 | 16500 |
| S4 2-dr Rdstr | 950 | 2950 | 4950 | 9900 | 17500 | 24700 |
| 2-dr Sprint Cpe | 650 | 1750 | 3150 | 6300 | 10900 | 15700 |
| 2-dr Sprint Rdstr | 900 | 2850 | 4750 | 9500 | 16700 | 23700 |
| **Elan Plus 2, 4-cyl., 96" wb** | | | | | | |
| 2-dr Cpe 2 plus 2S | 550 | 1500 | 2500 | 5100 | 8800 | 12500 |
| 2-dr Cpe  2 plus 2S 130 | 550 | 1550 | 2600 | 5200 | 9000 | 12800 |
| **Europa, 4-cyl., 91" wb** | | | | | | |
| 2-dr S2 Cpe | 450 | 1250 | 2150 | 4300 | 7400 | 10700 |
| 2-dr Twin-Cam Cpe | 750 | 2100 | 3550 | 7100 | 12300 | 17700 |
| 2-dr Spl Cpe (92" wb) | 650 | 1700 | 3000 | 6100 | 10600 | 15200 |
| ***1972*** | | | | | | |
| **Seven, S4, 4-cyl., 90" wb** | | | | | | |
| 1300 2-dr Rdstr | 1150 | 3600 | 6000 | 12000 | 21150 | 30000 |
| 1600 2-dr Rdstr | 1200 | 3750 | 6250 | 12500 | 22000 | 31100 |
| **Elan, 4-cyl., 84" wb** | | | | | | |
| S4 2-dr Cpe | 700 | 1900 | 3350 | 6700 | 11500 | 16500 |
| S4 2-dr Rdstr | 950 | 2950 | 4950 | 9900 | 17500 | 24700 |
| 2-dr Sprint Cpe | 650 | 1750 | 3150 | 6300 | 10900 | 15700 |
| 2-dr Sprint Rdstr | 900 | 2850 | 4750 | 9500 | 16700 | 23700 |
| **Elan Plus 2, 4-cyl., 96" wb** | | | | | | |
| 2-dr Cpe 2 plus 2S | 550 | 1500 | 2500 | 5100 | 8800 | 12500 |
| 2-dr Cpe 2 plus 2S 130 | 550 | 1550 | 2600 | 5200 | 9000 | 12800 |

| | 6 | 5 | 4 | 3 | 2 | 1 |
|---|---|---|---|---|---|---|
| **Europa, 4-cyl., 91" wb** | | | | | | |
| 2-dr S2 Cpe | 450 | 1250 | 2150 | 4300 | 7400 | 10700 |
| 2-dr Twin-Cam Cpe | 750 | 2100 | 3550 | 7100 | 12300 | 17700 |
| 2-dr Spl Cpe (92" wb) | 650 | 1700 | 3000 | 6100 | 10600 | 15200 |
| **1973** | | | | | | |
| **Seven, S4, 4-cyl., 90" wb** | | | | | | |
| 1300 2-dr Rdstr | 1150 | 3600 | 6000 | 12000 | 21150 | 30000 |
| 1600 2-dr Rdstr | 1200 | 3750 | 6250 | 12500 | 22000 | 31100 |
| **Elan, 4-cyl., 84" wb** | | | | | | |
| S4 2-dr Cpe | 700 | 1900 | 3350 | 6700 | 11500 | 16500 |
| S4 2-dr Rdstr | 950 | 2950 | 4950 | 9900 | 17500 | 24700 |
| 2-dr Sprint Cpe | 650 | 1750 | 3150 | 6300 | 10900 | 15700 |
| 2-dr Sprint Rdstr | 900 | 2850 | 4750 | 9500 | 16700 | 23700 |
| **Elan Plus 2, 4-cyl., 96" wb** | | | | | | |
| 2-dr Cpe 2 plus 2S | 550 | 1500 | 2500 | 5100 | 8800 | 12500 |
| 2-dr Cpe 2 plus 2S 130 | 550 | 1550 | 2600 | 5200 | 9000 | 12800 |
| **Europa, 4-cyl., 91" wb** | | | | | | |
| 2-dr S2 Cpe | 450 | 1250 | 2150 | 4300 | 7400 | 10700 |
| 2-dr Twin-Cam Cpe | 750 | 2100 | 3550 | 7100 | 12300 | 17700 |
| 2-dr Spl Cpe (92" wb) | 650 | 1700 | 3000 | 6100 | 10600 | 15200 |
| **1974** | | | | | | |
| **Elan, 4-cyl., 84" wb** | | | | | | |
| S4 2-dr Cpe | 700 | 1900 | 3350 | 6700 | 11500 | 16500 |
| S4 2-dr Rdstr | 950 | 2950 | 4950 | 9900 | 17500 | 24700 |
| 2-dr Sprint Cpe | 650 | 1750 | 3150 | 6300 | 10900 | 15700 |
| 2-dr Sprint Rdstr | 900 | 2850 | 4750 | 9500 | 16700 | 23700 |
| **Elan Plus 2, 4-cyl., 96" wb** | | | | | | |
| 2-dr Cpe 2 plus 2S | 550 | 1500 | 2500 | 5100 | 8800 | 12500 |
| 2-dr Cpe 2 plus 2S 130 | 550 | 1550 | 2600 | 5200 | 9000 | 12800 |
| **Europa, 4-cyl., 91" wb** | | | | | | |
| 2-dr S2 Cpe | 450 | 1250 | 2150 | 4300 | 7400 | 10700 |
| 2-dr Twin-Cam Cpe | 750 | 2100 | 3550 | 7100 | 12300 | 17700 |
| 2-dr Spl Cpe (92" wb) | 650 | 1700 | 3000 | 6100 | 10600 | 15200 |
| **1975** | | | | | | |
| **Elan, 4-cyl., 84" wb** | | | | | | |
| S4 2-dr Cpe | 700 | 1900 | 3350 | 6700 | 11500 | 16500 |
| S4 2-dr Rdstr | 950 | 2950 | 4950 | 9900 | 17500 | 24700 |
| 2-dr Sprint Cpe | 650 | 1750 | 3150 | 6300 | 10900 | 15700 |
| 2-dr Sprint Rdstr | 900 | 2850 | 4750 | 9500 | 16700 | 23700 |
| **Elan Plus 2, 4-cyl., 96" wb** | | | | | | |
| 2-dr Cpe 2 plus 2S | 550 | 1500 | 2500 | 5100 | 8800 | 12500 |
| 2-dr Cpe 2 plus 2S 130 | 550 | 1550 | 2600 | 5200 | 9000 | 12800 |
| **Europa, 4-cyl., 91" wb** | | | | | | |
| 2-dr S2 Cpe | 450 | 1250 | 2150 | 4300 | 7400 | 10700 |
| 2-dr Twin-Cam Cpe | 750 | 2100 | 3550 | 7100 | 12300 | 17700 |
| 2-dr Spl Cpe (92" wb) | 650 | 1700 | 3000 | 6100 | 10600 | 15200 |
| **1976** | | | | | | |
| **Elite, 4-cyl., 97.6" wb** | | | | | | |
| 501 2-dr Cpe 2 plus 2 | 400 | 1100 | 1800 | 3500 | 6100 | 8900 |
| 502 2-dr Cpe 2 plus 2 | 400 | 1150 | 1850 | 3700 | 6400 | 9300 |
| 503 2-dr Cpe 2 plus 2 | 400 | 1150 | 1850 | 3700 | 6400 | 9300 |
| 504 2-dr Cpe 2 plus 2 | 400 | 1200 | 1950 | 3900 | 6800 | 9900 |
| **Eclat (Sprint), 4-cyl., 97.8" wb** | | | | | | |
| 520 2-dr Cpe 2 plus 2 | 400 | 1200 | 1950 | 3900 | 6800 | 9900 |
| 521 2-dr Cpe 2 plus 2 | 400 | 1200 | 1950 | 3900 | 6800 | 9900 |
| 522 2-dr Cpe 2 plus 2 | 450 | 1250 | 2050 | 4100 | 7100 | 10300 |
| 523 2-dr Cpe 2 plus 2 | 450 | 1250 | 2050 | 4100 | 7100 | 10300 |
| 524 2-dr Cpe 2 plus 2 | 450 | 1250 | 2050 | 4100 | 7100 | 10300 |

|  | 6 | 5 | 4 | 3 | 2 | 1 |
|---|---|---|---|---|---|---|
| **Espirit, 4-cyl., 96" wb** | | | | | | |
| S1 2-dr Cpe | 700 | 2000 | 3450 | 6900 | 11900 | 17200 |
| S2 2-dr Cpe | 750 | 2200 | 3650 | 7300 | 12600 | 18200 |
| **1977** | | | | | | |
| **Elite, 4-cyl., 97.6" wb** | | | | | | |
| 501 2-dr Cpe 2 plus 2 | 400 | 1100 | 1800 | 3500 | 6100 | 8900 |
| 502 2-dr Cpe 2 plus 2 | 400 | 1150 | 1850 | 3700 | 6400 | 9300 |
| 503 2-dr Cpe 2 plus 2 | 400 | 1150 | 1850 | 3700 | 6400 | 9300 |
| 504 2-dr Cpe 2 plus 2 | 400 | 1200 | 1950 | 3900 | 6800 | 9900 |
| **Eclat (Sprint), 4-cyl., 97.8" wb** | | | | | | |
| 520 2-dr Cpe 2 plus 2 | 400 | 1200 | 1950 | 3900 | 6800 | 9900 |
| 521 2-dr Cpe 2 plus 2 | 400 | 1200 | 1950 | 3900 | 6800 | 9900 |
| 522 2-dr Cpe 2 plus 2 | 450 | 1250 | 2050 | 4100 | 7100 | 10300 |
| 523 2-dr Cpe 2 plus 2 | 450 | 1250 | 2050 | 4100 | 7100 | 10300 |
| 524 2-dr Cpe 2 plus 2 | 450 | 1250 | 2050 | 4100 | 7100 | 10300 |
| **Espirit, 4-cyl., 96" wb** | | | | | | |
| S1 2-dr Cpe | 700 | 2000 | 3450 | 6900 | 11900 | 17200 |
| S2 2-dr Cpe | 750 | 2200 | 3650 | 7300 | 12600 | 18200 |
| **1978** | | | | | | |
| **Elite, 4-cyl., 97.6" wb** | | | | | | |
| 501 2-dr Cpe 2 plus 2 | 400 | 1100 | 1800 | 3500 | 6100 | 8900 |
| 502 2-dr Cpe 2 plus 2 | 400 | 1150 | 1850 | 3700 | 6400 | 9300 |
| 503 2-dr Cpe 2 plus 2 | 400 | 1150 | 1850 | 3700 | 6400 | 9300 |
| 504 2-dr Cpe 2 plus 2 | 400 | 1200 | 1950 | 3900 | 6800 | 9900 |
| **Eclat (Sprint), 4-cyl., 97.8" wb** | | | | | | |
| 520 2-dr Cpe 2 plus 2 | 400 | 1200 | 1950 | 3900 | 6800 | 9900 |
| 521 2-dr Cpe 2 plus 2 | 400 | 1200 | 1950 | 3900 | 6800 | 9900 |
| 522 2-dr Cpe 2 plus 2 | 450 | 1250 | 2050 | 4100 | 7100 | 10300 |
| 523 2-dr Cpe 2 plus 2 | 450 | 1250 | 2050 | 4100 | 7100 | 10300 |
| 524 2-dr Cpe 2 plus 2 | 450 | 1250 | 2050 | 4100 | 7100 | 10300 |
| **Espirit, 4-cyl., 96" wb** | | | | | | |
| S1 2-dr Cpe | 700 | 2000 | 3450 | 6900 | 11900 | 17200 |
| S2 2-dr Cpe | 750 | 2200 | 3650 | 7300 | 12600 | 18200 |
| **1979** | | | | | | |
| **Elite, 4-cyl., 97.6" wb** | | | | | | |
| 501 2-dr Cpe 2 plus 2 | 400 | 1100 | 1800 | 3500 | 6100 | 8900 |
| 502 2-dr Cpe 2 plus 2 | 400 | 1150 | 1850 | 3700 | 6400 | 9300 |
| 503 2-dr Cpe 2 plus 2 | 400 | 1150 | 1850 | 3700 | 6400 | 9300 |
| 504 2-dr Cpe 2 plus 2 | 400 | 1200 | 1950 | 3900 | 6800 | 9900 |
| **Eclat (Sprint), 4-cyl., 97.8" wb** | | | | | | |
| 520 2-dr Cpe 2 plus 2 | 400 | 1200 | 2000 | 4000 | 6900 | 10000 |
| 521 2-dr Cpe 2 plus 2 | 400 | 1200 | 2000 | 4000 | 6900 | 10000 |
| 522 2-dr Cpe 2 plus 2 | 450 | 1250 | 2100 | 4200 | 7200 | 10500 |
| 523 2-dr Cpe 2 plus 2 | 450 | 1250 | 2100 | 4200 | 7200 | 10500 |
| 524 2-dr Cpe 2 plus 2 | 450 | 1250 | 2100 | 4200 | 7200 | 10500 |
| **Espirit, 4-cyl., 96" wb** | | | | | | |
| S1 2-dr Cpe | 750 | 2100 | 3550 | 7100 | 12300 | 17700 |
| S2 2-dr Cpe | 750 | 2250 | 3750 | 7500 | 13000 | 18700 |
| **1980** | | | | | | |
| **Espirit, 4-cyl., 96" wb** | | | | | | |
| S2.2 2-dr Cpe | 850 | 2550 | 4350 | 8700 | 15300 | 21700 |
| S3 2-dr Cpe | 1100 | 3450 | 5750 | 11500 | 20300 | 28700 |
| 2-dr Cpe Turbo | 1150 | 3600 | 6000 | 12000 | 21150 | 30000 |
| **1981** | | | | | | |
| **Espirit, 4-cyl., 96" wb** | | | | | | |
| S2.2 2-dr Cpe | 850 | 2550 | 4350 | 8700 | 15300 | 21700 |
| S3 2-dr Cpe | 1150 | 3600 | 5950 | 11900 | 21000 | 29700 |
| 2-dr Cpe Turbo | 1150 | 3650 | 6100 | 12200 | 21500 | 30500 |

|  | 6 | 5 | 4 | 3 | 2 | 1 |
|---|---|---|---|---|---|---|
| **1982** | | | | | | |
| **Espirit, 4-cyl., 96" wb** | | | | | | |
| S2.2 2-dr Cpe | 850 | 2650 | 4450 | 8900 | 15700 | 22300 |
| S3 2-dr Cpe | 1150 | 3600 | 5950 | 11900 | 21000 | 29700 |
| 2-dr Cpe Turbo | 1200 | 3800 | 6350 | 12700 | 22400 | 31700 |
| **1983** | | | | | | |
| **Espirit, 4-cyl., 96" wb** | | | | | | |
| S2.2 2-dr Cpe | 850 | 2650 | 4450 | 8900 | 15700 | 22300 |
| S3 2-dr Cpe | 1150 | 3650 | 6100 | 12200 | 21500 | 30500 |
| 2-dr Cpe Turbo | 1250 | 3950 | 6600 | 13200 | 23250 | 22900 |
| **1984** | | | | | | |
| **Espirit, 4-cyl., 96" wb** | | | | | | |
| S2.2 2-dr Cpe | 850 | 2650 | 4450 | 8900 | 15700 | 22300 |
| S3 2-dr Cpe | 1200 | 3750 | 6250 | 12500 | 22000 | 31100 |
| 2-dr Cpe Turbo | 1300 | 4100 | 6850 | 13700 | 24100 | 34200 |
| **1985** | | | | | | |
| **Espirit, 4-cyl., 96" wb** | | | | | | |
| S2.2 2-dr Cpe | 850 | 2650 | 4500 | 9000 | 15900 | 22500 |
| S3 2-dr Cpe | 1200 | 3850 | 6400 | 12800 | 22550 | 32000 |
| 2-dr Cpe Turbo | 1400 | 4300 | 7150 | 14300 | 25200 | 35700 |
| **1986** | | | | | | |
| **Espirit, 4-cyl., 96" wb** | | | | | | |
| S2.2 2-dr Cpe | 850 | 2650 | 4500 | 9000 | 15900 | 22500 |
| S3 2-dr Cpe | 1250 | 3950 | 6600 | 13200 | 23250 | 32900 |
| 2-dr Cpe Turbo | 1450 | 4450 | 7450 | 14900 | 26200 | 37200 |
| **1987** | | | | | | |
| **Espirit, 4-cyl., 96" wb** | | | | | | |
| S2.2 2-dr Cpe | 900 | 2750 | 4600 | 9200 | 16200 | 22900 |
| S3 2-dr Cpe | 1300 | 4100 | 6850 | 13700 | 24100 | 34200 |
| 2-dr Cpe Turbo | 1550 | 4650 | 7750 | 15500 | 27300 | 38700 |
| **1988** | | | | | | |
| **Espirit, 4-cyl., 96" wb** | | | | | | |
| S3 2-dr Cpe | 1400 | 4350 | 7250 | 14500 | 25500 | 36200 |
| 2-dr Cpe Turbo | 1600 | 4850 | 8100 | 16200 | 28500 | 40500 |

*Add 20% for anniversary edition of Espirit Turbo*

|  | 6 | 5 | 4 | 3 | 2 | 1 |
|---|---|---|---|---|---|---|
| **1989** | | | | | | |
| **Espirit, 4-cyl., 96" wb** | | | | | | |
| S3 2-dr Cpe | 1550 | 4650 | 7750 | 15500 | 27300 | 38700 |
| 2-dr Cpe Turbo | 1700 | 5050 | 8450 | 16900 | 29700 | 42200 |
| **1990** | | | | | | |
| **Espirit, 4-cyl., 96" wb** | | | | | | |
| 2-dr SE Turbo Cpe | 1800 | 5300 | 8950 | 17900 | 31500 | 44700 |
| **Elan, 4-cyl., 88.6" wb** | | | | | | |
| 2-dr Rdstr | 1400 | 4350 | 7250 | 14500 | 25500 | 36200 |
| **1991** | | | | | | |
| **Espirit, 4-cyl., 96" wb** | | | | | | |
| 2-dr SE Turbo Cpe | 1900 | 5600 | 9450 | 18900 | 33200 | 47200 |
| **Elan, 4-cyl., 88.6" wb** | | | | | | |
| 2-dr Rdstr | 1500 | 4550 | 7600 | 15200 | 26750 | 38000 |

# MASERATI
## 1960 – 1991

| | 6 | 5 | 4 | 3 | 2 | 1 |
|---|---|---|---|---|---|---|
| **1960** | | | | | | |
| **3500 GT, 6-cyl., 102.3" wb, 3485cc** | | | | | | |
| 2-dr Cpe | 2000 | 5900 | 9950 | 19900 | 35000 | 49700 |
| **3500 GT Spider, 6-cyl., 98.4" wb, 3485cc** | | | | | | |
| 2-dr Rdstr | 6500 | 19300 | 32500 | 65000 | 114100 | 162300 |
| **1961** | | | | | | |
| **3500 GT Spider, 6-cyl., 98.4" wb, 3485cc** | | | | | | |
| 2-dr Rdstr | 6500 | 19300 | 32500 | 65000 | 114100 | 162300 |
| **1962** | | | | | | |
| **3500 GTI, 6-cyl., 102.3" wb, 3485cc** | | | | | | |
| 2-dr Cpe (2+2) | 2000 | 5900 | 9950 | 19900 | 35000 | 49700 |
| **3500 GTI, 6-cyl., 98.4" wb, 3485cc** | | | | | | |
| Spider 2-dr Rdstr | 6500 | 19300 | 32500 | 65000 | 114100 | 162300 |
| **Sebring, 6-cyl., 98.4" wb, 3485cc** | | | | | | |
| 2-dr Cpe (2+2) | 2200 | 6500 | 10950 | 21900 | 38500 | 54700 |
| **1963** | | | | | | |
| **3500 GTI, 6-cyl., 102.3" wb, 3485cc** | | | | | | |
| 2-dr Cpe (2+2) | 2000 | 5900 | 9950 | 19900 | 35000 | 49700 |
| Spider 2-dr Conv | 6500 | 19300 | 32500 | 65000 | 114100 | 162300 |
| **Sebring, 6-cyl., 102.3" wb, Early 3485cc, Later 3694cc** | | | | | | |
| 2-dr Cpe 2+2 | 2200 | 6500 | 10950 | 21900 | 38500 | 54700 |
| **Quattroporte, 8-cyl., 108.3" wb, 4136cc** | | | | | | |
| 4-dr Sdn | 850 | 2650 | 4450 | 8900 | 15700 | 22300 |
| **1964** | | | | | | |
| **3500 GTI, 6-cyl., 102.3" wb, 3485cc** | | | | | | |
| 2-dr Cpe (2+2) | 2000 | 5900 | 9950 | 19900 | 35000 | 49700 |
| Spider 2-dr Conv | 6500 | 19300 | 32500 | 65000 | 114100 | 162300 |
| **Mistral, 6-cyl., 94.5" wb, 3694cc** | | | | | | |
| 2-dr Cpe | 2150 | 6200 | 10500 | 21000 | 36900 | 52400 |
| Spider 2-dr Conv | 6000 | 17800 | 30000 | 60000 | 105400 | 149800 |
| **Sebring, 6-cyl., 102.3" wb, Early 3485cc, Later 3694cc** | | | | | | |
| 2-dr Cpe 2+2 | 2200 | 6500 | 10950 | 21900 | 38500 | 54700 |
| **Quattroporte, 8-cyl., 108.3" wb, 4136cc** | | | | | | |
| 4-dr Sdn | 850 | 2650 | 4450 | 8900 | 15700 | 22300 |
| **1965** | | | | | | |
| **Sebring II, 6-cyl., 102.3" wb, 3694cc** | | | | | | |
| 2-dr Cpe (2+2) | 2300 | 6800 | 11450 | 22900 | 40200 | 57200 |
| **Mistral, 6-cyl., 94.5" wb, 3694cc** | | | | | | |
| 2-dr Cpe | 2150 | 6200 | 10500 | 21000 | 36900 | 52400 |
| Spider 2-dr Conv | 6000 | 17800 | 30000 | 60000 | 105400 | 149800 |
| **Mexico, 8-cyl., 103.9" wb, 4136cc** | | | | | | |
| 2-dr Cpe | 1450 | 4450 | 7450 | 14900 | 26200 | 37200 |
| **Quattroporte, 8-cyl., 108.3" wb, 4136cc** | | | | | | |
| 4200 4-dr Sdn | 850 | 2650 | 4450 | 8900 | 15700 | 22300 |

| | 6 | 5 | 4 | 3 | 2 | 1 |
|---|---|---|---|---|---|---|

## 1966

**Mistral, 6-cyl., 94.5" wb, 3694cc**

| | 6 | 5 | 4 | 3 | 2 | 1 |
|---|---|---|---|---|---|---|
| 2-dr Cpe | 2150 | 6200 | 10500 | 21000 | 36900 | 52400 |
| Spider 2-dr Conv | 6000 | 17800 | 30000 | 60000 | 105400 | 149800 |

**Mexico, 8-cyl., 103.9" wb, 4136cc**

| | 6 | 5 | 4 | 3 | 2 | 1 |
|---|---|---|---|---|---|---|
| 2-dr Cpe | 1450 | 4450 | 7450 | 14900 | 26200 | 37200 |

## 1967

**Mistral, 6-cyl., 94.5" wb, 3694cc**

| | 6 | 5 | 4 | 3 | 2 | 1 |
|---|---|---|---|---|---|---|
| 2-dr Cpe | 2150 | 6200 | 10500 | 21000 | 36900 | 52400 |
| Spider 2-dr Conv | 6000 | 17800 | 30000 | 60000 | 105400 | 149800 |

**Ghibli, 8-cyl., 100.4" wb, 4719cc**

| | 6 | 5 | 4 | 3 | 2 | 1 |
|---|---|---|---|---|---|---|
| 2-dr Cpe | 2600 | 7700 | 13000 | 26000 | 45650 | 65000 |

**Mexico, 8-cyl., 103.9" wb, 4719cc**

| | 6 | 5 | 4 | 3 | 2 | 1 |
|---|---|---|---|---|---|---|
| 2-dr Cpe | 1450 | 4450 | 7450 | 14900 | 26200 | 37200 |

## 1968

**Mistral, 6-cyl., 94.5" wb, 3694cc**

| | 6 | 5 | 4 | 3 | 2 | 1 |
|---|---|---|---|---|---|---|
| 2-dr Cpe | 2150 | 6200 | 10500 | 21000 | 36900 | 52400 |
| Spider 2-dr Conv | 6000 | 17800 | 30000 | 60000 | 105400 | 149800 |

**Ghibli, 8-cyl., 100.4" wb, 4719cc**

| | 6 | 5 | 4 | 3 | 2 | 1 |
|---|---|---|---|---|---|---|
| 2-dr Cpe | 2600 | 7700 | 13000 | 26000 | 45650 | 65000 |

**Mexico, 8-cyl., 103.9" wb, 4719cc**

| | 6 | 5 | 4 | 3 | 2 | 1 |
|---|---|---|---|---|---|---|
| 2-dr Cpe | 1450 | 4450 | 7450 | 14900 | 26200 | 37200 |

## 1969

**Mistral, 6-cyl., 94.5" wb, 3694cc**

| | 6 | 5 | 4 | 3 | 2 | 1 |
|---|---|---|---|---|---|---|
| 2-dr Cpe | 2150 | 6200 | 10500 | 21000 | 36900 | 52400 |
| Spider 2-dr Conv | 6000 | 17800 | 30000 | 60000 | 105400 | 149800 |

**Ghibli, 8-cyl., 100.4" wb, 4719cc**

| | 6 | 5 | 4 | 3 | 2 | 1 |
|---|---|---|---|---|---|---|
| 2-dr Cpe | 2600 | 7700 | 13000 | 26000 | 45650 | 65000 |
| Spider 2-dr Conv | 6500 | 19300 | 32500 | 65000 | 114100 | 162300 |

**Indy, 8-cyl., 102.5" wb, 4136cc**

| | 6 | 5 | 4 | 3 | 2 | 1 |
|---|---|---|---|---|---|---|
| 2-dr Cpe (2+2) | 1600 | 4750 | 7950 | 15900 | 28000 | 39700 |

## 1970

**Mistral, 6-cyl., 94.5" wb, 3694cc**

| | 6 | 5 | 4 | 3 | 2 | 1 |
|---|---|---|---|---|---|---|
| 2-dr Cpe | 2150 | 6200 | 10500 | 21000 | 36900 | 52400 |
| Spider 2-dr Conv | 6000 | 17800 | 30000 | 60000 | 105400 | 149800 |

**Ghibli, 8-cyl., 100.4" wb, 4719cc**

| | 6 | 5 | 4 | 3 | 2 | 1 |
|---|---|---|---|---|---|---|
| 2-dr Cpe | 2600 | 7700 | 13000 | 26000 | 45650 | 65000 |
| Spider 2-dr Conv | 6500 | 19300 | 32500 | 65000 | 114100 | 162300 |

**Indy, 8-cyl., 102.5" wb, 4136cc**

| | 6 | 5 | 4 | 3 | 2 | 1 |
|---|---|---|---|---|---|---|
| 2-dr Cpe (2+2) | 1600 | 4750 | 7950 | 15900 | 28000 | 39700 |

## 1971

**Bora, 8-cyl., 102.3" wb, 4719cc**

| | 6 | 5 | 4 | 3 | 2 | 1 |
|---|---|---|---|---|---|---|
| 2-dr Cpe | 2800 | 8300 | 13950 | 27900 | 49000 | 69600 |

**Ghibli, 8-cyl., 100.4" wb, 4930cc**

| | 6 | 5 | 4 | 3 | 2 | 1 |
|---|---|---|---|---|---|---|
| 2-dr Cpe | 2600 | 7700 | 13000 | 26000 | 45650 | 65000 |
| Spider 2-dr Conv | 6500 | 19300 | 32500 | 65000 | 114100 | 162300 |

**Indy, 8-cyl., 102.5" wb, 4136cc**

| | 6 | 5 | 4 | 3 | 2 | 1 |
|---|---|---|---|---|---|---|
| 2-dr Cpe (2+2) | 1600 | 4750 | 7950 | 15900 | 28000 | 39700 |

## 1972

**Merak, 6-cyl., 102.3" wb, 2965cc**

| | 6 | 5 | 4 | 3 | 2 | 1 |
|---|---|---|---|---|---|---|
| 2-dr Cpe | 1350 | 4150 | 6950 | 13900 | 24500 | 34700 |

| | 6 | 5 | 4 | 3 | 2 | 1 |
|---|---|---|---|---|---|---|
| **Bora, 8-cyl., 102.3" wb, 4719cc** | | | | | | |
| 2-dr Cpe | 2800 | 8300 | 13950 | 27900 | 49000 | 69600 |
| **Ghibli, 8-cyl., 100.4" wb, 4930cc** | | | | | | |
| 2-dr Cpe | 2600 | 7700 | 13000 | 26000 | 45650 | 65000 |
| Spider 2-dr Conv | 6500 | 19300 | 32500 | 65000 | 114100 | 162300 |
| **Indy, 8-cyl., 102.5" wb, 4136cc** | | | | | | |
| 2-dr Cpe (2+2) | 1600 | 4750 | 7950 | 15900 | 28000 | 39700 |
| | | | | | | |
| **1973** | | | | | | |
| **Merak, 6-cyl., 102.3" wb, 2965cc** | | | | | | |
| 2-dr Cpe | 1350 | 4150 | 6950 | 13900 | 24500 | 34700 |
| **Bora, 8-cyl., 102.3" wb, 4719cc** | | | | | | |
| 2-dr Cpe | 2800 | 8300 | 13950 | 27900 | 49000 | 69600 |
| **Ghibli, 8-cyl., 100.4" wb, 4930cc** | | | | | | |
| 2-dr Cpe | 2600 | 7700 | 13000 | 26000 | 45650 | 65000 |
| Spider 2-dr Conv | 6500 | 19300 | 32500 | 65000 | 114100 | 162300 |
| **Indy, 8-cyl., 102.5" wb, 4136cc** | | | | | | |
| 2-dr Cpe (2+2) | 1600 | 4750 | 7950 | 15900 | 28000 | 39700 |
| | | | | | | |
| **1974** | | | | | | |
| **Merak, 6-cyl., 102.3" wb, 2965cc** | | | | | | |
| 2-dr Cpe | 1350 | 4150 | 6950 | 13900 | 24500 | 34700 |
| **Bora, 8-cyl., 102.3" wb, 4930cc** | | | | | | |
| 2-dr Cpe | 2800 | 8300 | 13950 | 27900 | 49000 | 69600 |
| **Indy, 8-cyl., 102.5" wb, 4930cc** | | | | | | |
| 2-dr Cpe | 1600 | 4750 | 7950 | 15900 | 28000 | 39700 |
| **Khamsin, 8-cyl., 100.3" wb, 4930cc** | | | | | | |
| 2-dr Cpe | 2000 | 5900 | 9950 | 19900 | 35000 | 49700 |
| | | | | | | |
| **1975** | | | | | | |
| **Merak, 6-cyl., 102.3" wb, 2965cc** | | | | | | |
| 2-dr Cpe | 1350 | 4150 | 6950 | 13900 | 24500 | 34700 |
| **Bora, 8-cyl., 102.3" wb, 4930cc** | | | | | | |
| 2-dr Cpe | 2800 | 8300 | 13950 | 27900 | 49000 | 69600 |
| **Khamsin, 8-cyl., 100.3" wb, 4930cc** | | | | | | |
| 2-dr Cpe | 2000 | 5900 | 9950 | 19900 | 35000 | 49700 |
| | | | | | | |
| **1976** | | | | | | |
| **Merak, 6-cyl., 102.3" wb, 2965cc** | | | | | | |
| 2-dr Cpe | 1350 | 4150 | 6950 | 13900 | 24500 | 34700 |
| **Bora, 8-cyl., 102.3" wb, 4930cc** | | | | | | |
| 2-dr Cpe | 2800 | 8300 | 13950 | 27900 | 49000 | 69600 |
| **Khamsin, 8-cyl., 100.3" wb, 4930cc** | | | | | | |
| 2-dr Cpe | 2000 | 5900 | 9950 | 19900 | 35000 | 49700 |
| | | | | | | |
| **1977** | | | | | | |
| **Merak SS, 102.3" wb, 2965cc** | | | | | | |
| 2-dr Cpe (2+2) | 1700 | 5050 | 8450 | 16900 | 29700 | 42200 |
| **Bora, 8-cyl., 102.3" wb, 4930cc** | | | | | | |
| 2-dr Cpe | 2800 | 8300 | 13950 | 27900 | 49000 | 69600 |
| **Khamsin, 8-cyl., 100.3" wb, 4930cc** | | | | | | |
| 2-dr Cpe (2+2) | 2000 | 5900 | 9950 | 19900 | 35000 | 49700 |
| **Kyalami, 8-cyl., 102.4" wb, 4930cc** | | | | | | |
| 2-dr Cpe (2+2) | 2200 | 6500 | 10950 | 21900 | 38500 | 54700 |
| | | | | | | |
| **1978** | | | | | | |
| **Merak SS, 102.3" wb, 2965cc** | | | | | | |
| 2-dr Cpe (2+2) | 1700 | 5050 | 8450 | 16900 | 29700 | 42200 |

|  | 6 | 5 | 4 | 3 | 2 | 1 |
|---|---|---|---|---|---|---|
| **Bora, 8-cyl., 102.3" wb, 4930cc** | | | | | | |
| 2-dr Cpe | 2800 | 8300 | 13950 | 27900 | 49000 | 69600 |
| **Khamsin, 8-cyl., 100.3" wb, 4930cc** | | | | | | |
| 2-dr Cpe (2+2) | 2000 | 5900 | 9950 | 19900 | 35000 | 49700 |
| **Kyalami, 8-cyl., 102.4" wb, 4930cc** | | | | | | |
| 2-dr Cpe (2+2) | 2200 | 6500 | 10950 | 21900 | 38500 | 54700 |
| **1979** | | | | | | |
| **Merak SS, 102.3" wb, 2965cc** | | | | | | |
| 2-dr Cpe (2+2) | 1700 | 5050 | 8450 | 16900 | 29700 | 42200 |
| **Khamsin, 8-cyl., 100.3" wb, 4930cc** | | | | | | |
| 2-dr Cpe (2+2) | 2000 | 5900 | 9950 | 19900 | 35000 | 49700 |
| **Kyalami, 8-cyl., 102.4" wb, 4930cc** | | | | | | |
| 2-dr Cpe (2+2) | 2200 | 6500 | 10950 | 21900 | 38500 | 54700 |
| **1980** | | | | | | |
| **Khamsin, 8-cyl., 100.3" wb, 4930cc** | | | | | | |
| 2-dr Cpe (2+2) | 2000 | 5900 | 9950 | 19900 | 35000 | 49700 |
| **Kyalami, 8-cyl., 102.4" wb, 4930cc** | | | | | | |
| 2-dr Cpe (2+2) | 2200 | 6500 | 10950 | 21900 | 38500 | 54700 |
| **Quattroporte, 8-cyl., 110.2" wb, 4930cc** | | | | | | |
| 4-dr Sdn | 800 | 2450 | 4100 | 8200 | 14400 | 20500 |
| **1981** | | | | | | |
| **Khamsin, 8-cyl., 100.3" wb, 4930cc** | | | | | | |
| 2-dr Cpe (2+2) | 2000 | 5900 | 9950 | 19900 | 35000 | 49700 |
| **Kyalami, 8-cyl., 102.4" wb, 4930cc** | | | | | | |
| 2-dr Cpe (2+2) | 2200 | 6500 | 10950 | 21900 | 38500 | 54700 |
| **Quattroporte, 8-cyl., 110.2" wb, 4930cc** | | | | | | |
| 4-dr Sdn | 800 | 2500 | 4200 | 8400 | 14800 | 20900 |
| **1982** | | | | | | |
| **Quattroporte, 8-cyl., 110.2" wb, 4930cc** | | | | | | |
| 4-dr Sdn | 850 | 2550 | 4300 | 8600 | 15100 | 21500 |
| **1983** | | | | | | |
| **Quattroporte, 8-cyl., 110.2" wb, 4930cc** | | | | | | |
| 4-dr Sdn | 850 | 2650 | 4450 | 8900 | 15700 | 22300 |
| **1984** | | | | | | |
| **Biturbo, 6-cyl., 99" wb, 1996cc** | | | | | | |
| 2-dr Cpe | 500 | 1300 | 2250 | 4500 | 7700 | 11000 |
| **Quattroporte, 8-cyl., 110.2" wb, 4930cc** | | | | | | |
| 4-dr Sdn | 850 | 2700 | 4550 | 9100 | 16000 | 22700 |
| **1985** | | | | | | |
| **Biturbo, 6-cyl., 99" wb, 1996cc** | | | | | | |
| 2-dr Cpe | 500 | 1350 | 2350 | 4700 | 8100 | 11500 |
| 2-dr Cpe E | 550 | 1450 | 2450 | 4900 | 8500 | 12000 |
| **Quattroporte, 8-cyl., 110.2" wb, 4930cc** | | | | | | |
| 4-dr Sdn | 900 | 2750 | 4650 | 9300 | 16400 | 23100 |
| **1986** | | | | | | |
| **Biturbo, 6-cyl., 99" wb, 1996cc** | | | | | | |
| 2-dr Cpe | 500 | 1350 | 2350 | 4700 | 8100 | 11500 |
| **Biturbo, 6-cyl., 94.5" wb, 2491cc** | | | | | | |
| Spider 2-dr Conv | 700 | 2000 | 3450 | 6900 | 11900 | 17200 |
| 425 4-dr Sdn | 450 | 1250 | 2100 | 4200 | 7200 | 10500 |

| | 6 | 5 | 4 | 3 | 2 | 1 |
|---|---|---|---|---|---|---|
| **Quattroporte, 8-cyl., 110.2" wb, 4930cc** | | | | | | |
| 4-dr Sdn | 900 | 2850 | 4750 | 9500 | 16700 | 23700 |
| | | | | | | |
| *1987* | | | | | | |
| **Biturbo, 6-cyl., 99" wb, 1996cc** | | | | | | |
| 2-dr Cpe | 550 | 1400 | 2400 | 4800 | 8300 | 11800 |
| **Biturbo, 6-cyl., 94.5" wb, 2491cc** | | | | | | |
| Spider 2-dr Conv | 750 | 2100 | 3550 | 7100 | 12300 | 17700 |
| 425 4-dr Sdn | 500 | 1300 | 2250 | 4500 | 7700 | 11000 |
| | | | | | | |
| *1989* | | | | | | |
| **228** | | | | | | |
| 2-dr Cpe | 1350 | 4200 | 7000 | 14000 | 24650 | 34900 |
| **430** | | | | | | |
| 4-dr Sdn | 1150 | 3600 | 6000 | 12000 | 21150 | 30000 |
| **Spider** | | | | | | |
| 2-dr Conv | 1400 | 4350 | 7250 | 14500 | 25500 | 36200 |
| | | | | | | |
| *1990* | | | | | | |
| **228** | | | | | | |
| 2-dr Cpe | 1400 | 4250 | 7100 | 14200 | 25000 | 35400 |
| **430** | | | | | | |
| 4-dr Sdn | 1150 | 3650 | 6100 | 12200 | 21500 | 30500 |
| **Spider** | | | | | | |
| 2-dr Conv | 1450 | 4400 | 7350 | 14700 | 25900 | 36700 |
| | | | | | | |
| *1991* | | | | | | |
| **Spider** | | | | | | |
| 2-dr Conv | 1450 | 4450 | 7450 | 14900 | 26200 | 37200 |

# MAZDA
# 1971 – 1991

| | 6 | 5 | 4 | 3 | 2 | 1 |
|---|---|---|---|---|---|---|
| *1971* | | | | | | |
| **Conventional Engine** | | | | | | |
| **1200, 4-cyl., 88.9" wb, 1169cc** | | | | | | |
| 2-dr Sdn | 250 | 500 | 750 | 1500 | 2600 | 3600 |
| 2-dr Cpe | 300 | 550 | 800 | 1600 | 2800 | 3900 |
| 2-dr Sta Wgn | 300 | 550 | 800 | 1600 | 2800 | 3900 |
| **616, 4-cyl., 97" wb, 1587cc** | | | | | | |
| 2-dr Cpe | 300 | 600 | 850 | 1700 | 2900 | 4100 |
| 4-dr Sdn | 300 | 550 | 800 | 1600 | 2800 | 3900 |
| **1800, 4-cyl., 98.4" wb, 1769cc** | | | | | | |
| 4-dr Sdn | 300 | 550 | 800 | 1600 | 2800 | 3900 |
| 4-dr Sta Wgn | 300 | 600 | 850 | 1700 | 2900 | 4100 |

| | 6 | 5 | 4 | 3 | 2 | 1 |
|---|---|---|---|---|---|---|
| **Wankel Rotary Engine** | | | | | | |
| **R100, 89.9" wb, 1146cc** | | | | | | |
| 2-dr Spt Cpe 2 + 2 | 300 | 700 | 1200 | 2400 | 4100 | 5900 |
| **RX-2, 97" wb, 1146cc** | | | | | | |
| 2-dr Cpe | 300 | 550 | 800 | 1600 | 2800 | 3900 |
| 4-dr Sdn | 250 | 500 | 750 | 1500 | 2600 | 3600 |
| **1972** | | | | | | |
| **Conventional Engine** | | | | | | |
| **808, 4-cyl., 91" wb, 1587cc** | | | | | | |
| 2-dr Cpe | 250 | 500 | 750 | 1500 | 2600 | 3600 |
| 4-dr Sdn | 250 | 500 | 750 | 1400 | 2400 | 3400 |
| 4-dr Sta Wgn | 250 | 500 | 750 | 1500 | 2600 | 3600 |
| **618, 4-cyl., 97" wb, 1796cc** | | | | | | |
| 2-dr Cpe | 250 | 500 | 750 | 1500 | 2600 | 3600 |
| 4-dr Sdn | 250 | 500 | 750 | 1400 | 2400 | 3400 |
| **Wankel Rotary Engine** | | | | | | |
| **R100, 89.9" wb, 1146cc** | | | | | | |
| 2-dr Cpe 2 + 2 | 300 | 700 | 1200 | 2400 | 4100 | 5900 |
| **RX2, 97" wb** | | | | | | |
| 2-dr Cpe | 300 | 550 | 800 | 1600 | 2800 | 3900 |
| 4-dr Sdn | 250 | 500 | 750 | 1500 | 2600 | 3600 |
| **RX-3, 91" wb, 1146cc** | | | | | | |
| 2-dr Cpe | 300 | 550 | 800 | 1600 | 2800 | 3900 |
| 4-dr Sdn | 250 | 500 | 750 | 1500 | 2600 | 3600 |
| 4-dr Sta Wgn | 250 | 500 | 750 | 1500 | 2600 | 3600 |
| **1973** | | | | | | |
| **Conventional Engine** | | | | | | |
| **808, 4-cyl., 91" wb, 1587cc** | | | | | | |
| 2-dr Cpe | 250 | 500 | 750 | 1500 | 2600 | 3600 |
| 4-dr Sdn | 250 | 500 | 750 | 1400 | 2400 | 3400 |
| 4-dr Sta Wgn | 250 | 500 | 750 | 1500 | 2600 | 3600 |
| **Wankel Rotary Engine** | | | | | | |
| **RX-2, 97" wb, 1146c** | | | | | | |
| 2-dr Cpe | 300 | 550 | 800 | 1600 | 2800 | 3900 |
| 4-dr Sdn | 250 | 500 | 750 | 1500 | 2600 | 3600 |
| **RX-3, 91" wb, 1146cc** | | | | | | |
| 2-dr Cpe | 300 | 550 | 800 | 1600 | 2800 | 3900 |
| 4-dr Sdn | 250 | 500 | 750 | 1500 | 2600 | 36000 |
| **RX-3, 91" wb, 1146cc** | | | | | | |
| 4-dr Sta Wgn | 250 | 500 | 750 | 1500 | 2600 | 3600 |
| **1974** | | | | | | |
| **Conventional Engine** | | | | | | |
| **808, 4-cyl., 91" wb, 1587cc** | | | | | | |
| 2-dr Cpe | 300 | 550 | 800 | 1600 | 2800 | 3900 |
| 4-dr Sdn | 250 | 500 | 750 | 1500 | 2600 | 3600 |
| 4-dr Sta Wgn | 300 | 550 | 800 | 1600 | 2800 | 3900 |
| **Wankel Rotary Engine** | | | | | | |
| **RX-2, 97" wb, 1146cc** | | | | | | |
| 2-dr Cpe | 300 | 550 | 800 | 1600 | 2800 | 3900 |
| 4-dr Sdn | 250 | 500 | 750 | 1500 | 2600 | 3600 |
| **RX-3, 91" wb, 1146cc** | | | | | | |
| 2-dr Cpe | 300 | 550 | 800 | 1600 | 2800 | 3900 |
| 4-dr Sta Wgn | 250 | 500 | 750 | 1500 | 2600 | 3600 |

| | 6 | 5 | 4 | 3 | 2 | 1 |
|---|---|---|---|---|---|---|
| **RX-4, 99" wb, 1308cc** | | | | | | |
| 2-dr Hdtp Cpe | 300 | 600 | 850 | 1700 | 2900 | 4100 |
| 4-dr Sdn | 250 | 500 | 750 | 1500 | 2600 | 3600 |
| 4-dr Sta Wgn | 250 | 500 | 750 | 1500 | 2600 | 3600 |

## 1975
**Conventional Engine**
**808, 4-cyl., 91" wb, 1587cc**

| | 6 | 5 | 4 | 3 | 2 | 1 |
|---|---|---|---|---|---|---|
| 2-dr Cpe | 300 | 550 | 800 | 1600 | 2800 | 3900 |
| 4-dr Sdn | 250 | 500 | 750 | 1500 | 2600 | 3600 |
| 4-dr Sta Wgn | 300 | 550 | 800 | 1600 | 2800 | 3900 |

**Wankel Rotary Engine**
**RX-3, 91" wb, 1146cc**

| | 6 | 5 | 4 | 3 | 2 | 1 |
|---|---|---|---|---|---|---|
| 2-dr Cpe | 300 | 550 | 800 | 1600 | 2800 | 3900 |
| 4-dr Sta Wgn | 250 | 500 | 750 | 1500 | 2600 | 3600 |
| **RX-4, 99" wb, 1308cc** | | | | | | |
| 2-dr Hdtp Cpe | 300 | 600 | 850 | 1700 | 2900 | 4100 |
| 4-dr Sdn | 250 | 500 | 750 | 1500 | 2600 | 3600 |
| 4-dr Sta Wgn | 250 | 500 | 750 | 1500 | 2600 | 3600 |

## 1976
**Conventional Engine**
**Mizer 808-1300, 4-cyl., 91" wb, 1272cc**

| | 6 | 5 | 4 | 3 | 2 | 1 |
|---|---|---|---|---|---|---|
| 2-dr Cpe | 300 | 550 | 800 | 1600 | 2800 | 3900 |
| 4-dr Sdn | 250 | 500 | 750 | 1500 | 2600 | 3600 |
| 4-dr Sta Wgn | 300 | 550 | 800 | 1600 | 2800 | 3900 |
| **808-1600, 4-cyl., 91" wb, 1587cc** | | | | | | |
| 2-dr Cpe | 300 | 600 | 850 | 1700 | 2900 | 4100 |
| 4-dr Sdn | 300 | 550 | 800 | 1600 | 2800 | 3900 |
| 4-dr Sta Wgn | 300 | 600 | 850 | 1700 | 2900 | 4100 |

**Wankel Rotary Engine**
**RX-3, 91" wb, 1146cc**

| | 6 | 5 | 4 | 3 | 2 | 1 |
|---|---|---|---|---|---|---|
| 2-dr Cpe | 300 | 550 | 800 | 1600 | 2800 | 3900 |
| 4-dr Sta Wgn | 250 | 500 | 750 | 1500 | 2600 | 3600 |
| **RX-4, 99" wb, 1308cc** | | | | | | |
| 2-dr Hdtp Cpe | 300 | 600 | 850 | 1700 | 2900 | 4100 |
| 4-dr Sdn | 250 | 500 | 750 | 1500 | 2600 | 3600 |
| 4-dr Sta Wgn | 250 | 500 | 750 | 1500 | 2600 | 3600 |
| **Cosmo** | | | | | | |
| 2-dr Hdtp Cpe | 300 | 700 | 1200 | 2400 | 4100 | 5900 |

## 1977
**Mizer, 4-cyl., 1272cc**

| | 6 | 5 | 4 | 3 | 2 | 1 |
|---|---|---|---|---|---|---|
| 2-dr Cpe | 300 | 550 | 800 | 1600 | 2800 | 3900 |
| 4-dr Sdn | 250 | 500 | 750 | 1500 | 2600 | 3600 |
| 4-dr Sta Wgn | 300 | 550 | 800 | 1600 | 2800 | 3900 |
| **GLC, 4-cyl., 91.1" wb, 1272cc** | | | | | | |
| 2-dr Htchbk | 150 | 300 | 450 | 900 | 1800 | 2600 |
| 2-dr Dlx Htchbk | 200 | 350 | 500 | 1000 | 1900 | 2700 |
| **808, 4-cyl., 91" wb, 1587cc** | | | | | | |
| 2-dr Cpe | 300 | 600 | 850 | 1700 | 2900 | 4100 |
| 4-dr Sdn | 300 | 550 | 800 | 1600 | 2800 | 3900 |
| 4-dr Sta Wgn | 300 | 600 | 850 | 1700 | 2900 | 4100 |

**Wankel Rotary Engine**
**RX-3SP, 91" wb, 1146cc**

| | 6 | 5 | 4 | 3 | 2 | 1 |
|---|---|---|---|---|---|---|
| 2-dr Cpe | 300 | 600 | 850 | 1700 | 2900 | 4100 |

|  | 6 | 5 | 4 | 3 | 2 | 1 |
|---|---|---|---|---|---|---|
| **RX-4, 99" wb, 1308cc** | | | | | | |
| 4-dr Sdn | 250 | 500 | 750 | 1500 | 2600 | 3600 |
| 4-dr Sta Wgn | 250 | 500 | 750 | 1500 | 2600 | 3600 |
| **Cosmo** | | | | | | |
| 2-dr Hdtp Cpe | 300 | 750 | 1250 | 2500 | 4400 | 6200 |
| **1978** | | | | | | |
| **GLC, 4-cyl., 91.1" wb, 1272cc** | | | | | | |
| 3-dr Htchbk | 150 | 300 | 450 | 900 | 1800 | 2600 |
| 3-dr Dlx Htchbk | 200 | 350 | 500 | 1000 | 1900 | 2700 |
| 3-dr Spt Htchbk | 200 | 400 | 550 | 1100 | 2000 | 2900 |
| 5-dr Dlx Htchbk | 200 | 400 | 550 | 1100 | 2000 | 2900 |
| **Wankel Rotary Engine** | | | | | | |
| **RX-3SP, 91" wb, 1146cc** | | | | | | |
| 2-dr Cpe | 300 | 600 | 850 | 1700 | 2900 | 4100 |
| **RX-4, 99" wb, 1308cc** | | | | | | |
| 4-dr Sdn | 250 | 500 | 750 | 1500 | 2600 | 3600 |
| 4-dr Sta Wgn | 250 | 500 | 750 | 1500 | 2600 | 3600 |
| **Cosmo** | | | | | | |
| 2-dr Cpe | 300 | 800 | 1300 | 2600 | 4600 | 6600 |
| **1979** | | | | | | |
| **GLC, 4-cyl., 91" wb, 1415cc** | | | | | | |
| 3-dr Htchbk | 150 | 300 | 450 | 900 | 1800 | 2600 |
| 3-dr Dlx Htchbk | 200 | 350 | 500 | 1000 | 1900 | 2700 |
| 3-dr Spt Htchbk | 200 | 400 | 550 | 1100 | 2000 | 2900 |
| 5-dr Dlx Htchbk | 200 | 400 | 550 | 1100 | 2000 | 2900 |
| 5-dr Sta Wgn | 200 | 400 | 550 | 1100 | 2000 | 2900 |
| 5-dr Dlx Sta Wgn | 200 | 400 | 550 | 1100 | 2000 | 2900 |
| **626, 4-cyl., 98.8" wb, 1970cc** | | | | | | |
| 2-dr Spt Cpe | 200 | 450 | 650 | 1300 | 2200 | 3200 |
| 4-dr Spt Sdn | 200 | 450 | 650 | 1300 | 2200 | 3200 |
| **Wankel Rotary Engine** | | | | | | |
| **RX-7, 95.3" wb, 1146cc** | | | | | | |
| 2-dr S Cpe | 250 | 500 | 750 | 1500 | 2600 | 3600 |
| 2-dr GS Cpe | 250 | 500 | 750 | 1400 | 2400 | 3400 |
| **1980** | | | | | | |
| **GLC, 4-cyl., 91" wb, 1415cc** | | | | | | |
| 3-dr Htchbk | 200 | 350 | 500 | 1000 | 1900 | 2700 |
| 3-dr Custom Htchbk | 200 | 350 | 500 | 1000 | 1900 | 2700 |
| 3-dr Spt Htchbk | 200 | 400 | 550 | 1100 | 2000 | 2900 |
| 5-dr Custom Htchbk | 200 | 400 | 550 | 1100 | 2000 | 2900 |
| 5-dr Custom Sta Wgn | 200 | 400 | 550 | 1100 | 2000 | 2900 |
| **626, 4-cyl., 98.8" wb, 1970cc** | | | | | | |
| 2-dr Spt Cpe | 200 | 450 | 650 | 1300 | 2200 | 3200 |
| 4-dr Spt Sdn | 200 | 450 | 650 | 1300 | 2200 | 3200 |
| **Wankel Rotary Engine** | | | | | | |
| **RX-7, 95.3" wb, 1146cc** | | | | | | |
| 2-dr S Cpe | 250 | 500 | 750 | 1500 | 2600 | 3600 |
| 2-dr GS Cpe | 250 | 500 | 750 | 1400 | 2400 | 3400 |
| **1981** | | | | | | |
| **GLC, 4-cyl., 93.1" wb, 1490cc** | | | | | | |
| 3-dr Htchbk | 200 | 350 | 500 | 1000 | 1900 | 2700 |
| 3-dr Custom Htchbk | 200 | 350 | 500 | 1000 | 1900 | 2700 |

|  | 6 | 5 | 4 | 3 | 2 | 1 |
|---|---|---|---|---|---|---|
| 3-dr Custom L Htchbk | 200 | 400 | 550 | 1100 | 2000 | 2900 |
| 3-dr Spt Htchbk | 200 | 400 | 550 | 1100 | 2000 | 2900 |
| 5-dr Custom Htchbk | 200 | 400 | 550 | 1100 | 2000 | 2900 |
| 4-dr Custom Sdn | 200 | 400 | 550 | 1100 | 2000 | 2900 |
| 4-dr Custom L Sdn | 200 | 400 | 550 | 1100 | 2000 | 2900 |
| **GLC, 4-cyl., 91" wb, 1490cc** | | | | | | |
| 5-dr Sta Wgn | 200 | 400 | 600 | 1200 | 2100 | 3000 |
| **626, 4-cyl., 98.8" wb, 1970cc** | | | | | | |
| 2-dr Spt Cpe | 250 | 500 | 750 | 1400 | 2400 | 3400 |
| 4-dr Spt Sdn | 250 | 500 | 750 | 1400 | 2400 | 3400 |
| 2-dr Luxury Spt Cpe | 250 | 500 | 750 | 1500 | 2600 | 3600 |
| 4-dr Luxury Spt Sdn | 250 | 500 | 750 | 1500 | 2600 | 3600 |
| **Wankel Rotary Engine** | | | | | | |
| **RX-7, 95.3" wb, 1146cc** | | | | | | |
| 2-dr S Cpe | 250 | 500 | 750 | 1500 | 2600 | 3600 |
| 2-dr GS Cpe | 250 | 500 | 750 | 1400 | 2400 | 3400 |
| 2-dr GSL Cpe | 250 | 500 | 750 | 1500 | 2600 | 3600 |
| ***1982*** | | | | | | |
| **GLC, 4-cyl., 93.1" wb, 1490cc** | | | | | | |
| 3-dr Htchbk | 200 | 350 | 500 | 1000 | 1900 | 2700 |
| 3-dr Custom Htchbk | 200 | 350 | 500 | 1000 | 1900 | 2700 |
| 4-dr Custom Sdn | 200 | 400 | 550 | 1100 | 2000 | 2900 |
| 3-dr Custom L Htchbk | 200 | 400 | 550 | 1100 | 2000 | 2900 |
| 4-dr Custom L Sdn | 200 | 400 | 550 | 1100 | 2000 | 2900 |
| 2-dr Spt Htchbk | 200 | 400 | 550 | 1100 | 2000 | 2900 |
| **GLC, 4-cyl., 91" wb, 1490cc** | | | | | | |
| 5-dr Custom Sta Wgn | 200 | 400 | 550 | 1100 | 2000 | 2900 |
| **626, 4-cyl., 98.8" wb, 1970cc** | | | | | | |
| 2-dr Spt Cpe | 250 | 500 | 750 | 1400 | 2400 | 3400 |
| 4-dr Spt Sdn | 250 | 500 | 750 | 1500 | 2600 | 3600 |
| 2-dr Luxury Spt Cpe | 300 | 550 | 800 | 1600 | 2800 | 3900 |
| 4-dr Luxury Spt Sdn | 300 | 550 | 800 | 1600 | 2800 | 3900 |
| **Wankel Rotary Engine** | | | | | | |
| **RX-7, 95.3" wb, 1146cc** | | | | | | |
| 2-dr S Cpe | 250 | 500 | 750 | 1500 | 2600 | 3600 |
| 2-dr GS Cpe | 250 | 500 | 750 | 1400 | 2400 | 3400 |
| 2-dr GSL Cpe | 250 | 500 | 750 | 1500 | 2600 | 3600 |
| ***1983*** | | | | | | |
| **GLC, 4-cyl., 93.1" wb, 1490cc** | | | | | | |
| 3-dr Htchbk | 200 | 350 | 500 | 1000 | 1900 | 2700 |
| 3-dr Custom Htchbk | 200 | 350 | 500 | 1000 | 1900 | 2700 |
| 4-dr Custom Sdn | 200 | 400 | 550 | 1100 | 2000 | 2900 |
| 3-dr Custom L Htchbk | 200 | 400 | 550 | 1100 | 2000 | 2900 |
| 4-dr Custom L Sdn | 200 | 400 | 550 | 1100 | 2000 | 2900 |
| 2-dr Spt Htchbk | 200 | 400 | 600 | 1200 | 2100 | 3000 |
| 4-dr Sdn Spt | 200 | 400 | 550 | 1100 | 2000 | 2900 |
| **GLC, 4-cyl., 93.1" wb, 1490cc** | | | | | | |
| 5-dr Custom Sta Wgn | 200 | 400 | 550 | 1100 | 2000 | 2900 |
| **626, 4-cyl., 98.8" wb, 1998cc** | | | | | | |
| 2-dr Dlx Sdn | 250 | 500 | 750 | 1500 | 2600 | 3600 |
| 4-dr Dlx Sdn | 300 | 550 | 800 | 1600 | 2800 | 3900 |
| 2-dr Luxury Sdn | 300 | 600 | 850 | 1700 | 2900 | 4100 |
| 4-dr Luxury Sdn | 300 | 600 | 850 | 1700 | 2900 | 4100 |
| 5-dr Luxury Touring Sdn | 300 | 600 | 850 | 1700 | 2900 | 4100 |

|  | 6 | 5 | 4 | 3 | 2 | 1 |
|---|---|---|---|---|---|---|
| **Wankel Rotary Engine** | | | | | | |
| **RX-7, 95.3" wb, 1146cc** | | | | | | |
| 2-dr S Cpe | 250 | 500 | 750 | 1500 | 2600 | 3600 |
| 2-dr GS Cpe | 250 | 500 | 750 | 1400 | 2400 | 3400 |
| 2-dr GSL Cpe | 250 | 500 | 750 | 1500 | 2600 | 3600 |
| 2-dr GS Limited Cpe | 250 | 500 | 750 | 1500 | 2600 | 3600 |
| | | | | | | |
| ***1984*** | | | | | | |
| **GLC, 4-cyl., 93.1" wb, 1490cc** | | | | | | |
| 3-dr Htchbk | 200 | 350 | 500 | 1000 | 1900 | 2700 |
| 3-dr Dlx Htchbk | 200 | 350 | 500 | 1000 | 1900 | 2700 |
| 4-dr Dlx Sdn | 200 | 400 | 550 | 1100 | 2000 | 2900 |
| 3-dr Luxury Htchbk | 200 | 400 | 550 | 1100 | 2000 | 2900 |
| 4-dr Luxury Sdn | 200 | 400 | 550 | 1100 | 2000 | 2900 |
| **626, 4-cyl., 98.8" wb, 1998cc** | | | | | | |
| 2-dr Dlx Sdn | 300 | 550 | 800 | 1600 | 2800 | 3900 |
| 4-dr Dlx Sdn | 300 | 600 | 850 | 1700 | 2900 | 4100 |
| 2-dr Luxury Sdn | 300 | 600 | 900 | 1800 | 3100 | 4400 |
| 4-dr Luxury Sdn | 300 | 600 | 900 | 1800 | 3100 | 4400 |
| 4-dr Luxury Touring Sdn | 300 | 600 | 900 | 1800 | 3100 | 4400 |
| | | | | | | |
| **Wankel Rotary Engine** | | | | | | |
| **RX-7, 95.3" wb, 1146cc** | | | | | | |
| 2-dr S Cpe | 250 | 500 | 750 | 1500 | 2600 | 3600 |
| 2-dr GS Cpe | 250 | 500 | 750 | 1400 | 2400 | 3400 |
| 2-dr GSL Cpe | 250 | 500 | 750 | 1500 | 2600 | 3600 |
| **RX-7, 95.3" wb, 1308cc** | | | | | | |
| 2-dr GSL-SE Cpe | 300 | 600 | 850 | 1700 | 2900 | 4100 |
| | | | | | | |
| ***1985*** | | | | | | |
| **GLC, 4-cyl., 93.1" wb, 1490cc** | | | | | | |
| 3-dr Htchbk | 200 | 350 | 500 | 1000 | 1900 | 2700 |
| 3-dr Dlx Htchbk | 200 | 350 | 500 | 1000 | 1900 | 2700 |
| 4-dr Dlx Sdn | 200 | 400 | 550 | 1100 | 2000 | 2900 |
| 3-dr Luxury Htchbk | 200 | 400 | 550 | 1100 | 2000 | 2900 |
| 4-dr Luxury Sdn | 200 | 400 | 550 | 1100 | 2000 | 2900 |
| **626, 4-cyl., 98.8" wb, 1998cc** | | | | | | |
| 2-dr Dlx Cpe | 300 | 600 | 850 | 1700 | 2900 | 4100 |
| 4-dr Dlx Sdn | 300 | 600 | 900 | 1800 | 3100 | 4400 |
| 2-dr Luxury Cpe | 300 | 600 | 950 | 1900 | 3200 | 4600 |
| 4-dr Luxury Sdn | 300 | 600 | 950 | 1900 | 3200 | 4600 |
| 4-dr Luxury Touring Sdn | 300 | 650 | 1000 | 2000 | 3500 | 4900 |
| | | | | | | |
| **Wankel Rotary Engine** | | | | | | |
| **RX-7, 95.3" wb, 1146cc** | | | | | | |
| 2-dr S Cpe | 300 | 550 | 800 | 1600 | 2800 | 3900 |
| 2-dr GS Cpe | 250 | 500 | 750 | 1500 | 2600 | 3600 |
| 2-dr GSL Cpe | 300 | 550 | 800 | 1600 | 2800 | 3900 |
| **RX-7, 95.3" wb, 1308cc** | | | | | | |
| 2-dr GSL-SE Cpe | 300 | 600 | 850 | 1700 | 2900 | 4100 |
| | | | | | | |
| ***1986*** | | | | | | |
| **323, 4-cyl., 93.1" wb, 1490cc** | | | | | | |
| 3-dr Htchbk | 200 | 450 | 650 | 1300 | 2200 | 3200 |
| 3-dr Dlx Htchbk | 250 | 500 | 750 | 1500 | 2600 | 3600 |
| 4-dr Dlx Sdn | 250 | 500 | 750 | 1500 | 2600 | 3600 |
| 3-dr Luxury Htchbk | 250 | 500 | 750 | 1500 | 2600 | 3600 |
| 4-dr Luxury Sdn | 300 | 600 | 850 | 1700 | 2900 | 4100 |

|  | 6 | 5 | 4 | 3 | 2 | 1 |
|---|---|---|---|---|---|---|
| **626, 4-cyl., 98.8" wb, 1998cc** | | | | | | |
| 2-dr Dlx Cpe | 300 | 650 | 1000 | 2000 | 3500 | 4900 |
| 4-dr Dlx Sdn | 300 | 650 | 1100 | 2100 | 3600 | 5100 |
| 2-dr Luxury Cpe | 300 | 650 | 1100 | 2200 | 3800 | 5400 |
| 4-dr Luxury Sdn | 300 | 650 | 1150 | 2300 | 3900 | 5700 |
| 5-dr Luxury Touring Htchbk | 300 | 650 | 1150 | 2300 | 3900 | 5700 |
| 4-dr GT Turbo Sdn | 300 | 700 | 1200 | 2400 | 4100 | 5900 |
| 2-dr GT Turbo Cpe | 300 | 650 | 1150 | 2300 | 3900 | 5700 |
| 5-dr GT Turbo Touring Htchbk | 300 | 700 | 1200 | 2400 | 4100 | 5900 |
| **Wankel Rotary Engine** | | | | | | |
| **RX-7, 95.7" wb, 1146cc** | | | | | | |
| 2-dr Cpe | 300 | 750 | 1250 | 2500 | 4400 | 6200 |
| 2-dr GXL Cpe | 350 | 900 | 1500 | 3000 | 5300 | 7600 |
| **_1987_** | | | | | | |
| **323, 4-cyl., 93.1" wb, 1490cc** | | | | | | |
| 3-dr Htchbk | 250 | 500 | 750 | 1400 | 2400 | 3400 |
| 3-dr Dlx Htchbk | 300 | 600 | 850 | 1700 | 2900 | 4100 |
| 3-dr SE Htchbk | 300 | 550 | 800 | 1600 | 2800 | 3900 |
| 4-dr Dlx Sdn | 300 | 600 | 850 | 1700 | 2900 | 4100 |
| 4-dr Luxury Sdn | 300 | 600 | 950 | 1900 | 3200 | 4600 |
| 5-dr Dlx Wgn | 300 | 600 | 900 | 1800 | 3100 | 4400 |
| **626, 4-cyl., 98.8" wb, 1998cc** | | | | | | |
| 2-dr Dlx Cpe | 300 | 700 | 1200 | 2400 | 4100 | 5900 |
| 4-dr Dlx Sdn | 300 | 700 | 1200 | 2400 | 4100 | 5900 |
| 2-dr Luxury Cpe | 300 | 750 | 1250 | 2500 | 4400 | 6200 |
| 4-dr Luxury Sdn | 300 | 800 | 1300 | 2600 | 4600 | 6600 |
| 5-dr Luxury Touring Htchbk | 300 | 800 | 1300 | 2600 | 4600 | 6600 |
| 4-dr GT Sdn | 300 | 800 | 1350 | 2700 | 4700 | 6900 |
| 2-dr GT Cpe | 300 | 800 | 1350 | 2700 | 4700 | 6900 |
| 5-dr GT Touring Htchbk | 350 | 850 | 1400 | 2800 | 4900 | 7100 |
| **Wankel Rotary Engine** | | | | | | |
| **RX-7, 95.7" wb, 1.3 liter** | | | | | | |
| 2-dr Cpe | 350 | 850 | 1400 | 2800 | 4900 | 7100 |
| 2-dr Luxury Cpe | 350 | 1000 | 1600 | 3200 | 5700 | 8100 |
| 2-dr SE Cpe | 350 | 1000 | 1600 | 3200 | 5700 | 8100 |
| 2-dr Spt Cpe | 350 | 1000 | 1600 | 3200 | 5700 | 8100 |
| 2-dr GXL Cpe | 400 | 1050 | 1700 | 3400 | 5900 | 8500 |
| 2-dr Turbo Cpe | 400 | 1150 | 1850 | 3700 | 6400 | 9300 |
| **_1988_** | | | | | | |
| **323, 4-cyl., 93.1" wb, 1490cc** | | | | | | |
| 3-dr Htchbk | 250 | 500 | 750 | 1500 | 2600 | 3600 |
| 3-dr SE Htchbk | 300 | 600 | 900 | 1800 | 3100 | 4400 |
| 3-dr GTX Htchbk | 400 | 1050 | 1700 | 3300 | 5800 | 8300 |
| 4-dr Sdn | 300 | 600 | 950 | 1900 | 3200 | 4600 |
| 4-dr SE Sdn | 300 | 650 | 1000 | 2000 | 3500 | 4900 |
| 4-dr LX Sdn | 300 | 650 | 1100 | 2200 | 3800 | 5400 |
| 4-dr GT Sdn | 300 | 800 | 1300 | 2600 | 4600 | 6600 |
| 5-dr Sta Wgn | 300 | 650 | 1000 | 2000 | 3500 | 4900 |
| **626, 4-cyl., 98.8" wb, 1998cc** | | | | | | |
| 4-dr DX Sdn | 350 | 850 | 1400 | 2800 | 4900 | 7100 |
| 4-dr LX Sdn | 350 | 900 | 1500 | 2900 | 5200 | 7400 |
| 5-dr LX Touring Sdn | 350 | 900 | 1500 | 3000 | 5300 | 7600 |
| 4-dr Turbo Sdn | 350 | 950 | 1550 | 3100 | 5500 | 7900 |
| 4-dr 4WS Turbo Sdn | 400 | 1200 | 1950 | 3900 | 6800 | 9900 |
| 5-dr Turbo Touring Sdn | 350 | 1000 | 1600 | 3200 | 5700 | 8100 |

|  | 6 | 5 | 4 | 3 | 2 | 1 |
|---|---|---|---|---|---|---|
| **MX-6, 4-cyl.** | | | | | | |
| 2-dr DX Cpe | 300 | 800 | 1350 | 2700 | 4700 | 6900 |
| 2-dr LX Cpe | 350 | 850 | 1400 | 2800 | 4900 | 7100 |
| 2-dr GT Cpe | 350 | 900 | 1500 | 3000 | 5300 | 7600 |
| **929, 6-cyl.** | | | | | | |
| 4-dr Sdn | 400 | 1200 | 1950 | 3900 | 6800 | 9900 |
| **Wankel Rotary Engine** | | | | | | |
| **RX-7** | | | | | | |
| 2-dr SE Cpe | 400 | 1100 | 1800 | 3600 | 6200 | 9100 |
| 2-dr GTU Cpe | 400 | 1100 | 1800 | 3600 | 6200 | 9100 |
| 2-dr GXL Cpe | 400 | 1200 | 1900 | 3800 | 6600 | 9600 |
| 2-dr Conv | 650 | 1700 | 3000 | 5900 | 10200 | 14700 |
| **RX-7 Turbo** | | | | | | |
| 2-dr Cpe | 450 | 1250 | 2100 | 4200 | 7200 | 10500 |
| 2-dr 10th Annv Cpe | 500 | 1300 | 2250 | 4500 | 7700 | 11000 |
| ***1989*** | | | | | | |
| **323, 4-cyl., 93.1" wb, 1490cc** | | | | | | |
| 3-dr Htchbk | 300 | 600 | 850 | 1700 | 2900 | 4100 |
| 3-dr SE Htchbk | 300 | 650 | 1000 | 2000 | 3500 | 4900 |
| 3-dr GTX Htchbk | 400 | 1100 | 1800 | 3600 | 6200 | 9100 |
| 4-dr SE Sdn | 300 | 650 | 1150 | 2200 | 3800 | 5400 |
| 4-dr LX Sdn | 300 | 750 | 1250 | 2500 | 4400 | 6200 |
| **626, 4-cyl., 98.8" wb, 1998cc** | | | | | | |
| 4-dr DX Sdn | 350 | 1000 | 1600 | 3200 | 5700 | 8100 |
| 4-dr LX Sdn | 400 | 1050 | 1700 | 3400 | 5900 | 8500 |
| 5-dr LX Touring Sdn | 400 | 1050 | 1700 | 3400 | 5900 | 8500 |
| 5-dr Turbo Touring Sdn | 400 | 1100 | 1800 | 3600 | 6200 | 9100 |
| **MX-6, 4-cyl., 99.0" wb, 2.2 liter** | | | | | | |
| 2-dr DX Cpe | 350 | 950 | 1550 | 3100 | 5500 | 7900 |
| 2-dr LX Cpe | 400 | 1050 | 1700 | 3300 | 5800 | 8300 |
| 2-dr GT Turbo Cpe | 400 | 1100 | 1800 | 3500 | 6100 | 8900 |
| 2-dr 4WS GT Turbo Cpe | 400 | 1100 | 1800 | 3600 | 6200 | 9100 |
| **929, 6-cyl., 106.7" wb, 3.0 liter** | | | | | | |
| 4-dr Sdn | 450 | 1250 | 2200 | 4400 | 7600 | 10900 |
| **Wankel Rotary Engine** | | | | | | |
| **RX-7, 95.3" wb, 1.3 liter** | | | | | | |
| 2-dr GTU Cpe | 450 | 1250 | 2050 | 4100 | 7100 | 10300 |
| 2-dr GXL Cpe | 450 | 1250 | 2150 | 4300 | 7400 | 10700 |
| 2-dr Turbo Cpe | 550 | 1400 | 2400 | 4800 | 8300 | 11800 |
| 2-dr Conv | 700 | 1900 | 3350 | 6700 | 11500 | 16500 |
| ***1990*** | | | | | | |
| **323, 4-cyl., 96.5" wb, 1.6 liter** | | | | | | |
| 3-dr Htchbk | 300 | 650 | 1150 | 2300 | 3900 | 5700 |
| 3-dr SE Htchbk | 300 | 800 | 1300 | 2600 | 4600 | 6600 |
| **Protege, 4-cyl., 98.4" wb, 1.8 liter** | | | | | | |
| 4-dr SE Sdn | 350 | 900 | 1500 | 3000 | 5300 | 7600 |
| 4-dr LX Sdn | 350 | 1000 | 1600 | 3200 | 5700 | 8100 |
| 4-dr 4WD Sdn | 400 | 1150 | 1850 | 3700 | 6400 | 9300 |
| **626, 4-cyl., 101.4" wb, 2.2 liter** | | | | | | |
| 4-dr DX Sdn | 450 | 1250 | 2050 | 4100 | 7100 | 10300 |
| 4-dr LX Sdn | 450 | 1250 | 2100 | 4200 | 7200 | 10500 |
| 5-dr LX Touring Sdn | 450 | 1250 | 2150 | 4300 | 7400 | 10700 |
| **626, 4-cyl. Turbo, 101.4" wb, 2.2 liter** | | | | | | |
| 5-dr GT Touring Sdn | 500 | 1300 | 2250 | 4500 | 7700 | 11000 |

| | 6 | 5 | 4 | 3 | 2 | 1 |
|---|---|---|---|---|---|---|
| **MX-5 Miata, 4-cyl., 89.2" wb, 1.6 liter** | | | | | | |
| 2-dr Conv | 500 | 1350 | 2300 | 4600 | 8000 | 11300 |
| **MX-6, 4-cyl., 99" wb. 2.0 liter** | | | | | | |
| 2-dr DX Cpe | 400 | 1200 | 2000 | 4000 | 6900 | 10000 |
| 2-dr LX Cpe | 450 | 1250 | 2100 | 4200 | 7200 | 10500 |
| 2-dr GT Turbo Cpe | 500 | 1300 | 2250 | 4500 | 7700 | 11000 |
| 2-dr 4WS GT Turbo Cpe | 500 | 1300 | 2250 | 4500 | 7700 | 11000 |
| **929, 6-cyl., 106.7" wb, 3.0 liter** | | | | | | |
| 4-dr Sdn | 550 | 1500 | 2500 | 5000 | 8700 | 12300 |
| 4-dr S Sdn | 550 | 1550 | 2650 | 5300 | 9100 | 13000 |
| | | | | | | |
| **Wankel Rotary Engine** | | | | | | |
| **RX-7, 95.7" wb, 1.3 liter** | | | | | | |
| 2-dr GTU Cpe | 550 | 1400 | 2400 | 4800 | 8300 | 11800 |
| 2-dr Conv | 750 | 2300 | 3850 | 7700 | 13300 | 19200 |
| 2-dr GXL Cpe | 550 | 1500 | 2500 | 5000 | 8700 | 12300 |
| 2-dr Turbo Cpe | 600 | 1600 | 2750 | 5500 | 9500 | 13800 |

### *1991*

| | 6 | 5 | 4 | 3 | 2 | 1 |
|---|---|---|---|---|---|---|
| **323, 4-cyl., 96.5" wb, 1.6 liter** | | | | | | |
| 3-dr Htchbk | 300 | 800 | 1350 | 2700 | 4700 | 6900 |
| 3-dr SE Htchbk | 350 | 900 | 1500 | 3000 | 5300 | 7600 |
| **Protege, 4-cyl., 98.4" wb, 1.8 liter** | | | | | | |
| 4-dr DX Sdn | 400 | 1050 | 1700 | 3400 | 5900 | 8500 |
| 4-dr LX Sdn | 400 | 1150 | 1850 | 3700 | 6400 | 9300 |
| 4-dr 4WD Sdn | 450 | 1250 | 2100 | 4200 | 7200 | 10500 |
| **626, 4-cyl., 101.4" wb, 2.2 liter** | | | | | | |
| 4-dr DX Sdn | 500 | 1350 | 2350 | 4700 | 8100 | 11500 |
| 4-dr LX Sdn | 550 | 1450 | 2450 | 4900 | 8500 | 12000 |
| 5-dr LX Touring Sdn | 550 | 1450 | 2450 | 4900 | 8500 | 12000 |
| 4-dr LE Sedan | 600 | 1600 | 2750 | 5500 | 9500 | 13800 |
| **626, 4-cyl. Turbo, 101.4" wb, 2.2 liter** | | | | | | |
| 5-dr GT Touring Sdn | 550 | 1550 | 2600 | 5200 | 9000 | 12800 |
| **MX-5 Miata, 4-cyl., 89.2" wb, 1.6 liter** | | | | | | |
| 2-dr Conv | 600 | 1600 | 2700 | 5400 | 9300 | 13500 |
| 2-dr SE Conv | 650 | 1750 | 3100 | 6200 | 10700 | 15400 |
| **MX-6, 4-cyl., 99" wb. 2.0 liter** | | | | | | |
| 2-dr DX Cpe | 500 | 1350 | 2300 | 4600 | 8000 | 11300 |
| 2-dr LX Cpe | 550 | 1450 | 2450 | 4900 | 8500 | 12000 |
| 2-dr LE Cpe | 500 | 1350 | 2350 | 4700 | 8100 | 11500 |
| 2-dr GT Turbo Cpe | 550 | 1550 | 2600 | 5200 | 9000 | 12800 |
| **929, 6-cyl., 106.7" wb, 3.0 liter** | | | | | | |
| 4-dr Sdn | 600 | 1650 | 2900 | 5800 | 10000 | 14500 |
| 4-dr S Sdn | 650 | 1700 | 3000 | 6000 | 10400 | 14900 |
| | | | | | | |
| **Wankel Rotary Engine** | | | | | | |
| **RX-7, 95.7" wb, 1.3 liter** | | | | | | |
| 2-dr Cpe | 600 | 1600 | 2750 | 5500 | 9500 | 13800 |
| 2-dr Conv | 850 | 2600 | 4400 | 8800 | 15500 | 21900 |
| 2-dr Turbo Cpe | 700 | 1850 | 3300 | 6600 | 11300 | 16300 |

# MERCEDES-BENZ
## 1946 – 1991

'57 Mercedes-Benz 220S Convertible

'60 Mercedes-Benz

'65 Mercedes-Benz

'86 Mercedes-Benz 300E

| | 6 | 5 | 4 | 3 | 2 | 1 |
|---|---|---|---|---|---|---|
| **1946** | | | | | | |
| **170V/170S Series, 4-cyl., 112" wb** | | | | | | |
| 170V 4-dr Sdn | 850 | 2650 | 4500 | 9000 | 15900 | 22500 |
| 170Va 4-dr Sdn | 900 | 2750 | 4600 | 9200 | 16200 | 22900 |
| 170D 4-dr Sdn (Diesel) | 850 | 2550 | 4300 | 8600 | 15100 | 21500 |
| **1947** | | | | | | |
| **170V/170S Series, 4-cyl., 112" wb** | | | | | | |
| 170V 4-dr Sdn | 850 | 2650 | 4500 | 9000 | 15900 | 22500 |
| 170Va 4-dr Sdn | 900 | 2750 | 4600 | 9200 | 16200 | 22900 |
| 170D 4-dr Sdn (Diesel) | 850 | 2550 | 4300 | 8600 | 15100 | 21500 |
| **1948** | | | | | | |
| **170V/170S Series, 4-cyl., 112" wb** | | | | | | |
| 170V 4-dr Sdn | 850 | 2650 | 4500 | 9000 | 15900 | 22500 |
| 170Va 4-dr Sdn | 900 | 2750 | 4600 | 9200 | 16200 | 22900 |
| 170D 4-dr Sdn (Diesel) | 850 | 2550 | 4300 | 8600 | 15100 | 21500 |
| **1949** | | | | | | |
| **170V/170S Series, 4-cyl., 112" wb** | | | | | | |
| 170V 4-dr Sdn | 850 | 2650 | 4500 | 9000 | 15900 | 22500 |
| 170Va 4-dr Sdn | 900 | 2750 | 4600 | 9200 | 16200 | 22900 |
| 170S 4-dr Sdn | 900 | 2800 | 4700 | 9400 | 16500 | 23400 |
| 170D 4-dr Sdn (Diesel) | 850 | 2550 | 4300 | 8600 | 15100 | 21500 |
| **1950** | | | | | | |
| **170V/170S Series, 4-cyl., 112" wb** | | | | | | |
| 170V 4-dr Sdn | 850 | 2650 | 4500 | 9000 | 15900 | 22500 |
| 170Va 4-dr Sdn | 900 | 2750 | 4600 | 9200 | 16200 | 22900 |
| 170S 4-dr Sdn | 900 | 2800 | 4700 | 9400 | 16500 | 23400 |
| 170D 4-dr Sdn (Diesel) | 850 | 2550 | 4300 | 8600 | 15100 | 21500 |

| | 6 | 5 | 4 | 3 | 2 | 1 |
|---|---|---|---|---|---|---|

**1951**

**170 Series (Gasoline), 4-cyl., 112" wb**

| | 6 | 5 | 4 | 3 | 2 | 1 |
|---|---|---|---|---|---|---|
| 170Va 4-dr Sdn | 900 | 2750 | 4600 | 9200 | 16200 | 22900 |
| 170Vb 4-dr Sdn | 900 | 2800 | 4700 | 9400 | 16500 | 23400 |
| 170S 4-dr Sdn | 900 | 2800 | 4700 | 9400 | 16500 | 23400 |
| 170S-V 4-dr Sdn | 1000 | 3100 | 5200 | 10400 | 18400 | 26000 |

**170D Series (Diesel), 4-cyl., 112" wb**

| | 6 | 5 | 4 | 3 | 2 | 1 |
|---|---|---|---|---|---|---|
| 170Da 4-dr Sdn | 800 | 2500 | 4200 | 8400 | 14800 | 20900 |
| 170Db 4-dr Sdn | 850 | 2550 | 4300 | 8600 | 15100 | 21500 |

**180 Series, 4-cyl., 104.3" wb**

| | 6 | 5 | 4 | 3 | 2 | 1 |
|---|---|---|---|---|---|---|
| 4-dr Sdn | 700 | 2050 | 3500 | 7000 | 12100 | 17400 |

**1952**

**170 Series (Gasoline), 4-cyl., 112" wb**

| | 6 | 5 | 4 | 3 | 2 | 1 |
|---|---|---|---|---|---|---|
| 170Va 4-dr Sdn | 900 | 2750 | 4600 | 9200 | 16200 | 22900 |
| 170Vb 4-dr Sdn | 900 | 2800 | 4700 | 9400 | 16500 | 23400 |
| 170S 4-dr Sdn | 900 | 2800 | 4700 | 9400 | 16500 | 23400 |
| 170Sb 4-dr Sdn | 900 | 2800 | 4700 | 9400 | 16500 | 23400 |
| 170S-V 4-dr Sdn | 1000 | 3100 | 5200 | 10400 | 18400 | 26000 |

**170D Series (Diesel), 4-cyl., 112" wb**

| | 6 | 5 | 4 | 3 | 2 | 1 |
|---|---|---|---|---|---|---|
| 170Da 4-dr Sdn | 800 | 2500 | 4200 | 8400 | 14800 | 20900 |
| 170Db 4-dr Sdn | 850 | 2550 | 4300 | 8600 | 15100 | 21500 |
| 170DS 4-dr Sdn | 850 | 2550 | 4300 | 8600 | 15100 | 21500 |
| 170S-D 4-dr Sdn | 800 | 2400 | 4050 | 8100 | 14200 | 20200 |

**180 Series, 4-cyl., 104.3" wb**

| | 6 | 5 | 4 | 3 | 2 | 1 |
|---|---|---|---|---|---|---|
| 4-dr Sdn | 700 | 2050 | 3500 | 7000 | 12100 | 17400 |

**220 Series, 6-cyl., 112" wb**

| | 6 | 5 | 4 | 3 | 2 | 1 |
|---|---|---|---|---|---|---|
| 4-dr Sdn | 1000 | 3150 | 5300 | 10600 | 18700 | 26500 |
| 2-dr Conv Sdn | 2300 | 6800 | 11500 | 23000 | 40400 | 57500 |
| 2-dr Cpe | 1350 | 4150 | 6900 | 13800 | 24300 | 34500 |

**300 Series, 6-cyl., 120" wb**

| | 6 | 5 | 4 | 3 | 2 | 1 |
|---|---|---|---|---|---|---|
| 4-dr Sdn | 1250 | 3750 | 6250 | 12500 | 22000 | 31100 |
| 4-dr Cabrlt | 4500 | 13350 | 22500 | 45000 | 79000 | 112300 |
| 2-dr Cpe | 3900 | 11600 | 19500 | 39000 | 68500 | 89400 |

**1953**

**170 Series (Gasoline), 4-cyl., 112" wb**

| | 6 | 5 | 4 | 3 | 2 | 1 |
|---|---|---|---|---|---|---|
| 170Va 4-dr Sdn | 900 | 2750 | 4600 | 9200 | 16200 | 22900 |
| 170Vb 4-dr Sdn | 900 | 2800 | 4700 | 9400 | 16500 | 23400 |
| 170S 4-dr Sdn | 900 | 2800 | 4700 | 9400 | 16500 | 23400 |
| 170Sb 4-dr Sdn | 900 | 2800 | 4700 | 9400 | 16500 | 23400 |
| 170S-V 4-dr Sdn | 1000 | 3100 | 5200 | 10400 | 18400 | 26000 |

**170D Series (Diesel), 4-cyl., 112" wb**

| | 6 | 5 | 4 | 3 | 2 | 1 |
|---|---|---|---|---|---|---|
| 170Da 4-dr Sdn | 800 | 2500 | 4200 | 8400 | 14800 | 20900 |
| 170Db 4-dr Sdn | 850 | 2550 | 4300 | 8600 | 15100 | 21500 |
| 170DS 4-dr Sdn | 850 | 2550 | 4300 | 8600 | 15100 | 21500 |
| 170S-D 4-dr Sdn | 800 | 2400 | 4050 | 8100 | 14200 | 20200 |

**180 Series, 4-cyl., 104.3" wb**

| | 6 | 5 | 4 | 3 | 2 | 1 |
|---|---|---|---|---|---|---|
| 4-dr Sdn | 700 | 2050 | 3500 | 7000 | 12100 | 17400 |

**220 Series, 6-cyl., 112" wb**

| | 6 | 5 | 4 | 3 | 2 | 1 |
|---|---|---|---|---|---|---|
| 4-dr Sdn | 1000 | 3150 | 5300 | 10600 | 18700 | 26500 |
| 2-dr Conv Sdn | 2300 | 6800 | 11500 | 23000 | 40400 | 57500 |
| 2-dr Cpe | 1350 | 4150 | 6900 | 13800 | 24300 | 34500 |

**300 Series, 6-cyl., 120" wb**

| | 6 | 5 | 4 | 3 | 2 | 1 |
|---|---|---|---|---|---|---|
| 4-dr Sdn | 1200 | 3750 | 6250 | 12500 | 22000 | 31100 |
| 4-dr Cabrlt | 4500 | 13350 | 22500 | 45000 | 79000 | 112300 |
| 2-dr Cpe | 3900 | 11600 | 19500 | 39000 | 68500 | 89400 |

**300S Series, 6-cyl., 114" wb**

| | 6 | 5 | 4 | 3 | 2 | 1 |
|---|---|---|---|---|---|---|
| 4-dr Sdn | 1350 | 4150 | 6900 | 13800 | 24300 | 34500 |
| 2-dr Cabrlt 2 + 2 | 5900 | 17550 | 29500 | 59000 | 103600 | 147300 |
| 2-dr Cpe 2 + 2 | 3600 | 10700 | 18000 | 36000 | 63200 | 89900 |
| 2-dr Rdstr 2 + 2 | 6500 | 19300 | 32500 | 65000 | 114100 | 162300 |

| | 6 | 5 | 4 | 3 | 2 | 1 |
|---|---|---|---|---|---|---|
| **1954** | | | | | | |
| **170 Series, 4-cyl., 112" wb** | | | | | | |
| 170S-V 4-dr Sdn | 900 | 2850 | 4800 | 9600 | 16900 | 24000 |
| 170S-D 4-dr Sdn (Diesel) | 800 | 2400 | 4050 | 8100 | 14200 | 20200 |
| **180 Series, 4-cyl., 104.3" wb** | | | | | | |
| 4-dr Sdn | 700 | 2000 | 3450 | 6900 | 11900 | 17200 |
| 180D 4-dr Sdn (Diesel) | 600 | 1600 | 2700 | 5400 | 9300 | 13500 |
| **220A Series, 6-cyl., 111" wb** | | | | | | |
| 4-dr Sdn | 1000 | 3150 | 5300 | 10600 | 18700 | 26500 |
| 2-dr Conv Sdn | 2300 | 6800 | 11500 | 23000 | 40400 | 57500 |
| 2-dr Cabrlt | 3300 | 9800 | 16500 | 33000 | 57900 | 82400 |
| 2-dr Cpe | 1700 | 5050 | 8450 | 16900 | 29700 | 42200 |
| **300 Series, 6-cyl., 120" wb** | | | | | | |
| 4-dr Sdn | 1200 | 3750 | 6250 | 12500 | 22000 | 31100 |
| 4-dr Cabrlt | 3900 | 11600 | 19500 | 39000 | 68500 | 97400 |
| 2-dr Cpe | 3200 | 9500 | 16000 | 32000 | 56200 | 79900 |
| **300B Series, 6-cyl., 120" wb** | | | | | | |
| 4-dr Sdn | 1150 | 3600 | 6000 | 12000 | 21150 | 30000 |
| 4-dr Cabrlt | 4300 | 12700 | 21450 | 42900 | 75300 | 107100 |
| 2-dr Cpe | 3350 | 9900 | 16700 | 33400 | 58600 | 83400 |
| **300S Series, 6-cyl., 114" wb** | | | | | | |
| 4-dr Sdn | 1550 | 4650 | 7750 | 15500 | 27300 | 38700 |
| 2-dr Cabrlt 2 + 2 | 5900 | 17550 | 29500 | 59000 | 103600 | 147300 |
| 2-dr Cpe 2 + 2 | 3800 | 11300 | 19000 | 38000 | 66700 | 94900 |
| 2-dr Rdstr 2 + 2 | 6500 | 19300 | 32500 | 65000 | 114100 | 162300 |
| **300SL Series, 6-cyl., 94.5" wb** | | | | | | |
| 2-dr Cpe | 15500 | 46000 | 77500 | 155000 | 272200 | 386900 |
| **1955** | | | | | | |
| **170 Series, 4-cyl., 112" wb** | | | | | | |
| 170SV 4-dr Sdn | 950 | 2950 | 4950 | 9900 | 17500 | 24700 |
| 170SD 4-dr Sdn (Diesel) | 800 | 2400 | 4050 | 8100 | 14200 | 20200 |
| **180 Series, 4-cyl., 104.3" wb** | | | | | | |
| 180 4-dr Sdn | 700 | 2000 | 3450 | 6500 | 11900 | 17200 |
| 180D 4-dr Sdn (Diesel) | 550 | 1450 | 2450 | 4900 | 8500 | 12000 |
| **190 Series, 4-cyl., 94.5" wb** | | | | | | |
| 190SL 2-dr Rdstr | 1800 | 5350 | 9000 | 18000 | 31650 | 45000 |
| **220A Series, 6-cyl., 111" wb** | | | | | | |
| 4-dr Sdn | 1000 | 3150 | 5300 | 10600 | 18700 | 26500 |
| 2-dr Conv | 2300 | 6800 | 11500 | 23000 | 40400 | 57500 |
| 2-dr Cabrlt | 3300 | 9800 | 16500 | 33000 | 57900 | 82400 |
| 2-dr Cpe | 1900 | 5600 | 9450 | 18900 | 33200 | 47200 |
| **300B Series, 6-cyl., 120" wb** | | | | | | |
| 4-dr Sdn | 1150 | 3600 | 6000 | 12000 | 21150 | 30000 |
| 4-dr Cabrlt | 4300 | 12700 | 21450 | 42900 | 75300 | 107100 |
| 2-dr Cpe | 3350 | 9900 | 16700 | 33400 | 58600 | 83400 |
| **300S Series, 6-cyl., 114.2" wb** | | | | | | |
| 4-dr Sdn | 1650 | 4900 | 8200 | 16400 | 28850 | 41000 |
| 2-dr Cabrlt 2 + 2 | 5900 | 17550 | 29500 | 59000 | 103600 | 147300 |
| 2-dr Cpe 2 + 2 | 3800 | 11300 | 19000 | 38000 | 66700 | 94900 |
| 2-dr Rdstr 2 + 2 | 6500 | 19300 | 32500 | 65000 | 114100 | 162300 |
| **300SL Series, 6-cyl., 94.5" wb** | | | | | | |
| 2-dr Cpe GW | 15500 | 46000 | 77500 | 155000 | 272200 | 386900 |
| **1956** | | | | | | |
| **180 Series, 4-cyl., 104.3" wb** | | | | | | |
| 4-dr Sdn | 500 | 1300 | 2250 | 4500 | 7700 | 11000 |
| **180D Series, 4-cyl., 46 hp, 104.3" wb** | | | | | | |
| 4-dr Sdn | 400 | 1150 | 1850 | 3700 | 6400 | 9300 |
| **190 Series, 4-cyl., 104.3" wb** | | | | | | |
| 4-dr Sdn | 550 | 1450 | 2450 | 4900 | 8500 | 12000 |
| SL Rdstr | 1800 | 5350 | 9000 | 18000 | 31650 | 45000 |
| SL Spt Cpe | 1350 | 4200 | 7000 | 14000 | 24650 | 34900 |

| | 6 | 5 | 4 | 3 | 2 | 1 |
|---|---|---|---|---|---|---|
| **219 Series, 6-cyl., 100 hp, 108.25" wb** | | | | | | |
| 4-dr Sdn | 500 | 1350 | 2300 | 4600 | 8000 | 11300 |
| **220S Series, 6-cyl., 100 hp, 111" wb** | | | | | | |
| 4-dr Sdn | 600 | 1600 | 2700 | 5400 | 9300 | 13500 |
| Conv Cpe | 2250 | 6550 | 11000 | 22000 | 38650 | 55000 |
| **300C Series, 6-cyl., 136 hp, 120" wb** | | | | | | |
| 4-dr Sdn | 1250 | 3900 | 6500 | 13000 | 22900 | 32500 |
| 4-dr Limo | 1650 | 4950 | 8300 | 16600 | 29200 | 41500 |
| **300S Series, 6-cyl., 136 hp, 240 hp, 114.25" wb** | | | | | | |
| 4-dr Sdn | 1550 | 4700 | 7900 | 15800 | 27800 | 39400 |
| 2-dr Conv | 6500 | 19300 | 32500 | 65000 | 114100 | 162300 |
| 2-dr Cpe | 4200 | 12550 | 21100 | 42200 | 74100 | 105300 |
| 2-dr Rdstr | 7700 | 22850 | 38500 | 77000 | 135200 | 192200 |
| **300SL Series, 6-cyl., 94.5" wb** | | | | | | |
| 2-dr Cpe GW | 15500 | 46000 | 77500 | 155000 | 272200 | 386900 |

## 1957

| | 6 | 5 | 4 | 3 | 2 | 1 |
|---|---|---|---|---|---|---|
| **180 Series, 4-cyl., 104.3" wb** | | | | | | |
| 4-dr Sdn | 500 | 1300 | 2250 | 4500 | 7700 | 11000 |
| **180D Series, 4-cyl., 46 hp, 104.3" wb** | | | | | | |
| 4-dr Sdn | 400 | 1150 | 1850 | 3700 | 6400 | 9300 |
| **190 Series, 4-cyl., 104.3" wb** | | | | | | |
| 4-dr Sdn | 550 | 1450 | 2450 | 4900 | 8500 | 12000 |
| SL Rdstr | 1800 | 5350 | 9000 | 18000 | 31650 | 45000 |
| SL Spt Cpe | 1350 | 4200 | 7000 | 14000 | 24650 | 34900 |
| **219 Series, 6-cyl., 100 hp, 108.25" wb** | | | | | | |
| 4-dr Sdn | 500 | 1350 | 2300 | 4600 | 8000 | 11300 |
| **220S Series, 6-cyl., 100 hp, 111" wb** | | | | | | |
| 4-dr Sdn | 600 | 1600 | 2700 | 5400 | 9300 | 13500 |
| Conv Cpe | 2250 | 6550 | 11000 | 22000 | 38650 | 55000 |
| **300C Series, 6-cyl., 136 hp, 120" wb** | | | | | | |
| 4-dr Sdn | 1250 | 3900 | 6500 | 13000 | 22900 | 32500 |
| **300S Series, 6-cyl., 136 hp, 114.25" wb** | | | | | | |
| 4-dr Sdn | 1550 | 4700 | 7900 | 15800 | 27800 | 39400 |
| 2-dr Conv | 6500 | 19300 | 32500 | 65000 | 114100 | 162300 |
| 2-dr Cpe | 4200 | 12550 | 21100 | 42200 | 74100 | 105300 |
| 2-dr Rdstr | 7700 | 22850 | 38500 | 77000 | 135200 | 192200 |
| **300SL Series, 6-cyl., 240 hp, 94.5" wb** | | | | | | |
| 2-dr Spt Cpe GW | 15500 | 46000 | 77500 | 155000 | 272200 | 386900 |

## 1958

| | 6 | 5 | 4 | 3 | 2 | 1 |
|---|---|---|---|---|---|---|
| **180a Series, 4-cyl., 104.3" wb** | | | | | | |
| 4-dr Sdn | 500 | 1300 | 2250 | 4500 | 7700 | 11000 |
| **190 Series, 4-cyl., 104.3" wb** | | | | | | |
| 4-dr Sdn | 550 | 1450 | 2450 | 4900 | 8500 | 12000 |
| SL Rdstr (94.5" wb) | 1800 | 5350 | 9000 | 18000 | 31650 | 45000 |
| 190D 4-dr Sdn (Diesel) | 400 | 1200 | 2000 | 4000 | 6900 | 10000 |
| 190SL 2-dr Hdtp Cpe | 1350 | 4200 | 7000 | 14000 | 24650 | 34900 |
| **219 Series, 6-cyl., 108.25" wb** | | | | | | |
| 4-dr Sdn | 500 | 1350 | 2300 | 4600 | 8000 | 11300 |
| **220S Series, 6-cyl., 111" wb** | | | | | | |
| 2-dr Cpe | 1250 | 3900 | 6500 | 13000 | 22900 | 32500 |
| 4-dr Sdn | 550 | 1500 | 2500 | 5000 | 8700 | 12300 |
| 2-dr Conv (106.3" wb) | 2250 | 6550 | 11000 | 22000 | 38650 | 55000 |
| **300D Series, 6-cyl., 124" wb** | | | | | | |
| 4-dr Hdtp Sdn | 1600 | 4800 | 8000 | 16000 | 28150 | 40000 |
| 4-dr Conv | 6300 | 18700 | 31500 | 63000 | 110600 | 157300 |
| **300SL Series, 6-cyl., 94.5" wb** | | | | | | |
| 2-dr Rdstr | 8500 | 25250 | 42500 | 85000 | 149300 | 212200 |

| | 6 | 5 | 4 | 3 | 2 | 1 |
|---|---|---|---|---|---|---|

**1959**

**180a Series, 4-cyl., 104.3" wb**
| | 6 | 5 | 4 | 3 | 2 | 1 |
|---|---|---|---|---|---|---|
| 4-dr Sdn | 500 | 1300 | 2250 | 4500 | 7700 | 11000 |

**190 Series, 4-cyl., 104.3" wb**
| | | | | | | |
|---|---|---|---|---|---|---|
| 4-dr Sdn | 550 | 1450 | 2450 | 4900 | 8500 | 12000 |
| SL Rdstr (94.5" wb) | 1800 | 5350 | 9000 | 18000 | 31650 | 45000 |
| 190D 4-dr Sdn (Diesel) | 400 | 1200 | 2000 | 4000 | 6900 | 10000 |
| 190SL 2-dr Hdtp Cpe | 1350 | 4200 | 7000 | 14000 | 24650 | 34900 |

**219 Series, 6-cyl., 108.25" wb**
| | | | | | | |
|---|---|---|---|---|---|---|
| 4-dr Sdn | 500 | 1350 | 2300 | 4600 | 8000 | 11300 |

**220S Series, 6-cyl., 111" wb**
| | | | | | | |
|---|---|---|---|---|---|---|
| 2-dr Cpe | 1250 | 3900 | 6500 | 13000 | 2290 | 32500 |
| 4-dr Sdn | 550 | 1500 | 2500 | 5000 | 8700 | 12300 |
| 2-dr Conv (106.3" wb) | 2250 | 6550 | 11000 | 22000 | 38650 | 55000 |

**300D Series, 6-cyl., 124" wb**
| | | | | | | |
|---|---|---|---|---|---|---|
| 4-dr Hdtp Sdn | 1600 | 4800 | 8000 | 16000 | 28150 | 40000 |
| 4-dr Conv | 6300 | 18700 | 31500 | 63000 | 110600 | 157300 |

**300SL Series, 6-cyl., 94.5" wb**
| | | | | | | |
|---|---|---|---|---|---|---|
| 2-dr Rdstr | 8500 | 25250 | 42500 | 85000 | 149300 | 212200 |

**1960**

**180 Series, 4-cyl.**
| | 6 | 5 | 4 | 3 | 2 | 1 |
|---|---|---|---|---|---|---|
| 180 4-dr Sdn | 500 | 1300 | 2250 | 4500 | 7700 | 11000 |
| 180D 4-dr Sdn (Diesel) | 400 | 1200 | 1950 | 3900 | 6800 | 9900 |

**190 Series, 4-cyl.**
| | | | | | | |
|---|---|---|---|---|---|---|
| 190 4-dr Sdn | 550 | 1450 | 2450 | 4900 | 8500 | 12000 |
| 190D 4-dr Sdn (Diesel) | 400 | 1200 | 2000 | 4000 | 6900 | 10000 |
| 190SL Rdstr | 1800 | 5350 | 9000 | 18000 | 31650 | 45000 |
| 190SL 2-dr Hdtp Cpe | 1350 | 4200 | 7000 | 14000 | 24650 | 34900 |

**220 Series, 6-cyl.**
| | | | | | | |
|---|---|---|---|---|---|---|
| 220 4-dr Sdn | 500 | 1350 | 2300 | 4600 | 8000 | 11300 |
| 220S 4-dr Sdn | 550 | 1500 | 2500 | 5000 | 8700 | 12300 |
| 220SE 4-dr Sdn | 700 | 2050 | 3500 | 7000 | 12100 | 17400 |
| 220SE Cpe | 1000 | 3150 | 5300 | 10600 | 18700 | 26500 |
| 220SE Conv | 2600 | 7700 | 13000 | 26000 | 45650 | 65000 |

**300 Series, 6-cyl.**
| | | | | | | |
|---|---|---|---|---|---|---|
| 300d 4-dr Hdtp | 1600 | 4800 | 8000 | 16000 | 28150 | 40000 |
| 300d 4-dr Conv Sdn | 6300 | 18700 | 31500 | 63000 | 110600 | 157300 |
| 300SE 2-dr Cpe | 1200 | 3750 | 6300 | 12600 | 22200 | 31400 |
| 300SL Rdstr | 8500 | 25250 | 42500 | 85000 | 149300 | 212200 |

**1961**

**180 Series, 4-cyl.**
| | 6 | 5 | 4 | 3 | 2 | 1 |
|---|---|---|---|---|---|---|
| 180 4-dr Sdn | 400 | 1200 | 1900 | 3800 | 6600 | 9600 |
| 180D 4-dr Sdn (Diesel) | 400 | 1100 | 1800 | 3600 | 6200 | 9100 |

**190 Series, 4-cyl.**
| | | | | | | |
|---|---|---|---|---|---|---|
| 190 4-dr Sdn | 400 | 1200 | 2000 | 4000 | 6900 | 10000 |
| 190D 4-dr Sdn (Diesel) | 400 | 1200 | 1900 | 3800 | 6600 | 9600 |
| 190SL Rdstr | 1800 | 5350 | 9000 | 18000 | 23160 | 45000 |
| 190SL 2-dr Hdtp Cpe | 1350 | 4200 | 7000 | 14000 | 24650 | 34900 |

**220 Series, 6-cyl.**
| | | | | | | |
|---|---|---|---|---|---|---|
| 220 4-dr Sdn | 500 | 1350 | 2300 | 4600 | 8000 | 11300 |
| 220S 4-dr Sdn | 600 | 1600 | 2700 | 5400 | 9300 | 13500 |
| 220SE 4-dr Sdn | 650 | 1700 | 3000 | 5900 | 10200 | 14700 |
| 220SE Cpe | 1000 | 3150 | 5300 | 10600 | 18700 | 26500 |
| 220SE Conv | 2300 | 6800 | 11500 | 23000 | 40400 | 57500 |

**300 Series, 6-cyl.**
| | | | | | | |
|---|---|---|---|---|---|---|
| 300d 4-dr Hdtp | 1600 | 4800 | 8000 | 16000 | 28150 | 40000 |
| 300d 4-dr Conv Sdn | 6300 | 18700 | 31500 | 63000 | 110600 | 157300 |
| 300SE 2-dr Cpe | 1200 | 3750 | 6300 | 12600 | 22200 | 31400 |
| 300SL Rdstr | 9500 | 28200 | 47500 | 95000 | 166800 | 237100 |

|  | 6 | 5 | 4 | 3 | 2 | 1 |
|---|---|---|---|---|---|---|

## 1962

**180 Series, 4-cyl.**

| | 6 | 5 | 4 | 3 | 2 | 1 |
|---|---|---|---|---|---|---|
| 180D 4-dr Sdn (Diesel) | 400 | 1100 | 1800 | 3600 | 6200 | 9100 |

**190 Series, 4-cyl.**

| | 6 | 5 | 4 | 3 | 2 | 1 |
|---|---|---|---|---|---|---|
| 190 4-dr Sdn | 400 | 1200 | 2000 | 4000 | 6900 | 10000 |
| 190D 4-dr Sdn (Diesel) | 400 | 1200 | 1900 | 3800 | 6600 | 9600 |
| 190SL Rdstr | 1800 | 5350 | 9000 | 18000 | 31650 | 45000 |
| 190SL 2-dr Hdtp Cpe | 1350 | 4200 | 7000 | 14000 | 24650 | 34900 |

**220 Series, 6-cyl.**

| | 6 | 5 | 4 | 3 | 2 | 1 |
|---|---|---|---|---|---|---|
| 220 4-dr Sdn | 500 | 1350 | 2300 | 4600 | 8000 | 11300 |
| 220S 4-dr Sdn | 600 | 1600 | 2700 | 5400 | 9300 | 13500 |
| 220SE 4-dr Sdn | 650 | 1700 | 3000 | 5900 | 10200 | 14700 |
| 220SE Cpe | 1000 | 3150 | 5300 | 10600 | 18700 | 26500 |
| 220SE Conv | 2300 | 6800 | 11500 | 23000 | 40400 | 57500 |

**300 Series, 6-cyl.**

| | 6 | 5 | 4 | 3 | 2 | 1 |
|---|---|---|---|---|---|---|
| 300d 4-dr Hdtp | 1600 | 4800 | 8000 | 16000 | 28150 | 40000 |
| 300d 4-dr Conv Sdn | 6300 | 18700 | 31500 | 63000 | 110600 | 157300 |
| 300SE 2-dr Cpe | 1200 | 3750 | 6300 | 12600 | 22200 | 31400 |
| 300SL Rdstr | 9500 | 28200 | 47500 | 95000 | 166800 | 237100 |

## 1963

**180 Series, 4-cyl., 104.5" wb**

| | 6 | 5 | 4 | 3 | 2 | 1 |
|---|---|---|---|---|---|---|
| 180D 4-dr Sdn (Diesel) | 400 | 1100 | 1800 | 3600 | 6200 | 9100 |
| 180 4-dr Sdn | 400 | 1200 | 1950 | 3900 | 6800 | 9900 |

**190 Series, 4-cyl., 106.3" wb**

| | 6 | 5 | 4 | 3 | 2 | 1 |
|---|---|---|---|---|---|---|
| 190 4-dr Sdn | 400 | 1100 | 1800 | 3600 | 6200 | 9100 |
| 190D 4-dr Sdn (Diesel) | 400 | 1050 | 1700 | 3400 | 5900 | 8500 |
| 190SL Rdstr (94.5" wb) | 1800 | 5350 | 9000 | 18000 | 31650 | 45000 |

**220 Series, 6-cyl., 108.3" wb**

| | 6 | 5 | 4 | 3 | 2 | 1 |
|---|---|---|---|---|---|---|
| 220 4-dr Sdn | 450 | 1250 | 2200 | 4400 | 7600 | 10900 |
| 220S 4-dr Sdn | 550 | 1500 | 2500 | 5000 | 8700 | 12300 |
| 220SE 4-dr Sdn | 550 | 1550 | 2600 | 5200 | 9000 | 12800 |
| 220SE Cpe | 900 | 2900 | 4900 | 9800 | 17300 | 24500 |
| 220SE Conv | 2300 | 6650 | 11250 | 22500 | 39500 | 56100 |

**230SL, 6-cyl., 94.5" wb**

| | 6 | 5 | 4 | 3 | 2 | 1 |
|---|---|---|---|---|---|---|
| 2-dr Rdstr | 1300 | 4050 | 6750 | 13500 | 23800 | 33700 |
| 2-dr Cpe | 850 | 2550 | 4300 | 8600 | 15100 | 21500 |

**300 Series, 6-cyl., 108.3" wb**

| | 6 | 5 | 4 | 3 | 2 | 1 |
|---|---|---|---|---|---|---|
| 300SE 4-dr Sdn | 800 | 2450 | 4100 | 8200 | 14400 | 20500 |
| 300SE Cpe | 1000 | 3100 | 5200 | 10400 | 18400 | 26000 |
| 300SE Cabrlt | 3300 | 9800 | 16500 | 33000 | 57900 | 82400 |
| 300SL Rdstr (94.5" wb) | 9500 | 28200 | 47500 | 95000 | 166800 | 237100 |

## 1964

**190 Series, 4-cyl., 106.3" wb**

| | 6 | 5 | 4 | 3 | 2 | 1 |
|---|---|---|---|---|---|---|
| 190 4-dr Sdn | 400 | 1100 | 1800 | 3600 | 6200 | 9100 |
| 190D 4-dr Sdn (Diesel) | 400 | 1050 | 1700 | 3400 | 5900 | 8500 |

**220 Series, 6-cyl., 108.3" wb**

| | 6 | 5 | 4 | 3 | 2 | 1 |
|---|---|---|---|---|---|---|
| 220 4-dr Sdn | 450 | 1250 | 2200 | 4400 | 7600 | 10900 |
| 220S 4-dr Sdn | 550 | 1500 | 2500 | 5000 | 8700 | 12300 |
| 220SE 4-dr Sdn | 550 | 1550 | 2600 | 5200 | 9000 | 12800 |
| 220SE Hdtp Cpe | 900 | 2900 | 4900 | 9800 | 17300 | 24500 |
| 220SE Conv | 2300 | 6650 | 11250 | 22500 | 39500 | 56100 |

**230 Series, 6-cyl., 94.5" wb**

| | 6 | 5 | 4 | 3 | 2 | 1 |
|---|---|---|---|---|---|---|
| 230SL 2-dr Cpe | 850 | 2550 | 4300 | 8600 | 15100 | 21500 |
| 230SL 2-dr Rdstr | 1300 | 4050 | 6750 | 13500 | 23800 | 33700 |

**300 Series, 6-cyl., 108.3" wb**

| | 6 | 5 | 4 | 3 | 2 | 1 |
|---|---|---|---|---|---|---|
| 300SE 4-dr Sdn | 700 | 1900 | 3350 | 6700 | 11500 | 16500 |
| 300SEL 4-dr Sdn (112" wb) | 750 | 2150 | 3600 | 7200 | 12400 | 18000 |
| 300SE Hdtp Cpe | 1000 | 3200 | 5350 | 10700 | 18900 | 26700 |
| 300SE Conv | 3700 | 11000 | 18500 | 37000 | 65000 | 92400 |

|  | 6 | 5 | 4 | 3 | 2 | 1 |
|---|---|---|---|---|---|---|
| **1965** | | | | | | |
| **190 Series, 4-cyl., 106.3" wb** | | | | | | |
| 190 4-dr Sdn | 400 | 1100 | 1800 | 3600 | 6200 | 9100 |
| 190D 4-dr Sdn (Diesel) | 400 | 1050 | 1700 | 3400 | 5900 | 8500 |
| **220 Series, 6-cyl., 108.3" wb** | | | | | | |
| 220 4-dr Sdn | 450 | 1250 | 2200 | 4400 | 7600 | 10900 |
| 220S 4-dr Sdn | 550 | 1500 | 2500 | 5000 | 8700 | 12300 |
| 220SE 4-dr Sdn | 550 | 1550 | 2600 | 5200 | 9000 | 12800 |
| 220SE Cpe | 900 | 2850 | 4800 | 9600 | 16900 | 24000 |
| 220SE Conv | 2300 | 6650 | 11250 | 22500 | 39500 | 56100 |
| **230 Series, 6-cyl., 94.5" wb** | | | | | | |
| 230SL Cpe | 850 | 2650 | 4450 | 8900 | 15700 | 22300 |
| 230SL Rdstr | 1300 | 4050 | 6750 | 13500 | 23800 | 33700 |
| **300 Series, 6-cyl., 108.3" wb** | | | | | | |
| 300SE 4-dr Sdn | 700 | 2050 | 3500 | 7000 | 12100 | 17400 |
| **1966** | | | | | | |
| **200 Series, 4-cyl., 106.3" wb** | | | | | | |
| 200 4-dr Sdn | 400 | 1050 | 1700 | 3400 | 5900 | 8500 |
| 200D 4-dr Sdn (Diesel) | 350 | 900 | 1500 | 3000 | 5300 | 7600 |
| **230 Series, 6-cyl.** | | | | | | |
| 230 4-dr Sdn (106.3" wb) | 400 | 1100 | 1800 | 3600 | 6200 | 9100 |
| 230S 4-dr Sdn (108.3" wb) | 400 | 1200 | 1900 | 3800 | 6600 | 9600 |
| 230SL Cpe (94.5" wb) | 850 | 2650 | 4450 | 8900 | 15700 | 22300 |
| 230SL Rdstr (94.5" wb) | 1300 | 4050 | 6750 | 13500 | 23800 | 33700 |
| **220SE Series, 6-cyl., 108.3" wb** | | | | | | |
| 2-dr Cpe | 950 | 3000 | 5000 | 10000 | 17700 | 24900 |
| 2-dr Conv | 1800 | 5350 | 9000 | 18000 | 31650 | 45000 |
| **250 Series, 6-cyl., 108.3" wb** | | | | | | |
| 250SE Hdtp Cpe | 800 | 2500 | 4250 | 8500 | 15000 | 21200 |
| 250SE Conv | 2000 | 5900 | 9950 | 19900 | 35000 | 49700 |
| **1967** | | | | | | |
| **200 Series, 4-cyl., 106.3" wb** | | | | | | |
| 200 4-dr Sdn | 400 | 1050 | 1700 | 3400 | 5900 | 8500 |
| 200D 4-dr Sdn (Diesel) | 350 | 900 | 1500 | 3000 | 5300 | 7600 |
| **230 Series, 6-cyl., 106.3" wb** | | | | | | |
| 230 4-dr Sdn | 400 | 1100 | 1800 | 3600 | 6200 | 9100 |
| 230S 4-dr Sdn (108.3" wb) | 450 | 1250 | 2100 | 4200 | 7200 | 10500 |
| 230SL Cpe | 850 | 2650 | 4450 | 8900 | 15700 | 22300 |
| 230SL Conv | 1300 | 4050 | 6750 | 13500 | 23800 | 33700 |
| **250 Series, 6-cyl., 94.5" wb (SL); 108.3" wb (SE)** | | | | | | |
| 250S 4-dr Sdn | 400 | 1200 | 2000 | 4000 | 6900 | 10000 |
| 250SE 4-dr Sdn | 450 | 1250 | 2200 | 4400 | 7600 | 10900 |
| 250SL Cpe | 800 | 2400 | 4000 | 8000 | 13900 | 19900 |
| 250SL Cabrlt | 950 | 3050 | 5100 | 10200 | 18000 | 25400 |
| 250SL Rdstr | 1300 | 4050 | 6750 | 13500 | 23800 | 33700 |
| **1968** | | | | | | |
| **220 Series, 4-cyl., 108.3" wb** | | | | | | |
| 220 4-dr Sdn | 400 | 1050 | 1700 | 3400 | 5900 | 8500 |
| 220D 4-dr Sdn (Diesel) | 350 | 900 | 1500 | 3000 | 5300 | 7600 |
| **230 Series, 6-cyl., 108.3" wb** | | | | | | |
| 4-dr Sdn | 400 | 1100 | 1800 | 3600 | 6200 | 9100 |
| **250 Series, 6-cyl., 108.3" wb** | | | | | | |
| 250 4-dr Sdn | 400 | 1200 | 1950 | 3900 | 6800 | 9900 |
| **280 Series, 6-cyl., 108.3" wb; 280SL (94.5" wb)** | | | | | | |
| 280S 4-dr Sdn | 400 | 1200 | 2000 | 4000 | 6900 | 10000 |
| 280SE 4-dr Sdn | 450 | 1250 | 2200 | 4400 | 7600 | 10900 |
| 280SEL 4-dr Sdn | 550 | 1400 | 2400 | 4800 | 8300 | 11800 |
| 280SE Cpe | 900 | 2850 | 4750 | 9500 | 16700 | 23700 |
| 280SE Conv | 1900 | 5650 | 9500 | 19000 | 33400 | 47500 |

| | 6 | 5 | 4 | 3 | 2 | 1 |
|---|---|---|---|---|---|---|
| 280SL Cpe | 1650 | 4900 | 8250 | 16500 | 29000 | 41200 |
| 280SL Rdstr | 1700 | 5000 | 8350 | 16700 | 29400 | 41700 |

### 1969
**220 Series, 4-cyl., 108.3" wb**

| | 6 | 5 | 4 | 3 | 2 | 1 |
|---|---|---|---|---|---|---|
| 220 4-dr Sdn | 400 | 1050 | 1700 | 3400 | 5900 | 8500 |
| 220D 4-dr Sdn (Diesel) | 350 | 900 | 1500 | 3000 | 5300 | 7600 |

**230 Series, 6-cyl., 108.3" wb**

| | | | | | | |
|---|---|---|---|---|---|---|
| 230 4-dr Sdn | 400 | 1100 | 1800 | 3500 | 6100 | 8900 |

**250 Series, 6-cyl., 108.3" wb**

| | | | | | | |
|---|---|---|---|---|---|---|
| 250 4-dr Sdn | 400 | 1150 | 1850 | 3700 | 6400 | 9300 |

**280 Series, 6-cyl., 108.3" wb; 280SL (94.5" wb)**

| | | | | | | |
|---|---|---|---|---|---|---|
| 280S 4-dr Sdn | 400 | 1200 | 2000 | 4000 | 6900 | 10000 |
| 280SE 4-dr Sdn | 450 | 1250 | 2100 | 4200 | 7200 | 10500 |
| 280SE Hdtp Cpe | 750 | 2250 | 3750 | 7500 | 13000 | 18700 |
| 280SE Conv | 2600 | 7700 | 13000 | 26000 | 45650 | 65000 |
| 280SL Cpe | 1650 | 4900 | 8250 | 16500 | 29000 | 41200 |
| 280SL Rdstr | 1700 | 5000 | 8350 | 16700 | 29400 | 41700 |

### 1970
**220 Series, 4-cyl., 108.3" wb**

| | 6 | 5 | 4 | 3 | 2 | 1 |
|---|---|---|---|---|---|---|
| 220 4-dr Sdn | 400 | 1050 | 1700 | 3400 | 5900 | 8500 |
| 220D 4-dr Sdn (Diesel) | 350 | 900 | 1500 | 3000 | 5300 | 7600 |

**250 Series, 6-cyl., 108.3" wb**

| | | | | | | |
|---|---|---|---|---|---|---|
| 250 4-dr Sdn | 400 | 1100 | 1800 | 3600 | 6200 | 9100 |
| 250C Cpe | 500 | 1300 | 2250 | 4500 | 7700 | 11000 |

**280 Series, 6-cyl., 280SE, 3.5, 8-cyl., 108.3" wb; 280SL, 94.5" wb**

| | | | | | | |
|---|---|---|---|---|---|---|
| 280S 4-dr Sdn | 450 | 1250 | 2050 | 4100 | 7100 | 10300 |
| 280SE 4-dr Sdn | 450 | 1250 | 2150 | 4300 | 7400 | 10700 |
| 280SE 2-dr Cpe (3.5) | 1350 | 4200 | 7000 | 14000 | 24650 | 34900 |
| 280SE 2-dr Conv (3.5) | 3100 | 9200 | 15500 | 31000 | 54400 | 77400 |
| 280SL 2-dr Cpe | 1650 | 4900 | 8250 | 16500 | 29000 | 41200 |
| 280SL 2-dr Rdstr | 1700 | 5000 | 8350 | 16700 | 29400 | 41700 |

### 1971
**220 Series, 4-cyl., 108.3" wb**

| | 6 | 5 | 4 | 3 | 2 | 1 |
|---|---|---|---|---|---|---|
| 220 4-dr Sdn | 400 | 1050 | 1700 | 3400 | 5900 | 8500 |
| 220D 4-dr Sdn (Diesel) | 350 | 900 | 1500 | 3000 | 5300 | 7600 |

**250 Series, 6-cyl., 108.3" wb**

| | | | | | | |
|---|---|---|---|---|---|---|
| 250 4-dr Sdn | 400 | 1100 | 1800 | 3600 | 6200 | 9100 |
| 250C Cpe | 450 | 1250 | 2150 | 4300 | 7400 | 10700 |

**280 Series, 6-cyl., (3.5, 8-cyl.), 108.3" wb; 280SL, 94.5" wb**

| | | | | | | |
|---|---|---|---|---|---|---|
| 280S 4-dr Sdn | 450 | 1250 | 2050 | 4100 | 7100 | 10300 |
| 280SE 4-dr Sdn | 450 | 1250 | 2150 | 4300 | 7400 | 10700 |
| 280SL 2-dr Cpe | 1600 | 4850 | 8150 | 16300 | 28700 | 40800 |
| 280SL 2-dr Rdstr | 1650 | 4900 | 8250 | 16500 | 29000 | 41200 |

### 1972
**220 Series, 4-cyl., 108.3" wb**

| | 6 | 5 | 4 | 3 | 2 | 1 |
|---|---|---|---|---|---|---|
| 220 4-dr Sdn | 400 | 1050 | 1700 | 3400 | 5900 | 8500 |
| 220D 4-dr Sdn (Diesel) | 350 | 900 | 1500 | 3000 | 5300 | 7600 |

**250 Series, 6-cyl., 108.3" wb**

| | | | | | | |
|---|---|---|---|---|---|---|
| 250 4-dr Sdn | 400 | 1200 | 1900 | 3800 | 6600 | 9600 |
| 250C Cpe | 500 | 1300 | 2250 | 4500 | 7700 | 11000 |

**280 Series, 6-cyl., 280SE, 4.5, 8-cyl., 108.3" wb**

| | | | | | | |
|---|---|---|---|---|---|---|
| 280SE 4-dr Sdn | 450 | 1250 | 2200 | 4400 | 7600 | 10900 |
| 280SE 4.5 4-dr Sdn | 650 | 1700 | 3000 | 5900 | 10200 | 14700 |

**350 Series, 8-cyl., 96.9" wb**

| | | | | | | |
|---|---|---|---|---|---|---|
| 350SL Cpe | 1200 | 3850 | 6400 | 12800 | 22550 | 32000 |
| 350SL Rdstr | 1250 | 3900 | 6500 | 13000 | 22900 | 32500 |

|  | 6 | 5 | 4 | 3 | 2 | 1 |
|---|---|---|---|---|---|---|
| **1973** | | | | | | |
| **220 Series, 4-cyl., 108.3" wb** | | | | | | |
| 220 4-dr Sdn | 400 | 1050 | 1700 | 3400 | 5900 | 8500 |
| 220D 4-dr Sdn (Diesel) | 350 | 900 | 1500 | 3000 | 5300 | 7600 |
| **280 Series, 6-cyl., 108.3" wb** | | | | | | |
| 280 4-dr Sdn | 400 | 1200 | 2000 | 4000 | 6900 | 10000 |
| 280C Cpe | 550 | 1500 | 2500 | 5100 | 8800 | 12500 |
| 280SE 4-dr Sdn | 550 | 1450 | 2450 | 4900 | 8500 | 12000 |
| **450 Series, 8-cyl.** | | | | | | |
| 450SE 4-dr Sdn (112.8" wb) | 550 | 1550 | 2650 | 5300 | 9100 | 13000 |
| 450SL Cpe (96.9" wb) | 1200 | 3750 | 6300 | 12600 | 22200 | 31400 |
| 450SL Rdstr (96.9" wb) | 1200 | 3850 | 6400 | 12800 | 22550 | 32000 |
| 450SLC Cpe (111" wb) | 850 | 2650 | 4500 | 9000 | 15900 | 22500 |
| **1974** | | | | | | |
| **230 Series, 4-cyl., 108.3" wb** | | | | | | |
| 230 4-dr Sdn | 400 | 1150 | 1850 | 3700 | 6400 | 9300 |
| **240 Series, 4-cyl., 108.3" wb** | | | | | | |
| 240D 4-dr Sdn (Diesel) | 350 | 900 | 1500 | 3000 | 5300 | 7600 |
| **280 Series, 6-cyl.** | | | | | | |
| 280 4-dr Sdn | 450 | 1250 | 2050 | 4100 | 7100 | 10300 |
| 280C Cpe | 550 | 1500 | 2500 | 5100 | 8800 | 12500 |
| **450 Series, 8-cyl.** | | | | | | |
| 450SE 4-dr Sdn (112.8" wb) | 600 | 1600 | 2750 | 5500 | 9500 | 13800 |
| 450SEL 4-dr Sdn (116.7" wb) | 650 | 1750 | 3150 | 6300 | 10900 | 15700 |
| 450SL Cpe (96.9" wb) | 1050 | 3400 | 5700 | 11400 | 20100 | 28500 |
| 450SL Rdstr (96.9" wb) | 1100 | 3500 | 5800 | 11600 | 20450 | 28900 |
| 450SLC Cpe (111" wb) | 850 | 2550 | 4350 | 8700 | 15300 | 21700 |
| **1975** | | | | | | |
| **230 Series, 4-cyl., 108.3" wb** | | | | | | |
| 230 4-dr Sdn | 400 | 1150 | 1850 | 3700 | 6400 | 9300 |
| **240 Series, 4-cyl., 108.3" wb** | | | | | | |
| 240D 4-dr Sdn (Diesel) | 350 | 900 | 1500 | 3000 | 5300 | 7600 |
| **280 Series, 6-cyl., 108.3" wb** | | | | | | |
| 280 4-dr Sdn | 500 | 1300 | 2250 | 4500 | 7700 | 11000 |
| 280C Cpe | 550 | 1550 | 2600 | 5200 | 9000 | 12800 |
| 280S 4-dr Sdn (112.2" wb) | 550 | 1450 | 2450 | 4900 | 8500 | 12000 |
| **300 Series, 5-cyl.** | | | | | | |
| 300D 4-dr Sdn (Diesel) | 350 | 1000 | 1600 | 3200 | 5700 | 8100 |
| **450 Series, 8-cyl.** | | | | | | |
| 450SE 4-dr Sdn (112.8" wb) | 650 | 1700 | 3000 | 5900 | 10200 | 14700 |
| 450SEL 4-dr Sdn (116.7" wb) | 650 | 1750 | 3150 | 6300 | 10900 | 15700 |
| 450SL Cpe (96.9" wb) | 1000 | 3200 | 5400 | 10800 | 19000 | 26900 |
| 450SL Rdstr (96.9" wb) | 1050 | 3300 | 5500 | 11000 | 19300 | 27500 |
| 450SLC Cpe (111" wb) | 850 | 2550 | 4350 | 8700 | 15300 | 21700 |
| **1976** | | | | | | |
| **230 Series, 4-cyl., 108.3" wb** | | | | | | |
| 230 4-dr Sdn | 450 | 1250 | 2050 | 4100 | 7100 | 10300 |
| **240 Series, 4-cyl., 108.3" wb** | | | | | | |
| 240D 4-dr Sdn (Diesel) | 350 | 1000 | 1600 | 3200 | 5700 | 8100 |
| **280 Series, 6-cyl., 108.3" wb** | | | | | | |
| 280 4-dr Sdn | 500 | 1300 | 2250 | 4500 | 7700 | 11000 |
| 280C Cpe | 550 | 1550 | 2600 | 5200 | 9000 | 12800 |
| 280S 4-dr Sdn (112.2" wb) | 550 | 1450 | 2450 | 4900 | 8500 | 12000 |
| **300 Series, 5-cyl.** | | | | | | |
| 300D 4-dr Sdn (Diesel) | 350 | 1000 | 1600 | 3200 | 5700 | 8100 |
| **450 Series, 8-cyl.** | | | | | | |
| 450SE 4-dr Sdn (112.8" wb) | 650 | 1800 | 3200 | 6400 | 11000 | 15900 |
| 450SEL 4-dr Sdn (116.7" wb) | 750 | 2100 | 3550 | 7100 | 12300 | 17700 |
| 450SL Cpe (96.9" wb) | 1000 | 3100 | 5200 | 10400 | 18400 | 26000 |

| | 6 | 5 | 4 | 3 | 2 | 1 |
|---|---|---|---|---|---|---|
| 450SL Rdstr (96.9" wb) | 1000 | 3150 | 5300 | 10600 | 18700 | 26500 |
| 450SLC Cpe (111" wb) | 800 | 2500 | 4250 | 8500 | 15000 | 21200 |

### 1977
**230 Series, 4-cyl., 110" wb**
| 230 4-dr Sdn | 400 | 1200 | 2000 | 4000 | 6900 | 10000 |
|---|---|---|---|---|---|---|

**240 Series, 4-cyl., 110" wb**
| 240D 4-dr Sdn (Diesel) | 350 | 1000 | 1600 | 3200 | 5700 | 8100 |
|---|---|---|---|---|---|---|

**280 Series, 6-cyl., 110" wb**
| 280E 4-dr Sdn | 550 | 1450 | 2450 | 4900 | 8500 | 12000 |
|---|---|---|---|---|---|---|
| 280SE 4-dr Sdn (112.8" wb) | 600 | 1600 | 2750 | 5500 | 9500 | 13800 |

**300 Series, 5-cyl., 110" wb**
| 300D 4-dr Sdn (Diesel) | 350 | 1000 | 1600 | 3200 | 5700 | 8100 |
|---|---|---|---|---|---|---|

**450 Series, 8-cyl.**
| 450SEL 4-dr Sdn (116.7" wb) | 750 | 2150 | 3600 | 7200 | 12400 | 18000 |
|---|---|---|---|---|---|---|
| 450SL Cpe (96.9" wb) | 950 | 3050 | 5100 | 10200 | 18000 | 25400 |
| 450SL Rdstr (96.9" wb) | 1000 | 3100 | 5200 | 10400 | 18400 | 26000 |
| 450SLC Cpe (111" wb) | 800 | 2500 | 4250 | 8500 | 15000 | 21200 |

### 1978
**230 Series, 4-cyl., 110" wb**
| 230 4-dr Sdn | 400 | 1200 | 2000 | 4000 | 6900 | 10000 |
|---|---|---|---|---|---|---|

**240 Series, 4-cyl., 110" wb**
| 240D 4-dr Sdn (Diesel) | 400 | 1050 | 1700 | 3300 | 5800 | 8300 |
|---|---|---|---|---|---|---|

**280 Series, 6-cyl., 110" wb**
| 280E 4-dr Sdn | 550 | 1450 | 2450 | 4900 | 8500 | 12000 |
|---|---|---|---|---|---|---|
| 280CE 2-dr Cpe | 600 | 1650 | 2850 | 5700 | 9900 | 14200 |
| 280SE 4-dr Sdn (112.8" wb) | 600 | 1600 | 2750 | 5500 | 9500 | 13800 |

**300 Series, 5-cyl., 110" wb**
| 300SD 4-dr Sdn (Diesel) | 350 | 1000 | 1600 | 3200 | 5700 | 8100 |
|---|---|---|---|---|---|---|
| 300CD 2-dr Cpe | 400 | 1200 | 2000 | 4000 | 6900 | 10000 |

**450 Series, 8-cyl.**
| 450SEL 4-dr Sdn (116.7" wb) | 750 | 2200 | 3650 | 7300 | 1600 | 18200 |
|---|---|---|---|---|---|---|
| 450SL Cpe (96.9" wb) | 950 | 2950 | 4950 | 9900 | 17500 | 24700 |
| 450SL Rdstr (96.9" wb) | 950 | 3050 | 5100 | 10200 | 18000 | 25400 |
| 450SLC Cpe (111" wb) | 800 | 2450 | 4100 | 8200 | 14400 | 20500 |
| 6.9L 4-dr Sdn (116.5" wb) | 900 | 2850 | 4750 | 9500 | 16700 | 23700 |

### 1979
**240 Series, 4-cyl., 110" wb**
| 240D 4-dr Sdn | 350 | 950 | 1550 | 3100 | 5500 | 7900 |
|---|---|---|---|---|---|---|

**300 Series, 5-cyl., 110" wb**
| 300D 4-dr Sdn | 350 | 1000 | 1600 | 3200 | 5700 | 8100 |
|---|---|---|---|---|---|---|
| 300CD Cpe (106.7" wb) | 400 | 1200 | 2000 | 4000 | 6900 | 10000 |
| 300TD Sta Wgn (110" wb) | 400 | 1200 | 1900 | 3800 | 6600 | 9600 |

**280 Series, 6-cyl., 110" wb**
| 280E 4-dr Sdn | 550 | 1450 | 2450 | 4900 | 8500 | 12000 |
|---|---|---|---|---|---|---|
| 280CE Cpe | 600 | 1650 | 2850 | 5700 | 9900 | 14200 |
| 280SE 4-dr Sdn (112.8" wb) | 650 | 1700 | 3000 | 5900 | 10200 | 14700 |

**450 Series, 8-cyl.**
| 450SEL 4-dr Sdn (116.7" wb) | 750 | 2200 | 3650 | 7300 | 12600 | 18200 |
|---|---|---|---|---|---|---|
| 450SL Cpe (96.9" wb) | 950 | 2950 | 4950 | 9900 | 17500 | 24700 |
| 450SL Rdstr (96.9" wb) | 950 | 3050 | 5100 | 10200 | 18000 | 25400 |
| 450SLC Cpe (111" wb) | 800 | 2450 | 4100 | 8200 | 14400 | 20500 |
| 6.9L 4-dr Sdn (116.5" wb) | 900 | 2850 | 4750 | 9500 | 16700 | 23700 |

### 1980
**240 Series, 4-cyl., 110" wb**
| 240D 4-dr Sdn | 350 | 1000 | 1600 | 3200 | 5700 | 8100 |
|---|---|---|---|---|---|---|

**300 Series, 5-cyl., 110" wb**
| 300D 4-dr Sdn | 350 | 1000 | 1600 | 3200 | 5700 | 8100 |
|---|---|---|---|---|---|---|
| 300CD 2-dr Cpe (106.7" wb) | 400 | 1200 | 2000 | 4000 | 6900 | 10000 |

| | 6 | 5 | 4 | 3 | 2 | 1 |
|---|---|---|---|---|---|---|
| 300TD 4-dr Sta Wgn (110" wb) | 400 | 1200 | 1900 | 3800 | 6600 | 9600 |
| 300SD 4-dr Sdn | | | | | | |
|     Turbodiesel (112.8" wb) | 600 | 1650 | 2850 | 5700 | 9900 | 14200 |
| **280 Series, 6-cyl., 110" wb** | | | | | | |
| 280E 4-dr Sdn | 550 | 1450 | 2450 | 4900 | 8500 | 12000 |
| 280CE 2-dr Cpe | 600 | 1650 | 2850 | 5700 | 9900 | 14200 |
| 280SE 4-dr Sdn (112.8" wb) | 650 | 1700 | 3000 | 5900 | 10200 | 14700 |
| **450 Series, 8-cyl.** | | | | | | |
| 450SEL 4-dr Sdn (116.7" wb) | 750 | 2200 | 3650 | 7300 | 12600 | 18200 |
| 450SL 2-dr Cpe (96.9" wb) | 950 | 2950 | 4950 | 9900 | 17500 | 24700 |
| 450SL 2-dr Rdstr (96.9" wb) | 950 | 3050 | 5100 | 10200 | 18000 | 25400 |
| 450SLC 2-dr Cpe (111" wb) | 800 | 2450 | 4100 | 8200 | 14400 | 20500 |

## 1981

| | 6 | 5 | 4 | 3 | 2 | 1 |
|---|---|---|---|---|---|---|
| **240 Series, 4-cyl., 110" wb** | | | | | | |
| 240D 4-dr Sdn (Diesel) | 350 | 1000 | 1600 | 3200 | 5700 | 8100 |
| **300 Series, 5-cyl., Diesel/Turbodiesel** | | | | | | |
| 300D 4-dr Sdn | 400 | 1050 | 1700 | 3300 | 5800 | 8300 |
| 300CD 2-dr Cpe (106.7" wb) | 450 | 1250 | 2100 | 4200 | 7200 | 10500 |
| 300TD 4-dr Sta Wgn | 400 | 1200 | 1950 | 3900 | 6800 | 9900 |
| 300SD 4-dr Sdn (115.6" wb) | 650 | 1700 | 3000 | 5900 | 10200 | 14700 |
| **280 Series, 6-cyl., 110" wb** | | | | | | |
| 280E 4-dr Sdn (110" wb) | 550 | 1450 | 2450 | 4900 | 8500 | 12000 |
| 280CE 2-dr Cpe (106.7" wb) | 600 | 1650 | 2850 | 5700 | 9900 | 14200 |
| **380 Series, 8-cyl.** | | | | | | |
| 380SL 2-dr Rdstr (96.9" wb) | 850 | 2650 | 4450 | 8900 | 15700 | 22300 |
| 380SEL 4-dr Sdn | 750 | 2200 | 3650 | 7300 | 12600 | 18200 |
| 380SLC 2-dr Cpe (111" wb) | 800 | 2450 | 4100 | 8200 | 14400 | 20500 |

## 1982

| | 6 | 5 | 4 | 3 | 2 | 1 |
|---|---|---|---|---|---|---|
| **240 Series, 4-cyl., 110" wb** | | | | | | |
| 240D 4-dr Sdn (Diesel) | 350 | 1000 | 1600 | 3200 | 5700 | 8100 |
| **300 Series, 5-cyl., Diesel/Turbodiesel** | | | | | | |
| 300D 4-dr Sdn | 400 | 1100 | 1800 | 3600 | 6200 | 9100 |
| 300CD 2-dr Cpe (106.7" wb) | 500 | 1300 | 2250 | 4500 | 7700 | 11000 |
| 300TD 4-dr Sta Wgn | 450 | 1250 | 2100 | 4200 | 7200 | 10500 |
| 300SD 4-dr Sdn (115.6" wb) | 650 | 1800 | 3250 | 6500 | 11200 | 16100 |
| **380 Series, 8-cyl.** | | | | | | |
| 380SL 2-dr Rdstr (96.9" wb) | 900 | 2750 | 4650 | 9300 | 16400 | 23100 |
| 380SEC 2-dr Cpe (112.2" wb) | 850 | 2550 | 4350 | 8700 | 15300 | 21700 |
| 380SEL 4-dr Sdn | 750 | 2300 | 3850 | 7700 | 13300 | 19200 |

## 1983

| | 6 | 5 | 4 | 3 | 2 | 1 |
|---|---|---|---|---|---|---|
| **240 Series, 4-cyl., 110" wb** | | | | | | |
| 240D 4-dr Sdn | 400 | 1050 | 1700 | 3300 | 5800 | 8300 |
| **300 Series, 5-cyl., Turbodiesel** | | | | | | |
| 300D-T 4-dr Sdn (110" wb) | 400 | 1150 | 1850 | 3700 | 6400 | 9300 |
| 300CD-T 2-dr Cpe (106.7" wb) | 500 | 1350 | 2350 | 4700 | 8100 | 11500 |
| 300TD-T 4-dr Sta Wgn (110" wb) | 450 | 1250 | 2150 | 4300 | 7400 | 10700 |
| 300SD 4-dr Sdn (115.6" wb) | 700 | 2050 | 3500 | 7000 | 12100 | 17400 |
| **380 Series, 8-cyl.** | | | | | | |
| 380SL 2-dr Rdstr (96.9" wb) | 900 | 2900 | 4850 | 9700 | 17100 | 24200 |
| 380SEC 2-dr Cpe (112.2" wb) | 900 | 2750 | 4650 | 9300 | 16400 | 23100 |
| 380SEL 4-dr Sdn (121.1" wb) | 800 | 2450 | 4150 | 8300 | 14600 | 20700 |

## 1984

| | 6 | 5 | 4 | 3 | 2 | 1 |
|---|---|---|---|---|---|---|
| **190 Series, 4-cyl.** | | | | | | |
| 190E 4-dr Sdn (104.9" wb) | 500 | 1350 | 2300 | 4600 | 8000 | 11300 |
| 190D 4-dr Sdn (Diesel, 104.9" wb) | 400 | 1050 | 1700 | 3400 | 5900 | 8500 |
| **300 Series, 5-cyl., Turbodiesel** | | | | | | |
| 300D 4-dr Sdn (110" wb) | 400 | 1200 | 2000 | 4000 | 6900 | 10000 |
| 300CD 2-dr Cpe (106.7" wb) | 550 | 1550 | 2600 | 5200 | 9000 | 12800 |

| | 6 | 5 | 4 | 3 | 2 | 1 |
|---|---|---|---|---|---|---|
| 300TD 4-dr Sta Wgn (110" wb) | 500 | 1350 | 2350 | 4700 | 8100 | 11500 |
| 300SD 4-dr Sdn (110" wb) | 750 | 2300 | 3800 | 7600 | 13100 | 18900 |
| **380 Series, 8-cyl.** | | | | | | |
| 380SE 4-dr Sdn (115.6" wb) | 600 | 1600 | 2750 | 5500 | 9500 | 13800 |
| 380SL 2-dr Conv (96.9" wb) | 1000 | 3200 | 5350 | 10700 | 18900 | 26700 |
| **500 Series, 8-cyl.** | | | | | | |
| 500SEL 4-dr Sdn (120.9" wb) | 750 | 2300 | 3850 | 7700 | 13300 | 19200 |
| 500SEC 2-dr Cpe (112" wb) | 950 | 3000 | 5000 | 10000 | 17700 | 24900 |

## 1985
| | | | | | | |
|---|---|---|---|---|---|---|
| **190 Series, 4-cyl.** | | | | | | |
| 190E 4-dr Sdn (104.9" wb) | 550 | 1500 | 2500 | 5000 | 8700 | 12300 |
| 190D 4-dr Sdn (Diesel 104.9" wb) | 400 | 1200 | 1900 | 3800 | 6600 | 9600 |
| **300 Series, 5-cyl., Turbodiesel** | | | | | | |
| 300D-T 4-dr Sdn (110" wb) | 450 | 1250 | 2200 | 4400 | 7600 | 10900 |
| 300CD-T 2-dr Cpe (106.7" wb) | 600 | 1650 | 2850 | 5700 | 9900 | 14200 |
| 300TD-T 4-dr Sta Wgn (110" wb) | 550 | 1550 | 2600 | 5200 | 9000 | 12800 |
| 300SD 4-dr Sdn (110" wb) | 800 | 2500 | 4200 | 8400 | 14800 | 20900 |
| **380 Series, 8-cyl.** | | | | | | |
| 380SE 4-dr Sdn (115.6" wb) | 650 | 1750 | 3150 | 6300 | 10900 | 15700 |
| 380SL 2-dr Conv (96.9" wb) | 1100 | 3500 | 5850 | 11700 | 20600 | 29100 |
| **500 Series, 8-cyl.** | | | | | | |
| 500SEL 4-dr Sdn (120.9" wb) | 850 | 2550 | 4300 | 8600 | 15100 | 21500 |
| 500SEC 2-dr Cpe (112" wb) | 1050 | 3350 | 5600 | 11200 | 19700 | 28000 |

## 1986
| | | | | | | |
|---|---|---|---|---|---|---|
| **190 Series, 5-cyl.** | | | | | | |
| 190E 4-dr Sdn (104.9" wb) | 600 | 1650 | 2900 | 5800 | 10000 | 14500 |
| 190D 4-dr Sdn (Diesel 104.9" wb) | 450 | 1250 | 2150 | 4300 | 7400 | 10700 |
| 190E 4-dr Sdn | | | | | | |
| (2.3-16V, 104.9" wb) | 800 | 2500 | 4200 | 8400 | 14800 | 20900 |
| **300 Series, 6-cyl.** | | | | | | |
| 300E 4-dr Sdn (110.2" wb) | 800 | 2500 | 4200 | 8400 | 14800 | 20900 |
| 300SDL 4-dr Sdn | | | | | | |
| (Diesel 121.1" wb) | 950 | 3050 | 5100 | 10200 | 18000 | 25400 |
| **420 Series, 8-cyl., 121.1" wb** | | | | | | |
| 420SEL 4-dr Sdn | 1000 | 3200 | 5400 | 10800 | 19000 | 26900 |
| **560 Series, 8-cyl.** | | | | | | |
| 560SEL 4-dr Sdn (120.9" wb) | 1100 | 3550 | 5900 | 11800 | 20800 | 29400 |
| 560SEC 2-dr Cpe (112.0" wb) | 1350 | 4150 | 6900 | 13800 | 24300 | 34500 |
| 560SL 2-dr Rdstr (96.7" wb) | 1650 | 4950 | 8300 | 16600 | 29200 | 41500 |

## 1987
| | | | | | | |
|---|---|---|---|---|---|---|
| **190 Series, Gas 4/6 Diesel, 6-cyl., 104.9" wb** | | | | | | |
| 190DT 4-dr Sdn (Turbodiesel) | 550 | 1550 | 2650 | 5300 | 9100 | 13000 |
| 190E 4-dr Sdn (2.3-16V) | 900 | 2800 | 4700 | 9400 | 16500 | 23400 |
| 190D 2.5 4-dr Sdn (Diesel) | 550 | 1500 | 2500 | 5000 | 8700 | 12300 |
| 190E 4-dr Sdn (2.6) | 650 | 1800 | 3200 | 6400 | 11000 | 15900 |
| **260 Series, Gas/Turbodiesel, 6-cyl., 110.2" wb** | | | | | | |
| 260E 4-dr Sdn | 850 | 2550 | 4300 | 8600 | 15100 | 21500 |
| **300 Series, Turbodiesel, 6-cyl., 110.2" wb** | | | | | | |
| 300E 4-dr Sdn | 900 | 2900 | 4900 | 9800 | 17300 | 24500 |
| 300D 4-dr Sdn | 950 | 3000 | 5000 | 10000 | 17700 | 24900 |
| 300TD 4-dr Sta Wgn | 900 | 2900 | 4900 | 9800 | 17300 | 24500 |
| 300SDL 4-dr Sdn (121" wb) | 1150 | 3600 | 6000 | 12000 | 21150 | 30000 |
| **420 Series, 8-cyl., 121" wb** | | | | | | |
| 420SEL 4-dr Sdn | 1100 | 3550 | 5900 | 11800 | 20800 | 29400 |
| **560 Series, 8-cyl.** | | | | | | |
| 560SEL 4-dr Sdn (121" wb) | 1250 | 3900 | 6500 | 13000 | 22900 | 32500 |
| 560SEC 2-dr Cpe (112" wb) | 1500 | 4550 | 7600 | 15200 | 26750 | 38000 |
| 560SL 2-dr Rdstr (96.7" wb) | 1900 | 5600 | 9400 | 18800 | 33050 | 47000 |

|  | 6 | 5 | 4 | 3 | 2 | 1 |
|---|---|---|---|---|---|---|
| **1988** | | | | | | |
| **190 Series** | | | | | | |
| 190E 4-dr Sdn (2.3) | 750 | 2200 | 3650 | 7300 | 12600 | 18200 |
| 190D 4-dr Sdn (2.5) | 600 | 1650 | 2850 | 5700 | 9900 | 14200 |
| 190E 4-dr Sdn (2.6) | 800 | 2450 | 4100 | 8200 | 14400 | 20500 |
| **260 Series** | | | | | | |
| 260E 4-dr Sdn | 900 | 2900 | 4900 | 9800 | 17300 | 24500 |
| **300 Series** | | | | | | |
| 300E 4-dr Sdn | 1050 | 3350 | 5600 | 11200 | 19700 | 28000 |
| 300TE 4-dr Wgn | 1250 | 3950 | 6550 | 13100 | 23100 | 32700 |
| 300CE 2-dr Cpe | 1250 | 3950 | 6600 | 13200 | 23250 | 32900 |
| 300SE 4-dr Sdn | 1200 | 3800 | 6350 | 12700 | 22400 | 31700 |
| 300SEL 4-dr Sdn | 1300 | 4000 | 6650 | 13300 | 23400 | 33100 |
| **420 Series** | | | | | | |
| 420 SEL 4-dr Sdn | 1250 | 3950 | 6550 | 13100 | 23100 | 32700 |
| **560 Series** | | | | | | |
| 560 SL 2-dr Rdstr | 2150 | 6250 | 10600 | 21200 | 37250 | 53000 |
| 560SEL 4-dr Sdn | 1400 | 4300 | 7200 | 14400 | 25350 | 35900 |
| 560 SEC 2-dr Cpe | 1700 | 5000 | 8400 | 16800 | 29550 | 41900 |
| **1989** | | | | | | |
| **190 Series** | | | | | | |
| 190D 4-dr Sdn | 700 | 1900 | 3350 | 6700 | 11500 | 16500 |
| 190E 4-dr Sdn | 850 | 2650 | 4450 | 8900 | 15700 | 22300 |
| 190E 4-dr Sdn (2.6) | 900 | 2800 | 4700 | 9400 | 16500 | 23400 |
| **260 Series** | | | | | | |
| 260E 4-dr Sdn | 1050 | 3350 | 5600 | 11200 | 19700 | 28000 |
| **300 Series** | | | | | | |
| 300E 4-dr Sdn | 1200 | 3800 | 6350 | 12700 | 22400 | 31700 |
| 300TE 4-dr Wgn | 1450 | 4450 | 7400 | 14800 | 26050 | 36900 |
| 300CE 2-dr Cpe | 1500 | 4500 | 7550 | 15100 | 26600 | 37700 |
| 300SE 4-dr Sdn | 1400 | 4300 | 7200 | 14400 | 25350 | 35900 |
| 300SEL 4-dr Sdn | 1500 | 4500 | 7500 | 15000 | 26400 | 37500 |
| **420 Series** | | | | | | |
| 420 SEL 4-dr Sdn | 1450 | 4400 | 7350 | 14700 | 25900 | 36700 |
| **560 Series** | | | | | | |
| 560 SL 2-dr Rdstr | 2400 | 7050 | 11950 | 23900 | 42000 | 59700 |
| 560 SEL 4-dr Sdn | 1600 | 4800 | 8000 | 16100 | 28300 | 40200 |
| 560 SEC 2-dr Cpe | 1900 | 5550 | 9350 | 18700 | 32900 | 46700 |
| **1990** | | | | | | |
| **190 Series** | | | | | | |
| 190E 4-dr Sdn (2.6) | 1000 | 3200 | 5350 | 10700 | 18900 | 26700 |
| **300 Series** | | | | | | |
| 300E 4-dr Sdn (2.6) | 1250 | 3950 | 6550 | 13100 | 23100 | 32700 |
| 300TE 4-dr Wgn | 1700 | 5000 | 8350 | 16700 | 29400 | 41700 |
| 300TE 4WD4-dr Wgn | 1850 | 5450 | 9150 | 18300 | 32200 | 45700 |
| 300E 4-dr Sdn (3.0) | 1400 | 4300 | 7150 | 14300 | 25200 | 35700 |
| 300E 4-WD 4-dr Sdn | 1650 | 4900 | 8200 | 16400 | 28850 | 41000 |
| 300CE 2-dr Cpe | 1750 | 5100 | 8600 | 17200 | 30250 | 43000 |
| 300SE 4-dr Sdn | 1600 | 4850 | 8100 | 16200 | 28500 | 40500 |
| 300SEL 4-dr Sdn | 1700 | 5000 | 8400 | 16800 | 29550 | 41900 |
| 300SL 2-dr Rdstr | 2900 | 8650 | 14600 | 29200 | 51300 | 72900 |
| 300D 4-dr Sdn | 1400 | 4250 | 7100 | 14200 | 25000 | 35400 |
| **350 Series** | | | | | | |
| 350 SDL 4-dr Sdn | 1900 | 5600 | 9450 | 18900 | 33200 | 47200 |
| **420 Series** | | | | | | |
| 420 SEL 4-dr Sdn | 1800 | 5350 | 9000 | 18000 | 31650 | 45000 |
| **560 Series** | | | | | | |
| 560 SEL 4-dr Sdn | 2000 | 5800 | 9750 | 19500 | 34300 | 48700 |
| 560 SEC 2-dr Cpe | 2250 | 6660 | 11100 | 22200 | 39000 | 55500 |

| | 6 | 5 | 4 | 3 | 2 | 1 |
|---|---|---|---|---|---|---|
| **500 Series** | | | | | | |
| 500SL 2-dr Rdstr | 3550 | 10600 | 17800 | 35600 | 62500 | 88900 |
| ***1991*** | | | | | | |
| **190 Series** | | | | | | |
| 190E 4-dr Sch (2.3) | 950 | 2950 | 4950 | 9900 | 17500 | 24700 |
| 190E 4-dr Sch (2.6) | 1150 | 3650 | 6100 | 12200 | 21500 | 30500 |
| **300 Series** | | | | | | |
| 300E 4-dr Sdn (2.6) | 1450 | 4450 | 7450 | 14900 | 26200 | 37200 |
| 300TE 4-dr Wgn | 1900 | 5550 | 9350 | 18700 | 32900 | 46700 |
| 300TE 4WD4-dr Wgn | 2050 | 6050 | 10250 | 20500 | 36000 | 51200 |
| 300E 4-dr Sdn (3.0) | 1600 | 4850 | 8100 | 16200 | 28500 | 40500 |
| 300E 4-WD 4-dr Sdn | 1850 | 5450 | 9200 | 18400 | 32350 | 45900 |
| 300CE 2-dr Cpe | 1950 | 5750 | 9700 | 19400 | 34100 | 48400 |
| 300SE 4-dr Sdn | 1850 | 5400 | 9000 | 18100 | 31800 | 45200 |
| 300SEL 4-dr Sdn | 1900 | 5600 | 9400 | 18800 | 33050 | 47000 |
| 300SL 2-dr Rdstr | 3250 | 9700 | 16300 | 32600 | 57200 | 81400 |
| 300D 4-dr Sdn | 1600 | 4750 | 7950 | 15900 | 28000 | 39700 |
| **350 Series** | | | | | | |
| 350 SDL 4-dr Sdn | 2150 | 6200 | 10450 | 20900 | 36700 | 52100 |
| **420 Series** | | | | | | |
| 420 SEL 4-dr Sdn | 2100 | 6100 | 10300 | 20600 | 36200 | 51500 |
| **560 Series** | | | | | | |
| 560 SEL 4-dr Sdn | 2250 | 6600 | 11100 | 22200 | 39000 | 55500 |
| 560 SEC 2-dr Cpe | 2500 | 7400 | 12500 | 25000 | 43900 | 62400 |
| **500 Series** | | | | | | |
| 500SL 2-dr Rdstr | 3750 | 11100 | 18700 | 37400 | 65700 | 93400 |

# PRICE GUIDE CLASSIFICATIONS:

**1. CONCOURS:** Perfection. At or near 100 points on a 100-point judging scale. Trailered; never driven; pampered. Totally restored to the max and 100 percent stock.

**2. SHOW:** Professionally restored to high standards. No major flaws or deviations from stock. Consistent trophy winner that needs nothing to show. In 90 to 95 point range.

**3. STREET/SHOW:** Older restoration or extremely nice original showing some wear from age and use. Very presentable; occasional trophy winner; everything working properly. About 80 to 89 points.

**4. DRIVER:** A nice looking, fine running collector car needing little or nothing to drive, enjoy and show in local competition. Would need extensive restoration to be a show car, but completely usable as is.

**5. RESTORABLE:** Project car that is relatively complete and restorable within a reasonable effort and expense. Needs total restoration, but all major components present and rebuildable. May or may not be running.

**6. PARTS CAR:** Deteriorated or stripped to a point beyond reasonable restoration, but still complete and solid enough to donate valuable parts to a restoration. Likely not running, possibly missing its engine.

# METROPOLITAN
## 1954 – 1962

| | 6 | 5 | 4 | 3 | 2 | 1 |
|---|---|---|---|---|---|---|
| **1954** | | | | | | |
| **4-cyl., 42 hp, 85" wb** | | | | | | |
| 2-dr Conv | 650 | 1750 | 3150 | 6300 | 10900 | 15700 |
| 2-dr Hdtp Cpe | 450 | 1250 | 2100 | 4200 | 7200 | 10500 |
| **1955** | | | | | | |
| **4-cyl., 42 hp, 85" wb** | | | | | | |
| 2-dr Conv | 650 | 1750 | 3150 | 6300 | 10900 | 15700 |
| 2-dr Hdtp Cpe | 450 | 1250 | 2100 | 4200 | 7200 | 10500 |
| **1956** | | | | | | |
| **Series 1500, 4-cyl., 52 hp, 85" wb** | | | | | | |
| 2-dr Conv | 600 | 1600 | 2750 | 5500 | 9500 | 13800 |
| 2-dr Hdtp Cpe | 400 | 1200 | 1900 | 3800 | 6600 | 9600 |
| **1957** | | | | | | |
| **Series 1500, 4-cyl., 52 hp, 85" wb** | | | | | | |
| 2-dr Conv | 600 | 1600 | 2750 | 5500 | 9500 | 13800 |
| 2-dr Hdtp Cpe | 400 | 1200 | 1900 | 3800 | 6600 | 9600 |
| **1958** | | | | | | |
| **Series 1500, 4-cyl., 52 hp, 85" wb** | | | | | | |
| 2-dr Conv | 550 | 1550 | 2650 | 5300 | 9100 | 13000 |
| 2-dr Hdtp Cpe | 400 | 1100 | 1800 | 3600 | 6200 | 9100 |
| **1959** | | | | | | |
| **Series 1500, 4-cyl., 52 hp, 85" wb** | | | | | | |
| 2-dr Conv | 550 | 1550 | 2650 | 5300 | 9100 | 13000 |
| 2-dr Hdtp Cpe | 400 | 1100 | 1800 | 3600 | 6200 | 9100 |
| **1960** | | | | | | |
| **Series 1500, 4-cyl., 52 hp, 85" wb** | | | | | | |
| 2-dr Conv | 550 | 1550 | 2600 | 5200 | 9000 | 12800 |
| 2-dr Hdtp Cpe | 400 | 1100 | 1800 | 3500 | 6100 | 8900 |
| **1961** | | | | | | |
| **Series 1500, 4-cyl., 52 hp, 85" wb** | | | | | | |
| 2-dr Conv | 550 | 1500 | 2500 | 5100 | 8800 | 12500 |
| 2-dr Hdtp Cpe | 400 | 1050 | 1700 | 3400 | 5900 | 8500 |
| **1962** | | | | | | |
| **Series 1500, 4-cyl., 52 hp, 85" wb** | | | | | | |
| 2-dr Conv | 550 | 1500 | 2500 | 5100 | 8800 | 12500 |
| 2-dr Hdtp Cpe | 400 | 1050 | 1700 | 3400 | 5900 | 8500 |

# MG
## 1948 – 1980

'48 MG TC

'61 MGA

'75 MG Midget

'77 MGB Special

'80 MGB

| | 6 | 5 | 4 | 3 | 2 | 1 |
|---|---|---|---|---|---|---|
| **1948** | | | | | | |
| **TC Series, 4-cyl., 54 hp, 92" wb** | | | | | | |
| Rdstr | 1600 | 4800 | 8000 | 16000 | 28150 | 40000 |
| **Y Series, 4-cyl., 54 hp, 99" wb** | | | | | | |
| 4-dr Sdn | 850 | 2700 | 4550 | 9100 | 16000 | 22700 |
| **1949** | | | | | | |
| **TC Series, 4-cyl., 54 hp, 92" wb** | | | | | | |
| Rdstr | 1600 | 4800 | 8000 | 16000 | 28150 | 40000 |
| **Y Series, 4-cyl., 54 hp, 99" wb** | | | | | | |
| 4-dr Sdn | 850 | 2700 | 4550 | 9100 | 16000 | 22700 |
| **1950** | | | | | | |
| **Midget TD Series, 4-cyl., 54 hp, 94" wb** | | | | | | |
| Rdstr | 1100 | 3450 | 5750 | 11500 | 20300 | 28700 |
| **Y Series 1-1/4 Litre, 4-cyl., 54 hp, 99" wb** | | | | | | |
| 4-dr Sdn | 850 | 2700 | 4550 | 9100 | 16000 | 22700 |

| | 6 | 5 | 4 | 3 | 2 | 1 |
|---|---|---|---|---|---|---|
| **1951** | | | | | | |
| **Midget TD Series, 4-cyl., 54 hp, 94" wb** | | | | | | |
| Rdstr | 1100 | 3450 | 5750 | 11500 | 20300 | 28700 |
| **Mark II TD Series, 4-cyl., 60 hp, 94" wb** | | | | | | |
| Rdstr | 1100 | 3500 | 5850 | 11700 | 20600 | 29100 |
| **Y Series, 4-cyl., 54 hp, 99" wb** | | | | | | |
| 4-dr Sdn | 850 | 2700 | 4550 | 9100 | 16000 | 22700 |
| **1952** | | | | | | |
| **Midget TD Series, 4-cyl., 54 hp, 94" wb** | | | | | | |
| Rdstr | 1100 | 3450 | 5750 | 11500 | 20300 | 28700 |
| **Mark II TD Series, 4-cyl., 60 hp, 94" wb** | | | | | | |
| Rdstr | 1100 | 3500 | 5850 | 11700 | 20600 | 29100 |
| **1953** | | | | | | |
| **Midget TD Series, 4-cyl., 54 hp, 94" wb** | | | | | | |
| Rdstr | 1100 | 3450 | 5750 | 11500 | 20300 | 28700 |
| **Mark II TD Series, 4-cyl., 60 hp, 94" wb** | | | | | | |
| Rdstr | 1100 | 3500 | 5850 | 11700 | 20600 | 29100 |
| **1954** | | | | | | |
| **Midget TF Series, 4 cyl., 57 hp, 94" wb** | | | | | | |
| Rdstr | 1150 | 3600 | 5950 | 11900 | 21000 | 29700 |
| **1955** | | | | | | |
| **Midget TF Series, 4-cyl., 57 hp, 94" wb** | | | | | | |
| 2-dr Rdstr | 1150 | 3600 | 5950 | 11900 | 21000 | 29700 |
| **Midget TF Series, 4-cyl., 72 hp, 94" wb** | | | | | | |
| 2-dr 1500 Rdstr | 1400 | 4350 | 7250 | 14500 | 25500 | 36200 |
| **Magnette, 4 cyl., 60 hp, 102" wb** | | | | | | |
| 4-dr Spt Sdn | 400 | 1200 | 2000 | 4000 | 6900 | 10000 |
| **1956** | | | | | | |
| **MGA, 4-cyl., 72 hp, 94" wb** | | | | | | |
| 2-dr Rdstr | 900 | 2750 | 4600 | 9200 | 16200 | 22900 |
| **Magnette, 4-cyl., 60 hp, 102" wb** | | | | | | |
| 4-dr Spt Sdn | 400 | 1200 | 2000 | 4000 | 6900 | 10000 |
| **1957** | | | | | | |
| **MGA, 4-cyl., 72 hp, 94" wb** | | | | | | |
| 2-dr Cpe | 800 | 2350 | 3900 | 7800 | 13500 | 19500 |
| 2-dr Rdstr | 900 | 2750 | 4600 | 9200 | 16200 | 22900 |
| **Magnette, 4-cyl., 68 hp, 102" wb** | | | | | | |
| 4-dr Spt Sdn | 450 | 1250 | 2100 | 4200 | 7200 | 10500 |
| **1958** | | | | | | |
| **MGA, 4-cyl., 72 hp, 94" wb** | | | | | | |
| 2-dr Cpe | 800 | 2350 | 3900 | 7800 | 13500 | 19500 |
| 2-dr Rdstr | 900 | 2750 | 4600 | 9200 | 16200 | 22900 |
| **MGA Twin Cam** | | | | | | |
| 2-dr Rdstr | 1700 | 5050 | 8500 | 17000 | 29900 | 42500 |
| **Magnette, 4-cyl., 68 hp, 102" wb** | | | | | | |
| 4-dr Spt Sdn | 450 | 1250 | 2100 | 4200 | 7200 | 10500 |
| 4-dr Dlx Spt Sdn | 450 | 1250 | 2200 | 4400 | 7600 | 10900 |
| **1959** | | | | | | |
| **MGA, 4-cyl., 72 hp, 94" wb** | | | | | | |
| 2-dr Cpe | 800 | 2350 | 3900 | 7800 | 13500 | 19500 |
| 2-dr Rdstr | 900 | 2750 | 4600 | 9200 | 16200 | 22900 |

|  | 6 | 5 | 4 | 3 | 2 | 1 |
|---|---|---|---|---|---|---|
| **MGA Twin Cam** | | | | | | |
| 2-dr Rdstr | 1700 | 5050 | 8500 | 17000 | 29900 | 42500 |
| 2-dr Cpe | 1200 | 3850 | 6400 | 12800 | 22550 | 32000 |
| **Magnette, 4-cyl., 68 hp, 102" wb** | | | | | | |
| 4-dr Spt Sdn | 500 | 1300 | 2250 | 4500 | 7700 | 11000 |
| 4-dr Dlx Spt Sdn | 450 | 1250 | 2200 | 4400 | 7600 | 10900 |
| **1960** | | | | | | |
| **MGA 1600, 4 cyl., 79 hp, 94" wb** | | | | | | |
| 2-dr Cpe | 800 | 2350 | 3950 | 7900 | 13700 | 19700 |
| 2-dr Rdstr | 1200 | 3750 | 6250 | 12500 | 22000 | 31100 |
| **MGA 1600 Twin Cam** | | | | | | |
| 2-dr Cpe | 1200 | 3850 | 6400 | 12800 | 22550 | 32000 |
| 2-dr Rdstr | 1700 | 5050 | 8500 | 17000 | 29900 | 42500 |
| **Magnette Mark III, 4 cyl., 68 hp, 99.5" wb** | | | | | | |
| 4-dr Sdn | 350 | 900 | 1500 | 2900 | 5200 | 7400 |
| **1961** | | | | | | |
| **MGA 1600. 4 cyl., 79 hp, 94" wb** | | | | | | |
| 2-dr Cpe | 800 | 2350 | 3950 | 7900 | 13700 | 19700 |
| 2-dr Rdstr | 1200 | 3750 | 6250 | 12500 | 22000 | 31100 |
| **Magnette Mark III, 4 cyl., 66 hp, 99.5" wb** | | | | | | |
| 4-dr Sdn | 350 | 900 | 1500 | 2900 | 5200 | 7400 |
| **1962** | | | | | | |
| **Midget, 4-cyl., 50 hp, 80" wb** | | | | | | |
| 2-dr Rdstr | 400 | 1150 | 1850 | 3700 | 6400 | 9300 |
| **MGA Mark II, 4-cyl., 93 hp, 94" wb** | | | | | | |
| 1600 2-dr Cpe | 800 | 2500 | 4250 | 8500 | 15000 | 21200 |
| 1600 2-dr Rdstr | 1300 | 4050 | 6750 | 13500 | 23800 | 33700 |
| **1963** | | | | | | |
| **Midget, 4-cyl., 55 hp, 80" wb** | | | | | | |
| 2-dr Rdstr | 400 | 1150 | 1850 | 3700 | 6400 | 9300 |
| **MGB, 4-cyl., 94 hp, 91" wb** | | | | | | |
| 2-dr Conv | 600 | 1600 | 2750 | 5500 | 9500 | 13800 |
| **MG 1100, 4-cyl., 55 hp, 93.5" wb** | | | | | | |
| 2-dr Sdn | 300 | 800 | 1300 | 2600 | 4600 | 6600 |
| 4-dr Sdn | 300 | 800 | 1350 | 2700 | 4700 | 6900 |
| **1964** | | | | | | |
| **Midget Mark I, 4-cyl., 55 hp, 80" wb** | | | | | | |
| 2-dr Rdstr | 400 | 1100 | 1800 | 3500 | 6100 | 8900 |
| **Midget Mark II, 4-cyl., 59 hp, 80" wb** | | | | | | |
| 2-dr Conv | 400 | 1100 | 1800 | 3500 | 6100 | 8900 |
| **MGB, 4-cyl., 94 hp, 91" wb** | | | | | | |
| 2-dr Conv | 600 | 1600 | 2750 | 5500 | 9500 | 13800 |
| **MG 1100, 4-cyl., 55 hp, 93.5" wb** | | | | | | |
| 2-dr Sdn | 300 | 800 | 1300 | 2600 | 4600 | 6600 |
| 4-dr Sdn | 300 | 800 | 1350 | 2700 | 4700 | 6900 |
| **1965** | | | | | | |
| **Midget Mark II, 4-cyl., 59 hp, 80" wb** | | | | | | |
| 2-dr Conv | 400 | 1100 | 1800 | 3500 | 6100 | 8900 |
| **MGB, 4-cyl., 94 hp, 91" wb** | | | | | | |
| 2-dr Conv | 600 | 1600 | 2750 | 5500 | 9500 | 13800 |
| **MG 1100, 4-cyl, 55 hp, 93.5" wb** | | | | | | |
| 2-dr Sdn | 300 | 800 | 1300 | 2600 | 4600 | 6600 |
| 4-dr Sdn | 300 | 800 | 1350 | 2700 | 4700 | 6900 |

|  | 6 | 5 | 4 | 3 | 2 | 1 |
|---|---|---|---|---|---|---|
| **1966** | | | | | | |
| **Midget Mark II, 4-cyl., 59 hp, 80" wb** | | | | | | |
| 2-dr Conv | 400 | 1100 | 1800 | 3500 | 6100 | 8900 |
| **MGB, 4-cyl., 94 hp, 91" wb** | | | | | | |
| 2-dr GT Cpe | 500 | 1300 | 2250 | 4500 | 7700 | 11000 |
| 2-dr Conv | 600 | 1600 | 2750 | 5500 | 9500 | 13800 |
| **MG 1100, 4-cyl., 55 hp, 93.5" wb** | | | | | | |
| 2-dr Sdn | 300 | 800 | 1300 | 2600 | 4600 | 6600 |
| 4-dr Sdn | 300 | 800 | 1350 | 2700 | 4700 | 6900 |
| **1967** | | | | | | |
| **Midget Mark II, 4-cyl., 65 hp, 80" wb** | | | | | | |
| 2-dr Conv | 400 | 1100 | 1800 | 3500 | 6100 | 8900 |
| **MGB, 4-cyl., 94 hp, 91" wb** | | | | | | |
| 2-dr GT Cpe | 500 | 1300 | 2250 | 4500 | 7700 | 11000 |
| 2-dr Conv | 600 | 1600 | 2750 | 5500 | 9500 | 13800 |
| **MG 1100, 4-cyl., 55 hp, 93.5" wb** | | | | | | |
| 2-dr Sdn | 300 | 800 | 1300 | 2600 | 4600 | 6600 |
| 4-dr Sdn | 300 | 800 | 1350 | 2700 | 4700 | 6900 |
| **1968** | | | | | | |
| **Midget Mark III, 4-cyl., 62 hp, 80" wb** | | | | | | |
| 2-dr Conv | 400 | 1100 | 1800 | 3500 | 6100 | 8900 |
| **MGB, 4-cyl., 94 hp, 91" wb** | | | | | | |
| 2-dr GT Cpe | 450 | 1250 | 2100 | 4200 | 7200 | 10500 |
| 2-dr Conv | 600 | 1600 | 2750 | 5500 | 9500 | 13800 |
| **1969** | | | | | | |
| **Midget Mark III, 4-cyl., 62 hp, 80" wb** | | | | | | |
| 2-dr Conv | 400 | 1100 | 1800 | 3500 | 6100 | 8900 |
| **MGB, 4-cyl., 94 hp, 91" wb** | | | | | | |
| 2-dr GT Cpe | 450 | 1250 | 2100 | 4200 | 7200 | 10500 |
| 2-dr Conv | 600 | 1600 | 2750 | 5500 | 9500 | 13800 |
| **MGC, 6-cyl., 145 hp, 91" wb** | | | | | | |
| 2-dr GT Cpe | 600 | 1600 | 2750 | 5500 | 9500 | 13800 |
| 2-dr Conv | 650 | 1800 | 3250 | 6500 | 11200 | 16100 |
| **1970** | | | | | | |
| **Midget Mk III, 4-cyl., 62 hp, 80" wb** | | | | | | |
| 2-dr Conv | 400 | 1100 | 1800 | 3500 | 6100 | 8900 |
| **MGB, 4-cyl., 94 hp, 91" wb** | | | | | | |
| 2-dr GT Cpe | 450 | 1250 | 2100 | 4200 | 7200 | 10500 |
| 2-dr Conv | 600 | 1600 | 2750 | 5500 | 9500 | 13800 |
| **1971** | | | | | | |
| **Midget MK III, 4-cyl., 62 hp, 80" wb** | | | | | | |
| 2-dr Conv | 400 | 1100 | 1800 | 3500 | 6100 | 8900 |
| **MGB, 4-cyl., 78.5 hp, 91" wb** | | | | | | |
| 2-dr GT Cpe | 450 | 1250 | 2100 | 4200 | 7200 | 10500 |
| 2-dr Conv | 600 | 1600 | 2750 | 5500 | 9500 | 13800 |
| **1972** | | | | | | |
| **Midget MK III, 4-cyl., 62 hp, 80" wb** | | | | | | |
| 2-dr Conv | 400 | 1100 | 1800 | 3500 | 6100 | 8900 |
| **MGB, 4-cyl., 92 hp, 91" wb** | | | | | | |
| 2-dr GT Cpe | 450 | 1250 | 2100 | 4200 | 7200 | 10500 |
| 2-dr Conv | 600 | 1600 | 2750 | 5500 | 9500 | 13800 |

|  | 6 | 5 | 4 | 3 | 2 | 1 |
|---|---|---|---|---|---|---|
| **1973** | | | | | | |
| **Midget MK III, 4-cyl., 54 hp, 80" wb** | | | | | | |
| 2-dr Conv | 400 | 1100 | 1800 | 3500 | 6100 | 8900 |
| **MGB, 4-cyl., 78 hp, 91" wb** | | | | | | |
| 2-dr GT Cpe | 450 | 1250 | 2100 | 4200 | 7200 | 10500 |
| 2-dr Conv | 600 | 1600 | 2750 | 5500 | 9500 | 13800 |
| **1974** | | | | | | |
| **Midget MK III, 4-cyl., 54 hp, 80" wb** | | | | | | |
| 2-dr Conv | 400 | 1100 | 1800 | 3500 | 6100 | 8900 |
| **MGB, 4-cyl., 78 hp, 91" wb** | | | | | | |
| 2-dr GT Cpe | 450 | 1250 | 2100 | 4200 | 7200 | 10500 |
| 2-dr Conv | 600 | 1600 | 2750 | 5500 | 9500 | 13800 |
| **1975** | | | | | | |
| **Midget MK IV, 4-cyl., 54 hp, 80" wb** | | | | | | |
| 1500 2-dr Conv | 350 | 1000 | 1600 | 3200 | 5700 | 8100 |
| **MGB, 4-cyl., 62 hp, 91.1" wb** | | | | | | |
| 2-dr Conv | 550 | 1500 | 2500 | 5100 | 8800 | 12500 |
| **1976** | | | | | | |
| **Midget, 4-cyl., 50 hp, 80" wb** | | | | | | |
| 2-dr Conv | 350 | 1000 | 1600 | 3200 | 5700 | 8100 |
| **MGB, 4-cyl., 62 hp, 91.1" wb** | | | | | | |
| 2-dr Conv | 550 | 1500 | 2500 | 5100 | 8800 | 12500 |
| **1977** | | | | | | |
| **Midget, 4-cyl., 50 hp, 80" wb** | | | | | | |
| 2-dr Conv | 350 | 1000 | 1600 | 3200 | 5700 | 8100 |
| **MGB, 4-cyl., 62 hp, 91.1" wb** | | | | | | |
| 2-dr Conv | 550 | 1500 | 2500 | 5100 | 8800 | 12500 |
| **1978** | | | | | | |
| **Midget, 4-cyl., 50 hp, 80" wb** | | | | | | |
| 2-dr Conv | 350 | 1000 | 1600 | 3200 | 5700 | 8100 |
| **MGB, 4-cyl., 62 hp, 91.1" wb** | | | | | | |
| 2-dr Conv | 550 | 1500 | 2500 | 5100 | 8800 | 12500 |
| **1979** | | | | | | |
| **Midget, 4-cyl., 50 hp, 80" wb** | | | | | | |
| 2-dr Conv | 350 | 1000 | 1600 | 3200 | 5700 | 8100 |
| **MGB, 4-cyl., 62 hp, 91.1" wb** | | | | | | |
| 2-dr Conv | 550 | 1500 | 2500 | 5100 | 8800 | 12500 |
| **1980** | | | | | | |
| **MGB, 4-cyl., 62 hp, 91.1" wb** | | | | | | |
| 2-dr Conv | 550 | 1500 | 2500 | 5100 | 8800 | 12500 |

# MORGAN
## 1949 – 1985

| | 6 | 5 | 4 | 3 | 2 | 1 |
|---|---|---|---|---|---|---|
| **1949** | | | | | | |
| **4/4, Series I, 4-cyl., 92" wb, 1267cc** | | | | | | |
| 2-dr Rdstr | 2250 | 6650 | 11000 | 22000 | 38650 | 55000 |
| 2-dr Rdstr 2 + 2 | 1800 | 5350 | 9000 | 18000 | 31650 | 45000 |
| 2-dr Dhd Cpe | 2400 | 7100 | 12000 | 24000 | 42150 | 59900 |
| **1950** | | | | | | |
| **4/4, Series I, 4-cyl., 92" wb, 1267cc** | | | | | | |
| 2-dr Rdstr | 2250 | 6650 | 11000 | 22000 | 38650 | 55000 |
| 2-dr Rdstr 2 +2 | 1800 | 5350 | 9000 | 18000 | 31650 | 45000 |
| 2-dr Dhd Cpe | 2400 | 7100 | 12000 | 24000 | 42150 | 59900 |
| **1951** | | | | | | |
| **Plus Four, 4-cyl., 96" wb, 2088cc** | | | | | | |
| 2-dr Rdstr | 1400 | 4350 | 7250 | 14500 | 25500 | 36200 |
| 2-dr Rdstr 2 + 2 | 1250 | 3900 | 6500 | 13000 | 22900 | 32500 |
| 2-dr Dhd Cpe | 1600 | 4800 | 8000 | 16000 | 28150 | 40000 |
| 2-dr Dhd Cpe 2 + 2 | 1500 | 4500 | 7500 | 15000 | 26400 | 37500 |
| **1952** | | | | | | |
| **Plus Four, 4-cyl., 96" wb, 2088cc** | | | | | | |
| 2-dr Rdstr | 1400 | 4350 | 7250 | 14500 | 25500 | 36200 |
| 2-dr Rdstr 2 + 2 | 1250 | 3900 | 6500 | 13000 | 22900 | 32500 |
| 2-dr Dhd Cpe | 1600 | 4800 | 8000 | 16000 | 28150 | 40000 |
| 2-dr Dhd Cpe 2 + 2 | 1500 | 4500 | 7500 | 15000 | 26400 | 37500 |
| **1953** | | | | | | |
| **Plus Four, 4-cyl., 96" wb, 2088cc** | | | | | | |
| 2-dr Rdstr | 1400 | 4350 | 7250 | 14500 | 25500 | 36200 |
| 2-dr Rdstr 2 + 2 | 1250 | 3900 | 6500 | 13000 | 22900 | 32500 |
| 2-dr Dhd Cpe | 1600 | 4800 | 8000 | 16000 | 28150 | 40000 |
| 2-dr Dhd Cpe 2 + 2 | 1500 | 4500 | 7500 | 15000 | 26400 | 37500 |
| **1954** | | | | | | |
| **Plus Four, 4-cyl., 96" wb, 2088cc** | | | | | | |
| 2-dr Rdstr | 1400 | 4350 | 7250 | 14500 | 25500 | 36200 |
| 2-dr Rdstr 2 + 2 | 1250 | 3900 | 6500 | 13000 | 22900 | 32500 |
| 2-dr Dhd Cpe | 1600 | 4800 | 8000 | 16000 | 28150 | 40000 |
| 2-dr Dhd Cpe 2 + 2 | 1500 | 4500 | 7500 | 15000 | 26400 | 37500 |
| **1955** | | | | | | |
| **Plus Four, 4-cyl., 96" wb, 1991cc** | | | | | | |
| 2-dr Rdstr | 1550 | 4650 | 7750 | 15500 | 27300 | 38700 |
| 2-dr Rdstr 2 + 2 | 1300 | 4050 | 6750 | 13500 | 23800 | 33700 |
| 2-dr Dhd Cpe | 1700 | 5050 | 8500 | 17000 | 29900 | 42500 |
| **Plus Four Super Sports, 4-cyl., 96" wb, 2138cc** | | | | | | |
| 2-dr Rdstr | 2400 | 7100 | 12000 | 24000 | 42150 | 59900 |
| **4/4 II, 4-cyl., 96" wb, 1172cc** | | | | | | |
| 2-dr Rdstr | 1350 | 4200 | 7000 | 14000 | 24650 | 34900 |

| | 6 | 5 | 4 | 3 | 2 | 1 |
|---|---|---|---|---|---|---|

### 1956
**Plus Four, 4-cyl., 96" wb, 1991cc**

| | 6 | 5 | 4 | 3 | 2 | 1 |
|---|---|---|---|---|---|---|
| 2-dr Rdstr | 1550 | 4650 | 7750 | 15500 | 27300 | 38700 |
| 2-dr Rdstr 2 + 2 | 1300 | 4050 | 6750 | 13500 | 23800 | 33700 |
| 2-dr Dhd Cpe | 1700 | 5050 | 8500 | 17000 | 29900 | 42500 |

**Plus Four Super Sports, 4-cyl., 96" wb, 2138cc**

| | 6 | 5 | 4 | 3 | 2 | 1 |
|---|---|---|---|---|---|---|
| 2-dr Rdstr | 2400 | 7100 | 12000 | 24000 | 42150 | 59900 |

**4/4 II, 4-cyl., 96" wb, 1172cc**

| | 6 | 5 | 4 | 3 | 2 | 1 |
|---|---|---|---|---|---|---|
| 2-dr Rdstr | 1350 | 4200 | 7000 | 14000 | 24650 | 34900 |

### 1957
**Plus Four, 4-cyl., 96" wb, 1991cc**

| | 6 | 5 | 4 | 3 | 2 | 1 |
|---|---|---|---|---|---|---|
| 2-dr Rdstr | 1550 | 4650 | 7750 | 15500 | 27300 | 38700 |
| 2-dr Rdstr 2 + 2 | 1300 | 4050 | 6750 | 13500 | 23800 | 33700 |
| 2-dr Dhd Cpe | 1700 | 5050 | 8500 | 17000 | 29900 | 42500 |

**Plus Four Super Sports, 4-cyl., 96" wb, 2138cc**

| | 6 | 5 | 4 | 3 | 2 | 1 |
|---|---|---|---|---|---|---|
| 2-dr Rdstr | 2400 | 7100 | 12000 | 24000 | 42150 | 59900 |

**4/4 II, 4-cyl., 96" wb, 1172cc**

| | 6 | 5 | 4 | 3 | 2 | 1 |
|---|---|---|---|---|---|---|
| 2-dr Rdstr | 1400 | 4350 | 7250 | 14500 | 25500 | 36200 |

### 1958
**Plus Four, 4-cyl., 96" wb, 1991cc**

| | 6 | 5 | 4 | 3 | 2 | 1 |
|---|---|---|---|---|---|---|
| 2-dr Rdstr | 1550 | 4650 | 7750 | 15500 | 27300 | 38700 |
| 2-dr Rdstr 2 + 2 | 1300 | 4050 | 6750 | 13500 | 23800 | 33700 |
| 2-dr Dhd Cpe | 1700 | 5050 | 8500 | 17000 | 29900 | 42500 |

**Plus Four Super Sports, 4-cyl., 96" wb, 2138cc**

| | 6 | 5 | 4 | 3 | 2 | 1 |
|---|---|---|---|---|---|---|
| 2-dr Rdstr | 2400 | 7100 | 12000 | 24000 | 42150 | 59900 |

**4/4 II, 4-cyl., 96" wb, 1172cc**

| | 6 | 5 | 4 | 3 | 2 | 1 |
|---|---|---|---|---|---|---|
| 2-dr Rdstr | 1400 | 4350 | 7250 | 14500 | 25500 | 36200 |

### 1959
**Plus Four, 4-cyl., 96" wb, 1991cc**

| | 6 | 5 | 4 | 3 | 2 | 1 |
|---|---|---|---|---|---|---|
| 2-dr Rdstr | 1550 | 4650 | 7750 | 15500 | 27300 | 38700 |
| 2-dr Rdstr 2 + 2 | 1300 | 4050 | 6750 | 13500 | 23800 | 33700 |
| 2-dr Dhd Cpe | 1700 | 5050 | 8500 | 17000 | 29900 | 42500 |

**Plus Four Super Sports, 4-cyl., 96" wb, 2138cc**

| | 6 | 5 | 4 | 3 | 2 | 1 |
|---|---|---|---|---|---|---|
| 2-dr Rdstr | 2400 | 7100 | 12000 | 24000 | 42150 | 59900 |

**4/4 II, 4-cyl., 96" wb, 1172cc**

| | 6 | 5 | 4 | 3 | 2 | 1 |
|---|---|---|---|---|---|---|
| 2-dr Rdstr | 1400 | 4350 | 7250 | 14500 | 25500 | 36200 |

### 1960
**Plus Four, 4-cyl., 96" wb, 1991cc**

| | 6 | 5 | 4 | 3 | 2 | 1 |
|---|---|---|---|---|---|---|
| 2-dr Rdstr | 1550 | 4650 | 7750 | 15500 | 27300 | 38700 |
| 2-dr Rdstr 2 + 2 | 1300 | 4050 | 6750 | 13500 | 23800 | 33700 |
| 2-dr Dhd Cpe | 1700 | 5050 | 8500 | 17000 | 29900 | 42500 |

**Plus Four Super Sports, 4-cyl., 96" wb, 2138cc**

| | 6 | 5 | 4 | 3 | 2 | 1 |
|---|---|---|---|---|---|---|
| 2-dr Rdstr | 2400 | 7100 | 12000 | 24000 | 42150 | 59900 |

**4/4 III, 4-cyl., 96" wb, 1172cc**

| | 6 | 5 | 4 | 3 | 2 | 1 |
|---|---|---|---|---|---|---|
| 2-dr Rdstr | 1400 | 4250 | 7100 | 14200 | 25000 | 35400 |

### 1961
**Plus Four, 4-cyl., 96" wb, 1991cc**

| | 6 | 5 | 4 | 3 | 2 | 1 |
|---|---|---|---|---|---|---|
| 2-dr Rdstr | 1550 | 4650 | 7750 | 15500 | 27300 | 38700 |
| 2-dr Rdstr 2 + 2 | 1300 | 4050 | 6750 | 13500 | 23800 | 33700 |
| 2-dr Dhd Cpe | 1700 | 5050 | 8500 | 17000 | 29900 | 42500 |

**Plus Four I Super Sports, 4-cyl., 96" wb, 2138cc**

| | 6 | 5 | 4 | 3 | 2 | 1 |
|---|---|---|---|---|---|---|
| 2-dr Rdstr | 2400 | 7100 | 12000 | 24000 | 42150 | 59900 |

**4/4 III, 4-cyl., 96" wb, 1172cc**

| | 6 | 5 | 4 | 3 | 2 | 1 |
|---|---|---|---|---|---|---|
| 2-dr Rdstr | 1400 | 4250 | 7100 | 14200 | 25000 | 35400 |

**4/4 IV, 4-cyl.**

| | 6 | 5 | 4 | 3 | 2 | 1 |
|---|---|---|---|---|---|---|
| 2-dr Rdstr | 1600 | 4800 | 8000 | 16000 | 28150 | 40000 |

|  | 6 | 5 | 4 | 3 | 2 | 1 |
|---|---|---|---|---|---|---|

### 1962

**Plus Four, 4-cyl., 96" wb, 1991cc**

|  | 6 | 5 | 4 | 3 | 2 | 1 |
|---|---|---|---|---|---|---|
| 2-dr Rdstr | 1550 | 4650 | 7750 | 15500 | 27300 | 38700 |
| 2-dr Rdstr 2 + 2 | 1300 | 4050 | 6750 | 13500 | 23800 | 33700 |
| 2-dr Dhd Cpe | 1700 | 5050 | 8500 | 17000 | 29900 | 42500 |

**Plus Four I Super Sports, 4-cyl., 96" wb, 2138cc**

| 2-dr Rdstr | 2600 | 7700 | 13000 | 26000 | 45650 | 65000 |
|---|---|---|---|---|---|---|

**4/4 IV, 4-cyl., 96" wb, 1172cc**

| 2-dr Rdstr | 1600 | 4800 | 8000 | 16000 | 28150 | 40000 |
|---|---|---|---|---|---|---|

### 1963

**Plus Four, 4-cyl., 96" wb, 1991cc**

| 2-dr Rdstr | 1600 | 4800 | 8000 | 16000 | 28150 | 40000 |
|---|---|---|---|---|---|---|
| 2-dr Rdstr 2 + 2 | 1350 | 4200 | 7000 | 14000 | 24650 | 34900 |
| 2-dr Dhd Cpe | 1750 | 5200 | 8750 | 17500 | 30800 | 43700 |

**Plus Four Plus 2**

| 2-dr Cpe | 2250 | 6550 | 11000 | 22000 | 38650 | 55000 |
|---|---|---|---|---|---|---|

**Plus Four Super Sports**

| 2-dr Rdstr | 2600 | 7700 | 13000 | 26000 | 45650 | 65000 |
|---|---|---|---|---|---|---|

**4/4 IV, 4-cyl., 96" wb, 1172cc**

| 2-dr Rdstr | 1600 | 4800 | 8000 | 16000 | 28150 | 40000 |
|---|---|---|---|---|---|---|

**4/4 V, 4-cyl.**

| 2-dr Rdstr | 1250 | 3900 | 6500 | 13000 | 22900 | 32500 |
|---|---|---|---|---|---|---|

### 1964

**Plus Four, 4-cyl., 96" wb, 1991cc**

| 2-dr Rdstr | 1600 | 4800 | 8000 | 16000 | 28150 | 40000 |
|---|---|---|---|---|---|---|
| 2-dr Rdstr 2 + 2 | 1350 | 4200 | 7000 | 14000 | 24650 | 34900 |
| 2-dr Dhd Cpe | 1750 | 5200 | 8750 | 17500 | 30800 | 43700 |

**Plus Four Plus 2**

| 2-dr Cpe | 2250 | 6550 | 11000 | 22000 | 38650 | 55000 |
|---|---|---|---|---|---|---|

**Plus Four Super Sports**

| 2-dr Rdstr | 2600 | 7700 | 13000 | 26000 | 45650 | 65000 |
|---|---|---|---|---|---|---|

**4/4 IV, 4-cyl., 96" wb, 1172cc**

| 2-dr Rdstr | 1600 | 4800 | 8000 | 16000 | 28510 | 40000 |
|---|---|---|---|---|---|---|

**4/4 V, 4-cyl.**

| 2-dr Rdstr | 1250 | 3900 | 6500 | 13000 | 22900 | 32500 |
|---|---|---|---|---|---|---|

### 1965

**Plus Four, 4-cyl., 96" wb, 1991cc**

| 2-dr Rdstr | 1600 | 4800 | 8000 | 16000 | 28150 | 40000 |
|---|---|---|---|---|---|---|
| 2-dr Rdstr 2 + 2 | 1350 | 4200 | 7000 | 14000 | 24650 | 34900 |
| 2-dr Dhd Cpe | 1750 | 5200 | 8750 | 17500 | 30800 | 43700 |

**Plus Four Plus 2**

| 2-dr Cpe | 2250 | 6550 | 11000 | 22000 | 38650 | 55000 |
|---|---|---|---|---|---|---|

**Plus Four Super Sports**

| 2-dr Rdstr | 2600 | 7700 | 13000 | 26000 | 45650 | 65000 |
|---|---|---|---|---|---|---|

**4/4 IV, 4-cyl., 96" wb, 1172cc**

| 2-dr Rdstr | 1600 | 4800 | 8000 | 16000 | 28150 | 40000 |
|---|---|---|---|---|---|---|

**4/4 V, 4-cyl.**

| 2-dr Rdstr | 1250 | 3950 | 6500 | 13000 | 22900 | 32500 |
|---|---|---|---|---|---|---|

### 1966

**Plus Four, 4-cyl., 96" wb, 1991cc**

| 2-dr Rdstr | 1600 | 4800 | 8000 | 16000 | 28150 | 40000 |
|---|---|---|---|---|---|---|
| 2-dr Rdstr 2 + 2 | 1350 | 4200 | 7000 | 14000 | 24650 | 34900 |
| 2-dr Dhd Cpe | 1750 | 5200 | 8750 | 17500 | 30800 | 43700 |

**Plus Four Plus 2**

| 2-dr Cpe | 2250 | 6650 | 11000 | 22000 | 38650 | 55000 |
|---|---|---|---|---|---|---|

| | 6 | 5 | 4 | 3 | 2 | 1 |
|---|---|---|---|---|---|---|
| **Plus Four Super Sports** | | | | | | |
| 2-dr Rdstr | 2600 | 7700 | 13000 | 26000 | 45650 | 65000 |
| **4/4 IV, 4-cyl., 96" wb, 1172cc** | | | | | | |
| 2-dr Rdstr | 1600 | 4800 | 8000 | 16000 | 28150 | 40000 |
| **4/4 V, 4-cyl.** | | | | | | |
| 2-dr Rdstr | 1250 | 3900 | 6500 | 13000 | 22900 | 32500 |
| *1967* | | | | | | |
| **Plus Four, 4-cyl., 96" wb, 1991cc** | | | | | | |
| 2-dr Rdstr | 1600 | 4800 | 8000 | 16000 | 28150 | 40000 |
| 2-dr Rdstr 2 + 2 | 1350 | 4200 | 7000 | 14000 | 24650 | 34900 |
| 2-dr Dhd Cpe | 1750 | 5200 | 8750 | 17500 | 30800 | 43700 |
| **Plus Four Plus 2** | | | | | | |
| 2-dr Cpe | 2250 | 6650 | 11000 | 22000 | 38650 | 55000 |
| **Plus Four Super Sports** | | | | | | |
| 2-dr Rdstr | 2600 | 7700 | 13000 | 26000 | 45650 | 65000 |
| **4/4 IV, 4-cyl., 96" wb, 1172cc** | | | | | | |
| 2-dr Rdstr | 1600 | 4800 | 8000 | 16000 | 28150 | 40000 |
| **4/4 V, 4-cyl.** | | | | | | |
| 2-dr Rdstr | 1250 | 3900 | 6500 | 13000 | 22900 | 32500 |
| *1968* | | | | | | |
| **Plus Four, 4-cyl., 96" wb, 1991cc** | | | | | | |
| 2-dr Rdstr | 1600 | 4800 | 8000 | 16000 | 28150 | 40000 |
| 2-dr Rdstr 2 + 2 | 1350 | 4200 | 7000 | 14000 | 24650 | 34900 |
| 2-dr Dhd Cpe | 1750 | 5200 | 8750 | 17500 | 30800 | 43700 |
| **Plus Four Super Sports** | | | | | | |
| 2-dr Rdstr | 2600 | 7700 | 13000 | 26000 | 45650 | 65000 |
| **4/4 V, 4-cyl.** | | | | | | |
| 2-dr Rdstr | 1300 | 4050 | 6750 | 13500 | 23800 | 33700 |
| **4/4 1600** | | | | | | |
| 2-dr Rdstr | 1500 | 4500 | 7500 | 15000 | 26400 | 37500 |
| **Plus 8** | | | | | | |
| 2-dr Rdstr | 2150 | 6200 | 10500 | 21000 | 36900 | 52400 |
| *1969* | | | | | | |
| **Plus Four, 4-cyl., 96" wb, 1991cc** | | | | | | |
| 2-dr Rdstr | 1600 | 4800 | 8000 | 16000 | 28150 | 40000 |
| 2-dr Rdstr 2 + 2 | 1350 | 4200 | 7000 | 14000 | 24650 | 34900 |
| 2-dr Dhd Cpe | 1750 | 5200 | 8750 | 17500 | 30800 | 43700 |
| **Plus Four Super Sports** | | | | | | |
| 2-dr Rdstr | 2600 | 7700 | 13000 | 26000 | 45650 | 65000 |
| **4/4 V, 4-cyl.** | | | | | | |
| 2-dr Rdstr | 1300 | 4050 | 6750 | 13500 | 23800 | 33700 |
| **4/4 1600** | | | | | | |
| 2-dr Rdstr | 1500 | 4500 | 7500 | 15000 | 26400 | 37500 |
| **Plus 8** | | | | | | |
| 2-dr Rdstr | 2150 | 6200 | 10500 | 21000 | 36900 | 52400 |
| *1970* | | | | | | |
| **4/4 1600** | | | | | | |
| 2-dr Rdstr | 1500 | 4500 | 7500 | 15000 | 26400 | 37500 |
| **Plus 8** | | | | | | |
| 2-dr Rdstr | 2150 | 6200 | 10500 | 21000 | 36900 | 52400 |
| *1971* | | | | | | |
| **4/4 1600** | | | | | | |
| 2-dr Rdstr | 1500 | 4500 | 7500 | 15000 | 26400 | 37500 |
| **Plus 8** | | | | | | |
| 2-dr Rdstr | 2150 | 6200 | 10500 | 21000 | 36900 | 52400 |

|  | 6 | 5 | 4 | 3 | 2 | 1 |
|---|---|---|---|---|---|---|
| **1972** | | | | | | |
| **4/4 1600** | | | | | | |
| 2-dr Rdstr | 1600 | 4800 | 8000 | 16000 | 28150 | 40000 |
| **Plus 8** | | | | | | |
| 2-dr Rdstr | 2250 | 6650 | 11000 | 22000 | 38650 | 55000 |
| **1973** | | | | | | |
| **4/4 1600** | | | | | | |
| 2-dr Rdstr | 1600 | 4800 | 8000 | 16000 | 28150 | 40000 |
| **Plus 8** | | | | | | |
| 2-dr Rdstr | 2250 | 6650 | 11000 | 22000 | 38650 | 55000 |
| **1974** | | | | | | |
| **4/4 1600** | | | | | | |
| 2-dr Rdstr | 1650 | 4900 | 8250 | 16500 | 29000 | 41200 |
| **Plus 8** | | | | | | |
| 2-dr Rdstr | 2300 | 6650 | 11250 | 22500 | 39500 | 56100 |
| **1975** | | | | | | |
| **4/4 1600** | | | | | | |
| 2-dr Rdstr | 1650 | 4900 | 8250 | 16500 | 29000 | 41200 |
| **Plus 8** | | | | | | |
| 2-dr Rdstr | 2300 | 6650 | 11250 | 22500 | 39500 | 56100 |
| **1976** | | | | | | |
| **4/4 1600** | | | | | | |
| 2-dr Rdstr | 1700 | 5050 | 8500 | 17000 | 29900 | 42500 |
| **Plus 8** | | | | | | |
| 2-dr Rdstr | 2300 | 6800 | 11500 | 23000 | 40400 | 57500 |
| **1977** | | | | | | |
| **4/4 1600** | | | | | | |
| 2-dr Rdstr | 1700 | 5050 | 8500 | 17000 | 29900 | 42500 |
| **Plus 8** | | | | | | |
| 2-dr Rdstr | 2300 | 6800 | 11500 | 23000 | 40400 | 57500 |
| **1978** | | | | | | |
| **4/4 1600** | | | | | | |
| 2-dr Rdstr | 1700 | 5050 | 8500 | 17000 | 29900 | 42500 |
| **Plus 8** | | | | | | |
| 2-dr Rdstr | 2300 | 6800 | 11500 | 23000 | 40400 | 57500 |
| **1979** | | | | | | |
| **4/4 1600** | | | | | | |
| 2-dr Rdstr | 1800 | 5350 | 9000 | 18000 | 31650 | 45000 |
| **Plus 8** | | | | | | |
| 2-dr Rdstr | 2400 | 7100 | 12000 | 24000 | 42150 | 59900 |
| **1980** | | | | | | |
| **4/4 1600** | | | | | | |
| 2-dr Rdstr | 1800 | 5350 | 9000 | 18000 | 31650 | 45000 |
| **Plus 8** | | | | | | |
| 2-dr Rdstr | 2400 | 7100 | 12000 | 24000 | 42150 | 59900 |
| **1981** | | | | | | |
| **4/4 1600** | | | | | | |
| 2-dr Rdstr | 1800 | 5350 | 9000 | 18000 | 31650 | 45000 |
| **Plus 8** | | | | | | |
| 2-dr Rdstr | 2400 | 7100 | 12000 | 24000 | 42150 | 59900 |

|  | 6 | 5 | 4 | 3 | 2 | 1 |
|---|---|---|---|---|---|---|
| **1982** | | | | | | |
| **4/4 1600** | | | | | | |
| 2-dr Rdstr | 1900 | 5650 | 9500 | 19000 | 33400 | 47500 |
| **Plus 8** | | | | | | |
| 2-dr Rdstr | 2500 | 7400 | 12500 | 25000 | 43900 | 62400 |
| **1983** | | | | | | |
| **4/4 1600** | | | | | | |
| 2-dr Rdstr | 1900 | 5650 | 9500 | 19000 | 33400 | 47500 |
| **Plus 8** | | | | | | |
| 2-dr Rdstr | 2500 | 7400 | 12500 | 25000 | 43900 | 62400 |
| **1984** | | | | | | |
| **4/4 1600** | | | | | | |
| 2-dr Rdstr | 1900 | 5650 | 9500 | 19000 | 33400 | 47500 |
| **Plus 8** | | | | | | |
| 2-dr Rdstr | 2500 | 7400 | 12500 | 25000 | 43900 | 62400 |
| **1985** | | | | | | |
| **Plus 8** | | | | | | |
| 2-dr Rdstr | 2500 | 7400 | 12500 | 25000 | 43900 | 62400 |

Note: This marque was not officially imported into the U.S. market from 1972 to 1975. To meet U.S. emissions standards, later models were converted to propane gas.

# PORSCHE
# 1950 – 1991

|  | 6 | 5 | 4 | 3 | 2 | 1 |
|---|---|---|---|---|---|---|
| **1950** | | | | | | |
| **356/2 4 cyl.** | | | | | | |
| 2-dr Cpe | 1150 | 3600 | 6000 | 12000 | 21150 | 30000 |
| **1951** | | | | | | |
| **356, 4-cyl.** | | | | | | |
| 2-dr Cpe | 1150 | 3600 | 6000 | 12000 | 21150 | 30000 |
| 2-dr Cabrlt | 1700 | 5050 | 8450 | 16900 | 29700 | 42200 |
| **1952** | | | | | | |
| **356, 4-cyl.** | | | | | | |
| 2-dr Cpe | 1150 | 3600 | 6000 | 12000 | 21150 | 30000 |
| 2-dr Cabrlt | 1700 | 5050 | 8450 | 16900 | 29700 | 42200 |

|  | 6 | 5 | 4 | 3 | 2 | 1 |
|---|---|---|---|---|---|---|
| **1953** | | | | | | |
| **356, 4-cyl.** | | | | | | |
| 2-dr Cpe | 1150 | 3600 | 6000 | 12000 | 21150 | 30000 |
| 2-dr Cabrlt | 1700 | 5050 | 8450 | 16900 | 29700 | 42200 |
| **1954** | | | | | | |
| **356, 4 cyl.** | | | | | | |
| 2-dr Cpe | 1150 | 3600 | 6000 | 12000 | 21150 | 30000 |
| 2-dr Cabrlt | 1700 | 5050 | 8450 | 16900 | 29700 | 42200 |
| 2-dr Spdstr | 2500 | 7350 | 12400 | 24800 | 43550 | 61900 |
| **356 Super, 1.5 litre** | | | | | | |
| 2-dr Spdstr | 2650 | 7950 | 13400 | 26800 | 47050 | 67000 |
| 2-dr Cpe | 1350 | 4200 | 7000 | 14000 | 24650 | 34900 |
| 2-dr Cabrlt | 1900 | 5600 | 9450 | 18900 | 33200 | 47200 |
| **1955** | | | | | | |
| **356, 4-cyl., 1.5 litre, 82.7" wb, 70 hp** | | | | | | |
| 2-dr Cabrlet | 1700 | 5050 | 8450 | 16900 | 21150 | 30000 |
| 2-dr Cpe | 1150 | 3600 | 6000 | 12000 | 21150 | 30000 |
| 2-dr Spstr | 2500 | 7350 | 12400 | 24800 | 43550 | 61900 |
| **356 Super, 4-cyl., 1.5 litre, 82.7" wb, 88 hp** | | | | | | |
| 2-dr Spdstr | 2650 | 7950 | 13400 | 26800 | 47050 | 67000 |
| 2-dr Cpe | 1350 | 4200 | 7000 | 14000 | 24650 | 34900 |
| 2-dr Cabrlt | 1900 | 5600 | 9450 | 18900 | 33200 | 47200 |
| **1956** | | | | | | |
| **356A/1600, 4-cyl., 1.6 litre, 82.7" wb, 70 hp** | | | | | | |
| 2-dr Spdstr | 2550 | 7500 | 12700 | 25400 | 44600 | 63500 |
| 2-dr Coupe | 1200 | 3750 | 6300 | 12600 | 22200 | 31400 |
| 2-dr Cbrlt | 1750 | 5200 | 8750 | 17500 | 30800 | 43700 |
| **356A/1600 Super, 4-cyl., 1.6 litre, 82.7" wb, 88 hp** | | | | | | |
| 2-dr Spdstr | 2750 | 8150 | 13700 | 27400 | 48100 | 68400 |
| 2-dr Coupe | 1450 | 4400 | 7300 | 14600 | 25700 | 36500 |
| 2-dr Cabrlt | 2000 | 5800 | 9750 | 19500 | 34300 | 48700 |
| **1500 GS Carrera, 4-cyl., 1.6 litre, 82.7" wb, 115 hp** | | | | | | |
| 2-dr Cpe | 2900 | 8600 | 14500 | 29000 | 50900 | 72400 |
| 2-dr Spdstr | 5700 | 16950 | 28500 | 57000 | 100100 | 142300 |
| 2-dr Cabrlt | 3600 | 10650 | 17950 | 35900 | 63000 | 89600 |
| **1957** | | | | | | |
| **356A/1600, 4-cyl., 1.6 litre, 82.7" wb, 70 hp** | | | | | | |
| 2-dr Cpe | 1200 | 3750 | 6300 | 12600 | 22200 | 31400 |
| 2-dr Cabrlt | 1750 | 5200 | 8750 | 17500 | 30800 | 43700 |
| 2-dr Spdstr | 2550 | 7500 | 12700 | 25400 | 44600 | 63500 |
| **356A/1600 Super, 4-cyl., 1.6 litre, 82.7" wb, 88 hp** | | | | | | |
| 2-dr Spdstr | 2750 | 8150 | 13700 | 27400 | 48100 | 68400 |
| 2-dr Cpe | 1450 | 4400 | 7300 | 14600 | 25700 | 36500 |
| 2-dr Cabrlt | 2000 | 5800 | 9750 | 19500 | 34300 | 48700 |
| **Carrera, 4-cyl., 1.6 litre, 82.7" wb, 115 hp** | | | | | | |
| 2-dr Cpe | 2900 | 8600 | 14500 | 29000 | 50900 | 72400 |
| 2-dr Spdstr | 5700 | 16950 | 28500 | 57000 | 100100 | 142300 |
| 2-dr Cabrlt | 3600 | 10650 | 17950 | 35900 | 63000 | 89600 |
| **1958** | | | | | | |
| **356A/1600, 4-cyl., 1.6 litre, 82.7" wb, 70 hp** | | | | | | |
| 2-dr Spdstr | 2550 | 7500 | 12700 | 25400 | 44600 | 63500 |
| 2-dr Coupe | 1200 | 3750 | 6300 | 12600 | 22200 | 31400 |
| 2-dr Cabrlt | 1750 | 5200 | 8750 | 17500 | 30800 | 43700 |

| | 6 | 5 | 4 | 3 | 2 | 1 |
|---|---|---|---|---|---|---|
| **356A/1600 Super, 4-cyl., 1.6 litre, 82.7" wb, 88 hp** | | | | | | |
| 2-dr Spdstr | 2750 | 8150 | 13700 | 27400 | 48100 | 68400 |
| 2-dr Cpe | 1450 | 4400 | 7300 | 14600 | 25700 | 36500 |
| 2-dr Cabrlt | 2000 | 5800 | 9750 | 19500 | 34300 | 48700 |
| **Carrera, 4-cyl., 1.6 litre, 82.7" wb, 115 hp** | | | | | | |
| 2-dr Cpe | 2900 | 8600 | 14500 | 29000 | 50900 | 72400 |
| 2-dr Spdstr | 5700 | 16950 | 28500 | 57000 | 100100 | 142300 |
| 2-dr Cabrlt | 3600 | 10650 | 17950 | 35900 | 63000 | 89600 |
| **1959** | | | | | | |
| **356A/1600, 4-cyl., 1.6 litre, 82.7" wb, 70 hp** | | | | | | |
| 2-dr Cpe | 1200 | 3750 | 6300 | 12600 | 22200 | 31400 |
| 2-dr Cabrlt | 1750 | 5200 | 8750 | 17500 | 30800 | 43700 |
| 2-dr Conv | 1900 | 5600 | 9450 | 18900 | 33200 | 47200 |
| 2-dr Hdtp Cpe | 1250 | 3900 | 6500 | 13000 | 22900 | 32500 |
| **356A/1600 Super, 4-cyl., 1.6 litre, 82.7" wb, 88 hp** | | | | | | |
| 2-dr Conv | 2150 | 6200 | 10450 | 20900 | 36700 | 52100 |
| 2-dr Cpe | 1450 | 4400 | 7300 | 14600 | 25700 | 36500 |
| 2-dr Cabrlt | 2000 | 5800 | 9750 | 19500 | 34300 | 48700 |
| 2-dr Hdtp Cpe | 1500 | 4500 | 7500 | 15000 | 26400 | 37500 |
| **Carrera, 4-cyl., 1.6 litre, 82.7" wb, 115 hp** | | | | | | |
| 2-dr Cpe | 2900 | 8600 | 14500 | 29000 | 50900 | 72400 |
| 2-dr Hdtp Cpe | 3000 | 8900 | 14950 | 29900 | 52500 | 74600 |
| 2-dr Cabrlt | 3600 | 10650 | 17950 | 35900 | 63000 | 89600 |
| **1960** | | | | | | |
| **356B/1600, 4-cyl., 1.6 litre, 82.7" wb, 70 hp** | | | | | | |
| 2-dr Cpe | 1150 | 3600 | 5950 | 11900 | 21000 | 29700 |
| 2-dr Cabrlt | 1800 | 5350 | 9000 | 18000 | 31650 | 45000 |
| 2-dr Rdstr | 2150 | 6200 | 10500 | 21000 | 36900 | 52400 |
| **356B/1600 Super, 4-cyl., 82.7" wb, 88 hp** | | | | | | |
| 2-dr Cpe | 1350 | 4150 | 6950 | 13900 | 24500 | 34700 |
| 2-dr Cabrlt | 2000 | 5900 | 9950 | 19900 | 35000 | 49700 |
| 2-dr Rdstr | 2300 | 6800 | 11500 | 23000 | 40400 | 57500 |
| **S90, 4-cyl., 1.6 litre, 82.7" wb, 102 hp** | | | | | | |
| 2-dr Cpe | 1450 | 4450 | 7450 | 14900 | 26200 | 37200 |
| 2-dr Rdstr | 2400 | 7100 | 12000 | 24000 | 42150 | 59900 |
| 2-dr Cabrlt | 2150 | 6200 | 10450 | 20900 | 36700 | 52100 |
| **1961** | | | | | | |
| **356B/1600, 4-cyl., 1.6 litre, 82.7" wb, 70 hp** | | | | | | |
| 2-dr Cpe | 1150 | 3600 | 5950 | 11900 | 21000 | 29700 |
| 2-dr Cabrlt | 1800 | 5350 | 9000 | 18000 | 31650 | 45000 |
| 2-dr Rdstr | 2150 | 6200 | 10500 | 21000 | 36900 | 52400 |
| **356B/1600 Super, 4-cyl., 82.7" wb, 88 hp** | | | | | | |
| 2-dr Cpe | 1350 | 4150 | 6950 | 13900 | 24500 | 34700 |
| 2-dr Cabrlt | 2000 | 5900 | 9950 | 19900 | 35000 | 49700 |
| 2-dr Rdstr | 2300 | 6800 | 11500 | 23000 | 40400 | 57500 |
| **S90, 4-cyl., 1.6 litre, 82.7" wb, 102 hp** | | | | | | |
| 2-dr Cpe | 1450 | 4450 | 7450 | 14900 | 26200 | 37200 |
| 2-dr Rdstr | 2400 | 7100 | 12000 | 24000 | 42150 | 59900 |
| 2-dr Cabrlt | 2150 | 6200 | 10450 | 20900 | 36700 | 52100 |
| **1962** | | | | | | |
| **356B/1600, 4-cyl., 1.6 litre, 82.7" wb, 70 hp** | | | | | | |
| 2-dr Cpe | 1250 | 3900 | 6500 | 13000 | 22900 | 32500 |
| 2-dr Cabrlt | 1900 | 5650 | 9500 | 19000 | 33400 | 47500 |
| 2-dr Rdstr | 2200 | 6500 | 10950 | 21900 | 38500 | 54700 |

| | 6 | 5 | 4 | 3 | 2 | 1 |
|---|---|---|---|---|---|---|
| **356B/1600 Super, 4-cyl., 82.7" wb, 88 hp** | | | | | | |
| 2-dr Cpe | 1500 | 4500 | 7500 | 15000 | 26400 | 37500 |
| 2-dr Cabrlt | 2150 | 6200 | 10500 | 21000 | 36900 | 54200 |
| 2-dr Rdstr | 2400 | 7050 | 11950 | 23900 | 42000 | 59700 |
| **S90, 4-cyl., 1.6 litre, 82.7" wb, 102 hp** | | | | | | |
| 2-dr Cpe | 1600 | 4800 | 8000 | 16000 | 28150 | 40000 |
| 2-dr Rdstr | 2500 | 7350 | 12450 | 24900 | 43700 | 62100 |
| 2-dr Cabrlt | 2250 | 6550 | 11000 | 22000 | 38650 | 55000 |
| **Carrera II** | | | | | | |
| 2-dr Cpe | 5000 | 14800 | 24950 | 49900 | 87600 | 124600 |

### 1963

| | 6 | 5 | 4 | 3 | 2 | 1 |
|---|---|---|---|---|---|---|
| **356B/1600, 4-cyl., 1.6 litre, 82.7" wb, 70 hp** | | | | | | |
| 2-dr Cpe | 1250 | 3900 | 6500 | 13000 | 22900 | 32500 |
| 2-dr Cabrlt | 1900 | 5650 | 9500 | 19000 | 33400 | 47500 |
| **356B/1600 Super, 4-cyl., 82.7" wb, 88 hp** | | | | | | |
| 2-dr Cpe | 1500 | 4500 | 7500 | 15000 | 26400 | 37500 |
| 2-dr Cabrlt | 2150 | 6200 | 10500 | 21000 | 36900 | 52400 |
| **356C/1600, 4-cyl., 1.6 litre, 82.7" wb, 70 hp** | | | | | | |
| 2-dr Cpe | 1250 | 3950 | 6600 | 13200 | 23250 | 32900 |
| 2-dr Cabrlt | 1950 | 5700 | 9600 | 19200 | 33750 | 47900 |
| **356C/1600 Super, 4-cyl., 82.7" wb, 88 hp** | | | | | | |
| 2-dr Cpe | 1500 | 4550 | 7600 | 15200 | 26750 | 38000 |
| 2-dr Cabrlt | 2150 | 6250 | 10600 | 21200 | 37250 | 53000 |
| **S90, 4-cyl., 1.6 litre, 82.7" wb, 102 hp** | | | | | | |
| 2-dr Cpe | 1600 | 4850 | 8100 | 16200 | 28500 | 40500 |
| 2-dr Cabrlt | 2250 | 6600 | 11100 | 22200 | 39000 | 55500 |
| **356C, Carrera II, 4 cyl., 145 hp** | | | | | | |
| 2-dr Cpe | 5000 | 14800 | 24950 | 49900 | 87600 | 124600 |

### 1964

| | 6 | 5 | 4 | 3 | 2 | 1 |
|---|---|---|---|---|---|---|
| **356C/1600, 4-cyl., 1.6 litre, 82.7" wb, 88 hp** | | | | | | |
| 2-dr Cpe | 1250 | 3950 | 6600 | 13200 | 23250 | 32900 |
| 2-dr Cabrlt | 1950 | 5700 | 9600 | 19200 | 33750 | 47900 |
| **356C/1600 Super, 4-cyl., 82.7" wb, 107 hp** | | | | | | |
| 2-dr Cpe | 1500 | 4550 | 7600 | 15200 | 26750 | 38000 |
| 2-dr Cabrlt | 2150 | 6250 | 10600 | 21200 | 37250 | 55500 |
| **356 C, Carrera II, 4 cyl., 145 hp** | | | | | | |
| 2-dr Cpe | 5000 | 14800 | 24950 | 49900 | 87600 | 124600 |

### 1965

| | 6 | 5 | 4 | 3 | 2 | 1 |
|---|---|---|---|---|---|---|
| **356C/1600, 4-cyl., 1.6 litre, 82.7" wb, 70 hp** | | | | | | |
| 2-dr Cpe | 1250 | 3950 | 6600 | 13200 | 23250 | 32900 |
| 2-dr Cabrlt | 1950 | 5700 | 9600 | 19200 | 33750 | 47900 |
| **356C/1600 Super, 4-cyl., 82.7" wb, 88 hp** | | | | | | |
| 2-dr Cpe | 1500 | 4550 | 7600 | 15200 | 26750 | 38000 |
| 2-dr Cabrlt | 2150 | 6250 | 10600 | 21200 | 37250 | 55500 |
| **911, 6-cyl., 87" wb, 102 hp** | | | | | | |
| 2-dr Cpe | 700 | 2000 | 3450 | 6900 | 11900 | 17200 |

### 1966

| | 6 | 5 | 4 | 3 | 2 | 1 |
|---|---|---|---|---|---|---|
| **912, 4-cyl., 87" wb, 102 hp** | | | | | | |
| 2-dr Cpe | 600 | 1600 | 2750 | 5500 | 9500 | 13800 |
| **911, 6-cyl., 87" wb, 148 hp** | | | | | | |
| 2-dr Cpe | 650 | 1800 | 3250 | 6500 | 11200 | 16100 |

### 1967

| | 6 | 5 | 4 | 3 | 2 | 1 |
|---|---|---|---|---|---|---|
| **912, 4-cyl., 87" wb, 102 hp** | | | | | | |
| 2-dr Cpe | 600 | 1600 | 2750 | 5500 | 9500 | 13800 |
| 2-dr Targa | 600 | 1650 | 2850 | 5700 | 9900 | 14200 |

| | 6 | 5 | 4 | 3 | 2 | 1 |
|---|---|---|---|---|---|---|
| **911, 6-cyl., 87" wb, 140 hp** | | | | | | |
| 2-dr Cpe | 650 | 1800 | 3250 | 6500 | 11200 | 16100 |
| 2-dr Targa | 700 | 2000 | 3450 | 6900 | 11900 | 17200 |
| **911S, 6-cyl., 87" wb, 180 hp** | | | | | | |
| 2-dr Targa | 850 | 2650 | 4450 | 8900 | 15700 | 22300 |
| 2-dr Cpe | 850 | 2550 | 4350 | 8700 | 15300 | 21700 |
| **1968** | | | | | | |
| **912, 4-cyl., 87" wb, 102 hp** | | | | | | |
| 2-dr Cpe | 600 | 1600 | 2750 | 5500 | 9500 | 13800 |
| 2-dr Targa | 600 | 1650 | 2850 | 5700 | 9900 | 14200 |
| **911, 6-cyl., 87" wb, 140 hp** | | | | | | |
| 2-dr Cpe | 650 | 1800 | 3250 | 6500 | 11200 | 16100 |
| 2-dr Targa | 700 | 2000 | 3450 | 6900 | 11900 | 17200 |
| **911S, 6-cyl., 87" wb, 180 hp** | | | | | | |
| 2-dr Targa | 850 | 2650 | 4450 | 8900 | 15700 | 22300 |
| 2-dr Cpe | 850 | 2550 | 4350 | 8700 | 15300 | 21700 |
| **1969** | | | | | | |
| **912, 4-cyl., 87" wb, 102 hp** | | | | | | |
| 2-dr Cpe | 600 | 1600 | 2750 | 5500 | 9500 | 13800 |
| 2-dr Targa | 600 | 1650 | 2850 | 5700 | 9900 | 14200 |
| **911T, 6-cyl., 87" wb, 125 hp** | | | | | | |
| 2-dr Targa | 800 | 2400 | 4050 | 8100 | 14200 | 20200 |
| 2-dr Cpe | 750 | 2300 | 3850 | 7700 | 13300 | 19200 |
| **911E, 6-cyl., 87" wb, 150 hp** | | | | | | |
| 2-dr Targa | 800 | 2500 | 4250 | 8500 | 15000 | 21200 |
| 2-dr Cpe | 800 | 2400 | 4050 | 8100 | 14200 | 20200 |
| **911S, 6-cyl., 87" wb, 190 hp** | | | | | | |
| 2-dr Targa | 900 | 2850 | 4750 | 9500 | 16700 | 23700 |
| 2-dr Cpe | 900 | 2750 | 4650 | 9300 | 16400 | 23100 |
| **1970** | | | | | | |
| **911T, 6-cyl., 87" wb, 125 hp** | | | | | | |
| 2-dr Targa | 800 | 2400 | 4050 | 8100 | 14200 | 20200 |
| 2-dr Cpe | 750 | 2300 | 3850 | 7700 | 13300 | 19200 |
| **911E, 6-cyl., 87" wb, 150 hp** | | | | | | |
| 2-dr Cpe | 800 | 2400 | 4050 | 8100 | 14200 | 20200 |
| 2-dr Targa | 800 | 2500 | 4250 | 8500 | 15000 | 21200 |
| **911S, 6-cyl., 87" wb, 190 hp** | | | | | | |
| 2-dr Targa | 900 | 2850 | 4750 | 9500 | 16700 | 23700 |
| 2-dr Cpe | 900 | 2750 | 4650 | 9300 | 16400 | 23100 |
| **914/4, 4-cyl., 96.5" wb, 85 hp** | | | | | | |
| 2-dr Targa | 550 | 1450 | 2450 | 4900 | 8500 | 12000 |
| **914/6, 6-cyl., 96.5" wb, 125 hp** | | | | | | |
| 2-dr Targa | 750 | 2150 | 3600 | 7200 | 12400 | 18000 |
| **1971** | | | | | | |
| **911T, 6-cyl., 87" wb, 125 hp** | | | | | | |
| 2-dr Coupe | 750 | 2300 | 3850 | 7700 | 13300 | 19200 |
| 2-dr Targa | 800 | 2400 | 4050 | 8100 | 14200 | 20200 |
| **911E, 6-cyl., 87" wb, 150 hp** | | | | | | |
| 2-dr Coupe | 800 | 2400 | 4050 | 8100 | 14200 | 20200 |
| 2-dr Targa | 800 | 2500 | 4250 | 8500 | 15000 | 21200 |
| **911S, 6-cyl., 87" wb, 190 hp** | | | | | | |
| 2-dr Targa | 900 | 2850 | 4750 | 9500 | 16700 | 23700 |
| 2-dr Coupe | 900 | 2750 | 4650 | 9300 | 16400 | 23100 |
| **914/4, 4-cyl., 96.5" wb, 85 hp** | | | | | | |
| 2-dr Targa | 550 | 1450 | 2450 | 4900 | 8500 | 12000 |

| | 6 | 5 | 4 | 3 | 2 | 1 |
|---|---|---|---|---|---|---|
| **914/6, 6-cyl., 96.5" wb, 125 hp** | | | | | | |
| 2-dr Targa | 750 | 2150 | 3600 | 7200 | 12400 | 18000 |
| | | | | | | |
| ***1972*** | | | | | | |
| **911T, 6-cyl., 87" wb, 125 hp** | | | | | | |
| 2-dr Targa | 800 | 2500 | 4250 | 8500 | 15000 | 21200 |
| 2-dr Coupe | 800 | 2400 | 4050 | 8100 | 14200 | 20200 |
| **911E, 6-cyl., 87" wb, 150 hp** | | | | | | |
| 2-dr Coupe | 800 | 2500 | 4250 | 8500 | 15000 | 21200 |
| 2-dr Targa | 850 | 2650 | 4450 | 8900 | 15700 | 22300 |
| **911S, 6-cyl., 87" wb, 190 hp** | | | | | | |
| 2-dr Targa | 100 | 3100 | 5250 | 10500 | 18600 | 26200 |
| 2-dr Coupe | 950 | 3050 | 5150 | 10300 | 18200 | 25700 |
| **914, 4-cyl., 96.5" wb** | | | | | | |
| 2-dr Targa 1.7 | 550 | 1450 | 2450 | 4900 | 8500 | 12000 |
| 2-dr Targa 2.0 | 550 | 1550 | 2600 | 5200 | 9000 | 12800 |
| | | | | | | |
| ***1973*** | | | | | | |
| **911T, 6-cyl., 87" wb, 125 hp** | | | | | | |
| 2-dr Cpe | 800 | 2400 | 4050 | 8100 | 14200 | 20200 |
| 2-dr Targa | 800 | 2500 | 4250 | 8500 | 15000 | 21200 |
| **911E, 6-cyl., 87" wb, 150 hp** | | | | | | |
| 2-dr Cpe | 800 | 2500 | 4250 | 8500 | 15000 | 21200 |
| 2-dr Targa | 850 | 2650 | 4450 | 8900 | 15700 | 22300 |
| **911S, 6-cyl., 87" wb, 190 hp** | | | | | | |
| 2-dr Cpe | 950 | 3050 | 5150 | 10300 | 18200 | 25700 |
| 2-dr Targa | 1000 | 3100 | 5250 | 10500 | 18600 | 26200 |
| **911 Carrera RS, 6-cyl.** | | | | | | |
| 2-dr Cpe | 3950 | 8800 | 14850 | 29700 | 52200 | 74100 |
| **914, 4-cyl., 96.5" wb** | | | | | | |
| 2-dr Targa 1.8 | 550 | 1500 | 2500 | 5000 | 8700 | 12300 |
| 2-dr Targa 2.0 | 550 | 1550 | 2600 | 5200 | 9000 | 12800 |
| | | | | | | |
| ***1974*** | | | | | | |
| **911, 6-cyl., 87" wb, 190 hp** | | | | | | |
| 2-dr Cpe | 800 | 2400 | 4050 | 8100 | 14200 | 20200 |
| 2-dr Targa | 800 | 2500 | 4250 | 8500 | 15000 | 21200 |
| **911S, 6-cyl., 87" wb, 190 hp** | | | | | | |
| 2-dr Cpe | 800 | 2500 | 4250 | 8500 | 15000 | 21200 |
| 2-dr Targa | 850 | 2650 | 4450 | 8900 | 15700 | 22300 |
| **914, 4-cyl., 96.5" wb** | | | | | | |
| 2-dr Targa 1.8 | 550 | 1500 | 2500 | 5000 | 8700 | 12300 |
| 2-dr Targa 2.0 | 550 | 1550 | 2600 | 5200 | 9000 | 12800 |
| **Carrera, 6-cyl.** | | | | | | |
| 2-dr Cpe | 1000 | 3250 | 5450 | 10900 | 19100 | 27200 |
| 2-dr Targa | 1050 | 3350 | 5600 | 11200 | 19700 | 28000 |
| | | | | | | |
| ***1975*** | | | | | | |
| **911S, 6-cyl., 87" wb, 190 hp** | | | | | | |
| 2-dr Targa | 800 | 2500 | 4250 | 8500 | 15000 | 21200 |
| 2-dr Coupe | 850 | 2650 | 4450 | 8900 | 15700 | 22300 |
| **914, 4-cyl., 96.5" wb** | | | | | | |
| 2-dr Targa 1.8 | 550 | 1500 | 2500 | 5000 | 8700 | 12300 |
| 2-dr Targa 2.0 | 550 | 1550 | 2600 | 5200 | 9000 | 12800 |
| **Carrera, 6-cyl.** | | | | | | |
| 2-dr Cpe | 1000 | 3250 | 5450 | 10900 | 19100 | 27200 |
| 2-dr Targa | 1050 | 3350 | 5600 | 11200 | 19700 | 28000 |

|  | 6 | 5 | 4 | 3 | 2 | 1 |
|---|---|---|---|---|---|---|
| **1976** | | | | | | |
| **911S, 6-cyl., 87" wb, 190 hp** | | | | | | |
| 2-dr Cpe | 800 | 2500 | 4250 | 8500 | 15000 | 21200 |
| 2-dr Targa | 850 | 2650 | 4450 | 8900 | 15700 | 22300 |
| **912E, 6-cyl.** | | | | | | |
| 2-dr Cpe | 700 | 2000 | 3450 | 6900 | 11900 | 17200 |
| **914, 4-cyl., 96.5" wb** | | | | | | |
| 2-dr Targa 2.0 | 550 | 1550 | 2600 | 5200 | 9000 | 12800 |
| **930 Turbo Carrera** | | | | | | |
| 2-dr Cpe | 1600 | 4750 | 7950 | 15900 | 28000 | 39700 |
| **1977** | | | | | | |
| **911S, 6-cyl., 87" wb, 190 hp** | | | | | | |
| 2-dr Cpe | 800 | 2500 | 4250 | 8500 | 15000 | 21200 |
| 2-dr Targa | 850 | 2650 | 4450 | 8900 | 15700 | 22300 |
| **924, 4-cyl.** | | | | | | |
| 2-dr Cpe | 350 | 900 | 1500 | 3000 | 5300 | 7600 |
| **930 Turbo Carrera, 6-cyl.** | | | | | | |
| 2-dr Cpe | 1600 | 4750 | 7950 | 15900 | 28000 | 39700 |
| **1978** | | | | | | |
| **911SC, 6-cyl., 165 hp** | | | | | | |
| 2-dr Cpe | 1000 | 3100 | 5250 | 10500 | 18600 | 26200 |
| 2-dr Targa | 1000 | 3200 | 5400 | 10800 | 19000 | 26900 |
| **924, 4-cyl.** | | | | | | |
| 2-dr Cpe | 350 | 900 | 1500 | 3000 | 5300 | 7600 |
| **928, 8-cyl.** | | | | | | |
| 2-dr Cpe | 550 | 1550 | 2650 | 5300 | 9100 | 13000 |
| **930 Turbo Carrera, 6-cyl.** | | | | | | |
| 2-dr Cpe | 1600 | 4850 | 8100 | 16200 | 28500 | 40500 |
| **1979** | | | | | | |
| **924, 4-cyl.** | | | | | | |
| 2-dr Cpe | 350 | 1000 | 1600 | 3200 | 5700 | 8100 |
| **911SC, 6-cyl.** | | | | | | |
| 2-dr Cpe | 1050 | 3350 | 5600 | 11200 | 19700 | 28000 |
| 2-dr Targa | 1100 | 3500 | 5800 | 11600 | 20450 | 28900 |
| **928, 8-cyl.** | | | | | | |
| 2-dr Cpe | 550 | 1550 | 2650 | 5300 | 9100 | 13000 |
| **930 Turbo Carrera, 6-cyl.** | | | | | | |
| 2-dr Cpe | 1650 | 4900 | 8250 | 16500 | 29000 | 41200 |
| **1980** | | | | | | |
| **924, 4-cyl.** | | | | | | |
| 2-dr Htchbk | 350 | 1000 | 1600 | 3200 | 5700 | 8100 |
| **924 Turbo, 4-cyl.** | | | | | | |
| 2-dr Cpe | 400 | 1050 | 1700 | 3400 | 5900 | 8500 |
| **911SC, 6-cyl.** | | | | | | |
| 2-dr Cpe | 1150 | 3600 | 6000 | 12000 | 21150 | 30000 |
| 2-dr Targa | 1150 | 3700 | 6200 | 12400 | 21850 | 30900 |
| **928, 8-cyl.** | | | | | | |
| 2-dr Cpe | 600 | 1600 | 2750 | 5500 | 9500 | 13800 |
| **1981** | | | | | | |
| **924, 4-cyl.** | | | | | | |
| 2-dr Htchbk | 400 | 1050 | 1700 | 3400 | 5900 | 8500 |
| **924 Turbo, 4-cyl.** | | | | | | |
| 2-dr Cpe | 400 | 1100 | 1800 | 3600 | 6200 | 9100 |

| | 6 | 5 | 4 | 3 | 2 | 1 |
|---|---|---|---|---|---|---|
| **911SC, 6-cyl.** | | | | | | |
| 2-dr Cpe | 1200 | 3800 | 6350 | 12700 | 22400 | 31700 |
| 2-dr Targa | 1250 | 3950 | 6550 | 13100 | 23100 | 32700 |
| **928, 8-cyl.** | | | | | | |
| 2-dr Cpe | 600 | 1600 | 2750 | 5500 | 9500 | 13300 |
| ***1982*** | | | | | | |
| **924, 4-cyl.** | | | | | | |
| 2-dr Htchbk | 400 | 1100 | 1800 | 3500 | 6100 | 8900 |
| **924 Turbo, 4-cyl.** | | | | | | |
| 2-dr Cpe | 400 | 1150 | 1850 | 3700 | 6400 | 9300 |
| **911SC, 6-cyl.** | | | | | | |
| 2-dr Cpe | 1300 | 4050 | 6750 | 13500 | 23800 | 33700 |
| 2-dr Targa | 1350 | 4200 | 7000 | 14100 | 24800 | 35100 |
| **928, 8-cyl.** | | | | | | |
| 2-dr Cpe | 600 | 1650 | 2850 | 5700 | 9900 | 14200 |
| ***1983*** | | | | | | |
| **944, 4-cyl.** | | | | | | |
| 2-dr Cpe | 400 | 1100 | 1800 | 3500 | 6100 | 8900 |
| **911SC, 6-cyl.** | | | | | | |
| 2-dr Cpe | 1400 | 4350 | 7250 | 14500 | 25500 | 36200 |
| 2-dr Targa | 1500 | 4500 | 7550 | 15100 | 26600 | 37700 |
| **928, 8-cyl.** | | | | | | |
| 2-dr Cpe | 600 | 1650 | 2900 | 5800 | 10000 | 14500 |
| ***1984*** | | | | | | |
| **944, 4-cyl.** | | | | | | |
| 2-dr Cpe | 400 | 1200 | 1900 | 3800 | 6600 | 9600 |
| **911 Carrera, 6-cyl.** | | | | | | |
| 2-dr Cpe | 1700 | 5050 | 8500 | 17000 | 29900 | 42500 |
| 2-dr Targa | 1700 | 5000 | 8350 | 16700 | 29400 | 41700 |
| 2-dr Cabrlt | 2150 | 6300 | 10650 | 21300 | 37400 | 53300 |
| **928S, 8-cyl.** | | | | | | |
| 2-dr Cpe | 650 | 1800 | 3200 | 6400 | 11000 | 15900 |
| ***1985*** | | | | | | |
| **944, 4-cyl.** | | | | | | |
| 2-dr Cpe | 450 | 1250 | 2050 | 4100 | 7100 | 10300 |
| **911 Carrera, 6-cyl.** | | | | | | |
| 2-dr Cpe | 1850 | 5400 | 9100 | 18200 | 32000 | 45500 |
| 2-dr Targa | 1800 | 5300 | 8950 | 17900 | 31500 | 44700 |
| 2-dr Cabrlt | 2300 | 6800 | 11450 | 22900 | 40200 | 57200 |
| **928S, 8-cyl.** | | | | | | |
| 2-dr Cpe | 850 | 2600 | 4400 | 8800 | 15500 | 21900 |
| ***1986*** | | | | | | |
| **944, 4-cyl.** | | | | | | |
| 2-dr Cpe | 500 | 1350 | 2300 | 4600 | 8000 | 11300 |
| **944 Turbo, 4-cyl.** | | | | | | |
| 2-dr Cpe | 650 | 1750 | 3100 | 6200 | 10700 | 15400 |
| **911 Carrera, 6-cyl.** | | | | | | |
| 2-dr Cpe | 2000 | 5850 | 9850 | 19700 | 34600 | 49200 |
| 2-dr Targa | 1950 | 5700 | 9950 | 19300 | 33900 | 48100 |
| 2-dr Cabrlt | 2450 | 7300 | 12350 | 24700 | 43400 | 61700 |
| **911 Carrera Turbo, 6-cyl.** | | | | | | |
| 2-dr Cpe | 2450 | 7150 | 12100 | 24200 | 42500 | 60400 |

| | 6 | 5 | 4 | 3 | 2 | 1 |
|---|---|---|---|---|---|---|
| **928S, 8-cyl.** | | | | | | |
| 2-dr Cpe | 900 | 2850 | 4750 | 9500 | 16700 | 23700 |
| **1987** | | | | | | |
| **924, 4-cyl.** | | | | | | |
| 2-dr S Cpe | 400 | 1150 | 1850 | 3700 | 6400 | 9300 |
| **944, 4-cyl.** | | | | | | |
| 2-dr Cpe | 550 | 1550 | 2600 | 5200 | 9000 | 12800 |
| 2-dr S Cpe | 650 | 1700 | 3000 | 5900 | 10200 | 14700 |
| **944 Turbo, 4-cyl.** | | | | | | |
| 2-dr Cpe | 750 | 2100 | 3550 | 7100 | 12300 | 17700 |
| **911 Carrera, 6-cyl.** | | | | | | |
| 2-dr Cpe | 2150 | 6300 | 10650 | 21300 | 37400 | 53300 |
| 2-dr Targa | 2150 | 6200 | 10450 | 20900 | 36700 | 52100 |
| 2-dr Cabrlt | 2600 | 7650 | 12950 | 25900 | 45500 | 64700 |
| **911 Carrera Turbo, 6-cyl.** | | | | | | |
| 2-dr Cpe | 2600 | 7750 | 13100 | 26200 | 46000 | 65500 |
| 2-dr Targa | 2600 | 7650 | 12900 | 25800 | 45300 | 64400 |
| 2-dr Cabrlt | 3150 | 9400 | 15850 | 31700 | 55700 | 79100 |
| **928S, 8-cyl.** | | | | | | |
| 2-dr Cpe | 1200 | 3800 | 6350 | 12700 | 22400 | 31700 |
| **1988** | | | | | | |
| **924, 4-cyl.** | | | | | | |
| 2-dr S Cpe | 450 | 1250 | 2100 | 4200 | 7200 | 10500 |
| **944, 4-cyl.** | | | | | | |
| 2-dr Cpe | 650 | 1700 | 3000 | 5900 | 10200 | 14700 |
| 2-dr S Cpe | 700 | 1900 | 3350 | 6700 | 11500 | 16500 |
| **944 Turbo, 4-cyl.** | | | | | | |
| 2-dr Cpe | 800 | 2400 | 4050 | 8100 | 14200 | 20200 |
| 2-dr S Cpe | 800 | 2500 | 4250 | 8500 | 15000 | 21200 |
| **911 Carrera, 6-cyl.** | | | | | | |
| 2-dr Cpe | 2300 | 6800 | 11450 | 22900 | 40200 | 57200 |
| 2-dr Targa | 2300 | 6700 | 11300 | 22600 | 39700 | 56400 |
| 2-dr Cabrlt | 2750 | 8450 | 13700 | 27400 | 48100 | 68400 |
| **911 Carrera Turbo, 6-cyl.** | | | | | | |
| 2-dr Cpe | 2850 | 8450 | 14250 | 28500 | 50000 | 71100 |
| 2-dr Targa | 2800 | 8300 | 13950 | 27900 | 49000 | 69600 |
| 2-dr Cabrlt | 3450 | 10300 | 17350 | 34700 | 60900 | 86600 |
| **928S, 8-cyl.** | | | | | | |
| 2-dr Cpe | 1350 | 4150 | 6950 | 13800 | 24300 | 34500 |
| **1989** | | | | | | |
| **944, 4-cyl.** | | | | | | |
| 2-dr Cpe | 700 | 1900 | 3350 | 6700 | 11500 | 16500 |
| 2-dr S2 Cpe | 750 | 2300 | 3800 | 7600 | 13100 | 18900 |
| **944 Turbo, 4-cyl.** | | | | | | |
| 2-dr Cpe | 850 | 2650 | 4500 | 9000 | 15900 | 22500 |
| **911 Carrera, 6-cyl.** | | | | | | |
| 2-dr Cpe | 2500 | 7350 | 12450 | 24900 | 43700 | 62100 |
| 2-dr Targa | 2450 | 7200 | 12200 | 24400 | 42850 | 61000 |
| 2-dr Cabrlt | 2900 | 8600 | 14500 | 29000 | 50900 | 72400 |
| 2-dr Spdstr | 3850 | 11400 | 19200 | 38400 | 67400 | 95900 |
| 2-dr Cpe (4WD) | 2600 | 7800 | 13150 | 26300 | 46200 | 65700 |
| **911 Carrera Turbo, 6-cyl.** | | | | | | |
| 2-dr Cpe | 3050 | 9100 | 15350 | 30700 | 53900 | 76600 |
| 2-dr Targa | 3050 | 9000 | 15150 | 30300 | 53200 | 75600 |
| 2-dr Cabrlt | 3800 | 11250 | 18950 | 37900 | 66500 | 94600 |

| | 6 | 5 | 4 | 3 | 2 | 1 |
|---|---|---|---|---|---|---|
| **928S, 8-cyl.** | | | | | | |
| 2-dr Cpe | 1500 | 4500 | 7550 | 15100 | 26600 | 37700 |
| | | | | | | |
| ***1990*** | | | | | | |
| **944, 4-cyl.** | | | | | | |
| 2-dr S2 Cabrlt | 1450 | 4400 | 7350 | 14700 | 25900 | 36700 |
| 2-dr S2 Cpe | 900 | 2750 | 4600 | 9200 | 16200 | 22900 |
| **911 Carrera 2, 6-cyl.** | | | | | | |
| 2-dr Cpe | 2600 | 7750 | 13100 | 26200 | 46000 | 65500 |
| 2-dr Targa | 2550 | 7600 | 12850 | 25700 | 45100 | 64100 |
| 2-dr Cabrlt | 3000 | 8900 | 15000 | 30000 | 52700 | 74900 |
| **911 Carrera 4, 6-cyl.** | | | | | | |
| 2-dr Cpe (AWD) | 2750 | 8200 | 13800 | 27600 | 48500 | 68900 |
| 2-dr Targa (AWD) | 2700 | 8100 | 13600 | 27200 | 47800 | 67900 |
| 2-dr Cabrlt (AWD) | 3250 | 9700 | 16350 | 32700 | 57400 | 81600 |
| **928S, 8-cyl.** | | | | | | |
| 2-dr S4 Cpe | 1700 | 5000 | 840 | 16800 | 29550 | 41900 |
| | | | | | | |
| ***1991*** | | | | | | |
| **944, 4-cyl.** | | | | | | |
| 2-dr S2 Cabrlt | 1600 | 4850 | 8150 | 16300 | 28700 | 40800 |
| 2-dr S2 Cpe | 900 | 2850 | 4750 | 10400 | 16700 | 23700 |
| **911 Carrera 2, 6-cyl.** | | | | | | |
| 2-dr Cpe | 2850 | 8550 | 14350 | 28700 | 50400 | 71600 |
| 2-dr Targa | 2800 | 8400 | 14100 | 28200 | 49500 | 70400 |
| 2-dr Cabrlt | 3250 | 9650 | 16250 | 32500 | 57100 | 81100 |
| **911 Carrera 4, 6-cyl.** | | | | | | |
| 2-dr Cpe (AWD) | 3000 | 8950 | 15100 | 30200 | 53000 | 75400 |
| 2-dr Targa (AWD) | 3000 | 8900 | 14950 | 29900 | 52500 | 74600 |
| 2-dr Cabrlt (AWD) | 3550 | 10600 | 17850 | 35700 | 62700 | 89100 |
| **911 Carrera Turbo, 6-cyl.** | | | | | | |
| 2-dr Cpe (AWD) | 4100 | 12200 | 20500 | 41000 | 72000 | 102300 |
| **928S, 8-cyl.** | | | | | | |
| 2-dr S4 Cpe | 2200 | 6350 | 10750 | 21500 | 37800 | 53700 |
| 2-dr GT Cpe | 2200 | 6350 | 10750 | 21500 | 37800 | 53700 |

'76 Porsche 912E

'76 Porsche Turbo Carrera

'81 Porsche 911 SC

'82 Porsche 928

# ROLLS-ROYCE
## 1947 – 1991

'63 Rolls-Royce

'71 Rolls-Royce

| | 6 | 5 | 4 | 3 | 2 | 1 |
|---|---|---|---|---|---|---|
| **1947** | | | | | | |
| **Silver Wraith, 6-cyl., 127" wb, 4257cc** | | | | | | |
| 4-dr Sdn | 2150 | 6200 | 10500 | 21000 | 36900 | 52400 |
| 4-dr Sdn James Young | 1700 | 5050 | 8500 | 17000 | 29900 | 42500 |
| **1948** | | | | | | |
| **Silver Wraith, 6-cyl., 127" wb, 4257cc** | | | | | | |
| 4-dr Sdn | 2150 | 6200 | 10500 | 21000 | 36900 | 52400 |
| 4-dr Sdn James Young | 1700 | 5050 | 8500 | 17000 | 29900 | 42500 |
| **1949** | | | | | | |
| **Silver Dawn, 6-cyl., 120" wb, 4257cc** | | | | | | |
| 4-dr Sdn | 2400 | 7050 | 11950 | 23900 | 42000 | 59700 |
| **Silver Wraith, 6-cyl., 127" wb, 4257cc** | | | | | | |
| 4-dr Sdn | 2150 | 6200 | 10500 | 21000 | 36900 | 52400 |
| 4-dr Sdn James Young | 1700 | 5050 | 8500 | 17000 | 29900 | 42500 |
| **1950** | | | | | | |
| **Silver Dawn, 6-cyl., 120" wb, 4257cc** | | | | | | |
| 4-dr Sdn | 2400 | 7050 | 11950 | 23900 | 42000 | 59700 |
| **Silver Wraith, 6-cyl., 127" wb, 4257cc** | | | | | | |
| 4-dr Sdn | 2150 | 6200 | 10500 | 21000 | 36900 | 52400 |
| 4-dr Sdn James Young | 1700 | 5050 | 8500 | 17000 | 29900 | 42500 |
| **1951** | | | | | | |
| **Silver Dawn, 6-cyl., 120" wb, 4566cc** | | | | | | |
| 4-dr Sdn | 2600 | 7650 | 12950 | 25900 | 45500 | 64700 |
| **Silver Wraith, 6-cyl., 133" wb, 4566cc** | | | | | | |
| 4-dr Sdn | 2250 | 6550 | 11000 | 22000 | 38650 | 55000 |
| 4-dr Sdn James Young | 1800 | 5350 | 9000 | 18000 | 31650 | 45000 |
| **1952** | | | | | | |
| **Silver Dawn, 6-cyl., 120" wb, 4566cc** | | | | | | |
| 2-dr Dhc Park Ward | 6000 | 17800 | 30000 | 60000 | 105400 | 149800 |
| 4-dr Sdn | 2700 | 8000 | 13450 | 26900 | 47200 | 67100 |
| **Silver Wraith, 6-cyl., 133" wb, 4566cc** | | | | | | |
| 4-dr Sdn | 2250 | 6550 | 11000 | 22000 | 38650 | 55000 |
| 4-dr Sdn James Young | 1800 | 5350 | 9000 | 18000 | 31650 | 45000 |

|  | 6 | 5 | 4 | 3 | 2 | 1 |
|---|---|---|---|---|---|---|
| **1953** | | | | | | |
| **Silver Dawn, 6-cyl., 120" wb, 4566cc** | | | | | | |
| 2-dr Dhc Park Ward | 6000 | 17800 | 30000 | 60000 | 105400 | 149800 |
| 4-dr Sdn | 2700 | 8000 | 13450 | 26900 | 47200 | 67100 |
| **Silver Wraith, 6-cyl., 133" wb, 4566cc** | | | | | | |
| 4-dr Sdn | 2250 | 6550 | 11000 | 22000 | 38650 | 55000 |
| 4-dr Sdn James Young | 1800 | 5350 | 9000 | 18000 | 31650 | 45000 |
| **1954** | | | | | | |
| **Silver Dawn, 6-cyl., 120" wb, 4566cc** | | | | | | |
| 2-dr Dhc Park Ward | 6000 | 17800 | 30000 | 60000 | 105400 | 149800 |
| 4-dr Sdn | 2700 | 8000 | 13450 | 26900 | 47200 | 67100 |
| **Silver Wraith, 6-cyl., 133" wb, 4566cc** | | | | | | |
| 4-dr Sdn | 2250 | 6550 | 11000 | 22000 | 38650 | 55000 |
| 4-dr Sdn James Young | 1800 | 5350 | 9000 | 18000 | 31650 | 45000 |
| **1955** | | | | | | |
| **Silver Cloud I, 6-cyl., 123" wb, 4887cc** | | | | | | |
| 4-dr Sdn | 1700 | 5050 | 8500 | 17000 | 29900 | 42500 |
| 2-dr Dhd Cpe Mulliner | 5900 | 17550 | 29500 | 59000 | 103600 | 147300 |
| **Silver Dawn, 6-cyl., 120" wb, 4566cc** | | | | | | |
| 2-dr Dhc Park Ward | 6000 | 17800 | 30000 | 60000 | 105400 | 149800 |
| 4-dr Sdn | 2700 | 8000 | 13450 | 26900 | 47200 | 67100 |
| **Silver Wraith, 6-cyl., 133" wb, 4887cc** | | | | | | |
| 4-dr Sdn | 2300 | 6800 | 11500 | 23000 | 40400 | 57500 |
| 4-dr Sdn James Young | 1900 | 5650 | 9500 | 19000 | 33400 | 47500 |
| **1956** | | | | | | |
| **Silver Cloud I, 6-cyl., 123" wb, 4887cc** | | | | | | |
| 4-dr Sdn | 1700 | 5050 | 8500 | 17000 | 29900 | 42500 |
| 2-dr Dhd Cpe Mulliner | 5900 | 17550 | 29500 | 59000 | 103600 | 147300 |
| **Silver Wraith, 6-cyl., 133" wb, 4887cc** | | | | | | |
| 4-dr Sdn | 2300 | 6800 | 11500 | 23000 | 40400 | 57500 |
| 4-dr Sdn James Young | 1900 | 5650 | 9500 | 19000 | 33400 | 47500 |
| **1957** | | | | | | |
| **Silver Cloud I, 6-cyl., 123" wb, 4887cc** | | | | | | |
| 4-dr Sdn | 1800 | 5350 | 9000 | 18000 | 31650 | 45000 |
| 2-dr Dhd Cpe Mulliner | 6200 | 18400 | 31000 | 62000 | 108900 | 154600 |
| **Silver Wraith, 6-cyl., 133" wb, 4887cc** | | | | | | |
| 4-dr Sdn | 2300 | 6800 | 11500 | 23000 | 40400 | 57500 |
| 4-dr Sdn James Young | 1900 | 5650 | 9500 | 19000 | 33400 | 47500 |
| **1958** | | | | | | |
| **Silver Cloud I, 6-cyl., 123" wb, 4887cc** | | | | | | |
| 4-dr Sdn | 1800 | 5350 | 9000 | 18000 | 31650 | 45000 |
| 2-dr Dhd Cpe Mulliner | 6200 | 18400 | 31000 | 62000 | 108900 | 154600 |
| **Silver Wraith, 6-cyl., 133" wb, 4887cc** | | | | | | |
| 4-dr Sdn | 2300 | 6800 | 11500 | 23000 | 40400 | 57500 |
| 4-dr Sdn James Young | 1900 | 5650 | 9500 | 19000 | 33400 | 47500 |
| **1959** | | | | | | |
| **Silver Cloud I, 6-cyl., 123" wb, 4887cc** | | | | | | |
| 4-dr Sdn | 1800 | 5350 | 9000 | 18000 | 31650 | 45000 |
| 2-dr Dhd Cpe Mulliner | 6200 | 18400 | 31000 | 62000 | 108900 | 154600 |
| **Silver Wraith, 6-cyl., 133" wb, 4887cc** | | | | | | |
| 4-dr Sdn | 2300 | 6800 | 11500 | 23000 | 40400 | 57500 |
| 4-dr Sdn James Young | 1900 | 5650 | 9500 | 19000 | 33400 | 47500 |

|  | 6 | 5 | 4 | 3 | 2 | 1 |
|---|---|---|---|---|---|---|

### 1960
**Silver Cloud II, 8-cyl., 127" wb, 6230cc**

| | 6 | 5 | 4 | 3 | 2 | 1 |
|---|---|---|---|---|---|---|
| 4-dr Sdn | 2200 | 6500 | 10950 | 21900 | 38500 | 54700 |
| 2-dr Dhd Cp Mulliner | 7200 | 21400 | 36000 | 72000 | 126400 | 179700 |
| **Phantom IV** | | | | | | |
| 4-dr Limo James Young | 4800 | 14250 | 24000 | 48000 | 84300 | 119800 |
| 4-dr Limo Park Ward | 3800 | 11300 | 19000 | 38000 | 66700 | 94900 |

### 1961
**Silver Cloud II, 8-cyl., 127" wb, 6230cc**

| | 6 | 5 | 4 | 3 | 2 | 1 |
|---|---|---|---|---|---|---|
| 4-dr Sdn | 2200 | 6500 | 10950 | 21900 | 38500 | 54700 |
| 2-dr Dhd Cp Mulliner | 7200 | 21400 | 36000 | 72000 | 126400 | 179700 |
| **Phantom IV** | | | | | | |
| 4-dr Limo James Young | 4800 | 14250 | 24000 | 48000 | 84300 | 119800 |
| 4-dr Limo Park Ward | 3800 | 11300 | 19000 | 38000 | 66700 | 94900 |

### 1962
**Silver Cloud II, 8-cyl., 127" wb, 6230cc**

| | 6 | 5 | 4 | 3 | 2 | 1 |
|---|---|---|---|---|---|---|
| 4-dr Sdn | 2200 | 6500 | 10950 | 21900 | 38500 | 54700 |
| 2-dr Dhd Cp Mulliner | 7200 | 21400 | 36000 | 72000 | 126400 | 179700 |
| **Phantom IV** | | | | | | |
| 4-dr Limo James Young | 4800 | 14250 | 24000 | 48000 | 84300 | 119800 |
| 4-dr Limo Park Ward | 3800 | 11300 | 19000 | 38000 | 66700 | 94900 |

### 1963
**Silver Cloud III, 8-cyl., 127" wb, 6230cc**

| | 6 | 5 | 4 | 3 | 2 | 1 |
|---|---|---|---|---|---|---|
| 4-dr Sdn | 2600 | 7650 | 12950 | 25900 | 45500 | 64700 |
| 2-dr Conv Mulliner | 7500 | 22300 | 37500 | 75000 | 131700 | 187200 |
| **Phantom V** | | | | | | |
| 4-dr Limo James Young | 5600 | 16600 | 27950 | 55900 | 98200 | 139500 |
| 4-dr Limo Park Ward | 4600 | 13650 | 22950 | 45900 | 80600 | 114600 |

### 1964
**Silver Cloud III, 8-cyl., 127" wb, 6230cc**

| | 6 | 5 | 4 | 3 | 2 | 1 |
|---|---|---|---|---|---|---|
| 4-dr Sdn | 2600 | 7650 | 12950 | 25900 | 45500 | 64700 |
| 2-dr Conv Mulliner | 7500 | 22300 | 37500 | 75000 | 131700 | 187200 |
| **Phantom V** | | | | | | |
| 4-dr Limo James Young | 5600 | 16600 | 27950 | 55900 | 98200 | 139500 |
| 4-dr Limo Park Ward | 4600 | 13650 | 22950 | 45900 | 80600 | 114600 |

### 1965
**Silver Cloud III, 8-cyl., 127" wb, 6230cc**

| | 6 | 5 | 4 | 3 | 2 | 1 |
|---|---|---|---|---|---|---|
| 4-dr Sdn | 2600 | 7650 | 12950 | 25900 | 45500 | 64700 |
| 2-dr Conv Mulliner | 7500 | 22300 | 37500 | 75000 | 131700 | 187200 |
| 2-dr Cpe Park Ward | 4000 | 11850 | 19950 | 39900 | 70100 | 99600 |
| **Phantom V** | | | | | | |
| 4-dr Limo James Young | 6000 | 16600 | 27950 | 55900 | 98200 | 139500 |
| 4-dr Limo Park Ward | 4600 | 13650 | 22950 | 45900 | 80600 | 114600 |

### 1966
**Silver Shadow, 8-cyl., 119.5" or 123.5" wb, 6230cc**

| | 6 | 5 | 4 | 3 | 2 | 1 |
|---|---|---|---|---|---|---|
| 4-dr Sdn | 1700 | 5050 | 8450 | 16900 | 29700 | 42200 |
| 2-dr Dhd Cpe Mulliner | 2900 | 8600 | 14450 | 28900 | 50700 | 72100 |
| **Silver Cloud III, 8-cyl., 127" wb, 6230cc** | | | | | | |
| 4-dr Sdn | 2600 | 7650 | 12950 | 25900 | 45500 | 64700 |
| 2-dr Conv Mulliner | 7500 | 22300 | 37500 | 75000 | 131700 | 187200 |
| **Phantom V** | | | | | | |
| 4-dr Limo James Young | 6000 | 16600 | 27950 | 55900 | 98200 | 139500 |
| 4-dr Limo Park Ward | 4600 | 13650 | 22950 | 45900 | 80600 | 114600 |

|  | 6 | 5 | 4 | 3 | 2 | 1 |
|---|---|---|---|---|---|---|
| **1967** | | | | | | |
| **Silver Shadow, 8-cyl., 119.5" or 123.5" wb, 6230cc** | | | | | | |
| 4-dr Sdn | 1700 | 5050 | 8450 | 16900 | 29700 | 42200 |
| 2-dr Dhd Cpe Mulliner | 2900 | 8600 | 14450 | 28900 | 50700 | 72100 |
| **Phantom V** | | | | | | |
| 4-dr Limo James Young | 5600 | 16600 | 27950 | 55900 | 98200 | 139500 |
| 4-dr Limo Park Ward | 4600 | 13650 | 22950 | 45900 | 80600 | 114600 |
| **1968** | | | | | | |
| **Silver Shadow, 8-cyl., 119.5" or 123.5" wb, 6230cc** | | | | | | |
| 4-dr Sdn | 1700 | 5050 | 8450 | 16900 | 29700 | 42200 |
| 2-dr Dhd Cpe Mulliner | 2900 | 8600 | 14450 | 28900 | 50700 | 72100 |
| **Phantom V** | | | | | | |
| 4-dr Limo James Young | 5600 | 16600 | 27950 | 55900 | 98200 | 139500 |
| 4-dr Limo Park Ward | 4600 | 13650 | 22950 | 45900 | 80600 | 114600 |
| **1969** | | | | | | |
| **Silver Shadow, 8-cyl., 119.5" or 123.5" wb, 6230cc** | | | | | | |
| 4-dr Sdn | 1700 | 5050 | 8450 | 16900 | 29700 | 42200 |
| 2-dr Dhd Cpe Mulliner | 2900 | 8600 | 14450 | 28900 | 50700 | 72100 |
| **Phantom VI** | | | | | | |
| 4-dr Limousine | 4000 | 11850 | 11950 | 39900 | 70100 | 99600 |
| **1970** | | | | | | |
| **Silver Shadow, 8-cyl., 119.5" or 123.5" wb, 6230cc** | | | | | | |
| 4-dr Sdn | 1750 | 5100 | 8600 | 17200 | 30250 | 43000 |
| 2-dr Dhd Cpe Mulliner | 3000 | 8900 | 14950 | 29900 | 52500 | 74600 |
| **Phantom VI** | | | | | | |
| 4-dr Limousine | 4000 | 11850 | 11950 | 39900 | 70100 | 99600 |
| **1971** | | | | | | |
| **Corniche, 8-cyl., 119" wb, 6750cc** | | | | | | |
| 2-dr Conv | 3000 | 8900 | 19450 | 29900 | 52500 | 74600 |
| 2-dr Cpe | 2200 | 6500 | 10950 | 21900 | 38500 | 54700 |
| **Silver Shadow, 8-cyl., 119.5" or 123.5" wb, 6230cc** | | | | | | |
| 4-dr Sdn | 1750 | 5100 | 8600 | 17200 | 30250 | 43000 |
| 2-dr Dhd Cpe Mulliner | 3000 | 8900 | 14950 | 29900 | 52500 | 74600 |
| **Phantom VI** | | | | | | |
| 4-dr Limousine | 4000 | 11850 | 11950 | 39900 | 70100 | 99600 |
| **1972** | | | | | | |
| **Corniche, 8-cyl., 119" wb, 6750cc** | | | | | | |
| 2-dr Conv | 3000 | 8900 | 19450 | 29900 | 52500 | 74600 |
| 2-dr Cpe | 2200 | 6500 | 10950 | 21900 | 38500 | 54700 |
| **Silver Shadow, 8-cyl., 119.5" or 123.5" wb, 6230cc** | | | | | | |
| 4-dr Sdn | 1750 | 5100 | 8600 | 17200 | 30250 | 43000 |
| 2-dr Dhd Cpe Mulliner | 3000 | 8900 | 14950 | 29900 | 52500 | 74600 |
| **Phantom VI** | | | | | | |
| 4-dr Limousine | 4000 | 11850 | 11950 | 39900 | 70100 | 99600 |
| **1973** | | | | | | |
| **Corniche, 8-cyl., 119" wb, 6750cc** | | | | | | |
| 2-dr Conv | 3000 | 8900 | 19450 | 29900 | 52500 | 74600 |
| 2-dr Cpe | 2200 | 6500 | 10950 | 21900 | 38500 | 54700 |
| **Silver Shadow, 8-cyl., 119.5" or 123.5" wb, 6230cc** | | | | | | |
| 4-dr Sdn | 1750 | 5100 | 8600 | 17200 | 30250 | 43000 |
| 2-dr Dhd Cpe Mulliner | 3000 | 8900 | 11950 | 39900 | 70100 | 99600 |
| **Phantom VI** | | | | | | |
| 4-dr Limousine | 4000 | 11850 | 11950 | 39900 | 70100 | 99600 |

| | 6 | 5 | 4 | 3 | 2 | 1 |
|---|---|---|---|---|---|---|
| **1974** | | | | | | |
| **Corniche, 8-cyl., 119" wb, 6750cc** | | | | | | |
| 2-dr Conv | 3100 | 9200 | 15500 | 31000 | 54000 | 77400 |
| 2-dr Cpe | 2300 | 6800 | 11500 | 23000 | 40400 | 57500 |
| **Silver Shadow, 8-cyl., 119.5" or 123.5" wb, 6230cc** | | | | | | |
| 4-dr Sdn | 1750 | 5100 | 8600 | 17200 | 30250 | 43000 |
| 2-dr Dhd Cpe Mulliner | 3000 | 8900 | 14950 | 29900 | 52500 | 74600 |
| **Phantom VI** | | | | | | |
| 4-dr Limousine | 4200 | 12450 | 20950 | 41900 | 73600 | 104600 |
| **1975** | | | | | | |
| **Camargue** | | | | | | |
| 2-dr Cpe | 2300 | 6800 | 11500 | 23000 | 40400 | 57500 |
| **Corniche, 8-cyl., 119" wb, 6750cc** | | | | | | |
| 2-dr Conv | 3450 | 10250 | 17250 | 34500 | 60600 | 86100 |
| 2-dr Cpe | 2500 | 7350 | 12450 | 24900 | 43700 | 62100 |
| **Silver Shadow, 8-cyl., 119.5" or 123.5" wb, 6230cc** | | | | | | |
| 2-dr Dhd Cpe Mulliner | 3000 | 8900 | 14950 | 29900 | 52500 | 74600 |
| **Phantom VI** | | | | | | |
| 4-dr Limousine | 4200 | 12450 | 20950 | 41900 | 73600 | 104600 |
| **1976** | | | | | | |
| **Camargue** | | | | | | |
| 2-dr Cpe | 2400 | 7100 | 12000 | 24000 | 52150 | 59900 |
| **Corniche, 8-cyl., 119" wb, 6750cc** | | | | | | |
| 2-dr Conv | 3550 | 10550 | 17750 | 35500 | 62300 | 88600 |
| 2-dr Cpe | 2600 | 7650 | 12950 | 25900 | 45500 | 64700 |
| **Silver Shadow, 8-cyl., 119.5" or 123.5" wb, 6230cc** | | | | | | |
| 4-dr Sdn | 1800 | 5300 | 8950 | 17900 | 31500 | 44700 |
| **1977** | | | | | | |
| **Corniche, 8-cyl., 120" wb, 6750cc** | | | | | | |
| 2-dr Conv | 3550 | 10550 | 17750 | 35500 | 62300 | 88600 |
| 2-dr Cpe | 2600 | 7650 | 12950 | 25900 | 45500 | 64700 |
| **Silver Shadow, 8-cyl., 123.5" wb, 6750cc** | | | | | | |
| 4-dr Sdn | 2250 | 6550 | 11000 | 22000 | 38650 | 55000 |
| **Silver Wraith II** | | | | | | |
| 4-dr Sdn | 2500 | 7400 | 12500 | 25000 | 43900 | 62400 |
| **Camarque** | | | | | | |
| 2-dr Cpe | 2500 | 7400 | 12500 | 25000 | 43900 | 62400 |
| **1978** | | | | | | |
| **Corniche, 8-cyl., 120" wb, 6750cc** | | | | | | |
| 2-dr Conv | 3650 | 10850 | 18250 | 36500 | 64100 | 91100 |
| 2-dr Cpe | 2700 | 8000 | 13450 | 26900 | 47200 | 67100 |
| **Silver Shadow, 8-cyl., 123.5" wb, 6750cc** | | | | | | |
| 4-dr Sdn | 2250 | 6550 | 11000 | 22000 | 38650 | 55000 |
| **Silver Wraith II** | | | | | | |
| 4-dr Sdn | 2500 | 7400 | 12500 | 25000 | 43900 | 62400 |
| **Camarque** | | | | | | |
| 2-dr Cpe | 2600 | 7700 | 13000 | 26000 | 45650 | 65000 |
| **1979** | | | | | | |
| **Corniche, 8-cyl., 120" wb, 6750cc** | | | | | | |
| 2-dr Conv | 3750 | 11150 | 18750 | 37500 | 65800 | 93600 |
| 2-dr Cpe | 2800 | 8300 | 13950 | 27900 | 49000 | 69600 |
| **Silver Shadow, 8-cyl., 123.5" wb, 6750cc** | | | | | | |
| 4-dr Sdn | 2300 | 6800 | 11500 | 23000 | 40400 | 57500 |
| **Silver Wraith II** | | | | | | |
| 4-dr Sdn | 2600 | 7700 | 13000 | 26000 | 45650 | 65000 |

| | 6 | 5 | 4 | 3 | 2 | 1 |
|---|---|---|---|---|---|---|
| **Camarque** | | | | | | |
| 2-dr Cpe | 2700 | 8000 | 13500 | 27000 | 47400 | 67400 |
| **1980** | | | | | | |
| **Corniche, 8-cyl., 120" wb, 6750cc** | | | | | | |
| 2-dr Conv | 3850 | 11450 | 19250 | 38500 | 67600 | 96100 |
| 2-dr Cpe | 2900 | 8600 | 14450 | 28900 | 50700 | 72100 |
| **Silver Shadow, 8-cyl., 123.5" wb, 6750cc** | | | | | | |
| 4-dr Sdn | 2300 | 6800 | 11500 | 23000 | 40400 | 57500 |
| **Silver Wraith II** | | | | | | |
| 4-dr Sdn | 2600 | 7700 | 13000 | 26000 | 45650 | 65000 |
| **Camarque** | | | | | | |
| 2-dr Cpe | 2800 | 8300 | 14000 | 28000 | 49200 | 69900 |
| **1981** | | | | | | |
| **Corniche, 8-cyl., 120" wb, 6750cc** | | | | | | |
| 2-dr Conv | 3950 | 11750 | 19750 | 39500 | 69400 | 98600 |
| 2-dr Cpe | 3000 | 8900 | 14950 | 29900 | 52500 | 74600 |
| **Silver Spirit** | | | | | | |
| 4-dr Sdn | 2700 | 8000 | 13450 | 26900 | 47200 | 67100 |
| **Silver Spur** | | | | | | |
| 4-dr Sdn | 2800 | 8300 | 13950 | 27900 | 49000 | 69600 |
| **Camarque** | | | | | | |
| 2-dr Cpe | 2900 | 8600 | 14500 | 29000 | 50900 | 72400 |
| **1982** | | | | | | |
| **Corniche, 8-cyl., 120" wb, 6750cc** | | | | | | |
| 2-dr Conv | 4050 | 12050 | 20250 | 40500 | 71100 | 101100 |
| **Silver Spirit** | | | | | | |
| 4-dr Sdn | 2700 | 8000 | 13450 | 26900 | 47200 | 67100 |
| **Silver Spur** | | | | | | |
| 4-dr Sdn | 2800 | 8300 | 13950 | 27900 | 49000 | 69600 |
| **Camarque** | | | | | | |
| 2-dr Cpe | 3000 | 8900 | 15000 | 30000 | 52700 | 74900 |
| **1983** | | | | | | |
| **Corniche, 8-cyl., 120" wb, 6750cc** | | | | | | |
| 2-dr Conv | 4150 | 12350 | 20750 | 41500 | 72900 | 103600 |
| **Silver Spirit** | | | | | | |
| 4-dr Sdn | 2800 | 8300 | 13950 | 26900 | 47200 | 67100 |
| **Silver Spur** | | | | | | |
| 4-dr Sdn | 2900 | 8600 | 14450 | 28900 | 50700 | 72100 |
| **Camarque** | | | | | | |
| 2-dr Cpe | 3200 | 9550 | 16000 | 32000 | 56200 | 79900 |
| **1984** | | | | | | |
| **Corniche, 8-cyl., 120" wb, 6750cc** | | | | | | |
| 2-dr Conv | 4350 | 12900 | 21750 | 43500 | 76400 | 108600 |
| **Silver Spirit** | | | | | | |
| 4-dr Sdn | 2900 | 8600 | 14450 | 28900 | 50700 | 72100 |
| **Silver Spur** | | | | | | |
| 4-dr Sdn | 3000 | 8900 | 14950 | 29900 | 52500 | 74600 |
| **Camarque** | | | | | | |
| 2-dr Cpe | 3400 | 10100 | 17000 | 34000 | 59700 | 84900 |
| **1985** | | | | | | |
| **Corniche, 8-cyl., 120" wb, 6750cc** | | | | | | |
| 2-dr Conv | 4750 | 14100 | 23750 | 47500 | 83400 | 118600 |
| **Silver Spirit** | | | | | | |
| 4-dr Sdn | 3000 | 8900 | 14950 | 29900 | 52500 | 74600 |

|  | 6 | 5 | 4 | 3 | 2 | 1 |
|---|---|---|---|---|---|---|
| **Silver Spur** | | | | | | |
| 4-dr Sdn | 3100 | 9200 | 15450 | 30900 | 54300 | 77100 |
| Limousine | 9200 | 27350 | 46000 | 92000 | 161500 | 229700 |
| **Camarque** | | | | | | |
| 2-dr Cpe | 3700 | 11000 | 18500 | 37000 | 65000 | 92400 |
| **1986** | | | | | | |
| **Corniche, 8-cyl., 120" wb, 6750cc** | | | | | | |
| 2-dr Conv | 5050 | 15000 | 25250 | 50500 | 88700 | 126100 |
| **Silver Spirit** | | | | | | |
| 4-dr Sdn | 3200 | 9500 | 15950 | 31900 | 56000 | 79600 |
| **Silver Spur** | | | | | | |
| 4-dr Sdn | 3300 | 9750 | 16450 | 32900 | 57800 | 82100 |
| Limousine | 9600 | 28500 | 48000 | 96000 | 168600 | 239600 |
| **Camarque** | | | | | | |
| 2-dr Cpe | 3900 | 11600 | 19500 | 39000 | 68500 | 97400 |
| **1987** | | | | | | |
| **Corniche, 8-cyl., 120" wb, 6750cc** | | | | | | |
| 2-dr Conv | 5350 | 15900 | 26750 | 53500 | 93900 | 133500 |
| **Silver Spirit** | | | | | | |
| 4-dr Sdn | 3300 | 9750 | 16450 | 32900 | 57800 | 82100 |
| **Silver Spur** | | | | | | |
| 4-dr Sdn | 3400 | 10050 | 16950 | 33900 | 59500 | 84600 |
| Limousine | 9900 | 29400 | 49500 | 99000 | 173800 | 247100 |
| **Camarque** | | | | | | |
| 2-dr Anniversary Cpe | 4300 | 12750 | 21500 | 43000 | 75500 | 107300 |
| **1988** | | | | | | |
| **Corniche, 8-cyl., 120" wb, 6750cc** | | | | | | |
| 2-dr Conv | 5800 | 17250 | 29000 | 58000 | 101800 | 144800 |
| **Silver Spirit** | | | | | | |
| 4-dr Sdn | 3400 | 10050 | 16450 | 33900 | 59500 | 84600 |
| **Silver Spur** | | | | | | |
| 4-dr Sdn | 3600 | 10650 | 17950 | 35900 | 63000 | 89600 |
| **1989** | | | | | | |
| **Corniche, 8-cyl., 120" wb, 6750cc** | | | | | | |
| 2-dr Conv | 6800 | 20200 | 34000 | 68000 | 119400 | 169700 |
| **Silver Spirit** | | | | | | |
| 4-dr Sdn | 4000 | 11850 | 19950 | 39900 | 70100 | 99600 |
| **Silver Spur** | | | | | | |
| 4-dr Sdn | 4300 | 12750 | 21450 | 42900 | 75300 | 107100 |
| **1990** | | | | | | |
| **Corniche, 8-cyl., 120" wb, 6750cc** | | | | | | |
| 2-dr Conv | 7900 | 23450 | 39500 | 79000 | 138700 | 197200 |
| **Silver Spirit** | | | | | | |
| 4-dr Sdn | 4600 | 13650 | 22950 | 45900 | 80600 | 114600 |
| **Silver Spur** | | | | | | |
| 4-dr Sdn | 5000 | 14800 | 24950 | 49900 | 87600 | 124600 |
| **1991** | | | | | | |
| **Corniche, 8-cyl., 120" wb, 6750cc** | | | | | | |
| 2-dr Conv | 8900 | 26450 | 44500 | 89000 | 156300 | 222200 |
| **Silver Spirit** | | | | | | |
| 4-dr Sdn | 5200 | 15600 | 26250 | 52500 | 92200 | 131100 |
| **Silver Spur** | | | | | | |
| 4-dr Sdn | 5800 | 17100 | 28750 | 57500 | 101000 | 143500 |

# SUNBEAM
## 1949 – 1969

| | 6 | 5 | 4 | 3 | 2 | 1 |
|---|---|---|---|---|---|---|
| **1949** | | | | | | |
| **Sunbeam-Talbot Series 90, 4-cyl., 64 hp, 97.5" wb** | | | | | | |
| 4-dr Sdn | 300 | 800 | 1350 | 2700 | 4700 | 6900 |
| 2-dr Conv | 400 | 1050 | 1700 | 3300 | 5800 | 8300 |
| **1950** | | | | | | |
| **Sunbeam-Talbot Series 90, 4-cyl., 64 hp, 97.5" wb** | | | | | | |
| 4-dr Sdn | 300 | 800 | 1350 | 2700 | 4700 | 6900 |
| 2-dr Conv | 400 | 1050 | 1700 | 3300 | 5800 | 8300 |
| **1951** | | | | | | |
| **Sunbeam-Talbot Series 90, 4-cyl., 70 hp, 97.5" wb** | | | | | | |
| 4-dr Sdn | 350 | 900 | 1500 | 2900 | 5200 | 7400 |
| 2-dr Conv | 400 | 1100 | 1800 | 3500 | 6100 | 8900 |
| **1952** | | | | | | |
| **Sunbeam-Talbot Series 90, 4-cyl., 70 hp., 97.5" wb** | | | | | | |
| 4-dr Sdn | 350 | 900 | 1500 | 2900 | 5200 | 7400 |
| 2-dr Conv | 400 | 1100 | 1800 | 3500 | 6100 | 8900 |
| **1953** | | | | | | |
| **Sunbeam-Talbot Series Mark IIA, 4-cyl., 70 hp, 97.5" wb** | | | | | | |
| 4-dr Sdn | 350 | 900 | 1500 | 2900 | 5200 | 7400 |
| 2-dr Conv | 400 | 1100 | 1800 | 3500 | 6100 | 8900 |
| **Sunbeam Series Mark IIA Alpine, 4-cyl., 80 hp, 97.5" wb** | | | | | | |
| (introduced March 1953) | | | | | | |
| 2-dr Spt Rdstr | 550 | 1550 | 2650 | 5300 | 9100 | 13000 |
| **1954** | | | | | | |
| **Sunbeam Series Mark IIA Talbot, 4-cyl., 70 hp, 97.5" wb** | | | | | | |
| 4-dr Sdn | 350 | 900 | 1500 | 2900 | 5200 | 7400 |
| 2-dr Conv | 400 | 1100 | 1800 | 3500 | 6100 | 8900 |
| **Sunbeam Series Mark IIA Alpine, 4-cyl., 80 hp, 97.5" wb** | | | | | | |
| 2-dr Spt Rdstr | 550 | 1550 | 2650 | 5300 | 9100 | 13000 |
| **1955** | | | | | | |
| **Sunbeam Series Mark IIA Talbot, 4-cyl., 70 hp., 97.5" wb** | | | | | | |
| 4-dr Sdn | 350 | 900 | 1500 | 2900 | 5200 | 7400 |
| 2-dr Conv | 400 | 1100 | 1800 | 3500 | 6100 | 8900 |
| **Sunbeam Series Mark IIA Alpine, 4-cyl., 80 hp, 97.5" wb** | | | | | | |
| 2-dr Spt Rdstr | 550 | 1550 | 2650 | 5300 | 9100 | 13000 |
| **1956** | | | | | | |
| **Sunbeam Rapier Series I, 4-cyl., 67 hp, 96" wb** | | | | | | |
| 2-dr Hdtp | 300 | 700 | 1200 | 2400 | 4100 | 5900 |

| | 6 | 5 | 4 | 3 | 2 | 1 |
|---|---|---|---|---|---|---|
| **1957** | | | | | | |
| **Sunbeam Rapier, 4-cyl., 67 hp, 96" wb** | | | | | | |
| 2-dr Hdtp | 300 | 700 | 1200 | 2400 | 4100 | 5900 |
| **1958** | | | | | | |
| **Sunbeam Rapier, 4-cyl., 73 hp, 96" wb** | | | | | | |
| 2-dr Hdtp | 300 | 700 | 1200 | 2400 | 4100 | 5900 |
| **1959** | | | | | | |
| **Sunbeam Rapier, 4-cyl., 73 hp, 96" wb** | | | | | | |
| 2-dr Hdtp | 300 | 800 | 1300 | 2600 | 4600 | 6600 |
| 2-dr Conv | 400 | 1100 | 1800 | 3500 | 6100 | 8900 |
| **1960** | | | | | | |
| **Sunbeam Rapier, 4-cyl., 73 hp, 96" wb** | | | | | | |
| 2-dr Hdtp | 300 | 800 | 1300 | 2600 | 4600 | 6600 |
| 2-dr Conv | 400 | 1100 | 1800 | 3500 | 6100 | 8900 |
| **Sunbeam Alpine, 4-cyl., 84 hp, 86" wb** | | | | | | |
| 2-dr Conv | 550 | 1400 | 2400 | 4800 | 8300 | 11800 |
| **1961** | | | | | | |
| **Sunbeam Rapier III, 4-cyl., 78 hp, 96" wb** | | | | | | |
| 2-dr Hdtp | 300 | 800 | 1300 | 2600 | 4600 | 6600 |
| 2-dr Conv | 400 | 1100 | 1800 | 3500 | 6100 | 8900 |
| **Sunbeam Alpine, 4-cyl., 84 hp, 86" wb** | | | | | | |
| 2-dr Conv | 550 | 1400 | 2400 | 4800 | 8300 | 11800 |
| **1962** | | | | | | |
| **Sunbeam Alpine II, 4-cyl., 84 hp., 86" wb** | | | | | | |
| 2-dr Conv | 550 | 1400 | 2400 | 4800 | 8300 | 11800 |
| **1963** | | | | | | |
| **Sunbeam Alpine II, 4-cyl., 84 hp, 86" wb** | | | | | | |
| 2-dr Conv | 550 | 1400 | 2400 | 4800 | 8300 | 11800 |
| 2-dr LeMans Fastback | 550 | 1550 | 2650 | 5300 | 9100 | 13000 |
| **Sunbeam Alpine III, 4-cyl., 85 hp, 86" wb** | | | | | | |
| 2-dr Conv | 450 | 1250 | 2100 | 4200 | 7200 | 10500 |
| 2-dr GT Hdtp | 550 | 1400 | 2400 | 4800 | 8300 | 11800 |
| **1964** | | | | | | |
| **Sunbeam, 4-cyl., 42 hp, 82" wb** | | | | | | |
| 2-dr Imp Spt Sdn | 200 | 400 | 550 | 1100 | 2000 | 2900 |
| **Sunbeam Alpine III, 4-cyl., 85 hp, 86" wb** | | | | | | |
| 2-dr Conv | 450 | 1250 | 2100 | 4200 | 7200 | 10500 |
| 2-dr GT Hdtp | 550 | 1400 | 2400 | 4800 | 8300 | 11800 |
| **Sunbeam Alpine IV, 4-cyl., 90 hp, 86" wb** | | | | | | |
| 2-dr Conv | 450 | 1250 | 2100 | 4200 | 7200 | 10500 |
| 2-dr GT Hdtp | 550 | 1400 | 2400 | 4800 | 8300 | 11800 |
| **1965** | | | | | | |
| **Sunbeam, 4-cyl., 42hp, 82" wb** | | | | | | |
| 2-dr Imp Spt Sdn | 200 | 400 | 550 | 1100 | 2000 | 2900 |
| **Sunbeam, 4-cyl, 62 hp, 82" wb** | | | | | | |
| 4-dr Dlx Minx Sdn | 200 | 400 | 600 | 1200 | 2100 | 3000 |
| **Alpine IV, 4-cyl., 90 hp., 86" wb** | | | | | | |
| 2-dr Conv | 450 | 1250 | 2100 | 4200 | 7200 | 10500 |
| 2-dr GT Hdtp | 550 | 1400 | 2400 | 4800 | 8300 | 11800 |
| **Tiger, 8-cyl., 164 hp, 86" wb** | | | | | | |
| 2-dr Spt Conv | 1150 | 3600 | 5950 | 11900 | 21000 | 29700 |

| | 6 | 5 | 4 | 3 | 2 | 1 |
|---|---|---|---|---|---|---|
| **1966** | | | | | | |
| **Sunbeam, 4-cyl., 42 hp, 82" wb** | | | | | | |
| 2-dr Imp Dlx Spt Sdn | 200 | 400 | 550 | 1100 | 2000 | 2900 |
| **Sunbeam, 4-cyl., 62 hp, 82" wb** | | | | | | |
| 2-dr Dlx Minx Spt Sdn | 200 | 400 | 600 | 1200 | 2100 | 3000 |
| **Alpine V, 4-cyl., 100 hp, 86" wb** | | | | | | |
| 2-dr Conv | 450 | 1250 | 2200 | 4400 | 7600 | 10900 |
| **Tiger, 8-cyl., 200 hp, 86" wb** | | | | | | |
| 2-dr Conv | 1150 | 3600 | 5950 | 11900 | 21000 | 29700 |
| | | | | | | |
| **1967** | | | | | | |
| **Sunbeam, 4-cyl., 42 hp, 82" wb** | | | | | | |
| 2-dr Imp Spt Sdn | 200 | 400 | 550 | 1100 | 2000 | 2900 |
| **Sunbeam, 4-cyl., 69.5 hp, 82" wb** | | | | | | |
| 4-dr Minx Dlx Sdn | 200 | 400 | 600 | 1200 | 2100 | 3000 |
| **Sunbeam, 4-cyl., 73 hp, 82" wb** | | | | | | |
| 4-dr Arrow Sdn | 200 | 350 | 500 | 1000 | 1900 | 2700 |
| 4-dr Arrow Wgn | 200 | 400 | 550 | 1100 | 2000 | 2900 |
| **Alpine, 4-cyl., 100 hp, 86" wb** | | | | | | |
| 2-dr Conv | 450 | 1250 | 2200 | 4400 | 7600 | 10900 |
| **Tiger, 8-cyl., 200 hp, 86" wb** | | | | | | |
| 2-dr Conv | 1200 | 3750 | 6250 | 12500 | 22000 | 31100 |
| 2-dr Mark II Conv | 1300 | 4050 | 6750 | 13500 | 23800 | 33700 |
| | | | | | | |
| **1968** | | | | | | |
| No production | | | | | | |
| | | | | | | |
| **1969** | | | | | | |
| **Arrow, 4-cyl., 73 hp, 98.5" wb** | | | | | | |
| 4-dr Sdn | 200 | 350 | 500 | 1000 | 1900 | 2700 |
| **Alpine, 4-cyl., 73 hp, 98.5" wb** | | | | | | |
| 2-dr Fastback Cpe | 300 | 600 | 950 | 1900 | 3200 | 4600 |
| **Alpine, 4-cyl., 94 hp, 98.5" wb** | | | | | | |
| 2-dr GT Fastback Cpe | 300 | 650 | 1000 | 2000 | 3500 | 4900 |

---

# PRICE GUIDE CLASSIFICATIONS:

**1. CONCOURS:** Perfection. At or near 100 points on a 100-point judging scale. Trailered; never driven; pampered. Totally restored to the max and 100 percent stock.

**2. SHOW:** Professionally restored to high standards. No major flaws or deviations from stock. Consistent trophy winner that needs nothing to show. In 90 to 95 point range.

**3. STREET/SHOW:** Older restoration or extremely nice original showing some wear from age and use. Very presentable; occasional trophy winner; everything working properly. About 80 to 89 points.

**4. DRIVER:** A nice looking, fine running collector car needing little or nothing to drive, enjoy and show in local competition. Would need extensive restoration to be a show car, but completely usable as is.

**5. RESTORABLE:** Project car that is relatively complete and restorable within a reasonable effort and expense. Needs total restoration, but all major components present and rebuildable. May or may not be running.

**6. PARTS CAR:** Deteriorated or stripped to a point beyond reasonable restoration, but still complete and solid enough to donate valuable parts to a restoration. Likely not running, possibly missing its engine.

# TOYOTA (TOYOPET)
## 1958 – 1991

'87 Toyota Supra

'87 Toyota MR2

'87 Toyota Celica

'90 Toyota Celica GT Sport Coupe

|  | 6 | 5 | 4 | 3 | 2 | 1 |
|---|---|---|---|---|---|---|
| **TOYOTA (TOYOPET)** | | | | | | |
| **1958** | | | | | | |
| **Crown, 4-cyl., 99.6" wb** | | | | | | |
| 4-dr Sdn | 300 | 650 | 1000 | 2000 | 3500 | 4900 |
| **1959** | | | | | | |
| **Crown, 4-cyl., 99.6" wb** | | | | | | |
| 4-dr Sdn | 300 | 650 | 1000 | 2000 | 3500 | 4900 |
| **1960** | | | | | | |
| **Crown, 4-cyl., 99.6" wb** | | | | | | |
| 4-dr Sdn | 300 | 650 | 1000 | 2000 | 3500 | 4900 |
| **1961** | | | | | | |
| **Crown, 4-cyl., 100" wb** | | | | | | |
| 4-dr Custom Sdn | 300 | 650 | 1100 | 2100 | 3600 | 5100 |
| 4-dr Custom Sta Wgn | 300 | 650 | 1100 | 2200 | 3800 | 5400 |
| **Tiara, 4-cyl., 94.5" wb** | | | | | | |
| 4-dr Sdn | 300 | 600 | 950 | 1900 | 3200 | 4600 |
| **1962** | | | | | | |
| **Crown, 4-cyl., 100" wb** | | | | | | |
| 4-dr Custom Sdn | 300 | 650 | 1100 | 2100 | 3600 | 5100 |
| 4-dr Custom Sta Wgn | 300 | 650 | 1100 | 2200 | 3800 | 5400 |
| **Tiara, 4-cyl., 94.5" wb** | | | | | | |
| 4-dr Sdn | 300 | 600 | 950 | 1900 | 3200 | 4600 |

| | 6 | 5 | 4 | 3 | 2 | 1 |
|---|---|---|---|---|---|---|
| **1963** | | | | | | |
| **Crown, 4-cyl., 100" wb** | | | | | | |
| 4-dr Custom Sdn | 300 | 650 | 1100 | 2100 | 3600 | 5100 |
| 4-dr Custom Sta Wgn | 300 | 650 | 1100 | 2200 | 3800 | 5400 |
| **Tiara, 4-cyl., 94.5" wb** | | | | | | |
| 4-dr Sdn | 300 | 600 | 950 | 1900 | 3200 | 4600 |
| **1964** | | | | | | |
| **Crown, 4-cyl., 100" wb** | | | | | | |
| 4-dr Custom Sdn | 300 | 650 | 1100 | 2100 | 3600 | 5100 |
| 4-dr Custom Sta Wgn | 300 | 650 | 1100 | 2200 | 3800 | 5400 |
| **Tiara, 4-cyl., 94.5" wb** | | | | | | |
| 4-dr Sdn | 300 | 600 | 950 | 1900 | 3200 | 4600 |
| **1965** | | | | | | |
| **Crown, 4-cyl., 100" wb** | | | | | | |
| 4-dr Custom Sdn | 300 | 650 | 1100 | 2100 | 3600 | 5100 |
| 4-dr Custom Sta Wgn | 300 | 650 | 1100 | 2200 | 3800 | 5400 |
| **Tiara, 4-cyl., 94.5" wb** | | | | | | |
| 4-dr Sdn | 300 | 600 | 950 | 1900 | 3200 | 4600 |
| **1966** | | | | | | |
| **Crown, 4-cyl., 100" wb** | | | | | | |
| 4-dr Custom Sdn | 300 | 650 | 1100 | 2100 | 3600 | 5100 |
| 4-dr Custom Sta Wgn | 300 | 650 | 1100 | 2200 | 3800 | 5400 |
| **Tiara, 4-cyl., 94.5" wb** | | | | | | |
| 4-dr Sdn | 300 | 600 | 950 | 1900 | 3200 | 4600 |

## TOYOTA

| | 6 | 5 | 4 | 3 | 2 | 1 |
|---|---|---|---|---|---|---|
| **1967** | | | | | | |
| **Corona, 4-cyl., 95.3" wb** | | | | | | |
| 4-dr Sdn | 300 | 550 | 800 | 1600 | 2800 | 3900 |
| 2-dr Hdtp Cpe | 300 | 650 | 1000 | 2000 | 3500 | 4900 |
| **Crown, 6-cyl., 105.9" wb** | | | | | | |
| 4-dr Sdn | 250 | 500 | 750 | 1400 | 2400 | 3400 |
| 4-dr Sta Wgn | 250 | 500 | 750 | 1500 | 2600 | 3600 |
| **2000 GT, 6-cyl., 91.7" wb** | | | | | | |
| 2-dr GT Cpe | 7300 | 21700 | 36500 | 73000 | 128200 | 182200 |
| **1968** | | | | | | |
| **Corona, 4-cyl., 95.3" wb** | | | | | | |
| 4-dr Sdn | 300 | 550 | 800 | 1600 | 2800 | 3900 |
| 2-dr Hdtp Cpe | 300 | 650 | 1000 | 2000 | 3500 | 4900 |
| **Crown, 6-cyl., 105.9" wb** | | | | | | |
| 4-dr Sdn | 250 | 500 | 750 | 1400 | 2400 | 3400 |
| 4-dr Sta Wgn | 250 | 500 | 750 | 1500 | 2600 | 3600 |
| **2000 GT, 6-cyl., 91.7" wb** | | | | | | |
| 2-dr GT Cpe | 7300 | 21700 | 36500 | 73000 | 128200 | 182200 |
| **1969** | | | | | | |
| **Corolla, 4-cyl., 90" wb** | | | | | | |
| 2-dr Cpe | 250 | 500 | 750 | 1500 | 2600 | 3600 |
| 2-dr Sta Wgn | 300 | 550 | 800 | 1600 | 2800 | 3900 |
| **Corona, 4-cyl., 95.3" wb** | | | | | | |
| 4-dr Sdn | 300 | 550 | 800 | 1600 | 2800 | 3900 |
| 2-dr Hdtp Cpe | 300 | 650 | 1000 | 2000 | 3500 | 4900 |
| **Corona Mark II, 4-cyl., 98.8" wb** | | | | | | |
| 4-dr Sdn | 300 | 600 | 850 | 1700 | 2900 | 4100 |
| 2-dr Hdtp | 300 | 650 | 1100 | 2100 | 3600 | 5100 |
| 4-dr Sta Wgn | 300 | 600 | 900 | 1800 | 3100 | 4400 |

| | 6 | 5 | 4 | 3 | 2 | 1 |
|---|---|---|---|---|---|---|
| **Crown, 6-cyl., 105.9" wb** | | | | | | |
| 4-dr Sdn | 250 | 500 | 750 | 1400 | 2400 | 3400 |
| 4-dr Sta Wgn | 250 | 500 | 750 | 1500 | 2600 | 3600 |
| **1970** | | | | | | |
| **Corolla, 4-cyl., 90" wb** | | | | | | |
| 2-dr Cpe | 250 | 500 | 750 | 1500 | 2600 | 3600 |
| 2-dr Sta Wgn | 300 | 550 | 800 | 1600 | 2800 | 3900 |
| **Corona, 4-cyl., 95.3" wb** | | | | | | |
| 4-dr Sdn | 300 | 550 | 800 | 1600 | 2800 | 3900 |
| 2-dr Hdtp Cpe | 300 | 650 | 1000 | 2000 | 3500 | 4900 |
| **Corona Mark II, 4-cyl., 98.8" wb** | | | | | | |
| 4-dr Sdn | 300 | 600 | 850 | 1700 | 2900 | 4100 |
| 2-dr Hdtp | 300 | 650 | 1100 | 2100 | 3600 | 5100 |
| 4-dr Sta Wgn | 300 | 600 | 900 | 1800 | 3100 | 4400 |
| **Crown, 6-cyl., 105.9" wb** | | | | | | |
| 4-dr Sdn | 250 | 500 | 750 | 1400 | 2400 | 3400 |
| 4-dr Sta Wgn | 250 | 500 | 750 | 1500 | 2600 | 3600 |
| **1971** | | | | | | |
| **Celica, 4-cyl.** | | | | | | |
| 2-dr Cpe | 250 | 500 | 750 | 1500 | 2600 | 3600 |
| **Corolla KE, 4-cyl., 91.9" wb** | | | | | | |
| 2-dr Sdn | 250 | 500 | 750 | 1400 | 2400 | 3400 |
| 2-dr Cpe | 250 | 500 | 750 | 1500 | 2600 | 3600 |
| 2-dr Sta Wgn | 250 | 500 | 750 | 1500 | 2600 | 3600 |
| **Corolla TE, 4-cyl., 91.9" wb** | | | | | | |
| 2-dr Sdn | 250 | 500 | 750 | 1400 | 2400 | 3400 |
| 2-dr Cpe | 250 | 500 | 750 | 1500 | 2600 | 3600 |
| 4-dr Sdn | 250 | 500 | 750 | 1400 | 2400 | 3400 |
| 2-dr Sta Wgn | 250 | 500 | 750 | 1500 | 2600 | 3600 |
| **Corona, 4-cyl., 95.7" wb** | | | | | | |
| 4-dr Sdn | 300 | 550 | 800 | 1600 | 2800 | 3900 |
| 2-dr Hdtp | 300 | 650 | 1000 | 2000 | 3500 | 4900 |
| **Corona Mark II, 4-cyl., 98.8" wb** | | | | | | |
| 4-dr Sdn | 300 | 600 | 850 | 1700 | 2900 | 4100 |
| 2-dr Hdtp | 300 | 650 | 1000 | 2000 | 3500 | 4900 |
| 4-dr Sta Wgn | 300 | 600 | 950 | 1900 | 3200 | 4600 |
| **Crown, 6-cyl., 105.9" wb** | | | | | | |
| 4-dr Sdn | 250 | 500 | 750 | 1400 | 2400 | 3400 |
| 4-dr Sta Wgn | 250 | 500 | 750 | 1500 | 2600 | 3600 |
| **1972** | | | | | | |
| **Carina** | | | | | | |
| 2-dr Sdn | 200 | 450 | 650 | 1300 | 2200 | 3200 |
| **Celica, 4-cyl.** | | | | | | |
| 2-dr Cpe | 250 | 500 | 750 | 1500 | 2600 | 3600 |
| **Corolla KE, 4-cyl., 91.9" wb** | | | | | | |
| 2-dr Sdn | 250 | 500 | 750 | 1400 | 2400 | 3400 |
| **Corolla TE, 4-cyl., 91.9" wb** | | | | | | |
| 2-dr Sdn | 250 | 500 | 750 | 1400 | 2400 | 3400 |
| 2-dr Cpe | 250 | 500 | 750 | 1500 | 2600 | 3600 |
| 4-dr Sdn | 250 | 500 | 750 | 1400 | 2400 | 3400 |
| 2-dr Sta Wgn | 250 | 500 | 750 | 1500 | 2600 | 3600 |
| **Corona, 4-cyl., 95.7" wb** | | | | | | |
| 4-dr Sdn | 300 | 550 | 800 | 1600 | 2800 | 3900 |
| 2-dr Hdtp | 300 | 600 | 950 | 1900 | 3200 | 4600 |
| **Corona Mark II, 4-cyl., 98.8" wb** | | | | | | |
| 4-dr Sdn | 300 | 600 | 850 | 1700 | 2900 | 4100 |
| 2-dr Hdtp | 300 | 650 | 1000 | 2000 | 3500 | 4900 |
| 4-dr Sta Wgn | 300 | 600 | 950 | 1900 | 3200 | 4600 |

| | 6 | 5 | 4 | 3 | 2 | 1 |
|---|---|---|---|---|---|---|
| **1973** | | | | | | |
| **Carina** | | | | | | |
| 2-dr Sdn | 200 | 450 | 650 | 1300 | 2200 | 3200 |
| **Celica, 4-cyl.** | | | | | | |
| 2-dr Cpe | 250 | 500 | 750 | 1500 | 2600 | 3600 |
| **Corolla KE, 4-cyl., 91.9" wb** | | | | | | |
| 2-dr Sdn | 250 | 500 | 750 | 1400 | 2400 | 3400 |
| **Corolla TE, 4-cyl., 91.9" wb** | | | | | | |
| 2-dr Sdn | 250 | 500 | 750 | 1400 | 2400 | 3400 |
| 2-dr Cpe | 250 | 500 | 750 | 1500 | 2600 | 3600 |
| 4-dr Sdn | 250 | 500 | 750 | 1400 | 2400 | 3400 |
| 2-dr Sta Wgn | 250 | 500 | 750 | 1500 | 2600 | 3600 |
| **Corona, 4-cyl., 95.7" wb** | | | | | | |
| 4-dr Sdn | 300 | 550 | 800 | 1600 | 2800 | 3900 |
| 2-dr Hdtp | 300 | 600 | 950 | 1900 | 3200 | 4600 |
| 4-dr Sta Wgn | 300 | 600 | 950 | 1900 | 3200 | 4600 |
| **Corona Mark II, 4-cyl., 98.8" wb** | | | | | | |
| 4-dr Sdn | 300 | 600 | 850 | 1700 | 2900 | 4100 |
| 2-dr Hdtp | 300 | 650 | 1000 | 2000 | 3500 | 4900 |
| 4-dr Sta Wgn | 300 | 600 | 950 | 1900 | 3200 | 4600 |
| **1974** | | | | | | |
| **Celica, 4-cyl.** | | | | | | |
| 2-dr Cpe | 250 | 500 | 750 | 1500 | 2600 | 3600 |
| **Corolla KE, 4-cyl., 91.9" wb** | | | | | | |
| 2-dr Sdn | 250 | 500 | 750 | 1400 | 2400 | 3400 |
| 2-dr DLX Sdn | 250 | 500 | 750 | 1500 | 2600 | 3600 |
| **Corolla TE, 4-cyl., 91.9" wb** | | | | | | |
| 2-dr Sdn | 250 | 500 | 750 | 1400 | 2400 | 3400 |
| 2-dr Cpe | 250 | 500 | 750 | 1500 | 2600 | 3600 |
| 4-dr Sdn | 250 | 500 | 750 | 1400 | 2400 | 3400 |
| 2-dr Sta Wgn | 250 | 500 | 750 | 1500 | 2600 | 3600 |
| **Corona, 4-cyl., 95.7" wb** | | | | | | |
| 2-dr Sdn | 300 | 550 | 800 | 1600 | 2800 | 3900 |
| 4-dr Sdn | 300 | 550 | 800 | 1600 | 2800 | 3900 |
| 2-dr Hdtp | 300 | 600 | 950 | 1900 | 3200 | 4600 |
| 4-dr Sta Wgn | 300 | 600 | 950 | 1900 | 3200 | 4600 |
| **Corona Mark II, 4-cyl., 98.8" wb** | | | | | | |
| 4-dr Sdn | 300 | 600 | 850 | 1700 | 2900 | 4100 |
| 2-dr Hdtp | 300 | 650 | 1000 | 2000 | 3500 | 4900 |
| 4-dr Sta Wgn | 300 | 600 | 950 | 1900 | 3200 | 4600 |
| **1975** | | | | | | |
| **Celica, 4-cyl.** | | | | | | |
| 2-dr GT Hdtp | 300 | 600 | 850 | 1700 | 2900 | 4100 |
| 2-dr ST Hdtp | 300 | 550 | 800 | 1600 | 2800 | 3900 |
| **Corolla, 4-cyl.** | | | | | | |
| 2-dr Dlx Sdn | 250 | 500 | 750 | 1500 | 2600 | 3600 |
| 4-dr Dlx Sdn | 250 | 500 | 750 | 1400 | 2400 | 3400 |
| 4-dr Dlx Sta Wgn | 250 | 500 | 750 | 1500 | 2600 | 3600 |
| 2-dr SR5 Cpe | 300 | 550 | 800 | 1600 | 2800 | 3900 |
| **Corona, 4-cyl.** | | | | | | |
| 2-dr Hdtp | 300 | 600 | 950 | 1900 | 3200 | 4600 |
| 2-dr Sdn | 300 | 550 | 800 | 1600 | 2800 | 3900 |
| 4-dr Sta Wgn | 300 | 600 | 950 | 1900 | 3200 | 4600 |
| 4-dr Dlx Sdn | 300 | 550 | 800 | 1600 | 2800 | 3900 |
| **Corona Mark II, 4-cyl.** | | | | | | |
| 4-dr Sdn | 300 | 600 | 850 | 1700 | 2900 | 4100 |
| 2-dr Hdtp | 300 | 650 | 1000 | 2000 | 3500 | 4900 |

| | 6 | 5 | 4 | 3 | 2 | 1 |
|---|---|---|---|---|---|---|
| 4-dr Sta Wgn | 300 | 600 | 950 | 1900 | 3200 | 4600 |
| 2-dr SR5 Hdtp | 300 | 600 | 950 | 1900 | 3200 | 4600 |

### 1976
**Celica, 4-cyl.**

| | 6 | 5 | 4 | 3 | 2 | 1 |
|---|---|---|---|---|---|---|
| 2-dr GT Hdtp | 300 | 600 | 850 | 1700 | 2900 | 4100 |
| 2-dr GT Liftbk | 300 | 650 | 1000 | 2000 | 3500 | 4900 |
| 2-dr ST Hdtp | 300 | 550 | 800 | 1600 | 2800 | 3900 |

**Corolla, 4-cyl.**

| | | | | | | |
|---|---|---|---|---|---|---|
| 2-dr Sdn | 250 | 500 | 750 | 1400 | 2400 | 3400 |
| 2-dr Dlx Hdtp | 250 | 500 | 750 | 1500 | 2600 | 3600 |
| 2-dr Dlx Liftbk | 250 | 500 | 750 | 1400 | 2400 | 3400 |
| 2-dr Dlx Sdn | 250 | 500 | 750 | 1500 | 2600 | 3600 |
| 2-dr Dlx Spt Cpe | 250 | 500 | 750 | 1500 | 2600 | 3600 |
| 4-dr Dlx Sdn | 250 | 500 | 750 | 1400 | 2400 | 3400 |
| 4-dr Dlx Sta Wgn | 250 | 500 | 750 | 1500 | 2600 | 3600 |
| 2-dr SR5 Spt Cpe | 300 | 550 | 800 | 1600 | 2800 | 3900 |
| 2-dr SR5 Dlx Spt Cpe | 250 | 500 | 750 | 1500 | 2600 | 3600 |
| 2-dr SR5 Dlx Liftbk | 250 | 500 | 750 | 1500 | 2600 | 3600 |

**Corona, 4-cyl.**

| | | | | | | |
|---|---|---|---|---|---|---|
| 2-dr Sdn | 300 | 550 | 800 | 1600 | 2800 | 3900 |
| 2-dr Dlx Hdtp | 300 | 600 | 950 | 1900 | 3200 | 4600 |
| 4-dr Dlx Sdn | 300 | 550 | 800 | 1600 | 2800 | 3900 |
| 4-dr Dlx Sta Wgn | 300 | 600 | 950 | 1900 | 3200 | 4600 |

**Corona Mark II, 4-cyl.**

| | | | | | | |
|---|---|---|---|---|---|---|
| 4-dr Sdn | 300 | 550 | 800 | 1600 | 2800 | 3900 |
| 4-dr Sta Wgn | 300 | 600 | 900 | 1800 | 3100 | 4400 |
| 2-dr SR5 Hdtp | 300 | 600 | 900 | 1800 | 3100 | 4400 |

### 1977
**Celica, 4-cyl.**

| | | | | | | |
|---|---|---|---|---|---|---|
| 2-dr GT Hdtp | 300 | 600 | 850 | 1700 | 2900 | 4100 |
| 2-dr GT Liftbk | 300 | 650 | 1000 | 2000 | 3500 | 4900 |
| 2-dr ST Hdtp | 300 | 550 | 800 | 1600 | 2800 | 3900 |

**Corolla, 4-cyl.**

| | | | | | | |
|---|---|---|---|---|---|---|
| 2-dr Sdn | 250 | 500 | 750 | 1400 | 2400 | 3400 |
| 4-dr Custom Sdn | 250 | 500 | 750 | 1400 | 2400 | 3400 |
| 2-dr Dlx Spt Cpe | 250 | 500 | 750 | 1500 | 2600 | 3600 |
| 2-dr Dlx Liftbk | 250 | 500 | 750 | 1400 | 2400 | 3400 |
| 2-dr Dlx Sdn | 250 | 500 | 750 | 1500 | 2600 | 3600 |
| 4-dr Dlx Sdn | 250 | 500 | 750 | 1400 | 2400 | 3400 |
| 4-dr Dlx Sta Wgn | 250 | 500 | 750 | 1500 | 2600 | 3600 |
| 2-dr SR5 Spt Cpe | 300 | 550 | 800 | 1600 | 2800 | 3900 |
| 2-dr SR5 Dlx Spt Cpe | 250 | 500 | 750 | 1500 | 2600 | 3600 |
| 2-dr SR5 Dlx Liftbk | 250 | 500 | 750 | 1500 | 2600 | 3600 |

**Corona, 4-cyl.**

| | | | | | | |
|---|---|---|---|---|---|---|
| 2-dr Cstm Sdn | 300 | 550 | 800 | 1600 | 2800 | 3900 |
| 2-dr Dlx Hdtp | 300 | 600 | 950 | 1900 | 3200 | 4600 |
| 4-dr Dlx Sdn | 300 | 550 | 800 | 1600 | 2800 | 3900 |
| 4-dr Dlx Sta Wgn | 300 | 600 | 950 | 1900 | 3200 | 4600 |

### 1978
**Celica, 4-cyl., 98.4" wb**

| | | | | | | |
|---|---|---|---|---|---|---|
| 2-dr GT Hdtp | 300 | 600 | 850 | 1700 | 2900 | 4100 |
| 2-dr GT Liftbk | 300 | 650 | 1000 | 2000 | 3500 | 4900 |
| 2-dr ST Hdtp | 300 | 550 | 800 | 1600 | 2800 | 3900 |

**Corolla, 4-cyl., 94.5" wb**

| | | | | | | |
|---|---|---|---|---|---|---|
| 2-dr Liftbk | 250 | 500 | 750 | 1400 | 2400 | 3400 |
| 2-dr Sdn | 250 | 500 | 750 | 1400 | 2400 | 3400 |
| 2-dr Spt Cpe | 250 | 500 | 750 | 1500 | 2600 | 3600 |

| | 6 | 5 | 4 | 3 | 2 | 1 |
|---|---|---|---|---|---|---|
| 4-dr Sdn | 250 | 500 | 750 | 1400 | 2400 | 3400 |
| 2-dr Dlx Sdn | 250 | 500 | 750 | 1500 | 2600 | 3600 |
| 4-dr Dlx Sdn | 250 | 500 | 750 | 1400 | 2400 | 3400 |
| 4-dr Dlx Sta Wgn | 250 | 500 | 750 | 1500 | 2600 | 3600 |
| 2-dr SR5 Spt Cpe | 300 | 550 | 800 | 1600 | 2800 | 3900 |
| 2-dr SR5 Liftbk | 250 | 500 | 750 | 1500 | 2600 | 3600 |
| **Corona, 4-cyl., 99.4" wb** | | | | | | |
| 2-dr Cstm Sdn | 300 | 550 | 800 | 1600 | 2800 | 3900 |
| 4-dr Dlx Sdn | 300 | 550 | 800 | 1600 | 2800 | 3900 |
| 4-dr Dlx Sta Wgn | 300 | 600 | 950 | 1900 | 3200 | 4600 |
| **Cressida, 6-cyl., 104.1" wb** | | | | | | |
| 4-dr Sdn | 300 | 600 | 900 | 1800 | 3100 | 4400 |
| 4-dr Sta Wgn | 300 | 650 | 1000 | 2000 | 3500 | 4900 |

## 1979

| | 6 | 5 | 4 | 3 | 2 | 1 |
|---|---|---|---|---|---|---|
| **Celica, 4-cyl., 98.4" wb** | | | | | | |
| 2-dr ST Spt Cpe | 300 | 600 | 850 | 1700 | 2900 | 4100 |
| 2-dr GT Spt Cpe | 300 | 600 | 950 | 1900 | 3200 | 4600 |
| 2-dr GT Liftbk | 300 | 650 | 1100 | 2100 | 3600 | 5100 |
| 2-dr Supra Liftbk | 300 | 700 | 1200 | 2400 | 4100 | 5900 |
| **Corolla, 4-cyl., 94.5" wb** | | | | | | |
| 2-dr Sdn | 200 | 450 | 650 | 1300 | 2200 | 3200 |
| 4-dr Sdn | 200 | 450 | 650 | 1300 | 2200 | 3200 |
| 2-dr Dlx Sdn | 250 | 500 | 750 | 1400 | 2400 | 3400 |
| 4-dr Dlx Sdn | 250 | 500 | 750 | 1400 | 2400 | 3400 |
| 4-dr Dlx Sta Wgn | 250 | 500 | 750 | 1500 | 2600 | 3600 |
| 2-dr Spt Cpe | 250 | 500 | 750 | 1500 | 2600 | 3600 |
| 2-dr Liftbk | 250 | 500 | 750 | 1400 | 2400 | 3400 |
| **Corona, 4-cyl., 99.4" wb** | | | | | | |
| 4-dr Dlx Sdn | 300 | 550 | 800 | 1600 | 2800 | 3900 |
| 4-dr Dlx Liftbk | 300 | 600 | 900 | 1800 | 3100 | 4400 |
| 4-dr Dlx Sta Wgn | 300 | 600 | 900 | 1800 | 3100 | 4400 |
| **Cressida, 6-cyl., 104.1" wb** | | | | | | |
| 4-dr Sdn | 300 | 650 | 1000 | 2000 | 3500 | 4900 |
| 4-dr Sta Wgn | 300 | 650 | 1100 | 2200 | 3800 | 5400 |

## 1980

| | 6 | 5 | 4 | 3 | 2 | 1 |
|---|---|---|---|---|---|---|
| **Celica, 4-cyl., 98.4" wb** | | | | | | |
| 2-dr ST Spt Cpe | 300 | 600 | 850 | 1700 | 2900 | 4100 |
| 2-dr GT Spt Cpe | 300 | 600 | 950 | 1900 | 3200 | 4600 |
| 2-dr GT Liftbk | 300 | 650 | 1100 | 2100 | 3600 | 5100 |
| 2-dr Supra Liftbk | 300 | 700 | 1200 | 2400 | 4100 | 5900 |
| **Corolla Tercel, 4-cyl., 98.4" wb** | | | | | | |
| 2-dr Sdn | 200 | 400 | 550 | 1100 | 2000 | 2900 |
| 3-dr Liftbk | 200 | 400 | 550 | 1100 | 2000 | 2900 |
| **Corolla, 4-cyl., 94.5" wb** | | | | | | |
| 2-dr Sdn | 200 | 450 | 650 | 1300 | 2200 | 3200 |
| 4-dr Sdn | 200 | 450 | 650 | 1300 | 2200 | 3200 |
| 2-dr Liftbk | 250 | 500 | 750 | 1400 | 2400 | 3400 |
| 2-dr Spt Cpe | 250 | 500 | 750 | 1500 | 2600 | 3600 |
| 4-dr Sta Wgn | 250 | 500 | 750 | 1500 | 2600 | 3600 |
| **Corona, 4-cyl., 99.4" wb** | | | | | | |
| 4-dr Sdn | 300 | 550 | 800 | 1600 | 2800 | 3900 |
| 4-dr Liftbk | 300 | 600 | 900 | 1800 | 3100 | 4400 |
| 4-dr Sta Wgn | 300 | 600 | 900 | 1800 | 3100 | 4400 |
| **Cressida, 6-cyl., 104.1" wb** | | | | | | |
| 4-dr Luxury Sdn | 300 | 650 | 1100 | 2200 | 3800 | 5400 |
| 4-dr Deluxe Sta Wgn | 300 | 700 | 1200 | 2400 | 4100 | 5900 |

|  | 6 | 5 | 4 | 3 | 2 | 1 |
|---|---|---|---|---|---|---|

**1981**

**tarlet, 4-cyl., 90.6" wb**

| | 6 | 5 | 4 | 3 | 2 | 1 |
|---|---|---|---|---|---|---|
| 3-dr Lbk | 200 | 400 | 550 | 1100 | 2000 | 2900 |

**elica, 4-cyl., 98.4" wb**

| | 6 | 5 | 4 | 3 | 2 | 1 |
|---|---|---|---|---|---|---|
| 2-dr ST Spt Cpe | 300 | 600 | 900 | 1800 | 3100 | 4400 |
| 2-dr GT Spt Cpe | 300 | 600 | 950 | 1900 | 3200 | 4600 |
| 2-dr GT Liftbk | 300 | 650 | 1100 | 2200 | 3800 | 5400 |
| 2-dr Supra Liftbk | 300 | 750 | 1250 | 2500 | 4400 | 6200 |

**orolla Tercel, 4-cyl., 98.4" wb**

| | 6 | 5 | 4 | 3 | 2 | 1 |
|---|---|---|---|---|---|---|
| 2-dr Sdn | 200 | 400 | 550 | 1100 | 2000 | 2900 |
| 2-dr Dlx Sdn | 200 | 400 | 550 | 1100 | 2000 | 2900 |
| 4-dr Sdn | 200 | 400 | 550 | 1100 | 2000 | 2900 |
| 3-dr Dlx Lbk | 200 | 400 | 550 | 1100 | 2000 | 2900 |
| 3-dr SR5 Lbk | 200 | 450 | 650 | 1300 | 2200 | 3200 |

**orolla, 4-cyl., 94.5" wb**

| | 6 | 5 | 4 | 3 | 2 | 1 |
|---|---|---|---|---|---|---|
| 2-dr Sdn | 200 | 450 | 650 | 1300 | 2200 | 3200 |
| 2-dr Dlx Sdn | 200 | 450 | 650 | 1300 | 2200 | 3200 |
| 4-dr Dlx Sdn | 250 | 500 | 750 | 1400 | 2400 | 3400 |
| 2-dr Dlx Liftbk | 250 | 500 | 750 | 1400 | 2400 | 3400 |
| 2-dr Dlx Spt Cpe | 300 | 550 | 800 | 1600 | 2800 | 3900 |
| 4-dr Dlx Sta Wgn | 300 | 550 | 800 | 1600 | 2800 | 3900 |
| 2-dr SR5 Spt Cpe | 300 | 550 | 800 | 1600 | 2800 | 3900 |
| 2-dr SR5 Liftbk | 300 | 550 | 800 | 1600 | 2800 | 3900 |

**orona, 4-cyl., 99.4" wb**

| | 6 | 5 | 4 | 3 | 2 | 1 |
|---|---|---|---|---|---|---|
| 4-dr Dlx Sdn | 300 | 550 | 800 | 1600 | 2800 | 3900 |
| 4-dr Dlx Sta Wgn | 300 | 600 | 900 | 1800 | 3100 | 4400 |
| 4-dr LE Sdn | 300 | 550 | 800 | 1600 | 2800 | 3900 |
| 4-dr LE Liftbk | 300 | 600 | 900 | 1800 | 3100 | 4400 |

**ressida, 6-cyl., 104.1" wb**

| | 6 | 5 | 4 | 3 | 2 | 1 |
|---|---|---|---|---|---|---|
| 4-dr Luxury Sdn | 300 | 700 | 1200 | 2400 | 4100 | 5900 |
| 4-dr Dlx Sta Wgn | 300 | 800 | 1300 | 2600 | 4600 | 6600 |

**982**

**tarlet, 4-cyl., 90.6" wb**

| | 6 | 5 | 4 | 3 | 2 | 1 |
|---|---|---|---|---|---|---|
| 3-dr Lbk | 200 | 400 | 600 | 1200 | 2100 | 3000 |

**elica, 4-cyl., 98.4" wb**

| | 6 | 5 | 4 | 3 | 2 | 1 |
|---|---|---|---|---|---|---|
| 2-dr ST Spt Cpe | 300 | 600 | 950 | 1900 | 3200 | 4600 |
| 2-dr GT Spt Cpe | 300 | 650 | 1000 | 2000 | 3500 | 4900 |
| 2-dr GT Liftbk | 300 | 650 | 1150 | 2300 | 3900 | 5700 |
| 2-dr Supra Liftbk | 300 | 800 | 1300 | 2600 | 4600 | 6600 |
| 2-dr Supra L Liftbk | 300 | 700 | 1200 | 2400 | 4100 | 5900 |

**orolla Tercel, 4-cyl., 98.4" wb**

| | 6 | 5 | 4 | 3 | 2 | 1 |
|---|---|---|---|---|---|---|
| 2-dr Sdn | 200 | 400 | 550 | 1100 | 2000 | 2900 |
| 2-dr Dlx Sdn | 200 | 400 | 550 | 1100 | 2000 | 2900 |
| 4-dr Dlx Sdn | 200 | 400 | 550 | 1100 | 2000 | 2900 |
| 3-dr Dlx Lbk | 200 | 400 | 600 | 1200 | 2100 | 3000 |
| 3-dr SR5 Lbk | 200 | 450 | 650 | 1300 | 2200 | 3200 |

**orolla, 4-cyl., 94.5" wb**

| | 6 | 5 | 4 | 3 | 2 | 1 |
|---|---|---|---|---|---|---|
| 2-dr Sdn | 200 | 450 | 650 | 1300 | 2200 | 3200 |
| 2-dr Dlx Sdn | 200 | 450 | 650 | 1300 | 2200 | 3200 |
| 4-dr Dlx Sdn | 250 | 500 | 750 | 1400 | 2400 | 3400 |
| 2-dr Dlx Liftbk | 250 | 500 | 750 | 1400 | 2400 | 3400 |
| 2-dr Dlx Spt Cpe | 300 | 550 | 800 | 1600 | 2800 | 3900 |
| 4-dr Dlx Sta Wgn | 300 | 550 | 800 | 1600 | 2800 | 3900 |
| 2-dr SR5 Spt Cpe | 300 | 550 | 800 | 1600 | 2800 | 3900 |
| 2-dr SR5 Liftbk | 300 | 550 | 800 | 1600 | 2800 | 3900 |
| 2-dr SR5 Hdtp | 250 | 500 | 750 | 1500 | 2600 | 3600 |

| | 6 | 5 | 4 | 3 | 2 | 1 |
|---|---|---|---|---|---|---|
| **Corona, 4-cyl., 99.4" wb** | | | | | | |
| 4-dr Dlx Sta Wgn | 300 | 600 | 900 | 1800 | 3100 | 4400 |
| 4-dr Luxury Sdn | 300 | 550 | 800 | 1600 | 2800 | 3900 |
| 4-dr Luxury Liftbk | 300 | 600 | 900 | 1800 | 3100 | 4400 |
| **Cressida, 6-cyl., 104.1" wb** | | | | | | |
| 4-dr Luxury Sdn | 300 | 800 | 1300 | 2600 | 4600 | 6600 |
| 4-dr Dlx Sta Wgn | 350 | 850 | 1400 | 2800 | 4900 | 7100 |
| **1983** | | | | | | |
| **Starlet, 4-cyl., 90.6" wb** | | | | | | |
| 3-dr Liftbk | 200 | 400 | 600 | 1200 | 2100 | 3000 |
| **Celica, 4-cyl., 98.4" wb** | | | | | | |
| 2-dr ST Spt Cpe | 300 | 600 | 950 | 1900 | 3200 | 4600 |
| 2-dr GT Spt Cpe | 300 | 650 | 1000 | 2000 | 3500 | 4900 |
| 2-dr GT Liftbk | 300 | 650 | 1150 | 2300 | 3900 | 5700 |
| 2-dr GT-S Spt Cpe | 300 | 750 | 1250 | 2500 | 4400 | 6200 |
| 3-dr GT-S Liftbk | 300 | 800 | 1350 | 2700 | 4700 | 6900 |
| 2-dr Supra | 350 | 850 | 1400 | 2800 | 4900 | 7100 |
| 2-dr Supra L | 300 | 800 | 1300 | 2600 | 4600 | 6600 |
| **Tercel, 4-cyl., 98.4" wb** | | | | | | |
| 3-dr Liftbk | 200 | 400 | 550 | 1100 | 2000 | 2900 |
| 3-dr Dlx Liftbk | 200 | 400 | 600 | 1200 | 2100 | 3000 |
| 5-dr Dlx Liftbk | 200 | 450 | 650 | 1300 | 2200 | 3200 |
| 4-dr 4WD Dlx Wgn | 300 | 600 | 850 | 1700 | 2900 | 4100 |
| 3-dr SR5 Liftbk | 200 | 450 | 650 | 1300 | 2200 | 3200 |
| 4-dr SR5 4WD Wgn | 300 | 600 | 900 | 1800 | 3100 | 4400 |
| **Corolla, 4-cyl., 94.5" wb** | | | | | | |
| 2-dr Sdn | 200 | 450 | 650 | 1300 | 2200 | 3200 |
| 2-dr Dlx Sdn | 200 | 450 | 650 | 1300 | 2200 | 3200 |
| 4-dr Dlx Sdn | 250 | 500 | 750 | 1400 | 2400 | 3400 |
| 4-dr Dlx Wgn | 300 | 550 | 800 | 1600 | 2800 | 3900 |
| 3-dr Dlx Liftbk | 250 | 500 | 750 | 1400 | 2400 | 3400 |
| 2-dr SR5 Hdtp | 250 | 500 | 750 | 1500 | 2600 | 3600 |
| 3-dr SR5 Liftbk | 300 | 550 | 800 | 1600 | 2800 | 3900 |
| 2-dr SR5 Spt Cpe | 300 | 550 | 800 | 1600 | 2800 | 3900 |
| **Camry, 4-cyl.** | | | | | | |
| 4-dr Dlx Sdn | 300 | 650 | 1100 | 2100 | 3600 | 5100 |
| 5-dr Dlx Liftbk | 300 | 650 | 1000 | 2000 | 3500 | 4900 |
| 4-dr LE Sdn | 300 | 700 | 1200 | 2400 | 4100 | 5900 |
| 5-dr LE Liftbk | 300 | 650 | 1150 | 2300 | 3900 | 5700 |
| **Cressida, 6-cyl., 104.1" wb** | | | | | | |
| 4-dr Luxury Sdn | 350 | 850 | 1400 | 2800 | 4900 | 7100 |
| 4-dr Dlx Sta Wgn | 350 | 900 | 1500 | 3000 | 5300 | 7600 |
| **1984** | | | | | | |
| **Starlet, 4-cyl.** | | | | | | |
| 3-dr Liftbk | 200 | 450 | 650 | 1300 | 2200 | 3200 |
| **Celica, 4-cyl.** | | | | | | |
| 2-dr ST Spt Cpe | 300 | 650 | 1000 | 2000 | 3500 | 4900 |
| 2-dr GT Spt Cpe | 300 | 650 | 1100 | 2100 | 3600 | 5100 |
| 2-dr GT Liftbk | 300 | 700 | 1200 | 2400 | 4100 | 5900 |
| 2-dr GT-S Spt Cpe | 300 | 800 | 1300 | 2600 | 4600 | 6600 |
| 3-dr GT-S Liftbk | 350 | 900 | 1500 | 2900 | 5200 | 7400 |
| 2-dr Supra | 350 | 950 | 1550 | 3100 | 5500 | 7900 |
| 2-dr Supra L | 350 | 850 | 1400 | 2800 | 4900 | 7100 |
| **Tercel, 4-cyl.** | | | | | | |
| 3-dr Liftbk | 200 | 400 | 600 | 1200 | 2100 | 3000 |
| 3-dr Dlx Liftbk | 200 | 450 | 650 | 1300 | 2200 | 3200 |
| 5-dr Dlx Liftbk | 250 | 500 | 750 | 1400 | 2400 | 3400 |

|  | 6 | 5 | 4 | 3 | 2 | 1 |
|---|---|---|---|---|---|---|
| 5-dr Dlx Wgn | 250 | 500 | 750 | 1400 | 2400 | 3400 |
| 5-dr 4WD Dlx Wgn | 300 | 600 | 900 | 1800 | 3100 | 4400 |
| 3-dr SR5 Liftbk | 250 | 500 | 750 | 1400 | 2400 | 3400 |
| 4-dr SR5 4WD Wgn | 300 | 600 | 950 | 1900 | 3200 | 4600 |
| **Corolla, 4-cyl.** | | | | | | |
| 4-dr Dlx Sdn | 250 | 500 | 750 | 1500 | 2600 | 3600 |
| 5-dr Dlx Liftbk | 250 | 500 | 750 | 1500 | 2600 | 3600 |
| 4-dr LE Sdn | 300 | 600 | 850 | 1700 | 2900 | 4100 |
| 2-dr SR5 Hdtp | 300 | 550 | 800 | 1600 | 2800 | 3900 |
| 3-dr SR5 Liftbk | 300 | 600 | 850 | 1700 | 2900 | 4100 |
| **Camry, 4-cyl.** | | | | | | |
| 4-dr Dlx Sdn | 300 | 650 | 1150 | 2300 | 3900 | 5700 |
| 5-dr Dlx Liftbk | 300 | 650 | 1100 | 2200 | 3800 | 5400 |
| 4-dr LE Sdn | 300 | 800 | 1300 | 2600 | 4600 | 6600 |
| 5-dr LE Liftbk | 300 | 750 | 1250 | 2500 | 4400 | 6200 |
| **Cressida, 6-cyl., 104.1" wb** | | | | | | |
| 4-dr Luxury Sdn | 350 | 950 | 1550 | 3100 | 5500 | 7900 |
| 4-dr Dlx Sta Wgn | 400 | 1050 | 1700 | 3300 | 5800 | 8300 |
| ***1985*** | | | | | | |
| **Celica, 4-cyl.** | | | | | | |
| 2-dr ST Spt Cpe | 300 | 650 | 1100 | 2100 | 3600 | 5100 |
| 2-dr GT Spt Cpe | 300 | 650 | 1100 | 2200 | 3800 | 5400 |
| 2-dr GT Liftbk | 300 | 750 | 1250 | 2500 | 4400 | 6200 |
| 2-dr GT-S Cpe | 300 | 800 | 1350 | 2700 | 4700 | 6900 |
| 2-dr GT-S Conv | 550 | 100 | 2500 | 5000 | 8700 | 12300 |
| 3-dr GT-S Liftbk | 350 | 900 | 1500 | 3000 | 5300 | 7600 |
| 2-dr Supra | 400 | 1050 | 1700 | 3300 | 5800 | 8300 |
| 2-dr Supra L | 350 | 900 | 1500 | 2900 | 5200 | 7400 |
| **Tercel, 4-cyl.** | | | | | | |
| 3-dr Liftbk | 200 | 400 | 600 | 1200 | 2100 | 3000 |
| 3-dr Dlx Liftbk | 200 | 450 | 650 | 1300 | 2200 | 3200 |
| 5-dr Dlx Liftbk | 250 | 500 | 750 | 1400 | 2400 | 3400 |
| 5-dr Dlx Wgn | 250 | 500 | 750 | 1400 | 2400 | 3400 |
| 5-dr 4WD Dlx Wgn | 300 | 600 | 900 | 1800 | 3100 | 4400 |
| 4-dr SR5 4WD Wgn | 300 | 600 | 950 | 1900 | 3200 | 4600 |
| **Corolla, 4-cyl.** | | | | | | |
| 4-dr Dlx Sdn | 300 | 550 | 800 | 1600 | 2800 | 3900 |
| 5-dr Dlx Liftbk | 300 | 550 | 800 | 1600 | 2800 | 3900 |
| 4-dr LE Sdn | 300 | 600 | 900 | 1800 | 3100 | 4400 |
| 5-dr LE Liftbk | 300 | 600 | 900 | 1800 | 3100 | 4400 |
| 4-dr LE LTD Sdn | 300 | 600 | 900 | 1800 | 3100 | 4400 |
| 2-dr GT-S Cpe | 300 | 600 | 950 | 1900 | 3200 | 4600 |
| 3-dr GT-S Liftbk | 300 | 600 | 950 | 1900 | 3200 | 4600 |
| 2-dr SR5 Cpe | 300 | 600 | 850 | 1700 | 2900 | 4100 |
| 3-dr SR5 Liftbk | 300 | 600 | 900 | 1800 | 3100 | 4400 |
| **Camry, 4-cyl.** | | | | | | |
| 4-dr Dlx Sdn | 300 | 800 | 1300 | 2600 | 4600 | 6600 |
| 5-dr Dlx Liftbk | 300 | 750 | 1250 | 2500 | 4400 | 6200 |
| 4-dr LE Sdn | 350 | 850 | 1400 | 2800 | 4900 | 7100 |
| 5-dr LE Liftbk | 300 | 800 | 1350 | 2700 | 4700 | 6900 |
| **MR2** | | | | | | |
| 2-dr Cpe | 250 | 500 | 750 | 1500 | 2600 | 3600 |
| **Cressida, 6-cyl., 104.1" wb** | | | | | | |
| 4-dr Luxury Sdn | 350 | 1000 | 1600 | 3200 | 5700 | 8100 |
| 4-dr Dlx Sta Wgn | 400 | 1050 | 1700 | 3400 | 5900 | 8500 |

|  | 6 | 5 | 4 | 3 | 2 | 1 |
|---|---|---|---|---|---|---|
| **1986** | | | | | | |
| **Celica, 4-cyl.,** | | | | | | |
| 2-dr ST Spt Cpe | 300 | 650 | 1100 | 2200 | 3800 | 5400 |
| 2-dr GT Spt Cpe | 300 | 650 | 1150 | 2300 | 3900 | 5700 |
| 2-dr GT Liftbk | 300 | 800 | 1300 | 2600 | 4600 | 6600 |
| 2-dr GT-S Cpe | 350 | 850 | 1400 | 2800 | 4900 | 7100 |
| 3-dr GT-S Liftbk | 350 | 950 | 1550 | 3100 | 5500 | 7900 |
| **Supra** | | | | | | |
| 3-dr Liftbk | 400 | 1100 | 1800 | 3600 | 6200 | 9100 |
| **Tercel, 4-cyl.** | | | | | | |
| 3-dr Liftbk | 200 | 450 | 650 | 1300 | 2200 | 3200 |
| 3-dr Dlx Liftbk | 250 | 500 | 750 | 1400 | 2400 | 3400 |
| 5-dr Dlx Liftbk | 250 | 500 | 750 | 1500 | 2600 | 3600 |
| 5-dr Dlx Wgn | 250 | 500 | 750 | 1500 | 2600 | 3600 |
| 4-dr 4WD Dlx Wgn | 300 | 600 | 950 | 1900 | 3200 | 4600 |
| 4-dr SR5 4WD Wgn | 300 | 650 | 1000 | 2000 | 3500 | 4900 |
| **Corolla, 4-cyl.** | | | | | | |
| 4-dr Dlx Sdn | 300 | 600 | 900 | 1800 | 3100 | 4400 |
| 5-dr Dlx Liftbk | 300 | 600 | 900 | 1800 | 3100 | 4400 |
| 4-dr LE Sdn | 300 | 600 | 950 | 1900 | 3200 | 4600 |
| 4-dr LE LTD Sdn | 300 | 600 | 950 | 1900 | 3200 | 4600 |
| 2-dr GT-S Cpe | 300 | 650 | 1000 | 2000 | 3500 | 4900 |
| 3-dr GT-S Liftbk | 300 | 650 | 1000 | 2000 | 3500 | 4900 |
| 2-dr SR5 Cpe | 300 | 600 | 900 | 1800 | 3100 | 4400 |
| 3-dr SR5 Liftbk | 300 | 600 | 950 | 1900 | 3200 | 4600 |
| **Camry, 4-cyl.** | | | | | | |
| 4-dr Dlx Sdn | 350 | 900 | 1500 | 3000 | 5300 | 7600 |
| 5-dr LE Liftbk | 350 | 950 | 1550 | 3100 | 5500 | 7900 |
| 4-dr LE Sdn | 400 | 1050 | 1700 | 3400 | 5800 | 8300 |
| **MR2** | | | | | | |
| 2-dr Cpe | 300 | 600 | 850 | 1700 | 2900 | 4100 |
| **Cressida, 6-cyl., 104.1" wb** | | | | | | |
| 4-dr Luxury Sdn | 400 | 1150 | 1850 | 3700 | 6400 | 9300 |
| 4-dr Dlx Sta Wgn | 400 | 1200 | 1900 | 3800 | 6600 | 9600 |
| **1987** | | | | | | |
| **Celica, 4-cyl.,** | | | | | | |
| 2-dr ST Spt Cpe | 300 | 650 | 1150 | 2300 | 3900 | 5700 |
| 2-dr GT Spt Cpe | 300 | 750 | 1250 | 2500 | 4400 | 6200 |
| 3-dr GT Liftbk | 300 | 800 | 1350 | 2700 | 4700 | 6900 |
| 2-dr GT Conv | 450 | 1250 | 2200 | 4400 | 7600 | 10900 |
| 2-dr GT-S Cpe | 350 | 900 | 1500 | 2900 | 5200 | 7400 |
| 3-dr GT-S Liftbk | 350 | 1000 | 1600 | 3200 | 5700 | 8100 |
| **Supra** | | | | | | |
| 3-dr Liftbk | 400 | 1150 | 1850 | 3700 | 6400 | 9300 |
| 3-dr Turbo Liftbk | 400 | 1200 | 1950 | 3900 | 6800 | 9900 |
| **Tercel, 4-cyl.** | | | | | | |
| 3-dr Liftbk | 250 | 500 | 750 | 1400 | 2400 | 3400 |
| 3-dr Dlx Liftbk | 300 | 550 | 800 | 1600 | 2800 | 3900 |
| 5-dr Dlx Liftbk | 300 | 600 | 900 | 1800 | 3100 | 4400 |
| 2-dr Cpe | 250 | 500 | 750 | 1400 | 2400 | 3400 |
| 2-dr Dlx Cpe | 300 | 600 | 900 | 1800 | 3100 | 4400 |
| 5-dr Dlx Wgn | 300 | 600 | 900 | 1800 | 3100 | 4400 |
| 5-dr 4WD Dlx Wgn | 300 | 650 | 1100 | 2200 | 3800 | 5400 |
| 4-dr SR5 4WD Wgn | 300 | 650 | 1150 | 2300 | 3900 | 5700 |
| **Corolla, 4-cyl.** | | | | | | |
| 4-dr Dlx Sdn | 300 | 650 | 1100 | 2100 | 3600 | 5100 |
| 5-dr Dlx Liftbk | 300 | 650 | 1100 | 2100 | 3600 | 5100 |
| 4-dr LE Sdn | 300 | 650 | 1150 | 2300 | 3900 | 5700 |

| | 6 | 5 | 4 | 3 | 2 | 1 |
|---|---|---|---|---|---|---|
| 2-dr GT-S Cpe | 300 | 700 | 1200 | 2400 | 4100 | 5900 |
| 3-dr FX Liftbk | 300 | 600 | 850 | 1700 | 2900 | 4100 |
| 3-dr FX16 Liftbk | 300 | 600 | 950 | 1900 | 3200 | 4600 |
| 3-dr FX16 GT-S Liftbk | 300 | 650 | 1100 | 2100 | 3600 | 5100 |
| 2-dr SR5 Cpe | 300 | 650 | 1100 | 2200 | 3800 | 5400 |
| **Camry, 4-cyl.** | | | | | | |
| 4-dr Sdn | 350 | 1000 | 1600 | 3200 | 5700 | 8100 |
| 4-dr Dlx Sdn | 400 | 1050 | 1700 | 3400 | 5800 | 8300 |
| 4-dr LE Sdn | 400 | 1150 | 1850 | 3700 | 6400 | 9300 |
| 5-dr Dlx Sta Wgn | 400 | 1100 | 1800 | 3600 | 6200 | 9100 |
| 5-dr LE Sta Wgn | 400 | 1200 | 2000 | 4000 | 6900 | 10000 |
| **MR2** | | | | | | |
| 2-dr Cpe | 300 | 650 | 1000 | 2000 | 3500 | 4900 |
| **Cressida, 6-cyl., 104.1" wb** | | | | | | |
| 4-dr Luxury Sdn | 450 | 1250 | 2050 | 4100 | 7100 | 10300 |
| 5-dr Dlx Sta Wgn | 450 | 1250 | 2100 | 4200 | 7200 | 10500 |
| ***1988*** | | | | | | |
| **Celica, 4-cyl.** | | | | | | |
| 2-dr ST Cpe | 300 | 800 | 1300 | 2600 | 4600 | 6600 |
| 2-dr GT Cpe | 350 | 850 | 1400 | 2800 | 4900 | 7100 |
| 3-dr GT Liftbk | 350 | 900 | 1500 | 3000 | 5300 | 7600 |
| 2-dr GT Conv | 550 | 1400 | 2400 | 4800 | 8300 | 11800 |
| 2-dr GT-S Cpe | 350 | 950 | 1550 | 3100 | 5500 | 7900 |
| 3-dr GT-S Liftbk | 400 | 1050 | 1700 | 3300 | 5800 | 8300 |
| 3-dr All-Trac Turbo Liftbk | 450 | 1250 | 2100 | 4200 | 7200 | 10500 |
| **Supra** | | | | | | |
| 3-dr Liftbk | 450 | 1250 | 2150 | 4300 | 7400 | 10700 |
| 3-dr Turbo Liftbk | 450 | 1250 | 2200 | 4400 | 7600 | 10900 |
| **Tercel, 4-cyl.** | | | | | | |
| 3-dr Liftbk | 300 | 600 | 850 | 1700 | 2900 | 4100 |
| 3-dr EZ Liftbk | 250 | 500 | 750 | 1500 | 2600 | 3600 |
| 3-dr Dlx Liftbk | 300 | 600 | 950 | 1900 | 3200 | 4600 |
| 5-dr Dlx Liftbk | 300 | 650 | 1100 | 2100 | 3600 | 5100 |
| 2-dr Cpe | 300 | 600 | 850 | 1700 | 2900 | 4100 |
| 2-dr Dlx Cpe | 300 | 650 | 1100 | 2100 | 3600 | 5100 |
| 5-dr 4WD Dlx Wgn | 300 | 750 | 1250 | 2500 | 4400 | 6200 |
| 5-dr SR5 4WD Wgn | 300 | 800 | 1300 | 2600 | 4600 | 6600 |
| **Corolla, 4-cyl.** | | | | | | |
| 4-dr Dlx Sdn | 300 | 750 | 1250 | 2500 | 4400 | 6200 |
| 4-dr LE Sdn | 350 | 850 | 1400 | 2800 | 4900 | 7100 |
| 5-dr Dlx Sta Wgn | 350 | 950 | 1550 | 3100 | 5500 | 7900 |
| 5-dr Dlx All-Trac Sta Wgn | 350 | 1000 | 1600 | 3200 | 5700 | 8100 |
| 5-dr SR5 All-Trac Sta Wgn | 350 | 950 | 1550 | 3100 | 5500 | 7900 |
| 2-dr SR5 Cpe | 300 | 750 | 1250 | 2500 | 4400 | 6200 |
| 2-dr GT-S Cpe | 350 | 850 | 1400 | 2800 | 4900 | 7100 |
| 3-dr FX Liftbk | 300 | 650 | 1000 | 2000 | 3500 | 4900 |
| 3-dr FX16 Liftbk | 300 | 700 | 1200 | 2400 | 4100 | 5900 |
| 3-dr FX16 GT-S Liftbk | 300 | 750 | 1250 | 2500 | 4400 | 6200 |
| **Camry, 4-cyl.** | | | | | | |
| 4-dr Sdn | 400 | 1100 | 1800 | 3600 | 6200 | 9100 |
| 4-dr Dlx Sdn | 400 | 1200 | 1900 | 3800 | 6600 | 9600 |
| 4-dr LE Sdn | 450 | 1250 | 2100 | 4200 | 7200 | 10500 |
| 4-dr Dlx All-Trac Sdn | 450 | 1250 | 2150 | 4300 | 7400 | 10700 |
| 4-dr LE All-Trac Sdn | 500 | 1300 | 2250 | 4500 | 7700 | 11000 |
| 5-dr Dlx Sta Wgn | 400 | 1200 | 2000 | 4000 | 6900 | 10000 |
| 5-dr LE Sta Wgn | 500 | 1300 | 2250 | 4500 | 7700 | 11000 |
| **MR2** | | | | | | |
| 2-dr Cpe | 300 | 650 | 1150 | 2300 | 3900 | 5700 |

| | 6 | 5 | 4 | 3 | 2 | 1 |
|---|---|---|---|---|---|---|
| **Cressida, 6-cyl., 104.1" wb** | | | | | | |
| 4-dr Luxury Sdn | 500 | 1350 | 2300 | 4600 | 8000 | 11300 |
| ***1989*** | | | | | | |
| **Celica, 4-cyl.** | | | | | | |
| 2-dr ST Cpe | 350 | 900 | 1500 | 3000 | 5300 | 7600 |
| 2-dr GT Cpe | 350 | 1000 | 1600 | 3200 | 5700 | 8100 |
| 3-dr GT Liftbk | 400 | 1100 | 1800 | 3500 | 6100 | 8900 |
| 2-dr GT Conv | 600 | 1600 | 2750 | 5400 | 9300 | 13500 |
| 2-dr GT-S Cpe | 400 | 1100 | 1800 | 3500 | 6100 | 8900 |
| 3-dr GT-S Liftbk | 400 | 1150 | 1850 | 3700 | 6400 | 9300 |
| 3-dr All-Trac Turbo Liftbk | 500 | 1350 | 2350 | 4700 | 8100 | 11500 |
| **Supra** | | | | | | |
| 3-dr Liftbk | 550 | 1450 | 2450 | 4900 | 8500 | 12000 |
| 3-dr Turbo Liftbk | 550 | 1500 | 2500 | 5100 | 8800 | 12500 |
| **Tercel, 4-cyl.** | | | | | | |
| 3-dr Liftbk | 300 | 650 | 1000 | 2000 | 3500 | 4900 |
| 3-dr EZ Liftbk | 300 | 600 | 850 | 1700 | 2900 | 4100 |
| 3-dr Dlx Liftbk | 300 | 650 | 1100 | 2200 | 3800 | 5400 |
| 5-dr Dlx Liftbk | 300 | 750 | 1250 | 2500 | 4400 | 6200 |
| 2-dr Cpe | 300 | 650 | 1000 | 2000 | 3500 | 4900 |
| 2-dr Dlx Cpe | 300 | 700 | 1200 | 2400 | 4100 | 5900 |
| **Corolla, 4-cyl.** | | | | | | |
| 4-dr Dlx Sdn | 350 | 900 | 1500 | 2900 | 5200 | 7400 |
| 4-dr LE Sdn | 350 | 1000 | 1600 | 3200 | 5700 | 8100 |
| 5-dr Dlx Sta Wgn | 400 | 1100 | 1800 | 3600 | 6200 | 9100 |
| 4-dr Dlx All-Trac Sdn | 350 | 950 | 1550 | 3100 | 5500 | 7900 |
| 5-dr Dlx All-Trac Sta Wgn | 400 | 1150 | 1850 | 3700 | 6400 | 9300 |
| 5-dr SR5 All-Trac Sta Wgn | 400 | 1100 | 1800 | 3600 | 6200 | 9100 |
| 2-dr SR5 Cpe | 350 | 900 | 1500 | 2900 | 5200 | 7400 |
| 2-dr GT-S Cpe | 350 | 1000 | 1600 | 3200 | 5700 | 8100 |
| **Camry, 4-cyl.** | | | | | | |
| 4-dr Sdn | 450 | 1250 | 2100 | 4200 | 7200 | 10500 |
| 4-dr Dlx Sdn | 450 | 1250 | 2200 | 4400 | 7600 | 10900 |
| 4-dr LE Sdn | 500 | 1350 | 2350 | 4700 | 8100 | 11500 |
| 4-dr Dlx All-Trac Sdn | 550 | 1450 | 2450 | 4900 | 8500 | 12000 |
| 4-dr LE All-Trac Sdn | 550 | 1500 | 2500 | 5100 | 8800 | 12500 |
| 5-dr Dlx Sta Wgn | 500 | 1350 | 2300 | 4600 | 8000 | 11300 |
| 5-dr LE Sta Wgn | 550 | 1500 | 2500 | 5100 | 8800 | 12500 |
| **MR2** | | | | | | |
| 2-dr Cpe | 300 | 800 | 1350 | 2700 | 4700 | 6900 |
| 2-dr Turbo Cpe | 400 | 1100 | 1800 | 3500 | 6100 | 8900 |
| **Cressida, 6-cyl.** | | | | | | |
| 4-dr Luxury Sdn | 650 | 1700 | 3000 | 6100 | 10600 | 15200 |
| ***1990*** | | | | | | |
| **Celica, 4-cyl.,** | | | | | | |
| 2-dr ST Cpe | 550 | 1550 | 2600 | 5200 | 9000 | 12800 |
| 2-dr GT Cpe | 600 | 1600 | 2750 | 5500 | 9500 | 13800 |
| 3-dr GT Liftbk | 600 | 1650 | 2850 | 5700 | 9900 | 14200 |
| 3-dr GT-S Liftbk | 650 | 1700 | 3000 | 6000 | 10400 | 14900 |
| 3-dr All-Trac Turbo Liftbk | 750 | 2100 | 3550 | 7100 | 12300 | 17700 |
| **Supra** | | | | | | |
| 3-dr Liftbk | 650 | 1750 | 3100 | 6200 | 10700 | 15400 |
| 3-dr Turbo Liftbk | 750 | 2100 | 3550 | 7100 | 12300 | 17700 |
| **Tercel, 4-cyl.** | | | | | | |
| 3-dr Liftbk | 300 | 700 | 1200 | 2400 | 4100 | 5900 |
| 3-dr EZ Liftbk | 300 | 650 | 1100 | 2100 | 3600 | 5100 |
| 2-dr Cpe | 300 | 700 | 1200 | 2400 | 4100 | 5900 |
| 2-dr Dlx Cpe | 350 | 850 | 1400 | 2800 | 4900 | 7100 |

| | 6 | 5 | 4 | 3 | 2 | 1 |
|---|---|---|---|---|---|---|
| **Corolla, 4-cyl.** | | | | | | |
| 4-dr Sdn | 400 | 1050 | 1700 | 3300 | 5800 | 8300 |
| 4-dr Dlx Sdn | 400 | 1200 | 1900 | 3800 | 6600 | 9600 |
| 4-dr LE Sdn | 450 | 1250 | 2050 | 4100 | 7100 | 10300 |
| 5-dr Dlx Sta Wgn | 500 | 1300 | 2250 | 4500 | 7700 | 11000 |
| 4-dr Dlx All-Trac Sdn | 400 | 1200 | 1950 | 3900 | 6800 | 9900 |
| 5-dr Dlx All-Trac Sta Wgn | 500 | 1350 | 2300 | 4600 | 8000 | 11800 |
| 5-dr SR5 All-Trac Sta Wgn | 500 | 1300 | 2250 | 4500 | 7700 | 11000 |
| 2-dr SR5 Cpe | 400 | 1150 | 1850 | 3700 | 6400 | 9300 |
| 2-dr GT-S Cpe | 450 | 1250 | 2050 | 4100 | 7100 | 10300 |
| **Camry, 4-cyl.** | | | | | | |
| 4-dr Sdn | 500 | 1350 | 2350 | 4700 | 8100 | 11500 |
| 4-dr Dlx Sdn | 550 | 1500 | 2500 | 5000 | 8700 | 12300 |
| 4-dr LE Sdn | 550 | 1550 | 2650 | 5300 | 9100 | 13000 |
| 4-dr Dlx All-Trac Sdn | 600 | 1600 | 2800 | 5600 | 9700 | 14000 |
| 4-dr LE All-Trac Sdn | 600 | 1650 | 2850 | 5700 | 9900 | 14200 |
| 5-dr Dlx Sta Wgn | 550 | 1550 | 2600 | 5200 | 9000 | 12800 |
| 5-dr LE Sta Wgn | 650 | 1700 | 3000 | 6100 | 10600 | 15200 |
| **Cressida, 6-cyl.** | | | | | | |
| 4-dr Luxury Sdn | 700 | 1900 | 3400 | 6800 | 11700 | 16900 |
| ***1991*** | | | | | | |
| **Celica, 4-cyl.,** | | | | | | |
| 2-dr ST Cpe | 650 | 1700 | 3000 | 6000 | 10400 | 14900 |
| 2-dr GT Cpe | 650 | 1750 | 3150 | 6300 | 10900 | 15700 |
| 2-dr GT Conv | 850 | 2550 | 4350 | 8700 | 15300 | 21700 |
| 3-dr GT Liftbk | 650 | 1800 | 3250 | 6500 | 11200 | 16100 |
| 3-dr GT-S Liftbk | 700 | 1900 | 3350 | 6700 | 11500 | 16500 |
| 3-dr All-Trac Turbo Liftbk | 800 | 2400 | 4000 | 8000 | 13900 | 19900 |
| **Supra** | | | | | | |
| 3-dr Liftbk | 750 | 2150 | 3600 | 7200 | 12400 | 18000 |
| 3-dr Turbo Liftbk | 800 | 2450 | 4100 | 8200 | 14400 | 20500 |
| **Tercel, 4-cyl.** | | | | | | |
| 4-dr LE Sdn | 400 | 1200 | 1900 | 3800 | 6600 | 9600 |
| 4-dr Dlx Sdn | 400 | 1200 | 1900 | 3800 | 6600 | 9600 |
| 2-dr Sdn | 350 | 900 | 1500 | 2900 | 5200 | 7400 |
| 2-dr Dlx Sdn | 400 | 1100 | 1800 | 3500 | 6100 | 8900 |
| **Corolla, 4-cyl.** | | | | | | |
| 4-dr Sdn | 400 | 1150 | 1850 | 3700 | 6400 | 9300 |
| 4-dr Dlx Sdn | 450 | 1250 | 2150 | 4300 | 7400 | 10700 |
| 4-dr LE Sdn | 500 | 1350 | 2350 | 4700 | 8100 | 11500 |
| 5-dr Dlx Sta Wgn | 550 | 1500 | 2500 | 5100 | 8800 | 12500 |
| 5-dr Dlx All-Trac Sta Wgn | 550 | 1550 | 2600 | 5200 | 9000 | 12800 |
| 2-dr SR5 Cpe | 450 | 1250 | 2100 | 4200 | 7200 | 10500 |
| 2-dr GT-S Cpe | 500 | 1350 | 2300 | 4600 | 8000 | 11300 |
| **MR 2** | | | | | | |
| 2-dr Cpe | 650 | 1700 | 3000 | 6000 | 10400 | 14900 |
| 2-dr Turbo Cpe | 750 | 2250 | 3700 | 7400 | 12800 | 18500 |
| **Camry, 4-cyl.** | | | | | | |
| 4-dr Sdn | 600 | 1600 | 2700 | 5400 | 9300 | 13500 |
| 4-dr Dlx Sdn | 600 | 1600 | 2800 | 5600 | 9700 | 14000 |
| 4-dr LE Sdn | 650 | 1700 | 3000 | 6100 | 10600 | 15200 |
| 4-dr Dlx All-Trac Sdn | 650 | 1750 | 3150 | 6300 | 10900 | 15700 |
| 4-dr LE All-Trac Sdn | 650 | 1800 | 3250 | 6500 | 11200 | 16100 |
| 5-dr Dlx Sta Wgn | 650 | 1700 | 3000 | 5900 | 10200 | 14700 |
| 5-dr LE Sta Wgn (6-cyl.) | 700 | 2000 | 3450 | 6900 | 11900 | 17200 |
| **Cressida, 6-cyl.** | | | | | | |
| 4-dr Luxury Sdn | 750 | 2300 | 3850 | 7700 | 13300 | 19200 |

# TRIUMPH
## 1946 – 1981

'49 Triumph

'67 Triumph 4A

| | 6 | 5 | 4 | 3 | 2 | 1 |
|---|---|---|---|---|---|---|
| **1946** | | | | | | |
| 1800, 4-cyl., 63 hp, 108" wb | | | | | | |
| 4-dr Sdn | 350 | 850 | 1400 | 2800 | 4900 | 7100 |
| 1800, 4-cyl., 63 hp, 100" wb | | | | | | |
| 2-dr Rdstr | 800 | 2400 | 4050 | 8100 | 14200 | 20200 |
| **1947** | | | | | | |
| 1800, 4-cyl., 63 hp, 108" wb | | | | | | |
| 4-dr Sdn | 350 | 850 | 1400 | 2800 | 4900 | 7100 |
| 1800, 4-cyl., 63 hp, 100" wb | | | | | | |
| 2-dr Rdstr | 800 | 2400 | 4050 | 8100 | 14200 | 20200 |
| **1948** | | | | | | |
| 1800, 4-cyl., 63 hp, 108" wb | | | | | | |
| 4-dr Sdn | 350 | 850 | 1400 | 2800 | 4900 | 7100 |
| 1800, 4-cyl., 63 hp, 100" wb | | | | | | |
| 2-dr Rdstr | 800 | 2400 | 4050 | 8100 | 14200 | 20200 |
| **1949** | | | | | | |
| 2000, 4-cyl., 68 hp, 108" wb | | | | | | |
| 4-dr Sdn | 350 | 900 | 1500 | 2900 | 5200 | 7400 |
| 2000, 4-cyl., 68 hp, 100" wb | | | | | | |
| 2-dr Rdstr | 800 | 2500 | 4200 | 8400 | 14800 | 20900 |
| **1950** | | | | | | |
| 2000 Renown, 4-cyl., 68 hp, 108" wb | | | | | | |
| 4-dr Sdn | 300 | 750 | 1250 | 2500 | 4400 | 6200 |
| Mayflower, 4-cyl., 38 hp, 84" wb | | | | | | |
| 2-dr Sdn | 300 | 650 | 1100 | 2200 | 3800 | 5400 |
| **1951** | | | | | | |
| 2000 Renown, 4-cyl., 68 hp, 108" wb | | | | | | |
| 4-dr Sdn | 300 | 750 | 1250 | 2500 | 4400 | 6200 |
| Mayflower, 4-cyl., 38 hp, 84" wb | | | | | | |
| 2-dr Sdn | 300 | 650 | 1100 | 2200 | 3800 | 5400 |
| **1952** | | | | | | |
| 2000 Renown, 4-cyl., 68 hp, 108" wb | | | | | | |
| 4-dr Sdn | 300 | 750 | 1250 | 2500 | 4400 | 6200 |
| Mayflower, 4-cyl., 38 hp, 84" wb | | | | | | |
| 2-dr Sdn | 300 | 650 | 1100 | 2200 | 3800 | 5400 |

|  | 6 | 5 | 4 | 3 | 2 | 1 |
|---|---|---|---|---|---|---|

**1953**

**2000 Renown, 4-cyl., 68 hp, 108" wb**

| 4-dr Sdn | 300 | 750 | 1250 | 2500 | 4400 | 6200 |

**Mayflower, 4-cyl., 38 hp, 84" wb**

| 2-dr Sdn | 300 | 650 | 1100 | 2200 | 3800 | 5400 |

**1954**

**TR-2, 4-cyl., 90 hp, 88" wb**

| 2-dr Rdstr | 550 | 1550 | 2650 | 5300 | 9100 | 13000 |
| 2-dr Hdtp Cpe | 650 | 1700 | 3000 | 5900 | 10200 | 14700 |

**1955**

**TR-2, 4-cyl., 90 hp, 88" wb**

| 2-dr Rdstr | 550 | 1550 | 2650 | 5300 | 9100 | 13000 |
| 2-dr Hdtp Cpe | 650 | 1700 | 3000 | 5900 | 10200 | 14700 |

**1956**

**TR-3A, 4-cyl., 100 hp, 88" wb**

| 2-dr Rdstr | 550 | 1500 | 2500 | 5100 | 8800 | 12500 |
| 2-dr Hdtp Cpe | 600 | 1650 | 2850 | 5700 | 9900 | 14200 |

**1957**

**TR-3A, 4-cyl., 100 hp, 88" wb**

| 2-dr Rdstr | 550 | 1500 | 2500 | 5100 | 8800 | 12500 |
| 2-dr Hdtp Cpe | 600 | 1650 | 2850 | 5700 | 9900 | 14200 |

**1958**

**TR-3A, 4-cyl., 95 hp, 88" wb**

| 2-dr Rdstr | 550 | 1500 | 2500 | 5100 | 8800 | 12500 |
| 2-dr Hdtp Cpe | 600 | 1650 | 2850 | 5700 | 9900 | 14200 |

**1959**

**TR-3A, 4-cyl., 95 hp, 88" wb**

| 2-dr Rdstr | 550 | 1500 | 2500 | 5100 | 8800 | 12500 |
| 2-dr Hdtp Cpe | 600 | 1650 | 2850 | 5700 | 9900 | 14200 |

**1960**

**Herald**

| 2-dr Rdstr | 350 | 850 | 1400 | 2800 | 4900 | 7100 |

**TR-3A, 4-cyl., 95 hp, 88" wb**

| 2-dr Rdstr | 550 | 1500 | 2500 | 5100 | 8800 | 12500 |
| 2-dr Hdtp Cpe | 600 | 1650 | 2850 | 5700 | 9900 | 14200 |

**1961**

**Herald**

| 2-dr Rdstr | 350 | 850 | 1400 | 2800 | 4900 | 7100 |

**TR-3A, 4-cyl., 95 hp, 88" wb**

| 2-dr Rdstr | 550 | 1500 | 2500 | 5100 | 8800 | 12500 |
| 2-dr Hdtp Cpe | 600 | 1650 | 2850 | 5700 | 9900 | 14200 |

**1962**

**Herald**

| 2-dr Rdstr | 350 | 850 | 1400 | 2800 | 4900 | 7100 |

**Spitfire MK I, 4-cyl., 100 hp, 83" wb**

| 2-dr Rdstr | 350 | 900 | 1500 | 3000 | 5300 | 7600 |

**TR-3A, 4-cyl., 95 hp, 88" wb**

| 2-dr Rdstr | 550 | 1500 | 2500 | 5100 | 8800 | 12500 |

**TR3B, 4-cyl., 100 hp, 88" wb**

| 2-dr Rdstr | 600 | 1600 | 2750 | 5500 | 9500 | 13800 |

**TR4, 4-cyl., 105 hp, 88" wb**

| 2-dr Rdstr | 500 | 1300 | 2250 | 4500 | 7700 | 11000 |
| 2-dr Hdtp Cpe | 550 | 1450 | 2450 | 4900 | 8500 | 12000 |

|  | 6 | 5 | 4 | 3 | 2 | 1 |
|---|---|---|---|---|---|---|
| **1963** | | | | | | |
| **Spitfire MK I, 4-cyl., 100 hp, 83" wb** | | | | | | |
| 2-dr Rdstr | 350 | 900 | 1500 | 3000 | 5300 | 7600 |
| **TR4, 4-cyl, 105 hp, 88" wb** | | | | | | |
| 2-dr Rdstr | 500 | 1300 | 2250 | 4500 | 7700 | 11000 |
| 2-dr Hdtp Cpe | 550 | 1450 | 2450 | 4900 | 8500 | 12000 |
| **1964** | | | | | | |
| **1200** | | | | | | |
| 2-dr Conv | 350 | 850 | 1400 | 2800 | 4900 | 7100 |
| 2-dr Sdn | 300 | 600 | 900 | 1800 | 3100 | 4400 |
| **Spitfire MK I, 4-cyl., 100 hp, 83" wb** | | | | | | |
| 2-dr Rdstr | 350 | 900 | 1500 | 3000 | 5300 | 7600 |
| 2-dr Hdtp Cpe | 350 | 950 | 1550 | 3100 | 5500 | 7900 |
| **TR4, 4-cyl, 105 hp, 88" wb** | | | | | | |
| 2-dr Rdstr | 500 | 1300 | 2250 | 4500 | 7700 | 11000 |
| 2-dr Hdtp Cpe | 550 | 1450 | 2450 | 4900 | 8500 | 12000 |
| **1965** | | | | | | |
| **1200** | | | | | | |
| 2-dr Conv | 350 | 850 | 1400 | 2800 | 4900 | 7100 |
| 2-dr Sdn | 300 | 600 | 900 | 1800 | 3100 | 4400 |
| **Spitfire MK II, 4-cyl., 100 hp, 83" wb** | | | | | | |
| 2-dr Rdstr | 350 | 900 | 1500 | 3000 | 5300 | 7600 |
| 2-dr Hdtp Cpe | 350 | 950 | 1550 | 3100 | 5500 | 7900 |
| **TR4A, 4-cyl, 105 hp, 88" wb** | | | | | | |
| 2-dr Rdstr | 550 | 1450 | 2450 | 4900 | 8500 | 12000 |
| 2-dr Hdtp Cpe | 550 | 1550 | 2650 | 5300 | 9100 | 13000 |
| **1966** | | | | | | |
| **1200** | | | | | | |
| 2-dr Conv | 350 | 850 | 1400 | 2800 | 4900 | 7100 |
| 2-dr Sdn | 300 | 600 | 900 | 1800 | 3100 | 4400 |
| **2000** | | | | | | |
| 4-dr Sdn | 300 | 650 | 1100 | 2200 | 3800 | 5400 |
| **Spitfire MK II, 4-cyl., 100 hp, 83" wb** | | | | | | |
| 2-dr Rdstr | 350 | 900 | 1500 | 3000 | 5300 | 7600 |
| 2-dr Hdtp Cpe | 350 | 950 | 1550 | 3100 | 5500 | 7900 |
| **TR4A, 4-cyl, 105 hp, 88" wb** | | | | | | |
| 2-dr Rdstr | 550 | 1450 | 2450 | 4900 | 8500 | 12000 |
| 2-dr Hdtp Cpe | 550 | 1550 | 2650 | 5300 | 9100 | 13000 |
| **1967** | | | | | | |
| **1200** | | | | | | |
| 2-dr Conv | 350 | 850 | 1400 | 2800 | 4900 | 7100 |
| 2-dr Sdn | 300 | 600 | 900 | 1800 | 3100 | 4400 |
| **2000** | | | | | | |
| 4-dr Sdn | 300 | 650 | 1100 | 2200 | 3800 | 5400 |
| **GT6, 6-cyl., 95 hp, 83" wb** | | | | | | |
| 2-dr Fstbk Cpe | 300 | 650 | 1150 | 2300 | 3900 | 5700 |
| **Spitfire MK II, 4-cyl., 100 hp, 83" wb** | | | | | | |
| 2-dr Conv | 350 | 900 | 1500 | 3000 | 5300 | 7600 |
| 2-dr Hdtp Cpe | 350 | 950 | 1550 | 3100 | 5500 | 7900 |
| **TR4A, 4-cyl, 105 hp, 88" wb** | | | | | | |
| 2-dr Conv | 550 | 1450 | 2450 | 4900 | 8500 | 12000 |
| 2-dr Hdtp | 550 | 1550 | 2650 | 5300 | 9100 | 13000 |
| **1968** | | | | | | |
| **2000** | | | | | | |
| 4-dr Sdn | 300 | 650 | 1100 | 2200 | 3800 | 5400 |

| | 6 | 5 | 4 | 3 | 2 | 1 |
|---|---|---|---|---|---|---|
| **GT6, 6-cyl., 95 hp, 83" wb** | | | | | | |
| 2-dr Fstbk Cpe | 300 | 650 | 1150 | 2300 | 3900 | 5700 |
| **Spitfire Mark III, 4-cyl, 68 hp, 83" wb** | | | | | | |
| 2-dr Conv | 350 | 900 | 1500 | 3000 | 5300 | 7600 |
| 2-dr Hdtp | 350 | 950 | 1550 | 3100 | 5500 | 7900 |
| **TR250, 6-cyl., 104 hp, 88" wb** | | | | | | |
| 2-dr Conv | 550 | 1500 | 2500 | 5100 | 8800 | 12500 |
| 2-dr Hdtp | 600 | 1600 | 2750 | 5500 | 9500 | 13800 |
| **TR4A, 4-cyl, 105 hp, 88" wb** | | | | | | |
| 2-dr Conv | 550 | 1450 | 2450 | 4900 | 8500 | 12000 |
| 2-dr Hdtp | 550 | 1550 | 2650 | 5300 | 9100 | 13000 |
| ***1969*** | | | | | | |
| **TR6, 6-cyl., 104 hp, 88" wb** | | | | | | |
| 2-dr Conv | 500 | 1300 | 2250 | 4500 | 7700 | 11000 |
| **Spitfire Mark III, 4-cyl., 68 hp, 83" wb** | | | | | | |
| 2-dr Conv | 350 | 900 | 1500 | 3000 | 5300 | 7600 |
| **GT6, 6-cyl., 95 hp, 83" wb** | | | | | | |
| 2-dr Fstbk Cpe | 300 | 700 | 1200 | 2400 | 4100 | 5900 |
| ***1970*** | | | | | | |
| **TR6, 6-cyl., 104 hp, 88" wb** | | | | | | |
| 2-dr Conv | 500 | 1300 | 2250 | 4500 | 7700 | 11000 |
| **Spitfire Mark III, 4-cyl., 68 hp, 83" wb** | | | | | | |
| 2-dr Conv | 350 | 900 | 1500 | 3000 | 5300 | 7600 |
| **GT6, 6-cyl., 95 hp, 83" wb** | | | | | | |
| 2-dr Fstbk Cpe | 300 | 700 | 1200 | 2400 | 4100 | 5900 |
| ***1971*** | | | | | | |
| **TR6, 6-cyl., 104 hp, 88" wb** | | | | | | |
| 2-dr Conv | 500 | 1300 | 2250 | 4500 | 7700 | 11000 |
| **Spitfire Mark IV, 4-cyl., 48 hp, 83" wb** | | | | | | |
| 2-dr Conv | 300 | 800 | 1300 | 2600 | 4600 | 6600 |
| **GT6 MK III, 6-cyl., 79 hp, 83" wb** | | | | | | |
| 2-dr Fstbk Cpe | 300 | 650 | 1100 | 2100 | 3600 | 5100 |
| **Stag, 8-cyl., 127 hp, 100" wb** | | | | | | |
| 2-dr Conv | 550 | 1450 | 2450 | 4900 | 8500 | 12000 |
| 2-dr Hdtp | 550 | 1500 | 2500 | 5000 | 8700 | 12300 |
| ***1972*** | | | | | | |
| **TR6, 6-cyl., 104 hp, 88" wb** | | | | | | |
| 2-dr Conv | 500 | 1300 | 2250 | 4500 | 7700 | 11000 |
| **Spitfire Mark IV, 4-cyl., 48 hp, 83" wb** | | | | | | |
| 2-dr Conv | 300 | 800 | 1300 | 2600 | 4600 | 6600 |
| **GT6 MK III, 6-cyl., 79 hp, 83" wb** | | | | | | |
| 2-dr Fstbk Cpe | 300 | 650 | 1100 | 2100 | 3600 | 5100 |
| **Stag, 8-cyl., 127 hp, 100" wb** | | | | | | |
| 2-dr Conv | 550 | 1450 | 2450 | 4900 | 8500 | 12000 |
| 2-dr Hdtp | 550 | 1500 | 2500 | 5000 | 8700 | 12300 |
| ***1973*** | | | | | | |
| **TR6, 6-cyl., 106 hp, 88" wb** | | | | | | |
| 2-dr Conv | 500 | 1300 | 2250 | 4500 | 7700 | 11000 |
| **Spitfire Mark IV, 4-cyl., 57 hp, 83" wb** | | | | | | |
| 2-dr Conv | 300 | 800 | 1300 | 2600 | 4600 | 6600 |
| **GT6 MK III, 6-cyl., 79 hp, 83" wb** | | | | | | |
| 2-dr Fstbk Cpe | 300 | 650 | 1100 | 2100 | 3600 | 5100 |
| **Stag, 8-cyl., 127 hp, 100" wb** | | | | | | |
| 2-dr Conv | 550 | 1450 | 2450 | 4900 | 8500 | 12000 |
| 2-dr Hdtp | 550 | 1550 | 2600 | 5200 | 9000 | 12800 |

|  | 6 | 5 | 4 | 3 | 2 | 1 |
|---|---|---|---|---|---|---|
| **1974** | | | | | | |
| **TR6, 6-cyl., 106 hp, 88" wb** | | | | | | |
| 2-dr Conv | 450 | 1250 | 2200 | 4400 | 7600 | 10900 |
| **Spitfire Mark, 4-cyl., 57 hp, 83" wb** | | | | | | |
| 2-dr Conv | 300 | 800 | 1300 | 2600 | 4600 | 6600 |
| **1975** | | | | | | |
| **TR6, 6-cyl., 106 hp, 88" wb** | | | | | | |
| 2-dr Conv | 450 | 1250 | 2200 | 4400 | 7600 | 10900 |
| **TR7, 4-cyl., 92 hp, 85" wb** | | | | | | |
| 2-dr Cpe | 300 | 800 | 1300 | 2600 | 4600 | 6600 |
| **Spitfire, 4-cyl, 57 hp, 83" wb** | | | | | | |
| 2-dr Conv | 300 | 800 | 1350 | 2700 | 4700 | 6900 |
| **1976** | | | | | | |
| **TR6, 6-cyl., 106 hp, 88" wb** | | | | | | |
| 2-dr Conv | 500 | 1350 | 2300 | 4600 | 8000 | 11300 |
| **TR7, 4-cyl., 92 hp, 85" wb** | | | | | | |
| 2-dr Cpe | 300 | 800 | 1300 | 2600 | 4600 | 6600 |
| **Spitfire, 4-cyl, 57 hp, 83" wb** | | | | | | |
| 2-dr Conv | 300 | 800 | 1350 | 2700 | 4700 | 6900 |
| **1977** | | | | | | |
| **TR7, 4-cyl., 92 hp, 85" wb** | | | | | | |
| 2-dr Cpe | 300 | 800 | 1300 | 2600 | 4600 | 6600 |
| **Spitfire, 4-cyl., 57 hp, 83" wb** | | | | | | |
| 2-dr Conv | 300 | 800 | 1350 | 2700 | 4700 | 6900 |
| **1978** | | | | | | |
| **TR7, 4-cyl., 92 hp, 85" wb** | | | | | | |
| 2-dr Cpe | 300 | 800 | 1300 | 2600 | 4600 | 6600 |
| **Spitfire, 4-cyl., 57 hp, 83" wb** | | | | | | |
| 2-dr Conv | 300 | 800 | 1350 | 2700 | 4700 | 6900 |
| **1979** | | | | | | |
| **TR7, 4-cyl., 86 hp, 85" wb** | | | | | | |
| 2-dr Conv | 350 | 900 | 1500 | 3000 | 5300 | 7600 |
| 2-dr Cpe | 300 | 800 | 1300 | 2600 | 4600 | 6600 |
| **Spitfire, 4-cyl., 53 hp, 83" wb** | | | | | | |
| 2-dr Conv | 300 | 800 | 1350 | 2700 | 4700 | 6900 |
| **1980** | | | | | | |
| **TR7, 4-cyl., 86 hp, 85" wb** | | | | | | |
| 2-dr Conv | 350 | 900 | 1500 | 3000 | 5300 | 7600 |
| 2-dr Cpe | 300 | 800 | 1300 | 2600 | 4600 | 6600 |
| **TR8, 8-cyl., 133 hp, 85" wb** | | | | | | |
| 2-dr Conv | 600 | 1650 | 2850 | 5700 | 9900 | 14200 |
| 2-dr Cpe | 400 | 1200 | 1950 | 3900 | 6800 | 9900 |
| **1981** | | | | | | |
| **TR7, 4-cyl., 89 hp, 85" wb** | | | | | | |
| 2-dr Conv | 350 | 900 | 1500 | 3000 | 5300 | 7600 |
| **TR8, 8-cyl., 148 hp, 85" wb** | | | | | | |
| 2-dr Conv | 600 | 1650 | 2850 | 5700 | 9900 | 14200 |

# VOLKSWAGEN
## 1946 – 1991

**'51 Volkswagen Beetle**

|  | 6 | 5 | 4 | 3 | 2 | 1 |
|---|---|---|---|---|---|---|
| **1946** | | | | | | |
| **Beetle, 4-cyl.** | | | | | | |
| 2-dr Sdn | 650 | 1700 | 3000 | 6000 | 10400 | 14900 |
| **1947** | | | | | | |
| **Beetle, 4-cyl.** | | | | | | |
| 2-dr Sdn | 600 | 1600 | 2700 | 5400 | 9300 | 13500 |
| **1948** | | | | | | |
| **Beetle, 4-cyl.** | | | | | | |
| 2-dr Sdn | 600 | 1600 | 2700 | 5400 | 9300 | 13500 |
| **1949** | | | | | | |
| **Beetle, 4-cyl.** | | | | | | |
| 2-dr Sdn | 550 | 1450 | 2450 | 4900 | 8500 | 12000 |
| **1950** | | | | | | |
| **Standard 1100 , 4-cyl.** | | | | | | |
| 2-dr Sdn | 450 | 1250 | 2100 | 4200 | 7200 | 10500 |
| **Deluxe 1100 , 4-cyl.** | | | | | | |
| 2-dr Sdn | 450 | 1250 | 2200 | 4400 | 7600 | 10900 |
| 2-dr Conv | 550 | 1500 | 2500 | 5100 | 8800 | 12500 |
| **Beetle, 4-cyl.** | | | | | | |
| 2-dr Sdn | 600 | 1600 | 2750 | 5500 | 9500 | 13800 |
| **1951** | | | | | | |
| **Standard 1100 , 4-cyl.** | | | | | | |
| 2-dr Sdn | 450 | 1250 | 2100 | 4200 | 7200 | 10500 |
| Sta Wgn | 550 | 1550 | 2650 | 5300 | 9100 | 13000 |
| **Deluxe 1100 , 4-cyl.** | | | | | | |
| 2-dr Sdn | 450 | 1250 | 2100 | 4200 | 7200 | 10500 |
| 2-dr Conv | 500 | 1350 | 2350 | 4700 | 8100 | 11500 |
| Sta Wgn | 600 | 1650 | 2850 | 5700 | 9900 | 14200 |
| **Beetle, 4-cyl.** | | | | | | |
| 2-dr Sdn | 600 | 1600 | 2750 | 5500 | 9500 | 13800 |

*Sunroof, add 10 %*

| | 6 | 5 | 4 | 3 | 2 | 1 |
|---|---|---|---|---|---|---|
| **1952** | | | | | | |
| **Standard 1100 , 4-cyl.** | | | | | | |
| 2-dr Sdn | 450 | 1250 | 2100 | 4200 | 7200 | 10500 |
| Sta Wgn | 550 | 1550 | 2650 | 5300 | 9100 | 13000 |
| **Deluxe 1100 , 4-cyl.** | | | | | | |
| 2-dr Sdn | 450 | 1250 | 2100 | 4200 | 7200 | 10500 |
| 2-dr Conv | 600 | 1600 | 2750 | 5500 | 9500 | 13800 |
| Sta Wgn | 600 | 1650 | 2850 | 5700 | 9900 | 14200 |
| **Beetle, 4-cyl.** | | | | | | |
| 2-dr Sdn | 600 | 1600 | 2750 | 5500 | 9500 | 13800 |
| | | *Sunroof, add 10 %* | | | | |
| **1953** | | | | | | |
| **Beetle, 4-cyl.** | | | | | | |
| 2-dr Sdn | 550 | 1550 | 2650 | 5300 | 9100 | 13000 |
| 2-dr Conv | 650 | 1750 | 3100 | 6200 | 10700 | 15400 |
| | | *Sunroof, add 10 %* | | | | |
| **1954** | | | | | | |
| **Beetle, 4-cyl.** | | | | | | |
| 2-dr Sdn | 550 | 1550 | 2650 | 5300 | 9100 | 13000 |
| 2-dr Conv | 650 | 1750 | 3100 | 6200 | 10700 | 15400 |
| | | *Sunroof, add 10 %* | | | | |
| **1955** | | | | | | |
| **Beetle, 4-cyl.** | | | | | | |
| 2-dr Sdn | 550 | 1450 | 2450 | 4900 | 8500 | 12000 |
| 2-dr Conv | 650 | 1700 | 3000 | 5900 | 10200 | 14700 |
| | | *Sunroof, add 10 %* | | | | |
| **1956** | | | | | | |
| **Beetle, 4-cyl.** | | | | | | |
| 2-dr Sdn | 500 | 1350 | 2350 | 4700 | 8100 | 11500 |
| 2-dr Conv | 600 | 1650 | 2850 | 5700 | 9900 | 14200 |
| **Karmann Ghia, 4-cyl.** | | | | | | |
| 2-dr Cpe | 550 | 1500 | 2500 | 5100 | 8800 | 12500 |
| | | *Sunroof, add 10 %* | | | | |
| **1957** | | | | | | |
| **Beetle, 4-cyl.** | | | | | | |
| 2-dr Sdn | 500 | 1350 | 2350 | 4700 | 8100 | 11500 |
| 2-dr Conv | 600 | 1650 | 2850 | 5700 | 9900 | 14200 |
| **Karmann Ghia, 4-cyl.** | | | | | | |
| 2-dr Cpe | 550 | 1500 | 2500 | 5100 | 8800 | 12500 |
| | | *Sunroof, add 10 %* | | | | |
| **1958** | | | | | | |
| **Beetle, 4-cyl.** | | | | | | |
| 2-dr Sdn | 500 | 1350 | 2350 | 4700 | 8100 | 11500 |
| 2-dr Conv | 600 | 1650 | 2850 | 5700 | 9900 | 14200 |
| **Karmann Ghia, 4-cyl.** | | | | | | |
| 2-dr Cpe | 550 | 1500 | 2500 | 5100 | 8800 | 12500 |
| 2-dr Conv | 650 | 1700 | 3000 | 6100 | 10600 | 15200 |
| | | *Sunroof, add 10 %* | | | | |
| **1959** | | | | | | |
| **Beetle, 4-cyl.** | | | | | | |
| 2-dr Sdn | 500 | 1300 | 2250 | 4500 | 7700 | 11000 |
| 2-dr Conv | 600 | 1600 | 2750 | 5500 | 9500 | 13800 |

| | 6 | 5 | 4 | 3 | 2 | 1 |
|---|---|---|---|---|---|---|

**Karmann Ghia, 4-cyl.**

| | 6 | 5 | 4 | 3 | 2 | 1 |
|---|---|---|---|---|---|---|
| 2-dr Cpe | 550 | 1500 | 2500 | 5100 | 8800 | 12500 |
| 2-dr Conv | 650 | 1700 | 3000 | 6100 | 10600 | 15200 |

*Sunroof, add 10 %*

### 1960
**Beetle, 4-cyl.**

| | 6 | 5 | 4 | 3 | 2 | 1 |
|---|---|---|---|---|---|---|
| 2-dr Sdn | 500 | 1300 | 2250 | 4500 | 7700 | 11000 |
| 2-dr Conv | 600 | 1600 | 2750 | 5500 | 9500 | 13800 |

**Karmann Ghia, 4-cyl.**

| | 6 | 5 | 4 | 3 | 2 | 1 |
|---|---|---|---|---|---|---|
| 2-dr Cpe | 550 | 1500 | 2500 | 5100 | 8800 | 12500 |
| 2-dr Conv | 650 | 1700 | 3000 | 6100 | 10600 | 15200 |

*Sunroof, add 10 %*

### 1961
**Beetle, 4-cyl.**

| | 6 | 5 | 4 | 3 | 2 | 1 |
|---|---|---|---|---|---|---|
| 2-dr Sdn | 450 | 1250 | 2150 | 4300 | 7400 | 10700 |
| 2-dr Conv | 550 | 1550 | 2650 | 5300 | 9100 | 13000 |

**Karmann Ghia, 4-cyl.**

| | 6 | 5 | 4 | 3 | 2 | 1 |
|---|---|---|---|---|---|---|
| 2-dr Cpe | 550 | 1500 | 2500 | 5100 | 8800 | 12500 |
| 2-dr Conv | 650 | 1700 | 3000 | 6100 | 10600 | 15200 |

*Sunroof, add 10 %*

### 1962
**Beetle, 4-cyl.**

| | 6 | 5 | 4 | 3 | 2 | 1 |
|---|---|---|---|---|---|---|
| 2-dr Sdn | 450 | 1250 | 2150 | 4300 | 7400 | 10700 |
| 2-dr Conv | 550 | 1550 | 2650 | 5300 | 9100 | 13000 |

**Karmann Ghia, 4-cyl.**

| | 6 | 5 | 4 | 3 | 2 | 1 |
|---|---|---|---|---|---|---|
| 2-dr Cpe | 550 | 1500 | 2500 | 5100 | 8800 | 12500 |
| 2-dr Conv | 650 | 1700 | 3000 | 6100 | 10600 | 15200 |

*Sunroof, add 10 %*

### 1963
**Beetle, 4-cyl.**

| | 6 | 5 | 4 | 3 | 2 | 1 |
|---|---|---|---|---|---|---|
| 2-dr Sdn | 450 | 1250 | 2050 | 4100 | 7100 | 10300 |
| 2-dr Conv | 550 | 1550 | 2650 | 5300 | 9100 | 13000 |

**Karmann Ghia, 4-cyl.**

| | 6 | 5 | 4 | 3 | 2 | 1 |
|---|---|---|---|---|---|---|
| 2-dr Cpe | 550 | 1450 | 2450 | 4900 | 8500 | 12000 |
| 2-dr Conv | 650 | 1700 | 3000 | 6100 | 10600 | 15200 |

*Sunroof, add 10 %*

### 1964
**Beetle, 4-cyl.**

| | 6 | 5 | 4 | 3 | 2 | 1 |
|---|---|---|---|---|---|---|
| 2-dr Sdn | 400 | 1200 | 2000 | 4000 | 6900 | 10000 |
| 2-dr Conv | 550 | 1550 | 2650 | 5300 | 9100 | 13000 |

**Karmann Ghia, 4-cyl.**

| | 6 | 5 | 4 | 3 | 2 | 1 |
|---|---|---|---|---|---|---|
| 2-dr Cpe | 550 | 1450 | 2450 | 4900 | 8500 | 12000 |
| 2-dr Conv | 650 | 1700 | 3000 | 6100 | 10600 | 15200 |

*Sunroof, add 10 %*

### 1965
**Beetle, 4-cyl.**

| | 6 | 5 | 4 | 3 | 2 | 1 |
|---|---|---|---|---|---|---|
| 2-dr Sdn | 400 | 1200 | 1900 | 3800 | 6600 | 9600 |
| 2-dr Conv | 550 | 1550 | 2650 | 5300 | 9100 | 13000 |

**Karmann Ghia, 4-cyl.**

| | 6 | 5 | 4 | 3 | 2 | 1 |
|---|---|---|---|---|---|---|
| 2-dr Cpe | 500 | 1350 | 2350 | 4700 | 8100 | 11500 |
| 2-dr Conv | 650 | 1700 | 3000 | 6100 | 10600 | 15200 |

*Sunroof, add 10 %*

| | 6 | 5 | 4 | 3 | 2 | 1 |
|---|---|---|---|---|---|---|
| **1966** | | | | | | |
| **Beetle, 4-cyl.** | | | | | | |
| 2-dr Sdn | 400 | 1200 | 1900 | 3800 | 6600 | 9600 |
| 2-dr Conv | 550 | 1550 | 2650 | 5300 | 9100 | 13000 |
| **Karmann Ghia, 4-cyl.** | | | | | | |
| 2-dr Cpe | 500 | 1350 | 2350 | 4700 | 8100 | 11500 |
| 2-dr Conv | 650 | 1700 | 3000 | 6100 | 10600 | 15200 |
| **1600** | | | | | | |
| 2-dr Sdn Fstbk | 300 | 650 | 1100 | 2200 | 3800 | 5400 |
| 2-dr Sdn Sqrbck | 300 | 650 | 1100 | 2100 | 3600 | 5100 |
| *Sunroof, add 10 %* | | | | | | |
| **1967** | | | | | | |
| **Beetle, 4-cyl.** | | | | | | |
| 2-dr Sdn | 400 | 1150 | 1850 | 3700 | 6400 | 9300 |
| 2-dr Conv | 550 | 1550 | 2650 | 5300 | 9100 | 13000 |
| **Karmann Ghia, 4-cyl.** | | | | | | |
| 2-dr Cpe | 500 | 1350 | 2350 | 4700 | 8100 | 11500 |
| 2-dr Conv | 650 | 1700 | 3000 | 6100 | 10600 | 15200 |
| **1600** | | | | | | |
| 2-dr Sdn Fstbk | 300 | 650 | 1100 | 2200 | 3800 | 5400 |
| 2-dr Sdn Sqrbck | 300 | 650 | 1100 | 2100 | 3600 | 5100 |
| 2-dr Sdn | 300 | 650 | 1100 | 2200 | 3800 | 5400 |
| *Sunroof, add 10 %* | | | | | | |
| **1968** | | | | | | |
| **Beetle, 4-cyl.** | | | | | | |
| 2-dr Sdn | 400 | 1100 | 1800 | 3500 | 6100 | 8900 |
| 2-dr Conv | 550 | 1500 | 2500 | 5100 | 8800 | 12500 |
| **Karmann Ghia, 4-cyl.** | | | | | | |
| 2-dr Cpe | 500 | 1300 | 2250 | 4500 | 7700 | 11000 |
| 2-dr Conv | 650 | 1700 | 3000 | 5900 | 10200 | 14700 |
| **1605** | | | | | | |
| 2-dr Sdn Fstbk | 300 | 650 | 1100 | 2200 | 3800 | 5400 |
| 2-dr Sdn Sqrbck | 300 | 650 | 1100 | 2100 | 3600 | 5100 |
| 2-dr Sdn | 300 | 650 | 1100 | 2200 | 3800 | 5400 |
| *Sunroof, add 10 %* | | | | | | |
| **1969** | | | | | | |
| **Beetle, 4-cyl.** | | | | | | |
| 2-dr Sdn | 400 | 1050 | 1700 | 3300 | 5800 | 8300 |
| 2-dr Conv | 550 | 1450 | 2450 | 4900 | 8500 | 12000 |
| **Karmann Ghia, 4-cyl.** | | | | | | |
| 2-dr Cpe | 500 | 1300 | 2250 | 4500 | 7700 | 11000 |
| 2-dr Conv | 650 | 1700 | 3000 | 5900 | 10200 | 14700 |
| **1600** | | | | | | |
| 2-dr Sdn Fstbk | 300 | 650 | 1100 | 2100 | 3600 | 5100 |
| 2-dr Sdn Sqrbck | 300 | 650 | 1000 | 2000 | 3500 | 4900 |
| 2-dr Sdn | 300 | 650 | 1100 | 2100 | 3600 | 5100 |
| *Sunroof, add 10 %* | | | | | | |
| **1970** | | | | | | |
| **Beetle, 4-cyl.** | | | | | | |
| 2-dr Sdn | 350 | 950 | 1550 | 3100 | 5500 | 7900 |
| 2-dr Conv | 500 | 1350 | 2350 | 4700 | 8100 | 11500 |
| **Karmann Ghia, 4-cyl.** | | | | | | |
| 2-dr Cpe | 500 | 1300 | 2250 | 4500 | 7700 | 11000 |
| 2-dr Conv | 650 | 1700 | 3000 | 5900 | 10200 | 14700 |

| | 6 | 5 | 4 | 3 | 2 | 1 |
|---|---|---|---|---|---|---|
| **1600** | | | | | | |
| 2-dr Sdn Fstbk | 300 | 650 | 1100 | 2100 | 3600 | 5100 |
| 2-dr Sdn Sqrbck | 300 | 650 | 1000 | 2000 | 3500 | 4900 |
| | | *Sunroof, add 10 %* | | | | |
| **1971** | | | | | | |
| **181 Thing** | | | | | | |
| 2-dr Conv | 350 | 950 | 1550 | 3100 | 5500 | 7900 |
| **411** | | | | | | |
| 3-dr Htchbk | 300 | 650 | 1000 | 2000 | 3500 | 4900 |
| 4-dr Sdn | 300 | 650 | 1000 | 2000 | 3500 | 4900 |
| **Beetle, 4-cyl.** | | | | | | |
| 2-dr Sdn | 350 | 900 | 1500 | 2900 | 5200 | 7400 |
| 2-dr Conv | 500 | 1300 | 2250 | 4500 | 7700 | 11000 |
| **Beetle Super** | | | | | | |
| 2-dr Sdn | 400 | 1050 | 1700 | 3300 | 5800 | 8300 |
| **Karmann Ghia, 4-cyl.** | | | | | | |
| 2-dr Cpe | 500 | 1300 | 2250 | 4500 | 7700 | 11000 |
| 2-dr Conv | 650 | 1700 | 3000 | 5900 | 10200 | 14700 |
| **Type 3 (formerly 1600)** | | | | | | |
| 2-dr Sdn Fstbk | 300 | 650 | 1100 | 2100 | 3600 | 5100 |
| 2-dr Sdn Sqrbck | 300 | 650 | 1000 | 2000 | 3500 | 4900 |
| | | *Sunroof, add 10 %* | | | | |
| **1972** | | | | | | |
| **181 Thing** | | | | | | |
| 2-dr Conv | 350 | 950 | 1550 | 3100 | 5500 | 7900 |
| **411** | | | | | | |
| 3-dr Htchbk | 300 | 650 | 1000 | 2000 | 3500 | 4900 |
| 4-dr Sdn | 300 | 650 | 1000 | 2000 | 3500 | 4900 |
| **Beetle, 4-cyl.** | | | | | | |
| 2-dr Sdn | 350 | 900 | 1500 | 2900 | 5200 | 7400 |
| 2-dr Conv | 500 | 1300 | 2250 | 4500 | 7700 | 11000 |
| **Beetle Super** | | | | | | |
| 2-dr Sdn | 400 | 1050 | 1700 | 3300 | 5800 | 8300 |
| **Karmann Ghia, 4-cyl.** | | | | | | |
| 2-dr Cpe | 500 | 1300 | 2250 | 4500 | 7700 | 11000 |
| 2-dr Conv | 650 | 1700 | 3000 | 5900 | 10200 | 14700 |
| **Type 3** | | | | | | |
| 2-dr Sdn Fstbk | 300 | 650 | 1100 | 2100 | 3600 | 5100 |
| 2-dr Sdn Sqrbck | 300 | 650 | 1000 | 2000 | 3500 | 4900 |
| | | *Sunroof, add 10 %* | | | | |
| **1973** | | | | | | |
| **181 Thing** | | | | | | |
| 2-dr Conv | 350 | 1000 | 1600 | 3200 | 5700 | 8100 |
| **412** | | | | | | |
| 2-dr Sdn | 300 | 650 | 1100 | 2100 | 3600 | 5100 |
| 4-dr Sdn | 300 | 650 | 1100 | 2100 | 3600 | 5100 |
| 2-dr Sta Wgn | 300 | 650 | 1100 | 2100 | 3600 | 5100 |
| **Beetle, 4-cyl.** | | | | | | |
| 2-dr Sdn | 350 | 900 | 1500 | 2900 | 5200 | 7400 |
| 2-dr Conv | 500 | 1300 | 2250 | 4500 | 7700 | 11000 |
| **Beetle Super** | | | | | | |
| 2-dr Sdn | 400 | 1050 | 1700 | 3300 | 5800 | 8300 |
| **Karmann Ghia, 4-cyl.** | | | | | | |
| 2-dr Cpe | 500 | 1300 | 2250 | 4500 | 7700 | 11000 |
| 2-dr Conv | 650 | 1700 | 3000 | 5900 | 10200 | 14700 |

| | 6 | 5 | 4 | 3 | 2 | 1 |
|---|---|---|---|---|---|---|
| **Type 3** | | | | | | |
| 2-dr Sdn Fstbk | 300 | 650 | 1100 | 2100 | 3600 | 5100 |
| 2-dr Sdn Sqrbck | 300 | 650 | 1000 | 2000 | 3500 | 4900 |
| **1974** | | | | | | |
| **181 Thing** | | | | | | |
| 2-dr Conv | 400 | 1050 | 1700 | 3300 | 5800 | 8300 |
| **412** | | | | | | |
| 2-dr Sdn | 300 | 650 | 1100 | 2100 | 3600 | 5100 |
| 4-dr Sdn | 300 | 650 | 1100 | 2100 | 3600 | 5100 |
| 2-dr Sta Wgn | 300 | 650 | 1100 | 2100 | 3600 | 5100 |
| **Beetle, 4-cyl.** | | | | | | |
| 2-dr Sdn | 350 | 900 | 1500 | 2900 | 5200 | 7400 |
| 2-dr Conv | 500 | 1300 | 2250 | 4500 | 7700 | 11000 |
| **Beetle Super** | | | | | | |
| 2-dr Sdn | 350 | 950 | 1550 | 3100 | 5500 | 7900 |
| **Dasher** | | | | | | |
| 2-dr Htchbk | 300 | 550 | 800 | 1600 | 2800 | 3900 |
| 4-dr Sdn | 250 | 500 | 750 | 1500 | 2600 | 3600 |
| 4-dr Sta Wgn | 300 | 600 | 850 | 1700 | 2900 | 4100 |
| **Karmann Ghia, 4-cyl.** | | | | | | |
| 2-dr Cpe | 500 | 1300 | 2250 | 4500 | 7700 | 11000 |
| 2-dr Conv | 650 | 1700 | 3000 | 5900 | 10200 | 14700 |
| **1975** | | | | | | |
| **Beetle, 4-cyl.** | | | | | | |
| 2-dr Sdn | 350 | 900 | 1500 | 2900 | 5200 | 7400 |
| 2-dr Conv | 500 | 1350 | 2350 | 4700 | 8100 | 11500 |
| **Beetle Super** | | | | | | |
| 2-dr Sdn | 400 | 1050 | 1700 | 3300 | 5800 | 8300 |
| **Dasher** | | | | | | |
| 2-dr Htchbk | 300 | 550 | 800 | 1600 | 2800 | 3900 |
| 2-dr Sdn | 250 | 500 | 750 | 1500 | 2600 | 3600 |
| 4-dr Sdn | 250 | 500 | 750 | 1500 | 2600 | 3600 |
| 4-dr Sta Wgn | 300 | 600 | 850 | 1700 | 2900 | 4100 |
| **Rabbit** | | | | | | |
| 2-dr Htchbk | 200 | 350 | 500 | 1000 | 1900 | 2700 |
| 2-dr Cstm Htchbk | 200 | 400 | 550 | 1100 | 2000 | 2900 |
| 4-dr Ctsm Htchbk | 200 | 400 | 550 | 1100 | 2000 | 2900 |
| 2-dr Dlx Htchbk | 200 | 400 | 600 | 1200 | 2100 | 3000 |
| 4-dr Dlx Htchbk | 200 | 400 | 600 | 1200 | 2100 | 3000 |
| **Scirocco** | | | | | | |
| 2-dr Cpe | 200 | 400 | 550 | 1100 | 2000 | 2900 |
| **1976** | | | | | | |
| **Beetle, 4-cyl.** | | | | | | |
| 2-dr Sdn | 350 | 900 | 1500 | 2900 | 5200 | 7400 |
| 2-dr Conv | 550 | 1450 | 2450 | 4900 | 8500 | 12000 |
| **Dasher** | | | | | | |
| 2-dr Htchbk | 300 | 550 | 800 | 1600 | 2800 | 3900 |
| 4-dr Sdn | 250 | 500 | 750 | 1500 | 2600 | 3600 |
| 4-dr Sta Wgn | 300 | 600 | 850 | 1700 | 2900 | 4100 |
| **Rabbit** | | | | | | |
| 2-dr Htchbk | 200 | 350 | 500 | 1000 | 1900 | 2700 |
| 2-dr Cstm Htchbk | 200 | 400 | 550 | 1100 | 2000 | 2900 |
| 4-dr Ctsm Htchbk | 200 | 400 | 550 | 1100 | 2000 | 2900 |
| 2-dr Dlx Htchbk | 200 | 400 | 600 | 1200 | 2100 | 3000 |
| 4-dr Dlx Htchbk | 200 | 400 | 600 | 1200 | 2100 | 3000 |

| | 6 | 5 | 4 | 3 | 2 | 1 |
|---|---|---|---|---|---|---|
| **Scirocco** | | | | | | |
| 2-dr Cpe | 200 | 400 | 550 | 1100 | 2000 | 2900 |
| **1977** | | | | | | |
| **Beetle, 4-cyl.** | | | | | | |
| 2-dr Sdn | 350 | 950 | 1550 | 3100 | 5500 | 7100 |
| 2-dr Conv | 550 | 1500 | 2500 | 5100 | 8800 | 12500 |
| **Dasher** | | | | | | |
| 2-dr Htchbk | 300 | 500 | 800 | 1600 | 2800 | 3900 |
| 4-dr Sdn | 250 | 500 | 750 | 1500 | 2600 | 3600 |
| **Rabbit** | | | | | | |
| 2-dr Htchbk | 200 | 350 | 500 | 1000 | 1900 | 2700 |
| 2-dr Cstm Htchbk | 200 | 400 | 550 | 1100 | 2000 | 2900 |
| 4-dr Ctsm Htchbk | 200 | 400 | 550 | 1100 | 2000 | 2900 |
| 2-dr Dlx Htchbk | 200 | 400 | 600 | 1200 | 2100 | 3000 |
| 4-dr Dlx Htchbk | 200 | 400 | 600 | 1200 | 2100 | 3000 |
| 4-dr Sta Wgn | 200 | 450 | 650 | 1300 | 2200 | 3200 |
| **Scirocco** | | | | | | |
| 2-dr Cpe | 200 | 400 | 550 | 1100 | 2000 | 2900 |
| **1978** | | | | | | |
| **Beetle, 4-cyl.** | | | | | | |
| 2-dr Conv | 550 | 1550 | 2650 | 5300 | 9100 | 13000 |
| **Dasher** | | | | | | |
| 2-dr Htchbk | 250 | 500 | 750 | 1500 | 2600 | 3600 |
| 4-dr Sdn | 250 | 500 | 750 | 1400 | 2400 | 3400 |
| **Rabbit** | | | | | | |
| 2-dr Htchbk | 200 | 400 | 550 | 1100 | 2000 | 2900 |
| 2-dr Cstm Htchbk | 200 | 400 | 600 | 1200 | 2100 | 3000 |
| 4-dr Ctsm Htchbk | 200 | 400 | 600 | 1200 | 2100 | 3000 |
| 2-dr Dlx Htchbk | 200 | 400 | 600 | 1200 | 2100 | 3000 |
| 4-dr Dlx Htchbk | 200 | 400 | 600 | 1200 | 2100 | 3000 |
| 4-dr Sta Wgn | 200 | 450 | 650 | 1300 | 2200 | 3200 |
| **Scirocco** | | | | | | |
| 2-dr Cpe | 200 | 400 | 600 | 1200 | 2100 | 3000 |
| **1979** | | | | | | |
| **Beetle, 4-cyl.** | | | | | | |
| 2-dr Conv | 600 | 1600 | 2750 | 5500 | 9500 | 13800 |
| **Dasher** | | | | | | |
| 2-dr Htchbk | 250 | 500 | 750 | 1500 | 2600 | 3600 |
| 4-dr Sdn | 250 | 500 | 750 | 1400 | 2400 | 3400 |
| 4-dr Sta Wgn | 300 | 550 | 800 | 1600 | 2800 | 3900 |
| **Rabbit** | | | | | | |
| 2-dr Htchbk | 200 | 400 | 550 | 1100 | 2000 | 2900 |
| 2-dr Cstm Htchbk | 200 | 400 | 600 | 1200 | 2100 | 3000 |
| 4-dr Ctsm Htchbk | 200 | 400 | 600 | 1200 | 2100 | 3000 |
| 2-dr Dlx Htchbk | 200 | 400 | 600 | 1200 | 2100 | 3000 |
| 4-dr Dlx Htchbk | 200 | 400 | 600 | 1200 | 2100 | 3000 |
| **Scirocco** | | | | | | |
| 2-dr Cpe | 200 | 400 | 600 | 1200 | 2100 | 3000 |
| **1980** | | | | | | |
| **Dasher** | | | | | | |
| 2-dr Htchbk | 250 | 500 | 750 | 1500 | 2600 | 3600 |
| 4-dr Sdn | 250 | 500 | 750 | 1400 | 2400 | 3400 |
| **Rabbit** | | | | | | |
| 2-dr Htchbk | 200 | 400 | 550 | 1100 | 2000 | 2900 |
| 2-dr Cstm Htchbk | 200 | 400 | 600 | 1200 | 2100 | 3000 |
| 4-dr Ctsm Htchbk | 200 | 400 | 600 | 1200 | 2100 | 3000 |

| | 6 | 5 | 4 | 3 | 2 | 1 |
|---|---|---|---|---|---|---|
| 2-dr Dlx Htchbk | 200 | 400 | 600 | 1200 | 2100 | 3000 |
| 4-dr Dlx Htchbk | 200 | 400 | 600 | 1200 | 2100 | 3000 |
| 2-dr Conv | 300 | 600 | 850 | 1700 | 2900 | 4100 |
| **Scirocco** | | | | | | |
| 2-dr Cpe | 200 | 400 | 600 | 1200 | 2100 | 3000 |
| 2-dr S Cpe (5 spd) | 200 | 450 | 650 | 1300 | 2200 | 3200 |
| **Jetta** | | | | | | |
| 2-dr Sdn | 250 | 500 | 750 | 1400 | 2400 | 3400 |
| 4-dr Sdn | 250 | 500 | 750 | 1500 | 2600 | 3600 |
| **1981** | | | | | | |
| **Dasher** | | | | | | |
| 4-dr Htchbk | 250 | 500 | 750 | 1500 | 2600 | 3600 |
| **Rabbit** | | | | | | |
| 2-dr Conv | 300 | 600 | 850 | 1700 | 2900 | 4100 |
| 2-dr Htchbk | 200 | 400 | 600 | 1200 | 2100 | 3000 |
| 2-dr L Htchbk | 200 | 400 | 600 | 1200 | 2100 | 3000 |
| 4-dr L Htchbk | 200 | 400 | 600 | 1200 | 2100 | 3000 |
| 2-dr LS Htchbk | 200 | 400 | 600 | 1200 | 2100 | 3000 |
| 4-dr LS Htchbk | 200 | 400 | 600 | 1200 | 2100 | 3000 |
| 2-dr S Htchbk | 200 | 450 | 650 | 1300 | 2200 | 3200 |
| 4-dr Sta Wgn | 250 | 500 | 750 | 1400 | 2400 | 3400 |
| **Scirocco** | | | | | | |
| 2-dr Cpe | 200 | 400 | 600 | 1200 | 2100 | 3000 |
| 2-dr Cpe S | 200 | 450 | 650 | 1300 | 2200 | 3200 |
| **Jetta** | | | | | | |
| 2-dr Sdn | 250 | 500 | 750 | 1400 | 2400 | 3400 |
| 4-dr Sdn | 250 | 500 | 750 | 1500 | 2600 | 3600 |
| **1982** | | | | | | |
| **Rabbit** | | | | | | |
| 2-dr Conv | 300 | 600 | 850 | 1700 | 2900 | 4100 |
| 2-dr Htchbk | 200 | 400 | 600 | 1200 | 2100 | 3000 |
| 2-dr L Htchbk | 200 | 400 | 600 | 1200 | 2100 | 3000 |
| 4-dr L Htchbk | 200 | 400 | 600 | 1200 | 2100 | 3000 |
| 2-dr LS Htchbk | 200 | 400 | 600 | 1200 | 2100 | 3000 |
| 4-dr LS Htchbk | 200 | 400 | 600 | 1200 | 2100 | 3000 |
| 2-dr S Htchbk | 200 | 450 | 650 | 1300 | 2200 | 3200 |
| **Jetta** | | | | | | |
| 2-dr Sdn | 250 | 500 | 750 | 1400 | 2400 | 3400 |
| 4-dr Sdn | 250 | 500 | 750 | 1500 | 2600 | 3600 |
| **Scirocco** | | | | | | |
| 2-dr Cpe | 200 | 450 | 650 | 1300 | 2200 | 3200 |
| **Quantum** | | | | | | |
| 2-dr Cpe | 250 | 500 | 750 | 1400 | 2400 | 3400 |
| 4-dr Notchbk | 250 | 500 | 750 | 1500 | 2600 | 3600 |
| 5-dr Wgn | 200 | 450 | 650 | 1300 | 2200 | 3200 |
| 2-dr GL Cpe | 300 | 550 | 800 | 1600 | 2800 | 3900 |
| 4-dr GL Notchbk | 300 | 600 | 850 | 1700 | 2900 | 4100 |
| 5-dr GL Wgn | 250 | 500 | 750 | 1400 | 2400 | 3400 |
| **1983** | | | | | | |
| **Rabbit (FWD)** | | | | | | |
| 2-dr Conv | 300 | 600 | 850 | 1700 | 2900 | 4100 |
| 2-dr L Htchbk | 200 | 400 | 600 | 1200 | 2100 | 3000 |
| 4-dr L Htchbk | 250 | 500 | 750 | 1400 | 2400 | 3400 |
| 2-dr LS Htchbk | 200 | 400 | 600 | 1200 | 2100 | 3000 |
| 4-dr LS Htchbk | 200 | 400 | 600 | 1200 | 2100 | 3000 |
| 2-dr GL Htchbk | 200 | 450 | 650 | 1300 | 2200 | 3200 |

|  | 6 | 5 | 4 | 3 | 2 | 1 |
|---|---|---|---|---|---|---|
| 4-dr GL Htchbk | 200 | 450 | 650 | 1300 | 2200 | 3200 |
| 2-dr GTi Htchbk | 250 | 500 | 750 | 1400 | 2400 | 3400 |
| **Jetta (FWD)** | | | | | | |
| 2-dr Sdn | 250 | 500 | 750 | 1500 | 2600 | 3600 |
| 4-dr Sdn | 300 | 550 | 800 | 1600 | 2800 | 3900 |
| **Scirocco (FWD)** | | | | | | |
| 2-dr Cpe | 200 | 450 | 650 | 1300 | 2200 | 3200 |
| **Quantum (FWD)** | | | | | | |
| 2-dr Cpe | 250 | 500 | 750 | 1400 | 2400 | 3400 |
| 4-dr Notchbk | 250 | 500 | 750 | 1500 | 2600 | 3600 |
| 5-dr Sta Wgn | 200 | 450 | 650 | 1300 | 2200 | 3200 |
| ***1984*** | | | | | | |
| **Rabbit (FWD)** | | | | | | |
| 2-dr Conv | 300 | 600 | 950 | 1900 | 3200 | 4600 |
| 2-dr L Htchbk | 200 | 450 | 650 | 1300 | 2200 | 3200 |
| 4-dr L Htchbk | 200 | 450 | 650 | 1300 | 2200 | 3200 |
| 4-dr GL Htchbk | 250 | 500 | 750 | 1400 | 2400 | 3400 |
| 4-dr GTi Htchbk | 250 | 500 | 750 | 1500 | 2600 | 3600 |
| **Jetta (FWD)** | | | | | | |
| 2-dr Sdn | 250 | 500 | 750 | 1500 | 2600 | 3600 |
| 4-dr Sdn | 300 | 550 | 800 | 1600 | 2800 | 3900 |
| 4-dr GL Sdn | 300 | 600 | 850 | 1700 | 2900 | 4100 |
| 4-dr GLi Sdn | 300 | 600 | 950 | 1900 | 3200 | 4600 |
| **Scirocco (FWD)** | | | | | | |
| 2-dr Cpe | 200 | 450 | 650 | 1300 | 2200 | 3200 |
| **Quantum (FWD)** | | | | | | |
| 4-dr GL Sdn | 250 | 500 | 750 | 1500 | 2600 | 3600 |
| 5-dr GL Sta Wgn | 200 | 450 | 650 | 1300 | 2200 | 3200 |
| ***1985*** | | | | | | |
| **Cabriolet (FWD)** | | | | | | |
| 2-dr Conv | 300 | 750 | 1250 | 2500 | 4400 | 6200 |
| **Golf (FWD)** | | | | | | |
| 2-dr Htchbk | 250 | 500 | 750 | 1500 | 2600 | 3600 |
| 4-dr Htchbk | 300 | 550 | 800 | 1600 | 2800 | 3900 |
| 2-dr GTi Htchbk | 300 | 600 | 900 | 1800 | 3100 | 4400 |
| **Jetta (FWD)** | | | | | | |
| 2-dr Sdn | 300 | 550 | 800 | 1600 | 2800 | 3900 |
| 4-dr Sdn | 300 | 600 | 850 | 1700 | 2900 | 4100 |
| 4-dr GL Sdn | 300 | 600 | 900 | 1800 | 3100 | 4400 |
| 4-dr GLi Sdn | 300 | 650 | 1000 | 2000 | 3500 | 4900 |
| **Scirocco (FWD)** | | | | | | |
| 2-dr Cpe | 200 | 450 | 650 | 1300 | 2200 | 3200 |
| **Quantum (FWD)** | | | | | | |
| 4-dr GL Sdn | 300 | 550 | 800 | 1600 | 2800 | 3900 |
| 5-dr Sta Wgn | 250 | 500 | 750 | 1400 | 2400 | 3400 |
| ***1986*** | | | | | | |
| **Cabriolet (FWD)** | | | | | | |
| 2-dr Conv | 350 | 850 | 1400 | 2800 | 4900 | 7100 |
| **Golf (FWD)** | | | | | | |
| 2-dr Htchbk | 300 | 600 | 850 | 1700 | 2900 | 4100 |
| 4-dr Htchbk | 300 | 600 | 900 | 1800 | 3100 | 4400 |
| 2-dr GTi Htchbk | 300 | 650 | 1000 | 2000 | 3500 | 4900 |
| **Jetta (FWD)** | | | | | | |
| 2-dr Sdn | 300 | 600 | 900 | 1800 | 3100 | 4400 |
| 4-dr Sdn | 300 | 600 | 950 | 1900 | 3200 | 4600 |
| 4-dr GL Sdn | 300 | 650 | 1000 | 2000 | 3500 | 4900 |
| 4-dr GLi Sdn | 300 | 650 | 1100 | 2200 | 3800 | 5400 |

| | 6 | 5 | 4 | 3 | 2 | 1 |
|---|---|---|---|---|---|---|
| **Scirocco (FWD)** | | | | | | |
| 2-dr Cpe | 250 | 500 | 750 | 1400 | 2400 | 3400 |
| 2-dr Cpe/16V | 300 | 650 | 1000 | 2000 | 3500 | 4900 |
| **Quantum (FWD)** | | | | | | |
| 4-dr GL Sdn | 300 | 600 | 900 | 1800 | 3100 | 4400 |
| 5-dr Sta Wgn | 300 | 600 | 900 | 1800 | 3100 | 4400 |
| 5-dr Sta Wgn 4WD (Syncro) | 300 | 650 | 1100 | 2200 | 3800 | 5400 |
| **1987** | | | | | | |
| **Fox (FWD)** | | | | | | |
| 2-dr Sdn | 200 | 400 | 550 | 1100 | 2000 | 2900 |
| 4-dr GL Sdn | 200 | 450 | 650 | 1300 | 2200 | 3200 |
| 2-dr GL Sta Wgn | 200 | 450 | 650 | 1300 | 2200 | 3200 |
| **Cabriolet (FWD)** | | | | | | |
| 2-dr Conv | 350 | 950 | 1550 | 3100 | 5500 | 7900 |
| **Golf (FWD)** | | | | | | |
| 2-dr GL Htchbk | 300 | 600 | 950 | 1900 | 3200 | 4600 |
| 4-dr GL Htchbk | 300 | 650 | 1000 | 2000 | 3500 | 4900 |
| 2-dr GT Htchbk | 300 | 700 | 1200 | 2400 | 4100 | 5900 |
| 4-dr GT Htchbk | 300 | 750 | 1250 | 2500 | 4400 | 6200 |
| 2-dr GTI Htcbhk | 300 | 650 | 1150 | 2300 | 3900 | 5700 |
| 2-dr GTI Htchbk (16V) | 300 | 800 | 1300 | 2600 | 4600 | 6600 |
| **Jetta (FWD)** | | | | | | |
| 2-dr Sdn | 300 | 650 | 1100 | 2100 | 3600 | 5100 |
| 4-dr Sdn | 300 | 650 | 1150 | 2300 | 3900 | 5700 |
| 4-dr GL Sdn | 300 | 700 | 1200 | 2400 | 4100 | 5900 |
| 4-dr GLi Sdn | 300 | 800 | 1300 | 2600 | 4600 | 6600 |
| 4-dr GLi Sdn (16V) | 350 | 900 | 1500 | 3000 | 5300 | 7600 |
| **Scirocco (FWD)** | | | | | | |
| 2-dr Cpe | 300 | 550 | 800 | 1600 | 2800 | 3900 |
| 2-dr Cpe (16V) | 300 | 650 | 1150 | 2300 | 3900 | 5700 |
| **Quantum (FWD)** | | | | | | |
| 4-dr GL Sdn | 300 | 650 | 1150 | 2300 | 3900 | 5700 |
| 4-dr Sta Wgn | 300 | 650 | 1100 | 2200 | 3800 | 5400 |
| 4-dr Sta Wgn 4WD (Syncro) | 300 | 800 | 1350 | 2700 | 4700 | 6900 |
| **1988** | | | | | | |
| **Fox** | | | | | | |
| 2-dr Sdn | 200 | 400 | 600 | 1200 | 2100 | 3000 |
| 4-dr GL Sdn | 250 | 500 | 750 | 1400 | 2400 | 3400 |
| 2-dr GL Sta Wgn | 250 | 500 | 750 | 1400 | 2400 | 3400 |
| **Cabriolet** | | | | | | |
| 2-dr Conv | 400 | 1050 | 1700 | 3400 | 5900 | 8500 |
| **Golf** | | | | | | |
| 2-dr Htchbk | 300 | 600 | 950 | 1900 | 3200 | 4600 |
| 2-dr GL Htchbk | 300 | 650 | 1100 | 2200 | 3800 | 5400 |
| 4-dr GL Htchbk | 300 | 650 | 1150 | 2300 | 3900 | 5700 |
| 2-dr GT Htchbk | 300 | 800 | 1350 | 2700 | 4700 | 6900 |
| 4-dr GT Htchbk | 350 | 850 | 1400 | 2800 | 4900 | 7100 |
| 2-dr GTi Htchbk (16V) | 350 | 900 | 1500 | 2900 | 5200 | 7400 |
| **Jetta** | | | | | | |
| 2-dr Sdn | 300 | 750 | 1250 | 2500 | 4400 | 6200 |
| 4-dr Sdn | 300 | 800 | 1300 | 2600 | 4600 | 6600 |
| 4-dr GL Sdn | 300 | 800 | 1350 | 2700 | 4700 | 6900 |
| 4-dr Sdn Carat | 350 | 900 | 1500 | 2900 | 5200 | 7400 |
| 4-dr GLi Sdn (16V) | 400 | 1050 | 1700 | 3400 | 5900 | 8500 |
| **Scirocco** | | | | | | |
| 2-dr Cpe (16V) | 300 | 800 | 1350 | 2700 | 4700 | 6900 |

| | 6 | 5 | 4 | 3 | 2 | 1 |
|---|---|---|---|---|---|---|
| **Quantum** | | | | | | |
| 4-dr GL Sdn | 300 | 800 | 1300 | 2600 | 4600 | 6600 |
| 4-dr GL Wgn | 350 | 850 | 1400 | 2800 | 4900 | 7100 |
| 4-dr GL Wgn 4WD (Syncro) | 350 | 950 | 1550 | 3100 | 5500 | 7900 |
| ***1989*** | | | | | | |
| **Fox** | | | | | | |
| 2-dr Sdn | 200 | 450 | 650 | 1300 | 2200 | 3200 |
| 4-dr GL Sdn | 250 | 500 | 750 | 1500 | 2600 | 3600 |
| 2-dr GL Sdn | 250 | 500 | 750 | 1400 | 2400 | 3400 |
| 2-dr GL Wgn | 250 | 500 | 750 | 1500 | 2600 | 3600 |
| 2-dr GL Spt Sdn | 250 | 500 | 750 | 1500 | 2600 | 3600 |
| 4-dr GL Spt Sdn | 300 | 550 | 800 | 1600 | 2800 | 3900 |
| **Golf** | | | | | | |
| 2-dr Htchbk | 350 | 650 | 1100 | 2200 | 3800 | 5400 |
| 2-dr GL Htchbk | 300 | 750 | 1250 | 2500 | 4400 | 6200 |
| 4-dr GL Htchbk | 300 | 800 | 1300 | 2600 | 4600 | 6600 |
| **GTi** | | | | | | |
| 2-dr Htchbk | 350 | 1000 | 1600 | 3200 | 5700 | 8100 |
| **Jetta** | | | | | | |
| 2-dr Sdn | 350 | 900 | 1500 | 2900 | 5200 | 7400 |
| 4-dr Sdn | 350 | 900 | 1500 | 3000 | 5300 | 7600 |
| 4-dr GL Sdn | 350 | 950 | 1550 | 3100 | 5500 | 7900 |
| 4-dr GLi Sdn (16V) | 400 | 1200 | 1950 | 3900 | 6800 | 9900 |
| 4-dr Sdn Carat | 400 | 1050 | 1700 | 3300 | 5800 | 8300 |
| **Cabriolet** | | | | | | |
| 2-dr Conv | 400 | 1150 | 1850 | 3700 | 6400 | 9300 |
| 2-dr Bestseller Conv | 400 | 1200 | 1900 | 3800 | 6600 | 9600 |
| 2-dr Boutique Conv | 400 | 1200 | 1950 | 3900 | 6800 | 9900 |
| ***1990*** | | | | | | |
| **Fox, 4-cyl.** | | | | | | |
| 2-dr Sdn | 250 | 500 | 750 | 1500 | 2600 | 3600 |
| 4-dr GL Sdn | 300 | 600 | 850 | 1700 | 2900 | 4100 |
| 2-dr GL Wgn | 300 | 600 | 850 | 1700 | 2900 | 4100 |
| 2-dr GL SpT Sdn | 300 | 600 | 850 | 1700 | 2900 | 4100 |
| **Golf, 4-cyl.** | | | | | | |
| 2-dr GL Htchbk | 350 | 950 | 1550 | 3100 | 5500 | 7900 |
| 4-dr GL Htchbk | 350 | 1000 | 1600 | 3200 | 5700 | 8100 |
| **GTi, 4-cyl.** | | | | | | |
| 2-dr Htchbk | 400 | 1050 | 1700 | 3300 | 5800 | 8300 |
| **Jetta, 4-cyl.** | | | | | | |
| 2-dr GL Sdn | 400 | 1150 | 1850 | 3700 | 6400 | 9300 |
| 4-dr GL Sdn | 400 | 1200 | 1900 | 3800 | 6600 | 9600 |
| 4-dr GLi 16V Sdn | 500 | 1350 | 2350 | 4700 | 8100 | 11500 |
| 4-dr Sdn Carat | 400 | 1200 | 2000 | 4000 | 6900 | 10000 |
| **Cabriolet, 4-cyl.** | | | | | | |
| 2-dr Conv | 550 | 1450 | 2450 | 4900 | 8500 | 12000 |
| 2-dr Bestseller Conv | 550 | 1500 | 2500 | 5000 | 8700 | 12300 |
| 2-dr Boutique Conv | 550 | 1500 | 2500 | 5100 | 8800 | 12500 |
| **Passat, 4-cyl.** | | | | | | |
| 4-dr GL Sdn | 450 | 1250 | 2100 | 4200 | 7200 | 10500 |
| 4-dr GL Wgn | 500 | 1300 | 2250 | 4500 | 7700 | 11000 |
| **Corrado, 4-cyl. Supercharged** | | | | | | |
| 2-dr Cpe | 550 | 1550 | 2600 | 5200 | 9000 | 12800 |

| | 6 | 5 | 4 | 3 | 2 | 1 |
|---|---|---|---|---|---|---|
| **1991** | | | | | | |
| **Fox, 4-cyl.** | | | | | | |
| 2-dr Sdn | 300 | 600 | 850 | 1700 | 2900 | 4100 |
| 4-dr GL Sdn | 300 | 650 | 1100 | 2100 | 3600 | 5100 |
| **Golf, 4-cyl.** | | | | | | |
| 2-dr GL Htchbk | 400 | 1100 | 1800 | 3600 | 6200 | 9100 |
| 4-dr GL Htchbk | 400 | 1150 | 1850 | 3700 | 6400 | 9300 |
| **GTi, 4-cyl.** | | | | | | |
| 2-dr Htchbk | 400 | 1200 | 1900 | 3800 | 6600 | 9600 |
| **Jetta, 4-cyl.** | | | | | | |
| 2-dr GL Sdn | 450 | 1250 | 2100 | 4200 | 7200 | 10500 |
| 4-dr GL Sdn | 450 | 1250 | 2100 | 4200 | 7200 | 10500 |
| 4-dr GLi 16V Sdn | 550 | 1550 | 2600 | 5200 | 9000 | 12800 |
| 4-dr Sdn Carat | 500 | 1300 | 2250 | 4500 | 7700 | 11000 |
| **Cabriolet, 4-cyl.** | | | | | | |
| 2-dr Conv | 600 | 1600 | 2700 | 5400 | 9300 | 13500 |
| 2-dr Carat Conv | 600 | 1600 | 2800 | 5600 | 9700 | 14000 |
| 2-dr Aigner Conv | 600 | 1650 | 2850 | 5700 | 9900 | 14200 |
| **Passat, 4-cyl.** | | | | | | |
| 4-dr GL Sdn | 550 | 1400 | 2400 | 4800 | 8300 | 11800 |
| 4-dr GL Wgn | 550 | 1550 | 2600 | 5200 | 9000 | 12800 |
| **Corrado, 4-cyl. Supercharged** | | | | | | |
| 2-dr Cpe | 650 | 1700 | 3000 | 5900 | 10200 | 14700 |

---

## PRICE GUIDE CLASSIFICATIONS:

**1. CONCOURS:** Perfection. At or near 100 points on a 100-point judging scale. Trailered; never driven; pampered. Totally restored to the max and 100 percent stock.

**2. SHOW:** Professionally restored to high standards. No major flaws or deviations from stock. Consistent trophy winner that needs nothing to show. In 90 to 95 point range.

**3. STREET/SHOW:** Older restoration or extremely nice original showing some wear from age and use. Very presentable; occasional trophy winner; everything working properly. About 80 to 89 points.

**4. DRIVER:** A nice looking, fine running collector car needing little or nothing to drive, enjoy and show in local competition. Would need extensive restoration to be a show car, but completely usable as is.

**5. RESTORABLE:** Project car that is relatively complete and restorable within a reasonable effort and expense. Needs total restoration, but all major components present and rebuildable. May or may not be running.

**6. PARTS CAR:** Deteriorated or stripped to a point beyond reasonable restoration, but still complete and solid enough to donate valuable parts to a restoration. Likely not running, possibly missing its engine.

# VOLVO
## 1956 – 1991

'67 Volvo 144S

'67 Volvo 122S

'68 Volvo 1800S

'87 Volvo 760 DLE

'87 Volvo 240 DL

| | 6 | 5 | 4 | 3 | 2 | 1 |
|---|---|---|---|---|---|---|
| **1956** | | | | | | |
| **PV Series, 4-cyl., 102.4" wb, 1414cc, 70 hp** | | | | | | |
| PV444 2-dr Sdn | 500 | 1300 | 2250 | 4500 | 7700 | 11000 |
| PV445 2-dr Sta Wgn | 400 | 1050 | 1700 | 3300 | 5800 | 8300 |
| **1957** | | | | | | |
| **PV Series, 4-cyl., 85 hp, 102.5" wb, 1580cc, 85 hp** | | | | | | |
| PV444 2-dr Sdn | 500 | 1300 | 2250 | 4500 | 7700 | 11000 |
| PV445 2-dr Sta Wgn | 400 | 1050 | 1700 | 3300 | 5800 | 8300 |
| **1958** | | | | | | |
| **PV Series, 4-cyl., 102.5" wb, 1580cc, 85 hp** | | | | | | |
| PV444 2-dr Sdn | 500 | 1300 | 2250 | 4500 | 7700 | 11000 |
| PV445 2-dr Sta Wgn | 400 | 1050 | 1700 | 3300 | 5800 | 8300 |
| **1959** | | | | | | |
| **PV Series, 4-cyl., 102.5" wb, 1580cc, 85 hp** | | | | | | |
| PV544 2-dr Sdn | 450 | 1250 | 2150 | 4300 | 7400 | 10700 |
| PV445 2-dr Sta Wgn | 350 | 950 | 1550 | 3100 | 5500 | 7900 |
| 122S 4-dr Sdn | 400 | 1100 | 1800 | 3500 | 6100 | 8900 |

| | 6 | 5 | 4 | 3 | 2 | 1 |
|---|---|---|---|---|---|---|
| **1960** | | | | | | |
| **PV Series, 4-cyl., 102.5" wb, 1580cc, 85 hp** | | | | | | |
| PV544 2-dr Sdn | 450 | 1250 | 2150 | 4300 | 7400 | 10700 |
| 122S 4-dr Sdn | 400 | 1100 | 1800 | 3500 | 6100 | 8900 |
| **1961** | | | | | | |
| **PV Series, 4-cyl., 102.4" wb, 1580cc, 85 hp** | | | | | | |
| PV544 2-dr Sdn | 450 | 1250 | 2150 | 4300 | 7400 | 10700 |
| 122S 4-dr Sdn | 400 | 1100 | 1800 | 3500 | 6100 | 8900 |
| **P1800, 4-cyl., 96.5" wb, 1780cc, 100 hp** | | | | | | |
| 2-dr Spt Cpe | 550 | 1400 | 2400 | 4800 | 8300 | 11800 |
| **1962** | | | | | | |
| **PV544, 4-cyl., 102.4" wb, 1780cc, 85 hp** | | | | | | |
| 2-dr Sdn | 450 | 1250 | 2100 | 4200 | 7200 | 10500 |
| **122S 4-dr Sdn, 102.4" wb, 1780cc, 85 hp** | | | | | | |
| 2-dr Sdn | 350 | 950 | 1550 | 3100 | 5500 | 7900 |
| 4-dr Sdn | 350 | 900 | 1500 | 3000 | 5300 | 7600 |
| 4-dr Sta Wgn | 400 | 1050 | 1700 | 3300 | 5800 | 8300 |
| **P1800, 4-cyl., 96.5" wb, 1780cc, 100 hp** | | | | | | |
| 2-dr Spt Cpe | 550 | 1400 | 2400 | 4800 | 8300 | 11800 |
| **1963** | | | | | | |
| **PV544, 4-cyl., 102.4" wb, 1780cc, 85 hp** | | | | | | |
| 2-dr Sdn | 450 | 1250 | 2050 | 4100 | 7100 | 10300 |
| **122S, 4-cyl., 102.4" wb, 1780cc, 85 hp** | | | | | | |
| 2-dr Sdn | 350 | 950 | 1550 | 3100 | 5500 | 7900 |
| 4-dr Sdn | 350 | 900 | 1500 | 3000 | 5300 | 7600 |
| 4-dr Sta Wgn | 400 | 1050 | 1700 | 3300 | 5800 | 8300 |
| **1800, 4-cyl., 96.5" wb, 1780cc, 100 hp** | | | | | | |
| 2-dr Spt Cpe | 550 | 1400 | 2400 | 4800 | 8300 | 11800 |
| **1964** | | | | | | |
| **PV544, 4-cyl., 102.4" wb, 1780cc, 85 hp** | | | | | | |
| 2-dr Sdn | 400 | 1200 | 2000 | 4000 | 6900 | 10000 |
| **122S, 4-cyl.,. 102.4" wb, 1780cc, 85 hp** | | | | | | |
| 2-dr Sdn | 350 | 950 | 1550 | 3100 | 5500 | 7900 |
| 4-dr Sdn | 350 | 900 | 1500 | 3000 | 5300 | 7600 |
| 4-dr Sta Wgn | 400 | 1050 | 1700 | 3300 | 5800 | 8300 |
| **1800S, 4-cyl., 96.5" wb, 1780cc, 100 hp** | | | | | | |
| Spt Cpe | 550 | 1450 | 2450 | 4900 | 8500 | 12000 |
| **1965** | | | | | | |
| **PV544, 4-cyl., 102.4" wb, 1780cc, 85 hp** | | | | | | |
| 2-dr Sdn | 400 | 1200 | 2000 | 4000 | 6900 | 10000 |
| **122S, 4-cyl., 102.4" wb, 1780cc, 85 hp** | | | | | | |
| 2-dr Sdn | 350 | 950 | 1550 | 3100 | 5500 | 7900 |
| 4-dr Sdn | 350 | 900 | 1500 | 3000 | 5300 | 7600 |
| 4-dr Sta Wgn | 400 | 1050 | 1700 | 3300 | 5800 | 8300 |
| **1800S, 4-cyl., 96.5" wb, 1780cc, 100 hp** | | | | | | |
| 2-dr Spt Cpe | 550 | 1450 | 2450 | 4900 | 8500 | 12000 |
| **1966** | | | | | | |
| **PV544, 4-cyl., 102.4" wb, 1780cc, 85 hp** | | | | | | |
| 2-dr Sdn | 400 | 1200 | 2000 | 4000 | 6900 | 10000 |
| **122S, 4-cyl., 102.4" wb, 1780cc, 85 hp** | | | | | | |
| 2-dr Sdn | 350 | 950 | 1550 | 3100 | 5500 | 7900 |
| 4-dr Sdn | 350 | 900 | 1500 | 3000 | 5300 | 7600 |
| 4-dr Sta Wgn | 400 | 1050 | 1700 | 3300 | 5800 | 8300 |
| **1800S, 4-cyl., 96.5" wb, 1780cc, 100 hp** | | | | | | |
| 2-dr Spt Cpe | 550 | 1450 | 2450 | 4900 | 8500 | 12000 |

|  | 6 | 5 | 4 | 3 | 2 | 1 |
|---|---|---|---|---|---|---|
| **1967** | | | | | | |
| **122S, 4-cyl., 102.4" wb, 1780cc, 85 hp** | | | | | | |
| 2-dr Sdn | 350 | 900 | 1500 | 3000 | 5300 | 7600 |
| 4-dr Sdn | 350 | 900 | 1500 | 2900 | 5200 | 7400 |
| 4-dr Sta Wgn | 350 | 1000 | 1600 | 3200 | 5700 | 8100 |
| **1800S, 4-cyl., 96.5" wb, 1780cc, 100 hp** | | | | | | |
| 2-dr Spt Cpe | 550 | 1450 | 2450 | 4900 | 8500 | 12000 |
| **1968** | | | | | | |
| **122S, 4-cyl., 102.4" wb, 1780cc, 115 hp** | | | | | | |
| 2-dr Sdn | 350 | 900 | 1500 | 2900 | 5200 | 7400 |
| 4-dr Sta Wgn | 350 | 950 | 1550 | 3100 | 5500 | 7900 |
| **142S, 4-cyl., 102.4" wb, 1780cc, 115 hp** | | | | | | |
| 2-dr Sdn | 300 | 800 | 1350 | 2700 | 4700 | 6900 |
| **144S, 4-cyl., 102.4" wb, 1780cc, 115 hp** | | | | | | |
| 4-dr Sdn | 300 | 800 | 1300 | 2600 | 4600 | 6600 |
| **1800S, 4-cyl., 96.5" wb, 1780cc, 115 hp** | | | | | | |
| 2-dr Spt Cpe | 550 | 1400 | 2400 | 4800 | 8300 | 11800 |
| **1969** | | | | | | |
| **142S, 4-cyl., 102.4" wb, 1780cc, 115 hp** | | | | | | |
| 2-dr Sdn | 300 | 800 | 1300 | 2600 | 4600 | 6600 |
| **144, 4-cyl., 102.4" wb, 1780cc, 115 hp** | | | | | | |
| 4-dr Sdn | 300 | 750 | 1250 | 2500 | 4400 | 6200 |
| **145, 4-cyl., 102.4" wb, 1780cc, 115 hp** | | | | | | |
| 4-dr Stn Wgn | 300 | 750 | 1250 | 2500 | 4400 | 6200 |
| **1800E, 4-cyl., 96.5" wb, 1780cc, 115 hp** | | | | | | |
| 2-dr Spt Cpe | 450 | 1250 | 2150 | 4300 | 7400 | 10700 |
| **1970** | | | | | | |
| **142, 4-cyl., 102.4" wb, 2000cc, 118 hp** | | | | | | |
| 2-dr Sdn | 300 | 750 | 1250 | 2500 | 4400 | 6200 |
| **144, 4-cyl., 102.4" wb, 2000cc, 118 hp** | | | | | | |
| 4-dr Sdn | 300 | 700 | 1200 | 2400 | 4100 | 5900 |
| **145, 4-cyl., 102.4" wb, 2000cc, 118 hp** | | | | | | |
| 4-dr Stn Wgn | 300 | 750 | 1250 | 2500 | 4400 | 6200 |
| **164, 6-cyl., 106.3" wb, 2978cc, 145 hp** | | | | | | |
| 4-dr Sdn | 300 | 750 | 1250 | 2500 | 4400 | 6200 |
| **1800E, 4-cyl., 96.5" wb, 2000cc, 130 hp** | | | | | | |
| 2-dr Spt Cpe | 450 | 1250 | 2100 | 4200 | 7200 | 10500 |
| **1971** | | | | | | |
| **142, 4-cyl., 102.4" wb, 2000cc, 118 hp** | | | | | | |
| 2-dr Sdn | 300 | 700 | 1200 | 2400 | 4100 | 5900 |
| **144, 4-cyl., 102.4" wb, 2000cc, 118 hp** | | | | | | |
| 4-dr Sdn | 300 | 650 | 1150 | 2300 | 3900 | 5700 |
| **145, 4-cyl., 102.4" wb, 2000cc, 118 hp** | | | | | | |
| 4-dr Stn Wgn | 300 | 750 | 1250 | 2500 | 4400 | 6200 |
| **164, 6-cyl., 106.3" wb, 2978cc, 145 hp** | | | | | | |
| 4-dr Sdn | 300 | 700 | 1200 | 2400 | 4100 | 5900 |
| **1800E, 4-cyl., 96.5" wb, 2000cc, 130 hp** | | | | | | |
| 2-dr Spt Cpe | 450 | 1250 | 2050 | 4100 | 7100 | 10300 |
| **1972** | | | | | | |
| **142, 4-cyl., 103.2" wb, 2.0 liter, 118 hp** | | | | | | |
| 2-dr Sdn | 300 | 650 | 1150 | 2300 | 3900 | 5700 |
| **144, 4-cyl., 103.2" wb, 2.0 liter, 118 hp** | | | | | | |
| 4-dr Sdn | 300 | 650 | 1100 | 2200 | 3800 | 5400 |
| **145, 4-cyl., 103.2" wb, 2.0 liter, 118 hp** | | | | | | |
| 4-dr Stn Wgn | 300 | 700 | 1200 | 2400 | 4100 | 5900 |

| | 6 | 5 | 4 | 3 | 2 | 1 |
|---|---|---|---|---|---|---|
| **164E, 6-cyl., 107.1" wb, 3.0 liter, 145 hp** | | | | | | |
| 4-dr Sdn | 300 | 650 | 1150 | 2300 | 3900 | 5700 |
| **1800E, 4-cyl., 103.1" wb, 2000cc, 130 hp** | | | | | | |
| 2-dr Spt Cpe | 400 | 1200 | 2000 | 4000 | 6900 | 10000 |
| **1973** | | | | | | |
| **142, 4-cyl., 103" wb, 2.0 liter, 112 hp** | | | | | | |
| 2-dr Sdn | 300 | 650 | 1100 | 2200 | 3800 | 5400 |
| **144, 4-cyl., 103" wb, 2.0 liter, 112 hp** | | | | | | |
| 4-dr Sdn | 300 | 650 | 1100 | 2100 | 3600 | 5100 |
| **145, 4-cyl., 103" wb, 2.0 liter, 112 hp** | | | | | | |
| 4-dr Stn Wgn | 300 | 650 | 1150 | 2300 | 3900 | 5700 |
| **164E, 6-cyl., 107.1" wb, 3.0 liter, 138 hp** | | | | | | |
| 4-dr Sdn | 300 | 650 | 1100 | 2200 | 3800 | 5400 |
| **1800ES, 4-cyl., 103" wb, 2.0 liter, 112 hp** | | | | | | |
| 2-dr Spt Wgn | 550 | 1500 | 2500 | 5100 | 8800 | 12500 |
| **1974** | | | | | | |
| **142, 4-cyl., 103" wb, 2.0 liter, 112 hp** | | | | | | |
| 2-dr Sdn | 300 | 650 | 1100 | 2100 | 3600 | 5100 |
| **142GL, 4-cyl., 103" wb, 2.0 liter, 112 hp** | | | | | | |
| 2-dr Sdn | 300 | 650 | 1150 | 2300 | 3900 | 5700 |
| **144, 4-cyl., 103" wb, 2.0 liter, 112 hp** | | | | | | |
| 4-dr Sdn | 300 | 650 | 1000 | 2000 | 3500 | 4900 |
| **144GL, 4-cyl., 103" wb, 2.0 liter, 112 hp** | | | | | | |
| 4-dr Sdn | 300 | 650 | 1100 | 2200 | 3800 | 5400 |
| **145, 4-cyl., 103" wb, 2.0 liter, 112 hp** | | | | | | |
| 4-dr Stn Wgn | 300 | 650 | 1100 | 2200 | 3800 | 5400 |
| **164E, 6-cyl., 107.1" wb, 3.0 liter, 138 hp** | | | | | | |
| 4-dr Sdn | 300 | 650 | 1100 | 2100 | 3600 | 7100 |
| **1975** | | | | | | |
| **242, 4-cyl., 104" wb, 2.0 liter, 98 hp** | | | | | | |
| 2-dr Sdn | 300 | 650 | 1000 | 2000 | 3500 | 4900 |
| **242GL, 4-cyl., 104" wb, 2.0 liter, 98 hp** | | | | | | |
| 2-dr Sdn | 300 | 650 | 1100 | 2200 | 3800 | 5400 |
| **244, 4-cyl., 104" wb, 2.0 liter, 98 hp** | | | | | | |
| 4-dr Sdn | 300 | 600 | 950 | 1900 | 3200 | 4600 |
| **244GL, 4-cyl., 104" wb, 2.0 liter, 98 hp** | | | | | | |
| 2-dr Sdn | 300 | 650 | 1100 | 2100 | 3600 | 5100 |
| **245, 4-cyl., 104" wb, 2.0 liter, 98 hp** | | | | | | |
| 4-dr Stn Wgn | 300 | 650 | 1000 | 2100 | 3600 | 5100 |
| **164E, 6-cyl., 107" wb, 3.0 liter, 130 hp** | | | | | | |
| 4-dr Sdn | 300 | 650 | 1000 | 2000 | 3500 | 4900 |
| **1976** | | | | | | |
| **242, 4-cyl.** | | | | | | |
| 2-dr Sdn | 300 | 650 | 1000 | 2000 | 3500 | 4900 |
| **244, 4-cyl.** | | | | | | |
| 4-dr Sdn | 300 | 600 | 950 | 1900 | 3200 | 4600 |
| **245, 4-cyl.** | | | | | | |
| 4-dr Stn Wgn | 300 | 650 | 1000 | 2000 | 3500 | 4900 |
| **262GL, 6-cyl.** | | | | | | |
| 2-dr Sdn | 300 | 650 | 1100 | 2100 | 3600 | 5100 |
| **264, 6-cyl.** | | | | | | |
| 4-dr Sdn | 300 | 650 | 1000 | 2000 | 3500 | 4900 |
| **264GL, 6-cyl.** | | | | | | |
| 4-dr Sdn | 300 | 650 | 1000 | 2000 | 3500 | 4900 |
| **265, 6-cyl.** | | | | | | |
| 5-dr Sta Wgn | 300 | 650 | 1000 | 2000 | 3500 | 4900 |

|  | 6 | 5 | 4 | 3 | 2 | 1 |
|---|---|---|---|---|---|---|
| **1977** | | | | | | |
| **242, 4-cyl.** | | | | | | |
| 2-dr Sdn | 300 | 650 | 1000 | 2000 | 3500 | 4900 |
| **244, 4-cyl.** | | | | | | |
| 4-dr Sdn | 300 | 600 | 950 | 1900 | 3200 | 4600 |
| **245, 4-cyl.** | | | | | | |
| 4-dr Stn Wgn | 300 | 650 | 1100 | 2100 | 3600 | 5100 |
| **264GL, 6-cyl.** | | | | | | |
| 4-dr Sdn | 300 | 650 | 1000 | 2000 | 3500 | 4900 |
| **265GL, 6-cyl.** | | | | | | |
| 5-dr Sta Wgn | 300 | 650 | 1000 | 2000 | 3500 | 4900 |
| **1978** | | | | | | |
| **242, 4-cyl.** | | | | | | |
| 2-dr Sdn | 300 | 650 | 1000 | 2000 | 3500 | 4900 |
| **242GT, 4-cyl.** | | | | | | |
| 2-dr Sdn | 300 | 650 | 1100 | 2100 | 3600 | 5100 |
| **244, 4-cyl.** | | | | | | |
| 4-dr Sdn | 300 | 600 | 950 | 1900 | 3200 | 4600 |
| **245, 4-cyl.** | | | | | | |
| 5-dr Stn Wgn | 300 | 650 | 1100 | 2100 | 3600 | 5100 |
| **262C, 6-cyl.** | | | | | | |
| 2-dr Sdn | 300 | 800 | 1350 | 2700 | 4700 | 6900 |
| **264GL, 6-cyl.** | | | | | | |
| 4-dr Sdn | 300 | 650 | 1000 | 2000 | 3500 | 4900 |
| **265GL, 6-cyl.** | | | | | | |
| 5-dr Sta Wgn | 300 | 650 | 1000 | 2000 | 3500 | 4900 |
| **1979** | | | | | | |
| **242DL, 4-cyl.** | | | | | | |
| 2-dr Sdn | 300 | 650 | 1000 | 2000 | 3500 | 4900 |
| **242GT, 4-cyl.** | | | | | | |
| 2-dr Sdn | 300 | 650 | 1100 | 2100 | 3600 | 5100 |
| **244DL, 4-cyl.** | | | | | | |
| 4-dr Sdn | 300 | 600 | 950 | 1900 | 3200 | 4600 |
| **245DL, 4-cyl.** | | | | | | |
| 5-dr Stn Wgn | 300 | 650 | 1100 | 2100 | 3600 | 5100 |
| **262C, 6-cyl.** | | | | | | |
| 2-dr Cpe | 300 | 800 | 1350 | 2700 | 4700 | 6900 |
| **264GL, 6-cyl.** | | | | | | |
| 4-dr Sdn | 300 | 650 | 1000 | 2000 | 3500 | 4900 |
| **265GL, 6-cyl.** | | | | | | |
| 5-dr Sta Wgn | 300 | 650 | 1000 | 2000 | 3500 | 4900 |
| **1980** | | | | | | |
| **242DL, 4-cyl.** | | | | | | |
| 2-dr Sdn | 300 | 600 | 950 | 1900 | 3200 | 4600 |
| **242GT, 4-cyl.** | | | | | | |
| 2-dr Sdn | 300 | 600 | 950 | 1900 | 3200 | 4600 |
| **244DL, 4-cyl.** | | | | | | |
| 4-dr Sdn | 300 | 600 | 950 | 1900 | 3200 | 4600 |
| **245DL, 4-cyl.** | | | | | | |
| 5-dr Stn Wgn | 300 | 650 | 1100 | 2100 | 3600 | 5100 |
| **264GL, 6-cyl.** | | | | | | |
| 4-dr Sdn | 300 | 600 | 900 | 1800 | 3100 | 4400 |
| **264GLE, 6-cyl.** | | | | | | |
| 4-dr Sdn | 300 | 600 | 900 | 1800 | 3100 | 4400 |
| **265GLE, 6-cyl.** | | | | | | |
| 5-dr Sta Wgn | 300 | 600 | 950 | 1900 | 3200 | 4600 |
| 2-dr Cpe Bertone | 400 | 1200 | 1950 | 3900 | 6800 | 9900 |

| | 6 | 5 | 4 | 3 | 2 | 1 |
|---|---|---|---|---|---|---|
| **1981** | | | | | | |
| **DL, 4-cyl.** | | | | | | |
| 2-dr Sdn | 300 | 600 | 950 | 1900 | 3200 | 4600 |
| 4-dr Sdn | 300 | 600 | 950 | 1900 | 3200 | 4600 |
| 5-dr Sta Wgn | 300 | 650 | 1100 | 2200 | 3800 | 5400 |
| **GL, 4-cyl.** | | | | | | |
| 2-dr Sdn | 300 | 650 | 1000 | 2000 | 3500 | 4900 |
| 4-dr Sdn | 300 | 650 | 1100 | 2100 | 3600 | 5100 |
| **GLT, 4-cyl.** | | | | | | |
| 2-dr Sdn | 300 | 600 | 950 | 1900 | 3200 | 4600 |
| 4-dr Sdn | 300 | 650 | 1000 | 2000 | 3500 | 4900 |
| 2-dr Turbo Sdn | 300 | 650 | 1000 | 2000 | 3500 | 4900 |
| **GLE, 6-cyl.** | | | | | | |
| 4-dr Sdn | 300 | 600 | 900 | 1800 | 3100 | 4400 |
| 4-dr Sta Wgn | 300 | 600 | 950 | 1900 | 3200 | 4600 |
| 2-dr Cpe | 400 | 1100 | 1800 | 3500 | 6100 | 8900 |
| **1982** | | | | | | |
| **DL,4-cyl.** | | | | | | |
| 2-dr Sdn | 300 | 600 | 950 | 1900 | 3200 | 4600 |
| 4-dr Sdn | 300 | 650 | 1000 | 2000 | 3500 | 4900 |
| 5-dr Sta Wgn | 300 | 650 | 1150 | 2300 | 3900 | 5700 |
| **GL, 4-cyl.** | | | | | | |
| 4-dr Sdn | 300 | 650 | 1100 | 2100 | 3600 | 5100 |
| 5-dr Sta Wgn | 300 | 700 | 1200 | 2400 | 4100 | 5900 |
| **GLT, 4-cyl.** | | | | | | |
| 2-dr Sdn | 300 | 600 | 950 | 1900 | 3200 | 4600 |
| 2-dr Turbo Sdn | 300 | 650 | 1000 | 2000 | 3500 | 4900 |
| 4-dr Turbo Sdn | 300 | 650 | 1000 | 2000 | 3500 | 4900 |
| 5-dr Turbo Sta Wgn | 300 | 650 | 1150 | 2300 | 3900 | 5700 |
| **GLE, 6-cyl.** | | | | | | |
| 4-dr Sdn | 300 | 600 | 900 | 1800 | 3100 | 4400 |
| **1983** | | | | | | |
| **DL, 4-cyl.** | | | | | | |
| 2-dr Sdn | 300 | 650 | 1000 | 2000 | 3500 | 4900 |
| 4-dr Sdn | 300 | 650 | 1100 | 2100 | 3600 | 5100 |
| 5-dr Sta Wgn | 300 | 750 | 1250 | 2500 | 4400 | 6200 |
| **GL, 4-cyl.** | | | | | | |
| 4-dr Sdn | 300 | 650 | 1100 | 2200 | 3800 | 5400 |
| 5-dr Sta Wgn | 300 | 750 | 1250 | 2500 | 4400 | 6200 |
| **GLT, 4-cyl. Turbo** | | | | | | |
| 2-dr Sdn | 300 | 650 | 1100 | 2100 | 3600 | 5100 |
| 4-dr Sdn | 300 | 650 | 1100 | 2100 | 3600 | 5100 |
| 5-dr Sta Wgn | 300 | 700 | 1200 | 2400 | 4100 | 5900 |
| **760, 6-cyl.** | | | | | | |
| 4-dr Sdn | 300 | 600 | 950 | 1900 | 3200 | 4600 |
| **760TD, 6-cyl. Turbo Diesel** | | | | | | |
| 4-dr Sdn | 250 | 500 | 750 | 1500 | 2600 | 3600 |
| **1984** | | | | | | |
| **DL, 4-cyl.** | | | | | | |
| 2-dr Sdn | 300 | 650 | 1100 | 2100 | 3600 | 5100 |
| 4-dr Sdn | 300 | 650 | 1100 | 2200 | 3800 | 5400 |
| 5-dr Sta Wgn | 300 | 800 | 1300 | 2600 | 4600 | 6600 |
| **GL, 4-cyl.** | | | | | | |
| 4-dr Sdn | 300 | 650 | 1150 | 2300 | 3900 | 5700 |
| 5-dr Sta Wgn | 300 | 800 | 1300 | 2600 | 4600 | 6600 |

| | 6 | 5 | 4 | 3 | 2 | 1 |
|---|---|---|---|---|---|---|
| **GLT, 4-cyl. Turbo** | | | | | | |
| 2-dr Sdn | 300 | 650 | 1150 | 2300 | 3900 | 5700 |
| 4-dr Sdn | 300 | 650 | 1150 | 2300 | 3900 | 5700 |
| 5-dr Sta Wgn | 300 | 800 | 1300 | 2600 | 4600 | 6600 |
| **760, 4 cyl. Turbo** | | | | | | |
| 2-dr Sdn | 400 | 1100 | 1800 | 3600 | 6200 | 9100 |
| **760, 6-cyl.** | | | | | | |
| 4-dr Sdn | 300 | 650 | 1000 | 2000 | 3500 | 4900 |
| **760, 6-cyl. Turbo Diesel** | | | | | | |
| 4-dr Sdn | 300 | 550 | 800 | 1600 | 2800 | 3900 |
| **1985** | | | | | | |
| **DL, 4-cyl.** | | | | | | |
| 4-dr Sdn | 300 | 650 | 1150 | 2300 | 3900 | 5700 |
| 5-dr Sta Wgn | 300 | 800 | 1350 | 2700 | 4700 | 6900 |
| **GL, 4-cyl.** | | | | | | |
| 4-dr Sdn | 300 | 700 | 1200 | 2400 | 4100 | 5900 |
| 5-dr Sta Wgn | 300 | 800 | 1350 | 2700 | 4700 | 6900 |
| **740 GLE, 4-cyl.** | | | | | | |
| 4-dr Sdn | 400 | 1050 | 1700 | 3300 | 5800 | 8300 |
| 5-dr Sta Wgn | 400 | 1150 | 1850 | 3700 | 6400 | 9300 |
| **740, 4-cyl. Turbo** | | | | | | |
| 4-dr Sdn | 400 | 1100 | 1800 | 3600 | 6200 | 9100 |
| 5-dr Sta Wgn | 400 | 1200 | 2000 | 4000 | 6900 | 10000 |
| **740 GLE, 6-cyl. Turbo Diesel** | | | | | | |
| 4-dr Sdn | 200 | 450 | 650 | 1300 | 2200 | 3200 |
| 5-dr Sta Wgn | 250 | 500 | 750 | 1500 | 2600 | 3600 |
| **760, 4-cyl. Turbo** | | | | | | |
| 4-dr Sdn | 400 | 1200 | 1950 | 3900 | 6800 | 9900 |
| 5-dr Sta Wgn | 500 | 1350 | 2350 | 4700 | 8100 | 11500 |
| **760 GLE, 6-cyl. Turbo Diesel** | | | | | | |
| 4-dr Sdn | 300 | 600 | 850 | 1700 | 2900 | 4100 |
| 5-dr Sta Wgn | 300 | 600 | 900 | 1800 | 3100 | 4400 |
| **1986** | | | | | | |
| **2 Series, 4-cyl.** | | | | | | |
| 4-dr DL Sdn | 300 | 750 | 1250 | 2500 | 4400 | 6200 |
| 5-dr DL Sta Wgn | 350 | 850 | 1400 | 2800 | 4900 | 7100 |
| 4-dr GL Sdn | 300 | 800 | 1300 | 2600 | 4600 | 6600 |
| 5-dr GL Sta Wgn | 350 | 850 | 1400 | 2800 | 4900 | 7100 |
| **7 Series, 4-cyl.** | | | | | | |
| 740 GLE 4-dr Sdn | 400 | 1200 | 1900 | 3800 | 6600 | 9600 |
| 740 GLE 5-dr Sta Wgn | 450 | 1250 | 2100 | 4200 | 7200 | 10500 |
| **7 Series, 4-cyl. Turbo** | | | | | | |
| 740 4-dr Sdn | 450 | 1250 | 2100 | 4200 | 7200 | 10500 |
| 740 5-dr Sta Wgn | 500 | 1350 | 2300 | 4600 | 8000 | 11300 |
| 760 4-dr Sdn | 450 | 1250 | 2200 | 4400 | 7600 | 10900 |
| 760 5-dr Sta Wgn | 550 | 1550 | 2650 | 5300 | 9100 | 13000 |
| **7 Series, 6-cyl.** | | | | | | |
| 760 GLE 4-dr Sdn | 300 | 600 | 950 | 1900 | 3200 | 4600 |
| **7 Series, 6-cyl. Turbo Diesel** | | | | | | |
| 740 GLE 4-dr Sdn | 300 | 600 | 850 | 1700 | 2900 | 4100 |
| 740 GLE 5-dr Sta Wgn | 300 | 600 | 900 | 1800 | 3100 | 4400 |
| **1987** | | | | | | |
| **2 Series, 4-cyl.** | | | | | | |
| 240 DL 4-dr Sdn | 400 | 1050 | 1700 | 3300 | 5800 | 8300 |
| 240 DL 5-dr Sta Wgn | 400 | 1200 | 1900 | 3800 | 6600 | 9600 |
| 240 GL 4-dr Sdn | 400 | 1050 | 1700 | 3400 | 5900 | 8500 |
| 240 GL 5-dr Sta Wgn | 400 | 1200 | 1900 | 3800 | 6600 | 9600 |

|  | 6 | 5 | 4 | 3 | 2 | 1 |
|---|---|---|---|---|---|---|
| **7 Series, 4-cyl.** | | | | | | |
| 740 GLE 4-dr Sdn | 450 | 1250 | 2200 | 4400 | 7600 | 10900 |
| 740 GLE 5-dr Sta Wgn | 550 | 1450 | 2450 | 4900 | 8500 | 12000 |
| **7 Series, 4-cyl. Turbo** | | | | | | |
| 740 4-dr Sdn | 550 | 1400 | 2400 | 4800 | 8300 | 11800 |
| 740 5-dr Sta Wgn | 550 | 1550 | 2650 | 5300 | 9100 | 13000 |
| 760 4-dr Sdn | 550 | 1500 | 2500 | 5100 | 8800 | 12500 |
| 760 5-dr Sta Wgn | 650 | 1700 | 3000 | 6100 | 10600 | 15200 |
| **7 Series, 6-cyl.** | | | | | | |
| 760 GLE 4-dr Sdn | 300 | 600 | 950 | 1900 | 3200 | 4600 |
| 780 GLE 2-dr Cpe | 400 | 1200 | 1950 | 3900 | 6800 | 9900 |
| **1988** | | | | | | |
| **2 Series, 4-cyl.** | | | | | | |
| 240 DL 4-dr Sdn | 450 | 1250 | 2100 | 4200 | 7200 | 10500 |
| 240 DL 5-dr Sta Wgn | 550 | 1400 | 2400 | 4800 | 8300 | 11800 |
| 240 GL 4-dr Sdn | 450 | 1250 | 2200 | 4400 | 7600 | 10900 |
| 240 GL 5-dr Sta Wgn | 550 | 1400 | 2400 | 4800 | 8300 | 11800 |
| **7 Series, 4-cyl.** | | | | | | |
| 740 GLE 4-dr Sdn | 550 | 1500 | 2500 | 5100 | 8800 | 12500 |
| 740 GLE 5-dr Sta Wgn | 600 | 1765 | 2850 | 5700 | 9900 | 14200 |
| **7 Series, 4-cyl. Turbo** | | | | | | |
| 740 4-dr Sdn | 600 | 1600 | 2750 | 5500 | 9500 | 13800 |
| 740 5-dr Sta Wgn | 650 | 1700 | 3000 | 6100 | 10600 | 15200 |
| 760 4-dr Sdn | 650 | 1700 | 3000 | 5900 | 10200 | 14700 |
| 760 5-dr Sta Wgn | 700 | 1900 | 3400 | 6800 | 11700 | 16900 |
| **7 Series, 6-cyl.** | | | | | | |
| 760 GLE 4-dr Sdn | 300 | 700 | 1200 | 2400 | 4100 | 5900 |
| 780 GLE 2-dr Cpe | 500 | 1300 | 2250 | 4500 | 7700 | 11000 |
| **1989** | | | | | | |
| **2 Series, 4-cyl.** | | | | | | |
| 240 DL 4-dr Sdn | 550 | 1550 | 2650 | 5300 | 9100 | 13000 |
| 240 DL 5-dr Sta Wgn | 650 | 1700 | 3000 | 5900 | 10200 | 14700 |
| 240 GL 4-dr Sdn | 600 | 1600 | 2700 | 5400 | 9300 | 13500 |
| 240 GL 5-dr Sta Wgn | 650 | 1700 | 3000 | 5900 | 10200 | 14700 |
| **7 Series, 4-cyl.** | | | | | | |
| 740 GL 4-dr Sdn | 600 | 1650 | 2900 | 5800 | 10000 | 14500 |
| 740 GL 5-dr Sta Wgn | 650 | 1800 | 3250 | 6500 | 11200 | 16100 |
| 740 GLE 4-dr Sdn | 600 | 1650 | 2900 | 5800 | 10000 | 14500 |
| 740 GLE 5-dr Sta Wgn | 650 | 1800 | 3250 | 6500 | 11200 | 16100 |
| **7 Series, 4-cyl. Turbo** | | | | | | |
| 740 4-dr Sdn | 650 | 1750 | 3150 | 6300 | 10900 | 15700 |
| 740 5-dr Sta Wgn | 700 | 2000 | 3450 | 6900 | 11900 | 17200 |
| 760 4-dr Sdn | 700 | 1900 | 3400 | 6800 | 11700 | 16900 |
| 760 5-dr Sta Wgn | 750 | 2300 | 3850 | 7700 | 13300 | 19200 |
| 780 2-dr Coupe | 600 | 1600 | 2750 | 5500 | 9500 | 13800 |
| **7 Series, 6-cyl.** | | | | | | |
| 760 GLE 4-dr Sdn | 350 | 900 | 1500 | 2900 | 5200 | 7400 |
| 780 GLE 2-dr Cpe | 550 | 1500 | 2500 | 5100 | 8800 | 12500 |
| **1990** | | | | | | |
| **2 Series, 4-cyl.** | | | | | | |
| 240 4-dr Sdn | 750 | 2150 | 3600 | 7200 | 12400 | 18000 |
| 240 5-dr Sta Wgn | 800 | 2400 | 4000 | 8000 | 13900 | 19900 |
| 240 DL 4-dr Sdn | 750 | 2250 | 3750 | 7500 | 13000 | 18700 |
| 240 DL 5-dr Sta Wgn | 800 | 2450 | 4100 | 8200 | 14400 | 20500 |
| **7 Series, 4-cyl.** | | | | | | |
| 740 4-dr Sdn | 750 | 2250 | 3700 | 7400 | 12800 | 18500 |
| 740 5-dr Sta Wgn | 800 | 2400 | 4050 | 8100 | 14200 | 20200 |

| | 6 | 5 | 4 | 3 | 2 | 1 |
|---|---|---|---|---|---|---|
| 740 GL 4-dr Sdn | 750 | 2250 | 3700 | 7400 | 12800 | 18500 |
| 740 GL 5-dr Sta Wgn | 800 | 2400 | 4050 | 8100 | 14200 | 20200 |
| 740 GLE 4-dr Sdn | 750 | 2250 | 3700 | 7400 | 12800 | 18500 |
| 740 GLE 5-dr Sta Wgn | 800 | 2400 | 4050 | 8100 | 14200 | 20200 |
| **7 Series, 4-cyl. Turbo** | | | | | | |
| 740 4-dr Sdn | 800 | 2350 | 3950 | 7900 | 13700 | 19700 |
| 740 5-dr Sta Wgn | 800 | 2500 | 4250 | 8500 | 15000 | 21200 |
| 760 4-dr Sdn | 800 | 2450 | 4150 | 8300 | 14600 | 20700 |
| 760 5-dr Sta Wgn | 900 | 2750 | 4600 | 9200 | 16200 | 22900 |
| 780 2-dr Cpe | 750 | 2300 | 3800 | 7600 | 13100 | 18900 |
| **7 Series, 6-cyl.** | | | | | | |
| 760 GLE 4-dr Sdn | 500 | 1350 | 2350 | 4700 | 8100 | 11500 |
| 780 GLE 2-dr Cpe | 750 | 2100 | 3550 | 7100 | 12300 | 17700 |
| ***1991*** | | | | | | |
| **240, 4-cyl.** | | | | | | |
| 4-dr Sdn | 850 | 2250 | 4300 | 8600 | 15100 | 21500 |
| 5-dr Sta Wgn | 900 | 2750 | 4650 | 9300 | 16400 | 23100 |
| SE 5-dr Sta Wgn | 900 | 2850 | 4750 | 9500 | 16700 | 23700 |
| **740, 4-cyl.** | | | | | | |
| 4-dr Sdn | 800 | 2500 | 4250 | 8500 | 15000 | 21200 |
| 5-dr Sta Wgn | 900 | 2750 | 4650 | 9300 | 16400 | 23100 |
| **740, 4-cyl. Turbo** | | | | | | |
| 4-dr Sdn | 850 | 2650 | 4500 | 9000 | 15900 | 22500 |
| 5-dr Sta Wgn | 900 | 2900 | 4900 | 9800 | 17300 | 24500 |
| SE 4-dr Sdn | 900 | 2750 | 4650 | 9300 | 16400 | 23100 |
| SE 5-dr Sta Wgn | 1000 | 3150 | 5300 | 10600 | 18700 | 26500 |
| 2-dr Cpe | 850 | 2550 | 4350 | 8700 | 15300 | 21700 |
| **940, 4-cyl.** | | | | | | |
| GLE 4-dr Sdn | 850 | 2650 | 4450 | 8900 | 15700 | 22300 |
| GLE 5-dr Sta Wgn | 950 | 2950 | 4950 | 9900 | 17500 | 24700 |
| **940, 4-cyl. turbo** | | | | | | |
| 4-dr Sdn | 950 | 3000 | 5000 | 10000 | 17700 | 24900 |
| 5-dr Sta Wgn | 1050 | 3350 | 5600 | 11200 | 19700 | 28000 |
| SE 4-dr Sdn | 1000 | 3200 | 5350 | 10700 | 18900 | 26700 |
| SE 5-dr Sta Wgn | 1100 | 3500 | 5800 | 11600 | 20450 | 28900 |

# PRICE GUIDE CLASSIFICATIONS:

**1. CONCOURS:** Perfection. At or near 100 points on a 100-point judging scale. Trailered; never driven; pampered. Totally restored to the max and 100 percent stock.
**2. SHOW:** Professionally restored to high standards. No major flaws or deviations from stock. Consistent trophy winner that needs nothing to show. In 90 to 95 point range.
**3. STREET/SHOW:** Older restoration or extremely nice original showing some wear from age and use. Very presentable; occasional trophy winner; everything working properly. About 80 to 89 points.

**4. DRIVER:** A nice looking, fine running collector car needing little or nothing to drive, enjoy and show in local competition. Would need extensive restoration to be a show car, but completely usable as is.
**5. RESTORABLE:** Project car that is relatively complete and restorable within a reasonable effort and expense. Needs total restoration, but all major components present and rebuildable. May or may not be running.
**6. PARTS CAR:** Deteriorated or stripped to a point beyond reasonable restoration, but still complete and solid enough to donate valuable parts to a restoration. Likely not running, possibly missing its engine.

# CHEVY TRUCK
## 1935 - 1991

'35 Suburban Carryall

'37 Chevrolet Pickup

'39 Chevrolet Pickup

'42 Chevrolet Pickup

'48 Chevrolet Panel Truck

'54 Chevrolet Pickup

'56 Chevrolet Panel Truck

'67 El Camino

'69 El Camino

'72 Chevrolet Cheyenne Super Pickup

|  | 6 | 5 | 4 | 3 | 2 | 1 |
|---|---|---|---|---|---|---|
| **1935** | | | | | | |
| **Series EB** | | | | | | |
| Closed Cab Pickup | 550 | 1500 | 2500 | 5100 | 8800 | 12500 |
| Panel | 550 | 1500 | 2500 | 5100 | 8800 | 12500 |
| Spl Panel | 600 | 1600 | 2750 | 5500 | 9500 | 13800 |
| **Series EC** | | | | | | |
| Sdn Del | 650 | 1700 | 3000 | 5900 | 10200 | 14700 |
| **1936** | | | | | | |
| **Series FC** | | | | | | |
| Sdn Del | 650 | 1700 | 3000 | 5900 | 10200 | 14700 |
| Cpe Pickup | 650 | 1700 | 3000 | 6100 | 10600 | 15200 |
| **Series FB** | | | | | | |
| Pickup | 550 | 1500 | 2500 | 5100 | 8800 | 12500 |
| Panel Del | 550 | 1500 | 2500 | 5100 | 8800 | 12500 |
| **1937** | | | | | | |
| **Series GB** | | | | | | |
| Sdn Del | 650 | 1700 | 3000 | 6100 | 10600 | 15200 |
| **Series GC** | | | | | | |
| Pickup | 650 | 1700 | 3000 | 5900 | 10200 | 14700 |
| Panel | 600 | 1650 | 2850 | 5700 | 9900 | 14200 |
| Canopy Exp | 650 | 1700 | 3000 | 5900 | 10200 | 14700 |
| Suburban | 650 | 1700 | 3000 | 5900 | 10200 | 14700 |
| **1938** | | | | | | |
| **Series HB** | | | | | | |
| Cpe Pickup | 650 | 1700 | 3000 | 6100 | 10600 | 15200 |
| Sdn Del | 650 | 1700 | 3000 | 6100 | 10600 | 15200 |
| **Series HC** | | | | | | |
| Pickup | 650 | 1700 | 3000 | 5900 | 10200 | 14700 |
| Panel | 600 | 1650 | 2850 | 5700 | 9900 | 14200 |
| Canopy Exp | 650 | 1700 | 3000 | 5900 | 10200 | 14700 |
| Suburban | 650 | 1700 | 3000 | 5900 | 10200 | 14700 |
| **1939** | | | | | | |
| **Series JB** | | | | | | |
| Cpe Pickup | 650 | 1700 | 3000 | 6100 | 10600 | 15200 |
| Sdn Del | 650 | 1700 | 3000 | 6100 | 10600 | 15200 |
| **Series JC** | | | | | | |
| Pickup | 650 | 1700 | 3000 | 5900 | 10200 | 14700 |
| Panel | 600 | 1650 | 2850 | 5700 | 9900 | 14200 |
| Canopy Exp | 650 | 1700 | 3000 | 5900 | 10200 | 14700 |
| Suburban | 650 | 1700 | 3000 | 5900 | 10200 | 14700 |
| **1940** | | | | | | |
| **Series KB** | | | | | | |
| Cpe Pickup | 650 | 1700 | 3000 | 6100 | 10600 | 15200 |
| Sdn Del | 650 | 1700 | 3000 | 6100 | 10600 | 15200 |
| **Series KH** | | | | | | |
| Sdn Del | 650 | 1700 | 3000 | 6100 | 10600 | 15200 |
| Cpe Pickup | 650 | 1700 | 3000 | 6100 | 10600 | 15200 |
| **Series KC** | | | | | | |
| Pickup | 650 | 1700 | 3000 | 5900 | 10200 | 14700 |
| Panel | 600 | 1650 | 2850 | 5700 | 9900 | 14200 |
| Canopy Exp | 650 | 1700 | 3000 | 5900 | 10200 | 14700 |
| Suburban | 650 | 1700 | 3000 | 5900 | 10200 | 14700 |
| **1941** | | | | | | |
| **Series AG** | | | | | | |
| Cpe Pickup | 650 | 1750 | 3100 | 6200 | 10700 | 15400 |
| Sdn Del | 650 | 1800 | 3250 | 6500 | 11200 | 16100 |
| **Series AJ, 1/2-ton** | | | | | | |
| Panel Del | 600 | 1650 | 2900 | 5800 | 10000 | 14500 |

|  | 6 | 5 | 4 | 3 | 2 | 1 |
|---|---|---|---|---|---|---|
| **Series AK, 1/2-ton** | | | | | | |
| Pickup | 650 | 1700 | 3000 | 6100 | 10600 | 15200 |
| Panel | 600 | 1650 | 2900 | 5800 | 10000 | 14500 |
| Canopy | 650 | 1700 | 3000 | 6100 | 10600 | 15200 |
| Suburban | 650 | 1750 | 3100 | 6200 | 10700 | 15400 |
| **1942** | | | | | | |
| **Series BG** | | | | | | |
| Cpe Pickup | 650 | 1750 | 3100 | 6200 | 10700 | 15400 |
| Sdn Del | 650 | 1800 | 3250 | 6500 | 11200 | 16100 |
| **Series BJ** | | | | | | |
| Panel | 600 | 1650 | 2900 | 5800 | 10000 | 14500 |
| **Series BK** | | | | | | |
| Pickup | 650 | 1700 | 3000 | 6100 | 10600 | 15200 |
| Panel | 600 | 1650 | 2900 | 5800 | 10000 | 14500 |
| Canopy | 650 | 1700 | 3000 | 6100 | 10600 | 15200 |
| Suburban | 650 | 1750 | 3100 | 6200 | 10700 | 15400 |
| **1944** | | | | | | |
| **Series DJ** | | | | | | |
| Sdn Del | 650 | 1800 | 3250 | 6500 | 11200 | 16100 |
| **Series BK/CK** | | | | | | |
| Pickup | 650 | 1700 | 3000 | 6100 | 10600 | 15200 |
| **1945** | | | | | | |
| **Series DJ** | | | | | | |
| Sdn Del | 650 | 1800 | 3250 | 6500 | 11200 | 16100 |
| **Series BK/CK** | | | | | | |
| Pickup | 650 | 1700 | 3000 | 6100 | 10600 | 15200 |
| **1946** | | | | | | |
| **Series DJ** | | | | | | |
| Sdn Del | 650 | 1800 | 3250 | 6500 | 11200 | 16100 |
| **Series DP** | | | | | | |
| Pickup | 650 | 1700 | 3000 | 6100 | 10600 | 15200 |
| Panel | 600 | 1650 | 2900 | 5800 | 10000 | 14500 |
| Canopy | 650 | 1700 | 3000 | 6100 | 10600 | 15200 |
| Suburban (Panel Dr) | 650 | 1700 | 3000 | 6100 | 10600 | 15200 |
| Suburban | 650 | 1750 | 3100 | 6200 | 10700 | 15400 |
| **Series CK** | | | | | | |
| Pickup | 650 | 1700 | 3000 | 5900 | 10200 | 14700 |
| Panel | 600 | 1600 | 2750 | 5500 | 9500 | 13800 |
| Suburban (Panel Dr) | 600 | 1600 | 2800 | 5600 | 9700 | 14000 |
| Suburban | 600 | 1650 | 2850 | 5700 | 9900 | 14200 |
| Canopy | 600 | 1650 | 2850 | 5700 | 9900 | 14200 |
| **1947** | | | | | | |
| **Series 1500** | | | | | | |
| Sdn Del | 650 | 1800 | 3250 | 6500 | 11200 | 16100 |
| **Series 3100** | | | | | | |
| Pickup | 650 | 1700 | 3000 | 6100 | 10600 | 15200 |
| Panel | 600 | 1650 | 2900 | 5800 | 10000 | 14500 |
| Canopy Exp | 650 | 1700 | 3000 | 6100 | 10600 | 15200 |
| Suburban | 650 | 1750 | 3100 | 6200 | 10700 | 15400 |
| **1948** | | | | | | |
| **Series 1500** | | | | | | |
| Sdn Del | 650 | 1750 | 3150 | 6300 | 10900 | 15700 |
| **Series 3100** | | | | | | |
| Pickup | 750 | 2100 | 3550 | 7100 | 12300 | 17700 |
| Panel | 550 | 1500 | 2500 | 5100 | 8800 | 12500 |
| Canopy Exp | 550 | 1550 | 2650 | 5300 | 9100 | 13000 |
| Suburban | 600 | 1600 | 2750 | 5500 | 9500 | 13800 |

|                      | 6   | 5    | 4    | 3    | 2     | 1     |
|----------------------|-----|------|------|------|-------|-------|
| **1949**             |     |      |      |      |       |       |
| **Series 1500**      |     |      |      |      |       |       |
| Sdn Del              | 650 | 1750 | 3150 | 6300 | 10900 | 15700 |
| **Series 3100**      |     |      |      |      |       |       |
| Pickup               | 750 | 2100 | 3550 | 7100 | 12300 | 17700 |
| Panel                | 550 | 1500 | 2500 | 5100 | 8800  | 12500 |
| Canopy Exp           | 550 | 1550 | 2650 | 5300 | 9100  | 13000 |
| Suburban             | 600 | 1600 | 2750 | 5500 | 9500  | 13800 |
| **1950**             |     |      |      |      |       |       |
| **Series 1500**      |     |      |      |      |       |       |
| Sdn Del              | 650 | 1750 | 3150 | 6300 | 10900 | 15700 |
| **Series 3100**      |     |      |      |      |       |       |
| Pickup               | 750 | 2100 | 3550 | 7100 | 12300 | 17700 |
| Panel                | 550 | 1500 | 2500 | 5100 | 8800  | 12500 |
| Canopy Exp           | 550 | 1550 | 2650 | 5300 | 9100  | 13000 |
| Suburban (Panel Dr)  | 600 | 1600 | 2800 | 5600 | 9700  | 14000 |
| Suburban             | 600 | 1600 | 2750 | 5500 | 9500  | 13800 |
| **1951**             |     |      |      |      |       |       |
| **Series 1500**      |     |      |      |      |       |       |
| Sdn Del              | 650 | 1750 | 3150 | 6300 | 10900 | 15700 |
| **Series 3100**      |     |      |      |      |       |       |
| Pickup               | 750 | 2100 | 3550 | 7100 | 12300 | 17700 |
| Panel                | 550 | 1500 | 2500 | 5100 | 8800  | 12500 |
| Canopy               | 550 | 1550 | 2650 | 5300 | 9100  | 13000 |
| Suburban (Panel Dr)  | 600 | 1600 | 2800 | 5600 | 9700  | 14000 |
| Suburban             | 600 | 1600 | 2750 | 5500 | 9500  | 13800 |
| **1952**             |     |      |      |      |       |       |
| **Series 1500**      |     |      |      |      |       |       |
| Sdn Del              | 650 | 1750 | 3150 | 6300 | 10900 | 15700 |
| **Series 3100**      |     |      |      |      |       |       |
| Pickup               | 750 | 2100 | 3550 | 7100 | 12300 | 17700 |
| Panel                | 550 | 1500 | 2500 | 5100 | 8800  | 12500 |
| Canopy               | 550 | 1550 | 2650 | 5300 | 9100  | 13000 |
| Suburban (Panel Dr)  | 600 | 1600 | 2800 | 5600 | 9700  | 14000 |
| Suburban             | 600 | 1600 | 2750 | 5500 | 9500  | 13800 |
| **1953**             |     |      |      |      |       |       |
| **Series 1500**      |     |      |      |      |       |       |
| Sdn Del              | 650 | 1750 | 3150 | 6300 | 10900 | 15700 |
| **Series 3100**      |     |      |      |      |       |       |
| Pickup               | 750 | 2100 | 3550 | 7100 | 12300 | 17700 |
| Panel                | 550 | 1500 | 2500 | 5100 | 8800  | 12500 |
| Canopy Exp           | 550 | 1550 | 2650 | 5300 | 9100  | 13000 |
| Suburban (Panel Dr)  | 600 | 1600 | 2800 | 5600 | 9700  | 14000 |
| Suburban             | 600 | 1600 | 2750 | 5500 | 9500  | 13800 |
| **1954**             |     |      |      |      |       |       |
| **Series 1500**      |     |      |      |      |       |       |
| Sdn Del              | 700 | 1900 | 3350 | 6700 | 11500 | 16500 |
| **Series 3100**      |     |      |      |      |       |       |
| Pickup               | 700 | 1850 | 3300 | 6600 | 11300 | 16300 |
| Panel                | 600 | 1600 | 2750 | 5500 | 9500  | 13800 |
| Canopy               | 600 | 1600 | 2750 | 5500 | 9500  | 13800 |
| Suburban (Panel Dr)  | 600 | 1650 | 2900 | 5800 | 10000 | 14500 |
| Suburban             | 600 | 1650 | 2850 | 5700 | 9900  | 14200 |
| **1955**             |     |      |      |      |       |       |
| **First Series**     |     |      |      |      |       |       |
| **Series 1500**      |     |      |      |      |       |       |
| Sdn Del              | 700 | 1900 | 3350 | 6700 | 11500 | 16500 |
| **Series 3100**      |     |      |      |      |       |       |
| Pickup               | 700 | 1850 | 3300 | 6600 | 11300 | 16300 |

| | 6 | 5 | 4 | 3 | 2 | 1 |
|---|---|---|---|---|---|---|
| Panel | 600 | 1600 | 2750 | 5500 | 9500 | 13800 |
| Cameo | 850 | 2550 | 4300 | 8600 | 15100 | 21500 |
| Suburban (Panel Dr) | 600 | 1650 | 2900 | 5800 | 10000 | 14500 |
| Suburban | 600 | 1650 | 2850 | 5700 | 9900 | 14200 |
| **Second Series** | | | | | | |
| **Series 1500** | | | | | | |
| Sdn Del | 700 | 1900 | 3350 | 6700 | 11500 | 16500 |
| **Series 3100** | | | | | | |
| Pickup | 700 | 1850 | 3300 | 6600 | 11300 | 16300 |
| Panel | 600 | 1600 | 2750 | 5500 | 9500 | 13800 |
| Cameo | 850 | 2550 | 4300 | 8600 | 15100 | 21500 |
| Suburban (Panel Dr) | 600 | 1650 | 2900 | 5800 | 10000 | 14500 |
| Suburban | 600 | 1650 | 2850 | 5700 | 9900 | 14200 |
| **Series 3200** | | | | | | |
| Pickup | 600 | 1600 | 2800 | 5600 | 9700 | 14000 |
| *1956* | | | | | | |
| **Series 1500** | | | | | | |
| Sdn Del | 700 | 1900 | 3350 | 6700 | 11500 | 16500 |
| **Series 3100** | | | | | | |
| Pickup | 700 | 1850 | 3300 | 6600 | 11300 | 16300 |
| Panel | 600 | 1600 | 2750 | 5500 | 9500 | 13800 |
| Suburban (Panel Dr) | 600 | 1650 | 2900 | 5800 | 10000 | 14500 |
| Suburban | 600 | 1650 | 2850 | 5700 | 9900 | 14200 |
| **Series 3200** | | | | | | |
| Pickup | 600 | 1600 | 2800 | 5600 | 9700 | 14000 |
| *1957* | | | | | | |
| **Series 1500** | | | | | | |
| Sdn Del | 700 | 1900 | 3350 | 6700 | 11500 | 16500 |
| **Series 3100** | | | | | | |
| Pickup | 700 | 1850 | 3300 | 6600 | 11300 | 16300 |
| Panel | 600 | 1600 | 2750 | 5500 | 9500 | 13800 |
| Cameo Pickup | 900 | 2800 | 4700 | 9400 | 16500 | 23400 |
| Suburban (Panel Dr) | 600 | 1650 | 2900 | 5800 | 10000 | 14500 |
| Suburban | 600 | 1650 | 2850 | 5700 | 9900 | 14200 |
| **Series 3200** | | | | | | |
| Pickup | 600 | 1600 | 2800 | 5600 | 9700 | 14000 |
| *1958* | | | | | | |
| **Series 1171** | | | | | | |
| Sdn Del | 650 | 1800 | 3250 | 6500 | 11200 | 16100 |
| **Series 3100** | | | | | | |
| Pickup | 650 | 1700 | 3000 | 6000 | 10400 | 14900 |
| Smoothside Pickup | 600 | 1650 | 2900 | 5800 | 10000 | 14500 |
| Cameo Carrier | 800 | 2500 | 4200 | 8400 | 14800 | 20900 |
| Panel | 550 | 1450 | 2450 | 4900 | 8500 | 12000 |
| Suburban (Panel Dr) | 600 | 1600 | 2750 | 5500 | 9500 | 13800 |
| Suburban | 600 | 1600 | 2700 | 5400 | 9300 | 13500 |
| **Series 3200** | | | | | | |
| Pickup | 550 | 1550 | 2600 | 5200 | 9000 | 12800 |
| Smoothside Pickup | 600 | 1600 | 2800 | 5600 | 9700 | 14000 |
| *1959* | | | | | | |
| **Series 1100** | | | | | | |
| Sdn Del | 600 | 1600 | 2700 | 5400 | 9300 | 13500 |
| **Series 1180** | | | | | | |
| El Camino Del | 650 | 1800 | 3250 | 6500 | 11200 | 16100 |
| **Series 3100** | | | | | | |
| Pickup | 600 | 1600 | 2800 | 5600 | 9700 | 14000 |
| Pickup Fleetside | 600 | 1650 | 2900 | 5800 | 10000 | 14500 |
| Panel | 550 | 1500 | 2500 | 5000 | 8700 | 12300 |
| Suburban (Panel Dr) | 600 | 1650 | 2850 | 5700 | 9900 | 14200 |
| Suburban | 600 | 1600 | 2800 | 5600 | 9700 | 14000 |

|  | 6 | 5 | 4 | 3 | 2 | 1 |
|---|---|---|---|---|---|---|
| **Series 3200** | | | | | | |
| Pickup | 500 | 1300 | 2250 | 4500 | 7700 | 11000 |
| Pickup Fleetside | 500 | 1350 | 2350 | 4700 | 8100 | 11500 |
| ***1960*** | | | | | | |
| **Series 1100** | | | | | | |
| Sdn Del | 550 | 1550 | 2600 | 5200 | 9000 | 12800 |
| El Camino Del | 700 | 1900 | 3350 | 6700 | 11500 | 16500 |
| **Series C14** | | | | | | |
| Pickup | 550 | 1500 | 2500 | 5100 | 8800 | 12500 |
| Pickup Fleetside | 550 | 1550 | 2650 | 5300 | 9100 | 13000 |
| Panel | 500 | 1350 | 2350 | 4700 | 8100 | 11500 |
| Suburban (Panel Dr) | 550 | 1450 | 2450 | 4900 | 8500 | 12000 |
| Suburban | 500 | 1350 | 2350 | 4700 | 8100 | 11500 |
| ***1961*** | | | | | | |
| **Corvair 95** | | | | | | |
| Loadside Pickup | 500 | 1350 | 2350 | 4700 | 8100 | 11500 |
| Rampside Pickup | 550 | 1450 | 2450 | 4900 | 8500 | 12000 |
| Corvan Panel | 350 | 1000 | 1600 | 3200 | 5700 | 8100 |
| **Series C14 and C15** | | | | | | |
| Stepside Pickup | 550 | 1400 | 2400 | 4800 | 8300 | 11800 |
| Panel | 500 | 1300 | 2250 | 4500 | 7700 | 11000 |
| Suburban (Panel Dr) | 500 | 1350 | 2350 | 4700 | 8100 | 11500 |
| Suburban | 500 | 1300 | 2250 | 4500 | 7700 | 11000 |
| ***1962*** | | | | | | |
| **Corvair 95** | | | | | | |
| Loadside Pickup | 500 | 1350 | 2350 | 4700 | 8100 | 11500 |
| Rampside Pickup | 550 | 1450 | 2450 | 4900 | 8500 | 12000 |
| Corvan Panel | 350 | 1000 | 1600 | 3200 | 5700 | 8100 |
| **Series C14 and C15** | | | | | | |
| Pickup Stepside | 550 | 1400 | 2400 | 4800 | 8300 | 11800 |
| Pickup Fleetside | 550 | 1500 | 2500 | 5000 | 8700 | 12300 |
| Panel | 450 | 1250 | 2150 | 4300 | 7400 | 10700 |
| Suburban (Panel Dr) | 500 | 1350 | 2350 | 4700 | 8100 | 11500 |
| Suburban | 500 | 1300 | 2250 | 4500 | 7700 | 11000 |
| ***1963*** | | | | | | |
| **Corvair 95** | | | | | | |
| Corvan Panel | 350 | 1000 | 1600 | 3200 | 5700 | 8100 |
| Rampside Pickup | 550 | 1450 | 2450 | 4900 | 8500 | 12000 |
| **Series P10** | | | | | | |
| Panel Step-Van | 350 | 950 | 1550 | 3100 | 5500 | 7900 |
| **Series C14 and C15** | | | | | | |
| Stepside Pickup | 550 | 1400 | 2400 | 4800 | 8300 | 11800 |
| Pickup Fleetside | 550 | 1500 | 2500 | 5000 | 8700 | 12300 |
| Panel | 450 | 1250 | 2150 | 4300 | 7400 | 10700 |
| Suburban (Panel Dr) | 500 | 1350 | 2350 | 4700 | 8100 | 11500 |
| Suburban (Endgt) | 500 | 1300 | 2250 | 4500 | 7700 | 11000 |
| ***1964*** | | | | | | |
| **El Camino** | | | | | | |
| Sdn Pickup | 700 | 1900 | 3350 | 6700 | 11500 | 16500 |
| Custom Sdn Pickup | 700 | 2000 | 3450 | 6900 | 11900 | 17200 |
| **Corvair 95** | | | | | | |
| Corvan Panel | 400 | 1100 | 1800 | 3500 | 6100 | 8900 |
| Rampside Pickup | 550 | 1500 | 2500 | 5100 | 8800 | 12500 |
| **Series P10** | | | | | | |
| Walk-in Panel | 350 | 950 | 1550 | 3100 | 5500 | 7900 |
| **Series C14 and C15** | | | | | | |
| Stepside Pickup | 550 | 1400 | 2400 | 4800 | 8300 | 11800 |
| Fleetside Pickup | 550 | 1500 | 2500 | 5000 | 8700 | 12300 |

| | 6 | 5 | 4 | 3 | 2 | 1 |
|---|---|---|---|---|---|---|
| Panel | 450 | 1250 | 2150 | 4300 | 7400 | 10700 |
| Suburban (Panel Dr) | 500 | 1350 | 2350 | 4700 | 8100 | 11500 |
| Suburban | 500 | 1300 | 2250 | 4500 | 7700 | 11000 |

### 1965
**El Camino**
| | 6 | 5 | 4 | 3 | 2 | 1 |
|---|---|---|---|---|---|---|
| Sdn Pickup | 700 | 1900 | 3350 | 6700 | 11500 | 16500 |
| Custom Sdn Pickup | 700 | 2000 | 3450 | 6900 | 11900 | 17200 |

**Series P10**
| | 6 | 5 | 4 | 3 | 2 | 1 |
|---|---|---|---|---|---|---|
| Panel Step-Van | 350 | 950 | 1550 | 3100 | 5500 | 7900 |

**Series C14 and C15**
| | 6 | 5 | 4 | 3 | 2 | 1 |
|---|---|---|---|---|---|---|
| Stepside Pickup | 550 | 1400 | 2400 | 4800 | 8300 | 11800 |
| Fleetside Pickup | 550 | 1500 | 2500 | 5000 | 8700 | 12300 |
| Panel | 450 | 1250 | 2150 | 4300 | 7400 | 10700 |
| Suburban (Panel Dr) | 500 | 1350 | 2350 | 4700 | 8100 | 11500 |
| Suburban | 500 | 1300 | 2250 | 4500 | 7700 | 11000 |

### 1966
**El Camino**
| | 6 | 5 | 4 | 3 | 2 | 1 |
|---|---|---|---|---|---|---|
| Sdn Pickup | 650 | 1800 | 3250 | 6500 | 11200 | 16100 |
| Custom Sdn Pickup | 700 | 1900 | 3350 | 6700 | 11500 | 16500 |

**Series P10**
| | 6 | 5 | 4 | 3 | 2 | 1 |
|---|---|---|---|---|---|---|
| Panel Step-Van | 350 | 950 | 1550 | 3100 | 5500 | 7900 |

**Series C14 and C15**
| | 6 | 5 | 4 | 3 | 2 | 1 |
|---|---|---|---|---|---|---|
| Stepside Pickup | 550 | 1400 | 2400 | 4800 | 8300 | 11800 |
| Fleetside Pickup | 550 | 1500 | 2500 | 5000 | 8700 | 12300 |
| Panel | 450 | 1250 | 2100 | 4200 | 7200 | 10500 |
| Suburban (Panel Dr) | 550 | 1400 | 2400 | 4800 | 8300 | 11800 |
| Suburban | 500 | 1350 | 2300 | 4600 | 8000 | 11300 |

### 1967
**El Camino**
| | 6 | 5 | 4 | 3 | 2 | 1 |
|---|---|---|---|---|---|---|
| Sdn Pickup | 650 | 1750 | 3100 | 6200 | 10700 | 15400 |
| Custom Sdn Pickup | 700 | 1850 | 3300 | 6600 | 11300 | 16300 |
| | | *396 add 50%* | | | | |

**Series P10**
| | 6 | 5 | 4 | 3 | 2 | 1 |
|---|---|---|---|---|---|---|
| Panel Step-Van | 350 | 950 | 1550 | 3100 | 5500 | 7900 |

**Series C10**
| | 6 | 5 | 4 | 3 | 2 | 1 |
|---|---|---|---|---|---|---|
| Stepside Pickup | 550 | 1400 | 2400 | 4800 | 8300 | 11800 |
| Fleetside Pickup | 550 | 1500 | 2500 | 5000 | 8700 | 12300 |
| Panel | 400 | 1200 | 2000 | 4000 | 6900 | 10000 |
| Suburban (Panel Dr) | 550 | 1400 | 2400 | 4800 | 8300 | 11800 |
| Suburban | 500 | 1350 | 2300 | 4600 | 8000 | 11300 |

### 1968
**El Camino**
| | 6 | 5 | 4 | 3 | 2 | 1 |
|---|---|---|---|---|---|---|
| Sdn Pickup | 650 | 1750 | 3100 | 6200 | 10700 | 15400 |
| Custom Sdn Pickup | 700 | 1850 | 3300 | 6600 | 11300 | 16300 |
| | | *396 add 50%* | | | | |

**Series P10**
| | 6 | 5 | 4 | 3 | 2 | 1 |
|---|---|---|---|---|---|---|
| Panel Step-Van | 350 | 950 | 1550 | 3100 | 5500 | 7900 |

**Series C10**
| | 6 | 5 | 4 | 3 | 2 | 1 |
|---|---|---|---|---|---|---|
| Stepside Pickup (6 1/2') | 550 | 1450 | 2450 | 4900 | 8500 | 12000 |
| Fleetside Pickup (6 1/2') | 550 | 1500 | 2500 | 5100 | 8800 | 12500 |
| Stepside Pickup (8') | 500 | 1350 | 2350 | 4700 | 8100 | 11500 |
| Fleetside Pickup (8') | 550 | 1550 | 2650 | 5300 | 9100 | 13000 |
| Panel | 400 | 1200 | 2000 | 4000 | 6900 | 10000 |
| Suburban | 500 | 1350 | 2300 | 4600 | 8000 | 11300 |

### 1969
**El Camino**
| | 6 | 5 | 4 | 3 | 2 | 1 |
|---|---|---|---|---|---|---|
| Sdn Pickup | 650 | 1700 | 3000 | 6000 | 10400 | 14900 |
| Custom Sdn Pickup | 650 | 1800 | 3200 | 6400 | 11000 | 15900 |
| | | *396 add 50%* | | | | |

|  | 6 | 5 | 4 | 3 | 2 | 1 |
|---|---|---|---|---|---|---|
| **Blazer K10, 4WD** | | | | | | |
| Uty | 600 | 1600 | 2750 | 5500 | 9500 | 13800 |
| **Series P10** | | | | | | |
| Panel Step-Van | 400 | 1050 | 1700 | 3300 | 5800 | 8300 |
| **Series C10** | | | | | | |
| Stepside Pickup (6 1/2') | 550 | 1500 | 2500 | 5100 | 8800 | 12500 |
| Fleetside Pickup (6 1/2') | 650 | 1700 | 3000 | 5900 | 10200 | 14700 |
| Stepside Pickup (8') | 550 | 1450 | 2450 | 4900 | 8500 | 12000 |
| Fleetside Pickup (8') | 650 | 1700 | 3000 | 6100 | 10600 | 15200 |
| Panel | 450 | 1250 | 2100 | 4200 | 7200 | 10500 |
| Suburban | 550 | 1400 | 2400 | 4800 | 8300 | 11800 |
| ***1970*** | | | | | | |
| **El Camino** | | | | | | |
| Sdn Pickup | 600 | 1650 | 2900 | 5800 | 10000 | 14500 |
| Custom Sdn Pickup | 650 | 1750 | 3100 | 6200 | 10700 | 15400 |
| | | *396 add 50%* | | | | |
| **Blazer K10, 4WD** | | | | | | |
| Uty | 550 | 1500 | 2500 | 5100 | 8800 | 12500 |
| **Series P10** | | | | | | |
| Panel Step-Van | 400 | 1050 | 1700 | 3300 | 5800 | 8300 |
| **Series C10** | | | | | | |
| Stepside Pickup (6 1/2') | 550 | 1500 | 2500 | 5100 | 8800 | 12500 |
| Fleetside Pickup (6 1/2') | 650 | 1700 | 3000 | 5900 | 10200 | 14700 |
| Stepside Pickup (8') | 550 | 1450 | 2450 | 4900 | 8500 | 12000 |
| Fleetside Pickup (8') | 650 | 1700 | 3000 | 6100 | 10600 | 15200 |
| Panel | 450 | 1250 | 2100 | 4200 | 7200 | 10500 |
| Suburban | 550 | 1400 | 2400 | 4800 | 8300 | 11800 |
| ***1971*** | | | | | | |
| **Vega** | | | | | | |
| Panel Del Exp | 300 | 650 | 1150 | 2300 | 3900 | 5700 |
| **El Camino, 8-cyl.** | | | | | | |
| Sdn Pickup | 600 | 1600 | 2700 | 5400 | 9300 | 13500 |
| Custom Sdn Pickup | 600 | 1650 | 2900 | 5800 | 10000 | 14500 |
| | | *454 add 50%* | | | | |
| **Blazer K10, 4WD** | | | | | | |
| Uty | 550 | 1450 | 2450 | 4900 | 8500 | 12000 |
| **P10** | | | | | | |
| Panel Step-Van | 400 | 1050 | 1700 | 3300 | 5800 | 8300 |
| **C10** | | | | | | |
| Stepside Pickup (6 1/2') | 600 | 1600 | 2750 | 5500 | 9500 | 13800 |
| Fleetside Pickup (6 1/2') | 650 | 1700 | 3000 | 6100 | 10600 | 15200 |
| Stepside Pickup (8') | 550 | 1550 | 2650 | 5300 | 9100 | 13000 |
| Fleetside Pickup (8') | 650 | 1700 | 3000 | 5900 | 10200 | 14700 |
| Suburban | 500 | 1350 | 2300 | 4600 | 8000 | 11300 |
| ***1972*** | | | | | | |
| **Vega** | | | | | | |
| Panel Exp | 300 | 650 | 1150 | 2300 | 3900 | 5700 |
| **El Camino, 8-cyl.** | | | | | | |
| Sdn Pickup | 550 | 1550 | 2600 | 5200 | 9000 | 12800 |
| Custom Sdn Pickup | 600 | 1600 | 2800 | 5600 | 9700 | 14000 |
| | | *454 add 50%* | | | | |
| **Blazer, K10** | | | | | | |
| Uty | 500 | 1350 | 2350 | 4700 | 8100 | 11500 |
| **Luv** | | | | | | |
| Pickup | 300 | 600 | 950 | 1900 | 3200 | 4600 |
| **P10** | | | | | | |
| Panel Step-Van | 400 | 1050 | 1700 | 3300 | 5800 | 8300 |
| **C10** | | | | | | |
| Stepside Pickup (6 1/2') | 600 | 1600 | 2750 | 5500 | 9500 | 13800 |
| Fleetside Picku (6 1/2') | 650 | 1700 | 3000 | 6100 | 10600 | 15200 |

| | 6 | 5 | 4 | 3 | 2 | 1 |
|---|---|---|---|---|---|---|
| Stepside Pickup (8') | 550 | 1550 | 2650 | 5300 | 9100 | 13000 |
| Fleetside Pickup (8') | 650 | 1700 | 3000 | 5900 | 10200 | 14700 |
| Suburban | 450 | 1250 | 2150 | 4300 | 7400 | 10700 |

### 1973
**Vega**
| Panel Exp | 300 | 650 | 1150 | 2300 | 3900 | 5700 |
|---|---|---|---|---|---|---|

**El Camino**
| Sdn Pickup | 450 | 1250 | 2200 | 4400 | 7600 | 10900 |
|---|---|---|---|---|---|---|
| Custom Sdn Pickup | 550 | 1400 | 2400 | 4800 | 8300 | 11800 |
| | | *454 add 50%* | | | | |

**Blazer, K10**
| Uty | 500 | 1300 | 2250 | 4500 | 7700 | 11000 |
|---|---|---|---|---|---|---|

**Luv**
| Pickup | 300 | 600 | 850 | 1700 | 2900 | 4100 |
|---|---|---|---|---|---|---|

**P10**
| Steel Panel Step-Van | 350 | 1000 | 1600 | 3200 | 5700 | 8100 |
|---|---|---|---|---|---|---|

**C10**
| Stepside Pickup (6 1/2') | 400 | 1200 | 1950 | 3900 | 6800 | 9900 |
|---|---|---|---|---|---|---|
| Fleetside Pickup (6 1/2') | 450 | 1250 | 2150 | 4300 | 7400 | 10700 |
| Stepside Pickup (8') | 400 | 1150 | 1850 | 3700 | 6400 | 9300 |
| Fleetside Pickup (8') | 450 | 1250 | 2050 | 4100 | 7100 | 10300 |
| Suburban | 450 | 1250 | 2100 | 4200 | 7200 | 10500 |

### 1974
**Vega**
| Panel Exp | 300 | 650 | 1150 | 2300 | 3900 | 5700 |
|---|---|---|---|---|---|---|

**El Camino**
| Sdn Pickup | 400 | 1200 | 1900 | 3800 | 6600 | 9600 |
|---|---|---|---|---|---|---|
| Custom Sdn Pickup | 450 | 1250 | 2100 | 4200 | 7200 | 10500 |
| | | *454 add 50%* | | | | |

**Blazer, K10**
| Uty | 450 | 1250 | 2150 | 4300 | 7400 | 10700 |
|---|---|---|---|---|---|---|

**Luv**
| Pickup | 300 | 600 | 850 | 1700 | 2900 | 4100 |
|---|---|---|---|---|---|---|

**P10**
| Steel Panel Step-Van | 350 | 1000 | 1600 | 3200 | 5700 | 8100 |
|---|---|---|---|---|---|---|

**C10**
| Stepside Pickup (6 1/2') | 400 | 1150 | 1850 | 3700 | 6400 | 9300 |
|---|---|---|---|---|---|---|
| Fleetside Pickup (6 1/2') | 450 | 1250 | 2050 | 4100 | 7100 | 10300 |
| Stepside Pickup (8') | 400 | 1100 | 1800 | 3500 | 6100 | 8900 |
| Fleetside Pickup (8') | 400 | 1200 | 1950 | 3900 | 6800 | 9900 |
| Suburban | 450 | 1250 | 2100 | 4200 | 7200 | 10500 |

### 1975
**Vega**
| Panel Exp | 300 | 650 | 1100 | 2200 | 3800 | 5400 |
|---|---|---|---|---|---|---|

**El Camino**
| Sdn Pickup | 400 | 1100 | 1800 | 3600 | 6200 | 9100 |
|---|---|---|---|---|---|---|
| Custom Sdn Pickup | 400 | 1200 | 2000 | 4000 | 6900 | 10000 |
| | | *454 add 40%* | | | | |

**Blazer, K10**
| Uty (w/o top) | 400 | 1200 | 1950 | 3900 | 6800 | 9900 |
|---|---|---|---|---|---|---|
| Uty (w/top) | 450 | 1250 | 2050 | 4100 | 7100 | 10300 |

**C10**
| Stepside Pickup (6 1/2') | 400 | 1100 | 1800 | 3500 | 6100 | 8900 |
|---|---|---|---|---|---|---|
| Stepside Pickup (8') | 400 | 1150 | 1850 | 3700 | 6400 | 9300 |
| Fleetside Pickup (6 1/2') | 400 | 1150 | 1850 | 3700 | 6400 | 9300 |
| Fleetside Pickup (8') | 400 | 1100 | 1800 | 3500 | 6100 | 8900 |
| Suburban | 400 | 1200 | 1950 | 3900 | 6800 | 9900 |

**Luv**
| Pickup | 250 | 500 | 750 | 1500 | 2600 | 3600 |
|---|---|---|---|---|---|---|

| | 6 | 5 | 4 | 3 | 2 | 1 |
|---|---|---|---|---|---|---|
| **P10** | | | | | | |
| Steel Panel Step-Van | 350 | 1000 | 1600 | 3200 | 5700 | 8100 |
| ***1976*** | | | | | | |
| **Luv, 4-cyl.** | | | | | | |
| Pickup | 250 | 500 | 750 | 1400 | 2400 | 3400 |
| **El Camino, 8-cyl.** | | | | | | |
| Sdn Pickup | 400 | 1100 | 1800 | 3600 | 6200 | 9100 |
| Sdn Pickup Classic | 400 | 1200 | 2000 | 4000 | 6900 | 10000 |
| **K10 Blazer, 4WD, 8-cyl.** | | | | | | |
| Uty (w/top) | 400 | 1200 | 1950 | 3900 | 6800 | 9900 |
| **P10 Step Van, 6-cyl.** | | | | | | |
| Steel Panel (7') | 400 | 1050 | 1700 | 3300 | 5800 | 8300 |
| **C10, 1/2-ton, 8-cyl.** | | | | | | |
| Pickup Step (6 1/2') | 400 | 1050 | 1700 | 3400 | 5900 | 8500 |
| Pickup Fleet (6 1/2') | 400 | 1100 | 1800 | 3600 | 6200 | 9100 |
| Pickup Step (8') | 400 | 1100 | 1800 | 3600 | 6200 | 9100 |
| Pickup Fleet (8') | 400 | 1050 | 1700 | 3400 | 5900 | 8500 |
| Suburban | 400 | 1200 | 1950 | 3900 | 6800 | 9900 |
| ***1977*** | | | | | | |
| **Luv, 4-cyl.** | | | | | | |
| Pickup | 250 | 500 | 750 | 1400 | 2400 | 3400 |
| **El Camino, 8-cyl.** | | | | | | |
| Sdn Pickup | 400 | 1050 | 1700 | 3400 | 5900 | 8500 |
| Sdn Pickup Classic | 400 | 1100 | 1800 | 3600 | 6200 | 9100 |
| **K10 Blazer, 4WD, 8-cyl.** | | | | | | |
| Uty (Hdtp) | 400 | 1150 | 1850 | 3700 | 6400 | 9300 |
| Uty (Fld Tp) | 400 | 1100 | 1800 | 3500 | 6100 | 8900 |
| **P10, 6-cyl.** | | | | | | |
| Steel Panel (7') | 400 | 1050 | 1700 | 3300 | 5800 | 8300 |
| **C10, 1/2-ton, 8-cyl.** | | | | | | |
| Pickup Step (6 1/2') | 400 | 1050 | 1700 | 3400 | 5900 | 8500 |
| Pickup Fleet (6 1/2') | 400 | 1100 | 1800 | 3600 | 6200 | 9100 |
| Pickup Step (8') | 400 | 1100 | 1800 | 3600 | 6200 | 9100 |
| Pickup Fleet (8') | 400 | 1050 | 1700 | 3400 | 5900 | 8500 |
| Suburban | 400 | 1200 | 1950 | 3900 | 6800 | 9900 |
| ***1978*** | | | | | | |
| **Luv, 4-cyl.** | | | | | | |
| Pickup | 250 | 500 | 750 | 1400 | 2400 | 3400 |
| **El Camino, 8-cyl.** | | | | | | |
| Sdn Pickup | 350 | 1000 | 1600 | 3200 | 5700 | 8100 |
| Sdn Pickup SS | 400 | 1050 | 1700 | 3400 | 5900 | 8500 |
| **K10 Blazer, 4WD, 8-cyl.** | | | | | | |
| Uty (Hdtp) | 400 | 1100 | 1800 | 3500 | 6100 | 8900 |
| Uty (Fldg Tp) | 400 | 1050 | 1700 | 3300 | 5800 | 8300 |
| **P10, 6-cyl.** | | | | | | |
| Steel Panel (7') | 400 | 1050 | 1700 | 3300 | 5800 | 8300 |
| **C10, 8-cyl.** | | | | | | |
| Pickup Step (6 1/2') | 400 | 1050 | 1700 | 3400 | 5900 | 8500 |
| Pickup Fleet (6 1/2') | 400 | 1100 | 1800 | 3600 | 6200 | 9100 |
| Pickup Step (8') | 400 | 1100 | 1800 | 3600 | 6200 | 9100 |
| Pickup Fleet (8') | 400 | 1050 | 1700 | 3400 | 5900 | 8500 |
| Suburban | 400 | 1200 | 1950 | 3900 | 6800 | 9900 |
| ***1979*** | | | | | | |
| **Luv, 4-cyl.** | | | | | | |
| Pickup | 200 | 450 | 650 | 1300 | 2200 | 3200 |
| **El Camino, 8-cyl.** | | | | | | |
| Sdn Pickup | 350 | 1000 | 1600 | 3200 | 5700 | 8100 |
| Sdn Pickup SS | 400 | 1050 | 1700 | 3400 | 5900 | 8500 |

| | 6 | 5 | 4 | 3 | 2 | 1 |
|---|---|---|---|---|---|---|
| **K10 Blazer, 4WD, 8-cyl.** | | | | | | |
| Uty (Hdtp) | 400 | 1100 | 1800 | 3500 | 6100 | 8900 |
| Uty (Fldg Tp) | 400 | 1050 | 1700 | 3300 | 5800 | 8300 |
| **P10, 6-cyl.** | | | | | | |
| Steel Panel (7') | 400 | 1050 | 1700 | 3400 | 5900 | 8500 |
| **C10, 8-cyl.** | | | | | | |
| Pickup (6 1/2') | 400 | 1050 | 1700 | 3400 | 5900 | 8500 |
| Pickup (8') | 350 | 1000 | 1600 | 3200 | 5700 | 8100 |
| Suburban | 400 | 1200 | 1950 | 3900 | 6800 | 9900 |
| **1980** | | | | | | |
| **Luv, 4-cyl.** | | | | | | |
| Pickup | 200 | 450 | 650 | 1300 | 2200 | 3200 |
| **El Camino, 8-cyl.** | | | | | | |
| Sdn Pickup | 350 | 900 | 1500 | 2900 | 5200 | 7400 |
| Sdn Pickup SS | 350 | 1950 | 1550 | 3100 | 5500 | 7900 |
| **K10 Blazer, 4WD, 8-cyl.** | | | | | | |
| Uty (Hdtp) | 400 | 1050 | 1700 | 3300 | 5800 | 8300 |
| Uty (Fldg Tp) | 350 | 1950 | 1550 | 3100 | 5500 | 7900 |
| **P10, 6-cyl.** | | | | | | |
| Steel Panel (7') | 400 | 1050 | 1700 | 3400 | 5900 | 8500 |
| **C10, 1/2-ton, 8-cyl.** | | | | | | |
| Pickup Fleet (6 1/2') | 400 | 1050 | 1700 | 3400 | 5900 | 8500 |
| Pickup Fleet (8') | 350 | 1000 | 1600 | 3200 | 5700 | 8100 |
| Suburban | 400 | 1200 | 1950 | 3900 | 6800 | 9900 |
| **1981** | | | | | | |
| **Luv** | | | | | | |
| Pickup | 200 | 450 | 650 | 1300 | 2200 | 3200 |
| LB pickup | 250 | 500 | 750 | 1400 | 2400 | 3400 |
| **El Camino** | | | | | | |
| Sdn Pickup | 350 | 900 | 1500 | 2900 | 5200 | 7400 |
| Sdn Super Spt | 350 | 1950 | 1550 | 3100 | 5500 | 7900 |
| **Blazer** | | | | | | |
| Uty Hdtp | 400 | 1050 | 1700 | 3300 | 5800 | 8300 |
| Uty Folding Top | 350 | 1950 | 1550 | 3100 | 5500 | 7900 |
| **C10** | | | | | | |
| Pickup Fleet (6 1/2') | 400 | 1100 | 1800 | 3500 | 6100 | 8900 |
| Pickup Fleet (8') | 400 | 1050 | 1700 | 3300 | 5800 | 8300 |
| Suburban | 400 | 1200 | 2000 | 4000 | 6900 | 10000 |
| **1982** | | | | | | |
| **Luv, 4-cyl.** | | | | | | |
| Pickup | 200 | 450 | 650 | 1300 | 2200 | 3200 |
| Pickup LB | 250 | 500 | 750 | 1400 | 2400 | 3400 |
| **El Camino, 6-cyl.** | | | | | | |
| Sdn Pickup | 350 | 900 | 1500 | 3000 | 5300 | 7600 |
| Sdn Super Spt | 350 | 1000 | 1600 | 3200 | 5700 | 8100 |
| **Blazer, 4WD, 6-cyl.** | | | | | | |
| Uty | 400 | 1100 | 1800 | 3500 | 6100 | 8900 |
| **S10, 4-cyl.** | | | | | | |
| Pickup Fleetside (6') | 200 | 450 | 650 | 1300 | 2200 | 3200 |
| Pickup Fleetside (6 1/2') | 250 | 500 | 750 | 1400 | 2400 | 3400 |
| **C10, 6-cyl.** | | | | | | |
| Pickup (6 1/2') | 400 | 1100 | 1800 | 3500 | 6100 | 8900 |
| Pickup Fleet (8') | 400 | 1050 | 1700 | 3300 | 5800 | 8300 |
| Suburban | 400 | 1200 | 2000 | 4000 | 6900 | 10000 |
| | *V-8 add 10%* | | | *Diesel add 10%* | | |
| **1983** | | | | | | |
| **El Camino, 8-cyl.** | | | | | | |
| Sdn Pickup | 350 | 1950 | 1550 | 3100 | 5500 | 7900 |
| Sdn Super Spt | 400 | 1050 | 1700 | 3300 | 5800 | 8300 |

| | 6 | 5 | 4 | 3 | 2 | 1 |
|---|---|---|---|---|---|---|
| **K10/K5 Blazer, 8-cyl.** | | | | | | |
| Uty | 400 | 1100 | 1800 | 3500 | 6100 | 8900 |
| **S10 Blazer, 6-cyl.** | | | | | | |
| Tailgate | 350 | 900 | 1500 | 2900 | 5200 | 7400 |
| **S10, 6-cyl.** | | | | | | |
| Fleetside (6') | 200 | 450 | 650 | 1300 | 2200 | 3200 |
| Fleetside (7 1/2') | 250 | 500 | 750 | 1400 | 2400 | 3400 |
| Fleetside Ext. Cab | 300 | 600 | 950 | 1900 | 3200 | 4600 |
| **C10, 8-cyl.** | | | | | | |
| Pickup (6 1/2') | 400 | 1100 | 1800 | 3600 | 6200 | 9100 |
| Pickup Fleetside (8') | 400 | 1050 | 1700 | 3400 | 5900 | 8500 |
| Suburban | 450 | 1250 | 2050 | 4100 | 7100 | 10300 |

*Diesel add 10%*          *Small block option deduct 10%*

### 1984

| | 6 | 5 | 4 | 3 | 2 | 1 |
|---|---|---|---|---|---|---|
| **El Camino, 8-cyl.** | | | | | | |
| Sdn Pickup | 400 | 1050 | 1700 | 3300 | 5800 | 8300 |
| Sdn SS Spt | 400 | 1100 | 1800 | 3600 | 6200 | 9100 |
| **K10/K5 Blazer, 4WD, 8-cyl.** | | | | | | |
| Uty | 400 | 1150 | 1850 | 3700 | 6400 | 9300 |
| **S10 Blazer, 4WD, 6-cyl.** | | | | | | |
| Tailgate | 4350 | 950 | 1550 | 3100 | 5500 | 7900 |
| **S10, 6-cyl.** | | | | | | |
| Fleetside (6') | 250 | 500 | 750 | 1400 | 2400 | 3400 |
| Fleetside (7 1/2') | 250 | 500 | 750 | 1500 | 2600 | 3600 |
| Fleetside Ext. Cab | 300 | 650 | 1000 | 2000 | 3500 | 4900 |
| **C10, 8-cyl.** | | | | | | |
| Pickup (6 1/2') | 400 | 1200 | 1950 | 3900 | 6800 | 9900 |
| Pickup Fleetside (8') | 400 | 1150 | 1850 | 3700 | 6400 | 9300 |
| Suburban | 450 | 1250 | 2150 | 4300 | 7400 | 10700 |

*Diesel add 10%*          *Small block option deduct 10%*

### 1985

| | 6 | 5 | 4 | 3 | 2 | 1 |
|---|---|---|---|---|---|---|
| **El Camino, 8-cyl.** | | | | | | |
| Sdn Pickup | 400 | 1100 | 1800 | 3600 | 6200 | 9100 |
| Sdn SS Spt | 400 | 1200 | 2000 | 4000 | 6900 | 10000 |
| **K10/K5 Blazer, 8-cyl.** | | | | | | |
| Uty | 400 | 1200 | 2000 | 4000 | 6900 | 10000 |
| **S10 Blazer, 4WD, 6-cyl.** | | | | | | |
| Tailgate | 350 | 900 | 1500 | 3000 | 5300 | 7600 |
| **S10, 6-cyl.** | | | | | | |
| Fleetside (6') | 250 | 500 | 750 | 1400 | 2400 | 3400 |
| Fleetside (7 1/2') | 250 | 500 | 750 | 1500 | 2600 | 3600 |
| Fleetside Ext. Cab (6') | 300 | 650 | 1000 | 2000 | 3500 | 4900 |
| **C10, 8-cyl.** | | | | | | |
| Pickup (6 1/2') | 450 | 1250 | 2150 | 4300 | 7400 | 10700 |
| Pickup Fleetside (8') | 450 | 1250 | 2050 | 4100 | 7100 | 10300 |
| Suburban | 450 | 1250 | 2200 | 4400 | 7600 | 10900 |

*Diesel add 10%*          *Small block option deduct 10%*

### 1986

| | 6 | 5 | 4 | 3 | 2 | 1 |
|---|---|---|---|---|---|---|
| **El Camino, 8-cyl.** | | | | | | |
| Sdn Pickup | 400 | 1200 | 2000 | 4000 | 6900 | 10000 |
| Sdn SS Spt | 450 | 1250 | 2200 | 4400 | 7600 | 10900 |
| **K10/K5 Blazer, 1/2-ton, 8-cyl.** | | | | | | |
| Uty | 500 | 1300 | 2250 | 4500 | 7700 | 11000 |
| **S10 Blazer, 4WD, 6-cyl.** | | | | | | |
| Tailgate | 400 | 1050 | 1700 | 3300 | 5800 | 8300 |
| **S10, 6-cyl.** | | | | | | |
| Fleetside EL (6') | 250 | 500 | 750 | 1400 | 2400 | 3400 |
| Fleetside (6') | 300 | 550 | 800 | 1600 | 2800 | 3900 |
| Fleetside (7 1/2') | 300 | 600 | 850 | 1700 | 2900 | 4100 |
| Fleetside Ext. Cab (6') | 300 | 650 | 1150 | 2300 | 3900 | 5700 |

| | 6 | 5 | 4 | 3 | 2 | 1 |
|---|---|---|---|---|---|---|
| **C10, 8-cyl.** | | | | | | |
| Pickup Fleetside (6 1/2') | 500 | 1350 | 2350 | 4700 | 8100 | 11500 |
| Pickup Fleetside (8') | 500 | 1300 | 2250 | 4500 | 7700 | 11000 |
| Suburban | 550 | 1400 | 2400 | 4800 | 8300 | 11800 |

*Diesel add 10%* — *Small block option deduct 10%*

**1987**

| | 6 | 5 | 4 | 3 | 2 | 1 |
|---|---|---|---|---|---|---|
| **El Camino, 8-cyl.** | | | | | | |
| Sdn Pickup | 500 | 1300 | 2250 | 4500 | 7700 | 11000 |
| Sdn SS Spt | 550 | 1450 | 2450 | 4900 | 8500 | 12000 |
| **V10 Blazer, 4WD, 8-cyl.** | | | | | | |
| Uty | 550 | 1500 | 2500 | 5000 | 8700 | 12300 |
| **S10 Blazer, 6-cyl.** | | | | | | |
| Uty | 400 | 1150 | 1850 | 3700 | 6400 | 9300 |
| **S10, 6-cyl.** | | | | | | |
| Fleetside EL (6') | 300 | 550 | 800 | 1600 | 2800 | 3900 |
| Pickup Fleetside (6') | 300 | 600 | 900 | 1800 | 3100 | 4400 |
| Pickup Fleetside (7 1/2') | 300 | 600 | 950 | 1900 | 3200 | 4600 |
| Pickup Fleetside Ext. Cab (6') | 300 | 750 | 1250 | 2500 | 4400 | 6200 |
| **R10, 8-cyl.** | | | | | | |
| Pickup (6 1/2') | 550 | 1500 | 2500 | 5000 | 8700 | 12300 |
| Pickup Fleetside (8') | 550 | 1400 | 2400 | 4800 | 8300 | 11800 |
| Suburban | 550 | 1550 | 2650 | 5300 | 9100 | 13000 |

*Diesel add 10%* — *Small block option deduct 10%*

**1988**

| | 6 | 5 | 4 | 3 | 2 | 1 |
|---|---|---|---|---|---|---|
| **V10 Blazer, 8-cyl.** | | | | | | |
| Uty | 600 | 1600 | 2750 | 5500 | 9500 | 13800 |
| **S10 Blazer, 6-cyl.** | | | | | | |
| Tailgate | 400 | 1200 | 1950 | 3900 | 6800 | 9900 |
| Tailgate 4WD | 500 | 1300 | 2250 | 4500 | 7700 | 11000 |
| **R10, 8-cyl.** | | | | | | |
| Suburban | 650 | 1700 | 3000 | 6000 | 10400 | 14900 |
| **S10, 6-cyl.** | | | | | | |
| Fleetside EL (6') | 300 | 600 | 900 | 1800 | 3100 | 4400 |
| Pickup Fleetside (6') | 300 | 650 | 1100 | 2100 | 3600 | 5100 |
| Pickup Fleetside (7 1/2') | 300 | 650 | 1100 | 2200 | 3800 | 5400 |
| S19 Pickup Fleetside Ext. Cab (6') | 350 | 900 | 1500 | 2900 | 5200 | 7400 |
| **C1500, 8-cyl.** | | | | | | |
| Pickup Fleetside (6 1/2') | 600 | 1600 | 2800 | 5600 | 9700 | 14000 |
| Pickup Fleetside (8') | 600 | 1600 | 2700 | 5400 | 9300 | 13500 |
| Pickup Fleetside Ext. Cab (8') | 650 | 1700 | 3000 | 5900 | 10200 | 14700 |

*Diesel add 10%* — *Small block option deduct 10% engine*

**1989**

| | 6 | 5 | 4 | 3 | 2 | 1 |
|---|---|---|---|---|---|---|
| **V1500 Blazer, 4WD, 8-cyl.** | | | | | | |
| Uty | 650 | 1700 | 3000 | 6100 | 10600 | 15200 |
| **S10 Blazer, 6-cyl.** | | | | | | |
| Tailgate | 450 | 1250 | 2200 | 4400 | 7600 | 10900 |
| Tailgate 4WD | 550 | 1500 | 2500 | 5000 | 8700 | 12300 |
| **R1500, 8-cyl.** | | | | | | |
| Suburban | 700 | 1900 | 3350 | 6700 | 11500 | 16500 |
| **S10, 6-cyl.** | | | | | | |
| Fleetside EL (6') | 300 | 650 | 1100 | 2100 | 3600 | 5100 |
| Pickup Fleetside (6') | 300 | 700 | 1200 | 2400 | 4100 | 5900 |
| Pickup Fleetside (7 1/2') | 300 | 750 | 1250 | 2500 | 4400 | 6200 |
| Pickup Fleetside Ext. Cab (6') | 350 | 1000 | 1600 | 3200 | 5700 | 8100 |
| **C1500, 8-cyl.** | | | | | | |
| Pickup (6 1/2') | 650 | 1700 | 3000 | 6100 | 10600 | 15200 |
| Pickup Fleetside (8') | 650 | 1700 | 3000 | 5900 | 10200 | 14700 |
| Pickup Fleetside Ext. Cab (6 1/2') | 700 | 1900 | 3350 | 6700 | 11500 | 16500 |
| Pickup Fleetside Ext. Cab (8') | 700 | 1850 | 3300 | 6600 | 11300 | 16300 |

*Diesel add 10%* — *Small block option deduct 10%*

| | 6 | 5 | 4 | 3 | 2 | 1 |
|---|---|---|---|---|---|---|
| **1990** | | | | | | |
| **V1500 Blazer, 8-cyl.** | | | | | | |
| Uty | 700 | 1900 | 3400 | 6800 | 11700 | 16900 |
| **S10 Blazer, 6-cyl.** | | | | | | |
| 2-dr Tailgate | 500 | 1350 | 2300 | 4600 | 8000 | 11300 |
| 2-dr Tailgate 4WD | 550 | 1550 | 2600 | 5200 | 9000 | 12800 |
| 4-dr Tailgate 4WD | 650 | 1750 | 3150 | 6300 | 10900 | 15700 |
| **R1500, 8-cyl.** | | | | | | |
| Suburban | 750 | 2250 | 3750 | 7500 | 13000 | 18700 |
| **S10, 6-cyl.** | | | | | | |
| Fleetside EL (6') | 300 | 750 | 1250 | 2500 | 4400 | 6200 |
| Pickup Fleetside (6') | 350 | 850 | 1400 | 2800 | 4900 | 7100 |
| Pickup Fleetside (7 1/2') | 350 | 900 | 1500 | 2900 | 5200 | 7400 |
| Pickup Fleetside Ext. Cab (6') | 400 | 1100 | 1800 | 3500 | 6100 | 8900 |
| **C1500, 8-cyl.** | | | | | | |
| Pickup Fleetside WT (8') | 650 | 1700 | 3000 | 6100 | 10600 | 15200 |
| Pickup (6 1/2') | 700 | 1850 | 3300 | 6600 | 11300 | 16300 |
| Pickup Fleetside (8') | 650 | 1800 | 3200 | 6400 | 11000 | 15900 |
| Pickup Fleetside Ext. Cab (6 1/2') | 750 | 2250 | 3700 | 7400 | 12800 | 18500 |
| Pickup Fleetside Ext. Cab (8') | 750 | 2200 | 3650 | 7300 | 12600 | 18200 |
| Pickup Fleetside 454SS | 800 | 2400 | 4000 | 8000 | 13900 | 19900 |
| **1991** | | | | | | |
| **V1500 Blazer, 4WD, 8-cyl.** | | | | | | |
| Uty | 750 | 2300 | 3800 | 7600 | 13100 | 18900 |
| **S10 Blazer, 6-cyl.** | | | | | | |
| 2-dr Tailgate | 550 | 1550 | 2600 | 5200 | 9000 | 12800 |
| 2-dr Tailgate 4WD | 600 | 1650 | 2900 | 5800 | 10000 | 14500 |
| 4-dr Tailgate 4WD | 700 | 2000 | 3450 | 6900 | 11900 | 17200 |
| **R1500, 8-cyl.** | | | | | | |
| Suburban | 800 | 2500 | 4250 | 8500 | 15000 | 21200 |
| **S10, 6-cyl.** | | | | | | |
| Fleetside EL (6') | 350 | 850 | 1400 | 2800 | 4900 | 7100 |
| Pickup Fleetside (6') | 350 | 950 | 1550 | 3100 | 5500 | 7900 |
| Pickup Fleetside (7 1/2') | 350 | 1000 | 1600 | 3200 | 5700 | 8100 |
| Pickup Fleetside Ext. Cab (6') | 400 | 1200 | 1950 | 3900 | 6800 | 9900 |
| **C1500, 8-cyl.** | | | | | | |
| Pickup (6 1/2') | 750 | 2100 | 3550 | 7100 | 12300 | 17700 |
| Pickup Fleetside (8') | 700 | 2000 | 3450 | 6900 | 11900 | 17200 |
| Pickup Fleetside Ext. Cab (6 1/2') | 800 | 2400 | 4050 | 8100 | 14200 | 20200 |
| Pickup Fleetside Ext. Cab (8') | 800 | 2400 | 4000 | 8000 | 13900 | 19900 |
| Pickup Fleetside 454SS | 850 | 2550 | 4350 | 8700 | 15300 | 21700 |

*Diesel add 10%*        *Small block option deduct 10%*

---

## PRICE GUIDE CLASSIFICATIONS:

**1. CONCOURS:** Perfection. At or near 100 points on a 100-point judging scale. Trailered; never driven; pampered. Totally restored to the max and 100 percent stock.

**2. SHOW:** Professionally restored to high standards. No major flaws or deviations from stock. Consistent trophy winner that needs nothing to show. In 90 to 95 point range.

**3. STREET/SHOW:** Older restoration or extremely nice original showing some wear from age and use. Very presentable; occasional trophy winner; everything working properly. About 80 to 89 points.

**4. DRIVER:** A nice looking, fine running collector car needing little or nothing to drive, enjoy and show in local competition. Would need extensive restoration to be a show car, but completely usable as is.

**5. RESTORABLE:** Project car that is relatively complete and restorable within a reasonable effort and expense. Needs total restoration, but all major components present and rebuildable. May or may not be running.

**6. PARTS CAR:** Deteriorated or stripped to a point beyond reasonable restoration, but still complete and solid enough to donate valuable parts to a restoration. Likely not running, possibly missing its engine.

# DODGE TRUCK
## 1929 - 1991

'33 Dodge

'57 Dodge Pickup

'59 Dodge Sweptline

'91 Dodge Ramcharger

| | 6 | 5 | 4 | 3 | 2 | 1 |
|---|---|---|---|---|---|---|
| **1929** | | | | | | |
| **Merchants Express, 4-cyl., 109" wb** | | | | | | |
| Pickup | 400 | 1200 | 2000 | 4000 | 6900 | 10000 |
| Canopy Del | 400 | 1050 | 1700 | 3400 | 5900 | 8500 |
| Screen Del | 400 | 1100 | 1800 | 3500 | 6100 | 8900 |
| Panel | 400 | 1050 | 1700 | 3400 | 5900 | 8500 |
| Sdn Del | 400 | 1100 | 1800 | 3500 | 6100 | 8900 |
| **SE-DE Series, 6-cyl., 110" wb** | | | | | | |
| Pickup | 400 | 1200 | 1950 | 3900 | 6800 | 9900 |
| Canopy Del | 400 | 1050 | 1700 | 3300 | 5800 | 8300 |
| Screen Del | 400 | 1050 | 1700 | 3400 | 5900 | 8500 |
| Panel | 400 | 1050 | 1700 | 3300 | 5800 | 8300 |
| Sdn Del | 400 | 1050 | 1700 | 3400 | 5900 | 8500 |
| **1930** | | | | | | |
| **Merchants Express, 4-cyl., 109" wb** | | | | | | |
| Pickup | 400 | 1200 | 2000 | 4000 | 6900 | 10000 |
| Canopy Del | 400 | 1050 | 1700 | 3400 | 5900 | 8500 |
| Screen Del | 400 | 1100 | 1800 | 3500 | 6100 | 8900 |
| Panel | 400 | 1050 | 1700 | 3400 | 5900 | 8500 |
| Sdn Del | 400 | 1100 | 1800 | 3500 | 6100 | 8900 |
| **SE-DE Series, 6-cyl., 110" wb** | | | | | | |
| Pickup | 400 | 1200 | 1950 | 3900 | 6800 | 9900 |
| Canopy Del | 400 | 1050 | 1700 | 3300 | 5800 | 8300 |
| Screen Del | 400 | 1050 | 1700 | 3400 | 5900 | 8500 |
| Panel | 400 | 1050 | 1700 | 3300 | 5800 | 8300 |
| Sdn Del | 400 | 1050 | 1700 | 3400 | 5900 | 8500 |

| | 6 | 5 | 4 | 3 | 2 | 1 |
|---|---|---|---|---|---|---|

## 1931

**UF10A Series, 4-cyl., 109" wb**

| | 6 | 5 | 4 | 3 | 2 | 1 |
|---|---|---|---|---|---|---|
| Pickup | 400 | 1200 | 2000 | 4000 | 6900 | 10000 |
| Canopy Del | 400 | 1050 | 1700 | 3400 | 5900 | 8500 |
| Screen Del | 400 | 1100 | 1800 | 3500 | 6100 | 8900 |
| Panel | 400 | 1050 | 1700 | 3400 | 5900 | 8500 |
| Sdn Del | 400 | 1100 | 1800 | 3500 | 6100 | 8900 |

**F-10 Series, 6-cyl., 109" wb**

| | 6 | 5 | 4 | 3 | 2 | 1 |
|---|---|---|---|---|---|---|
| Pickup | 400 | 1200 | 1950 | 3900 | 6800 | 9900 |
| Canopy Del | 400 | 1050 | 1700 | 3300 | 5800 | 8300 |
| Screen Del | 400 | 1050 | 1700 | 3400 | 5900 | 8500 |
| Panel | 400 | 1050 | 1700 | 3300 | 5800 | 8300 |
| Sdn Del | 400 | 1050 | 1700 | 3400 | 5900 | 8500 |

## 1932

**E Series, 4-cyl., 124" wb**

| | 6 | 5 | 4 | 3 | 2 | 1 |
|---|---|---|---|---|---|---|
| Pickup | 400 | 1200 | 1900 | 3800 | 6600 | 9600 |
| Canopy Del | 350 | 1000 | 1600 | 3200 | 5700 | 8100 |
| Screen Del | 400 | 1050 | 1700 | 3300 | 5800 | 8300 |
| Panel | 350 | 1000 | 1600 | 3200 | 5700 | 8100 |
| Sdn Del | 400 | 1050 | 1700 | 3300 | 5800 | 8300 |

**UF10 Series, 4-cyl., 109" wb**

| | 6 | 5 | 4 | 3 | 2 | 1 |
|---|---|---|---|---|---|---|
| Pickup | 400 | 1200 | 2000 | 4000 | 6900 | 10000 |
| Canopy Del | 400 | 1050 | 1700 | 3400 | 5900 | 8500 |
| Screen Del | 400 | 1100 | 1800 | 3500 | 6100 | 8900 |
| Panel | 400 | 1050 | 1700 | 3400 | 5900 | 8500 |
| Sdn Del | 400 | 1100 | 1800 | 3500 | 6100 | 8900 |

**F-10 Series, 6-cyl., 109" wb**

| | 6 | 5 | 4 | 3 | 2 | 1 |
|---|---|---|---|---|---|---|
| Pickup | 400 | 1200 | 1950 | 3900 | 6800 | 9900 |
| Canopy Del | 400 | 1050 | 1700 | 3300 | 5800 | 8300 |
| Screen Del | 400 | 1050 | 1700 | 3400 | 5900 | 8500 |
| Panel | 400 | 1050 | 1700 | 3300 | 5800 | 8300 |
| Sdn Del | 400 | 1050 | 1700 | 3400 | 5900 | 8500 |

## 1933

**UF10 Series, 4-cyl., 109" wb**

| | 6 | 5 | 4 | 3 | 2 | 1 |
|---|---|---|---|---|---|---|
| Pickup | 450 | 1250 | 2100 | 4200 | 7200 | 10500 |
| Canopy Del | 400 | 1100 | 1800 | 3600 | 6200 | 9100 |
| Screen Del | 400 | 1150 | 1850 | 3700 | 6400 | 9300 |
| Panel | 400 | 1100 | 1800 | 3600 | 6200 | 9100 |
| Sdn Del | 400 | 1100 | 1800 | 3600 | 6200 | 9100 |

**F-10 Series, 6-cyl., 109" wb**

| | 6 | 5 | 4 | 3 | 2 | 1 |
|---|---|---|---|---|---|---|
| Pickup | 450 | 1250 | 2200 | 4400 | 7600 | 10900 |
| Canopy Del | 400 | 1150 | 1850 | 3700 | 6400 | 9300 |
| Screen Del | 400 | 1200 | 1900 | 3800 | 6600 | 9600 |
| Panel | 400 | 1150 | 1850 | 3700 | 6400 | 9300 |
| Sdn Del | 400 | 1150 | 1850 | 3700 | 6400 | 9300 |

**HC Series, 4-cyl., 111 1/4" wb**

| | 6 | 5 | 4 | 3 | 2 | 1 |
|---|---|---|---|---|---|---|
| Pickup | 450 | 1250 | 2050 | 4100 | 7100 | 10300 |
| Canopy Del | 400 | 1100 | 1800 | 3500 | 6100 | 8900 |
| Screen Del | 400 | 1100 | 1800 | 3600 | 6200 | 9100 |
| Panel | 400 | 1100 | 1800 | 3500 | 6100 | 8900 |
| Sdn Coml | 400 | 1100 | 1800 | 3500 | 6100 | 8900 |

**HCL Series, 6-cyl., 109" wb**

| | 6 | 5 | 4 | 3 | 2 | 1 |
|---|---|---|---|---|---|---|
| Pickup | 450 | 1250 | 2050 | 4100 | 7100 | 10300 |
| Canopy Del | 400 | 1050 | 1700 | 3400 | 5900 | 8500 |
| Screen Del | 400 | 1100 | 1800 | 3500 | 6100 | 8900 |
| Panel | 400 | 1050 | 1700 | 3400 | 5900 | 8500 |
| Sdn Coml | 400 | 1050 | 1700 | 3400 | 5900 | 8500 |

| | 6 | 5 | 4 | 3 | 2 | 1 |
|---|---|---|---|---|---|---|
| **1934** | | | | | | |
| **HC Series, 4-cyl., 111 1/4" wb** | | | | | | |
| Pickup | 450 | 1250 | 2050 | 4100 | 7100 | 10300 |
| Canopy Del | 400 | 1100 | 1800 | 3500 | 6100 | 8900 |
| Screen Del | 400 | 1100 | 1800 | 3600 | 6200 | 9100 |
| Panel | 400 | 1100 | 1800 | 3500 | 6100 | 8900 |
| Sdn Coml | 400 | 1100 | 1800 | 3500 | 6100 | 8900 |
| **HCL Series, 6-cyl., 109" wb** | | | | | | |
| Pickup | 450 | 1250 | 2050 | 4100 | 7100 | 10300 |
| Canopy Del | 400 | 1050 | 1700 | 3400 | 5900 | 8500 |
| Screen Del | 400 | 1100 | 1800 | 3500 | 6100 | 8900 |
| Panel | 400 | 1050 | 1700 | 3400 | 5900 | 8500 |
| Sdn Coml | 400 | 1050 | 1700 | 3400 | 5900 | 8500 |
| **KC Series, 6-cyl., 111 1/4" wb** | | | | | | |
| Pickup | 450 | 1250 | 2200 | 4400 | 7600 | 10900 |
| Canopy Del | 400 | 1200 | 1900 | 3800 | 6600 | 9600 |
| Screen Del | 400 | 1200 | 1950 | 3900 | 6800 | 9900 |
| Sdn Coml | 400 | 1150 | 1850 | 3700 | 6400 | 9300 |
| **KCL Series, 6-cyl., 119" wb** | | | | | | |
| Pickup | 450 | 1250 | 2100 | 4200 | 7200 | 10500 |
| Canopy Del | 400 | 1200 | 1950 | 3900 | 6800 | 9900 |
| Screen Del | 400 | 1200 | 2000 | 4000 | 6900 | 10000 |
| Sdn Del | 400 | 1200 | 1950 | 3900 | 6800 | 9900 |
| **1935** | | | | | | |
| **Series KC, 6-cyl., 114 1/2" wb** | | | | | | |
| Pickup | 450 | 1250 | 2200 | 4400 | 7600 | 10900 |
| Canopy | 400 | 1200 | 1900 | 3800 | 6600 | 9600 |
| Screen | 400 | 1200 | 1950 | 3900 | 6800 | 9900 |
| Cml Sdn | 400 | 1150 | 1850 | 3700 | 6400 | 9300 |
| Suburban Sdn | 400 | 1200 | 2000 | 4000 | 6900 | 10000 |
| **Series KCL, 6-cyl., 23.44 hp, 119" wb** | | | | | | |
| Panel | 450 | 1250 | 2100 | 4200 | 7200 | 10500 |
| Express | 450 | 1250 | 2100 | 4200 | 7200 | 10500 |
| **1936** | | | | | | |
| **Series D2, 6-cyl., 116" wb** | | | | | | |
| Cml Sdn | 550 | 1450 | 2450 | 4900 | 8500 | 12000 |
| **Series LC, 6-cyl., 116" wb** | | | | | | |
| Pickup | 550 | 1550 | 2600 | 5200 | 9000 | 12800 |
| Canopy | 500 | 1300 | 2250 | 4500 | 7700 | 11000 |
| Screen | 500 | 1350 | 2350 | 4700 | 8100 | 11500 |
| Cml Sdn | 550 | 1450 | 2450 | 4900 | 8500 | 12000 |
| Panel | 500 | 1350 | 2300 | 4600 | 8000 | 11300 |
| **1937** | | | | | | |
| **Series MC, 6-cyl., 116" wb** | | | | | | |
| Pickup | 550 | 1550 | 2600 | 5200 | 9000 | 12800 |
| Canopy | 500 | 1300 | 2250 | 4500 | 7700 | 11000 |
| Screen | 500 | 1350 | 2350 | 4700 | 8100 | 11500 |
| Cml Sdn | 550 | 1450 | 2450 | 4900 | 8500 | 12000 |
| Panel | 500 | 1350 | 2300 | 4600 | 8000 | 11300 |
| Sta Wgn | 950 | 2950 | 4950 | 9900 | 17500 | 24700 |
| **1938** | | | | | | |
| **Series RC, 6-cyl., 116" wb** | | | | | | |
| Pickup | 550 | 1550 | 2600 | 5200 | 9000 | 12800 |
| Canopy | 500 | 1300 | 2250 | 4500 | 7700 | 11000 |

| | 6 | 5 | 4 | 3 | 2 | 1 |
|---|---|---|---|---|---|---|
| Exp Screen | 500 | 1350 | 2350 | 4700 | 8100 | 11500 |
| Cml Sdn | 550 | 1450 | 2450 | 4900 | 8500 | 12000 |
| Panel | 500 | 1350 | 2300 | 4600 | 8000 | 11300 |

### *1939*
**Series TC, 6-cyl., 116" wb**

| | 6 | 5 | 4 | 3 | 2 | 1 |
|---|---|---|---|---|---|---|
| Pickup | 600 | 1600 | 2700 | 5400 | 9300 | 13500 |
| Canopy | 550 | 1400 | 2400 | 4800 | 8300 | 11800 |
| Screen | 550 | 1500 | 2500 | 5000 | 8700 | 12300 |
| Panel | 550 | 1400 | 2400 | 4800 | 8300 | 11800 |

### *1940*
**Series VC, 6-cyl., 116" wb**

| | 6 | 5 | 4 | 3 | 2 | 1 |
|---|---|---|---|---|---|---|
| Pickup | 600 | 1600 | 2700 | 5400 | 9300 | 13500 |
| Canopy | 550 | 1400 | 2400 | 4800 | 8300 | 11800 |
| Screen | 550 | 1500 | 2500 | 5000 | 8700 | 12300 |
| Panel | 550 | 1400 | 2400 | 4800 | 8300 | 11800 |

### *1941*
**Series WC, 6-cyl., 116" wb**

| | 6 | 5 | 4 | 3 | 2 | 1 |
|---|---|---|---|---|---|---|
| Pickup | 600 | 1600 | 2700 | 5400 | 9300 | 13500 |
| Canopy | 550 | 1400 | 2400 | 4800 | 8300 | 11800 |
| Screen | 550 | 1500 | 2500 | 5000 | 8700 | 12300 |
| Panel | 550 | 1400 | 2400 | 4800 | 8300 | 11800 |

### *1942*
**Series WC, 6-cyl., 116" wb**

| | 6 | 5 | 4 | 3 | 2 | 1 |
|---|---|---|---|---|---|---|
| Pickup Express | 600 | 1600 | 2700 | 5400 | 9300 | 13500 |
| Canopy | 550 | 1400 | 2400 | 4800 | 8300 | 11800 |
| Panel | 550 | 1400 | 2400 | 4800 | 8300 | 11800 |

### *1946*
**Series WC, 6-cyl., 116" wb**

| | 6 | 5 | 4 | 3 | 2 | 1 |
|---|---|---|---|---|---|---|
| Express | 600 | 1600 | 2700 | 5400 | 9300 | 13500 |
| Canopy | 550 | 1400 | 2400 | 4800 | 8300 | 11800 |
| Panel | 550 | 1400 | 2400 | 4800 | 8300 | 11800 |

### *1947*
**Series WC, 6-cyl., 116" wb**

| | 6 | 5 | 4 | 3 | 2 | 1 |
|---|---|---|---|---|---|---|
| Pickup | 600 | 1600 | 2700 | 5400 | 9300 | 13500 |
| Canopy | 550 | 1400 | 2400 | 4800 | 8300 | 11800 |
| Panel | 550 | 1400 | 2400 | 4800 | 8300 | 11800 |

### *1948*
**Series B-1-B-108, 6-cyl., 108" wb**

| | 6 | 5 | 4 | 3 | 2 | 1 |
|---|---|---|---|---|---|---|
| Pickup | 550 | 1550 | 2600 | 5200 | 9000 | 12800 |
| Panel | 500 | 1300 | 2250 | 4500 | 7700 | 11000 |

### *1949*
**Series B-1-B-108, 6-cyl., 108" wb**

| | 6 | 5 | 4 | 3 | 2 | 1 |
|---|---|---|---|---|---|---|
| Pickup | 550 | 1550 | 2600 | 5200 | 9000 | 12800 |
| Panel | 500 | 1300 | 2250 | 4500 | 7700 | 11000 |

### *1950*
**Series B-2-B-108, 6-cyl., 108" wb**

| | 6 | 5 | 4 | 3 | 2 | 1 |
|---|---|---|---|---|---|---|
| Pickup | 600 | 1600 | 2700 | 5400 | 9300 | 13500 |
| Panel | 500 | 1350 | 2300 | 4600 | 8000 | 11300 |

### *1951*
**Series B-3-B-108, 6-cyl., 108" wb**

| | 6 | 5 | 4 | 3 | 2 | 1 |
|---|---|---|---|---|---|---|
| Pickup | 600 | 1600 | 2700 | 5400 | 9300 | 13500 |
| Panel | 500 | 1350 | 2300 | 4600 | 8000 | 11300 |

| | 6 | 5 | 4 | 3 | 2 | 1 |
|---|---|---|---|---|---|---|
| **1952** | | | | | | |
| **Series B-3-B-108, 6-cyl., 108" wb** | | | | | | |
| Pickup | 600 | 1600 | 2700 | 5400 | 9300 | 13500 |
| Panel | 500 | 1350 | 2300 | 4600 | 8000 | 11300 |
| **1953** | | | | | | |
| **Series B-4-B-108, 6-cyl., 108" wb** | | | | | | |
| Pickup | 600 | 1600 | 2750 | 5500 | 9500 | 13800 |
| Panel | 500 | 1350 | 2350 | 4700 | 8100 | 11500 |
| **1954** | | | | | | |
| **Series C-1-B6-108, 6-cyl., 108" wb** | | | | | | |
| Pickup | 600 | 1600 | 2750 | 5500 | 9500 | 13800 |
| Panel | 500 | 1350 | 2350 | 4700 | 8100 | 11500 |
| **1955** | | | | | | |
| **Series C-1-B6-108, 6-cyl., 108" wb** | | | | | | |
| Pickup | 600 | 1600 | 2800 | 5600 | 9700 | 14000 |
| Town Panel | 550 | 1400 | 2400 | 4800 | 8300 | 11800 |
| **Series C-1-B6-116, 6-cyl., 108" wb** | | | | | | |
| Express | 600 | 1650 | 2900 | 5800 | 10000 | 14500 |
| **Series C-3-BL6-108, 6-cyl., 108" wb** | | | | | | |
| Pickup | 600 | 1650 | 2900 | 5800 | 10000 | 14500 |
| **Series C-3-B6-108, 6-cyl., 108" wb** | | | | | | |
| Lowside Pickup | 600 | 1600 | 2700 | 5400 | 9300 | 13500 |
| Highside Pickup | 600 | 1600 | 2750 | 5500 | 9500 | 13800 |
| Town Panel | 550 | 1400 | 2400 | 4800 | 8300 | 11800 |
| **Series C-3-B6-116, 6-cyl., 116" wb** | | | | | | |
| Express Lowside | 550 | 1550 | 2600 | 5200 | 9000 | 12800 |
| Express Highside | 550 | 1550 | 2650 | 5300 | 9100 | 13000 |
| Platform | 450 | 1250 | 2200 | 4400 | 7600 | 10900 |
| Stake | 500 | 1300 | 2250 | 4500 | 7700 | 11000 |
| | | | *V-8 add 15%* | | | |
| **1956** | | | | | | |
| **Series C-3-B6, 6-cyl., 108" wb** | | | | | | |
| Lowside Pickup | 600 | 1600 | 2700 | 5400 | 9300 | 13500 |
| Highside Pickup | 600 | 1600 | 2750 | 5500 | 9500 | 13800 |
| Town Panel | 550 | 1400 | 2400 | 4800 | 8300 | 11800 |
| 6-pass Town Wgn | 450 | 1250 | 2050 | 4100 | 7100 | 10300 |
| 8-pass Town Wgn | 450 | 1250 | 2100 | 4200 | 7200 | 10500 |
| **Series C-3-B6, 1/2-ton, 116" wb** | | | | | | |
| Express Highside | 600 | 1600 | 2750 | 5500 | 9500 | 13800 |
| Platform | 450 | 1250 | 2200 | 4400 | 7600 | 10900 |
| Stake | 500 | 1300 | 2250 | 4500 | 7700 | 11000 |
| | | | *V-8 add 15%* | | | |
| **1957** | | | | | | |
| **Series K6-D100, 1/2-ton, 108" wb** | | | | | | |
| Pickup | 600 | 1650 | 2850 | 5700 | 9900 | 14200 |
| Town Panel | 500 | 1350 | 2300 | 4600 | 8000 | 11300 |
| 6-pass Town Wgn | 450 | 1250 | 2050 | 4100 | 7100 | 10300 |
| 8-pass Town Wgn | 450 | 1250 | 2100 | 4200 | 7200 | 10500 |
| **Series K6-D100, 1/2-ton, 116" wb** | | | | | | |
| Pickup | 600 | 1650 | 2900 | 5800 | 10000 | 14500 |
| Platform | 450 | 1250 | 2200 | 4400 | 7600 | 10900 |
| Stake | 500 | 1300 | 2250 | 4500 | 7700 | 11000 |
| | | | *V-8 add 15%* | | | |

| | 6 | 5 | 4 | 3 | 2 | 1 |
|---|---|---|---|---|---|---|
| **1958** | | | | | | |
| **Series L6-D100, 6-cyl., 108" wb** | | | | | | |
| Pickup | 500 | 1300 | 2250 | 4500 | 7700 | 11000 |
| Town Panel | 450 | 1250 | 2050 | 4100 | 7100 | 10300 |
| 6-pass Town Wgn | 400 | 1200 | 1950 | 3900 | 6800 | 9900 |
| 8-pass Town Wgn | 450 | 1250 | 2050 | 4100 | 7100 | 10300 |
| **Series L6-D100, 6-cyl., 116" wb** | | | | | | |
| Pickup | 500 | 1350 | 2350 | 4700 | 8100 | 11500 |
| Sweptside Pickup | 600 | 1650 | 2850 | 5700 | 9900 | 14200 |
| Platform | 400 | 1150 | 1850 | 3700 | 6400 | 9300 |
| Stake | 400 | 1200 | 1900 | 3800 | 6600 | 9600 |
| | *V-8 add 15%* | | *4WD add 10%* | | | |
| **1959** | | | | | | |
| **Series M6-D100, 6-cyl., 108" wb** | | | | | | |
| Utiline Pickup | 500 | 1300 | 2250 | 4500 | 7700 | 11000 |
| Sweptline Pickup | 550 | 1500 | 2500 | 5000 | 8700 | 12300 |
| Town Panel | 450 | 1250 | 2050 | 4100 | 7100 | 10300 |
| 6-pass Town Wgn | 400 | 1200 | 1900 | 3800 | 6600 | 9600 |
| 8-pass Town Wgn | 400 | 1200 | 2000 | 4000 | 6900 | 10000 |
| **Series M6-D100, 6-cyl., 116" wb** | | | | | | |
| Utiline Pickup | 500 | 1350 | 2350 | 4700 | 8100 | 11500 |
| Sweptline Pickup | 550 | 1400 | 2400 | 4800 | 8300 | 11800 |
| Sweptline 100 Pickup | 550 | 1450 | 2450 | 4900 | 8500 | 12000 |
| Platform | 400 | 1150 | 1850 | 3700 | 6400 | 9300 |
| Stake | 400 | 1200 | 1900 | 3800 | 6600 | 9600 |
| | *V-8 add 15%* | | *4WD add 10%* | | | |
| **1960** | | | | | | |
| **Series P6-D100, 6-cyl., 108" wb** | | | | | | |
| Utiline Pickup | 500 | 1300 | 2250 | 4500 | 7700 | 11000 |
| Sweptline Pickup | 550 | 1500 | 2500 | 5000 | 8700 | 12300 |
| Town Panel | 450 | 1250 | 2050 | 4100 | 7100 | 10300 |
| 6-pass Town Wgn | 400 | 1200 | 1900 | 3800 | 6600 | 9600 |
| 8-pass Town Wgn | 400 | 1200 | 2000 | 4000 | 6900 | 10000 |
| **Series P6-D100, 6-cyl., 116" wb** | | | | | | |
| Utiline Pickup | 500 | 1350 | 2350 | 4700 | 8100 | 11500 |
| Sweptline Pickup | 550 | 1400 | 2400 | 4800 | 8300 | 11800 |
| Platform | 400 | 1150 | 1850 | 3700 | 6400 | 9300 |
| Stake | 400 | 1200 | 1900 | 3800 | 6600 | 9600 |
| | *V-8 add 15%* | | *4WD add 10%* | | | |
| **1961** | | | | | | |
| **R6-D100, 6-cyl., 114" wb** | | | | | | |
| Pickup Dart Utiline | 400 | 1050 | 1700 | 3300 | 5800 | 8300 |
| Pickup Dart Sweptline | 400 | 1100 | 1800 | 3500 | 6100 | 8900 |
| Town Panel | 400 | 1100 | 1800 | 3500 | 6100 | 8900 |
| Town 6-pass Wgn | 400 | 1150 | 1850 | 3700 | 6400 | 9300 |
| Town 8-pass Wgn | 400 | 1200 | 1950 | 3900 | 6800 | 9900 |
| **R6-D100, 6-cyl., 122" wb** | | | | | | |
| Pickup Dart Utiline | 350 | 950 | 1550 | 3100 | 5500 | 7900 |
| Pickup Dart Sweptline | 400 | 1050 | 1700 | 3300 | 5800 | 8300 |
| Platform | 300 | 800 | 1350 | 2700 | 4700 | 6900 |
| Stake | 350 | 850 | 1400 | 2800 | 4900 | 7100 |
| | | | *4WD add 10%* | | | |
| **1962** | | | | | | |
| **S6-D100, 6-cyl., 114" wb** | | | | | | |
| Pickup Utiline | 400 | 1050 | 1700 | 3300 | 5800 | 8300 |
| Pickup Sweptline | 400 | 1100 | 1800 | 3500 | 6100 | 8900 |
| Town Panel | 400 | 1100 | 1800 | 3500 | 6100 | 8900 |

| | 6 | 5 | 4 | 3 | 2 | 1 |
|---|---|---|---|---|---|---|
| Town 6-pass Wgn | 400 | 1150 | 1850 | 3700 | 6400 | 9300 |
| Town 8-pass Wgn | 400 | 1200 | 1950 | 3900 | 6800 | 9900 |
| **S6-D100, 6-cyl., 122" wb** | | | | | | |
| Pickup Utiline | 350 | 950 | 1550 | 3100 | 5500 | 7900 |
| Pickup Sweptline | 400 | 1050 | 1700 | 3300 | 5800 | 8300 |
| Platform | 300 | 800 | 1350 | 2700 | 4700 | 6900 |
| Stake | 350 | 850 | 1400 | 2800 | 4900 | 7100 |
| | | | 4WD *add 10%* | | | |

### 1963

| | 6 | 5 | 4 | 3 | 2 | 1 |
|---|---|---|---|---|---|---|
| **S6-D100, 6-cyl., 114" wb** | | | | | | |
| PIckup Utiline | 400 | 1050 | 1700 | 3300 | 5800 | 8300 |
| Pickup Sweptline | 400 | 1100 | 1800 | 3500 | 6100 | 8900 |
| Town Panel | 400 | 1100 | 1800 | 3500 | 6100 | 8900 |
| Town 6-pass Wgn | 400 | 1150 | 1850 | 3700 | 6400 | 9300 |
| Town 8-pass Wgn | 400 | 1200 | 1950 | 3900 | 6800 | 9900 |
| **S6-D100, 6-cyl., 122" wb** | | | | | | |
| Pickup Utiline | 350 | 950 | 1550 | 3100 | 5500 | 7900 |
| Pickup Sweptline | 400 | 1050 | 1700 | 3300 | 5800 | 8300 |
| Platform | 300 | 800 | 1350 | 2700 | 4700 | 6900 |
| Stake | 350 | 850 | 1400 | 2800 | 4900 | 7100 |
| | | | 4WD *add 10%* | | | |

### 1964

| | 6 | 5 | 4 | 3 | 2 | 1 |
|---|---|---|---|---|---|---|
| **A-100, 6-cyl., 90" wb** | | | | | | |
| Wgn | 350 | 850 | 1400 | 2800 | 4900 | 7100 |
| **D100, 6-cyl., 114"-122" wb** | | | | | | |
| Pickup Utiline | 400 | 1050 | 1700 | 3300 | 5800 | 8300 |
| Pickup Sweptline | 400 | 1100 | 1800 | 3500 | 6100 | 8900 |
| Town Panel | 400 | 1100 | 1800 | 3500 | 6100 | 8900 |
| Town 6-pass Wgn | 400 | 1150 | 1850 | 3700 | 6400 | 9300 |
| Town 8-pass Wgn | 400 | 1200 | 1950 | 3900 | 6800 | 9900 |
| Platform | 350 | 850 | 1400 | 2800 | 4900 | 7100 |
| Stake | 350 | 900 | 1500 | 2900 | 5200 | 7400 |
| | | | 4WD *add 10%* | | | |

### 1965

| | 6 | 5 | 4 | 3 | 2 | 1 |
|---|---|---|---|---|---|---|
| **A100, 6-cyl., 90" wb** | | | | | | |
| Sportsman Wgn | 300 | 800 | 1300 | 2600 | 4600 | 6600 |
| Cstm Sportsman Wgn | 300 | 800 | 1350 | 2700 | 4700 | 6900 |
| Pickup | 400 | 1200 | 1900 | 3800 | 6600 | 9600 |
| Panel | 400 | 1100 | 1800 | 3500 | 6100 | 8900 |
| | | | V-8 *add 10%* | | | |
| **D100, 6-cyl., 114"-128" wb** | | | | | | |
| Pickup Utiline | 400 | 1050 | 1700 | 3300 | 5800 | 8300 |
| Pickup Sweptline | 400 | 1100 | 1800 | 3500 | 6100 | 8900 |
| Town Panel S | 400 | 1150 | 1850 | 3700 | 6400 | 9300 |
| Town S 6-pass Wgn | 400 | 1150 | 1850 | 3700 | 6400 | 9300 |
| Town S 8-pass Wgn | 400 | 1200 | 1950 | 3900 | 6800 | 9900 |
| Platform | 350 | 850 | 1400 | 2800 | 4900 | 7100 |
| Stake | 350 | 900 | 1500 | 2900 | 5200 | 7400 |
| | | | 4WD *add 10%* | | | |

### 1966

| | 6 | 5 | 4 | 3 | 2 | 1 |
|---|---|---|---|---|---|---|
| **A100, 6-cyl., 90" wb** | | | | | | |
| Sportsman Wgn | 300 | 800 | 1300 | 2600 | 4600 | 6600 |
| Cstm Sportsman Wgn | 300 | 800 | 1350 | 2700 | 4700 | 6900 |
| Pickup | 400 | 1200 | 1900 | 3800 | 6600 | 9600 |
| Panel | 400 | 1100 | 1800 | 3500 | 6100 | 8900 |
| | | | V-8 *add 10%* | | | |

| | 6 | 5 | 4 | 3 | 2 | 1 |
|---|---|---|---|---|---|---|
| **D100, 6-cyl., 114"-128" wb** | | | | | | |
| Pickup Utiline | 400 | 1050 | 1700 | 3300 | 5800 | 8300 |
| Pickup Sweptline | 400 | 1100 | 1800 | 3500 | 6100 | 8900 |
| Town Panel S | 400 | 1150 | 1850 | 3700 | 6400 | 9300 |
| Town S 6-pass Wgn | 400 | 1200 | 1900 | 3800 | 6600 | 9600 |
| Town S 8-pass Wgn | 400 | 1200 | 2000 | 4000 | 6900 | 10000 |
| Platform | 350 | 850 | 1400 | 2800 | 4900 | 7100 |
| Stake | 350 | 900 | 1500 | 2900 | 5200 | 7400 |
| | | | V-8 *add 10%* | | | |

### 1967

| | 6 | 5 | 4 | 3 | 2 | 1 |
|---|---|---|---|---|---|---|
| **A100, 6-cyl., 90-108" wb** | | | | | | |
| Sportsman Wgn | 300 | 800 | 1300 | 2600 | 4600 | 6600 |
| Cstm Sportsman Wgn | 300 | 800 | 1350 | 2700 | 4700 | 6900 |
| Pickup | 400 | 1200 | 1900 | 3800 | 6600 | 9600 |
| Panel | 400 | 1050 | 1700 | 3400 | 5900 | 8500 |
| | | | V-8 *add 10%* | | | |
| **D100, 6-cyl., 114"-128" wb** | | | | | | |
| Pickup Utiline | 350 | 900 | 1500 | 3000 | 5300 | 7600 |
| Pickup Sweptline | 400 | 1150 | 1850 | 3700 | 6400 | 9300 |
| Town Panel S | 400 | 1100 | 1800 | 3500 | 6100 | 8900 |
| Town S 6-pass Wgn | 400 | 1200 | 1900 | 3800 | 6600 | 9600 |
| Town S 8-pass Wgn | 400 | 1200 | 2000 | 4000 | 6900 | 10000 |
| Platform | 350 | 850 | 1400 | 2800 | 4900 | 7100 |
| Stake | 350 | 900 | 1500 | 2900 | 5200 | 7400 |
| | | | 4WD *add 10%* | | | |

### 1968

| | 6 | 5 | 4 | 3 | 2 | 1 |
|---|---|---|---|---|---|---|
| **A100, 8-cyl., 90-108" wb** | | | | | | |
| Sportsman Wgn | 350 | 900 | 1500 | 2900 | 5200 | 7400 |
| Cstm Sportsman Wgn | 350 | 900 | 1500 | 3000 | 5300 | 7600 |
| Pickup | 400 | 1200 | 1900 | 3800 | 6600 | 9600 |
| Panel | 400 | 1050 | 1700 | 3400 | 5900 | 8500 |
| | | | V-8 *add 10%* | | | |
| **D100, 8-cyl., 114"-128" wb** | | | | | | |
| Pickup Utiline | 350 | 900 | 1500 | 3000 | 5300 | 7600 |
| Pickup Sweptline | 400 | 1150 | 1850 | 3700 | 6400 | 9300 |
| Town Panel S | 400 | 1100 | 1800 | 3500 | 6100 | 8900 |
| Town S 6-pass Wgn | 400 | 1200 | 1900 | 3800 | 6600 | 9600 |
| Town S 8-pass Wgn | 400 | 1200 | 2000 | 4000 | 6900 | 10000 |
| Platform | 350 | 850 | 1400 | 2800 | 4900 | 7100 |
| Stake | 350 | 900 | 1500 | 2900 | 5200 | 7400 |
| | | | 4WD *add 10%* | | | |

### 1969

| | 6 | 5 | 4 | 3 | 2 | 1 |
|---|---|---|---|---|---|---|
| **A100, 8-cyl., 90-108" wb** | | | | | | |
| Sportsman Wgn | 350 | 900 | 1500 | 2900 | 5200 | 7400 |
| Cstm Sportsman Wgn | 350 | 900 | 1500 | 3000 | 5300 | 7600 |
| Pickup | 400 | 1100 | 1800 | 3500 | 6100 | 8900 |
| Panel | 350 | 950 | 1550 | 3100 | 5500 | 7900 |
| **D100, 8-cyl., 114"-128" wb** | | | | | | |
| Pickup Utiline | 350 | 900 | 1500 | 3000 | 5300 | 7600 |
| Pickup Sweptline | 400 | 1100 | 1800 | 3600 | 6200 | 9100 |
| Town Panel S | 400 | 1100 | 1800 | 3500 | 6100 | 8900 |
| Town S 6-pass Wgn | 400 | 1200 | 1900 | 3800 | 6600 | 9600 |
| Town S 8-pass Wgn | 400 | 1200 | 2000 | 4000 | 6900 | 10000 |
| Platform | 300 | 800 | 1350 | 2700 | 4700 | 6900 |
| Stake | 350 | 850 | 1400 | 2800 | 4900 | 7100 |
| | | | 4WD *add 10%* | | | |

|  | 6 | 5 | 4 | 3 | 2 | 1 |
|---|---|---|---|---|---|---|
| **1970** | | | | | | |
| **A100, 8-cyl., 90-108" wb** | | | | | | |
| Sportsman Wgn | 350 | 900 | 1500 | 2900 | 5200 | 7400 |
| Cstm Sportsman Wgn | 350 | 900 | 1500 | 3000 | 5300 | 7600 |
| Pickup | 400 | 1100 | 1800 | 3500 | 6100 | 8900 |
| Panel | 350 | 950 | 1550 | 3100 | 5500 | 7900 |
| **D100, 8-cyl., 114"-128" wb** | | | | | | |
| Pickup Utiline | 350 | 900 | 1500 | 3000 | 5300 | 7600 |
| Pickup Sweptline | 400 | 1100 | 1800 | 3600 | 6200 | 9100 |
| Town Panel S | 400 | 1100 | 1800 | 3500 | 6100 | 8900 |
| Town S 6-pass Wgn | 400 | 1150 | 1850 | 3700 | 6400 | 9300 |
| Town S 8-pass Wgn | 400 | 1200 | 1950 | 3900 | 6800 | 9900 |
| Platform | 300 | 800 | 1350 | 2700 | 4700 | 6900 |
| Stake | 350 | 8500 | 1400 | 2800 | 4900 | 7100 |
| | | | 4WD *add 10%* | | | |
| **1971** | | | | | | |
| **B100, 8-cyl., 109-127" wb** | | | | | | |
| Sportsman Wgn | 300 | 650 | 1000 | 2000 | 3500 | 4900 |
| Cstm Sportsman Wgn | 300 | 650 | 1100 | 2200 | 3800 | 5400 |
| Royal Sportsman Wgn | 300 | 650 | 1100 | 2200 | 3800 | 5400 |
| **D100, 8-cyl., 114"-128" wb** | | | | | | |
| Pickup Utiline | 350 | 900 | 1500 | 3000 | 5300 | 7600 |
| Pickup Sweptline | 400 | 1100 | 1800 | 3500 | 6100 | 8900 |
| Platform | 300 | 800 | 1350 | 2700 | 4700 | 6900 |
| Stake | 350 | 8500 | 1400 | 2800 | 4900 | 7100 |
| | | | 4WD *add 10%* | | | |
| **1972** | | | | | | |
| **B100, 8-cyl., 109-127" wb** | | | | | | |
| Sportsman Wgn | 300 | 650 | 1000 | 2000 | 3500 | 4900 |
| Cstm Sportsman Wgn | 300 | 650 | 1100 | 2200 | 3800 | 5400 |
| Royal Sportsman Wgn | 300 | 650 | 1100 | 2200 | 3800 | 5400 |
| **D100 Custom, 8-cyl., 115"-131" wb** | | | | | | |
| Pickup Utiline | 350 | 900 | 1500 | 2900 | 5200 | 7400 |
| Pickup Sweptline | 400 | 1050 | 1700 | 3400 | 5900 | 8500 |
| Platform | 300 | 800 | 1350 | 2700 | 4700 | 6900 |
| Stake | 350 | 8500 | 1400 | 2800 | 4900 | 7100 |
| | | | 4WD *add 10%* | | | |
| **1973** | | | | | | |
| **B100, 8-cyl., 109-127" wb** | | | | | | |
| Sportsman Wgn | 300 | 650 | 1000 | 2000 | 3500 | 4900 |
| Cstm Sportsman Wgn | 300 | 650 | 1100 | 2200 | 3800 | 5400 |
| Royal Sportsman Wgn | 300 | 650 | 1100 | 2200 | 3800 | 5400 |
| **D100 Custom, 8-cyl., 115"-131" wb** | | | | | | |
| Pickup Utiline | 300 | 800 | 1300 | 2600 | 4600 | 6600 |
| Pickup Sweptline | 350 | 900 | 1500 | 2900 | 5200 | 7400 |
| Pickup Utiline Club Cab | 350 | 900 | 1500 | 2900 | 5200 | 7400 |
| | | | 4WD *add 10%* | | | |
| **1974** | | | | | | |
| **AW100 Ramcharger 4WD, 8-cyl., 106" wb** | | | | | | |
| Utility | 350 | 8500 | 1400 | 2800 | 4900 | 7100 |
| **B100, 8-cyl., 109-127" wb** | | | | | | |
| Sportsman Wgn | 300 | 650 | 1000 | 2000 | 3500 | 4900 |
| Cstm Sportsman Wgn | 300 | 650 | 1100 | 2200 | 3800 | 5400 |
| Royal Sportsman Wgn | 300 | 650 | 1100 | 2200 | 3800 | 5400 |

| | 6 | 5 | 4 | 3 | 2 | 1 |
|---|---|---|---|---|---|---|
| **D100 Custom, 8-cyl., 115"-149" wb** | | | | | | |
| Pickup Utiline | 300 | 800 | 1300 | 2600 | 4600 | 6600 |
| Pickup Sweptline | 350 | 900 | 1500 | 3000 | 5300 | 7600 |
| Pickup Sweptline Club Cab | 350 | 900 | 1500 | 3000 | 5300 | 7600 |
| | | | 4WD *add 10%* | | | |
| **1975** | | | | | | |
| **AW100 Ramcharger 4WD, 8-cyl., 106" wb** | | | | | | |
| Utility | 350 | 8500 | 1400 | 2800 | 4900 | 7100 |
| **B100, 8-cyl., 109-127" wb** | | | | | | |
| Sportsman Wgn | 300 | 650 | 1000 | 2000 | 3500 | 4900 |
| **D100 Custom, 8-cyl., 115"-149" wb** | | | | | | |
| Pickup Utiline | 300 | 800 | 1300 | 2600 | 4600 | 6600 |
| Pickup Sweptline | 350 | 900 | 1500 | 2900 | 5200 | 7400 |
| Pickup Sweptline Club Cab | 350 | 900 | 1500 | 2900 | 5200 | 7400 |
| | | | 4WD *add 10%* | | | |
| **1976** | | | | | | |
| **AW100 Ramcharger 4WD, 8-cyl., 106" wb** | | | | | | |
| Utility | 350 | 900 | 1500 | 2900 | 5200 | 7400 |
| **B100, 8-cyl., 109-127" wb** | | | | | | |
| Sportsman Wgn | 300 | 650 | 1100 | 2100 | 3600 | 5100 |
| **D100 Custom, 8-cyl., 115"-149" wb** | | | | | | |
| Pickup Utiline | 300 | 700 | 1200 | 2400 | 4100 | 5900 |
| Pickup Sweptline | 300 | 800 | 1300 | 2600 | 4600 | 6600 |
| Pickup Sweptline Club Cab | 300 | 800 | 1350 | 2700 | 4700 | 6900 |
| | | | 4WD *add 10%* | | | |
| **1977** | | | | | | |
| **AW100 Ramcharger 4WD, 8-cyl., 106" wb** | | | | | | |
| Utility | 350 | 900 | 1500 | 2900 | 5200 | 7400 |
| **B100, 8-cyl., 109-127" wb** | | | | | | |
| Sportsman Wgn | 300 | 650 | 1100 | 2100 | 3600 | 5100 |
| **D100 Custom, 8-cyl., 115"-149" wb** | | | | | | |
| Pickup Utiline | 300 | 700 | 1200 | 2400 | 4100 | 5900 |
| Pickup Sweptline | 300 | 800 | 1300 | 2600 | 4600 | 6600 |
| Pickup Sweptline Club Cab | 300 | 800 | 1350 | 2700 | 4700 | 6900 |
| | | | 4WD *add 10%* | | | |
| **1978** | | | | | | |
| **AW100 Ramcharger 4WD, 8-cyl., 106" wb** | | | | | | |
| Utility | 350 | 900 | 1500 | 2900 | 5200 | 7400 |
| **B100, 8-cyl., 109-127" wb** | | | | | | |
| Sportsman Wgn | 300 | 650 | 1100 | 2100 | 3600 | 5100 |
| **D100 Custom, 8-cyl., 115"-149" wb** | | | | | | |
| Pickup Utiline | 300 | 700 | 1200 | 2400 | 4100 | 5900 |
| Pickup Sweptline | 300 | 800 | 1300 | 2600 | 4600 | 6600 |
| Pickup Sweptline Club Cab | 300 | 800 | 1350 | 2700 | 4700 | 6900 |
| **D150 Custom, 8-cyl., 115-149" wb** | | | | | | |
| Pickup Utiline | 300 | 750 | 1250 | 2500 | 4400 | 6200 |
| Pickup Sweptline | 300 | 800 | 1300 | 2600 | 4600 | 6600 |
| Pickup Utiline Club Cab | 300 | 800 | 1350 | 2700 | 4700 | 6900 |
| Pickup Sweptline Club Cab | 350 | 850 | 1400 | 2800 | 4900 | 7100 |
| **1979** | | | | | | |
| **D50, 4-cyl., 109" wb** | | | | | | |
| Pickup Sweptline | 200 | 450 | 650 | 1300 | 2200 | 3200 |
| Spt Pickup Sweptline | 250 | 500 | 750 | 1400 | 2400 | 3400 |
| **AW100 Ramcharger 4WD, 8-cyl., 106" wb** | | | | | | |
| Utility | 350 | 900 | 1500 | 2900 | 5200 | 7400 |
| **B100, 8-cyl., 109-127" wb** | | | | | | |
| Sportsman Wgn | 300 | 650 | 1100 | 2200 | 3800 | 5400 |

|  | 6 | 5 | 4 | 3 | 2 | 1 |
|---|---|---|---|---|---|---|
| **D100 Custom, 8-cyl., 115"-131" wb** | | | | | | |
| Pickup Utiline | 300 | 700 | 1200 | 2400 | 4100 | 5900 |
| Pickup Sweptline | 300 | 800 | 1300 | 2600 | 4600 | 6600 |
| **D150 Custom, 8-cyl., 115-149" wb** | | | | | | |
| Pickup Utiline | 300 | 800 | 1350 | 2700 | 4700 | 6900 |
| Pickup Sweptline | 350 | 850 | 1400 | 2800 | 4900 | 7100 |
| Pickup Utiline Club Cab | 350 | 900 | 1500 | 2900 | 5200 | 7400 |
| Pickup Sweptline Club Cab | 350 | 900 | 1500 | 3000 | 5300 | 7600 |
| ***1980*** | | | | | | |
| **D50, 4-cyl., 109" wb** | | | | | | |
| Pickup Sweptline | 200 | 450 | 650 | 1300 | 2200 | 3200 |
| Spt Pickup Sweptline | 250 | 500 | 750 | 1400 | 2400 | 3400 |
| **AW100 Ramcharger 4WD, 8-cyl., 106" wb** | | | | | | |
| Utility | 350 | 900 | 1500 | 2900 | 5200 | 7400 |
| **B100, 8-cyl., 109-127" wb** | | | | | | |
| Sportsman Wgn | 300 | 650 | 1150 | 2300 | 3900 | 5700 |
| **D150 Custom, 8-cyl., 115-149" wb** | | | | | | |
| Pickup Utiline | 300 | 800 | 1350 | 2700 | 4700 | 6900 |
| Pickup Sweptline | 350 | 850 | 1400 | 2800 | 4900 | 7100 |
| Pickup Utiline Club Cab | 350 | 900 | 1500 | 2900 | 5200 | 7400 |
| Pickup Sweptline Club Cab | 350 | 900 | 1500 | 3000 | 5300 | 7600 |
| ***1981*** | | | | | | |
| **Ram 50, 4-cyl., 109" wb** | | | | | | |
| Pickup Sweptline | 200 | 450 | 650 | 1300 | 2200 | 3200 |
| Pickup Sweptline Royal | 250 | 500 | 750 | 1400 | 2400 | 3400 |
| Pickup Sweptline Sport | 250 | 500 | 750 | 1400 | 2400 | 3400 |
| **AW150 Ramcharger 4WD, 8-cyl., 106" wb** | | | | | | |
| Utility | 350 | 900 | 1500 | 2900 | 5200 | 7400 |
| **B150, 6-cyl., 109-127" wb** | | | | | | |
| Sportsman Wgn | 300 | 650 | 1150 | 2300 | 3900 | 5700 |
| **D150 Custom, 8-cyl., 115-149" wb** | | | | | | |
| Pickup Utiline | 300 | 800 | 1350 | 2700 | 4700 | 6900 |
| Pickup Sweptline | 350 | 850 | 1400 | 2800 | 4900 | 7100 |
| Pickup Utiline Club Cab | 350 | 900 | 1500 | 2900 | 5200 | 7400 |
| Pickup Sweptline Club Cab | 350 | 900 | 1500 | 3000 | 5300 | 7600 |
| Long Range Ram Pgk Sweptline | 350 | 1000 | 1600 | 3200 | 5700 | 8100 |
| ***1982*** | | | | | | |
| **Rampage, 4-cyl., 104" wb** | | | | | | |
| Pickup | 200 | 450 | 650 | 1300 | 2200 | 3200 |
| Pickup Sport | 250 | 500 | 750 | 1500 | 2600 | 3600 |
| **Ram 50, 4-cyl., 109" wb** | | | | | | |
| Pickup | 200 | 450 | 650 | 1300 | 2200 | 3200 |
| Pickup Custom | 250 | 500 | 750 | 1400 | 2400 | 3400 |
| Pickup Royal | 250 | 500 | 750 | 1400 | 2400 | 3400 |
| Pickup Sport | 250 | 500 | 750 | 1400 | 2400 | 3400 |
| **AW150 Ramcharger 4WD, 8-cyl., 106" wb** | | | | | | |
| Utility | 350 | 900 | 1500 | 2900 | 5200 | 7400 |
| **B150, 6-cyl., 109-127" wb** | | | | | | |
| Wgn | 300 | 650 | 1150 | 2300 | 3900 | 5700 |
| Mini-Ram Wgn | 300 | 700 | 1200 | 2400 | 4100 | 5900 |
| **D150 Custom, 8-cyl., 115-149" wb** | | | | | | |
| Pickup Utiline | 300 | 800 | 1350 | 2700 | 4700 | 6900 |
| Pickup Sweptline | 350 | 850 | 1400 | 2800 | 4900 | 7100 |
| Pickup Sweptline Club Cab | 350 | 900 | 1500 | 3000 | 5300 | 7600 |
| Ram Miser Sweptline | 350 | 900 | 1500 | 3000 | 5300 | 7600 |

|  | 6 | 5 | 4 | 3 | 2 | 1 |
|---|---|---|---|---|---|---|
| **1983** | | | | | | |
| **Rampage, 4-cyl., 104" wb** | | | | | | |
| Pickup | 200 | 450 | 650 | 1300 | 2200 | 3200 |
| Pickup GT | 250 | 500 | 750 | 1500 | 2600 | 3600 |
| **Ram 50, 4-cyl., 109" wb** | | | | | | |
| Pickup | 200 | 450 | 650 | 1300 | 2200 | 3200 |
| Pickup Custom | 250 | 500 | 750 | 1400 | 2400 | 3400 |
| Pickup Royal | 250 | 500 | 750 | 1400 | 2400 | 3400 |
| Pickup Sport | 250 | 500 | 750 | 1400 | 2400 | 3400 |
| **Ramcharger 4WD, 8-cyl., 106" wb** | | | | | | |
| Utility | 350 | 900 | 1500 | 2900 | 5200 | 7400 |
| **B150, 6-cyl., 109-127" wb** | | | | | | |
| Wgn | 300 | 700 | 1200 | 2400 | 4100 | 5900 |
| Mini-Ram Wgn | 300 | 750 | 1250 | 2500 | 4400 | 6200 |
| **D150, 8-cyl., 115-149" wb** | | | | | | |
| Pickup Utiline | 350 | 900 | 1500 | 2900 | 5200 | 7400 |
| Pickup Sweptline | 350 | 900 | 1500 | 3000 | 5300 | 7600 |
| Ram Miser Sweptline | 350 | 900 | 1500 | 3000 | 5300 | 7600 |
| **1984** | | | | | | |
| **Rampage, 4-cyl., 104" wb** | | | | | | |
| Pickup | 250 | 500 | 750 | 1400 | 2400 | 3400 |
| Pickup 2.2 | 300 | 550 | 800 | 1600 | 2800 | 3900 |
| **Ram 50, 4-cyl., 109" wb** | | | | | | |
| Pickup Custom | 250 | 500 | 750 | 1400 | 2400 | 3400 |
| Pickup Royal | 250 | 500 | 750 | 1500 | 2600 | 3600 |
| Pickup Sport | 250 | 500 | 750 | 1500 | 2600 | 3600 |
| **Ramcharger 4WD, 8-cyl., 106" wb** | | | | | | |
| Utility | 350 | 1000 | 1600 | 3200 | 5700 | 8100 |
| **B150, 6-cyl., 109-127" wb** | | | | | | |
| Wgn | 300 | 800 | 1300 | 2600 | 4600 | 6600 |
| Value Wgn | 300 | 800 | 1300 | 2600 | 4600 | 6600 |
| **D100, 8-cyl., 115-131" wb** | | | | | | |
| Pickup Sweptline | 350 | 1000 | 1600 | 3200 | 5700 | 8100 |
| **D150, 8-cyl., 115-131" wb** | | | | | | |
| Pickup Utiline | 350 | 1000 | 1600 | 3200 | 5700 | 8100 |
| Pickup Sweptline | 400 | 1050 | 1700 | 3300 | 5800 | 8300 |
| **1985** | | | | | | |
| **Ram 50, 4-cyl., 109" wb** | | | | | | |
| Pickup Custom | 250 | 500 | 750 | 1400 | 2400 | 3400 |
| Pickup Royal | 250 | 500 | 750 | 1500 | 2600 | 3600 |
| Pickup Sport | 250 | 500 | 750 | 1500 | 2600 | 3600 |
| **Ramcharger 4WD, 8-cyl., 106" wb** | | | | | | |
| Utility | 400 | 1100 | 1800 | 3600 | 6200 | 9100 |
| **B150, 6-cyl., 109-127" wb** | | | | | | |
| Wgn | 350 | 900 | 1500 | 2900 | 5200 | 7400 |
| Value Wgn | 350 | 900 | 1500 | 2900 | 5200 | 7400 |
| **D100, 8-cyl., 115-131" wb** | | | | | | |
| Pickup Sweptline | 400 | 1100 | 1800 | 3500 | 6100 | 8900 |
| **D150, 8-cyl., 115-131" wb** | | | | | | |
| Pickup Utiline | 400 | 1100 | 1800 | 3500 | 6100 | 8900 |
| Pickup Sweptline | 400 | 1100 | 1800 | 3600 | 6200 | 9100 |
| **1986** | | | | | | |
| **Ram 50, 4-cyl., 110" wb** | | | | | | |
| Pickup | 300 | 550 | 800 | 1600 | 2800 | 3900 |
| Pickup Sport | 300 | 600 | 850 | 1700 | 2900 | 4100 |

| | 6 | 5 | 4 | 3 | 2 | 1 |
|---|---|---|---|---|---|---|
| **Ramcharger 4WD, 8-cyl., 106" wb** | | | | | | |
| Utility | 400 | 1200 | 2000 | 4000 | 6900 | 10000 |
| **B150, 6-cyl., 109-127" wb** | | | | | | |
| Wgn | 400 | 1050 | 1700 | 3300 | 5800 | 8300 |
| Value Wgn | 400 | 1050 | 1700 | 3300 | 5800 | 8300 |
| **D100, 8-cyl., 115-131" wb** | | | | | | |
| Pickup Sweptline | 400 | 1200 | 1950 | 3900 | 6800 | 9900 |
| **D150, 8-cyl., 115-131" wb** | | | | | | |
| Pickup Utiline | 400 | 1200 | 1950 | 3900 | 6800 | 9900 |
| Pickup Sweptline | 400 | 1200 | 2000 | 4000 | 6900 | 10000 |
| ***1987*** | | | | | | |
| **Ram 50, 4-cyl., 105-116" wb** | | | | | | |
| Pickup | 300 | 600 | 850 | 1700 | 2900 | 4100 |
| Pickup LB | 300 | 600 | 900 | 1800 | 3100 | 4400 |
| Pickup Sport | 300 | 650 | 1000 | 2000 | 3500 | 4900 |
| Pickup Cstm LB | 300 | 600 | 950 | 1900 | 3200 | 4600 |
| **Raider 4WD, 4-cyl., 92.5" wb** | | | | | | |
| Utility | 350 | 950 | 1550 | 3100 | 5500 | 7900 |
| **Ramcharger 4WD, 8-cyl., 106" wb** | | | | | | |
| Utility | 450 | 1250 | 2200 | 4400 | 7600 | 10900 |
| **B150, 6-cyl., 109-127" wb** | | | | | | |
| Wgn | 400 | 1150 | 1850 | 3700 | 6400 | 9300 |
| Value Wgn | 400 | 1150 | 1850 | 3700 | 6400 | 9300 |
| **Dakota, 6-cyl., 112-124" wb** | | | | | | |
| Pickup Sweptline | 300 | 650 | 1100 | 2100 | 3600 | 5100 |
| Sweptline S | 300 | 600 | 950 | 1900 | 3200 | 4600 |
| **D100, 8-cyl., 115-131" wb** | | | | | | |
| Pickup Sweptline | 400 | 1200 | 2000 | 4000 | 6900 | 10000 |
| **D150, 8-cyl., 115-131" wb** | | | | | | |
| Pickup Utiline | 450 | 1250 | 2050 | 4100 | 7100 | 10300 |
| Pickup Sweptline | 450 | 1250 | 2050 | 4100 | 7100 | 10300 |
| ***1988*** | | | | | | |
| **Ram 50, 4-cyl., 105-116" wb** | | | | | | |
| Pickup | 300 | 600 | 950 | 1900 | 3200 | 4600 |
| Pickup LB | 300 | 650 | 1000 | 2000 | 3500 | 4900 |
| Pickup Sport | 300 | 650 | 1100 | 2200 | 3800 | 5400 |
| Pickup Cstm LB | 300 | 650 | 1100 | 2100 | 3600 | 5100 |
| Pickup Extended Cab | 300 | 800 | 1350 | 2700 | 4700 | 6900 |
| Pickup Spt Extended Cab | 350 | 900 | 1500 | 2900 | 5200 | 7400 |
| Pickup Cstm Ext Cab 4WD | 400 | 1200 | 1950 | 3900 | 6800 | 9900 |
| **Raider 4WD, 4-cyl., 92.5" wb** | | | | | | |
| Utility | 400 | 1050 | 1700 | 3400 | 5900 | 8500 |
| **Ramcharger 4WD, 8-cyl., 106" wb** | | | | | | |
| Utility 100 | 500 | 1300 | 2250 | 4500 | 7700 | 11000 |
| Utility 150 | 550 | 1400 | 2400 | 4800 | 8300 | 11800 |
| **B150, 6-cyl., 109-127" wb** | | | | | | |
| Wgn | 450 | 1250 | 2050 | 4100 | 7100 | 10300 |
| Value Wgn | 450 | 1250 | 2050 | 4100 | 7100 | 10300 |
| **Dakota, 6-cyl., 112-124" wb** | | | | | | |
| Pickup Sweptline | 300 | 700 | 1200 | 2400 | 4100 | 5900 |
| Sweptline S | 300 | 650 | 1100 | 2200 | 3800 | 5400 |
| Pickup Sweptline LB | 300 | 800 | 1300 | 2600 | 4600 | 6600 |
| Pickup Sweptline Spt | 350 | 900 | 1500 | 2900 | 5200 | 7400 |
| **D100, 8-cyl., 115-131" wb** | | | | | | |
| Pickup Sweptline | 450 | 1250 | 2100 | 4200 | 7200 | 10500 |

| | 6 | 5 | 4 | 3 | 2 | 1 |
|---|---|---|---|---|---|---|
| **D150, 8-cyl., 115-131" wb** | | | | | | |
| Pickup Utiline | 450 | 1250 | 2150 | 4300 | 7400 | 10700 |
| Pickup Sweptline | 450 | 1250 | 2150 | 4300 | 7400 | 10700 |
| **1989** | | | | | | |
| **Ram 50, 4-cyl., 105-116" wb** | | | | | | |
| Pickup | 300 | 650 | 1100 | 2200 | 3800 | 5400 |
| Pickup LB | 300 | 650 | 1150 | 2300 | 3900 | 5700 |
| Pickup Sport | 300 | 750 | 1250 | 2500 | 4400 | 6200 |
| Pickup Cstm LB | 300 | 700 | 1200 | 2400 | 4100 | 5900 |
| Pickup Extended Cab | 350 | 900 | 1500 | 2900 | 5200 | 7400 |
| Pickup Spt Extended Cab | 350 | 950 | 1550 | 3100 | 5500 | 7900 |
| Pickup Cstm Ext Cab 4WD | 450 | 1250 | 2150 | 4300 | 7400 | 10700 |
| **Raider 4WD, 4-cyl., 92.5" wb** | | | | | | |
| Utility | 450 | 1250 | 2200 | 4400 | 7600 | 10900 |
| **Ramcharger 4WD, 8-cyl., 106" wb** | | | | | | |
| Utility 100 | 550 | 1500 | 2500 | 5000 | 8700 | 12300 |
| Utility 150 | 600 | 1600 | 2700 | 5400 | 9300 | 13500 |
| **B150, 6-cyl., 109-127" wb** | | | | | | |
| Wgn | 500 | 1350 | 2300 | 4600 | 8000 | 11300 |
| Value Wgn | 500 | 1350 | 2300 | 4600 | 8000 | 11300 |
| **Dakota, 6-cyl., 112-124" wb** | | | | | | |
| Pickup Sweptline | 300 | 800 | 1350 | 2700 | 4700 | 6900 |
| Sweptline S | 300 | 800 | 1300 | 2600 | 4600 | 6600 |
| Pickup Sweptline LB | 350 | 900 | 1500 | 2900 | 5200 | 7400 |
| Pickup Sweptline Spt | 350 | 1000 | 1600 | 3200 | 5700 | 8100 |
| **D100, 8-cyl., 115-131" wb** | | | | | | |
| Pickup Sweptline | 450 | 1250 | 2200 | 4400 | 7600 | 10900 |
| **D150, 8-cyl., 115-131" wb** | | | | | | |
| Pickup Utiline | 500 | 1300 | 2250 | 4500 | 7700 | 11000 |
| Pickup Sweptline | 500 | 1300 | 2250 | 4500 | 7700 | 11000 |
| **1990** | | | | | | |
| **Ram 50, 4-cyl., 105-116" wb** | | | | | | |
| Pickup | 300 | 750 | 1250 | 2500 | 4400 | 6200 |
| Pickup LB | 300 | 800 | 1300 | 2600 | 4600 | 6600 |
| Pickup Sport | 350 | 1000 | 1600 | 3200 | 5700 | 8100 |
| Pickup Cstm LB | 300 | 800 | 1350 | 2700 | 4700 | 6900 |
| Pickup Extended Cab | 350 | 1000 | 1600 | 3200 | 5700 | 8100 |
| Pickup Spt Extended Cab | 400 | 1050 | 1700 | 3400 | 5900 | 8500 |
| Pickup Cstm Ext Cab 4WD | 500 | 1300 | 2250 | 4500 | 7700 | 11000 |
| **Ramcharger 4WD, 8-cyl., 106" wb** | | | | | | |
| Utility 100 | 600 | 1600 | 2800 | 5600 | 9700 | 14000 |
| Utility 150 | 650 | 1700 | 3000 | 6000 | 10400 | 14900 |
| **B150, 6-cyl., 109-127" wb** | | | | | | |
| Wgn | 550 | 1550 | 2600 | 5200 | 9000 | 12800 |
| **Dakota, 6-cyl., 112-124" wb** | | | | | | |
| Pickup | 350 | 950 | 1550 | 3100 | 5500 | 7900 |
| Pickup S | 350 | 900 | 1500 | 2900 | 5200 | 7400 |
| Pickup LB | 350 | 1000 | 1600 | 3200 | 5700 | 8100 |
| Pickup Club Cab | 450 | 1250 | 2150 | 4300 | 7400 | 10700 |
| **D150, 8-cyl., 115-131" wb** | | | | | | |
| Pickup SB | 550 | 1400 | 2400 | 4800 | 8300 | 11800 |
| Pickup LB | 550 | 1400 | 2400 | 4800 | 8300 | 11800 |
| Pickup S SB | 500 | 1350 | 2350 | 4700 | 8100 | 11500 |
| Pickup S LB | 500 | 1350 | 2350 | 4700 | 8100 | 11500 |

|  | 6 | 5 | 4 | 3 | 2 | 1 |
|---|---|---|---|---|---|---|
| **1991** | | | | | | |
| **Ram 50, 4-cyl., 105-116" wb** | | | | | | |
| Pickup | 350 | 850 | 1400 | 2800 | 4900 | 7100 |
| Pickup LB | 350 | 900 | 1500 | 2900 | 5200 | 7400 |
| Pickup Sport | 400 | 1100 | 1800 | 3500 | 6100 | 8900 |
| Pickup Cstm LB | 350 | 900 | 1500 | 3000 | 5300 | 7600 |
| Pickup Extended Cab | 350 | 950 | 1550 | 3100 | 5500 | 7900 |
| Pickup Spt Extended Cab | 400 | 1150 | 1850 | 3700 | 6400 | 9300 |
| Pickup Cstm Ext Cab 4WD | 550 | 1450 | 2450 | 4900 | 8500 | 12000 |
| **Ramcharger 4WD, 8-cyl., 106" wb** | | | | | | |
| Utility S 150 | 650 | 1750 | 3100 | 6200 | 10700 | 15400 |
| Utility 150 | 700 | 1900 | 3350 | 6700 | 11500 | 16500 |
| **B150, 6-cyl., 109-127" wb** | | | | | | |
| Wgn | 650 | 1700 | 3000 | 6000 | 10400 | 14900 |
| **Dakota, 6-cyl., 112-124" wb** | | | | | | |
| Pickup | 400 | 1100 | 1800 | 3500 | 6100 | 8900 |
| Pickup S | 400 | 1050 | 1700 | 3300 | 5800 | 8300 |
| Pickup LB | 400 | 1100 | 1800 | 3600 | 6200 | 9100 |
| Pickup Club Cab | 550 | 1400 | 2400 | 4800 | 8300 | 11800 |
| **D150, 8-cyl., 115-131" wb** | | | | | | |
| Pickup SB | 550 | 1550 | 2600 | 5200 | 9000 | 12800 |
| Pickup LB | 550 | 1550 | 2600 | 5200 | 9000 | 12800 |
| Pickup S SB | 550 | 1500 | 2500 | 5100 | 8800 | 12500 |
| Pickup S LB | 550 | 1500 | 2500 | 5100 | 8800 | 12500 |

---

## PRICE GUIDE CLASSIFICATIONS:

**1. CONCOURS:** Perfection. At or near 100 points on a 100-point judging scale. Trailered; never driven; pampered. Totally restored to the max and 100 percent stock.
**2. SHOW:** Professionally restored to high standards. No major flaws or deviations from stock. Consistent trophy winner that needs nothing to show. In 90 to 95 point range.
**3. STREET/SHOW:** Older restoration or extremely nice original showing some wear from age and use. Very presentable; occasional trophy winner; everything working properly. About 80 to 89 points.

**4. DRIVER:** A nice looking, fine running collector car needing little or nothing to drive, enjoy and show in local competition. Would need extensive restoration to be a show car, but completely usable as is.
**5. RESTORABLE:** Project car that is relatively complete and restorable within a reasonable effort and expense. Needs total restoration, but all major components present and rebuildable. May or may not be running.
**6. PARTS CAR:** Deteriorated or stripped to a point beyond reasonable restoration, but still complete and solid enough to donate valuable parts to a restoration. Likely not running, possibly missing its engine.

# FORD TRUCK
## 1928 – 1991

'37 Ford Pickup

'38 Ford Pickup

'53 Ford Pickup

'57 Ford Pickup

'62 Ford Pickup

'63 Falcon Panel Delivery

'73 Ranchero

'73 Bronco

|  | 6 | 5 | 4 | 3 | 2 | 1 |
|---|---|---|---|---|---|---|
| **1928** | | | | | | |
| **Model A, 103" wb** | | | | | | |
| Sdn Del | 650 | 1700 | 3000 | 6100 | 10600 | 15200 |
| Open Cab Pickup | 600 | 1650 | 2850 | 5700 | 9900 | 14200 |
| Closed Cab Pickup | 550 | 1450 | 2450 | 4900 | 8500 | 12000 |
| Panel | 600 | 1600 | 2750 | 5500 | 9500 | 13800 |
| **1929** | | | | | | |
| **Model A, 103" wb** | | | | | | |
| Sdn Del | 650 | 1700 | 3000 | 6100 | 10600 | 15200 |
| Open Cab Pickup | 600 | 1650 | 2850 | 5700 | 9900 | 14200 |

| | 6 | 5 | 4 | 3 | 2 | 1 |
|---|---|---|---|---|---|---|
| Closed Cab Pickup | 550 | 1450 | 2450 | 4900 | 8500 | 12000 |
| Panel | 600 | 1600 | 2750 | 5500 | 9500 | 13800 |
| **1930** | | | | | | |
| **Model A, 103" wb** | | | | | | |
| Town Car Del | 950 | 2950 | 4950 | 9900 | 17500 | 24700 |
| Dlx Del | 700 | 1900 | 3350 | 6700 | 11500 | 16500 |
| Open Cab Pickup | 650 | 1750 | 3150 | 6300 | 10900 | 15700 |
| Closed Cab Pickup | 550 | 1550 | 2650 | 5300 | 9100 | 13000 |
| Panel Del | 650 | 1700 | 3000 | 6100 | 10600 | 15200 |
| **1931** | | | | | | |
| **Model A, 103" wb** | | | | | | |
| Town Car Del | 950 | 2950 | 4950 | 9900 | 17500 | 24700 |
| Dlx Del | 700 | 1900 | 3350 | 6700 | 11500 | 16500 |
| Open Cab Pickup | 650 | 1750 | 3150 | 6300 | 10900 | 15700 |
| Closed Cab Pickup | 550 | 1550 | 2650 | 5300 | 9100 | 13000 |
| Drop Floor Panel | 550 | 1500 | 2500 | 5100 | 8800 | 12500 |
| Panel | 550 | 1550 | 2650 | 5300 | 9100 | 13000 |
| Dlx Panel | 650 | 1700 | 3000 | 6100 | 10600 | 15200 |
| **1932** | | | | | | |
| **Model A & B, 106" wb** | | | | | | |
| Sdn Del | 700 | 1900 | 3350 | 6700 | 11500 | 16500 |
| Open Cab Pickup | 650 | 1750 | 3150 | 6300 | 10900 | 15700 |
| Closed Cab Pickup | 550 | 1550 | 2650 | 5300 | 9100 | 13000 |
| Panel | 600 | 1600 | 2750 | 5500 | 9500 | 13800 |
| Dlx Panel | 650 | 1700 | 3000 | 6100 | 10600 | 15200 |
| | | *V-8 add 15%* | | | | |
| **1933** | | | | | | |
| **Model 46, 112" wb** | | | | | | |
| Sdn Del | 700 | 2000 | 3450 | 6900 | 11900 | 17200 |
| Closed Cab Pickup | 600 | 1650 | 2850 | 5700 | 9900 | 14200 |
| Panel | 600 | 1600 | 2750 | 5500 | 9500 | 13800 |
| Dlx Panel | 600 | 1650 | 2850 | 5700 | 9900 | 14200 |
| | | *V-8 add 10%* | | | | |
| **1934** | | | | | | |
| **Model 46, 112" wb** | | | | | | |
| Sdn Del | 700 | 2000 | 3450 | 6900 | 11900 | 17200 |
| Closed Cab Pickup | 600 | 1650 | 2850 | 5700 | 9900 | 14200 |
| Panel | 600 | 1600 | 2750 | 5500 | 9500 | 13800 |
| Dlx Panel | 600 | 1650 | 2850 | 5700 | 9900 | 14200 |
| | | *V-8 add 10%* | | | | |
| **1935** | | | | | | |
| **112" wb** | | | | | | |
| Sdn Del | 700 | 2000 | 3450 | 6900 | 11900 | 17200 |
| Pickup | 600 | 1600 | 2750 | 5500 | 9500 | 13800 |
| Panel | 600 | 1600 | 2750 | 5500 | 9500 | 13800 |
| Dlx Panel | 600 | 1650 | 2850 | 5700 | 9900 | 14200 |
| **1936** | | | | | | |
| **112" wb** | | | | | | |
| Sdn Del | 700 | 2000 | 3450 | 6900 | 11900 | 17200 |
| Pickup | 550 | 1550 | 2650 | 5300 | 9100 | 13000 |
| Panel | 550 | 1550 | 2650 | 5300 | 9100 | 13000 |
| Dlx Panel | 600 | 1600 | 2750 | 5500 | 9500 | 13800 |
| **1937** | | | | | | |
| **112" wb** | | | | | | |
| Sdn Del | 650 | 1800 | 3200 | 6400 | 11000 | 15900 |
| Pickup | 650 | 1700 | 3000 | 5900 | 10200 | 14700 |
| Panel Del | 450 | 1250 | 2200 | 4400 | 7600 | 10900 |
| Dlx Panel Del | 550 | 1450 | 2450 | 4900 | 8500 | 12000 |

|  | 6 | 5 | 4 | 3 | 2 | 1 |
|---|---|---|---|---|---|---|
| **1938** | | | | | | |
| **112" wb** | | | | | | |
| Sdn Del | 650 | 1800 | 3200 | 6400 | 11000 | 15900 |
| Panel | 450 | 1250 | 2200 | 4400 | 7600 | 10900 |
| Pickup | 650 | 1700 | 3000 | 5900 | 10200 | 14700 |
| Dlx Panel | 550 | 1450 | 2450 | 4900 | 8500 | 12000 |
| **1939** | | | | | | |
| **112" wb** | | | | | | |
| Sdn Del | 650 | 1750 | 3100 | 6200 | 10700 | 15400 |
| Pickup | 650 | 1700 | 3000 | 5900 | 10200 | 14700 |
| Panel | 450 | 1250 | 2100 | 4200 | 7200 | 10500 |
| **1940** | | | | | | |
| **112" wb** | | | | | | |
| Sdn Del | 750 | 2100 | 3550 | 7100 | 12300 | 17700 |
| Pickup | 650 | 1700 | 3000 | 5900 | 10200 | 14700 |
| Panel | 550 | 1450 | 2450 | 4900 | 8500 | 12000 |
| **1941** | | | | | | |
| **112" wb** | | | | | | |
| Pickup | 600 | 1650 | 2850 | 5700 | 9900 | 14200 |
| Panel | 550 | 1450 | 2450 | 4900 | 8500 | 12000 |
| **1942** | | | | | | |
| **114" wb** | | | | | | |
| Sdn Del | 700 | 1900 | 3350 | 6700 | 11500 | 16500 |
| Pickup | 600 | 1600 | 2700 | 5400 | 9300 | 13500 |
| Panel | 550 | 1450 | 2450 | 4900 | 8500 | 12000 |
| **1944** | | | | | | |
| **1/2-ton, 114" wb** | | | | | | |
| Pickup | 600 | 1600 | 2700 | 5400 | 9300 | 13500 |
| Panel | 550 | 1450 | 2450 | 4900 | 8500 | 12000 |
| **1945** | | | | | | |
| **1/2-ton, 114" wb** | | | | | | |
| Pickup | 600 | 1600 | 2700 | 5400 | 9300 | 13500 |
| **1946** | | | | | | |
| **1/2-ton, 114" wb** | | | | | | |
| Sdn Del | 700 | 1900 | 3350 | 6700 | 11500 | 16500 |
| Pickup | 600 | 1650 | 2900 | 5800 | 10000 | 14500 |
| Panel | 550 | 1500 | 2500 | 5000 | 8700 | 12300 |
| **1947** | | | | | | |
| **1/2-ton, 114" wb** | | | | | | |
| Sdn Del | 700 | 1900 | 3350 | 6700 | 11500 | 16500 |
| Pickup | 600 | 1650 | 2900 | 5800 | 10000 | 14500 |
| Panel | 550 | 1500 | 2500 | 5000 | 8700 | 12300 |
| **1948** | | | | | | |
| **F-1, 1/2-ton** | | | | | | |
| Pickup | 650 | 1700 | 3000 | 5900 | 10200 | 14700 |
| Panel | 500 | 1350 | 2350 | 4700 | 8100 | 11500 |
| **1949** | | | | | | |
| **F-1, 1/2-ton** | | | | | | |
| Pickup | 650 | 1700 | 3000 | 5900 | 10200 | 14700 |
| Panel | 500 | 1350 | 2350 | 4700 | 8100 | 11500 |
| **1950** | | | | | | |
| **F-1, 1/2-ton** | | | | | | |
| Pickup | 650 | 1700 | 3000 | 5900 | 10200 | 14700 |
| Panel | 500 | 1350 | 2350 | 4700 | 8100 | 11500 |

| | 6 | 5 | 4 | 3 | 2 | 1 |
|---|---|---|---|---|---|---|
| **1951** | | | | | | |
| **F-1, 1/2-ton** | | | | | | |
| Pickup | 600 | 1650 | 2850 | 5700 | 9900 | 14200 |
| Panel | 550 | 1500 | 2500 | 5100 | 8800 | 12500 |
| **1952** | | | | | | |
| **F-1, 1/2-ton** | | | | | | |
| Pickup | 600 | 1650 | 2850 | 5700 | 9900 | 14200 |
| Panel | 550 | 1500 | 2500 | 5100 | 8800 | 12500 |
| **1953** | | | | | | |
| **Courier** | | | | | | |
| Sdn Del | 600 | 1650 | 2850 | 5700 | 9900 | 14200 |
| **F-100, 1/2-ton** | | | | | | |
| Pickup | 650 | 1700 | 3000 | 5900 | 10200 | 14700 |
| Panel | 550 | 1500 | 2500 | 5100 | 8800 | 12500 |
| **1954** | | | | | | |
| **Courier** | | | | | | |
| Sdn Del | 600 | 1650 | 2850 | 5700 | 9900 | 14200 |
| **F-100, 1/2-ton** | | | | | | |
| Pickup | 650 | 1700 | 3000 | 5900 | 10200 | 14700 |
| Panel | 550 | 1550 | 2650 | 5300 | 9100 | 13000 |
| **1955** | | | | | | |
| **Courier** | | | | | | |
| Sdn Del | 650 | 1700 | 3000 | 5900 | 10200 | 14700 |
| **F-100, 1/2-ton** | | | | | | |
| Pickup | 650 | 1750 | 3150 | 6300 | 10900 | 15700 |
| Panel | 550 | 1550 | 2650 | 5300 | 9100 | 13000 |
| **1956** | | | | | | |
| **Courier** | | | | | | |
| Sdn Del | 650 | 1700 | 3000 | 5900 | 10200 | 14700 |
| **F-100, 1/2-ton** | | | | | | |
| Pickup | 650 | 1750 | 3150 | 6300 | 10900 | 15700 |
| Panel | 550 | 1550 | 2650 | 5300 | 9100 | 13000 |
| **1957** | | | | | | |
| **Courier** | | | | | | |
| Sdn Del | 600 | 1600 | 2750 | 5500 | 9500 | 13800 |
| **Ranchero** | | | | | | |
| Pickup | 650 | 1750 | 3150 | 6300 | 10900 | 15700 |
| Custom Pickup | 700 | 1900 | 3350 | 6700 | 11500 | 16500 |
| **F-100, 1/2-ton** | | | | | | |
| Flareside Pickup | 550 | 1500 | 2500 | 5100 | 8800 | 12500 |
| Styleside Pickup | 600 | 1600 | 2750 | 5500 | 9500 | 13800 |
| Panel | 550 | 1550 | 2650 | 5300 | 9100 | 13000 |
| **1958** | | | | | | |
| **Courier** | | | | | | |
| Panel Del | 550 | 1550 | 2650 | 5300 | 9100 | 13000 |
| **Ranchero** | | | | | | |
| Pickup | 650 | 1750 | 3150 | 6300 | 10900 | 15700 |
| Custom Pickup | 700 | 1900 | 3350 | 6700 | 11500 | 16500 |
| **F-100, 1/2-ton** | | | | | | |
| Pickup | 550 | 1550 | 2650 | 5300 | 9100 | 13000 |
| Panel | 550 | 1550 | 2650 | 5300 | 9100 | 13000 |
| **1959** | | | | | | |
| **Courier** | | | | | | |
| Sdn Del | 550 | 1550 | 2650 | 5300 | 9100 | 13000 |
| **Ranchero** | | | | | | |
| Custom Pickup | 650 | 1800 | 3250 | 6500 | 11200 | 16100 |

| | 6 | 5 | 4 | 3 | 2 | 1 |
|---|---|---|---|---|---|---|
| **F-100, 1/2-ton** | | | | | | |
| Flareside Pickup | 550 | 1500 | 2500 | 5100 | 8800 | 12500 |
| Styleside Pickup | 600 | 1600 | 2700 | 5400 | 9300 | 13500 |
| Panel | 550 | 1500 | 2500 | 5100 | 8800 | 12500 |
| ***1960*** | | | | | | |
| **Courier** | | | | | | |
| Sdn Del | 550 | 1500 | 2500 | 5100 | 8800 | 12500 |
| **Falcon Ranchero** | | | | | | |
| Pickup | 500 | 1350 | 2350 | 4700 | 8100 | 11500 |
| **F-100, 1/2-ton** | | | | | | |
| Flareside Pickup | 550 | 1500 | 2500 | 5100 | 8800 | 12500 |
| Styleside Pickup | 550 | 1550 | 2650 | 5300 | 9100 | 13000 |
| Panel | 450 | 1250 | 2150 | 4300 | 7400 | 10700 |
| ***1961*** | | | | | | |
| **Falcon** | | | | | | |
| Sdn Del | 400 | 1200 | 1950 | 3900 | 6800 | 9900 |
| Ranchero | 500 | 1300 | 2250 | 4500 | 7700 | 11000 |
| **F-100, 1/2-ton** | | | | | | |
| Flareside Pickup | 500 | 1350 | 2350 | 4700 | 8100 | 11500 |
| Styleside Pickup | 550 | 1450 | 2450 | 4900 | 8500 | 12000 |
| Panel | 450 | 1250 | 2050 | 4100 | 7100 | 10300 |
| ***1962*** | | | | | | |
| **Falcon** | | | | | | |
| Sdn Del | 400 | 1200 | 1950 | 3900 | 6800 | 9900 |
| Ranchero | 500 | 1300 | 2250 | 4500 | 7700 | 11000 |
| **F-100, 1/2-ton** | | | | | | |
| Flareside Pickup | 500 | 1300 | 2250 | 4500 | 7700 | 11000 |
| Styleside Pickup | 500 | 1350 | 2350 | 4700 | 8100 | 11500 |
| Panel | 400 | 1200 | 1950 | 3900 | 6800 | 9900 |
| ***1963*** | | | | | | |
| **Falcon** | | | | | | |
| Sdn Del | 400 | 1200 | 1950 | 3900 | 6800 | 9900 |
| Ranchero | 500 | 1300 | 2250 | 4500 | 7700 | 11000 |
| **F-100, 1/2-ton** | | | | | | |
| Flareside Pickup | 450 | 1250 | 2150 | 4300 | 7400 | 10700 |
| Styleside Pickup | 500 | 1350 | 2350 | 4700 | 8100 | 11500 |
| Panel | 400 | 1200 | 1950 | 3900 | 6800 | 9900 |
| ***1964*** | | | | | | |
| **Falcon** | | | | | | |
| Sdn Del | 450 | 1250 | 2050 | 4100 | 7100 | 10300 |
| Ranchero | 500 | 1350 | 2350 | 4700 | 8100 | 11500 |
| **F-100, 1/2-ton** | | | | | | |
| Flareside Pickup | 450 | 1250 | 2050 | 4100 | 7100 | 10300 |
| Styleside Pickup | 450 | 1250 | 2100 | 4200 | 7200 | 10500 |
| Panel | 400 | 1150 | 1850 | 3700 | 6400 | 9300 |
| ***1965*** | | | | | | |
| **Falcon** | | | | | | |
| Sdn Del | 450 | 1250 | 2050 | 4100 | 7100 | 10300 |
| Ranchero | 500 | 1350 | 2350 | 4700 | 8100 | 11500 |
| **F-100, 1/2-ton** | | | | | | |
| Flareside Pickup | 450 | 1250 | 2050 | 4100 | 7100 | 10300 |
| Styleside Pickup | 450 | 1250 | 2100 | 4200 | 7200 | 10500 |
| Panel | 400 | 1150 | 1850 | 3700 | 6400 | 9300 |
| ***1966*** | | | | | | |
| **Ranchero** | | | | | | |
| Pickup | 400 | 1200 | 1950 | 3900 | 6800 | 9900 |
| Custom Pickup | 500 | 1350 | 2350 | 4700 | 8100 | 11500 |

| | 6 | 5 | 4 | 3 | 2 | 1 |
|---|---|---|---|---|---|---|
| **Bronco** | | | | | | |
| Rdstr | 500 | 1350 | 2350 | 4700 | 8100 | 11500 |
| Spt Uty | 550 | 1400 | 2400 | 4800 | 8300 | 11800 |
| Wgn | 550 | 1450 | 2450 | 4900 | 8500 | 12000 |
| **F-100, 1/2-ton** | | | | | | |
| Flareside Pickup | 400 | 1200 | 1950 | 3900 | 6800 | 9900 |
| Styleside Pickup | 400 | 1200 | 2000 | 4000 | 6900 | 10000 |
| ***1967*** | | | | | | |
| **Ranchero** | | | | | | |
| Pickup Fairlane 500 Pickup | 450 | 1250 | 2050 | 4100 | 7100 | 10300 |
| Fairlane 500XL Pickup | 500 | 1350 | 2350 | 4700 | 8100 | 11500 |
| **Bronco** | | | | | | |
| Rdstr | 500 | 1300 | 2250 | 4500 | 7700 | 11000 |
| Wgn | 500 | 1350 | 2300 | 4600 | 8000 | 11300 |
| Pickup | 450 | 1250 | 2150 | 4300 | 7400 | 10700 |
| **F-100, 1/2-ton** | | | | | | |
| Flareside Pickup | 400 | 1200 | 1950 | 3900 | 6800 | 9900 |
| Styleside Pickup | 400 | 1200 | 2000 | 4000 | 6900 | 10000 |
| ***1968*** | | | | | | |
| **Ranchero** | | | | | | |
| Pickup | 450 | 1250 | 2050 | 4100 | 7100 | 10300 |
| GT Pickup | 550 | 1500 | 2500 | 5000 | 8700 | 12300 |
| 500 Pickup | 500 | 1300 | 2250 | 4500 | 7700 | 11000 |
| **Bronco** | | | | | | |
| Rdstr | 450 | 1250 | 2150 | 4300 | 7400 | 10700 |
| Pickup | 450 | 1250 | 2050 | 4100 | 7100 | 10300 |
| Wgn | 450 | 1250 | 2200 | 4400 | 7600 | 10900 |
| **F-100, 1/2-ton** | | | | | | |
| Flareside Pickup | 400 | 1150 | 1850 | 3700 | 6400 | 9300 |
| Styleside Pickup | 400 | 1200 | 1900 | 3800 | 6600 | 9600 |
| ***1969*** | | | | | | |
| **Ranchero** | | | | | | |
| Pickup | 450 | 1250 | 2050 | 4100 | 7100 | 10300 |
| GT Pickup | 500 | 1350 | 2350 | 4700 | 8100 | 11500 |
| Pickup 500 | 500 | 1300 | 2250 | 4500 | 7700 | 11000 |
| **Bronco** | | | | | | |
| Pickup | 400 | 1200 | 1950 | 3900 | 6800 | 9900 |
| Wgn | 450 | 1250 | 2100 | 4200 | 7200 | 10500 |
| **F-100, 1/2-ton** | | | | | | |
| Flareside Pickup | 400 | 1100 | 1800 | 3500 | 6100 | 8900 |
| Styleside Pickup | 400 | 1100 | 1800 | 3600 | 6200 | 9100 |
| ***1970*** | | | | | | |
| **Ranchero** | | | | | | |
| Pickup | 450 | 1250 | 2050 | 4100 | 7100 | 10300 |
| GT Pickup | 500 | 1350 | 2350 | 4700 | 8100 | 11500 |
| 500 Pickup | 450 | 1250 | 2150 | 4300 | 7400 | 10700 |
| Squire Pickup | 500 | 1350 | 2300 | 4600 | 8000 | 11300 |
| **Bronco, 4WD** | | | | | | |
| Pickup | 400 | 1150 | 1850 | 3700 | 6400 | 9300 |
| Wgn | 400 | 1200 | 2000 | 4000 | 6900 | 10000 |
| **F-100, 1/2-ton** | | | | | | |
| Flareside Pickup | 400 | 1050 | 1700 | 3300 | 5800 | 8300 |
| Styleside Pickup | 400 | 1050 | 1700 | 3400 | 5900 | 8500 |
| ***1971*** | | | | | | |
| **Ranchero** | | | | | | |
| Pickup | 400 | 1200 | 1950 | 3900 | 6800 | 9900 |
| GT Pickup | 500 | 1300 | 2250 | 4500 | 7700 | 11000 |
| 500 Pickup | 450 | 1250 | 2150 | 4300 | 7400 | 10700 |
| Squire Pickup | 500 | 1350 | 2300 | 4600 | 8000 | 11300 |

'76 Bronco

'77 Crew Cab Pickup

'78 Ranchero

'79 Bronco

'80 Courier Pickup

'82 Bronco

|  | 6 | 5 | 4 | 3 | 2 | 1 |
|---|---|---|---|---|---|---|
| **Bronco, 4WD** | | | | | | |
| Pickup | 400 | 1100 | 1800 | 3500 | 6100 | 8900 |
| Wgn | 400 | 1200 | 1900 | 3800 | 6600 | 9600 |
| **F-100, 1/2-ton** | | | | | | |
| Flareside Pickup | 350 | 950 | 1550 | 3100 | 5500 | 7900 |
| Styleside Pickup | 350 | 1000 | 1600 | 3200 | 5700 | 8100 |
| ***1972*** | | | | | | |
| **Courier** | | | | | | |
| Pickup | 300 | 600 | 900 | 1900 | 3200 | 4600 |
| **Ranchero** | | | | | | |
| GT Pickup | 500 | 1300 | 2250 | 4500 | 7700 | 11000 |
| 500 Pickup | 450 | 1250 | 2150 | 4300 | 7400 | 10700 |
| Squire Pickup | 500 | 1350 | 2300 | 4600 | 8000 | 11300 |
| **Bronco, 4WD** | | | | | | |
| Pickup | 400 | 1100 | 1800 | 3500 | 6100 | 8900 |
| Wgn | 400 | 1200 | 1900 | 3800 | 6600 | 9600 |
| **F-100, 1/2-ton** | | | | | | |
| Flareside Pickup | 350 | 900 | 1500 | 3000 | 5300 | 7600 |
| Styleside Pickup | 350 | 950 | 1550 | 3100 | 5500 | 7900 |
| ***1973*** | | | | | | |
| **Courier** | | | | | | |
| Pickup | 300 | 600 | 900 | 1900 | 3200 | 4600 |
| **Ranchero** | | | | | | |
| GT Pickup | 450 | 1250 | 2150 | 4300 | 7400 | 10700 |
| 500 Pickup | 450 | 1250 | 2050 | 4100 | 7100 | 10300 |
| Squire Pickup | 450 | 1250 | 2200 | 4400 | 7600 | 10900 |
| **Bronco, 4WD** | | | | | | |
| Wgn | 400 | 1200 | 1900 | 3800 | 6600 | 9600 |

|  | 6 | 5 | 4 | 3 | 2 | 1 |
|---|---|---|---|---|---|---|
| **F-100, 1/2-ton** | | | | | | |
| Flareside Pickup | 350 | 850 | 1400 | 2800 | 4900 | 7100 |
| Styleside Pickup | 350 | 900 | 1500 | 2900 | 5200 | 7400 |
| **1974** | | | | | | |
| **Courier** | | | | | | |
| Pickup | 300 | 600 | 900 | 1900 | 3200 | 4600 |
| **Ranchero** | | | | | | |
| 500 Pickup | 400 | 1200 | 1950 | 3900 | 6800 | 9900 |
| GT Pickup | 450 | 1250 | 2050 | 4100 | 7100 | 10300 |
| Squire Pickup | 450 | 1250 | 2100 | 4200 | 7200 | 10500 |
| **Bronco, 4WD** | | | | | | |
| Wgn | 400 | 1100 | 1800 | 3600 | 6200 | 9100 |
| **F-100, 1/2-ton** | | | | | | |
| Flareside Pickup | 300 | 800 | 1300 | 2600 | 4600 | 6600 |
| Styleside Pickup | 300 | 800 | 1350 | 2700 | 4700 | 6900 |
| Styleside Pickup Supercab | 350 | 900 | 1500 | 2900 | 5200 | 7400 |
| **1975** | | | | | | |
| **Courier** | | | | | | |
| Pickup | 300 | 600 | 900 | 1900 | 3200 | 4600 |
| **Ranchero** | | | | | | |
| 500 Pickup | 400 | 1200 | 1950 | 3900 | 6800 | 9900 |
| GT Pickup | 450 | 1250 | 2050 | 4100 | 7100 | 10300 |
| Squire Pickup | 450 | 1250 | 2100 | 4200 | 7200 | 10500 |
| **Bronco, 4WD** | | | | | | |
| Wgn | 400 | 1100 | 1800 | 3500 | 6100 | 8900 |
| **F100 Custom, 1/2-ton** | | | | | | |
| Flareside Pickup (6 3/4') | 300 | 650 | 1150 | 2300 | 3900 | 5700 |
| Styleside Pickup (8') | 300 | 650 | 1150 | 2300 | 3900 | 5700 |
| Styleside Pickup Supercab | 300 | 750 | 1250 | 2500 | 4400 | 6200 |
| **F150 Custom, 1/2-ton** | | | | | | |
| Flareside Pickup (8') | 300 | 750 | 1250 | 2500 | 4400 | 6200 |
| Styleside Pickup (8') | 300 | 800 | 1300 | 2600 | 4600 | 6600 |
| Styleside Pickup Supercab | 350 | 850 | 1400 | 2800 | 4900 | 7100 |
| **1976** | | | | | | |
| **Courier** | | | | | | |
| Pickup | 300 | 600 | 900 | 1800 | 3100 | 4400 |
| **Ranchero** | | | | | | |
| 500 Pickup | 400 | 1200 | 1950 | 3900 | 6800 | 9900 |
| GT Pickup | 450 | 1250 | 2050 | 4100 | 7100 | 10300 |
| Squire Pickup | 450 | 1250 | 2100 | 4200 | 7200 | 10500 |
| **Bronco, 4WD** | | | | | | |
| Wgn | 400 | 1050 | 1700 | 3400 | 5900 | 8500 |
| **F100 Custom, 1/2-ton** | | | | | | |
| Flareside Pickup (6 3/4') | 300 | 650 | 1100 | 2200 | 3800 | 5400 |
| Styleside Pickup (8') | 300 | 650 | 1150 | 2300 | 3900 | 5700 |
| Styleside Pickup Supercab | 300 | 700 | 1200 | 2400 | 4100 | 5900 |
| **F150 Custom, 1/2-ton** | | | | | | |
| Flareside Pickup (8') | 300 | 750 | 1250 | 2500 | 4400 | 6200 |
| Styleside Pickup (8') | 300 | 800 | 1300 | 2600 | 4600 | 6600 |
| Styleside Pickup Supercab | 300 | 800 | 1350 | 2700 | 4700 | 6900 |
| **1977** | | | | | | |
| **Courier** | | | | | | |
| Pickup | 300 | 600 | 900 | 1800 | 3100 | 4400 |
| **Ranchero** | | | | | | |
| 500 Pickup | 400 | 1200 | 1950 | 3900 | 6800 | 9900 |
| GT Pickup | 450 | 1250 | 2050 | 4100 | 7100 | 10300 |
| Squire Pickup | 450 | 1250 | 2100 | 4200 | 7200 | 10500 |
| **Bronco, 4WD** | | | | | | |
| Wgn | 400 | 1050 | 1700 | 3400 | 5900 | 8500 |

| | 6 | 5 | 4 | 3 | 2 | 1 |
|---|---|---|---|---|---|---|
| **F100 Custom, 1/2-ton** | | | | | | |
| Styleside Pickup (6 3/4') | 300 | 700 | 1200 | 2400 | 4100 | 5900 |
| Flareside Pickup (8') | 300 | 650 | 1150 | 2300 | 3900 | 5700 |
| Styleside Pickup Supercab | 300 | 750 | 1250 | 2500 | 4400 | 6200 |
| **F150 Custom, 1/2-ton** | | | | | | |
| Flareside Pickup (8') | 300 | 700 | 1200 | 2400 | 4100 | 5900 |
| Styleside Pickup (8') | 300 | 750 | 1250 | 2500 | 4400 | 6200 |
| Styleside Pickup Supercab | 300 | 800 | 1300 | 2600 | 4600 | 6600 |
| **_1978_** | | | | | | |
| **Courier, 1/2-ton** | | | | | | |
| Pickup | 300 | 600 | 900 | 1800 | 3100 | 4400 |
| **Ranchero** | | | | | | |
| 500 Pickup | 400 | 1200 | 1900 | 3800 | 6600 | 9600 |
| GT Pickup | 450 | 1250 | 2150 | 4300 | 7400 | 10700 |
| Squire Pickup | 450 | 1250 | 2050 | 4100 | 7100 | 10300 |
| **Bronco, 4WD** | | | | | | |
| Wgn | 400 | 1050 | 1700 | 3400 | 5900 | 8500 |
| **F100 Custom, 1/2-ton** | | | | | | |
| Styleside Pickup (6 3/4') | 300 | 700 | 1200 | 2400 | 4100 | 5900 |
| Flareside Pickup (8') | 300 | 650 | 1150 | 2300 | 3900 | 5700 |
| Styleside Pickup Supercab | 300 | 750 | 1250 | 2500 | 4400 | 6200 |
| **F150 Custom, 1/2-ton** | | | | | | |
| Flareside Pickup (8') | 300 | 700 | 1200 | 2400 | 4100 | 5900 |
| Styleside Pickup (8') | 300 | 750 | 1250 | 2500 | 4400 | 6200 |
| Styleside Pickup Supercab | 300 | 800 | 1300 | 2600 | 4600 | 6600 |
| **_1979_** | | | | | | |
| **Courier, 1/2-ton** | | | | | | |
| Pickup | 300 | 600 | 900 | 1800 | 3100 | 4400 |
| **Ranchero** | | | | | | |
| 500 Pickup | 400 | 1200 | 1900 | 3800 | 6600 | 9600 |
| GT Pickup | 450 | 1250 | 2150 | 4300 | 7400 | 10700 |
| Squire Pickup | 450 | 1250 | 2050 | 4100 | 7100 | 10300 |
| **Bronco, 4WD** | | | | | | |
| Wgn | 400 | 1050 | 1700 | 3400 | 5900 | 8500 |
| **F100 Custom, 1/2-ton** | | | | | | |
| Styleside Pickup (6 3/4') | 300 | 750 | 1250 | 2500 | 4400 | 6200 |
| Flareside Pickup (8') | 300 | 700 | 1200 | 2400 | 4100 | 5900 |
| Styleside Pickup Supercab | 300 | 800 | 1300 | 2600 | 4600 | 6600 |
| **F150 Custom, 1/2-ton** | | | | | | |
| Flareside Pickup (8') | 300 | 750 | 1250 | 2500 | 4400 | 6200 |
| Styleside Pickup (8') | 300 | 800 | 1300 | 2600 | 4600 | 6600 |
| Styleside Pickup Supercab | 300 | 800 | 1350 | 2700 | 4700 | 6900 |
| **_1980_** | | | | | | |
| **Courier, 1/2-ton** | | | | | | |
| Pickup | 300 | 600 | 950 | 1900 | 3200 | 4600 |
| **Bronco, 4WD, 1/2-ton** | | | | | | |
| Wgn | 400 | 1050 | 1700 | 3400 | 5900 | 8500 |
| **F100 Custom, 1/2-ton** | | | | | | |
| Flareside Pickup | 300 | 750 | 1250 | 2500 | 4400 | 6200 |
| Styleside Pickup | 300 | 800 | 1300 | 2600 | 4600 | 6600 |
| **F150 Custom, 1/2-ton** | | | | | | |
| Flareside Pickup | 300 | 800 | 1300 | 2600 | 4600 | 6600 |
| Styleside Pickup | 300 | 800 | 1350 | 2700 | 4700 | 6900 |
| Styleside Pickup Supercab | 350 | 900 | 1500 | 2900 | 5200 | 7400 |
| **_1981_** | | | | | | |
| **Courier, 1/2-ton** | | | | | | |
| Pickup | 300 | 600 | 950 | 1900 | 3200 | 4600 |
| **Bronco, 4WD, 1/2-ton** | | | | | | |
| Wgn | 400 | 1050 | 1700 | 3400 | 5900 | 8500 |

|  | 6 | 5 | 4 | 3 | 2 | 1 |
|---|---|---|---|---|---|---|
| **F100 Custom, 1/2-ton** | | | | | | |
| Flareside Pickup | 300 | 800 | 1300 | 2600 | 4600 | 6600 |
| Styleside Pickup | 300 | 800 | 1300 | 2600 | 4600 | 6600 |
| **F150 Custom, 1/2-ton** | | | | | | |
| Flareside Pickup | 300 | 800 | 1350 | 2700 | 4700 | 6900 |
| Styleside Pickup | 300 | 800 | 1350 | 2700 | 4700 | 6900 |
| Styleside Pickup Supercab | 350 | 900 | 1500 | 3000 | 5300 | 7600 |
| ***1982*** | | | | | | |
| **Courier, 1/2-ton** | | | | | | |
| Pickup | 300 | 600 | 950 | 1900 | 3200 | 4600 |
| **Bronco, 4WD, 1/2-ton** | | | | | | |
| Wgn | 400 | 1050 | 1700 | 3400 | 5900 | 8500 |
| **F100 Custom, 1/2-ton** | | | | | | |
| Flareside Pickup | 350 | 900 | 1500 | 2900 | 5200 | 7400 |
| Styleside Pickup | 350 | 900 | 1500 | 2900 | 5200 | 7400 |
| **F150 Custom, 1/2-ton** | | | | | | |
| Pickup Flareside | 350 | 900 | 1500 | 3000 | 5300 | 7600 |
| Styleside Pickup | 350 | 900 | 1500 | 3000 | 5300 | 7600 |
| Styleside Pickup Supercab | 350 | 1000 | 1600 | 3200 | 5700 | 8100 |
| ***1983*** | | | | | | |
| **Bronco, U150, 4WD, 1/2-ton** | | | | | | |
| Wgn | 400 | 1100 | 1800 | 3600 | 6200 | 9100 |
| **Ranger, 1/2-ton** | | | | | | |
| Styleside Pickup | 200 | 450 | 650 | 1300 | 2200 | 3200 |
| Styleside Pickup LB | 250 | 500 | 750 | 1400 | 2400 | 3400 |
| **F100, 1/2-ton** | | | | | | |
| Flareside Pickup (6 1/2') | 350 | 900 | 1500 | 3000 | 5300 | 7600 |
| Styleside Pickup (6 3/4') | 350 | 900 | 1500 | 3000 | 5300 | 7600 |
| **F150, 1/2-ton** | | | | | | |
| Flareside Pickup (6 1/2') | 350 | 950 | 1550 | 3100 | 5500 | 7900 |
| Styleside Pickup (6 3/4') | 350 | 950 | 1550 | 3100 | 5500 | 7900 |
| Styleside Pickup (8') | 350 | 950 | 1550 | 3100 | 5500 | 7900 |
| Styleside Pickup Supercab | 400 | 1050 | 1700 | 3300 | 5800 | 8300 |
| ***1984*** | | | | | | |
| **Bronco II, 4WD, 1/2-ton** | | | | | | |
| Wgn | 350 | 900 | 1500 | 3000 | 5300 | 7600 |
| **Bronco, 4WD, 1/2-ton** | | | | | | |
| Wgn | 400 | 1200 | 2000 | 4000 | 6900 | 10000 |
| **Ranger, 1/2-ton** | | | | | | |
| Styleside S Pickup | 200 | 450 | 650 | 1300 | 2200 | 3200 |
| Styleside S LB Pickup | 200 | 400 | 600 | 1200 | 2100 | 3000 |
| Styleside Pickup | 250 | 500 | 750 | 1400 | 2400 | 3400 |
| Styleside LB Pickup | 250 | 500 | 750 | 1500 | 2600 | 3600 |
| **F150, 1/2-ton** | | | | | | |
| Flareside Pickup (6 1/2') | 400 | 1050 | 1700 | 3400 | 5900 | 8500 |
| Styleside Pickup (6 3/4') | 400 | 1050 | 1700 | 3400 | 5900 | 8500 |
| Styleside Pickup (8') | 400 | 1050 | 1700 | 3400 | 5900 | 8500 |
| Styleside Pickup Supercab (6 3/4') | 400 | 1150 | 1850 | 3700 | 6400 | 9300 |
| Styleside Pickup Supercab (8') | 400 | 1100 | 1800 | 3600 | 6200 | 9100 |
| ***1985*** | | | | | | |
| **Bronco II, 4WD, 1/2-ton** | | | | | | |
| Wgn | 350 | 1000 | 1600 | 3200 | 5700 | 8100 |
| **Bronco, 4WD, 1/2-ton** | | | | | | |
| Wgn | 450 | 1250 | 2200 | 4400 | 7600 | 10900 |
| **Ranger, 1/2-ton** | | | | | | |
| Styleside S Pickup | 200 | 450 | 650 | 1300 | 2200 | 3200 |
| Styleside Pickup | 250 | 500 | 750 | 1400 | 2400 | 3400 |
| Styleside LB Pickup | 250 | 500 | 750 | 1500 | 2600 | 3600 |

| | 6 | 5 | 4 | 3 | 2 | 1 |
|---|---|---|---|---|---|---|
| **F150, 1/2-ton** | | | | | | |
| Flareside Pickup (6 1/2') | 400 | 1200 | 1900 | 3800 | 6600 | 9600 |
| Styleside Pickup (6 3/4') | 400 | 1200 | 1900 | 3800 | 6600 | 9600 |
| Styleside Pickup (8') | 400 | 1200 | 1900 | 3800 | 6600 | 9600 |
| Styleside Pickup Supercab (6 3/4') | 450 | 1250 | 2050 | 4100 | 7100 | 10300 |
| Styleside Pickup Supercab (8') | 400 | 1200 | 2000 | 4000 | 6900 | 10000 |
| ***1986*** | | | | | | |
| **Bronco II, 1/2-ton** | | | | | | |
| Wgn | 400 | 1100 | 1800 | 3500 | 6100 | 8900 |
| **Bronco, 4WD, 1/2-ton** | | | | | | |
| Wgn | 550 | 1450 | 2450 | 4900 | 8500 | 12000 |
| **Ranger, 1/2-ton** | | | | | | |
| Styleside S Pickup | 250 | 500 | 750 | 1400 | 2400 | 3400 |
| Styleside Pickup | 250 | 500 | 750 | 1500 | 2600 | 3600 |
| Styleside LB Pickup | 300 | 550 | 800 | 1600 | 2800 | 3900 |
| Styleside Pickup Supercab | 300 | 650 | 1100 | 2200 | 3800 | 5400 |
| **F150, 1/2-ton** | | | | | | |
| Flareside Pickup (6 1/2') | 450 | 1250 | 2150 | 4300 | 7400 | 10700 |
| Styleside Pickup (6 3/4') | 450 | 1250 | 2150 | 4300 | 7400 | 10700 |
| Styleside Pickup (8') | 450 | 1250 | 2100 | 4200 | 7200 | 10500 |
| Styleside Pickup Supercab (6 3/4') | 500 | 1300 | 2250 | 4500 | 7700 | 11000 |
| Styleside Pickup Supercab (8') | 450 | 1250 | 2200 | 4400 | 7600 | 10900 |
| ***1987*** | | | | | | |
| **Bronco II, 4WD, 1/2-ton** | | | | | | |
| Wgn | 400 | 1200 | 1900 | 3800 | 6600 | 9600 |
| **Bronco, 4WD, 1/2-ton** | | | | | | |
| Wgn | 550 | 1550 | 2650 | 5300 | 9100 | 13000 |
| **Ranger, 1/2-ton** | | | | | | |
| Styleside S Pickup | 250 | 500 | 750 | 1500 | 2600 | 3600 |
| Styleside Pickup | 300 | 550 | 800 | 1600 | 2800 | 3900 |
| Styleside LB Pickup | 300 | 600 | 850 | 1700 | 2900 | 4100 |
| Styleside Pickup Supercab | 300 | 750 | 1250 | 2500 | 4400 | 6200 |
| **F150, 1/2-ton** | | | | | | |
| Fireside Pickup (6 1/2') | 500 | 1350 | 2350 | 4700 | 8100 | 11500 |
| Styleside Pickup (6 3/4') | 500 | 1350 | 2350 | 4700 | 8100 | 11500 |
| Styleside Pickup (8') | 500 | 1350 | 2300 | 4600 | 8000 | 11300 |
| Styleside Pickup Supercab (6 3/4') | 550 | 1500 | 2500 | 5100 | 8800 | 12500 |
| Styleside Pickup Supercab (8') | 550 | 1500 | 2500 | 5000 | 8700 | 12300 |
| ***1988*** | | | | | | |
| **Bronco II, 1/2-ton** | | | | | | |
| Wgn | 400 | 1100 | 1800 | 3500 | 6100 | 8900 |
| 4WD Wgn | 450 | 1250 | 2050 | 4100 | 7100 | 10300 |
| **Bronco, 1/2-ton** | | | | | | |
| Wgn | 600 | 1650 | 2900 | 5800 | 10000 | 14500 |
| **Ranger, 1/2-ton** | | | | | | |
| Styleside S | 300 | 600 | 850 | 1700 | 2900 | 4100 |
| Styleside Pickup | 300 | 600 | 900 | 1800 | 3100 | 4400 |
| Styleside LB Pickup | 300 | 600 | 950 | 1900 | 3200 | 4600 |
| Styleside Pickup Supercab | 300 | 800 | 1350 | 2700 | 4700 | 6900 |
| **F150, 1/2-ton** | | | | | | |
| Styleside S  (6 3/4', 6-cyl.) | 500 | 1350 | 2300 | 4600 | 8000 | 11300 |
| Styleside S (8', 6-cyl.) | 500 | 1300 | 2250 | 4500 | 7700 | 11000 |
| Styleside Pickup (6 3/4') | 550 | 1500 | 2500 | 5100 | 8800 | 12500 |
| Styleside Pickup (8') | 550 | 1500 | 2500 | 5000 | 8700 | 12300 |
| Styleside Pickup Supercab (6 3/4') | 600 | 1600 | 2800 | 5600 | 9700 | 14000 |
| Styleside Pickup Supercab (8') | 600 | 1600 | 2750 | 5500 | 9500 | 13800 |

|  | 6 | 5 | 4 | 3 | 2 | 1 |
|---|---|---|---|---|---|---|

### 1989

**Bronco II, 1/2-ton**

| | 6 | 5 | 4 | 3 | 2 | 1 |
|---|---|---|---|---|---|---|
| Wgn | 400 | 1200 | 1950 | 3900 | 6800 | 9900 |
| Wgn 4WD | 500 | 1300 | 2250 | 4500 | 7700 | 11000 |

**Bronco, 1/2-ton**

| | 6 | 5 | 4 | 3 | 2 | 1 |
|---|---|---|---|---|---|---|
| Wgn | 650 | 1800 | 3200 | 6400 | 11000 | 15900 |

**Ranger, 1/2-ton**

| | 6 | 5 | 4 | 3 | 2 | 1 |
|---|---|---|---|---|---|---|
| Styleside S | 300 | 600 | 950 | 1900 | 3200 | 4600 |
| Styleside S LB | 300 | 600 | 900 | 1800 | 3100 | 4400 |
| Styleside Pickup | 300 | 650 | 1100 | 2100 | 3600 | 5100 |
| Styleside LB Pickup | 300 | 650 | 1150 | 2300 | 3900 | 5700 |
| Styleside Pickup Supercab | 350 | 900 | 1500 | 3000 | 5300 | 7600 |

**F150, 1/2-ton**

| | 6 | 5 | 4 | 3 | 2 | 1 |
|---|---|---|---|---|---|---|
| Styleside S (6 3/4', 6-cyl.) | 550 | 1500 | 2500 | 5100 | 8800 | 12500 |
| Styleside S (8', 6-cyl.) | 550 | 1500 | 2500 | 5000 | 8700 | 12300 |
| Styleside Pickup (6 3/4') | 600 | 1600 | 2800 | 5600 | 9700 | 14000 |
| Styleside Pickup (8') | 600 | 1600 | 2750 | 5500 | 9500 | 13800 |
| Styleside Pickup Supercab (6 3/4') | 650 | 1750 | 3100 | 6200 | 10700 | 15400 |
| Styleside Pickup Supercab (8') | 650 | 1700 | 3000 | 6100 | 10600 | 15200 |

### 1990

**Bronco II, 1/2-ton**

| | 6 | 5 | 4 | 3 | 2 | 1 |
|---|---|---|---|---|---|---|
| Wgn | 450 | 1250 | 2150 | 4300 | 7400 | 10700 |
| Wgn 4WD | 550 | 1450 | 2450 | 4900 | 8500 | 12000 |

**Bronco, 1/2-ton**

| | 6 | 5 | 4 | 3 | 2 | 1 |
|---|---|---|---|---|---|---|
| Wgn | 700 | 2050 | 3500 | 7000 | 12100 | 17400 |

**Ranger, 1/2-ton**

| | 6 | 5 | 4 | 3 | 2 | 1 |
|---|---|---|---|---|---|---|
| Styleside S | 300 | 650 | 1100 | 2200 | 3800 | 5400 |
| Styleside S LB | 300 | 650 | 1000 | 2000 | 3500 | 4900 |
| Styleside Pickup | 300 | 700 | 1200 | 2400 | 4100 | 5900 |
| Styleside LB Pickup | 300 | 800 | 1300 | 2600 | 4600 | 6600 |
| Styleside Pickup Supercab | 400 | 1050 | 1700 | 3300 | 5800 | 8300 |

**F150, 1/2-ton**

| | 6 | 5 | 4 | 3 | 2 | 1 |
|---|---|---|---|---|---|---|
| Styleside S (6 3/4', 6-cyl.) | 600 | 1600 | 2800 | 5600 | 9700 | 14000 |
| Styleside S (8', 6-cyl.) | 600 | 1600 | 2750 | 5500 | 9500 | 13800 |
| Styleside Pickup (6 3/4') | 650 | 1700 | 3000 | 6100 | 10600 | 15200 |
| Styleside Pickup (8') | 650 | 1700 | 3000 | 6000 | 10400 | 14900 |
| Styleside Pickup Supercab (6 3/4') | 700 | 2000 | 3450 | 6900 | 11900 | 17200 |
| Styleside Pickup Supercab (8') | 700 | 1900 | 3400 | 6800 | 11700 | 16900 |

### 1991

**Explorer, 4WD, V6**

| | 6 | 5 | 4 | 3 | 2 | 1 |
|---|---|---|---|---|---|---|
| Utility 2-dr | 700 | 2050 | 3500 | 7000 | 12100 | 17400 |
| Utility 4-dr | 800 | 2400 | 4050 | 8100 | 14200 | 20200 |

**Bronco, 1/2-ton**

| | 6 | 5 | 4 | 3 | 2 | 1 |
|---|---|---|---|---|---|---|
| Wgn | 800 | 2350 | 3900 | 7800 | 13500 | 19500 |

**Ranger, 1/2-ton**

| | 6 | 5 | 4 | 3 | 2 | 1 |
|---|---|---|---|---|---|---|
| Styleside S | 300 | 800 | 1350 | 2700 | 4700 | 6900 |
| Styleside Sport SB | 350 | 850 | 1400 | 2800 | 4900 | 7100 |
| Styleside Custom SB | 350 | 850 | 1400 | 2800 | 4900 | 7100 |
| Styleside Sport LB | 350 | 900 | 1500 | 3000 | 5300 | 7600 |
| Styleside Custom LB | 350 | 900 | 1500 | 3000 | 5300 | 7600 |
| Styleside Pickup Supercab | 350 | 900 | 1500 | 3000 | 5300 | 7600 |

**F150, 1/2-ton**

| | 6 | 5 | 4 | 3 | 2 | 1 |
|---|---|---|---|---|---|---|
| Styleside S (6 3/4', 6-cyl.) | 650 | 1700 | 3000 | 6000 | 10400 | 14900 |
| Styleside S (8', 6-cyl.) | 650 | 1700 | 3000 | 5900 | 10200 | 14700 |
| Styleside Pickup (6 3/4') | 700 | 1850 | 3300 | 6600 | 11300 | 16300 |
| Styleside Pickup (8') | 650 | 1800 | 3250 | 6500 | 11200 | 16100 |
| Styleside Pickup Supercab (6 3/4') | 750 | 2300 | 3800 | 7600 | 13100 | 18900 |
| Styleside Pickup Supercab (8') | 750 | 2250 | 3750 | 7500 | 13000 | 18700 |

# GMC TRUCK
## 1937 – 1991

'42 GMC

'55 GMC

| | 6 | 5 | 4 | 3 | 2 | 1 |
|---|---|---|---|---|---|---|
| **1937** | | | | | | |
| **Light Duty** | | | | | | |
| Pickup | 650 | 1700 | 3000 | 5900 | 10200 | 14700 |
| Panel | 600 | 1650 | 2850 | 5700 | 9900 | 14200 |
| **1938** | | | | | | |
| **Light Duty 1/2-ton** | | | | | | |
| Pickup | 650 | 1700 | 3000 | 5900 | 10200 | 14700 |
| Panel | 600 | 1650 | 2850 | 5700 | 9900 | 14200 |
| **1939** | | | | | | |
| **Light Duty 1/2-ton** | | | | | | |
| Pickup | 650 | 1700 | 3000 | 5900 | 10200 | 14700 |
| Panel | 600 | 1650 | 2850 | 5700 | 9900 | 14200 |
| **1940** | | | | | | |
| **Light Duty 1/2-ton, 113.5" wb** | | | | | | |
| Pickup | 650 | 1700 | 3000 | 5900 | 10200 | 14700 |
| Panel | 600 | 1650 | 2850 | 5700 | 9900 | 14200 |
| Canopy Del | 650 | 1700 | 3000 | 5900 | 10200 | 14700 |
| Screenside Del | 650 | 1700 | 3000 | 6100 | 10600 | 15200 |
| Suburban | 650 | 1700 | 3000 | 5900 | 10200 | 14700 |
| **1941** | | | | | | |
| **Light Duty, 1/2-ton, 115" wb** | | | | | | |
| Pickup | 650 | 1700 | 3000 | 6100 | 10600 | 15200 |
| Panel | 600 | 1650 | 2900 | 5800 | 10000 | 14500 |
| Canopy Exp | 650 | 1700 | 3000 | 6100 | 10600 | 15200 |
| **1942** | | | | | | |
| **Light Duty, 1/2-ton, 115" wb** | | | | | | |
| Pickup | 650 | 1700 | 3000 | 6100 | 10600 | 15200 |
| Panel | 600 | 1650 | 2900 | 5800 | 10000 | 14500 |
| Canopy Exp | 650 | 1700 | 3000 | 6100 | 10600 | 15200 |
| Screen | 650 | 1750 | 3150 | 6300 | 10900 | 15700 |
| Suburban | 650 | 1750 | 3100 | 6200 | 10700 | 15400 |

| | 6 | 5 | 4 | 3 | 2 | 1 |
|---|---|---|---|---|---|---|
| **1946** | | | | | | |
| **Light Duty, 1/2-ton, 115" wb** | | | | | | |
| Pickup | 650 | 1700 | 3000 | 5900 | 10200 | 14700 |
| Panel | 600 | 1600 | 2750 | 5500 | 9500 | 13800 |
| **1947** | | | | | | |
| **Light Duty, 1/2-ton, 115" wb** | | | | | | |
| Pickup | 650 | 1700 | 3000 | 6100 | 10600 | 15200 |
| Panel | 600 | 1650 | 2900 | 5800 | 10000 | 14500 |
| Canopy Exp | 650 | 1700 | 3000 | 6100 | 10600 | 15200 |
| Suburban | 650 | 1750 | 3100 | 6200 | 10700 | 15400 |
| **1948** | | | | | | |
| **FC-101** | | | | | | |
| Pickup | 750 | 2100 | 3550 | 7100 | 12300 | 17700 |
| Panel | 550 | 1500 | 2500 | 5100 | 8800 | 12500 |
| Canopy Exp | 550 | 1550 | 2650 | 5300 | 9100 | 13000 |
| Suburban | 600 | 1600 | 2750 | 5500 | 9500 | 13800 |
| **1949** | | | | | | |
| **FC-101** | | | | | | |
| Pickup | 750 | 2100 | 3550 | 7100 | 12300 | 17700 |
| Panel | 550 | 1500 | 2500 | 5100 | 8800 | 12500 |
| Canopy Exp | 550 | 1550 | 2650 | 5300 | 9100 | 13000 |
| Suburban | 600 | 1600 | 2750 | 5500 | 9500 | 13800 |
| **1950** | | | | | | |
| **FC-101** | | | | | | |
| Pickup | 750 | 2100 | 3550 | 7100 | 12300 | 17700 |
| Panel | 550 | 1500 | 2500 | 5100 | 8800 | 12500 |
| Canopy Exp | 550 | 1550 | 2650 | 5300 | 9100 | 13000 |
| Suburban | 600 | 1600 | 2750 | 5500 | 9500 | 13800 |
| **1951** | | | | | | |
| **100-22, 1/2-ton, 116" wb** | | | | | | |
| Pickup | 750 | 2100 | 3550 | 7100 | 12300 | 17700 |
| Panel | 550 | 1500 | 2500 | 5100 | 8800 | 12500 |
| Canopy Exp | 550 | 1550 | 2650 | 5300 | 9100 | 13000 |
| Suburban | 600 | 1600 | 2750 | 5500 | 9500 | 13800 |
| **1952** | | | | | | |
| **100-22, 1/2-ton, 116" wb** | | | | | | |
| Pickup | 750 | 2100 | 3550 | 7100 | 12300 | 17700 |
| Panel | 550 | 1500 | 2500 | 5100 | 8800 | 12500 |
| Canopy Exp | 550 | 1550 | 2650 | 5300 | 9100 | 13000 |
| Suburban | 600 | 1600 | 2750 | 5500 | 9500 | 13800 |
| **1953** | | | | | | |
| **100-22, 1/2-ton, 116" wb** | | | | | | |
| Pickup | 750 | 2100 | 3550 | 7100 | 12300 | 17700 |
| Panel | 550 | 1500 | 2500 | 5100 | 8800 | 12500 |
| Canopy Exp | 550 | 1550 | 2650 | 5300 | 9100 | 13000 |
| Suburban | 600 | 1600 | 2750 | 5500 | 9500 | 13800 |
| **1954** | | | | | | |
| **100-22** | | | | | | |
| Pickup | 700 | 1850 | 3300 | 6600 | 11300 | 16300 |
| Panel | 600 | 1600 | 2750 | 5500 | 9500 | 13800 |
| Canopy Exp | 600 | 1600 | 2750 | 5500 | 9500 | 13800 |
| Suburban | 600 | 1650 | 2850 | 5700 | 9900 | 14200 |

| | 6 | 5 | 4 | 3 | 2 | 1 |
|---|---|---|---|---|---|---|
| **1955** | | | | | | |
| **100-22** | | | | | | |
| Pickup | 700 | 1850 | 3300 | 6600 | 11300 | 16300 |
| Panel | 600 | 1600 | 2750 | 5500 | 9500 | 13800 |
| Canopy Exp | 600 | 1600 | 2750 | 5500 | 9500 | 13800 |
| Suburban | 600 | 1650 | 2850 | 5700 | 9900 | 14200 |
| **1956** | | | | | | |
| **101** | | | | | | |
| Pickup | 700 | 1850 | 3300 | 6600 | 11300 | 16300 |
| Suburban Pickup | 950 | 3000 | 5050 | 10100 | 17900 | 25100 |
| Panel Del | 600 | 1600 | 2750 | 5500 | 9500 | 13800 |
| Suburban | 600 | 1650 | 2850 | 5700 | 9900 | 14200 |
| **1957** | | | | | | |
| **101** | | | | | | |
| Pickup | 700 | 1850 | 3300 | 6600 | 11300 | 16300 |
| Panel | 600 | 1600 | 2750 | 5500 | 9500 | 13800 |
| Suburban | 600 | 1650 | 2850 | 5700 | 9900 | 14200 |
| **1958** | | | | | | |
| **101** | | | | | | |
| Pickup | 650 | 1700 | 3000 | 6000 | 10400 | 14900 |
| Wide-side Pickup | 600 | 1650 | 2900 | 5800 | 10000 | 14500 |
| Panel | 550 | 1450 | 2450 | 4900 | 8500 | 12000 |
| Suburban | 600 | 1600 | 2700 | 5400 | 9300 | 13500 |
| **1959** | | | | | | |
| **101** | | | | | | |
| Pickup | 650 | 1700 | 3000 | 6000 | 10400 | 14900 |
| Wide-side Pickup | 600 | 1650 | 2900 | 5800 | 10000 | 14500 |
| Panel | 550 | 1450 | 2450 | 4900 | 8500 | 12000 |
| Suburban | 600 | 1600 | 2700 | 5400 | 9300 | 13500 |
| **1960** | | | | | | |
| **1/2-ton, 115" wb** | | | | | | |
| Pickup | 550 | 1500 | 2500 | 5100 | 8800 | 12500 |
| Wide-Side Pickup | 550 | 1550 | 2650 | 5300 | 9100 | 13000 |
| Panel | 500 | 1350 | 2350 | 4700 | 8100 | 11500 |
| Suburban | 500 | 1350 | 2350 | 4700 | 8100 | 11500 |
| **1/2-ton, 127" wb** | | | | | | |
| Pickup | 550 | 1450 | 2450 | 4900 | 8500 | 12000 |
| Wide-Side Pickup | 550 | 1500 | 2500 | 5100 | 8800 | 12500 |
| **1961** | | | | | | |
| **1/2-ton, 115" wb** | | | | | | |
| Fender-side Pickup | 550 | 1400 | 2400 | 4800 | 8300 | 11800 |
| Wide-side Pickup | 550 | 1500 | 2500 | 5000 | 8700 | 12300 |
| **1/2-ton, 127" wb** | | | | | | |
| Fender-side Pickup | 500 | 1350 | 2300 | 4600 | 8000 | 11300 |
| Wide-side Pickup | 550 | 1400 | 2400 | 4800 | 8300 | 11800 |
| Panel | 500 | 1300 | 2250 | 4500 | 7700 | 11000 |
| Suburban | 500 | 1300 | 2250 | 4500 | 7700 | 11000 |
| **1962** | | | | | | |
| **1/2-ton, 115" wb** | | | | | | |
| Fender-side Pickup | 550 | 1400 | 2400 | 4800 | 8300 | 11800 |
| Wide-side Pickup | 550 | 1500 | 2500 | 5000 | 8700 | 12300 |
| **1/2-ton, 127" wb** | | | | | | |
| Fender-side Pickup | 500 | 1350 | 2300 | 4600 | 8000 | 11300 |
| Wide-side Pickup | 550 | 1400 | 2400 | 4800 | 8300 | 11800 |
| Panel | 450 | 1250 | 2150 | 4300 | 7400 | 10700 |
| Suburban | 500 | 1300 | 2250 | 4500 | 7700 | 11000 |

| | 6 | 5 | 4 | 3 | 2 | 1 |
|---|---|---|---|---|---|---|
| **1963** | | | | | | |
| **1/2-ton, 115" wb** | | | | | | |
| Fender-side Pickup | 550 | 1400 | 2400 | 4800 | 8300 | 11800 |
| Wide-side Pickup | 550 | 1500 | 2500 | 5000 | 8700 | 12300 |
| **1/2-ton, 127" wb** | | | | | | |
| Fender-side Pickup | 500 | 1350 | 2300 | 4600 | 8000 | 11300 |
| Wide-side Pickup | 550 | 1400 | 2400 | 4800 | 8300 | 11800 |
| Panel | 450 | 1250 | 2150 | 4300 | 7400 | 10700 |
| Suburban | 500 | 1300 | 2250 | 4500 | 7700 | 11000 |
| **1964** | | | | | | |
| **1/2-ton, 115" wb** | | | | | | |
| Fender-side Pickup | 550 | 1400 | 2400 | 4800 | 8300 | 11800 |
| Wide-side Pickup | 550 | 1500 | 2500 | 5000 | 8700 | 12300 |
| **1/2-ton, 127" wb** | | | | | | |
| Fender-side Pickup | 500 | 1350 | 2300 | 4600 | 8000 | 11300 |
| Wide-side Pickup | 550 | 1400 | 2400 | 4800 | 8300 | 11800 |
| Panel | 450 | 1250 | 2150 | 4300 | 7400 | 10700 |
| Suburban | 500 | 1300 | 2250 | 4500 | 7700 | 11000 |
| **1965** | | | | | | |
| **1/2-ton, 115" wb** | | | | | | |
| Fender-side Pickup | 550 | 1400 | 2400 | 4800 | 8300 | 11800 |
| Wide-side Pickup | 550 | 1500 | 2500 | 5000 | 8700 | 12300 |
| **1/2-ton, 127" wb** | | | | | | |
| Fender-side Pickup | 500 | 1350 | 2300 | 4600 | 8000 | 11300 |
| Wide-side Pickup | 550 | 1400 | 2400 | 4800 | 8300 | 11800 |
| Panel | 450 | 1250 | 2150 | 4300 | 7400 | 10700 |
| Suburban | 500 | 1300 | 2250 | 4500 | 7700 | 11000 |
| **1966** | | | | | | |
| **1/2-ton, 115" wb** | | | | | | |
| Fender-side Pickup | 550 | 1400 | 2400 | 4800 | 8300 | 11800 |
| Wide-side Pickup | 550 | 1500 | 2500 | 5000 | 8700 | 12300 |
| **1/2-ton, 127" wb** | | | | | | |
| Fender-side Pickup | 500 | 1350 | 2300 | 4600 | 8000 | 11300 |
| Wide-side Pickup | 550 | 1400 | 2400 | 4800 | 8300 | 11800 |
| Panel | 450 | 1250 | 2100 | 4200 | 7200 | 10500 |
| Suburban | 500 | 1350 | 2300 | 4600 | 8000 | 11300 |
| **1967** | | | | | | |
| **1/2-ton, 115" wb** | | | | | | |
| Fender-side Pickup | 550 | 1400 | 2400 | 4800 | 8300 | 11800 |
| Wide-side Pickup | 550 | 1500 | 2500 | 5000 | 8700 | 12300 |
| **1/2-ton, 127" wb** | | | | | | |
| Fender-side Pickup | 500 | 1350 | 2300 | 4600 | 8000 | 11300 |
| Wide-side Pickup | 550 | 1400 | 2400 | 4800 | 8300 | 11800 |
| Panel | 400 | 1200 | 2000 | 4000 | 6900 | 10000 |
| Suburban | 500 | 1350 | 2300 | 4600 | 8000 | 11300 |
| **1968** | | | | | | |
| **1/2-ton, 115" wb** | | | | | | |
| Fender-side Pickup | 550 | 1450 | 2450 | 4900 | 8500 | 12000 |
| Wide-side Pickup | 550 | 1500 | 2500 | 5100 | 8800 | 12500 |
| **1/2-ton, 127" wb** | | | | | | |
| Fender-side Pickup | 500 | 1350 | 2350 | 4700 | 8100 | 11500 |
| Wide-side Pickup | 550 | 1450 | 2450 | 4900 | 8500 | 12000 |
| Panel | 400 | 1200 | 2000 | 4000 | 6900 | 10000 |
| Suburban | 500 | 1350 | 2300 | 4600 | 8000 | 11300 |

| | 6 | 5 | 4 | 3 | 2 | 1 |
|---|---|---|---|---|---|---|
| **1969** | | | | | | |
| **1/2-ton, 115" wb** | | | | | | |
| Fender-side Pickup | 550 | 1500 | 2500 | 5100 | 8800 | 12500 |
| Wide-side Pickup | 650 | 1700 | 3000 | 5900 | 10200 | 14700 |
| **1/2-ton, 127" wb** | | | | | | |
| Fender-side Pickup | 550 | 1450 | 2450 | 4900 | 8500 | 12000 |
| Wide-side Pickup | 600 | 1650 | 2850 | 5700 | 9900 | 14200 |
| Panel | 450 | 1250 | 2100 | 4200 | 7200 | 10500 |
| Suburban | 550 | 1400 | 2400 | 4800 | 8300 | 11800 |
| **1970** | | | | | | |
| **1/2-ton, 115" wb** | | | | | | |
| Fender-side Pickup | 550 | 1500 | 2500 | 5100 | 8800 | 12500 |
| Wide-side Pickup | 650 | 1700 | 3000 | 5900 | 10200 | 14700 |
| **1/2-ton, 127" wb** | | | | | | |
| Fender-side Pickup | 550 | 1450 | 2450 | 4900 | 8500 | 12000 |
| Wide-side Pickup | 650 | 1700 | 3000 | 6100 | 10600 | 15200 |
| Panel | 450 | 1250 | 2100 | 4200 | 7200 | 10500 |
| Suburban | 550 | 1400 | 2400 | 4800 | 8300 | 11800 |
| **Jimmy, 104" wb** | | | | | | |
| Uty Open | 550 | 1500 | 2500 | 5100 | 8800 | 12500 |
| **1971** | | | | | | |
| **Sprint, 1/2-ton** | | | | | | |
| Pickup | 600 | 1600 | 2700 | 5400 | 9300 | 13500 |
| Custom Pickup | 600 | 1650 | 2900 | 5800 | 10000 | 14500 |
| **1/2-ton, 115" wb** | | | | | | |
| Fender-side Pickup | 600 | 1600 | 2750 | 5500 | 9500 | 13800 |
| Wide-side Pickup | 650 | 1700 | 3000 | 6100 | 10600 | 15200 |
| Jimmy Uty Open | 550 | 1450 | 2450 | 4900 | 8500 | 12000 |
| **1/2-ton, 127" wb** | | | | | | |
| Fender-side Pickup | 550 | 1550 | 2650 | 5300 | 9100 | 13000 |
| Wide-side Pickup | 650 | 1700 | 3000 | 5900 | 10200 | 14700 |
| Panel | 400 | 1200 | 2000 | 4000 | 6900 | 10000 |
| Suburban | 500 | 1350 | 2300 | 4600 | 8000 | 11300 |
| **1972** | | | | | | |
| **Sprint, 1/2-ton** | | | | | | |
| Pickup | 550 | 1550 | 2600 | 5200 | 9000 | 12800 |
| Custom Pickup | 600 | 1600 | 2800 | 5600 | 9700 | 14000 |
| **1/2-ton, 115" wb** | | | | | | |
| Fender-side Pickup | 600 | 1600 | 2750 | 5500 | 9500 | 13800 |
| Wide-side Pickup | 650 | 1700 | 3000 | 6100 | 10600 | 15200 |
| Jimmy Uty Open | 500 | 1350 | 2350 | 4700 | 8100 | 11500 |
| **1/2-ton, 127" wb** | | | | | | |
| Fender-side Pickup | 550 | 1550 | 2650 | 5300 | 9100 | 13000 |
| Wide-side Pickup | 650 | 1700 | 3000 | 5900 | 10200 | 14700 |
| Panel | 400 | 1200 | 1950 | 3900 | 6800 | 9900 |
| Suburban | 450 | 1250 | 2150 | 4300 | 7400 | 10700 |
| **1973** | | | | | | |
| **Sprint, 1/2-ton, 8-cyl.** | | | | | | |
| Pickup | 450 | 1250 | 2200 | 4400 | 7600 | 10900 |
| Pickup Custom | 550 | 1400 | 2400 | 4800 | 8300 | 11800 |
| **Jimmy, 1/2-ton, 4WD, 8-cyl.** | | | | | | |
| Uty Open | 500 | 1300 | 2250 | 4500 | 7700 | 11000 |
| **C1500, 1/2-ton, 8-cyl.** | | | | | | |
| Pickup FS (6 1/2') | 400 | 1200 | 1950 | 3900 | 6800 | 9900 |
| Pickup WS (6 1/2') | 450 | 1250 | 2150 | 4300 | 7400 | 10700 |
| Pickup FS (8') | 400 | 1150 | 1850 | 3700 | 6400 | 9300 |
| Pickup WS (8') | 450 | 1250 | 2050 | 4100 | 7100 | 10300 |
| Suburban | 450 | 1250 | 2100 | 4200 | 7200 | 10500 |

| | 6 | 5 | 4 | 3 | 2 | 1 |
|---|---|---|---|---|---|---|
| **1974** | | | | | | |
| **Sprint, 1/2-ton, 8-cyl.** | | | | | | |
| Pickup | 400 | 1200 | 1900 | 3800 | 6600 | 9600 |
| Pickup Classic | 450 | 1250 | 2100 | 4200 | 7200 | 10500 |
| **Jimmy, 1/2-ton, 4WD, 8-cyl.** | | | | | | |
| Uty Open | 450 | 1250 | 2150 | 4300 | 7400 | 10700 |
| **C1500, 1/2-ton, 8-cyl.** | | | | | | |
| Pickup FS (6 1/2') | 400 | 1150 | 1850 | 3700 | 6400 | 9300 |
| Pickup WS (6 1/2') | 450 | 1250 | 2050 | 4100 | 7100 | 10300 |
| Pickup FS (8') | 400 | 1100 | 1800 | 3500 | 6100 | 8900 |
| Pickup WS (8') | 400 | 1200 | 1950 | 3900 | 6800 | 9900 |
| Suburban | 450 | 1250 | 2100 | 4200 | 7200 | 10500 |
| **1975** | | | | | | |
| **Sprint, 1/2-ton, 8-cyl.** | | | | | | |
| Pickup | 400 | 1100 | 1800 | 3600 | 6200 | 9100 |
| Pickup Classic | 400 | 1200 | 2000 | 4000 | 6900 | 10000 |
| **Jimmy, 1/2-ton, 8-cyl.** | | | | | | |
| Uty Open | 400 | 1200 | 1950 | 3900 | 6800 | 9900 |
| Uty Open w/top | 450 | 1250 | 2050 | 4100 | 7100 | 10300 |
| **C1500, 1/2-ton, 8-cyl.** | | | | | | |
| Pickup FS (6 1/2') | 400 | 1100 | 1800 | 3500 | 6100 | 8900 |
| Pickup WS (6 1/2') | 400 | 1150 | 1850 | 3700 | 6400 | 9300 |
| Pickup FS (8') | 400 | 1150 | 1850 | 3700 | 6400 | 9300 |
| Pickup WS (8') | 400 | 1100 | 1800 | 3500 | 6100 | 8900 |
| Suburban | 400 | 1200 | 1950 | 3900 | 6800 | 9900 |
| **1976** | | | | | | |
| **Sprint, 1/2-ton, 8-cyl.** | | | | | | |
| Pickup | 400 | 1100 | 1800 | 3600 | 6200 | 9100 |
| Pickup Classic | 400 | 1200 | 2000 | 4000 | 6900 | 10000 |
| **Jimmy 1/2-ton, 4WD, 8-cyl.** | | | | | | |
| Uty Open | 400 | 1200 | 1950 | 3900 | 6800 | 9900 |
| **C1500, 1/2-ton, 8-cyl.** | | | | | | |
| Pickup FS (6 1/2') | 400 | 1050 | 1700 | 3400 | 5900 | 8500 |
| Pickup WS (6 1/2') | 400 | 1100 | 1800 | 3600 | 6200 | 9100 |
| Pickup FS (8') | 400 | 1100 | 1800 | 3600 | 6200 | 9100 |
| Pickup WS (8') | 400 | 1050 | 1700 | 3400 | 5900 | 8500 |
| Suburban | 400 | 1200 | 1950 | 3900 | 6800 | 9900 |
| **1977** | | | | | | |
| **Sprint, 1/2-ton, 8-cyl.** | | | | | | |
| Pickup | 400 | 1050 | 1700 | 3400 | 5900 | 8500 |
| Pickup Classic | 400 | 1100 | 1800 | 3600 | 6200 | 9100 |
| **Jimmy, 1/2-ton, 8-cyl.** | | | | | | |
| Uty Open (w/hdtp) | 400 | 1150 | 1850 | 3700 | 6400 | 9300 |
| Uty Open (w/con tp) | 400 | 1100 | 1800 | 3500 | 6100 | 8900 |
| **C1500, 1/2-ton, 8-cyl.** | | | | | | |
| Pickup FS (6 1/2') | 400 | 1050 | 1700 | 3400 | 5900 | 8500 |
| Pickup WS (6 1/2') | 400 | 1100 | 1800 | 3600 | 6200 | 9100 |
| Pickup FS (8') | 400 | 1100 | 1800 | 3600 | 6200 | 9100 |
| Pickup WS (8') | 400 | 1050 | 1700 | 3400 | 5900 | 8500 |
| Suburban | 400 | 1200 | 1950 | 3900 | 6800 | 9900 |
| **1978** | | | | | | |
| **Caballero, 1/2-ton, 8-cyl.** | | | | | | |
| Pickup | 350 | 1000 | 1600 | 3200 | 5700 | 8100 |
| Pickup (Diablo) | 400 | 1050 | 1700 | 3400 | 5900 | 8500 |
| **Jimmy, 1/2-ton, 4WD, 8-cyl.** | | | | | | |
| Uty (w/hdtp) | 400 | 1100 | 1800 | 3500 | 6100 | 8900 |
| Uty (w/con tp) | 400 | 1050 | 1700 | 3300 | 5800 | 8300 |

|  | 6 | 5 | 4 | 3 | 2 | 1 |
|---|---|---|---|---|---|---|
| **C1500, 1/2-ton, 8-cyl.** | | | | | | |
| Pickup FS (6 1/2') | 400 | 1050 | 1700 | 3400 | 5900 | 8500 |
| Pickup WS (6 1/2') | 400 | 1100 | 1800 | 3600 | 6200 | 9100 |
| Pickup FS (8') | 400 | 1100 | 1800 | 3600 | 6200 | 9100 |
| Pickup WS (8') | 400 | 1050 | 1700 | 3400 | 5900 | 8500 |
| Suburban | 400 | 1200 | 1950 | 3900 | 6800 | 9900 |
| ***1979*** | | | | | | |
| **Caballero, 1/2-ton, 8-cyl.** | | | | | | |
| Pickup | 350 | 1000 | 1600 | 3200 | 5700 | 8100 |
| Pickup (Diablo) | 400 | 1050 | 1700 | 3400 | 5900 | 8500 |
| **Jimmy, 1/2-ton, 8-cyl.** | | | | | | |
| Uty (w/hdtp) | 400 | 1100 | 1800 | 3500 | 6100 | 8900 |
| Uty (w/con tp) | 400 | 1050 | 1700 | 3300 | 5800 | 8300 |
| **C1500, 1/2-ton, 8-cyl.** | | | | | | |
| Pickup FS (6 1/2') | 400 | 1050 | 1700 | 3400 | 5900 | 8500 |
| Pickup WS (6 1/2') | 400 | 1100 | 1800 | 3600 | 6200 | 9100 |
| Pickup FS (8') | 400 | 1100 | 1800 | 3600 | 6200 | 9100 |
| Pickup WS (8') | 400 | 1050 | 1700 | 3400 | 5900 | 8500 |
| Suburban | 400 | 1200 | 1950 | 3900 | 6800 | 9900 |
| ***1980*** | | | | | | |
| **Caballero, 1/2-ton, 8-cyl.** | | | | | | |
| Pickup | 350 | 900 | 1500 | 2900 | 5200 | 7400 |
| Pickup (Diablo) | 350 | 950 | 1550 | 3100 | 5500 | 7900 |
| **Jimmy, 1/2-ton, 4WD, 8-cyl.** | | | | | | |
| Uty (w/hdtp) | 400 | 1050 | 1700 | 3300 | 5800 | 8300 |
| Uty (w/con tp) | 350 | 950 | 1550 | 3100 | 5500 | 7900 |
| **C1500, 1/2-ton, 8-cyl.** | | | | | | |
| Pickup (6 1/2') | 400 | 1050 | 1700 | 3400 | 5900 | 8500 |
| Pickup (8') | 350 | 1000 | 1600 | 3200 | 5700 | 8100 |
| Suburban | 400 | 1200 | 1950 | 3900 | 6800 | 9900 |
| ***1981*** | | | | | | |
| **Caballero, 1/2-ton, 6-cyl.** | | | | | | |
| Pickup | 350 | 900 | 1500 | 2900 | 5200 | 7400 |
| Pickup (Diablo) | 350 | 950 | 1550 | 3100 | 5500 | 7900 |
| **Jimmy, 1/2-ton, 6-cyl.** | | | | | | |
| Uty (w/hdtp) | 400 | 1050 | 1700 | 3300 | 5800 | 8300 |
| Uty (w/con tp) | 350 | 950 | 1550 | 3100 | 5500 | 7900 |
| **C1500, 1/2-ton, 6-cyl.** | | | | | | |
| Pickup (6 1/2') | 400 | 1100 | 1800 | 3500 | 6100 | 8900 |
| Pickup (8') | 400 | 1050 | 1700 | 3300 | 5800 | 8300 |
| Suburban | 400 | 1200 | 2000 | 4000 | 6900 | 10000 |
| ***1982*** | | | | | | |
| **Caballero, 1/2-ton, 6-cyl.** | | | | | | |
| Pickup | 350 | 900 | 1500 | 3000 | 5300 | 7600 |
| Pickup (Diablo) | 350 | 1000 | 1600 | 3200 | 5700 | 8100 |
| **Jimmy, 1/2-ton, 4WD, 6-cyl.** | | | | | | |
| Hdtp | 400 | 1100 | 1800 | 3500 | 6100 | 8900 |
| **S15, 1/2-ton, 4-cyl.** | | | | | | |
| Pickup Wideside (6') | 200 | 450 | 650 | 1300 | 2200 | 3200 |
| Pickup Wideside (7 1/2') | 250 | 500 | 750 | 1400 | 2400 | 3400 |
| **C1500, 1/2-ton, 6-cyl.** | | | | | | |
| Pickup (6 1/2') | 400 | 1100 | 1800 | 3500 | 6100 | 8900 |
| Pickup (8') | 400 | 1050 | 1700 | 3300 | 5800 | 8300 |
| Suburban | 400 | 1200 | 2000 | 4000 | 6900 | 10000 |

|  | 6 | 5 | 4 | 3 | 2 | 1 |
|---|---|---|---|---|---|---|
| **1983** | | | | | | |
| **Caballero, 1/2-ton, 8-cyl.** | | | | | | |
| Pickup | 350 | 950 | 1550 | 3100 | 5500 | 7900 |
| Pickup Diablo | 400 | 1050 | 1700 | 3300 | 5800 | 8300 |
| **K1500 Jimmy, 1/2-ton, 4WD, 8-cyl.** | | | | | | |
| Hdtp | 400 | 1100 | 1800 | 3500 | 6100 | 8900 |
| **S15 Jimmy, 1/2-ton, 4WD, 6-cyl.** | | | | | | |
| Tailgate | 350 | 900 | 1500 | 2900 | 5200 | 7400 |
| **S15, 1/2-ton, 6-cyl.** | | | | | | |
| Wideside (6') | 200 | 450 | 650 | 1300 | 2200 | 3200 |
| Wideside (7 1/2') | 250 | 500 | 750 | 1400 | 2400 | 3400 |
| Wideside Ext. Cab | 300 | 600 | 950 | 1900 | 3200 | 4600 |
| **C1500, 1/2-ton, 8-cyl.** | | | | | | |
| Pickup (6 1/2') | 400 | 1100 | 1800 | 3600 | 6200 | 9100 |
| Pickup (8') | 400 | 1050 | 1700 | 3400 | 5900 | 8500 |
| Suburban | 450 | 1250 | 2050 | 4100 | 7100 | 10300 |
| **1984** | | | | | | |
| **Caballero, 1/2-ton, 8-cyl.** | | | | | | |
| Sdn Pickup | 400 | 1050 | 1700 | 3300 | 5800 | 8300 |
| Sdn SS Diablo | 400 | 1100 | 1800 | 3600 | 6200 | 9100 |
| **K1500 Jimmy, 1/2-ton, 8-cyl.** | | | | | | |
| Uty | 400 | 1150 | 1850 | 3700 | 6400 | 9300 |
| **S15 Jimmy, 1/2-ton, 4WD, 6-cyl.** | | | | | | |
| Tailgate | 350 | 950 | 1550 | 3100 | 5500 | 7900 |
| **S15, 1/2-ton, 6-cyl.** | | | | | | |
| Wideside (6') | 250 | 500 | 750 | 1400 | 2400 | 3400 |
| Wideside (7 1/2') | 250 | 500 | 750 | 1500 | 2600 | 3600 |
| Wideside Ext. Cab | 300 | 650 | 1000 | 2000 | 3500 | 4900 |
| **C1500, 1/2-ton, 8-cyl.** | | | | | | |
| Pickup (6 1/2') | 400 | 1200 | 1950 | 3900 | 6800 | 9900 |
| Pickup (8') | 400 | 1150 | 1850 | 3700 | 6400 | 9300 |
| Suburban | 450 | 1250 | 2150 | 4300 | 7400 | 10700 |
| **1985** | | | | | | |
| **Caballero, 1/2-ton, 8-cyl.** | | | | | | |
| Sdn Pickup | 400 | 1100 | 1800 | 3600 | 6200 | 9100 |
| Sdn SS Diablo | 400 | 1200 | 2000 | 4000 | 6900 | 10000 |
| **K1500 Jimmy, 1/2-ton, 8-cyl.** | | | | | | |
| Uty | 400 | 1200 | 2000 | 4000 | 6900 | 10000 |
| **S15 Jimmy, 1/2-ton, 4WD, 6-cyl.** | | | | | | |
| Tailgate | 350 | 900 | 1500 | 3000 | 5300 | 7600 |
| **S15, 1/2-ton, 6-cyl.** | | | | | | |
| Wideside (6') | 250 | 500 | 750 | 1400 | 2400 | 3400 |
| Wideside (7 1/2') | 250 | 500 | 750 | 1500 | 2600 | 3600 |
| Wideside Ext. Cab (6') | 300 | 650 | 1000 | 2000 | 3500 | 4900 |
| **C1500, 1/2-ton, 8-cyl.** | | | | | | |
| Pickup (6 1/2') | 450 | 1250 | 2150 | 4300 | 7400 | 10700 |
| Pickup (8') | 450 | 1250 | 2050 | 4100 | 7100 | 10300 |
| Suburban | 450 | 1250 | 2200 | 4400 | 7600 | 10900 |
| **1986** | | | | | | |
| **Caballero, 1/2-ton, 8-cyl.** | | | | | | |
| Sdn Pickup | 400 | 1200 | 2000 | 4000 | 6900 | 10000 |
| Sdn Diablo | 450 | 1250 | 2200 | 4400 | 7600 | 10900 |
| **K1500 Jimmy, 1/2-ton, 8-cyl.** | | | | | | |
| Uty | 500 | 1300 | 2250 | 4500 | 7700 | 11000 |
| **S15 Jimmy, 1/2-ton, 4WD, 6-cyl.** | | | | | | |
| Tailgate | 400 | 1050 | 1700 | 3300 | 5800 | 8300 |

| | 6 | 5 | 4 | 3 | 2 | 1 |
|---|---|---|---|---|---|---|
| **S15, 1/2-ton, 6-cyl.** | | | | | | |
| Wideside Spl (6') | 250 | 500 | 750 | 1400 | 2400 | 3400 |
| Wideside (6') | 300 | 550 | 800 | 1600 | 2800 | 3900 |
| Wideside (7 1/2') | 300 | 600 | 850 | 1700 | 2900 | 4100 |
| Wideside Ext. Cab (6') | 300 | 650 | 1150 | 2300 | 3900 | 5700 |
| **C1500, 1/2-ton, 8-cyl.** | | | | | | |
| Pickup (6 1/2') | 500 | 1350 | 2350 | 4700 | 8100 | 11500 |
| Pickup (8') | 500 | 1300 | 2250 | 4500 | 7700 | 11000 |
| Suburban | 550 | 1400 | 2400 | 4800 | 8300 | 11800 |
| ***1987*** | | | | | | |
| **Caballero, 1/2-ton, 8-cyl.** | | | | | | |
| Sdn Pickup | 500 | 1300 | 2250 | 4500 | 7700 | 11000 |
| Sdn Diablo | 550 | 1450 | 2450 | 4900 | 8500 | 12000 |
| **V1500 Jimmy, 1/2-ton, 8-cyl.** | | | | | | |
| Uty | 550 | 1500 | 2500 | 5000 | 8700 | 12300 |
| **S15 Jimmy, 1/2-ton, 6-cyl.** | | | | | | |
| Tailgate | 400 | 1150 | 1850 | 3700 | 6400 | 9300 |
| **S15, 1/2-ton, 6-cyl.** | | | | | | |
| Wideside Spl (6') | 300 | 550 | 800 | 1600 | 2800 | 3900 |
| Wideside (6') | 300 | 600 | 900 | 1800 | 3100 | 4400 |
| Wideside (7 1/2') | 300 | 600 | 950 | 1900 | 3200 | 4600 |
| Wideside Ext. Cab (6') | 300 | 750 | 1250 | 2500 | 4400 | 6200 |
| **R1500, 1/2-ton, 8-cyl.** | | | | | | |
| Pickup Wideside (6 1/2') | 550 | 1500 | 2500 | 5000 | 8700 | 12300 |
| Pickup Wideside (8') | 550 | 1400 | 2400 | 4800 | 8300 | 11800 |
| Suburban | 550 | 1550 | 2650 | 5300 | 9100 | 13000 |
| ***1988*** | | | | | | |
| **V1500 Jimmy, 1/2-ton, 8-cyl.** | | | | | | |
| Uty | 600 | 1600 | 2750 | 5500 | 9500 | 13800 |
| **S15 Jimmy, 1/2-ton, 6-cyl.** | | | | | | |
| Tailgate | 400 | 1200 | 1950 | 3900 | 6800 | 9900 |
| Tailgate 4WD | 500 | 1300 | 2250 | 4500 | 7700 | 11000 |
| **Suburban R1500, 1/2-ton, 8-cyl.** | | | | | | |
| Suburban | 650 | 1700 | 3000 | 6000 | 10400 | 14900 |
| **S15, 1/2-ton, 6-cyl.** | | | | | | |
| Wideside Spl (6') | 300 | 600 | 900 | 1800 | 3100 | 4400 |
| Pickup Wideside (6') | 300 | 650 | 1100 | 2100 | 3600 | 5100 |
| Pickup Wideside (7 1/2') | 300 | 650 | 1100 | 2200 | 3800 | 5400 |
| Pickup Wideside Club Cab (6') | 350 | 900 | 1500 | 2900 | 5200 | 7400 |
| **C1500, 1/2-ton, 8-cyl.** | | | | | | |
| Pickup (6 1/2') | 600 | 1600 | 2800 | 5600 | 9700 | 14000 |
| Pickup (8') | 600 | 1600 | 2700 | 5400 | 9300 | 13500 |
| Pickup Wideside Club Cab (8') | 650 | 1700 | 3000 | 5900 | 10200 | 14700 |
| ***1989*** | | | | | | |
| **V1500 Jimmy, 1/2-ton, 8-cyl.** | | | | | | |
| Uty | 650 | 1700 | 3000 | 6100 | 10600 | 15200 |
| **S15 Jimmy, 1/2-ton, 6-cyl.** | | | | | | |
| Tailgate | 450 | 1250 | 2200 | 4400 | 7600 | 10900 |
| Tailgate 4WD | 550 | 1500 | 2500 | 5000 | 8700 | 12300 |
| **Suburban R1500, 1/2-ton, 8-cyl.** | | | | | | |
| Suburban | 700 | 1900 | 3350 | 6700 | 11500 | 16500 |
| **S15, 1/2-ton, 6-cyl.** | | | | | | |
| Wideside Spl (6') | 300 | 650 | 1100 | 2100 | 3600 | 5100 |
| Pickup Wideside (6') | 300 | 700 | 1200 | 2400 | 4100 | 5900 |
| Pickup Wideside (7 1/2') | 300 | 750 | 1250 | 2500 | 4400 | 6200 |

| | 6 | 5 | 4 | 3 | 2 | 1 |
|---|---|---|---|---|---|---|
| **C1500, 1/2-ton, 8-cyl.** | | | | | | |
| Pickup (6 1/2') | 650 | 1700 | 3000 | 6100 | 10600 | 15200 |
| Pickup Wideside (8') | 650 | 1700 | 3000 | 5900 | 10200 | 14700 |
| Pickup Wideside Club Cab (6 1/2') | 700 | 1900 | 3350 | 6700 | 11500 | 16500 |
| Pickup Wideside Club Cab (8') | 700 | 1850 | 3300 | 6600 | 11300 | 16300 |
| **1990** | | | | | | |
| **V1500 Jimmy, 1/2-ton, 4WD, 8-cyl.** | | | | | | |
| Uty | 700 | 1900 | 3400 | 6800 | 11700 | 16900 |
| **S15 Jimmy, 1/2-ton, 6-cyl.** | | | | | | |
| 2-dr Tailgate | 500 | 1350 | 2300 | 4600 | 8000 | 11300 |
| 2-dr Tailgate 4WD | 550 | 1550 | 2600 | 5200 | 9000 | 12800 |
| **S15, 1/2-ton, 6-cyl.** | | | | | | |
| Wideside Spl (6') | 300 | 750 | 1250 | 2500 | 4400 | 6200 |
| Pickup Wideside (6') | 350 | 850 | 1400 | 2800 | 4900 | 7100 |
| Pickup Wideside (7 1/2') | 350 | 900 | 1500 | 2900 | 5200 | 7400 |
| Pickup Wideside Club Cab (6') | 400 | 1100 | 1800 | 3500 | 6100 | 8900 |
| **C1500, 1/2-ton, 8-cyl.** | | | | | | |
| Wideside Spl (8') | 650 | 1700 | 3000 | 6100 | 10600 | 15200 |
| Pickup (6 1/2') | 700 | 1850 | 3300 | 6600 | 11300 | 16300 |
| Pickup Wideside (8') | 650 | 1800 | 3200 | 6400 | 11000 | 15900 |
| Pickup Wideside Club Cab (6 1/2') | 750 | 2250 | 3700 | 7400 | 12800 | 18500 |
| Pickup Wideside Club Cab (8') | 750 | 2200 | 3650 | 7300 | 12600 | 18200 |
| **1991** | | | | | | |
| **V1500 Jimmy, 1/2-ton, 4WD, 8-cyl.** | | | | | | |
| Uty | 750 | 2300 | 3800 | 7600 | 13100 | 18900 |
| **S15 Jimmy, 1/2-ton, 6-cyl.** | | | | | | |
| 2-dr Tailgate | 550 | 1550 | 2600 | 5200 | 9000 | 12800 |
| 2-dr Tailgate 4WD | 600 | 1650 | 2900 | 5800 | 10000 | 14500 |
| **S15, 1/2-ton, 6-cyl.** | | | | | | |
| Wideside Spl (6') | 350 | 850 | 1400 | 2800 | 4900 | 7100 |
| Pickup Wideside (6') | 350 | 950 | 1550 | 3100 | 5500 | 7900 |
| Pickup Wideside (7 1/2') | 350 | 1000 | 1600 | 3200 | 5700 | 8100 |
| Pickup Wideside Club Cab (6') | 400 | 1200 | 1950 | 3900 | 6800 | 9900 |
| **C1500, 1/2-ton, 8-cyl.** | | | | | | |
| Wideside Spl (8') | 700 | 1850 | 3300 | 6600 | 11300 | 16300 |
| Pickup (6 1/2') | 750 | 2100 | 3550 | 7100 | 12300 | 17700 |
| Pickup Wideside (8') | 700 | 2000 | 3450 | 6900 | 11900 | 17200 |
| Pickup Wideside Club Cab (6 1/2') | 800 | 2400 | 4050 | 8100 | 14200 | 20200 |
| Pickup Wideside Club Cab (8') | 800 | 2400 | 4000 | 8000 | 13900 | 19900 |

# HUDSON TRUCK
## 1929 - 1947

'34 Terraplane Pickup

'47 Hudson Pickup

| | 6 | 5 | 4 | 3 | 2 | 1 |
|---|---|---|---|---|---|---|
| *From 1929 to 1933, classified as Essex* | | | | | | |

**1929**

**Dover Series, 6-cyl., 18.2 hp, 110.5" wb**

| | 6 | 5 | 4 | 3 | 2 | 1 |
|---|---|---|---|---|---|---|
| Panel Del | 550 | 1500 | 2500 | 5100 | 8800 | 12500 |
| Screenside Del | 550 | 1450 | 2450 | 4900 | 8500 | 12000 |
| Pickup | 650 | 1750 | 3100 | 6200 | 10700 | 15400 |
| Sdn Del | 600 | 1600 | 2750 | 5500 | 9500 | 13800 |

**1930**

**Essex Series, 6-cyl., 18.2 hp, 110.5" wb**

| | 6 | 5 | 4 | 3 | 2 | 1 |
|---|---|---|---|---|---|---|
| Panel Del | 550 | 1500 | 2500 | 5100 | 8800 | 12500 |
| Pickup | 600 | 1600 | 2750 | 5500 | 9500 | 13800 |
| Screenside Exp | 550 | 1450 | 2450 | 4900 | 8500 | 12000 |
| Sdn Del | 600 | 1600 | 2750 | 5500 | 9500 | 13800 |

**1931**

**Essex Series, 6-cyl., 18.2 hp, 110.5" wb**

| | 6 | 5 | 4 | 3 | 2 | 1 |
|---|---|---|---|---|---|---|
| Panel Del | 550 | 1500 | 2500 | 5100 | 8800 | 12500 |
| Pickup | 600 | 1600 | 2750 | 5500 | 9500 | 13800 |
| Screenside Exp | 550 | 1450 | 2450 | 4900 | 8500 | 12000 |
| Canopy Exp | 550 | 1400 | 2400 | 4800 | 8300 | 11800 |
| Sdn Del | 600 | 1600 | 2750 | 5500 | 9500 | 13800 |

**1932**

*There were no trucks made this year.*

**1933**

**Essex Series, 6-cyl., 20.7 hp, 106" wb**

| | 6 | 5 | 4 | 3 | 2 | 1 |
|---|---|---|---|---|---|---|
| Sdn Del | 550 | 1500 | 2500 | 5100 | 8800 | 12500 |
| Panel Del | 550 | 1400 | 2400 | 4800 | 8300 | 11800 |
| Pickup | 550 | 1500 | 2500 | 5000 | 8700 | 12300 |
| Screenside Del | 500 | 1350 | 2350 | 4700 | 8100 | 11500 |
| Canopied Del | 500 | 1350 | 2300 | 4600 | 8000 | 11300 |

| | 6 | 5 | 4 | 3 | 2 | 1 |
|---|---|---|---|---|---|---|

*From 1934 to 1937, classified as Terraplane*

### 1934
**Series K, 6-cyl., 21.6 hp, 112" wb**

| | 6 | 5 | 4 | 3 | 2 | 1 |
|---|---|---|---|---|---|---|
| Cab Pickup | 550 | 1500 | 2500 | 5000 | 8700 | 12300 |
| Uty Coach | 500 | 1350 | 2350 | 4700 | 8100 | 11500 |
| Sdn Del | 550 | 1500 | 2500 | 5100 | 8800 | 12500 |

### 1935
**Series GU, 6-cyl., 21.6 hp, 112" wb**

| | 6 | 5 | 4 | 3 | 2 | 1 |
|---|---|---|---|---|---|---|
| Cab Pickup | 550 | 1450 | 2450 | 4900 | 8500 | 12000 |
| Uty Coach | 500 | 1350 | 2350 | 4700 | 8100 | 11500 |
| Sdn Del | 550 | 1500 | 2500 | 5100 | 8800 | 12500 |

### 1936
**Series 61, 6-cyl., 21.6 hp, 115" wb**

| | 6 | 5 | 4 | 3 | 2 | 1 |
|---|---|---|---|---|---|---|
| Cab Pickup | 550 | 1450 | 2450 | 4900 | 8500 | 12000 |
| Cstm Sta Wgn | 750 | 2250 | 3750 | 7500 | 13000 | 18700 |
| Uty coach | 500 | 1350 | 2350 | 4700 | 8100 | 11500 |
| Cstm Panel Del | 600 | 1600 | 2700 | 5400 | 9300 | 13500 |

### 1937
**Series 70, 6-cyl., 21.6 hp, 117" wb**

| | 6 | 5 | 4 | 3 | 2 | 1 |
|---|---|---|---|---|---|---|
| Uty Coach | 500 | 1350 | 2350 | 4700 | 8100 | 11500 |
| Uty Cpe Pickup | 550 | 1500 | 2500 | 5100 | 8800 | 12500 |
| Cab Pickup | 550 | 1500 | 2500 | 5000 | 8700 | 12300 |
| Panel Del | 550 | 1550 | 2600 | 5200 | 9000 | 12800 |
| Sta Wgn | 750 | 2250 | 3750 | 7500 | 13000 | 18700 |

**Big Boy Series 78, 21.6 hp, 124" wb**

| | 6 | 5 | 4 | 3 | 2 | 1 |
|---|---|---|---|---|---|---|
| Cab Pickup | 500 | 1350 | 2350 | 4700 | 8100 | 11500 |
| Custom Panel Del | 550 | 1450 | 2450 | 4900 | 8500 | 12000 |

*1938 and later models classified as Hudsons*

### 1938
**Terraplane 6, 6-cyl., 21.6 hp, 117" wb**

| | 6 | 5 | 4 | 3 | 2 | 1 |
|---|---|---|---|---|---|---|
| Cab Pickup | 500 | 1350 | 2350 | 4700 | 8100 | 11500 |
| Cstm Panel Del | 550 | 1500 | 2500 | 5100 | 8800 | 12500 |
| Sta Wgn | 750 | 2200 | 3650 | 7300 | 12600 | 18200 |

**Terraplane 6, 6-cyl., 21.6 hp, 124" wb**

| | 6 | 5 | 4 | 3 | 2 | 1 |
|---|---|---|---|---|---|---|
| Cab Pickup | 550 | 1500 | 2500 | 5100 | 8800 | 12500 |
| Custom Panel Del | 550 | 1550 | 2650 | 5300 | 9100 | 13000 |

**Hudson 112, Series 89, 6-cyl., 21.6 hp, 112" wb**

| | 6 | 5 | 4 | 3 | 2 | 1 |
|---|---|---|---|---|---|---|
| Cab Pickup | 550 | 1450 | 2450 | 4900 | 8500 | 12000 |
| Panel Del | 550 | 1500 | 2500 | 5100 | 8800 | 12500 |

### 1939
**Hudson 112, Series 90, 6-cyl., 21.6 hp, 112" wb**

| | 6 | 5 | 4 | 3 | 2 | 1 |
|---|---|---|---|---|---|---|
| Pickup | 450 | 1250 | 2050 | 4100 | 7100 | 10300 |
| Custom Panel | 450 | 1250 | 2150 | 4300 | 7400 | 10700 |

**Hudson Big Boy, Series 98, 6-cyl., 21.6 hp, 119" wb**

| | 6 | 5 | 4 | 3 | 2 | 1 |
|---|---|---|---|---|---|---|
| Pickup | 450 | 1250 | 2150 | 4300 | 7400 | 10700 |
| Custom Panel | 500 | 1300 | 2250 | 4500 | 7700 | 11000 |

**Hudson Pacemaker, Series 91, 6-cyl., 21.6 hp, 118" wb**

| | 6 | 5 | 4 | 3 | 2 | 1 |
|---|---|---|---|---|---|---|
| Custom Panel | 600 | 1600 | 2750 | 5500 | 9500 | 13800 |

| | 6 | 5 | 4 | 3 | 2 | 1 |
|---|---|---|---|---|---|---|
| **1940** | | | | | | |
| **Hudson Six, Series 40-C/40-T, 6-cyl., 21.6 hp, 113" wb** | | | | | | |
| Pickup | 650 | 1750 | 3150 | 6300 | 10900 | 15700 |
| Panel Del | 650 | 1700 | 3000 | 6100 | 10600 | 15200 |
| **Hudson "Big Boy", Series 48, 6-cyl., 21.6 hp, 125" wb** | | | | | | |
| Pickup | 650 | 1800 | 3250 | 6500 | 11200 | 16100 |
| Panel Del | 650 | 1750 | 3150 | 6300 | 10900 | 15700 |
| **1941** | | | | | | |
| **Hudson Six, Series C10, 6-cyl., 21.6 hp, 116" wb** | | | | | | |
| Pickup | 650 | 1700 | 3000 | 6100 | 10600 | 15200 |
| All-Pupose Del | 650 | 1700 | 3000 | 6100 | 10600 | 15200 |
| **Hudson Big Boy, Series C-18, 6-cyl., 21.6 hp, 128" wb** | | | | | | |
| Pickup | 650 | 1750 | 3150 | 6300 | 10900 | 15700 |
| Panel Del | 650 | 1700 | 3000 | 6100 | 10600 | 15200 |
| **1942** | | | | | | |
| **Hudson Six, Series C-20, 6-cyl., 21.6 hp, 116" wb** | | | | | | |
| Pickup | 650 | 1700 | 3000 | 6100 | 10600 | 15200 |
| **Hudson Big Boy, Series C-28, 6-cyl., 21.6 hp, 128" wb** | | | | | | |
| Pickup | 650 | 1750 | 3150 | 6300 | 10900 | 15700 |
| **1946** | | | | | | |
| **Cab Pickup, Series 58, 6-cyl., 21.6 hp, 128" wb** | | | | | | |
| Cab Pickup | 650 | 1750 | 3150 | 6300 | 10900 | 15700 |
| **1947** | | | | | | |
| **Cab Pickup, Series 178, 6-cyl., 21.6 hp, 128" wb** | | | | | | |
| Pickup | 650 | 1750 | 3150 | 6300 | 10900 | 15700 |

## PRICE GUIDE CLASSIFICATIONS:

**1. CONCOURS:** Perfection. At or near 100 points on a 100-point judging scale. Trailered; never driven; pampered. Totally restored to the max and 100 percent stock.

**2. SHOW:** Professionally restored to high standards. No major flaws or deviations from stock. Consistent trophy winner that needs nothing to show. In 90 to 95 point range.

**3. STREET/SHOW:** Older restoration or extremely nice original showing some wear from age and use. Very presentable; occasional trophy winner; everything working properly. About 80 to 89 points.

**4. DRIVER:** A nice looking, fine running collector car needing little or nothing to drive, enjoy and show in local competition. Would need extensive restoration to be a show car, but completely usable as is.

**5. RESTORABLE:** Project car that is relatively complete and restorable within a reasonable effort and expense. Needs total restoration, but all major components present and rebuildable. May or may not be running.

**6. PARTS CAR:** Deteriorated or stripped to a point beyond reasonable restoration, but still complete and solid enough to donate valuable parts to a restoration. Likely not running, possibly missing its engine.

# PLYMOUTH TRUCK
## 1935 – 1942

**'39 Pickup**

| | 6 | 5 | 4 | 3 | 2 | 1 |
|---|---|---|---|---|---|---|
| **1935** | | | | | | |
| **Series PJ, 6-cyl., 113" wb** | | | | | | |
| Sdn Comm | 550 | 1550 | 2600 | 5200 | 9000 | 12800 |
| **1936** | | | | | | |
| **Series P1, 6-cyl., 113" wb** | | | | | | |
| Sdn Comm | 550 | 1550 | 2600 | 5200 | 9000 | 12800 |
| **1937** | | | | | | |
| **Series PT-50, 6-cyl., 116" wb** | | | | | | |
| Pickup | 600 | 1600 | 2750 | 5500 | 9500 | 13800 |
| Sdn Del | 550 | 1550 | 2600 | 5200 | 9000 | 12800 |
| Sta Wgn | 800 | 2350 | 3950 | 7900 | 13700 | 19700 |
| **1938** | | | | | | |
| **Series PT-57, 6-cyl., 116" wb** | | | | | | |
| Pickup | 600 | 1600 | 2750 | 5500 | 9500 | 13800 |
| Sdn Del | 550 | 1550 | 2600 | 5200 | 9000 | 12800 |
| **1939** | | | | | | |
| **Series P-7, 6-cyl., 114" wb** | | | | | | |
| Panel Del | 600 | 1650 | 2850 | 5700 | 9900 | 14200 |
| Uty Sdn | 500 | 1350 | 2350 | 4700 | 8100 | 11500 |
| **Series PT-81** | | | | | | |
| Sdn Del | 550 | 1550 | 2600 | 5200 | 9000 | 12800 |
| Pickup | 600 | 1600 | 2750 | 5500 | 9500 | 13800 |
| **1940** | | | | | | |
| **Series PT-105, 6-cyl., 116" wb** | | | | | | |
| Pickup | 600 | 1650 | 2850 | 5700 | 9900 | 14200 |
| **Series P-9, 6-cyl., 117" wb** | | | | | | |
| Panel Del | 650 | 1700 | 3000 | 5900 | 10200 | 14700 |
| **1941** | | | | | | |
| **Series PT-125, 6-cyl., 116" wb** | | | | | | |
| Pickup | 600 | 1650 | 2850 | 5700 | 9900 | 14200 |
| **Series P-11, 6-cyl., 117" wb** | | | | | | |
| Panel Del | 650 | 1700 | 3000 | 6100 | 10600 | 15200 |
| **1942** | | | | | | |
| **Series P-14S, 6-cyl., 117" wb** | | | | | | |
| Uty Sdn | 550 | 1550 | 2650 | 5300 | 9100 | 13000 |